| 2020最新版 |

消防與災害防救法規

五南法學研究中心編輯

潘日南　主編

五南圖書出版公司 印行

消防與災害防救法規　凡　例

一、本書輯錄現行重要法規逾204種，名爲消防與災害防救法規。

二、全書分爲基本法規、火災預防法規、災害搶救、緊急救護、火災調查、危險物品管理、民力運用、指揮中心、災害管理、建築相關法規、行政指導文書等十一大項，於各頁標示所屬項別及收錄各法起訖條號，方便檢索。

三、本書依循下列方式編印

㈠法規條文內容，悉以政府公報爲準。惟爲服務讀者掌握最新之法規異動情形，本書亦收錄已由立法院三讀通過，尚待總統公布之法律條文，並於該法之法規沿革中明白註記立法院三讀完成時間。

㈡法規名稱後詳列制定公布及歷次修正公布日期與條號。

㈢「條文要旨」，附於各法規條號之後，以（　）表示。爲配合國會圖書館移除法規條文要旨作業，自民國109年起，凡增修之條文不再列附條文要旨。

㈣法規內容異動時，於「條文要旨」後以「數字」標示最後異動之年度。

㈤法條分項、款、目，爲求清晰明瞭，項冠以浮水印①②③數字，以資區別；各款冠以一、二、三數字標示，各目冠以㈠、㈡、㈢數字標 示。

四、本書輕巧耐用，攜帶便利；輯入法規，內容詳實；條文要旨，言簡意賅；字體版面，舒適易讀；項次分明，查閱迅速；法令異動，逐版更新。

消防與災害防救法規　目錄

壹、基本法規

貳、火災預防法規

參、災害搶救

肆、緊急救護

伍、火災調查

陸、危險物品管理

柒、民力運用

捌、指揮中心

玖、災害管理

拾、建築相關法規

拾壹、行政指導文書

壹、基本法規

消防法

①民國74年11月29日總統令制定公布全文32條。
②民國84年8月11日總統令修正公布全文47條。
③民國89年7月5日總統令修正公布第3、27、28條條文。
④民國94年2月2日總統令增訂公布第15-1、42-1條條文。
⑤民國96年1月3日總統令修正公布第9條條文。
⑥民國99年5月19日總統令修正公布第6、35、37條條文。
⑦民國99年12月8日總統令增訂公布第15-2條條文。
⑧民國100年5月4日總統令修正公布第14、41條條文；並增訂第14-1、41-1條條文。
⑨民國100年12月21日總統令修正公布第12條條文。
⑩民國106年1月18日總統令修正公布第9、19、30、38條文。
⑪民國108年1月7日總統令修正公布第5、30、32、36、40條條文。
⑫民國108年11月13日總統令修正公布第15、19、27條條文及第四章章名；並增訂第15-3、15-4、20-1、21-1、27-1、42-2、43-1條條文。

第一章　總　則

第一條（立法目的及適用範圍）

①為預防火災、搶救災害及緊急救護，以維護公共安全，確保人民生命財產，特制定本法。

②本法未規定者，適用其他法律規定。

第二條（管理權人之定義）

本法所稱管理權人係指依法令或契約對各該場所有實際支配管理權者；其屬法人者，為其負責人。

第三條（主管機關）

消防主管機關：在中央為內政部；在直轄市為直轄市政府；在縣（市）為縣（市）政府。

第四條（消防車輛、裝備及人力配置之標準）

直轄市、縣（市）消防車輛、裝備及其人力配置標準，由中央主管機關定之。

第二章　火災預防

第五條（防火教育及宣導）108

直轄市、縣（市）政府，應每年定期舉辦防火教育及宣導，並由機關、學校、團體及大眾傳播機構協助推行。

第六條（消防安全設備之設置）99

①本法所定各類場所之管理權人對其實際支配管理之場所，應設置並維護其消防安全設備；場所之分類及消防安全設備設置之標準，由中央主管機關定之。

②消防機關得依前項所定各類場所之危險程度，分類列管檢查及複查。

③第一項所定各類場所因用途、構造特殊，或引用與依第一項所定標準同等以上效能之技術、工法或設備者，得檢附具體證明，經中央主管機關核准，不適用依第一項所定標準之全部或一部。

④不屬於第一項所定標準應設置火警自動警報設備之旅館、老人福利機構場所及中央主管機關公告場所之管理權人，應設置住宅用火災警報器並維護之；其安裝位置、方式、改善期限及其他應遵行事項之辦法，由中央主管機關定之。

⑤不屬於第一項所定標準應設置火警自動警報設備住宅場所之管理權人，應設置住宅用火災警報器並維護之；其安裝位置、方式、改善期限及其他應遵行事項之辦法，由中央主管機關定之。

第七條（消防安全設備之設計、監造、裝置及檢修）

①依各類場所消防安全設備設置標準設置之消防安全設備，其設計、監造應由消防設備師為之；其裝置、檢修應由消防設備師或消防設備士為之。

②前項消防安全設備之設計、監造、裝置及檢修，於消防設備師或消防設備士未達定量人數前，得由現有相關專門職業及技術人員或技術士暫行為之；其期限由中央主管機關定之。

③消防設備師之資格及管理，另以法律定之。

④在前項法律未制定前，中央主管機關得訂定消防設備師及消防設備士管理辦法。

第八條（消防設備師、消防設備士之資格）

①中華民國國民經消防設備師考試及格並依本法領有消防設備師證書者，得充消防設備師。

②中華民國國民經消防設備士考試及格並依本法領有消防設備士證書者，得充消防設備士。

③請領消防設備師或消防設備士證書，應具申請書及資格證明文件，送請中央主管機關核發之。

第九條（消防安全設備之定期檢修）106

①依第六條第一項應設置消防安全設備場所，其管理權人應委託第八條所規定之消防設備師或消防設備士，定期檢修消防安全設備，其檢修結果應依限報請當地消防機關備查；消防機關得視需要派員複查。但高層建築物或地下建築物消防安全設備之定期檢修，其管理權人應委託中央主管機關許可之消防安全設備檢修專業機構辦理。

②前項定期檢修消防安全設備之項目、方式、基準、期限、檢修結果報請備查期限及其他應遵行事項之辦法，由中央主管機關定之。

③第一項所定消防安全設備檢修專業機構，其申請許可之資格、程序、應備文件、證書核（換）發、有效期間、撤銷、廢止、執行業務之規範、消防設備師（士）之僱用、異動、訓練、業務相關文件之備置與保存年限、各類書表之陳報及其他應遵行事項之辦法，由中央主管機關定之。

第一〇條（消防安全設備圖說之審查）

①供公眾使用建築物之消防安全設備圖說，應由直轄市、縣（市）消防機關於主管建築機關許可開工前，審查完成。

②依建築法第三十四條之一申請預審事項，涉及建築物消防安全設備者，主管建築機關應會同消防機關預為審查。

③非供公眾使用建築物變更為供公眾使用或原供公眾使用建築物變更為他種公眾使用時，主管建築機關應會同消防機關審查其消防安全設備圖說。

第一一條（防焰物品之使用）

①地面樓層達十一層以上建築物、地下建築物及中央主管機關指定之場所，其管理權人應使用附有防焰標示之地毯、窗簾、布幕、展示用廣告板及其他指定之防焰物品。

②前項防焰物品或其材料非附有防焰標示，不得銷售及陳列。

③前二項防焰物品或其材料之防焰標示，應經中央主管機關認證具有防焰性能。

第一二條（消防機具、器材與設備之認可與依據）100

①經中央主管機關公告應實施認可之消防機具、器材及設備，非經中央主管機關所登錄機構之認可，並附加認可標示者，不得銷售、陳列或設置使用。

②前項所定認可，應依序實施型式認可及個別認可。但因性質特殊，經中央主管機關認定者，得不依序實施。

③第一項所定經中央主管機關公告應實施認可之消防機具、器材及設備，其申請認可之資格、程序、應備文件、審核方式、認可有效期間、撤銷、廢止、標示之規格樣式、附加方式、註銷、除去及其他應遵行事項之辦法，由中央主管機關定之。
④第一項所定登錄機構辦理認可所需費用，由申請人負擔，其收費項目及費額，由該登錄機構報請中央主管機關核定。
⑤第一項所定消防機具、器材及設備之構造、材質、性能、認可試驗內容、批次之認定、試驗結果之判定、主要試驗設備及其他相關事項之標準，分別由中央主管機關定之。
⑥第一項所定登錄機構，其申請登錄之資格、程序、應備文件、審核方式、登錄證書之有效期間、核（換）發、撤銷、廢止、管理及其他應遵行事項之辦法，由中央主管機關定之。

第一三條（消防防護計畫之製定）
①一定規模以上供公眾使用建築物，應由管理權人，遴用防火管理人，責其製定消防防護計畫，報請消防機關核備，並依該計畫執行有關防火管理上必要之業務。
②地面樓層達十一層以上建築物、地下建築物或中央主管機關指定之建築物，其管理權有分屬時，各管理權人應協議製定共同消防防護計畫，並報請消防機關核備。
③防火管理人遴用後應報請直轄市、縣（市）消防機關備查；異動時，亦同。

第一四條（易致火災行爲之申請與規範）100
①田野引火燃燒、施放天燈及其他經主管機關公告易致火災之行爲，非經該管主管機關許可，不得爲之。
②主管機關基於公共安全之必要，得就轄區內申請前項許可之資格、程序、應備文件、安全防護措施、審核方式、撤銷、廢止、禁止從事之區域、時間、方式及其他應遵行之事項，訂定法規管理之。

第一四條之一（明火表演之申請與規範）100
①供公眾使用建築物及中央主管機關公告之場所，除其他法令另有規定外，非經場所之管理權人申請主管機關許可，不得使用以產生火焰、火花或火星等方式，進行表演性質之活動。
②前項申請許可之資格、程序、應備文件、安全防護措施、審核方式、撤銷、廢止、禁止從事之區域、時間、方式及其他應遵行事項之辦法，由中央主管機關定之。
③主管機關派員檢查第一項經許可之場所時，應出示有關執行職務之證明文件或顯示足資辨別之標誌；管理權人或現場有關人員不得規避、妨礙或拒絕，並應依檢查人員之請求，提供相關資料。

第一五條（公共危險物品、可燃性高壓氣體之儲存管理及違反行爲之舉發）108
①公共危險物品及可燃性高壓氣體應依其容器、裝載及搬運方法進行安全搬運；達管制量時，應在製造、儲存或處理場所以安全方法進行儲存或處理。
②前項公共危險物品及可燃性高壓氣體之範圍及分類，製造、儲存或處理場所之位置、構造及設備之設置標準、儲存、處理及搬運之安全管理辦法，由中央主管機關會同中央目的事業主管機關定之。但公共危險物品及可燃性高壓氣體之製造、儲存、處理或搬運，中央目的事業主管機關另訂有安全管理規定者，依其規定辦理。
③職務涉及第一項所定場所之行爲人，或經營家用液化石油氣零售事業者（以下簡稱零售業者）、用戶及其員工得向直轄市、縣（市）主管機關敘明事實或檢具證據資料，舉發違反前二項之行爲。
④直轄市、縣（市）主管機關對前項舉發人之身分應予保密。
⑤第三項舉發人之單位主管、雇主不得因其舉發行爲，而予以解僱、調職或其他不利之處分。
⑥第三項舉發內容經查證屬實並處以罰鍰者，得以實收罰鍰總金額收入之一定比例，提充獎金獎勵舉發人。

⑦前項舉發人獎勵資格、獎金提充比例、分配方式及其他相關事項之辦法，由直轄市、縣（市）主管機關定之。

第一五條之一（承裝業營業登記之申請）

①使用燃氣之熱水器及配管之承裝業，應向直轄市、縣（市）政府申請營業登記後，始得營業。並自中華民國九十五年二月一日起使用燃氣熱水器之安裝，非經僱用領有合格證照者，不得爲之。

②前項承裝業營業登記之申請、變更、撤銷與廢止、業務範圍、技術士之僱用及其他管理事項之辦法，由中央目的事業主管機關會同中央主管機關定之。

③第一項熱水器及其配管之安裝標準，由中央主管機關定之。

④第一項熱水器應裝設於建築物外牆，或裝設於有開口且與戶外空氣流通之位置；其無法符合者，應裝設熱水器排氣管將廢氣排至戶外。

第一五條之二（液化石油氣零售業者應備妥相關資料並定期申報）99

①液化石油氣零售業者應備置下列資料，並定期向轄區消防機關申報：

一　容器儲存場所管理資料。

二　容器管理資料。

三　用戶資料。

四　液化石油氣分裝場業者灌裝證明資料。

五　安全技術人員管理資料。

六　用戶安全檢查資料。

七　投保公共意外責任險之證明文件。

八　其他經中央主管機關公告之資料。

②前項資料，零售業者應至少保存二年，以備查核。

第一五條之三（液化石油氣容器之申請認可）108

①液化石油氣容器（以下簡稱容器）製造或輸入業者，應向中央主管機關申請型式認可，發給型式認可證書，始得申請個別認可。

②容器應依前項個別認可合格並附加合格標示後，始得銷售。

③第一項所定容器，其製造或輸入業者申請認可之資格、程序、應備文件、認可證書核（換）發、有效期間、變更、撤銷、廢止、延展、合格標示停止核發、銷售對象資料之建置、保存與申報及其他應遵行事項之辦法，由中央主管機關定之。

④第一項所定容器之規格、構造、材質、熔接規定、標誌、塗裝、使用年限、認可試驗項目、批次認定、抽樣數量、試驗結果之判定、合格標示之規格與附加方式、不合格之處理及其他相關事項之標準，由中央主管機關公告之。

⑤第一項所定型式認可、個別認可、型式認可證書、第二項所定合格標示之核發、第三項所定型式認可證書核（換）發、變更、合格標示停止核發、撤銷、廢止、延展，得委託中央主管機關登錄之專業機構辦理之。

⑥前項所定專業機構辦理型式認可、個別認可、合格標示之核發、型式認可證書核（換）發、變更、延展所需費用，由申請人負擔，其收費項目及費額，由該機構報請中央主管機關核定。

⑦第五項所定專業機構，其申請登錄之資格、儀器設備與人員、程序、應備文件、登錄證書之有效期間、核（換）發、撤銷、廢止、變更、延展、資料之建置、保存與申報、停止執行業務及其他應遵行事項之辦法，由中央主管機關定之。

第一五條之四（液化石油氣容器之定期檢驗）108

①容器應定期檢驗，零售業者應於檢驗期限屆滿前，將容器送經中央主管機關登錄之容器檢驗機構實施檢驗，經檢驗合格並附加合格標示後，始得繼續使用，使用年限屆滿應汰換之；其容器定期檢驗期限、項目、方式、結果判定、合格標示應載事項與附加方式、不合格容器之銷毀、容器閥之銷毀及其他相關事項之標準，由中央主管機關公告之。

②前項所定容器檢驗機構辦理容器檢驗所需費用，由零售業者負擔，其收費項目及費額，由該機構報請中央主管機關核定。

③第一項所定容器檢驗機構，其申請登錄之資格、儀器設備與人員、程序、應備文件、登錄證書之有效期間、核（換）發、撤銷、廢止、變更、延展、資料之建置、保存與申報、合格標示之停止核發、停止執行業務及其他應遵行事項之辦法，由中央主管機關定之。

第三章　災害搶救

第一六條（設置救災救護指揮中心）

各級消防機關應設救災救護指揮中心，以統籌指揮、調度、管制及聯繫救災、救護相關事宜。

第一七條（設置消防栓）

直轄市、縣（市）政府，爲消防需要，應會同自來水事業機構選定適當地點，設置消防栓，所需費用由直轄市、縣（市）政府、鄉（鎮、市）公所酌予補助；其保養、維護由自來水事業機構負責。

第一八條（設置報警專用電話）

電信機構，應視消防需要，設置報警專用電話設施。

第一九條（爲達緊急救護及搶救之目的得爲即時強制）108

①消防人員因緊急救護、搶救火災，對人民之土地、建築物、車輛及其他物品，非進入、使用、損壞或限制其使用，不能達緊急救護及搶救之目的時，得進入、使用、損壞或限制其使用。

②人民因前項土地、建築物、車輛或其他物品之使用、損壞或限制使用，致其財產遭受特別犧牲之損失時，得請求補償。但因可歸責於該人民之事由者，不予補償。

第二〇條（警戒區）

消防指揮人員，對火災處所周邊，得劃定警戒區，限制人車進入，並得疏散或強制疏散區內人車。

第二〇條之一（危險性救災行動之退避權）108

①現場各級搶救人員應於救災安全之前提下，衡酌搶救目的與救災風險後，採取適當之搶救作爲；如現場無人命危害之虞，得不執行危險性救災行動。

②前項所稱危險性救災行動認定標準，由中央主管機關另定之。

第二一條（使用水源）

消防指揮人員，爲搶救火災，得使用附近各種水源，並通知自來水事業機構，集中供水。

第二一條之一（工廠火災其管理權人應提供資訊及指派專人協助救災）108

消防指揮人員搶救工廠火災時，工廠之管理權人應依下列規定辦理：

一　提供廠區化學品種類、數量、位置平面配置圖及搶救必要資訊。

二　指派專人至現場協助救災。

第二二條（截斷電源、瓦斯）

消防指揮人員，爲防止火災蔓延、擴大，認爲有截斷電源、瓦斯必要時，得通知各該管事業機構執行之。

第二三條（警戒區）

直轄市、縣（市）消防機關，發現或獲知公共危險物品、高壓氣體等顯有發生火災、爆炸之虞時，得劃定警戒區，限制人車進入，強制疏散，並得限制或禁止該區使用火源。

第二四條（設置救護隊）

①直轄市、縣（市）消防機關應依實際需要普遍設置救護隊；救護隊應配置救護車輛及救護人員，負責緊急救護業務。

②前項救護車輛、裝備、人力配置標準及緊急救護辦法，由中央主管機關會同中央目的事業主管機關定之。

第二五條（直轄市、縣市消防機關配合搶救災害）

直轄市、縣（市）消防機關，遇有天然災害、空難、礦災、森林火災、車禍及其他重大災害發生時，應即配合搶救與緊急救護。

第四章　災害調查與鑑定

第二六條（火災調查、鑑定）

①直轄市、縣（市）消防機關，為調查、鑑定火災原因，得派員進入有關場所勘查及採取、保存相關證物並向有關人員查詢。

②火災現場在未調查鑑定前，應保持完整，必要時得予封鎖。

第二七條（火災鑑定會之設置）108

直轄市、縣（市）政府，得聘請有關單位代表及學者專家，設火災鑑定會，調查、鑑定火災原因；其組織由直轄市、縣（市）政府定之。

第二七條之一（災害事故調查會之組成）108

①中央主管機關為調查消防及義勇消防人員因災害搶救致發生死亡或重傷事故之原因，應聘請相關機關（構）、團體代表、學者專家及基層消防團體代表，組成災害事故調查會（以下簡稱調查會）。

②調查會應製作事故原因調查報告，提出災害搶救改善建議事項及追蹤改善建議事項之執行。

③調查會為執行業務所需，得向有關機關（構）調閱或要求法人、團體、個人提供資料或文件。調閱之資料或文件業經司法機關或監察院先為調取時，應由其敘明理由，並提供複本。如有正當理由無法提出複本者，應提出已被他機關調取之證明。

④第一項調查會，其組成、委員之資格條件、聘請方式、處理程序及其他應遵行事項之辦法，由中央主管機關定之。

第五章　民力運用

第二八條（義勇消防組織之編組）

①直轄市、縣（市）政府，得編組義勇消防組織，協助消防、緊急救護工作；其編組、訓練、演習、服勤辦法，由中央主管機關定之。

②前項義勇消防組織所需裝備器材之經費，由中央主管機關補助之。

第二九條（服勤期間之津貼發給）

①依本法參加義勇消防編組之人員接受訓練、演習、服勤時，直轄市、縣（市）政府得依實際需要供給膳宿、交通工具或改發代金。參加服勤期間，得比照國民兵應召集服勤另發給津貼。

②前項人員接受訓練、演習、服勤期間，其所屬機關（構）、學校、團體、公司、廠場應給予公假。

第三〇條（因接受訓練、演習、服勤致傷亡者之補償）108

①依本法參加編組人員，因接受訓練、演習、服勤致患病、受傷、身心障礙或死亡者，依下列規定辦理：

一　傷病者：得憑消防機關出具證明，至指定之公立醫院或特約醫院治療。但情況危急者，得先送其他醫療機構急救。

二　因傷致身心障礙者，依下列規定給與一次身心障礙給付：

㈠極重度與重度身心障礙者：三十六個基數。

㈡中度身心障礙者：十八個基數。

㈢輕度身心障礙者：八個基數。

三　死亡者：給與一次撫卹金九十個基數。
四　因傷病或身心障礙死亡者，依前款規定補足一次撫卹金基數。

②前項基數之計算，以公務人員委任第五職等年功俸最高級月支俸額為準。
③第一項身心障礙鑑定作業，依身心障礙者權益保障法辦理。
④第一項所需費用，由消防機關報請直轄市、縣（市）政府核發。

第三一條（消防、救災、救護人員、裝備等之調度運用）

各級消防主管機關，基於救災及緊急救護需要，得調度、運用政府機關、公、民營事業機構消防、救災、救護人員、車輛、船舶、航空器及裝備。

第三二條（受調度、運用之事業機構得請求補償）108

①受前條調度、運用之事業機構，得向該轄消防主管機關請求下列補償：
一　車輛、船舶、航空器均以政府核定之交通運輸費率標準給付；無交通運輸費率標準者，由各該消防主管機關參照當地時價標準給付。
二　調度運用之車輛、船舶、航空器、裝備於調度、運用期間遭受毀損，該轄消防主管機關應予修復；其無法修復時，應按時價並參酌已使用時間折舊後，給付毀損補償金；致裝備耗損者，應按時價給付。
三　被調度、運用之消防、救災、救護人員於接受調度、運用期間，應按調度、運用時，其服務機構或僱用人所給付之報酬標準給付之；其因調度、運用致患病、受傷、身心障礙或死亡時，準用第三十條規定辦理。

②人民應消防機關要求從事救災救護，致裝備耗損、患病、受傷、身心障礙或死亡者，準用前項規定。

第六章　罰　則

第三三條（罰則）

①毀損消防瞭望臺、警鐘臺、無線電塔臺、閉路電視塔臺或其相關設備者，處五年以下有期徒刑或拘役，得併科新臺幣一萬元以上五萬元以下罰金。
②前項未遂犯罰之。

第三四條（罰則）

①毀損供消防使用之蓄、供水設備或消防、救護設備者，處三年以下有期徒刑或拘役，得併科新臺幣六千元以上三萬元以下罰金。
②前項未遂犯罰之。

第三五條（罰則）99

依第六條第一項所定標準應設置消防安全設備之供營業使用場所，或依同條第四項所定應設置住宅用火災警報器之場所，其管理權人未依規定設置或維護，於發生火災時致人於死者，處一年以上七年以下有期徒刑，得併科新臺幣一百萬元以上五百萬元以下罰金；致重傷者，處六月以上五年以下有期徒刑，得併科新臺幣五十萬元以上二百五十萬元以下罰金。

第三六條（罰則）108

有下列情形之一者，處新臺幣三千元以上一萬五千元以下罰鍰：
一　謊報火警、災害、人命救助、緊急救護或無故撥打消防機關報警電話。
二　不聽從消防機關依第十九條第一項、第二十條或第二十三條規定所為之處置。
三　拒絕消防機關依第三十一條規定所為調度、運用。
四　妨礙第三十四條第一項設備之使用。

第三七條（罰則）99

①違反第六條第一項消防安全設備、第四項住宅用火災警報器設置、維護之規定或第十一條第一項防焰物品使用之規定，經通知限期改善，逾期不改善或複查不合規定者，處其管理權人新臺幣六千元以上三萬元以下罰鍰，經處罰鍰後仍不改善者，得連續處罰，並

得予以三十日以下之停業或停止其使用之處分。

②規避、妨礙或拒絕第六條第二項之檢查、複查者，處新臺幣三千元以上一萬五千元以下罰鍰，並按次處罰及強制執行檢查、複查。

第三八條（罰則）106

①違反第七條第一項規定從事消防安全設備之設計、監造、裝置或檢修者，處新臺幣三萬元以上十五萬元以下罰鍰，並得按次處罰。

②違反第九條第一項規定者，處其管理權人新臺幣一萬元以上五萬元以下罰鍰，並通知限期改善；屆期未改善者，得按次處罰。

③中央主管機關許可之消防安全設備檢修專業機構、消防設備師或消防設備士，未依第九條第二項所定辦法中有關定期檢修項目、方式、基準、期限之規定檢修消防安全設備或爲消防安全設備不實檢修報告者，處新臺幣二萬元以上十萬元以下罰鍰，並得按次處罰；必要時，並得予以一個月以上一年以下停止執行業務或停業之處分。

④中央主管機關許可之消防安全設備檢修專業機構違反第九條第三項所定辦法中有關執行業務之規範、消防設備師（士）之僱用、異動、訓練、業務相關文件之備置、保存年限、各類書表陳報之規定者，處新臺幣三萬元以上十五萬元以下罰鍰，並通知限期改善；屆期未改善者，得按次處罰，並得予以三十日以下之停業處分或廢止其許可。

第三九條（罰則）

違反第十一條第二項或第十二條第一項銷售或設置之規定者，處其銷售或設置人員新臺幣二萬元以上十萬元以下罰鍰；其陳列經勸導改善仍不改善者，處其陳列人員新臺幣一萬元以上五萬元以下罰鍰。

第四〇條（罰則）108

違反第十三條規定，經通知限期改善逾期不改善者，處其管理權人新臺幣一萬元以上五萬元以下罰鍰；經處罰鍰後仍不改善者，得連續處罰，並得予以三十日以下之停業或停止其使用之處分。

第四一條（罰則）100

違反第十四條第一項或第二項所定法規有關安全防護措施、禁止從事之區域、時間、方式或應遵行事項之規定者，處新臺幣三千元以下罰鍰。

第四一條之一（罰則）100

①違反第十四條之一第一項或第二項所定辦法，有關安全防護措施、審核方式、撤銷、廢止、禁止從事之區域、時間、方式或應遵行事項之規定者，處新臺幣三萬元以上十五萬元以下罰鍰，並得按次處罰。

②規避、妨礙或拒絕依第十四條之一第三項之檢查者，處管理權人或行爲人新臺幣一萬元以上五萬元以下罰鍰，並得強制檢查或令其提供相關資料。

第四二條（罰則）

第十五條所定公共危險物品及可燃性高壓氣體之製造、儲存或處理場所，其位置、構造及設備未符合設置標準，或儲存、處理及搬運未符合安全管理規定者，處其管理權人或行爲人新臺幣二萬元以上十萬元下罰鍰；經處罰鍰後仍不改善者，得連續處罰，並得予以三十日以下停業或停止其使用之處分。

第四二條之一（罰則）

違反第十五條之一，有下列情形之一者，處負責人及行爲人新臺幣一萬元以上五萬元以下罰鍰，並得命其限期改善，屆期未改善者，得連續處罰或逕予停業處分：

一　未僱用領有合格證照者從事熱水器及配管之安裝。

二　違反第十五條之一第三項熱水器及配管安裝標準從事安裝工作者。

三　違反或逾越營業登記事項而營業者。

第四二條之二（罰則）108

①零售業者、專業機構、容器製造、輸入業者或容器檢驗機構有下列情形之一者，處新臺

②前項認證作業程序、防焰標示核發、防焰性能試驗基準及指定文件，由中央主管機關定之。

第八條至第一二條 （刪除）101

第一三條 98

本法第十三條第一項所定一定規模以上供公眾使用建築物，其範圍如下：

一　電影片映演場所（戲院、電影院）、演藝場、歌廳、舞廳、夜總會、俱樂部、保齡球館、三溫暖。

二　理容院（觀光理髮、視聽理容等）、指壓按摩場所、錄影節目帶播映場所（MTV等）、視聽歌唱場所（KTV等）、酒家、酒吧、PUB、酒店（廊）。

三　觀光旅館、旅館。

四　總樓地板面積在五百平方公尺以上之百貨商場、超級市場及遊藝場等場所。

五　總樓地板面積在三百平方公尺以上之餐廳。

六　醫院、療養院、養老院。

七　學校、總樓地板面積在二百平方公尺以上之補習班或訓練班。

八　總樓地板面積在五百平方公尺以上，其員工在三十人以上之工廠或機關（構）。

九　其他經中央主管機關指定之供公眾使用之場所。

第一四條 104

①本法第十三條所定防火管理人，應爲管理或監督層次人員，並經中央消防機關認可之訓練機構或直轄市、縣（市）消防機關講習訓練合格領有證書始得充任。

②前項講習訓練分爲初訓及複訓。初訓合格後，每三年至少應接受複訓一次。

③第一項講習訓練時數，初訓不得少於十二小時；複訓不得少於六小時。

第一五條

①本法第十三條所稱消防防護計畫應包括下列事項：

一　自衛消防編組：員工在十人以上者，至少編組滅火班、通報班及避難引導班；員工在五十人以上者，應增編安全防護班及救護班。

二　防火避難設施之自行檢查：每月至少檢查一次，檢查結果遇有缺失，應報告管理權人立即改善。

三　消防安全設備之維護管理。

四　火災及其他災害發生時之滅火行動、通報聯絡及避難引導等。

五　滅火、通報及避難訓練之實施；每半年至少應舉辦一次，每次不得少於四小時，並應事先通報當地消防機關。

六　防災應變之教育訓練。

七　用火、用電之監督管理。

八　防止縱火措施。

九　場所之位置圖、逃生避難圖及平面圖。

十　其他防災應變上之必要事項。

②遇有增建、改建、修建、室內裝修施工時，應另定消防防護計畫，以監督施工單位用火、用電情形。

第一六條

①依本法第十三條第二項規定應協議製定共同消防防護計畫者，由各管理權人互推一人爲召集人協議製定，並將協議內容記載於共同消防防護計畫；其共同消防防護計畫應包括事項，由中央主管機關另定之。

②無法依前項規定互推召集人時，管理權人得申請直轄市、縣（市）消防機關指定之。

第一七條

①山林、田野引火燃燒，以開墾、整地、驅除病蟲害等事由爲限。

②前項引火燃燒有延燒之虞或於森林區域、森林保護區內引火者，引火人應於五日前向當

地消防機關申請許可後，於引火前在引火地點四週設置三公尺寬之防火間隔，及配置適當之滅火設備，並將引火日期、時間、地點通知鄰接地之所有人或管理人。其於森林區域或森林保護區引火者，並應通知森林主管機關。

③前項引火應在上午六時後下午六時前為之，引火時並應派人警戒監視，俟火滅後始得離開。

第一八條 （刪除）100

第一九條 （刪除）99

第一九條之一 100

本法第十五條之二第一項所稱定期向轄區消防機關申報，指於每年四月及十月向轄區消防機關各申報一次。

第一九條之二 101

①本法第十五條之二第一項第五款所定安全技術人員，應經直轄市、縣（市）消防機關，或由中央消防機關認可之專業機構，講習訓練合格並領有證書，始得充任。

②前項講習訓練時間不得少於十六小時。

③安全技術人員每二年應接受複訓一次，每次複訓時數不得少於八小時。

第一九條之三 101

本法第十五條之二第一項第六款所定用戶安全檢查資料，包括用戶地址、檢測項目及檢測結果。

第二〇條 106

①依本法第十七條設置之消防栓，以採用地上雙口式為原則，消防栓規格由中央主管機關定之。

②當地自來水事業應依本法第十七條規定，負責保養、維護消防栓，並應配合直轄市、縣（市）消防機關實施測試，以保持堪用狀態。

第二一條

直轄市、縣（市）政府對轄內無自來水供應或消防栓設置不足地區，應籌建或整修蓄水池及其他消防水源，並由當地消防機關列管檢查。

第二二條

直轄市、縣（市）轄內之電力、公用氣體燃料事業機構及自來水事業應指定專責單位，於接獲消防指揮人員依本法第二十一條、第二十二條所為之通知時，立即派員迅速集中供水或截斷電源、瓦斯。

第二三條

消防指揮人員、直轄市、縣（市）消防機關依本法第二十條、第二十三條劃定警戒區後，得通知當地警察分局或分駐（派出）所協同警戒之。

第二四條

①依本法第三十二條請求補償時，應以書面向該轄消防主管機關請求之。

②消防主管機關對於前項請求，應即與請求人進行協議，協議成立時，應作成協議書。

第二五條 97

①直轄市、縣（市）消防機關依本法第二十六條第一項規定調查、鑑定火災原因後，應即製作火災原因調查鑑定書，移送當地警察機關依法處理。

②直轄市、縣（市）消防機關調查、鑑定火災原因，必要時，得會同當地警察機關辦理。

③第一項火災原因調查鑑定書應於火災發生後十五日內完成，必要時，得延長至三十日。

第二六條 97

①檢察、警察機關或消防機關得封鎖火災現場，於調查、鑑定完畢後撤除之。

②火災現場尚未完成調查、鑑定者，應保持現場狀態，非經調查、鑑定人員之許可，任何人不得進入或變動。但遇有緊急情形或有進入必要時，得由調查、鑑定人員陪同進入，並於火災原因調查鑑定書中記明其事由。

第二七條
①火災受害人或利害關係人得向直轄市、縣（市）消防機關申請火災證明。
②前項證明內容以火災發生時間及地點為限。

第二八條
各級消防機關為配合救災及緊急救護需要，對於政府機關、公民營事業機構之消防、救災、救護人員、車輛、船舶、航空器及裝備，得舉辦訓練及演習。

第二九條
本法及本細則所規定之各種書表格式，由中央消防機關定之。

第三〇條
本細則自發布日施行。

災害防救法

①民國89年7月19日總統令制定公布全文52條；並自公布日起施行。
②民國91年5月29日總統令增訂公布第39-1條條文。
③民國97年5月14日總統令修正公布第2、3、13、22～24、27、31～33、36、38、39、40、46、49、50條條文；增訂第37-1、37-2、43-1條條文；並刪除第29、39-1、42條條文。
④民國99年1月27日總統令增訂公布第47-1條條文。
⑤民國99年8月4日總統令修正公布第3、4、7、9～11、15～17、21、23、28、31、34、44、47條條文。
⑥民國101年11月28日總統令修正公布第26條條文。
⑦民國105年4月13日總統令修正公布第2、3、7、41、44、47-1、52條條文；並增訂第44-1～44-10條條文；除第44-1～44-10條自104年8月6日施行外，自公布日施行。
⑧民國106年11月22日總統令修正公布第2、3、44-10條條文
⑨民國108年1月7日總統令修正公布第47條條文。
⑩民國108年5月22日總統令修正公布第41條條文。

第一章　總　則

第一條（立法目的）
①爲健全災害防救體制，強化災害防救功能，以確保人民生命、身體、財產之安全及國土之保全，特制定本法。
②災害之防救，本法未規定者，適用其他法律之規定。

第二條（本法專用名詞定義）106
本法專用名詞，定義如下：
一　災害：指下列災難所造成之禍害：
㈠風災、水災、震災（含土壤液化）、旱災、寒害、土石流災害、火山災害等天然災害。
㈡火災、爆炸、公用氣體與油料管線、輸電線路災害、礦災、空難、海難、陸上交通事故、森林火災、毒性化學物質災害、生物病原災害、動植物疫災、輻射災害、工業管線災害、懸浮微粒物質災害等災害。
二　災害防救：指災害之預防、災害發生時之應變及災後之復原重建等措施。
三　災害防救計畫：指災害防救基本計畫、災害防救業務計畫及地區災害防救計畫。
四　災害防救基本計畫：指由中央災害防救會報核定之全國性災害防救計畫。
五　災害防救業務計畫：指由中央災害防救業務主管機關及公共事業就其掌理業務或事務擬訂之災害防救計畫。
六　地區災害防救計畫：指由直轄市、縣（市）及鄉（鎮、市）災害防救會報核定之直轄市、縣（市）及鄉（鎮、市）災害防救計畫。

第三條（中央災害防救業務主管機關）106
①各種災害之預防、應變及復原重建，以下列機關爲中央災害防救業務主管機關：
一　風災、震災（含土壤液化）、火災、爆炸、火山災害：內政部。
二　水災、旱災、礦災、工業管線災害、公用氣體與油料管線、輸電線路災害：經濟部。
三　寒害、土石流災害、森林火災、動植物疫災：行政院農業委員會。
四　空難、海難、陸上交通事故：交通部。
五　毒性化學物質災害、懸浮微粒物質災害：行政院環境保護署。

六　生物病原災害：衛生福利部。
七　輻射災害：行政院原子能委員會。
八　其他災害：依法律規定或由中央災害防救會報指定之中央災害防救業務主管機關。

②前項中央災害防救業務主管機關就其主管災害防救業務之權責如下：
一　中央及直轄市、縣（市）政府與公共事業執行災害防救工作等相關事項之指揮、督導及協調。
二　災害防救業務計畫訂定與修正之研擬及執行。
三　災害防救工作之支援、處理。
四　非屬地方行政轄區之災害防救相關業務之執行、協調，及違反本法案件之處理。
五　災害區域涉及海域、跨越二以上直轄市、縣（市）行政區，或災情重大且直轄市、縣（市）政府無法因應時之協調及處理。

第四條　（主管機關）

①本法主管機關：在中央爲內政部；在直轄市爲直轄市政府；在縣（市）爲縣（市）政府。

②直轄市、縣（市）政府及鄉（鎭、市）公所應依地方制度法第十八條第十一款第二目、第十九條第十一款第二目、第二十條第七款第一目及本法規定，分別辦理直轄市、縣（市）及鄉（鎭、市）之災害防救自治事項。

第五條　（必要措施之採取及報告）

中央災害防救業務主管機關爲達災害防救之目的，得採取法律、行政及財政金融之必要措施，並向立法院報告。

第二章　災害防救組織

第六條　（中央災害防救會報之任務）

行政院設中央災害防救會報，其任務如下：
一　決定災害防救之基本方針。
二　核定災害防救基本計畫及中央災害防救業務主管機關之災害防救業務計畫。
三　核定重要災害防救政策與措施。
四　核定全國緊急災害之應變措施。
五　督導、考核中央及直轄市、縣（市）災害防救相關事項。
六　其他依法令所規定事項。

第七條　（中央災害防救會報之組織）105

①中央災害防救會報置召集人、副召集人各一人，分別由行政院院長、副院長兼任；委員若干人，由行政院院長就政務委員、秘書長、有關機關首長及具有災害防救學識經驗之專家、學者派兼或聘兼之。

②爲執行中央災害防救會報核定之災害防救政策，推動重大災害防救任務與措施，行政院設中央災害防救委員會，置主任委員一人，由行政院副院長兼任，並設行政院災害防救辦公室，置專職人員，處理有關業務；其組織由行政院定之。

③行政院災害防救專家諮詢委員會、國家災害防救科技中心提供中央災害防救會報及中央災害防救委員會，有關災害防救工作之相關諮詢，加速災害防救科技研發及落實，強化災害防救政策及措施。

④爲有效整合運用救災資源，中央災害防救委員會設行政院國家搜救指揮中心，統籌、調度國內各搜救單位資源，執行災害事故之人員搜救及緊急救護之運送任務。

⑤內政部消防署執行災害防救業務。

⑥中央災害防救業務主管機關執行災害資源統籌、資訊彙整與防救業務，並應協同相關機關執行全民防災預防教育。

第八條　（直轄市、縣市政府災害防救會報之任務）

直轄市、縣（市）政府設直轄市、縣（市）災害防救會報，其任務如下：

一　核定各該直轄市、縣（市）地區災害防救計畫。

二　核定重要災害防救措施及對策。

三　核定轄區內災害之緊急應變措施。

四　督導、考核轄區內災害防救相關事項。

五　其他依法令規定事項。

第九條（直轄市、縣市災害防救會報之組織）

①直轄市、縣（市）災害防救會報置召集人一人、副召集人一人或二人，分別由直轄市、縣（市）政府正、副首長兼任；委員若干人，由直轄市、縣（市）長就有關機關、單位首長、軍事機關代表及具有災害防救學識經驗之專家、學者派兼或聘兼。

②直轄市、縣（市）災害防救辦公室執行直轄市、縣（市）災害防救會報事務；其組織由直轄市、縣（市）政府定之。

③直轄市、縣（市）災害防救專家諮詢委員會提供直轄市、縣（市）災害防救會報災害防救工作之相關諮詢。

第一〇條（鄉鎮市災害防救會報之任務）

鄉（鎮、市）公所設鄉（鎮、市）災害防救會報，其任務如下：

一　核定各該鄉（鎮、市）地區災害防救計畫。

二　核定重要災害防救措施及對策。

三　推動疏散收容安置、災情通報、災後緊急搶通、環境清理等災害緊急應變及整備措施。

四　推動社區災害防救事宜。

五　其他依法令規定事項。

第一一條（鄉鎮市災害防救會報之組織）

①鄉（鎮、市）災害防救會報置召集人、副召集人各一人，委員若干人。召集人由鄉（鎮、市）長擔任；副召集人由鄉（鎮、市）公所主任秘書或秘書擔任；委員由鄉（鎮、市）長就各該鄉（鎮、市）地區災害防救計畫中指定之單位代表派兼或聘兼。

②鄉（鎮、市）災害防救辦公室執行鄉（鎮、市）災害防救會報事務；其組織由鄉（鎮、市）公所定之。

③區得比照前條及前二項規定，成立災害防救會報及災害防救辦公室。

第一二條（各地區災害應變中心之成立）

①為預防災害或有效推行災害應變措施，當災害發生或有發生之虞時，直轄市、縣（市）及鄉（鎮、市）災害防救會報召集人應視災害規模成立災害應變中心，並擔任指揮官。

②前項災害應變中心成立時機、程序及編組，由直轄市、縣（市）政府及鄉（鎮、市）公所定之。

第一三條（中央災害應變中心之成立）

①重大災害發生或有發生之虞時，中央災害防救業務主管機關首長應視災害之規模、性質、災情、影響層面及緊急應變措施等狀況，決定中央災害應變中心開設時機及其分級，應於成立後，立即報告中央災害防救會報召集人，並由召集人指定指揮官。

②中央災害應變中心成立後，得視災情研判情況或聯繫需要，通知直轄市、縣（市）政府立即成立地方災害應變中心。

第一四條（緊急應變小組之設立）

災害發生或有發生之虞時，為處理災害防救事宜或配合各級災害應變中心執行災害應變措施，災害防救業務計畫及地區災害防救計畫指定之機關、單位或公共事業，應設緊急應變小組，執行各項應變措施。

第一五條（災害防救會報結合民防及全民防衛動員準備體系）

各級災害防救會報應結合民防及全民防衛動員準備體系，實施相關災害整備及應變事項；其實施辦法，由內政部會同有關部會定之。

第一六條（搜救組織之設置）

內政部災害防救署特種搜救隊及訓練中心、直轄市、縣（市）政府搜救組織處理重大災害搶救等應變事宜。

第三章　災害防救計畫

第一七條（災害防救基本計畫之擬訂及檢討）

①災害防救基本計畫由中央災害防救委員會擬訂，經中央災害防救會報核定後，由行政院函送各中央災害防救業務主管機關及直轄市、縣（市）政府據以辦理災害防救事項。

②前項災害防救基本計畫應定期檢討，必要時得隨時爲之。

③行政院每年應將災害防救白皮書送交立法院。

第一八條（災害防救基本計畫之內容）

①災害防救基本計畫內容之規定如下：

一　整體性之長期災害防救計畫。

二　災害防救業務計畫及地區災害防救計畫之重點事項。

三　其他中央災害防救會報認爲有必要之事項。

②前項各款之災害防救計畫、災害防救業務計畫、地區災害防救計畫內容之規定如下：

一　災害預防相關事項。

二　災害緊急應變對策相關事項。

三　災後復原重建相關事項。

四　其他行政機關、公共事業、直轄市、縣（市）、鄉（鎮、市）災害防救會報認爲必要之事項。

③行政機關依其他法律作成之災害防救計畫及災害防救相關規定，不得牴觸本法。

第一九條（公共事業防災業務計畫之擬訂及報核程序）

①公共事業應依災害防救基本計畫擬訂災害防救業務計畫，送請中央目的事業主管機關核定。

②中央災害防救業務主管機關應依災害防救基本計畫，就其主管災害防救事項，擬訂災害防救業務計畫，報請中央災害防救會報核定後實施。

第二〇條（各地區防災業務計畫之擬訂及報核程序）

①直轄市、縣（市）災害防救會報執行單位應依災害防救基本計畫、相關災害防救業務計畫及地區災害潛勢特性，擬訂地區災害防救計畫，經各該災害防救會報核定後實施，並報中央災害防救會報備查。

②前項直轄市、縣（市）地區災害防救計畫不得牴觸災害防救基本計畫及相關災害防救業務計畫。

③鄉（鎮、市）公所應依上級災害防救計畫及地區災害潛勢特性，擬訂地區災害防救計畫，經各該災害防救會報核定後實施，並報所屬上級災害防救會報備查。

④前項鄉（鎮、市）地區災害防救計畫，不得牴觸上級災害防救計畫。

第二一條（防災業務計畫及地區防災計畫牴觸之協調）

各種災害防救業務計畫或各地區災害防救計畫間有所牴觸而無法解決者，應報請中央災害防救委員會協調之。

第四章　災害預防

第二二條（減少或防止災害發生擴大各級政府依權責實施之工作項目）

①爲減少災害發生或防止災害擴大，各級政府平時應依權責實施下列減災事項：

一　災害防救計畫之擬訂、經費編列、執行及檢討。

二　災害防救教育、訓練及觀念宣導。

三　災害防救科技之研發或應用。
四　治山、防洪及其他國土保全。
五　老舊建築物、重要公共建築物與災害防救設施、設備之檢查、補強、維護及都市災害防救機能之改善。
六　災害防救上必要之氣象、地質、水文與其他相關資料之觀測、蒐集、分析及建置。
七　災害潛勢、危險度、境況模擬與風險評估之調查分析，及適時公布其結果。
八　地方政府及公共事業有關災害防救相互支援協定之訂定。
九　災害防救團體、災害防救志願組織之促進、輔導、協助及獎勵。
十　災害保險之規劃及推動。
十一　有關弱勢族群災害防救援助必要事項。
十二　災害防救資訊網路之建立、交流及國際合作。
十三　其他減災相關事項。

②前項所定減災事項，各級政府應依權責列入各該災害防救計畫。

③公共事業應依其災害防救業務計畫，實施有關減災事項。

④第一項第七款有關災害潛勢之公開資料種類、區域、作業程序及其他相關事項之辦法，由各中央災害防救業務主管機關定之。

第二三條（執行緊急應變措施之準備工作）

①為有效執行緊急應變措施，各級政府應依權責實施下列整備事項：
一　災害防救組織之整備。
二　災害防救之訓練、演習。
三　災害監測、預報、警報發布及其設施之強化。
四　災情蒐集、通報與指揮所需通訊設施之建置、維護及強化。
五　災害防救物資、器材之儲備及檢查。
六　災害防救設施、設備之整備及檢查。
七　對於妨礙災害應變措施之設施、物件，施以加固、移除或改善。
八　國際救災支援之配合。
九　其他緊急應變整備事項。

②前項所定整備事項，各級政府應依權責列入各該災害防救計畫。

③公共事業應依其災害防救業務計畫，實施有關災害整備事項。

為確保防救災專用微波通信之暢通，內政部得就電波傳輸暢通之必要範圍，劃定電波傳輸障礙防止區域，並公告之。

④建築物之起造人於前項公告區域內有新建、增建之建築行為，並符合下列規定之一者，直轄市、縣（市）政府始得給予建築許可：
一　與內政部協商達成改善方案。
二　同意內政部選擇損失最小之方法，使用該建築物屋頂層架設微波電臺或衛星地球電臺，以維持電波暢通。

⑤內政部對於前項因協商達成改善方案，或使用該建築物屋頂層架設微波電臺或衛星地球電臺，致造成相對人損失，應給付相當之補償。

⑥前項之損失補償，應以協議為之，作成協議書，並得為執行名義。有關損失補償之程序、方法、期限、金額及其他相關事項之辦法，由內政部定之。

第二四條（緊急避難之措施）

①為保護人民生命、財產安全或防止災害擴大，直轄市、縣（市）政府、鄉（鎮、市、區）公所於災害發生或有發生之虞時，應勸告或強制其撤離，並作適當之安置。

②直轄市、縣（市）政府、鄉（鎮、市、區）公所於災害應變之必要範圍內，對於有擴大災害或妨礙救災之設備或物件之所有權人、使用人或管理權人，應勸告或強制其除去該設備或物件，並作適當之處置。

第二五條（災害防救訓練及演習）

①各級政府及相關公共事業，應實施災害防救訓練及演習。

②實施前項災害防救訓練及演習，各機關、公共事業所屬人員、居民及其他公、私立學校、團體、公司、廠場有共同參與或協助之義務。

③參與前項災害防救訓練、演習之人員，其所屬機關（構）、學校、團體、公司、廠場應給予公假。

第二六條（災害防救專職人員之設置）

各級政府及相關公共事業應置專職人員，鄉（鎮、市、區）公所於未置專職人員前，得置兼職人員，執行災害預防各項工作。

第五章　災害應變措施

第二七條（實施緊急應變措施之工作項目）

①為實施災害應變措施，各級政府應依權責實施下列事項：

一　災害警報之發布、傳遞、應變戒備、人員疏散、搶救、避難之勸告、災情蒐集及損失查報。

二　警戒區域劃設、交通管制、秩序維持及犯罪防治。

三　消防、防汛及其他應變措施。

四　受災民眾臨時收容、社會救助及弱勢族群特殊保護措施。

五　受災兒童及少年、學生之應急照顧。

六　危險物品設施及設備之應變處理。

七　傳染病防治、廢棄物處理、環境消毒、食品衛生檢驗及其他衛生事項。

八　搜救、緊急醫療救護及運送。

九　協助相驗、處理罹難者屍體、遺物。

十　民生物資與飲用水之供應及分配。

十一　水利、農業設施等災害防備及搶修。

十二　鐵路、道路、橋樑、大眾運輸、航空站、港埠、公用氣體與油料管線、輸電線路、電信、自來水及農漁業等公共設施之搶修。

十三　危險建築物之緊急評估。

十四　漂流物、沈沒品及其他救出物品之保管、處理。

十五　災害應變過程完整記錄。

十六　其他災害應變及防止擴大事項。

②前項災害應變措施事項，各級政府應依權責列入各該災害防救計畫。

③公共事業應依其災害防救業務計畫，實施有關災害應變事項。

④第一項第十三款有關危險建築物緊急評估之適用災害種類、實施時機、處理人員、程序、危險標誌之張貼、解除及其他相關事項之辦法，由內政部定之。

第二八條（災害應變中心之指揮權及運作處所）

①各級災害應變中心成立後，參與編組機關首長應依規定親自或指派權責人員進駐，執行災害應變工作，並由災害應變中心指揮官負責指揮、協調與整合。

②各級災害應變中心應有固定之運作處所，充實災害防救設備並作定期演練。

③為免中央災害應變中心因重大災害致無法運作，或為支援跨直轄市、縣（市）處理區域性重大災害，應異地設置備援應變中心。

第二九條（刪除）

第三〇條（通報災情及採取必要措施之責任）

①民眾發現災害或有發生災害之虞時，應即主動通報消防或警察單位、村（里）長或村（里）幹事。

②前項之受理單位或人員接受災情通報後，應迅速採取必要之措施。

③各級政府及公共事業發現、獲知災害或有發生災害之虞時，應主動蒐集、傳達相關災情並迅速採取必要之處置。

第三一條（災害應變範圍內採取之處分或強制措施之項目）

①各級政府成立災害應變中心後，指揮官於災害應變範圍內，依其權責分別實施下列事項，並以各級政府名義為之：

一　緊急應變措施之宣示、發布及執行。

二　劃定警戒區域，製發臨時通行證，限制或禁止人民進入或命其離去。

三　指定道路區間、水域、空域高度，限制或禁止車輛、船舶或航空器之通行。

四　徵調相關專門職業、技術人員及所徵用物資之操作人員協助救災。

五　徵用、徵購民間搜救犬、救災機具、車輛、船舶或航空器等裝備、土地、水權、建築物、工作物。

六　指揮、督導、協調國軍、消防、警察、相關政府機關、公共事業、民防團隊、災害防救團體及災害防救志願組織執行救災工作。

七　危險建築物、工作物之拆除及災害現場障礙物之移除。

八　優先使用傳播媒體與通訊設備，蒐集及傳播災情與緊急應變相關資訊。

九　國外救災組織來臺協助救災之申請、接待、責任災區分配及協調聯繫。

十　災情之彙整、統計、陳報及評估。

十一　其他必要之應變處置。

②違反前項第二款、第三款規定致遭遇危難，並由各級災害應變中心進行搜救而獲救者，各級政府得就搜救所生費用，以書面命獲救者或可歸責之業者繳納；其費用之計算、分擔、作業程序及其他應遵行事項之辦法，由內政部定之。

③第一項第六款所定民防團隊、災害防救團體及災害防救志願組織之編組、訓練、協助救災及其他應遵行事項之辦法，由內政部定之。

第三二條（實施災害應變措施對必要物資業者採取強制之作為）

①各級政府為實施第二十七條第一項及前條第一項所定事項，對於救災所需必要物資之製造、運輸、販賣、保管、倉儲業者，得徵用、徵購或命其保管。

②為執行依前項規定作成之處分，得派遣攜有證明文件之人員進入業者營業場所或物資所在處所檢查。

第三三條（人民請求損失補償之範圍、方法及期間）

①人民因第二十四條第二項、第三十一條第一項及前條第一項之處分、強制措施或命令，致其財產遭受損失時，得請求補償。但因可歸責於該人民之事由者，不在此限。

②前項損失補償，應以金錢為之，並以補償實際所受之損失為限。

③損失補償應自知有損失時起，二年內請求之。但自損失發生後，經過五年者，不得為之。

第三四條（請求上級機關支援災害處理之項目及程序）

①鄉（鎮、市）公所無法因應災害處理時，縣（市）政府應主動派員協助，或依鄉（鎮、市）公所之請求，指派協調人員提供支援協助。

②直轄市、縣（市）政府無法因應災害處理時，該災害之中央災害防救業務主管機關應主動派員協助，或依直轄市、縣（市）政府之請求，指派協調人員提供支援協助。

③前二項支援協助項目及程序，分由各中央災害防救業務主管機關、縣（市）政府定之。

④直轄市、縣（市）政府及中央災害防救業務主管機關，無法因應災害處理時，得申請國軍支援。但發生重大災害時，國軍部隊應主動協助災害防救。

⑤國防部得依前項災害防救需要，運用應召之後備軍人支援災害防救。

⑥第四項有關申請國軍支援或國軍主動協助救災之程序、預置兵力及派遣、指揮調度、協調聯絡、教育訓練、救災出勤時限及其他相關事項之辦法，由國防部會同內政部定之。

第三五條（緊急應變所需警報訊號之種類、內容、發布等）

①為緊急應變所需警報訊號之種類、內容、樣式、方法及其發布時機，除其他法律有特別規定者外，由各中央災害防救業務主管機關擬訂，報請中央災害防救會報核定後公告之。
②前項或其類似之訊號，未經許可不得擅自使用。

第六章　災後復原重建

第三六條　（災後復原重建之實施）
①為實施災後復原重建，各級政府應依權責實施下列事項，並鼓勵民間團體及企業協助辦理：
一　災情、災區民眾需求之調查、統計、評估及分析。
二　災後復原重建綱領與計畫之訂定及實施。
三　志工之登記及分配。
四　捐贈物資、款項之分配與管理及救助金之發放。
五　傷亡者之善後照料、災區民眾之安置及災區秩序之維持。
六　衛生醫療、防疫及心理輔導。
七　學校廳舍及其附屬公共設施之復原重建。
八　受災學生之就學及寄讀。
九　古蹟、歷史建築搶修、修復計畫之核准或協助擬訂。
十　古蹟、歷史建築受災情形調查、緊急搶救、加固等應變處理措施。
十一　受損建築物之安全評估及處理。
十二　住宅、公共建築物之復原重建、都市更新及地權處理。
十三　水利、水土保持、環境保護、電信、電力、自來水、油料、氣體等設施之修復及民生物資供需之調節。
十四　鐵路、道路、橋樑、大眾運輸、航空站、港埠及農漁業之復原重建。
十五　環境消毒與廢棄物之清除及處理。
十六　受災民眾之就業服務及產業重建。
十七　其他有關災後復原重建事項。
②前項所定復原重建事項，各級政府應依權責列入各該災害防救計畫。
③公共事業應依其災害防救業務計畫，實施有關災後復原重建事項。

第三七條　（重建推動委員會之設立）
①為執行災後復原重建，各級政府得由各機關調派人員組成任務編組之重建推動委員會；其組織規程由各級政府定之。
②重建推動委員會於災後復原重建全部完成後，始解散之。

第三七條之一　（簡化災區搶通或公共設施重建之行政程序）
①因災害發生，致聯絡災區交通中斷或公共設施毀壞有危害民眾之虞，各級政府為立即執行搶通或重建工作，如經過都市計畫區、山坡地、森林、河川、國家公園或其他有關區域，得簡化行政程序，不受區域計畫法、都市計畫法、水土保持法、山坡地保育利用條例、森林法、水利法、國家公園法及其他有關法律或法規命令之限制。
②前項簡化行政程序及不受有關法律或法規命令限制之辦法，由各該中央災害防救業務主管機關定之。

第三七條之二　（簡化安置受災民眾及災區重建工作之行政程序）
①因天然災害發生，致影響災區民眾正常居住生活，各級政府為安置受災民眾或進行災區重建工作，對於涉及用地及建築物之劃定、取得、變更、評估、管理、維護或其他事項，得簡化行政程序，不受區域計畫法、都市計畫法、建築法、都市更新條例、環境影響評估法、水土保持法及其他有關法律或法規命令之限制。
②前項簡化行政程序及不受有關法律或法規命令限制之辦法，由各該中央災害防救業務主

管機關定之。

第七章　罰　則

第三八條（罰則）

有下列情形之一者，處新臺幣十萬元以上五十萬元以下罰鍰：

一　違反依第三十一條第一項第四款或第五款規定所為之處分。

二　違反依第三十二條第一項規定所為之處分。

第三九條（罰則）

有下列情形之一者，處新臺幣五萬元以上二十五萬元以下罰鍰：

一　違反依第二十四條第二項、第三十一條第一項第二款、第三款或第七款規定所為之處置。

二　違反第三十五條第二項規定。

第三九條之一（刪除）

第四〇條（罰則）

有下列情形之一者，處新臺幣三萬元以上十五萬元以下罰鍰：

一　規避、妨礙或拒絕依第三十二條第二項規定所為之檢查。

二　公共事業違反第二十二條第三項、第二十三條第三項、第二十七條第三項、第三十條第三項或第三十六條第三項規定，致發生重大損害。

第四一條（罰則）108

①乘災害之際而故犯竊盜、詐欺、恐嚇取財、搶奪、強盜之罪者，得依刑法之規定，加重其刑至二分之一。

②明知為有關災害之不實訊息而為第三十條第一項之通報者，科新臺幣三十萬元以上五十萬元以下罰金。

③散播有關災害之謠言或不實訊息，足生損害於公眾或他人者，處三年以下有期徒刑、拘役或新臺幣一百萬元以下罰金。

④犯前項之罪，因而致人於死者，處無期徒刑或七年以上有期徒刑；致重傷者，處三年以上十年以下有期徒刑。

第四二條（刪除）

第八章　附　則

第四三條（災害防救經費）

①實施本法災害防救之經費，由各級政府按本法所定應辦事項，依法編列預算。

②各級政府編列之災害防救經費，如有不敷支應災害發生時之應變措施及災後之復原重建所需，應視需要情形調整當年度收支移緩濟急支應，不受預算法第六十二條及第六十三條規定之限制。

第四三條之一（中央政府經費補助）

①直轄市、縣（市）政府無法支應重大天然災害之災後復原重建等經費時，得報請中央政府補助。

②前項所定補助之時機、要件、基準、請求程序及其他相關事項之辦法，由行政院定之。

第四四條（重建或修繕資金之貸款）105

①中央災害防救委員會應儘速協調金融機構，就災區民眾所需重建或修繕資金，予以低利貸款。

②前項貸款金額、利息補貼額度及作業程序應報請中央災害防救會報核定之，利息補貼額度由各級政府編列預算執行之，補貼範圍應斟酌民眾受災程度及自行重建能力。

第四四條之一（因災害毀損致不堪使用自用住宅之抵償貸款）105

①災區受災居民購屋貸款之自用住宅，經各級政府認定因災害毀損致不堪使用者，得經原

貸款金融機構之同意，以該房屋及其土地，抵償原貸款債務。內政部得於原貸款剩餘年限，就承受原貸款餘額予以利息補貼。

②前項利息補貼之範圍、方式、程序、補貼利率、自用住宅因災害毀損致不堪使用之認定及其他應遵行事項之辦法，由內政部會商相關機關定之。

③金融機構承受、處置第一項房屋或土地，不受銀行法第七十五條、第七十六條及保險法第一百四十六條之二規定之限制。

第四四條之二（災區受災戶各項借款債務償還期限之展延）105

①金融機構對災區受災居民於災害前已辦理之各項借款及信用卡，其本金及應繳款項之償還期限得予展延，展延期間之利息，應免予計收，並由中央政府予以補貼。其補貼範圍、展延期間、作業程序及其他應遵行事項之辦法，由金融監督管理委員會會商相關機關定之。

②前項本金償還期限展延致其放款期限超過三十年者，不受銀行法第三十八條規定之限制。

第四四條之三（災區受災戶領取之各項救助金慰問金或臨時工作津貼免稅）105

①災區受災居民自政府或民間領取之各項救助金、慰問金或臨時工作津貼，免納所得稅。

②營利事業透過合於所得稅法第十一條第四項規定之機關、團體對災區受災居民救助及重建之捐贈，得於申報所得稅時，列爲當年度費用或損失，不受金額之限制，不適用所得稅法第三十六條第二款之規定。

③災區內之土地及建築物，符合一定條件者，得減免地價稅及房屋稅。

④前項一定條件、減免期限及範圍，由災區之直轄市、縣（市）政府以自治條例定之，並報財政部備查。

⑤第一項之救助金、慰問金或臨時工作津貼，不得作爲扣押、抵銷、供擔保或強制執行之標的。

第四四條之四（災區受災戶各種社會保險費由中央政府支應）105

災區受災之全民健康保險保險對象，於災後一定期間內，其應自付之保險費、醫療費用部分負擔及住院一般膳食費用，由中央政府支應並得以民間捐款爲來源；其資格、條件、期間及其他應遵行事項之辦法，由衛生福利部定之。

第四四條之五（災區受災戶各種社會保險費由中央政府支應）105

①災區受災之農民健康保險、國民年金保險、勞工保險及就業保險被保險人，於災後一定期間內應負擔之保險費，由中央政府支應。

②勞工保險被保險人因天然災害致傷病者，得請領傷病給付，其所需經費，由中央政府支應。

③前二項被保險人之資格、請領條件、給付額度、期間及其他應遵行事項之辦法，分別由內政部、衛生福利部及勞動部定之。

第四四條之六（災區低收入户貸款之利息補貼）105

①災區低收入戶未申請政府優惠融資或其他補助，經金融機構核放創業融資貸款者，得由衛生福利部對承辦該貸款之金融機構補貼利息，其貸款金額不得超過新臺幣一百五十萬元。

②前項利息補貼額度及申辦作業程序，由衛生福利部會商相關機關定之。

第四四條之七（災區設施之擔保品由金融機構依貸款餘額予以承受）105

①災區之農地、漁塭與其他農業相關設施向金融機構貸款之擔保品全部毀損或滅失者，其擔保品得由金融機構依貸款餘額予以承受。

②金融機構依前項規定承受者，由政府就其承受金額最高八成之範圍內予以補助。有關承受補助之範圍、方式、程序及其他應遵行事項之辦法，由行政院農業委員會會商金融監督管理委員會定之。

第四四條之八（災區受災企業營運困難之紓困補貼）105

①災區受災企業因受影響而發生營運困難者，各中央目的事業主管機關得予以紓困。
②前項發生營運困難企業之認定、紓困措施與基準及其他應遵行事項之辦法，由各中央目的事業主管機關擬訂，報行政院核定。
③災區受災企業因受影響而發生營運困難者，於災害前已辦理之貸款，其本金及利息之償還得予以展延。
④前項展延期限，週轉金最長一年，資本性融資最長三年。
⑤第三項合意展延期間之利息損失，由各中央目的事業主管機關補貼金融機構。
⑥災區受災企業因受影響，於其復工營業計畫範圍內所需營業資金，向金融機構之貸款，其貸款之利息，於週轉金最長一年、資本性融資最長三年之範圍內，予以補貼。
⑦前項貸款必要時，由相關信用保證基金提供信用保證，信用保證成數為九成，送保期間保證手續費免向受災企業計收。
⑧前二項補貼範圍及作業程序，由各中央目的事業主管機關定之。

第四四條之九（災區受災戶暫免繳納裁判費或執行費之權利）105

①災區受災民眾對就其所受損害依法應負賠償責任之人提起民事訴訟者，暫免繳納裁判費，於聲請強制執行時，並暫免繳納執行費。
②前項訴訟，受災民眾為保全強制執行而聲請假扣押或假處分者，法院依民事訴訟法所命供之擔保，不得高於請求標的金額或價額之十分之一。
③前項擔保，得由主管機關出具保證書代之。
④法院就第一項訴訟所為災區受災民眾勝訴之判決，得依職權宣告假執行。法院因宣告假執行所命預供之擔保，準用前兩項規定。

第四四條之一〇（災區定義之範圍）106

第四十四條之一至第四十四條之九所稱災區，指因風災、震災、火山災害或其他重大災害，造成嚴重人命傷亡之受創地區，其範圍由行政院公告並刊登政府公報。

第四五條（民間捐助救災款項之使用）

民間捐助救災之款項，由政府統籌處理救災事宜者，政府應尊重捐助者之意見，專款專用，提供與災民救助直接有關之事項，不得挪為替代行政事務或業務之費用，並應公布支用細目。

第四六條（防災功勞者之表揚）

各級政府對於從事災害防救之災害防救團體、災害防救志願組織或個人具有顯著功勞者，應依法令予以表彰。

第四七條（執行災害防救致傷亡者之補償）108

①執行本法災害防救事項人員，得另發給津貼；如致傷病、身心障礙或死亡者，依下列規定請領給付；其所需費用由政府編列預算支應：
　一　傷病者：得憑各該政府出具證明，至全民健康保險特約醫療院所治療。但情況危急者，得先送其他醫療機構急救。
　二　因傷病致身心障礙者，依下列規定給與一次身心障礙給付：
　　㈠重度身心障礙以上者：三十六個基數。
　　㈡中度身心障礙者：十八個基數。
　　㈢輕度身心障礙者：八個基數。
　三　死亡者：給與一次撫卹金九十個基數。
　四　因傷病或身心障礙死亡者，依前款規定補足一次撫卹金基數。
②前項基數之計算，以公務人員委任第五職等年功俸最高級月支俸額為準。
③第一項身心障礙等級鑑定，依身心障礙者權益保障法及相關規定辦理。
④第一項所需費用由各該政府核發。

第四七條之一（災害失蹤人確定死亡及死亡時間之裁定）105

①對於因災害失蹤之人，有事實足認其確已因災死亡而未發現其屍體者，法院得依利害關

係人或檢察官之聲請，確定其死亡及死亡之時間。

②前項聲請，應於災害發生後一年內為之。

③第一項之失蹤人，以法院裁定所確定死亡之時，推定其為死亡。

④確定死亡與死亡時間之裁定及該裁定之撤銷、變更，本法未規定者，準用家事事件法宣告死亡事件之規定。

⑤法院准許第一項之聲請者，應公示催告，並準用家事事件法第一百三十條第三項、第四項、第一百五十六條第二項之規定。其陳報期間，應定為自揭示之日起三星期以上二個月以下。

第四八條（災害防救種類及標準之訂定）

災害救助種類及標準，由各中央災害防救業務主管機關會商直轄市、縣（市）政府統一訂定之。

第四九條（執行徵調或徵用補償辦法）

依本法執行徵調、徵用或徵購之補償或計價；其基準、程序、給付方式及其他應遵行事項之辦法，由內政部定之。

第五〇條（民間災害防救志願組織之認證）

①依本法協助執行災害應變措施之災害防救團體或災害防救志願組織，應向直轄市、縣（市）政府申請登錄；其登錄之申請條件、有效期限、撤銷、廢止、輔導及其他應遵行事項之辦法，由內政部定之。

②前項經登錄之災害防救團體或災害防救志願組織，各級政府應為其投保救災意外險，並得協助提供救災設備。

第五一條（施行細則）

本法施行細則由內政部定之。

第五二條（施行日）105

本法除中華民國一百零五年三月二十五日修正之第四十四條之一至第四十四條之十，自一百零四年八月六日施行外，自公布日施行。

災害防救法施行細則

①民國90年8月30日內政部令訂定發布全文26條。
②民國98年1月16日內政部令修正發布全文20條；並自發布日施行。
③民國100年2月21日內政部令修正發布第7、18條條文；增訂第9-1條條文；並刪除第6條條文。
④民國106年1月18日內政部令修正發布第2、3條條文。
⑤民國107年4月19日內政部令修正發布第2條條文。

第一條

本細則依災害防救法（以下簡稱本法）第五十一條規定訂定之。

第二條 107

本法第二條第一款第二目所定火災以外之各類災害，其定義如下：

一 爆炸：指壓力急速產生，並釋放至周圍壓力較低之環境，或因氣體急速膨脹，擠壓周圍之空氣或與容器壁摩擦，造成災害者。

二 公用氣體與油料管線災害：指天然氣事業或石油業之管線，因事故發生，造成安全危害或環境污染者。

三 輸電線路災害：指輸電之線路或設備受損，無法正常供輸電力，造成災害者。

四 礦災：指地下礦場、露天礦場、石油天然氣礦場（含海上探勘、生產作業）等各類礦場及礦業權持續中之廢棄礦坑或捨石場，發生落磐、埋沒、土石崩塌、一氧化碳中毒或窒息、瓦斯或煤塵爆炸、氣體突出、石油或天然氣洩漏、噴井、搬運事故、機電事故、炸藥事故、水災、火災等，造成人員生命及財產損害者。

五 空難：指航空器運作中所發生之事故，造成人員傷亡、失蹤或財物損失，或航空器遭受損害或失蹤者。

六 海難：指船舶發生故障、沉沒、擱淺、碰撞、失火、爆炸或其他有關船舶、貨載、船員或旅客之非常事故者。

七 陸上交通事故：指鐵路、公路及大眾捷運等運輸系統，發生行車事故，或因天然、人爲等因素，造成設施損害，致影響行車安全或導致交通陷於停頓者。

八 森林火災：指火災發生於國有、公有或私有林地，造成林木損害或影響森林生態系組成及運作者。

九 毒性化學物質災害：指因毒性化學物質事故，造成安全危害或環境污染者。

十 生物病原災害：指傳染病發生流行疫情，且對國家安全、社會經濟、人民健康造成重大危害，對區域醫療資源產生嚴重負荷者。

十一 動植物疫災：指因動物傳染病或植物疫病蟲害之發生、蔓延，造成災害者。

十二 輻射災害：指因輻射源或輻射作業過程中，或因天然、人爲等因素，產生輻射意外事故，造成人員輻射曝露之安全危害或環境污染者。

十三 工業管線災害：指輸出端廠場與接收端廠場間，於相關法令設立、管理之園區範圍外經由第三地地下工業管線輸送工廠危險物品申報辦法之危險物品，因事故發生，造成安全危害或環境污染等第二款以外之災害者。

十四 懸浮微粒物質災害：指因事故或氣象因素使懸浮微粒物質大量產生或大氣濃度升高，空氣品質達一級嚴重惡化或造成人民健康重大危害者。

第三條 106

本法所稱公共事業，指經中央目的事業主管機關指定之大眾傳播事業、電業、自來水事業、電信事業、天然氣事業、石油業、運輸業及其他事業。

第四條

本法所稱災害防救團體，指依人民團體法立案或依財團法人設立之相關規定取得許可，並依本法第五十條第一項規定登錄，協助執行災害應變措施之團體。

第五條

本法所稱災害防救志願組織，指依本法第五十條第一項規定登錄，協助執行災害應變措施之志工團隊。

第六條 （刪除）100

第七條 100

中央災害防救委員會每五年應依本法第十七條第二項規定，就相關減災、整備、災害應變、災後復原重建、科學研究成果、災害發生狀況、因應對策等，進行勘查、評估，檢討災害防救基本計畫；必要時，得隨時辦理之。

第八條

①中央災害防救業務主管機關每二年應依本法第二十二條第二項、第二十三條第二項、第二十七條第二項、第三十六條第二項規定及災害防救基本計畫等，進行勘查、評估，檢討災害防救業務計畫；必要時，得隨時辦理之。

②公共事業每二年應依災害防救基本計畫、相關減災、整備、災害應變、災後復原重建等，進行勘查、評估，檢討災害防救業務計畫；必要時，得隨時辦理之。

第九條

直轄市、縣（市）政府及鄉（鎮、市）公所每二年應依本法第二十二條第二項、第二十三條第二項、第二十七條第二項、第三十六條第二項規定、災害防救計畫、地區災害發生狀況、災害潛勢特性等，進行勘查、評估，檢討地區災害防救計畫；必要時，得隨時辦理之。

第九條之一 100

爲落實本法第二十二條第一項第二款規定之事項，各級政府應針對具災害潛勢且易因災害致交通中斷無法對外連絡之村、里或原住民部落等，協助輔導設立自主防救組織，並加強教育訓練。

第一〇條

①本法第二十三條第一項第五款所定災害防救物資、器材，其項目如下：

一　飲用水、糧食及其他民生必需品。

二　急救用醫療器材及藥品。

三　人命救助器材及裝備。

四　營建機具、建材及其他緊急應變措施之必需品。

五　其他必要之物資及器材。

②本法第二十三條第一項第六款所定災害防救設施、設備，其項目如下：

一　人員、物資疏散運送工具。

二　傳染病防治、廢棄物處理、環境消毒及衛生改善等設備。

三　救災用準備水源及災害搶救裝備。

四　各種維生管線材料及搶修用器材、設備。

五　資訊、通信等器材、設備。

六　其他必要之設施及設備。

第一一條

各級政府應依本法第二十八條第二項規定，充實災害應變中心固定運作處所有關資訊、通信等災害防救器材、設備，隨時保持堪用狀態，並每月至少實施功能測試一次，每半年至少舉辦演練一次，並得隨時爲之。

第一二條

①災害應變中心指揮官依本法第三十一條第一項規定實施相關事項時，應指定相關機關

（單位）執行之。

②前項指揮官依本法第三十一條第一項第二款及第三款規定所為之下列處分，應予公告，並刊登政府公報、新聞紙、利用電信網路傳送或其他足以使公眾得知之方式揭示；撤銷、廢止或變更時，亦同：

一　劃定警戒區域，限制或禁止人民進入或命其離去。

二　指定道路區間、水域、空域高度，限制或禁止車輛、船舶或航空器之通行。

第一三條

依本法第三十一條第一項第四款規定被徵調之協助救災人員，各級政府應依實際需要供給膳宿、交通工具或改發代金。

第一四條

①依本法第三十一條第一項第四款、第五款、第三十二條第一項規定為徵調處分、徵用處分或徵購處分時，應開具徵調書、徵用書或徵購書，分別送達被徵調人、徵用物之所有權人、使用人或管理權人（以下簡稱被徵用人）或被徵購人。但情況急迫者，得以電話、傳真或其他適當方式通知後，再行補發徵調書、徵用書或徵購書。

②前項徵調書、徵用書或徵購書，必要時，得協調被徵調人、被徵用人或被徵購人所屬機關（構）、學校或團體代為送達。

第一五條

徵調書應記載事項如下：

一　被徵調人之姓名、出生年、月、日、性別、國民身分證統一編號、住、居所或其他足資辨別之特徵。

二　主旨、事實、理由及其法令依據。

三　徵調支援地區。

四　徵調期限。

五　報到時間及地點。

六　處分機關名稱及其首長署名、簽章。

七　發文字號及年、月、日。

八　表明其為行政處分之意旨及不服行政處分之救濟方法、期間及其受理機關。

第一六條

徵用書、徵購書應記載事項如下：

一　被徵用人、被徵購人之姓名、出生年、月、日、性別、國民身分證統一編號、住、居所或其他足資辨別之特徵；如係法人或其他設有管理人或代表人之團體，其名稱、事務所或營業所，及管理人或代表人之姓名、出生年、月、日、性別、國民身分證統一編號、住、居所。

二　主旨、事實、理由及其法令依據。

三　徵用物或徵購物名稱、單位、數量及規格。

四　徵用支援地區。

五　徵用期限。

六　交付時間、地點。

七　處分機關名稱及其首長署名、簽章。

八　發文字號及年、月、日。

九　表明其為行政處分之意旨及不服行政處分之救濟方法、期間及其受理機關。

第一七條

①被徵調人、被徵用人或被徵購人應於接到徵調書、徵用書、徵購書或受通知後，依規定時間、地點報到，或交付徵用物或徵購物。

②災害應變中心或各級政府於被徵調人報到、徵用物或徵購物交付後，應發給被徵調人、被徵用人或被徵購人救災識別證或徵用物、徵購物受領證明，並對被徵調人、徵用物或

徵購物為適當之調度及運用。

③徵調或徵用期限屆滿，有繼續徵調或徵用之必要者，得延長其期限，並依第十四條規定辦理。

第一八條 100

①各級政府應將實施災害應變措施所需被徵調人，及徵用物或徵購物等救災資源，建立資料庫，並定期檢討更新資料；必要時，得隨時為之。

②中央災害防救業務主管機關應彙整前項規定資料，並建檔管理。

第一九條

①各級政府依本法第四十三條第二項規定調整當年度收支移緩濟急，其辦理順序如下：

一　由各機關原列與災害應變措施及災後復原重建等相關科目經費支應。

二　由各機關在原列預算範圍內檢討調整支應。

三　由行政院或直轄市、縣（市）政府視需要情形在總預算機關間調整支應。

②前項第二款、第三款規定之調整，應由各機關循修改歲出分配預算規定程序辦理。

第二〇條

本細則自發布日施行。

爆竹煙火管理條例

①民國92年12月24日總統令制定公布全文32條；並自公布日施行。
②民國99年6月2日總統令修正公布全文35條；並自公布日施行。

第一條 （立法目的）

爲規範爆竹煙火之管理，預防災害發生，維護人民生命財產，確保公共安全，特制定本條例。

第二條 （主管機關及權責劃分）

①本條例所稱主管機關：在中央爲內政部；在直轄市爲直轄市政府；在縣（市）爲縣（市）政府。

②主管機關之權責劃分如下：

一 中央主管機關：

㈠爆竹煙火安全管理制度之規劃設計與法規之制（訂）定、修正及廢止。

㈡爆竹煙火成品及達中央主管機關公告數量之氯酸鉀（$KClO_3$）或過氯酸鉀（$KClO_4$）之輸入許可。

㈢達中央主管機關公告數量之氯酸鉀或過氯酸鉀之販賣許可。

㈣一般爆竹煙火認可相關業務之辦理。

㈤直轄市、縣（市）爆竹煙火安全管理之監督。

㈥爆竹煙火監督人講習、訓練之規劃及辦理。

二 直轄市、縣（市）主管機關：

㈠爆竹煙火安全管理業務之規劃、自治法規之制（訂）定、修正、廢止及執行。

㈡爆竹煙火製造之許可、變更、撤銷及廢止。

㈢爆竹煙火製造及達中央主管機關所定管制量之儲存、販賣場所，其位置、構造、設備之檢查及安全管理。

㈣違法製造、輸入、儲存、解除封存、運出儲存地點、販賣、施放、持有或陳列爆竹煙火之成品、半成品、原料、專供製造爆竹煙火機具或施放器具之取締及處理。

㈤輸入一般爆竹煙火之封存。

㈥其他有關爆竹煙火之安全管理事項。

③中央主管機關基於特殊需要，依法於特定區域內特設消防機關時，該區域內屬前項第二款所定事項，由中央主管機關辦理；必要時，得委辦直轄市、縣（市）主管機關辦理。

第三條 （爆竹煙火之定義及分類）

①本條例所稱爆竹煙火，指其火藥作用後會產生火花、旋轉、行走、飛行、升空、爆音或煙霧等現象，供節慶、娛樂及觀賞之用，不包括信號彈、煙霧彈或其他火藥類製品。

②爆竹煙火分類如下：

一 一般爆竹煙火：經型式認可、個別認可並附加認可標示後，供民衆使用者。

二 專業爆竹煙火：須由專業人員施放，並區分如下：

㈠舞臺煙火：指爆點、火光、線導火花、震雷及混合劑等專供電影、電視節目、戲劇、演唱會等活動使用，製造表演聲光效果者。

㈡特殊煙火：指煙火彈、單支火藥紙管或其組合之產品等，於戶外使用，製造巨大聲光效果者。

㈢他經中央主管機關公告者。

第四條　（製造儲存及販賣場所之位置、構造、設備、安全管理辦法之訂定）

①爆竹煙火之製造場所及達中央主管機關所定管制量之儲存、販賣場所，其負責人應以安全方法進行製造、儲存或處理。

②前項所定場所之位置、構造與設備設置之基準、安全管理及其他應遵行事項之辦法，由中央主管機關會商相關機關定之。

第五條　（申請建照之程序）

①申請建造爆竹煙火製造場所及達中央主管機關所定管制量之儲存、販賣場所，除應依建築法有關規定辦理外，並應連同前條第二項所定該場所之位置、構造及設備圖說，送請直轄市、縣（市）主管建築機關轉請消防主管機關審查完竣後，直轄市、縣（市）主管建築機關始得發給建造執照。

②前項所定場所之建築物建造完工後，直轄市、縣（市）主管建築機關應會同當地消防主管機關檢查其位置、構造及設備合格後，始得發給使用執照。

③前項所定場所之建築物有增建、改建、變更用途，或利用現有建築物作第一項規定使用者，準用前二項所定程序辦理。

第六條　（申請製造許可文件及撤銷或廢止許可之情形）

①製造爆竹煙火，應檢附下列文件，向直轄市、縣（市）主管機關申請許可，經核發許可文件後，始得為之：

一　負責人國民身分證。

二　使用執照。

三　平面配置圖。

四　工廠登記證明文件。

五　公司或商業登記證明文件。

六　安全防護計畫。

七　公共意外責任保險證明文件。

八　其他經中央主管機關公告應行檢附之文件。

②前項許可文件所載事項有變更者，應於變更事由發生之日起三十日內，檢具相關證明文件，向直轄市、縣（市）主管機關申請變更。

③第一項申請，有下列情形之一者，直轄市、縣（市）主管機關應不予許可：

一　負責人曾違反本條例製造爆竹煙火，經有罪判決確定，尚未執行完畢或執行完畢後未滿五年。

二　曾受直轄市、縣（市）主管機關撤銷或廢止爆竹煙火製造許可未滿五年。

④取得爆竹煙火製造許可後，有下列情事之一者，直轄市、縣（市）主管機關得撤銷或廢止其許可，並註銷其許可文件：

一　申請許可資料有重大不實。

二　爆竹煙火製造場所發生重大公共意外事故。

三　爆竹煙火製造場所一部或全部提供他人租用或使用，進行爆竹煙火製造、加工作業。

四　爆竹煙火製造場所，違反本條例相關規定，經限期改善，屆期未改善。

⑤第一項所定許可或第二項所定許可後變更之申請資格、程序、應備文件、許可要件、審核方式、收費、許可文件內容及其他應遵行事項之辦法，由中央主管機關定之。

第七條　（氯酸鉀或過氯酸鉀申請輸入或販賣許可程序）

①輸入或販賣達中央主管機關公告數量之氯酸鉀或過氯酸鉀者，應檢附數量、合格儲存地點證明、使用計畫書、輸入或販賣業者、押運人、運輸方法及經過路線等資料，向中央主管機關申請發給許可文件。

②輸入之氯酸鉀或過氯酸鉀，應運至合格儲存地點放置，並於入庫二日前通知當地直轄市、縣（市）主管機關清點數量後始得入庫。

③前項氯酸鉀或過氯酸鉀應於運出儲存地點前，由輸入或販賣者將相關資料報請當地直轄市、縣（市）主管機關及目的地直轄市、縣（市）主管機關備查後，始得運出儲存地點。

第八條　（黑色火藥與導火索安全管理準用規定）

①供製造專業爆竹煙火使用之黑色火藥與導火索之購買、輸入、運輸、儲存、火藥庫之設置或變更及安全管理等事項，準用事業用爆炸物管理條例之規定。

②前項所定事項，由中央主管機關委託事業用爆炸物中央主管機關辦理。

第九條　（型式認可及個別認可之申請）

①一般爆竹煙火製造或輸入者，應向中央主管機關申請型式認可，發給型式認可證書，及申請個別認可，附加認可標示，並經中央主管機關檢查後，始得供國內販賣。

②前項型式認可證書所載事項有變更者，應檢具相關資料，向中央主管機關申請變更；其變更涉及性能者，應重新申請認可。

③未附加認可標示之一般爆竹煙火不得販賣、持有或陳列。

④一般爆竹煙火經個別認可不合格者，應經中央主管機關同意後，始得運出儲存地點辦理修補、銷毀或復運出口；其不能修補者，中央主管機關得逕行或命申請人銷毀或復運出口。

⑤對附加認可標示之一般爆竹煙火，主管機關得至該製造、儲存或販賣場所，進行抽樣檢驗或於市場購樣檢驗。

⑥第一項所定型式認可、個別認可、型式認可證書、認可標示之核發、附加認可標示後之檢查、第二項所定型式認可變更之審查及前項所定抽樣檢驗及購樣檢驗，得委託中央主管機關認可之專業機構辦理之。

⑦第一項及第二項所定一般爆竹煙火型式認可與個別認可之申請資格、程序、應備文件、認可要件、審核方式、標示之規格、附加方式、收費、安全標示、型式認可變更及其他應遵行事項之辦法，由中央主管機關定之。

第一〇條　（一般爆竹煙火之型式認可得予廢止之情形）

①一般爆竹煙火之型式認可，有下列情形之一者，得予廢止：

一　未依規定附加認可標示或附加方式不合規定，經限期改善，屆期未改善。

二　無正當理由拒絕抽樣檢驗。

三　依前條第五項規定檢驗結果，不符型式認可內容，經限期改善，屆期未改善。

四　消費者依照安全方式使用，仍造成傷亡或事故。

五　將認可標示轉讓或租借他人。

②一般爆竹煙火經依前項規定廢止型式認可者，其認可證書及認可標示，由中央主管機關註銷並公告之；其負責人應依中央主管機關所定期限，回收製造、儲存或販賣場所之一般爆竹煙火，並自廢止之日起二年內，不得再提出型式認可之申請。

第一一條　（待申請型式認可或個別認可之一般爆竹煙火輸入程序及安全管理）

①輸入待申請型式認可之一般爆竹煙火者，應檢附輸入者、一般爆竹煙火種類、規格、數量、輸入地、包裝情形、儲存場所與出進口廠商證明文件、押運人、運輸方法及經過路線資料，向中央主管機關申請發給許可文件。

②輸入待申請個別認可之一般爆竹煙火者，除前項所定文件外，並應檢附型式認可證書影本，向中央主管機關申請發給許可文件。

③依前項規定輸入之一般爆竹煙火，應運至合格儲存地點放置，並通知當地直轄市、縣（市）主管機關辦理封存，經個別認可合格，或經中央主管機關同意後，始得向當地直轄市、縣（市）主管機關申請解除封存。

第一二條　（販賣方式之限制）

販賣一般爆竹煙火，不得以自動販賣、郵購或其他無法辨識購買者年齡之方式為之。

第一三條　（兒童施放一般爆竹煙火之限制）

①父母、監護人或其他實際照顧兒童之人於兒童施放一般爆竹煙火時，應行陪同。
②中央主管機關得公告禁止兒童施放之一般爆竹煙火種類。
③前項公告之一般爆竹煙火，不得販賣予兒童。

第一四條 （專業爆竹煙火申請輸入程序及安全管理）

①輸入專業爆竹煙火，應檢附輸入者、種類、規格、數量、輸入地、包裝情形、儲存場所與出進口廠商證明文件、押運人、運輸方法、經過路線資料及直轄市、縣（市）主管機關核發施放許可或備查文件等資料，向中央主管機關申請發給許可文件。
②輸入之專業爆竹煙火應運至合格儲存地點放置，並於通知當地直轄市、縣（市）主管機關清點數量後辦理入庫。
③取得專業爆竹煙火輸入許可者，其申請資料有變更時，應檢附原許可文件及相關證明文件，向中央主管機關辦理變更。
④經中央主管機關許可輸入專業爆竹煙火，有下列情形之一者，中央主管機關得撤銷或廢止其許可，並得逕行或命輸入者銷毀或復運出口：
一　申請輸入資料虛僞不實。
二　違反第二項或第三項規定。

第一五條 （禁止施放爆竹煙火之區域）

①下列場所及其基地內，不得施放爆竹煙火：
一　石油煉製工廠。
二　加油站、加氣站、漁船加油站。
三　儲油設備之油槽區。
四　彈藥庫、火藥庫。
五　可燃性氣體儲槽。
六　公共危險物品與可燃性高壓氣體製造、儲存及處理場所。
七　爆竹煙火製造、儲存及販賣場所。
②施放一般爆竹煙火時，應與前項各款所定場所及其基地之外牆或相當於外牆之設施外側保持一般爆竹煙火所標示之安全距離。

第一六條 （專業爆竹煙火施放之申請許可）

①施放第二項以外之專業爆竹煙火，其負責人應於施放五日前檢具施放時間、地點、種類、數量、來源及安全防護措施等文件資料，向直轄市、縣（市）主管機關申請發給許可文件後，始得爲之。
②施放一定數量以下之舞臺煙火，其負責人應於施放前報請直轄市、縣（市）主管機關備查。但施放數量在中央主管機關公告數量以下者，得免報請備查。
③前二項專業爆竹煙火應於運出儲存地點前，將相關資料報請當地與臨時儲存場所及施放地點所在地之直轄市、縣（市）主管機關備查後，始得運出儲存地點。施放作業前之儲存，並應於合格之臨時儲存場所爲之。
④專業爆竹煙火施放時應保持之安全距離、施放之安全作業方式、施放人員之資格、第二項所定一定數量及其他應遵行事項之辦法，由中央主管機關定之。

第一七條 （爆竹煙火禁止施放地區、時間、種類及施放方式自治法規之訂定）

直轄市、縣（市）主管機關基於公共安全及公共安寧之必要，得制（訂）定爆竹煙火禁止施放地區、時間、種類、施放方式及施放人員資格之自治法規。

第一八條 （爆竹煙火監督人）

①爆竹煙火製造場所及達中央主管機關所定管制量三十倍之儲存、販賣場所之負責人，應選任爆竹煙火監督人，責其訂定安全防護計畫，報請直轄市、縣（市）主管機關備查，並依該計畫執行有關爆竹煙火安全管理上必要之業務；安全防護計畫修正時，亦同。
②爆竹煙火監督人選任後十五日內，應報請直轄市、縣（市）主管機關備查；異動時，亦同。

③第一項所定爆竹煙火監督人，應經中央主管機關或其認可之專業機構施予訓練，並領有合格證書，始得充任；任職期間，並應定期接受複訓，費用由受訓人員自行負擔。

第一九條（緊急安全措施）

爆竹煙火之製造、儲存或販賣場所，於附近發生火災或其他狀況致生危險時，或爆竹煙火產生煙霧、異味或變質等狀況，致影響其安定性時，其負責人或爆竹煙火監督人應立即採取下列緊急安全措施：

一　向當地消防主管機關報案。

二　發生狀況場所周圍之機具設備，全部或部分停止使用。

三　發生狀況場所周圍之爆竹煙火成品、半成品及原料，搬離至安全處所。

第二〇條（紀錄保存及申報義務）

爆竹煙火製造場所、達中央主管機關所定管制量之儲存場所與輸入者，及輸入或販賣達中央主管機關公告數量之氯酸鉀或過氯酸鉀者，其負責人應登記進出之爆竹煙火原料、半成品、成品、氯酸鉀及過氯酸鉀之種類、數量、時間、來源及流向等項目，以備稽查；其紀錄應至少保存五年，並應於次月十五日前向直轄市、縣（市）主管機關申報前一個月之紀錄。

第二一條（派員進入爆竹煙火製造儲存場所實施檢查）

①直轄市、縣（市）主管機關得派員進入爆竹煙火製造、儲存或販賣場所，就其安全防護設施、相關資料及其他必要之物件實施檢查，被檢查者不得規避、妨礙或拒絕，並得詢問負責人與相關人員，及要求提供相關資料。

②前項規定之檢查人員於執行檢查職務時，應主動出示有關執行職務之證明文件或顯示足資辨別之標誌，並不得妨礙該場所正常業務之進行。

③對於非法製造、儲存或販賣爆竹煙火之場所，有具體事實足認為有危害公共安全之虞者，直轄市、縣（市）主管機關得派員進入執行檢查或取締。

④直轄市、縣（市）主管機關執行第一項及前項所定檢查及取締，必要時，得商請轄區內警察機關協助之。

第二二條（公共意外責任保險之投保）

①爆竹煙火之製造場所與達中央主管機關所定管制量之儲存、販賣場所及專業爆竹煙火施放場所，其負責人應投保公共意外責任保險。

②前項所定公共意外責任保險之保險金額及施行日期，由中央主管機關公告之。

第二三條（專業機構認可辦法之訂定）

第九條第六項及第十八條第三項所定專業機構，其認可之申請、發給、撤銷、廢止、收費及其他應遵行事項之辦法，由中央主管機關定之。

第二四條（未經許可製造爆竹煙火之處罰）

①未經許可擅自製造爆竹煙火，處負責人及實際負責執行業務之人三年以下有期徒刑、拘役或併科新臺幣三十萬元以上三百萬元以下罰金。

②犯前項之罪因而致人於死者，處三年以上十年以下有期徒刑，得併科新臺幣二百萬元以上一千萬元以下罰金；致重傷者，處一年以上七年以下有期徒刑，得併科新臺幣一百萬元以上五百萬元以下罰金。

③第一項未經許可擅自製造爆竹煙火所得之利益超過法定罰金最高額者，得於所得利益之範圍內酌量加重，不受法定罰金最高額之限制。

第二五條（勒令停工或停業）

違反本條例規定，經予停工或停業之處分後，擅自復工或繼續營業者，應勒令停工或立即停業，並處負責人二年以下有期徒刑、拘役或科或併科新臺幣一百萬元以下罰金。

第二六條（罰則）

①有下列各款情事之一者，處新臺幣六十萬元以上三百萬元以下罰鍰：

一　違反第十九條規定。

二　合法爆竹煙火製造業者提供原料或半成品予第三人，於本條例規定之製造場所以外地點，從事製造、加工等作業。

②違反前項第二款規定者，並命其限期改善；屆期未改善者，得按次處罰，並得予以停工或停業之處分。

第二七條（罰則）

①有下列各款情事之一者，處新臺幣三十萬元以上一百五十萬元以下罰鍰：

一　爆竹煙火製造場所或達中央主管機關所定管制量三十倍之儲存、販賣場所，違反依第四條第二項所定辦法中有關位置、構造或設備設置之規定。

二　違反第七條第一項或第三項規定。

三　製造、輸入業者或零售商以外之供應者，違反第九條第三項規定販賣或陳列未附加認可標示之一般爆竹煙火。

四　違反第九條第四項規定，未經中央主管機關同意或命令，即將個別認可不合格之一般爆竹煙火運出儲存地點。

五　違反第十條第二項規定，未於中央主管機關所定期限內，回收一般爆竹煙火。

六　違反第十一條第一項、第二項、第十四條第一項或第十六條第三項規定。

七　爆竹煙火製造場所、達中央主管機關所定管制量三十倍之儲存、販賣場所，其負責人違反第二十二條規定，未投保公共意外責任保險、保險期間屆滿未予續保、投保後無故退保，或投保金額未達中央主管機關公告之數額。

②有前項第一款或第七款規定之情形者，並命其限期改善；屆期未改善者，得按次處罰，並得予以停工或停業之處分。

第二八條（罰則）

①有下列各款情事之一者，處新臺幣六萬元以上三十萬元以下罰鍰：

一　未達中央主管機關所定管制量三十倍之儲存或販賣場所，違反依第四條第二項所定辦法中有關位置、構造或設備設置之規定。

二　爆竹煙火製造場所及達中央主管機關所定管制量之儲存或販賣場所，違反依第四條第二項所定辦法中有關安全管理之規定。

三　違反第六條第二項規定。

四　規避、妨礙或拒絕主管機關依第九條第五項規定所為之檢驗或依第二十一條第一項及第三項規定所為之檢查、詢問、要求提供資料或取締。

五　違反第十一條第三項或第十四條第二項規定。

六　違反第十五條第一項規定。

七　違反第二十條規定，未登記相關資料、未依限保存紀錄、未依限申報紀錄或申報不實。

八　未達中央主管機關所定管制量三十倍之爆竹煙火儲存、販賣場所或專業爆竹煙火施放場所，其負責人違反第二十二條規定，未投保公共意外責任保險、保險期間屆滿未予續保、投保後無故退保，或投保金額未達中央主管機關公告之數額。

②有前項第一款、第二款、第七款或第八款規定情形之一者，並命其限期改善；屆期未改善者，得按次處罰，並得予以停工或停業之處分。

③有第一項第四款或第五款情形者，並得按次處罰及強制執行檢查。

第二九條（罰則）

①有下列各款情事之一者，處新臺幣三萬元以上十五萬元以下罰鍰：

一　違反第七條第二項規定。

二　第二十七條第一項第三款以外之人，違反第九條第三項規定，販賣或陳列未附加認可標示之一般爆竹煙火。

三　違反依第九條第七項所定辦法中有關安全標示之規定。

四　違反第十二條或第十三條第三項規定。

五　違反第十六條第一項或第二項規定。

六　違反依第十六條第四項所定辦法中有關施放專業爆竹煙火之安全作業方式或施放人員資格之規定。

七　違反直轄市、縣（市）主管機關依第十七條所定自治法規中有關爆竹煙火施放地區、時間、種類、施放方式或施放人員資格之規定。

八　違反第十八條規定。

②有前項第八款情形者，並命其限期改善；屆期未改善者，得按次處罰，並得予以停工或停業之處分。

第三〇條（罰則）

有下列各款情事之一者，處新臺幣三千元以上一萬五千元以下罰鍰：

一　違反第九條第三項規定，持有未附加認可標示之爆竹煙火，達中央主管機關所定管制量五分之一。

二　違反第十三條第一項規定。

第三一條（罰則）

①依本條例規定申請輸入或販賣氯酸鉀或過氯酸鉀後，未經許可擅自製造爆竹煙火者，中央主管機關得停止其輸入或販賣氯酸鉀或過氯酸鉀一年以上五年以下。

②依本條例規定申請輸入之爆竹煙火，違反依第四條第二項所定辦法中有關儲存爆竹煙火之規定，致生火災或爆炸者，中央主管機關得停止其輸入爆竹煙火一年以上五年以下。

③依本條例規定申請輸入或販賣氯酸鉀或過氯酸鉀，其申請輸入之資料有虛僞不實、違反第七條第二項、第三項或第二十條規定者，中央主管機關得停止其輸入或販賣氯酸鉀或過氯酸鉀六個月以上三年以下。

④依本條例規定申請輸入爆竹煙火，有下列各款情事之一者，中央主管機關得停止其輸入爆竹煙火一個月以上一年以下：

一　申請輸入之資料有虛僞不實。

二　違反第十一條第三項或第十四條第二項規定。

三　違反第十六條第三項規定，未報請主管機關備查，即自行運出儲存地點。

四　違反第二十條規定，未向主管機關申報紀錄，或申報不實。

第三二條（違法爆竹煙火逕行沒入及處理方式）

①違反本條例規定製造、儲存、解除封存、運出儲存地點、販賣、施放、持有或陳列之爆竹煙火，其成品、半成品、原料、專供製造爆竹煙火機具或施放器具，不問屬於何人所有，直轄市、縣（市）主管機關應逕予沒入。

②依前項規定沒入之專供製造爆竹煙火機具、施放器具、原料及有認可標示之爆竹煙火，得變賣、拍賣予合法之業者或銷毀之；未有認可標示之爆竹煙火成品及半成品，應於拍照存證並記載其數量後銷毀之。

第三三條（軍事機關及海關處理爆竹煙火儲存施放等之規定）

①軍事機關自行使用之爆竹煙火、氯酸鉀或過氯酸鉀，其製造、輸入及儲存，不適用本條例規定；其施放，依本條例規定。

②海關依法應處理之爆竹煙火，其儲存，不適用本條例規定。

第三四條（施行細則）

本條例施行細則，由中央主管機關定之。

第三五條（施行日）

本條例自公布日施行。

爆竹煙火管理條例施行細則

①民國93年4月13日內政部令訂定發布全文11條；並自發布日施行。
②民國99年12月28日內政部令修正發布全文11條；並自發布日施行。
③民國102年5月17日內政部令增訂發布第9-1條條文。

第一條

本細則依爆竹煙火管理條例（以下簡稱本條例）第三十四條規定訂定之。

第二條

本條例第三條第二項第一款所定之一般爆竹煙火，其種類如下：

一　火花類。
二　旋轉類。
三　行走類。
四　飛行類。
五　升空類。
六　爆炸音類。
七　煙霧類。
八　摔炮類。
九　其他類。

第三條

本條例第四條第一項所稱爆竹煙火之製造場所，指以氯酸鹽、過氯酸鹽、硝酸鹽、硫、硫化物、磷化物、木炭粉、金屬粉末及其他原料，配製火藥製造爆竹煙火或對爆竹煙火之成品、半成品予以加工之場所。

第四條

①本條例第四條第一項所定爆竹煙火儲存、販賣場所之管制量如下：

一　舞臺煙火以外之專業爆竹煙火：總重量零點五公斤。
二　摔炮類一般爆竹煙火：火藥量零點三公斤或總重量一點五公斤。
三　摔炮類以外之一般爆竹煙火及舞臺煙火：火藥量五公斤或總重量二十五公斤。但火花類之手持火花類及爆炸音類之排炮、連珠炮、無紙屑炮類管制量為火藥量十公斤或總重量五十公斤。

②前項管制量，除依本條例第九條第一項附加認可標示之一般爆竹煙火以火藥量計算外，其餘以爆竹煙火總重量計算之；爆竹煙火種類在二種以上時，以各該爆竹煙火火藥量或總重量除以其管制量，所得商數之和為一以上時，即達管制量以上。

第五條

本條例第九條第四項所定命申請人銷毀及第十四條第四項所定命輸入者銷毀，應依下列規定辦理：

一　將銷毀時間、地點、方式及安全防護計畫，事先報請所轄直轄市、縣（市）主管機關核定。
二　銷毀採引火方式者，應選擇空曠、遠離人煙及易燃物之處所，在銷毀地點四周應設置適當之阻絕設施及防火間隔，配置滅火器材或設備，並將銷毀日期、時間、地點通知鄰接地之所有人、管理人，或以適當方法公告之。
三　於上午八時後下午六時前為之，並應派人警戒監視，銷毀完成俟確認滅火後始得離開。

第六條

①依本條例第十一條第三項規定辦理封存之程序如下：

一　核對輸入之一般爆竹煙火與型式認可證書記載內容是否相符。

二　核對進口報單與申請輸入許可相關文件記載事項是否相符。

三　確認儲存場所爲合格者，且與申請輸入許可相關文件記載相符。

四　查核運輸駕駛人及車輛是否分別依規定取得有效之訓練證明書及臨時通行證。

五　封存以封條爲之，封條應加蓋直轄市、縣（市）主管機關關防並註明日期。

②依本條例第十一條第三項規定辦理解除封存及其後續處理之程序如下：

一　經個別認可合格者，應出示個別認可合格文件，向當地直轄市、縣（市）主管機關申請解除封存後，始得依本條例第九條第一項規定，附加認可標示。

二　經個別認可不合格者，應出示中央主管機關同意文件，向當地直轄市、縣（市）主管機關申請解除封存後，始得依本條例第九條第四項規定，運出儲存地點辦理修補、銷毀或復運出口。

第七條

①依本條例第十六條第一項規定施放專業爆竹煙火，其負責人應於施放五日前塡具申請書，並檢附下列文件一式三份，向直轄市、縣（市）主管機關申請許可：

一　負責人國民身分證影本。

二　製造或輸入者登記或立案證書影本。

三　施放清冊：應記載施放之日期、時間、地點及專業爆竹煙火名稱、數量、規格、照片。

四　標示安全距離之施放場所平面圖。

五　專業爆竹煙火效果、施放方式、施放器具及附有照片或圖樣之作業場所說明書。

六　施放安全防護計畫：應記載施放時間、警戒、滅火、救護、現場交通管制及觀衆疏散等應變事項。

七　施放人員名冊及專業證明文件影本。

八　其他由直轄市、縣（市）主管機關認定之文件。

②前項申請書內容或檢附之文件不完備者，直轄市、縣（市）主管機關得定期命其補正；必要時，並得至現場勘查。

第八條

①本條例第十八條所定爆竹煙火監督人，應爲爆竹煙火製造場所或達中央主管機關所定管制量三十倍以上儲存、販賣場所之管理或監督層次幹部。

②爆竹煙火監督人任職期間，每二年至少應接受複訓一次。

③本條例第十八條第三項所定訓練之時間，不得少於二十四小時，其課程如下：

一　消防常識及消防安全設備維護、操作。

二　火災及爆炸預防。

三　自衛消防編組。

四　火藥常識。

五　爆竹煙火管理法令介紹。

六　場所安全管理及安全防護計畫。

七　專業爆竹煙火施放活動規劃。

八　專業爆竹煙火施放操作實務。

④本條例第十八條第三項所定複訓之時間，不得少於八小時，其課程如下：

一　爆竹煙火安全管理實務探討。

二　爆竹煙火管理法令介紹。

三　安全防護計畫探討。

四　專業爆竹煙火施放實務探討。

第九條

本條例第十八條第一項所定安全防護計畫，包括下列事項：

一　負責人及爆竹煙火監督人之職責。

二　場所安全對策，其內容如下：

㈠搬運安全管理。

㈡儲存安全管理。

㈢製造安全管理。

㈣銷毀安全管理。

㈤用火用電之監督管理。

㈥消防安全設備之維護管理。

三　自衛消防編組。

四　防火避難設施之自行檢查。

五　火災或其他災害發生時之滅火行動、通報連絡、避難引導及緊急安全措施。

六　滅火、通報及避難演練之實施；每半年至少應舉辦一次，每次不得少於四小時，並應事先通知所轄消防主管機關。

七　防災應變之教育訓練。

八　場所位置圖、逃生避難圖及平面圖。

九　防止縱火措施。

十　其他防災應變之必要措施。

第九條之一 102

①本條例第二十條所定登記，得以書面或於中央主管機關網路申報系統為之。

②依本條例第二十條規定登記流向，應依品目分別載明下列資料：

一　爆竹煙火原料、半成品、氯酸鉀及過氯酸鉀：出貨對象姓名或名稱、地址（如住居所、事務所或營業所）、電話及其他經中央主管機關公告事項。

二　專業爆竹煙火成品：出貨對象、活動名稱與地點及其他經中央主管機關公告事項。

三　一般爆竹煙火成品：

㈠單筆或一個月內同一登記對象或同一登記地址達中央主管機關所定管制量：出貨對象姓名或名稱、地址（如住居所、事務所或營業所）、電話及其他經中央主管機關公告事項。

㈡前目以外之一般爆竹煙火成品：出貨對象姓名或名稱、電話及所在之直轄市、縣（市）。

第一〇條

①直轄市、縣（市）主管機關依本條例第三十二條第二項規定進行銷毀之程序如下：

一　於安全、空曠處所進行，並採取必要之安全防護措施。

二　於上午八時後下午六時前為之，並應派人警戒監視，銷毀完成俟確認滅火後始得離開。

三　應製作銷毀紀錄，記載沒入處分書編號、被處分人姓名、沒入爆竹煙火名稱、單位、數（重）量及沒入時間、銷毀時間，並檢附相片。

②中央主管機關依本條例第九條第四項及第十四條第四項規定逕行銷毀，應先通知當地主管機關，再依前項第一款及第二款規定辦理，並製作銷毀紀錄，記載銷毀之爆竹煙火名稱、單位、數（重）量及銷毀時間，及檢附相片。

第一一條

本細則自發布日施行。

緊急醫療救護法

①民國96年7月11日總統令修正公布全文58條；並自公布日施行。
②民國102年1月16日總統令修正公布第3、5、8、12、17、22、24、25、30、32、33條條文；並增訂第14-1、14-2條條文。
民國102年7月19日行政院公告第2條第1項所列屬「行政院衛生署」之權責事項，自102年7月23日起改由「衛生福利部」管轄。

第一章　總　則

第一條（立法目的）

為健全緊急醫療救護體系，提昇緊急醫療救護品質，以確保緊急傷病患之生命及健康，特制定本法。

第二條（主管機關）

①本法所稱衛生主管機關：在中央為行政院衛生署；在直轄市為直轄市政府；在縣（市）為縣（市）政府。

②本法所稱消防主管機關：在中央為內政部；在直轄市為直轄市政府；在縣（市）為縣（市）政府。

第三條（緊急醫療救護包括事項）102

本法所稱緊急醫療救護，包括下列事項：

一　緊急傷病、大量傷病患或野外地區傷病之現場緊急救護及醫療處理。

二　送醫途中之緊急救護。

三　重大傷病患或離島、偏遠地區難以診治之傷病患之轉診。

四　醫療機構之緊急醫療。

第四條（緊急醫療救護人員之範圍）

本法所稱緊急醫療救護人員（以下簡稱救護人員），指醫師、護理人員、救護技術員。

第二章　緊急醫療救護體系

第五條（緊急醫療救護區域之劃定及訂定全國緊急醫療救護計畫）102

①為促進緊急醫療救護設施及人力均衡發展，中央衛生主管機關應會同中央消防主管機關劃定緊急醫療救護區域，訂定全國緊急醫療救護計畫。其中，野外地區緊急救護應予納入。

②中央衛生主管機關為整合緊急醫療救護資源，強化緊急應變機制，應建立緊急醫療救護區域協調指揮體系，並每年公布緊急醫療品質相關統計報告。

第六條（緊急醫療救護計畫）

直轄市、縣（市）政府應依轄區內之緊急醫療救護資源，配合前條第一項之全國緊急醫療救護計畫，訂定緊急醫療救護實施方案，辦理緊急醫療救護業務。

第七條（災害及戰爭之預防應變措施）

各級衛生主管機關對災害及戰爭之預防應變措施，應配合規劃辦理緊急醫療救護有關事項；必要時，得結合全民防衛動員準備體系，實施緊急醫療救護。

第八條（中央衛生主管機關諮詢或審查事項）102

中央衛生主管機關得邀集醫療機構、團體與政府機關代表及學者專家，為下列事項之諮詢或審查：

一　緊急醫療救護體系建置及緊急醫療救護區域劃定之諮詢。
二　化學災害、輻射災害、燒傷、空中救護及野外地區之緊急醫療救護等特殊緊急醫療救護之諮詢。
三　急救教育訓練及宣導之諮詢。
四　第三十八條醫院醫療處理能力分級標準及評定結果之審查。
五　其他有關中央或緊急醫療救護區域之緊急醫療救護業務之諮詢。

第九條　（區域緊急醫療應變中心之組成及辦理業務）

①中央衛生主管機關應依第五條第二項之緊急醫療救護區域協調指揮體系，委託醫療機構於各區域內組成區域緊急醫療應變中心（以下簡稱區域應變中心），辦理下列業務：
一　即時監控區域內災害有關緊急醫療之事件。
二　即時掌握區域內緊急醫療資訊及資源狀況。
三　建置區域內災害醫療資源之資料庫。
四　協助規劃災害有關緊急醫療事件之復健工作。
五　定期辦理年度重大災害有關緊急醫療之演練。
六　跨直轄市、縣（市）之災害發生時，協助中央衛生主管機關調度區域內緊急醫療資源，進行應變工作。
七　協助中央衛生主管機關指揮區域內急救責任醫院派遣相關人員，協助處理大量緊急傷病患。
八　其他有關區域緊急醫療災害應變事項。

②前項第六款與第七款調度、指揮之啓動要件、指揮體系架構、應變程序及其他應配合事項之辦法，由中央衛生主管機關定之。

第一〇條　（地方衛生主管機關諮詢或審查事項）

直轄市、縣（市）衛生主管機關得邀集醫療機構、團體與政府機關代表及學者專家，爲下列事項之諮詢或審查：
一　緊急醫療救護資源規劃及實施方案之諮詢。
二　急救責任醫院之指定方式及考核事項之諮詢。
三　轉診爭議事項之審查。
四　緊急傷病患救護作業程序之諮詢。
五　救護技術員督導考核事項之諮詢。
六　其他有關緊急醫療救護事項之諮詢。

第一一條　（醫院緊急醫療業務之評鑑制度及督導考核）

①中央衛生主管機關應將醫院緊急醫療業務及協助到院前緊急醫療業務納入醫院評鑑。

②直轄市、縣（市）衛生主管機關對轄區內醫療機構之緊急醫療業務，應定期實施督導考核。

第一二條　（救災救護指揮中心之任務）102

直轄市、縣（市）消防機關之救災救護指揮中心，應由救護人員二十四小時執勤，處理下列緊急救護事項：
一　建立緊急醫療救護資訊。
二　提供緊急傷病患送達醫療機構前之緊急傷病諮詢。
三　受理緊急醫療救護申請。
四　指揮救護隊或消防分隊執行緊急傷病患送達醫療機構前之緊急救護。
五　聯絡醫療機構接受緊急傷病患。
六　聯絡救護運輸工具之設置機關（構）執行緊急救護業務。
七　協調有關機關執行緊急救護業務。
八　遇緊急傷病、大量傷病患或野外地區救護時，派遣當地救護運輸工具設置機關（構）之救護車及救護人員出勤，並通知直轄市、縣（市）衛生主管機關。

第一三條（救護區之劃分）

直轄市、縣（市）消防主管機關應依其轄區人口分佈、地理環境、交通及醫療設施狀況，劃分救護區，並由救護隊或消防分隊執行緊急傷病患送達醫療機構前之緊急救護業務。

第一四條（救護隊或消防分隊每隊最基本之配置）

前條救護隊或消防分隊，每隊至少應配置救護車一輛及救護人員七名，其中專職人員不得少於半數。

第一四條之一（公共場所緊急救護設備之設置）102

①中央衛生主管機關公告之公共場所，應置有自動體外心臟電擊去顫器或其他必要之緊急救護設備。

②場所管理權人或法人負責人於購置設備後，應送衛生主管機關備查後，登錄於救災救護指揮中心。

③前二項必要之緊急救護設備之項目、設置方式、管理、使用訓練及其他有關事項之辦法，由中央衛生主管機關定之。

④第一項公共場所購置自動體外心臟電擊去顫器或其他必要之緊急救護設備，必要時得獎勵或補助。

第一四條之二（緊急避難免責之規定）102

①救護人員以外之人，爲免除他人生命之急迫危險，使用緊急救護設備或施予急救措施者，適用民法、刑法緊急避難免責之規定。

②救護人員於非值勤期間，前項規定亦適用之。

第三章　救護運輸工具

第一五條（救護車之種類）

救護車分爲一般救護車及加護救護車；其裝備標準、用途及有關事項之管理辦法，由中央衛生主管機關定之。

第一六條（救護車之設置登記及設置單位）

①救護車之設置，應向所在地直轄市、縣（市）衛生主管機關申請許可登記，並向所在地公路監理機關申請特屬救護車車輛牌照；其許可登記事項變更時，亦同。

②救護車之設置，以下列機關（構）爲限：

一　消防機關。

二　衛生機關。

三　軍事機關。

四　醫療機構。

五　護理機構。

六　救護車營業機構。

七　經直轄市或縣（市）衛生主管機關認定需要設置救護車之機構或公益團體。

③醫療或護理機構委託前項救護車設置機關（構）載送傷病患，應與受託人負連帶責任。

④第二項第三款至第七款之救護車設置機關（構），其申請設置救護車之許可條件與程序、跨直轄市、縣（市）營運之管理、許可之期限與展延之條件、廢止許可之情形與救護車營業機構之設立及其他應遵行事項之辦法，由中央衛生主管機關定之。但軍事機關之軍用救護車設置及管理，依國防部之規定。

第一七條（救護車外觀基本特徵）102

①救護車應裝設警鳴器、車廂內外監視錄影器及紅色閃光燈，車身爲白色，兩側漆紅色十字及機關（構）名稱，車身後部應漆許可字號。未經所在地直轄市、縣（市）衛生主管機關核准，不得爲其他標識。

②前項救護車非因情況緊急，不得使用警鳴器及紅色閃光燈。

第一八條（救護車隨車人員出勤之最低標準）

救護車於救護傷病患及運送病人時，應有救護人員二名以上出勤；加護救護車出勤之救護人員，至少應有一名為醫師、護理人員或中級以上救護技術員。

第一九條（救護車施行消毒或去污處理）

①救護車應定期施行消毒，並維持清潔。

②救護車於運送傳染病或疑似傳染病之病人或運送受化學、輻射物質污染之病人後，應依其情況，施行必要之消毒或去污處理。

③醫院收治前項傳染病或疑似傳染病之病人，於一定傳染病，經依傳染病防治法規定報告該管主管機關並經其證實後，應通知運送救護車所屬之機關（構），採行必要措施；其一定傳染病之範圍，由中央衛生主管機關考量控制疫情與保護救護人員及第三人安全之需要公告之。

第二〇條（救護車執勤收費）

救護車執行勤務，應依據所在地直轄市、縣（市）衛生主管機關訂定之收費標準收費。

第二一條（救護車之管理）

①直轄市、縣（市）衛生主管機關對所轄救護車之人員配置、設備及救護業務，應每年定期檢查；必要時，得不定期為之。

②救護車設置機關（構）對前項檢查，不得規避、妨礙或拒絕。

第二二條（救護用交通工具之管理辦法）102

救護直昇機、救護飛機、救護船（艦）及其他救護車以外之救護運輸工具，其救護之範圍、應配置之配備、查核、申請與派遣救護之程序、停降地點與接駁方式、救護人員之資格與訓練、執勤人數、執勤紀錄之製作與保存、檢查及其他應遵行事項之辦法，由中央衛生主管機關會同有關機關定之。

第二三條（救護直昇機停機坪之設置）

中央衛生主管機關為因應離島、偏遠地區緊急醫療救護之需要，得會同有關機關規劃設置救護直昇機之停機坪。

第四章　救護技術員

第二四條（救護技術員之分級）102

①救護技術員分為初級、中級及高級三類。

②前項各級救護技術員之受訓資格、訓練、繼續教育、得施行之救護項目、應配合措施及其他應遵行事項之辦法，由中央衛生主管機關定之。

③前項訓練之訓練課程，應包括野外地區之救護訓練。

第二五條（醫療指導制度之建立）102

①直轄市、縣（市）消防主管機關為辦理下列事項，應指定醫療指導醫師，其中並得增加具野外醫學專業者，建立醫療指導制度：

一　各級救護技術員執行緊急救護之教育、訓練、督導及考核。

二　訂定各級救護技術員品質指標、執行品質監測。

三　核簽高級救護員依據預立醫療流程施行緊急救護之救護紀錄表。

②前項所定醫療指導醫師之資格、訓練及其他相關事項之辦法，由中央衛生主管機關會同中央消防主管機關定之。

第二六條（救護技術員施行緊急救護之地點）

救護技術員施行緊急救護，以下列地點為限：

一　緊急傷病或大量傷病患之現場。

二　送醫或轉診途中。

三　抵達送醫目的醫療機構而醫護人員尚未處置前。

第二七條（緊急傷病患救護作業程序）

①救護技術員應依緊急傷病患救護作業程序，施行救護。
②前項緊急傷病患救護作業程序，由直轄市、縣（市）衛生主管機關定之。
第二八條（使用救護技術員名稱之限制）
非救護技術員不得使用救護技術員名稱。

第五章　救護業務

第二九條（救護人員依救災救護指揮中心指示前往急救）
救護人員應依救災救護指揮中心指示前往現場急救，並將緊急傷病患送達就近適當醫療機構。
第三〇條（大量傷病患救護辦法之訂定）102
①直轄市、縣（市）衛生主管機關應訂定大量傷病患救護（含野外地區緊急救護）辦法，並定期辦理演習。
②前項演習，得聯合消防等有關機關舉行，並請當地醫療機構及救護車設置機關（構）配合辦理。
第三一條（相互支援之責任）
直轄市、縣（市）衛生及消防等有關機關對發生於其鄰近地區之大量傷病患，應予支援。
第三二條（遇大量傷病患，應依災害規模及種類，建立現場指揮協調系統）102
①直轄市、縣（市）政府遇大量傷病患或野外緊急救護，應依災害規模及種類，建立現場指揮協調系統，施行救護有關工作。
②前項大量傷病患或野外緊急救護處理涉及軍事機密時，應會商軍事機關處理之。
第三三條（遇大量傷病患，參與急救人員，應依現場指揮協調統之指揮）102
遇大量傷病患或野外緊急救護，參與現場急救救護人員及救護運輸工具設置機關（構），均應依現場指揮協調系統之指揮，施行救護。
第三四條（救護紀錄表保存期限）
①救護人員施行救護，應填具救護紀錄表，分別交由該救護車設置機關（構）及應診之醫療機構保存至少七年。
②前項醫療機構應將救護紀錄表併病歷保存。
第三五條（救護技術員及參與救護之人員保密義務）
救護技術員及其他參與緊急醫療救護業務之機關（構）所屬人員，因業務而知悉或持有他人之秘密，不得無故洩漏。

第六章　醫院緊急醫療業務

第三六條（遇緊急傷病患應即檢視並協助安排轉診）
①醫院為有效調度人力與設備，應建立緊急傷病患處理作業流程及內部協調指揮系統，遇有緊急傷病患時應即檢視，並依其醫療能力予以救治或採取必要措施，不得無故拖延；其無法提供適切治療時，應先做適當處置，並協助安排轉診至適當之醫療機構或報請救災救護指揮中心協助。
②前項轉診，其要件、跨直轄市、縣（市）行政區之醫院聯繫與協調、轉診方式與醫療照護及其他應遵行事項之辦法，由中央衛生主管機關定之。
第三七條（地區急救責任醫院之指定及使用名稱限制）
①直轄市、縣（市）衛生主管機關應依轄區內醫院之緊急醫療設備及專長，指定急救責任醫院。
②非急救責任醫院，不得使用急救責任醫院名稱。
第三八條（醫院緊急醫療處理能力分級評定）
①中央衛生主管機關應辦理醫院緊急醫療處理能力分級評定；醫院應依評定等級提供醫療

服務，不得無故拖延。
②前項分級標準，由中央衛生主管機關依緊急醫療之種類定之。

第三九條（急救責任醫院辦理事項）

①急救責任醫院應辦理下列事項：
一 全天候提供緊急傷病患醫療照護。
二 接受醫療機構間轉診之緊急傷病患。
三 指派專責醫師指導救護人員執行緊急救護工作。
四 緊急醫療救護訓練。
五 依中央衛生主管機關規定提供緊急醫療救護資訊。
六 其他經衛生主管機關指派之緊急救護相關業務。
②前項第五款緊急醫療救護資訊項目、通報方式、時間及其他相關事項之辦法，由中央衛生主管機關定之。

第四〇條（醫院不得無故拒絕救災救護指揮中心之派遣）

遇緊急傷病或大量傷病患救護，或爲協助其轉診服務，救災救護指揮中心得派遣當地醫院救護車及救護人員出勤，醫院不得無故拒絕。

第七章 罰 則

第四一條（罰則）

①救護車設置機關（構）有下列情形之一者，處新臺幣十萬元以上五十萬元以下罰鍰，並通知其限期改善；屆期未改善者，得按次處罰至改善爲止：
一 違反中央衛生主管機關依第十五條授權所定辦法有關救護車裝備標準及用途之規定。
二 違反中央衛生主管機關依第十六條第四項授權所定辦法有關救護車設置、營運管理及救護車營業機構設立規定。
三 違反第十八條規定。
②前項各款情形，其情節重大者，得直接廢止其救護車之設置許可，並由所在地直轄市、縣（市）衛生主管機關通知公路監理機關吊銷其全部救護車之牌照；屬救護車營業機構者，並廢止其設立許可。
③非屬第十六條第二項所定之機關（構）擅自設置救護車者，處新臺幣十萬元以上五十萬元以下罰鍰；並由所在地直轄市、縣（市）衛生主管機關通知公路監理機關吊銷其車輛牌照。

第四二條（罰則）

有下列情形之一者，處新臺幣六萬元以上三十萬元以下罰鍰：
一 救護車設置機關（構）違反第十七條第二項、第三十四條第一項或違反依第二十條所定標準超額收費。
二 醫院違反第三十六條第一項規定，未立即依其醫療能力救治緊急傷病患或未作適當處置而逕予轉診。
三 醫院違反第三十八條第一項規定，未依中央衛生主管機關評定之緊急醫療處理能力分級提供緊急醫療服務。

第四三條（罰則）

有下列情形之一者，處新臺幣五萬元以上二十五萬元以下罰鍰：
一 救護車設置機關（構）違反第二十一條第二項或第三十三條規定。
二 醫院違反第四十條規定。

第四四條（罰則）

有下列情形之一者，處新臺幣一萬元以上五萬元以下罰鍰，並通知限期改善；屆期未改善者，按次處罰至改善爲止：

一　醫療機構違反第三十四條第二項規定。

二　急救責任醫院違反第三十九條第一項規定。

第四五條（罰則）

有下列情形之一者，處新臺幣一萬元以上五萬元以下罰鍰：

一　救護技術員違反第二十六條或第二十七條第一項規定。

二　救護人員違反第二十九條或第三十三條規定。

三　救護技術員及其他參與緊急醫療救護業務之機關（構）所屬人員違反第三十五條規定。

四　醫院違反第三十六條第二項所定轉診辦法之轉診要件、方式及應辦理之醫院聯繫與協調事項或第三十七條第二項規定。

第四六條（罰則）

救護車設置機關（構）違反第十七條第一項、第十九條第一項或第二項規定者，處新臺幣五千元以上二萬五千元以下罰鍰，並通知其限期改善；屆期未改善者，按次處罰至改善爲止。

第四七條（罰則）

有下列情形之一者，處新臺幣五千元以上二萬五千元以下罰鍰：

一　違反第二十八條規定。

二　救護人員違反第三十四條第一項規定。

第四八條（罰則）

違反第十八條、第三十六條、第三十八條第一項或第四十條規定者，除依第四十一條第一項、第四十二條、第四十三條或第四十五條規定處罰外，對其行爲人亦處以各該條之罰鍰。但行爲人爲私立醫療機構之負責醫師者，不另處罰。

第四九條（罰則）

適用第十六條第四項所定辦法之救護車設置機關（構）有下列情形之一者，廢止其全部救護車之設置許可；其屬救護車營業機構者，並廢止其設立許可：

一　容留未具救護人員資格者擅自執行救護業務。

二　從事有傷風化或危害人體健康等不正當業務。

三　利用救護車從事犯罪行爲。

四　違反第二十條規定，超收救護車服務費用經查屬實，而未依限將超收部分退還傷病患。

第五〇條（罰則）

直轄市、縣（市）衛生主管機關依前條規定廢止救護車設置許可時，應通知公路監理機關吊銷其車輛牌照。

第五一條（罰則）

救護車設置機關（構）受廢止其救護車之設置許可處分者，於三年內不得再申請設置。

第五二條（罰則）

本法所定之罰鍰、救護車及民間救護車機構設置許可之廢止，由直轄市、縣（市）衛生主管機關爲之。

第八章　附　則

第五三條（編列預算）

直轄市、縣（市）衛生及消防主管機關應編列預算，執行本法所規定緊急醫療救護工作。

第五四條（補助經費）

中央衛生及消防主管機關爲均衡各區緊急醫療救護水準，得補助地方衛生及消防主管機關辦理該轄區緊急醫療救護實施方案之經費。

第五五條（規費之收取）

直轄市、縣（市）衛生主管機關依本法受理救護車設置登記及救護車營業機構設立許可，應收取審查費、登記費及證照費；其收費標準，由中央衛生主管機關定之。

第五六條（獎勵措施）

①中央衛生主管機關爲均衡緊急醫療資源、提升緊急醫療業務品質及效率，對於緊急醫療資源不足地區，應採取獎勵措施。

②前項緊急醫療資源不足地區之認定、獎勵措施之項目、方式及其他應遵行事項之辦法，由中央衛生主管機關定之。

第五七條（施行細則）

本法施行細則，由中央衛生主管機關會同中央消防主管機關定之。

第五八條（施行日）

本法自公布日施行。

緊急醫療救護法施行細則

①民國85年7月3日行政院衛生署令訂定發布全文17條。
②民國88年12月6日行政院衛生署令修正發布第3、7條條文。
③民國92年12月31日行政院衛生署令修正發布第14條條文；並刪除第16條條文。
④民國97年11月19日行政院衛生署、內政部令會銜修正發布全文10條；並自發布日施行。

第一條

本細則依緊急醫療救護法（以下簡稱本法）第五十七條規定訂定之。

第二條

本法用詞，定義如下：

一　緊急傷病：指具有急性及嚴重性症狀，如未即時給予醫療救護處理，將導致個人健康、身體功能嚴重傷害或身體器官機能嚴重異常之傷病。

二　緊急傷病患：指緊急傷病之患者。但不包括醫院已收治住院者。

三　大量傷病患：指單一事故、災害發生之傷病患人數達十五人以上，或預判可能達十五人以上者。

四　重大傷病患：指傷害或疾病狀況具生命威脅之危險，需專業醫療團隊予以立即處置者。

五　離島、偏遠地區難以診治之傷病患：指依該離島、偏遠地區之醫療設備、設施及醫事人員能力，無法提供適切治療者。

第三條

直轄市、縣（市）衛生主管機關依本法第十一條第二項規定辦理轄區內醫療機構緊急醫療業務督導考核，應每年至少辦理一次。

第四條

①公路監理機關依本法第十六條第一項規定發給救護車牌照時，應將核准車號通知當地衛生主管機關。

②本法第十六條第二項第一款、第二款所定之救護車設置機關，應填具申請書，向所在地直轄市、縣（市）衛生主管機關申請許可登記；變更登記時，亦同。

第五條

①救護車違反本法第十七條第二項規定者，由警察機關取締後，移送當地衛生主管機關依本法第四十二條第一款規定處理。

②警察機關依前項取締時，準用舉發違反道路交通管理事件通知單之格式，並載明違反本法第十七條第二項規定之事由。

第六條

①救護車依本法第十九條第一項規定所施行之定期消毒，每月應至少一次，並留存紀錄以供衛生主管機關查核。

②醫院收治本法第十九條第三項所定一定傳染病或疑似一定傳染病之病人，經依傳染病防治法規定報告該管主管機關並經其證實後，應於二十四小時內將結果及應採行之必要措施，通知運送救護車所屬之機關（構）。

第七條

救護車設置機（關）構依本法第二十條規定收取費用時，應掣給收費憑證。

第八條

設有急診科之醫院應依本法第三十六條第一項規定，建立下列機制：

一　院內指揮組織架構與人員職掌。

二　因應緊急傷病患或大量傷病患事故之人力、設備或設施調度原則。

三　假日及夜間時段之應變措施。

第九條

①急救責任醫院依本法第三十九條第一項第三款規定，指派之專責醫師指導救護人員執行緊急救護工作，得以電話或其他通訊方式給予線上醫療指導。

②前項線上指導之內容，專責醫師及救護人員應分別製作紀錄，並依規定保存。

第一〇條

本細則自發布日施行。

行政程序法

①民國88年2月3日總統令制定公布全文175條；並自90年1月1日施行。
②民國89年12月27日總統令增訂公布第174-1條條文。
③民國90年6月20日總統令修正公布第174-1條條文。
④民國90年12月28日總統令修正公布第174-1條條文。
⑤民國94年12月28日總統令公布刪除第44、45條條文。
⑥民國102年5月22日總統令修正公布第131條條文。
⑦民國104年12月30日總統令修正公布第127、175條條文。

第一章　總　則

第一節　法　例

第一條 (立法目的)

爲使行政行爲遵循公正、公開與民主之程序，確保依法行政之原則，以保障人民權益，提高行政效能，增進人民對行政之信賴，特制定本法。

第二條 (行政程序與行政機關之定義)

①本法所稱行政程序，係指行政機關作成行政處分、締結行政契約、訂定法規命令與行政規則、確定行政計畫、實施行政指導及處理陳情等行爲之程序。

②本法所稱行政機關，係指代表國家、地方自治團體或其他行政主體表示意思，從事公共事務，具有單獨法定地位之組織。

③受託行使公權力之個人或團體，於委託範圍內，視爲行政機關。

第三條 (適用範圍)

①行政機關爲行政行爲時，除法律另有規定外，應依本法規定爲之。

②下列機關之行政行爲，不適用本法之程序規定：

一　各級民意機關。
二　司法機關。
三　監察機關。

③下列事項，不適用本法之程序規定：

一　有關外交行爲、軍事行爲或國家安全保障事項之行爲。
二　外國人出、入境、難民認定及國籍變更之行爲。
三　刑事案件犯罪偵查程序。
四　犯罪矯正機關或其他收容處所爲達成收容目的所爲之行爲。
五　有關私權爭執之行政裁決程序。
六　學校或其他教育機構爲達成教育目的之內部程序。
七　對公務員所爲之人事行政行爲。
八　考試院有關考選命題及評分之行爲。

第四條 (一般法律原則)

行政行爲應受法律及一般法律原則之拘束。

第五條 (行政行爲之內容)

行政行爲之內容應明確。

第六條 (行政行爲之平等原則)

行政行爲，非有正當理由，不得爲差別待遇。

第七條（行政行為之比例原則）

行政行為，應依下列原則為之：

一　採取之方法應有助於目的之達成。

二　有多種同樣能達成目的之方法時，應選擇對人民權益損害最少者。

三　採取之方法所造成之損害不得與欲達成目的之利益顯失均衡。

第八條（行政行為之誠信原則）

行政行為，應以誠實信用之方法為之，並應保護人民正當合理之信賴。

第九條（行政程序對當事人有利及不利之情形）

行政機關就該管行政程序，應於當事人有利及不利之情形，一律注意。

第一〇條（行政裁量之界限）

行政機關行使裁量權，不得逾越法定之裁量範圍，並應符合法規授權之目的。

第二節　管　轄

第一一條（行政機關之管轄權及管轄權不得隨意設定或變更）

①行政機關之管轄權，依其組織法規或其他行政法規定之。

②行政機關之組織法規變更管轄權之規定，而相關行政法規所定管轄機關尚未一併修正時，原管轄機關得會同組織法規變更後之管轄機關公告或逕由其共同上級機關公告變更管轄之事項。

③行政機關經裁併者，前項公告得僅由組織法規變更後之管轄機關為之。

④前二項公告事項，自公告之日起算至第三日起發生移轉管轄權之效力。但公告特定有生效日期者，依其規定。

⑤管轄權非依法規不得設定或變更。

第一二條（管轄權之補充規定）

不能依前條第一項定土地管轄權者，依下列各款順序定之：

一　關於不動產之事件，依不動產之所在地。

二　關於企業之經營或其他繼續性事業之事件，依經營企業或從事事業之處所，或應經營或應從事之處所。

三　其他事件，關於自然人者，依其住所地，無住所或住所不明者，依其居所地，無居所或居所不明者，依其最後所在地。關於法人或團體者，依其主事務所或會址所在地。

四　不能依前三款之規定定其管轄權或有急迫情形者，依事件發生之原因定之。

第一三條（行政機關管轄權競合時之解決方法）

①同一事件，數行政機關依前二條之規定均有管轄權者，由受理在先之機關管轄，不能分別受理之先後者，由各該機關協議定之，不能協議或有統一管轄之必要時，由其共同上級機關指定管轄。無共同上級機關時，由各該上級機關協議定之。

②前項機關於必要之情形時，應為必要之職務行為，並即通知其他機關。

第一四條（行政機關管轄權爭議之解決方法）

①數行政機關於管轄權有爭議時，由其共同上級機關決定之，無共同上級機關時，由各該上級機關協議定之。

②前項情形，人民就其依法規申請之事件，得向共同上級機關申請指定管轄，無共同上級機關者，得向各該上級機關之一為之。受理申請之機關應自請求到達之日起十日內決定之。

③在前二項情形未經決定前，如有導致國家或人民難以回復之重大損害之虞時，該管轄權爭議之一方，應依當事人申請或依職權為緊急之臨時處置，並應層報共同上級機關及通知他方。

④人民對行政機關依本條所為指定管轄之決定，不得聲明不服。

第一五條（行政機關將權限委託或委任其他機關）
①行政機關得依法規將其權限之一部分，委任所屬下級機關執行之。
②行政機關因業務上之需要，得依法規將其權限之一部分，委託不相隸屬之行政機關執行之。
③前二項情形，應將委任或委託事項及法規依據公告之，並刊登政府公報或新聞紙。
第一六條（行政機關將權限委託民間或個人處理）
①行政機關得依法規將其權限之一部分，委託民間團體或個人辦理。
②前項情形，應將委託事項及法規依據公告之，並刊登政府公報或新聞紙。
③第一項委託所需費用，除另有約定外，由行政機關支付之。
第一七條（行政機關對管轄權之有無之處置）
①行政機關對事件管轄權之有無，應依職權調查；其認無管轄權者，應即移送有管轄權之機關，並通知當事人。
②人民於法定期間內提出申請，依前項規定移送有管轄權之機關者，視同已在法定期間內向有管轄權之機關提出申請。
第一八條（管轄權變更之處理）
行政機關因法規或事實之變更而喪失管轄權時，應將案件移送有管轄權之機關，並通知當事人。但經當事人及有管轄權機關之同意，亦得由原管轄機關繼續處理該案件。
第一九條（執行職權時得請求其他機關協助及有不同意見之解決方法）
①行政機關爲發揮共同一體之行政機能，應於其權限範圍內互相協助。
②行政機關執行職務時，有下列情形之一者，得向無隸屬關係之其他機關請求協助：
一　因法律上之原因，不能獨自執行職務者。
二　因人員、設備不足等事實上之原因，不能獨自執行職務者。
三　執行職務所必要認定之事實，不能獨自調查者。
四　執行職務所必要之文書或其他資料，爲被請求機關所持有者。
五　由被請求機關協助執行，顯較經濟者。
六　其他職務上有正當理由須請求協助者。
③前項請求，除緊急情形外，應以書面爲之。
④被請求機關於有下列情形之一者，應拒絕之：
一　協助之行爲，非其權限範圍或依法不得爲之者。
二　如提供協助，將嚴重妨害其自身職務之執行者。
⑤被請求機關認有正當理由不能協助者，得拒絕之。
⑥被請求機關認爲無提供行政協助之義務或有拒絕之事由時，應將其理由通知請求協助機關。請求協助機關對此有異議時，由其共同上級機關決定之，無共同上級機關時，由被請求機關之上級機關決定之。
⑦被請求機關得向請求協助機關要求負擔行政協助所需費用。其負擔金額及支付方式，由請求協助機關及被請求機關以協議定之；協議不成時，由其共同上級機關定之。

第三節　當事人

第二〇條（當事人之範圍）
本法所稱之當事人如下：
一　申請人及申請之相對人。
二　行政機關所爲行政處分之相對人。
三　與行政機關締結行政契約之相對人。
四　行政機關實施行政指導之相對人。
五　對行政機關陳情之人。
六　其他依本法規定參加行政程序之人。

第二一條（行政程序當事人之範圍）

有行政程序之當事人能力者如下：

一　自然人。

二　法人。

三　非法人之團體設有代表人或管理人者。

四　行政機關。

五　其他依法律規定得爲權利義務之主體者。

第二二條（得爲有效行政程序行爲之資格）

①有行政程序之行爲能力者如下：

一　依民法規定，有行爲能力之自然人。

二　法人。

三　非法人之團體由其代表人或管理人爲行政程序行爲者。

四　行政機關由首長或其代理人、授權之人爲行政程序行爲者。

五　依其他法律規定者。

②無行政程序行爲能力者，應由其法定代理人代爲行政程序行爲。

③外國人依其本國法律無行政程序之行爲能力，而依中華民國法律有行政程序之行爲能力者，視爲有行政程序之行爲能力。

第二三條（通知參加爲當事人）

因程序之進行將影響第三人之權利或法律上利益者，行政機關得依職權或依申請，通知其參加爲當事人。

第二四條（委任代理）

①當事人得委任代理人。但依法規或行政程序之性質不得授權者，不得爲之。

②每一當事人委任之代理人，不得逾三人。

③代理權之授與，及於該行政程序有關之全部程序行爲。但申請之撤回，非受特別授權，不得爲之。

④行政程序代理人應於最初爲行政程序行爲時，提出委任書。

⑤代理權授與之撤回，經通知行政機關後，始對行政機關發生效力。

第二五條（單獨代理原則）

①代理人有二人以上者，均得單獨代理當事人。

②違反前項規定而爲委任者，其代理人仍得單獨代理。

③代理人經本人同意得委任他人爲複代理人。

第二六條（代理權之效力）

代理權不因本人死亡或其行政程序行爲能力喪失而消滅。法定代理有變更或行政機關經裁併或變更者，亦同。

第二七條（當事人之選定或指定）

①多數有共同利益之當事人，未共同委任代理人者，得選定其中一人至五人爲全體爲行政程序行爲。

②未選定當事人，而行政機關認有礙程序之正常進行者，得定相當期限命其選定；逾期未選定者，得依職權指定之。

③經選定或指定爲當事人者，非有正當理由不得辭退。

④經選定或指定當事人者，僅得由該當事人爲行政程序行爲，其他當事人脫離行政程序。但申請之撤回、權利之拋棄或義務之負擔，非經全體有共同利益之人同意，不得爲之。

第二八條（選定或指定當事人單獨行使職權）

選定或指定當事人有二人以上時，均得單獨爲全體爲行政程序行爲。

第二九條（選定或指定當事人之更換或增減）

①多數有共同利益之當事人於選定或經指定當事人後，仍得更換或增減之。

②行政機關對於其指定之當事人，爲共同利益人之權益，必要時，得更換或增減之。
③依前二項規定喪失資格者，其他被選定或指定之人得爲全體爲行政程序行爲。

第三〇條（選定、指定、更換或增減當事人之生效要件）
①當事人之選定、更換或增減，非以書面通知行政機關不生效力。
②行政機關指定、更換或增減當事人者，非以書面通知全體有共同利益之當事人，不生效力。但通知顯有困難者，得以公告代之。

第三一條（輔佐人之規定）
①當事人或代理人經行政機關之許可，得偕同輔佐人到場。
②行政機關認爲必要時，得命當事人或代理人偕同輔佐人到場。
③前二項之輔佐人，行政機關認爲不適當時，得撤銷其許可或禁止其陳述。
④輔佐人所爲之陳述，當事人或代理人未立即提出異議者，視爲其所自爲。

第四節　迴　避

第三二條（公務員應自行迴避之事由）
公務員在行政程序中，有下列各款情形之一者，應自行迴避：
一　本人或其配偶、前配偶、四親等內之血親或三親等內之姻親或曾有此關係者爲事件之當事人時。
二　本人或其配偶、前配偶，就該事件與當事人有共同權利人或共同義務人之關係者。
三　現爲或曾爲該事件當事人之代理人、輔佐人者。
四　於該事件，曾爲證人、鑑定人者。

第三三條（當事人申請公務員迴避之理由及其相關）
①公務員有下列各款情形之一者，當事人得申請迴避：
一　有前條所定之情形而不自行迴避者。
二　有具體事實，足認其執行職務有偏頗之虞者。
②前項申請，應舉其原因及事實，向該公務員所屬機關爲之，並應爲適當之釋明；被申請迴避之公務員，對於該申請得提出意見書。
③不服行政機關之駁回決定者，得於五日內提請上級機關覆決，受理機關除有正當理由外，應於十日內爲適當之處置。
④被申請迴避之公務員在其所屬機關就該申請事件爲准許或駁回之決定前，應停止行政程序。但有急迫情形，仍應爲必要處置。
⑤公務員有前條所定情形不自行迴避，而未經當事人申請迴避者，應由該公務員所屬機關依職權命其迴避。

第五節　程序之開始

第三四條（行政程序之開始）
行政程序之開始，由行政機關依職權定之。但依本法或其他法規之規定有開始行政程序之義務，或當事人已依法規之規定提出申請者，不在此限。

第三五條（當事人向行政機關提出申請之方式）
當事人依法向行政機關提出申請者，除法規另有規定外，得以書面或言詞爲之。以言詞爲申請者，受理之行政機關應作成紀錄，經向申請人朗讀或使閱覽，確認其內容無誤後由其簽名或蓋章。

第六節　調查事實及證據

第三六條（行政機關應依職權調查證據）
行政機關應依職權調查證據，不受當事人主張之拘束，對當事人有利及不利事項一律注意。

第三七條（當事人得自行提出證據及向行政機關申請調查）

當事人於行政程序中，除得自行提出證據外，亦得向行政機關申請調查事實及證據。但行政機關認為無調查之必要者，得不為調查，並於第四十三條之理由中敘明之。

第三八條（行政機關調查後得製作書面紀錄）

行政機關調查事實及證據，必要時得據實製作書面紀錄。

第三九條（行政機關得通知相關人到場陳述）

行政機關基於調查事實及證據之必要，得以書面通知相關之人陳述意見。通知書中應記載詢問目的、時間、地點、得否委託他人到場及不到場所生之效果。

第四〇條（行政機關得要求提供文書、資料或物品）

行政機關基於調查事實及證據之必要，得要求當事人或第三人提供必要之文書、資料或物品。

第四一條（選定鑑定人）

①行政機關得選定適當之人為鑑定。

②以書面為鑑定者，必要時，得通知鑑定人到場說明。

第四二條（行政機關得實施勘驗）

①行政機關為瞭解事實眞相，得實施勘驗。

②勘驗時應通知當事人到場。但不能通知者，不在此限。

第四三條（行政機關採證之法則）

行政機關為處分或其他行政行為，應斟酌全部陳述與調查事實及證據之結果，依論理及經驗法則判斷事實之眞偽，並將其決定及理由告知當事人。

第七節　資訊公開

第四四條（刪除）

第四五條（刪除）

第四六條（申請閱覽卷宗）

①當事人或利害關係人得向行政機關申請閱覽、抄寫、複印或攝影有關資料或卷宗。但以主張或維護其法律上利益有必要者為限。

②行政機關對前項之申請，除有下列情形之一者外，不得拒絕。

一　行政決定前之擬稿或其他準備作業文件。

二　涉及國防、軍事、外交及一般公務機密，依法規規定有保密之必要者。

三　涉及個人隱私、職業秘密、營業秘密，依法規規定有保密之必要者。

四　有侵害第三人權利之虞者。

五　有嚴重妨礙有關社會治安、公共安全或其他公共利益之職務正常進行之虞者。

③前項第二款及第三款無保密必要之部分，仍應准許閱覽。

④當事人就第一項資料或卷宗內容關於自身之記載有錯誤者，得檢具事實證明，請求相關機關更正。

第四七條（公務員與當事人進行行政程序外接觸）

①公務員在行政程序中，除基於職務上之必要外，不得與當事人或代表其利益之人為行政程序外之接觸。

②公務員與當事人或代表其利益之人為行政程序外之接觸時，應將所有往來之書面文件附卷，並對其他當事人公開。

③前項接觸非以書面為之者，應作成書面紀錄，載明接觸對象、時間、地點及內容。

第八節　期日與期間

第四八條（期間之計算）

①期間以時計算者，即時起算。

②期間以日、星期、月或年計算者，其始日不計算在內。但法律規定即日起算者，不在此

限。
③期間不以星期、月或年之始日起算者，以最後之星期、月或年與起算日相當日之前一日爲期間之末日。但以月或年定期間，而於最後之月無相當日者，以其月之末日爲期間之末日。
④期間之末日爲星期日、國定假日或其他休息日者，以該日之次日爲期間之末日；期間之末日爲星期六者，以其次星期一上午爲期間末日。
⑤期間涉及人民之處罰或其他不利行政處分者，其始日不計時刻以一日論；其末日爲星期日、國定假日或其他休息日者，照計。但依第二項，第四項規定計算，對人民有利者，不在此限。

第四九條（郵寄期間之扣除）
基於法規之申請，以掛號郵寄方式向行政機關提出者，以交郵當日之郵戳爲準。

第五〇條（回復原狀之申請）
①因天災或其他不應歸責於申請人之事由，致基於法規之申請不能於法定期間內提出者，得於其原因消滅後十日內，申請回復原狀。如該法定期間少於十日者，於相等之日數內得申請回復原狀。
②申請回復原狀，應同時補行期間內應爲之行政程序行爲。
③遲誤法定期間已逾一年者，不得申請回復原狀。

第五一條（行政機關對人民申請之處理期間）
①行政機關對於人民依法規之申請，除法規另有規定外，應按各事項類別，訂定處理期間公告之。
②未依前項規定訂定處理期間者，其處理期間爲二個月。
③行政機關未能於前二項所定期間內處理終結者，得於原處理期間之限度內延長之，但以一次爲限。
④前項情形，應於原處理期間屆滿前，將延長之事由通知申請人。
⑤行政機關因天災或其他不可歸責之事由，致事務之處理遭受阻礙時，於該項事由終止前，停止處理期間之進行。

第九節　費　用

第五二條（行政程序所生費用之負擔）
①行政程序所生之費用，由行政機關負擔。但專爲當事人或利害關係人利益所支出之費用，不在此限。
②因可歸責於當事人或利害關係人之事由，致程序有顯著之延滯者，其因延滯所生之費用，由其負擔。

第五三條（證人或鑑定人得請求給付費用）
①證人或鑑定人得向行政機關請求法定之日費及旅費，鑑定人並得請求相當之報酬。
②前項費用及報酬，得請求行政機關預行酌給之。
③第一項費用，除法規另有規定外，其標準由行政院定之。

第十節　聽證程序

第五四條（適用聽證程序）
依本法或其他法規舉行聽證時，適用本節規定。

第五五條（證聽之通知及公告）
①行政機關舉行聽證前，應以書面記載下列事項，並通知當事人及其他已知之利害關係人，必要時並公告之：
一　聽證之事由與依據。
二　當事人之姓名或名稱及其住居所、事務所或營業所。

三　聽證之期日及場所。
四　聽證之主要程序。
五　當事人得選任代理人。
六　當事人依第六十一條所得享有之權利。
七　擬進行預備程序者，預備聽證之期日及場所。
八　缺席聽證之處理。
九　聽證之機關。

②依法規之規定，舉行聽證應預先公告者，行政機關應將前項所列各款事項，登載於政府公報或以其他適當方法公告之。

③聽證期日及場所之決定，應視事件之性質，預留相當期間，便利當事人或其代理人參與。

第五六條（變更聽證期日或場所）

①行政機關得依職權或當事人之申請，變更聽證期日或場所，但以有正當理由爲限。

②行政機關爲前項之變更者，應依前條規定通知並公告。

第五七條（聽證之主持人）

聽證，由行政機關首長或其指定人員爲主持人，必要時得由律師、相關專業人員或其他熟諳法令之人員在場協助之。

第五八條（聽證之預備程序）

①行政機關爲使聽證順利進行，認爲必要時，得於聽證期日前，舉行預備聽證。

②預備聽證得爲下列事項：
一　議定聽證程序之進行。
二　釐清爭點。
三　提出有關文書及證據。
四　變更聽證之期日、場所與主持人。

③預備聽證之進行，應作成紀錄。

第五九條（聽證公開之原則及例外）

①聽證，除法律另有規定外，應公開以言詞爲之。

②有下列各款情形之一者，主持人得依職權或當事人之申請，決定全部或一部不公開：
一　公開顯然有違背公益之虞者。
二　公開對當事人利益有造成重大損害之虞者。

第六〇條（聽證之開始）

①聽證以主持人說明案由爲始。

②聽證開始時，由主持人或其指定之人說明事件之內容要旨。

第六一條（聽證當事人之權利）

當事人於聽證時，得陳述意見、提出證據，經主持人同意後並得對機關指定之人員、證人、鑑定人、其他當事人或其代理人發問。

第六二條（聽證主持人之職權）

①主持人應本中立公正之立場，主持聽證。

②主持人於聽證時，得行使下列職權：
一　就事實或法律問題，詢問當事人、其他到場人，或促其提出證據。
二　依職權或當事人之申請，委託相關機關爲必要之調查。
三　通知證人或鑑定人到場。
四　依職權或申請，通知或允許利害關係人參加聽證。
五　許可當事人及其他到場人之發問或發言。
六　爲避免延滯程序之進行，禁止當事人或其他到場之人發言；有妨礙聽證程序而情節重大者，並得命其退場。

七　當事人一部或全部無故缺席者，逕行開始、延期或終結聽證。
八　當事人曾於預備聽證中提出有關文書者，得以其所載內容視爲陳述。
九　認爲有必要時，於聽證期日結束前，決定繼續聽證之期日及場所。
十　如遇天災或其他事故不能聽證時，得依職權或當事人之申請，中止聽證。
十一　採取其他爲順利進行聽證所必要之措施。

③主持人依前項第九款決定繼續聽證之期日及場所者，應通知未到場之當事人及已知之利害關係人。

第六三條（當事人申明異議）

①當事人認爲主持人於聽證程序進行中所爲之處置違法或不當者，得即時聲明異議。

②主持人認爲異議有理由者，應即撤銷原處置，認爲無理由者，應即駁回異議。

第六四條（聽證紀錄之作成及內容）

①聽證，應作成聽證紀錄。

②前項紀錄，應載明到場人所爲陳述或發問之要旨及其提出之文書、證據，並記明當事人於聽證程序進行中聲明異議之事由及主持人對異議之處理。

③聽證紀錄，得以錄音、錄影輔助之。

④聽證紀錄當場製作完成者，由陳述或發問人簽名或蓋章；未當場製作完成者，由主持人指定日期、場所供陳述或發問人閱覽，並由其簽名或蓋章。

⑤前項情形，陳述或發問人拒絕簽名、蓋章或未於指定日期、場所閱覽者，應記明其事由。

⑥陳述或發問人對聽證紀錄之記載有異議者，得即時提出。主持人認異議有理由者，應予更正或補充；無理由者，應記明其異議。

第六五條（聽證之終結）

主持人認當事人意見業經充分陳述，而事件已達可爲決定之程度者，應即終結聽證。

第六六條（行政機關得再爲聽證）

聽證終結後，決定作成前，行政機關認爲必要時，得再爲聽證。

第十一節　送　達

第六七條（送達由行政機關爲之）

送達，除法規另有規定外，由行政機關依職權爲之。

第六八條（送達方式及送達人）

①送達由行政機關自行或交由郵政機關送達。

②行政機關之文書依法規以電報交換、電傳文件、傳眞或其他電子文件行之者，視爲自行送達。

③由郵政機關送達者，以一般郵遞方式爲之。但文書內容對人民權利義務有重大影響者，應爲掛號。

④文書由行政機關自行送達者，以承辦人員或辦理送達事務人員爲送達人；其交郵政機關送達者，以郵務人員爲送達人。

⑤前項郵政機關之送達準用依民事訴訟法施行法第三條訂定之郵政機關送達訴訟文書實施辦法。

第六九條（對無行爲能力人之送達）

①對於無行政程序之行爲能力人爲送達者，應向其法定代理人爲之。

②對於機關、法人或非法人之團體爲送達者，應向其代表人或管理人爲之。

③法定代理人、代表人或管理人有二人以上者，送達得僅向其中之一人爲之。

④無行政程序之行爲能力人爲行政程序之行爲，未向行政機關陳明其法定代理人者，於補正前，行政機關得向該無行爲能力人爲送達。

第七〇條（對外國法人之送達）

①對於在中華民國有事務所或營業所之外國法人或團體為送達者，應向其在中華民國之代表人或管理人為之。

②前條第三項規定，於前項送達準用之。

第七一條（對代理人之送達）

行政程序之代理人受送達之權限未受限制者，送達應向該代理人為之。但行政機關認為必要時，得送達於當事人本人。

第七二條（送達之處所）

①送達，於應受送達人之住居所、事務所或營業所為之。但在行政機關辦公處所或他處會晤應受送達人時，得於會晤處所為之。

②對於機關、法人、非法人之團體之代表人或管理人為送達者，應向其機關所在地、事務所或營業所行之。但必要時亦得於會晤之處所或其住居所行之。

③應受送達人有就業處所者，亦得向該處所為送達。

第七三條（補充送達及留置送達）

①於應送達處所不獲會晤應受送達人時，得將文書付與有辨別事理能力之同居人、受雇人或應送達處所之接收郵件人員。

②前項規定於前項人員與應受送達人在該行政程序上利害關係相反者，不適用之。

③應受送達人或其同居人、受雇人、接收郵件人員無正當理由拒絕收領文書時，得將文書留置於應送達處所，以為送達。

第七四條（寄存送達）

①送達，不能依前二條規定為之者，得將文書寄存送達地之地方自治或警察機關，並作送達通知書兩份，一份黏貼於應受送達人住居所、事務所、營業所或其就業處所門首，另一份交由鄰居轉交或置於該送達處所信箱或其他適當位置，以為送達。

②前項情形，由郵政機關為送達者，得將文書寄存於送達地之郵政機關。

③寄存機關自收受寄存文書之日起，應保存三個月。

第七五條（對不特定人之送達方式）

行政機關對於不特定人之送達，得以公告或刊登政府公報或新聞紙代替之。

第七六條（送達證書之製作及附卷）

①送達人因證明之必要，得製作送達證書，記載下列事項並簽名：

一　交送達之機關。

二　應受送達人。

三　應送達文書之名稱。

四　送達處所、日期及時間。

五　送達方法。

②除電子傳達方式之送達外，送達證書應由收領人簽名或蓋章；如拒絕或不能簽名或蓋章者，送達人應記明其事由。

③送達證書，應提出於行政機關附卷。

第七七條（對第三人送達之處理方式）

送達係由當事人向行政機關申請對第三人為之者，行政機關應將已為送達或不能送達之事由，通知當事人。

第七八條（公示送達之原因與方式）

①對於當事人之送達，有下列各款情形之一者，行政機關得依申請，准為公示送達：

一　應為送達之處所不明者。

二　於有治外法權人之住居所或事務所為送達而無效者。

三　於外國或境外為送達，不能依第八十六條之規定辦理或預知雖依該規定辦理而無效者。

②有前項所列各款之情形而無人為公示送達之申請者，行政機關為避免行政程序遲延，認

為有必要時，得依職權命為公示送達。
③當事人變更其送達之處所而不向行政機關陳明，致有第一項之情形者，行政機關得依職權命為公示送達。
第七九條（行政機關依職權之公示送達）
依前條規定為公示送達後，對於同一當事人仍應為公示送達者，依職權為之。
第八〇條（公示送達之方式）
公示送達應由行政機關保管送達之文書，而於行政機關公告欄黏貼公告，告知應受送達人得隨時領取；並得由行政機關將文書或其節本刊登政府公報或新聞紙。
第八一條（公示送達之生效日期）
公示送達自前條公告之日起，其刊登政府公報或新聞紙者，自最後刊登之日起，經二十日發生效力；於依第七十八條第一項第三款為公示送達者，經六十日發生效力。但第七十九條之公示送達，自黏貼公告欄翌日起發生效力。
第八二條（公示送達證書之附卷）
為公示送達者，行政機關應製作記載該事由及年、月、日、時之證書附卷。
第八三條（送達代收人之送達）
①當事人或代理人經指定送達代收人，向行政機關陳明者，應向該代收人為送達。
②郵寄方式向行政機關提出者，以交郵地無住居所、事務所及營業所者，行政機關得命其於一定期間內，指定送達代收人。
③如不於前項期間指定送達代收人並陳明者，行政機關得將應送達之文書，註明該當事人或代理人之住居所、事務所或營業所，交付郵政機關掛號發送，並以交付文書時，視為送達時。
第八四條（得為送達之時間）
送達，除第六十八條第一項規定交付郵政機關或依第二項之規定辦理者外，不得於星期日或其他休息日或日出前、日沒後為之。但應受送達人不拒絕收領者，不在此限。
第八五條（不能為送達時之處理方式）
不能為送達者，送達人應製作記載該事由之報告書，提出於行政機關附卷，並繳回應送達之文書。
第八六條（於外國或境外送達之方式）
①於外國或境外為送達者，應囑託該國管轄機關或駐在該國之中華民國使領館或其他機構，團體為之。
②不能依前項規定為送達者，得將應送達之文書交郵政機關以雙掛號發送，以為送達，並將掛號回執附卷。
第八七條（對駐外人員之送達）
對於駐在外國之中華民國大使、公使、領事或其他駐外人員為送達者，應囑託外交部為之。
第八八條（對現役軍人之送達）
對於在軍隊或軍艦服役之軍人為送達者，應囑託該管軍事機關或長官為之。
第八九條（對在監所人之送達）
對於在監所人為送達者，應囑託該監所長官為之。
第九〇條（對有治外法權人之送達）
於有治外法權人之住居所或事務所為送達者，得囑託外交部為之。
第九一條（對囑託送達結果通知之處理）
受囑託之機關或公務員，經通知已為送達或不能為送達者，行政機關應將通知書附卷。

第二章　行政處分

第一節　行政處分之成立

第九二條（行政處分與一般處分之定義）

①本法所稱行政處分，係指行政機關就公法上具體事件所爲之決定或其他公權力措施而對外直接發生法律效果之單方行政行爲。

②前項決定或措施之相對人雖非特定，而依一般性特徵可得確定其範圍者，爲一般處分，適用本法有關行政處分之規定。有關公物之設定、變更、廢止或其一般使用者，亦同。

第九三條（行政處分附款之容許性及種類）

①行政機關作成行政處分有裁量權時，得爲附款。無裁量權者，以法律有明文規定或爲確保行政處分法定要件之履行而以該要件爲附款內容者爲限，始得爲之。

②前項所稱之附款如下：

一　期限。

二　條件。

三　負擔。

四　保留行政處分之廢止權。

五　保留負擔之事後附加或變更。

第九四條（行政處分附款之限制）

前條之附款不得違背行政處分之目的，並應與該處分之目的具有正當合理之關聯。

第九五條（行政處分之方式）

①行政處分除法規另有要式之規定者外，得以書面，言詞或其他方式爲之。

②以書面以外方式所爲之行政處分，其相對人或利害關係人有正當理由要求作成書面時，處分機關不得拒絕。

第九六條（書面行政處分之應記載事項）

①行政處分以書面爲之者，應記載下列事項：

一　處分相對人之姓名、出生年月日、性別、身分證統一號碼、住居所或其他足資辨別之特徵；如係法人或其他設有管理人或代表人之團體，其名稱、事務所或營業所，及管理人或代表人之姓名、出生年月日、性別、身分證統一號碼、住居所。

二　主旨、事實、理由及其法令依據。

三　有附款者，附款之內容。

四　處分機關及其首長署名、蓋章，該機關有代理人或受任人者，須同時於其下簽名。但以自動機器作成之大量行政處分，得不經署名，以蓋章爲之。

五　發文字號及年、月、日。

六　表明其爲行政處分之意旨及不服行政處分之救濟方法、期間及其受理機關。

②前項規定於依前條第二項作成之書面，準用之。

第九七條（書面行政處分得不記明理由之情形）

書面之行政處分有下列各款情形之一者，得不記明理由：

一　未限制人民之權益者。

二　處分相對人或利害關係人無待處分機關之說明已知悉或可知悉作成處分之理由者。

三　大量作成之同種類行政處分或以自動機器作成之行政處分依其狀況無須說明理由者。

四　一般處分經公告或刊登政府公報或新聞紙者。

五　有關專門知識、技能或資格所爲之考試、檢定或鑑定等程序。

六　依法律規定無須記明理由者。

第九八條（告知救濟期間錯誤之處理及未告知救濟期間或告知錯誤）

①處分機關告知之救濟期間有錯誤時，應由該機關以通知更正之，並自通知送達之翌日起算法定期間。

②處分機關告知之救濟期間較法定期間爲長者，處分機關雖以通知更正，如相對人或利害關係人信賴原告知之救濟期間，致無法於法定期間內提起救濟，而於原告知之期間內爲之者，視爲於法定期間內所爲。
③處分機關未告知救濟期間或告知錯誤未爲更正，致相對人或利害關係人遲誤者，如自處分書送達後一年內聲明不服時，視爲於法定期間內所爲。

第九九條（未告知受理聲明不服之管轄機關或告知錯誤）

①對於行政處分聲明不服，因處分機關未爲告知或告知錯誤致向無管轄權之機關爲之者，該機關應於十日內移送有管轄權之機關，並通知當事人。
②前項情形，視爲自始向有管轄權之機關聲明不服。

第一〇〇條（行政處分之通知）

①書面之行政處分，應送達相對人及已知之利害關係人；書面以外之行政處分，應以其他適當方法通知或使其知悉。
②一般處分之送達，得以公告或刊登政府公報或新聞紙代替之。

第一〇一條（行政處分之更正）

①行政處分如有誤寫、誤算或其他類此之顯然錯誤者，處分機關得隨時或依申請更正之。
②前項更正，附記於原處分書及其正本，如不能附記者，應製作更正書，以書面通知相對人及已知之利害關係人。

第二節　陳述意見及聽證

第一〇二條（作成限制或剝奪人民自由或權利之行政處分前給予相對人）

行政機關作成限制或剝奪人民自由或權利之行政處分前，除已依第三十九條規定，通知處分相對人陳述意見，或決定舉行聽證者外，應給予該處分相對人陳述意見之機會。但法規另有規定者，從其規定。

第一〇三條（無須給予相對人陳述意見之情形）

有下列各款情形之一者，行政機關得不給予陳述意見之機會：
一　大量作成同種類之處分。
二　情況急迫，如予陳述意見之機會，顯然違背公益者。
三　受法定期間之限制，如予陳述意見之機會，顯然不能遵行者。
四　行政強制執行時所採取之各種處置。
五　行政處分所根據之事實，客觀上明白足以確認者。
六　限制自由或權利之內容及程度，顯屬輕微，而無事先聽取相對人意見之必要者。
七　相對人於提起訴願前依法律應向行政機關聲請再審查、異議、復查、重審或其他先行程序者。
八　爲避免處分相對人隱匿、移轉財產或潛逃出境，依法律所爲保全或限制出境之處分。

第一〇四條（通知相對人陳述意見之方式）

①行政機關依第一百零二條給予相對人陳述意見之機會時，應以書面記載下列事項通知相對人，必要時並公告之：
一　相對人及其住居所、事務所或營業所。
二　將爲限制或剝奪自由或權利行政處分之原因事實及法規依據。
三　得依第一百零五條提出陳述書之意旨。
四　提出陳述書之期限及不提出之效果。
五　其他必要事項。
②前項情形，行政機關得以言詞通知相對人，並作成紀錄，向相對人朗讀或使閱覽後簽名或蓋章；其拒絕簽名或蓋章者，應記明其事由。

第一〇五條（陳述書內容及不提出陳述書效果）

①行政處分之相對人依前條規定提出之陳述書，應為事實上及法律上陳述。
②利害關係人亦得提出陳述書，為事實上及法律上陳述，但應釋明其利害關係之所在。
③不於期間內提出陳述書者，視為放棄陳述之機會。

第一〇六條（相對人或利害關係人得以言詞代替陳述書）
①行政處分之相對人或利害關係人得於第一百零四條第一項第四款所定期限內，以言詞向行政機關陳述意見代替陳述書之提出。
②以言詞陳述意見者，行政機關應作成紀錄，經向陳述人朗讀或使閱覽確認其內容無誤後，由陳述人簽名或蓋章；其拒絕簽名或蓋章者，應記明其事由。陳述人對紀錄有異議者，應更正之。

第一〇七條（聽證之範圍）
行政機關遇有下列各款情形之一者，舉行聽證：
一　法規明文規定應舉行聽證者。
二　行政機關認為有舉行聽證之必要者。

第一〇八條（經聽證作成處分應斟酌之事項）
①行政機關作成經聽證之行政處分時，除依第四十三條之規定外，並應斟酌全部聽證之結果。但法規明定應依聽證紀錄作成處分者，從其規定。
②前項行政處分應以書面為之，並通知當事人。

第一〇九條（不服經聽證作成處分之救濟）
不服依前條作成之行政處分者，其行政救濟程序，免除訴願及其先行程序。

第三節　行政處分之效力

第一一〇條（行政處分之效力）
①書面之行政處分自送達相對人及已知之利害關係人起；書面以外之行政處分自以其他適當方法通知或使其知悉時起，依送達、通知或使知悉之內容對其發生效力。
②一般處分自公告日或刊登政府公報、新聞紙最後登載日起發生效力。但處分另訂不同日期者，從其規定。
③行政處分未經撤銷、廢止，或未因其他事由而失效者，其效力繼續存在。
④無效之行政處分自始不生效力。

第一一一條（行政處分無效之判斷標準）
行政處分有下列各款情形之一者，無效：
一　不能由書面處分中得知處分機關者。
二　應以證書方式作成而未給予證書者。
三　內容對任何人均屬不能實現者。
四　所要求或許可之行為構成犯罪者。
五　內容違背公共秩序、善良風俗者。
六　未經授權而違背法規有關專屬管轄之規定或缺乏事務權限者。
七　其他具有重大明顯之瑕疵者。

第一一二條（行政處分一部無效之效力範圍）
行政處分一部分無效者，其他部分仍為有效。但除去該無效部分，行政處分不能成立者，全部無效。

第一一三條（行政處分無效之確認程序）
①行政處分之無效，行政機關得依職權確認之。
②行政處分之相對人或利害關係人有正當理由請求確認行政處分無效時，處分機關應確認其為有效或無效。

第一一四條（瑕疵行政處分之補正）
①違反程序或方式規定之行政處分，除依第一百十一條規定而無效者外，因下列情形而補

正：

一　須經申請始得作成之行政處分，當事人已於事後提出者。

二　必須記明之理由已於事後記明者。

三　應給予當事人陳述意見之機會已於事後給予者。

四　應參與行政處分作成之委員會已於事後作成決議者。

五　應參與行政處分作成之其他機關已於事後參與者。

②前項第二款至第五款之補正行爲，僅得於訴願程序終結前爲之；得不經訴願程序者，僅得於向行政法院起訴前爲之。

③當事人因補正行爲致未能於法定期間內聲明不服者，其期間之遲誤視爲不應歸責於該當事人之事由，其回復原狀期間自該瑕疵補正時起算。

第一一五條（違反土地管轄之效果）

行政處分違反土地管轄之規定者，除依第一百十一條第六款規定而無效者外，有管轄權之機關如就該事件仍應爲相同之處分時，原處分無須撤銷。

第一一六條（違法行政處分之轉換）

①行政機關得將違法行政處分轉換爲與原處分具有相同實質及程序要件之其他行政處分。但有下列各款情形之一者，不得轉換：

一　違法行政處分，依第一百十七條但書規定，不得撤銷者。

二　轉換不符作成原行政處分之目的者。

三　轉換法律效果對當事人更爲不利者。

②羈束處分不得轉換爲裁量處分。

③行政機關於轉換前應給予當事人陳述意見之機會。但有第一百零三條之事由者，不在此限。

第一一七條（行政處分之撤銷及其限制）

違法行政處分於法定救濟期間經過後，原處分機關得依職權爲全部或一部之撤銷；其上級機關，亦得爲之。但有下列各款情形之一者，不得撤銷：

一　撤銷對公益有重大危害者。

二　受益人無第一百十九條所列信賴不值得保護之情形，而信賴授予利益之行政處分，其信賴利益顯然大於撤銷所欲維護之公益者。

第一一八條（行政處分撤銷之效力）

違法行政處分經撤銷後，溯及既往失其效力。但爲維護公益或爲避免受益人財產上之損失，爲撤銷之機關得另定失其效力之日期。

第一一九條（信賴不值得保護之情形）

受益人有下列各款情形之一者，其信賴不值得保護：

一　以詐欺、脅迫或賄賂方法，使行政機關作成行政處分者。

二　對重要事項提供不正確資料或爲不完全陳述，致使行政機關依該資料或陳述而作成行政處分者。

三　明知行政處分違法或因重大過失而不知者。

第一二〇條（違法授益處分經撤銷後信賴補償）

①授予利益之違法行政處分經撤銷後，如受益人無前條所列信賴不值得保護之情形，其因信賴該處分致遭受財產上之損失者，爲撤銷之機關應給予合理之補償。

②前項補償額度不得超過受益人因該處分存續可得之利益。

③關於補償之爭議及補償之金額，相對人有不服者，得向行政法院提起給付訴訟。

第一二一條（撤銷權之除斥期間與受益人信賴補償請求權之時效）

①第一百十七條之撤銷權，應自原處分機關或其上級機關知有撤銷原因時起二年內爲之。

②前條之補償請求權，自行政機關告知其事由時起，因二年間不行使而消滅；自處分撤銷時起逾五年者，亦同。

第一二二條（非授益處分之廢止）

非授予利益之合法行政處分，得由原處分機關依職權為全部或一部之廢止。但廢止後仍應為同一內容之處分或依法不得廢止者，不在此限。

第一二三條（授益處分之廢止）

授予利益之合法行政處分，有下列各款情形之一者，得由原處分機關依職權為全部或一部之廢止：

一　法規准許廢止者。

二　原處分機關保留行政處分之廢止權者。

三　附負擔之行政處分，受益人未履行該負擔者。

四　行政處分所依據之法規或事實事後發生變更，致不廢止該處分對公益將有危害者。

五　其他為防止或除去對公益之重大危害者。

第一二四條（行使廢止權之除斥期間）

前條之廢止，應自廢止原因發生後二年內為之。

第一二五條（行政處分廢止之效力）

合法行政處分經廢止後，自廢止時或自廢止機關所指定較後之日時起，失其效力。但受益人未履行負擔致行政處分受廢止者，得溯及既往失其效力。

第一二六條（廢止授益處分之信賴補償）

①原處分機關依第一百二十三條第四款、第五款規定廢止授予利益之合法行政處分者，對受益人因信賴該處分致遭受財產上之損失，應給予合理之補償。

②第一百二十條第二項、第三項及第一百二十一條第二項之規定，於前項補償準用之。

第一二七條（受益人不當得利返還義務）104

①授予利益之行政處分，其內容係提供一次或連續之金錢或可分物之給付者，經撤銷、廢止或條件成就而有溯及既往失效之情形時，受益人應返還因該處分所受領之給付。其行政處分經確認無效者，亦同。

②前項返還範圍準用民法有關不當得利之規定。

③行政機關依前二項規定請求返還時，應以書面行政處分確認返還範圍，並限期命受益人返還之。

④前項行政處分未確定前，不得移送行政執行。

第一二八條（申請撤銷、廢止或變更處分之要件與期間）

①行政處分於法定救濟期間經過後，具有下列各款情形之一者，相對人或利害關係人得向行政機關申請撤銷、廢止或變更之。但相對人或利害關係人因重大過失而未能在行政程序或救濟程序中主張其事由者，不在此限：

一　具有持續效力之行政處分所依據之事實事後發生有利於相對人或利害關係人之變更者。

二　發生新事實或發現新證據者，但以如經斟酌可受較有利益之處分者為限。

三　其他具有相當於行政訴訟法所定再審事由且足以影響行政處分者。

②前項申請，應自法定救濟期間經過後三個月內為之；其事由發生在後或知悉在後者，自發生或知悉時起算。但自法定救濟期間經過後已逾五年者，不得申請。

第一二九條（申請撤銷、廢止或變更原處分之處置）

行政機關認前條之申請為有理由者，應撤銷、廢止或變更原處分；認申請為無理由或雖有重新開始程序之原因，如認為原處分為正當者，應駁回之。

第一三〇條（證書與物品之繳還）

①行政處分經撤銷或廢止確定，或因其他原因失其效力後，而有收回因該處分而發給之證書或物品之必要者，行政機關得命所有人或占有人返還之。

②前項情形，所有人或占有人得請求行政機關將該證書或物品作成註銷之標示後，再予發還。但依物之性質不能作成註銷標示，或註銷標示不能明顯而持續者，不在此限。

第一三一條 （公法上請求權之時效與中斷）102

①公法上之請求權，於請求權人爲行政機關時，除法律另有規定外，因五年間不行使而消滅；於請求權人爲人民時，除法律另有規定外，因十年間不行使而消滅。

②公法上請求權，因時效完成而當然消滅。

③前項時效，因行政機關爲實現該權利所作成之行政處分而中斷。

第一三二條 （時效不中斷）

行政處分因撤銷、廢止或其他事由而溯及既往失效時，自該處分失效時起，已中斷之時效視爲不中斷。

第一三三條 （時效之重行起算）

因行政處分而中斷之時效，自行政處分不得訴請撤銷或因其他原因失其效力後，重行起算。

第一三四條 （重行起算之時效期間）

因行政處分而中斷時效之請求權，於行政處分不得訴請撤銷後，其原有時效期間不滿五年者，因中斷而重行起算之時效期間爲五年。

第三章 行政契約

第一三五條 （行政契約的容許性）

公法上法律關係得以契約設定、變更或消滅之。但依其性質或法規規定不得締約者，不在此限。

第一三六條 （締結和解契約之特別要件）

行政機關對於行政處分所依據之事實或法律關係，經依職權調查仍不能確定者，爲有效達成行政目的，並解決爭執，得與人民和解，締結行政契約，以代替行政處分。

第一三七條 （雙務契約之特別要件）

①行政機關與人民締結行政契約，互負給付義務者，應符合下列各款之規定：

一 契約中應約定人民給付之特定用途。

二 人民之給付有助於行政機關執行其職務。

三 人民之給付與行政機關之給付應相當，並具有正當合理之關聯。

②行政處分之作成，行政機關無裁量權時，代替該行政處分之行政契約所約定之人民給付，以依第九十三條第一項規定得爲附款者爲限。

③第一項契約應載明人民給付之特定用途及僅供該特定用途使用之意旨。

第一三八條 （締約前之公告與意見表示）

行政契約當事人之一方爲人民，依法應以甄選或其他競爭方式決定該當事人時，行政機關應事先公告應具之資格及決定之程序。決定前，並應予參與競爭者表示意見之機會。

第一三九條 （締結行政契約之方式）

行政契約之締結，應以書面爲之。但法規另有其他方式之規定者，依其規定。

第一四〇條 （行政契約之特別生效要件）

①行政契約依約定內容履行將侵害第三人之權利者，應經該第三人書面之同意，始生效力。

②行政處分之作成，依法規之規定應經其他行政機關之核准、同意或會同辦理者，代替該行政處分而締結之行政契約，亦應經該行政機關之核准、同意或會同辦理，始生效力。

第一四一條 （行政契約無效之原因）

①行政契約準用民法規定之結果爲無效者，無效。

②行政契約違反第一百三十五條但書或第一百三十八條之規定者，無效。

第一四二條 （代替行政處分之行政契約構成無效原因之特別規定）

代替行政處分之行政契約，有下列各款情形之一者，無效：

一 與其內容相同之行政處分爲無效者。

二　與其內容相同之行政處分，有得撤銷之違法原因，並為締約雙方所明知者。
三　締結之和解契約，未符合第一百三十六條之規定者。
四　締結之雙務契約，未符合第一百三十七條之規定者。

第一四三條（行政契約之一部無效）
行政契約之一部無效者，全部無效。但如可認為欠缺該部分，締約雙方亦將締結契約者，其他部分仍為有效。

第一四四條（行政機關之指導與協助）
行政契約當事人之一方為人民者，行政機關得就相對人契約之履行，依書面約定之方式，為必要之指導或協助。

第一四五條（契約外公權力行使之損失補償）
①行政契約當事人之一方為人民者，其締約後，因締約機關所屬公法人之其他機關於契約關係外行使公權力，致相對人履行契約義務時，顯增費用或受其他不可預期之損失者，相對人得向締約機關請求補償其損失。但公權力之行使與契約之履行無直接必要之關聯者，不在此限。
②締約機關應就前項請求，以書面並敘明理由決定之。
③第一項補償之請求，應自相對人知有損失時起一年內為之。
④關於補償之爭議及補償之金額，相對人有不服者，得向行政法院提起給付訴訟。

第一四六條（行政機關單方調整或終止契約之權利）
①行政契約當事人之一方為人民者，行政機關為防止或除去對公益之重大危害，得於必要範圍內調整契約內容或終止契約。
②前項之調整或終止，非補償相對人因此所受之財產上損失，不得為之。
③第一項之調整或終止及第二項補償之決定，應以書面敘明理由為之。
④相對人對第一項之調整難為履行者，得以書面敘明理由終止契約。
⑤相對人對第二項補償金額不同意時，得向行政法院提起給付訴訟。

第一四七條（情事變更後契約之調整或終止）
①行政契約締結後，因有情事重大變更，非當時所得預料，而依原約定顯失公平者，當事人之一方得請求他方適當調整契約內容。如不能調整，得終止契約。
②前項情形，行政契約當事人之一方為人民時，行政機關為維護公益，得於補償相對人之損失後，命其繼續履行原約定之義務。
③第一項之請求調整或終止與第二項補償之決定，應以書面敘明理由為之。
④相對人對第二項補償金額不同意時，得向行政法院提起給付訴訟。

第一四八條（自願接受執行之約定）
①行政契約約定自願接受執行時，債務人不為給付時，債權人得以該契約為強制執行之執行名義。
②前項約定，締約之一方為中央行政機關時，應經主管院、部或同等級機關之認可；締約之一方為地方自治團體之行政機關時，應經該地方自治團體行政首長之認可；契約內容涉及委辦事項者，並應經委辦機關之認可，始生效力。
③第一項強制執行，準用行政訴訟法有關強制執行之規定。

第一四九條（行政契約準用民法之相關規定）
行政契約，本法未規定者，準用民法相關之規定。

第四章　法規命令及行政規則

第一五〇條（法規命令之定義）
①本法所稱法規命令，係指行政機關基於法律授權，對多數不特定人民就一般事項所作抽象之對外發生法律效果之規定。
②法規命令之內容應明列其法律授權之依據，並不得逾越法律授權之範圍與立法精神。

第一五一條（法規命令程序之適用範圍）

①行政機關訂定法規命令，除關於軍事、外交或其他重大事項而涉及國家機密或安全者外，應依本法所定程序爲之。但法律另有規定者，從其規定。

②法規命令之修正、廢止、停止或恢復適用，準用訂定程序之規定。

第一五二條（法規命令之提議）

①法規命令之訂定，除由行政機關自行草擬者外，並得由人民或團體提議爲之。

②前項提議，應以書面敘明法規命令訂定之目的、依據及理由，並附具相關資料。

第一五三條（法規命令提議之處理原則）

受理前條提議之行政機關，應依下列情形分別處理：

一　非主管之事項，依第十七條之規定予以移送。

二　依法不得以法規命令規定之事項，附述理由通知原提議者。

三　無須訂定法規命令之事項，附述理由通知原提議者。

四　有訂定法規命令之必要者，著手研擬草案。

第一五四條（法規命令之預告程序）

①行政機關擬訂法規命令時，除情況急迫，顯然無法事先公告周知者外，應於政府公報或新聞紙公告，載明下列事項：

一　訂定機關之名稱，其依法應由數機關會同訂定者，各該機關名稱。

二　訂定之依據。

三　草案全文或其主要內容。

四　任何人得於所定期間內向指定機關陳述意見之意旨。

②行政機關除爲前項之公告外，並得以適當之方法，將公告內容廣泛周知。

第一五五條（行政機關得依職權舉行聽證）

行政機關訂定法規命令，得依職權舉行聽證。

第一五六條（聽證前應行預告之事項及內容）

行政機關爲訂定法規命令，依法舉行聽證者，應於政府公報或新聞紙公告，載明下列事項：

一　訂定機關之名稱，其依法應由數機關會同訂定者，各該機關之名稱。

二　訂定之依據。

三　草案之全文或其主要內容。

四　聽證之日期及場所。

五　聽證之主要程序。

第一五七條（法規命令之發布）

①法規命令依法應經上級機關核定者，應於核定後始得發布。

②數機關會同訂定之法規命令，依法應經上級機關或共同上級機關核定者，應於核定後始得會銜發布。

③法規命令之發布，應刊登政府公報或新聞紙。

第一五八條（法規命令無效之事由及一部無效之處理原則）

①法規命令，有下列情形之一者，無效：

一　牴觸憲法、法律或上級機關之命令者。

二　無法律之授權而剝奪或限制人民之自由、權利者。

三　其訂定依法應經其他機關核准，而未經核准者。

②法規命令之一部分無效者，其他部分仍爲有效。但除去該無效部分，法規命令顯失規範目的者，全部無效。

第一五九條（行政規則之定義）

①本法所稱行政規則，係指上級機關對下級機關，或長官對屬官，依其權限或職權爲規範機關內部秩序及運作，所爲非直接對外發生法規範效力之一般、抽象之規定。

②行政規則包括下列各款之規定：

一　關於機關內部之組織、事務之分配、業務處理方式、人事管理等一般性規定。

二　爲協助下級機關或屬官統一解釋法令、認定事實、及行使裁量權，而訂頒之解釋性規定及裁量基準。

第一六〇條（行政規則之下達與發布）

①行政規則應下達下級機關或屬官。

②行政機關訂定前條第二項第二款之行政規則，應由其首長簽署，並登載於政府公報發布之。

第一六一條（行政規則之效力）

有效下達之行政規則，具有拘束訂定機關、其下級機關及屬官之效力。

第一六二條（行政規則之廢止）

①行政規則得由原發布機關廢止之。

②行政規則之廢止，適用第一百六十條規定。

第五章　行政計畫

第一六三條（行政計畫之定義）

本法所稱行政計畫，係指行政機關爲將來一定期限內達成特定之目的或實現一定之構想，事前就達成該目的或實現該構想有關之方法、步驟或措施等所爲之設計與規劃。

第一六四條（行政計畫確定程序之適用範圍及程序）

①行政計畫有關一定地區土地之特定利用或重大公共設施之設置，涉及多數不同利益之人及多數不同行政機關權限者，確定其計畫之裁決，應經公開及聽證程序，並得有集中事權之效果。

②前項行政計畫之擬訂、確定、修訂及廢棄之程序，由行政院另定之。

第六章　行政指導

第一六五條（行政指導之定義）

本法所稱行政指導，謂行政機關在其職權或所掌事務範圍內，爲實現一定之行政目的，以輔導、協助、勸告、建議或其他不具法律上強制力之方法，促請特定人爲一定作爲或不作爲之行爲。

第一六六條（行政指導之原則）

①行政機關爲行政指導時，應注意有關法規規定之目的，不得濫用。

②相對人明確拒絕指導時，行政機關應即停止，並不得據此對相對人爲不利之處置。

第一六七條（行政指導明示之方法）

①行政機關對相對人爲行政指導時，應明示行政指導之目的、內容、及負責指導者等事項。

②前項明示，得以書面、言詞或其他方式爲之。如相對人請求交付文書時，除行政上有特別困難外，應以書面爲之。

第七章　陳　情

第一六八條（陳情之定義）

人民對於行政興革之建議、行政法令之查詢、行政違失之舉發或行政上權益之維護，得向主管機關陳情。

第一六九條（陳情之方式）

①陳情得以書面或言詞爲之；其以言詞爲之者，受理機關應作成紀錄，並向陳情人朗讀或使閱覽後命其簽名或蓋章。

②陳情人對紀錄有異議者，應更正之。

第一七〇條　（陳情案件之處理原則）

①行政機關對人民之陳情，應訂定作業規定，指派人員迅速、確實處理之。

②人民之陳情有保密必要者，受理機關處理時，應不予公開。

第一七一條　（陳情案件之處理方式）

①受理機關認爲人民之陳情有理由者，應採取適當之措施；認爲無理由者，應通知陳情人，並說明其意旨。

②受理機關認爲陳情之重要內容不明確或有疑義者，得通知陳情人補陳之。

第一七二條　（行政機關的告知義務）

①人民之陳情應向其他機關爲之者，受理機關應告知陳情人。但受理機關認爲適當時，應即移送其他機關處理，並通知陳情人。

②陳情之事項，依法得提起訴願、訴訟或請求國家賠償者，受理機關應告知陳情人。

第一七三條　（對人民陳情案件得不處理情形）

人民陳情案有下列情形之一者，得不予處理：

一　無具體之內容或未具眞實姓名或住址者。

二　同一事由，經予適當處理，並已明確答覆後，而仍一再陳情者。

三　非主管陳情內容之機關，接獲陳情人以同一事由分向各機關陳情者。

第八章　附　則

第一七四條　（不服行政機關之行政程序行爲之救濟方法）

當事人或利害關係人不服行政機關於行政程序中所爲之決定或處置，僅得於對實體決定聲明不服時一併聲明之。但行政機關之決定或處置得強制執行或本法或其他法規另有規定者，不在此限。

第一七四條之一　（職權命令）

本法施行前，行政機關依中央法規標準法第七條訂定之命令，須以法律規定或以法律明列其授權依據者，應於本法施行後二年內，以法律規定或以法律明列其授權依據後修正或訂定；逾期失效。

第一七五條（施行日）104

①本法自中華民國九十年一月一日施行。

②本法修正條文自公布日施行。

行政執行法

①民國21年12月28日國民政府制定公布全文12條。
②民國32年12月1日國民政府修正公布第5條條文。
③民國36年11月11日國民政府修正公布第5條條文。
④民國87年11月11日總統令修正公布全文44條。
民國89年10月17日行政院令發布自90年1月1日起施行。
⑤民國89年6月21日總統令修正公布第39條條文。
民國89年10月17日行政院令發布自90年1月1日起施行。
⑥民國94年6月22日總統令修正公布第17、19條條文。
民國94年7月15日行政院令發布定自94年7月28日施行。
⑦民國96年3月21日總統令修正公布第7條條文。
民國96年4月16日行政院令發布定自96年5月1日施行。
⑧民國98年4月29日總統令修正公布第17條條文。
民國98年5月15日行政院令發布定自98年6月1日施行。
⑨民國98年12月30日總統令修正公布第24、44條條文；並自98年11月23日施行。
⑩民國99年2月3日總統令修正公布第17條條文；並增訂第17-1條條文。
民國99年5月10日行政院令發布第17條定自99年5月10日施行。
民國99年6月3日行政院令發布第17-1條定自99年6月3日施行。
民國100年12月16日行政院公告第4條第1、2項、第11條第1項、第12條、第13條第1項、第14～16條、第17條第1、3、6～10項、第17-1條第1、3～6項、第18條、第19條第1～4項、第20條第1項、第21～23、34條、第42條第2項所列屬「行政執行處」之權責事項，自101年1月1日起改由「行政執行分署」管轄。

第一章　總　則

第一條（適用範圍）

行政執行，依本法之規定；本法未規定者，適用其他法律之規定。

第二條（種類）

本法所稱行政執行，指公法上金錢給付義務、行為或不行為義務之強制執行及即時強制。

第三條（原則及限度）

行政執行，應依公平合理之原則，兼顧公共利益與人民權益之維護，以適當之方法為之，不得逾達成執行目的之必要限度。

第四條（執行機關）

①行政執行，由原處分機關或該管行政機關為之。但公法上金錢給付義務逾期不履行者，移送法務部行政執行署所屬行政執行處執行之。

②法務部行政執行署及其所屬行政執行處之組織，另以法律定之。

第五條（執行時間之限制）

①行政執行不得於夜間、星期日或其他休息日為之。但執行機關認為情況急迫或徵得義務人同意者，不在此限。

②日間已開始執行者，得繼續至夜間。

③執行人員於執行時，應對義務人出示足以證明身分之文件；必要時得命義務人或利害關係人提出國民身分證或其他文件。

第六條（執行機關得請求其他機關協助之情形）

①執行機關遇有下列情形之一者，得於必要時請求其他機關協助之：

一　須在管轄區域外執行者。

二　無適當之執行人員者。
三　執行時有遭遇抗拒之虞者。
四　執行目的有難於實現之虞者。
五　執行事項涉及其他機關者。

②被請求協助機關非有正當理由，不得拒絕；其不能協助者，應附理由即時通知請求機關。

③被請求協助機關因協助執行所支出之費用。由請求機關負擔之。

第七條（執行期間之限制）

①行政執行，自處分、裁定確定之日或其他依法令負有義務經通知限期履行之文書所定期間屆滿之日起，五年內未經執行者，不再執行；其於五年期間屆滿前已開始執行者，仍得繼續執行。但自五年期間屆滿之日起已逾五年尚未執行終結者，不得再執行。

②前項規定，法律有特別規定者，不適用之。

③第一項所稱已開始執行，如已移送執行機關者，係指下列情形之一：
一　通知義務人到場或自動清繳應納金額、報告其財產狀況或為其他必要之陳述。
二　已開始調查程序。

④第三項規定，於本法中華民國九十六年三月五日修正之條文施行前移送執行尚未終結之事件，亦適用之。

第八條（得終止執行之情形）

①行政執行有下列情形之一者，執行機關應依職權或因義務人、利害關係人之申請終止執行：
一　義務已全部履行或執行完畢者。
二　行政處分或裁定經撤銷或變更確定者。
三　義務之履行經證明為不可能者。

②行政處分或裁定經部分撤銷或變更確定者，執行機關應就原處分或裁定經撤銷或變更部分終止執行。

第九條（對執行行為聲明異議）

①義務人或利害關係人對執行命令、執行方法、應遵守之程序或其他侵害利益之情事，得於執行程序終結前，向執行機關聲明異議。

②前項聲明異議，執行機關認其有理由者，應即停止執行，並撤銷或更正已為之執行行為；認其無理由者，應於十日內加具意見，送直接上級主管機關於三十日內決定之。

③行政執行，除法律另有規定外，不因聲明異議而停止執行。但執行機關因必要情形，得依職權或申請停止之。

第一〇條（涉國家賠償情事得請求賠償）

行政執行，有國家賠償法所定國家應負賠償責任之情事者，受損害人得依該法請求損害賠償。

第二章　公法上金錢給付義務之執行

第一一條（義務人逾期不履行公法上金錢給付義務之處置）

①義務人依法令或本於法令之行政處分或法院之裁定，負有公法上金錢給付義務，有下列情形之一，逾期不履行，經主管機關移送者，由行政執行處就義務人之財產執行之：
一　其處分文書或裁定書定有履行期間或有法定履行期間者。
二　其處分文書或裁定書未定履行期間，經以書面限期催告履行者。
三　依法令負有義務，經以書面通知限期履行者。

②法院依法律規定就公法上金錢給付義務為假扣押、假處分之裁定經主管機關移送者，亦同。

第一二條（公法上金錢給付義務執行事件之辦理）

公法上金錢給付義務之執行事件，由行政執行處之行政執行官、執行書記官督同執行員辦理之，不受非法或不當之干涉。

第一三條　（移送行政執行處應檢附之文件）

①移送機關於移送行政執行處執行時，應檢附下列文件：

一　移送書。

二　處分文書、裁定書或義務人依法令負有義務之證明文件。

三　義務人之財產目錄。但移送機關不知悉義務人之財產者，免予檢附。

四　義務人經限期履行而逾期仍不履行之證明文件。

五　其他相關文件。

②前項第一款移送書應載明義務人姓名、年齡、性別、職業、住居所，如係法人或其他設有管理人或代表人之團體，其名稱、事務所或營業所，及管理人或代表人之姓名、性別、年齡、職業、住居所；義務發生之原因及日期；應納金額。

第一四條　（爲辦理執行事件得爲之之行爲）

行政執行處爲辦理執行事件，得通知義務人到場或自動清繳應納金額、報告其財產狀況或爲其他必要之陳述。

第一五條　（對義務人遺產強制執行）

義務人死亡遺有財產者，行政執行處得逕對其遺產強制執行。

第一六條　（再行查封財產之限制）

執行人員於查封前，發見義務人之財產業經其他機關查封者，不得再行查封。行政執行處已查封之財產，其他機關不得再行查封。

第一七條　（得命義務人提供擔保並限制住居之情形）99

①義務人有下列情形之一者，行政執行處得命其提供相當擔保，限期履行，並得限制其住居：

一　顯有履行義務之可能，故不履行。

二　顯有逃匿之虞。

三　就應供強制執行之財產有隱匿或處分之情事。

四　於調查執行標的物時，對於執行人員拒絕陳述。

五　經命其報告財產狀況，不爲報告或爲虛僞之報告。

六　經合法通知，無正當理由而不到場。

②前項義務人有下列情形之一者，不得限制住居：

一　滯欠金額合計未達新臺幣十萬元，但義務人已出境達二次者，不在此限。

二　已按其法定應繼分繳納遺產稅款、罰鍰及加徵之滯納金、利息。但其繼承所得遺產超過法定應繼分，而未按所得遺產比例繳納者，不在此限。

③義務人經行政執行處依第一項規定命其提供相當擔保，限期履行，屆期不履行亦未提供相當擔保，有下列情形之一，而有強制其到場之必要者，行政執行處得聲請法院裁定拘提之：

一　顯有逃匿之虞。

二　經合法通知，無正當理由而不到場。

④法院對於前項聲請，應於五日內裁定；其情況急迫者，應即時裁定。

⑤義務人經拘提到場，行政執行官應即訊問其人有無錯誤，並應命義務人據實報告其財產狀況或爲其他必要調查。

⑥行政執行官訊問義務人後，認有下列各款情形之一，而有管收必要者，行政執行處應自拘提時起二十四小時內，聲請法院裁定管收之：

一　顯有履行義務之可能，故不履行。

二　顯有逃匿之虞。

三　就應供強制執行之財產有隱匿或處分之情事。

四　已發見之義務人財產不足清償其所負義務，於審酌義務人整體收入、財產狀況及工作能力，認有履行義務之可能，別無其他執行方法，而拒絕報告其財產狀況或為虛偽之報告。

⑦義務人經通知或自行到場，經行政執行官訊問後，認有前項各款情形之一，而有聲請管收必要者，行政執行處得將義務人暫予留置；其訊問及暫予留置時間合計不得逾二十四小時。

⑧拘提、管收之聲請，應向行政執行處所在地之地方法院為之。

⑨法院受理管收之聲請後，應即訊問義務人並為裁定，必要時得通知行政執行處指派執行人員到場為一定之陳述或補正。

⑩行政執行處或義務人不服法院關於拘提、管收之裁定者，得於十日內提起抗告；其程序準用民事訴訟法有關抗告程序之規定。

⑪抗告不停止拘提或管收之執行。但准拘提或管收之原裁定經抗告法院裁定廢棄者，其執行應即停止，並將被拘提或管收人釋放。

⑫拘提、管收，除本法另有規定外，準用強制執行法、管收條例及刑事訴訟法有關訊問、拘提、羈押之規定。

第一七條之一（禁奢條款）99

①義務人為自然人，其滯欠合計達一定金額，已發現之財產不足清償其所負義務，且生活逾越一般人通常程度者，行政執行處得依職權或利害關係人之申請對其核發下列各款之禁止命令，並通知應予配合之第三人：

一　禁止購買、租賃或使用一定金額以上之商品或服務。

二　禁止搭乘特定之交通工具。

三　禁止為特定之投資。

四　禁止進入特定之高消費場所消費。

五　禁止贈與或借貸他人一定金額以上之財物。

六　禁止每月生活費用超過一定金額。

七　其他必要之禁止命令。

②前項所定一定金額，由法務部定之。

③行政執行處依第一項規定核發禁止命令前，應以書面通知義務人到場陳述意見。義務人經合法通知，無正當理由而不到場者，行政執行處關於本條之調查及審核程序不受影響。

④行政執行處於審酌義務人之生活有無逾越一般人通常程度而核發第一項之禁止命令時，應考量其滯欠原因、滯欠金額、清償狀況、移送機關之意見、利害關係人申請事由及其他情事，為適當之決定。

⑤行政執行處於執行程序終結時，應解除第一項之禁止命令，並通知應配合之第三人。

⑥義務人無正當理由違反第一項之禁止命令者，行政執行處得限期命其清償適當之金額，或命其報告一定期間之財產狀況、收入及資金運用情形；義務人不為清償、不為報告或為虛偽之報告者，視為其顯有履行義務之可能而故不履行，行政執行處得依前條規定處理。

第一八條（行政執行處得逕就擔保人之財產執行之情形）

擔保人於擔保書狀載明義務人逃亡或不履行義務由其負清償責任者，行政執行處於義務人逾前條第一項之限期仍不履行時，得逕就擔保人之財產執行之。

第一九條（拘提管收）

①法院為拘提之裁定後，應將拘票交由行政執行處派執行員執行拘提。

②拘提後，有下列情形之一者，行政執行處應即釋放義務人：

一　義務已全部履行。

二　義務人就義務之履行已提供相當擔保。

三　不符合聲請管收之要件。

③法院爲管收之裁定後，應將管收票交由行政執行處派執行員將被管收人送交管收所；法院核發管收票時義務人不在場者，行政執行處得派執行員持管收票強制義務人同行並送交管收所。

④管收期限，自管收之日起算，不得逾三個月。有管收新原因發生或停止管收原因消滅時，行政執行處仍得聲請該管法院裁定再行管收。但以一次爲限。

⑤義務人所負公法上金錢給付義務，不因管收而免除。

第二〇條（被管收人之提詢及送返程式）

①行政執行處應隨時提詢被管收人，每月不得少於三次。

②提詢或送返被管收人時，應以書面通知管收所。

第二一條（不得管收及停止管收之情形）

義務人或其他依法得管收之人有下列情形之一者，不得管收；其情形發生管收後者，行政執行處應以書面通知管收所停止管收：

一　因管收而其一家生計有難以維持之虞者。

二　懷胎五月以上或生產後二月未滿者。

三　現罹疾病，恐因管收而不能治療者。

第二二條（應釋放被管收人之情形）

有下列情形之一者，行政執行處應即以書面通知管收所釋放被管收人：

一　義務已全部履行或執行完畢者。

二　行政處分或裁定經撤銷或變更確定致不得繼續執行者。

三　管收期限屆滿者。

四　義務人就義務之履行已提供確實之擔保者。

第二三條（應提報告之執行行爲）

行政執行處執行拘提管收之結果，應向裁定法院提出報告。提詢、停止管收及釋放被管收人時，亦同。

第二四條（適用義務人拘提管收等規定之人）

關於義務人拘提管收及應負義務之規定，於下列各款之人亦適用之：

一　義務人爲未成年人或受監護宣告之人者，其法定代理人。

二　商號之經理人或清算人；合夥之執行業務合夥人。

三　非法人團體之代表人或管理人。

四　公司或其他法人之負責人。

五　義務人死亡者，其繼承人、遺產管理人或遺囑執行人。

第二五條（執行費用）

有關本章之執行，不徵收執行費。但因強制執行所支出之必要費用，由義務人負擔之。

第二六條（強制執行法之準用）

關於本章之執行，除本法另有規定外，準用強制執行法之規定。

第三章　行為或不行為義務之執行

第二七條（限期履行行爲或不行爲義務）

①依法令或本於法令之行政處分，負有行爲或不行爲義務，經於處分書或另以書面限定相當期間履行，逾期仍不履行者，由執行機關依間接強制或直接強制方法執行之。

②前項文書，應載明不依限履行時將予強制執行之意旨。

第二八條（間接強制方法及直接強制方法）

①前條所稱之間接強制方法如下：

一　代履行。

二　怠金。

②前條所稱之直接強制方法如下：
一　扣留、收取交付、解除占有、處置、使用或限制使用動產、不動產。
二　進入、封閉、拆除住宅、建築物或其他處所。
三　收繳、註銷證照。
四　斷絕營業所必須之自來水、電力或其他能源。
五　其他以實力直接實現與履行義務同一內容狀態之方法。

第二九條（代為履行行為義務及代履行費用）

①依法令或本於法令之行政處分，負有行為義務而不為，其行為能由他人代為履行者，執行機關得委託第三人或指定人員代履行之。

②前項代履行之費用，由執行機關估計其數額，命義務人繳納；其繳納數額與實支不一致時，退還其餘額或追繳其差額。

第三〇條（不為且不能代為履行之義務，處以怠金）

①依法令或本於法令之行政處分，負有行為義務而不為，其行為不能由他人代為履行者，依其情節輕重處新臺幣五千元以上三十萬元以下怠金。

②依法令或本於法令之行政處分，負有不行為義務而為之者，亦同。

第三一條（連續處以怠金）

①經依前條規定處以怠金，仍不履行其義務者，執行機關得連續處以怠金。

②依前項規定，連續處以怠金前，仍應依第二十七條之規定以書面限期履行。但法律另有特別規定者，不在此限。

第三二條（得直接強制執行之情況）

經間接強制不能達成執行目的，或因情況急迫，如不及時執行，顯難達成執行目的時，執行機關得依直接強制方法執行之。

第三三條（物之交付義務之強制執行）

關於物之交付義務之強制執行，依本章之規定。

第三四條（逾期未繳代履行費用或怠金）

代履行費用或怠金，逾期未繳納者，移送行政執行處依第二章之規定執行之。

第三五條（本章準用之規定）

強制執行法第三章、第四章之規定於本章準用之。

第四章　即時強制

第三六條（即時強制之時機及方法）

①行政機關為阻止犯罪、危害之發生或避免急迫危險，而有即時處置之必要時，得為即時強制。

②即時強制方法如下：
一　對於人之管束。
二　對於物之扣留、使用、處置或限制其使用。
三　對於住宅、建築物或其他處所之進入。
四　其他依法定職權所為之必要處置。

第三七條（對於人之管束之限制）

①對於人之管束，以合於下列情形之一者為限：
一　瘋狂或酗酒泥醉，非管束不能救護其生命、身體之危險，及預防他人生命、身體之危險者。
二　意圖自殺，非管束不能救護其生命者。
三　暴行或鬥毆，非管束不能預防其傷害者。
四　其他認為必須救護或有害公共安全之虞，非管束不能救護或不能預防危害者。

②前項管束，不得逾二十四小時。

第三八條　（危險物之扣留）

①軍器、凶器及其他危險物，爲預防危害之必要，得扣留之。

②扣留之物，除依法應沒收、沒入、毀棄或應變價發還者外，其扣留期間不得逾三十日。但扣留之原因未消失時，得延長之，延長期間不得逾兩個月。

③扣留之物無繼續扣留必要者，應即發還；於一年內無人領取或無法發還者，其所有權歸屬國庫；其應變價發還者，亦同。

第三九條　（得使用、處置或限制使用土地等之情形）89

遇有天災，事變或交通上，衛生上或公共安全上有危害情形，非使用或處置其土地、住宅、建築物、物品或限制其使用，不能達防護之目的時，得使用、處置或限制其使用。

第四〇條　（對於進入建物等處所之限制）

對於住宅、建築物或其他處所之進入，以人民之生命、身體、財產有迫切之危害，非進入不能救護者爲限。

第四一條　（即時強制而致損失得請求補償）

①人民因執行機關依法實施即時強制，致其生命、身體或財產遭受特別損失時，得請求補償。但因可歸責於該人民之事由者，不在此限。

②前項損失補償，應以金錢爲之，並以補償實際所受之特別損失爲限。

③對於執行機關所爲損失補償之決定不服者，得依法提起訴願及行政訴訟。

④損失補償，應於知有損失後，二年內向執行機關請求之。但自損失發生後，經過五年者，不得爲之。

第五章　附　則

第四二條　（本法修正後之適用）

①法律有公法上金錢給付義務移送法院強制執行之規定者，自本法修正條文施行之日起，不適用之。

②本法修正施行前之行政執行事件，未經執行或尚未執行終結者，自本法修正條文施行之日起，依本法之規定執行之；其爲公法上金錢給付義務移送法院強制執行之事件，移送該管行政執行處繼續執行之。

③前項關於第七條規定之執行期間，自本法修正施行日起算。

第四三條　（施行細則）

本法施行細則，由行政院定之。

第四四條　（施行日）

①本法自公布日施行。

②本法修正條文之施行日期，由行政院以命令定之。但中華民國九十八年十二月十五日修正之條文，自九十八年十一月二十三日施行。

行政執行法施行細則

①民國89年1月12日行政院令訂定發布全文43條；並自90年1月1日起施行。
②民國90年9月19日行政院令修正發布第43條條文；增訂第6-1條條文；並自發布日施行。
③民國95年1月6日行政院令修正發布第29條條文。
④民國99年6月15日行政院令修正發布第20、28、29條條文。
民國100年12月16日行政院公告第6-1條、第10條第2項、第19條、第20條第1～3項、第21～28條、第29條第1、2項、第42條所列屬「行政執行處」之權責事項，自101年1月1日起改由「行政執行分署」管轄。

第一條
本細則依行政執行法（以下簡稱本法）第四十三條規定訂定之。
第二條
本法第二條所稱公法上金錢給付義務如下：
一　稅款、滯納金、滯報費、利息、滯報金、怠報金及短估金。
二　罰鍰及怠金。
三　代履行費用。
四　其他公法上應給付金錢之義務。
第三條
本法第三條所定以適當之方法爲之，不得逾達成執行目的之必要限度，指於行政執行時，應依下列原則爲之：
一　採取之執行方法須有助於執行目的之達成。
二　有多種同樣能達成執行目的之執行方法時，應選擇對義務人、應受執行人及公衆損害最少之方法爲之。
三　採取之執行方法所造成之損害不得與欲達成執行目的之利益顯失均衡。
第四條
本法第四條第一項所稱原處分機關，其認定以實施行政處分時之名義爲準。但上級機關本於法定職權所爲之行政處分，交由下級機關執行者，以該上級機關爲原處分機關。
第五條
本法第四條第一項所稱該管行政機關，指相關法令之主管機關或依法得爲即時強制之機關。
第六條
本法第四條第一項所定之原處分機關或該管行政機關經裁撤或改組時，以承受其業務之機關爲執行機關；無承受其業務之機關者，以其上級機關爲執行機關。
第六條之一
法務部行政執行署所屬行政執行處爲執行本法第四條第一項之公法上金錢給付義務事項，得將權限之一部分委託民間團體或個人辦理。
第七條
本法第五條第一項所稱其他休息日，指應放假之紀念日及其他由中央人事主管機關規定應放假之日。
第八條
本法第五條第一項及第二項所稱夜間，指日出前、日沒後。
第九條
行政執行應作成執行筆錄。但直接強制或即時強制，因情況急迫或其他原因，不能作成執行筆錄者，得以報告書代之。

第一〇條

①行為或不行為義務之執行及即時強制之執行筆錄，應載明下列事項：

一　執行所依據之行政處分或法令規定及其內容。

二　義務人或應受執行人之姓名、性別、出生年月日、國民身分證統一編號、職業及居住所；其為法人或其他設有負責人、管理人或代表人之團體者，其名稱、事務所或營業所，及負責人、管理人或代表人之姓名、性別、出生年月日、國民身分證統一編號、職業及住居所。

三　應執行標的所在地、種類、數量、品質及其他應記明事項。

四　執行方法。轉換執行方法或終止執行者，其事由。

五　聲明異議者，異議人之姓名、關係、異議事由及對聲明異議之處置。

六　請求協助執行者，其事由及被請求協助機關名稱。

七　執行人員及在場之人簽名。在場之人拒簽者，其事由。

八　執行處所及執行之年、月、日、時。

②公法上金錢給付義務逾期不履行，經移送行政執行處執行者，其執行筆錄應記載之事項，準用強制執行法有關規定。

第一一條

執行機關依本法第五條第一項但書規定於夜間、星期日或其他休息日執行者，應將情況急迫或徵得義務人同意之情形，記明於執行筆錄或報告書。

第一二條

執行人員於行為或不行為義務之強制執行及即時強制時，應由義務人或可為其代表之人在場；如無此等人在場時，得由鄰居或就近自治團體之職員在場。

第一三條

執行機關為依本法第六條規定於必要時請求其他機關協助執行，得視事實需要會商相關機關訂定協調聯繫注意事項。

第一四條

①執行機關執行時，應依職權調查有無本法第八條第一項各款所定情形。

②行政執行有本法第八條第一項各款所定情形之一者，義務人或利害關係人得陳明理由並檢附有關文件，申請執行機關終止執行。

③執行機關終止執行時，應通知義務人及利害關係人。

第一五條

義務人或利害關係人依本法第九條第一項規定聲明異議者，應以書面為之。但執行時得當場以言詞為之，並由執行人員載明於執行筆錄。

第一六條

本法第九條第二項所稱直接上級主管機關，於公法上金錢給付義務執行事件，係指法務部行政執行署。

第一七條

①直接上級主管機關對於執行機關依本法第九條第二項規定送請決定之聲明異議事件，認其異議有理由者，應命執行機關停止執行，並撤銷或更正已為之執行行為；認其異議無理由者，應附理由駁回之。

②前項決定，應以書面通知原執行機關及異議人。

③不服中央各院之行政執行而聲明異議，經各該院認其異議無理由者，由該院附具理由駁回之，並以書面通知異議人。

第一八條

公法上金錢給付義務之執行事件，第三人就執行標的物認有足以排除執行之權利時，得於執行程序終結前，依強制執行法第十五條規定向管轄法院提起民事訴訟。

第一九條
公法上金錢給付義務事件移送行政執行處執行前，除法令另有規定或以執行憑證移送執行者外，宜由原處分機關或該管行政機關儘量催繳。

第二〇條 99
①公法上金錢給付義務之執行，應以執行標的物所在地之該管行政執行處爲執行機關；其不在同一行政執行處轄區者，得向其中任一行政執行處爲之。
②應執行之標的物所在地不明者，由義務人之住居所、公務所、事務所或營業所所在地之行政執行處管轄。
③受理公法上金錢給付義務執行事件之行政執行處，須在他行政執行處轄區內爲執行行爲時，應囑託該他行政執行處爲之。

第二一條
行政執行處依本法第十一條第一項規定，對於主管機關移送之公法上金錢給付義務執行事件，就義務人財產爲執行時，移送機關應指派熟諳業務法令之人員協助配合執行。

第二二條
公法上金錢給付義務執行事件移送該管行政執行處時，應以一執行名義爲一案，並以一案爲一號。

第二三條
移送機關移送行政執行處執行之移送書及相關文件之格式，由法務部行政執行署定之。

第二四條
公法上金錢給付義務執行事件移送該管行政執行處後，移送機關得於執行終結前撤回之。但於拍定後拍賣物所有權移轉前撤回者，應得拍定人之同意。

第二五條
行政執行處就已查封之財產不再繼續執行時，如有執行法院函送併辦之事件，應維持已實施之執行程序原狀，並依強制執行法第三十三條之一第三項規定將有關卷宗送由執行法院繼續執行。

第二六條
行政執行處依強制執行法第三十三條之二第一項規定將執行事件函送執行法院併辦時，應敘明如執行法院就已查封之財產不再繼續執行時，應依同條第二項規定維持已實施之執行程序原狀，並將有關卷宗送由行政執行處繼續執行之意旨。

第二七條
義務人依其經濟狀況或因天災、事變致遭受重大財產損失，無法一次完納公法上金錢給付義務者，行政執行處於徵得移送機關同意後，得酌情核准其分期繳納。經核准分期繳納，而未依限繳納者，行政執行處得廢止之。

第二八條 99
行政執行處依本法第十七條第一項規定限制義務人之住居者，應通知義務人及有關機關。

第二九條 99
①行政執行處依本法第十七條第三項、第六項規定向法院聲請拘提、管收，應具聲請書及聲請拘提、管收所必要之相關證明文件影本，並釋明之。
②行政執行處向法院聲請管收時，應將被聲請管收人一併送交法院。

第三〇條
拍賣、鑑價、估價、查詢、登報、保管及其他因強制執行所支出之必要費用，移送機關應代爲預納，並依本法第二十五條但書規定向義務人取償。

第三一條
執行機關依本法第二十八條第二項第二款規定執行封閉時，應派員將處分文書及封閉範圍之圖說明顯揭示於該封閉處所，並於各出入口設置障礙物。

第三二條

執行機關依本法第二十九條第一項規定，委託第三人或指定人員代履行時，應以文書載明下列事項，送達於義務人：

一 執行機關及義務人。

二 受委託之第三人或指定之人員。

三 代履行之標的。

四 代履行費用之數額、繳納處所及期限。

五 代履行之期日。

第三三條

受委託之第三人於代履行時，有本法第六條第一項第三款至第五款規定情事者，應即通知執行機關。

第三四條

執行機關依本法第三十條或第三十一條規定處以怠金時，應以文書載明下列事項送達於義務人：

一 執行機關及義務人。

二 應履行之行為或不行為義務與其依據及履行期限。

三 處以怠金之事由及金額。

四 怠金之繳納期限及處所。

五 不依限繳納時將予強制執行之意旨。

第三五條

依本法第三十七條執行對於人之管束時，執行人員應即將管束原因及概略經過報告主管長官；執行機關並應儘速將管束原因，告知本人及其配偶、法定代理人、指定之親友或其他適當之機關（構）。但不能告知者，不在此限。

第三六條

對於人之管束，應注意其身體及名譽。執行人員以強制力實施者，不得逾必要之程度。

第三七條

①依本法第三十八條執行物之扣留時，執行機關應製作收據，詳載扣留物之名稱、數量，付與所有人、持有人或保管人。

②前項扣留物不便保管或搬運者，得予封存，命所有人、持有人或保管人出據看守或保管。

第三八條

①扣留之物，依法應沒收、沒入、毀棄或應變價發還者，執行機關應即自行或移送有關機關依相關法令規定程序辦理，並通知所有人、持有人或保管人。

②扣留之物，依本法第三十八條第二項但書規定延長扣留期間者，應將其原因通知所有人、持有人或保管人。

第三九條

扣留之物，依本法第三十八條第三項規定應發還或變價發還者，執行機關應以書面通知所有人、持有人或保管人出據具領；其經封存者，應予啓封。

第四〇條

依本法第四十一條請求，特別損失之補償時，請求人或其代理人應以書面載明下列事項，並於簽名或蓋章後，向執行機關提出：

一 請求人之姓名、性別、出生年月日、國民身分證統一編號、職業及住居所。

二 有代理人者，其姓名、性別、出生年月日、國民身分證統一編號、職業及住居所或事務所。

三 請求補償之原因事實、理由及證據。

四 請求補償之金額。

五　執行機關。

六　年、月、日。

第四一條

①執行機關對於特別損失補償之請求，應於收到請求書後三十日內決定之。

②執行機關爲補償之決定者，應以書面載明補償之金額，通知請求人或其代理人出據具領；爲不予補償之決定者，應以書面載明理由，通知請求人或其代理人。

第四二條

本法修正施行前之公法上金錢給付義務強制執行事件，於本法修正施行後尚未移送法院強制執行者，由主管機關移送該管行政執行處依本法規定執行之；其已移送法院強制執行尚未終結者，繫屬之法院應維持已實施之執行程序原狀，並將有關卷宗送由該管行政執行處依本法規定繼續執行之。

第四三條

①本細則自本法修正條文施行之日施行。

②本細則修正條文自發布日施行。

行政罰法

①民國94年2月5日總統令制定公布全文46條；並自公布後一年施行。
②民國100年11月23日總統令修正公布第26、27、32、45、46條條文；並自公布日施行。

第一章　法　例

第一條　（立法目的）

違反行政法上義務而受罰鍰、沒入或其他種類行政罰之處罰時，適用本法。但其他法律有特別規定者，從其規定。

第二條　（其他種類行政罰之要件）

本法所稱其他種類行政罰，指下列裁罰性之不利處分：

一　限制或禁止行為之處分：限制或停止營業、吊扣證照、命令停工或停止使用、禁止行駛、禁止出入港口、機場或特定場所、禁止製造、販賣、輸出入、禁止申請或其他限制或禁止為一定行為之處分。

二　剝奪或消滅資格、權利之處分：命令歇業、命令解散、撤銷或廢止許可或登記、吊銷證照、強制拆除或其他剝奪或消滅一定資格或權利之處分。

三　影響名譽之處分：公布姓名或名稱、公布照片或其他相類似之處分。

四　警告性處分：警告、告誡、記點、記次、講習、輔導教育或其他相類似之處分。

第三條　（行為人之定義）

本法所稱行為人，係指實施違反行政法上義務行為之自然人、法人、設有代表人或管理人之非法人團體、中央或地方機關或其他組織。

第四條　（處罰法定主義）

違反行政法上義務之處罰，以行為時之法律或自治條例有明文規定者為限。

第五條　（從新從輕原則）

行為後法律或自治條例有變更者，適用行政機關最初裁處時之法律或自治條例。但裁處前之法律或自治條例有利於受處罰者，適用最有利於受處罰者之規定。

第六條　（行為地或結果地之效力）

①在中華民國領域內違反行政法上義務應受處罰者，適用本法。

②在中華民國領域外之中華民國船艦、航空器或依法得由中華民國行使管轄權之區域內違反行政法上義務者，以在中華民國領域內違反論。

③違反行政法上義務之行為或結果，有一在中華民國領域內者，為在中華民國領域內違反行政法上義務。

第二章　責　任

第七條　（有責任始有處罰原則）

①違反行政法上義務之行為非出於故意或過失者，不予處罰。

②法人、設有代表人或管理人之非法人團體、中央或地方機關或其他組織違反行政法上義務者，其代表人、管理人、其他有代表權之人或實際行為之職員、受僱人或從業人員之故意、過失，推定為該等組織之故意、過失。

第八條　（排除卸責藉口）

不得因不知法規而免除行政處罰責任。但按其情節，得減輕或免除其處罰。

第九條　（責任能力）

①未滿十四歲人之行為，不予處罰。
②十四歲以上未滿十八歲人之行為，得減輕處罰。
③行為時因精神障礙或其他心智缺陷，致不能辨識其行為違法或欠缺依其辨識而行為之能力者，不予處罰。
④行為時因前項之原因，致其辨識行為違法或依其辨識而行為之能力，顯著減低者，得減輕處罰。
⑤前二項規定，於因故意或過失自行招致者，不適用之。

第一〇條（防止之義務）
①對於違反行政法上義務事實之發生，依法有防止之義務，能防止而不防止者，與因積極行為發生事實者同。
②因自己行為致有發生違反行政法上義務事實之危險者，負防止其發生之義務。

第一一條（職務命令）
①依法令之行為，不予處罰。
②依所屬上級公務員職務命令之行為，不予處罰。但明知職務命令違法，而未依法定程序向該上級公務員陳述意見者，不在此限。

第一二條（正當防衛或防衛過當）
對於現在不法之侵害，而出於防衛自己或他人權利之行為，不予處罰。但防衛行為過當者，得減輕或免除其處罰。

第一三條（緊急避難）
因避免自己或他人生命、身體、自由、名譽或財產之緊急危難而出於不得已之行為，不予處罰。但避難行為過當者，得減輕或免除其處罰。

第三章　共同違法及併同處罰

第一四條（故意共同違法）
①故意共同實施違反行政法上義務之行為者，依其行為情節之輕重，分別處罰之。
②前項情形，因身分或其他特定關係成立之違反行政法上義務行為，其無此身分或特定關係者，仍處罰之。
③因身分或其他特定關係致處罰有重輕或免除時，其無此身分或特定關係者，仍處以通常之處罰。

第一五條（私法人違法之處罰）
①私法人之董事或其他有代表權之人，因執行其職務或為私法人之利益為行為，致使私法人違反行政法上義務應受處罰者，該行為人如有故意或重大過失時，除法律或自治條例另有規定外，應並受同一規定罰鍰之處罰。
②私法人之職員、受僱人或從業人員，因執行其職務或為私法人之利益為行為，致使私法人違反行政法上義務應受處罰者，私法人之董事或其他有代表權之人，如對該行政法上義務之違反，因故意或重大過失，未盡其防止義務時，除法律或自治條例另有規定外，應並受同一規定罰鍰之處罰。
③依前二項並受同一規定處罰之罰鍰，不得逾新台幣一百萬元。但其所得之利益逾新台幣一百萬元者，得於其所得利益之範圍內裁處之。

第一六條（私法組織違法之準用）
前條之規定，於設有代表人或管理人之非法人團體，或法人以外之其他私法組織，違反行政法上義務者，準用之。

第一七條（公法組織之處罰）
中央或地方機關或其他公法組織違反行政法上義務者，依各該法律或自治條例規定處罰之。

第四章　裁處之審酌加減及擴張

第一八條　（裁處罰鍰之審酌、加減及期間）

①裁處罰鍰，應審酌違反行政法上義務行爲應受責難程度、所生影響及因違反行政法上義務所得之利益，並得考量受處罰者之資力。

②前項所得之利益超過法定罰鍰最高額者，得於所得利益之範圍內酌量加重，不受法定罰鍰最高額之限制。

③依本法規定減輕處罰時，裁處之罰鍰不得逾法定罰鍰最高額之二分之一，亦不得低於法定罰鍰最低額之二分之一；同時有免除處罰之規定者，不得逾法定罰鍰最高額之三分之一，亦不得低於法定罰鍰最低額之三分之一。但法律或自治條例另有規定者，不在此限。

④其他種類行政罰，其處罰定有期間者，準用前項之規定。

第一九條　（不處罰之要件及處理）

①違反行政法上義務應受法定最高額新台幣三千元以下罰鍰之處罰，其情節輕微，認以不處罰爲適當者，得免予處罰。

②前項情形，得對違反行政法上義務者施以糾正或勸導，並作成紀錄，命其簽名。

第二〇條　（不當得利之追繳）

①爲他人利益而實施行爲，致使他人違反行政法上義務應受處罰者，該行爲人因其行爲受有財產上利益而未受處罰時，得於其所受財產上利益價值範圍內，酌予追繳。

②行爲人違反行政法上義務應受處罰，他人因該行爲受有財產上利益而未受處罰時，得於其所受財產上利益價值範圍內，酌予追繳。

③前二項追繳，由爲裁處之主管機關以行政處分爲之。

第二一條　（沒入物之所有人）

沒入之物，除本法或其他法律另有規定者外，以屬於受處罰者所有爲限。

第二二條　（沒入之裁處）

①不屬於受處罰者所有之物，因所有人之故意或重大過失，致使該物成爲違反行政法上義務行爲之工具者，仍得裁處沒入。

②物之所有人明知該物得沒入，爲規避沒入之裁處而取得所有權者，亦同。

第二三條　（沒入物價額或減損差額之追徵）

①得沒入之物，受處罰者或前條物之所有人於受裁處沒入前，予以處分、使用或以他法致不能裁處沒入者，得裁處沒入其物之價額；其致物之價值減損者，得裁處沒入其物及減損之差額。

②得沒入之物，受處罰者或前條物之所有人於受裁處沒入後，予以處分、使用或以他法致不能執行沒入者，得追徵其物之價額；其致物之價值減損者，得另追徵其減損之差額。

③前項追徵，由爲裁處之主管機關以行政處分爲之。

第五章　單一行為及數行為之處罰

第二四條　（一行爲違反數個行政法上義務規定而應處罰鍰之法律效果）

①一行爲違反數個行政法上義務規定而應處罰鍰者，依法定罰鍰額最高之規定裁處。但裁處之額度，不得低於各該規定之罰鍰最低額。

②前項違反行政法上義務行爲，除應處罰鍰外，另有沒入或其他種類行政罰之處罰者，得依該規定併爲裁處。但其處罰種類相同，如從一重處罰已足以達成行政目的者，不得重複裁處。

③一行爲違反社會秩序維護法及其他行政法上義務規定而應受處罰，如已裁處拘留者，不再受罰鍰之處罰。

第二五條　（分別處罰）

數行爲違反同一或不同行政法上義務之規定者，分別處罰之。

第二六條（一行爲同時違反刑事法律及行政法上義務規定之處罰及適用範圍）100

①一行爲同時觸犯刑事法律及違反行政法上義務規定者，依刑事法律處罰之。但其行爲應處以其他種類行政罰或得沒入之物而未經法院宣告沒收者，亦得裁處之。

②前項行爲如經不起訴處分、緩起訴處分確定或爲無罪、免訴、不受理、不付審理、不付保護處分、免刑、緩刑之裁判確定者，得依違反行政法上義務規定裁處之。

③第一項行爲經緩起訴處分或緩刑宣告確定且經命向公庫或指定之公益團體、地方自治團體、政府機關、政府機構、行政法人、社區或其他符合公益目的之機構或團體，支付一定之金額或提供義務勞務者，其所支付之金額或提供之勞務，應於依前項規定裁處之罰鍰內扣抵之。

④前項勞務扣抵罰鍰之金額，按最初裁處時之每小時基本工資乘以義務勞務時數核算。

⑤依第二項規定所爲之裁處，有下列情形之一者，由主管機關依受處罰者之申請或依職權撤銷之，已收繳之罰鍰，無息退還：

一　因緩起訴處分確定而爲之裁處，其緩起訴處分經撤銷，並經判決有罪確定，且未受免刑或緩刑之宣告。

二　因緩刑裁判確定而爲之裁處，其緩刑宣告經撤銷確定。

第六章　時　效

第二七條（行政罰裁處權之時效）100

①行政罰之裁處權，因三年期間之經過而消滅。

②前項期間，自違反行政法上義務之行爲終了時起算。但行爲之結果發生在後者，自該結果發生時起算。

③前條第二項之情形，第一項期間自不起訴處分、緩起訴處分確定或無罪、免訴、不受理、不付審理、不付保護處分、免刑、緩刑之裁判確定日起算。

④行政罰之裁處因訴願、行政訴訟或其他救濟程序經撤銷而須另爲裁處者，第一項期間自原裁處被撤銷確定之日起算。

第二八條（裁處權時效之停止）

①裁處權時效，因天災、事變或依法律規定不能開始或進行裁處時，停止其進行。

②前項時效停止，自停止原因消滅之翌日起，與停止前已經過之期間一併計算。

第七章　管轄機關

第二九條（主管管轄機關）

①違反行政法上義務之行爲，由行爲地、結果地、行爲人之住所、居所或營業所、事務所或公務所所在地之主管機關管轄。

②在中華民國領域外之中華民國船艦或航空器內違反行政法上義務者，得由船艦本籍地、航空器出發地或行爲後在中華民國領域內最初停泊地或降落地之主管機關管轄。

③在中華民國領域外之外國船艦或航空器於依法得由中華民國行使管轄權之區域內違反行政法上義務者，得由行爲後其船艦或航空器在中華民國領域內最初停泊地或降落地之主管機關管轄。

④在中華民國領域外依法得由中華民國行使管轄權之區域內違反行政法上義務者，不能依前三項規定定其管轄機關時，得由行爲人所在地之主管機關管轄。

第三〇條（主管機關之共同管轄權）

故意共同實施違反行政法上義務之行爲，其行爲地、行爲人之住所、居所或營業所、事務所或公務所所在地不在同一管轄區內者，各該行爲地、住所、居所或所在地之主管機關均有管轄權。

第三一條（管轄權競合之處理方式及移送管轄）

①一行為違反同一行政法上義務，數機關均有管轄權者，由處理在先之機關管轄。不能分別處理之先後者，由各該機關協議定之；不能協議或有統一管轄之必要者，由其共同上級機關指定之。

②一行為違反數個行政法上義務而應處罰鍰，數機關均有管轄權者，由法定罰鍰額最高之主管機關管轄。法定罰鍰額相同者，依前項規定定其管轄。

③一行為違反數個行政法上義務，應受沒入或其他種類行政罰者，由各該主管機關分別裁處。但其處罰種類相同者，如從一重處罰已足以達成行政目的者，不得重複裁處。

④第一項及第二項情形，原有管轄權之其他機關於必要之情形時，應為必要之職務行為，並將有關資料移送為裁處之機關；為裁處之機關應於調查終結前，通知原有管轄權之其他機關。

第三二條（案件之移送）100

①一行為同時觸犯刑事法律及違反行政法上義務規定者，應將涉及刑事部分移送該管司法機關。

②前項移送案件，司法機關就刑事案件為不起訴處分、緩起訴處分確定或為無罪、免訴、不受理、不付審理、不付保護處分、免刑、緩刑、撤銷緩刑之裁判確定，或撤銷緩起訴處分後經判決有罪確定者，應通知原移送之行政機關。

③前二項移送案件及業務聯繫之辦法，由行政院會同司法院定之。

第八章　裁處程序

第三三條（行政機關執行職務時應有之作為）

行政機關執行職務之人員，應向行為人出示有關執行職務之證明文件或顯示足資辨別之標誌，並告知其所違反之法規。

第三四條（現行違反行政法上義務之行為人得為之處置）

①行政機關對現行違反行政法上義務之行為人，得為下列之處置：

一　即時制止其行為。

二　製作書面紀錄。

三　為保全證據之措施。遇有抗拒保全證據之行為且情況急迫者，得使用強制力排除其抗拒。

四　確認其身分。其拒絕或規避身分之查證，經勸導無效，致確實無法辨認其身分且情況急迫者，得令其隨同到指定處所查證身分；其不隨同到指定處所接受身分查證者，得會同警察人員強制為之。

②前項強制，不得逾越保全證據或確認身分目的之必要程度。

第三五條（行為人對強制到指定處所處置之救濟）

①行為人對於行政機關依前條所為之強制排除抗拒保全證據或強制到指定處所查證身分不服者，得向該行政機關執行職務之人員，當場陳述理由表示異議。

②行政機關執行職務之人員，認前項異議有理由者，應停止或變更強制排除抗拒保全證據或強制到指定處所查證身分之處置；認無理由者，得繼續執行。經行為人請求者，應將其異議要旨製作紀錄交付之。

第三六條（可為證據之物之扣留）

①得沒入或可為證據之物，得扣留之。

②前項可為證據之物之扣留範圍及期間，以供檢查、檢驗、鑑定或其他為保全證據之目的所必要者為限。

第三七條（強制扣留）

對於應扣留物之所有人、持有人或保管人，得要求其提出或交付；無正當理由拒絕提出、交付或抗拒扣留者，得用強制力扣留之。

第三八條（扣留紀錄及收據）

①扣留，應作成紀錄，記載實施之時間、處所、扣留物之名目及其他必要之事項，並由在場之人簽名、蓋章或按指印；其拒絕簽名、蓋章或按指印者，應記明其事由。

②扣留物之所有人、持有人或保管人在場或請求時，應製作收據，記載扣留物之名目，交付之。

第三九條（扣留物之安全、拍賣、毀棄）

①扣留物，應加封緘或其他標識，並爲適當之處置；其不便搬運或保管者，得命人看守或交由所有人或其他適當之人保管。得沒入之物，有毀損之虞或不便保管者，得拍賣或變賣而保管其價金。

②易生危險之扣留物，得毀棄之。

第四〇條（扣留物之發還）

①扣留物於案件終結前無留存之必要，或案件爲不予處罰或未爲沒入之裁處者，應發還之；其經依前條規定拍賣或變賣而保管其價金或毀棄者，發還或償還其價金。但應沒入或爲調查他案應留存者，不在此限。

②扣留物之應受發還人所在不明，或因其他事故不能發還者，應公告之；自公告之日起滿六個月，無人申請發還者，以其物歸屬公庫。

第四一條（扣留之救濟程序）

①物之所有人、持有人、保管人或利害關係人對扣留不服者，得向扣留機關聲明異議。

②前項聲明異議，扣留機關認有理由者，應發還扣留物或變更扣留行爲；認無理由者，應加具意見，送直接上級機關決定之。

③對於直接上級機關之決定不服者，僅得於對裁處案件之實體決定聲明不服時一併聲明之。但第一項之人依法不得對裁處案件之實體決定聲明不服時，得單獨對第一項之扣留，逕行提起行政訴訟。

④第一項及前項但書情形，不影響扣留或裁處程序之進行。

第四二條（不給予陳述意見機會之例外情形）

行政機關於裁處前，應給予受處罰者陳述意見之機會。但有下列情形之一者，不在此限：

一　已依行政程序法第三十九條規定，通知受處罰者陳述意見。
二　已依職權或依第四十三條規定，舉行聽證。
三　大量作成同種類之裁處。
四　情況急迫，如給予陳述意見之機會，顯然違背公益。
五　受法定期間之限制，如給予陳述意見之機會，顯然不能遵行。
六　裁處所根據之事實，客觀上明白足以確認。
七　法律有特別規定。

第四三條（舉行聽證及其例外情形）

行政機關爲第二條第一款及第二款之裁處前，應依受處罰者之申請，舉行聽證。但有下列情形之一者，不在此限：

一　有前條但書各款情形之一。
二　影響自由或權利之內容及程度顯屬輕微。
三　經依行政程序法第一百零四條規定，通知受處罰者陳述意見，而未於期限內陳述意見。

第四四條（裁處書之送達）

行政機關裁處行政罰時，應作成裁處書，並爲送達。

第九章　附　則

第四五條（裁處權之時效）100

①本法施行前違反行政法上義務之行爲應受處罰而未經裁處，於本法施行後裁處者，除第

十五條、第十六條、第十八條第二項、第二十條及第二十二條規定外，均適用之。

②前項行政罰之裁處權時效，自本法施行之日起算。

③本法中華民國一百年十一月八日修正之第二十六條第三項至第五項規定，於修正施行前違反行政法上義務之行爲同時觸犯刑事法律，經緩起訴處分確定，應受行政罰之處罰而未經裁處者，亦適用之；曾經裁處，因訴願、行政訴訟或其他救濟程序經撤銷，而於修正施行後爲裁處者，亦同。

④本法中華民國一百年十一月八日修正施行前違反行政法上義務之行爲同時觸犯刑事法律，於修正施行後受免刑或緩刑之裁判確定者，不適用修正後之第二十六條第二項至第五項、第二十七條第三項及第三十二條第二項之規定。

第四六條 （施行日）100

①本法自公布後一年施行。

②本法修正條文自公布日施行。

中華民國刑法

①民國24年1月1日國民政府制定公布全文357條；並自24年7月1日施行。
②民國37年11月7日總統令修正公布第5條條文。
③民國43年7月21日總統令修正公布第77條條文。
④民國43年10月23日總統令修正公布第160條條文。
⑤民國58年12月26日總統令修正公布第235條條文。
⑥民國81年年5月16日總統令修正公布第100條條文。
⑦民國83年1月28日總統令修正公布第77～79條條文；並增訂第79-1條條文。
⑧民國86年10月8日總統令修正公布第220、315、323及352條條文；並增訂第318-1、318-2、339-1～339-3條條文。
⑨民國86年11月26日總統令修正公布第77、79、79-1條條文。
⑩民國88年2月3日總統令修正公布第340、343條條文。
⑪民國88年4月21日總統令修正公布第10、77、第十六章章名、221、222、224～236、240、241、243、298、300、319、332、334、348條條文；刪除第223條條文；並增訂第91-1、185-1～185-4、186-1、187-1～187-3、189-1、189-2、190-1、191-1、224-1、226-1、227-1、229-1、第十六章之一章名、231-1、296-1、315-1～315-3條條文。
⑫民國90年1月10日總統令修正公布第41條條文。
⑬民國90年6月20日總統令修正公布第204、205條條文；並增訂第201-1條條文。
⑭民國90年11月7日總統令修正公布第131條條文。
⑮民國91年1月30日總統令修正公布第328、330～332、347、348條條文；並增訂第334-1、348-1條條文。
⑯民國92年6月25日總統令修正公布第323及352條條文；並增訂第三十六章章名及第358、363條條文。
⑰民國94年2月2日總統令修正公布第1～3、5、10、11、15、16、19、25～27、第四章章名、28～31、33～38、40～42、46、47、49、51、55、57～59、61～65、67、68、74～80、83～90、91-1、93、96、98、99、157、182、220、222、225、229-1、231、231-1、296-1、297、315-1、315-2、316、341、343條條文；刪除第56、81、94、97、267、322、327、331、340、345、350條條文；增訂第40-1、75-1條條文；並自95年7月1日施行。
⑱民國95年5月17日總統令修正公布第333、334條條文。
⑲民國96年1月24日總統令修正公布第146條條文。
⑳民國97年1月2日總統令修正公布第185-3條條文。
㉑民國98年1月21日總統令修正公布第41條條文；並自98年9月1日施行。
㉒民國98年6月10日總統令修正公布第42、44、74、75、75-1條條文；並增訂第42-1條條文；其中第42條自公布日施行，第42-1、44、74、75、75-1條自98年9月1日施行。
㉓民國98年12月30日總統令修正公布第41及42-1條條文。
㉔民國99年1月27日總統令修正公布第295條條文；增訂第294-1條條文；並自公布日施行。
㉕民國100年1月26日總統令修正公布第321條條文；並自公布日施行。
㉖民國100年11月30日總統令修正公布第185-3條條文；並自公布日施行。
㉗民國101年12月5日總統令修正公布第286條條文；並自公布日施行。
㉘民國102年1月23日總統令修正公布第50條條文；並自公布日施行。
㉙民國102年6月11日總統令修正公布第185-3、185-4條條文；並自公布日施行。
㉚民國103年1月15日總統令修正公布第315-1條條文；並自公布日施行。
㉛民國103年6月18日總統令修正公布第251、285、339～339-3、341～344、347、349條條文；增訂第339-4、344-1條條文；並自公布日施行。
㉜民國104年12月30日總統令修正公布第2、11、36、38、40、51、74、84條條文；增訂第37-1、37-2、38-1～38-3、40-2條條文及第五章之一、第五章之二章名；刪除第34、39、40-1、45、46條條文；並自105年7月1日施行。
㉝民國105年6月22日總統令修正公布第38-3條條文；並自105年7月1日施行。
㉞民國105年11月30日總統令修正公布第5條條文。
㉟民國107年5月23日總統令修正公布第 121、122、131、143 條條文。
㊱民國107年6月13日總統令修正公布第190-1條條文。
㊲民國108年5月10日總統令修正公布第113條條文；並增訂第115-1條條文。

㊳民國108年5月29日總統令修正公布第10、61、80、98、139、183、184、189、272、274～279、281～284、286、287、315-2、320、321條條文；並刪除第91、285條條文。
㊴民國108年6月19日總統令修正公布第185-3條條文。
㊵民國108年12月25日總統令修正公布第108、110、117、118、127、129、132、133、135～137、140、141、144、147、148、149、150、153、154、158～160、163、164、165、171、173～175、177～181、185、185-2、186、186-1、187-2、188、189-1、190、191、192～194、195～199、201～204、206～208、212、214、215、233～235、240、241、243、246、252～255、256～260、262、263、266、268、269、288、290、292、293、298、300、302、304～307、309、310、312、313、315、317～318-1、328、335～337、346、352、354～356、358～360、362條條文。
㊶民國108年12月31日總統令修正公布第83、85條條文。
㊷民國109年1月15日總統令修正公布第149、150、251、313條條文。

第一編　總　則

第一章　法　例

第一條（罪刑法定主義）

行爲之處罰，以行爲時之法律有明文規定者爲限。拘束人身自由之保安處分，亦同。

第二條（從舊從輕主義）104

①行爲後法律有變更者，適用行爲時之法律。但行爲後之法律有利於行爲人者，適用最有利於行爲人之法律。

②沒收、非拘束人身自由之保安處分適用裁判時之法律。

③處罰或保安處分之裁判確定後，未執行或執行未完畢，而法律有變更，不處罰其行爲或不施以保安處分者，免其刑或保安處分之執行。

第三條（屬地主義）

本法於在中華民國領域內犯罪者，適用之。在中華民國領域外之中華民國船艦或航空器內犯罪者，以在中華民國領域內犯罪論。

第四條（隔地犯）

犯罪之行爲或結果，有一在中華民國領域內者，爲在中華民國領域內犯罪。

第五條（保護主義、世界主義—國外犯罪之適用）105

本法於凡在中華民國領域外犯下列各罪者，適用之：

一　內亂罪。
二　外患罪。
三　第一百三十五條、第一百三十六條及第一百三十八條之妨害公務罪。
四　第一百八十五條之一及第一百八十五條之二之公共危險罪。
五　僞造貨幣罪。
六　第二百零一條至第二百零二條之僞造有價證券罪。
七　第二百十一條、第二百十四條、第二百十八條及第二百十六條行使第二百十一條、第二百十三條、第二百十四條文書之僞造文書罪。
八　毒品罪。但施用毒品及持有毒品、種子、施用毒品器具罪，不在此限。
九　第二百九十六條及第二百九十六條之一之妨害自由罪。
十　第三百三十三條及第三百三十四條之海盜罪。
十一　第三百三十九條之四之加重詐欺罪。

第六條（屬人主義—公務員國外犯罪之適用）

本法於中華民國公務員在中華民國領域外犯下列各罪者，適用之：

一　第一百二十一條至第一百二十三條、第一百二十五條、第一百二十六條、第一百二十九條、第一百三十一條、第一百三十二條及第一百三十四條之瀆職罪。

二　第一百六十三條之脫逃罪。
三　第二百十三條之僞造文書罪。
四　第三百三十六條第一項之侵占罪。

第七條　（屬人主義—國民國外犯罪之適用）
本法於中華民國人民在中華民國領域外犯前二條以外之罪，而其最輕本刑爲三年以上有期徒刑者，適用之。但依犯罪地之法律不罰者，不在此限。

第八條　（國外對國人犯罪之適用）
前條之規定，於在中華民國領域外對於中華民國人民犯罪之外國人，準用之。

第九條　（外國裁判服刑之效力）
同一行爲雖經外國確定裁判，仍得依本法處斷。但在外國已受刑之全部或一部執行者，得免其刑之全部或一部之執行。

第一〇條　（名詞定義）108
①稱以上、以下、以內者，俱連本數或本刑計算。
②稱公務員者，謂下列人員：
一　依法令服務於國家、地方自治團體所屬機關而具有法定職務權限，以及其他依法令從事於公共事務，而具有法定職務權限者。
二　受國家、地方自治團體所屬機關依法委託，從事與委託機關權限有關之公共事務者。
③稱公文書者，謂公務員職務上製作之文書。
④稱重傷者，謂下列傷害：
一　毀敗或嚴重減損一目或二目之視能。
二　毀敗或嚴重減損一耳或二耳之聽能。
三　毀敗或嚴重減損語能、味能或嗅能。
四　毀敗或嚴重減損一肢以上之機能。
五　毀敗或嚴重減損生殖之機能。
六　其他於身體或健康，有重大不治或難治之傷害。
⑤稱性交者，謂非基於正當目的所爲之下列性侵入行爲：
一　以性器進入他人之性器、肛門或口腔，或使之接合之行爲。
二　以性器以外之其他身體部位或器物進入他人之性器、肛門，或使之接合之行爲。
⑥稱電磁紀錄者，謂以電子、磁性、光學或其他相類之方式所製成，而供電腦處理之紀錄。
⑦稱凌虐者，謂以強暴、脅迫或其他違反人道之方法，對他人施以凌辱虐待行爲。

第一一條　（本總則對於其他刑罰法規之適用）104
本法總則於其他法律有刑罰、保安處分或沒收之規定者，亦適用之。但其他法律有特別規定者，不在此限。

第二章　刑事責任

第一二條　（犯罪之責任要件—故意、過失）
①行爲非出於故意或過失者，不罰。
②過失行爲之處罰，以有特別規定者，爲限。

第一三條　（直接故意與間接故意）
①行爲人對於構成犯罪之事實，明知並有意使其發生者，爲故意。
②行爲人對於構成犯罪之事實，預見其發生而其發生並不違背其本意者，以故意論。

第一四條　（有認識之過失與無認識之過失）
①行爲人雖非故意，但按其情節應注意，並能注意，而不注意者，爲過失。
②行爲人對於構成犯罪之事實，雖預見其能發生而確信其不發生者，以過失論。

第一五條（不作爲犯）

①對於犯罪結果之發生，法律上有防止之義務，能防止而不防止者，與因積極行爲發生結果者同。

②因自己行爲致有發生犯罪結果之危險者，負防止其發生之義務。

第一六條（法律之不知與減刑）

除有正當理由而無法避免者外，不得因不知法律而免除刑事責任。但按其情節，得減輕其刑。

第一七條（加重結果犯）

因犯罪致發生一定之結果，而有加重其刑之規定者，如行爲人不能預見其發生時，不適用之。

第一八條（未成年人、滿八十歲人之責任能力）

①未滿十四歲人之行爲，不罰。

②十四歲以上未滿十八歲人之行爲，得減輕其刑。

③滿八十歲人之行爲，得減輕其刑。

第一九條（責任能力—精神狀態）

①行爲時因精神障礙或其他心智缺陷，致不能辨識其行爲違法或欠缺依其辨識而行爲之能力者，不罰。

②行爲時因前項之原因，致其辨識行爲違法或依其辨識而行爲之能力，顯著減低者，得減輕其刑。

③前二項規定，於因故意或過失自行招致者，不適用之。

第二〇條（責任能力—身理狀態）

瘖啞人之行爲，得減輕其刑。

第二一條（依法令之行爲）

①依法令之行爲，不罰。

②依所屬上級公務員命令之職務上行爲，不罰。但明知命令違法者，不在此限。

第二二條（業務上正當行爲）

業務上之正當行爲，不罰。

第二三條（正當防衛）

對於現在不法之侵害，而出於防衛自己或他人權利之行爲，不罰。但防衛行爲過當者，得減輕或免除其刑。

第二四條（緊急避難）

①因避免自己或他人生命、身體、自由、財產之緊急危難而出於不得已之行爲，不罰。但避難行爲過當者，得減輕或免除其刑。

②前項關於避免自己危難之規定，於公務上或業務上有特別義務者，不適用之。

第三章　未遂犯

第二五條（未遂犯）

①已著手於犯罪行爲之實行而不遂者，爲未遂犯。

②未遂犯之處罰，以有特別規定者爲限，並得按既遂犯之刑減輕之。

第二六條（不能犯之處罰）

行爲不能發生犯罪之結果，又無危險者，不罰。

第二七條（中止犯）

①已著手於犯罪行爲之實行，而因己意中止或防止其結果之發生者，減輕或免除其刑。結果之不發生，非防止行爲所致，而行爲人已盡力爲防止行爲者，亦同。

②前項規定，於正犯或共犯中之一人或數人，因己意防止犯罪結果之發生，或結果之不發生，非防止行爲所致，而行爲人已盡力爲防止行爲者，亦適用之。

第四章　正犯與共犯

第二八條（共同正犯）

二人以上共同實行犯罪之行爲者，皆爲正犯。

第二九條（教唆犯及其處罰）

①教唆他人使之實行犯罪行爲者，爲教唆犯。

②教唆犯之處罰，依其所教唆之罪處罰之。

第三〇條（幫助犯及其處罰）

①幫助他人實行犯罪行爲者，爲幫助犯。雖他人不知幫助之情者，亦同。

②幫助犯之處罰，得按正犯之刑減輕之。

第三一條（正犯或共犯與身分）

①因身分或其他特定關係成立之罪，其共同實行、教唆或幫助者，雖無特定關係，仍以正犯或共犯論。但得減輕其刑。

②因身分或其他特定關係致刑有重輕或免除者，其無特定關係之人，科以通常之刑。

第五章　刑

第三二條（刑罰之種類）

刑分爲主刑及從刑。

第三三條（主刑之種類）

主刑之種類如下：

一　死刑。

二　無期徒刑。

三　有期徒刑：二月以上十五年以下。但遇有加減時，得減至二月未滿，或加至二十年。

四　拘役：一日以上，六十日未滿。但遇有加重時，得加至一百二十日。

五　罰金：新臺幣一千元以上，以百元計算之。

第三四條（刪除）104

第三五條（主刑之重輕標準）

①主刑之重輕，依第三十三條規定之次序定之。

②同種之刑，以最高度之較長或較多者爲重。最高度相等者，以最低度之較長或較多者爲重。

③刑之重輕，以最重主刑爲準，依前二項標準定之。最重主刑相同者，參酌下列各款標準定其輕重：

一　有選科主刑者與無選科主刑者，以無選科主刑者爲重。

二　有併科主刑者與無併科主刑者，以有併科主刑者爲重。

三　次重主刑同爲選科刑或併科刑者，以次重主刑爲準，依前二項標準定之。

第三六條（褫奪公權之內容）104

①從刑爲褫奪公權。

②褫奪公權者，褫奪下列資格：

一　爲公務員之資格。

二　爲公職候選人之資格。

第三七條（褫奪公權之宣告）

①宣告死刑或無期徒刑者，宣告褫奪公權終身。

②宣告一年以上有期徒刑，依犯罪之性質認爲有褫奪公權之必要者，宣告一年以上十年以下褫奪公權。

③褫奪公權，於裁判時併宣告之。

④褫奪公權之宣告，自裁判確定時發生效力。
⑤依第二項宣告褫奪公權者，其期間自主刑執行完畢或赦免之日起算。但同時宣告緩刑者，其期間自裁判確定時起算之。

第三七條之一 （刑期起算日）104
①刑期自裁判確定之日起算。
②裁判雖經確定，其尚未受拘禁之日數，不算入刑期內。

第三七條之二 （羈押之日數）104
①裁判確定前羈押之日數，以一日抵有期徒刑或拘役一日，或第四十二條第六項裁判所定之罰金額數。
②羈押之日數，無前項刑罰可抵，如經宣告拘束人身自由之保安處分者，得以一日抵保安處分一日。

第五章之一　沒　收 104

第三八條 （沒收物）104
①違禁物，不問屬於犯罪行為人與否，沒收之。
②供犯罪所用、犯罪預備之物或犯罪所生之物，屬於犯罪行為人者，得沒收之。但有特別規定者，依其規定。
③前項之物屬於犯罪行為人以外之自然人、法人或非法人團體，而無正當理由提供或取得者，得沒收之。但有特別規定者，依其規定。
④前二項之沒收，於全部或一部不能沒收或不宜執行沒收時，追徵其價額。

第三八條之一 （沒收犯罪所得）104
①犯罪所得，屬於犯罪行為人者，沒收之。但有特別規定者，依其規定。
②犯罪行為人以外之自然人、法人或非法人團體，因下列情形之一取得犯罪所得者，亦同：
一　明知他人違法行為而取得。
二　因他人違法行為而無償或以顯不相當之對價取得。
三　犯罪行為人為他人實行違法行為，他人因而取得。
③前二項之沒收，於全部或一部不能沒收或不宜執行沒收時，追徵其價額。
④第一項及第二項之犯罪所得，包括違法行為所得、其變得之物或財產上利益及其孳息。
⑤犯罪所得已實際合法發還被害人者，不予宣告沒收或追徵。

第三八條之二 （犯罪所得及追徵之範圍與價額以估算認定）104
①前條犯罪所得及追徵之範圍與價額，認定顯有困難時，得以估算認定之。第三十八條之追徵，亦同。
②宣告前二條之沒收或追徵，有過苛之虞、欠缺刑法上之重要性、犯罪所得價值低微，或為維持受宣告人生活條件之必要者，得不宣告或酌減之。

第三八條之三 （沒收裁判確定時移轉為國家所有）105
①第三十八條之物及第三十八條之一之犯罪所得之所有權或其他權利，於沒收裁判確定時移轉為國家所有。
②前項情形，第三人對沒收標的之權利或因犯罪而得行使之債權均不受影響。
③第一項之沒收裁判，於確定前，具有禁止處分之效力。

第三九條 （刪除）104

第四〇條 （沒收之宣告）104
①沒收，除有特別規定者外，於裁判時併宣告之。
②違禁物或專科沒收之物得單獨宣告沒收。
③第三十八條第二項、第三項之物、第三十八條之一第一項、第二項之犯罪所得，因事實上或法律上原因未能追訴犯罪行為人之犯罪或判決有罪者，得單獨宣告沒收。

第四〇條之一　（刪除）104

第四〇條之二　（宣告多數沒收者一併執行）104

①宣告多數沒收者，併執行之。

②沒收，除違禁物及有特別規定者外，逾第八十條規定之時效期間，不得為之。

③沒收標的在中華民國領域外，而逾前項之時效完成後五年者，亦同。

④沒收之宣告，自裁判確定之日起，逾十年未開始或繼續執行者，不得執行。

第五章之二　易　刑 104

第四一條　（易科罰金）

①犯最重本刑為五年以下有期徒刑以下之刑之罪，而受六月以下有期徒刑或拘役之宣告者，得以新臺幣一千元、二千元或三千元折算一日，易科罰金。但易科罰金，難收矯正之效或難以維持法秩序者，不在此限。

②依前項規定得易科罰金而未聲請易科罰金者，得以提供社會勞動六小時折算一日，易服社會勞動。

③受六月以下有期徒刑或拘役之宣告，不符第一項易科罰金之規定者，得依前項折算規定，易服社會勞動。

④前二項之規定，因身心健康之關係，執行顯有困難者，或易服社會勞動，難收矯正之效或難以維持法秩序者，不適用之。

⑤第二項及第三項之易服社會勞動履行期間，不得逾一年。

⑥無正當理由不履行社會勞動，情節重大，或履行期間屆滿仍未履行完畢者，於第二項之情形應執行原宣告刑或易科罰金；於第三項之情形應執行原宣告刑。

⑦已繳納之罰金或已履行之社會勞動時數依所定之標準折算日數，未滿一日者，以一日論。

⑧第一項至第四項及第七項之規定，於數罪併罰之數罪均得易科罰金或易服社會勞動，其應執行之刑逾六月者，亦適用之。

⑨數罪併罰應執行之刑易服社會勞動者，其履行期間不得逾三年。但其應執行之刑未逾六月者，履行期間不得逾一年。

⑩數罪併罰應執行之刑易服社會勞動有第六項之情形者，應執行所定之執行刑，於數罪均得易科罰金者，另得易科罰金。

第四二條　（易服勞役）

①罰金應於裁判確定後二個月內完納。期滿而不完納者，強制執行。其無力完納者，易服勞役。但依其經濟或信用狀況，不能於二個月內完納者，得許期滿後一年內分期繳納。遲延一期不繳或未繳足者，其餘未完納之罰金，強制執行或易服勞役。

②依前項規定應強制執行者，如已查明確無財產可供執行時，得逕予易服勞役。

③易服勞役以新臺幣一千元、二千元或三千元折算一日。但勞役期限不得逾一年。

④依第五十一條第七款所定之金額，其易服勞役之折算標準不同者，從勞役期限較長者定之。

⑤罰金總額折算逾一年之日數者，以罰金總額與一年之日數比例折算。依前項所定之期限，亦同。

⑥科罰金之裁判，應依前三項之規定，載明折算一日之額數。

⑦易服勞役不滿一日之零數，不算。

⑧易服勞役期內納罰金者，以所納之數，依裁判所定之標準折算，扣除勞役之日期。

第四二條之一　（罰金易服勞役得易服社會勞動之適用）

①罰金易服勞役，除有下列情形之一者外，得以提供社會勞動六小時折算一日，易服社會勞動：

一　易服勞役期間逾一年。

二　入監執行逾六月有期徒刑併科或併執行之罰金。
三　因身心健康之關係，執行社會勞動顯有困難。

②前項社會勞動之履行期間不得逾二年。
③無正當理由不履行社會勞動，情節重大，或履行期間屆滿仍未履行完畢者，執行勞役。
④社會勞動已履行之時數折算勞役日數，未滿一日者，以一日論。
⑤社會勞動履行期間內繳納罰金者，以所納之數，依裁判所定罰金易服勞役之標準折算，扣除社會勞動之日數。
⑥依第三項執行勞役，於勞役期內納罰金者，以所納之數，依裁判所定罰金易服勞役之標準折算，扣除社會勞動與勞役之日數。

第四三條（易以訓誡）
受拘役或罰金之宣告，而犯罪動機在公益或道義上顯可宥恕者，得易以訓誡。

第四四條（易刑之效力）
易科罰金、易服社會勞動、易服勞役或易以訓誡執行完畢者，其所受宣告之刑，以已執行論。

第四五條（刪除）104

第四六條（刪除）104

第六章　累　犯

第四七條（累犯）
①受徒刑之執行完畢，或一部之執行而赦免後，五年以內故意再犯有期徒刑以上之罪者，爲累犯，加重本刑至二分之一。
②第九十八條第二項關於因強制工作而免其刑之執行者，於受強制工作處分之執行完畢或一部之執行而免除後，五年以內故意再犯有期徒刑以上之罪者，以累犯論。

第四八條（裁判確定後發覺累犯之處置）
裁判確定後，發覺爲累犯者，依前條之規定更定其刑。但刑之執行完畢或赦免後發覺者，不在此限。

第四九條（累犯適用之除外）
累犯之規定，於前所犯罪在外國法院受裁判者，不適用之。

第七章　數罪併罰

第五〇條（數罪併罰與限制）102
①裁判確定前犯數罪者，併合處罰之。但有下列情形之一者，不在此限：
一　得易科罰金之罪與不得易科罰金之罪。
二　得易科罰金之罪與不得易服社會勞動之罪。
三　得易服社會勞動之罪與不得易科罰金之罪。
四　得易服社會勞動之罪與不得易服社會勞動之罪。

②前項但書情形，受刑人請求檢察官聲請定應執行刑者，依第五十一條規定定之。

第五一條（數罪併罰之執行）104
數罪併罰，分別宣告其罪之刑，依下列各款定其應執行者：
一　宣告多數死刑者，執行其一。
二　宣告之最重刑爲死刑者，不執行他刑。但罰金及從刑不在此限。
三　宣告多數無期徒刑者，執行其一。
四　宣告之最重刑爲無期徒刑者，不執行他刑。但罰金及從刑不在此限。
五　宣告多數有期徒刑者，於各刑中之最長期以上，各刑合併之刑期以下，定其刑期。但不得逾三十年。
六　宣告多數拘役者，比照前款定其刑期。但不得逾一百二十日。

七　宣告多數罰金者，於各刑中之最多額以上，各刑合併之金額以下，定其金額。
八　宣告多數褫奪公權者，僅就其中最長期間執行之。
九　依第五款至前款所定之刑，併執行之。但應執行者為三年以上有期徒刑與拘役時，不執行拘役。

第五二條（裁判確定後餘罪之處理）
數罪併罰，於裁判確定後，發覺未經裁判之餘罪者，就餘罪處斷。

第五三條（執行刑）
數罪併罰，有二裁判以上者，依第五十一條之規定，定其應執行之刑。

第五四條（各罪中有受赦免時餘罪之執行）
數罪併罰，已經處斷，如各罪中有受赦免者，餘罪仍依第五十一條之規定，定其應執行之刑。僅餘一罪者，依其宣告之刑執行。

第五五條（想像競合犯）
一行為而觸犯數罪名者，從一重處斷。但不得科以較輕罪名所定最輕本刑以下之刑。

第五六條（刪除）

第八章　刑之酌科及加減

第五七條（刑罰之酌量）
科刑時應以行為人之責任為基礎，並審酌一切情狀，尤應注意下列事項，為科刑輕重之標準：
一　犯罪之動機、目的。
二　犯罪時所受之刺激。
三　犯罪之手段。
四　犯罪行為人之生活狀況。
五　犯罪行為人之品行。
六　犯罪行為人之智識程度。
七　犯罪行為人與被害人之關係。
八　犯罪行為人違反義務之程度。
九　犯罪所生之危險或損害。
十　犯罪後之態度。

第五八條（罰金之酌量）
科罰金時，除依前條規定外，並應審酌犯罪行為人之資力及犯罪所得之利益。如所得之利益超過罰金最多額時，得於所得利益之範圍內酌量加重。

第五九條（酌量減輕）
犯罪之情狀顯可憫恕，認科以最低度刑仍嫌過重者，得酌量減輕其刑。

第六〇條（酌量減輕）
依法律加重或減輕者，仍得依前條之規定酌量減輕其刑。

第六一條（裁判免除）108
犯下列各罪之一，情節輕微，顯可憫恕，認為依第五十九條規定減輕其刑仍嫌過重者，得免除其刑：
一　最重本刑為三年以下有期徒刑、拘役或專科罰金之罪。但第一百三十二條第一項、第一百四十三條、第一百四十五條、第一百八十六條及對於直系血親尊親屬犯第二百七十一條第三項之罪，不在此限。
二　第三百二十條、第三百二十一條之竊盜罪。
三　第三百三十五條、第三百三十六條第二項之侵占罪。
四　第三百三十九條、第三百四十一條之詐欺罪。
五　第三百四十二條之背信罪。

六　第三百四十六條之恐嚇罪。

七　第三百四十九條第二項之贓物罪。

第六二條（自首減輕）

對於未發覺之罪自首而受裁判者，得減輕其刑。但有特別規定者，依其規定。

第六三條（老幼處刑之限制）

未滿十八歲人或滿八十歲人犯罪者，不得處死刑或無期徒刑，本刑爲死刑或無期徒刑者，減輕其刑。

第六四條（死刑加重之限制與減輕）

①死刑不得加重。

②死刑減輕者，爲無期徒刑。

第六五條（無期徒刑加重之限制與減輕）

①無期徒刑不得加重。

②無期徒刑減輕者，爲二十年以下十五年以上有期徒刑。

第六六條（有期徒刑、拘役、罰金之減輕方法）

有期徒刑、拘役、罰金減輕者，減輕其刑至二分之一。但同時有免除其刑之規定者，其減輕得減至三分之二。

第六七條（有期徒刑、罰金之加減例）

有期徒刑或罰金加減者，其最高度及最低度同加減之。

第六八條（拘役之加減例）

拘役加減者，僅加減其最高度。

第六九條（二種主刑以上併加減例）

有二種以上之主刑者，加減時併加減之。

第七〇條（遞加遞減例）

有二種以上刑之加重或減輕者，遞加或遞減之。

第七一條（主刑加減之順序）

①刑有加重及減輕者，先加後減。

②有二種以上之減輕者，先依較少之數減輕之。

第七二條（零數不算）

因刑之加重、減輕，而有不滿一日之時間或不滿一元之額數者，不算。

第七三條（酌量減輕之準用）

酌量減輕其刑者，準用減輕其刑之規定。

第九章　緩　刑

第七四條（緩刑要件）104

①受二年以下有期徒刑、拘役或罰金之宣告，而有下列情形之一，認以暫不執行爲適當者，得宣告二年以上五年以下之緩刑，其期間自裁判確定之日起算：

一　未曾因故意犯罪受有期徒刑以上刑之宣告者。

二　前因故意犯罪受有期徒刑以上刑之宣告，執行完畢或赦免後，五年以內未曾因故意犯罪受有期徒刑以上刑之宣告者。

②緩刑宣告，得斟酌情形，命犯罪行爲人爲下列各款事項：

一　向被害人道歉。

二　立悔過書。

三　向被害人支付相當數額之財產或非財產上之損害賠償。

四　向公庫支付一定之金額。

五　向指定之政府機關、政府機構、行政法人、社區或其他符合公益目的之機構或團體，提供四十小時以上二百四十小時以下之義務勞務。

六　完成戒癮治療、精神治療、心理輔導或其他適當之處遇措施。
七　保護被害人安全之必要命令。
八　預防再犯所爲之必要命令。

③前項情形，應附記於判決書內。

④第二項第三款、第四款得爲民事強制執行名義。

⑤緩刑之效力不及於從刑、保安處分及沒收之宣告。

第七五條（緩刑宣告之撤銷）

①受緩刑之宣告，而有下列情形之一者，撤銷其宣告：

一　緩刑期內因故意犯他罪，而在緩刑期內受逾六月有期徒刑之宣告確定者。
二　緩刑前因故意犯他罪，而在緩刑期內受逾六月有期徒刑之宣告確定者。

②前項撤銷之聲請，於判決確定後六月以內爲之。

第七五條之一（緩刑宣告之撤銷）

①受緩刑之宣告而有下列情形之一，足認原宣告之緩刑難收其預期效果，而有執行刑罰之必要者，得撤銷其宣告：

一　緩刑前因故意犯他罪，而在緩刑期內受六月以下有期徒刑、拘役或罰金之宣告確定者。
二　緩刑期內因故意犯他罪，而在緩刑期內受六月以下有期徒刑、拘役或罰金之宣告確定者。
三　緩刑期內因過失更犯罪，而在緩刑期內受有期徒刑之宣告確定者。
四　違反第七十四條第二項第一款至第八款所定負擔情節重大者。

②前條第二項之規定，於前項第一款至第三款情形亦適用之。

第七六條（緩刑之效力）

緩刑期滿，而緩刑之宣告未經撤銷者，其刑之宣告失其效力。但依第七十五條第二項、第七十五條之一第二項撤銷緩刑宣告者，不在此限。

第十章　假　釋

第七七條（假釋之要件）

①受徒刑之執行而有悛悔實據者，無期徒刑逾二十五年，有期徒刑逾二分之一、累犯逾三分之二，由監獄報請法務部，得許假釋出獄。

②前項關於有期徒刑假釋之規定，於下列情形，不適用之：

一　有期徒刑執行未滿六個月者。
二　犯最輕本刑五年以上有期徒刑之罪之累犯，於假釋期間、受徒刑之執行完畢，或一部之執行而赦免後，五年以內故意再犯最輕本刑爲五年以上有期徒刑之罪者。
三　犯第九十一條之一所列之罪，於徒刑執行期間接受輔導或治療後，經鑑定、評估其再犯危險未顯著降低者。

③無期徒刑裁判確定前逾一年部分之羈押日數算入第一項已執行之期間內。

第七八條（假釋之撤銷）

①假釋中因故意更犯罪，受有期徒刑以上刑之宣告者，於判決確定後六月以內，撤銷其假釋。但假釋期滿逾三年者，不在此限。

②假釋撤銷後，其出獄日數不算入刑期內。

第七九條（假釋之效力）

①在無期徒刑假釋後滿二十年或在有期徒刑所餘刑期內未經撤銷假釋者，其未執行之刑，以已執行論。但依第七十八條第一項撤銷其假釋者，不在此限。

②假釋中另受刑之執行、羈押或其他依法拘束人身自由之期間，不算入假釋期內。但不起訴處分或無罪判決確定前曾受之羈押或其他依法拘束人身自由之期間，不在此限。

第七九條之一（合併刑期）

①二以上徒刑併執行者，第七十七條所定最低應執行之期間，合併計算之。
②前項情形，併執行無期徒刑者，適用無期徒刑假釋之規定；二以上有期徒刑合併刑期逾四十年，而接續執行逾二十年者，亦得許假釋。但有第七十七條第二項第二款之情形者，不在此限。
③依第一項規定合併計算執行期間而假釋者，前條第一項規定之期間，亦合併計算之。
④前項合併計算後之期間逾二十年者，準用前條第一項無期徒刑假釋之規定。
⑤經撤銷假釋執行殘餘刑期者，無期徒刑於執行滿二十五年，有期徒刑於全部執行完畢後，再接續執行他刑，第一項有關合併計算執行期間之規定不適用之。

第十一章　時　效

第八〇條（追訴權之時效期間）108
①追訴權，因下列期間內未起訴而消滅：
　一　犯最重本刑爲死刑、無期徒刑或十年以上有期徒刑之罪者，三十年。但發生死亡結果者，不在此限。
　二　犯最重本刑爲三年以上十年未滿有期徒刑之罪者，二十年。
　三　犯最重本刑爲一年以上三年未滿有期徒刑之罪者，十年。
　四　犯最重本刑爲一年未滿有期徒刑、拘役或罰金之罪者，五年。
②前項期間自犯罪成立之日起算。但犯罪行爲有繼續之狀態者，自行爲終了之日起算。

第八一條（刪除）

第八二條（本刑應加減時追訴權時效期間之計算）
本刑應加重或減輕者，追訴權之時效期間，仍依本刑計算。

第八三條（追訴權時效之停止）108
①追訴權之時效，因起訴而停止進行。依法應停止偵查或因犯罪行爲人逃匿而通緝者，亦同。
②前項時效之停止進行，有下列情形之一者，其停止原因視爲消滅：
　一　諭知公訴不受理判決確定，或因程序上理由終結自訴確定者。
　二　審判程序依法律之規定或因被告逃匿而通緝，不能開始或繼續，而其期間已達第八十條第一項各款所定期間三分之一者。
　三　依第一項後段規定停止偵查或通緝，而其期間已達第八十條第一項各款所定期間三分之一者。
③前二項之時效，自停止原因消滅之日起，與停止前已經過之期間，一併計算。

第八四條（行刑權之時效期間）104
①行刑權因下列期間內未執行而消滅：
　一　宣告死刑、無期徒刑或十年以上有期徒刑者，四十年。
　二　宣告三年以上十年未滿有期徒刑者，三十年。
　三　宣告一年以上三年未滿有期徒刑者，十五年。
　四　宣告一年未滿有期徒刑、拘役或罰金者，七年。
②前項期間，自裁判確定之日起算。但因保安處分先於刑罰執行者，自保安處分執行完畢之日起算。

第八五條（行刑權時效之停止）108
①行刑權之時效，因刑之執行而停止進行。有下列情形之一而不能開始或繼續執行時，亦同：
　一　依法應停止執行者。
　二　因受刑人逃匿而通緝或執行期間脫逃未能繼續執行者。
　三　受刑人依法另受拘束自由者。
②停止原因繼續存在之期間，如達於第八十四條第一項各款所定期間三分之一者，其停止

原因視為消滅。

③第一項之時效，自停止原因消滅之日起，與停止前已經過之期間，一併計算。

第十二章　保安處分

第八六條（感化教育處分）

①因未滿十四歲而不罰者，得令入感化教育處所，施以感化教育。

②因未滿十八歲而減輕其刑者，得於刑之執行完畢或赦免後，令入感化教育處所，施以感化教育。但宣告三年以下有期徒刑、拘役或罰金者，得於執行前為之。

③感化教育之期間為三年以下。但執行已逾六月，認無繼續執行之必要者，法院得免其處分之執行。

第八七條（監護處分）

①因第十九條第一項之原因而不罰者，其情狀足認有再犯或危害公共安全之虞時，令入相當處所，施以監護。

②有第十九條第二項及第二十條之原因，其情狀足認有再犯或有危害公共安全之虞時，於刑之執行完畢或赦免後，令入相當處所，施以監護。但必要時，得於刑之執行前為之。

③前二項之期間為五年以下，但執行中認無繼續執行之必要者，法院得免其處分之執行。

第八八條（禁戒處分）

①施用毒品成癮者，於刑之執行前令入相當處所，施以禁戒。

②前項禁戒期間為一年以下。但執行中認無繼續執行之必要者，法院得免其處分之執行。

第八九條（禁戒處分）

①因酗酒而犯罪，足認其已酗酒成癮並有再犯之虞者，於刑之執行前，令入相當處所，施以禁戒。

②前項禁戒期間為一年以下。但執行中認無繼續執行之必要者，法院得免其處分之執行。

第九〇條（強制工作處分）

①有犯罪之習慣或因遊蕩或懶惰成習而犯罪者，於刑之執行前，令入勞動場所，強制工作。

②前項之處分期間為三年。但執行滿一年六月後，認無繼續執行之必要者，法院得免其處分之執行。

③執行期間屆滿前，認為有延長之必要者，法院得許可延長之，其延長之期間不得逾一年六月，並以一次為限。

第九一條（刪除）108

第九一條之一（治療處分）

①犯第二百二十一條至第二百二十七條、第二百二十八條、第二百二十九條、第二百三十條、第二百三十四條、第三百三十二條第二項第二款、第三百三十四條第二款、第三百四十八條第二項第一款及其特別法之罪，而有下列情形之一者，得令入相當處所，施以強制治療：

一　徒刑執行期滿前，於接受輔導或治療後，經鑑定、評估，認有再犯之危險者。

二　依其他法律規定，於接受身心治療或輔導教育後，經鑑定、評估，認有再犯之危險者。

②前項處分期間至其再犯危險顯著降低為止，執行期間應每年鑑定、評估有無停止治療之必要。

第九二條（代替保安處分之保護管束）

①第八十六條至第九十條之處分，按其情形得以保護管束代之。

②前項保護管束期間為三年以下。其不能收效者，得隨時撤銷之，仍執行原處分。

第九三條（緩刑與假釋之保護管束）

①受緩刑之宣告者，除有下列情形之一，應於緩刑期間付保護管束外，得於緩刑期間付保

護管束：
一　犯第九十一條之一所列之罪者。
二　執行第七十四條第二項第五款至第八款所定之事項者。
②假釋出獄者，在假釋中付保護管束。

第九四條（刪除）

第九五條（驅逐出境處分）

外國人受有期徒刑以上刑之宣告者，得於刑之執行完畢或赦免後，驅逐出境。

第九六條（保安處分之宣告）

保安處分於裁判時併宣告之。但本法或其他法律另有規定者，不在此限。

第九七條（刪除）

第九八條（保安處分執行之免除）108

①依第八十六條第二項、第八十七條第二項規定宣告之保安處分，其先執行徒刑者，於刑之執行完畢或赦免後，認爲無執行之必要者，法院得免其處分之執行；其先執行保安處分者，於處分執行完畢或一部執行而免除後，認爲無執行刑之必要者，法院得免其刑之全部或一部執行。

②依第八十八條第一項、第八十九條第一項、第九十條第一項規定宣告之保安處分，於處分執行完畢或一部執行而免除後，認爲無執行刑之必要者，法院得免其刑之全部或一部執行。

③前二項免其刑之執行，以有期徒刑或拘役爲限。

第九九條（保安處分之執行時效）

保安處分自應執行之日起逾三年未開始或繼續執行者，非經法院認爲原宣告保安處分之原因仍繼續存在時，不得許可執行；逾七年未開始或繼續執行者，不得執行。

第二編　分　則

第一章　內亂罪

第一〇〇條（普通內亂罪）

①意圖破壞國體、竊據國土，或以非法之方法變更國憲、顛覆政府，而以強暴或脅迫著手實行者，處七年以上有期徒刑；首謀者，處無期徒刑。

②預備犯前項之罪者，處六月以上、五年以下有期徒刑。

第一〇一條（暴動內亂罪）

①以暴動犯前條第一項之罪者，處無期徒刑或七年以上有期徒刑；首謀者，處死刑或無期徒刑。

②預備或陰謀犯前項之罪者，處一年以上、七年以下有期徒刑。

第一〇二條（內亂罪自首之減刑）

犯第一百條第二項或第一百零一條第二項之罪而自首者，減輕或免除其刑。

第二章　外患罪

第一〇三條（通謀開戰端罪）

①通謀外國或其派遣之人，意圖使該國或他國對於中華民國開戰端者，處死刑或無期徒刑。

②前項之未遂犯，罰之。

③預備或陰謀犯第一項之罪者，處三年以上、十年以下有期徒刑。

第一〇四條（通謀喪失領域罪）

①通謀外國或其派遣之人，意圖使中華民國領域屬於該國或他國者，處死刑或無期徒刑。

②前項之未遂犯罰之。
③預備或陰謀犯第一項之罪者，處三年以上、十年以下有期徒刑。

第一〇五條 （直接抗敵民國罪）
①中華民國人民在敵軍執役，或與敵國械抗中華民國或其同盟國者，處死刑或無期徒刑。
②前項之未遂犯罰之。
③預備或陰謀犯第一項之罪者，處三年以上、十年以下有期徒刑。

第一〇六條 （單純助敵罪）
①在與外國開戰或將開戰期內，以軍事上之利益供敵國，或以軍事上之不利益害中華民國或其同盟國者，處無期徒刑或七年以上有期徒刑。
②前項之未遂犯罰之。
③預備或陰謀犯第一項之罪者，處五年以下有期徒刑。

第一〇七條 （加重助敵罪）
①犯前條第一項之罪而有左列情形之一者，處死刑或無期徒刑：
　一　將軍隊交付敵國，或將要塞、軍港、軍營、軍用船艦、航空機及其他軍用處所建築物，與供中華民國軍用之軍械、彈藥、錢糧及其他軍需品，或橋樑、鐵路、車輛、電線、電機、電局及其他供轉運之器物，交付敵國或毀壞或致令不堪用者。
　二　代敵國招募軍隊，或煽惑軍人使其降敵者。
　三　煽惑軍人不執行職務，或不守紀律，或逃叛者。
　四　以關於要塞、軍港、軍營、軍用船艦、航空機及其他軍用處所建築物，或軍略之秘密文書、圖畫、消息或物品，洩漏或交付於敵國者。
　五　爲敵國之間諜、或幫助敵國之間諜者。
②前項之未遂犯罰之。
③預備或陰謀犯第一項之罪者，處三年以上、十年以下有期徒刑。

第一〇八條 （戰時不履行軍需契約罪）108
①在與外國開戰或將開戰期內，不履行供給軍需之契約或不照契約履行者，處一年以上七年以下有期徒刑，得併科十五萬元以下罰金。
②因過失犯前項之罪者，處二年以下有期徒刑、拘役或三萬元以下罰金。

第一〇九條 （洩漏交付國防秘密罪）
①洩漏或交付關於中華民國國防應秘密之文書、圖畫、消息或物品者，處一年以上、七年以下有期徒刑。
②洩漏或交付前項之文書、圖畫、消息或物品於外國或其派遣之人者，處三年以上、十年以下有期徒刑。
③前二項之未遂犯罰之。
④預備或陰謀犯第一項或第二項之罪者，處二年以下有期徒刑。

第一一〇條 （公務員過失洩漏交付國防秘密罪）108
公務員對於職務上知悉或持有前條第一項之文書、圖畫、消息或物品，因過失而洩漏或交付者，處二年以下有期徒刑、拘役或三萬元以下罰金

第一一一條 （刺探搜集國防秘密罪）
①刺探或收集第一百零九條第一項之文書、圖畫、消息或物品者，處五年以下有期徒刑。
②前項之未遂犯罰之。
③預備或陰謀犯第一項之罪者，處一年以下有期徒刑。

第一一二條 （不法侵入或留滯軍用處所罪）
意圖刺探或收集第一百零九條第一項之文書、圖畫、消息或物品，未受允准而入要塞、軍港、軍艦及其他軍用處所建築物，或留滯其內者，處一年以下有期徒刑。

第一一三條 （私與外國訂約罪）108
應經政府授權之事項，未獲授權，私與外國政府或其派遣之人爲約定，處五年以下有期

徒刑、拘役或科或併科五十萬元以下罰金；足以生損害於中華民國者，處無期徒刑或七年以上有期徒刑。

第一一四條 （違背對外事務委任罪）

受政府之委任，處理對於外國政府之事務，而違背其委任，致生損害於中華民國者，處無期徒刑或七年以上有期徒刑。

第一一五條 （毀匿國權證據罪）

僞造、變造、毀棄或隱匿可以證明中華民國對於外國所享權利之文書、圖畫或其他證據者，處五年以上、十二年以下有期徒刑。

第一一五條之一 （外患罪亦適用之地域或對象違反規定之處斷）108

本章之罪，亦適用於地域或對象爲大陸地區、香港、澳門、境外敵對勢力或其派遣之人，行爲人違反各條規定者，依各該條規定處斷之。

第三章 妨害國交罪

第一一六條 （侵害友邦元首或外國代表罪）

對於友邦元首或派至中華民國之外國代表，犯故意傷害罪、妨害自由罪或妨害名譽罪者，得加重其刑至三分之一。

第一一七條 （違背中立命令罪）108

於外國交戰之際，違背政府局外中立之命令者，處一年以下有期徒刑、拘役或九萬元以下罰金。

第一一八條 （侮辱外國旗章罪）108

意圖侮辱外國，而公然損壞、除去或污辱外國之國旗、國章者，處一年以下有期徒刑、拘役或九千元以下罰金。

第一一九條 （請求乃論）

第一百十六條之妨害名譽罪及第一百十八條之罪，須外國政府之請求乃論。

第四章 瀆職罪

第一二〇條 （委棄守地罪）

公務員不盡其應盡之責，而委棄守地者，處死刑、無期徒刑或十年以上有期徒刑。

第一二一條 （不違背職務之受賄罪）107

公務員或仲裁人對於職務上之行爲，要求、期約或收受賄賂或其他不正利益者，處七年以下有期徒刑，得併科七十萬元以下罰金。

第一二二條 （違背職務受賄罪及行賄罪）107

①公務員或仲裁人對於違背職務之行爲，要求、期約或收受賄賂或其他不正利益者，處三年以上十年以下有期徒刑，得併科二百萬元以下罰金。

②因而爲違背職務之行爲者，處無期徒刑或五年以上有期徒刑，得併科四百萬元以下罰金。

③對於公務員或仲裁人關於違背職務之行爲，行求、期約或交付賄賂或其他不正利益者，處三年以下有期徒刑，得併科三十萬元以下罰金。但自首者減輕或免除其刑。在偵查或審判中自白者，得減輕其刑。

第一二三條 （準受賄罪）

於未爲公務員或仲裁人時，預以職務上之行爲，要求、期約或收受賄賂或其他不正利益，而於爲公務員或仲裁人後履行者，以公務員或仲裁人要求、期約或收受賄賂或其他不正利益論。

第一二四條 （枉法裁判或仲裁罪）

有審判職務之公務員或仲裁人，爲枉法之裁判或仲裁者，處一年以上七年以下有期徒刑。

第一二五條（濫權追訴處罰罪）

①有追訴或處罰犯罪職務之公務員，爲左列行爲之一者，處一年以上、七年以下有期徒刑：

一　濫用職權爲逮捕或羈押者。

二　意圖取供而施強暴、脅迫者。

三　明知爲無罪之人，而使其受追訴或處罰，或明知爲有罪之人，而無故不使其受追訴或處罰者。

②因而致人於死者，處無期徒刑或七年以上有期徒刑。致重傷者，處三年以上、十年以下有期徒刑。

第一二六條（凌虐人犯罪）

①有管收、解送或拘禁人犯職務之公務員，對於人犯施以凌虐者，處一年以上、七年以下有期徒刑。

②因而致人於死者，處無期徒刑或七年以上有期徒刑。致重傷者，處三年以上、十年以下有期徒刑。

第一二七條（違法行刑罪）108

①有執行刑罰職務之公務員，違法執行或不執行刑罰者，處五年以下有期徒刑。

②因過失而執行不應執行之刑罰者，處一年以下有期徒刑、拘役或九千元以下罰金。

第一二八條（越權受理罪）

公務員對於訴訟事件，明知不應受理而受理者，處三年以下有期徒刑。

第一二九條（違法徵收罪、抑留或剋扣款物罪）108

①公務員對於租稅或其他入款，明知不應徵收而徵收者，處一年以上七年以下有期徒刑，得併科二十一萬元以下罰金。

②公務員對於職務上發給之款項、物品，明知應發給而抑留不發或剋扣者，亦同。

③前二項之未遂犯罰之。

第一三〇條（廢弛職務釀成災害罪）

公務員廢弛職務釀成災害者，處三年以上、十年以下有期徒刑。

第一三一條（公務員圖利罪）107

公務員對於主管或監督之事務，明知違背法令，直接或間接圖自己或其他私人不法利益，因而獲得利益者，處一年以上七年以下有期徒刑，得併科一百萬元以下罰金。

第一三二條（洩漏國防以外之秘密罪）108

①公務員洩漏或交付關於中華民國國防以外應秘密之文書、圖畫、消息或物品者，處三年以下有期徒刑。

②因過失犯前項之罪者，處一年以下有期徒刑、拘役或九千元以下罰金。

③非公務員因職務或業務知悉或持有第一項之文書、圖畫、消息或物品，而洩漏或交付之者，處一年以下有期徒刑、拘役或九千元以下罰金。

第一三三條（郵電人員妨害郵電秘密罪）108

在郵務或電報機關執行職務之公務員，開拆或隱匿投寄之郵件或電報者，處三年以下有期徒刑、拘役或一萬五千元以下罰金。

第一三四條（公務員犯罪加重處罰之規定）

公務員假借職務上之權力、機會或方法，以故意犯本章以外各罪者，加重其刑至二分之一。但因公務員之身分已特別規定其刑者，不在此限。

第五章　妨害公務罪

第一三五條（妨害公務執行及職務強制罪）108

①對於公務員依法執行職務時，施強暴脅迫者，處三年以下有期徒刑、拘役或九千元以下罰金。

②意圖使公務員執行一定之職務或妨害其依法執行一定之職務或使公務員辭職，而施強暴脅迫者，亦同。
③犯前二項之罪，因而致公務員於死者，處無期徒刑或七年以上有期徒刑；致重傷者，處三年以上十年以下有期徒刑。

第一三六條（聚眾妨害公務罪）108
①公然聚眾犯前條之罪者，在場助勢之人，處一年以下有期徒刑、拘役或九千元以下罰金；首謀及下手實施強暴、脅迫者，處一年以上七年以下有期徒刑。
②因而致公務員於死或重傷者，首謀及下手實施強暴脅迫之人，依前條第三項之規定處斷。

第一三七條（妨害考試罪）108
①對於依考試法舉行之考試，以詐術或其他非法之方法，使其發生不正確之結果者，處一年以下有期徒刑、拘役或九千元以下罰金。
②前項之未遂犯罰之。

第一三八條（妨害職務上掌管之文書物品罪）
毀棄、損壞或隱匿公務員職務上掌管或委託第三人掌管之文書、圖畫、物品，或致令不堪用者，處五年以下有期徒刑。

第一三九條（污損封印、查封標示或違背其效力罪）108
①損壞、除去或污穢公務員依法所施之封印或查封之標示，或爲違背其效力之行爲者，處二年以下有期徒刑、拘役或二十萬元以下罰金。
②爲違背公務員依法所發具扣押效力命令之行爲者，亦同。

第一四〇條（侮辱公務員公署罪）108
①於公務員依法執行職務時，當場侮辱或對於其依法執行之職務公然侮辱者，處六月以下有期徒刑、拘役或三千元以下罰金。
②對於公署公然侮辱者，亦同。

第一四一條（侵害文告罪）108
意圖侮辱公務員或公署，而損壞、除去或污穢實貼公共場所之文告者，處拘役或三千元以下罰金。

第六章　妨害投票罪

第一四二條（妨害投票自由罪）
①以強暴脅迫或其他非法之方法，妨害他人自由行使法定之政治上選舉或其他投票權者，處五年以下有期徒刑。
②前項之未遂犯罰之。

第一四三條（投票受賄罪）107
有投票權之人，要求、期約或收受賄賂或其他不正利益，而許以不行使其投票權或爲一定之行使者，處三年以下有期徒刑，得併科三十萬元以下罰金。

第一四四條（投票行賄罪）108
對於有投票權之人，行求、期約或交付賄賂或其他不正利益，而約其不行使投票權或爲一定之行使者，處五年以下有期徒刑，得併科二十一萬元以下罰金。

第一四五條（利誘投票罪）
以生計上之利害，誘惑投票人不行使其投票權或爲一定之行使者，處三年以下有期徒刑。

第一四六條（妨害投票正確罪）
①以詐術或其他非法之方法，使投票發生不正確之結果或變造投票之結果者，處五年以下有期徒刑。
②意圖使特定候選人當選，以虛偽遷徙戶籍取得投票權而爲投票者，亦同。

③前二項之未遂犯罰之。

第一四七條　（妨害投票秩序罪）108

妨害或擾亂投票者，處二年以下有期徒刑、拘役或一萬五千元以下罰金。

第一四八條　（妨害投票秘密罪）108

於無記名之投票，刺探票載之內容者，處九千元以下罰金。

第七章　妨害秩序罪

第一四九條　（公然聚眾不遵令解散罪）109

在公共場所或公眾得出入之場所聚集三人以上，意圖爲強暴脅迫，已受該管公務員解散命令三次以上而不解散者，在場助勢之人處六月以下有期徒刑、拘役或八萬元以下罰金；首謀者，處三年以下有期徒刑。

第一五〇條　（公然聚眾施強暴脅迫罪）109

①在公共場所或公眾得出入之場所聚集三人以上，施強暴脅迫者，在場助勢之人，處一年以下有期徒刑、拘役或十萬元以下罰金；首謀及下手實施者，處六月以上五年以下有期徒刑。

②犯前項之罪，而有下列情形之一者，得加重其刑至二分之一：

一　意圖供行使之用而攜帶兇器或其他危險物品犯之。

二　因而致生公眾或交通往來之危險。

第一五一條　（恐嚇公眾罪）

以加害生命、身體、財產之事恐嚇公眾，致生危害於公安者，處二年以下有期徒刑。

第一五二條　（妨害合法集會罪）

以強暴、脅迫或詐術，阻止或擾亂合法之集會者，處二年以下有期徒刑。

第一五三條　（煽惑他人犯罪或違背法令罪）108

以文字、圖畫、演說或他法，公然爲下列行爲之一者，處二年以下有期徒刑、拘役或三萬元以下罰金：

一　煽惑他人犯罪者。

二　煽惑他人違背法令，或抗拒合法之命令者。

第一五四條　（參與犯罪結社罪）108

①參與以犯罪爲宗旨之結社者，處三年以下有期徒刑、拘役或一萬五千元以下罰金；首謀者，處一年以上七年以下有期徒刑。

②犯前項之罪而自首者，減輕或免除其刑。

第一五五條　（煽惑軍人背叛罪）

煽惑軍人不執行職務，或不守紀律，或逃叛者，處六月以上、五年以下有期徒刑。

第一五六條　（私招軍隊罪）

未受允准，召集軍隊，發給軍需或率帶軍隊者，處五年以下有期徒刑。

第一五七條　（挑唆包攬訴訟罪）

意圖漁利，挑唆或包攬他人訴訟者，處一年以下有期徒刑、拘役或五萬元以下罰金。

第一五八條　（僭行公務員職權罪）108

①冒充公務員而行使其職權者，處三年以下有期徒刑、拘役或一萬五千元以下罰金。

②冒充外國公務員而行使其職權者，亦同。

第一五九條　（冒充公務員服章官銜罪）108

公然冒用公務員服飾、徽章或官銜者，處一萬五千元以下罰金。

第一六〇條　（侮辱國旗國徽及國父遺像罪）108

①意圖侮辱中華民國，而公然損壞、除去或污辱中華民國之國徽、國旗者，處一年以下有期徒刑、拘役或九千元以下罰金。

②意圖侮辱創立中華民國之孫先生，而公然損壞、除去或污辱其遺像者，亦同。

第八章　脫逃罪

第一六一條（脫逃罪）

①依法逮捕、拘禁之人脫逃者，處一年以下有期徒刑。

②損壞拘禁處所械具或以強暴脅迫犯前項之罪者，處五年以下有期徒刑。

③聚衆以強暴脅迫犯第一項之罪者，在場助勢之人，處三年以上十年以下有期徒刑。首謀及下手實施強暴脅迫者，處五年以上有期徒刑。

④前三項之未遂犯罰之。

第一六二條（縱放或便利脫逃罪）

①縱放依法逮捕拘禁之人或便利其脫逃者，處三年以下有期徒刑。

②損壞拘禁處所械具或以強暴脅迫犯前項之罪者，處六月以上、五年以下有期徒刑。

③聚衆以強暴脅迫犯第一項之罪者，在場助勢之人，處五年以上、十二年以下有期徒刑；首謀及下手實施強暴脅迫者，處無期徒刑或七年以上有期徒刑。

④前三項之未遂犯罰之。

⑤配偶、五親等內之血親或三親等內之姻親，犯第一項之便利脫逃罪者，得減輕其刑。

第一六三條（公務員縱放或便利脫逃罪）108

①公務員縱放職務上依法逮捕、拘禁之人或便利其脫逃者，處一年以上七年以下有期徒刑。

②因過失致前項之人脫逃者，處六月以下有期徒刑、拘役或九千元以下罰金。

③第一項之未遂犯罰之。

第九章　藏匿人犯及湮滅證據罪

第一六四條（藏匿人犯或使之隱避、頂替罪）108

①藏匿犯人或依法逮捕、拘禁之脫逃人或使之隱避者，處二年以下有期徒刑、拘役或一萬五千元以下罰金。

②意圖犯前項之罪而頂替者，亦同。

第一六五條（湮滅刑事證據罪）108

偽造、變造、湮滅或隱匿關係他人刑事被告案件之證據，或使用偽造、變造之證據者，處二年以下有期徒刑、拘役或一萬五千元以下罰金。

第一六六條（犯湮滅證據自白之減免）

犯前條之罪，於他人刑事被告案件裁判確定前自白者，減輕或免除其刑。

第一六七條（親屬間犯本章罪之減免）

配偶、五親等內之血親或三親等內之姻親，圖利犯人或依法逮捕拘禁之脫逃人，而犯第一百六十四條或第一百六十五條之罪者，減輕或免除其刑。

第十章　偽證及誣告罪

第一六八條（偽證罪）

於執行審判職務之公署審判時，或於檢察官偵查時，證人、鑑定人、通譯於案情有重要關係之事項，供前或供後具結，而為虛偽陳述者，處七年以下有期徒刑。

第一六九條（誣告罪）

①意圖他人受刑事或懲戒處分，向該管公務員誣告者，處七年以下有期徒刑。

②意圖他人受刑事或懲戒處分，而偽造、變造證據，或使用偽造、變造之證據者，亦同。

第一七〇條（加重誣告罪）

意圖陷害直系血親尊親屬，而犯前條之罪者，加重其刑至二分之一。

第一七一條（未指定犯人誣告罪）108

①未指定犯人，而向該管公務員誣告犯罪者，處一年以下有期徒刑、拘役或九千元以下罰

金。

②未指定犯人，而僞造、變造犯罪證據，或使用僞造、變造之犯罪證據，致開始刑事訴訟程序者，亦同。

第一七二條（僞證、誣告自白減免）

犯第一百六十八條至第一百七十一條之罪，於所虛僞陳述或所誣告之案件，裁判或懲戒處分確定前自白者，減輕或免除其刑。

第十一章　公共危險罪

第一七三條（放火或失火燒燬現住建築物及交通工具罪）108

①放火燒燬現供人使用之住宅或現有人所在之建築物、礦坑、火車、電車或其他供水、陸、空公衆運輸之舟、車、航空機者，處無期徒刑或七年以上有期徒刑。

②失火燒燬前項之物者，處一年以下有期徒刑、拘役或一萬五千元以下罰金。

③第一項之未遂犯罰之。

④預備犯第一項之罪者，處一年以下有期徒刑、拘役或九千元以下罰金。

第一七四條（放火失火燒燬非現住建築物及交通工具罪）108

①放火燒燬現非供人使用之他人所有住宅或現未有人所在之他人所有建築物、礦坑、火車、電車或其他供水、陸、空公衆運輸之舟、車、航空機者，處三年以上十年以下有期徒刑。

②放火燒燬前項之自己所有物，致生公共危險者，處六月以上五年以下有期徒刑。

③失火燒燬第一項之物者，處六月以下有期徒刑、拘役或九千元以下罰金；失火燒燬前項之物，致生公共危險者，亦同。

④第一項之未遂犯罰之。

第一七五條（放火燒燬住宅等以外之物罪）108

①放火燒燬前二條以外之他人所有物，致生公共危險者，處一年以上七年以下有期徒刑。

②放火燒燬前二條以外之自己所有物，致生公共危險者，處三年以下有期徒刑。

③失火燒燬前二條以外之物，致生公共危險者，處拘役或九千元以下罰金。

第一七六條（準放火罪）

故意或因過失，以火藥、蒸氣、電氣、煤氣或其他爆裂物，炸燬前三條之物者，準用各該條放火、失火之規定。

第一七七條（漏逸或間隔氣體罪）108

①漏逸或間隔蒸氣、電氣、煤氣或其他氣體，致生公共危險者，處三年以下有期徒刑、拘役或九千元以下罰金。

②因而致人於死者，處無期徒刑或七年以上有期徒刑；致重傷者，處三年以上十年以下有期徒刑。

第一七八條（決水浸害現供人使用之住宅或現有人所在之建築物及交通工具罪）108

①決水浸害現供人使用之住宅或現有人所在之建築物、礦坑或火車、電車者，處無期徒刑或五年以上有期徒刑。

②因過失決水浸害前項之物者，處一年以下有期徒刑、拘役或一萬五千元以下罰金。

③第一項之未遂犯罰之。

第一七九條（決水浸害現非供人使用之住宅或現未有人在之建築物罪）108

①決水浸害現非供人使用之他人所有住宅或現未有人所在之他人所有建築物或礦坑者，處一年以上七年以下有期徒刑。

②決水浸害前項之自己所有物，致生公共危險者，處六月以上五年以下有期徒刑。

③因過失決水浸害第一項之物者，處六月以下有期徒刑、拘役或九千元以下罰金。

④因過失決水浸害前項之物，致生公共危險者，亦同。

⑤第一項之未遂犯罰之。

第一八〇條（決水浸害住宅等以外之物罪）108

①決水浸害前二條以外之他人所有物，致生公共危險者，處五年以下有期徒刑。

②決水浸害前二條以外之自己所有物，致生公共危險者，處二年以下有期徒刑。

③因過失決水浸害前二條以外之物，致生公共危險者，處拘役或九千元以下罰金。

第一八一條（破壞防水蓄水設備罪）108

①決潰隄防、破壞水閘或損壞自來水池，致生公共危險者，處五年以下有期徒刑。

②因過失犯前項之罪者，處拘役或九千元以下罰金。

③第一項之未遂犯罰之。

第一八二條（妨害救災罪）

於火災、水災、風災、震災、爆炸或其他相類災害發生之際，隱匿或損壞防禦之器械或以他法妨害救災者，處三年以下有期徒刑、拘役或三萬元以下罰金。

第一八三條（傾覆或破壞現有人所在之交通工具罪）108

①傾覆或破壞現有人所在之火車、電車或其他供水、陸、空公眾運輸之舟、車、航空機者，處無期徒刑或五年以上有期徒刑。

②因過失犯前項之罪者，處三年以下有期徒刑、拘役或三十萬元以下罰金。

③第一項之未遂犯罰之。

第一八四條（妨害舟車及航空機行駛安全罪）108

①損壞軌道、燈塔、標識或以他法致生火車、電車或其他供水、陸、空公眾運輸之舟、車、航空機往來之危險者，處三年以上十年以下有期徒刑。

②因而致前項之舟、車、航空機傾覆或破壞者，依前條第一項之規定處斷。

③因過失犯第一項之罪者，處二年以下有期徒刑、拘役或二十萬元以下罰金。

④第一項之未遂犯罰之。

第一八五條（妨害公眾往來安全罪）108

①損壞或壅塞陸路、水路、橋樑或其他公眾往來之設備或以他法致生往來之危險者，處五年以下有期徒刑、拘役或一萬五千元以下罰金。

②因而致人於死者，處無期徒刑或七年以上有期徒刑；致重傷者，處三年以上十年以下有期徒刑。

③第一項之未遂犯罰之。

第一八五條之一（劫持交通工具之罪）

①以強暴、脅迫或其他非法方法劫持使用中之航空器或控制其飛航者，處死刑、無期徒刑或七年以上有期徒刑。其情節輕微者，處七年以下有期徒刑。

②因而致人於死者，處死刑或無期徒刑；致重傷者，處死刑、無期徒刑或十年以上有期徒刑。

③以第一項之方法劫持使用中供公眾運輸之舟、車或控制其行駛者，處五年以上有期徒刑。其情節輕微者，處三年以下有期徒刑。

④因而致人於死者，處無期徒刑或十年以上有期徒刑；致重傷者，處七年以上有期徒刑。

⑤第一項、第三項之未遂犯罰之。

⑥預備犯第一項之罪者，處三年以下有期徒刑。

第一八五條之二（危害飛航安全或其設施罪）108

①以強暴、脅迫或其他非法方法危害飛航安全或其設施者，處七年以下有期徒刑、拘役或九十萬元以下罰金。

②因而致航空器或其他設施毀損者，處三年以上十年以下有期徒刑。

③因而致人於死者，處死刑、無期徒刑或十年以上有期徒刑；致重傷者，處五年以上十二年以下有期徒刑。

④第一項之未遂犯罰之。

第一八五條之三（不能安全駕駛罪）108

①駕駛動力交通工具而有下列情形之一者，處二年以下有期徒刑，得併科二十萬元以下罰金：

一　吐氣所含酒精濃度達每公升零點二五毫克或血液中酒精濃度達百分之零點零五以上。

二　有前款以外之其他情事足認服用酒類或其他相類之物，致不能安全駕駛。

三　服用毒品、麻醉藥品或其他相類之物，致不能安全駕駛。

②因而致人於死者，處三年以上十年以下有期徒刑；致重傷者，處一年以上七年以下有期徒刑。

③曾犯本條或陸海空軍刑法第五十四條之罪，經有罪判決確定或經緩起訴處分確定，於五年內再犯第一項之罪因而致人於死者，處無期徒刑或五年以上有期徒刑；致重傷者，處三年以上十年以下有期徒刑。

第一八五條之四（肇事遺棄罪）102

駕駛動力交通工具肇事，致人死傷而逃逸者，處一年以上七年以下有期徒刑。

第一八六條（單純危險物罪）108

未受允准，而製造、販賣、運輸或持有炸藥、棉花藥、雷汞或其他相類之爆裂物或軍用槍砲、子彈而無正當理由者，處二年以下有期徒刑、拘役或一萬五千元以下罰金。

第一八六條之一（不法使用爆裂物及其加重結果犯）108

①無正當理由使用炸藥、棉花藥、雷汞或其他相類之爆裂物爆炸，致生公共危險者，處一年以上七年以下有期徒刑。

②因而致人於死者，處無期徒刑或七年以上有期徒刑；致重傷者，處三年以上十年以下有期徒刑。

③因過失致炸藥、棉花藥、雷汞或其他相類之爆裂物爆炸而生公共危險者，處二年以下有期徒刑、拘役或一萬五千元以下罰金。

④第一項之未遂犯罰之。

第一八七條（加重危險物罪）

意圖供自己或他人犯罪之用，而製造、販賣、運輸或持有炸藥、棉花藥、雷汞或其他相類之爆裂物或軍用槍砲、子彈者，處五年以下有期徒刑。

第一八七條之一（不法使用核子原料等物之處罰）

不依法令製造、販賣、運輸或持有核子原料、燃料、反應器、放射性物質或其原料者，處五年以下有期徒刑。

第一八七條之二（放逸核能、放射線致生公共危險罪）108

①放逸核能、放射線，致生公共危險者，處五年以下有期徒刑。

②因而致人於死者，處無期徒刑或十年以上有期徒刑；致重傷者，處五年以上有期徒刑。

③因過失犯第一項之罪者，處二年以下有期徒刑、拘役或一萬五千元以下罰金。

④第一項之未遂犯罰之。

第一八七條之三（無正當理由使用放射線之處罰）

①無正當理由使用放射線，致傷害人之身體或健康者，處三年以上十年以下有期徒刑。

②因而致人於死者，處無期徒刑或十年以上有期徒刑；致重傷者，處五年以上有期徒刑。

③第一項之未遂犯罰之。

第一八八條（妨害公用事業罪）108

妨害鐵路、郵務、電報、電話或供公眾之用水、電氣、煤氣事業者，處五年以下有期徒刑、拘役或一萬五千元以下罰金。

第一八九條（損壞保護生命設備罪）108

①損壞礦坑、工廠或其他相類之場所內關於保護生命之設備，致生危險於他人生命者，處一年以上七年以下有期徒刑。

②因而致人於死者，處無期徒刑或七年以上有期徒刑；致重傷者，處三年以上十年以下有期徒刑。

③因過失犯第一項之罪者，處二年以下有期徒刑、拘役或二十萬元以下罰金。

④第一項之未遂犯罰之。

第一八九條之一 （損壞保護生命設備致生危險於他人身體健康罪）108

①損壞礦場、工廠或其他相類之場所內關於保護生命之設備或致令不堪用，致生危險於他人之身體健康者，處一年以下有期徒刑、拘役或九千元以下罰金。

②損壞前項以外之公共場所內關於保護生命之設備或致令不堪用，致生危險於他人之身體健康者，亦同。

第一八九條之二 （阻塞逃生通道之處罰）

①阻塞戲院、商場、餐廳、旅店或其他公眾得出入之場所或公共場所之逃生通道，致生危險於他人生命、身體或健康者，處三年以下有期徒刑。阻塞集合住宅或共同使用大廈之逃生通道，致生危險於他人生命、身體或健康者，亦同。

②因而致人於死者，處七年以下有期徒刑；致重傷者，處五年以下有期徒刑。

第一九〇條 （妨害公眾飲水罪）108

①投放毒物或混入妨害衛生物品於供公眾所飲之水源、水道或自來水池者，處一年以上七年以下有期徒刑。

②因而致人於死者，處無期徒刑或七年以上有期徒刑；致重傷者，處三年以上十年以下有期徒刑。

③因過失犯第一項之罪者，處六月以下有期徒刑、拘役或九千元以下罰金。

④第一項之未遂犯罰之。

第一九〇條之一 （流放毒物罪及結果加重犯）107

①投棄、放流、排出、放逸或以他法使毒物或其他有害健康之物污染空氣、土壤、河川或其他水體者，處五年以下有期徒刑、拘役或科或併科一千萬元以下罰金。

②廠商或事業場所之負責人、監督策劃人員、代理人、受僱人或其他從業人員，因事業活動而犯前項之罪者，處七年以下有期徒刑，得併科一千五百萬元以下罰金。

③犯第一項之罪，因而致人於死者，處三年以上十年以下有期徒刑；致重傷者，處一年以上七年以下有期徒刑。

④犯第二項之罪，因而致人於死者，處無期徒刑或七年以上有期徒刑；致重傷者，處三年以上十年以下有期徒刑。

⑤因過失犯第一項之罪者，處一年以下有期徒刑、拘役或科或併科二百萬元以下罰金。

⑥因過失犯第二項之罪者，處三年以下有期徒刑、拘役或科或併科六百萬元以下罰金。

⑦第一項或第二項之未遂犯罰之。

⑧犯第一項、第五項或第一項未遂犯之罪，其情節顯著輕微者，不罰。

第一九一條 （製造販賣陳列妨害衛生物品罪）108

製造、販賣或意圖販賣而陳列妨害衛生之飲食物品或其他物品者，處六月以下有期徒刑、拘役或科或併科三萬元以下罰金。

第一九一條之一 （流通食品下毒之罪及結果加重犯）

①對他人公開陳列、販賣之飲食物品或其他物品滲入、添加或塗抹毒物或其他有害人體健康之物質者，處七年以下有期徒刑。

②將已滲入、添加或塗抹毒物或其他有害人體健康之飲食物品或其他物品混雜於公開陳列、販賣之飲食物品或其他物品者，亦同。

③犯前二項之罪而致人於死者，處無期徒刑或七年以上有期徒刑；致重傷者，處三年以上十年以下有期徒刑。

④第一項及第二項之未遂犯罰之。

第一九二條 （違背預防傳染病法令罪及散布傳染病菌罪）108

①違背關於預防傳染病所公布之檢查或進口之法令者，處二年以下有期徒刑、拘役或三萬元以下罰金。

②暴露有傳染病菌之屍體，或以他法散布病菌，致生公共危險者，亦同。

第一九三條 （違背建築術成規罪）108

承攬工程人或監工人於營造或拆卸建築物時，違背建築術成規，致生公共危險者，處三年以下有期徒刑、拘役或九萬元以下罰金。

第一九四條 （不履行賑災契約罪）108

於災害之際，關於與公務員或慈善團體締結供給糧食或其他必需品之契約，而不履行或不照契約履行，致生公共危險者，處五年以下有期徒刑，得併科九萬元以下罰金。

第十二章　偽造貨幣罪

第一九五條 （偽造變造通貨、幣券罪）108

①意圖供行使之用，而偽造、變造通用之貨幣、紙幣、銀行券者，處五年以上有期徒刑，得併科十五萬元以下罰金。

②前項之未遂犯罰之。

第一九六條 （行使收集或交付偽造變造通貨、幣券罪）108

①行使偽造、變造之通用貨幣、紙幣、銀行券，或意圖供行使之用而收集或交付於人者，處三年以上十年以下有期徒刑，得併科十五萬元以下罰金。

②收受後方知爲偽造、變造之通用貨幣、紙幣、銀行券而仍行使，或意圖供行使之用而交付於人者，處一萬五千元以下罰金。

③第一項之未遂犯罰之。

第一九七條 （減損通用貨幣罪）108

①意圖供行使之用而減損通用貨幣之分量者，處五年以下有期徒刑，得併科九萬元以下罰金。

②前項之未遂犯罰之。

第一九八條 （行使減損通用貨幣罪）108

①行使減損分量之通用貨幣，或意圖供行使之用而收集或交付於人者，處三年以下有期徒刑，得併科三萬元以下罰金。

②收受後方知爲減損分量之通用貨幣而仍行使，或意圖供行使之用而交付於人者，處三千元以下罰金。

③第一項之未遂犯罰之。

第一九九條 （預備偽造變造幣券或減損貨幣罪）108

意圖供偽造、變造通用之貨幣、紙幣、銀行券或意圖供減損通用貨幣分量之用，而製造、交付或收受各項器械、原料者，處五年以下有期徒刑，得併科三萬元以下罰金。

第二〇〇條 （沒收物之特例）

偽造、變造之通用貨幣、紙幣、銀行券，減損分量之通用貨幣及前條之器械原料，不問屬於犯人與否，沒收之。

第十三章　偽造有價證券罪

第二〇一條 （有價證券之偽造變造與行使罪）108

①意圖供行使之用，而偽造、變造公債票、公司股票或其他有價證券者，處三年以上十年以下有期徒刑，得併科九萬元以下罰金。

②行使偽造、變造之公債票、公司股票或其他有價證券，或意圖供行使之用而收集或交付於人者，處一年以上七年以下有期徒刑，得併科九萬元以下罰金。

第二〇一條之一 （支付工具電磁紀錄物之偽造變造與行使罪）108

①意圖供行使之用，而偽造、變造信用卡、金融卡、儲值卡或其他相類作爲簽帳、提款、

轉帳或支付工具之電磁紀錄物者，處一年以上七年以下有期徒刑，得併科九萬元以下罰金。

②行使前項僞造、變造之信用卡、金融卡、儲值卡或其他相類作爲簽帳、提款、轉帳或支付工具之電磁紀錄物，或意圖供行使之用，而收受或交付於人者，處五年以下有期徒刑，得併科九萬元以下罰金。

第二〇二條（郵票印花稅票之僞造變造與行使塗抹罪）108

①意圖供行使之用，而僞造、變造郵票或印花稅票者，處六月以上五年以下有期徒刑，得併科三萬元以下罰金。

②行使僞造、變造之郵票或印花稅票，或意圖供行使之用而收集或交付於人者，處三年以下有期徒刑，得併科三萬元以下罰金。

③意圖供行使之用，而塗抹郵票或印花稅票上之註銷符號者，處一年以下有期徒刑、拘役或九千元以下罰金；其行使之者，亦同。

第二〇三條（僞造變造及行使往來客票罪）108

意圖供行使之用，而僞造、變造船票、火車、電車票或其他往來客票者，處一年以下有期徒刑、拘役或九千元以下罰金；其行使之者，亦同。

第二〇四條（預備僞造變造有價證券罪）108

①意圖供僞造、變造有價證券、郵票、印花稅票、信用卡、金融卡、儲值卡或其他相類作爲簽帳、提款、轉帳或支付工具之電磁紀錄物之用，而製造、交付或收受各項器械、原料、或電磁紀錄者，處二年以下有期徒刑，得併科一萬五千元以下罰金。

②從事業務之人利用職務上機會犯前項之罪者，加重其刑至二分之一。

第二〇五條（沒收物）

僞造、變造之有價證券、郵票、印花稅票、信用卡、金融卡、儲值卡或其他相類作爲提款、簽帳、轉帳或支付工具之電磁紀錄物及前條之器械原料及電磁紀錄，不問屬於犯人與否，沒收之。

第十四章　偽造度量衡罪

第二〇六條（僞造變造度量衡定程罪）108

意圖供行使之用，而製造違背定程之度量衡，或變更度量衡之定程者，處一年以下有期徒刑、拘役或九千元以下罰金。

第二〇七條（販賣違背定程之度量衡罪）108

意圖供行使之用，而販賣違背定程之度量衡者，處六月以下有期徒刑、拘役或九千元以下罰金。

第二〇八條（行使違背定程之度量衡罪）108

①行使違背定程之度量衡者，處九千元以下罰金。

②從事業務之人，關於其業務犯前項之罪者，處六月以下有期徒刑、拘役或一萬五千元以下罰金。

第二〇九條（沒收物）

違背定程之度量衡，不問屬於犯人與否，沒收之。

第十五章　偽造文書印文罪

第二一〇條（僞造變造私文書罪）

僞造、變造私文書，足以生損害於公衆或他人者，處五年以下有期徒刑。

第二一一條（僞造變造公文書罪）

僞造、變造公文書，足以生損害於公衆或他人者，處一年以上、七年以下有期徒刑。

第二一二條（僞造變造特種文書罪）108

僞造、變造護照、旅券、免許證、特許證及關於品行、能力、服務或其他相類之證書、介紹書，足以生損害於公衆或他人者，處一年以下有期徒刑、拘役或九千元以下罰金。

第二一三條（公文書不實登載罪）

公務員明知爲不實之事項，而登載於職務上所掌之公文書，足以生損害於公衆或他人者，處一年以上七年以下有期徒刑。

第二一四條（使公務員登載不實罪）108

明知爲不實之事項，而使公務員登載於職務上所掌之公文書，足以生損害於公衆或他人者，處三年以下有期徒刑、拘役或一萬五千元以下罰金。

第二一五條（業務上文書登載不實罪）108

從事業務之人，明知爲不實之事項，而登載於其業務上作成之文書，足以生損害於公衆或他人者，處三年以下有期徒刑、拘役或一萬五千元以下罰金。

第二一六條（行使僞造變造或登載不實文書罪）

行使第二百十條至第二百十五條之文書者，依僞造、變造文書或登載不實事項或使登載不實事項之規定處斷。

第二一七條（僞造盜用印章、印文或署押罪）

①僞造印章、印文或署押，足以生損害於公衆或他人者，處三年以下有期徒刑。

②盜用印章、印文或署押，足以生損害於公衆或他人者，亦同。

第二一八條（僞造或盜用公印或公印文罪）

①僞造公印或公印文者，處五年以下有期徒刑。

②盜用公印或公印文，足以生損害於公衆或他人者，亦同。

第二一九條（沒收之特例）

僞造之印章、印文或署押，不問屬於犯人與否，沒收之。

第二二〇條（準文書）

①在紙上或物品上之文字、符號、圖畫、照像，依習慣或特約，足以爲表示其用意之證明者，關於本章及本章以外各罪，以文書論。

②錄音、錄影或電磁紀錄，藉機器或電腦之處理所顯示之聲音、影像或符號，足以爲表示其用意之證明者，亦同。

第十六章　妨害性自主罪

第二二一條（強制性交罪）

①對於男女以強暴、脅迫、恐嚇、催眠術或其他違反其意願之方法而爲性交者，處三年以上十年以下有期徒刑。

②前項之未遂犯罰之。

第二二二條（加重強制性交罪）

①犯前條之罪而有下列情形之一者，處七年以上有期徒刑：

一　二人以上共同犯之者。

二　對未滿十四歲之男女犯之者。

三　對精神、身體障礙或其他心智缺陷之人犯之者。

四　以藥劑犯之者。

五　對被害人施以凌虐者。

六　利用駕駛供公衆或不特定人運輸之交通工具之機會犯之者。

七　侵入住宅或有人居住之建築物、船艦或隱匿其內犯之者。

八　攜帶兇器犯之者。

②前項之未遂犯罰之。

第二二三條（刪除）

第二二四條（強制猥褻罪）

對於男女以強暴、脅迫、恐嚇、催眠術或其他違反其意願之方法，而爲猥褻之行爲者，處六月以上五年以下有期徒刑。

第二二四條之一（加重強制猥褻罪）

犯前條之罪而有第二百二十二條第一項各款情形之一者，處三年以上十年以下有期徒刑。

第二二五條（乘機性交猥褻罪）

①對於男女利用其精神、身體障礙、心智缺陷或其他相類之情形，不能或不知抗拒而爲性交者，處三年以上十年以下有期徒刑。

②對於男女利用其精神、身體障礙、心智缺陷或其他相類之情形，不能或不知抗拒而爲猥褻之行爲者，處六月以上五年以下有期徒刑。

③第一項之未遂犯罰之。

第二二六條（強制性交猥褻罪加重結果犯）

①犯第二百二十一條、第二百二十二條、第二百二十四條、第二百二十四條之一或第二百二十五條之罪，因而致被害人於死者，處無期徒刑或十年以上有期徒刑；致重傷者，處十年以上有期徒刑。

②因而致被害人羞忿自殺或意圖自殺而致重傷者，處十年以上有期徒刑。

第二二六條之一（強制性交猥褻等罪之殺人重傷害之結合犯）

犯第二百二十一條、第二百二十二條、第二百二十四條、第二百二十四條之一或第二百二十五條之罪，而故意殺害被害人者，處死刑或無期徒刑；使被害人受重傷者，處無期徒刑或十年以上有期徒刑。

第二二七條（未成年人）

①對於未滿十四歲之男女爲性交者，處三年以上十年以下有期徒刑。

②對於未滿十四歲之男女爲猥褻之行爲者，處六月以上五年以下有期徒刑。

③對於十四歲以上未滿十六歲之男女爲性交者，處七年以下有期徒刑。

④對於十四歲以上未滿十六歲之男女爲猥褻之行爲者，處三年以下有期徒刑。

⑤第一項、第三項之未遂犯罰之。

第二二七條之一（減刑或免刑）

十八歲以下之人犯前條之罪者，減輕或免除其刑。

第二二八條（利用權勢性交或猥褻罪）

①對於因親屬、監護、教養、教育、訓練、救濟、醫療、公務、業務或其他相類關係受自己監督、扶助、照護之人，利用權勢或機會爲性交者，處六月以上五年以下有期徒刑。

②因前項情形而爲猥褻之行爲者，處三年以下有期徒刑。

③第一項之未遂犯罰之。

第二二九條（詐術性交罪）

①以詐術使男女誤信爲自己配偶，而聽從其爲性交者，處三年以上十年以下有期徒刑。

②前項之未遂犯罰之。

第二二九條之一（告訴乃論）

對配偶犯第二百二十一條、第二百二十四條之罪者，或未滿十八歲之人犯第二百二十七條之罪者，須告訴乃論。

第十六章之一　妨害風化罪

第二三〇條（血親爲性交罪）

與直系或三親等內旁系血親爲性交者，處五年以下有期徒刑。

第二三一條（媒介性交猥褻罪）

①意圖使男女與他人爲性交或猥褻之行爲，而引誘、容留或媒介以營利者，處五年以下有期徒刑，得併科十萬元以下罰金。以詐術犯之者，亦同。

②公務員包庇他人犯前項之罪者，依前項之規定加重其刑至二分之一。

第二三一條之一（圖利強制使人爲性交猥褻罪）

①意圖營利，以強暴、脅迫、恐嚇、監控、藥劑、催眠術或其他違反本人意願之方法使男女與他人爲性交或猥褻之行爲者，處七年以上有期徒刑，得併科三十萬元以下罰金。

②媒介、收受、藏匿前項之人或使之隱避者，處一年以上七年以下有期徒刑。

③公務員包庇他人犯前二項之罪者，依各該項之規定加重其刑至二分之一。

④第一項之未遂犯罰之。

第二三二條（利用權勢或圖利使人性交之加重其刑）

對於第二百二十八條所定受自己監督、扶助、照護之人，或夫對於妻，犯第二百三十一條第一項、第二百三十一條之一第一項、第二項之罪者，依各該條項之規定加重其刑至二分之一。

第二三三條（使未滿十六歲之男女爲性交或猥褻罪）108

①意圖使未滿十六歲之男女與他人爲性交或猥褻之行爲，而引誘、容留或媒介之者，處五年以下有期徒刑、拘役或一萬五千元以下罰金。以詐術犯之者，亦同。

②意圖營利犯前項之罪者，處一年以上七年以下有期徒刑，得併科十五萬元以下罰金。

第二三四條（公然猥褻罪）108

①意圖供人觀覽，公然爲猥褻之行爲者，處一年以下有期徒刑、拘役或九千元以下罰金。

②意圖營利犯前項之罪者，處二年以下有期徒刑、拘役或科或併科三萬元以下罰金。

第二三五條（散布、販賣猥褻物品及製造持有罪）108

①散布、播送或販賣猥褻之文字、圖畫、聲音、影像或其他物品，或公然陳列，或以他法供人觀覽、聽聞者，處二年以下有期徒刑、拘役或科或併科九萬元以下罰金。

②意圖散布、播送、販賣而製造、持有前項文字、圖畫、聲音、影像及其附著物或其他物品者，亦同。

③前二項之文字、圖畫、聲音或影像之附著物及物品，不問屬於犯人與否，沒收之。

第二三六條（告訴乃論）

第二百三十條之罪，須告訴乃論。

第十七章　妨害婚姻及家庭罪

第二三七條（重婚罪）

有配偶而重爲婚姻或同時與二人以上結婚者，處五年以下有期徒刑。其相婚者，亦同。

第二三八條（詐術結婚罪）

以詐術締結無效或得撤銷之婚姻，因而致婚姻無效之裁判或撤銷婚姻之裁判確定者，處三年以下有期徒刑。

第二三九條（通姦罪）

有配偶而與人通姦者，處一年以下有期徒刑，其相姦者，亦同。

第二四〇條（和誘罪）108

①和誘未滿二十歲之男女，脫離家庭或其他有監督權之人者，處三年以下有期徒刑。

②和誘有配偶之人脫離家庭者，亦同。

③意圖營利，或意圖使被誘人爲猥褻之行爲或性交，而犯前二項之罪者，處六月以上五年以下有期徒刑，得併科三萬元以下罰金。

④前三項之未遂犯罰之。

第二四一條（略誘罪）108

①略誘未滿二十歲之男女，脫離家庭或其他有監督權之人者，處一年以上七年以下有期徒刑。

②意圖營利，或意圖使被誘人爲猥褻之行爲或性交，而犯前項之罪者，處三年以上十年以下有期徒刑，得併科三萬元以下罰金。

③和誘未滿十六歲之男女，以略誘論。

④前三項之未遂犯罰之。

第二四二條　（移送被誘人出國罪）

①移送前二條之被誘人出中華民國領域外者，處無期徒刑或七年以上有期徒刑。

②前項之未遂犯罰之。

第二四三條　（收受藏匿被誘人或使之隱避罪）108

①意圖營利、或意圖使第二百四十條或第二百四十一條之被誘人為猥褻之行為或性交，而收受、藏匿被誘人或使之隱避者，處六月以上五年以下有期徒刑，得併科一萬五千元以下罰金。

②前項之未遂犯罰之。

第二四四條　（減刑之特例）

犯第二百四十條至第二百四十三條之罪，於裁判宣告前送回被誘人或指明所在地因而尋獲者，得減輕其刑。

第二四五條　（告訴乃論與不得告訴）

①第二百三十八條、第二百三十九條之罪及第二百四十條第二項之罪，須告訴乃論。

②第二百三十九條之罪，配偶縱容或宥恕者，不得告訴。

第十八章　褻瀆祀典及侵害墳墓屍體罪

第二四六條　（侮辱宗教建築物或紀念場所罪、妨害祭禮罪）108

①對於壇廟、寺觀、教堂、墳墓或公眾紀念處所公然侮辱者，處六月以下有期徒刑、拘役或九千元以下罰金。

②妨害喪、葬、祭禮、說教、禮拜者，亦同。

第二四七條　（侵害屍體罪、侵害遺骨遺髮殮物遺灰罪）

①損壞、遺棄、污辱或盜取屍體者，處六月以上、五年以下有期徒刑。

②損壞、遺棄或盜取遺骨、遺髮、殮物或火葬之遺灰者，處五年以下有期徒刑。

③前二項之未遂犯罰之。

第二四八條　（發掘墳墓罪）

①發掘墳墓者，處六月以上、五年以下有期徒刑。

②前項之未遂犯罰之。

第二四九條　（發掘墳墓結合罪）

①發掘墳墓而損壞、遺棄、污辱或盜取屍體者，處三年以上、十年以下有期徒刑。

②發掘墳墓而損壞、遺棄或盜取遺骨、遺髮、殮物或火葬之遺灰者，處一年以上、七年以下有期徒刑。

第二五〇條　（侵害直系血親尊親屬屍體墳墓罪）

對於直系血親尊親屬，犯第二百四十七條至第二百四十九條之罪者，加重其刑至二分之一。

第十九章　妨害農工商罪

第二五一條　（不法囤積物品哄抬價格牟利罪）109

①意圖抬高交易價格，囤積下列物品之一，無正當理由不應市銷售者，處三年以下有期徒刑、拘役或科或併科三十萬元以下罰金：

一　糧食、農產品或其他民生必需之飲食物品。

二　種苗、肥料、原料或其他農業、工業必需之物品。

三　前二款以外，經行政院公告之生活必需用品。

②以強暴、脅迫妨害前項物品之販運者，處五年以下有期徒刑、拘役或科或併科五十萬元以下罰金。

③意圖影響第一項物品之交易價格，而散布不實資訊者，處二年以下有期徒刑、拘役或科

或併科二十萬元以下罰金。
④以廣播電視、電子通訊、網際網路或其他傳播工具犯前項之罪者，得加重其刑至二分之一。
⑤第二項之未遂犯罰之。

第二五二條 （妨害農事水利罪）108
意圖加損害於他人而妨害其農事上之水利者，處二年以下有期徒刑、拘役或九千元以下罰金。

第二五三條 （偽造仿造商標商號罪）108
意圖欺騙他人而偽造或仿造已登記之商標、商號者，處二年以下有期徒刑、拘役或科或併科九萬元以下罰金。

第二五四條 （販賣陳列輸入偽造仿造商標商號之貨物罪）108
明知爲偽造或仿造之商標、商號之貨物而販賣，或意圖販賣而陳列，或自外國輸入者，處六萬元以下罰金。

第二五五條 （對商品爲虛偽標記與販賣陳列輸入該商品罪）108
①意圖欺騙他人，而就商品之原產國或品質，爲虛偽之標記或其他表示者，處一年以下有期徒刑、拘役或三萬元以下罰金。
②明知爲前項商品而販賣，或意圖販賣而陳列，或自外國輸入者，亦同。

第二十章　鴉片罪

第二五六條 （製造鴉片、毒品罪）108
①製造鴉片者，處七年以下有期徒刑，得併科九萬元以下罰金。
②製造嗎啡、高根、海洛因或其化合質料者，處無期徒刑或五年以上有期徒刑，得併科十五萬元以下罰金。
③前二項之未遂犯罰之。

第二五七條 （販賣運輸鴉片、毒品罪）108
①販賣或運輸鴉片者，處七年以下有期徒刑，得併科九萬元以下罰金。
②販賣或運輸嗎啡、高根、海洛因或其化合質料者，處三年以上十年以下有期徒刑，得併科十五萬元以下罰金。
③自外國輸入前二項之物者，處無期徒刑或五年以上有期徒刑，得併科三十萬元以下罰金。
④前三項之未遂犯罰之。

第二五八條 （製造販運吸食鴉片器具罪）108
①製造、販賣或運輸專供吸食鴉片之器具者，處三年以下有期徒刑，得併科一萬五千元以下罰金。
②前項之未遂犯罰之。

第二五九條 （爲人施打嗎啡或以館舍供人吸食鴉片罪）108
①意圖營利，爲人施打嗎啡或以館舍供人吸食鴉片或其化合質料者，處一年以上七年以下有期徒刑，得併科三萬元以下罰金。
②前項之未遂犯罰之。

第二六〇條 （栽種與販運罌粟種子罪）108
①意圖供製造鴉片、嗎啡之用而栽種罌粟者，處五年以下有期徒刑，得併科九萬元以下罰金。
②意圖供製造鴉片、嗎啡之用而販賣或運輸罌粟種子者，處三年以下有期徒刑，得併科九萬元以下罰金。
③前二項之未遂犯罰之。

第二六一條 （公務員強迫他人栽種或販運罌粟種子罪）

公務員利用權力強迫他人犯前條之罪者，處死刑或無期徒刑。

第二六二條 （吸用煙毒罪）108

吸食鴉片或施打嗎啡或使用高根、海洛因或其化合質料者，處六月以下有期徒刑、拘役或一萬五千元以下罰金。

第二六三條 （持有煙毒或吸食鴉片器具罪）108

意圖供犯本章各罪之用，而持有鴉片、嗎啡、高根、海洛因或其化合質料，或專供吸食鴉片之器具者，處拘役或一萬五千元以下罰金。

第二六四條 （公務員包庇煙毒罪）

公務員包庇他人犯本章各條之罪者，依各該條之規定，加重其刑至二分之一。

第二六五條 （沒收物）

犯本章各條之罪者，其鴉片、嗎啡、高根、海洛因或其化合質料，或種子或專供吸食鴉片之器具，不問屬於犯人與否，沒收之。

第二十一章　賭博罪

第二六六條 （普通賭博罪與沒收物）108

①在公共場所或公眾得出入之場所賭博財物者，處三萬元以下罰金。但以供人暫時娛樂之物爲賭者，不在此限。

②當場賭博之器具與在賭檯或兌換籌碼處之財物，不問屬於犯人與否，沒收之。

第二六七條 （刪除）

第二六八條 （圖利供給賭場或聚眾賭博罪）108

意圖營利，供給賭博場所或聚眾賭博者，處三年以下有期徒刑，得併科九萬元以下罰金。

第二六九條 （辦理有獎蓄儲或發行彩票罪、經營或媒介之罪）108

①意圖營利，辦理有獎儲蓄或未經政府允准而發行彩票者，處一年以下有期徒刑或拘役，得併科九萬元以下罰金。

②經營前項有獎儲蓄或爲買賣前項彩票之媒介者，處六月以下有期徒刑、拘役或科或併科三萬元以下罰金。

第二七〇條 （公務員包庇賭博罪）

公務員包庇他人犯本章各條之罪者，依各該條之規定，加重其刑至二分之一。

第二十二章　殺人罪

第二七一條 （普通殺人罪）

①殺人者，處死刑、無期徒刑或十年以上有期徒刑。

②前項之未遂犯罰之。

③預備犯第一項之罪者，處二年以下有期徒刑。

第二七二條 （殺直系血親尊親屬罪）108

對於直系血親尊親屬，犯前條之罪者，加重其刑至二分之一。

第二七三條 （義憤殺人罪）

①當場激於義憤而殺人者，處七年以下有期徒刑。

②前項之未遂犯罰之。

第二七四條 （母殺嬰兒罪）108

①母因不得已之事由，於生產時或甫生產後，殺其子女者，處六月以上五年以下有期徒刑。

②前項之未遂犯罰之。

第二七五條 （加工自殺罪）108

①受他人囑託或得其承諾而殺之者，處一年以上七年以下有期徒刑。

②教唆或幫助他人使之自殺者，處五年以下有期徒刑。
③前二項之未遂犯罰之。
④謀為同死而犯前三項之罪者，得免除其刑。

第二七六條　（過失致死罪）108
因過失致人於死者，處五年以下有期徒刑、拘役或五十萬元以下罰金。

第二十三章　傷害罪

第二七七條　（普通傷害罪）108
①傷害人之身體或健康者，處五年以下有期徒刑、拘役或五十萬元以下罰金。
②犯前項之罪，因而致人於死者，處無期徒刑或七年以上有期徒刑；致重傷者，處三年以上十年以下有期徒刑。

第二七八條　（重傷罪）108
①使人受重傷者，處五年以上十二年以下有期徒刑。
②犯前項之罪因而致人於死者，處無期徒刑或十年以上有期徒刑。
③第一項之未遂犯罰之。

第二七九條　（義憤傷害罪）108
當場激於義憤犯前二條之罪者，處二年以下有期徒刑、拘役或二十萬元以下罰金。但致人於死者，處五年以下有期徒刑。

第二八〇條　（傷害直系血親尊親屬罪）
對於直系血親尊親屬，犯第二百七十七條或第二百七十八條之罪者，加重其刑至二分之一。

第二八一條　（加暴行於直系血親尊親屬罪）108
施強暴於直系血親尊親屬，未成傷者，處一年以下有期徒刑、拘役或十萬元以下罰金。

第二八二條　（加工自傷罪）108
①受他人囑託或得其承諾而傷害之，因而致死者，處六月以上五年以下有期徒刑；致重傷者，處三年以下有期徒刑。
②教唆或幫助他人使之自傷，因而致死者，處五年以下有期徒刑；致重傷者，處二年以下有期徒刑。

第二八三條　（聚眾鬥毆罪）108
聚眾鬥毆致人於死或重傷者，在場助勢之人，處五年以下有期徒刑。

第二八四條　（過失傷害罪）108
因過失傷害人者，處一年以下有期徒刑、拘役或十萬元以下罰金；致重傷者，處三年以下有期徒刑、拘役或三十萬元以下罰金。

第二八五條　（刪除）108

第二八六條　（妨害幼童發育罪）108
①對於未滿十八歲之人，施以凌虐或以他法足以妨害其身心之健全或發育者，處六月以上五年以下有期徒刑。
②意圖營利，而犯前項之罪者，處五年以上有期徒刑，得併科三百萬元以下罰金。
③犯第一項之罪，因而致人於死者，處無期徒刑或十年以上有期徒刑；致重傷者，處五年以上十二年以下有期徒刑。
④犯第二項之罪，因而致人於死者，處無期徒刑或十二年以上有期徒刑；致重傷者，處十年以上有期徒刑。

第二八七條　（告訴乃論）108
第二百七十七條第一項、第二百八十一條及第二百八十四條之罪，須告訴乃論。但公務員於執行職務時，犯第二百七十七條第一項之罪者，不在此限。

第二十四章　墮胎罪

第二八八條（自行或聽從墮胎罪）108

①懷胎婦女服藥或以他法墮胎者，處六月以下有期徒刑、拘役或三千元以下罰金。

②懷胎婦女聽從他人墮胎者，亦同。

③因疾病或其他防止生命上危險之必要，而犯前二項之罪者，免除其刑。

第二八九條（加工墮胎罪）

①受懷胎婦女之囑託或得其承諾，而使之墮胎者，處二年以下有期徒刑。

②因而致婦女於死者，處六月以上、五年以下有期徒刑；致重傷者，處三年以下有期徒刑。

第二九〇條（意圖營利加工墮胎罪）108

①意圖營利而犯前條第一項之罪者，處六月以上五年以下有期徒刑，得併科一萬五千元以下罰金。

②因而致婦女於死者，處三年以上十年以下有期徒刑，得併科一萬五千元以下罰金；致重傷者，處一年以上七年以下有期徒刑，得併科一萬五千元以下罰金。

第二九一條（未得孕婦同意使之墮胎罪）

①未受懷胎婦女之囑託或未得其承諾，而使之墮胎者，處一年以上、七年以下有期徒刑。

②因而致婦女於死者，處無期徒刑或七年以上有期徒刑。致重傷者，處三年以上、十年以下有期徒刑。

③第一項之未遂犯罰之。

第二九二條（介紹墮胎罪）108

以文字、圖畫或他法，公然介紹墮胎之方法或物品，或公然介紹自己或他人爲墮胎之行爲者，處一年以下有期徒刑、拘役或科或併科三萬元以下罰金。

第二十五章　遺棄罪

第二九三條（無義務者之遺棄罪）108

①遺棄無自救力之人者，處六月以下有期徒刑、拘役或三千元以下罰金。

②因而致人於死者，處五年以下有期徒刑；致重傷者，處三年以下有期徒刑。

第二九四條（違背義務之遺棄罪）

①對於無自救力之人，依法令或契約應扶助、養育或保護，而遺棄之，或不爲其生存所必要之扶助、養育或保護者，處六月以上、五年以下有期徒刑。

②因而致人於死者，處無期徒刑或七年以上有期徒刑。致重傷者，處三年以上、十年以下有期徒刑。

第二九四條之一（阻卻遺棄罪成立之事由）

對於無自救力之人，依民法親屬編應扶助、養育或保護，因有下列情形之一，而不爲無自救力之人生存所必要之扶助、養育或保護者，不罰：

一　無自救力之人前爲最輕本刑六月以上有期徒刑之罪之行爲，而侵害其生命、身體或自由者。

二　無自救力之人前對其爲第二百二十七條第三項、第二百二十八條第二項、第二百三十一條第一項、第二百八十六條之行爲或人口販運防制法第三十二條、第三十三條之行爲者。

三　無自救力之人前侵害其生命、身體、自由，而故意犯前二款以外之罪，經判處逾六月有期徒刑確定者。

四　無自救力之人前對其無正當理由未盡扶養義務持續逾二年，且情節重大者。

第二九五條（遺棄直系血親尊親屬罪）

對於直系血親尊親屬犯第二百九十四條之罪者，加重其刑至二分之一。

第二十六章　妨害自由罪

第二九六條（使人為奴隸罪）

①使人為奴隸或使人居於類似奴隸之不自由地位者，處一年以上、七年以下有期徒刑。

②前項之未遂犯罰之。

第二九六條之一（買賣、質押人口罪）

①買賣、質押人口者，處五年以上有期徒刑，得併科五十萬元以下罰金。

②意圖使人為性交或猥褻之行為而犯前項之罪者，處七年以上有期徒刑，得併科五十萬元以下罰金。

③以強暴、脅迫、恐嚇、監控、藥劑、催眠術或其他違反本人意願之方法犯前二項之罪者，加重其刑至二分之一。

④媒介、收受、藏匿前三項被買賣、質押之人或使之隱避者，處一年以上七年以下有期徒刑，得併科三十萬元以下罰金。

⑤公務員包庇他人犯前四項之罪者，依各該項之規定加重其刑至二分之一。

⑥第一項至第三項之未遂犯罰之。

第二九七條（圖利以詐術使人出國罪）

①意圖營利，以詐術使人出中華民國領域外者，處三年以上十年以下有期徒刑，得併科三十萬元以下罰金。

②前項之未遂犯罰之。

第二九八條（略誘婦女結婚、加重略誘罪）108

①意圖使婦女與自己或他人結婚而略誘之者，處五年以下有期徒刑。

②意圖營利、或意圖使婦女為猥褻之行為或性交而略誘之者，處一年以上七年以下有期徒刑，得併科三萬元以下罰金。

③前二項之未遂犯罰之。

第二九九條（移送被略誘人出國罪）

①移送前條被略誘人出中華民國領域外者，處五年以上有期徒刑。

②前項之未遂犯罰之。

第三〇〇條（收藏隱避被略誘人罪）108

①意圖營利，或意圖使被略誘人為猥褻之行為或性交，而收受、藏匿被略誘人或使之隱避者，處六月以上五年以下有期徒刑，得併科一萬五千元以下罰金。

②前項之未遂犯罰之。

第三〇一條（減輕之特例）

犯第二百九十八條至第三百條之罪，於裁判宣告前，送回被誘人或指明所在地因而尋獲者，得減輕其刑。

第三〇二條（剝奪他人行動自由罪）108

①私行拘禁或以其他非法方法，剝奪人之行動自由者，處五年以下有期徒刑、拘役或九千元以下罰金。

②因而致人於死者，處無期徒刑或七年以上有期徒刑；致重傷者，處三年以上十年以下有期徒刑。

③第一項之未遂犯罰之。

第三〇三條（剝奪直系血親尊親屬行動自由罪）

對於直系血親尊親屬犯前條第一項或第二項之罪者，加重其刑至二分之一。

第三〇四條（強制罪）108

①以強暴、脅迫使人行無義務之事或妨害人行使權利者，處三年以下有期徒刑、拘役或九千元以下罰金。

②前項之未遂犯罰之。

第三〇五條（恐嚇危害安全罪）108

以加害生命、身體、自由、名譽、財產之事恐嚇他人，致生危害於安全者，處二年以下有期徒刑、拘役或九千元以下罰金。

第三〇六條（侵入住居罪）108

①無故侵入他人住宅、建築物或附連圍繞之土地或船艦者，處一年以下有期徒刑、拘役或九千元以下罰金。

②無故隱匿其內，或受退去之要求而仍留滯者，亦同。

第三〇七條（違法搜索罪）108

不依法令搜索他人身體、住宅、建築物、舟、車或航空機者，處二年以下有期徒刑、拘役或九千元以下罰金。

第三〇八條（告訴乃論）

①第二百九十八條及第三百零六條之罪，須告訴乃論。

②第二百九十八條第一項之罪，其告訴以不違反被略誘人之意思爲限。

第二十七章　妨害名譽及信用罪

第三〇九條（公然侮辱罪）108

①公然侮辱人者，處拘役或九千元以下罰金。

②以強暴犯前項之罪者，處一年以下有期徒刑、拘役或一萬五千元以下罰金。

第三一〇條（誹謗罪）108

①意圖散布於衆，而指摘或傳述足以毀損他人名譽之事者，爲誹謗罪，處一年以下有期徒刑、拘役或一萬五千元以下罰金。

②散布文字、圖畫犯前項之罪者，處二年以下有期徒刑、拘役或三萬元以下罰金。

③對於所誹謗之事，能證明其爲眞實者，不罰。但涉於私德而與公共利益無關者，不在此限。

第三一一條（免責條件）

以善意發表言論，而有左列情形之一者，不罰：

一　因自衛、自辯或保護合法之利益者。

二　公務員因職務而報告者。

三　對於可受公評之事，而爲適當之評論者。

四　對於中央及地方之會議或法院或公衆集會之記事，而爲適當之載述者。

第三一二條（侮辱誹謗死者罪）108

①對於已死之人公然侮辱者，處拘役或九千元以下罰金。

②對於已死之人犯誹謗罪者，處一年以下有期徒刑、拘役或三萬元以下罰金。

第三一三條（妨害信用罪）109

①散布流言或以詐術損害他人之信用者，處二年以下有期徒刑、拘役或科或併科二十萬元以下罰金。

②以廣播電視、電子通訊、網際網路或其他傳播工具犯前項之罪者，得加重其刑至二分之一。

第三一四條（告訴乃論）

本章之罪，須告訴乃論。

第二十八章　妨害秘密罪

第三一五條（妨害書信秘密罪）108

無故開拆或隱匿他人之封緘信函、文書或圖畫者，處拘役或九千元以下罰金。無故以開拆以外之方法，窺視其內容者，亦同。

第三一五條之一（妨害秘密罪）103

有下列行爲之一者，處三年以下有期徒刑、拘役或三十萬元以下罰金：

一　無故利用工具或設備窺視、竊聽他人非公開之活動、言論、談話或身體隱私部位者。

二　無故以錄音、照相、錄影或電磁紀錄竊錄他人非公開之活動、言論、談話或身體隱私部位者。

第三一五條之二（圖利爲妨害秘密罪）108

①意圖營利供給場所、工具或設備，便利他人爲前條之行爲者，處五年以下有期徒刑、拘役或科或併科五十萬元以下罰金。

②意圖散布、播送、販賣而有前條第二款之行爲者，亦同。

③製造、散布、播送或販賣前二項或前條第二款竊錄之內容者，依第一項之規定處斷。

④前三項之未遂犯罰之。

第三一五條之三（持有妨害秘密之物品）

前二條竊錄內容之附著物及物品，不問屬於犯人與否，沒收之。

第三一六條（洩露業務上秘密罪）

醫師、藥師、藥商、助產士、心理師、宗教師、律師、辯護人、公證人、會計師或其業務上佐理人，或曾任此等職務之人，無故洩漏因業務知悉或持有之他人秘密者，處一年以下有期徒刑、拘役或五萬元以下罰金。

第三一七條（洩漏業務上知悉工商秘密罪）108

依法令或契約有守因業務知悉或持有工商秘密之義務而無故洩漏之者，處一年以下有期徒刑、拘役或三萬元以下罰金。

第三一八條（洩漏職務上知悉工商秘密罪）108

公務員或曾任公務員之人，無故洩漏因職務知悉或持有他人之工商秘密者，處二年以下有期徒刑、拘役或六萬元以下罰金。

第三一八條之一（洩漏電腦取得秘密罪）108

無故洩漏因利用電腦或其他相關設備知悉或持有他人之秘密者，處二年以下有期徒刑、拘役或一萬五千元以下罰金。

第三一八條之二（加重其刑）

利用電腦或其相關設備犯第三百十六條至第三百十八條之罪者，加重其刑至二分之一。

第三一九條（告訴乃論）

第三百十五條、第三百十五條之一及第三百十六條至第三百十八條之二之罪，須告訴乃論。

第二十九章　竊盜罪

第三二〇條（普通竊盜罪、竊佔罪）108

①意圖爲自己或第三人不法之所有，而竊取他人之動產者，爲竊盜罪，處五年以下有期徒刑、拘役或五十萬元以下罰金。

②意圖爲自己或第三人不法之利益，而竊佔他人之不動產者，依前項之規定處斷。

③前二項之未遂犯罰之。

第三二一條（加重竊盜罪）108

①犯前條第一項、第二項之罪而有下列情形之一者，處六月以上五年以下有期徒刑，得併科五十萬元以下罰金：

一　侵入住宅或有人居住之建築物、船艦或隱匿其內而犯之。

二　毀越門窗、牆垣或其他安全設備而犯之。

三　攜帶兇器而犯之。

四　結夥三人以上而犯之。

五　乘火災、水災或其他災害之際而犯之。

六　在車站、港埠、航空站或其他供水、陸、空公衆運輸之舟、車、航空機內而犯之。
②前項之未遂犯罰之。

第三二二條（刪除）

第三二三條（準動產）
電能、熱能及其他能量，關於本章之罪，以動產論。

第三二四條（親屬相盜免刑與告訴乃論）
①於直系血親、配偶或同財共居親屬之間，犯本章之罪者，得免除其刑。
②前項親屬或其他五親等內血親或三親等內姻親之間，犯本章之罪者，須告訴乃論。

第三十章　搶奪強盜及海盜罪

第三二五條（普通搶奪罪）
①意圖爲自己或第三人不法之所有，而搶奪他人之動產者，處六月以上、五年以下有期徒刑。
②因而致人於死者，處無期徒刑或七年以上有期徒刑。致重傷者，處三年以上、十年以下有期徒刑。
③第一項之未遂犯罰之。

第三二六條（加重搶奪罪）
①犯前條第一項之罪，而有第三百二十一條第一項各款情形之一者，處一年以上、七年以下有期徒刑。
②前項之未遂犯罰之。

第三二七條（刪除）

第三二八條（普通強盜罪）108
①意圖爲自己或第三人不法之所有，以強暴、脅迫、藥劑、催眠術或他法，至使不能抗拒，而取他人之物或使其交付者，爲強盜罪，處五年以上有期徒刑。
②以前項方法得財產上不法之利益或使第三人得之者，亦同。
③犯強盜罪因而致人於死者，處死刑、無期徒刑或十年以上有期徒刑；致重傷者，處無期徒刑或七年以上有期徒刑。
④第一項及第二項之未遂犯罰之。
⑤預備犯強盜罪者，處一年以下有期徒刑、拘役或九千元以下罰金。

第三二九條（準強盜罪）
竊盜或搶奪，因防護贓物、脫免逮捕或湮滅罪證，而當場施以強暴、脅迫者，以強盜論。

第三三〇條（加重強盜罪）
①犯強盜罪而有第三百二十一條第一項各款情形之一者，處七年以上有期徒刑。
②前項之未遂犯罰之。

第三三一條（刪除）

第三三二條（強盜結合罪）
①犯強盜罪而故意殺人者，處死刑或無期徒刑。
②犯強盜罪而有下列行爲之一者，處死刑、無期徒刑或十年以上有期徒刑：
一　放火者。
二　強制性交者。
三　擄人勒贖者。
四　使人受重傷者。

第三三三條（海盜罪、準海盜罪）
①未受交戰國之允准或不屬於各國之海軍，而駕駛船艦，意圖施強暴、脅迫於他船或他船之人或物者，爲海盜罪，處死刑、無期徒刑或七年以上有期徒刑。

②船員或乘客意圖掠奪財物，施強暴、脅迫於其他船員或乘客，而駕駛或指揮船艦者，以海盜論。

③因而致人於死者，處死刑、無期徒刑或十二年以上有期徒刑；致重傷者，處死刑、無期徒刑或十年以上有期徒刑。

第三三四條（準海盜罪）

①犯海盜罪而故意殺人者，處死刑或無期徒刑。

②犯海盜罪而有下列行爲之一，處死刑、無期徒刑或十二年以上有期徒刑：

一　放火者。

二　強制性交者。

三　擄人勒贖者。

四　使人受重傷者。

第三三四條之一（竊能量罪之準用）

第三百二十三條之規定，於本章之罪準用之。

第三十一章　侵占罪

第三三五條（普通侵占罪）108

①意圖爲自己或第三人不法之所有，而侵占自己持有他人之物者，處五年以下有期徒刑、拘役或科或併科三萬元以下罰金。

②前項之未遂犯罰之。

第三三六條（公務公益侵占罪、業務侵占罪）108

①對於公務上或因公益所持有之物，犯前條第一項之罪者，處一年以上七年以下有期徒刑，得併科十五萬元以下罰金。

②對於業務上所持有之物，犯前條第一項之罪者，處六月以上五年以下有期徒刑，得併科九萬元以下罰金。

③前二項之未遂犯罰之。

第三三七條（侵占遺失物罪）108

意圖爲自己或第三人不法之所有，而侵占遺失物、漂流物或其他離本人所持有之物者，處一萬五千元以下罰金。

第三三八條（侵占電氣與親屬間犯侵占罪者，準用竊盜罪之規定）

第三百二十三條及第三百二十四條之規定，於本章之罪準用之。

第三十二章　詐欺背信及重利罪

第三三九條（普通詐欺罪）103

①意圖爲自己或第三人不法之所有，以詐術使人將本人或第三人之物交付者，處五年以下有期徒刑、拘役或科或併科五十萬元以下罰金。

②以前項方法得財產上不法之利益或使第三人得之者，亦同。

③前二項之未遂犯罰之。

第三三九條之一（違法由收費設備取得他人之物之處罰）103

①意圖爲自己或第三人不法之所有，以不正方法由收費設備取得他人之物者，處一年以下有期徒刑、拘役或十萬元以下罰金。

②以前項方法得財產上不法之利益或使第三人得之者，亦同。

③前二項之未遂犯罰之。

第三三九條之二（違法由自動付款設備取得他人之物之處罰）103

①意圖爲自己或第三人不法之所有，以不正方法由自動付款設備取得他人之物者，處三年以下有期徒刑、拘役或三十萬元以下罰金。

②以前項方法得財產上不法之利益或使第三人得之者，亦同。

③前二項之未遂犯罰之。

第三三九條之三 （違法製作財產權之處罰）103

①意圖為自己或第三人不法之所有，以不正方法將虛偽資料或不正指令輸入電腦或其相關設備，製作財產權之得喪、變更紀錄，而取得他人之財產者，處七年以下有期徒刑，得併科七十萬元以下罰金。

②以前項方法得財產上不法之利益或使第三人得之者，亦同。

③前二項之未遂犯罰之。

第三三九條之四 （加重詐欺罪）103

①犯第三百三十九條詐欺罪而有下列情形之一者，處一年以上七年以下有期徒刑，得併科一百萬元以下罰金：

一　冒用政府機關或公務員名義犯之。

二　三人以上共同犯之。

三　以廣播電視、電子通訊、網際網路或其他媒體等傳播工具，對公眾散布而犯之。

②前項之未遂犯罰之。

第三四〇條 （刪除）

第三四一條 （準詐欺罪）103

①意圖為自己或第三人不法之所有，乘未滿十八歲人之知慮淺薄，或乘人精神障礙、心智缺陷而致其辨識能力顯有不足或其他相類之情形，使之將本人或第三人之物交付者，處五年以下有期徒刑、拘役或科或併科五十萬元以下罰金。

②以前項方法得財產上不法之利益或使第三人得之者，亦同。

③前二項之未遂犯罰之。

第三四二條 （背信罪）103

①為他人處理事務，意圖為自己或第三人不法之利益，或損害本人之利益，而為違背其任務之行為，致生損害於本人之財產或其他利益者，處五年以下有期徒刑、拘役或科或併科五十萬元以下罰金。

②前項之未遂犯罰之。

第三四三條 （準用之規定）103

第三百二十三條及第三百二十四條之規定，於第三百三十九條至前條之罪準用之。

第三四四條 （重利罪）103

①乘他人急迫、輕率、無經驗或難以求助之處境，貸以金錢或其他物品，而取得與原本顯不相當之重利者，處三年以下有期徒刑、拘役或科或併科三十萬元以下罰金。

②前項重利，包括手續費、保管費、違約金及其他與借貸相關之費用。

第三四四條之一 （加重重利罪）103

①以強暴、脅迫、恐嚇、侵入住宅、傷害、毀損、監控或其他足以使人心生畏懼之方法取得前條第一項之重利者，處六月以上五年以下有期徒刑，得併科五十萬元以下罰金。

②前項之未遂犯罰之。

第三四五條 （刪除）

第三十三章　恐嚇及擄人勒贖罪

第三四六條 （單純恐嚇罪）108

①意圖為自己或第三人不法之所有，以恐嚇使人將本人或第三人之物交付者，處六月以上五年以下有期徒刑，得併科三萬元以下罰金。

②以前項方法得財產上不法之利益或使第三人得之者，亦同。

③前二項之未遂犯罰之。

第三四七條 （擄人勒贖罪）103

①意圖勒贖而擄人者，處無期徒刑或七年以上有期徒刑。

②因而致人於死者，處死刑、無期徒刑或十二年以上有期徒刑；致重傷者，處無期徒刑或十年以上有期徒刑。
③第一項之未遂犯罰之。
④預備犯第一項之罪者，處二年以下有期徒刑。
⑤犯第一項之罪，未經取贖而釋放被害人者，減輕其刑；取贖後而釋放被害人者，得減輕其刑。

第三四八條（擄人勒贖結合罪）
①犯前條第一項之罪而故意殺人者，處死刑或無期徒刑。
②犯前條第一項之罪而有下列行為之一者，處死刑、無期徒刑或十二年以上有期徒刑：
一　強制性交者。
二　使人受重傷者。

第三四八條之一（意圖勒贖而擄人）
擄人後意圖勒贖者，以意圖勒贖而擄人論。

第三十四章　贓物罪

第三四九條（普通贓物罪）103
①收受、搬運、寄藏、故買贓物或媒介者，處五年以下有期徒刑、拘役或科或併科五十萬元以下罰金。
②因贓物變得之財物，以贓物論。

第三五〇條（刪除）

第三五一條（親屬贓物罪）
於直系血親、配偶或同財共居親屬之間，犯本章之罪者，得免除其刑。

第三十五章　毀棄損壞罪

第三五二條（毀損文書罪）108
毀棄、損壞他人文書或致令不堪用，足以生損害於公眾或他人者，處三年以下有期徒刑、拘役或三萬元以下罰金。

第三五三條（毀壞建築物、礦坑、船艦罪）
①毀壞他人建築物、礦坑、船艦或致令不堪用者，處六月以上、五年以下有期徒刑。
②因而致人於死者，處無期徒刑或七年以上有期徒刑，致重傷者，處三年以上、十年以下有期徒刑。
③第一項之未遂犯罰之。

第三五四條（毀損器物罪）108
毀棄、損壞前二條以外之他人之物或致令不堪用，足以生損害於公眾或他人者，處二年以下有期徒刑、拘役或一萬五千元以下罰金。

第三五五條（間接毀損罪）108
意圖損害他人，以詐術使本人或第三人為財產上之處分，致生財產上之損害者，處三年以下有期徒刑、拘役或一萬五千元以下罰金。

第三五六條（損害債權罪）108
債務人於將受強制執行之際，意圖損害債權人之債權，而毀壞、處分或隱匿其財產者，處二年以下有期徒刑、拘役或一萬五千元以下罰金。

第三五七條（告訴乃論）
第三百五十二條、第三百五十四條至第三百五十六條之罪，須告訴乃論。

第三十六章　妨害電腦使用罪

第三五八條（入侵電腦或其相關設備罪）108

無故輸入他人帳號密碼、破解使用電腦之保護措施或利用電腦系統之漏洞，而入侵他人之電腦或其相關設備者，處三年以下有期徒刑、拘役或科或併科三十萬元以下罰金。

第三五九條（破壞電磁紀錄罪）108

無故取得、刪除或變更他人電腦或其相關設備之電磁紀錄，致生損害於公眾或他人者，處五年以下有期徒刑、拘役或科或併科六十萬元以下罰金。

第三六〇條（干擾電腦或其相關設備罪）108

無故以電腦程式或其他電磁方式干擾他人電腦或其相關設備，致生損害於公眾或他人者，處三年以下有期徒刑、拘役或科或併科三十萬元以下罰金。

第三六一條（加重其刑）

對於公務機關之電腦或其相關設備犯前三條之罪者，加重其刑至二分之一。

第三六二條（製作犯罪電腦程式罪）108

製作專供犯本章之罪之電腦程式，而供自己或他人犯本章之罪，致生損害於公眾或他人者，處五年以下有期徒刑、拘役或科或併科六十萬元以下罰金。

第三六三條（告訴乃論）

第三百五十八條至第三百六十條之罪，須告訴乃論。

刑事訴訟法

①民國17年7月28日國民政府制定公布全文513條；並自17年9月1日施行。
②民國24年1月4日國民政府修正公布全文516條。
③民國34年12月26日國民政府修正公布第6、22、50、67、68、108、109、114、120、121、173、207、217、221、232、235、238、252、287、306、308、311、312、317、318、323、335、362、374～376、378、385、387、389、390、400、415、440、441、495、499、505、507、508、515條條文。
④民國56年1月28日總統令修正公布名稱及全文512條（原名稱：中華民國刑事訴訟法）。
⑤民國57年12月5日總統令修正公布第344、506條條文。
⑥民國71年8月4日總統令修正公布第27、29～31、33、34、150、245及255條條文；並增訂第71-1、88-1條條文。
⑦民國79年8月3日總統令修正公布第308、451及454條條文；並增訂第310-1、451-1、455-1條條文。
⑧民國82年7月30日總統令修正公布第61條條文。
⑨民國84年10月20日總統令修正公布第253、373、376、449、451、454條條文；並增訂第449-1條條文。
⑩民國86年12月19日總統令修正公布第27、31、35、91～93、95、98、101～103、105～108、110、111、114、117～119、121、146、226、228～230、259、271、311、379、449、451、451-1、452條條文；刪除第104、120條條文；並增訂第93-1、100-1、100-2、101-1、101-2、103-1、116-1、231-1條條文。
⑪民國87年1月21日總統令修正公布第248-1條條文。
⑫民國88年2月3日總統令修正公布第93-1、146條條文。
⑬民國88年4月21日總統令修正公布第101-1、147條條文。
⑭民國89年2月9日總統令修正公布第38、117、323、326、328、338、441、442條條文；並增訂第116-2、117-1條條文。
⑮民國89年7月19日總統令修正公布第245條條文。
⑯民國90年1月12日總統令修正公布第122、127、128、130、131、136、137、143～154、153、228、230、231、404、416條條文；刪除第129條條文；增訂第128-1、128-2、131-1、132-1條條文；並自90年7月1日施行。
⑰民國91年2月8日總統令修正公布第61、131、161、163、177、178、218、253、255～260、326條條文；並增訂第253-1～253-3、256-1、258-1～258-4、259-1條條文。
⑱民國91年6月5日總統令修正公布第101-1條條文。
⑲民國92年2月6日總統令修正公布第31、35、37、38、43、44、117-1、118、121、154～156、159、160、164、165～167、169～171、175、180、182～184、186、189、190、192、193、195、196、198、200、201、203～205、208、209、214、215、219、229、258-1、273、274、276、279、287、288、289、303、307、309、320、327、329、331、449及455條條文；刪除第162、172～174、191、340條條文；並增訂第43-1、44-1、158-1～158-4、159、159-5、161-1～161-3、163-1、163-2、165-1、166-1～166-7、167-1～167-7、168-1、176-1、176-2、181-1、196-1、203-1～203-4、204-1～204-3、205-1、205-2、206-1、第五節節名、219-1～219-8、236-1、236-2、271-1、273-1、273-2、284-1、287-1、287-2、288-1～288-3條條文；其中第117-1、118、121、175、182、183、189、193、195、198、200、201、205、229、236-1、236-2、258-1、271-1、303、307條自公布日施行，餘自92年9月1日施行。
⑳民國93年4月7日總統令增訂公布第七編之一編名及第455-2～455-1條條文。
㉑民國93年6月23日總統令修正公布第308、309、310-1、326、454條條文；並增訂第310-2、314-1條條文。
㉒民國95年5月25日總統令修正公布第31條條文。
㉓民國95年6月14日總統令修正公布第101-1、301、470、481條條文；並自95年7月1日施行。
㉔民國96年3月21日總統令修正公布第284-1條條文。
㉕民國96年7月4日總統令修正公布第33、108、344、354、361、367、455-1條條文。
㉖民國96年12月12日總統令修正公布第121條條文。
㉗民國98年7月8日總統令修正公布第93、253-2、449、479、480條條文；其中第253-2、449、479、480條自98年9月1日施行；第93條自99年1月1日施行。
㉘民國99年6月23日總統令修正公布第34、404及416條條文；並增訂第34-1條條文。

㉙民國101年6月13日總統令修正公布第245條條文。
㉚民國102年1月23日總統令修正公布第31、95條條文。
㉛民國103年1月29日總統令修正公布第119、404、416條條文。
㉜民國103年6月4日總統令修正公布第253-2、370、455-2條條文。
㉝民國103年6月18日總統令增訂公布第119-1條條文；並自公布後六個月施行。
㉞民國103年12月24日總統令修正公布第376條條文。
㉟民國104年1月14日總統令修正公布第27、31、35及93-1條條文。
㊱民國104年2月4日總統令修正公布第420條條文。
㊲民國105年6月22日總統令修正公布第133、136、137、141、143、145、259-1、309、310、404、416、455-2、470、473、475條條文；增訂第3-1、133-1、133-2、142-1、310-3、455-12～455-37條條文及第七編之二編名；並自105年7月1日施行。
㊳民國106年4月26日總統令修正公布第93、101條條文；並增訂第31-1、33-1條條文；除第31-1條自107年1月1日施行外，餘自公布日施行。
㊴民國106年11月16日總統令修正公布第253、284-1、376條條文。
㊵民國107年11月21日總統令修正公布第57、61條條文。
㊶民國107年11月28日總統令修正公布第311條條文。
㊷民國108年6月19日總統令修正公布第33、404、416條條文；增訂第93-2～93-6條條文及第八章之一章名；並自修正公布後六個月施行。
㊸民國108年7月17日總統令修正公布第116-2、117、121、456、469條條文。
㊹民國109年1月8日總統令修正公布第248-1、429、433、434條條文；並增訂第248-2、248-3、271-2～271-4、429-1～429-3、455-38～455-47條條文及第七編之三編名。
㊺民國109年1月15日總統令修正公布第15、17～26、38、41、46、50、51、58、60、63、67、68、71、76、85、88-1、89、99、101-1、114、121、142、158-2、163、192、256、256-1、271-1、280、289、292、313、344、349、382、390、391、394、426、454、457條條文；並增訂第38-1、89-1條條文；除第38-1條、第51條第1項、第71條第2項、第85條第2項、第89、99條、第142條第3項、第192、289條自公布後六個月施行外，自公布日施行。

第一編　總　則

第一章　法　例

第一條（犯罪追訴處罰之限制及本法之適用範圍）

①犯罪，非依本法或其他法律所定之訴訟程序，不得追訴、處罰。

②現役軍人之犯罪。除犯軍法應受軍事裁判者外，仍應依本法規定追訴、處罰。

③因受時間或地域之限制，依特別法所爲之訴訟程序，於其原因消滅後，尚未判決確定者，應依本法追訴、處罰。

第二條（有利不利一律注意）

①實施刑事訴訟程序之公務員，就該管案件，應於被告有利及不利之情形，一律注意。

②被告得請求前項公務員，爲有利於己之必要處分。

第三條（刑事訴訟之當事人）

本法稱當事人者，謂檢察官、自訴人及被告。

第三條之一（刑事訴訟之沒收）105

本法所稱沒收，包括其替代手段。

第二章　法院之管轄

第四條（事物管轄）

地方法院於刑事案件，有第一審管轄權。但左列案件，第一審管轄權屬於高等法院：

一　內亂罪。

二　外患罪。

三　妨害國交罪。

第五條 （土地管轄）
①案件由犯罪地或被告之住所、居所或所在地之法院管轄。
②在中華民國領域外之中華民國船艦或航空機內犯罪者，船艦本籍地、航空機出發地或犯罪後停泊地之法院，亦有管轄權。

第六條 （牽連管轄）
①數同級法院管轄之案件相牽連者，得合併由其中一法院管轄。
②前項情形，如各案件已繫屬於數法院者，經各該法院之同意，得以裁定將其案件移送於一法院合併審判之。有不同意者，由共同之直接上級法院裁定之。
③不同級法院管轄之案件相牽連者，得合併由其上級法院管轄。已繫屬於下級法院者，其上級法院得以裁定命其移送上級法院合併審判。但第七條第三款之情形，不在此限。

第七條 （相牽連案件）
有左列情形之一者，為相牽連之案件。
一 一人犯數罪者。
二 數人共犯一罪或數罪者。
三 數人同時在同一處所各別犯罪者。
四 犯與本罪有關係之藏匿人犯、湮滅證據、偽證、贓物各罪者。

第八條 （管轄競合）
同一案件繫屬於有管轄權之數法院者，由繫屬在先之法院審判之。但經共同之直接上級法院裁定，亦得由繫屬在後之法院審判。

第九條（指定管轄）
①有左列情形之一者，由直接上級法院以裁定指定該案件之管轄法院：
一 數法院於管轄權有爭議者。
二 有管轄權之法院經確定裁判為無管轄權，而無他法院管轄該案件者。
三 因管轄區域境界不明，致不能辨別有管轄權之法院者。
②案件不能依前項及第五條之規定，定其管轄法院者，由最高法院以裁定指定管轄法院。

第一〇條 （移轉管轄）
①有左列情形之一者，由直接上級法院，以裁定將案件移轉於其管轄區域內與原法院同級之他法院：
一 有管轄權之法院因法律或事實不能行使審判權者。
二 因特別情形由有管轄權之法院審判，恐影響公安或難期公平者。
②直接上級法院不能行使審判權時，前項裁定由再上級法院為之。

第一一條 （指定或移轉管轄之聲請）
指定或移轉管轄由當事人聲請者，應以書狀敘述理由向該管法院為之。

第一二條 （無管轄權法院所為訴訟程序之效力）
訴訟程序不因法院無管轄權而失效力。

第一三條 （轄區外行使職務）
法院因發見眞實之必要或遇有急迫情形時，得於管轄區域外行其職務。

第一四條 （無管轄權法院之必要處分）
法院雖無管轄權，如有急迫情形，應於其管轄區域內為必要之處分。

第一五條 （牽連管轄之偵查與起訴）109
第六條所規定之案件，得由一檢察官合併偵查或合併起訴；如該管他檢察官有不同意者，由共同之直接上級檢察署檢察長或檢察總長命令之。

第一六條 （檢察官必要處分之準用規定）
第十三條及第十四條之規定，於檢察官行偵查時準用之。

第三章　法院職員之迴避

第一七條 （法官自行迴避之事由）109

一　法官爲被害人者。

二　法官現爲或曾爲被告或被害人之配偶、八親等內之血親、五親等內之姻親或家長、家屬者。

三　法官與被告或被害人訂有婚約者。

四　法官現爲或曾爲被告或被害人之法定代理人者。

五　法官曾爲被告之代理人、辯護人、輔佐人或曾爲自訴人、附帶民事訴訟當事人之代理人、輔佐人者。

六　法官曾爲告訴人、告發人、證人或鑑定人者。

七　法官曾執行檢察官或司法警察官之職務者。

八　法官曾參與前審之裁判者。

第一八條 （聲請法官迴避─事由）109

當事人遇有下列情形之一者，得聲請法官迴避：

一　法官有前條情形而不自行迴避者。

二　法官有前條以外情形，足認其執行職務有偏頗之虞者。

第一九條 （聲請法官迴避─時期）109

①前條第一款情形，不問訴訟程度如何，當事人得隨時聲請法官迴避。

②前條第二款情形，如當事人已就該案件有所聲明或陳述後，不得聲請法官迴避。但聲請迴避之原因發生在後或知悉在後者，不在此限。

第二〇條 （聲請法官迴避─程序）109

①聲請法官迴避，應以書狀舉其原因向法官所屬法院爲之。但於審判期日或受訊問時，得以言詞爲之。

②聲請迴避之原因及前條第二項但書之事實，應釋明之。

③被聲請迴避之法官，得提出意見書。

第二一條 （聲請法官迴避─裁定）109

①法官迴避之聲請，由該法官所屬之法院以合議裁定之，其因不足法定人數不能合議者，由院長裁定之；如並不能由院長裁定者，由直接上級法院裁定之。

②前項裁定，被聲請迴避之法官不得參與。

③被聲請迴避之法官，以該聲請爲有理由者，毋庸裁定，即應迴避。

第二二條 （聲請法官迴避─效力）109

法官被聲請迴避者，除因急速處分或以第十八條第二款爲理由者外，應即停止訴訟程序。

第二三條 （聲請法官迴避─裁定駁回之救濟）109

聲請法官迴避經裁定駁回者，得提起抗告。

第二四條 （職權裁定迴避）109

①該管聲請迴避之法院或院長，如認法官有應自行迴避之原因者，應依職權爲迴避之裁定。

②前項裁定，毋庸送達。

第二五條 （書記官及通譯迴避之準用）109

①本章關於法官迴避之規定，於法院書記官及通譯準用之。但不得以曾於下級法院執行書記官或通譯之職務，爲迴避之原因。

②法院書記官及通譯之迴避，由所屬法院院長裁定之。

第二六條 （檢察官、檢察事務官及辦理檢察事務書記官迴避之準用）109

①第十七條至第二十條及第二十四條關於法官迴避之規定，於檢察官、檢察事務官及辦理檢察事務之書記官準用之。但不得以曾於下級檢察署執行檢察官、檢察事務官、書記官或通譯之職務，爲迴避之原因。

②檢察官、檢察事務官及前項書記官之迴避，應聲請所屬檢察長或檢察總長核定之。
③檢察長之迴避，應聲請直接上級檢察署檢察長或檢察總長核定之；其檢察官僅有一人者，亦同。

第四章　辯護人、輔佐人及代理人

第二七條（辯護人之選任）104
①被告得隨時選任辯護人。犯罪嫌疑人受司法警察官或司法警察調查者，亦同。
②被告或犯罪嫌疑人之法定代理人、配偶、直系或三親等內旁系血親或家長、家屬，得獨立為被告或犯罪嫌疑人選任辯護人。
③被告或犯罪嫌疑人因精神障礙或其他心智缺陷無法為完全之陳述者，應通知前項之人得為被告或犯罪嫌疑人選任辯護人。但不能通知者，不在此限。

第二八條（辯護人─人數限制）
每一被告選任辯護人，不得逾三人。

第二九條（辯護人─資格）
辯護人應選任律師充之。但審判中經審判長許可者，亦得選任非律師為辯護人。

第三〇條（辯護人─選任程序）
①選任辯護人，應提出委任書狀。
②前項委任書狀，於起訴前應提出於檢察官或司法警察官；起訴後應於每審級提出於法院。

第三一條（強制辯護案件與指定辯護人）104
①有下列情形之一，於審判中未經選任辯護人者，審判長應指定公設辯護人或律師為被告辯護：
一　最輕本刑為三年以上有期徒刑案件。
二　高等法院管轄第一審案件。
三　被告因精神障礙或其他心智缺陷無法為完全之陳述者。
四　被告具原住民身分，經依通常程序起訴或審判者。
五　被告為低收入戶或中低收入戶而聲請指定者。
六　其他審判案件，審判長認有必要者。
②前項案件選任辯護人於審判期日無正當理由而不到庭者，審判長得指定公設辯護人或律師。
③被告有數人者，得指定一人辯護。但各被告之利害相反者，不在此限。
④指定辯護人後，經選任律師為辯護人者，得將指定之辯護人撤銷。
⑤被告或犯罪嫌疑人因精神障礙或其他心智缺陷無法為完全之陳述或具原住民身分者，於偵查中未經選任辯護人，檢察官、司法警察官或司法警察應通知依法設立之法律扶助機構指派律師到場為其辯護。但經被告或犯罪嫌疑人主動請求立即訊問或詢問，或等候律師逾四小時未到場者，得逕行訊問或詢問。

第三一條之一（偵查中之羈押審查程序適用強制辯護制度）106
①偵查中之羈押審查程序未經選任辯護人者，審判長應指定公設辯護人或律師為被告辯護。但等候指定辯護人逾四小時未到場，經被告主動請求訊問者，不在此限。
②前項選任辯護人無正當理由而不到庭者，審判長得指定公設辯護人或律師。
③前條第三項、第四項之規定，於第一項情形準用之。

第三二條（數辯護人送達文書之方法）
被告有數辯護人者，送達文書應分別為之。

第三三條（辯護人之閱卷、抄錄、重製或攝影）108
①辯護人於審判中得檢閱卷宗及證物並得抄錄、重製或攝影。
②被告於審判中得預納費用請求付與卷宗及證物之影本。但卷宗及證物之內容與被告被訴

事實無關或足以妨害另案之偵查，或涉及當事人或第三人之隱私或業務秘密者，法院得限制之。

③被告於審判中經法院許可者，得在確保卷宗及證物安全之前提下檢閱之。但有前項但書情形，或非屬其有效行使防禦權之必要者，法院得限制之。

④對於前二項之但書所為限制，得提起抗告。

⑤持有第一項及第二項卷宗及證物內容之人，不得就該內容為非正當目的之使用。

第三三條之一（辯護人偵查中之羈押審查程序得檢閱卷宗及證物並得抄錄或攝影）106

①辯護人於偵查中之羈押審查程序，除法律另有規定外，得檢閱卷宗及證物並得抄錄或攝影。

②辯護人持有或獲知之前項證據資料，不得公開、揭露或為非正當目的之使用。

③無辯護人之被告於偵查中之羈押審查程序，法院應以適當之方式使其獲知卷證之內容。

第三四條（辯護人之接見、通信權及限制之條件）

①辯護人得接見羈押之被告，並互通書信。非有事證足認其有湮滅、偽造、變造證據或勾串共犯或證人者，不得限制之。

②辯護人與偵查中受拘提或逮捕之被告或犯罪嫌疑人接見或互通書信，不得限制之。但接見時間不得逾一小時，且以一次為限。接見經過之時間，同為第九十三條之一第一項所定不予計入二十四小時計算之事由。

③前項接見，檢察官遇有急迫情形且具正當理由時，得暫緩之，並指定即時得為接見之時間及場所。該指定不得妨害被告或犯罪嫌疑人之正當防禦及辯護人依第二百四十五條第二項前段規定之權利。

第三四條之一（限制書應載明之事項）

①限制辯護人與羈押之被告接見或互通書信，應用限制書。

②限制書，應記載下列事項：

一　被告之姓名、性別、年齡、住所或居所，及辯護人之姓名。

二　案由。

三　限制之具體理由及其所依據之事實。

四　具體之限制方法。

五　如不服限制處分之救濟方法。

③第七十一條第三項規定，於限制書準用之。

④限制書，由法官簽名後，分別送交檢察官、看守所、辯護人及被告。

⑤偵查中檢察官認羈押中被告有限制之必要者，應以書面記載第二項第一款至第四款之事項，並檢附相關文件，聲請該管法院限制。但遇有急迫情形時，得先為必要之處分，並應於二十四小時內聲請該管法院補發限制書；法院應於受理後四十八小時內核復。檢察官未於二十四小時內聲請，或其聲請經駁回者，應即停止限制。

⑥前項聲請，經法院駁回者，不得聲明不服。

第三五條（輔佐人之資格及權限）104

①被告或自訴人之配偶、直系或三親等內旁系血親或家長、家屬或被告之法定代理人於起訴後，得向法院以書狀或於審判期日以言詞陳明為被告或自訴人之輔佐人。

②輔佐人得為本法所定之訴訟行為，並得在法院陳述意見。但不得與被告或自訴人明示之意思相反。

③被告或犯罪嫌疑人因精神障礙或其他心智缺陷無法為完全之陳述者，應有第一項得為輔佐人之人或其委任之人或主管機關、相關社福機構指派之社工人員或其他專業人員為輔佐人陪同在場。但經合法通知無正當理由不到場者，不在此限。

第三六條（被告得委任代理人者）

最重本刑為拘役或專科罰金之案件，被告於審判中或偵查中得委任代理人到場。但法院或檢察官認為必要時，仍得命本人到場。

第三七條（自訴人得委任代理人者）

①自訴人應委任代理人到場。但法院認為必要時，得命本人到場。

②前項代理人應選任律師充之。

第三八條（被告或自訴人之代理人準用之規定）109

第二十八條、第三十條、第三十二條及第三十三條第一項之規定，於被告或自訴人之代理人準用之；第二十九條之規定，於被告之代理人並準用之。

第三八條之一（閱卷規則之訂定）109

依本法於審判中得檢閱卷宗及證物或抄錄、重製或攝影之閱卷規則，由司法院會同行政院定之。

第五章　文　書

第三九條（公文書製作之程序）

文書，由公務員制作者，應記載制作之年、月、日及其所屬機關，由制作人簽名。

第四〇條（公文書之增刪附記）

公務員制作之文書，不得竄改或挖補；如有增加、刪除或附記者，應蓋章其上，並記明字數，其刪除處應留存字跡，俾得辨認。

第四一條（訊問筆錄之製作）109

①訊問被告、自訴人、證人、鑑定人及通譯，應當場制作筆錄，記載下列事項：

一　對於受訊問人之訊問及其陳述。

二　證人、鑑定人或通譯如未具結者，其事由。

三　訊問之年、月、日及處所。

②前項筆錄應向受訊問人朗讀或令其閱覽，詢以記載有無錯誤。受訊問人為被告者，在場之辯護人得協助其閱覽，並得對筆錄記載有無錯誤表示意見。

③受訊問人及在場之辯護人請求將記載增、刪、變更者，應將其陳述附記於筆錄。但附記辯護人之陳述，應使被告明瞭後為之。

④筆錄應命受訊問人緊接其記載之末行簽名、蓋章或按指印。但受訊問人拒絕時，應附記其事由。

第四二條（搜索、扣押、勘驗筆錄之製作）

①搜索、扣押及勘驗，應制作筆錄，記載實施之年、月、日及時間、處所並其他必要之事項。

②扣押應於筆錄內詳記扣押物之名目，或製作目錄附後。

③勘驗得制作圖畫或照片附於筆錄。

④筆錄應令依本法命其在場之人簽名、蓋章或按指印。

第四三條（筆錄之製作人）

前二條筆錄應由在場之書記官制作之。其行訊問或搜索、扣押、勘驗之公務員應在筆錄內簽名；如無書記官在場，得由行訊問或搜索、扣押、勘驗之公務員親自或指定其他在場執行公務之人員制作筆錄。

第四三條之一（詢問、搜索、扣押之準用）

①第四十一條、第四十二條之規定，於檢察事務官、司法警察官、司法警察行詢問、搜索、扣押時，準用之。

②前項犯罪嫌疑人詢問筆錄之製作，應由行詢問以外之人為之。但因情況急迫或事實上之原因不能為之，而有全程錄音或錄影者，不在此限。

第四四條（審判筆錄之製作）

①審判期日應由書記官製作審判筆錄，記載下列事項及其他一切訴訟程序：

一　審判之法院及年、月、日。

二　法官、檢察官、書記官之官職、姓名及自訴人、被告或其代理人並辯護人、輔佐人、通譯之姓名。
三　被告不出庭者，其事由。
四　禁止公開者，其理由。
五　檢察官或自訴人關於起訴要旨之陳述。
六　辯論之要旨。
七　第四十一條第一項第一款及第二款所定之事項。但經審判長徵詢訴訟關係人之意見後，認為適當者，得僅記載其要旨。
八　當庭曾向被告宣讀或告以要旨之文書。
九　當庭曾示被告之證物。
十　當庭實施之扣押及勘驗。
十一　審判長命令記載及依訴訟關係人聲請許可記載之事項。
十二　最後曾與被告陳述之機會。
十三　裁判之宣示。

②受訊問人就前項筆錄中關於其陳述之部分，得請求朗讀或交其閱覽，如請求將記載增、刪、變更者，應附記其陳述。

第四四條之一（審判期日錄音錄影）

①審判期日應全程錄音；必要時，並得全程錄影。

②當事人、代理人、辯護人或輔佐人如認為審判筆錄之記載有錯誤或遺漏者，得於次一期日前，其案件已辯論終結者，得於辯論終結後七日內，聲請法院定期播放審判期日錄音或錄影內容核對更正之。其經法院許可者，亦得於法院指定之期間內，依據審判期日之錄音或錄影內容，自行就有關被告、自訴人、證人、鑑定人或通譯之訊問及其陳述之事項轉譯為文書提出於法院。

③前項後段規定之文書，經書記官核對後，認為其記載適當者，得作為審判筆錄之附錄，並準用第四十八條之規定。

第四五條（審判筆錄之整理）

審判筆錄，應於每次開庭後三日內整理之。

第四六條（審判筆錄之簽名）109

審判筆錄應由審判長簽名；審判長有事故時，由資深陪席法官簽名；獨任法官有事故時，僅由書記官簽名；書記官有事故時，僅由審判長或法官簽名；並分別附記其事由。

第四七條（審判筆錄之效力）

審判期日之訴訟程序，專以審判筆錄為證。

第四八條（審判筆錄內引用文件之效力）

審判筆錄內引用附卷之文書或表示將該文書作為附錄者，其文書所記載之事項，與記載筆錄者，有同一之效力。

第四九條（辯護人攜同速記之許可）

辯護人經審判長許可，得於審判期日攜同速記到庭記錄。

第五〇條（裁判書之製作）109

裁判應由法官制作裁判書。但不得抗告之裁定當庭宣示者，得僅命記載於筆錄。

第五一條（裁判書之應載事項及簽名）109

①裁判書除依特別規定外，應記載受裁判人之姓名、性別、出生年月日、身分證明文件編號、住、居所；如係判決書，並應記載檢察官或自訴人並代理人、辯護人之姓名。

②裁判書之原本，應由為裁判之法官簽名；審判長有事故不能簽名者，由資深法官附記其事由；法官有事故者，由審判長附記其事由。

第五二條（裁判書、起訴書、不起訴處分書正本之製作）

①裁判書或記載裁判之筆錄之正本，應由書記官依原本制作之，蓋用法院之印，並附記證

明與原本無異字樣。

②前項規定，於檢察官起訴書及不起訴處分書之正本準用之。

第五三條（非公務員自作文書之程式）

文書由非公務員制作者，應記載年、月、日並簽名。其非自作者，應由本人簽名，不能簽名者，應使他人代書姓名，由本人蓋章或按指印。但代書之人，應附記其事由並簽名。

第五四條（卷宗之編訂與滅失之處理）

①關於訴訟之文書，法院應保存者，由書記官編為卷宗。

②卷宗滅失案件之處理，以法律定之。

第六章　送　達

第五五條（應受送達人與送達處所之陳明）

①被告、自訴人、告訴人、附帶民事訴訟當事人、代理人、辯護人、輔佐人或被害人為接受文書之送達，應將其住所、居所或事務所向法院或檢察官陳明。被害人死亡者，由其配偶、子女或父母陳明之。如在法院所在地無住所、居所或事務所者，應陳明以在該地有住所、居所或事務所之人為送達代收人。

②前項之陳明，其效力及於同地之各級法院。

③送達向送達代收人為之者，視為送達於本人。

第五六條（囑託送達）

①前條之規定，於在監獄或看守所之人，不適用之。

②送達於在監獄或看守所之人，應囑託該監所長官為之。

第五七條（文書送達）107

應受送達人雖未為第五十五條之陳明，而其住、居所或事務所為書記官所知者，亦得向該處送達之。

第五八條（對檢察官之送達）109

對於檢察官之送達，應向承辦檢察官為之；承辦檢察官不在辦公處所時，向檢察長或檢察總長為之。

第五九條（公示送達─事由）

被告、自訴人、告訴人或附帶民事訴訟當事人，有左列情形之一者，得為公示送達。

一　住、居所、事務所及所在地不明者。

二　掛號郵寄而不能達到者。

三　因住居於法權所不及之地。不能以其他方法送達者。

第六〇條（公示送達─程式及生效期日）109

①公示送達應由書記官分別經法院或檢察總長、檢察長或檢察官之許可，除將應送達之文書或其節本張貼於法院或檢察署牌示處外，並應以其繕本登載報紙，或以其他適當方法通知或公告之。

②前項送達，自最後登載報紙或通知公告之日起，經三十日發生效力。

第六一條（文書送達方式）107

①送達文書由司法警察或郵務機構行之。

②前項文書為判決、裁定、不起訴或緩起訴處分書者，送達人應作收受證書、記載送達證書所列事項，並簽名交受領人。

③拘提前之傳喚，如由郵務機構行送達者，以郵務人員為送達人，且應以掛號郵寄；其實施辦法由司法院會同行政院定之。

第六二條（民事訴訟法送達規定之準用）

送達文書，除本章有特別規定外，準用民事訴訟法之規定。

第七章　期日及期間

第六三條（期日之傳喚或通知義務）109

審判長、受命法官、受託法官或檢察官指定期日行訴訟程序者，應傳喚或通知訴訟關係人使其到場。但訴訟關係人在場或本法有特別規定者，不在此限。

第六四條（期日之變更或延展）

①期日，除有特別規定外，非有重大理由，不得變更或延展之。

②期日，經變更或延展者，應通知訴訟關係人。

第六五條（期間之計算）

期間之計算，依民法之規定。

第六六條（在途期間之扣除）

①應於法定期間內爲訴訟行爲之人，其住所、居所或事務所不在法院所在地者，計算該期間時，應扣除其在途之期間。

②前項應扣除之在途期間，由司法行政最高機關定之。

第六七條（回復原狀—條件）109

①非因過失，遲誤上訴、抗告或聲請再審之期間，或聲請撤銷或變更審判長、受命法官、受託法官裁定或檢察官命令之期間者，於其原因消滅後五日內，得聲請回復原狀。

②許用代理人之案件，代理人之過失，視爲本人之過失。

第六八條（回復原狀—聲請之程序）109

①因遲誤上訴或抗告或聲請再審期間而聲請回復原狀者，應以書狀向原審法院爲之。其遲誤聲請撤銷或變更審判長、受命法官、受託法官裁定或檢察官命令之期間者，向管轄該聲請之法院爲之。

②非因過失遲誤期間之原因及其消滅時期，應於書狀內釋明之。

③聲請回復原狀，應同時補行期間內應爲之訴訟行爲。

第六九條（回復原狀—聲請之裁判）

①回復原狀之聲請，由受聲請之法院與補行之訴訟行爲合併裁判之；如原審法院認其聲請應行許可者，應繕具意見書，將該上訴或抗告案件送由上級法院合併裁判。

②受聲請之法院於裁判回復原狀之聲請前，得停止原裁判之執行。

第七〇條（回復原狀—聲請再議期間之回復）

遲誤聲請再議之期間者，得準用前三條之規定，由原檢察官准予回復原狀。

第八章　被告之傳喚及拘提

第七一條（書面傳喚）109

①傳喚被告，應用傳票。

②傳票，應記載下列事項：

一　被告之姓名、性別、出生年月日、身分證明文件編號及住、居所。

二　案由。

三　應到之日、時、處所。

四　無正當理由不到場者，得命拘提。

③被告之姓名不明或因其他情形有必要時，應記載其足資辨別之特徵。被告之出生年月日、身分證明文件編號、住、居所不明者，得免記載。

④傳票，於偵查中由檢察官簽名，審判中由審判長或受命法官簽名。

第七一條之一（到場詢問通知書）

①司法警察官或司法警察，因調查犯罪嫌疑人犯罪情形及蒐集證據之必要，得使用通知書，通知犯罪嫌疑人到場詢問。經合法通知，無正當理由不到場者，得報請檢察官核發拘票。

②前項通知書，由司法警察機關主管長官簽名，其應記載事項，準用前條第二項第一款至第三款之規定。

第七二條（口頭傳喚）

對於到場之被告，經面告以下次應到之日、時、處所及如不到場得命拘提，並記明筆錄者，與已送達傳票有同一之效力。被告經以書狀陳明屆期到場者亦同。

第七三條（對在監所被告之傳喚）

傳喚在監獄或看守所之被告，應通知該監所長官。

第七四條（傳喚之效力—按時訊問）

被告因傳喚到場者，除確有不得已之事故外，應按時訊問之。

第七五條（傳喚之效力—拘提）

被告經合法傳喚，無正當理由不到場者，得拘提之。

第七六條（不經傳喚逕行拘提事由）109

被告犯罪嫌疑重大，而有下列情形之一者，必要時，得不經傳喚逕行拘提：

一　無一定之住、居所者。

二　逃亡或有事實足認為有逃亡之虞者。

三　有事實足認為有湮滅、偽造、變造證據或勾串共犯或證人之虞者。

四　所犯為死刑、無期徒刑或最輕本刑為五年以上有期徒刑之罪者。

第七七條（拘提—拘票）

①拘提被告，應用拘票。

②拘票，應記載左列事項。

一　被告之姓名、性別、年齡、籍貫及住、居所。但年齡、籍貫、住、居所不明者，得免記載。

二　案由。

三　拘提之理由。

四　應解送之處所。

③第七十一條第三項及第四項之規定，於拘票準用之。

第七八條（拘提—執行機關）

①拘提，由司法警察或司法警察官執行，並得限制其執行之期間。

②拘票得作數通，分交數人各別執行。

第七九條（拘提—執行程序）

拘票應備二聯，執行拘提時，應以一聯交被告或其家屬。

第八〇條（拘提—執行後之處置）

執行拘提後，應於拘票記載執行之處所及年、月、日、時，如不能執行者，記載其事由，由執行人簽名，提出於命拘提之公務員。

第八一條（警察轄區外之拘提）

司法警察或司法警察官於必要時，得於管轄區域外執行拘提。或請求該地之司法警察官執行。

第八二條（囑託拘提）

審判長或檢察官得開具拘票應記載之事項，囑託被告所在地之檢察官拘提被告；如被告不在該地者，受託檢察官得轉囑託其所在地之檢察官。

第八三條（對現役軍人之拘提）

被告為現役軍人者，其拘提應以拘票知照該管長官協助執行。

第八四條（通緝—法定原因）

被告逃亡或藏匿者，得通緝之。

第八五條（通緝—通緝書）109

①通緝被告，應用通緝書。

②通緝書，應記載下列事項：

一　被告之姓名、性別、出生年月日、身分證明文件編號、住、居所，及其他足資辨別之特徵。但出生年月日、住、居所不明者，得免記載。

二　被訴之事實。

三　通緝之理由。

四　犯罪之日、時、處所。但日、時、處所不明者，得免記載。

五　應解送之處所。

③通緝書，於偵查中由檢察總長或檢察長簽名，審判中由法院院長簽名。

第八六條（通緝－方法）

通緝，應以通緝書通知附近或各處檢察官、司法警察機關；遇有必要時，並得登載報紙或以其他方法公告之。

第八七條（通緝－效力及撤銷）

①通緝經通知或公告後，檢察官、司法警察官得拘提被告或逕行逮捕之。

②利害關係人，得逕行逮捕通緝之被告，送交檢察官、司法警察官，或請求檢察官、司法警察官逮捕之。

③通緝於其原因消滅或已顯無必要時，應即撤銷。

④撤銷通緝之通知或公告，準用前條之規定。

第八八條（現行犯與準現行犯）

①現行犯，不問何人得逕行逮捕之。

②犯罪在實施中或實施後即時發覺者，為現行犯。

③有左列情形之一者，以現行犯論：

一　被追呼為犯罪人者。

二　因持有兇器、贓物或其他物件、或於身體、衣服等處露有犯罪痕跡，顯可疑為犯罪人者。

第八八條之一（偵查犯罪逕行拘提事由）109

①檢察官、司法警察官或司法警察偵查犯罪，有下列情形之一而情況急迫者，得逕行拘提之：

一　因現行犯之供述，且有事實足認為共犯嫌疑重大者。

二　在執行或在押中之脫逃者。

三　有事實足認為犯罪嫌疑重大，經被盤查而逃逸者。但所犯顯係最重本刑為一年以下有期徒刑、拘役或專科罰金之罪者，不在此限。

四　所犯為死刑、無期徒刑或最輕本刑為五年以上有期徒刑之罪，嫌疑重大，有事實足認為有逃亡之虞者。

②前項拘提，由檢察官親自執行時，得不用拘票；由司法警察官或司法警察執行時，以其急迫情況不及報告檢察官者為限，於執行後，應即報請檢察官簽發拘票。如檢察官不簽發拘票時，應即將被拘提人釋放。

③檢察官、司法警察官或司法警察，依第一項規定程序拘提犯罪嫌疑人，應即告知本人及其家屬，得選任辯護人到場。

第八九條（拘捕之告知及注意事項）109

①執行拘提或逮捕，應當場告知被告或犯罪嫌疑人拘提或逮捕之原因及第九十五條第一項所列事項，並注意其身體及名譽。

②前項情形，應以書面將拘提或逮捕之原因通知被告或犯罪嫌疑人及其指定之親友。

第八九條之一（戒具之使用）109

①執行拘提、逮捕或解送，得使用戒具。但不得逾必要之程度。

②前項情形，應注意被告或犯罪嫌疑人之身體及名譽，避免公然暴露其戒具；認已無繼續使用之必要時，應即解除。

③前二項使用戒具之範圍、方式、程序及其他應遵行事項之實施辦法，由行政院會同司法院定之。

第九〇條（強制拘捕）

被告抗拒拘提、逮捕或脫逃者，得用強制力拘提或逮捕之。但不得逾必要之程度。

第九一條（拘捕被告之解送）

拘提或因通緝逮捕之被告，應即解送指定之處所；如二十四小時內不能達到指定之處所者，應分別其命拘提或通緝者爲法院或檢察官，先行解送較近之法院或檢察機關，訊問其人有無錯誤。

第九二條（逮捕現行犯之解送）

①無偵查犯罪權限之人逮捕現行犯者，應即送交檢察官、司法警察官或司法警察。

②司法警察官、司法警察逮捕或接受現行犯者，應即解送檢察官。但所犯最重本刑爲一年以下有期徒刑、拘役或專科罰金之罪、告訴或請求乃論之罪，其告訴或請求已經撤回或已逾告訴期間者，得經檢察官之許可，不予解送。

③對於第一項逮捕現行犯之人，應詢其姓名、住所或居所及逮捕之事由。

第九三條（即時訊問及漏夜應訊之規定）106

①被告或犯罪嫌疑人因拘提或逮捕到場者，應即時訊問。

②偵查中經檢察官訊問後，認有羈押之必要者，應自拘提或逮捕之時起二十四小時內，以聲請書敘明犯罪事實並所犯法條及證據與羈押之理由，備具繕本並檢附卷宗及證物，聲請該管法院羈押之。但有事實足認有湮滅、僞造、變造證據或勾串共犯或證人等危害偵查目的或危害他人生命、身體之虞之卷證，應另行分卷敘明理由，請求法院以適當之方式限制或禁止被告及其辯護人獲知。

③前項情形，未經聲請者，檢察官應即將被告釋放。但如認有第一百零一條第一項或第一百零一條之一第一項各款所定情形之一而無聲請羈押之必要者，得逕命具保、責付或限制住居；如不能具保、責付或限制住居，而有必要情形者，仍得聲請法院羈押之。

④前三項之規定，於檢察官接受法院依少年事件處理法或軍事審判機關依軍事審判法移送之被告時，準用之。

⑤法院於受理前三項羈押之聲請，付予被告及其辯護人聲請書之繕本後，應即時訊問。但至深夜仍未訊問完畢，被告、辯護人及得爲被告輔佐人之人得請求法院於翌日日間訊問，法院非有正當理由，不得拒絕。深夜始受理聲請者，應於翌日日間訊問。

⑥前項但書所稱深夜，指午後十一時至翌日午前八時。

第九三條之一（訊問不予計時之情形）104

①第九十一條及前條第二項所定之二十四小時，有下列情形之一者，其經過之時間不予計入。但不得有不必要之遲延：

一　因交通障礙或其他不可抗力事由所生不得已之遲滯。

二　在途解送時間。

三　依第一百條之三第一項規定不得爲詢問者。

四　因被告或犯罪嫌疑人身體健康突發之事由，事實上不能訊問者。

五　被告或犯罪嫌疑人因表示選任辯護人之意思，而等候辯護人到場致未予訊問者。但等候時間不得逾四小時。其等候第三十一條第五項律師到場致未予訊問或因精神障礙或其他心智缺陷無法爲完全之陳述，因等候第三十五條第三項經通知陪同在場之人到場致未予訊問者，亦同。

六　被告或犯罪嫌疑人須由通譯傳譯，因等候其通譯到場致未予訊問者。但等候時間不得逾六小時。

七　經檢察官命具保或責付之被告，在候保或候責付中者。但候保或候責付時間不得逾四小時。

八　犯罪嫌疑人經法院提審之期間。

②前項各款情形之經過時間內不得訊問。
③因第一項之法定障礙事由致二十四小時內無法移送該管法院者，檢察官聲請羈押時，並應釋明其事由。

第八章之一　限制出境、出海 108

第九三條之二（被告犯罪嫌疑重大，檢察官或法官得逕行限制出境、出海之情形）108

①被告犯罪嫌疑重大，而有下列各款情形之一者，必要時檢察官或法官得逕行限制出境、出海。但所犯係最重本刑爲拘役或專科罰金之案件，不得逕行限制之：
一　無一定之住、居所者。
二　有相當理由足認有逃亡之虞者。
三　有相當理由足認有湮滅、僞造、變造證據或勾串共犯或證人之虞者。
②限制出境、出海，應以書面記載下列事項：
一　被告之姓名、性別、出生年月日、住所或居所、身分證明文件編號或其他足資辨別之特徵。
二　案由及觸犯之法條。
三　限制出境、出海之理由及期間。
四　執行機關。
五　不服限制出境、出海處分之救濟方法。
③除被告住、居所不明而不能通知者外，前項書面至遲應於爲限制出境、出海後六個月內通知。但於通知前已訊問被告者，應當庭告知，並付與前項之書面。
④前項前段情形，被告於收受書面通知前獲知經限制出境、出海者，亦得請求交付第二項之書面。

第九三條之三（偵查或審判中限制出境、出海之期限）108

①偵查中檢察官限制被告出境、出海，不得逾八月。但有繼續限制之必要者，應附具體理由，至遲於期間屆滿之二十日前，以書面記載前條第二項第一款至第四款所定之事項，聲請該管法院裁定之，並同時以聲請書繕本通知被告及其辯護人。
②偵查中檢察官聲請延長限制出境、出海，第一次不得逾四月，第二次不得逾二月，以延長二次爲限。審判中限制出境、出海每次不得逾八月，犯最重本刑爲有期徒刑十年以下之罪者，累計不得逾五年；其餘之罪，累計不得逾十年。
③偵查或審判中限制出境、出海之期間，因被告逃匿而通緝之期間，不予計入。
④法院延長限制出境、出海裁定前，應給予被告及其辯護人陳述意見之機會。
⑤起訴或判決後案件繫屬法院或上訴審時，原限制出境、出海所餘期間未滿一月者，延長爲一月。
⑥前項起訴後繫屬法院之法定延長期間及偵查中所餘限制出境、出海之期間，算入審判中之期間。

第九三條之四（爲撤銷限制出境、出海之情形）108

被告受不起訴處分、緩起訴處分，或經諭知無罪、免訴、免刑、緩刑、罰金或易以訓誡或第三百零三條第三款、第四款不受理之判決者，視爲撤銷限制出境、出海。但上訴期間內或上訴中，如有必要，得繼續限制出境、出海。

第九三條之五（被告及其辯護人得聲請撤銷或變更限制出境、出海）108

①被告及其辯護人得向檢察官或法院聲請撤銷或變更限制出境、出海。檢察官於偵查中亦得爲撤銷之聲請，並得於聲請時先行通知入出境、出海之主管機關，解除限制出境、出海。
②偵查中之撤銷限制出境、出海，除依檢察官聲請者外，應徵詢檢察官之意見。
③偵查中檢察官所爲限制出境、出海，得由檢察官依職權撤銷或變更之。但起訴後案件繫

屬法院時，偵查中所餘限制出境、出海之期間，得由法院依職權或聲請為之。
④偵查及審判中法院所為之限制出境、出海，得由法院依職權撤銷或變更之。

第九三條之六（準用之規定）108

依本章以外規定得命具保、責付或限制住居者，亦得命限制出境、出海，並準用第九十三條之二第二項及第九十三條之三至第九十三條之五之規定。

第九章　被告之訊問

第九四條（人別訊問）

訊問被告，應先詢其姓名、年齡、籍貫、職業、住所或居所，以查驗其人有無錯誤，如係錯誤，應即釋放。

第九五條（訊問被告應先告知事項）102

①訊問被告應先告知下列事項：

一　犯罪嫌疑及所犯所有罪名。罪名經告知後，認為應變更者，應再告知。

二　得保持緘默，無須違背自己之意思而為陳述。

三　得選任辯護人。如為低收入戶、中低收入戶、原住民或其他依法令得請求法律扶助者，得請求之。

四　得請求調查有利之證據。

②無辯護人之被告表示已選任辯護人時，應即停止訊問。但被告同意續行訊問者，不在此限。

第九六條（訊問方法—罪嫌之辯明）

訊問被告，應與以辯明犯罪嫌疑之機會；如有辯明，應命就其始末連續陳述；其陳述有利之事實者，應命其指出證明之方法。

第九七條（訊問方法—隔別訊問與對質）

①被告有數人時，應分別訊問之；其未經訊問者，不得在場。但因發見眞實之必要，得命其對質。被告亦得請求對質。

②對於被告之請求對質，除顯無必要者外，不得拒絕。

第九八條（訊問之態度）

訊問被告應出以懇切之態度，不得用強暴、脅迫、利誘、詐欺、疲勞訊問或其他不正之方法。

第九九條（訊問方法—通譯之使用）109

①被告為聽覺或語言障礙或語言不通者，應由通譯傳譯之；必要時，並得以文字訊問或命以文字陳述。

②前項規定，於其他受訊問或詢問人準用之。但法律另有規定者，從其規定。

第一〇〇條（被告陳述之記載）

被告對於犯罪之自白及其他不利之陳述，並其所陳述有利之事實與指出證明之方法，應於筆錄內記載明確。

第一〇〇條之一（錄音、錄影資料）

①訊問被告，應全程連續錄音；必要時，並應全程連續錄影。但有急迫情況且經記明筆錄者，不在此限。

②筆錄內所載之被告之陳述與錄音、或錄影之內容不符者，除有前項但書情形外，其不符之部分，不得作為證據。

③第一項錄音、錄影資料之保管方法，分別由司法院、行政院定之。

第一〇〇條之二（本章之準用）

本章之規定，於司法警察官或司法警察詢問犯罪嫌疑人時，準用之。

第一〇〇條之三（准許夜間訊問之情形）

①司法警察官或司法警察詢問犯罪嫌疑人，不得於夜間行之。但有左列情形之一者，不在

此限：

一　經受詢問人明示同意者。

二　於夜間經拘提或逮捕到場而查驗其人有無錯誤者。

三　經檢察官或法官許可者。

四　有急迫之情形者。

②犯罪嫌疑人請求立即詢問者，應即時爲之。

③稱夜間者，爲日出前，日沒後。

第十章　被告之羈押

第一○一條（羈押—要件）106

①被告經法官訊問後，認爲犯罪嫌疑重大，而有下列情形之一，非予羈押，顯難進行追訴、審判或執行者，得羈押之：

一　逃亡或有事實足認爲有逃亡之虞者。

二　有事實足認爲有湮滅、僞造、變造證據或勾串共犯或證人之虞者。

三　所犯爲死刑、無期徒刑或最輕本刑爲五年以上有期徒刑之罪，有相當理由認爲有逃亡、湮滅、僞造、變造證據或勾串共犯或證人之虞者。

②法官爲前項之訊問時，檢察官得到場陳述聲請羈押之理由及提出必要之證據。但第九十三條第二項但書之情形，檢察官應到場敘明理由，並指明限制或禁止之範圍。

③第一項各款所依據之事實、各項理由之具體內容及有關證據，應告知被告及其辯護人，並記載於筆錄。但依第九十三條第二項但書規定，經法院禁止被告及其辯護人獲知之卷證，不得作爲羈押審查之依據。

④被告、辯護人得於第一項訊問前，請求法官給予適當時間爲答辯之準備。

第一○一條之一（預防性羈押之適用範圍）109

①被告經法官訊問後，認爲犯下列各款之罪，其嫌疑重大，有事實足認爲有反覆實行同一犯罪之虞，而有羈押之必要者，得羈押之：

一　刑法第一百七十三條第一項、第三項、第一百七十四條第一項、第二項、第四項、第一百七十五條第一項、第二項之放火罪、第一百七十六條之準放火罪、第一百八十五條之一之劫持交通工具罪。

二　刑法第二百二十一條之強制性交罪、第二百二十二條之加重強制性交罪、第二百二十四條之強制猥褻罪、第二百二十四條之一之加重強制猥褻罪、第二百二十五條之乘機性交猥褻罪、第二百二十六條之一之強制性交猥褻之結合罪、第二百二十七條之與幼年男女性交或猥褻罪、第二百七十一條第一項、第二項之殺人罪、第二百七十二條之殺直系血親尊親屬罪、第二百七十七條第一項之傷害罪、第二百七十八條第一項之重傷罪、性騷擾防治法第二十五條第一項之罪。但其須告訴乃論，而未經告訴或其告訴已經撤回或已逾告訴期間者，不在此限。

三　刑法第二百九十六條之一之買賣人口罪、第二百九十九條之移送被略誘人出國罪、第三百零二條之妨害自由罪。

四　刑法第三百零四條之強制罪、第三百零五條之恐嚇危害安全罪。

五　刑法第三百二十條、第三百二十一條之竊盜罪。

六　刑法第三百二十五條、第三百二十六條之搶奪罪、第三百二十八條第一項、第二項、第四項之強盜罪、第三百三十條之加重強盜罪、第三百三十二條之強盜結合罪、第三百三十三條之海盜罪、第三百三十四條之海盜結合罪。

七　刑法第三百三十九條、第三百三十九條之三之詐欺罪、第三百三十九條之四之加重詐欺罪。

八　刑法第三百四十六條之恐嚇取財罪、第三百四十七條第一項、第三項之擄人勒贖罪、第三百四十八條之擄人勒贖結合罪、第三百四十八條之一之準擄人勒贖罪。

九　槍砲彈藥刀械管制條例第七條、第八條之罪。
十　毒品危害防制條例第四條第一項至第四項之罪。
十一　人口販運防制法第三十四條之罪。

②前條第二項至第四項之規定，於前項情形準用之。

第一〇一條之二（羈押—要件）

被告經法官訊問後，雖有第一百零一條第一項或第一百零一條之一第一項各款所定情形之一而無羈押之必要者，得逕命具保、責付或限制住居；其有第一百十四條各款所定情形之一者，非有不能具保、責付或限制住居之情形，不得羈押。

第一〇二條（羈押—押票）

①羈押被告，應用押票。

②押票，應按被告指印，並記載左列事項：
一　被告之姓名、性別、年齡、出生地及住所或居所。
二　案由及觸犯之法條。
三　羈押之理由及其所依據之事實。
四　應羈押之處所。
五　羈押期間及其起算日。
六　如不服羈押處分之救濟方法。

③第七十一條第三項之規定，於押票準用之。

④押票，由法官簽名。

第一〇三條（羈押—執行）

①執行羈押，偵查中依檢察官之指揮；審判中依審判長或受命法官之指揮，由司法警察將被告解送指定之看守所，該所長官查驗人別無誤後，應於押票附記解到之年、月、日、時並簽名。

②執行羈押時，押票應分別送交檢察官、看守所、辯護人、被告及其指定之親友。

③第八十一條、第八十九條及第九十條之規定，於執行羈押準用之。

第一〇三條之一（聲請變更羈押處所）

①偵查中檢察官、被告或其辯護人認有維護看守所及在押被告安全或其他正當事由者，得聲請法院變更在押被告之羈押處所。

②法院依前項聲請變更被告之羈押處所時，應即通知檢察官、看守所、辯護人、被告及其指定之親友。

第一〇四條（刪除）

第一〇五條（羈押之方法）

①管束羈押之被告，應以維持羈押之目的及押所之秩序所必要者為限。

②被告得自備飲食及日用必需物品，並與外人接見、通信、受授書籍及其他物件。但押所得監視或檢閱之。

③法院認被告為前項之接見、通信及受授物件有足致其脫逃或湮滅、偽造、變造證據或勾串共犯或證人之虞者，得依檢察官之聲請或依職權命禁止或扣押之。但檢察官或押所遇有急迫情形時，得先為必要之處分，並應即時陳報法院核准。

④依前項所為之禁止或扣押，其對象、範圍及期間等，偵查中由檢察官；審判中由審判長或受命法官指定並指揮看守所為之。但不得限制被告正當防禦之權利。

⑤被告非有事實足認為有暴行或逃亡、自殺之虞者，不得束縛其身體。束縛身體之處分，以有急迫情形者為限，由押所長官行之，並應即時陳報法院核准。

第一〇六條（押所之視察）

羈押被告之處所，檢察官應勤加視察，按旬將視察情形陳報主管長官，並通知法院。

第一〇七條（羈押之撤銷）

①羈押於其原因消滅時，應即撤銷羈押，將被告釋放。

②被告、辯護人及得為被告輔佐人之人得聲請法院撤銷羈押。檢察官於偵查中亦得為撤銷羈押之聲請。
③法院對於前項之聲請得聽取被告、辯護人或得為被告輔佐人之人陳述意見。
④偵查中經檢察官聲請撤銷羈押者，法院應撤銷羈押，檢察官得於聲請時先行釋放被告。
⑤偵查中之撤銷羈押，除依檢察官聲請者外，應徵詢檢察官之意見。

第一〇八條（羈押之期間）

①羈押被告，偵查中不得逾二月，審判中不得逾三月。但有繼續羈押之必要者，得於期間未滿前，經法院依第一百零一條或第一百零一條之一之規定訊問被告後，以裁定延長之。在偵查中延長羈押期間，應由檢察官附具體理由，至遲於期間屆滿之五日前聲請法院裁定。
②前項裁定，除當庭宣示者外，於期間未滿前以正本送達被告者，發生延長羈押之效力。羈押期滿，延長羈押之裁定未經合法送達者，視為撤銷羈押。
③審判中之羈押期間，自卷宗及證物送交法院之日起算。起訴或裁判後送交前之羈押期間算入偵查中或原審法院之羈押期間。
④羈押期間自簽發押票之日起算。但羈押前之逮捕、拘提期間，以一日折算裁判確定前之羈押日數一日。
⑤延長羈押期間，偵查中不得逾二月，以延長一次為限。審判中每次不得逾二月，如所犯最重本刑為十年以下有期徒刑以下之刑者，第一審、第二審以三次為限，第三審以一次為限。
⑥案件經發回者，其延長羈押期間之次數，應更新計算。
⑦羈押期間已滿未經起訴或裁判者，視為撤銷羈押，檢察官或法院應將被告釋放；由檢察官釋放被告者，並應即時通知法院。
⑧依第二項及前項視為撤銷羈押者，於釋放前，偵查中，檢察官得聲請法院命被告具保、責付或限制住居。如認為不能具保、責付或限制住居，而有必要者，並得附具體理由一併聲請法院依第一百零一條或第一百零一條之一之規定訊問被告後繼續羈押之。審判中，法院得命具保、責付或限制住居；如不能具保、責付或限制住居，而有必要者，並得依第一百零一條或第一百零一條之一之規定訊問被告後繼續羈押之。但所犯為死刑、無期徒刑或最輕本刑為七年以上有期徒刑之罪者，法院就偵查中案件，得依檢察官之聲請；就審判中案件，得依職權，逕依第一百零一條之規定訊問被告後繼續羈押之。
⑨前項繼續羈押之期間自視為撤銷羈押之日起算，以二月為限，不得延長。繼續羈押期間屆滿者，應即釋放被告。
⑩第一百十一條、第一百十三條、第一百十五條、第一百十六條、第一百十六條之二、第一百十七條、第一百十八條第一項、第一百十九條之規定，於第八項之具保、責付或限制住居準用之。

第一〇九條（羈押之撤銷—逾刑期）

案件經上訴者，被告羈押期間如已逾原審判決之刑期者，應即撤銷羈押，將被告釋放。但檢察官為被告之不利益而上訴者，得命具保、責付或限制住居。

第一一〇條（具保聲請停止羈押）

①被告及得為其輔佐人之人或辯護人，得隨時具保，向法院聲請停止羈押。
②檢察官於偵查中得聲請法院命被告具保停止羈押。
③前二項具保停止羈押之審查，準用第一百零七條第三項之規定。
④偵查中法院為具保停止羈押之決定時，除有第一百十四條及本條第二項之情形者外，應徵詢檢察官之意見。

第一一一條（許可具保停止羈押之條件）

①許可停止羈押之聲請者，應命提出保證書，並指定相當之保證金額。
②保證書以該管區域內殷實之人所具者為限，並應記載保證金額及依法繳納之事由。

③指定之保證金額，如聲請人願繳納或許由第三人繳納者，免提出保證書。
④繳納保證金，得許以有價證券代之。
⑤許可停止羈押之聲請者，得限制被告之住居。

第一一二條（保釋—保證金之限制）

被告係犯專科罰金之罪者，指定之保證金額，不得逾罰金之最多額。

第一一三條（保釋—生效期）

許可停止羈押之聲請者，應於接受保證書或保證金後，停止羈押，將被告釋放。

第一一四條（駁回聲請停止羈押之限制）109

羈押之被告，有下列情形之一者，如經具保聲請停止羈押，不得駁回：

一　所犯最重本刑為三年以下有期徒刑、拘役或專科罰金之罪者。但累犯、有犯罪之習慣、假釋中更犯罪或依第一百零一條之一第一項羈押者，不在此限。
二　懷胎五月以上或生產後二月未滿者。
三　現罹疾病，非保外治療顯難痊癒者。

第一一五條（停止羈押—責付）

①羈押之被告，得不命具保而責付於得為其輔佐人之人或該管區域內其他適當之人，停止羈押。
②受責付者，應出具證書，載明如經傳喚應令被告隨時到場。

第一一六條（停止羈押—限制住居）

羈押之被告，得不命具保而限制其住居，停止羈押。

第一一六條之一（有關法條之準用）

第一百十條第二項至第四項之規定，於前二條之責付、限制住居準用之。

第一一六條之二（許可停止羈押時應遵守事項）108

①法院許可停止羈押時，經審酌人權保障及公共利益之均衡維護，認有必要者，得定相當期間，命被告應遵守下列事項：

一　定期向法院、檢察官或指定之機關報到。
二　不得對被害人、證人、鑑定人、辦理本案偵查、審判之公務員或其配偶、直系血親、三親等內之旁系血親、二親等內之姻親、家長、家屬之身體或財產實施危害、恐嚇、騷擾、接觸、跟蹤之行為。
三　因第一百十四條第三款之情形停止羈押者，除維持日常生活及職業所必需者外，未經法院或檢察官許可，不得從事與治療目的顯然無關之活動。
四　接受適當之科技設備監控。
五　未經法院或檢察官許可，不得離開住、居所或一定區域。
六　交付護照、旅行文件；法院亦得通知主管機關不予核發護照、旅行文件。
七　未經法院或檢察官許可，不得就特定財產為一定之處分。
八　其他經法院認為適當之事項。

②前項各款規定，得依聲請或依職權變更、延長或撤銷之。
③法院於審判中許可停止羈押者，得命被告於宣判期日到庭。
④違背法院依第一項或第三項所定應遵守之事項者，得逕行拘提。
⑤第一項第四款科技設備監控之實施機關（構）、人員、方式及程序等事項之執行辦法，由司法院會同行政院定之。

第一一七條（再執行羈押之事由）108

①停止羈押後有下列情形之一者，得命再執行羈押：

一　經合法傳喚無正當之理由不到場者。
二　受住居之限制而違背者。
三　本案新發生第一百零一條第一項、第一百零一條之一第一項各款所定情形之一者。
四　違背法院依前條所定應遵守之事項者。

五　依第一百零一條第一項第三款羈押之被告，因第一百十四條第三款之情形停止羈押後，其停止羈押之原因已消滅，而仍有羈押之必要者。

②偵查中有前項情形之一者，由檢察官聲請法院行之。

③再執行羈押之期間，應與停止羈押前已經過之期間合併計算。

④法院依第一項之規定命再執行羈押時，準用第一百零三條第一項之規定。

第一一七條之一（命具保、責付、限制居住）

①前二條之規定，於檢察官依第九十三條第三項但書或第二百二十八條第四項逕命具保、責付、限制住居，或法院依第一百零一條之二逕命具保、責付、限制住居之情形，準用之。

②法院依前項規定羈押被告時，適用第一百零一條、第一百零一條之一之規定。檢察官聲請法院羈押被告時，適用第九十三條第二項之規定。

③因第一項之規定執行羈押者，免除具保之責任。

第一一八條（被告逃匿時具保人之責任）

①具保之被告逃匿者，應命具保人繳納指定之保證金額，並沒入之。不繳納者，強制執行。保證金已繳納者，沒入之。

②前項規定，於檢察官依第九十三條第三項但書及第二百二十八條第四項命具保者，準用之。

第一一九條（免除具保責任與退保）103

①撤銷羈押、再執行羈押、受不起訴處分、有罪判決確定而入監執行或因裁判而致羈押之效力消滅者，免除具保之責任。

②被告及具保證書或繳納保證金之第三人，得聲請退保，法院或檢察官得准其退保。但另有規定者，依其規定。

③免除具保之責任或經退保者，應將保證書註銷或將未沒入之保證金發還。

④前三項規定，於受責付者準用之。

第一一九條之一（刑事保證金之存管、計息及發還作業辦法）103

①以現金繳納保證金具保者，保證金應給付利息，並於依前條第三項規定發還時，實收利息併發還之。其應受發還人所在不明，或因其他事故不能發還者，法院或檢察官應公告之；自公告之日起滿十年，無人聲請發還者，歸屬國庫。

②依第一百十八條規定沒入保證金時，實收利息併沒入之。

③刑事保證金存管、計息及發還作業辦法，由司法院會同行政院定之。

第一二〇條（刪除）

第一二一條（有關羈押各項處分之裁定或命令機關）109

①第一百零七條第一項之撤銷羈押、第一百零九條之命具保、責付或限制住居、第一百十條第一項、第一百十五條及第一百十六條之停止羈押、第一百十六條之二第二項之變更、延長或撤銷、第一百十八條第一項之沒入保證金、第一百十九條第二項之退保，以法院之裁定行之。

②案件在第三審上訴中，而卷宗及證物已送交該法院者，前項處分、羈押、其他關於羈押事項及第九十三條之二至第九十三條之五關於限制出境、出海之處分，由第二審法院裁定之。

③第二審法院於為前項裁定前，得向第三審法院調取卷宗及證物。

④檢察官依第一百十七條之一第一項之變更、延長或撤銷被告應遵守事項、第一百十八條第二項之沒入保證金、第一百十九條第二項之退保及第九十三條第三項但書、第二百二十八條第四項命具保、責付或限制住居，於偵查中以檢察官之命令行之。

第十一章　搜索及扣押

第一二二條（搜索之客體）

①對於被告或犯罪嫌疑人之身體、物件、電磁紀錄及住宅或其他處所，必要時，得搜索之。

②對於第三人之身體、物件、電磁紀錄及住宅或其他處所，以有相當理由可信爲被告或犯罪嫌疑人或應扣押之物或電磁紀錄存在時爲限，得搜索之。

第一二三條（搜索限制—搜索婦女）

搜索婦女之身體，應命婦女行之。但不能由婦女行之者，不在此限。

第一二四條（搜索之應注意事項）

搜索，應保守秘密，並應注意受搜索人之名譽。

第一二五條（證明書之付與）

經搜索而未發見應扣押之物者，應付與證明書於受搜索人。

第一二六條（扣押限制——般公物、公文書）

政府機關或公務員所持有或保管之文書及其他物件應扣押者，應請求交付。但於必要時得搜索之。

第一二七條（搜索之限制—軍事秘密處所）

①軍事上應秘密之處所，非得該管長官之允許，不得搜索。

②前項情形，除有妨害國家重大利益者外，不得拒絕。

第一二八條（搜索票）

①搜索，應用搜索票。

②搜索票，應記載下列事項：

一　案由。

二　應搜索之被告、犯罪嫌疑人或應扣押之物。但被告或犯罪嫌疑人不明時，得不予記載。

三　應加搜索之處所、身體、物件或電磁紀錄。

四　有效期間，逾期不得執行搜索及搜索後應將搜索票交還之意旨。

③搜索票，由法官簽名。法官並得於搜索票上，對執行人員爲適當之指示。

④核發該搜索票之程序，不公開之。

第一二八條之一（聲請核發搜索票）

①偵查中檢察官認有搜索之必要者，除第一百三十一條第二項所定情形外，應以書面記載前條第二項各款之事項，並敘述理由，聲請該管法院核發搜索票。

②司法警察官因調查犯罪嫌疑人犯罪情形及蒐集證據，認有搜索之必要時，得依前項規定報請檢察官許可後，向該管法院聲請核發搜索票。

③前二項之聲請經法院駁回者，不得聲明不服。

第一二八條之二（搜索之執行）

①搜索，除由法官或檢察官親自實施外，由檢察事務官、司法警察官或司法警察執行。

②檢察事務官爲執行搜索，必要時，得請求司法警察官或司法警察輔助。

第一二九條（刪除）

第一三〇條（附帶搜索）

檢察官、檢察事務官、司法警察官或司法警察逮捕被告、犯罪嫌疑人或執行拘提、羈押時，雖無搜索票，得逕行搜索其身體、隨身攜帶之物件、所使用之交通工具及其立即可觸及之處所。

第一三一條（逕行搜索）

①有左列情形之一者，檢察官、檢察事務官、司法警察官或司法警察，雖無搜索票，得逕行搜索住宅或其他處所：

一　因逮捕被告、犯罪嫌疑人或執行拘提、羈押，有事實足認被告或犯罪嫌疑人確實在內者。

二　因追躡現行犯或逮捕脫逃人，有事實足認現行犯或脫逃人確實在內者。

三　有明顯事實足信爲有人在內犯罪而情形急迫者。

②檢察官於偵查中確有相當理由認爲情況急迫，非迅速搜索，二十四小時內證據有僞造、變造、湮滅或隱匿之虞者，得逕行搜索，或指揮檢察事務官、司法警察官或司法警察執行搜索，並層報檢察長。

③前二項搜索，由檢察官爲之者，應於實施後三日內陳報該管法院；由檢察事務官、司法警察官或司法警察爲之者，應於執行後三日內報告該管檢察署檢察官及法院。法院認爲不應准許者，應於五日內撤銷之。

④第一項、第二項之搜索執行後未陳報該管法院或經法院撤銷者，審判時法院得宣告所扣得之物，不得作爲證據。

第一三一條之一（同意搜索）

搜索，經受搜索人出於自願性同意者，得不使用搜索票。但執行人員應出示證件，並將其同意之意旨記載於筆錄。

第一三二條（強制搜索）

抗拒搜索者，得用強制力搜索之。但不得逾必要之程度。

第一三二條之一（搜索結果之陳報）

檢察官或司法警察官於聲請核發之搜索票執行後，應將執行結果陳報核發搜索票之法院，如未能執行者，應敘明其事由。

第一三三條（扣押之客體）105

①可爲證據或得沒收之物，得扣押之。

②爲保全追徵，必要時得酌量扣押犯罪嫌疑人、被告或第三人之財產。

③對於應扣押物之所有人、持有人或保管人，得命其提出或交付。

④扣押不動產、船舶、航空器，得以通知主管機關爲扣押登記之方法爲之。

⑤扣押債權得以發扣押命令禁止向債務人收取或爲其他處分，並禁止向被告或第三人清償之方法爲之。

⑥依本法所爲之扣押，具有禁止處分之效力，不妨礙民事假扣押、假處分及終局執行之查封、扣押。

第一三三條之一（扣押之裁定及應記載事項）105

①非附隨於搜索之扣押，除以得爲證據之物而扣押或經受扣押標的權利人同意者外，應經法官裁定。

②前項之同意，執行人員應出示證件，並先告知受扣押標的權利人得拒絕扣押，無須違背自己之意思而爲同意，並將其同意之意旨記載於筆錄。

③第一項裁定，應記載下列事項：

一　案由。

二　應受扣押裁定之人及扣押標的。但應受扣押裁定之人不明時，得不予記載。

三　得執行之有效期間及逾期不得執行之意旨；法官並得於裁定中，對執行人員爲適當之指示。

④核發第一項裁定之程序，不公開之。

第一三三條之二（扣押裁定之程序）105

①偵查中檢察官認有聲請前條扣押裁定之必要時，應以書面記載前條第三項第一款、第二款之事項，並敘述理由，聲請該管法院裁定。

②司法警察官認有爲扣押之必要時，得依前項規定報請檢察官許可後，向該管法院聲請核發扣押裁定。

③檢察官、檢察事務官、司法警察官或司法警察於偵查中有相當理由認爲情況急迫，有立即扣押之必要時，得逕行扣押；檢察官亦得指揮檢察事務官、司法警察官或司法警察執行。

④前項之扣押，由檢察官爲之者，應於實施後三日內陳報該管法院；由檢察事務官、司法

警察官或司法警察爲之者，應於執行後三日內報告該管檢察署檢察官及法院。法院認爲不應准許者，應於五日內撤銷之。

⑤第一項及第二項之聲請經駁回者，不得聲明不服。

第一三四條 （扣押之限制—應守密之公物、公文書）

①政府機關、公務員或曾爲公務員之人所持有或保管之文書及其他物件，如爲其職務上應守秘密者，非經該管監督機關或公務員允許，不得扣押。

②前項允許，除有妨害國家之利益者外，不得拒絕。

第一三五條 （扣押之限制—郵電）

①郵政或電信機關，或執行郵電事務之人員所持有或保管之郵件、電報，有左列情形之一者，得扣押之：

一 有相當理由可信其與本案有關係者。

二 爲被告所發或寄交被告者，但與辯護人往來之郵件、電報，以可認爲犯罪證據或有湮滅、僞造、變造證據或勾串共犯或證人之虞或被告已逃亡者爲限。

②爲前項扣押者，應即通知郵件、電報之發送人或收受人。但於訴訟程序有妨害者，不在此限。

第一三六條 （扣押之執行機關）105

①扣押，除由法官或檢察官親自實施外，得命檢察事務官、司法警察官或司法警察執行。

②命檢察事務官、司法警察官或司法警察執行扣押者，應於交與之搜索票或扣押裁定內，記載其事由。

第一三七條 （附帶扣押）105

①檢察官、檢察事務官、司法警察官或司法警察執行搜索或扣押時，發現本案應扣押之物爲搜索票或扣押裁定所未記載者，亦得扣押之。

②第一百三十一條第三項之規定，於前項情形準用之。

第一三八條 （強制扣押）

應扣押物之所有人、持有人或保管人，無正當理由拒絕提出或交付或抗拒扣押者，得用強制力扣押之。

第一三九條 （扣押後處置—收據、封緘）

①扣押，應製作收據，詳記扣押物之名目，付與所有人、持有人或保管人。

②扣押物，應加封緘或其他標識，由扣押之機關或公務員蓋印。

第一四〇條 （扣押後處置—看守、保管、毀棄）

①扣押物，因防其喪失或毀損，應爲適當之處置。

②不便搬運或保管之扣押物，得命人看守，或命所有人或其他適當之人保管。

③易生危險之扣押物，得毀棄之。

第一四一條 （扣押物之變價）105

①得沒收或追徵之扣押物，有喪失毀損、減低價值之虞或不便保管、保管需費過鉅者，得變價之，保管其價金。

②前項變價，偵查中由檢察官爲之，審理中法院得囑託地方法院民事執行處代爲執行。

第一四二條 （扣押物之發還或付與影本）109

①扣押物若無留存之必要者，不待案件終結，應以法院之裁定或檢察官命令發還之；其係贓物而無第三人主張權利者，應發還被害人。

②扣押物因所有人、持有人或保管人之請求，得命其負保管之責，暫行發還。

③扣押物之所有人、持有人或保管人，有正當理由者，於審判中得預納費用請求付與扣押物之影本。

第一四二條之一 （扣押物之聲請撤銷扣押）105

①得沒收或追徵之扣押物，法院或檢察官依所有人或權利人之聲請，認爲適當者，得以裁定或命令定相當之擔保金，於繳納後，撤銷扣押。

②第一百十九條之一之規定，於擔保金之存管、計息、發還準用之。

第一四三條（留存物之準用規定）105

被告、犯罪嫌疑人或第三人遺留在犯罪現場之物，或所有人、持有人或保管人任意提出或交付之物，經留存者，準用前五條之規定。

第一四四條（搜索、扣押之必要處分）

①因搜索及扣押得開啓鎖扃、封緘或爲其他必要之處分。

②執行扣押或搜索時，得封鎖現場，禁止在場人員離去，或禁止前條所定之被告、犯罪嫌疑人或第三人以外之人進入該處所。

③對於違反前項禁止命令者，得命其離開或交由適當之人看守至執行終了。

第一四五條（搜索票或扣押裁定之提示）105

法官、檢察官、檢察事務官、司法警察官或司法警察執行搜索及扣押，除依法得不用搜索票或扣押裁定之情形外，應以搜索票或扣押裁定示第一百四十八條在場之人。

第一四六條（搜索或扣押時間之限制）

①有人住居或看守之住宅或其他處所，不得於夜間入內搜索或扣押。但經住居人、看守人或可爲其代表之人承諾或有急迫之情形者，不在此限。

②於夜間搜索或扣押者，應記明其事由於筆錄。

③日間已開始搜索或扣押者，得繼續至夜間。

④第一百條之三第三項之規定，於夜間搜索或扣押準用之。

第一四七條（搜索、扣押共同限制—例外）

左列處所，夜間亦得入內搜索或扣押：

一　假釋人住居或使用者。

二　旅店、飲食店或其他於夜間公衆可以出入之處所，仍在公開時間內者。

三　常用爲賭博、妨害性自主或妨害風化之行爲者。

第一四八條（搜索、扣押時之在場人）

在有人住居或看守之住宅或其他處所內行搜索或扣押者，應命住居人、看守人或可爲其代表之人在場；如無此等人在場時，得命鄰居之人或就近自治團體之職員在場。

第一四九條（搜索、扣押時之在場人）

在政府機關、軍營、軍艦或軍事上秘密處所內行搜索或扣押者，應通知該管長官或可爲其代表之人在場。

第一五〇條（搜索、扣押時之在場人）

①當事人及審判中之辯護人得於搜索或扣押時在場。但被告受拘禁，或認其在場於搜索或扣押有妨害者，不在此限。

②搜索或扣押時，如認有必要，得命被告在場。

③行搜索或扣押之日、時及處所，應通知前二項得在場之人。但有急迫情形時，不在此限。

第一五一條（暫停搜索、扣押應爲之處分）

搜索或扣押暫時中止者，於必要時，應將該處所閉鎖，並命人看守。

第一五二條（另案扣押）

實施搜索或扣押時，發現另案應扣押之物，亦得扣押之，分別送交該管法院或檢察官。

第一五三條（囑託搜索或扣押）

①搜索或扣押，得由審判長或檢察官囑託應行搜索、扣押地之法官或檢察官行之。

②受託法官或檢察官發現應在他地行搜索、扣押者，該法官或檢察官得轉囑託該地之法官或檢察官。

第十二章　證　據

第一節　通　則

第一五四條（證據裁判主義）

①被告未經審判證明有罪確定前，推定其爲無罪。

②犯罪事實應依證據認定之，無證據不得認定犯罪事實。

第一五五條（自由心證主義）

①證據之證明力，由法院本於確信自由判斷。但不得違背經驗法則及論理法則。

②無證據能力、未經合法調查之證據，不得作爲判斷之依據。

第一五六條（自白之證據力、證明力與緘默權）

①被告之自白，非出於強暴、脅迫、利誘、詐欺、疲勞訊問、違法羈押或其他不正之方法，且與事實相符者，得爲證據。

②被告或共犯之自白，不得作爲有罪判決之唯一證據，仍應調查其他必要之證據，以察其是否與事實相符。

③被告陳述其自白係出於不正之方法者，應先於其他事證而爲調查。該自白如係經檢察官提出者，法院應命檢察官就自白之出於自由意志，指出證明之方法。

④被告未經自白，又無證據，不得僅因其拒絕陳述或保持緘默，而推斷其罪行。

第一五七條（舉證責任例外—公知事實）

公眾週知之事實，無庸舉證。

第一五八條（舉證責任例外—職務已知事實）

事實於法院已顯著，或爲其職務上所已知者，無庸舉證。

第一五八條之一（無庸舉證之事實當事人陳述機會）

前二條無庸舉證之事實，法院應予當事人就其事實有陳述意見之機會。

第一五八條之二（不得作爲證據之情事）109

①違背第九十三條之一第二項、第一百條之三第一項之規定，所取得被告或犯罪嫌疑人之自白及其他不利之陳述，不得作爲證據。但經證明其違背非出於惡意，且該自白或陳述係出於自由意志者，不在此限。

②檢察事務官、司法警察官或司法警察詢問受拘提、逮捕之被告或犯罪嫌疑人時，違反第九十五條第一項第二款、第三款或第二項之規定者，準用前項規定。

第一五八條之三（證人鑑定人具結）

證人、鑑定人依法應具結而未具結者，其證言或鑑定意見，不得作爲證據。

第一五八條之四（違背法定程序取得證據之認定）

除法律另有規定外，實施刑事訴訟程序之公務員因違背法定程序取得之證據，其有無證據能力之認定，應審酌人權保障及公共利益之均衡維護。

第一五九條（無證據能力者）

①被告以外之人於審判外之言詞或書面陳述，除法律有規定者外，不得作爲證據。

②前項規定，於第一百六十一條第二項之情形及法院以簡式審判程序或簡易判決處刑者，不適用之。其關於羈押、搜索、鑑定留置、許可、證據保全及其他依法所爲強制處分之審查，亦同。

第一五九條之一（審判外之陳述）

①被告以外之人於審判外向法官所爲之陳述，得爲證據。

②被告以外之人於偵查中向檢察官所爲之陳述，除顯有不可信之情況者外，得爲證據。

第一五九條之二（被告以外之人之陳述之可信性及必要性）

被告以外之人於檢察事務官、司法警察官或司法警察調查中所爲之陳述，與審判中不符時，其先前之陳述具有較可信之特別情況，且爲證明犯罪事實存否所必要者，得爲證據。

第一五九條之三（傳聞法則可採爲證據之情況）

被告以外之人於審判中有下列情形之一，其於檢察事務官、司法警察官或司法警察調查中所爲之陳述，經證明具有可信之特別情況，且爲證明犯罪事實之存否所必要者，得爲證據：

一　死亡者。

二　身心障礙致記憶喪失或無法陳述者。

三　滯留國外或所在不明而無法傳喚或傳喚不到者。

四　到庭後無正當理由拒絕陳述者。

第一五九條之四（可作爲證據之文書）

除前三條之情形外，下列文書亦得爲證據：

一　除顯有不可信之情況外，公務員職務上製作之紀錄文書、證明文書。

二　除顯有不可信之情況外，從事業務之人於業務上或通常業務過程所須製作之紀錄文書、證明文書。

三　除前二款之情形外，其他於可信之特別情況下所製作之文書。

第一五九條之五（傳聞證據之適用）

①被告以外之人於審判外之陳述，雖不符前四條之規定，而經當事人於審判程序同意作爲證據，法院審酌該言詞陳述或書面陳述作成時之情況，認爲適當者，亦得爲證據。

②當事人、代理人或辯護人於法院調查證據時，知有第一百五十九條第一項不得爲證據之情形，而未於言詞辯論終結前聲明異議者，視爲有前項之同意。

第一六〇條（無證據能力）

證人之個人意見或推測之詞，除以實際經驗爲基礎者外，不得作爲證據。

第一六一條（檢察官之舉證責任）

①檢察官就被告犯罪事實，應負舉證責任，並指出證明之方法。

②法院於第一次審判期日前，認爲檢察官指出之證明方法顯不足認定被告有成立犯罪之可能時，應以裁定定期通知檢察官補正；逾期未補正者，得以裁定駁回起訴。

③駁回起訴之裁定已確定者，非有第二百六十條各款情形之一，不得對於同一案件再行起訴。

④違反前項規定，再行起訴者，應諭知不受理之判決。

第一六一條之一（被告主動證明權）

被告得就被訴事實指出有利之證明方法。

第一六一條之二（當事人等陳述意見）

①當事人、代理人、辯護人或輔佐人應就調查證據之範圍、次序及方法提出意見。

②法院應依前項所提意見而爲裁定。必要時，得因當事人、代理人、辯護人或輔佐人之聲請變更之。

第一六一條之三（自白之調查順序）

法院對於得爲證據之被告自白，除有特別規定外，非於有關犯罪事實之其他證據調查完畢後，不得調查。

第一六二條（刪除）

第一六三條（聲請或職權調查證據）109

①當事人、代理人、辯護人或輔佐人得聲請調查證據，並得於調查證據時，詢問證人、鑑定人或被告。審判長除認爲有不當者外，不得禁止之。

②法院爲發見眞實，得依職權調查證據。但於公平正義之維護或對被告之利益有重大關係事項，法院應依職權調查之。

③法院爲前項調查證據前，應予當事人、代理人、辯護人或輔佐人陳述意見之機會。

④告訴人得就證據調查事項向檢察官陳述意見，並請求檢察官向法院聲請調查證據。

第一六三條之一（聲請調查證據）

①當事人、代理人、辯護人或輔佐人聲請調查證據，應以書狀分別具體記載下列事項：

一　聲請調查之證據及其與待證事實之關係。
二　聲請傳喚之證人、鑑定人、通譯之姓名、性別、住居所及預期詰問所需之時間。
三　聲請調查之證據文書或其他文書之目錄。若僅聲請調查證據文書或其他文書之一部分者，應將該部分明確標示。

②調查證據聲請書狀，應按他造人數提出繕本。法院於接受繕本後，應速送達。

③不能提出第一項之書狀而有正當理由或其情況急迫者，得以言詞爲之。

④前項情形，聲請人應就第一項各款所列事項分別陳明，由書記官製作筆錄；如他造不在場者，應將筆錄送達。

第一六三條之二（聲請調查證據之駁回）

①當事人、代理人、辯護人或輔佐人聲請調查之證據，法院認爲不必要者，得以裁定駁回之。

②下列情形，應認爲不必要：
一　不能調查者。
二　與待證事實無重要關係者。
三　待證事實已臻明瞭無再調查之必要者。
四　同一證據再行聲請者。

第一六四條（普通物證之調查）

①審判長應將證物提示當事人、代理人、辯護人或輔佐人，使其辨認。

②前項證物如係文書而被告不解其意義者，應告以要旨。

第一六五條（書證之調查）

①卷宗內之筆錄及其他文書可爲證據者，審判長應向當事人、代理人、辯護人或輔佐人宣讀或告以要旨。

②前項文書，有關風化、公安或有毀損他人名譽之虞者，應交當事人、代理人、辯護人或輔佐人閱覽，不得宣讀；如被告不解其意義者，應告以要旨。

第一六五條之一（文書外證物之準用）

①前條之規定，於文書外之證物有與文書相同之效用者，準用之。

②錄音、錄影、電磁紀錄或其他相類之證物可爲證據者，審判長應以適當之設備，顯示聲音、影像、符號或資料，使當事人、代理人、辯護人或輔佐人辨認或告以要旨。

第一六六條（詰問之次序）

①當事人、代理人、辯護人及輔佐人聲請傳喚之證人、鑑定人，於審判長爲人別訊問後，由當事人、代理人或辯護人直接詰問之。被告如無辯護人，而不欲行詰問時，審判長仍應予詢問證人、鑑定人之適當機會。

②前項證人或鑑定人之詰問，依下列次序：
一　先由聲請傳喚之當事人、代理人或辯護人爲主詰問。
二　次由他造之當事人、代理人或辯護人爲反詰問。
三　再由聲請傳喚之當事人、代理人或辯護人爲覆主詰問。
四　再次由他造當事人、代理人或辯護人爲覆反詰問。

③前項詰問完畢後，當事人、代理人或辯護人，經審判長之許可，得更行詰問。

④證人、鑑定人經當事人、代理人或辯護人詰問完畢後，審判長得爲訊問。

⑤同一被告、自訴人有二以上代理人、辯護人時，該被告、自訴人之代理人、辯護人對同一證人、鑑定人之詰問，應推由其中一人代表爲之。但經審判長許可者，不在此限。

⑥兩造同時聲請傳喚之證人、鑑定人，其主詰問次序由兩造合意決定，如不能決定時，由審判長定之。

第一六六條之一（主詰問之內容）

①主詰問應就待證事項及其相關事項行之。

②爲辯明證人、鑑定人陳述之證明力，得就必要之事項爲主詰問。

③行主詰問時，不得為誘導詰問。但下列情形，不在此限：

一　未為實體事項之詰問前，有關證人、鑑定人之身分、學歷、經歷、與其交游所關之必要準備事項。

二　當事人顯無爭執之事項。

三　關於證人、鑑定人記憶不清之事項，為喚起其記憶所必要者。

四　證人、鑑定人對詰問者顯示敵意或反感者。

五　證人、鑑定人故為規避之事項。

六　證人、鑑定人為與先前不符之陳述時，其先前之陳述。

七　其他認有誘導詰問必要之特別情事者。

第一六六條之二（反詰問之內容）

①反詰問應就主詰問所顯現之事項及其相關事項或為辯明證人、鑑定人之陳述證明力所必要之事項行之。

②行反詰問於必要時，得為誘導詰問。

第一六六條之三（反詰問之情形）

①行反詰問時，就支持自己主張之新事項，經審判長許可，得為詰問。

②依前項所為之詰問，就該新事項視為主詰問。

第一六六條之四（覆主詰問）

①覆主詰問應就反詰問所顯現之事項及其相關事項行之。

②行覆主詰問，依主詰問之方式為之。

③前條之規定，於本條準用之。

第一六六條之五（覆反詰問）

①覆反詰問，應就辯明覆主詰問所顯現證據證明力必要之事項行之。

②行覆反詰問，依反詰問之方式行之。

第一六六條之六（詰問次序）

①法院依職權傳喚之證人或鑑定人，經審判長訊問後，當事人、代理人或辯護人得詰問之，其詰問之次序由審判長定之。

②證人、鑑定人經當事人、代理人或辯護人詰問後，審判長得續行訊問。

第一六六條之七（詰問之限制）

①詰問證人、鑑定人及證人、鑑定人之回答，均應就個別問題具體為之。

②下列之詰問不得為之，但第五款至第八款之情形，於有正當理由時，不在此限：

一　與本案及因詰問所顯現之事項無關者。

二　以恫嚇、侮辱、利誘、詐欺或其他不正之方法者。

三　抽象不明確之詰問。

四　為不合法之誘導者。

五　對假設性事項或無證據支持之事實為之者。

六　重覆之詰問。

七　要求證人陳述個人意見或推測、評論者。

八　恐證言於證人或與其有第一百八十條第一項關係之人之名譽、信用或財產有重大損害者。

九　對證人未親身經歷事項或鑑定人未行鑑定事項為之者。

十　其他為法令禁止者。

第一六七條（禁止詰問及續行訊問）

當事人、代理人或辯護人詰問證人、鑑定人時，審判長除認其有不當者外，不得限制或禁止之。

第一六七條之一（就詰問聲明異議）

當事人、代理人或辯護人就證人、鑑定人之詰問及回答，得以違背法令或不當為由，聲明異議。

第一六七條之二（聲明異議之處理）

①前條之異議，應就各個行爲，立即以簡要理由爲之。

②審判長對於前項異議，應立即處分。

③他造當事人、代理人或辯護人，得於審判長處分前，就該異議陳述意見。

④證人、鑑定人於當事人、代理人或辯護人聲明異議後，審判長處分前，應停止陳述。

第一六七條之三（異議之駁回）

審判長認異議有遲誤時機、意圖延滯訴訟或其他不合法之情形者，應以處分駁回之。但遲誤時機所提出之異議事項與案情有重要關係者，不在此限。

第一六七條之四（異議無理由之駁回）

審判長認異議無理由者，應以處分駁回之。

第一六七條之五（異議有理由之中止處分）

審判長認異議有理由者，應視其情形，立即分別爲中止、撤回、撤銷、變更或其他必要之處分。

第一六七條之六（處分不得聲明不服）

對於前三條之處分，不得聲明不服。

第一六七條之七（詢問之準用）

第一百六十六條之七第二項、第一百六十七條至第一百六十七條之六之規定，於行第一百六十三條第一項之詢問準用之。

第一六八條（證人、鑑定人之在庭義務）

證人、鑑定人雖經陳述完畢，非得審判長之許可，不得退庭。

第一六八條之一（當事人、代理人、辯護人或輔佐人之在場）

①當事人、代理人、辯護人或輔佐人得於訊問證人、鑑定人或通譯時在場。

②前項訊問之日、時及處所，法院應預行通知之。但事先陳明不願到場者，不在此限。

第一六九條（被告在庭權之限制）

審判長預料證人、鑑定人或共同被告於被告前不能自由陳述者，經聽取檢察官及辯護人之意見後，得於其陳述時，命被告退庭。但陳述完畢後，應再命被告入庭，告以陳述之要旨，並予詰問或對質之機會。

第一七〇條（陪席推事之訊問）

參與合議審判之陪席法官，得於告知審判長後，訊問被告或準用第一百六十六條第四項及第一百六十六條之六第二項之規定，訊問證人、鑑定人。

第一七一條（審判期日前訊問之準用規定）

法院或受命法官於審判期日前爲第二百七十三條第一項或第二百七十六條之訊問者，準用第一百六十四條至第一百七十條之規定。

第一七二條至第一七四條（刪除）

第二節　人　證

第一七五條（傳喚證人之傳票）

①傳喚證人，應用傳票。

②傳票，應記載下列事項：

　一　證人之姓名、性別及住所、居所。

　二　待證之事由。

　三　應到之日、時、處所。

　四　無正當理由不到場者，得科罰鍰及命拘提。

　五　證人得請求日費及旅費。

③傳票，於偵查中由檢察官簽名，審判中由審判長或受命法官簽名。

④傳票至遲應於到場期日二十四小時前送達。但有急迫情形者，不在此限。

第一七六條　（監所證人之傳喚與口頭傳喚）

第七十二條及第七十三條之規定，於證人之傳喚準用之。

第一七六條之一　（爲證人之義務）

除法律另有規定者外，不問何人，於他人之案件，有爲證人之義務。

第一七六條之二　（促使證人到場）

法院因當事人、代理人、辯護人或輔佐人聲請調查證據，而有傳喚證人之必要者，爲聲請之人應促使證人到場。

第一七七條　（就訊證人）

①證人不能到場或有其他必要情形，得於聽取當事人及辯護人之意見後，就其所在或於其所在地法院訊問之。

②前項情形，證人所在與法院間有聲音及影像相互傳送之科技設備而得直接訊問，經法院認爲適當者，得以該設備訊問之。

③當事人、辯護人及代理人得於前二項訊問證人時在場並得詰問之；其訊問之日時及處所，應預行通知之。

④第二項之情形，於偵查中準用之。

第一七八條　（證人之到場義務及制裁）

①證人經合法傳喚，無正當理由而不到場者，得科以新臺幣三萬元以下之罰鍰，並得拘提之；再傳不到者，亦同。

②前項科罰鍰之處分，由法院裁定之。檢察官爲傳喚者，應聲請該管法院裁定之。

③對於前項裁定，得提起抗告。

④拘提證人，準用第七十七條至第八十三條及第八十九條至第九十一條之規定。

第一七九條　（拒絕證言—公務員）

①以公務員或曾爲公務員之人爲證人，而就其職務上應守秘密之事項訊問者，應得該管監督機關或公務員之允許。

②前項允許，除有妨害國家之利益者外，不得拒絕。

第一八〇條　（拒絕證言—身分關係）

①證人有下列情形之一者，得拒絕證言：

一　現爲或曾爲被告或自訴人之配偶、直系血親、三親等內之旁系血親、二親等內之姻親或家長、家屬者。

二　與被告或自訴人訂有婚約者。

三　現爲或曾爲被告或自訴人之法定代理人或現由或曾由被告或自訴人爲其法定代理人者。

②對於共同被告或自訴人中一人或數人有前項關係，而就僅關於他共同被告或他共同自訴人之事項爲證人者，不得拒絕證言。

第一八一條　（拒絕證言—身分與利害關係）

證人恐因陳述致自己或與其有前條第一項關係之人受刑事追訴或處罰者，得拒絕證言。

第一八一條之一　（不得拒絕證言）

被告以外之人於反詰問時，就主詰問所陳述有關被告本人之事項，不得拒絕證言。

第一八二條　（拒絕證言—業務關係）

證人爲醫師、藥師、助產士、宗教師、律師、辯護人、公證人、會計師或其業務上佐理人或曾任此等職務之人，就其因業務所知悉有關他人秘密之事項受訊問者，除經本人允許者外，得拒絕證言。

第一八三條　（拒絕證言原因之釋明）

①證人拒絕證言者，應將拒絕之原因釋明之。但於第一百八十一條情形，得命具結以代釋明。

②拒絕證言之許可或駁回，偵查中由檢察官命令之，審判中由審判長或受命法官裁定之。

第一八四條　（證人之隔別訊問與對質）

①證人有數人者，應分別訊問之；其未經訊問者，非經許可，不得在場。

②因發見眞實之必要，得命證人與他證人或被告對質，亦得依被告之聲請，命與證人對質。

第一八五條　（證人之人別訊問）

①訊問證人，應先調查其人有無錯誤及與被告或自訴人有無第一百八十條第一項之關係。

②證人與被告或自訴人有第一百八十條第一項之關係者，應告以得拒絕證言。

第一八六條　（具結義務與不得令具結事由）

①證人應命具結。但有下列情形之一者，不得令其具結：

一　未滿十六歲者。

二　因精神障礙，不解具結意義及效果者。

②證人有第一百八十一條之情形者，應告以得拒絕證言。

第一八七條　（具結程序）

①證人具結前，應告以具結之義務及僞證之處罰。

②對於不令具結之證人應告以當據實陳述，不得匿、飾、增、減。

第一八八條　（具結時期）

具結，應於訊問前爲之。但應否具結有疑義者，得命於訊問後爲之。

第一八九條　（結文之作成）

①具結應於結文內記載當據實陳述，決無匿、飾、增、減等語；其於訊問後具結者，結文內應記載係據實陳述，並無匿、飾、增、減等語。

②結文應命證人朗讀；證人不能朗讀者，應命書記官朗讀，於必要時並說明其意義。

③結文應命證人簽名、蓋章或按指印。

④證人係依第一百七十七條第二項以科技設備訊問者，經具結之結文得以電信傳眞或其他科技設備傳送予法院或檢察署，再行補送原本。

⑤第一百七十七條第二項證人訊問及前項結文傳送之辦法，由司法院會同行政院定之。

第一九〇條　（訊問證人之方法）

訊問證人，得命其就訊問事項之始末連續陳述。

第一九一條　（刪除）

第一九二條　（訊問證人之準用規定）109

第七十四條、第九十八條、第九十九條、第一百條之一第一項、第二項之規定，於證人之訊問準用之。

第一九三條　（拒絕具結或證言及不實具結之制裁）

①證人無正當理由拒絕具結或證言者，得科以新臺幣三萬元以下之罰鍰，於第一百八十三條第一項但書情形爲不實之具結者，亦同。

②第一百七十八條第二項及第三項之規定，於前項處分準用之。

第一九四條　（證人請求日費及旅費之權利）

①證人得請求法定之日費及旅費。但被拘提或無正當理由，拒絕具結或證言者，不在此限。

②前項請求，應於訊問完畢後十日內，向法院爲之。但旅費得請求預行酌給。

第一九五條　（囑託訊問證人）

①審判長或檢察官得囑託證人所在地之法官或檢察官訊問證人；如證人不在該地者，該法官、檢察官得轉囑託其所在地之法官、檢察官。

②第一百七十七條第三項之規定，於受託訊問證人時準用之。

③受託法官或檢察官訊問證人者，與本案繫屬之法院審判長或檢察官有同一之權限。

第一九六條　（再行傳訊之限制）

證人已由法官合法訊問，且於訊問時予當事人詰問之機會，其陳述明確別無訊問之必要者，不得再行傳喚。

第一九六條之一（通知書之使用）

①司法警察官或司法警察因調查犯罪嫌疑人犯罪情形及蒐集證據之必要，得使用通知書通知證人到場詢問。

②第七十一條之一第二項、第七十三條、第七十四條、第一百七十五條第二項第一款至第三款、第四項、第一百七十七條第一項、第三項、第一百七十九條至第一百八十二條、第一百八十四條、第一百八十五條及第一百九十二條之規定，於前項證人之通知及詢問準用之。

第三節　鑑定及通譯

第一九七條（鑑定事項之準用規定）

鑑定，除本節有特別規定外，準用前節關於人證之規定。

第一九八條（鑑定人之選任）

鑑定人由審判長、受命法官或檢察官就下列之人選任一人或數人充之：

一　就鑑定事項有特別知識經驗者。

二　經政府機關委任有鑑定職務者。

第一九九條（拘提之禁止）

鑑定人，不得拘提。

第二〇〇條（聲請拒卻鑑定人之原因及時期）

①當事人得依聲請法官迴避之原因，拒卻鑑定人。但不得以鑑定人於該案件曾爲證人或鑑定人爲拒卻之原因。

②鑑定人已就鑑定事項爲陳述或報告後，不得拒卻。但拒卻之原因發生在後或知悉在後者，不在此限。

第二〇一條（拒卻鑑定人之程序）

①拒卻鑑定人，應將拒卻之原因及前條第二項但書之事實釋明之。

②拒卻鑑定人之許可或駁回，偵查中由檢察官命令之，審判中由審判長或受命法官裁定之。

第二〇二條（鑑定人之具結義務）

鑑定人應於鑑定前具結，其結文內應記載必爲公正誠實之鑑定等語。

第二〇三條（於法院外爲鑑定）

①審判長、受命法官或檢察官於必要時，得使鑑定人於法院外爲鑑定。

②前項情形，得將關於鑑定之物，交付鑑定人。

③因鑑定被告心神或身體之必要，得預定七日以下之期間，將被告送入醫院或其他適當之處所。

第二〇三條之一（鑑定留置票之內容）

①前條第三項情形，應用鑑定留置票。但經拘提、逮捕到場，其期間未逾二十四小時者，不在此限。

②鑑定留置票，應記載下列事項：

一　被告之姓名、性別、年齡、出生地及住所或居所。

二　案由。

三　應鑑定事項。

四　應留置之處所及預定之期間。

五　如不服鑑定留置之救濟方法。

③第七十一條第三項之規定，於鑑定留置票準用之。

④鑑定留置票，由法官簽名。檢察官認有鑑定留置必要時，向法院聲請簽發之。

第二〇三條之二（執行鑑定留置）

①執行鑑定留置，由司法警察將被告送入留置處所，該處所管理人員查驗人別無誤後，應於鑑定留置票附記送入之年、月、日、時並簽名。

②第八十九條、第九十條之規定，於執行鑑定留置準用之。

③執行鑑定留置時，鑑定留置票應分別送交檢察官、鑑定人、辯護人、被告及其指定之親友。

④因執行鑑定留置有必要時，法院或檢察官得依職權或依留置處所管理人員之聲請，命司法警察看守被告。

第二〇三條之三（鑑定留置期間及住所）

①鑑定留置之預定期間，法院得於審判中依職權或偵查中依檢察官之聲請裁定縮短或延長之。但延長之期間不得逾二月。

②鑑定留置之處所，因安全或其他正當事由之必要，法院得於審判中依職權或偵查中依檢察官之聲請裁定變更之。

③法院為前二項裁定，應通知檢察官、鑑定人、辯護人、被告及其指定之親友。

第二〇三條之四（鑑定留置日數視為羈押日數）

對被告執行第二百零三條第三項之鑑定者，其鑑定留置期間之日數，視為羈押之日數。

第二〇四條（鑑定之必要處分）

①鑑定人因鑑定之必要，得經審判長、受命法官或檢察官之許可，檢查身體、解剖屍體、毀壞物體或進入有人住居或看守之住宅或其他處所。

②第一百二十七條、第一百四十六條至第一百四十九條、第二百十五條、第二百十六條第一項及第二百十七條之規定，於前項情形準用之。

第二〇四條之一（鑑定許可書）

①前條第一項之許可，應用許可書。但於審判長、受命法官或檢察官前為之者，不在此限。

②許可書，應記載下列事項：

一　案由。

二　應檢查之身體、解剖之屍體、毀壞之物體或進入有人住居或看守之住宅或其他處所。

三　應鑑定事項。

四　鑑定人之姓名。

五　執行之期間。

③許可書，於偵查中由檢察官簽名，審判中由審判長或受命法官簽名。

④檢查身體，得於第一項許可書內附加認為適當之條件。

第二〇四條之二（出示及交還許可書）

①鑑定人為第二百零四條第一項之處分時，應出示前條第一項之許可書及可證明其身分之文件。

②許可書於執行期間屆滿後不得執行，應即將許可書交還。

第二〇四條之三（拒絕檢查之處分）

①被告以外之人無正當理由拒絕第二百零四條第一項之檢查身體處分者，得科以新臺幣三萬元以下之罰鍰，並準用第一百七十八條第二項及第三項之規定。

②無正當理由拒絕第二百零四條第一項之處分者，審判長、受命法官或檢察官得率同鑑定人實施之，並準用關於勘驗之規定。

第二〇五條（鑑定之必要處分）

①鑑定人因鑑定之必要，得經審判長、受命法官或檢察官之許可，檢閱卷宗及證物，並得請求蒐集或調取之。

②鑑定人得請求訊問被告、自訴人或證人，並許其在場及直接發問。

第二〇五條之一 （執行鑑定之程序）
①鑑定人因鑑定之必要，得經審判長、受命法官或檢察官之許可，採取分泌物、排泄物、血液、毛髮或其他出自或附著身體之物，並得採取指紋、腳印、聲調、筆跡、照相或其他相類之行為。
②前項處分，應於第二百零四條之一第二項許可書中載明。
第二〇五條之二 （司法警察人員採證）
檢察事務官、司法警察官或司法警察因調查犯罪情形及蒐集證據之必要，對於經拘提或逮捕到案之犯罪嫌疑人或被告，得違反犯罪嫌疑人或被告之意思，採取其指紋、掌紋、腳印，予以照相、測量身高或類似之行為；有相當理由認為採取毛髮、唾液、尿液、聲調或吐氣得作為犯罪之證據時，並得採取之。
第二〇六條 （鑑定報告）
①鑑定之經過及其結果，應命鑑定人以言詞或書面報告。
②鑑定人有數人時，得使其共同報告之。但意見不同者，應使其各別報告。
③以書面報告者，於必要時得使其以言詞說明。
第二〇六條之一 （當事人之在場權）
①行鑑定時，如有必要，法院或檢察官得通知當事人、代理人或辯護人到場。
②第一百六十八條之一第二項之規定，於前項情形準用之。
第二〇七條 （鑑定人之增加或變更）
鑑定有不完備者，得命增加人數或命他人繼續或另行鑑定。
第二〇八條 （機關鑑定）
①法院或檢察官得囑託醫院、學校或其他相當之機關、團體為鑑定，或審查他人之鑑定，並準用第二百零三條至第二百零六條之一之規定；其須以言詞報告或說明時，得命實施鑑定或審查之人為之。
②第一百六十三條第一項、第一百六十六條至第一百六十七條之七、第二百零二條之規定，於前項由實施鑑定或審查之人為言詞報告或說明之情形準用之。
第二〇九條 （鑑定人之費用請求權）
鑑定人於法定之日費、旅費外，得向法院請求相當之報酬及預行酌給或償還因鑑定所支出之費用。
第二一〇條 （鑑定證人）
訊問依特別知識得知已往事實之人者，適用關於人證之規定。
第二一一條 （通譯準用本節規定）
本節之規定，於通譯準用之。

第四節　勘　驗

第二一二條 （勘驗之機關及原因）
法院或檢察官因調查證據及犯罪情形，得實施勘驗。
第二一三條 （勘驗之處分）
勘驗，得為左列處分：
一　履勘犯罪場所或其他與案情有關係之處所。
二　檢查身體。
三　檢驗屍體。
四　解剖屍體。
五　檢查與案情有關係之物件。
六　其他必要之處分。
第二一四條 （勘驗時之到場人）
①行勘驗時，得命證人、鑑定人到場。

②檢察官實施勘驗，如有必要，得通知當事人、代理人或辯護人到場。
③前項勘驗之日、時及處所，應預行通知之。但事先陳明不願到場或有急迫情形者，不在此限。

第二一五條　（檢查身體處分之限制）
①檢查身體，如係對於被告以外之人，以有相當理由可認為於調查犯罪情形有必要者為限，始得為之。
②行前項檢查，得傳喚其人到場或指定之其他處所，並準用第七十二條、第七十三條、第一百七十五條及第一百七十八條之規定。
③檢查婦女身體，應命醫師或婦女行之。

第二一六條　（檢驗或解剖屍體處分）
①檢驗或解剖屍體，應先查明屍體有無錯誤。
②檢驗屍體，應命醫師或檢驗員行之。
③解剖屍體，應命醫師行之。

第二一七條　（檢驗或解剖屍體處分）
①因檢驗或解剖屍體，得將該屍體或其一部暫行留存，並得開棺及發掘墳墓。
②檢驗或解剖屍體及開棺發掘墳墓，應通知死者之配偶或其他同居或較近之親屬，許其在場。

第二一八條　（相驗）
①遇有非病死或可疑為非病死者，該管檢察官應速相驗。
②前項相驗，檢察官得命檢察事務官會同法醫師、醫師或檢驗員行之。但檢察官認顯無犯罪嫌疑者，得調度司法警察官會同法醫師、醫師或檢驗員行之。
③依前項規定相驗完畢後，應即將相關之卷證陳報檢察官。檢察官如發現有犯罪嫌疑時，應繼續為必要之勘驗及調查。

第二一九條　（強制勘驗之準用）
第一百二十七條、第一百三十二條、第一百四十六條至第一百五十一條及第一百五十三條之規定，於勘驗準用之。

第五節　證據保全

第二一九條之一　（聲請保全證據之程序）
①告訴人、犯罪嫌疑人、被告或辯護人於證據有湮滅、偽造、變造、隱匿或礙難使用之虞時，偵查中得聲請檢察官為搜索、扣押、鑑定、勘驗、訊問證人或其他必要之保全處分。
②檢察官受理前項聲請，除認其為不合法或無理由予以駁回者外，應於五日內為保全處分。
③檢察官駁回前項聲請或未於前項期間內為保全處分者，聲請人得逕向該管法院聲請保全證據。

第二一九條之二　（證據保全之處理）
①法院對於前條第三項之聲請，於裁定前應徵詢檢察官之意見，認為不合法律上之程式或法律上不應准許或無理由者，應以裁定駁回之。但其不合法律上之程式可以補正者，應定期間先命補正。
②法院認為聲請有理由者，應為准許保全證據之裁定。
③前二項裁定，不得抗告。

第二一九條之三　（受理聲請保全證據之機關）
第二百十九條之一之保全證據聲請，應向偵查中之該管檢察官為之。但案件尚未移送或報告檢察官者，應向調查之司法警察官或司法警察所屬機關所在地之地方法院檢察署檢察官聲請。

第二一九條之四（審判期日前之證據保全）

①案件於第一審法院審判中，被告或辯護人認爲證據有保全之必要者，得在第一次審判期日前，聲請法院或受命法官爲保全證據處分。遇有急迫情形時，亦得向受訊問人住居地或證物所在地之地方法院聲請之。

②檢察官或自訴人於起訴後，第一次審判期日前，認有保全證據之必要者，亦同。

③第二百七十九條第二項之規定，於受命法官爲保全證據處分之情形準用之。

④法院認爲保全證據之聲請不合法律上之程式或法律上不應准許或無理由者，應即以裁定駁回之。但其不合法律上之程式可以補正者，應定期間先命補正。

⑤法院或受命法官認爲聲請有理由者，應爲准許保全證據之裁定。

⑥前二項裁定，不得抗告。

第二一九條之五（保全證據書狀）

①聲請保全證據，應以書狀爲之。

②聲請保全證據書狀，應記載下列事項：

一　案情概要。

二　應保全之證據及保全方法。

三　依該證據應證之事實。

四　應保全證據之理由。

③前項第四款之理由，應釋明之。

第二一九條之六（保全證據在場權）

①告訴人、犯罪嫌疑人、被告、辯護人或代理人於偵查中，除有妨害證據保全之虞者外，對於其聲請保全之證據，得於實施保全證據時在場。

②保全證據之日、時及處所，應通知前項得在場之人。但有急迫情形致不能及時通知，或犯罪嫌疑人、被告受拘禁中者，不在此限。

第二一九條之七（保全證據之保管）

①保全之證據於偵查中，由該管檢察官保管。但案件在司法警察官或司法警察調查中，經法院爲准許保全證據之裁定者，由該司法警察官或司法警察所屬機關所在地之地方法院檢察署檢察官保管之。

②審判中保全之證據，由命保全之法院保管，但案件繫屬他法院者，應送交該法院。

第二一九條之八（準用之規定）

證據保全，除有特別規定外，準用本章、前章及第二百四十八條之規定。

第十三章　裁　判

第二二〇條（裁判之方式）

裁判，除依本法應以判決行之者外，以裁定行之。

第二二一條（言詞辯論主義）

判決，除有特別規定外，應經當事人之言詞辯論爲之。

第二二二條（裁定之審理）

①裁定，因當庭之聲明而爲之者，應經訴訟關係人之言詞陳述。

②爲裁定前有必要時，得調查事實。

第二二三條（裁判之理由敘述）

判決應敘述理由，得爲抗告或駁回聲明之裁定亦同。

第二二四條（應宣示之裁判）

①判決應宣示之。但不經言詞辯論之判決，不在此限。

②裁定以當庭所爲者爲限，應宣示之。

第二二五條（裁判之宣示方法）

①宣示判決，應朗讀主文，說明其意義，並告以理由之要旨。

②宣示裁定，應告以裁定之意旨；其敘述理由者，並告以理由。
③前二項應宣示之判決或裁定，於宣示之翌日公告之，並通知當事人。

第二二六條（裁判書之製作）
①裁判應制作裁判書者，應於裁判宣示後，當日將原本交付書記官。但於辯論終結之期日宣示判決者，應於五日內交付之。
②書記官應於裁判原本記明接受之年、月、日並簽名。

第二二七條（裁判正本之送達）
①裁判制作裁判書者，除有特別規定外，應以正本送達於當事人、代理人、辯護人及其他受裁判之人。
②前項送達，自接受裁判原本之日起，至遲不得逾七日。

第二編　第一審

第一章　公　訴

第一節　偵　查

第二二八條（偵查之發動）
①檢察官因告訴、告發、自首或其他情事知有犯罪嫌疑者，應即開始偵查。
②前項偵查，檢察官得限期命檢察事務官、第二百三十條之司法警察官或第二百三十一條之司法警察調查犯罪情形及蒐集證據，並提出報告。必要時，得將相關卷證一併發交。
③實施偵查非有必要，不得先行傳訊被告。
④被告經傳喚、自首或自行到場者，檢察官於訊問後，認有第一百零一條第一項各款或第一百零一條之一第一項各款所定情形之一而無聲請羈押之必要者，得命具保、責付或限制住居。但認有羈押之必要者，得予逮捕，並將逮捕所依據之事實告知被告後，聲請法院羈押之。第九十三條第二項、第三項、第五項之規定於本項之情形準用之。

第二二九條（協助檢察官偵查之司法警察官）
①下列各員，於其管轄區域內為司法警察官，有協助檢察官偵查犯罪之職權：
　一　警政署署長、警察局局長或警察總隊總隊長。
　二　憲兵隊長官。
　三　依法令關於特定事項，得行相當於前二款司法警察官之職權者。
②前項司法警察官，應將調查之結果，移送該管檢察官；如接受被拘提或逮捕之犯罪嫌疑人，除有特別規定外，應解送該管檢察官。但檢察官命其解送者，應即解送。
③被告或犯罪嫌疑人未經拘提或逮捕者，不得解送。

第二三〇條（聽從檢察官指揮之司法警察官）
①下列各員為司法警察官，應受檢察官之指揮，偵查犯罪：
　一　警察官長。
　二　憲兵隊官長、士官。
　三　依法令關於特定事項，得行司法警察官之職權者。
②前項司法警察官知有犯罪嫌疑者，應即開始調查，並將調查之情形報告該管檢察官及前條之司法警察官。
③實施前項調查有必要時，得封鎖犯罪現場，並為即時之勘察。

第二三一條（司法警察）
①下列各員為司法警察，應受檢察官及司法警察官之命令，偵查犯罪：
　一　警察。
　二　憲兵。

三　依法令關於特定事項，得行司法警察之職權者。

②司法警察知有犯罪嫌疑者，應即開始調查，並將調查之情形報告該管檢察官及司法警察官。

③實施前項調查有必要時，得封鎖犯罪現場，並為即時之勘察。

第二三一條之一（案件之補足或調查）

①檢察官對於司法警察官或司法警察移送或報告之案件，認為調查未完備者，得將卷證發回，命其補足，或發交其他司法警察官或司法警察調查。司法警察官或司法警察應於補足或調查後，再行移送或報告。

②對於前項之補足或調查，檢察官得限定時間。

第二三二條（被害人之告訴權）

犯罪之被害人，得為告訴。

第二三三條（獨立及代理告訴人）

①被害人之法定代理人或配偶，得獨立告訴。

②被害人已死亡者，得由其配偶、直系血親、三親等內之旁系血親、二親等內之姻親或家長、家屬告訴。但告訴乃論之罪，不得與被害人明示之意思相反。

第二三四條（專屬告訴人）

①刑法第二百三十條之妨害風化罪，非左列之人不得告訴：

一　本人之直系血親尊親屬。

二　配偶或其直系血親尊親屬。

②刑法第二百三十九條之妨害婚姻及家庭罪，非配偶不得告訴。

③刑法第二百四十條第二項之妨害婚姻及家庭罪，非配偶不得告訴。

④刑法第二百九十八條之妨害自由罪，被略誘人之直系血親、三親等內之旁系血親，二親等內之姻親或家長、家屬亦得告訴。

⑤刑法第三百十二條之妨害名譽及信用罪，已死者之配偶、直系血親、三親等內之旁系血親、二親等內之姻親或家長、家屬得為告訴。

第二三五條（特定犯罪人之獨立告訴人）

被害人之法定代理人為被告，或該法定代理人之配偶或四親等內之血親、三親等內之姻親或家長、家屬為被告者，被害人之直系血親、三親等內之旁系血親、二親等內之姻親或家長、家屬得獨立告訴。

第二三六條（代行告訴人）

①告訴乃論之罪，無得為告訴之人或得為告訴之人不能行使告訴權者，該管檢察官得依利害關係人之聲請，或依職權指定代行告訴人。

②第二百三十三條第二項但書之規定，本條準用之。

第二三六條之一（委任代理人告訴）

①告訴，得委任代理人行之。但檢察官或司法警察官認為必要時，得命本人到場。

②前項委任應提出委任書狀於檢察官或司法警察官，並準用第二十八條及第三十二條之規定。

第二三六條之二（指定代行告訴人不得再委任代理人）

前條及第二百七十一條之一之規定，於指定代行告訴人不適用之。

第二三七條（告訴乃論之告訴期間）

①告訴乃論之罪，其告訴應自得為告訴之人知悉犯人之時起，於六個月內為之。

②得為告訴之人有數人，其一人遲誤期間者，其效力不及於他人。

第二三八條（告訴乃論之撤回告訴）

①告訴乃論之罪，告訴人於第一審辯論終結前，得撤回其告訴。

②撤回告訴之人，不得再行告訴。

第二三九條（告訴不可分原則）

告訴乃論之罪，對於共犯之一人告訴或撤回告訴者，其效力及於其他共犯。但刑法第二百三十九條之罪，對於配偶撤回告訴者，其效力不及於相姦人。

第二四〇條　（權利告發）
不問何人知有犯罪嫌疑者，得爲告發。

第二四一條　（義務告發）
公務員因執行職務，知有犯罪嫌疑者，應爲告發。

第二四二條　（告訴之程式）
①告訴、告發，應以書狀或言詞向檢察官或司法警察官爲之；其以言詞爲之者，應製作筆錄。爲便利言詞告訴、告發，得設置申告鈴。
②檢察官或司法警察官實施偵查，發見犯罪事實之全部或一部係告訴乃論之罪而未經告訴者，於被害人或其他得爲告訴之人到案陳述時，應訊問其是否告訴，記明筆錄。
③第四十一條第二項至第四項及第四十三條之規定，於前二項筆錄準用之。

第二四三條　（請求之程序）
①刑法第一百十六條及第一百十八條請求乃論之罪，外國政府之請求，得經外交部長函請司法行政最高長官令知該管檢察官。
②第二百三十八條及第二百三十九條之規定，於外國政府之請求準用之。

第二四四條　（自首準用告訴之程序）
自首向檢察官或司法警察官爲之者，準用第二百四十二條之規定。

第二四五條　（偵查不公開或揭露原則）101
①偵查，不公開之。
②被告或犯罪嫌疑人之辯護人，得於檢察官、檢察事務官、司法警察官或司法警察訊問該被告或犯罪嫌疑人時在場，並得陳述意見。但有事實足認其在場有妨害國家機密或有湮滅、偽造、變造證據或勾串共犯或證人或妨害他人名譽之虞，或其行爲不當足以影響偵查秩序者，得限制或禁止之。
③檢察官、檢察事務官、司法警察官、司法警察、辯護人、告訴代理人或其他於偵查程序依法執行職務之人員，除依法令或爲維護公共利益或保護合法權益有必要者外，偵查中因執行職務知悉之事項，不得公開或揭露予執行法定職務必要範圍以外之人員。
④偵查中訊問被告或犯罪嫌疑人時，應將訊問之日、時及處所通知辯護人。但情形急迫者，不在此限。
⑤第一項偵查不公開作業辦法，由司法院會同行政院定之。

第二四六條　（就地訊問被告）
遇被告不能到場，或有其他必要情形，得就其所在訊問之。

第二四七條　（偵查之輔助—該管機關）
關於偵查事項，檢察官得請該管機關爲必要之報告。

第二四八條　（人證之訊問及詰問）
①訊問證人、鑑定人時，如被告在場者，被告得親自詰問；詰問有不當者，檢察官得禁止之。
②預料證人、鑑定人於審判時不能訊問者，應命被告在場。但恐證人、鑑定人於被告前不能自由陳述者，不在此限。

第二四八條之一　（偵查中被害人受訊問或詢問之陪同人在場及陳述意見）109
①被害人於偵查中受訊問或詢問時，其法定代理人、配偶、直系或三親等內旁系血親、家長、家屬、醫師、心理師、輔導人員、社工人員或其信賴之人，經被害人同意後，得陪同在場，並得陳述意見。
②前項規定，於得陪同在場之人爲被告，或檢察官、檢察事務官、司法警察官或司法警察認其在場，有礙偵查程序之進行時，不適用之。

第二四八條之二　（偵查中之移付調解及轉介修復式司法程序）109

①檢察官於偵查中得將案件移付調解；或依被告及被害人之聲請，轉介適當機關、機構或團體進行修復。
②前項修復之聲請，被害人無行為能力、限制行為能力或死亡者，得由其法定代理人、直系血親或配偶為之。

第二四八條之三 （偵查中之隱私保護及隔離措施）109
①檢察官於偵查中應注意被害人及其家屬隱私之保護。
②被害人於偵查中受訊問時，檢察官依被害人之聲請或依職權，審酌案件情節及被害人之身心狀況後，得利用遮蔽設備，將被害人與被告、第三人適當隔離。
③前二項規定，於檢察事務官、司法警察官或司法警察調查時，準用之。

第二四九條 （偵查之輔助—軍民）
實施偵查遇有急迫情形，得命在場或附近之人為相當之輔助，檢察官於必要時，並得請附近軍事官長派遣軍隊輔助。

第二五〇條 （無管轄權時之通知與移送）
檢察官知有犯罪嫌疑而不屬其管轄或於開始偵查後，認為案件不屬其管轄者，應即分別通知或移送該管檢察官；但有急迫情形時，應為必要之處分。

第二五一條 （公訴之提起）
①檢察官依偵查所得之證據，足認被告有犯罪嫌疑者，應提起公訴。
②被告之所在不明者，亦應提起公訴。

第二五二條 （絕對不起訴處分）
案件有左列情形之一者，應為不起訴之處分：
一　曾經判決確定者。
二　時效已完成者。
三　曾經大赦者。
四　犯罪後之法律已廢止其刑罰者。
五　告訴或請求乃論之罪，其告訴或請求已經撤回或已逾告訴期間者。
六　被告死亡者。
七　法院對於被告無審判權者。
八　行為不罰者。
九　法律應免除其刑者。
十　犯罪嫌疑不足者。

第二五三條 （相對不起訴案件）106
第三百七十六條第一項各款所規定之案件，檢察官參酌刑法第五十七條所列事項，認為以不起訴為適當者，得為不起訴之處分。

第二五三條之一 （緩起訴處分之適用範圍及期間）
①被告所犯為死刑、無期徒刑或最輕本刑三年以上有期徒刑以外之罪，檢察官參酌刑法第五十七條所列事項及公共利益之維護，認以緩起訴為適當者，得定一年以上三年以下之緩起訴期間為緩起訴處分，其期間自緩起訴處分確定之日起算。
②追訴權之時效，於緩起訴之期間內，停止進行。
③刑法第八十三條第三項之規定，於前項之停止原因，不適用之。
④第三百二十三條第一項但書之規定，於緩起訴期間，不適用之。

第二五三條之二 （緩起訴得命被告履行之規定）103
①檢察官為緩起訴處分者，得命被告於一定期間內遵守或履行下列各款事項：
一　向被害人道歉。
二　立悔過書。
三　向被害人支付相當數額之財產或非財產上之損害賠償。
四　向公庫支付一定金額，並得由該管檢察署依規定提撥一定比率補助相關公益團體或地方自治團體。

五　向該管檢察署指定之政府機關、政府機構、行政法人、社區或其他符合公益目的之機構或團體提供四十小時以上二百四十小時以下之義務勞務。

六　完成戒癮治療、精神治療、心理輔導或其他適當之處遇措施。

七　保護被害人安全之必要命令。

八　預防再犯所爲之必要命令。

②檢察官命被告遵守或履行前項第三款至第六款之事項，應得被告之同意；第三款、第四款並得爲民事強制執行名義。

③第一項情形，應附記於緩起訴處分書內。

④第一項之期間，不得逾緩起訴期間。

⑤第一項第四款提撥比率、收支運用及監督管理辦法，由行政院會同司法院另定之。

第二五三條之三　（緩起訴處分之撤銷）

①被告於緩起訴期間內，有左列情形之一者，檢察官得依職權或依告訴人之聲請撤銷原處分，繼續偵查或起訴：

一　於期間內故意更犯有期徒刑以上刑之罪，經檢察官提起公訴者。

二　緩起訴前，因故意犯他罪，而在緩起訴期間內受有期徒刑以上刑之宣告者。

三　違背第二百五十三條之二第一項各款之應遵守或履行事項者。

②檢察官撤銷緩起訴之處分時，被告已履行之部分，不得請求返還或賠償。

第二五四條　（相對不起訴處分—於執行之刑無實益）

被告犯數罪時，其一罪已受重刑之確定判決，檢察官認爲他罪雖行起訴，於應執行之刑無重大關係者，得爲不起訴之處分。

第二五五條　（不起訴處分之程序）

①檢察官依第二百五十二條、第二百五十三條、第二百五十三條之一、第二百五十三條之三、第二百五十四條規定爲不起訴、緩起訴或撤銷緩起訴或因其他法定理由爲不起訴處分者，應製作處分書敘述其處分之理由。但處分前經告訴人或告發人同意者，處分書得僅記載處分之要旨。

②前項處分書，應以正本送達於告訴人、告發人、被告及辯護人。緩起訴處分書，並應送達與遵守或履行行爲有關之被害人、機關、團體或社區。

③前項送達，自書記官接受處分書原本之日起，不得逾五日。

第二五六條　（再議之聲請及期間）109

①告訴人接受不起訴或緩起訴處分書後，得於十日內以書狀敘述不服之理由，經原檢察官向直接上級檢察署檢察長或檢察總長聲請再議。但第二百五十三條、第二百五十三條之一之處分曾經告訴人同意者，不得聲請再議。

②不起訴或緩起訴處分得聲請再議者，其再議期間及聲請再議之直接上級檢察署檢察長或檢察總長，應記載於送達告訴人處分書正本。

③死刑、無期徒刑或最輕本刑三年以上有期徒刑之案件，因犯罪嫌疑不足，經檢察官爲不起訴之處分，或第二百五十三條之一之案件經檢察官爲緩起訴之處分者，如無得聲請再議之人時，原檢察官應依職權逕送直接上級檢察署檢察長或檢察總長再議，並通知告發人。

第二五六條之一　（聲請再議—撤銷緩起訴處分）109

①被告接受撤銷緩起訴處分書後，得於十日內以書狀敘述不服之理由，經原檢察官向直接上級檢察署檢察長或檢察總長聲請再議。

②前條第二項之規定，於送達被告之撤銷緩起訴處分書準用之。

第二五七條　（聲請再議處理—原檢察官或首席）

①再議之聲請，原檢察官認爲有理由者，應撤銷其處分，除前條情形外，應繼續偵查或起訴。

②原檢察官認聲請為無理由者，應即將該案卷宗及證物送交上級法院檢察署檢察長或檢察總長。
③聲請已逾前二條之期間者，應駁回之。
④原法院檢察署檢察長認為必要時，於依第二項之規定送交前，得親自或命令他檢察官再行偵查或審核，分別撤銷或維持原處分；其維持原處分者，應即送交。

第二五八條（聲請再議之處理—上級首席或檢察長）
上級法院檢察署檢察長或檢察總長認再議為無理由者，應駁回之；認為有理由者，第二百五十六條之一之情形應撤銷原處分，第二百五十六條之情形應分別為左列處分：
一　偵查未完備者，得親自或命令他檢察官再行偵查，或命令原法院檢察署檢察官續行偵查。
二　偵查已完備者，命令原法院檢察署檢察官起訴。

第二五八條之一（不服駁回處分之聲請交付審判）
①告訴人不服前條之駁回處分者，得於接受處分書後十日內委任律師提出理由狀，向該管第一審法院聲請交付審判。
②律師受前項之委任，得檢閱偵查卷宗及證物並得抄錄或攝影。但涉及另案偵查不公開或其他依法應予保密之事項，得限制或禁止之。
③第三十條第一項之規定，於前二項之情形準用之。

第二五八條之二（撤回交付審判之聲請）
①交付審判之聲請，於法院裁定前，得撤回之，於裁定交付審判後第一審辯論終結前，亦同。
②撤回交付審判之聲請，書記官應速通知被告。
③撤回交付審判聲請之人，不得再行聲請交付審判。

第二五八條之三（聲請交付審判之裁定）
①聲請交付審判之裁定，法院應以合議行之。
②法院認交付審判之聲請不合法或無理由者，應駁回之；認為有理由者，應為交付審判之裁定，並將正本送達於聲請人、檢察官及被告。
③法院為前項裁定前，得為必要之調查。
④法院為交付審判之裁定時，視為案件已提起公訴。
⑤被告對於第二項交付審判之裁定，得提起抗告；駁回之裁定，不得抗告。

第二五八條之四（交付審判程序之準用）
交付審判之程序，除法律別有規定外，適用第二編第一章第三節之規定。

第二五九條（不起訴處分對羈押之效力）
①羈押之被告受不起訴或緩起訴之處分者，視為撤銷羈押，檢察官應將被告釋放，並應即時通知法院。
②為不起訴或緩起訴之處分者，扣押物應即發還。但法律另有規定、再議期間內、聲請再議中或聲請法院交付審判中遇有必要情形，或應沒收或為偵查他罪或他被告之用應留存者，不在此限。

第二五九條之一（宣告沒收之聲請）105
檢察官依第二百五十三條或第二百五十三條之一為不起訴或緩起訴之處分者，對刑法第三十八條第二項、第三項之物及第三十八條之一第一項、第二項之犯罪所得，得單獨聲請法院宣告沒收。

第二六〇條（不起訴處分之效力—再行起訴）
不起訴處分已確定或緩起訴處分期滿未經撤銷者，非有左列情形之一，不得對於同一案件再行起訴：
一　發現新事實或新證據者。
二　有第四百二十條第一項第一款、第二款、第四款或第五款所定得為再審原因之情形者。

第二六一條　（停止偵查—民事訴訟終結前）

犯罪是否成立或刑罰應否免除，以民事法律關係爲斷者，檢察官應於民事訴訟終結前，停止偵查。

第二六二條　（終結偵查之限制）

犯人不明者，於認有第二百五十二條所定之情形以前，不得終結偵查。

第二六三條　（起訴書之送達）

第二百五十五條第二項及第三項之規定，於檢察官之起訴書準用之。

第二節　起　訴

第二六四條　（起訴之程式與起訴書應記載事項）

①提起公訴，應由檢察官向管轄法院提出起訴書爲之。

②起訴書，應記載左列事項：

一　被告之姓名、性別、年齡、籍貫、職業、住所或居所或其他足資辨別之特徵。

二　犯罪事實及證據並所犯法條。

③起訴時，應將卷宗及證物一併送交法院。

第二六五條　（追加起訴之期間、限制及方式）

①於第一審辯論終結前，得就與本案相牽連之犯罪或本罪之誣告罪，追加起訴。

②追加起訴，得於審判期日以言詞爲之。

第二六六條　（起訴對人的效力）

起訴之效力，不及於檢察官所指被告以外之人。

第二六七條　（起訴對事的效力—公訴不可分）

檢察官就犯罪事實一部起訴者，其效力及於全部。

第二六八條　（不告不理原則）

法院不得就未經起訴之犯罪審判。

第二六九條　（撤回起訴之時期、原因及程式）

①檢察官於第一審辯論終結前，發見有應不起訴或以不起訴爲適當之情形者，得撤回起訴。

②撤回起訴，應提出撤回書敘述理由。

第二七〇條　（撤回起訴之效力）

撤回起訴與不起訴處分有同一之效力，以其撤回書視爲不起訴處分書，準用第二百五十五條至第二百六十條之規定。

第三節　審　判

第二七一條　（審判期日之傳喚及通知）

①審判期日，應傳喚被告或其代理人，並通知檢察官、辯護人、輔佐人。

②審判期日，應傳喚被害人或其家屬並予陳述意見之機會。但經合法傳喚無正當理由不到場，或陳明不願到場，或法院認爲不必要或不適宜者，不在此限。

第二七一條之一　（委任告訴代理人之程式及準用規定）109

①告訴人得於審判中委任代理人到場陳述意見。但法院認爲必要時，得命本人到場。

②前項委任應提出委任書狀於法院，並準用第二十八條、第三十二條及第三十三條第一項之規定，但代理人爲非律師者於審判中，對於卷宗及證物不得檢閱、抄錄或攝影。

第二七一條之二　（審判中之隱私保護及隔離遮蔽）109

①法院於審判中應注意被害人及其家屬隱私之保護。

②被害人依第二百七十一條第二項之規定到場者，法院依被害人之聲請或依職權，審酌案件情節及被害人之身心狀況，並聽取當事人及辯護人之意見後，得利用遮蔽設備，將被

害人與被告、旁聽人適當隔離。

第二七一條之三（審判中之被害人陪同措施）109

①被害人之法定代理人、配偶、直系或三親等內旁系血親、家長、家屬、醫師、心理師、輔導人員、社工人員或其信賴之人，經被害人同意後，得於審判中陪同被害人在場。

②前項規定，於得陪同在場之人爲被告時，不適用之。

第二七一條之四（審判中之移付調解及轉介修復式司法程序）109

①法院於言詞辯論終結前，得將案件移付調解；或依被告及被害人之聲請，於聽取檢察官、代理人、辯護人及輔佐人之意見後，轉介適當機關、機構或團體進行修復。

②前項修復之聲請，被害人無行爲能力、限制行爲能力或死亡者，得由其法定代理人、直系血親或配偶爲之。

第二七二條（第一次審判期日傳票送達期間）

第一次審判期日之傳票，至遲應於七日前送達；刑法第六十一條所列各罪之案件至遲應於五日前送達。

第二七三條（審判期日前對被告之訊問及訴訟行爲欠缺程式之定期補正）

①法院得於第一次審判期日前，傳喚被告或其代理人，並通知檢察官、辯護人、輔佐人到庭，行準備程序，爲下列各款事項之處理：

一　起訴效力所及之範圍與有無應變更檢察官所引應適用法條之情形。

二　訊問被告、代理人及辯護人對檢察官起訴事實是否爲認罪之答辯，及決定可否適用簡式審判程序或簡易程序。

三　案件及證據之重要爭點。

四　有關證據能力之意見。

五　曉諭爲證據調查之聲請。

六　證據調查之範圍、次序及方法。

七　命提出證物或可爲證據之文書。

八　其他與審判有關之事項。

②於前項第四款之情形，法院依本法之規定認定無證據能力者，該證據不得於審判期日主張之。

③前條之規定，於行準備程序準用之。

④第一項程序處理之事項，應由書記官製作筆錄，並由到庭之人緊接其記載之末行簽名、蓋章或按指印。

⑤第一項之人經合法傳喚或通知，無正當理由不到庭者，法院得對到庭之人行準備程序。

⑥起訴或其他訴訟行爲，於法律上必備之程式有欠缺而其情形可補正者，法院應定期間，以裁定命其補正。

第二七三條之一（簡式審判程序）

①除被告所犯爲死刑、無期徒刑、最輕本刑爲三年以上有期徒刑之罪或高等法院管轄第一審案件者外，於前條第一項程序進行中，被告先就被訴事實爲有罪之陳述時，審判長得告知被告簡式審判程序之旨，並聽取當事人、代理人、辯護人及輔佐人之意見後，裁定進行簡式審判程序。

②法院爲前項裁定後，認有不得或不宜者，應撤銷原裁定，依通常程序審判之。

③前項情形，應更新審判程序。但當事人無異議者，不在此限。

第二七三條之二（簡式審判程序之證據調查方法）

簡式審判程序之證據調查，不受第一百五十九條第一項、第一百六十一條之二、第一百六十一條之三、第一百六十三條之一及第一百六十四條至第一百七十條規定之限制。

第二七四條（期日前之傳喚及證據之蒐集）

法院於審判期日前，得調取或命提出證物。

第二七五條（期日前之舉證權利）
當事人或辯護人，得於審判期日前，提出證據及聲請法院為前條之處分。
第二七六條（期日前人證之訊問）
①法院預料證人不能於審判期日到場者，得於審判期日前訊問之。
②法院得於審判期日前，命為鑑定及通譯。
第二七七條（期日前物之強制處分）
法院得於審判期日前，為搜索、扣押及勘驗。
第二七八條（期日前公署之報告）
法院得於審判期日前，就必要之事項，請求該管機關報告。
第二七九條（受命推事之指定及其權限）
①行合議審判之案件，為準備審判起見，得以庭員一人為受命法官，於審判期日前，使行準備程序，以處理第二百七十三條第一項、第二百七十四條、第二百七十六條至第二百七十八條規定之事項。
②受命法官行準備程序，與法院或審判長有同一之權限。但第一百二十一條之裁定，不在此限。
第二八〇條（審判庭之組織）109
審判期日，應由法官、檢察官及書記官出庭。
第二八一條（被告到庭之義務）
①審判期日，除有特別規定外，被告不到庭者，不得審判。
②許被告用代理人之案件，得由代理人到庭。
第二八二條（在庭之身體自由）
被告在庭時，不得拘束其身體。但得命人看守。
第二八三條（被告之在庭義務）
①被告到庭後，非經審判長許可，不得退庭。
②審判長因命被告在庭，得為相當處分。
第二八四條（強制辯護案件辯護人之到庭）
第三十一條第一項所定之案件無辯護人到庭者，不得審判。但宣示判決，不在此限。
第二八四條之一（合議審判）106
除簡式審判程序、簡易程序及第三百七十六條第一項第一款、第二款所列之罪之案件外，第一審應行合議審判。
第二八五條（審判開始－朗讀案由）
審判期日，以朗讀案由為始。
第二八六條（人別訊問與起訴要旨之陳述）
審判長依第九十四條訊問被告後，檢察官應陳述起訴之要旨。
第二八七條（訊問被告）
檢察官陳述起訴要旨後，審判長應告知被告第九十五條規定之事項。
第二八七條之一（共同被告之調查辯論之合併分離）
①法院認為適當時，得依職權或當事人或辯護人之聲請，以裁定將共同被告之調查證據或辯論程序分離或合併。
②前項情形，因共同被告之利害相反，而有保護被告權利之必要者，應分離調查證據或辯論。
第二八七條之二（共同被告人證之準用）
法院就被告本人之案件調查共同被告時，該共同被告準用有關人證之規定。
第二八八條（調查證據）
①調查證據應於第二百八十七條程序完畢後行之。
②審判長對於準備程序中當事人不爭執之被告以外之人之陳述，得僅以宣讀或告以要旨代

之。但法院認有必要者，不在此限。
③除簡式審判程序案件外，審判長就被告被訴事實爲訊問者，應於調查證據程序之最後行之。
④審判長就被告科刑資料之調查，應於前項事實訊問後行之。

第二八八條之一（陳述意見提出有利證據告知）
①審判長每調查一證據畢，應詢問當事人有無意見。
②審判長應告知被告得提出有利之證據。

第二八八條之二（證據證明力之辯論）
法院應予當事人、代理人、辯護人或輔佐人，以辯論證據證明力之適當機會。

第二八八條之三（聲明異議權）
①當事人、代理人、辯護人或輔佐人對於審判長或受命法官有關證據調查或訴訟指揮之處分不服者，除有特別規定外，得向法院聲明異議。
②法院應就前項異議裁定之。

第二八九條（言詞辯論）109
①調查證據完畢後，應命依下列次序就事實及法律分別辯論之：
一　檢察官。
二　被告。
三　辯護人。
②前項辯論後，應命依同一次序，就科刑範圍辯論之。於科刑辯論前，並應予到場之告訴人、被害人或其家屬或其他依法得陳述意見之人就科刑範圍表示意見之機會。
③已依前二項辯論者，得再爲辯論，審判長亦得命再行辯論。

第二九〇條（被告最後陳述）
審判長於宣示辯論終結前，最後應詢問被告有無陳述。

第二九一條（再開辯論）
辯論終結後，遇有必要情形，法院得命再開辯論。

第二九二條（更新審判事由）109
①審判期日，應由參與之法官始終出庭；如有更易者，應更新審判程序。
②參與審判期日前準備程序之法官有更易者，毋庸更新其程序。

第二九三條（連續開庭與更新審判事由）
審判非一次期日所能終結者，除有特別情形外，應於次日連續開庭；如下次開庭因事故間隔至十五日以上者，應更新審判程序。

第二九四條（停止審判—心神喪失與一造缺席判決）
①被告心神喪失者，應於其回復以前停止審判。
②被告因疾病不能到庭者，應於其能到庭以前停止審判。
③前二項被告顯有應諭知無罪或免刑判決之情形者，得不待其到庭，逕行判決。
④許用代理人案件委任有代理人者，不適用前三項之規定。

第二九五條（停止審判—相關之他罪判決）
犯罪是否成立以他罪爲斷，而他罪已經起訴者，得於其判決確定前，停止本罪之審判。

第二九六條（停止審判—無關之他罪判決）
被告犯有他罪已經起訴應受重刑之判決，法院認爲本罪科刑於應執行之刑無重大關係者，得於他罪判決確定前停止本罪之審判。

第二九七條（停止審判—民事判決）
犯罪是否成立或刑罰應否免除，以民事法律關係爲斷，而民事已經起訴者，得於其程序終結前停止審判。

第二九八條（停止審判之回復）
第二百九十四條第一項、第二項及第二百九十五條至第二百九十七條停止審判之原因消滅時，法院應繼續審判，當事人亦得聲請法院繼續審判。

第二九九條 （科刑或免刑判決）

①被告犯罪已經證明者，應諭知科刑之判決。但免除其刑者，應諭知免刑之判決。

②依刑法第六十一條規定，爲前項免刑判決前，並得斟酌情形經告訴人或自訴人同意，命被告爲左列各款事項：

一 向被害人道歉。

二 立悔過書。

三 向被害人支付相當數額之慰撫金。

③前項情形，應附記於判決書內。

④第二項第三款並得爲民事強制執行名義。

第三〇〇條 （變更法條）

前條之判決，得就起訴之犯罪事實，變更檢察官所引應適用之法條。

第三〇一條 （無罪判決）

①不能證明被告犯罪或其行爲不罰者應諭知無罪之判決。

②依刑法第十八條第一項或第十九條第一項其行爲不罰，認爲有諭知保安處分之必要者，並應諭知其處分及期間。

第三〇二條 （免訴判決）

案件有左列情形之一者，應諭知免訴之判決：

一 曾經判決確定者。

二 時效已完成者。

三 曾經大赦者。

四 犯罪後之法律已廢止其刑罰者。

第三〇三條 （不受理判決）

案件有下列情形之一者，應諭知不受理之判決：

一 起訴之程序違背規定者。

二 已經提起公訴或自訴之案件，在同一法院重行起訴者。

三 告訴或請求乃論之罪，未經告訴、請求或其告訴、請求經撤回或已逾告訴期間者。

四 曾爲不起訴處分、撤回起訴或緩起訴期滿未經撤銷，而違背第二百六十條之規定再行起訴者。

五 被告死亡或爲被告之法人已不存續者。

六 對於被告無審判權者。

七 依第八條之規定不得爲審判者。

第三〇四條 （管轄錯誤判決）

無管轄權之案件，應諭知管轄錯誤之判決，並同時諭知移送於管轄法院。

第三〇五條 （一造缺席判決）

被告拒絕陳述者，得不待其陳述逕行判決；其未受許可而退庭者亦同。

第三〇六條 （一造缺席判決）

法院認爲應科拘役、罰金或應諭知免刑或無罪之案件，被告經合法傳喚無正當理由不到庭者，得不待其陳述逕行判決。

第三〇七條 （言詞審理之例外）

第一百六十一條第四項、第三百零二條至第三百零四條之判決，得不經言詞辯論爲之。

第三〇八條 （判決書之內容）

判決書應分別記載其裁判之主文與理由；有罪之判決書並應記載犯罪事實，且得與理由合併記載。

第三〇九條 （有罪判決書之主文應記載事項）105

有罪之判決書，應於主文內載明所犯之罪，並分別情形，記載下列事項：

一　諭知之主刑、從刑、刑之免除或沒收。
二　諭知有期徒刑或拘役者，如易科罰金，其折算之標準。
三　諭知罰金者，如易服勞役，其折算之標準。
四　諭知易以訓誡者，其諭知。
五　諭知緩刑者，其緩刑之期間。
六　諭知保安處分者，其處分及期間。

第三一〇條（有罪判決書之理由記載事項）105

有罪之判決書，應於理由內分別情形記載下列事項：
一　認定犯罪事實所憑之證據及其認定之理由。
二　對於被告有利之證據不採納者，其理由。
三　科刑時就刑法第五十七條或第五十八條規定事項所審酌之情形。
四　刑罰有加重、減輕或免除者，其理由。
五　易以訓誡或緩刑者，其理由。
六　諭知沒收、保安處分者，其理由。
七　適用之法律。

第三一〇條之一（有罪判決之記載）

①有罪判決，諭知六月以下有期徒刑或拘役得易科罰金、罰金或免刑者，其判決書得僅記載判決主文、犯罪事實、證據名稱、對於被告有利證據不採納之理由及應適用之法條。
②前項判決，法院認定之犯罪事實與起訴書之記載相同者，得引用之。

第三一〇條之二（適用簡式審判程序之有罪判決書製作）

適用簡式審判程序之有罪判決書之製作，準用第四百五十四條之規定。

第三一〇條之三（諭知沒收之判決）105

除於有罪判決諭知沒收之情形外，諭知沒收之判決，應記載其裁判之主文、構成沒收之事實與理由。理由內應分別情形記載認定事實所憑之證據及其認定之理由、對於被告有利證據不採納之理由及應適用之法律。

第三一一條（宣示判決之時期）107

行獨任審判之案件宣示判決，應自辯論終結之日起二星期內為之；行合議審判者，應於三星期內為之。但案情繁雜或有特殊情形者，不在此限。

第三一二條（宣示判決－被告不在庭）

宣示判決，被告雖不在庭亦應為之。

第三一三條（宣示判決－主體）109

宣示判決，不以參與審判之法官為限。

第三一四條（得上訴判決之宣示及送達）

①判決得為上訴者，其上訴期間及提出上訴狀之法院，應於宣示時一併告知，並應記載於送達被告之判決正本。
②前項判決正本，並應送達於告訴人及告發人，告訴人於上訴期間內，得向檢察官陳述意見。

第三一四條之一（判決正本附錄論罪法條全文）

有罪判決之正本，應附記論罪之法條全文。

第三一五條（判決書之登報）

犯刑法偽證及誣告罪章或妨害名譽及信用罪章之罪者，因被害人或其他有告訴權人之聲請，得將判決書全部或一部登報，其費用由被告負擔。

第三一六條（判決對羈押之效力）

羈押之被告，經諭知無罪、免訴、免刑、緩刑、罰金或易以訓誡或第三百零三條第三款、第四款不受理之判決者，視為撤銷羈押。但上訴期間內或上訴中，得命具保、責付或限制住居，如不能具保、責付或限制住居，而有必要情形者，並得繼續羈押之。

第三一七條（判決後扣押物之處分）
扣押物未經諭知沒收者，應即發還。但上訴期間內或上訴中遇有必要情形，得繼續扣押之。

第三一八條（贓物之處理）
①扣押之贓物，依第一百四十二條第一項應發還被害人者，應不待其請求即行發還。
②依第一百四十二條第二項暫行發還之物無他項諭知者，視爲已有發還之裁定。

第二章　自　訴

第三一九條（適格之自訴人及審判不可分原則）
①犯罪之被害人得提起自訴。但無行爲能力或限制行爲能力或死亡者，得由其法定代理人、直系血親或配偶爲之。
②前項自訴之提起，應委任律師行之。
③犯罪事實之一部提起自訴者，他部雖不得自訴亦以得提起自訴論。但不得提起自訴部分係較重之罪，或其第一審屬於高等法院管轄，或第三百二十一條之情形者，不在此限。

第三二〇條（自訴狀）
①自訴，應向管轄法院提出自訴狀爲之。
②自訴狀應記載下列事項：
一　被告之姓名、性別、年齡、住所或居所，或其他足資辨別之特徵。
二　犯罪事實及證據並所犯法條。
③前項犯罪事實，應記載構成犯罪之具體事實及其犯罪之日、時、處所、方法。
④自訴狀應按被告之人數，提出繕本。

第三二一條（自訴之限制—親屬）
對於直系尊親屬或配偶，不得提起自訴。

第三二二條（自訴限制—不得告訴請求者）
告訴或請求乃論之罪，已不得爲告訴或請求者，不得再行自訴。

第三二三條（自訴限制—偵查終結）
①同一案件經檢察官依第二百二十八條規定開始偵查者，不得再行自訴。但告訴乃論之罪，經犯罪之直接被害人提起自訴者，不在此限。
②於開始偵查後，檢察官知有自訴在先或前項但書之情形者，應即停止偵查，將案件移送法院。但遇有急迫情形，檢察官仍應爲必要之處分。

第三二四條（自訴效力—不得再行告訴、請求）
同一案件經提起自訴者，不得再行告訴或爲第二百四十三條之請求。

第三二五條（自訴人之撤回自訴）
①告訴或請求乃論之罪，自訴人於第一審辯論終結前，得撤回其自訴。
②撤回自訴，應以書狀爲之。但於審判期日或受訊問時，得以言詞爲之。
③書記官應速將撤回自訴之事由，通知被告。
④撤回自訴之人，不得再行自訴或告訴或請求。

第三二六條（曉諭撤回自訴或裁定駁回自訴）
①法院或受命法官，得於第一次審判期日前，訊問自訴人、被告及調查證據，於發見案件係民事或利用自訴程序恫嚇被告者，得曉諭自訴人撤回自訴。
②前項訊問不公開之；非有必要，不得先行傳訊被告。
③第一項訊問及調查結果，如認爲案件有第二百五十二條、第二百五十三條、第二百五十四條之情形者，得以裁定駁回自訴，並準用第二百五十三條之二第一項第一款至第四款、第二項及第三項之規定。
④駁回自訴之裁定已確定者，非有第二百六十條各款情形之一，不得對於同一案件再行自訴。

第三二七條（自訴人之傳喚拘提）

①命自訴代理人到場，應通知之；如有必要命自訴人本人到場者，應傳喚之。

②第七十一條、第七十二條及第七十三條之規定，於自訴人之傳喚準用之。

第三二八條（自訴狀繕本之送達）

法院於接受自訴狀後，應速將其繕本送達於被告。

第三二九條（自訴人得爲之訴訟行爲）

①檢察官於審判期日所得爲之訴訟行爲，於自訴程序，由自訴代理人爲之。

②自訴人未委任代理人，法院應定期間以裁定命其委任代理人，逾期仍不委任者，應諭知不受理之判決。

第三三〇條（檢察官之協助）

①法院應將自訴案件之審判期日通知檢察官。

②檢察官對於自訴案件，得於審判期日出庭陳述意見。

第三三一條（撤回自訴之擬制、擔當訴訟與一造缺席判決）

自訴代理人經合法通知無正當理由不到庭，應再行通知，並告知自訴人。自訴代理人無正當理由仍不到庭者，應諭知不受理之判決。

第三三二條（承受或擔當訴訟與缺席判決）

自訴人於辯論終結前，喪失行爲能力或死亡者，得由第三百十九條第一項所列得爲提起自訴之人，於一個月內聲請法院承受訴訟；如無承受訴訟之人或逾期不爲承受者，法院應分別情形，逕行判決或通知檢察官擔當訴訟。

第三三三條（停止審判－民事判決）

犯罪是否成立或刑罰應否免除，以民事法律關係爲斷，而民事未起訴者，停止審判，並限期命自訴人提起民事訴訟，逾期不提起者，應以裁定駁回其自訴。

第三三四條（不受理判決）

不得提起自訴而提起者，應諭知不受理之判決。

第三三五條（管轄錯誤判決）

諭知管轄錯誤之判決者，非經自訴人聲明，毋庸移送案件於管轄法院。

第三三六條（自訴判決書送達與檢察官之處分）

①自訴案件之判決書，並應送達於該管檢察官。

②檢察官接受不受理或管轄錯誤之判決書後，認爲應提起公訴者，應即開始或續行偵查。

第三三七條（得上訴判決宣示方法之準用）

第三百十四條第一項之規定，於自訴人準用之。

第三三八條（提起反訴之要件）

提起自訴之被害人犯罪，與自訴事實直接相關，而被告爲其被害人者，被告得於第一審辯論終結前，提起反訴。

第三三九條（反訴準用自訴程序）

反訴，準用自訴之規定。

第三四〇條（刪除）

第三四一條（反訴與自訴之判決時期）

反訴應與自訴同時判決。但有必要時，得於自訴判決後判決之。

第三四二條（反訴之獨立性）

自訴之撤回，不影響於反訴。

第三四三條（自訴準用公訴程序）

自訴程序，除本章有特別規定外，準用第二百四十六條、第二百四十九條及前章第二節、第三節關於公訴之規定。

第三編　上　訴

第一章　通　則

第三四四條　（上訴權人—當事人）109

①當事人對於下級法院之判決有不服者，得上訴於上級法院。

②自訴人於辯論終結後喪失行爲能力或死亡者，得由第三百十九條第一項所列得爲提起自訴之人上訴。

③告訴人或被害人對於下級法院之判決有不服者，亦得具備理由，請求檢察官上訴。

④檢察官爲被告之利益，亦得上訴。

⑤宣告死刑之案件，原審法院應不待上訴依職權逕送該管上級法院審判，並通知當事人。

⑥前項情形，視爲被告已提起上訴。

第三四五條　（上訴權人—獨立上訴）

被告之法定代理人或配偶，得爲被告之利益獨立上訴。

第三四六條　（上訴權人—代理上訴）

原審之代理人或辯護人，得爲被告之利益而上訴。但不得與被告明示之意思相反。

第三四七條　（上訴權人—自訴案件檢察官）

檢察官對於自訴案件之判決，得獨立上訴。

第三四八條　（上訴範圍）

①上訴得對於判決之一部爲之；未聲明爲一部者，視爲全部上訴。

②對於判決之一部上訴者，其有關係之部分，視爲亦已上訴。

第三四九條　（上訴期間）109

上訴期間爲二十日，自送達判決後起算。但判決宣示後送達前之上訴，亦有效力。

第三五〇條　（提起上訴之程式）

①提起上訴，應以上訴書狀提出於原審法院爲之。

②上訴書狀，應按他造當事人之人數，提出繕本。

第三五一條　（在監所被告之上訴）

①在監獄或看守所之被告，於上訴期間內向監所長官提出上訴書狀者，視爲上訴期間內之上訴。

②被告不能自作上訴書狀者，監所公務員應爲之代作。

③監所長官接受上訴書狀後，應附記接受之年、月、日、時，送交原審法院。

④被告之上訴書狀，未經監所長官提出者，原審法院之書記官於接到上訴書狀後，應即通知監所長官。

第三五二條　（上訴狀繕本之送達）

原審法院書記官，應速將上訴書狀之繕本，送達於他造當事人。

第三五三條　（上訴權之捨棄）

當事人得捨棄其上訴權。

第三五四條　（上訴之撤回）

上訴於判決前，得撤回之。案件經第三審法院發回原審法院，或發交與原審法院同級之他法院者，亦同。

第三五五條　（撤回上訴之限制—被告同意）

爲被告之利益而上訴者，非得被告之同意，不得撤回。

第三五六條　（撤回上訴之限制—檢察官同意）

自訴人上訴者，非得檢察官之同意，不得撤回。

第三五七條　（捨棄或撤回上訴之管轄）

①捨棄上訴權，應向原審法院爲之。

②撤回上訴，應向上訴審法院爲之。但於該案卷宗送交上訴審法院以前，得向原審法院爲之。

第三五八條 （捨棄或撤回上訴之程式）

①捨棄上訴權及撤回上訴，應以書狀爲之。但於審判期日，得以言詞爲之。

②第三百五十一條之規定，於被告捨棄上訴權或撤回上訴準用之。

第三五九條 （捨棄或撤回上訴之效力）

捨棄上訴權或撤回上訴者，喪失其上訴權。

第三六〇條 （捨棄或撤回上訴之通知）

捨棄上訴權或撤回上訴，書記官應速通知他造當事人。

第二章 第二審

第三六一條 （第二審上訴之管轄）

①不服地方法院之第一審判決而上訴者，應向管轄第二審之高等法院爲之。

②上訴書狀應敘述具體理由。

③上訴書狀未敘述上訴理由者，應於上訴期間屆滿後二十日內補提理由書於原審法院。逾期未補提者，原審法院應定期間先命補正。

第三六二條 （原審對不合法上訴之處置—裁定駁回與補正）

原審法院認爲上訴不合法律上之程式或法律上不應准許或其上訴權已經喪失者，應以裁定駁回之。但其不合法律上之程式可補正者，應定期間先命補正。

第三六三條 （卷宗證物送交與監所被告之解送）

①除前條情形外，原審法院應速將該案卷宗及證物送交第二審法院。

②被告在看守所或監獄而不在第二審法院所在地者，原審法院應命將被告解送第二審法院所在地之看守所或監獄，並通知第二審法院。

第三六四條 （第一審程序之準用）

第二審之審判，除本章有特別規定外，準用第一審審判之規定。

第三六五條 （上訴人陳述上訴要旨）

審判長依第九十四條訊問被告後，應命上訴人陳述上訴之要旨。

第三六六條 （第二審調查範圍）

第二審法院，應就原審判決經上訴之部分調查之。

第三六七條 （第二審對不合法上訴之處置—判決駁回補正）

第二審法院認爲上訴書狀未敘述理由或上訴有第三百六十二條前段之情形者，應以判決駁回之。但其情形可以補正而未經原審法院命其補正者，審判長應定期間先命補正。

第三六八條 （上訴無理由之判決）

第二審法院認爲上訴無理由者，應以判決駁回之。

第三六九條 （撤銷原判決—自爲判決或發回）

①第二審法院認爲上訴有理由，或上訴雖無理由，而原判不當或違法者，應將原審判決經上訴之部分撤銷，就該案件自爲判決。但因原審判決諭知管轄錯誤、免訴、不受理係不當而撤銷之者，得以判決將該案件發回原審法院。

②第二審法院因原審判決未諭知管轄錯誤係不當而撤銷之者，如第二審法院有第一審管轄權，應爲第一審之判決。

第三七〇條 （禁止不利益變更原則）103

①由被告上訴或爲被告之利益而上訴者，第二審法院不得諭知較重於原審判決之刑。但因原審判決適用法條不當而撤銷之者，不在此限。

②前項所稱刑，指宣告刑及數罪併罰所定應執行之刑。

③第一項規定，於第一審或第二審數罪併罰之判決，一部上訴經撤銷後，另以裁定定其應執行之刑時，準用之。

第三七一條（一造缺席判決）
被告經合法傳喚，無正當之理由不到庭者，得不待其陳述，逕行判決。
第三七二條（言詞審理之例外）
第三百六十七條之判決及對於原審諭知管轄錯誤、免訴或不受理之判決上訴時，第二審法院認其爲無理由而駁回上訴，或認爲有理由而發回該案件之判決，得不經言詞辯論爲之。
第三七三條（第一審判決書之引用）
第二審判決書，得引用第一審判決書所記載之事實、證據及理由，對案情重要事項第一審未予論述，或於第二審提出有利於被告之證據或辯解不予採納者，應補充記載其理由。
第三七四條（得上訴判決正本之記載方法）
第二審判決，被告或自訴人得爲上訴者，應併將提出上訴理由書之期間，記載於送達之判決正本。

第三章　第三審

第三七五條（第三審上訴之管轄）
①不服高等法院之第二審或第一審判決而上訴者，應向最高法院爲之。
②最高法院審判不服高等法院第一審判決之上訴，亦適用第三審程序。
第三七六條（不得上訴第三審之判決）106
①下列各罪之案件，經第二審判決者，不得上訴於第三審法院。但第一審法院所爲無罪、免訴、不受理或管轄錯誤之判決，經第二審法院撤銷並諭知有罪之判決者，被告或得爲被告利益上訴之人得提起上訴：
一　最重本刑爲三年以下有期徒刑、拘役或專科罰金之罪。
二　刑法第三百二十條、第三百二十一條之竊盜罪。
三　刑法第三百三十五條、第三百三十六條第二項之侵占罪。
四　刑法第三百三十九條、第三百四十一條之詐欺罪。
五　刑法第三百四十二條之背信罪。
六　刑法第三百四十六條之恐嚇罪。
七　刑法第三百四十九條第一項之贓物罪。
②依前項但書規定上訴，經第三審法院撤銷並發回原審法院判決者，不得上訴於第三審法院。
第三七七條（上訴第三審理由—違背法令）
上訴於第三審法院，非以判決違背法令爲理由，不得爲之。
第三七八條（違背法令之意義）
判決不適用法則或適用不當者，爲違背法令。
第三七九條（當然違背法令之事由）
有左列情形之一者，其判決當然違背法令：
一　法院之組織不合法者。
二　依法律或裁判應迴避之法官參與審判者。
三　禁止審判公開非依法律之規定者。
四　法院所認管轄之有無係不當者。
五　法院受理訴訟或不受理訴訟係不當者。
六　除有特別規定外，被告未於審判期日到庭而逕行審判者。
七　依本法應用辯護人之案件或已經指定辯護人之案件，辯護人未經到庭辯護而逕行審判者。
八　除有特別規定外，未經檢察官或自訴人到庭陳述而爲審判者。

九　依本法應停止或更新審判而未經停止或更新者。
十　依本法應於審判期日調查之證據而未予調查者。
十一　未與被告以最後陳述之機會者。
十二　除本法有特別規定外，已受請求之事項未予判決，或未受請求之事項予以判決者。
十三　未經參與審理之法官參與判決者。
十四　判決不載理由或所載理由矛盾者。

第三八〇條　（上訴第三審之限制—上訴理由）
除前條情形外，訴訟程序雖係違背法令而顯然於判決無影響者，不得為上訴之理由。

第三八一條　（上訴第三審之理由—刑罰變、廢、免除）
原審判決後，刑罰有廢止、變更或免除者，得為上訴之理由。

第三八二條　（上訴理由及理由書補提）109
①上訴書狀應敘述上訴之理由；其未敘述者，得於提起上訴後二十日內補提理由書於原審法院；未補提者，毋庸命其補提。
②第三百五十條第二項、第三百五十一條及第三百五十二條之規定，於前項理由書準用之。

第三八三條　（答辯書之提出）
①他造當事人接受上訴書狀或補提理由書之送達後，得於十日內提出答辯書於原審法院。
②如係檢察官為他造當事人者，應就上訴之理由提出答辯書。
③答辯書應提出繕本，由原審法院書記官送達於上訴人。

第三八四條　（原審法院對不合法上訴之處置—裁定駁回與補正）
原審法院認為上訴不合法律上之程式或法律上不應准許或其上訴權已經喪失者，應以裁定駁回之。但其不合法律上之程式可補正者，應定期間先命補正。

第三八五條　（卷宗及證物之送交第三審）
①除前條情形外，原審法院於接受答辯書或提出答辯書之期間已滿後，應速將該案卷宗及證物，送交第三審法院之檢察官。
②第三審法院之檢察官接受卷宗及證物後，應於七日內添具意見書送交第三審法院。但於原審法院檢察官提出之上訴書或答辯書外無他意見者，毋庸添具意見書。
③無檢察官為當事人之上訴案件，原審法院應將卷宗及證物逕送交第三審法院。

第三八六條　（書狀之補提）
①上訴人及他造當事人，在第三審法院未判決前，得提出上訴理由書、答辯書、意見書或追加理由書於第三審法院。
②前項書狀，應提出繕本，由第三審法院書記官送達於他造當事人。

第三八七條　（第一審審判程序之準用）
第三審之審判，除本章有特別規定外，準用第一審審判之規定。

第三八八條　（強制辯護規定之排除）
第三十一條之規定，於第三審之審判不適用之。

第三八九條　（言詞審理之例外）
①第三審法院之判決，不經言詞辯論為之。但法院認為有必要者，得命辯論。
②前項辯論，非以律師充任之代理人或辯護人，不得行之。

第三九〇條　（指定受命法官及制作報告書）109
第三審法院於命辯論之案件，得以庭員一人為受命法官，調查上訴及答辯之要旨，制作報告書。

第三九一條　（朗讀報告書與陳述上訴意旨）109
①審判期日，受命法官應於辯論前，朗讀報告書。
②檢察官或代理人、辯護人應先陳述上訴之意旨，再行辯論。

第三九二條（一造辯論與不行辯論）

審判期日，被告或自訴人無代理人、辯護人到庭者，應由檢察官或他造當事人之代理人、辯護人陳述後，即行判決。被告及自訴人均無代理人、辯護人到庭者，得不行辯論。

第三九三條（第三審調查範圍—上訴理由）

第三審法院之調查，以上訴理由所指摘之事項爲限。但左列事項，得依職權調查之：

一　第三百七十九條各款所列之情形。
二　免訴事由之有無。
三　對於確定事實援用法令之當否。
四　原審判決後刑罰之廢止、變更或免除。
五　原審判決後之赦免或被告死亡。

第三九四條（三審調查範圍—事實調查）109

①第三審法院應以第二審判決所確認之事實爲判決基礎。但關於訴訟程序及得依職權調查之事項，得調查事實。

②前項調查，得以受命法官行之，並得囑託他法院之法官調查。

③前二項調查之結果，認爲起訴程序違背規定者，第三審法院得命其補正；其法院無審判權而依原審判決後之法令有審判權者，不以無審判權論。

第三九五條（上訴不合法之判決—判決駁回）

第三審法院認爲上訴有第三百八十四條之情形者，應以判決駁回之；其以逾第三百八十二條第一項所定期間，而於第三審法院未判決前，仍未提出上訴理由書狀者，亦同。

第三九六條（上訴無理由之判決—判決駁回）

①第三審法院認爲上訴無理由者，應以判決駁回之。

②前項情形，得同時諭知緩刑。

第三九七條（上訴有理由之判決—撤銷原判）

第三審法院認爲上訴有理由者，應將原審判決中經上訴之部分撤銷。

第三九八條（撤銷原判—自爲判決）

第三審法院因原審判決有左列情形之一而撤銷之者，應就該案件自爲判決。但應爲後二條之判決者，不在此限：

一　雖係違背法令，而不影響於事實之確定，可據以爲裁判者。
二　應諭知免訴或不受理者。
三　有第三百九十三條第四款或第五款之情形者。

第三九九條（撤銷原判—發回更審）

第三審法院因原審判決諭知管轄錯誤、免訴或不受理係不當而撤銷之者，應以判決將該案件發回原審法院。但有必要時，得逕行發回第一審法院。

第四〇〇條（撤銷原判—發交審判）

第三審法院因原審法院未諭知管轄錯誤係不當而撤銷之者，應以判決將該案件發交該管第二審或第一審法院。但第四條所列之案件，經有管轄權之原審法院爲第二審判決者，不以管轄錯誤論。

第四〇一條（撤銷原判—發回更審或發交審判）

第三審法院因前三條以外之情形而撤銷原審判決者，應以判決將該案件發回原審法院，或發交與原審法院同級之他法院。

第四〇二條（爲被告利益而撤銷原判決之效力）

爲被告之利益而撤銷原審判決時，如於共同被告有共同之撤銷理由者，其利益並及於共同被告。

第四編　抗　告

第四〇三條（抗告權人及管轄法院）

①當事人對於法院之裁定有不服者，除有特別規定外，得抗告於直接上級法院。

②證人、鑑定人、通譯及其他非當事人受裁定者，亦得抗告。

第四〇四條（抗告之限制及例外）108

①對於判決前關於管轄或訴訟程序之裁定，不得抗告。但下列裁定，不在此限：

一　有得抗告之明文規定者。

二　關於羈押、具保、責付、限制住居、限制出境、限制出海、搜索、扣押或扣押物發還、變價、擔保金、身體檢查、通訊監察、因鑑定將被告送入醫院或其他處所之裁定及依第一百零五條第三項、第四項所爲之禁止或扣押之裁定。

三　對於限制辯護人與被告接見或互通書信之裁定。

②前項第二款、第三款之裁定已執行終結，受裁定人亦得提起抗告，法院不得以已執行終結而無實益爲由駁回。

第四〇五條（抗告之限制）

不得上訴於第三審法院之案件，其第二審法院所爲裁定，不得抗告。

第四〇六條（抗告期間）

抗告期間，除有特別規定外，爲五日，自送達裁定後起算。但裁定經宣示者，宣示後送達前之抗告，亦有效力。

第四〇七條（抗告之程式）

提起抗告，應以抗告書狀，敘述抗告之理由，提出於原審法院爲之。

第四〇八條（原審法院對抗告之處置）

①原審法院認爲抗告不合法律上之程式或法律上不應准許，或其抗告權已經喪失者，應以裁定駁回之。但其不合法律上之程式可補正者，應定期間先命補正。

②原審法院認爲抗告有理由者，應更正其裁定；認爲全部或一部無理由者，應於接受抗告書狀後三日內，送交抗告法院，並得添具意見書。

第四〇九條（抗告之效力）

①抗告無停止執行裁判之效力。但原審法院於抗告法院之裁定前，得以裁定停止執行。

②抗告法院得以裁定停止裁判之執行。

第四一〇條（卷宗及證物之送交及裁定期間）

①原審法院認爲有必要者，應將該案卷宗及證物送交抗告法院。

②抗告法院認爲有必要者，得請原審法院送交該案卷宗及證物。

③抗告法院收到該案卷宗及證物後，應於十日內裁定。

第四一一條（抗告法院對不合法抗告之處置）

抗告法院認爲抗告有第四百零八條第一項前段之情形者，應以裁定駁回之。但其情形可以補正而未經原審法院命其補正者，審判長應定期間先命補正。

第四一二條（對無理由之抗告之裁定）

抗告法院認爲抗告無理由者，應以裁定駁回之。

第四一三條（對有理由之抗告之裁定）

抗告法院認爲抗告有理由者，應以裁定將原裁定撤銷，於有必要時，並自爲裁定。

第四一四條（裁定之通知）

抗告法院之裁定，應速通知原審法院。

第四一五條（得再抗告之裁定）

①對於抗告法院之裁定，不得再行抗告。但對於其就左列抗告所爲之裁定，得提起再抗告：

一　對於駁回上訴之裁定抗告者。

二　對於因上訴逾期聲請回復原狀之裁定抗告者。
三　對於聲請再審之裁定抗告者。
四　對於第四百七十七條定刑之裁定抗告者。
五　對於第四百八十六條聲明疑義或異議之裁定抗告者。
六　證人、鑑定人、通譯及其他非當事人對於所受之裁定抗告者。

②前項但書之規定，於依第四百零五條不得抗告之裁定，不適用之。

第四一六條　（準抗告之範圍、聲請期間及其裁判）108

①對於審判長、受命法官、受託法官或檢察官所為下列處分有不服者，受處分人得聲請所屬法院撤銷或變更之。處分已執行終結，受處分人亦得聲請，法院不得以已執行終結而無實益為由駁回：
一　關於羈押、具保、責付、限制住居、限制出境、限制出海、搜索、扣押或扣押物發還、變價、擔保金、因鑑定將被告送入醫院或其他處所之處分、身體檢查、通訊監察及第一百零五條第三項、第四項所為之禁止或扣押之處分。
二　對於證人、鑑定人或通譯科罰鍰之處分。
三　對於限制辯護人與被告接見或互通書信之處分。
四　對於第三十四條第三項指定之處分。

②前項之搜索、扣押經撤銷者，審判時法院得宣告所扣得之物，不得作為證據。

③第一項聲請期間為五日，自為處分之日起算，其為送達者，自送達後起算。

④第四百零九條至第四百十四條規定，於本條準用之。

⑤第二十一條第一項規定，於聲請撤銷或變更受託法官之裁定者準用之。

第四一七條　（準抗告之聲請程式）

前項聲請應以書狀敘述不服之理由，提出於該管法院為之。

第四一八條　（準抗告之救濟及錯誤提起抗告或聲請準抗告）

①法院就第四百十六條之聲請所為裁定，不得抗告。但對於其就撤銷罰鍰之聲請而為者，得提起抗告。

②依本編規定得提起抗告，而誤為撤銷或變更之聲請者，視為已提抗告；其得為撤銷或變更之聲請而誤為抗告者，視為已有聲請。

第四一九條　（抗告準用上訴之規定）

抗告，除本章有特別規定外，準用第三編第一章關於上訴之規定。

第五編　再　審

第四二〇條　（為受判決人利益聲請再審之事由）104

①有罪之判決確定後，有下列情形之一者，為受判決人之利益，得聲請再審：
一　原判決所憑之證物已證明其為偽造或變造者。
二　原判決所憑之證言、鑑定或通譯已證明其為虛偽者。
三　受有罪判決之人，已證明其係被誣告者。
四　原判決所憑之通常法院或特別法院之裁判已經確定裁判變更者。
五　參與原判決或前審判決或判決前所行調查之法官，或參與偵查或起訴之檢察官，或參與調查犯罪之檢察事務官、司法警察官或司法警察，因該案件犯職務上之罪已經證明者，或因該案件違法失職已受懲戒處分，足以影響原判決者。
六　因發現新事實或新證據，單獨或與先前之證據綜合判斷，足認受有罪判決之人應受無罪、免訴、免刑或輕於原判決所認罪名之判決者。

②前項第一款至第三款及第五款情形之證明，以經判決確定，或其刑事訴訟不能開始或續行非因證據不足者為限，得聲請再審。

③第一項第六款之新事實或新證據，指判決確定前已存在或成立而未及調查斟酌，及判決

確定後始存在或成立之事實、證據。

第四二一條 （爲受判決人利益聲請再審理由）

不得上訴於第三審法院之案件，除前條規定外，其經第二審確定之有罪判決，如就足生影響於判決之重要證據漏未審酌者，亦得爲受判決人之利益，聲請再審。

第四二二條 （爲受判決人之不利益聲請再審之理由）

有罪、無罪、免訴或不受理之判決確定後，有左列情形之一者，爲受判決人之不利益，得聲請再審：

一　有第四百二十條第一款、第二款、第四款或第五款之情形者。

二　受無罪或輕於相當之刑之判決，而於訴訟上或訴訟外自白，或發見確實之新證據，足認其有應受有罪或重刑判決之犯罪事實者。

三　受免訴或不受理之判決，而於訴訟上或訴訟外自述，或發見確實之新證據，足認其並無免訴或不受理之原因者。

第四二三條 （聲請再審之期間）

聲請再審於刑罰執行完畢後，或已不受執行時，亦得爲之。

第四二四條 （聲請再審之期間）

依第四百二十一條規定，因重要證據漏未審酌而聲請再審者，應於送達判決後二十日內爲之。

第四二五條 （聲請再審之期間）

爲受判決人之不利益聲請再審，於判決確定後，經過刑法第八十條第一項期間二分之一者，不得爲之。

第四二六條 （再審之管轄法院）109

①聲請再審，由判決之原審法院管轄。

②判決之一部曾經上訴，一部未經上訴，對於各該部分均聲請再審，而經第二審法院就其在上訴審確定之部分爲開始再審之裁定者，其對於在第一審確定之部分聲請再審，亦應由第二審法院管轄之。

③判決在第三審確定者，對於該判決聲請再審，除以第三審法院之法官有第四百二十條第一項第五款情形爲原因者外，應由第二審法院管轄之。

第四二七條 （聲請再審權人—爲受判決人利益）

爲受判決人之利益聲請再審，得由左列各人爲之：

一　管轄法院之檢察官。

二　受判決人。

三　受判決人之法定代理人或配偶。

四　受判決人已死亡者，其配偶、直系血親、三親等內之旁系血親、二親等內之姻親或家長、家屬。

第四二八條 （聲請再審權人—爲受判決人不利益）

①爲受判決人之不利益聲請再審，得由管轄法院之檢察官及自訴人爲之。但自訴人聲請再審者，以有第四百二十二條第一款規定之情形爲限。

②自訴人已喪失行爲能力或死亡者，得由第三百十九條第一項所列得爲提起自訴之人，爲前項之聲請。

第四二九條 （聲請再審之程序）109

聲請再審，應以再審書狀敘述理由，附具原判決之繕本及證據，提出於管轄法院爲之。但經釋明無法提出原判決之繕本，而有正當理由者，亦得同時請求法院調取之。

第四二九條之一 （聲請再審得委任律師爲代理人及準用之規定）109

①聲請再審，得委任律師爲代理人。

②前項委任，應提出委任狀於法院，並準用第二十八條及第三十二條之規定。

③第三十三條之規定，於聲請再審之情形，準用之。

第四二九條之二（聲請再審之通知到場義務）109

聲請再審之案件，除顯無必要者外，應通知聲請人及其代理人到場，並聽取檢察官及受判決人之意見。但無正當理由不到場，或陳明不願到場者，不在此限。

第四二九條之三（再審聲請人得聲請調查證據）109

①聲請再審得同時釋明其事由聲請調查證據，法院認有必要者，應爲調查。

②法院爲查明再審之聲請有無理由，得依職權調查證據。

第四三〇條（聲請再審之效力）

聲請再審，無停止刑罰執行之效力。但管轄法院之檢察官於再審之裁定前，得命停止。

第四三一條（再審聲請之撤回及其效力）

①再審之聲請，於再審判決前，得撤回之。

②撤回再審聲請之人，不得更以同一原因聲請再審。

第四三二條（撤回上訴規定之準用）

第三百五十八條及第三百六十條之規定，於聲請再審及其撤回準用之。

第四三三條（聲請不合法之裁定—裁定駁回）109

法院認爲聲請再審之程序違背規定者，應以裁定駁回之。但其不合法律上之程式可以補正者，應定期間先命補正。

第四三四條（聲請無理由之裁定—裁定駁回）109

①法院認爲無再審理由者，應以裁定駁回之。

②聲請人或受裁定人不服駁回聲請之裁定者，得於裁定送達後十日內抗告。

③經前項裁定後，不得更以同一原因聲請再審。

第四三五條（聲請有理由之裁定—開始再審之裁定）

①法院認爲有再審理由者，應爲開始再審之裁定。

②爲前項裁定後，得以裁定停止刑罰之執行。

③對於第一項之裁定，得於三日內抗告。

第四三六條（再審之審判）

開始再審之裁定確定後，法院應依其審級之通常程序，更爲審判。

第四三七條（言詞審理之例外）

①受判決人已死亡者，爲其利益聲請再審之案件，應不行言詞辯論，由檢察官或自訴人以書狀陳述意見後，即行判決。但自訴人已喪失行爲能力或死亡者，得由第三百三十二條規定得爲承受訴訟之人於一個月內聲請法院承受訴訟；如無承受訴訟之人或逾期不爲承受者，法院得逕行判決，或通知檢察官陳述意見。

②爲受判決人之利益聲請再審之案件，受判決人於再審判決前死亡者，準用前項規定。

③依前二項規定所爲之判決，不得上訴。

第四三八條（終結再審程序）

爲受判決人之不利益聲請再審之案件，受判決人於再審判決前死亡者，其再審之聲請及關於再審之裁定，失其效力。

第四三九條（禁止不利益變更原則）

爲受判決人之利益聲請再審之案件，諭知有罪之判決者，不得重於原判決所諭知之刑。

第四四〇條（再審諭知無罪判決之公示）

爲受判決人之利益聲請再審之案件，諭知無罪之判決者，應將該判決書刊登公報或其他報紙。

第六編　非常上訴

第四四一條（非常上訴之原因及提起權人）

判決確定後，發見該案件之審判係違背法令者，最高法院檢察署檢察總長得向最高法院提起非常上訴。

第四四二條 （聲請提起非常上訴之程式）

檢察官發見有前條情形者，應具意見書將該案卷宗及證物送交最高法院檢察署檢察總長，聲請提起非常上訴。

第四四三條 （提起非常上訴之程式）

提起非常上訴，應以非常上訴書敘述理由，提出於最高法院爲之。

第四四四條 （言詞審理之例外）

非常上訴之判決，不經言詞辯論爲之。

第四四五條 （調查之範圍）

①最高法院之調查，以非常上訴理由所指摘之事項爲限。

②第三百九十四條之規定，於非常上訴準用之。

第四四六條 （非常上訴無理由之處置—駁回判決）

認爲非常上訴無理由者，應以判決駁回之。

第四四七條 （非常上訴有理由之處置）

①認爲非常上訴有理由者，應分別爲左列之判決。

一　原判決違背法令者，將其違背之部分撤銷。但原判決不利於被告者，應就該案件另行判決。

二　訴訟程序違背法令者，撤銷其程序。

②前項第一款情形，如係誤認爲無審判權而不受理，或其他有維持被告審級利益之必要者，得將原判決撤銷，由原審法院依判決前之程序更爲審判。但不得諭知較重於原確定判決之刑。

第四四八條 （非常上訴判決之效力）

非常上訴之判決，除依前條第一項第一款但書及第二項規定者外，其效力不及於被告。

第七編　簡易程序

第四四九條 （聲請簡易判決之要件）

①第一審法院依被告在偵查中之自白或其他現存之證據，已足認定其犯罪者，得因檢察官之聲請，不經通常審判程序，逕以簡易判決處刑。但有必要時，應於處刑前訊問被告。

②前項案件檢察官依通常程序起訴，經被告自白犯罪，法院認爲宜以簡易判決處刑者，得不經通常審判程序，逕以簡易判決處刑。

③依前二項規定所科之刑以宣告緩刑、得易科罰金或得易服社會勞動之有期徒刑及拘役或罰金爲限。

第四四九條之一 （簡易程序案件之辦理）

簡易程序案件，得由簡易庭辦理之。

第四五〇條 （法院簡易判決—處刑、免刑判決）

①以簡易判決處刑時，得併科沒收或爲其他必要之處分。

②第二百九十九條第一項但書之規定，於前項判決準用之。

第四五一條 （簡易判決之聲請）

①檢察官審酌案件情節，認爲宜以簡易判決處刑者，應即以書面爲聲請。

②第二百六十四條之規定，於前項聲請準用之。

③第一項聲請，與起訴有同一之效力。

④被告於偵查中自白者，得請求檢察官爲第一項之聲請。

第四五一條之一 （檢察官得爲具體之求刑）

①前條第一項之案件，被告於偵查中自白者，得向檢察官表示願受科刑之範圍或願意接受緩刑之宣告，檢察官同意者，應記明筆錄，並即以被告之表示爲基礎，向法院求刑或爲

緩刑宣告之請求。
②檢察官爲前項之求刑或請求前，得徵詢被害人之意見，並斟酌情形，經被害人同意，命被告爲左列各款事項：
一　向被害人道歉。
二　向被害人支付相當數額之賠償金。
③被告自白犯罪未爲第一項之表示者，在審判中得向法院爲之，檢察官亦得依被告之表示向法院求刑或請求爲緩刑之宣告。
④第一項及前項情形，法院應於檢察官求刑或緩刑宣告請求之範圍內爲判決。但有左列情形之一者，不在此限：
一　被告所犯之罪不合第四百四十九條所定得以簡易判決處刑之案件者。
二　法院認定之犯罪事實顯然與檢察官據以求處罪刑之事實不符，或於審判中發現其他裁判上一罪之犯罪事實，足認檢察官之求刑顯不適當者。
三　法院於審理後，認應爲無罪、免訴、不受理或管轄錯誤判決之諭知者。
四　檢察官之請求顯有不當或顯失公平者。

第四五二條　（審判程序）
檢察官聲請以簡易判決處刑之案件，經法院認爲有第四百五十一條之一第四項但書之情形者，應適用通常程序審判之。

第四五三條　（法院之簡易判決—立即處分）
以簡易判決處刑案件，法院應立即處分。

第四五四條　（簡易判決應載事項）109
①簡易判決，應記載下列事項：
一　第五十一條第一項之記載。
二　犯罪事實及證據名稱。
三　應適用之法條。
四　第三百零九條各款所列事項。
五　自簡易判決送達之日起二十日內，得提起上訴之曉示。但不得上訴者，不在此限。
②前項判決書，得以簡略方式爲之，如認定之犯罪事實、證據及應適用之法條，與檢察官聲請簡易判決處刑書或起訴書之記載相同者，得引用之。

第四五五條　（簡易判決正本之送達）
書記官接受簡易判決原本後，應立即製作正本爲送達，並準用第三百十四條第二項之規定。

第四五五條之一　（對簡易判決不服之上訴）
①對於簡易判決有不服者，得上訴於管轄之第二審地方法院合議庭。
②依第四百五十一條之一之請求所爲之科刑判決，不得上訴。
③第一項之上訴，準用第三編第一章及第二章除第三百六十一條外之規定。
④對於適用簡易程序案件所爲裁定有不服者，得抗告於管轄之第二審地方法院合議庭。
⑤前項之抗告，準用第四編之規定。

第七編之一　協商程序

第四五五條之二　（協商程序之聲請）105
①除所犯爲死刑、無期徒刑、最輕本刑三年以上有期徒刑之罪或高等法院管轄第一審案件者外，案件經檢察官提起公訴或聲請簡易判決處刑，於第一審言詞辯論終結前或簡易判決處刑前，檢察官得於徵詢被害人之意見後，逕行或依被告或其代理人、辯護人之請求，經法院同意，就下列事項於審判外進行協商，經當事人雙方合意且被告認罪者，由檢察官聲請法院改依協商程序而爲判決：

一　被告願受科刑及沒收之範圍或願意接受緩刑之宣告。
二　被告向被害人道歉。
三　被告支付相當數額之賠償金。
四　被告向公庫支付一定金額，並得由該管檢察署依規定提撥一定比率補助相關公益團體或地方自治團體。

②檢察官就前項第二款、第三款事項與被告協商，應得被害人之同意。

③第一項之協商期間不得逾三十日。

④第一項第四款提撥比率、收支運用及監督管理辦法，由行政院會同司法院另定之。

第四五五條之三（撤銷協商）

①法院應於接受前條之聲請後十日內，訊問被告並告以所認罪名、法定刑及所喪失之權利。

②被告得於前項程序終結前，隨時撤銷協商之合意。被告違反與檢察官協議之內容時，檢察官亦得於前項程序終結前，撤回協商程序之聲請。

第四五五條之四（不得為協商判決之情形）

①有下列情形之一者，法院不得為協商判決：
一　有前條第二項之撤銷合意或撤回協商聲請者。
二　被告協商之意思非出於自由意志者。
三　協商之合意顯有不當或顯失公平者。
四　被告所犯之罪非第四百五十五條之二第一項所定得以聲請協商判決者。
五　法院認定之事實顯與協商合意之事實不符者。
六　被告有其他較重之裁判上一罪之犯罪事實者。
七　法院認應諭知免刑或免訴、不受理者。

②除有前項所定情形之一者外，法院應不經言詞辯論，於協商合意範圍內為判決。法院為協商判決所科之刑，以宣告緩刑、二年以下有期徒刑、拘役或罰金為限。

③當事人如有第四百五十五條之二第一項第二款至第四款之合意，法院應記載於筆錄或判決書內。

④法院依協商範圍為判決時，第四百五十五條之二第一項第三款、第四款並得為民事強制執行名義。

第四五五條之五（指定公設辯護人）

①協商之案件，被告表示所願受科之刑逾有期徒刑六月，且未受緩刑宣告，其未選任辯護人者，法院應指定公設辯護人或律師為辯護人，協助進行協商。

②辯護人於協商程序，得就協商事項陳述事實上及法律上之意見。但不得與被告明示之協商意見相反。

第四五五條之六（裁定駁回）

①法院對於第四百五十五條之二第一項協商之聲請，認有第四百五十五條之四第一項各款所定情形之一者，應以裁定駁回之，適用通常、簡式審判或簡易程序審判。

②前項裁定，不得抗告。

第四五五條之七（協商陳述不得採為不利證據）

法院未為協商判決者，被告或其代理人、辯護人在協商過程中之陳述，不得於本案或其他案件採為對被告或其他共犯不利之證據。

第四五五條之八（協商判決書之製作送達之準用）

協商判決書之製作及送達，準用第四百五十四條、第四百五十五條之規定。

第四五五條之九（宣示協商判決筆錄送達之準用）

①協商判決，得僅由書記官將主文、犯罪事實要旨及處罰條文記載於宣示判決筆錄，以代判決書。但於宣示判決之日起十日內，當事人聲請法院交付判決書者，法院仍應為判決書之製作。

②前項筆錄正本或節本之送達，準用第四百五十五條之規定，並與判決書之送達有同一之效力。

第四五五條之一〇（不得上訴之除外情形）

①依本編所為之科刑判決，不得上訴。但有第四百五十五條之四第一項第一款、第二款、第四款、第六款、第七款所定情形之一，或協商判決違反同條第二項之規定者，不在此限。

②對於前項但書之上訴，第二審法院之調查以上訴理由所指摘之事項為限。

③第二審法院認為上訴有理由者，應將原審判決撤銷，將案件發回第一審法院依判決前之程序更為審判。

第四五五條之一一（協商判決上訴之準用）

①協商判決之上訴，除本編有特別規定外，準用第三編第一章及第二章之規定。

②第一百五十九條第一項、第二百八十四條之一之規定，於協商程序不適用之。

第七編之二　沒收特別程序 105

第四五五條之一二（財產可能被沒收之第三人得聲請參與沒收程序）105

①財產可能被沒收之第三人得於本案最後事實審言詞辯論終結前，向該管法院聲請參與沒收程序。

②前項聲請，應以書狀記載下列事項為之：

一　本案案由及被告之姓名、性別、出生年月日、身分證明文件編號或其他足資辨別之特徵。

二　參與沒收程序之理由。

三　表明參與沒收程序之意旨。

③第三人未為第一項聲請，法院認有必要時，應依職權裁定命該第三人參與沒收程序。但該第三人向法院或檢察官陳明對沒收其財產不提出異議者，不在此限。

④前三項規定，於自訴程序、簡易程序及協商程序之案件準用之。

第四五五條之一三（沒收第三人財產之通知義務）105

①檢察官有相當理由認應沒收第三人財產者，於提起公訴前應通知該第三人，予其陳述意見之機會。

②檢察官提起公訴時認應沒收第三人財產者，應於起訴書記載該意旨，並即通知該第三人下列事項：

一　本案案由及其管轄法院。

二　被告之姓名、性別、出生年月日、身分證明文件編號或其他足資辨別之特徵。

三　應沒收財產之名稱、種類、數量及其他足以特定之事項。

四　構成沒收理由之事實要旨及其證據。

五　得向管轄法院聲請參與沒收程序之意旨。

③檢察官於審理中認應沒收第三人財產者，得以言詞或書面向法院聲請。

第四五五條之一四（參與沒收程序聲請裁定前之通知義務）105

法院對於參與沒收程序之聲請，於裁定前應通知聲請人、本案當事人、代理人、辯護人或輔佐人，予其陳述意見之機會。

第四五五條之一五（沒收之聲請顯不相當者法院得免予沒收）105

①案件調查證據所需時間、費用與沒收之聲請顯不相當者，經檢察官或自訴代理人同意後，法院得免予沒收。

②檢察官或自訴代理人得於本案最後事實審言詞辯論終結前，撤回前項之同意。

第四五五條之一六（聲請參與沒收程序之駁回）105

①法院認為聲請參與沒收程序不合法律上之程式或法律上不應准許或無理由者，應以裁定

駁回之。但其不合法律上之程式可補正者，應定期間先命補正。
②法院認爲聲請參與沒收程序有理由者，應爲准許之裁定。
③前項裁定，不得抗告。

第四五五條之一七（法院所爲第三人參與沒收程序之裁定應記載事項）105
法院所爲第三人參與沒收程序之裁定，應記載訴訟進行程度、參與之理由及得不待其到庭陳述逕行諭知沒收之旨。

第四五五條之一八（經法院裁定參與沒收程序者，適用通常程序審判）105
行簡易程序、協商程序之案件，經法院裁定第三人參與沒收程序者，適用通常程序審判。

第四五五條之一九（參與人就沒收其財產事項之準用規定）105
參與人就沒收其財產之事項，除本編有特別規定外，準用被告訴訟上權利之規定。

第四五五條之二〇（審判期日及沒收財產事項文書之通知及送達）105
法院應將審判期日通知參與人並送達關於沒收其財產事項之文書。

第四五五條之二一（參與人及委任代理人到場之準用規定）105
①參與人得委任代理人到場。但法院認爲必要時，得命本人到場。
②第二十八條至第三十條、第三十二條、第三十三條第一項及第三十五條第二項之規定，於參與人之代理人準用之。
③第一項情形，如有必要命參與人本人到場者，應傳喚之；其經合法傳喚，無正當理由不到場者，得拘提之。
④第七十一條、第七十二條至第七十四條、第七十七條至第八十三條及第八十九條至第九十一條之規定，於前項參與人之傳喚及拘提準用之。

第四五五條之二二（審判長應於審判期日向到場之參與人告知事項）105
審判長應於審判期日向到場之參與人告知下列事項：
一　構成沒收理由之事實要旨。
二　訴訟進行程度。
三　得委任代理人到場。
四　得請求調查有利之證據。
五　除本編另有規定外，就沒收其財產之事項，準用被告訴訟上權利之規定。

第四五五條之二三（參與沒收程序不適用交互詰問規則）105
參與沒收程序之證據調查，不適用第一百六十六條第二項至第六項、第一百六十六條之一至第一百六十六條之六之規定。

第四五五條之二四（言詞辯論之順序及程序）105
①參與人就沒收其財產事項之辯論，應於第二百八十九條程序完畢後，依同一次序行之。
②參與人經合法傳喚或通知而不到庭者，得不待其陳述逕行判決；其未受許可而退庭或拒絕陳述者，亦同。

第四五五條之二五（撤銷參與沒收程序之裁定）105
法院裁定第三人參與沒收程序後，認有不應參與之情形者，應撤銷原裁定。

第四五五條之二六（判決及其應載事項）105
①參與人財產經認定應沒收者，應對參與人諭知沒收該財產之判決；認不應沒收者，應諭知不予沒收之判決。
②前項判決，應記載其裁判之主文、構成沒收之事實與理由。理由內應分別情形記載認定事實所憑之證據及其認定應否沒收之理由、對於參與人有利證據不採納之理由及應適用之法律。
③第一項沒收應與本案同時判決。但有必要時，得分別爲之。

第四五五條之二七（對判決提起上訴其效力應及於相關之沒收判決）105
①對於本案之判決提起上訴者，其效力及於相關之沒收判決；對於沒收之判決提起上訴

者，其效力不及於本案判決。

②參與人提起第二審上訴時，不得就原審認定犯罪事實與沒收其財產相關部分再行爭執。但有下列情形之一者，不在此限：

一　非因過失，未於原審就犯罪事實與沒收其財產相關部分陳述意見或聲請調查證據。

二　參與人以外得爭執犯罪事實之其他上訴權人，提起第二審上訴爭執犯罪事實與沒收參與人財產相關部分。

三　原審有第四百二十條第一項第一款、第二款、第四款或第五款之情形。

第四五五條之二八（參與沒收程序審判、上訴及抗告之準用規定）105

參與沒收程序之審判、上訴及抗告，除本編有特別規定外，準用第二編第一章第三節、第三編及第四編之規定。

第四五五條之二九（第三人得聲請撤銷沒收之確定判決）105

①經法院判決沒收財產確定之第三人，非因過失，未參與沒收程序者，得於知悉沒收確定判決之日起三十日內，向諭知該判決之法院聲請撤銷。但自判決確定後已逾五年者，不得為之。

②前項聲請，應以書面記載下列事項：

一　本案案由。

二　聲請撤銷宣告沒收判決之理由及其證據。

三　遵守不變期間之證據。

第四五五條之三〇（聲請撤銷沒收確定判決無停止執行之效力）105

聲請撤銷沒收確定判決，無停止執行之效力。但管轄法院之檢察官於撤銷沒收確定判決之裁定前，得命停止。

第四五五條之三一（聲請撤銷沒收確定判決之陳述意見）105

法院對於撤銷沒收確定判決之聲請，應通知聲請人、檢察官及自訴代理人，予其陳述意見之機會。

第四五五條之三二（聲請撤銷沒收確定判決之駁回）105

①法院認為撤銷沒收確定判決之聲請不合法律上之程式或法律上不應准許或無理由者，應以裁定駁回之。但其不合法律上之程式可以補正者，應定期間先命補正。

②法院認為聲請撤銷沒收確定判決有理由者，應以裁定將沒收確定判決中經聲請之部分撤銷。

③對於前二項抗告法院之裁定，得提起再抗告。

④聲請撤銷沒收確定判決之抗告及再抗告，除本編有特別規定外，準用第四編之規定。

第四五五條之三三（撤銷沒收確定判決之裁定確定後，更為審判）105

撤銷沒收確定判決之裁定確定後，法院應依判決前之程序，更為審判。

第四五五條之三四（單獨宣告沒收之裁定）105

單獨宣告沒收由檢察官聲請違法行為地、沒收財產所在地或其財產所有人之住所、居所或所在地之法院裁定之。

第四五五條之三五（聲請單獨宣告沒收之書狀應載事項）105

前條聲請，檢察官應以書狀記載下列事項，提出於管轄法院為之：

一　應沒收財產之財產所有人姓名、性別、出生年月日、住居所、身分證明文件編號或其他足資辨別之特徵。但財產所有人不明時，得不予記載。

二　應沒收財產之名稱、種類、數量及其他足以特定沒收物或財產上利益之事項。

三　應沒收財產所由來之違法事實及證據並所涉法條。

四　構成單獨宣告沒收理由之事實及證據。

第四五五條之三六（聲請單獨宣告沒收之駁回）105

①法院認為單獨宣告沒收之聲請不合法律上之程式或法律上不應准許或無理由者，應以裁定駁回之。但其不合法律上之程式可以補正者，應定期間先命補正。

②法院認為聲請單獨宣告沒收有理由者，應為准許之裁定。
③對於前二項抗告法院之裁定，得提起再抗告。

第四五五條之三七（準用第三人參與沒收程序之規定）105

本編關於第三人參與沒收程序之規定，於單獨宣告沒收程序準用之。

第七編之三　被害人訴訟參與 109

第四五五條之三八（犯罪被害人得聲請參與訴訟之資格及案件類型）109

①下列犯罪之被害人得於檢察官提起公訴後第二審言詞辯論終結前，向該管法院聲請參與本案訴訟：

一　因故意、過失犯罪行為而致人於死或致重傷之罪。
二　刑法第二百三十一條、第二百三十一條之一、第二百三十二條、第二百三十三條、第二百四十條、第二百四十一條、第二百四十二條、第二百四十三條、第二百七十一條第一項、第二項、第二百七十二條、第二百七十三條、第二百七十五條第一項至第三項、第二百七十八條第一項、第三項、第二百八十條、第二百八十六條第一項、第二項、第二百九十一條、第二百九十六條、第二百九十六條之一、第二百九十七條、第二百九十八條、第二百九十九條、第三百條、第三百二十八條第一項、第二項、第四項、第三百二十九條、第三百三十條、第三百三十二條第一項、第二項第一款、第三款、第四款、第三百三十三條第一項、第二項、第三百三十四條第一項、第二項第一款、第三款、第四款、第三百四十七條第一項、第三項、第三百四十八條第一項、第二項第二款之罪。
三　性侵害犯罪防治法第二條第一項所定之罪。
四　人口販運防制法第三十一條至第三十四條、第三十六條之罪。
五　兒童及少年性剝削防制條例第三十二條至第三十五條、第三十六條第一項至第五項、第三十七條第一項之罪。

②前項各款犯罪之被害人無行為能力、限制行為能力、死亡或因其他不得已之事由而不能聲請者，得由其法定代理人、配偶、直系血親、三親等內之旁系血親、二親等內之姻親或家長、家屬為之。但被告具前述身分之一，而無其他前述身分之人聲請者，得由被害人戶籍所在地之直轄市、縣（市）政府或財團法人犯罪被害人保護協會為之。被害人戶籍所在地不明者，得由其住（居）所或所在地之直轄市、縣（市）政府或財團法人犯罪被害人保護協會為之。

第四五五條之三九（聲請訴訟參與之法定程式及訴訟參與聲請書狀之應載事項）109

①聲請訴訟參與，應於每審級向法院提出聲請書狀。
②訴訟參與聲請書狀，應記載下列事項：

一　本案案由。
二　被告之姓名、性別、出生年月日、身分證明文件編號或其他足資辨別之特徵。
三　非被害人者，其與被害人之身分關係。
四　表明參與本案訴訟程序之意旨及理由。

第四五五條之四〇（聲請訴訟參與之裁定）109

①法院對於前條之聲請，認為不合法律上之程式或法律上不應准許者，應以裁定駁回之。但其不合法律上之程式可補正者，應定期間先命補正。
②法院於徵詢檢察官、被告、辯護人及輔佐人之意見，並斟酌案件情節、聲請人與被告之關係、訴訟進行之程度及聲請人之利益，認為適當者，應為准許訴訟參與之裁定；認為不適當者，應以裁定駁回之。
③法院裁定准許訴訟參與後，認有不應准許之情形者，應撤銷原裁定。

④前三項裁定，不得抗告。

第四五五條之四一 （訴訟參與人之選任代理人及指定代理人）109

①訴訟參與人得隨時選任代理人。

②第二十八條至第三十條、第三十二條之規定，於訴訟參與人之代理人準用之；第三十一條第一項第三款至第六款、第二項至第四項之規定，於訴訟參與人未經選任代理人者並準用之。

第四五五條之四二 （訴訟參與人之資訊取得權）109

①代理人於審判中得檢閱卷宗及證物並得抄錄、重製或攝影。但代理人爲非律師者，於審判中對於卷宗及證物不得檢閱、抄錄、重製或攝影。

②無代理人或代理人爲非律師之訴訟參與人於審判中得預納費用請求付與卷宗及證物之影本。但卷宗及證物之內容與被告被訴事實無關或足以妨害另案之偵查，或涉及當事人或第三人之隱私或業務秘密者，法院得限制之。

③前項但書之限制，得提起抗告。

第四五五條之四三 （訴訟參與人於準備程序期日受通知、在場權及對準備程序事項陳述意見之權利）109

①準備程序期日，應通知訴訟參與人及其代理人到場。但經合法通知無正當理由不到場或陳明不願到場者，不在此限。

②第二百七十三條第一項各款事項，法院應聽取訴訟參與人及其代理人之意見。

第四五五條之四四 （訴訟參與人於審判期日受通知及在場權之權利）109

審判期日，應通知訴訟參與人及其代理人。但經合法通知無正當理由不到場或陳明不願到場者，不在此限。

第四五五條之四五 （有多數訴訟參與人之選定或指定代表人）109

①多數訴訟參與人得由其中選定一人或數人，代表全體或一部訴訟參與人參與訴訟。

②未依前項規定選定代表人者，法院認爲必要時，得限期命爲選定，逾期未選定者，法院得依職權指定之。

③前二項經選定或指定之代表人得更換、增減之。

④本編所定訴訟參與之權利，由經選定或指定之代表人行使之。

第四五五條之四六 （訴訟參與人對證據表示意見及辯論證據證明力之權利）109

①每調查一證據畢，審判長應詢問訴訟參與人及其代理人有無意見。

②法院應予訴訟參與人及其代理人，以辯論證據證明力之適當機會。

第四五五條之四七 （訴訟參與人就科刑範圍表示意見之權利）109

審判長於行第二百八十九條關於科刑之程序前，應予訴訟參與人及其代理人、陪同人就科刑範圍表示意見之機會。

第八編　執　行

第四五六條 （執行裁判之時期）108

①裁判除關於保安處分者外，於確定後執行之。但有特別規定者，不在此限。

②前項情形，檢察官於必要時，得於裁判法院送交卷宗前執行之。

第四五七條 （指揮執行之機關）109

①執行裁判由爲裁判法院對應之檢察署檢察官指揮之。但其性質應由法院或審判長、受命法官、受託法官指揮，或有特別規定者，不在此限。

②因駁回上訴抗告之裁判，或因撤回上訴、抗告而應執行下級法院之裁判者，由上級法院對應之檢察署檢察官指揮之。

③前二項情形，其卷宗在下級法院者，由下級法院對應之檢察署檢察官指揮執行。

第四五八條 （指揮執行之方式）

指揮執行，應以指揮書附具裁判書或筆錄之繕本或節本爲之。但執行刑罰或保安處分以外之指揮，毋庸制作指揮書者，不在此限。

第四五九條 （主刑之執行順序）

二以上主刑之執行，除罰金外，應先執行其重者。但有必要時，檢察官得命先執行他刑。

第四六〇條 （死刑之執行—審核）

諭知死刑之判決確定後，檢察官應速將該案卷宗送交司法行政最高機關。

第四六一條 （死刑執行—執行時期與再審核）

死刑，應經司法行政最高機關令准，於令到三日內執行之。但執行檢察官發見案情確有合於再審或非常上訴之理由者，得於三日內電請司法行政最高機關，再加審核。

第四六二條 （死刑之執行—場所）

死刑，於監獄內執行之。

第四六三條 （死刑執行—在場人）

①執行死刑，應由檢察官蒞視並命書記官在場。

②執行死刑，除經檢察官或監獄長官之許可者外，不得入行刑場內。

第四六四條 （死刑執行—筆錄）

①執行死刑，應由在場之書記官制作筆錄。

②筆錄應由檢察官及監獄長官簽名。

第四六五條 （停止執行死刑事由及恢復執行）

①受死刑之諭知者，如在心神喪失中，由司法行政最高機關命令停止執行。

②受死刑諭知之婦女懷胎者，於其生產前，由司法行政最高機關命令停止執行。

③依前二項規定停止執行者，於其痊癒或生產後，非有司法行政最高機關命令，不得執行。

第四六六條 （自由刑之執行）

處徒刑及拘役之人犯，除法律別有規定外，於監獄內分別拘禁之，令服勞役。但得因其情節，免服勞役。

第四六七條 （停止執行自由刑之事由）

受徒刑或拘役之諭知而有左列情形之一者，依檢察官之指揮，於其痊癒或該事故消滅前，停止執行：

一　心神喪失者。

二　懷胎五月以上者。

三　生產未滿二月者。

四　現罹疾病，恐因執行而不能保其生命者。

第四六八條 （停止執行受刑人之醫療）

依前條第一款及第四款情形停止執行者，檢察官得將受刑人送入醫院或其他適當之處所。

第四六九條 （刑罰執行前之強制處分）108

①受罰金以外主刑之諭知，而未經羈押者，檢察官於執行時，應傳喚之；傳喚不到者，應行拘提。但經諭知死刑、無期徒刑或逾二年有期徒刑，而有相當理由認爲有逃亡之虞者，得逕行拘提。

②前項前段受刑人，檢察官得依第七十六條第一款及第二款之規定，逕行拘提，及依第八十四條之規定通緝之。

第四七〇條 （財產刑之執行）105

①罰金、罰鍰、沒收及沒入之裁判，應依檢察官之命令執行之。但罰金、罰鍰於裁判宣示後，如經受裁判人同意而檢察官不在場者，得由法官當庭指揮執行。

②前項命令與民事執行名義有同一之效力。

③罰金及沒收，得就受刑人之遺產執行。

第四七一條 （民事裁判執行準用及囑託執行）

①前條裁判之執行，準用執行民事裁判之規定。

②前項執行，檢察官於必要時，得囑託地方法院民事執行處爲之。

③檢察官之囑託執行，免徵執行費。

第四七二條 （沒收物之處分機關）

沒收物，由檢察官處分之。

第四七三條 （沒收物、追徵財產之聲請發還或給付）105

①沒收物、追徵財產，於裁判確定後一年內，由權利人聲請發還者，或因犯罪而得行使債權請求權之人已取得執行名義者聲請給付，除應破毀或廢棄者外，檢察官應發還或給付之；其已變價者，應給與變價所得之價金。

②聲請人對前項關於發還、給付之執行不服者，準用第四百八十四條之規定。

③第一項之變價、分配及給付，檢察官於必要時，得囑託法務部行政執行署所屬各分署爲之。

④第一項之請求權人、聲請發還或給付之範圍、方式、程序與檢察官得發還或給付之範圍及其他應遵行事項之執行辦法，由行政院定之。

第四七四條 （發還僞造變造物時之處置）

僞造或變造之物，檢察官於發還時，應將其僞造、變造之部分除去或加以標記。

第四七五條 （扣押物不能發還之公告）105

①扣押物之應受發還人所在不明，或因其他事故不能發還者，檢察官應公告之；自公告之日起滿二年，無人聲請發還者，以其物歸屬國庫。

②雖在前項期間內，其無價值之物得廢棄之；不便保管者，得命變價保管其價金。

第四七六條 （撤銷緩刑宣告之聲請）

緩刑之宣告應撤銷者，由受刑人所在地或其最後住所地之地方法院檢察官聲請該法院裁定之。

第四七七條 （更定其刑之聲請）

①依刑法第四十八條應更定其刑者，或依刑法第五十三條及第五十四條應依刑法第五十一條第五款至第七款之規定，定其應執行之刑者，由該案犯罪事實最後判決之法院之檢察官，聲請該法院裁定之。

②前項定其應執行之刑者，受刑人或其法定代理人、配偶，亦得請求前項檢察官聲請之。

第四七八條 （免服勞役之執行）

依本法第四百六十六條但書應免服勞役者，由指揮執行之檢察官命令之。

第四七九條 （易服勞役之執行）

①依刑法第四十一條、第四十二條及第四十二條之一易服社會勞動或易服勞役者，由指揮執行之檢察官命令之。

②易服社會勞動，由指揮執行之檢察官命令向該管檢察署指定之政府機關、政府機構、行政法人、社區或其他符合公益目的之機構或團體提供勞動，並定履行期間。

第四八〇條 （易服勞役之分別執行與準用事項）

①罰金易服勞役者，應與處徒刑或拘役之人犯，分別執行。

②第四百六十七條及第四百六十九條之規定，於易服勞役準用之。

③第四百六十七條規定，於易服社會勞動準用之。

第四八一條 （保安處分之執行）

①依刑法第八十六條第三項、第八十七條第三項、第八十八條第二項、第八十九條第二項、第九十條第二項或第九十八條第一項前段免其處分之執行，第九十條第三項許可延長處分，第九十三條第二項之付保護管束，或第九十八條第一項後段、第二項免其刑之執行，及第九十九條許可處分之執行，由檢察官聲請該案犯罪事實最後裁判之法院裁定

之。第九十一條之一第一項之施以強制治療及同條第二項之停止強制治療，亦同。

②檢察官依刑法第十八條第一項或第十九條第一項而為不起訴之處分者，如認有宣告保安處分之必要，得聲請法院裁定之。

③法院裁判時未併宣告保安處分，而檢察官認為有宣告之必要者，得於裁判後三個月內，聲請法院裁定之。

第四八二條（易以訓誡之執行）

依刑法第四十三條易以訓誡者，由檢察官執行之。

第四八三條（聲明疑義—有罪判決之文義）

當事人對於有罪裁判之文義有疑義者，得向諭知該裁判之法院聲明疑義。

第四八四條（聲明異議—檢察官之執行指揮）

受刑人或其法定代理人或配偶，以檢察官執行之指揮為不當者，得向諭知該裁判之法院聲明異議。

第四八五條（疑義或異議之聲明及撤回）

①聲明疑義或異議，應以書狀為之。

②聲明疑義或異議。於裁判前得以書狀撤回之。

③第三百五十一條之規定，於疑義或異議之聲明及撤回準用之。

第四八六條（疑義、異議聲明之裁定）

法院應就疑義或異議之聲明裁定之。

第九編　附帶民事訴訟

第四八七條（附帶民事訴訟當事人及請求範圍）

①因犯罪而受損害之人，於刑事訴訟程序得附帶提起民事訴訟，對於被告及依民法負賠償責任之人，請求回復其損害。

②前項請求之範圍，依民法之規定。

第四八八條（提起之期間）

提起附帶民事訴訟，應於刑事訴訟起訴後第二審辯論終結前為之。但在第一審辯論終結後提起上訴前，不得提起。

第四八九條（管轄法院）

①法院就刑事訴訟為第六條第二項、第八條至第十條之裁定者，視為就附帶民事訴訟有同一之裁定。

②就刑事訴訟諭知管轄錯誤及移送該案件者，應併就附帶民事訴訟為同一之諭知。

第四九〇條（適用法律之準據—刑訴法）

附帶民事訴訟除本編有特別規定外，準用關於刑事訴訟之規定。但經移送或發回、發交於民事庭後，應適用民事訴訟法。

第四九一條（適用法律之準據—民訴法）

民事訴訟法關於左列事項之規定，於附帶民事訴訟準用之：

一　當事人能力及訴訟能力。

二　共同訴訟。

三　訴訟參加。

四　訴訟代理人及輔佐人。

五　訴訟程序之停止。

六　當事人本人之到場。

七　和解。

八　本於捨棄之判決。

九　訴及上訴或抗告之撤回。

十　假扣押、假處分及假執行。

第四九二條　（提起之程式—訴狀）

①提起附帶民事訴訟，應提出訴狀於法院爲之。

②前項訴狀，準用民事訴訟法之規定。

第四九三條　（訴狀及準備書狀之送達）

訴狀及各當事人準備訴訟之書狀，應按他造人數提出繕本，由法院送達於他造。

第四九四條　（當事人及關係人之傳喚）

刑事訴訟之審判期日，得傳喚附帶民事訴訟當事人及關係人。

第四九五條　（提起之程式—言詞）

①原告於審判期日到庭時，得以言詞提起附帶民事訴訟。

②其以言詞起訴者，應陳述訴狀所應表明之事項，記載於筆錄。

③第四十一條第二項至第四項之規定，於前項筆錄準用之。

④原告以言詞起訴而他造不在場，或雖在場而請求送達筆錄者，應將筆錄送達於他造。

第四九六條　（審理之時期）

附帶民事訴訟之審理，應於審理刑事訴訟後行之。但審判長如認爲適當者，亦得同時調查。

第四九七條　（檢察官之毋庸參與）

檢察官於附帶民事訴訟之審判，毋庸參與。

第四九八條　（得不待陳述而爲判決）

當事人經合法傳喚，無正當之理由不到庭或到庭不爲辯論者，得不待其陳述而爲判決，其未受許可而退庭者亦同。

第四九九條　（調查證據之方法）

①就刑事訴訟所調查之證據，視爲就附帶民事訴訟亦經調查。

②前項之調查，附帶民事訴訟當事人或代理人得陳述意見。

第五〇〇條　（事實之認定）

附帶民事訴訟之判決，應以刑事訴訟判決所認定之事實爲據。但本於捨棄而爲判決者，不在此限。

第五〇一條　（判決期間）

附帶民事訴訟，應與刑事訴訟同時判決。

第五〇二條　（裁判—駁回或敗訴判決）

①法院認爲原告之訴不合法或無理由者，應以判決駁回之。

②認爲原告之訴有理由者，應依其關於請求之聲明，爲被告敗訴之判決。

第五〇三條　（裁判—駁回或移送民庭）

①刑事訴訟諭知無罪、免訴或不受理之判決者，應以判決駁回原告之訴。但經原告聲請時，應將附帶民事訴訟移送管轄法院之民事庭。

②前項判決，非對於刑事訴訟之判決有上訴時，不得上訴。

③第一項但書移送案件，應繳納訴訟費用。

④自訴案件經裁定駁回自訴者，應以裁定駁回原告之訴，並準用前三項之規定。

第五〇四條　（裁判—移送民庭）

①法院認附帶民事訴訟確係繁雜，非經長久時日不能終結其審判者，得以合議裁定移送該法院之民事庭；其因不足法定人數不能合議者，由院長裁定之。

②前項移送案件，免納裁判費。

③對於第一項裁定，不得抗告。

第五〇五條　（裁判—移送民庭）

①適用簡易訴訟程序案件之附帶民事訴訟，準用第五百零一條或第五百零四條之規定。

②前項移送案件，免納裁判費用。

③對於第一項裁定，不得抗告。

第五〇六條（上訴第三審之限制）

①刑事訴訟之第二審判決不得上訴於第三審法院者，對於其附帶民事訴訟之第二審判決，得上訴於第三審法院。但應受民事訴訟法第四百六十六條之限制。

②前項上訴，由民事庭審理之。

第五〇七條（附帶民訴上訴第三審理由之省略）

刑事訴訟之第二審判決，經上訴於第三審法院，對於其附帶民事訴訟之判決所提起之上訴，已有刑事上訴書狀之理由可資引用者，得不敘述上訴之理由。

第五〇八條（第三審上訴之判決—無理由駁回）

第三審法院認爲刑事訴訟之上訴無理由而駁回之者，應分別情形，就附帶民事訴訟之上訴，爲左列之判決：

一　附帶民事訴訟之原審判決無可爲上訴理由之違背法令者，應駁回其上訴。

二　附帶民事訴訟之原審判決有可爲上訴理由之違背法令者，應將其判決撤銷，就該案件自爲判決。但有審理事實之必要時，應將該案件發回原審法院之民事庭，或發交與原審法院同級之他法院民事庭。

第五〇九條（第三審上訴之判決—自爲判決）

第三審法院認爲刑事訴訟之上訴有理由，將原審判決撤銷而就該案件自爲判決者，應分別情形，就附帶民事訴訟之上訴爲左列之判決：

一　刑事訴訟判決之變更，其影響及於附帶民事訴訟，或附帶民事訴訟之原審判決有可爲上訴理由之違背法令者，應將原審判決撤銷，就該案件自爲判決。但有審理事實之必要時，應將該案件發回原審法院之民事庭，或發交與原審法院同級之他法院民事庭。

二　刑事訴訟判決之變更，於附帶民事訴訟無影響，且附帶民事訴訟之原審判決無可爲上訴理由之違背法令者，應將上訴駁回。

第五一〇條（第三審上訴之判決—發回更審、發交審判）

第三審法院認爲刑事訴訟之上訴有理由，撤銷原審判決，而將該案件發回或發交原審法院或他法院者，應併就附帶民事訴訟之上訴，爲同一之判決。

第五一一條（裁判—移送民庭）

①法院如僅應就附帶民事訴訟爲審判者，應以裁定將該案件移送該法院之民事庭。但附帶民事訴訟之上訴不合法者，不在此限。

②對於前項裁定，不得抗告。

第五一二條（附帶民訴之再審）

對於附帶民事訴訟之判決聲請再審者，應依民事訴訟法向原判決法院之民事庭提起再審之訴。

直轄市縣市消防機關各項專責人力配置指導原則

民國108年12月2日內政部消防署函訂定全文4點；並自即日生效。

一　爲利直轄市、縣（市）消防機關妥善規劃配置相關專責人力，有效執行各項災害防救及緊急救護等業務，以完備防救災體系，提升救援量能，特訂定本指導原則。

二　各項專責人力配置員額之規劃如下：

㈠救助人力：直轄市、縣（市）消防機關得視人力及所轄災害特性等狀況配置救助人力，由受過人命救助專門教育之五人以上編成一組；另考量地區災害特性，得增設水域、山域或其他專業化之救援人力。各直轄市、縣（市）消防機關在勤之編組數如下：

1.各直轄市、縣（市）人口未滿十萬人者，得視其轄區狀況設置一組。

2.各直轄市、縣（市）人口十萬人以上未滿一百萬人者，得至少設一組；以十萬人爲基礎，每增加十五萬人，得增設一組。

3.各直轄市、縣（市）人口一百萬人以上未滿三百十萬人者，得至少設七組；以一百萬人爲基礎，每增加三十萬人，得增設一組。

4.各直轄市、縣（市）人口三百十萬人以上者，得至少設十四組；以三百十萬人爲基礎，每增加四十萬人，得增設一組。

㈡化學災害處理人力：各直轄市、縣（市）消防機關得至少設一組在勤，每組十人至十五人，另考量地區特性，得評估相關考量增設數隊，配置於高災害風險地區。

㈢指揮人力：指揮體系以大隊爲基本單位，指揮各項災害搶救，在勤之指揮人力爲五人至八人。

㈣搜救組織：各直轄市、縣（市）消防機關依任務需要應設輕型、中型或重型搜救隊至少一隊以上，每隊配置出勤人數規定如下：

1.輕型搜救隊：十八人以上。

2.中型搜救隊：四十人以上。

3.重型搜救隊：五十九人以上。

㈤一一九執勤人力：

1.二班制：

⑴各直轄市、縣（市）人口未滿十萬人者，得基本設置八人。

⑵各直轄市、縣（市）人口十萬人以上未滿三十萬人者，除基本設置八人外，以十萬人爲基準，每滿十萬人得增設四人。

⑶各直轄市、縣（市）人口三十萬人以上者，除依前二小目配置人力外，每滿十萬人得增設二人。

2.三班制：

⑴各直轄市、縣（市）人口未滿十萬人者，得基本設置十人。

⑵各直轄市、縣（市）人口十萬人以上未滿三十萬人者，除基本設置十人外，以十萬人爲基準，每滿十萬人得增設五人。

⑶各直轄市、縣（市）人口三十萬人以上者，除依前二小目配置人力外，每滿十萬人得增設三人。

3.各直轄市、縣（市）及離島地區得視轄區特性、勤務需求增減執勤人力並規劃勤休方式。

(六)資通人力：得基本配置十人；另依直轄市、縣（市）轄區人口數計算，每滿一百萬人得增設一人。

(七)災害管理人力：

1.得基本配置五至九人，另依各直轄市、縣（市）轄區人口數計算，人口一百萬人以上者，每滿一百萬人，得增設一人至五人。

2.如設二單位以上，每單位比照前目標準分別計算，並得視業務實際需要及兼辦（支援）直轄市、縣（市）災害防救辦公室業務情形增列適當員額。

3.離島地區得視轄區特性及實際需要彈性調整基本配置人力或由其他業務單位兼辦災害管理業務。

(八)火災預防人力：

1.轄內各類場所消防安全設備設置標準所定之甲類場所及戊類場所有供甲類用途者，得以其列管場所家數乘以七百三十分之十二所得之數配置人力。

2.各類場所消防安全設備設置標準所定之甲類以外場所（不含戊類場所有供甲類用途者），得以其列管場所家數乘以二千四百分之二所得之數配置人力。

3.非屬前開列管場所之建築物，得以其建築物棟數乘以二萬二千分之三所得之數配置人力。

4.另基於特殊建築因素（如高層建築物、公共場所複雜度、危險工作場所類型、機場與港埠船泊特殊建築等），得酌增員額。

(九)危險物品管理人力：辦理危險物品業務專責人力，得以轄區危險物品相關場所設置數，個別加成下表補正係數後所得數之總和，再以一百五十除之後所得之數配置人力。

危險物品相關場所數量	補正係數
達管制量之公共危險物品製造場所、一般處理場所及容量達一千公秉以上室外儲槽場所數	一．八
爆竹煙火製造場所數	
達管制量之公共危險物品室內儲存場所、室外儲存場所及容量達管制量以上未達一千公秉室外儲槽場所數	一．零
達管制量爆竹煙火儲存場所數	
達管制量公共危險物品地下儲槽場所數	零．九
達管制量之公共危險物品室內儲槽場所及販賣場所數	零．七
達管制量爆竹煙火販賣場所、未達管制量爆竹煙火販賣場所、進口貿易商營業場所、宗教廟會活動地點及可疑處所數	

(十)火災調查人力：

1.得基本配置六人至八人；另依轄區人口數計算，每滿三十萬人得增設四人。

2.設置火災證物鑑定實驗室者，得基本配置四人，每增加一項火災現場殘跡鑑識，得增加火災調查人力一人至二人。

三　直轄市、縣（市）消防機關得依財政狀況及業務實際需要，依前點規定選置各項專責人力。

四　直轄市、縣（市）消防機關選置專責人力所需員額，得於直轄市縣市消防機關員額設置基準所計算之參考員額內調整因應。

中華民國憲法

民國36年1月1日國民政府制定公布全文175條；並自36年12月25日施行。

前　言

中華民國國民大會受全體國民之付託，依據孫中山先生創立中華民國之遺教，爲鞏固國權、保障民權、奠定社會安寧、增進人民福利，制定本憲法，頒行全國，永矢咸遵。

第一章　總　綱

第一條（國體）

中華民國基於三民主義，爲民有、民治、民享之民主共和國。

第二條（主權在民）

中華民國之主權，屬於國民全體。

第三條（國民）

具有中華民國國籍者，爲中華民國國民。

第四條（國土）

中華民國領土，依其固有之疆域，非經國民大會之決議，不得變更之。

第五條（民族平等）

中華民國各民族一律平等。

第六條（國旗）

中華民國國旗定爲紅地左上角青天白日。

第二章　人民之權利義務

第七條（平等權）

中華民國人民，無分男女、宗教、種族、階級、黨派，在法律上一律平等。

第八條（人身自由）

①人民身體之自由應予保障。除現行犯之逮捕由法律另定外，非經司法或警察機關依法定程序，不得逮捕拘禁。非由法院依法定程序，不得審問處罰。非依法定程序之逮捕、拘禁、審問、處罰，得拒絕之。

②人民因犯罪嫌疑被逮捕拘禁時，其逮捕拘禁機關應將逮捕拘禁原因，以書面告知本人及其本人指定之親友，並至遲於二十四小時內移送該管法院審問。本人或他人亦得聲請該管法院，於二十四小時內，向逮捕之機關提審。

③法院對於前項聲請不得拒絕，並不得先令逮捕拘禁之機關查覆。逮捕拘禁之機關對於法院之提審，不得拒絕或遲延。

④人民遭受任何機關非法逮捕拘禁時，其本人或他人得向法院聲請追究，法院不得拒絕，並應於二十四小內向逮捕拘禁之機關追究，依法處理。

第九條（人民不受軍審原則）

人民除現役軍人外，不受軍事審判。

第一〇條（居住遷徙自由）

人民有居住及遷徙之自由。

第一一條（表現自由）

人民有言論、講學、著作及出版之自由。
第一二條（秘密通訊自由）
人民有秘密通訊之自由。
第一三條（信教自由）
人民有信仰宗教之自由。
第一四條（集會結社自由）
人民有集會及結社之自由。
第一五條（生存權、工作權及財產權）
人民之生存權、工作權及財產權，應予保障。
第一六條（請願、訴願及訴訟權）
人民有請願、訴願及訴訟之權。
第一七條（參政權）
人民有選舉、罷免、創制及複決之權。
第一八條（應考試服公職權）
人民有應考試服公職之權。
第一九條（納稅義務）
人民有依法律納稅之義務。
第二〇條（兵役義務）
人民有依法律服兵役之義務。
第二一條（受教育之權義）
人民有受國民教育之權利與義務。
第二二條（基本人權保障）
凡人民之其他自由及權利，不妨害社會秩序、公共利益者，均受憲法之保障。
第二三條（基本人權之限制）
以上各條列舉之自由權利，除為防止妨礙他人自由、避免緊急危難、維持社會秩序或增進公共利益所必要者外，不得以法律限制之。
第二四條（公務員責任及國家賠償責任）
凡公務員違法侵害人民之自由或權利者，除依法律受懲戒外，應負刑事及民事責任。被害人民就其所受損害，並得依法律向國家請求賠償。

第三章　國民大會

第二五條（地位）
國民大會依本憲法之規定，代表全國國民行使政權。
第二六條（國大代表之名額）
國民大會以左列代表組織之：
一　每縣、市及其同等區域各選出代表一人。但其人口逾五十萬人者，每增加五十萬人，增選代表一人。縣、市同等區域，以法律定之。
二　蒙古選出代表，每盟四人，每特別旗一人。
三　西藏選出代表，其名額以法律定之。
四　各民族在邊疆地區選出代表，其名額以法律定之。
五　僑居國外之國民選出代表，其名額以法律定之。
六　職業團體選出代表，其名額以法律定之。
七　婦女團體選出代表，其名額以法律定之。
第二七條（國大職權）
①國民大會之職權如左：
一　選舉總統、副總統。

二　罷免總統、副總統。

三　修改憲法。

四　複決立法院所提之憲法修正案。

②關於創制、複決兩權，除前項第三、第四兩款規定外，俟全國有半數之縣、市曾經行使創制、複決兩項政權時，由國民大會制定辦法並行使之。

第二八條（國大代表任期、資格之限制）

①國民大會代表，每六年改選一次。

②每屆國民大會代表之任期，至次屆國民大會開會之日爲止。

③現任官吏不得於其任所所在地之選舉區當選爲國民大會代表。

第二九條（國大常會之召集）

國民大會於每屆總統任滿前九十日集會，由總統召集之。

第三〇條（國大臨時會之召集）

①國民大會遇有左列情形之一時，召集臨時會：

一　依本憲法第四十九條之規定，應補選總統、副總統時。

二　依監察院之決議，對於總統、副總統提出彈劾案時。

三　依立法院之決議，提出憲法修正案時。

四　國民大會代表五分之二以上請求召集時。

②國民大會臨時會，如依前項第一款或第二款應召集時，由立法院院長通告集會；依第三款或第四款應召集時，由總統召集之。

第三一條（國大開會地點）

國民大會之開會地點，在中央政府所在地。

第三二條（言論免責權）

國民大會代表在會議時所爲之言論及表決，對會外不負責任。

第三三條（不逮捕特權）

國民大會代表，除現行犯外，在會期中，非經國民大會許可，不得逮捕或拘禁。

第三四條（組織、選舉、罷免及行使職權程序之法律）

國民大會之組織，國民大會代表之選舉、罷免，及國民大會行使職權之程序，以法律定之。

第四章　總　統

第三五條（總統地位）

總統爲國家元首，對外代表中華民國。

第三六條（總統統率權）

總統統率全國陸海空軍。

第三七條（總統公布法令權）

總統依法公布法律，發布命令，須經行政院院長之副署，或行政院院長及有關部、會首長之副署。

第三八條（總統締約宣戰媾和權）

總統依本憲法之規定，行使締結條約及宣戰、媾和之權。

第三九條（總統宣布戒嚴權）

總統依法宣布戒嚴。但須經立法院之通過或追認，立法院認爲必要時，得決議移請總統解嚴。

第四〇條（總統赦免權）

總統依法行使大赦、特赦、減刑及復權之權。

第四一條（總統任免官員權）

總統依法任免文武官員。

第四二條（總統授與榮典權）
總統依法授與榮典。

第四三條（總統發布緊急命令權）
國家遇有天然災害、癘疫，或國家財政、經濟上有重大變故，須為急速處分時，總統於立法院休會期間，得經行政院會議之決議，依緊急命令法，發布緊急命令，為必要之處置。但須於發布命令後一個月內提交立法院追認，如立法院不同意時，該緊急命令立即失效。

第四四條（權限爭議處理權）
總統對於院與院間之爭執，除本憲法有規定者外，得召集有關各院院長會商解決之。

第四五條（被選舉資格）
中華民國國民年滿四十歲者，得被選為總統、副總統。

第四六條（選舉方法）
總統、副總統之選舉，以法律定之。

第四七條（總統副總統任期）
總統、副總統之任期為六年，連選得連任一次。

第四八條（總統就職宣誓）
總統應於就職時宣誓，誓詞如左：
「余謹以至誠，向全國人民宣誓。余必遵守憲法，盡忠職務，增進人民福利，保衛國家，無負國民付託，如違誓言，願受國家嚴厲之制裁。謹誓。」

第四九條（繼任及代行總統職權）
總統缺位時，由副總統繼任，至總統任期屆滿為止。總統、副總統均缺位時，由行政院院長代行其職權，並依本憲法第三十條之規定，召集國民大會臨時會，補選總統、副總統，其任期以補足原任總統未滿之任期為止。總統因故不能視事時，由副總統代行其職權。總統、副總統均不能視事時，由行政院院長代行其職權。

第五〇條（代行總統職權）
總統於任滿之日解職，如屆期次任總統尚未選出，或選出後總統、副總統均未就職時，由行政院院長代行總統職權。

第五一條（行政院長代行職權之期限）
行政院院長代行總統職權時，其期限不得逾三個月。

第五二條（刑事豁免權）
總統除犯內亂或外患罪外，非經罷免或解職，不受刑事上之訴究。

第五章　行　政

第五三條（最高行政）
行政院為國家最高行政機關。

第五四條（行政院組織）
行政院設院長、副院長各一人，各部會首長若干人，及不管部會之政務委員若干人。

第五五條（行政院院長之任命及代理）
①行政院院長，由總統提名，經立法院同意任命之。
②立法院休會期間，行政院院長辭職或出缺時，由行政院副院長代理其職務。但總統須於四十日內咨請立法院召集會議，提出行政院院長人選，徵求同意。行政院院長職務，在總統所提行政院院長人選未經立法院同意前，由行政院副院長暫行代理。

第五六條（副院長、部會首長及政務委員之任命）
行政院副院長，各部會首長及不管部會之政務委員，由行政院院長提請總統任命之。

第五七條（行政院對立法院負責）
行政院依左列規定，對立法院負責：

一　行政院有向立法院提出施政方針及施政報告之責。立法委員在開會時，有向行政院院長及行政院各部會首長質詢之權。

二　立法院對於行政院之重要政策不贊同時，得以決議移請行政院變更之。行政院對於立法院之決議，得經總統之核可，移請立法院覆議。覆議時，如經出席立法委員三分之二維持原決議，行政院院長應即接受該決議或辭職。

三　行政院對於立法院決議之法律案、預算案、條約案，如認爲有窒礙難行時，得經總統之核可，於該決議案送達行政院十日內，移請立法院覆議。覆議時，如經出席立法委員三分之二維持原案，行政院院長應即接受該決議或辭職。

第五八條（行政院會議）

①行政院設行政院會議，由行政院院長、副院長，各部會首長及不管部會之政務委員組織之，以院長爲主席。

②行政院院長、各部會首長，須將應行提出於立法院之法律案、預算案、戒嚴案、大赦案、宣戰案、媾和案、條約案及其他重要事項，或涉及各部會共同關係之事項，提出於行政院會議議決之。

第五九條（預算案之提出）

行政院於會計年度開始三個月前，應將下年度預算案提出於立法院。

第六〇條（決算之提出）

行政院於會計年度結束後四個月內，應提出決算於監察院。

第六一條（行政院組織法之制定）

行政院之組織，以法律定之。

第六章　立　法

第六二條（最高立法機關）

立法院爲國家最高立法機關，由人民選舉之立法委員組織之，代表人民行使立法權。

第六三條（職權）

立法院有議決法律案、預算案、戒嚴案、大赦案、宣戰案、媾和案、條約案及國家其他重要事項之權。

第六四條（立委選舉）

①立法院立法委員，依左列規定選出之：

一　各省、各直轄市選出者，其人口在三百萬以下者五人，其人口超過三百萬者，每滿一百萬人增選一人。

二　蒙古各盟、旗選出者。

三　西藏選出者。

四　各民族在邊疆地區選出者。

五　僑居國外之國民選出者。

六　職業團體選出者。

②立法委員之選舉及前項第二款至第六款立法委員名額之分配，以法律定之。婦女在第一項各款之名額，以法律定之。

第六五條（立委任期）

立法委員之任期爲三年，連選得連任，其選舉於每屆任滿前三個月內完成之。

第六六條（正副院長之選舉）

立法院設院長、副院長各一人，由立法委員互選之。

第六七條（委員會之設置）

①立法院得設各種委員會。

②各種委員會得邀請政府人員及社會上有關係人員到會備詢。

第六八條（常會）

立法院會期，每年兩次，自行集會，第一次自二月至五月底，第二次自九月至十二月底，必要時得延長之。

第六九條（臨時會）

立法院遇有左列情事之一時，得開臨時會：

一　總統之咨請。

二　立法委員四分之一以上之請求。

第七〇條（增加支出預算提議之限制）

立法院對於行政院所提預算案，不得為增加支出之提議。

第七一條（關係院首長列席）

立法院開會時，關係院院長及各部會首長得列席陳述意見。

第七二條（公布法律）

立法院法律案通過後，移送總統及行政院，總統應於收到後十日內公布之。但總統得依照本憲法第五十七條之規定辦理。

第七三條（言論免責權）

立法委員在院內所為之言論及表決，對院外不負責任。

第七四條（不逮捕特權）

立法委員，除現行犯外，非經立法院許可，不得逮捕或拘禁。

第七五條（立委兼任官吏之禁止）

立法委員不得兼任官吏。

第七六條（立法院組織法之制定）

立法院之組織，以法律定之。

第七章　司　法

第七七條（司法院之地位及職權）

司法院為國家最高司法機關，掌理民事、刑事、行政訴訟之審判及公務員之懲戒。

第七八條（司法院之法律解釋權）

司法院解釋憲法，並有統一解釋法律及命令之權。

第七九條（正副院長及大法官之任命）

①司法院設院長、副院長各一人，由總統提名，經監察院同意任命之。

②司法院設大法官若干人，掌理本憲法第七十八條規定事項，由總統提名，經監察院同意任命之。

第八〇條（法官依法獨立審判）

法官須超出黨派以外，依據法律獨立審判，不受任何干涉。

第八一條（法官之保障）

法官為終身職，非受刑事或懲戒處分或禁治產之宣告，不得免職。非依法律，不得停職、轉任或減俸。

第八二條（法院組織法之制定）

司法院及各級法院之組織，以法律定之。

第八章　考　試

第八三條（考試院之地位及職權）

考試院為國家最高考試機關，掌理考試、任用、銓敘、考績、級俸、陞遷、保障、褒獎、撫卹、退休、養老等事項。

第八四條（正副院長及考試委員之任命）

考試院設院長、副院長各一人，考試委員若干人，由總統提名，經監察院同意任命之。

第八五條（公務員之考選）

公務人員之選拔，應實行公開競爭之考試制度，並應按省區分別規定名額，分區舉行考試。非經考試及格者，不得任用。

第八六條 （應受考銓之資格）

左列資格，應經考試院依法考選銓定之：

一 公務人員任用資格。

二 專門職業及技術人員執業資格。

第八七條 （法律案之提出）

考試院關於所掌事項，得向立法院提出法律案。

第八八條 （依法獨立行使職權）

考試委員須超出黨派以外，依據法律獨立行使職權。

第八九條 （考試院組織法之制定）

考試院之組織，以法律定之。

第九章 監 察

第九〇條 （監察院之地位及職權）

監察院爲國家最高監察機關，行使同意、彈劾、糾舉及審計權。

第九一條 （監委之選舉）

監察院設監察委員，由各省、市議會，蒙古、西藏地方議會及華僑團體選舉之。其名額分配，依左列之規定：

一 每省五人。

二 每直轄市二人。

三 蒙古各盟、旗共八人。

四 西藏八人。

五 僑居國外之國民八人。

第九二條 （正副院長之選舉）

監察院設院長、副院長各一人，由監察委員互選之。

第九三條 （監委任期）

監察委員之任期爲六年，連選得連任。

第九四條 （同意權之行使）

監察院依本憲法行使同意權時，由出席委員過半數之議決行之。

第九五條 （調查權之行使）

監察院爲行使監察權，得向行政院及其各部會調閱其所發布之命令及各種有關文件。

第九六條 （委員會之設置）

監察院得按行政院及其各部會之工作，分設若干委員會，調查一切設施，注意其是否違法或失職。

第九七條 （糾正權、糾舉權、及彈劾權之行使）

①監察院經各該委員會之審查及決議，得提出糾正案，移送行政院及其有關部、會，促其注意改善。

②監察院對於中央及地方公務人員，認爲有失職或違法情事，得提出糾舉案或彈劾案，如涉及刑事，應移送法院辦理。

第九八條 （彈劾案之提出）

監察院對中央及地方公務人員之彈劾案，須經監察委員一人以上之提議，九人以上之審查及決定，始得提出。

第九九條 （司法考試人員之彈劾）

監察院對於司法院或考試院人員失職或違法之彈劾，適用本憲法第九十五條、第九十七條及第九十八條之規定。

第一〇〇條　（總統、副總統之彈劾）
監察院對於總統、副總統之彈劾案，須有全體監察委員四分之一以上之提議，全體監察委員過半數之審查及決議，向國民大會提出之。

第一〇一條　（言論免責權）
監察委員在院內所爲之言論及表決，對院外不負責任。

第一〇二條　（不逮捕特權）
監察委員，除現行犯外，非經監察院許可，不得逮捕或拘禁。

第一〇三條　（監委兼職之禁止）
監察委員不得兼任其他公職或執行業務。

第一〇四條　（審計長之任命）
監察院設審計長，由總統提名，經立法院同意任命之。

第一〇五條　（決算之審核及報告）
審計長應於行政院提出決算後三個月內，依法完成其審核，並提出審核報告於立法院。

第一〇六條　（監察院組織法之制定）
監察院之組織，以法律定之。

第十章　中央與地方之權限

第一〇七條　（中央立法並執行事項）
左列事項，由中央立法並執行之：
一　外交。
二　國防與國防軍事。
三　國籍法及刑事、民事、商事之法律。
四　司法制度。
五　航空、國道、國有鐵路、航政、郵政及電政。
六　中央財政與國稅。
七　國稅與省稅、縣稅之劃分。
八　國營經濟事業。
九　幣制及國家銀行。
十　度量衡。
十一　國際貿易政策。
十二　涉外之財政、經濟事項。
十三　其他依本憲法所定關於中央之事項。

第一〇八條　（中央立法事項）
①左列事項，由中央立法並執行之，或交由省、縣執行之：
一　省、縣自治通則。
二　行政區劃。
三　森林、工礦及商業。
四　教育制度。
五　銀行及交易所制度。
六　航業及海洋漁業。
七　公用事業。
八　合作事業。
九　二省以上之水陸交通運輸。
十　二省以上之水利、河道及農牧事業。
十一　中央及地方官吏之銓敘、任用、糾察及保障。
十二　土地法。

十三　勞動法及其他社會立法。
十四　公用徵收。
十五　全國戶口調查及統計。
十六　移民及墾殖。
十七　警察制度。
十八　公共衛生。
十九　振濟、撫卹及失業救濟。
二十　有關文化之古籍、古物及古蹟之保存。

②前項各款，省於不牴觸國家法律內，得制定單行法規。

第一〇九條（省立法事項）

①左列事項，由省立法並執行之，或交由縣執行之：
一　省教育、衛生、實業及交通。
二　省財產之經營及處分。
三　省、市政。
四　省公營事業。
五　省合作事業。
六　省農林、水利、漁牧及工程。
七　省財政及省稅。
八　省債。
九　省銀行。
十　省警政之實施。
十一　省慈善及公益事項。
十二　其他依國家法律賦予之事項。

②前項各款，有涉及二省以上者，除法律別有規定外，得由有關各省共同辦理。

③各省辦理第一項各款事務，其經費不足時，經立法院議決，由國庫補助之。

第一一〇條（縣立法並執行事項）

①左列事項，由縣立法並執行之：
一　縣教育、衛生、實業及交通。
二　縣財產之經營及處分。
三　縣公營事業。
四　縣合作事業。
五　縣農林、水利、漁牧及工程。
六　縣財政及縣稅。
七　縣債。
八　縣銀行。
九　縣警衛之實施。
十　縣慈善及公益事項。
十一　其他依國家法律及省自治法賦予之事項。

②前項各款，有涉及二縣以上者，除法律別有規定外，得由有關各縣共同辦理。

第一一一條（中央與地方權限分配）

除第一百零七條、第一百零八條、第一百零九條及第一百十條列舉事項外，如有未列舉事項發生時，其事務有全國一致之性質者屬於中央，有全省一致之性質者屬於省，有一縣之性質者屬於縣，遇有爭議時，由立法院解決之。

第十一章　地方制度

第一節　省

第一一二條　(省民代表大會之組織與權限)

①省得召集省民代表大會，依據省縣自治通則制定省自治法。但不得與憲法牴觸。

②省民代表大會之組織及選舉，以法律定之。

第一一三條　(省自治法與立法權)

①省自治法，應包含左列各款：

一　省設省議會，省議會議員由省民選舉之。

二　省設省政府，置省長一人。省長由省民選舉之。

三　省與縣之關係。

②屬於省之立法權，由省議會行之。

第一一四條　(省自治法之司法審查)

省自治法制定後，須即送司法院。司法院如認為有違憲之處，應將違憲條文宣布無效。

第一一五條　(自治法施行中障礙之解決)

省自治法施行中，如因其中某條發生重大障礙，經司法院召集有關方面陳述意見後，由行政院院長、立法院院長、司法院院長、考試院院長與監察院院長組織委員會，以司法院院長為主席，提出方案解決之。

第一一六條　(省法規與國家法律之關係)

省法規與國家法律牴觸者無效。

第一一七條　(省法規牴觸法律之解釋)

省法規與國家法律有無牴觸發生疑義時，由司法院解釋之。

第一一八條　(直轄市之自治)

直轄市之自治，以法律定之。

第一一九條　(蒙古盟旗之自治)

蒙古各盟、旗地方自治制度，以法律定之。

第一二〇條　(西藏自治之保障)

西藏自治制度，應予以保障。

第二節　縣

第一二一條　(縣自治)

縣實行縣自治。

第一二二條　(縣民代大會與縣自治法之制定)

縣得召集縣民代表大會，依據省縣自治通則，制定縣自治法。但不得與憲法及省自治法牴觸。

第一二三條　(縣民參政權)

縣民關於縣自治事項，依法律行使創制、複決之權，對於縣長及其他縣自治人員，依法律行使選舉、罷免之權。

第一二四條　(縣議會組成及職權)

①縣設縣議會，縣議會議員由縣民選舉之。

②屬於縣之立法權，由縣議會行之。

第一二五條　(縣規章與法律或省法規之關係)

縣單行規章，與國家法律或省法規牴觸者無效。

第一二六條　(縣長之選舉)

縣設縣政府，置縣長一人。縣長由縣民選舉之。

第一二七條　(縣長之職權)

縣長辦理縣自治，並執行中央及省委辦事項。

第一二八條（市自治）

市準用縣之規定。

第十二章　選舉罷免創制複決

第一二九條（選舉之方法）

本憲法所規定之各種選舉，除本憲法別有規定外，以普通、平等、直接及無記名投票之方法行之。

第一三〇條（選舉及被選舉年齡）

中華民國國民年滿二十歲者，有依法選舉之權，除本憲法及法律別有規定者外，年滿二十三歲者，有依法被選舉之權。

第一三一條（競選公開原則）

本憲法所規定各種選舉之候選人，一律公開競選。

第一三二條（選舉公正之維護）

選舉應嚴禁威脅、利誘。選舉訴訟，由法院審判之。

第一三三條（罷免權）

被選舉人得由原選舉區依法罷免之。

第一三四條（婦女名額保障）

各種選舉，應規定婦女當選名額，其辦法以法律定之。

第一三五條（內地生活習慣特殊國代之選舉）

內地生活習慣特殊之國民代表名額及選舉，其辦法以法律定之。

第一三六條（創制複決權之行使）

創制、複決兩權之行使，以法律定之。

第十三章　基本國策

第一節　國　防

第一三七條（國防目的及組織）

①中華民國之國防，以保衛國家安全，維護世界和平為目的。

②國防之組織，以法律定之。

第一三八條（軍隊國家化－軍人超然）

全國陸、海、空軍，須超出個人、地域及黨派關係以外，效忠國家，愛護人民。

第一三九條（軍隊國家化－軍人不干政）

任何黨派及個人，不得以武裝力量為政爭之工具。

第一四〇條（軍人兼任文官之禁止）

現役軍人不得兼任文官。

第二節　外　交

第一四一條（外交宗旨）

中華民國之外交，應本獨立自主之精神，平等互惠之原則，敦睦邦交，尊重條約及聯合國憲章，以保護僑民權益，促進國際合作，提倡國際正義，確保世界和平。

第三節　國民經濟

第一四二條（國民經濟基本原則）

國民經濟，應以民生主義為基本原則，實施平均地權，節制資本，以謀國計民生之均足。

第一四三條（土地政策）

①中華民國領土內之土地，屬於國民全體。人民依法取得之土地所有權，應受法律之保障與限制。私有土地應照價納稅，政府並得照價收買。

②附著於土地之礦及經濟上可供公衆利用之天然力，屬於國家所有，不因人民取得土地所有權而受影響。

③土地價值非因施以勞力、資本而增加者，應由國家徵收土地增值稅，歸人民共享之。

④國家對於土地之分配與整理，應以扶植自耕農及自行使用土地人爲原則，並規定其適當經營之面積。

第一四四條（獨佔性企業公營原則）

公用事業及其他有獨佔性之企業，以公營爲原則，其經法律許可者，得由國民經營之。

第一四五條（私人資本之節制與扶助）

①國家對於私人財富及私營事業，認爲有妨害國計民生之平衡發展者，應以法律限制之。

②合作事業應受國家之獎勵與扶助。

③國民生產事業及對外貿易，應受國家之獎勵、指導及保護。

第一四六條（發展農業）

國家應運用科學技術，以興修水利，增進地力，改善農業環境，規劃土地利用，開發農業資源，促成農業之工業化。

第一四七條（地方經濟之平衡發展）

①中央爲謀省與省間之經濟平衡發展，對於貧瘠之省，應酌予補助。

②省爲謀縣與縣間之經濟平衡發展，對於貧瘠之縣，應酌予補助。

第一四八條（貨暢其流）

中華民國領域內，一切貨物應許自由流通。

第一四九條（金融機構之管理）

金融機構，應依法受國家之管理。

第一五〇條（普設平民金融機構）

國家應普設平民金融機構，以救濟失業。

第一五一條（發展僑民經濟事業）

國家對於僑居國外之國民，應扶助並保護其經濟事業之發展。

第四節　社會安全

第一五二條（人盡其才）

人民具有工作能力者，國家應予以適當之工作機會。

第一五三條（勞工及農民之保護）

①國家爲改良勞工及農民之生活，增進其生產技能，應制定保護勞工及農民之法律，實施保護勞工及農民之政策。

②婦女、兒童從事勞動者，應按其年齡及身體狀態，予以特別之保護。

第一五四條（勞資關係）

勞資雙方應本協調合作原則，發展生產事業。勞資糾紛之調解與仲裁，以法律定之。

第一五五條（社會保險與救助之實施）

國家爲謀社會福利，應實施社會保險制度。人民之老弱殘廢，無力生活，及受非常災害者，國家應予以適當之扶助與救濟。

第一五六條（婦幼福利政策之實施）

國家爲奠定民族生存發展之基礎，應保護母性，並實施婦女、兒童福利政策。

第一五七條（衛生保健事業之推行）

國家爲增進民族健康，應普遍推行衛生保健事業及公醫制度。

第五節　教育文化

第一五八條 （教育文化之目標）

教育、文化，應發展國民之民族精神、自治精神、國民道德、健全體格、科學及生活智能。

第一五九條 （教育機會平等原則）

國民受教育之機會，一律平等。

第一六〇條 （基本教育與補習教育）

①六歲至十二歲之學齡兒童，一律受基本教育，免納學費。其貧苦者，由政府供給書籍。

②已逾學齡未受基本教育之國民，一律受補習教育，免納學費，其書籍亦由政府供給。

第一六一條 （獎學金之設置）

各級政府應廣設獎學金名額，以扶助學行俱優無力升學之學生。

第一六二條 （教育文化機關之監督）

全國公私立之教育、文化機關，依法律受國家之監督。

第一六三條 （教育文化事業之推動）

國家應注重各地區教育之均衡發展，並推行社會教育，以提高一般國民之文化水準。邊遠及貧瘠地區之教育文化經費，由國庫補助之。其重要之教育文化事業，得由中央辦理或補助之。

第一六四條 （教育文化經費之比例與專款之保障）

教育、科學、文化之經費，在中央不得少於其預算總額百分之十五，在省不得少於其預算總額百分之二十五，在市縣不得少於其預算總額百分之三十五。其依法設置之教育、文化基金及產業，應予以保障。

第一六五條 （教育文化工作者之保障）

國家應保障教育、科學、藝術工作者之生活，並依國民經濟之進展，隨時提高其待遇。

第一六六條 （科學發明與創造之保障、古蹟、古物之保護）

國家應獎勵科學之發明與創造，並保護有關歷史、文化、藝術之古蹟、古物。

第一六七條 （教育文化事業之獎助）

國家對於左列事業或個人，予以獎勵或補助：

一　國內私人經營之教育事業成績優良者。

二　僑居國外國民之教育事業成績優良者。

三　於學術或技術有發明者。

四　從事教育久於其職而成績優良者。

第六節　邊疆地區

第一六八條 （邊疆民族地位之保障）

國家對於邊疆地區各民族之地位，應予以合法之保障，並於其地方自治事業，特別予以扶植。

第一六九條 （邊疆事業之扶助）

國家對於邊疆地區各民族之教育、文化、交通、水利、衛生及其他經濟、社會事業，應積極舉辦，並扶助其發展，對於土地使用，應依其氣候、土壤性質及人民生活習慣之所宜，予以保障及發展。

第十四章　憲法之施行及修改

第一七〇條 （法律之意義）

本憲法所稱之法律，謂經立法院通過，總統公布之法律。

第一七一條 （法律之位階性）

①法律與憲法牴觸者無效。

②法律與憲法有無牴觸發生疑義時，由司法院解釋之。

第一七二條（法律之位階性）

命令與憲法或法律牴觸者無效。

第一七三條（憲法之解釋）

憲法之解釋，由司法院為之。

第一七四條（修憲程序）

憲法之修改，應依左列程序之一為之：

一　由國民大會代表總額五分之一之提議，三分之二之出席，及出席代表四分之三之決議，得修改之。

二　由立法院立法委員四分之一之提議，四分之三之出席，及出席委員四分之三之決議，擬定憲法修正案，提請國民大會複決，此項憲法修正案，應於國民大會開會前半年公告之。

第一七五條（憲法實施程序與施行程序之制定）

①本憲法規定事項，有另定實施程序之必要者，以法律定之。

②本憲法施行之準備程序，由制定憲法之國民大會議定之。

民　法　第一編　總　則

①民國18年5月23日國民政府制定公布全文152條；並自18年10月10日施行。
②民國71年1月4日總統令修正公布第8、14、18、20、24、27、28、30、32～36、38、42～44、46～48、50～53、56、58～65、85、118、129、131～134、136、137、148、151、152條條文；並自72年1月1日施行。
③民國97年5月23日總統令修正公布第14、15、22條條文；並增訂第 15-1、15-2條條文；第14～15-2條自公布後一年六個月（98年11月23日）施行；第22條施行日期，以命令定之。
民國97年10月22日總統令公布第22條定自98年1月1日施行。
④民國104年6月10日總統令修正公布第10條條文；並自公布日施行。
⑤民國108年6月19日總統令修正公布第14條條文。

第一章　法　例

第一條　（法源）
民事，法律所未規定者，依習慣；無習慣者，依法理。

第二條　（適用習慣之限制）
民事所適用之習慣，以不背於公共秩序或善良風俗者爲限。

第三條　（使用文字之原則）
①依法律之規定，有使用文字之必要者，得不由本人自寫，但必須親自簽名。
②如有用印章代簽名者，其蓋章與簽名生同等之效力。
③如以指印、十字或其他符號代簽名者，在文件上，經二人簽名證明，亦與簽名生同等之效力。

第四條　（以文字爲準）
關於一定之數量，同時以文字及號碼表示者，其文字與號碼有不符合時，如法院不能決定何者爲當事人之原意，應以文字爲準。

第五條　（以最低額爲準）
關於一定之數量，以文字或號碼爲數次之表示者，其表示有不符合時，如法院不能決定何者爲當事人之原意，應以最低額爲準。

第二章　人

第一節　自然人

第六條　（自然人之權利能力）
人之權利能力，始於出生，終於死亡。

第七條　（胎兒之權利能力）
胎兒以將來非死產者爲限，關於其個人利益之保護，視爲既已出生。

第八條　（死亡宣告）
①失蹤人失蹤滿七年後，法院得因利害關係人或檢察官之聲請，爲死亡之宣告。
②失蹤人爲八十歲以上者，得於失蹤滿三年後，爲死亡之宣告。
③失蹤人爲遭遇特別災難者，得於特別災難終了滿一年後，爲死亡之宣告。

第九條　（死亡時間之推定）
①受死亡宣告者，以判決內所確定死亡之時，推定其爲死亡。
②前項死亡之時，應爲前條各項所定期間最後日終止之時。但有反證者，不在此限。

第一〇條（失蹤人財產之管理）104

失蹤人失蹤後，未受死亡宣告前，其財產之管理，除其他法律另有規定者外，依家事事件法之規定。

第一一條（同死推定）

二人以上同時遇難，不能證明其死亡之先後時，推定其為同時死亡。

第一二條（成年時期）

滿二十歲為成年。

第一三條（未成年人及其行為能力）

①未滿七歲之未成年人，無行為能力。

②滿七歲以上之未成年人，有限制行為能力。

③未成年人已結婚者，有行為能力。

第一四條（監護之宣告及撤銷）108

①對於因精神障礙或其他心智缺陷，致不能為意思表示或受意思表示，或不能辨識其意思表示之效果者，法院得因本人、配偶、四親等內之親屬、最近一年有同居事實之其他親屬、檢察官、主管機關、社會福利機構、輔助人、意定監護受任人或其他利害關係人之聲請，為監護之宣告。

②受監護之原因消滅時，法院應依前項聲請權人之聲請，撤銷其宣告。

③法院對於監護之聲請，認為未達第一項之程度者，得依第十五條之一第一項規定，為輔助之宣告。

④受監護之原因消滅，而仍有輔助之必要者，法院得依第十五條之一第一項規定，變更為輔助之宣告。

第一五條（受監護宣告人之能力）97

受監護宣告之人，無行為能力。

第一五條之一（輔助之宣告）97

①對於因精神障礙或其他心智缺陷，致其為意思表示或受意思表示，或辨識其意思表示效果之能力，顯有不足者，法院得因本人、配偶、四親等內之親屬、最近一年有同居事實之其他親屬、檢察官、主管機關或社會福利機構之聲請，為輔助之宣告。

②受輔助之原因消滅時，法院應依前項聲請權人之聲請，撤銷其宣告。

③受輔助宣告之人有受監護之必要者，法院得依第十四條第一項規定，變更為監護之宣告。

第一五條之二（受輔助宣告之人應經輔助人同意之行為）97

①受輔助宣告之人為下列行為時，應經輔助人同意。但純獲法律上利益，或依其年齡及身分、日常生活所必需者，不在此限：

一　為獨資、合夥營業或為法人之負責人。

二　為消費借貸、消費寄託、保證、贈與或信託。

三　為訴訟行為。

四　為和解、調解、調處或簽訂仲裁契約。

五　為不動產、船舶、航空器、汽車或其他重要財產之處分、設定負擔、買賣、租賃或借貸。

六　為遺產分割、遺贈、拋棄繼承權或其他相關權利。

七　法院依前條聲請權人或輔助人之聲請，所指定之其他行為。

②第七十八條至第八十三條規定，於未依前項規定得輔助人同意之情形，準用之。

③第八十五條規定，於輔助人同意受輔助宣告之人為第一項第一款行為時，準用之。

④第一項所列應經同意之行為，無損害受輔助宣告之人利益之虞，而輔助人仍不為同意時，受輔助宣告之人得逕行聲請法院許可後為之。

第一六條（能力之保護）

權利能力及行爲能力，不得拋棄。

第一七條（自由之保護）

①自由不得拋棄。

②自由之限制，以不背於公共秩序或善良風俗者爲限。

第一八條（人格權之保護）

①人格權受侵害時，得請求法院除去其侵害；有受侵害之虞時，得請求防止之。

②前項情形，以法律有特別規定者爲限，得請求損害賠償或慰撫金。

第一九條（姓名權之保護）

姓名權受侵害者，得請求法院除去其侵害，並得請求損害賠償。

第二〇條（住所之設定）

①依一定事實，足認以久住之意思，住於一定之地域者，即爲設定其住所於該地。

②一人同時不得有兩住所。

第二一條（無行爲能力人及限制行爲能力人之住所）

無行爲能力人及限制行爲能力人，以其法定代理人之住所爲住所。

第二二條（居所視爲住所）97

遇有下列情形之一，其居所視爲住所：

一　住所無可考者。

二　在我國無住所者。但依法須依住所地法者，不在此限。

第二三條（居住視爲住所）

因特定行爲選定居所者，關於其行爲，視爲住所。

第二四條（住所之廢止）

依一定事實，足認以廢止之意思離去其住所者，即爲廢止其住所。

第二節　法　人

第一款　通　則

第二五條（法人成立法定原則）

法人非依本法或其他法律之規定，不得成立。

第二六條（法人權利能力）

法人於法令限制內，有享受權利、負擔義務之能力。但專屬於自然人之權利義務，不在此限。

第二七條（法人之機關）

①法人應設董事。董事有數人者，法人事務之執行，除章程另有規定外，取決於全體董事過半數之同意。

②董事就法人一切事務，對外代表法人。董事有數人者，除章程另有規定外，各董事均得代表法人。

③對於董事代表權所加之限制，不得對抗善意第三人。

④法人得設監察人，監察法人事務之執行。監察人有數人者，除章程另有規定外，各監察人均得單獨行使監察權。

第二八條（法人侵權責任）

法人對於其董事或其他有代表權之人因執行職務所加於他人之損害，與該行爲人連帶負賠償之責任。

第二九條（法人住所）

法人以其主事務所之所在地爲住所。

第三〇條（法人設立登記）

法人非經向主管機關登記，不得成立。

第三一條（登記之效力）

法人登記後，有應登記之事項，而不登記，或已登記之事項有變更而不為變更之登記者，不得以其事項對抗第三人。

第三二條 （法人業務監督）

受設立許可之法人，其業務屬於主管機關監督，主管機關得檢查其財產狀況及其有無違反許可條件與其他法律之規定。

第三三條 （妨礙監督權行使之處罰）

①受設立許可法人之董事或監察人，不遵主管機關監督之命令，或妨礙其檢查者，得處以五千元以下之罰鍰。

②前項董事或監察人違反法令或章程，足以危害公益或法人之利益者，主管機關得請求法院解除其職務，並為其他必要之處置。

第三四條 （撤銷法人許可）

法人違反設立許可之條件者，主管機關得撤銷其許可。

第三五條 （法人之破產及其聲請）

①法人之財產不能清償債務時，董事應即向法院聲請破產。

②不為前項聲請，致法人之債權人受損害時，有過失之董事，應負賠償責任，其有二人以上時，應連帶負責。

第三六條 （法人宣告解散）

法人之目的或其行為，有違反法律、公共秩序或善良風俗者，法院得因主管機關、檢察官或利害關係人之請求，宣告解散。

第三七條 （法定清算人）

法人解散後，其財產之清算，由董事為之。但其章程有特別規定，或總會另有決議者，不在此限。

第三八條 （選任清算人）

不能依前條規定，定其清算人時，法院得因主管機關、檢察官或利害關係人之聲請，或依職權，選任清算人。

第三九條 （清算人之解任）

清算人，法院認為有必要時，得解除其任務。

第四〇條 （清算人之職務及法人存續之擬制）

①清算人之職務如左：

一　了結現務。

二　收取債權，清償債務。

三　移交賸餘財產於應得者。

②法人至清算終結止，在清算之必要範圍內，視為存續。

第四一條 （清算之程序）

清算之程序，除本通則有規定外，準用股份有限公司清算之規定。

第四二條 （清算之監督機關及方法）

①法人之清算，屬於法院監督。法院得隨時為監督上必要之檢查及處分。

②法人經主管機關撤銷許可或命令解散者，主管機關應同時通知法院。

③法人經依章程規定或總會決議解散者，董事應於十五日內報告法院。

第四三條 （妨礙之處罰）

清算人不遵法院監督命令，或妨礙檢查者，得處以五千元以下之罰鍰。董事違反前條第三項之規定者亦同。

第四四條 （賸餘財產之歸屬）

①法人解散後，除法律另有規定外，於清償債務後，其賸餘財產之歸屬，應依其章程之規定，或總會之決議。但以公益為目的之法人解散時，其賸餘財產不得歸屬於自然人或以營利為目的之團體。

②如無前項法律或章程之規定或總會之決議時，其賸餘財產歸屬於法人住所所在地之地方自治團體。

第二款　社　團

第四五條（營利法人之登記）
以營利為目的之社團，其取得法人資格，依特別法之規定。

第四六條（公益法人之設立）
以公益為目的之社團，於登記前，應得主管機關之許可。

第四七條（章程應載事項）
設立社團者，應訂定章程，其應記載之事項如左：
一　目的。
二　名稱。
三　董事之人數、任期及任免。設有監察人者，其人數、任期及任免。
四　總會召集之條件、程序及其決議證明之方法。
五　社員之出資。
六　社員資格之取得與喪失。
七　訂定章程之年、月、日。

第四八條（社團設立登記事項）
①社團設立時，應登記之事項如左：
一　目的。
二　名稱。
三　主事務所及分事務所。
四　董事之姓名及住所。設有監察人者，其姓名及住所。
五　財產之總額。
六　應受設立許可者，其許可之年、月、日。
七　定有出資方法者，其方法。
八　定有代表法人之董事者，其姓名。
九　定有存立時期者，其時期。
②社團之登記，由董事向其主事務所及分事務所所在地之主管機關行之，並應附具章程備案。

第四九條（章程得載事項）
社團之組織及社團與社員之關係，以不違反第五十條至第五十八條之規定為限，得以章程定之。

第五〇條（社團總會之權限）
①社團以總會為最高機關。
②左列事項應經總會之決議：
一　變更章程。
二　任免董事及監察人。
三　監督董事及監察人職務之執行。
四　開除社員。但以有正當理由時為限。

第五一條（社團總會之召集）
①總會由董事召集之，每年至少召集一次。董事不為召集時，監察人得召集之。
②如有全體社員十分一以上之請求，表明會議目的及召集理由，請求召集時，董事應召集之。
③董事受前項之請求後，一個月內不為召集者，得由請求之社員，經法院之許可召集之。
④總會之召集，除章程另有規定外，應於三十日前對各社員發出通知。通知內應載明會議目的事項。

第五二條（總會之通常決議）

①總會決議，除本法有特別規定外，以出席社員過半數決之。

②社員有平等之表決權。

③社員表決權之行使，除章程另有限制外，得以書面授權他人代理爲之。但一人僅得代理社員一人。

④社員對於總會決議事項，因自身利害關係而有損害社團利益之虞時，該社員不得加入表決，亦不得代理他人行使表決權。

第五三條（社團章程之變更）

①社團變更章程之決議，應有全體社員過半數之出席，出席社員四分三以上之同意，或有全體社員三分二以上書面之同意。

②受設立許可之社團，變更章程時，並應得主管機關之許可。

第五四條（社員退社自由原則）

①社員得隨時退社。但章程限定於事務年度終，或經過預告期間後，始准退社者，不在此限。

②前項預告期間，不得超過六個月。

第五五條（退社或開除後之權利義務）

①已退社或開除之社員，對於社團之財產無請求權。但非公益法人，其章程另有規定者，不在此限。

②前項社員，對於其退社或開除以前應分擔之出資，仍負清償之義務。

第五六條（總會之無效及撤銷）

①總會之召集程序或決議方法，違反法令或章程時，社員得於決議後三個月內請求法院撤銷其決議。但出席社員，對召集程序或決議方法，未當場表示異議者，不在此限。

②總會決議之內容違反法令或章程者，無效。

第五七條（社團決議解散）

社團得隨時以全體社員三分二以上之可決解散之。

第五八條（法院宣告解散）

社團之事務，無從依章程所定進行時，法院得因主管機關、檢察官或利害關係人之聲請解散之。

第三款　財　團

第五九條（設立許可）

財團於登記前，應得主管機關之許可。

第六〇條（捐助章程之訂定）

①設立財團者，應訂立捐助章程。但以遺囑捐助者，不在此限。

②捐助章程，應訂明法人目的及所捐財產。

③以遺囑捐助設立財團法人者，如無遺囑執行人時，法院得依主管機關、檢察官或利害關係人之聲請，指定遺囑執行人。

第六一條（財團設立登記事項）

①財團設立時，應登記之事項如左：

一　目的。

二　名稱。

三　主事務所及分事務所。

四　財產之總額。

五　受許可之年、月、日。

六　董事之姓名及住所。設有監察人者，其姓名及住所。

七　定有代表法人之董事者，其姓名。

八　定有存立時期者，其時期。

②財團之登記，由董事向其主事務所及分事務所所在地之主管機關行之。並應附具捐助章程或遺囑備案。

第六二條（財團組織及管理方法）

財團之組織及其管理方法，由捐助人以捐助章程或遺囑定之。捐助章程或遺囑所定之組織不完全，或重要之管理方法不具備者，法院得因主管機關、檢察官或利害關係人之聲請，為必要之處分。

第六三條（財團變更組織）

為維持財團之目的或保存其財產，法院得因捐助人、董事、主管機關、檢察官或利害關係人之聲請，變更其組織。

第六四條（財團董事行為無效之宣告）

財團董事，有違反捐助章程之行為時，法院得因主管機關、檢察官或利害關係人之聲請，宣告其行為為無效。

第六五條（財團目的不達時之保護）

因情事變更，致財團之目的不能達到時，主管機關得斟酌捐助人之意思，變更其目的及其必要之組織，或解散之。

第三章 物

第六六條（物之意義－不動產）

①稱不動產者，謂土地及其定著物。

②不動產之出產物，尚未分離者，為該不動產之部分。

第六七條（物之意義－動產）

稱動產者，為前條所稱不動產以外之物。

第六八條（主物與從物）

①非主物之成分，常助主物之效用，而同屬於一人者，為從物。但交易上有特別習慣者，依其習慣。

②主物之處分，及於從物。

第六九條（天然孳息與法定孳息）

①稱天然孳息者，謂果實、動物之產物及其他依物之用法所收穫之出產物。

②稱法定孳息者，謂利息、租金及其他因法律關係所得之收益。

第七〇條（孳息之歸屬）

①有收取天然孳息權利之人，其權利存續期間內，取得與原物分離之孳息。

②有收取法定孳息權利之人，按其權利存續期間內之日數，取得其孳息。

第四章 法律行為

第一節 通則

第七一條（違反強行法之效力）

法律行為，違反強制或禁止之規定者，無效。但其規定並不以之為無效者，不在此限。

第七二條（違背公序良俗之效力）

法律行為，有背於公共秩序或善良風俗者，無效。

第七三條（不依法定方式之效力）

法律行為，不依法定方式者，無效。但法律另有規定者，不在此限。

第七四條（暴利行為）

①法律行為，係乘他人之急迫、輕率或無經驗，使其為財產上之給付或為給付之約定，依當時情形顯失公平者，法院得因利害關係人之聲請，撤銷其法律行為或減輕其給付。

②前項聲請，應於法律行為後一年內為之。

第二節　行爲能力

第七五條（無行爲能力人及無意識能力人之意思表示）

無行爲能力人之意思表示，無效。雖非無行爲能力人，而其意思表示，係在無意識或精神錯亂中所爲者亦同。

第七六條（無行爲能力人之代理）

無行爲能力人由法定代理人代爲意思表示，並代受意思表示。

第七七條（限制行爲能力人之意思表示）

限制行爲能力人爲意思表示及受意思表示，應得法定代理人之允許。但純獲法律上之利益，或依其年齡及身分、日常生活所必需者，不在此限。

第七八條（限制行爲能力人爲單獨行爲之效力）

限制行爲能力人未得法定代理人之允許，所爲之單獨行爲，無效。

第七九條（限制行爲能力人訂立契約之效力）

限制行爲能力人未得法定代理人之允許，所訂立之契約，須經法定代理人之承認，始生效力。

第八〇條（相對人之催告權）

①前條契約相對人，得定一個月以上期限，催告法定代理人，確答是否承認。

②於前項期限內，法定代理人不爲確答者，視爲拒絕承認。

第八一條（限制原因消滅後之承認）

①限制行爲能力人於限制原因消滅後，承認其所訂立之契約者，其承認與法定代理人之承認，有同一效力。

②前條規定，於前項情形準用之。

第八二條（相對人之撤回權）

限制行爲能力人所訂立之契約，未經承認前，相對人得撤回之。但訂立契約時，知其未得有允許者，不在此限。

第八三條（強制有效行爲）

限制行爲能力人用詐術使人信其爲有行爲能力人或已得法定代理人之允許者，其法律行爲爲有效。

第八四條（特定財產處分之允許）

法定代理人，允許限制行爲能力人處分之財產，限制行爲能力人，就該財產有處分之能力。

第八五條（獨立營業之允許）

①法定代理人允許限制行爲能力人獨立營業者，限制行爲能力人，關於其營業，有行爲能力。

②限制行爲能力人，就其營業有不勝任之情形時，法定代理人得將其允許撤銷或限制之。但不得對抗善意第三人。

第三節　意思表示

第八六條（眞意保留或單獨虛僞意思表示）

表意人無欲爲其意思表示所拘束之意，而爲意思表示者，其意思表示，不因之無效。但其情形相對人所明知者，不在此限。

第八七條（虛僞意思表示）

①表意人與相對人通謀而爲虛僞意思表示者，其意思表示無效。但不得以其無效對抗善意第三人。

②虛僞意思表示，隱藏他項法律行爲者，適用關於該項法律行爲之規定。

第八八條（錯誤之意思表示）

①意思表示之內容有錯誤，或表意人若知其事情即不爲意思表示者，表意人得將其意思表示撤銷之。但以其錯誤或不知事情，非由表意人自己之過失者爲限。
②當事人之資格或物之性質，若交易上認爲重要者，其錯誤，視爲意思表示內容之錯誤。

第八九條（傳達錯誤）
意思表示，因傳達人或傳達機關傳達不實者，得比照前條之規定撤銷之。

第九〇條（錯誤表示撤銷之除斥期間）
前二條之撤銷權，自意思表示後，經過一年而消滅。

第九一條（錯誤表意人之賠償責任）
依第八十八條及第八十九條之規定撤銷意思表示時，表意人對於信其意思表示爲有效而受損害之相對人或第三人，應負賠償責任。但其撤銷之原因，受害人明知或可得而知者，不在此限。

第九二條（意思表示之不自由）
①因被詐欺或被脅迫而爲意思表示者，表意人得撤銷其意思表示。但詐欺係由第三人所爲者，以相對人明知其事實或可得而知者爲限，始得撤銷之。
②被詐欺而爲之意思表示，其撤銷不得以之對抗善意第三人。

第九三條（撤銷不自由意思表示之除斥期間）
前條之撤銷，應於發見詐欺或脅迫終止後，一年內爲之。但自意思表示後，經過十年，不得撤銷。

第九四條（對話意思表示之生效時期）
對話人爲意思表示者，其意思表示，以相對人了解時，發生效力。

第九五條（非對話意思表示之生效時期）
①非對話而爲意思表示者，其意思表示，以通知達到相對人時，發生效力。但撤回之通知，同時或先時到達者，不在此限。
②表意人於發出通知後死亡或喪失行爲能力或其行爲能力受限制者，其意思表示，不因之失其效力。

第九六條（向無行爲能力人或限制行爲能力人爲意思表示之生效時期）
向無行爲能力人或限制行爲能力人爲意思表示者，以其通知達到其法定代理人時，發生效力。

第九七條（公示送達）
表意人非因自己之過失，不知相對人之姓名、居所者，得依民事訴訟法公示送達之規定，以公示送達爲意思表示之通知。

第九八條（意思表示之解釋）
解釋意思表示，應探求當事人之眞意，不得拘泥於所用之辭句。

第四節　條件及期限

第九九條（停止條件與解除條件）
①附停止條件之法律行爲，於條件成就時，發生效力。
②附解除條件之法律行爲，於條件成就時，失其效力。
③依當事人之特約，使條件成就之效果，不於條件成就之時發生者，依其特約。

第一〇〇條（附條件利益之保護）
附條件之法律行爲當事人，於條件成否未定前，若有損害相對人因條件成就所應得利益之行爲者，負賠償損害之責任。

第一〇一條（條件成就或不成就之擬制）
①因條件成就而受不利益之當事人，如以不正當行爲阻其條件之成就者，視爲條件已成就。
②因條件成就而受利益之當事人，如以不正當行爲促其條件之成就者，視爲條件不成就。

第一〇二條（附期限法律行爲之要件及效力）
①附始期之法律行爲，於期限屆至時，發生效力。
②附終期之法律行爲，於期限屆滿時，失其效力。
③第一百條之規定，於前二項情形準用之。

第五節　代　理

第一〇三條（代理行爲之要件及效力）
①代理人於代理權限內，以本人名義所爲之意思表示，直接對本人發生效力。
②前項規定，於應向本人爲意思表示，而向其代理人爲之者，準用之。
第一〇四條（代理人之能力）
代理人所爲或所受意思表示之效力，不因其爲限制行爲能力人而受影響。
第一〇五條（代理行爲之瑕疵）
代理人之意思表示，因其意思欠缺、被詐欺、被脅迫，或明知其事情或可得而知其事情，致其效力受影響時，其事實之有無，應就代理人決之。但代理人之代理權係以法律行爲授與者，其意思表示，如依照本人所指示之意思而爲時，其事實之有無，應就本人決之。
第一〇六條（自己代理與雙方代理之禁止）
代理人非經本人之許諾，不得爲本人與自己之法律行爲，亦不得既爲第三人之代理人，而爲本人與第三人之法律行爲。但其法律行爲，係專履行債務者，不在此限。
第一〇七條（代理權之限制及撤回）
代理權之限制及撤回，不得以之對抗善意第三人。但第三人因過失而不知其事實者，不在此限。
第一〇八條（代理權之消滅與撤回）
①代理權之消滅，依其所由授與之法律關係定之。
②代理權，得於其所由授與之法律關係存續中撤回之。但依該法律關係之性質不得撤回者，不在此限。
第一〇九條（授權書交還義務）
代理權消滅或撤回時，代理人須將授權書交還於授權者，不得留置。
第一一〇條（無權代理之責任）
無代理權人，以他人之代理人名義所爲之法律行爲，對於善意之相對人，負損害賠償之責。

第六節　無效及撤銷

第一一一條（一部無效之效力）
法律行爲之一部分無效者，全部皆爲無效。但除去該部分亦可成立者，則其他部分，仍爲有效。
第一一二條（無效行爲之轉換）
無效之法律行爲，若具備他法律行爲之要件，並因其情形，可認當事人若知其無效，即欲爲他法律行爲者，其他法律行爲，仍爲有效。
第一一三條（無效行爲當事人之責任）
無效法律行爲之當事人，於行爲當時知其無效，或可得而知者，應負回復原狀或損害賠償之責任。
第一一四條（撤銷之自始無效）
①法律行爲經撤銷者，視爲自始無效。
②當事人知其得撤銷或可得而知者，其法律行爲撤銷時，準用前條之規定。
第一一五條（承認之溯及效力）

經承認之法律行爲，如無特別訂定，溯及爲法律行爲時發生效力。

第一一六條　（撤銷及承認之方法）

①撤銷及承認，應以意思表示爲之。

②如相對人確定者，前項意思表示，應向相對人爲之。

第一一七條　（同意或拒絕之方法）

法律行爲須得第三人之同意始生效力者，其同意或拒絕，得向當事人之一方爲之。

第一一八條　（無權處分）

①無權利人就權利標的物所爲之處分，經有權利人之承認始生效力。

②無權利人就權利標的物爲處分後，取得其權利者，其處分自始有效。但原權利人或第三人已取得之利益，不因此而受影響。

③前項情形，若數處分相牴觸時，以其最初之處分爲有效。

第五章　期日及期間

第一一九條　（本章規定之適用範圍）

法令、審判或法律行爲所定之期日及期間，除有特別訂定外，其計算依本章之規定。

第一二〇條　（期間之起算）

①以時定期間者，即時起算。

②以日、星期、月或年定期間者，其始日不算入。

第一二一條　（期間之終止）

①以日、星期、月或年定期間者，以期間末日之終止，爲期間之終止。

②期間不以星期、月或年之始日起算者，以最後之星期、月或年與起算日相當日之前一日，爲期間之末日。但以月或年定期間，於最後之月，無相當日者，以其月之末日，爲期間之末日。

第一二二條　（期間終止之延長）

於一定期日或期間內，應爲意思表示或給付者，其期日或其期間之末日，爲星期日、紀念日或其他休息日時，以其休息日之次日代之。

第一二三條　（連續或非連續期間之計算法）

①稱月或年者，依曆計算。

②月或年非連續計算者，每月爲三十日。每年爲三百六十五日。

第一二四條　（年齡之計算）

①年齡自出生之日起算。

②出生之月、日無從確定時，推定其爲七月一日出生。知其出生之月，而不知其出生之日者，推定其爲該月十五日出生。

第六章　消滅時效

第一二五條　（一般時效期間）

請求權，因十五年間不行使而消滅。但法律所定期間較短者，依其規定。

第一二六條　（五年之短期時效期間）

利息、紅利、租金、贍養費、退職金及其他一年或不及一年之定期給付債權，其各期給付請求權，因五年間不行使而消滅。

第一二七條　（二年之短期時效期間）

左列各款請求權，因二年間不行使而消滅：

一　旅店、飲食店及娛樂場之住宿費、飲食費、座費、消費物之代價及其墊款。

二　運送費及運送人所墊之款。

三　以租賃動產爲營業者之租價。

四　醫生、藥師、看護生之診費、藥費、報酬及其墊款。

五　律師、會計師、公證人之報酬及其墊款。
六　律師、會計師、公證人所收當事人物件之交還。
七　技師、承攬人之報酬及其墊款。
八　商人、製造人、手工業人所供給之商品及產物之代價。

第一二八條（消滅時效之起算）

消滅時效，自請求權可行使時起算。以不行爲爲目的之請求權，自爲行爲時起算。

第一二九條（消滅時效中斷之事由）

①消滅時效，因左列事由而中斷：
一　請求。
二　承認。
三　起訴。
②左列事項，與起訴有同一效力：
一　依督促程序，聲請發支付命令。
二　聲請調解或提付仲裁。
三　申報和解債權或破產債權。
四　告知訴訟。
五　開始執行行爲或聲請強制執行。

第一三〇條（不起訴視爲不中斷）

時效因請求而中斷者，若於請求後六個月內不起訴，視爲不中斷。

第一三一條（因訴之撤回或駁回而視爲不中斷）

時效因起訴而中斷者，若撤回其訴，或因不合法而受駁回之裁判，其裁判確定，視爲不中斷。

第一三二條（因送達支付命令而中斷時效之限制）

時效因聲請發支付命令而中斷者，若撤回聲請，或受駁回之裁判，或支付命令失其效力時，視爲不中斷。

第一三三條（因聲請調解提付仲裁而中斷時效之限制）

時效因聲請調解或提付仲裁而中斷者，若調解之聲請經撤回、被駁回、調解不成立或仲裁之請求經撤回、仲裁不能達成判斷時，視爲不中斷。

第一三四條（因申報和解或破產債權而中斷時效之限制）

時效因申報和解債權或破產債權而中斷者，若債權人撤回其申報時，視爲不中斷。

第一三五條（因告知訴訟而中斷時效之限制）

時效因告知訴訟而中斷者，若於訴訟終結後，六個月內不起訴，視爲不中斷。

第一三六條（因執行而中斷時效之限制）

①時效因開始執行行爲而中斷者，若因權利人之聲請，或法律上要件之欠缺而撤銷其執行處分時，視爲不中斷。
②時效因聲請強制執行而中斷者，若撤回其聲請，或其聲請被駁回時，視爲不中斷。

第一三七條（時效中斷對於時之效力）

①時效中斷者，自中斷之事由終止時，重行起算。
②因起訴而中斷之時效，自受確定判決，或因其他方法訴訟終結時，重行起算。
③經確定判決或其他與確定判決有同一效力之執行名義所確定之請求權，其原有消滅時效期間不滿五年者，因中斷而重行起算之時效期間爲五年。

第一三八條（時效中斷及於人之效力）

時效中斷，以當事人、繼承人、受讓人之間爲限，始有效力。

第一三九條（時效因事變而不完成）

時效之期間終止時，因天災或其他不可避之事變，致不能中斷其時效者，自其妨礙事由消滅時起，一個月內，其時效不完成。

第一四〇條 （時效因繼承人、管理人未確定而不完成）

屬於繼承財產之權利或對於繼承財產之權利，自繼承人確定或管理人選定或破產之宣告時起，六個月內，其時效不完成。

第一四一條 （時效因欠缺法定代理人而不完成）

無行爲能力人或限制行爲能力人之權利，於時效期間終止前六個月內，若無法定代理人者，自其成爲行爲能力人或其法定代理人就職時起，六個月內，其時效不完成。

第一四二條 （因法定代理關係存在而不完成）

無行爲能力人或限制行爲能力人，對於其法定代理人之權利，於代理關係消滅後一年內，其時效不完成。

第一四三條 （因夫妻關係存在而不完成）

夫對於妻或妻對於夫之權利，於婚姻關係消滅後一年內，其時效不完成。

第一四四條 （時效完成之效力－發生抗辯權）

①時效完成後，債務人得拒絕給付。

②請求權已經時效消滅，債務人仍爲履行之給付者，不得以不知時效爲理由，請求返還。其以契約承認該債務或提出擔保者亦同。

第一四五條 （附有擔保物權之請求權時效完成之效力）

①以抵押權、質權或留置權擔保之請求權，雖經時效消滅，債權人仍得就其抵押物、質物或留置物取償。

②前項規定，於利息及其他定期給付之各期給付請求權，經時效消滅者，不適用之。

第一四六條 （主權利時效完成效力所及範圍）

主權利因時效消滅者，其效力及於從權利。但法律有特別規定者，不在此限。

第一四七條 （伸縮時效期間及拋棄時效利益之禁止）

時效期間，不得以法律行爲加長或減短之。並不得預先拋棄時效之利益。

第七章　權利之行使

第一四八條 （權利行使之界限）

①權利之行使，不得違反公共利益，或以損害他人爲主要目的。

②行使權利，履行義務，應依誠實及信用方法。

第一四九條 （正當防衛）

對於現時不法之侵害，爲防衛自己或他人之權利所爲之行爲，不負損害賠償之責。但已逾越必要程度者，仍應負相當賠償之責。

第一五〇條 （緊急避難）

①因避免自己或他人生命、身體、自由或財產上急迫之危險所爲之行爲，不負損害賠償之責。但以避免危險所必要，並未逾越危險所能致之損害程度者爲限。

②前項情形，其危險之發生，如行爲人有責任者，應負損害賠償之責。

第一五一條 （自助行爲）

爲保護自己權利，對於他人之自由或財產施以拘束、押收或毀損者，不負損害賠償之責。但以不及受法院或其他有關機關援助，並非於其時爲之，則請求權不得實行或其實行顯有困難者爲限。

第一五二條 （自助行爲人之義務及責任）

①依前條之規定，拘束他人自由或押收他人財產者，應即時向法院聲請處理。

②前項聲請被駁回或其聲請遲延者，行爲人應負損害賠償之責。

民法總則施行法

①民國18年9月24日國民政府制定公布全文19條；並自18年10月10日施行。
②民國71年1月4日總統令修正公布第1、3～7、10、19條條文；並自72年1月1日施行。
③民國97年5月23日總統令修正公布第4、12、13、19條條文；並增訂第4-1、4-2條條文。
民國97年10月22日總統令公布定自98年1月1日施行。
④民國104年6月10日總統令修正公布第19條條文；並自公布日施行。

第一條 （不溯既往原則）
民事在民法總則施行前發生者，除本施行法有特別規定外，不適用民法總則之規定，其在修正前發生者，除本施行法有特別規定外，亦不適用修正後之規定。

第二條 （外國人之權利能力）
外國人於法令限制內，有權利能力。

第三條 （不溯既往之例外）
①民法總則第八條、第九條及第十一條之規定，於民法總則施行前失蹤者，亦適用之。
②民法總則施行前已經過民法總則第八條所定失蹤期間者，得即為死亡之宣告，並應以民法總則施行之日為失蹤人死亡之時。
③修正之民法總則第八條之規定，於民法總則施行後修正前失蹤者，亦適用之。但於民法總則修正前，其情形已合於修正前民法總則第八條之規定者，不在此限。

第四條 （施行前經立案之禁治產者）97
①民法總則施行前，有民法總則第十四條所定之原因，經聲請有關機關立案者，如於民法總則施行後三個月內向法院聲請宣告禁治產者，自立案之日起，視為禁治產人。
②民法總則中華民國九十七年五月二日修正之條文施行前，已為禁治產宣告者，視為已為監護宣告；繫屬於法院之禁治產事件，其聲請禁治產宣告者，視為聲請監護宣告；聲請撤銷禁治產宣告者，視為聲請撤銷監護宣告；並均於修正施行後，適用修正後之規定。

第四條之一 （監護或受監護宣告之人）97
民法規定之禁治產或禁治產人，自民法總則中華民國九十七年五月二日修正之條文施行後，一律改稱為監護或受監護宣告之人。

第四條之二 （修正條文之施行日）97
中華民國九十七年五月二日修正之民法總則第十四條至第十五條之二之規定，自公布後一年六個月施行。

第五條 （施行前已許可設立之法人）
依民法總則之規定，設立法人須經許可者，如在民法總則施行前已得主管機關之許可，得於民法總則施行後三個月內聲請登記為法人。

第六條 （有公益法人性質而有獨立財產者之審核）
①民法總則施行前具有財團及以公益為目的社團之性質而有獨立財產者，視為法人，其代表人應依民法總則第四十七條或第六十條之規定作成書狀，自民法總則施行後六個月內聲請主管機關審核。
②前項書狀所記載之事項，若主管機關認其有違背法令或為公益上之必要，應命其變更。
③依第一項規定經核定之書狀，與章程有同一效力。

第七條 （視為法人者經核定後登記之聲請）
依前條規定經主管機關核定者，其法人之代表人，應於核定後二十日內，依民法總則第四十八條或第六十一條之規定，聲請登記。

第八條（視為法人者財產目錄編造之義務）

第六條所定之法人，如未備置財產目錄、社員名簿者，應於民法總則施行後速行編造。

第九條（祠堂、寺廟等不視為法人）

第六條至第八條之規定，於祠堂、寺廟及以養贍家族為目的之獨立財產，不適用之。

第一〇條（法人登記之主管機關）

①依民法總則規定法人之登記，其主管機關為該法人事務所所在地之法院。

②法院對於已登記之事項，應速行公告，並許第三人抄錄或閱覽。

第一一條（外國法人認許之限制）

外國法人，除依法律規定外，不認許其成立。

第一二條（經認許之外國法人之權利能力）97

①經認許之外國法人，於法令限制內，與同種類之我國法人有同一之權利能力。

②前項外國法人，其服從我國法律之義務，與我國法人同。

第一三條（外國法人在中國設事務所者準用本國法人有關設立及登記等規定）97

外國法人在我國設事務所者，準用民法總則第三十條、第三十一條、第四十五條、第四十六條、第四十八條、第五十九條、第六十一條及前條之規定。

第一四條（外國法人事務所之撤銷）

依前條所設之外國法人事務所，如有民法總則第三十六條所定情事，法院得撤銷之。

第一五條（未經認許成立之外國法人為法律行為之責任）

未經認許其成立之外國法人，以其名義與他人為法律行為者，其行為人就該法律行為應與該外國法人負連帶責任。

第一六條（施行前消滅時效已完成或將完成之請求權之行使）

民法總則施行前，依民法總則之規定，消滅時效業已完成，或其時效期間尚有殘餘不足一年者，得於施行之日起，一年內行使請求權，但自其時效完成後，至民法總則施行時，已逾民法總則所定時效期間二分之一者，不在此限。

第一七條（施行前之撤銷權之除斥期間）

民法總則第七十四條第二項、第九十條、第九十三條之撤銷權，準用前條之規定。

第一八條（施行前消滅時效之比較適用）

①民法總則施行前之法定消滅時效已完成者，其時效為完成。

②民法總則施行前之法定消滅時效，其期間較民法總則所定為長者，適用舊法，但其殘餘期間，自民法總則施行日起算較民法總則所定時效期間為長者，應自施行日起，適用民法總則。

第一九條（施行日）104

①本施行法自民法總則施行之日施行。

②民法總則修正條文及本施行法修正條文之施行日期，除另定施行日期者外，自公布日施行。

貳、火災預防法規

各類場所消防安全設備設置標準

①民國78年7月31日內政部令訂定發布全文111條。
②民國85年3月13日內政部令修正發布全文198條。
③民國88年9月1日內政部令修正發布第12、14、19、23、24、157、160、198條條文；並自發布日起施行。
④民國93年4月6日內政部令修正發布全文239條；並自93年5月1日施行。
⑤民國95年12月15日內政部令修正發布第12、28、40、57、58、146、176、180、186、188、189、235、236、238條條文；並自95年12月26日施行。
⑥民國96年11月1日內政部令修正發布第46條條文；並自96年11月5日施行。
⑦民國97年5月15日內政部令修正發布第10、23、146、155、193～195、197、198、201、207、210、213、214、218～222、228、229、231、232、238條條文及第四編編名；刪除第147～152、154條條文；增訂第146-1～146-7、206-1條條文；並自97年5月21日施行。
⑧民國101年1月10日內政部令修正發布第1、3、4、7、8、12、17～19、24、25、31、32、34、35、40、43、46、48、49、51、53、56、57、59、63、116、125、129～131、140、154、157、167、171、175、180、181～183、185、186、188～192、198、210、216、229、231、235條條文及第三編第一章第七節節名；增訂第111-1條條文；刪除第2條條文；並自101年7月1日施行。
⑨民國102年5月1日內政部令修正發布第6、12、14、17、19、24、111-1、157、160、189、235條條文；並自即日施行。
⑩民國106年7月5日內政部令修正發布第46、47、198條條文；並自即日施行。
⑪民國107年10月17日內政部令修正發布第9、12、14、16～19、31、34、37、159、238條條文；並增訂第22-1、145-1條條文；除第22-1條自108年1月1日施行外，餘自發布日施行。

第一編　總　則

第一條 101
本標準依消防法（以下簡稱本法）第六條第一項規定訂定之。

第二條 （刪除）101

第三條 101
①未定國家標準或國內無法檢驗之消防安全設備，應檢附國外標準、國外（內）檢驗報告及試驗合格證明或規格證明，經中央主管機關認可後，始准使用。
②前項應經認可之消防安全設備項目及應檢附之文件，由中央消防機關另定之。

第二編　消防設計

第四條 101
①本標準用語定義如下：
一　複合用途建築物：一棟建築物中有供第十二條第一款至第四款各目所列用途二種以上，且該不同用途，在管理及使用形態上，未構成從屬於其中一主用途者；其判斷基準，由中央消防機關另定之。
二　無開口樓層：建築物之各樓層供避難及消防搶救用之有效開口面積未達下列規定者：
㈠十一層以上之樓層，具可內切直徑五十公分以上圓孔之開口，合計面積為該樓地板面積三十分之一以上者。
㈡十層以下之樓層，具可內切直徑五十公分以上圓孔之開口，合計面積為該樓地板面積三十分之一以上者。但其中至少應具有二個內切直徑一公尺以上圓孔或寬七十五公分以上、高一百二十公分以上之開口。

三　高度危險工作場所：儲存一般可燃性固體物質倉庫之高度超過五點五公尺者，或易燃性液體物質之閃火點未超過攝氏六十度與攝氏溫度爲三十七點八度時，其蒸氣壓未超過每平方公分二點八公斤或零點二八百萬帕斯卡（以下簡稱MPa）者，或可燃性高壓氣體製造、儲存、處理場所或石化作業場所，木材加工業作業場所及油漆作業場所等。

四　中度危險工作場所：儲存一般可燃性固體物質倉庫之高度未超過五點五公尺者，或易燃性液體物質之閃火點超過攝氏六十度之作業場所或輕工業場所。

五　低度危險工作場所：有可燃性物質存在。但其存量少，延燒範圍小，延燒速度慢，僅形成小型火災者。

六　避難指標：標示避難出口或方向之指標。

②前項第二款所稱有效開口，指符合下列規定者：

一　開口下端距樓地板面一百二十公分以內。

二　開口面臨道路或寬度一公尺以上之通路。

三　開口無柵欄且內部未設妨礙避難之構造或阻礙物。

四　開口爲可自外面開啓或輕易破壞得以進入室內之構造。採一般玻璃門窗時，厚度應在六毫米以下。

③本標準所列有關建築技術、公共危險物品及可燃性高壓氣體用語，適用建築技術規則、公共危險物品及可燃性高壓氣體設置標準暨安全管理辦法用語定義之規定。

第五條

①各類場所符合建築技術規則以無開口且具一小時以上防火時效之牆壁、樓地板區劃分隔者，適用本標準各編規定，視爲另一場所。

②建築物間設有過廊，並符合下列規定者，視爲另一場所：

一　過廊僅供通行或搬運用途使用，且無通行之障礙。

二　過廊有效寬度在六公尺以下。

三　連接建築物之間距，一樓超過六公尺，二樓以上超過十公尺。

③建築物符合下列規定者，不受前項第三款之限制：

一　連接建築物之外牆及屋頂，與過廊連接相距三公尺以內者，爲防火構造或不燃材料。

二　前款之外牆及屋頂未設有開口。但開口面積在四平方公尺以下，且設具半小時以上防火時效之防火門窗者，不在此限。

三　過廊爲開放式或符合下列規定者：

㈠爲防火構造或以不燃材料建造。

㈡過廊與二側建築物相連接處之開口面積在四平方公尺以下，且設具半小時以上防火時效之防火門。

㈢設置直接開向室外之開口或機械排煙設備。但設有自動撒水設備者，得免設。

④前項第三款第三目之直接開向室外之開口或機械排煙設備，應符合下列規定：

一　直接開向室外之開口面積合計在一平方公尺以上，且符合下列規定：

㈠開口設在屋頂或天花板時，設有寬度在過廊寬度三分之一以上，長度在一公尺以上之開口。

㈡開口設在外牆時，在過廊二側設有寬度在過廊長度三分之一以上，高度一公尺以上之開口。

二　機械排煙設備能將過廊內部煙量安全有效地排至室外，排煙機連接緊急電源。

第六條 102

供第十二條第五款使用之複合用途建築物，有分屬同條其他各款目用途時，適用本標準各編規定（第十七條第一項第四款、第五款、第十九條第一項第四款、第五款、第二十一條第二款及第一百五十七條除外），以各目為單元，按各目所列不同用途，合計其樓地板面積，視為單一場所。

第七條 101

各類場所消防安全設備如下：

一　滅火設備：指以水或其他滅火藥劑滅火之器具或設備。

二　警報設備：指報知火災發生之器具或設備。

三　避難逃生設備：指火災發生時為避難而使用之器具或設備。

四　消防搶救上之必要設備：指火警發生時，消防人員從事搶救活動上必需之器具或設備。

五　其他經中央主管機關認定之消防安全設備。

第八條 101

滅火設備種類如下：

一　滅火器、消防砂。

二　室內消防栓設備。

三　室外消防栓設備。

四　自動撒水設備。

五　水霧滅火設備。

六　泡沫滅火設備。

七　二氧化碳滅火設備。

八　乾粉滅火設備。

九　簡易自動滅火設備。

第九條 108

警報設備種類如下：

一　火警自動警報設備。

二　手動報警設備。

三　緊急廣播設備。

四　瓦斯漏氣火警自動警報設備。

五　一一九火災通報裝置。

第一〇條

避難逃生設備種類如下：

一　標示設備：出口標示燈、避難方向指示燈、觀眾席引導燈、避難指標。

二　避難器具：指滑臺、避難梯、避難橋、救助袋、緩降機、避難繩索、滑杆及其他避難器具。

三　緊急照明設備。

第一一條

消防搶救上之必要設備種類如下：

一　連結送水管。

二　消防專用蓄水池。

三　排煙設備（緊急昇降機間、特別安全梯間排煙設備、室內排煙設備）。

四　緊急電源插座。

五　無線電通信輔助設備。

第一二條 108

各類場所按用途分類如下：

一　甲類場所：

㈠電影片映演場所（戲院、電影院）、歌廳、舞廳、夜總會、俱樂部、理容院

（觀光理髮、視聽理容等）、指壓按摩場所、錄影節目帶播映場所（MTV等）、視聽歌唱場所（KTV等）、酒家、酒吧、酒店（廊）。

㈡保齡球館、撞球場、集會堂、健身休閒中心（含提供指壓、三溫暖等設施之美容瘦身場所）、室內螢幕式高爾夫練習場、遊藝場所、電子遊戲場、資訊休閒場所。

㈢觀光旅館、飯店、旅館、招待所（限有寢室客房者）。

㈣商場、市場、百貨商場、超級市場、零售市場、展覽場。

㈤餐廳、飲食店、咖啡廳、茶藝館。

㈥醫院、療養院、榮譽國民之家、長期照顧服務機構（限機構住宿式、社區式之建築物使用類組非屬H-2之日間照顧、團體家屋及小規模多機能）、老人福利機構（限長期照護型、養護型、失智照顧型之長期照顧機構、安養機構）、兒童及少年福利機構（限托嬰中心、早期療育機構、有收容未滿二歲兒童之安置及教養機構）、護理機構（限一般護理之家、精神護理之家、產後護理機構）、身心障礙福利機構（限供住宿養護、日間服務、臨時及短期照顧者）、身心障礙者職業訓練機構（限提供住宿或使用特殊機具者）、啓明、啓智、啓聰等特殊學校。

㈦三溫暖、公共浴室。

二　乙類場所：

㈠車站、飛機場大廈、候船室。

㈡期貨經紀業、證券交易所、金融機構。

㈢學校教室、兒童課後照顧服務中心、補習班、訓練班、K書中心、前款第六目以外之兒童及少年福利機構（限安置及教養機構）及身心障礙者職業訓練機構。

㈣圖書館、博物館、美術館、陳列館、史蹟資料館、紀念館及其他類似場所。

㈤寺廟、宗祠、教堂、供存放骨灰（骸）之納骨堂（塔）及其他類似場所。

㈥辦公室、靶場、診所、長期照顧服務機構（限社區式之建築物使用類組屬H-2之日間照顧、團體家屋及小規模多機能）、日間型精神復健機構、兒童及少年心理輔導或家庭諮詢機構、身心障礙者就業服務機構、老人文康機構、前款第六目以外之老人福利機構及身心障礙福利機構。

㈦集合住宅、寄宿舍、住宿型精神復健機構。

㈧體育館、活動中心。

㈨室內溜冰場、室內游泳池。

㈩電影攝影場、電視播送場。

⑾倉庫、傢俱展示販售場。

⑿幼兒園。

三　丙類場所：

㈠電信機器室。

㈡汽車修護廠、飛機修理廠、飛機庫。

㈢室內停車場、建築物依法附設之室內停車空間。

四　丁類場所：

㈠高度危險工作場所。

㈡中度危險工作場所。

㈢低度危險工作場所。

五　戊類場所：

㈠複合用途建築物中，有供第一款用途者。

㈡前目以外供第二款至前款用途之複合用途建築物。

㈢地下建築物。

六　其他經中央主管機關公告之場所。

第一三條

各類場所於增建、改建或變更用途時，其消防安全設備之設置，適用增建、改建或用途變更前之標準。但有下列情形之一者，適用增建、改建或變更用途後之標準：

一　其消防安全設備爲滅火器、火警自動警報設備、手動報警設備、緊急廣播設備、標示設備、避難器具及緊急照明設備者。

二　增建或改建部分，以本標準中華民國八十五年七月一日修正條文施行日起，樓地板面積合計逾一千平方公尺或占原建築物總樓地板面積二分之一以上時，該建築物之消防安全設備。

三　用途變更爲甲類場所使用時，該變更後用途之消防安全設備。

四　用途變更前，未符合變更前規定之消防安全設備。

第一四條 108

下列場所應設置滅火器：

一　甲類場所、地下建築物、幼兒園。

二　總樓地板面積在一百五十平方公尺以上之乙、丙、丁類場所。

三　設於地下層或無開口樓層，且樓地板面積在五十平方公尺以上之各類場所。

四　設有放映室或變壓器、配電盤及其他類似電氣設備之各類場所。

五　設有鍋爐房、廚房等大量使用火源之各類場所。

第一五條

①下列場所應設置室內消防栓設備：

一　五層以下建築物，供第十二條第一款第一目所列場所使用，任何一層樓地板面積在三百平方公尺以上者；供第一款其他各目及第二款至第四款所列場所使用，任何一層樓地板面積在五百平方公尺以上者；或爲學校教室任何一層樓地板面積在一千四百平方公尺以上者。

二　六層以上建築物，供第十二條第一款至第四款所列場所使用，任何一層之樓地板面積在一百五十平方公尺以上者。

三　總樓地板面積在一百五十平方公尺以上之地下建築物。

四　地下層或無開口之樓層，供第十二條第一款第一目所列場所使用，樓地板面積在一百平方公尺以上者；供第一款其他各目及第二款至第四款所列場所使用，樓地板面積在一百五十平方公尺以上者。

②前項應設室內消防栓設備之場所，依本標準設有自動撒水（含補助撒水栓）、水霧、泡沫、二氧化碳、乾粉或室外消防栓等滅火設備者，在該有效範圍內，得免設室內消防栓設備。但設有室外消防栓設備時，在第一層水平距離四十公尺以下、第二層步行距離四十公尺以下有效滅火範圍內，室內消防栓設備限於第一層、第二層免設。

第一六條 108

①下列場所應設置室外消防栓設備：

一　高度危險工作場所，其建築物及儲存場所之第一層及第二層樓地板面積合計在三千平方公尺以上者。

二　中度危險工作場所，其建築物及儲存場所之第一層及第二層樓地板面積合計在五千平方公尺以上者。

三　低度危險工作場所，其建築物及儲存場所之第一層及第二層樓地板面積合計在一萬平方公尺以上者。

四　如有不同危險程度工作場所未達前三款規定標準，而以各款場所之實際面積爲分子，各款規定之面積爲分母，分別計算，其比例之總合大於一者。

五　同一建築基地內有二棟以上木造或其他易燃構造建築物時，建築物間外牆與中心線水平距離第一層在三公尺以下，第二層在五公尺以下，且合計各棟第一層及第二層樓地板面積在三千平方公尺以上者。

②前項應設室外消防栓設備之工作場所，依本標準設有自動撒水、水霧、泡沫、二氧化碳、乾粉等滅火設備者，在該有效範圍內，得免設室外消防栓設備。

第一七條 108

①下列場所或樓層應設置自動撒水設備：

一　十層以下建築物之樓層，供第十二條第一款第一目所列場所使用，樓地板面積合計在三百平方公尺以上者；供同款其他各目及第二款第一目所列場所使用，樓地板面積在一千五百平方公尺以上者。

二　建築物在十一層以上之樓層，樓地板面積在一百平方公尺以上者。

三　地下層或無開口樓層，供第十二條第一款所列場所使用，樓地板面積在一千平方公尺以上者。

四　十一層以上建築物供第十二條第一款所列場所或第五款第一目使用者。

五　供第十二條第五款第一目使用之建築物中，甲類場所樓地板面積合計達三千平方公尺以上時，供甲類場所使用之樓層。

六　供第十二條第二款第十一目使用之場所，樓層高度超過十公尺且樓地板面積在七百平方公尺以上之高架儲存倉庫。

七　總樓地板面積在一千平方公尺以上之地下建築物。

八　高層建築物。

九　供第十二條第一款第六目所定榮譽國民之家、長期照顧服務機構（限機構住宿式、社區式之建築物使用類組非屬H-2之日間照顧、團體家屋及小規模多機能）、老人福利機構（限長期照護型、養護型、失智照顧型之長期照顧機構、安養機構）、護理機構（限一般護理之家、精神護理之家）、身心障礙福利機構（限照顧植物人、失智症、重癱、長期臥床或身心功能退化者）使用之場所。

②前項應設自動撒水設備之場所，依本標準設有水霧、泡沫、二氧化碳、乾粉等滅火設備者，在該有效範圍內，得免設自動撒水設備。

③第一項第九款所定場所，其樓地板面積合計未達一千平方公尺者，得設置水道連結型自動撒水設備或與現行法令同等以上效能之滅火設備或採用中央主管機關公告之措施；水道連結型自動撒水設備設置基準，由中央消防機關定之。

第一八條 108

①下表所列之場所，應就水霧、泡沫、乾粉、二氧化碳滅火設備等選擇設置之。但外牆開口面積（常時開放部分）達該層樓地板面積百分之十五以上者，上列滅火設備得採移動式設置。

項目	應設場所	水霧	泡沫	二氧化碳	乾粉
一	屋頂直昇機停機場（坪）。		○		○
二	飛機修理廠、飛機庫樓地板面積在二百平方公尺以上者。		○		○
三	汽車修理廠、室內停車空間在第一層樓地板面積五百平方公尺以上者；在地下層或第二層以上樓地板面積在二百平方公尺以上者；在屋頂設有停車場樓地板面積在三百平方公尺以上者。	○	○	○	○
四	昇降機械式停車場可容納十輛以上者。	○	○	○	○
五	發電機室、變壓器室及其他類似之電器設備場所，樓地板面積在二百平方公尺以上者。	○		○	○

六	鍋爐房、廚房等大量使用火源之場所，樓地板面積在二百平方公尺以上者。			○	○
七	電信機械室、電腦室或總機室及其他類似場所，樓地板面積在二百平方公尺以上者。			○	○
八	引擎試驗室、石油試驗室、印刷機房及其他類似危險工作場所，樓地板面積在二百平方公尺以上者。	○	○	○	○

註：
一、大量使用火源場所，指最大消費熱量合計在每小時三十萬千卡以上者。
二、廚房如設有自動撒水設備，且排油煙管及煙罩設簡易自動滅火設備時，得不受本表限制。
三、停車空間內車輛採一列停放，並能同時通往室外者，得不受本表限制。
四、本表第七項所列應設場所得使用預動式自動撒水設備。
五、平時有特定或不特定人員使用之中央管理室、防災中心等類似處所，不得設置二氧化碳滅火設備。

②樓地板面積在三百平方公尺以上之餐廳或供第十二條第一款第六目所定榮譽國民之家、長期照顧服務機構（限機構住宿式、社區式之建築物使用類組非屬H-2之日間照顧、團體家屋及小規模多機能）、老人福利機構（限長期照護型、養護型、失智照顧型之長期照顧機構、安養機構）、護理機構（限一般護理之家、精神護理之家）、身心障礙福利機構（限照顧植物人、失智症、重癱、長期臥床或身心功能退化者）使用之場所且樓地板面積合計在五百平方公尺以上者，其廚房排油煙管及煙罩應設簡易自動滅火設備。但已依前項規定設有滅火設備者，得免設簡易自動滅火設備。

第一九條 108

①下列場所應設置火警自動警報設備：

一　五層以下之建築物，供第十二條第一款及第二款第十二目所列場所使用，任何一層之樓地板面積在三百平方公尺以上者；或供同條第二款（第十二目除外）至第四款所列場所使用，任何一層樓地板面積在五百平方公尺以上者。

二　六層以上十層以下之建築物任何一層樓地板面積在三百平方公尺以上者。

三　十一層以上建築物。

四　地下層或無開口樓層，供第十二條第一款第一目、第五目及第五款（限其中供第一款第一目或第五目使用者）使用之場所，樓地板面積在一百平方公尺以上者；供同條第一款其他各目及其他各款所列場所使用，樓地板面積在三百平方公尺以上者。

五　供第十二條第五款第一目使用之建築物，總樓地板面積在五百平方公尺以上，且其中甲類場所樓地板面積合計在三百平方公尺以上者。

六　供第十二條第一款及第五款第三目所列場所使用，總樓地板面積在三百平方公尺以上者。

七　供第十二條第一款第六目所定榮譽國民之家、長期照顧服務機構（限機構住宿式、社區式之建築物使用類組非屬H-2之日間照顧、團體家屋及小規模多機能）、老人福利機構（限長期照護型、養護型、失智照顧型之長期照顧機構、安養機構）、護理機構（限一般護理之家、精神護理之家）、身心障礙福利機構（限照顧植物人、失智症、重癱、長期臥床或身心功能退化者）使用之場所。

②前項應設火警自動警報設備之場所，除供甲類場所、地下建築物、高層建築物或應設置偵煙式探測器之場所外，如已依本標準設置自動撒水、水霧或泡沫滅火設備（限使用標示攝氏溫度七十五度以下，動作時間六十秒以內之密閉型撒水頭）者，在該有效範圍

內，得免設火警自動警報設備。

第二〇條

下列場所應設置手動報警設備：

一　三層以上建築物，任何一層樓地板面積在二百平方公尺以上者。

二　第十二條第一款第三目之場所。

第二一條

下列使用瓦斯之場所應設置瓦斯漏氣火警自動警報設備：

一　地下層供第十二條第一款所列場所使用，樓地板面積合計一千平方公尺以上者。

二　供第十二條第五款第一目使用之地下層，樓地板面積合計一千平方公尺以上，且其中甲類場所樓地板面積合計五百平方公尺以上者。

三　總樓地板面積在一千平方公尺以上之地下建築物。

第二二條

依第十九條或前條規定設有火警自動警報或瓦斯漏氣火警自動警報設備之建築物，應設置緊急廣播設備。

第二二條之一 108

下列場所應設置一一九火災通報裝置：

一　供第十二條第一款第六目所定醫院、療養院、榮譽國民之家、長期照顧服務機構（限機構住宿式、社區式之建築物使用類組非屬H-2之日間照顧、團體家屋及小規模多機能）、老人福利機構（限長期照護型、養護型、失智照顧型之長期照顧機構、安養機構）、護理機構（限一般護理之家、精神護理之家）、身心障礙福利機構（限照顧植物人、失智症、重癱、長期臥床或身心功能退化者）使用之場所。

二　其他經中央主管機關公告之供公眾使用之場所。

第二三條

下列場所應設置標示設備：

一　供第十二條第一款、第二款第十二目、第五款第一目、第三目使用之場所，或地下層、無開口樓層、十一層以上之樓層供同條其他各款目所列場所使用，應設置出口標示燈。

二　供第十二條第一款、第二款第十二目、第五款第一目、第三目使用之場所，或地下層、無開口樓層、十一層以上之樓層供同條其他各款目所列場所使用，應設置避難方向指示燈。

三　戲院、電影院、歌廳、集會堂及類似場所，應設置觀眾席引導燈。

四　各類場所均應設置避難指標。但設有避難方向指示燈或出口標示燈時，在其有效範圍內，得免設置避難指標。

第二四條 102

①下列場所應設置緊急照明設備：

一　供第十二條第一款、第三款及第五款所列場所使用之居室。

二　供第十二條第二款第一目、第二目、第三目（學校教室除外）、第四目至第六目、第七目所定住宿型精神復健機構、第八目、第九目及第十二目所列場所使用之居室。

三　總樓地板面積在一千平方公尺以上建築物之居室（學校教室除外）。

四　有效採光面積未達該居室樓地板面積百分之五者。

五　供前四款使用之場所，自居室通達避難層所須經過之走廊、樓梯間、通道及其他平時依賴人工照明部分。

②經中央主管機關認可為容易避難逃生或具有效採光之場所，得免設緊急照明設備。

第二五條 101

建築物除十一層以上樓層及避難層外，各樓層應選設滑臺、避難梯、避難橋、救助袋、緩降機、避難繩索、滑杆或經中央主管機關認可具同等性能之避難器具。但建築物在構造及設施上，並無避難逃生障礙，經中央主管機關認可者，不在此限。

第二六條

下列場所應設置連結送水管：

一　五層或六層建築物總樓地板面積在六千平方公尺以上者及七層以上建築物。

二　總樓地板面積在一千平方公尺以上之地下建築物。

第二七條

下列場所應設置消防專用蓄水池：

一　各類場所其建築基地面積在二萬平方公尺以上，且任何一層樓地板面積在一千五百平方公尺以上者。

二　各類場所其高度超過三十一公尺，且總樓地板面積在二萬五千平方公尺以上者。

三　同一建築基地內有二棟以上建築物時，建築物間外牆與中心線水平距離第一層在三公尺以下，第二層在五公尺以下，且合計各棟該第一層及第二層樓地板面積在一萬平方公尺以上者。

第二八條

①下列場所應設置排煙設備：

一　供第十二條第一款及第五款第三目所列場所使用，樓地板面積合計在五百平方公尺以上。

二　樓地板面積在一百平方公尺以上之居室，其天花板下方八十公分範圍內之有效通風面積未達該居室樓地板面積百分之二者。

三　樓地板面積在一千平方公尺以上之無開口樓層。

四　供第十二條第一款第一目所列場所及第二目之集會堂使用，舞臺部分之樓地板面積在五百平方公尺以上者。

五　依建築技術規則應設置之特別安全梯或緊急昇降機間。

②前項場所之樓地板面積，在建築物以具有一小時以上防火時效之牆壁、平時保持關閉之防火門窗等防火設備及各該樓層防火構造之樓地板區劃，且防火設備具一小時以上之阻熱性者，增建、改建或變更用途部分得分別計算。

第二九條

下列場所應設置緊急電源插座：

一　十一層以上建築物之各樓層。

二　總樓地板面積在一千平方公尺以上之地下建築物。

三　依建築技術規則應設置之緊急昇降機間。

第三〇條

樓高在一百公尺以上建築物之地下層或總樓地板面積在一千平方公尺以上之地下建築物，應設置無線電通信輔助設備。

第三編　消防安全設計

第一章　滅火設備

第一節　滅火器及室內消防栓設備

第三一條 108

滅火器應依下列規定設置：

一　視各類場所潛在火災性質設置，並依下列規定核算其最低滅火效能值：

㈠供第十二條第一款及第五款使用之場所，各層樓地板面積每一百平方公尺（含未滿）有一滅火效能值。

㈡供第十二條第二款至第四款使用之場所，各層樓地板面積每二百平方公尺（含未滿）有一滅火效能值。

㈢鍋爐房、廚房等大量使用火源之處所，以樓地板面積每二十五平方公尺（含未滿）有一滅火效能值。

二　電影片映演場所放映室及電氣設備使用之處所，每一百平方公尺（含未滿）另設一滅火器。

三　設有滅火器之樓層，自樓面居室任一點至滅火器之步行距離在二十公尺以下。

四　固定放置於取用方便之明顯處所，並設有長邊二十四公分以上，短邊八公分以上，以紅底白字標明滅火器字樣之標識。

五　懸掛於牆上或放置滅火器箱中之滅火器，其上端與樓地板面之距離，十八公斤以上者在一公尺以下，未滿十八公斤者在一點五公尺以下。

第三二條 101

室內消防栓設備之配管、配件及屋頂水箱，依下列規定設置：

一　配管部分：

㈠應為專用。但與室外消防栓、自動撒水設備及連結送水管等滅火系統共用，無礙其功能者，不在此限。

㈡符合下列規定之一：

1. 國家標準（以下簡稱CNS）六四四五配管用碳鋼鋼管、四六二六壓力配管用碳鋼鋼管、六三三一配管用不銹鋼鋼管或具同等以上強度、耐腐蝕性及耐熱性者。
2. 經中央主管機關認可具氣密性、強度、耐腐蝕性、耐候性及耐熱性等性能之合成樹脂管。

㈢管徑，依水力計算配置。但立管與連結送水管共用時，其管徑在一百毫米以上。

㈣立管管徑，第一種消防栓在六十三毫米以上；第二種消防栓在五十毫米以上。

㈤立管裝置於不受外來損傷及火災不易殃及之位置。

㈥立管連接屋頂水箱、重力水箱或壓力水箱，使配管平時充滿水。

㈦採取有效之防震措施。

二　止水閥以明顯之方式標示開關之狀態，逆止閥標示水流之方向，並符合CNS規定。

三　屋頂水箱部分：

㈠水箱之水量，第一種消防栓有零點五立方公尺以上；第二種消防栓有零點三立方公尺以上。但與其他滅火設備並用時，水量應取其最大值。

㈡採取有效之防震措施。

㈢斜屋頂建築物得免設。

第三三條

室內消防栓設備之消防立管管系竣工時，應做加壓試驗，試驗壓力不得小於加壓送水裝置全閉揚程一點五倍以上之水壓。試驗壓力以繼續維持二小時無漏水現象為合格。

第三四條 108

①除第十二條第二款第十一目或第四款之場所，應設置第一種消防栓外，其他場所應就下列二種消防栓選擇設置之：

一　第一種消防栓，依下列規定設置：

㈠各層任一點至消防栓接頭之水平距離在二十五公尺以下。

㈡任一樓層內，全部消防栓同時使用時，各消防栓瞄子放水壓力在每平方公分一點七公斤以上或0.17MPa以上，放水量在每分鐘一百三十公升以上。但全部消防栓數量超過二支時，以同時使用二支計算之。

㈢消防栓箱內，配置口徑三十八毫米或五十毫米之消防栓一個，口徑三十八毫米或五十毫米、長十五公尺並附快式接頭之水帶二條，水帶架一組及口徑十三毫米以上之直線水霧兩用瞄子一具。但消防栓接頭至建築物任一點之水平距離在十五公尺以下時，水帶部分得設十公尺水帶二條。

二　第二種消防栓，依下列規定設置：

㈠各層任一點至消防栓接頭之水平距離在二十五公尺以下。

㈡任一樓層內，全部消防栓同時使用時，各消防栓瞄子放水壓力在每平方公分一點七公斤以上或0.17MPa以上，放水量在每分鐘八十公升以上。但全部消防栓數量超過二支時，以同時使用二支計算之。

㈢消防栓箱內，配置口徑二十五毫米消防栓連同管盤長三十公尺之皮管或消防用保形水帶及直線水霧兩用瞄子一具，且瞄子設有容易開關之裝置。

②前項消防栓，應符合下列規定：

一　消防栓開關距離樓地板之高度，在零點三公尺以上一點五公尺以下。

二　設在走廊或防火構造樓梯間附近便於取用處。

三　供集會或娛樂處所，設於舞臺二側、觀眾席後二側、包廂後側之位置。

四　在屋頂上適當位置至少設置一個測試用出水口，並標明測試出水口字樣。但斜屋頂設置測試用出水口有困難時，得免設。

第三五條 101

室內消防栓箱，應符合下列規定：

一　箱身為厚度在一點六毫米以上之鋼板或具同等性能以上之不燃材料者。

二　具有足夠裝設消防栓、水帶及瞄子等裝備之深度，其箱面表面積在零點七平方公尺以上。

三　箱面有明顯而不易脫落之消防栓字樣，每字在二十平方公分以上。

第三六條

①室內消防栓設備之水源容量，應在裝置室內消防栓最多樓層之全部消防栓繼續放水二十分鐘之水量以上。但該樓層內，全部消防栓數量超過二支時，以二支計算之。

②消防用水與普通用水合併使用者，應採取必要措施，確保前項水源容量在有效水量範圍內。

③第一項水源得與本章所列其他滅火設備水源併設。但其總容量應在各滅火設備應設水量之合計以上。

第三七條 108

①依前條設置之水源，應連結加壓送水裝置，並依下列各款擇一設置：

一　重力水箱，應符合下列規定：

㈠有水位計、排水管、溢水用排水管、補給水管及人孔之裝置。

㈡消防栓水箱必要落差在下列計算值以上：

必要落差＝消防水帶摩擦損失水頭＋配管摩擦損失水頭＋17（計算單位：公尺）

$H = h_1 + h_2 + 17m$

二　壓力水箱，應符合下列規定：

㈠有壓力表、水位計、排水管、補給水管、給氣管、空氣壓縮機及人孔之裝置。

㈡水箱內空氣占水箱容積之三分之一以上，壓力在使用建築物最遠處之消防栓維持規定放水水壓所需壓力以上。當水箱內壓力及液面減低時，能自動補充加壓。空氣壓縮機及加壓幫浦與緊急電源相連接。

㈢消防栓水箱必要壓力在下列計算值以上：

必要壓力＝消防水帶摩擦損失水頭＋配管摩擦損失水頭＋落差＋1.7（計算單位：公斤／平方公分）

$P=P_1+P_2+P_3+1.7kgf/cm^2$

三　消防幫浦，應符合下列規定：

㈠幫浦出水量，第一種消防栓每支每分鐘之水量在一百五十公升以上；第二種消防栓每支每分鐘之水量在九十公升以上。但全部消防栓數量超過二支時，以二支計算之。

㈡消防栓幫浦全揚程在下列計算值以上：

幫浦全揚程＝消防水帶摩擦損失水頭＋配管摩擦損失水頭＋落差＋17（計算單位：公尺）

$H=h_1+h_2+h_3+17m$

㈢應爲專用。但與其他滅火設備並用，無妨礙各設備之性能時，不在此限。

㈣連接緊急電源。

②前項加壓送水裝置除重力水箱外，依下列規定設置：

一　設在便於檢修，且無受火災等災害損害之處所。

二　使用消防幫浦之加壓送水裝置，以具一小時以上防火時效之牆壁、樓地板及防火門窗等防火設備區劃分隔。但設於屋頂或屋外時，設有不受積水及雨水侵襲之防水措施者，不在此限。

三　設自動或手動啓動裝置，其停止僅限於手動操作。手動啓動裝置應設於每一室內消防栓箱內，室內消防栓箱上方有紅色啓動表示燈。

四　室內消防栓瞄子放水壓力超過每平方公分七公斤時，應採取有效之減壓措施。

五　採取有效之防震措施。

第三八條

①室內消防栓設備之緊急電源，應使用發電機設備或蓄電池設備，其供電容量應供其有效動作三十分鐘以上。

②前項緊急電源在供第十二條第四款使用之場所，得使用具有相同效果之引擎動力系統。

第二節　室外消防栓設備

第三九條

①室外消防栓設備之配管、試壓及緊急電源，準用第三十二條第一款第一目至第五目、第七目、第二款、第三十三條及第三十八條規定設置。

②配管除符合前項規定外，水平主幹管外露部分，應於每二十公尺內，以明顯方式標示水流方向及配管名稱。

第四〇條 101

室外消防栓，依下列規定設置：

一　口徑在六十三毫米以上，與建築物一樓外牆各部分之水平距離在四十公尺以下。

二　瞄子出水壓力在每平方公分二點五公斤以上或0.25MPa以上，出水量在每分鐘三百五十公升以上。

三　室外消防栓開關位置，不得高於地面一點五公尺，並不得低於地面零點六公尺。設於地面下者，其水帶接頭位置不得低於地面零點三公尺。

四　於其五公尺範圍內附設水帶箱，並符合下列規定：

㈠水帶箱具有足夠裝置水帶及瞄子之深度，箱底二側設排水孔，其箱面表面積在零點八平方公尺以上。

㈡箱面有明顯而不易脫落之水帶箱字樣，每字在二十平方公分以上。

㈢箱內配置口徑六十三毫米及長二十公尺水帶二條、口徑十九毫米以上直線噴霧兩用型瞄子一具及消防栓閥型開關一把。

五　室外消防栓三公尺以內，保持空曠，不得堆放物品或種植花木，並在其附近明顯易見處，標明消防栓字樣。

第四一條

①室外消防栓設備之水源容量，應在二具室外消防栓同時放水三十分鐘之水量以上。

②消防用水與普通用水合併使用者，應採取必要措施，確保前項水源容量，在有效水量範圍內。

③第一項水源得與其他滅火設備併設。但其總容量應在各滅火設備應設水量之合計以上。

第四二條

①依前條設置之水源，應連結加壓送水裝置，並依下列各款擇一設置：

一　重力水箱，應符合下列規定：

㈠有水位計、排水管、溢水用排水管、補給水管及人孔之裝置。

㈡水箱必要落差在下列計算值以上：

必要落差＝消防水帶摩擦損失水頭＋配管摩擦損失水頭＋25（計算單位：公尺）

$H = h_1 + h_2 + 25m$

二　壓力水箱，應符合下列規定：

㈠有壓力表、水位計、排水管、補給水管、給氣管、空氣壓縮機及人孔之裝置。

㈡水箱內空氣占水箱容積之三分之一以上，壓力在使用建築物最高處之消防栓維持規定放水水壓所需壓力以上。當水箱內壓力及液面減低時，能自動補充加壓。空氣壓縮機及加壓幫浦與緊急電源相連接。

㈢水箱必要壓力在下列計算值以上：

必要壓力＝消防水帶摩擦損失水頭＋配管摩擦損失水頭＋落差＋2.5（計算單位：公斤／平方公分）

$P = P_1 + P_2 + P_3 + 2.5kgf/cm^2$

三　消防幫浦，應符合下列規定：

㈠幫浦出水量，一支消防栓在每分鐘四百公升以上。但全部消防栓數量超過二支時，以二支計算之。

㈡幫浦全揚程在下列計算值以上：

幫浦全揚程＝消防水帶摩擦損失水頭＋配管摩擦損失水頭＋落差＋25（計算單位：公尺）

$H = h_1 + h_2 + h_3 + 25m$

㈢應爲專用。但與其他滅火設備並用，無妨礙各設備之性能時，不在此限。

㈣連接緊急電源。

②前項加壓送水裝置除採重力水箱外，準用第三十七條第二項第一款至第三款、第五款規定，室外消防栓瞄子放水壓力超過每平方公分六公斤或0.6MPa時，應採取有效之減壓措施。

第三節　自動撒水設備

第四三條 101

自動撒水設備，得依實際情況需要就下列各款擇一設置。但供第十二條第一款第一目所列場所及第二目之集會堂使用之舞臺，應設開放式：

一　密閉濕式：平時管內貯滿高壓水，撒水頭動作時即撒水。

二　密閉乾式：平時管內貯滿高壓空氣，撒水頭動作時先排空氣，繼而撒水。

三　開放式：平時管內無水，啓動一齊開放閥，使水流入管系撒水。

四　預動式：平時管內貯滿低壓空氣，以感知裝置啓動流水檢知裝置，且撒水頭動作時即撒水。

五　其他經中央主管機關認可者。

第四四條

自動撒水設備之配管、配件及屋頂水箱，除準用第三十二條第一款、第二款規定外，依下列規定設置：

一　密閉乾式或預動式之流水檢知裝置二次側配管，施予鍍鋅等防腐蝕處理。一齊開放閥二次側配管，亦同。

二　密閉乾式或預動式之流水檢知裝置二次側配管，爲有效排水，依下列規定裝置：

　㈠支管每十公尺傾斜四公分，主管每十公尺傾斜二公分。

　㈡於明顯易見處設排水閥，並標明排水閥字樣。

三　立管連接屋頂水箱時，屋頂水箱之容量在一立方公尺以上。

第四五條

自動撒水設備竣工時，應做加壓試驗，其測試方法準用第三十三條規定。但密閉乾式管系應併行空氣壓試驗，試驗時，應使空氣壓力達到每平方公分二點八公斤或0.28MPa之標準，其壓力持續二十四小時，漏氣減壓量應在每平方公分零點一公斤以下或0.01MPa以下爲合格。

第四六條 106

①撒水頭，依下列規定配置：

一　戲院、舞廳、夜總會、歌廳、集會堂等表演場所之舞臺及道具室、電影院之放映室或儲存易燃物品之倉庫，任一點至撒水頭之水平距離，在一點七公尺以下。

二　前款以外之建築物依下列規定配置：

　㈠一般反應型撒水頭（第二種感度），各層任一點至撒水頭之水平距離在二點一公尺以下。但防火構造建築物，其水平距離，得增加爲二點三公尺以下。

　㈡快速反應型撒水頭（第一種感度），各層任一點至撒水頭之水平距離在二點三公尺以下。但設於防火構造建築物，其水平距離，得增加爲二點六公尺以下；撒水頭有效撒水半徑經中央主管機關認可者，其水平距離，得超過二點六公尺。

三　第十二條第一款第三目、第六目、第二款第七目、第五款第一目等場所之住宿居室、病房及其他類似處所，得採用小區劃型撒水頭（以第一種感度爲限），任一點至撒水頭之水平距離在二點六公尺以下，撒水頭間距在三公尺以上，且任一撒水頭之防護面積在十三平方公尺以下。

四　前款所列場所之住宿居室等及其走廊、通道與其類似場所，得採用側壁型撒水頭（以第一種感度爲限），牆面二側至撒水頭之水平距離在一點八公尺以下，牆壁前方至撒水頭之水平距離在三點六公尺以下。

五　中央主管機關認定儲存大量可燃物之場所天花板高度超過六公尺，或其他場所天花板高度超過十公尺者，應採用放水型撒水頭。

六　地下建築物天花板與樓板間之高度，在五十公分以上時，天花板與樓板均應配置撒水頭，且任一點至撒水頭之水平距離在二點一公尺以下。但天花板以不燃性材料裝修者，其樓板得免設撒水頭。

②第十七條第一項第六款之高架儲存倉庫，其撒水頭依下列規定配置：

一　設在貨架之撒水頭，應符合下列規定：

　㈠任一點至撒水頭之水平距離，在二點五公尺以下，並以交錯方式設置。

　㈡儲存棉花類、塑膠類、木製品、紙製品或紡織製品等易燃物品時，每四公尺高度至少設置一個；儲存其他物品時，每六公尺高度至少設置一個。

　㈢儲存之物品會產生撒水障礙時，該物品下方亦應設置。

　㈣設置符合第四十七條第二項規定之防護板。但使用經中央主管機關認可之貨架撒水頭者，不在此限。

二　前款以外，設在天花板或樓板之撒水頭，任一點至撒水頭之水平距離在二點一公尺以下。

第四七條 106

①撒水頭之位置，依下列規定裝置：

一 撒水頭軸心與裝置面成垂直裝置。

二 撒水頭迴水板下方四十五公分內及水平方向三十公分內，應保持淨空間，不得有障礙物。

三 密閉式撒水頭之迴水板裝設於裝置面（指樓板或天花板）下方，其間距在三十公分以下。

四 密閉式撒水頭裝置於樑下時，迴水板與樑底之間距在十公分以下，且與樓板或天花板之間距在五十公分以下。

五 密閉式撒水頭裝置面，四周以淨高四十公分以上之樑或類似構造體區劃包圍時，按各區劃裝置。但該樑或類似構造體之間距在一百八十公分以下者，不在此限。

六 使用密閉式撒水頭，且風管等障礙物之寬度超過一百二十公分時，該風管等障礙物下方，亦應設置。

七 側壁型撒水頭應符合下列規定：

㈠撒水頭與裝置面（牆壁）之間距，在十五公分以下。

㈡撒水頭迴水板與天花板或樓板之間距，在十五公分以下。

㈢撒水頭迴水板下方及水平方向四十五公分內，保持淨空間，不得有障礙物。

八 密閉式撒水頭側面有樑時，依下表裝置。

撒水頭與樑側面淨距離（公分）	74 以下	75 以上 99 以下	100 以上 149 以下	150 以上
迴水板高出樑底面尺寸（公分）	0	9 以下	14 以下	92 以下

②前項第八款之撒水頭，其迴水板與天花板或樓板之距離超過三十公分時，依下列規定設置防護板：

一 防護板應使用金屬材料，且直徑在三十公分以上。

二 防護板與迴水板之距離，在三十公分以下。

第四八條 101

密閉式撒水頭，應就裝置場所平時最高周圍溫度，依下表選擇一定標示溫度之撒水頭。

最高周圍溫度	標示溫度
三十九度未滿	七十五度未滿
三十九度以上六十四度未滿	七十五度以上一百二十一度未滿
六十四度以上一百零六度未滿	一百二十一度以上一百六十二度未滿
一百零六度以上	一百六十二度以上

第四九條 101

下列處所得免裝撒水頭：

一 洗手間、浴室或廁所。

二 室內安全梯間、特別安全梯間或緊急昇降機間之排煙室。

三 防火構造之昇降機昇降路或管道間。

四 昇降機機械室或通風換氣設備機械室。

五 電信機械室或電腦室。

六 發電機、變壓器等電氣設備室。

七 外氣流通無法有效探測火災之走廊。

八　手術室、產房、X光（放射線）室、加護病房或麻醉室等其他類似處所。
九　第十二條第一款第一目所列場所及第二目之集會堂使用之觀衆席，設有固定座椅部分，且撒水頭裝置面高度在八公尺以上者。
十　室內游泳池之水面或溜冰場之冰面上方。
十一　主要構造為防火構造，且開口設有具一小時以上防火時效之防火門之金庫。
十二　儲存鋁粉、碳化鈣、磷化鈣、鈉、生石灰、鎂粉、鉀、過氧化鈉等禁水性物質或其他遇水時將發生危險之化學品倉庫或房間。
十三　第十七條第一項第五款之建築物（地下層、無開口樓層及第十一層以上之樓層除外）中，供第十二條第二款至第四款所列場所使用，與其他部分間以具一小時以上防火時效之牆壁、樓地板區劃分隔，並符合下列規定者：
㈠區劃分隔之牆壁及樓地板開口面積合計在八平方公尺以下，且任一開口面積在四平方公尺以下。
㈡前目開口部設具一小時以上防火時效之防火門窗等防火設備，且開口部與走廊、樓梯間不得使用防火鐵捲門。但開口面積在四平方公尺以下，且該區劃分隔部分能二方向避難者，得使用具半小時以上防火時效之防火門窗等防火設備。
十四　第十七條第一項第四款之建築物（地下層、無開口樓層及第十一層以上之樓層除外）中，供第十二條第二款至第四款所列場所使用，與其他部分間以具一小時以上防火時效之牆壁、樓地板區劃分隔，並符合下列規定者：
㈠區劃分隔部分，樓地板面積在二百平方公尺以下。
㈡內部裝修符合建築技術規則建築設計施工編第八十八條規定。
㈢開口部設具一小時以上防火時效之防火門窗等防火設備，且開口部與走廊、樓梯間不得使用防火鐵捲門。但開口面積在四平方公尺以下，且該區劃分隔部分能二方向避難者，得使用具半小時以上防火時效之防火門窗等防火設備。
十五　其他經中央主管機關指定之場所。

第五〇條

①撒水頭之放水量，每分鐘應在八十公升（設於高架倉庫者，應為一百十四公升）以上，且放水壓力應在每平方公分一公斤以上或0.1MPa以上。但小區劃型撒水頭之放水量，每分鐘應在五十公升以上。

②放水型撒水頭之放水量，應達防護區域每平方公尺每分鐘五公升以上。但儲存可燃物場所，應達每平方公尺每分鐘十公升以上。

第五一條 101

自動撒水設備應裝置適當之流水檢知裝置，並符合下列規定：
一　各樓層之樓地板面積在三千平方公尺以下者，裝設一套，超過三千平方公尺者，裝設二套。但上下二層，各層撒水頭數量在十個以下，且設有火警自動警報設備者，得二層共用。
二　無隔間之樓層內，前款三千平方公尺得增為一萬平方公尺。
三　撒水頭或一齊開放閥開啟放水時，即發出警報。
四　附設制水閥，其高度距離樓地板面在一點五公尺以下零點八公尺以上，並於制水閥附近明顯易見處，設置標明制水閥字樣之標識。

第五二條

開放式自動撒水設備之自動及手動啟動裝置，依下列規定設置。但受信總機設在平時有人處，且火災時，能立即操作啟動裝置者，得免設自動啟動裝置：
一　自動啟動裝置，應符合下列規定：
㈠感知撒水頭或探測器動作後，能啟動一齊開放閥及加壓送水裝置。

㈡感知撒水頭使用標示溫度在七十九度以下者，且每二十平方公尺設置一個；探測器使用定溫式一種或二種，並依第一百二十條規定設置，每一放水區域至少一個。

㈢感知撒水頭設在裝置面距樓地板面高度五公尺以下，且能有效探測火災處。

二　手動啓動裝置，應符合下列規定：

㈠每一放水區域設置一個手動啓動開關，其高度距樓地板面在零點八公尺以上一點五公尺以下，並標明手動啓動開關字樣。

㈡手動啓動開關動作後，能啓動一齊開放閥及加壓送水裝置。

第五三條 101

開放式自動撒水設備之一齊開放閥應依下列規定設置：

一　每一放水區域設置一個。

二　一齊開放閥二次側配管裝設試驗用裝置，在該放水區域不放水情形下，能測試一齊開放閥之動作。

三　一齊開放閥所承受之壓力，在其最高使用壓力以下。

第五四條

開放式自動撒水設備之放水區域，依下列規定：

一　每一舞臺之放水區域在四個以下。

二　放水區域在二個以上時，每一放水區域樓地板面積在一百平方公尺以上，且鄰接之放水區域相互重疊，使有效滅火。

第五五條

密閉乾式或預動式自動撒水設備，依下列規定設置：

一　密閉乾式或預動式流水檢知裝置二次側之加壓空氣，其空氣壓縮機爲專用，並能在三十分鐘內，加壓達流水檢知裝置二次側配管之設定壓力值。

二　流水檢知裝置二次側之減壓警報設於平時有人處。

三　撒水頭動作後，流水檢知裝置應在一分鐘內，使撒水頭放水。

四　撒水頭使用向上型。但配管能採取有效措施者，不在此限。

第五六條 101

使用密閉式撒水頭之自動撒水設備末端之查驗閥，依下列規定配置：

一　管徑在二十五毫米以上。

二　查驗閥依各流水檢知裝置配管系統配置，並接裝在建築物各層放水壓力最低之最遠支管末端。

三　查驗閥之一次側設壓力表，二次側設有與撒水頭同等放水性能之限流孔。

四　距離地板面之高度在二點一公尺以下，並附有排水管裝置，並標明末端查驗閥字樣。

第五七條 101

①自動撒水設備之水源容量，依下列規定設置：

一　使用密閉式一般反應型、快速反應型撒水頭時，應符合下表規定個數繼續放水二十分鐘之水量。但各類場所實設撒水頭數，較應設水源容量之撒水頭數少時，其水源容量得依實際撒水頭數計算之。

各類場所		撒水頭個數	
		快速反應型	一般反應型
十一樓以上建築物、地下建築物		十二	十五
十樓以下建築物	供第十二條第一款第四目使用及複合用途建築物中供第十二條第一款第四目使用者	十二	十五
	地下層	十二	十五
	其他	八	十
高架儲存倉庫	儲存棉花、塑膠、木製品、紡織品等易燃物品	二十四	三十
	儲存其他物品	十六	二十

二　使用開放式撒水頭時，應符合下列規定：

㈠供第十二條第一款第一目使用場所及第二目集會堂之舞臺，在十層以下建築物之樓層時，應在最大放水區域全部撒水頭，繼續放水二十分鐘之水量以上。

㈡供第十二條第一款第一目使用場所及第二目集會堂之舞臺，在十一層以上建築物之樓層，應在最大樓層全部撒水頭，繼續放水二十分鐘之水量以上。

三　使用側壁型或小區劃型撒水頭時，十層以下樓層在八個撒水頭、十一層以上樓層在十二個撒水頭繼續放水二十分鐘之水量以上。

四　使用放水型撒水頭時，採固定式者應在最大放水區域全部撒水頭、採可動式者應在最大放水量撒水頭，繼續放射二十分鐘之水量以上。

②前項撒水頭數量之規定，在使用乾式或預動式流水檢知裝置時，應追加百分之五十。

③免設撒水頭處所，除第四十九條第七款及第十二款外，得設置補助撒水栓，並應符合下列規定：

一　各層任一點至水帶接頭之水平距離在十五公尺以下。但設有自動撒水設備撒水頭之部分，不在此限。

二　設有補助撒水栓之任一層，以同時使用該層所有補助撒水栓時，各瞄子放水壓力在每平方公分二點五公斤以上或0.25MPa以上，放水量在每分鐘六十公升以上。但全部補助撒水栓數量超過二支時（鄰接補助撒水栓水帶接頭之水平距離超過三十公尺時，為一個），以同時使用二支計算之。

三　補助撒水栓箱表面標示補助撒水栓字樣，箱體上方設置紅色啓動表示燈。

四　瞄子具有容易開關之裝置。

五　開關閥設在距地板面一點五公尺以下。

六　水帶能便於操作延伸。

七　配管從各層流水檢知裝置二次側配置。

第五八條

①依前條設置之水源應連結加壓送水裝置，並依下列各款擇一設置：

一　重力水箱，應符合下列規定：

㈠有水位計、排水管、溢水用排水管、補給水管及人孔之裝置。

㈡水箱必要落差在下列計算值以上：

必要落差＝配管摩擦損失水頭＋10（計算單位：公尺）

$H = h_1 + 10m$

二　壓力水箱，應符合下列規定：

㈠有壓力表、水位計、排水管、補給水管、給氣管、空氣壓縮機及人孔之裝置。
㈡水箱內空氣占水箱容積之三分之一以上，壓力在使用建築物最高處之撒水頭維持規定放水水壓所需壓力以上。當水箱內壓力及液面減低時，能自動補充加壓。空氣壓縮機及加壓幫浦與緊急電源相連接。
㈢水箱必要壓力在下列計算值以上：
必要壓力＝配管摩擦損失水頭＋落差＋1（計算單位：公斤／平方公分）
$P+P_1+P_2+1kgf/cm^2$

三　消防幫浦，應符合下列規定：
㈠幫浦出水量，依前條規定核算之撒水頭數量，乘以每分鐘九十公升（設於高架儲存倉庫者，爲一百三十公升）。但使用小區劃型撒水頭者，應乘以每分鐘六十公升。另放水型撒水頭依中央消防機關認可者計算之。
㈡幫浦全揚程在下列計算值以上：
幫浦全揚程＝配管摩擦損失水頭＋落差＋10（計算單位：公尺）
$H=h_1+h_2+10m$
㈢應爲專用。但與其他滅火設備並用，無妨礙各設備之性能時，不在此限。
㈣連接緊急電源。

②前項加壓送水裝置除應準用第三十七條第二項第一款、第二款及第五款規定外，撒水頭放水壓力應在每平方公分十公斤以下或1MPa以下。

第五九條 101
裝置自動撒水之建築物，應於地面層室外臨建築線，消防車容易接近處，設置口徑六十三毫米之送水口，並符合下列規定：
一　應爲專用。
二　裝置自動撒水設備之樓層，樓地板面積在三千平方公尺以下，至少設置雙口形送水口一個，並裝接陰式快速接頭，每超過三千平方公尺，增設一個。但應設數量超過三個時，以三個計。
三　設在無送水障礙處，且其高度距基地地面在一公尺以下零點五公尺以上。
四　與立管管系連通，其管徑在立管管徑以上，並在其附近便於檢修確認處，裝置逆止閥及止水閥。
五　送水口附近明顯易見處，標明自動撒水送水口字樣及送水壓力範圍。

第六〇條
自動撒水設備之緊急電源，依第三十八條規定設置。

第四節　水霧滅火設備

第六一條
水霧噴頭，依下列規定配置：
一　防護對象之總面積在各水霧噴頭放水之有效防護範圍內。
二　每一水霧噴頭之有效半徑在二點一公尺以下。
三　水霧噴頭之配置數量，依其裝設之放水角度、放水量及防護區域面積核算，其每平方公尺放水量，供第十八條附表第三項、第四項所列場所使用，在每分鐘二十公升以上；供同條附表其他場所使用，在每分鐘十公升以上。

第六二條
水霧滅火設備之緊急電源、配管、配件、屋頂水箱、竣工時之加壓送水試驗、流水檢知裝置、啓動裝置及一齊開放閥準用第三十八條、第四十四條、第四十五條、第五十一條至第五十三條規定設置。

第六三條 101
①放射區域，指一只一齊開放閥啓動放射之區域，每一區域以五十平方公尺爲原則。

②前項放射區域有二區域以上者，其主管管徑應在一百毫米以上。

第六四條

水霧滅火設備之水源容量，應保持二十立方公尺以上。但放射區域在二區域以上者，應保持四十立方公尺以上。

第六五條

①依前條設置之水源，應連結加壓送水裝置。

②加壓送水裝置使用消防幫浦時，其出水量及出水壓力，依下列規定，並連接緊急電源：

一　出水量：每分鐘一千二百公升以上，其放射區域二個以上時爲每分鐘二千公升以上。

二　出水壓力：核算管系最末端一個放射區域全部水霧噴頭放水壓力均能達每平方公分二點七公斤以上或0.27MPa以上。但用於防護電氣設備者，應達每平方公分三點五公斤以上或0.35MPa以上。

第六六條

水霧噴頭及配管與高壓電器設備應保持之距離，依下表規定：

離開距離（mm）		電壓（KV）
最低	標準	
150	250	7以下
200	300	10以下
300	400	20以下
400	500	30以下
700	1000	60以下
800	1100	70以下
1100	1500	100以下
1500	1900	140以下
2100	2600	200以下
2600	3300	345以下

第六七條

水霧送水口，依第五十九條第一款至第四款規定設置，並標明水霧送水口字樣及送水壓力範圍。

第六八條

裝置水霧滅火設備之室內停車空間，其排水設備應符合下列規定：

一　車輛停駐場所地面作百分之二以上之坡度。

二　車輛停駐場所，除面臨車道部分外，應設高十公分以上之地區境界堤，或深十公分寬十公分以上之地區境界溝，並與排水溝連通。

三　滅火坑具備油水分離裝置，並設於火災不易殃及之處所。

四　車道之中央或二側設置排水溝，排水溝設置集水管，並與滅火坑相連接。

五　排水溝及集水管之大小及坡度，應具備能將加壓送水裝置之最大能力水量有效排出。

第五節　泡沫滅火設備

第六九條

泡沫滅火設備之放射方式，依實際狀況需要，就下列各款擇一設置：

一　固定式：視防護對象之形狀、構造、數量及性質配置泡沫放出口，其設置數量、位置及放射量，應能有效滅火。

二　移動式：水帶接頭至防護對象任一點之水平距離在十五公尺以下。

第七〇條

①固定式泡沫滅火設備之泡沫放出口，依泡沫膨脹比，就下表選擇設置之：

膨脹比種類	泡沫放出口種類
膨脹比二十以下（低發泡）	泡沫噴頭或泡水噴頭
膨脹比八十以上一千以下（高發泡）	高發泡放出口

②前項膨脹比，指泡沫發泡體積與發泡所需泡沫水溶液體積之比值。

第七一條

泡沫頭，依下列規定配置：

一　飛機庫等場所，使用泡水噴頭，並樓地板面積每八平方公尺設置一個，使防護對象在其有效防護範圍內。

二　室內停車空間或汽車修理廠等場所，使用泡沫噴頭，並樓地板面積每九平方公尺設置一個，使防護對象在其有效防護範圍內。

三　放射區域內任一點至泡沫噴頭之水平距離在二點一公尺以下。

四　泡沫噴頭側面有樑時，其裝置依第四十七條第一項第八款規定。

五　室內停車空間有複層式停車設施者，其最上層上方之裝置面設泡沫噴頭，並延伸配管至車輛間，使能對下層停車平臺放射泡沫。但感知撒水頭之設置，得免延伸配管。

六　前款複層式停車設施之泡沫噴頭，礙於構造，無法在最上層以外之停車平臺配置時，其配管之延伸應就停車構造成一單元部分，在其四周設置泡沫噴頭，使能對四周全體放射泡沫。

第七二條

泡沫頭之放射量，依下列規定：

一　泡水噴頭放射量在每分鐘七十五公升以上。

二　泡沫噴頭放射量，依下表規定：

泡沫原液種類	樓地板面積每平方公尺之放射量（公升／分鐘）
蛋白質泡沫液	六點五以上
合成界面活性泡沫液	八以上
水成膜泡沫液	三點七以上

第七三條

高發泡放出口，依下列規定配置：

一　全區放射時，應符合下列規定，且其防護區域開口部能在泡沫水溶液放射前自動關閉。但能有效補充開口部洩漏者，得免設自動關閉裝置。

㈠高發泡放出口之泡沫水溶液放射量依下表核算：

防護對象	膨脹比種類	每分鐘每立方公尺冠泡體積之泡沫水溶液放射量（公升）
飛機庫	八十以上二百五十未滿（以下簡稱第一種）	二
	二百五十以上五百未滿（以下簡稱第二種）	零點五
	五百以上一千未滿（以下簡稱第三種）	零點二九
室內停車空間或汽車修護廠	第一種	一點一一
	第二種	零點二八
	第三種	零點一六
第十八條表第八項之場所	第一種	一點二五
	第二種	零點三一
	第三種	零點一八

㈡前目之冠泡體積，指防護區域自樓地板面至高出防護對象最高點零點五公尺所圍體積。

㈢高發泡放出口在防護區域內，樓地板面積每五百平方公尺至少設置一個，且能有效放射至該區域，並附設泡沫放出停止裝置。

㈣高發泡放出口位置高於防護對象物最高點。

㈤防護對象位置距離樓地板面高度，超過五公尺，且使用高發泡放出口時，應爲全區放射方式。

二　局部放射時，應符合下列規定：

㈠防護對象物相互鄰接，且鄰接處有延燒之虞時，防護對象與該有延燒之虞範圍內之對象，視爲單一防護對象，設置高發泡放出口。但該鄰接處以具有一小時以上防火時效之牆壁區劃或相距三公尺以上者，得免視爲單一防護對象。

㈡高發泡放出口之泡沫水溶液放射量，防護面積每一平方公尺在每分鐘二公升以上。

㈢前目之防護面積，指防護對象外周線以高出防護對象物高度三倍數值所包圍之面積。但高出防護對象物高度三倍數值，小於一公尺時，以一公尺計。

第七四條

泡沫滅火設備之緊急電源、配管、配件、屋頂水箱、竣工時之加壓試驗、流水檢知裝置、啓動裝置及一齊開放閥準用第三十八條、第四十四條、第四十五條、第五十一條至第五十三條規定設置。

第七五條

泡沫滅火設備之放射區域，依下列規定：

一　使用泡沫噴頭時，每一放射區域在樓地板面積五十平方公尺以上一百平方公尺以下。

二　使用泡水噴頭時，放射區域占其樓地板面積三分之一以上，且至少二百平方公尺。但樓地板面積未達二百平方公尺者，放射區域依其實際樓地板面積計。

第七六條

①泡沫滅火設備之水源，依下列規定：

一　使用泡沫頭時，依第七十二條核算之最低放射量在最大一個泡沫放射區域，能繼續放射二十分鐘以上。

二　使用高發泡放出口時，應符合下列規定：

㈠全區放射時，以最大樓地板面積之防護區域，除依下表核算外，防護區域開口部未設閉鎖裝置者，加算開口洩漏泡沫水溶液量。

膨脹比種類	冠泡體積每一立方公尺之泡沫水溶液量（立方公尺）
第一種	零點零四
第二種	零點零一三
第三種	零點零零八

㈡局部放射時，依第七十三條核算之泡沫水溶液放射量，在樓地板面積最大區域，能繼續放射二十分鐘以上。

三　移動式泡沫滅火設備之水源容量，在二具泡沫瞄子同時放水十五分鐘之水量以上。

②前項各款計算之水溶液量，應加算充滿配管所需之泡沫水溶液量，且應加算總泡沫水溶液量之百分之二十。

第七七條

①依前條設置之水源，應連結加壓送水裝置。

②前條第一項第一款及第二款之加壓送水裝置使用消防幫浦時，其出水量及出水壓力，依下列規定：

一　出水量：泡沫放射區域有二區域以上時，以最大一個泡沫放射區域之最低出水量加倍計算。

二　出水壓力：核算最末端一個泡沫放射區域全部泡沫噴頭放射壓力均能達每平方公分一公斤以上或0.1MPa以上。

三　連接緊急電源。

③前條第一項第三款之加壓送水裝置使用消防幫浦時，其出水量及出水壓力，依下列規定：

一　出水量：同一樓層設一個泡沫消防栓箱時，應在每分鐘一百三十公升以上；同一樓層設二個以上泡沫消防栓箱時，應在每分鐘二百六十公升以上。

二　出水壓力：核算最末端一個泡沫消防栓放射壓力能達每平方公分三點五公斤以上或0.35MPa以上。

三　連接緊急電源。

④同一棟建築物內，採用低發泡原液，分層配置固定式及移動式放射方式泡沫滅火設備時，得共用配管及消防幫浦，而幫浦之出水量、揚程與泡沫原液儲存量應採其放射方式中較大者。

第七八條

泡沫原液儲存量，依第七十六條規定核算之水量與使用之泡沫原液濃度比核算之。

第七九條

泡沫原液與水混合使用之濃度，依下列規定：

一　蛋白質泡沫液百分之三或百分之六。

二　合成界面活性泡沫液百分之一或百分之三。

三　水成膜泡沫液百分之三或百分之六。

第八〇條

移動式泡沫滅火設備，依下列規定設置：

一　同一樓層各泡沫瞄子放射量，應在每分鐘一百公升以上。但全部泡沫消防栓箱數量超過二個時，以同時使用二支泡沫瞄子計算之。

二　泡沫瞄子放射壓力應在每平方公分三點五公斤以上或0.35MPa以上。

三　移動式泡沫滅火設備之泡沫原液，應使用低發泡。

四　在水帶接頭三公尺範圍內，設置泡沫消防栓箱，箱內配置長二十公尺以上水帶及泡沫瞄子乙具，其箱面表面積應在零點八平方公尺以上，且標明移動式泡沫滅火設備字樣，並在泡沫消防栓箱上方設置紅色幫浦啓動表示燈。

第八一條

泡沫原液儲槽，依下列規定設置：

一　設有便於確認藥劑量之液面計或計量棒。

二　平時在加壓狀態者，應附設壓力表。

三　設置於溫度攝氏四十度以下，且無日光曝曬之處。

四　採取有效防震措施。

第六節　二氧化碳滅火設備

第八二條

二氧化碳滅火設備之放射方式依實際狀況需要就下列各款擇一裝置：

一　全區放射方式：用不燃材料建造之牆、柱、樓地板或天花板等區劃間隔，且開口部設有自動關閉裝置之區域，其噴頭設置數量、位置及放射量應視該部分容積及防護對象之性質作有效之滅火。但能有效補充開口部洩漏量者，得免設自動關閉裝置。

二　局部放射方式：視防護對象之形狀、構造、數量及性質，配置噴頭，其設置數量、位置及放射量，應能有效滅火。

三　移動放射方式：皮管接頭至防護對象任一部分之水平距離在十五公尺以下。

第八三條

二氧化碳滅火藥劑量，依下列規定設置：

一　全區放射方式所需滅火藥劑量依下表計算：

設置場所	電信機械室、總機室	其他			
		五十立方公尺未滿	五十立方公尺以上一百五十立方公尺未滿	一百五十立方公尺以上一千五百立方公尺未滿	一千五百立方公尺以上
每立方公尺防護區域所需滅火藥劑量（kg/m³）	1.2	1.0	0.9	0.8	0.75
每平方公尺開口部所需追加滅火藥劑量（kg/m²）	10	5	5	5	5
滅火藥劑之基本需要量（kg）			50	135	1200

二　局部放射方式所需滅火藥劑量應符合下列規定：

(一)可燃性固體或易燃性液體存放於上方開放式容器，火災發生時，燃燒限於一面且可燃物無向外飛散之虞者，所需之滅火藥劑量，依該防護對象表面積每一平方公尺以十三公斤比例核算，其表面積之核算，在防護對象邊長小於零點六公尺時，以零點六公尺計。但追加倍數，高壓式為一點四，低壓式為一點一。

㈡前目以外防護對象依下列公式計算假想防護空間（指距防護對象任一點零點六公尺範圍空間）單位體積滅火藥劑量，再乘以假想防護空間體積來計算所需滅火藥劑量：

$Q=8-6\times a/A$

Q：假想防護空間單位體積滅火藥劑量（公斤／立方公尺），所需追加倍數比照前目規定。

a：防護對象周圍實存牆壁面積之合計（平方公尺）。

A：假想防護空間牆壁面積之合計（平方公尺）。

三　移動放射方式每一具噴射瞄子所需滅火藥劑量在九十公斤以上。

四　全區及局部放射方式在同一建築物內有二個以上防護區域或防護對象時，所需滅火藥劑量應取其最大量者。

第八四條

全區及局部放射方式之噴頭，依下列規定設置：

一　全區放射方式所設之噴頭能使放射藥劑迅速均勻地擴散至整個防護區域。

二　二氧化碳噴頭之放射壓力，其滅火藥劑以常溫儲存者之高壓式為每平方公分十四公斤以上或1.4MPa以上；其滅火藥劑儲存於溫度攝氏零下十八度以下者之低壓式為每平方公分九公斤以上或0.9MPa以上。

三　全區放射方式依前條第一款所核算之滅火藥劑量，依下表所列場所，於規定時間內全部放射完畢。

設置場所	電信機械室、總機室	其他
時間（分）	3.5	1

四　局部放射方式所設噴頭之有效射程內，應涵蓋防護對象所有表面，且所設位置不得因藥劑之放射使可燃物有飛散之虞。

五　局部放射方式依前條第二款所核算之滅火藥劑量應於三十秒內全部放射完畢。

第八五條

全區或局部放射方式防護區域內之通風換氣裝置，應在滅火藥劑放射前停止運轉。

第八六條

①全區放射方式防護區域之開口部，依下列規定設置：

一　不得設於面對安全梯間、特別安全梯間、緊急昇降機間或其他類似場所。

二　開口部位於距樓地板面高度三分之二以下部分，應在滅火藥劑放射前自動關閉。

三　不設自動關閉裝置之開口部總面積，供電信機械室使用時，應在圍壁面積百分之一以下，其他處所則應在防護區域體積值或圍壁面積值二者中之較小數值百分之十以下。

②前項第三款圍壁面積，指防護區域內牆壁、樓地板及天花板等面積之合計。

第八七條

①滅火藥劑儲存容器，依下列規定設置：

一　充填比在高壓式為一點五以上一點九以下；低壓式為一點一以上一點四以下。

二　儲存場所應符合下列規定：

㈠置於防護區域外。

㈡置於溫度攝氏四十度以下，溫度變化較少處。

㈢不得置於有日光曝曬或雨水淋濕之處。

三　儲存容器之安全裝置符合CNS一一一七六之規定。

四　高壓式儲存容器之容器閥符合CNS一〇八四八及一〇八四九之規定。

五　低壓式儲存容器，應設有液面計、壓力表及壓力警報裝置，壓力在每平方公分二十三公斤以上或2.3MPa以上或每平方公分十九公斤以下或1.9MPa以下時發出警報。

六　低壓式儲存容器應設置使容器內部溫度維持於攝氏零下二十度以上，攝氏零下十八度以下之自動冷凍機。

七　儲存容器之容器閥開放裝置，依下列規定：

㈠容器閥之開放裝置，具有以手動方式可開啓之構造。

㈡容器閥使用電磁閥直接開啓時，同時開啓之儲存容器數在七支以上者，該儲存容器應設二個以上之電磁閥。

八　採取有效防震措施。

②前項第一款充塡比，指容器內容積（公升）與液化氣體重量（公斤）之比值。

第八八條

二氧化碳滅火設備使用氣體啓動者，依下列規定設置：

一　啓動用氣體容器能耐每平方公分二百五十公斤或25MPa之壓力。

二　啓動用氣體容器之內容積應有一公升以上，其所儲存之二氧化碳重量在零點六公斤以上，且其充塡比在一點五以上。

三　啓動用氣體容器之安全裝置及容器閥符合CNS一一一七六規定。

四　啓動用氣體容器不得兼供防護區域之自動關閉裝置使用。

第八九條

二氧化碳滅火設備配管，依下列規定設置：

一　應爲專用，其管徑依噴頭流量計算配置。

二　使用符合CNS四六二六規定之無縫鋼管，其中高壓式爲管號Sch80以上，低壓式爲管號Sch40以上厚度或具有同等以上強度，且施予鍍鋅等防蝕處理。

三　採用銅管配管時，應使用符合CNS五一二七規定之銅及銅合金無縫管或具有同等以上強度者，其中高壓式能耐壓每平方公分一百六十五公斤以上或16.5MPa以上，低壓式能耐壓每平方公分三十七點五公斤以上或3.75MPa以上。

四　配管接頭及閥類之耐壓，高壓式爲每平方公分一百六十五公斤以上或16.5MPa以上，低壓式爲每平方公分三十七點五公斤以上或3.75MPa以上，並予適當之防蝕處理。

五　最低配管與最高配管間，落差在五十公尺以下。

第九〇條

選擇閥，依下列規定設置：

一　同一建築物內有二個以上防護區域或防護對象，共用儲存容器時，每一防護區域或防護對象均應設置。

二　設於防護區域外。

三　標明選擇閥字樣及所屬防護區域或防護對象。

四　儲存容器與噴頭設有選擇閥時，儲存容器與選擇閥間之配管依CNS一一一七六之規定設置安全裝置或破壞板。

第九一條

①啓動裝置，依下列規定，設置手動及自動啓動裝置：

一　手動啓動裝置應符合下列規定：

㈠設於能看清區域內部且操作後能容易退避之防護區域外。

㈡每一防護區域或防護對象裝設一套。

㈢其操作部設在距樓地板面高度零點八公尺以上一點五公尺以下。

㈣其外殼漆紅色。

㈤以電力啓動者，裝置電源表示燈。

㈥操作開關或拉桿，操作時同時發出警報音響，且設有透明塑膠製之有效保護裝置。

㈦在其近旁標示所防護區域名稱、操作方法及安全上應注意事項。

二　自動啓動裝置與火警探測器感應連動啓動。

②前項啓動裝置，依下列規定設置自動及手動切換裝置：

一　設於易於操作之處所。

二　設自動及手動之表示燈。

三　自動、手動切換必須以鑰匙或拉桿操作，始能切換。

四　切換裝置近旁標明操作方法。

第九二條

音響警報裝置，依下列規定設置：

一　手動或自動裝置動作後，應自動發出警報，且藥劑未全部放射前不得中斷。

二　音響警報應有效報知防護區域或防護對象內所有人員。

三　設於全區放射方式之音響警報裝置採用人語發音。但平時無人駐守者，不在此限。

第九三條

全區放射方式之安全裝置，依下列規定設置：

一　啓動裝置開關或拉桿開始動作至儲存容器之容器閥開啓，設有二十秒以上之遲延裝置。

二　於防護區域出入口等易於辨認處所設置放射表示燈。

第九四條

全區放射或局部放射方式防護區域，對放射之滅火藥劑，依下列規定將其排放至安全地方：

一　排放方式應就下列方式擇一設置，並於一小時內將藥劑排出：

㈠採機械排放時，排風機爲專用，且具有每小時五次之換氣量。但與其他設備之排氣裝置共用，無排放障礙者，得共用之。

㈡採自然排放時，設有能開啓之開口部，其面向外氣部分（限防護區域自樓地板面起高度三分之二以下部分）之大小，占防護區域樓地板面積百分之十以上，且容易擴散滅火藥劑。

二　排放裝置之操作開關須設於防護區域外便於操作處，且在其附近設有標示。

三　排放至室外之滅火藥劑不得有局部滯留之現象。

第九五條

全區及局部放射方式之緊急電源，應採用自用發電設備或蓄電池設備，其容量應能使該設備有效動作一小時以上。

第九六條

移動式放射方式，除依第八十七條第一項第一款、第二款第二目、第三目、第三款及第四款規定辦理外，並依下列規定設置：

一　儲存容器之容器閥能在皮管出口處以手動開關者。

二　儲存容器分設於各皮管設置處。

三　儲存容器近旁設紅色標示燈及標明移動式二氧化碳滅火設備字樣。

四　設於火災時濃煙不易籠罩之處所。

五　每一具瞄子之藥劑放射量在溫度攝氏二十度時，應在每分鐘六十公斤以上。

六　移動式二氧化碳滅火設備之皮管、噴嘴及管盤符合CNS一一一七七之規定。

第九七條

二氧化碳滅火設備使用之各種標示規格，由中央消防機關另定之。

第七節　乾粉滅火設備及簡易自動滅火設備 101

第九八條

乾粉滅火設備之放射方式、通風換氣裝置、防護區域之開口部、選擇閥、啓動裝置、音響警報裝置、安全裝置、緊急電源及各種標示規格，準用第八十二條、第八十五條、第八十六條、第九十條至第九十三條、第九十五條及第九十七條規定設置。

第九九條

乾粉滅火藥劑量，依下列規定設置：

一　全區放射方式所需滅火藥劑量，依下表計算：

乾粉藥劑種類	第一種乾粉（主成分碳酸氫鈉）	第二種乾粉（主成分碳酸氫鉀）	第三種乾粉（主成分磷酸二氫銨）	第四種乾粉（主成分碳酸氫鉀及尿素化合物）
每立方公尺防護區域所需滅火藥劑量（kg/m^3）	0.6	0.36	0.36	0.24
每平方公尺開口部所需追加滅火藥劑量（kg/m^2）	4.5	2.7	2.7	1.8

二　局部放射方式所需滅火藥劑量應符合下列規定：

㈠可燃性固體或易燃性液體存放於上方開放式容器，火災發生時，燃燒限於一面且可燃物無向外飛散之虞者，所需之滅火藥劑量，依下表計算：

滅火藥劑種類	第一種乾粉	第二種乾粉或第三種乾粉	第四種乾粉
防護對象每平方公尺表面積所需滅火藥劑量（kg/m^2）	8.8	5.2	3.6
追加倍數	1.1	1.1	1.1
備考	防護對象物之邊長在零點六公尺以下時，以零點六公尺計。		

㈡前目以外設置場所，依下列公式計算假想防護空間單位體積滅火藥劑量，再乘假想防護空間體積來計算所需滅火藥劑量。但供電信機器室使用者，所核算出之滅火藥劑量，須乘以零點七。

$Q=X-Y\times a/A$

Q：假想防護空間單位體積滅火藥劑量（公斤／立方公尺）所需追加倍數比照前目規定。

a：防護對象周圍實存牆壁面積之合計（平方公尺）。

A：假想防護空間牆壁面積之合計（平方公尺）。

X及Y值，依下表規定為準：

滅火藥劑種類	第一種乾粉	第二種乾粉 或 第三種乾粉	第四種乾粉
X値	5.2	3.2	2.0
Y値	3.9	2.4	1.5

三　移動放射方式每一具噴射瞄子所需滅火藥劑量在下表之規定以上：

滅火藥劑種類	第一種乾粉	第二種乾粉 或 第三種乾粉	第四種乾粉
滅火藥劑量 （kg）	50	30	20

四　全區及局部放射方式在同一建築物內有二個以上防護區域或防護對象時，所需滅火藥劑量取其最大量者。

第一〇〇條

全區及局部放射方式之噴頭，依下列規定設置：

一　全區放射方式所設之噴頭能使放射藥劑迅速均勻地擴散至整個防護區域。

二　乾粉噴頭之放射壓力在每平方公分一公斤以上或0.1MPa以上。

三　依前條第一款或第二款所核算之滅火藥劑量須於三十秒內全部放射完畢。

四　局部放射方式所設噴頭之有效射程內，應涵蓋防護對象所有表面，且所設位置不得因藥劑之放射使可燃物有飛散之虞。

第一〇一條

供室內停車空間使用之滅火藥劑，以第三種乾粉爲限。

第一〇二條

滅火藥劑儲存容器，依下列規定設置：

一　充填比應符合下列規定：

滅火藥劑種類	第一種乾粉	第二種乾粉 或 第三種乾粉	第四種乾粉
充塡比	零點八五以上、一點四五以下	一點零五以上、一點七五以下	一點五以上、二點五以下

二　儲存場所應符合下列規定：

㈠置於防護區域外。

㈡置於溫度攝氏四十度以下，溫度變化較少處。

㈢不得置於有日光曝曬或雨水淋濕之處。

三　儲存容器於明顯處所標示：充塡藥劑量、滅火藥劑種類、最高使用壓力（限於加壓式）、製造年限及製造廠商等。

四　儲存容器設置符合CNS一一一七六規定之安全裝置。

五　蓄壓式儲存容器，內壓在每平方公分十公斤以上或1MPa以上者，設符合CNS一〇八四八及一〇八四九規定之容器閥。

六　爲排除儲存容器之殘留氣體應設置排出裝置，爲處理配管之殘留藥劑則應設置清洗裝置。

七　採取有效之防震措施。

第一〇三條

加壓用氣體容器應設於儲存容器近旁，且須確實接連，並應設置符合CNS一一一七六規定之容器閥及安全裝置。

第一〇四條

加壓或蓄壓用氣體容器，依下列規定設置：

一　加壓或蓄壓用氣體應使用氮氣或二氧化碳。

二　加壓用氣體使用氮氣時，在溫度攝氏三十五度，大氣壓力（表壓力）每平方公分零公斤或0MPa狀態下，每一公斤乾粉藥劑需氮氣四十公升以上；使用二氧化碳時，每一公斤乾粉藥劑需二氧化碳二十公克並加算清洗配管所需要量以上。

三　蓄壓用氣體使用氮氣時，在溫度攝氏三十五度，大氣壓力（表壓力）每平方公分零公斤或0MPa狀態下，每一公斤乾粉藥劑需氮氣十公升並加算清洗配管所需要量以上；使用二氧化碳時，每一公斤乾粉藥劑需二氧化碳二十公克並加算清洗配管所需要量以上。

四　清洗配管用氣體，另以容器儲存。

五　採取有效之防震措施。

第一〇五條

乾粉滅火設備配管及閥類，依下列規定設置：

一　配管部分：

㈠應為專用，其管徑依噴頭流量計算配置。

㈡使用符合CNS六四四五規定，並施予鍍鋅等防蝕處理或具同等以上強度及耐蝕性之鋼管。但蓄壓式中，壓力在每平方公分二十五公斤以上或2.5MPa以上，每平方公分四十二公斤以下或4.2MPa以下時，應使用符合CNS四六二六之無縫鋼管管號Sch40以上厚度並施予防蝕處理，或具有同等以上強度及耐蝕性之鋼管。

㈢採用銅管配管時，應使用符合CNS五一二七規定或具有同等以上強度及耐蝕性者，並能承受調整壓力或最高使用壓力的一點五倍以上之壓力。

㈣最低配管與最高配管間，落差在五十公尺以下。

㈤配管採均分為原則，使噴頭同時放射時，放射壓力為均等。

㈥採取有效之防震措施。

二　閥類部分：

㈠使用符合CNS之規定且施予防蝕處理或具有同等以上強度、耐蝕性及耐熱性者。

㈡標示開閉位置及方向。

㈢放出閥及加壓用氣體容器閥之手動操作部分設於火災時易於接近且安全之處。

第一〇六條

乾粉滅火設備自儲存容器起，其配管任一部分與彎曲部分之距離應為管徑二十倍以上。但能採取乾粉藥劑與加壓或蓄壓用氣體不會分離措施者，不在此限。

第一〇七條

加壓式乾粉滅火設備應設壓力調整裝置，可調整壓力至每平方公分二十五公斤以下或2.5Mpa以下。

第一〇八條

加壓式乾粉滅火設備，依下列規定設置定壓動作裝置：

一　啓動裝置動作後，儲存容器壓力達設定壓力時，應使放出閥開啓。

二　定壓動作裝置設於各儲存容器。

第一〇九條

蓄壓式乾粉滅火設備應設置以綠色表示使用壓力範圍之指示壓力表。

第一一〇條

若使用氣體啓動者，依下列規定設置：

一　啟動用氣體容器能耐每平方公分二百五十公斤或25MPa之壓力。
二　啟動用氣體容器之內容積有零點二七公升以上，其所儲存之氣體量在一百四十五公克以上，且其充填比在一點五以上。
三　啟動用氣體容器之安全裝置及容器閥符合CNS一一一七六之規定。
四　啟動用氣體容器不得兼供防護區域之自動關閉裝置使用。

第一一一條

移動式放射方式，除依第一百零二條第一款、第二款第二目、第三目、第三款、第四款規定辦理外，並依下列規定設置：
一　儲存容器之容器閥能在皮管出口處以手動開關者。
二　儲存容器分設於各皮管設置處。
三　儲存容器近旁設紅色標示燈及標明移動式乾粉滅火設備字樣。
四　設於火災時濃煙不易籠罩之場所。
五　每一具噴射瞄子之每分鐘藥劑放射量符合下表規定。

滅火藥劑種類	第一種乾粉	第二種乾粉 或 第三種乾粉	第四種乾粉
每分鐘放射量 （kg/min）	45	27	18

六　移動式乾粉滅火設備之皮管、噴嘴及管盤符合CNS一一一七七之規定。

第一一一條之一 102

①簡易自動滅火設備，應依下列規定設置：
一　視排油煙管之斷面積、警戒長度及風速，配置感知元件及噴頭，其設置數量、位置及放射量，應能有效滅火。
二　排油煙管內風速超過每秒五公尺，應在警戒長度外側設置放出藥劑之啟動裝置及連動閉鎖閘門。但不設置閘門能有效滅火時，不在此限。
三　噴頭之有效射程內，應涵蓋煙罩及排油煙管，且所設位置不得因藥劑之放射使可燃物有飛散之虞。
四　防護範圍內之噴頭，應一齊放射。
五　儲存鋼瓶及加壓氣體鋼瓶設置於攝氏四十度以下之位置。
②前項第二款之警戒長度，指煙罩與排油煙管接合處往內五公尺。

第二章　警報設備

第一節　火警自動警報設備

第一一二條

裝設火警自動警報設備之建築物，依下列規定劃定火警分區：
一　每一火警分區不得超過一樓層，並在樓地板面積六百平方公尺以下。但上下二層樓地板面積之和在五百平方公尺以下者，得二層共用一分區。
二　每一分區之任一邊長在五十公尺以下。但裝設光電式分離型探測器時，其邊長得在一百公尺以下。
三　如由主要出入口或直通樓梯出入口能直接觀察該樓層任一角落時，第一款規定之六百平方公尺得增為一千平方公尺。
四　樓梯、斜坡通道、昇降機之昇降路及管道間等場所，在水平距離五十公尺範圍內，且其頂層相差在二層以下時，得為一火警分區。但應與建築物各層之走廊、通道及居室等場所分別設置火警分區。

五　樓梯或斜坡通道，垂直距離每四十五公尺以下爲一火警分區。但其地下層部分應爲另一火警分區。

第一一三條

火警自動警報設備之鳴動方式，建築物在五樓以上，且總樓地板面積在三千平方公尺以上者，依下列規定：

一　起火層爲地上二層以上時，限該樓層與其直上二層及其直下層鳴動。

二　起火層爲地面層時，限該樓層與其直上層及地下層各層鳴動。

三　起火層爲地下層時，限地面層及地下層各層鳴動。

第一一四條

探測器應依裝置場所高度，就下表選擇探測器種類裝設。但同一室內之天花板或屋頂板高度不同時，以平均高度計。

裝置場所高度	未滿四公尺	四公尺以上未滿八公尺	八公尺以上未滿十五公尺	十五公尺以上未滿二十公尺
探測器種類	差動式局限型、差動式分布型、補償式局限型、定溫式、離子式局限型、光電式局限型、光電式分離型、火焰式。	差動式局限型、差動式分布型、補償式局限型、定溫式特種或一種、離子式局限型一種或二種、光電式局限型一種或二種、光電式分離型、火焰式。	差動式分佈型、離子式局限型一種或二種、光電式局限型一種或二種、光電式分離型、火焰式。	離子式局限型一種、光電式局限型一種、光電式分離型一種、火焰式。

第一一五條

探測器之裝置位置，依下列規定：

一　天花板上設有出風口時，除火焰式、差動式分布型及光電式分離型探測器外，應距離該出風口一點五公尺以上。

二　牆上設有出風口時，應距離該出風口一點五公尺以上。但該出風口距天花板在一公尺以上時，不在此限。

三　天花板設排氣口或回風口時，偵煙式探測器應裝置於排氣口或回風口周圍一公尺範圍內。

四　局限型探測器以裝置在探測區域中心附近爲原則。

五　局限型探測器之裝置，不得傾斜四十五度以上。但火焰式探測器，不在此限。

第一一六條 101

下列處所得免設探測器：

一　探測器除火焰式外，裝置面高度超過二十公尺者。

二　外氣流通無法有效探測火災之場所。

三　洗手間、廁所或浴室。

四　冷藏庫等設有能早期發現火災之溫度自動調整裝置者。

五　主要構造爲防火構造，且開口設有具一小時以上防火時效防火門之金庫。

六　室內游泳池之水面或溜冰場之冰面上方。

七　不燃性石材或金屬等加工場，未儲存或未處理可燃性物品處。

八　其他經中央主管機關指定之場所。

第一一七條

①偵煙式或熱煙複合式局限型探測器不得設於下列處所：

一　塵埃、粉末或水蒸氣會大量滯留之場所。

二　會散發腐蝕性氣體之場所。

三　廚房及其他平時煙會滯留之場所。

四　顯著高溫之場所。

五　排放廢氣會大量滯留之場所。

六　煙會大量流入之場所。

七　會結露之場所。

八　其他對探測器機能會造成障礙之場所。

②火焰式探測器不得設於下列處所：

一　前項第二款至第四款、第六款、第七款所列之處所。

二　水蒸氣會大量滯留之處所。

三　用火設備火焰外露之處所。

四　其他對探測器機能會造成障礙之處所。

③前二項所列場所，依下表狀況，選擇適當探測器設置：

場所			1	2	3	4	5	6	7	8
			灰塵、粉末會大量滯留之場所	水蒸氣會大量滯留之場所	會散發腐蝕性氣體之場所	平時煙會滯留之場所	顯著高溫之場所	排放廢氣會大量滯留之場所	煙會大量流入之場所	會結露之場所
	差動式局限型	一種						○	○	
		二種						○	○	
適用探測器	差動式分布型	一種	○		○			○	○	○
		二種	○	○	○			○	○	○
	補償式局限型	一種	○		○			○	○	○
		二種	○	○	○			○	○	○
	定溫式	特種	○	○	○	○	○		○	○
		一種		○	○	○	○		○	○
	火焰式		○					○		

註：

一、○表可選擇設置。

二、場所1、2、4、8所使用之定溫式或補償式探測器，應具有防水性能。

三、場所3所使用之定溫式或補償式探測器，應依腐蝕性氣體別，使用具耐酸或耐鹼性能者，使用差動式分布型時，其空氣管及檢出器應採有效措施，防範腐蝕性氣體侵蝕。

第一一八條

下表所列場所應就偵煙式、熱煙複合式或火焰式探測器選擇設置：

設置場所	樓梯或斜坡通道	走廊或通道（限供第十二條第一款、第二款第二目、第六目至第十目、第四款及第五款使用者）	昇降機之昇降坑道或配管配線管道間	天花板等高度在十五公尺以上，未滿二十公尺之場所	天花板等高度超過二十公尺之場所	地下層、無開口樓層及十一層以上之各樓層（前揭所列樓層限供第十二條第一款、第二款第二目、第六目、第八目至第十目及第五款使用者）
偵煙式	○	○	○	○		○
熱煙複合式		○				○
火焰式				○	○	○
註：○表可選擇設置。						

第一一九條

探測器之探測區域，指探測器裝置面之四周以淨高四十公分以上之樑或類似構造體區劃包圍者。但差動式分布型及偵煙式探測器，其裝置面之四周淨高應爲六十公分以上。

第一二〇條

差動式局限型、補償式局限型及定溫式局限型探測器，依下列規定設置：

一　探測器下端，裝設在裝置面下方三十公分範圍內。

二　各探測區域應設探測器數，依下表之探測器種類及裝置面高度，在每一有效探測範圍，至少設置一個。

裝置面高度			未滿四公尺		四公尺以上未滿八公尺	
建築物構造			防火構造建築物	其他建築物	防火構造建築物	其他建築物
探測器種類及有效探測範圍（平方公尺）	差動式局限型	一種	90	50	45	30
		二種	70	40	35	25
	補償式局限型	一種	90	50	45	30
		二種	70	40	35	25
	定溫式局限型	特種	70	40	35	25
		一種	60	30	30	15
		二種	20	15	－	－

三　具有定溫式性能之探測器，應裝設在平時之最高周圍溫度，比補償式局限型探測器之標稱定溫點或其他具有定溫式性能探測器之標稱動作溫度低攝氏二十度以上處。但具二種以上標稱動作溫度者，應設在平時之最高周圍溫度比最低標稱動作溫度低攝氏二十度以上處。

第一二一條

①差動式分布型探測器，依下列規定設置：

一　差動式分布型探測器爲空氣管式時，應符合下列規定：

㈠每一探測區域內之空氣管長度，露出部分在二十公尺以上。

㈡裝接於一個檢出器之空氣管長度，在一百公尺以下。

㈢空氣管裝置在裝置面下方三十公分範圍內。

㈣空氣管裝置在自裝置面任一邊起一點五公尺以內之位置，其間距，在防火構造建築物，在九公尺以下，其他建築物在六公尺以下。但依探測區域規模及形狀能有效探測火災發生者，不在此限。

二　差動式分布型探測器爲熱電偶式時，應符合下列規定：

㈠熱電偶應裝置在裝置面下方三十公分範圍內。

㈡各探測區域應設探測器數，依下表之規定：

建築物構造	探測區域樓地板面積	應設探測器數
防火構造建築物	八十八平方公尺以下	至少四個。
	超過八十八平方公尺	應設四個，每增加二十二平方公尺（包括未滿），增設一個。
其他建築物	七十二平方公尺以下	至少四個。
	超過七十二平方公尺	應設四個，每增加十八平方公尺（包括未滿），增設一個。

㈢裝接於一個檢出器之熱電偶數，在二十個以下。

三　差動式分布型探測器爲熱半導體式時，應符合下列規定：

㈠探測器下端，裝設在裝置面下方三十公分範圍內。

㈡各探測區域應設探測器數，依下表之探測器種類及裝置面高度，在每一有效探測範圍，至少設置二個。但裝置面高度未滿八公尺時，在每一有效探測範圍，至少設置一個。

裝置面高度	建築物之構造	探測器種類及有效探測範圍（平方公尺）	
		一種	二種
未滿八公尺	防火構造建築物	65	36
	其他建築物	40	23
八公尺以上未滿十五公尺	防火構造建築物	50	－
	其他建築物	30	－

㈢裝接於一個檢出器之感熱器數量，在二個以上十五個以下。

②前項之檢出器應設於便於檢修處，且與裝置面不得傾斜五度以上。

③定溫式線型探測器，依下列規定設置：

一　探測器設在裝置面下方三十公分範圍內。

二　探測器在各探測區域，使用第一種探測器時，裝置在自裝置面任一點起水平距離三公尺（防火構造建築物爲四點五公尺）以內；使用第二種探測器時，裝在自裝置面任一點起水平距離一公尺（防火構造建築物爲三公尺）以內。

第一二二條

偵煙式探測器除光電式分離型外，依下列規定裝置：

一　居室天花板距樓地板面高度在二點三公尺以下或樓地板面積在四十平方公尺以下

時，應設在其出入口附近。

二　探測器下端，裝設在裝置面下方六十公分範圍內。

三　探測器裝設於距離牆壁或樑六十公分以上之位置。

四　探測器除走廊、通道、樓梯及傾斜路面外，各探測區域應設探測器數，依下表之探測器種類及裝置面高度，在每一有效探測範圍，至少設置一個。

裝置面高度	探測器種類及有效探測範圍（平方公尺）	
	一種或二種	三種
未滿四公尺	150	50
四公尺以上未滿二十公尺	75	—

五　探測器在走廊及通道，步行距離每三十公尺至少設置一個；使用第三種探測器時，每二十公尺至少設置一個；且距盡頭之牆壁在十五公尺以下，使用第三種探測器應在十公尺以下。但走廊或通道至樓梯之步行距離在十公尺以下，且樓梯設有平時開放式防火門或居室有面向該處之出入口時，得免設。

六　在樓梯、斜坡通道及電扶梯，垂直距離每十五公尺至少設置一個；使用第三種探測器時，其垂直距離每十公尺至少設置一個。

七　在昇降機坑道及管道間（管道截面積在一平方公尺以上者），應設在最頂部。但昇降路頂部有昇降機機械室，且昇降路與機械室間有開口時，應設於機械室，昇降路頂部得免設。

第一二三條

①光電式分離型探測器，依下列規定設置：

一　探測器之受光面設在無日光照射之處。

二　設在與探測器光軸平行牆壁距離六十公分以上之位置。

三　探測器之受光器及送光器，設在距其背部牆壁一公尺範圍內。

四　設在天花板等高度二十公尺以下之場所。

五　探測器之光軸高度，在天花板等高度百分之八十以上之位置。

六　探測器之光軸長度，在該探測器之標稱監視距離以下。

七　探測器之光軸與警戒區任一點之水平距離，在七公尺以下。

②前項探測器之光軸，指探測器受光面中心點與送光面中心點之連結線。

第一二四條

火焰式探測器，依下列規定設置：

一　裝設於天花板、樓板或牆壁。

二　距樓地板面一點二公尺範圍內之空間，應在探測器標稱監視距離範圍內。

三　探測器不得設在有障礙物妨礙探測火災發生處。

四　探測器設在無日光照射之處。但設有遮光功能可避免探測障礙者，不在此限。

第一二五條 101

火警受信總機應依下列規定裝置：

一　具有火警區域表示裝置，指示火警發生之分區。

二　火警發生時，能發出促使警戒人員注意之音響。

三　附設與火警發信機通話之裝置。

四　一棟建築物內設有二臺以上火警受信總機時，設受信總機處，設有能相互同時通話連絡之設備。

五　受信總機附近備有識別火警分區之圖面資料。

六　裝置蓄積式探測器或中繼器之火警分區，該分區在受信總機，不得有雙信號功能。

七　受信總機、中繼器及偵煙式探測器，有設定蓄積時間時，其蓄積時間之合計，每一火警分區在六十秒以下，使用其他探測器時，在二十秒以下。

第一二六條

火警受信總機之位置，依下列規定裝置：

一　裝置於值日室等經常有人之處所。但設有防災中心時，設於該中心。

二　裝置於日光不直接照射之位置。

三　避免傾斜裝置，其外殼應接地。

四　壁掛型總機操作開關距離樓地板面之高度，在零點八公尺（座式操作者，爲零點六公尺）以上一點五公尺以下。

第一二七條

火警自動警報設備之配線，除依屋內線路裝置規則外，依下列規定設置：

一　常開式之探測器信號回路，其配線採用串接式，並加設終端電阻，以便藉由火警受信總機作回路斷線自動檢出用。

二　P型受信總機採用數個分區共用一公用線方式配線時，該公用線供應之分區數，不得超過七個。

三　P型受信總機之探測器回路電阻，在五十Ω以下。

四　電源回路導線間及導線與大地間之絕緣電阻值，以直流二百五十伏特額定之絕緣電阻計測定，對地電壓在一百五十伏特以下者，在零點一MΩ以上，對地電壓超過一百五十伏特者，在零點二MΩ以上。探測器回路導線間及導線與大地間之絕緣電阻值，以直流二百五十伏特額定之絕緣電阻計測定，每一火警分區在零點一MΩ以上。

五　埋設於屋外或有浸水之虞之配線，採用電纜並穿於金屬管或塑膠導線管，與電力線保持三十公分以上之間距。

第一二八條

火警自動警報設備之緊急電源，應使用蓄電池設備，其容量能使其有效動作十分鐘以上。

第二節　手動報警設備

第一二九條 101

①每一火警分區，依下列規定設置火警發信機：

一　按鈕按下時，能即刻發出火警音響。

二　按鈕前有防止隨意撥弄之保護板。

三　附設緊急電話插座。

四　裝置於屋外之火警發信機，具防水之性能。

②二樓層共用一火警分區者，火警發信機應分別設置。但樓梯或管道間之火警分區，得免設。

第一三〇條 101

設有火警發信機之處所，其標示燈應平時保持明亮，其透明罩爲圓弧形，裝置後突出牆面，標示燈與裝置面成十五度角，在十公尺距離內須無遮視物且明顯易見。

第一三一條 101

①設有火警發信機之處所，其火警警鈴，依下列規定設置：

一　電壓到達規定電壓之百分之八十時，能即刻發出音響。

二　在規定電壓下，離開火警警鈴一百公分處，所測得之音壓，在九十分貝以上。

三　電鈴絕緣電阻以直流二百五十伏特額定之絕緣電阻計測定，在二十MΩ以上。

四　警鈴音響應有別於建築物其他音響，並除報警外不得兼作他用。

②依本章第三節設有緊急廣播設備時，得免設前項火警警鈴。

第一三二條

火警發信機、標示燈及火警警鈴，依下列規定裝置：

一　裝設於火警時人員避難通道內適當而明顯之位置。

二　火警發信機離地板面之高度在一點二公尺以上一點五公尺以下。

三　標示燈及火警警鈴距離地板面之高度，在二公尺以上二點五公尺以下。但與火警發信機合併裝設者，不在此限。

四　建築物內裝有消防立管之消防栓箱時，火警發信機、標示燈及火警警鈴裝設在消防栓箱上方牆上。

第三節　緊急廣播設備

第一三三條

緊急廣播設備，依下列規定裝置：

一　距揚聲器一公尺處所測得之音壓應符合下表規定：

揚聲器種類	音　壓
L級	92分貝以上
M級	87分貝以上92分貝未滿
S級	84分貝以上87分貝未滿

二　揚聲器，依下列規定裝設：

㈠廣播區域超過一百平方公尺時，設L級揚聲器。

㈡廣播區域超過五十平方公尺一百平方公尺以下時，設L級或M級揚聲器。

㈢廣播區域在五十平方公尺以下時，設L級、M級或S級揚聲器。

㈣從各廣播區域內任一點至揚聲器之水平距離在十公尺以下。但居室樓地板面積在六平方公尺或由居室通往地面之主要走廊及通道樓地板面積在六平方公尺以下，其他非居室部分樓地板面積在三十平方公尺以下，且該區域與相鄰接區域揚聲器之水平距離相距八公尺以下時，得免設。

㈤設於樓梯或斜坡通道時，至少垂直距離每十五公尺設一個L級揚聲器。

三　樓梯或斜坡通道以外之場所，揚聲器之音壓及裝設符合下列規定者，不受前款第四目之限制：

㈠廣播區域內距樓地板面一公尺處，依下列公式求得之音壓在七十五分貝以上者。

$P=p+10\log_{10}(Q/4\pi r^2+4(1-2)/S\alpha)$

P值：音壓（單位：dB）

p值：揚聲器音響功率（單位：dB）

Q值：揚聲器指向係數

r值：受音點至揚聲器之距離（單位：公尺）

α值：廣播區域之平均吸音率

S值：廣播區域內牆壁、樓地板及天花板面積之合計（單位：平方公尺）

㈡廣播區域之殘響時間在三秒以上時，距樓地板面一公尺處至揚聲器之距離，在下列公式求得值以下者。

$r=3/4\sqrt{QS\alpha/\pi(1-\alpha)}$

r值：受音點至揚聲器之距離（單位：公尺）

Q值：揚聲器指向係數

S值：廣播區域內牆壁、樓地板及天花板面積之合計（單位：平方公尺）

α值：廣播區域之平均吸音率

第一三四條

裝設緊急廣播設備之建築物，依下列規定劃定廣播分區：

一　每一廣播分區不得超過一樓層。

二　室內安全梯或特別安全梯應垂直距離每四十五公尺單獨設定一廣播分區。安全梯或特別安全梯之地下層部分，另設定一廣播分區。

三　建築物挑空構造部分，所設揚聲器音壓符合規定時，該部分得爲一廣播分區。

第一三五條

①緊急廣播設備與火警自動警報設備連動時，其火警音響之鳴動準用第一百十三條之規定。

②緊急廣播設備之音響警報應以語音方式播放。

③緊急廣播設備之緊急電源，準用第一百二十八條之規定。

第一三六條

緊急廣播設備之啓動裝置應符合CNS一〇五二二之規定，並依下列規定設置：

一　各樓層任一點至啓動裝置之步行距離在五十公尺以下。

二　設在距樓地板高度零點八公尺以上一點五公尺以下範圍內。

三　各類場所第十一層以上之各樓層、地下第三層以下之各樓層或地下建築物，應使用緊急電話方式啓動。

第一三七條

緊急廣播設備與其他設備共用者，在火災時應能遮斷緊急廣播設備以外之廣播。

第一三八條

擴音機及操作裝置，應符合CNS一〇五二二之規定，並依下列規定設置：

一　操作裝置與啓動裝置或火警自動警報設備動作連動，並標示該啓動裝置或火警自動警報設備所動作之樓層或區域。

二　具有選擇必要樓層或區域廣播之性能。

三　各廣播分區配線有短路時，應有短路信號之標示。

四　操作裝置之操作開關距樓地板面之高度，在零點八公尺以上（座式操作者，爲零點六公尺）一點五公尺以下。

五　操作裝置設於値日室等經常有人之處所。但設有防災中心時，設於該中心。

第一三九條

緊急廣播設備之配線，除依屋內線路裝置規則外，依下列規定設置：

一　導線間及導線對大地間之絕緣電阻値，以直流二百五十伏特額定之絕緣電阻計測定，對地電壓在一百五十伏特以下者，在零點一MΩ以上，對地電壓超過一百五十伏特者，在零點二MΩ以上。

二　不得與其他電線共用管槽。但電線管槽內之電線用於六十伏特以下之弱電回路者，不在此限。

三　任一層之揚聲器或配線有短路或斷線時，不得影響其他樓層之廣播。

四　設有音量調整器時，應爲三線式配線。

第四節　瓦斯漏氣火警自動警報設備

第一四〇條 101

①瓦斯漏氣火警自動警報設備依第一百十二條之規定劃定警報分區。

②前項瓦斯，指下列氣體燃料：

一　天然氣。

二　液化石油氣。

三　其他經中央主管機關指定者。

第一四一條

瓦斯漏氣檢知器，依瓦斯特性裝設於天花板或牆面等便於檢修處，並符合下列規定：

一　瓦斯對空氣之比重未滿一時，依下列規定：

㈠設於距瓦斯燃燒器具或瓦斯導管貫穿牆壁處水平距離八公尺以內。但樓板有淨高六十公分以上之樑或類似構造體時，設於近瓦斯燃燒器具或瓦斯導管貫穿牆壁處。

㈡瓦斯燃燒器具室內之天花板附近設有吸氣口時，設在距瓦斯燃燒器具或瓦斯導管貫穿牆壁處與天花板間，無淨高六十公分以上之樑或類似構造體區隔之吸氣口一點五公尺範圍內。

㈢檢知器下端，裝設在天花板下方三十公分範圍內。

二　瓦斯對空氣之比重大於一時，依下列規定：

㈠設於距瓦斯燃燒器具或瓦斯導管貫穿牆壁處水平距離四公尺以內。

㈡檢知器上端，裝設在距樓地板面三十公分範圍內。

三　水平距離之起算，依下列規定：

㈠瓦斯燃燒器具為燃燒器中心點。

㈡瓦斯導管貫穿牆壁處為面向室內牆壁處之瓦斯配管中心處。

第一四二條

瓦斯漏氣受信總機，依下列規定：

一　裝置於值日室等平時有人之處所。但設有防災中心時，設於該中心。

二　具有標示瓦斯漏氣發生之警報分區。

三　設於瓦斯導管貫穿牆壁處之檢知器，其警報分區應個別標示。

四　操作開關距樓地板面之高度，須在零點八公尺以上（座式操作者為零點六公尺）一點五公尺以下。

五　主音響裝置之音色及音壓應有別於其他警報音響。

六　一棟建築物內有二台以上瓦斯漏氣受信總機時，該受信總機處，設有能相互同時通話連絡之設備。

第一四三條

瓦斯漏氣之警報裝置，依下列規定：

一　瓦斯漏氣表示燈，依下列規定。但在一警報分區僅一室時，得免設之。

㈠設有檢知器之居室面向通路時，設於該面向通路部分之出入口附近。

㈡距樓地板面之高度，在四點五公尺以下。

㈢其亮度在表示燈前方三公尺處能明確識別，並於附近標明瓦斯漏氣表示燈字樣。

二　檢知器所能檢知瓦斯漏氣之區域內，該檢知器動作時，該區域內之檢知區域警報裝置能發出警報音響，其音壓在距一公尺處應有七十分貝以上。但檢知器具有發出警報功能者，或設於機械室等常時無人場所及瓦斯導管貫穿牆壁處者，不在此限。

第一四四條

瓦斯漏氣火警自動警報設備之配線，除依屋內線路裝置規則外，依下列規定：

一　電源回路導線間及導線對大地間之絕緣電阻值，以直流五百伏特額定之絕緣電阻計測定，對地電壓在一百五十伏特以下者，應在零點一MΩ以上，對地電壓超過一百五十伏特者，在零點二MΩ以上。檢知器回路導線間及導線與大地間之絕緣電阻值，以直流五百伏特額定之絕緣電阻計測定，每一警報分區在零點一MΩ以上。

二　常開式檢知器信號回路之配線採用串接式，並加設終端電阻，以便藉由瓦斯漏氣受信總機作斷線自動檢出用。

三　檢知器回路不得與瓦斯漏氣火警自動警報設備以外之設備回路共用。

第一四五條

瓦斯漏氣火警自動警報設備之緊急電源應使用蓄電池設備，其容量應能使二回路有效動作十分鐘以上，其他回路能監視十分鐘以上。

第一四五條之一 108

一一九火災通報裝置，依下列規定設置：

一　應具手動及自動啓動功能。

二　應設於值日室等經常有人之處所。但設有防災中心時，應設於該中心。

三　設置遠端啓動裝置時，應設有可與設置一一九火災通報裝置場所通話之設備。

四　手動啓動裝置之操作開關距離樓地板面之高度，在零點八公尺以上一點五公尺以下。

五　裝置附近，應設置送、收話器，並與其他內線電話明確區分。

六　應避免斜裝置，並採取有效防震措施。

第三章　避難逃生設備

第一節　標示設備

第一四六條

①下列處所得免設出口標示燈、避難方向指示燈或避難指標：

一　自居室任一點易於觀察識別其主要出入口，且與主要出入口之步行距離符合下列規定者。但位於地下建築物、地下層或無開口樓層者不適用之：

㈠該步行距離在避難層爲二十公尺以下，在避難層以外之樓層爲十公尺以下者，得免設出口標示燈。

㈡該步行距離在避難層爲四十公尺以下，在避難層以外之樓層爲三十公尺以下者，得免設避難方向指示燈。

㈢該步行距離在三十公尺以下者，得免設避難指標。

二　居室符合下列規定者：

㈠自居室任一點易於觀察識別該居室出入口，且依用途別，其樓地板面積符合下表規定。

用途別	第十二條第一款第一目至第三目	第十二條第一款第四目、第五目、第七目、第二款第十目	第十二條第一款第六目、第二款第一目至第九目、第十一目、第十二目、第三款、第四款
居室樓地板面積	一百平方公尺以下	二百平方公尺以下	四百平方公尺以下

㈡供集合住宅使用之居室。

三　通往主要出入口之走廊或通道之出入口，設有探測器連動自動關閉裝置之防火門，並設有避難指標及緊急照明設備確保該指標明顯易見者，得免設出口標示燈。

四　樓梯或坡道，設有緊急照明設備及供確認避難方向之樓層標示者，得免設避難方向指示燈。

②前項第一款及第三款所定主要出入口，在避難層，指通往戶外之出入口，設有排煙室者，爲該室之出入口；在避難層以外之樓層，指通往直通樓梯之出入口，設有排煙室者，爲該室之出入口。

第一四六條之一

出口標示燈及非設於樓梯或坡道之避難方向指示燈，其標示面縱向尺度及光度依等級區分如下：

區分		標示面縱向尺度（m）	標示面光度（cd）
出口標示燈	A級	零點四以上	五十以上
	B級	零點二以上，未滿零點四	十以上
	C級	零點一以上，未滿零點二	一點五以上
避難方向指示燈	A級	零點四以上	六十以上
	B級	零點二以上，未滿零點四	十三以上
	C級	零點一以上，未滿零點二	五以上

第一四六條之二

出口標示燈及避難方向指示燈之有效範圍，指至該燈之步行距離，在下列二款之一規定步行距離以下之範圍。但有不易看清或識別該燈情形者，該有效範圍爲十公尺：

一　依下表之規定：

區分			步行距離（公尺）
出口標示燈	A級	未顯示避難方向符號者	六十
		顯示避難方向符號者	四十
	B級	未顯示避難方向符號者	三十
		顯示避難方向符號者	二十
	C級		十五
避難方向指示燈	A級		二十
	B級		十五
	C級		十

二　依下列計算值：

D＝kh

式中，D：步行距離（公尺）

h：出口標示燈或避難方向指示燈標示面之縱向尺度（公尺）

k：依下表左欄所列區分，採右欄對應之k值

區　分		k值
出口標示燈	未顯示避難方向符號者	一百五十
	顯示避難方向符號者	一百
避難方向指示燈		五十

第一四六條之三

①出口標示燈應設於下列出入口上方或其緊鄰之有效引導避難處：

一　通往戶外之出入口；設有排煙室者，爲該室之出入口。

二　通往直通樓梯之出入口；設有排煙室者，爲該室之出入口。

三　通往前二款出入口，由室內往走廊或通道之出入口。

四　通往第一款及第二款出入口，走廊或通道上所設跨防火區劃之防火門。

②避難方向指示燈，應裝設於設置場所之走廊、樓梯及通道，並符合下列規定：

一　優先設於轉彎處。

二　設於依前項第一款及第二款所設出口標示燈之有效範圍內。

三　設於前二款規定者外，把走廊或通道各部分包含在避難方向指示燈有效範圍內，必要之地點。

第一四六條之四

出口標示燈及避難方向指示燈之裝設，應符合下列規定：

一　設置位置應不妨礙通行。

二　周圍不得設有影響視線之裝潢及廣告招牌。

三　設於地板面之指示燈，應具不因荷重而破壞之強度。

四　設於可能遭受雨淋或溼氣滯留之處所者，應具防水構造。

第一四六條之五

①出口標示燈及非設於樓梯或坡道之避難方向指示燈，設於下列場所時，應使用A級或B級；出口標示燈標示面光度應在二十燭光（cd）以上，或具閃滅功能；避難方向指示燈標示面光度應在二十五燭光（cd）以上。但設於走廊，其有效範圍內各部分容易識別該燈者，不在此限：

一　供第十二條第二款第一目、第三款第三目或第五款第三目使用者。

二　供第十二條第一款第一目至第五目、第七目或第五款第一目使用，該層樓地板面積在一千平方公尺以上者。

三　供第十二條第一款第六目使用者。其出口標示燈並應採具閃滅功能，或兼具音聲引導功能者。

②前項出口標示燈具閃滅或音聲引導功能者，應符合下列規定：

一　設於主要出入口。

二　與火警自動警報設備連動。

三　由主要出入口往避難方向所設探測器動作時，該出入口之出口標示燈應停止閃滅及音聲引導。

③避難方向指示燈設於樓梯或坡道者，在樓梯級面或坡道表面之照度，應在一勒克司（lx）以上。

第一四六條之六

觀眾席引導燈之照度，在觀眾席通道地面之水平面上測得之值，在零點二勒克司（lx）以上。

第一四六條之七

①出口標示燈及避難方向指示燈，應保持不熄滅。

②出口標示燈及非設於樓梯或坡道之避難方向指示燈，與火警自動警報設備之探測器連動亮燈，且配合其設置場所使用型態採取適當亮燈方式，並符合下列規定之一者，得予減光或消燈。

一　設置場所無人期間。

二　設置位置可利用自然採光辨識出入口或避難方向期間。

三　設置在因其使用型態而特別需要較暗處所，於使用上較暗期間。

四　設置在主要供設置場所管理權人、其雇用之人或其他固定使用之人使用之處所。

③設於樓梯或坡道之避難方向指示燈，與火警自動警報設備之探測器連動亮燈，且配合其設置場所使用型態採取適當亮燈方式，並符合前項第一款或第二款規定者，得予減光或消燈。

第一四七條至第一五二條（刪除）

第一五三條

避難指標，依下列規定設置：

一　設於出入口時，裝設高度距樓地板面一點五公尺以下。

二　設於走廊或通道時，自走廊或通道任一點至指標之步行距離在七點五公尺以下。且優先設於走廊或通道之轉彎處。

三　周圍不得設有影響視線之裝潢及廣告招牌。
四　設於易見且採光良好處。

第一五四條 101

避難指標之構造，應符合CNS一〇二〇八之規定。

第一五五條

①出口標示燈及避難方向指示燈之緊急電源應使用蓄電池設備，其容量應能使其有效動作二十分鐘以上。但設於下列場所之主要避難路徑者，該容量應在六十分鐘以上，並得採蓄電池設備及緊急發電機併設方式：
一　總樓地板面積在五萬平方公尺以上。
二　高層建築物，其總樓地板面積在三萬平方公尺以上。
三　地下建築物，其總樓地板面積在一千平方公尺以上。

②前項之主要避難路徑，指符合下列規定者：
一　通往戶外之出入口；設有排煙室者，為該室之出入口。
二　通往直通樓梯之出入口；設有排煙室者，為該室之出入口。
三　通往第一款出入口之走廊或通道。
四　直通樓梯。

第一五六條

出口標示燈及避難方向指示燈之配線，依屋內線路裝置規則外，並應符合下列規定：
一　蓄電池設備集中設置時，直接連接於分路配線，不得裝置插座或開關等。
二　電源回路不得設開關。但以三線式配線使經常充電或燈具內置蓄電池設備者，不在此限。

第二節　避難器具

第一五七條 102

避難器具，依下表選擇設置之：

設置場所應設數量		地下層	第二層	第三層、第四層或第五層	第六層以上之樓層
1	第二層以上之樓層或地下層供第十二條第一款第六目、第二款第十二目使用，其收容人員在二十人（其下面樓層供第十二條第一款第一目至第五目、第七目、第二款第二目、第六目、第七目、第三款第三目或第四款所列場所使用時，應為十人）以上一百人以下時，設一具；超過一百人時，每增加（包含未滿）一百人增設一具。	避難梯	避難梯、避難橋、緩降機、救助袋、滑臺	避難橋、救助袋、滑臺	避難橋、救助袋、滑臺
2	第二層以上之樓層或地下層供第十二條第一款第三目、第二款第七目使用，其收容人員在三十人（其下面樓層供第十二條第一款第一目、第二目、第四目、第五目、第七目、第二款第二目、第六目、第七目之住宿型精神復建機構或第四款所列場所使用時，應為十人）以上一百人以下時，設一具；超過一百人時，每增加（包括未滿）一百人增設一具。	避難梯	避難梯、避難橋、避難繩索、緩降機、救助袋、滑臺、滑杆	避難梯、避難橋、緩降機、救助袋、滑臺	避難梯、避難橋、緩降機、救助袋、滑臺

3	第二層以上之樓層或地下層供第十二條第一款第一目、第二目、第四目、第五目、第七目或第二款第一目至第五目、第八目、第九目所列場所使用，其收容人員在五十人以上二百人以下時，設一具；超過二百人時，每增加二百人（包括未滿）增設一具。	避難梯	同上	同上	同上
4	第三層以上之樓層或地下層供第十二條第二款第六目、第十目或第四款所列場所使用，其收容人員在一百人以上三百人以下時，設一具；超過三百人，每增加三百人（包括未滿）增設一具。	避難梯		同上	同上
5	第十二條所列各類場所第三層（供第十二條第一款第一目至第三目所列場所使用，或供同條第五款第一目使用之二樓有第一款第一目至第三目所列場所使用時，應為二樓）以上之樓層，其直通避難層或地面之樓梯僅一座，且收容人員在十人以上一百人以下時，應設一具，超過一百人時，每增加（包括未滿）一百人增設一具。		同上	同上	同上
註：設置場所各樓層得選設之器具，除依本表規定外，亦得選設經中央主管機關認可之避難器具。					

第一五八條

各類場所之各樓層，其應設避難器具得分別依下列規定減設之：

一　前條附表1至5所列場所，符合下列規定者，其設置場所應設數量欄所列收容人員一百人、二百人及三百人，得分別以其加倍數值，重新核算其應設避難器具數：

㈠建築物主要構造為防火構造者。

㈡設有二座以上不同避難方向之安全梯者。但剪刀式樓梯視為一座。

二　設有避難橋之屋頂平臺，其直下層設有二座以上安全梯可通達，且屋頂平臺合於下列規定時，其直下層每一座避難橋可減設二具：

㈠屋頂平臺淨空間面積在一百平方公尺以上。

㈡臨屋頂平臺出入口設具半小時以上防火時效之防火門窗，且無避難逃生障礙。

㈢通往避難橋必須經過之出入口，具容易開關之構造。

三　設有架空走廊之樓層，其架空走廊合於下列規定者，該樓層每一座架空走廊可減設二具：

㈠為防火構造。

㈡架空走廊二側出入口設有能自動關閉之具一小時以上防火時效之防火門（不含防火鐵捲門）。

㈢不得供避難、通行及搬運以外之用途使用。

第一五九條 108

各類場所之各樓層符合下列規定之一者，其應設之避難器具得免設：

一　主要構造為防火構造，居室面向戶外部分，設有陽臺等有效避難設施，且該陽臺等設施設有可通往地面之樓梯或通往他棟建築物之設施。

二　主要構造為防火構造，由居室或住戶可直接通往直通樓梯，且該居室或住戶所面向之直通樓梯，設有隨時可自動關閉之甲種防火門（不含防火鐵捲門），且收容人員未滿三十人。

三　供第十二條第二款第六目、第十目或第四款所列場所使用之樓層，符合下列規定者：

㈠主要構造為防火構造。

㈡設有二座以上安全梯，且該樓層各部分均有二個以上不同避難逃生路徑能通達安全梯。

四　供第十二條第二款第一目、第二目、第五目、第八目或第九目所列場所使用之樓層，除符合前款規定外，且設有自動撒水設備或內部裝修符合建築技術規則建築設計施工篇第八十八條規定者。

五　供第十二條第一款第六目之榮譽國民之家、長期照顧服務機構（限機構住宿式、社區式之建築物使用類組非屬H-2之日間照顧、團體家屋及小規模多機能）、老人福利機構（限長期照護型、養護型、失智照顧型之長期照顧機構、安養機構）、兒童及少年福利機構（限托嬰中心、早期療育機構、有收容未滿二歲兒童之安置及教養機構）、護理機構（限一般護理之家、精神護理之家、產後護理機構）、身心障礙福利機構（限供住宿養護、日間服務、臨時及短期照顧者）場所使用之樓層，符合下列規定者：

㈠各樓層以具一小時以上防火時效之牆壁及防火設備分隔為二個以上之區劃，各區劃均以走廊連接安全梯，或分別連接不同安全梯。

㈡裝修材料以耐燃一級材料裝修。

㈢設有火警自動警報設備及自動撒水設備（含同等以上效能之滅火設備）。

第一六〇條 102

第一百五十七條表列收容人員之計算，依下表規定：

	各類場所	收容人員計算方式
1	電影片映演場所（戲院、電影院）、歌廳、集會堂、體育館、活動中心	其收容人員人數，為下列各款合計之數額： 一、從業員工數。 二、各觀眾席部分以下列數額合計之。 ㈠設固定席位部分以該部分座椅數計之。如為連續式席位，為該座椅正面寬度除零點四公尺所得之數（未滿一之零數不計）。 ㈡設立位部分以該部分樓地板面積除零點二平方公尺所得之數。 ㈢其他部分以該部分樓地板面積除零點五平方公尺所得之數。
2	遊藝場所、電子遊戲場、資訊休閒場所	其收容人員人數，為下列各款合計之數額： 一、從業員工數。 二、遊樂用機械器具能供進行遊樂之人數。 三、供觀覽、飲食或休息使用設固定席位者，以該座椅數計之。如為連續式席位，為該座椅正面寬度除零點五公尺所得之數（未滿一之零數不計）。
3	舞廳、舞場、夜總會、俱樂部、酒家、酒吧、酒店（廊）、理容院、指壓按摩場所、節目錄影帶播映場所、視聽歌唱場	其收容人員人數，為下列各款合計之數額： 一、從業員工數。 二、各客人座席部分以下列數額合計之： ㈠設固定席位部分，以該部分座椅數計之。如為連續式席位，為該座椅正面寬度除零點五公尺所得之數（未滿一之零數不計）。

	所、保齡球館、室內溜冰場、撞球場、健身休閒中心（含提供指壓、三溫暖等設施之美容瘦身場所）、室內螢幕式高爾夫練習場、餐廳、飲食店、咖啡廳、茶藝館及其他類似場所	(二)其他部分以該部分樓地板面積除三平方公尺所得之數。 三、保齡球館之球場以附屬於球道之座椅數為準。 四、視聽歌唱場所之包廂，以其固定座椅數及麥克風數之合計為準。
4	商場、市場、百貨商場、超級市場、零售市場、展覽場	其收容人員人數，為下列各款合計之數額： 一、從業員工數。 二、供從業人員以外者使用部分，以下列數額合計： (一)供飲食或休息用部分，以該部分樓地板面積除三平方公尺所得之數。 (二)其他部分以該部分樓地板面積除四平方公尺所得之數。 三、百貨商場之櫥窗部分，應列為其他部分核算。
5	觀光飯店、飯店、旅館、招待所（限有寢室客房者）	其收容人員人數，為下列各款合計之數額： 一、從業員工數。 二、各客房部分，以下列數額合計： (一)西式客房之床位數。 (二)日式客房以該房間之樓地板面積除六平方公尺（以團體為主之宿所，應為三平方公尺）所得之數。 三、供集會、飲食或休息用部分，以下列數額合計： (一)設固定席位部分，以該座椅數計之。如為連續式席位，為該座椅正面寬度除零點五公尺所得之數（未滿一之零數不計）。 (二)其他部分以該部分樓地板面積除三平方公尺所得之數。
6	集合住宅、寄宿舍	合計其居住人數，每戶以三人計算。
7	醫療機構（醫院、診所）、療養院	其收容人員人數，為下列各款合計之數額： 一、從業員工數。 二、病房內病床數。 三、各候診室之樓地板面積和除三平方公尺所得之數。 四、醫院等場所育嬰室之嬰兒，應列為收容人員計算。
8	長期照顧機構（長期照護型、養護型、失智照顧型）、安養機構、老人服務機構（限供日間照顧、臨時照顧、短期保護及安置使用者）、兒童福利設施、幼兒園、托嬰中心、護理之家機構、產後護理機構	從業員工數與老人、幼兒、身體障礙者、精神耗弱者及其他需保護者之人數合計之。

9	學校、啓明、啓聰、啓智等特殊學校、補習班、訓練班、兒童與少年福利機構、K書中心、安親（才藝）班	教職員工數與學生數合計之。
10	圖書館、博物館、美術館、紀念館、史蹟資料館及其他類似場所	從業員工數與閱覽室、展示室、展覽室、會議室及休息室之樓地板面積和除三平方公尺所得之數，合計之。
11	三溫暖、公共浴室	從業員工數與供浴室、更衣室、按摩室及休息室之樓地板面積和除三平方公尺所得之數，合計之。
12	寺廟、宗祠、教堂、供存放骨灰（骸）之納骨堂（塔）及其他類似場所	神職人員及其他從業員工數與供禮拜、集會或休息用部分之樓地板面積和除三平方公尺所得之數，合計之。
13	車站、候機室、室內停車場、室內停車空間、電影攝影場、電視播送場、倉庫、傢俱展示販售場等工作場所	從業員工數之合計。
14	其他場所	從業員工數與供從業員以外者所使用部分之樓地板面積和除三平方公尺所得之數，合計之。

註：
一、收容人數之計算應以樓層爲單位。
二、依「複合用途建築物判斷基準」判定該場所不同用途，在管理及使用型態上，構成從屬於主用途時，以主用途來核算其收容人數。
三、從業員工數之計算，依下列規定：
㈠從業員工，不分正式或臨時，以平時最多服勤人數計算。但雇用人員屬短期、臨時性質者，得免計入。
㈡勤務制度採輪班制時，以服勤人員最多時段之從業員工數計算。但交班時，不同時段從業員工重複在勤時，該重複時段之從業員工數不列入計算。
㈢外勤員工有固定桌椅者，應計入從業員工數。
四、計算收容人員之樓地板面積，依下列規定：
㈠樓地板面積除單位面積所得之數，未滿一之零數不計。
㈡走廊、樓梯及廁所，原則上不列入計算收容人員之樓地板面積。
五、固定席位，指構造上固定，或設在一定場所固定使用且不易移動者。下列情形均應視爲固定席位：
㈠沙發等座椅。
㈡座椅相互連接者。
㈢平時在同一場所，固定使用，且不易移動之座椅。

第一六一條

避難器具，依下列規定裝設：

一　設在避難時易於接近處。
二　與安全梯等避難逃生設施保持適當距離。
三　供避難器具使用之開口部，具有安全之構造。
四　避難器具平時裝設於開口部或必要時能迅即裝設於該開口部。
五　設置避難器具（滑杆、避難繩索及避難橋除外）之開口部，上下層應交錯配置，不得在同一垂直線上。但在避難上無障礙者不在此限。

第一六二條

避難器具，依下表規定，於開口部保有必要開口面積：

種類	開口面積
緩降機、避難梯、避難繩索及滑杆	高八十公分以上，寬五十公分以上或高一百公分以上，寬四十五公分以上。
救助袋	高六十公分以上，寬六十公分以上。
滑臺	高八十公分以上，寬為滑臺最大寬度以上。
避難橋	高一百八十公分以上，寬為避難橋最大寬度以上。

第一六三條

避難器具，依下表規定，於設置周圍無操作障礙，並保有必要操作面積：

種類	操作面積
緩降機、避難梯、避難繩索及滑杆	零點五平方公尺以上（不含避難器具所占面積），但邊長應為六十公分以上。
救助袋	寬一百五十公分以上，長一百五十公分以上（含器具所占面積）。但無操作障礙，且操作面積在二點二五平方公尺以上時，不在此限。 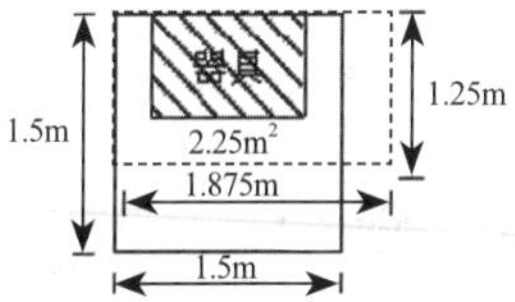
滑臺、避難橋	依避難器具大小及形狀留置之。

第一六四條

避難器具，依下表規定，於開口部與地面之間保有必要下降空間：

種類	下降空間
緩降機	以器具中心半徑零點五公尺圓柱形範圍內。但突出物在十公分以內，且無避難障礙者，或超過十公分時，能採取不損繩索措施者，該突出物得在下降空間範圍內。 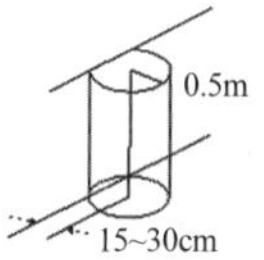
避難梯	自避難梯二側豎桿中心線向外二十公分以上及其前方六十五公分以上之範圍內。 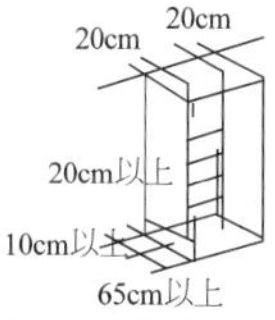

避難繩索及滑杆	無避難障礙之空間。
救助袋（斜降式）	救助袋下方及側面，在上端二十五度，下端三十五度方向依下圖所圍範圍內。但沿牆面使用時，牆面側不在此限。 救助袋（斜線部分） L=0.2H 25° H 35° L(m) 25° 1.0m 1.0m 35° 1.0m 1.0m
救助袋（直降式）	一、救助袋與牆壁之間隔為三十公分以上。但外牆有突出物，且突出物距救助袋支固器具裝設處在三公尺以上時，應距突出物前端五十公分以上。 二、以救助袋中心，半徑一公尺圓柱形範圍內。 1m 30cm以上 H H：依器具之構造及長度而定
滑臺	滑面上方一公尺以上及滑臺兩端向外二十公分以上所圍範圍內。 20cm 20cm 1m 滑行面
避難橋	避難橋之寬度以上及橋面上方二公尺以上所圍範圍內。

第一六五條

避難器具依下表規定，於下降空間下方保有必要下降空地：

種類	下降空間
緩降機	下降空間之投影面積。 50cm 15~30cm
避難梯	下降空間之投影面積。 20cm 20cm 10cm以上 A 65cm以上 A：表避難梯之寬度
避難繩索及滑杆	無避難障礙之空地。
救助袋（斜降式）	救助袋最下端起二點五公尺及其中心線左右一公尺以上所圍範圍。 下降空地 2.5m 1m 1m
救助袋（直降式）	下降空間之投影面積。 30cm以上 1m

滑臺	滑臺前端起一點五公尺及其中心線左右零點五公尺所圍範圍。
避難橋	無避難障礙之空地。

第一六六條

設置避難器具時，依下表標示其設置位置、使用方法並設置指標：

避難器具標示種類	設置處所	尺寸	顏色	標示方法
設置位置	避難器具或其附近明顯易見處。	長三十六公分以上、寬十二公分以上。	白底黑字	字樣爲「避難器具」，每字五平方公分以上。但避難梯等較普及之用語，得直接使用其名稱爲字樣。
使用方法		長六十公分以上、寬三十公分以上。		標示易懂之使用方法，每字一平方公分以上。
避難器具指標	通往設置位置之走廊、通道及居室之入口。	長三十六公分以上、寬十二公分以上。		字樣爲「避難器具」，每字五平方公分以上。

第一六七條 101

緩降機應依下列規定設置：

一　緩降機之設置，在下降時，所使用繩子應避免與使用場所牆面或突出物接觸。

二　緩降機所使用繩子之長度，以其裝置位置至地面或其他下降地點之等距離長度爲準。

三　緩降機支固器具之裝置，依下列規定：

㈠設在使用場所之柱、地板、樑或其他構造上較堅固及容易裝設場所。

㈡以螺栓、熔接或其他堅固方法裝置。

第一六八條

滑臺，依下列規定設置：

一　安裝在使用場所之柱、地板、樑或其他構造上較堅固或加強部分。

二　以螺栓、埋入、熔接或其他堅固方法裝置。

三　設計上無使用障礙，且下降時保持一定之安全速度。

四　有防止掉落之適當措施。

五　滑臺之構造、材質、強度及標示符合CNS一三二三一之規定。

第一六九條

避難橋，依下列規定設置：

一　裝置在使用場所之柱、地板或其他構造上較堅固或加強部分。

二　一邊以螺栓、熔接或其他堅固方法裝置。

三　避難橋之構造、材質、強度及標示符合CNS一三二三一之規定。

第一七〇條

救助袋依下列規定設置：

一　救助袋之長度應無避難上之障礙，且保持一定之安全下滑速度。
二　裝置在使用場所之柱、地板、樑或其他構造上堅固或加強部分。
三　救助袋支固器具以螺栓、熔接或其他堅固方法裝置。

第一七一條 101

避難梯依下列規定設置：

一　固定梯及固定式不銹鋼爬梯（直接嵌於建築物牆、柱等構造，不可移動或收納者）應符合下列規定：
㈠裝置在使用場所之柱、地板、樑或其他構造上較堅固或加強部分。
㈡以螺栓、埋入、熔接或其他堅固方法裝置。
㈢橫桿與使用場所牆面保持十公分以上之距離。
二　第四層以上之樓層設避難梯時，應設固定梯，並合於下列規定：
㈠設於陽臺等具安全且容易避難逃生構造處，其樓地板面積至少二平方公尺，並附設能內接直徑六十公分以上之逃生孔。
㈡固定梯之逃生孔應上下層交錯配置，不得在同一直線上。
三　懸吊型梯應符合下列規定：
㈠懸吊型梯固定架設在使用場所之柱、地板、樑或其他構造上較堅固及容易裝設處所。但懸吊型固定梯能直接懸掛於堅固之窗臺等處所時，得免設固定架。
㈡懸吊型梯橫桿在使用時，與使用場所牆面保持十公分以上之距離。

第一七二條

滑杆及避難繩索，依下列規定設置：

一　長度以其裝置位置至地面或其他下降地點之等距離長度爲準。
二　滑杆上端與下端應能固定。
三　固定架，依前條第三款第一目之規定設置。

第一七三條

供緩降機或救助袋使用之支固器具及供懸吊型梯、滑杆或避難繩索使用之固定架，應使用符合CNS二四七三、四四三五規定或具有同等以上強度及耐久性之材料，並應施予耐腐蝕加工處理。

第一七四條

固定架或支固器具使用螺栓固定時，依下列規定：

一　使用錨定螺栓。
二　螺栓埋入混凝土內不含灰漿部分之深度及轉矩值，依下表規定。

螺紋標稱	埋入深度（mm）	轉矩值（kgf-cm）
M10×1.5	四十五以上	一百五十至二百五十
M12×1.75	六十以上	三百至四百五十
M16×2	七十以上	六百至八百五十

第三節　緊急照明設備

第一七五條 101

緊急照明燈之構造，依下列規定設置：

一　白熾燈爲雙重繞燈絲燈泡，其燈座爲瓷製或與瓷質同等以上之耐熱絕緣材料製成者。
二　日光燈爲瞬時起動型，其燈座爲耐熱絕緣樹脂製成者。
三　水銀燈爲高壓瞬時點燈型，其燈座爲瓷製或與瓷質同等以上之耐熱絕緣材料製成者。

四　其他光源具有與前三款同等耐熱絕緣性及瞬時點燈之特性，經中央主管機關核准者。

五　放電燈之安定器，裝設於耐熱性外箱。

第一七六條

緊急照明設備除內置蓄電池式外，其配線依下列規定：

一　照明器具直接連接於分路配線，不得裝置插座或開關等。

二　緊急照明燈之電源回路，其配線依第二百三十五條規定施予耐燃保護。但天花板及其底材使用不燃材料時，得施予耐熱保護。

第一七七條

①緊急照明設備應連接緊急電源。

②前項緊急電源應使用蓄電池設備，其容量應能使其持續動作三十分鐘以上。但採蓄電池設備與緊急發電機併設方式時，其容量應能使其持續動作分別爲十分鐘及三十分鐘以上。

第一七八條

緊急照明燈在地面之水平面照度，使用低照度測定用光電管照度計測得之値，在地下建築物之地下通道，其地板面應在十勒克司（Lux）以上，其他場所應在二勒克司（Lux）以上。但在走廊曲折點處，應增設緊急照明燈。

第一七九條

下列處所得免設緊急照明設備：

一　在避難層，由居室任一點至通往屋外出口之步行距離在三十公尺以下之居室。

二　具有效採光，且直接面向室外之通道或走廊。

三　集合住宅之居室。

四　保齡球館球道以防煙區劃之部分。

五　工作場所中，設有固定機械或裝置之部分。

六　洗手間、浴室、盥洗室、儲藏室或機械室。

第四章　消防搶救上之必要設施

第一節　連結送水管

第一八〇條 101

出水口及送水口，依下列規定設置：

一　出水口設於地下建築物各層或建築物第三層以上各層樓梯間或緊急升降機間等（含該處五公尺以內之處所）消防人員易於施行救火之位置，且各層任一點至出水口之水平距離在五十公尺以下。

二　出水口爲雙口形，接裝口徑六十三毫米快速接頭，距樓地板面之高度在零點五公尺以上一點五公尺以下，並設於厚度在一點六毫米以上之鋼板或同等性能以上之不燃材料製箱內，其箱面短邊在四十公分以上，長邊在五十公分以上，並標明出水口字樣，每字在二十平方公分以上。但設於第十層以下之樓層，得用單口形。

三　在屋頂上適當位置至少設置一個測試用出水口。

四　送水口設於消防車易於接近，且無送水障礙處，其數量在立管數以上。

五　送水口爲雙口形，接裝口徑六十三毫米陰式快速接頭，距基地地面之高度在一公尺以下零點五公尺以上，且標明連結送水管送水口字樣。

六　送水口在其附近便於檢查確認處，裝設逆止閥及止水閥。

第一八一條 101

配管，依下列規定設置：

一　應爲專用，其立管管徑在一百毫米以上。但建築物高度在五十公尺以下時，得與室內消防栓共用立管，其管徑在一百毫米以上，支管管徑在六十五毫米以上。

二　符合CNS六四四五、四六二六規定或具有同等以上強度、耐腐蝕性及耐熱性者。但其送水設計壓力逾每平方公分十公斤時，應使用符合CNS四六二六管號Sch40以上或具有同等以上強度、耐腐蝕性及耐熱性之配管。

三　同一建築物內裝置二支以上立管時，立管間以橫管連通。

四　管徑依水力計算配置之。

五　能承受送水設計壓力一點五倍以上之水壓，且持續三十分鐘。但設有中繼幫浦時，幫浦二次側配管，應能承受幫浦全閉揚程一點五倍以上之水壓。

第一八二條 101

①十一層以上之樓層，各層應於距出水口五公尺範圍內設置水帶箱，箱內備有直線水霧兩用瞄子一具，長二十公尺水帶二條以上，且具有足夠裝置水帶及瞄子之深度，其箱面表面積應在零點八平方公尺以上，並標明水帶箱字樣，每字應在二十平方公分以上。

②前項水帶箱之材質應為厚度在一點六毫米以上之鋼板或同等性能以上之不燃材料。

第一八三條 101

建築物高度超過六十公尺者，連結送水管應採用濕式，其中繼幫浦，依下列規定設置：

一　中繼幫浦全揚程在下列計算值以上：

全揚程＝消防水帶摩擦損失水頭＋配管摩擦損失水頭＋落差＋放水壓力

$H=h_1+h_2+h_3+60m$

二　中繼幫浦出水量在每分鐘二千四百公升以上。

三　於送水口附近設手動啟動裝置及紅色啟動表示燈。但設有能由防災中心遙控啟動，且送水口與防災中心間設有通話裝置者，得免設。

四　中繼幫浦一次側設出水口、止水閥及壓力調整閥，並附設旁通管，二次側設逆止閥、止水閥及送水口或出水口。

五　屋頂水箱有零點五立方公尺以上容量，中繼水箱有二點五立方公尺以上。

六　進水側配管及出水側配管間設旁通管，並於旁通管設逆止閥。

七　全閉揚程與押入揚程合計在一百七十公尺以上時，增設幫浦使串聯運轉。

八　設置中繼幫浦之機械室及連結送水管送水口處，設有能與防災中心通話之裝置。

九　中繼幫浦放水測試時，應從送水口以送水設計壓力送水，並以口徑二十一毫米瞄子在最頂層測試，其放水壓力在每平方公分六公斤以上或0.6MPa以上，且放水量在每分鐘六百公升以上，送水設計壓力，依下圖標明於送水口附近明顯易見處。

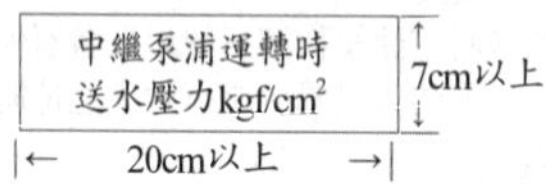

第一八四條

送水設計壓力，依下列規定計算：

一　送水設計壓力在下列計算值以上：

送水設計壓力＝配管摩擦損失水頭＋消防水帶摩擦損失水頭＋落差＋放水壓力

$H=h_1+h_2+h_3+60m$

二　消防水帶摩擦損失水頭為四公尺。

三　立管水量，最上層與其直下層間為每分鐘一千二百公升，其他樓層為每分鐘二千四百公升。

四　每一線瞄子支管之水量為每分鐘六百公升。

第二節　消防專用蓄水池

第一八五條 101

①消防專用蓄水池，依下列規定設置：

一　蓄水池有效水量應符合下列規定設置：

㈠依第二十七條第一款及第三款設置者，其第一層及第二層樓地板面積合計後，每七千五百平方公尺（包括未滿）設置二十立方公尺以上。

㈡依第二十七條第二款設置者，其總樓地板面積每一萬二千五百平方公尺（包括未滿）設置二十立方公尺以上。

二　任一消防專用蓄水池至建築物各部分之水平距離在一百公尺以下，且其有效水量在二十立方公尺以上。

三　設於消防車能接近至其二公尺範圍內，易於抽取處。

四　有進水管投入後，能有效抽取所需水量之構造。

五　依下列規定設置投入孔或採水口。

㈠投入孔爲邊長六十公分以上之正方形或直徑六十公分以上之圓孔，並設鐵蓋保護之。水量未滿八十立方公尺者，設一個以上；八十立方公尺以上者，設二個以上。

㈡採水口爲口徑七十五毫米，並接裝陰式螺牙。水量二十立方公尺以上，設一個以上；四十立方公尺以上至一百二十立方公尺未滿，設二個以上；一百二十立方公尺以上，設三個以上。採水口配管口徑至少八十毫米以上，距離基地地面之高度在一公尺以下零點五公尺以上。

②前項有效水量，指蓄水池深度在基地地面下四點五公尺範圍內之水量。但採機械方式引水時，不在此限。

第一八六條 101

消防專用蓄水池採機械方式引水時，除依前條第一項第一款及第二款後段規定外，任一採水口至建築物各部分之水平距離在一百公尺以下，並依下列規定設置加壓送水裝置及採水口：

一　加壓送水裝置出水量及採水口數，符合下表之規定。

水量（m^3）	出水量（l/min）	採水口數（個）
二十	一千一百	一
四十以上 一百二十未滿	二千二百	二
一百二十以上	三千三百	三

二　加壓送水裝置幫浦全揚程在下列計算方式之計算值以上：

全揚程＝落差＋配管摩擦損失水頭＋15m

$H = h_1 + h_2 + 15m$

三　加壓送水裝置應於採水口附近設啓動裝置及紅色啓動表示燈。但設有能由防災中心遙控啓動，且採水口與防災中心間設有通話連絡裝置者，不在此限。

四　採水口接裝六十三毫米陽式快接頭，距離基地地面之高度在一公尺以下零點五公尺以上。

第一八七條

消防專用蓄水池之標示，依下列規定設置：

一　進水管投入孔標明消防專用蓄水池字樣。

二　採水口標明採水口或消防專用蓄水池採水口字樣。

第三節　排煙設備

第一八八條 101

①第二十八條第一項第一款至第四款排煙設備，依下列規定設置：

一　每層樓地板面積每五百平方公尺內，以防煙壁區劃。但戲院、電影院、歌廳、集會堂等場所觀衆席，及工廠等類似建築物，其天花板高度在五公尺以上，且天花板及室內牆面以耐燃一級材料裝修者，不在此限。

二　地下建築物之地下通道每三百平方公尺應以防煙壁區劃。

三　依第一款、第二款區劃（以下稱爲防煙區劃）之範圍內，任一位置至排煙口之水平距離在三十公尺以下，排煙口設於天花板或其下方八十公分範圍內，除直接面向戶外，應與排煙風管連接。但排煙口設在天花板下方，防煙壁下垂高度未達八十公分時，排煙口應設在該防煙壁之下垂高度內。

四　排煙設備之排煙口、風管及其他與煙接觸部分應使用不燃材料。

五　排煙風管貫穿防火區劃時，應在貫穿處設防火閘門；該風管與貫穿部位合成之構造應具所貫穿構造之防火時效；其跨樓層設置時，立管應置於防火區劃之管道間。但設置之風管具防火性能並經中央主管機關審核認可，該風管與貫穿部位合成之構造具所貫穿構造之防火時效者，不在此限。

六　排煙口設手動開關裝置及探測器連動自動開關裝置；以該等裝置或遠隔操作開關裝置開啓，平時保持關閉狀態，開口葉片之構造應不受開啓時所生氣流之影響而關閉。手動開關裝置用手操作部分應設於距離樓地板面八十公分以上一百五十公分以下之牆面，裝置於天花板時，應設操作垂鍊或垂桿在距離樓地板一百八十公分之位置，並標示簡易之操作方式。

七　排煙口之開口面積在防煙區劃面積之百分之二以上，且以自然方式直接排至戶外。排煙口無法以自然方式直接排至戶外時，應設排煙機。

八　排煙機應隨任一排煙口之開啓而動作。排煙機之排煙量在每分鐘一百二十立方公尺以上；且在一防煙區劃時，在該防煙區劃面積每平方公尺每分鐘一立方公尺以上；在二區以上之防煙區劃時，在最大防煙區劃面積每平方公尺每分鐘二立方公尺以上。但地下建築物之地下通道，其總排煙量應在每分鐘六百立方公尺以上。

九　連接緊急電源，其供電容量應供其有效動作三十分鐘以上。

十　排煙口直接面向戶外且常時開啓者，得不受第六款及前款之限制。

②前項之防煙壁，指以不燃材料建造，自天花板下垂五十公分以上之垂壁或具有同等以上阻止煙流動構造者。但地下建築物之地下通道，防煙壁應自天花板下垂八十公分以上。

第一八九條 102

特別安全梯或緊急昇降機間排煙室之排煙設備，依下列規定選擇設置：

一　設置直接面向戶外之窗戶時，應符合下列規定：

㈠在排煙時窗戶與煙接觸部分使用不燃材料。

㈡窗戶有效開口面積位於天花板高度二分之一以上之範圍內。

㈢窗戶之有效開口面積在二平方公尺以上。但特別安全梯排煙室與緊急昇降機間兼用時（以下簡稱兼用），應在三平方公尺以上。

㈣前目平時關閉之窗戶設手動開關裝置，其操作部分設於距離樓地板面八十公分以上一百五十公分以下之牆面，並標示簡易之操作方式。

二　設置排煙、進風風管時，應符合下列規定：

㈠排煙設備之排煙口、排煙風管、進風口、進風風管及其他與煙接觸部分應使用不燃材料。

㈡排煙、進風風管貫穿防火區劃時，應在貫穿處設防火閘門；該風管與貫穿部位合成之構造應具所貫穿構造之防火時效；其跨樓層設置時，立管應置於防火區劃之管道間。但設置之風管具防火性能並經中央主管機關認可，該風管與貫穿部位合成之構造具所貫穿構造之防火時效者，不在此限。

㈢排煙口位於天花板高度二分之一以上之範圍內，與直接連通戶外之排煙風管連接，該風管並連接排煙機。進風口位於天花板高度二分之一以下之範圍內；其直接面向戶外，開口面積在一平方公尺（兼用時，為一點五平方公尺）以上；或與直接連通戶外之進風風管連接，該風管並連接進風機。

㈣排煙機、進風機之排煙量、進風量在每秒四立方公尺（兼用時，每秒六立方公尺）以上，且可隨排煙口、進風口開啟而自動啟動。

㈤進風口、排煙口依前款第四目設手動開關裝置及探測器連動自動開關裝置；除以該等裝置或遠隔操作開關裝置開啟外，平時保持關閉狀態，開口葉片之構造應不受開啟時所生氣流之影響而關閉。

㈥排煙口、進風口、排煙機及進風機連接緊急電源，其供電容量應供其有效動作三十分鐘以上。

第一九〇條 101

①下列處所得免設排煙設備：

一　建築物在第十層以下之各樓層（地下層除外），其非居室部分，符合下列規定之一者：

㈠天花板及室內牆面，以耐燃一級材料裝修，且除面向室外之開口外，以半小時以上防火時效之防火門窗等防火設備區劃者。

㈡樓地板面積每一百平方公尺以下，以防煙壁區劃者。

二　建築物在第十層以下之各樓層（地下層除外），其居室部分，符合下列規定之一者：

㈠樓地板面積每一百平方公尺以下，以具一小時以上防火時效之牆壁、防火門窗等防火設備及各該樓層防火構造之樓地板形成區劃，且天花板及室內牆面，以耐燃一級材料裝修者。

㈡樓地板面積在一百平方公尺以下，天花板及室內牆面，且包括其底材，均以耐燃一級材料裝修者。

三　建築物在第十一層以上之各樓層、地下層或地下建築物（地下層或地下建築物之甲類場所除外），樓地板面積每一百平方公尺以下，以具一小時以上防火時效之牆壁、防火門窗等防火設備及各該樓層防火構造之樓地板形成區劃間隔，且天花板及室內牆面，以耐燃一級材料裝修者。

四　樓梯間、昇降機昇降路、管道間、儲藏室、洗手間、廁所及其他類似部分。

五　設有二氧化碳或乾粉等自動滅火設備之場所。

六　機器製造工廠、儲放不燃性物品倉庫及其他類似用途建築物，且主要構造為不燃材料建造者。

七　集合住宅、學校教室、學校活動中心、體育館、室內溜冰場、室內游泳池。

八　其他經中央主管機關核定之場所。

②前項第一款第一目之防火門窗等防火設備應具半小時以上之阻熱性，第二款第一目及第三款之防火門窗等防火設備應具一小時以上之阻熱性。

第四節　緊急電源插座

第一九一條 101

緊急電源插座，依下列規定設置：

一　緊急電源插座裝設於樓梯間或緊急昇降機間等（含各該處五公尺以內之場所）消防人員易於施行救火處，且每一層任何一處至插座之水平距離在五十公尺以下。

二　緊急電源插座之電流供應容量為交流單相一百一十伏特（或一百二十伏特）十五安培，其容量約為一點五瓩以上。

三　緊急電源插座之規範，依下圖規定。

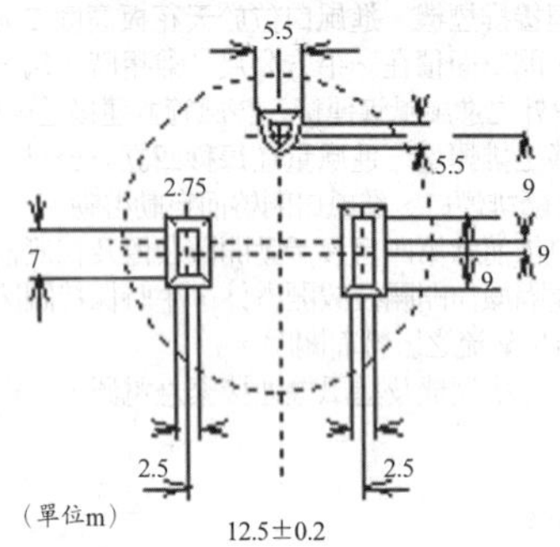

單相125伏特15安培特區

四　緊急電源插座爲接地型，裝設高度距離樓地板一公尺以上一點五公尺以下，且裝設二個於符合下列規定之崁裝式保護箱：

㈠保護箱長邊及短邊分別爲二十五公分及二十公分以上。

㈡保護箱爲厚度在一點六毫米以上之鋼板或具同等性能以上之不燃材料製。

㈢保護箱內有防止插頭脫落之適當裝置（L型或C型護鉤）。

㈣保護箱蓋爲易於開閉之構造。

㈤保護箱須接地。

㈥保護箱蓋標示緊急電源插座字樣，每字在二平方公分以上。

㈦保護箱與室內消防栓箱等併設時，須設於上方且保護箱蓋須能另外開啓。

五　緊急電源插座在保護箱上方設紅色表示燈。

六　應從主配電盤設專用回路，各層至少設二回路以上之供電線路，且每一回路之連接插座數在十個以下（每回路電線容量在二個插座同時使用之容量以上）。

七　前款之專用回路不得設漏電斷路器。

八　各插座設容量一百一十伏特、十五安培以上之無熔絲斷路器。

九　緊急用電源插座連接至緊急供電系統。

第五節　無線電通信輔助設備

第一九二條 101

無線電通信輔助設備，依下列規定設置：

一　無線電通信輔助設備使用洩波同軸電纜，該電纜適合傳送或輻射一百五十百萬赫（MHz）或中央主管機關指定之周波數。

二　洩波同軸電纜之標稱阻抗爲五十歐姆。

三　洩波同軸電纜經耐燃處理。

四　分配器、混合器、分波器及其他類似器具，應使用介入衰耗少，且接頭部分有適當防水措施者。

五　設增幅器時，該增幅器之緊急電源，應使用蓄電池設備，其能量能使其有效動作三十分鐘以上。

六　無線電之接頭應符合下列規定：

㈠設於地面消防人員便於取用處及值日室等平時有人之處所。

㈡前目設於地面之接頭數量，在任一出入口與其他出入口之步行距離大於三百公尺時，設置二個以上。

㈢設於距樓地板面或基地地面高度零點八公尺至一點五公尺間。

㈣裝設於保護箱內，箱內設長度二公尺以上之射頻電纜，保護箱應構造堅固，有防水及防塵措施，其箱面應漆紅色，並標明消防隊專用無線電接頭字樣。

第四編　公共危險物品等場所消防設計及消防安全設備

第一章　消防設計

第一九三條

適用本編規定之場所（以下簡稱公共危險物品等場所）如下：

一　公共危險物品及可燃性高壓氣體設置標準暨安全管理辦法規定之場所。

二　加油站。

三　加氣站。

四　天然氣儲槽及可燃性高壓氣體儲槽。

五　爆竹煙火製造、儲存及販賣場所。

第一九四條

顯著滅火困難場所，指公共危險物品等場所符合下列規定之一者：

一　公共危險物品製造場所或一般處理場所符合下列規定之一：

㈠總樓地板面積在一千平方公尺以上。

㈡公共危險物品數量達管制量一百倍以上。但第一類公共危險物品之氯酸鹽類、過氯酸鹽類、硝酸鹽類、第二類公共危險物品之硫磺、鐵粉、金屬粉、鎂、第五類公共危險物品之硝酸酯類、硝基化合物或高閃火點物品其操作溫度未滿攝氏一百度者，不在此限。

㈢製造或處理設備高於地面六公尺以上。但高閃火點物品其操作溫度未滿攝氏一百度者，不在此限。

㈣建築物除供一般處理場所使用以外，尚有其他用途。但以無開口且具一小時以上防火時效之牆壁、樓地板區劃分隔者，或處理高閃火點物品其操作溫度未滿攝氏一百度者，不在此限。

二　室內儲存場所符合下列規定之一：

㈠儲存公共危險物品達管制量一百五十倍以上。但第一類公共危險物品之氯酸鹽類、過氯酸鹽類、硝酸鹽類、第二類公共危險物品之硫磺、鐵粉、金屬粉、鎂、第五類公共危險物品之硝酸酯類、硝基化合物或高閃火點物品者，不在此限。

㈡儲存第一類、第三類、第五類或第六類公共危險物品，其總樓地板面積在一百五十平方公尺以上。但每一百五十平方公尺內，以無開口且具半小時以上防火時效之牆壁、樓地板區劃分隔者，不在此限。

㈢儲存第二類公共危險物品之易燃性固體或第四類公共危險物品閃火點未滿攝氏七十度，其總樓地板面積在一百五十平方公尺以上。但每一百五十平方公尺內，以無開口且具一小時以上防火時效之牆壁、樓地板區劃分隔者，不在此限。

㈣儲存第一類、第三類、第五類或第六類公共危險物品，其建築物除供室內儲存場所使用以外，尚有其他用途。但以無開口且具一小時以上防火時效之牆壁、樓地板區劃分隔者，不在此限。

㈤儲存第二類公共危險物品之易燃性固體或第四類公共危險物品閃火點未滿攝氏七十度，其建築物除供室內儲存場所使用以外，尚有其他用途。但以無開口且具一小時以上防火時效之牆壁、樓地板區劃分隔者，不在此限。

㈥高度在六公尺以上之一層建築物。

三　室外儲存場所儲存塊狀硫磺，其面積在一百平方公尺以上。

四　室內儲槽場所符合下列規定之一。但儲存高閃火點物品或第六類公共危險物品，其操作溫度未滿攝氏一百度者，不在此限：
㈠儲槽儲存液體表面積在四十平方公尺以上。
㈡儲槽高度在六公尺以上。
㈢儲存閃火點在攝氏四十度以上未滿攝氏七十度之公共危險物品，其儲槽專用室設於一層以外之建築物。但以無開口且具一小時以上防火時效之牆壁、樓地板區劃分隔者，不在此限。
五　室外儲槽場所符合下列規定之一。但儲存高閃火點物品或第六類公共危險物品，其操作溫度未滿攝氏一百度者，不在此限：
㈠儲槽儲存液體表面積在四十平方公尺以上。
㈡儲槽高度在六公尺以上。
㈢儲存固體公共危險物品，其儲存數量達管制量一百倍以上。
六　室內加油站一面開放且其上方樓層供其他用途使用。

第一九五條

一般滅火困難場所，指公共危險物品等場所符合下列規定之一者：
一　公共危險物品製造場所或一般處理場所符合下列規定之一：
㈠總樓地板面積在六百平方公尺以上未滿一千平方公尺。
㈡公共危險物品數量達管制量十倍以上未滿一百倍。但處理第一類公共危險物品之氯酸鹽類、過氯酸鹽類、硝酸鹽類、第二類公共危險物品之硫磺、鐵粉、金屬粉、鎂、第五類公共危險物品之硝酸酯類、硝基化合物或高閃火點物品，其操作溫度未達攝氏一百度者，不在此限。
㈢未達前條第一款規定，而供作噴漆塗裝、淬火、鍋爐或油壓裝置作業場所。但儲存高閃火點物品或第六類公共危險物品，其操作溫度未滿攝氏一百度者，不在此限。
二　室內儲存場所符合下列規定之一：
㈠一層建築物以外。
㈡儲存公共危險物品數量達管制量十倍以上未滿一百五十倍。但儲存第一類公共危險物品之氯酸鹽類、過氯酸鹽類、硝酸鹽類、第二類公共危險物品之硫磺、鐵粉、金屬粉、鎂、第五類公共危險物品之硝酸酯類、硝基化合物或高閃火點物品者，不在此限。
㈢總樓地板面積在一百五十平方公尺以上。
三　室外儲存場所符合下列規定之一：
㈠儲存塊狀硫磺，其面積在五平方公尺以上，未滿一百平方公尺。
㈡儲存公共危險物品管制量在一百倍以上。但其爲塊狀硫磺或高閃火點物品者，不在此限。
四　室內儲槽場所或室外儲槽場所未達顯著滅火困難場所規定。但儲存第六類公共危險物品或高閃火點物品者，不在此限。
五　第二種販賣場所。
六　室內加油站未達顯著滅火困難場所。

第一九六條

其他滅火困難場所，指室外加油站、未達顯著滅火困難場所或一般滅火困難場所者。

第一九七條

①公共危險物品等場所之滅火設備分類如下：
一　第一種滅火設備：指室內或室外消防栓設備。
二　第二種滅火設備：指自動撒水設備。
三　第三種滅火設備：指水霧、泡沫、二氧化碳或乾粉滅火設備。

四　第四種滅火設備：指大型滅火器。

五　第五種滅火設備：指滅火器、水桶、水槽、乾燥砂、膨脹蛭石或膨脹珍珠岩。

②可燃性高壓氣體製造場所、加氣站、天然氣儲槽及可燃性高壓氣體儲槽之防護設備分類如下：

一　冷卻撒水設備。

二　射水設備：指固定式射水槍、移動式射水槍或室外消防栓。

第一九八條 106

公共危險物品製造、儲存或處理場所，應依下表選擇適當之滅火設備。

防護對象 \ 滅火設備		第一種	第二種	第三種						第四種									第五種											
							乾粉滅火設備			大型滅火器									滅火器											
																乾粉滅火器									乾粉滅火器					
		室內或室外消防栓	自動撒水設備	水霧滅火設備	泡沫滅火設備	二氧化碳滅火設備	磷酸鹽類等	碳酸鹽類等	其他	柱狀水滅火器	霧狀水滅火器	柱狀強化液滅火器	霧狀強化液滅火器	泡沫滅火器	二氧化碳滅火器	磷酸鹽類等	碳酸鹽類等	其他	柱狀水滅火器	霧狀水滅火器	柱狀強化液滅火器	霧狀強化液滅火器	泡沫滅火器	二氧化碳滅火器	磷酸鹽類等	碳酸鹽類等	其他	水桶或水槽	乾燥砂	膨脹蛭石或膨脹珍珠岩
區分	建築物及附屬設施	○	○	○	○		○			○	○	○	○	○		○			○	○	○	○	○		○			○		
	電氣設備			○		○	○	○			○		○		○	○	○			○		○		○	○	○				
第一類公共危險物品	鹼金屬過氧化物							○	○								○	○								○	○		○	○
	其他第一類公共危險物品	○	○	○	○		○			○	○	○	○	○		○			○	○	○	○	○		○			○	○	○
第二類公共危險物品	鐵粉、金屬粉、鎂							○	○								○	○								○	○		○	○
	硫化磷、赤磷、硫磺	○	○	○	○		○			○	○	○	○	○		○			○	○	○	○	○		○			○	○	○
	其他第二類公共危險物品	○	○	○	○	○	○	○		○	○	○	○	○	○	○	○		○	○	○	○	○	○	○	○		○	○	○
第三類公共危險物品	禁水性物質							○	○								○	○								○	○		○	○
	其他第三類公共危險物品	○	○	○	○					○	○	○	○	○					○	○	○	○	○					○	○	○
	第四類公共危險物品			○	○	○	○	○					○	○	○	○	○					○	○	○	○	○			○	○
	第五類公共危險物品	○	○	○	○					○	○	○	○	○					○	○	○	○	○					○	○	○
	第六類公共危險物品	○	○	○	○		○			○	○	○	○	○		○			○	○	○	○	○		○			○	○	○
	爆竹煙火	○	○	○	○					○	○	○	○	○					○	○	○	○	○					○	○	○

備註：
一、本表中「○」標示代表可選設該項滅火設備。
二、大型滅火器之藥劑數量應符合相關滅火器認可規範。
三、磷酸鹽類等為磷酸鹽類、硫酸鹽類及其他含有防焰性藥劑。
四、碳酸鹽類等為碳酸鹽類及碳酸鹽類與尿素反應生成物。

第一九九條

設置第五種滅火設備者，應依下列規定核算其最低滅火效能值：

一　公共危險物品製造或處理場所之建築物，外牆爲防火構造者，總樓地板面積每一百平方公尺（含未滿）有一滅火效能值；外牆爲非防火構造者，總樓地板面積每五十平方公尺（含未滿）有一滅火效能值。

二　公共危險物品儲存場所之建築物，外牆爲防火構造者，總樓地板面積每一百五十平方公尺（含未滿）有一滅火效能值；外牆爲非防火構造者，總樓地板面積每七十五平方公尺（含未滿）有一滅火效能值。

三　位於公共危險物品製造、儲存或處理場所之室外具有連帶使用關係之附屬設施，以該設施水平最大面積爲其樓地板面積，準用前二款外牆爲防火構造者，核算其滅火效能值。

四　公共危險物品每達管制量之十倍（含未滿）應有一滅火效能值。

第二〇〇條

第五種滅火設備除滅火器外之其他設備，依下列規定核算滅火效能值：

一　八公升之消防專用水桶，每三個爲一滅火效能值。

二　水槽每八十公升爲一點五滅火效能值。

三　乾燥砂每五十公升爲零點五滅火效能值。

四　膨脹蛭石或膨脹珍珠岩每一百六十公升爲一滅火效能值。

第二〇一條

①顯著滅火困難場所應依下表設置第一種、第二種或第三種滅火設備：

<table>
<tr><th colspan="2">場所類別</th><th>滅火設備</th></tr>
<tr><td colspan="2">公共危險物品製造場所及一般處理場所</td><td>設置第一種、第二種或第三種滅火設備。但火災時有充滿濃煙之虞者，不得使用第一種或第三種之移動式滅火設備。</td></tr>
<tr><td rowspan="2">室內儲存場所</td><td>高度六公尺以上之一層建築物</td><td>第二種或移動式以外之第三種滅火設備。</td></tr>
<tr><td>其他</td><td>第一種滅火設備之室外消防栓設備、第二種滅火設備、第三種移動式泡沫設備（限設置室外泡沫消防栓者）或移動式以外之第三種滅火設備。</td></tr>
<tr><td colspan="2">室外儲槽場所</td><td>設置第一種、第二種或第三種滅火設備。但火災時有充滿濃煙之虞者，不得使用第一種或第三種之移動式滅火設備。</td></tr>
<tr><td rowspan="3">室內儲槽場所</td><td>儲存硫磺</td><td>第三種滅火設備之水霧滅火設備。</td></tr>
<tr><td>儲存閃火點攝氏七十度以上之第四類公共危險物品</td><td>第三種滅火設備之水霧滅火設備、固定式泡沫滅火設備或移動式以外二氧化碳（或乾粉）滅火設備。</td></tr>
<tr><td>其他</td><td>第三種滅火設備之固定式泡沫滅火設備、移動式以外二氧化碳（或乾粉）滅火設備。</td></tr>
<tr><td rowspan="3">室外儲槽場所</td><td>儲存硫磺</td><td>第三種滅火設備之水霧滅火設備。</td></tr>
<tr><td>儲存閃火點攝氏七十度以上之第四類公共危險物品</td><td>第三種滅火設備之水霧滅火設備或固定泡沫滅火設備。</td></tr>
<tr><td>其他</td><td>第三種滅火設備之固定式泡沫滅火設備。</td></tr>
<tr><td colspan="2">室內加油站</td><td>第三種滅火設備之固定式泡沫滅火設備。</td></tr>
</table>

②前項場所除下列情形外，並應設置第四種及第五種滅火設備：

一　製造及一般處理場所儲存或處理高閃火點物品之操作溫度未滿攝氏一百度者，其設置之第一種、第二種或第三種滅火設備之有效範圍內，得免設第四種滅火設備。

二　儲存第四類公共危險物品之室外儲槽場所或室內儲槽場所，設置第五種滅火設備二具以上。

三　室內加油站應設置第五種滅火設備。

第二〇二條

①一般滅火困難場所，依下列設置滅火設備：

一　公共危險物品製造場所及一般處理場所、室內儲存場所、室外儲存場所、第二種販賣場所及室內加油站設置第四種及第五種滅火設備，其第五種滅火設備之滅火效能值，在該場所儲存或處理公共危險物品數量所核算之最低滅火效能值五分之一以上。

二　室內及室外儲槽場所，設置第四種及第五種滅火設備各一具以上。

②前項設第四種滅火設備之場所，設有第一種、第二種或第三種滅火設備時，在該設備有效防護範圍內，得免設。

第二〇三條

①其他滅火困難場所，應設置第五種滅火設備，其滅火效能值應在該場所建築物與其附屬設施及其所儲存或處理公共危險物品數量所核算之最低滅火效能值以上。但該場所已設置第一種至第四種滅火設備之一時，在該設備有效防護範圍內，其滅火效能值得減至五分之一以上。

②地下儲槽場所，應設置第五種滅火設備二具以上。

第二〇四條

電氣設備使用之處所，每一百平方公尺（含未滿）應設置第五種滅火設備一具以上。

第二〇五條

①下列場所應設置火警自動警報設備：

一　公共危險物品製造場所及一般處理場所符合下列規定之一者：

㈠總樓地板面積在五百平方公尺以上者。

㈡室內儲存或處理公共危險物品數量達管制量一百倍以上者。但處理操作溫度未滿攝氏一百度之高閃火點物品者，不在此限。

㈢建築物除供一般處理場所使用外，尚供其他用途者。但以無開口且具一小時以上防火時效之牆壁、樓地板區劃分隔者，不在此限。

二　室內儲存場所符合下列規定之一者：

㈠儲存或處理公共危險物品數量達管制量一百倍以上者。但儲存或處理高閃火點物品，不在此限。

㈡總樓地板面積在一百五十平方公尺以上者。但每一百五十平方公尺內以無開口且具一小時以上防火時效之牆壁、樓地板區劃分隔，或儲存、處理易燃性固體以外之第二類公共危險物品或閃火點在攝氏七十度以上之第四類公共危險物品之場所，其總樓地板面積在五百平方公尺以下者，不在此限。

㈢建築物之一部分供作室內儲存場所使用者。但以無開口且具一小時以上防火時效之牆壁、樓地板區劃分隔者，或儲存、處理易燃性固體以外之第二類公共危險物品或閃火點在攝氏七十度以上之第四類公共危險物品，不在此限。

㈣高度在六公尺以上之一層建築物。

三　室內儲槽場所達顯著滅火困難者。

四　一面開放或上方有其他用途樓層之室內加油站。

②前項以外之公共危險物品製造、儲存或處理場所儲存、處理公共危險物品數量達管制量十倍以上者，應設置手動報警設備或具同等功能之緊急通報裝置。但平日無作業人員

者，不在此限。

第二〇六條

加油站所在建築物，其二樓以上供其他用途使用者，應設置標示設備。

第二〇六條之一

①下列爆竹煙火場所應設置第五種滅火設備：

一　爆竹煙火製造場所有火藥區之作業區或庫儲區。

二　達中央主管機關所定管制量以上之爆竹煙火儲存、販賣場所。

②建築物供前項場所使用之樓地板面積合計在一百五十平方公尺以上者，應設置第一種滅火設備之室外消防栓。但前項第二款規定之販賣場所，不在此限。

第二〇七條

可燃性高壓氣體製造、儲存或處理場所及加氣站、天然氣儲槽、可燃性高壓氣體儲槽，應設置滅火器。

第二〇八條

下列場所應設置防護設備。但已設置水噴霧裝置者，得免設：

一　可燃性高壓氣體製造場所。

二　儲存可燃性高壓氣體或天然氣儲槽在三千公斤以上者。

三　氣槽車之卸收區。

四　加氣站之加氣車位、儲氣槽人孔、壓縮機、幫浦。

第二章　消防安全設備

第二〇九條

①室內消防栓設備，應符合下列規定：

一　設置第一種消防栓。

二　配管、試壓、室內消防栓箱、有效水量及加壓送水裝置之設置，準用第三十二條、第三十三條、第三十四條第一項第一款第三目、第二項、第三十五條、第三十六條第二項、第三項及第三十七條之規定。

三　所在建築物其各層任一點至消防栓接頭之水平距離在二十五公尺以下，且各層之出入口附近設置一支以上之室內消防栓。

四　任一樓層內，全部室內消防栓同時使用時，各消防栓瞄子放水壓力在每平方公分三點五公斤以上或0.35MPa以上；放水量在每分鐘二百六十公升以上。但全部消防栓數量超過五支時，以同時使用五支計算之。

五　水源容量在裝置室內消防栓最多樓層之全部消防栓繼續放水三十分鐘之水量以上。但該樓層內，全部消防栓數量超過五支時，以五支計算之。

②室內消防栓設備之緊急電源除準用第三十八條規定外，其供電容量應供其有效動作四十五分鐘以上。

第二一〇條 101

①室外消防栓設備應符合下列規定：

一　配管、試壓、室外消防栓箱及有效水量之設置，準用第三十九條、第四十條第三款至第五款、第四十一條第二項、第三項之規定。

二　加壓送水裝置，除室外消防栓瞄子放水壓力超過每平方公分七公斤或0.7MPa時，應採取有效之減壓措施外，其設置準用第四十二條之規定。

三　口徑在六十三毫米以上，與防護對象外圍或外牆各部分之水平距離在四十公尺以下，且設置二支以上。

四　採用鑄鐵管配管時，使用符合CNS八三二規定之壓力管路鑄鐵管或具同等以上強度者，其標稱壓力在每平方公分十六公斤以上或1.6MPa以上。

五　配管埋設於地下時，應採取有效防腐蝕措施。但使用鑄鐵管，不在此限。

六　全部室外消防栓同時使用時，各瞄子出水壓力在每平方公分三點五公斤以上或0.35MPa以上；放水量在每分鐘四百五十公升以上。但全部室外消防栓數量超過四支時，以四支計算之。

七　水源容量在全部室外消防栓繼續放水三十分鐘之水量以上。但設置個數超過四支時，以四支計算之。

②室外消防栓設備之緊急電源除準用第三十八條規定外，其供電容量應供其有效動作四十五分鐘以上。

第二一一條

①自動撒水設備，應符合下列規定：

一　配管、配件、屋頂水箱、試壓、撒水頭、放水量、流水檢知裝置、啓動裝置、一齊開放閥、末端查驗閥、加壓送水裝置及送水口之設置，準用第四十三條至第四十五條、第四十八條至第五十三條、第五十五條、第五十六條、第五十八條及第五十九條規定。

二　防護對象任一點至撒水頭之水平距離在一點七公尺以下。

三　開放式撒水設備，每一放水區域樓地板面積在一百五十平方公尺以上。但防護對象樓地板面積未滿一百五十平方公尺時，以實際樓地板面積計算。

四　水源容量，依下列規定設置：

㈠使用密閉式撒水頭時，應在設置三十個撒水頭繼續放水三十分鐘之水量以上。但設置撒水頭數在三十個以下者，以實際撒水頭數計算。

㈡使用開放式撒水頭時，應在最大放水區域全部撒水頭，繼續放水三十分鐘之水量以上。

㈢前二目撒水頭數量，在使用密閉乾式或預動式流水檢知裝置時，應追加十個。

五　撒水頭位置之裝置，準用第四十七條規定。但存放易燃性物質處所，撒水頭迴水板下方九十公分及水平方向三十公分以內，應保持淨空間，不得有障礙物。

②自動撒水設備之緊急電源除準用第三十八條規定外，其供電容量應供其有效動作四十五分鐘以上。

第二一二條

①水霧滅火設備，應符合下列規定：

一　水霧噴頭、配管、試壓、流水檢知裝置、啓動裝置、一齊開放閥及送水口設置規定，準用第六十一條、第六十二條、第六十六條及第六十七條規定。

二　放射區域，每一區域在一百五十平方公尺以上，其防護對象之面積未滿一百五十平方公尺者，以其實際面積計算之。

三　水源容量在最大放射區域，全部水霧噴頭繼續放水三十分鐘之水量以上。其放射區域每平方公尺每分鐘放水量在二十公升以上。

四　最大放射區域水霧噴頭同時放水時，各水霧噴頭之放射壓力在每平方公分三點五公斤以上或0.35MPa以上。

②水霧滅火設備之緊急電源除準用第三十八條規定外，其供電容量應供其有效動作四十五分鐘以上。

第二一三條

①設於儲槽之固定式泡沫滅火設備，依下列規定設置：

一　泡沫放出口，依下表之規定設置，且以等間隔裝設在不因火災或地震可能造成損害之儲槽側板外圍上。

建築構造及泡沫放出口種類 儲槽直徑	泡沫放出口應設數量			
	固定頂儲槽		內浮頂儲槽	外浮頂儲槽
	Ⅰ或Ⅱ型	Ⅲ或Ⅳ型	Ⅱ型	特殊型
未達十三公尺	一	一	二	二
十三公尺以上未達十九公尺			三	三
十九公尺以上未達二十四公尺			四	四
二十四公尺以上未達三十五公尺	二	二	五	五
三十五公尺以上未達四十二公尺	三	三	六	六
四十二公尺以上未達四十六公尺	四	四	七	七
四十六公尺以上未達五十三公尺	五	六	七	七
五十三公尺以上未達六十公尺	六	八	八	八
六十公尺以上未達六十七公尺	八	十		九
六十七公尺以上未達七十三公尺	九	十二		十
七十三公尺以上未達七十九公尺	十一	十四		十一
七十九公尺以上未達八十五公尺	十三	十六		十二
八十五公尺以上未達九十公尺	十四	十八		十二
九十公尺以上未達九十五公尺	十六	二十		十三
九十五公尺以上未達九十九公尺	十七	二十二		十三
九十九公尺以上	十九	二十四		十四

註：

一、各型泡沫放出口定義如左：

㈠Ⅰ型泡沫放出口：指由固定頂儲槽上部注入泡沫之放出口。該泡沫放出口設於儲槽側板上方，具有泡沫導管或滑道等附屬裝置，不使泡沫沉入液面下或攪動液面，而使泡沫在液面展開有效滅火，並且具有可以阻止儲槽內公共危險物品逆流之構造。

㈡Ⅱ型泡沫放出口：指由固定頂或儲槽之上部注入泡沫之放出口。在泡沫放出口上附設泡沫反射板可以使放出之泡沫能沿著儲槽之側板內面流下，又不使泡沫沉入液面下或攪動液面，可在液面展開有效滅火，並且具有可以阻止槽內公共危險物品逆流之構造。

㈢特殊型泡沫放出口：指供外浮頂儲槽上部注入泡沫之放出口，於該泡沫放出口附設有泡沫反射板，可以將泡沫注入於儲槽側板與泡沫隔板所形成之環狀部分。該泡沫隔板係指在浮頂之上方設有高度在零點三公尺以上，且距離儲槽內側在零點三公尺以上鋼製隔板，具可以阻止放出之泡沫外流，且視該儲槽設置地區預期之最大降雨量，設有可充分排水之排水口之構造者爲限。

㈣Ⅲ型泡沫放出口：指供固定頂儲槽槽底注入泡沫法之放出口，該泡沫放出口由泡沫輸送管（具有可以阻止儲槽內之公共危險物品由該配管逆流之構造或機械），將發泡器或泡沫發生機所發生之泡沫予以輸送注入儲槽內，並由泡沫放出口放出泡沫。

㈤Ⅳ型泡沫放出口：指供固定頂儲槽槽底注入泡沫法之放出口，將泡沫輸送管末端與平時設在儲槽液面下底部之存放筒（包括具有在送入泡沫時可以很容易脫開之蓋者）所存放之特殊軟管等相連接，於送入泡沫時可使特殊軟管等伸直，使特殊軟管等之前端到達液面而放出泡沫。

二、特殊型泡沫放出口使用安裝在浮頂上方者，得免附設泡沫反射板。
三、本表之Ⅲ型泡沫放出口，限於處理或儲存在攝氏二十度時一百公克中水中溶解量未達一公克之公共危險物品（以下稱「不溶性物質」），及儲存溫度在攝氏五十度以下或動粘度在100cst 以下之公共危險物品儲槽使用。
四、內浮頂儲槽浮頂採用鋼製雙層甲板（Double deck）或鋼製浮筒式（Pantoon）甲板，其泡沫系統之泡沫放出口種類及數量，得比照外浮頂儲槽設置。

二　儲槽儲存不溶性之第四類公共危險物品時，依前款所設之泡沫放出口，並就下表所列公共危險物品及泡沫放出口種類，以泡沫水溶液量乘以該儲槽液面積所得之量，能有效放射，且在同表所規定之放出率以上。

泡沫放出口種類 ／ 儲存公共危險物品種類	Ⅰ型		Ⅱ型		特殊型		Ⅲ型		Ⅳ型	
	泡沫水溶液量	放出率	泡沫水溶液量	放出率	泡沫水溶液量	放出率	泡沫水溶液量	放出率	泡沫水溶液量	放出率
閃火點未達21℃之第四類公共危險物品	120	4	220	4	240	8	240	4	220	4
閃火點在21℃以上未達70℃之第四類公共危險物品	80	4	120	4	160	8	120	4	120	4
閃火點在70℃以上之第四類公共危險物品	60	4	100	4	120	8	100	4	100	4

註：泡沫水溶液量單位ℓ/m^2，放出率單位ℓ/min m^2。

三　儲槽儲存非不溶性之第四類公共危險物品時，應使用耐酒精型泡沫，其泡沫放出口之泡沫水溶液量及放出率，依下表規定：

Ⅰ型		Ⅱ型		特殊型		Ⅲ型		Ⅳ型	
泡沫水溶液量	放出率	泡沫水溶液量	放出率	泡沫水溶液量	放出率	泡沫水溶液量	放出率	泡沫水溶液量	放出率
一六〇	八	二四〇	八	—	—	—	—	二四〇	八

註：
一、使用耐酒精型泡沫能有效滅火時，其泡沫放出口之泡沫水溶液量及放出率，得依廠商提示值核計。
二、泡沫水溶液量單位ℓ/m^2，放出率單位ℓ/min m^2。

四　前款並依下表公共危險物品種類乘以所規定的係數值。但未表列之物質，依中央主管機關認可之試驗方法求其係數。

第四類公共危險物品種類		係數
類別	詳細分類	
醇類	甲醇、3-甲基-2-丁醇、乙醇、烯丙醇、1-戊醇、2-戊醇、第三戊醇（2-甲基-2-丁醇）、異戊醇、1-已醇、環已醇、糠醇、苯甲醇、丙二醇、乙二醇（甘醇）、二甘醇、二丙二醇、甘油	1.0
	2-丙醇、1-丙醇、異丁醇、1-丁醇、2-丁醇	1.25
	第三丁醇	2.0
醚類	異丙醚、乙二醇乙醚（2-羥基乙醚）、乙二醇甲醚、二甘醇乙醚、二甲醇甲醚	1.25
	1,4 二氧雜環已烷	1.5
	乙醚、乙縮醛（1,1-雙乙氧基乙烷）、乙基丙基醚、四氫呋喃、異丁基乙烯醚、乙基丁基醚	2.0
酯類	乙酸乙脂、甲酸乙酯、甲酸甲酯、乙酸甲酯、乙酸乙烯酯、甲酸丙酯、丙烯酸甲酯、丙烯酸乙酯、異丁烯酸甲酯、異丁烯酸乙酯、乙酸丙酯、甲酸丁酯、乙酸-2-乙氧基乙酯、乙酸-2-甲氧基乙酯	1.0
酮類	丙酮、丁酮、甲基異丁基酮、2,4-戊雙酮、環已酮	1.0
醛類	丙烯醛、丁烯醛（巴豆醛）、三聚乙醛	1.25
	乙醛	2.0
胺類	乙二胺、環已胺、苯胺、乙醇胺、二乙醇胺、三乙醇胺	1.0
	乙胺、丙胺、烯丙胺、二乙胺、丁胺、異丁胺、三乙胺、戊胺、第三丁胺	1.25
	異丙胺	2.0
腈類	丙烯腈、乙腈、丁腈	1.25
有機酸	醋酸、醋酸酐、丙烯酸、丙酸、甲酸	1.25
其他非不溶性者	氧化丙烯	2.0

②前項第二款之儲槽如設置特殊型泡沫放出口，其儲槽液面積爲浮頂式儲槽環狀部分之表面積。

第二一四條

儲槽除依前條設置固定式泡沫放出口外，並依下列規定設置補助泡沫消防栓及連結送液口：

一　補助泡沫消防栓，應符合下列規定：

㈠設在儲槽防液堤外圍，距離槽壁十五公尺以上，便於消防救災處，且至任一泡沫消防栓之步行距離在七十五公尺以下，泡沫瞄子放射量在每分鐘四百公升以上，放射壓力在每平方公分三點五公斤以上或0.35Mpa以上。但全部泡沫消防栓數量超過三支時，以同時使用三支計算之。

㈡補助泡沫消防栓之附設水帶箱之設置，準用第四十條第四款之規定。

二　連結送液口所需數量，依下列公式計算：

N＝Aq/C

N：連結送液口應設數量

A：儲槽最大水平斷面積。但浮頂儲槽得以環狀面積核算（m^2）

q：固定式泡沫放出口每平方公尺放射量（$\ell/min\ m^2$）

C：每一個連結送液口之標準送液量（$800\ell/min$）

第二一五條

以室外儲槽儲存閃火點在攝氏四十度以下之第四類公共危險物品之顯著滅火困難場所者，且設於岸壁、碼頭或其他類似之地區，並連接輸送設備者，除設置固定式泡沫滅火設備外，並依下列規定設置泡沫射水槍滅火設備：

一　室外儲槽之幫浦設備等設於岸壁、碼頭或其他類似之地區時，泡沫射水槍應能防護該場所位於海面上前端之水平距離十五公尺以內之海面，而距離注入口及其附屬之公共危險物品處理設備各部分之水平距離在三十公尺以內，其設置個數在二具以上。

二　泡沫射水槍為固定式，並設於無礙滅火活動及可啓動、操作之位置。

三　泡沫射水槍同時放射時，射水槍泡沫放射量為每分鐘一千九百公升以上，且其有效水平放射距離在三十公尺以上。

第二一六條 101

①以室內、室外儲槽儲存閃火點在攝氏七十度以下之第四類公共危險物品之顯著滅火困難場所，除設置固定式泡沫滅火設備外，並依下列規定設置冷卻撒水設備：

一　撒水噴孔符合CNS一二八五四之規定，孔徑在四毫米以上。

二　撒水管設於槽壁頂部，撒水噴頭之配置數量，依其裝設之放水角度及撒水量核算；儲槽設有風樑或補強環等阻礙水路徑者，於風樑或補強環等下方增設撒水管及撒水噴孔。

三　撒水量按槽壁總防護面積每平方公尺每分鐘二公升以上計算之，其管徑依水力計算配置。

四　加壓送水裝置為專用，其幫浦出水量在前款撒水量乘以所防護之面積以上。

五　水源容量在最大一座儲槽連續放水四小時之水量以上。

六　選擇閥（未設選擇閥者為開關閥）設於防液堤外，火災不易殃及且容易接近之處所，其操作位置距離地面之高度在零點八公尺以上一點五公尺以下。

七　加壓送水裝置設置符合下列規定之手動啓動裝置及遠隔啓動裝置。但送水區域距加壓送水裝置在三百公尺以內者，得免設遠隔啓動裝置：

㈠手動啓動裝置之操作部設於加壓送水裝置設置之場所。

㈡遠隔啓動裝置由下列方式之一啓動加壓送水裝置：

1.開啓選擇閥，使啓動用水壓開關裝置或流水檢知裝置連動啓動。

2.設於監控室等平常有人駐守處所，直接啓動。

八　加壓送水裝置啓動後五分鐘以內，能有效撒水，且加壓送水裝置距撒水區域在五百公尺以下。但設有保壓措施者，不在此限。

九　加壓送水裝置連接緊急電源。

②前項緊急電源除準用第三十八條規定外，其供電容量應在其連續放水時間以上。

第二一七條

採泡沫噴頭方式者，應符合下列規定：

一　防護對象在其有效防護範圍內。

二　防護對象之表面積（為建築物時，為樓地板面積），每九平方公尺設置一個泡沫噴頭。

三　每一放射區域在一百平方公尺以上。其防護對象之表面積未滿一百平方公尺時，依其實際表面積計算。

第二一八條

①泡沫滅火設備之泡沫放出口、放射量、配管、試壓、流水檢知裝置、啓動裝置、一齊開

放閥、泡沫原液儲存量、濃度及泡沫原液槽設置規定，準用第六十九條、第七十條、第七十二條至第七十四條、第七十八條、第七十九條及第八十一條之規定。

②儲槽用之泡沫放出口，依第二百十三條之規定設置。

第二一九條

移動式泡沫滅火設備，依下列規定設置：

一　泡沫瞄子放射壓力在每平方公分三點五公斤以上或0.35MPa以上。

二　泡沫消防栓設於室內者，準用第三十四條第一項第一款第一目及第三十五條規定；設於室外者，準用第四十條第一款及第四款規定。

第二二〇條

泡沫滅火設備之水源容量需達下列規定水溶液所需之水量以上，並加計配管內所需之水溶液量：

一　使用泡沫頭放射時，以最大泡沫放射區域，繼續射水十分鐘以上之水量。

二　使用移動式泡沫滅火設備時，應在四具瞄子同時放水三十分鐘之水量以上。但瞄子個數未滿四個時，以實際設置個數計算。設於室內者，放水量在每分鐘二百公升以上；設於室外者，在每分鐘四百公升以上。

三　使用泡沫射水槍時，在二具射水槍連續放射三十分鐘之水量以上。

四　設置於儲槽之固定式泡沫滅火設備之水量，爲下列之合計：

㈠固定式泡沫放出口依第二百十三條第二款、第三款表列之泡沫水溶液量，乘以其液體表面積所能放射之量。

㈡補助泡沫消防栓依第二百十四條規定之放射量，放射二十分鐘之水量。

第二二一條

①依前條設置之水源，應連結加壓送水裝置，並依下列各款擇一設置：

一　重力水箱，應符合下列規定：

㈠有水位計、排水管、溢水用排水管、補給水管及人孔之裝置。

㈡水箱必要落差在下列計算值以上：

必要落差＝移動式泡沫滅火設備消防水帶摩擦損失水頭＋配管摩擦損失水頭＋泡沫放出口、泡沫瞄子或泡沫射水槍之放射壓力，並換算成水頭（計算單位：公尺）

$H=h_1+h_2+h_3m$

二　壓力水箱，應符合下列規定：

㈠有壓力表、水位計、排水管、補給水管、給氣管、空氣壓縮機及人孔之裝置。

㈡水箱內空氣占水箱容積三分之一以上，壓力在使用建築物最高處之消防栓維持規定放水水壓所需壓力以上。當水箱內壓力及液面減低時，能自動補充加壓。空氣壓縮機及加壓幫浦，與緊急電源相連接。

㈢必要壓力在下列計算值以上：

必要壓力＝消防水帶摩擦損失壓力＋配管摩擦損失壓力＋落差＋泡沫放出口、泡沫瞄子或泡沫射水槍之放射壓力（計算單位：公斤／平方公分，MPa）

$P=P_1+P_2+P_3+P_4$

三　消防幫浦，應符合下列規定：

㈠幫浦全揚程在下列計算值以上：

幫浦全揚程＝消防水帶摩擦損失水頭＋配管摩擦損失水頭＋落差＋泡沫放出口、泡沫瞄子或射水槍之放射壓力，並換算成水頭（計算單位：公尺）

$H=h_1+h_2+h_3+h_4$

㈡連結之泡沫滅火設備採泡沫噴頭方式者，其出水壓力，準用第七十七條之規定。

㈢應爲專用。但與其他滅火設備並用，無妨礙各設備之性能時，不在此限。

(四)連接緊急電源。

②前項緊急電源除準用第三十八條規定外，其供電容量應在所需放射時間之一點五倍以上。

第二二二條

①二氧化碳滅火設備準用第八十二條至九十七條規定。但全區放射方式之二氧化碳滅火設備，依下列規定計算其所需滅火藥劑量：

一　以下表所列防護區域體積及其所列每立方公尺防護區域體積所需之滅火藥劑量，核算其所需之量。但實際量未達所列之量時，以該滅火藥劑之總量所列最低限度之基本量計算。

防護區域體積（立方公尺）	每立方公尺防護區域體積所需之滅火藥劑量（kg/m^3）	滅火藥劑之基本需要量（公斤）
未達五	一點二	一
五以上未達十五	一點一	六
十五以上未達五十	一	十七
五十以上未達一百五十	零點九	五〇
一百五十以上未達一千五百	零點八	一三五
一千五百以上	零點七五	一二〇〇

二　防護區域之開口部未設置自動開閉裝置時，除依前款計算劑量外，另加算該開口部面積每平方公尺五公斤之量。

②於防護區域內或防護對象係爲儲存、處理之公共危險物品，依下表之係數，乘以前項第一款或第二款所算出之量。未表列之公共危險物品，依中央主管機關認可之試驗方式求其係數。

滅火劑種類＼公共危險物品	二氧化碳	乾粉			
		第一種	第二種	第三種	第四種
丙烯腈	1.2	1.2	1.2	1.2	1.2
乙醛		—	—	—	—
氰甲烷	1.0	1.0	1.0	1.0	1.0
丙酮	1.0	1.0	1.0	1.0	1.0
苯氨		1.0	1.0	1.0	1.0
異辛烷	1.0	—	—	—	—
異戊二烯	1.0				
異丙胺	1.0				
異丙醚	1.0				
異己烷	1.0				
異庚烷	1.0				
異戊烷	1.0				
乙醇	1.2	1.2	1.2	1.2	1.2

乙胺	1.0				
氯乙烯		—	—	1.0	—
辛烷	1.2				
汽油	1.0	1.0	1.0	1.0	1.0
甲酸乙酯	1.0				
甲酸丙酯	1.0				
甲酸甲酯	1.0				
輕油	1.0	1.0	1.0	1.0	1.0
原油	1.0	1.0	1.0	1.0	1.0
醋酸		1.0	1.0	1.0	1.0
醋酸乙酯	1.0	1.0	1.0	1.0	1.0
醋酸甲酯	1.0				
氧化丙烯	1.8	—	—	—	—
環己烷	1.0				
二乙胺	1.0				
乙醚	1.2	—	—	—	—
二噚烷	1.6	1.2	1.2	1.2	1.2
重油	1.0	1.0	1.0	1.0	1.0
潤滑油	1.0	1.0	1.0	1.0	1.0
四氫呋喃	1.0	1.2	1.2	1.2	1.2
煤油	1.0	1.0	1.0	1.0	1.0
三乙胺	1.0				
甲苯	1.0	1.0	1.0	1.0	1.0
石腦油	1.0	1.0	1.0	1.0	1.0
菜仔油		1.0	1.0	1.0	1.0
二硫化碳	3.0	—	—	—	—
乙烯基乙烯醚	1.2				
吡啶		1.0	1.0	1.0	1.0
丁醇		1.0	1.0	1.0	1.0
丙醇	1.0	1.0	1.0	1.0	1.0
2-丙醇（異丙醇）	1.0				
丙胺	1.0				
己烷	1.0	1.2	1.2	1.2	1.2
庚烷	1.0	1.0	1.0	1.0	1.0
苯	1.0	1.2	1.2	1.2	1.2
戊烷	1.0	1.4	1.4	1.4	1.4

清油		1.0	1.0	1.0	1.0
甲醛	1.6	1.2	1.2	1.2	1.2
丁酮（甲基乙基酮）	1.0	1.0	1.0	1.2	1.0
氯苯		－	－	1.0	－
註：標有－者不可用爲該公共危險物品之滅火劑。					

第二二三條

乾粉滅火設備，準用第九十八條至第一百十一條之規定。但全區放射方式之乾粉滅火設備，於防護區域內儲存、處理之公共危險物品，依前條第三款表列滅火劑之係數乘以第九十九條所算出之量。前條第三款未表列出之公共危險物品，依中央主管機關認可之試驗求其係數。

第二二四條

第四種滅火設備距防護對象任一點之步行距離，應在三十公尺以下。但與第一種、第二種或第三種滅火設備併設者，不在此限。

第二二五條

①第五種滅火設備應設於能有效滅火之處所，且至防護對象任一點之步行距離應在二十公尺以下。但與第一種、第二種、第三種或第四種滅火設備併設者，不在此限。

②前項選設水槽應備有三個一公升之消防專用水桶，乾燥砂、膨脹蛭石及膨脹珍珠岩應備有鏟子。

第二二六條

警報設備之設置，依第一百十二條至第一百三十二條之規定。

第二二七條

標示設備之設置，依第一百四十六條至第一百五十六條之規定。

第二二八條

可燃性高壓氣體場所、加氣站、天然氣儲槽及可燃性高壓氣體儲槽之滅火器，依下列規定設置：

一　製造、儲存或處理場所設置二具。但樓地板面積二百平方公尺以上者，每五十平方公尺（含未滿）應增設一具。

二　儲槽設置三具以上。

三　加氣站，依下列規定設置：

㈠儲氣槽區四具以上。

㈡加氣機每臺一具以上。

㈢用火設備處所一具以上。

㈣建築物每層樓地板面積在一百平方公尺以下設置二具，超過一百平方公尺時，每增加（含未滿）一百平方公尺增設一具。

四　儲存場所任一點至滅火器之步行距離在十五公尺以下，並不得妨礙出入作業。

五　設於屋外者，滅火器置於箱內或有不受雨水侵襲之措施。

六　每具滅火器對普通火災具有四個以上之滅火效能值，對油類火災具有十個以上之滅火效能值。

七　滅火器之放置及標示依第三十一條第四款之規定。

第二二九條 101

可燃性高壓氣體場所、加氣站、天然氣儲槽及可燃性高壓氣體儲槽之冷卻撒水設備，依下列規定設置：

一　撒水管使用撒水噴頭或配管穿孔方式，對防護對象均勻撒水。

二　使用配管穿孔方式者，符合CNS一二八五四之規定，孔徑在四毫米以上。

三　撒水量爲防護面積每平方公尺每分鐘五公升以上。但以厚度二十五毫米以上之岩棉或同等以上防火性能之隔熱材被覆，外側以厚度零點三五毫米以上符合CNS一二四四規定之鋅鐵板或具有同等以上強度及防火性能之材料被覆者，得將其撒水量減半。

四　水源容量在加壓送水裝置連續撒水三十分鐘之水量以上。

五　構造及手動啓動裝置準用第二百十六條之規定。

第二三〇條

前條防護面積計算方式，依下列規定：

一　儲槽爲儲槽本體之外表面積（圓筒形者含端板部分）及附屬於儲槽之液面計及閥類之露出表面積。

二　前款以外設備爲露出之表面積。但製造設備離地面高度超過五公尺者，以五公尺之間隔作水平面切割所得之露出表面積作爲應予防護之範圍。

三　加氣站防護面積，依下列規定：

㈠加氣機每臺三點五平方公尺。

㈡加氣車位每處二平方公尺。

㈢儲氣槽人孔每座三處共三平方公尺。

㈣壓縮機每臺三平方公尺。

㈤幫浦每臺二平方公尺。

㈥氣槽車卸收區每處三十平方公尺。

第二三一條 101

可燃性高壓氣體場所、加氣站、天然氣儲槽及可燃性高壓氣體儲槽之射水設備，依下列規定：

一　室外消防栓應設置於屋外，且具備消防水帶箱。

二　室外消防栓箱內配置瞄子、開關把手及口徑六十三毫米、長度二十公尺消防水帶二條。

三　全部射水設備同時使用時，各射水設備放水壓力在每平方公分三點五公斤以上或0.35MPa以上，放水量在每分鐘四百五十公升以上。但全部射水設備數量超過二支時，以同時使用二支計算之。

四　射水設備之水源容量，在二具射水設備同時放水三十分鐘之水量以上。

第二三二條

射水設備設置之位置及數量應依下列規定：

一　設置個數在二支以上，且設於距防護對象外圍四十公尺以內，能自任何方向對儲槽放射之位置。

二　依儲槽之表面積，每五十平方公尺（含未滿）設置一具射水設備。但依第二百二十九條第三款但書規定設置隔熱措施者，每一百平方公尺（含未滿）設置一具。

第二三三條

射水設備之配管、試壓、加壓送水裝置及緊急電源準用第三十九條及第四十二條之規定。

第五編　附　則

第二三四條

依本標準設置之室內消防栓、室外消防栓、自動撒水、水霧滅火、泡沫滅火、冷卻撒水、射水設備及連結送水管等設備，其消防幫浦、電動機、附屬裝置及配管摩擦損失計算，由中央消防機關另定之。

第二三五條 102

緊急供電系統之配線除依屋內線路裝置規則外，並依下列規定：

一　電氣配線應設專用回路，不得與一般電路相接，且開關有消防安全設備別之明顯標示。

二　緊急用電源回路及操作回路，使用六百伏特耐熱絕緣電線，或同等耐熱效果以上之電線。

三　電源回路之配線，依下列規定，施予耐燃保護：

㈠電線裝於金屬導線管槽內，並埋設於防火構造物之混凝土內，混凝土保護厚度為二十毫米以上。但在使用不燃材料建造，且符合建築技術規則防火區劃規定之管道間，得免埋設。

㈡使用MI電纜或耐燃電纜時，得按電纜裝設法，直接敷設。

㈢其他經中央主管機關指定之耐燃保護裝置。

四　標示燈回路及控制回路之配線，依下列規定，施予耐熱保護：

㈠電線於金屬導線管槽內裝置。

㈡使用MI電纜、耐燃電纜或耐熱電線電纜時，得按電纜裝設法，直接敷設。

㈢其他經中央主管機關指定之耐熱保護裝置。

第二三六條

消防安全設備緊急供電系統之配線，依下表之區分，施予耐燃保護或耐熱保護。

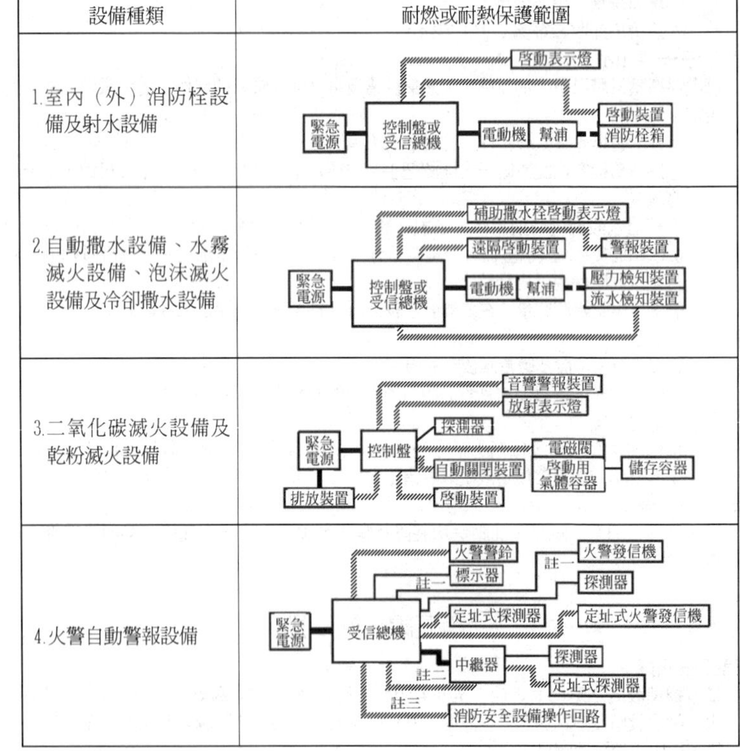

設備種類	耐燃或耐熱保護範圍
1.室內（外）消防栓設備及射水設備	啓動表示燈、緊急電源、控制盤或受信總機、電動機、幫浦、啓動裝置、消防栓箱
2.自動撒水設備、水霧滅火設備、泡沫滅火設備及冷卻撒水設備	補助撒水栓啓動表示燈、遠隔啓動裝置、警報裝置、緊急電源、控制盤或受信總機、電動機、幫浦、壓力檢知裝置、流水檢知裝置
3.二氧化碳滅火設備及乾粉滅火設備	音響警報裝置、放射表示燈、探測器、緊急電源、控制盤、電磁閥、自動關閉裝置、啓動用氣體容器、儲存容器、排放裝置、啓動裝置
4.火警自動警報設備	火警警鈴、註一、火警發信機、標示器、探測器、定址式探測器、定址式火警發信機、緊急電源、受信總機、中繼器、探測器、註二、定址式探測器、註三、消防安全設備操作回路

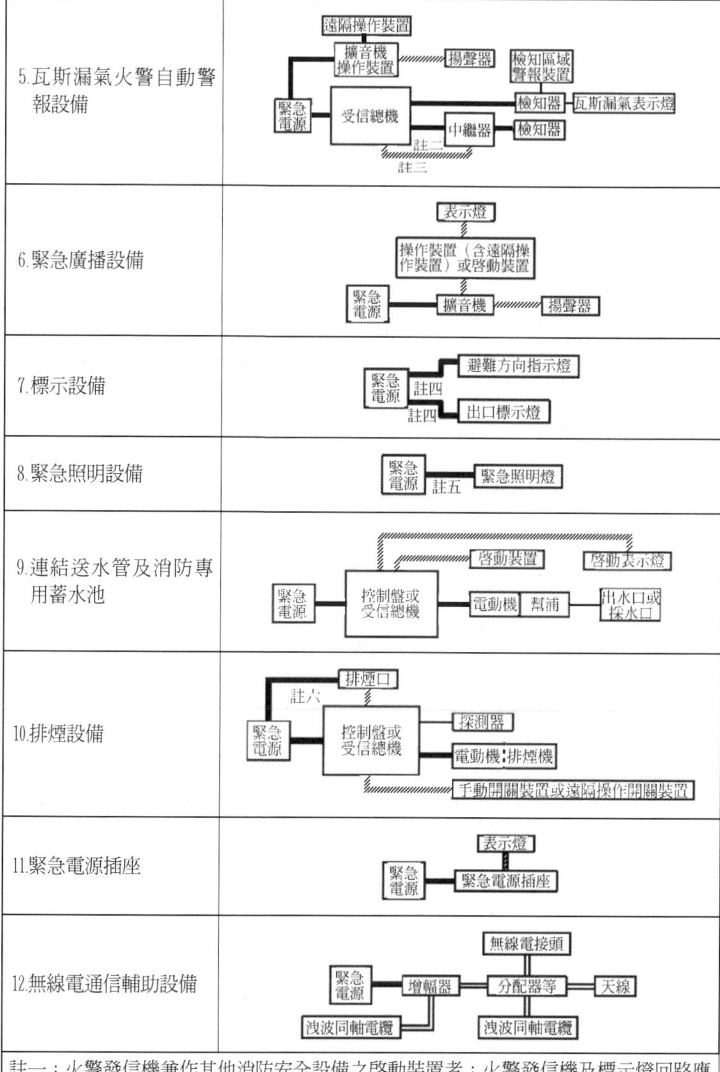

註一：火警發信機兼作其他消防安全設備之啓動裝置者：火警發信機及標示燈回路應採耐熱保護。

註二：中繼器（亦稱模組）之緊急電源回路：中繼器內置蓄電池者，得採一般配線。

註三：中繼器之控制回路：得採耐熱保護。

註四：標示設備內置蓄電池者：得採一般配線。

註五：天花板及底板使用不燃材料者：得採耐熱保護；緊急照明燈內置蓄電池者：得採一般配線。

註六：開啓後需外加緊急電源保持開啓狀態者：緊急電源回路應採耐燃保護。

說明：

一、經受信總機或控制盤供應緊急電源之裝置：應採耐燃保護；其控制回路：得採耐熱保護。

二、防災中心所設監控操作裝置與消防安全設備間之配線應採耐熱保護，其與緊急電源間之配線應採耐燃保護。但受信總機、擴音機、操作裝置等設於防災中心時，在防災中心其間之配線得採一般配線。

三、▬▬：耐燃保護；▨▨：耐熱保護；▭：同軸電纜；——：一般配線；- - - - -：配管。

第二三七條

緊急供電系統之電源，依下列規定：

一　緊急電源使用符合CNS一〇二〇四規定之發電機設備、一〇二〇五規定之蓄電池設備或具有相同效果之設備，其容量之計算，由中央消防機關另定之。

二　緊急電源裝置切換開關，於常用電源切斷時自動切換供應電源至緊急用電器具，並於常用電源恢復時，自動恢復由常用電源供應。

三　發電機裝設適當開關或連鎖機件，以防止向正常供電線路逆向電力。

四　裝設發電機及蓄電池之處所爲防火構造。但設於屋外時，設有不受積水及雨水侵襲之防水措施者，不在此限。

五　蓄電池設備充電電源之配線設專用回路，其開關上應有明顯之標示。

第二三八條 108

防災中心樓地板面積應在四十平方公尺以上，並依下列規定設置：

一　防災中心之位置，依下列規定：

㈠設於消防人員自外面容易進出之位置。

㈡設於便於通達緊急昇降機間及特別安全梯處。

㈢出入口至屋外任一出入口之步行距離在三十公尺以下。

二　防災中心之構造，依下列規定：

㈠冷暖、換氣等空調系統爲專用。

㈡防災監控系統相關設備以地腳螺栓或其他堅固方法予以固定。

㈢防災中心內設有供操作人員睡眠、休息區域時，該部分以防火區劃間隔。

三　防災中心應設置防災監控系統綜合操作裝置，以監控或操作下列消防安全設備：

㈠火警自動警報設備之受信總機。

㈡瓦斯漏氣火警自動警報設備之受信總機。

㈢緊急廣播設備之擴音機及操作裝置。

㈣連接送水管之加壓送水裝置及與其送水口處之通話連絡。

㈤緊急發電機。

㈥常開式防火門之偵煙型探測器。

㈦室內消防栓、自動撒水、泡沫及水霧等滅火設備加壓送水裝置。

㈧乾粉、二氧化碳等滅火設備。

㈨排煙設備。

第二三九條

本標準施行日期，由內政部以命令定之。

各類場所消防安全設備檢修及申報作業基準

①民國86年10月6日內政部消防署函頒訂全文二篇，並自87年1月1日起施行。
②民國86年12月4日內政部消防署函修正發布第一篇。
③民國87年8月31日內政部消防署函修正發布第一篇第5～7、10點；並自88年1月1日施行。
④民國89年6月26日內政部消防署函修正發布第一篇。
⑤民國95年3月1日內政部令修正發布第二篇第九章第3點；並自95年3月8日生效。
⑥民國97年4月24日內政部令修正發布第二篇第九章；增訂第二篇第二十一、二十二章；並自即日生效。
⑦民國98年11月27日內政部令修正發布第一篇、第二篇第一～三、六章；增訂第二篇第二十三、二十四章；並自即日生效。
⑧民國100年10月21日內政部令修正發布第一篇、第二篇第一、十三、十七、二十五章；並自即日生效。
⑨民國105年11月22日內政部令修正發布第一篇、第二篇第十章；增訂第二篇第二十六章；並自即日起生效。
⑩民國106年11月3日內政部令修正發布第一篇 、第二篇第二、三、六、十六、二十四、二十六章及前開設備、避難器具之檢查表，除第一篇、第二篇第二十六章、避難器具檢查表及配線檢查表自即日起生效外，其餘修正規定自108年1月1日生效。

第一篇　總　則

一　本基準依據消防法施行細則第六條第三項規定訂定之。

二　各類場所消防安全設備之檢修項目如下：

㈠滅火器。
㈡室內消防栓設備。
㈢室外消防栓設備。
㈣自動撒水設備。
㈤水霧滅火設備。
㈥泡沫滅火設備。
㈦二氧化碳滅火設備。
㈧乾粉滅火設備。
㈨海龍滅火設備。
㈩火警自動警報設備。
⑪瓦斯漏氣火警自動警報設備。
⑫緊急廣播設備。
⑬標示設備。
⑭避難器具。
⑮緊急照明設備。
⑯連結送水管。
⑰消防專用蓄水池。
⑱排煙設備（緊急昇降機間、特別安全梯間排煙設備、室內排煙設備）。
⑲無線電通信輔助設備。
⑳緊急電源插座。
㉑鹵化烴滅火設備。
㉒惰性氣體滅火設備。

㈢冷卻撒水設備。
㈣射水設備。
㈤簡易自動滅火設備。
㈥配線。
㈦其他經中央主管機關認定之消防安全設備。

三　各類場所消防安全設備之檢查方式如下：
㈠外觀檢查。
㈡性能檢查。
㈢綜合檢查。

四　辦理消防安全設備檢修工作之消防設備師（士）或檢修專業機構，應製作消防安全設備檢修報告書交付管理權人。檢查結果發現有缺失時，應立即通知管理權人改善。

五　管理權人申報其檢修結果之期限，其爲各類場所消防安全設備設置標準規定之甲類場所者，每半年一次，即每年六月三十日及十二月三十一日前申報；甲類以外場所，每年一次，即每年十二月三十一日前申報。至檢修之期限仍依消防法施行細則第六條第二項規定，甲類場所，每半年一次，甲類以外場所，每年一次。
前項每次檢修時間之間隔，甲類場所不得少於五個月，甲類以外之場所不得少於十一個月。
管理權人未依限辦理檢修申報，經主管機關限期改善後辦理完畢者，仍應依第一項規定之期限辦理檢修申報，不受前項檢修時間間隔之限制。

六　（刪除）

七　各類場所之管理權人應委託檢修專業機構或消防法第七條規定之人員辦理檢修，並於檢修完成後十五日內，分別填具消防安全設備檢修申報表及檢附消防安全設備檢修報告書，向當地消防機關申報。

八　建築物依其用途及管理情形，採整棟申報方式申報檢修結果者，應依下列規定辦理：
㈠有供甲類用途使用者，視同甲類場所辦理。
㈡未供甲類用途使用者，視同甲類以外場所辦理。

九　建築物內之場所採個別申報方式者，其申報書除該場所內之消防安全設備檢查表外，並應檢附防護該場所範圍內之共用消防安全設備檢查表。

十　未申領使用執照或未依使用執照用途之違規使用場所，應以其實際用途，辦理檢修申報。
消防機關會勘通過之合法場所，應依據審查通過之圖說進行檢修，於違規場所應就該場所現有之消防安全設備進行檢修。消防安全設備檢修報告書內檢附之場所平面圖應標註面積尺寸。

十一　經消防機關會勘通過且依建築法規定取得使用執照、室內裝修許可之合法場所，自取得使用執照或審查合格證明日期起計算，甲類場所距申報截止日期在六個月以內者，當次免辦理檢修申報，甲類以外場所距申報截止日期在一年以內者，當次免辦理檢修申報。

十二　（刪除）

十三　場所設置之消防安全設備，無消防安全設備檢修基準及檢查表可資適用時，得依該設備審核認可之檢查規範及表格進行檢修與申報。

十四　檢修報告書上有記載消防安全設備不符合規定項目時，管理權人應加塡消防安全設備改善計畫書，併消防安全設備檢修申報表向當地消防機關申報。

十五　消防安全設備檢修申報表、消防安全設備檢修報告書及消防安全設備改善計畫書格式如附表一、二、三。
（附表略）

第二篇　檢查基準

第一章　滅火器

一　一般注意事項

㈠應無性能上之障礙，如有污垢，應以撢子或其他適當工具清理。

㈡合成樹脂製容器或構件，不得以辛那（二甲苯）或汽油等有機溶劑加以清理。

㈢開啓護蓋或栓塞時，應注意容器內殘壓，須排出容器內殘壓後，始得開啓。

㈣護蓋之開關，應使用適當之拆卸扳手（如附圖1-1），不得以鐵鎚或以鑿刀敲擊。

㈤乾粉藥劑極易因受潮而影響滅火之動作及效能，滅火器本體容器內壁及構件之清理及保養時，應充分注意。

㈥各類型滅火器藥劑更換充塡、加壓用氣體容器之氣體充塡，應由專業廠商爲之。

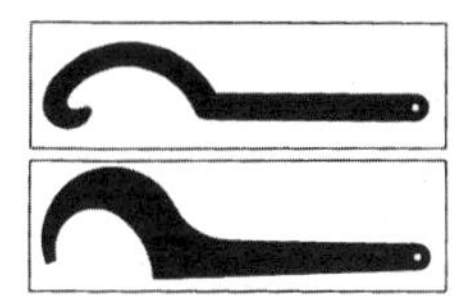

圖1-1　拆卸扳手

㈦進行檢查保養，滅火器自原設置位置移開時，應暫時以其他滅火器替代之。

㈧性能檢查完成或重新更換藥劑及充塡後之滅火器，應張貼標示，並於滅火器瓶頸加裝檢修環，檢修環材質以一體成型之硬質無縫塑膠、壓克力或鐵環製作，且內徑不得大於滅火器瓶口1mm。並能以顏色區別前一次更換藥劑及充塡裝設之檢修環，檢修環顏色以黃色、藍色交替更換。

二　外觀檢查

㈠設置狀況

1.設置數量（核算最低滅火效能值）

⑴檢查方法：以目視確認之。

⑵判定方法：應依規定核算其最低滅火效能值。

2.設置場所

⑴檢查方法：以目視或簡易之測定方法確認之。

⑵判定方法：

A.應無造成通行或避難上之障礙。

B.應固定放置於取用方便之明顯處所。

C.滅火器本體上端與樓地板面之距離，十八公斤以上者不得超過一公尺，未滿十八公斤者不得超過一・五公尺。

D.應設置於滅火器上標示使用溫度範圍內之處所，如設置於使用溫度範圍外之處所時，應採取適當之保溫措施。

E.容易對本體容器或其構件造成腐蝕之設置場所（如化工廠、電鍍廠、溫泉區）、濕氣較重之處所（如廚房等）或易遭海風、雨水侵襲之設置場所，應採取適當之保護措施。

3.設置間距

⑴檢查方法：以目視或簡易之測定方法確認之。

⑵判定方法：

A.設有滅火器之樓層或場所，自樓面居室任一點或防護對象任一點至滅火器之步行距離不得超過二十公尺。但公共危險物品等場所與第一種、第二種、第三種或第四種滅火設備併設者，不在此限。

B.公共危險物品等場所達顯著滅火困難、一般滅火困難者設置之第四種滅火設備（大型滅火器），距防護對象任一點之步行距離，應在三十公尺以下。但與第一種、第二種或第三種滅火設備併設者，不在此限。

C.設有滅火器之可燃性高壓氣體儲存場所，任一點至滅火器之步行距離應在十五公尺以下，並不得妨礙出入作業。

4.適用性

⑴檢查方法：以目視確認滅火器設置種類是否適當。

⑵判定方法：設置之滅火器應符合現場需求。

㈡標示

1.標示

⑴檢查方法：以目視確認之。

⑵判定方法：

A.應無超過有效使用期限。

B.應依規定張貼標示銘牌。

⑶注意事項：

A.已超過有效使用期限或未附銘牌者，得不須再施以性能檢查，即可予更換新品。

B.滅火器應於其設置場所之明顯處所，標明「滅火器」之字樣。

㈢滅火器

1.本體容器

⑴檢查方法：以目視確認有無變形、腐蝕之情形。

⑵判定方法：應無滅火藥劑洩漏、顯著之變形、損傷及腐蝕等情形。

⑶注意事項：

A.如發現熔接部位受損或容器顯著變形時，因恐對滅火器之性能造成障礙，應即予汰換。

B.如發現有顯著之腐蝕情形時，應即予汰換。

C.如發現鐵鏽似有剝離現象者，應即予汰換。

D.如有A至C之情形時，得不須再施以性能檢查，即可予汰換。

2.安全插梢

⑴檢查方法：以目視確認有無變形、損傷之情形。

⑵判定方法：

A.安全裝置應無脫落。

B.應無妨礙操作之變形或損傷。

⑶注意事項：如發現該裝置有產生妨礙操作之變形或損傷時，應加以修復或更新。

3.壓把（壓板）

⑴檢查方法：以目視確認有無變形、損傷之情形。

⑵判定方法：應無變形、損傷，且確實裝置於容器上。

⑶注意事項：如發現該裝置有產生妨礙操作之變形、損傷時，應加以修理或更新。

4.護蓋

⑴檢查方法：以目視及用手旋緊之動作，確認有無變形、鬆動之現象。

⑵判定方法：

A.應無強度上障礙之變形、損傷。

B.應與本體容器緊密接合。

(3)注意事項：

A.如發現有強度上障礙之變形、損傷者，應即加以更新。

B.護蓋有鬆動者，應即重新予以旋緊。

5.皮管

(1)檢查方法：以目視及用手旋緊之動作，確認有無變形或鬆動之現象。

(2)判定方法：

A.應無變形、損傷或老化之現象，且內部應無阻塞。

B.應與本體容器緊密接合。

(3)注意事項：

A.如發現有顯著之變形、損傷或老化者，應即予以更新。

B.如有阻塞者，應即實施性能檢查。

C.皮管裝接部位如有鬆動，應即重新旋緊。

6.噴嘴、喇叭噴管及噴嘴栓

(1)檢查方法：以目視及用手旋緊之動作，確認有無變形、鬆動之現象。

(2)判定方法：

A.應無變形、損傷或老化之現象，且內部應無阻塞。

B.應與噴射皮管緊密接合。

C.噴嘴栓應無脫落之現象。

D.喇叭噴管握把（僅限二氧化碳滅火器）應無脫落之現象。

(3)注意事項：

A.如發現有顯著之變形、損傷或老化者，應即予以更新。

B.螺牙接頭鬆動時，應即予旋緊；噴嘴栓脫落者，應重新加以裝配。

C.喇叭噴管握把脫落者，應即予以修復。

7.壓力指示計

(1)檢查方法：以目視確認有無變形、損傷之現象。

(2)判定方法：

A.應無變形、損傷之現象。

B.壓力指示值應依圖1-2規定，在綠色範圍內。

(3)注意事項：如發現有性能上障礙之變形、損傷者，應即加以更新。

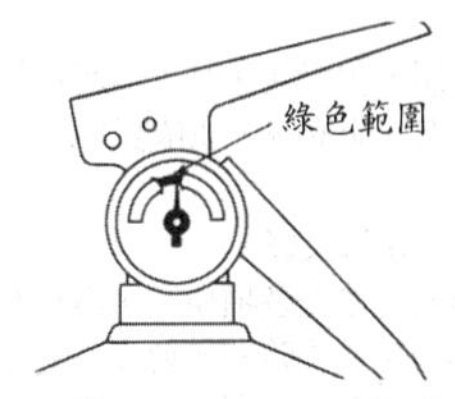

圖1-2　蓄壓式滅火器之壓力表

8.壓力調整器（限大型加壓式滅火器）

(1)檢查方法：以目視確認有無變形、損傷之現象。

(2)判定方法：應無變形、損傷之現象。

(3)注意事項：如發現有變形、損傷者，應即加以修復或更新。

9.安全閥

(1)檢查方法：以目視及用手旋緊之動作，確認有無變形、鬆動之現象。

(2)判定方法：

A.應無變形、損傷之現象。

B.應緊密裝接在滅火器上。

⑶注意事項：如發現有顯著之變形、損傷者，應即予以更新。

10.保持裝置

⑴檢查方法：

A.以目視確認有無變形、腐蝕之現象。

B.確認是否可輕易取用。

⑵判定方法：

A.應無變形、損傷或顯著腐蝕之現象。

B.可方便取用。

⑶注意事項：如發現有變形、損傷或顯著腐蝕現象者，應即加以修復或更新。

11.車輪（限大型滅火器）

⑴檢查方法：

A.以目視確認其是否有變形、損傷之現象。

B.以手實地操作，確認是否可圓滑轉動。

⑵判定方法：

A.應無變形、損傷之現象。

B.應可圓滑轉動。

⑶注意事項：

A.如發現有變形、損傷或無法圓滑轉動者，應即加以修復。

B.檢查時，應先加黃油（或潤滑油），以使其能圓滑滾動。

12.氣體導入管（限大型滅火器）

⑴檢查方法：以目視及用手旋緊之動作，確認有無變形、鬆動之現象。

⑵判定方法：

A.應無變形、損傷之現象。

B.應緊密裝接在滅火器上。

⑶注意事項：

A.如發現有彎折、壓扁等之變形、損傷者，應即予以更新。

B.裝接部位如有鬆動者，應即重新裝配。

三　性能檢查

㈠檢查抽樣

1.檢查頻率：依滅火器種類，化學泡沫滅火器應每年實施一次性能檢查，其餘類型滅火器應每三年實施一次性能檢查，並依表1-1之規定進行。

2.檢查結果之判定：

⑴未發現缺點時：滅火器視為良好。

⑵發現有缺點時：依據性能檢查各項規定，發現有缺點之滅火器應即進行檢修或更新。泡沫滅火藥劑因經較長時間後會產生變化，應依滅火器銘板上所標示之時間或依製造商之使用規範，定期加以更換。其餘類型滅火器之滅火藥劑若無固化結塊、異物、沉澱物、變色、污濁或異臭者等情形，滅火藥劑可繼續使用。

表1-1　檢查試樣個數表

滅火器之區分			性能檢查項目	
種　類	加壓方式	對象	除放射能力外之項目	放射能力
水	手動泵浦式	自製造年份起超過三年以上者	全數	全數之5%以上
	加壓式			
	蓄壓式			全數之50%以上
化學泡	反應式	設置達一年以上者	全數	全數之5%以上
機械泡	加壓式	自製造年份起超過三年以上者		
	蓄壓式			全數之50%以上
鹵化物			如重量及指示壓力值無異常時，其他項目可予省略	
二氧化碳			如重量及指示壓力值無異常時，其他項目可予省略	
乾粉	加壓式		全數	全數之50%以上
	蓄壓式			
全部之滅火器		如經外觀檢查有缺點者，須進行性能檢查	全數	
備註：製造日期超過十年或無法辨識製造日期之水滅火器、機械泡沫滅火器或乾粉滅火器，應予報廢，非經水壓測試合格，不得再行更換及充填藥劑。				

㈡各加壓方式檢查之順序

1.化學反應式滅火器：

⑴檢查順序：

A.打開護蓋，取出內筒、支撐架及活動蓋。

B.確認滅火藥劑量是否達到液面標示之定量位置。

C.將滅火藥劑取出，移置到另一容器內。

D.本體容器內外、護蓋、噴射皮管、噴嘴、虹吸管、內筒及支撐架等用清水洗滌。

E.確認各部構件。

⑵注意事項：進行實際放射之試樣，應於進行至前項B之步驟確認後進行放射。

2.加壓式滅火器：

⑴檢查順序：

A.滅火藥劑量以重量表示者，應以磅秤確認滅火藥劑之總重量。

B.有排氣閥者，應先將其打開，使容器內壓完全排出。

C.卸下護蓋，取出加壓用氣體容器之支撐裝置及加壓用氣體容器。

D.滅火藥劑量以容量表示者，確認藥劑量是否達到液面標示之定量位置。

E.將滅火藥劑取出，移置到另一容器內。

F.清理：

⒜水系的滅火器，本體容器內外、護蓋、噴射皮管、噴嘴、虹吸管等應使用清水洗滌。

⒝鹵化物滅火器或乾粉滅火器，屬嚴禁水分之物質，應以乾燥之壓縮空氣，

對本體容器內外、護蓋、噴射皮管、噴嘴、虹吸管進行清理。

G.確認各構件。

(2)注意事項：進行實際放射之試樣，應於進行前項A步驟確認後進行放射。

3.蓄壓式滅火器：

(1)檢查順序：

A.秤重以確認其滅火藥劑量。

B.確認壓力指示計之指針位置。

C.有排氣閥者，應先將其打開，無排氣閥者，應將其倒置，按下壓把，使容器內壓完全排出。（二氧化碳滅火器及海龍滅火器除外）

D.自容器本體將護蓋或栓塞取下。

E.將滅火藥劑取出，移置到另一容器內。

F.依前項加壓式之清理要領，對本體容器內外、護蓋、噴射皮管、噴嘴、虹吸管進行清理。

G.確認各構件。

(2)注意事項：

A.進行實際放射之試樣，應於進行至前項B步驟確認後進行放射。

B.對二氧化碳滅火器及海龍滅火器進行重量檢查時，如失重超過10%以上或壓力表示值在綠色範圍外時，應予以更新。

(三)本體容器及內筒

1.檢查方法：

(1)本體容器：將內部檢視用照明器具（如圖1-3）插入本體容器內部，並對內部角落不易檢視之部位，使用反射鏡（如圖1-4）檢查，以確認其有無腐蝕之情形。

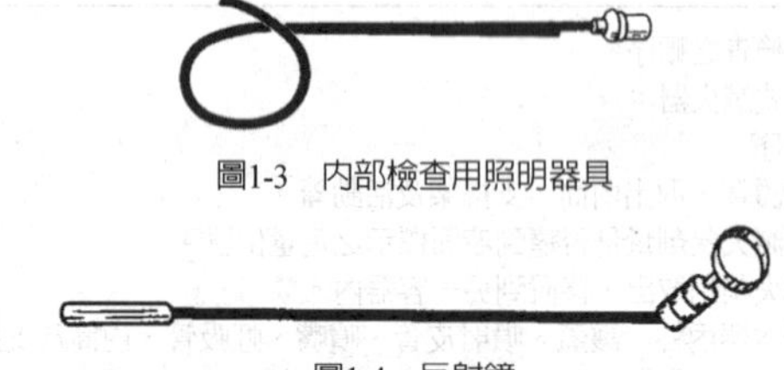

圖1-3　內部檢查用照明器具

圖1-4　反射鏡

(2)內筒及活動板：以目視確認化學泡沫滅火器之內筒、內筒蓋板，有無變形。

(3)液面標示：以目視確認有無因腐蝕致標示不明確。

2.判定方法：

(1)應無顯著之腐蝕或內壁塗膜剝離之情形。

(2)應無變形、損傷之情形。

(3)液面表示應明確。

3.注意事項：如發現本體容器內壁有顯著腐蝕或內壁塗膜剝離者，應即汰換。

(四)滅火藥劑

1.檢查方法：

(1)性狀：

A.乾粉滅火藥劑應個別放入塑膠袋內，以確認有無固化之情形。

B.泡沫滅火藥劑，應個別取出至塑膠桶，以確認有無異常之情形。

(2)滅火藥劑量：以液面標示表示藥劑量者，在取出藥劑前，應先確認有無達液面水平線；如以重量表示者，應秤其重量，以確認有無達定量。

2.判定方法：

(1)應無固化之現象。

(2)應無變色、腐敗、沈澱或污損之現象。

(3)重量應在規定量（如表1-2）之容許範圍內。

3.注意事項：

(1)有固化結塊者應予更換。

(2)有異物、沉澱物、變色、污濁或異臭者應予更換。

(3)與液面標示明顯不符者，如爲化學泡沫滅火藥劑，應予全部更換。

(4)供補充或更換之滅火藥劑應使用銘板上所標示之滅火藥劑。

(5)泡沫滅火藥劑因經較長時間後會產生變化，故應依滅火器銘板上所標示之時間或依製造商之指示，定期加以更換。

(6)二氧化碳滅火器及海龍滅火器，經依前述(二)檢查發現無任何異常現象者，其滅火藥劑之試驗可予省略。

表1-2　總重量容許範圍

藥劑標示重量	總重量容許範圍
1kg未滿	＋80g～－40g
1kg以上　2kg未滿	＋100g～－80g
2kg以上　5kg未滿	＋200g～－100g
5kg以上　8kg未滿	＋300g～－200g
8kg以上　10kg未滿	＋400g～－300g
10kg以上　20kg未滿	＋600g～－400g
20kg以上　40kg未滿	＋1,000g～－600g
40kg以上　100kg未滿	＋1,600g～－800g
100kg以上	＋2,400g～－1,000g

(五)加壓用氣體容器

1.檢查方法：

(1)以目視確認有無變形、腐蝕，及其封板有無損傷。

(2)如爲二氧化碳，應以磅秤測定其總重量，如爲氮氣，應測定其內壓，以確認有無異常之情形。

2.判定方法：

(1)應無變形、損傷或顯著之腐蝕現象。

(2)封板應無損傷之情形。

(3)二氧化碳應在表1-3所示之容許範圍，氮氣應在圖1-5壓力之容許範圍內。

表1-3　重量容許範圍

充　填　量	容　許　範　圍
5g以上　10g未滿	＋0.6g～－1.0g
10g以上　20g未滿	±3g
20g以上　50g未滿	±5g
50g以上　200g未滿	±10g
200g以上　500g未滿	±20g
500g以上	±30g

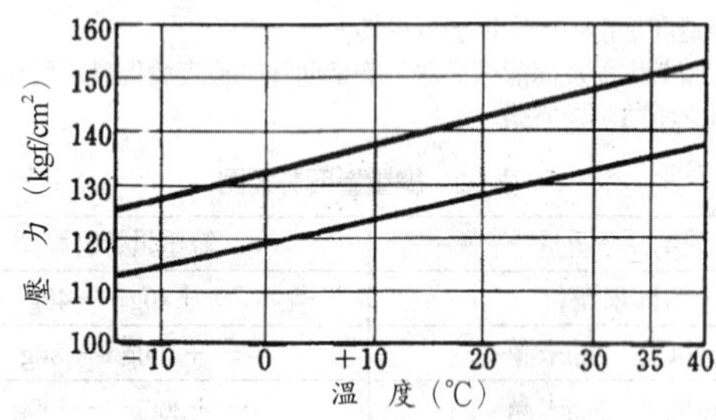

圖1-5　氮氣壓力之容許範圍

3.注意事項：

(1)二氧化碳之重量如超過容許範圍者，應以同型之加壓用氣體容器予以更換。

(2)氮氣氣體如超過規定壓力之容許範圍者，應加以調整或再行充填。

(3)裝接螺牙接頭計有順時針及逆時針兩種方式，裝配時應注意。

㈥壓把（壓板）

1.檢查方法：確認加壓用氣體容器已取下後，經由壓板及握把之操作，以確認動作狀況是否正常。

2.判定方法：

(1)應無變形、損傷。

(2)應能順暢、確實地正常動作。

3.注意事項：

(1)如發現有變形、損傷者，應即修復或予以更換。

(2)無法順暢確實動作者，應予修復或更換。

㈦皮管

1.檢查方法：將噴射皮管取下，確認其有無阻塞之情形。

2.判定方法：皮管與皮管接頭應無阻塞之情形。

3.注意事項：如發現有阻塞時，應即加以清除。

㈧開閉式噴嘴及切換式噴嘴

1.檢查方法：操作握把以確認噴嘴之開、關及切換是否可輕易操作。

2.判定方法：應能順暢、確實動作。

3.注意事項：無法順暢、確實動作者，應予修復或更換。

㈨壓力指示計

1.檢查方法：排出容器內壓時，壓力指針是否能正常動作。

2.判定方法：壓力指針之動作應正常。

3.注意事項：壓力指針無法正常動作者，應予更換。

㈩壓力調整器

1.檢查方法：應依下列規定加以確認：

⑴關閉滅火器本體容器連接閥門。

⑵打開加壓用氣體容氣閥，確認壓力計之指度及指針之動作情形。

⑶關閉加壓用氣體容器閥，確認高壓側（一次測）之壓力表指度是否下降，如有下降，應確認其氣體洩漏之部位。

⑷鬆開調整器之排氣閥或氣體導入管之結合部，將氣體放出，再恢復為原來狀態。

2.判定方法：

⑴壓力指針之動作應正常。

⑵調整壓力值應在綠色範圍內。

3.注意事項：壓力指針無法正常動作或調整壓力值在綠色範圍外者，應予修復或更換。

㈩①安全閥

1.檢查方法：

⑴以目視確認安全閥有無變形、阻塞之情形。

⑵有排氣閥者，確認操作排氣閥後，動作有無障礙。

⑶彈簧式安全閥，應依圖1-6所示，將皮管裝接於水壓試驗機，加水壓後，確認其動作壓力是否正常。

2.判定方法：

⑴應無變形、損傷或阻塞之情形。

⑵應能確實動作。

⑶動作壓力應為規定值。

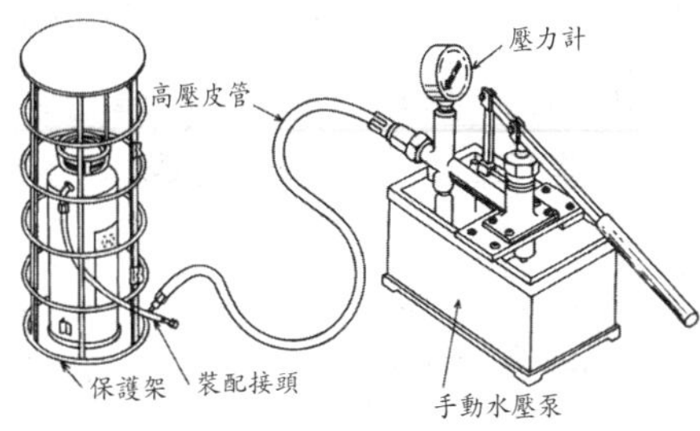

圖1-6　水壓試驗機及保護架

3.注意事項：

⑴有顯著之變形、損傷者，應予更換。

⑵有阻塞者，應加以清除。

⑶未確實動作或未依銘板所標示之動作壓力範圍內動作者，應予以修復。

㈩②封板及墊圈

1.防止乾粉上昇封板：

⑴檢查方法：以目視確認有無變形、損傷，及是否確實裝設於滅火器上。

⑵判定方法：

A.應無變形、損傷之情形。

B.應確實裝設於滅火器上。

⑶注意事項：

A.如發現有變形或損傷者，應予更換。

B.裝置不確實者，應再確實安裝。

2.墊圈：

⑴檢查方法：以目視確認有無變形、損傷或老化之現象。

⑵判定方法：應無變形、損傷或老化之情形。

⑶注意事項：如發現有變形、損傷或老化者，應予更換。

㈢虹吸管及氣體導入管

1.檢查方法：以目視或通氣方式確認。

2.判定方法：

⑴應無變形、損傷或阻塞之情形。

⑵裝接部位應無鬆動之情形。

3.注意事項：

⑴如發現有變形、損傷者，應即修復或予以更換。

⑵如發現有阻塞者，應加以清除。

⑶裝接部位之螺牙如有鬆動者，應即加以旋緊。但如為銲接或接著劑鬆動，及其他裝接不良者，應予更換。

㈣過濾網

1.檢查方法：以目視確認有無損傷、腐蝕或阻塞之情形。

2.判定方法：應無損傷、腐蝕或阻塞之情形。

3.注意事項：

⑴如發現有損傷或腐蝕者，應予更換。

⑵如發現有阻塞者，應予以清除。

㈤放射能力

1.檢查方法：依面板所標示之使用方法進行操作，確認其放射狀態有無異常。

2.判定方法：放射狀態應正常

3.注意事項：無法放射或有顯著異常者，應依上述各項進行性能檢查。

第二章　室內消防栓設備

一　外觀檢查

㈠水源

1.檢查方法：

⑴水箱、蓄水池：由外部以目視確認有無變形、漏水、腐蝕等。

⑵水量：由水位計確認或打開人孔蓋用檢尺測量。

⑶水位計及壓力表：以目視確認有無變形、損傷，指示值是否正確。

⑷閥類：以目視確認排水管、補給水管、給氣管等之閥類，有無洩漏、變形、損傷等，及其開、關位置是否正常。

2.判定方法：

⑴水箱、蓄水池：應無變形、損傷、漏水、漏氣及顯著腐蝕等痕跡。

⑵水量：應確保在規定量以上。

⑶水位計及壓力表：應無變形、損傷，且指示值應正常。

⑷閥類：

A.應無洩漏、變形、損傷等。

B.「常時開」或「常時關」之標示及開關位置應保持正常。

㈡電動機之控制裝置

1.檢查方法

⑴控制盤：

A.周圍狀況：確認周圍有無檢查及使用上之障礙。
B.外形：以目視確認有無變形、腐蝕等。
(2)電壓表：
A.以目視確認有無變形、損傷等。
B.確認電源、電壓是否正常。
(3)各開關：以目視確認有無變形、損傷及開關位置是否正常。
(4)標示：確認是否正確標示。
(5)預備品：確認是否備有保險絲、燈泡、回路圖及說明書等。
2.判定方法
(1)控制盤：
A.周圍狀況：應設置於火災不易波及之位置，且周圍應無檢查及使用上之障礙。
B.外形：應無變形、損傷或顯著腐蝕等。
(2)電壓表：
A.應無變形、損傷等。
B.電壓表之指示值應在所定之範圍內。
C.無電壓表者，電源表示燈應亮著。
(3)各開關：應無變形、損傷、脫落等，且開、關位置應正常。
(4)標示：
A.各開關之名稱標示應無污損及不明顯部分。
B.標示銘板應無剝落。
(5)預備品：
A.應備有保險絲、燈泡等預備品。
B.應備有回路圖及操作說明書等。
(三)啓動裝置
1.直接操作部
(1)檢查方法：
A.周圍狀況：以目視確認周圍有無檢查及使用上之障礙，及標示是否適當。
B.外形：以目視確認直接操作部有無變形、損傷。
(2)判定方法：
A.周圍狀況：
(A)應無檢查及使用上之障礙。
(B)標示應無污損及不明顯部分。
B.外形：開關部分應無變形、損傷之情形。
2.遠隔操作部
(1)檢查方法：
A.周圍狀況：以目視確認周圍有無檢查及使用上之障礙，設於消防栓箱附近之手動啓動裝置，標示是否適當正常。
B.外形：以目視確認遠隔操作部有無變形、損傷等情形。
(2)判定方法：
A.周圍狀況：
(A)應無檢查上及使用上之障礙。
(B)標示應無污損或不明顯部分。
B.外形：按鈕、開關應無損傷、變形。
(四)啓動用水壓開關裝置
1.檢查方法

⑴壓力開關：以目視確認如圖2-1之圖例所示壓力開關，有無變形、損傷等。

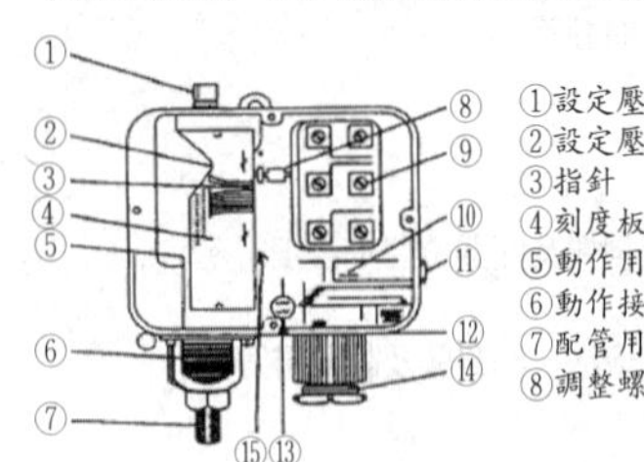

圖2-1　壓力開關圖例

⑵啓動用壓力槽：以目視確認如圖2-2之圖例所示啓動用壓力槽有無變形、漏水、腐蝕等，及壓力表之指示值是否適當正常。

2.判定方法

⑴壓力開關：應無變形、損傷等。

⑵啓動用壓力槽：應無變形、腐蝕、漏水、漏氣及顯著腐蝕等，且壓力表之指示值應正常。

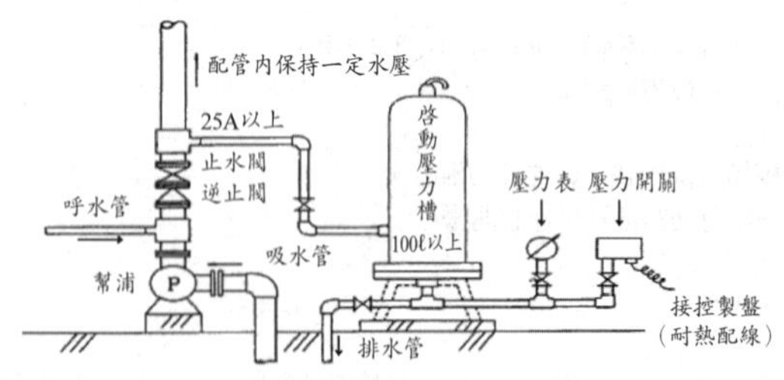

圖2-2　啓動用壓力槽圖例

㈤加壓送水裝置

1.檢查方法：以目視確認圖2-3所示之幫浦及電動機等有無變形、腐蝕等。

2.判定方法：應無變形、損傷、顯著腐蝕及銘板剝落等。

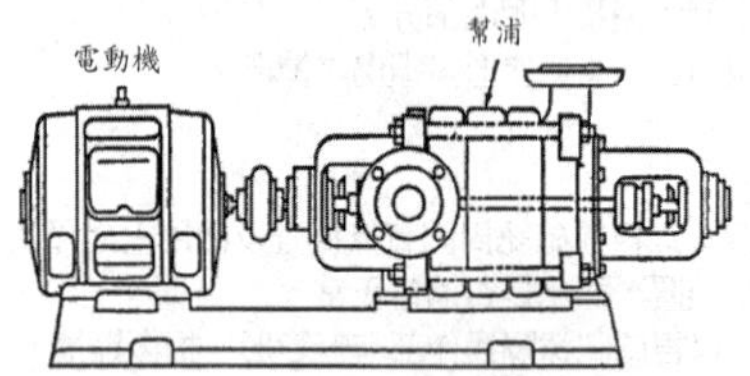

圖2-3　加壓送水裝置（幫浦方式）圖例

㈥呼水裝置

1.檢查方法

⑴呼水槽：以目視確認如圖2-4之呼水槽，有無變形、漏水、腐蝕，及水量是否在規定量以上。

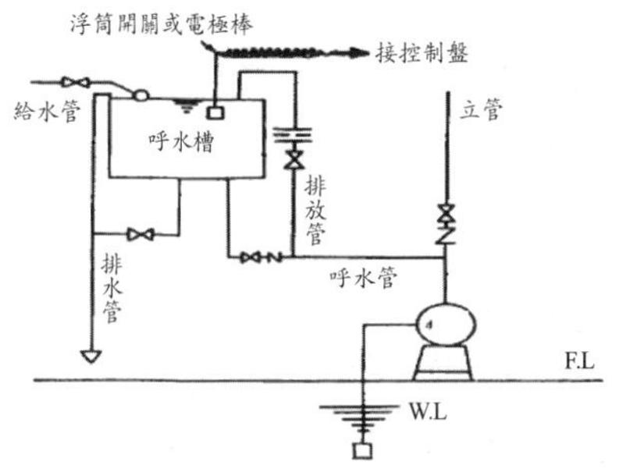

圖2-4　呼水裝置

⑵閥類：以目視確認給水管之閥類有無洩漏、變形等，及其開關位置是否正常。

2.判定方法

⑴呼水槽：應無變形、損傷、漏水、顯著腐蝕等，及水量應在規定量以上。

⑵閥類：

A.應無洩漏、變形、損傷等。

B.「常時開」或「常時關」之標示及開關位置應正常。

㈦配管

1.檢查方法

⑴立管及接頭：以目視確認有無洩漏、變形等及被利用做為其他東西之支撐、吊架等。

⑵立管固定用之支撐及吊架：以目視及手觸摸確認有無脫落、彎曲、鬆動等。

⑶閥類：以目視確認有無洩漏、變形等，及開、關位置是否正常。

⑷過濾裝置：以目視確認如圖2-5所示之過濾裝置有無洩漏、變形等。

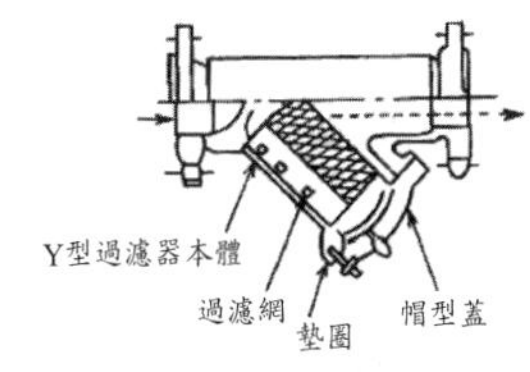

圖2-5　過濾裝置圖例

2.判定方法

⑴立管及接頭：

A.應無洩漏、變形、損傷等。

B.應無被利用做為其他東西之支撐及吊架等。

⑵立管固定用之支撐及吊架：應無脫落、彎曲、鬆動等。

⑶閥類：

A.應無洩漏、變形、損傷等。

B.「常時開」或「常時關」之表示及開、關位置應正常。

⑷過濾裝置：應無洩漏、變形、損傷等。

㈧消防栓箱等

1.消防栓箱

⑴檢查方法：

A.周圍狀況：確認周圍有無檢查及使用上之障礙，及「消防栓」之標示字樣是否適當正常。

B.外形：以目視及開、關操作，確認有無變形、損傷等，及箱門是否能確實開關。

⑵判定方法：

A.周圍狀況：

⒜應無檢查及使用上之障礙。

⒝標示字樣應無污損及不明顯部分。

B.外形：

⒜應無變形、損傷等。

⒝箱面之開關狀況應良好。

2.水帶及瞄子

⑴檢查方法：

A.第一種消防栓：以目視確認置於箱內之瞄子及水帶有無變形、損傷等，及有無法規規定之數量、型式。

B.第二種消防栓：以目視確認皮管、瞄子及瞄子之開關裝置有無變形、損傷，及能否正常收入箱內。

⑵判定方法：

A.第一種消防栓：

⒜應無變形、損傷等。

⒝設置數目及型式應依法規規定。

⒞應能正常收置於消防栓箱內。

B.第二種消防栓：

⒜應無變形、損傷等。

⒝應能正常收置於消防栓箱內。

3.消防栓及測試出水口

⑴檢查方法：以目視確認有無洩漏、變形等。

⑵判定方法：應無洩漏、變形、損傷等。

4.幫浦啓動表示燈

⑴檢查方法：以目視確認有無變形、損傷及是否亮燈等。

⑵判定方法：

A.應無變形、損傷、脫落、燈泡損壞等。

B.每一消防栓箱上均應設有紅色幫浦表示燈。

二　性能檢查

㈠水源

1.檢查方法

⑴水質：打開人孔蓋以目視及水桶採水，確認有無腐敗、浮游物、沈澱物等。

⑵給水裝置：

A.確認有無變形、腐蝕等，及操作排水閥確認給水功能是否正常。

B.如不使用操作排水閥檢查給水功能時，可使用下列方法：

⒜使用水位電極控制給水者，拆掉其電極回路之配線，形成減水狀態，確認其是否能自動給水；其後再將拆掉之電極回路配線接上復原，形成滿水狀態，確認其給水能否自動停止。

⒝使用浮球水栓控制給水者，以手動操作將浮球沒入水中，形成減水狀態，使其自動給水；其後使浮球復原，形成滿水狀態，使給水自動停止。

(3)水位計及壓力表：

A.水位計之量測係打開人孔蓋，用檢尺測量水位，並確認水位計之指示值。

B.壓力表之量測係關閉壓力表開關及閥類，並放出壓力表之水，使指針歸零後，再打開壓力表開關及閥類，並確認指針之指示值。

(4)閥類：以手操作確認開、關動作是否容易進行。

2.判定方法

(1)水質：應無顯著腐蝕、浮游物、沈澱物等。

(2)給水裝置：

A.應無變形、損傷、顯著腐蝕。

B.於減水狀態能自動給水，於滿水狀態能自動停止供水。

(3)水位計及壓力表：

A.水位計之指示值應正常。

B.在壓力表歸零的位置、指針的動作狀況及指示值應正常。

(4)閥類：開、關操作應能容易進行。

(二)電動機之控制裝置

1.檢查方法

(1)各開關：以螺絲起子及開、關操作，確認端子有無鬆動及開關性能是否正常。

(2)保險絲：確認有無損傷、熔斷及是否爲所規定之種類及容量。

(3)繼電器：確認有無脫落、端子鬆動、接點燒損、灰塵附著，並操作各開關使繼電器動作，確認性能。

(4)表示燈：操作各開關確認有無亮燈。

(5)結線接續：以目視及螺絲起子確認有無斷線、端子鬆動等。

(6)接地：以目視或回路計確認有無腐蝕、斷線等。

2.判定方法

(1)各開關：

A.端子應無鬆動、發熱。

B.開、關性能應正常。

(2)保險絲：

A.應無損傷、熔斷。

B.應依回路圖所規定種類及容量設置。

(3)繼電器：

A.應無脫落、端子鬆動、接點燒損、灰塵附著等。

B.動作應正常。

(4)表示燈：應無顯著劣化，且應能正常亮燈。

(5)結線接續：應無斷線、端子鬆動、脫落、損傷等。

(6)接地：應無顯著腐蝕、斷線等。

(三)啓動裝置

1.檢查方法

(1)啓動操作部：操作直接操作部及遠隔操作部之開關，確認加壓送水裝置是否能啓動。

(2)啓動用水壓開關裝置：

A.以目視及螺絲起子，確認壓力開關之端子有無鬆動。

B.確認設定壓力值是否恰當，且由操作排水閥使加壓送水裝置啓動，確認動作壓力值是否適當。

2.判定方法

(1)啓動操作部：加壓送水裝置應能確實啓動。

⑵啓動用水壓開關裝置：

A.壓力開關之端子應無鬆動。

B.設定壓力值應適當，且加壓送水裝置應依設定壓力正常啓動。

㈣加壓送水裝置

1.幫浦方式

⑴電動機：

A.檢查方法：

(A)回轉軸：用手轉動，確認是否能圓滑地回轉。

(B)軸承部：確認潤滑油有無污損、變質及是否達必要量。

(C)軸接頭：以板手確認有無鬆動及性能是否正常。

(D)本體：操作啓動裝置使其啓動，確認性能是否正常。

B.判定方法：

(A)回轉軸：應能圓滑地回轉。

(B)軸承部：潤滑油應無污損、變質，且達必要量。

(C)軸接頭：應無脫落、鬆動，且接合狀態牢固。

(D)本體：應無顯著發熱、異常振動、不規則或不連續之雜音，且回轉方向正確。

C.注意事項：除需操作啓動檢查性能外，其餘均需先切斷電源。

⑵幫浦：

A.檢查方法：

(A)回轉軸：用手轉動確認是否能圓滑地轉動。

(B)軸承部：確認潤滑油有無污損、變質及是否達必要量。

(C)底部：確認有無顯著的漏水。

(D)連成表及壓力表：關掉表計之控制水閥將水排出，確認指針是否指在0之位置，再打開表計之控制水閥，操作啓動裝置確認指針是否正常動作。

(E)性能：先將幫浦吐出側之制水閥關閉之後，使幫浦啓動，然後緩緩的打開性能測試用配管之制水閥，由流量計及壓力表確認額定負荷運轉及全開點時之性能。

B.判定方法：

(A)回轉軸：應能圓滑地轉動。

(B)軸承部：潤滑油應無污損、變質、混入異物等，且達必要量。

(C)底座：應無顯著漏水。

(D)連成表及壓力表：位置及指針之動作應正常。

(E)性能：應無異常振動、不規則或不連續的雜音，且於額定負荷運轉及全開點時之吐出壓力及吐出水量均達規定值以上。

C.注意事項：除需操作啓動檢查性能外，其餘均需先行切斷電源。

2.重力水箱方式

⑴檢查方法：以壓力表測試重力水箱最近及最遠的消防栓開關閥之靜水壓力，確認是否爲所定之壓力。

⑵判定方法：應爲設計上之壓力值。

3.壓力水箱方式

⑴檢查方法：打開排氣閥，確認是否能自動啓動加壓。

⑵判定方法：壓力降低應能自動啓動，壓力達到時應能自動停止。

⑶注意事項：在打開排氣閥時，爲防止高壓所造成的危害，閥類應慢慢開啓。

4.減壓措施

⑴檢查方法：

A.以目視確認減壓閥等有無洩漏、變形。

B.打開距加壓送水裝置最近及最遠的消防栓開關閥，確認壓力是否在規定之範圍。

⑵判定方法：

A.應無洩漏、變形、損傷等。

B.放水壓力第一種消防栓應在1.7kgf/cm²以上7kgf/cm²以下，第二種消防栓應在2.5kgf/cm²以上7kgf/cm²以下。但公共危險物品等場所達顯著滅火困難者設置之第一種滅火設備之消防栓，其放水壓力應在3.5kgf/cm²以上7kgf/cm²以下。

㈤呼水裝置

1.檢查方法

⑴閥類：用手操作確認開、關動作是否容易進行。

⑵自動給水裝置：

A.確認有無變形、腐蝕等。

B.打開排水閥，確認自動給水性能是否正常。

⑶減水警報裝置：

A.確認有無變形、腐蝕等。

B.關閉補給水閥，再打開排水閥，確認減水警報功能是否正常。

⑷底閥：

A.拉上吸水管或檢查用鍊條，確認有無異物附著或阻塞。

B.打開幫浦本體上呼水漏斗之制水閥，確認有無從漏斗連續溢水出來。

C.打開幫浦本體上呼水漏斗之制水閥，然後關閉呼水管之制水閥，確認底閥之逆止效果是否正常。

2.判定方法

⑴閥類：開、關動作應能容易進行。

⑵自動給水裝置：

A.應無變形、損傷、顯著腐蝕等。

B.當呼水槽之水量減少時，應能自動給水。

⑶減水警報裝置：

A.應無變形、損傷、顯著腐蝕等。

B.當水量減少至一半前應發出警報。

⑷底閥：

A.應無異物附著、阻塞等吸水障礙。

B.呼水漏斗應能連續溢水出來。

C.呼水漏斗的水應無減少。

㈥配管

1.檢查方法

⑴閥類：用手操作確認開、關動作是否容易進行。

⑵過濾裝置：分解打開確認過濾網有無變形、異物堆積。

⑶排放管（防止水溫上升裝置）：使加壓送水裝置啓動呈關閉運轉狀態，確認排放管排水是否正常。

2.判定方法

⑴閥類：開、關操作應能容易進行。

⑵過濾裝置：過濾網應無變形、損傷、異物堆積等。

⑶排放管：排放水量應在下列公式求出量以上。

$$q=\frac{Ls\times C}{60\cdot\Delta t}$$

q：排放水量（ℓ/min）

Ls：幫浦關閉運轉時之出力（kw）

C：860 Kcal（1kw-hr水之發熱量）

Δt：30℃（幫浦內部之水溫上升限度）

⑷注意事項：排放管之排放水量與設置時之排水量比較應無太大之差異。

㈦消防栓箱等

1.水帶及瞄子

⑴檢查方法：

A.第一種消防栓檢查方法：

(A)以目視確認有無腐蝕、損傷及用手操作確認是否容易拆接。

(B)製造年份超過十年或無法辨識製造年份之水帶，應將消防水帶兩端之快速接頭連接於耐水壓試驗機，並利用相關器具夾住消防水帶兩末端處，經確認快速接頭已確實連接及水帶內（快速接頭至被器具夾住處之部分水帶）無殘留之空氣後，施以$7kgf/cm^2$以上水壓試驗五分鐘合格，始得繼續使用。但已經水壓試驗合格未達三年者，不在此限。

B.第二種消防栓檢查方法：以目視確認有無腐蝕、損傷及瞄子開閉裝置操作是否容易。

⑵判定方法：

A.應無損傷及腐蝕。

B.第一種消防栓應能容易拆接，水帶應無破裂、漏水或與消防水帶用接頭脫落之情形。

C.第二種消防栓開關裝置應能容易操作。

2.消防栓及測試出水口

⑴檢查方法：用手操作確認是否容易開、關。

⑵判定方法：開、關操作應能容易進行。

㈧耐震措施

1.檢查方法

⑴牆壁或地板上貫通部分有無變形、損傷等，並確認防震軟管接頭有無變形、損傷、顯著腐蝕等。

⑵以目視及板手確認加壓送水裝置等之裝配固定是否有異常。

2.判定方法

⑴防震軟管應無變形、損傷、顯著腐蝕等，且牆壁或地板上貫通部分的間隙、充填部分均保持原來施工時之狀態。

⑵加壓送水裝置的安裝部分所使用之基礎螺絲、螺絲帽，應無變形、損傷、鬆動、顯著腐蝕等，且安裝固定部分應無損傷。

三　綜合檢查

㈠檢查方法：切換成緊急電源供電之狀態，操作直接操作部或遠隔操作啓動裝置，確認各項性能。而有關放水壓力及放水量之檢查方法如下：

1.於裝置消防栓最多之最高樓層做放水試驗，以該樓層全部消防栓放水爲準，但消防栓超過二支時，以二支同時放水。另公共危險物品等場所達顯著滅火困難者設置消防栓之數量超過五支時，以五支同時放水。

2.測量瞄子直線放水之壓力時，如下圖2-6所示將壓力表之進水口，放置於瞄子前端瞄子口徑的二分之一距離處，或採圖2-7所示方式讀取壓力表的指示值。

3.放水量依下列計算式計算

$Q=0.653D^2\sqrt{P}$

Q：瞄子放水量（ℓ/min）

D：瞄子口徑（mm）

P：瞄子壓力（kgf/cm^2）

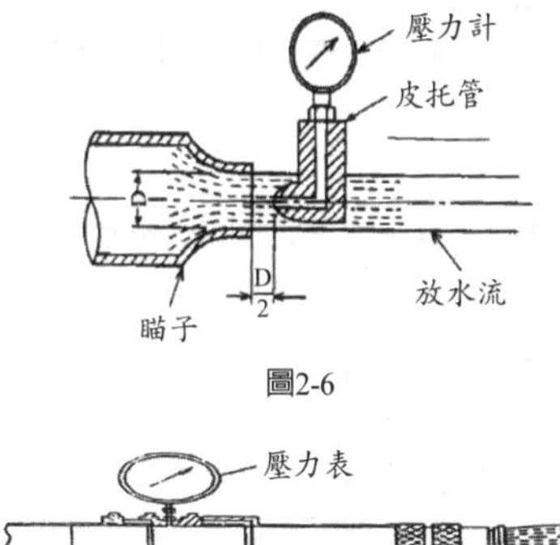

圖2-6

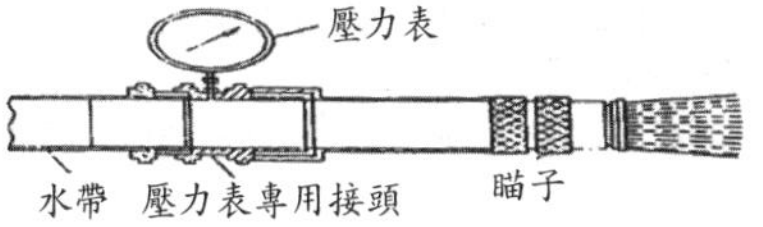

圖2-7

㈡判定方法：

1.啓動性能：

(1)加壓送水裝置應確實啓動。

(2)表示、警報等動作應正常。

(3)電動機之運轉電流值應在容許範圍內。

(4)運轉中應無不規則、不連續之雜音或異常之振動、發熱等。

2.放水壓力：第一種消防栓放水壓力應在1.7kgf/cm^2以上7kgf/cm^2以下，第二種消防栓放水壓力應在2.5kgf/cm^2以上7kgf/cm^2以下。但公共危險物品等場所達顯著滅火困難者設置之第一種滅火設備之消防栓，其放水壓力應在3.5kgf/cm^2以上7kgf/cm^2以下。

3.放水量：第一種消防栓放水量應在130ℓ/min以上，第二種消防栓放水量應在60ℓ/min以上。但公共危險物品等場所達顯著滅火困難者設置之第一種滅火設備之消防栓，其放水量應在260ℓ/min以上。

㈢注意事項：於檢查類似醫院之場所，因切換成緊急電源可能會產生困擾時，得使用常用電源檢查。

第三章　室外消防栓設備

一　外觀檢查

㈠水源

1.檢查方法

(1)水箱、蓄水池：由外部以目視確認有無變形、漏水、腐蝕等。

(2)水量：由水位計確認或打開人孔蓋用檢尺測量。

(3)水位計及壓力表：以目視確認有無變形、損傷，指示值是否正確。

(4)閥類：以目視確認排水管、補給水管、給氣管等之閥類，有無洩漏、變形、損傷等，及其開關位置是否正常。

2.判定方法

(1)水箱、蓄水池：應無變形、損傷、漏水、漏氣及顯著腐蝕等痕跡。

(2)水量：應確保在規定量以上。

⑶水位計及壓力表：應無變形、損傷，且指示值應正常。

⑷閥類：

A.應無洩漏、變形、損傷等。

B.「常時開」或「常時關」之標示及開、關位置應保持正常。

㈡電動機之控制裝置

1.檢查方法

⑴控制盤：

A.周圍狀況：確認周圍有無檢查及使用上之障礙。

B.外形：以目視確認有無變形、腐蝕等。

⑵電壓表：

A.以目視確認有無變形、腐蝕。

B.確認電源、電壓是否正常。

⑶各開關：以目視確認有無變形、損傷及開關位置是否正常。

⑷標示：確認是否正確標示。

⑸預備品等：確認是否備有保險絲、燈泡、回路圖及說明書等。

2.判定方法

⑴控制盤：

A.周圍狀況：應設置於火災不易波及之位置，且周圍應無檢查及使用上之障礙。

B.外形：應無變形、損傷、顯著腐蝕等。

⑵電壓表：

A.應無變形、損傷等。

B.電壓表之指示值應在所定之範圍內。

C.無電壓表者，電源表示燈應亮著。

⑶各開關：應無變形、損傷、脫落等，且開、關位置應正常。

⑷標示：

A.各開關之名稱標示應無污損及不明顯部分。

B.標示銘板應無剝落。

⑸預備品等：

A.應備有保險絲、燈泡等預備品。

B.應備有回路圖及操作說明書等。

㈢啓動裝置

1.啓動操作部

⑴檢查方法：

A.周圍狀況：以目視確認周圍有無檢查及使用上之障礙及標示是否適當。

B.外形：以目視確認直接操作部及遠隔操作部，有無變形、損傷等。

⑵判定方法：

A.周圍狀況：

(A)應無檢查及使用上之障礙。

(B)標示應無污損及不明顯部分。

B.外形：閥類各開關應無損傷、變形等。

2.啓動用水壓開關裝置

⑴檢查方法：

A.壓力開關：以目視確認有無變形、損傷等。

B.啓動用壓力槽：以目視確認有無變形、漏水、腐蝕等，及壓力表之指示值是否適當正常。

⑵判定方法：

A.壓力開關：應無變形、損傷等。

B.啓動用壓力水槽：應無變形、腐蝕、漏水、漏氣、顯著腐蝕等，且壓力表之指示值應正常。

㈣加壓送水裝置

1.檢查方法：以目視確認幫浦及電動機等有無變形、腐蝕等。

2.判定方法：應無變形、損傷、顯著腐蝕及銘板剝落等。

㈤呼水裝置

1.檢查方法

⑴呼水槽：以目視確認呼水槽，有無變形、漏水、腐蝕等，及水量是否在規定量以上。

⑵閥類：以目視確認給水管之閥類有無洩漏、變形等，及其開、關位置是否正常。

2.判定方法

⑴呼水槽：應無變形、損傷、漏水、顯著腐蝕等，及水量應在規定量以上。

⑵閥類：

A.應無洩漏、變形、損傷等。

B.「常時開」或「常時關」之標示及開關位置應正常。

㈥配管

1.檢查方法

⑴立管及接頭：以目視確認有無洩漏、變形等及被利用做爲其他東西之支撐、吊架等。

⑵立管固定用之支撐及吊架：以目視及手觸摸確認有無脫落、彎曲、鬆動等。

⑶閥類：以目視確認有無洩漏、變形等，及開、關位置是否正常。

⑷過濾裝置：以目視確認過濾裝置有無洩漏、變形等。

2.判定方法

⑴立管及接頭：

A.應無洩漏、變形、損傷等。

B.應無被利用做爲其他東西之支撐及吊架等。

⑵立管固定用之支撐及吊架：應無脫落、彎曲、鬆動等。

⑶閥類：

A.應無洩漏、變形、損傷等。

B.「常時開」或「常時關」之標示及開關位置應正常。

⑷過濾裝置：應無洩漏、變形、損傷等。

㈦水帶箱等

1.水帶箱

⑴檢查方法：

A.周圍狀況：以目視確認周圍有無檢查及使用上之障礙，及「水帶箱」之標示字樣是否適當正常。

B.外形：以目視及開、關操作，確認有無變形、損傷等，及箱門是否能確實開、關。

⑵判定方法：

A.周圍狀況：

(A)應無檢查及使用上之障礙。

(B)標示字樣應無污損及不明顯部分。

B.外形：

(A)應無變形、損傷等。

⒝箱門之開、關狀況應良好。

2.水帶及瞄子

⑴檢查方法：以目視確認置於箱內之瞄子及水帶有無變形、損傷及水帶數量是否足夠。

⑵判定方法：

A.應無變形、損傷。

B.應配置口徑六十三公厘及長二十公尺水帶二條、口徑十九公厘以上直線噴霧兩用型瞄子一具及消防栓閥型開關一把。

3.室外消防栓

⑴檢查方法：

A.周圍的狀況：以目視確認周圍有無檢查及使用上之障礙，及消防栓之標示是否正常。

B.外形：以目視及開、關操作，確認有無變形、損傷等，及地下式箱蓋是否能確實開、關。

⑵判定方法：

A.周圍狀況：

⒜應無檢查及使用上之障礙。

⒝標示字樣應無污損及不明顯部分。

B.外形：

⒜應無變形、洩漏、損傷等。

⒝地下式之箱蓋應能確實開關。

二　性能檢查

㈠水源

1.檢查方法

⑴水質：打開人孔蓋以目視及水桶採水，確認有無腐敗、浮游物、沈澱物等。

⑵給水裝置：

A.確認有無變形、腐蝕等，及操作排水閥確認給水功能是否正常。

B.如不便用操作排水閥檢查給水功能時，可使用下列方法：

⒜使用水位電極控制給水者，拆除其電極回路之配線，形成減水狀態，確認其是否能自動給水；其後再將拆掉之電極回路線接上復原，形成滿水狀態，確認其給水能否自動停止。

⒝使用浮球水栓控制給水者，以手動操作將浮球沒入水中，形成減水狀態，使其自動給水；其後使浮球復原，形成滿水狀態，使給水自動停止。

⑶水位計及壓力表：

A.水位計之量測係打開人孔蓋，用檢尺測量水位，並確認水位計之指示值。

B.壓力表之量測係關閉壓力表開關及閥類，並放出壓力表之水，使指針歸零後，再打開壓力表開關及閥類，並確認指針之指示值。

⑷閥類：用手操作確認開、關動作是否能容易進行。

2.判定方法

⑴水質：應無腐臭、浮游物、沈澱物之堆積等。

⑵給水裝置：

A.應無變形、損傷、顯著腐蝕。

B.於減水狀態能自動給水，於滿水狀態能自動停止供水。

⑶水位計及壓力表：

A.水位計之指示值應正常。

B.在壓力表歸零的位置、指針的動作狀況及指示值應正常。

(4)閥類：開、關操作應能容易地進行。

(二)電動機之控制裝置

1.檢查方法

(1)各開關：以螺絲起子及開、關操作，確認端子有無鬆動及開關性能是否正常。

(2)保險絲：確認有無損傷、熔斷及是否爲所規定之種類及容量。

(3)繼電器：確認有無脫落、端子鬆動、接點燒損、灰塵附著，並操作各開關使繼電器動作，確認機能。

(4)表示燈：操作各開關確認有無亮燈。

(5)結線接續：以目視及螺絲起子確認有無斷線、端子鬆動等。

(6)接地：以目視或回路計確認有無腐蝕、斷線等。

2.判定方法

(1)各開關：

A.端子應無鬆動、發熱。

B.開、關性能應正常。

(2)保險絲：

A.應無損傷、熔斷。

B.應依回路圖所規定種類及容量設置。

(3)繼電器：

A.應無脫落、端子鬆動、接點燒損、灰塵附著等。

B.動作應正常。

(4)表示燈：應無顯著劣化，且能正常點燈。

(5)結線接續：應無斷線、端子鬆動、脫落、損傷等。

(6)接地：應無顯著腐蝕、斷線等。

(三)啓動裝置

1.檢查方法

(1)啓動操作部：操作直接操作部及遠隔操作部之開關，確認加壓送水裝置能否啓動。

(2)啓動用水壓開關裝置：

A.以目視及螺絲起子，確認壓力開關之端子有無鬆動。

B.確認設定壓力值是否恰當，且由操作排水閥使加壓送水裝置啓動，確認動作壓力值是否適當。

2.判定方法

(1)啓動操作部：加壓送水裝置應能確實啓動。

(2)啓動用水壓開關裝置：

A.壓力開關之端子應無鬆動。

B.設定壓力值適當，且加壓送水裝置依設定壓力正常啓動。

(四)加壓送水裝置（限幫浦方式）

1.電動機

(1)檢查方法：

A.回轉軸：用手轉動，確認是否能圓滑地回轉。

B.軸承部：確認潤滑油有無污損、變質及是否達必要量。

C.軸接頭：以扳手確認有無鬆動、性能是否正常。

D.本體：操作啓動裝置使其啓動，確認性能是否正常。

(2)判定方法：

A.回轉軸：應能圓滑的回轉。

B.軸承部：潤滑油應無污損、變質且達必要量。

C.軸接頭：應無脫落、鬆動，且接合狀態牢固。

D.本體：應無顯著發熱、異常振動、不規則或不連續之雜音，且回轉方向正確。

(3)注意事項：除需操作啓動檢查性能外，其餘均需先切斷電源。

2.幫浦

(1)檢查方法：

A.回轉軸：用手轉動確認是否能圓滑地回轉。

B.軸承部：確認潤滑油有無污損、變質及是否達必要量。

C.底座：確認有無顯著漏水。

D.連成表及壓力表：關掉表計之控制水閥將水排出，確認指針是否指在0之位置，再打開表計之控制水閥，操作啓動裝置確認指針是否正常動作。

E.性能：先將幫浦吐出側之制水閥關閉之後，使幫浦啓動，然後緩緩的打開性能測試用配管之制水閥，由流量計及壓力表確認額定負荷運轉及全開點時之性能。

(2)判定方法：

A.回轉軸：應能圓滑地轉動。

B.軸承部：潤滑油應無污損、變質，且達必要量。

C.底座：應無顯著漏水。

D.連成表及壓力表：位置及指針動作應正常。

E.性能：應無異常振動、不規則或不連續之雜音，且於額定負荷運轉及全開點時之吐出壓力及吐出水量均達規定值以上。

(3)注意事項：除需操作啓動檢查性能外，其餘均需先行切斷電源。

3.減壓措施

(1)檢查方法：以目視確認減壓閥等有無變形、洩漏等。

(2)判定方法：

A.應無洩漏、變形、損傷等。

B.放水壓力應在2.5kgf/cm^{2}以上6kgf/cm^{2}以下。但公共危險物品等場所達顯著滅火困難者、爆竹煙火製造場所有火藥區之作業區或庫存區及爆竹煙火儲存場所設置第一種滅火設備之室外消防栓，其放水壓力應在3.5kgf/cm^{2}以上。

(五)呼水裝置

1.檢查方法

(1)閥類：用手操作確認開關動作是否容易進行。

(2)自動給水裝置：

A.確認有無變形、腐蝕等。

B.打開排水閥，檢查自動給水功能是否正常。

(3)減水警報裝置：

A.確認有無變形、腐蝕等。

B.關閉補給水閥，再打開排水閥，確認減水警報功能是否正常。

(4)底閥：

A.拉上吸水管或檢查用鍊條，確認有無異物附著或阻塞。

B.打開幫浦本體上呼水漏斗之制水閥，確認有無從漏斗連續溢水出來。

C.打開幫浦本體上呼水漏斗之制水閥，然後關閉呼水管之制水閥，確認底閥之逆止效果是否正常。

2.判定方法

(1)閥類：開、關動作應能容易地進行。

(2)自動給水裝置：

A.應無變形、損傷、顯著腐蝕等。

B.當呼水槽之水量減少時，應能自動給水。

⑶減水警報裝置：

A.應無變形、損傷、顯著腐蝕等。

B.當水量減少到二分之一時應發出警報。

⑷底閥：

A.應無異物附著、阻塞等吸水障礙。

B.呼水漏斗應能連續溢水出來。

C.呼水漏斗的水應無減少。

㈥配管

1.檢查方法

⑴閥類：用手操作確認開、關動作是否容易進行。

⑵過濾裝置：分解打開確認過濾網有無變形、異物堆積。

⑶排放管（防止水溫上升裝置）：使加壓送水裝置啓動呈關閉運轉狀態，確認排放管排水是否正常。

2.判定方法

⑴閥類：開、關操作應能容易進行。

⑵過濾裝置：過濾網應無變形、損傷、異物堆積等。

⑶排放管：排放水量應在下列公式求得量以上。

$$q=\frac{Ls \times C}{60 \cdot \Delta t}$$

q：排放水量（ℓ/min）

Ls：幫浦關閉運轉時之出力（kw）

C：860 Kcal（1kw-hr水之發熱量）

Δt：30℃（幫浦內部之水溫上升限度）

㈦室外消防栓箱等

1.檢查方法

⑴水帶及瞄子：

A.以目視確認有無損傷、腐蝕，及用手操作確認是否容易拆接。

B.製造年份超過十年或無法辨識製造年份之水帶，應將消防水帶兩端之快速接頭連接於耐水壓試驗機，並利用相關器具夾住消防水帶兩末端處，經確認快速接頭已確實連接及水帶內（快速接頭至被器具夾住處之部分水帶）無殘留之空氣後，施以6kgf/cm^{2}以上水壓試驗五分鐘合格，始得繼續使用。但已經水壓試驗合格未達三年者，不在此限。

⑵室外消防栓：用手操作確認開、關操作是否容易。

2.判定方法

⑴水帶及瞄子：

A.應無損傷、腐蝕。

B.應能容易拆、接，水帶應無破裂、漏水或與消防水帶用接頭脫落之情形。

⑵室外消防栓：開、關操作應能容易進行。

㈧耐震措施

1.檢查方法

⑴牆壁或地板上貫通部分有無變形、損傷等，並確認防震軟管接頭有無變形、損傷、顯著腐蝕等。

⑵以目視及扳手確認加壓送水裝置等之裝配固定是否有異常。

2.判定方法

⑴防震軟管應無變形、損傷、顯著腐蝕等，且牆壁或地板上貫通部分的間隙、充填部分均保持原來施工時之狀態。

⑵加壓送水裝置的安裝部分所使用之基礎螺絲、螺絲帽，應無變形、損傷、鬆動、顯著腐蝕等，且安裝固定部分應無損傷。

三　綜合檢查

㈠檢查方法：切換成緊急電源供電狀態，操作直接操作部及遠隔操作部啓動裝置，確認各項性能。其放水壓力及放水量之檢查方法如下：

1.選擇配管上最遠最高處之二具室外消防栓做放水試驗。但公共危險物品等場所達顯著滅火困難者、爆竹煙火製造場所有火藥區之作業區或庫存區及爆竹煙火儲存場所超過四具時，選擇配管上最遠最高處之四具室外消防栓做放水試驗。

2.測量瞄子直線放水之壓力時，將壓力表之進水口，放置於瞄子前端瞄子口徑的二分之一距離處，讀取壓力表的指示值。

3.放水量依下列計算式計算：

$Q=0.653D^2\sqrt{P}$

Q：瞄子放水量（ℓ/min）

D：瞄子口徑（mm）

P：瞄子壓力（kgf/cm^2）

㈡判定方法：

1.啓動性能：

⑴加壓送水裝置應確實啓動。

⑵表示、警報等應正常。

⑶電動機之運轉電流值應在容許範圍內。

⑷運轉中應無不規則、不連續之雜音或異常之振動、發熱等。

2.放水壓力：應在2.5kgf/cm^{2}以上6kgf/cm^{2}以下。但公共危險物品等場所達顯著滅火困難者、爆竹煙火製造場所有火藥區之作業區或庫存區及爆竹煙火儲存場所，其放水壓力應在3.5kgf/cm^{2}以上。

3.放水量：應在350ℓ/min以上。但公共危險物品等場所達顯著滅火困難者、爆竹煙火製造場所有火藥區之作業區或庫存區及爆竹煙火儲存場所，應在450ℓ/min以上。

㈢注意事項：於檢查類似醫院之場所，因切換成緊急電源可能會產生困擾時，得使用常用電源檢查。

第四章　自動撒水設備

一　外觀檢查

㈠水源

1.檢查方法

⑴水箱、蓄水池：由外部以目視確認有無變形、漏水、腐蝕等。

⑵水量：由水位計確認或打開人孔蓋用檢尺測量。

⑶水位計及壓力表：用目視確認有無變形、損傷，指示值是否正常。

⑷閥類：以目視確認排水管、補給水管、給氣管等之閥類，有無漏水、變形、損傷等，及其開、關位置是否正常。

2.判定方法

⑴水箱、蓄水池：應無變形、損傷、漏水、漏氣及顯著腐蝕等痕跡。

⑵水量：應確保在規定量以上。

⑶水位計及壓力表：應無變形、損傷，且指示值應正常。

⑷閥類：

A.應無漏水、變形、損傷等。

B.「常時開」或「常時關」之標示及開、關位置應保持正常。

㈡電動機之控制裝置

1.檢查方法

⑴控制盤：

A.周圍狀況：確認周圍有無檢查及使用上之障礙。

B.外形：以目視確認有無變形、腐蝕。

⑵電壓計：

A.以目視確認有無變形、損傷。

B.確認電源、電壓是否正常。

⑶各開關：以目視確認有無變形、損傷及開、關位置是否正常。

⑷標示：確認是否正確標示。

⑸預備品：確認是否備有保險絲、燈泡、回路圖及說明書等。

2.判定方法

⑴控制盤：

A.周圍狀況：應設置於火災不易波及之位置，且周圍應無檢查及使用上之障礙。

B.外形：應無變形、損傷、顯著腐蝕等。

⑵電壓表：

A.應無變形、損傷等。

B.電壓表之指示值應在所定之範圍內。

C.無電壓表者，電源指示燈應亮著。

⑶各開關：應無變形、損傷、脫落等，且開關位置應正常。

⑷標示：

A.各開關之名稱標示應無污損及不明顯部分。

B.標示銘板應無剝落。

⑸預備品：

A.應備有保險絲、燈泡等預備品。

B.應備有回路圖及操作說明書等。

㈢啓動裝置

1.手動啓動裝置

⑴檢查方法：

A.周圍狀況：以目視確認周圍有無檢查及使用上之障礙，及標示是否適當。

B.外形：以目視確認有無變形、損傷等。

⑵判定方法：

A.周圍狀況：

(A)應無檢查及使用上之障礙。

(B)標示應無污損及不明顯部分。

B.外形：開關閥應無損傷、變形。

2.自動啓動裝置

⑴檢查方法：

A.啓動用水壓開關裝置：

(A)壓力開關：以目視確認有無變形、損傷等。

(B)啓動用壓力水槽：以目視確認有無變形、損傷、漏水、腐蝕等，及壓力表指示值是否適當正常。

B.火警感知裝置：

(A)探測器：

a.外形：以目視確認有無變形、腐蝕等。

b.感知區域：確認探測器範圍設定是否恰當。

c.適應性：確認是否設置適當型式之探測器。

d.性能障礙：以目視確認感知部分有無被塗上油漆，或因裝潢而妨礙熱氣流等。

(B)密閉式撒水頭：以目視確認有無火警感知障礙，及因裝修油漆、異物附著等動作障礙。

(2)判定方法：

A.啓動用水壓開關裝置：

(A)壓力開關：應無變形、損傷等。

(B)啓動用壓力水槽：應無變形、損傷、漏水、漏氣、顯著腐蝕等，且壓力表之指示值應正常。

B.火警感知裝置：

(A)探測器：

a.外形：應無變形、損傷、脫落、顯著腐蝕等。

b.感知區域：設置的型式、探測範圍面積及裝置高度均符合規定。

c.適應性：應爲適合設置場所之探測器。

d.性能障礙：應無被油漆及裝修妨礙熱氣流或煙之流動現象。

(B)密閉式撒水頭：

a.撒水頭周圍應無感熱障礙。

b.應無被油漆、異物附著、漏水、變形等。

(四)加壓送水裝置

1.檢查方法：以目視確認幫浦及電動機等有無變形、腐蝕等。

2.判定方法：應無變形、損傷、顯著腐蝕及銘板剝落等。

(五)呼水裝置

1.檢查方法

(1)呼水槽：以目視確認有無變形、漏水、腐蝕，及水量是否在規定量以上。

(2)閥類：以目視確認給水管等之閥類有無漏水、變形等，及其開、關位置是否正常。

2.判定方法

(1)呼水槽：應無變形、損傷、漏水、顯著腐蝕等，及水量應在規定量以上。

(2)閥類：

A.應無漏水、變形、損傷等。

B.「常時開」或「常時關」之標示及開、關位置應正常。

(六)配管

1.檢查方法

(1)立管及接頭：以目視確認有無洩漏、變形等及被利用爲支撐、吊架等。

(2)立管固定用支架：以目視及手觸摸確認有無脫落、彎曲、鬆動等。

(3)閥類：以目視確認有無洩漏、變形等，及開、關位置是否正常。

(4)過濾裝置：以目視確認有無洩漏、變形等。

(5)標示：確認「制水閥」、「末端查驗閥」等之標示是否適當正常。

2.判定方法

(1)立管及接頭：

A.應無洩漏、變形、損傷等。

B.應無被利用爲支撐、吊架等。

(2)立管固定用之支架：應無脫落、彎曲、鬆動等。

(3)閥類：

A.應無洩漏、變形、損傷等。

B.「常時開」或「常時關」之標示及開、關位置應正常。

(4)過濾裝置：應無洩漏、變形、損傷等。

(5)標示：應無損傷、脫落、污損等。

(七)送水口

1.檢查方法

(1)周圍狀況：

A.確認周圍有無使用上及消防車接近之障礙。

B.確認「自動撒水送水口」之標示是否正常。

(2)外形：以目視確認有無漏水、變形、異物阻塞等。

2.判定方法

(1)周圍狀況：

A.應無消防車接近及消防活動上之障礙。

B.標示應無損傷、脫落、污損等。

(2)外形：

A.快速接頭應無生鏽。

B.應無漏水及砂、垃圾等異物阻塞現象。

(八)撒水頭

1.檢查方法

(1)外形：

A.以目視確認有無洩漏、變形等。

B.以目視確認有無被利用為支撐、吊架使用等。

(2)感熱及撒水分布障礙：以目視確認周圍有無感熱及撒水分布之障礙。

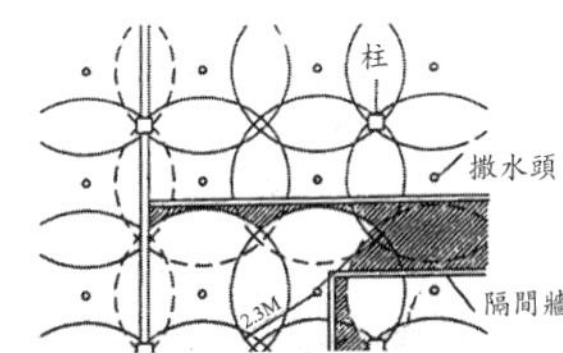

(3)未警戒部分：確認有無如圖4-1所示，因隔間變更應無設置撒水頭，而造成未警戒之部分。

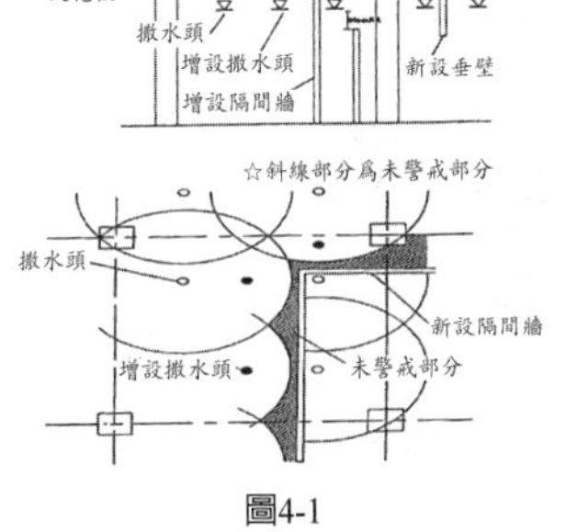

圖4-1

2.判定方法

(1)外形：

A.應無洩漏、變形等。

B.應無被利用爲支撐、吊架使用。

(2)感熱及撒水分布障礙：

A.撒水頭周圍應無感熱、撒水分布之障礙。

B.撒水頭應無被油漆、異物附著等。

C.於設有撒水頭防護蓋之場所，其防護蓋應無損傷、脫落等。

(3)未警戒部分：應無因隔間、垂壁、風管管道等之變更、增設、新設等，而造成未警戒部分。

(九)自動警報逆止閥及流水檢知裝置

1.檢查方法

(1)閥本體：

A.以目視確認本體、附屬閥類、配管及壓力表等有無漏水、變形等。

B.確認壓力表指示值是否正常。

C.以目視確認附屬閥類之開關位置是否正常。

(2)延遲裝置：以目視確認有無變形、腐蝕等。

(3)壓力開關：以目視確認有無變形、損傷等。

2.判定方法

(1)閥本體：

A.本體、附屬閥類、壓力表及配管應無漏水、變形、損傷等。

B.壓力表指示值正常。

C.「常時開」或「常時關」之標示及開、關位置應正常。

(2)延遲裝置：應無變形、損傷、顯著腐蝕等。

(3)壓力開關：應無變形、損傷等。

(十)一齊開放閥（含電磁閥）

1.檢查方法：以目視確認有無洩漏、變形、腐蝕等。

2.判定方法：應無洩漏、變形、顯著腐蝕等。

(±)補助撒水栓箱等

1.補助撒水栓箱

(1)檢查方法：

A.周圍狀況：以目視確認周圍有無檢查及使用上之障礙，又「補助撒水栓」之標示是否正常。

B.外形：以目視及開、關操作確認有無變形、損傷，及箱門是否能確實開、關。

(2)判定方法：

A.周圍狀況：

(A)應無檢查及使用上之障礙。

(B)標示應無污損或不明顯部分。

B.外形：

(A)應無變形、損傷。

(B)箱門開、關狀況應良好。

2.皮管及瞄子

(1)檢查方法：以目視確認有無變形、損傷。

(2)判定方法：

A.應無變形、損傷。

B.應有長二十公尺皮管及直線水霧兩用瞄子一具。

3.消防栓開關閥

(1)檢查方法：以目視確認有無洩漏、變形等。

(2)判定方法：應無洩漏、變形等。

4.標示燈

(1)檢查方法：以目視確認有無變形、損傷及亮燈。

(2)判定方法：

A.應無變形、損傷、脫落等。

B.在距離十公尺十五度角處亦能容易辨識。

5.使用標示

(1)檢查方法：確認標示是否適當及明顯。

(2)判定方法：應無污損、不明顯部分。

二　性能檢查

(一)水源

1.檢查方法

(1)水質：打開人孔蓋以目視及水桶採水，確認有無腐敗、浮游物、沈澱物等。

(2)給水裝置：

A.確認有無變形、腐蝕等，及操作排水閥確認給水功能是否正常。

B.如不便用操作排水閥檢查給水功能時，可使用下列方法：

(A)使用水位電極控制給水者，拆除其電極回路之配線，形成減水狀態，確認其是否能自動給水；其後再將拆掉之電極回路配線接上復原，形成滿水狀態，確認其給水能否自動停止。

(B)使用浮球水栓控制給水者，以手動操作將浮球沒入水中，形成減水狀態，使其自動給水；其後使浮球復原，形成滿水狀態，使給水自動停止。

(3)水位計及壓力表：

A.水位計之量測係打開人孔蓋，用檢尺測量水位，並確認水位計之指示值。

B.壓力表之量測係關閉壓力表開關及閥類，並放出壓力表之水，使指針歸零後，再打開壓力表開關及閥類，並確認指針之指示值。

(4)閥類：用手操作確認開、關動作是否容易進行。

2.判定方法

(1)水質：應無顯著腐蝕、浮游物、沈澱物等。

(2)給水裝置：

A.應無變形、損傷、顯著腐蝕。

B.於減水狀態應能自動給水，於滿水狀態應能自動停止供水。

(3)水位計及壓力表：

A.水位計之指示值應正常。

B.在壓力表歸零的位置、指針的動作狀況及指示值應正常。

(4)閥類：開、關操作應能容易進行。

(二)電動機之控制裝置

1.檢查方法

(1)各開關：以螺絲起子及開、關操作，確認端子有無鬆動及開、關性能是否正常。

(2)保險絲：確認有無損傷、熔斷及是否為所規定之種類及容量。

(3)繼電器：確認有無脫落、端子鬆動、接點燒損、灰塵附著，並操作各開關使繼電器動作，確認其性能。

(4)表示燈：操作各開關確認有無亮燈。

(5)結線接續：以目視及螺絲起子確認有無斷線、端子鬆動等。
(6)接地：以目視或回路計確認有無腐蝕、斷線等。
2.判定方法
(1)各開關：
A.端子應無鬆動、發熱。
B.開、關性能應正常。
(2)保險絲：
A.應無損傷、熔斷。
B.應依回路圖所規定種類及容量設置。
(3)繼電器：
A.應無脫落、端子鬆動、接點燒損、灰塵附著等。
B.動作應正常。
(4)標示燈：應無顯著劣化，且應能正常亮燈。
(5)結線接續：應無斷線、端子鬆動、脫落、損傷等。
(6)接地：應無顯著腐蝕、斷線等。
(三)啓動裝置
1.手動啓動裝置
(1)檢查方法：
A.使用開放式撒水頭者：將一齊開放閥二次側之止水閥關閉，再打開測試用排水閥然後操作手動啓動開關，確認加壓送水裝置是否啓動。
B.使用密閉式撒水頭者：直接操作控制盤上啓動按鈕，確認加壓送水裝置是否啓動。
(2)判定方法：閥的操作應容易進行，且加壓送水裝置應能確實啓動。
2.自動啓動裝置
(1)檢查方法：
A.啓動用水壓開關裝置：
(A)以目視及螺絲起子，確認壓力開關之端子有無鬆動。
(B)確認設定壓力值是否恰當，且由操作排水閥使加壓送水裝置啓動，確認動作壓力值是否適當。
B.火警感知裝置：使用加熱試驗器把探測器加熱，使探測器動作，確認加壓送水裝置是否啓動。
(2)判定方法：
A.啓動用水壓開關裝置：
(A)壓力開關之端子應無鬆動。
(B)設定壓力值應適當，且加壓送水裝置應能依設定壓力正常啓動。
B.火警探測器：
(A)依火警自動警報設備之檢查要領判定。
(B)加壓送水裝置應能確實啓動。
(四)加壓送水裝置
1.幫浦方式
(1)電動機：
A.檢查方法：
(A)回轉軸：用手轉動，確認是否能圓滑地回轉。
(B)軸承部：確認潤滑油有無污損、變質及是否達必要量。
(C)軸接頭：以扳手確認有無鬆動及性能是否正常。
(D)本體：操作啓動裝置使其啓動，確認性能是否正常。

B.判定方法：

(A)回轉軸：應能圓滑地回轉。

(B)軸承部：潤滑油應無污損、變質等，且達必要量。

(C)軸接頭：應無脫落、鬆動，且接合狀態牢固。

(D)本體：應無顯著發熱、異常振動、不規則或不連續之雜音，且回轉方向正確。

C.注意事項：除需操作啓動檢查性能外，其餘均需先切斷電源。

(2)幫浦：

A.檢查方法：

(A)回轉軸：用手轉動確認是否能圓滑的轉動。

(B)軸承部：確認潤滑油有無污損、變質及是否達必要量。

(C)底部：確認有無顯著的漏水。

(D)連成表及壓力表：關掉表計之控制水閥將水排出，確認指針是否指在0之位置，再打開表計之控制水閥，操作啓動裝置確認指針是否正常動作。

(E)性能：先將幫浦吐出側之制水閥關閉之後，使幫浦啓動，然後緩緩的打開性能測試用配管之制水閥，由流量計及壓力表確認額定負荷運轉及全開點時之性能。

B.判定方法：

(A)回轉軸：應能圓滑轉動。

(B)軸承部：潤滑油應無污損、變質、混入異物等，且達必要量。

(C)底座：應無顯著的漏水。

(D)連成表及壓力表：位置及指針之動作應正常。

(E)性能：應無異常振動、不規則或不連續的雜音，且於額定負荷運轉及全開點時之吐出壓力及吐出水量均達規定值以上。

C.注意事項：除需操作啓動檢查性能外，其餘均需先行切斷電源。

2.重力水箱方式

(1)檢查方法：打開末端查驗閥測定最高點及最低點的壓力，確認其壓力值。

(2)判定方法：應為設計上之壓力值。

3.壓力水箱方式

(1)檢查方法：在打開排氣閥的狀況下，確認能否自動啓動加壓。

(2)判定方法：壓力降低自動啓動裝置應能自動啓動及停止。

(3)注意事項：排氣閥打開的狀況下，為防止高壓造成危害，閥類需慢慢開啓。

4.減壓措施

(1)檢查方法：

A.以目視確認減壓閥有無洩漏、變形。

B.使用密閉式撒水頭者，應打開距加壓送水裝置最近及最遠端的末端查驗閥，確認壓力是否在規定之範圍內。

C.使用補助撒水栓，打開加壓送水裝置最近及最遠開關閥，確認是否在規定之範圍內。

(2)判定方法：

A.應無洩漏、變形、損傷等。

B.撒水頭放水壓力應在$1kgf/cm^2$以上$10kgf/cm^2$以下。

C.補助撒水栓放水壓力應在$2.5kgf/cm^2$以上$10kgf/cm^2$以下。

(五)呼水裝置

1.檢查方法

(1)閥類：用手操作確認開、關動作是否容易進行。

⑵自動給水裝置：

A.確認有無變形、腐蝕等。

B.打開排水閥，確認其性能是否正常。

⑶減水警報裝置：

A.確認有無變形、腐蝕等。

B.關閉補給水閥，再打開排水閥，確認減水警報功能是否正常。

⑷底閥：

A.拉上吸水管或檢查用鍊條，確認有異物附著或阻塞。

B.打開幫浦本體上呼水漏斗之制水閥，確認有無從漏斗連續溢水出來。

C.打開幫浦本體上呼水漏斗之制水閥，然後關閉呼水管之制水閥，確認底閥之閥止效果是否正常。

2.判定方法

⑴閥類：開、關動作應容易進行。

⑵自動給水裝置：

A.應無變形、損傷、顯著腐蝕等。

B.當呼水槽之水量減少到一半時，應能自動給水。

⑶減水警報裝置：

A.應無變形、損傷、顯著腐蝕等。

B.當水量減少到一半時應發出警報。

⑷底閥：

A.應無異物附著、阻塞等吸水障礙。

B.呼水漏斗應能連續溢水出來。

C.呼水漏斗的水應無減少。

㈥配管

1.檢查方法

⑴閥類：用手操作確認開、關動作是否容易進行。

⑵過濾裝置：分解打開確認過濾網有無變形、異物堆積。

⑶排放管（防止水溫上升裝置）：使加壓送水裝置啓動呈關閉運轉狀態，確認排放管排水是否正常。

⑷流水檢知裝置之二次側配管：關閉乾式或預動式一次側之制水閥後，打開二次側配管之排水閥，確認是否能適當之排水。

2.判定方法

⑴閥類：開、關操作能容易進行。

⑵過濾裝置：過濾網應無變形、損傷、異物堆積等。

⑶排放管：排放水量應在下列公式求得量以上。

$$q=\frac{Ls \cdot C}{60 \cdot \Delta t}$$

q：排放水量（ℓ/min）

Ls：幫浦關閉運轉時之出力（kw）

C：860 Kcal（1kw-hr水之發熱量）

Δt：30℃（幫浦內部之水溫上升限度）

⑷流水檢知裝置之二次側配管：配管之二次側應無積水。

㈦送水口

1.檢查方法

⑴檢查襯墊有無老化等。

⑵確認快速接頭及水帶是否容易接上及分開。

2.判定方法

(1)襯墊應無老化、損傷等。

(2)與水帶之接合及分開應容易進行。

(八)自動警報逆止閥（或流水檢知裝置）

1.檢查方法

(1)閥本體：操作警報逆止閥（或檢知裝置）之試驗閥或末端查驗閥，確認閥本體、附屬閥類及壓力表等之性能是否正常。對於二次側需要預備水者，需確認預備水之補給水源需達到必要之水位。

(2)延遲裝置：確認延遲作用及自動排水裝置是否能有效排水。

(3)壓力開關：

A.以螺絲起子確認端子有無鬆動。

B.確認壓力值是否適當及動作壓力是否適當正常。

(4)音響警報裝置及表示裝置：

A.操作排水閥確認警報裝置之警鈴、蜂鳴器或水鐘等是否確實鳴動。

B.檢查表示裝置之表示燈等有無損傷，並確認標示是否確實。

(5)減壓警報裝置：關閉制水閥及加壓閥後，打開排氣閥減壓，確認達到設定壓力後能否發出警報。

2.判定方法

(1)閥本體：性能應保持正常。

(2)延遲裝置：

A.延遲作用應正常。

B.自動排水裝置應能有效排水。

(3)壓力開關：

A.端子應無鬆動。

B.設定壓力值應適當。

C.應依設定壓力值正常動作。

(4)音響警報裝置及表示裝置：應能確實鳴動及正常表示。

(5)減壓警報裝置：

A.動作壓力應正常。

B.應能確實發出警報。

(九)一齊開放閥

1.檢查方法

(1)以螺絲起子確認電磁閥之端子是否鬆動。

(2)關閉一齊閥放閥二次側之止水閥，再打開測試用排水閥，然後操作手動啓動開關，檢查其性能是否正常。

2.判定方法

(1)端子應無鬆動脫落。

(2)一齊開放閥應能確實開啓放水。

(十)補助撒水栓箱

1.檢查方法：

(1)皮管及瞄子：以目視及手操作確認有無損傷、腐蝕，及瞄子的手動開關裝置是否能容易操作。

(2)消防栓開關閥：用手操作確認消防栓開關閥是否容易進行。

2.判定方法：

(1)皮管及瞄子：

A.應無損傷及顯著腐蝕等。

B.開、關操作應能容易進行。

(2)消防栓開關閥：開、關操作應能容易進行。

3.注意事項：檢查後，關閉消防栓開關閥，並排出皮管內之水，關閉瞄子開關，並將水帶及瞄子收置於補助撒水栓箱內。

(土)耐震措施

1.檢查方法

(1)牆壁或地板上貫通部分有無變形、損傷等，並確認防震軟管接頭有無變形、損傷、顯著腐蝕等。

(2)以目視及扳手確認儲水槽及加壓送水裝置等之裝配固定有無異常。

2.判定方法

(1)防震軟管應無變形、損傷、顯著腐蝕等，且牆壁或地板上貫通部分的間隙、充填部分均保持原來施工時之狀態。

(2)儲水槽及加壓送水裝置安裝部分所使用之基礎螺絲、螺絲帽，應無變形、損傷、鬆動、顯著腐蝕等，且安裝固定部分應無損傷。

三 綜合檢查

(一)密閉式撒水設備

1.檢查方法：切換成緊急電源供電狀態，然後於最遠支管末端，打開查驗閥，確認系統性能是否正常。並由下列步驟確認放水壓力。

(1)應設有與撒水頭同等放水性能之限流孔。（如圖4-2）

(2)打開末端查驗閥，啓動加壓送水裝置後，確認壓力表之指示值。

(3)對加壓送水裝置最近及最遠的末端查驗閥進行放水試驗。

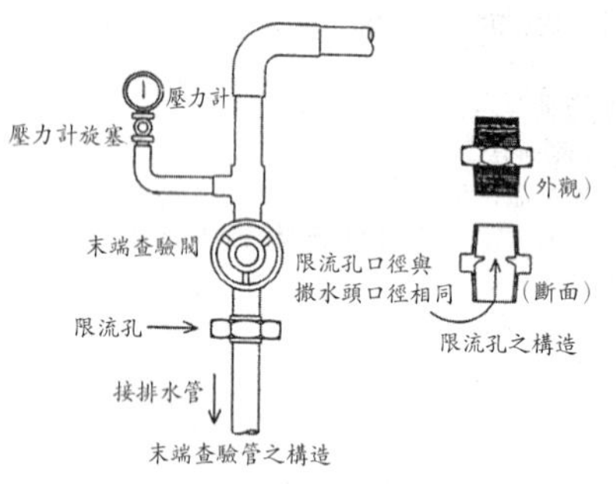

圖4-2 末端查驗閥

2.判定方法：

(1)幫浦方式：

A.啓動性能：

(A)加壓送水裝置應能確實啓動。

(B)表示、警報等正常。

(C)電動機之運轉電流值應在容許範圍內。

(D)運轉中應無不規則、不連續及異常發熱及振動。

B.放水壓力：末端查驗管之放水壓力應在$1kgf/cm^2$以上$10kgf/cm^2$以下。

(2)重力水箱及壓力水箱方式：

A.表示、警報等：表示、警報等應正常。

B.放水壓力：末端查驗管之放水壓力應在$1kgf/cm^2$以上$10kgf/cm_2$以下。

3.注意事項：於檢查類似醫院之場所時，因切換成緊急電源可能會造成困擾時，得使用常用電源檢查。

㈡開放式撒水設備

1.檢查方法：切換成緊急電源供電狀態，然後於最遠一區，依下列步驟確認性能是否正常。

(1)關閉一齊開放閥二次側之止水閥。

(2)由操作手動啓動裝置或自動啓動裝置，使加壓送水裝置啓動。

2.判定方法：

(1)幫浦方式：

A.啓動性能等：

(A)加壓送水裝置應確實啓動。

(B)表示、警報等應正常。

(C)電動機之運轉電流應在容許範圍內。

(D)運轉中應無不規則、不連續之雜音或異常之振動、發熱等。

B.一齊開放閥：一齊開放閥動作應正常。

(2)重力水箱及壓力水箱方式：

A.表示、警報等：表示及警報等應正常。

B.一齊開放閥：一齊開放閥應正常動作。

C.注意事項：於檢查類似醫院之場所，因切換成緊急電源可能會造成困擾時，得使用常用電源檢查。

㈢補助撒水栓

1.檢查方法

(1)切換成緊急電源狀況，用任一補助撒水栓確認其操作性能是否正常。

(2)放水試驗依下列程序確認：

A.打開補助撒水栓，確認加壓送水裝置是否能啓動。

B.放水壓力用下列方法測試：

(A)測量瞄子直線放水壓力時，如圖2-6所示將壓力表之進水口，放置於瞄子前端瞄子口徑的二分之一距離處，讀取壓力表的指示值。

(B)放水量依下列計算式計算：

$Q=0.653D^2\sqrt{P}$

Q：瞄子放水量（ℓ/min）

D：瞄子口徑（mm）

P：瞄子壓力（kgf/cm^2）

(3)操作性：確認皮管之延長及收納是否能容易進行。

2.判定方法

(1)幫浦方式：

A.啓動性能：

(A)加壓送水裝置應能確實啓動。

(B)表示、警報等應正常。

(C)電動機之運轉電流值應在容許的範圍內。

(D)運轉中應無不連續、不規則之雜音及異常之振動、發熱現象。

B.放水壓力：應在$2.5kgf/cm^2$以上$10kgf/cm^2$以下。

C.放水量：應在60ℓ/min以上。

(2)重力水箱方式及壓力水箱方式：

A.表示、警報等：表示、警報應正常。

B.放水壓力：應在$2.5kgf/cm^2$以上$10kgf/cm^2$以下。

C.放水量：應在60ℓ/min以上。

(3)操作性：應能容易延長及收納。

第五章　水霧滅火設備

一　外觀檢查

(一)水源

1.檢查方法

(1)水箱、蓄水池：由外部以目視確認有無變形、漏水、腐蝕等。

(2)水量：由水位計確認；無水位計時打開人孔蓋用檢尺測量。

(3)水位計及壓力表：以目視確認有無變形、損傷及指示值是否正常。

(4)閥類：以目視確認排水管、補給水管、給氣管等之閥類，有無漏水、變形、損傷等，及其開、關位置是否正常。

2.判定方法

(1)水箱、蓄水池：應無變形、損傷、漏水、漏氣及顯著腐蝕等痕跡。

(2)水量：應保持在規定量以上。

(3)水位計及壓力表：應無變形、損傷及指示值應正常。

(4)閥類：

A.應無洩漏、變形、損傷等。

B.「常時開」或「常時關」之標示及開、關位置應正常。

(二)電動機之控制裝置

1.檢查方法

(1)控制盤：

A.周圍狀況：確認周圍有無檢查上及使用上之障礙。

B.外形：以目視確認有無變形、腐蝕等。

(2)電壓計：

A.以目視確認有無變形、損傷等。

B.確認電源、電壓是否適當正常。

(3)各開關：以目視確認有無變形、損傷及開、關位置是否正常。

(4)標示：確認標示是否適當正常。

(5)預備品：確認是否備有保險絲、燈泡等預備品及回路圖等。

2.判定方法

(1)控制盤：

A.周圍狀況：應設置於火災不易波及之位置，且周圍應無檢查上及使用上之障礙。

B.外形：應無變形、損傷、顯著腐蝕等。

(2)電壓表：

A.應無變形、損傷等。

B.電壓表的指示值應在所定之範圍內。

C.無電壓表者，其電源指示燈應亮著。

(3)各開關：應無變形、損傷、脫落等，且開、關位置應正常。

(4)標示：

A.各開關之名稱標示應無污損、不明顯部分。

B.標示銘板應無剝落。

(5)預備品：

A.應備有保險絲、燈泡等預備品。

B.應備有回路圖及操作說明書等。

(三)啓動裝置

1.手動啓動裝置

(1)檢查方法：

A.周圍狀況：以目視確認周圍有無檢查上及使用上之障礙，及「手動啓動開關」之標示是否正常。

B.外形：以目視確認直接操作部及手動啓動開關有無變形、損傷等。

(2)判定方法：

A.周圍狀況：

(A)應無檢查上及使用上之障礙。

(B)標示應無損傷、脫落、污損等。

B.外形：按鈕、開關應無損傷、變形等。

2.自動啓動裝置

(1)檢查方法：

A.啓動用水壓開關裝置：

(A)壓力開關：以目視確認如圖2-1圖例所示之壓力開關，有無變形或損傷等。

(B)啓動用壓力槽：以目視確認如圖2-2圖例所示之啓動用壓力槽，有無變形、漏水、腐蝕等，及其壓力表之指示值是否正常。

B.火警感知裝置：

(A)探測器：依據火警自動警報設備之檢修基準加以確認。

(B)密閉式撒水頭：以目視確認有無火警感知障礙，及因裝修油漆、異物附著等產生之動作障礙。

(2)判定方法：

A.啓動用水壓開關裝置：

(A)壓力開關：應無變形、損傷等。

(B)啓動用壓力槽：應無變形、損傷、漏水、漏氣、顯著腐蝕等，且壓力表之指示值應正常。

B.火警感知裝置：

(A)探測器：依據火警自動警報設備之檢修基準判定。

(B)密閉式撒水頭：

a.撒水頭周圍應無感熱之障礙物。

b.應無被油漆、異物附著、變形、損傷等。

(四)加壓送水裝置

1.檢查方法：以目視確認如圖2-3圖例所示之幫浦及電動機等，有無變形、腐蝕等。

2.判定方法：應無變形、損傷、顯著腐蝕及銘板剝落等。

(五)呼水裝置

1.檢查方法

(1)呼水槽：以目視確認如圖2-4之呼水槽，有無變形、漏水、腐蝕等，及水量是否在規定量以上。

(2)閥類：以目視確認給水管之閥類有無洩漏、變形等，及其開、關位置是否正常。

2.判定方法

(1)呼水槽：應無變形、損傷、漏水、顯著腐蝕等，及水量應在規定量以上。

(2)閥類：

A.應無洩漏、變形、損傷等。

B.「常時開」或「常時關」之標示及開、關位置應正常。

(六)配管

1.檢查方法

⑴立管及接頭：以目視確認有無洩漏、變形等及被利用做為其他東西之支撐、吊架等。

⑵立管固定用之支撐及吊架：以目視及手觸摸確認有無脫落、彎曲、鬆動等。

⑶閥類：以目視確認有無洩漏、變形等，及開、關位置是否正確。

⑷過濾裝置：以目視確認如圖2-5所示之過濾裝置有無洩漏、變形等。

⑸標示：確認「制水閥」之標示是否適當正常。

2.判定方法

⑴立管及接頭：

A.應無洩漏、變形、損傷等。

B.應無被利用做為其他東西之支撐及吊架等。

⑵立管固定用之支撐及吊架：應無脫落、彎曲、鬆動等。

⑶閥類：

A.應無洩漏、變形、損傷等。

B.「常時開」或「常時關」之標示及開、關位置應正確。

⑷過濾裝置：應無洩漏、變形、損傷等。

⑸標示：應無損傷、脫落、污損等。

㈦送水口

1.檢查方法

⑴周圍狀況：

A.以目視確認周圍有無使用上及消防車接近之障礙。

B.確認「水霧送水口」之標示是否適當正常。

⑵外形：以目視確認有無漏水、變形及異物阻塞等。

2.判定方法

⑴周圍狀況：

A.應無消防車接近及送水活動上之障礙。

B.標示應無損傷、脫落、污損等。

⑵外形：

A.快速接頭應無生鏽。

B.應無漏水及砂、垃圾等異物阻塞現象。

㈧水霧噴頭

1.檢查方法

⑴外形：

A.以目視確認有無變形、損傷等。

B.以目視確認有無被利用支撐、吊架使用等。

⑵撒水分布障礙：以目視確認水霧噴頭周圍應無撒水分布之障礙物等。

⑶未警戒部分：以目視確認有無因隔間變更而未加設水霧噴頭，造成未警戒之部分。

2.判定方法

⑴外形：

A.應無變形、損傷等。

B.應無被利用為支撐、吊架使用。

⑵撒水分布障礙：水霧噴頭周圍應無撒水分布之障礙物。

⑶未警戒部分：應無因隔間、垂壁、風管、棚架等之變更、增設，而造成未警戒之部分。

㈨自動警報逆止閥

1.檢查方法

(1)閥本體：

A.以目視確認本體、附屬閥類、配管及壓力表等有無漏水、變形等。

B.確認閥本體上之壓力表指示值是否正常。

(2)延遲裝置：以目視確認有無變形、腐蝕等。

(3)壓力開關：以目視確認有無變形、損傷等

2.判定方法

(1)閥本體：

A.本體、附屬閥類、配管及壓力表等應無漏水、變形、損傷等。

B.自動警報逆止閥壓力表指示值應正常。

(2)延遲裝置：應無變形、損傷、顯著腐蝕等。

(3)壓力開關：應無變形、損傷等。

(十)一齊開放閥（含電磁閥）

1.檢查方法：以目視確認有無洩漏、變形、腐蝕等。

2.判定方法：應無洩漏、變形、損傷、顯著腐蝕等。

(十一)排水設備

1.檢查方法

(1)排水溝：以目視確認有無損傷、阻塞等。

(2)地區境界堤：以目視確認停車區劃之境界堤有無損傷。

2.判定方法

(1)排水溝：應無損傷、阻塞等。

(2)地區境界堤：應無損傷。

二　性能檢查

(一)水源

1.檢查方法

(1)水質：打開人孔蓋以目視及水桶採水，確認有無腐敗、浮游物、沈澱物等。

(2)給水裝置：

A.確認有無變形、腐蝕等，及操作排水閥確認給水功能是否正常。

B.如不使用操作排水閥檢查給水功能時，可使用下列方法：

(A)使用水位電極控制給水者，拆除其電極回路之配線，形成減水狀態，確認其是否能自動給水；其後再將拆掉之電極回路配線接上復原，形成滿水狀態，確認其給水能否自動停止。

(B)使用浮球水栓控制給水者，由手動操作將浮球沒入水中，形成減水狀態，確認能否自動給水；其後使浮球復原，形成滿水狀態，確認給水能否自動停止。

(3)水位計及壓力表：

A.水位計之量測係打開人孔蓋，用檢尺測量水位，並確認水位計之指示值。

B.壓力表之量測係關閉壓力表開關及閥類，並放出壓力表之水，使指針歸零後，再打開壓力表開關及閥類，並確認指針之指示值。

(4)閥類：用手操作確認開、關動作能否容易進行。

2.判定方法

(1)水質：應無顯著腐蝕、浮游物、沈澱物等。

(2)給水裝置：

A.應無變形、損傷、顯著腐蝕等。

B.於減水狀態應能自動給水，於滿水狀態應能自動停止供水。

(3)水位計及壓力表：

A.水位計之指示值應正常。

B.壓力表歸零之位置、指針之動作狀況及指示值應正常。

⑷閥類：開、關操作應能容易地進行。

㈡電動機之控制裝置

1.檢查方法

⑴各開關：以螺絲起子及開、關操作，確認端子有無鬆動及開、關性能是否正常。

⑵保險絲：確認有無損傷、熔斷及是否爲所規定之種類及容量。

⑶繼電器：確認有無脫落、端子鬆動、接點燒損、灰塵附著，並操作各開關使繼電器動作，確認其性能。

⑷表示燈：操作各開關確認有無亮燈。

⑸結線接續：以目視及螺絲起子確認有無斷線、端子鬆動等。

⑹接地：以目視或三用電表確認有無腐蝕、斷線等。

2.判定方法

⑴各開關：

A.應無端子鬆動及發熱之情形。

B.開、關性能應正常。

⑵保險絲：

A.應無損傷、熔斷。

B.應依回路圖所規定之種類及容量設置。

⑶繼電器：

A.應無脫落、端子鬆動、接點燒損、灰塵附著等。

B.動作應正常。

⑷表示燈：應無顯著劣化，且能正常點燈。

⑸結線接續：應無斷線、端子鬆動、脫落、損傷等。

⑹接地：應無顯著腐蝕、斷線等之損傷。

㈢啓動裝置

1.手動啓動裝置

⑴檢查方法：將一齊開放閥二次側之止水閥關閉，再打開測試用排水閥，然後操作手動啓動開關，確認加壓送水裝置是否啓動。

⑵判定方法：閥之操作應容易進行，且加壓送水裝置應能確實啓動。

2.自動啓動裝置

⑴檢查方法：

A.啓動用水壓開關裝置：

(A)以目視及螺絲起子確認壓力開關之端子有無鬆動。

(B)確認設定壓力值是否恰當，且由操作排水閥使加壓送水裝置啓動，確認動作壓力值是否適當正常。

B.火警感知裝置：探測器之性能依據火警自動警報設備之檢修基準進行確認，再使探測器動作，確認加壓送水裝置是否啓動。

⑵判定方法：

A.啓動用水壓開關裝置：

(A)壓力開關之端子應無鬆動。

(B)設定壓力值適當，且加壓送水裝置應能依設定之壓力正常啓動。

B.火警感知裝置：

(A)依火警自動警報設備之檢修基準判定。

(B)加壓送水裝置應能確實啓動。

㈣加壓送水裝置

1.幫浦方式

⑴電動機：

A.檢查方法：

(A)回轉軸：用手轉動，確認是否能圓滑地回轉。

(B)軸承部：確認潤滑油有無污損、變質及是否達必要量。

(C)軸接頭：以扳手確認有無鬆動及性能是否正常。

(D)本體：操作啓動裝置使其啓動，確認性能是否正常。

B.判定方法：

(A)回轉軸：應能圓滑地回轉。

(B)軸承部：潤滑油應無污損、變質且達必要量。

(C)軸接頭：應無脫落、鬆動，且接合狀態牢固。

(D)本體：應無顯著發熱、異常振動、不規則或不連續之雜音，且回轉方向應正確。

C.注意事項：除需操作啓動檢查性能外，其餘均需先切斷電源。

⑵幫浦：

A.檢查方法：

(A)回轉軸：用手轉動確認是否能圓滑地轉動。

(B)軸承部：確認潤滑油有無污損、變質及是否達必要量。

(C)底部：確認有無顯著漏水。

(D)連成表及壓力表：關掉表計之控制水閥將水排出，檢視指針是否指在0之位置，再打開表計之控制水閥，操作啓動裝置確認指針是否正常地動作。

(E)性能：先將幫浦吐出側之制水閥關閉之後，使幫浦啓動，然後緩緩地打開性能測試用配管之制水閥，由流量計及壓力表確認額定負荷運轉及全開點時之性能。

B.判定方法：

(A)回轉軸：應能圓滑地轉動。

(B)軸承部：潤滑油應無污損、變質、混入異物等，且達必要量。

(C)底座：應無顯著的漏水。

(D)連成表及壓力表：位置及指針之動作應正常。

(E)性能：應無異常振動、不規則或不連續之雜音，且於額定負荷運轉及全開點時之吐出壓力及吐出水量均達規定值以上。

C.注意事項：除需操作啓動檢查性能外，其餘均需先行切斷電源。

2.重力水箱方式

⑴檢查方法：由最近及最遠之試驗閥，以壓力表測定其靜水壓力，確認是否爲所定之壓力。

⑵判定方法：應爲設計上之壓力值。

3.壓力水箱方式

⑴檢查方法：打開排氣閥確認能否自動啓動加壓。

⑵判定方法：壓力降低自動啓動裝置應能自動啓動及停止。

⑶注意事項：打開排氣閥時，爲防止高壓造成之危害，閥類應慢慢地開啓。

4.減壓措施

⑴檢查方法：以目視確認減壓閥等有無洩漏、變形等。

⑵判定方法：應無洩漏、變形、損傷等。

㈤呼水裝置

1.檢查方法

⑴閥類：用手實地操作確認開、關動作是否容易進行。

⑵自動給水裝置：

A.確認有無變形、腐蝕等。

B.打開排水閥，確認其性能是否正常。

⑶減水警報裝置：

A.確認有無變形、腐蝕等。

B.關閉補給水閥，再打開排水閥，確認減水警報功能是否正常。

⑷底閥：

A.拉上吸水管或檢查用鍊條，確認有無異物附著或阻塞等。

B.打開幫浦本體上呼水漏斗之制水閥，確認有無從漏斗連續溢水出來。

C.打開幫浦本體上呼水漏斗之制水閥，然後關閉呼水管之制水閥，確認底閥之逆止效果是否正常。

2.判定方法

⑴閥類：開、關操作應容易進行。

⑵自動給水裝置：

A.應無變形、損傷、顯著腐蝕等。

B.當呼水槽水量減少時，應能自動給水。

⑶減水警報裝置：

A.應無變形、損傷、顯著腐蝕等。

B.當呼水槽水量減少到一半時，應發出警報。

⑷底閥：

A.應無異物附著、阻塞等吸水障礙。

B.應能由呼水漏斗連續溢水出來。

C.呼水漏斗的水應無減少。

㈥配管

1.檢查方法

⑴閥類：用手操作確認開、關動作是否容易。

⑵過濾裝置：分解打開過濾網確認有無變形、異物堆積等。

⑶排放管（防止水溫上升裝置）：使加壓送水裝置啓動呈關閉運轉狀態，確認排放管排水是否正常。

2.判定方法

⑴閥類：開、關操作應能容易進行。

⑵過濾裝置：過濾網應無變形、損傷、異物堆積等。

⑶排放管（防止水溫上升裝置）：排放水量應在下列公式求得量以上。

$$q=\frac{Ls \cdot C}{60 \cdot \Delta t}$$

q：排放水量（ℓ/min）

Ls：幫浦關閉運轉時之出力（kw）

C：860 Kcal（1kw-hr水之發熱量）

Δt：30℃（幫浦內部之水溫上升限度）

㈦送水口

1.檢查方法

⑴確認襯墊有無老化等。

⑵確認水帶是否容易接上及分開。

2.判定方法

⑴襯墊應無老化、損傷等。

⑵與水帶之接合及分開應容易進行。

(八)自動警報逆止閥

1.檢查方法

(1)閥本體：操作本體之試驗閥，確認閥本體、附屬閥類及壓力表等之性能是否正常。

(2)延遲裝置：確認延遲作用及自動排水裝置之排水能否有效地進行。

(3)壓力開關：

A.以螺絲起子確認端子有無鬆動。

B.確認壓力值是否適當，及動作壓力值是否適當正常。

(4)音響警報裝置及表示裝置：

A.操作排水閥確認警報裝置之警鈴、蜂鳴器或水鐘等是否確實鳴動。

B.確認表示裝置之標示燈等有無損傷，及是否能確實表示。

2.判定方法

(1)閥本體：性能應正常。

(2)延遲裝置：

A.延遲作用應正常。

B.自動排水裝置應能有效排水。

(3)壓力開關：

A.端子應無鬆動。

B.設定壓力值應適當正常。

C.於設定壓力值應能動作。

(4)音響警報裝置及標示裝置：應能確實鳴動及正常表示。

(九)一齊開放閥（含電磁閥）

1.檢查方法

(1)以螺絲起子確認電磁閥之端子有無鬆動。

(2)關閉一齊閥放閥二次側的止水閥，再打開測試用排水閥，然後操作手動啓動開關，確認其性能是否正常。

2.判定方法

(1)端子應無鬆動脫落等。

(2)一齊開放閥應能確實開放放水。

(十)排水設備

1.檢查方法

(1)集水管：確認有無損傷、阻塞等。

(2)滅火坑：確認有無損傷、阻塞及油水分離裝置性能是否正常。

2.判定方法

(1)集水管：應無損傷、阻塞等。

(2)滅火坑：

A.應無損傷、阻塞等。

B.油水分離裝置之性能應正常。

(土)耐震措施

1.檢查方法

(1)牆壁或地板上貫通部分有無變形、損傷等，並確認防震軟管接頭有無變形、損傷、顯著腐蝕等。

(2)以目視及扳手確認蓄水池及加壓送水裝置等之裝配固定是否有異常。

2.判定方法

(1)防震軟管應無變形、損傷、顯著腐蝕等，且牆壁或地板上貫通部分的間隙、充填部分均保持原來施工時之狀態。

⑵蓄水池及加壓送水裝置的安裝部分所使用之基礎螺絲、螺絲帽，應無變形、損傷、鬆動、顯著腐蝕等，且安裝固定部分應無損傷。

三　綜合檢查：

㈠檢查方法：切換成緊急電源供電狀態，依下列步驟確認系統性能是否正常。

1.選擇任一區作放水試驗。

2.由操作手動啓動裝置或自動啓動裝置，啓動加壓送水裝置。

3.在一齊開放閥最遠處之水霧噴頭附近裝上測試用壓力表。

4.放射量依下式計算

$Q=K\sqrt{P}$

Q：放射量（ℓ/min）

K：常數

P：放射壓力（kgf/cm^2）

㈡判定方法：

1.幫浦方式：

⑴啓動性能：

A.加壓送水裝置應能確實啓動。

B.表示、警報等應正常。

C.電動機之運轉電流值應在容許範圍內。

D.運轉中應無不規則、不連續之雜音或異常之發熱、振動。

⑵一齊開放閥：一齊開放閥應正常動作。

⑶放射壓力等：

A.放射壓力：應可得到在設計上之壓力。

B.放射量：水霧噴頭之放射量應符合放射壓力之放射曲線上之值。

C.放射狀態：放射狀態應正常。

2.重力水箱及壓力水箱方式：

⑴表示、警報等：表示、警報等應正常。

⑵一齊開放閥：一齊開放閥應正常動作。

⑶放射量等：

A.放射壓力：應可得到設計上之壓力。

B.放射量：水霧噴頭之放射量應符合放射壓力之放射曲線上之值。

C.放射狀態：放射狀態應正常。

3.注意事項：於檢查類似醫院之場所時，因切換成緊急電源可能會造成困擾時，得使用常用電源檢查。

第六章　泡沫滅火設備

一　外觀檢查

㈠水源

1.檢查方法

⑴水箱、蓄水池：由外部以目視確認有無變形、漏水、腐蝕等。

⑵水量：由水位計確認，無水位計時打開人孔蓋用檢尺測量。

⑶水位計及壓力表：以目視確認有無變形、損傷及指示值是否正常。

⑷閥類：以目視確認排水管、補給水管、給氣管等之閥類，有無漏水、變形、損傷等，及其開、關位置是否正常。

2.判定方法

⑴水箱、蓄水池：應無變形、損傷、漏水、漏氣及顯著腐蝕等痕跡。

⑵水量：應確保在規定量以上。

(3)水位計及壓力表：應無變形、損傷及指示值應正常。
(4)閥類：
A.應無洩漏、變形、損傷等。
B.「常時開」或「常時關」之標示及開、關位置應正常。
(二)電動機之控制裝置
1.檢查方法
(1)控制盤：
A.周圍狀況：確認周圍有無檢查上及使用上之障礙。
B.外形：以目視確認有無變形、腐蝕等。
(2)電壓表：
A.以目視確認有無變形、損傷等。
B.確認電源、電壓是否適當正常。
(3)各開關：以目視確認有無變形、損傷及開、關位置是否正常。
(4)標示：確認標示是否適當正常。
(5)預備品：確認是否備有保險絲、燈泡等預備品及回路圖等。
2.判定方法
(1)控制盤：
A.周圍狀況：應設置於火災不易波及之位置，且周圍沒有檢查及使用上之障礙。
B.外形：應無變形、損傷、顯著腐蝕等。
(2)電壓表：
A.應無變形、損傷等。
B.電壓表的指示值應在所定之範圍內。
C.無電壓表者，其電源指示燈應亮著。
(3)各開關：應無變形、損傷、脫落等，且開、關位置應正常。
(4)標示：
A.各開關之名稱標示應無污損、不明顯部分。
B.標示銘板應無剝落。
(5)預備品：
A.應備有保險絲、燈泡等預備品。
B.應備有回路圖及操作說明書等。
(三)啟動裝置
1.手動啟動裝置
(1)檢查方法：
A.周圍狀況：以目視確認周圍有無檢查上及使用上之障礙，及「手動啟動開關」之標示是否正常。
B.外形：以目視確認直接操作部及手動啟動開關有無變形、損傷等。
(2)判定方法：
A.周圍狀況：
(A)應無檢查上及使用上之障礙。
(B)標示應無損傷、脫落、污損等。
B.外形：按鈕、開關類應無損傷、變形等。
2.自動啟動裝置
(1)檢查方法：
A.啟動用水壓開關裝置：
(A)壓力開關：以目視確認如圖2-1圖例所示之壓力開關，有無變形、損傷等。

⑻啓動用壓力槽：以目視確認如圖2-2圖例所示之啓動用壓力槽，有無變形、漏水、腐蝕等，及其壓力表之指示值是否正常。

B.火警感知裝置：

⑷探測器：依據火警自動警報設備之檢修基準加以確認。

⑻密閉式撒水頭：以目視確認有無火警感知障礙，及因裝修油漆、異物附著等產生之動作障礙。

⑵判定方法：

A.啓動用水壓開關裝置：

⑷壓力開關：應無變形、損傷等。

⑻啓動用壓力槽：應無變形、損傷、漏水、漏氣、顯著腐蝕等，且壓力表之指示值應正常。

B.火警感知裝置：

⑷探測器：依據火警自動警報設備之檢修基準判定。

⑻密閉式撒水頭：

a.撒水頭周圍應無感熱之障礙物。

b.應無因裝修油漆、異物附著、變形、損傷等。

㈣加壓送水裝置

1.檢查方法：以目視如圖2-3圖例所示之幫浦及電動機等，有無變形、腐蝕等。

2.判定方法：應無變形、損傷、顯著腐蝕及銘板剝落等。

㈤呼水裝置

1.檢查方法

⑴呼水槽：以目視確認如圖2-4之呼水槽，有無變形、漏水、腐蝕等，及水量是否在規定量以上。

⑵閥類：以目視確認給水管之閥類有無洩漏、變形等，及其開、關位置是否正常。

2.判定方法

⑴呼水槽：應無變形、損傷、漏水、顯著腐蝕等，及水量應在規定量以上。

⑵閥類：

A.應無洩漏、變形、損傷等。

B.「常時開」或「常時關」之標示及開、關位置應正常。

㈥配管

1.檢查方法

⑴立管及接頭：以目視確認有無洩漏、變形等及被利用做為其他東西之支撐、吊架等。

⑵立管固定用之支撐及吊架：以目視及手觸摸確認有無脫落、彎曲、鬆動等。

⑶閥類：以目視確認有無洩漏、變形等，及開、關位置是否正確。

⑷過濾裝置：以目視確認如圖2-5所示之過濾裝置有無洩漏、變形等。

⑸標示：確認「制水閥」之標示是否適當正常。

2.判定方法

⑴立管及接頭：

A.應無洩漏、變形、損傷等。

B.應無被利用做為其他東西之支撐及吊架等。

⑵立管固定用之支撐及吊架：應無脫落、彎曲、鬆動等。

⑶閥類：

A.應無洩漏、變形、損傷等。

B.「常時開」或「常時關」之標示及開、關位置應正確。

(4)過濾裝置：應無洩漏、變形、損傷等。

(5)標示：應無損傷、脫落、污損等。

(七)泡沫原液槽

1.檢查方法

(1)原液槽：以目視確認有無變形、漏液、腐蝕等。

(2)原液量：以液面計等確認。

(3)壓力表：

A.以目視確認有無變形、損傷等。

B.以目視確認指示值是否正常。

(4)閥類：以目視確認有無變形、洩漏等，並確認其開、關位置是否正常。

2.判定方法

(1)原液槽：應無變形、損傷、漏液、漏氣、顯著腐蝕等。

(2)原液量：應在規定量以上。

(3)壓力表：

A.應無變形、損傷等。

B.壓力指示值應正常。

(4)閥類：

A.應無洩漏、變形、損傷等。

B.「常時開」或「常時關」之標示及開、關位置應正常。

(八)混合裝置及加壓送液裝置

1.檢查方法：以目視確認有無變形、漏水等。

2.判定方法：應無變形、損傷、漏水、漏液等。

(九)泡沫放出口

1.檢查方法

(1)外形：

A.以目視確認有無變形、腐蝕、阻塞等。

B.以目視確認有無被利用爲支撐、吊架使用。

(2)分布障礙：

A.以目視確認泡沫頭周圍有無妨礙泡沫分布之障礙。

B.以目視確認高發泡放出口周圍，有無妨礙泡沫流動之障礙。

(3)未警戒部分：確認有無因隔間變更而未加設泡沫頭，造成未警戒之部分。

2.判定方法

(1)外形：

A.應無洩漏、變形、損傷、顯著腐蝕、阻塞等。

B.應無被利用爲支撐、吊架使用。

(2)分布障礙：

A.泡沫頭周圍應無妨礙泡沫分布之障礙物。

B.高發泡放出口周圍，應無妨礙泡沫流動之障礙物。

(3)未警戒部分：應無因隔間、垂壁、風管、棚架等之變更、增設，造成未警戒之部分。

(十)泡沫消防栓箱等

1.泡沫消防栓箱等

(1)檢查方法：

A.周圍狀況：確認周圍有無檢查上及使用上之障礙，並確認「移動式泡沫滅火設備」之標示是否正常。

B.外形：以目視及開、關操作確認有無變形、損傷等，及箱門是否能確實開、關。

⑵判定方法：

A.周圍狀況：

(A)應無檢查上及使用上之障礙。

(B)標示應無污損、不鮮明部分。

B.外形：

(A)應無變形、損傷等。

(B)箱門應能確實地開、關。

2.水帶及瞄子

⑴檢查方法：以目視確認有無變形、損傷等，並確認是否設有規定之數量。

⑵判定方法：

A.應無變形、損傷等。

B.應設有規定之數量。

3.水帶接頭

⑴檢查方法：以目視確認有無變形、損傷等。

⑵判定方法：應無變形、損傷等。

4.開關閥（泡沫消防栓）

⑴檢查方法：以目視確認有無洩漏、變形等。

⑵判定方法：應無洩漏、變形、損傷等。

5.啟動表示燈

⑴檢查方法：以目視檢查有無變形、損傷等，及是否亮燈。

⑵判定方法：應無變形、損傷，脫落、燈泡損壞等。

㈩自動警報逆止閥

1.檢查方法

⑴閥本體：

A.以目視確認本體、附屬閥類、配管及壓力表等有無漏水、變形等。

B.確認本體上之壓力表指示值是否正常。

⑵延遲裝置：以目視確認有無變形、腐蝕等。

⑶壓力開關：以目視確認有無變形、損傷等

2.判定方法

⑴閥本體：

A.本體、附屬閥類、配管及壓力表等應無漏水、變形、損傷等。

B.自動警報逆止閥壓力表指示值應正常。

⑵延遲裝置：應無變形、損傷、顯著腐蝕等。

⑶壓力開關：應無變形、損傷等。

㈪一齊開放閥（含電磁閥）

1.檢查方法：以目視確認有無洩漏、變形、腐蝕等。

2.判定方法：應無洩漏、變形、損傷、顯著腐蝕等。

㈫防護區劃（限使用高發泡之設備）

1.檢查方法

⑴區域變更：以目視確認防護區域及開口部面積有無變更。

⑵開口部之自動關閉裝置：以目視確認有無變形、損傷等。

2.判定方法

⑴區域變更：防護區域及開口部面積應無變更。

⑵開口部之自動關閉裝置：應無變形、損傷等。

㈦連結送液口

1.檢查方法

⑴周圍狀況：

A.確認周圍有無使用上及消防車接近之障礙。

B.確認「連結送液口」之標示是否正常。

⑵外形：以目視確認有無漏水、變形、異物阻塞等。

2.判定方法

⑴周圍狀況：

A.應無消防車接近及消防活動上之障礙。

B.標示應無損傷、脫落、污損等。

⑵外形：

A.快速接頭應無生鏽。

B.應無漏水及砂、垃圾等異物阻塞現象。

㈧泡沫射水槍

1.檢查方法

⑴周圍的狀況：以目視確認周圍有無檢查及使用上之障礙。

⑵外形：以目視及開、關操作，確認有無變形、洩漏、損傷等。

2.判定方法

⑴周圍狀況：應無檢查及使用上之障礙。

⑵外形：應無變形、洩漏、損傷等。

二　性能檢查

㈠水源

1.檢查方法

⑴水質：打開人孔蓋以目視及水桶採水，確認有無腐敗、浮游物、沈澱物等。

⑵給水裝置：

A.確認有無變形、腐蝕等，及操作排水閥確認給水功能是否正常。

B.如不使用操作排水閥檢查給水功能時，可使用下列方法：

(A)使用水位電極控制給水者，拆除其電極回路之配線，形成減水狀態，確認其是否能自動給水；其後再將拆掉之電極回路配線接上復原，形成滿水狀態，確認其給水能否自動停止。

(B)使用浮球水栓控制給水者，由手動操作將浮球沒入水中，形成減水狀態，確認能否自動給水；其後使浮球復原，形成滿水狀態，確認給水能否自動停止。

⑶水位計及壓力表：

A.水位計之量測係打開人孔蓋，用檢尺測量水位，並確認水位計之指示值。

B.壓力表之量測係關閉壓力表開關及閥類，並放出壓力表之水，使指針歸零後，再打開壓力表開關及閥類，並認確指針之指示值。

⑷閥類：用手操作確認開、關動作能否容易進行。

2.判定方法

⑴水質：應無顯著腐蝕、浮游物、沈澱物等。

⑵給水裝置：

A.應無變形、損傷、顯著腐蝕等。

B.於減水狀態應能自動給水，於滿水狀態應能自動停止供水。

⑶水位計及壓力表：

A.水位計之指示值應正常。

B.壓力表歸零之位置、指針之動作狀況及指示值應正常。

⑷閥類：開、關操作應能容易地進行。

㈡電動機之控制裝置

1.檢查方法

⑴各開關：以螺絲起子及開、關操作，檢查端子有無鬆動及開、關性能是否正常。

⑵保險絲：確認有無損傷、熔斷及是否為所規定之種類、容量。

⑶繼電器：確認有無脫落、端子鬆動、接點燒損、灰塵附著，並操作各開關使繼電器動作，確認其性能。

⑷表示燈：操作各開關確認有無亮燈。

⑸結線接續：以目視及螺絲起子確認有無斷線、端子鬆動等。

⑹接地：以目視或三用電表確認有無腐蝕、斷線等。

2.判定方法

⑴各開關：

A.應無端子鬆動及發熱之情形。

B.開、關性能應正常。

⑵保險絲：

A.應無損傷、熔斷。

B.應依回路圖所規定之種類及容量設置。

⑶繼電器：

A.應無脫落、端子鬆動、接點燒損、灰塵附著等。

B.動作應正常。

⑷表示燈：應無顯著劣化，且能正常亮燈。

⑸結線接續：應無斷線、端子鬆動、脫落、損傷等。

⑹接地：應無顯著腐蝕、斷線等之損傷。

㈢啓動裝置

1.手動啓動裝置

⑴檢查方法：操作直接操作部及手動啓動開關，確認加壓送水裝置能否啓動。

⑵判定方法：加壓送水裝置應能確實啓動。

2.自動啓動裝置

⑴檢查方法：

A.啓動用水壓開關裝置：

(A)以目視及螺絲起子確認壓力開關之端子有無鬆動。

(B)確認設定壓力值是否恰當，且由操作排水閥使加壓送水裝置啓動，確認動作壓力值是否適當正常。

B.火警感知裝置：探測器之性能依據火警自動警報設備之檢修基準進行確認，再使探測器動作，確認加壓送水裝置是否啓動。

⑵判定方法：

A.啓動用水壓開關裝置：

(A)壓力開關之端子應無鬆動。

(B)設定壓力值適當，且加壓送水裝置應能依設定之壓力正常啓動。

B.火警感知裝置：

(A)依火警自動警報設備檢修基準判定。

(B)加壓送水裝置應能確實啓動。

㈣加壓送水裝置

1.幫浦方式

⑴電動機：

A.檢查方法：

(A)回轉軸：用手轉動，確認是否能圓滑地回轉。

(B)軸承部：確認潤滑油有無污損、變質及是否達必要量。

(C)軸接頭：以扳手確認有無鬆動及性能是否正常。

(D)本體：操作啓動裝置使其啓動，確認性能是否正常。

B.判定方法：

(A)回轉軸：應能圓滑地回轉。

(B)軸承部：潤滑油應無污損、變質且達必要量。

(C)軸接頭：應無脫落、鬆動，且接合狀態牢固。

(D)本體：應無顯著發熱、異常振動、不規則或不連續之雜音，且回轉方向應正確。

C.注意事項：除需操作啓動檢查性能外，其餘均需先切斷電源。

(2)幫浦：

A.檢查方法：

(A)回轉軸：用手轉動確認是否能圓滑地轉動。

(B)軸承部：確認潤滑油有無污損、變質及是否達必要量。

(C)底部：確認有無顯著漏水。

(D)連成表及壓力表：關掉表計之控制水閥將水排出，檢視指針是否指在0之位置，再打開表計之控制水閥，操作啓動裝置確認指針是否正常地動作。

(E)性能：先將幫浦吐出側之制水閥關閉之後，使幫浦啓動，然後緩緩地打開性能測試用配管之制水閥，由流量計及壓力表確認額定負荷運轉及全開點運轉時之性能。

B.判定方法：

(A)回轉軸：應能圓滑地轉動。

(B)軸承部：潤滑油應無污損、變質、混入異物等，且達必要量。

(C)底座：應無顯著的漏水。

(D)連成表及壓力表：位置及指針之動作應正常。

(E)性能：應無異常振動、不規則或不連續之雜音，且於額定負荷運轉及全開點時之吐出壓力及吐出水量均達規定值以上。

C.注意事項：除需操作啓動檢查性能外，其餘均需先行切斷電源。

2.重力水箱方式

(1)檢查方法：由最近及最遠之試驗閥，以壓方表測定其靜水壓力，確認是否爲所定之壓力值。

(2)判定方法：應爲設計上之壓力值。

3.壓力水箱方式

(1)檢查方法：打開排氣閥確認能否自動啓動加壓。

(2)判定方法：壓力降低自動啓動裝置應能自動啓動及停止。

(3)注意事項：打開排氣閥時，爲防止高壓造成之危害，閥類應慢慢地開啓。

(五)呼水裝置

1.檢查方法

(1)閥類：用手實地操作確認開、關動作是否容易進行。

(2)自動給水裝置：

A.確認有無變形、腐蝕等。

B.打開排水閥，檢查自動給水功能是否正常。

(3)減水警報裝置：

A.確認有無變形、腐蝕等

B.關閉補給水閥，再打開排水閥，確認減水警報功能是否正常。

(4)底閥：

A.拉上吸水管或檢查用鍊條，確認有無異物附著或阻塞等。

B.打開幫浦本體上之呼水漏斗的制水閥，確認有無從漏斗連續溢水出來。

C.打開幫浦本體上之呼水漏斗的制水閥，然後關閉呼水管之制水閥，確認底閥之逆止效果是否正常。

2.判定方法

(1)閥類：開、關操作應容易進行。

(2)自動給水裝置：

A.應無變形、損傷、顯著腐蝕等。

B.當呼水槽水量減少時，應能自動給水。

(3)減水警報裝置：

A.應無變形、損傷、顯著腐蝕等。

B.當呼水槽水量減少到一半時，應發出警報。

(4)底閥：

A.應無異物附著、阻塞等吸水障礙。

B.應能由呼水漏斗連續溢水出來。

C.呼水漏斗的水應無減少。

(六)配管

1.檢查方法

(1)閥類：用手操作確認開、關動作是否容易。

(2)過濾裝置：分解打開過濾網確認有無變形、異物堆積等。

(3)排放管（防止水溫上升裝置）：使加壓送水裝置啓動呈關閉運轉狀態，確認排放管排水是否正常。

2.判定方法

(1)閥類：開、關操作應能容易進行。

(2)過濾裝置：過濾網應無變形、損傷、異物堆積等。

(3)排放管（防止水溫上升裝置）：排放水量應在下列公式求得量以上。

$$q=\frac{Ls \cdot C}{60 \cdot \Delta t}$$

q：排放水量（ℓ/min）

Ls：幫浦關閉運轉時之出力（kw）

C：860 Kcal（1kw-hr水之發熱量）

Δt：30℃（幫浦內部之水溫上升限度）

(七)泡沫原液槽等

1.檢查方法

(1)泡沫原液：打開原液槽之排液口制水閥，用燒杯或量筒採取泡沫原液（最好能由上、中、下三個位置採液），以目視確認有無變質、污損。

(2)壓力表：關掉表計之控制水閥將水排出，確認指針是否在0之位置；再打開表針控制水閥，操作啓動裝置確認指針是否正常動作。

(3)閥類：用手操作確認開、關動作是否容易進行。

2.判定方法

(1)泡沫原液：應無變質、明顯污損等。

(2)壓力表：歸零之位置，指針之動作狀況及指示值應正常。

(3)閥類：應能容易開、關操作。

(八)混合裝置及加壓送液裝置

1.檢查方法

(1)泡沫混合裝置：因有數種混合方式，且各廠牌性能不一，所以應參照原廠所附之相關資料，確認其性能是否正常。

(2)加壓送液裝置：

A.確認有無漏液。

B.使用幫浦加壓者，依加壓送水裝置之檢查方法確認。

2.判定方法

(1)泡沫混合裝置：配置及性能應與設置時相同。

(2)加壓送液裝置：

A.運轉中應無明顯漏液。

B.使用幫浦加壓者，依加壓送水裝置之判定方法判定之。

3.注意事項

(1)要操作設於混合配管之閥類時，應依相關資料熟知其各裝置後再動手。

(2)由加壓送液裝置之運轉，造成原液還流原液槽時，應注意在原液槽內之起泡及溢出現象。

(九)泡沫消防栓箱等

1.檢查方法

(1)水帶、瞄子及水帶接頭：

A.以手操作及目視確認有無損傷、腐蝕及是否容易拆接。

B.製造年份超過十年或無法辨識製造年份之水帶，應將消防水帶兩端之快速接頭連接於耐水壓試驗機，並利用相關器具夾住消防水帶兩末端處，經確認快速接頭已確實連接及水帶內（快速接頭至被器具夾住處之部分水帶）無殘留之空氣後，施以7kgf/cm^{2}以上水壓試驗五分鐘合格，始得繼續使用。但已經水壓試驗合格未達三年者，不在此限。

(2)開關閥：確認開關是否容易操作。

2.判定方法

(1)水帶、瞄子及水帶接頭：

A.應無損傷、腐蝕等。

B.應能容易拆接，水帶應無破裂、漏水或與消防水帶用接頭脫落之情形。

(2)開關閥：開關應能容易操作。

(十)自動警報逆止閥

1.檢查方法

(1)閥本體：操作試驗閥，確認閥本體、附屬閥類及壓力表等之性能是否正常。

(2)延遲裝置：確認延遲作用及自動排水裝置之排水能否有效地進行。

(3)壓力開關：

A.以螺絲起子確認端子有無鬆動。

B.確認壓力值是否適當，及動作壓力值是否適當正常。

(4)音響警報裝置及表示裝置：

A.操作排水閥確認警報裝置之警鈴、蜂鳴器或水鐘等是否確實鳴動。

B.確認表示裝置之標示燈等有無損傷，及是否能確實表示。

2.判定方法

(1)閥本體：性能應正常。

(2)延遲裝置：

A.延遲作用應正常。

B.自動排水裝置應能有效排水。

(3)壓力開關：

A.端子應無鬆動。

B.設定壓力值應適當正常。

C.於設定壓力值應能動作。

⑷音響警報裝置及標示裝置：應能確實鳴動及正常表示。

㈩一齊開放閥（含電磁閥）

1.檢查方法

⑴以螺絲起子確認電磁閥之端子有無鬆動。

⑵關閉一齊開放閥二次側的止水閥，再打開測試用排水閥，然後操作手動啓動開關，確認其性能是否正常。

2.判定方法

⑴端子應無鬆動、脫落等。

⑵一齊開放閥應能確實開放放水。

㈪緊急停止裝置（限於用高發泡之設備）

1.檢查方法：以手操作及目視確認有無變形、損傷及性能是否正常。

2.判定方法：

⑴操作部、傳達部及啓動部應無變形、損傷等。

⑵用電動機驅動風扇方式發泡之發泡機，該停止電動機運轉及停止泡沫水溶液輸送之裝置應能正常動作。

⑶用水流驅動風扇方式發泡之發泡機，該停止泡沫水溶液輸送裝置應能正常動作。

⑷用其他裝置發泡時，該停止發泡之裝置應能正常動作。

㈫防護區域（限於用高發泡之設備）

1.檢查方法：操作啓動裝置確認開口部之自動關閉裝置能否正常動作。

2.判定方法：應能正常動作。

㈬耐震措施

1.檢查方法

⑴牆壁或地板上貫通部分有無變形、損傷等，並確認防震軟管接頭有無變形、損傷、顯著腐蝕等。

⑵以目視及扳手確認蓄水池及加壓送水裝置等之裝配固定是否有異常。

2.判定方法

⑴防震軟管應無變形、損傷、顯著腐蝕等，且牆壁或地板上貫通部分的間隙、充填部分均保持原來施工時之狀態。

⑵蓄水池及加壓送水裝置的安裝部分所使用之基礎螺絲、螺絲帽，應無變形、損傷、鬆動、顯著腐蝕等，且安裝固定部分應無損傷。

㈭連結送液口

1.檢查方法

⑴檢查襯墊有無老化等。

⑵確認快速接頭及水帶是否容易接上及分開。

2.判定方法

⑴襯墊應無老化、損傷等。

⑵與水帶之接合及分開應容易進行。

㈮泡沫射水槍

1.檢查方法

以目視確認有無損傷、腐蝕，及用手操作確認開、關操作是否容易。

2.判定方法

⑴應無損傷、腐蝕。

(2)開、關操作應能容易進行。

三　綜合檢查

(一)固定式泡沫滅火設備（低發泡）

1.檢查方法：切換成緊急電源供電狀態，藉由手動啓動裝置之操作或自動啓動裝置之動作，確認系統之性能是否正常。另外，放射分布、發泡倍率、放射壓力及混合比率依下列方法確認。

(1)設置泡沫頭者，每次選擇全部放射區域數之20%以上之放射區域，進行逐區放水試驗，測其放射分布及放射壓力。

(2)在上述之放射區域中，於距加壓送水裝置最遠之放射區域進行泡沫放射，再依附表之發泡倍率及25%還原時間測定方法，測其發泡倍率及25%還原時間。並在測定發泡倍率時，使用其所採取之泡水溶液，利用糖度計法或比色計法，測其混合比率。

2.判定方法：

(1)幫浦方式：

A.啓動性能：

(A)加壓送水裝置應能確實啓動。

(B)表示、警報等性能應正常。

(C)電動機之運轉電流應在容許範圍內。

(D)運轉中應無不規則・不連續之雜音或異常之震動、發熱等。

B.一齊開放閥：一齊開放閥應正常動作。

C.放射分布等：

(A)在進行泡沫頭放水試驗時，其放射分布及放射壓力應符合設計圖說。

(B)在進行泡沫放射檢查時，其發泡倍率應在五倍以上，其混合比率應爲設計時之稀釋容量濃度。

(2)重力水箱及壓力水箱：

A.表示、警報等：表示、警報等應正常。

B.一齊開放閥：一齊開放閥應正常動作。

C.分布：

(A)在進行泡沫頭放水試驗時，其放射分布及放射壓力應符合設計圖說。

(B)在進行泡沫放射檢查時，其發泡倍率應在五倍以上，其混合比率應爲設計時之稀釋容量濃度。

3.注意事項：於檢查類似醫院之場所，因切換緊急電源可能造成困擾時，得使用常用電源檢查。

(二)移動式泡沫滅火設備

1.檢查方法：切換成緊急電源供電狀態，藉由直接操作啓動裝置或遠隔啓動裝置使幫浦啓動，確認系統之性能是否正常。另外，發泡倍率、放射壓力及混合比率依下列方法確認。

(1)由任一泡沫消防栓進行放射試驗。

(2)依附表之發泡倍率及25%還原時間測定方法，測其發泡倍率及25%還原時間。並在測定發泡倍率時，使用其所採取之泡水溶液，利用糖度計法或比色計法，測其混合比率（稀釋容量濃度）。

2.判定方法：

(1)幫浦方式：

A.啓動性能：

(A)加壓送水裝置能確實啓動。

(B)表示、警報等性能應正常。

(C)電動機之運轉電流應在容許範圍內。

(D)運轉中應無不規則、不連續之雜音或異常之震動、發熱等。

B.發泡倍率等：放射壓力應符合設計圖說；發泡倍率應在五倍以上，其混合比率應爲設計時之稀釋容量濃度。

(2)重力水箱及壓力水箱：

A.表示、警報等：表示、警報應正常。

B.發泡率等：放射壓力應符合設計圖說；發泡倍率應在五倍以上，其混合比率應爲設計時之稀釋容量濃度。

3.注意事項：於檢查類似醫院之場所，因切換緊急電源可能造成困擾時，得使用常用電源檢查。

第七章　二氧化碳滅火設備

一　外觀檢查

(一)二氧化碳滅火藥劑儲存容器等

1.滅火藥劑儲存容器

(1)檢查方法：

A.外形：

(A)以目視確認儲存容器、固定架、各種計量儀器有無變形、腐蝕等情形。

(B)以目視確認容器本體是否確實固定於固定架上。

(C)對照設計圖面，確認設置之鋼瓶數。

B.設置狀況：

(A)確認是否設在防護區域外，且不需經由防護區劃即可進出之場所。

(B)確認設置場所是否設有照明設備、明亮窗口，及周圍有無障礙物。並確認是否確保供操作及檢查之空間。

(C)確認周圍濕度有無過高，及周圍溫度是否在40℃以下，有無日光直射（但低壓式除外）。

(D)確認有無遭日光曝曬、雨水淋濕之虞。

(2)判定方法：

A.外形：

(A)應無變形、損傷、明顯腐蝕、生鏽或塗裝剝離等情形。

(B)以推押容器之方式，確認容器本體應確實固定在固定架或底座上。

(C)容器瓶數依規定數量設置。

B.設置狀況：

(A)應設於防護區域外之處所，且爲不經防護區劃即可進出之場所。

(B)具適當採光，且應無檢查及使用上之障礙。

(C)濕度未過高，無日光直射且溫度在40℃以下。

2.容器閥等

(1)檢查方法：以目視確認容器閥有無變形、腐蝕等情形。

(2)判定方法：無變形、破損、明顯腐蝕等情形。

3.容器閥開放裝置

(1)檢查方法：以目視確認容器閥開放裝置有無變形、脫落等情形。

(2)判定方法：

A.容器閥開放裝置應確實裝接於容器閥本體上，如爲電氣式者，導線應無劣化或斷裂，如爲氣壓式者，操作管及其連接部分應無鬆弛或脫落之情形。

B.具有手動啓動裝置之開放裝置，其操作部應無明顯之銹蝕情形。

C.應裝設有安全栓或安全插梢，並加封條。

⑶注意事項：檢查時，為防止產生誤放事故，請勿予以強烈之衝擊。

4.警報裝置及安全裝置等（限低壓式者）

⑴檢查方法：

A.設於低壓式儲存容器之警報用接點壓力表、壓力開關等，以目視確認其不得有變形、損傷等情形。

B.應以目視確認安全裝置、破壞板等不得有損傷等情形。

⑵判定方法：

A.壓力警報裝置沒有變形、損傷或脫落等情形。

B.安全裝置等沒有損傷、異物阻塞等情形。

5.自動冷凍機（限低壓式者）

⑴檢查方法：

A.以目視確認各種配管及本體有無變形、腐蝕等情形。

B.以目視確認冷凍機之底架有無鬆弛情形，且是否確實固定。

C.設於安全閥、洩放閥及壓力表等裝置之閥類，應確認其是否處於「開」之狀態。

D.確認其有無漏油之情形。

⑵判定方法：

A.各種配管及本體應無變形、損傷、龜裂、塗裝剝離或明顯腐蝕等情形。

B.冷凍機之底架應確實固定。

C.安全閥等閥體應處於「開」之位置。

D.應無漏油之情形。

6.連結管及集合管

⑴檢查方法：以目視確認有無變形、腐蝕等情形，及是否確實連接。

⑵判定方法：應無變形、損傷、明顯腐蝕等情形，並應確實連接。

㈡啓動用氣體容器等

1.啓動用氣體容器

⑴檢查方法：

A.外形：

(A)以目視確認有無變形、腐蝕等情形，及是否裝設有容器收存箱。

(B)確認收存箱之箱門或類似開閉裝置之開關狀態是否良好。

B.標示：確認收存箱之表面是否設有記載該防護區劃名稱或防護對象物名稱及操作方法。

⑵判定方法：

A.外形：

(A)應無變形、損傷、塗裝剝離或明顯腐蝕等情形，且收存箱及容器應確實固定。

(B)收存箱之箱門開關狀態應良好。

B.標示：應無損傷、脫落、污損等情形。

2.容器閥

⑴檢查方法：以目視確認容器閥有無變形、腐蝕等情形。

⑵判定方法：應無變形、損傷、明顯腐蝕等情形。

3.容器閥開放裝置

⑴檢查方法：以目視確認容器閥開放裝置有無變形、脫落等情形。

⑵判定方法：

A.容器閥開放裝置應確實裝接在容器閥本體上，如為電氣式者，導線應無劣化或斷裂，如為氣壓式者，操作管及其連接部分應無鬆弛或脫落之情形。

B.具有手動啓動裝置之開放裝置，其操作部應無明顯之鏽蝕情形。

C.應裝設有安全栓或安全插梢。

⑶注意事項：檢查時，為防止產生誤放事故，請勿予以強烈之衝擊。

㈢選擇閥

1.本體

⑴檢查方法：

A.外形：以目視確認選擇閥有無變形、腐蝕等情形，且是否設於防護區域以外之處所。

B.標示：應確認其附近是否標明選擇閥之字樣及所屬防護區域或防護對象名稱，且是否設有記載操作方法之標示。

⑵判定方法：

A.外形：應無變形、損傷、明顯腐蝕等情形，且應設於防護區域以外之處所。

B.標示：應無損傷、脫落、污損等情形。

2.開放裝置

⑴檢查方法：以目視確認有無變形、脫落等情形，及是否確實裝設在選擇閥上。

⑵判定方法：應無變形、損傷、脫落等情形，且確實裝接在選擇閥上。

㈣操作管及逆止閥

1.檢查方法

⑴以目視確認有無變形、損傷等情形，及是否確實連接。

⑵核對設計圖面，確認逆止閥裝設位置、方向及操作管之連接路徑是否正常。

2.判定方法

⑴應無變形、損傷、明顯腐蝕等情形，且已確認連接。

⑵依設計圖面裝設配置。

㈤啓動裝置

1.手動啓動裝置

⑴檢查方法：

A.周圍狀況：

(A)確認操作箱周圍有無檢查及使用上之障礙，及設置位置是否適當。

(B)確認啓動裝置及其附近有無標示所屬防護區域名稱或防護對象名稱與標示操作方法、及其保安上之注意事項是否適當。

(C)確認啓動裝置附近有無「手動啓動裝置」標示。

B.外形：

(A)以目視確認操作箱有無變形、脫落等現象。

(B)確認箱面紅色之塗裝有無剝離、污損等現象。

C.電源表示燈：確認有無亮燈及其標示是否正常。

⑵判定方法：

A.周圍狀況：

(A)其周圍應無檢查及使用上之障礙，並應設於能看清區域內部且操作後能容易退避之防護區域附近。

(B)標示應無損傷、脫落、污損等現象。

B.外形：

(A)操作箱應無變形、損傷、脫落等現象。

(B)紅色塗裝應無剝離、污損等現象

C.電源標示燈：保持亮燈，且該標示應有所屬防護區域名稱、防護對象物名稱。

2.自動啓動裝置

⑴檢查方法：

A.火災探測裝置：準用火警自動警報設備之檢查基準確認之。

B.自動、手動切換裝置：

(A)以目視確認有無變形、脫落等情形，及其切換位置是否正常。

(B)確認自動、手動及操作方法之標示是否正常。

(2)判定方法：

A.火災探測裝置：準用火警自動警報設備之檢查基準確認之。

B.自動、手動切換裝置：

(A)應無變形、損傷、脫落等情形，且切換位置須處於定位。

(B)標示應無污損、模糊不清之情形。

(六)警報裝置

1.檢查方法

(1)以目視確認語音（揚聲器）、蜂鳴器、警鈴等警報裝置有無變形、脫落等現象。

(2)除平時無人駐守者之處所以外，確認設於全區域放射方式之音響警報裝置是否採用人語發音。

(3)確認有無設有音響警報裝置之標示。

2.判定方法

(1)警報裝置應無變形、損傷、脫落等情形。

(2)除平時無人駐守之處所以外，設於全區域放射方式之音響警報裝置應採用人語發音。

(3)警報裝置之標示正常並應設於必要之處所，且無損傷、脫落、污損等情形。

(七)控制裝置

1.檢查方法

(1)控制盤：

A.周圍狀況：確認周圍有無檢查及使用上之障礙。

B.外形：以目視確認有無變形、腐蝕等現象。

(2)電壓計：

A.以目視確認有無變形、破損等情形。

B.確認電源電壓是否正常。

(3)開關類：以目視確認有無變形、損傷等情形，及開關位置是否正常。

(4)標示：確認標示是否正常。

(5)備用品等：確認是否備有保險絲、燈泡等備用品及回路圖、操作說明書等。

2.判定方法

(1)控制盤：

A.周圍狀況：應設於不易受火災波及之位置，且其周圍應無檢查及使用上之障礙。

B.外形：應無變形、損傷、明顯腐蝕等現象。

(2)電壓計：

A.應無變形、損傷等情形。

B.電壓計之指示值在規定範圍內。

C.無電壓計者，其電源表示燈應亮燈。

(3)開關類：應無變形、損傷、脫落等情形，且開關位置正常。

(4)標示：

A.開關等之名稱應無污損、模糊不清等情形。

B.面板不得剝落。

(5)備用品等：

A.應備有保險絲、燈泡等備用品。

B.應備有回路圖、操作說明書等。

(八)配管

1.檢查方法

(1)管及接頭：以目視確認有無損傷、腐蝕等情形，且有無供作其他物品之支撐或懸掛吊具等。

(2)金屬支撐吊架：以目視及手觸摸等方式，確認有無脫落、彎曲、鬆弛等情形。

2.判定方法

(1)管及管接頭：

A.應無損傷、明顯腐蝕等情形。

B.應無作為其他物品之支撐或懸掛吊具。

(2)金屬支撐吊架：應無脫落、彎曲、鬆弛等情形。

(九)放射表示燈

1.檢查方法：以目視確認防護區劃出入口處，設置之放射表示燈有無變形、腐蝕等情形。

2.判定方法：放射表示燈之設置場所正常，且應無變形、損傷、明顯腐蝕、文字模糊不清等情形。

(十)噴頭

1.外形

(1)檢查方法：以目視確認有無變形、腐蝕等現象。

(2)判定方法：應無變形、損傷、明顯腐蝕、阻塞等情形。

2.放射障礙

(1)檢查方法：以目視確認周圍有無造成放射障礙之物品，及裝設角度是否正常。

(2)判定方法：

A.周圍應無造成放射障礙之物品。

B.噴頭之裝設應能將藥劑擴散至整個防護區域或防護對象物，且裝設角度應無明顯偏移之情形。

(土)防護區劃

1.區劃變更

(1)檢查方法：

A.滅火設備設置後，有無因增建、改建、變更等情形，造成防護區劃之容積及開口部增減之情形，應核對設計圖面確認之。

B.局部放射方式者，其防護對象物之形狀、數量、位置等有無變更，應核對設計圖面確認之。

C.附門鎖之開口部，應以手動方式確認其開關狀況。

(2)判定方法：

A.開口部不得設於面對安全梯間、特別安全梯間或緊急昇降機間。

B.位於樓地板高度三分之二以下之開口部，因有降低滅火效果之虞或造成保安上之危險，應設有自動關閉裝置。

C.未設自動關閉裝置之開口部總面積，供電信機械室使用時，應在圍壁面積百分之一以下，其他處所則應在防護區域體積值或圍壁面積值兩者中之較小數值百分之十以下。

D.設有自動門鎖者，應符合下列規定。

(A)應裝置完整，且門之關閉確實順暢。

(B)應無門檻、障礙物等物品，且平時保持關閉狀態。

2.開口部之自動關閉裝置

⑴檢查方法：以目視確認有無變形、損傷等情形。

⑵判定方法：應無變形、損傷、明顯腐蝕等情形。

㈩緊急電源（限內藏型者）

1.外形

⑴檢查方法：以目視確認蓄電池本體周圍之狀況，有無變形·損傷、洩漏、腐蝕等現象。

⑵判定方法：

A.設置位置之通風換氣應良好，且無灰塵、腐蝕性氣體之滯留及明顯之溫度變化等情形。

B.蓄電池組支撐架應堅固。

C.應無明顯變形、損傷、龜裂等情形。

D.電解液應無洩漏，且導線連接部應無腐蝕之情形。

2.標示

⑴檢查方法：確認是否正常設置。

⑵判定方法：應標示額定電壓值及容量。

⑶注意事項：符合標準之蓄電池設備，應確認其有合格標示。

㈪皮管、管盤、瞄子及瞄子開關閥

1.周圍狀況

⑴檢查方法：確認設置場所是否容易接近，且周圍有無妨礙操作之障礙物。

⑵判定方法：周圍應無檢查及使用上之障礙。

2.外形

⑴檢查方法：以目視確認收捲狀態之皮管有無變形、腐蝕等現象。

⑵判定方法：

A.皮管應整齊收捲於管盤上，且皮管應無變形、明顯龜裂等老化現象。

B.皮管、管盤、瞄子及瞄子開關閥應無變形、損傷、顯著腐蝕等情形，且瞄子開關閥應在「關」之位置。

㈫標示燈及標示（限移動式）

1.檢查方法：確認標示燈「移動式二氧化碳滅火設備」之標示，是否正常設置。

2.判定方法：

⑴標示燈應無變形、損傷等情形，且正常亮燈。

⑵標示應無損傷、脫落、污損等情形。

二　性能檢查

㈠二氧化碳滅火藥劑儲存容器等

1.高壓式

⑴滅火藥劑量：

A.檢查方法，依下列方法確認之。

(A)使用台秤測定計之方法：

a.將裝設在容器閥之容器閥開放裝置、連接管、操作管及容器固定器具取下。

b.將容器置於台秤上，測定其重量計算至小數點第一位。

c.藥劑量則為測定值扣除容器閥及容器重量後所得之值。

(B)使用水平液面計之方法：

a.插入水平液面計電源開關，檢查其電壓值。

b.使容器維持平常之狀態，將容器置於液面計探針與放射源之間。

c.緩緩使液面計檢出部上下方向移動，當發現儀表指針振動差異較大時，由該位置即可求出自容器底部起之藥劑存量高度。

d.液面高度與藥劑量之換算，應使用專用之換算尺爲之。

B.判定方法：將藥劑量之測定結果與重量表或圖面明細表核對，其差值應在充塡值10%以下。

C.注意事項：

(A)以水平液面計測定時：

a.不得任意卸取放射線源（鈷60），萬一有異常時，應即時連絡專業處理單位。

b.鈷60有效使用年限約爲三年，如已超過時，應即時連絡專業單位處理或更換。

c.使用具放射源者，應經行政院原子能源委員會許可登記。

(B)共同事項：

a.因容器重量頗重，有傾倒或操作時應加以注意。

b.測量後，應將容器號碼、充塡量記載於重量表、檢查表上。

c.二氧化碳之充塡比應在1.5以上。

(2)容器閥開放裝置：

A.電氣式容器閥之開放裝置：

(A)檢查方法：

a.將裝設在容器閥之容器閥開放裝置取下，確認撞針有無彎曲、斷裂或短缺等情形。

b.操作手動啓動裝置，確認電氣動作是否正常。

c.拔下安全栓或安全插銷，以手動操作，確認動作是否正常。

d.動作後之復歸，應確認於切斷通電或復舊操作時，是否可正常復歸定位。

e.取下端子部之護蓋，以螺絲起子確認端子有無鬆動現象。

(B)判定方法：

a.撞針應無彎曲、斷裂或短缺等情形。

b.以規定之電壓可正常動作，並可確實以手動操作。

c.應無端子鬆動、導線損傷、斷線等情形。

(C)注意事項：操作手動啓動裝置時，應將所有電氣式容器閥開放裝置取下。

B.氣壓式容器閥之開放裝置：

(A)檢查方法：

a.將裝設在容器閥之容器閥開放裝置取下，確認活塞桿或撞針有無彎曲、斷裂或短缺等情形。

b.具有手動操作功能者，將安全栓拔下，以手動方式使其動作，確認撞針之動作，彈簧之復歸動作是否正常。

(B)判定方法：

a.活塞桿、撞針應無彎曲、斷裂或短缺等情形。

b.動作及復歸動作應正常。

2.低壓式

(1)滅火藥劑量：

A.檢查方法：以液面計確認藥劑是否依規定量充塡。

B.判定方法：藥劑儲存量應在規定量以上。

(2)液面計及壓力表：

A.檢查方法：

(A)確認有無變形、損傷等情形，並以肥皂水測試連接部分是否有洩漏等現象。

(B)確認各種壓力表是否指示在規定之壓力值。

B.判定方法：

(A)應無變形、損傷、洩漏等情形。

(B)指示值應正常。

(3)警報裝置及安全裝置等：

A.檢查方法：暫時將開關閥關閉，取下附接點之壓力表、壓力開關及安全閥等，使用試驗用氮氣確認其動作有無異常。

B.判定方法：警報裝置等應在下列動作壓力範圍內動作，且功能正常。

37 kgf/cm^2 ＞破壞板動作壓力
30 kgf/cm^2

25 kgf/cm^2　安全閥起噴壓力

23 kgf/cm^2　壓力上升警報

22 kgf/cm^2　冷凍機啓動 ＞常用壓力範圍
21 kgf/cm^2　冷凍機停止

19 kgf/cm^2　壓力下降警報

C.注意事項：

(A)關閉安全閥、壓力表之開關時，最好會同高壓氣體作業人員共同進行。

(B)檢查後，務必將安全閥、壓力表之開關置於「開」之位置。

(4)自動冷凍機：

A.檢查方法：

(A)冷凍機啓動．停止功能之檢查，應依前項(3)之規定，使接點壓力表動作，確認其運轉狀況是否正常。

(B)冷媒管路系統，應以肥皂水測試，確認其有無洩漏之情形。

(C)冷媒管路系統中裝設有液態氨者，須確認運轉中液態氨白色泡沫之發生狀態。

B.判定方法：

(A)冷凍機應正常運轉。

(B)冷凍機運轉中，不得發現白色泡沫持續發生一至二分鐘以上。

3.連結管及集合管

(1)檢查方法：以扳手確認連接部分有無鬆動之情形。

(2)判定方法：連接部分應無鬆動現象。

(二)啓動用氣體容器等

1.氣體量

(1)檢查方法：依下列規定確認之。

A.將裝在容器閥之容器閥開放裝置、操作管卸下，自容器收存箱中取出。

B.使用可測定達20kg之彈簧秤或秤重計，測量容器之重量。

C.核對裝設在容器上之面板或重量表所記載之重量。

(2)判定方法：二氧化碳之重量，其記載重量與測得重量之差值，應在充填量10%以下。

2.容器閥開放裝置

(1)檢查方法：

A.電氣式者，準依前(一)之 1.之(1)之A規定確認之。

B.手動式者，應將容器閥開放裝置取下，以確認活塞桿或撞針有無彎曲、斷裂或短缺等情形，及手動操作部之安全栓或封條是否能迅速脫離。

(2)判定方法：

A.活塞桿、撞針等應無彎曲、斷裂或短缺等情形。

B.應可確實動作。

㈢選擇閥

1.閥本體

⑴檢查方法：

A.以扳手確認連接部分有無鬆動等現象。

B.以試驗用氣體確認其功能是否正常。

⑵判定方法：連接部分不得有鬆弛等情形，且性能應正常。

2.開放裝置

⑴電氣式選擇閥開放裝置：

A.檢查方法：

⒜取下端子部之護蓋，確認末端處理、結線接續之狀況是否正常。

⒝操作供該選擇閥使用之啓動裝置，使開放裝置動作。

⒞啓動裝置復歸後，在控制盤上切斷電源，以拉桿復歸方式，使開放裝置復歸。

⒟以手動操作開放裝置，使其動作後，依前⒞之同樣方式使其復歸。

B.判定方法：

⒜以端子盤連接者，應無端子螺絲鬆動，及端子護蓋脫落等現象。

⒝以電氣操作或手動操作均可使其確實動作。

⒞選擇閥於「開」狀態時，拉桿等之扣環應成解除狀態。

C.注意事項：與儲存容器之電氣式開放裝置連動者，應先將開放裝置自容器閥取下。

⑵氣壓式選擇閥開放裝置：

A.檢查方法：

⒜使用試驗用二氧化碳容器（內容積1公升以上，二氧化碳藥劑量0.6kg以上），自操作管連接部加壓，確認其動作是否正常。

⒝移除加壓源時，選擇閥由彈簧之動作或操作拉桿，確認其有無復歸。

B.判定方法：

⒜活塞桿應無變形、損傷之情形，且動作確實。

⒝選擇閥於「開」狀態時，確認插梢應呈突出狀態，且拉桿等之扣環應成解除狀態。

C.注意事項：實施加壓試驗時，操作管連接於儲存容器開放裝置者，應先將開放裝置自容器閥取下。

㈣操作管及逆止閥

1.檢查方法

⑴以扳手確認連接部分有無鬆弛等現象。

⑵取下逆止閥，以試驗用氣體確認其功能有無正常。

2.判定方法

⑴連接部分應無鬆動等現象。

⑵逆止閥之功能應正常。

㈤啓動裝置

1.手動啓動裝置

⑴操作箱：

A.檢查方法：由開、關操作確認箱門是否能確實開關。

B.判定方法：箱門應能確實開、關。

⑵警報用開關：

A.檢查方法：打開箱門，確認警報用開關不得有變形、損傷等情形，及警報裝置有無正常鳴響。

B.判定方法：

(A)操作箱之箱門打開時，該系統之警報裝置應能正常鳴響。

(B)應無變形、損傷、脫落、端子鬆動、導線損傷、斷線等現象。

C.注意事項：警報用開關與操作箱之箱門間未設有微動開關者，當操作警報用按鈕時，警報裝置應能正常鳴響。

(3)按鈕等：

A.檢查方法：

(A)將藥劑儲存容器或啓動用氣體容器之容器閥開放裝置自容器閥取下，打開操作箱箱門，確認按鈕等有無變形、損傷等情形。

(B)操作該操作箱之放射用啓動按鈕或放射用開關，以確認其動作狀況。

(C)再進行上述試驗，於遲延裝置之時間範圍內，當操作緊急停止按鈕或緊急停止裝置時，確認容器閥開放裝置是否動作。

B.判定方法：

(A)應無變形、損傷、端子鬆動等情形。

(B)放射用啓動按鈕應於警報音響動作後始可操作。

(C)操作放射用啓動按鈕後，遲延裝置開始動作，電氣式容器閥開放裝置應正常動作。

(D)緊急停止功能應正常。

(4)標示燈：

A.檢查方法：操作開關，以確認有無亮燈。

B.判定方法：應無明顯之劣化情形，且應正常亮燈。

2.自動啓動裝置

(1)火災探測裝置：

A.檢查方法及判定方法：有關其檢查，準用火警自動警報設備之檢查要領確認之。

B.注意事項：受信總機或專用控制盤上之自動、手動切換裝置，應置於「手動」之位置。

(2)自動、手動切換裝置：

A.檢查方法：

(A)將儲存容器用或啓動氣體容器用之容器閥開放裝置自容器閥取下。

(B)如爲「自動」時，將切換裝置切換至「自動」之位置，使探測器或受信總機內探測器回路之端子短路。

(C)如爲「手動」時，將切換裝置切換至「手動」之位置，使探測器或受信總機內探測器回路之端子短路。

(D)應依每一防護區域或防護對象物分別確認其功能。

B.判定方法，下列功能應正常。

(A)如爲「自動」時：

a.警報裝置鳴動。

b.火警表示燈亮燈。

c.遲延裝置動作。

d.通風換氣裝置停止。

e.容器閥開放裝置動作。

(B)如爲「手動」時：

a.警報裝置鳴動。

b.火警表示燈亮燈。

C.注意事項：

⒜檢查時應一併進行警報裝置、控制裝置之性能檢查。

⒝使裝置動作時，應先將容器閥開放裝置取下才進行。

⑶自動、手動切換表示燈：

A.檢查方法：確認是否能正常亮燈。

B.判定方法：應無明顯劣化之情形，且應正常亮燈。

㈥警報裝置

1.音響警報

⑴檢查方法：

A.每一防護區域或防護對象物，應進行探測器或手動啓動裝置之警報操作，以確認有無正常鳴動。

B.音量應使用噪音計測定之。

⑵判定方法：每一防護區域或防護對象物之警報系統應正確，且距警報裝置一公尺處之音量應在九十分貝以上。

2.音聲警報（語音警告）

⑴檢查方法：依前項檢查要領，連續進行兩次以上，在發出正常之警鈴等警告音響後，確認有無發出語音警報。

⑵判定方法：

A.警報系統動作區域正確，且距揚聲器一公尺處之音量應在九十分貝以上。

B.語音警報啓動後，須先發出警鈴等警告音響，再播放退避之語音內容。

㈦控制裝置

1.開關類

⑴檢查方法：以螺絲起子及開關操作確認端子有無鬆動，及開關功能是否正常。

⑵判定方法：

A.端子應無鬆動，且無發熱之情形。

B.應可正常開、關。

2.遲延裝置

⑴檢查方法：遲延裝置之動作時限，應依前㈤之啓動裝置檢查方法進行檢查，操作啓動按鈕後，測定至容器閥開放裝置動作所需時間。

⑵判定方法：動作時限應在二十秒以上，且在設計時之設定值範圍內。

⑶注意事項：使裝置動作時，應先將容器閥開放裝置取下才進行。

3.保險絲類

⑴檢查方法：確認有無損傷、熔斷之情形及是否爲規定之種類及容量。

⑵判定方法：

A.應無損傷、熔斷之情形。

B.應依回路圖上所示之種類及容量設置。

4.繼電器

⑴檢查方法：確認有無脫落、端子鬆動、接點燒損、灰塵附著等情形，並藉由開關之操作，使繼電器動作，以確認其功能。

⑵判定方法：

A.應無脫落、端子鬆動、接點燒損、灰塵附著等情形。

B.應正常動作。

5.標示燈

⑴檢查方法：由開關操作，以確認有無亮燈。

⑵判定方法：應無明顯之劣化情形，且應正常亮燈。

6.結線接續

⑴檢查方法：以目視及螺絲起子確認有無斷線、端子鬆動等情形。

⑵判定方法：應無斷線、端子鬆動、脫落、損傷等情形。

7.接地

⑴檢查方法：以目視或三用電表，確認有無腐蝕、斷線等情形。

⑵判定方法：應無顯著腐蝕、斷線等之損傷現象。

㈧放射表示燈

1.檢查方法：以手動方式使壓力開關動作，或使控制盤內之表示回路端子短路，以確認有無亮燈。

2.判定方法：應正常亮燈。

㈨防護區劃

1.自動關閉裝置

⑴以電氣動作者（鐵捲門、馬達、閘板）：

A.檢查方法：操作手動啓動裝置，確認自動關閉裝置之關閉狀態有無異常。

B.判定方法：

(A)各自動關閉裝置均應確實動作，且於遲延裝置之動作時限內達到關閉狀態。

(B)對於設在出入口之鐵捲門，或無其他出入口可退避者，應設有當操作啓動按鈕後，於延遲時間內可完全關閉之遲延裝置，及鐵捲門關閉後，滅火藥劑方能放射出之構造。

C.注意事項：操作手動啓動裝置時，應先將容器閥開放裝置取下後再進行。

⑵以氣壓動作者（閘板等）：

A.檢查方法：

(A)使用試驗用氣體（試驗用啓動氣體、氮氣或空氣），連接通往自動關閉裝置之操作管。

(B)釋放試驗用氣體，確認自動關閉裝置之關閉狀態有無異常。

(C)確認有無氣體自操作管、自動關閉裝置洩漏，自動關閉裝置於釋放加壓壓力後有無自動復歸，及其復歸狀態是否異常。

B.判定方法：

(A)所有自動關閉裝置均應能確實動作。

(B)如爲復歸型者，應能確實復歸。

C.注意事項：使用氮氣或空氣時，應加壓至大約30kgf/cm^2。

2.換氣裝置

⑴檢查方法：操作手動啓動裝置，確認換氣裝置於停止狀態時有無異常。

⑵判定方法：所有換氣裝置，應於遲延裝置之動作時限範圍內確實保持停止狀態。

⑶注意事項：

A.操作手動啓動裝置時，應先將容器閥開放裝置取下後再進行。

B.換氣裝置如與滅火後之滅火藥劑排出裝置共用時，應自防護區域外進行復歸運轉。

㈩緊急電源（限內藏型者）

1.端子電壓

⑴檢查方法：

A.以電壓計測定確認充電狀態通往蓄電池充電回路之端子電壓。

B.操作電池試驗用開關，由電壓計確認其容量是否正常。

⑵判定方法：

A.應於充電裝置之指示範圍內。

B.操作電池試驗用開關約3秒，該電壓計安定時之容量，應在電壓計之規定電壓值範圍內。

⑶注意事項：進行容量試驗時，約3秒後，俟電壓計之指示值穩定，再讀取數值。

2.切換裝置

⑴檢查方法：切斷常用電源，以電壓計或由電源監視用表示燈確認電源之切換狀況。

⑵判定方法：

A.緊急電源之切換可自動執行。

B.復舊狀況正常。

3.充電裝置

⑴檢查方法：以三用電表確認變壓器、整流器等之功能。

⑵判定方法：

A.變壓器、整流器等應無異常聲音、異臭、異常發熱、顯著灰塵或損傷等情形。

B.電流計或電壓計應指示在規定值以上。

C.具有充電電源監視燈者，應正常亮燈。

4.結線接續

⑴檢查方法：以目視及螺絲起子確認有無斷線、端子鬆動等情形。

⑵判定方法：應無斷線、端子鬆動、脫落、損傷等情形。

㈩皮管、管盤、噴嘴及噴嘴開關閥

1.皮管

⑴檢查方法：

A.自管盤將皮管取出，旋轉皮管與金屬接頭部分，確認其有無鬆動現象。

B.確認整條皮管有無因老化產生割裂或明顯龜裂等現象。

C.自皮管接頭至噴嘴之長度，應確認是否維持設置時之狀態。

⑵判定方法：皮管連接部應無鬆動，皮管損傷、老化等情形，且皮管長度應在二十公尺以上。

2.管盤

⑴檢查方法：取出皮管，確認其是否可容易收捲。

⑵判定方法：皮管之拉取、收捲應保持順暢。

3.噴嘴

⑴檢查方法：

A.確認皮管、握把、噴嘴之連接部應無鬆動之情形，噴嘴有無因灰塵、塵垢而造成阻塞現象。

B.手持噴嘴握把部分，確認其有無適當之危害防止措施。

⑵判定方法：噴嘴應無堵塞、顯著腐蝕等情形，握把部分應有為防止凍傷而設置之木製或合成樹脂製把手，且應無損傷、脫落之現象。

4.噴嘴開關閥

⑴檢查方法：以手動操作噴嘴開關閥，確認其動作是否適當。

⑵判定方法：開關閥之開關應能容易操作。

㈪耐震措施

1.檢查方法

⑴應確認設於容許變位量較大部分之可撓式管接頭及貫穿牆、樓地板部分，有無變形、損傷等情形，及耐震措施是否恰當。

⑵以目視及螺絲起子確認儲存容器等之支撐固定架有無異常。

2.判定方法

⑴可撓式管接頭等應無變形、損傷、明顯腐蝕等情形，且貫穿牆、樓地板部分之間隙、充填部，應維持設置施工時之狀態。

⑵使用在儲存容器等之支撐固定架之錨定螺栓、螺帽，應無變形、損傷、鬆動、明顯腐蝕等情形，且支撐固定架應無損傷。

三　綜合檢查

㈠全區放射方式及局部放射方式：將電源切換為緊急電源狀態，依下列各點進行檢查。當放射區域在二區以上時，每次檢查應避免選擇同一區域內重複檢查，應依序進行檢查。

1.全區放射方式

⑴檢查方法：

A.高壓式者，依下列規定：

(A)應進行放射試驗其放射試驗所需之藥劑量，為該放射區域所設儲存容器瓶數之10%以上（小數點以下有尾數時進1）。

(B)檢查時，應注意下列事項。

a.檢查後，對藥劑再充填期間所使用之儲存容器，應準備與放射儲存容器同一產品之同樣瓶數。

b.使用啓動用氣體容器之設備者，應準備與a相同之數量。

c.應準備必要數量供塞住集合管部分或容器閥部及操作管部之帽蓋或塞子。

(C)檢查前，應就儲存容器部分事先備好下列事項。

a.暫時切斷控制盤等電源設備。

b.供放射用之儲存容器，應與容器閥開放裝置及操作管連接。

c.除放射用儲存容器外，應取下連接管，用帽蓋等塞住集合管。

d.應塞住放射用以外之操作管。

e.確認除儲存容器部外，其他部分是否處於平常設置狀態。

f.控制盤等之設備電源，應在「開」之位置。

(D)檢查時，啓動操作應就下列方式擇一進行。

a.手動式，應操作手動啓動裝置使其啓動。

b.自動式，應將自動、手動切換裝置切換至「自動」位置，以探測器動作、或使受信機、控制盤探測器回路端子短路使其啓動。

B.低壓式，應依下列事項：

(A)應進行放射試驗，其放射試驗所需之藥劑量，為該放射區域所設滅火藥劑量之10%以上，或使用四十公升氮氣五瓶以上作為替代藥劑放射。

(B)檢查時，應依下列事項進行。

a.啓動裝置、警報裝置、遲延裝置、換氣裝置、自動關閉裝置（以氣壓動作者除外）等，應依前述性能檢查之要領個別實施，以確認其動作是否確實。

b.放射檢查，應依下列任一方式確認其動作是否確實。

(a)以手動操作儲存容器之放出閥或閉止閥及選擇閥，藉液面計確認其藥劑量，並放射至防護區域或防護對象物，以確認其放射系統、氣壓動作之自動關閉裝置及放射表示燈之動作狀況。

(b)使用氮氣進行時，將氮氣減壓至規定壓力值作為壓力源，連接於放射區域之選擇閥等，以手動操作選擇閥使其放射，確認氣壓動作之自動關閉裝置及放射表示燈之動作狀況。

⑵判定方法：

A.警報裝置應確實鳴響。

B.遲延裝置應確實動作。

C.開口部等之自動關閉裝置應能正常動作，換氣裝置應確實停止。

D.指定防護區劃之啓動裝置及選擇閥能確實動作，可放射試驗用氣體。

E.配管內之試驗用氣體應無洩漏情形。

F.放射表示燈應確實亮燈。

(3)注意事項：

A.完成檢查後，如爲高壓式者，應將檢查時使用之儲存容器等換爲替代容器，進行再充塡。

B.在未完成完全換氣前，不得進入放射區域。遇不得已之情形非進入時，應著空氣呼吸器。

C.檢查結束後，應將所有回復定位。

2.局部放射方式

(1)檢查方法：準依前1.(1)之規定進行確認。

(2)判定方法：

A.警報裝置應確實鳴響。

B.指定系統之啓動裝置及選擇閥應能確實動作，且可放射二氧化碳。

C.配管內之二氧化碳應無洩漏情形。

(3)注意事項：準依前1.(3)之規定。

(二)移動式

1.檢查方法

(1)進行放射試驗，其所需試驗用氣體量爲五支噴射瞄子內以該設備一具儲存容器量爲之。

(2)檢查後，供藥劑再充塡期間所使用之儲存容器替代設備，應準備與放射儲存容器同一型式之產品一支。

(3)放射用之儲存容器應處於正常狀態，其他容器，應採取適當塞住其容器閥之措施。

(4)以手動操作拉出皮管，確認放射狀態是否正常。

2.判定方法

(1)指定之容器閥開放裝置動作，皮管拉出及瞄子開關閥應無異常之情形，可正常放射二氧化碳。

(2)皮管及皮管連接部分應無二氧化碳之洩漏。

3.注意事項

(1)完成檢查後，高壓式者，應將檢查時使用之儲藏容器等換爲替代容器，進行再充塡。

(2)完成檢查後，應將所有裝置回復定位。

第八章　乾粉滅火設備

一　外觀檢查

(一)蓄壓式乾粉滅火藥劑儲存容器等

1.滅火藥劑儲存容器

(1)檢查方法：

A.外形：

(A)以目視確認儲存容器、固定架、各種計量儀器有無變形、腐蝕等情形。

(B)以目視確認容器本體是否確實固定於固定架上。

B.設置狀況：

(A)確認是否設在防護區域外，且不需經由防護區劃即可進出之場所。

(B)確認設置場所是否設有照明設備、明亮窗口，及周圍有無障礙物。並確認是否確保供操作及檢查之空間。

(C)確認周圍濕度有無過高，及周圍溫度是否在40℃以下。

(D)確認有無遭日光曝曬、雨水淋濕之虞。

(2)判定方法：

A.外形：

(A)應無變形、損傷、明顯腐蝕、生鏽或塗裝剝離等情形。

(B)以推押容器之方式，確認容器本體應確實固定在固定架或底座上。

B.設置狀況：

(A)應設在防護區域外之處所，且爲不經防護區劃即可進出之場所。

(B)具適當採光，且應無檢查及使用上之障礙。

(C)濕度未過高，且溫度在40℃以下。

(D)應無遭日光曝曬、雨水淋濕之虞。

C.標示：應無損傷、脫落、污損等情形。

2.容器閥等

(1)檢查方法：以目視確認容器閥有無變形、腐蝕等情形。

(2)判定方法：應無變形、損傷、明顯腐蝕等情形。

3.壓力表

(1)檢查方法：以目視確認有無變形、損傷等情形，且壓力指示値適當正常。

(2)判定方法：

A.應無變形、損傷等情形。

B.指針應在綠色指示範圍內。

4.閥類

(1)檢查方法：以目視確認有無變形、損傷之情形，且開、關位置應正常。

(2)判定方法：

A.應無變形、損傷、明顯腐蝕等情形。

B.開、關位置應正常。

(二)加壓式乾粉滅火藥劑儲存容器等

1.滅火藥劑儲存容器

(1)檢查方法：

A.外形：

(A)以目視確認儲存容器、固定架、各種計量儀器有無變形、腐蝕等情形。

(B)以目視確認容器本體是否確實固定於固定架上。

B.設置狀況：

(A)確認是否設在防護區域外，且不需經由防護區劃即可進出之場所。

(B)確認設置場所是否設有照明設備、明亮窗口，及周圍有無障礙物。並確認是否確保有供操作及檢查之空間。

(C)確認周圍濕度有無過高，及周圍溫度是否在40℃以下。

(D)確認有無遭日光曝曬、雨水淋濕之虞。

C.標示：確認儲存容器之設置處所，是否設有「乾粉滅火藥劑儲存容器設置場所」標示。

D.安全裝置：以目視確認放出口有無阻塞之情形。

(2)判定方法：

A.外形：

(A)應無變形、損傷、明顯腐蝕、生鏽或塗裝剝離等情形。

(B)容器本體應確實固定在固定架或底座上。

B.設置狀況：

(A)應設在防護區域外之處所，且為不經防護區劃即可進出之場所。

(B)具適當採光，且應無檢查及使用上之障礙。

(C)濕度未過高，且溫度在40℃以下。

(D)應無遭日光直射、雨水淋濕之虞的處所。

C.標示：應無損傷、脫落、污損等情形。

D.安全裝置：放出口應無阻塞之情形。

2.放出閥

(1)檢查方法：以目視確認有無變形、損傷等情形。

(2)判定方法：應無變形、損傷等情形。

3.閥類

(1)檢查方法：以目視確認有無變形、損傷之情形，且開、關位置應正常。

(2)判定方法：

A.應無變形、損傷、明顯腐蝕等情形。

B.開、關位置應正常。

4.加壓氣體容器

(1)加壓用氣體容器：

A.檢查方法：

(A)外形：

a.以目視確認儲存容器、固定框架、各種測量計等有無變形或腐蝕等情形。

b.以目視確認容器本體有無確實固定在固定框架上。

c.核對設計圖面，確認設置之鋼瓶數。

(B)設置狀況：

a.確認是否設在防護區域外，且不需經由防護區劃即可進出之場所。

b.確認設置場所是否設有照明設備，明亮窗口，及周圍有無障礙物。並確認是否確保供操作及檢查之空間。

c.確認周圍濕度有無過高，及周圍溫度是否在40℃以下。

e.確認有無遭日光曝曬、雨水淋濕之虞。

(C)標示：確認儲存容器之設置處所，是否設有「乾粉滅火藥劑儲存容器設置場所」之標示。

B.判定方法：

(A)外形：

a.應無變形、損傷、明顯腐蝕、生鏽或塗裝剝離等情形。

b.推押容器之方式，確認容器本體應確實固定在固定架或底座上。

c.容器瓶數依規定數量設置。

(B)設置狀況：

a.應設在防護區域外之處所，且為不經防護區劃即可進出之場所。

b.具適當採光，且應無檢查及使用上之障礙。

c.濕度沒有過高，且溫度在40℃以下。

d.應無遭日光曝曬、雨水淋濕之虞。

(C)標示：應無損傷、脫落、污損等情形。

(2)容器閥：

A.檢查方法：以目視確認容器閥有無變形、腐蝕等情形。

B.判定方法：應無變形、損傷、明顯腐蝕等情形。

(3)容器閥開放裝置：

A.檢查方法：以目視確認容器閥開放裝置有無變形、脫落等情形。

B.判定方法：

(A)容器閥開放裝置應確實裝接於容器閥本體上，如為電氣式者，導線應無劣化或斷裂，如為氣壓式者，操作管及其連接部分應無鬆動或脫落之情形。

(B)具有手動啓動裝置之開放裝置，其操作部應無明顯之鏽蝕情形。

(C)應裝設有安全栓或安全插梢。

C.注意事項：檢查時，為防止產生誤放事故，請勿予強烈之衝擊。

(4)壓力調整器：

A.檢查方法：以目視確認壓力調整器有無變形、損傷等情形，及有無確實固定於容器閥上。

B.判定方法：應無變形、損傷等情形，且應確實固定。

4.連結管及集合管

(1)檢查方法：以目視確認有無變形、腐蝕等情形，及是否有確實連接。

(2)判定方法：應無變形、損傷、明顯腐蝕等情形，並應確實連接。

5.定壓動作裝置

(1)檢查方法：以目視確認定壓動作裝置有無變形、損傷等情形。

(2)判定方法：應無變形、腐蝕等情形。

(三)啓動用氣體容器等

1.啓動用氣體容器

(1)檢查方法：

A.外形：

(A)以目視確認有無變形、腐蝕等情形，及是否裝設有容器收存箱。

(B)確認收存箱之箱門或類似開關裝置之開關狀態是否良好。

B.標示：確認收存箱之表面是否設有記載該防護區劃名稱或防護對象物名稱及操作方法。

(2)判定方法：

A.外形：

(A)應無變形、損傷、塗裝剝離或明顯腐蝕等情形，且收存箱及容器應確實固定。

(B)收存箱之箱門開關狀態應良好。

B.標示：應無損傷、脫落、污損等情形。

2.容器閥

(1)檢查方法：以目視確認容器閥有無變形、腐蝕等情形。

(2)判定方法：應無變形、損傷、明顯腐蝕等情形。

3.容器閥開放裝置

(1)檢查方法：以目視確認容器閥開放裝置有無變形、脫落等情形。

(2)判定方法：

A.容器閥開放裝置應確實裝接在容器閥本體上，如為電氣式者，導線應無劣化或斷裂，如為氣壓式者，操作管及其連接部分應無鬆弛或脫落之情形。

B.具有手動啓動裝置之開放裝置，其操作部應無明顯之鏽蝕情形。

C.應裝設有安全栓或安全插梢，並加封條。

(3)注意事項：檢查時，為防止產生誤放事故，請勿予強烈之衝擊。

(四)選擇閥

1.本體

(1)檢查方法：

A.外形：以目視確認選擇閥有無變形、腐蝕等情形，且是否設於防護區域以外之處所。

B.標示：應確認其附近是否標明選擇閥之字樣及所屬防護區域或防護對象物名稱，且是否設有記載操作方法之標示。

(2)判定方法：

A.外形：應無變形、損傷、明顯腐蝕等情形，且應設於防護區域以外之處所。

B.標示：應無損傷、脫落、污損等情形。

2.開放裝置

(1)檢查方法：以目視確認有無變形、脫落等情形，及是否確實裝設在選擇閥上。

(2)判定方法：應無變形、損傷、脫落等情形，且確實裝在選擇閥上。

(五)操作管及逆止閥

1.檢查方法

(1)以目視確認有無變形、損傷等情形，及是否確實連接。

(2)核對設計圖面，確認逆止閥裝設位置、方向及操作管之連接路徑是否正常。

2.判定方法

(1)應無變形、損傷、明顯腐蝕等情形，且已確實連接。

(2)應依設計圖面裝設配置。

(六)啓動裝置

1.手動啓動裝置

(1)檢查方法：

A.周圍狀況：

(A)確認操作箱周圍有無檢查及使用上之障礙，及其設置位置是否適當。

(B)確認啓動裝置及其附近有無標示所屬防護區域名稱或防護對象名稱與標示操作方法、及其保安上之注意事項是否適當。

(C)確認啓動裝置附近有無「手動啓動裝置」之標示。

B.外形：

(A)以目視確認操作箱有無變形、脫落等現象。

(B)確認箱面之紅色塗裝有無剝離、污損等現象。

C.電源表示燈：確認有無亮燈及其標示是否正常。

(2)判定方法：

A.周圍狀況：

(A)周圍應無檢查及使用上之障礙，並應設於能看清區域內部且操作後能容易退避之防護區域附近。

(B)標示應無損傷、脫落、污損等現象。

B.外形：

(A)操作箱應無變形、損傷、脫落等現象。

(B)紅色塗裝應無剝離、污損等現象。

C.電源標示燈：保持亮燈，且該標示有所屬防護區域名稱、防護對象物名稱。

2.自動啓動裝置

(1)檢查方法：

A.火災探測裝置：準用火警自動警報設備之檢查要領確認之。

B.自動、手動切換裝置：

(A)以目視確認有無變形、脫落等情形，及其切換位置是否正常。

(B)確認自動、手動及操作方法之標示是否正常。

(2)判定方法：

A.火災探測裝置：準用火警自動警報設備之檢查要領確認之。

B.自動、手動切換裝置：

(A)應無變形、損傷、脫落等情形，且切換位置處於定位。

(B)標示應無污損、模糊不清之情形。

(七)警報裝置

1.檢查方法

(1)以目視確認語音（揚聲器）、蜂鳴器、警鈴等警報裝置有無變形、脫落等現象。

(2)無人變電所等平常無人駐守之防火對象物或局部放射方式以外之處所，應確認是否設有音聲警報裝置。

(3)確認有無適當設有音響警報裝置之標示。

2.判定方法

(1)警報裝置應無變形、損傷、脫落等情形。

(2)平常無人駐守之防火對象物或局部放射方式以外之處所，應以語音為警報裝置。

(3)警報裝置之標示應正常並設於必要之處所，且應無損傷、脫落、污損等情形。

(八)控制裝置

1.檢查方法

(1)控制盤：

A.周圍狀況：確認周圍有無檢查及使用上之障礙。

B.外形：以目視確認有無變形、腐蝕等現象。

(2)電壓計：

A.以目視確認有無變形、損傷等情形。

B.確認電源電壓是否正常。

(3)開關類：以目視確認有無變形、損傷等情形，及開關位置是否正常。

(4)標示：確認標示是否正常。

(5)備用品等：確認是否備有保險絲、燈泡等備用品、回路圖及操作說明書等。

2.判定方法

(1)控制盤：

A.周圍狀況：應設於不易受火災波及之位置，且周圍應無檢查及使用上之障礙。

B.外形：應無變形、損傷、明顯腐蝕等現象。

(2)電壓計：

A.應無變形、損傷等情形。

B.電壓計之指示值應在規定範圍內。

C.無電壓計者，其電源標示燈應亮燈。

(3)開關類：應無變形、損傷、脫落等情形，且開關位置正常。

(4)標示：

A.開關等之名稱應無污損、模糊不清等情形。

B.面板不得剝落。

(5)備用品等：

A.應備有保險絲、燈泡等備用品。

B.應備有回路圖、操作說明書等。

(九)配管

1.檢查方法

(1)管及接頭：以目視確認有無損傷、腐蝕等情形，及有無供作其他物品之支撐或懸掛吊具。

(2)金屬支撐吊架：以目視及手觸摸等方式，確認有無脫落、彎曲、鬆動等情形。

2.判定方法

⑴管及接頭：

A.應無損傷、明顯腐蝕等情形。

B.應無供作其他物品之支撐或懸掛吊具。

⑵金屬支撐吊架：應無脫落、彎曲、鬆動等情形。

㈩放射表示燈

1.檢查方法：以目視確認防護區劃出入口處，設置之放射表示燈有無變形、腐蝕等情形。

2.判定方法：放射表示燈之設置場所正常，且應無變形、損傷、明顯腐蝕、文字模糊不清等情形。

㈩㈠噴頭

1.外形

⑴檢查方法：以目視確認有無變形、腐蝕等現象。

⑵判定方法：應無變形、損傷、明顯腐蝕、阻塞等情形。

2.放射障礙

⑴檢查方法：以目視確認周圍有無造成放射障礙之物品，及裝設角度是否正常。

⑵判定方法：

A.周圍應無造成放射障礙之物品。

B.噴頭之裝設應能將藥劑擴散至整個防護區域或防護對象物，且裝設角度應無明顯偏移之情形。

㈩㈡防護區劃

1.區劃變更

⑴檢查方法：

A.滅火設備設置後，有無因增建、改建、變更等情形，造成防護區劃之容積及開口部產生增減之情形，應核對設計圖面確認之。

B.局部放射方式者，其防護對象物之形狀、數量、位置等有無變更，應核對設計圖面確認之。

C.附門鎖之開口部，應以手動方式確認其開關狀況。

⑵判定方法：

A.開口部不得設於面對安全梯間、特別安全梯間、緊急昇降機間。

B.位於樓地板高度三分之二以下之開口部，因有降低滅火效果之虞或造成保安上之危險，應設有自動關閉裝置。

C.未設自動關閉裝置之開口部（含通風換氣管道）者，其防護體積與開口部面積之比率，應在法令規定範圍內，且其滅火藥劑量足夠。

D.設有自動門鎖者，應符合下列規定。

(A)應裝置完整，且門之關閉確實順暢。

(B)應無門檔、障礙物等，且平時保持關閉狀態。

2.開口部之自動關閉裝置

⑴檢查方法：以目視確認有無變形、損傷等情形。

⑵判定方法：應無變形、損傷、明顯腐蝕等情形。

㈩㈢緊急電源（限內藏型者）

1.外形

⑴檢查方法：以目視確認蓄電池本體周圍之狀況，有無變形、損傷、洩漏、腐蝕等現象。

⑵判定方法：

A.設置位置之通風換氣應良好，且無灰塵、腐蝕性氣體之滯留及明顯之溫度變化等情形。

B.蓄電池組支撐架應堅固。

C.應無明顯之變形、損傷、龜裂等情形。

D.電解液沒有洩漏，且導線連接部應無腐蝕之情形。

2.標示

(1)檢查方法：確認是否正常設置。

(2)判定方法：應標示額定電壓值及容量。

(3)注意事項：符合標準之蓄電池設備，應確認其貼有檢驗合格標示。

(四)皮管、管盤、噴嘴及噴嘴開關閥

1.周圍狀況

(1)檢查方法：確認設置場所是否容易接近，且周圍有無妨礙操作之障礙物。

(2)判定方法：周圍應無檢查及使用上之障礙。

2.外形

(1)檢查方法：以目視確認收存狀態之皮管有無變形、腐蝕等現象。

(2)判定方法：

A.皮管應整齊收捲於管盤上，且皮管應無變形、明顯龜裂等老化現象。

B.皮管、管盤、噴嘴及噴嘴開關閥應無變形、損傷、顯著腐蝕等情形，且噴嘴開關閥應在「關」之位置。

(五)標示燈及標示（限移動式）

1.檢查方法：確認標示燈「移動式乾粉滅火設備」之標示，是否正常設置。

2.判定方法：

(1)標示燈應無變形、損傷等情形，且正常亮燈。

(2)標示應無損傷、脫落、污損等情形。

二　性能檢查

(一)蓄壓式乾粉滅火藥劑儲存容器等

1.檢查方法：

(1)滅火藥劑量，依下列方法確認之：

A.以釋壓閥將壓力洩放出，確認不得有殘壓。

B.取下滅火藥劑充塡蓋，自充塡口測量滅火藥劑之高度，或將容器置於台秤上，測定其重量。

C.取少量（約300cc）之樣品，確認有無變色或結塊，並以手輕握之，檢視其有無異常。

(2)壓力表：以釋壓閥將壓力洩放出，確認壓力表指針有無歸零。

2.判定方法：

(1)滅火藥劑量：

A.儲存所定之滅火藥劑應達規定量以上（灰色爲第四種乾粉；粉紅色爲第三種乾粉；紫色系爲第二種乾粉；白色或淡藍色爲第一種乾粉）。

B.不得有雜質、變質、固化等情形，且以手輕握搓揉，並自地面上高度五十公分處使其落下，應呈粉狀。

(2)壓力表：歸零點之位置及指針之動作應適當正常。

3.注意事項：溫度超過40℃以上，濕度超過60%以上時，應暫停檢查。

(二)加壓式乾粉滅火藥劑儲存容器

1.滅火藥劑量

(1)檢查方法，以下列方法確認之：

A.取下滅火藥劑充塡蓋，自充塡口測量滅火藥劑之高度，或將容器置於台秤上，測定其重量。

B.取少量（約300cc）之樣品，確認有無變色或結塊，並以手輕握之，檢視其有無異常。

(2)判定方法：

A.儲存所定之滅火藥劑應達規定量以上（灰色爲第四種乾粉；粉紅色爲第三種乾粉；紫色系爲第二種乾粉；白色或淡藍色爲第一種乾粉）。

B.不得有雜質、變質、固化等情形，且以手輕握搓揉，並自地面上高度五十公分處使其落下，應呈粉狀。

(3)注意事項：溫度超過40℃以上，濕度超過60%以上時，應暫停檢查。

2.放出閥

(1)檢查方法：

A.以扳手確認安裝部位有無鬆動之情形。

B.以試驗用氣體確認放出閥之開關功能是否正常。

C.以試驗用氣體自操作管連接部分加壓，確認氣體有無洩漏。

(2)判定方法：

A.應無鬆動之情形。

B.開關功能應正常。

C.應無洩漏之情形。

3.閥類

(1)檢查方法：以手操作，確認開關功能是否可輕易操作。

(2)判定方法：可輕易進行開關之操作。

(3)注意事項：完成檢查後，應回復至原來之開關狀態。

4.加壓用氣體容器等

(1)氣體量：

A.檢查方法：

(A)使用氮氣者，依下列方法確認之。

a.設有壓力調整器者，應先關閉裝設於二次側之檢查開關或替代閥，以手動操作或以氣壓式、電氣式容器開放裝置使其動作而開放。

b.讀取壓力調整器一次側壓力表或設在容器閥之壓力表指針。

(B)使用二氧化碳者，依下列方法確認之。

a.以扳手等工具，將連結管、固定用押條取下，再將加壓用氣體容器取出。

b.分別將各容器置於計量器上，測定其總重量。

c.由總重量扣除容器重量及開放裝置重量。

B.判定方法：

(A)使用氮氣者，在溫度35℃、0kgf/cm²狀態下，每一公斤乾粉滅火藥劑，需氮氣四十公升以上。

(B)使用二氧化碳者，每一公斤滅火藥劑需二氧化碳二十公克以上，並加算清洗配管所需要量（20g/1kg）以上，且應以另外之容器儲存。

(2)容器閥開放裝置：

A.電氣式容器閥之開放裝置：

(A)檢查方法：

a.將設在容器閥之容器閥開放裝置取下，確認撞針有無彎曲、斷裂或短缺等情形。

b.操作手動啓動裝置，確認電氣動作是否正常。

c.拔下安全栓或安全插梢，以手動操作，確認動作是否正常。

d.動作後之復歸，確認於切斷通電或復舊操作時，是否可正常復歸定位。

e.取下端子部之護蓋，以螺絲起子確認端子有無鬆動現象。

(B)判定方法：

a.撞針應無彎曲、斷裂或短缺等情形。

b.以規定之電壓可正常動作，並可確實以手動操作。

c.應無端子鬆動、導線損傷、斷線等情形。

(C)注意事項：操作手動啓動裝置時，應先將所有電氣式容器閥開放裝置取下後再進行。

B.氣壓式容器閥之開放裝置：

(A)檢查方法：

a.將設在容器閥之容器閥開放裝置取下，確認活塞桿及撞針有無彎曲、斷裂或短缺等情形。

b.具有手動操作功能者，將安全栓拔下，以手動方式使其動作，確認撞針之動作，彈簧之復歸動作是否正常。

(B)判定方法：

a.活塞桿、撞針應無彎曲、斷裂或短缺等情形。

b.動作及復歸動作應正常。

(3)壓力調整器：

A.檢查方法，依下列方法確認之：

(A)關閉設置於壓力調整器二次側之檢查用開關或替代閥。

(B)以手動操作或以氣壓、電氣方式之容器閥開放裝置使加壓用氣體容器之容器閥動作開放，確認一、二次側壓力表之指度及指針之動作。

B.判定方法：

(A)指針之動作應順暢。

(B)應標示設定壓力值。

(C)不得有漏氣之情形。

5.連結管及集合管

(1)檢查方法：以扳手確認連接部位有無鬆動之情形。

(2)判定方法：連接部位應無鬆動之情形。

6.定壓動作裝置

(1)檢查方法：

A.封板式：確認封板有無變形、損傷等情形。

B.彈簧式：依下列方法確認之。

(A)依圖8-1裝設。

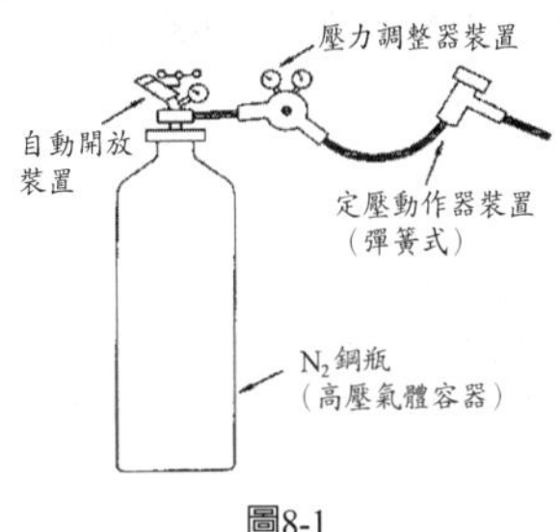

圖8-1

(B)打開試驗用氣體容器閥。

(C)旋轉壓力調整器之調整把手，自0kgf/cm^{2}起，緩緩調整壓力使其上升，而使遊動子動作。

C.壓力開關式：

(A)依圖8-1裝設。

(B)打開試驗用氣體容器閥。

(C)旋轉壓力調整器之調整把手，自0kgf/cm^{2}起，緩緩調整壓力使其上升，至接點閉合時，讀取其壓力值。

D.機械式：

(A)依圖8-1裝設。

(B)打開試驗用氣體容器閥。

(C)旋轉壓力調整器之調整把手，自0kgf/cm^{2}起，緩緩調整壓力使其上升，當閥之關閉解除時，讀取其壓力值。

E.定時器式：以手動方式使定時器動作，測定其時間。

(2)判定方法：

A.封板式：封板應無變形、損傷等情形。

B.彈簧式：遊動子依設定壓力值動作。

C.壓力開關式：接點依設定壓力值閉合。

D.機械式：閥之關閉依設定壓力值解除。

E.定時器式：依設定時間動作。

(三)啓動用氣體容器等

1.氣體量

(1)檢查方法，依下列方法確認之：

A.將設在容器閥之容器閥開放裝置、操作管取下，自容器收存箱中取出。

B.使用可測定達20kg之彈簧秤或秤重計，測量容器之重量。

C.與裝設在容器上之面板或重量表所記載之重量相核對。

(2)判定方法：二氧化碳之重量，其記載重量與測得重量之差值，應在充填量10%以下。

2.容器閥開放裝置

(1)檢查方法：

A.電氣式者，準依前(二)之4.之(2)之A規定確認之。

B.手動式者，應將容器閥開放裝置取下（閉止閥型者除外），以確認活塞桿及撞針有無彎曲、斷裂或短缺等情形，及手動操作部之安全栓或封條是否能迅速脫離。

(2)判定方法：

A.活塞桿、撞針等應無彎曲、斷裂或短缺等情形。

B.應可確實動作。

(四)選擇閥

1.閥本體

(1)檢查方法：

A.以扳手確認連接部分有無鬆動現象。

B.以試驗用氣體確認其功能是否正常。

(2)判定方法：連接部分應無鬆動等情形，且性能應正常。

2.開放裝置

(1)電氣式選擇閥開放裝置：

A.檢查方法：

(A)取下端子部之護蓋，確認末端處理、結線接續之狀況是否正常。

(B)操作供該選擇閥使用之啓動裝置，使開放裝置動作。

⒞啓動裝置復歸後，在控制盤上切斷電源，以拉桿復歸方式，使開放裝置復歸。

⒟以手動操作開放裝置，使其動作後，依前⒞之同樣方式使其復歸。

B.判定方法：

⒜以端子盤連接者，應無端子螺絲鬆動，及端子護蓋脫落等現象。

⒝以電氣操作或手動操作均可使其確實動作。

⒞選擇閥於「開」之狀態時，拉桿等之扣環應成解除狀態。

C.注意事項：與儲存容器之電氣式開放裝置連動者，應先將開放裝置自容器閥取下。

⑵氣壓式選擇閥開放裝置：

A.檢查方法：

⒜使用試驗用二氧化碳容器（內容積1公升以上，二氧化碳藥劑量0.6kg以上），自操作管連接部加壓，確認其動作是否正常。

⒝移除加壓源時，選擇閥由彈簧之動作或操作拉桿，確認其有無復歸。

B.判定方法：

⒜活塞桿應無變形、損傷之情形，且確實動作。

⒝選擇閥於「開」狀態時，確認插梢應呈突出狀態，且拉桿等之扣環應成解除狀態。

C.注意事項：實施加壓試驗時，操作管連接於儲存容器開放裝置者，應先將開放裝置自容器閥取下。

㈤操作管及逆止閥

1.檢查方法

⑴以扳手確認連接部分有無鬆弛等現象。

⑵取下逆止閥，以試驗用氣體確認其功能有無正常。

2.判定方法

⑴連接部分應無鬆動等現象。

⑵逆止閥之功能應正常。

㈥啓動裝置

1.手動啓動裝置

⑴操作箱：

A.檢查方法：操作開關，確認箱門是否能確實開、關。

B.判定方法：箱門應能確實開、關。

⑵警報用開關：

A.檢查方法：打開箱門，確認警報用開關有無變形、損傷等情形，及警報裝置有無正常鳴響。

B.判定方法：

⒜操作箱之箱門打開時，該系統之警報裝置應能正常鳴響。

⒝應無變形、損傷、脫落、端子鬆動、導線損傷、斷線等現象。

C.注意事項：警報用開關與操作箱之箱門間未設有微動開關者，當操作警報用按鈕時，警報裝置應能正常鳴響。

⑶按鈕等：

A.檢查方法：

⒜將藥劑儲存容器或啓動用氣體容器之容器閥開放裝置自容器閥取下，打開操作箱箱門，確認按鈕等有無變形、損傷等情形。

⒝操作該操作箱之放射用啓動按鈕或放射用開關，以確認其動作狀況。

⒞再進行上述試驗，於遲延裝置之時間範圍內，當操作緊急停止按鈕或緊急

停止裝置時，確認容器閥開放裝置是否動作。

B.判定方法：

(A)應無變形、損傷、端子鬆動等情形。

(B)放射用啓動按鈕應於警報音響動作後始可操作。

(C)操作放射用啓動按鈕後，遲延裝置開始動作，電氣式容器閥開放裝置應正常動作。

(D)緊急停止功能應正常。

(4)標示燈：

A.檢查方法：操作開關，以確認有無亮燈。

B.判定方法：應無明顯之劣化情形，且正常亮燈。

2.自動啓動裝置

(1)火災探測裝置：

A.檢查方法及判定方法：有關其檢查，準用火警自動警報設備之檢查要領確認之。

B.注意事項：受信總機或專用控制盤上之自動、手動切換裝置，應置於「手動」之位置。

(2)自動、手動切換裝置：

A.檢查方法：

(A)將儲存容器用或啓動氣體容器用之容器閥開放裝置自容器閥取下。

(B)如爲「自動」時，將切換裝置切換至「自動」之位置，使探測器或受信總機內探測器回路之端子短路。

(C)如爲「手動」時，將切換裝置切換至「手動」之位置，使探測器或受信總機內探測器回路之端子短路。

(D)應依每一防護區域或防護對象物分別確認其功能。

B.判定方法：下列功能應正常。

(A)如爲「自動」時：

a.警報裝置鳴動。

b.火警表示燈亮燈。

c.遲延裝置動作。

d.通風換氣裝置停止。

e.容器閥開放裝置動作。

(B)如爲「手動」時：

a.警報裝置鳴動。

b.火警表示燈亮燈。

C.注意事項：

(A)檢查時應一併進行警報裝置、控制裝置之性能檢查。

(B)使裝置動作時，應先將容器閥開放裝置取下後再進行。

(3)自動、手動切換表示燈：

A.檢查方法：確認是否能正常亮燈。

B.判定方法：應無明顯之劣化情形，且應正常亮燈。

(七)警報裝置

1.音響警報

(1)檢查方法：

A.每一防護區域或防護對象物，應進行探測器或手動啓動裝置之警報操作，以確認有無正常鳴動。

B.音量應使用噪音計（A特性）測定之。

(2)判定方法：每一防護區域或防護對象物之警報系統正確，且距警報裝置一公尺處之音量應在九十分貝以上。

2.音聲警報（語音警告）

(1)檢查方法：依前項1.檢查要領，連續進行兩次以上，在發出正常之警鈴等警告音響後，確認有無發出語音警報。

(2)判定方法：

A.警報系統動作區域正確，且距揚聲器一公尺處之音量應在九十分貝以上。

B.語音警報啓動後，須先發出警鈴等警告音響，再播放退避之語音內容。

(八)控制裝置

1.開關類

(1)檢查方法：以螺絲起子及開關操作確認端子有無鬆動，及開關功能是否正常。

(2)判定方法：

A.端子應無鬆動，且無發熱之情形。

B.應可正常開、關。

2.遲延裝置

(1)檢查方法：遲延裝置之動作時限，應依前(六)之啓動裝置檢查方法進行檢查，操作啓動按鈕後，測定至容器閥開放裝置動作所需時間。

(2)判定方法：動作時限應在二十秒以上，且在設計時之設定值範圍內。

(3)注意事項：使裝置動作時，應先將容器閥開放裝置取下後再進行。

3.保險絲類

(1)檢查方法：確認有無損傷、熔斷之情形，及是否爲規定之種類及容量。

(2)判定方法：

A.應無損傷熔斷之情形。

B.應依回路圖上所示之種類及容量設置。

4.繼電器

(1)檢查方法：確認無脫落、端子鬆動、接點燒損、灰塵附著等情形，並由開關操作，使繼電器動作，以確認其功能。

(2)判定方法：

A.應無脫落、端子鬆動、接點燒損、灰塵附著等情形。

B.應正常動作。

5.標示燈

(1)檢查方法：由開關操作，以確認有無亮燈。

(2)判定方法：應無明顯之劣化情形，且應正常亮燈。

6.結線接續

(1)檢查方法：以目視及螺絲起子，確認有無斷線、端子鬆動等情形。

(2)判定方法：應無斷線、端子鬆動、脫落、損傷等情形。

7.接地

(1)檢查方法：以目視或三用電表，確認有無腐蝕、斷線等情形。

(2)判定方法：應無顯著腐蝕、斷線等之損傷現象。

(九)放射表示燈

1.檢查方法：以手動方式使壓力開關動作，或使控制盤內之表示回路端子短路，以確認有無亮燈。

2.判定方法：應正常亮燈。

(十)防護區劃

1.自動關閉裝置

(1)以電氣動作者（鐵捲門、馬達、閘板）：

A.檢查方法：操作手動啓動裝置，確認自動關閉裝置之關閉狀態有無異常。

B.判定方法：

(A)各自動關閉裝置均應確實動作，且於遲延裝置之動作時限內達到關閉狀態。

(B)對於設在出入口之鐵捲門，或無其他出入口可退避者，應設有當操作啓動按鈕後，於遲延時間內可完全關閉之遲延裝置，及鐵捲門關閉後，滅火藥劑才能放射出之構造。

C.注意事項：操作手動啓動裝置時，應先將容器閥開放裝置取下才進行。

(2)以氣壓動作者（閘板等）：

A.檢查方法：

(A)使用試驗用氣體（試驗用啓動用氣體、氮氣或空氣），連接通往自動關閉裝置之操作管。

(B)釋放試驗用氣體，確認自動關閉裝置之關閉狀態有無異常。

(C)確認有無氣體自操作管、自動關閉裝置洩漏，自動關閉裝置於洩放加壓壓力後有無自動復歸，以確認其復歸狀態是否異常。

B.判定方法：

(A)所有自動關閉裝置均應能確實動作。

(B)復歸型者，應能確實復歸。

C.注意事項：使用氮氣或空氣時，應加壓至大約30kgf/cm²。

2.換氣裝置

(1)檢查方法：操作手動啓動裝置，確認換氣裝置於停止狀態時有無異常。

(2)判定方法：所有之換氣裝置，於遲延裝置之動作時限範圍內應確實保持停止狀態。

(3)注意事項：

A.操作手動啓動裝置時，應先將容器閥開放裝置取下後再進行。

B.換氣裝置如與滅火後之滅火藥劑排出裝置共用時，應自防護區域外進行復歸運轉。

(土)緊急電源（限內藏型者）

1.端子電壓

(1)檢查方法：

A.以電壓計測定確認充電狀態通往蓄電池充電回路之端子電壓。

B.操作電池試驗用開關，由電壓計確認其容量是否正常。

(2)判定方法：

A.應於充電裝置之指示範圍內。

B.操作電池試驗用開關約三秒，該電壓計安定時之容量，應在電壓計之規定電壓值範圍內。

(3)注意事項：進行容量試驗時，約三秒後，俟電壓計之指示值穩定，再讀取數值。

2.切換裝置

(1)檢查方法：切斷常用電源，以電壓計或由電源監視用表示燈確認電源之切換狀況。

(2)判定方法：

A.緊急電源之切換可自動執行。

B.復舊狀況正常。

3.充電裝置

(1)檢查方法：以三用電表確認變壓器、整流器等之功能。

(2)判定方法：

A.變壓器、整流器等應無異常聲音、異臭、異常發熱、明顯灰塵或損傷等情形。

B.電流計或電壓計應指示在規定值以上。

C.有充電電源監視燈者，應正常亮燈。

4.結線接續

(1)檢查方法：應以目視及螺絲起子確認有無斷線、端子鬆動等情形。

(2)判定方法：應無斷線、端子鬆動、脫落、損傷等情形。

㈪皮管、管盤、噴嘴及噴嘴開關閥

1.皮管

(1)檢查方法：

A.自管盤將皮管取出，旋轉皮管與金屬接頭部分，確認其有無鬆動現象。

B.確認整條皮管有無因老化而產生裂痕或明顯龜裂等現象。

C.自皮管接頭至噴嘴之長度，應確認是否保持設置時之狀態。

(2)判定方法：皮管連接部應無鬆動，皮管損傷、老化等情形，且皮管長度應在二十公尺以上。

2.管盤

(1)檢查方法：取出皮管，確認其是否可容易收捲。

(2)判定方法：皮管之拉取、收捲應順暢。

3.噴嘴

(1)檢查方法：

A.確認皮管、握把、噴嘴之連接部有無鬆動之情形，噴嘴有無因塵垢而造成阻塞現象。

B.手持噴嘴握把部分，確認其有無適當之危害防止措施。

(2)判定方法：噴嘴應無堵塞、顯著腐蝕等情形，握把部分應有爲防止凍傷，而設置之木製或合成樹脂製把手，且應無損傷、脫落之現象。

4.噴嘴開關閥

(1)檢查方法：以手動操作噴嘴開關閥，確認其動作是否正常。

(2)判定方法：開關閥之開關應能容易操作。

㈫耐震措施

1.檢查方法

(1)確認設於容許變位量較大部分之可撓式管接頭及貫穿牆、樓地板部分，有無變形、損傷等情形，及耐震措施是否恰當。

(2)以目視及螺絲起子確認儲存容器等之支撐固定架有無異常。

2.判定方法

(1)可撓式管接頭等應無變形、損傷、明顯腐蝕等情形，且貫穿牆、樓地板部分之間隙、充塡部，應保持設置施工時之狀態。

(2)使用在儲存容器等之支撐固定架之錨定螺栓、螺帽，應無變形、損傷、鬆動、明顯腐蝕等情形，且支撐固定架應無損傷。

三　綜合檢查

㈠全區放射方式及局部放射方式：將電源切換爲緊急電源狀態，依下列各點進行檢查。當放射區域在二區以上，於每次檢查時，避免選擇同一區域內重複檢查，應依序進行檢查。

1.全區放射方式

(1)檢查方法：

A.加壓式者，應依下列規定。

(A)應進行放射試驗，其放射試驗所需試驗用氣體量爲該放射區域應設加壓用氣體之10%以上（小數點以下有尾數時，則進1）。

(B)檢查時，應注意下列事項。

a.檢查後，供加壓用氣體再充塡期間，替代設置之加壓用氣體容器，應準備與放射加壓用氣體同一產品之同樣瓶數。

b.使用啓動用氣體容器之設備者，應準備與a相同數量。

c.應準備必要數量供塞住集合管部或容器閥部及操作管部分之帽蓋或塞子。

(C)檢查前，應依下列事項事先準備好加壓氣體容器。

a.暫時切斷控制盤等電源設備。

b.將容器閥開放裝置及操作管連接裝設在放射加壓用氣體容器上。

c.除放射用加壓氣體容器外，應取下連接管後，用帽蓋蓋住集合管部。

d.應塞住放射用以外之操作管。

e.將儲存容器操作盤回路之氮氣切換閥，切換至清洗回路側。

f.確認除儲存容器等及加壓用氣體容器外，其餘部分是否處於正常設置狀態。

g.控制盤等之設備電源，應處於「開」之位置。

(D)檢查時，啓動操作應就下列方式擇一進行。

a.手動式者，應操作手動啓動裝置使其啓動。

b.自動式者，應將自動、手動切換裝置切換至「自動」位置，以探測器動作，或使受信機、控制盤探測器回路之端子短路，使其啓動。

B.蓄壓式者，應依下列規定。

(A)應進行放射試驗，其放射試驗所需試驗用氣體量，爲該放射區域應設之蓄壓用氣體量之10%以上（小數點以下有尾數時進1）。

(B)檢查時，應依下列事項進行準備。

a.檢查後，應準備與清洗用氣體容器同一產品之同樣瓶數，以替換供清洗用氣體再充塡期間，替代設置之清洗用氣體容器。

b.使用啓動用氣體容器之設備者，應準備與a同樣個數。

c.應準備必要數量供塞住集合管部及操作管部之帽蓋或塞子。

(C)檢查前，應依下列事項事先準備好啓動裝置及清洗用氣體容器。

a.暫時切斷控制盤等電源設備。

b.取下連接至放出閥之操作管，並加帽蓋。

c.確認除儲存容器等及啓動裝置外，其餘部分是否處於正常設置狀態。

d.控制盤等之設備電源，應處於「開」之位置。

(D)檢查時之啓動操作，準依前A.(D)進行。

(E)依前(D)之規定操作後，確認警報裝置、遲延裝置、換氣裝置及自動關閉裝置之動作，以手動操作打開試驗用氣體容器之容器閥，經壓力調整器減壓之氣體向放射區域放射，確認放射標示燈之動作是否正常。

(2)判定方法：

A.警報裝置應確實鳴響。

B.遲延裝置應確實動作。

C.開口部等之自動關閉裝置應能正常動作，換氣裝置須確實停止。

D.指定防護區劃之啓動裝置及選擇閥能確實動作，可放射試驗用氣體。

E.配管內之試驗用氣體應無洩漏情形。

F.放射表示燈應確實亮燈。

(3)注意事項：

A.檢查結束後，應將檢查時使用之加壓用氣體容器或清洗用氣體容器，換裝爲替代容器，進行再充填。

B.在未完成完全換氣前，不得進入放射區域。遇不得已之情形非進入時，應著空氣呼吸器。

C.完成檢查後，應將所有回復定位。

2.局部放射方式

⑴檢查方法：準依前1.⑴事項進行確認。

⑵判定方法：

A.警報裝置應確實鳴響。

B.指定系統之啓動裝置及選擇閥應能確實動作，且可放射試驗用氣體。

C.配管內之試驗用氣體應無洩漏情形。

⑶注意事項：準依前1.⑶之規定。

㈡移動式：

1.檢查方法

⑴應進行放射試驗，其所需試驗用氣體量爲每五支噴射瞄子內以該設備一具加壓用氣體容器量或清洗用氣體容器量爲之。

⑵檢查完成後，應準備與放射加壓用氣體容器或清洗用氣體容器相同產品一具，以替換供加壓用氣體容器或清洗用氣體容器於再充填期間，替代設置之加壓用氣體容器或清洗用氣體容器。

⑶供放射之加壓用氣體容器或清洗用氣體容器，應連接清洗回路。

⑷以手動操作取出皮管，操作開閉閥，確認放射狀態是否正常。

2.判定方法

⑴指定之容器閥開放裝置動作、皮管拉出及瞄子開關閥等應無異常之情形，且試驗用氣體應能正常放射。

⑵皮管及皮管連接部應無試驗用氣體洩漏之情形。

3.注意事項

⑴檢查結束後，應將檢查時使用之加壓用氣體容器或清洗用氣體容器，換裝替代容器，進行再充填。

⑵完成檢查後，應將所有回復定位。

第九章　海龍滅火設備

一　外觀檢查

㈠蓄壓式海龍滅火藥劑儲存容器等

1.滅火藥劑儲存容器

⑴檢查方法：

A.外形：

(A)以目視確認儲存容器、固定架、各種計量儀器有無變形、腐蝕等情形。

(B)以目視確認容器本體是否確實固定於固定架上。

(C)核對設計圖面，確認設置之鋼瓶數。

B.設置狀況：

(A)確認設在專用鋼瓶室之鋼瓶，應有適當之固定措施；設於防護區域內之鋼瓶，應置於不燃性或難燃性材料製成之防護箱內。

(B)確認設置場所是否設有照明設備、明亮窗口，及周圍有無障礙物。並確認是否確保供操作及檢查之空間。

(C)確認周圍濕度有無過高，及周圍溫度是否在40℃以下。

(D)確認有無遭日光曝曬、雨水淋濕之虞。

(2)判定方法：

A.外形：

(A)應無變形、損傷、明顯腐蝕、生銹或塗裝剝離等情形。

(B)以推押容器之方式，確認容器本體應確實固定在固定架或底座上。

(C)容器瓶數應依規定數量設置。

B.設置狀況：

(A)設在專用鋼瓶室之鋼瓶，應有適當之固定措施；但設於防護區域內時，應置於不燃性或難燃性材料製成之防護箱內。

(B)具適當採光，且應無檢查及使用上之障礙。

(C)濕度未過高，且溫度在40℃以下。

(D)應無遭日光曝曬、雨水淋濕之虞。

2.容器閥

(1)檢查方法：以目視確認容器閥有無變形、腐蝕等情形。

(2)判定方法：應無變形、損傷、明顯腐蝕等情形。

3.容器閥開放裝置

(1)檢查方法：以目視確認容器閥開放裝置有無變形、脫落等情形。

(2)判定方法：

A.容器閥開放裝置應確實裝接於容器閥本體上，如為電氣式者，導線應無劣化或斷裂，如為氣壓式者，操作管及其連接部分應無鬆弛或脫落之情形。

B.具有手動啓動裝置之開放裝置，其操作部應無明顯之鏽蝕情形。

C.應裝設有安全栓或安全插梢。

(3)注意事項：檢查時，為防止產生誤放事故，請勿予以強烈之衝擊。

4.連結管及集合管

(1)檢查方法：以目視確認有無變形、損傷、明顯腐蝕等情形，及是否有確實連接。

(2)判定方法：應無變形、損傷、明顯腐蝕等情形，並應確實連接。

(二)加壓式海龍滅火藥劑儲存容器等

1.滅火藥劑儲存容器

(1)檢查方法：

A.外形：

(A)以目視確認儲存容器、固定架、各種計量儀器有無變形、腐蝕等情形。

(B)以目視確認容器本體是否確實固定在裝設架上。

B.設置狀況：

(A)確認設在專用鋼瓶室之鋼瓶，應有適當之固定措施；設於防護區域內之鋼瓶，應置於不燃性或難燃性材料製成之防護箱內。

(B)確認設置場所是否設照明設備、明亮窗口，及周圍有無障礙物。並確認是否確保供操作及檢查之空間。

(C)確認周圍濕度有無過高，及周圍溫度是否在40℃以下。

(D)確認有無遭日光曝曬、雨水淋濕之虞。

C.標示：以目視確認標示有無損傷、變形等。

D.安全裝置：以目視確認放出口有無阻塞之情形。

(2)判定方法：

A.外形：

(A)應無變形、損傷、明顯腐蝕、生鏽或塗裝剝離等情形。

(B)容器本體應確實固定在固定架或底座上。

B.設置狀況：

(A)設在專用鋼瓶室之鋼瓶，應有適當之固定措施；但設於防護區域內時，應置於不燃性或難燃性材料製成之防護箱內。

(B)具適當採光，且應無檢查及使用上之障礙。

(C)濕度沒有過高，且溫度在40℃以下。

(D)應無遭日光直射、雨水淋濕之虞。

C.標示：應無損傷、脫落、污損等情形。

D.安全裝置：放出口應無阻塞之情形。

2.放出閥

(1)檢查方法：以目視確認有無變形、損傷等情形。

(2)判定方法：應無變形、損傷等情形。

3.閥類

(1)檢查方法：以目視確認加壓電磁閥、加壓手動閥等閥類有無變形、損傷之情形，及其開、關位置是否正常。

(2)判定方法：

A.應無變形、損傷、明顯腐蝕等情形。

B.開、關位置應正常。

4.加壓用氣體容器等

(1)加壓用氣體容器：

A.檢查方法：

(A)外形：

a.以目視確認儲存容器、固定架、各種測量計等有無變形或腐蝕等情形。

b.以目視確認容器本體有無確實固定在固定架上。

c.核對設計圖面，確認設置之鋼瓶數。

(B)設置狀況：

a.確認設在專用鋼瓶室之加壓用氣體容器，應有適當之固定措施；設於防護區域內之加壓用氣體容器，應置於不燃性或難燃性材料製成之防護箱內。

b.確認設置場所是否設有照明設備、明亮窗口，及周圍有無障礙物。並確認是否確保供操作及檢查之空間。

c.確認周圍濕度有無過高，及周圍溫度是否在40℃以下。

d.確認有無遭日光曝曬、雨水淋濕之虞。

(C)標示：以目視確認標示有無損傷、變形等。

B.判定方法：

(A)外形：

a.應無變形、損傷、明顯腐蝕、生鏽或塗裝剝離等情形。

b.以推押容器之方式，確認容器本體應確實固定在固定架或底座上。

c.容器瓶數應依規定數量設置。

(B)設置狀況：

a.設在專用鋼瓶室之加壓用氣體容器，應有適當之固定措施；但設於防護區域內時，應置於不燃性或難燃性材料製成之防護箱內。

b.具適當採光，且應無檢查上及使用上之障礙。

c.濕度沒有過高，且溫度在40℃以下。

d.應無遭日光曝曬、雨水淋濕之虞。

(C)標示：應無損傷、脫落、污損等情形。

(2)容器閥：

A.檢查方法：以目視確認容器閥有無變形、腐蝕等情形。

B.判定方法：應無變形、損傷、明顯腐蝕等情形。

⑶容器閥開放裝置：

A.檢查方法：以目視確認容器閥開放裝置有無變形、脫落等情形。

B.判定方法：

(A)容器閥開放裝置應確實裝接在容器閥本體上，如為電氣式者，導線應無劣化或斷裂，如為氣壓式者，操作管及其連接部分應無鬆弛或脫落之情形。

(B)具有手動啓動裝置之開放裝置，其操作部應無明顯之鏽蝕情形。

(C)應裝設有安全栓或安全插梢，並加封條。

C.注意事項：檢查時，為防止產生誤放事故，請勿予以強烈之衝擊。

⑷壓力調整器：

A.檢查方法：以目視確認壓力調整器有無變形、損傷等情形，及是否確實固定於容器閥上。

B.判定方法：應無變形、損傷等情形，且應確實固定。

5.連結管及集合管

⑴檢查方法：以目視確認有無變形、腐蝕等情形，及是否有確實連接。

⑵判定方法：應無變形、損傷、明顯腐蝕等情形，並應確實連接。

㈢啓動用氣體容器等

1.啓動用氣體容器

⑴檢查方法：

A.外形：

(A)以目視確認有無變形、腐蝕等情形，及是否裝設有容器收存箱。

(B)確認收存箱之箱門或類似開關裝置之開關狀態是否良好。

B.標示：確認收存箱之表面是否設有記載該防護區劃名稱或防護對象物名稱及操作方法。

⑵判定方法：

A.外形：

(A)應無變形、損傷、塗裝剝離或明顯腐蝕等情形，且收存箱及容器應確實固定。

(B)收存箱之箱門開關狀態應良好。

B.標示：應無損傷、脫落、污損等情形。

2.容器閥

⑴檢查方法：以目視確認容器閥有無變形、腐蝕等情形。

⑵判定方法：應無變形、損傷、明顯腐蝕等情形。

3.容器閥開放裝置

⑴檢查方法：以目視確認容器閥開放裝置有無變形、脫落等情形。

⑵判定方法：

A.容器閥開放裝置應確實裝接在容器閥本體上，如為電氣式者，導線應無劣化或斷裂，如為氣壓式者，操作管及其連接部分應無鬆弛或脫落之情形。

B.具有手動啓動裝置之開放裝置，其操作部應無明顯之銹蝕情形。

C.應裝設有安全栓或安全插梢。

⑶注意事項：檢查時，為防止產生誤放事故，請勿予以強烈之衝擊。

㈣選擇閥

1.本體

⑴檢查方法：

A.外形：以目視確認選擇閥有無變形、腐蝕等情形，且是否設於防護區域以外之處所。

B.標示：確認其附近是否標明選擇閥之字樣及所屬防護區域或防護對象名稱，且是否設有記載操作方法之標示。

(2)判定方法：

A.外形：應無變形、損傷、明顯腐蝕等情形，且應設於防護區域以外之處所。

B.標示：應無損傷、脫落、污損等情形。

2.開放裝置

(1)檢查方法：以目視確認有無變形、脫落等情形，及是否確實裝設在選擇閥上。

(2)判定方法：應無變形、損傷、脫落等情形，且確實裝在選擇閥上。

(五)操作管及逆止閥

1.檢查方法

(1)以目視確認有無變形、損傷等情形，及是否確實連接。

(2)核對設計圖面，確認逆止閥裝設位置、方向及操作管之連接路徑是否正常。

2.判定方法

(1)應無變形、損傷、明顯腐蝕等情形，且應已確認連接。

(2)依設計圖面裝設配置。

(六)啟動裝置

1.手動啟動裝置

(1)檢查方法：

A.周圍狀況：

(A)確認操作箱周圍有無檢查及使用上之障礙，及設置位置是否適當。

(B)確認啟動裝置及其附近有無標示所屬防護區域名稱或防護對象名稱與標示操作方法，及其保安上之注意事項是否適當。

(C)確認啟動裝置附近有無「手動啟動裝置」標示。

B.外形：

(A)以目視確認操作箱有無變形、脫落等現象。

(B)確認箱面紅色之塗裝有無剝離、污損等現象。

C.電源表示燈：確認有無亮燈及其標示是否正常。

(2)判定方法：

A.周圍狀況：

(A)其周圍應無檢查及使用上之障礙，並應設於能看清區域內部且操作後能容易退避之防護區域附近。

(B)標示應無損傷、脫落、污損等現象。

B.外形：

(A)操作箱應無變形、損傷、脫落等現象。

(B)紅色塗裝應無剝離、污損等現象。

C.電源表示燈：保持亮燈，且該標示有所屬防護區域名稱、防護對象物名稱。

2.自動啟動裝置

(1)檢查方法：

A.火災探測裝置：準用火警自動警報設備之檢查要領確認之。

B.自動、手動切換裝置：

(A)以目視確認有無變形、脫落等情形，及其切換位置是否正常。

(B)確認自動、手動及操作方法之標示是否正常。

(2)判定方法：

A.火災探測裝置：準用火警自動警報設備之檢查要領確認之。

B.自動、手動切換裝置：

(A)應無變形、損傷、脫落等情形，且切換位置處於定位。

(B)標示應無污損、模糊不清之情形。

(七)警報裝置

1.檢查方法

(1)以目視確認語音（揚聲器）、蜂鳴器、警鈴等警報裝置有無變形、脫落等現象。

(2)無人變電所等平常無人駐守之防火對象物或局部放射方式以外之處所，確認是否設有音聲警報裝置。

(3)確認有無「音響警報裝置」之標示。

2.判定方法

(1)警報裝置應無變形、損傷、脫落等情形。

(2)平常無人駐守之防火對象物或局部放射方式以外之處所，應以語音為警報裝置。

(3)警報裝置之標示正常並應設於必要之處所，且應無損傷、脫落、污損等情形。

(八)控制裝置

1.檢查方法

(1)控制盤：

A.周圍狀況：確認周圍有無檢查及使用上之障礙。

B.外形：以目視確認有無變形、腐蝕等現象。

(2)電壓計：

A.以目視確認有無變形、損傷等情形。

B.確認電源電壓是否正常。

(3)開關類：以目視確認有無變形、損傷等情形，及開關位置是否正常。

(4)標示：確認標示是否正常。

(5)備用品等：確認是否備有保險絲、燈泡等備用品、回路圖及操作說明書等。

2.判定方法

(1)控制盤：

A.周圍狀況：應設於不易受火災波及之位置，且周圍應無檢查及使用上之障礙。

B.外形：應無變形、損傷、明顯腐蝕等現象。

(2)電壓計：

A.應無變形、損傷等情形。

B.電壓計之指示值應在規定範圍內。

C.無電壓計者，其電源表示燈應亮燈。

(3)開關類：應無變形、損傷、脫落等情形，且開關位置正常。

(4)標示：

A.開關等之名稱應無污損、模糊不清等情形。

B.面板不得剝落。

(5)備用品等：

A.應備有保險絲、燈泡等備用品。

B.應備有回路圖、操作說明書等。

(九)配管

1.檢查方法

(1)管及接頭：以目視確認有無損傷、腐蝕等情形，及有無供作其他物品之支撐或懸掛吊具。

(2)金屬支撐吊架：以目視及手觸摸等方式，確認有無脫落、彎曲、鬆動等情形。

2.判定方法

(1)管及接頭：

A.應無損傷、明顯腐蝕等情形。

B.應無作為其他物品之支撐或懸掛吊具。

(2)金屬支撐吊架：應無脫落、彎曲、鬆動等情形。

(十)放射表示燈

1.檢查方法：以目視確認防護區劃出入口處，設置之放射表示燈有無變形、腐蝕等情形。

2.判定方法：放射表示燈之設置場所正常，且應無變形、損傷、明顯腐蝕、文字模糊不清等情形。

(十一)噴頭

1.外形

(1)檢查方法：以目視確認有無變形、腐蝕等現象。

(2)判定方法：應無變形、損傷、明顯腐蝕、阻塞等情形。

2.放射障礙

(1)檢查方法：以目視確認周圍有無造成放射障礙之物品，及裝設角度是否正常。

(2)判定方法：

A.周圍應無造成放射障礙之物品。

B.噴頭之裝設應能將藥劑擴散至整個防護區域或防護對象物，且裝設角度應無明顯偏移之情形。

(十二)防護區劃

1.區劃變更

(1)檢查方法：

A.滅火設備設置後，有無因增建、改建、變更等情形，造成防護區劃之容積及開口部增減之情形，應核對設計圖面確認之。

B.局部放射方式者，其防護對象物之形狀、數量、位置等有無變更，應核對設計圖面確認之。

C.附門鎖之開口部，應以手動方式確認其開關狀況。

(2)判定方法：

A.開口部不得設於面對安全梯間、特別安全梯間或緊急昇降機間。

B.位於樓地板高度三分之二以下之開口部，因有降低滅火效果之虞或造成保安上之危險，應設有自動關閉裝置。

C.未設自動關閉裝置之開口部（含通風換氣管道）者，其防護體積與開口部面積之比率，應在法令規定範圍內，且其滅火藥劑量充足。

D.設有自動門鎖者，應符合下列規定：

(A)應裝置完整，且門之關閉確實順暢。

(B)應無門檔、障礙物等物品，且平時保持關閉狀態。

2.開口部之自動關閉裝置

(1)檢查方法：以目視確認有無變形、損傷等情形。

(2)判定方法：應無變形、損傷、明顯腐蝕等情形。

(十三)緊急電源（限內藏型者）

1.外形

(1)檢查方法：以目視確認蓄電池本體周圍之狀況，有無變形、損傷、洩漏、腐蝕等現象。

(2)判定方法：

A.設置位置之通風換氣應良好，且無灰塵、腐蝕性氣體之滯留及明顯之溫度變化等情形。

B.蓄電池組支撐架應堅牢。

C.應無明顯之變形、損傷、龜裂等情形。

D.電解液沒有洩漏，且導線連接部沒有腐蝕之情形。

2.標示

⑴檢查方法：確認是否正常設置。

⑵判定方法：應標示額定電壓值及容量。

⑶注意事項：符合標準之蓄電池設備，應確認其有無張貼合格標示。

㈣皮管、管盤、噴嘴及噴嘴開關閥

1.周圍狀況

⑴檢查方法：確認設置場所是否容易接近，且周圍有無妨礙操作之障礙物。

⑵判定方法：周圍應無檢查及使用上之障礙。

2.外形

⑴檢查方法：以目視確認收存狀態之皮管有無變形、腐蝕等現象。

⑵判定方法：

A.皮管應整齊收捲於管盤上，且皮管應無變形明顯龜裂等老化現象。

B.皮管、管盤、噴嘴及噴嘴開關閥應無變形、損傷、顯著腐蝕等情形，且噴嘴開關閥應在「關」之位置。

㈤標示燈及標示（限移動式）

1.檢查方法：確認標示燈及「移動式海龍滅火設備」之標示，是否正常設置。

2.判定方法：

⑴標示燈應無變形、損傷等情形，且正常亮燈。

⑵標示應無損傷、脫落、污損等情形。

二　性能檢查

㈠蓄壓式海龍滅火藥劑儲存容器等

1.滅火藥劑量

⑴檢查方法，依下列方法確認之。

A.使用台秤測定計之方法：

(A)將裝設在容器閥之容器閥開放裝置、連接管、操作管及容器固定器具取下。

(B)將容器置於台秤上，測定其重量至小數點第一位。

(C)藥劑量則為測定值扣除容器閥及容器重量後所得之值。

B.使用水平液面計之方法：

(A)插入水平液面計電源開關，檢查其電壓值。

(B)使容器維持平常之狀態，將容器置於液面計探針與放射源之間。

(C)緩緩使液面計檢出部上下方向移動，當發現儀表指針振動差異較大時，由該位置即可求出自容器底部起之藥劑存量高度。

(D)液面高度與藥劑量之換算，應使用專用之換算尺為之。

C.使用鋼瓶液面計之方法：

(A)打開保護蓋緩慢抽出表尺。

(B)當表尺被鋼瓶內浮球之磁性吸引而停頓時，讀取表尺刻度。

(C)對照各廠商所提供之專用換算表讀取藥劑重量。

(D)需考慮溫度變化造成之影響。

D.以其他原廠技術手冊規範之藥劑量檢測方式量測。

⑵判定方法：將藥劑量之測定結果與重量表、圖面明細表或原廠技術手冊規範核對，其差值應在充塡值10%以下。

⑶注意事項：

A.以水平液面計測定時：

(A)不得任意卸取放射線源（鈷60），萬一有異常時，應即時連絡專業處理單位。

(B)鈷60有效使用年限約為三年，如已超過時，應即時連絡專業單位處理或更換。

(C)使用壓力表者，應先確認容器內壓為規定之壓力值。

B.共同事項：

(A)因容器重量頗重（約150kg），傾倒或操作時應加以注意。

(B)測量後，應將容器號碼、充填量記載於檢查表上。

(C)當滅火藥劑量或容器內壓減少時，應迅即進行調查，並採取必要之措施。

(D)使用具放射源者，應取得行政院原子能源委員會之許可登記。

2.容器閥開放裝置

(1)電氣式容器閥之開放裝置：

A.檢查方法：

(A)將裝設在容器閥之容器閥開放裝置取下，確認撞針、切割片或電路板有無彎曲、斷裂或短缺等情形。

(B)操作手動啓動裝置，確認電氣動作是否正常。

(C)拔下安全栓或安全插銷，以手動操作，確認動作是否正常。

(D)動作後之復歸，應確認於切斷通電或復舊操作時，是否可正常復歸定位。

(E)取下端子部之護蓋，以螺絲起子確認端子有無鬆弛現象。

(F)將容器閥開放裝置回路從主機板離線以確認其斷線偵測功能。

B.判定方法：

(A)撞針、切割片或電路板應無彎曲、斷裂或短缺等情形。

(B)以規定之電壓可正常動作，並可確實以手動操作。

(C)應可正常復歸。

(D)應無端子鬆動、導線損傷、斷線等情形。

(E)將回路線離線時主機應發出斷線故障訊號。

C.注意事項：操作手動啓動裝置時，應將所有電氣式容器閥開放裝置取下。

(2)氣壓式容器閥之開放裝置：

A.檢查方法：

(A)將裝設在容器閥之容器閥開放裝置卸下，確認活塞桿或撞針有無彎曲、斷裂或短缺等情形。

(B)具有手動操作功能者，將安全栓拔下，以手動方式使其動作，確認撞針之動作，彈簧之復歸動作是否正常。

B.判定方法：

(A)活塞桿、撞針應無彎曲、斷裂或短缺等情形。

(B)動作及復歸動作應正常。

(3)以電氣啓動藥劑釋放模組啓動器方式啓動容器閥之開放裝置：

A.檢查方法：

(A)將裝設在容器閥上藥劑釋放模組之啓動器從端子接點上取下，確認啓動器本體及藥劑釋放模組電路板有無彎曲、斷裂或短缺等情形。

(B)將原先安裝在藥劑釋放模組之啓動器端子接點上與AG燈泡（鎢絲燈泡）連接，以自動或手動方式使其動作，確認AG燈泡（鎢絲燈泡）是否動作及藥劑釋放模組動作LED燈是否常亮。

B.判定方法：

(A)啓動器本體及藥劑釋放模組電路板應無彎曲、斷裂或短缺等情形。

⒝AG燈泡（鎢絲燈泡）應能動作及藥劑釋放模組動作LED燈爲常亮。

3.連結管及集合管

⑴檢查方法：以板手確認連接部位有無鬆動之情形。

⑵判定方法：連接部位應無鬆動之情形。

㈡加壓式海龍滅火藥劑儲存容器等

1.滅火藥劑量

⑴檢查方法：以目視確認液面計之液面高度。

⑵判定方法：液面之標示應於規定之位置。

2.放出閥

⑴檢查方法：

A.以扳手確認安裝部位有無鬆動之情形。

B.以試驗用氣體確認放出閥之開關功能是否正常。

C.以試驗用氣體自操作管連接部分加壓，確認氣體有無洩漏。

⑵判定方法：

A.應無鬆動之情形。

B.開關功能應正常。

C.應無洩漏之情形。

3.閥類

⑴檢查方法：以手操作導通試驗閥、洩放閥，確認開關功能是否可輕易操作。

⑵判定方法：可輕易進行開關之操作。

⑶注意事項：完成檢查後，應回復至原來之開關狀態。

4.加壓用氣體容器等

⑴氣體量：

A.檢查方法：

⒜氣體量，用前項㈠之1.之⑴之規定確認之。

⒝關閉壓力試驗閥後，打開加壓手動閥，以目視確認壓力調整器之壓力值。

B.判定方法：

⒜氣體量應在規定量以上。

⒝高壓側之壓力表指針應標示在規定壓力值之範圍內。

C.注意事項：檢查結束，在關閉手動加壓閥之後，應將儲存容器之洩氣閥及壓力試驗閥打開，確認加壓用氣體已放出後，再使其復歸。

⑵容器閥開放裝置：準用前㈠之2.之規定確認之。

⑶壓力調整器：

A.檢查方法：關閉設在壓力調整器二次側之檢查用開關或替代閥，以手動操作或以氣壓、電氣方式之容器閥開放裝置使加壓用氣體容器之容器閥動作開放，確認一、二次側壓力表之指度及指針之動作。

B.判定方法：

⒜各部位應無氣體洩漏情形。

⒝一次側壓力表之指針應在規定壓力值。

⒞一次側壓力表之指針應在設定壓力值，且功能正常。

5.連結管及集合管：準用前㈠之3.之規定確認之。

㈢啓動用氣體容器等

1.氣體量

⑴檢查方法，依下列規定確認之。

A.將裝在容器閥之容器閥開放裝置、操作管卸下，自容器收存箱中取出。

B.使用可測定達20kg之彈簧秤或秤重計，測量容器之重量。

C.應與裝在容器上之面板或重量表所記載之重量相核對。

(2)判定方法：二氧化碳或氮氣之重量，其記載重量與測得重量之差值，應在充塡量10%以下。

2.容器閥開放裝置

(1)檢查方法：

A.電氣式者，準依前(一)之2.之(1)之A規定確認之。

B.手動式者，應將容器閥開放裝置取下，以確認活塞桿或撞針有無彎曲、斷裂或短缺等情形，及手動操作部之安全栓或封條是否能迅速脫離。

(2)判定方法：

A.活塞桿、撞針應無彎曲、斷裂或短缺等情形。

B.應可確實動作。

(四)選擇閥

1.閥本體

(1)檢查方法：

A.以扳手確認連接部分有無鬆動等現象。

B.以試驗用氣體確認其功能是否正常。

(2)判定方法：連接部分應無鬆動等情形，且性能應正常。

2.開放裝置

(1)電氣式選擇閥開放裝置：

A.檢查方法：

(A)取下端子部之護蓋，確認末端處理、結線接續之狀況是否正常。

(B)操作供該選擇閥使用之啓動裝置，使開放裝置動作。

(C)啓動裝置復歸後，在控制盤上切斷通電，以拉桿復歸方式，使開放裝置復歸。

(D)以手動操作開放裝置，使其動作後，依前(C)之同樣方式使其復歸。

B.判定方法：

(A)以端子盤連接者，應無端子螺絲鬆動，及端子護蓋脫落等現象。

(B)以電氣操作或手動操作均可使其確實動作。

(C)選擇閥於「開」狀態時，拉桿等之扣環應成解除狀態。

C.注意事項：與儲存容器之電氣式開放裝置連動者，應先將開放裝置自容器閥取下。

(2)氣壓式選擇閥開放裝置：

A.檢查方法：

(A)使用試驗用二氧化碳或氮氣容器（內容積1公升以上，二氧化碳藥劑量0.6kg以上），自操作管連接部加壓，確認其動作是否正常。

(B)移除加壓源時，選擇閥由彈簧之動作或操作拉桿，確認其有無復歸。

B.判定方法：

(A)活塞桿應無變形、損傷之情形，且確實動作。

(B)選擇閥於「開」狀態時，確認插梢應呈突出狀態，且拉桿等之扣環應成解除狀態。

C.注意事項：實施加壓試驗時，操作管連接於儲存容器開放裝置者，應先將開放裝置自容器閥取下。

(五)操作管及逆止閥

1.檢查方法

(1)以扳手確認連接部分有無鬆弛等現象。

(2)取下逆止閥，以試驗用氣體確認逆止閥功能有無正常。

2.判定方法

(1)連接部分應無鬆動等現象。

(2)逆止閥之功能應正常。

(六)啓動裝置

1.手動啓動裝置

(1)操作箱：

A.檢查方法：操作開關確認箱門是否能確實開關。

B.判定方法：箱門應能確實開、關。

(2)警報用開關：

A.檢查方法：打開箱門，確認警報用開關有無變形、損傷等情形，及警報裝置有無正常鳴響。

B.判定方法：

(A)操作箱之箱門打開時，該系統之警報裝置應能正常鳴響。

(B)應無變形、損傷、脫落、端子鬆動、導線損傷、斷線等現象。

C.注意事項：警報用開關與操作箱之箱門間未設有微動開關者，當操作警報用按鈕時，警報裝置應能正常鳴響。

(3)按鈕等：

A.檢查方法：

(A)將藥劑儲存容器或啓動用氣體容器之容器閥開放裝置自容器閥取下，打開操作箱箱門，確認按鈕等有無變形、損傷等情形。

(B)操作該操作箱之放射用啓動按鈕或放射用開關，以確認其動作狀況。

(C)再進行上述試驗，於遲延裝置之時間範圍內，當操作緊急停止按鈕或緊急停止裝置時，確認容器閥開放裝置是否動作。

B.判定方法：

(A)應無變形、損傷、端子鬆動等情形。

(B)放射用啓動按鈕應於警報音響動作後始可操作。

(C)操作放射用啓動按鈕後，遲延裝置開始動作，電氣式容器閥開放裝置應正常動作。

(D)緊急停止功能應正常。

(4)標示燈：

A.檢查方法：操作開關，以確認有無亮燈。

B.判定方法：應無明顯之劣化情形，且應正常亮燈。

(5)斷線偵測：

A.檢查方法：將手動啓動裝置回路線從控制主機板離線。

B.判定方法：將回路線離線時主機應發出斷線故障訊號。

2.自動啓動裝置

(1)火災探測裝置：

A.檢查方法及判定方法：有關其檢查，準用火警自動警報設備之檢查要領確認之。

B.注意事項：受信總機或專用控制盤上之自動、手動切換裝置，應置於「手動」之位置。

(2)自動、手動切換裝置：

A.檢查方法：

(A)將儲存容器用或啓動氣體容器用之容器閥開放裝置自容器閥取下。

(B)如爲「自動」時，將切換裝置切換至「自動」之位置，使探測器或受信總機內探測器回路之端子通路。

(C)如為「手動」時，將切換裝置切換至「手動」之位置，使探測器或受信總機內探測器回路之端子斷路。

(D)應依每一防護區域或防護對象物分別確認其功能。

B.判定方法，下列功能應正常。

(A)如為「自動」時：

a.警報裝置鳴動。

b.火警表示燈亮燈。

c.遲延裝置動作。

d.通風換氣裝置停止。

e.容器閥開放裝置動作。

(B)如為「手動」時：

a.警報裝置鳴動。

b.火警表示燈亮燈。

C.注意事項：

(A)檢查時應一併進行警報裝置、控制裝置之性能檢查。

(B)使裝置動作時，應先將容器閥開放裝置取下才進行。

(3)自動、手動切換表示燈：

A.檢查方法：確認是否能正常亮燈。

B.判定方法：應無明顯之劣化情形，且應正常亮燈。

(4)斷線偵測：

A.檢查方法：將自動啓動裝置回路線從控制主機板離線。

B.判定方法：將回路線離線時主機應發出斷線故障訊號。

(七)警報裝置

1.音響警報

(1)檢查方法：

A.每一防護區域或防護對象物，應進行探測器或手動啓動裝置之警報操作，以確認有無正常鳴動。

B.音量應使用噪音計測定之。

(2)判定方法：每一防護區域或防護對象物之警報系統應正確，且距警報裝置一公尺處之音量應在九十分貝以上。

2.音聲警報（語音警告）

(1)檢查方法：依前項檢查要領，連續進行兩次以上，在發出正常之警鈴等警告音響後，確認有無發出語音警報。

(2)判定方法：

A.警報系統動作區域正確，且距揚聲器一公尺處之音量應在九十分貝以上。

B.語音警報啓動後，須先發出警鈴等警告音響，再播放退避之語音內容。

(八)控制裝置

1.開關類

(1)檢查方法：以螺絲起子及開關操作確認有無鬆動及開關功能是否正常。

(2)判定方法：

A.端子應無鬆動，且無發熱之情形。

B.應可正常開、關。

2.遲延裝置

(1)檢查方法：遲延裝置之動作時限，應依前(六)之啓動裝置檢查方法進行檢查，操作啓動按鈕後，測定至容器閥開放裝置動作所需時間。

(2)判定方法：動作時限應在二十秒以上，且在設計時之設定值範圍內。

(3)注意事項：使裝置動作時，應先將容器閥開放裝置取下才進行。

3.保險絲類

(1)檢查方法：確認有無損傷、熔斷之情形，及是否為規定之種類及容量。

(2)判定方法：

A.應無損傷、熔斷之情形。

B.應依回路圖上所示之種類及容量設置。

4.繼電器

(1)檢查方法：確認有無脫落、端子鬆動、接點燒損、灰塵附著等情形，並由開關操作，使繼電器動作，以確認其功能。

(2)判定方法：

A.應無脫落、端子鬆動、接點燒損、灰塵附著等情形。

B.應正常動作。

5.標示燈

(1)檢查方法：操作開關，以確認有無亮燈。

(2)判定方法：應無明顯之劣化情形，且應正常亮燈。

6.結線接續

(1)檢查方法：以目視及螺絲起子確認有無斷線、端子鬆動等情形。

(2)判定方法：應無斷線、端子鬆動、脫落、損傷等情形。

7.接地

(1)檢查方法：以目視或三用電表，確認有無腐蝕、斷線等情形。

(2)判定方法：應無顯著腐蝕、斷線等之損傷現象。

(九)放射表示燈

1.檢查方法：以手動方式使壓力開關動作，或使控制盤內之表示回路，以確認有無亮燈。

2.判定方法：應正常亮燈。

(十)防護區劃

1.自動關閉裝置

(1)以電氣動作者（鐵捲門、馬達、閘板）：

A.檢查方法：操作手動啟動裝置，確認自動關閉裝置之關閉狀態有無異常。

B.判定方法：

(A)各自動關閉裝置均應確實動作，且於遲延裝置之動作時限內達到關閉狀態。

(B)對於設在出入口之鐵捲門，或無其他出入口可退避者，應設有當操作啟動按鈕後，於延遲時間內可完全關閉之遲延裝置，及鐵捲門關閉後，滅火藥劑方能放射出之構造。

C.注意事項：操作手動啟動裝置時，應先將容器閥開放裝置取下才進行。

(2)以氣壓動作者（閘板等）：

A.檢查方法：

(A)使用試驗用氣體（試驗用啟動用氣體、氮氣或空氣），連接通往自動關閉裝置之操作管。

(B)釋放試驗用氣體，確認自動關閉裝置之關閉狀態有無異常。

(C)確認有無氣體自操作管、自動關閉裝置洩漏，自動關閉裝置於洩放加壓壓力後有無自動復歸，及其復歸狀態是否異常。

B.判定方法：

(A)所有自動關閉裝置均應能確實動作。

(B)屬復歸型者，應能確實復歸。

C.注意事項：使用氮氣或空氣時，應加壓至大約30kgf/cm^2。

2.換氣裝置

(1)檢查方法：操作手動啓動裝置，確認換氣裝置於停止狀態時有無異常。

(2)判定方法：所有之換氣裝置，於遲延裝置之動作時限範圍內應確實保持停止狀態。

(3)注意事項：

A.操作手動啓動裝置時，應先將容器閥開放裝置取下才進行。

B.換氣裝置如與滅火後之滅火藥劑排出裝置共用時，應自防護區域外進行復歸運轉。

(十一)緊急電源（限內藏型者）

1.端子電壓

(1)檢查方法：

A.以電壓計測定確認充電狀態通往蓄電池充電回路之端子電壓。

B.操作電池試驗用開關，由電壓計確認其容量是否正常。

(2)判定方法：

A.應於充電裝置之指示範圍內。

B.操作電池試驗用開關約三秒，該電壓計穩定時之容量，應在電壓計之規定電壓值範圍內。

(3)注意事項：進行容量試驗時，約三秒後，俟電壓計之指示值穩定，再讀取數值。

2.切換裝置

(1)檢查方法：切斷常用電源，以電壓計或由電源監視用表示燈確認電源之切換狀況。

(2)判定方法：

A.緊急電源之切換可自動執行。

B.復舊狀況正常。

3.充電裝置

(1)檢查方法：以三用電表確認變壓器、整流器等之功能。

(2)判定方法：

A.變壓器、整流器等應無異常聲音、異臭、異常發熱、明顯灰塵或損傷等情形。

B.電流計或電壓計應指示在之規定值以上。

C.有充電電源監視燈者，應正常亮燈。

4.結線接續

(1)檢查方法：以目視及螺絲起子確認有無斷線、端子鬆動等情形。

(2)判定方法：應無斷線、端子鬆動、脫落、損傷等情形。

(十二)皮管、管盤、噴嘴及噴嘴開關閥

1.皮管

(1)檢查方法：

A.自管盤將皮管取出，旋轉皮管與金屬接頭部分，確認其有無鬆動現象。

B.確認整條皮管有無因老化產生裂痕或明顯龜裂等現象。

C.自皮管接頭至噴嘴之長度，應確認是否維持設置時之狀態。

(2)判定方法：皮管連接部應無鬆動，皮管損傷、老化等情形，且皮管長度應在二十公尺以上。

2.管盤

(1)檢查方法：取出皮管，確認其是否可容易收捲。

(2)判定方法：皮管之拉取、收捲應順暢。

3.噴嘴

(1)檢查方法：

A.確認皮管、握把、噴嘴之連接部有無鬆動，噴嘴有無因塵垢而造成阻塞現象。

B.手持噴嘴握把部分，確認其有無適當之防止危害措施。

(2)判定方法：噴嘴應無堵塞、顯著腐蝕等情形，握把部分應有爲防止凍傷而設置之木製或合成樹脂製把手，且應無損傷、脫落之現象。

4.噴嘴開關閥

(1)檢查方法：以手動操作噴嘴開關閥，確認其動作是否正常。

(2)判定方法：開關閥之開關應能容易操作。

㈢耐震措施

1.檢查方法

(1)應確認設於容許變位量較大部分之可撓式管接頭及貫穿牆、樓地板部分，有無變形、損傷等情形，及耐震措施是否恰當。

(2)以目視及螺絲起子確認儲存容器等之支撐固定架有無異常。

2.判定方法

(1)可撓式管接頭等應無變形、損傷、明顯腐蝕等情形，且貫穿牆、樓地板部分之間隙、充填部，應維持設置施工時之狀態。

(2)使用在儲存容器等之支撐固定架之瞄定螺栓、螺帽，應無變形、損傷、鬆動、明顯腐蝕等情形，且支撐固定架應無損傷。

三　綜合檢查

㈠全區放射方式及局部放射方式：將電源切換爲緊急電源狀態，依下列各點規定進行檢查。海龍滅火設備全區及局部放射方式應依設置之系統數量進行抽樣檢查，其抽樣分配方式如表9-1例示。抽測之系統放射區域在二區以上時，應至少擇一放射區域實施放射試驗；進行放射試驗系統，應於滅火藥劑儲存容器標示放射日期。

表9-1　海龍滅火設備全區及局部放射方式之綜合檢查抽樣分配表

抽樣分配＼年限／系統設置數量（套）	第1年	第2年	第3年	第4年	第5年	第6年	第7年	第8年	第9年	第10年
1										1
2									1	1
3								1	1	1
4							1	1	1	1
5						1	1	1	1	1
6					1	1	1	1	1	1
7				1	1	1	1	1	1	1
8			1	1	1	1	1	1	1	1
9		1	1	1	1	1	1	1	1	1
10	1	1	1	1	1	1	1	1	1	1
11	1	1	1	1	1	1	1	1	1	2

12	1	1	1	1	1	1	1	1	2	2
13	1	1	1	1	1	1	1	2	2	2
14	1	1	1	1	1	1	2	2	2	2
15	1	1	1	1	1	2	2	2	2	2
16	1	1	1	1	2	2	2	2	2	2
17	1	1	1	2	2	2	2	2	2	2
18	1	1	2	2	2	2	2	2	2	2
19	1	2	2	2	2	2	2	2	2	2
20	2	2	2	2	2	2	2	2	2	2
21	2	2	2	2	2	2	2	2	2	3

備註：系統設置數量超過21套者，依其比例類推分配。

1.全區放射方式（海龍1301或1211滅火設備）

⑴檢查方法：

A.以空氣或氮氣進行放射試驗，所需空氣量或氮氣量，應就放射區域應設滅火藥劑量之10%，每公斤以表9-2所列公升數之比例核算。

表9-2　海龍滅火藥劑每公斤核算空氣量或氮氣量

滅火藥劑	每公斤核算空氣量或氮氣量（公升）
海龍 2402	9
海龍 1211	15
海龍 1301	16

B.檢查時，應注意下列事項。

(A)充填空氣或氮氣之試驗用氣體容器壓力，應與該滅火設備之儲存容器之充填壓力大約相等。

(B)使用啟動用氣體容器之設備者，應準備與設置數量相同之氣體容器數。

(C)應準備必要數量供塞住集合管部或容器閥部及操作管部之帽蓋或塞子。

C.檢查前，應依下列事項事先準備好儲存容器等。

(A)暫時切斷控制盤等電源設備。

(B)將自儲存容器取下之容器閥開放裝置及操作管連接裝設在試驗用氣體容器上。

(C)除試驗用氣體容器外，應取下連接管後用帽蓋蓋住集合管部。

(D)應塞住放射用以外之操作管。

(E)確認儲存容器部分外之其餘部分是否處於平時設置狀況。

(F)控制盤等設備電源，應在「開」之位置。

D.檢查時，啟動操作應就下列方式擇一進行。

(A)手動式者，應操作手動啟動裝置使其啟動。

(B)自動式者，應將自動、手動切換裝置切換至「自動」位置，使探測器動作、或使受信機、控制盤探測器回路之端子短路，使其啟動。

⑵判定方法：

A.警報裝置應確實鳴響。

B.遲延裝置應確實動作。

C.開口部等之自動關閉裝置應能正常動作，換氣裝置須確實停止。

D.指定防護區劃之啓動裝置及選擇閥能確實動作，可放射試驗用氣體。
E.配管內之試驗用氣體應無洩漏情形。
F.放射表示燈應確實亮燈。
(3)注意事項：
A.檢查結束後，應將檢查時使用之試驗用氣體容器，換裝回復為原設置之儲存容器。
B.在未完成完全換氣前，不得進入放射區域。遇不得已之情形非進入時，應著空氣呼吸器。
C.完成檢查後，應確實將所有裝置回復定位。
2.局部放射方式
(1)檢查方法：準依前1.(1)之規定進行確認。
(2)判定方法：
A.警報裝置應確實鳴響。
B.指定系統之啓動裝置及選擇閥應能確實動作，且可放射試驗用氣體。
C.配管內之試驗用氣體應無洩漏情形。
(3)注意事項：準依前1.(3)之規定。
(二)移動式
1.檢查方法
(1)應將管盤自儲存容器卸離，裝上試驗用氣體容器。
(2)以手動操作取出皮管，確認放射狀態是否正常。
2.判定方法
(1)指定之容器閥開放裝置動作、皮管拉出及噴嘴開關閥等應無異常之情形，且試驗用氣體應能正常放射。
(2)皮管及皮管連接部分應無試驗用氣體洩漏之情形。
3.注意事項
(1)檢查結束後，應將檢查時使用之試驗用氣體容器，換裝回復為原設置之儲存容器。
(2)完成檢查後，應確實將所有裝置回復定位。

第十章　火警自動警報設備

一　外觀檢查
(一)預備電源與緊急電源（限內藏型）
1.檢查方法
(1)外形以目視確認有無變形、腐蝕等。
(2)標示以目視確認蓄電池銘板。
2.判定方法
(1)外形：
A.應無變形、腐蝕、龜裂。
B.電解液應無洩漏、導線之接續部應無腐蝕。
(2)標示應與受信機上標示之種別、額定容量及額定電壓相符。
(二)受信總機及中繼器
1.檢查方法
(1)周圍狀況：確認周圍有無檢查上或使用上之障礙。
(2)外形：以目視確認有無變形、腐蝕等。
(3)火警分區之表示裝置：以目視確認有無污損等。
(4)電壓表：
A.以目視確認有無變形、損傷等。

B.確認電源、電壓是否正常。

(5)開關：以目視確認開、關位置是否正常。

(6)標示：確認如圖10-1例示各開關名稱之標示是否正常。

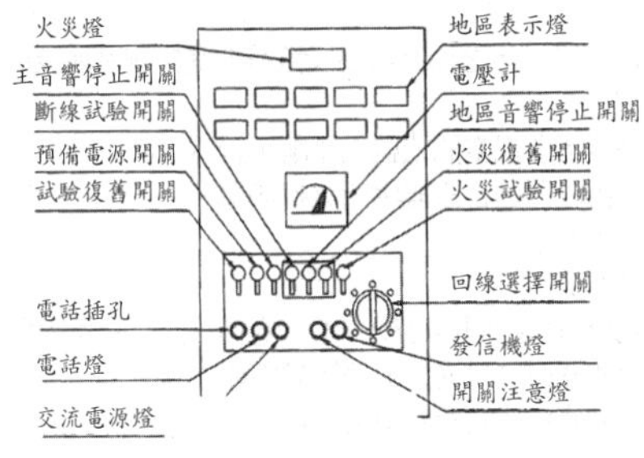

圖10-1

(7)預備零件等：確認是否備有保險絲、燈泡等零件及回路圖等。

2.判定方法

(1)周圍狀況：應設在經常有人之場所（中繼器除外），且應依下列保持檢查上及使用上必要之空間。

A.受信機應設在其門開關沒有障礙之位置。

B.受信機前應確保一公尺以上之空間。

C.受信機背面有門者，其背面應確保檢查必要之空間。

(2)外形應無變形、損傷、明顯腐蝕等。

(3)火警分區之表示裝置：應無污損、不明顯部分。

(4)電壓表：

A.應無變形、損傷等。

B.電壓表之指示值應在所定之範圍內。

C.無電壓表者，其電源表示燈應亮燈。

(5)開關：開、關位置應正常。

(6)標示：

A.應貼有檢驗合格證。

B.各開關之名稱應無污損、不明顯部分。

C.銘板應無脫落。

(7)預備品：

A.應備有保險絲、燈泡等零件。

B.應備有回路圖、操作說明書等。

C.應備有識別火警分區之圖面資料。

(三)探測器

1.檢查方法

(1)外形：以目視確認有無變形、腐蝕等。

(2)警戒狀況：

A.未警戒部分：確認設置後有無因用途變更、隔間變更等形成之未警戒部分。

B.感知區域：確認設定是否恰當。

C.適應性：確認是否設置適當之探測器。

D.性能障礙：以目視確認有無被塗漆，或因裝修造成妨礙熱氣流、煙流動之障礙。

2.判定方法

(1)外形：應無變形、損傷、脫落、明顯腐蝕等。
(2)警戒狀況：
A.未警戒部分：應無設置後因用途變更、隔間變更等形成之未警戒部分。
B.感知區域：
(A)火焰探測器以外之探測器應設置符合其探測區域及裝置高度之探測器之種別及個數。
(B)火焰探測器監視空間或監視距離應適當正常。
C.適應性：應設置適合設置場所之探測器。
D.性能障礙：
(A)應無被塗漆。
(B)光電式分離型探測器之受光部，應無日光直射等影響性能之顧慮。
(C)火焰探測器應無日光直射等影響性能之顧慮。
(D)應無因裝修造成妨礙熱氣流、煙流動之障礙。

3.注意事項
(1)不能設置偵煙式探測器或熱煙複合式局限型探測器之場所，應依表10-1選設。
(2)有發生誤報或延遲感知之虞處，應依表10-2選設。
(3)火焰探測器，其每一個被牆壁區劃之區域，由監視空間各部分到探測器之距離，應在其標稱監視距離之範圍內。

表10-1

設置場所		適用之感熱式探測器								火焰探測式器	備考
場所	具體例示	差動式局限型		差動式分布型		補償式局限型		定溫型			
		1種	2種	1種	2種	1種	2種	特種	1種		
灰塵、粉末會大量滯留之場所	垃圾收集場、貨物堆放場、油漆室、紡織、木材、石材之加工場所	×	×	○	○	○	○	○	×	○	1.甲類場所之地下層、無開口樓層及十一層以上之部分，雖可設置火焰探測器，但於火焰探測器監視顯著困難時，得設置適用之感熱式探測器。 2.設置差動式分布型探測器時，其檢出器應有防止塵埃、粉塵侵入之措施。 3.設置補償式局限型探測器時，應使用防水型。 4.設於紡織，木材加工場所等有火災急速擴大顧慮之場所之定溫式探測器，應儘可能使用特種且標稱動作溫度在75℃以下者。
水蒸氣會大量滯留之場所	蒸氣洗淨室、更衣室、熱水室、消毒室等	×	×	×	○	×	○	○	○	×	1.差動式分布型探測器或補償式局限型探測器，限使用於不發生急遽溫度變化之場所。 2.設置差動式分布型探測器時，其檢出器應有防止水蒸氣進入之措施。 3.設置補償式局限型探測器時，應使用防水型。 4.設置定溫式探測器時，應使用防水型。

會散發腐蝕性氣體之場所	電鍍工場、蓄電池室、污水處理場等	×	×	○	○	○	○	○	○	×	1.設置差動式分布型探測器時，探測器應有被覆，且檢出器應爲不受腐蝕性氣體影響之型式或設有防止腐蝕性氣體侵入之措施。 2.設置補償式局限型探測器或定溫式探測器時，應針對腐蝕性氣體之性狀，使用耐酸型或耐鹼型。 3.設置定溫式探測器時，應儘可能使用特種。
平時煙會滯留之場所	廚房、烹調室、熔接作業場所等	×	×	×	×	×	×	○	○	×	於廚房、烹調室等有高濕度顧慮場所之探測器，應使用防水型。
顯著高溫之場所	乾燥室、殺菌室、鍋爐、鑄造場、放映室、攝影棚等	×	×	×	×	×	×	○	○	×	
排放廢氣會大量滯留之場所	停車場、車庫、貨物處理所、車道、發電機室、卡車調車場、引擎測試室等	○	○	○	○	○	○	×	×	○	甲類場所之地下層，無開口樓層及十一層以上之部分，可設置火焰探測器，但於火焰探測器監視顯著困難時，得設置適用之感熱式探測器。
煙會大量流入之場所	配膳室、廚房前室、廚房內之食品庫、廚房周邊之走廊及通道、餐廳等	○	○	○	○	○	○	○	○	×	1.設於存放固體燃料可燃物之配膳室、廚房前室等之定溫式探測器，應儘可能使用特種。 2.廚房周邊之走廊及通道、餐廳等處所，不可使用定溫式探測器。
會結露之場所	以石棉瓦或鐵板做屋頂之倉庫工場、套裝型冷凍機專用之存放室、密閉室之地下倉庫、冷凍室之周邊等	×	×	○	○	○	○	○	○	×	1.設置補償式局限型探測器或定溫式探測器時，應使用防水型。 2.補償式局限型探測器限使用於不發生急遽溫度變化之場所。
設有用火設備其火焰外露之場所	玻璃工場、有熔鐵爐之場所、熔接作業場所、廚房、鑄造所、鍛造所等	×	×	×	×	×	×	○	○	×	

註：1.『○』表適用。

2.差動式局限型、差動式分布型、補償式局限型及偵煙式非蓄積型之1種，因感度良好所以應留意其比2種容易發生火災誤報之情形。

3.差動式分布型3種及定溫型2種，限使用於與滅火設備連動之場合。

表10-2

設置場所		適用之感熱式探測器			適用之偵煙式探測器						火焰探測器	備考
					離子式型		光電式型		光電式分離型			
場所	具體例示	差動式	補償式	定溫式	非蓄積型	蓄積型	非蓄積型	蓄積型	非蓄積型	蓄積型		
因吸煙而有煙滯留之換氣不良場所	會議室、接待室、休息室、控制室、康樂室、後台（演員休息室）、咖啡廳、餐廳、等候室、酒吧等之客房、集會堂、宴會廳等	○	○					○	○	○		
作爲就寢設施使用之場所	飯店（旅館、旅社）之客房、休息（小睡）房間等					○		○	○	○		
有煙以外微粒子浮游之場所	地下街通道（通路）等					○		○	○	○	○	
容易受風影響之場所	大廳（門廳）、禮拜堂、觀覽場、在大樓頂上之機械室等							○	○	○	○	設差動式探測器時，應使用分布型
煙須經長時間移動方能到達探測器之場所	走廊、樓梯、通道、傾斜路、昇降機機道等						○		○	○		
有成爲燻燒火災之虞之場所	電話機械室、通信機器室、電腦室、機械控制室等						○	○	○	○		
大空間且天花板高等，熱、煙易擴散之場所	體育館、飛機停機庫、高天花板倉庫、工場、觀眾席上方等探測器裝置高度在八公尺以上之場所	○							○	○	○	差動式探測器應使用分布型

(四)手動報警機

1.檢查方法

(1)周圍狀況：確認周圍有無檢查上或使用上之障礙。

(2)外形：以目視確認有無變形、腐蝕及按鈕保護板損壞等。

2.判定方法

(1)周圍狀況：應無檢查上及使用上之障礙。

(2)外形：應無變形、損傷、脫落、顯著腐蝕，按鈕保護板損壞等。

(五)標示燈

1.檢查方法：以目視確認有無變形、損傷、及是否亮燈。

2.判定方法：

⑴應無變形、損傷、脫落、燈泡損壞等。
⑵與裝置面成十五度角在十公尺距離內應能容易識別。

㈥音響裝置

1.檢查方法

⑴外形：以目視確認有無變形、腐蝕等。
⑵裝置狀態：以目視確認有無脫落及妨礙音響效果之障礙。

2.判定方法

⑴外形：應無變形、損傷、明顯腐蝕。
⑵裝置狀態：應無脫落、鬆動及妨礙音響效果之障礙。

二　性能檢查

㈠預備電源及緊急電源（限內藏型）

1.檢查方法

⑴端子電壓：操作預備電源試驗開關，由電壓表確認。
⑵切換裝置：由受信總機內部之電源開關動作確認。
⑶充電裝置：以目視確認有無變形、腐蝕、發熱等。
⑷結線接續：以目視或螺絲起子確認有無斷線、端子鬆動等。

2.判定方法

⑴端子電壓：電壓表之指示應正常（電壓表指針指在紅色線以上）。
⑵切換裝置：自動切換緊急電源，常用電源恢復時自動切換成常用電源。
⑶充電裝置：

A.應無變形、損傷、明顯腐蝕等。
B.應無異常發熱。

⑷結線接續：應無斷線、端子鬆動、脫落、損傷等。

3.注意事項

⑴預備電源之容量超過緊急電源時，得取代緊急電源。
⑵充電回路使用抵抗器者，因為會變成高溫，故不能以發熱即判斷為異常，應以是否變色等來判斷。
⑶電壓表之指示不正常時，應考量是否為充電不足、充電裝置、電壓表故障。

㈡受信機及中繼器

1.開關類

⑴檢查方法：以螺絲起子及開、關操作確認端子有無鬆動及開關性能是否正常。
⑵判定方法：

A.應無端子鬆動、發熱。
B.開、關操作應正常。

2.保險絲類

⑴檢查方法：確認有無損傷、熔斷等，及是否為所定之種類、容量。
⑵判定方法：

A.應無損傷、熔斷等。
B.應使用回路圖所示之種類、容量。

3.繼電器

⑴檢查方法：確認有無脫落、端子鬆動、接點燒損、灰塵附著，及由試驗裝置使繼電器動作確認其性能。
⑵判定方法：

A.應無脫落、端子鬆動、接頭燒損、灰塵附著。
B.動作應正常。

4.標示燈

⑴檢查方法由開關之操作確認是否亮燈。

⑵判定方法：應無明顯劣化，且應正常亮燈。

5.通話裝置

⑴檢查方法：設兩台以上受信機時，由操作相互間之送受話器，確認能否同時通話。

⑵判定方法：應能同時通話。

⑶注意事項：

A.受信總機處相互間設有對講機時，該對講機亦應實施檢查。

B.同一室內或場所內設有二台以上受信總機時，相互間得免設通話裝置。

6.結線接續

⑴檢查方法：以螺絲起子確認有無斷線、端子鬆動等。

⑵判定方法：應無斷線、端子鬆動、脫落、損傷等。

7.接地

⑴檢查方法：以目視或三用電表確認有無腐蝕、斷線等。

⑵判定方法：應無明顯腐蝕、斷線等之損傷。

8.附屬裝置

⑴檢查方法：

A.移報：在受信總機作火災表示試驗，確認火災信號是否自動地移報到副機。

B.消防栓連動：操作手動報警機確認消防栓幫浦是否自動啓動。

⑵判定方法：

A.移報：副機之移報應正常進行。

B.消防栓連動：消防栓幫浦應自動啓動。

9.火災表示

⑴檢查方法：依下列步驟進行火災表示試驗確認。此時，試驗每一回路確認其保持性能後操作復舊開關，再進行下一回路之測試。

A.蓄積式：將火災試驗開關開到試驗側，再操作回路選擇開關，進行每一回路之測試，確認下列事項。

(A)主音響裝置及地區音響裝置是否鳴動，且火災燈及地區表示裝置之亮燈是否正常。

(B)蓄積時間是否正常。

B.二信號式：將火災試驗開關開到試驗側，再操作回路選擇開關，依正確之方法進行，確認於第一信號時主音響裝置或副音響裝置是否鳴動及地區表示裝置之亮燈是否正常，於第二信號時主音響裝置、地區音響裝置之鳴動及火災燈、地區表示裝置之亮燈是否正常。

C.其他：將火災試驗開關開到試驗側，再操作回路選擇開關，依正確之方法進行，確認主音響裝置、地區音響裝置之鳴動及火災燈、地區表示裝置之亮燈是否正常。

⑵判定方法：

A.各回路之表示窗與編號應對照符合，火災燈、地區表示裝置之亮燈及音響裝置之鳴動、應保持性能正常。

B.對於蓄積式受信機除前項A外，其蓄積之測定時間，應在受信機設定之時間加五秒以內。

C.於二信號式受信機除前項A外，應確認下列事項。

(A)於第一信號時主音響裝置或副音響裝置之鳴動及地區標示裝置之亮燈應正常。

(B)於第二信號時主音響裝置、地區音響裝置之鳴動及火災燈、地區表示裝置之亮燈應正常。

10.回路導通：依下列方式進行回路斷線試驗，並確認之。

(1)檢查方法：

A.將回路斷線試驗開關開到試驗側。

B.依序旋轉回路選擇開關。

C.各回路由試驗用計器之指示值確認是否在所定範圍，或斷線表示等確認之。

(2)判定方法：試驗用計器之指示值應在所定之範圍，或斷線表示燈亮燈。

(3)注意事項：

A.有斷線表示燈者，斷線時亮燈。

B.具有自動斷線監視方式者，應將回路作成斷線狀態確認其性能。

(三)探測器

1.感熱型探測器（多信號探測器除外。以下相同）

(1)局限型：

A.檢查方法：

(A)定溫式及差動式（再用型）：使用加熱試驗器對探測器加熱，確認到動作之時間及警戒區域之表示是否正常。

(B)定溫式（非再用型）：按下表選取檢查數量，依再用型探測器進行加熱試驗。

探測器選取檢查數量表

探測器之設置數量	選取檢查數量
1 以上 10 以下	1
11 以上 50 以下	2
51 以上 100 以下	4
101 以上	7

B.判定方法：

(A)動作時間應在表10-3時間以內。

表10-3　探測器之動作時間表　　單位：秒

動作時間／探測器	探測器之種別			
	特種	1種	2種	3種
差動式局限型	—	30	30	—
定溫式局限型	40	60	120	—
離子式局限型、光電式局限型	—	30	60	90
光電式分離型	—	30	30	—
備註	定溫式局限型當其標稱動作溫度與周圍溫度之差超過五十度時，其動作時間得加倍計算			

(B)火警分區之表示應正常。

C.注意事項：

(A)應使用所規定之加熱試驗器。

(B)檢查設在有因可燃性氣體滯留而有引火之虞之場所及高壓變電室等有感電之虞之場所之探測器時，應由差動式局限型試驗器或回路試驗用按鈕等試驗器進行。

(C)非再用型之探測器，因做過測驗後即不能再使用，所以測試後應立即更換新品。

(D)非再用型探測器之每次測試時應輪流選取，可於圖面或檢查表上註記每次選取之位置。又在選出之探測器中，發現有不良品時，應再重新抽選實施檢查。

(E)對於連接蓄積性能之回路，亦可先行解除其蓄積性能。

(2)分布型：

A.空氣管式：

(A)檢查方法：

a.火災動作試驗（空氣注入試驗）：依下列方式，將相當於探測器動作空氣壓之空氣量，使用空氣注入試驗器（5cc用）（以下稱「空氣注入器」）送入，確認其至動作之時間及火警分區之表示是否正常。

(a)依圖10-2，將空氣注入器接在檢知器之試驗孔上，再將試驗旋塞配合調整至動作試驗位置。

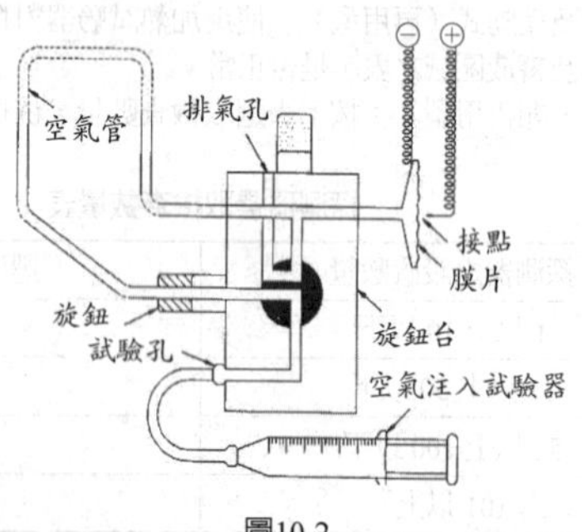

圖10-2

(b)注入檢出器所標示之空氣量。

(c)測定注入空氣後至動作之時間。

b.動作持續試驗：作火災動作試驗，測定探測器動作之後，至復舊之時間，確認探測器之動作持續是否正常。

(B)判定方法：

a.動作時間及動作持續時間，應在檢出器貼附之範圍表所示值內。

b.火警分區之表示應正常。

(C)注意事項：

a.火災動作試驗注入之空氣量，因探測器感度種別或空氣管長度不一，如注入規定量以上之空氣，恐有損壞膜片之虞，應特別注意。

b.具有注入之空氣不通過逃氣孔之構造者，注入規定量之空氣後，應立即將試驗旋塞歸定位。

c.於空氣管式之火災動作或動作持續試驗，不動作或測定之時間超過範圍時，或與前次檢查之測定值相差幅度大時，應即確認空氣管與旋塞台之連接部位是否栓緊，且應進行流通試驗及接點水高試驗。

(a)流通試驗：

I.檢查方法：將空氣注入空氣管，並依下列事項確認空氣管有無洩漏、堵塞、凹陷及空氣管長度。

(I)在檢出器之試驗孔或空氣管之一端連接流體壓力計，將試驗旋塞配合調整至動作試驗位置，並在另一端連接空氣注入器。

(II)以空氣注入器注入空氣，使流體壓力計之水位由零上升至約100mm即停止水位。如水位不停止時，有可能由連接處洩漏，應即中止試驗予以檢查。

(III)由試驗旋塞，測定開啓送氣口使上升水位下降至二分之一之時間。（流通時間）

(IV)有關流體壓力計之處置如下：

★測定流通時間使用之流體壓力計（U型玻璃管），內徑約3mm如圖10-3之形狀，通常是由底部加水至100mm左右，對準0之刻度。刻度約達130mm左右，標示於玻璃管上。

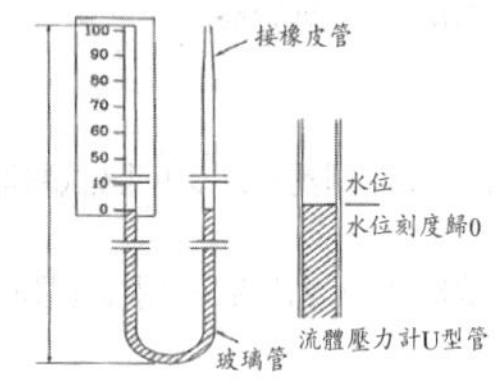

圖10-3

★使用流體壓力計時，玻璃管內之水因表面張力成圓形，但可於底部觀察調整至歸零。又水位上升與下降時，會有0.1至0.3mm之差，故以上升時作為標準。

II.判定方法：對空氣管長之流通時間，應在圖10-4所示之範圍內。

1.空氣管內徑在1.4mm時

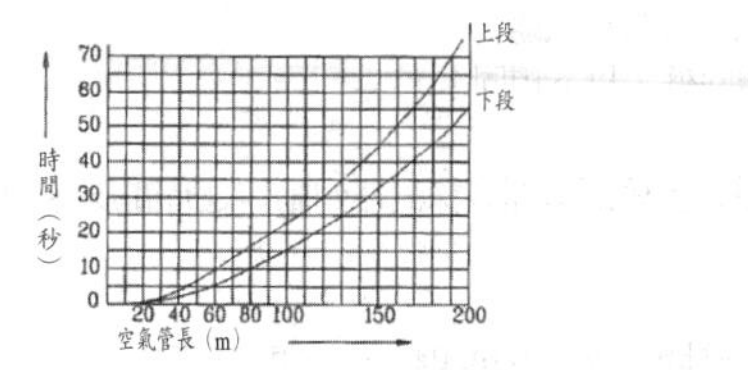

2.空氣管內徑1.5mm時

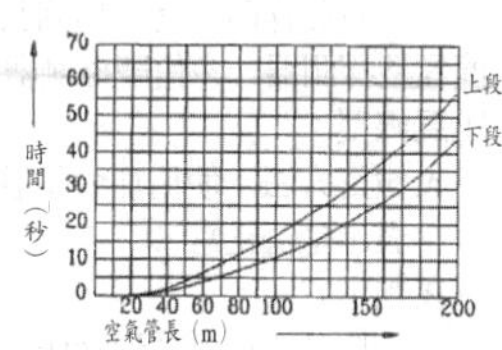

圖10-4　空氣管流通曲線

(b)接點水高試驗：

I.檢查方法：將空氣管由旋塞台取下，連接流體壓力計及空氣注入器，並將試驗旋塞調整至接點水高試驗位置，再緩緩注入空氣，確認接點閉合時之水位（接點水位高）。

II.判定方法：接點水高值，應在檢出器標示值之範圍內。

B.熱電偶式：

(A)檢查方法：

a.火災動作試驗：依下列步驟由試驗器將動作電壓附加在檢出器，確認其動作時之電壓（動作電壓值）及火警分區之表示是否正常。

(a)將試驗器之開關調整至動作試驗側，連接檢出器。

(b)操作刻度盤，對檢出器緩緩附加電壓，測定動作時之電壓值。

b.回路合成阻抗試驗：用儀表繼電器試驗器可以試驗者，將試驗器之插頭插入檢出器，進行規定之操作。其他之試驗器，將熱電偶回路由檢出器端子切離，確認回路之阻抗值是否正常。

(B)判定方法：

a.動作電壓值，應在檢出器標示值之範圍內。

b.回路合成阻抗值，應在各檢出器標示值以下。

c.火警分區之表示應正常。

(C)注意事項：應使用規定之試驗器。

C.熱半導體式：

(A)檢查方法：使用試驗器按照熱電偶式之檢查方法進行。但對於感熱部之裝置面未滿八公尺者，得準用差動式局限型探測器之加熱試驗，進行測試。

(B)判定方法：準用熱電偶式或差動式局限型探測器之標準。

(C)注意事項：應使用規定之試驗器。

(3)定溫式線型：

A.檢查方法：

(A)動作試驗：操作設在探測器末端之回路試驗器，確認火警分區之表示是否正常。

(B)回路合成阻抗試驗：依下列步驟確認探測器回路之配線與感知線之合成阻抗值：

a.拆下受信總機之外線，將擬測定之回路末端短路。

b.回路中插入終端電阻者，使終端電阻短路。

c.以三用電表測定探測器回路之配線與感知線之合成阻抗值。

B.判定方法：

(A)動作試驗：火警分區之表示應正常。

(B)回路合成阻抗試驗：合成阻抗值應在探測器標示值以下。

(C)注意事項：使電源電壓下降至額定電壓之百分之八十，實施動作試驗，確實動作時，得省略回路合成阻抗試驗。

2.偵煙型探測器（多信號探測器除外，以下相同。）

(1)局限型：

A.檢查方法：使用加煙試驗器，確認偵煙型探測器到動作之時間及警戒區域之表示是否正常。

B.判定方法：

(A)探測器加煙後到動作之時間，應在表10-4所示之時間內。

(B)蓄積型探測器之動作時間，應在表10-4所示之時間加其標稱蓄積時間及五秒之時間內。

表10-4

動作時間／探測器	探測器之種類		
	1種	2種	3種
離子式局限型 光電式局限型	30秒	60秒	90秒

(C)火警分區之表示應正常。

C.注意事項：

(A)應使用規定之加煙試驗器。

(B)發煙材應使用試驗器之指定品。

(C)加煙試驗時，應不受裝置面氣流之影響。

(D)對於連接蓄積性能之回路，亦可先行解除其蓄積性能。

(2)分離型：

A.檢查方法：使用減光罩，確認探測器之動作及火警分區之表示是否正常。

B.判定方法：

(A)插入減光罩後到動作之時間，應在三十秒內。

(B)蓄積型探測器之動作時間，應在三十秒加其標稱蓄積時間及五秒之時間內。

(C)火警分區之表示應正常。

C.注意事項：

(A)應使用規定之減光罩。

(B)對於連接蓄積性能之回路，亦可先行解除其蓄積性能。

3.火焰式探測器

(1)檢查方法：使用火焰探測器用動作試驗器，確認探測器之動作及火警分區之表示是否正常。

(2)判定方法：

A.探測器之動作時間，應在三十秒內。

B.火警分區之表示應正常。

4.多信號探測器（含複合式探測器）

(1)檢查方法：準用前述1.及2.確認之。

(2)判定方法：

A.探測器之動作時間，應在前述之1.及2.規定之時間內。

B.火警分區之表示應正常。

(3)注意事項：準用前述1.及2.規定。

(四)手動報警機

1.檢查方法：操作按鈕或送受話器（通話裝置），確認是否動作。

2.判定方法：音響裝置應鳴動，有確認燈者，確認燈應亮燈。

(五)音響裝置

1.檢查方法

(1)音量：設於有其他機械發出噪音處所者，使該分區探測器或手動報警機動作，確認其音壓及音色。

(2)鳴動方式：使探測器或手動報警機動作，確認地區音響裝置之鳴動方式是否正確。

2.判定方法

(1)音壓：音壓及音色與其他機械發出之噪音，應有明顯區別且清晰。

(2)鳴動方式：

A.一齊鳴動：全棟之地區音響自動地一齊鳴動。

B.分區鳴動：建築物在五層以上，且總樓地板面積超過三千平方公尺者，其地區音響裝置應依下列所示分區鳴動，必要時可以手動操作一齊鳴動。

(A)起火層爲地上二層以上時，限該樓層與其直上兩層及其直下層鳴動。

(B)起火層爲地面層時，限該樓層與其直上層及地下層各層鳴動。

(C)起火層爲地下層時，限地面層及地下層各層鳴動。

(六)蓄積性能（限有蓄積性能者）

1.檢查方法：選定表10-5所定數量之感熱探測器、偵煙式探測器及火焰式探測器，使用各型探測器之試驗器，使各個探測器動作，確認其至火災表示時間是否正常。

表10-5

火警分區數	探測器之選定個數		
	感熱式探測器	偵煙式探測器	火焰式探測器
50以下	1	1	1
51以上	2	2	2

對於有蓄積性能之中繼器或受信機，操作手動報警機時，應與其設定之時間無關，確認其是否能自動地火災表示。

2.判定方法：

⑴對感熱式探測器加熱時，應於下表10-6所示之時間加蓄積式中繼器或受信總機設定之蓄積時間之合計時間（最大二十秒）內動作。

表10-6

動作時間／探測器	探測器之種別		
	特種	1種	2種
差動式局限型 補償式局限型	—	30秒	30秒
定溫式局限型	40秒	60秒	120秒

⑵對偵煙式探測器加煙測試時，應於下列時間內動作：

A.非蓄積型：表10-7所示之時間加蓄積式中繼器或受信總機設定之蓄積時間之合計時間（最大六十秒）。

表10-7

動作時間／探測器	探測器之種別		
	1種	2種	3種
離子式局限型 光電式局限型	30秒	60秒	90秒

B.蓄積型：表10-7所示之時間加蓄積型之標稱蓄積時間與蓄積式中繼器或受信機設定之蓄積時間之合計時間（最大六十秒）再加上五秒。

C.以火焰式探測器用動作試驗器之紅外線或紫外線照射時，三十秒加上蓄積式中繼器或受信機設定之蓄積時間之合計時間（最大二十秒）。

D.有蓄積性能之中繼器或受信機，使手動報警機動作時，其蓄積性能應自動解除，且立即火災表示。

⑶注意事項：進行蓄積性能檢查，選擇探測器時，應輪流選取，並應於圖面或檢查表上註記每次選取之位置。

㈦二信號性能（限有二信號性能者）

1.檢查方法：於任一回路，使用加熱試驗器或加煙試驗器使探測器動作，確認第一信號及第二信號之火災表示是否正常。操作手動報警機時，不論第一信號及第二信號，確認其是否立即進行火災表示。

2.判定方法：

⑴第一信號時，主音響或副音響裝置應鳴動及地區表示燈應亮燈。

⑵第二信號時，主音響及地區音響裝置應鳴動且火災燈及地區表示燈應亮燈。

⑶操作手動報警機時，主音響及地區音響裝置應鳴動，火災燈及地區表示燈應亮

燈。

三　綜合檢查

(一)同時動作

1.檢查方法：操作火災試驗開關及回路選擇開關，不要復舊使任意五回路（不滿五回路者，全部回路），進行火災動作表示試驗。

2.判定方法：受信機（含副機）應正常動作，主音響及地區音響裝置之全部或接續該五回路之地區音響裝置應鳴動。

(二)偵煙式探測器、煙複合式探測器或熱煙複合式探測器之感度

1.檢查方法：進行外觀清潔後，依下列步驟確定探測器之感度。

(1)局限型：

A.取下偵煙式探測器，進行外觀清潔。

B.使用偵煙式探測器用感度試驗器，進行感度（濃度）試驗，確認其感度是否在探測器所定之範圍內。

C.按前述A之步驟確認其感度正常者，即再裝回原位，裝置後使用加煙試驗器，進行動作之確認。

(2)分離型：

A.使用適合該分離型探測器之減光罩進行動作及不動作試驗。

B.清潔分離型探測器之送光器及受光器鏡片時，應依正確之方法使其回復到初期時狀態。

2.判定方法：感度應在所定之範圍內。

3.注意事項：

(1)取下偵煙式探測器之場所，應即裝上替代之探測器，不可使其形成未警戒區域，應將此紀錄在檢查表上。

(2)偵煙式探測器用感度試驗器及減光罩，應使用規定之器材。

第十一章　瓦斯漏氣火警自動警報設備

一　外觀檢查

(一)預備電源及緊急電源（限內藏型）

1.檢查方法

(1)外形：以目視確認有無變形、腐蝕等。

(2)標示：以目視確認蓄電池銘板。

2.判定方法

(1)外形：

A.應無變形、腐蝕、龜裂。

B.電解液應無洩漏、導線之接續部應無腐蝕。

(2)標示：應與受信總機上標示之種別、額定容量及額定電壓相符。

(二)受信機及中繼器

1.檢查方法

(1)周圍狀況：確認周圍有無檢查上或使用上之障礙。

(2)外形：以目視確認有無變形、腐蝕等。

(3)警報分區之表示裝置：以目視確認有無污損等。

(4)電壓表：

A.以目視確認有無變形、損傷等。

B.確認電源、電壓是否正常。

(5)開關：以目視確認開、關位置是否正常。

(6)標示：確認如圖11-1例示各開關之標示是否正常。

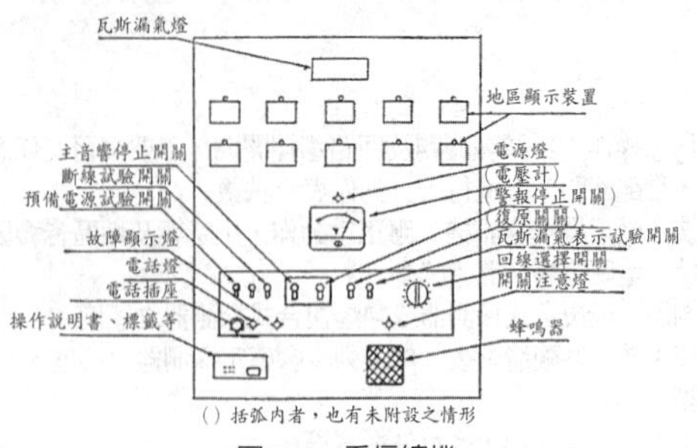

圖11-1　受信總機

⑺預備零件等：確認是否備有保險絲、燈泡等零件及回路圖等。

2.判定方法

⑴周圍狀況：應設在經常有人之場所（中繼器除外），且應保持檢查上及使用上必要之空間。

⑵外形：應無變形、損傷、明顯腐蝕等。

⑶警報分區之表示裝置：應無污損、不明顯之部分。

⑷電壓計：

A.應無變形、損傷等。

B.電壓計之指示值應在所定之範圍內。

C.無電壓計者，其電源表示燈應亮燈。

⑸開關：開、關位置應正常。

⑹標示：

A.應貼有檢驗合格證。

B.各開關之名稱應無污損、不明顯之部分。

C.銘板應無脫落。

⑺預備零件等：

A.應備有保險絲、燈泡等零件。

B.應備有回路圖、操作說明書等。

㈢瓦斯漏氣檢知器（以下簡稱「檢知器」）

1.檢查方法

⑴外形：以目視確認有無變形、損傷、腐蝕等。

⑵警戒狀況：

A.未警戒部分：確認設置後有無因用途變更、隔間變更、瓦斯燃燒器具設置場所變更等形成之未警戒部分。

B.設置場所及設置位置：確認設置場所及設置位置是否恰當。

C.確認是否設置符合瓦斯特性之檢知器。

D.性能障礙：以目視確認有無被塗漆、覆蓋等造成性能障礙之顧慮。

2.判定方法

⑴外形：應無變形、損傷、脫落、明顯腐蝕等。

⑵警戒狀況：

A.未警戒部分：應無設置後因用途變更、隔間變更或瓦斯燃燒器具設置場所變更等形成之未警戒部分。

B.設置場所及設置位置：應符合下表11-2之規定。

C.適用性：設置符合瓦斯特性之檢知器。

D.性能障礙：應無被塗漆、覆蓋等影響性能之顧慮。

表11-2　檢知器之設置基準

設置場所	一、應為便於檢修之處所。 二、不得設在下列場所： 1.在出入口附近外氣流通之場所。 2.距出風口一點五公尺內之場所。 3.瓦斯燃燒器具之廢氣容易接觸之場所。 4.明顯無法確保檢知器性能之場所。	
設置位置	瓦斯對空氣之比重未滿一時	1.應距瓦斯燃燒器具或瓦斯導管貫穿牆壁處水平距離八公尺以內。但樓板有淨高六十公分以上之樑或類似構造體時，應設於近瓦斯燃燒器或瓦斯導管貫穿牆壁處。 2.瓦斯燃燒器具室內之天花板設有吸氣口時，應設在距瓦斯燃燒器具或瓦斯導管貫穿牆壁處與天花板間無淨高六十公分以上之樑或類似構造體區隔之吸氣口一點五公尺範圍內。 3.檢知器下端，應裝設在天花板下方三十公分範圍內。
	瓦斯對空氣之比重大於一時	1.應距瓦斯燃燒器具或瓦斯導管貫穿牆壁處水平距離四公尺以內。 2.檢知器上端，應裝設在距樓地板面三十公分範圍內。

(四)警報裝置

1.瓦斯漏氣表示燈

(1)檢查方法：以目視確認有無變形、損傷、脫落及妨礙視認之因素。

(2)判定方法：應無變形、損傷、脫落及妨礙視認之因素。

2.檢知區域警報裝置

(1)檢查方法：

A.外形：以目視確認有無變形、損傷、明顯腐蝕等。

B.裝置狀態：以目視確認有無脫落、妨礙音響效果之因素。

(2)判定方法：

A.外形：應無變形、損傷、明顯腐蝕等。

B.裝置狀態：應無脫落、鬆動、妨礙音響效果之因素。

二　性能檢查

(一)預備電源及緊急電源（限內藏型）

1.檢查方法

(1)端子電壓或出力電壓：操作預備電源試驗開關，由電壓計確認。

(2)切換裝置：由受信機內部遮斷常用電源開關確認其動作。

(3)充電裝置：確認有無變形、腐蝕、發熱、灰塵附著等。

(4)結線接續：以目視或螺絲起子確認有無斷線、端子鬆動等。

2.判定方法

(1)端子電壓或出力電壓：電壓表指示應在規定值以上。

(2)切換裝置：自動切換成蓄電池設備之電源，常用電源恢復時自動切換成常用電源。

(3)充電裝置：

A.應無變形、損傷、明顯腐蝕等。

B.應無異常發熱等。

⑷結線接續：應無斷線、端子鬆動、脫落、損傷等。

3.注意事項

⑴預備電源之容量超過緊急電源時，得取代緊急電源。

⑵充電回路使用阻抗器者，因為會變成高溫，故不能以發熱即判斷為異常，應以是否變色等來判斷。

㈡受信機及中斷器

1.開關類

⑴檢查方法：以螺絲起子及開、關操作確認端子有無鬆動、開關性能是否正常。

⑵判定方法：

A.應無端子鬆動、發熱。

B.開關操作正常。

2.保險絲類

⑴檢查方法：確認有無損傷、熔斷等，及是否為規定之種類、容量。

⑵判定方法：

A.應無損傷、熔斷等。

B.應使用回路圖所示之種類及容量。

3.繼電器

⑴檢查方法：確認有無脫落、端子鬆動、接點燒損、灰塵附著，及由試驗裝置使繼電器動作確認其性能。

⑵判定方法：

A.應無脫落、端子鬆動、接點燒損、灰塵附著。

B.動作應正常。

4.表示燈

⑴檢查方法：由開關之操作確認有無亮燈。

⑵判定方法：應無明顯劣化，且應正常亮燈。

5.通話裝置

⑴檢查方法：設二台以上受信總機時，由操作相互間之送受話器，確認能否同時通話。

⑵判定方法：應能同時通話。

⑶注意事項：

A.設受信總機處相互間，設有對講機時，得以對講機取代電話機。

B.同一居室設二台以上受信總機時，得免設通話裝置。

6.結線接續

⑴檢查方法：以目視或螺絲起子確認有無斷線、端子鬆動、脫落、損傷等。

⑵判定方法：應無斷線、端子鬆動、脫落、損傷等。

7.接地

⑴檢查方法：以目視或回路計確認有無明顯腐蝕、斷線等。

⑵判定方法：應無明顯腐蝕、斷線等之損傷等。

8.附屬裝置

⑴檢查方法：在受信機作瓦斯漏氣表示試驗，確認瓦斯漏氣信號是否能自動地移報到表示機（副受信機），及有無性能障礙。

⑵判定方法：表示機之移報應正常進行。

⑶注意事項：有連動瓦斯遮斷機構者，檢查時應特別注意。

9.瓦斯漏氣表示

⑴檢查方法：按下列步驟進行瓦斯漏氣表示試驗，確認之。

A.設有回路選擇開關者：

(A)將瓦斯漏氣表示試驗開關開到試驗側。

(B)按下列步驟操作回路選擇開關：

a.有延遲時間者，應每一回路依次確認其瓦斯漏氣表示。

b.有保持機能者，應每一回路邊確認其保持機能邊操作復舊開關，如此確認完後再依次進行下一回路之確認。

(2)判定方法：

A.各回路之表示窗與動作回路編號相符合。

B.瓦斯漏氣表示燈及警報分區之表示裝置亮燈與音響裝置之鳴動（以下簡稱「瓦斯漏氣表示」）應正常。

C.受信總機之延遲時間，應在六十秒以內。

D.保持機能應正常。

10.回路導通（斷線試驗）

(1)檢查方法：依下列步驟進行回路導通試驗，確認之。

A.將斷線試驗開關開到斷線試驗側。

B.依序旋轉回路撰擇開關。

C.確認各回路之試驗用計器測定值是否在規定範圍，或由斷線表示燈確認之。

(2)判定方法：試驗用計器之指示值應在所定範圍，或斷線表示燈應亮燈。

(3)注意事項：有斷線表示燈者，斷線時亮燈，應特別留意。

11.故障表示

(1)檢查方法：依下列步驟進行模擬故障試驗，並確認之。

A.對於由受信機、中繼器、或檢知器供給電力方式之中繼器，拆下對外部負載供給電力回路之保險絲，或遮斷其斷路器。

B.對於不由受信機、中繼器、或檢知器供給電力方式之中繼器，遮斷其主電源，或者拆下由該中斷器對外部負載供給電力回路之保險絲或遮斷其斷路器。

C.有檢知器之電源停止表示機能者，由開關器遮斷該檢知器之主電源。

(2)判定方法：

A.對於中繼器、受信總機之音響裝置及故障表示燈應能自動地動作。

B.對於檢知器，在受信總機側應能確認電源之停止。

(三)檢知器

1.檢查方法：使用「加瓦斯試驗器」進行加瓦斯測試（對空氣之比重未滿一者使用甲烷，對空氣之比重大於一者使用異丁烷），依下列(1)至(3)其中之一來測定檢知器是否動作及到受信機動作之時間，同時確認中斷器，瓦斯漏氣表示燈及檢知區域警報裝置之動作狀況。

(1)有動作確認燈之檢知器，測定由確認燈亮燈至受信總機之瓦斯漏氣燈亮燈之時間。

(2)由檢知區域警報裝置或中繼器之動作確認燈，能確認檢知器之動作時，測定由檢知區域警報裝置動作或中繼器之動作確認亮燈，至受信總機之瓦斯漏氣燈亮燈之時間。

(3)無法由前述(1)、(2)測定者，測定加壓試驗用瓦斯後，至受信總機之瓦斯漏氣燈亮燈之時間。

(4)檢知器應按下表選取檢查數量。

檢知器選取檢查數量表

一回路之檢知器數量	選取檢查數量
1～5個	1
6～10個	2
11～15個	3
16～20個	4
21～25個	5
26～30個	6
30個以上	20

2.判定方法：

⑴中斷器、瓦斯漏氣表示燈及檢知區域警報裝置之動作應正常。受信總機之瓦斯漏氣燈、主音響裝置之動作及警報分區之表示應正常。

⑵由前述檢查方法之⑴、⑵、⑶測得之時間，扣除下列A及B所定之時間，應在六十秒內。

A.介入中繼器時為五秒。

B.檢查方法採用⑶時為二十秒。

3.注意事項：

⑴檢知器每次測試時應輪流選取，可於圖面或檢查表上註記每次選取之位置。

⑵在選取之檢知器中，發現有不良品時，該回路之全部檢知器均應實施檢查。

㈣警報裝置

1.瓦斯漏氣表示燈

⑴檢查方法：按照檢知器之性能檢查，使檢知器動作，確認其亮燈狀況。

⑵判定方法：

A.應無明顯劣化，且正常亮燈。

B.動作之檢知器，其所在位置應能容易辨識。

2.檢知區域警報裝置

⑴檢查方法：按照檢知器之性能檢查，使檢知器動作，按下列步驟確認其鳴動狀況。

A.音壓：確認其音壓是否在七十分貝以上，且其音色是否有別於其他機械噪音。

B.鳴動區域：一個檢知器能有效檢知瓦斯漏氣之區域（以下簡稱「檢知區域」）內，確認是否能有效聽到。

⑵判定方法：

A.音壓：音壓應在七十分貝以上，且其音色有別於其他機械噪音。

B.鳴動區域：鳴動區域適當，且於檢知區域內任一點均能有效聽到。

三　綜合檢查

㈠同時動作

1.檢查方法：使用加瓦斯試驗器，使兩個回路之任一檢知器（各回路一個）同時動作，確認其性能是否異常。

2.判定方法：中繼器、瓦斯漏氣表示燈及檢知區域警報裝置之動作應正常，且受信總機之瓦斯漏氣燈、主音響裝置之動作及警報分區之表示應正常。

㈡檢知區域警報裝置

1.檢查方法：使任一檢知器動作，於檢知區域警報鳴動時，於距該裝置之裝設位置中心一公尺處，使用噪音計確認其音壓是否在規定值以上。

2.判定方法：音壓應在七十分貝以上。

3.注意事項：設在箱內者，應保持原狀測定其音壓。

㈢綜合動作

1.檢查方法：切換成緊急電源之狀態，使任一檢知器動作，確認其性能是否正常。

2.判定方法：中繼器、瓦斯漏氣表示燈及檢知區域警報裝置之動作應正常，且受信總機之瓦斯漏氣燈、主音響裝置之動作及警報分區之表示應正常。

3.注意事項：得以預備電源取代緊急電源實施綜合動作測試。

第十二章　緊急廣播設備

一　外觀檢查

㈠緊急電源（限內藏型）

1.檢查方法

(1)外形：以目視確認有無變形、腐蝕等。

(2)標示：以目視確認蓄電池銘板是否適當。

2.判定方法

(1)外形：

A.應無變形、損傷、龜裂等。

B.電解液應無洩漏、導線之接續部應無腐蝕。

(2)標示：應標示規定之電壓及容量。

㈡擴音機、操作裝置及遠隔操作裝置

1.檢查方法

(1)周圍狀況：確認周圍有無檢查以及使用上之障礙。

(2)外形：確認有無變形、腐蝕等。

(3)電壓表：

A.以目視確認有無變形、損傷等。

B.確認電源電壓是否正常。

(4)開關類：以目視確認開關位置是否正常。

(5)保護板：以目視確認有無變形、脫落等。

(6)標示：確認開關之名稱標示是否正確。

(7)預備零件：確認是否備有保險絲、燈泡等零件及回路圖。

2.判定方法

(1)周圍狀況：

A.操作部及遠隔操作裝置應設在經常有人之處所。

B.應有檢查上及使用上之必要空間。

(2)外形：應無變形、損傷、脫落、明顯腐蝕等。

(3)電壓計：

A.應無變形、損傷等。

B.電壓計指示值應在規定範圍內。

C.無電壓計者，電源表示燈應亮燈。

(4)開關類：開關位置應正常。

(5)保護板：應無變形、損傷、脫落等。

(6)標示：

A.開關名稱應無污損、不鮮明部分。

B.銘板應無龜裂。

(7)預備零件：

A.應備有保險絲、燈泡等預備零件。

B.應備有回路圖及操作說明書。

㈢啓動裝置

1.檢查方法

⑴周圍狀況：確認周圍有無檢查上及使用上之障礙，及是否標示「啓動裝置」。

⑵外形：以目視確認有無變形、腐蝕及按鈕保護板有無破損等。

2.判定方法

⑴周圍狀況：

A.應無檢查上及使用上之障礙。

B.應無標示污損、不鮮明之部分。

⑵外形：應無變形、損傷、脫落、明顯腐蝕及按鈕保護板破損之情形。

㈣揚聲器

1.檢查方法

⑴外形：以目視確認有無變形、腐蝕等。

⑵裝置狀態：以目視確認有無脫落及妨礙音響效果之物。

2.判定方法

⑴外形：應無變形、損傷、明顯腐蝕等。

⑵裝置狀態：應無脫落、鬆動及妨礙音響效果之物品。

㈤標示燈

1.檢查方法：以目視確認有無變形、損傷等及是否亮燈。

2.判定方法

⑴應無變形、損傷、脫落等，且保持亮燈。

⑵標示燈與裝置面成十五度角，在十公尺距離內應均能明顯易見。

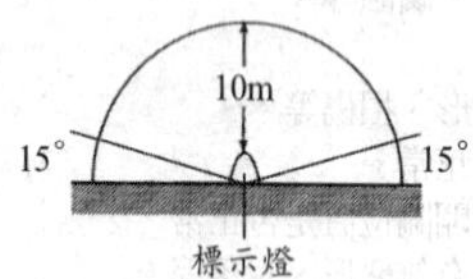

二　性能檢查

㈠緊急電源（限內藏型）

1.檢查方法

⑴端子電壓：操作緊急電源試驗開關，由電壓計確認。

⑵切換裝置：操作常用電源開關，確認其動作。

⑶充電裝置：以目視確認有無變形、腐蝕、發熱等。

⑷結線接續：以目視或螺絲起子確認有無斷線、端子鬆動等。

2.判定方法

⑴端子電壓：電壓表之指示值應正常（電壓計指針在紅色線以上）。

⑵切換裝置：自動切換成緊急電源，常用電源恢復時自動切換成常用電源。

⑶充電裝置：

A.應無變形、損傷、明顯腐蝕等。

B.應無異常之發熱。

⑷結線接續：應無斷線、端子鬆動、脫落、損傷等。

㈡擴音機、操作裝置及遠隔操作裝置

1.開關類

⑴檢查方法：以目視及開、關操作確認端子有無鬆動及開、關性能是否正常。

(2)判定方法：

A.應無端子鬆動及發熱等。

B.開、關功能應正常。

2.保險絲類

(1)檢查方法：確認有無損傷、熔斷等，及是否為所定之種類及容量。

(2)判定方法：

A.應無損傷、熔斷等。

B.應使用回路圖所示之種類及容量等。

3.繼電器

(1)檢查方法：確認有無脫落、端子鬆動、接點燒損、灰塵附著，及由開關操作使繼電器動作確認其性能。

(2)判定方法：

A.應無脫落、端子鬆動、接點燒損、灰塵附著。

B.動作應正常。

4.計器類

(1)檢查方法：由開關之操作及廣播，確認電壓表及出力計是否正常動作。

(2)判定方法：指針之動作應正常。

5.表示燈

(1)檢查方法：由開關之操作確認是否亮燈。

(2)判定方法：應無明顯劣化，且應正常亮燈。

6.結線接續

(1)檢查方法：以目視及螺絲起子確認有無斷線、端子鬆動、脫落、損傷等。

(2)判定方法：應無斷線、端子鬆動、脫落、損傷等。

7.接地

(1)檢查方法：以目視或三用電表確認有無腐蝕、斷線等。

(2)判定方法：應無明顯腐蝕、斷線等之損傷。

8.回路選擇

(1)檢查方法：操作樓層別選擇開關或一齊廣播開關，確認回路選擇是否確實進行。

(2)判定方法：被選定之回路，其樓層別動作表示及火災燈應正常亮燈。

9.二台以上之操作裝置或遠隔操作裝置

(1)檢查方法：

A.設有二台以上之操作裝置或遠隔操作裝置時，使其相互動作，確認其廣播分區是否正確，及相互之操作裝置或遠隔操作裝置之表示是否正確。

B.對同時通話設備，確認是否能相互通話。

(2)判定方法：

A.使其中一台操作裝置或遠隔操作裝置動作時，其相互之性能應正常，且廣播分區及操作裝置或遠隔操作裝置之表示正常。

B.應能相互呼應及清楚通話。

10.遠隔操作裝置

(1)檢查方法：操作操作部及遠隔操作裝置任一操作開關時，確認是否正常動作。

(2)判定方法：

A.操作部或遠隔操作裝置動作之繼電器、監聽揚聲器、出力計等，應動作。

B.由遠隔操作裝置之啟動裝置，應能進行一齊廣播。

C.操作遠隔操作裝置之回路選擇開關，應能對任一樓層廣播。

D.由遠隔操作裝置之監聽揚聲器，應能確認廣播內容。

11.緊急廣播切換

⑴檢查方法：與一般廣播兼用時，於一般廣播狀態，進行緊急廣播時，確認是否切換成緊急廣播。

⑵判定方法：應確實切換成緊急廣播，且在未以手動復舊前，應正常持續緊急廣播之動作狀態。

12.回路短路

⑴檢查方法：於警報音響播送狀態，進行回路短路時，確認其他回路是否發生性能障礙。

⑵判定方法：於短路之回路，遮斷短路保護回路，或於表示已短路之同時，對其他回路之廣播應無異常。

13.麥克風（限發出音聲警報者）

⑴檢查方法：於操作裝置使用音聲警報鳴動，再由麥克風進行廣播，確認音聲警報是否自動地停止。

⑵判定方法：由麥克風之廣播啓動同時，音聲警報音響應即停止。且於麥克風之廣播終了時，音聲警報即開始鳴動。

㈢啓動裝置

1.檢查方法

⑴手動按鈕開關：操作手動按鈕開關，確認是否動作。

⑵火警自動警報設備之手動報警機：

A.操作火警自動警報設備之手動報警機，確認廣播設備是否確實啓動，自動進行火災廣播。

B.操作緊急電話（分機），於操作部（主機）呼出鳴動之同時，確認能否相互通話。

C.操作二具以上之緊急電話（分機），確認於操作部是否可任意選擇通話，且此時被遮斷之緊急電話是否能聽到講話音。

⑶與火警自動警報設備之連動：使火警自動警報設備動作，確認是否能確實連動。

2.判定方法

⑴手動按鈕開關：在操作部應發出音響警報及火災音響信號。

⑵火警自動警報設備之手動報警機：

A.應能自動地進行火災廣播。

B.操作部（主機）呼出鳴動，且應能明確相互通話。

C.應能任意選擇通話，且此時被遮斷之緊急電話亦應能聽到講話音。

⑶與火警自動警報設備之連動：

A.於受信火災信號後，自動地啓動廣播設備，其火災音響信號或音響裝置應鳴動。

B.起火層表示燈應亮燈。

C.起火層表示燈至火災信號復舊前，應保持亮燈。

㈣揚聲器

1.音量等

⑴檢查方法：設於有其他機械之噪音處所者，藉由操作裝置或遠隔操作裝置之操作，確認其音量及音色。

⑵判定方法：音量及音色應有別於其他機械之噪音。

2.鳴動方式

⑴檢查方法：操作操作裝置，由進行廣播中，確認揚聲器是否正確鳴動。

⑵判定方法：

A.一齊鳴動：全棟之揚聲器應一齊鳴動。
B.分區鳴動：應能進行下列所示之分區鳴動。
(A)起火層爲地上二層以上時：限該樓層與其直上二層及其直下一層鳴動。
(B)起火層爲地面層時：限該樓層與其直上層及地下層各層鳴動。
(C)起火層爲地下層時：限地面層及地下層各層鳴動。
C.相互鳴動：設有二台以上操作裝置或遠隔操作裝置之建築物，由任一操作裝置或遠隔操作裝置均能使揚聲器鳴動。
(3)音量調整器：
A.檢查方法：於緊急廣播狀態，操作音量調整器時，確認緊急廣播是否有障礙。
B.判定方法：不論音量調整器之調整位置在何位置，均應能有效進行緊急廣播。

三　綜合檢查
(一)揚聲器之音壓
1.檢查方法：距揚聲器一公尺處，使用噪音計（A特性），確認是否可得規定之音壓。
2.判定方法：揚聲器之音壓，L級九十二分貝以上，M級八十七分貝以上，S級八十四分貝以上。
(二)綜合檢查
1.檢查方法：切換成緊急電源供電狀態，操作任一啓動裝置或操作裝置之緊急廣播開關，或受信由火警自動警報設備啓動之信號，確認是否進行火災表示及正常廣播。
2.判定方法：火災表示及揚聲器之鳴動應正常。

第十三章　標示設備

一　外觀檢查
(一)避難方向指示燈及出口標示燈
1.緊急電源（限內置型）
(1)檢查方法：
A.外形：確認是否有變形、損傷及顯著腐蝕之情形。
B.標示：確認其標示是否正常。
(2)判定方法：
A.外形：
(A)應無變形、損傷或龜裂之情形。
(B)電解液應無洩漏，導線接頭應無腐蝕之現象。
B.標示：
應依所定之額定電壓及容量設置。
2.外箱及標示面
(1)檢查方法：
A.外形：以目視確認是否有變形、變色、脫落或污損之情形。
B.辨識上之障礙：
(A)以目視確認其是否依規定之高度及位置設置。
(B)確認隔間牆、廣告物、裝飾物等有無造成視覺辨識上之障礙。
(2)判定方法：
A.外形：
(A)外箱及標示面，應無變形、變色、損傷、脫落或顯著污損之情形，且於正常之裝置狀態。

(B)避難方向指示燈所示之方向，其引導方向應無誤。

B.辨識上之障礙：

(A)應設於規定之高度及位置。

(B)應無因建築物內部裝修，致設置位置不適當，且亦不得產生設置數量不足之情形。

(C)燈具周圍如有隔間牆、寄物櫃等時，不得因而造成視覺辨識上之障礙。

(D)燈具周圍應無雜亂物品、廣告板或告示板等遮蔽物。

3.光源

(1)檢查方法：確認有無閃爍之現象，及是否正常亮燈。

(2)判定方法：

A.應無熄燈或閃爍之現象。

B.燈具內之配線不得於標示面上產生陰影。

4.信號裝置（閃滅、音聲引導、減光、消燈等功能動作之移報裝置）

(1)檢查方法：

A.外形：以目視確認有無變形、損傷或顯著腐蝕之情形。

B.結線接續：以目視或螺絲起子確認有無斷線、端子鬆動、脫落、損傷等情形。

(2)判定方法：

A.外形應無變形、損傷或顯著腐蝕之情形。

B.應無斷線、端子鬆動、脫落、損傷等情形。

(二)避難指標

1.檢查方法

(1)外形：以目視確認有無變形、變色、脫落或污損之情形。

(2)辨識上之障礙：

A.以目視確認是否依規定之高度及位置設置。

B.確認其有無因隔間等而造成視覺辨識上之障礙。

(3)採光：確認其是否具有足供識別之採光。

2.判定方法

(1)外形：標示板面之文字、色彩應無顯著之污損、脫落或剝離之現象，且能容易識別。

(2)視覺辨識上之障礙：

A.應無因建築物內部裝修，致設置位置不適當，且亦不得產生設置數量不足之情形。

B.指標周圍如有隔間牆、寄物櫃等時，應無因而造成視覺辨識上之障礙。

C.指標周圍應無雜亂物品、廣告板或告示板等遮蔽物。

(3)採光：應具有足供識別之採光。

二　性能檢查（避難指標除外）

(一)檢查方法

1.光源：以目視確認其燈泡本身有無污損、劣化等現象。

2.檢查開關：

(1)以目視確認有無變形及端子有無鬆動。

(2)由檢查開關進行常用電源之切斷及復舊之操作，確認其切換功能是否正常。

3.保險絲類：確認有無損傷、熔斷之現象，及是否為所定種類及容量。

4.結線連接：以目視或螺絲起子確認其有無斷線、端子鬆動等現象。

5.緊急電源：確認於緊急電源切換狀態時有無正常瞬時亮燈。

6.信號裝置（閃滅、音聲引導、減光、消燈等功能動作之移報裝置）：以手動或火警自動警報設備之探測器動作等方法確認功能正常。

㈡判定方法

1.光源：應無污損或顯著之劣化情形。

2.檢查開關：

⑴應無變形、損傷、或端子鬆動之情形。

⑵切斷常用電源時，應能自動切換至緊急電源，即時亮燈；復舊時，亦能自動切換回常用電源。

3.保險絲類：

⑴應無損傷、熔斷之情形。

⑵應爲所定之種類及容量。

4.結線連接：應無斷線、端子鬆動、脫落、損傷之情形。

5.緊急電源：應無不亮燈或閃爍之情形。

6.信號裝置（閃滅、音聲引導、減光、消燈等功能動作之移報裝置）：

⑴燈光閃滅正常。

⑵音聲鳴動正常。

⑶點燈正常。（限消燈型或減光型）

㈢注意事項

1.以緊急電源亮燈時，會出現比一般常用電源亮燈時，光線變爲有些昏暗現象，係屬正常範圍。

2.應於檢查後復歸爲一般常用電源。

第十四章　避難器具

一　外觀檢查

㈠周圍狀況

1.設置地點

⑴檢查方法：確認在避難時，是否能夠容易接近。

⑵判定方法：

A.應無因設置後之改裝被變更爲個人房間或倉庫等，而不容易接近。

B.設置之居室，其出入口應無加鎖。

C.應無放置妨礙接近之物品。

D.應無在收藏箱附近放置物品，使該器具之所在不易辨別。

E.應無擅自不當變更收藏箱之位置。

2.操作面積

⑴檢查方法：確認附近有無妨礙器具操作之障礙物，及是否確保操作所需之面積。

⑵判定方法：

A.應無妨礙操作之障礙物，並依表14-1確保各器具之操作面積。

B.在操作面積內，除了輕量而容易移動之物品外，不得放置會妨礙之大型椅子、桌子、書架及其他物品等。

C.在收藏箱上，應無放置妨礙操作之物品。

表14-1　操作面積

避難器具種類	操作面積
救助袋	寬1.5m，長1.5m（含器具所占之面積）。 但無操作障礙，且操作面積在$2.25m^2$以上時，不在此限。 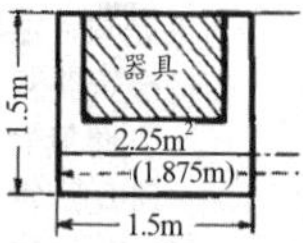 器具 / 2.25m² / (1.875m) / 1.5m / 1.5m
緩降機 避難梯 避難繩索 滑杆	$0.5m^2$以上（不含避難器具所占面積），但邊長應為60cm以上。 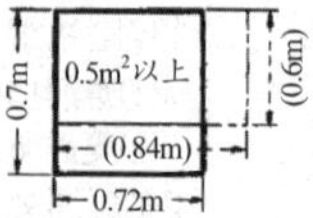 0.5m²以上 / (0.84m) / 0.72m / 0.7m / (0.6m)
滑台 避難橋	依避難器具大小及形狀留置之。

⑶注意事項：操作面積的大小未符合表14-1時，應參照原核准圖說，確認是否與設置時之狀態相同。

3.開口部

⑴檢查方法：確認安裝器具之開口部，能否容易且安全地打開，及是否確保必要之開口面積。

⑵判定方法：

A.開口部應無加設固定板、木條等。

B.制動器、門軸轆等應無生鏽，且開口部應能容易開、關。

C.打開門、蓋後，其制動器應能確實動作，不會因振動、衝擊等而鬆開。

D.開口部附近應無書架、展示台等堵塞開口部。

E.由地板面至開口部下端之高度應在150cm以下。

F.開口部太高可能形成避難上之障礙時，應設有固定式或半固定式之踏台。

G.踏台等應保持能用之狀態。

H.開口部應能符合表14-2所示之大小。

表14-2　開口部之大小

避難器具種類	開口面積
救助袋	高60cm以上，寬60cm以上。
緩降機 避難梯 避難繩索 滑杆	高80cm以上，寬50cm以上；或高100cm以上，寬45cm以上。
滑台	高80cm以上，寬為滑台最大寬度以上。
避難橋	高180cm以上，寬為避難橋最大寬度以上。

⑶注意事項：開口部之大小未符合表14-2時，應參照原核准圖說，確認是否與設置時之狀態相同。

4.下降空間

⑴檢查方法：確認有無妨礙下降之物品，及有無確保下降必要之空間。

⑵判定方法：

表14-3 下降空間

避難器具種類	下降空間
救助袋 （斜降式）	救助袋下方及側面，在上端25度，在下端35度方向依下圖所圍範圍內。但沿牆面使用時，牆面側不在此限。 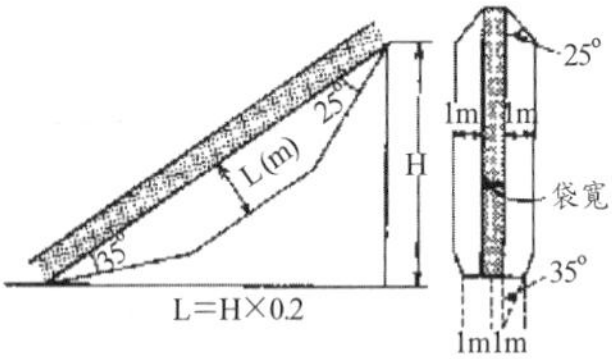 25° 25° L(m) H 1m 1m 袋寬 35° 35° L＝H×0.2 1m1m
救助袋 （直降式）	1.救助袋與牆壁之間距爲30cm以上。但外牆有突出物且突出物距救助袋支固器具裝設處在3m以上時，應距突出物前端50cm以上。 2.以救助袋中心，半徑1m圓柱形範圍內。 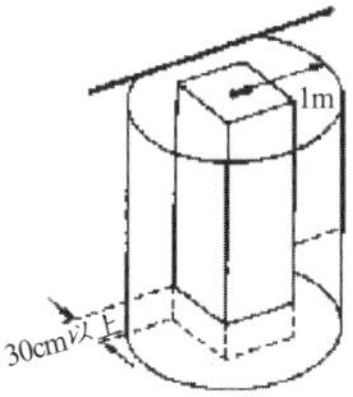 1m 30cm以上
緩降機	以器具中心半徑0.5m圓柱形範圍內。但突出物在10cm以內，且無避難障礙者，或超過10cm時，能採取不損繩索措施者，該突出物得在下降空間範圍內。 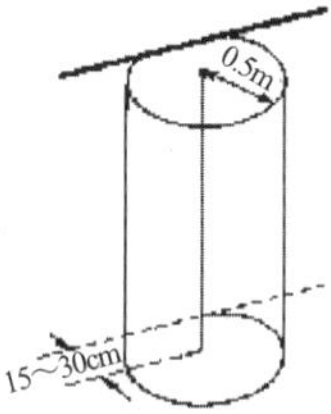 0.5m 15～30cm
避難梯	自避難梯兩側豎桿中心線向外20cm以上及其前方65cm以上之範圍內。 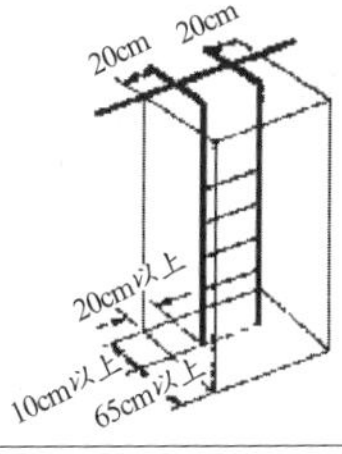 20cm 20cm 20cm以上 10cm以上 65cm以上
滑台	滑面上方1m以上及滑台兩端向外20cm以上所圍範圍內。 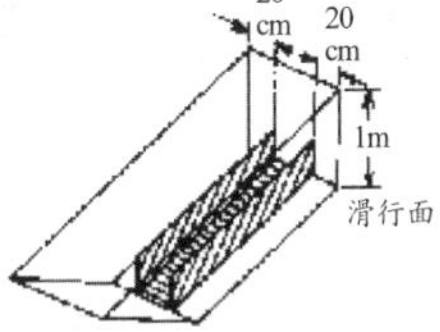 20 cm 20 cm 1m 滑行面

避難橋	避難橋之寬度以上及橋面上方2m以上所圍範圍內。 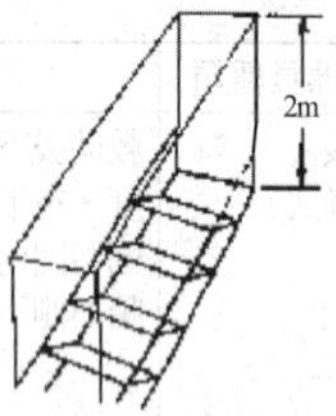
避難繩索 滑杆	應無避難障礙之空間。

A.下降空間應能符合表14-3所示之大小。

B.應無因新設招牌或樹木成長等而形成之障礙。

C.有電線時，應距離下降空間1.2m以上。但是，如果該架設在空中的電線部分有絕緣措施，而被認定為安全時，不在此限。

⑶注意事項：下降空間之大小，未符合表14-3時，及多人數用之緩降機應參照原核准圖說，確認是否與設置時之狀態相同。

5.下降空地

⑴檢查方法：確認有無避難障礙，及是否確保必要之下降空間。

⑵判定方法：

A.下降空地應能符合表14-4所示之大小。

B.下降空地應無障礙物。

C.應有寬一公尺以上之避難上有效通路，通往廣場、道路等。

⑶注意事項：下降空地的大小未符合表14-4時，及多人使用之緩降機，應參照試驗結果報告表，或根據是否與設置時之狀態相同而判定。

表14-4　下降空地

避難器具種類	下　降　空　地
救助袋（斜降式）	救助袋最下端起2.5m及中心線左右1m以上所圍範圍。 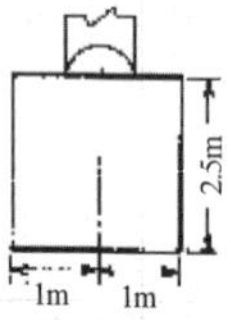
救助袋（直降式）	下降空間之投影面積。 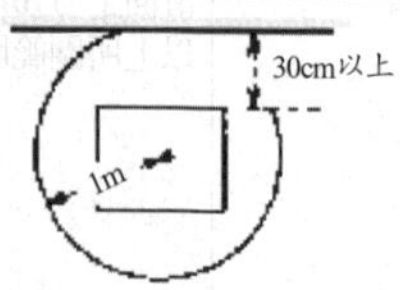
緩降機	下降空間之投影面積。 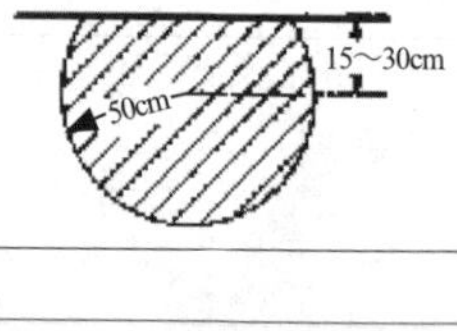

避難梯	下降空間之投影面積。 20cm　A　20cm 10cm以上 A表避難梯之寬度 65cm以上
滑台	滑台前端起1.5m及其中心線左右0.5m所圍面積。 1.5cm以上 0.5m　0.5m
避難橋 避難繩索 滑杆	應無避難障礙之空地。

㈡標示

1.檢查方法：以目視確認有無變形、脫落、污損等。

2.判定方法：

⑴標示應爲表14-5所示者。

⑵應無變形、損傷、脫落、污損等。

⑶應無因其他物品而看不到。

表14-5　標示

避難器具標示種類	設置處所	尺　寸	顏　色	標　示　方　法
設置位置	避難器具或其附近明顯易見處	長36cm以上 寬12cm以上	白底黑字	字樣爲「避難器具」，每字五平方公分以上。但避難梯等較普及之用語，得直接使用其名稱爲字樣。
使用方法		長60cm以上 寬30cm以上		標示易懂之使用方法，每字一平方公分以上。
避難器具指標	通往設置位置之走廊、通道及居室之入口	長36cm以上 寬12cm以上		字樣爲「避難器具」，每字五平方公分以上。

二　性能檢查

㈠避難梯

1.器具本體

⑴檢查方法：

A.如圖14-1所示之懸吊梯，須將折疊部或捲繞部展開，或將伸縮部拉開到能夠檢查各部分之程度，確認有無損傷。

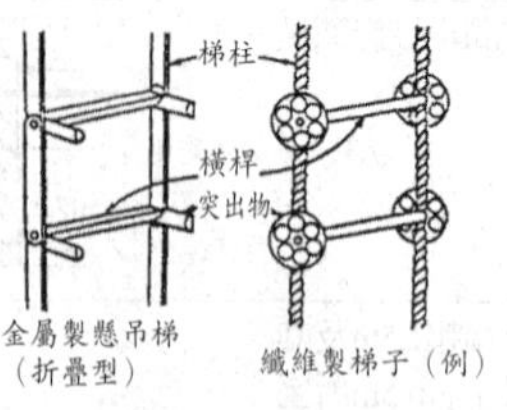

圖14-1　懸吊梯

B.如圖14-2所示之固定收藏型者，須解開金屬扣，把梯子打開來，確認有無損傷等。

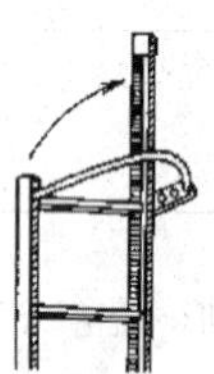

圖14-2　金屬製固定梯（例）

(2)判定方法：

A.梯柱、橫桿及突出物應無變形、損傷、生鏽、腐蝕等，及橫桿之應無沒有異常。

B.鏈條、焊接處應無裂痕、損傷及鋼繩、纖維製繩應無綻開、斷線。

C.接合部之鉚釘應無裂開、損傷等。

D.螺栓、螺帽在有防止鬆動之措施，纖維製繩與橫桿之結合部應堅固而未鬆弛。

E.轉動部、折疊部、伸縮部之動作應順暢。

F. 固定收藏型者，金屬扣之動作應順暢圓滑。

2.固定架及固定部

(1)檢查方法：

A.懸吊型：如圖14-3所示之懸吊用具，平時由固定架拆下被收藏者，應將懸吊用具安裝在固定架上，確認有無損傷等。

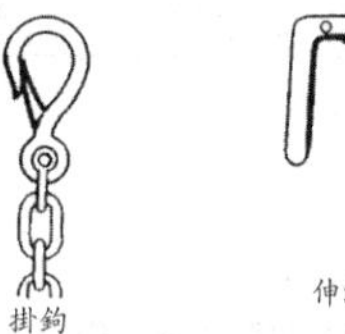

圖14-3　懸吊用具（例）

B.固定收藏型：以扭力扳手確認固定及安裝狀態有無異常。

(2)判定方法：

A.固定架及其材料應無明顯變形、損傷、生鏽、腐蝕等，且堅牢地安裝著，螺栓、螺帽應無鬆弛或脫落。

B.與本體之接合部，須堅固而無鬆弛。

C.懸吊用具，應確實安裝在固定部材，或成容易安裝之狀態。

D.懸吊用具各部分應無變形、損傷、生鏽、明顯腐蝕等，鏈條應無扭曲，焊接部應無損傷等。

(3)注意事項：螺帽之栓緊轉矩，應依照表14-6。

表14-6　螺帽之栓緊強度

螺紋標稱	栓緊強度（轉矩值kg-cm）
M 10×1.5	150～250
M 12×1.75	300～450
M 16×2	600～850

3.收藏狀況

(1)檢查方法：以目視及操作確認收藏狀況有無異常。

(2)判定方法：

A.懸吊型：

(A)收藏箱應無破損、生鏽、明顯腐蝕、漏水等，蓋子亦能容易打開取出梯子。

(B)懸吊用具應以正確方向安裝在固定部，或呈能容易安裝之狀態。

B.固定收藏型：金屬扣應能確實鉤住。

(二)緩降機

1.器具本體

(1)調速器：

A.外觀事項：

(A)檢查方法：以目視確認圖14-4所示之緩降機有無損傷等。

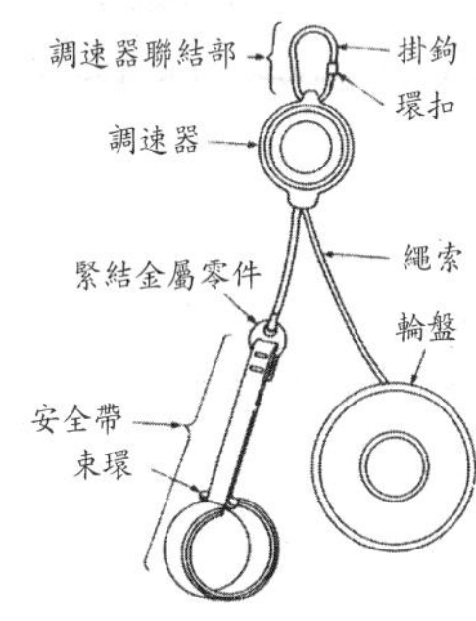

圖14-4　緩降機

(B)判定方法：

a.應無明顯衝擊痕跡及其他損傷等。

b.封緘部應無異常。

c.小螺絲、螺帽、柳釘等應無鬆動及脫落。

d.應無明顯生鏽。

e.禁示加油者應無加油痕跡。

f.油壓式者應無漏油。

B.動作事項：

(A)檢查方法：將調速器固定，以手操作使繩子來回行走，確認其動作狀況有無異常。

(B)判定方法：

a.繩子應能順暢地行走。

b.應有適當阻力感，而非不穩定的阻力感。

(C)注意事項：

a.外觀事項：在外觀事項有異常者，因在動作時未必感到異常，所以仍應判定為有使內部發生異常之原因。

b.動作事項：操作時繩索不能行走者，應判定為不良，行走時有不穩定之阻力感者，亦應判定為性能及強度上有缺陷。

c.一般事項：由於緩降機之器具主體，於個別檢定合格時就以封緘（鉚住等）使之不能分解，因此檢查結果，認為對性能及強度有影響之異常時，應聯絡器具之製造廠商，進一步確認有無異常，並追究其原因及進行汰換整修。

(2)調速器之連結部（含掛鉤）：

A.檢查方法：以目視及操作確認有無損傷等。

B.判定方法：

(A)應無明顯損傷及生鏽。

(B)動作部分應能順暢地動作。

(C)安全環等附屬零件應無異常及遺失。

(3)繩子：

A.檢查方法：以目視確認有無損傷等。

B.判定方法：

(A)繩子之長度應能符合設置地點之長度。

(B)棉織被覆部分到鋼索應無損傷、明顯斷線及磨損，亦無因受潮而引起老化及芯心鋼索生鏽等。

(4)安全帶：

A.檢查方法：以目視確認有無損傷等。

B.判定方法：

(A)應無附著會引起明顯損傷及老化之藥品、油、鏽、霉及其他會減低其強度之物。

(B)應無因明顯受潮所引起之腐蝕等。

(C)應有符合最多使用者人數之安全帶緊結在繩索末端。

(5)繩子與安全帶之緊結金屬零件：

A.檢查方法：以目視確認有無損傷等。

B.判定方法：

(A)緊結金屬應無明顯損傷、生鏽等強度上之異常狀況。

(B)應無被分解之痕跡。

2.支固器具及固定部分

(1)支固器具：

A.檢查方法：以目視及操作確認有無損傷等。

B.判定方法：

(A)塗裝、電鍍等應無明顯剝落。

(B)構成零件應無明顯變形、腐蝕、龜裂等之損傷。

(C)螺栓、螺帽應無鬆弛或脫落。

(D)焊接部分應無明顯生鏽、龜裂等。

(E)支固器具應能依使用方法順暢地動作。

(2)固定部：

A.檢查方法：以目視及扭力扳手確認有無異常。

B.判定方法：

(A)螺栓、螺帽沒有鬆動或脫落。

(B)穿孔錨栓工法之錨栓所使用的螺帽之拴緊，應符合表14-6之規定。

(C)固定基礎應無因龜裂等而有破損。

(D)固定安裝部分應無明顯腐蝕、生鏽、變形、龜裂等，對強度有影響之異常發生。

(3)收藏狀況：

A.檢查方法：以目視及操作確認收藏狀況有無異常。

B.判定方法：

(A)保管箱應放在所定之位置。

(B)於適合器具本體之保管箱內，應整理成使用時無障礙之狀態收藏。

(C)繩子應以未扭曲狀態，被捲在「輪盤」收藏。

(D)保管箱應無明顯變形、破損等，及內部應無灰塵、濕氣等。

(E)支固器具應以使用時無障礙之狀態收藏。

C.注意事項：應使輪盤本身轉動來收繩子，以免扭曲繩索。

(三)救助袋（斜降式及直降式通用）

1.袋本體

(1)檢查方法：以目視及手觸摸確認圖14-5所示之袋本體有無損傷等。

(2)判定方法：

A.袋體用布及展開部材（指繩索、皮帶等，以下相同。）應無洞、割傷、裂傷、裂開等損傷及明顯磨損（由於磨擦而產生起毛，使該部分變弱，以下相同）。

B.袋體用布及展開零件應無綻開等。

C.縫合部分應無縫線之斷線，以及袋體用布與展開部材的結合部之綁緊線應無鬆弛。

D.袋本體應無明顯受潮或濕悶。

E.袋子的用布應無明顯變色。

F.袋本體應無附著藥品、油脂、鏽、霉及其他會減低強度之物。

G.使用扣眼結合袋本體與入口零件者，扣眼應無損傷及脫落。而使用縫線時，應無斷線及明顯磨損，且用布的針眼應無斷裂。

H.展開部材與入口零件的結合處，應無鬆動、損傷等。

I.把手應無損傷及明顯磨損。（限斜降式）

J.為保護底部之防止掉落用的網及用布，應無損傷。（限斜降式）

K.下部出口與保護襯墊之結合應堅固，縫線應無斷線。

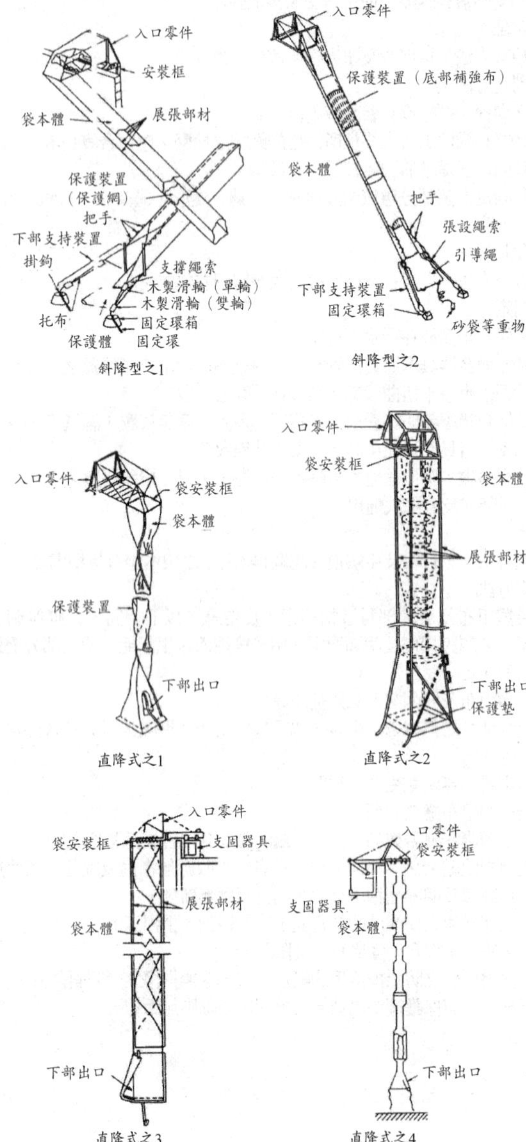

斜降型之1

斜降型之2

直降式之1

直降式之2

直降式之3

直降式之4

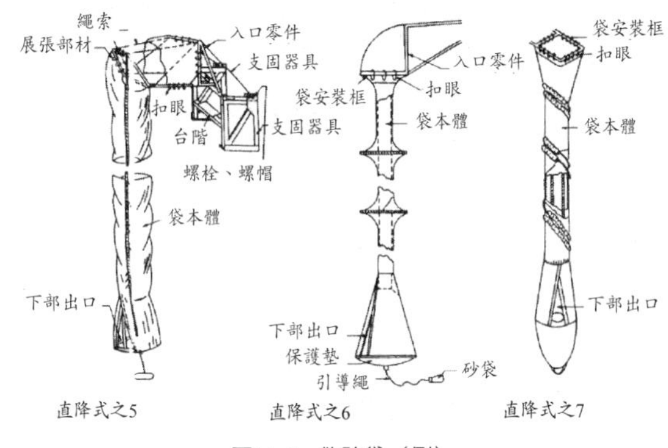

圖14-5　救助袋（例）

⑶注意事項：

A.磨損引起之起毛，是由於股線斷所引起，如果起毛多將會引起用布及展張部材的損傷，所以必須注意。

B.所謂「濕悶」是指含有水份，而且稍帶熱的狀態，依用布、展張部材、縫線等材質種類，有時會由於水份及溫度而對強度等有不良影響，故須注意。

C.變色有單純污髒、不純物的附著及濕悶等三種因素引起，除了單純的污損引起者外，有時材質種類亦會成為老化、腐蝕等之原因，故須注意。

D.用布、展開部材、縫線等，依材質種類之不同，有的耐藥品性很弱，故須注意。

2.支固器具及固定部

⑴本體：

A.支固器具及入口零件：

(A)檢查方法：以目視、操作及扭力扳手確認圖14-6所示之支固器具及入口零件有無損傷等、及是否能正常動作。

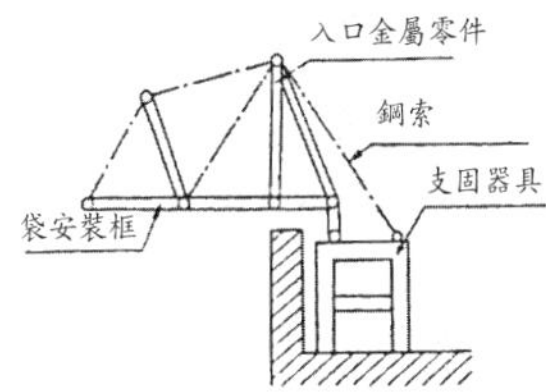

圖14-6　支固器具及入口零件之例

(B)判定方法：

a.支固器具應無變形、龜裂、腐蝕及損傷。

b.螺栓、螺帽等之固定零件應無龜裂、損傷等。

c.螺栓、螺帽應無鬆動或脫落。

d.固定部（木材、鋼筋、鋼骨混凝土等）應無腐蝕、生鏽、變形、龜裂等對強度有影響之異常發生。

e.固定基礎應無因龜裂而引起之破損。

f.穿孔錨栓工法之錨栓所使用螺帽之栓緊，應符合表14-6之栓緊轉矩。

g. 入口零件及入口零件與支固器具之轉動部分應圓滑順暢。

h. 入口零件，鋼索等應無影響強度之變形、龜裂、腐蝕、損傷、永久歪曲等。

i. 鋼索的塑膠等被覆應無破損而致鋼索外露。

j. 入口零件與支固器具之結合部，應無明顯不穩定及過大之橫向空隙。

k. 以電動使入口零件動作者，其動作應正常。

B.下部支持裝置（限斜降式）：

(A)檢查方法：以目視如圖14-7所示之張設操作，確認有無損傷等。

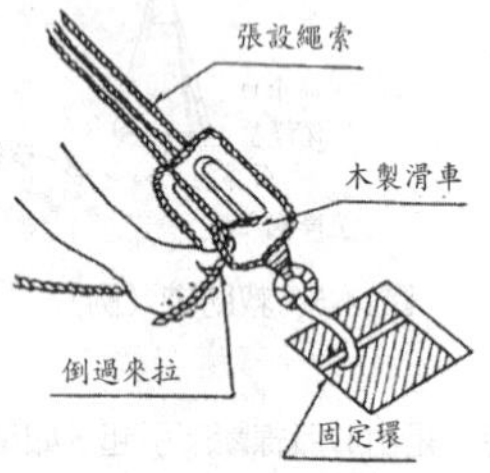

圖14-7　固定方法之例

(B)判定方法：

a. 張設繩索、滑輪、掛鉤等應無龜裂、腐蝕、損傷等。

b. 張設繩索及張設繩索與滑輪及掛鉤，應無纏繞、糾結等。

c. 滑輪之轉動應圓滑順暢。

d. 如圖14-8所示滑輪之捲緊繩索等，應無鬆動、損傷、腐蝕等。

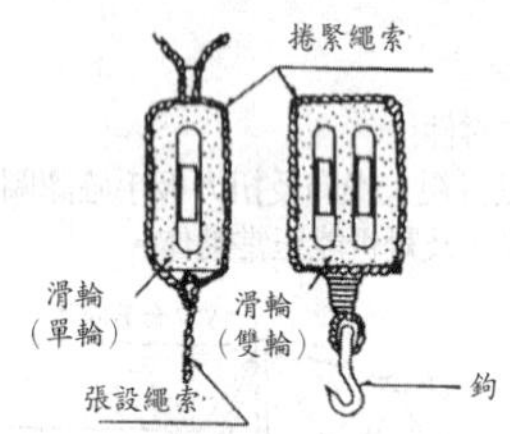

圖14-8　捲緊繩索之例

C.引導繩：

(A)檢查方法：以目視確認如圖14-9所示之引導繩有無損傷等。

圖14-9　引導繩

(B)判定方法：

a. 引導繩應確實安裝在袋本體或下部支持裝置。

b. 引導繩的前端，應確實有砂袋等重物。

c. 砂袋等重物，應有夜間容易識別之措施。

d.使用砂袋時，應無漏砂。

⑵固定環（限斜降式）：

A.檢查方法：確認如圖14-10所示固定環有無變形、損傷等，並須確認保護蓋是否能容易打開。

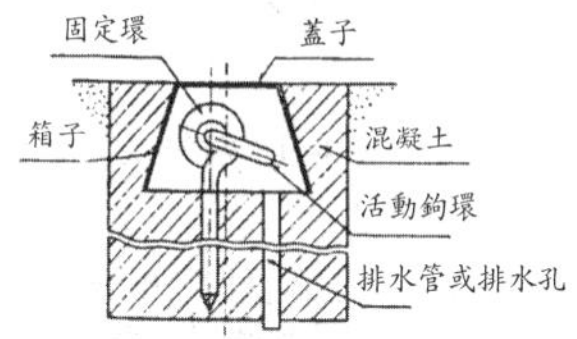

圖14-10　固定環之例

B.判定方法：

⒜應無明顯腐蝕、破損及變形。

⒝保護蓋應能容易打開。

⒞應無被砂土等埋沒。

⒟保護蓋應無遺失。

⒠保護蓋上之樓層標示，應無因污垢、磨損等而變爲不易判別。

3.收藏狀態

⑴收藏方法：

A.檢查方法：以目視及操作確認收藏狀態有無異常。

B.判定方法：

⒜應安裝在開口部收藏箱。

⒝收藏箱等應能容易打開。

⒞應依下列順序，整齊地收藏。

a.引導繩須整理得能順利地伸張。

b.下部支持裝置之張設繩索、滑輪、掛鉤不得糾纏在一起收藏。（限斜降式）

c.袋本體，應從上部反覆折疊收起，使下部出口成爲表面，斜降式者應整理下部支持裝置，以皮帶栓緊後，引導繩須放在其上。

d.收藏箱之把手等，應無掉落及損傷。

⑵通風性等：

A.檢查方法：

⒜通風性應良好，以目視確認袋本體是否直接碰到地板。

⒝以目視確認是否有防止老鼠等侵入之措施。

B.判定方法：

⒜須通風良好，收藏箱內沒有明顯的濕氣。

⒝袋本體應有不會直接碰到地板之措施。

⒞有老鼠等侵入之虞時，須有防止措施。

㈣滑台

1.器具本體

⑴檢查方法：以目視及操作確認圖14-11所示之滑台有無損傷等，動作狀態有無異常。

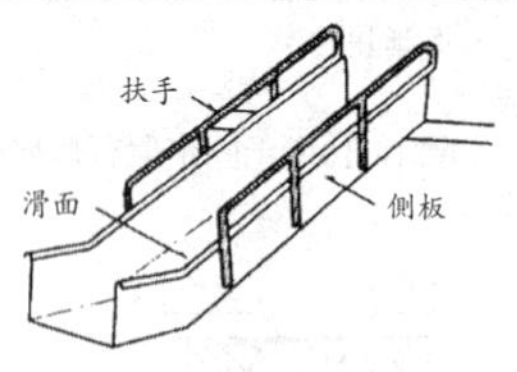

圖14-11　滑台

⑵判定方法：

A.半固定式者抬起下端部分之金屬扣，應能以簡單之操作解開，但不得因振動、衝擊等而容易脫落，且應無變形、損傷、生鏽、腐蝕等。

B.底板及側板之表面，應平滑且無平面高低差、空隙等，同時應無變形、損傷、生鏽、腐蝕等。但是，滾筒型的滑落面得有不妨礙滑落之空隙。

C.滑面的斜度（螺旋狀者爲滑面寬度中心線之斜度），應爲25至35度。

2.固定部

⑴檢查方法：以目視及扭力扳手確認固定部及安裝狀態有無異常。

⑵判定方法：

A.固定部應堅固而無鬆動、且應無變形、損傷、生鏽、腐蝕等。

B.螺栓、螺帽應無鬆動或脫落。

⑶注意事項：螺帽之拴緊轉矩，應依表14-6所示之規定。

㈤滑杆

1.檢查方法：以目視確認固定狀態有無異常。

2.判定方法：

⑴器具本體：滑杆應爲均勻圓桿表面平滑，且應無明顯變形、損傷、生鏽、腐蝕等。

⑵支持部：滑杆上、下端應固定良好，且應無明顯變形、損傷、生鏽、腐蝕等。

㈥避難繩索

1.器具本體

⑴檢查方法：以目視及操作確認有無變形、腐蝕等。

⑵判定方法：

A.應無變形、損傷、綻開、明顯受潮等。

B.結合部及結扣應緊密結合。

2.固定架及固定部

⑴檢查方法：以目視確認圖14-12所示之固定架及固定部有無損傷。

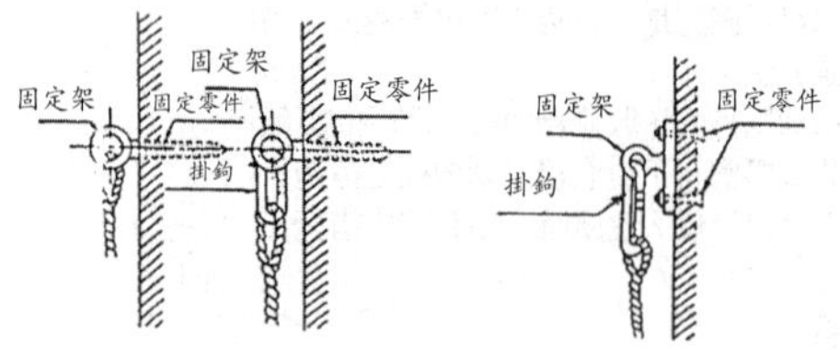

圖14-12　固定架及固定部（例）

⑵判定方法：

A.掛鉤應無明顯變形、損傷、生鏽、腐蝕等，且能容易、確實安裝在固定零件上。

B.固定架及固定零件應無明顯變形、損傷、生鏽、腐蝕等，能堅牢地安裝在安裝部，螺栓、螺帽應無鬆動或脫落。

3.收藏狀況

(1)檢查方法：以目視確認收藏狀況有無異常。

(2)判定方法：

A.收藏箱、收藏袋等應設置在開口部附近，且應以容易取出繩索之方式收藏。

B.收藏箱、收藏袋等應無明顯損傷、腐蝕等。

(七)避難橋

1.器具本體

(1)檢查方法：以目視及操作確認圖14-13所示之避難橋有無損傷。

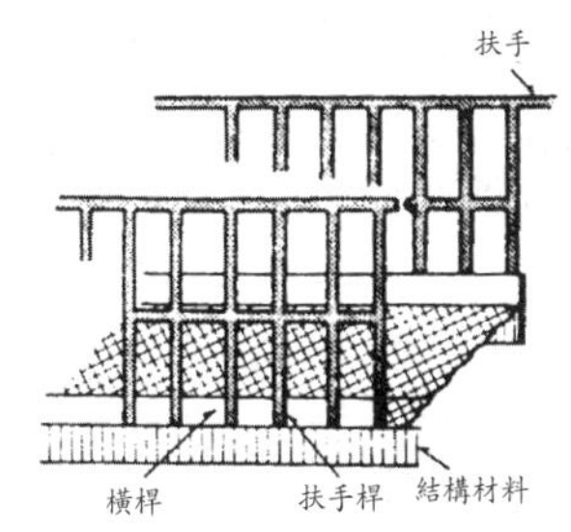

圖14-13　避難橋

(2)判定方法：

A.各部分應無明顯變形、損傷、生鏽、腐蝕等。

B.應具有安全上充分之掛架長度。

C.接合部應無龜裂、變形、損傷等。

D.地板面應無空隙。有斜度之地板其止滑部分，應無明顯之磨損等。

2.固定部

(1)檢查方法：以目視確認安裝狀態有無異常。

(2)判定方法：固定部應堅固而無鬆動。

三　綜合檢查

綜合檢查是在完成外觀檢查及性能檢查之後實施，檢查時應使避難器具成使用狀態，確認其性能是否正常。

(一)避難梯

1.下降準備

(1)檢查方法：

A.懸吊型者，應把懸吊用具安裝在支固器具上，鬆開金屬扣，使梯子從開口部放下，確認伸長狀態有無異常。

B.固定收藏型者，應鬆開金屬扣，確認梯子之展開狀態有無異常。

(2)判定方法：

A.懸吊型者，梯子之全長應能順利伸長，突起向牆壁方向，牆壁與橫桿之間隔應有十公分以上，梯柱成垂直，橫桿成水平。

B.固定收藏型者，被收藏之梯柱應能順利展開，下端碰到堅固的地面，梯柱成垂直，橫桿成水平。

2.下降

(1)檢查方法：確認下降時，各部分之狀態有無異常。

⑵判定方法：在下降時應無障礙。懸吊型者，牆壁與橫桿之間隔應有十公分以上，固定收藏型者，梯柱及橫桿應無明顯地搖動。

3.收藏

⑴檢查方法：確認在下降後，懸吊型者是否能拉上到開口部，或將上部以繩索綁起來吊到地上再恢復原狀，固定收藏型者是否能從開口部或地上恢復原狀。

⑵判定方法：

A.懸吊型者，各部分應無變形，且能順暢地恢復原狀。

B.固定收藏型者，各部分應無變形，且能順利收藏，金屬扣亦能確實扣上。

㈡緩降機

1.下降準備

⑴檢查方法：將支固器具設定成使用狀態，把緩降機裝上後確認能否安全下降。

⑵判定方法：

A.拴緊緩降機連結部（掛鉤等）之環扣，應能完全地安裝在支固器具。

B.把繩子展開時，應無纏繞等，而能成直線垂下，繩子之長端應能到達地面上。

2.下降

⑴檢查方法：依下列確認能否正常下降。

A.把附在短邊繩子之安全帶從頭部套入，將胸部之以束環栓緊。

B.握住兩條繩索（有制動器者操作制動器），走出外牆壁把體重加在繩子垂下去。

C.面向壁面，等身體穩定後把手從繩子處放開而下降。

D.下降完畢後，解開安全帶。

⑵判定方法：

A.測量下降距離及下降時間，計算出下降速度，應在規定的下降速度範圍內（平均的降落速度應在每秒80至100cm，最大下降速度應在每秒150cm以內）。

B.下降後，實施前面所提之性能檢查，器具本體、支固器具等應無異常。

⑶注意事項：

A.在剛要下降前，如果使下降一邊之繩索放鬆，將會使繩子受到激烈的負載，故須小心。

B.使用多人數用之緩降機時，須同時準備好下降姿勢後，再開始下降。

3.收藏

⑴檢查方法：下降後，確認能否恢復原狀。

⑵判定方法：各部分應無變形且能順暢地恢復原狀。

⑶注意事項：在捲取繩子時，應使輪盤本身轉動而捲取繩子，以避免繩子扭曲。

㈢救助袋

1.斜降式救助袋：

⑴下降準備：

A.檢查方法，依下列確認是否能安全下降。

(A)上部檢查者之程序：

a.打開收藏箱。

b.解開引導繩之束結，拿起砂袋投下。

c.解開固定袋本體之皮帶。

d.等候地上檢查者之信號，使袋本體下降。

e.袋本體完成下降後，拉起入口零件。

(B)地上檢查者之程序：

a.接受引導繩。

b.拉引導繩使袋本體不會卡到窗子或屋簷，而使袋本體下降。

c.打開要降落袋子之固定環蓋子。

d.把下部支持裝置的張設繩索前端之掛鉤掛在固定環，將張設繩索末端穿過滑輪之繩索中間，充分拉緊使袋本體的下部出口大約離地面50公分至100公分，將張設繩索倒拉而將此繩索放滑輪的繩索間固定。

B.判定方法：

(A)放進收藏箱的狀況及滾筒的動作須順暢。

(B)引導繩應能確實安裝在袋本體或下部支持裝置。

(C)將袋子展開時，展開零件與入口零件之結合部，應無明顯伸長（當袋本體有負載時，力的作用會不均衡，故須注意）。

(D)袋本體的用布與展開部材之結合部，應無明顯磨損。

(E)袋本體與入口零件之結合部，應無破損及斷線。

(F)入口零件應能容易拉起。

(G)把袋子展開時，袋子應無妨礙下降之扭曲、一邊鬆動等變形之狀態（下部出口與基地地面間，應有適當之間隔）。

(2)下降：

A.檢查方法，依下列確認是否能正常下降。

(A)要下降時，下降者須先與地上檢查者打信號，然後再下降。

(B)下降者先把腳放在階梯上，使腳先進入袋安裝框，調整好姿勢再下降。

(C)下降姿勢應依照使用方法下降（因爲下降時的初速愈快，下降速度會愈大而危險，因此絕對不可以加反作用而下降）。

B.判定方法：

(A)下降應順暢。

(B)下降速度應適當正常。

(C)下降時之衝擊應緩慢。

C.注意事項：

(A)爲期綜合檢查能確實而仔細，應在上部（下降口）和地上（逃出口）各配置一名以上之檢查人員。

(B)爲了減少身體之露出部分，檢查者應穿戴手套、工作服（長袖）等，以防止危害。

(C)由於袋本體只要拉出前端，剩餘部分會因本身重量自動降落，所以要注意不可讓手或衣服被捲進去。

(3)收藏：

A.檢查方法，依下列確認完成下降後，是否能恢復原狀。

(A)拉起之程序：地上檢查者把支撐繩索放鬆至最大限長度，蓋上固定環的蓋子。

(B)地上檢查者消除支撐繩索的纏繞糾結，將下部支持裝置依各種袋子種類收藏，或把引導繩安裝在下部支持裝置前端的鉤子。

(C)上部檢查者與地上檢查者協力把袋本體拉上（地上檢查者在開始拉上時，應拿著引導繩加以引導，以免袋本體卡到窗子或屋簷等障礙物）。

(D)引導繩應依順序拉上去，打捆成直徑約二十五公分的圓圈。

B.收藏之程序：

(A)把安裝具的台階折疊起來。

(B)將入口零件拉進去折疊起來。

(C)將袋本體從上部反覆折疊，收進安裝具使之能在使用時得以圓滑地伸張。

(D)整理好之下部支持裝置和引導繩索，放在使用時容易取出之位置，將袋本體用皮帶栓緊。

(E)把收藏箱安裝好。

C.判定方法：各部分應無變形等，且應能順利地恢復原狀。

D.注意事項：在檢查後之收藏，應成使用時無障礙之收藏狀態。

2.直降式救助袋：除了斜降式的下部支持裝置及固定環之項目外，關於操作展開、下降、拉上及收藏，應比照斜降式之檢查方法、判定方法及應注意事項加以確認。而直降式之下部出口距基地面之高度，應依救助袋之種類，確認各別必要適當之距離。

(四)滑台

1.檢查方法：

(1)半固定式者，應解開金屬扣，確認下部之展開狀態有無異常。

(2)由開口部滑降，以確認各部分之狀態有無異常。

2.判定方法：

(1)半固定式者之下部應能順利展開，與固定部之連接處及著地點，應無妨礙滑降之高低差異、障礙物等。

(2)滑降應順暢，而且滑降速度對著地應無危險。

(3)滑降時，各部分應無動搖，且應無變形、損傷、鬆動等。

3.注意事項：檢查完了後，半固定式者須恢復原狀，使之處於備用狀態，金屬扣須確實扣上。

(五)滑杆

1.檢查方法：從開口部實際滑降，以確認降落狀況有無異常。

2.判定方法：

(1)杆及上部和下部之固定架，應無明顯變形、損傷、鬆動等。

(2)降落應順暢。

(六)避難繩

1.檢查方法：

(1)將繩索由收藏箱、收藏袋等拿出，將掛鉤安裝在固定架上，從開口部向外放下，確認繩索之伸長狀態及掛鉤之安裝狀態有無異常。

(2)從開口部實際降落，以確認踏板之狀態有無異常。

2.判定方法：

(1)繩索應能順利伸長，其下端須能到達地面上五十公分以內。

(2)掛鉤及固定架應無異常，繩索應無明顯損傷、綻開、斷線等。

(3)踏板應無脫落、鬆動等，且能安全降落。

3.注意事項：檢查完了後，應恢復正常之收藏狀態。

(七)避難橋

1.檢查方法：

(1)確認各部分有無變形、損傷等。

(2)移動型者，須進行搭橋操作，以確認搭橋狀態及各部分狀態有無異常。

2.判定方法：

(1)各部分應無翹曲、明顯變形、損傷等，搭架長度不得有變化。

(2)移動型者，應具有充分之塔架長度，與固定部或支持部之連接處，不得妨礙避難。

3.注意事項：檢查後移動型者須恢復成原來之狀態。

第十五章　緊急照明設備

一 外觀檢查

㈠緊急電源（限內置型）

1.檢查方法：確認是否有變形、損傷及顯著腐蝕之情形。

2.判定方法：應無變形、損傷或龜裂之情形。

㈡緊急照明燈

1.檢查方法

⑴外形：以目視確認是否有變形、脫落或污損之情形。

⑵照明上之障礙：

A.以目視確認其是否依規定設置。

B.確認隔間牆、風管、導管、傢俱、裝飾物等有無造成照明障礙。

2.判定方法

⑴外形：應無變形、損傷、脫落或顯著污損之情形，且於正常之裝置狀態。

⑵照明上之障礙：

A.應無設置數量不足之情形。

B.應無因建築物內部裝修，致設置位置不適當，而產生照明障礙。

C.燈具周圍如有隔間牆、風管、導管等時，應無造成照明上之障礙。

D.燈具周圍應無雜亂物品、廣告板或告示板等遮蔽物。

㈢光源

1.檢查方法：確認有無閃爍之現象，及是否正常亮燈。

2.判定方法：應無熄燈或閃爍之現象。

二 性能檢查

㈠檢查方法

1.照度：使用低照度測定用光電管照度計測試，確認緊急照明燈之照度有無達到法規所規定之值。

2.檢查開關：

⑴以目視確認其有無變形或端子有無鬆動。

⑵由檢查開關進行常用電源之切斷及復舊之操作，確認其切換功能是否正常。

3.保險絲類：確認有無損傷、熔斷之現象，及是否爲所定種類及容量。

4.結線接續：以目視或螺絲起子確認其有無斷線、端子鬆動等現象。

5.緊急電源：

⑴確認於緊急電源切換狀態時有無正常亮燈。

⑵確認緊急電源容量能否持續三十分鐘以上。

㈡判定方法

1.照度：於地下建築物之地下通道，緊急照明燈在地面之水平面照度應達十勒克斯（lux）以上；其他場所應達到一勒克斯（lux）以上。

2.檢查開關：

⑴應無變形、損傷、或端子鬆動之情形。

⑵切斷常用電源時，應能自動切換至緊急電源，即時亮燈；復舊時，亦能自動切換回常用電源。

3.保險絲類：

⑴應無損傷或熔斷之情形。

⑵應爲規定之種類及容量。

4.結線接續：應無斷線、端子鬆動、脫落、損傷之情形。

5.緊急電源：

⑴應無不亮燈或閃爍之情形。

⑵電源容量應能持續三十分鐘以上。

㈢注意事項：檢查緊急電源容量能否持續三十分鐘之檢查數量如下表。

建築物總樓地板面積	$1000m^2$以下	$3000m^2$以下	$6000m^2$以下	$10000m^2$以下	超過$10000m^2$者
檢查數量	5個以上	10個以上	15個以上	20個以上	20個加上每增加$5000m^2$增加5個

第十六章　連結送水管

一　外觀檢查

㈠送水口

1.檢查方法

⑴周圍狀況：

A.確認周圍有無使用上及消防車接近之障礙。

B.確認連結送水管送水口之標示是否適當。

⑵外形：以目視確認如圖16-1所示之送水口有無漏水、變形、異物阻塞等。

2.判定方法

⑴周圍狀況：

A.應無消防車接近及送水作業上之障礙。

B.標示應無損傷、脫落、污損等。

⑵外形：

A.快速接頭應無生鏽之情形。

B.應無漏水及砂、小石等異物阻塞現象。

C.設有保護裝置者，該保護裝置應無變形、損傷。

㈡水帶箱等

1.水帶箱

⑴檢查方法：

A.周圍狀況：確認周圍有無檢查上及使用上之障礙，及「水帶箱」之標示設置是否適當。

B.外形：以目視及開關操作確認有無變形、損傷，及箱門能否確實開關。

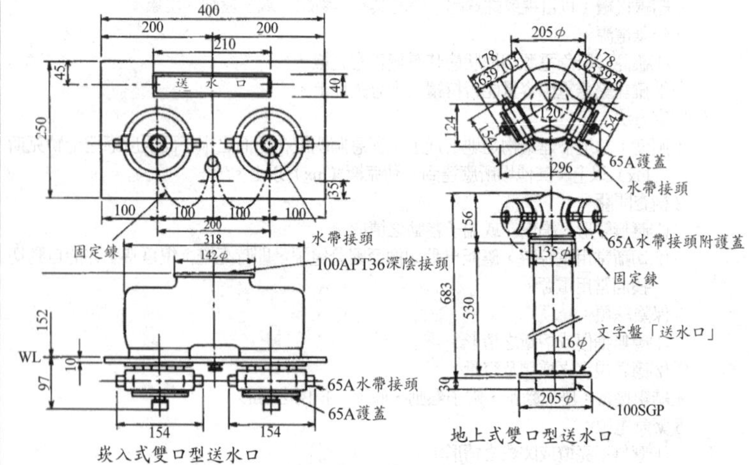

圖16-1　送水口

(2)判定方法：

A.周圍狀況：

(A)應無檢查上及使用上之障礙。

(B)標示應無污損、模糊不清部分。

B.外形：

(A)應無變形、損傷等。

(B)箱門應能確實開關。

2.水帶及瞄子

(1)檢查方法：以目視確認存放狀態之水帶及瞄子有無變形、損傷等，及有無依所需之數量設置於規定位置。

(2)判定方法：

A.應無變形、損傷等。

B.應將所需之數量設置於規定位置。

3.出水口

(1)檢查方法：

A.周圍狀況：

(A)確認周圍有無檢查上及使用上之障礙。

(B)確認「出水口」之標示是否正常。

B.外形：以目視確認圖16-2所示之出水口有無漏水、變形等情形，及無異物阻塞。

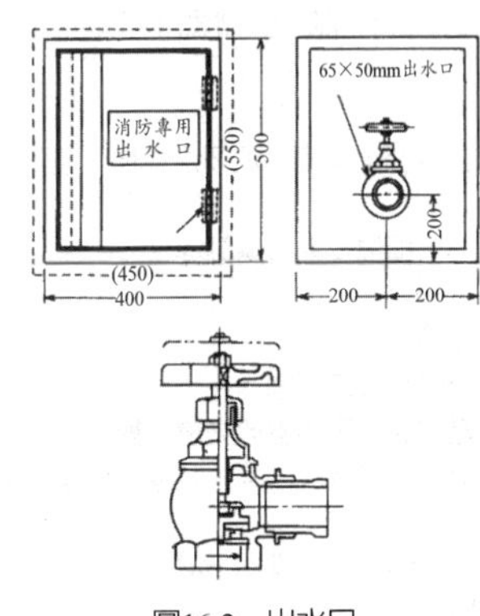

圖16-2　出水口

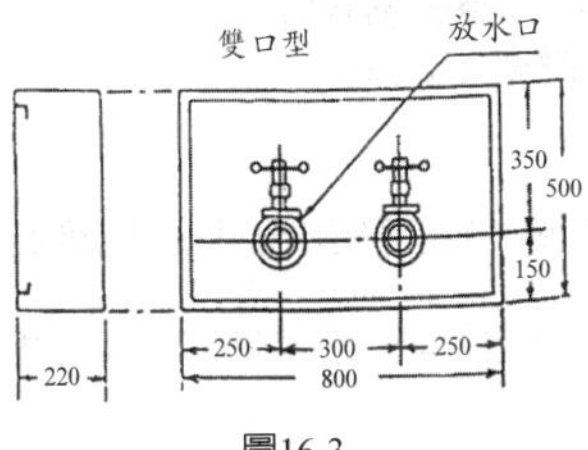

圖16-3

(2)判定方法：

A.周圍狀況：

(A)周圍應無造成檢查上及使用上之障礙。

(B)標示應無損傷、脫落及污損等情形。

B.外形：

(A)出水口保護箱應無變形、損傷及顯著腐蝕等，且箱門之開關應無異常現象。

(B)出水口應無導致漏水及水帶連接障礙之變形、損傷及顯著腐蝕等情形。

(C)應無砂或小石塊等異物阻塞。

(D)回轉把手應確實固定於主軸，應無鬆動、脫落等情形。

(三)電動機之控制裝置

1.檢查方法

(1)控制盤：

A.周圍狀況：確認周圍有無檢查上及使用上之障礙。

B.外形：以目測確認有無變形、腐蝕等。

(2)電壓表：

A.以目視確認有無變形、損傷等。

B.確認電源電壓是否正常。

(3)各開關：以目視確認有無變形、損傷等，及開關位置是否正確。

(4)標示：確認標示是否適當正常。

(5)備用品等：確認是否備有保險絲、電燈泡等備用品及電氣回路圖等。

2.判定方法

(1)控制盤：

A.周圍狀況：應設置於火災不易波及之處所，且周圍應無造成檢查上及使用上之障礙。

B.外形：應無變形、損傷及顯著腐蝕等。

(2)電壓計：

A.應無變形、損傷等。

B.電壓表之指示值應在規定範圍內。

C.無電壓計者，電源表示燈應處於亮燈狀態。

(3)各開關：應無變形、損傷及脫落等，且開關位置正常。

(4)標示：

A.各開關名稱標示應無污損、模糊不清之情形。

B.標示銘板應無脫落。

(5)備用品：

A.應備有保險絲、電燈泡等備用品。

B.應備有電氣回路圖及操作說明書等。

(四)啓動裝置

1.檢查方法

(1)周圍狀況：確認操作部周圍有無造成檢查上及使用上之障礙，及其標示是否適當。

(2)外形：以目視確認直接操作部及遠隔操作部有無變形、損傷等。

2.判定方法

(1)周圍狀況：

A.周圍應無檢查上及使用上之障礙。

B.標示部分應無污損、模糊不清之情形。

(2)外形：各開關應無變形、損傷之情形。

(五)加壓送水裝置

1.檢查方法：以目視確認依圖2-3所示之幫浦及電動機等有無變形、腐蝕等。

2.判定方法：應無變形、損傷、顯著腐蝕及銘板剝落等。

(六)呼水裝置

1.檢查方法

(1)呼水槽：以目視確認依圖2-4所示之呼水槽有無變形、漏水或腐蝕等，及其水量是否在規定量以上。

(2)閥類：以目視確認給水管等之閥類有無漏水、變形等，及其開、關之位置是否正常。

2.判定方法

(1)呼水槽：應無變形、損傷、漏水或顯著腐蝕等，且其水量在規定量以上。

(2)閥類：

A.應無漏水、變形、損傷等。

B.「常時開」或「常時關」之標示及開、關位置應正常。

(七)中繼水箱等

1.檢查方法

(1)中繼水箱：由外部以目視確認有無變形、漏水、腐蝕等情形。

(2)水位計：以目視確認有無變形、損傷等情形，及其指示值是否正常。

(3)閥類：以目視確認排水管、補給水管等之閥類有無漏洩、變形等，及其開關位置是否正常。

2.判定方法

(1)中繼水箱：應無變形、損傷、漏水、顯著腐蝕等。

(2)水位計：應無變形、損傷等，且其指示值應正常。

(3)閥類：

A.應無漏洩、變形、損傷等。

B.「常時開」或「常時關」之標示及開、關位置應正常。

(八)配管

1.檢查方法

(1)配管及接頭：以目視確認有無漏洩、變形等，及有無被利用為其他物品之支撐、吊掛之用。

(2)配管固定支架：以目視確認有無脫落、彎曲、鬆動等。

(3)閥類：以目視確認有無漏洩、變形等，及其開、關位置是否正常。

2.判定方法

(1)配管及接頭：

A.應無漏洩、變形、損傷等。

B.應無被利用為其他物品之支撐及吊掛之用。

(2)配管固定支架：應無脫落、彎曲及鬆動等。

(3)閥類：

A.應無漏洩、變形、損傷等。

B.「常時開」及「常時關」之標示及開、關位置應正常。

二　性能檢查

(一)送水口

1.檢查方法

(1)確認墊圈有無老化等。

(2)確認快速接頭與水帶是否容易接合及分開。

2.判定方法

⑴墊圈應無老化、損傷等。

⑵與水帶之接合及分開應能容易進行。

㈡水帶箱等

1.檢查方法

⑴水帶及瞄子：

A.以目視及手操作確認有無損傷、腐蝕及是否容易接合、分開。

B.製造年份超過十年或無法辨識製造年份之水帶，應將消防水帶兩端之快速接頭連接於耐水壓試驗機，並利用相關器具夾住消防水帶兩末端處，經確認快速接頭已確實連接及水帶內（快速接頭至被器具夾住處之部分水帶）無殘留之空氣後，施以7kgf/cm^{2}以上水壓試驗5分鐘合格，始得繼續使用。但已經水壓試驗合格未達三年者，不在此限。

⑵出水口之開關閥：以手操作確認是否容易開、關。

2.判定方法

⑴水帶及瞄子：

A.應無損傷、顯著腐蝕等。

B.接合、分開應能容易進行，水帶應無破裂、漏水或與消防水帶用接頭脫落之情形。

⑵出水口之開關閥：開、關操作應能容易進行，水帶應無破裂、漏水或與消防水帶用接頭脫落之情形。

㈢電動機之控制裝置

1.檢查方法

⑴各開關：以螺絲起子及開、關操作，檢查端子有無鬆動及開關性能是否正常。

⑵保險絲：確認有無損傷、熔斷及是否為所規定之種類、容量。

⑶繼電器：確認有無脫落、端子鬆動、接點燒損、灰塵附著等，並操作各開關使繼電器動作，確認其性能。

⑷表示燈：操作各開關確認有無正常亮燈。

⑸結線接續：以目視及螺絲起子，確認有無斷線、端子鬆動等。

⑹接地：以目視或三用電表確認有無腐蝕、斷線等。

2.判定方法

⑴各開關：

A.端子應無鬆動、發熱等。

B.開、關性能應正常。

⑵保險絲：

A.應無損傷、熔斷等。

B.應依電氣回路圖所定之種類、容量設置。

⑶繼電器：

A.應無脫落、端子鬆動、接點燒損、灰塵附著等。

B.動作應正常。

⑷表示燈：應無顯著劣化等，且能正常亮燈。

⑸結線接續：應無斷線、端子鬆動、脫落、損傷等。

⑹接地：應無顯著腐蝕、斷線等之損傷。

㈣啓動裝置

1.檢查方法：操作直接操作部及遠隔操作部之開關，確認加壓送水裝置是否啓動。

2.判定方法：加壓送水裝置應確實啓動。

㈤加壓送水裝置

1.電動機

(1)檢查方法：

A.回轉軸：以手轉動確認是否順暢回轉。

B.軸承部：確認潤滑油有無顯著污濁、變質及是否達必要量。

C.軸接頭：以扳手確認有無鬆動，及其性能是否正常。

D.本體：操作啓動裝置使其啓動，確認性能是否正常。

(2)判定方法：

A.回轉軸：應能順暢回轉。

B.軸承部：潤滑油應無顯著污濁、變質且充滿必要量。

C.軸接頭：應無鬆動、脫落，且接合狀態牢固。

D.本體：應無顯著發熱、異常振動、不規則或間斷之雜音，且回轉方向正確。

(3)注意事項：除需操作啓動檢查性能外，其餘均需先切斷電源再進行檢查。

2.幫浦

(1)檢查方法：

A.回轉軸：以手轉動確認是否順暢回轉。

B.軸承部：確認潤滑油有無顯著污濁、變質及是否達必要量。

C.填料部：確認有無顯著之漏水。

D.連成表及壓力表：關閉表計之控制閥將水排出，確認指針有無歸零。然後再打開表計之控制閥，操作啓動裝置後，確認指針是否正常動作。

E.性能：先將幫浦吐出側之制水閥關閉之後，使幫浦啓動，然後緩緩的打開性能測試用配管之制水閥，由流量計及壓力表確認額定負荷運轉及全開點時之性能。

(2)判定方法：

A.回轉軸：應能順暢回轉。

B.軸承部：潤滑油應無污濁、變質或異物侵入等情形，且充滿必要量。

C.填料部：應無顯著漏水之情形。

D.連成計及壓力計：歸零之位置及指針動作應正常。

E.性能：應無異常振動、不規則或不連續的雜音，且於額定負荷運轉及全開點時之吐出壓力及吐出水量均達規定值以上。

(3)注意事項：除需操作啓動檢查外，其餘均需先切斷電源再進行檢查。

㈥呼水裝置

1.檢查方法

(1)閥類：以手操作確認開、關動作是否能容易進行。

(2)自動給水裝置：

A.確認有無變形、腐蝕等。

B.打開排水閥，確認自動給水功能是否正常。

(3)減水警報裝置：

A.確認有無變形、腐蝕等。

B.關閉補給水閥，再打開排水閥，確認其功能是否正常。

2.判定方法

(1)閥類：開、關動作應能容易進行。

(2)自動給水裝置：

A.應無變形、損傷、顯著腐蝕等。

B.當呼水槽之水量減少時，應能自動給水。

(3)減水警報裝置：

A.應無變形、損傷、顯著腐蝕等。

B.當水量減少到二分之一時應發出警報。

㈦中繼水箱等

1.檢查方法

⑴水質：打開人孔蓋，以目視及水桶採水，確認有無腐敗、浮游物、沉澱物等。

⑵給水裝置：以目視確認有無變形、腐蝕等，並操作排水閥，確認其功能是否正常。

⑶水位計：打開人孔蓋，用檢尺測量水位，確認水位計之指示值。

⑷閥類：以手操作確認開、關操作是否容易進行。

2.判定方法

⑴水質：應無腐敗、浮游物、沉澱物等。

⑵給水裝置：

A.應無變形、損傷、顯著腐蝕等。

B.在減水狀態時應能供水，在滿水狀態下即停止供水。

⑶水位計：指示值應正常。

⑷閥類：開、關操作應能容易進行。

㈧配管

1.檢查方法：

⑴閥類：以手操作確認開、關操作是否能容易進行。

⑵排放管：使加壓送水裝置處於關閉運轉之狀態，確認其排水是否正常。

2.判定方法：

⑴閥類：開關操作應能容易進行。

⑵排放管：排放水量應大於下列公式所求得之計算值。

$$q=\frac{Ls \cdot C}{60 \cdot \Delta t}$$

q：排放水量（ℓ/min）

Ls：幫浦關閉運轉時之出力（kw）

C：860 Kcal（1kw-hr水之發熱量）

Δt：30℃（幫浦內水溫之上升限度）

3.注意事項：排放管之排放水量與設計時之量相比較，應無顯著之差異。

三　綜合檢查

㈠檢查方法：

1.有中繼幫浦者，將其切換至緊急電源狀態下，操作遠隔啓動裝置，確認該幫浦有無啓動。

2.由該幫浦電動機控制盤之電流表，確認運轉電流是否正常。

3.由該幫浦之壓力表，確認全閉壓力是否正常。

4.於幫浦及電動機運轉中，確認有無不規則之間斷聲音或異常振動之情形。

㈡判定方法：

1.由遠隔啓動裝置之操作，應能確實啓動加壓送水裝置。

2.電動機之運轉電流值應在容許範圍內。

3.幫浦之全閉壓力應滿足該幫浦性能曲線之全閉壓力。

4.電動機及幫浦運轉中應無不規則之間斷聲音或異常振動之情形。

㈢注意事項：檢查醫院等場所，因切換成緊急電源可能會造成困擾時，得使用常用電源進行檢查。

第十七章　消防專用蓄水池

一　外觀檢查

㈠水源

1.檢查方法：

⑴蓄水池：由外部以目視確認有無變形、漏水、腐蝕等。

⑵水量：以水位計確認。無水位計者，應打開人孔蓋，以檢尺測定之。

2.判定方法：

⑴蓄水池：應無變形、損傷、漏水、顯著腐蝕等。

⑵水量：應維持規定水量以上。

㈡進水管投入孔及採水口

1.檢查方法：

⑴周圍狀況：

A.確認周圍有無使用上及消防車接近之障礙。

B.確認進水管投入孔標示「消防專用蓄水池」或採水口標示「消防專用蓄水池採水口」或「採水口」是否正常。

⑵外形：以目視及開關操作確認有無變形、漏水、阻塞等，及進水管投入孔蓋或採水口護蓋能否確實開關。

2.判定方法：

⑴周圍狀況：

A.消防車能到達二公尺以內，且使用上應無障礙。

B.標示應無損傷、脫落、污損等。

⑵外形：

A.進水管投入孔或採水口護蓋應無變形、損傷，且投入孔蓋或採水口護蓋能確實開關。

B.採水口應無變形、損傷、顯著腐蝕、異物阻塞等。

3.注意事項：設有採水幫浦組者，應比照室內消防栓設備檢查要領，進行檢修。

㈢電動機之控制裝置

1.檢查方法

⑴控制盤：

A.周圍狀況：確認周圍有無檢查及使用上之障礙。

B.外形：以目視確認有無變形、腐蝕等。

⑵電壓表：

A.以目視確認有無變形、損傷等。

B.確認電源、電壓是否正常。

⑶各開關：以目視確認有無變形、損傷及開關位置是否正常。

⑷標示：確認是否正確標示。

⑸預備品：確認是否備有保險絲、燈泡、回路圖及說明書等。

2.判定方法

⑴控制盤：

A.周圍狀況：應設置於火災不易波及之位置，且周圍應無檢查及使用上之障礙。

B.外形：應無變形、損傷或顯著腐蝕等。

⑵電壓表：

A.應無變形、損傷等。

B.電壓表之指示值應在所定之範圍內。

C.無電壓表者，電源表示燈應亮著。

⑶各開關：應無變形、損傷、脫落等，且開、關位置應正常。

⑷標示：

A.各開關之名稱標示應無污損及不明顯部分。

B.標示銘板應無剝落。

(5)預備品：

A.應備有保險絲、燈泡等預備品。

B.應備有線路圖及操作說明書等。

㈣啓動裝置

1.直接操作部

(1)檢查方法：

A.周圍狀況：以目視確認周圍有無檢查及使用上之障礙，及標示是否適當。

B.外形：以目視確認直接操作部有無變形、損傷。

(2)判定方法：

A.周圍狀況：

(A)應無檢查及使用上之障礙。

(B)標示應無污損及不明顯部分。

B.外形：開關部分應無變形、損傷之情形。

2.遠隔操作部

(1)檢查方法：

A.周圍狀況：以目視確認周圍有無檢查及使用上之障礙，設於消採水口附近之手動啓動裝置，標示是否適當正常。

B.外形：以目視確認遠隔操作部有無變形、損傷等情形。

(2)判定方法：

A.周圍狀況：

(A)應無檢查上及使用上之障礙。

(B)標示應無污損或不明顯部分。

B.外形：按鈕、開關應無損傷、變形。

㈤加壓送水裝置

1.檢查方法：以目視確認圖17-1所示之幫浦及電動機等有無變形、腐蝕等。

2.判定方法：應無變形、損傷、顯著腐蝕及銘板剝落等。

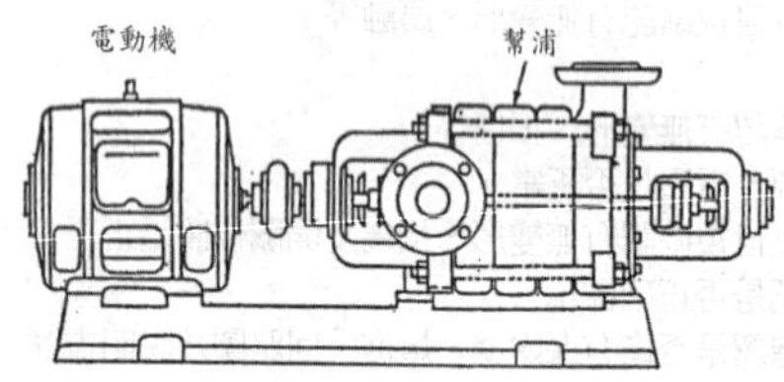

圖17-1　加壓送水裝置（幫浦方式）圖例

㈥呼水裝置

1.檢查方法

(1)呼水槽：以目視確認如圖17-2之呼水槽，有無變形、漏水、腐蝕，及水量是否在規定量以上。

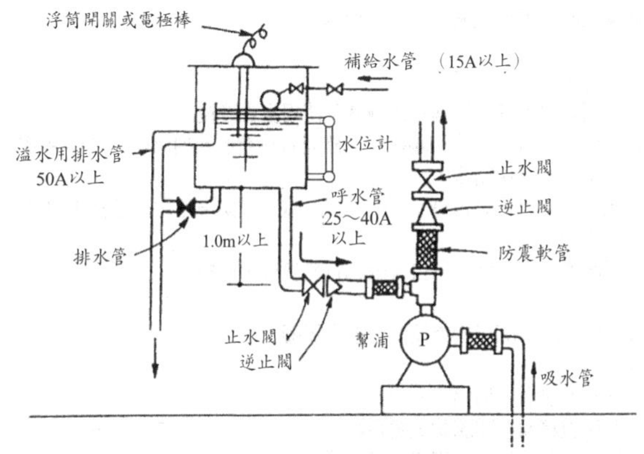

圖17-2　呼水裝置

⑵閥類：以目視確認給水管之閥類有無洩漏、變形等，及其開關位置是否正常。

2.判定方法

⑴呼水槽：應無變形、損傷、漏水、顯著腐蝕等，及水量應在規定量以上。

⑵閥類：

A.應無洩漏、變形、損傷等。

B.「常時開」或「常時關」之標示及開關位置應正常。

㈦配管

1.檢查方法

⑴立管及接頭：以目視確認有無洩漏、變形等及被利用做爲其他東西之支撐、吊架等。

⑵立管固定用之支撐及吊架：以目視及手觸摸確認有無脫落、彎曲、鬆動等。

⑶閥類：以目視確認有無洩漏、變形等，及開、關位置是否正常。

⑷過濾裝置：以目視確認如圖17-3所示之過濾裝置有無洩漏、變形等。

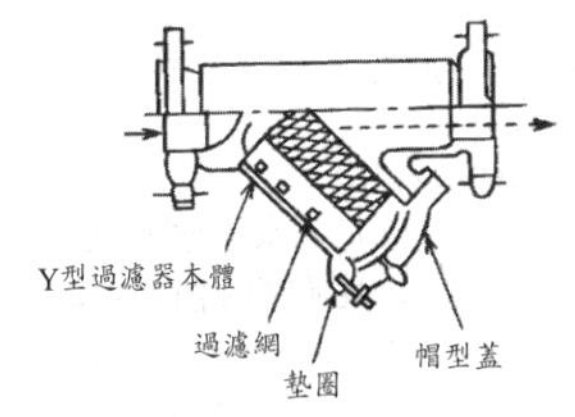

圖17-3　過濾裝置圖例

2.判定方法

⑴立管及接頭：

A.應無洩漏、變形、損傷等。

B.應無被利用做爲其他東西之支撐及吊架等。

⑵立管固定用之支撐及吊架：應無脫落、彎曲、鬆動等。

⑶閥類：

A.應無洩漏、變形、損傷等。

B.「常時開」或「常時關」之表示及開、關位置應正常。

⑷過濾裝置：應無洩漏、變形、損傷等。

㈧採水口

⑴檢查方法：

A.周圍狀況：確認周圍有無檢查及使用上之障礙。

B.外形：以目視及開、關操作，確認有無變形、損傷等，設有保護箱者確認箱門是否能確實開關。

C.標示：以目視是否標示「採水口」或「消防專用蓄水池採水口」及字是否適當明顯適當。

D.幫浦啓動表示燈：以目視確認有無變形、污損等。

⑵判定方法：

A.周圍狀況：應無檢查及使用上之障礙。

B.外形：

(A)應無變形、損傷等。

(B)保護箱面之開關狀況應良好。

C.標示：應清晰易於辨識，無污損變形等缺失。

D.幫浦啓動表示燈：

(A)應無變形、損傷、脫落、燈泡損壞等。

(B)每一採水口附近應設有紅色啓動表示燈；但設由防災中心遙控啓動，且採水口與防災中心間設有通話聯絡裝置者，不在此限。

二　性能檢查

㈠水源

1.檢查方法：

⑴水質：打開人孔蓋以目視及水桶採水確認有無腐敗、浮游物、沈澱物等情形。

⑵給水裝置：用目視確認有無變形、腐蝕，及操作排水閥確認性能是否正常。而在排水量非常大的狀況下，採用下列方法確認：

A.使用水位電極者，折掉其電極回路之配線形成減水狀態，確認其是否能自動給水，其後，再接上回路配線形成滿水狀態，確認能否自動停止給水。

B.使用浮球時，用手將浮球沒入水中，形成減水狀態確認能否自動給水，其後將浮球還原，形成滿水狀態，確認能否自動停止給水。

2.判定方法：

⑴水質：應無顯著腐蝕、浮游物、沈澱物等。

⑵給水裝置：

A.應無變形、損傷、顯著腐蝕等。

B.於減水狀態時能自動給水，於滿水狀態時能自動停止給水。

3.注意事項：設有採水幫浦者，應比照室內消防栓設備檢查要領，進行檢修。

㈡採水口

1.檢查方法

⑴本體：確認採水口口徑與型式，襯墊有無老化及進水管之裝接、拆卸是否容易。

⑵開關閥：用手操作確認開關操作是否能容易進行。

2.判定方法

⑴本體：襯墊應無老化及進水管之裝接、拆卸應容易操作。

⑵開關閥：開關操作應能容易進行。

㈢電動機之控制裝置

1.檢查方法

⑴各開關：以螺絲起子及開、關操作，確認端子有無鬆動及開關性能是否正常。

(2)保險絲：確認有無損傷、熔斷及是否為所規定之種類及容量。
(3)繼電器：確認有無脫落、端子鬆動、接點燒損、灰塵附著，並操作各開關使繼電器動作，確認性能。
(4)表示燈：操作各開關確認有無亮燈。
(5)結線接續：以目視及螺絲起子確認有無斷線、端子鬆動等。
(6)接地：以目視或回路計確認有無腐蝕、斷線等。
2.判定方法
(1)各開關：
A.端子應無鬆動、發熱。
B.開、關性能應正常。
(2)保險絲：
A.應無損傷、熔斷。
B.應依回路圖所規定種類及容量設置。
(3)繼電器：
A.應無脫落、端子鬆動、接點燒損、灰塵附著等。
B.動作應正常。
(4)表示燈：應無顯著劣化，且應能正常亮燈。
(5)結線接續：應無斷線、端子鬆動、脫落、損傷等。
(6)接地：應無顯著腐蝕、斷線等。
(四)啓動裝置
1.檢查方法
(1)啓動操作部：操作直接操作部及遠隔操作部之開關，確認加壓送水裝置是否能啓動。
(2)啓動表示燈：啓動後以目視確認紅色啓動表示燈是否亮燈。
2.判定方法
(1)啓動操作部：加壓送水裝置應能確實啓動。
(2)啓動用水壓開關裝置：
A.壓力開關之端子應無鬆動。
B.設定壓力值應適當，且加壓送水裝置應依設定壓力正常啓動。
(五)加壓送水裝置
1.幫浦方式
(1)電動機：
A.檢查方法：
(A)回轉軸：用手轉動，確認是否能圓滑地回轉。
(B)軸承部：確認潤滑油有無污損、變質及是否達必要量。
(C)軸接頭：以板手確認有無鬆動及性能是否正常。
(D)本體：操作啓動裝置使其啓動，確認性能是否正常。
B.判定方法：
(A)回轉軸：應能圓滑地回轉。
(B)軸承部：潤滑油應無污損、變質，且達必要量。
(C)軸接頭：應無脫落、鬆動，且接合狀態牢固。
(D)本體：應無顯著發熱、異常振動、不規則或不連續之雜音，且回轉方向正確。
C.注意事項：除需操作啓動檢查性能外，其餘均需先切斷電源。
(2)幫浦：
A.檢查方法：

(A)回轉軸：用手轉動確認是否能圓滑地轉動。
(B)軸承部：確認潤滑油有無污損、變質及是否達必要量。
(C)底部：確認有無顯著的漏水。
(D)連成表及壓力表：關掉表計之控制水閥將水排出，確認指針是否指在0之位置，再打開表計之控制水閥，操作啓動裝置確認指針是否正常動作。
(E)性能：先將幫浦吐出側之制水閥關閉之後，使幫浦啓動，然後緩緩的打開性能測試用配管之制水閥，由流量計及壓力表確認額定負荷運轉及全開點時之性能。

B.判定方法：
(A)回轉軸：應能圓滑地轉動。
(B)軸承部：潤滑油應無污損、變質、混入異物等，且達必要量。
(C)底座：應無顯著漏水。
(D)連成表及壓力表：位置及指針之動作應正常。
(E)性能：應無異常振動、不規則或不連續的雜音，且於額定負荷運轉及全開點時之吐出壓力及吐出水量均達規定值以上。

C.注意事項：除需操作啓動檢查性能外，其餘均需先行切斷電源。

(六)呼水裝置

1.檢查方法
(1)閥類：用手操作確認開、關動作是否容易進行。
(2)自動給水裝置：
A.確認有無變形、腐蝕等。
B.打開排水閥，確認自動給水性能是否正常。
(3)減水警報裝置：
A.確認有無變形、腐蝕等。
B.關閉補給水閥，再打開排水閥，確認減水警報功能是否正常。
(4)底閥：
A.拉上吸水管或檢查用鍊條，確認有無異物附著或阻塞。
B.打開幫浦本體上呼水漏斗之制水閥，確認有無從漏斗連續溢水出來。
C.打開幫浦本體上呼水漏斗之制水閥，然後關閉呼水管之制水閥，確認底閥之逆止效果是否正常。

2.判定方法
(1)閥類：開、關動作應能容易進行。
(2)自動給水裝置：
A.應無變形、損傷、顯著腐蝕等。
B.當呼水槽之水量減少時，應能自動給水。
(3)減水警報裝置：
A.應無變形、損傷、顯著腐蝕等。
B.當水量減少至一半前應發出警報。
(4)底閥：
A.應無異物附著、阻塞等吸水障礙。
B.呼水漏斗應能連續溢水出來。
C.呼水漏斗的水應無減少。

(七)配管

1.檢查方法：
(1)閥類：用手操作確認開、關動作是否容易進行。
(2)過濾裝置：分解打開確認過濾網有無變形、異物堆積。

(3)排放管（防止水溫上升裝置）：使加壓送水裝置啓動呈關閉運轉狀態，確認排放管排水是否正常。

2.判定方法：

(1)閥類：開、關操作應能容易進行。

(2)過濾裝置：過濾網應無變形、損傷、異物堆積等。

(3)排放管：排放水量應在下列公式求出量以上。

$$q=\frac{Ls \cdot C}{60 \cdot \Delta t}$$

q：排放水量（ℓ/min）

LS：幫浦關閉運轉時之出力（kw）

C：860Kcal（1kw-hr水之發熱量）

Δt：30℃（幫浦內部之水溫上升限度）

3.注意事項：排放管之排放水量與設置時之排水量比較應無太大之差異。

(八)耐震措施

1.檢查方法

(1)牆壁或地板上貫通部分有無變形、損傷等，並確認防震軟管接頭有無變形、損傷、顯著腐蝕等。

(2)以目視及板手確認加壓送水裝置等之裝配固定是否有異常。

2.判定方法

(1)防震軟管應無變形、損傷、顯著腐蝕等，且牆壁或地板上貫通部分的間隙、充塡部分均保持原來施工時之狀態。

(2)加壓送水裝置的安裝部分所使用之基礎螺絲、螺絲帽，應無變形、損傷、鬆動、顯著腐蝕等，且安裝固定部分應無損傷。

三　綜合檢查

(一)檢查方法：操作直接操作部或遠隔操作啓動裝置，再切換成緊急電源供電之狀態，確認各項性能，於該建築物全部採水口實施放水試驗。

(二)判定方法：

1.啓動性能：

(1)加壓送水裝置應確實啓動。

(2)表示、警報等動作應正常。

(3)電動機之運轉電流值應在容許範圍內。

(4)運轉中應無不規則、不連續之雜音或異常之振動、發熱等。

2.出水量：由採水口數及採水幫浦組運轉時之流量計及壓力表確認額定負荷運轉及全開點時之性能是否符合建築物設計採水出水量。

第十八章　排煙設備

一　外觀檢查

(一)排煙區劃

1.檢查方法：以目視確認有無變形、損傷及因隔間變更而拆除等。

2.判定方法：

(1)固定式垂壁：

A.設於貫通其他部分之開口部之垂壁應無拆除。

B.垂壁面應無顯著變形、損傷、龜裂等。

C.設於避難出口防火門之開關無異常，且向避難方向開啓。

(2)移動式垂壁：

A.應無顯著變形、損傷、龜裂等。

B.防火鐵捲門之導槽應無損傷，防火門之開關應無脫落、損傷。

C.應無妨礙移動式垂壁開關障礙之物，或懸掛物品。

3.注意事項：確認有無室內裝修、增建改建及用途變更，並檢查排煙區劃之狀態。

㈡排煙口

1.檢查方法：以目視確認有無變形、損傷及其周圍有無排煙上之障礙。

2.判定方法：

⑴應無顯著變形、損傷。

⑵排煙口周圍應無放置棚架、物品等造成煙流動之障礙。

㈢風管

1.檢查方法：以目視確認有無變形、損傷及可燃物接觸。

2.判定方法：

⑴固定支持金屬應無顯著變形、損傷等。

⑵風管未與可燃物（木材、紙、電線等）接觸。

⑶風管應無變形、龜裂、損傷，及隔熱材料應無脫落。

⑷貫穿防火區劃部分之充填材料應無脫落。

㈣電動機之控制裝置

1.檢查方法

⑴控制盤：

A.周圍狀況：確認周圍有無使用上及檢查上之障礙。

B.外形：以目視確認有無變形、腐蝕。

⑵電壓表：

A.以目視確認有無變形、損傷等。

B.確認電源、電壓是否正常。

⑶各開關：以目視確認有無變形、損傷，及開關位置是否正常。

⑷標示：確認標示是否正常。

⑸預備品：確認是否備有保險絲、燈泡等預備零件及回路圖等。

2.判定方法

⑴控制盤：

A.周圍狀況：應設於火災不易波及位置，且周圍應無檢查上及使用上之障礙。

B.外形：應無變形、損傷、顯著腐蝕等。

⑵電壓表：

A.應無變形、損傷等。

B.電壓表指示值應在規定範圍內。

C.未設置電壓表時，電源表示燈應亮燈。

⑶開關類：應無變形、損傷、腐蝕，且開關位置應正常。

⑷標示：

A.開關名稱應無污損及不明顯部分。

B.面板應無剝落。

⑸預備品等：

A.應備有保險絲、燈泡等預備零件。

B.應備有回路圖、操作說明書等。

㈤啓動裝置

1.自動式啓動裝置：偵煙式探測器準用火警自動警報設備檢查要領確認之。

2.手動式啓動裝置：

⑴手動操作箱：

A.檢查方法：

(A)周圍狀況：確認有無檢查上及使用上之障礙，且操作部之標示正常。

(B)外形：以目視確認有無變形、損傷等。

B.判定方法：

(A)周圍狀況：

a.應無檢查上及使用上之障礙。

b.標示應無污損及不明顯部分。

(B)外形：應無變形、損傷、顯著腐蝕等。

(2)操作桿及把手：

A.檢查方法：以目視確認有無損傷等。

B.判定方法：操作桿及把手應無損傷、脫落、纜索斷裂、生鏽等。

(六)排煙機

1.檢查方法：以目視及手觸摸確認回轉葉片及電動機有無顯著腐蝕、變形等。

2.判定方法：

(1)回轉葉片應無彎曲、折損等。

(2)回轉葉片與機殼應無摩擦。

(3)V型皮帶保護板、皮帶輪應無損傷、回轉部應無鬆動。

(4)電動機本體應無變形、損傷、顯著腐蝕等。

(5)設於室內者，該室內之牆壁、出入口等應無破損。

(6)設於屋外者，應有蔽遮雨露之措施。

(7)排煙機裝置螺栓、螺帽應無脫落或鬆動。

(8)排煙機周圍應無放置造成檢查障礙之物品，且未與可燃物（木材、紙）接觸。

(9)風管接續部（法蘭）之螺栓應無鬆動、損傷等。

(七)出煙口

1.檢查方法：以目視確認有無變形、損傷及周圍有無排煙之障礙。

2.判定方法：

(1)排煙機與出煙口接續部之法蘭部分應無損傷，螺栓應無鬆動。

(2)與雨露接觸部分應無顯著腐蝕、損傷等。

(3)出煙口周圍應未放置造成排煙障礙之物品。

二　性能檢查

(一)排煙區劃

1.檢查方法：確認防煙壁之區劃功能有無確實。

2.判定方法：

(1)應能確實區劃。

(2)防煙壁應無產生縫隙。

(二)排煙口

1.檢查方法：以目視、扳手及開關操作確認排煙閘門裝置部位有無損傷、鬆動。

2.判定方法：

(1)排煙口之框、排煙閘門及裝置器具有無顯著生鏽、腐蝕及異物附著，排煙閘門之回轉部有無鬆動。

(2)回轉動作應保持圓滑，且能完全開放。

(3)閘門部分應無生鏽、灰塵附著之狀況。

(三)風管

1.支撐固定

(1)檢查方法：確認有無鬆動。

(2)判定方法：支持部位及螺栓應無鬆動。

2.防火閘門

(1)檢查方法：以扳手及手動操作確認裝置部位有無鬆動及因油漆、異物附著而造成開關困難。

(2)判定方法：

A.裝置部位應無鬆動、生鏽等。

B.開關動作應順暢。

3.接續部

(1)檢查方法：確認襯墊有無損傷。

(2)判定方法：襯墊應無損傷、脫落，接續部應無鬆動。

(四)電動機之控制裝置

1.檢查方法

(1)各開關：以螺絲起子及開關操作，確認端子有無鬆動及開關性能是否正常。

(2)保險絲：確認有無損傷、熔斷及是否為規定之種類及容量。

(3)繼電器：確認有無脫落、端子鬆動、接點燒損、灰塵附著，並操作各開關使繼電器動作，確認性能。

(4)表示燈：操作各開關確認有無亮燈。

(5)結線接續：以目視及螺絲起子確認有無斷線、端子鬆動等。

(6)接地：以目視或三用電表確認有無腐蝕、斷線等。

2.判定方法

(1)各開關：

A.端子應無鬆動、發熱。

B.開、關性能正常。

(2)保險絲：

A.應無損傷、熔斷。

B.依回路圖所定種類及容量設置。

(3)繼電器：

A.應無脫落、端子鬆動、接點燒損、灰塵附著等。

B.動作應正常。

(4)表示燈：應無顯著劣化，且能正常亮燈。

(5)結線接續：應無斷線、端子鬆動、脫落、損傷等。

(6)接地：應無顯著腐蝕、斷線等。

(五)啓動裝置

1.自動啓動裝置

(1)檢查方法：偵煙式探測器性能檢查，依照火警自動警報設備的檢查要領進行，確認探測器動作後，能否連動排煙機啓動。

(2)判定方法：

A.依照火警自動警報設備的檢查要領對探測器進行判定。

B.排煙機應能確實啓動。

2.手動啓動方式

(1)檢查方法：確認手動啓動操作箱的把手及操作桿之轉動及打開動作有無異常。

(2)判定方法：

A.用手應能容易轉動把手。

B.操作桿應無破損，鋼索應無斷落或生鏽。

(六)排煙機

1.電動機

(1)檢查方法：

A.回轉軸：以手轉動確認是否圓滑轉動。

B.軸承部：確認潤滑油有無污損、變質、及達到必要量。

C.動力傳達裝置：確認有無變形、損傷，皮帶輪及V型皮帶的性能是否正常。

D.本體：操作啓動裝置，確認性能動作是否正常。

(2)判定方法：

A.回轉軸：回轉軸應能圓滑轉動。

B.軸承部：潤滑油應無污損、變質、異物混入等，並達必要量。

C.動力傳動裝置：

(A)皮帶軸及回轉軸應無鬆動，且應無變形、損傷、腐蝕等。

(B)V型皮帶傳動時應無障礙，及應無鬆動、損傷、耗損、油脂附著等。

D.本體：應無顯著發熱、異常震動、不規則及不連續雜音，且回轉方向正常。

(3)注意事項：

A.進行測試時，注意對所連動之空調機械所造成之影響。

B.除了進行運轉的性能檢查外，必須將電源切斷。

2.回轉葉片

(1)檢查方法：

A.回轉軸：確認電動機、排煙機的回轉狀態是否正常。

B.軸承部：確認潤滑油有無污損、變質，並達到必要量。

(2)判定方法：

A.回轉軸：回轉葉片之回轉應能圓滑並向正常方向回轉，且應無異常振動及雜音。

B.軸承部：潤滑油應無污損、變質，並達到必要量。

三　綜合檢查

(一)檢查方法：切換成緊急電源的狀態，使偵煙式探測器動作及操作手動啓動裝置，以確認各部分之性能。

(二)判定方法：

1.吸煙口及排煙閘門打開後，能連動自動排煙機啓動。

2.運轉電流在所規定的範圍內。

3.排煙機在運轉中應無異常聲音及振動，風道應無異常振動。

4.排煙機回轉葉片的回轉方向應正常。

(三)注意事項：醫院等切換成緊急電源進行檢查有困難之場所，應使用常用電源進行檢查。

第十九章　無線電通信輔助設備

一　外觀檢查

(一)保護箱

1.檢查方法

(1)周圍狀況：確認周圍有無造成檢查上及使用上之障礙。

(2)外形：以目視及開關之操作確認有無變形、灰塵侵入，及箱門之開、關是否確實。

(3)標示：確認標示是否正常。

2.判定方法

(1)周圍狀況：應無造成檢查上及使用上之障礙。

(2)外形：

A.應無變形、損傷、明顯腐蝕等。

B.保護箱應無明顯鏽蝕。

C.保護箱內部應無灰塵、水份之侵入。

D.箱門可確實開、關。

E.設置於地面之保護箱，需爲不可任意開、關之構造。

F.圖19-1所示之射頻電纜應收存於保護箱內。

圖19-1　射頻電纜

(3)標示：

A.圖19-2所示之保護箱箱面並標示有「消防隊專用無線電接頭」字樣。

B.圖19-2所示之保護箱箱內明顯易見之位置，應標示有最大容許輸入、可使用之頻率域帶及注意事項。

C.標示應無污損、模糊不清之部分。

D.面板應無剝落之現象。

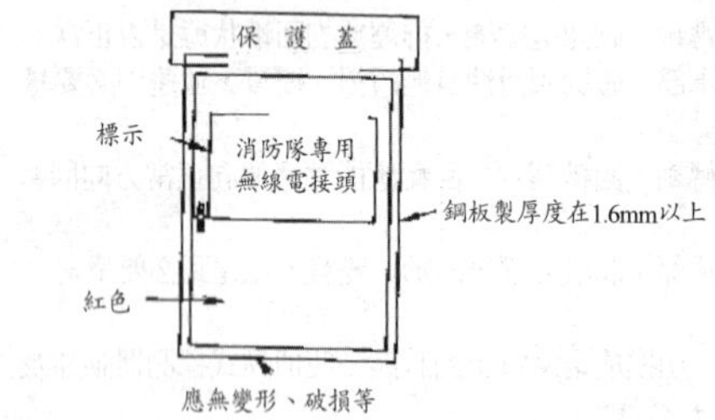

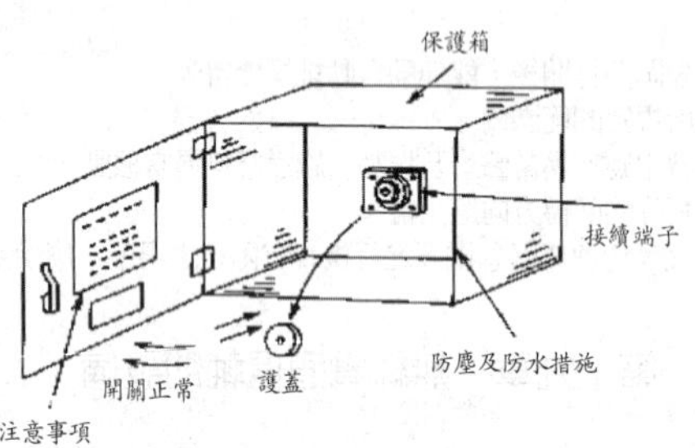

圖19-2　保護箱

(二)無線電接頭

1.檢查方法：以目視確認有無變形、損傷等，及有無「無反射終端電阻器」或護蓋。

2.判定方法：

(1)應無變形、損傷、明顯腐蝕之情形。

(2)端子上應有如圖19-3所示之無反射終端電阻器及護蓋。

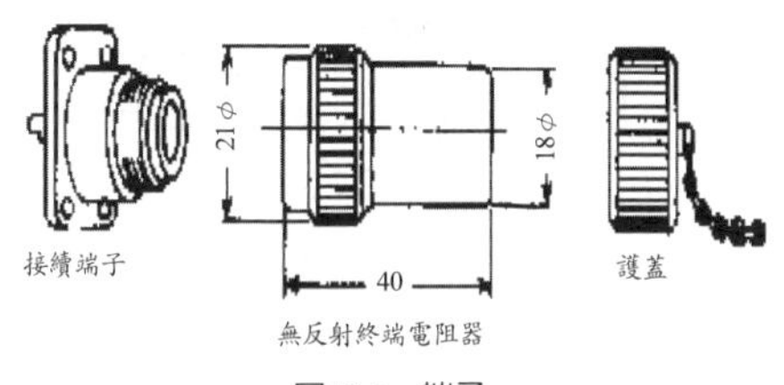

圖19-3 端子

㈢增幅器

1.檢查方法：確認設置場所是否適當。

2.判定方法：

⑴設置場所應為防災中心、中央管理室等平時有人駐守之居室，且以不燃材料之牆、地板、天花板建造，開口部設有甲種或乙種防火門之居室。

⑵應設於具防火性能之管道間內。

㈣分配器等

1.檢查方法：確認連接部位之防水措施有無異常。

2.判定方法：橡皮襯墊等應無劣化。

㈤空中天線

1.檢查方法：以目視確認圖19-4所示之天線有無變形、腐蝕之情形，且有無造成通行及避難上之障礙。

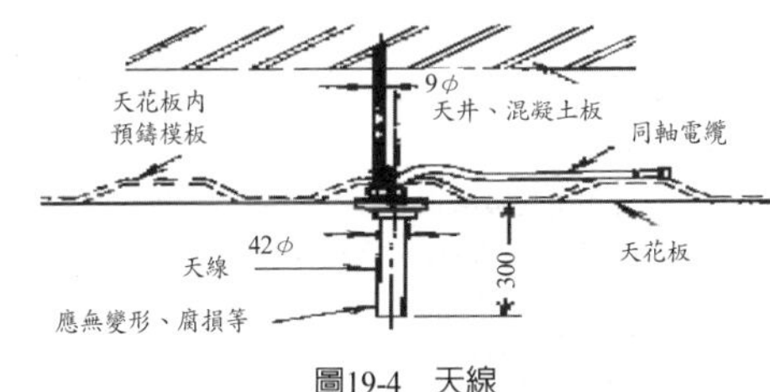

圖19-4 天線

2.判定方法：

⑴應無變形、腐蝕之情形。

⑵應無造成通行及避難上之障礙。

⑶設於有受機械性傷害之虞處者，應採取適當之保護措施。

㈥洩波同軸電纜

1.檢查方法

⑴支撐部：以目視確認金屬支架有無變形、脫落，且有無堅固支撐。

⑵防濕措施：以目視確認連接部分之防濕措施是否正常。

⑶耐熱保護：以目視確認有無損傷、脫落等。

⑷可撓性：確認連接用同軸電纜是否具可撓性。

2.判定方法

⑴支撐部：金屬支架應無變形、損傷、脫落等，且應堅固支撐。

⑵防濕措施：圖19-5所示之接頭應無變形、損傷、鬆弛等，且能有效防濕。

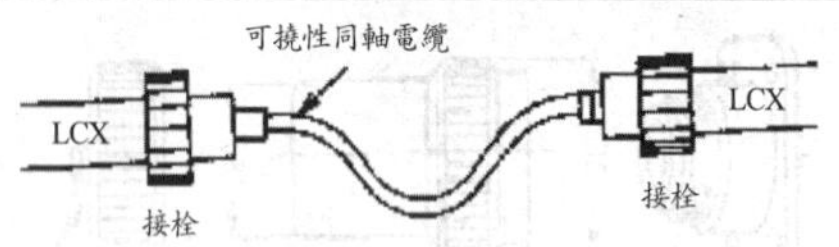

圖19-5　接栓

(3)耐熱保護：應無損傷、脫落等。

(4)可撓性：連接用同軸電纜應具可撓性。

二　性能檢查

(一)無線電接頭

1.檢查方法：確認接頭連接器是否可輕易裝接或脫離。

2.判定方法：連接器可確實且輕易裝接或分離。

(二)結線接續

1.檢查方法：以目視或螺絲起子確認有無斷線、端子鬆動等。

2.判定方法：應無斷線、端子鬆動、脫落、損傷等。

第二十章　緊急電源插座

一　外觀檢查

(一)保護箱

1.檢查方法

(1)周圍狀況：以目視確認周圍有無檢查上及使用上之障礙，及緊急電源插座上之標示是否正常。

(2)外形：以開關操作確認有無變形、損傷等，及箱門是否可確實開、關。

2.判定方法

(1)周圍狀況：

A.應無檢查上及使用上之障礙物。

B.保護箱面應有「緊急電源插座」之字樣，且字體應無污損、不鮮明部分。

(2)外形：

A.應無變形、損傷、顯著腐蝕。

B.箱門可確實正常開、關。

(二)插座

1.檢查方法：應以目視確認有無變形、腐蝕及異物阻塞等。

2.判定方法：緊急電源插座爲單相交流110V用者，應依圖20-1所示（額定150V，15A）之接地型插座。三相交流220V用則適用圖20-2所示（額定250V，30A）接地型插座，並確認應無變形、損傷、顯著腐蝕或異物阻塞等。

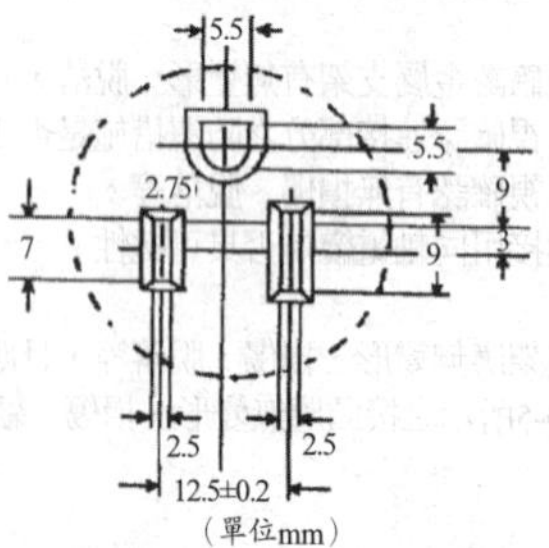

圖20-1　單相125伏特15安培插座

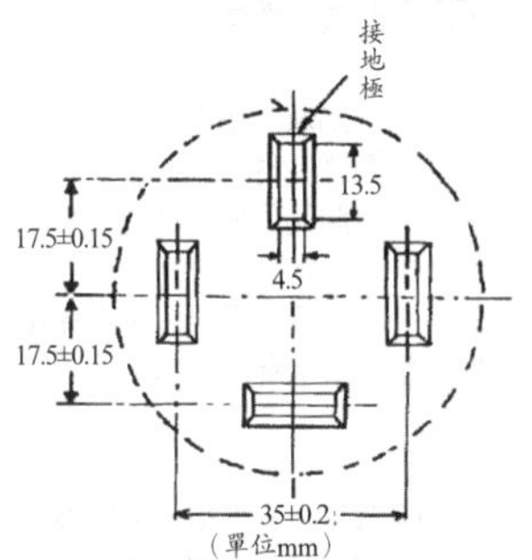

圖20-2　三相250伏特30安培插座

㈢開關器

1.檢查方法：以目視確認有無變形、損傷等，及其開關位置是否正常。

2.判定方法：應無變形、損傷等，且開關位置應正常。

㈣表示燈

1.檢查方法：以目視確認有無變形、損傷等，及表示燈是否正常亮燈。

2.判定方法：應無變形、損傷、脫落、燈泡故障等，且正常亮燈。

二　性能檢查

㈠插座

1.檢查方法：確認插頭是否可輕易拔出及插入。

2.判定方法：插頭應可輕易拔出及插入。

㈡開關器

1.檢查方法：以開關操作確認開、關性能是否正常。

2.判定方法：開、關應能正常。

㈢端子電壓

1.檢查方法：

(1)單相：以三用電表確認一般常用電源及緊急電源之單相交流端子電壓是否為規定值。

(2)三相：以三用電表確認一般常用電源及緊急電源之三相交流端子電壓是否為規定值。

2.判定方法：應於規定之範圍內。

㈣回轉相位

1.檢查方法：連接額定電壓220V之三相交流緊急電源插座，如與電動機連接時，應以相位計確認其是否依規定方向回轉。

2.判定方法：應為正回轉（右向回轉）之方向。

第二十一章　鹵化烴滅火設備

一　外觀檢查

㈠蓄壓式鹵化烴滅火藥劑儲存容器等

1.滅火藥劑儲存容器

(1)檢查方法：

A.外形：

(A)以目視確認儲存容器、固定架、各種計量儀器有無變形、腐蝕等情形。

(B)以目視確認容器本體是否確實固定於固定架上。

⒞核對設計圖面，確認設置之鋼瓶數。

B.設置狀況：

⒜確認設在專用鋼瓶室之鋼瓶，應有適當之固定措施；設於防護區域內之鋼瓶，應置於不燃性或難燃性材料製成之防護箱內。

⒝確認設置場所是否設有照明設備、明亮窗口，及周圍有無障礙物。並確認是否確保供操作及檢查之空間。

⒞確認周圍濕度有無過高，及周圍溫度是否在40℃以下。

⒟確認有無遭日光曝曬、雨水淋濕之虞。

⑵判定方法：

A.外形：

⒜應無變形、損傷、明顯腐蝕、生鏽或塗裝剝離等情形。

⒝以推押容器之方式，確認容器本體應確實固定在固定架或底座上。

⒞容器瓶數應依規定數量設置。

B.設置狀況：

⒜設在專用鋼瓶室之鋼瓶，應有適當之固定措施；但設於防護區域內時，應置於不燃性或難燃性材料製成之防護箱內。

⒝具適當採光，且應無檢查及使用上之障礙。

⒞濕度未過高，且溫度在40℃以下。

⒟應無遭日光曝曬、雨水淋濕之虞。

2.容器閥

⑴檢查方法：以目視確認容器閥有無變形、腐蝕等情形。

⑵判定方法：應無變形、損傷、明顯腐蝕等情形。

3.容器閥開放裝置

⑴檢查方法：以目視確認容器閥開放裝置有無變形、脫落等情形。

⑵判定方法：

A.容器閥開放裝置應確實裝接於容器閥本體上，如為電氣式者，導線應無劣化或斷裂，如為氣壓式者，操作管及其連接部分應無鬆弛或脫落之情形。

B.具有手動啓動裝置之開放裝置，其操作部應無明顯之鏽蝕情形。

C.應裝設有安全栓或安全插梢。

⑶注意事項：檢查時，為防止產生誤放事故，請勿予以強烈之衝擊。

4.連結管及集合管

⑴檢查方法：以目視確認有無變形、損傷、明顯腐蝕等情形，及是否有確實連接。

⑵判定方法：應無變形、損傷、明顯腐蝕等情形，並應確實連接。

㈡加壓式鹵化烴滅火藥劑儲存容器等

1.滅火藥劑儲存容器

⑴檢查方法：

A.外形：

⒜以目視確認儲存容器、固定架、各種計量儀器有無變形、腐蝕等情形。

⒝以目視確認容器本體是否確實固定在裝設架上。

B.設置狀況：

⒜確認設在專用鋼瓶室之鋼瓶，應有適當之固定措施；但設於防護區域內時，應置於不燃性或難燃性材料製成之防護箱內。

⒝確認設置場所是否設照明設備、明亮窗口，及周圍有無障礙物。並確認是否確保供操作及檢查之空間。

⒞確認周圍濕度有無過高，及周圍溫度是否在40℃以下。

(D)確認有無遭日光曝曬、雨水淋濕之虞。

C.標示：以目視確認標示有無損傷、變形等。

D.安全裝置：以目視確認放出口有無阻塞之情形。

(2)判定方法：

A.外形：

(A)應無變形、損傷、明顯腐蝕、生鏽或塗裝剝離等情形。

(B)容器本體應確實固定在固定架或底座上。

B.設置狀況：

(A)設在專用鋼瓶室之鋼瓶，應有適當之防護措施；設於防護區域內之鋼瓶，應置於不燃性或難燃性材料製成之防護箱內。

(B)具適當採光，且應無檢查及使用上之障礙。

(C)濕度沒有過高，且溫度在40℃以下。

(D)應無遭日光直射、雨水淋濕之虞。

C.標示：應無損傷、脫落、污損等情形。

D.安全裝置：放出口應無阻塞之情形。

2.放出閥

(1)檢查方法：以目視確認有無變形、損傷等情形。

(2)判定方法：應無變形、損傷等情形。

3.閥類

(1)檢查方法：以目視確認加壓電磁閥、加壓手動閥等閥類有無變形、損傷之情形，及其開、關位置是否正常。

(2)判定方法：

A.應無變形、損傷、明顯腐蝕等情形。

B.開、關位置應正常。

4.加壓用氣體容器等

(1)加壓用氣體容器：

A.檢查方法：

(A)外形：

a.以目視確認儲存容器、固定架、各種測量計等有無變形或腐蝕等情形。

b.以目視確認容器本體有無確實固定在固定架上。

c.核對設計圖面，確認設置之鋼瓶數。

(B)設置狀況：

a.確認設在專用鋼瓶室之加壓用氣體容器，應有適當之固定措施；設於防護區域內之加壓用氣體容器，應置於不燃性或難燃性材料製成之防護箱內。

b.確認設置場所是否設有照明設備、明亮窗口，及周圍有無障礙物。並確認是否確保供操作及檢查之空間。

c.確認周圍濕度有無過高，及周圍溫度是否在40℃以下。

d.確認有無遭日光曝曬、雨水淋濕之虞。

(C)標示：以目視確認標示有無損傷、變形等。

B.判定方法：

(A)外形：

a.應無變形、損傷、明顯腐蝕、生鏽或塗裝剝離等情形。

b.以推押容器之方式，確認容器本體應確實固定在固定架或底座上。

c.容器瓶數應依規定數量設置。

(B)設置狀況：

a.設在專用鋼瓶室之加壓用氣體容器，應有適當之固定措施；但設於防護區域內時，應置於不燃性或難燃性材料製成之防護箱內。

b.具適當採光，且應無檢查上及使用上之障礙。

c.濕度沒有過高，且溫度在40℃以下。

d.應無遭日光曝曬、雨水淋濕之虞。

(C)標示：應無損傷、脫落、污損等情形。

(2)容器閥：

A.檢查方法：以目視確認容器閥有無變形、腐蝕等情形。

B.判定方法：應無變形、損傷、明顯腐蝕等情形。

(3)容器閥開放裝置：

A.檢查方法：以目視確認容器閥開放裝置有無變形、脫落等情形。

B.判定方法：

(A)容器閥開放裝置應確實裝接在容器閥本體上，如爲電氣式者，導線應無劣化或斷裂，如爲氣壓式者，操作管及其連接部分應無鬆弛或脫落之情形。

(B)具有手動啓動裝置之開放裝置，其操作部應無明顯之鏽蝕情形。

(C)應裝設有安全栓或安全插梢，並加封條。

C.注意事項：檢查時，爲防止產生誤放事故，請勿予以強烈之衝擊。

(4)壓力調整器：

A.檢查方法：以目視確認壓力調整器有無變形、損傷等情形，及是否確實固定於容器閥上。

B.判定方法：應無變形、損傷等情形，且應確實固定。

5.連結管及集合管

(1)檢查方法：以目視確認有無變形、腐蝕等情形，及是否有確實連接。

(2)判定方法：應無變形、損傷、明顯腐蝕等情形，並應確實連接。

(三)啓動用氣體容器等

1.啓動用氣體容器

(1)檢查方法：

A.外形：

(A)以目視確認有無變形、腐蝕等情形，及是否裝設有容器收存箱。

(B)確認收存箱之箱門或類似開關裝置之開關狀態是否良好。

B.標示：確認收存箱之表面是否設有記載該防護區劃名稱或防護對象物名稱及操作方法。

(2)判定方法：

A.外形：

(A)應無變形、損傷、塗裝剝離或明顯腐蝕等情形，且收存箱及容器應確實固定。

(B)收存箱之箱門開關狀態應良好。

B.標示：應無損傷、脫落、污損等情形。

2.容器閥

(1)檢查方法：以目視確認容器閥有無變形、腐蝕等情形。

(2)判定方法：應無變形、損傷、明顯腐蝕等情形。

3.容器閥開放裝置

(1)檢查方法：以目視確認容器閥開放裝置有無變形、脫落等情形。

(2)判定方法：

A.容器閥開放裝置應確實裝接在容器閥本體上，如爲電氣式者，導線應無劣化或斷裂，如爲氣壓式者，操作管及其連接部分應無鬆弛或脫落之情形。

B.具有手動啓動裝置之開放裝置，其操作部應無明顯之鏽蝕情形。
C.應裝設有安全栓或安全插梢。
⑶注意事項：檢查時，爲防止產生誤放事故，請勿予以強烈之衝擊。
㈣選擇閥
1.本體
⑴檢查方法：
A.外形：以目視確認選擇閥有無變形、腐蝕等情形，且是否設於防護區域以外之處所。
B.標示：確認其附近是否標明選擇閥之字樣及所屬防護區域或防護對象名稱，且是否設有記載操作方法之標示。
⑵判定方法：
A.外形：應無變形、損傷、明顯腐蝕等情形，且應設於防護區域以外之處所。
B.標示：應無損傷、脫落、污損等情形。
2.開放裝置
⑴檢查方法：以目視確認有無變形、脫落等情形，及是否確實裝設在選擇閥上。
⑵判定方法：應無變形、損傷、脫落等情形，且確實裝在選擇閥上。
㈤操作管及逆止閥
1.檢查方法
⑴以目視確認有無變形、損傷等情形，及是否確實連接。
⑵核對設計圖面，確認逆止閥裝設位置、方向及操作管之連接路徑是否正常。
2.判定方法
⑴應無變形、損傷、明顯腐蝕等情形，且應已確認連接。
⑵依設計圖面裝設配置。
㈥啓動裝置
1.手動啓動裝置
⑴檢查方法：
A.周圍狀況：
(A)確認操作箱周圍有無檢查及使用上之障礙，及設置位置是否適當。
(B)確認啓動裝置及其附近有無標示所屬防護區域名稱或防護對象名稱與標示操作方法，及其保安上之注意事項是否適當。
(C)確認啓動裝置附近有無「手動啓動裝置」標示。
B.外形：
(A)以目視確認操作箱有無變形、脫落等現象。
(B)確認箱面紅色之塗裝有無剝離、污損等現象。
C.電源表示燈：確認有無亮燈及其標示是否正常。
⑵判定方法：
A.周圍狀況：
(A)其周圍應無檢查及使用上之障礙，並應設於能看清區域內部且操作後能容易退避之防護區域附近。
(B)標示應無損傷、脫落、污損等現象。
B.外形：
(A)操作箱應無變形、損傷、脫落等現象。
(B)紅色塗裝應無剝離、污損等現象。
C.電源表示燈：保持亮燈，且該標示應有所屬防護區域名稱、防護對象物名稱。
2.自動啓動裝置

⑴檢查方法：

A.火災探測裝置：準用火警自動警報設備之檢查要領確認之。

B.自動、手動切換裝置：

(A)以目視確認有無變形、脫落等情形，及其切換位置是否正常。

(B)確認自動、手動及操作方法之標示是否正常。

⑵判定方法：

A.火災探測裝置：準用火警自動警報設備之檢查要領確認之。

B.自動、手動切換裝置：

(A)應無變形、損傷、脫落等情形，且切換位置處於定位。

(B)標示應無污損、模糊不清之情形。

㈦警報裝置

1.檢查方法

⑴以目視確認語音（揚聲器）、蜂鳴器、警鈴等警報裝置有無變形、脫落等現象。

⑵平時無人駐守者之防火對象物等處所，確認是否設有音聲警報裝置。

⑶確認有無「音響警報裝置」之標示。

2.判定方法

⑴警報裝置應無變形、損傷、脫落等情形。

⑵平常無人駐守之防火對象物等處所，應以語音爲警報裝置。

⑶警報裝置之標示正常並應設於必要之處所，且應無損傷、脫落、污損等情形。

㈧控制裝置

1.檢查方法

⑴控制盤：

A.周圍狀況：確認周圍有無檢查及使用上之障礙。

B.外形：以目視確認有無變形、腐蝕等現象。

⑵電壓計：

A.以目視確認有無變形、損傷等情形。

B.確認電源電壓是否正常。

⑶開關類：以目視確認有無變形、損傷等情形，及開關位置是否正常。

⑷標示：確認標示是否正常。

⑸備用品等：確認是否備有保險絲、燈泡等備用品及回路圖、操作說明書等。

2.判定方法

⑴控制盤：

A.周圍狀況：應設於不易受火災波及之位置，且周圍應無檢查及使用上之障礙。

B.外形：應無變形、損傷、明顯腐蝕等現象。

⑵電壓計：

A.應無變形、損傷等情形。

B.電壓計之指示值在規定範圍內。

C.無電壓計者，其電源表示燈應亮燈。

⑶開關類：應無變形、損傷、脫?等情形，且開關位置正常。

⑷標示：

A.開關等之名稱應無污損、模糊不清等情形。

B.面板不得剝落。

⑸備用品等：

A.應備有保險絲、燈泡等備用品。

B.應備有回路圖、操作說明書等。

(九)配管

1.檢查方法

(1)管及接頭：以目視確認有無損傷、腐蝕等情形，及有無供作其他物品之支撐或懸掛吊具。

(2)金屬支撐吊架：以目視及手觸摸等方式，確認有無脫落、彎曲、鬆動等情形。

2.判定方法

(1)管及接頭：

A.應無損傷、明顯腐蝕等情形。

B.應無作爲其他物品之支撐或懸掛吊具。

(2)金屬支撐吊架：應無脫落、彎曲、鬆動等情形。

(十)放射表示燈

1.檢查方法：以目視確認防護區劃出入口處，設置之放射表示燈有無變形、腐蝕等情形。

2.判定方法：放射表示燈之設置場所正常，且應無變形、損傷、明顯腐蝕、文字模糊不清等情形。

(十一)噴頭

1.外形

(1)檢查方法：以目視確認有無變形、腐蝕等現象。

(2)判定方法：應無變形、損傷、明顯腐蝕、阻塞等情形。

2.放射障礙

(1)檢查方法：以目視確認周圍有無造成放射障礙之物品，及裝設角度是否正常。

(2)判定方法：

A.周圍應無造成放射障礙之物品。

B.噴頭之裝設應能將藥劑擴散至整個防護區域或防護對象物，且裝設角度應無明顯偏移之情形。

(十二)防護區劃

1.區劃變更及氣密

(1)檢查方法：

A.滅火設備設置後，有無因增建、改建、變更等情形，造成防護區劃之容積及開口部增減之情形，應核對設計圖面確認之。

B.附門鎖之開口部，應以手動方式確認其開關狀況。

C.滅火設備設置後，有無因增設管（道）線造成氣密降低之情形，以目視確認有無明顯漏氣之開口。

(2)判定方法：

A.防護區劃之開口部，因有降低滅火效果之虞或造成保安上之危險，應設有自動關閉裝置。

B.設有自動門鎖者，應符合下列規定：

(A)應裝置完整，且門之關閉確實順暢。

(B)應無門檔、障礙物等物品，且平時保持關閉狀態。

C.防護區劃內無因增設管（道）線造成明顯漏氣之開口。

2.開口部之自動關閉裝置

(1)檢查方法：以目視確認有無變形、損傷等情形。

(2)判定方法：應無變形、損傷、明顯腐蝕等情形。

(十三)緊急電源（限內藏型者）

1.外形

⑴檢查方法：以目視確認蓄電池本體周圍之狀況，有無變形、損傷、洩漏、腐蝕等現象。

⑵判定方法：

A.設置位置之通風換氣應良好，且無灰塵、腐蝕性氣體之滯留及明顯之溫度變化等情形。

B.蓄電池組支撐架應堅牢。

C.應無明顯之變形、損傷、龜裂等情形。

D.電解液沒有洩漏，且導線連接部沒有腐蝕之情形。

2.標示

⑴檢查方法：確認是否正常設置。

⑵判定方法：應標示額定電壓值及容量。

⑶注意事項：符合標準之蓄電池設備，應確認其有無張貼合格標示。

二　性能檢查

㈠蓄壓式鹵化烴滅火藥劑儲存容器等

1.滅火藥劑量

⑴檢查方法，依下列方法確認之。

A.使用台秤測定計之方法：

⒜將裝設在容器閥之容器閥開放裝置、連接管、操作管及容器固定器具取下。

⒝將容器置於台秤上，測定其重量至小數點第一位。

⒞藥劑量則爲測定值扣除容器閥及容器重量後所得之值。

B.使用水平液面計之方法：

⒜插入水平液面計電源開關，檢查其電壓值。

⒝使容器維持平常之狀態，將容器置於液面計探針與放射源之間。

⒞緩緩使液面計檢出部上下方向移動，當發現儀表指針振動差異較大時，由該位置即可求出自容器底部起之藥劑存量高度。

⒟液面高度與藥劑量之換算，應使用專用之換算尺爲之。

C.使用鋼瓶液面計之方法：

⒜打開保護蓋緩慢抽出表尺。

⒝當表尺被鋼瓶內浮球之磁性吸引而停頓時，讀取表尺刻度。

⒞對照各廠商所提供之專用換算表讀取藥劑重量。

⒟需考慮溫度變化造成之影響。

D.以其他原廠技術手冊規範之方式檢測藥劑量。

⑵判定方法：將藥劑量之測定結果與重量表、圖面明細表或原廠技術手冊規範核對，其差值應在充填值10%以下。

⑶注意事項：

A.以水平液面計測定時：

⒜不得任意卸取放射線源（鈷60），萬一有異常時，應即時連絡專業處理單位。

⒝鈷60有效使用年限約爲三年，如已超過時，應即時連絡專業單位處理或更換。

⒞使用壓力表者，應先確認容器內壓爲規定之壓力值。

B.共同事項：

⒜因容器重量頗重（約150kg），傾倒或操作時應加以注意。

⒝測量後，應將容器號碼、充填量記載於檢查表上。

⒞當滅火藥劑量或容器內壓減少時，應迅即進行調查，並採取必要之措施。

(D)使用具放射源者，應取得行政院原子能源委員會之許可登記。

2.容器閥開放裝置

(1)電氣式容器閥之開放裝置：

A.檢查方法：

(A)將裝設在容器閥之容器閥開放裝置取下，確認撞針、切割片或電路板有無彎曲、斷裂或短缺等情形。

(B)操作手動啓動裝置，確認電氣動作是否正常。

(C)拔下安全栓或安全插銷，以手動操作，確認動作是否正常。

(D)動作後之復歸，應確認於切斷通電或復舊操作時，是否可正常復歸定位。

(E)取下端子部之護蓋，以螺絲起子確認端子有無鬆弛現象。

(F)將容器閥開放裝置回路從主機板離線，確認其斷線偵測功能是否正常。

B.判定方法：

(A)撞針、切割片或電路板應無彎曲、斷裂或短缺等情形。

(B)以規定之電壓可正常動作，並可確實以手動操作。

(C)動作後應可正常復歸。

(D)應無端子鬆動、導線損傷、斷線等情形。

(E)將回路線離線時主機應發出斷線故障訊號。

C.注意事項：操作手動啓動裝置時，應將所有電氣式容器閥開放裝置取下。

(2)氣壓式容器閥之開放裝置：

A.檢查方法：

(A)將裝設在容器閥之容器閥開放裝置卸下，確認活塞桿或撞針有無彎曲、斷裂或短缺等情形。

(B)具有手動操作功能者，將安全栓拔下，以手動方式使其動作，確認撞針之動作，彈簧之復歸動作是否正常。

B.判定方法：

(A)活塞桿、撞針應無彎曲、斷裂或短缺等情形。

(B)動作及復歸動作應正常。

(3)以電氣啓動藥劑釋放模組啓動器方式啓動容器閥之開放裝置：

A.檢查方法：

(A)將裝設在容器閥上藥劑釋放模組之啓動器從端子接點上取下，確認啓動器本體及藥劑釋放模組電路板有無彎曲、斷裂或短缺等情形。

(B)將原先安裝在藥劑釋放模組之啓動器端子接點上與AG燈泡（鎢絲燈泡）連接，以自動或手動方式使其動作，確認AG燈泡（鎢絲燈泡）是否動作及藥劑釋放模組動作LED燈是否常亮。

B.判定方法：

(A)啓動器本體及藥劑釋放模組電路板應無彎曲、斷裂或短缺等情形。

(B)AG燈泡（鎢絲燈泡）應能動作及藥劑釋放模組動作LED燈爲常亮。

3.連結管及集合管

(1)檢查方法：以板手確認連接部位有無鬆動之情形。

(2)判定方法：連接部位應無鬆動之情形。

(二)加壓式鹵化烴滅火藥劑儲存容器等

1.滅火藥劑量

(1)檢查方法：以目視確認液面計之液面高度。

(2)判定方法：液面之標示應於規定之位置。

2.放出閥

(1)檢查方法：

A.以扳手確認安裝部位有無鬆動之情形。

B.以試驗用氣體確認放出閥之開關功能是否正常。

C.以試驗用氣體自操作管連接部分加壓，確認氣體有無洩漏。

⑵判定方法：

A.應無鬆動之情形。

B.開關功能應正常。

C.應無洩漏之情形。

3.閥類

⑴檢查方法：以手操作導通試驗閥、洩放閥，確認開關功能是否可輕易操作。

⑵判定方法：可輕易進行開關之操作。

⑶注意事項：完成檢查後，應回復至原來之開關狀態。

4.加壓用氣體容器等

⑴氣體量：

A.檢查方法：

(A)氣體量，用前項㈠之1.之⑴之規定確認之。

(B)關閉壓力試驗閥後，打開加壓手動閥，以目視確認壓力調整器之壓力值。

B.判定方法：

(A)氣體量應在規定量以上。

(B)高壓側之壓力表指針應標示在規定壓力值之範圍內。

C.注意事項：檢查結束，在關閉手動加壓閥之後，應將儲存容器之洩氣閥及壓力試驗閥打開，確認加壓用氣體已放出後，再使其復歸。

⑵容器閥開放裝置：準用前㈠之2.之規定確認之。

⑶壓力調整器：

A.檢查方法：關閉設在壓力調整器二次側之檢查用開關或替代閥，以手動操作或以氣壓、電氣方式之容器閥開放裝置使加壓用氣體容器之容器閥動作開放，確認一、二次側壓力表之指度及指針之動作。

B.判定方法：

(A)各部位應無氣體洩漏情形。

(B)一次側壓力表之指針應在規定壓力值。

(C)一次側壓力表之指針應在設定壓力值，且功能正常。

5.連結管及集合管：準用前㈠之3.之規定確認之。

㈢啓動用氣體容器等

1.氣體量

⑴檢查方法，依下列規定確認之。

A.將裝在容器閥之容器閥開放裝置、操作管卸下，自容器收存箱中取出。

B.使用可測定達20kg之彈簧秤或秤重計，測量容器之重量。

C.應與裝在容器上之面板或重量表所記載之重量相核對。

⑵判定方法：二氧化碳或氮氣之重量，其記載重量與測得重量之差值，應在充填量10%以下。

2.容器閥開放裝置

⑴檢查方法：

A.電氣式者，準依前㈠之2.之⑴之A規定確認之。

B.手動式者，應將容器閥開放裝置取下，以確認活塞桿或撞針有無彎曲、斷裂或短缺等情形，及手動操作部之安全栓或封條是否能迅速脫離。

⑵判定方法：

A.活塞桿、撞針應無彎曲、斷裂或短缺等情形。

B.應可確實動作。

(四)選擇閥

1.閥本體

(1)檢查方法：

A.以扳手確認連接部分有無鬆動等現象。

B.以試驗用氣體確認其功能是否正常。

(2)判定方法：連接部分應無鬆動等情形，且性能應正常。

2.開放裝置

(1)電氣式選擇閥開放裝置：

A.檢查方法：

(A)取下端子部之護蓋，確認末端處理、結線接續之狀況是否正常。

(B)操作供該選擇閥使用之啓動裝置，使開放裝置動作。

(C)啓動裝置復歸後，在控制盤上切斷通電，以拉桿復歸方式，使開放裝置復歸。

(D)以手動操作開放裝置，使其動作後，依前(C)之同樣方式使其復歸。

B.判定方法：

(A)以端子盤連接者，應無端子螺絲鬆動，及端子護蓋脫落等現象。

(B)以電氣操作或手動操作均可使其確實動作。

(C)選擇閥於「開」狀態時，拉桿等之扣環應成解除狀態。

C.注意事項：與儲存容器之電氣式開放裝置連動者，應先將開放裝置自容器閥取下。

(2)氣壓式選擇閥開放裝置：

A.檢查方法：

(A)使用試驗用二氧化碳或氮氣容器（內容積1公升以上，二氧化碳藥劑量0.6kg以上），自操作管連接部加壓，確認其動作是否正常。

(B)移除加壓源時，選擇閥由彈簧之動作或操作拉桿，確認其有無復歸。

B.判定方法：

(A)活塞桿應無變形、損傷之情形，且確實動作。

(B)選擇閥於「開」狀態時，確認插梢應呈突出狀態，且拉桿等之扣環應成解除狀態。

C.注意事項：實施加壓試驗時，操作管連接於儲存容器開放裝置者，應先將開放裝置自容器閥取下。

(五)操作管及逆止閥

1.檢查方法

(1)以扳手確認連接部分有無鬆弛等現象。

(2)取下逆止閥，以試驗用氣體確認逆止閥功能有無正常。

2.判定方法

(1)連接部分應無鬆動等現象。

(2)逆止閥之功能應正常。

(六)啓動裝置

1.手動啓動裝置

(1)操作箱：

A.檢查方法：操作開關確認箱門是否能確實開關。

B.判定方法：箱門應能確實開、關。

(2)警報用開關：

A.檢查方法：打開箱門，確認警報用開關有無變形、損傷等情形，及警報裝置有無正常鳴響。

B.判定方法：

(A)操作箱之箱門打開時，該系統之警報裝置應能正常鳴響。

(B)應無變形、損傷、脫落、端子鬆動、導線損傷、斷線等現象。

C.注意事項：警報用開關與操作箱之箱門間未設有微動開關者，當操作警報用按鈕時，警報裝置應能正常鳴響。

(3)按鈕等：

A.檢查方法：

(A)將藥劑儲存容器或啓動用氣體容器之容器閥開放裝置自容器閥取下，確認按鈕等有無變形、損傷等情形。

(B)操作該操作箱之放射用啓動按鈕或放射用開關，以確認其動作狀況。

(C)再進行上述試驗，於遲延裝置之時間範圍內，當操作緊急停止按鈕或緊急停止裝置時，確認容器閥開放裝置是否動作。

B.判定方法：

(A)應無變形、損傷、端子鬆動、斷線等情形。

(B)放射用啓動按鈕應於警報音響動作後始可操作。

(C)操作放射用啓動按鈕後，電氣式容器閥開放裝置應正常動作。

(D)緊急停止功能應正常。

(4)標示燈：

A.檢查方法：操作開關，以確認有無亮燈。

B.判定方法：應無明顯之劣化情形，且應正常亮燈。

(5)斷線偵測：

A.檢查方法：將手動啓動裝置回路線從控制主機板離線。

B.判定方法：將回路線離線時主機應發出斷線故障訊號。

2.自動啓動裝置

(1)火災探測裝置：

A.檢查方法及判定方法：有關其檢查，準用火警自動警報設備之檢查要領確認之。

B.注意事項：受信總機或專用控制盤上之藥劑釋放迴路，應置於「手動」之位置。

(2)自動、手動切換裝置：

A.檢查方法：

(A)將儲存容器用或啓動氣體容器用之容器閥開放裝置自容器閥取下。

(B)如爲「自動」時，將切換裝置切換至「自動」之位置，使探測器與受信總機內探測器回路之端子通路。

(C)如爲「手動」時，將切換裝置切換至「手動」之位置，使探測器與受信總機內探測器回路之端子斷路。

(D)應依每一防護區域或防護對象物分別確認其功能。

B.判定方法，下列功能應正常。

(A)如爲「自動」時：

a.警報裝置鳴動。

b.火警表示燈亮燈。

c.遲延裝置動作。

d.通風換氣裝置停止。

e.容器閥開放裝置動作。

(B)如爲「手動」時：

a.警報裝置鳴動。
b.火警表示燈亮燈。
C.注意事項：
(A)檢查時應一併進行警報裝置、控制裝置之性能檢查。
(B)使裝置動作時，應先將容器閥開放裝置取下才進行。
(3)自動、手動切換表示燈：
A.檢查方法：確認是否能正常亮燈。
B.判定方法：應無明顯之劣化情形，且應正常亮燈。
(4)斷線偵測：
A.檢查方法：將自動啓動裝置回路線從控制主機板離線。
B.判定方法：將回路線離線時主機應發出斷線故障訊號。
(七)警報裝置
1.音響警報
(1)檢查方法：
A.每一防護區域或防護對象物，應進行探測器或手動啓動裝置之警報操作，以確認有無正常鳴動。
B.音量應使用噪音計測定之。
(2)判定方法：每一防護區域或防護對象物之警報系統應正確，且距警報裝置一公尺處之音量應在九十分貝以上。
2.音聲警報（語音警告）
(1)檢查方法：依前項檢查要領，連續進行兩次以上，在發出正常之警鈴等警告音響後，確認有無發出語音警報。
(2)判定方法：
A.警報系統動作區域正確，且距揚聲器一公尺處之音量應在九十分貝以上。
B.語音警報啓動後，須先發出警鈴等警告音響，再播放退避之語音內容。
(八)控制裝置
1.開關類
(1)檢查方法：以螺絲起子及開關操作確認有無鬆動及開關功能是否正常。
(2)判定方法：
A.端子應無鬆動，且無發熱之情形。
B.應可正常開、關。
2.遲延裝置
(1)檢查方法：遲延裝置之動作時限，應依前(五)之啓動裝置檢查方法進行檢查，操作啓動按鈕後，測定至容器閥開放裝置動作所需時間。
(2)判定方法：動作時限應在二十秒以上，且在設計時之設定值範圍內。
(3)注意事項：使裝置動作時，應先將容器閥開放裝置取下才進行。
3.保險絲類
(1)檢查方法：確認有無損傷、熔斷之情形，及是否爲規定之種類及容量。
(2)判定方法：
A.應無損傷、熔斷之情形。
B.應依回路圖上所示之種類及容量設置。
4.繼電器
(1)檢查方法：確認有無脫落、端子鬆動、接點燒損、灰塵附著等情形，並由開關操作，使繼電器動作，以確認其功能。
(2)判定方法：
A.應無脫落、端子鬆動、接點燒損、灰塵附著等情形。

B.應正常動作。

5.標示燈

⑴檢查方法：操作系統，以確認有無亮燈。

⑵判定方法：應無明顯之劣化情形，且應正常亮燈。

6.結線接續

⑴檢查方法：以目視及螺絲起子確認有無斷線、端子鬆動等情形。

⑵判定方法：應無斷線、端子鬆動、脫落、損傷等情形。

7.接地

⑴檢查方法：以目視或三用電表，確認有無腐蝕、斷線等情形。

⑵判定方法：應無顯著腐蝕、斷線等之損傷現象。

㈨放射表示燈

1.檢查方法：以手動方式使壓力開關動作，或使控制盤內之表示回路，以確認有無亮燈。

2.判定方法：應正常亮燈。

㈩防護區劃

1.自動關閉裝置

⑴以電氣動作者（鐵捲門、馬達、閘板）：

A.檢查方法：操作手動啓動裝置，確認自動關閉裝置之關閉狀態有無異常。

B.判定方法：

(A)各自動關閉裝置均應確實動作，且於遲延裝置之動作時限內達到關閉狀態。

(B)對於設在出入口之鐵捲門，或無其他出入口可退避者，應設有當操作啓動按鈕後，於延遲時間內可完全關閉之遲延裝置，及鐵捲門關閉後，滅火藥劑方能放射出之構造。

C.注意事項：操作手動啓動裝置時，應先將容器閥開放裝置取下才進行。

⑵以氣壓動作者（閘板等）：

A.檢查方法：

(A)使用試驗用氣體（試驗用啓動用氣體、氮氣或空氣），連接通往自動關閉裝置之操作管。

(B)釋放試驗用氣體，確認自動關閉裝置之關閉狀態有無異常。

(C)確認有無氣體自操作管、自動關閉裝置洩漏，自動關閉裝置於洩放加壓壓力後有無自動復歸，及其復歸狀態是否異常。

B.判定方法：

(A)所有自動關閉裝置均應能確實動作。

(B)屬復歸型者，應能確實復歸。

C.注意事項：使用氮氣或空氣時，應加壓至大約30kgf/cm^2。

2.換氣裝置

⑴檢查方法：操作手動啓動裝置，確認換氣裝置於停止狀態時有無異常。

⑵判定方法：所有之換氣裝置，於遲延裝置之動作時限範圍內應確實保持停止狀態。

⑶注意事項：

A.操作手動啓動裝置時，應先將容器閥開放裝置取下才進行。

B.換氣裝置如與滅火後之滅火藥劑排出裝置共用時，應自防護區域外進行復歸運轉。

㈩㈠緊急電源（限內藏型者）

1.端子電壓

(1)檢查方法：

A.以電壓計測定確認充電狀態通往蓄電池充電回路之端子電壓。

B.操作電池試驗用開關，由電壓計確認其容量是否正常。

(2)判定方法：

A.應於充電裝置之指示範圍內。

B.操作電池試驗用開關約三秒，該電壓計安定時之容量，應在電壓計之規定電壓值範圍內。

(3)注意事項：進行容量試驗時，約三秒後，俟電壓計之指示值穩定，再讀取數值。

2.切換裝置

(1)檢查方法：切斷常用電源，以電壓計或由電源監視用表示燈確認電源之切換狀況。

(2)判定方法：

A.緊急電源之切換可自動執行。

B.復舊狀況正常。

3.充電裝置

(1)檢查方法：以三用電表確認變壓器、整流器等之功能。

(2)判定方法：

A.變壓器、整流器等應無異常聲音、異臭、異常發熱、明顯灰塵或損傷等情形。

B.電流計或電壓計應指示在規定值以上。

C.有充電電源監視燈者，應正常亮燈。

4.結線接續

(1)檢查方法：以目視及螺絲起子確認有無斷線、端子鬆動等情形。

(2)判定方法：應無斷線、端子鬆動、脫落、損傷等情形。

(十三)耐震措施

1.檢查方法

(1)應確認設於容許變位量較大部分之可撓式管接頭及貫穿牆、樓地板部分，有無變形、損傷等情形，及耐震措施是否恰當。

(2)以目視及螺絲起子確認儲存容器等之支撐固定架有無異常。

2.判定方法

(1)可撓式管接頭等應無變形、損傷、明顯腐蝕等情形，且貫穿牆、樓地板部分之間隙、充填部，應維持設置施工時之狀態。

(2)使用在儲存容器等之支撐固定架之瞄定螺栓、螺帽，應無變形、損傷、鬆動、明顯腐蝕等情形，且支撐固定架應無損傷。

三　綜合檢查（全區放射方式）

將電源切換爲緊急電源狀態，依下列各點規定進行檢查。鹵化烴滅火設備全區放射方式應依設置之系統數量進行抽樣檢查，其抽樣分配方式如表21-1例示。抽測之系統放射區域在二區以上時，應至少擇一放射區域實施放射試驗；進行放射試驗系統，應於滅火藥劑儲存容器標示放射日期。

表21-1　鹵化烴滅火設備全區放射方式之綜合檢查抽樣分配表

抽樣分配 ＼ 年限 系統設置數量（套）	第1年	第2年	第3年	第4年	第5年	第6年	第7年	第8年	第9年	第10年
1										1
2									1	1
3								1	1	1
4							1	1	1	1
5						1	1	1	1	1
6					1	1	1	1	1	1
7				1	1	1	1	1	1	1
8			1	1	1	1	1	1	1	1
9		1	1	1	1	1	1	1	1	1
10	1	1	1	1	1	1	1	1	1	1
11	1	1	1	1	1	1	1	1	1	2
12	1	1	1	1	1	1	1	1	2	2
13	1	1	1	1	1	1	1	2	2	2
14	1	1	1	1	1	1	2	2	2	2
15	1	1	1	1	1	2	2	2	2	2
16	1	1	1	1	2	2	2	2	2	2
17	1	1	1	2	2	2	2	2	2	2
18	1	1	2	2	2	2	2	2	2	2
19	1	2	2	2	2	2	2	2	2	2
20	2	2	2	2	2	2	2	2	2	2
21	2	2	2	2	2	2	2	2	2	3

備註：系統設置數量超過21套者，依其比例類推分配。

㈠檢查方法

1.以空氣或氮氣進行放射試驗，所需空氣量或氮氣量，應就放射區域應設滅火藥劑量之10%核算，每公斤以表21-2所列公升數之比例核算，每次試驗最多放出5支。

表21-2　鹵化烴滅火藥劑每公斤核算空氣量或氮氣量

滅火藥劑	每公斤核算空氣量或氮氣量（公升）
HFC-23	34
HFC-227ea	14

2.檢查時應注意下列事項：

⑴充填空氣或氮氣之試驗用氣體容器壓力，應與該滅火設備之儲存容器之充填壓力大約相等。

⑵使用啟動用氣體容器之設備者，應準備與設置數量相同之氣體容器數。

(3)應準備必要數量供塞住集合管部或容器閥部及操作管部之帽蓋或塞子。

3.檢查前，應依下列事項事先準備好儲存容器等。

(1)暫時切斷控制盤等電源設備。

(2)將自儲存容器取下之容器閥開放裝置及操作管連接裝設在試驗用氣體容器上。

(3)除試驗用氣體容器外，應取下連接管後用帽蓋蓋住集合管部。

(4)應塞住放射用以外之操作管。

(5)確認儲存容器部分外之其餘部分是否處於平時設置狀況。

(6)控制盤等設備電源，應在「開」之位置。

4.檢查時，啓動操作應就下列方式擇一進行。

(1)手動式者，應操作手動啓動裝置使其啓動。

(2)自動式者，應將自動、手動切換裝置切換至「自動」位置，使探測器動作、或使受信機、控制盤探測器回路之端子短路，使其啓動。

(二)判定方法

1.警報裝置應確實鳴響。

2.遲延裝置應確實動作。

3.開口部等之自動關閉裝置應能正常動作，換氣裝置須確實停止。

4.指定防護區劃之啓動裝置及選擇閥能確實動作，可放射試驗用氣體。

5.配管內之試驗用氣體應無洩漏情形。

6.放射表示燈應確實亮燈。

(三)注意事項

1.檢查結束後，應將檢查時使用之試驗用氣體容器，換裝回復為原設置之儲存容器。

2.在未完成完全換氣前，不得進入放射區域。遇不得已之情形非進入時，應著空氣呼吸器。

3.完成檢查後，應確實將所有裝置回復定位。

第二十二章　惰性氣體滅火設備

一　外觀檢查

(一)惰性氣體滅火藥劑儲存容器等

1.滅火藥劑儲存容器

(1)檢查方法：

A.外形：

(A)以目視確認儲存容器、固定架、各種計量儀器有無變形、腐蝕等情形。

(B)以目視確認容器本體是否確實固定於固定架上。

(C)核對設計圖面，確認設置之鋼瓶數。

B.設置狀況：

(A)確認設在專用鋼瓶室之鋼瓶，應有適當之固定措施；設於防護區域內之鋼瓶，應置於不燃性或難燃性材料製成之防護箱內。

(B)確認設置場所是否設有照明設備、明亮窗口，及周圍有無障礙物。並確認是否確保供操作及檢查之空間。

(C)確認周圍濕度有無過高，及周圍溫度是否在40℃以下。

(D)確認有無遭日光曝曬、雨水淋濕之虞。

(2)判定方法：

A.外形：

(A)應無變形、損傷、明顯腐蝕、生鏽或塗裝剝離等情形。

(B)以推押容器之方式，確認容器本體應確實固定在固定架或底座上。

(C)容器瓶數應依規定數量設置。

B.設置狀況：

(A)設在專用鋼瓶室之鋼瓶，應有適當之固定措施；但設於防護區域內時，應置於不燃性或難燃性材料製成之防護箱內。

(B)具適當採光，且應無檢查及使用上之障礙。

(C)濕度未過高，且溫度在40℃以下。

(D)應無遭日光曝曬、雨水淋濕之虞。

2.容器閥

(1)檢查方法：以目視確認容器閥有無變形、腐蝕等情形。

(2)判定方法：應無變形、損傷、明顯腐蝕等情形。

3.容器閥開放裝置

(1)檢查方法：以目視確認容器閥開放裝置有無變形、脫落等情形。

(2)判定方法：

A.容器閥開放裝置應確實裝接於容器閥本體上，如爲電氣式者，導線應無劣化或斷裂，如爲氣壓式者，操作管及其連接部分應無鬆弛或脫落之情形。

B.具有手動啓動裝置之開放裝置，其操作部應無明顯之鏽蝕情形。

C.應裝設有安全栓或安全插梢。

(3)注意事項：檢查時，爲防止產生誤放事故，請勿予以強烈之衝擊。

4.連結管及集合管

(1)檢查方法：以目視確認有無變形、損傷、明顯腐蝕等情形，及是否有確實連接。

(2)判定方法：應無變形、損傷、明顯腐蝕等情形，並應確實連接。

(二)啓動用氣體容器等

1.啓動用氣體容器

(1)檢查方法：

A.外形：

(A)以目視確認有無變形、腐蝕等情形，及是否裝設有容器收存箱。

(B)確認收存箱之箱門或類似開閉裝置之開關狀態是否良好。

B.標示：確認收存箱之表面是否設有記載該防護區劃名稱或防護對象物名稱及操作方法。

(2)判定方法：

A.外形：

(A)應無變形、損傷、塗裝剝離或明顯腐蝕等情形，且收存箱及容器應確實固定。

(B)收存箱之箱門開關狀態應良好。

B.標示：應無損傷、脫落、污損等情形。

2.容器閥

(1)檢查方法：以目視確認容器閥有無變形、腐蝕等情形。

(2)判定方法：應無變形、損傷、明顯腐蝕等情形。

3.容器閥開放裝置

(1)檢查方法：以目視確認容器閥開放裝置有無變形、脫落等情形。

(2)判定方法：

A.容器閥開放裝置應確實裝接在容器閥本體上，如爲電氣式者，導線應無劣化或斷裂，如爲氣壓式者，操作管及其連接部分應無鬆弛或脫落之情形。

B.具有手動啓動裝置之開放裝置，其操作部應無明顯之鏽蝕情形。

C.應裝設有安全栓或安全插梢。

(3)注意事項：檢查時，為防止產生誤放事故，請勿予以強烈之衝擊。

(三)選擇閥

1.本體

(1)檢查方法：

A.外形：以目視確認選擇閥有無變形、腐蝕等情形，且是否設於防護區域以外之處所。

B.標示：應確認其附近是否標明選擇閥之字樣及所屬防護區域或防護對象名稱，且是否設有記載操作方法之標示。

(2)判定方法：

A.外形：應無變形、損傷、明顯腐蝕等情形，且應設於防護區域以外之處所。

B.標示：應無損傷、脫落、污損等情形。

2.開放裝置

(1)檢查方法：以目視確認有無變形、脫落等情形，及是否確實裝設在選擇閥上。

(2)判定方法：應無變形、損傷、脫落等情形，且確實裝接在選擇閥上。

(四)操作管及逆止閥

1.檢查方法

(1)以目視確認有無變形、損傷等情形，及是否確實連接。

(2)核對設計圖面，確認逆止閥裝設位置、方向及操作管之連接路徑是否正常。

2.判定方法

(1)應無變形、損傷、明顯腐蝕等情形，且已確認連接。

(2)依設計圖面裝設配置。

(五)啟動裝置

1.手動啟動裝置

(1)檢查方法：

A.周圍狀況：

(A)確認操作箱周圍有無檢查及使用上之障礙，及設置位置是否適當。

(B)確認啟動裝置及其附近有無標示所屬防護區域名稱或防護對象名稱與標示操作方法、及其保安上之注意事項是否適當。

(C)確認啟動裝置附近有無「手動啟動裝置」標示。

B.外形：

(A)以目視確認操作箱有無變形、脫落等現象。

(B)確認箱面紅色之塗裝有無剝離、污損等現象。

C.電源表示燈：確認有無亮燈及其標示是否正常。

(2)判定方法：

A.周圍狀況：

(A)其周圍應無檢查及使用上之障礙，並應設於能看清區域內部且操作後能容易退避之防護區域附近。

(B)標示應無損傷、脫落、污損等現象。

B.外形：

(A)操作箱應無變形、損傷、脫落等現象。

(B)紅色塗裝應無剝離、污損等現象。

C.電源表示燈：保持亮燈，且該標示應有所屬防護區域名稱、防護對象物名稱。

2.自動啟動裝置

(1)檢查方法：

A.火災探測裝置：準用火警自動警報設備之檢查基準確認之。

B.自動、手動切換裝置：

(A)以目視確認有無變形、脫落等情形，及其切換位置是否正常。

(B)確認自動、手動及操作方法之標示是否正常。

(2)判定方法：

A.火災探測裝置：準用火警自動警報設備之檢查基準確認之。

B.自動、手動切換裝置：

(A)應無變形、損傷、脫落等情形，且切換位置處於定位。

(B)標示應無污損、模糊不清之情形。

(六)警報裝置

1.檢查方法

(1)以目視確認語音（揚聲器）、蜂鳴器、警鈴等警報裝置有無變形、脫落等現象。

(2)平時無人駐守者之防火對象物等處所，確認是否設有音聲警報裝置。

(3)確認有無設有「音響警報裝置」之標示。

2.判定方法

(1)警報裝置應無變形、損傷、脫落等情形。

(2)平時無人駐守者之防火對象物等處所，應以語音為警報裝置。

(3)警報裝置之標示正常並應設於必要之處所，且應無損傷、脫落、污損等情形。

(七)控制裝置

1.檢查方法

(1)控制盤：

A.周圍狀況：確認周圍有無檢查及使用上之障礙。

B.外形：以目視確認有無變形、腐蝕等現象。

(2)電壓計：

A.以目視確認有無變形、損傷等情形。

B.確認電源電壓是否正常。

(3)開關類：以目視確認有無變形、損傷等情形，及開關位置是否正常。

(4)標示：確認標示是否正常。

(5)備用品等：確認是否備有保險絲、燈泡等備用品、回路圖及操作說明書等。

2.判定方法

(1)控制盤：

A.周圍狀況：應設於不易受火災波及之位置，且其周圍應無檢查及使用上之障礙。

B.外形：應無變形、損傷、明顯腐蝕等現象。

(2)電壓計：

A.應無變形、損傷等情形。

B.電壓計之指示值在規定範圍內。

C.無電壓計者，其電源表示燈應亮燈。

(3)開關類：應無變形、損傷、脫落等情形，且開關位置正常。

(4)標示：

A.開關等之名稱應無污損、模糊不清等情形。

B.面板不得剝落。

(5)備用品等：

A.應備有保險絲、燈泡等備用品。

B.應備有回路圖、操作說明書等。

(八)配管

1.檢查方法

(1)管及接頭：以目視確認有無損傷、腐蝕等情形，且有無供作其他物品之支撐或懸掛吊具。

(2)金屬支撐吊架：以目視及手觸摸等方式，確認有無脫落、彎曲、鬆弛等情形。

2.判定方法

(1)管及接頭：

A.應無損傷、明顯腐蝕等情形。

B.應無作為其他物品之支撐或懸掛吊具。

(2)金屬支撐吊架：應無脫落、彎曲、鬆弛等情形。

(九)放射表示燈

1.檢查方法：以目視確認防護區劃出入口處，設置之放射表示燈有無變形、腐蝕等情形。

2.判定方法：放射表示燈之設置場所正常，且應無變形、明顯腐蝕、文字模糊不清等情形。

(十)壓力上升防止裝置

1.檢查方法：以目視確認設置之壓力上升防止裝置有無變形、損傷、腐蝕等情形及是否正確設置。

2.判定方法：壓力上升防止裝置應無變形、損傷、明顯腐蝕等情形及正確設置。

(十一)噴頭

1.外形

(1)檢查方法：以目視確認有無變形、腐蝕等現象。

(2)判定方法：應無變形、損傷、明顯腐蝕、阻塞等情形。

2.放射障礙

(1)檢查方法：以目視確認周圍有無造成放射障礙之物品，及裝設角度是否正常。

(2)判定方法：

A.周圍應無造成放射障礙之物品。

B.噴頭之裝設應能將藥劑擴散至整個防護區域或防護對象物，且裝設角度應無明顯偏移之情形。

(十二)防護區劃

1.區劃變更及氣密

(1)檢查方法：

A.滅火設備設置後，有無因增建、改建、變更等情形，造成防護區劃之容積及開口部增減之情形，應核對設計圖面確認之。

B.附門鎖之開口部，應以手動方式確認其開關狀況。

C.滅火設備設置後，有無因增設管（道）線造成氣密降低之情形，以目視確認有無明顯漏氣之開口。

(2)判定方法：

A.防護區劃之開口部，因有降低滅火效果之虞或造成保安上之危險，應設有自動關閉裝置。

B.設有自動門鎖者，應符合下列規定：

(A)應裝置完整，且門之關閉確實順暢。

(B)應無門檔、障礙物等物品，且平時保持關閉狀態。

C.防護區劃內無因增設管（道）線造成明顯漏氣之開口。

2.開口部之自動關閉裝置

(1)檢查方法：以目視確認有無變形、損傷等情形。

(2)判定方法：應無變形、損傷、明顯腐蝕等情形。

㈢緊急電源（限內藏型者）

1.外形

⑴檢查方法：以目視確認蓄電池本體周圍之狀況，有無變形．損傷、洩漏、腐蝕等現象。

⑵判定方法：

A.設置位置之通風換氣應良好，且無灰塵、腐蝕性氣體之滯留及明顯之溫度變化等情形。

B.蓄電池組支撐架應堅固。

C.應無明顯變形、損傷、龜裂等情形。

D.電解液應無洩漏，且導線連接部應無腐蝕之情形。

2.標示

⑴檢查方法：確認是否正常設置。

⑵判定方法：應標示額定電壓值及容量。

⑶注意事項：符合標準之蓄電池設備，應確認其有無張貼合格標示。

二　性能檢查

㈠惰性氣體滅火藥劑儲存容器等

1.滅火藥劑量

⑴檢查方法，依下列方法確認之。

A.使用台秤測定計之方法：

(A)將裝設在容器閥之容器閥開放裝置、連接管、操作管及容器固定器具取下。

(B)將容器置於台秤上，測定其重量至小數點第一位。

(C)藥劑量則爲測定值扣除容器閥及容器重量後所得之值。

B.使用水平液面計之方法：

(A)插入水平液面計電源開關，檢查其電壓值。

(B)使容器維持平常之狀態，將容器置於液面計探針與放射源之間。

(C)緩緩使液面計檢出部上下方向移動，當發現儀表指針振動差異較大時，由該位置即可求出自容器底部起之藥劑存量高度。

(D)液面高度與藥劑量之換算，應使用專用之換算尺爲之。

C.使用鋼瓶液面計之方法：

(A)打開保護蓋緩慢抽出表尺。

(B)當表尺被鋼瓶內浮球之磁性吸引而停頓時，讀取表尺刻度。

(C)對照各廠商所提供之專用換算表讀取藥劑重量。

(D)需考慮溫度變化造成之影響。

D.以其他原廠技術手冊規範之藥劑量檢測方式量測。

⑵判定方法：將藥劑量之測定結果與重量表、圖面明細表或原廠技術手冊規範核對，其差值應在充填值10%以下。

⑶注意事項：

A.以水平液面計測定時：

(A)不得任意卸取放射線源（鈷60），萬一有異常時，應即時連絡專業處理單位。

(B)鈷60有效使用年限約爲三年，如已超過時，應即時連絡專業單位處理或更換。

(C)使用壓力表者，應先確認容器內壓爲規定之壓力值。

B.共同事項：

(A)因容器重量頗重（約150kg），傾倒或操作時應加以注意。

(B)測量後，應將容器號碼、充填量記載於檢查表上。

(C)當滅火藥劑量或容器內壓減少時，應迅即進行調查，並採取必要之措施。

(D)使用具放射源者，應取得行政院原子能源委員會之許可登記。

2.容器閥開放裝置

(1)電氣式容器閥之開放裝置：

A.檢查方法：

(A)將裝設在容器閥之容器閥開放裝置取下，確認撞針、切割片或電路板有無彎曲、斷裂或短缺等情形。

(B)操作手動啓動裝置，確認電氣動作是否正常。

(C)拔下安全栓或安全插銷，以手動操作，確認動作是否正常。

(D)動作後之復歸，應確認於切斷通電或復舊操作時，是否可正常復歸定位。

(E)取下端子部之護蓋，以螺絲起子確認端子有無鬆弛現象。

(F)將容器閥開放裝置回路從主機板離線以確認其斷線偵測功能。

B.判定方法：

(A)撞針、切割片或電路板應無彎曲、斷裂或短缺等情形。

(B)以規定之電壓可正常動作，並可確實以手動操作。

(C)應可正常復歸。

(D)應無端子鬆動、導線損傷、斷線等情形。

(E)將回路線離線時主機應發出斷線故障訊號。

C.注意事項：操作手動啓動裝置時，應將所有電氣式容器閥開放裝置取下。

(2)氣壓式容器閥之開放裝置：

A.檢查方法：

(A)將裝設在容器閥之容器閥開放裝置取下，確認活塞桿或撞針有無彎曲、斷裂或短缺等情形。

(B)具有手動操作功能者，將安全栓拔下，以手動方式使其動作，確認撞針之動作，彈簧之復歸動作是否正常。

B.判定方法：

(A)活塞桿、撞針應無彎曲、斷裂或短缺等情形。

(B)動作及復歸動作應正常。

3.連結管及集合管

(1)檢查方法：以板手確認連接部位有無鬆動之情形。

(2)判定方法：連接部位應無鬆動之情形。

(二)啓動用氣體容器等

1.氣體量

(1)檢查方法，依下列規定確認之。

A.將裝在容器閥之容器閥開放裝置、操作管卸下，自容器收存箱中取出。

B.使用可測定達20kg之彈簧秤或秤重計，測量容器之重量。

C.核對裝設在容器上之面板或重量表所記載之重量。

(2)判定方法：二氧化碳或氮氣之重量，其記載重量與測得重量之差值，應在充填量10%以下。

2.容器閥開放裝置

(1)檢查方法：

A.電氣式者，準依前(一)之2.之(1)之A規定確認之。

B.手動式者，應將容器閥開放裝置取下，以確認活塞桿或撞針有無彎曲、斷裂或短缺等情形，及手動操作部之安全栓或封條是否能迅速脫離。

(2)判定方法：

A.活塞桿、撞針等應無彎曲、斷裂或短缺等情形。

B.應可確實動作。

㈢選擇閥

1.閥本體

⑴檢查方法：

A.以扳手確認連接部分有無鬆動等現象。

B.以試驗用氣體確認其功能是否正常。

⑵判定方法：連接部分應無鬆動等情形，且性能應正常。

2.開放裝置

⑴電氣式選擇閥開放裝置：

A.檢查方法：

(A)取下端子部之護蓋，確認末端處理、結線接續之狀況是否正常。

(B)操作供該選擇閥使用之啓動裝置，使開放裝置動作。

(C)啓動裝置復歸後，在控制盤上切斷通電，以拉桿復歸方式，使開放裝置復歸。

(D)以手動操作開放裝置，使其動作後，依前(C)之同樣方式使其復歸。

B.判定方法：

(A)以端子盤連接者，應無端子螺絲鬆動，及端子護蓋脫落等現象。

(B)以電氣操作或手動操作均可使其確實動作。

(C)選擇閥於「開」狀態時，拉桿等之扣環應成解除狀態。

C.注意事項：與儲存容器之電氣式開放裝置連動者，應先將開放裝置自容器閥取下。

⑵氣壓式選擇閥開放裝置

A.檢查方法：

(A)使用試驗用二氧化碳或氮氣容器（內容積1公升以上，二氧化碳藥劑量0.6kg以上），自操作管連接部加壓，確認其動作是否正常。

(B)移除加壓源時，選擇閥由彈簧之動作或操作拉桿，確認其有無復歸。

B.判定方法：

(A)活塞桿應無變形、損傷之情形，且確實動作。

(B)選擇閥於「開」狀態時，確認插梢應呈突出狀態，且拉桿等之扣環應成解除狀態。

C.注意事項：實施加壓試驗時，操作管連接於儲存容器開放裝置者，應先將開放裝置自容器閥取下。

㈣操作管及逆止閥

1.檢查方法

⑴以扳手確認連接部分有無鬆弛等現象。

⑵取下逆止閥，以試驗用氣體確認逆止閥功能有無正常。

2.判定方法

⑴連接部分應無鬆動等現象。

⑵逆止閥之功能應正常。

㈤啓動裝置

1.手動啓動裝置

⑴操作箱：

A.檢查方法：操作開關確認箱門是否能確實開關。

B.判定方法：箱門應能確實開、關。

⑵警報用開關：

A.檢查方法：打開箱門，確認警報用開關不得有變形、損傷等情形，及警報裝置有無正常鳴響。

B.判定方法：

(A)操作箱之箱門打開時，該系統之警報裝置應能正常鳴響。

(B)應無變形、損傷、脫落、端子鬆動、導線損傷、斷線等現象。

C.注意事項：警報用開關與操作箱之箱門間未設有微動開關者，當操作警報用按鈕時，警報裝置應能正常鳴響。

(3)按鈕等：

A.檢查方法：

(A)將藥劑儲存容器或啓動用氣體容器之容器閥開放裝置自容器閥取下，打開操作箱箱門，確認按鈕等有無變形、損傷等情形。

(B)操作該操作箱之放射用啓動按鈕或放射用開關，以確認其動作狀況。

(C)再進行上述試驗，於遲延裝置之時間範圍內，當操作緊急停止按鈕或緊急停止裝置時，確認容器閥開放裝置是否動作。

B.判定方法：

(A)應無變形、損傷、端子鬆動等情形。

(B)放射用啓動按鈕應於警報音響動作後始可操作。

(C)操作放射用啓動按鈕後，遲延裝置開始動作，電氣式容器閥開放裝置應正常動作。

(D)緊急停止功能應正常。

(4)標示燈：

A.檢查方法：操作開關，以確認有無亮燈。

B.判定方法：應無明顯之劣化情形，且應正常亮燈。

(5)斷線偵測：

A.檢查方法：將手動啓動裝置回路線從控制主機板離線。

B.判定方法：將回路線離線時主機應發出斷線故障訊號。

2.自動啓動裝置

(1)火災探測裝置：

A.檢查方法及判定方法：有關其檢查，準用火警自動警報設備之檢查要領確認之。

B.注意事項：受信總機或專用控制盤上之自動、手動切換裝置，應置於「手動」之位置。

(2)自動、手動切換裝置：

A.檢查方法：

(A)將儲存容器用或啓動氣體容器用之容器閥開放裝置自容器閥取下。

(B)如為「自動」時，將切換裝置切換至「自動」之位置，使探測器或受信總機內探測器回路之端子通路。

(C)如為「手動」時，將切換裝置切換至「手動」之位置，使探測器或受信總機內探測器回路之端子斷路。

(D)應依每一防護區域或防護對象物分別確認其功能。

B.判定方法，下列功能應正常。

(A)如為「自動」時：

a.警報裝置鳴動。

b.火警表示燈亮燈。

c.遲延裝置動作。

d.通風換氣裝置停止。

e.容器閥開放裝置動作。

(B)如為「手動」時：

a.警報裝置鳴動。

b.火警表示燈亮。

C.注意事項：

(A)檢查時應一併進行警報裝置、控制裝置之性能檢查。

(B)使裝置動作時，應先將容器閥開放裝置取下才進行。

(3)自動、手動切換表示燈：

A.檢查方法：確認是否能正常亮燈。

B.判定方法：應無明顯劣化之情形，且應正常亮燈。

(4)斷線偵測：

A.檢查方法：將自動啓動裝置回路線從控制主機板離線。

B.判定方法：將回路線離線時主機應發出斷線故障訊號。

(六)警報裝置

1.音響警報

(1)檢查方法：

A.每一防護區域或防護對象物，應進行探測器或手動啓動裝置之警報操作，以確認有無正常鳴動。

B.音量應使用噪音計測定之。

(2)判定方法：每一防護區域或防護對象物之警報系統應正確，且距警報裝置一公尺處之音量應在九十分貝以上。

2.音聲警報（語音警告）

(1)檢查方法：依前項檢查要領，續進進行兩次以上，在發出正常之警鈴等警告音響後，確認有無發出語音警報。

(2)判定方法：

A.警報系統動作區域正確，且距揚聲器一公尺處之音量應在九十分貝以上。

B.語音警報啓動後，須先發出警鈴等警告音響，再播放退避之語音內容。

(七)控制裝置

1.開關類

(1)檢查方法：以螺絲起子及開關操作確認端子有無鬆動，及開關功能是否正常。

(2)判定方法：

A.端子應無鬆動，且無發熱之情形。

B.應可正常開、關。

2.遲延裝置

(1)檢查方法：遲延裝置之動作時限，應依前(五)之啓動裝置檢查方法進行檢查，操作啓動按鈕後，測定至容器閥開放裝置動作所需時間。

(2)判定方法：動作時限應在二十秒以上，且在設計時之設定值範圍內。

(3)注意事項：使裝置動作時，應先將容器閥開放裝置取下才進行。

3.保險絲類

(1)檢查方法：確認有無損傷、熔斷之情形及是否為規定之種類及容量。

(2)判定方法：

A.應無損傷、熔斷之情形。

B.應依回路圖上所示之種類及容量設置。

4.繼電器

(1)檢查方法：確認有無脫落、端子鬆動、接點燒損、灰塵附著等情形，並由開關之操作，使繼電器動作，以確認其功能。

(2)判定方法：

A.應無脫落、端子鬆動、接點燒損、灰塵附著等情形。

B.應正常動作。

5.標示燈

(1)檢查方法：操作開關，以確認有無亮燈。

(2)判定方法：應無明顯之劣化情形，且應正常亮燈。

6.結線接續

(1)檢查方法：以目視及螺絲起子確認有無斷線、端子鬆動等情形。

(2)判定方法：應無斷線、端子鬆動、脫落、損傷等情形。

7.接地

(1)檢查方法：以目視或三用電表，確認有無腐蝕、斷線等情形。

(2)判定方法：應無顯著腐蝕、斷線等之損傷現象。

(八)放射表示燈

1.檢查方法：以手動方式使壓力開關動作，或使控制盤內之表示回路，以確認有無亮燈。

2.判定方法：應正常亮燈。

(九)壓力上升防止裝置

1.檢查方法：施以設計動作壓力，確認壓力上升防止裝置能否正常動作開啓。

2.判定方法：壓力上升防止裝置應能正常動作開啓。

(十)防護區劃

1.自動關閉裝置

(1)以電氣動作者（鐵捲門、馬達、閘板）：

A.檢查方法：操作手動啓動裝置，確認自動關閉裝置之關閉狀態有無異常。

B.判定方法：

(A)各自動關閉裝置均應確實動作，且於遲延裝置之動作時限內達到關閉狀態。

(B)對於設在出入口之鐵捲門，或無其他出入口可退避者，應設有當操作啓動按鈕後，於延遲時間內可完全關閉之遲延裝置，及鐵捲門關閉後，滅火藥劑方能放射出之構造。

C.注意事項：操作手動啓動裝置時，應先將容器閥開放裝置取下後再進行。

(2)以氣壓動作者（閘板等）：

A.檢查方法：

(A)使用試驗用氣體（試驗用啓動氣體、氮氣或空氣），連接通往自動關閉裝置之操作管。

(B)釋放試驗用氣體，確認自動關閉裝置之關閉狀態有無異常。

(C)確認有無氣體自操作管、自動關閉裝置洩漏，自動關閉裝置於釋放加壓壓力後有無自動復歸，及其復歸狀態是否異常。

B.判定方法：

(A)所有自動關閉裝置均應能確實動作。

(B)如爲復歸型者，應能確實復歸。

C.注意事項：使用氮氣或空氣時，應加壓至大約30kgf/cm^2。

2.換氣裝置

(1)檢查方法：操作手動啓動裝置，確認換氣裝置於停止狀態時有無異常。

(2)判定方法：所有之換氣裝置，應於遲延裝置之動作時限範圍內確實保持停止狀態。

(3)注意事項：

A.操作手動啓動裝置時，應先將容器閥開放裝置取下後才進行。

B.換氣裝置如與滅火後之滅火藥劑排出裝置共用時，應自防護區域外進行復歸運轉。

(十一)緊急電源（限內藏型者）

1.端子電壓

(1)檢查方法：

A.以電壓計測定確認充電狀態通往蓄電池充電回路之端子電壓。

B.操作電池試驗用開關，由電壓計確認其容量是否正常。

(2)判定方法：

A.應於充電裝置之指示範圍內。

B.操作電池試驗用開關約三秒，該電壓計穩定時之容量，應在電壓計之規定電壓值範圍內。

(3)注意事項：進行容量試驗時，約三秒後，俟電壓計之指示值穩定，再讀取數值。

2.切換裝置

(1)檢查方法：切斷常用電源，以電壓計或由電源監視用表示燈確認電源之切換狀況。

(2)判定方法：

A.緊急電源之切換可自動執行。

B.復舊狀況正常。

3.充電裝置

(1)檢查方法：以三用電表確認變壓器、整流器等之功能。

(2)判定方法：

A.變壓器、整流器等應無異常聲音、異臭、異常發熱、顯著灰塵或損傷等情形。

B.電流計或電壓計應指示在規定值以上。

C.具有充電電源監視燈者，應正常亮燈。

4.結線接續

(1)檢查方法：以目視及螺絲起子確認有無斷線、端子鬆動等情形。

(2)判定方法：應無斷線、端子鬆動、脫落、損傷等情形。

(十二)耐震措施

1.檢查方法

(1)應確認設於容許變位量較大部分之可撓式管接頭及貫穿牆、樓地板部分，有無變形、損傷等情形，及耐震措施是否恰當。

(2)以目視及螺絲起子確認儲存容器等之支撐固定架有無異常。

2.判定方法

(1)可撓式管接頭等應無變形、損傷、明顯腐蝕等情形，且貫穿牆、樓地板部分之間隙、充填部，應維持設置施工時之狀態。

(2)使用在儲存容器等之支撐固定架之錨定螺栓、螺帽，應無變形、損傷、鬆動、明顯腐蝕等情形，且支撐固定架應無損傷。

三　綜合檢查（全區放射方式）

將電源切換為緊急電源狀態，依下列各點規定進行檢查。惰性氣體淨滅火設備全區放射方式應依設置之系統數量進行抽樣檢查，其抽樣分配方式如表22-1例示。抽測之系統放射區域在二區以上時，應至少擇一放射區域實施放射試驗；進行放射試驗系統，應於滅火藥劑儲存容器標示放射日期。

表22-1　惰性氣體滅火設備全區放射方式之綜合檢查抽樣分配表

抽樣分配＼年限 系統設置數量（套）	第1年	第2年	第3年	第4年	第5年	第6年	第7年	第8年	第9年	第10年
1										1
2									1	1
3								1	1	1
4							1	1	1	1
5						1	1	1	1	1
6					1	1	1	1	1	1
7				1	1	1	1	1	1	1
8			1	1	1	1	1	1	1	1
9		1	1	1	1	1	1	1	1	1
10	1	1	1	1	1	1	1	1	1	1
11	1	1	1	1	1	1	1	1	1	2
12	1	1	1	1	1	1	1	1	2	2
13	1	1	1	1	1	1	1	2	2	2
14	1	1	1	1	1	1	2	2	2	2
15	1	1	1	1	1	2	2	2	2	2
16	1	1	1	1	2	2	2	2	2	2
17	1	1	1	2	2	2	2	2	2	2
18	1	1	2	2	2	2	2	2	2	2
19	1	2	2	2	2	2	2	2	2	2
20	2	2	2	2	2	2	2	2	2	2
21	2	2	2	2	2	2	2	2	2	3

備註：系統設置數量超過21套者，依其比例類推分配。

㈠檢查方法

1.以空氣或氮氣進行放射試驗，所需空氣量或氮氣量，應就放射區域應設滅火藥劑量之10%核算，每公斤以表22-2所列公升數之比例核算，每次試驗最多放出五支。

表22-2　惰性氣體滅火藥劑每公斤核算空氣量或氮氣量

滅火藥劑	每公斤核算空氣量或氮氣量（公升）
氮氣	86
IG-55	71
IG-541	71

2.檢查時應注意下列事項：

⑴充填空氣或氮氣之試驗用氣體容器壓力，應與該滅火設備之儲存容器之充填壓力大約相等。

(2)使用啓動用氣體容器之設備者，應準備與設置數量相同之氣體容器數。
(3)應準備必要數量供塞住集合管部或容器閥部及操作管部之帽蓋或塞子。
3.檢查前，應依下列事項事先準備好儲存容器等。
(1)暫時切斷控制盤等電源設備。
(2)將自儲存容器取下之容器閥開放裝置及操作管連接裝設在試驗用氣體容器上。
(3)除試驗用氣體容器外，應取下連接管後用帽蓋蓋住集合管部。
(4)應塞住放射用以外之操作管。
(5)確認儲存容器部分外之其餘部分是否處於平時設置狀況。
(6)控制盤等設備電源，應在「開」之位置。
4.檢查時，啓動操作應就下列方式擇一進行。
(1)手動式者，應操作手動啓動裝置使其啓動。
(2)自動式者，應將自動、手動切換裝置切換至「自動」位置，使探測器動作、或使受信機、控制盤探測器回路之端子短路，使其啓動。

㈡判定方法
1.警報裝置應確實鳴響。
2.遲延裝置應確實動作。
3.開口部等之自動關閉裝置應能正常動作，換氣裝置須確實停止。
4.指定防護區劃之啓動裝置及選擇閥能確實動作，可放射試驗用氣體。
5.配管內之試驗用氣體應無洩漏情形。
6.放射表示燈應確實亮燈。

㈢注意事項
1.檢查結束後，應將檢查時使用之試驗用氣體容器，換裝回復爲原設置之儲存容器。
2.在未完成完全換氣前，不得進入放射區域。遇不得已之情形非進入時，應著空氣呼吸器。
3.完成檢查後，應確實將所有裝置回復定位。

第二十三章　冷卻撒水設備

一　外觀檢查
㈠水源
1.檢查方法
(1)水箱、蓄水池：由外部以目視確認有無變形、漏水、腐蝕等。
(2)水量：由水位計確認；無水位計時打開人孔蓋用檢尺測量。
(3)水位計及壓力表：以目視確認有無變形、損傷及指示值是否正常。
(4)閥類：以目視確認排水管、補給水管、給氣管等之閥類，有無漏水、變形、損傷等，及其開、關位置是否正常。
2.判定方法
(1)水箱、蓄水池：應無變形、損傷、漏水、漏氣及顯著腐蝕等痕跡。
(2)水量：應保持在規定量以上。
(3)水位計及壓力表：應無變形、損傷及指示值應正常。
(4)閥類：
A.應無洩漏、變形、損傷等。
B.「常時開」或「常時關」之標示及開、關位置應正常。

㈡電動機之控制裝置
1.檢查方法
(1)控制盤：

A.周圍狀況：確認周圍有無檢查上及使用上之障礙。

B.外形：以目視確認有無變形、腐蝕等。

⑵電壓計：

A.以目視確認有無變形、損傷等。

B.確認電源、電壓是否適當正常。

⑶各開關：以目視確認有無變形、損傷及開、關位置是否正常。

⑷標示：確認標示是否適當正常。

⑸預備品：確認是否備有保險絲、燈泡等預備品及回路圖等。

2.判定方法

⑴控制盤：

A.周圍狀況：應設置於火災不易波及之位置，且周圍應無檢查上及使用上之障礙。

B.外形：應無變形、損傷、顯著腐蝕等。

⑵電壓表：

A.應無變形、損傷等。

B.電壓表的指示值應在所定之範圍內。

C.無電壓表者，其電源指示燈應亮著。

⑶各開關：應無變形、損傷、脫落等，且開、關位置應正常。

⑷標示：

A.各開關之名稱標示應無污損、不明顯部分。

B.標示銘板應無剝落。

⑸預備品：

A.應備有保險絲、燈泡等預備品。

B.應備有回路圖及操作說明書等。

㈢啓動裝置

1.手動啓動裝置

⑴檢查方法：

A.周圍狀況：手動啓動裝置之操作部應設於加壓送水裝置設置之場所，以目視確認周圍有無檢查上及使用上之障礙。

B.外形：以目視確認操作部有無變形、損傷等。

⑵判定方法：

A.周圍狀況：手動啓動裝置之操作部設於加壓送水裝置設置之場所，其位置應無檢查上及使用上之障礙。

B.外形：按鈕、開關應無損傷、變形等。

2.遠隔啓動裝置（限用於儲存閃火點70℃以下公共危險物品之室外儲槽）

⑴檢查方法：

A.周圍狀況：以目視確認周圍有無檢查上及使用上之障礙。

B.外形：以目視確認操作部、選擇閥或開關閥有無變形或損傷等。

⑵判定方法：

A.周圍狀況：應無檢查上及使用上之障礙。

B.外形：操作部、選擇閥或開關閥應無損傷、變形等。

㈣加壓送水裝置

1.檢查方法：以目視確認如圖2-3圖例所示之幫浦及電動機等，有無變形、腐蝕等。

2.判定方法：應無變形、損傷、顯著腐蝕及銘板剝落等。

㈤呼水裝置

1.檢查方法

⑴呼水槽：以目視確認如圖2-4之呼水槽，有無變形、漏水、腐蝕等，及水量是否在規定量以上。

⑵閥類：以目視確認給水管之閥類有無洩漏、變形等，及其開、關位置是否正常。

2.判定方法

⑴呼水槽：應無變形、損傷、漏水、顯著腐蝕等，及水量應在規定量以上。

⑵閥類：

A.應無洩漏、變形、損傷等。

B.「常時開」或「常時關」之標示及開、關位置應正常。

㈥配管

1.檢查方法

⑴立管及接頭：以目視確認有無洩漏、變形等及被利用做爲其他東西之支撐、吊架等。

⑵立管固定用之支撐及吊架：以目視及手觸摸確認有無脫落、彎曲、鬆動等。

⑶閥類：以目視確認有無洩漏、變形等，及開、關位置是否正確。

⑷過濾裝置：以目視確認如圖2-5所示之過濾裝置有無洩漏、變形等。

⑸標示：確認「制水閥」之標示是否適當正常。

2.判定方法

⑴立管及接頭：

A.應無洩漏、變形、損傷等。

B.應無被利用做爲其他東西之支撐及吊架等。

⑵立管固定用之支撐及吊架：應無脫落、彎曲、鬆動等。

⑶閥類：

A.應無洩漏、變形、損傷等。

B.「常時開」或「常時關」之標示及開、關位置應正確。

⑷過濾裝置：應無洩漏、變形、損傷等。

⑸標示：應無損傷、脫落、污損等。

㈦冷卻撒水噴頭（噴孔）

1.檢查方法

⑴外形：

A.以目視確認有無變形、損傷等。

B.以目視確認有無被利用支撐、吊架使用等。

⑵撒水分布障礙：以目視確認冷卻撒水噴頭（噴孔）周圍應無撒水分布之障礙物等。

⑶未警戒部分：以目視確認冷卻撒水噴頭（噴孔）之設置有無造成未警戒之部分。

2.判定方法

⑴外形：

A.應無變形、損傷等。

B.應無被利用爲支撐、吊架使用。

⑵撒水分布障礙：冷卻撒水噴頭（噴孔）周圍應無撒水分布之障礙物。

⑶未警戒部分：應無造成未警戒之部分。

㈧流水檢知裝置

1.檢查方法

⑴閥本體：

A.以目視確認本體、附屬閥類、配管及壓力表等有無漏水、變形等。
B.確認閥本體上之壓力表指示值是否正常。
(2)延遲裝置：以目視確認有無變形、腐蝕等。
(3)壓力開關：以目視確認有無變形、損傷等
2.判定方法
(1)閥本體：
A.本體、附屬閥類、配管及壓力表等應無漏水、變形、損傷等。
B.流水檢知裝置壓力表指示值應正常。
(2)延遲裝置：應無變形、損傷、顯著腐蝕等。
(3)壓力開關：應無變形、損傷等。
(九)一齊開放閥（含電磁閥）
1.檢查方法：以目視確認有無洩漏、變形、腐蝕等。
2.判定方法：應無洩漏、變形、損傷、顯著腐蝕等。
二 性能檢查
(一)水源
1.檢查方法
(1)水質：打開人孔蓋以目視及水桶採水，確認有無腐敗、浮游物、沈澱物等。
(2)給水裝置：
A.確認有無變形、腐蝕等，及操作排水閥確認給水功能是否正常。
B.如不使用操作排水閥檢查給水功能時，可使用下列方法：
(A)使用水位電極控制給水者，拆除其電極回路之配線，形成減水狀態，確認其是否能自動給水；其後再將拆掉之電極回路配線接上復原，形成滿水狀態，確認其給水能否自動停止。
(B)使用浮球水栓控制給水者，由手動操作將浮球沒入水中，形成減水狀態，確認能否自動給水；其後使浮球復原，形成滿水狀態，確認給水能否自動停止。
(3)水位計及壓力表：
A.水位計之量測係打開人孔蓋，用檢尺測量水位，並確認水位計之指示值。
B.壓力表之量測係關閉壓力表開關及閥類，並放出壓力表之水，使指針歸零後，再打開壓力表開關及閥類，並確認指針之指示值。
(4)閥類：用手操作確認開、關動作能否容易進行。
2.判定方法
(1)水質：應無顯著腐蝕、浮游物、沈澱物等。
(2)給水裝置：
A.應無變形、損傷、顯著腐蝕等。
B.於減水狀態應能自動給水，於滿水狀態應能自動停止供水。
(3)水位計及壓力表：
A.水位計之指示值應正常。
B.壓力表歸零之位置、指針之動作狀況及指示值應正常。
(4)閥類：開、關操作應能容易地進行。
(二)電動機之控制裝置
1.檢查方法
(1)各開關：以螺絲起子及開、關操作，確認端子有無鬆動及開、關性能是否正常。
(2)保險絲：確認有無損傷、熔斷及是否為所規定之種類及容量。
(3)繼電器：確認有無脫落、端子鬆動、接點燒損、灰塵附著，並操作各開關使繼

電器動作，確認其性能。

⑷表示燈：操作各開關確認有無亮燈。

⑸結線接續：以目視及螺絲起子確認有無斷線、端子鬆動等。

⑹接地：以目視或三用電表確認有無腐蝕、斷線等。

2.判定方法

⑴各開關：

A.應無端子鬆動及發熱之情形。

B.開、關性能應正常。

⑵保險絲：

A.應無損傷、熔斷。

B.應依回路圖所規定之種類及容量設置。

⑶繼電器：

A.應無脫落、端子鬆動、接點燒損、灰塵附著等。

B.動作應正常。

⑷表示燈：應無顯著劣化，且能正常點燈。

⑸結線接續：應無斷線、端子鬆動、脫落、損傷等。

⑹接地：應無顯著腐蝕、斷線等之損傷。

㈢啓動裝置

1.手動啓動裝置

⑴檢查方法：將一齊開放閥二次側之止水閥關閉，再打開測試用排水閥，然後操作手動啓動開關，確認加壓送水裝置是否啓動。

⑵判定方法：閥之操作應容易進行，且加壓送水裝置應能確實啓動。

2.遠隔啓動裝置（限用於儲存閃火點70℃以下公共危險物品之室外儲槽）

⑴檢查方法：將一齊開放閥二次側之止水閥關閉，再打開測試用排水閥，然後操作選擇閥或開關閥、或監控室等處所之啓動裝置，確認加壓送水裝置是否啓動。

⑵判定方法：閥之操作應容易進行，且加壓送水裝置應能確實啓動。

㈣加壓送水裝置

1.幫浦方式

⑴電動機：

A.檢查方法：

(A)回轉軸：用手轉動，確認是否能圓滑地回轉。

(B)軸承部：確認潤滑油有無污損、變質及是否達必要量。

(C)軸接頭：以扳手確認有無鬆動及性能是否正常。

(D)本體：操作啓動裝置使其啓動，確認性能是否正常。

B.判定方法：

(A)回轉軸：應能圓滑地回轉。

(B)軸承部：潤滑油應無污損、變質且達必要量。

(C)軸接頭：應無脫落、鬆動，且接合狀態牢固。

(D)本體：應無顯著發熱、異常振動、不規則或不連續之雜音，且回轉方向應正確。

C.注意事項：除需操作啓動檢查性能外，其餘均需先切斷電源。

⑵幫浦：

A.檢查方法：

(A)回轉軸：用手轉動確認是否能圓滑地轉動。

(B)軸承部：確認潤滑油有無污損、變質及是否達必要量。

(C)底部：確認有無顯著漏水。

(D)連成表及壓力表：關掉表計之控制水閥將水排出，檢視指針是否指在0之位置，再打開表計之控制水閥，操作啓動裝置確認指針是否正常地動作。

(E)性能：先將幫浦吐出側之制水閥關閉之後，使幫浦啓動，然後緩緩地打開性能測試用配管之制水閥，由流量計及壓力表確認額定負荷運轉及全開點時之性能。

B.判定方法：

(A)回轉軸：應能圓滑地轉動。

(B)軸承部：潤滑油應無污損、變質、混入異物等，且達必要量。

(C)底座：應無顯著的漏水。

(D)連成表及壓力表：位置及指針之動作應正常。

(E)性能：無異常振動、不規則或不連續之雜音，且於額定負荷運轉及全開點時之吐出壓力及吐出水量均達規定值以上。

C.注意事項：除需操作啓動檢查性能外，其餘均需先行切斷電源。

2.重力水箱方式

(1)檢查方法：由最近及最遠之試驗閥，以壓力表測定其靜水壓力，確認是否爲所定之壓力。

(2)判定方法：應爲設計上之壓力值。

3.壓力水箱方式

(1)檢查方法：打開排氣閥確認能否自動啓動加壓。

(2)判定方法：壓力降低自動啓動裝置應能自動啓動及停止。

(3)注意事項：打開排氣閥時，爲防止高壓造成之危害，閥類應慢慢地開啓。

4.減壓措施

(1)檢查方法：以目視確認減壓閥等有無洩漏、變形等。

(2)判定方法：應無洩漏、變形、損傷等。

(五)呼水裝置

1.檢查方法

(1)閥類：用手實地操作確認開、關動作是否容易進行。

(2)自動給水裝置：

A.確認有無變形、腐蝕等。

B.打開排水閥，確認其性能是否正常。

(3)減水警報裝置：

A.確認有無變形、腐蝕等。

B.關閉補給水閥，再打開排水閥，確認減水警報功能是否正常。

(4)底閥：

A.拉上吸水管或檢查用鍊條，確認有無異物附著或阻塞等。

B.打開幫浦本體上呼水漏斗之制水閥，確認有無從漏斗連續溢水出來。

C.打開幫浦本體上呼水漏斗之制水閥，然後關閉呼水管之制水閥，確認底閥之逆止效果是否正常。

2.判定方法

(1)閥類：開、關操作應容易進行。

(2)自動給水裝置：

A.應無變形、損傷、顯著腐蝕等。

B.當呼水槽水量減少時，應能自動給水。

(3)減水警報裝置：

A.應無變形、損傷、顯著腐蝕等。

B.當呼水槽水量減少到一半時，應發出警報。

⑷底閥：

A.應無異物附著、阻塞等吸水障礙。

B.應能由呼水漏斗連續溢水出來。

C.呼水漏斗的水應無減少。

㈥配管

1.檢查方法

⑴閥類：用手操作確認開、關動作是否容易。

⑵過濾裝置：分解打開過濾網確認有無變形、異物堆積等。

⑶排放管（防止水溫上升裝置）：使加壓送水裝置啓動呈關閉運轉狀態，確認排放管排水是否正常。

2.判定方法

⑴閥類：開、關操作應能容易進行。

⑵過濾裝置：過濾網應無變形、損傷、異物堆積等。

⑶排放管（防止水溫上升裝置）：排放水量應在下列公式求得量以上。

$$q=\frac{Ls \cdot C}{60 \cdot \Delta t}$$

q：排放水量（ℓ/min）

Ls：幫浦關閉運轉時之出力（kw）

C：860Kcal（1kw-hr水之發熱量）

Δt：30℃（幫浦內部之水溫上升限度）

㈦流水檢知裝置

1.檢查方法

⑴閥本體：操作本體之試驗閥，確認閥本體、附屬閥類及壓力表等之性能是否正常。

⑵延遲裝置：確認延遲作用及自動排水裝置之排水能否有效地進行。

⑶壓力開關：

A.以螺絲起子確認端子有無鬆動。

B.確認壓力值是否適當，及動作壓力值是否適當正常。

⑷音響警報裝置及表示裝置：

A.操作排水閥確認警報裝置之警鈴、蜂鳴器或水鐘等是否確實鳴動。

B.確認表示裝置之標示燈等有無損傷，及是否能確實表示。

2.判定方法

⑴閥本體：性能應正常。

⑵延遲裝置：

A.延遲作用應正常。

B.自動排水裝置應能有效排水。

⑶壓力開關：

A.端子應無鬆動。

B.設定壓力值應適當正常。

C.於設定壓力值應能動作。

⑷音響警報裝置及標示裝置：應能確實鳴動及正常表示。

㈧一齊開放閥（含電磁閥）

1.檢查方法

⑴以螺絲起子確認電磁閥之端子有無鬆動。

(2)關閉一齊閥放閥二次側的止水閥，再打開測試用排水閥，然後操作手動啓動開關，確認其性能是否正常。

2.判定方法

(1)端子應無鬆動脫落等。

(2)一齊開放閥應能確實開放放水。

(九)耐震措施

1.檢查方法

(1)牆壁或地板上貫通部分有無變形、損傷等，並確認防震軟管接頭有無變形、損傷、顯著腐蝕等。

(2)以目視及扳手確認蓄水池及加壓送水裝置等之裝配固定是否有異常。

2.判定方法

(1)防震軟管應無變形、損傷、顯著腐蝕等，且牆壁或地板上貫通部分的間隙、充塡部分均保持原來施工時之狀態。

(2)蓄水池及加壓送水裝置的安裝部分所使用之基礎螺絲、螺絲帽，應無變形、損傷、鬆動、顯著腐蝕等，且安裝固定部分應無損傷。

三　綜合檢查

(一)檢查方法：切換成緊急電源供電狀態，依下列步驟確認系統性能是否正常。

1.選擇配管上最遠最高之一區作放水試驗。

2.由操作手動啓動裝置或遠隔啓動裝置，啓動加壓送水裝置。

3.在一齊開放閥最遠處之冷卻撒水噴頭（噴孔）附近裝上測試用壓力表。

4.放射量依下式計算：

$Q=K\sqrt{P}$

Q：放射量（ℓ/min）

K：常數

P：放射壓力（kgf/cm^2）

(二)判定方法：

1.幫浦方式：

(1)啓動性能：

A.加壓送水裝置應能確實啓動。

B.表示、警報等應正常。

C.電動機之運轉電流値應在容許範圍內。

D.運轉中應無不規則、不連續之雜音或異常之發熱、振動。

(2)一齊開放閥：一齊開放閥應正常動作。

(3)撒水量等：

A.放射壓力：應可得到設計上之壓力。

B.放射量：冷卻撒水噴頭（噴孔）之放射量應符合放射壓力之放射曲線上之値，公共危險物品室外儲槽場所實際測得之放射量除以該冷卻撒水噴頭（噴孔）所防護儲槽側壁面積應在2ℓ/min m^2以上；可燃性高壓氣體場所、加氣站、天然氣儲槽及可燃性高壓氣體儲槽場所實際測得之放射量除以該冷卻撒水噴頭（噴孔）之防護面積應在5ℓ/min m^2以上，但但以厚度25mm以上之岩棉或同等以上防火性能之隔熱材被覆，外側以厚度0.35mm以上符合CNS1244規定之鋅鐵板或具有同等以上強度及防火性能之材料被覆者，應在2.5ℓ/min m^2以上。

C.放射狀態：放射狀態應正常。

2.重力水箱及壓力水箱方式：

(1)表示、警報等：表示、警報等應正常。

⑵一齊開放閥：一齊開放閥應正常動作。

⑶放射量等：

A.放射壓力：應可得到設計上之壓力。

B.放射量：冷卻撒水噴頭（噴孔）之放射量應符合放射壓力之放射曲線上之值，公共危險物品室外儲槽場所實際測得之放射量除以該冷卻撒水噴頭（噴孔）所防護儲槽側壁面積應在2ℓ/min m²以上；可燃性高壓氣體場所、加氣站、天然氣儲槽及可燃性高壓氣體儲槽場所實際測得之放射量除以該冷卻撒水噴頭（噴孔）之防護面積應在5ℓ/min m²以上，但但以厚度25mm以上之岩棉或同等以上防火性能之隔熱材被覆，外側以厚度0.35mm以上符合CNS1244規定之鋅鐵板或具有同等以上強度及防火性能之材料被覆者，應在2.5ℓ/min m²以上。

C.放射狀態：放射狀態應正常。

3.注意事項：供第四類公共危險物品之顯著滅火困難場所之加壓送水裝置，啓動後五分鐘內應能有效撒水，且加壓送水裝置距撒水區域在五百公尺以下，但設有保壓措施者不在此限。

第二十四章　射水設備

一　外觀檢查

㈠水源

1.檢查方法

⑴水箱、蓄水池：由外部以目視確認有無變形、漏水、腐蝕等。

⑵水量：由水位計確認或打開人孔蓋用檢尺測量。

⑶水位計及壓力表：以目視確認有無變形、損傷，指示值是否正確。

⑷閥類：以目視確認排水管、補給水管、給氣管等之閥類，有無洩漏、變形、損傷等，及其開關位置是否正常。

2.判定方法

⑴水箱、蓄水池：應無變形、損傷、漏水、漏氣及顯著腐蝕等痕跡。

⑵水量：應確保在規定量以上。

⑶水位計及壓力表：應無變形、損傷，且指示值應正常。

⑷閥類：

A.應無洩漏、變形、損傷等。

B.「常時開」或「常時關」之標示及開、關位置應保持正常。

㈡電動機之控制裝置

1.檢查方法

⑴控制盤：

A.周圍狀況：確認周圍有無檢查及使用上之障礙。

B.外形：以目視確認有無變形、腐蝕等。

⑵電壓表：

A.以目視確認有無變形、腐蝕。

B.確認電源、電壓是否正常。

⑶各開關：以目視確認有無變形、損傷及開關位置是否正常。

⑷標示：確認是否正確標示。

⑸預備品等：確認是否備有保險絲、燈泡、回路圖及說明書等。

2.判定方法

⑴控制盤：

A.周圍狀況：應設置於火災不易波及之位置，且周圍應無檢查及使用上之障礙。

B.外形：應無變形、損傷、顯著腐蝕等。

(2)電壓表：

A.應無變形、損傷等。

B.電壓表之指示值應在所定之範圍內。

C.無電壓表者，電源表示燈應亮著。

(3)各開關：應無變形、損傷、脫落等，且開、關位置應正常。

(4)標示：

A.各開關之名稱標示應無污損及不明顯部分。

B.標示銘板應無剝落。

(5)預備品等：

A.應備有保險絲、燈泡等預備品。

B.應備有回路圖及操作說明書等。

(三)啓動裝置

1.啓動操作部

(1)檢查方法：

A.周圍狀況：以目視確認周圍有無檢查及使用上之障礙及標示是否適當。

B.外形：以目視確認直接操作部及遠隔操作部，有無變形、損傷等。

(2)判定方法：

A.周圍狀況：

(A)應無檢查及使用上之障礙。

(B)標示應無污損及不明顯部分。

B.外形：閥類各開關應無損傷、變形等。

2.啓動用水壓開關裝置

(1)檢查方法：

A.壓力開關：以目視確認有無變形、損傷等。

B.啓動用壓力槽：以目視確認有無變形、漏水、腐蝕等，及壓力表之指示值是否適當正常。

(2)判定方法：

A.壓力開關：應無變形、損傷等。

B.啓動用壓力水槽：應無變形、腐蝕、漏水、漏氣、顯著腐蝕等，且壓力表之指示值應正常。

(四)加壓送水裝置

1.檢查方法：以目視確認幫浦及電動機等有無變形、腐蝕等。

2.判定方法：應無變形、損傷、顯著腐蝕及銘板剝落等。

(五)呼水裝置

1.檢查方法

(1)呼水槽：以目視確認呼水槽，有無變形、漏水、腐蝕等，及水量是否在規定量以上。

(2)閥類：以目視確認給水管之閥類有無洩漏、變形等，及其開、關位置是否正常。

2.判定方法

(1)呼水槽：應無變形、損傷、漏水、顯著腐蝕等，及水量應在規定量以上。

(2)閥類：

A.應無洩漏、變形、損傷等。

B.「常時開」或「常時關」之標示及開關位置應正常。

㈥配管

1.檢查方法

⑴立管及接頭：以目視確認有無洩漏、變形等及被利用做為其他東西之支撐、吊架等。

⑵立管固定用之支撐及吊架：以目視及手觸摸確認有無脫落、彎曲、鬆動等。

⑶閥類：以目視確認有無洩漏、變形等，及開、關位置是否正常。

⑷過濾裝置：以目視確認過濾裝置有無洩漏、變形等。

2.判定方法

⑴立管及接頭：

A.應無洩漏、變形、損傷等。

B.應無被利用做為其他東西之支撐及吊架等。

⑵立管固定用之支撐及吊架：應無脫落、彎曲、鬆動等。

⑶閥類：

A.應無洩漏、變形、損傷等。

B.「常時開」或「常時關」之標示及開關位置應正常。

⑷過濾裝置：應無洩漏、變形、損傷等。

㈦水帶箱等

1.水帶箱

⑴檢查方法：

A.周圍狀況：以目視確認周圍有無檢查及使用上之障礙，及「水帶箱」之標示字樣是否適當正常。

B.外形：以目視及開、關操作，確認有無變形、損傷等，及箱門是否能確實開、關。

⑵判定方法：

A.周圍狀況：

(A)應無檢查及使用上之障礙。

(B)標示字樣應無污損及不明顯部分。

B.外形：

(A)應無變形、損傷等。

(B)箱門之開、關狀況應良好。

2.水帶及瞄子

⑴檢查方法：以目視確認置於箱內之瞄子、水帶有無變形、損傷及數量是否足夠。

⑵判定方法：

A.應無變形、損傷。

B.設置室外消防栓者應配置口徑六十三公厘及長二十公尺水帶二條、瞄子一具及開關把手一把。

3.室外消防栓

⑴檢查方法：

A.周圍的狀況：以目視確認周圍有無檢查及使用上之障礙，及消防栓之標示是否正常。

B.外形：以目視及開、關操作，確認有無變形、損傷等，及地下式箱蓋是否能確實開、關。

⑵判定方法：

A.周圍狀況：

(A)應無檢查及使用上之障礙。

(B)標示字樣應無污損及不明顯部分。

B.外形：

(A)應無變形、洩漏、損傷等。

(B)地下式之箱蓋應能確實開關。

(八)射水槍

1.檢查方法

(1)周圍的狀況：以目視確認周圍有無檢查及使用上之障礙。

(2)外形：以目視及開、關操作，確認有無變形、損傷等。

2.判定方法

(1)周圍狀況：應無檢查及使用上之障礙。

(2)外形：應無變形、洩漏、損傷等。

二　性能檢查

(一)水源

1.檢查方法

(1)水質：打開人孔蓋以目視及水桶採水，確認有無腐敗、浮游物、沈澱物等。

(2)給水裝置：

A.確認有無變形、腐蝕等，及操作排水閥確認給水功能是否正常。

B.如不使用操作排水閥檢查給水功能時，可使用下列方法：

(A)使用水位電極控制給水者，拆除其電極回路之配線，形成減水狀態，確認其是否能自動給水；其後再將拆掉之電極回路線接上復原，形成滿水狀態，確認其給水能否自動停止。

(B)使用浮球水栓控制給水者，以手動操作將浮球沒入水中，形成減水狀態，使其自動給水；其後使浮球復原，形成滿水狀態，使給水自動停止。

(3)水位計及壓力表：

A.水位計之量測係打開人孔蓋，用檢尺測量水位，並確認水位計之指示值。

B.壓力表之量測係關閉壓力表開關及閥類，並放出壓力表之水，使指針歸零後，再打開壓力表開關及閥類，並確認指針之指示值。

(4)閥類：用手操作確認開、關動作是否能容易進行。

2.判定方法

(1)水質：應無腐臭、浮游物、沈澱物之堆積等。

(2)給水裝置：

A.應無變形、損傷、顯著腐蝕。

B.於減水狀態能自動給水，於滿水狀態能自動停止供水。

(3)水位計及壓力表：

A.水位計之指示值應正常。

B.在壓力表歸零的位置、指針的動作狀況及指示值應正常。

(4)閥類：開、關操作應能容易地進行。

(二)電動機之控制裝置

1.檢查方法

(1)各開關：以螺絲起子及開、關操作，確認端子有無鬆動及開關性能是否正常。

(2)保險絲：確認有無損傷、熔斷及是否為所規定之種類及容量。

(3)繼電器：確認有無脫落、端子鬆動、接點燒損、灰塵附著，並操作各開關使繼電器動作，確認機能。

(4)表示燈：操作各開關確認有無亮燈。

(5)結線接續：以目視及螺絲起子確認有無斷線、端子鬆動等。

(6)接地：以目視或回路計確認有無腐蝕、斷線等。

2.判定方法

⑴各開關：

A.端子應無鬆動、發熱。

B.開、關性能應正常。

⑵保險絲：

A.應無損傷、熔斷。

B.應依回路圖所規定種類及容量設置。

⑶繼電器：

A.應無脫落、端子鬆動、接點燒損、灰塵附著等。

B.動作應正常。

⑷表示燈：應無顯著劣化，且能正常點燈。

⑸結線接續：應無斷線、端子鬆動、脫落、損傷等。

⑹接地：應無顯著腐蝕、斷線等。

㈢啓動裝置

1.檢查方法

⑴啓動操作部：操作直接操作部及遠隔操作部之開關，確認加壓送水裝置能否啓動。

⑵啓動用水壓開關裝置：

A.以目視及螺絲起子，確認壓力開關之端子有無鬆動。

B.確認設定壓力值是否恰當，且由操作排水閥使加壓送水裝置啓動，確認動作壓力值是否適當。

2.判定方法

⑴啓動操作部：加壓送水裝置應能確實啓動。

⑵啓動用水壓開關裝置：

A.壓力開關之端子應無鬆動。

B.設定壓力值適當，且加壓送水裝置依設定壓力正常啓動。

㈣加壓送水裝置（限幫浦方式）

1.電動機

⑴檢查方法：

A.回轉軸：用手轉動，確認是否能圓滑地回轉。

B.軸承部：確認潤滑油有無污損、變質及是否達必要量。

C.軸接頭：以扳手確認有無鬆動、性能是否正常。

D.本體：操作啓動裝置使其啓動，確認性能是否正常。

⑵判定方法：

A.回轉軸：應能圓滑的回轉。

B.軸承部：潤滑油應無污損、變質且達必要量。

C.軸接頭：應無脫落、鬆動，且接合狀態牢固。

D.本體：應無顯著發熱、異常振動、不規則或不連續之雜音，且回轉方向正確。

⑶注意事項：除需操作啓動檢查性能外，其餘均需先切斷電源。

2.幫浦

⑴檢查方法：

A.回轉軸：用手轉動確認是否能圓滑地回轉。

B.軸承部：確認潤滑油有無污損、變質及是否達必要量。

C.底座：確認有無顯著漏水。

D.連成表及壓力表：關掉表計之控制水閥將水排出，確認指針是否指在0之位置，再打開表計之控制水閥，操作啓動裝置確認指針是否正常動作。

E.性能：先將幫浦吐出側之制水閥關閉之後，使幫浦啓動，然後緩緩的打開性能測試用配管之制水閥，由流量計及壓力表確認額定負荷運轉及全開點時之性能。

(2)判定方法：

A.回轉軸：應能圓滑地轉動。

B.軸承部：潤滑油應無污損、變質，且達必要量。

C.底座：應無顯著漏水。

D.連成表及壓力表：位置及指針動作應正常。

E.性能：應無異常振動、不規則或不連續之雜音，且於額定負荷運轉及全開點時之吐出壓力及吐出水量均達規定值以上。

(3)注意事項：除需操作啓動檢查性能外，其餘均需先行切斷電源。

3.減壓措施

(1)檢查方法：以目視確認減壓閥等有無變形、洩漏等。

(2)判定方法：

A.應無洩漏、變形、損傷等。

B.射水設備之放水壓力應在3.5kgf/cm^{2}以上。

(五)呼水裝置

1.檢查方法

(1)閥類：用手操作確認開關動作是否容易進行。

(2)自動給水裝置：

A.確認有無變形、腐蝕等。

B.打開排水閥，檢查自動給水功能是否正常。

(3)減水警報裝置：

A.確認有無變形、腐蝕等。

B.關閉補給水閥，再打開排水閥，確認減水警報功能是否正常。

(4)底閥：

A.拉上吸水管或檢查用鍊條，確認有無異物附著或阻塞。

B.打開幫浦本體上呼水漏斗之制水閥，確認有無從漏斗連續溢水出來。

C.打開幫浦本體上呼水漏斗之制水閥，然後關閉呼水管之制水閥，確認底閥之逆止效果是否正常。

2.判定方法

(1)閥類：開、關動作應能容易地進行。

(2)自動給水裝置：

A.應無變形、損傷、顯著腐蝕等。

B.當呼水槽之水量減少時，應能自動給水。

(3)減水警報裝置：

A.應無變形、損傷、顯著腐蝕等。

B.當水量減少到二分之一時應發出警報。

(4)底閥：

A.應無異物附著、阻塞等吸水障礙。

B.呼水漏斗應能連續溢水出來。

C.呼水漏斗的水應無減少。

(六)配管

1.檢查方法

(1)閥類：用手操作確認開、關動作是否容易進行。

⑵過濾裝置：分解打開確認過濾網有無變形、異物堆積。

⑶排放管（防止水溫上升裝置）：使加壓送水裝置啓動呈關閉運轉狀態，確認排放管排水是否正常。

2.判定方法

⑴閥類：開、關操作應能容易進行。

⑵過濾裝置：過濾網應無變形、損傷、異物堆積等。

⑶排放管：排放水量應在下列公式求得量以上。

$$q=\frac{Ls\times C}{60\cdot \Delta t}$$

q：排放水量（ℓ/min）

Ls：幫浦關閉運轉時之出力（kw）

C：860Kcal（1kw-hr水之發熱量）

Δt：30℃（幫浦內部之水溫上升限度）

㈦室外消防栓箱等

1.檢查方法

⑴水帶及瞄子：

A.以目視確認有無損傷、腐蝕，及用手操作確認是否容易拆接。

B.製造年份超過十年或無法辨識製造年份之水帶，應將消防水帶兩端之快速接頭連接於耐水壓試驗機，並利用相關器具夾住消防水帶兩末端處，經確認快速接頭已確實連接及水帶內（快速接頭至被器具夾住處之部分水帶）無殘留之空氣後，施以6kgf/cm^{2}以上水壓試驗五分鐘合格，始得繼續使用。但已經水壓試驗合格未達三年者，不在此限。

⑵室外消防栓：用手操作確認開、關操作是否容易。

2.判定方法

⑴水帶及瞄子：

A.應無損傷、腐蝕。

B.應能容易拆、接，水帶應無破裂、漏水或與消防水帶用接頭脫落之情形。

⑵室外消防栓：開、關操作應能容易進行。

㈧射水槍

1.檢查方法：用手操作確認開、關操作是否容易。

2.判定方法：開、關操作應能容易進行。

㈨耐震措施

1.檢查方法

⑴牆壁或地板上貫通部分有無變形、損傷等，並確認防震軟管接頭有無變形、損傷、顯著腐蝕等。

⑵以目視及扳手確認加壓送水裝置等之裝配固定是否有異常。

2.判定方法

⑴防震軟管應無變形、損傷、顯著腐蝕等，且牆壁或地板上貫通部分的間隙、充填部分均保持原來施工時之狀態。

⑵加壓送水裝置的安裝部分所使用之基礎螺絲、螺絲帽，應無變形、損傷、鬆動、顯著腐蝕等，且安裝固定部分應無損傷。

三　綜合檢查

㈠檢查方法：切換成緊急電源供電狀態，操作直接操作部及遠隔操作部啓動裝置，確認各項性能。其放水壓力及放水量之檢查方法如下：

1.以全部射水設備（超過二具時，選擇最遠最高處之二具）做放水試驗。

2.測量室外消防栓瞄子直線放水之壓力或射水槍時，將壓力表之進水口，放置於瞄子前端瞄子口徑的二分之一距離處或射水槍前端口徑的二分之一距離處，讀取壓力表的指示值。

3.放水量依下列計算式計算：

$Q=0.653D^2\sqrt{P}$

Q：放水量（ℓ/min）

D：口徑（mm）

P：放水壓力（kgf/cm^2）

㈡判定方法

1.啓動性能

⑴加壓送水裝置應確實啓動。

⑵表示、警報等應正常。

⑶電動機之運轉電流值應在容許範圍內。

⑷運轉中應無不規則、不連續之雜音或異常之振動、發熱等。

2.放水壓力：應在$3.5kgf/cm^2$以上。

3.放水量：每具應在450ℓ/min以上。

第二十五章　簡易自動滅火設備

一　外觀檢查

㈠蓄壓式滅火藥劑儲存容器等

1.滅火藥劑儲存容器

⑴檢查方法：

A.外形：

(A)以目視確認儲存容器、固定架（容器箱）有無變形、腐蝕等情形。

(B)以目視確認容器本體是否確實固定於固定架上（容器箱內）。

(C)核對設計圖面，確認設置之容器數量與規格。

B.設置狀況：

(A)確認設置場所採光照明是否充足，並確認檢查及操作之空間是否足夠。

(B)確認周圍溫度是否在49℃以下。

C.標示：以目視確認標示有無損傷、變形等。

⑵判定方法：

A.外形：

(A)應無變形、損傷、明顯腐蝕、生銹或塗裝剝離等情形。

(B)以推押容器之方式，確認容器本體確實固定在固定架上；容器若放置於容器箱內者，則推押容器箱判斷箱體是否固定牢靠。

(C)容器數量與規格須依規定設置。

B.設置狀況：

(A)具適當採光，且應無檢查及使用上之障礙。

(B)周圍溫度在49℃以下。

C.標示：應無損傷、脫落、污損等情形。

2.容器閥等

⑴檢查方法：以目視確認容器閥有無變形、腐蝕等情形。

⑵判定方法：應無變形、損傷、明顯腐蝕等情形。

3.壓力表

⑴檢查方法：以目視確認有無變形、損傷等情形，且壓力指示值適當正常。

⑵判定方法：

A.應無變形、損傷等情形。

B.指針應在綠色指示範圍內。

㈡加壓式滅火藥劑儲存容器等

1.滅火藥劑儲存容器

⑴檢查方法：

A.外形：

(A)以目視確認儲存容器、固定架（容器箱）有無變形、腐蝕等情形。

(B)以目視確認容器本體是否確實固定於固定架（容器箱）上。

(C)核對設計圖面，確認設置之容器數量與規格。

B.設置狀況：

(A)確認設置場所採光照明是否充足，並確認檢查及操作之空間是否足夠。

(B)周圍溫度在49℃以下。

C.標示：以目視確認標示有無損傷、變形等。

D.安全裝置（洩壓閥）：以目視確認放出口有無阻塞之情形。

⑵判定方法：

A.外形：

(A)應無變形、損傷、明顯腐蝕、生銹或塗裝剝離等情形。

(B)以推押容器之方式，確認容器本體確實固定在固定架上；容器若放置於容器箱內者，則推押容器箱判斷箱體是否固定牢靠。

(C)容器數量與規格應依規定設置。

B.設置狀況：

(A)具適當採光，且應無檢查及使用上之障礙。

(B)周圍溫度在49℃以下。

C.標示：應無損傷、脫落、污損等情形。

D.安全裝置（洩壓閥）：放出口應無阻塞之情形。

2.容器閥等

⑴檢查方法：以目視確認容器閥有無變形、腐蝕等情形。

⑵判定方法：應無變形、損傷、明顯腐蝕等情形。

3.加壓用氣體容器等

⑴加壓用氣體容器：

A.檢查方法：

(A)外形：

a.以目視確認儲存容器、固定架（座）等有無變形或腐蝕等情形。

b.以推押容器之方式，確認容器本體應確實固定在固定架（座）上。

(B)設置狀況：

a.確認設置場所採光照明是否充足，並確認檢查及操作之空間是否足夠。

b.確認周圍溫度是否在49℃以下。

(C)標示：應無損傷、脫落、污損等情形。

B.判定方法：

(A)外形：

a.應無變形、損傷、明顯腐蝕、生鏽或塗裝剝離等情形。

b.以推押容器之方式，確認容器本體應確實固定在固定架上。

(B)設置狀況：

a.設置場所採光照明充足，並確認檢查及操作之空間足夠。

b.周圍溫度在49℃以下。

(C)標示：應無損傷、脫落、污損等情形。

⑵容器閥：

A.檢查方法：以目視確認容器閥有無變形、腐蝕等情形。

B.判定方法：應無變形、損傷、明顯腐蝕等情形。

⑶容器閥開放裝置：

A.檢查方法：以目視確認容器閥開放裝置有無變形、脫落等情形。

B.判定方法：

(A)容器閥開放裝置應確實裝接於容器閥本體上，如爲電氣式者，導線應無劣化或斷裂；如爲氣壓式者，操作管及其連接部分應無鬆動或脫落之情形；如爲利用鋼索牽引之彈簧撞針式者，鋼索與操作管及其連接部分應無鬆動或脫落之情形。

(B)具有手動啓動裝置之開放裝置，其操作部應無明顯之鏽蝕情形。

(C)應裝設有安全栓或安全插梢。

C.注意事項：檢查時，爲防止產生誤放事故，請勿予強烈之衝擊。

⑷壓力調整器：

A.檢查方法：以目視確認壓力調整器有無變形、損傷等情形，及有無確實固定於容器閥開放裝置上。

B.判定方法：應無變形、損傷等情形，且應確實固定。

4.連結管及集合管

⑴檢查方法：以目視確認有無變形、損傷、明顯腐蝕等情形，及是否有確實連接。

⑵判定方法：應無變形、損傷、明顯腐蝕等情形，並應確實連接。

㈢啓動裝置

1.手動啓動裝置

⑴檢查方法：

A.周圍狀況：

(A)確認手動啓動裝置周圍有無檢查及使用上之障礙，及其設置位置是否適當。

(B)確認啓動裝置附近有無標示所屬防護區域名稱或防護對象名稱與標示操作方法、及其保安上之注意事項是否適當。

(C)確認啓動裝置附近有無「手動啓動裝置」之標示。

B.外形：以目視確認啓動裝置有無變形、脫落等現象。

C.電源表示燈：確認有無亮燈及其標示是否正常。

⑵判定方法：

A.周圍狀況：

(A)周圍應無檢查及使用上之障礙，並裝設在逃生出口路線上，火災時易於接近及操作處。

(B)標示應無損傷、脫落、污損等現象。

B.外形：手動啓動裝置應無變形、損傷、脫落等現象。

C.電源表示燈：保持亮燈，且該標示有所屬防護區域名稱或防護對象物名稱。

2.自動啓動裝置

⑴檢查方法：

A.採電氣式偵熱或火焰式探測器者，以目視確認外形有無變形、嚴重油垢、明顯腐蝕等現象。

B.採機械式熱熔片（熱敏玻璃）探測器之鋼索者，以目視確認連接有無損傷、污損等現象及是否牢固。

⑵判定方法：

A.探測器外形無變形、嚴重油垢、明顯腐蝕等現象。

B.鋼索無損傷、污損等現象並牢固設置。

㈣控制裝置

1.檢查方法

⑴控制盤（或機械式噴放控制器）：

A.周圍狀況：確認周圍有無檢查及使用上之障礙。

B.外形：

(A)以目視確認有無變形、腐蝕等現象。

(B)其組件與容器閥連接部位是否牢固。

(C)具有手動啟動按鈕（拉柄）之控制裝置，其操作部是否正常堪用並裝設有封條或防護罩。

⑵系統狀態指示器或電源燈：

A.以目視確認有無變形、損傷等情形。

B.確認系統狀態指示或電源標示燈是否正常。

⑶開關類：以目視確認有無變形、損傷等情形，及開關位置是否正常。

⑷標示：確認標示是否正常。

⑸備用品等：確認是否備有保險絲、燈泡等備用品、回路圖及操作說明書等。

2.判定方法

⑴控制盤（或機械式噴放控制器）：

A.周圍狀況：應設於不易受火災波及之位置，且周圍應無檢查及使用上之障礙。

B.外形：

(A)應無變形、損傷、明顯腐蝕等現象。

(B)其組件及與鋼瓶閥連接部位應牢固。

(C)具有手動啟動按鈕（拉柄）之控制裝置，其操作部應正常堪用並裝設有封條或防護罩。

⑵系統狀態指示器或電源燈：

A.應無變形、損傷等情形。

B.系統狀態指示應正常或其電源標示燈應亮燈。

⑶開關類：應無變形、損傷、脫落等情形，且開關位置正常。

⑷標示：

A.開關等之名稱應無污損、模糊不清等情形。

B.面板不得剝落。

⑸備用品等：應備有保險絲、燈泡等備用品、回路圖及操作說明書等。

㈤配管

1.檢查方法

⑴管及接頭：以目視確認有無損傷、腐蝕等情形，及有無供作其他物品之支撐或懸掛吊具。

⑵金屬支撐吊架：以目視及手觸摸等方式，確認有無脫落、彎曲、鬆動等情形。

2.判定方法

⑴管及接頭：

A.應無損傷、明顯腐蝕等情形。

B.應無供作其他物品之支撐或懸掛吊具。

⑵金屬支撐吊架：應無脫落、彎曲、鬆動等情形。

㈥噴頭

1.外形

⑴檢查方法：

A.以目視確認有無變形、腐蝕等現象。

B.噴頭噴孔應設有保護蓋或膜片保護。

(2)判定方法：

A.應無變形、損傷、明顯腐蝕、阻塞等情形。

B.噴頭噴孔保護蓋或膜片需完好。

2.放射障礙

(1)檢查方法：以目視確認周圍有無造成放射障礙之物品，及裝設角度是否正常。

(2)判定方法：

A.周圍應無造成放射障礙之物品。

B.噴頭之裝設角度應對準爐具中心或依原核准設計圖面。

(七)瓦斯遮斷閥

1.外形

(1)檢查方法：以目視確認本體及管路接續處有無變形、腐蝕等現象。

(2)判定方法：應無變形、損傷、明顯腐蝕等情形。

2.標示

(1)檢查方法：遮斷閥附近有無「瓦斯遮斷閥」標示。

(2)判定方法：標示應無損傷、脫落、污損等現象。

(八)防護對象

1.檢查方法：滅火設備設置後，有無因增建、改建、變更等情形，造成滅火設備及防護對象物之種類、數量、位置及尺寸規格產生異動之情形，應核對設計圖面確認之。

2.判定方法：滅火設備及防護對象物之種類、數量、位置及尺寸規格不應與設計圖面存有差異。

(九)緊急電源（限內藏型者）

1.外形

(1)檢查方法：以目視確認蓄電池本體周圍之狀況，有無變形、損傷、洩漏、腐蝕等現象。

(2)判定方法：

A.無變形、損傷、洩漏、腐蝕、龜裂等現象。

B.電解液沒有洩漏，且導線連接部應無腐蝕之情形。

2.標示

(1)檢查方法：確認是否正常設置。

(2)判定方法：應標示額定電壓值及容量。

二　性能檢查（進行檢查前，須安裝上安全插鞘或取下加壓用或啓動用氣體容器）

(一)蓄壓式滅火藥劑儲存容器等

1.滅火藥劑量

(1)檢查方法，使用台秤測定計之方法。

A.將裝設在容器閥之容器閥開放裝置、連接管、操作管及容器固定器具取下。

B.將儲存容器置於台秤上，測定其重量計算至小數點第一位。

C.藥劑量則爲測定值扣除容器閥及容器重量後所得之值；藥劑量應與標示差異不超過3%。

(2)判定方法：將藥劑量之測定結果與重量表、圖面明細表或原廠技術手冊規範核對，其差值應在充塡值3%以下。

(3)注意事項：

A.測量後，應將容器號碼、充塡量記載於重量表、檢查表上。

B.當滅火藥劑量或容器內壓減少時，應迅即進行調查，並採取必要之措施。

㈡加壓式滅火藥劑儲存容器

1.滅火藥劑量

⑴檢查方法，依下列方法確認之。

A.使用台秤測定計之方法：

(A)將裝設在容器閥之容器閥開放裝置、連接管、操作管及容器固定器具取下。

(B)將儲存容器置於台秤上，測定其重量計算至小數點第一位。

(C)藥劑量則為測定值扣除容器閥及容器重量後所得之值。

B.使用量尺測定之方法：

(A)將裝設在儲存容器之容器閥、連接管、操作管及容器固定器具取下。

(B)自充填口以量尺測量滅火藥劑之液面高度。

⑵判定方法：

A.藥劑量之重量應與標示差異不超過3%。

B.滅火藥劑之液面高度，應與標示高度差異在誤差範圍內。

2.加壓用氣體容器等

⑴氣體量：

A.檢查方法：

(A)以手旋轉加壓用氣體容器，將容器取下。

(B)將容器置於計量器上，測定其總重量。

(C)總重量應比標示重量不少於14.2公克。

B.判定方法：氣體量應在規定量以上。

⑵容器閥開放裝置：

A.電氣式容器閥之開放裝置：

(A)檢查方法：

a.以手旋轉加壓用氣體容器，將容器取下。檢視閥開放裝置，確認撞針有無彎曲、斷裂或短缺等情形。

b.拔下安全栓或安全插梢，以手操作電氣式手動啓動裝置，確認撞針動作是否正常。

c.使用復歸扳手將撞針縮回原位。

(B)判定方法：

a.撞針應無彎曲、斷裂或短缺等情形。

b.以規定之電壓可正常動作，並可確實以手動操作。

(C)注意事項：加壓用氣體容器旋回閥開放裝置前，應先使用復歸扳手將撞針縮回原位後再進行。

B.鋼索牽引之彈簧式容器閥之開放裝置：

(A)檢查方法：

a.以手旋轉加壓用氣體容器，將容器取下。檢視閥開放裝置，確認撞針有無彎曲、斷裂或短缺等情形。

b.拔下容器閥開放裝置與手動啓動裝置的安全栓或安全插梢，以手操作箱外的機械式手動啓動裝置，確認撞針動作是否正常。

c.使用復歸扳手將撞針縮回原位。將鋼索縮回手動啓動裝置並裝回安全栓或安全插梢。

⑶壓力調整器：

A.檢查方法：關閉設在壓力調整器二次側之檢查用開關或替代閥，以手動操作或以氣壓、電氣方式之容器閥開放裝置使加壓用氣體容器之容器閥動作開放，確認一、二次側壓力表之指度及指針之動作。

B.判定方法：

(A)各部位應無氣體洩漏情形。

(B)一次側壓力表之指針應在規定壓力值。

(C)一次側壓力表之指針應在設定壓力值，且功能正常。

㈢啓動用氣體容器等

1.氣體量

(1)檢查方法，依下列方法確認之。

A.自容器閥開放裝置將啓動用氣體容器取下。

B.使用彈簧秤或秤重計，測量容器之重量。

C.其重量不得小於記載在容器上之最小重量。

(2)判定方法：測得重量應高於標示之最小重量。

2.容器閥開放裝置

(1)檢查方法：

A.電氣式者，準依前㈡之2.之(2)之A規定確認之。

B.鋼索牽引之彈簧式者，準依前㈡之2.之(2)之B規定確認之。

㈣操作管

1.檢查方法：以扳手確認連接部分有無鬆弛等現象。

2.判定方法：連接部分應無鬆動等現象。

㈤啓動裝置

1.手動啓動裝置

(1)檢查方法：

A.確認已取下加壓用或啓動用氣動容器後始得進行。

B.取下手動啓動裝置之封條。

C.以手操作手動啓動裝置，確認容器閥開放裝置之撞針動作是否正常。

(2)判定方法：確認容器閥開放裝置之撞針動作正常。

2.自動啓動裝置

(1)檢查方法：

A.確認已取下加壓用或啓動用氣動容器後始得進行。

B.有關電氣式偵熱探測器其檢查，準用火警自動警報設備之檢查要領確認之。

C.有關金屬熔片式偵熱探測器其檢查，以瓦斯噴燈對機械式熔斷片探測器直接加熱。

(2)判定方法：確認容器閥開放裝置之撞針動作正常。

㈥控制裝置（或機械式噴放控制器）

1.開關類

(1)檢查方法：以螺絲起子及開關操作確認端子有無鬆動，及開關功能是否正常。

(2)判定方法：

A.端子應無鬆動，且無發熱之情形。

B.應可正常開、關。

(3)注意事項：使裝置動作時，應先將容器閥開放裝置取下後再進行。

2.保險絲類

(1)檢查方法：確認有無損傷、熔斷之情形，及是否爲規定之種類及容量。

(2)判定方法：

A.應無損傷熔斷之情形。

B.應依回路圖上所示之種類及容量設置。

3.繼電器

(1)檢查方法：確認無脫落、端子鬆動、接點燒損、灰塵附著等情形，並由開關操作，使繼電器動作，以確認其功能。

⑵判定方法：

A.應無脫落、端子鬆動、接點燒損、灰塵附著等情形。

B.應正常動作。

4.標示燈

⑴檢查方法：由開關操作，以確認有無亮燈。

⑵判定方法：應無明顯之劣化情形，且應正常亮燈。

5.結線接續

⑴檢查方法：以目視及螺絲起子，確認有無斷線、端子鬆動等情形。

⑵判定方法：應無斷線、端子鬆動、脫落、損傷等情形。

6.接地

⑴檢查方法：以目視或三用電表，確認有無腐蝕、斷線等情形。

⑵判定方法：應無顯著腐蝕、斷線等之損傷現象。

㈦緊急電源（限內藏型者）

1.端子電壓

⑴檢查方法：

A.以電壓計測定確認充電狀態通往蓄電池充電回路之端子電壓。

B.操作電池試驗用開關，由電壓計確認其容量是否正常。

⑵判定方法：

A.應於充電裝置之指示範圍內。

B.操作電池試驗用開關約三秒，該電壓計安定時之容量，應在電壓計之規定電壓值範圍內。

⑶注意事項：進行容量試驗時，約三秒後，俟電壓計之指示值穩定，再讀取數值。

2.電源切換裝置

⑴檢查方法：切斷常用電源，以電壓計或由電源監視用表示燈確認電源之切換狀況。

⑵判定方法：

A.緊急電源之切換可自動執行。

B.復舊狀況正常。

3.充電裝置

⑴檢查方法：以三用電表確認變壓器、整流器等之功能。

⑵判定方法：

A.變壓器、整流器等應無異常聲音、異臭、異常發熱、明顯灰塵或損傷等情形。

B.電流計或電壓計應指示在規定值以上。

C.有充電電源監視燈者，應正常亮燈。

4.結線接續

⑴檢查方法：應以目視及螺絲起子確認有無斷線、端子鬆動等情形。

⑵判定方法：應無斷線、端子鬆動、脫落、損傷等情形。

㈧噴頭

1.檢查方法：確認噴頭之連接部有無鬆動之情形，噴頭有無因油垢而造成阻塞現象。

2.判定方法：噴頭應無堵塞、顯著腐蝕等情形，且應無損傷、脫落之現象。

三　綜合檢查：將電源切換爲緊急電源狀態，依下列各點進行檢查。

㈠檢查方法

1.蓄壓式者，應依下列規定。

(1)應進行放射試驗，其放射試驗所需試驗用氣體量，爲該放射區域應設之蓄壓用氣體量之10%以上（小數點以下有尾數時，則進1）。

(2)檢查時，應依下列事項進行準備。

A.檢查後，應準備與啓動用氣體容器同一產品之同樣瓶數，以替換供啓動用氣體再充填期間，替代設置之啓動用氣體容器。

B.應準備必要數量供塞住集合管部及操作管部之帽蓋或塞子。

(3)檢查前，應依下列事項事先準備好啓動用氣體容器。

A.暫時切斷控制盤等電源設備。

B.取下連接至放出閥之操作管，並加帽蓋。

C.確認除儲存容器等及啓動裝置外，其餘部分是否處於正常設置狀態。

D.控制盤等之設備電源，應處於「開」之位置。

(4)檢查時，啓動操作應就下列方式擇一進行。

A.手動式者，應操作手動啓動裝置使其啓動。

B.自動式者，應以探測器動作、或使受信機、控制盤探測器回路之端子短路，使其啓動。

(5)依前1.(4)之規定操作後，確認警報裝置之動作，以手動操作打開啓動用氣體容器之容器閥，氣體向放射區域放射，確認移報受信總機功能之動作是否正常。

2.加壓式者應依下列規定

(1)應進行放射試驗，其放射試驗所需試驗用氣體量爲該放射區域應設加壓用氣體之10%以上（小數點以下有尾數時，則進1）。

(2)檢查時，應注意下列事項。

檢查後，供加壓用氣體再充填期間，替代設置之加壓用氣體容器，應準備與放射加壓用氣體同一產品之同樣瓶數。

(3)檢查前，應依下列事項事先準備好加壓氣體容器。

A.暫時切斷控制盤等電源設備。（機械式噴放控制器免之）

B.將放射加壓用氣體容器旋入容器閥開放裝置及完成操作管連接。

C.除放射用加壓氣體容器外，應取下連接管後，用帽蓋蓋住集合管部。

D.應塞住放射用以外之操作管。

E.確認除儲存容器等及加壓用氣體容器外，其餘部分是否處於正常設置狀態。

F.控制盤等之設備電源，應處於「開」之位置。

(4)檢查時之啓動操作準用前1.(4)進行。

(5)依前項規定操作後，確認警報裝置之動作，以手動操作打開啓動用氣體容器之容器閥，氣體向放射區域放射，確認移報受信總機功能之動作是否正常。

(二)判定方法

1.加壓用或啓動用氣體容器確實擊發。

2.如設有警報裝置，應確實鳴響。

3.移報火警受信總機功能應確實動作。

4.瓦斯遮斷閥應動作關閉瓦斯。

(三)注意事項

1.檢查結束後，應將檢查時使用之試驗用氣體容器，換裝回復爲原設置之儲存容器。

2.完成檢查後，應將所有裝置回復定位。

第二十六章　配　線

一　外觀檢查

(一)專用回路

1.檢查方法：以目視確認之。
2.判定方法：
(1)有消防安全設備別之明顯標示，且標示無污損及不明顯之情形。
(2)不得與一般電路相接。
(二)開關器、斷路器等
1.檢查方法：以目視確認之。
2.判定方法：
(1)無損傷、溶斷、過熱、變色之情形。
(2)接續部確實接續，無脫落之情形。
(三)保險絲等
1.檢查方法：以目視確認之。
2.判定方法：
(1)應無損傷或溶斷之情形。
(2)應為規定之種類及容量。
(四)耐燃耐熱保護
1.檢查方法：以目視確認之。
2.判定方法：
(1)耐燃、耐熱保護配線之區分應符合各類場所消防安全設備設置標準第二百三十六條之規定。
(2)電源回路配線之耐燃保護使用MI電纜或耐燃電纜時，應無損傷之情形；裝於金屬導線管槽內，並埋設於防火構造物之混凝土內時，應無混凝土脫落、電線外露之情形。
(3)控制回路及標示燈回路配線之耐熱保護使用MI電纜、耐燃電纜、耐熱電線電纜或裝置於金屬導線管槽內時，應無損傷之情形。
(4)耐燃或耐熱保護配線之電線種類及施工方法，應符合表26-1或表26-2之規定。

表26-1　耐燃保護配線之電線種類及施工方法表

區　分	電　線　種　類	施　工　方　法
耐燃配線	．600V耐熱聚氯乙烯絕緣電線（HIV）（CNS8379） ．聚四氟乙烯（特夫綸）絕緣電線（CNS10612） ．聚乙烯（交連聚乙烯）絕緣聚氯乙烯（氯乙烯）被覆耐火電纜（CNS11359） ．600V聚乙烯絕緣電線（IE）（CNS10314） ．600V乙丙烯橡膠（EPR）絕緣電纜（CNS10599） ．鋼帶鎧裝電纜 ．鉛皮覆電纜（CNS2146） ．矽橡膠絕緣電線 ．匯流排槽	1.電線應裝於金屬導線管槽內，並埋設於防火構造物之混凝土內，混凝土保護厚度應為二十公厘以上。但使用不燃材料建造，且符合建築技術規則防火區劃規定之管道間，得免埋設。 2.其他經中央消防機關指定之耐燃保護裝置。
	耐燃電纜 MI 電纜	得按電纜裝設法，直接敷設。

表26-2 耐熱保護配線之電線種類及施工方法表

區 分	電 線 種 類	施 工 方 法
耐熱配線	・600V耐熱聚氯乙烯絕緣電線（HIV）（CNS8379） ・聚四氟乙烯（特夫綸）絕緣電線（CNS10612） ・聚乙烯（交連聚乙烯）絕緣聚氯乙烯（氯乙烯）被覆耐火電纜（CNS11359） ・600V聚乙烯絕緣電線（IE）（CNS10314） ・600V乙丙烯橡膠（EPR）絕緣電纜（CNS10599） ・鋼帶鎧裝電纜 ・鉛皮覆電纜（CNS2146） ・矽橡膠絕緣電線 ・匯流排槽	1.電線應裝於金屬導線管槽內裝置。 2.其他經中央消防機關指定之耐燃保護裝置。
	耐熱電線電纜 耐燃電纜 MI 電纜	得按電纜裝設法，直接敷設。

二 性能檢查

㈠檢查方法：

1.切斷電壓電路之電源，以電壓（流）計等確認已無充電之情形後，使用絕緣電阻計依圖26-1所定之測量位置，針對電源回路、操作回路、表示燈回路、警報回路等之電壓電路測定配線間及配線與大地間之絕緣電阻值。但使用因絕緣阻抗試驗會有妨礙之虞的電子零件回路，及配線相互間難以測定之回路，得省略之。

2.絕緣阻抗試驗測量時配線情形如圖26-2所示。

3.低壓回路開關器或斷路器之每一分岐回路配線間及配線與大地間之絕緣電阻值測定，使用500伏特以下之絕緣電阻計測量。

4.高壓回路電源回路間及電源回路與大地間之絕緣電阻值測定，使用1,000伏特、2,000伏特或5,000伏特之絕緣電阻計測量。

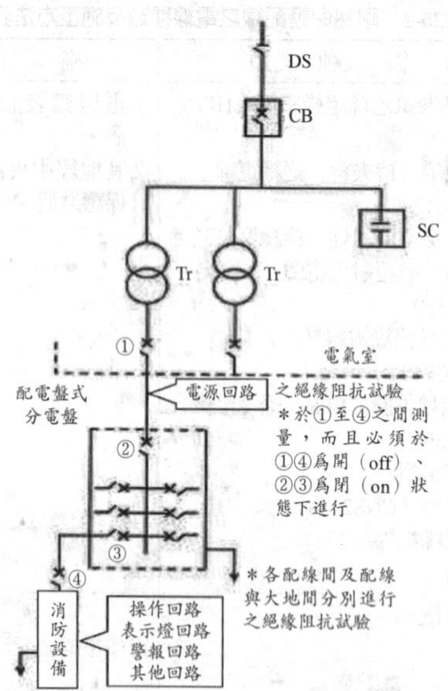

圖26-1　絕緣阻抗試驗測量位置圖

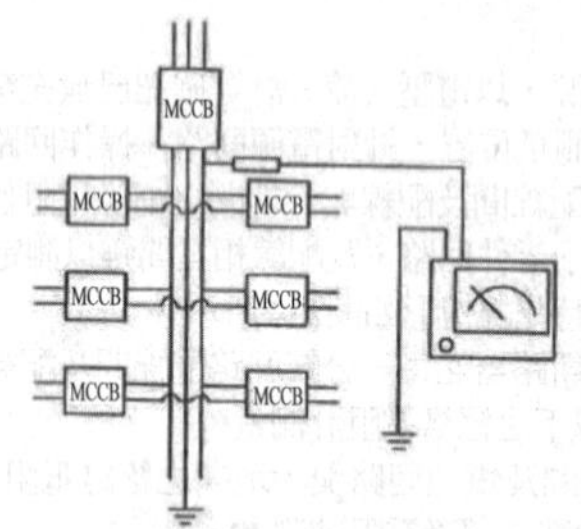

圖26-2　絕緣阻抗試驗測量時配線圖

㈡判定方法：測定值應符合表26-3所列之數值以上。

表26-3　耐燃耐熱配線絕緣阻抗試驗合格判定表

區　分		絕緣電阻值
300V 以下	對地電壓（在接地式電路，指電線和大地間之電壓；在非接地式電路，指電線間之電壓，以下均同）應爲 150V 以下。	0.1MΩ
	其他情形	0.2MΩ
超過 300V 者		0.4MΩ
3,000V 高壓電路		3MΩ
6,000V 高壓電路		6MΩ

配線檢查表

消防安全設備種類			
	□室內消防栓設備	□室外消防栓設備	□自動撒水設備
	□水霧滅火設備	□泡沫滅火設備	□冷卻撒水設備
	□射水設備	□二氧化碳滅火設備	□乾粉滅火設備
	□火警自動警報設備	□瓦斯漏氣火警自動警報設備	□緊急照明設備
	□緊急廣設備	□標示設備	□排煙設備
	□連結送水管	□消防專用蓄水池	□緊急電源插座
	□無線電通信輔助設備		

檢 修 項 目		檢 修 結 果			處置措施
		種別、容量等內容	判定	不良狀況	
外 觀 檢 查					
專用回路					
開關器、斷路器等					
保險絲等					
耐燃耐熱保護					
性 能 檢 查					
絕緣電阻值	電源回路				
	操作回路				
	表示燈回路				
	警報回路				
備註					

檢查器材	機器名稱	型 式	校正年月日	製造廠商	機器名稱	型 式	校正年月日	製造廠商

檢查日期	自民國 年 月 日 至民國 年 月 日

檢修人員	姓名		消防設備師(士)	證書字號		簽章	（簽章）
	姓名		消防設備師(士)	證書字號		簽章	（簽章）
	姓名		消防設備師(士)	證書字號		簽章	（簽章）
	姓名		消防設備師(士)	證書字號		簽章	（簽章）

1.應於「種別、容量等情形」欄內填入適當之項目。

2.檢查合格者於判定欄內打「○」；有不良情形時於判定欄內打「×」，並將不良情形填載於「不良狀況」欄。

3.對不良狀況所採取之處置情形應填載於「處置措施」欄。

4.欄內有選擇項目時應以「○」圈選之。

住宅用火災警報器設置辦法

民國99年12月30日內政部令訂定發布全文11條；並自發布日施行。

第一條

本辦法依消防法（以下簡稱本法）第六條第四項及第五項規定訂定之。

第二條

①本法第六條第四項及第五項所定場所之管理權人，依本辦法規定設置住宅用火災警報器並維護之。

②消防機關得依本法第六條第四項所定場所之危險程度，分類列管檢查及複查。

③依本法第十條規定審查本法第六條第四項場所之消防安全設備圖說時，將住宅用火災警報器納入審查項目。

第三條

①住宅用火災警報器安裝於下列位置：

一　寢室、旅館客房或其他供就寢用之居室（以下簡稱寢室）。

二　廚房。

三　樓梯：

㈠有寢室之樓層。但該樓層為避難層者，不在此限。

㈡僅避難層有寢室者，通往上層樓梯之最頂層。

四　非屬前三款規定且任一樓層有超過七平方公尺之居室達五間以上者，設於走廊；無走廊者，設於樓梯。

②設有符合各類場所消防安全設備設置標準之自動撒水設備或同等性能以上之滅火設備（限使用標示溫度在七十五度以下，動作時間在六十秒以內之密閉型撒水頭）者，在該有效範圍內，得免設置住宅用火災警報器。

第四條

住宅用火災警報器依下列方式安裝：

一　裝置於天花板或樓板者：

㈠警報器下端距離天花板或樓板六十公分以內。

㈡裝設於距離牆面或樑六十公分以上之位置。

二　裝置於牆面者，距天花板或樓板下方十五公分以上五十公分以下。

三　距離出風口一點五公尺以上。

四　以裝置於居室中心為原則。

第五條

住宅用火災警報器依下表所列種類設置之：

位置	種類
寢室、樓梯及走廊	離子式、光電式
廚房	定溫式

第六條

住宅用火災警報器以電池為電源者，於達電壓下限發出提示或聲響時，管理權人即更換電池。

第七條

①住宅用火災警報器使用電池以外之外部電源者，有確保電源正常供給之措施。
②前項電源和分電盤間之配線，不得設置插座或開關，並符合屋內配線裝置規則規定。

第八條

①住宅用火災警報器具備自動試驗功能者，於出現功能異常訊息時更換之；不具備自動試驗功能者，於使用期限屆滿前更換之。
②除前項情形外，管理權人依警報器使用說明書檢查住宅用火災警報器，並維持功能正常。

第九條

①本法第六條第四項規定之場所，於本法中華民國九十九年五月二十一日修正生效前既設者，應於一百年十二月三十一日以前設置住宅用火災警報器。
②前項場所於本法中華民國九十九年五月二十一日至本辦法發布生效前有新建、增建、改建、用途變更者，應於一百年三月三十一日以前設置住宅用火災警報器。

第一〇條

本法第六條第五項規定之場所，於本辦法發布生效前既設者，於中華民國一百零六年十二月三十一日以前設置住宅用火災警報器。

第一一條

本辦法自發布日施行。

各級消防主管機關辦理消防安全檢查違法案件處理注意事項

①民國87年8月29日內政部函訂頒全文6點。
②民國88年11月19日內政部函修正發布全文6點。
③民國91年3月7日內政部函修正發布全文6點。
④民國92年3月7日內政部函修正發布全文6點。
⑤民國93年3月4日內政部消防署函修正發布第4點。
⑥民國93年7月19日內政部函修正發布全文6點。
⑦民國96年4月25日內政部令修正發布全文6點；並自即日生效。
⑧民國99年11月29日內政部令修正發布第2、4點；並自即日生效。
⑨民國102年4月8日內政部令修正發布第4點。
⑩民國103年2月10日內政部令修正發布第4點表九；並自即日生效。
⑪民國106年4月10日內政部令修正發布全文6點；並自即日生效。
⑫民國107年8月28日內政部令修正發布第4點表十；並自即日生效。
⑬民國108年12月19日內政部令修正發布第3點及第4點表五、表五之一、表八；並自即日生效。
⑭民國109年6月20日內政部令修正發布第4點表一、表二、表四、表五之一、表六、表八；並自即日生效。

一　為辦理消防法第三十七條第一項、第三十八條至第四十條、第四十二條及第四十二條之一規定之案件，特訂定本注意事項。

二　消防法第六條第一項消防安全設備與同條第四項住宅用火災警報器之設置及維護、第九條檢修申報、第十一條第一項防焰物品之使用、第十二條第一項消防機具、器材及設備之使用、第十三條防火管理、第十五條公共危險物品及可燃性高壓氣體設置標準暨安全管理及第十五條之一使用燃氣之熱水器及其配管之承裝業，有關檢查規定如下：

㈠領有使用執照之場所，得依危險程度分類列管檢查；其不合規定事項，依消防法相關規定處理。

㈡未申領使用執照或未依使用執照用途之違規使用場所，以其實際用途分類列管檢查；其不合規定事項，依消防法相關規定處理。

㈢領有燃氣熱水器承裝業證書之場所，得列管檢查；其不合規定事項，依消防法相關規定處理。

三　依據消防法第三十八條、第三十九條前段、第四十二條前段及第四十二條之一前段裁處之案件，不須經限期改善之程序，應逕行舉發並裁處。

四　限期改善、舉發及裁處時應依違反事實及法規認定之，並注意下列程序之合法、完整：

㈠限期改善案件應依裁處基準表所列期限，審酌個案給予適當改善期限，如一時無法判定，得以書面（格式如附件一）通知該場所管理權人於七日內提出改善計畫書（格式如附件二），處分機關應依改善計畫書內容，實際審核該場所改善期限，並以書面（格式如附件三）通知。

㈡經通知限期改善，逾期不改善或複查不合規定案件，應予以舉發（格式如附件四、五），必要時得通知陳述意見（格式如附件六）。裁處時依違規情形，把握適當、公平、效果三原則，依表一至表十之裁處基準表，慎選量罰。但於案情特殊或違法情節重大時，得依個案為公平適當之裁處，不在此限。

㈢違反消防法第六條第一項、第四項、第十一條第一項、第十五條或第十五條之一，經依消防法第三十七條第一項、第四十二條或第四十二條之一連續處罰，並予以停業或停止使用之處分後，仍不改善者，得依行政執行法第三十條處新臺幣五千元以上三十萬元以下怠金。但依個案情形不宜予以停業或停止使用之處分者，不在此限。

㈣經連續處罰，並予以停業或停止使用之處分，且處以怠金後，仍不改善而繼續營業或使用者，並得依行政執行法第二十八條第二項第四款及第三十二條規定斷絕其營業所必須之自來水、電力或其他能源。

㈤處以怠金或斷絕自來水、電力、其他能源前，應於處分書或其他書面載明不依限履行時，將予以怠金或斷水、斷電等之意旨。

五　違法案件之裁處（包含罰鍰、非罰鍰），應作成裁處書及送達證書，依規定派員送達或用雙掛號郵寄送達被處分人；裁處罰鍰者，並應限期令被處分人至繳納罰鍰地點（直轄市、縣市政府協調之相關單位或金融機構）繳納罰款，逾期未繳納者，由處分機關移送法務部行政執行署所屬各分署強制執行。

六　各級消防主管機關應遴派熟悉消防法規之適當人員負責，以公正、客觀之態度審愼處理，各項文書如授權決行應有明文。

被處分人不服裁處提起訴願時，原處分機關應先行審查原處分是否合法妥當，如認訴願爲有理由者，得自行撤銷或變更原行政處分，並陳報訴願管轄機關；如不依訴願人之請求撤銷或變更原處分者，應自收到訴願書之日起二十日內，附具答辯書，並將必要之關係文件，函送訴願管轄機關。

有關消防法案件限期改善通知單、改善計畫書、舉發通知單、意見陳述書、裁處書、送達證書、強制執行移送書、訴願答辯書之格式如附件一至附件十一。

表一　違反消防法第六條第一項有關消防安全設備設置及維護規定裁處基準表

適用法條	次數／違規情形	第一次	第二次	第三次	第四次以上	備註（單位：新臺幣）
消防法第三十七條第一項	嚴重違規	一萬二千元以下	二萬四千元以下	三萬元以下	三萬元以下及三十日以下停業或停止使用	一、裁罰金額之下限爲六千元。 二、一般違規及輕微違規經屢次處罰仍不改善者，得比照嚴重違規加重處罰。
	一般違規	九千元以下	一萬八千元以下	三萬元以下	三萬元以下	
	輕微違規	六千元	一萬二千元以下	二萬四千元以下	三萬元以下	

附註：

一、嚴重違規：如緊急電源、加壓送水裝置、消防水源、消防栓箱、配管、配線、排煙設備、無線電通信輔助裝置、自動警報逆止閥、一齊開放閥、受信總機、移動式自動滅火設備、通風換氣裝置、音響警報裝置、火警綜合盤、廣播主機、自動滅火設備藥劑、避難器具等拆除、損壞或功能不符等情形。

二、一般違規：如系統之部分配件，火警探測器、瓦斯漏氣檢知器、撒水頭、水霧頭、泡沫頭（噴頭）、蜂鳴器、水帶、瞄子等損壞、拆除、缺少或功能不符等情形。

三、輕微違規：嚴重違規與一般違規未列舉之違規事項。

表二　違反消防法第六條第四項有關住宅用火災警報器設置及維護規定裁處基準表

適用法條	次數／違規情形	第一次	第二次	第三次	第四次以上	備註（單位：新臺幣）
消防法第三十七條第一項	一般違規	九千元以下	一萬八千元以下	三萬元以下	三萬元以下	裁罰金額下限均為六千元。
	輕微違規	六千元	一萬二千元以下	二萬四千元以下	三萬元以下	

附註：
一、一般違規：未依規定設置。
二、輕微違規：未依規定維護、更新。

表三　違反消防法第七條第一項有關從事消防安全設備設計、監造、裝置及檢修規定裁處基準表

次數／違規情形	第一次	第二次	第三次	備註（單位：新臺幣）
消防法第三十八條第一項	六萬元以下	十二萬元以下	十五萬元以下	裁罰金額下限為三萬元。

表四　違反消防法第九條有關檢修設備規定裁處基準表

適用法條	次數／違規情形	第一次	第二次	第三次	第四次以上	備註（單位：新臺幣）
消防法第三十八條第二項	嚴重違規	二萬元以下	四萬元以下	五萬元以下	五萬元以下	裁罰金額下限均為一萬元。
	一般違規	一萬五千元以下	三萬元以下	五萬元以下	五萬元以下	
	輕微違規	一萬二千元以下	二萬四千元以下	四萬八千元 以下	五萬元以下	

附註：
一、嚴重違規：未依規定委託消防專業技術人員或專業檢修機構檢修。
二、一般違規：委託非消防專業技術人員或非消防專業檢修機構檢修。
三、輕微違規：有委託消防專業技術人員檢修，唯未依限將檢修結果報請當地消防機關備查。
四、消防專業技術人員係指領有內政部核發消防設備師證書、消防設備士證書或消防安全設備裝置檢修暫行執業證書人員。

表五　消防設備師、消防設備士、暫行從事消防安全設備裝置檢修人員違反消防法第九條第二項有關消防安全設備檢修及申報辦法或為消防安全設備不實檢修報告裁處基準表

適用法條	次數／違規情形	第一次	第二次	第三次	第四次	第五次以上	備註（單位：新臺幣）
違反消防法第三十八條第三項	嚴重違規	四萬元以下	八萬元以下	十萬元以下及由中央主管機關處一個月以上四個月以下停止執行業務或停業之處分	十萬元以下及由中央主管機關處四個月以上八個月以下停止執行業務或停業之處分	十萬元以下及由中央主管機關處八個月以上十二個月以下停止執行業務或停業之處分	一、裁處金額下限均為二萬元。 二、裁罰次數累加計算之期間為第一次查獲違規行為後，滿三年時為止。
	一般違規	三萬元以下	六萬元以下	十萬元以下	十萬元以下及由中央主管機關處一個月以上四個月以下停止執行業務或停業之處分	十萬元以下及由中央主管機關處四個月以上八個月以下停止執行業務或停業之處分	
	輕微違規	二萬四千元以下	四萬元八千元以下	九萬六千元以下	十萬元以下	十萬元以下及由中央主管機關處一個月以上四個月以下停止執行業務或停業之處分	

附註：
一、嚴重違規：未依規定作綜合檢查。
二、一般違規：
(一)未依規定作性能檢查。
(二)檢查之必要設備及器具未依規定辦理校正。
三、輕微違規：
(一)未依規定做外觀檢查。
(二)未依命令附加或除去檢修完成標示。
(三)未依規定填具各種設備檢查表。

表五之一　違反消防法第九條第三項有關消防安全設備檢修專業機構管理辦法裁處基準表

適用法條	次數／違規情形	第一次	第二次	第三次	第四次	第五次以上	備註（單位：新臺幣）
違反消防法第三十八條第四項	嚴重違規	七萬元以下	十萬元以下	十五萬元以下及由中央主管機關予以十日以下之停業處分	十五萬元以下及由中央主管機關予以二十日以下之停業處分	十五萬元以下及由中央主管機關予以三十日以下之停業處分或廢止其許可	一、裁處金額下限爲三萬元。 二、裁罰次數累加計算之期間爲第一次查獲違規行爲後，滿三年時爲止。
	一般違規	五萬元以下	九萬元以下	十三萬元以下	十五萬元以下及由中央主管機關予以十日以下之停業處分	十五萬元以下及由中央主管機關予以二十日以下之停業處分	
	輕微違規	四萬元以下	八萬元以下	十二萬元以下	十五萬元以下	十五萬元以下及由中央主管機關予以十日以下之停業處分	

附註：

一、嚴重違規：

㈠有違反法令之行爲且情節重大。

㈡以詐欺、脅迫或其他不正當方法招攬業務。

㈢無故洩漏因業務而知悉之秘密。

㈣未由消防設備師或消防設備士親自執行職務或未據實填寫檢修報告書。

㈤未依審查通過之業務執行規範及檢修作業手冊確實執行檢修業務。

㈥未由二名以上之消防設備師或消防設備士共同執行高層建築物或地下建築物檢修業務。

㈦依規定報請備查之檢修業務執行等報告書表有不實情事。

二、一般違規：

㈠未依規定備置及保存受託檢修場所清冊等資料。

㈡未依規定將次年度檢修業務等計畫書報請備查或未依備查計畫辦理檢修業務與人員訓練。

㈢未依規定將上年度檢修業務執行等報告書報請備查。

三、輕微違規：

㈠檢修報告書未經執行檢修人員簽章或代表人簽署。

㈡執行業務未依規定佩帶識別證件。

㈢消防設備師（士）有僱用、解聘、資遣、離職、退休、死亡或其他異動情事，未依規定報請備查。

表六　違反消防法第十一條第一項有關防焰物品使用規定裁處基準表

適用法條	次數 違規情形	第一次	第二次	第三次	第四次以上	備註 （單位：新臺幣）
消防法第三十七條第一項	嚴重違規	一萬二千元以下	二萬四千元以下	三萬元以下	三萬元以下及三十日以下停業或停止使用	一、裁罰金額下限爲六千元。 二、一般違規經屢次處罰仍不改善者，得比照嚴重違規加重處罰。
	一般違規	九千元以下	一萬八千元以下	三萬元以下	三萬元以下	

附註：
一、嚴重違規：應使用防焰標示場所均未依規定使用附有防焰標示之防焰物品。
二、一般違規：應使用防焰標示場所部分未依規定使用附有防焰標示之防焰物品。

表七　違反消防法第十一條第二項或第十二條第一項有關銷售、陳列或設置規定裁處基準表

適用法條	次數 違規情形	第一次	第二次	第三次	第四次以上	備註 （單位：新臺幣）
消防法第三十九條	違規銷售或設置	四萬元以下	六萬元以下	八萬元以下	十萬元以下	裁罰金額之下限爲二萬元。
	違規陳列	一萬五千元以下	三萬元以下	四萬元以下	五萬元以下	裁罰金額之下限爲一萬元。

附註：
一、違規銷售或設置：銷售或設置未附有防焰標示之防焰物品或未經檢驗合格之消防機具、器材及設備。
二、違規陳列：以銷售爲目的，陳列未附有防焰標示之防焰物品或未經檢驗合格之消防機具、器材及設備。
三、違規陳列部分應以書面勸導改善，仍不改善，得逕行舉發並裁處。

表八　違反消防法第十三條有關防火管理規定裁處基準表

適用法條	次數／違規情形	第一次	第二次	第三次	第四次以上	備註（單位：新臺幣）
消防法第四十條	嚴重違規	二萬元以下	四萬元以下	五萬元以下	五萬元以下及三十日以下停業或停止使用	裁罰金額下限爲一萬元。
	一般違規	一萬五千元以下	三萬元以下	五萬元以下	五萬元以下	

附註：

一、嚴重違規：

㈠未依規定遴用防火管理人（含異動）。

㈡未依規定製定消防防護計畫（含共同、變更及施工）。

㈢未依消防防護計畫實施自衛消防編組訓練。

二、一般違規：其他未依消防防護計畫執行防火管理業務。

表九　違反消防法第十五條有關公共危險物品及可燃性高壓氣體設置標準暨安全管理辦法裁處基準表

適用法條	次數／違規情形	第一次	第二次	第三次	第四次以上	備註（單位：新臺幣）
消防法第四十二條	違反公共危險物品及可燃性高壓氣體設置標準暨安全管理辦法第七十七條或第七十八條第二項	四萬元以上七萬元以下	七萬元以上十萬元以下			經處罰鍰後仍不改善者，得連續處罰，並得予以三十日以下停業或停止其使用之處分。
	嚴重違規	四萬元以下	八萬元以下	十萬元以下	十萬元以下	
	一般違規	三萬元以下	六萬元以下	八萬元以下	十萬元以下	
	輕微違規	二萬元	四萬元以下	六萬元以下	十萬元以下	

附註：

一、違反「公共危險物品及可燃性高壓氣體設置標準暨安全管理辦法」（以下簡稱本辦法）第七十七或第七十八條第二項：

㈠違反本辦法第七十七條之規定，如業者以槽車灌裝液化石油氣容器、瓦斯行或民衆將容器送至非法分裝場灌氣或利用容器分裝等。

㈡違反本辦法第七十八條第二項之規定，如分裝場已灌裝逾期、未標示合格商號及電話或腐蝕變形無法直立之液化石油氣容器等。

二、嚴重違規：

㈠公共危險物品及可燃性高壓氣體場所設置位置、面積、安全距離及保留空地寬度未符合本辦法之規定。

㈡未依本辦法第七十一條規定設置儲存場所。
㈢液化石油氣容器未經中央主管機關型式認可及個別認可合格並附加合格標示。
㈣液化石油氣容器檢驗場有下列情形之一者：
1.合格標示內容故意登載不實。
2.未依容器定期檢驗作業基準循序完成即製作合格標示。
3.使用偽造、變造合格標示。
4.未依規定銷毀不合格容器且回流消費者使用。
5.認可證書記載事項變更未申請變更。
6.基本檢驗設施不符規定。
7.合格標示擅自流通。
㈤已逾檢驗期限容器超過五支者。
㈥使用附加偽造、變造合格標示之容器。
㈦違反本辦法第七十八條第一項規定（如分裝場將未灌氣之逾期容器、未標示合格商號及電話之容器，或腐蝕變形之容器置於灌裝臺上）。

三、一般違規：
㈠公共危險物品及可燃性高壓氣體場所構造、設備未符合本辦法之規定。
㈡未符合保安監督人相關管理規定。
㈢液化石油氣容器檢驗場有下列情形之一者：
1.合格標示資料管理不當。
2.未依規定記錄及保存定期檢驗資料。
3.未提供可稽核查詢定期檢驗紀錄資料之資訊介面或文書處理軟體。
4.監控系統未保持連線及紀錄且可歸責於檢驗場。
5.未依規定辦理容器檢驗員教育訓練。
6.合格標示因人為疏失致登載不實。
7.不合格容器未填寫不合格表或填寫不實。
8.未依限辦理不合格容器銷毀。
9.未依規定辦理定期檢驗器具校正或校正不準確。
10.未依限將翌月之不合格容器（閥）預定壓毀日期、時間報請當地消防機關派員監毀並副知 本部，或執行壓毀時未製作不合格容器清冊供消防人員稽查。
11.每月液化石油氣容器定期檢驗結果統計表、液化石油氣容器檢驗場統計表、液化石油氣容器檢驗場購置新容器閥統計表，未於次月五日前報請本部或本部公告之專業機構，及當地 消防機關備查，或當日容器定期檢驗資料未於翌日中午前送本部或本部公告之專業機構。
12.容器檢驗員、容器基本檢驗設施異動時，未依限報本部及當地消防機關備查。
13.定期檢驗器具項目數量少於原經認可數量。
14.定期檢驗標準作業程序文件不符規定。
15.容器瓶肩資料模糊不清，未補行打刻，使其易於辨識。
㈣已逾檢驗期限容器五支以內。
㈤違反本辦法第七十一條規定，未將所屬容器儲存於儲存場所內。
㈥違反本辦法第七十三條規定。

四、輕微違規：公共危險物品及可燃性高壓氣體場所之安全管理事項未符合本辦法之規定。

表十　違反消防法第十五條之一有關燃氣熱水器及其配管承裝業安全管理裁處基準表

適用法條	違規情形＼次數	第一次	第二次	第三次	第四次以上	備註（單位：新臺幣）
消防法第四十二條之一	嚴重違規	二萬元以下	四萬元以下	五萬元以下	五萬元以下	一、裁罰金額下限為一萬元。 二、限期改善以三十日為原則。
	一般違規	一萬五千元以下	三萬元以下	五萬元以下	五萬元以下	

附註：

一、嚴重違規：

㈠未僱用領有合格證照（含未定期參加主管機關或其委託之專業機構辦理之訓練）者，從事熱水器及配管之安裝工作。

㈡未依燃氣熱水器及其配管安裝標準規定，就用戶安裝環境選擇正確熱水器及其配管型式，依規定進行安裝工作。

㈢違反或逾越承裝業營業登記事項而從事熱水器安裝工作。

二、一般違規：

㈠未依燃氣熱水器及其配管安裝標準實施竣工檢查。

㈡未提供施工紀錄或故意填寫不確實。

㈢安裝完工後，未張貼施工標籤或記載不確實。

三、經處罰鍰後屆限期改善期限仍不改善者，得連續處罰或逕予停業處分。

申請暫行從事消防安全設備設計監造裝置及檢修人員須知

①民國85年7月23日內政部函訂定發布全文11點。
②民國87年8月19日內政部函修正發布名稱及第8點（原名稱：申請暫行從事消防安全設備設計、監造、裝置及檢修人員須知）。

一　申請暫行從事消防安全設備設計、監造、裝置及檢修人員，依本須知之規定。

二　合於下列規定者，得申請暫行從事消防安全設備之設計、監造業務：建築師，土木工程科、機械工程科、冷凍空調工程科、電機工程科、工業安全科、環境工程科及結構工程科技師，或已取得行政院勞工委員會核發之消防職類三種乙級技術士證（不包含滅火器類科）以上者。

三　合於下列各款規定之一者，得申請暫行從事消防安全設備之裝置、檢修業務：
㈠取得行政院勞工委員會核發之消防職類五種乙級技術士證之一者。
㈡領有暫行從事消防安全設備設計、監造之暫行執業證書者。

四　申請暫行從事消防安全設備設計、監造、裝置及檢修之人員，應檢具相關資格證明文件，向內政部（以下簡稱本部）消防署辦理登錄。

五　具有下列各款事由之一者，得不予登錄：
㈠建築師、技師或技術士於執行職務時有違反法令之情事，經各該主管機關懲處確定者。
㈡檢送之資格證明文件，經查證為虛偽或無從查證者。

六　申請暫行從事消防安全設備設計、監造、裝置及檢修之人員經登錄者，應接受專業講習，經專業講習合格，取得本部發給之暫行執業證書後，始得為之，並依消防設備師及消防設備士管理辦法之規定執行業務。

七　申請暫行從事消防安全設備設計、監造之人員，其講習科目及時數如下：

講習科目	講習時數
消防法令	四小時
避難系統設計	二小時
水系統消防安全設備設計	四小時
化學系統消防安全設備設計	三小時
警報系統消防安全設備設計	三小時

八　申請暫行從事消防安全設備裝置、檢修之人員，其講習科目及時數如下。但已取得消防職類乙級技術士證之類科或合於第三點第二款資格者，得酌減其講習科目及時數。

講習科目	講習時數
消防法令	四小時
各類場所消防安全設備檢修及申報作業基準	十小時
滅火器	二小時
避難逃生設備	四小時

警報設備	八小時
水系統消防安全設備	八小時
化學系統消防安全設備	八小時

九　暫行執業期限自即日起，至經考試及格領有執業證書之消防設備師人數滿五百人且消防設備士人數滿五千人之翌年六月三十日止。

十　暫行執業證書證書費新臺幣伍佰元整。

十一　專業講習由本部委託專業機構或團體辦理，講書費用由申請人自行負擔。

防焰性能認證實施要點

①民國86年4月3日內政部函訂定發布全文20點；並自86年7月1日實施。
②民國86年11月6日內政部函修正發布第5點。
③民國93年3月15日內政部函發布刪除第2點。
④民國95年1月26日內政部令修正發布第4、9、12、13、15、20點；並自95年2月10日起生效。
⑤民國96年7月26日內政部令修正發布第13～15、17、18點；並自96年8月1日起生效。
⑥民國97年6月4日內政部令修正發布第3、4、12、13、15、17點；增訂第13-1～13-3點；並自即日生效。
⑦民國108年3月22日內政部令修正發布全文27點；除第23點自108年7月1日生效外，餘自即日生效。

一　本要點依消防法施行細則第七條第二項規定訂定之。

二　消防法第十一條第一項所稱地毯、窗簾、布幕、展示用廣告板及其他指定之防焰物品，係指下列物品：

(一)地毯：梭織地毯、植簇地毯、合成纖維地毯、手工毯、滿舖地毯、方塊地毯、人工草皮與面積二平方公尺以上之門墊及地墊等地坪舖設物。

(二)窗簾：布質製窗簾（含布製一般窗簾，直葉式、橫葉式百葉窗簾、捲簾、隔簾、線簾）。

(三)布幕：供舞台或攝影棚使用之布幕。

(四)展示用廣告板：室內展示用廣告合板。

(五)其他指定之防焰物品：係指網目在十二公釐以下之施工用帆布。

三　申請防焰性能認證之業別，其簡稱及定義如下：

(一)製造業：A類，指製造防焰物品或其材料（合板除外）者。

(二)防焰處理業：B類，指對大型布幕或洗濯後防焰物品（地毯及合板除外）施予處理賦予其防焰性能者。

(三)合板製造或防焰處理業：C類，指製造具防焰性能合板或對合板施予處理賦予其防焰性能者。

(四)進口販賣業：D類，指進口防焰物品或其材料，確認其防焰性能，進而販售者。

(五)裁剪、縫製、安裝業：E類，指從事防焰物品或其材料之裁剪、縫製、安裝者。

四　前點第一款至第四款業者申請防焰性能認證，應檢具下列文件一式三份並繳納審查費，向內政部（以下簡稱本部）委託之機關（構）、學校、團體（以下簡稱專業機構）提出，經專業機構協助審查及本部複審合格者，由本部發給防焰性能認證合格證書（格式如附件一），並予編號登錄。

(一)申請書（格式如附件二）。

(二)營業概要說明書（格式如附件三）。

(三)公司登記或商業登記證明文件影本；設有工廠者，應附工廠登記證影本；委由其他公司或工廠製造或處理者，應附該受託公司或工廠之登記證明文件影本。

(四)防焰性能品質機器一覽表（格式如附件四或附件五）。

(五)防焰處理技術人員資料說明書（格式如附件六）。

(六)防焰物品或其材料品質管理方法說明書（格式如附件七）。

(七)防焰標示管理說明書（格式如附件八）。

(八)經本部評鑑合格之試驗機構出具之防焰性能試驗合格報告書。

前點第五款業者申請防焰性能認證，應檢附前項第一款至第三款及第七款所列文件一式三份並繳納審查費，向當地消防機關提出，經當地消防機關初審及本部複審合格者，由本部發給防焰性能認證合格證書，並予編號登錄。

本部應於專業機構或直轄市、縣（市）消防機關受理申請之日起二個月內，將審查結果通知申請人。

五　前點申請案不合程序或有欠缺，其可以補正者，本部應通知申請人補正，不得補正者，原件連同審查費退還申請人。

前項補正期間以一個月為限，申請人屆期不補正者，本部得將原件連同審查費退還申請人。

六　第四點第一項本文所定審查，依程序分為書面審查及實地調查。

實地調查之重點工作如下：

㈠防焰處理設備及器具之現況。

㈡品質管理用機器。

㈢品質管理方法。

七　對於申請防焰性能認證之製造、防焰處理及進口販賣業者之公司、商業、工廠，專業機構應定期日進行實地調查，並將該申請人所提之各式文件一份，函送當地消防機關派員配合調查，以查證其申請資料與公司、商業、工廠之設備、品管與防焰能力是否相符。

前項申請人之公司或商業及其工廠分別設於不同直轄市、縣（市）者，以至工廠所在地調查為原則，必要時得至公司或商業調查。

對於申請防焰性能認證之裁剪、縫製、安裝業者之公司或商業，當地消防機關於受理申請案後，應定期日進行實地調查。

各直轄市、縣（市）消防機關於進行前項實地調查後，應於七日內填具調查意見表（如附件九），備文函送本部。

經實地調查不合規定者，由本部檢附審查結果，通知申請人於文到之日起二個月內改善，屆期不改善或改善不合規定者，應附理由駁回其申請，審查費不予退還。

八　製造業者，應符合下列規定：

㈠設置下列防焰處理設備或器具。但其製造之產品材質，不須再經防焰處理即已具防焰性能者，不在此限。

1.鑑別欲施以防焰處理之布料及其他材料之器具。

2.調配防焰藥劑之器具。

3.均勻浸泡、脫水、烘乾之設備。但製造地毯之業者，應設有能使防焰性能均一之設備。

㈡設置下列品質管理用機器：

1.測試防焰性能用機器。

2.測試耐洗性能用水洗機或乾洗機。但製造或進口地毯者，不在此限。

㈢品質管理方法應符合下列規定：

1.設有適當之品質管理組織。

2.訂有物料、產品之檢查基準及其檢查結果之記錄方法。

㈣品質管理部門至少應置一名以上防焰處理技術人員。

前項第四款之防焰處理技術人員應具有下列資格之一：

㈠專科以上學校化學、化工、紡織、材料、林業、消防及其他相關科系畢業，並有半年以上防焰處理或研究經驗。

㈡高級工業職業學校化學、化工、紡織、材料、林業等相關科組畢業，並有一年以上防焰處理或研究經驗。

㈢領有本部核發之專業訓練結業證書。

九　防焰處理業者，應符合下列規定：

㈠設置下列防焰處理設備或器具：

1.鑑別欲施以防焰處理之布料及其他材料之器具。

2.調配防焰藥劑之器具。

3.均勻浸泡、脫水、烘乾之設備；其浸泡之器具，應為長一百公分以上、寬五十公分以上、高五十公分以上之水槽。

4.大型布幕無法以浸泡方式進行防焰處理者，得以噴霧塗布之方式，其噴霧器之噴嘴放射壓力不得小於每平方公分五公斤或零點五百萬帕斯卡（以下簡稱MPa）。

㈡品質管理用機器、品質管理方法及防焰處理技術人員之設置，準用前點第一項第二款至第四款及第二項之規定。

十　合板製造或防焰處理業者，應符合下列規定：

㈠設置下列防焰處理設備或器具：

1.鑑別欲施以防焰處理之合板之器具。

2.調配防焰藥劑之器具。

3.寬九十公分以上，能均勻浸泡、烘乾之設備。

4.可供減壓至每平方公分零點四公斤或0.04MPa以下之減壓設備及以每平方公分七公斤或0.7MPa之壓力注入防焰藥劑之加壓設備。

5.使防焰藥劑均勻摻入黏著劑中，再將黏著劑均勻塗布在合板上之設備及將防焰藥劑均勻塗抹在合板表面之設備。

6.使合板與表面材緊密貼合之設備。

㈡品質管理用機器、品質管理方法及防焰處理技術人員之設置，準用第八點第一項第二款至第四款及第二項之規定。

十一　進口販賣業者，應符合下列規定：

㈠品質管理用機器，準用第八點第一項第二款之規定。

㈡品質管理方法，準用第八點第一項第三款之規定。

十二　裁剪、縫製、安裝業者，應訂定進出貨程序、安裝方法及管理方法。

十三　經防焰性能認證審查合格者，其認證合格登錄編號，由業別、地區別及序號組合而成。

前項防焰性能認證合格登錄編號例示如下表：

認證合格登錄號碼	業別	地區別（代碼）	序號（阿拉伯數字）
A-○○-○○○○	A	○○	○○○○
B-○○-○○○○	B	○○	○○○○
C-○○-○○○○	C	○○	○○○○
D-○○-○○○○	D	○○	○○○○
E-○○-○○○○	E	○○	○○○○

第一項地區別代碼如下表：

縣市別	代碼	縣市別	代碼	縣市別	代碼	縣市別	代碼
臺北市	01	新竹縣	07	嘉義市	14	臺東縣	22
高雄市	02	苗栗縣	08	嘉義縣	15	澎湖縣	23
基隆市	03	臺中市	09	臺南市	16	金門縣 連江縣	24
新北市	04	南投縣	11	屏東縣	19		
桃園市	05	彰化縣	12	宜蘭縣	20		
新竹市	06	雲林縣	13	花蓮縣	21		

十四　取得防焰性能認證之業者，原申請內容有下列情形之一者，應塡具變更申請書（格式如附件十），向專業機構申請變更登記：
㈠申請人地址變更。
㈡負責人變更。
㈢公司商業名稱變更。
㈣防焰處理技術人員變更。
㈤防焰物品或其材料種類、品目變更或追加。
㈥工廠或轉包工廠變更或追加。
㈦防焰處理設備、器具或品質管理用機器變更。
㈧品質管理組織或檢查基準等品質管理方法有重大變更。
前項申請之審查，準用第四點規定。
變更事項爲第一項第一款至第四款者，得免實地調查，但本部應通知當地消防機關。

十五　本部對防焰性能試驗合格之單項產品，應依防焰物品或其材料之種類，於試驗合格通知書上編號登錄。該編號登錄事項，得委由專業機構辦理。
申請人應檢附下列文件辦理登錄：
㈠防焰性能試驗號碼登錄申請書（格式如附件十一）。
㈡防焰性能試驗報告正本（一年內）及產品試樣明細表（格式如附件十二至十二之二）。
㈢產品試樣長三十公分，寬三十公分。
㈣訂單、出貨單或進口報單影本。
第一項防焰試驗合格號碼有效期限爲三年，期限屆滿二個月前，得檢具同型式產品之產品試樣明細表及效期內防焰性能試驗合格報告書重新送驗申請編號登錄。
前項試驗合格號碼產品於效期內因重新製造或進口販賣前，已重新試驗或屆期前一年內經消防機關抽購樣試驗合格者，仍應於試驗合格號碼到期前二個月重新申請再登錄，但得免試驗。

十六　防焰窗簾得使用同一試驗合格號碼之規定如下：
㈠平織：織紋相同，不限色號（指單一顏色）。
㈡印花或壓花：織紋相同，僅花色不同者，同一試驗合格號碼至多十二款試樣，須於申請時檢附每款長三十公分、寬三十公分小樣供掃描建檔，試樣件數應一次提送，不可分次提送；並於通過防焰性能試驗後於試驗報告書上註明試樣款數且附加測試件試樣。
前項得使用同一試驗合格號碼防焰窗簾之單位面積質量，其實測值與申請值之相對誤差，應在正負百分之六以內。該申請值係指申請人於附件十二產品試樣明細表塡具之單位面積質量值。

十七　防焰地毯得使用同一試驗合格號碼之規定如下：
㈠織法、材質、形式、毛高、底材相同，不限色號（指單一顏色）。
㈡織法、材質、形式、毛高、底材相同，僅花色不同者，同一試驗合格號碼至多十二款試樣，須於申請時檢附每款長三十公分、寬三十公分小樣供掃描建檔，試樣件數應一次提送，不可分次提送；並於通過防焰性能試驗後於試驗報告書上註明試樣款數且附加測試件試樣。

十八　前兩點之認定有困難時，由本部依實物判定之。

十九　取得防焰性能認證合格業者，申請防焰標示應塡具申請書（格式如附件十三）並檢附防焰性能認證合格證書影本，向專業機構提出申請，經本部審查合格後，依其提具之生產或進口數量等證明，按產品種類核發防焰標示。
前項防焰標示，本部得委由專業機構轉發。

防焰標示樣式如附件十四。

防焰標示發放方式如下：

㈠材料防焰標示應於防焰性能試驗合格後，依生產或進口數量申請發給，每次不得超過一百張，超過前揭數量者，須檢附相關訂單證明；方塊地毯每次不得超過四百張，滿鋪地毯每次不得超過二百張。

㈡申請物品防焰標示時，須檢附材料防焰標示，每週以申領窗簾類三百張、地毯類二百張爲限，超過前揭數量者，須檢附相關工程契約書或合約書等證明。

㈢一張材料防焰標示可申請之物品防焰標示數量如下表：

種類（單位：捲）	窗簾（隔簾除外）	隔簾	布幕	滿鋪地毯
張數	五十	二十	五	十

㈣一箱方塊地毯應附加一張材料防焰標示；五張方塊地毯材料防焰標示可申請一張物品防焰標示。

㈤未附材料防焰標示者，每週可申請窗簾類物品防焰標示二十張、地毯類物品防焰標示五張。

㈥經再加工防焰處理產品之物品防焰標示，應於標示上註明該產品之試驗合格號碼，並由再加工防焰處理業者依實際處理產品數量申請物品防焰標示。

㈦有下列情形之一，且檢附相關足資證明資料者，得核實發給：

1.布幕類產品使用於窗簾。

2.窗簾尺寸特殊，窗數多且尺寸小。

3.地毯鋪設坪數小且隔間多之場所。

4.地毯鋪設於坪數小且使用試樣多之場所，而未能檢附材料標示者。

5.展示用廣告板及其他經本部指定之防焰物品依實際使用數量。

二十　前點防焰標示使用於場所後，有部分毀損、遺失、脫落之情形，應由原防焰性能認證合格業者申請補發防焰標示。但原防焰性能認證合格業者已註銷防焰性能認證者，得由該場所管理權人委託其他防焰性能認證合格業者，會同當地消防機關至該場所抽樣，並經防焰性能試驗合格後，補發防焰標示。

前項情形，防焰性能認證合格業者應檢具下列文件向本部申請補發防焰標示：

㈠申請書（如附件十三，且須於備註欄塡列使用範圍）。

㈡防焰性能試驗報告書（如由原防焰性能認證合格業者申請者，免附）。

二一　防焰標示應採張貼、縫製、鑲釘或懸掛等方式，標示於各防焰物品或其材料本體上顯著處；其標示方式如下表：

<table>
<tr><th colspan="3">防焰物品或其材料之種類</th><th>洗濯試驗種類</th><th>標示方法</th></tr>
<tr><td rowspan="4">窗簾及布幕</td><td rowspan="3">具耐洗性能者</td><td>洗濯後不需再加工處理者</td><td>現況、水洗、乾洗</td><td rowspan="3">縫製</td></tr>
<tr><td>除水洗外，洗濯後須再加工處理者</td><td>現況、水洗</td></tr>
<tr><td>除乾洗外，洗濯後須再加工處理者</td><td>現況、乾洗</td></tr>
<tr><td colspan="2">不具耐洗性能者</td><td>現況</td><td>張貼</td></tr>
<tr><td colspan="3">地毯等地坪舖設物</td><td>現況</td><td>縫製或鑲釘</td></tr>
<tr><td colspan="3">展示用廣告板</td><td>現況</td><td>張貼</td></tr>
<tr><td colspan="3">施工用帆布</td><td>現況</td><td>縫製</td></tr>
<tr><td colspan="3">防焰材料（合板除外）</td><td></td><td>張貼或懸掛</td></tr>
</table>

二二　取得防焰性能認證合格之製造業、防焰處理業及進口販賣業，應於其產品製造、防焰處理出廠或進口販賣前（依訂單、出貨單或進口報單），逐批以自有之試驗設備進行品質管理之防焰性能試驗，並將實施情形製成紀錄（格式如附件十五或附件十五之一），於每月十日前提送專業機構備查並至其網站登錄。

前項防焰性能試驗及紀錄，業者得委託專業機構辦理。

二三　使用防焰標示之業者，其防焰物品或其材料進出貨情形及領用之防焰標示應有專人管理，每月之使用狀況紀錄（格式如附件十六、附件十七）至少保存十年，並於每月十日前至專業機構網站登錄，以供本部或各級消防機關查核。

前項防焰標示之管理、使用情形及防焰相關書表，本部得自行或委由各級消防機關實施查核或調閱。

二四　取得防焰標示之物品或其材料，本部認為必要時，得自行或委由各級消防機關進行抽樣檢驗或於市場購樣檢驗，廠商不得拒絕。

前項抽樣檢驗或購樣檢驗之試驗結果，應與第二十二點所規定之防焰性能試驗報告比對查核。

二五　使用防焰標示之業者，有下列情事之一者，本部得停止核發其防焰標示：

㈠防焰物品或其材料未依第二十一點之規定標示，經通知限期改善，屆期未改善。

㈡無正當理由拒絕抽樣檢驗。

㈢經工廠抽樣或市場購樣檢驗，其產品未符防焰性能。

㈣以不正當方法取得防焰標示或將防焰標示轉讓他人。

㈤未繳納規費，經通知限期繳納，屆期未繳納。

㈥申請註銷使用防焰標示。

㈦未依第十四點規定申請變更。

有前項第三款之情形，經限期改善或收回，屆滿六個月仍未改善或未收回者，廢止其防焰認證。

使用防焰標示之業者，有下列情事之一者，本部得逕予廢止其防焰認證並停止核發其防焰標示：

㈠解散或歇業。

㈡公司登記、商業登記或工廠登記經主管機關註銷或撤銷。

二六　未依第二十二點規定按時提報其品質管理紀錄或未依第二十三點規定記載其防焰標示之使用情形者，本部得停止核發其防焰標示，並收回已核發但尚未使用之防焰標示。但於一個月內改善者，不在此限。

二七　經本部核准使用防焰標示之業者及其產品，由專業機構登載於網站，其經停止核發防焰標示者，亦同。

（附件略）

防焰性能試驗基準

①民國86年4月3日內政部函訂定發布全文10點；並自86年7月1日起實施。
②民國88年2月24日內政部函修正發布全文11點。
③民國95年3月29日內政部令修正發布全文11點；並自95年3月31日起生效。

一　本基準依消防法施行細則第七條第四項規定訂定之。

二　本基準用語定義如下：

點火時間：自火源點火接觸試樣起，至停止接觸之時間。

餘焰時間：自點火時間終了起，試樣之火焰繼續燃燒之時間。

餘燃時間：自點火時間終了起，至試樣停止燃燒之時間。

碳化面積：試樣經加熱燃燒後碳化部分之面積。

碳化距離：試樣經加熱燃燒後碳化部分之最大長度。

接焰次數：試樣經接觸火源至完全熔融燃燒時之接觸火源次數。

三　防焰物品或其材料之防焰性能應符合下列規定：

㈠餘焰時間：

1.地毯等地坪舖設物類不得超過二十秒。

2.薄纖維製品（每平方公尺質量四五〇公克以下者）不得超過三秒。

3.厚纖維製品（每平方公尺質量超過四五〇公克者）不得超過五秒。

4.展示用廣告板不得超過十秒。

㈡餘燃時間：

1.薄纖維製品不得超過五秒。

2.厚纖維製品不得超過二十秒。

3.展示用廣告板不得超過三十秒。

㈢碳化面積：

1.薄纖維製品不得超過三十平方公分。

2.厚纖維製品不得超過四十平方公分。

3.展示用廣告板不得超過五十平方公分。

㈣碳化距離：

1.地毯等地坪舖設物類不得超過十公分。

2.具熱收縮性之纖維製品不得超過二十公分。

㈤接焰次數：具熱熔融性之纖維製品應達三次以上。

四　防焰物品或其材料進行防焰性能試驗時，除地毯及展示用廣告板外，薄纖維製品應使用四十五度小焰燃燒器法（以下簡稱A1法），厚纖維製品應使用四十五度大焰燃燒器法（以下簡稱A2法），其試樣之處理及試驗方法，依下列規定：

㈠燃燒試驗裝置：燃燒試驗箱（如附圖一）、試體固定框（如附圖二）、電氣火花發生裝置（如附圖三）。

㈡燃料：使用中華民國國家標準（以下簡稱CNS）一二九五一所規定之第二種四號液化石油氣（以丁烷及丁烯為主成分）。

㈢取樣：應自二平方公尺以上之布料裁取長三十五公分、寬二十五公分之試體三片。

㈣前處理：試體應置於攝氏五十度±二度之恆溫乾燥箱內二十四小時（如為不受熱影響者，得置於攝氏一〇五度±二度之恆溫乾燥箱內一小時）後，再將試體置於裝有矽膠乾燥劑之乾燥器中二小時以上。如為施工用帆布等屋外使用之物品，於放入恆溫乾燥箱乾燥前，應先在攝氏五十度±二度之溫水中浸泡三十分鐘。

㈤試驗方法：

1.試體應平整緊密地夾於試體固定框。試樣如爲經接觸火源時會產生收縮之纖維製品時，應另取試樣三片，在試體固定框內側二五〇公釐×一五〇公釐之範圍內，置放二六三公釐×一五八公釐之試體（使各邊鬆垂百分之五程度）。

2.小焰燃燒器之火焰長度爲四十五公釐，大焰燃燒器之火焰長度爲六十五公釐。

3.燃燒器之火焰頂端應與試體之中央下方部位接觸。

4.試體之點火時間，薄纖維製品爲一分鐘，厚纖維製品爲二分鐘。如試樣於點火時間內會著火者，應另取試體二片，以薄纖維製品著火後三秒，厚纖維製品著火後六秒，即移除火源，進行測定。

五　防焰物品或其材料如爲經接觸火源時會產生熔融之纖維製品時，應進行接焰次數試驗，其試樣之處理及試驗方法，依下列規定：

㈠燃燒試驗裝置：燃燒試驗箱（如附圖一）、電氣火花發生裝置（如附圖三）、小焰燃燒器（如附圖四）及試體支撐線圈（如附圖五），支撐線圈應以直徑零點五公釐之硬質不銹鋼線製成，內徑十公釐，螺旋線間距二公釐，長度十五公分。

㈡燃料：使用CNS一二九五一所規定之第二種四號液化石油氣（以丁烷及丁烯爲主成分）。

㈢取樣：自試樣量取寬十公分重一公克之試體五片，如爲寬十公分，長二十公分，而重量仍未滿一公克時，則不計其重量，以二十公分爲準。

㈣前處理：依第四點第四款規定。

㈤試驗方法：

1.將試體捲曲後，插入支撐線圈。

2.小焰燃燒器之火焰長度爲四十五公釐。

3.燃燒器之火焰前端應接觸試體下端，試體經引燃至停止熔融且停止燃燒爲止。

4.調整試體位置，使殘餘試體之最下端與火焰接觸，重複作上述試驗，直至試體之下端起至九公分處均燃燒熔融爲止。

六　地毯等地坪舖設物，其試樣之處理及試驗方法，依下列規定：

㈠燃燒試驗裝置：燃燒試驗箱（如附圖一）、試體固定框及石棉水泥珍珠岩板（如附圖二之一）、電氣火花發生裝置（如附圖三）及空氣混合燃燒器（如附圖六）。

㈡燃料：使用CNS二九五一所規定之第二種四號液化石油氣（以丁烷及丁烯爲主成分）。

㈢取樣：自一平方公尺以上之試樣，裁取長四十公分、寬二十二公分之試體六片。

㈣前處理：將試體置於攝氏五十度±二度之恆溫乾燥箱內二十四小時後，再將試體置於裝有矽膠乾燥劑之乾燥器中二小時以上。但組成毛簇之纖維爲毛百分之百（如無毛簇，以組成纖維爲毛百分之百），且不受熱影響者，得置於攝氏一〇五度±二度之恆溫乾燥箱內一小時後，再將試體置於裝有矽膠乾燥劑之乾燥器中二小時以上。

㈤試驗方法：

1.將試體置於石棉水泥珍珠岩板上，再以試體固定框壓住固定。

2.空氣混合燃燒器之火焰長度爲二十四公釐。

3.燃燒器置於水平後，應調整火焰前端至距離試體表面一公釐，燃燒氣體之氣壓應爲每平方公分零點零四公斤（四〇〇毫米水柱）。

4.試體之點火加熱時間爲三十秒。

七　展示用廣告板，其試樣之處理及試驗方法，依下列規定：

㈠燃燒試驗裝置：燃燒試驗箱（如附圖一）、試體固定框（如附圖二之二）、電氣火花發生裝置（如附圖三）及大焰燃燒器（如附圖七）。

㈡燃料：使用CNS一二九五一所規定之第二種四號液化石油氣（以丁烷及丁烯爲主成

分）。

(三)取樣：自一點六平方公尺以上之試樣，裁取長二十九公分、寬十九公分之試體三片。

(四)前處理：將試體置於攝氏四十度±五度之恆溫乾燥箱內二十四小時後，再將試體置於裝有矽膠乾燥劑之乾燥器中二小時以上。

(五)試驗方法：

1.將試體固定於試體固定框。

2.大焰燃燒器之火焰長度爲六十五公釐。

3.燃燒器之火焰前端應與試體之中央下方部位接觸。

4.試體之點火加熱時間爲二分鐘。

八 具耐水洗性能之纖維製品，應依下列規定實施洗濯處理，經連續水洗五次後，再依第四點規定，進行前處理及防焰性能試驗。

(一)取樣：應自二平方公尺以上之布料裁取長四十五公分、寬三十五公分之試體五片；如其材質具有熱熔融性狀者，應取六片；如其材質具有熱收縮性狀者應取八片。試體之布邊如有纖維解開或鬆脫之虞者，應於洗濯前施以拷克等適當措施。

(二)水洗機器設備：係指水洗機、脫水機及乾燥（烘乾）機等，其構造及性能應符合下列規定。但具同等性能以上者，不在此限。

1.水洗機：具有附圖八所示構造之洗衣槽，內部深度五十公分至六十公分，內徑四十五公分至六十一公分之多孔圓筒，筒內有三片高約七．五公分，彼此相隔一二〇度裝置之葉片。且能保持約攝氏六十度水溫，洗衣槽之運轉以內筒每分鐘三十七轉之速度，按「順轉十五秒後，暫停三秒，再反轉十五秒，暫停三秒」之方式反覆進行。

2.脫水機：可達每分鐘一千二百轉之離心脫水機。

3.乾燥機：可保持約攝氏六十度±二度恆溫構造者。

(三)洗濯方法：

1.於攝氏六十度之溫水中，加入百分之零點一無添加劑之粉狀洗滌用肥皂，水位應淹至洗衣槽內十四公分深度。

2.試體應共重一點三六公斤，若重量不足時，需以一般未具防焰性能之聚酯纖維白布補足。

3.洗濯時，以保持攝氏六十度±二度之水溫，運轉十五分鐘。

4.以約攝氏四十度之清水，連續清洗三次，每次五分鐘，每次清洗所需水量與第一目之規定相同。

5.施以脫水二分鐘。

6.乾燥烘乾時，應於攝氏約六十度±二度狀態下進行。

九 具耐乾洗性能之纖維製品，應依下列規定實施洗濯處理，經連續乾洗五次後，再依第四點及第五點規定，進行前處理及防焰性能試驗。

(一)取樣：依第八點第一款規定辦理。

(二)乾洗機器設備：係指乾洗機、脫水機及乾燥（烘乾）機等，其構造及性能應符合下列規定。但具同等性能以上者，不在此限。

1.乾洗機：具有附圖九所示構造之圓筒型洗濯機，圓筒容量爲十一點三四公升，旋轉軸角度爲五十度，旋轉速度約每分鐘四十五轉至五十轉。

2.脫水機：可達每分鐘一千二百轉之離心脫水機。

3.乾燥機：可保持約攝氏六十度±二度恆溫構造者。

(三)洗濯方法：

1.處理液：爲四氯乙烯（得以符合CNS三七八「乾洗溶劑」所規定之第一號乾洗溶劑替代）每一〇〇毫升對陰離子界面活性劑（磺基琥珀酸二辛酯，純度百分之六十以上，酒精不溶分百分之三點五以下）一公克，非離子界面活性劑（含八莫耳數之氧化乙烯，HLB12，水份百分之一以下，曇點《百分之一水溶液》攝氏二十五度至三十五度）一公克及水零點一毫升之混合液。

2.將處理液四公升及試體三〇〇公克（質量不足三〇〇公克，以一般未具防焰性能之聚酯纖維布片補足），放入圓筒內洗濯十五分鐘。

3.施以脫液二分鐘，脫液後，自然乾燥或於攝氏六十度±二度狀態下乾燥烘乾。

4.第五次洗濯後應施以潔淨之四氯乙烯充分洗清二次，每次五分鐘，再進行前目乾燥烘乾處理。

十　防焰物品或其材料之燃燒試驗方法，除依第四點至第七點之規定外，並應依附表之規定。

十一　防焰物品或其材料經防焰性能試驗後，其碳化距離或碳化面積確有認定上之困難者，應由中央消防機關判定之。

（附圖略）

明火表演安全管理辦法

民國100年10月27日內政部令訂定發布全文15條；並自發布日施行。

第一條

本辦法依消防法（以下簡稱本法）第十四條之一第二項規定訂定之。

第二條

本辦法所稱明火表演，指以產生火焰、火花或火星等方式之表演活動。

第三條

供公衆使用建築物及中央主管機關公告場所之管理權人，申請明火表演許可者，應符合下列規定：

一　管理權人應指派防火管理人，規劃安全防護措施計畫，並符合消防安全設備、檢修申報、防火管理、防焰物品等消防法及相關法令規定。

二　其表演場所應符合下列規定：

㈠依土地使用管制及建築法令規定。

㈡明火表演所在樓層應有二座以上直通樓梯通達避難層，且任一點至該樓梯之步行路徑重複部分之長度，不得大於最大容許步行距離二分之一。

㈢已依原有合法建築物防火避難設施及消防設備改善辦法改善完竣。

㈣五年內未曾經主管機關撤銷或廢止明火表演許可。

三　表演期間投保公共意外責任險，其最低保險金額如下：

㈠每一個人身體傷亡：新臺幣一百萬元。

㈡每一事故身體傷亡：新臺幣五百萬元。

㈢每一事故財產損失：新臺幣一百萬元。

㈣表演期間總保險金額：新臺幣一千二百萬元。

第四條

表演場所管理權人曾違反本辦法規定，依本法第四十一條之一規定裁處未滿五年者，不得申請明火表演許可。

第五條

①申請明火表演，應於表演活動開始三十日前，檢具下列文件報請轄區主管機關審查，經取得許可書後，始得爲之。

一　申請書。

二　使用執照或使用許可文件影本。

三　法人登記證書、立案證明、公司或商業登記證明文件。

四　申請人身分證正反面影本及聯絡資料。

五　表演企劃書。

六　安全防護措施計畫。

七　公共意外責任保險證明文件影本。

②取得防火標章證明文件者，得免附前項第二款、第三款及第七款之文件。

③第一項應備文件須補正者，主管機關應以書面通知限期補正，逾期未補正者，不予許可。

④第一項許可之有效期限爲三個月。期限屆滿十五日前，得檢附第一項文件申請展延，展延期限爲三個月。

⑤申請許可審查合格者，由主管機關發給許可書，並公告之；不合規定者，應敘明理由，不予許可。

第六條

①前條第一項第五款所定表演企劃書，應包含下列項目：

一　演出者（個人或團體）簡介、照片、經歷及類似表演之經驗。

二　表演期間、內容、方式、使用設備或器材。

三　容留人數。

四　演出樓層樓地板面積、表演場所面積、表演區域、建築平面圖及內部裝修情形。

②前項所稱表演區域，指申請人所劃設之舞臺或類似舞臺之範圍，包括表演時之行經路線。

第七條

第五條第一項第六款所定安全防護措施計畫，應包含下列內容：

一　表演前規劃：

㈠可能產生之危害分析評估。

㈡表演人員與觀衆之距離。

㈢辦理員工安全講習訓練。

㈣用火用電、可（易）燃物品、縱火防制等安全監督管理規劃。

㈤消防安全設備及防火避難設施之自行安全檢查情形。

㈥容留人數之管制措施及其他強化安全防護作爲。

㈦防火管理人訓練合格證書影本及聯絡資料。

㈧表演區域立面及平面、表演位置、表演動線、消防安全設備及逃生避難設施之位置、觀衆及員工之概略位置及其他必要之現場簡圖（單位：公尺）。

㈨設有防火管理自衛消防編組或緊急應變機制，依滅火、通報、避難引導等編組，運用第八目資料實際演練之情形。

二　表演當日之安全整備：

㈠確認員工任務、消防安全設備及防火避難設施之檢查、緊急應變機制之應變重點及模擬演練、明火表演預演等事項。

㈡場所全程管控用火用電。

㈢明火表演前對觀衆安全宣導之時機與內容。

㈣人員進出管制、維持二方向逃生路徑順暢。

㈤位於所有出入口之引導人員。

㈥防火管理人進行全程監視表演，於火災、地震時，主導自衛消防編組活動（含滅火、通報、避難引導、關閉音樂音響及啓動照明設備等作業），並於表演前提醒消費者緊急方向位置。

三　表演後之回復機制：

㈠確認火源熄滅，現場清理及防止復燃。

㈡員工回報平時運作。

第八條

表演區域及外緣二公尺內之地面、牆面及地面上方六公尺以內之天花板或樓板，不得有下列情形之一：

一　以木板、未固著式泡綿、未具防焰性能之布幕等易引發火災之材料裝潢或裝飾。

二　未符合建築物室內裝修管理辦法之規定。

三　有儲放公共危險物品或可燃性高壓氣體者。

第九條

①主管機關受理明火表演申請，除採書面審核外，得會同都市計畫、建築管理或其他目的事業主管機關等單位，於受理申請次日起十五日內實地勘查，該表演場所之管理權人，

應派員說明相關安全防護措施及表演情形，並演練災害發生時之應變機制。

②主管機關於許可後，得派員進行抽查本辦法第六條至第八條、第十條至第十二條規定之內容及現場督導相關防火安全機制。

第一〇條

①明火表演許可書應記載下列事項：

一　明火表演場所名稱、地址。

二　管理權人、防火管理人及其聯絡方式。

三　許可表演期間、表演區域。

②前項許可書記載事項有變更時，應於表演活動十五日前向主管機關申請變更。

第一一條

明火表演以經主管機關許可之表演區域及期間爲限。

第一二條

①明火表演不得以產生明火之器具或物件，對群衆拋丟、投擲，亦不得有飛散、掉落等可能產生危害之情形。

②表演人員應依許可內容表演，不得邀請觀衆共同演出。

③表演與觀衆之距離，應維持五公尺以上，產生之火焰高度不得超過表演區域淨高度之二分之一。

④前項所稱表演區域淨高度，指表演地面至天花板或其下吊掛物件最下端之高度。吊掛物件有二個以上者，以表演地面至吊掛物件最低者之最下端爲準。

第一三條

取得明火表演許可後，有下列情形之一者，主管機關得禁止其表演，並得撤銷或廢止其許可、註銷許可書：

一　實際情形與表演企劃書或消防安全防護措施計畫不符。

二　於許可表演期間內明火表演場所發生重大公安意外事故。

三　明火表演違反本辦法相關規定。

第一四條

本辦法所規定之各種書表格式，由中央主管機關定之。

第一五條

本辦法自發布日施行。

防火管理人訓練專業機構認可及管理須知

①民國89年12月19日內政部消防署函訂定發布全文16點。
②民國102年10月28日內政部令修正發布名稱及全文19點；並自103年1月1日生效（原名稱：防火管理人專業機構設立及管理須知）。
③民國104年7月21日內政部令修正發布全文23點；並自即日生效。

一　爲辦理消防法施行細則第十四條第一項所定防火管理人訓練專業機構（以下簡稱訓練機構）之認可及管理事宜，特訂定本須知。

二　訓練機構應向內政部消防署（以下簡稱本署）申請，取得認可後，始得辦理防火管理人之初訓及複訓講習訓練。

三　訓練機構應檢附下列文件，向本署申請認可：

㈠申請表（如附表一）。

㈡證明文件：

1.職業訓練機構：設立登記或許可證明文件影本。

2.法人：法人登記證書影本、核准設立文件影本、章程。

3.消防團體：核准設立文件影本、章程。

4.大專院校：組織法規。

㈢訓練場地文件：

1.交通位置圖、學科及術科場地平面配置圖。

2.建築物使用執照（含附表）影本。

3.所有權狀影本。如爲租借者，應檢附所有權人或管理權人同意書。

4.場地全景相片。術科場地相片應包含油盤、室內消防栓、緩降機及其下降空間。

已取得認可之訓練機構申請新增訓練場地時，應檢附前項之文件，報請本署同意。

四　訓練機構認可有效期限爲三年；申請延展者，應於有效期限屆滿前二個月內至一個月前，檢附第三點第一項所定資料及前次認可文件影本向本署申請延展，每次延展有效期間爲三年。

訓練機構有變更機構名稱、負責人或機構所在地時，應自變更事實發生之日起三十日內，檢附申請表（如附表一）及變更事項證明文件，向本署申請變更。

五　訓練場地，應符合下列規定：

㈠供實際操作滅火器、室內消防栓、緩降機等設備之空地及設施。

㈡教室面積應超過四十五平方公尺，平均每一學員占有之面積在一點五平方公尺以上。

㈢課桌椅符合成人使用，桌面每人使用面積在零點三平方公尺以上。

㈣黑板或白板面積在三平方公尺以上。

㈤有擴音設備、投影機或幻燈機及其他必要之電化教學設備。

㈥教室通風良好，維持適當之溫濕度。

㈦教室應有適當採光及照明，桌面照度在三百米燭光以上。

㈧足夠之清潔飲水及盥洗衛生設備。

㈨室內經常性噪音量在六十分貝以下爲原則。

㈩於明顯處所載明申請機構名稱、負責人、辦理講習之種類等。

⑪學科及術科之訓練場地應設於同一或距離在五百公尺以下之鄰近地址。

⑫未有違反消防法令之情事。

㈢操作緩降機下降時應有安全確保措施或於下降空地舖設軟墊。

六　訓練機構遴用之授課講師，應符合下列條件之一，並經本署審查合格後，發給合格函或於本署網頁公告：

㈠具有消防科系碩士以上學位並有兩年以上相關工作經驗。

㈡具有消防設備師證照，並有三年以上相關工作經驗。

㈢任教大專院校相關課程，具有五年以上工作經驗。

㈣消防機關辦理防火管理業務五年以上者。

㈤大專院校消防相關科（系、所）畢業或消佐班結業，並具有警正三階或薦任七職等以上職務，服務年資一年以上（含退休人員）。

前項審查，得以書面或教學演練方式爲之。

七　訓練機構得塡具講師建議表（如附表二），分別依規定檢附下列文件，向本署提報師資：

㈠第六點第一款：學位證書影本、最近兩年工作證明。

㈡第六點第二款：最近三年地方消防主管機關核章之消防安全設備檢修申報書影本或設計（監造）之核准函影本（每年至少一件）。

㈢第六點第三款：最高學歷證明影本、聘函影本（聘用日期合計在五年以上）。

㈣第六點第四款：五年份註記其爲防火管理業管人員之公文影本（每年至少一件）。

㈤第六點第五款：學位或結業證書影本及銓敘部審定函或可供辨識官等之派令影本。

八　訓練機構編排課程，應按講師所具資格依防火管理人訓練專業機構講師資格及授課科目對照表（如附表三）規定安排課程，且每期每位講師總授課時數不得逾四小時。

九　訓練機構辦理防火管理人初訓及複訓講習訓練，應於開班二十日前，檢附下列文件向轄區消防機關申請核准，消防機關應於開班十日前准駁之：

㈠開班計畫：內容應包括標題（含訓練機構名稱、訓練類別）、訓練目的、認可文號、辦理日期、課程表（含科目、內容、時間）、參訓預計人數、訓練類別、學（術）科場地、教學設施、師資群（授課課程、姓名、服務單位、職稱、合格函影本、地址、電話）、招生作業流程、授課期間之人員管理及合格人員證書發放方式及期程、經費收支概算與相關事宜。

㈡招生簡章。

㈢本署核發之訓練機構認可函，如爲新增之訓練場地，並附本署核發之場地同意函影本。

訓練機構辦理防火管理人初訓及複訓講習訓練，應注意下列事項：

㈠每期招收之學員人數以五十名以內爲原則。術科課程應分組實施，每種操作設備以二十五人以內使用爲原則。

㈡招生簡章應載明防火管理人講習訓練之合格及退訓等規定。如缺課時數初訓達二小時、複訓達一小時或測驗成績未達標準等，應予退訓。

十　防火管理人初訓及複訓科目名稱、時數、課程內容、目標、講習重點及測驗，應符合下列規定：

㈠初訓課程之訓練時數不得少於十二小時。

㈡複訓課程之訓練時數不得少於六小時。

㈢防火管理人訓練初、複訓課程基準（如附表四）。

㈣防火管理人初訓及複訓講習訓練之測驗題庫，由本署統一製作供訓練機構出題測驗，以六十分爲及格。

前項題庫，於本署網頁公告並不定期更新之。

十一　訓練教材之編列，應符合下列規定：

㈠應符合最新法令及著作權法等相關規定。

㈡得採用現已出版之防火管理書籍或自行編製。

㈢內容應使用中文敘述，如有必要引用原文者，應加註中文對照。

十二　訓練機構應指定專責承辦人員辦理下列事項：

㈠查核受訓學員之參訓資格。

㈡辦理受訓學員簽到紀錄及點名等相關事項。

㈢查核受訓學員上課情形。受訓學員缺課時數，初訓達二小時、複訓達一小時以上者，應通知其退訓。

㈣依第八點排定課程表。

㈤調課及代課之處理。

㈥注意安全衛生。

㈦學員意見反應。

㈧每月二十五日前函報本署前一月辦理情形，並將相關資料上傳本署防火管理人資料管理及查詢系統。

㈨突發事件之處理。

㈩辦理授課滿意度問卷調查（如附件一、二）並函報授課滿意度月報表（如附件三）。

十三　結訓翌日起十五日內，訓練機構應檢附學員名冊、成績冊、證書核發清冊、課程表、講師簽到記錄、點名記錄一覽表、學員簽到冊原件、測驗卷等相關資料，向轄區消防機關申請證號。

訓練機構應於轄區消防機關審核通過後，發給合格學員結業證書，其證書生效日，自結訓測驗當日起算。

前項結業證書應記載下列事項（格式如附件四）：

㈠轄區消防機關核准之字號。

㈡學員之證書字號。如為補發之證書應於證書字號後註明補發之次數，如第一次補發註記為（補1），第二次補發註記為（補2），以此類推。

㈢姓名。

㈣身分證字號。

㈤結訓日期。

㈥黏貼相片並蓋訓練機構鋼印。

㈦訓練機構名稱、參加訓練種類（初訓或複訓）及受訓期別。

㈧核發證書之年月日。如為補發之證書，需以括號加註補發證之年月日。

十四　直轄市、縣（市）消防機關應依下列規定核發證書字號：

㈠證書字號由地區代號、年份、初（複）訓類別及流水號組成。

㈡地區代號：

縣市別	代號
臺北市	A
新北市	B
臺中市	C
臺南市	D
高雄市	E
桃園市	F
新竹縣	G
苗栗縣	H
彰化縣	I

南投縣	J
雲林縣	K
嘉義縣	L
屏東縣	M
宜蘭縣	N
花蓮縣	O
臺東縣	P
基隆市	Q
新竹市	R
嘉義市	S
澎湖縣	T
金門縣	U
福建省連江縣	V

㈢年份為該期防火管理人講習訓練之辦理年度。

㈣初訓及複訓類別以初、複區分。

㈤流水號取五碼，每年度自00001起編，累計至該年度結束。

㈥編號範例：例臺北市103年初訓第00001號為A103初00001號，福建省連江縣103年複訓第00001號為V103複00001號，以此類推。

十五　訓練機構辦理防火管理人訓練收取之費用，除用於講師授課酬勞、職員薪資、辦公費、房租及必要教學支出外，應供充實教學及從事消防安全活動之用，經費收支詳列帳冊備查。

十六　訓練機構辦理防火管理人訓練相關資料，應自講習結束日起至少保存四年。

十七　本署或轄區消防機關，得於訓練機構開班期間派員查核授課情形。

十八　訓練機構應於每月二十五日前，將前一月辦理訓練情形上傳至本署防火管理人資料管理及查詢系統，並檢附當月開班及受訓學員一覽表（如附表五）、授課滿意度月報表（如附件三）函送本署備查。

前項函送本署及上傳之資料應與學員實際資料相符。

十九　防火管理人證書遺失，由原發證訓練機構受理遺失申請。

前項之補發，訓練機構不得拒絕。

二十　訓練機構有下列情形之一者，本署及轄區消防機關得予以警告並限期改善：

㈠訓練之場所、設備、公共設施或安全設施經查維護不良。

㈡違反本須知第四點、第五點、第八點至第十三點、第十五點、第十六點、第十八點及第十九點規定。

㈢依第十三點規定向轄區消防機關申請核發證號，資料檢附不實者。

㈣未依開班計畫內容實施。

㈤招生簡章內容有虛偽不實。

㈥委託非經本署認可機構辦理招生、訓練或接受非經認可機構轉介學員。但本署認可之訓練機構於招生後，因故取消訓練而轉介其他機構訓練者，不在此限，惟不得以任何名目收取轉介佣金牟利。

訓練機構有下列情形之一者，本署得停止其辦理講習：

㈠於一年內累計警告達三次者，予以停止辦理講習三個月；累計警告達五次者，予以停止辦理講習六個月。

㈡經前項限期改善後，屆期未改善，或違反相關法令情節重大者，得予以停止辦理講習六個月以下之處分。

轄區消防機關依第一項規定為警告及限期改善處分時應副知本署；經限期改善屆期不改善或情節重大者，應檢附相關資料函報本署。

二一　防火管理人講習訓練講師有下列情形之一者，本署及轄區消防機關得予以警告，情節重大者由本署廢止其講師資格：

㈠未依防火管理人訓練初、複訓課程基準規定授課。

㈡經排定授課無故未到。

㈢推薦消防安全檢修之單位、人員或推銷消防安全設備及相關器材。

㈣當期授課滿意度平均分數低於三分或授課品質不佳，經查證屬實者。

㈤有其他違反規定之情事。

防火管理人講習訓練講師，於一年內累計警告達三次或三年內累計警告達五次者，撤銷其講師資格；經撤銷資格之講師，三年內不得申請擔任講師。

二二　訓練機構有下列情形之一者，本署應廢止其認可，自廢止之日起，三年內不得提出認可申請：

㈠學員測驗成績百分之五十以上不及格，累積達三次以上。

㈡經本署或轄區消防機關命其停止開班，仍擅自開班。

㈢拒絕、規避或妨礙本署或轄區消防機關派員查核授課情形。

㈣擅自更換未經本署審查合格之講師。

㈤訓練機構所聘講師有下列情形之一：

1.無故未授課達三次以上。

2.有第二十一點第一項第三款情形。

訓練機構有下列情形之一者，本署得廢止其認可：

㈠停業或歇業。

㈡第三點第一項第二款所定職業訓練機構、法人、消防團體、大專院校之資格文件經目的事業主管機關註銷、廢止或撤銷者。

㈢每年辦理本須知之訓練未達二場次。

二三　本須知修正發布前依本須知取得本署認可之訓練機構，應自本須知修正生效之日起三年內，依第四點規定申請展延。逾期未辦理展延者，不得再辦理訓練事宜。

（附件略）

消防安全設備檢修專業機構管理辦法

民國108年11月18日內政部令訂定發布全文22條；並自發布日施行。

第一條

本辦法依消防法（以下簡稱本法）第九條第三項規定訂定之。

第二條

本辦法所稱消防安全設備檢修專業機構（以下簡稱檢修機構），指依本辦法規定，經中央主管機關許可辦理高層建築物或地下建築物消防安全設備定期檢修業務之專業機構。

第三條

申請檢修機構許可者（以下稱申請人），應符合下列資格：

一　法人組織。

二　實收資本額、資本總額或登記財產總額在新臺幣五百萬元以上。

三　營業項目或章程載有消防安全設備檢修項目。

四　置有消防設備師及消防設備士合計十人以上，均爲專任，其中消防設備師至少二人。

五　具有執行檢修業務之必要設備及器具，其種類及數量如附表一。

第四條

申請人應檢具下列文件，向中央主管機關申請許可：

一　申請書（如附表二）。

二　法人登記證明文件、章程及實收資本額、資本總額或登記財產總額證明文件。

三　代表人身分證明文件。

四　消防設備師、消防設備士證書（以下簡稱資格證書）、名冊及講習或訓練證明文件。

五　檢修設備及器具清冊。

六　業務執行規範：包括檢修機構組織架構、內部人員管理、檢修客體管理、防止不實檢修及其他檢修相關業務執行規範。

七　檢修作業手冊：包括檢修作業流程、製作檢修報告書及改善計畫書等事項。

八　依消防安全設備檢修專業機構審查費及證書費收費標準（以下簡稱收費標準）繳納審查費及證書費證明文件。

第五條

①中央主管機關受理前條之申請，經書面審查合格者，應實地審查；經實地審查合格者，應以書面通知申請人於一定期限內，檢具已投保專業責任保險證明文件後，予以許可並發給消防安全設備檢修專業機構證書（以下簡稱證書）。

②前項所定專業責任保險之最低保險金額如下：

一　每一次事故：新臺幣一千二百萬元。

二　保險期間內累計金額：新臺幣二千四百萬元。

③第一項所定專業責任保險應於證書有效期限內持續有效，不得任意終止；專業責任保險期間屆滿時，檢修機構應予續保。

④經書面審查、實地審查不合格或未檢具已投保專業責任保險證明文件者，中央主管機關應以書面通知申請人限期補正；屆期未補正或補正未完全者，駁回其申請並退回證書費。

第六條

①證書有效期限為三年，其應記載之事項如下：

一　檢修機構名稱。

二　法人組織登記字號或統一編號。

三　地址。

四　代表人。

五　有效期限。

六　其他經中央主管機關規定之事項。

②前項證書記載事項變更時，檢修機構應自事實發生之日起三十日內，依收費標準繳納證書費，並檢具申請書（如附表二）及變更事項證明文件，向中央主管機關申請換發證書。

③第一項證書遺失或毀損者，得向中央主管機關申請補發或換發；其有效期限至原證書有效期限屆滿之日止。

第七條

檢修機構有下列情形之一者，中央主管機關應撤銷或廢止許可並註銷證書：

一　申請許可所附資料有重大不實。

二　違反第三條第一款規定。

三　違反第三條第二款至第五款規定，經通知限期改善，屆期不改善。

四　違反第八條規定情節重大。

五　檢修場所發生火災事故致人員死亡或重傷，且經當地消防主管機關查有重大檢修不實情事。

六　執行業務造成重大傷害或危害公共安全。

第八條

檢修機構應依下列規定執行業務：

一　不得有違反法令之行為。

二　不得以詐欺、脅迫或其他不正當方法招攬業務。

三　不得無故洩漏因業務而知悉之秘密。

四　由消防設備師或消防設備士親自執行職務，並據實填寫檢修報告書。

五　依審查通過之業務執行規範及檢修作業手冊，確實執行檢修業務。

六　由二名以上之消防設備師或消防設備士共同執行高層建築物或地下建築物檢修業務。

第九條

檢修機構出具之檢修報告書應由執行檢修業務之消防設備師或消防設備士簽章，並經代表人簽署。

第一〇條

檢修機構之消防設備師或消防設備士執行業務時，應佩帶識別證件，其格式如附表三。

第一一條

檢修機構於證書有效期限內，其消防設備師或消防設備士有僱用、解聘、資遣、離職、退休、死亡或其他異動情事者，應於事實發生之日起十五日內，檢具下列文件，報請中央主管機關備查：

一　僱用：資格證書、講習或訓練證明及加退勞工保險證明文件。

二　解聘、資遣、離職或退休：加退勞工保險證明文件。

三　其他異動情事：相關證明文件。

第一二條

①檢修機構應備置檢修場所清冊及相關檢修報告書書面文件或電子檔，並至少保存五年。

②前項電子檔應以PDF或縮影檔案格式製作，且不得以任何方式修改。

第一三條

檢修機構應於年度開始前二個月至一個月內，檢具下列書表，報請中央主管機關備查：

一　次年度檢修業務計畫書：包括計畫目標、實施內容及方法、標準作業程序及資源需求。

二　次年度人員訓練計畫書：包括每半年至少舉辦一次訓練、訓練地點、師資及課程。

三　次年度消防設備師及消防設備士名冊：包括姓名、資格證書、講習或訓練證明文件、勞工保險被保險人資料明細及全民健康保險證明影本。

第一四條

①檢修機構應於年度終結後五個月內，檢具下列書表，報請中央主管機關備查：

一　上年度檢修業務執行報告書：包括執行狀況、檢修申報清冊、檢討及改善對策。

二　上年度消防設備師與消防設備士薪資明細及薪資扣繳憑證。

三　上年度人員訓練成果：包括訓練地點、師資、課程、簽到表及訓練實況照片。

四　符合第五條第三項規定之證明文件。

②前項第一款所定檢修申報清冊，包括檢修場所名稱、地址、檢修日期、樓層別、檢修之消防設備師或消防設備士及結果。

第一五條

中央主管機關得檢查檢修機構之業務、勘查其檢修場所或令其報告、提出證明文件、表冊及有關資料，檢修機構不得規避、妨礙或拒絕。

第一六條

檢修機構於證書有效期限屆滿前二個月至一個月內，得檢具下列文件，向中央主管機關申請延展許可，每次延展期限爲三年：

一　申請書（如附表二）。

二　證書正本。

三　第四條第四款及第五款所定文件。

四　符合第五條第三項規定之證明文件。

五　消防設備師及消防設備士薪資扣繳憑證、薪資資料、勞工保險及全民健康保險資料。

六　離職人員清冊。

七　依收費標準繳納審查費及證書費證明文件。

第一七條

①前條申請之審查程序，準用第五條規定。

②經審查合格者，由中央主管機關予以許可並發給證書。

第一八條

①檢修機構自行停業、受停業處分或逾三個月不辦理檢修業務時，應報中央主管機關備查，並將原領證書送中央主管機關註記後發還之；復業時，亦同。

②檢修機構歇業或解散時，應將原領證書送繳中央主管機關註銷；未送繳者，中央主管機關得逕行廢止許可並註銷其證書。

第一九條

①檢修機構於證書有效期間內有下列情形之一者，不予許可其延展；且於各款所定期間內不得重新申請許可：

一　有第七條第四款至第六款情形之一，三年內不得重新申請。

二　所屬消防設備師或消防設備士檢修不實經裁罰達五件以上，一年內不得重新申請。

三　違反第八條規定情節輕微或違反前條規定，六個月內不得重新申請。

②經中央主管機關依第七條第一款規定撤銷許可或依本法第三十八條第四項規定廢止許可者，自撤銷或廢止許可次日起，三年內不得重新申請。

第二〇條

①中央主管機關得建置檢修機構資料庫，登錄下列事項：

一　檢修機構名稱、地址、電話、實收資本額、資本總額或登記財產總額。

二　代表人姓名、性別、身分證明文件字號、出生年月日、住所。

三　證書字號與其核發、延展之年月日及效期。

四　所屬專任消防設備師及消防設備士姓名、性別、身分證明文件字號、出生年月日、住所、專技種類、證書字號、勞工保險投保日期。

五　執行檢修業務有違規或不實檢修，經主管機關裁罰之相關資料。

②前項事項，除第二款與第四款之身分證明文件字號、出生年月日及住所外，中央主管機關得基於增進公共利益之目的公開之。

第二一條

本辦法施行前，經中央主管機關許可並領有消防安全設備檢修專業機構合格證書者，於本辦法施行後，其許可於該合格證書有效期間內繼續有效；其許可之撤銷、廢止、延展與檢修業務之執行、管理、應報備查及書表等事項，適用本辦法之規定。

第二二條

本辦法自發布日施行。

消防安全設備檢修專業機構審查費及證書費收費標準

民國99年5月24日內政部令訂定發布全文5條；並自發布日施行。

第一條

本標準依規費法第十條第一項規定訂定之。

第二條

依消防安全設備檢修專業機構管理辦法第五條規定申請爲消防安全設備檢修專業機構或依第十五條規定申請延展合格證書者，應繳納審查費，每件新臺幣一千元整。

第三條

消防安全設備檢修專業機構申請核發、延展、補（換）發消防安全設備檢修專業機構合格證書者，應繳納證書費，每張新臺幣五百元整。

第四條

有下列情形之一者，免收取證書費：

一　中央主管機關變更證書格式申請換發證書。

二　行政區域調整或門牌改編致變更營業場所地址申請換發證書。

第五條

本標準自發布日施行。

消防設備師及消防設備士管理辦法

①民國85年5月29日內政部令訂定發布全文20條。
②民國86年2月26日內政部令修正發布第3條條文；並刪除第16、17條條文。
③民國94年7月19日內政部令修正發布第8、9、14、19條條文；並增訂第14-1～14-3條條文。
④民國100年2月10日內政部令修正發布第5、11條條文；增訂第11-1～11-3條條文；並刪除第13條條文。
⑤民國104年10月6日內政部令修正發布第2、8、11-3、15條條文。

第一章　總　則

第一條

本辦法依消防法（以下簡稱本法）第七條第四項規定訂定之。

第二條 104

①消防設備師或消防設備士應經考試及格持有考試及格證明文件，領有消防設備師或消防設備士證書者，始得執行業務。

②消防設備師及消防設備士於執行業務前，應填具執業通訊資料表（格式如附件一），並檢附國民身分證及消防設備師或消防設備士證書影本，送請中央主管機關備查及公告；執業通訊資料異動者，亦同。

③前項公告內容，包括消防設備師或消防設備士姓名、證書字號、執業通訊電話及所在行政區域。

第三條

依專門職業及技術人員考試法規定，經撤銷考試及格資格者，不得請領消防設備師或消防設備士證書，其已領取者撤銷之。

第四條

請領消防設備師及消防設備士證書，應檢附下列文件，向中央主管機關申請核發之。

一　申請書。
二　消防設備師或消防設備士考試及格證明文件。
三　國民身分證影本。
四　本人最近三個月內正面脫帽二吋半身照片三張。

第二章　業務及責任

第五條 100

①消防設備師及消防設備士執行業務，應備業務登記簿，以書面簿冊形式或電子檔案方式，記載委託人姓名或名稱、住所、委託事項及辦理情形之詳細紀錄，並應妥善保存，以備各級消防機關之查核。

②前項業務登記簿至少應保存五年。

第六條

消防設備師及消防設備士受委託辦理各項業務，應遵守誠實信用之原則，不得有不正當行為及違反或廢弛其業務上應盡之義務。

第七條

消防設備師及消防設備士，不得有下列之行為：

一　違反法令執行業務。
二　允諾他人假藉其名義執行業務。

三　以不正當方法招攬業務。

四　無正當理由洩漏因業務知悉之秘密。

第八條 104

①各級消防機關得檢查消防設備師及消防設備士之業務或令其報告、提出證明文件、表冊及有關資料，消防設備師及消防設備士不得規避、妨礙或拒絕。

②消防設備師或消防設備士違反前項規定，主管機關應命其限期改善；屆期未改善者，依行政執行法間接強制方法執行之。

第九條 94

消防設備師及消防設備士，應受各級消防機關之監督。

第一〇條

消防設備師及消防設備士執行業務時，應攜帶資格證件。

第三章　講　習

第一一條 100

①消防設備師及消防設備士，自取得證書日起每三年應接受講習一次或取得累計積分達一百六十分以上之訓練證明文件。

②消防設備師及消防設備士因重病或重大事故無法接受前項講習或取得累計積分達一百六十分以上訓練證明文件時，得檢具證明文件向中央主管機關申請核准延期。

第一一條之一 100

①前條所稱訓練證明文件，指消防設備師及消防設備士參加下列與消防安全設備設計、監造、裝置及檢修相關之技術研討活動或訓練取得之積分證明：

一　中央主管機關舉辦或認可之講習會、研討會或專題演講，每小時積分十分，每項課程或講題總分以四十分為限。

二　消防專技人員公會或全國聯合會之年會及當次達一小時以上之技術研討會，每次積分二十分。

三　中央主管機關舉辦或認可之專業訓練課程，每小時積分十分。

四　於國外參加專業機構或團體舉辦國際性之講習會、研討會或專題演講領有證明文件者，每小時積分十分，每項課程或講題總分以四十分為限。

五　於國內外專業期刊或學報發表論文或翻譯專業文獻經登載者，論文每篇六十分，翻譯每篇二十分，作者或譯者有二人以上者，平均分配積分。

六　研究所以上之在職進修或推廣教育，取得學分或結業證明者，每一學分積分十分，單一課程以三十分為限。

②擔任前項第一款至第四款講習會、研討會、專題演講或專業訓練課程講座者，每小時積分十分，每項課程或講題總分以四十分為限。

③第一項第一款至第四款講習會、研討會、專題演講或專業訓練之時數計算以小時為單位，滿五十分鐘以一小時計算，連續九十分鐘以二小時計算。

④第一項第五款所稱國內外專業期刊或學報之種類，由中央主管機關公告之。

第一一條之二 100

①第十一條第一項之講習、前條第一項第一款及第三款所定中央主管機關舉辦之講習會、研討會、專題演講及專業訓練，中央主管機關得委託專業機構辦理。

②前項受委託辦理第十一條第一項講習之專業機構應擬訂講習計畫，報請中央主管機關核定實施。

第一一條之三 104

①第十一條之一第一項第一款至第三款技術研討活動或訓練，其辦理機關（構）、團體應於舉辦二個月前，檢附下列文件向中央主管機關申請認可，中央主管機關並於舉辦一個月前准駁之：

一　申請函（格式如附件二）。

二　研討活動或訓練資料，其內容包括：

㈠名稱。

㈡時間、地點及預定參加人數。

㈢課程或講題之名稱、內容大綱、時數及申請積分。

㈣講座簡歷。

②前項辦理機關（構）、團體於技術研討活動或訓練結束後一個月內應檢附參加之消防設備師及消防設備士簽到表（格式如附件三）及參加時數清冊（格式如附件四），向中央主管機關申請訓練積分審查及登記，經審查合格並登記完竣後，由辦理機關（構）、團體發給受訓人員訓練證明文件（格式如附件五）。

③消防設備師及消防設備士於參加第十一條之一第一項第四款至第六款之技術研討活動或訓練後，應檢附訓練證明文件向中央主管機關申請訓練積分審查及登記。

④前二項之積分審查及登記，中央主管機關得委託專業機構辦理。

第一二條

講習實施之科目、日期、場所、報名方法及其他相關之必要事項，由中央主管機關事先公告周知。

第一三條（刪除）100

第一四條 94

講習所需經費由受訓人員自行負擔，其金額由講習單位報請中央主管機關核定後實施。

第一四條之一 94

直轄市、縣（市）之消防設備師或消防設備士達三十人以上者，得組織直轄市、縣（市）消防設備師公會或消防設備士公會。

第一四條之二 94

消防設備師或消防設備士公會全國聯合會應由過半數之直轄市、縣（市）消防設備師公會或消防設備士公會完成組織後，始得發起組織。但經中央主管機關核准者，不在此限。

第一四條之三 94

各級消防設備師公會及消防設備士公會之組織及活動，依人民團體法及前二條之規定辦理。

第四章　獎　懲

第一五條 104

①消防設備師及消防設備士有下列情事之一者，直轄市、縣（市）主管機關得予以獎勵；特別優異者，並得層報中央主管機關獎勵：

一　對消防法規襄助研究及建議，有重大貢獻。

二　對公共安全或預防災害等有關消防事項襄助辦理，成績卓著。

三　對消防安全設計或學術研究，有卓越表現。

四　對協助推行消防實務，著有成績。

②前項獎勵方式如下：

一　公開表揚。

二　頒發獎狀或獎牌。

第一六條（刪除）

第一七條（刪除）

第五章　附　則

第一八條

消防設備師及消防設備士證書之格式及證書費金額，由中央主管機關定之。

第一九條 94

依本法第七條第二項規定，暫行從事消防安全設備設計、監造、裝置及檢修者，除第十四條之一至第十四條之三規定外，準用本辦法之規定。

第二〇條

本辦法自發布日施行。

消防設備師及消防設備士證書費收費標準

民國99年1月18日內政部令訂定發布全文5條；並自發布日施行。

第一條

本標準依規費法第十條第一項規定訂定之。

第二條

申請核發或補（換）發證書，應繳納證書費，每張新臺幣五百元。

第三條

因中央主管機關變更證書格式而換發者，得免收取證書費。

第四條

暫行從事消防安全設備設計、監造或裝置、檢修人員申請核發、補（換）發消防安全設備設計監造或消防安全設備裝置檢修暫行執業證書者，準用本標準之規定。

第五條

本標準自發布日施行。

消防機具器材及設備登錄機構規費收費標準

民國101年12月24日內政部令訂定發布全文5條。
民國102年6月20日內政部令發布定自102年7月1日施行。

第一條

本標準依規費法第十條第一項規定訂定之。

第二條

①依消防機具器材及設備登錄機構管理辦法（以下簡稱本辦法）第四條第一項規定申請爲機械類或電氣類登錄機構者，應依其認可業務之類別分別申請，每件繳納書面審查費新臺幣一萬五千元及實地評鑑費新臺幣一萬四千元。

②依本辦法第七條第一項規定申請展延登錄證書有效期間者，每件應繳納書面審查費新臺幣一萬五千元及實地評鑑費新臺幣一萬四千元。

③依本辦法第八條第一項規定申請於登錄證書增列認可品目者，應依其認可業務之類別，每件繳納書面審查費新臺幣一萬二千八百元及實地評鑑費新臺幣一萬二千七百元。

④前三項申請經書面審查後駁回或辦理實地評鑑前撤回申請者，退還實地評鑑費；經實地評鑑不合格，且需再次辦理實地評鑑者，應再繳納實地評鑑費。

第三條

①申請核發、換發或補發登錄證書者，應繳納證書費，每張新臺幣五百元。

②前項申請經撤回或駁回者，退還證書費。

第四條

有下列情形之一者，免收取證書費：

一　內政部變更證書格式申請換發登錄證書。

二　行政區域調整或門牌改編致變更營業場所地址申請換發登錄證書。

第五條

本標準施行日期，由內政部定之。

消防機具器材及設備登錄機構管理辦法

①民國101年6月21日內政部令訂定發布全文21條。
民國102年6月20日內政部令發布定自102年7月1日施行。
②民國106年7月28日內政部令修正發布全文23條；並自發布日施行。

第一條

本辦法依消防法第十二條第六項規定訂定之。

第二條

登錄機構依其認可業務類別分爲下列二類：

一　機械類登錄機構：辦理經中央主管機關公告具機械性質品目之認可者。

二　電氣類登錄機構：辦理經中央主管機關公告具電氣性質品目之認可者。

第三條 106

①申請登錄辦理消防機具器材及設備認可者（以下簡稱申請機構），應符合下列資格及條件：

一　政府機關（構）、財團法人、公立或立案私立之大專以上學校。

二　取得財團法人全國認證基金會實驗室認證證書。

三　設有專責認可部門，置主管一人，且辦理任一認可業務類別之專任技術員七人以上，其中消防設備師或消防設備士至少有三人。

四　未從事消防機具器材及設備之進口、製造、委託製造或販售。

五　具備中央主管機關公告之試驗設備。

②前項第三款之主管及專任技術員應符合下列規定：

一　國內公立或立案之私立大專以上學校或經教育部承認之國外大學以上學校之理工相關科系畢業。

二　曾受財團法人全國認證基金會辦理之實驗室認證相關訓練時數達二十四小時以上，並取得合格證明。

第四條 106

①申請機構應檢附下列文件，向中央主管機關申請登錄：

一　申請書。

二　符合第三條第一項第一款至第三款及第二項資格之證書或相關證明文件。

三　代表人身分證明文件。

四　專任技術員名冊及適任之認可品目。

五　認可作業計畫書。

六　其他經中央主管機關指定之文件。

②前項第五款作業計畫書應記載下列事項：

一　經營目標與理念、永續經營承諾、經營方式及停止經營處理程序。

二　認可部門之組織架構、職掌、人員配置及運作。

三　實驗室品質手冊。

四　品質文件系統架構及一覽表。

五　認可作業規定、標準作業程序及人員訓練計畫。

六　各項試驗設備清冊、操作維修程序及其校正證明文件。

七　認可作業文件及檔案之管理。

八　會同實施試驗作業方式。

九　認可審議小組組成及運作。
十　認可收費項目及費額。

③前二項文件有不全或記載不完備者，中央主管機關應書面通知限期補正；屆期未補正或補正仍不合格者，駁回其申請。

第五條

①前條申請經書面審查合格者，進行實地評鑑；經實地評鑑合格者，由中央主管機關核發登錄證書。

②實地評鑑不合格者，中央主管機關應書面通知限期補正；逾期未補正或補正未完成者，駁回其申請。

③申請機構取得登錄證書後，始得從事認可業務。

第六條 106

①登錄證書應記載下列事項：

一　登錄年月日、字號及有效期間。
二　登錄機構之名稱、地址及實驗地址。
三　代表人。
四　認可業務類別及品目。
五　其他經中央主管機關指定之事項。

②前項第二款或第三款事項有變更者，應於變更事由發生次日起三十日內檢附原登錄證書及相關證明文件，向中央主管機關申請變更，並換發登錄證書。

③登錄之取得、變更、廢止、撤銷或經暫停認可業務類別及品目者，由中央主管機關公告之。

第七條 106

①登錄證書有效期間爲三年，有效期間屆滿前六個月起之二個月內，登錄機構得檢附第四條規定文件申請展延，每次展延有效期間爲三年；逾期申請展延者，應重新申請登錄。

②依前項申請展延者，經中央主管機關依第五條第一項規定書面審查並實地評鑑合格，由中央主管機關換發登錄證書。

第八條

①中央主管機關公告新增應實施認可品目，登錄機構於登錄證書有效期間內，得檢附第四條規定文件，經中央主管機關依第五條第一項規定書面審查並實地評鑑合格後，增列認可品目，並換發登錄證書；其有效期間與原登錄證書效期相同。

②登錄機構未依前項申請增列認可品目者，於登錄證書之有效期間屆滿後，應重新申請登錄。

第九條

登錄機構認可部門主管及專任技術員異動時，應於異動事實發生次日起十五日內，檢附異動人員名冊及新聘人員相關資格文件，報請中央主管機關備查。

第一〇條

①登錄機構之實驗室遷移者，應於遷移前三個月起之二個月內，提具計畫書報請中央主管機關同意後始得辦理。

②前項計畫書應包括下列事項：

一　建築物基本資料。
二　遷移前後之試驗設備清冊及校正。
三　遷移期間認可業務之執行方式。
四　申請財團法人全國認證基金會實驗室異動證明文件。
五　其他經中央主管機關指定之文件。

③第一項計畫書有不全或記載不完備者，中央主管機關應書面通知限期補正；屆期未補正或補正未完成者，駁回其申請。

④實驗室遷移完成後，應檢具財團法人全國認證基金會重新核發之實驗室認證證書，依第六條第二項規定換發登錄證書。

第一一條

①登錄機構辦理消防機具器材及設備認可業務，應以登錄機構之名義爲之。

②登錄機構辦理前項業務，非有正當理由，不得拒絕受理或爲差別待遇。

③取得型式認可之消防機具器材及設備，其型式變更、輕微變更、型式認可書記載事項之變更、個別認可、型式認可展延之審查及試驗，應由原登錄機構爲之。但原登錄機構經中央主管機關暫停認可業務類別及品目、廢止或撤銷登錄時，由中央主管機關指定之登錄機構受理申請。

第一二條

①登錄機構辦理型式認可、型式變更及個別認可作業，應於其實驗室進行試驗或派員至產品產製廠（場）會同實施試驗。

②前項會同實施試驗之產品產製廠（場）應符合下列規定：

一　產品申請人設有試驗設備及技術人員。

二　經登錄機構實地審查具試驗能力。

③第一項登錄機構應於試驗完成後出具試驗報告。

第一三條

登錄機構辦理認可業務如下：

一　型式認可、型式變更、輕微變更、型式認可書記載事項之變更、個別認可及型式認可展延案件之受理、書面審查、認可試驗、派員會同實施試驗、認可審議小組審查、申請文件列冊登記、電腦存檔管理、資訊公開作業等。

二　設立認可審議小組，辦理型式試驗結果之審議事項；其委員之遴任及異動，應報請中央主管機關核定。

三　型式認可書及認可標示之核發，並訂定管理措施。

四　與取得認可之業者簽訂契約。

五　對市售之認可品辦理抽驗，各認可業務類別每年至少抽驗一件且不得低於型式認可案件合格件數之百分之二；必要時，中央主管機關得增減抽驗產品品目及比例。

六　對取得認可但未持續符合中央主管機關公告之基準者，限期改善或終止認可。

七　認可案件之異議、違規使用或仿冒事項之處理。

八　訂定第四條第二項第五款及第十款所定認可作業規定、標準作業程序與收費項目及費額，並報請中央主管機關核定；修正時，亦同。

九　其他與認可有關之業務。

第一四條

登錄機構與取得認可之業者簽訂契約，應記載下列事項：

一　經認可之消防機具器材及設備，其產品本身、生產、品管過程或標示有不符規定之情形時，責任認定之原則，及所生損害賠償額度之計算。

二　登錄機構經中央主管機關依第二十條或第二十一條第二項規定廢止、撤銷認可或暫停認可業務類別及品目，致取得認可之業者受有損害時，賠償額度之計算。

三　登錄機構洩漏因執行認可業務知悉之秘密或技術文件之賠償額度及計算方式。

四　終止認可事由。

五　認可標示使用及相關管理規範。

第一五條

登錄機構除依第十三條辦理認可業務外，應辦理下列事項：

一　使用認可標示之管理。

二　違反規定使用認可標示或爲不實標示通報中央主管機關事宜。

三　指派專人協助中央主管機關執行認可之協調聯繫，並登載認可資訊。

四　建置認可資訊查詢服務網站，並製作申請認可範例說明、認可須知、審查細部作業規範、相關問答集、統計資料等。

五　辦理型式認可、個別認可號碼之編列登記，並於每月將認可作業成果月報表送中央主管機關備查。

六　設立專戶辦理認可業務收支事宜。

七　每年十二月底前將下一年度工作計畫送中央主管機關備查；其於十一月前登錄者，並應於登錄後三十日內提送該年度之工作計畫。

八　每年二月底前將上年度工作執行成果報告送中央主管機關備查。

第一六條

登錄機構執行認可業務之試驗報告、紀錄、收支簿冊及相關技術文件應至少保存五年。但型式認可、型式變更及個別認可之試驗報告電子檔應至少保存十五年。

第一七條

登錄機構應依登錄證書所載類別，辦理各類別內所有經中央主管機關公告品目之認可，不得拒絕或無故擅自暫停或終止認可業務。

第一八條 106

①登錄機構人員應獨立公正辦理業務，不受他人不當干預。

②前項人員辦理業務，適用行政程序法第三十二條及第三十三條有關迴避之規定。

③登錄機構之代表人與其配偶及三親等內之血親從事消防機具器材及設備之進口、製造、委託製造或販售事業者，登錄機構不得受理該事業之認可申請。

第一九條

中央主管機關得向登錄機構調閱認可業務、設備、財務收支相關文件或派員查核監督執行認可業務；必要時並得令其報告，登錄機構不得規避、妨礙或拒絕。

第二〇條 106

登錄機構有下列情形之一者，中央主管機關應撤銷或廢止其登錄：

一　組織運作或執行認可徇私舞弊。

二　以不正當方法招攬業務。

三　洩露因業務而知悉之秘密。

四　執行業務造成重大傷害或危害公共安全。

五　申請登錄之證明文件經撤銷、註銷或廢止。

六　提供不實資料或以其他不正當方法取得登錄資格。

七　認可試驗報告、紀錄或財務等相關資料有登載不實之情事，情節重大。

八　經中央主管機關認定違反法令情節重大。

第二一條 106

①登錄機構有下列情形之一，經通知限期改善屆期未改善完成者，中央主管機關得暫停其全部或部分認可業務類別及品目三個月以上六個月以下，並限期改善；屆期未改善完成者，得再次暫停之：

一　未依登錄證書之認可業務類別及品目執行業務。

二　因專任技術員更迭、試驗設備缺損，致認可作業無法有效執行。

三　擅自將登錄之業務全部或部分移轉至其他機構或無故延遲辦理。

四　未依所定認可作業規定、標準作業程序、收費項目及費額等辦理認可業務或收取費用。

五　專任技術員出缺未補實致不符合第三條第一項第三款或第二項規定。

六　違反第三條第一項第四款、第九條、第十一條、第十三條、第十五條至第十九條規定。

七　登錄機構之實驗室經財團法人全國認證基金會確認不具認證資格。

八　認可業務或財務等相關資料有誤繕、誤算或其他類此之錯誤。

②前項受暫停全部或部分認可業務類別及品目之登錄機構，自暫停之日起，不得辦理第十三條第一款、第三款及第四款之認可業務。但於暫停前已受理之型式或個別認可案件，有下列情形之一者，得繼續辦理至完成認可作業爲止：

一　型式認可案件已進行試驗。

二　個別認可案件已預先領用標示附加產品本體或進行試驗。

③第一項登錄機構於暫停全部或部分認可業務類別及品目期間，應主動通知申請人，並依申請人之意願，將認可案件之完整文件及檔案移交至中央主管機關指定之登錄機構辦理。

④登錄機構於登錄有效期間有第一項受暫停全部或部分認可業務類別及品目達二次以上者，中央主管機關得撤銷或廢止其登錄。

第二二條

①登錄機構經中央主管機關廢止或撤銷登錄，應於撤銷或廢止次日起三十日內，繳回登錄證書，並將受理全部認可案件之完整文件及檔案移交至中央主管機關指定之登錄機構辦理，該機構不得規避、妨礙或拒絕。

②前項經廢止或撤銷登錄之登錄機構，三年內不得重新申請登錄。

第二三條

本辦法自發布日施行。

消防機具器材及設備認可實施辦法

民國101年6月21日內政部令訂定發布全文33條。
民國102年6月20日內政部令發布定自102年7月1日施行。

第一條

本辦法依消防法（以下簡稱本法）第十二條第三項規定訂定之。

第二條

本辦法用詞定義如下：

一　型式認可：指消防機具器材及設備之型式，其形狀、構造、材質、成分及性能，經登錄機構認定符合消防機具器材及設備認可標準及中央主管機關公告之基準。

二　型式變更：指已取得型式認可之消防機具器材及設備，其變更之部分對其形狀、構造、材質、成分及性能產生影響者。但其爲動作原理、主要構造或材質變更者不屬之。

三　輕微變更：指已取得型式認可之消防機具器材及設備，其變更之事項不致對其形狀、構造、材質、成分及性能產生影響者。

四　個別認可：指已取得型式認可之消防機具器材及設備，於國內製造出廠前或國外進口銷售前，經登錄機構認定其產品之形狀、構造、材質、成分及性能與型式認可相符。

第三條

消防機具器材及設備之型式認可、型式變更、輕微變更及個別認可等相關事項，由中央主管機關委託登錄機構辦理。

第四條

消防機具器材及設備型式認可之申請人，指產品之產製者或委託產製者；其不在國內者，指其在國內有營業所之輸入者或代理商。

第五條

①申請型式認可，應檢附下列文件向登錄機構辦理：

一　申請書。

二　工廠登記、公司登記或商業登記證明文件及最近一次完稅證明影本。

三　試驗設備、試驗設備之維護管理及試驗場所概要說明書。

四　公司該產品之主要生產設備及流程說明書。

五　品質管理說明書（內容包括產品之設計管理、品質管理系統，零組件及庫存品之管理，製造、組裝作業流程等文件）或國際標準組織（ISO）九〇〇一認可登錄證書。

六　產品之設計圖，圖面應明確標示各部構造與零組件之名稱、尺度及材質，並附實體正面、側面、背面圖片（含照片）及有關技術文件（包括產品型錄、使用手冊等）。

七　中央主管機關公告之國內外第三公證機構、登錄機構出具之試驗報告或廠內試驗紀錄（須爲申請日前之二年內作成者），載明引用中央主管機關公告之基準或國外標準，與測試之標準值及結果值。

八　施工安全或設置規範及維修保養手冊。

九　文件爲外文者，應附中文譯本或適當之摘譯本。

②自國外進口之消防機具器材及設備（以下簡稱進口品）免附前項第二款工廠登記證明文

件及第三款、第四款文件。

第六條

委託他人製造生產消防機具器材及設備者，申請型式認可，除依前條規定外，並應依下列規定辦理：

一　檢附勞務委託契約證明文件，契約內容應載明產品於製造、加工、組裝及試驗時，契約雙方之權利義務關係及其他必要事項。

二　前條第一項第三款、第五款、第六款所列文件，應有契約雙方負責人及公司之簽章。

三　使用受託者之試驗設備者，其試驗紀錄須有受託者操作人員及委託者會同人員之簽章。

四　產品有型式變更者，應由委託產製者提出申請。

第七條

進口品申請型式認可者，除依第五條規定外，並應檢附授權代理證明文件；其試驗報告爲中央主管機關公告之國外第三公證機構所開具者，應經我國駐外館處驗證。

第八條

登錄機構應依下列方式辦理型式認可作業：

一　書面審查：審查申請人檢附之文件。

二　實施試驗：

㈠申請人依中央主管機關公告之基準提供測試所需之樣品數，於登錄機構試驗室進行試驗或由登錄機構派員至產品產製廠（場）會同實施試驗。

㈡登錄機構辦理試驗時，應依試驗項目具體載明試驗結果，其有建議事項者，應詳述理由。但申請人檢附中央主管機關公告之國外第三公證機構試驗報告者，登錄機構得逕依所提資料文件審查，免予實施試驗。

第九條

符合本法第十二條第二項但書規定者，登錄機構除依前條規定辦理型式認可作業外，並應會同申請人至產品產製廠（場）實施下列初次工廠檢查：

一　符合第五條第一項第三款規定之試驗設備、試驗設備之維護管理及試驗場所。

二　符合第五條第一項第四款規定之產品主要生產設備及流程。

三　符合第五條第一項第五款規定之產品設計管理、品質管理系統，零組件及庫存品之管理，製造、組裝作業流程。

第一〇條

①經依前條初次工廠檢查合格取得型式認可者，登錄機構應每年至少一次會同申請人至產品產製廠（場）實施下列後續工廠檢查：

一　前條規定之執行情形。

二　產製產品與原型式認可之產品相符，並實施試驗。

②前項後續工廠檢查有下列事項之一者，登錄機構應即暫停辦理該產品之個別認可，並請申請人於通知送達次日起三個月內改善：

一　經查產製產品形狀、構造、材質、成分及性能與原型式認可不符。

二　未辦理試驗設備維修及校正。

三　產品設計變更超出輕微變更範圍未提出申請。

四　產品品管檢查將不合格產品判定爲合格。

五　產品未進行品管即出貨。

六　現場品管未符品質管理說明書或紀錄不實。

③前項經暫停辦理個別認可者，由登錄機構實施後續工廠檢查之複查確認改善完成後，始得恢復申請認可作業。

第一一條

①型式認可之審查結果，登錄機構應自受理次日起四個月內，以書面通知申請人。合格者，發給型式認可書；不合格者，應敘明理由，不予認可。

②前項型式認可書，應記載下列事項：

一　申請人名稱、地址及負責人姓名。

二　公司統一編號。

三　認可之依據。

四　有效期限。

五　認可內容。

六　注意事項。

七　登錄機構名稱及地址。

③已取得型式認可之消防機具器材及設備，其中央主管機關公告之基準修正時，中央主管機關得命登錄機構通知申請人限期依修正後之基準，重新申請型式認可，並註銷原發給之型式認可書。

第一二條

取得型式認可之消防機具器材及設備，登錄機構應予編號登錄，並將各項認可資訊登載於網站，隨時更新。

第一三條

①型式認可之有效期間為五年。有效期限屆滿前六個月起之五個月內，得由申請人檢附原型式認可書及第五條規定之文件，向登錄機構申請展延，經審查核可者，換發型式認可書，每次展延期間為五年。

②逾期申請展延者，應重新申請型式認可。

第一四條

型式認可書遺失或毀損者，得向原登錄機構申請補發或換發。

第一五條

①已取得型式認可之消防機具器材及設備，其型式部分變更者，應註明與原型式相異部分，向登錄機構申請型式變更之認可。

②前項變更，其屬同一型式辦理二部分以上變更者，視同一申請案；其為二種以上不同型式之共通部分變更者，則分別申請之。

③第一項型式變更之申請應備文件、審查、發給型式認可書及認可書之有效期限、展延、補發或換發，準用第五條至前條規定。

第一六條

已取得型式認可之消防機具器材及設備，其變更事項不致對其形狀、構造、材質、成分及性能產生影響者，申請人應檢附變更前後圖說及證明文件，向登錄機構申請輕微變更之認可，由登錄機構書面審查，並通知其處理結果。

第一七條

經型式認可者，其型式認可書有下列記載事項之一變更者，應於變更次日起三十日內檢附原型式認可書及相關證明文件，向登錄機構申請變更，並換發型式認可書；其有效期間與原型式認可書相同：

一　地址。

二　負責人。

三　公司或商業名稱。

四　其他經中央主管機關認定之必要事項。

第一八條

①申請個別認可，應檢附下列文件向登錄機構辦理：

一　申請書（並載明個別認可之數量）。

二　型式認可書影本。

三　進口品應檢附進口報單及國外原廠之出廠證明文件影本。
四　文件為外文者，應附中文譯本或適當之摘譯本。

②前項申請個別認可之型式達二種以上者，應分別申請之。

③第一項申請個別認可者，變更試驗日期、數量、工廠試驗設備或試驗場所時，應於試驗日期五日前，向登錄機構提出。

第一九條

①登錄機構應依下列方式辦理個別認可作業：

一　書面審查：審查申請人檢附之文件。
二　實施試驗：申請人依中央主管機關公告之基準提供測試所需之樣品數，於登錄機構試驗室進行試驗或由登錄機構派員至產品產製廠（場）會同實施試驗。但符合本法第十二條第二項但書規定者，得由申請人檢附廠內試驗紀錄、受驗成績履歷等品管檢查文件審查，免予實施試驗。

②個別認可進口品適用消防機具器材及設備認可標準確有困難者，得引用國外之標準，在國內進行試驗。

第二〇條

申請個別認可應提供各項試驗相關設備，抽樣試驗之產品應予以編號，並於試驗前備妥過程中須破壞品之數量或試驗過程容許之不良品數量。

第二一條

申請個別認可而未設有試驗設備及試驗場所者，得借用登錄機構或已取得型式認可，且具有試驗設備及試驗場所之公司、工廠、機關（構）或團體之設備及場地進行試驗，並應檢附該借用單位之同意書。

第二二條

除第十九條第一項第二款但書規定者外，登錄機構及申請人於個別認可完成試驗後，應就試驗紀錄及認可標示領用之記載事項，確認簽章。

第二三條

個別認可經判定合格者，由登錄機構發給認可標示，並確認附加於該批次產品之本體上；判定不合格者，應敘明理由，書面通知申請人不予認可。

第二四條

①申請個別認可時，得向登錄機構申請預先領用標示，並於受檢日前領用標示附加之。

②前項申請預先領用認可標示者，應遵守下列規定，登錄機構得不定時抽查使用管理情形：

一　依消防機具器材及設備之品目、型號，列冊登載歷次認可標示領用紀錄及產品產銷履歷資料。
二　妥善保管預先領用之標示，如有與原申請數量不符、遺失或毀損者，應立即將該代號及流水編號向登錄機構申報。

③申請人有下列情事之一者，第一次予以警告；第二次停止預先領用認可標示三個月；第三次停止預先領用認可標示一年：

一　預先領用認可標示數量與原申請不符，且未申報。
二　遺失預先領用認可標示。

④依第一項規定預先申請領用認可標示者，其個別認可經判定合格者始得銷售；個別認可經判定不合格者，應將認可標示當場繳回或銷毀。

第二五條

個別認可標示規格及式樣應符合下列規定：

一　規格應符合附表第一種樣式之規定。但產品本體太小或有其他特殊原因，經報請中央主管機關同意者，得以第二種或第三種樣式標示之。
二　前款所定第一種與第二種樣式之認可標示外環尺寸及消防機具器材及設備之品目名

稱代號，由中央主管機關公告之。

三　認可標示應具有防僞設計，並標示認可之流水編號。

第二六條

個別認可標示之附加方式應符合下列規定：

一　於產品本體上明顯易見處，以不易脫落之方式附加認可標示。

二　產品之其他標識或文字不得與認可標示混淆或使消費者不易辨別。

第二七條

登錄機構受理型式認可、型式變更或個別認可之申請，應按月排定認可期程，並於試驗日期十日前通知申請人。

第二八條

提出型式認可、型式變更或個別認可申請後，於完成認可或實施試驗前，申請人得撤回其申請。

第二九條

申請人依本辦法應檢具之文件不全或不符者，應於通知送達之次日起二個月內補正，屆期未補正或補正後仍不符規定者，登錄機構得駁回其申請。

第三〇條

出具不實資料或以詐欺、脅迫或賄賂方法取得型式認可者，登錄機構應撤銷其型式認可，限期繳回或註銷型式認可書，並登載資訊網站及函知中央主管機關。

第三一條

①有下列情形之一者，登錄機構應廢止其型式認可，限期繳回或註銷型式認可書，並登載資訊網站及函知中央主管機關：

一　自行申請廢止型式認可或停止使用認可標示。

二　型式認可申請人之公司、商業或工廠登記經撤銷、廢止、解散或歇業。

三　中央主管機關公告之基準業經廢止，或依第十一條第三項規定，限期依修正後之基準重新申請型式認可，屆期仍未申請，或屆期未補正或補正仍不符規定。

四　讓售認可標示。

五　僞造、仿冒或變造認可標示。

六　市售流通之產品未符型式認可，經通知送達之次日起二個月內未改正完成。

七　取得認可之產品，因瑕疵造成人員重大傷害或危害公共安全。

八　除本法第十二條第二項但書規定情形者外，未於型式認可書之有效期間內申請取得個別認可。

九　規避、妨礙或拒絕登錄機構之查核。

十　依第十條第三項規定實施後續工廠檢查之複查仍未改善完成者。

十一　其他違規情節重大事項。

②前項對登錄機構廢止認可有異議者，得於收受書面次日起十日內檢附佐證資料，向原登錄機構提出申訴，並以一次爲限；原登錄機構應以書面告知處理結果。

第三二條

①經撤銷或廢止型式認可之消防機具器材及設備，登錄機構應即停止辦理該型式產品之個別認可及發給認可標示，並回收、註銷及除去已發給尚未銷售產品之標示。

②經依前項撤銷或廢止型式認可者，業者應即停止銷售，並依限回收、註銷及除去認可標示；必要時，中央主管機關得會同登錄機構派員至廠（場）查核，請其提供進口證明、產銷紀錄、庫存數量及進出貨交易文件，並向有關人員查詢。

③第一項經撤銷或廢止型式認可者，該型式之產品於不符情形經登錄機構確認改善完成後四個月始得重新申請認可。

第三三條

本辦法施行日期，由中央主管機關定之。

消防機具器材及設備認可標準

民國101年6月21日內政部令訂定發布全文9條。
民國102年6月20日內政部令發布定自102年7月1日施行。

第一條

本標準依消防法第十二條第五項規定訂定之。

第二條

①消防機具器材及設備之構造、材質、性能、試驗內容及試驗設備，應符合下列共通性質規定：

一　各部構造及零件之材質、製造及裝配方法應與申請之設計圖相符。

二　具堅固、安全之構造，不得有傷痕、裂痕、變形、破損、劣化、接觸不良等情形或傷害使用者之虞。

三　構造具耐久性，零件應安裝正確且不易鬆脫，不得因震動、衝擊產生使用或產品性能之障礙。

四　使用材質可能銹蝕者，應採取防蝕措施；零件使用非金屬材質者，應爲不易變形構造。

五　試驗內容及試驗設備應依產品設計原理、材質、構造及性能辦理。

②前項消防機具器材及設備之構造、材質、性能、試驗內容及試驗設備之個別性質，應依中央主管機關公告之基準，實施型式認可、型式變更及個別認可試驗。

第三條

①型式認可、型式變更及個別認可試驗發現之缺點，依下列規定之等級判定之：

一　致命缺點：對人體有危害之虞或無法達到消防機具器材及設備之應有功能者。

二　嚴重缺點：雖非致命缺點，但對消防機具器材及設備之功能有產生重大障礙之虞者。

三　一般缺點：非致命缺點或嚴重缺點。但對消防機具器材及設備之功能有產生障礙之虞；或產品構造與認可之型式有異；或標示錯誤，致使用功能產生障礙之虞者。

四　輕微缺點：非屬前三款規定之輕微障礙。

②同時有不同等級之缺點者，分別列入不同等級之缺點；同時有二項以上相同等級之缺點者，以同一等級缺點計算。

第四條

①型式認可、型式變更或個別認可試驗時，發現有可修補之缺點或試驗設備故障等不影響產品性能者，得辦理補正試驗，並以一次爲限。

②型式認可、型式變更試驗結果符合中央主管機關公告之基準者，判定合格。

③第一項項個別認可補正試驗應依原試驗等級重新採樣，補正試驗數量應扣除第一次試驗數量中之預備品及不良品。

④個別認可之抽樣試驗等級爲第五條第二項所定最嚴格試驗者，經試驗不合格時，不得進行補正試驗。

第五條

①個別認可依消防機具器材及設備之品目、試驗項目及數量，辦理抽樣試驗。

②前項個別認可抽樣試驗等級，依程度分爲寬鬆試驗、普通試驗、嚴格試驗及最嚴格試驗，試驗嚴寬等級之調整如附表。

③第一項個別認可依國家標準（CNS）九〇四二隨機抽樣法及下列各款規定進行抽樣試

驗。但生產或進口數量較少者，得適用少量生產或少量進口之普通試驗：

一　第一次申請個別認可應以普通試驗為之，依試驗結果，決定下一批試驗之等級。

二　有輕微變更者，依變更前之試驗等級進行試驗。

三　試驗設備或場所有變更時，依下列規定辦理：

㈠試驗等級依變更前之等級進行試驗。

㈡需調整試驗等級之批次，以變更後之批次數重新計算之。

第六條

①個別認可符合下列規定者，得實施免會同試驗：

一　達寬鬆試驗後連續十批第一次試驗均合格。

二　累積受驗合格數量達中央主管機關公告之基準所定數量以上。

三　取得國際標準組織（ISO）九〇〇一認可登錄。

②實施免會同試驗之品目，登錄機構應每半年派員會同實施抽樣試驗一次；抽樣試驗結果不符合中央主管機關公告之基準者，該批次判定不合格，且次批次恢復為普通試驗。

③符合免會同試驗資格之品目，有下列情形之一者，應恢復為普通試驗：

一　廠內試驗紀錄不實。

二　未申請個別認可達六個月以上。

三　取得認可標示之產品不符本標準或中央主管機關公告之基準，經登錄機構查證屬實者。

第七條

①個別認可批次依受驗廠商、消防機具器材及設備品目、試驗等級認定之。

②申請者不得指定將某部分產品列為同一批次。

③個別認可應於該批次試驗完成後，始得實施下一批次試驗。

第八條

個別認可試驗批次合格與否，依產品試驗之缺點等級及樣品數判定如下：

一　不良品數目在合格判定之不良品數目上限（以下簡稱Ac）以下時，判定合格。

二　不良品數目在Ac與不合格判定之不良品數目下限（以下簡稱Re）之間，判定合格。

三　不良品在Re以上，其為初次試驗者，得於下次補正試驗；其為補正試驗者，判定不合格。

四　前三款試驗結果，發現不良品有致命缺點者，其不良品數雖在Ac以下，判定不合格。

五　試驗合格之樣品批次中，發現有缺點之樣品，能以預備品替換或可調整、修理者，視為良品；預備品不足或無法調整、修理者，其有缺點之試樣均視為不良品。

六　試驗過程試驗設備異常或故障，無法如期完成時，試驗應即停止，其為初次試驗者，得補正試驗；其為補正試驗者，判定不合格。

第九條

本標準施行日期，由中央主管機關定之。

消防機關受理消防安全設備檢修申報及複查注意事項

民國92年9月24日內政部消防署函訂定發布全文4點。

一　檢修申報受理作業

㈠受理方式：受理申報之方式及地點，由各消防機關視轄區狀況自行規劃。

㈡作業流程：如附件一流程圖。

㈢注意事項：

1.受理申報時，應查核消防安全設備檢修申報書、表等相關文件（管理權人如委託他人辦理申報時，應檢附委託書），並填具「消防安全設備檢修申報受理單」（如附件二）一式二份，蓋章受理後，一份自存，一份交付管理權人或受委託人。經查核申報資料不合規定者，應將不合規定項目詳為列舉，一次告知補正或改善。

2.未申領使用執照或未依使用執照用途之違規使用（營業）場所，應依實際用途辦理申報。

3.受理申報時，應一併查核前次檢修申報之日期，確認是否每半年辦理一次外觀檢查及性能檢查，每年辦理一次綜合檢查。

4.經消防機關會勘通過且依建築法規定取得使用執照或其他相關法規取得目的事業主管機關證明文件，並經消防安全檢查符合規定之合法場所，自取得使用執照或合法證明文件日期起計算，免辦理當次每半年應檢查項目。

5.受理申報情形應填具「消防安全設備檢修申報公務統計報表」（如附件三），於每年一月及七月底前函報內政部消防署（以下簡稱本署）彙整統計。

二　複查作業

㈠對象：

1.各消防機關對應辦理檢修申報場所，應建立列管清冊，並依轄區特性及列管場所危險程度訂定年度複查計畫，每月依預定時程表複查，對於未依規定檢修、申報及申報消防安全設備不符合規定之場所應優先排定複查。

2.對於每年六月前僅辦理檢修，無須辦理申報之甲類以外場所，亦應列入複查對象。

㈡次數：

1.確認性複查：對轄內消防安全設備應檢修申報之場所，於每年七月至八月及一月至二月各複查乙次，查核是否依法檢修或申報。

2.專業性複查：對轄內消防安全設備應檢修申報之甲類場所每年至少複查一次以上，甲類以外場所每二年至少複查一次以上，查核消防專技人員是否落實檢修，及消防安全設備是否維持正常功能使用狀態。

㈢人力：由各消防機關依轄區特性及列管場所派員複查。

㈣複查方式及項目：進行複查作業應依「消防機關辦理消防安全檢查注意事項」辦理。專業性複查時，應以查閱檢修報告書、詢問及實地測試等方式，執行下列事項，以瞭解消防設備師（士）有無不實檢修情事，並製作消防安全設備檢修申報複查紀錄表，複查結果列入管制。

1.依「檢修申報複查查詢事項」（如附件四），詢問管理權人或防火管理人辦理檢修申報之過程，及其所委託消防設備師（士）辦理該場所消防安全設備檢修之執行情形。

2.依「各類場所消防安全設備檢修及申報作業基準」視轄區狀況，進行重點抽測，其必要抽測項目如下：

⑴滅火器：蓄壓式滅火器之壓力表（每層至少抽查二支以上）。

⑵室內消防栓設備：於一處室內消防栓箱進行放水試驗。

⑶室外消防栓設備：於一處室外消防栓進行放水試驗。

⑷自動撒水設備：屬密閉式撒水設備者，於一處末端查驗閥進行測試；屬開放式撒水設備者，於一區進行放水試驗。

⑸水霧滅火設備：於一區進行放水試驗。

⑹泡沫滅火設備：選擇一區進行放水試驗，必要時得測試檢修時泡沫原液之發泡倍率及還原時間。

⑺火警自動警報設備：對火警受信總機進行測試，於一處測試警鈴音響音壓及用加煙（或加熱）試驗器對探測器進行動作試驗（每層至少測試一個）。

⑻瓦斯漏氣火警自動警報設備：對瓦斯漏氣火警自動警報設備之受信總機進行測試，並用加瓦斯試驗器測試檢知器三個以上。

⑼緊急廣播設備：使用噪音計對每一層樓之一處揚聲器進行音壓測試。

⑽排煙設備：使用風速計於最高樓層及最低樓層之機械排煙進行測試。

3.複查後應將所進行測試之項目、地點等詳載於消防安全設備檢修申報複查紀錄表，如無法依前項項目進行測試時，應於備註欄載明原因。

㈤結果處置：

1.發現管理權人未依規定辦理檢修或申報者，應依消防法第三十八條第二項規定開具限期改善通知單，並予追蹤管制。

2.消防安全設備有不符合規定之情事者，應依消防法第三十七條第一項規定開具限期改善通知單，並予追蹤管制。

3.消防設備師（士）有不實檢修之情事者，應依消防法第三十八條第三項規定逕行舉發；另發現未由具消防設備師（士）資格人員執行消防安全設備檢修者，應依消防法第三十八條第一項規定逕行舉發。

4.複查後應將消防安全設備檢修申報複查紀錄表併同檢修申報相關書、表妥爲保存歸檔。

㈥注意事項：

1.執行專業性複查，應排定複查時間，並事先通知管理權人（得同時通知負責檢修之消防設備師（士）或檢修專業機構到場並攜帶檢修器材會同測試）派員配合複查。

2.執行複查以在日出後，日沒前爲原則。但受檢對象於夜間營業或經其同意者，不在此限。

3.服裝整齊，並佩戴證件。

4.注意服勤態度，不得涉入相關法律糾紛。

5.儘量避免影響該場所之工作或營業，如需拆開或移動設備時，應請管理權人派員配合。

6.特殊設施場所，應請管理權人派相關技術人員配合。

7.複查結果應記載於複查紀錄表，其不符合規定者，開具限期改善通知單，並依規定程序處理。

8.消防機關應隨時督導複查工作。

三　宣導工作

㈠檢修申報制度宣導資料，應送至各應辦理檢修申報場所。

㈡說明檢修申報之程序、期限，其採郵寄申報者，應以雙掛號寄至當地消防機關。
㈢建請管理權人，委託消防設備師（士）檢修消防安全設備時，應派員會同檢查。
㈣利用當地有線廣播電視系統等大衆傳播媒體，播放宣導短片及刊登宣導資料。

四　督導考核

㈠消防機關應訂定檢修申報督導計畫並加強實施督導。
㈡本署對消防機關執行檢修申報之情形進行定期、不定期評比考核，成績卓著者從優獎勵，執行不力者依規定懲處。

消防機關受理集合住宅消防安全設備檢修申報作業處理原則

①民國92年7月16日內政部消防署函訂定發布全文7點。
②民國102年10月29日內政部消防署函修正發布第4點。
③民國104年2月17日內政部消防署函修正發布第5點。

一 目的
為協助集合住宅落實消防安全設備之維護保養及檢修申報，並明定消防機關對集合住宅檢修申報之作業流程及其相關處理方式，爰訂定本處理原則。

二 受理檢修申報作業流程
流程圖如附件。

三 檢修申報管理權人之認定
(一)公寓大廈管理條例第十條第一項規定：「專有部分、約定專用部分之修繕、管理、維護，由各該區分所有權人或約定專用部分之使用人為之，並負擔其費用。」，據此集合住宅專有部分、約定專用部分消防安全設備檢修申報之管理權人，係屬區分所有權人或約定專用部分之使用人。
(二)公寓大廈管理條例第十條第二項前段規定：「共用部分、約定共用部分之修繕、管理、維護，由管理負責人或管理委員會為之。」，據此集合住宅共用部分、約定共用部分消防安全設備檢修申報之管理權人，係屬管理負責人或管理委員會。

四 檢修申報作業方式
集合住宅之消防安全設備檢修，其系統性設備之設置含括專有部分、約定專用部分、共用部分、約定共用部分，其檢修申報方式以輔導其透過區分所有權人會議決議，採以整棟共同申報為原則，如採個別申報方式者，建築物共用部分應一併申報。
(一)整棟建築物共同申報
1.申報人（管理權人）：管理委員會或管理負責人。
2.申報檢附資料：參考內政部消防署（以下簡稱本署）九十二年五月十六日消防預字第〇九二〇五〇〇一八八一號函頒「消防安全設備檢修申報書製作暨消防安全設備檢查表填寫說明及範例」檢附相關書表，惟其檢修結果報告書應包含整棟大樓共有、共用部分及區分所有部分之檢修結果。
(二)區分所有權人個別申報
1.申報人（管理權人）：區分所有權人（各住戶）。
2.申報檢附資料：參考前揭填寫說明及範例，檢附專有部分及約定專用部分內之消防安全設備檢查表、防護該專有部分及約定專用部分範圍之共用消防安全設備檢查表相關書表。惟區分所有權人之一已就大樓共有及共用部分完成消防安全設備檢修申報者，該共用消防安全設備檢查表內已檢修部分，得免檢修，判定欄以「／」註記，並於備註欄說明。

五 對集合住宅辦理檢修申報之主動協助作為
(一)已成立管理委員會之集合住宅
1.主動與管理委員會保持連繫，並加強宣導執行檢修申報制度相關規定作法，同時予以必要之協助，以使管理委員會能依規定主動辦理整棟建築物之消防安全設備檢修申報。
2.對於集合住宅部分區分所有權人（住戶）未配合大樓實施檢修申報，並經管理委員會與其協調仍不履行時，除得依公寓大廈管理條例第六條第三項規定報請主管機關或訴請法院，藉由公權力介入，施予必要之處置外，如有違反檢修申報規定，亦得依消防法第三十八條規定予以處罰，或依行政執行法強制執行之。

㈡未成立管理委員會之集合住宅

1.對於未依「公寓大廈管理條例」成立管理委員會之集合住宅，協調促請地方建築主管機關對未成立管理委員會之集合住宅訂定分期、分區、分類計畫，並輔導其召開區分所有權人會議，成立管理委員會或推選管理負責人，以利推動檢修申報制度。

2.轄區分隊對各住戶加強宣導檢修申報制度，必要時得利用轄內有線電視節目播送系統、村（里）民大會等相關途徑宣導，指導協助其得共同委託消防設備師（士）或檢修專業機構辦理檢修，並向消防機關辦理申報。

3.未成立管理委員會之集合住宅，共有及共用部分如未依規定辦理檢修申報時，須針對該部分之各區分所有權人一併依法裁處；專有部分及約定專用部分則須針對該部分之區分所有權人分別依法裁處，並提報縣、市政府公共安全會報（治安會報）。

六　檢修申報複查作業規定

㈠直轄市、縣（市）消防機關對應辦理檢修申報之集合住宅應建立列管資料清冊，並應併其他列管場所訂定年度複查計畫，每年排定預定執行複查場所家數及地點，每月依預定時程表複查，對於未依規定辦理檢修、申報及申報消防安全設備不符合規定場所應優先排定複查。

㈡複查時如發現管理權人未依規定辦理檢修或申報者，應依消防法第三十八條第二項規定開具限期改善通知單，並予追蹤管制。

㈢複查結果如發現消防安全設備有不符合規定之情事者，應依消防法第三十七條第一項規定開具限期改善通知單，並予追蹤管制。

㈣複查結果如發現消防設備師（士）有不實檢修之情事者，應依消防法第三十八條第三項規定逕行舉發；另發現未由具消防設備師（士）資格人員執行消防安全設備檢修情事者，應依消防法第三十八條第一項規定逕行舉發。

七　違反消防法之處分則依據「各級消防主管機關辦理消防安全檢查違法案件處理注意事項」之規定辦理。

消防機關辦理防火管理業務注意事項

①民國92年4月2日內政部消防署訂定發布全文9點。
②民國102年2月19日內政部消防署函修正發布第4點。
③民國109年7月3日內政部消防署函修正發布第3、4點；並自即日生效。

一　爲落實推動防火管理制度，督促管理權人確實製定消防防護計畫並據以推行，特訂定本注意事項。

二　消防機關應依消防法第十三條規定，將轄區須實施防火管理之場所，造冊列管定期查核。凡新增場所或未依法遴用防火管理人、製定消防防護計畫之場所，應列爲重點查核，建檔列管。

三　消防機關受理「防火管理人之遴用（異動）」、「消防防護計畫」、「共同消防防護計畫」或「現有建築物（場所）施工中消防防護計畫」提報，應依下列方式辦理：

㈠共同部分：

1.視轄區狀況自行規劃受理方式（含郵寄、網路線上等）及受理地點。

2.於受理次日起，十日內將受理結果回覆提報人。

㈡個別部分：

1.防火管理人之遴用（異動）：

⑴由提報人塡具「防火管理人遴用（異動）提報表」（附表一）送消防機關。

⑵消防機關受理後，應確認防火管理人爲管理或監督層次幹部，並具備足以有效推行防火管理必要業務之權限，例如總經理或總務主管等。

2.消防防護計畫、共同消防防護護計畫提報：

⑴由管理權人塡具「消防防護計畫製定（變更）提報表」（附表二）或「共同消防防護計畫製定（變更）提報表」，及檢附消防防護計畫與消防防護計畫自行檢查表（附表三）或共同消防防護計畫與共同消防防護計畫自行檢查表（附表四）送消防機關。

⑵消防機關受理後，應將檢視結果記載於自行檢查表之「綜合意見欄」。

⑶消防機關受理「共同消防防護計畫」應注意下列事項：

甲、實施共同防火管理之建築物，得設置共同防火管理協議會，並由該協議會遴用共同防火管理人，製定共同消防防護計畫。

乙、應實施共同防火管理建築物（含集合住宅），其共同防火管理協議會得由大樓管理委員會代之。

丙、共同消防防護計畫應包括事項，得依下列原則辦理：

（甲）有關「自衛消防編組」、「滅火、通報、避難訓練之實施相關事宜」、「防火避難設施之維護管理相關事宜」、「火災發生時，將建築物構造及其它相關資訊，提供予消防單位並引導救災相關事宜」等業務事項，得由大樓管理委員會一併委託保全公司、公寓大廈管理維護公司或其它專業機構執行。

（乙）其餘共同消防防護計畫應包括事項，仍應由該大樓管理委員會依法執行。

3.現有建築物（場所）施工 建築物（場所）施工建築物（場所）施工中消防護計畫提報：

⑴消防機關取得主管建築機關變更使用核准文件或消防機關作成增建、改建、修

建、變更使用、室內裝修消防安全設備圖說審查核准文件時，應以書面通知該場所提報施工中消防防護計畫，並於竣工查驗時檢附報請消防機關備查之文件。

⑵有關實施對象及重點，依「製定現有建築物（場所）施工中消防防護計畫指導須知」辦理。管理權人應於開工（指實際開工日期）三天前，塡具「現有建築物（場所）施工中消防防護計畫提報表」（附表五），並檢附現有建築物（場所）施工中消防防護計畫及現有建築物（場所）施工中消防防護計畫自行檢查表（附表六）送消防機關。

⑶消防機關受理後，應將檢視結果記載於該表之「綜合意見欄」。

四　消防機關受理「滅火、通報及避難訓練之實施」之事先通報，依下列規定辦理：

㈠管理權人於訓練十日前（如爲郵寄方式，應以郵戳爲憑），塡具「自衛消防編組訓練計畫提報表」（附表七）向消防機關提出，消防機關得適時派員前往指導，並應提醒管理權人配合於訓練結束翌日起十四日內將相關成果表件提報消防機關備查。

㈡消防機關受理後，應檢視提報表所列訓練內容，以高層複合用途建築物、大型空間、老人及身心障礙社會福利機構、觀光旅館及旅館等場所爲重點，依訓練狀況支援人車，並視轄區場所特性派員前往查核。

㈢消防機關得依「自衛消防編組應變能力驗證要點」規定，指導應實施防火管理之場所辦理滅火、通報及避難訓練。

五　消防機關審核消防防護計畫中「場所之位置圖、逃生避難圖及平面圖」原則如下：

㈠位置圖、逃生避難圖及平面圖，均應標示清楚，並註明實際距離或比例尺、方位等必要之項目。

㈡位置圖應標示相鄰之建築物、路名、周遭重要建築物與其他有利救災之必要事項。

㈢逃生避難圖得與平面圖併用，圖面上應包含辦公室、餐廳、居室、警衛室、廚房等場所，以及主要之逃生避難路線。

㈣消防機關得商洽管理權人將提報之各種圖面，以電腦掃瞄、電子地圖或其他電腦製圖方式製作。

六　消防機關執行防火管理實施情形之檢查，除應依「消防機關辦理消防安全檢查注意事項」規定辦理外，並應將檢查結果記錄於「消防機關防火管理檢查表」（如附表八），對不合規定事項之場所，應予指導並限期改善。如有違反消防法第十三條規定，經通知限期改善逾期未改善者，應即依消防法第四十條及「各級消防主管機關辦理消防安全檢查違法案件處理注意事項」之規定處理。

七　消防機關應就執行本案相關人員之優劣情形，辦理獎懲事宜。

八　消防機關應指導實施防火管理之場所，建置防火管理基本資料及其執行紀錄之資料庫或專冊。

九　內政部消防署得針對消防機關執行情形，每年定期或不定期辦理業務督導評核。

（附表略）

消防機關辦理建築物消防安全設備審查及查驗作業基準

①民國91年7月8日內政部函訂定發布全文6點；並自91年10月1日起正式施行。
②民國108年8月20日內政部令修正發布全文12點；並自即日生效。
③民國109年4月17日內政部令修正發布第6點附件七；並自即日生效。

一　利消防機關執行消防法第十條所定建築物消防安全設備圖說（以下簡稱消防圖說）之審查及建築法第七十二條、第七十六條所定建築物之竣工查驗工作，特訂定本作業基準。

二　建築物消防安全設備圖說審查作業程序如下：

㈠起造人塡具申請書，檢附建築、消防圖說、建造執照申請書、消防安全設備概要表、相關證明文件資料等，向當地消防機關提出。其中消防圖說由消防安全設備設計人依滅火設備、警報設備、避難逃生設備、消防搶救上之必要設備等之順序依序繪製並簽章，圖說內所用標示記號，依消防圖說圖示範例註記。

㈡消防機關受理申請案於掛號分案後，即排定審查日期，通知該件建築物起造人及消防安全設備設計人，並由消防安全設備設計人攜帶其資格證件及當地建築主管機關審訖建築圖說，配合審查（申請案如係分別向建築及消防機關申請者，其送消防機關部分，得免檢附審訖建築圖說），消防安全設備設計人無正當理由未會同審查者，得予退件。但新建、增建、改建、修建、變更用途、室內裝修或變更設計等，申請全案僅涉滅火器、標示設備及緊急照明設備等非系統式消防安全設備時，設計人得免會同審查。

㈢消防圖說審查不合規定者，消防機關應製作審查紀錄表，依第十二點規定之期限，將不合規定項目詳爲列舉一次告知起造人，起造人於修正後應將消防圖說送回消防機關複審，複審程序準用前款之規定，其經複審仍不符合規定者，消防機關得將該申請案函退。

㈣消防機關審訖消防圖說後，其有修正者，交消防安全設備設計人攜回清圖修正。消防圖說經審訖修改完成，送消防機關加蓋驗訖章後，消防機關留存一份，餘交起造人（即申請人）留存。並將消防圖說電子檔以PDF或縮影檔案格式製作一併送消防機關備查。

㈤建築物消防安全設備圖說審查申請書格式、各種消防安全設備概要表、消防圖說圖示範例、審查紀錄表格式、消防圖說審查作業流程如附件一、二、三、四、五。

三　消防設備師核算避難器具支固器具及固定部之結構強度等之結果資料，應以書面知會負責結構之專門職業及技術人員供納入建築結構整合設計考量。

四　消防設備師依「緊急電源容量計算基準」核算供消防安全設備所須之緊急電源容量後，應以書面知會電機技師供納入整合緊急發電系統設計容量考量，電機技師於接獲前揭消防用緊急電源容量計算結果資料，應於七日內確認有無影響建築整體緊急發電設備設計之虞，並以書面通知知會之消防設備師，逾七日未通知時視爲無意見。

五　有關依各類場所消防安全設備設置標準規定設置之耐燃保護、耐熱保護措施，室內消防栓、室外消防栓、自動撒水、水霧、泡沫、乾粉、二氧化碳滅火設備、連結送水管設備等之配管，於實施施工、加壓試驗及配合建築物樓地板、樑、柱、牆施工須預埋消防管線時，消防安全設備監造人應一併拍照建檔存證以供消防機關查核，消防機關並得視需要隨時派員前往查驗。

六　建築物消防安全設備竣工查驗程序如下：

㈠起造人填具申請書，檢附消防安全設備測試報告書（應由消防安全設備裝置人於各項設備施工完成後依報告書內項目實際測試其性能，並填寫其測試結果）、安裝施工測試佐證資料及電子檔光碟、證明文件（含審核認可書等）、使用執照申請書、原審訖之消防圖說等，向當地消防機關提出，資料不齊全者，消防機關通知限期補正。

㈡消防機關受理申請案於掛號分案後，即排定查驗日期，通知該件建築物之起造人及消防安全設備裝置人，並由消防安全設備裝置人攜帶其資格證件至竣工現場配合查驗，消防安全設備裝置人無正當理由未會同查驗者，得予退件。

㈢竣工現場消防安全設備查驗不合規定者，消防機關應製作查驗紀錄表，依第十二點規定之期限，將不合規定項目詳為列舉一次告知起造人，起造人於完成改善後應通知消防機關複查，複查程序準用前款之規定，其經複查仍不符合規定者，消防機關得將該申請案函退。

㈣竣工現場設置之消防安全設備與原審訖消防圖說之設備數量或位置有異動時，於不影響設備功能及性能之情形下，得直接修改竣工圖（另有關建築部分之立面、門窗、開口等位置之變更如不涉面積增減時，經建築師簽證後，亦得一併直接修改竣工圖），並於申請查驗時，備具完整竣工消防圖說，一次報驗。

㈤消防機關完成建築物消防安全設備竣工查驗後，其須修正消防圖說者，消防安全設備設計人、監造人應將原審訖之消防圖說清圖修正製作竣工圖。完成竣工查驗者，其消防圖說應標明「竣工圖」字樣，送消防機關加蓋驗訖章後，消防機關留存二份列管檢查，餘交起造人（即申請人）留存。並將消防圖說電子檔以PDF或縮影檔案格式製作一併送消防機關備查。

㈥建築物消防安全設備竣工查驗申請書格式、各種消防安全設備測試報告書、安裝施工測試佐證資料項目表、查驗紀錄表格式、竣工查驗作業流程如附件六、七、八、九、十。

七　申請建築物修建、室內裝修等涉及消防安全設備變更之審查及查驗案件，其消防安全設備有關變更部分，僅為探測器、撒水頭、蜂鳴器、水帶等系統部分配件之增減及位置之變動者，申請審查時，應檢附變更部分之設備概要表及平面圖等相關必要文件；申請查驗時，應檢附變更部分之設備測試報告書、設備器材等相關必要證明文件；其涉及緊急電源、加壓送水裝置、受信總機、廣播主機等系統主要構件變動或計算時，變動部分依本基準辦理。

八　原有合法建築物辦理變更使用，仍應依本基準規定，就變更使用部分檢附圖說、文件等資料。無法檢附原核准消防安全設備圖說時，得由消防設備師依使用執照核准圖面之面積或現場實際勘查認定繪製之。

九　依「消防法」第六條第三項規定，取得內政部核發之審核認可書，經認可其具同等以上效能之消防安全設備，其查驗比照本基準規定辦理，至測試報告書得就所替代設備之測試報告書項目內容，由消防安全設備裝置人直接增刪修改使用。

十　經本部公告應實施認可之消防機具器材及設備，消防機關於竣工查驗時，應查核其認可標示；其為依各類場所消防安全設備設置標準第三條規定，經內政部審議領有審核認可書者，除應查核該審核認可書影本及安裝完成證明文件（工地進出貨文件等）外，並注意應於審核認可書記載有效期限屆滿前安裝完成，至於在審核認可書有效期限內已製造出廠或進口尚未安裝完成者，應查核其審核認可書影本、出廠或進口證明與出貨、交易或完稅證明文件，從嚴從實查證，以防造假蒙混之情事。

十一　申請消防圖說審查及竣工查驗，各項圖紙均須摺疊成A4尺寸規格，並裝訂成冊俾利審查及查驗。圖紙摺疊時，圖說之標題欄須摺疊於封面，圖紙摺疊方式請參考附件十一圖示範例。

十二　消防安全設備圖說審查及竣工查驗之期限，以受理案件後七至十日內結案爲原則。但供公衆使用建築物或構造複雜者，得視需要延長，並通知申請人，最長不得超過二十日。

（附件略）

消防機關辦理消防安全檢查注意事項

①民國91年6月7日內政部函訂定發布全文7點。
②民國93年7月19日內政部函修正發布全文7點。
③民國96年7月13日內政部函修正發布全文7點。
④民國99年1月13日內政部函修正發布全文7點。
⑤民國100年1月25日內政部函修正發布第5點及第2點附表十一。
⑥民國100年6月2日內政部令修正發布第2、5點；並增訂第5點附表四之一。
⑦民國101年8月8日內政部函修正發布第2點。
⑧民國102年1月22日內政部函修正發布第2點。
⑨民國104年1月12日內政部函修正發布第2、5點；並自即日生效。
⑩民國105年7月12日內政部函修正發布第2點附表十四、第5點附表二十四；並自即日生效。
⑪民國109年5月13日內政部函修正發布第5點及第2點附表六～附表六之九、附表七之三、附表八、附表十四；並自即日生效。

一　內政部消防署（以下簡稱本署）爲落實消防機關執行消防法第六條第二項消防安全設備之列管檢查、第九條檢修申報複查、第十一條第一項防焰物品之使用、第十三條防火管理、第十五條公共危險物品及可燃性高壓氣體製造、儲存、處理場所之安全管理、第十五條之一燃氣熱水器及其配管承裝業之管理及爆竹煙火管理條例之管理，並明確行政程序及強化勤務執行功能，特訂定本注意事項。

二　消防安全檢查之種類及實施方式如下：

㈠第一種檢查：成立專責檢查小組執行下列項目：

1. 檢查人員應以編組方式對於檢查場所之消防安全設備、檢修申報、防焰物品、防火管理等項目實施清查，並將檢查結果塡載檢查紀錄表（如附表一）。實施消防安全設備檢查時，應就現場依法設置之消防安全設備逐項進行檢查。
2. 各類場所消防安全設備設置標準所定之甲類場所及建築技術規則所定之高層建築物，應就前目規定全部項目每年至少清查一次，甲類以外場所應就前目規定全部項目每二年至少清查一次；檢修申報複查工作得與消防安全設備、防焰物品、防火管理等檢查合併執行。
3. 製造、儲存或處理公共危險物品達管制量三十倍以上之場所，每半年至少檢查一次，並得視需要邀請勞工、環保、工業、工務、建設等相關機關實施聯合檢查。每次檢查時，至少抽查該場所一處製造、儲存或處理場所之位置、構造、設備及消防安全設備，並將檢查結果塡載檢查紀錄表（如附表六）；下次檢查時，則應抽查不同場所。本項檢查得由消防機關視轄區狀況及特性，由轄區分隊執行檢查或共同執行檢查。
4. 針對應列管場所建立消防安全檢查列管對象基本資料（如附表二）及各類場所消防安全檢查紀錄清冊（如附表三），且應以本署或地方消防機關之消防安全檢查列管電子化系統（以下簡稱安管系統）使用資料庫方式管理。
5. 相關檢查資料及違規處理情形由專責檢查小組彙整，並於檢查完畢四十八小時內輸入安管系統管制。
6. 檢查不合格之營業場所，其對消費者已發生重大損害或有發生重大損害之虞而情況危急時，消防機關應於入口明顯處張貼不合格標誌供民衆識別，並將其名稱、地點及不合格項目刊登於大衆傳播媒體、內政部消防署網站等方式公告周知。
7. 發現有逃生通道堵塞，防火門、安全梯堵塞及防火區劃破壞或拆除等違規情事，應協助通報（如附表四）目的事業主管機關處理，並彙整查報清冊提報地方政府首長主持之公共安全會報或治安會報處置。

8.消防機關必要時得指派專責檢查小組協助進行第二種檢查。

(二)第二種檢查：由轄區分隊執行下列項目：

1.消防分隊應對於轄內具消防搶救上必要設備之場所，排定消防檢查勤務，駕駛幫浦車及攜帶必要裝備至現場測試相關設備（包括：連結送水管、消防專用蓄水池、緊急電源插座、無線電通信輔助設備、緊急昇降機等），並將測試結果填寫第二種消防安全檢查紀錄表（如附表五），一份分隊留存，一份送交專責檢查小組彙整。

2.消防分隊應對於轄內危險物品場所或人員依下列期程實施檢查或訪視，並將檢查結果填載檢查紀錄表（如附表六至附表十一），一份分隊留存，一份送交專責檢查小組彙整。檢查不合格之場所，其已發生重大損害或有發生重大損害之虞而情況危急時，消防機關應於入口明顯處張貼不合格標誌供民眾識別，並將其名稱、地點及不合格項目刊登於大眾傳播媒體、內政部消防署網站等方式公告周知：

(1)製造、儲存或處理公共危險物品達管制量以上未滿三十倍之場所，每年至少檢查一次。每次檢查時，至少抽查該場所一處製造、儲存或處理場所之位置、構造、設備及消防安全設備，並記錄檢查結果；下次檢查時，則應抽查不同場所。

(2)液化石油氣製造、儲存及處理場所，每月至少檢查一次。但液化石油氣容器串接使用場所，不在此限。

(3)液化石油氣容器串接使用場所，其使用量在八十公斤以上，未滿三百公斤者，實施不定期檢查；使用量在三百公斤以上，未滿六百公斤者，每年至少檢查一次；使用量在六百公斤以上者，每半年至少檢查一次。

(4)燃氣熱水器承裝業取得證書起，每半年至少檢查一次。

(5)爆竹煙火製造場所、達管制量以上之儲存及販賣場所、輸入爆竹煙火貿易商營業處所，每月至少檢查一次。

(6)未達管制量之爆竹煙火販賣場所，每年至少檢查一次，並應視轄區違法爆竹煙火業特性增加檢查頻率。

(7)宗教廟會活動地點，於宗教廟會活動期間有施放爆竹煙火者，至少訪視一次，並應視轄區違法爆竹煙火業特性增加檢查頻率。

(8)選舉候選人辦事處，於選舉活動期間，至少訪視一次。

(9)位處山區、海邊或其他隱僻地點，有從事非法爆竹煙火情事之虞之可疑處所，每半年至少檢查一次，並應視轄區違法爆竹煙火業特性增加檢查頻率。

(10)曾取締之違規爆竹煙火場所，每半年至少檢查一次，並應視轄區違法爆竹煙火業特性增加檢查頻率。但現場經實地勘查已不復存在者，得免列管之。

(11)曾查獲非法製造爆竹煙火人員（包括有前科紀錄地下爆竹工廠負責人員），經有罪判決確定，於執行完畢後五年內，每月至少前往訪視一次。

(12)曾查獲非法儲存爆竹煙火人員或施放專業爆竹煙火人員，於處分確定後三年內，每半年至少前往訪視一次。

(13)合格之爆竹煙火監督人且曾施放專業爆竹煙火者，每半年至少前往訪視一次。

3.執行各項防火宣導工作。

4.協助業者實施自衛消防編組演練。

5.發現轄區有新增場所及場所有消防安全設備、檢修申報、防火管理、防焰物品使用及危險物品管理等缺失，得依權責逕行查處，並通報專責檢查小組前往複查。

6.針對下列場所或人員造冊列管：

(1)公共危險物品製造、儲存、處理場所（如附表十二）。

(2)液化石油氣容器串接使用場所（如附表十三）。

(3)燃氣熱水器承裝業及其技術士（如附表十四）。
(4)爆竹煙火相關場所如下（如附表十五）：
甲、爆竹煙火製造場所（並塡寫成品倉庫清冊）。
乙、爆竹煙火輸入貿易商營業處所。
丙、達管制量以上之爆竹煙火儲存場所（並塡寫成品倉庫清冊）。
丁、達管制量以上之爆竹煙火販賣場所。
戊、未達管制量之爆竹煙火販賣場所。
己、宗教廟會活動地點。
庚、選舉候選人辦事處。
辛、位處山區、海邊或其他隱僻地點，有從事非法爆竹煙火情事之虞之可疑處所。
壬、曾取締之違規爆竹煙火場所。
(5)爆竹煙火相關人員如下（如附表十五）：
甲、曾查獲非法製造爆竹煙火人員（包括有前科紀錄地下爆竹工廠負責人員）。
乙、曾查獲非法儲存爆竹煙火人員。
丙、曾查獲非法施放專業爆竹煙火人員。
丁、合格之爆竹煙火監督人且曾施放專業爆竹煙火者。
(6)每月清查液化石油氣製造場所新容器銷售流向（如附表十六）。
㈢第三種檢查：配合上級機關之規劃及轄內重大災害事故發生排定之檢查勤務，其方式如下：
1.消防機關應擬訂本種檢查之實施計畫，於開始檢查前函報本署備查，並將檢查結果塡載於檢查紀錄表（如附表一　附表六至附表十一），並於檢查完畢四十八小時內輸入安管系統及陳報上級機關。
2.消防機關必要時得指派分隊協助專責檢查小組實施重點檢查。

三　專責檢查小組之組成：
㈠人員配置：由消防機關視轄區狀況及特性，配置檢查所需之必要人力。
㈡成員不得有因品操、風紀問題遭申誡以上處分，且符合下列規定：
1.帶班人員：曾接受相關業務講習四週以上，或執行消防安全檢查或會審（勘）勤（業）務二年以上。
2.小組成員：曾接受相關業務講習二週以上，或執行消防安全檢查或會審（勘）勤（業）務一年以上。
3.領有消防設備師（士）證書者優先。
㈢檢查勤務及服勤方式：
1.白天：執行第一種檢查勤務，備勤時應彙整檢查資料，得免除救護及值班等勤務。
2.夜間：執行夜間營業場所之第一種檢查勤務，備勤時應彙整檢查資料，得免除救護及值班等勤務。

四　消防安全檢查計畫：
㈠年度檢查計畫：消防機關應針對轄區特性於每年十月二十日前，擬定次年度消防安全檢查計畫（如附表十七），函報本署備查，其內容如下：
1.各種消防安全檢查對象數。
2.檢查分工及專責檢查小組之編組。
3.依轄區特性及列管場所危險程度訂定檢查期限，並排定檢查順序。
4.消防安全檢查督導及抽查。
㈡月檢查計畫：消防機關應於每月二十日前依下列事項，排定次月檢查對象及日程

（如附表十八）：

1.年度檢查計畫之檢查進度。

2.前次檢查不合格場所之複查日程。

3.配合其他目的事業主管機關聯合稽查日程。

五　執行消防安全檢查注意事項：

㈠檢查前：

1.依排定檢查日程實施消防安全檢查，並準備下列事項：

⑴依檢查日程表確認檢查分工。

⑵準備受檢場所基本資料、歷次檢查紀錄及檢修申報書等資料。

⑶實施消防安全檢查應備之器材及裝備。

2.依排定檢查日程事前通知受檢場所備齊下列文件：

⑴原核准消防安全設備圖說。

⑵最近一次消防安全設備檢修報告書。

⑶應實施防火管理業務之場所應備齊消防防護計畫、自衛消防編組訓練紀錄等資料。

⑷製造、儲存或處理公共危險物品達管制量三十倍以上之場所應備齊保安監督人業務執行資料、消防防災計畫及廠區平面配置圖等資料。

⑸爆竹煙火製造場所、達管制量三十倍以上之儲存及販賣場所應備齊爆竹煙火監督人業務執行資料、安全防護計畫及廠區平面配置圖等資料。

㈡檢查時：

1.檢查人員應著規定制服、佩戴工作證明並表明檢查目的。

2.注意服勤態度，不得涉入相關民事糾紛。

3.請相關人員（檢修人員、防火管理人、保安監督人、爆竹煙火監督人）在場配合，如不在場者，應記載其理由。

4.先確認前次違規改善情形。

5.依消防安全設備檢修申報書及防火管理自行檢查紀錄，針對必要項目、樓層及設備檢查。

6.檢查消防安全設備及防火管理情形時，得模擬發生火災，請相關人員操作設備，確認設備功能，並測試其對相關設備瞭解程度，發現有缺失部分，應對相關人員進行指導。

7.發現存放大量可燃物、用火用電有違安全等情形時，予以行政指導，並以書面（格式如附表四之一）交付業者。

㈢檢查完成時：

1.檢查人員應將檢查結果填載檢查紀錄，並於檢查完畢四十八小時內輸入安管系統更新管制，依限陳報。

2.相關危險物品檢查結果，應依下列期限陳報：

⑴公共危險物品製造、儲存、處理場所檢查結果統計表（如附表十九）：每月終了後之翌月十日前上傳安管系統。

⑵液化石油氣消防安全檢查月報表（如附表二十）：每月終了後之翌月十日前上傳公務統計系統。

⑶爆竹煙火製造及儲存場所檢查結果統計表及一覽表（如附表二十一）：每月終了後之翌月十日前函報本署備查。

⑷爆竹煙火場所檢查結果及違法取締績效：每月終了後之翌月十日前上傳公務統計系統。

3.檢查不合規定案件應持續追蹤管制，並排定複查日程。

4.相關檢查紀錄應列冊保管或輸入安管系統。檢查人員異動應辦理移交，各級督導人員應隨時抽查管制。

㈣發生災害事故時：

1.轄內公共危險物品或爆竹煙火場所發生火災或爆炸等意外事故，應填報事故案例表式（如附表二十二及附表二十三），並檢附案例現場平面圖與相片等相關資料，函報本署，並輸入本署消防安全管理資訊系統。

2.轄內發生一氧化碳中毒災情時，應即製作一氧化碳中毒案例報告單及繪製災害現場平面圖等資料（如附表二十四），傳送本署；並於當事人送醫就診後，派員至醫院關懷訪談，並填寫「一氧化碳中毒事故災後關懷訪談表」（如附表二十五）。

㈤公共危險物品製造、儲存、處理場所消防安全檢查流程如附表二十六。

㈥查獲偽（變）造液化石油氣合格標示及改裝液化石油氣容器處理流程如附表二十七。

㈦爆竹煙火場所消防安全檢查注意事項如附表二十八。

六　消防機關應對檢查人員依下列規定辦理講習訓練：

㈠每半年至少召開二次法令研討及座談。

㈡對於重大案例應召開專案會議檢討策進作為。

㈢每半年定期辦理專責檢查人員講習訓練。

㈣為加強轄區相關權責單位之橫向連繫工作，舉辦講習訓練時，得視需要邀請勞工、環保、工業、工務、建設等相關機關進行講座或研討，或視需要邀請相關事業單位參與。

前項講習訓練成果應陳報本署備查，其陳報時間如下：

㈠上半年辦理者：當年六月二十日至六月三十日。

㈡下半年辦理者：當年十二月二十日至十二月三十一日。

七　督考及管理：

㈠消防機關應加強督考，檢討得失及實施績效考核，評定轄內單位及個人辦理績優者，定期從優獎勵，對於執行不力者，則依規定懲處。

㈡消防機關對於專責檢查小組人員在資積計分上，得視表現優異情形予以加分。

㈢本署得針對各消防機關執行情形，每年定期或不定期辦理督導評核或實地抽查。

（附表略）

消防機關辦理消防安全檢查與消防安全設備審查及查驗人員資格考核作業規定

①民國97年8月13日內政部函訂定發布全文6點。
②民國100年10月7日內政部函修正發布第4、6點。

一　爲確保消防機關人員執行消防法第六條第二項消防安全設備之列管檢查、第九條檢修申報複查、第十條消防安全設備圖說審查、第十一條第一項防焰物品之使用、第十三條防火管理、第十五條公共危險物品及可燃性高壓氣體製造、儲存、處理場所之安全管理、第十五條之一燃氣熱水器及其配管承裝業之管理及建築法第七十二條、第七十六條所定之建築物竣工查驗等工作之專業能力，特訂定本規定。

二　本規定名詞定義如下：

㈠專責檢查小組人員：消防機關依消防機關辦理消防安全檢查注意事項（以下簡稱注意事項）成立專責檢查小組執行第一種檢查之人員。

㈡消防安全設備審查及查驗人員（以下簡稱審查查驗人員）：消防機關依消防法第十條執行建築物消防安全設備圖說審查之人員與依建築法第七十二條、第七十六條執行建築物消防安全設備竣工查驗之人員。

三　專責檢查小組人員之資格：不得有因品操、風紀問題遭申誡以上處分，且符合下列規定：

㈠帶班人員：曾接受相關業務講習四週以上，或執行消防安全檢查或會審（勘）勤（業）務二年以上。

㈡小組成員：曾接受相關業務講習二週以上，或執行消防安全檢查或會審（勘）勤（業）務一年以上。

㈢領有消防設備師（士）證書者優先。

四　審查查驗人員之資格：不得有因品操、風紀問題遭申誡以上處分，且符合下列規定：

㈠審查人員：曾接受相關業務講習四週以上，或執行消防安全檢查或會審（勘）勤（業）務二年以上。

㈡查驗人員：

1.帶班人員：曾接受相關業務講習四週以上，或執行消防安全檢查或會審（勘）勤（業）務二年以上。

2.小組成員：曾接受相關業務講習二週以上，或執行消防安全檢查或會審（勘）勤（業）務六個月以上。

㈢領有消防設備師證書者優先。

五　專責檢查小組人員及審查查驗人員應參加下列消防機關舉辦之講習訓練：

㈠定期召開之法令研討及座談。

㈡針對重大案例召開之專案會議檢討策進作爲。

㈢應參加定期辦理之專責檢查人員講習訓練。

前項講習訓練成果應依注意事項規定之期限，將課程、授課講義、簽到表、照片、測驗卷等相關資料陳報內政部消防署（以下簡稱本署）備查。

六　督考及管理：

㈠消防機關應辦理下列事項：

1.人員列冊管理（項目包括訓練證明、證照、經歷等資格）。

2.人員能力評核紀錄（項目包括學、術科測驗【試卷】、主官定期評核紀錄等）。

3.每三個月定期工作檢討及獎勵（主官管應會同政風單位進行個案抽查，並有獎懲資料可稽）。

4.儲備人員名冊（每年培訓儲備人員，並每年檢討列冊及更新）。

㈡消防機關應依消防機關所屬人員考核實施要點加強督考專責檢查小組人員及審查查驗人員，隨時記載優劣具體事實，如發現有違紀之虞者，應立即記錄陳報，並予以調整勤（業）務。

㈢考核資料應作為年終考績及遷調、任免、獎懲之重要依據。考核結果優劣之人員，依照消防專業人員獎懲標準表辦理獎懲。

㈣消防機關針對各執行專責檢查小組人員及審查查驗人員，應每三年檢討一次勤（業）務執行情形，依檢討結果得予以分批調整，並應有檢討及調整勤（業）務資料可稽。

㈤本署得針對各消防機關執行專責檢查小組人員及審查查驗人員，每年定期或不定期辦理督導評核或實地抽查。

消防幫浦加壓送水裝置等及配管摩擦損失計算基準

①民國85年7月18日內政部函訂定發布全文23點。
②民國86年4月2日內政部函修正發布全文23點。
③民國87年2月4日內政部函修正發布全文23點。

通　則

一　本基準依各類場所消防安全設備設置標準（以下簡稱本標準）第一百九十三條規定訂定之。

二　本章技術用語定義如下：

㈠加壓送水裝置等：由幫浦、電動機之加壓送水裝置及控制盤、呼水裝置、防止水溫上升用排放裝置、幫浦性能試驗裝置、啓動用水壓開關裝置、底閥等附屬裝置或附屬機器（以下稱附屬裝置等）所構成。

㈡幫浦：設置於地面上且電動機與幫浦軸心直結（以聯結器連接），且屬單段或多段渦輪型幫浦者。

㈢控制盤：對加壓送水裝置等之監視或操作者。

㈣呼水裝置：水源之水位低於幫浦位置時，常時充水於幫浦及配管之裝置。

㈤防止水溫上升用排放裝置：加壓送水裝置關閉運轉，爲防止幫浦水溫上升之裝置。

㈥幫浦性能試驗裝置：確認加壓送水裝置之全揚程及出水量之試驗裝置。

㈦啓動用水壓開關裝置：消防栓開關開啓，配管內水壓降低，或撒水頭動作，自動啓動加壓送水裝置之裝置。

㈧底閥：水源之水位低於幫浦之位置時，設於吸水管前端之逆止閥有過濾裝置者。

幫　浦

三　幫浦之構造應符合下列規定：

㈠幫浦之翻砂鑄件內外面均需光滑，不得有砂孔、龜裂或厚度不均現象。

㈡動葉輪之均衡性需良好，且流體之通路要順暢。

㈢在軸封部位不得有吸入空氣或嚴重漏水現象。

㈣對軸承部添加潤滑油之方式，應可從外部檢視潤滑油油面高度，且必須設有補給用之加油嘴或加油孔。

㈤傳動部分由外側易被接觸位置應裝設安全保護蓋。

㈥在易生鏽部位應做防銹處理，裝設在地面上之幫浦及其固定底架應粉刷油漆。

㈦固定腳架所使用之螺栓及基礎螺栓，對地應有充份之耐震強度。

㈧與幫浦相連接之配管系中所使用之凸緣須使用國家標準七九〇、七九一及七九二等鐵金屬製管凸緣基準尺度。

四　幫浦各部分所使用之材料應符合下表之規格或使用具同等以上強度，且有耐蝕性者。

零件名稱	材料規格	國家標準總號
幫浦本體	灰口鑄鐵件	CNS2472
動葉輪	灰口鑄鐵件或青銅鑄件	CNS2472或CNS4125
主軸	不鏽鋼或附有套筒主軸者使用中炭鋼	CNS4000或CNS3828

五　幫浦之性能應符合下列規定：

㈠幫浦之出水量及全揚程在下圖所示性能曲線上，應符合下列規定：

Q_0：額定出水量（ℓ/min）

Q_1：Q_0之150%水量（ℓ/min）

H_0：額定全揚程（m）

H_1：全閉揚程（m）

H_2：Q_0時，性能曲線上之全揚程（m）

H_3：Q_1時，性能曲線上之全揚程（m）

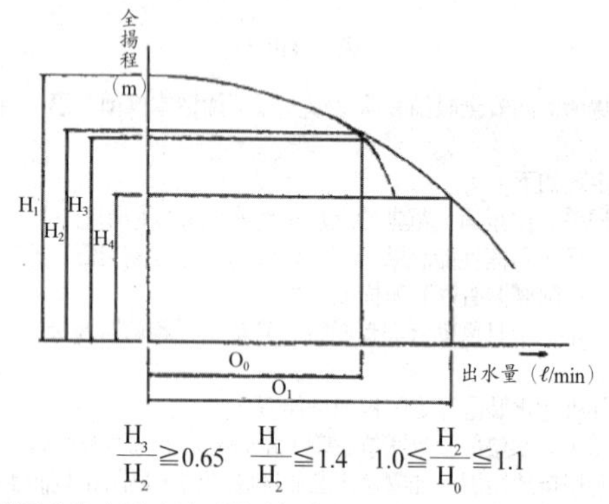

$$\frac{H_3}{H_2} \geqq 0.65 \quad \frac{H_1}{H_2} \leqq 1.4 \quad 1.0 \leqq \frac{H_2}{H_0} \leqq 1.1$$

1. 幫浦所標示之出水量（以下稱爲額定出水量），在其性能曲線上之全揚程必須達到所標示揚程（以下稱爲額定揚程）之100%至110%之間。
2. 幫浦之出水量在額定出水量之150%時，其全揚程應達到額定出水量；性能曲線上全揚程之65%以上。
3. 全閉揚程應爲性能曲線上全揚程之140%以下。

㈡幫浦之吸水性能應依下表所列之區分在額定出水量下具有最大吸水全揚程以上，且不得有異常現象。

額定出水量（ℓ/min）	900未滿	900以上 2700以下	超過2700 5000以下	超過5000 8500以下
最大吸水全揚程（m）	6.0	5.5	4.5	4.0

㈢幫浦所消耗之動力應符合下列規定：

1. 在額定出水量，其軸動力不得超過馬達之額定輸出馬力。
2. 在額定出水量150%時，其軸動力不得超過馬達額定輸出馬力之110%。

㈣幫浦之效率應依額定出水量，在下圖曲線求其規定值以上者。

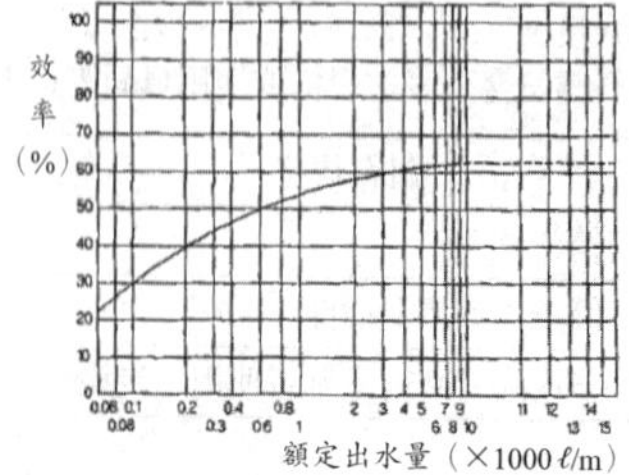

㈤幫浦在啓動時其軸承不得發生過熱，噪音或異常振動現象。

六　幫浦本體必須能耐最高水壓之1.5倍以上，且加壓三分鐘後，各部位仍無洩漏現象才算合格（最高揚水壓力係指在全閉揚程換算爲水頭壓力，再加上最高之押入壓力之總和）。

七　幫浦本體應以不易磨滅方式標示下列各項：

㈠製造廠商名稱或廠牌標誌。

㈡品名及型式號碼。

㈢製造出廠年。

㈣出廠貨品編號。

㈤額定出水量、額定全揚程。

㈥出水口徑及進水口徑（如果進出口徑相同時，只須表示一個數據）。

㈦段數（限多段式時）。

㈧表示回轉方向之箭頭或文字。

電動機

八　電動機須使用單向誘導馬達或低壓三相誘導鼠籠式電動機或3KV以上之三相誘導鼠籠式電動機。

九　電動機之構造應符合下列規定：

㈠電動機應能確實動作，對機械強度、電氣性能應具充分耐久性，且操作維修、更換零件、修理須簡便。

㈡電動機各部分之零件應確實固定，不得有任意鬆動之現象。

十　電動機之機能應符合下列規定：

㈠幫浦在額定負荷狀態下，應能順利啓動。

㈡電動機在額定輸出連續運轉八小時後，不得發生異狀，且在超過額定輸出之10%輸出力運轉一小時，仍不致發生障礙，引起過熱現象。

十一　電動機之絕緣電阻應符合屋內線路裝置規則之規定。

十二　電動機所需馬力依下式計算：

$L=0.163\times Q\times H\times 1/E\times K$

L：額定馬力（KW）

Q：額定出水量（m^3/min）

H：額定全揚程（m）

E：效率（%）

K：傳動係數（＝1.1）

十三　電動機之啓動方式應符合下列規定：

㈠使用交流電動機時，應依下表輸出功率別選擇啓動方式。但高壓電動機，不在此限。

輸出功率	啓動方式
11KW未滿	1.直接啓動 2.星角啓動 3.閉路式星角啓動 4.電抗器啓動 5.補償器啓動 6.二次電阻啓動 7.其他特殊啓動方式

11KW以上	1.星角啓動 2.閉路式星角啓動 3.電抗器啓動 4.補償器啓動 5.二次電阻啓動 6.其他特殊啓動方式

㈡直流電動機之啓動方式，應使用具有與前款同等以上，能降低啓動電流者。
㈢當電源切換爲緊急電源時，其啓動裝置應具有不必再操作，能繼續運轉之構造。
㈣使用電磁式星角啓動方式，加壓送水裝置在停止狀態時，應有不使電壓加於電動機線圈之措施。

十四　電動機上面應以不易磨滅方式標示下列之規定。但幫浦與電動機構成一體者得劃一標示之。
㈠製造廠商或商標。
㈡品名及型式號碼。
㈢出廠年、月。
㈣額定輸出或額定容量。
㈤出廠編號。
㈥額定電壓。
㈦額定電流（額定輸出時，近似電流值）。
㈧額定轉速。
㈨額定種類（如係連續型者可省略）。
㈩相數及頻率數。
⑪規格符號。

附屬裝置等

十五　附屬裝置等之控制盤應符合下列規定：
㈠材料應符合下列規定：
1.應使用鋼板或其他非可燃性材料製造。
2.易腐蝕之材料應施予有效防銹蝕處理。
3.不得裝設在可能遭受火災危害之場所，並須以耐火、耐熱之材料製造。
㈡控制盤應有下列組件，且以不易磨滅之方式標示之，對於維護檢查，應安全簡便。
1.操作開關應能直接操作馬達，應有啓動用開關及停止用開關。
2.表示燈應易於辨認，並區分爲電源表示燈（白色）、啓動表示燈（紅色），呼水槽減水表示燈（橘黃色），電動機電流超過負載表示燈（橘黃色），操作回路中使用電磁開關者之電源表示燈（白色）。
3.儀表應包括電流表、電壓表。但在該控制盤以外地方可以辨認電壓者，得免裝設。
4.警報裝置應以警鈴、蜂鳴器等或其他發出警告音響裝置，其停鳴、復原需由人直接操作，其種類如下。但不得有因警報鳴動而連帶使馬達自動停止之構造。
⑴馬達電流超過額定時之警報裝置。
⑵呼水槽減水警報裝置。
5.控制盤應裝設下列端子：
⑴啓動用信號輸入端子。
⑵呼水槽減水用輸入端子。

(3)警報信號用輸出端子。

(4)幫浦運轉信號輸出端子。

(5)接地用端子。

(6)其他必須用端子。

6.控制盤內之低壓配線，應使用600V耐熱絕緣電線或同等耐熱效果以上之電線。

7.控制盤應配備下列之預備品：

(1)備用保險絲。

(2)線路圖。

(3)操作說明書。

(三)控制盤應以不易磨滅方式標示下列各項：

1.製造廠商或廠牌標誌。

2.品名及型式號碼。

3.製造出廠年月。

4.出廠貨品編號。

5.額定電壓。

6.馬達容量。

十六　呼水裝置應符合下列規定：

(一)呼水裝置須具備下列機件：

1.呼水槽。

2.溢水用排水管。

3.補給水管（含止水閥）。

4.呼水管（含逆止閥及止水閥）。

5.減水警報裝置。

6.自動給水裝置。

(二)呼水槽應使用鋼板，並予有效防鏽處理，或使用具有防火能力之塑膠槽。

(三)應有100公升以上之有效儲存量。

(四)呼水裝置之各種配管及管徑標準應符合下表規定。

配管	溢水用排水管	補給水管	呼水管	註：呼水槽底與呼水管逆止閥中心線間距離在1m以下時，呼水管管徑須為40A以上。
管徑	50A	15A	25A（40A）	

(五)減水警報之發訊裝置應採用浮筒開關或電極方式，當呼水槽水位降至其容量二分之一前，應能發出警報音響至平時有人駐在處。

(六)呼水槽自動給水裝置應使用自來水管或屋頂水箱，經由球塞自動給水。

十七　防止水溫上升用排放裝置應符合下列規定：

(一)設呼水槽時，防止水溫上升用排放管應從呼水管逆止閥之靠幫浦側連結，中途應設限流孔，使幫浦在運轉中能排水至呼水槽。

(二)未設呼水槽時，其防止水溫上升之排放管應從幫浦出水側逆止閥之一次側連接，中途應設限流孔，使幫浦在運轉中能排水至水槽內。

(三)防止水溫上升用之排放管之配管中途須裝設控制閥。

(四)防止水溫上升用之排放管應使用口徑15mm以上者。

(五)防止水溫上升用之排水管內之流水量，當幫浦在全閉狀態下連續運轉時，不使幫浦內部水溫值升高攝氏三十度以上，其計算方式如下：

$$q = \frac{Ls \times C}{60 \times \Delta t}$$

q：排放水量（公升／分）

Ls：幫浦關閉運轉時之出力（kw）

C：幫浦運轉時每小時千瓦八百六十千卡（Kcal/hr-kw）

Δt：幫浦的水溫上升限度爲攝氏三十度時每一公升水的吸收熱量（每一公升三十千卡）

十八　幫浦之性能試驗裝置應符合下列各項之規定：

㈠試驗裝置之配管應從幫浦出口側逆止閥之一次側分歧接出，中途應裝設流量調整閥及流量計，且爲整流在流量計前後留設之直管部分應有適合該流量計性能之直管長度。

㈡性能試驗裝置裝流量計時，應使用差壓式，並能直接測定至額定出水量。但流量計貼附有流量換算表時，得免使用直接讀示者。

㈢性能試驗裝置所用配管，應能適應額定出水量之管徑。

十九　啓動用水壓開關裝置應符合下列規定：

㈠啓動用壓力槽容量應有100公升以上。

㈡啓動用壓力槽之構造應符合危險性機械及設備安全檢查規則之規定。

㈢啓動用壓力儲槽應使用口徑25mm以上配管，與幫浦出水側逆止閥之二次側配管連接，同時在中途應裝置止水閥。

㈣在啓動用壓力槽上或其近傍應裝設壓力表、啓動用水壓開關及試驗幫浦啓動用之排水閥。

㈤啓動用水壓開關裝置，其設定壓力不得有顯著之變動。

二十　閥類應符合下列規定：

㈠加壓送水裝置之閥類應能承受幫浦最高揚水壓力1.5倍以上壓力，且應具有耐熱及耐腐蝕性或具有同等以上之性能者。

㈡在出口側主配管上如裝用內牙式閥者，應附有表示開關位置之標識。

㈢閥類及止水閥應標示其開、關方向，逆止閥應標示水流方向，且應不易被磨滅。

二一　底閥應符合下列規定：

㈠蓄水池低於幫浦吸水口時，須裝設底閥。

㈡底閥應設有過濾裝置且繫以鍊條、鋼索等用人工可以操作之構造。

㈢底閥之主要零件，如閥箱、過濾裝置、閥蓋、閥座等應使用國家標準總號2472、8499、及4125之規定者，或同等以上強度且耐蝕性之材料。

二二　加壓送水裝置所用壓力表及連成表應使用精度在1.5級以上品質者，或具有同等以上強度及性能者。（配管摩擦損失計算）

配管摩擦損失計算

二三　配管之摩擦損失，應依下列方式計算：

$H=\sum_{n=1}^{N} H_n+5$（不使用自動警報逆止閥或流水檢知裝置時，$=\sum_{n=1}^{N} H_n$）

H：配管摩擦損失水頭（m）

N：H_n數

H_n：依下列公式計算各配管管徑之摩擦損失水頭

$$H_n=1.2\frac{Q_k^{1.85}}{D_k^{4.87}}\left(\frac{I'_k+I''_k}{100}\right)$$

Q：標稱管徑k配管之流量（ℓ/min）

D：標稱管徑k管之內徑絕對值（cm）

I'_k：標稱管徑k直管長之合計（m）

I''_k：標稱管徑k接頭、閥等之等價管長之合計（m）。等價管長應依附表一、附表

二、附表三按接頭、閥之大小及管別求之。但 $1.2\frac{Q_k^{1.85}}{D_k^{4.87}}$ 值得依圖一、圖二、圖三按管別、管徑及流量求之。

表一　使用配管用碳鋼管（CNS6445）SGP之管接頭及閥類之換算等價管長（m）

種別 \ 口徑				A	25	32	40	50	65	80	90	100	125	150	200	250	300	350
				B	1	1 1/4	1 1/2	2	2 1/2	3	3 1/2	4	5	6	8	10	12	14
管接頭	螺紋式	45° 彎頭（肘管）			0.4	0.5	0.6	0.7	0.9	1.1	1.3	1.5	1.8	2.2	2.9	3.6	4.3	4.8
管接頭	螺紋式	90° 彎頭			0.8	1.1	1.3	1.6	2.0	2.4	2.8	3.2	3.9	4.7	6.2	7.6	9.2	10.2
管接頭	螺紋式	回轉彎頭（180°）			2.0	2.6	3.0	3.9	5.0	5.9	6.8	7.7	9.6	11.3	15.0	18.6	22.3	24.8
管接頭	螺紋式	T型或十字型接頭（分流90°）			1.7	2.2	2.5	3.2	4.1	4.9	5.6	6.3	7.9	9.3	12.3	15.3	18.3	20.4
管接頭	熔接式	45° 彎頭	長		0.2	0.2	0.3	0.3	0.4	0.5	0.6	0.7	0.8	0.9	1.2	1.5	1.8	2.0
管接頭	熔接式	90° 彎頭	短		0.5	0.6	0.7	0.9	1.1	1.3	1.5	1.7	2.1	2.5	3.3	4.1	4.9	5.4
管接頭	熔接式	90° 彎頭	長		0.3	0.4	0.5	0.6	0.8	1.0	1.1	1.3	1.6	1.9	2.5	3.1	3.7	4.1
管接頭	熔接式	T型或十字型接頭（分流90°）			1.3	1.6	1.9	2.4	3.1	3.6	4.2	4.7	5.9	7.0	9.2	11.4	13.7	15.3
閥類	一般用閥	閘　閥			0.2	0.2	0.3	0.3	0.4	0.5	0.6	0.7	0.8	1.0	1.3	1.6	2.0	2.2
閥類	一般用閥	球　閥			9.2	11.9	13.9	17.6	22.6	26.9	31.0	35.1	43.6	51.7	68.2	84.7	101.5	113.2
閥類	一般用閥	底　閥			4.6	6.0	7.0	8.9	11.3	13.5	15.6	17.6	21.9	26.0	34.2	42.5	50.9	56.8
閥類	一般用閥	逆止閥（擺動型）			2.3	3.0	3.5	4.4	5.6	6.7	7.7	8.7	10.9	12.9	17.0	21.1	25.3	28.2
閥類	消防栓等開關閥	角　閥			—	—	7.0	9.0	14.0	—	—	—	—	—	—	—	—	—
閥類	消防栓等開關閥	180° 型球閥			—	—	16.0	18.0	24.0	—	—	—	—	—	—	—	—	—
閥類	消防栓等開關閥	90° 型球閥			—	—	19.0	21.0	27.0	—	—	—	—	—	—	—	—	—

備註：1.以直流使用T型或十字型（包含口徑不同）者，以直管計算之。
　　　2.以分流90° 使用之口徑不同T型或十字型者，以上流側大口徑計算之。

表二　壓力配管用碳鋼管（CNS4626）STGP SCH40之管接頭及閥類之換算等價管長（m）

種別			口徑尺寸	25	32	40	50	65	80	90	100	125	150	200	250	300	350
管接頭	螺紋式	45°彎頭（肘管）		0.4	0.5	0.6	0.7	0.9	1.1	1.2	1.4	1.8	2.1	2.8	3.5	4.2	4.7
		90°彎頭		0.8	1.1	1.2	1.6	2.0	2.4	2.6	3.1	3.8	4.5	5.0	7.5	9.0	10.0
		回轉彎頭（180°）		2.0	2.6	3.0	3.9	4.8	5.7	6.6	7.5	9.3	1.0	14.6	18.2	21.8	24.3
		T型或十字型接頭（分流90°）		1.6	2.1	2.5	3.2	4.0	4.7	5.2	6.1	7.6	9.1	12.0	15.0	18.0	20.0
	熔接式	45°彎頭	長	0.2	0.2	0.3	0.3	0.4	0.5	0.5	0.6	0.8	0.9	1.2	1.5	1.8	2.0
		90°彎頭	短	0.4	0.6	0.7	0.9	1.1	1.3	1.4	1.6	2.0	2.4	3.2	4.0	4.8	5.3
			長	0.3	0.4	0.5	0.6	0.8	0.9	1.1	1.2	1.5	1.8	2.4	3.0	3.6	4.0
		T型或十字型接頭（分流90°）		1.2	1.6	1.9	2.4	3.0	3.5	3.9	4.6	5.7	6.8	9.0	11.2	13.4	15.0
閥類	一般用閥	閘　閥		0.2	0.2	0.3	0.3	0.4	0.5	0.6	0.7	0.8	1.0	1.3	1.6	2.0	2.2
		球　閥		9.0	11.8	13.7	17.6	22.0	26.0	29.1	34.0	42.0	50.3	56.6	82.9	99.2	111.0
		底　閥		4.6	5.9	6.9	8.8	11.0	13.1	14.5	17.1	21.2	25.2	33.4	41.6	48.8	55.7
		逆止閥（擺動型）		2.3	3.0	3.4	4.4	5.5	6.5	7.3	8.5	10.5	12.5	16.6	20.7	24.7	27.7

備註：1.以直流使用T型或十字型（包含口徑不同）者，以直管計算之。
2.以分流90°使用之口徑不同T型或十字型者，以上流側大口徑計算之。

表三　壓力配管用碳鋼管（CNS4626）STGP SCH80之管接頭及閥類之換算等價管長（m）

種別			口徑尺寸	25	32	40	50	65	80	90	100	125	150	200	250	300	350
管接頭	螺紋式	45°彎頭（肘管）		—	—	—	—	—	—	—	—	—	—	—	—	—	—
		90°彎頭		—	—	—	—	—	—	—	—	—	—	—	—	—	—
		回轉彎頭（180°）		—	—	—	—	—	—	—	—	—	—	—	—	—	—
		T型或十字型接頭（分流90°）		—	—	—	—	—	—	—	—	—	—	—	—	—	—
	熔接式	45°彎頭	長	0.2	0.2	0.2	0.3	0.4	0.4	0.5	0.6	0.7	0.9	1.2	1.4	1.8	1.9
		90°彎頭	短	0.4	0.5	0.7	0.8	1.0	1.2	1.4	1.6	1.9	2.3	3.1	3.8	4.5	5.1
			長	0.3	0.4	0.3	0.6	0.8	0.9	1.0	1.2	1.5	1.7	2.3	2.9	3.4	3.8
		T型或十字型接頭（分流90°）		1.1	1.5	1.7	2.2	2.8	3.3	3.8	4.4	5.4	6.5	8.6	10.7	12.8	14.3
閥類	一般用閥	閘　閥		0.2	0.2	0.3	0.3	0.4	0.5	0.6	0.6	0.8	0.9	1.2	1.5	1.8	2.0
		球　閥		8.3	11.0	12.8	16.5	20.8	24.6	28.4	32.3	42.0	47.7	63.2	79.0	94.5	105..8
		底　閥		4.2	5.5	6.4	8.3	10.2	12.4	14.3	16.2	20.2	23.9	31.9	39.6	47.1	53.0
		逆止閥（擺動型）		2.1	2.7	3.2	4.1	5.2	6.15	7.1	8.1	10.0	11.9	15.9	19.7	23.6	26.4

備註：1.以直流使用T型或十字型（包含口徑不同）者，以直管計算之。
2.以分流90°使用之口徑不同T型或十字型者，以上流側大口徑計算之。

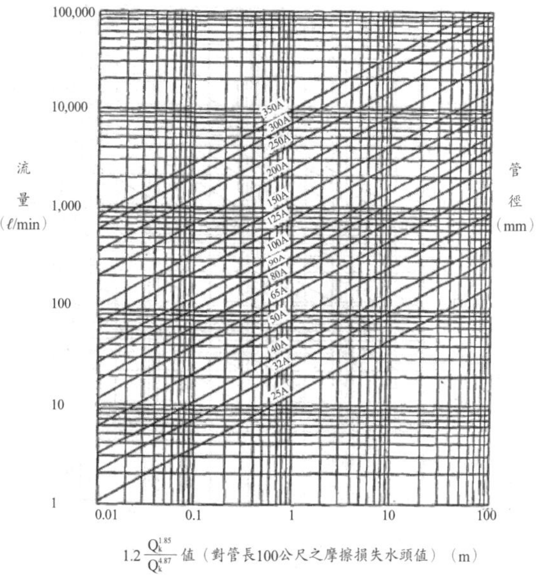

圖一　使用配管用碳鋼管（CNS 6445）SGP

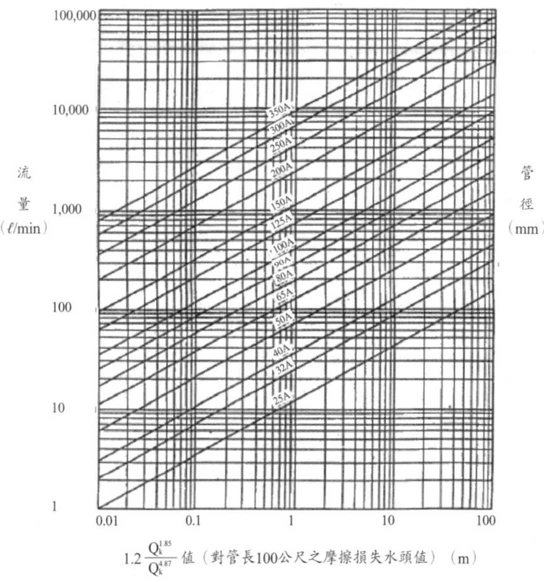

圖二　使用壓力配管用碳鋼管（CNS 4626）STPG SCH40

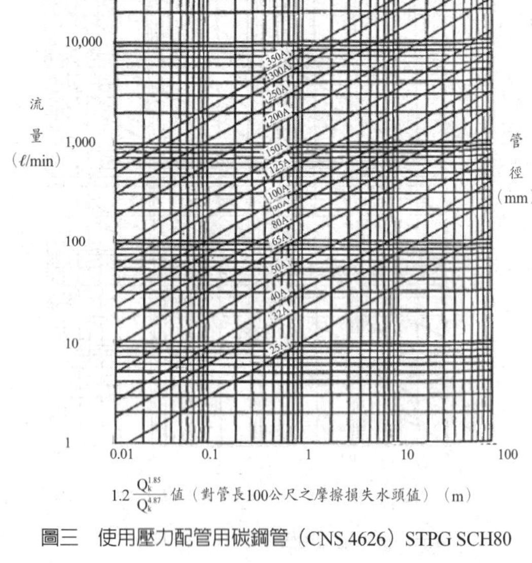

圖三　使用壓力配管用碳鋼管（CNS 4626）STPG SCH80

乾粉滅火設備各種標示規格

民國85年7月18日內政部函訂定發布全文2點。

一　本規格依各類場所消防安全設備設置標準第九十八條規定訂定之。

二　乾粉滅火設備使用之各種標示規格應符合下列規定。

㈠手動啓動裝置標示規格如下：

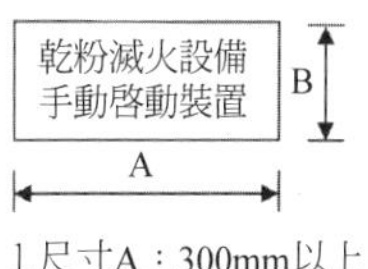

1.尺寸A：300mm以上。
　　B：100mm以上。

2.紅底白字。

㈡放射表示燈規格如下：

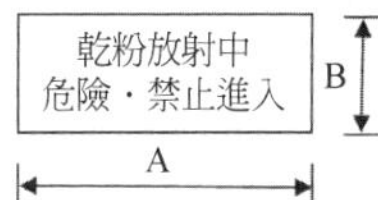

1.尺寸A：280mm以上。
　　B：80mm以上。

2.字體大小：
　第一行字長、寬爲35mm以上。
　第二行字長、寬爲25mm以上。

3.平時底及字樣均爲白色。

4.點燈時白底紅字。

5.燈具本體爲紅色。

㈢移動放射方式標示規格如下：

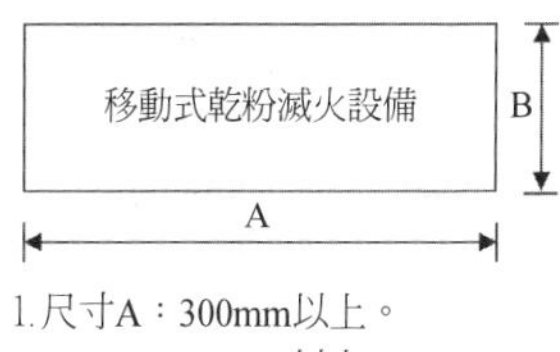

1.尺寸A：300mm以上。
　　B：100mm以上。

2.紅底白字。

㈣音響警報裝置標示規格如下，須設於室內明顯之處所：

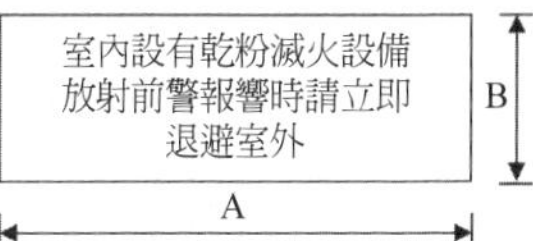

室內設有乾粉滅火設備
放射前警報響時請立即
退避室外
B
A

1. 尺寸A：480mm以上。
   B：270mm以上。
2. 黃底黑字。
3. 每字大小爲25mm×25mm以上。

二氧化碳滅火設備各種標示規格

民國85年7月18日內政部函訂定發布全文2點。

一　本規格依各類場所消防安全設備設置標準第九十七條規定訂定之。

二　二氧化碳滅火設備使用之各種標示規格應符合下列規定。

㈠手動啟動裝置標示規格如下：

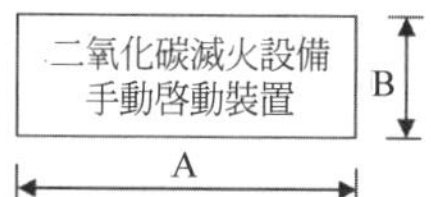

1.尺寸A：300mm以上。
　B：100mm以上。

2.紅底白字。

㈡放射表示燈規格如下：

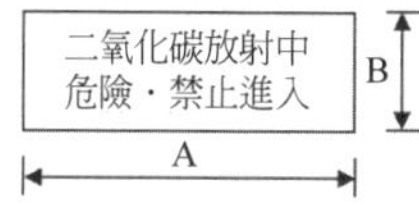

1.尺寸A：280mm以上。
　B：80mm以上。

2.字體大小：
　第一行字長、寬為35mm以上。
　第二行字長、寬為25mm以上。

3.平時底及字樣均為白色。

4.點燈時白底紅字。

5.燈具本體為紅色。

㈢移動放射方式標示規格如下：

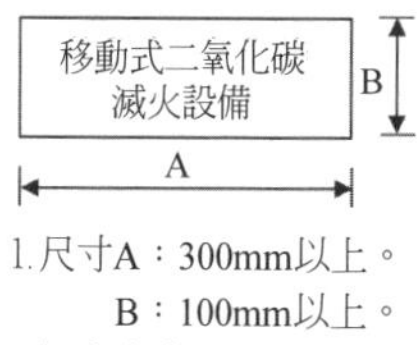

1.尺寸A：300mm以上。
　B：100mm以上。

2.紅底白字。

㈣音響警報裝置標示規格如下，須設於室內明顯之處所：

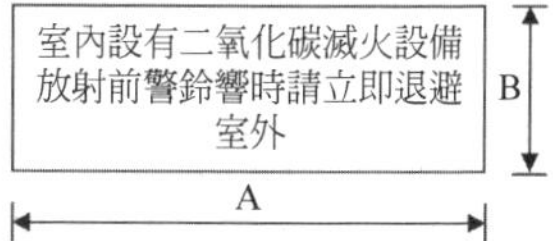

1.尺寸A：480mm以上。

B：270mm以上。

2.黃底黑字。

3.每字大小爲25mm×25mm以上。

從事防焰性能試驗機構作業規定

①民國86年7月1日內政部消防署函訂定發布全文16點。
②民國90年4月10日內政部消防署函修正發布全文15點。

一　為統一規範防焰性能試驗機構之檢測作業，特訂定本規定（以下簡稱本規定）。

二　本規定所稱試驗機構，得為公民營機關（構）、學校、團體，並具有完善之試驗設備及場地。

三　試驗機構之試驗設備包括：

㈠洗濯設備。

㈡乾燥設備。

㈢防焰性能試驗設備。

㈣試藥。

㈤其他必要之試驗設備。

四　纖維製品試樣之洗濯設備及洗濯方式，應依內政部所定防焰性能試驗基準之規定為之。

五　乾燥設備係指乾燥箱或烘乾機等供試樣乾燥之設備，其大小不得小於試樣，且應具有溫度調節裝置。

六　防焰性能試驗設備係指依前開防焰性能試驗基準所定之相關試驗設備。

七　試藥係指供樣品試驗所必須使用之藥品，例如硫酸、鹽酸、氫氧化鈉等藥劑。

八　其他必要之試驗設備，係指供樣品試驗所必須使用之器具，例如量尺、量瓶、燒杯、顯微鏡等器具。

九　供從事防焰性能試驗之產品，係指防焰性能認證實施要點第三點規定之窗簾、地毯、布幕、展示用廣告板以及其他指定之防焰物品。

十　試驗機構應具下列條件：

㈠置檢驗主管及專業技術人員。

㈡經營他項業務不影響施行本項試驗業務之公正性。

十一　試驗機構應訂有詳細且清楚之作業流程及計畫，該作業流程及計畫應適當且確實可行。

十二　試驗機構之評鑑，由內政部消防署（以下簡稱本署）組成評鑑小組，評鑑成員五至九人，由署長或其指定之副署長任召集人，至檢測場所進行評鑑。評鑑結果由評鑑小組開會決議之。

十三　經評鑑符合本規定之試驗機構，得接受申請防焰性能認證業者，辦理防焰性能試驗。

十四　經評鑑符合本規定之試驗機構應具備詳實完整之各項試驗紀錄，該紀錄由各級有關人員簽章。紀錄保存期限為三年，期滿得報請本署核定後銷毀之。

十五　經評鑑符合本規定之試驗機構之試驗設備、員額、技術能力、試驗紀錄、定期校正紀錄、試驗時效、樣品管理及其他事項，本署至少每半年檢討考核一次，如有缺失，應限期改善。經通知限期改善，逾期不改善或改善後不符合規定者，自通知改善之日起所製作之試驗報告，不予採認。

大型群聚活動安全管理要點

民國104年11月2日內政部函訂定全文21點；並自即日生效。

一　爲確保大型群聚活動之安全，避免災害發生與強化緊急應變功能，保護人民生命財產，特訂定本要點。

二　本要點適用於各級政府機關、公營事業機構及公私立學校辦理之大型群聚活動。

直轄市、縣（市）政府得參照本要點規定，依轄區緊急應變能力及活動特性，訂定自治法規管理大型群聚活動。

三　本要點所稱大型群聚活動，指舉辦每場次預計參加或聚集人數達一千人以上，且持續二小時以上之下列活動：

㈠體育競技活動。

㈡演唱會、音樂會等演出或類似之娛樂活動（派對、祭、季等）。

㈢展覽（售）、人才招募會、博覽會等活動。

㈣燈會、花會、廟會、煙火晚會等活動。

㈤民俗節慶、原住民慶典等活動。

下列活動，不適用本要點之規定：

㈠體育場館、影劇院、音樂廳、宗教場所、娛樂場所、百貨商場、展覽場、觀光遊樂業園區等，於其建築使用用途、營業項目、興辦事業計畫之範圍內舉辦之活動。

㈡人民之婚、喪等社交、習俗活動。

㈢集會遊行法規範之集會、遊行等活動。

活動有新穎表演、助興手段而有發生危險之虞，或有超出直轄市、縣（市）政府應變能力之虞，或屬聚集衆多人群之非日常活動者，直轄市、縣（市）政府得指定爲大型群聚活動，予以管理。

第二項第三款不適用本要點之活動，其安全管理事項得參酌直轄市、縣（市）政府訂定之自治規定或本要點辦理。

四　大型群聚活動之主辦者，應負責活動安全，與活動場所管理者及其他協辦單位簽訂安全協定，明確各自安全責任。

五　大型群聚活動之主辦者應執行下列安全管理事項：

㈠選擇安全之場地及器材。

㈡制定安全措施、安全工作人員職責，及參與人員之安全宣導教育，並落實執行。

㈢依活動需要，配置或協調派駐保全、警察、消防、醫療救護或其他安全工作人員。

㈣確保臨時搭建之設施、建築（構造）物之安全。

㈤規劃活動場所交通、容納人數、劃定區域、出入、疏散、救援等動線，並予以標示與管制。

㈥落實醫療救護、滅火、緊急疏散等救援措施，並組織工作人員與演練。

㈦其他有關安全工作事項。

六　依第五點第一款及第四款選擇安全之場地與器材，及搭建臨時設施、建築（構造）物，應注意下列事項：

㈠活動場所爲室內者宜寬敞，並應爲合法建築物且依法辦理或設置相關安全設備及設施。

㈡活動場所爲室外者宜空曠，並應選擇安全無虞之處所（例如於海上或靠近水邊，應有救生員、救生圈或救生艇等救生裝備；活動海域內之水母、油漬等可能產生危害之生物或物品應清除完畢）。

㈢使用合法器材，必要時應進行實地安全測試，發電機及空飄氣球等大型器材、裝備及設施應固定，並避免使用易致災害之物品（例如氫氣氣球等）。

㈣搭蓋臨時性設施、建築（構造）物者，應依建築相關法規辦理。

七　依第五點第五款規劃交通、出入及疏散動線，應注意下列事項：

㈠應考量對附近交通之衝擊程度、規劃交通管制措施、行人安全、公車行駛路線、停車及載送參加人員之輸運能量、宣傳措施。

㈡應事先履勘場地，依現場實際狀況規劃人員出入動線，以明顯指標或標記清楚標示動線方向及主要出入口，必要時應派專人引導。

㈢規劃安全空間、緊急疏散路線、避難處所及救護車進出動線，事先製作緊急疏散等指示，標示於明顯適當位置，指定專人於緊急時管制、引導及疏散。

㈣活動場所出入動線、緊急疏散路線及救護車進出動線事先告知所有參與活動人員，並於活動場所明顯處所設置大型看板、電視或螢幕宣導及標明之。

㈤活動場所收容之人數，應符合容留人數管制、建築物防火避難綜合檢討報告書或性能設計計畫書等相關規定；法令未規定者，應依現場出入口大小、人員出入動線、活動空間、安全空間、緊急疏散路線及避難處所等因素，規劃安全之人數。容留人數管制適用之建議如附件一。

八　依第五點第六款落實醫療救護、滅火、緊急疏散等救援措施，並組織工作人員與演練，應注意下列事項：

㈠針對活動性質及場地特性，事先就活動可能發生之災害或意外事故等原因，研訂相關緊急應變計畫，內容如下：

1.工作人員編組：依活動規模，得參考事故現場指揮體系（Incident Command System, ICS）將工作人員編組成指揮、作業、計畫、後勤、財務或行政等小組（各編組之任務內容得參考內政部消防署全球資訊網防救災數位學習網）。

2.活動前實地模擬演練發生火災及其他災害之滅火行動、通報連絡及避難引導等。

3.活動現場之用火及用電監督管理。

4.防止縱火及恐怖活動措施。

5.活動場所之位置圖、疏散（避難）路線圖及平面圖。

6.其他有關安全防護必要之事項。

㈡視活動性質及場地特性，選定適當、安全、通風且陰涼處（室內或具遮棚處）設置醫護站，並有清楚標示及指示牌。

㈢應規劃緊急醫療救護事宜。並得向轄區衛生主管機關申請救護支援，支援所需經費由主辦者負擔。

㈣活動現場之救護站應配置救護人員、救護車、救護機動車及自動體外心臟去顫器（AED），救護站之配置數量與地點，以事故發生後四分鐘至六分鐘內，救護人員、救護設備得以抵達或投入事故現場處理為原則；如有重大傷病患者，主辦單位應通知當地消防機關之救災救護指揮中心（119）。

㈤活動現場有大量傷病患發生時，主辦者應立即通知當地消防機關之救災救護指揮中心（119），並副知當地衛生主管機關，依大量傷病患救護辦法及作業程序施行緊急救護。

九　第五點第七款所定其他有關安全工作事項如下：

㈠活動主題或內容有多數兒童、年長者、身心障礙者參與時，應強化下列事項：

1.無障礙設施、輔助器具（輪椅、助行器等）、流動廁所、防滑地磚、止滑墊、扶手及安全護欄等。

2.遇有緊急事故發生時，應優先對兒童、年長者、身心障礙者等予以疏散。

(二)活動需要之安全管理人力、器材、裝備及相關設施之配置比例，應視場地特性、活動規模、性質及參與活動人數規模與男女比例，做適當及合理之規劃。

(三)活動主辦者應於活動前與轄區災害應變機關相互聯繫並建立緊急通報機制。

(四)活動現場餐飲之提供，應注意飲食衛生並符合食品衛生相關規定。

(五)活動前預知有颱風警報、豪雨特報或不適舉辦之天候，或活動進行時遇天然災害發生時，得參酌天然災害停止上班及上課作業辦法，視情形順延或取消活動之進行。

(六)針對活動之內容及相關安全管理，應於活動前召集相關工作人員辦理講習，講解活動應注意事項及各種災害、緊急事故或突發狀況之應變及處置措施，並於活動前完成各項勘查、檢查、模擬、實地訓練及演練，以保障參與活動人員之安全。

(七)對參加活動者事前宣導安全訊息並公告周知，如管制飲酒、禁止攜帶危險（爆裂）物品等，必要時於出入口實施安全檢查，強化服務人員之人群管理訓練。

十　大型群聚活動之主辦者應依活動性質及規模，投保公共意外責任險，適足保險金額建議方案如附件二。

十一　大型群聚活動之主辦者，應依下列規定向活動所在地之直轄市或縣（市）政府報備或申請許可：

(一)預計參加或聚集人數一千人以上，未達三千人者，於活動舉行七日前報備。

(二)預計參加或聚集人數達三千人以上者，於活動舉行三十日前申請許可。

大型群聚活動有二個以上之主辦者，應協議指定一主辦者辦理前項之報備或申請。

依第一項第一款規定報備之活動，如有超出直轄市、縣（市）政府應變能力之虞或所附文件缺漏致有影響活動安全之虞時，直轄市、縣（市）政府得依下列規定辦理，並於活動舉行四日前，以書面敘明原因通知報備之主辦者：

(一)要求比照第一項第二款申請許可，不受該款申請時間之限制。

(二)要求調整辦理時間、規模、活動內容，或自行增設應變人力及設備。

臨時性國際活動或其他類似之大型群聚活動，基於促進社會發展、國際交流有實質之助益時，得不受第一項報備或申請許可時間之限制。

直轄市、縣（市）政府因審查機制、活動類型、危險程度、地區特性及應變能力等因素，基於公共利益之必要，得另訂管理方式。

十二　大型群聚活動之主辦者向直轄市、縣（市）政府報備或申請許可，應檢附下列文件：

(一)報備書或申請書（範例如附件三）。

(二)主辦者為公司、商業、法人或其他團體者，其組織之登記證明文件或許可文件，及負責人身分證明文件；為自然人者，其身分證明文件。

(三)活動方案及說明。

(四)活動安全工作計畫。

(五)場地同意使用證明（無必要時，得免附）。

主辦者應與直轄市、縣（市）政府負責緊急應變與公共安全機關（含活動與場地之目的事業主管機關、警察、消防、緊急救護、衛生等業務之主管機關）密切聯繫。

跨行政區域之大型群聚活動，由活動主辦者向活動出發地之直轄市、縣（市）政府報備或申請許可，並由受理之直轄市、縣（市）政府轉知報備，或邀集活動路徑經過之其他直轄市、縣（市）政府共同審查。各直轄市、縣（市）政府就活動之安全管理有不同規定時，由各該政府共同協商解決之。

十三　活動安全工作計畫應包括下列事項：

(一)活動時間、地點、內容及組織方式。

(二)活動場所地理環境、建築結構與面積（附現場平面圖），可容納人數及活動預計參與或聚集人數。

(三)安全工作人員數量、任務分配及識別標誌。

㈣活動場所建築安全、消防安全措施。

㈤臨時搭建設施、建築（構造）物之設計、施工及安全措施。

㈥出入與救護動線、救護站、緊急疏散通道、廣播、照明（夜間）、滅火、無障礙設施等設施、設備設置情況和標誌。

㈦車輛停放、疏導措施。

㈧現場秩序維護、人員疏導措施。

㈨緊急應變計畫。

㈩其他有關安全管理工作事項。

十四　經報備或許可之活動，主辦者依活動性質須依規定另行申請許可者，例如道路使用許可、臨時建築（構造）物許可、施放爆竹煙火許可、明火表演許可等，應依各該規定辦理。

十五　直轄市、縣（市）政府為審查大型群聚活動之申請，或確保活動安全，得於大型群聚活動舉辦前或活動進行中，對活動場所、設施及其安全管理進行現場查驗，主辦者不得規避、妨礙或拒絕。

政府相關機關應主動橫向聯繫與監督，並依各主管法規辦理有關安全工作。

十六　有下列情形之一者，直轄市、縣（市）政府得不予許可：

㈠違反法規規定者。

㈡有明顯事實足認為活動有危害社會秩序或公共利益之虞者。

㈢不符合第十二點第一項規定，經通知限期補正，屆期未補正或補正未完全者。

十七　經報備或許可之大型群聚活動，主辦者不得擅自變更活動之時間、地點、內容或擴大舉辦規模。

主辦者變更大型群聚活動舉辦時間，報備者，應於原舉辦日期三日前；許可者，應於原舉辦日期七日前，向直轄市、縣（市）政府申請變更，經同意方可變更。但因天候等不可抗力因素致無法如期舉辦者，不受上開申請期限之限制。

主辦者變更大型群聚活動之地點、內容或擴大聚辦規模者，應依本要點重新報備或申請許可。

十八　變更、取消已向社會公布之大型群聚活動時，主辦者得透過報紙、電視、廣播、網路等方式予以公告，並處理善後工作。

十九　主辦者不得將已報備或許可之大型群聚活動轉讓他人主辦或承辦，違反者，直轄市、縣（市）政府得命其停止辦理及廢止許可。

二十　大型群聚活動現場工作人員應遵守下列規定：

㈠掌握安全工作計畫及緊急應變之全部內容。

㈡熟練使用廣播及通訊設備。

㈢熟練使用消防安全設備，熟知出入、疏散動線、安全出口及疏散通道位置，掌握各工作位置緊急應變之分工與措施。

㈣掌握及運用其他安全工作措施。

二一　各級政府機關、公營事業機構團體及公私立各級學校辦理之大型群聚活動，不須依第十一點規定辦理報備及申請許可。但應依本要點相關規定，由主辦機關（構）、學校負責活動安全，並會同相關機關執行相關安全事項。

公營事業機構團體及公私立各級學校之上級機關，應會同相關機關訂定督導考核之機制，確保活動之安全。

（附件略）

內政部消防技術審議委員會設置要點

①民國76年12月7日內政部函訂定發布全文10點。
②民國84年8月31日內政部函修正發布全文10點。
③民國86年8月7日行政院函修正發布全文10點。
④民國88年11月23日行政院函修正發布全文9點。
⑤民國91年6月4日內政部函修正發布第9、10點；並增訂第8點；原第8點調整為第9點、原第9點調整為第10點。
⑥民國108年1月18日內政部令修正發布第6、7、8、10點；並自即日生效。

一　內政部（以下簡稱本部）爲從事消防安全設備設計、施工、材料及設備等技術之審議、改進事項，特依據本部組織法第九條規定，設消防技術審議委員會（以下簡稱本會）。

二　本會之任務如下：

㈠關於消防安全設備之新技術、新設備、新工法、新材料之審議事項。

㈡關於消防安全設備之材料、品質、規格與其他消防技術之調查、研究、適用及改進事項。

本會視業務需要得依消防法第十二條第二項之規定，委託有關機關、團體或學校辦理前項事務。

三　本會置委員二十六人至三十一人，其中一人爲主任委員、一人爲副主任委員，由部長指派消防署署長、副署長分別兼任之。其餘委員除由部長指派消防署業務有關人員兼任外，並聘請有關機關、團體代表或專家學者擔任，聘期均爲一年，期滿得續聘。但代表機關或團體出任者，應隨其本職進退。

本會委員除主任委員、副主任委員外，分爲電氣、機械、設計及綜合四小組，每小組六人至八人，並由小組委員互推一人爲小組召集人。

四　本會置執行秘書、副執行秘書各一人，幹事三人至五人，由部長就消防署編制內人員派兼之，辦理審議案件登記、會議紀錄及其他日常會務。

五　本會審議程序如下：

㈠送請業務主管機關提供意見。

㈡送請委員就審議案件擬具審查意見。

㈢交付本會小組會議初審。

㈣提付本會會議審議。

㈤製作審議會議紀錄，簽請部長核定。

六　本會會議以書面方式審議，由幹事彙整會議資料，以電子化方式交付委員審議，每個月召開一次爲原則。必要時得召開臨時會議，並得以書面或現場方式審議。

前項臨時會議以現場方式審議者，由主任委員擔任主席，其因故不能出席時，由副主任委員代理；主任委員、副主任委員均不能出席時，由出席委員互推一人爲主席。

本會小組會議，以現場方式審議，每個月召開一次爲原則，由小組召集人召集，並爲會議主席。

七　本會會議應有委員二分之一以上回復審議意見，決議事項應經回復審議意見委員全數同意行之。

前項會議決議事項未獲回復審議意見委員全數同意者，應召開臨時會議，以現場方式審議。

前項臨時會議應有委員二分之一以上之出席，決議事項應經出席委員三分之二以上之同意行之。

八　以現場方式審議之臨時會議及小組會議應由委員親自出席。但代表機關或團體兼任之委員不克出席時，得指派代表出席。

前項指派之代表列入出席人數，並參與會議發言及表決。

九　本會會議決議事項簽請部長核定後，以本部名義行之。

十　本會委員及兼職人員均爲無給職。

本會邀請有關專家列席以現場方式審議之臨時會議或小組會議時，得酌支交通費或出席費。

補助直轄市及縣（市）政府推動設置住宅用火災警報器作業原則

①民國102年11月6日內政部函訂定發布全文6點。
②民國109年6月3日內政部函修正發布第5點；並自即日生效。

一　內政部（以下簡稱本部）為降低住宅火災致人命傷亡，協助直轄市、縣（市）政府推動住宅用火災警報器之設置，保護民眾生命安全，並執行中央對直轄市、縣（市）政府補助辦法相關規定，特訂定本作業原則。

二　本作業原則補助對象為直轄市、縣（市）政府，於低收入戶、弱勢族群居住場所、鐵皮屋、老舊建築物、木造建築物、狹小巷弄地區建築物、住宅式宮廟、資源回收用途之住宅、居家曾發生火災事故者等高危險群場所或其他符合消防法第六條第五項規定住宅場所設置住宅用火災警報器。

三　本作業原則補助經費由本部消防署年度消防救災業務獎補助費項下支應，其經費補助原則如下：

㈠依據行政院主計總處九十九年針對住宅之建築類型與使用狀況之統計數據，核算各直轄市、縣（市）政府轄內五層樓以下經常有人居住場所戶數，就其所占全國戶數比率分配補助預算。

㈡離島縣依戶數比率所定執行金額太低，難見執行成效，為確保其公共安全，考量區域之特殊性，以定額方式補助。

㈢依據中央對直轄市、縣（市）政府補助辦法規定，按財力級次給予不同補助比率：

1.第一級：本部消防署補助百分之五十。
2.第二級：本部消防署補助百分之六十。
3.第三級：本部消防署補助百分之七十。
4.第四級：本部消防署補助百分之八十。
5.第五級：本部消防署補助百分之八十五。

四　本作業原則經費核撥規定如下：

㈠本作業原則補助經費性質為補助款，直轄市、縣（市）政府應依程序及補助額度納入預算辦理，並應專款專用。其有未完成預算程序之情事者，直轄市、縣（市）政府得依中央對直轄市、縣（市）政府補助辦法規定或各級地方政府墊付款處理要點規定辦理。

㈡直轄市、縣（市）政府應於計畫執行完畢一個月內，檢附核銷相關資料（含招標文件【含簽】、契約書、驗收紀錄【驗收文件】、發票或收據影本、領據、納入預算證明及相關歲入、歲出預算書影本，涉預算增減並附追加減預算書影本），報本部辦理經費核銷請款。

五　作業分工：

㈠本部應辦事項如下：

1.分配各直轄市、縣（市）政府補助額度。
2.受理各直轄市、縣（市）政府所提經費申請及核銷案，審核並核定補助額度，並辦理補助經費核銷工作。
3.辦理績效評核：執行成果（含整體實施裝置數、相關宣導措施、統計資料提報時間及正確性、核銷辦理時效及資料正確性等）納入年度消防機關評鑑項目。

㈡各直轄市、縣（市）政府應辦事項如下：

1.補助預算及自籌預算納入各直轄市、縣（市）政府年度預算。

2.辦理住宅用火災警報器之採購招標，採購物品需爲經本部消防署所登錄機構之認可，並附加認可標示產品。

3.透過網站、張貼海報、媒體廣告等方式對外公告，鼓勵民衆申請裝設，並指定專線電話協助解答申請案件疑義。

4.受理申請裝設：

⑴由民衆自行填寫申請表後至當地消防機關提出申請，申請表如附件一。

⑵由消防機關、志工團體、社福機關等相關人員進行居家訪視或主動調查找出高危險群場所後，統一造冊與施以安裝，或由訪視人員協助訪視戶填寫申請表，向當地消防機關提出申請。

5.安裝：

住宅用火災警報器之安裝由直轄市、縣（市）政府視轄區狀況，採購住宅用火災警報器以交由民衆自行安裝、得標廠商安裝、消防機關同仁或志工協助安裝等方式實施，其設置位置依住宅用火災警報器設置辦法及其使用說明書實施安裝，如附件二。

6.提報執行成果：直轄市、縣（市）政府應於計畫辦理結束後一個月內製作執行成果清冊，報本部消防署備查，格式如附件三。

六　各直轄市、縣（市）政府依執行成果自行辦理獎懲事宜，績效卓越者從優獎勵，執行不力者依規定懲處。

（附件略）

複合用途建築物判斷基準

①民國85年7月29日內政部消防署函訂定發布全文4點。
②民國93年5月17日內政部函修正發布第2、3點及附表。

一　本基準依各類場所消防安全設備設置標準（以下簡稱設置標準）第四條第一項第一款規定訂定之。

二　一棟建築物中，有供各類場所第十二條第一款至第四款所列用途二種以上，符合下列規定之一者，得判定為在管理及使用形態上構成從屬關係。

㈠附表「建築物主用途及從屬用途關係對照表」所列用途，符合下列規定時構成從屬關係。

1.從屬用途部分之管理權與主用途部分之管理權相同。

2.從屬用途部分利用者與主用途部分利用者應一致或具有密切之關係。

3.從屬用途部分工作者或使用者之使用時間與主用途部分工作者或使用者之使用時間應大致相同（包含為完成剩餘工作之延長時間）。

㈡附表「建築物主用途及從屬用途關係對照表」所列主用途部分樓地板面積合計應超過該建築物總樓地板面積百分之九十以上，且從屬用途部分之樓地板面積合計未超過三百平方公尺。

三　一棟建築物中之不同用途有供住宅使用時，除依前條規定外，應依下列原則判斷之：

㈠供設置標準第十二條第一款至第四款各自用途使用之樓地板面積合計小於五十平方公尺，且較供住宅使用之樓地板合計面積小時，該建築物視為住宅。

㈡供設置標準第十二條第一款至第四款各目用途使用之樓地板合計面積大於供住宅使用之樓地板合計面積時，視為設置標準第十二條第一款至第四款各目用途之建築物。

㈢供設置標準第十二條第一款至第四款各目用途使用之樓地板面積合計小於供住宅使用之樓地板面積合計，且前者樓地板面積合計在五十平方公尺以上時，該建築物視為複合用途建築物。

㈣供設置標準第十二條第一款至第四款各目用途使用之樓地板面積合計，與供住宅使用之樓地板合計面積大致相等時，應視為複合用途建築物。

四　依本基準之規定視為複合用途建築物，符合下列規定時，視為設置標準第十二條第五款第二目之複合用途建築物。

㈠複合用途建築物中，甲類場所樓地板面積合計小於該建築物總樓地板面積百分之十。

㈡複合用途建築物中，甲類場所樓地板面積合計未滿三百平方公尺。

附表　建築物主用途及從屬用途關係對照表

設置標準各類場所	主要用途部分	功能上構成從屬用途部分		備　考
		供工作者、使用者便於使用者	具有密切之關係	
(1)甲類 ㈠之電影片映演場所（戲院、電影院）	舞台、座席、放映室、大廳、售票室、電氣室、道具室、衣物室、練習室、儲藏室。	販賣部、專用停車場、休息室、辦公室、展示室及其他相關場所。	製片廠（室）。	電氣室係指有關播帶、監控等處所。
(2)甲類 ㈡之歌廳、舞廳、夜總會、俱樂部	座席區、吧台、舞池、舞台、烹調室、更衣室、儲藏室、更氣室。	休息室、專用停車場、辦公室及其他相關場所。		

(3)甲類 (一)之理容院（觀光理髮、視廳理容等）指壓按摩場所	包廂、理容椅、按摩座、蒸氣室、烹調室。	大廳、辦公室、休息室、專用停車場及其他相關場所。		
(4)甲類 (一)之錄影節目帶播映場所（MTV等）、視聽歌唱場所（KTV等）	座席區、包廂、電氣室、吧台、櫃台、烹調室。	大廳、休息室、辦公室、專用停車場及其他相關場所。		
(5)甲類 (一)之酒家、酒吧、酒店（廊）	座席區、包廂、舞台、櫃台、吧台、廚房、電氣室、更衣室、儲藏室。	專用停車場、大廳、休息室、辦公室及其他相關場所。		
(6)甲類 (二)之保齡球館、撞球場、室內螢幕式高爾夫練習場	球道區、休息區、機械室、球台區、作業區、更衣室、等待區、遊藝室、儲藏室、包廂、櫃台、電氣室。	飯廳、咖啡廳、販賣部、專用停車場、辦公室及其他相關場所。	三溫暖、體育館。	
(7)甲類 (二)之集會堂	集合室、會議室、大廳、宴會場、廚房、兼具本表第一欄用途者並適用其主從關係。	飯廳、販賣部、專用停車場及其他相關場所。	展示室、圖書室、遊戲室、體育室、遊藝室、托兒室、醫護室、招待室。	
(8)甲類 (二)之健身休閒中心（含提供指壓、三溫暖等設施之美容瘦身場所）	健身室、韻律室、游泳區、三溫暖、浴室、更衣室。	大廳、咖啡廳、販賣部、專用停車場、辦公室及其他相關場所。		
(9)甲類 (二)之遊藝場所、電子遊戲場、資訊休閒場所	遊藝室（區）、遊戲室（區）、休閒室（區）、櫃台。	販賣部、辦公室、專用停車場及其他相關場所。		
(10)甲類 (三)觀光旅館、飯店、旅館、招待所（限有寢室客房者）	寢室、櫃台、大廳、廚房、餐廳、浴室、接待室（區）、洗衣室、配餐室、蒸氣室。	娛樂室、吧台、飲食區、兌幣處、專用停車場、美（理）容室、醫務室、咖啡廳、電信室、電氣室及其他相關場所。	展示室（區）（含連續式形態）、會議室、展望設施、游泳池、遊藝室。	
(11)甲類 (四)商場、市場、百貨適場、超集市場、零售市場、展覽場	販賣部、貨物處理室、商品倉庫、美食街、辦公室、展示室（區）、衣服專賣店。	專用停車場、攝影室、遊藝室、美（理）容室、醫務室、集會室、電氣室及其他相關場所。	飲食美容等教室，自動提款機室。	拍賣場原則上視爲本類。
(12)甲類 (五)餐廳、飲食店、咖啡廳、茶藝館	座席區、包廂、廚房、接待室、吧台。	專用停車場、結婚廣場、大廳、辦公室及其他相關場所。	娛樂室、會議室。	
(13)甲類 (六)之醫療機構（醫院診所）、療養院	診療室、急診室、病房、產房、手術室、檢驗室、藥局、辦公室、機能訓練室、會客室、談話室、研究室、廚房、洗衣（滌）室、醫師值日室、候診室（區）、技工室、圖書館。	飯廳、販賣部、專用停車場、娛樂室、托兒室、理容室、浴室、茶室、美食街及其他相關場所。	臨床研究室。	醫院附設之護士宿舍及護士學校一部分視爲寄宿舍及學校。
(14)甲類 (六)之長期照護機構、養護機構、安養機構、老人服務機構（限供日間照顧及安置使用者）、兒童福利設施、育嬰中心、護理之家機構、產後護理機構	起居室、集會室、機械訓練室、會客室、飯廳、廚房、診療室、作業室、洗衣部、浴室。	飯廳、販賣部、專用停車場及其他相關場所。		

⒂甲類 ㈥之啓明、啓智、啓聰等特殊學校 乙類 ㈩之幼稚園、托兒所	教室、遊藝室、休息室、講堂、廚房、體育室、診療室、圖書室。	飯廳、販賣部、辦公室及其他相關場所。	才藝教室。	
⒃甲類 ㈦三溫暖、公共浴室	更衣室、浴室、蒸氣室、休息室、體育室、等候室、按摩室、衣櫃室、洗衣室、閱覽室、美（理）容室、視聽賞區、櫃台、烹調室。	飯廳、販賣部、專用停車場、茶室、娛樂室、托兒室、小型三溫暖及其他相關場所。	自費洗衣部。	
⒄乙類 ㈠車站、飛機場大廈、候船室	起降區、等待室、操控室、電力控制室、行李領取區、暫時寄物處、衣帽間、小睡室、救護室。	飯廳、販賣部、咖啡廳、旅行社接待室及其他相關場所。	理容室、兌幣處。	
⒅乙類 ㈡期貨經紀業、證券交易所、金融機構	座席、大廳、看板區、櫃台、銀行辦事處、辦公室、保管箱室、金庫。	談話室、專用停車場、咖啡室及其他相關場所。		
⒆乙類 ㈢兒童及少年福利機構、學校教室、補習班、訓練班、K書中心、安親（才藝）班	教室、職員室、講堂、會議室、圖書室、研究室、用功室、保健室。	飯廳、談話室及其他相關場所。	學生會館之集會室、宿舍、學童保育室。	
⒇乙類 ㈣圖書室、博物館、美術館、陳列館、史蹟資料館、紀念館及其他類似場所	閱覽室、展示室、陳列區、書庫、衣帽間、大廳、工作室、物品保管室、資料室、研究室、會議室、休息室、放映室、觀賞室、辦公室。	飯廳、販賣部、咖啡廳、專用停車場及其他相關場所。		
(21)乙類 ㈤寺廟、宗祠、教堂、靈骨塔及其他類似場所	本殿、旁殿、禮拜堂、納骨塔（室）、辦公室、集會室、休息室、陳列室。	飯廳、販賣部、咖啡廳、專用停車場、圖書室及其他相關場所。	宴會場、廚房、寢室、客房、娛樂室。	
(22)乙類 ㈥辦公室、前款第六目以外之老人服務機構、老人文康機構	辦公室、休息室、會議室、大廳、檔案室、儲物室、談話室、作業室、資料室。	飯廳、販賣部、咖啡廳、娛樂室、體育室、理容室、專用停車場、診療至及其他相關場所。	展示室。	
(23)乙類 ㈦集合住宅、寄宿舍	起居室、寢室、廚房、飯廳、教養室、休息室、浴室、共同烹調室、洗衣室、置物室、管理人員室。	販賣部、專用停車場、大廳、會面室及其他相關場所。		
(24)乙類 ㈧體育館、活動中心	座席、運動區、健身室、各項運動器具室、辦公室、置物室、更衣室、浴室、圖書室、展示室、活動室、閱覽室、大廳。	飯廳、販賣部、遊藝室、視聽覺教室、專用停車場、訓練室、表演台、診療室及其他相關場所。	宴會場、結婚廣場。	
(25)乙類 ㈨室內溜冰場、室內游泳池	大廳、櫃台、寄（置）物室、溜冰場、游泳池、休息區、浴室、換衣室、設備區。	販賣部、遊藝室、專用停車場、咖啡廳及其他相關場所。		
(26)乙類 ㈩電影攝影場、電視播送場	攝影室、舞台、錄音室、道具室、衣物室、休息室、觀衆席、大廳、排練室。	飯廳、販賣部、咖啡廳、專用停車場、休息室及其他相關場所。		
(27)乙類 ⼟倉庫、傢俱展示販售場	物品食庫、貨物處理室、辦公室、休息室、作業室（與商品保管相關之作業）。	飯廳、販賣部、專用停車場、展示室及其他相關場所。		
(28)丙類 ㈠電信機器室	電信機房、電器室、電腦室、作業室、辦公室、休息室、器材室。	專用停車場及其他相關場所。		

㉙丙類 ㈡汽車修護場、飛機修理廠、飛機庫	車庫、車道、修理場、器具室、飛機修理場、飛機庫、休息室、更衣室。	飯廳、販賣部、專用停車場及其他相關場所。		
㉚丙類 ㈢室內停車場、建築物依法附設之室內停車空間	車庫、車道。			
㉛丁類 ㈠高度危險工作場所 ㈡中度危險工作場所 ㈢低度危險工作場所	作業區、設計室、研究室、辦公室、更衣室、物品室、展示室、會議室、圖書室。	飯廳、販賣部、專用停車場、托兒室、診療室及其他相關場所。		

潔淨區消防安全設備設置要點

民國105年11月7日內政部令訂定發布全文11點；並自106年1月1日生效。

一　電子工業廠房潔淨區（以下簡稱潔淨區）因潔淨環境及構造特殊，依消防法第六條第三項規定，不適用各類場所消防安全設備設置標準之一部，爲依其特性規範消防安全設備之設置，供各級消防機關審查時遵循，特訂定本要點。

前項所稱電子工業，指積體電路製造業、半導體封裝及測試業、液晶面板及組件製造業、發光二極體製造業、太陽能電池製造業及其他經中央主管機關認定之業別。

二　潔淨區消防安全設備之設置，依本要點之規定。

生產製程機臺與其附屬設備或自動物料搬運系統等設備，依中央目的事業主管機關之規定辦理。

三　本要點用語定義如下：

㈠潔淨區（Clean Zone）：空氣中粒子濃度控制符合國際標準組織（International Organization for Standardization）第14644號規範等級1（Class 1）至等級9（Class 9）之區域（潔淨區型式及示意圖，如附圖一至四）。

㈡潔淨室（Cleanroom）：潔淨區內設置主要生產機臺與其附屬設備之區域。

㈢上回風層（Air Plenum）：潔淨室上方層。

㈣下回風層（Return Air Plenum）：潔淨室下方層。

㈤回風豎井（Return Air Shaft）：維持潔淨空氣所需循環氣流之垂直通道。

㈥冷卻乾盤管（Dry Cooling Coil）：調整、控制循環氣流溫度及濕度之設備。

㈦格子樓板（Waffle Slab）：爲達潔淨區氣流循環目的而具開口之樓板。

㈧風機過濾機組（Fan Filter Unit）：高效空氣過濾器或超高效空氣過濾器與風機組合，提供空氣淨化的末端裝置。

㈨氣淋室（Air Shower）：利用高速潔淨氣流吹落並清除進入潔淨室人員、物料表面附著粒子之區域。

㈩管橋（Bridge）：潔淨區內或連接潔淨區因應生產製造作業連續性（人員、物料、中間產品、再製品）之需，連通兩棟建築物之通道。

∯自動物料搬運系統（Automated Material Handling System）：潔淨區內生產製程機臺間之運輸系統，利用系統之軌道（Railway）、升降設備（Clean Lifter）將物料儲放於儲料設備（Stocker）或塔式儲料設備（Tower Stocker）內。

四　潔淨室、下回風層及管橋應設置二氧化碳滅火器。

五　潔淨室、下回風層及管橋應設置室內消防栓設備。

六　潔淨室、上回風層、下回風層及回風豎井頂部應設置密閉濕式自動撒水設備，並符合下列規定：

㈠撒水頭應爲快速反應型（第一種感度）。

㈡撒水密度每平方公尺每分鐘八點一五公升以上，其計算方式由中央消防主管機關另定之。

㈢水源容量應在最遠之三十個撒水頭連續放射六十分鐘之水量以上。但撒水頭數未達三十個者，依實際撒水頭數計算水量。

㈣撒水頭之位置，依各類場所消防安全設備設置標準第四十七條、第二百十一條第一項第五款之規定裝置。但因製程機臺或其附屬設備、配管、自動物料搬運系統之需要，撒水頭之迴水板裝置於裝置面下方間距三十公分或樑下方間距十公分以下，不受第四十七條第一項第二款、第四款、第八款及第二百十一條第一項第五款但書之限制。

(五)氣淋室得免設撒水頭。

排放易燃性氣體之排氣導管，其材質非不燃材料，且排氣導管內最大截面積在零點零四八平方公尺以上時，導管內部應設置自動撒水設備，並符合下列規定：

(一)撒水密度每平方公尺每分鐘一點九公升以上，其計算方式由中央消防主管機關另定之。

(二)水源容量應在最遠之五個撒水頭連續放射六十分鐘之水量以上。但撒水頭數未達五個者，依實際撒水頭數計算水量。

(三)撒水頭水平間隔距離在六點一公尺以下，垂直間隔距離在三點七公尺以下。

(四)排氣導管與截面積較大之排氣導管連接處，應於排氣下游距該連接處一公尺範圍內設置撒水頭。

(五)應設置獨立分區之流水檢知裝置或具同等性能之指示控制閥。

(六)應設置排水裝置將撒水排出導管外。

前項易燃性氣體係指排放易燃性成分在空氣組成濃度超過其燃燒下限百分之二十五以上者。

七　潔淨室、下回風層及管橋應設置手動報警設備。

潔淨室、上回風層、下回風層及管橋應依循環氣流、空間特性，設置火警自動警報設備或吸氣式（Aspirating Type）偵煙探測系統，其訊號應移報及整合於火警受信總機或其他控制設備或設施（站）。另回風豎井應設吸氣式偵煙探測系統。

設置火警自動警報設備時，應符合下列規定：

(一)設置偵煙式探測器。

(二)探測器之裝置位置，應符合各類場所消防安全設備設置標準第一百十五條之規定。但潔淨室風機過濾機組及下回風層格子樓板之孔洞，不受同條第一款及第三款之限制。

設置吸氣式偵煙探測系統時，應符合下列規定：

(一)靈敏度小於零點六遮蔽率（%obs/m）。

(二)取樣管之裝置位置，應符合下列規定：

1. 上回風層天花板下方距離三十公分範圍內。
2. 潔淨室天花板、下回風層格子樓板樑下方距離八十公分範圍內，且取樣孔不得位於格子樓板樑下方。
3. 回風豎井內或冷卻乾盤管處，潔淨循環氣流與新鮮空氣混氣前之位置。但潔淨循環氣流與新鮮空氣非在回風豎井內混氣者（如附圖三），不在此限。

(三)取樣管之取樣孔防護面積，應符合下列規定：

1. 裝置於上回風層時，每一取樣孔有效探測範圍以偵煙式探測器之有效探測範圍計算。
2. 裝置於潔淨室時，每一取樣孔有效探測範圍不得超過三十六平方公尺。
3. 裝置於下回風層時，每一取樣孔有效探測範圍不得超過十平方公尺。
4. 裝置於回風豎井或冷卻乾盤管時，每一取樣孔有效探測範圍不得超過一平方公尺。

(四)每一探測器組防護面積應符合各類場所消防安全設備設置標準第一百十二條規定。但裝置於下回風層、回風豎井或冷卻乾盤管時，每一探測器組防護面積應符合中央消防主管機關之認可值。

(五)探測粒子濃度變化達設定值時，應能發出警示；達火災發生設定值時，應能發出警報。

(六)每一取樣管之末端空氣取樣孔，空氣傳送時間不得超過一百二十秒。
(七)具取樣管路氣流異常之監測功能。
(八)取樣管路應以流體計算軟體進行計算與配置，並符合流體動力學原理。
(九)探測器組應裝置於易於維修之位置。
(十)取樣管路應施予適當之氣密及固定。

八　潔淨室、下回風層及管橋應設置標示設備。
前項標示設備因生產製程色溫、光線之特殊需求，與火警自動警報設備或吸氣式偵煙探測系統設有連動亮燈者，得予以減光或消燈。

九　潔淨區應依各類場所消防安全設備設置標準第二十八條規定，檢討設置排煙設備。但符合下列各款規定者，免設排煙設備：
(一)爲防火構造建築物。
(二)避難步行距離符合建築技術規則建築設計施工編第九十三條之規定。
(三)設有吸氣式偵煙探測系統。
(四)設置自動撒水設備。
潔淨區設置排煙設備，因自動物料搬運系統作業需求，得免防煙壁區劃。

十　潔淨區內之公共危險物品一般處理場所，依各類場所消防安全設備設置標準第二百零一條規定檢討設置滅火設備時，其第三類、第四類公共危險物品如以不燃材料管路輸送及於密閉機臺內處理者，得選設第二種滅火設備，不受第一百九十八條規定之限制。

十一　本要點未規定之部分，應符合各類場所消防安全設備設置標準之規定。

緊急電源容量計算基準

民國86年1月17日內政部函訂定發布全文4點。

一　本基準依據各類場所消防安全設備設置標準第一百九十六條第一款規定訂定。
二　本基準分爲緊急發電機設備及蓄電池設備之容量計算兩部分。
三　緊急發電機設備之輸出容量計算

(一)輸出容量計算之基本原則

1. 每一建築物應個別設置緊急電源。但同一建築基地之不同場所，其各類場所之消防安全設備緊急電源負載總容量，大於供給其最大場所之負載所需之輸出容量時，得共用緊急電源，由一緊急發電機設備供給電力。
2. 一場所設置兩種以上之消防安全設備時，其輸出之電力容量，須足供該等消防用電設備同時啓動且能同時使用。但於兩種以上之消防安全設備同時啓動時，設有能按次序逐次於五秒內供給消防安全設備電力之裝置，或消防安全設備依其種類或組合不可能同時啓動或同時使用（如二氧化碳滅火設備與排煙設備）時，得免計入瞬時全負載投入之輸出容量。
3. 消防安全設備應設置能自動供給電力之緊急電源裝置，供常用電源停電時使用。但設置兩種以上之消防安全設備時，對於消防安全設備之負載投入，準用前目之規定。

(二)緊急發電設備輸出容量之計算

計算緊急發電設備必要的輸出容量，應先依第一目與第二目計算發電機之輸出容量及原動機之輸出容量，由第三目整合發電機輸出量與原動機輸出量，據此結果選定適當之發電機與原動機，並以該發電機組之輸出容量作爲緊急發電設備之輸出量。

1. 發電機輸出量之計算

發電機輸出量由下列公式計算：

$G=RG\cdot K$

G：發電機輸出量（kVA）

RG：發電機輸出係數（kVA/kW）

K：負載輸出量合計（kW）

此時之負載輸出量合計及發電機輸出係數之核算如下：

(1)負載輸出量合計（K）之計算，應依據附錄一。

(2)發電機輸出係數（RG），先算出下列四種係數，取其最大值。各係數之計算，應依附錄二。若負載輸出量合計大而需要更詳細的核算時，應依據附錄三計算。

RG_1：定態負載輸出係數，係指在發電機端於定態（steady-state）時，由負載電流而定的係數。

RG_2：容許電壓下降輸出係數，係指因電動機啓動所產生之發電機端電壓下降之容許量而定的係數。

RG_3：短時間通過電流耐力輸出係數，是指發電機端於暫態（transient-state）負載電流之最大值而定的係數。

RG_4：容許逆相電流輸出係數，是指負載所發生的逆相電流，高諧波電流成分的關係而定的係數。

2.原動機輸出量之計算

原動機輸出量由下列公式計算：

E＝1.36RE・K

E：原動機輸出容量（PS）

RE：原動機輸出係數（kW/kW）

K：負載輸出容量合計（kW）

此時之負載輸出量合計及原動機輸出係數之計算如下：

⑴負載輸出量合計（K）計算，應依據附錄一。

⑵原動機輸出係數（RE），先算出下列三種係數，取其最大值。各係數之計算，應依據附錄四。若負載輸出量合計大而需要更詳細的核算時，應依據附錄五計算。

RE_1：定態負載輸出係數，係指由定態時之負載而定之係數。

RE_2：容許轉數變動輸出係數，係指暫態下因對負載急變之轉數變動之容許值而定之係數。

RE_3：容許最大輸出係數，係指暫態而產生的最大值而定之係數。

3.發電機輸出量與原動機輸出量之整合

由前述1.與2.計算之發電機與原動機，是否可以組合爲緊急發電機組，應先以下列公式所示之整合率（MR）確認，其整合率應大於1。而最適當之組合應於其整合率值爲未滿1.5。

如果整合率未滿1時應重新計算，增加原動機輸出量，使其大於1。

$$MR = \frac{E}{\frac{G \cdot \cos\theta}{0.736\eta_g}}$$

依照附錄二與附錄四計算時，

$$MR = \frac{E}{1.2G \cdot C_p}$$

MR：整合率。

G：發電機輸出量（kVA）。

cosθ：發電機之額定功率因數（0.8）。

η_g：發電機效率（於附錄四，η_g＝0.9）。

E：原動機輸出量（PS）。

C_p：原動機輸出補正係數。

發電機輸出量G（kVA）	原動機輸出補正係數C_p
62.5未滿	1.125
62.5以上300未滿	1.060
300以上	1.000

備註：附錄四中之發電機效率η_g採用標準值（0.9）計算，對於小型發電機之誤差較大，需以原動機輸出補正係數補正其效率。

㈢其他

1.緊急發電設備輸出量算出結果，應填入附表一至附表四之計算表格，提出送審。

2.既設的緊急發電設備之輸出量，得不修正之。但相關消防安全設備之負載輸出量變更時，應依據本基準重新計算，而採取適當之修正措施。

四　蓄電池之容量計算

㈠容量計算之公式

1.蓄電池容量計算之公式

$$C=\frac{1}{L}\left[K_1 I_1+K_2(I_2-I_1)+K_3(I_3-I_2)+\cdots+K_n(I_n-I_{n-1})\right]\cdots\cdots(1)$$

C：25℃時之額定放電率換算容量（AH）

L：維護因數（Maintenance Factor）

K：由放電時間T，蓄電池之最低溫度，與容許最低電壓而定的容量換算時間（時），並依電池形式之特性圖（省略）求之。

I：放電電流（A）接尾（Suffix）數字1, 2, 3, ⋯⋯, n：依照放電電流變化之順序，而加註號碼於T, K, I，如圖1之負載特性例。

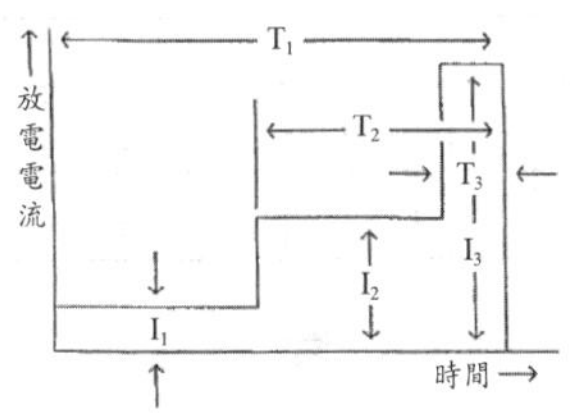

圖1

使用本式時，如圖2所示，如負載之特性為：放電電流隨時間增減則需劃分出電流減少瞬間前的負載特性，求出必要之蓄電池容量。由此求出之蓄電池容量之中最大值者，為全體負載必要之額定放電率換算容量。例如圖2所示之負載特性A、B與C點必要之額定放電率換算容量C_A、C_B與C_C之中，最大數值之容量，為全體之負載必要之額定放電率換算容量。

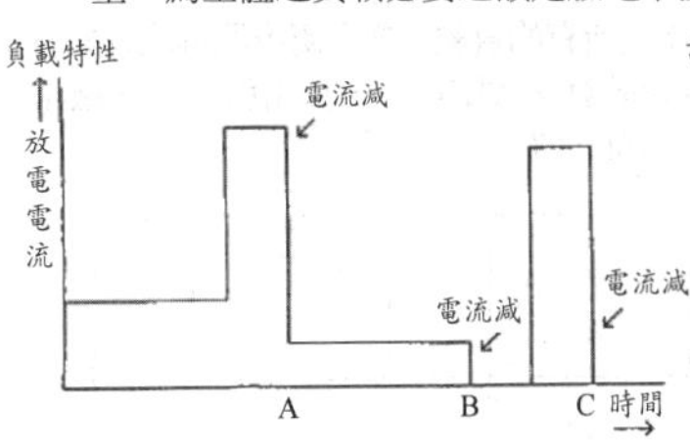

額定放電率換算容量C_A, C_B, C_C中之最大值

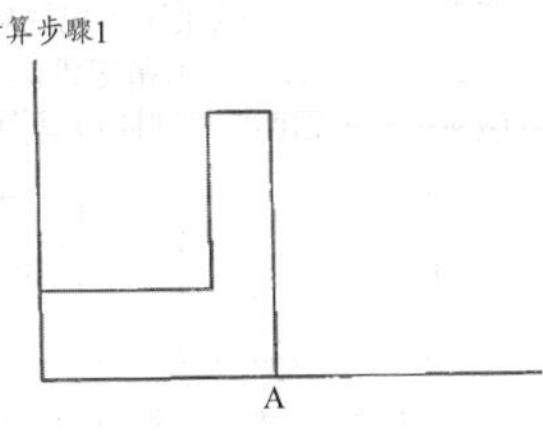

額定放電率換算容量C_A

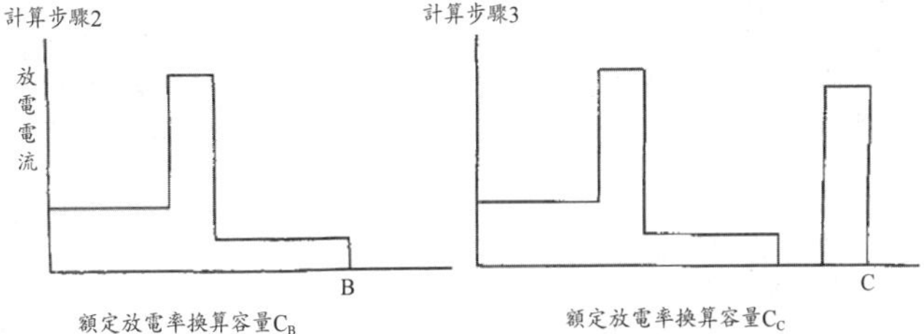

額定放電率換算容量C_B

額定放電率換算容量C_C

圖2

2.引擎起動用蓄電池容量計算之公式

$$C=\frac{1}{L}[K_1 I_m+K_n(I-I_m)]\cdots\cdots(2)$$

C：25℃時之額定放電率換算容量（AH）

L：維護因數（Maintenance Factor）

K：由放電時間T，蓄電池之最低溫度與容許最低電壓而定的容量換算時間（時）。

I：放電電流A（但I_m爲只將最終電流去除之放電電流I之平均電流，如圖3）。

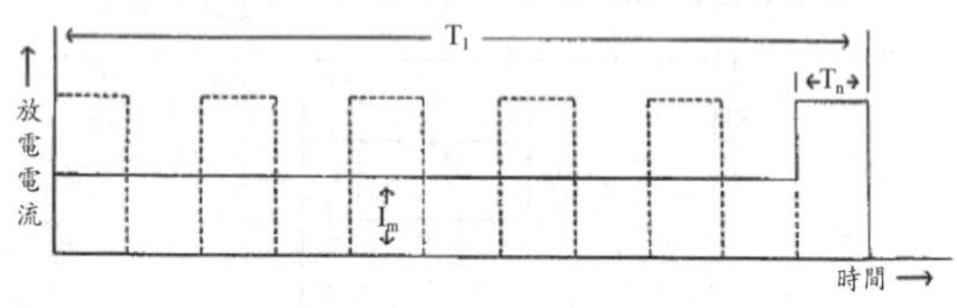

圖3

(二)計算之必要條件

欲求額定放電率換算容量，需先決定下列四項條件。

1.維護因數

蓄電池因使用時間之經過或使用條件之變動而其容量有所變化。因此爲補償容量變化之補正值爲L＝0.8。

2.放電時間與放電電流

放電時間爲採用預想負載之最大用電時間。放電時，放電電流如會增減時，則放電末期如有大負載集中，也足以滿足所有的負載，亦即應推測可能實際發生之放電電流，引擎起動用蓄電池之容量計算之放電電流，採用引擎製作廠家之指定值。但若放電時間不明時，則使用圖4之值。

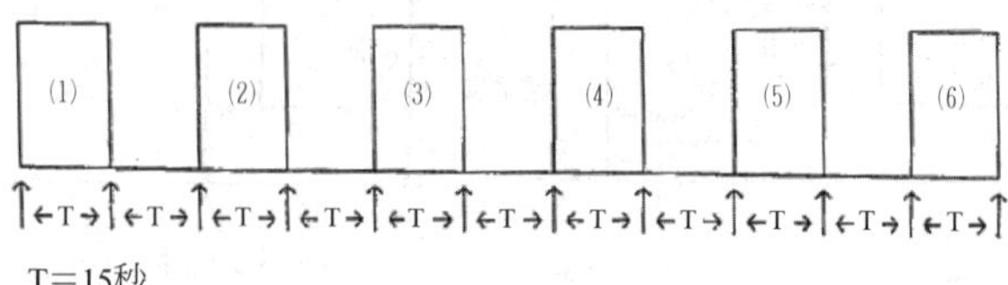

T＝15秒

圖4

3.容許最低電壓

各種負載要求之最低電壓中，最大值者爲Va，加上由蓄電池與負載間之連接線之電壓降Vc之和，即爲蓄電池之容許最低電壓Vb，爲求容量換算時間，設容許最低電壓Vd爲單一電池之電壓值（含接續板之電壓降），Vd可由下式求之。

$$Vd=\frac{Vb}{n}=\frac{Va+Vc}{n}$$

Va：負載之容許最低電壓（V）。

Vb：Va＋Vc（V）。

Vc：蓄電池與負載間之連接線之電壓降（包含電池之列與列間、段與段間跳線之電壓降）（V）。

Vd：單一電池之容許最低電壓（V／單一電池）。

n：串聯之單一電池數（電池數）。

注意：以引擎起動用負載而言，一般的情形是控制回路電壓比起動馬達電壓之要求值為大。

4.最低蓄電池溫度

蓄電池設置場所之溫度條件應預自推測，決定蓄電池溫度之最低值。一般採用如下之數值：

設置於室內時5℃，特冷地區為－5℃，屋外櫃內時，將最低周圍溫度加5至10℃。如有空調，可以確實保證終目的室內溫度時可以以其溫度為設定值，惟長時間放電時，或停電而停止空調設備之運轉時，需注意室溫會變化。

應實施認可之消防機具器材及設備

①民國101年11月9日內政部公告訂定發布全文2點；並自102年7月1日生效。
②民國106年12月6日內政部公告訂定發布第2點；並自即日生效。
③民國107年10月16日內政部公告修正發布全文2點；並自107年12月1日生效。

一　依消防法第十二條第一項及第二項規定訂定。

二　應實施認可之消防機具、器材及設備，依其性質分類如下。但耐熱電線電纜及耐燃電纜因性質特殊，得不依序實施型式認可及個別認可：

㈠機械類：除噴霧式簡易滅火器外之滅火器、滅火器用滅火藥劑、消防水帶用快速接頭、密閉式撒水頭、泡沫噴頭、一齊開放閥、流水檢知裝置、消防用水帶、消防幫浦、緩降機、金屬製避難梯等品目。

㈡電氣類：火警受信總機、119火災通報裝置、火警探測器、住宅用火災警報器、火警發信機、火警警鈴、火警標示燈、火警中繼器、緊急廣播設備用揚聲器、出口標示燈、避難方向指示燈、緊急照明燈、耐熱電線電纜、耐燃電纜等品目。

前項第一款所稱噴霧式簡易滅火器，指所充填滅火藥劑、氣體及液體等合計重量在九百公克以下，以水或其他滅火藥劑驅動噴射壓力進行滅火用之器具。

滅火器藥劑更換及充填作業規定

民國100年10月21日內政部令訂定發布全文14點；並自即日生效。

一　爲強化內政部公告應實施認可之滅火器滅火功能，建立滅火器藥劑更換及充填作業機制，特訂定本規定。

二　本規定所稱滅火器，指滅火器認可基準規範之水滅火器、機械泡沫滅火器、二氧化碳滅火器及乾粉滅火器等。

三　經營滅火器藥劑更換及充填作業廠商（以下簡稱廠商），其人員、設備器具及場地，應符合下列規定：

㈠有專任符合消防法規定之消防專技人員（如消防設備師、消防設備士或暫行從事消防安全設備裝置檢修人員）至少一人，且不得同時任職於其他工廠或公司（行號）。

㈡有必要之設備及器具，其名稱及數量如附表一。

㈢有固定之作業場所，滅火器不得露天堆置。

四　從事第三點作業之廠商應檢具下列文件，向作業場所所在地之直轄市、縣（市）政府提出申請，經派員實地審查合格後，發給證書，並公告之。未依本規定取得證書辦理相關作業之廠商，直轄市、縣（市）政府應予輔導，輔導期限至中華民國一百零一年六月三十日止。輔導期限屆滿日起，尚未依本規定取得證書進行作業之廠商，應依消費者保護法相關規定加強查核：

㈠申請書（格式如附表二）。

㈡工廠或公司（行號）登記證明文件。

㈢建築物使用執照影本。

㈣負責人身分證明文件。

㈤員工名冊（格式如附表三）。

㈥所屬消防專技人員資格證明、勞工保險及全民健康保險資料。

㈦滅火器藥劑更換及充填作業流程。

㈧滅火器藥劑更換及充填之設備清冊、照片及校正紀錄（格式如附表四）。

㈨責任保險證明文件（保險期限應含括本文所定證書之有效期限）：

1.承保藥劑更換及充填後之滅火器對第三人發生體傷、死亡或財物損害之產品責任險文件，其最低保險金額如下：

⑴每一個人身體傷亡：新臺幣一百萬元。

⑵每一事故身體傷亡：新臺幣五百萬元。

⑶每一事故財產損失：新臺幣一百萬元。

⑷保險期間總保險金額：新臺幣一千五百萬元。

2.雇主意外責任保險文件，應保障所屬員工執行業務發生意外事故或死亡，其最低保險金額如下：

⑴每一個人身體傷亡：新臺幣一百萬元。

⑵每一事故身體傷亡：新臺幣五百萬元。

⑶保險期間總保險金額：新臺幣一千五百萬元。

五　第四點所定證書（格式如附表五）應記載事項如下：

㈠廠商名稱。

㈡工廠或公司（行號）登記字號。
㈢營利事業統一編號。
㈣執行業務範圍。
㈤負責人。
㈥作業場所地址。
㈦電話。
㈧證書號碼。
㈨核發日期。
㈩有效期限。

前項證書所載事項有變更者，應於變更事由發生之次日起三十日內向直轄市、縣（市）政府申請變更。

第四款所定執行業務範圍，係指依廠商具有之設備及器具種類，區別從事水滅火器、機械泡沫滅火器、二氧化碳滅火器或乾粉滅火器等不同種類滅火器之藥劑更換及充塡作業。

六　廠商聘用、資遣、解聘消防專技人員，應於事實發生之次日起三十日內，報請直轄市、縣（市）政府備查，並應符合第三點第一款規定。

七　廠商應備置滅火器藥劑更換及充塡作業登記簿（格式如附表六），並至少保存三年。

八　證書之有效期限爲三年，期限屆滿三個月前，得檢附第四點所定文件及滅火藥劑進出貨證明文件向作業場所所在地之直轄市、縣（市）政府申請延展。

前項申請受理後除書面審查外，並應派員實地審查，每次延展期限爲三年，實地審查不合格者，不予延展。

九　直轄市、縣（市）政府派員查核廠商執行本作業規定情形時，應出示執行職務之證明文件或顯示足資辨別之標誌，廠商不得規避、妨礙或拒絕，並應依檢查人員之請求提供相關資料或說明，違反者得依消費者保護法第五十七條規定裁處之。

十　直轄市、縣（市）政府應於網站公布合格廠商之資料，並即時更新，且與內政部消防署網站連結。

十一　廠商更換滅火藥劑時應將原藥劑清除乾淨後，依據各類場所消防安全設備檢修及申報作業基準規定，發現有缺點之滅火器，應即進行檢修或更新，並依下列規定辦理：

㈠檢查：

1.製造日期超過十年或無法辨識製造日期之水滅火器、機械泡沫滅火器或乾粉滅火器，應予報廢，非經水壓測試合格，不得再行更換及充塡藥劑。
2.容器（鋼瓶）內、外部不得有鏽蝕、變形、膨脹、破裂、龜裂等損害現象。
3.各部零件不得有嚴重鏽蝕、變形、膨脹、破裂（損）、龜裂、阻塞、缺損等影響性能現象。
4.充塡滅火藥劑之容器及鋼瓶，應符合滅火器認可基準之氣密試驗。

㈡充塡：

1.泡沫滅火藥劑因經較長時間後會產生變化，應依滅火器銘板上所標示之時間或依製造商之使用規範，定期加以更換。其餘類型滅火器之滅火藥劑若無固化結塊、異物、沉澱物、變色、污濁或異臭者等情形，滅火藥劑可繼續使用。
2.新增充塡之滅火藥劑應爲經內政部認可之產品，汰換之滅火藥劑未經回收處理重新辦理認可，取得個別認可標示，不得重複使用；二氧化碳滅火器所充之滅火劑，應符合中華民國國家標準（以下簡稱CNS）195〔液體二氧化碳〕之規定，並有證明文件。
3.滅火藥劑充塡量及灌充壓力應符合滅火器認可基準規定。
4.高壓氣體灌充作業需符合高壓氣體相關法令規定。

5.重新充填滅火藥劑後之滅火器，於充填完成時其噴射性能須能噴射所充填滅火劑容量或重量90%以上之量，其使用期限內噴射性能須能噴射所充填滅火劑容量或重量80%以上之量；其藥劑主成分應符合滅火器用滅火藥劑認可基準規定。

6.換藥作業應於經審查合格（廠）場內進行，不得於工作車輛上爲之。

㈢檢修環及標示：

1.性能檢查完成或重新更換藥劑及充填後之滅火器，應於滅火器瓶頸加裝檢修環，檢修環材質以一體成型之硬質無縫塑膠、壓克力或鐵環製作，且內徑不得大於滅火器瓶口1mm。並能以顏色區別前一次更換藥劑及充填裝設之檢修環，檢修環顏色以黃色、藍色交替更換。

2.以不易磨滅之標籤標示滅火器藥劑更換及充填之廠商名稱、證書號碼、電話、地址、消防專技人員姓名、品名、規格、流水編號、檢修環顏色、性能檢查日期、換藥日期、下次性能檢查日期、委託服務廠商等，格式如附表七。

3.滅火器換藥標示不得覆蓋、換貼或變更原新品出廠時之標示。

十二　有下列情事之一者，直轄市、縣（市）政府應撤銷或廢止其證書，且自撤銷或廢止之日起一年內不得重新提出申請：

㈠未置專任之消防專技人員。

㈡充填未經認可之滅火藥劑或以其他不實方法施作。

㈢滅火器瓶頸以不合之顏色、型式檢修環裝置或未裝置者。

㈣滅火器藥劑更換、充填作業未於經審核合格場所內進行者。

㈤未設置滅火器藥劑更換及充填作業登記簿、滅火藥劑進出貨證明文件等相關資料可供稽核或僞造紀錄者。

㈥無正當理由規避、拒絕或妨礙消防機關之查核者。

㈦工廠或公司（行號）登記證明文件失效者。

十三　更換之滅火藥劑應依下列規定處理，不得隨地棄置，並應有相關委託資料備查：

㈠委託廢棄物清理公司依環境保護法規規定辦理。

㈡委託原製造商或其他具處理能力業者重新回收再處理，處理後之滅火藥劑應重新辦理認可，取得個別認可標示。

十四　本規定第四點、第八點第二項之實地審查作業，直轄市、縣（市）政府得請消防相關公（協）會、基金會團體協助辦理。

（附件略）

119火災通報裝置設置及維護注意事項

民國102年9月3日內政部消防署函訂定發布全文4點。

一　爲辦理119火災通報裝置設置及維護事宜，特訂定本注意事項。

二　設置原則：

㈠119火災通報裝置（下稱本裝置）設置場所，應以場所火警自動警報設備可連接自動報警功能者優先設置，以發揮裝置之自動報警功能。

㈡若場所無法連接自動報警功能，考量本裝置具有手動報警之功能，亦可設置，俾利聘用語言不通之外籍看護或人力不足之場所，能透過本裝置手動報警功能通報消防機關，惟仍以可連接自動報警功能場所優先設置。

三　維護原則：

㈠設置場所之管理權人應定期檢測及維護本裝置，以確保其功能正常，如有故障，應即通知廠商修繕。

㈡爲避免誤報，設置場所於進行消防安全設備測試前，應先將本裝置關閉，測試完畢後再復歸。

㈢本裝置之維護比照自行設置之消防安全設備，由管理權人負裝置檢修及維護保養之責。

四　本裝置將火警訊號通報消防機關後，消防機關應主動聯繫設置場所相關人員確認火災狀況，如經聯繫未回應者，視爲授權消防機關現場指揮官進行救助相關處置。

火警中繼器認可基準

民國101年11月14日內政部公告訂定發布全文5點；並自102年7月1日起生效。

壹　技術規範及試驗方法

一　適用範圍

火警自動警報設備或瓦斯漏氣火警自動警報設備所使用之中繼器，其構造、材質、性能等技術規範及試驗方法，應符合本基準規定。

二　用語定義

(一)火警中繼器：係指接受由探測器或火警發信機之動作所發出之信號，而將此信號轉換並傳遞至火警受信總機之設備，或對自動撒水設備、泡沫滅火設備、排煙設備等其他消防安全設備發出控制信號之設備。

(二)蓄積時間：係指由探測器檢測出火災信號起持續檢測至受信為止之時間。

三　構造、材質及性能

(一)動作要確實，操作維護檢查及更換零件應簡便且具耐用性。

(二)不受塵埃、濕氣之影響而導致功能異常、失效。

(三)外殼應使用不燃或耐燃材料。

(四)可能因腐蝕造成功能異常部分，應採取防蝕措施。

(五)機器內部所使用之配線，應對承受負載具有充分之電氣容量，且接線部施工應確實。

(六)除屬於無極性者外，應設有防止接線錯誤之措施或標示。

(七)裝配零件時，應有防止其鬆動之裝置。

(八)電線以外通有電流且具滑動或轉動軸等之零件，可能有接觸不夠充分部分，應施予適當措施，以防止接觸不良之情形發生。

(九)額定電壓超過60V以上，其電源部分應有防觸電裝置，且外殼應為良導體並裝設地線端子。

(十)控制（連動）地區音響鳴動之中繼器，除非在受信總機操作關閉，否則應保持繼續鳴動。

(十一)外部不得裝設可能會影響火災信號等之操作機構。

(十二)具有蓄積功能之中繼器應符合下列規定：

1. 蓄積時間調整裝置應設於中繼器內部。
2. 蓄積時間應在5秒以上，60秒以下。
3. 接受由受信總機發出之火災信號時，應自動解除蓄積功能。

四　電源電壓變動試驗

中繼器於下列規定之範圍內，不得發生功能異常：

(一)主電源：額定電壓90%以上、110%以下。

(二)預備電源：額定電壓85%以上、110%以下。

五　環境溫度試驗

分別於0℃及50℃之環境溫度下放置12小時以上後，在該狀態下實施電源電壓變動試驗，不得發生功能異常。

六　反覆試驗

以額定電壓通以額定電流下，反覆進行2000次，不得發生構造或功能異常。

七　絕緣電阻試驗

端子與外殼間之絕緣電阻，以直流500V之絕緣電阻計測量應在20MΩ以上，交流輸入部位與外殼應在50MΩ以上。試驗環境條件應爲溫度5℃以上、35℃以下，相對濕度45%以上、85%以下。

八　絕緣耐壓試驗

端子與外殼間之絕緣耐壓，當施加50Hz或60Hz接近正弦波之實效電壓500V（額定電壓超過60V、在150V以下者爲1000V；額定電壓超過150V者，爲額定電壓乘以2加上1000V之值）之交流電壓時，應可承耐1分鐘（但具有對地絕緣異常之警報裝置者除外）。試驗環境條件應爲溫度5℃以上、35℃以下，相對濕度45%以上、85%以下。

九　耐電擊試驗

在通電狀態下，電源接以電壓500V之脈波寬1μs及0.1μs，頻率100Hz，串接50Ω電阻，接於中繼器之兩端施予電擊試驗，持續15秒後，實施電源電壓變動試驗，其功能不得發生異常現象。

十　標示

㈠應於本體上之明顯易見處，以不易磨滅之方法，標示下列事項（進口產品亦需以中文標示）：

1.產品名稱及型號。

2.型式認可號碼。

3.製造廠名稱或商標。

4.製造年月或批號。

5.輸出入電氣特性（含額定AC或DC電壓、電流等）。

6.依前述第 5.點可以連接之回路數、探測器數目。

7.各接線端應註明端子符號或接線標示。

㈡檢附操作說明書並符合下列事項：

1.附有簡明清晰之安裝、接線及操作說明書，包括產品安裝、接線及操作之詳細注意事項及資料，並提供圖解輔助說明。

2.同一容器裝有數個同型產品時，至少應有一份安裝及操作說明書。

3.詳述檢查及測試之程序及步驟。

4.其他特殊注意事項。

貳　型式認可作業

一　型式試驗方法

㈠試驗樣品數爲3個。

㈡試驗項目及流程如下：

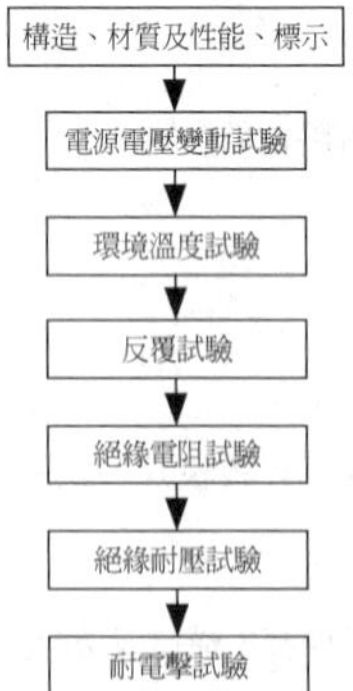

二　型式試驗結果之判定

(一)符合本認可基準所規定之技術規範，未發現缺點者，則型式試驗結果為「合格」。

(二)符合下述三、補正試驗所揭示之事項者，得進行補正試驗一次。

(三)不符本認可基準所規定之技術規範，試驗結果發現不合格情形者，則該型式試驗結果為「不合格」。

三　補正試驗

(一)型式試驗中檢查不良事項，如為本認可基準肆、缺點判定表所列輕微缺點者，得進行補正試驗一次。

(二)補正試驗所需樣品數3個，並依本認可基準之型式試驗方法進行。

四　型式變更試驗之方法

型式變更試驗之樣品數、試驗流程等，應就型式變更之內容依本認可基準之型式試驗方法進行。

五　型式區分、型式變更及輕微變更範圍

表1　型式區分、型式變更及輕微變更範圍

區分	說明	項目
型式區分	型式認可之產品其主要性能、設備種類、動作原理不同，或經主管機關規定之必要區分者，須以單一型式認可做區分。	1.主要性能及機構不同。 2.定址裝置不同。 3.動作原理不同。 4.電壓與外部配線阻抗。
型式變更	經型式認可之產品，其型式部分變更，有影響性能之虞，須施予試驗確認者。	1.追加功能模組及端子數。 2.額定輸出容量。 3.標稱蓄積時間。 4.有影響主要性能的附屬裝置之材質、構造變更。
輕微變更	經型式認可或型式變更認可之產品，其型式部分變更，不影響其性能，且免施予試驗確認，可藉由書面據以判定良否者。	1.減少功能模組及端子數。 2.標示事項或標示位置。 3.安裝方式。 4.電子零件變更額定值、規格、型式或製造者（但不影響設備性能者）。 5.零件（電子零件以外） (1)外殼材質。 (2)外殼形狀及構造。 (3)上揭(1)、(2)以外零件（但不影響設備性能者）。 6.下述電子回路變更（但不影響設備性能者）。 (1)電源回路變更。 (2)電子回路數變更。 7.對主機能無影響之附屬裝置變更。

六　試驗紀錄

有關上述型式試驗、補正試驗、型式變更試驗之結果，應詳細填載於型式試驗記錄表（如附表9）。

參　個別認可作業

一　個別認可之方法

㈠個別認可之抽樣試驗數量依附表1至附表5之抽樣表規定，抽樣方法依CNS9042規定辦理。

㈡抽樣試驗之分等依程度分為寬鬆試驗、普通試驗、嚴格試驗及最嚴格試驗四種。

二　個別認可之試驗項目

㈠個別試驗項目分為一般樣品之試驗（以下稱為「一般試驗」）及分項樣品之試驗（以下稱為「分項試驗」）。

㈡試驗項目及樣品數

一般試驗及分項試驗之試驗項目及其所需樣品數如下表（表2）所列：

表2

區　分	試驗項目	備　註
一般試驗	構造、材質及性能、標示	樣品數：依據附表1至附表5之各式試驗抽樣表抽取。
分項試驗	電源電壓變動試驗	
	絕緣電阻試驗	
	絕緣耐壓試驗	

三　批次之判定基準

個別認可中之受驗批次判定如下：

㈠受驗品按各不同受驗廠商，依其試驗等級之區分列為同一批次。

㈡新產品與已受驗之型式不同項目僅有下表（表3）所示項目者，自第一次受驗開始即可列為同一批次；如其不同項目非下表（表3）所示項目，惟經過連續十批次普通試驗，且均於第一次即合格者，得列入已受驗合格之批次。

表3

項次	項目名稱
1	經型式變更者
2	變更之內容在型式變更範圍內，且經型式變更認可者
3	受驗品相同但申請者不同者

㈢以每批次為單位，將試驗結果登記在個別認可申請表、個別認可試驗記錄表（如附表10）中。

㈣申請者不得指定將某部分產品列為同一批次。

四　個別認可之樣品數及抽樣方法

㈠個別認可之樣品數依相關試驗等級以及批次大小所定（如附表1至附表5）。另外，關於批次受驗數量少，進行普通試驗時，得依申請者事先提出之申請要求，使用附表5（只適用生產數量少之普通試驗抽樣表）進行認可作業。

㈡樣品之抽樣應依下列規定：

1. 抽樣試驗應以每一批為單位。

2. 樣品之多寡，應視整批成品（受驗數量＋預備品）數量之多寡及試驗等級，按抽樣表之規定抽取，並在重新編號之全部製品（受驗批）中，依隨機抽樣法（CNS9042）隨意抽取，抽出之樣品依抽出順序編排序號。但受驗批量如在501個以上時，應依下列規定分為二段抽樣：

⑴計算每群應抽之數量：當受驗批次在五群（含箱子及集運架等）以上時，每一群之製品數量應在5個以上之定數，並事先編定每一群之編碼；但最

後一群之數量，未滿該定數亦可。

(2)抽出之產品賦予群碼號碼：同群製品須排列整齊，且排列號碼應能清楚辨識。

(3)確定群數及抽出個群，再從個群中抽出樣品：確定從所有群產品中可抽出五群以上之樣品，以隨機取樣法抽取相當數量之群，再由抽出之各群製品作系統式循環抽樣（由各群中抽取同一編號之製品），將受驗之樣品抽出。

(4)依上述方法取得之製品數量超過樣品所需數量時，重複進行隨機取樣去除超過部分至達到所要數量。

㈢試驗方法：試驗方法除依本基準壹、技術規範及試驗方法之外，其尺度檢查亦依照本基準之規定進行。

五　缺點之分級及合格判定基準

依下列規定區分缺點及合格判定基準（AQL）：

㈠試驗中發現之缺點，其嚴重程度依「消防機具器材及設備認可作業要點」規定，區分為致命缺點、嚴重缺點、一般缺點及輕微缺點等四級。

㈡各試驗項目之缺點內容，依本基準肆、缺點判定方法規定，非屬該判定方法所列範圍內之缺點者，依「消防機具器材及設備認可作業要點」之分級原則判定。

六　批次合格之判定

批次合格與否，依抽樣表，按下列規定判定之：抽樣表中，Ac表示合格判定個數（合格判定時不良品數之上限），Re表示不合格判定個數（不合格判定之不良品數之下限)，具有二個等級以上缺點之樣品，應分別計算其各不良品之數量。

㈠抽樣試驗中，各級不良品數均於合格判定個數以下時，應依試驗等級之調整所列之試驗嚴寬度為條件更換其試驗等級，該批次為合格。

㈡抽樣試驗中，任一級之不良品數在不合格判定個數以上時，該批為不合格，但該等不良品之缺點僅為輕微缺點時，得進行補正試驗，並以一次為限。

㈢抽樣試驗中出現致命缺點之不良品時，即使該抽樣試驗中不良品數在合格判定個數以下，該批仍為不合格。

七　個別認可結果之處置

㈠合格批次之處置：

1.整批雖經判定為合格，但受驗樣品中如發現有不良品時，仍應使用預備品替換或修復之後方為合格品。

2.即使為非受驗之樣品，如於整批受驗樣品中發現有缺點者，依前款之規定。

3.上述1.、2.情形，如無預備品替換或無法修復調整者，應就其不良品部分之個數，判定為不合格。

㈡補正批次之處置：

1.接受補正試驗時，應提出第一次試驗時所發現不良事項之改善說明書及不良品處理之補正試驗用試驗紀錄表。

2.補正試驗之受驗樣品數以第一次試驗之受驗樣品數為準。

但該批次樣品經補正試驗合格，依本基準參、七、㈠、1.之處置後，仍未達受驗樣品數之個數時，則視為不合格。

㈢不合格批次之處置：

1.不合格批次之產品接受再試驗時，應提出第一次試驗時所發現不良事項之改善說明書及不良品處理之補正試驗用試驗紀錄表。

2.接受再試驗時不得加入第一次受驗樣品以外之樣品。

3.個別認可不合格之批次不再受驗時，應在補正試驗用試驗紀錄表中，註明理由、廢棄處理及下批之改善處理等文件，向辦理認可試驗單位提出。

八　試驗嚴寬度等級之調整

(一)首次申請個別認可，其試驗等級以普通試驗為之，其後之試驗調整，則依下表（表4）之規定。

表4　試驗嚴寬度等級調整表

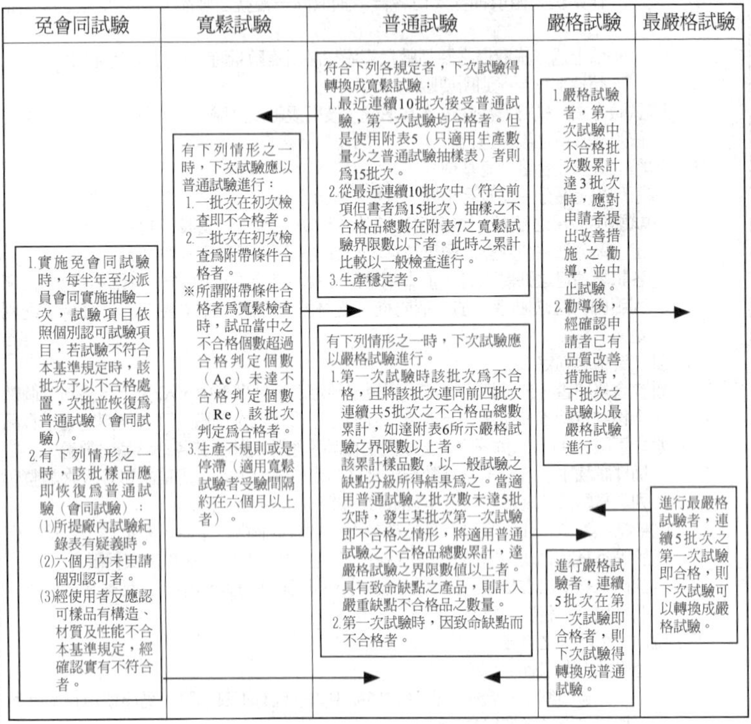

免會同試驗	寬鬆試驗	普通試驗	嚴格試驗	最嚴格試驗
1.實施免會同試驗時，每半年至少派員會同實施抽驗一次，試驗項目依照個別認可試驗項目，若試驗不符合本基準規定時，該批次予以不合格處置，次批並恢復為普通試驗（會同試驗）。 2.有下列情形之一時，該批樣品應即恢復為普通試驗（會同試驗）： (1)所提廠內試驗紀錄表有疑義時。 (2)六個月內未申請個別認可者。 (3)經使用者反應認可樣品有構造、材質及性能不合本基準規定，經確認實有不符合者。	有下列情形之一時，下次試驗應以普通試驗進行： 1.一批次在初次檢查即不合格者。 2.一批次在初次檢查為附帶條件合格者。 ※所謂附帶條件合格者為寬鬆檢查時，試品當中之不合格個數超過合格判定個數（Ac）未達不合格判定個數（Re）該批次判定為合格者。 3.生產不規則或是停滯（適用寬鬆試驗者受驗間隔約在六個月以上者）。	符合下列各規定者，下次試驗得轉換成寬鬆試驗： 1.最近連續10批次接受普通試驗，第一次試驗均合格者。但是使用附表5（只適用生產數量少之普通試驗抽樣表）者則為15批次。 2.從最近連續10批次中（符合前項但書者為15批次）抽樣之不合格品總數在附表7之寬鬆試驗界限數以下者。此時之累計比較以一般檢查進行。 3.生產穩定者。 有下列情形之一時，下次試驗應以嚴格試驗進行。 1.第一次試驗時該批次為不合格，且將該批次連同前四批次連續共5批次之不合格品總數累計，如達附表6所示嚴格試驗之界限數以上者。 該累計樣品數，以一般試驗之缺點分級所得結果為之。當適用普通試驗之批次數未達5批次時，發生某批次第一次試驗即不合格之情形，將適用普通試驗之不合格品總數累計，達嚴格試驗之界限數值以上者。具有致命缺點之產品，則計入嚴重缺點不合格品之數量。 2.第一次試驗時，因致命缺點而不合格者。	1.嚴格試驗者，第一次試驗中不合格批次數累計達3批次時，應對申請者提出改善措施之勸導，並中止試驗。 2.勸導後，經確認申請者已有品質改善措施時，下批次之試驗以最嚴格試驗進行。 進行嚴格試驗者，連續5批次在第一次試驗即合格者，則下次試驗得轉換成普通試驗。	進行最嚴格試驗者，連續5批次之第一次試驗即合格，則下次試驗可以轉換成嚴格試驗。

(二)補正試驗及再試驗批次之試驗分等：

1.第一次試驗為寬鬆試驗者，以普通試驗為之。

2.第一次試驗為普通試驗者，以嚴格試驗試驗之。

3.第一次試驗為嚴格試驗者，以最嚴格試驗為之。

(三)再試驗批次之試驗結果，不得計入試驗寬鬆度轉換紀錄中。

九　下一批次試驗之限制

個別認可要進行下一批次試驗時，需在上一批次個別認可試驗結束且試驗結果處理完成後，才能進行下一批次之個別認可。

十　試驗特例

有下列情形之一時，得在受理個別認可申請前，依預定之試驗日程進行試驗。

(一)第一次試驗因嚴重缺點或一般缺點不合格者。

(二)申請批次中可易於將不良品之零件更換、去除或修正者。

十一　試驗設備發生故障時之處置

試驗開始後因試驗設備發生故障或其他原因致無法立即修復，經確認當日無法完成試驗時，則中止該試驗。並俟接獲試驗設備完成改善之通知後，重新排定時間。進行試驗時，抽樣標準同第一次試驗，但補正試驗不適用之。

十二　免會同試驗

㈠符合下列情形者，得免會同試驗：

1.達寬鬆試驗後連續十批第一次試驗均合格者。

2.累積受驗數量達500個以上。

3.取得ISO9001認可登錄或國外第三公正檢驗單位通過者（產品具合格標識）。

㈡實施免會同試驗時，每半年至少派員會同實施抽驗一次，試驗項目依照個別認可試驗項目，若試驗不符合本基準規定時，該批次予以不合格處置，並次批恢復爲普通試驗（會同試驗）。

㈢符合免會同試驗資格者，如有下列情形之一時，該批樣品應即恢復爲普通試驗（會同試驗）：

1.所提廠內試驗紀錄表有疑義時。

2.六個月內未申請個別認可者。

3.經使用者反應認可樣品有構造、材質及性能不合本基準規定，經確認實有不符合者。

十三　其他

個別認可時，若發現受驗樣品有其他不良事項，經認定該產品之抽樣標準及個別認可方法不適當時，得由中央主管機關另定個別認可方法及抽樣標準。

肆　缺點判定方法

各項試驗所發現之不合格情形，其缺點之等級依下表（表5）之規定判定。

表5　缺點判定表

試驗項目	致命缺點	嚴重缺點	一般缺點	輕微缺點
區分	對人體有危害之虞或無法達到機具、器材及設備之基本功能者。	雖非致命缺點，惟對機具、器材及設備之功能有產生重大障礙之虞者。	雖非致命缺點或嚴重缺點，惟對機具、器材及設備之功能有產生障礙之虞；或機具、器材及設備等之構造與認可之型式有異；或標示錯誤，致使用上對機具、器材及設備之功能產生障礙之虞者。	非屬於左列之缺點。
構造、材質	致無法接受火災信號，或將該信號向其他中繼器或消防安全設備等發信之斷線、接觸不良、零配件缺陷及其他類似之致命性不良缺點。	因零配件之裝設有嚴重不良而致影響接受火災信號，或將該信號向其他中繼器或消防安全設備等發信之功能。	1.對火災警報功能（接受火災信號，或將該信號向其他中繼器或消防安全設備等發信之功能除外）造成影響之零配件裝設等之嚴重不良。 2.對火災警報功能造成影響之明顯傷痕或異物之殘留。 3.可能對功能造成影響之生鏽現象。	1.不影響火災警報功能之零配件裝設等嚴重不良。 2.零組件安裝等有輕微不良情形。 3.未對功能造成影響之生鏽現象。
性能	1.接受火災信號時，無法將該信號向受信總機、其他中繼器或消防安全設備發信。 2.爲僅接受設備動作信號之型式，無法將該信號向受信總機發信。	1.接受火警發信機之信號時無法解除蓄積功能。 2.蓄積式回線以非蓄積方式動作。 3.定址信號之位址號碼不同。	1.接受火警受信總機或其他中繼器之控制信號時，無法將該信號向其他消防安全設備發信。 2.無法保持與火災功能相關之顯示狀態。 3.無法由火警受信總機作操作復歸時。 4.無法向火警發信機傳送動作信號。 5.火災功能用顯示燈不亮。	1.接受火災信號時，無法轉報至外部連接之附屬裝置。 2.接受設備動作信號時，無法向火警受信總機或其他中繼器發信。 3.附屬裝置之功能不良（以不影響火災警報功能爲限）。

試驗項目	致命缺點	嚴重缺點	一般缺點	輕微缺點
蓄積時間	1.接受火災信號開始至開始發信爲止之時間（以下稱「受信時間」）超過10秒。 2.蓄積時間超過標稱蓄積時間之2倍。	1.受信時間超過6秒，在10秒以下。 2.蓄積時間未滿規定值下限之80%或超過上限之120%。	1.受信時間超過5秒，在6秒以下。 2.蓄積時間在規定之下限值80%以上，95%未滿，或超過上限值之105%，在120%以下。	蓄積時間在規定之下限值95%以上，未達下限值，或超過上限值，在上限值105%以下。
監視狀態	從一開始無法成爲監視狀態。	從一開始就處於動作發出火災警報之發信狀態。	1.從一開始就處於火災顯示裝置發信狀態（發出火災信號之狀態除外）。 2.從一開始就處於故障信號發信狀態（以能發出火災警報狀態情形爲限）。 3.預備電源無法充電。 4.電源燈及其他與火災警報有關之狀態顯示燈不亮。	1.從一開始附屬裝置就處於動作狀態。 2.從一開始附屬裝置就處於故障顯示狀態（以不影響火災警報功能爲限）。 3.電源燈、注意燈等顯示燈部分無法亮燈。
絕緣電阻、絕緣耐壓	交流電源輸入端與外殼間呈短路狀態。	1.額定回路電壓超過60V時，絕緣電阻值未滿規定值。 2.額定回路電壓超過60V時，在絕緣耐壓試驗中未達到規定之耐用時間。	1.額定回路電壓在60V以下時，絕緣電阻值未滿規定值。 2.額定回路電壓在60V以下時，在絕緣耐壓試驗中未達到規定之耐用時間。	
標示			對火災受信、發信功能可能造成影響之標示錯誤情形。	標示錯誤（不影響火災受信、發信功能情形爲限）、未標示或標示不明顯。

伍　主要試驗設備

本基準各項試驗設備依表6所列設置，未列示之設備亦需經評鑑核可後准用之。

表6

項目		規格	數量
抽樣表		本基準附表1至附表5之規定。	1份
亂數表		CNS9042。	1份
計算器		8位數以上工程用電子計算器。	1只
放大鏡		8倍左右。	1個
碼錶		1分計，附計算功能，精密度1/10至1/100sec。	2個
尺寸測量器	游標卡尺	測定範圍0至150mm，精密度1/50mm，1級品。	1個
	分釐卡	測定範圍0至25mm，最小刻度0.1mm，精密度±0.005mm。	1個
	深度量規	指示盤之精度：小圓分10格，每格0.01mm；大圓分100格，每格0.1mm。	1個
	直尺	測定範圍1至30cm，最小刻度1mm。	1個
	卷尺（布尺）	測定範圍1～5m，最小刻度1mm。	1個
恆溫恆濕試驗機		溫度測定範圍：－10℃～70℃±2℃，最小刻度1℃。 濕度測定範圍：45～95%±3%，最小刻度2%。	1個
數位式三用電表		電流測定範圍：0至30mA以上。 電阻測定範圍：0至20MΩ以上。 電壓測定範圍：0至2000V以上AC或DC。	1個
交直流電壓表		測定範圍：0至30mA以上。	1個

項　　目	規　　　　　　　　　　　　格	數量
絕緣電阻計	測定電壓：500V。 電阻測定範圍：0至20MΩ以上。	1個
絕緣耐壓試驗機	可應用電壓：0至2000V以上AC或DC。	1個
電源供應器	直流電源供應器：5A以上，30V者。 交流電源供應器：1KVA以上。	1個
耐電擊試驗機	衝擊波形爲方波，可設定測試電壓500V，脈波寬爲1μsec、0.11μsec。測試頻率爲100Hz。	1個

火警受信總機認可基準

①民國101年11月14日內政部公告訂定發布全文5點；並自102年7月1日起生效。
②民國105年5月6日內政部令修正發布全文5點；並自即日生效。
③民國107年2月12日內政部令修正發布全文5點；並自107年8月1日生效。
④民國108年9月3日內政部令修正發布全文5點；並自即日生效。

壹　技術規範及試驗方法

一　適用範圍

火災自動警報及防災連動控制設備用火警受信總機，其構造、材質、性能等技術上之規範及試驗方法，應符合本基準之規定。

二　種類

火警受信總機型式分爲P型受信總機（一般機種）及R型受信總機（特殊機種）。具有防災連動控制之設備者，則依其所連動控制之區分，分爲排煙受信總機、自動撒水受信總機、自動泡沫受信總機、滅火連動控制盤、引導燈具連動控制盤及其他防火連動用控制盤；一機體同時具有兩種以上之控制功能者，稱爲複合式受信總機，如「P型複合式受信總機」、「R型複合式受信總機」。

三　用語定義

㈠火警受信總機：具有連接火警發信機、探測器、火警警鈴、標示燈或其他附屬設備之功能者。

㈡P型受信總機：係指接受由探測器或火警發信機所發出之信號於受信後，告知有關人員火警發生之設備，附有防災連動控制之設備者應同時啓動之。

㈢R型受信總機：係指接受由探測器或火警發信機所發出之信號，或經中繼器或介面器轉換成警報信號，告知有關人員火警發生之設備，附有防災連動控制之設備者應同時啓動之。

㈣引導燈具連動控制盤：將發自於火警自動警報設備之信號予以中繼並傳達至引導燈具之裝置。

四　構造、材質及性能

㈠整體之構造、材質及性能

1.在建築物上安裝時，應以毋需將火警受信總機內之零件卸下或穿孔而易於安裝爲原則。但零件安裝板如以鉸鏈聯結而能將之迴旋者，不在此限。

2.動作要確實，操作維護檢查及更換零件簡便且具耐用性，不受塵埃、濕氣之影響而有引發性能異常、失效之現象。

3.外蓋用螺釘應防止脫落。

4.外部配線應有易在端子台上固定之構造。

5.燈泡或LED燈、保險絲等附屬零件，應可現場立即更換。

6.不得以同一端子螺釘固定內外配線。

7.在保險絲座、燈泡座等處，不得使用鋁質材料作爲導電體。

8.連接器應符合下列規定：

⑴應確實固定，不得因振動等影響導電狀態。

⑵端子之材質應爲銅或銅合金，同時接觸部分須施予鍍銠、錫、鎳、金或銀等處理，且一組端子至少一端應具有彈性。

⑶接觸部分應爲雙層構造或圓針型。

(4)印刷電路用連接器，其接觸部分應為雙層構造並予以鍍金處理。但為電腦使用之特殊者，因具充分接觸壓力，不在此限。

(5)預備電源之連接器為專用者。

(6)扁平電纜用連接器，除應符合上述(1)之規定外，僅可使用信號線。

9.受信總機之外箱（殼）應使用不燃性或耐燃性材料；採耐燃材料者，應符合CNS14535（塑膠材料燃燒試驗法）、UL94或IEC60695-11-10規定之V-2規格或同等級以上，如為薄片材料，燃燒時有扭曲、收縮等情形之虞者，應符合上開規定之VTM-2規格或同等級以上。該外箱（殼）應設置接地端子，端子必須能固定線徑1.6mm以上之電線，且須有接地標示及不得有不必要之開口。但因應實際需要連結其他設備且與其在構造上作為一體設置者之外部配線孔，不在此限。

10.防蝕措施應符合下列規定：

(1)抽插型之燈泡座應使用鐵製簧片，但不得以其為導電體。

(2)若採取鍍鎘、鍍鎳、鍍鉻及鍍鋅等有效防蝕措施，則下列部分可使用鐵材。

A.蜂鳴器固定接體之彈簧。

B.電話插座之框架。

C.低壓導電部之螺釘。

11.使用之配線應對承受負載具有充分之電流容量且接線部位要確實施工，並符合下列規定：

(1)非束線之配線時，其電線之電流容量應在表1及表2規定值以下。但如係供電源變壓器初級輸入側使用時，其導體斷面積最低為0.5mm^{2}以上，且不可與其他配線結成束線。

表1　絞線電流容量

電線導體斷面積（mm^2）	電流容量（A）
0.3	2.1
0.5	3.5
0.75	4.9
1.25	8.4
2.0	11.9
3.5	16.1
5.5	24.5

註：0.3mm^{2}以下之電流密度為7A/mm^2。

表2　單線電流容量

電線直徑（mm）	電流容量（A）
0.5	1.8
0.65	2.5
1.0	6.4

註：0.5mm以下之電流密度為9A/mm^2。

(2)束線時電流密度，絞線應在4A/mm^{2}以下，單線應在4.8A/mm^{2}以下。

(3)固定束線時，為避免與固定器直接接觸，應先以絕緣膠帶捲繞後再固定之。

⑷絞線連接部分，股線之斷線應在20%以下。但殘餘股線之電流容量如大於最大負荷電流，且導體斷面積在0.25mm^{2}以上時，不在此限。

⑸焊錫以紮接配線為原則，使用繞線時應在6圈以上。

⑹印刷電路應符合下列規定：

A.配線之焊錫以插入配線孔為之，且一個配線孔不得有2條以上之配線。但供雜音設計用者，不在此限。

B.配線孔應有適當配線空隙。但配線導體面積過大時，不在此限。

C.基板之材質，其厚度應在1.2mm以上，且接觸部位施予鍍金、鍍銀、鍍錫、鍍鎳、鍍鈀等處理。

⑺對於可能因外部配線短路產生之過大電流，而受到破壞之回路（零件、印刷電路之配線、導體等），應有適當之保護裝置。

12.裝配零件時，應有防止其鬆動之裝置，並應符合下列規定：

⑴扭轉開關等應以卡梢等金屬固定，不因轉動而有轉矩之產生，若為大扭力者，應有二處以上之固定或同等以上有效方法在軸上固定之。

⑵扭轉開關、可變電阻及其他調整部或印刷電路基板等裝配零件，不得因振動、衝擊等而造成調整值之變化。

⑶防止鬆動應以彈簧墊圈、防鬆螺釘為原則，上塗料以有效場合為限。

⑷燈泡及電池試驗用電阻等易生高熱者，不得裝配於聚乙烯絕緣電線、塑膠及橡膠等易受熱影響之附近。

⑸如具有可將機器之一部分拆卸的構造（例如印刷電路板與連接器、電池之連接器等），應具有僅能在正規位置裝回的機械性構造。但扁平電線之專用連接器在其末端已有記號者，不在此限。

⑹電線以外有通電流之零件而有滑動或轉動軸等，可能有接觸不夠充分部分應施予適當措施，以防止接觸不良之情形發生。

13.充電部分應裝於箱體內並加以標示之。但在安裝狀態下露出之充電部分，其構造應為手指無法直接接觸者。

14.主電源超過60V以上，其電源部分應有防觸電之裝置，並應符合下列規定：

⑴受信總機之內部須裝設能同時開關主電源雙極之開關。

⑵應於電源變壓器一次側之雙線及預備電源之一線裝設保險絲或斷路器，且均應設於機器之內部。

⑶保險絲容量應為額定電壓時最大負荷電流之1.5倍至2倍。該範圍如未達到時，應取最接近值，但設於電源一次側者，不可低於1.5倍以下，設於電源二次側者及預備電源側時，應大於高壓時之最大負載電流。

⑷因外部配線短路之過電流可能導致破壞半導體回路者，不可利用保險絲、斷路器，應使用適當之電氣保護設施。

⑸對外部負載而設之保險絲容量，應為額定電壓時最大負載電流之1.5倍至2倍，且須大於高壓時之最大負載電流，其插入位置必須位於內外線配線之連接點附近。

⑹主音響裝置作為外部負載時，不可設保險絲及斷路器。

⑺受信總機正面應裝設能監視主電源之裝置（利用燈泡等之表示亦可），其應裝於電源一次側保險絲後至電源切換電驛之間，於停電或保險絲熔斷時，應能切換為預備電源。

⑻應具主電源停電時能自動切換由預備電源供電，且主電源恢復供電時，能自動由預備電源切換為主電源供電之功能，且切換時不得影響警報信號之表示。

15.受信總機裝在0℃至40℃之環境溫度內，應保持其功能正常，不得發生異狀。
16.受信總機內部應裝設預備電源，但採其他有效措施者不在此限。
17.受信總機正面應裝設能監視主回路之電壓裝置，此監視裝置應具探測電壓異常變化之功能，且應設在交直流電源切換裝置之後、復原開關等負載這一方（單回路者除外）。
18.復原開關：應設專用之開關，且復原開關應爲自動彈回型。
19.地區警報音響裝置停止開關，依下列規定：
(1)地區警報音響裝置停止開關使地區警報音響裝置處停止鳴動狀態期間，受信總機接受火災信號時，該開關應於一定時間內，將地區警報音響裝置自動切換爲鳴動狀態（但地區警報音響裝置停止開關未設有預先關閉之功能，且每一火警分區能發出2個以上火災信號者，不在此限）。該「一定時間」係指5分鐘以內之任意時間。但「一定時間」可設定者，得爲10分鐘以內，並應具有5分鐘以下之設定值。
(2)受信總機再次接受火災信號或接受由火警發信機發出之火災信號時，應立即切換爲鳴動狀態。
(3)地區警報音響裝置停止開關設有停止轉移之裝置者，該裝置應設於受信總機內部（但該裝置須操作2個以上開關或密碼始能停止轉移者，不在此限），且該裝置動作時，受信總機面板上應具同步顯示之音響及燈號，並持續顯示至裝置復歸爲止。
20.無法自動復原之開關，應加設聲音信號裝置或以閃滅表示燈等提醒人員注意。
21.應有表示火警發信機動作之裝置（單回路者除外）。
22.在受信總機面板上，應具有回路火災及斷線之個別試驗裝置，在某回路斷線或故障時，仍可做其他回路動作之試驗（回路控制部具故障自動偵測功能者除外，但廠商須提供相關技術資料與測試說明）。
23.受信總機須有下列各項防止誤報之功能：
(1)當外部配線（回路信號線除外）發生故障時。
(2)受到振動、外力衝擊電力開關之開關動作或其他電器回路干擾時。
(3)設有蓄積回路者，應有回路蓄積與非蓄積切換之裝置。
24.除單回路受信總機外，設有蓄積回路功能者，應標示標稱蓄積時間及設有蓄積與非蓄積之切換裝置（標稱蓄積時間應在5秒以上，總動作時間須在60秒以下）。
25.附有防災連動控制功能者應符合下列規定：
(1)應能同時連動控制附屬之相關設備。
(2)連動輸出裝置應有適當之保護裝置，在輸出異常時能確保受信總機功能正常，並設有端子記號及接線圖之明確標示。
(3)撒水與泡沫回路動作時，其回路區域表示裝置可與外部感知動作信號同步。
(4)受信回路及連動控制之電氣特性均需符合本基準之規定，且廠商並必須在火警受信總機內標示連動控制用之電氣規格。
26.火警受信總機須設有接受來自緊急廣播設備動作連動之輸入端子或具同等功能之裝置，於接受來自緊急廣播設備動作時之信號時，須自動停止地區警報音響裝置使其暫時停止鳴動，且受信總機面板上須具同步顯示之警示裝置（例：燈、音響或信息顯示等）。當緊急廣播設備動作連動信號停止後須自動開啓地區警報音響裝置使其恢復鳴動。

㈡零件之構造、材質及性能

1.開關類：

⑴動作簡便確實，停止位置明確。

⑵對各接點在最大使用電壓下經由電阻施予最大使用電流之200%，反覆通電10000次（對電源主開關爲5000次）後，其構造及性能不得發生異常情形。

⑶接點應能適合最大使用電流容量且能耐腐蝕。

⑷除自動彈回型之開關外，均應具備恢復原定位置之裝置。

2.警報表示裝置：警報表示裝置可分爲火警表示裝置及斷線或故障表示裝置。

⑴火警表示裝置：

A.當受信總機收到火警信號時，紅色火警表示燈點亮，主音響警報裝置鳴響，且在區域表示裝置自動表示該警戒區域已有火警發生，同時地區警報音響裝置鳴響且標示燈裝置變爲閃爍；上述火警表示在手動方式復舊前，應能保持該火警信號（區域表示裝置單回路受信總機可免設）。

B.標示燈平時保持明亮，火警時須變爲閃爍狀態。使用預備電源供電時，可不亮。

C.火警表示燈，其警報區域表示，最少應具有兩個以上警報區域表示功能（但單回路用途除外）。

D.警報區域表示爲數位型者，最少應能表示其所屬二個區域同時動作之性能，對第三個區域以上之警報信號，動作時亦能告知有關人員而不影響原來警報信號。

E.切換至預備電源時，不得影響上述火警警報之表示。但外部標示燈可不點亮。

F.自探測器感知動作或火警發信機等開始發出信號起至受信總機能完成接受信號之時間，應在5秒內做出警報動作（但裝有回路蓄積功能時，則以標稱蓄積時間加5秒爲準，其總和不得超過60秒）。

⑵斷線或故障表示裝置：當受信總機探測器回路端至終端器間發生斷路或故障時，斷線表示燈點亮、斷線音響鳴響，且在區域表示裝置自動表示該回路已有故障或斷線發生。其表示方式應與火警警報表示方式有所區別（區域表示裝置單回路受信總機可免設）。

3.電磁電驛：

⑴接點應使用G、S合金（以金、銀合金或其他有效電鍍處理者）。

⑵接點能適合最大使用電流容量，在最大使用電壓下經由電阻負載於最大使用電流反覆動作試驗30萬次之後，其功能構造均不得有異常障礙發生。

⑶電驛除密封型外應裝設適當護蓋，以避免塵埃等附著於電驛接點及可動作部位。

⑷同一接點不得接至內部負載和外部負載做直接供應電力之用。

⑸同一電驛不得同時使用於主電源變壓器之一次側及二次側。

4.電壓指示裝置應符合下列規定：

⑴容許誤差在2.5%以下。

⑵應能顯示回路額定電壓之130%以上，210%以下。

5.保險絲：應使用符合CN 4978〔F01型玻管式熔線〕、CNS4979〔F02型玻管式熔線〕、CNS4980〔F05型玻管式熔線〕、CNS4981〔F06型瓷管式熔線〕之保險絲國家標準。

6.音響裝置：

⑴置於無響室內，在正常電壓之80%電壓時，距正面1m處，主音響亦能發出

65dB以上。但警報音響如爲斷續者，其基準斷續比爲（鳴動：休止＝2：1），且休止或鳴動音響達到85dB以下之時間必須在2秒以下。

⑵在正常電壓下連續鳴響8小時後，其構造及功能不得有任何異狀。

⑶供電線路與外殼間之絕緣電阻以直流500V之絕緣電阻計測量，其電阻值須在20MW以上。

7.變壓器：

⑴應符合CNS1264〔電訊用小型電源變壓器〕第3.1節、3.2節、3.7節之規定。

⑵其容量應能耐其最大負載電流值之連續使用。

⑶額定電壓應在380V以下，且其外殼應接地。

8.控制用電路板：

⑴銅箔應有與空氣隔離之保護膜處理。但焊接點除外。

⑵電路板上超過60V以上之電壓接點應有防觸電裝置，並標示之。

9.預備電源：

⑴應裝設能試驗預備電源是否良好之裝置，但採其他有效措施者不在此限。

⑵露出之電線應使用有著色者以資識別（正電源須爲紅色）。

⑶預備電源用電池應使用封閉型蓄電池，且其最小容量之標準須在監視狀態下連續使用60分鐘後，於各回路接上二個中繼器或二個火警警鈴使其動作時消耗電流能繼續供電10分鐘之容量（但消耗電量未超過實際監視狀態下之電量時，則以60分鐘監視狀態下之電流爲準）。當計算受信總機區域負載裝置之消耗時以所能連接之回路數或中繼器之數量乘以二倍之動作消耗電流爲準（但乘以二倍後所得之數值超過20時則以20作計算）。

⑷附有防災連動控制之設備者，其預備電源容量計算方式比照上列⑶之規定。

⑸須提供預備電池消耗容量之計算資料。

10.送話機及受話機：機能應能確實動作，具有耐用性，且在互相聯絡時，不得影響警報信號之傳遞（具火警受信總機功能或具火警受信總機用途者）。

㈢P型受信總機之性能

除能個別試驗回路火災動作及斷線表示裝置外（單回路受信總機可免設），應具有能自動檢知經由探測器回路端至終端器間外部配線通電狀況之功能；此功能包括斷線表示燈、斷線故障音響、斷線區域表示設備（但單回路受信總機除外），且此裝置在操作中於其他回路接收到火警信號時，應能同時作火警區域表示。若同一回路接收到火警信號表示時應以火警表示優先。但連接之回線數只有一條時，得不具斷線表示裝置之試驗功能。

㈣R型受信總機之性能

1.應具有能個別試驗火警表示動作之裝置（具自動偵測功能者除外），同時應具能自動檢知中繼器回路端至終端器配線有無斷線，以及受信總機至中繼器間電線有無短路及斷線之裝置，且該裝置在操作中於其他回路有火警信號時，應能優先作火警表示（若同時其他有斷線信號亦能保有斷線表示），但火警信號以手動復原後，應能回復原斷線區域表示。

2.當收到火警中繼器因主電源停電，保險絲斷路及火警偵測失效等信號時，能自動發出聲音信號及用表示燈表示有故障已經發生之裝置。

㈤其他事項

受信總機內部另須備妥下列各項附屬設備：

1.終端設備。

2.備用各種保險絲。

五　電源電壓變動試驗

受信總機之主電源及預備電源，其額定電壓在下列規定範圍變動時，不得發生功能異常之情形。

㈠主電源：額定電壓之90%以上至110%以下。

㈡預備電源：額定電壓之85%以上至110%以下。

六　反覆試驗

將受信總機之任一回路以額定電壓施予1000次之火警動作試驗後，對受信總機本身之構造及功能不得有異狀發生。

七　絕緣電阻試驗

㈠受信總機之充電部與外殼間之絕緣電阻，以直流500V之絕緣電阻計測量應在5MW以上，交流輸入部位與外殼應在50MW以上。

㈡導線與導線外皮間之絕緣電阻以上述電阻計測量，應在20MW以上。

㈢交流電源部一次側與直流電源部間應有50MΩ。

㈣但具有對絕緣異常之警報裝置者除外。

八　絕緣耐壓試驗

前點所述之各試驗部位之絕緣耐壓試驗以50Hz或60Hz近似正弦波，實效電壓在500V之交流電通電1分鐘，能耐此電壓者為合格。如果受信總機額定電壓在60V以上150V以下者，則用1000V，超過150V額定電壓者以其額定電壓乘以2再加1000V之電壓試驗。但具有對地線絕緣異常之警報裝置者除外。

九　耐電擊試驗

在通電狀態下，電源接以電壓500V之脈波寬1μsec及0.1μsec，頻率100赫（Hz），串接50Ω電阻，接於受信總機之兩端施予電擊試驗，持續15秒後，對其功能不得發生異常現象。

十　試驗之一般條件

除另有其他特別規格外，對受信總機進行試驗時，其室溫應在0℃至40℃之溫度範圍內，且相對濕度應在45%以上，85%以下。

十一　標示

應於受信總機上易於辨識位置，以不易磨滅方法標示下列事項：

㈠設備名稱及型號。

㈡廠牌名稱或商標。

㈢型式認可號碼。

㈣製造年月。

㈤電器特性。

㈥檢附操作說明書及符合下列事項：

1. 包裝受信總機之容器應附有簡明清晰之安裝及操作說明書、受信總機之回路圖及標準接線圖，並需要提供圖解輔助說明。說明書應包括產品安裝及操作之詳細指引及資料。同一容器裝有數個同型產品時，至少應有一份安裝及操作說明書。
2. 若作為受信總機設備檢查及測試之用者，得詳述其檢查及測試之程序及步驟。
3. 其他特殊注意事項。

㈦保險絲之額定電流值及用途名稱。

㈧具有連動控制之設備裝置，其端子之額定電壓、電流值。

㈨蓄電池之額定電壓、容量及出 年月或批號。

十二　新技術開發之火警受信總機

新技術開發之火警受信總機，依形狀、構造、材質及性能判定，如符合本基準規定及同等以上性能，並經中央消防主管機關認定者，得不受本基準之規範。

貳　型式認可作業

一　型式試驗之樣品

須提供樣品1個。

二　型式試驗之方法

㈠型式試驗流程

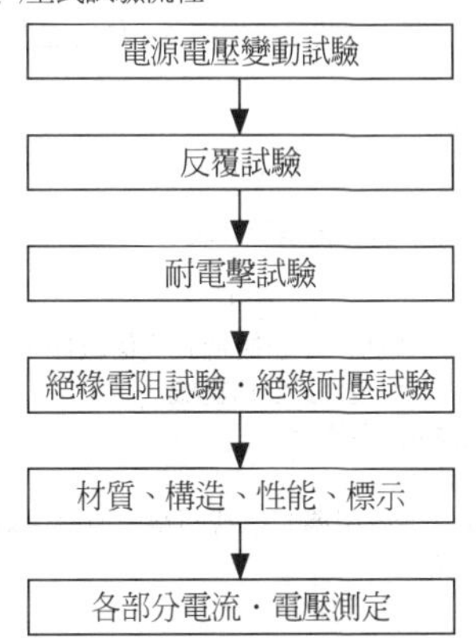

（引導燈具連動控制盤適用）

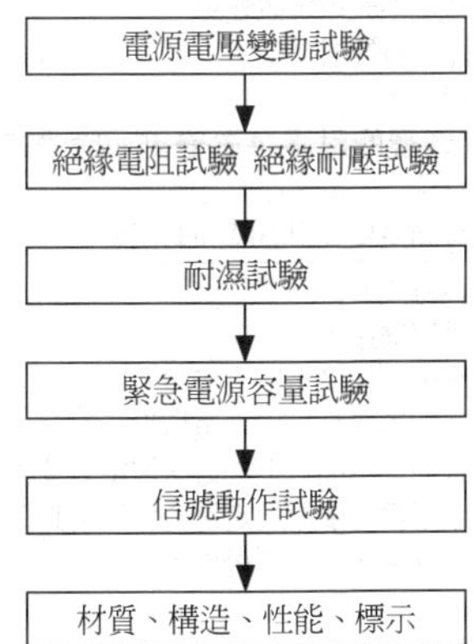

㈡試驗方法

依本認可基準壹、技術規範及試驗方法之規定。另引導燈具連動控制盤則依附錄【引導燈具連動控制盤】相關規定進行試驗，且信號回路爲多回路時，應以最大回路數進行試驗。

三　型式試驗結果之判定

㈠符合本認可基準所規定之技術規範者，該型式試驗結果視爲「合格」。

㈡有四、補正試驗所定事項者，得進行補正試驗，並以一次爲限。

㈢未符合本認可基準所規定之技術規範者，該型式試驗結果視爲「不合格」。

四　補正試驗

符合下列情形之一者得進行補正試驗：

㈠型式試驗之不良事項為申請資料不完備（設計錯誤除外）、標示遺漏、零件裝置不良或有肆、缺點判定方法之表6缺點判定表所列一般缺點或輕微缺點者。

㈡試驗設備有不完備或缺點，致無法進行試驗者。

五　型式變更試驗之方法

型式變更試驗之樣品數、試驗流程等，應就型式變更之內容，依前述型式試驗進行。

六　型式區分、型式變更及輕微變更之範圍

型式區分、型式變更及輕微變更之範圍，依下表3之規定。

表3　型式區分、型式變更及輕微變更範圍表

區分	說明	項目
型式區分	型式認可之產品其主要性能、設備種類、動作原理不同，或經主管機關規定之必要區分者，須以單一型式認可做區分。	1.P型火警受信總機、P型複合式受信總機、R型火警受信總機、R型複合式受信總機。 2.引導燈具連動控制盤： (1)信號回路： A.閃滅（音聲引導）信號回路、消燈（減光）信號回路。 B.單回路、多回路。 (2)緊急電源：內置型、外置型。
型式變更	經型式認可之產品，其型式部分變更，有影響性能之虞，須施予試驗確認者，謂之。	1.電路設計變更（火警受信回路除外）。 2.蓄電池或蓄電池充電裝置變更。 3.零件的功能、材質或構造。 4.主電源的種類。 5.主機能有影響的附屬裝置變更（除去的情形除外）。 6.標稱蓄積時間變更（限於時間的變更）。
輕微變更	經型式認可或型式變更認可之產品，其型式部分變更，不影響其性能，且免施予試驗確認，可藉由書面據以判定良否者，謂之。	1.零件的安裝方式。 2.外箱的材質與構造。 3.電子零件變更（規格、型式或製造者）： (1)經認定或同等級品以上之電燈泡。 (2)經認定或同等級品以上之電磁繼電氣及開關。 (3)以下所示零件（限於規定是合於使用條件）。 (4)印刷回路基板，以下所揭事項： A.材質。 B.接續時，其材質厚度或接觸部的焊接方式。 (5)前(1)至(3)所示零件以外的電器零件。 4.影響主要機能的附屬裝置變更（限於使用經認可的電器回路）。 5.無影響主要機能的附屬裝置變更。 6.下述電子回路變更（限於同一回路電壓情形）： (1)變更經認定之電源回路。 (2)變更經認定之充電回路。

		(3)預備電源用蓄電池的變更（限於同等級產品經第三公正單位檢驗合格或有國際安規之產品）。 (4)回路定數等輕微變更。 (5)電氣回路的部分變更（限於經承認的回路）。 (6)前述變更伴隨著輕微的回路變更。

系列型號：在其主要性能、設備種類、動作原理相同原則下，可容許申請系列型號之型式認可或型式變更，試驗內容將針對不同項目或構件進行個別試驗或檢查。

七　試驗紀錄

有關上述型式試驗、補正試驗、型式變更試驗之結果，應詳細填載於型式試驗紀錄表（如附表9、附表11）。

參　個別認可作業

一　個別認可之方法

㈠個別認可之抽樣試驗數量依附表1至附表5之抽樣表規定，抽樣方法依CNS9042規定進行抽樣試驗。

㈡抽樣試驗之嚴寬等級可分爲最嚴格試驗、嚴格試驗、普通試驗、寬鬆試驗及免會同試驗五種。

㈢個別試驗通常將試驗項目分爲以通常樣品進行之試驗（以下稱爲「一般試驗」）以及對於少數樣品進行之試驗（以下稱爲「分項試驗」）。

二　個別認可之樣品及抽樣方法

㈠個別認可之樣品數依相關試驗之嚴寬等級以及批次大小所定（如附表1至附表5）。

㈡樣品之抽取如下所示

1.抽樣試驗以每一批爲單位。

2.樣品之多寡，應視整批成品（受驗數量＋預備品）數量之多寡及試驗等級，按抽樣表之規定抽取，並在重新編號之全部製品（受驗批）中，依隨機抽樣法（CNS9042）隨意抽取，抽出之樣品依抽出順序編排序號。但受驗批量如在300個以上時，應依下列規定分爲二段抽樣。

(1)計算每群應抽之數量：當受驗批次在五群（含箱子及集運架等）以上時，每一群之製品數量應在5個以上之定數，並事先編定每一群之編碼；但最後一群之數量，未滿該定數亦可。

(2)抽出之產品賦予群碼號碼：同群製品須排列整齊，且排列號碼應能清楚辨識。

(3)確定群數及抽出個群，再從個群中抽出樣品：確定從所有群產品中可抽出五群以上之樣品，以隨機取樣法抽取相當數量之群，再由抽出之各群製品作系統式循環抽樣（由各群中抽取同一編號之製品），將受驗之樣品抽出。

(4)依上述方法取得之製品數量超過樣品所需數量時，重複進行隨機取樣去除超過部分至達到所要數量。

㈢一般試驗和分項試驗以不同之樣品試驗之。

三　試驗項目

一般試驗及分項試驗之項目如下表4：

表4　一般試驗及分項試驗項目表

試驗區分	試驗項目
一般試驗	1.構造、性能（火災動作・斷線表示性能、回路斷線・火警優先性能）、標示 2.構造、性能（移報功能、無電壓狀態、短（斷）路保護、信號動作試驗等）、標示（引導燈具連動控制盤適用）
分項試驗	電源電壓變動試驗
	絕緣電阻・絕緣耐壓試驗
	性能（電壓・電流測定、蓄積時間、延遲時間、預備電源性能情形）（引導燈具連動控制盤除外

四　缺點之等級及合格判定基準

㈠試驗中發現之缺點，分為致命缺點、嚴重缺點、一般缺點及輕微缺點等四級。

㈡各試驗項目之缺點內容，依肆、缺點判定方法規定，非屬該缺點判定表所列範圍之缺點者，則依消防機具器材及設備認可作業要點判定之。

五　批次之判定

批次合格與否，按下列規定判定之：抽樣表中，Ac表示合格判定個數（合格判定時不良品數之上限），Re表示不合格判定個數（不合格判定之不良品數之下限），具有二個等級以上缺點之製品，應分別計算其各不良品之數量。

㈠抽樣試驗中各級不良品數均在合格判定個數以下時，應依表1調整其試驗等級，該批為合格。

㈡抽樣試驗中任一級之不良品數在不合格判定個數以上時，該批為不合格。但該等不良品之缺點僅為輕微缺點時，得進行補正試驗，惟以一次為限。

㈢抽樣試驗中不良品出現致命缺點，縱然該抽樣試驗中不良品數在合格判定個數以下，該批仍視為不合格。

六　個別認可結果之處置

㈠合格批次之處置

1.整批雖經判定為合格，但受驗樣品中發現有不良品時，於使用預備品替換或修復後始為合格品。

2.非受驗之樣品若於整批受驗製品中發現有缺點者，準依前款規定辦理。

3.上述1.、2.兩種情形，如無預備品替換或無法修復調整者，應就其不良品部分之個數，判定為不合格。

㈡補正批次之處置

1.接受補正試驗時，應提出初次試驗時所發現不良事項之改善說明書及不良品處理之補正試驗紀錄表。

2.補正試驗之受驗樣品數以初次試驗之受驗樣品數為準。但該批次樣品經補正試驗合格，依參、六、㈠、1.之處置後，仍未達受驗樣品數之個數時，則為不合格。

㈢不合格批次之處置

1.不合格批次之產品接受再試驗時，應提出初次試驗時所發現不良事項之改善說明書及不良品處理之補正試驗紀錄表。

2.接受再試驗時不得加入初次受驗樣品以外之樣品。

3.個別認可不合格之批次不再受驗時，應在補正試驗紀錄表中，註明理由、廢棄處理及下批之改善處理等文件，向辦理認可試驗單位提出。

七　試驗嚴寬度等級之調整

(一)首次申請個別認可：試驗等級以普通試驗為之，其後之試驗等級調整，依表5之規定。

表5　試驗嚴寬度等級之調整

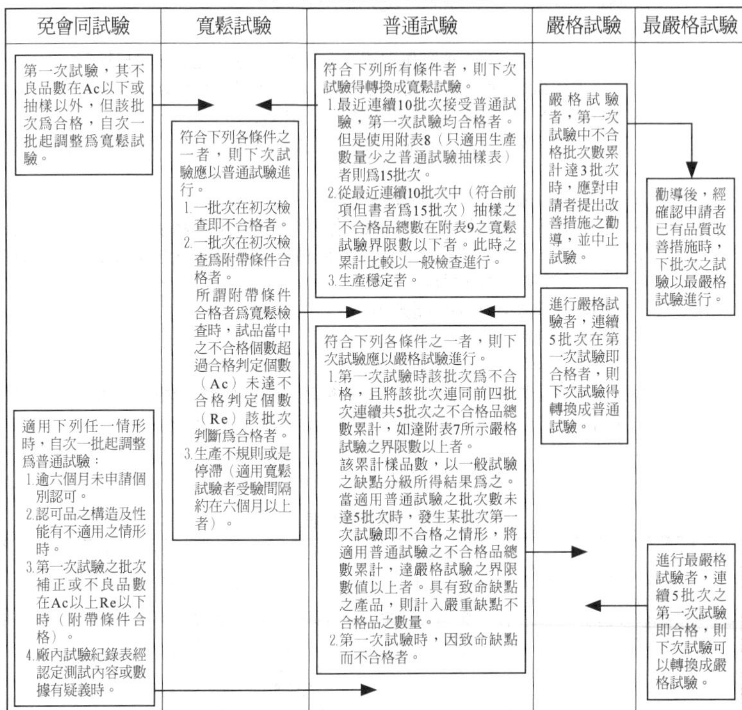

免會同試驗
寬鬆試驗
普通試驗
嚴格試驗
最嚴格試驗
第一次試驗，其不良品數在Ac以下或抽樣以外，但該批次為合格，自次一批起調整為寬鬆試驗。
符合下列所有條件者，則下次試驗得轉換成寬鬆試驗。
1.最近連續10批次接受普通試驗，第一次試驗均合格者。但是使用附表8（只適用生產數量少之普通試驗抽樣表）者則為15批次。
2.從最近連續10批次中（符合前項但書者為15批次）抽樣之不合格品總數在附表9之寬鬆試驗界限數以下者。此時之累計比較以一般檢查進行。
3.生產穩定者。
嚴格試驗者，第一次試驗中不合格批次數累計達3批次時，應對申請者提出改善措施之勸導，並中止試驗。
勸導後，經確認申請者已有品質改善措施時，下批次之試驗以最嚴格試驗進行。
符合下列各條件之一者，則下次試驗應以普通試驗進行。
1.一批次在初次檢查即不合格者。
2.一批次在初次檢查為附帶條件合格者。
所謂附帶條件合格者為寬鬆檢查時，試品當中之不合格個數超過合格判定個數（Ac）未達不合格判定個數（Re）該批次判斷為合格者。
3.生產不規則或是停滯（適用寬鬆試驗者受驗間隔約在六個月以上者）。
進行嚴格試驗者，連續5批次在第一次試驗即合格者，則下次試驗得轉換成普通試驗。
符合下列各條件之一者，則下次試驗應以嚴格試驗進行。
1.第一次試驗時該批次為不合格，且將該批次連同前四批次連續共5批次之不合格品總數累計，如達附表7所示嚴格試驗之界限數以上者。
該累計樣品數，以一般試驗之缺點分級所得結果為之。當適用普通試驗之批次數未達5批次時，發生某批次第一次試驗即不合格之情形，將適用普通試驗之不合格品總數累計，達嚴格試驗之界限數值以上者。具有致命缺點之產品，則計入嚴重缺點不合格品之數量。
2.第一次試驗時，因致命缺點而不合格者。
適用下列任一情形時，自次一批起調整為普通試驗：
1.逾六個月未申請個別認可。
2.認可品之構造及性能有不適用之情形時。
3.第一次試驗之批次補正或不良品數在Ac以上Re以下時（附帶條件合格）。
4.廠內試驗紀錄表經認定測試內容或數據有疑義時。
進行最嚴格試驗者，連續5批次之第一次試驗即合格，則下次試驗可以轉換成嚴格試驗。

(二)補正試驗：初次試驗為寬鬆試驗者，以普通試驗為之；初次試驗為普通試驗者，以嚴格試驗為之；初次試驗為嚴格試驗者，以最嚴格試驗為之。

(三)再受驗批次之試驗結果，不得計入試驗嚴寬分級轉換紀錄中。

八　免會同試驗

(一)符合下列所有情形者，得免會同試驗：

1.達寬鬆試驗後連續十批第一次試驗均合格者。

2.累積受驗數量達500台以上。

3.取得ISO9001認可登錄或國外第三公正檢驗單位通過者（產品具合格標識）。

(二)實施免會同試驗時，基金會每半年至少派員會同實施抽驗一次，試驗項目依照個別認可試驗項目，若試驗不符合本基準規定時，該批次予以不合格處置，並次批恢復為普通試驗（會同試驗）。

(三)符合免會同試驗資格者，如有下列情形之一時，該批樣品應即恢復為普通試驗（會同試驗）：

1.所提廠內試驗紀錄表有疑義時。

2.六個月內未申請個別認可者。

3.經使用者反應認可樣品有構造與性能不合本基準規定，經查證確實有不符合者。

九　下一批試驗之限制

對當批次個別認可之型式，於進行下次之個別認可時，係以該批之個別認可完成結果判定之處置後，始得施行下次之個別認可。

十　試驗之特例

有下列情形之一時，得在受理個別認可申請前，逕依預定之試驗日程實施試驗。此情形下須在確認產品之個別認可申請書受理後，才能判斷是否合格。

㈠初次試驗因嚴重缺點或一般缺點經判定不合格者。

㈡不需更換全部產品或部分產品，可容易選取、去除申請數量中之不良品或修正者。

十一　試驗設備發生故障或無法試驗時之處置

試驗開始後因試驗設備發生故障或其他原因致無法立即修復，經確認當日無法完成試驗時，得中止該試驗。並俟接獲試驗設備完成改善之通知後，重新擇定時間，依下列規定對該批施行試驗：

㈠試驗之抽樣標準與初次試驗時相同。

㈡不得進行補正試驗。

十二　其他

個別認可發現製品有其他不良事項，經認定該產品之抽樣標準及個別認可方法不適當者，得由中央主管機關另定個別認可方法及抽樣標準。

肆　缺點判定方法

各項試驗所發現之不良情形，其缺點之等級依表6之規定判定。

表6　缺點判定表

		致命缺點	嚴重缺點	一般缺點	輕微缺點
缺點分類之原則		對人體有危害之虞或無法達到機具、器材及設備之基本功能者	雖非致命缺點，惟對機具、器材及設備之功能有產生重大障礙之虞者	雖非致命缺點或嚴重缺點，惟對各機具、器材及設備之功能有產生障礙之虞；或機具、器材及設備之構造與認可之型式有異；或標示錯誤，致使用上對機具、器材及設備的功能產生障礙之虞者	非屬於前開三款之輕微障礙
構造		造成主音響裝置可能無法鳴動之斷線、接觸不良、零配件缺陷及其他類似之致命性不良。	1.在接受火災信號時，因零配件之裝設等有嚴重不良而會影響火災顯示（如果會影響主音響之動作者除外）。 2.試驗裝置（係指火災動作試驗、斷線試驗等各相關之裝置）於操作中時，無法由其他回線接受火災信號。	1.會對火災顯示相關功能以外之火報功能造成影響之零配件裝設等之嚴重不良。 2.會對火報功能（或移報功能）造成影響之明顯之傷痕或異物之殘留。 3.可能會對功能造成影響之生銹。	1.不影響火報功能（或移報功能）之零配件裝設等嚴重不良。 2.零配件之裝設等有輕微不良。 3.對功能不會造成影響之生銹。
標示				對火災顯示功能可能造成影響之標示錯誤。	標示錯誤（對火災顯示功能可能造成影響之情形除外）、未標註或不明顯者。
	絕緣電組試驗、絕緣耐壓試驗	交流電源輸入側與外箱（外殼）間呈短路狀態。	1.額定回路電壓超過60V時，絕緣電阻值未滿規定值。 2.額定回路電壓超過60V時，在絕緣耐力試驗中未達到規定之耐用時間。	1.額定回路電壓在60V以下時，絕緣電阻值未滿規定值。 2.額定回路電壓在60V以下時，在絕緣耐力試驗中未達到規定之耐用時間。	

		（與監視狀態有關） 1.從一開始就無法成爲監視狀態。	（與監視狀態有關） 1.從一開始就在火災或氣體（瓦斯）洩漏之顯示〔指以主音響裝置（含包括副音響裝置）、火災燈（包括氣體洩漏燈）、地區燈或地區音響裝置所作之顯示（以下稱火災顯示）〕狀態。 2.受信總機從一開始就是注意顯示（係指以注意燈、注意音響裝置及地區顯示裝置所作之顯式中之一部分或全部顯示）之動作狀態。	（與監視狀態有關） 1.從一開始就在火報功能（火災顯示之動作狀態除外）之動作狀態。 2.從一開始就在故障顯示狀態（以可以發出火災信號之情形爲限）。 3.預備電源無法充電。 4.電源燈及其他與火報功能（或移報功能）有關之狀態顯示燈不亮。 5.開關注意燈（包括類似之裝置）不會動作（以除了地區音響外可以顯示火災之情形爲限）。	（與監視狀態有關） 1.從一開始附屬裝置等就在動作狀態。 2.從一開始附屬裝置就在故障顯示狀態（以不影響火報功能之情形爲限）。
性能	其他	（與一般性能有關） 2.接到火災信號時，主音響裝置不會鳴動。	（與一般性能有關） 3.接到火災信號後，火災燈或地區燈不會亮燈。 4.來自發信機之信號無法解除蓄積功能。 5.蓄積式回線以非蓄積方式動作。 6.2信號式受信總機接到第1報火警信號時，副音響裝置不會鳴動。 7.受信總機於接到已經達到注意顯示程度之火災訊息信號時，不會作注意顯示。 8.主音響裝置不能逐次鳴動。 9.接到火災信號後，動作標示燈不會亮燈（引導燈具連動控制盤適用）。	（與一般性能有關） 6.接到火災信號時，無法將該等信號向其他類似之火災報警功能相關裝置送信。 7.無法保持應保持之顯示狀態。 8.作火報功能（或移報功能）相關顯示之復歸操作時卻無法復歸。 9.無法向發信機回送動作確認信號。 10.無法與發信機等通話。 11.發信機動作顯示燈不亮。 12.受信總機無法作顯示溫度等之設定變更。	（與一般性能有關） 3.接到火災信號時，無法轉報至外部連接之附屬裝置。 4.接到設備動作信號時，無法作設備動作顯示。 5.附屬裝置之功能不良（影響到火報功能之情形除外）。
		（與蓄積時間、遲延時間有關） 3.由接到火災信號開始至顯示火災爲止之時間（以下簡稱受信時間）超過10秒。 4.蓄積時間超過公稱蓄積時間之2倍。 5.遲延時間超過120秒。	（與蓄積時間、遲延時間有關） 10.受信時間超過6秒、在10秒以下。 11.蓄積時間未滿規定值下限之80%或超過上限之120%。 12.遲延時間超過72秒、在120秒以下。	（與蓄積時間、遲延時間有關） 13.受信時間超過5秒、在6秒以下。 14.蓄積時間在規定值之80%以上、95%未滿，或超過上限值之105%、在120%以下。 15.遲延時間超過60秒、在72秒以下。	（與蓄積時間、遲延時間有關） 6.蓄積時間在規定值之下限值95%以上、未滿下限值，或超過上限值、在上限值105%以下。 7.遲延時間未滿標準遲延時間之75%、或超過125%。
		（與音響裝置之音壓有關） 6.主音響裝置之音壓未滿50dB。	（與音響裝置之音壓有關） 13.主音響裝置之音壓在50dB以上、未滿規定值之80%。	（與音響裝置之音壓有關） 16.主音響裝置之音壓在規定值之80%以上、未滿95%。 17.主音響裝置以外之音響裝置不會鳴動（音壓未滿50dB）。	（與音響裝置之音壓有關） 8.主音響裝置之音壓在規定值之95%以上、未滿規定值。 9.主音響裝置以外之音響裝置音壓在50dB以上、未滿規定值。
			（與試驗裝置有關） 14.試驗裝置（係指火災動作試驗、斷線試驗等相關之裝置）於操作中時，無法由其他回線接受火災信號。	（與試驗裝置有關） 18.試驗裝置無法發揮正常之功能。 19.接到探測器、發信機或中繼器所發出來之異常（故障）信號，無法顯示該信號。 20.電氣儀表功能不良。	（與試驗裝置有關） 10.轉動式開關之旋鈕位置偏差。 11.電氣儀表之精密度超過容許差、在容許差之2倍以下。

註：本表用語之定義如下：

1.火災信號：包括火災動作信號、到達火災顯示或注意顯示程度之火災訊息信號以及氣體（瓦斯）洩漏信號。

2.火災報警功能（火報功能）：係指火災警報設備或氣體（瓦斯）洩漏警報設備所具有之監視、警報、火災動作試驗、斷線試驗等功能。

3.附屬裝置：係指與火災報警功能有關之裝置以外、組裝在機器中之裝置。
4.附屬機器：係指與火災報警功能有關之裝置以外、不組裝在機器中之機器。
5.零配件裝設之重大不良：係指與零配件有關之損傷或過與不足、與配線有關之斷線、接觸不良、忘記焊接、表層焊或繞捲不良（鬆動或未滿3圈）及其他類似之不良。
6.零配件裝設之輕微不良：係指裝設狀態不良、配線狀態不良、忘記防鬆脫栓、與配線有關之焊接不良（忘記焊接、表層焊除外。）或繞捲欠佳（圈數在3以上、未滿6）、保險絲之容量有誤及其他類似之不良。
7.移報功能：係指引導燈具連動控制盤之移報功能者，其接收到火警受信總機或緊急廣播設備發出之信號，所具有之移報、短路、斷線試驗、信號動作試驗之功能。

伍　主要試驗設備

本基準各項試驗設備依表7所列設置。

表7　主要試驗設備一覽表

名稱	規格	數量	備註
抽樣表	本基準中有關抽樣法之規定。	1份	
亂數表	CNS9042或本基準中有關之規定。	1份	
尺寸量測器	1.游標卡尺（測定範圍0至150㎜，精密度1/50㎜，1級品）。 2.分厘卡（測定範圍0至25㎜，最小刻度0.1㎜精密度±0.005㎜）。 3.直尺（測定範圍1～30㎝，最小刻度1㎜）。 4.卷尺或布尺（測定範圍1～5m，最小刻度1㎜）。	各1個	
碼錶	1分計，附積算功能，精密度1/10～1/100sec。	1個	
溫、濕度計	電子式環境溫濕度計。	1個	
多用途數字電表	準確度±0.1%。	1個	
數位式聲度計	符合CNS13583（積分均值聲度表）或相關標準規定。 TYPE1等級噪音計，準確度±1dB。 量測範圍：30～130dB(A)。	1個	
直流電源供應器	0～30VDC，0～3A。	1個	
自耦變壓器	110/220V 0～260V 30A。	1個	
絕緣電阻計	低壓回路500V。	1個	
絕緣耐壓試驗機	低壓回路2,000V。	1組	
耐電擊試驗裝置	能進行耐電擊試驗之設備。	1組	
耐濕試驗裝置	恆溫恆濕槽。適當的容量大小、溫度計、濕度計。	1組	

火警探測器認可基準

民國101年11月14日內政部公告訂定發布全文5點；並自102年7月1日起生效。

壹　技術規範及試驗方法

一　適用範圍

供各類場所消防安全設備設置標準規定設置火警自動警報設備所使用之火警探測器，其構造、材質、性能等技術上之規範及試驗方法，應符合本基準之規定。

二　用語定義

(一)火警探測器：火警探測系統的一個元件，至少包含一個感應器，以規律性的週期或持續監控至少一種與燃燒有關的物理或化學現象，並將至少一種相關信號傳送至控制及操作顯示設備，分類如下：

1.依防水性能區分：防水型、非防水型。

2.依防腐蝕性能區分：耐酸型、耐鹼型、普通型。

3.依有無再用性區分：再用型、非再用型。

4.依有無防爆功能區分：防爆型、非防爆型。

5.依蓄積動作之有無區分：蓄積型、非蓄積型。

6.依動作原理區分：

(1)差動式局限型探測器：周圍溫度上升率在超過一定限度時即會動作，僅針對某一局限地點之熱效率有反應。

(2)差動式分布型探測器：周圍溫度上升率在超過一定限度時即會動作，針對廣大地區熱效率之累積產生反應。

(3)定溫式局限型探測器：周圍溫度達到一定溫度以上時，即會產生動作，外觀爲非電線狀。

(4)定溫式線型探測器：周圍溫度達到一定溫度以上時，即會產生動作，外觀爲電線狀。

(5)補償式局限型探測器：兼具差動式局限型及定溫式局限型二種性能。

(6)離子式探測器：周圍空氣中含煙濃度達到某一限度時即會動作，原理係利用離子化電流受煙影響而產生變化。

(7)光電式探測器：周圍空氣中含煙濃度達到某一限度時即會動作，原理係利用光電束子之受光量受到煙之影響而產生變化，並可分爲散亂光型及減光型。

(8)火焰式探測器：指當火焰放射出來之紫外線或紅外線之變化在定量以上時會發出火災信號之型式中，利用某一局部處所之紫外線或紅外線引起光電元件受光量之變化而動作。可分爲紫外線式、紅外線式、紫外線紅外線併用式、複合式。

(9)複合式探測器：具有上述兩種以上偵測功能。

(二)火災信號：顯示已經發生火災之信號。

(三)火災訊息信號：與因火災產生之熱或煙之程度及其他與火災之程度有關之信號。

三　環境溫度適用範圍

差動式、補償式、離子式、光電式、火焰式探測器應在0℃至50℃溫度範圍內；

另定溫式探測器應在零下10℃至其標稱動作溫度減20℃之溫度範圍內確實動作，且不得影響其功能。

四　構造及材質

㈠構造

1.不得因氣流方向改變而影響探測功能。

2.應有排除水分侵入之功能。

3.接點部之間隙及其調節部應牢固固定，不得因作調整後而有鬆動之現象。

4.探測器之底座視為探測器的一部位，且可與本體連結試驗1000次後，內部接觸彈片不得發生異狀及功能失效。

5.探測器之接點不得露出在外。

6.差動式局限型有排氣裝置者，其排氣裝置不可使用會氧化之物質而影響其正常排氣功能。

7.差動式分布型探測器裝有空氣管者，應符合下列規定：

⑴容易測試其漏氣、阻力及接點水位高。

⑵容易測試空氣管之漏氣或阻塞，且應具有測試完畢後，可將試驗復原之措施。

⑶應使用整條空氣管全長應有20公尺以上，其內徑及管厚應均勻，不得有傷痕、裂痕、扭曲、腐蝕等有害瑕疵。

⑷空氣管之厚度應在0.3mm以上。

⑸空氣管之外徑應在1.94mm以上。

8.差動式分布型探測器中採用熱電偶或熱半導體者，應符合下列規定：

⑴易於測試出檢測體之動作電壓。

⑵具容易測試熱電偶有無斷線及導電體電阻之構造，且應具有測試完畢後，可將試驗復原之裝置。

9.局限型之離子式及光電式探測器與平面位置有45°傾斜時，差動式者有5°傾斜時，仍不致有功能異狀。探測器應裝設能表示已動作之指示設備，但補償式探測器及防爆型探測器在動作時有連接至受信總機表示確有動作機能者，則不在此限。

10.光電式探測器應符合下列規定：

⑴所使用光源之光束變化應少，且能耐長時間之使用。

⑵光電元件應不得有靈敏度劣化或疲勞現象，且能耐長時間之使用。

⑶能容易清潔檢知部位。

11.離子式探測器之輻射量應低於1.0μCi，且不得對人體有危害。

12.採用放射線物質者，應將該物質密封且不易由外部接觸，當火災發生時亦不易破壞。

13.含有放射性物質之探測器，應依行政院原子能委員會對含有放射性產品之管制須知辦理。

14.火焰式探測器應符合下列規定：

⑴受光元件（受光體）不得有靈敏度劣化或疲勞現象，且能耐長時間之使用。

⑵能容易清潔檢知部位。

⑶應設置動作標示裝置。但該探測器如能與可以顯示信號發信狀態之受信總機連接者，不在此限。

⑷如係有髒污監視功能，當檢知部位產生可能影響檢知部分功能時，能自動向受信總機發出該等信號。

15.火警探測器內附有電磁電驛者應符合下列規定：

(1)所有接點應使用G、S合金。（金、銀合金或其他有效電鍍處理者）

(2)接點能適合最大使用電流容量，在最大使用電壓下經由電阻負載於最大使用電流反覆動作試驗30萬次之後，其功能構造均不得有異常障礙發生。

(3)電驛除密封型外，其餘應裝設適當護蓋，以避免塵埃等附著於電驛接點及可動作部位。

(4)同一接點不得接至內部負載和外部負載做直接供應電力之用。

(5)同一電驛不得同時使用於主電源變壓器之一次側及二次側。

㈡材質

1.感知部與外線接觸端，應採用不生鏽之材質。

2.探測器之接點應使用金銀或銀鈀合金，或具有同等以上之導電率及抗氧化性之金屬物質。

3.探測器之露出部分（於裝設時手能接觸部分，但不含確認燈蓋、發光二極體及各指示標籤）應使用不燃性或耐燃性材料。

五　抗拉試驗

應於腐蝕試驗後進行，施加負載時間為10秒，連接線之芯線截面積應在0.5mm^{2}以上，若連接線與本體結合時，需利用焊接等方法以固定之。差動式分布型探測器之線狀感熱部及定溫式線型探測器，應符合下列規定：

㈠將試片之一端予以固定後，離25公分處施以10kgf的拉力負荷後，不得有拉斷且功能無影響。

㈡裝接線狀部分之零件不能於裝接後，使線條發生異狀。

㈢探測器之端子對每一極要預備2個。

㈣除差動式分布型探測器之線狀感熱部及定溫式線型探測器外，以電線代替端子之型式者，其電線數量每極應有2根，且對每根電線施予2kgf抗拉負荷試驗，不致發生拉斷且對其功能不發生異狀。

六　靈敏度試驗

㈠差動式局限型探測器：應按照種別施予下列各項試驗，其數值符合表1所列K、V、N、T、M、k、v、n、t、m各值。

表1　差動式局限型探測器靈敏度試驗數值表

<table>
<tr><th rowspan="3">種別</th><th colspan="5">動作試驗</th><th colspan="5">不動作試驗</th></tr>
<tr><th colspan="3">階段上升</th><th colspan="2">直線上升</th><th colspan="3">階段上升</th><th colspan="2">直線上升</th></tr>
<tr><th>K</th><th>V</th><th>N</th><th>T</th><th>M</th><th>k</th><th>v</th><th>n</th><th>t</th><th>m</th></tr>
<tr><td>1種</td><td>20</td><td>70</td><td rowspan="2">30</td><td>10</td><td rowspan="2">4.5</td><td>10</td><td>50</td><td rowspan="2">1</td><td>2</td><td rowspan="2">15</td></tr>
<tr><td>2種</td><td>30</td><td>85</td><td>15</td><td>15</td><td>60</td><td>3</td></tr>
</table>

1.動作試驗：

(1)較室溫高K℃之溫度，以風速Vcm/sec之高溫氣流垂直方向吹向時，應在N秒內動作。

(2)自室溫狀態下以平均每分鐘T℃直線升溫速度之水平氣流吹向時，應在M分鐘以內動作。

2.不動作試驗：

(1)較室溫高k℃之溫度，以風速vcm/sec之高溫氣流垂直方向吹向時，應在n分鐘內不動作。

(2)自室溫開始以平均每分鐘t℃直線升溫速度之水平氣流吹向時，應在m分鐘以內不動作。

㈡差動式分布型探測器：按照溫度上升率及其種別必須符合表2規定：

表2　差動式分布型探測器靈敏度試驗數值表

種別	t_1（℃）	t_2（℃）
1種	7.5	1
2種	15	2
3種	30	4

1. 動作試驗：離檢出部位（感知部）最遠處之空氣管20公尺部分，每分鐘t_1℃直線昇溫速度，應在1分鐘內動作。
2. 不動作試驗：空氣管全部在每分鐘t_2℃直線升溫速度時，7分30秒內不得動作。

㈢定溫式探測器：

1. 標稱動作溫度之設定以探測器本身標示之動作溫度值爲標稱溫度值，其動作時間以下列計算公式計算之（標稱定溫點是以55℃至150℃爲準）。
2. 試驗依照下列方法進行，其數值應符合表3規定：

⑴動作試驗：標稱動作溫度之125%熱風以1m/sec之垂直氣流吹向時應在表3之時間內動作。

表3　定溫式探測器靈敏度試驗數值表

<table>
<tr><th rowspan="2">種　別</th><th colspan="2">室溫（θ_r）</th></tr>
<tr><th>零度</th><th>零度以外</th></tr>
<tr><td>特種</td><td>40秒</td><td rowspan="3">室溫θ_r（度）時之動作時間t（秒）依下列公式計算之
$$t=\frac{t_0\log_{10}(1+\frac{\theta-\theta_r}{\delta})}{\log_{10}(1+\frac{\theta}{\delta})}$$</td></tr>
<tr><td>1種</td><td>120秒</td></tr>
<tr><td>2種</td><td>300秒</td></tr>
</table>

備註：t_0：表示室溫在0℃時之動作時間。（單位：秒）
θ：表示標稱動作溫度。（單位：℃）
δ：表示標稱動作溫度與動作試驗溫度之差。（單位：℃）

⑵不動作試驗：用較標稱動作溫度低10℃而以1m/sec之風速垂直吹向時，在10分鐘內不動作。

㈣補償式局限型探測器：

1. 標稱定溫點以55℃至150℃之間爲準。
2. 按其種別依照下列方法測試，並應符合表4所列之K、V、N、T、M、S、k、v、n、t、m各值。

表4　補償式局限型探測器靈敏度試驗數值表

<table>
<tr><th rowspan="3">種別</th><th colspan="6">動　作　試　驗</th><th colspan="5">不　動　作　試　驗</th></tr>
<tr><th colspan="3">階段上升</th><th colspan="2">直線上升</th><th>定溫式</th><th colspan="3">階段上升</th><th colspan="2">直線上升</th></tr>
<tr><th>K</th><th>V</th><th>N</th><th>T</th><th>M</th><th>S</th><th>k</th><th>v</th><th>n</th><th>t</th><th>m</th></tr>
<tr><td>1種</td><td>20</td><td>70</td><td rowspan="2">30</td><td>10</td><td rowspan="2">4.5</td><td rowspan="2">55以上
150以下</td><td>10</td><td>50</td><td rowspan="2">1</td><td>2</td><td rowspan="2">10</td></tr>
<tr><td>2種</td><td>30</td><td>85</td><td>15</td><td>15</td><td>60</td><td>3</td></tr>
</table>

3.動作試驗：

(1)較室溫高K℃之溫度，以風速Vcm/sec之垂直氣流直接吹向時，應在N秒鐘內動作。

(2)自室溫開始以每分鐘T℃之直線升溫速度之水平氣流吹向時，應在M分鐘以內動作。

(3)自室溫開始以每分鐘1℃之直線升溫速度之水平氣流吹向時，應在較S低10℃溫度至較S高10℃溫度範圍內動作。

4.動作試驗：

(1)較室溫高k℃之溫度，以風速vcm/sec之垂直氣流吹向時，應在n分鐘內不得動作。

(2)自室溫開始以平均每分鐘t℃之直線上升速度之水平氣流吹向時，應在較S低10℃溫度範圍下m分鐘以內不得動作。

㈤離子式探測器：

1.離子式局限型探測器之蓄積時間（係指於探測出周圍之空氣含有一定濃度以上之煙起，繼續感應，直到發出火災信號之時間。以下同），應在5秒以上、60秒以內，標稱蓄積時間則在10秒以上、60秒以內，以每10秒爲刻度。

2.經下列各項之試驗且符合表5所規定之數值。

表5　離子式探測器靈敏度試驗數值表

種別	K	V	T	t
特種	0.19	20～40	30	5
1種	0.24			
2種	0.28			

備註：K表示標稱動作電離電流變化率。

3.動作試驗：含有電離電流變化率1.35K濃度煙之氣流，以風速Vcm/sec之速度吹向時，對非蓄積型者應在T秒內，對於蓄積型者應在標稱蓄積時間以上動作，但此時間不得超過標稱蓄積時間加T秒。（但總時間不得超過60秒）

4.不動作試驗：含有電離電流變化率0.65K濃度煙之氣流，以風速Vcm/sec吹向時，在t分鐘以內不動作方爲合格。

㈥光電式探測器：

1.光電式局限型探測器應符合下列規定：

(1)光電式局限型探測器之蓄積時間，應在5秒以上、60秒以內，標稱蓄積時間則在10秒以上、60秒以內，以每10秒爲刻度。

(2)光電式局限型探測器之靈敏度應經下列各項之試驗且符合表6所規定之數值。

表6　光電式局限型探測器靈敏度試驗數值表

種別	K	V	T	t
1種	5	20～40	30	5
2種	10			
3種	15			

備註：1.K值表示標稱動作濃度，亦即用減光率來表示，所謂減光率即發光部與受光部相隔一定距離，而在此空間中有煙存在時會減少其光度。

2.以標示靈敏度爲種類者：K值係以探測器本身濃度標示值（%），以其標示值之130%爲動作試驗值（%），以標示值之70%爲不動作試驗值（%）。（但K值不得超過5不得小於2，並歸類於1種之種別）

⑶動作試驗：含有每公尺減光率1.5K濃度之煙，以風速Vcm/sec之氣流吹向時，對非蓄積型者應在T秒內，對於蓄積型應在標稱蓄積時間以上動作，但此時間不得超過標稱蓄積時間加T秒。（但總時間不得超過60秒）

⑷不動作試驗：含有每公尺減光率0.5K濃度之煙，以風速Vcm/sec之氣流吹向時，在t分鐘以內不得動作。

2.光電式分離型探測器應符合下列規定：

⑴光電式分離型探測器之蓄積時間及標稱蓄積時間壹、六、㈥、1.、⑴之規定。

⑵光電式分離型探測器之標稱監視距離，在5公尺以上、100公尺以下，以每5公尺爲刻度。

⑶光電式分離型探測器之靈敏度，相對於其類別、標稱蓄積時間及標稱監視距離，K_1、K_2、T及t之值應符合表7所規定之數值。

表7　光電式分離型探測器靈敏度試驗數值表

種別	L_1	K_1	K_2	T	t
1種	45公尺未滿	$0.8\times L_1+29$	$0.3\times L_2$	30	2
	45公尺以上	65			
2種	45公尺未滿	L_1+40			
	45公尺以上	85			

備註：1.L_1爲標稱監視距離之最小值，L_2爲標稱監視距離之最大值。

2.K_1及K_2爲與煙濃度相當之減光濾光片之性能，以減光率表示。此時之減光率係以尖峰波長爲940奈米之發光二極體爲光源，以靈敏度尖峰值接近紅外線部分之受光部進行測定。

⑷動作試驗：當於送光部與受光部間設置具有對應L_1之K_1性能之減光濾光片時，非蓄積型之型式應在T秒以內發出火災信號，蓄積型之型式應在T秒以內感應後，於較標稱蓄積時間短5秒之時間以上、長5秒之時間以內發出火災信號。

⑸不動作試驗：當於送光部與受光部間設置具有對應L_2之K_2的性能之減光濾光片時，在t分鐘以內不會動作。

㈦火焰式探測器：

1.標稱監視距離，係按照每5度視角加以規定，未滿20公尺時以每1公尺爲刻度，20公尺以上時，以每5公尺爲刻度。

2.靈敏度應符合下列規定：

⑴動作試驗：相對於探測器之分類及每一視角之標稱監視距離，將L及d之值作如表8之規定時，在距離探測器之水平距離L公尺處，以一邊長度爲d公分之正方形燃燒盤燃燒正庚烷，應在30秒以內發出火災信號。

表8　火焰式探測器動作試驗數值表

分類	L（公尺）	d（公分）
室內型	標稱監視距離之1.2倍之值	33
室外型	標稱監視距離之1.4倍之值	70

⑵不動作試驗：紫外線及紅外線之受光量，在前款動作試驗中受光量之四分之一時，在1分鐘內不會動作。

㈧靈敏度試驗之條件：上述靈敏度試驗，應將探測器放置於與室溫相同之強制通風環境下30分鐘以後才進行試驗，此強制通風工作須於每一試驗前進行之。

七　老化試驗

差動式、離子式、光電式探測器要放置在50℃空氣中，補償式或定溫式探測器則放置在較標稱動作溫度低20℃之空氣中，持續通電狀態保持30天後，其構造及功能均不得發生異常。

八　防水試驗

防水型探測器之防水試驗，將探測器浸入於0.3%食鹽水中，而探測器之安裝座面應保持在水面下5公分位置，如此浸泡30分鐘較常溫升高溫度20℃後再經2小時才恢復至原來溫度，此項試驗反覆做二次之後，試驗其功能不得有異狀。

九　腐蝕試驗

對於普通型者要施行下列第㈠項試驗，對耐酸型者要施行第㈡項及第㈢項之試驗，對耐鹼性者要施行第㈡項及第㈣項試驗後，其功能不得有異狀才合格，上述各項試驗應在溫度45℃下進行，使用空氣管者，應將空氣管緊靠纏繞於直徑100mm圓條上，使用感知線型者將線狀感熱部緊密纏繞於直徑100mm圓條上做試驗，試驗中的動作，不做合格與否之判定。

㈠在5公升試驗用容器倒入每公升溶有40公克之硫代硫酸鈉之水溶液500cc，再用1N濃度之硫酸156cc稀釋1000cc水之酸液以1天2次每次取此酸溶液10cc加入於試驗容器中，使其發生二氧化硫（SO_2）氣體，而將探測器於在此氣體中連續通電4天。

㈡用與㈠項同樣試液、環境條件下連續通電放置8天，這項試驗反覆做二次。

㈢在每公升含1mg濃度之氯化氫（HCl）氣體中，連續通電放置16天。

㈣在每公升中含有10mg濃度氨氣體（NH_3）中，連續通電放置16天。

十　反覆試驗

非再用型除外，其他探測器之動作原理為接點方式者，經由電阻負載對此接點給予額定電壓及額定電流接通後，在此測試狀態下：

㈠差動式、定溫式及補償式探測器：

1. 對特種及第1種者以較溫室或標稱動作溫度高30℃之氣流中，直至動作狀態後，再放在同室溫之強制通風下冷卻至恢復原狀止，如此操作反覆1000次試驗後，對其構造及功能不得發生異狀。
2. 對第2種者要高40℃，對第3種要用較高60℃之氣流施予前項相同程序試驗。

㈡離子式、光電式、火焰式探測器：在其動作原理及動作電壓下，如此反覆操作1000次測試後，對其構造及功能不得發生異狀。

十一　振動試驗

㈠將探測器在通電狀態下，給予每分鐘1000次全振幅1mm之任意方向振動連續10分鐘後，不得發生異狀。

㈡將探測器在無通電狀態下，給予每分鐘1000次全振幅4mm之任意方向振動連續60分鐘後，對其構造及功能不得發生異狀。

十二　落下衝擊試驗

將探測器給予任意方向之最大加速度50g（g爲重力加速度），撞擊5次後，對其功能不得發生異常現象。

十三　粉塵試驗

將探測器在通電狀態下與含有減光率在每30公分20%濃度之粉塵空氣接觸15分鐘後，對其構造及功能不得發生異常現象，做本項試驗時，應在溫度20±10℃，相對溼度40±10%環境下進行，試驗中的動作，不做合格與否之判定。差動式局限型、差動式分布型、定溫式局限型、定溫式線型及補償式局限型等感熱型探測器可省略本試驗。

十四　耐電擊試驗

在通電狀態下，電源接以500V電壓之脈波寬1μsec及0.1μsec，頻率100赫茲（Hz），串接50Ω之電阻後，接於探測器之二端予以電擊試驗，各試驗15秒鐘後，對其功能不得發生異常現象。但無電路板結構者之探測器可省略本試驗。

十五　溼度試驗

探測器在通電狀態下放在溫度40±2℃，相對溼度90～95%之空氣中連續四天後，不得發生異常現象，且須符合下列規定，試驗中的動作，不做合格與否之判定：

㈠差動式局限型、差動式分布型、定溫式局限型、定溫式線型及補償式局限型及火焰式探測器，在室溫下經強制通風30分鐘後靈敏度應能正常。

㈡離子式、光電式探測器不經強制通風下，亦不得發生誤動作，但再做靈敏度試驗間需強制通風30分鐘。

十六　再用性試驗

將再用型探測器放置在150℃，風速1m/sec氣流中，對定溫式者測試2分鐘，對其他型者測試30秒鐘後，其構造及功能不得發生異狀，試驗中的動作，不做合格與否之判定。但差動分布型及離子式、光電式探測器等探測器可省略本試驗。

十七　絕緣電阻試驗

探測器之端子與外殼間之絕緣電阻，以直流500V之絕緣電阻計測量時應在50MΩ以上才合格，但定溫式線型探測器每1公尺應在1000MΩ以上。

十八　絕緣耐壓試驗

端子與外殼間之絕緣耐壓試驗，應用50Hz或60Hz近似正弦波而其實效電壓在500V之交流電通電1分鐘，能耐此電壓者爲合格，但額定電壓在60V以上150V以下者，用1000V電壓，額定電壓超過150V則以額定電壓乘以2倍再加上1000V之電壓作試驗。

十九　標示

應於本體上之明顯易見處，以不易磨滅之方法，標示下列事項（進口產品亦需以中文標示），線型探測器等無法在本體標示者，應以適當之標籤標示：

㈠產品種類名稱及型號。

㈡製造廠名稱或商標。

㈢型式認可號碼。

㈣製造年月或批號。

㈤電氣特性（含額定AC或DC電壓、電流等）。

㈥屬防水型、防爆型、非再用型、蓄積型須另行標示，且蓄積型應標示蓄積時間。

㈦差動式分布型探測器中有使用空氣管者，應標明空氣管之長度限制，其他分布型者則標示可裝置感熱器最多個數及電氣導體之電阻值等。

(八)檢附操作說明書及符合下列項目：

1. 包裝火警探測器之容器應附有簡明清晰之安裝及操作說明書，並提供圖解輔助說明。說明書應包括產品安裝及操作之詳細指引及資料，同一容器裝有數個同型產品時，至少應有一份安裝及操作說明書。
2. 若作為火警探測器設備檢查及測試之用者，得詳述其檢查及測試之程序及步驟。
3. 其他特殊注意事項。

貳　型式認可作業

一　型式試驗之樣品

型式試驗須提供樣品10個（非再用型50個），差動式分布型探測器空氣管需樣本100m。

二　型式試驗之方法

(一)型式試驗流程與樣品數：型式試驗之試驗項目及試驗流程如下：

【再用型】

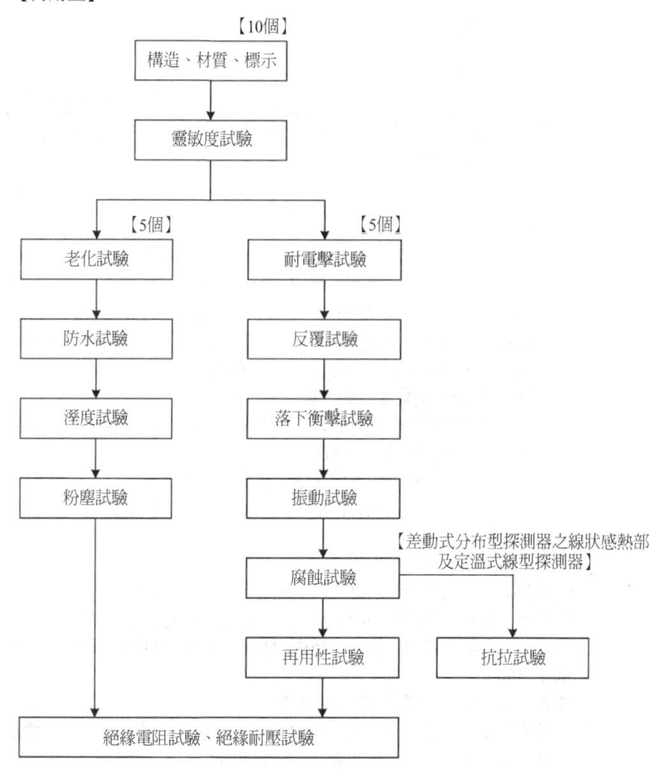

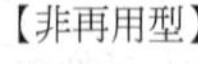

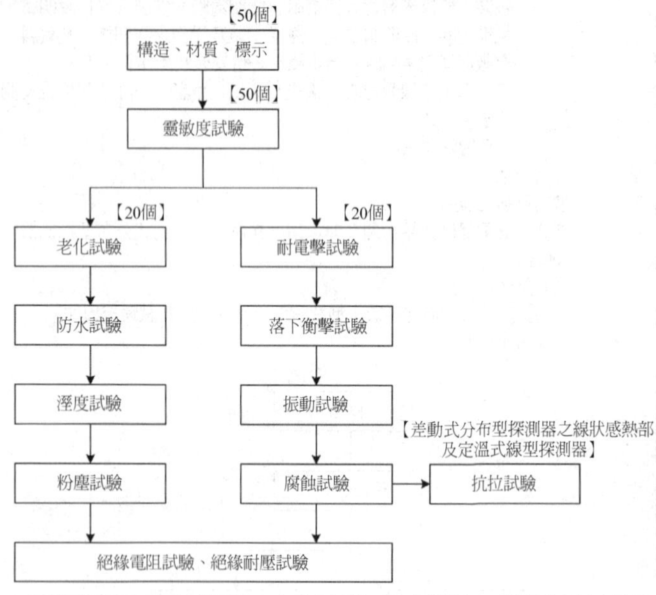

1. 從耐電擊試驗至再用性試驗，由老化試驗至粉塵試驗每一試驗過程結束後皆需以靈敏度試驗來確認探測器功能是否異常。如果係非再用型探測器，則在靈敏度試驗取50個試驗樣品，先對其全部作不動作試驗，之後再對其5個實施動作試驗，除了這5個以外之45個，繼續分別以20個作耐電擊試驗，以20個作老化試驗，在每一檢查項目之靈敏度試驗，均先實施不動作試驗，然後以其中5個實施動作試驗，重複進行檢查。
2. 差動式分布型探測器之線狀感熱部及定溫式線型探測器之試驗樣品數，係將每1m長度視爲1個進行檢查。

㈡試驗之方法：試驗方法依照「壹、技術規範及試驗方法」規定。

㈢試驗之紀錄：型式試驗的結果，使用附表8予以紀錄之。

三　型式試驗結果之判定

型式試驗之結果判定如下：

㈠符合本認可基準所規定之技術規範者，該型式試驗結果爲合格。

㈡符合下述五、補正試驗所定事項者，得進行補正試驗，並以一次爲限。

㈢未符合本認可基準所規定之技術規範者，該型式試驗結果爲不合格。

四　補正試驗

符合下列事項之一者得進行補正試驗：

㈠型式試驗之不良事項如爲申請資料不完備（設計錯誤除外）、標示遺漏、零件裝置不良或符合表12之一般缺點或輕微缺點者。

㈡試驗設備有不完備或缺點，致無法進行試驗之情形。

五　型式變更試驗之方法

型式變更試驗之樣品數、試驗流程等，應就型式變更之內容，依前述型式試驗進行。

六　型式區分、型式變更及輕微變更範圍

型式區分、型式變更及輕微變更範圍如表9。

表9 型式區分、型式變更及輕微變更範圍

區分	說明	項目
型式區分	型式認可之產品其主要性能、設備種類、動作原理不同，或經中央主管機關規定之必要區分者，須以單一型式認可做區分。	1.設備種類不同：差動式局限型、差動式分布型、定溫式局限型、定溫式線型、補償式局限型、離子式、光電式、複合式、火焰式等探測器。 2.多信號。 3.感度種類不同。 4.動作溫度、濃度不同。 5.防水型、非防水型。 6.耐酸型、耐鹼型。 7.再用型、非再用型。 8.蓄積型、非蓄積型。 9.標稱監視距離。 10.監視角度。 11.屋內型、屋外型。
型式變更	經型式認可之產品，其型式部分變更，有影響性能之虞，須施予試驗確認者。	1.多信號數追加。 2.變更動作電壓或電流。 3.有影響主要性能的附屬裝置之材質、構造變更。 4.變更標稱監視距離。（火焰探測器為每個視野角的標稱監視距離） 5.感熱元件及檢知部除外，有影響性能部分的材質構造及形狀變更。
輕微變更	經型式認可或型式變更認可之產品，其型式部分變更，不影響其性能，且免施予試驗確認，可藉由書面據以判定良否者。	1.接點方式、形狀及材質。 2.基板材質。 3.標示事項或標示位置。 4.安裝方式。 5.電子零件變更額定值、規格、型式或製造者。（但不影響設備性能者） 6.零件（電子零件以外） ⑴外殼材質。 ⑵外殼形狀及構造。 ⑶上揭⑴、⑵以外零件。（但不影響設備性能者） 7.電子回路變更。（但不影響設備性能者） 8.對主機能無影響之附屬裝置變更。

七 試驗紀錄

產品明細表格式如附表7。有關上述型式試驗、補正試驗、型式變更試驗之結果，應詳細塡載於型式試驗紀錄表（如附表8）。

參 個別認可作業

一 個別認可之方法

㈠個別認可依照CNS9042規定進行抽樣試驗。

㈡抽樣試驗之嚴寬等級依程序分為最嚴格試驗、嚴格試驗、普通試驗、寬鬆試驗及免會同試驗五種。

㈢個別試驗通常將試驗項目分爲以通常樣品進行之試驗（以下稱爲「一般試驗」）以及對於少數樣品進行之試驗（以下稱爲「分項試驗」）。

二　個別認可之樣品

個別認可之樣品數以及樣品之抽樣方法如下：

㈠個別認可之樣品數由該個別認可之相關試驗之嚴寬等級以及批次大小（如附表1至附表4）所定。

㈡樣品之抽取如下所示：

1.抽樣試驗以每一批次爲單位。

2.樣品之多寡，應視整批成品（受驗數量＋預備品）數量之多寡及試驗等級，按抽樣表之規定抽取，並在重新編號之全部製品（受驗批）中，依隨機抽樣法（CNS9042）隨意抽取，抽出之樣品依抽出順序編排序號。但受驗批量如在300個以上時，應依下列規定分爲二段抽樣。

⑴計算每群應抽之數量：當受驗批次在五群（含箱子及集運架等）以上時，每一群之製品數量應在5個以上之定數，並事先編定每一群之編碼；但最後一群之數量，未滿該定數亦可。

⑵抽出之產品賦予群碼號碼：同群製品須排列整齊，且排列號碼應能清楚辨識。

⑶確定群數及抽出個群，再從個群中抽出樣品：確定從所有群產品中可抽出五群以上之樣品，以隨機取樣法抽取相當數量之群，再由抽出之各群製品作系統式循環抽樣（由各群中抽取同一編號之製品），將受驗之樣品抽出。

⑷依上述方法取得之製品數量超過樣品所需數量時，重複進行隨機取樣去除超過部分至達到所要數量。

3.一般試驗和分項試驗以不同之樣品試驗之。

三　試驗項目

㈠一般試驗以及分項試驗之項目如表10所述。

表10　一般及分項試驗項目

試驗區分	試驗項目
一般試驗	構造、材質、標示
	靈敏度試驗
分項試驗	絕緣電阻、絕緣耐壓試驗
	防水試驗（防水型探測器）
	抗拉試驗（差動式分布型探測器之線狀感熱部及定溫式線型探測器）

㈡試驗方法：試驗方法依照「壹、技術規範及試驗方法」。

㈢個別試驗的紀錄使用附表9。

四　缺點之分級及合格判定基準

依下列規定區分缺點及合格判定基準（AQL）。

㈠試驗中發現之缺點，其嚴重程度依「消防機具器材及設備認可作業要點」規定，區分爲致命缺點、嚴重缺點、一般缺點及輕微缺點等四級。

㈡各試驗項目之缺點內容，依本基準肆、缺點判定方法規定，非屬該判定方法所列範圍內之缺點者，依「消防機具器材及設備認可作業要點」之分級原則判定。

五　個別認可結果之判定

受測批量合格與否，依抽樣表及下列規定判定之。抽樣表中，Ac表示合格判定個數（合格判定時，不良品數之上限），Re表示不合格判定個數（不合格判定時，不良品數之下限）。一般試驗及分項試驗，應分別計算其不良品之數量。

㈠抽樣試驗中，一般試驗及分項試驗之不良品數，均於合格判定個數以下時，視該批爲合格。且下一批可依下述第八項「試驗嚴寬度等級之調整」更換較寬鬆之試驗等級。

㈡抽樣試驗中，一般試驗及分項試驗，任一試驗之不良品數在不合格判定個數以上時，視該批爲不合格。並應依下述第八項「試驗嚴寬度等級之調整」更換較嚴格之試驗等級。但該等不良品之缺點僅爲輕微缺點時，得進行補正試驗，惟以一次爲限。

㈢抽樣試驗中出現致命缺點之不良品時，即使該抽樣試驗中不良品數在合格判定個數以下，該批仍視爲不合格。並應依下述第八項「試驗嚴寬度等級之調整」更換較嚴格之試驗等級。

六　個別認可結果之處置

㈠合格批量之處置：

1.當批量雖經判定爲合格，但受驗樣品中如發現有不良品時，應使用預備品替換或修復該等不良品數量後，方視整批爲合格品。

2.即當批量雖經判定爲合格，其不良品部分之個數，如無預備品替換或無法修復調整者，仍判定爲不合格。

㈡補正批量之處置：

1.接受補正試驗時，應提出初次試驗時所發現不良事項之改善說明書及不良品處理後之補正試驗合格紀錄表。

2.補正試驗之受驗樣品數以初次試驗之受驗樣品數爲準。

㈢不合格批量之處置：

1.不合格批量之產品接受再試驗時，應提出初次試驗時所發現不良事項之改善說明書，及不良品處理之補正試驗合格紀錄表。

2.不合格批量之產品接受再試驗時，不得加入初次試驗受驗製品以外之製品。

3.不合格之批量不再試驗時，應向認可機構備文說明理由及其廢棄處理等方式。

七　個別認可試驗嚴寬度等級之調整

㈠試驗等級以普通試驗爲標準，並依表11規定進行轉換。

㈡有關補正試驗及再受驗批次之試驗等級調整，第一次試驗爲寬鬆試驗者，以普通試驗爲之；第一次試驗爲普通試驗者，以嚴格試驗爲之；第一次試驗爲嚴格試驗者，以最嚴格試驗爲之。此再受驗批次之試驗結果，不得計入試驗嚴寬分級轉換紀錄中。

八　免會同試驗

㈠符合下列所有情形者，得免會同試驗：

1.達寬鬆試驗後連續十批第一次試驗均合格者。

2.累積受驗數量達2000個以上。

3.取得ISO9001認可登錄或國外第三公正檢驗單位通過者（產品具合格標識）。

㈡實施免會同試驗時，檢測單位每半年至少派員會同實施抽驗一次，試驗項目依照個別認可試驗項目，若試驗不符合本基準規定時，該批次予以不合格處置，並次批恢復爲普通試驗（會同試驗）。

㈢符合免會同試驗資格者，如有下列情形之一時，該批樣品應即恢復爲普通試驗（會同試驗）：

1.所提廠內試驗紀錄表有疑義時。

2.六個月內未申請個別認可者。

3.經使用者反應認可樣品有構造與性能不合本基準規定，經檢測單位確認確實有不符合者。

九　個別認可試驗之限制

當批量完成上述之個別認可試驗完整程序後，方能申請及執行下一批量之個別認可試驗。

十　免施試驗之範圍

差動式分布型、光電式分離型及火焰式探測器等進口產品得免施一般試驗之靈敏度試驗，申請免施試驗應檢附下列資料：

㈠產品進口報單。

㈡國外第三公證機構認可（證）標示。

㈢出廠測試相關證明文件。

十一　個別認可試驗設備發生故障之處置

試驗開始後因試驗設備發生故障，確認當日無法完成試驗時，則中止該試驗。應俟接獲試驗設備完成改善之通知後，重新擇定時間，依下列規定對該批施行試驗。

㈠試驗之抽樣標準與初次試驗時相同。

㈡該試驗不得進行補正試驗。

十二　其他

個別認可時，若發現製品有其他不良事項，經認定該產品之抽樣標準及個別認可方法不適當時，得由中央主管機關另訂個別認可方法及抽樣標準。

表11　試驗嚴寬度等級之調整

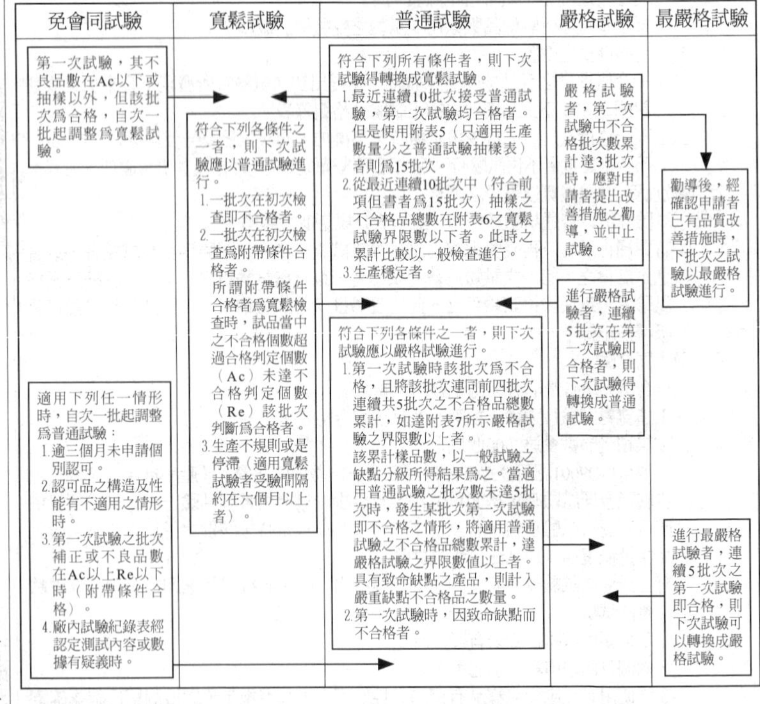
免會同試驗
寬鬆試驗
普通試驗
嚴格試驗
最嚴格試驗
第一次試驗，其不良品數在Ac以下或抽樣以外，但該批次為合格，自次一批起調整為寬鬆試驗。
符合下列所有條件者，則下次試驗得轉換成寬鬆試驗。
1.最近連續10批次接受普通試驗，第一次試驗均合格者。但是使用附表5（只適用生產數量少之普通試驗抽樣表）者則為15批次。
2.從最近連續10批次中（符合前項但書者為15批次）抽樣之不合格品總數在附表6之寬鬆試驗界限數以下者。此時之累計比較以一般檢查進行。
3.生產穩定者。
嚴格試驗者，第一次試驗中不合格批次數累計達3批次時，應對申請者提出改善措施之勸導，並中止試驗。
勸導後，經確認申請者已有品質改善措施時，下批次之試驗以最嚴格試驗進行。
符合下列各條件之一者，則下次試驗應以普通試驗進行。
1.一批次在初次檢查即不合格者。
2.一批次在初次檢查為附帶條件合格者。
所謂附帶條件合格者為寬鬆檢查時，試品當中之不合格個數超過合格判定個數（Ac）未達不合格判定個數（Re）該批次判斷為合格者。
3.生產不規則或是停滯（適用寬鬆試驗者受驗間隔約在六個月以上者）。
進行嚴格試驗者，連續5批次在第一次試驗即合格者，則下次試驗得轉換成普通試驗。
符合下列各條件之一者，則下次試驗應以嚴格試驗進行。
1.第一次試驗時該批次為不合格，且將該批次連同前四批次連續共5批次之不合格品總數累計，如達附表7所示嚴格試驗之界限數以上者。
該累計樣品數，以一般試驗之缺點分級所得結果為之。當適用普通試驗之批次數未達5批次時，發生某批次第一次試驗即不合格之情形，將適用普通試驗之不合格品總數累計，達嚴格試驗之界限數值以上者。
具有致命缺點之產品，則計入嚴重缺點不合格品之數量。
2.第一次試驗時，因致命缺點而不合格者。
適用下列任一情形時，自次一批起調整為普通試驗：
1.逾三個月未申請個別認可。
2.認可品之構造及性能有不適用之情形時。
3.第一次試驗之批次補正或不良品數在Ac以上Re以下時（附帶條件合格）。
4.廠內試驗紀錄表經認定測試內容或數據有疑義時。
進行最嚴格試驗者，連續5批次之第一次試驗即合格，則下次試驗可以轉換成嚴格試驗。

肆　缺點判定方法

各項試驗所發現之不合格情形，其缺點之等級依表12之規定判定。

表12　缺點判定表

		致命缺點	嚴重缺點	一般缺點	輕微缺點
分類		可能造成人體之傷害或無法發揮機具之基本功能者。	不屬於致命缺點，但會對機具等之功能產生重大妨礙者。	不屬於致命缺點或嚴重缺點，但會對機具等之功能產生妨礙之情形、機具等之構造與經型式承認機具不同或有會造成在使用時妨礙之錯誤標示者。	有不屬嚴重缺點或一般缺點之輕微妨礙故障者。
探測器	共通	與監視狀態有關			
		從一開始探測器就是在未連接狀態。	從一開始就在火災信號或火災訊息信號之發信狀態。	1.從一開始動作標示裝置等就在動作狀態（火災信號或火災訊息信號之發信狀態除外）。 2.從一開始就在故障或類似信號之發信狀態（以可以發出火災信號或火災訊息信號之狀態爲限）。	1.從一開始附屬裝置等就在動作狀態。 2.從一開始就在故障或類似信號之發信狀態（以有關附屬裝置之信號爲限）。
		與絕緣電阻、耐壓有關			
			1.額定回路電壓超過60V時，絕緣電阻值未滿規定值。 2.額定回路電壓超過60V時，在絕緣耐壓試驗中未達到規定之耐用時間。	1.額定回路電壓在60V以下時，絕緣電阻值未滿規定值。 2.額定回路電壓在60V以下時，在絕緣耐壓試驗中未達到規定之耐用時間。	
		與一般功能有關			
		無法發出火災信號或火災訊息信號。	1.動作後無法復歸。 2.特有信號之定址號碼不同。 3.在防水試驗中，絕緣電阻未滿1MΩ。	1.探測器動作時，無法將該等訊息向動作確認燈及其他類似之火災報警功能相關裝置送信。 2.動作標示裝置不動作。 3.在防水試驗中，絕緣電阻值未滿1MΩ以上之規定值。 4.無法向附屬裝置發送火災信號或火災訊息信號。	附屬裝置之功能等有不良之情形。
		與試驗功能有關			
				試驗功能無法正常動作（對火災信號或火災訊息信號造成影響者除外）。	
		與構造有關			
		1.造成可能或無法發出火災信號或火災訊息信號之斷線、接觸不良、零配件缺陷（洩漏電阻、熱偶等之缺陷）及其他類似之致命性不良。 2.無接點。	1.對發送火災信號或火災訊息信號之功能造成影響之試驗裝置或零配件之裝設等有嚴重不良。 2.基板與本體無法嵌合。	1.對火災功能（火災信號或火災訊息信號之發信功能除外）造成影響之試驗裝置或零配件之裝設等有嚴重不良。 2.接點上有顯著之損傷。 3.在接點部分、感應部分等有明顯之髒污附著或異物殘留。 4.可能會對功能造成影響之生鏽。 5.在簧膜室等需要防蝕處理處未做防蝕處理。	1.對火災功能或試驗裝置功能無影響之零配件，其裝設等有嚴重不良。 2.試驗裝置或零配件之裝設等有輕微不良。 3.基板與本體有無法確實嵌合（偏位、縫隙等）之情形。 4.外觀、零配件之尺度偏離公差值。 5.對功能不致造成影響之生鏽。

			致命缺點	嚴重缺點	一般缺點	輕微缺點
探測器			與標示有關			
					1.對火災信號或火災訊息信號之發信功能可能造成影響之標示錯誤。 2.定址標示與探測器號碼不同。	1.標示錯誤（對火災信號或火災訊息信號之發信功能可能造成影響之情形除外）。 2.未標註或不明顯者。
			（相對於種類不同之功能關係）			
	差動式局限型		以下列之條件實施階段上升動作試驗時，在30秒內不動作。 1.第1種，爲第2種之試驗條件。 2.第2種，爲溫度45度、風速105cm/s。	1.實施階段上升動作試驗時，其動作時間超過規定時間之120%。 2.實施直線上升動作試驗時，其動作時間超過規定時間之120%。	1.實施階段上升動作試驗時，其動作時間超過規定時間之105%，在120%以下。 2.實施直線上升動作試驗時，其動作時間超過規定時間之105%，在120%以下。 3.在不動作試驗時動作。	1.實施階段上升動作試驗時，其動作時間超過規定時間、在規定值之105%以下。 2.實施直線上升動作試驗時，其動作時間超過規定時間、在規定值之105%以下。
	差動式分布型	空氣管式	1.洩漏電阻值未滿設計值之50%。 2.接點水高值超過設計值之2倍。	1.洩漏電阻值未滿規定值下限之80%或超過上限之120%。 2.接點水高值未滿規定值下限之80%或超過上限之120%。 3.等價容量未滿規定值下限之80%或超過上限之120%。	1.洩漏電阻值在規定值下限之80%以上未滿95%或超過105%在120%以下。 2.接點水高值在規定值下限之80%以上未滿95%或超過105%在120%以下。 3.等價容量在規定值下限之80%以上未滿95%或超過105%在120%以下。 4.在接點開放試驗中接點不開放。	1.洩漏電阻值在規定值下限之95%以上、未滿下限值，或超過上限值、在上限值105%以下。 2.接點水高值在規定值下限之95%以上、未滿下限值，或超過上限值、在上限值105%以下。 3.等價容量在規定值下限之95%以上、未滿下限值，或超過上限值、在上限值105%以下。
		非空氣管式	1.檢出器之動作電壓超過設計值之2倍。 2.感熱部分之熱感應電壓未滿設計值之1/2。	1.檢出器之動作電壓未滿規定值下限之80%或超過上限之120%。 2.感熱部分之熱感應電壓未滿規定值下限之80%或超過上限之120%。	1.檢出器之動作電壓在規定值下限之80%以上未滿95%或超過105%在120%以下。 2.在接點開放試驗中接點不開放。 3.感熱部分之熱感應電壓在規定值下限之80%以上未滿95%或超過105%在120%以下。	1.檢出器之動作電壓在規定值下限之95%以上、未滿下限值，或超過上限值、在上限值105%以下。 2.感熱部分之熱感應電壓在規定值下限之95%以上、未滿下限值，或超過上限值、在上限值105%以下。
	定溫式局限型		以標稱動作溫度之150%之溫度、風速100cm/s、實施動作試驗時，在當時之室溫中未在規定之時間以內動作。	在動作試驗時，其動作時間超過規定值之120%。	1.在動作試驗時，其動作時間超過規定值之105%，在120%以下。 2.在不動作試驗時動作。	在動作試驗時，其動作時間超過規定時間、在規定值之105%以下。
	補償式局限型		以下列之條件實施階段上升動作試驗時，在30秒內不動作、及在定溫點動作試驗中比標稱定溫點高超過30度仍不動作。 1.第1種，爲第2種之試驗條件。 2.第2種，爲溫度45度、風速105cm/s	1.實施階段上升動作試驗時，其動作時間超過規定時間之120%。 2.實施直線上升動作試驗時，其動作時間超過規定時間之120%。 3.在定溫點動作試驗中，動作溫度較標稱定溫點高超過20度。	1.實施階段上升動作試驗時，其動作時間超過規定時間之105%，在120%以下。 2.實施直線上升動作試驗時，其動作時間超過規定時間之105%，在120%以下。 3.在不動作試驗時動作。 4.在定溫點動作試驗中，動作溫度未滿較標稱定溫點低15度或較標稱定溫點高超過20度之溫度以下。	1.實施階段上升動作試驗時，其動作時間超過規定時間、在規定值之105%以下。 2.實施直線上升動作試驗時，其動作時間超過規定時間、在規定值之105%以下。 3.在定溫點動作試驗中，動作溫度在較標稱定溫點低15度之溫度以上未滿低10度之溫度或超過較標稱定溫點高10度之溫度而在高15度之溫度以下。

		致命缺點	嚴重缺點	一般缺點	輕微缺點
探測器	離子式局限型、光電式局限型、光電式分離型	1.以下列之條件實施動作試驗時，動作時間（如係蓄積型，爲動作時間減去蓄積時間後之時間。以下在本表中同）超過30秒（如係第3種或光電式分離型之第2種，則爲60秒）。 (1)第1種及光電式分離型之第2種，爲第2種之試驗條件。 (2)離子式局限型第2種以及第3種，爲第3種之試驗條件。 2.蓄積時間超過標稱蓄積時間之2倍。	1.在動作試驗時，其動作時間超過規定值之120%。 2.蓄積時間未滿規定值下限之80%或超過上限之120%。 3.爲光電式分離型，卻無法設定監視距離。	1.在動作試驗時，其動作時間超過規定值之105%，在120%以下 2.在不動作試驗時動作。 3.蓄積時間在規定值之80%以上、95%未滿，或超過上限值之105%、在120%以下。	1.在動作試驗時，其動作時間超過規定時間、在規定值之105%以下。 2.蓄積時間在規定值之下限值95%以上、未滿下限值，或超過上限值、在上限值105%以下。
	火焰式	在標稱監視距離之2/3距離處實施動作試驗時，其動作時間超過30秒。	在動作試驗時，其動作時間超過規定值之120%。	1.在動作試驗時，其動作時間超過規定值之105%，在120%以下。 2.在不動作試驗時動作。 3.髒污監視功能不動作。	在動作試驗時，其動作時間超過規定時間、在規定值之105%以下。

備考：1.複合式局限型探測器得依其具有之性能分別準用該分類之規定。

2.如係多信號探測器，得就其具有之種類別（特種、第1種、第2種或第3種）、標稱動作溫度等分別適用本表之規定。

3.本表用語之定義如下：

⑴火災報警功能：係指火災警報設備所具有之監視、警報、火災顯示試驗、導通試驗功能等功能。

⑵附屬裝置：係指與火災報警功能有關之裝置以外組裝在機器中之裝置。

⑶零配件裝設之重大不良：係指與零配件有關之損傷或過與不足、與配線有關之斷線、接觸不良、忘記焊接、表層焊或繞捲不良（鬆動或未滿3圈）及其他類似之不良。

4.零配件裝設之輕微不良：係指裝設狀態不良、配線狀態不良、忘記防鬆脫栓、與配線有關之焊接不良（忘記焊接、表層焊除外）或繞捲欠佳（圈數在3以上、未滿6）、保險絲之容量有誤及其他類似之不良。

伍　主要試驗設備

本基準各項試驗設備依表13所列設置。

表13　試驗設備項目表

項目		規格	數量
抽樣表		本基準附表1至附表4之規定。	1份
亂數表		CNS9042或本基準中有關之規定。	1份
計算器		8位數以上工程用電子計算器。	1只
碼錶		1分計，附計算功能，精密度1/10至1/100sec。	1個
尺寸測量器	游標卡尺	測定範圍：0至150mm，精密度1/50mm，1級品。	1個
	分厘卡	測定範圍：0至25mm，最小刻度0.1mm，精密度±0.005mm。	1個
	深度量規	指示盤之精度：小圓分10格，每格0.01mm；大圓分100格，每格0.1mm。	1個
	直尺	測定範圍：1至30cm，最小刻度1mm。	1個
	卷尺（布尺）	測定範圍：1至5m，最小刻度1mm。	1個

項　目	規　格	數量
風速計	測定範圍：0.05～20.0(m/s)，精密度±1%。	1個
數位式三用電表	電流測定範圍：0至30mA以上。 電阻測定範圍：0至20MΩ以上。 電壓測定範圍：AC或DC 0至2000V以上。	1個
抗拉試驗裝置	抗拉試驗設備（拉力10kgf以上，精密度±1%）。	1套
靈敏度試驗裝置	1.定溫式局限型靈敏度試驗機。 (1)設定溫度150℃，精密度±2.5%。 (2)風速0.2～1.0m/sec，精密度±0.1m/sec。 2.差動式階段上昇用靈敏度試驗機。 (1)垂直氣流試驗機。 (2)設定溫度20℃、30℃，精密度±2.5%。 (3)風速0.2～1.0m/sec，精密度±0.1m/sec。 3.差動式直線上昇用靈敏度試驗機。 (1)水平氣流試驗機。 (2)設定溫度2、3、10、15℃/min，精密度±2.5%。 (3)風速0.2～1.0m/sec，精密度±0.1m/sec。 4.偵煙式局限型光電式靈敏度試驗機。 (1)水平氣流試驗機。 (2)光學濃度計。 (3)發煙箱。 (4)風速0.2～1.0m/sec，精密度±0.1m/sec。 (5)校正用光學濾鏡。 5.偵煙式局限型離子式靈敏度試驗機。 (1)水平氣流試驗機。 (2)離子式濃度計。 (3)發煙箱。 (4)風速0.2～1.0m/sec，精密度±0.1m/sec。	各1套
老化試驗裝置	老化試驗箱（溫度為室溫～150℃）。	1套
防水試驗裝置	防水試驗槽（水槽溫度為室溫～80℃）。	1套
腐蝕試驗裝置	1.5公升試驗用容器。 2.硫代硫酸鈉、硫酸、氯化氫、氨氣等。 3.恆溫設備（恆溫45℃±2℃）。	各1套
反覆試驗裝置	依動作原理反覆進行1000次動作之試驗設備。	1套
振動試驗裝置	振動試驗機（振動頻率每分鐘1000次以上，全振幅4mm）。	1套
落下衝擊試驗裝置	衝擊試驗機（最大加速度100g以上）。	1套
粉塵試驗機裝置	1.粉塵試驗機。 2.光學濃度計。 3.溫度20～30℃，濕度40～50%。	1套
耐電擊試驗裝置	1.耐電擊試驗機。 2.衝擊波形為方波。 3.可設定測試電壓500V，脈波寬為1μs、0.1μs。測試頻率100Hz。	1套
溼度試驗裝置	恆溫恆濕機（溫度為40℃±2℃、濕度為95%±2.5%）。	1套
再用性試驗裝置	風洞試驗機（溫度150℃，風速1m/sec）。	1套
絕緣電阻計	測定電壓DC500V、1000V以上。	1套
絕緣耐壓試驗機	測試電壓為2000V以上。	1套

火警發信機火警警鈴及標示燈認可基準

民國101年11月14日內政部公告訂定發布全文5點；並自102年7月1日起生效。

壹　技術規範及試驗方法

一　適用範圍

手動報警設備所使用之火警發信機、火警警鈴及標示燈，其構造、性能、材質等技術上之規範及試驗方法，應符合本基準之規定。

二　用語定義

(一)火警發信機：係利用手動對火警受信總機或中繼器等發出信號之設備。分類如下：

1. 依系統種類區分：一般係與P型受信總機配合使用，至與R型受信總機配合使用者稱為「定址型火警發信機」。
2. 依操作方式區分：「強壓型」及「扳動型」。
3. 依設置場所區分：「屋內型」及「屋外型」。

(二)火警警鈴：由火警受信總機或中繼器等操作，於火災發生時發出警報音響之設備。

(三)標示燈：由火警受信總機或中繼器等操作，於火災發生時發出閃亮燈光之表示設備。

三　構造、形狀及材質

(一)共同部分：

1. 作動要確實，操作維護檢查及更換零件應簡便且具耐用性。
2. 不受塵埃、濕氣之影響而導致功能異常、失效之現象。
3. 應使用不燃或耐燃材料構成。
4. 機器內部所使用之配線，應對承受負載具有充分之電氣容量，且接線部施工應確實。
5. 除屬於無極性者外，應設有防止接線錯誤之措施或標示。
6. 裝配零件時，應有防止其鬆動之裝置。
7. 電線以外通有電流且具滑動或轉動軸等之零件，可能有接觸不夠充分部分，應施予適當措施，以防止接觸不良之情形發生。
8. 額定電壓超過60V以上，其電源部分應有防觸電裝置，且外殼應為良導體並裝設地線端子。

(二)個別部分：

1. 火警發信機：

(1)外殼露在外面部分應為紅色；但修飾部位（如外殼邊框或印刷說明等）及文字標示除外。

(2)啓動開關時即能送出火警信號。

(3)發信開關應設有下列保護裝置：

①強壓型：須設置能以手指壓破或壓下即能容易操作之保護裝置。

②扳動型：須設置防止任意扳動之保護裝置。

(4)應有明確動作確認裝置（含燈或機構者）。

(5)內部之開關接點須為耐腐蝕材質且具有銀鈀合金同等以上導電率。

(6)開關連動部位須有防腐蝕處理。

(7)與外線連接部位須有接線端子或導線設計。

2.火警警鈴：

(1)火警警鈴係使用鈴殼及打鈴振動臂者應有防腐蝕處理，且鈴殼須爲紅色。

(2)使用電源須爲DC24V且應標明消耗電流。

3.標示燈：

(1)燈罩應爲紅色透明之玻璃材料或耐燃性材料。

(2)燈座及座台應爲不燃或耐燃材料。

四　動作試驗

施以額定電壓確認其動作狀態，不得有異狀。且在額定電壓之90%至110%範圍內施以電壓變動試驗，其功能不得有異狀。

五　溫濕度試驗

樣品依下表規定之環境溫度及濕度下靜置12小時後，在室溫下實施動作試驗、音壓試驗及照度試驗等功能性試驗，不得產生構造及功能之異常。

種類／環境參數	屋內型	屋外型
高溫環境	溫度50±2℃，濕度90±3%	溫度70±2℃，濕度95±3%
低溫環境	溫度0±3℃	溫度－10±3℃

六　保護裝置強度試驗

火警發信機之發信開關保護裝置，其強度應在保護裝置中央用圓直徑20mm且其尾端能均勻與板面接觸之物體加以2kgf之靜重時，不得有異狀，而以8kgf之靜重壓下時，則能操作或被壓下者爲準。（使用扳動型者不在此限）

七　反覆試驗

以額定電壓及額定電流對火警發信機反覆1000次通電試驗後（定址型火警發信機須接上火警受信總機進行試驗），其構造及功能不得有異狀。

八　腐蝕試驗

對屋外型者，用重量百分比濃度3%之鹽水溶液依CNS8886「鹽水噴霧試驗方法」，噴霧8個小時後，靜置16小時，以此爲一週期，反覆實施五個週期，再以水沖洗，經自然乾燥24小時後，不得產生腐蝕現象。

九　灑水試驗

屋外型發信機在通電狀態下，由前上方45°方向處，使用清水以每分鐘3mm之撒水比例，以雨狀均勻灑在本體上，1小時後其內部不能有積水，且其功能不得有異狀。

十　振動試驗

在通電狀態下，施以振動頻率每分鐘1000次全振幅4mm之任意方向連續振動60分鐘後，其構造及功能不得有異狀。

十一　衝擊試驗

對火警發信機及火警警鈴，由任意方向以最大加速度100g（g爲重力加速度）之衝擊5次後，其構造及功能不得有異狀。

十二　絕緣電阻試驗

端子與外殼間，以直流500V之絕緣電阻計測量，其電阻值須達20MΩ以上。

十三　絕緣耐壓試驗

端子與外殼間之絕緣耐壓試驗：接通50Hz或60Hz近似正弦波形而實效電壓500V之交流電應能耐1分鐘，但額定電壓在60V至150V者，以1000V為試驗電壓，額定電壓超過150V以上者，則以其額定電壓乘2倍再加1000V為試驗電壓。

十四　音壓試驗

將火警警鈴裝置於無響室內，施以額定電壓之80%電壓時，在距離火警警鈴正面1m處所測得之音壓須在65dB以上；施以額定電壓時，在距離火警警鈴正面1m處所測得之音壓須在90dB以上。且在施以額定電壓連續鳴響8小時後，其構造及功能不得有異狀。

十五　照度試驗

在周圍照度300Lux以上之狀態下，沿著與裝設面成為15度以上角度之方向距離10公尺處，可以目視確認其亮燈。且施以額定電壓之130%電壓連續20小時後，不得有斷線、黑化或發生電流降低達到初期量測值之20%以上。

十六　熾熱線試驗

㈠熾熱線試驗係應用在完成品或組件實施耐燃試驗時之相關規定。

㈡引用標準：

1.中華民國國家標準（以下簡稱CNS）14545-4〔火災危險性試驗－第2部：試驗方法－第1章／第0單元：熾熱線試驗方法－通則〕。

2.CNS14545-5〔火災危險性試驗－第2部：試驗方法－第1章／第1單元：完成品之熾熱線試驗及指引〕。

㈢試驗說明：

1.試驗裝置依CNS14545-4之規定。

2.熾熱線試驗不適用於直線表面尺度小於20mm之小組件者，可參考其他方法（例如：針焰試驗）。

3.試驗前處理：將試驗品或薄層置於溫度15℃至35℃間，相對溼度在45%至75%間之1大氣壓中24小時。

4.試驗程序及注意事項：參照CNS14545-4中第9.1節至第9.4節之規定。

5.試驗溫度：

⑴對非金屬材料組件如外殼、標示面及照射面所用絕緣材料，試驗溫度為550±10℃。

⑵支撐承載電流超過0.2A之連接點的絕緣材料組件，試驗溫度為750±10℃；對其他連接點，試驗溫度為650±10℃。施加之持續時間（t_a）為30±1秒。

㈣觀察及量測：熾熱線施加期間及往後之30秒期間，試驗品、試驗品周圍之零件及其位於試驗品下之薄層應注意觀察，並記錄下列事項：

1.自尖端施加開始至試驗品或放置於其下之薄層起火之時間（t_i）。

2.自尖端施加開始至火焰熄滅或施加期間之後，所持續之時間（t_e）。

3.目視著火開始大約1秒後，觀察及量測有無產生聚合最大高度接近5mm之火焰；火焰高度之量測係於微弱光線中觀察，當施加到試驗品上可看見到火焰之頂端與熾熱線上邊緣之垂直距離。

4.尖端穿透或試驗品變形之程度。

5.如使用白松木板則應記錄白松木板之任何燒焦情形。

㈤試驗結果之評估：符合下列之一者為合格。

1.試驗品無產生火焰或熾熱者。

2.試驗品之周圍及其下方之薄層之火焰或熾熱在熾熱線移除後30秒內熄滅，換言之$t_e \leqq t_a + 30$秒，且周圍之零件及其下方之薄層無繼續燃燒。當使用包裝棉紙層時，此包裝棉紙應無著火。

十七　標示

㈠應於本體上之明顯易見處，以不易磨滅之方法，標示下列事項（進口產品亦需以中文標示）：

1.產品名稱及型號。

2.型式認可號碼。

3.製造廠名稱或商標。

4.製造年月或批號。

5.電氣特性（含額定AC或DC電壓、電流等）。

6.發信機各接線端應註明端子符號或接線標示。

㈡檢附操作說明書及符合下列事項：

1.應附有簡明清晰之安裝、接線及操作說明，並提供圖解輔助說明。

2.包括產品安裝、接線及操作之詳細注意事項及資料。同一容器裝有數個同型產品時，至少應有一份安裝及操作說明書。

3.詳述其檢查及測試之程序及步驟。

4.其他特殊注意事項（特別是安全注意事項）。

貳　型式認可作業

一　型式試驗之方法

㈠試驗樣品數3個，熾熱線試驗樣品數6個。

㈡試驗項目及流程如下：

1.共同試驗

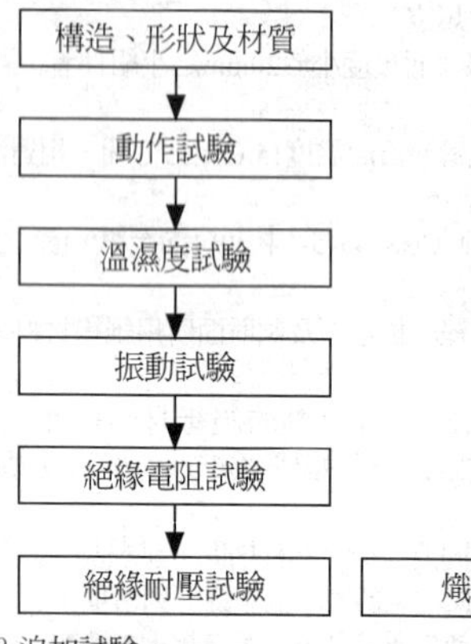

2.追加試驗

(1)火警發信機

①屋內型

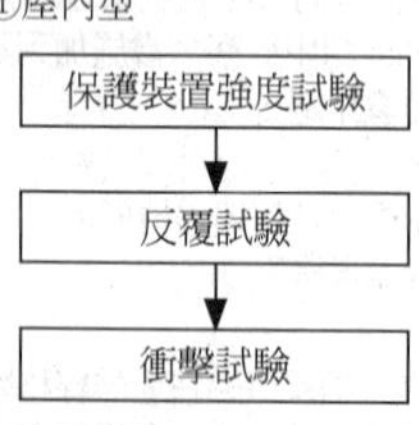

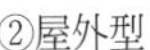

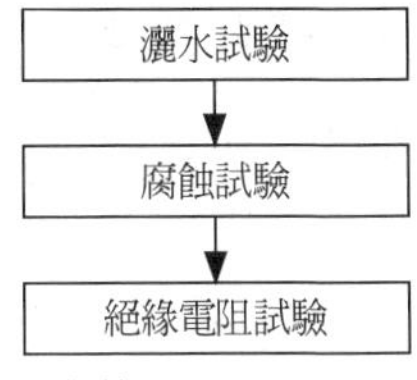

(2)火警警鈴

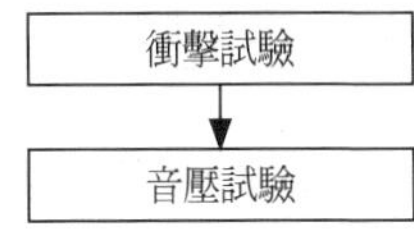

(3)標示燈

照度試驗

二　型式試驗結果之判定

(一)符合本認可基準所規定之技術規範，未發現缺點者，則型式試驗結果為「合格」。

(二)符合下述三、補正試驗所揭示之事項者，得進行補正試驗一次。

(三)不符本認可基準所規定之技術規範，試驗結果發現不合格情形者，則該型式試驗結果為「不合格」。

三　補正試驗

(一)型式試驗中構造檢查不良事項，如為本認可基準肆、缺點判定表所列輕微缺點者，得進行補正試驗一次。

(二)補正試驗所需樣品數3個，並依本認可基準之型式試驗方法進行。

四　型式變更試驗之方法

型式變更試驗之樣品數、試驗流程等，應就型式變更之內容依本認可基準之型式試驗方法進行。

五　型式區分、型式變更及輕微變更範圍

表1　型式區分、型式變更及輕微變更範圍

區分	說明	項目
型式區分	型式認可之產品其主要性能、設備種類、動作原理不同，或經中央主管機關規定之必要區分者，須以單一型式認可做區分。	1.設備種類：火警發信機、火警警鈴、標示燈。 2.防水等級：如屋外型、屋內型。 3.火警發信機啓動方式不同。 4.火警警鈴動作原理不同。
型式變更	經型式認可之產品，其型式部分變更，有影響性能之虞，須施予試驗確認者。	1.火警發信機之發信開關種類。 2.火警警鈴使用電源種類不同。 3.標示燈燈泡光源種類。
輕微變更	經型式認可或型式變更認可之產品，其型式部分變更，不影響其性能，且免施予試驗確認，可藉由書面據以判	1.標示事項或標示位置。 2.火警發信機之發信開關保護板安裝方式。 3.電子零件變更額定值、規格、型式或製造者。（但不影響設備性能）

	定者。	4.零件（電子零件以外） ⑴外箱、保護裝置構造或材質，標示燈罩材質。 ⑵外箱形狀及構造與標示燈的形狀。 ⑶上揭⑴、⑵以外零件。（但不影響設備性能） 5.下述電子回路變更（但不影響設備性能） ⑴電源回路變更。 ⑵電子回路數變更。 6.對主機能無影響之附屬裝置變更。

六　試驗紀錄

有關上述型式試驗、補正試驗、型式變更試驗之結果，應詳細塡載於型式試驗記錄表（如附表11、12、13）。

參　個別認可作業

一　個別認可之抽樣方法

㈠個別認可之抽樣試驗數量依附表1至附表5之抽樣表規定，抽樣方法依CNS9042規定辦理。

㈡抽樣試驗之分等依程度分爲寬鬆試驗、普通試驗、嚴格試驗及最嚴格試驗四種。

二　個別認可之試驗項目

㈠個別試驗通常將試驗項目分爲一般樣品之試驗（以下稱爲「一般試驗」）及分項樣品之試驗（以下稱爲「分項試驗」）。

㈡試驗項目及樣品數：一般試驗及分項試驗之試驗項目及其所需樣品數如下表（表2-1、2-2、2-3）所列：

表2-1　火警發信機個別認可試驗項目表

區　分	試驗項目	備　註
一般試驗	形狀、構造、標示	樣品數： 依據附表1至附表5之各式試驗抽樣表抽取。
	動作試驗	
分項試驗	保護裝置強度試驗	
	絕緣電阻試驗	
	絕緣耐壓試驗	

表2-2　火警警鈴個別認可試驗項目表

區　分	試驗項目	備　註
一般試驗	形狀、構造、標示	樣品數： 依據附表1至附表5之各式試驗抽樣表抽取。
	動作試驗	
分項試驗	音壓試驗 （試驗時間10分鐘）	
	絕緣電阻試驗	
	絕緣耐壓試驗	

表2-3　火警標示燈個別認可試驗項目表

區　分	試驗項目	備　　註
一般試驗	形狀、構造、標示	樣品數： 依據附表1至附表5之各式試驗抽樣表抽取。
	動作試驗	
分項試驗	照度試驗 （目視確認亮燈）	
	絕緣電阻試驗	
	絕緣耐壓試驗	

㈢試驗方法：依本基準規定。

三　批次之判定基準

個別認可中之受驗批次判定如下：

㈠受驗品按各不同受驗廠商，依其試驗等級之區分列爲同一批次。

㈡新產品與已受驗之型式不同項目僅有下表（表3）所示項目者，自第一次受驗開始即可列爲同一批次；如其不同項目非下表（表3）所示項目，惟經過連續十批次普通試驗，且均於第一次即合格者，得列入已受驗合格之批次。

表3　批次判定項目表

項次	項　目　名　稱
1	經型式變更者
2	變更之內容在型式變更範圍內，且經型式變更認可者
3	受驗品相同但申請者不同者

㈢以每批次爲單位，將試驗結果登記在個別認可申請表、個別認可試驗記錄表（如附表14、15、16）中，將一併處理之型式號碼以記號等方式紀錄於備註欄之中。

㈣申請者不得指定將某部分產品列爲同一批次。

四　缺點之分級及合格判定基準

依下列規定區分缺點及合格判定基準。

㈠試驗中發現之缺點，其嚴重程度依「消防機具器材及設備認可作業要點」規定，區分爲致命缺點、嚴重缺點、一般缺點及輕微缺點等四級。

㈡各試驗項目之缺點內容，依本基準肆、缺點判定方法規定，非屬該判定方法所列範圍內之缺點者，依「消防機具器材及設備認可作業要點」之分級原則判定。

五　批次合格之判定

批次合格與否，依抽樣表，按下列規定判定之：抽樣表中，Ac表示合格判定個數（合格判定時不良品數之上限），Re表示不合格判定個數（不合格判定之不良品數之下限），具有二個等級以上缺點之樣品，應分別計算其各不良品之數量。

㈠抽樣試驗中，各級不良品數均於合格判定個數以下時，應依試驗等級之調整所列之試驗嚴寬度爲條件更換其試驗等級，且視該批次爲合格。

㈡抽樣試驗中，任一級之不良品數在不合格判定個數以上時，視該批爲不合格，但該等不良品之缺點僅爲輕微缺點時，得進行補正試驗，惟以一次爲限。

㈢抽樣試驗中出現致命缺點之不良品時，即使該抽樣試驗中不良品數在合格判定個數以下，該批仍視爲不合格。

六　個別認可結果之處置

依下列規定，進行個別認可結果之後續處理。

㈠合格批次之處置：

1.整批雖經判定爲合格，但受驗樣品中如發現有不良品時，仍應使用預備品替換或修復之後方可視爲合格品。

2.即使爲非受驗之樣品，如於整批受驗樣品中發現有缺點者，準依前目之規定。

3.上述1.、2.兩目情形，如無預備品替換或無法修復調整者，應就其不良品部分之個數，判定爲不合格。

㈡補正批次之處置：

1.接受補正試驗時，應提出第一次試驗時所發現不良事項之改善說明書及不良品處理之補正試驗合格紀錄表。

2.補正試驗之受驗樣品數以第一次試驗之受驗樣品數爲準。

但該批次樣品經補正試驗合格，依本基準參、六、㈠、1.之處置後，仍未達受驗樣品數之個數時，則視爲不合格。

㈢不合格批次之處置

1.不合格批次之產品接受再試驗時，應提出第一次試驗時所發現不良事項之改善說明書及不良品處理之補正試驗合格紀錄表。

2.接受再試驗時不得加入第一次受驗樣品以外之樣品。

3.個別認可不合格之批次不再受驗時，應在補正試驗合格紀錄表中，註明理由、廢棄處理及下批之改善處理等文件，向辦理試驗單位提出。

七　試驗嚴寬度等級之調整

㈠首次申請個別認可，其試驗等級以普通試驗爲之，其後之試驗調整，則依下表（表4）之規定。

表4　試驗嚴寬度等級之調整

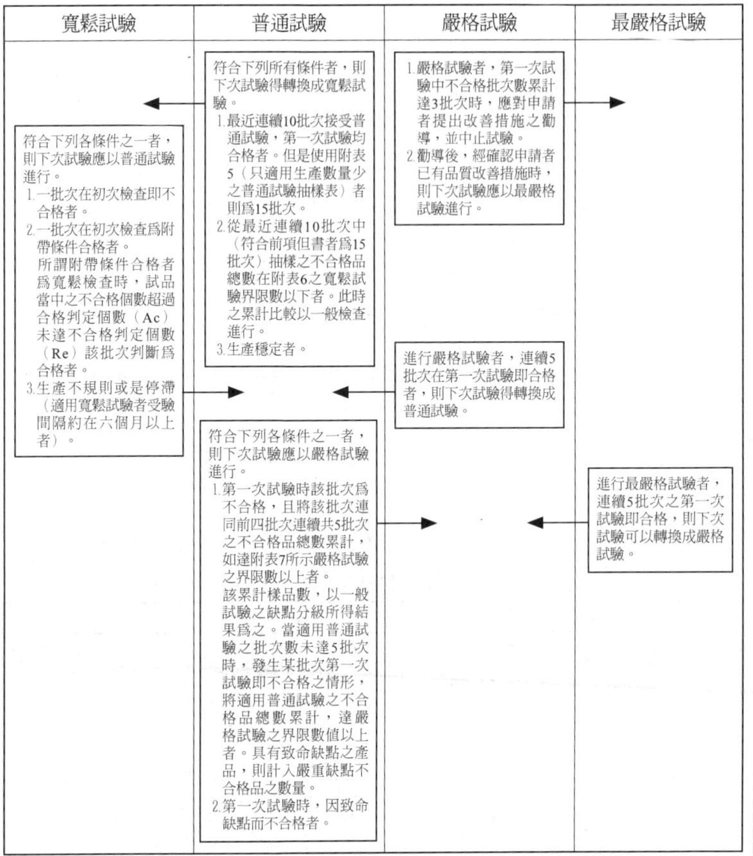
寬鬆試驗
普通試驗
嚴格試驗
最嚴格試驗
符合下列所有條件者，則下次試驗得轉換成寬鬆試驗。
1.最近連續10批次接受普通試驗，第一次試驗均合格者。但是使用附表5（只適用生產數量少之普通試驗抽樣表）者則為15批次。
2.從最近連續10批次中（符合前項但書者為15批次）抽樣之不合格品總數在附表6之寬鬆試驗界限數以下者。此時之累計比較以一般檢查進行。
3.生產穩定者。
1.嚴格試驗者，第一次試驗中不合格批次數累計達3批次時，應對申請者提出改善措施之勸導，並中止試驗。
2.勸導後，經確認申請者已有品質改善措施時，則下次試驗應以最嚴格試驗進行。
符合下列各條件之一者，則下次試驗應以普通試驗進行。
1.一批次在初次檢查即不合格者。
2.一批次在初次檢查為附帶條件合格者。
所謂附帶條件合格者為寬鬆檢查時，試品當中之不合格個數超過合格判定個數（Ac）未達不合格判定個數（Re）該批次判斷為合格者。
3.生產不規則或是停滯（適用寬鬆試驗者受驗間隔約在六個月以上者）。
進行嚴格試驗者，連續5批次在第一次試驗即合格者，則下次試驗得轉換成普通試驗。
符合下列各條件之一者，則下次試驗應以嚴格試驗進行。
1.第一次試驗時該批次為不合格，且將該批次連同前四批次連續共5批次之不合格品總數累計，如達附表7所示嚴格試驗之界限數以上者。
該累計樣品數，以一般試驗之缺點分級所得結果為之。當適用普通試驗之批次數未達5批次時，發生某批次第一次試驗即不合格之情形，將適用普通試驗之不合格品總數累計，達嚴格試驗之界限數值以上者。具有致命缺點之產品，則計入嚴重缺點不合格品之數量。
2.第一次試驗時，因致命缺點而不合格者。
進行最嚴格試驗者，連續5批次之第一次試驗即合格，則下次試驗可以轉換成嚴格試驗。

㈡有關補正試驗及再試驗批次之試驗分等，第一次試驗為寬鬆試驗者，以普通試驗為之；第一次試驗為普通試驗者，以嚴格試驗試驗之；第一次試驗為嚴格試驗者，以最嚴格試驗為之。再試驗批次之試驗結果，不得計入試驗寬鬆度轉換紀錄中。

八　下一批次試驗之限制

個別認可要進行下一批次試驗時，需在上一批次個別認可試驗結束且試驗結果處理完成後，才能進行下一批次之個別認可。

九　試驗之特例

有下列二項情形時，得在受理個別認可申請前，依預定之試驗日程進行試驗。

㈠第一次試驗因嚴重缺點或一般缺點不合格者。

㈡申請批次中可易於將不良品之零件更換、去除或修正者。

十　試驗設備發生故障時之處置

試驗開始後因試驗設備發生故障或其他原因致無法立即修復，經確認當日無法完成試驗時，則中止該試驗。並俟接獲試驗設備完成改善之通知後，重新排定時間，進行試驗時，抽樣標準同第一次試驗，但該狀況不適用補正試驗。

十一　免會同試驗

(一)符合下列情形者，得免會同試驗：

1. 達寬鬆試驗後連續十批第一次試驗均合格者。
2. 累積受驗數量達2000個以上。
3. 取得ISO9001認可登錄或國外第三公正檢驗單位通過者（產品具合格標識）。

(二)實施免會同試驗時，每半年至少派員會同實施抽驗一次，試驗項目依照個別認可試驗項目，若試驗不符合本基準規定時，該批次予以不合格處置，並次批恢復為普通試驗（會同試驗）。

(三)符合免會同試驗資格者，如有下列情形之一時，該批樣品應即恢復為普通試驗（會同試驗）：

1. 所提廠內試驗紀錄表有疑義時。
2. 六個月內未申請個別認可者。
3. 經使用者反應認可樣品有構造與性能不合本基準規定，經確認確實有不符合者。

十二　其他

個別認可時，若發現受驗樣品有其他不良事項，經認定該產品之抽樣標準及個別認可方法不適當時，得由中央主管機關另定個別認可方法及抽樣標準。

肆　缺點判定方法

各項試驗所發現之不合格情形，其缺點之等級依下表（表5）之規定判定。

表5　缺點判定表

試驗項目		致命缺點	嚴重缺點	一般缺點	輕微缺點
區分		對人體有危害之虞或無法發出警報等基本功能者。	未達到致命缺點，但對功能有產生重大故障之虞者。	1. 未達到致命缺點及嚴重缺點，但對功能有產生故障之虞者。 2. 機器的構造與已被認可之型式不同或標示有誤，致使用時對功能有產生故障之虞者。	未達到致命缺點、嚴重缺點、一般缺點之輕微故障者。
形狀、構造		斷線、接觸不良、零組件缺陷等，致無法發出火災信號、亮燈或鳴動之功能。	零組件安裝嚴重不良，致影響發送火災信號、亮燈或鳴動之功能。	1. 零組件安裝嚴重不良，致影響發送火災信號、亮燈或鳴動以外之功能。 2. 接點上有明顯損傷。 3. 保護裝置之安裝不確實。 4. 在接點部分有明顯之髒污附著或異物殘留。 5. 有生鏽現象，致對功能造成影響。 6. 損傷或異物殘留，致對功能造成影響。	1. 零組件安裝嚴重不良，未對功能造成影響。 2. 零組件安裝輕微不良。 3. 外觀形狀或零組件之尺寸偏離公差值。 4. 有生鏽現象，未對功能造成影響。
性能	火警發信機	無法發出火警信號。		保護裝置之強度偏離規定值。	在附屬裝置之功能等有不良之情形（影響警報功能之情形除外）。
性能	火警警鈴	音壓未滿50dB。	1. 音壓在50dB以上、未滿標稱音壓之80%。 2. 以額定電壓85%值之110%以上、額定電壓未滿之電壓無法鳴動。	1. 音壓在標稱音壓之80%以上、未滿95%。 2. 以額定電壓85%值之105%以上、110%未滿之電壓無法鳴動。	1. 音壓在標稱音壓之95%以上、未滿標稱音壓。 2. 以額定電壓85%值之100%以上、105%未滿之電壓無法鳴動。

試驗項目		致命缺點	嚴重缺點	一般缺點	輕微缺點
	標示燈	標示燈不亮。		標示燈不亮（以斷線、接觸不良爲限。）	標示燈之一部分不亮。
監視狀態			從一開始就處於動作發出火災信號之發信狀態。	從一開始就處於故障等類似信號之發信狀態（以能發出火災信號之狀態爲限）。	1.從一開始附屬裝置就處於動作狀態。 2.從一開始就在故障等類似信號之發信狀態（以有關附屬裝置之信號爲限）。
絕緣電阻、耐壓		交流電輸入側與外箱之間呈短路狀態。	1.額定電壓超過60V時，絕緣電阻值未達規定值。 2.額定電壓超過60V時，在絕緣耐力試驗中未達到規定之耐用時間。	1.額定電壓在60V以下時，絕緣電阻值未達規定值。 2.額定電壓在60V以下時，在絕緣耐力試驗中未達到規定之耐用時間。	
熾熱線			熾熱線試驗不合格。		
標示				有關產品名稱、型號、型式認可號碼、電氣特性、端子符號、額定電壓、電流值等標示脫落、錯誤或無法判別。	除左列一般缺點外，標示脫落、錯誤或無法判別。

註：1.零組件安裝嚴重不良：係指與零組件有關之損傷、與配線有關之斷線、接觸不良、忘記焊接、表層焊或繞捲不良（鬆動或未滿3圈）及其他類似之不良。

2.零組件安裝輕微不良：係指裝設狀態不良、配線狀態不良、忘記防鬆脫栓、與配線有關之焊接不良（忘記焊接、表層焊除外）或繞捲欠佳（圈數在3以上、未滿6）、保險絲之容量有誤及其他類似之不良。

伍　主要試驗設備

本基準各項試驗設備依表6所列設置，未列示之設備亦需經評鑑核可後准用之。

表6　主要試驗設備項目表

項　　目		規　　格	數量
抽樣表		本基準附表1至附表5之規定。	1份
亂數表		CNS9042或本基準有關之規定。	1份
計算器		8位數以上工程用電子計算器。	1只
放大鏡		8倍左右。	1個
碼錶		1分計，附計算功能，精密度1/10至1/100sec。	2個
尺寸測量器	游標卡尺	測定範圍0至150mm，精密度1/50mm，1級品。	1個
	分釐卡	測定範圍0至25mm最小刻度0.1mm精密度±0.005mm。	1個
	直尺	測定範圍1至30cm，最小刻度1mm。	1個
	卷尺（布尺）	測定範圍1～15m，最小刻度1cm。	1個
保護裝置按壓試驗器		尾端直徑20mm，能加載靜重2kg至8kg。	1套
反覆試驗機		能試驗基準規定之反覆試驗設備。	1套

項　目	規　　格	數量
恆溫恆濕試驗機	溫度測定範圍：－10℃～70℃±2℃，最小刻度1℃。 濕度測定範圍：45～95%±3%以上，最小刻度2%。	1個
數位式電表	電流測定範圍：0至30mA以上。 電阻測定範圍：0至20MΩ以上。 電壓測定範圍：0至2000V以上AC或DC。	1個
照度計	測定範圍：0至1000LUX以上。	1個
無響室	符合CNS14657規定之無響室。	1間
聲度表或分析儀	測定範圍：90dB以上（A權值），準確度±1dB。	1個
熾熱線試驗機	符合CNS14545-4規定之設備。	1套
噴水試驗裝置	符合撒水試驗規定之設備。	1套
振動試驗機	振動頻率每分鐘1000次以上，全振幅4mm。	1套
鹽霧腐蝕試驗機	符合CNS8886「鹽水噴霧試驗方法」規定設備。	1套
落下衝擊試驗機	最大加速度100g以上（g為重力加速度）。	1套
絕緣電阻計	測定電壓：500V。 電阻測定範圍：0至20MΩ以上。	1個
絕緣耐壓試驗機	可應用電壓：0至2000V以上AC或DC。	1個

出口標示燈及避難方向指示燈認可基準

①民國101年11月14日內政部公告訂定發布全文5點；並自102年7月1日起生效。
②民國107年5月18日內政部公告修正發布全文5點；並自即日生效。
③民國108年9月2日內政部令修正發布全文5點；並自即日生效。

壹　技術規範及試驗方法

一　適用範圍

依各類場所消防安全設備設置標準規定設置之出口標示燈、避難方向指示燈等避難引導燈具（以下簡稱爲引導燈具），其構造、材質與性能等技術上之規範及試驗方法，應符合本基準之規定。但引導燈具附加動態顯示功能者，該動態顯示功能與構造非屬本基準認可範圍。

二　用語定義

(一)引導燈具：避難引導的照明器具，分成出口標示燈、避難方向指示燈，平日以常用電源點燈，停電時自動切換成緊急電源點燈。依構造形式及動作功能區分如下：

1.內置型：內藏蓄電池作爲緊急電源之引導燈具。
2.外置型：藉由燈具外的蓄電池設備作爲緊急電源供電之引導燈具。
3.具閃滅功能者：藉由動作信號使燈閃滅或連續閃光之引導燈具。
4.具音聲引導功能者：設有音聲引導裝置之引導燈具。
5.具閃滅及音聲引導功能者：設有音聲引導裝置及閃滅裝置之引導燈具。
6.複合顯示型：引導燈具其標示板及其他標示板於同一器具同一面上區分並置者。

(二)出口標示燈：顯示避難出口之引導燈具。

(三)避難方向指示燈：設置於室內避難路徑、開闊場所及走廊，指引避難出口方向之引導燈具。

(四)閃滅裝置：接受動作信號，提高引導效果，使燈具閃爍之裝置。

(五)音聲引導裝置：接受動作信號，產生語音告知避難出口位置之引導裝置。

(六)引導燈具連動控制盤：將發自於火警自動報警設備之信號予以中繼並傳達至引導燈具之裝置。

(七)常用電源：平時供電至引導燈具之電源。

(八)緊急電源：常用電源斷電時，供電至引導燈具之電源。

(九)蓄電池設備：係指經內政部認可之消防用蓄電池設備，且應爲引導燈具專用。

(十)控制裝置：由引導燈具之切換裝置、充電裝置及檢查措施所構成的裝置。使用螢光燈爲燈具時，其變壓器、安定器等亦包含於此裝置內。

(十一)標示板：標明避難出口或避難方向之透光性燈罩或表示面。

(十二)檢查開關：檢查常用電源及緊急電源之切換動作，能暫時切斷常用電源之自動復歸型開關。

(十三)有效亮燈時間：係指引導燈具切換成緊急電源時，持續點燈之時間。

(十四)有效閃滅動作時間：係指引導燈具切換成緊急電源時，持續閃滅之時間。

三　構造及性能

(一)構造

1.材料及零件之品質，在正常使用狀態下應能充分耐久使用，且標示板、光源、啓動器、內置型蓄電池等應爲容易更換之構造，便於保養、檢查及維修。

2.外殼應使用金屬或耐燃材料構成，如外殼屬耐燃材料者，應爲符合CNS 14535（塑膠材料燃燒試驗法）、UL94或IEC60695-11-10規定V-2之耐燃等級或同等級以上耐燃材料，且應固定牢固。且不會有妨礙避難之構造。

3.各部分應在正常狀態溫度下耐久使用，如使用合成樹脂時，須不因紫外線照射而顯著劣化。

4.裝設位置應堅牢固定。

5.於易遭受雨水或潮濕地方，應有防水構造。電器於正常使用條件下應耐潮濕。

6.緊急電源用之電池應採用可充電式密閉型蓄電池，容易保養更換、維修，並應符合下列規定：

⑴應爲自動充電裝置及自動過充電防止裝置且能確實充電，但裝有不致產生過充電之電池或雖有過充電亦不致對其功能構造發生異常之電池，得免設置防自動過充電裝置。（過充電係指額定電壓之120%而言）

⑵應裝置過放電防止裝置。但裝有不致產生過放電之蓄電池或雖呈過放電狀態，亦不致對其功能構造產生異常者，不適用之。

7.應有防止觸電措施。

8.內部配線應做好防護措施，與電源接裝之出線，其截面積不得小於 $0.75mm^2$，且電源線附插頭者，則插頭規格應符合CNS690之規定。

9.內置型引導燈具之蓄電池及控制裝置與燈具本體未共用同一外殼者，應符合下列規定：

⑴蓄電池組應存放在耐燃材料之容器中。

⑵應有可以容易更換蓄電池之構造。

⑶各裝置間有使用連接器具者，其連接器具應以不燃材料製成，且具有充分之機械強度，另各裝置（光源、蓄電池及控制裝置）若有可將其安裝固定在建築物之構造者（如嵌頂式），也可使用繞性管或可繞波紋電線管。

10.標示板及透光性燈罩所用材料，應符合壹、十熾熱線試驗之規定，且應不容易破壞、變形或變色。

11.標示面在亮燈時不得有影響辨識之顯著眩光。

12.標示面圖形及尺度依附錄一規定。

13.標示面之顏色、文字、符號圖型（包括箭頭等，以下亦相同）應符合下列規定，可加註英文字樣「EXIT」，其字樣不得大於中文字樣。

⑴出口標示燈：以綠色爲底，用白色表示「緊急出口」字樣（包括文字與圖形）。

⑵避難方向指示燈：用白色爲底，綠色圖型（包括圖形並列之文字）。

⑶在常用點燈狀態下之顏色使用應符合中華民國國家標準（以下簡稱CNS）9328〔安全用顏色通則〕及CNS9331〔安全用色光通則〕色度座標範圍內。

14.引導燈具內具閃滅裝置（包括調光裝置）或音聲引導裝置者，該等裝置之電源得與主燈具電源共用。

15.火災發生時接受由火警警報設備或緊急通報裝置所發出之訊號，能啓動預先設定之避難方向指示燈者，其功能應準確且正常。

16.內置型引導燈具有效亮燈時間及各試驗量測時間點如下：

有效亮燈時間	20分鐘以上	60分鐘以上
充放電試驗（放電電壓測定時間）	25分鐘後	75分鐘後

平均亮度試驗（緊急電源量測時間）	25分鐘後	75分鐘後

17.內置型引導燈具除嵌入型者外，應裝電源指示燈及檢查開關。紅色顯示使用狀態，並安裝於從引導燈具外容易發現之位置。如顯示燈使用發光二極體（LED）時，須爲引導燈具使用中不用更換之設計。另嵌入型引導燈具應取下保護燈罩或透光性燈罩及標示板後，符合上開電源指示燈及檢查開關之規定。

18.引導燈具除嵌入型者外，底側應具有透光性（使用冷陰極管或LED光源者不在此限），以利人員疏散。

19.引導燈具係利用常用電源常時點亮，停電時應自動更換爲蓄電池電源或外置電源，繼續照明。

20.燈具之光源應使用螢光燈、冷陰極管、LED等。

21.燈具配線與電源側電線之連接點溫度上升變化應在30℃以下。

22.緊急電源回路配線不可露出引導燈具外。

23.外置型引導燈具配線方式分爲2線式配線或4線式配線及共用式3種，2線式配線指同一電線供應一般及緊急用電者；4線式配線指不同之電線分別供應一般及緊急用電者；共用式指2線式及4線式任一種方法皆可使用之方式。

24.外置型引導燈具供緊急用電之出線，應有耐燃保護。

25.外置型引導燈具使用螢光燈時，其緊急電源回路應有保險絲等保護裝置。

26.引導燈具具音聲引導功能者，該燈具須設有能停止其音聲引導功能之裝置。

27.依用途區分及種類如表1規定：

表1　引導燈具區分

<table>
<tr><th rowspan="2">依用途區分</th><th colspan="4">按照大小分類</th><th rowspan="2">標示面數</th><th rowspan="2">緊急電源區分</th><th rowspan="2">附加功能</th><th rowspan="2">標示面之縱向尺度</th></tr>
<tr><th colspan="2">分級</th><th>標示面光度（cd）</th><th>標示面長邊與短邊比</th></tr>
<tr><td rowspan="4">出口標示燈</td><td>A級</td><td>A</td><td>50以上</td><td rowspan="8">1：1
～
5：1</td><td rowspan="8">單面
2
3
或以上型式</td><td rowspan="11">內置型
外置型</td><td rowspan="4">減光
消燈
閃滅
音聲引導
複合顯示</td><td>400mm以上</td></tr>
<tr><td rowspan="2">B級</td><td>BH</td><td>20以上</td><td rowspan="2">200mm以上
400mm未滿</td></tr>
<tr><td>BL</td><td>10以上</td></tr>
<tr><td>C級</td><td>C</td><td>1.5以上</td><td>100mm以上
200mm未滿</td></tr>
<tr><td rowspan="4">避難方向指示燈（非地面嵌入型）</td><td>A級</td><td>A</td><td>60以上</td><td rowspan="7">減光
消燈
複合顯示</td><td>400mm以上</td></tr>
<tr><td rowspan="2">B級</td><td>BH</td><td>25以上</td><td rowspan="2">200mm以上
400mm未滿</td></tr>
<tr><td>BL</td><td>13以上</td></tr>
<tr><td>C級</td><td>C</td><td>5以上</td><td>100mm以上
200mm未滿</td></tr>
<tr><td rowspan="3">避難方向指示燈（地面嵌入型）</td><td rowspan="2">B級</td><td>BH</td><td>25以上</td><td rowspan="3">2：1
～
3：1</td><td rowspan="3">單面</td><td rowspan="2">200mm以上
400mm未滿</td></tr>
<tr><td>BL</td><td>13以上</td></tr>
<tr><td>C級</td><td>C</td><td>5以上</td><td>130mm以上
200mm未滿</td></tr>
</table>

備註：1.標示面光度：係指常用電源點燈時其標示面平均亮度（cd/m^2）乘以標示面面積（m^2）所得之値（單位cd）。

2.附有箭頭之出口標示燈僅限於A級、B級。

3.作爲避難方向指示燈使用之C級，其長邊長度應在130mm以上。

㈡性能

1.燈具表面文字、圖形及顏色等，於該燈點亮時，應能正確辨認。

2.平均亮度：燈具標示面之平均亮度、光度（包括單面及雙面）應符合表1、表2規定。具有調光性能之器具，則測定其必須作調光之各階段的平均亮度。

3.對電氣充分絕緣。

表2　標示面之平均亮度

種　類	分級		平均亮度（cd/m^2）	
			常用電源	緊急電源
出口標示燈	A級	A	350以上800未滿	100以上300未滿
	B級	BH	500以上800未滿	
		BL	250以上400未滿	
	C級	C	150以上300未滿	
避難方向指示燈	A級	A	400以上1000未滿	100以上400未滿
	B級	BH	500以上1000未滿	
		BL	350以上600未滿	
	C級	C	300以上800未滿	

四　材質

㈠外殼材質應符合三㈠、2.之規定，各部分之構件應符合表3規定或具有同等以上性能：

表3　構件材料一覽表

零件名稱		材料
蓄電池	鎳鎘蓄電池	CNS6036〔圓筒密閉型鎳鎘蓄電池〕
	鉛蓄電池	CNS6034〔可攜式鉛蓄電池〕
安定器	螢光管用	CNS927〔螢光管用安定器〕 CNS13755〔螢光管用交流電子式安定器〕
控制裝置		CNS14816-1〔低電壓開關裝置及控制裝置—第1部：通則〕

㈡變頻器於緊急電源供電時，須穩定點亮燈具；所用半導體須爲耐久型。

㈢標示面等透光性燈罩材料應爲耐久性玻璃或合成樹脂，與燈具組合時須能確保光特性，且不可有內藏零件之陰影等。

五　點燈試驗

燈具附有起動器者，應在15秒以內點燈，無起動器之瞬時型者應即瞬間點燈。

六　絕緣電阻試驗

使用直流500V高阻計，測量帶電部分與不帶電金屬間之絕緣電阻，均應爲5MΩ以上。

七　充電試驗

內置型引導燈具其蓄電池電壓降達額定電壓20%以內時，應能自動充電。外置型引導燈具免施此試驗。

八　耐電壓試驗

㈠於壹、六之測試端，燈具電源電壓為未滿150V者，施加交流電壓1000V，燈具電源電壓為150V以上者，施加交流電壓1500V，應能承受1分鐘無異狀。試驗時應將蓄電池卸下再進行試驗。回路電壓其交流電壓在30V以下、直流電壓在45V以下者免測試。

㈡外置型引導燈具其緊急用電源回路之對地電壓及線間電壓在45V以上者，其緊急用電源回路也應實施耐電壓試驗。

九　充放電試驗

㈠內置型引導燈具蓄電池應符合下列規定：

1.鉛酸電池：本試驗應於常溫下，按下列規定依序進行，試驗中電池外觀不可有膨脹、漏液等異常現象。

⑴依照燈具標稱之充電時間充電之。

⑵全額負載放電25或75分鐘後，電池端電壓不得少於額定電壓之87.5%。

⑶再充電24小時。

⑷全額負載放電17或50分鐘後，電池端電壓不得少於額定電壓之87.5%。

⑸再充電24小時。

⑹全額負載放電24小時。

⑺再充電24小時。

⑻全額負載放電25或75分鐘後，電池端電壓不得少於額定電壓之87.5%。

2.鎳鎘或鎳氫電池：

⑴燈具應依其標稱之充電時間進行充電，充足後其充電電流不得低於電池標稱容量之1/30且高於1/10C。

⑵放電標準：將充足電之燈具，連續放電25或75分鐘後，電池之端電壓不得少於標稱電壓之87.5%，且測此電壓時放電作業不得停止。

㈡外置型引導燈具使用之蓄電池設備，為內政部認可之產品，免施本項試驗。

十　熾熱線試驗

㈠熾熱線試驗係應用在完成品或組件實施耐燃試驗時。

㈡引用標準：

1.CNS14545-4〔火災危險性試驗—第2部：試驗方法—第1章／第0單元：熾熱線試驗方法—通則〕。

2.CNS14545-5〔火災危險性試驗—第2部：試驗方法—第1章／第1單元：完成品之熾熱線試驗及指引〕。

㈢試驗說明：

1.試驗裝置如CNS14545-4之規定。

2.熾熱線試驗不適用於直線表面尺度小於20mm之組件者，可參考其他方法（例如：針焰試驗）。

3.試驗前處理：將試驗品或薄層置於溫度15℃至35℃間，相對溼度在45%至75%間之1大氣壓中24小時。

4.試驗程序及警告注意：參照CNS14545-4中第9.1節至第9.4節之規定。

5.試驗溫度：

⑴對非金屬材料組件如外殼、標示面及照射面所用絕緣材料施測，試驗溫度為550±10℃。

⑵支撐承載電流超過0.2A之連接點的絕緣材料組件，試驗溫度為750±10℃；對其他連接點，試驗溫度為650±10℃。施加之持續時間（t_a）為30±1秒。

㈣觀察及量測：熾熱線施加期間及往後之30秒期間，試樣、試樣周圍之零件及其位於試驗品下之薄層應注意觀察，並紀錄下列事項：

1.自尖端施加開始至試驗品或放置於其下之薄層起火之時間（t_i）。

2.自尖端施加開始至火焰熄滅或施加期間之後，所持續之時間（t_e）。

3.目視著火開始大約1秒後，觀察及量測有無產生聚合最大高度接近5mm之火焰；火焰高度之量測係於微弱光線中觀察，當施加到試驗品上可看見到火焰之頂端與熾熱線上邊緣之垂直距離。

4.尖端穿透或試驗樣品變形程度。

5.使用白松木板者，應記錄白松木板之任何燒焦情形。

㈤結果評估：符合下列情形之一者爲合格：

1.試驗品無產生火焰或熾熱者。

2.試驗品之周圍及其下方之薄層之火焰或熾熱，在熾熱線移除後30秒內熄滅者，即$t_e \leqq t_a + 30$秒，且周圍之零件及其下方之薄層無繼續燃燒。使用包裝棉紙層時，包裝棉紙應無著火。

十一　平均亮度試驗

㈠使用CNS5119〔照度計〕中AA級者照度計測試平均亮度。

㈡測試環境：測試時環境之照度在0.05lux以下之暗房。

㈢測試面：整個標示面。

㈣測試步驟：標示板與受光器之距離爲標示面長邊之4倍以上，量測其平均照度E_θ，平均亮度L_θ計算式如下：

平均亮度　$L_\theta = \dfrac{K_1 \times E_\theta \times S^2}{A\cos\theta}$

其中　L_θ：角度θ之平均亮度（單位：cd/m^2）

K_1：基準光束/試驗使用燈管之全光束（一般K_1趨近於1）

E_θ：角度θ之平均照度測定値（單位：lx）

S：標示面板量測點與照度計間之距離（單位：m）

A：標示面之面積（單位：m^2）

θ：照度計與標示面量測點法線方向之角度（單位：°）

基準光束：標準燈管之全光束（單位：流明lm）

㈤測試時間：

1.常用電源試驗：於試驗品施以額定電源並使燈管經枯化點燈100小時後測試。

2.緊急電源試驗：於執行常用電源之測試後，再依產品標示額定充電時間完成後即予斷電，並於斷電後25或75分鐘後即實施試驗，並於10分鐘內測試完畢。

十二　亮度比試驗亮度比係就標示面之綠色部分、白色部分分別逐點加以測定，求出其最大亮度（cd/m^2）與最小亮度。逐點測定係分別測定3處以上。正方型引導燈具標示面之亮度比係在常時電源時所規定之測定點之最大亮度與最小亮度之比，應符合表4之値。本項測試使用之輝度計，應符合CNS5064之規定。

表4　標示面之亮度比

	綠色部分	白色部分
避難出口標示燈	9以下	7以下
避難方向指示燈	7以下	9以下

如係標示面爲長方形之引導燈具，其最小輝度與平均亮度之比，應在1/7以上。

亮度比＝Lmax / Lmin

式中，Lmax：在白色部分或綠色部分之最大亮度

Lmin：在白色部分或綠色部分之最小亮度

十三　耐濕試驗

所有燈具需能耐正常使用下之潮濕狀況，在溼度箱內相對濕度91%至95%及溫度維持在20℃至30℃間之某溫度（t）的環境下放置48小時後，對於電性、機械性能及構造無使用上障礙。其試驗應符合下列各項規定：

㈠溼度箱內部須穩定維持相對濕度91%～95%，溫度在20℃～30℃間之某溫度（t），但需保持所設定之溫度（t）在±1℃以內之誤差。

㈡試驗品有電纜入口者，須打開；若有提供塡涵洞（Knock-outs）者，須打開其中之一。如電子零組件、蓋子、保護玻璃等可藉由手拆卸之零件需拆卸，並與主體部分一起做濕度處理。

㈢試驗品在做濕度處理前，應放置在t至t＋4℃之室內至少4小時以上，以達到此指定的溫度。

㈣試驗品放入溼度箱前，須先使期溫度達到t至t＋4℃之間，然後將試驗品放入溼度箱48小時。

㈤經過前述處理後，立刻於常溫常濕環境下，以正常狀態組裝試驗品，於取出後5分鐘內進行絕緣電阻、耐電壓試驗。

十四　靜荷重試驗

㈠地面嵌入型燈具施以1000kgf（9800N）靜荷重時，外殼及標示板不可有裂痕、破裂及其他使用上之有害異常情形。

㈡組裝方法以裝置固定於圖1所示實木框，在使用狀態下進行試驗。荷重以器具底層承受構造，可用試驗裝置底層與器具底層接觸狀態進行試驗。

㈢於試驗品中央部施加靜荷重30秒，施加荷重面爲直徑50mm圓。地面崁入型的閃爍行走用器具則爲30mm以上之圓。

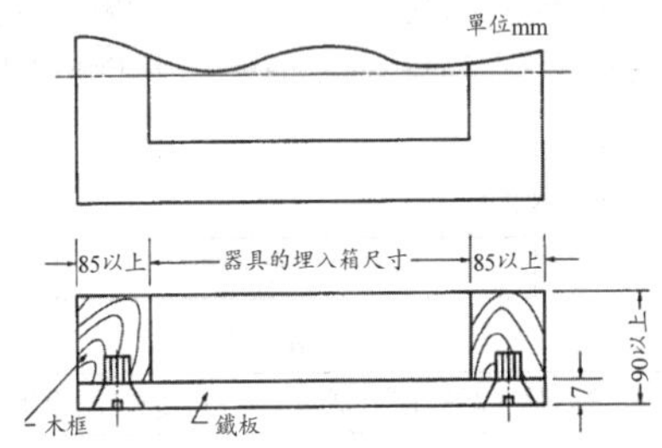

圖1　崁入型器具等的試驗用裝置

十五　熱變形試驗

於燈具正常使用狀態下，由輸入端子處施加額定頻率之額定電壓的110%電壓，持續試驗24小時，其功能不得有異常、標示面或外殼不得有變色、變形之情形。所謂變形係指在固定狀態之器具上，有超過標示面長度1%以上之起伏彎曲等，以及採貼合構造之標示板有貼合處之脫落或有異常情形者。

十六　其他

具閃滅、音聲引導、減光或消燈等附加功能之引導燈具，除應符合基準本文規定外，應分別依所附加之功能按本基準附錄二【具閃滅功能與音聲引導功能之引導燈具規定】、附錄三【減光型及消燈型引導燈具規定】或附錄四【複合顯示之引導燈具規定】之各項規定分別試驗。

十七　標示

於燈具明顯位置，以不易磨滅之方法，標示下列事項：

㈠設備種類。

㈡設備名稱及型號。

㈢製造年、月。

㈣型式、型式認可號碼。(五)製造產地、廠商名稱（或廠牌、商標）。

㈥燈具等級區分、（如A級、B級（BH級、BL級）、C級）。

㈦額定電壓（V）、額定電流(A)（具有調光功能者之型式，應爲最亮之值）、額定頻率（Hz）。

㈧額定輸入功率（W）（具有調光功能者之型式，應爲最亮之值）。

㈨引導燈具之光源種類、規格（W）及個數。

㈩緊急用之光源種類、規格（W）及個數、（與平時亮燈不同時爲限）。

⑪緊急用額定電壓（V）、額定電流（A）、額定輸入功率（W）、（外置型及與平時亮燈不同時爲限）。

⑫內置型需標明蓄電池額定電壓、額定容量、充電時間、有效亮燈時間。

⑬內置蓄電池應標明種類、製造商及製造日期或批號。

⑭外置型需標明「外置型」字樣。

⑮其他附加功能應標明相關字樣，如「音聲引導」、「閃滅」等，依附加功能按本基準附錄二～四之標示辦理。

⑯使用方式及使用應注意事項。

十八　新技術開發之引導燈具

新技術開發之引導燈具，依形狀、構造、材質及性能判定，如符合本基準規定及同等以上性能，並經中央消防主管機關認定者，得不受本基準之規範。

貳　型式認可作業

一　型式試驗之樣品

主型式需樣品5個；熾熱線試驗試驗片樣品5個。具附加功能之引導燈具需樣品3個。同一型式之系列認證則依申請差異部分區分，有不同差異時至少需要樣品1個。

二　型式試驗之方法

㈠試驗項目及流程

1.一般性試驗項目及流程：

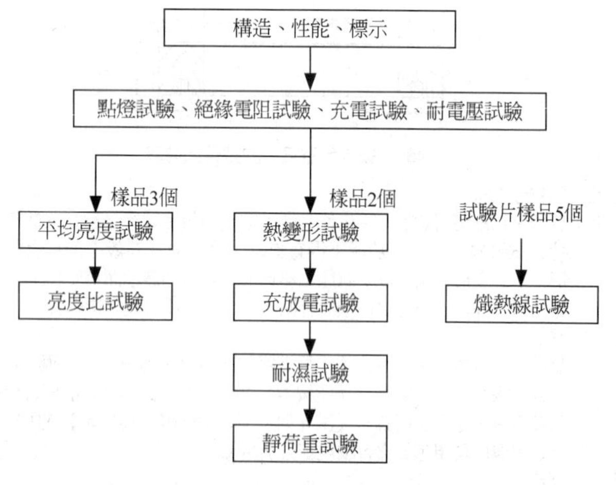

2.外置型引導燈具免施充電試驗、充放電試驗。

3.靜荷重試驗僅針對避難方向指示燈地面嵌入型實施測試，其餘型式免測。

4.金屬、玻璃材質免施熾熱線試驗。

5.具閃滅、音聲引導、減光或消燈等附加功能之引導燈具，除依上述試驗項目及流程試驗完成後，應依附加功能種類分別進行下列試驗：

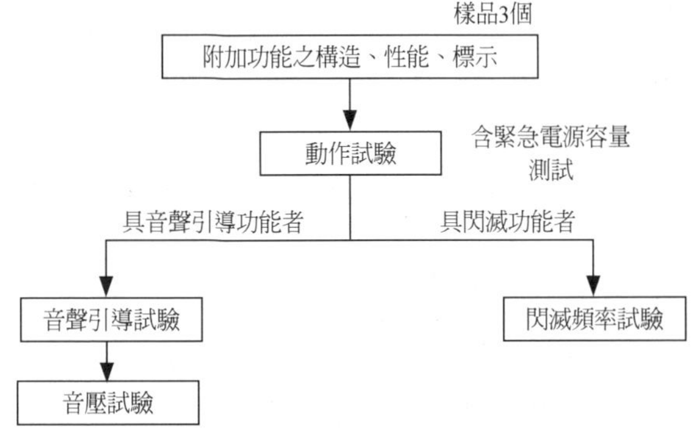

㈡試驗方法

1.依照壹、技術規範及試驗方法進行之。

2.具附加功能者依本基準附錄二【具閃滅功能與音聲引導功能之引導燈具規定】、附錄三【減光型及消燈型引導燈具規定】或附錄四【複合顯示之引導燈具規定】之各項規定分別進行之，且應搭配引導燈具連動控制盤並模擬其配線方式，測試引導燈具連動及停止等相關試驗。

三　型式試驗結果之判定

㈠符合本認可基準所規定之技術規範，該型式試驗結果為「合格」。

㈡有四、補正試驗所定情形者，得進行補正試驗，並以一次為限。

㈢依「缺點判定表」（如表9）判定未符合本認可基準規範者，該型式試驗結果為「不合格」。

四　補正試驗

㈠型式試驗之不良事項為申請資料不完備（設計錯誤除外）、標示遺漏、零件安裝不良者。

㈡試驗設備有不完備或缺點，致無法進行試驗者。

㈢依「缺點判定表」（如表9）判定為輕微缺點，且合計3項（含）以下者。

五　型式變更之試驗方法

型式變更試驗之樣品數、試驗流程等，應就型式變更之內容，依前述型式試驗之方法進行。

六　型式區分、型式變更及輕微變更之範圍

型式區分、型式變更及輕微變更之範圍，依附表1之規定。

七　試驗紀錄

有關上述型式試驗、補正試驗、型式變更試驗之結果，應詳細填載於型式試驗紀錄表（如附表10）。

參　個別認可作業

一　個別認可之方法

㈠個別認可之抽樣試驗數量依附表2至附表8規定，抽樣方法依CNS9042規定進行。

㈡抽樣試驗之嚴寬等級依程度分為最嚴格試驗、嚴格試驗、普通試驗、寬鬆試驗及免會同試驗五種。

㈢試驗項目分為以通常樣品進行之試驗（以下稱為「一般試驗」）以及對於少數樣品進行之試驗（以下稱為「分項試驗」）兩類。

二　批次之判定基準

㈠受試驗品按不同受驗廠商，依其試驗等級之區分列為同一批次。

㈡新產品與已受試驗之型式不同項目僅有下表5所示項目者，自第一次受驗開始即可列為同一批次；如其不同項目非下表5所示項目，惟經過連續十批次普通試驗，且均於第一次即合格者，得列入已受驗合格之批次。

表5　新產品與已受試驗之型式可視為同一批次之項目

項次	項目名稱
1	同一系列者
2	經型式變更者
3	變更之內容在型式變更範圍內，且經型式變更認可者
4	受驗品相同但申請者不同者
5	光源及品名相同者

㈢申請者不得指定將某部分產品列為同一批次。

三　個別認可之樣品及抽樣方法

㈠個別認可之樣品數依相關試驗之嚴寬等級以及批次大小所定（如附表2至附表5）。關於批次受驗數量少，進行普通試驗時，得依申請者事先提出之申請要求，使用附表6（適用生產數量少之普通試驗抽樣表）進行認可作業。

㈡樣品之抽取依下列對規定：

1.抽樣試驗應以每一批次為單位。

2.樣品之多寡，應視整批成品（受驗數量＋預備品）數量之多寡及試驗等級，按抽樣表之規定抽取，並在重新編號之全部製品（受驗批）中，依隨機抽樣法（CNS9042）隨意抽取，抽出之樣品依抽出順序編排序號。受驗批量如在500個以上時，應依下列規定分為二段抽樣。

⑴計算每群應抽之數量：當受驗批次在五群（含箱子及集運架等）以上時，每一群之製品數量應在5個以上之定數，並事先編定每一群之編碼；但最後一群之數量，未滿該定數亦可。

⑵抽出之產品賦予群碼號碼：同群製品須排列整齊，且排列號碼應能清楚辨識。

⑶確定群數及抽出個群，再從個群中抽出樣品：確定從所有群產品中可抽出五群以上之樣品，以隨機取樣法抽取相當數量之群，再由抽出之各群製品作系統式循環抽樣（由各群中抽取同一編號之製品），將受驗之樣品抽出。

⑷依上述方法取得之製品數量超過樣品所需數量時，重複進行隨機取樣去除超過部分至達到所要數量。

㈢一般試驗和分項試驗以不同之樣品試驗之。

四　試驗項目

㈠一般試驗及分項試驗之項目及試驗流程如表6：

表6　個別認可試驗項目

試驗區分	試驗項目	備註
一般試驗	1.構造、性能檢查。 2.標示檢查。	樣品數： 1.依據附表2至附表6規定抽取。 2.充放電試驗若電池種類為鉛酸電池時，則執行九、充放電試驗(一)(1)(2)項之規定。
分項試驗	3.點燈試驗。 4.絕緣電阻試驗。 5.充放電試驗。 6.耐電壓試驗。 7.平均亮度試驗（免施枯化點燈）。 8.亮度比試驗。	
	以下依附加功能之引導燈具加測 9.動作試驗。 10.音聲引導試驗。 11.音壓試驗。 12.閃滅頻率試驗。	

1.平均亮度試驗免測試100小時枯化試驗。

2.具附加功能之引導燈具之動作試驗，應分別依其附錄規定，進行動作、連動及停止測試，並應確認內置型緊急電源動作時間。

3.具音聲引導功能之引導燈具應進行音聲引導試驗及音壓試驗。

4.具閃滅功能之引導燈具應進行閃滅頻率試驗。

5.具閃滅功能兼音聲引導功能之引導燈具應進行上述3.、4.試驗。

(二)試驗方法：依本基準及附錄二、三、四規定。

(三)個別試驗之結果記載於個別認可試驗紀錄表（如附表11）。

五　缺點之等級及合格判定基準

(一)缺點分為致命缺點、嚴重缺點、一般缺點及輕微缺點等四級。

(二)各試驗項目之缺點內容，依肆、表9缺點判定表之規定，非屬該缺點判定表所列範圍之缺點者，則依消防機具器材及設備認可作業要點判定之。

六　批次合格之判定

抽樣表中，Ac表示合格判定個數（合格判定時不良品數之上限），Re表示不合格判定個數（不合格判定之不良品數之下限），具有二個等級以上缺點之製品，應分別計算其各不良品之數量。

(一)抽樣試驗中各級不良品數均在合格判定個數以下時，應依表8調整其試驗等級，且視該批為合格。

(二)抽樣試驗中任一級之不良品數在不合格判定個數以上時，視該批為不合格。但該等不良品之缺點僅為輕微缺點時，得進行補正試驗，並以一次為限。

(三)抽樣試驗中不良品出現致命缺點，縱然該抽樣試驗中不良品數在合格判定個數以下，該批仍視為不合格。

七　個別認可結果之處置

(一)合格批次之處置

1.當批次雖經判定為合格，但受驗樣品中如發現有不良品時，應使用預備品替換或修復該等不良品數量後，方視整批為合格品。

2.即使為非受驗之樣品，如於整批受驗樣品中發現有缺點者，準依前款之規定。

3.當批次雖經判定為合格，其不良品個數，如無預備品替換或無法修復調整者，仍判定為不合格。

㈡補正批次之處置

1.接受補正試驗時，應提出初次試驗時所發現不良事項之改善說明書及不良品處理後之補正試驗合格紀錄表。

2.補正試驗之受驗樣品數以初次試驗之受驗樣品數為準。但該批次樣品經補正試驗合格，依參、七、㈠、1.之處置後，仍未達受驗樣品數之個數時，則視為不合格。

㈢不合格批次之處置

1.不合格批次之產品接受再試驗時，應提出第一次試驗時所發現不良事項之改善說明書，及不良品處理之補正試驗合格紀錄表。

2.不合格批次之產品接受再試驗時，不得加入初次試驗受驗製品以外之製品。

3.不合格之批次不再試驗時，應向辦理試驗單位備文說明理由及其廢棄處理等方式。

八　試驗嚴寬度等級之調整

㈠首次申請個別認可：試驗等級以普通試驗為之，其後之試驗等級調整，依表7之規定。

表7　試驗嚴寬度等級之調整

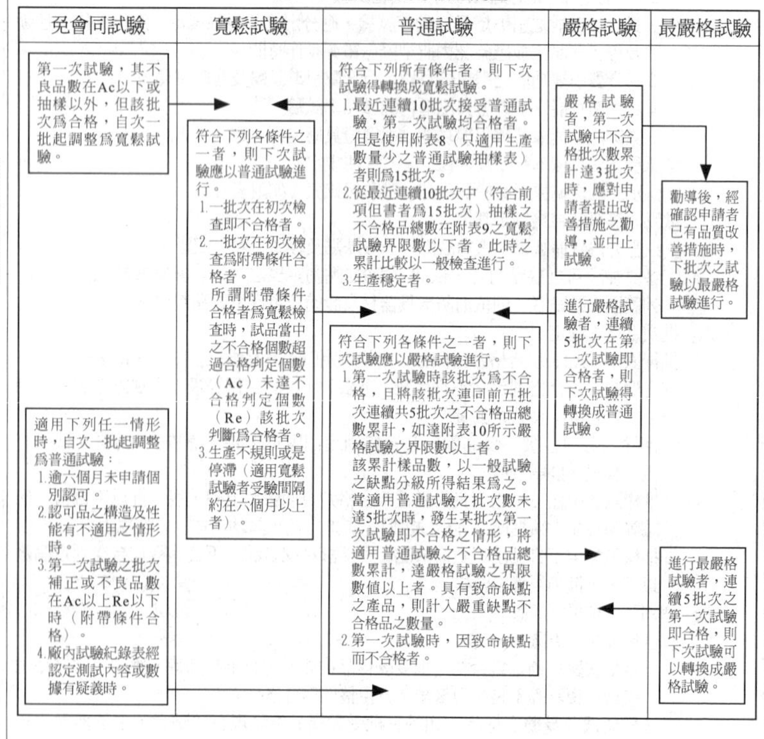
免會同試驗
寬鬆試驗
普通試驗
嚴格試驗
最嚴格試驗
第一次試驗，其不良品數在Ac以下或抽樣以外，但該批次為合格，自次一批起調整為寬鬆試驗。
符合下列所有條件者，則下次試驗得轉換成寬鬆試驗。
1.最近連續10批次接受普通試驗，第一次試驗均合格者。但是使用附表8（只適用生產數量少之普通試驗抽樣表）者則為15批次。
2.從最近連續10批次中（符合前項但書者為15批次）抽樣之不合格品總數在附表9之寬鬆試驗界限數以下者。此時之累計比較以一般檢查進行。
3.生產穩定者。
嚴格試驗者，第一次試驗中不合格批次數累計達3批次時，應對申請者提出改善措施之勸導，並中止試驗。
勸導後，經確認申請者已有品質改善措施時，下批次之試驗以最嚴格試驗進行。
符合下列各條件之一者，則下次試驗應以普通試驗進行。
1.一批次在初次檢查即不合格者。
2.一批次在初次檢查為附帶條件合格者。
所謂附帶條件合格者為寬鬆檢查時，試品當中之不合格個數超過合格判定個數（Ac）未達不合格判定個數（Re）該批次判斷為合格者。
3.生產不規則或是停滯（適用寬鬆試驗者受驗間隔約在六個月以上者）。
進行嚴格試驗者，連續5批次在第一次試驗即合格者，則下次試驗得轉換成普通試驗。
符合下列各條件之一者，則下次試驗應以嚴格試驗進行。
1.第一次試驗時該批次為不合格，且將該批次連同前五批次連續共5批次之不合格品總數累計，如達附表10所示嚴格試驗之界限數以上者。
該累計樣品數，以一般試驗之缺點分級所得結果為之。
當適用普通試驗之批次數未達5批次時，發生某批次第一次試驗即不合格之情形，將適用普通試驗之不合格品總數累計，達嚴格試驗之界限數值以上者。具有致命缺點之產品，則計入嚴重缺點不合格品之數量。
2.第一次試驗時，因致命缺點而不合格者。
適用下列任一情形時，自次一批起調整為普通試驗：
1.逾六個月未申請個別認可。
2.認可品之構造及性能有不適用之情形時。
3.第一次試驗之批次補正或不良品數在Ac以上Re以下時（附帶條件合格）。
4.廠內試驗紀錄表經認定測試內容或數據有疑義時。
進行最嚴格試驗者，連續5批次之第一次試驗即合格，則下次試驗可以轉換成嚴格試驗。

㈡補正試驗：初次試驗為寬鬆試驗者，以普通試驗為之；初次試驗為普通試驗者，以嚴格試驗為之；初次試驗為嚴格試驗者，以最嚴格試驗為之。

㈢再受驗批次之試驗結果，不得計入試驗嚴寬分級轉換紀錄中。

九　免會同試驗

㈠符合下列各項規定，得免會同試驗：

1.達寬鬆試驗後連續十批第一次試驗均合格者。

2.累積受驗數量達2000個以上。

3.取得ISO9001認可登錄或國外第三公正檢驗單位通過者（產品具合格標識）。

㈡實施免會同試驗時，試驗單位每半年至少派員會同實施抽驗一次，試驗項目依照個別認可試驗項目，若試驗不符合本基準規定時，該批次予以不合格處置，次批恢復為普通試驗（會同試驗）。

㈢符合免會同試驗規定者，有下列情形之一時，該批樣品應即恢復為普通試驗（會同試驗）：

1.廠內試驗紀錄表有疑義時。

2.六個月內未申請個別認可者。

3.使用者反應認可樣品有構造與性能不合本基準規定，經查證確實有不符合者。

十　下一批次試驗之限制

對當批次個別認可之型式，於進行下次之個別認可時，係以該批之個別認可完成結果判定之處置後，始得施行下次之個別認可。

十一　試驗之特例

有下列情形之一時，得在受理個別認可申請前，逕依預定之試驗日程實施試驗。惟須在確認產品之個別認可申請書受理後，才能判斷是否合格。

㈠初次試驗因嚴重缺點或一般缺點經判定不合格者。

㈡不需更換全部產品或部分產品，可容易選取、去除申請數量中之不良品或修正者。

十二　試驗設備發生故障或無法試驗時之處置

試驗開始後因試驗設備發生故障或其他原因致無法立即修復，經確認當日無法完成試驗時，得中止該試驗。並俟接獲試驗設備完成改善之通知後，重新擇定時間，依下列規定對該批施行試驗：

㈠試驗之抽樣標準與初次試驗時相同。

㈡不得進行補正試驗。

十三　其他

個別認可發現製品有其他不良事項，經認定該產品之抽樣標準及個別認可方法不適當者，得由中央主管機關另定個別認可方法及抽樣標準。

肆　缺點判定方法

各項試驗所發現之不合格情形，其缺點判定如表8規定：

表8　缺點判定表

缺點區分 試驗項目	致命缺點	嚴重缺點	一般缺點	輕微缺點
1.外觀、形狀、構造、尺寸、材質、標示		1.申請之構造、材質及使用零件與實際不符。 2.零組件脫落。	1.標示事項脫落。 2.出現有影響性能之龜裂、變形或加工不良等情形。	1.標示事項有誤、缺漏或判讀困難。 2.標示面圖形及尺度之大小不符合規定。
2.性能檢查		零組件或電線之連接點出現異常高溫。		
3.點燈試驗	無法點燈。	具啓動器者點燈超過30秒。	具起動器者點燈超過15秒。	
4.絕緣電阻試驗	絕緣電阻不符合基準規定。			
5.充電試驗		充電試驗不符合基準規定。		
6.耐電壓試驗	耐電壓試驗不符合基準規定。			
7.充放電試驗		充放電試驗不符合基準規定。		
8.熾熱線試驗		熾熱線試驗不符合基準規定。		
9.平均亮度試驗		平均亮度不足超過10%。 標示面亮度不足超過10%。	平均亮度不足超過5%在10%以內。 標示面亮度不足超過5%在10%以內。	平均亮度不足在5%以內。 標示面亮度不足在5%以內。
10.亮度比試驗		亮度比不符合基準規定。		
11.耐濕性試驗	絕緣電阻、耐電壓試驗任一項不符合基準規定。			
12.靜荷重試驗		外殼或標示板發生破損、破裂或明顯變形。	外殼或標示板發生裂痕或輕微變形。	
13.熱變形試驗	燈具已無法點燈	外觀有明顯變形或脫落情形。		
14.動作試驗		動作或停止功能不符合基準規定。		
15.音聲引導試驗		音聲引導試驗不符合基準規定。		
16.閃滅頻率試驗		閃滅頻率不符合基準規定。		

伍　主要試驗設備

各項試驗設備依表9規定。

表9　主要試驗設備一覽表

試驗設備名稱	內　　容	規　　格	數量
尺寸測定器	鋼尺 游標卡尺 外分厘卡 捲尺	300mm，1m 200mm，精密度1/50mm，1級品 25mm，精密度1mm 10m，50m	1 1 1 各1
直流電源裝置	直流定電壓裝置 〃 直流電壓計 直流電壓記錄計 直流電流計	5A以上，30V者 2A以上，150V者 0.5級以上 0.5級以上	1 1 1 1 1
交流電源裝置	交流定電壓裝置 電壓調整器 〃 交流電流計 交流電力計 交流電流計 頻率計	1KVA以上 5A以上，110V用 2A以上，220V用 0.5級以上 〃 〃 〃	1 1 1 2 1 1 1
測光裝置	暗室或同該環境 配光測定裝置 照度計 輝度計 光源及器具支撐裝置	環境溫度 25±2℃，照度0.05 lx以下。 角度誤差2°以下（水平、垂直）受光器顏色補正，指示計器為直線性1%以下的器具。 可低照度測定。（解析度應在 0.01lx）CNS 5119〔照度計〕規定中AA級。 可進行顏色判斷，具有可測定直徑10mm視覺之器具。 可確實固定，可忽視反射影響的器具。	1 1 1 1 1
比色用具		綠色的限度樣品（x、y值明確的樣品）	
耐電壓試驗裝置	絕緣耐壓試驗機	變壓容量0.5KVA，0～2000V	1
絕緣電阻試驗裝置	高阻計	500V用	1
耐濕試驗裝置	恆溫恆濕槽	適當容量大小、溫度計、濕度計	1
熾熱線試驗裝置	熾熱線試驗機	能進行熾熱線試驗之儀器	1
靜荷重試驗裝置	壓縮荷重試驗機 試驗品固定框	能供給1,000kgf（9,800N）壓縮荷重之器具	1
閃滅測定裝置	示波器 色溫計（或同等裝置） 閃光測試機	能測定並儲存閃光時間及波形之設備 能測定燈泡色溫之設備 能測定閃光次數或頻率之設備。	1 1 1
音聲引導試驗裝置	噪音計 無響室	符合CNS13583（積分均值聲度表）或相當標準之規定。Type1等級噪音計，準確度±1dB。 符合CNS14657（聲學－測定噪音源音響功率的精密級方法－用於無響室和半無響室）或相當標準之規定。	1 1
計時裝置	碼表	1分計，附積算功能，精密度1/10至1/100sec。	1

住宅用火災警報器認可基準

①民國101年11月14日內政部公告訂定發布全文4點；並自102年7月1日起生效。
②民國107年5月3日內政部公告修正發布全文4點；並自107年10月1日生效。

壹　技術規範及試驗方法

一　適用範圍

住宅用火災警報器（以下簡稱住警器），其構造、材質及性能等技術規範及試驗方法，應符合本基準之規定。

二　用語定義

(一)住宅用火災警報器：住警器係指為防範居室火災而能早期偵測及報知之警報器，由偵測部及警報部所構成之設備，得具有自動試驗功能或無線式功能。依種類可區分為定溫式住宅用火災警報器（以下稱「定溫式住警器」）、離子式住宅用火災警報器（以下稱「離子式住警器」）及光電式住宅用火災警報器（以下稱「光電式住警器」）。依電源供應方式可分為內置電池、外部電源及併用型（外部電源及內置電池併用，以下相同）。

(二)定溫式住宅用火災警報器：係指對局部場所之周圍溫度達到一定溫度以上時，發出火災警報之住警器。

(三)離子式住宅用火災警報器：係指利用離子化電流受煙之影響而產生變化原理對局部場所周圍空氣中含煙濃度達到某一限度時，發出火災警報之住警器。

(四)光電式住宅用火災警報器：係指利用光電束子之受光量受煙之影響而產生變化原理對局部場所周圍空氣中含煙濃度達到某一限度時，發出火災警報之住警器。

(五)自動試驗功能：係指藉由此試驗功能自動確認住警器相關功能是否維持正常之裝置者。

(六)無線式功能：係指附加無線裝置（可發射或接收電波）之住警器所具備，能將火災訊號透過無線傳輸方式連動其它住警器或移報輸出至其它連線裝置之功能。

(七)電源供應方式：住警器電源供應方式可分為內置電池、外部電源及併用型。以內置電池以外之方式供電者，除由插座、分電盤或其他方式直接供給電力外，其中途不可經由開關裝置，且需有預防因外部電源中斷而導致住警器功能異常之措施。

三　構造與功能

(一)應能確實動作且易於操作、附屬零件易於更換。

1. 住警器在下列(1)或(2)之情況中，應能確實持續發出警報：

(1)外部電源者：以額定電壓之±10%範圍內變動時（變動範圍有指定時，以該變動範圍為準）。

(2)內置電池者：以住警器設計動作電壓之上下限值範圍內變動時。

2. 住警器之消耗電流不得超過該住警器之設計範圍。

3. 需更換保險絲之住警器應置備更換用之保險絲。

(二)應具有易於安裝及更換之構造，且應符合下列規定：

1. 安裝於底座時，不需拆取外罩或打開裝設孔等情況下，應能容易安裝及更換構造。但外罩如為可容易開啓之構造者則不在此限。

2.外部電源採交流供電者，其電源線附有插頭應符合CNS690（配線用插接器）之規定，且應於外殼上標明其額定電壓。

3.外部電源之住警器，具有極性電源配線者應採取防止誤接之措施。在此情況中，若發生電源配線誤接時，住警器功能不得產生異常。

㈢使用之零件、配線、印刷基板等需具耐久性，且不能超過其說明書、型錄等所記載之額定容許值。

㈣正常使用狀態下，住警器不得因溫度變化導致外殼變形，外殼材質應符合CNS14535（塑膠材料燃燒試驗法）或UL94（Tests for Flammability of Plastic Materials for Partsin Devicesand Appliances）V-2以上或同等級以上之耐燃材料。

㈤外部配線應具有充分之電流容量並應正確連接，且能承受任何方向之20N拉力達1分鐘，拉力不會傳遞到導線和電池端子連接器間之接頭上，也不會傳遞到導線和住警器電路板間之接頭上。

㈥零件應安裝正確且不易鬆脫，如採用可變電阻或調整部等功能之零件，不得因振動或衝擊等產生變動。

㈦帶電部應有充分保護且人員不易從外部碰觸，並應符合下列規定：

1.帶電部外露者，應使用合適之保護裝置，無法從外部碰觸之構造。

2.額定電壓超過60V者，應採用塗裝以外之絕緣方法。

㈧不得因偵測部所受之氣流方向不同，而使住警器相關功能發生顯著變動，且住警器以其平面位置為定點，使之傾斜45度情況下，不得功能異常。

1.偵測部接收氣流方向如下：

⑴安裝於天花板或牆面之定溫式住警器，於天花板面安裝時，應以垂直方向給予氣流；於牆面安裝者，以水平任意方向（若有指定安裝方向者，應從牆面安裝之住警器之上方或下方之方向。以下相同）各給予氣流。

⑵安裝於牆面之定溫式住警器，於牆面安裝狀態下，以水平任意方向給予氣流。

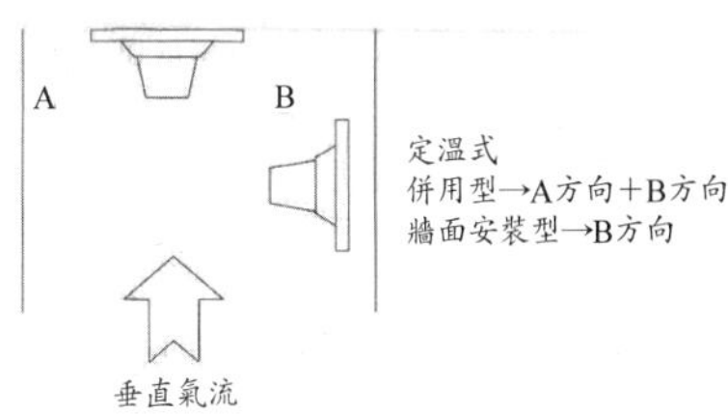

⑶離子式住警器及光電式住警器於天花板面或牆面安裝時，以水平任意方向各給予氣流。

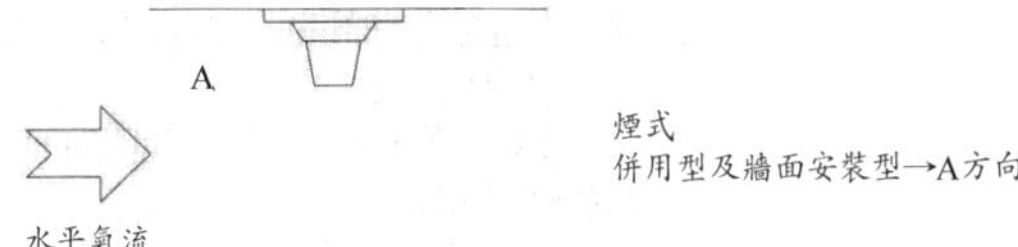

2.住警器之方向性試驗如下：

⑴針對其安裝狀態，如下圖所示，任意以每45度刻度從A至H之8個方向給予氣流。

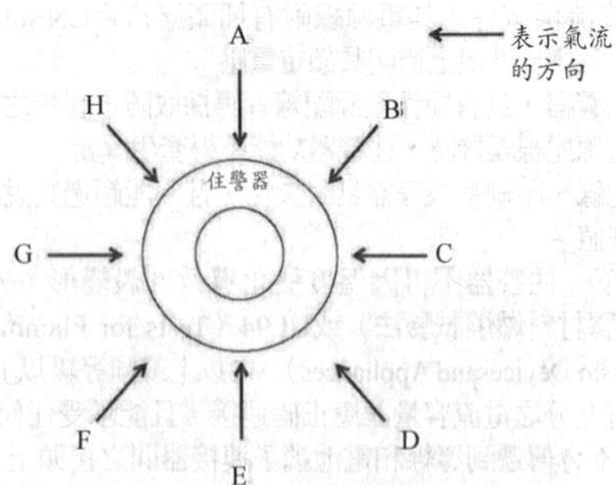

⑵前述「不得使功能發生顯著變動」係指在試驗風速在0.2m/s時，符合本基準壹、十四、靈敏度試驗之動作試驗規定。

⑶「使傾斜45度情況下」係指天花板安裝情況及牆面安裝情況，在各自狀態下傾斜45度。

㈨火災警報應符合下列規定：

1.藉由警報音發出火災警報之住警器音壓，依下列方式，施加規定之電壓時，於無響室中距離警報器中心前方1m處，音壓應有70dB以上，且此狀態應能持續1分鐘以上。

⑴使用電池之住警器，施加電壓應為使住警器有效動作之電壓下限值。

⑵由電池以外電力供給之住警器，施加電壓值應為額定電壓±10%範圍間。

2.具有多段性音壓增加功能者，應在發出警報音開始10秒以內到達70dB。

3.火災警報音如為斷續鳴動時，應依下列規定：

⑴休止時間（鳴動時間中之無音時間除外）在2秒以下，鳴動時間在休止時間以上。

⑵在鳴動時間中，警報音音壓未滿70dB之部分稱為無音時間，警報音鳴動時間應在無音時間以上。

⑶鳴動時間中之無音時間應在2秒以下。

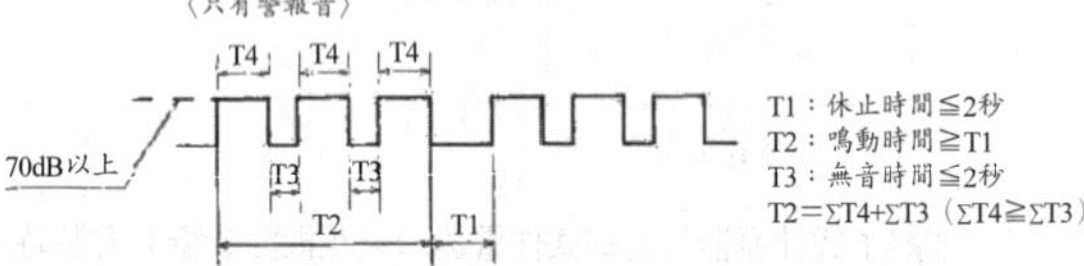

4.火災警報音以警報音和語音組合鳴動者依下列規定：

⑴休止時間（警報音與語音組合鳴動時間中之無音時間除外，以下相同）在2秒以下，鳴動時間在休止時間以上。

⑵在鳴動時間中，警報音音壓未滿70dB之部分以無音時間做計算，且警報音和語音組合之時間應在無音時間以上。

⑶警報音和語音組合時，鳴動時間中之無音時間應在2秒以下。

⑷火災警報音之音壓，係指警報音部分的音壓。

⑸語音與警報音之鳴動時間比率為1.5以內。

⑹語音，為國語。但若為國語與其他語言交互鳴動之情況，不在此限。

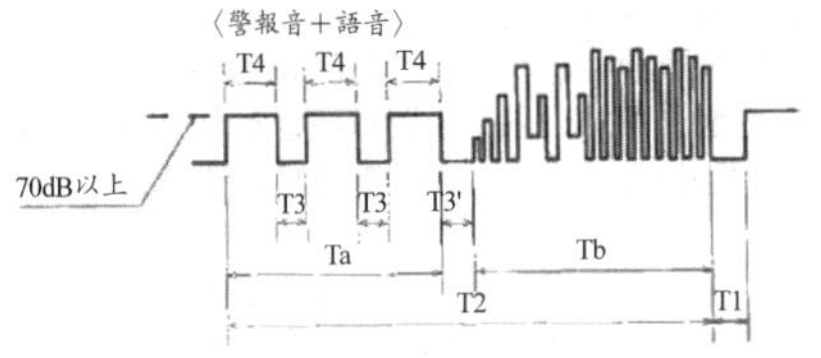

5.發出火災警報音以外之警報音及包含具自動試驗功能之異常警報音時，火災警報音應為可明確識別之聲音。

6.音壓試驗方法如下：

(1)於無響室中，將住警器安裝在背板（300mm×300mm×20mm之木板）上，保持懸空之狀態。

(2)試驗裝置應符合CNS13583（積分均值聲度表）之聲度表（噪音計）或分析儀，具有量測A加權及有時間加權之音壓值特性。

(3)試驗採用A加權分析，以儀器最小範圍之時間常數，測定其最大音壓值。

(十)電池耗盡警報及電池更換應符合下列規定：

1.住警器電池電壓在有效動作之電壓下限值時，應能自動以閃滅或音響方式表示電池即將耗盡，且在尚未以手動方式停止前，能持續警示72小時以上。

2.電池耗盡警報使用之建議警報音依下列規定：

(1)建議警報音應具有下列所示之間隔及音色（基本頻率大概為「嗶」音）且應具有能充分聽見之音壓。

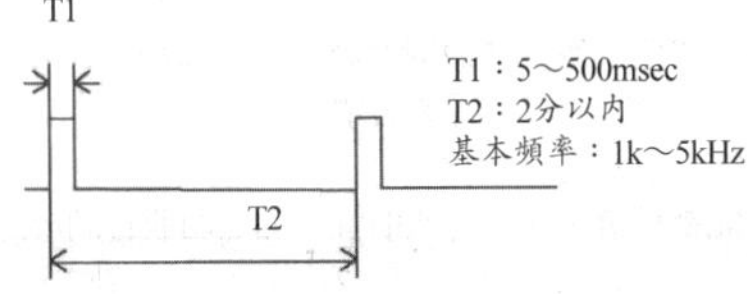

(2)具有合併自動試驗功能者，該自動試驗功能相關異常警報音應採用壹、三、(五)、2.、(1)之建議警報音。

3.電池耗盡警報使用之警報方式為前項2.規定之警報以外者，依下列規定：

(1)警報在每2分鐘內動作1次以上，可持續72小時。

(2)僅以標示燈發出警報者，除須具有表示電池耗盡之標示外，標示燈之閃滅應在每2分鐘內重複10次以上（包含連續亮燈動作），該動作可持續72小時以上。

(3)電池耗盡警報與自動試驗功能相關異常警報應有明顯之區別。但如電池壽命超過住警器汰換期限者，不在此限。

4.住警器電池使用期限在正常使用及定時檢測（每月1次，每次10秒之檢測頻率）狀態下，應有3年以上之使用期限，在型式認可申請時應附有電池容量計算書，並應考量下列設計需求：

(1)一般監視狀態之消耗電流。

(2)非火災警報之消耗電流。

(3)檢測時之消耗電流。

(4)具有供給附屬裝置電源者，其連接該附屬裝置中監視及動作狀態之消耗電流。

(5)電池之自然放電電流。

(6)其他設計中必要之消耗電流。

⑺設計安全餘裕度（安全係數）。

5.電池之使用期限依電池製造者建議之消耗電流計算之。

6.電池耗盡警報之動作電壓下限值，應在住警器有效動作電壓下限值以上，且於電池耗盡警報動作後，如發生火災警報應能維持正常警報音（70dB以上）至少4分鐘以上。

7.可更換電池之住警器，電池（含具有線頭式整體者）應可容易拆裝且具有防止電池誤接之措施。且如發生電池誤接，住警器不應造成損壞。

8.電池容量僅能以手動方式確認者，對使用之電池以平均監視電流之50倍電流值，進行526小時加速放電試驗，再行火災警報音試驗，應能維持正常警報音（70dB以上）至少1分鐘以上。

9.製造商設計之使用期限超過3年，或產品本體自主標示使用（汰換）年限超過3年者，則依上揭4.至8.項採對應之電池容量計算或放電時間進行實測確認。

⑾藉由開關操作可停止火災警報之住警器須在藉由操作該開關而停止火災警報時，於15分鐘內自動復歸至正常監視狀態者並符合下列規定：

1.火災警報之停止時間不得任意變動。

2.火災警報停止開關兼動作試驗開關者，該開關應採取可再試驗之方式。

⑿光電式住警器之光源應爲半導體元件。

⒀偵測部應具有網目尺寸在（1.3±0.05）mm以下之網狀材料，並符合下列規定：

1.網或圓孔板爲金屬線編織而成或金屬板上鑽有孔洞之網狀材料。

2.以金屬以外物品作爲網狀材料時，應採用在一般使用狀態下不因熱而變形之材質。

⒁使用放射性物質之住警器，應對該放射性物質進行輻射源防護，且輻射源應無法從外部直接碰觸，火災時亦無法輕易破壞者。

1.離子式住警器之輻射量應低於1.0μCi。

2.應依行政院原子能委員會，對含有放射性產品之回收管制規定辦理。

3.在發生火災時，應具能將放射源固定於支固器上，不會脫落之構造。

⒂附有自動試驗功能之住警器，應能自動以閃滅或音響等方式表示功能異常，且在尚未以手動方式停止前，能持續警示72小時以上。

1.確認住警器是否功能維持正常，係指以偵測部動作之方式、檢出偵測部之出力值等方式檢查，來確認住警器功能是否正常。

2.自動試驗功能相關異常警報所使用建議警報音，依下列規定：

⑴建議警報音應有下列圖示之間隔及音色（基本頻率大概爲「嗶、嗶、嗶」之聲音），且應具有能充分聽見之音壓。

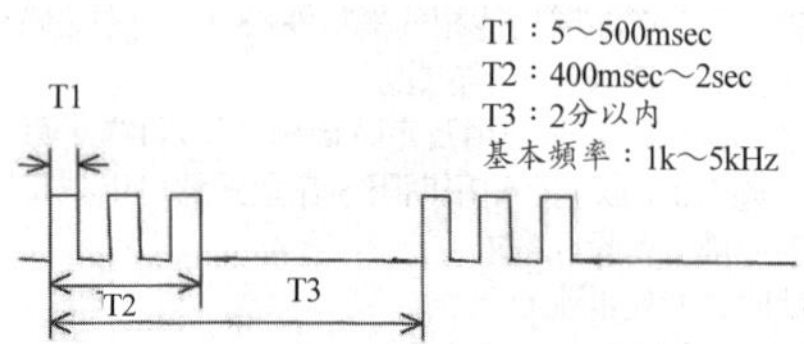

⑵合併擁有電池耗盡警報功能者，該電池耗盡警報採用壹、三、⑽、2.、⑴中建議警報音。

3.自動試驗功能之異常警報使用前項2.規定警報以外之警報者依下列規定。

⑴警報應在每2分鐘內發出1次以上，且該動作可以持續72小時以上。但警報音之警報不得發生與前項2.⑴規定之警報有混雜之情況。

(2)僅以標示燈發出警報者，除能明確知道異常之標示外，其標示燈之閃滅在每2分鐘內應重複10次以上，且該動作可以持續72小時以上（包含持續亮燈動作）。

(3)自動試驗功能之異常警報應與電池耗盡警報區別分辨。

(4)應可識別出其他功能異常警報與自動試驗功能警報。但因其他功能異常而必須更換住警器之警報，不在此限。

㈥住警器內含電源變壓器者，依下列規定：

1.電源變壓器需符合CNS1264（電訊用小型電源變壓器）或具同等性能以上之規定，且其容量可連續耐最大使用電流者。

2.警鈴用變壓器之額定2次電壓及電流值在30V、3A以下；或者是60V、1.5A以下。

3.設置回路保護裝置者，應設有該保護裝置動作顯示之功能。

㈦住警器如安裝具有本基準所列功能以外之輔助警報或附屬裝置者，其裝置不得影響住警器正常功能。

㈧住警器具有無線式功能者，應符合下列規定：

1.應取得國家通訊傳播委員會認可驗證機關（構）核發之低功率射頻電機型式認證證明，且不得干擾合法通信。

2.所發射信號之電場強度值，在距離該住警器3m位置處，應在設計值以上。

3.有接收電波功能者，在距離該住警器3m位置處，可接收發信信號之最低電場強度值，應在設計值以下。

4.無線裝置之火災信號的受信及發信，應符合下列規定：

(1)探測發生火災之住警器，其無線裝置在接收到火災信號（發出警報音），至發信所需時間應在5秒以內。

(2)無線裝置在持續接受火災信號期間，應斷續性發出該當信號。但從其它住警器或連線裝置能確認接收火災主旨的功能或具定期通信確認功能（無線式住警器通信狀態於一定時間內以1次以上之比例確認，若通信狀態減退，能發出異常警報）者，則不在此限。

(3)前述(1)及(2)之試驗，應經國家通訊傳播委員會認可之國內外電信設備測試實驗室測試合格。

5.設有可確認無線式功能之試驗按鈕或定期通信確認功能之裝置。

㈨探測到火災發生之連動型或移報輸出型住警器，其火災警報不得受其它連動型住警器或其它連線裝置之開關操作而停止。

四　氣流試驗

離子式住警器（包含兼具定溫式住警器性能者），於通電狀態下，投入風速5公尺／秒之氣流中，5分鐘內不得發出警報，試驗方式如下：

㈠氣流試驗裝置依圖1之圖例配置。

㈡取下離子式住警器及安裝板之狀態下，調整風扇之速度使距離整流板50公分位置之氣流速度爲5±0.5公尺／秒。

㈢以煙最容易流入之方向做爲試驗氣流方向（水平氣流），於試驗5分鐘後回轉90度，進行垂直之氣流試驗。

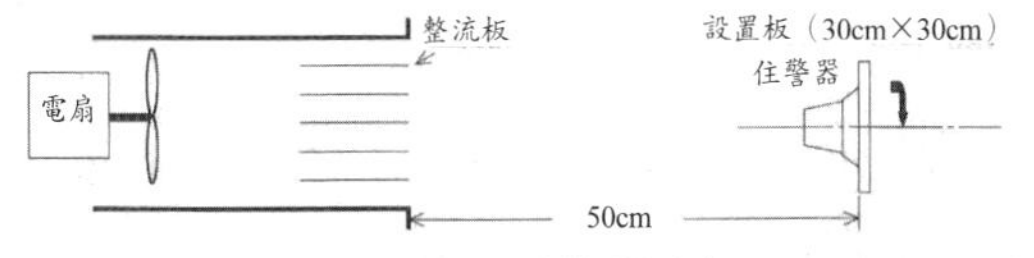

圖1　氣流試驗裝置圖例

五　外光試驗

光電式住警器（包含兼具定溫式住警器性能者）於通電狀態下，使用白熾燈管，以照度5000lux之強光依照射10秒、停止照射10秒之動作，反覆10次後，再持續照射5分鐘，試驗過程中不得發出警報，試驗方式如下：

㈠外光試驗裝置依圖2之圖例配置。

㈡配置白熾燈使光電式住警器之表面照度爲5000±50lux。

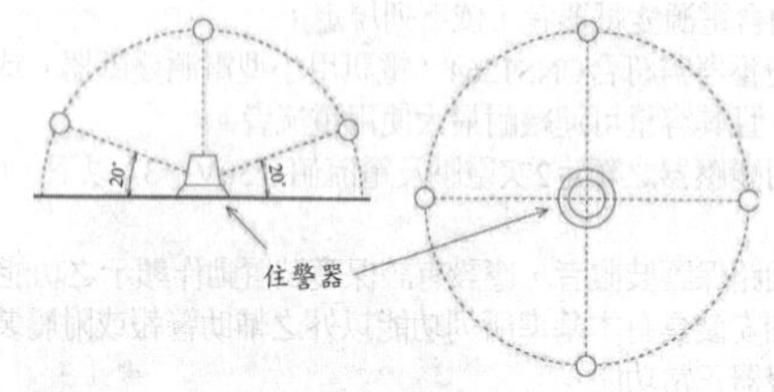

圖2　外光試驗配置圖例

六　周圍溫度試驗

方式如下：

㈠住警器必須於周圍溫度爲0℃以上40℃以下時，功能亦不得發生異常。

㈡住警器於正常使用狀態下，於溫度0±2℃及40±2℃各放置12小時。

㈢試驗結束後，進行靈敏度試驗之動作試驗確認功能是否異常。

七　腐蝕試驗

方式如下：

㈠具有耐腐蝕性能之住警器必須在5公升試驗用容器倒入每公升溶有40公克之硫代硫酸鈉之水溶液500cc，再用1N濃度之硫酸156cc稀釋1000cc水之酸液，以1天2次每次取此酸溶液10cc加入於試驗容器中，使其產生二氧化硫（SO_2）氣體，而住警器於正常使用狀態下，置於此氣體中4天。上述試驗必須於溫度45±2℃之狀態下進行。

㈡在試驗中發出警報者不判定其合格與否。

㈢試驗後，擦拭附著在外部之水滴，在相對濕度不超過85%之室溫中放置1天至4天，再進行靈敏度試驗之動作試驗確認功能是否異常。

㈣非具有耐腐蝕性能之住警器，免施此試驗。

八　振動試驗

方式如下：

㈠住警器在通電狀態下，給予每分鐘1000次全振幅1mm之任意方向振動連續10分鐘後，不得發生異狀。

㈡住警器在無通電狀態下，給予每分鐘1000次全振幅4mm之任意方向振動連續60分鐘後，對其構造及功能不得發生異常。

㈢住警器使用懸掛等簡易設置方法，於實施該試驗時，不得自裝設板上脫落。

㈣試驗後確認變形、龜裂、破損、配件脫落、配件裝設鬆弛等狀況。

㈤試驗後再進行靈敏度試驗之動作試驗確認功能是否異常。

九　落下衝擊試驗

方式如下：

㈠住警器給予任意方向之最大加速度50g（g爲重力加速度）衝擊5次後，對其構造及功能不得發生異狀。

㈡住警器使用懸掛等簡易設置方法，於實施該試驗時，不得自裝設板上脫落。

㈢試驗後確認變形、龜裂、破損、配件脫落、配件裝設鬆弛等狀況。

㈣試驗後再進行靈敏度試驗之動作試驗確認功能是否異常。

十　耐電擊試驗

配有外部配線端子之住警器於通電狀態下，電源接以500V電壓之脈波寬1μs及0.1μs，頻率100赫茲（Hz），串接50Ω之電阻後，接於住警器之二端予以電擊試驗，各試驗15秒後，對其功能不得發生異常現象，並須符合下列規定：

㈠試驗接線回路及電壓波形依圖3所示圖例。

㈡進行試驗之端子與連動型之信號回路相關，試驗回路以直徑0.9mm以上，長1m以下之電線接續。

㈢試驗後再進行靈敏度試驗之動作試驗確認功能是否異常。

㈣無外部配線端子之住警器免施此試驗。

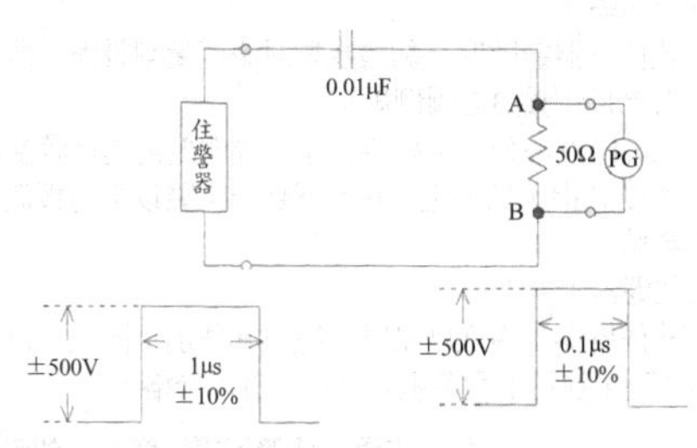

圖3　耐電擊試驗接線圖例

十一　濕度試驗

住警器必須於通電狀態下，以溫度40±2℃放置於相對濕度95%（+0%、−5%）之空氣中4天，應可持續處於正確適當之監視狀態，試驗方式如下：

㈠「正確適當之監視狀態」是指在試驗中，正常之持續監視下，應不發出火災警報、電池耗盡警報或自動試驗功能異常警報者。

㈡試驗初期放入試驗箱時發出火災警報者，不做合格與否之判定。

㈢試驗後再進行靈敏度試驗之動作試驗確認功能是否異常。

十二　絕緣電阻試驗

住警器之絕緣端子間（不包含移報火災警報信號之無電壓接點端子），及帶電部與金屬製外殼間之絕緣電阻，以直流500V之絕緣電阻計測量時應在50MΩ以上。

十三　絕緣耐壓試驗

住警器之帶電部與金屬製外殼間之絕緣耐壓，應用50Hz或60Hz近似正弦波而其實效電壓在500V之交流電通電1分鐘，能耐此電壓者爲合格，但額定電壓在60V以上150V以下者，用1000V電壓，額定電壓超過150V則以額定電壓乘以2倍再加上1000V之電壓作試驗。

十四　靈敏度試驗

㈠離子式住警器：

1. 離子式住警器之靈敏度在依其種別不同施予表1所列K、V、T及t値時，進行下列各項試驗符合者爲合格。

表1　離子式住警器靈敏度試驗數值表

種別	K	V	T	t
1種	0.19	0.2以上 0.4以下	60	5
2種	0.24			

⑴動作試驗：含有電離電流變化率1.35K濃度之煙，以風速V公尺／秒之速度吹向時，T秒以內得發出火災警報。

⑵不動作試驗：含有電離電流變化率0.65K濃度之煙，以風速V公尺／秒之速度吹向時，t分鐘以內不得發出火災警報。

2.離子式住警器於靈敏度試驗前，須將住警器置於室溫下強制通風30分鐘後再進行試驗。

3.離子式住警器靈敏度試驗機及煙霧濃度量測設備（離子電離量測設備）應符合附錄1及附錄3之圖例規定。

4.風速在0.4±0.05公尺／秒場合中之煙濃度需進行濃度補正，動作試驗以平行板濃度計指示值加上0.03；不動作試驗以平行板濃度計指示值加上0.02後之數值。

㈡光電式住警器：

1.光電式住警器之靈敏度試驗，應依其種別不同施予符合下表2所列K、V、T及t值時，進行下列各項試驗符合者為合格。

表2　光電式住警器靈敏度試驗數值表

種別	K	V	T	t
1種	5	0.2以上 0.4以下	60	5
2種	10			

⑴動作試驗：含有每公尺減光率1.5K濃度之煙，以風速V公尺／秒之速度吹向時，T秒以內得發出火災警報。

⑵不動作試驗：含有每公尺減光率0.5K濃度之煙，以風速V公尺／秒之速度吹向時，t分鐘以內不得發出火災警報。

2.光電式住警器於靈敏度試驗前，須將住警器置於室溫下強制通風30分鐘後再進行試驗。

3.光電式住警器靈敏度試驗機及煙霧濃度量測設備（光學濃度計）應符合附錄1及附錄2之圖例規定。

㈢定溫式住警器：

1.定溫式住警器之靈敏度應依下列規定試驗：

⑴動作試驗：投入溫度81.25±2℃、風速1±0.2公尺／秒之垂直氣流時，於40秒內（安裝於壁面者，用以下公式計算時間t秒內）發出火災警報。

$t=40\log_{10}[1+(65-\theta_r)/16.25]/\log_{10}(1+65/16.25)$

θ_r為室溫（℃）。

⑵不動作試驗：投入溫度50±2℃、風速1±0.2公尺／秒之垂直氣流時，10分內不得動作。

2.定溫式住警器靈敏度試驗機應可調整試驗風洞之溫度（溫度設定範圍50℃～100℃）與風速（設定範圍0.8～1.2公尺／秒）且能提供穩定溫度與風速之特性，另應具備可以將氣流方向與住警器安裝狀態之底座面呈水平方式放入該住警器之構造。

十五　電場強度試驗

㈠電場強度之試驗場所，爲周圍無反射電波之物體，且無阻礙測量的金屬物體，係半電波暗室（Semi Anechoic Chamber）或全電波暗室（Fully Anechoic Chamber）。於半電波暗室試驗時，其無線式住警器及測試用天線間之地板，以可吸收電磁波之材料物體或電波穿透性佳之材質進 行（其擺放方式應符合CISPR 16-1-4 Site voltage standing wave ratio （S_{VSWR}）設置規範）。

㈡在正常使用情況下，無線式住警器應安裝在木材或其他絕緣材料所作成之板子或回轉台上，將放置無線式住警器之基板面設置於距離地面1.5m之高度。

㈢測試用天線，係指使用於測量頻率的半波長共振型偶極天線、廣域型天線等直線偏波天線，其天線中心部分設置於距離地面1.5m之高度。

㈣無線式住警器與測試用天線中心之間隔爲3m。

㈤測試時，無線式住警器的電源電壓以額定電壓的狀態進行。

㈥測試時，頻譜分析儀之設定，應依下列規定：

1. 最大電場強度：
   ⑴頻率掃描範圍約爲20dB頻寬之5倍，中心頻率爲主頻頻道。
   ⑵解析頻寬大於欲測發射之20dB頻寬，視訊頻寬不小於解析頻寬。
   ⑶掃描時間爲自動，檢波功能爲峰值，訊號軌跡爲最大保留（Max Hold）。
   ⑷利用記號至波峰（Mark to Peak）功能以標記發射之波峰，顯示之數值即爲峰值輸出功率。
   ⑸上述之測試步驟應注意外接之衰減與纜線損失。
2. 最小電場強度：
   ⑴頻率掃描範圍約爲20dB頻寬之5倍，中心頻率爲主頻頻道。
   ⑵解析頻寬大於欲測發射之20dB頻寬，視訊頻寬不小於解析頻寬。
   ⑶掃描時間爲自動，檢波功能爲峰值，訊號軌跡爲最小保留（Min Hold）。
   ⑷利用記號至波峰（Mark to Peak）功能以標記發射之波峰，顯示之數值即爲峰值輸出功率。
   ⑸上述之測試步驟應注意外接之衰減與纜線損失。

㈦具有發射電波功能者，其電場強度試驗，應依下列規定：

1. 測試時，使無線式住警器之火災信號保持持續發射狀態。如使用火災信號以外之信號進行測試，則此訊號需具火災信號相同之電場強度。
2. 旋轉無線式住警器，檢測8個以上方向之電場強度（能以全方向來 檢測時以全方向爲主。下同），確認測定值均在設計值以上。
3. 檢測水平極化及垂直極化，其檢測用天線應分別與地面呈垂直、水平設置狀態。在該設置狀態下，具有可確認電波通信狀態之功能， 且其操作說明書應記載有關設置時如何確認電波通信狀態之內容，並以申請人所設計極化值爲準，於電場強度最大及最小方向， 應在設計值（最大值及最小值）以上。

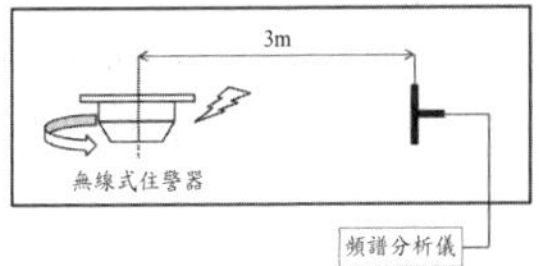

㈧具有接收電波功能者，其電場強度試驗，應依下列規定：

1.操作發射信號裝置，發射訊號強度應爲與無線式住警器接收靈敏度（設計值）相當之電場強度。

2.旋轉無線式住警器，檢測8個以上方向（以全方向平均量測），確認該住警器可接收信號（住警器應在該信號發射5秒內發出警報音）。

3.檢測水平極化及垂直極化，其檢測用天線應分別與地面呈垂直、水平設置狀態。在該設置狀態下，具有可確認電波通信狀態之功能，且其操作說明書應記載有關設置時如何確認電波通信狀態之內容，並依申請者之設計極化值進行確認。

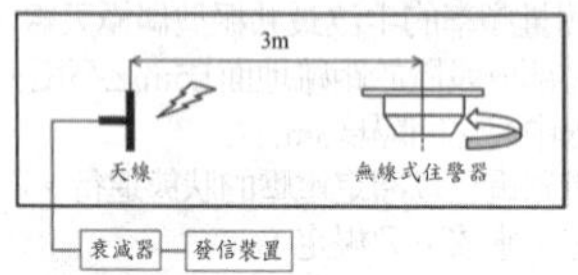

4.依據前述第2.點及第3.點，確認天線端之發射強度皆在無線式住警器之有效接收範圍後，將無線式住警器置換爲另一測試用天線，量測其電場強度，其值應在設計之最小值以下。

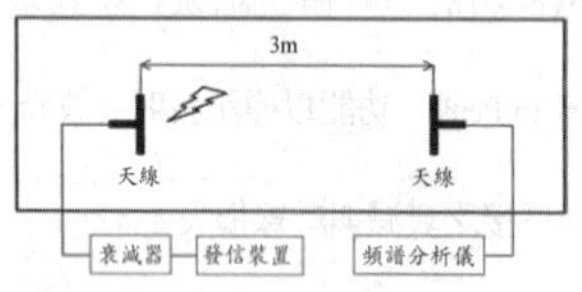

㈨前述㈦及㈧之試驗，應經國家通訊傳播委員會認可之國內外電信設備測試實驗室測試合格。

十六　試驗環境

除前項試驗有環境要求外，進行試驗必須符合下列環境規定：

㈠環境溫度5℃以上35℃以下。

㈡相對濕度45%以上85%以下。

十七　標示

住警器應於本體上之明顯易見處，以不易抹滅之方法，標示下列事項（進口產品亦須以中文標示）。

㈠住宅用火災警報器之文字。

㈡產品種類名稱、種別、型式及型號。

㈢型式認可編號。

㈣產地。

㈤製造年月或批號。

㈥製造商名稱或商標。

㈦電氣特性（含外部電源之額定電壓、電流或內置電池電壓及型式等）。

㈧有耐腐蝕性能者，標示耐腐蝕性能之文字。

㈨具有自動試驗功能者，標示自動試驗功能之文字。

㈩具有數個功能之住警器之種類標示應將具有之種類合併註記。

⑪只限安裝於壁面或天花板面者，應註明壁面安裝專用或天花板面安裝專用。

⑫離子式住警器應標示放射性物質之符號。

⑬住警器爲具無線式功能者，應附有審驗合格標籤，其式樣載於國家通訊傳播委員會認可驗證機關（構）核發之低功率射頻電機型式認證證明。

⑭檢附操作說明書及符合下列項目：

1.包裝住警器之容器應附有簡明清晰之安裝及操作說明書，並提供圖解輔助說明。說明書應包括產品安裝及操作之詳細指引及資料，同一容器裝有數個同型產品時，至少應有一份安裝及操作說明書。

2.若作爲住警器檢查及測試之用者，得詳述其檢查及測試之程序及步驟。

3.有定期通信確認機能者，需標示定期通信確認的設計時間。

4.其他特殊注意事項。

十八　新技術開發之住警器

新技術開發之住警器，依形狀、構造、材質及性能判定，如符合本基準規定及同等以上性能者，並經中央消防主管機關認定者，得不受本基準之規範。

十九　試驗設備依表3設置。

表3

試驗設備名稱	規　格　內　容	數量	備註
尺寸測定器	鋼尺、游標卡尺。	各1	
交流電源供應器	110V、220V、60Hz。	1	定期校正
直流電源供應器	30V/3A。		
環境溫濕度計	環境紀錄器。（±5%）	1	定期校正
絕緣電阻計	測定電壓DC500V、DC1000V以上。	1	定期校正
絕緣耐壓機	測定電壓500～2000Vac範圍可調。	1	定期校正
耐電擊試驗設備	高頻雜訊模擬器可調整衝擊波爲方波。 可設定測試電壓500V，脈波寬1μs、0.1μs。	1	
風速計	0.1～20.0（m/s）測定範圍。（±5%）	1	定期校正
數位式三用電錶	電流測定爲0～1A以上，解析度爲0.1mA。（±1%） 電壓測定爲0～300V以上，解析度爲0.1V。（±1%） 電阻測定爲0～100MΩ以上，解析度爲1Ω。（±1%）	1	定期校正
音壓位準試驗裝置	1.無響室：應符合CNS14657（聲學—測定噪音源音響功率之精密級方法—用於無響室和半無響室）或同等國際規範之規定。 2.音壓位準量測之聲度表（噪音計）或分析儀：符合CNS13583（積分均值聲度表）或相當標準之規定。Type1等級噪音計，準確度±1dB。 3.噪音計或分析儀須能分析頻率範圍。	各1	噪音計需定期校正
氣流試驗設備	裝置須符合基準設置規定。 風速應可維持5±0.5m/s範圍之穩定氣流。	1	
外光試驗設備	裝置須符合基準設置規定。 照度應可維持5000±50lux範圍。	1	
溫度濕度試驗裝置	恆溫恆濕機： 溫度調整－10～100℃，解析度爲0.1℃。（±5%） 濕度調整80～95%（20～45℃間）。（±5%）	1	定期校正
振動試驗機	振動頻率每分鐘1000次以上，全振幅4mm。	1	
落下衝擊試驗機	最大加速度50±5g。	1	
腐蝕試驗裝置	1.5公升試驗用容器。 2.硫代硫酸鈉、硫酸、氯化氫、氨氣等。 3.恆溫設備（溫度45±2℃）。	各1	

試驗設備名稱	規 格 內 容	數量	備註
靈敏度試驗裝置	離子式住警器靈敏度試驗裝置爲附錄1及3規定。	1	
	光電式住警器靈敏度試驗裝置爲附錄1及2規定。	1	
	定溫式住警器靈敏度試驗裝置應符合第壹章、十四、㈢規定。	1	

貳　型式認可作業

一　型式試驗之方法

型式與型式變更試驗項目、樣品數及流程如下表所示：

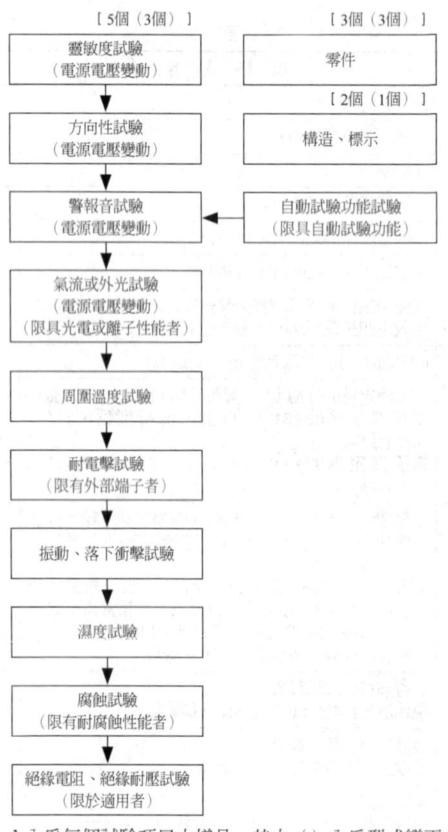

㈠表中［ ］內爲每個試驗項目之樣品，其中（）內爲型式變更之樣品，（）外爲型式認可之樣品，從靈敏度試驗開始到絕緣電阻、絕緣耐壓之樣品爲相同之樣品。

㈡周圍溫度試驗、耐電擊試驗、振動試驗、落下衝擊試驗、濕度試驗及腐蝕試驗等各項試驗後需再進行靈敏度試驗之動作試驗，確認功能是否異常。

㈢消耗電流之測定於靈敏度試驗時實施。

二　型式試驗結果判定

方式如下：

(一)符合本認可基準所規定之技術規範者，該型式試驗結果或型式變更試驗結果視為「合格」。

(二)符合二十一、補正試驗所列事項者，得進行補正試驗，惟以一次為限。

(三)未符合本認可基準所規定之技術規範者，該型式試驗結果或型式變更試驗結果視為「不合格」。

三　補正試驗

(一)型式試驗有下列情形之一者，得申請補正試驗：

1.設計資料不完備（設計有誤除外）。

2.設計資料之誤記、漏記、計算錯誤等。

3.影響功能之零件安裝等嚴重不良（零件之損傷或不足或配線有斷線、連接不良、忘記焊接或焊接中有孔洞造成之焊接不良。以下相同）。

4.安裝底座與本體之嵌合不符（不密合、隙縫等）。

5.零件安裝等輕微不良（部品之安裝不良、配線狀態不良、忘記施予鬆脫之防止、配線上焊接不良（忘記焊接或焊接中有孔洞造成焊接不良除外）或是保險絲容量不同。以下相同）。

6.外觀、配件尺寸超出公差。

7.標示之誤載（可能使火災警報產生妨礙之情況除外）、未記載或不明顯。

8.附屬裝置之功能不良（具有型式認可編號者除外）。

(二)試驗機構試驗設備有不完備或缺點時，致無法進行試驗之情形，亦得申請補正試驗。

四　型式變更之試驗方法

型式變更試驗之樣品數、試驗流程等，應就型式變更之內容，依十九、型式試驗之方法進行試驗。

五　型式區分、型式變更及輕微變更之範圍，依表4規定。

表4

區分	說明	項目
型式區分	型式認可之產品其主要性能、設備種類、動作原理不同，或經中央主管機關認定之必要區分者，須以單一型式認可做區分。	1.設備種類不同：離子式住警器、光電式住警器、定溫式住警器或上述兼具多種性能之警報器。 2.感度種類不同。 3.使用環境溫度範圍不同。 4.耐腐蝕型。 5.內部電池、外部電源及併用型。 6.附有自動試驗功能者。 7.附有無線式功能者。
型式變更	經型式認可之產品，其型式部分變更，有影響性能之虞，須施予試驗確認者。	1.會影響感熱部及偵測部以外功能之部分材質、構造或形狀之變更。 2.回路（除了發出火災警報部分之回路）之變更。 3.會影響主功能之附屬裝置之追加或變更（去除之情況除外）。 4.電源變壓器或有關此項之變更 5.火災警報發生裝置（只限單項品）之變更。 6.伴隨消耗電流增加之回路、電子配件等之變更。

區分	說明	項目
		7.更換時期相關設計變更。 8.追加電池（只限於認可之放電特性、電池容量等對電池壽命有影響者）及電池壽命相關設計變更。 註：型式變更試驗對應前項之變更內容後，可以省略相關部分之前項型式試驗項目。
輕微變更	經型式認可或型式變更認可之產品，其型式部分變更，不影響其性能，且免施予試驗確認，可藉由書面據以判定良否者。	1.標示事項或標示位置（含技術手冊）。 2.外殼之形狀（限於不影響功能之情況）、構造（限於已被認可情況）或材質（限於已認可且使用於被認可之條件範圍內之情況）。 3.接點形狀或材質（限已被認可之情況） 4.底座等構造或材質（只限材質已認可之情況）。 5.端子之形狀、構造或材質。 6.主要部分（外箱除外）之構造或材質（只限已認可之情況）。 7.零件之安裝方法。 8.零件之額定、型式或製造者（已認可之配件只限於在該配件認可額定範圍內之情況）。 9.半導體、電阻、電容器等（只限額定符合使用條件者）。 10.變更同等規格之認可之零件或同等以上者。 11.變更電池（只限不影響已認可之放電特性、電池容量等電池壽命者）。 12.充電回路（只限已認可之情況）。 13.影響主功能之附屬裝置之變更（已認可之電器回路等）。 14.不影響主功能之附屬裝置之附加（包含具有型式編號者）。 15.件隨回路定數等輕微之電器回路變更者。

六　試驗紀錄

產品明細表格式如附表7。型式試驗、補正試驗、型式變更試驗之結果，應詳細填載於型式試驗紀錄表（如附表8）。

參　個別認可作業

一　個別認可之方法

依下列規定辦理：

㈠依CNS9042「隨機抽樣法」規定進行抽樣試驗。

㈡抽樣試驗之嚴寬等級，分爲寬鬆試驗、普通試驗、嚴格試驗、最嚴格試驗。

㈢個別認可之試驗項目分爲一般樣品之試驗（以下稱爲「一般試驗」），以及少數樣品之試驗（以下稱爲「分項試驗」）。

二　批次之判定基準

㈠受驗品按不同種類（如表5所示）及型式依其試驗嚴寬等級區分，但同一或類似產品者爲同一生產流程、品管流程及製造年月，並由登錄機構認定無妨礙之型式產品，可將二個以上之型式產品視爲同一批次。

表5　同一批次判定

種類	批次
離子式住警器	同一批
光電式住警器	同一批
定溫式住警器	同一批

㈡申請者不得指定將某部分產品列為同一批次。

㈢以每批為單位，將試驗結果登記在個別認可試驗紀錄表（附表9）中。

三　個別認可之樣品數及抽樣方法

㈠個別認可之樣品數，應依個別認可試驗之嚴寬等級及批量（如附表1至附表4）規定辦理。

㈡樣品之抽樣依下列規定：

1.抽樣試驗應以每一批次為單位。

2.樣品數應依受驗批次數量（受驗數＋預備品）及試驗嚴寬等級，按抽樣表之規定抽取，並在事先已編號之製品（受驗批次）中，依隨機抽樣法（CNS9042）隨意抽取，抽出之樣品依抽樣順序逐一編號。但受驗批量如在501個以上時，應依下列規定分為二階段抽樣。

⑴計算每群應抽之數量：當受驗批次在五群（含箱子及集運架等）以上時，每一群之製品數量應在5個以上之定數，並事先編定每一群之編碼；但最後一群之數量，未滿該定數亦可。

⑵抽出之產品予以群碼號碼：同群製品須排列整齊，且排列號碼應能清楚辨識。

⑶確定群數及抽出個群，再從個群中抽出樣品：確定從所有群產品中可抽出五群以上之樣品，以隨機取樣法抽取相當數量之群，再由抽出之各群製品作系統式循環抽樣（由各群中抽取同一編號之製品），將受驗之樣品抽出。

⑷依上述方法取得之製品數量超過樣品所需數量時，重複進行隨機取樣去除超過部分至達到所要數量。

㈢個別認可之分項試驗樣品數依據附表1至附表4先抽取一般試驗之樣品數，再由一般試驗之樣品數中抽取所需之樣品數。

四　試驗項目

㈠一般試驗及分項試驗項目，依表6規定。

表6

區分	試驗項目	備註
一般試驗	靈敏度試驗（動作試驗）	樣品數： 依據附表1至附表4之各式試驗抽樣表抽取。
分項試驗	標示	
	外觀、構造	
	靈敏度試驗（不動作試驗）	
	氣流或外光試驗 （限光電式或離子式住警器）	
	絕緣電阻、絕緣耐壓試驗 （限外部電源及併用型）	
	火災運動或移報輸出	

區分	試驗項目	備註
	音壓	
	特性： ⑴電池耗盡警報 ⑵火災警報停止	
	自動試驗功能（限具該功能者）	
	消耗電流測定（限使用內置電池者）	
備註：分項試驗樣品，以一般試驗之靈敏度試驗動作試驗中較快之樣品進行。		

㈡試驗方法依「壹、技術規範及試驗方法」規定。

㈢個別試驗紀錄表使用附表9。

五　缺點之分級及合格判定基準

㈠在試驗中發現之缺點，其嚴重程度依「消防機具器材及設備認可標準」規定，區分為致命缺點、嚴重缺點、一般缺點、輕微缺點等四級。

㈡各試驗項目之缺點內容，依本基準肆、缺點判定方法規定，非屬該判定方法所列範圍內之缺點者，依「消防機具器材及設備認可標準」之分級原則判定之。

六　批次之合格判定

批次合格與否，依附表1至附表4之抽樣表與下列規定判定：

㈠抽樣表中，Ac表示合格判定個數（合格判定之不良品數上限），Re表示不合格判定個數（不合格判定之不良品數下限），具有二個等級以上缺點之樣品，應分別計算各不良品之數量。

㈡抽樣試驗中各級不良品數均在合格判定個數以下時，應依八、嚴寬度等級之調整所列試驗嚴寬度條件調整試驗等級，且視該批為合格。

㈢抽樣試驗中任一級之不良品數在不合格判定個數以上時，視該批為不合格。但該等不良品之缺點僅為輕微缺點時，得進行補正試驗，惟以一次為限。

㈣抽樣試驗中出現致命缺點之不良品時，即使該抽樣試驗中不良品數在合格判定個數以下，該批仍視為不合格。

七　個別試驗結果之處置

㈠合格批次之處置

1.整批雖經判定為合格，但受驗樣品中如發現有不良品時，仍應使用預備品替換或修復該等不良品後，方可視為合格品。

2.即使為非受驗之樣品，若於整批受驗樣品中發現有缺點者，準依1.之規定。

3.上開1.及2.情形，如無預備品替換或無法修復調整者，應就其不良品部分之個數，判定為不合格。

㈡補正批次之處置

1.接受補正試驗時，應提出第一次試驗時所發現不良事項之改善說明書及不良品處理後之補正試驗試驗合格紀錄表。

2.補正試驗之受驗樣品數以第一次試驗之受驗數為準。但該批樣品經補正試驗合格，經依前㈠、1.處置後，仍未達受驗樣品數之個數時，則視為不合格。

㈢不合格批次之處置

1.不合格批次之產品接受再試驗時，應提出第一次試驗時所發現不良事項之改善說明書及不良品處理之再試驗試驗合格紀錄表。

2.接受再試驗時，不得加入第一次試驗受驗樣品以外之製品。

3.個別試驗不合格之批次不再受驗時，應於再試驗紀錄表中，註明理由、廢棄處理及下批之改善處理等文件，向辦理試驗單位提出。

八　試驗嚴寬度等級之調整

(一)第一次申請個別認可時，其試驗等級以普通試驗爲之，並依表7規定進行調整。

表7

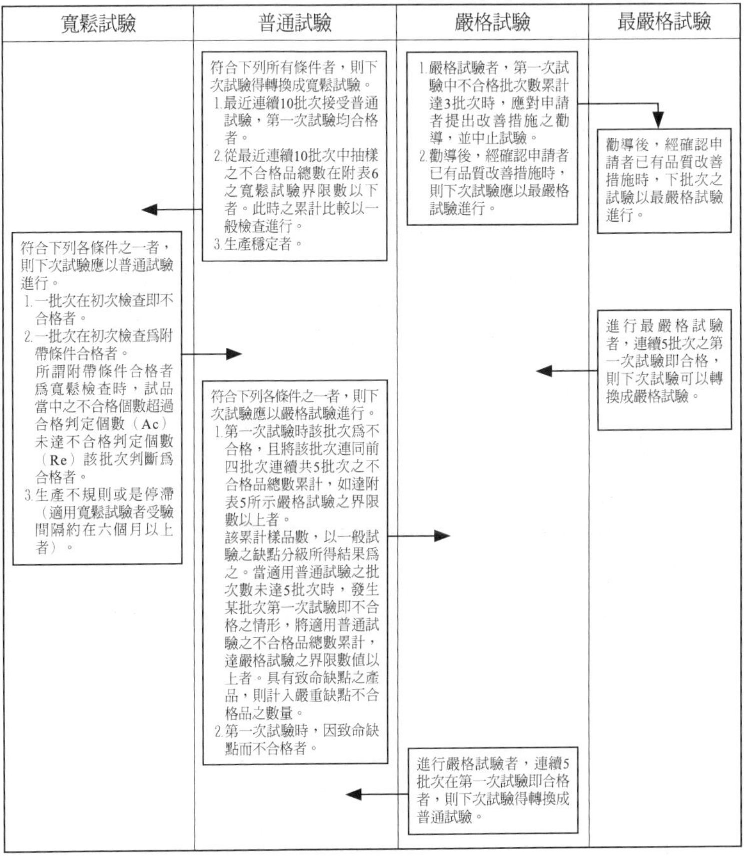

寬鬆試驗	普通試驗	嚴格試驗	最嚴格試驗
	符合下列所有條件者，則下次試驗得轉換成寬鬆試驗。 1.最近連續10批次接受普通試驗，第一次試驗均合格者。 2.從最近連續10批次中抽樣之不合格品總數在附表6之寬鬆試驗界限數以下者。此時之累計比較以一般檢查進行。 3.生產穩定者。	1.嚴格試驗者，第一次試驗中不合格批次數累計達3批次時，應對申請者提出改善措施之勸導，並中止試驗。 2.勸導後，經確認申請者已有品質改善措施時，則下次試驗應以最嚴格試驗進行。	勸導後，經確認申請者已有品質改善措施時，下批次之試驗以最嚴格試驗進行。
符合下列各條件之一者，則下次試驗應以普通試驗進行。 1.一批次在初次檢查即不合格者。 2.一批次在初次檢查爲附帶條件合格者。 所謂附帶條件合格者爲寬鬆檢查時，試品當中之不合格個數超過合格判定個數（Ac）未達不合格判定個數（Re）該批次判斷爲合格者。 3.生產不規則或是停滯（適用寬鬆試驗者受驗間隔約在六個月以上者）。			進行最嚴格試驗者，連續5批次之第一次試驗即合格，則下次試驗可以轉換成嚴格試驗。
	符合下列各條件之一者，則下次試驗應以嚴格試驗進行。 1.第一次試驗時該批次爲不合格，且將該批次連同前四批次連續共5批次之不合格品總數累計，如達附表5所示嚴格試驗之界限數以上者。 該累計樣品數，以一般試驗之缺點分級所得結果爲之。當適用普通試驗之批次數未達5批次時，發生某批次第一次試驗即不合格之情形，將適用普通試驗之不合格品總數累計，達嚴格試驗之界限數值以上者。具有致命缺點之產品，則計入嚴重缺點不合格品之數量。 2.第一次試驗時，因致命缺點而不合格者。		
		進行嚴格試驗者，連續5批次在第一次試驗即合格者，則下次試驗得轉換成普通試驗。	

(二)有關補正試驗及再試驗批次之試驗分等，第一次試驗爲寬鬆試驗者，以普通試驗爲之；第一次試驗爲普通試驗者，以嚴格試驗爲之；第一次試驗爲嚴格試驗者，以最嚴格試驗爲之。再試驗批次之試驗結果，不得計入試驗寬鬆等級轉換紀錄中。

九　免會同試驗

(一)符合下列所有情形者，得免會同試驗：

1.達寬鬆試驗後連續十批第一次試驗均合格者。

2.累積受驗數量達2,000個以上。

3.取得TAF（或其他IAF相互承認認證機構）所認可驗證機構發給之ISO9001驗證證書（其驗證範圍應涵蓋本認可品目）或經國外第三公證單位檢驗合格（產品具合格標識）。

㈡實施免會同試驗時，檢測單位每半年至少派員會同實施抽驗一次，試驗項目依照個別認可試驗項目，若試驗不符合本基準規定時，該批次予以不合格處置，次批恢復為普通試驗（會同試驗）。

㈢符合免會同試驗資格者，如有下列情形之一時，該批樣品應即恢復為普通試驗（會同試驗）：

1.所提廠內試驗紀錄表有疑義時。

2.六個月內未申請個別認可者。

3.經使用者反應認可樣品有構造與性能不合本基準規定，經檢測單位確認確實有不符合者。

十　下一批次試驗之限制

個別認可如要進行下一批次試驗時，須於該批次個別認可試驗結束，且試驗結果處理完成後，始得實施下一批次之個別認可。

十一　試驗之特例

有下列情形之一時，得在受理個別認可申請前，依預訂之試驗日程實施試驗，但須在確認產品之個別認可申請書受理後，才能夠判斷是否合格。

㈠第一次試驗因嚴重缺點或一般缺點判定不合格者。

㈡不需更換全部或部分產品，可容易將不良品之零件更換、去除或修正者。

十二　試驗設備發生故障時之處置

試驗開始後，因試驗設備發生故障或其他原因致無法立即修復，經確認當日無法完成試驗時，則中止該試驗。並俟接獲試驗設備完成改善之通知後，重新排定時間，依下列規定對該批實施試驗：

㈠試驗之抽樣標準與第一次試驗時相同。

㈡不得進行六、批次之合格判定㈢之補正試驗。

十三　其他

個別認可時，若發現受驗樣品有其他不良事項，經認定該產品之抽樣標準及個別認可方法不適當時，得由中央消防主管機關另訂個別認可方法及抽樣標準。

肆　缺點判定方法

一　各項試驗所發現之不合格情形，其缺點之等級判定標準應依表8及「消防機具器材及設備認可標準」第3條之規定判定。

表8

試驗項目	致命缺點	嚴重缺點	一般缺點	輕微缺點
外觀構造	1.無火災動作或有造成其斷線、接觸不良、欠缺配件（雙金屬等之欠缺）等其他致命之不良。 2.無接點。	影響火災動作之配件裝設等嚴重不良。	1.有會影響功能（火災動作除外）之配件裝設等嚴重不良。 2.底座與本體未嵌合。 3.接點上有明顯之損傷。 4.接點部、感應部等有明顯附著髒污或有異物之殘留。 5.可能會對功能造成影響之生鏽。 6.應有防蝕處理部分沒有防蝕處理。	1.不影響火災功能之配件有嚴重不良安裝。 2.底座與本體之銜接不合（不密合、有隙縫等） 3.配件安裝等有輕微之不良。 4.外觀、配件之尺寸偏離公差。 5.有不對功能產生影響之生鏽情況。

試驗項目	致命缺點	嚴重缺點	一般缺點	輕微缺點
標示			有會使火災動作發生故障之錯誤標示。	誤寫標示（會使火災動作發生故障之情況除外）、沒寫到或不明顯者。
監視狀態	一開始即爲火災作動或連動作動狀態。		1.一開始即爲電池容量不足之表示或警報音之動作狀態。 2.電池耗盡警報之動作電壓超過設計電壓範圍上限值。	一開始附屬裝置即爲動作狀態。
一般功能	1.音響裝置之音壓未滿50dB。 2.消耗電流之耗費未滿足電池壽命期限自動試驗功能。	1.音響裝置之音壓爲50dB以上，未滿規定值80%者。 2.電池耗盡警報之作動電壓未滿設計電壓範圍之下限值。 3.音響裝置鳴動停止後，到監視狀態之時間超過15分鐘。 4.消耗電流超過設計值之105%（未滿足電池壽命期限者除外）。 5.沒有火災連動或移報輸出。（具該功能者）	1.音響裝置之音壓在規定值80%以上，未滿95%。 2.電池容量不足之警報週期偏離設計值±50%或超過2分鐘。 3.動作之後無法復歸。 4.自動試驗功能動作不正常（影響火災信號者除外）。 5.消耗電流超出設計值，於設計值105%以下。（未滿足電池壽命期限者除外）。	1.音響裝置之音壓爲規定值95%以上，未滿規定值。 2.附屬裝置之功能不良。
絕緣電阻 絕緣耐壓	交流電源輸入側與外殼間爲短路之狀態。	1.額定電壓超過60V時，絕緣電阻值未滿規定值。 2.額定回路電壓超過60V時，未達到絕緣耐力試驗中規定之時間。	1.額定回路電壓在60V以下時，絕緣電阻值未滿規定值。 2.額定回路電壓在60V以下時，未達到絕緣耐壓試驗中規定之時間。	
定溫式住警器靈敏度試驗	溫度100℃、風速1.0m/s下進行動作試驗時，動作時間超過40秒。	動作試驗中動作時間超過規定值之120%。	1.動作試驗中動作時間超過規定值之105%，120%以下。 2.在不動作試驗中卻動作。	動作試驗中動作時間超過規定時間，在規定值之105%以下。
離子式住警器光電式住警器靈敏度試驗	在下列條件下進行動作試驗時，動作時間超過1分鐘。 1.離子式以電離電流變化率0.4濃度，風速0.2m/s。 2.光電式以減光率25%/m之濃度，風速0.2m/s。	動作試驗中動作時間超過規定值之120%。	1.動作試驗中動作時間超過規定值之105%，120%以下。 2.在不動作試驗中動作。 3.在氣流或外光試驗中動作。	動作試驗中動作時間超過規定時間，在規定值之105%以下。

防火宣導組織訓練服勤要點

民國104年11月11日內政部消防署函訂定發布全文11點；並自即日生效。

一　爲落實防火宣導工作，降低住宅火災發生率及其引發之傷亡率，結合政府部門、人民團體、民間單位、慈善組織等熱心公益之志工，成立防火宣導組織，施以教育訓練，協助深入社區、家庭進行防火宣導家戶訪視，特訂定本要點。

二　防火宣導組織成員接受消防機關之訓練及指示，協助防火宣導工作。

三　防火宣導組織編制如下：

㈠直轄市、縣（市）消防局（以下簡稱消防局）得視勤務需要，設防火宣導大（總）隊、中隊及分隊，其內部管理事項，由消防局會同防火宣導組織定之。（編組得參考附表）

㈡以每一行政區（鄉、鎮、市、區）成立一分隊爲原則，若行政區人口數超過十萬人者可增設隊數，或依轄區特性自行調整行政區之隊數以符合實際需求。每隊人數以二十人至四十五人爲度，人數不足時得數行政區合併爲一隊。

四　防火宣導組織之新進成員，除顧問外，應符合下列規定：

㈠年滿二十歲之中華民國國民。

㈡設籍、工作或就學於該直轄市、縣（市）。

㈢未曾受有期徒刑以上刑之裁判確定。但因過失犯罪者，不在此限。

五　防火宣導組織依各轄區特性及規模自行遴聘成員，除顧問外，由該轄消防分隊核轉消防局核聘。成員因故出缺者，繼任人員以補足其聘期爲限。

六　防火宣導組織成員，有下列情形之一者，由消防局予以解聘：

㈠喪失中華民國國籍。

㈡受有期徒刑以上刑之裁判確定。但因過失犯罪者，不在此限。

㈢一年內無故不參加各項訓練達三次以上或缺勤六次以上。

㈣其他不適任或足以影響團隊形象之行爲。

七　防火宣導組織成員除專責協助防火教育宣導之中隊及分隊人員爲六十五歲以下，其餘人員無年齡限制。

八　防火宣導組織成員之訓練分爲基本訓練、專長訓練、常年訓練及其他訓練，由消防局（或授權所屬機關單位）辦理，並應符合下列規定。除基本訓練課程由內政部消防署（以下簡稱消防署）訂定之外，其餘訓練課程由消防局（或授權所屬機關單位）自行訂定。

㈠基本訓練：新進人員施以十二小時以上之訓練。

㈡專長訓練：於基本訓練結束後，依轄區特性，施以六小時以上之訓練。

㈢常年訓練：全年訓練時數應達二十四小時以上。

㈣其他訓練：視協助推展消防業務及各項講習、宣導工作需要辦理之。

九　防火宣導組織成員參加訓練及服勤時，應符合下列規定：

㈠參加訓練及服勤時，應穿著規定服裝，佩戴齊全。但情況急迫者，不在此限。有關服勤時數與服勤裝備，由消防局自定之。

㈡執行宣導工作時應配掛證件（證件由消防局製發），且至少應二人共同執行，其中一人可爲消防人員。

㈢執行宣導工作不得有收取酬勞或藉機推銷商品、消防器材之行爲。

十　防火宣導組織訓練及服勤之勤惰優劣，由消防局考核，並製作書面紀錄。
十一　消防署得對各防火宣導組織實施考評，考評內容將於前一年度公布。

避難器具支固器具及固定部之結構、強度計算及施工方法

民國91年12月3日內政部消防署函訂定發布全文7點。

壹　設計載重

裝置避難器具之固定部（係指裝設避難器具之樑、柱、樓板等堅固構造或經補強之部分），應能承受表一承載荷重與附加荷重之和（荷重方向依C欄所示）。

表一

避難器具種類		A（承載荷重kgf）	B（附加荷重kgf）	C（荷重方向）
避難梯		有效長度（指避難梯最上方橫桿到最下方橫桿之長度）除以2m所得值（小數點以下無條件進位）×195	支固器具重量	垂直方向
緩降機		最大使用人數×390		
滑杆		390		
避難繩索		390		
救助袋	直降式（袋長：L）	10m≧L　660 10m＜L≦20m　900 20m＜L≦30m　1035 30m＜L　1065	入口金屬構件重量	垂直方向
	斜降式（袋長：L）	（上端　下端） 15m≧L　375　285 15m＜L≦30m　585　525 30m＜L≦40m　735　645 40m＜L　870　750	入口金屬構件重量（上端部分）	1.上端部分（俯角70度） 2.下端部分（仰角25度）
滑台		（上端平台面積每1m 2330）＋（滑降面長度每1m 130）	滑台重量＋風壓力或地震力較大者	合成力方向
避難橋		每$1m^2$ 330		

註：1.風壓力：每$1m^2$之風壓力依下式公式計算。

$q=60k\sqrt{h}$

q：風壓力（kg/m^2）

k：風力係數（以1計算）

h：距地面高度（m）

2.地震力：依照建築技術規則建築構造編第四十四條之一規定（建築物耐震設計規範與解說）。

貳　支固器具構造及強度

將避難器具裝置在固定部上之固定器具材料、構造及強度應依下列規定：

一　支固器具之材料

㈠需符合CNS2473（一般結構用鋼料）、CNS4435（一般結構用碳鋼鋼管），CNS7141（一般結構用矩形碳鋼鋼管）或CNS941-953（鋼索）規定或具有同等以上強度與耐久性之材料（以下稱「鋼材」）。

㈡應爲耐蝕性材料，或採取有效之耐蝕處理者。

㈢如有受雨淋之虞時（限直接接觸外氣部分），應使用符合CNS3270（不鏽鋼棒），CNS8497（熱軋不鏽鋼板、鋼片及鋼帶）或CNS8499（冷軋不鏽鋼板、鋼片及鋼帶），或具有同等以上耐蝕性能者。但收納箱如具耐蝕性者，不在此限。

二　鋼材之容許應力

㈠鋼材之容許應力，依其種類與品質，應符合表二規定所列數值。

表二

種類與品質		容許應力（kg/cm^2）			
		壓縮	拉伸	彎曲	剪斷
一般構造用鋼材	SS400 STK400 STKR400	2400	2400	2400	2400
螺栓	黑皮		1900		
	拋光面		2400		1800

㈡鋼索之容許拉伸應力爲剪斷荷重的三分之一。

㈢鋼材的焊接接縫截面之容許應力，依其種類、品質與焊接方法，應符合表三規定所列數值。

表三

種類．品質與焊接方法			容許應力（kg/cm^2）			
			壓縮	拉伸	彎曲	剪斷
一般構造用鋼材	SS400 STK400 STKR400	對接	2100	2100	2100	2100
		對接以外	1200	1200	1200	1200

三　支固器具之強度

支固器具之強度，應能承受壹、設計載重所產生之應力。

參　支固器具之固定方式

一　直接裝置在建築物的主要構造部（限樑、柱、樓板等構造上具有足夠強度部分，以下亦同）。

㈠鋼骨或鋼筋上焊接螺栓或掛接（前端彎成勾狀之螺栓埋設在混凝土中，以下亦同）施工方法。

㈡金屬膨脹錨定螺栓施工方法（限採套管打入法，以下亦同）。

二　裝置在固定基座上（係指爲抵抗施加在支固器具上之外力，而安裝在支固器具上之水泥等重物）。

三　裝置在採有補強措施時

㈠樑、柱以鋼材夾住，並以螺栓、螺帽固定之施工法。

㈡所採施工法不得造成樑、柱之強度降低。

※固定在木構造物時，應安裝於寬度9公分以上之方形構造材，不得造成木構造之強度降低。

㈢建築物之樑、柱、樓板等部分或是固定基座的兩面以鋼材等材料補強，並以螺栓貫通固定之施工方法。

四　其他與上揭一至三具同等強度以上之施工方法。

肆　施工基準

一　共通施工基準

㈠螺栓與螺帽應使用符合CNS9276（光面鋼棒），或具同等強度以上與耐久性材料者。另螺紋部分應達CNS494（平行管螺紋）規定之標準。

㈡螺栓應使用標稱M10以上者。該固定部承受之拉伸應力除以拉伸側螺栓數所得數值，應在表四容許荷重所列數值以下。

表四

螺栓口徑	容許荷重（kgf／支）	
	拉伸荷重	剪斷荷重
M10	1,400	1,000
M12	2,000	1,500
M16	3,800	2,800
M20	5,900	4,400

㈢螺栓與螺帽應具耐蝕性，或採有效耐蝕處理者。

㈣螺栓與螺帽如有受雨淋之虞時，應使用符合CNS3270（不鏽鋼棒）或具同等耐蝕性能以上者。

㈤螺栓與螺帽應有彈性墊片、插梢、雙螺帽等防止鬆脫之措施。

㈥螺栓本體不得有接縫。

㈦螺栓鎖緊後多餘之螺紋部分應予切除。

㈧螺栓與螺帽之凸出端，應以護蓋或護套施予有效保護。

二　直接裝置在建築物主要構造部之施工方法

㈠鋼骨或鋼筋上焊接或掛接螺栓之施工方法

1.以焊接或掛接之螺栓（限有施加拉伸力者）應有二支以上，且應分別焊接或掛接在不同之鋼筋上。但在同一根鋼筋上，螺栓相互間隔（指與鄰接螺栓之間，從中心點到下一個中心點間之長度，以下亦同）在0.2m以上者，不在此限。

2.供焊接或掛接螺栓之鋼筋，直徑應在9mm以上，長度應在0.9m以上。

3.如爲鋼骨，應具與鋼筋同等強度以上。

4.鋼筋上焊接螺栓時，焊接部應該外加與鋼筋相同直徑、長度0.3m以上的加強鋼筋。

5.掛接之螺栓，須有充分彎曲之彎鉤形狀，以鐵絲等緊緊在鋼筋或鋼骨上。

㈡以金屬膨脹錨定螺栓之施工方法（輕形混凝土或氣泡混凝土製造者除外）

1.埋入深度與間隔：

⑴埋入深度（稱套管長度，以下亦同）除裝飾部分（指表面上灰泥漿之部分，以下亦同）的厚度外，應依照表五之金屬膨脹錨定螺栓口徑，配合埋入深度，依所列穿孔深度下限值施工。

表五

金屬膨脹錨定螺栓之口徑	埋入深度（mm）	穿孔深度下限（mm）
M10	40	60
M12	50	70
M16	60	90
M20	80	110

⑵對混凝土厚度的穿孔深度之限度，依表六規定。

表六

混凝土厚度（mm）	穿孔深度下限（mm）
120	70以下
150	100以下
180	130以下
200	150以下

2.金屬膨脹錨定螺栓間之間隔，應爲埋入深度之3.5倍以上。

3.金屬膨脹錨定螺栓之邊緣開口尺寸，應爲其埋入深度2倍以上長度。

4.金屬膨脹錨定螺栓應爲能鎖緊之螺紋式螺栓。

5.爲使錨定螺栓埋入，在混凝土上所開之開孔，口徑需與該螺栓或金屬膨脹錨定螺栓口徑相等，在開始變成楔形之前螺栓必須穩固不得搖晃。

6.配合混凝土設計基準強度的金屬膨脹錨定螺栓，其數量與口徑，應符合下列公式計算出的結果。

$$\frac{F}{N} < P$$

F：固定部產生之應力（kgf）。

P：表七所列之容許拉拔荷重（kgf）。（混凝土設計基準強度）

N：承受拉伸力之螺栓數。但N≧2。

表七

金屬膨脹錨定螺栓口徑	混凝土設計基準強度（kgf/cm²）		
	150以上	180以上	210以上
M10	470	570	670
M12	750	890	1,050
M16	1,090	1,300	1,500
M20	1,850	2,200	2,600

三　裝置在固定基座之施工方法

㈠爲使避難器具容易安裝，需設置鉤環（CNS3542）（限使用有防止脫離裝置之鉤子）。

㈡固定基座之重量應爲表一所列應力之1.5倍以上。

㈢固定基座應爲鋼筋或鋼骨鋼筋混凝土構造。

四　裝置在採補強措施部分之施工方法

㈠樑、柱以鋼材夾住，以螺栓螺帽固定之施工方法

1. 為使避難器具容易安裝，應設置鉤環（CNS3542）（限使用有防止脫離裝置之鉤子）。
2. 鋼材等夾住之部分，固定部之樑、柱需充分鎖緊，不可有搖動之情形。

㈡主要構造部或固定基座的兩面以鋼材等補強，以螺栓貫通之施工方法（氣泡水泥法除外）

1. 補強用鋼材應使用厚度3.2mm以上及0.1m方形以上平板或具有同等強度以上之型鋼。
2. 螺栓之間隔應在0.2m以上。但螺栓間如有鋼筋，得在0.15m以上。
3. 貫通螺栓（承受拉伸力者）應在二支以上，該螺栓在鎖緊時須有特別措施，不得有旋轉之情形。

伍　設置避難器具用升降口（係指收納金屬製避難梯、救助袋等避難器具，保持在隨時可用狀態用之升降口式的支固器具）之施工方法

一　避難器具用升降口之固定方法除依「直接裝置在建築物主要構造部之施工方法」之規定外，並應符合下列規定。但如以同等以上施工方法設置時，不在此限。

㈠埋入避難器具用升降口之地板或陽台等，除應以鋼筋或鋼骨鋼筋混凝土造外，另避難器具用升降口之固定螺栓、托座與鉤子等（以下稱「托架等」）之強度，應符合以下規定。

$$\frac{F}{N} < S$$

F：固定部產生之應力（kgf）。

S：材料之容許剪斷荷重（kgf）。

N：托架數目。但N≧4。

㈡外側有凸緣之避難器具用升降口在嵌入陽台等開口部時，凸緣之強度需能耐表一之設計載重。

㈢以錨定方式安裝在建築物本體之構造者，其固定處所應有四處以上。

㈣以凸緣安裝在建築物本體之構造者，凸緣之寬度應在5cm以上，且須有四處以上以螺栓等固定在箱體（hutch）或建築物本體上。

㈤螺栓、螺帽應有彈簧墊片、插梢、雙螺帽等防止鬆脫之措施。

㈥螺栓、螺帽等應採取防止使用者損傷之措施。

二　如有受雨淋之虞時，地板面需適當傾斜，並設置排水設施。

三　設置之護蓋應符合下列規定：

㈠上蓋除可打開約180度外，應符合下列規定

1. 於開啓約90度之狀態時蓋子應能固定，除手動操作外，不得關閉。
2. 應設置把手。

㈡設於室外者，應設置下蓋，並應符合下列規定

1. 應設有直徑6mm以上之排水口四個以上，或設置具同等以上面積之排水口。
2. 應能打開約90度。

㈢設有踏板時，需具防滑措施。

陸　在固定部材料上使用錨定螺栓時，須針對螺栓拉拔之耐力施加相當於設計拉拔荷重之試驗荷重

該試驗荷重需使用可測定錨定螺栓等拉拔力之器具，以下列公式計算出鎖緊扭力。

T＝0.24DN

T：鎖緊扭力（kgf/cm）。

D：螺栓直徑（cm）。

N：試驗荷重（設計拉拔荷重）（kgf）。

柒　斜降式救助袋之下部支撐裝置固定在降落面等之器具（以下稱「固定器具」）之構

造、強度及埋設到降落面之方法

一　固定器具之構造與強度

(一)固定器具需設在具有蓋子之箱子內部，設置可輕易鉤到下部支撐裝置大小之環或橫棒（以下稱「固定環等」）。

(二)固定環等應符合下列規定：

1.應爲直徑16mm以上之CNS3270（不鏽鋼棒）或具同等以上強度及耐蝕措施者。

2.固定環需確實埋入降落面，能承受表八之拉伸荷重，並應有防止固定環脫離之有效措施。

表八

袋長（m）		荷重（kg重）	荷重方向（下部支撐裝置的展開方向）
斜降式	袋長15以下者	285	仰角25度
	袋長超過15在30以下者	525	仰角25度
	袋長超過30在40以下者	645	仰角25度
	袋長超過40者	750	仰角25度

3.固定橫棒需具備足夠寬度使下部支撐裝置之鉤子可輕易鉤住，其兩端須以90度往垂直方向彎曲，對降落面需充分埋入具備表八所示拉伸荷重，且有防止拉拔措施，如橫棒採用固定在箱子上之施工方法時，箱子須有防止拉拔之裝置。

(三)箱子與蓋子應符下列規定：

1.具有能耐車輛等通行之積載荷重強度，且符合CNS2472（灰口鑄鐵件）規定或具同等以上耐蝕性能者。

2.蓋子在使用時，其結構應可輕易打開，爲防止遺失並應有鍊條連接，且其表面應以不易磨滅方式標示救助袋設置之樓層。

3.箱子內部應採有效排水措施，以防止積水。

4.箱子大小需能方便清潔內部。

二　固定器具埋設在降落面之場所，應符合下列規定

(一)固定部展開救助袋時，與降落面角度約爲35度。另應設置於能讓袋子完全展開之避難空地上。

(二)不可設置於可能會被土石掩埋之場所。

(三)設置時不得妨礙通行。

泡沫噴頭認可基準

民國101年11月14日內政部公告訂定發布全文5點；並自102年7月1日起生效。

壹　技術規範及試驗方法

泡沫滅火設備所使用之泡沫噴頭，其構造、材質、性能等技術規範及試驗方法，應符合下列規定：

一　構造

㈠組成：由本體、錐形螺帽、空氣吸入口、濾網或迴水板等之全部或部分所構成。

㈡外觀：

1. 泡沫噴頭裝置於配管上時，不得有損害機能之變形或破損等情形。
2. 內外表面不得有破損或造成使用上障礙之砂孔、毛邊、砂燒結、咬砂、刮痕、龜裂等現象。
3. 流體經過部分，應適當加工並清理乾淨。
4. 沖壓加工品無龜裂或顯著沖壓皺褶。
5. 濾網使用金屬網者，紋路表面不得有造成使用上障礙之刮痕、龜裂、剝落、變形，或編織點錯誤、紋路交錯點鬆落等現象。

㈢核對設計圖面：噴頭之形狀及尺度應與申請所提設計圖面內容相符。

二　材質

㈠不得因日久變質而致影響性能。

㈡應爲金屬材質，符合國家標準（如表1所示）或具同等以上強度，具耐蝕性及耐熱性者。

表1

組成	國家標準總號	標準名稱	適用材料
本體	CNS10442	銅及銅合金棒	C3604、C3771
	CNS4125	青銅鑄件	BC6、BC6C
	CNS3270	不鏽鋼	304級以上
濾網	CNS3476	不鏽鋼線	304級以上
迴水板	CNS3270	不鏽鋼棒	304級以上
	CNS4383	黃銅板及捲片	C2600、C2680、C2720、C2801級以上
壓緊圈、銅環、錐形螺帽、螺釘	CNS10442	銅及銅合金棒	C3601、C3602、C3603、C3604級以上
	CNS3270	不鏽鋼棒	304級以上

三　強度試驗

使用附圖1或附圖2所示之試驗裝置，將噴頭施以使用壓力上限値之1.5倍水壓放射

2分鐘後，不得發生脫落、變形、破損或功能異常等情形。

四　放射量試驗

使用附圖1所示之整流筒，以清水在使用壓力之上限值及下限值，各放射約1分鐘或測定50ℓ（或100ℓ）通過點之時間，以換算每分鐘之放射量。該放射量應在噴頭標準放射量+5～0%之範圍內。

五　泡沫分布試驗

使用泡沫分布試驗裝置（如附圖2），依所採泡沫藥劑種類及混合濃度之上、下限值，在泡沫噴頭裝置高度之上、下限位置，以使用壓力之上限值及下限值，分別使泡沫噴頭放射1分鐘，以測量各採集盤之泡沫水溶液重量，單一採集盤之泡沫水溶液平均值及最低值，均應在下表（表2）之規定值以上。泡沫水溶液比重以ℓ計算之。

表2　　單位：ℓ/min

泡沫藥劑種類	單一採集盤之泡沫水溶液量	
	平均值	最低值
蛋白泡沫滅火藥劑	0.65	0.26
合成界面活性劑泡沫滅火藥劑	0.80	0.32
水成膜泡沫滅火藥劑	0.37	0.15

㈠裝置高度：從採集盤上緣垂直計算至噴頭下端。裝置高度不得大於其使用範圍之下限值，並不得小於其上限值，裝置間隔距離則為3m以上。

㈡採集總面積：先分別取得平均長度、寬度（由兩端及中心點測得之三個數值，取其平均值），再依下列公式計算。

平均長度（m）×平均寬度（m）－0.4（m^2）＝採集總面積（m^2）

㈢放射時間之量測：自閥門開啓至閥門關閉之時間為60秒。但試驗設備係採圖1至圖4之任一種方式者，依圖示方式計算其放射時間。

㈣上開試驗實施前，應先記錄下述時間：自閥門開啓至泡沫噴頭開始放射之時間、自閥門開啓至達到使用壓力的上限或下限為止之時間、自閥門關閉至泡沫噴頭停止放射之時間。

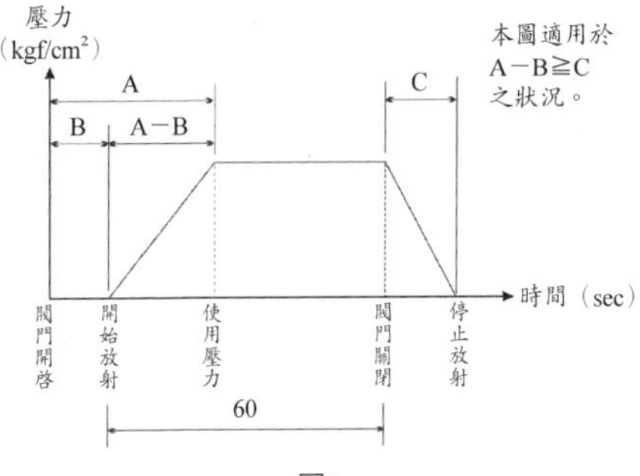

圖1

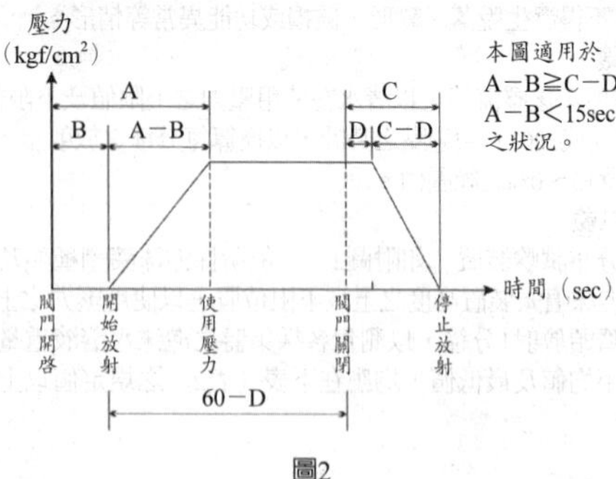
壓力
(kgf/cm²)
A
B
A－B
C
D
C－D
本圖適用於
A－B≧C－D
A－B＜15sec
之狀況。
時間（sec）
閥門開啓
開始放射
使用壓力
閥門關閉
停止放射
60－D

圖2

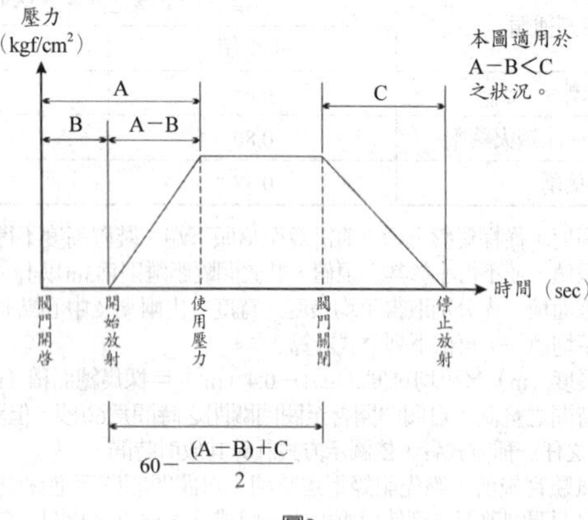
壓力
(kgf/cm²)
A
B
A－B
C
本圖適用於
A－B＜C
之狀況。
時間（sec）
閥門開啓
開始放射
使用壓力
閥門關閉
停止放射
60－ (A－B)＋C / 2

圖3

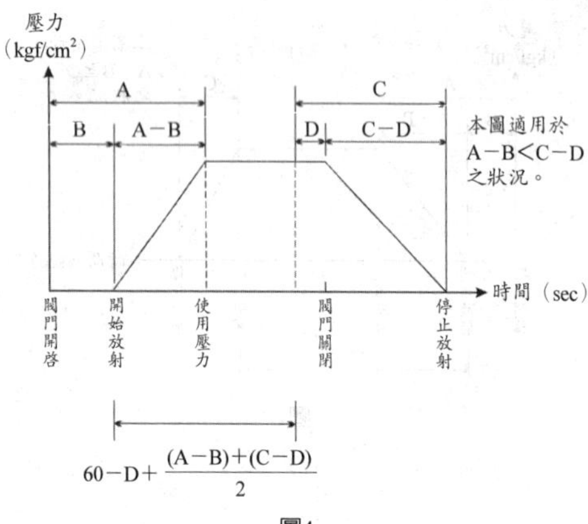
壓力
(kgf/cm²)
A
B
A－B
C
D
C－D
本圖適用於
A－B＜C－D
之狀況。
時間（sec）
閥門開啓
開始放射
使用壓力
閥門關閉
停止放射
60－D＋ (A－B)＋(C－D) / 2

圖4

㈤採集盤之容器，由受檢者分別標示其重量，試驗實施前應抽取其中10個採集盤，測定其重量。標示重量和測定重量相差達20g以上時，全部採集盤均須測重。

㈥測定時應使用桿秤或其他經校正之量重工具。

㈦採集盤所採集之泡沫水溶液量接近合格與否之判定值時，須以更準確之測定方法再行量測。如泡沫自採集盤溢流入鄰接之採集盤，測定時得不考慮採集盤間液量之增減。

㈧試驗結果如未達表2之規定值以上，惟仍符合下列各項條件者，得視爲合格：

1. 未達表2所列規定值之採集盤在5個以下者。
2. 未達規定值之採集盤，與其超過規定值之各鄰接採集盤合計量之平均值，在表3規定之平均值以上。未達規定值之採集盤相互連接，可視之爲群組，計算其與鄰接採集盤合計量之平均值。供計算平均值之採集盤，不得計算2次以上。
3. 分布量比所求得之上限值及下限值均不得超過1.20，其計算方式如下：

$$\frac{\text{四個放射量試驗試樣之平均放射量（}\ell/\text{min）}}{\text{採集總面積（m}^2\text{）}}$$

$$=\text{每單位面積之平均放射量（}\ell/\text{min/m}^2\text{）}$$

$$\frac{\text{每單位時間採集之泡沫水溶液合計（}\ell/\text{min）}}{\text{採集總面積（m}^2\text{）}}$$

$$=\text{每單位面積之實測泡沫水溶液量（}\ell/\text{min/m}^2\text{）}$$

$$\frac{\text{每單位時間單位面積之實測泡沫水溶液量}}{\text{每單位面積之平均放射量}}=\text{分布量比}$$

六　放射密度

與泡沫分布試驗同時進行，其單位面積之泡水溶液放射密度應符合下表（表3）之規定。

表3　　　　單位：ℓ/min・m^2

泡沫藥劑種類	單位面積之泡水溶液放射密度
蛋白泡沫滅火藥劑	6.5
合成界面活性劑泡沫滅火藥劑	8.0
水成膜泡沫滅火藥劑	3.7

七　發泡倍率試驗

依附圖3所示之試驗裝置，配置四個噴頭，在所使用藥劑之濃度上限值及下限值，以使用壓力之上限值及下限值進行放射，測量其發泡倍率（試驗方法如附錄1或2）。該發泡倍率須在五倍以上。兩個量筒中，其中如有一個未達規定值者，分別依放射壓力上限值及下限值所得之平均值來判定。

八　25%還原時間試驗

與發泡倍率試驗同時進行（試驗方法如附錄1或2）。發泡後，其25%還原時間應在下表（表4）所列之規定值以上。兩個量筒中，如其中一個未達規定值者，分別依放射壓力上限值及下限值所得之平均值來判定。

表4

單位：sec

泡沫藥劑種類	25%還原時間
蛋白泡沫滅火藥劑	60
合成界面活性劑泡沫滅火藥劑	30
水成膜泡沫滅火藥劑	60

九　滅火試驗

依附圖2配置四個泡沫噴頭，並依附圖4所示，下方置一鐵製燃燒盤（長200cm×寬100cm×高20cm），燃燒盤內注入水60ℓ、汽車用無鉛汽油（符合CNS12614者）60ℓ。泡沫噴頭之裝置位置應在其裝置高度下限值處（高度之量測係指自下方燃燒盤上緣起至噴頭下端間之距離），依各該滅火藥劑種類及其濃度下限值之泡沫水溶液，於點火1分鐘後，以泡沫噴頭使用壓力下限值放射1分鐘。須能於1分鐘內有效滅火，且放射停止後，1分鐘內不得復燃。

滅火時，有關泡沫水溶液放射時間之量測，依五、㈢之規定為之。

十　標示

在泡沫噴頭表面顯而易見處，以鑄造或刻印等不易磨滅之方法，詳實標示下列規定事項，並對照申請圖說，檢查是否符合。

㈠製造廠名稱或商標。

㈡製造年份。

㈢型號。

十一　試驗之一般條件

施行各項試驗之試驗場所之標準狀態及各項試驗結果之數值計算法應符合下列規定：

㈠試驗場所之標準狀態：試驗場所之溫度及濕度，原則上以標準溫度狀態（20±15℃）、標準濕度狀態（65±20%）、微風狀態（風速在3.4m/sec以下）為準。但泡沫分布試驗及滅火試驗，則應控制在無風狀態（風速在0.5m/sec以下）進行試驗。溫度及濕度在試驗開始時及完成時均應記錄。

㈡試驗結果之數值計算法：各項試驗結果所得數據，依數值修整法（參考CNS11296〔量、單位及符號之總則〕之附錄B）加以修整，其修整間隔應依下表（表5）之規定。

型式試驗前，應確認泡沫原液比重、PH值及粘度，並加以記錄。

表5

項　目　（量）	修整間隔
放射壓力	使用壓力計刻度之1/2
放射量	0.1kg
泡沫分布量	5g或5m
時間	0.1sec
發泡倍率	1/10倍
試驗裝置尺寸	10mm或1cm

貳　型式認可作業

一　型式試驗之樣品

型式試驗須提供樣品20個（型式變更時亦同）。

二　型式試驗之方法

㈠試驗項目及樣品數：型式試驗之試驗項目及其所需試樣數如下表（表6）所示。

表6

試驗項目	型式認可（型式變更）樣品數
外觀・標示試驗	20
組成・形狀及尺度試驗	20
放射量試驗	20
強度試驗	4
泡沫分布試驗	4
發泡倍率試驗	4
25%還原時間試驗	4
滅火試驗	4

㈡試驗流程：

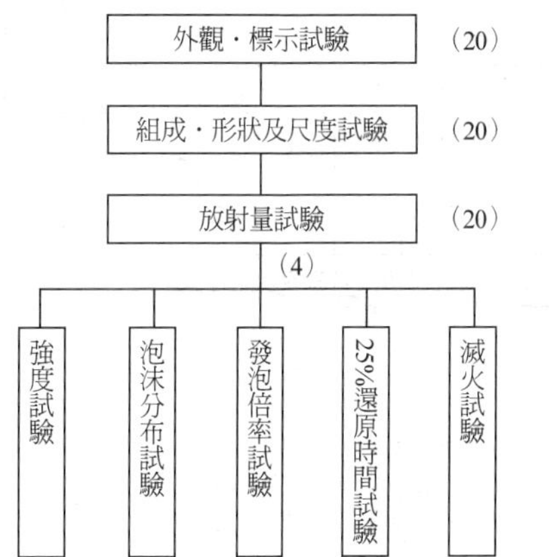

㈢試驗方法：試驗方法依本認可基準壹、技術規範及試驗方法之規定。

1.有關尺度之測定項目，依下表（表7）之規定量測。

表7

測定項目	型式試驗
最大直徑	○
全高	○
濾網網目	※○
噴嘴口徑	○
裝接部螺紋	○
空氣吸入口	○

測定項目	型式試驗
錐形螺帽	○
迴水板	○
其他重要部分	○

備註：1.○係指需測定項目；※係表示確認網目變形之加工品，應與申請時所載之網目材料相符。

2.裝接部螺紋之量測須使用界限計等專用之測定儀器。

2.有關泡沫分布、發泡倍率、25%還元時間及滅火性能試驗等項目之實施，依下表（表8）之規定。

表8

<table>
<tr><th>混合濃度</th><th>裝置高度</th><th>使用壓力</th><th>申請時</th><th>型式試驗
型式變更</th><th>個別認可</th><th colspan="2">試驗項目</th></tr>
<tr><td rowspan="4">上限</td><td rowspan="2">上限</td><td>上限</td><td>◎</td><td>—</td><td>—</td><td rowspan="8">分布
發泡
還原</td><td rowspan="5">—</td></tr>
<tr><td>下限</td><td>◎</td><td>—</td><td>—</td></tr>
<tr><td rowspan="2">下限</td><td>上限</td><td>◎</td><td>—</td><td>—</td></tr>
<tr><td>下限</td><td>◎</td><td>—</td><td>—</td></tr>
<tr><td rowspan="4">下限</td><td rowspan="2">上限</td><td>上限</td><td>◎</td><td>—</td><td>—</td></tr>
<tr><td>下限</td><td>◎</td><td>—</td><td>—</td><td>滅火</td></tr>
<tr><td rowspan="2">下限</td><td>上限</td><td>◎</td><td>○</td><td>○</td><td>—</td></tr>
<tr><td>下限</td><td>◎</td><td>○</td><td>○</td><td>滅火</td></tr>
</table>

備註：1.◎係指申請時需提出廠內試驗成績記錄表。

2.○係指實際實施之條件項目。

三　型式試驗結果之判定

型式試驗之結果判定如下：

(一)符合本認可基準所規定之技術規範者，則型式試驗結果為「合格」。

(二)符合下述四所揭示之事項者，得進行補正試驗一次。

(三)未符合本認可基準所規定之技術規範者，則型式試驗結果為「不合格」。

四　補正試驗

型式試驗之不良事項，如為本認可基準肆、缺點判定表所列之一般缺點或輕微缺點者，得補正試驗一次。

補正試驗依前述型式試驗之方法進行。

五　型式變更之試驗方法

型式變更試驗之樣品數、試驗流程等，仍依型式試驗之方法進行。

六　型式區分

有關泡沫噴頭之型式區分及型式變更範圍，依下表（表9）之規定。

表9

型式區分	型式變更	輕微變更
1.使用不同種類之泡沫滅火藥劑者 2.使用壓力範圍或放射量不同者 3.外觀或形狀完全相異者	1.本體材質變更 2.錐形螺帽及噴嘴口徑、形狀之變更 3.空氣吸入口之形狀、尺寸變更 4.濾網或迴水板之形狀、尺寸變更 5.連接配管之裝接螺紋變更	1.標示內容及標示方法之變更 2.耐蝕加工方法變更 3.尺度之容許誤差之變更

七　產品規格明細表及型式試驗紀錄表（廠內試驗紀錄表）格式如附表6至附表8。

參　個別認可作業

一　個別認可之抽樣方法

(一)個別認可之抽樣試驗數量依附表1至附表5之抽樣表規定，抽樣方法依CNS9042規定辦理。

(二)抽樣試驗之分等依程度分為寬鬆試驗、普通試驗、嚴格試驗及最嚴格試驗四種。

二　個別認可之試驗項目

(一)試驗項目及樣品數：個別認可之試驗項目及其所需樣品數如下表（表10）所示。

表10

試驗項目	個別認可樣品數
外觀．標示試驗	依附表1至附表4之抽樣表中一般試驗之試樣數
組成．形狀及尺度試驗	依附表1至附表4之抽樣表中一般試驗之試樣數
放射量試驗	依附表1至附表4之抽樣表中特別試樣試驗之試樣數
強度試驗	依附表1至附表4之抽樣表中特別試樣試驗之試樣數
泡沫分布試驗	4
發泡倍率試驗	2
25%還原時間試驗	2

(二)有關尺度之測定項目，依下表（表11）之規定量測。

表11

測定項目	型式試驗
最大直徑	○
全高	○
濾網網目	※○
裝接部螺紋	○

備註：1.○係指需測定項目；※係表示確認網目變形之加工品，應與申請資料所載之網目材料相符。

2.裝接部螺紋之量測須使用界限計等專用之測定儀器。

㈢有關泡沫分布、發泡倍率、25%還原時間等試驗項目之實施，準用表8之規定。

三　批次之判定基準

個別認可中之受驗批次判定如下：

㈠受驗品按各不同受驗工廠別，依其試驗等級之區分，列為同一批。

㈡試驗結果應依批別登載於試驗紀錄表中，其型號應分別註記於備註欄中。

㈢申請者不得指定將某部分產品列為同一批。

四　缺點之分級及合格判定基準

缺點區分及指定合格判定基準依下列規定：

㈠試驗中發現之缺點，依消防機具器材及設備認可作業要點第十九點規定，分為致命缺點、嚴重缺點、一般缺點及輕微缺點等四級。

㈡各試驗項目之缺點內容，依肆、缺點判定表之規定，非屬該缺點判定表所列範圍之缺點者，則依上開規定判定之。

五　批次之判定

批次合格與否，按下列規定判定之：抽樣表中，Ac表示合格判定個數（合格判定時不良品數之上限），Re表示不合格判定個數（不合格判定之不良品數之下限），具有二個等級以上缺點之製品，應分別計算其各不良品之數量。

㈠抽樣試驗中各級不良品數均在合格判定個數以下時，應依表12調整其試驗等級，且該批視為合格。

㈡抽樣試驗中任一級之不良品數在不合格判定個數以上時，該批視為不合格。但該不良品之缺點僅為一般缺點或輕微缺點時，得補正試驗一次。

㈢抽樣試驗中出現致命缺點之不良品時，即使該抽樣試驗中不良品數在合格判定個數以下，該批仍視為不合格。

六　個別認可結果之處置

依下列規定，進行個別認可結果之後續處理。

㈠合格批次之處置

1.該批雖經判定為合格，但受驗樣品中如發現有不良品時，應使用預備品替換或修復之後視為合格品。

2.即使為非受驗之樣品，若於整批受驗製品中發現有缺點者，準依前款之規定。

3.上述1.、2.款兩種情形，如無預備品替換或無法修復調整者，應就其不良品部分之個數，判定為不合格。

㈡補正批次之處置

1.接受補正試驗時，應提出第一次試驗時所發現不良事項之改善說明書及不良品處理之補正試驗用廠內試驗紀錄表。

2.補正試驗之受驗數以第一次試驗之受驗數為準。但該批製品經補正試驗合格，依上述㈠、1.之處置後，仍未達受驗數之個數時，則視為不合格。

㈢不合格批次之處置

1.不合格批次之產品接受再試驗時，應提出第一次試驗時所發現不良事項之改善說明書及不良品處理之補正試驗用廠內試驗紀錄表。

2.接受再試驗時不得加入第一次試驗受驗製品以外之製品。

3.個別認可不合格之批次不再受驗時，應依補正試驗用廠內試驗紀錄表之樣式，註明理由、廢棄處理及下批之改善處理等文件，向辦理試驗單位提出。

七　試驗設備發生故障或無法試驗時之處置

試驗開始後因試驗設備發生故障或其他原因致無法立即修復，經確認當日無法完成試驗時，得中止該試驗。並俟接獲試驗設備完成改善之通知後，重新擇定時間，依下列規定對該批製品施行試驗。

(一)試驗之抽樣標準與第一次試驗時相同。

(二)補正試驗應依前述六、(二)之規定。

八　試驗等級之調整

首次申請個別認可，其試驗等級以普通試驗爲之，其後之試驗等級調整，則依下表（表12）之規定：

表12

寬鬆試驗	普通試驗	嚴格試驗	最嚴格試驗
有下列情形之一者，自次一批起調整爲普通試驗： 1.第一次試驗之批次不合格。 2.5批中有2批補正試驗或附加條件後合格。	1.符合下列全部條件時，自次一批起調整爲嚴格試驗： (1)第一次試驗之批次不合格。 (2)第一次試驗不合格之批次與前四批，合計連續5批（未滿5批時，以實際批數計算）之試樣中，不良品之總數達嚴格試驗之界限數以上（致命缺點以嚴重缺點累計）。 2.5批中出現有2批補正，自次一批起調整爲嚴格試驗。 3.符合下列全部條件時，自次一批起調整爲寬鬆試驗： (1)第一次試驗連續10批均合格。 (2)在三個月以內有申請個別認可者。	1.第一次試驗累計有3批次不合格，自次一批起調整爲最嚴格試驗（進行品質勸導改善）。 2.第一次試驗連續5批均合格，自次一批起調整爲普通試驗。	1.完成品質改善後，以此等級進行試驗。 2.第一次試驗連續5批均合格，自次一批起調整爲嚴格試驗。

九　其他

寬鬆試驗之受檢個數未達281個時，依普通試驗之方式進行。

肆　缺點判定表

各項試驗所發現之不良情形，其缺點之等級依下表（表13）之規定判定。

表13

試驗項目	致命缺點	嚴重缺點	一般缺點	輕微缺點
外觀、標示、組成、形狀、尺度		1.申請之構造、材質與實際不符。 2.零組件脫落。	1.標示事項脫落。 2.出現有影響性能之砂孔、龜裂、變形或加工不良等情形。 3.螺紋無法鎖緊達一圈以上。 4.推拔螺紋尺度以環規測量時，超過1個螺峰以上。 5.濾網、迴水板等之龜裂或變形等不良情形。	1.標示事項有誤或判讀困難。 2.尺度容許誤差不符。 3.銘板剝離。 4.對施工者產生不便。 5.未達破壞強度之變形、皺摺。 6.螺紋無法鎖緊達半圈以上一圈以下。
強度		濾網、迴水板脫落。	濾網、迴水板等有變形或鬆脫等不良情形。	
放射量	1.超過標準值15%以上。 2.低於標準值5%以上。		1.超過標準值達10%以上，但未滿15%。 2.低於標準值5%以下。	超過標準值達5%以上，但未滿10%。

試驗項目	致命缺點	嚴重缺點	一般缺點	輕微缺點
泡沫 分布量		1.平均值未達規定值。 2.未滿規定最低值之採集盤在6個以上；或在5個以下但仍未符合判定基準。 3.分布量比超過1.20。		
發泡倍率與25%還原時間	未達規定值。			

伍　主要試驗設備

泡沫噴頭進行試驗時所需之設備，應依下表（表14）之規定。

表14

項目	規格	數量
抽樣表	本標準中有關抽樣法之規定。	1份
亂數表	CNS2779或本標準中有關之規定。	1份
乾濕球溫度計	一般市面上販售品。	1只
加壓送水裝置		1組
磅秤	量測範圍：需為測重對象物重量之1.5倍，最小刻度1g。	1台
量測器	游標卡尺、環規、深度規、分厘卡、直尺、捲尺等。	1個
溫度計	0～50℃、最小刻度1℃。	1個
碼錶		2個
壓力計試驗器	適用壓力校正。	1個
壓力器	0.5級　150mm　0～15kgf/cm²。 1.5級　100mm　0～20 或 25kgf/cm²。	各1個以上
放射試驗設備		1個
發泡倍率、25%還原時間試驗設備	泡沫滅火設備、發泡倍率及25%還原時間測定方法（如附錄1及附錄2）。	1套
滅火試驗設備	認可基準附圖2、附圖4所規定者。	1套
混合槽		1套

金屬製避難梯認可基準

民國101年11月14日內政部公告訂定發布全文3點；並自102年7月1日起生效。

壹　技術規範及試驗方法

有關避難逃生設備所使用之金屬製避難梯（以下簡稱爲避難梯），其構造、性能、材質等技術上之規範及試驗方法，應符合本基準之規定。

一　避難梯分類如下：

(一)固定型梯：係指固定於建築物，隨時可供使用者，包含可收納式（指橫桿可收納於梯柱內，使用時將其拉出成可使用狀態，或梯子下部有可折疊、伸縮等構造者）。

(二)倚靠型梯：係指將梯子倚靠於建築物，供緊急避難用者。

(三)懸吊型梯：係指以折疊、伸縮、捲收等方式收納，使用時，將掛鉤等吊掛用金屬構件搭掛在建築物上，放下梯身掛置使用；或打開設置於建築物懸吊梯箱（已設置懸吊型梯於其中），將其垂下，呈可使用狀態，供作緊急避難用者。

二　構造及性能

(一)一般規定：

1.應爲安全、確實且便於使用之構造。

2.由梯柱（如係懸吊梯時，以相當於梯柱之鋼索、鍊條或其他金屬製之桿或板所製成者）及橫桿所構成。

3.梯柱爲單支之構造者，應符合下列規定：

(1)以梯柱爲該梯之中心軸，橫桿尾端應設有與梯柱平行且長5cm以上之突出物，以防止橫向之滑溜。

(2)橫桿的長度，自梯柱至橫桿的尾端內側爲15cm以上25cm以下，梯柱的寬度以橫桿軸方向量測，須在10cm以下。

4.梯柱爲二支以上構造者，其梯柱間之內側距離應在30cm以上50cm以下。

5.橫桿之直徑應爲14mm以上35mm以下之圓型剖面，或具同等尺度之其他形狀剖面。

有關同等尺度之其他形狀剖面，應符合下列任二種情形：

(1)斷面積在154mm^{2}以上，962mm^{2}以下。

(2)對角線40mm以下。

(3)周長110mm以下。

斷面積

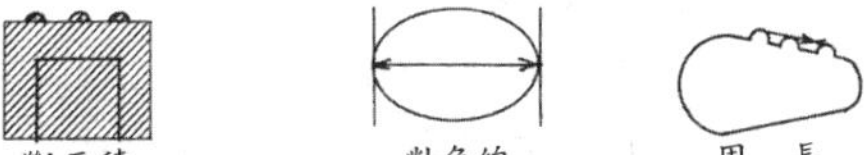

對角線

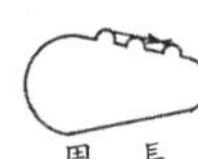
周　長

圖1　斜線的斷面積、對角線及周長的測定範例

6.橫桿須以同一間距裝設於梯柱上，其間距應爲25cm以上35cm以下。（橫桿間距，係指梯子在可使用狀態下，自橫桿上端至次一個橫桿上端之距離。）

7.橫桿上之踩踏面必須施以防滑措施，但不得影響結構安全。

8.測定梯柱間及橫桿間之間距，應以50kgf抗拉載重加載於其上後測定之。

9.避難梯之動作，應符合下列規定：

⑴折疊部分操作應保持平順，突出物等不得有變形。

⑵避難梯於展開使用及收納時，其梯柱及橫桿之動作應保持平順且正常動作。

⑶使用時，安全裝置、保護裝置或緩降裝置之動作應保持平順且正常動作。

10.操作展開避難梯所需之力量，以手指施力為5kgf以內，以手腕施力為10kgf以內，以腳施力為15kgf以內。

11.零件以螺絲固定之部分，應有防止螺絲鬆動之措施。

12.回轉部分應設置護蓋。

13.使用避難梯時雖然會有搖晃、扭曲等情形，但在安全、確實之使用前提下，梯柱之支數可為一支。

㈡固定型梯：除須符合二、㈠之規定外，應符合下列之規定：

1.金屬構件部分應設置保護裝置，避免因震動或其他衝擊，產生容易脫落之情形。

2.除操作保護裝置之動作外，應於二次動作內，使避難梯呈可使用狀態。

㈢倚靠型梯：除須符合二、㈠之規定外，應符合下列規定：

1.在上方支撐點處（自上端60cm內之任意位置）應裝設防止打滑及跌倒之安全裝置。

2.下端支撐點應設置止滑裝置。

3.如為可伸縮構造者，應裝設能防止使用時自動縮梯之安全裝置。

4.如為可折疊構造者，應裝設能防止使用時自動折疊之安全裝置。

㈣懸吊型梯之構造及性能：除須符合二、㈠之規定外，應符合下列規定：

1.在每一橫桿處應設長10cm以上之有效突出物，以保持該梯子在使用時能與建築物保持距離。但未設此突出物如於使用時能與建築物保持10cm以上距離之構造者，不在此限。

2.梯柱之上端應裝有圓環、掛鉤或其他吊掛用金屬構件。

三　材質

避難梯所使用構件之材質，應符合下表1或表2之規定或具有同等以上強度及耐久性。如為不具耐腐蝕性材料，應施予耐腐蝕加工。

表1　固定梯及倚靠型梯用構件之材質

構件名稱	材質標準
梯柱、橫桿加強材、支撐材	CNS2473「一般結構用軋鋼料」 CNS4435「一般結構用碳鋼鋼管」
防止縮梯裝置 防止折疊裝置	CNS2257「鋁擠型條」、CNS575「鉚釘用鋼棒」 CNS2673「一般用途之碳鋼鍛鋼件」 CNS2936「黑心展性鑄鐵件」
掛鉤	CNS2473「一般結構用軋鋼料」
滑輪	CNS2906「碳鋼鑄鋼件」、CNS4336「黃銅鑄件」
螺栓類	CNS9276「光面鋼棒，碳鋼及合金鋼」
插梢類	CNS575「鉚釘用鋼棒」 CNS9612「鋁及鋁合金鍛件」

表2　懸吊型梯用構件之材質

構件名稱	材質標準
梯柱 突出物	CNS7792「船舶一般用鏈」 CNS2473「一般結構用軋鋼料」 CNS9493「航空器用鋼纜」 CNS2253「鋁及鋁合金之片及板」
橫桿	CNS2473「一般結構用軋鋼料」 CNS9726「光面鋼棒」 CNS8499「冷軋不鏽鋼鋼板，鋼片及鋼帶」 CNS4435「一般結構用碳鋼鋼管」 CNS2253「鋁及鋁合金之片及板」
吊掛用金屬構件	CNS2473「一般結構用軋鋼料」
滑輪	CNS2906「碳鋼鑄件」、CNS4336「黃銅鑄件」
螺栓類	CNS9276「光面鋼棒，碳鋼及合金鋼」
插梢類	CNS575「鉚釘用鋼棒」 CNS9612「鋁及鋁合金鍛件」

四　耐腐蝕試驗

耐腐蝕性之試驗方法，將長度1m之樣品依CNS8886「鹽水噴霧試驗方法」，以5%鹽水噴霧8個小時後，靜置16小時，以此爲一週期，反覆實施五個週期，再以水沖洗，經自然乾燥24小時後，不得產生腐蝕現象。

五　強度試驗

(一)避難梯之梯柱及橫桿，依梯柱之方向，按下表3之規定，施以靜載重試驗時，不得產生永久變形。

表3　避難梯之靜載重

構件名稱	靜載重
梯柱	自最上端之橫桿至最下端橫桿部位按每2m或其尾數加予下列之載重試驗。 1.每一梯柱50kgf之壓縮載重。 2.如梯柱採用鍊條或鋼索者，施以75kgf之壓縮載重。 3.梯柱有三支以上者，其內側之梯柱應施加100kgf之壓縮載重。 4.梯柱爲一支者，施加100kgf之壓縮載重。 5.如係懸吊型者，以上各項之載重均爲抗拉載重。
橫桿	每一橫桿中央位置之7cm範圍內，施加100kg之平均載重。

(二)避難梯之梯柱及橫桿，依梯柱之方向，施以前揭表3所定靜載重之2倍靜載重試驗5分鐘，不得產生龜裂、破損。

(三)收納式固定梯，將梯柱之一端固定，橫桿拉出成水平狀態，並與梯柱及橫桿均成垂直方向，在未被固定之另一支梯柱之上端部、中央部及下端部各施以5分鐘22kgf之靜載重試驗後，不得產生永久變形、龜裂、破損等現象。

(四)倚靠型梯：將梯兩端水平放置於適當平臺上，同時依梯柱方向，在梯柱中央及其左右每2m處，各施以5分鐘65kgf之垂直靜載重，不得產生永久變形、龜裂、破損等現象。

㈤梯柱及橫桿各安裝點，依前開各項試驗規定，不得產生永久變形、龜裂、破損等現象。

六　衝擊試驗

㈠避難梯從收納狀態展開至可使用狀態，反覆操作100次後，不得產生顯著變形、龜裂或破損等現象。

㈡懸吊型梯之吊掛用金屬構件，就每具構件以該伸長之梯柱方向，自該梯之最上端橫桿至最下部橫桿間每隔2m及其尾數，施以150kgf之抗拉載重時，不得產生顯著變形、龜裂或破損等現象。

㈢懸吊型梯之突出物，就每一橫桿上所裝設之突出物，於突出物與梯柱及橫桿均呈垂直之方向，施以5分鐘15kgf之壓縮載重時，不得產生顯著變形、龜裂或破損等現象。

㈣避難梯之橫桿施以2.3kgf-m之扭力時，不得產生旋轉或顯著變形、龜裂、破損等現象。

七　標示

避難梯應在其明顯位置，以不易磨滅方法標示下列事項：

㈠種類。

㈡型號。

㈢製造廠名稱或商標。

㈣製造年月。

㈤製造批號。

㈥長度（長度係以最上部的橫桿上端至最下部的橫桿上端）。

㈦如為倚靠式或懸吊式者，應標示其本身重量（其重量應包含收納時捆綁固定等之附屬品）。

貳　型式認可作業

一　型式試驗之樣品

型式試驗樣品之種類及數量如下：

㈠完成品：3具。

㈡長度1m的樣品：3具。

㈢避難梯的組成構件：1組。

二　型式試驗之方法

㈠試驗項目：型式試驗之試驗項目中樣品數及其試驗順序：

1.形狀及構造檢查：3具。

2.性能試驗：3具。

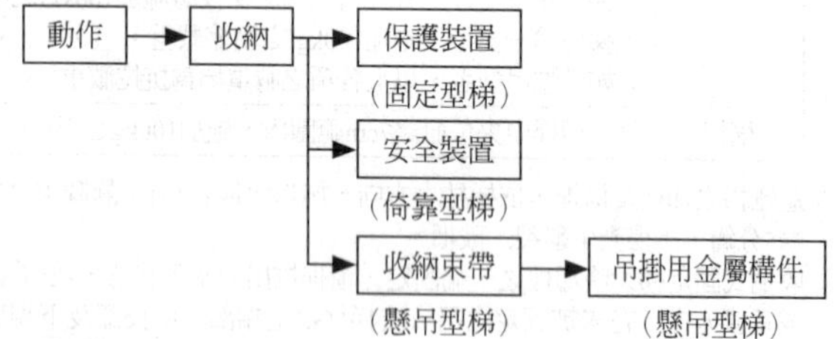

3.衝擊試驗：3具。

4.強度試驗：3具。

5.耐腐蝕試驗：3具。

㈡試驗方法：試驗方法依本認可基準壹、技術規範及試驗方法之規定。

㈢試驗設備：進行試驗時所需之試驗設備，依附表2之規定。

三　型式試驗結果之判定

型式試驗結果之判定如下：

㈠符合本認可基準所規定之技術規範者，該型式試驗結果為合格。

㈡符合下述四、補正試驗所定事項者，得進行一次補正試驗。

㈢未符合本認可基準所規定之技術規範者，該型式試驗結果為不合格。

四　補正試驗

符合下列規定者得進行補正試驗：

㈠型式試驗之不良事項為申請資料不完備（設計錯誤除外）、標示遺漏、構件安裝不良等符合附表3所規定之內容者。

㈡試驗設備不完備或有缺點，致無法進行試驗者。

㈢符合附表1所列輕微缺點者。

五　型式變更之試驗方法

型式變更試驗之樣品數、試驗流程等，應就型式變更之內容，依前述型式試驗進行。

六　型式變更及輕微變更之範圍

型式變更及輕微變更之範圍，依表4之規定。

表4　型式變更及輕微變更之範圍

梯之種類	型式變更	輕微變更
共通事項	梯柱或橫桿之間距。	1.梯柱或橫桿之長度或間距改短。 2.橫桿之止滑裝置的形狀。
固定型梯	收納部之材質或構造。	將梯子固定於建築物，所附加於梯子之金屬零件形狀。
倚靠型梯	上部支持點安全裝置、縮梯或折疊防止裝置之材質或構造。	1.下部支撐點止滑裝置之構造或材質。 2.伸縮用繩索之材質。
懸吊型梯	1.突出物之材質或構造。 2.吊掛用金屬構件之材質或構造。	1.收納束帶之構造或材質。 2.鋼索或鏈條之長度。

參　個別認可作業

一　個別認可之方法

㈠個別認可之抽樣試驗數量依附表4至附表10之抽樣表規定，抽樣方法依CNS9042規定進行抽樣試驗。

㈡抽樣試驗之嚴寬等級依程序分為最嚴格試驗、嚴格試驗、普通試驗、寬鬆試驗及免會同試驗五種。

㈢個別試驗通常將試驗項目分為以通常樣品進行之試驗（以下稱為「一般試驗」）以及對於少數樣品進行之試驗（以下稱為「分項試驗」）。

二　批次之判定基準

個別認可中之受驗批次判定如下：

㈠受驗品按不同受驗工廠別，並依下表所示型式之區分，以同一樣式之產品列為同一批次。

	固定型梯	倚靠型梯	懸吊型梯
區分	1.橫桿收納式 2.折疊式 3.伸縮式	1.單一式 2.伸縮式	1.折疊式 2.伸縮式 3.鋼索式 4.鍊條式

㈡依規定取得型式認可者，與正在受驗之型式區分雖相同，但梯柱、橫桿及吊掛用金屬構件之構造或材質不同時，如經實施連續十次普通試驗均於初次即合格後，得不受前揭㈠之規定，與正在受檢之批次列為同一批。

㈢申請者不得指定將某部分產品列為同一批次。

三　個別認可之樣品及抽樣方法

㈠個別認可之樣品數依相關試驗之嚴寬等級以及批次大小所定（如附表4至附表7）。另外，關於批次受驗數量少，進行普通試驗時，得依申請者事先提出之申請要求，使用附表8（只適用生產數量少之普通試驗抽樣表）進行認可作業。

㈡樣品之抽取如下所示：

1.抽樣試驗以每一批次為單位。

2.根據受驗批次大小（受驗數＋預備品）以及試驗之嚴寬等級，從抽樣表決定樣品數大小。從事先附有號碼之全製品（受驗批次）中以亂數表（CNS9042）抽樣。在抽樣之樣品附上抽取順序一連串之編號，受驗批次之大小在500個以上時，依下列方式採二階段進行。

⑴批次分五個組群以上，每群之製品數為5的倍數個以上，附上組群號碼。最終號碼群無須到達定數。

⑵組群內之製品必須整齊排列，並且配列之號碼必須容易瞭解。

⑶從全組群定出可以抽出樣品5個以上之最低群數，從這些數群隨機抽樣，再從這些組群內製品以系統隨機抽樣（從各群抽取同一號碼製品）抽出樣品。

⑷以前述方法所得之製品數超過樣品所需要之數量時，將該製品再次進行隨機抽樣，去除超過部分得出所需數量。

㈢一般試驗和分項試驗以不同之樣品試驗之。

四　試驗項目

一般試驗以及分項試驗之項目，如下表所述

表5　一般試驗及分項試驗

試驗區分		試　驗　項　目
一般試驗	性能試驗	動作（1次）（展開、收藏、安全裝置、保護裝置）
	構造試驗	本基準之相關構造規定
分項試驗	性能試驗	衝擊（10次）（保護裝置、安全裝置、緩降裝置）
	強度試驗	橫桿扭力
		梯柱
		橫桿
		直角載重（固定型梯）
		水平載重（倚靠型梯）
		懸吊金屬構件（懸吊型梯）
		突出物（懸吊型梯）

五　缺點之等級及合格判定基準

缺點區分及合格判定基準依下列規定：

(一)試驗中發現之缺點，分為致命缺點、嚴重缺點、一般缺點及輕微缺點等四級。

(二)各試驗項目之缺點內容，依附表1缺點判定表之規定，非屬該缺點判定表所列範圍之缺點者，則依消防機具器材及設備認可作業要點判定之。

六　批次之判定

批次合格與否，按下列規定判定之：抽樣表中，Ac表示合格判定個點（合格判定時不良品數之上限），Re表示不合格判定個數（不合格判定之不良品數之下限），具有二個等級以上級點之製品，應分別計算其各不良品之數量。

(一)抽樣試驗中各級不良品數均在合格判定個數以下時，應依表6調整其試驗等級，且視該批為合格。

(二)抽樣試驗中任一級之不良品數在不合格判定個數以上時，視該批為不合格。但該等不良品之缺點僅為輕微缺點時，得進行補正試驗，惟以一次為限。

(三)抽樣試驗中不良品出現致命缺點，縱然該抽樣試驗中不良品數在合格判定個數以下，該批仍視為不合格。

七　個別認可結果之處置

(一)合格批次之處置

1. 整批雖經判定為合格，但受驗樣品中發現有不良品時，於使用預備品替換或修復後始視為合格品。

2. 非受驗之樣品若於整批受驗製品中發現有缺點者，準依前款規定辦理。

3. 上述 1.、 2. 兩種情形，如無預備品替換或無法修復調整者，應就其不良品部分之個數，判定為不合格。

(二)補正批次之處置

1. 接受補正試驗時，應提出初次試驗時所發現不良事項之改善說明書及不良品處理之補正試驗用廠內試驗紀錄表。

2. 補正試驗之受驗樣品數以初次試驗之受驗樣品數為準。但該批次樣品經補正試驗合格，依本基準參、七、(一)、 1. 之處置後，仍未達受驗樣品數之個數時，則視為不合格。

(三)不合格批次之處置

1. 不合格批次之產品接受再試驗時，應提出初次試驗時所發現不良事項之改善說明書及不良品處理之補正試驗用廠內試驗紀錄表。

2. 接受再試驗時不得加入初次受驗樣品以外之樣品。

3. 個別認可不合格之批次不再受驗時，應在補正試驗用廠內試驗紀錄表中，註明理由、廢棄處理及下批之改善處理等文件，向辦理試驗單位提出。

八　試驗嚴寬度等級之調整

(一)首次申請個別認可：試驗等級以普通試驗為之，其後之試驗等級調整，依表6之規定。

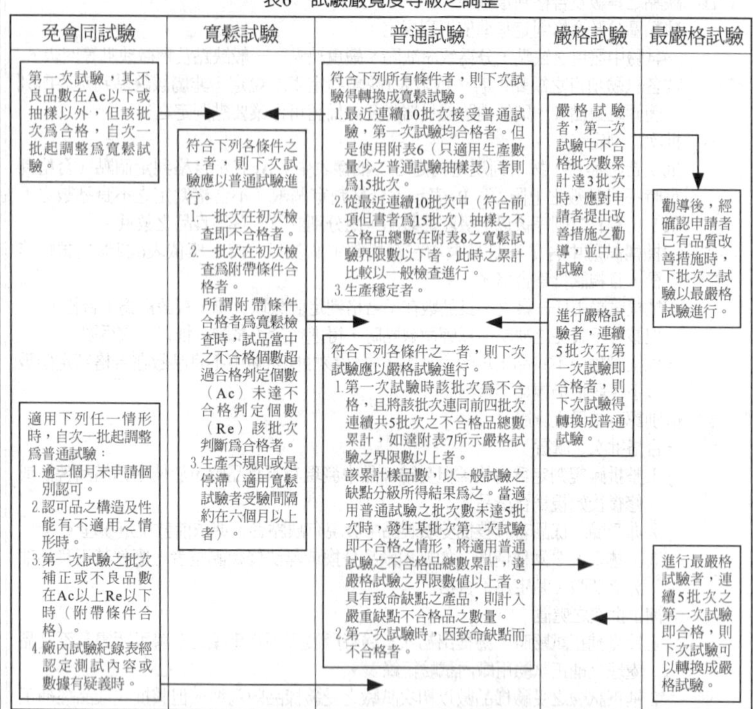
表6　試驗嚴寬度等級之調整
免會同試驗
寬鬆試驗
普通試驗
嚴格試驗
最嚴格試驗
第一次試驗，其不良品數在Ac以下或抽樣以外，但該批次為合格，自次一批起調整為寬鬆試驗。
符合下列所有條件者，則下次試驗得轉換成寬鬆試驗。
1.最近連續10批次接受普通試驗，第一次試驗均合格者。但是使用附表6（只適用生產數量少之普通試驗抽樣表）者則為15批次。
2.從最近連續10批次中（符合前項但書者為15批次）抽樣之不合格品總數在附表8之寬鬆試驗界限數以下者。此時之累計比較以一般檢查進行。
3.生產穩定者。
嚴格試驗者，第一次試驗中不合格批次數累計達3批次時，應對申請者提出改善措施之勸導，並中止試驗。
勸導後，經確認申請者已有品質改善措施時，下批次之試驗以最嚴格試驗進行。
符合下列各條件之一者，則下次試驗應以普通試驗進行。
1.一批次在初次檢查即不合格者。
2.一批次在初次檢查為附帶條件合格者。
所謂附帶條件合格者為寬鬆檢查時，試品當中之不合格個數超過合格判定個數（Ac）未達不合格判定個數（Re）該批次判斷為合格者。
3.生產不規則或是停滯（適用寬鬆試驗者受驗間隔約在六個月以上者）。
進行嚴格試驗者，連續5批次在第一次試驗即合格者，則下次試驗得轉換成普通試驗。
符合下列各條件之一者，則下次試驗應以嚴格試驗進行。
1.第一次試驗時該批次為不合格，且將該批次連同前四批次連續共5批次之不合格品總數累計，如達附表7所示嚴格試驗之界限數以上者。
該累計樣品數，以一般試驗之缺點分級所得結果為之。當適用普通試驗之批次數未達5批次時，發生某批次第一次試驗即不合格之情形，將適用普通試驗之不合格品總數累計，達嚴格試驗之界限數值以上者。
具有致命缺點之產品，則計入嚴重缺點不合格品之數量。
2.第一次試驗時，因致命缺點而不合格者。
適用下列任一情形時，自次一批起調整為普通試驗：
1.逾三個月未申請個別認可。
2.認可品之構造及性能有不適用之情形時。
3.第一次試驗之批次補正或不良品數在Ac以上Re以下時（附帶條件合格）。
4.廠內試驗紀錄表經認定測試內容或數據有疑義時。
進行最嚴格試驗者，連續5批次之第一次試驗即合格，則下次試驗可以轉換成嚴格試驗。

㈡補正試驗：初次試驗為寬鬆試驗者，以普通試驗為之；初次試驗為普通試驗者，以嚴格試驗為之；初次試驗為嚴格試驗者，以最嚴格試驗為之。

㈢再受驗批次之試驗結果，不得計入試驗嚴寬分級轉換紀錄中。

九　下一批試驗之限制

對當批次個別認可之型式，於進行下次之個別認可時，係以該批之個別認可完成結果判定之處置後，始得施行下次之個別認可。

十　試驗之特例

有下列情形之一時，得在受理個別認可申請前，逕依預定之試驗日程實施試驗。此情形下須在確認產品之個別認可申請書受理後，才能判斷是否合格。

㈠初次試驗因嚴重缺點或一般缺點經判定不合格者。

㈡不需更換全部產品或部分產品，可容易選取、去除申請數量中之不良品或修正者。

十一　試驗設備發生故障或無法試驗時之處置

試驗開始後因試驗設備發生故障或其他原因致無法立即修復，經確認當日無法完成試驗時，得中止該試驗。並俟接獲試驗設備完成改善之通知後，重新擇定時間，依下列規定對該批施行試驗：

㈠試驗之抽樣標準與初次試驗時相同。

㈡不得進行補正試驗。

十二　其他

個別認可發現製品有其他不良事項，經認定該產品之抽樣標準及個別認可方法不適當者，得由中央主管機關另定個別認可方法及抽樣標準。

流水檢知裝置認可基準

民國101年11月14日內政部公告訂定發布全文5點；並自102年7月1日起生效。

壹　技術規範及試驗方法

一　適用範圍

本基準適用於消防用自動撒水設備、水霧滅火設備及泡沫滅火設備等水系統滅火設備上所使用之流水檢知裝置。

二　用語定義

流水檢知裝置依其構造、動作方式等，計分為濕式流水檢知裝置、乾式流水檢知裝置及預動式流水檢知裝置，即當該裝置本體內有水流現象時，能自動探測並發出信號或警報之裝置，本基準相關之用語定義如下：

㈠濕式流水檢知裝置：在一次側（流入本體之流入側，以下相同）和二次側（流出本體之流出側，以下相同）充滿加壓水或加壓泡沫水溶液（以下簡稱加壓水）之狀態下，當密閉式撒水頭、一齊開放閥或其他閥件（以下簡稱密閉式撒水頭等）開啓時，因二次側壓力下降而開啓閥門，加壓水由二次側流出，並發出信號或警報之裝置，其種類如下：

1. 自動警報逆止閥型：以逆止閥一次側與二次側之壓力差及加壓水於該裝置本體內流通之動作，發出信號或警報，並啓動加壓送水裝置。
2. 動作閥型：以逆止閥一次側與二次側之壓力差，檢測出閥門動作，發出信號。
3. 槳片型：以配管內加壓水流經槳片之動作，檢測出加壓水流通之現象，發出信號。

㈡乾式流水檢知裝置：平時一次側儲滿加壓水，二次側配管內儲滿加壓空氣，當密閉式撒水頭等動作使壓力下降時，產生壓力差，閥門即開啓，一次側之加壓水即由二次側流出。

㈢預動式流水檢知裝置：一次側儲滿加壓水，二次側配管內儲滿空氣，當火警自動警報設備之探測器及感知撒水頭（以下簡稱感知裝置）均動作時，閥門即開啓，一次側之加壓水即由二次側流出。依動作方式分為：

1. 開放型：依感知裝置之動作，而使閥門開啓。
2. 開閉型：依感知裝置之動作或停止，而使閥門開啓或關閉。

㈣使用壓力範圍：不致使流水檢知裝置產生性能障礙之一次側壓力範圍。

㈤壓力設定值：對須設定二次側壓力值之流水檢知裝置，在使用壓力範圍內，對應一次側壓力之二次側壓力設定值。

三　構造及性能

㈠基本構造：

1. 流水檢知裝置之內徑係指與配管連接部分之尺度，如下表（表一）所示：

表一

內徑（mm）		25	32	40	50	65	80	100	125	150	200
標稱內徑	A（公制-mm）	25	32	40	50	65	80	100	125	150	200
	B（英制-in）	1	1¼	1½	2	2½	3	4	5	6	8

註：配管部分應符合CNS6445或CNS4626之規定。

2.感度調整裝置不得外露（如以蓋子遮住外露部分，蓋子應不易鬆脫），壓力開關、微動開關、輔助逆止閥等需以瓷漆或膠帶固定，保持在設定狀態，微動開關本體與微動開關箱間及微動開關箱與閥體間之承座部分，須以瓷漆等固定防止鬆脫。

3.信號停止閥全開或全閉之狀態應明確；但正常狀態應保持在常時開（全開狀態），且應有保持常時開之相關措施（拆除把手、或於把手上穿孔以利繩索固定）。

4.對性能有影響之試驗閥或其他零組件，應有保持在正常狀態之措施。

5.與配管連接使用之凸緣部或螺紋部之外徑尺度，應依下表（表二）所列數值。

表二　單位：mm

標稱內徑	標稱壓力	凸緣部							螺紋部		
		外徑	螺栓孔			厚度			螺紋規格PT	有效螺紋長度	二面寬—青銅
			中心圓直徑	螺栓孔數	螺栓孔直徑	青銅	鑄鐵	鑄鋼			
25	10K	125	90	4	19	14	18	14	1	16	44
	16K	125	90	4	19			14			
32	10K	135	100	4	19	16	20	16	1¼	18	54
	16K	135	100	4	19			16			
40	10K	140	105	4	19	16	20	16	1½	19	60
	16K	140	105	4	19			16			
50	10K	155	120	4	19	16	20	16	2	21	74
	16K	155	120	8	19		20	16			
65	10K	175	140	4	19	18	22	18	2½	24	90
	16K	175	140	8	19		22	18			
80	10K	185	150	8	19	18	22	18	3	26	105
	16K	200	160	8	23		24	20			
100	10K	210	175	8	19		24	18			
	16K	225	185	8	23		26	22			

125	10K	250	210	8	23		24	20			
	16K	270	225	8	25		26	22			
150	10K	280	240	8	23		26	22			
	16K	305	260	12	25		28	24			
200	10K	330	290	12	23		26	22			
	16K	350	305	12	25		30	26			

註：「二面寬－青銅」係指50、65、80之青銅質螺紋口型流水檢知裝置，其螺紋部分之外圍六角面之對邊寬度。

6.與配管連接部分使用凸緣或螺紋以外之工法，應能便於安裝且不致產生使用上之障礙。

7.濕式流水檢知裝置之構造，除應符合 1.至 6.規定外，尚應符合下列規定：

(1)用於啓動加壓送水裝置者，應裝配逆止閥。

(2)不得有堆積物致妨礙其性能之構造。

(3)本體及其他零件應能容易檢查換修。

(4)開關等電氣組件應採有效防水措施。

8.乾式流水檢知裝置之構造，除應符合 1.至 6.及 7.(2)至(4)之規定外，尚需符合下列各項之規定：

(1)當閥門開啓後，除動作壓力比值（閥門開啓前之一次側壓力與二次側壓力比值）在1.5以下者外，應設有防止因水鎚或逆流而產生閥門再關閉之裝置。

(2)在二次側有設定壓力必要者，應有補充加壓空氣之裝置。

(3)閥門未開啓時，應裝設有可檢測信號或警報性能之裝置。

(4)一次側與二次側間設有中間室隔開者，應有能自動排放中間室內積水之裝置。

(5)在二次側需置有預備水型式者，應有自動補充預備水至設定水位之裝置。

(6)在二次側無需預備水型式者，應有自動排放二次側積水之裝置。

9.預動式流水檢知裝置之構造除應符合 1.至 6.與 7.(2)至(4)及 8.(1)、(3)至(6)之規定，如需於二次側設定壓力者，則應有可補充加壓空氣之裝置。

(二)外觀：

1.鑄造品內外表面均不得存有砂孔、毛邊、砂燒結、咬砂、裂痕、鏽蝕等情形。

2.切削加工斷面，不得有損傷或加工不良等現象，必要時應予加工使其平滑。

3.液體流通部分須平滑及清潔，不得殘留有切削粉末等情形。

4.襯墊類構件應適切安裝定位。

(三)尺度：

1.應確認直接影響性能部分，是否在圖面所記載之容許誤差範圍內。

2.依下列(1)至(4)量測配管連接部分（凸緣或螺牙）之尺度、閥體之厚度及凸緣之平行度。

(1)凸緣或螺牙尺度之容許誤差，應比照CNS7120之規定。

(2)凸緣兩端面間尺度之容許誤差，應在±2.0mm以內。

(3)閥體鑄品厚度，應在下表（表三）所列數值以上。

表三　單位：mm

標稱壓力	內徑／材質	25	32	40	50	65	80	100	125	150	200
10K	青銅	3	3.5	4	4.5	5.5	6	7			
	鑄鐵			7	7	8	8	10	11	13	15
	鑄鋼			7	8	8	8	9	9	9	10
16K	鑄鐵			7	9	10	10	11	13	14	16
	鑄鋼			7	8	8	8	9	9	10	12

⑷凸緣平行度以兩面寬之最大誤差值，應在下表（表四）所列數值以下。

表四　單位：mm

標稱內徑／標稱壓力	25	32	40	50	65	80	100	125	150	200
10K	1.1	1.2	1.2	1.4	1.5	1.6	1.8	1.5	1.6	1.9
16K	1.1	1.2	1.4	1.4	1.5	1.7	2.0	1.6	1.8	2.0

㈣核對設計圖面：流水檢知裝置之各部構造、尺度及加工方法等，應與申請所提設計圖面記載內容相符。

1.直接與性能有關之圖說，應註明容許誤差。

2.各零組件之圖說應註明製造方法（例如鑄造方法、裝配方向等）。

四　材質

㈠流水檢知裝置各部分之材質，應符合下表（表五）規定或具有同等性能以上者。

表五

構造		國家標準總號	國家標準名稱	適用材料
本體	閥體 側蓋	CNS2472	灰口鑄鐵件	FC200以上
		CNS7147	高溫高壓用鑄鋼件	SCPH21以上
		CNS4125	青銅鑄件	BC6以上
閥門 閥座		CNS4125	青銅鑄件	BC6以上
		CNS3270	不鏽鋼棒	304級以上
彈簧		CNS8397	彈簧用不鏽鋼線	304級以上
襯墊		CNS3550	工業用橡膠墊料	BII714級以上

㈡可能產生鏽蝕部位應施予防鏽處理。

㈢橡膠、合成樹脂等應使用不易變形之材質。

㈣供襯墊、隔膜片所使用之橡膠、合成樹脂等應檢附下列文件。

1.規格明細表：應詳載成分明細及拉力強度、伸展度及硬度等資料。

2.試驗報告書：在65℃之環境下，將上述物體投入下列各水溶液，經浸泡7日後進行試驗。記錄其浸泡前後之拉力強度、伸展度、硬度、體積變化率及吸水率。並載明下列⑴至⑷所使用之藥劑種類及型號。

⑴蛋白質泡沫水溶液。

⑵合成界面活性泡沫水溶液。

⑶水成膜泡沫水溶液。

⑷3%氯化鈉水溶液。

但供該流水檢知裝置流通之加壓水，如非上述⑴至⑷所列之任何一種時，則不需進行此項試驗。

五　最高使用壓力範圍

流水檢知裝置一次側之最高使用壓力範圍，應符合下表（表六）所列之規定值。

表六

標稱壓力	壓力範圍（MPa）
10K	1.0以上 1.4以下
16K	1.6以上 2.2以下

六　耐壓試驗

㈠閥體及構件之耐壓試驗：

1.濕式流水檢知裝置：依下表（表七）所列之壓力值試驗2分鐘後，不得有漏水、變形、損傷及破壞等不良情形。

表七

標稱壓力	水壓試驗壓力（MPa）
10K	2.0
16K	3.2

2.乾式流水檢知裝置及預動式流水檢知裝置：

⑴施予閥體最高使用壓力所對應設定壓力值之3倍，或依上表（表七）所列試驗壓力值，擇其壓力值較大者進行測試。施予水壓試驗保持2分鐘，不得有漏水、變形、損傷及破壞等不良情形發生。

⑵分別在二次側以一次側使用壓力所對應之設定壓力值，及在一次側以該使用壓力之1.1倍各進行2分鐘試驗後，閥座不得發生漏水現象。

3.構件及連接零件之試驗壓力依照所申請之回路圖進行組裝。施予測量閥體在最高使用壓力時之動作水壓值，以該壓力之1.5倍爲試驗壓力值，試驗保持2分鐘，不得有漏水、變形、損傷及破壞等不良情形發生。

4.進行上揭閥體及構件之耐壓試驗時，以側蓋或水壓試驗用壓板封閉閥體兩端。

5.側蓋、塞頭或螺紋部產生0.2ml/min以下之洩漏時，得加強鎖緊固定，但每個螺栓僅限一回。

6.試驗時以目測或壓力計指針之變化，確認是否有變形或洩漏現象。

㈡閥座洩漏試驗：

1.濕式流水檢知裝置：濕式流水檢知裝置底下放一紙張，以1.5m高之水柱靜水壓力試驗，保持16小時，該紙不得有漏濕現象，此試驗依水平及垂直方式各測試其閥座之止洩功能。

2.乾式流水檢知裝置及預動式流水檢知裝置：

⑴以側蓋或水壓試驗用壓板封閉閥體兩端，有中間室者於中間室，無中間室者於警報器處裝上刻度吸量管，以一次側使用壓力所對應之設定壓力值於二次側進行試驗，並以該使用壓力之1.1倍水壓值對一次側進行試驗2分鐘。

⑵加壓2分鐘後，每30秒以刻度吸量管量測洩漏，並以下列公式計算漏水比（以四捨五入取至小數第三位）。

$$漏水比（\alpha）＝漏水量（ml）\times \frac{25}{閥座口徑（mm）}$$

⑶刻度吸量管之最小刻度，內徑未滿80A者為0.01ml，內徑80A以上者為0.02ml。

七　性能試驗

㈠性能要求：

1.濕式流水檢知裝置之性能依七、㈡之試驗後，應符合下列各項規定：

⑴依使用壓力範圍及檢知流量係數（以流水現象進行試驗，以流量控制信號或警報之動作。以下相同），並按下列計算式計算所得之流量進行試驗，閥門開啟後一分鐘內能發出信號或警報，且停止時信號或警報亦應停止。但使用壓力在0.5MPa以下者，流量應以80ℓ/min計算。

A.檢知流量係數為80及50時，以下列計算式計算流量。但壓力在0.5MPa以下，檢知流量係數80時，流量為80ℓ/min；檢知流量係數50時，流量為50ℓ/min。

$Q=0.75\times K\sqrt{P}$

Q：流量（ℓ/min）

P：壓力（MPa）

K：流量檢知係數

B.檢知流量係數60時，在使用壓力範圍內之流量為60ℓ/min。

⑵以流速4.5m/sec之加壓水流通時，應發出連續信號或警報，且停止水流時信號或警報亦應停止。

⑶在最低使用壓力時，不動作流量（閥體內不得發出信號或警報之最大流量）開始通過時亦不得發出信號或警報。

⑷一次側有瞬間壓力變動產生時，亦不得發出連續信號或警報。

2.乾式流水檢知裝置之性能依七、㈢之試驗後，應符合下列各項規定：

⑴從標稱內徑15mm之密閉式撒水頭排放加壓空氣時，依下表（表九）內徑對應之二次側配管容積，應於30秒內開啟閥門，並在一分鐘內發出連續信號或警報。

⑵以流速4.5m/sec之加壓水流通時，應發出連續信號或警報，且停止水流時信號或警報亦應停止。

⑶在一次側有瞬間壓力變動產生時，亦不得發出連續信號或警報。

3.預動式流水檢知裝置之性能依七、㈣之試驗後，應符合下列各項之規定：

⑴當感知裝置動作時，依下表（表九）內徑對應之二次側配管容積對照表，應於30秒內開啟閥門，並在一分鐘內發出連續信號或警報。

⑵開閉型於感知裝置動作停止時，應停止發出信號或警報。

⑶以流速4.5m/sec之加壓水流通時，應發出連續信號或警報，且水流停止時信號或警報亦應停止。

⑷在一次側有瞬間壓力變動產生時，亦不得發出連續信號或警報。

㈡濕式流水檢知裝置：

1.動作試驗：以附圖（如附圖一）之試驗裝置進行測試，依下表（表八）各動作點量測放水開始到發出連續信號或警報之時間（以下稱「動作時間」），再量測停止放水到信號或警報停止之時間（以下稱「停止時間」）。

表八

動作點	一次側壓力值（MPa）	流量（ℓ/min）		
		檢知流量係數80	檢知流量係數50	檢知流量係數60
第1	最低使用壓力	80	50	60
第2	0.5	80	50	60
第3	0.8	170	106	60
第4	最高使用壓力	最高使用壓力之流量	最高使用壓力之流量	60

⑴試驗流程：

A.動作時間：

⒜裝配動作放水口N_1，關閉V_4及V_5，打開V_1、V_2及V_3並加壓。

⒝打開V_4，操作V_0、V_1及V_3，調整P_1及P_3之壓力達至規定壓力。

⒞調整完畢，暫時關閉V_4，於再打開V_4同時開始量測動作時間。

B.停止時間：前項⒜至⒞之程序進行完成後，關閉V_4停止放水，同時開始量測停止時間。

⑵動作之確認：觀察連接於壓力開關或微動開關之警鈴或電燈，確認動作之狀況，若有水鐘者依水鐘之連續動作進行確認。

⑶時間之量測方法：動作或停止時間各量測二次，求其平均值為動作時間或停止時間，此時小數點以下第二位四捨五入至小數點第一位（以下亦同）。

2.最大流量動作試驗：依表十之規定流量放水時，量測動作時間及停止時間。

⑴試驗流程：

A.動作時間：

⒜裝配流量測定放水口N_3，關閉V_3，打開V_1、V_2並加壓。

⒝打開V_6至規定流量，依P_4之壓力指示，調整V_1及V_5，暫時關閉幫浦。

⒞啓動幫浦同時，開始量測動作時間。

B.停止時間：幫浦停止同時，開始量測停止時間。

⑵動作之確認：依前揭㈠、1.、⑵之規定。

⑶動作時間應在1分鐘內，停止放水時信號或警報亦應停止。

3.最低使用壓力之不動作試驗：依申請值之不動作流量放水2分鐘，量測從放水開始到發出信號或警報之時間，確認有無動作。

⑴試驗流程：

A.裝配不動作放水口N_2。

B.關閉V_4及V_5，打開V_1、V_2及V_3並加壓。

C.打開V_4至申請之不動作流量，確認P_3壓力指示並調整調整V_0、V_1及V_3。

D.壓力調整完畢，暫時關閉V_4，於再打開V_4同時開始量測時間。

⑵動作之確認：不得發出信號或警報。

4.瞬間壓力變動之不動作試驗：濕式流水檢知裝置一次側施予幫浦啓動所引起之瞬間變動壓力，保持該壓力1分鐘以上，量測從加壓到發出連續信號或警報之時間，並確認有無動作。

⑴使用出水量為1000ℓ/min以上，全閉揚程為100m以上之幫浦。

⑵試驗流程：

A.關閉V_4及V_5，打開V_1及V_2使一次側及二次側充滿水。

B.停止幫浦，調整排氣閥使P_1及P_2之壓力接近0。

C.啓動幫浦，加壓使P_1及P_2至全閉揚程，同時開始量測動作時間。

⑶動作之確認：不得發出連續信號或警報。

㈢乾式流水檢知裝置：

1.動作試驗：依附圖（如附圖一）之試驗裝置進行測試，以最低使用壓力及最高使用壓力，依下表（表九）內徑對應之二次側配管容積，使加壓空氣從動作放水口N_1排出時，量測從排出到閥門打開之時間，從排出時間到發出連續信號或警報之時間。

表九

內 徑（mm）	二次側配管容積（ℓ）
50	70
65	200
80	400
100	750
125	1,200
150	2,800
200	2,800

⑴流水檢知裝置（動作壓力比值在1.5以下者除外）動作放水口N_1快速停止放水時，確認閥門有無關閉。

⑵試驗流程：

A.裝配動作放水N_1。

B.依內徑尺度調整V_9至V_{14}達上表（表九）所示之二次側配管容積，並注入必要之預備水達設定水位。

C.補充加壓空氣使二次側配管達設定壓力值。

D.從動作放水口N_1排出加壓空氣同時開始量測時間，至閥門開啓之時間（一次側之壓力下降時間）及發出連續信號或警報之時間。

2.最大流量動作試驗：以附圖（如附圖一）之試驗裝置進行測試，從流量測定放水口N_3排出時，量測從排出到發出連續信號或警報之時間。

⑴試驗流程：

A.裝配流量測定放水口N_3，關閉V_3，打開V_1、V_2及V_5並加壓。

B.打開V_6，依P_4之壓力指示，調整V_1及V_5至表十之規定流量，暫時關閉幫浦。

B.閥門復位完成後關閉V_6，補充加壓空氣使二次側配管達所對應一次側之設定壓力值。

C.啓動幫浦，慢慢加壓使一次側壓力至幫浦全閉揚程爲止。

D.開啓V_6同時，量測動作時間。

⑵確認動作：依前揭㈠、1.、⑵之規定。

3.瞬間壓力變動之不動作試驗：以附圖（如附圖一）之試驗裝置進行測試，補充加壓空氣使二次側配管達幫浦全閉揚程，施予一次側啓動幫浦瞬間壓力，保持該壓力1分鐘以上，量測從加壓到發出信號或警報之時間，並確認有無動作。

⑴試驗流程：

A.關閉V_1、V_4及V_5，打開V_2，閥門復位完成後，依內徑尺度調整V_9至V_{14}達上表（表九）所示之二次側配管容積，補充加壓空氣使二次側配管達幫浦全閉揚程。

B.打開V_1，使一次側配管充滿水，至管內完全無空氣。

C.啓動幫浦，加壓使P_1達全閉揚程時，同時開始量測時間。

⑵動作之確認：不得發出連續信號或警報、閥門不得開啓。

㈣預動式流水檢知裝置：

1.動作試驗：以附圖（如附圖一）之試驗裝置進行測試，以最低使用壓力及最高使用壓力，調整依上表（表九）內徑對應之二次側配管容積，使感知裝置動作，量測到閥門開啓時間及發出連續信號或警報之時間【進行該試驗時之必要感知裝置（含電磁閥）由申請者準備】。

⑴試驗流程：

A.裝配動作放水N_1。

B.依內徑尺度調整V_9至V_{14}達上表（表九）所示之二次側配管容積，並注入必要之預備水達設定水位。

C.補充加壓空氣使二次側配管達設定壓力值。

D.量測從感知裝置動作開始到閥門開啓（一次側壓力下降）時間及發出連續信號或警報之時間。

⑵型式爲開閉型者，當感知裝置停止動作時，應確認信號或警報亦應停止。

⑶關閉V_4，使動作放水口N_1緊急停止放水或開放型以感知裝置動作停止時，確認閥門未關閉。

⑷二次側應設定閥門開啓之壓力，並確認不得因二次側空氣壓力下降即開啓閥門。

2.最大流量動作試驗：依前揭㈡、2.之規定進行試驗。

3.瞬間壓力變動之不動作試驗：依前揭㈡、3.之規定進行試驗。

八　耐久性試驗

㈠最大流量放水：以附圖（如附圖一）之試驗裝置進行測試，內徑未達100mm者，以流速4.5m/sec（內徑100mm以上，以流速6.0m/sec）之最大流量放水30分鐘後，再依流水檢知裝置之型式進行上揭七、㈠1.、2.及㈡1.或㈢1.進行試驗。

㈡逆流強度：乾式及預動式，以附圖（如附圖一）之試驗裝置進行測試，依上表（表九）內徑對應之二次側配管容積，以最高使用壓力使其動作後，當動作放水口N_1放水呈穩定狀態後關閉V_4，約10秒後停止幫浦，同時打開V_8（快速開放閥）。

1.試驗進行二次，並於試驗後再依上揭七、㈡1.或㈢1.進行試驗，確認是否有異常現象。

2.前試驗中發現異常時，得視需要進行拆解檢查。

九　構件性能試驗

㈠壓力開關（Pressure Switch）：

1.在額定電壓及額定電流下，以0MPa到最高使用壓力之交變水壓，每秒交變一次，連續操作2000次，不得有妨礙其性能之現象。

2.依前揭六、㈠及七之規定確認有無異常現象，如有額定直流電與額定交流電兩種情形時，第一個樣品以直流電進行試驗，第二個樣品以交流電進行試驗。

㈡水鐘（Water Motor Gong）：

1. 以最高使用壓力對應之動作壓力使其連續鳴響3小時後再依前揭七之規定進行性能試驗時，不得發生性能障礙。
2. 以最低使用壓力及最高使用壓力對應之動作壓力使其鳴響，在距離該設備3m處，量測之音壓應在90dB以上。

十　壓力損失值計算

㈠試驗方法：

1. 依附圖（附圖一）之試驗裝置進行試驗，當內徑未達100mm，以流速4.5m/sec（內徑100mm以上，以流速6.0m/sec）之最大流量放水時，壓力損失以最小刻度0.002MPa之壓力計量測。
2. 量測二次取其平均值爲壓力損失值，此值以四捨五入取至小數第四位。
3. 等價管長以下列計算式計算。

$$L = 0.115 \times \frac{D^{4.87}}{Q^{1.85}} \times \Delta P$$

L：等價管長（m）

ΔP：壓力損失值（MPa）

D：直管內徑（與流水檢知裝置內徑相同大小之配管用碳鋼管（CNS6445、4626之內徑））單位（mm）

Q：流量（ℓ/min）

4. 與流水檢知裝置之閥體內徑相同大小之配管非使用碳鋼管材質者，亦應提供等價管長之計算方式。
5. 等價管長計算以四捨五入取至小數第二位。

㈡性能要求：濕式流水檢知裝置之壓力損失值，依下表（表十）流量進行前項測試時，結果應在0.05MPa以下才合格。

表十

內徑（mm）	流量（ℓ/min）
25	130
32	200
40	350
50	550
65	900
80	1350
100	2100
125	3300
150	4800
200	8500

十一　標示

㈠流水檢知裝置應於本體上之明顯易見處，以不易磨滅之方法，標示下列事項（進口產品應以中文標示）：

1. 產品種類名稱及型號。
2. 型式（自動警報逆止閥型、動作閥型、槳片式、乾式、開放式或開閉式）。
3. 型式認可號碼。

4.製造廠名稱或商標。
5.製造年份。
6.製造批號。
7.內徑、標稱壓力及一次側之使用壓力範圍（最低使用壓力至最高使用壓力之申請值）。
8.壓力損失值（等價管長：相當於直管長度之壓力損失值）。
9.標示流水方向之箭頭（應於閥體上以鑄造方式標示，惟特殊構造者，可以管壁熔接方式標示）。
10.安裝方向（水平或垂直）。
11.二次側設定壓力值（僅限乾式及預動式需標示）。
12.最低使用壓力之不動作流量。
13.構件（標示構件名稱或代號）。
14.檢知流量係數。

㈡上揭標示事項中有關「製造批號」、「最低使用壓力之不動作流量」、「一次側之使用壓力範圍」、「壓力損失值」、「二次側設定壓力值」、「構件」及「檢知流量係數」，於標示時應將標示事項名稱一併標示。

㈢本體以外之構件如有下表（表十二）所列名稱時，得以對應之英文代號表示。

表十二

名稱	代號	名稱	代號	名稱	代號
壓力開關	PS	遲滯箱	RC	水 鐘	WMG
輔助逆止閥	ACv	滴水管	ADr	微動開關	LS
信號停止閥	SV	試驗閥	TV	排水閥	DV
快速開放裝置	Ac Ex	電磁閥	SoV		

備註：1.快速開放裝置簡稱：Ac：加速器；Ex：排出器。
2.構件中銘牌上應標示壓力開關、遲滯箱、水鐘、輔助逆止閥（主體內藏者除外）、滴水管、微動開關、快速開放裝置及電磁閥。
3.標示構件當中之壓力開關、遲滯箱、水鐘、輔助逆止閥（主體內藏者除外）微動開關、快速開放裝置及電磁閥、製造號碼，將其標示方法記入明細表中。
4.水鐘應標示容許管徑及相關尺度。
5.壓力開關應標示動作壓力、最高使用壓力、額定電壓及額定電流。
6.微動開關應標示額定電壓及額定電流。

貳　型式認可作業

一　型式試驗之方法

㈠試驗項目及樣品數：型式試驗之試驗項目及其所須樣品數如下表（表十三）所列。

表十三

樣品數 ＼ 內徑（mm） 試驗項目	25至150	200
構造・材質・標示	2	1

耐壓		2	1
性能	動作	2	1
	最大流量動作	2	1
	不動作流量	2	1
	瞬間壓力變動之不動作	2	1
耐久性		2	1
壓力損失		2	1
構件性能		2	1

㈡試驗流程：

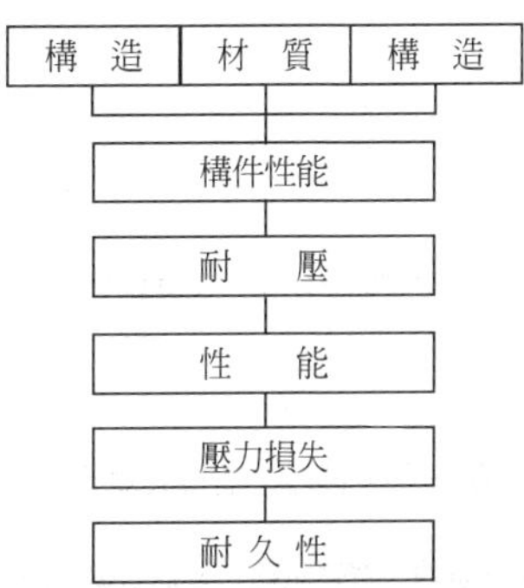

二　型式試驗結果之判定

型式試驗結果之判定如下：

㈠符合本認可基準所規定之技術規範，未發現缺點者，則型式試驗結果為「合格」。

㈡符合下述三、補正試驗所揭示之事項者，得進行補正試驗一次。

㈢不符本認可基準所規定之技術規範，試驗結果發現不合格情形者，則該型式試驗結果為「不合格」。

三　補正試驗

型式試驗判定結果如與下表（表十四）所列得進行補正試驗之缺點項目內容相符，得進行補正試驗一次，其試驗方法及樣品數依本認可基準之型式試驗方法進行。

表十四

試驗項目	缺　點　內　容
標示及申請書方面	1.標示脫落、誤植、無法判別。 2.申請文件不完全（誤植、記載不全等輕微缺失，不包含設計錯誤）。
構造方面	1.凸緣部之尺度和標準尺度不符。 2.連接螺紋之尺度和標準尺度不符。 3.感度調整裝置、信號停止閥等必要措施不完整。

四　型式變更試驗之方法
型式變更試驗之樣品數、試驗流程比照型式試驗，並依據型式變更內容進行型式變更試驗。

五　型式變更及輕微變更範圍
㈠型式變更範圍：
1.構件之性能、構造或材質。
2.使用壓力範圍。
3.檢知流量係數。
4.不動作流量。
㈡輕微變更範圍：
1.防腐蝕之加工方法。
2.表面處理。
3.尺度之公差。
4.加工方法。
5.構件之形狀、尺度。
6.襯墊之材質。
7.閥體以外之構件。

六　有關上述型式試驗、補正試驗、型式變更試驗之結果，應詳細填載於型式試驗紀錄表（如附表八）。

參　個別認可作業

一　個別認可之抽樣方法
㈠個別認可之抽樣試驗數量依附表一至附表五之抽樣表規定，抽樣方法依CNS9042規定辦理。
㈡抽樣試驗之分等依程度分為免會同試驗、寬鬆試驗、普通試驗、嚴格試驗及最嚴格試驗五種。

二　個別認可之試驗項目
㈠個別試驗：通常將試驗項目分為一般樣品之試驗（以下稱為「一般試驗」）及分項樣品之試驗（以下稱為「分項試驗」）。
㈡試驗項目及樣品數：一般試驗及分項試驗之試驗項目及其所需樣品數如下表（表十五）所列：

表十五

區　　分	試驗項目		備　　註
一般試驗	構　造		樣品數： 依據附表一至附表五之各式試驗抽樣表抽取。
	材　質		
	標　示		
分項試驗	耐　壓		
	性能	動　作	
		不動作流量	

㈢試驗流程：

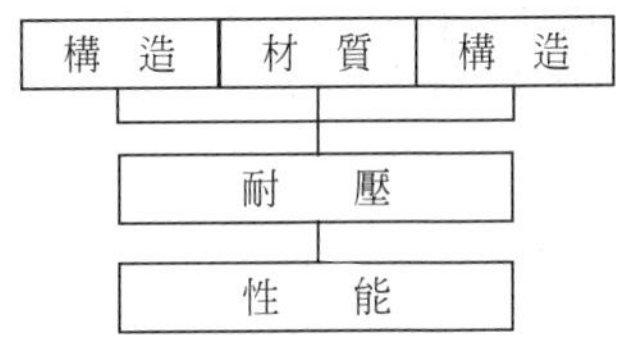

㈣試驗方法：試驗方法除依本基準壹、技術規範及試驗方法之外，其尺度檢查亦依照本基準之規定進行。

三　批次之判定基準

個別認可中之受驗批次判定如下：

㈠受驗品依受驗工廠別對於以下試驗嚴格等級之分級視為同一批次。

1.自動警報閥型之閥門構造、感度調整裝置等主要構造及內徑相同之設備。

2.動作閥型之閥門構造、感度調整裝置等主要構造及內徑相同之設備。

3.槳片型之閥門構造、感度調整裝置等主要構造及內徑相同之設備。

4.乾式流水檢知裝置之閥門構造、感度調整裝置等主要構造及內徑相同之設備。

5.預動作式流水檢知裝置之閥門構造、感度調整裝置等主要構造及內徑相同之設備。

㈡新產品與已受驗之型式不同項目僅有下列所示項目者，自第一次受驗開始即可列為同一批次；如其不同項目非下列所示項目，惟經過連續十批次普通試驗，且均於第一次即合格者，得列入已受驗合格之批次。

1.本體構件之材質。

2.構件之組合、方法、構造或連接系統。

3.槳片之形狀以尺度。

4.排水裝置。

5.使用壓力範圍。

㈢以每批次為單位，將試驗結果登記在個別認可申請表、個別認可試驗紀錄表（如附表九）中，將一併處理之型式號碼以記號等方式紀錄於備註欄之中。

㈣申請者不得指定將某部分產品列為同一批次。

㈤受驗品必須進行拆解，故可進行簡易組裝作業之壓力開關、水鐘等構件（本體，補助逆止閥及微動開關除外），送驗時得不必組裝。

四　缺點之分級及合格判定基準

依下列規定區分缺點及合格判定基準（AQL）：

㈠試驗中發現之缺點，其嚴重程度依「消防機具器材及設備認可作業要點」規定，區分為致命缺點、嚴重缺點、一般缺點及輕微缺點等四級。

㈡各試驗項目之缺點內容，依本基準肆、缺點判定方法規定，非屬該判定方法所列範圍內之缺點者，依「消防機具器材及設備認可作業要點」之分級原則判定。

五　批次合格之判定

批次合格與否，依抽樣表，按下列規定判定之：抽樣表中，Ac表示合格判定個數（合格判定時不良品數之上限），Re表示不合格判定個數（不合格判定之不良品數之下限），具有二個等級以上缺點之樣品，應分別計算其各不良品之數量。

㈠抽樣試驗中，各級不良品數均於合格判定個數以下時，應依試驗等級之調整所列之試驗嚴寬度為條件更換其試驗等級，且視該批次為合格。

㈡抽樣試驗中，任一級之不良品數在不合格判定個數以上時，視該批為不合格，但該等不良品之缺點僅爲輕微缺點時，得進行補正試驗，惟以一次爲限。

㈢抽樣試驗中出現致命缺點之不良品時，即使該抽樣試驗中不良品數在合格判定個數以下，該批仍視爲不合格。

六　個別認可結果之處置

依下列規定，進行個別認可結果之後續處理：

㈠合格批次之處置

1.整批雖經判定爲合格，但受驗樣品中如發現有不良品時，仍應使用預備品替換或修復之後方可視爲合格品。

2.即使爲非受驗之樣品，如於整批受驗樣品中發現有缺點者，準依前款之規定。

3.上述1.、2.兩款情形，如無預備品替換或無法修復調整者，應就其不良品部分之個數，判定爲不合格。

㈡補正批次之處置

1.接受補正試驗時，應提出第一次試驗時所發現不良事項之改善說明書及不良品處理之補正試驗用廠內試驗紀錄表。

2.補正試驗之受驗樣品數以第一次試驗之受驗樣品數爲準。但該批次樣品經補正試驗合格，依本基準參、六、㈠、1.之處置後，仍未達受驗樣品數之個數時，則視爲不合格。

㈢不合格批次之處置

1.不合格批次之產品接受再試驗時，應提出第一次試驗時所發現不良事項之改善說明書及不良品處理之補正試驗用廠內試驗紀錄表。

2.接受再試驗時不得加入第一次受驗樣品以外之樣品。

3.個別認可不合格之批次不再受驗時，應在補正試驗用廠內試驗紀錄表中，註明理由、廢棄處理及下批之改善處理等文件，向辦理試驗單位提出。

七　試驗嚴寬度等級之調整

㈠首次申請個別認可，其試驗等級以普通試驗爲之，其後之試驗調整，則依下表（表十六）之規定。

㈡有關補正試驗及再試驗批次之試驗分等，第一次試驗爲寬鬆試驗者，以普通試驗爲之；第一次試驗爲普通試驗者，以嚴格試驗試驗之；第一次試驗爲嚴格試驗者，以最嚴格試驗爲之。再試驗批次之試驗結果，不得計入試驗寬鬆度轉換紀錄中。

表十六

免會同試驗	寬鬆試驗	普通試驗	嚴格試驗	最嚴格試驗
1.第一次試驗，其不良品數在Ac以下或抽樣以外，但該批次為合格，自次一批起調整為寬鬆試驗。 2.適用下列任一情形時，自次一批起調整為普通試驗： (1)逾三個月未申請個別認可。 (2)認可品之構造及性能有不適用之情形時。 (3)第一次試驗之批次補正或不良品數在Ac以上Re以下時（附帶條件合格）。 (4)廠內試驗紀錄表經認定測試內容或數據有疑義時。	1.有下列情形之一時，自下一批次試驗應調整為普通試驗。 (1)一批次在第一次試驗即不合格者。 (2)一批次在第一次試驗為附帶條件合格者。 所謂附帶條件合格者為寬鬆試驗時，樣品當中之不合格個數超過合格判定個數（Ac）未達不合格判定個數（Re）該批次判定為合格者。 (3)生產不規則或是停滯（適用寬鬆試驗者受驗間隔約在六個月以上者） 2.符合下列全部條件時，自次一批起免會同試驗： (1)第一次試驗連續10批均合格，且無不良品產生。 (2)在三個月以內有申請個別認可者。 (3)品質管理體制經確立認定者。	1.符合下列情形之一，自下一批次試驗應調整為嚴格試驗。 (1)第一次試驗時該批次為不合格，且將該批次連同前四批次連續共5批次之不合格品總數累計，如達附表6所示嚴格試驗之界限數以上者。 該累計樣品數，以一般試驗之缺點分級所得結果為之。 當適用普通試驗之批次數未達5批次時，發生某批次第一次試驗即不合格之情形，將適用普通試驗之不合格品總數累計，達嚴格試驗之界限數值以上者。 具有致命缺點之產品，則計入嚴重缺點不合格品之數量。 (2)第一次試驗時，因致命缺點而不合格者。 2.符合下列全部條件時，下一批次試驗可調整為寬鬆試驗。 (1)最近連續10批次接受普通試驗，第一次試驗均合格者。但是使用附表5（適用生產數量少之普通試驗抽樣表）者則為15批次。 (2)從最近連續10批次中（符合前項但書者為15批次）抽樣之不合格品總數在附表7之寬鬆試驗界限數以下者。此時之累計比較以一般試驗為之。 (3)生產穩定者。	1.符合下列規定時，自下一批次試驗應調整為最嚴格試驗。 (1)適用嚴格試驗者，第一次試驗中不合格批次數累計達3批次時，應對申請者提出改善措施之勸導，並中止試驗。 (2)勸導後，經確認申請者已有品質改善措施時，下批次之試驗以最嚴格試驗進行。 2.連續5批次均於第一次試驗即合格，則下次試驗得轉換成普通試驗。	連續5批次之第一次試驗即合格，則下一批次試驗得轉換成嚴格試驗。

八　下一批次試驗之限制

個別認可要進行下一批次試驗時，需在上一批次個別認可試驗結束且試驗結果處理完成後，才能進行下一批次之個別認可。

九　試驗之特例

有下列二項情形時，得在受理個別認可申請前，依預定之試驗日程進行試驗。

㈠第一次試驗因嚴重缺點或一般缺點不合格者。

㈡申請批次中可易於將不良品之零件更換、去除或修正者。

十　試驗設備發生故障時之處置

試驗開始後因試驗設備發生故障或其他原因致無法立即修復，經確認當日無法完成試驗時，則中止該試驗。並俟接獲試驗設備完成改善之通知後，重新排定時間，進行試驗時，抽樣標準同第一次試驗，但該狀況不適用補正試驗。

十一　其他

個別認可時，若發現受驗樣品有其他不良事項，經認定該產品之抽樣標準及個別認可方法不適當時，得另訂個別認可方法及抽樣標準。

肆　缺點判定方法

各項試驗所發現之不合格情形，其缺點之等級依下表（表十七）之規定判定。

表十七　缺點判定表

試驗項目	致命缺點	嚴重缺點	一般缺點	輕微缺點
構造		1.閥座之襯墊固定不完全。 2.施加壓力構造部分發生裂痕。 3.構造與申請之規格相異。 4.凸緣之螺孔數目不同。 5.連接管凸緣之螺栓孔直徑尺度，規定值－2mm以上。 6.連接部分螺紋量規內無法拴入。	1.閥座以外，可動部分襯墊固定不完全。 2.有鏽蝕、加工不良等情況，對性能、功能有產生障礙之虞者。 3.感度調整部分，信號停止閥等部分未有必要之措施。 4.外部形狀或尺度與申請圖面有差異，對功能產生影響者（閥體、連接管凸緣、連接部螺栓等缺點除外）。 5.閥體兩端凸緣面之平行度，超過容許值。 6.閥體之最小厚度，未達最小容許值。 7.連接管凸緣之螺栓孔徑之中心圓直徑，超過容許值。 8.連接管凸緣之螺栓孔直徑尺度，超過規定值＋1mm，或是超過－1mm但未滿－2mm。 9.連接部螺紋部分之界限，超過螺紋量規規定值2周以上。	1.感度調整部分，對信號停止閥之必要措施不完全。 2.一般缺點以外之形狀或尺度與申請圖面上有差異。 3.閥體兩端凸緣面之間尺度，超過±2mm。 4.連接管凸緣之外徑，超過規定值。 5.連接管凸緣之厚度，超過規定值。 6.連接管凸緣之口徑，超過規定值。 7.連接管螺紋部分之界限，超過規定值未滿2周。 8.連接管螺紋部分之二面寬，在規定值以下。
質材		實體與基準或申請內容不符。		
標示			有關產品種類名稱及型號、型式、型式認可號碼、標稱壓力、一次側之使用壓力範圍、壓力損失值、標示流水方向之箭頭、安裝方向、二次側設定壓力值、最低使用壓力之不動作流量、構件、檢知流量係數脫落、錯誤或無法判別。	除前述一般缺點外，標示脫落、誤記或無法判別。

試驗項目			致命缺點	嚴重缺點	一般缺點	輕微缺點
耐壓	閥體及構件		產生破壞或零組件脫落。		1.明顯產生變形。 2.產生漏水。	
耐壓	濕式	閥座洩漏		紙張不得有漏濕現象。		
耐壓	乾式及預動式	閥座洩漏		1.無中間室型式： (1)口徑80A以下之閥座，漏水比值（α）超過0.1。 (2)口徑超過80A之閥座，漏水比值（α）超過0.2。 2.有中間室型式：漏水比值（α）超過0.2。	1.無中間室型式： (1)口徑80A以下之閥座，漏水比值（α）超過0.05，而在0.1以下。 (2)口徑超過80A之閥座，漏水比例值（α）超過0.1，而在0.2以下。	
性能	濕式	動作	超過4分鐘未動作。	1.發出連續信號或警報之時間超過1分鐘，但在4分鐘以內，。 2.流水停止時，由於裝置零件異常，使得2分鐘內尚未停止信號或警報。	流水停止時，由於裝置調整不良，使得2分鐘內尚未停止信號或警報。	
性能	濕式	最大流量		1.在1分鐘之內，未發出連續信號或警報。 2.流水停止時，由於裝置零件異常，使得2分鐘內尚未停止信號或警報。	流水停止時，由於裝置調整不良，在2分鐘內尚未停止信號或警報。	
性能	濕式	不動作		在2分鐘以內發出連續信號或警報。	在2分鐘以內發出信號或警報。	
性能	濕式	瞬間壓力變動		發出連續信號或警報。		
性能	乾式	動作	超過4分鐘未動作。	1.超過1分鐘但在4分鐘以內，發出連續信號或警報。 2.30秒之內閥門未開。 3.插梢無法動作。 4.停止排出加壓空氣時，閥門關閉停止（不包含動作比在1.5之內之裝置）。		
性能	乾式	最大流量動作		1分鐘以內未發出連續信號或警報。		

試驗項目			致命缺點	嚴重缺點	一般缺點	輕微缺點
性能	乾式	瞬間壓力變動		1.發出連續信號或警報。 2.閥門開放。		
性能	預動式	動作	超過4分鐘未動作。	1.超過1分鐘但在4分鐘以內，發出連續信號或警報。 2.在30秒內閥門未開放。 3.插梢無法動作。 4.感知裝置動作停止或噴嘴停止放水後，信號或警報停止動作（開放型）。 5.感知裝置動作停止後，信號或警報未停止動作（開閉型）。 6.由於二次側空氣壓力降低導致閥門開啓。		
性能	預動式	最大流量動作		1.在1分鐘以內，未發出連續信號或警報。 2.感知裝置動作停止或噴嘴停止放水後，信號或警報停止動作（開放型）。 3.感知裝置動作停止後，信號或警報未停止動作（開閉型）。		
性能	預動式	瞬間壓力變動		1.發出連續信號或警報。 2.閥門開放。		
耐久	濕式	最大流量流水	超過4分鐘未動作。	1.產生破壞或明顯變形之現象。 2.發出連續信號或警報時間超過1分鐘，但在4分鐘以內。 3.流水停止時，由於裝置零件異常，在2分鐘內尚未停止信號或警報。	流水停止時，由於裝置調整不良，在2分鐘內尚未停止信號或警報。	
耐久	乾式及預動式	最大流量流水	超過4分鐘未動作。	1.產生破壞或明顯變形之現象。 2.與乾式或預動式之性能、動作嚴重缺點相同者。		
耐久	乾式及預動式	逆流強度	超過4鐘未動作。	1.產生破壞或明顯變形之現象。 2.與乾式或預動式之性能、動作嚴重缺點相同者。		

試驗項目		致命缺點	嚴重缺點	一般缺點	輕微缺點
壓力損失	濕式		不符合基準值。		
構件性能	壓力開關	1.產生破壞或構件脫落。 2.超過4分鐘未動作。	1.動作機構及接點處發生異常，無法產生信號。 2.試驗過程產生破壞或洩漏之現象。 3.與耐壓及性能試驗之嚴重缺點相同。	與耐壓試驗之一般缺點相同。	
	水鐘	超過4分鐘未動作。	1.產生龜裂或破壞之現象。 2.音壓與規定值不符。 3.與性能試驗之嚴重缺點相同。		

伍　主要試驗設備

本基準各項試驗設備依下表（表十八）所列設置，未列示之設備亦需經評鑑核可後准用之。

表十八

項　　目		規　　　　格	數量
抽樣表		本基準附表一至附表七之規定。	1份
亂數表		CNS9042或本標準中有關之規定。	1份
計算器		8位數以上工程用電子計算器。	1只
磅　秤		量測範圍可達被檢物重量之1.5倍以上，最小刻度1g。	1台
放大鏡		8倍左右。	1個
性能試驗裝置	警報裝置	有指定標準回路者。	1組
	加壓送水裝置	壓力1.0MPa，流量1,000ℓ/min。	1組
	試驗設備	如附圖一所示。	1組
	動作用放水口	如附圖二所示。	1組
	不動作用放水口	如附圖三所示。	1組
	流量測定放水口	如附圖四所示。	1組
	壓力計	最高刻度爲試驗壓力之1.5倍，最小刻度0.002MPa。	1組
刻度吸量管		最小刻度： 0.01ml（口徑80以下者）容量1ml。 0.02ml（口徑超過80以下者）容量2ml或3ml。	1組
耐壓試驗裝置		能夠施予該流水檢知裝置耐壓試驗壓力之1.5倍。	1組
碼　表		1分計，附計算功能，精密度1/10～1/100 sec。	2個
尺度測量器	游標卡尺	測定範圍0至150mm，精密度1/50mm，1級品。	1個
	螺紋量規	推拔螺紋用PT1/2、3/4。	1個
	分離卡	測定範圍0至25mm最小刻度0.1mm精密度±0.005mm。	1個
	深度量規	指示盤之精度：小圓分10格，每格0.01mm；大圓分100格，每格0.1mm。	1個

	直　尺	測定範圍1～30cm，最小刻度1mm。	1個
	卷尺或布尺	測定範圍1～5m，最小刻度1mm。	1個
反射鏡		能夠檢查裝置內部者。	1個
溫度計		0℃～50℃，最小刻度1℃。	1個
噪音計		測定範圍80～120dB，最小刻度1dB。	1個

耐熱電線電纜認可基準

民國101年11月14日內政部公告訂定發布全文5點；並自102年7月1日起生效。

壹　技術規範及試驗方法

一　適用範圍

消防安全設備緊急供電系統之信號、標示燈及控制回路所使用之耐熱電線電纜，適用於600V以下之電壓者，其構造、材質與性能等技術上之規範及試驗方法，應符合本基準之規定。

二　用語定義

(一)電線：主要構造由導體及絕緣體組成者稱之。

(二)電纜：主要構造由導體、絕緣體及被覆組成者稱之。

(三)導體：用於導通、傳導電流之金屬。

(四)絕緣體：與導體成同心圓狀包覆於導體上，具有高電阻低導電度，並能有效阻絕電流傳導之材料。

(五)被覆：單芯者在絕緣層外以同心圓包覆絕緣體者；多芯者為在芯線絞合後之最外層包覆。

(六)低煙無鹵（LSHF）被覆：材料具有低發煙性，僅含微量鹵素成分，並需通過高難燃無鹵性試驗（LSHF, Low Smoke and Halogen Free）。

(七)填充材料：通常用於二芯線以上電線電纜各芯線絕緣體間之間隙之填充。

(八)計算截面積：以計算方式表示電線電纜單芯導體之截面積，計算式為：$A=n\times\pi D^2/4$；其中A代表計算截面積；n代表組成單芯之股數；D代表單股導體之直徑。

(九)標稱截面積：計算截面積之概約整數值，如附表一所示。

(十)單線：導體截面為圓形之單條電氣用軟銅線者稱之。

(十一)絞線：導體由多條材質相同、線徑相等之軟銅線依同心圓狀絞製或直接集合絞製者稱之。

三　構造

耐熱電線電纜應由導體、絕緣體、被覆及所需之填充材料或金屬配件所組成。

四　材質

(一)導體：應使用中國國家標準（以下簡稱CNS）1364裸軟銅單電線或同等性能以上之材料。

(二)絕緣體：應使用PVC（聚氯乙烯）、PE（聚乙烯）、XLPE（交連聚乙烯）混合物、EPR（乙烯丙烯橡膠）或同等性能以上之材料。

(三)被覆：應使用PVC（聚氯乙烯）、PE（聚乙烯）、氯丁二烯混合物、低煙無鹵材料或同等性能以上之材料。

五　檢測及試驗方法

本基準未規定之部分則依CNS689（塑膠絕緣電線電纜檢驗法）之規定辦理。

(一)外觀檢查：外觀應無瑕疵、外傷、鏽蝕、裂痕、汙損或接點，並且檢查表面之印字標示及標示距離是否正確。

(二)構造檢查：

1. 以目視法檢測芯線數及組成單芯導體之股數。

2. 絕緣體及被覆體之最小厚度應在其平均厚度（量測三處以上之平均值）之

80%以上。

3.非壓縮絞線之單股導體及單線直徑應符合附表二之規定；$8mm^2$以上圓形半壓縮導体時應在附表一之外徑值乘以0.97±2%之範圍內；$8mm^2$以上圓形全壓縮導体時應在附表一之外徑值乘以0.91±3%之範圍內。

㈢導體電阻試驗：應達到附表一之標準值。

㈣耐電壓試驗：需能耐附表一所列之試驗電壓1分鐘以上無異狀。但單股導體之直徑在5mm以上或單芯之導體標稱截面積在$22mm^2$以上者，應實施水中耐電壓試驗。

㈤絕緣電阻試驗：實施常溫（20℃）及高溫（75℃）絕緣電阻試驗後，應達到附表一之標準。

㈥絕緣體及被覆體抗拉強度及伸長率試驗：依表一實施，應達到附表三之標準。

㈦絕緣體及被覆體耐老化性試驗：依表二實施，應達到附表三之標準。

表一　抗拉強度及伸長率試驗之拉伸速度

拉伸速度（mm/min）	適　用　材　料
約500	軟質聚氯乙烯、氯丁二烯、乙烯丙烯橡膠（EPR）
約200	聚乙烯、交連聚乙烯、半硬質聚氯乙烯、低煙無鹵材料
約50	高密度聚乙烯

表二　耐老化試驗之加熱溫度及加熱時間

材　質	構造種類	加熱溫度	加熱時間
聚氯乙烯	被覆體	100℃	48hr
	絕緣體	120℃	120hr
聚乙烯	被覆體	90℃	96hr
	絕緣體	90℃	96hr
交連聚乙烯	絕緣體	121℃	168hr
乙烯丙烯橡膠	絕緣體	100℃	96hr
氯丁二烯	被覆體	100℃	96hr
低煙無鹵材料	被覆體	100℃	168hr

㈧耐油性試驗：聚氯乙烯絕緣體耐油性試驗之油溫及浸泡時間分別爲85℃±3℃及4小時，聚氯乙烯被覆體爲70℃±2℃及4小時；氯丁二烯被覆體耐油性試驗之油溫及浸泡時間分別爲120℃±2℃及18小時（若被覆體之材質爲聚乙烯或低煙無鹵材料，則該電線電纜不得用於油氣之環境，但經通過耐油性試驗（合格判定比照附表三聚氯乙烯被覆之標準）者不在此限）。

㈨難燃性試驗：由完成品截取長約300mm之試樣，使其與水平面成60度傾斜放置，於其下端約20mm處以火焰長度約50mm之酒精燈或火焰長度約130mm之火本生燈烘烤30秒至燃燒後緩慢移走火焰，測出電線電纜火焰自然熄滅之時間，該試件應於移走火焰後60秒內自然熄滅。

㈩耐熱試驗：

1.試樣係取三段長1.3公尺之電線分別進行三次試驗，如圖1所示（供試電線電纜之外徑未滿15mm者採用圖1-1，15mm以上未滿30mm者採用圖1-2，30mm以上者採用圖1-3）：利用固定夾或直徑1.6公釐金屬線繞兩圈裝置於眞珠岩或同等以上材質（300mm×300mm×10mm厚）。

2.絕緣電阻試驗法：單芯線之試驗係將被絕緣導體與固定之金屬線或遮蔽金屬之間；兩芯線以上者，被絕緣導體與固定之金屬線或遮蔽金屬之間，及被絕緣導體相互之間，使用直流500伏特的高阻計測定之，其絕緣電阻須在50MΩ以上。

3.耐熱試驗應符合下列規定：

(1)加熱爐之構造如圖2須符合CNS11227建築用防火門耐火試驗法規定之加熱爐構造，其加熱爐溫升曲線如圖3所示。

(2)加熱爐未插入試樣加熱時，須保持380±38℃，15分鐘以上。

4.耐熱試驗之加熱方法：試樣插入如圖4之位置後，依據加熱爐溫升曲線之1/2進行加熱15分鐘，加熱期間之溫度容許裕度爲±10%。（但電纜完成外徑小於15mm時，得依下列方法加熱，試樣插入如圖4之位置後，5分鐘內爐內溫度必須達到300℃以上，並能繼續保持10分鐘。）

5.爐內溫度使用k型熱電偶，CNS5534［熱電偶］標準中所規定之CA熱電偶及使用自動記錄計，依圖4位置測定之；試驗時以B點隨時間量測並紀錄之溫度曲線作爲爐內溫升曲線，並以此判斷爐內溫度是否符合圖3之加熱溫升曲線。

6.於加熱中施加250伏特（或以上）之交流電壓時，不得發生短路現象。

7.加熱中，單芯線者，於被絕緣導體與固定之金屬線或遮蔽金屬之間；二芯線以上者，於被絕緣導體與固定之金屬線或遮蔽金屬之間及導體相互之間，使用500伏特高阻計每五分鐘測定一次，其值應在0.1MΩ以上。

8.加熱試驗後，眞珠岩板突出之供試電線之被覆部分，燃燒部分不得超過150公釐以上。

圖1　耐熱電線電纜試樣圖

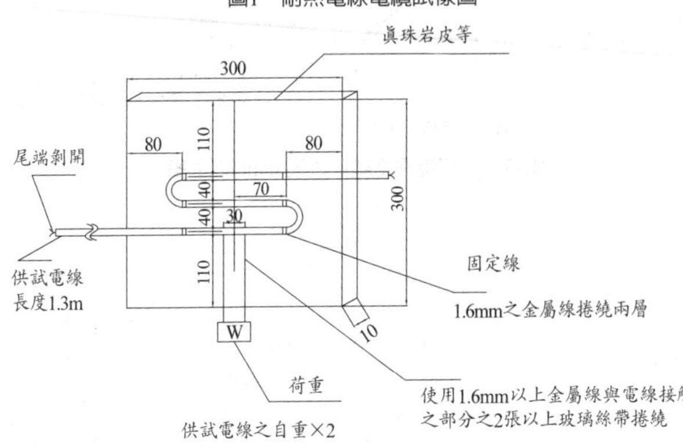

圖1-1　供試電線電纜之外徑未滿15mm者

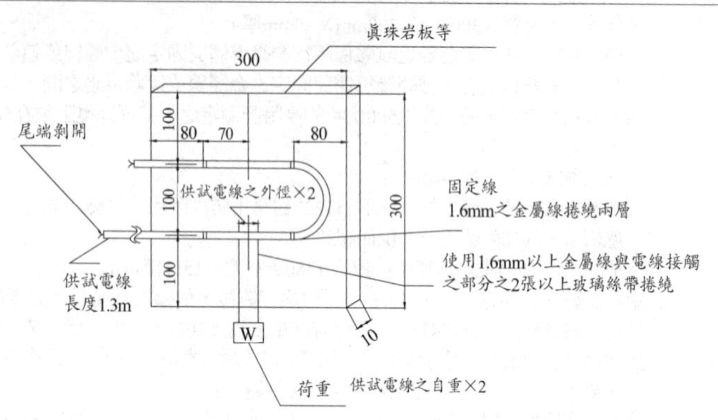

圖1-2　供試電線電纜之外徑15mm以上未滿30mm者

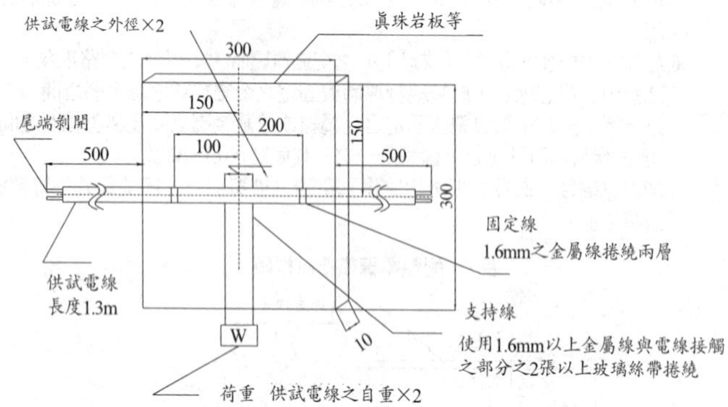

圖1-3　供試電線電纜之外徑30mm以上者

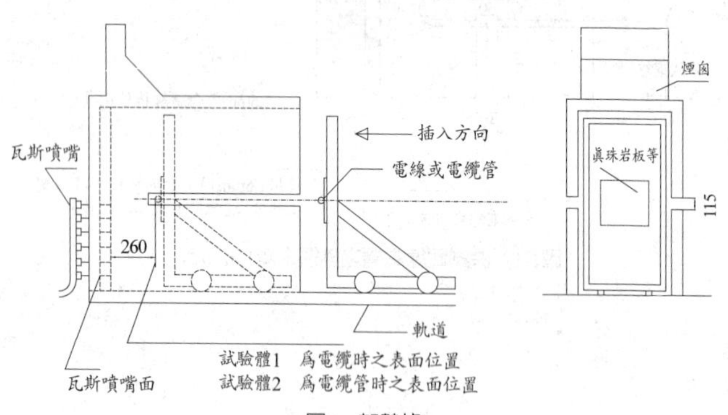

圖2　加熱爐

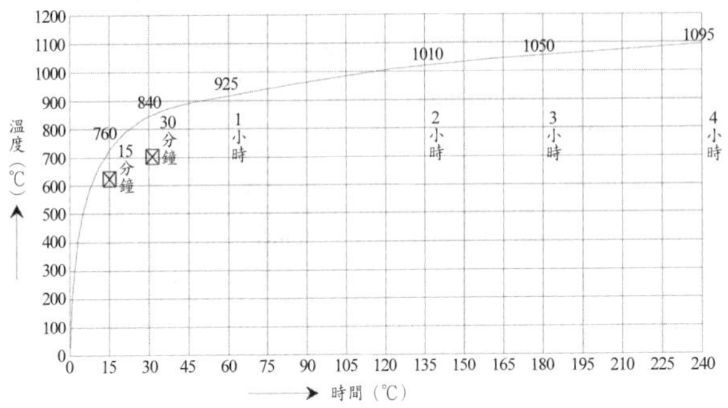

圖3　加熱爐溫升曲線

圖4　試樣插入後，爐內溫度測定位置

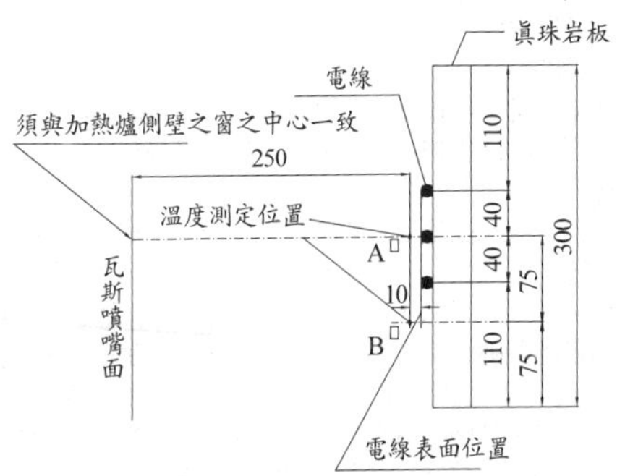

圖4-1　供試電線電纜之外徑未滿15mm者

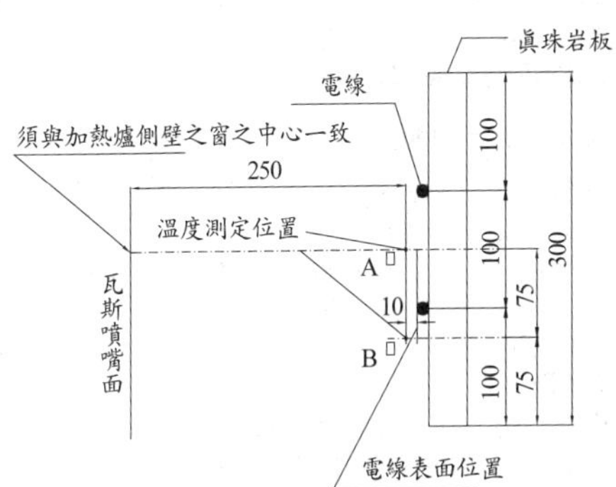

圖4-2　供試電線電纜之外徑15mm以上未滿30mm者

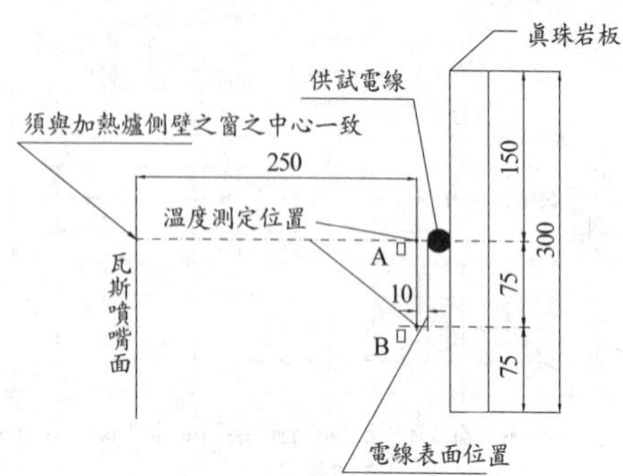

圖4-3　供試電線電纜之外徑30mm以上者

㈩高難燃無鹵性試驗：

1.多條電線電纜垂直燃燒試驗：

⑴試驗環境：燃燒試驗應在自然通風之室內或密閉空間內實施，電纜之燃燒效果及燃燒器火焰不得受過大之外部氣流或人爲氣流之影響。

⑵試驗設備：

①梯架：應爲金屬製垂直式梯架，其高2400mm、寬300mm、深75mm，自底部150mm處起，每300mm間隔設置橫梯，如圖5所示，梯架底部得以螺栓固定於水平淺盤作爲支撐。

②火源：測試火源由一帶狀燃燒器產生，構造如圖6所示，其燃燒所使用之燃料爲丙烷或天然氣並混合適當之空氣以產生長380mm之火焰。距中央試樣表面約3.2mm內位置（但不得碰觸試樣）之溫度應在815℃以上，另燃燒器應水平安裝，噴口距電線電纜試樣之表面約75mm，其噴口中心平面高度距梯架底部高約600mm，如圖5所示。

⑶試驗方法：試驗時取與梯架等長之電線電纜成品自梯架之中央處以1/2線徑之間距向兩側單層排列直到試樣之橫寬達150mm以上（條數依下式計算），試樣得以細金屬線綁住以固定。以前述之帶狀燃燒器火焰持續燃燒20分鐘後關閉火源，讓試樣自然燃燒至熄滅後，自燃燒器位置（即距梯架底部600mm）起算量出上方電纜最大燃燒碳化長度。

電線電纜取樣條數計算：

$$nD+(n-1)\frac{D}{2}\geq 150$$

D：電線電纜完成外徑。

n：電線電纜取樣條數。

⑷合格判定基準：燃燒碳化長度小於1800mm者（即未達到梯架頂端）爲合格。

2.發煙濃度試驗：

⑴試驗設備：

①構造：如圖7所示，或類似之構造。

②試驗箱：內側需經施加防腐蝕處理。

③輻射加熱爐：具有開口部直徑76mm之電氣爐。

④試料夾具：能容易裝拆試料，並能於長65mm、寬65mm之範圍內進行充分加熱。

⑵試樣取料：試料為與被覆體或電線絕緣體相同之材料，其尺寸為長76mm、寬76mm厚0.5mm±0.1mm之薄片，加熱表面以外部分以鋁箔包覆之。

⑶試驗方法：將試料置放在試料盒內，背面用與試料尺寸相同之石棉板支撐固定，試料供試驗用之暴露面積為65mm×65mm，採輻射加熱方法，對試料中央部直徑約38mm之範圍，以2.5W/cm^{2}之熱輻射加熱，持續20分鐘，加熱期間測出最小透光率，每一材料需測試三次。

⑷發煙濃度計算：

$$DS=\frac{V}{A\times L}\log_{10}\frac{100}{T}$$

DS：發煙濃度。

V：試驗箱內容積（mm^3）。

A：試料之加熱表面積（mm^2）。

L：光軸長度（mm）。

T：光之最小透光率（%）。

⑸合格判定基準：發煙濃度測試三次平均值在150以下者為合格。

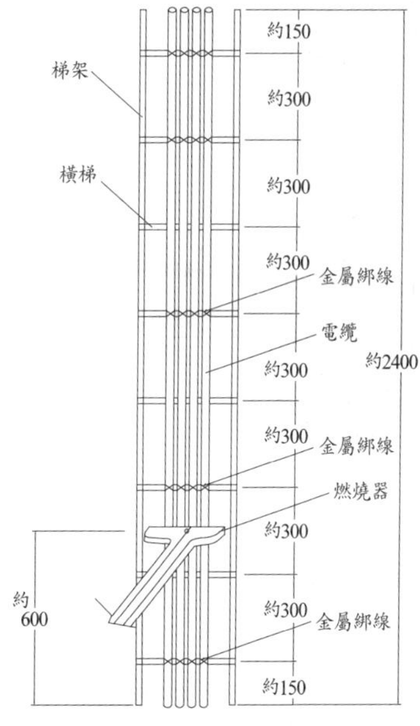

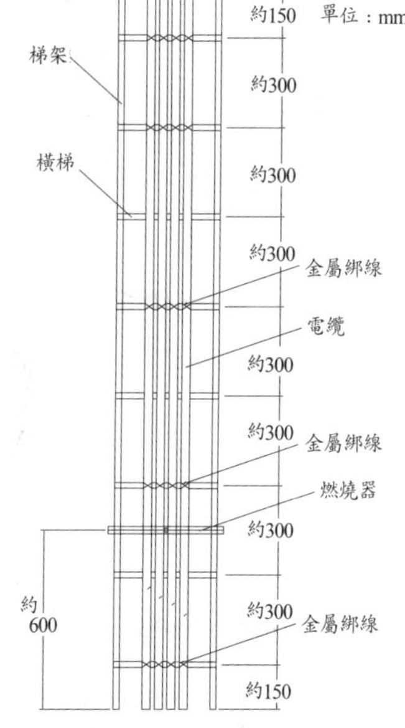

溫度測定位置a

熱電偶的前端距電纜表面約3.2mm，a點在垂直方向位於火焰的中央位置

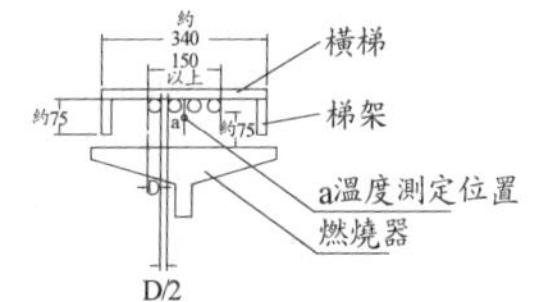

圖5　垂直式梯架

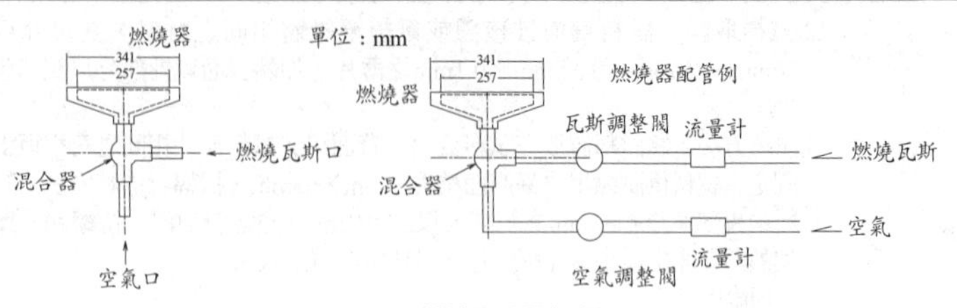

圖6　燃燒器及配管例

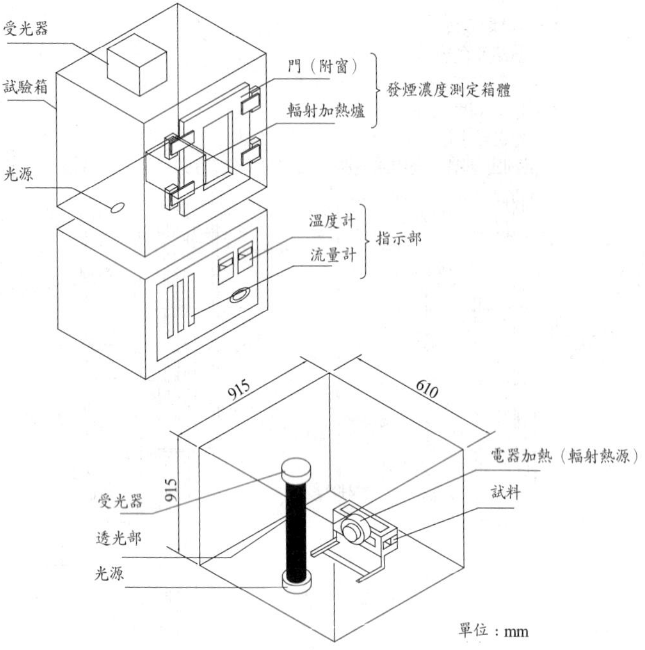

受光器
試驗箱
門（附窗）
輻射加熱爐
發煙濃度測定箱體
光源
溫度計
流量計
指示部
915
610
915
電器加熱（輻射熱源）
試料
受光器
透光部
光源
單位：mm

圖7　發煙濃度試驗裝置

3.燃燒時釋放氣體之酸度試驗：

(1)試驗設備：

①構造：如圖8至圖12所示，所有配件之組裝皆須緊密無洩漏，石英玻璃管與第一收集瓶，及第一收集瓶與第二收集瓶之距離越短越好。

②管狀火爐：管狀火爐之有效長度須在500mm至600mm間，內徑應在40mm至60mm間，並配備可調式電熱系統。

③導管：火爐包含一個用二氧化矽裝置之防火導管用以抵抗腐蝕氣體之作用，導管與管狀火爐成同心圓配置，二氧化矽管之內徑在32mm至45mm間，原間隙爲僅供熱膨脹之裕度，導管入口側突出之長度爲60mm至200mm間，出口側突出之長度爲60mm至100mm間。

④燃燒皿：材質使用瓷器、融合石英或皀石，長度爲45mm至100mm，寬

度爲12mm至30mm，深度爲5mm至10mm，安裝位置如圖8所示，每只燃燒皿僅能在破裂或換新前使用三次。

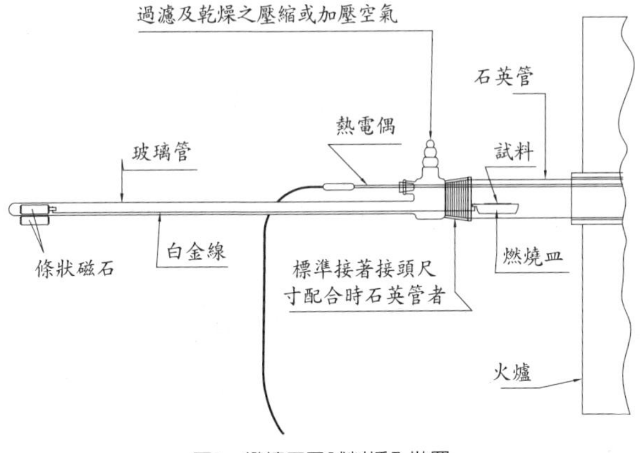

圖8 燃燒皿及試料插入裝置

⑤氣體收集裝置：氣體在導管出口通過一個裝滿990ml至1000ml蒸餾水之收集瓶（如圖9所示），或兩個各裝450ml蒸餾水之收集瓶，水之PH值應介於5到7之間，導電度應低於1.0μs/mm，收集瓶（當使用兩收集瓶時爲第一個收集瓶）應裝磁性攪拌器以產生渦流使燃燒氣體較易溶於水中。另導管應浸入水中100mm至120mm深。

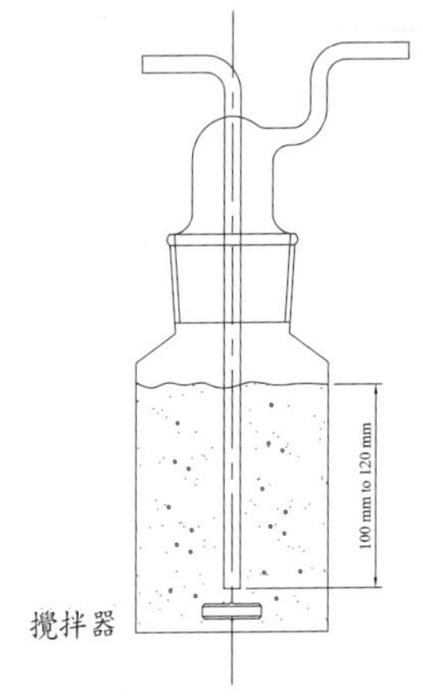

圖9 收集瓶例

⑥空氣供應系統：爲因應導管內徑之差異並確保管內空氣流量達約20ml/mm^2/h，空氣量之供給可在15L/h（公升／小時）至30L/h的範圍內調整，其調整係以調整針型閥及觀察流量計以控制流量穩定，流量（ρ）由下式計算，並依下列三種方法擇一供給高純度空氣。

$\rho = 0.0155D^2L/h$

D：導管內徑（mm）

方法一：使用壓縮空氣鋼瓶，空氣由燃燒管前端注入（如圖10）。

方法二：使用於試驗室加壓之空氣，空氣經過濾後由燃燒管前端注入（如圖11）。

方法三：使用經適當過濾之試驗室環境空氣，利用裝置於系統最末端之吸氣泵使空氣和燃燒後氣體之混合氣通過收集瓶（如圖12）。

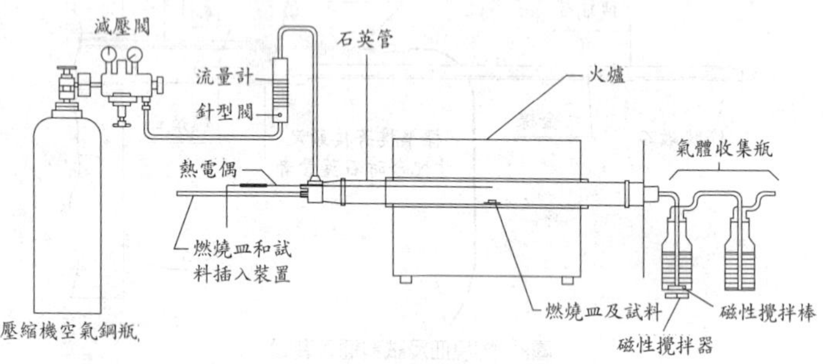

圖10　空氣供應系統（方法一）：使用壓縮空氣鋼瓶

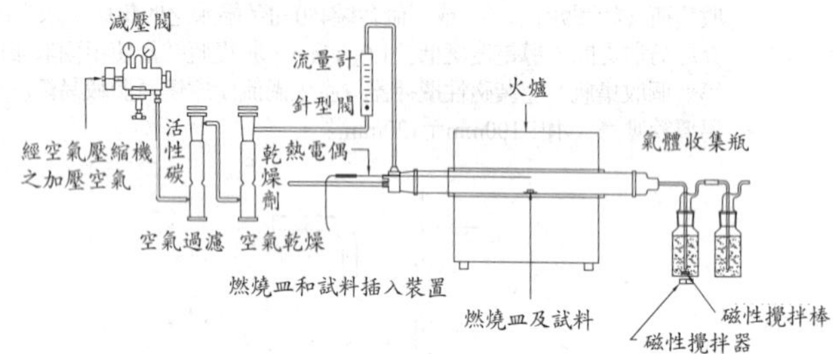

圖11　空氣供應系統（方法二）：使用於實驗室加壓之空氣

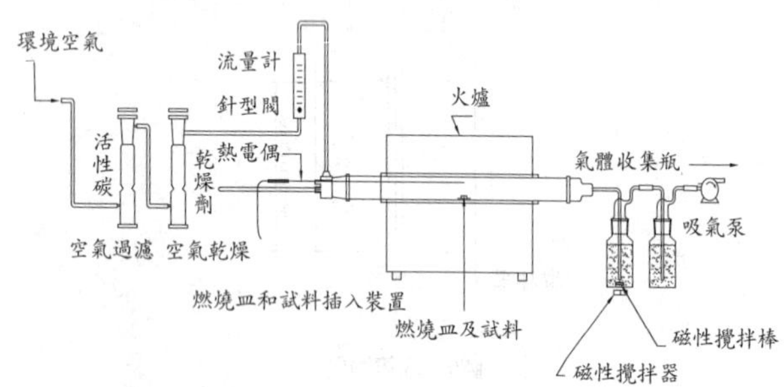

圖12　空氣供應系統（方法三）：使用吸氣泵吸入空氣

⑵量測設備：

①分析天平：精密度達±0.1mg。

②酸鹼計：精密度達±0.02，並有適當之探針。

③導電度計：量測範圍應介於10^{-2}至10^{2}μs/mm間。

④碼表。

(3)試料狀態：試料應置於溫度23±2℃及濕度50±5%之狀況下至少16小時。

(4)試樣取料：取與電線絕緣體或被覆體相同之材料，切成碎片，稱重1000mg±5mg，試料數三個。

(5)試驗方法：

①試料之重量應在±1mg之誤差範圍內，並平均置於燃燒皿內。

②進氣應以針狀閥調整至$0.0155D^{2}L/h$±10%之流量，並於測試全程中保持穩定。

③溫度應以熱電偶量測，熱電偶並應有適當防止腐蝕之保護，並安裝於管內火爐中央。

④裝好試料之燃燒皿應快速置入管中之有效區域，同時計時器開始計時，燃燒皿與有效加熱區之出口端之距離應不得小於300公厘，燃燒皿所在位置之溫度不得低於935℃，距燃燒皿300公厘上風處之溫度不得低於900℃。

⑤火爐應保持燃燒及進氣之狀況30分鐘。

⑥酸鹼值及導電度應於上述程序完畢後量測，量測前收集瓶應加蒸餾水補充至1000ml（如果使用兩個收集瓶，則兩個收集瓶應倒在同一個燒杯內並加蒸餾水至1000ml）。

⑦移去燃燒皿後，導管全長應於950℃以鍛燒法清洗。

(6)酸鹼值及導電度之量測：

①酸鹼計之歸零校正：酸鹼計應以原廠提供之方法歸零校正。

②溶液酸鹼值及導電度之量測：溶液之酸鹼值應於室溫量測，酸鹼值所示之讀數應為經自動溫度補償換算後之數值，該自動溫度補償元件應內建於酸鹼計中。

(7)合格判定基準：

①應實施三次測試，並計算平均值及變異數，如果變異係數大於五個百分比則應加做三個測試，並計算六個測試之平均值，三次（或六次）酸鹼值（pH值）之平均值應不小於4.3，導電度不大於10μs/mm者為合格。

②變異係數之計算：

$$v=\frac{\sum_{i=1}^{n}(x_i-\bar{x})^2}{n}$$

$$S=\sqrt{v}$$

$$C=\frac{S}{\bar{x}}$$

x：測試值

$\bar{x}$：平均值

v：變異數

n：測試樣品數

S：標準差

C：變異係數

六　標示

(一)耐熱電線電纜須於表面以不易磨滅之方法連續標示下列事項：

1.耐熱試驗所施加之電壓值。

2.耐熱溫度（380℃或300℃（限外徑15mm以下））。

3.HR-CVF：

HR：Heat-Resistant。

HR後第一位英文字：代表絕緣體之材質（交連聚乙烯（XLPE）：C；聚乙烯（PE）：E；聚氯乙烯（PVC）：V；乙烯丙烯橡膠（EPR）：P）。

HR後第二位英文字：代表被覆體之材質（交連聚乙烯（XLPE）：C；聚乙烯（PE）：E；聚氯乙烯（PVC）：V；氯丁二烯：N；低煙無鹵：L）。

HR後第三位英文字：代表扁平型（Flat）。

4.單芯導體之標稱直徑或截面積及芯線數。

5.製造廠商或商標。

6.製造年份。

7.型式認可號碼。

㈡標示範例：

250V	380℃	HR-CVF	mm（或mm^2）×C	廠牌	製造年	型式認可號碼
1.	2.	3.	4.	5.	6.	7.

㈢標示距離：每隔1000mm以內標示一次。

貳　型式認可作業

一　型式區分

耐熱電線電纜依構造分為絕緣電線型及電纜型兩種，絕緣電線型係指導體上被覆絕緣體者，其型式之區分係依表三之各項要件區分型式，但完成外徑之型式區分範圍是以供試樣品之最大尺寸為該範圍認可之上限尺寸；電纜型則係指導體上被覆絕緣體，多芯絞合，或平放再押出外被覆，其型式之區分係依表四之各項要件之分類區分型式，其完成外徑型式區分範圍之認可同電線型。

表三　絕緣電線型之型式區分

要　　件	分　　類
絕緣體之主要材料	1.PVC混合物 2.耐熱PVC混合物 3.耐熱PE混合物 4.耐熱XLPE混合物 5.耐熱EPR混合物 6.其他
耐熱層之主要材料	1.絕緣體兼做耐熱層 2.耐熱塗料 3.玻璃纖維 4.其他
完成外徑（註1）（註2）	1.未滿15mm 2.15mm以上，未滿30mm 3.30mm以上，未滿100mm

註1：平行線以（短徑＋長徑）／2視為完成外徑。

註2：完成外徑以申請書上記載值稱之。

表四　電纜型之型式區分

要　件	分　類
被覆之主要材料	1.PVC混合物 2.氯丁二烯混合物 3.耐燃PE混合物 4.低煙無鹵材料 5.其他
絕緣體之主要材料	1.PVC混合物 2.耐熱PVC混合物 3.PE混合物 4.XLPE混合物 5.EPR混合物 6.其他
耐熱層之主要材料	1.絕緣體兼做耐熱層 2.耐熱塗料 3.玻璃纖維 4.其他
完成外徑（註1）（註2）	1.未滿15mm 2.15mm以上，未滿30mm 3.30mm以上，未滿100mm
遮蔽（註3）	1.無 2.有或無 3.有

註1：平行線以（短徑＋長徑）／2視爲完成外徑。

註2：完成外徑以申請書上記載値稱之。

註3：遮蔽係指由金屬或含金屬之複合材所構成之材料，如下所示分爲三種類：⑴金屬和紙、塑化物的複合帶類。⑵金屬編織或金屬横捲之物。⑶金屬膠帶。

二　型式試驗之樣品

申請人應塡具規格明細表，並依中央主管機關或其委辦機構所抽選之規格製作長度100m以上之電線電纜3軸（型式變更時亦同）作爲樣本（每一型式以抽選該型式之一種電線電纜規格爲原則），各試驗項目及所需樣品數如下表（表五）所示。

表五　型式試驗項目及樣品數

	試驗項目	型式認可（型式變更）之樣品數	備　註
1	外觀、構造檢查	1（整）軸	電線、電纜型實施。
2	導體電阻試驗	1（整）軸	電線、電纜型實施。
3	耐電壓試驗	1（整）軸	電線、電纜型實施。
4	絕緣電阻試驗	常溫：1（整）軸 高溫：1試樣	電線、電纜型實施。
5	絕緣體抗拉強度及伸長率試驗	3試樣	電線、電纜型實施。

	試驗項目		型式認可（型式變更）之樣品數	備　　註
6	被覆體抗拉強度及伸長率試驗		3試樣	電纜型實施。
7	絕緣體老化抗拉強度及伸長率試驗		3試樣	電線、電纜型實施。
8	被覆體老化抗拉強度及伸長率試驗		3試樣	電纜型實施。
9	絕緣體耐油抗拉強度及伸長率試驗		3試樣	電線型之絕緣體材質為聚氯乙烯時實施。
10	被覆體耐油抗拉強度及伸長率試驗		3試樣	電纜型之被覆體材質為聚氯乙烯或氯丁二烯時實施。
11	難燃性試驗		1試樣	電線、電纜型實施。
12	耐熱試驗		3試樣	電線、電纜型實施。
13	高鹵 難性 燃試 無驗	多條電線電纜垂直燃燒試驗	1次	1.僅電纜型被覆體或電線型絕緣體為低煙無鹵材質時實施。 2.發煙濃度及燃燒時釋放氣體的酸度試驗為材質測試，即試料得取與電纜之被覆體或電線之絕緣體相同材質之材料進行試驗，非一定需自電線或電纜上取材，若一次申請多種型式且被覆體或絕緣體材質相同時，原則上實施一次。
		發煙濃度試驗	3試料	
		燃燒時釋放氣體的酸度試驗	3試料（變異係數＞5%時加取3試料）	

三　型式試驗方法

型式試驗之方法依本認可基準壹、技術規範及試驗方法之規定。

四　型式試驗結果之判定

型式試驗之結果判定如下：

㈠符合本認可基準所規定之技術規範時，該型式試驗結果為「合格」。

㈡符合下揭五、㈠所定事項者，得進行補正試驗一次。

㈢除符合前揭㈡之規定得進行補正試驗外，任一單項試驗不合即判定該型式試驗結果為「不合格」。

五　補正試驗

㈠型式試驗中之外觀、構造檢查不良事項，如為本認可基準參、外觀、構造檢查缺點判定表所列之一般缺點或輕微缺點者，得進行補正試驗。

㈡補正試驗所需樣品數為1（整）軸，並準依前述型式試驗之方法進行。

六　型式變更試驗之方法

型式變更之樣品數、試驗流程等，依型式試驗之方法進行。

七　型式認可申請書、產品規格明細表及型式試驗紀錄表（廠內試驗紀錄表）格式如附表四、附表五、附表六。

八　借用試驗設備單位之同意書或契約

對於國外進口品代理商及國內無試驗設備之廠商（如加熱爐）者，得借用具有試驗設備及試驗場所之公司、機關（構）或團體之設備及場地受檢，並應於申請型式認可時檢附借用試驗設備單位之同意書或契約。

參　外觀、構造檢測缺點判定表

外觀、構造檢測所發現之不良情形，其缺點之等級依下表（表六）之規定判定。

表六　外觀、構造檢測缺點判定表

檢測項目	致命缺點	嚴重缺點	一般缺點	輕微缺點
銅絞線股數、線徑及絞合	絞線股數不足。	絞線股數中二條以上線徑不合格、絞合外徑有嚴重凸起。	絞線股數中一條線徑不合格且差值未滿1.3倍實徑容許差。	
被覆體、絕緣體厚度		最小厚度為其平均厚度之72%以下。	最小厚度為其平均厚度之72%以上未滿80%。	
印字標示		1.連續2公尺標示模糊且無法正確辨識。 2.標示錯誤。	模糊但仍可正確辨識。	
標示距離		標示距離大於規定值。		
裂痕、外傷、接點		1.整條電線電纜有接點者。 2.裂痕及外傷之面積大於1mm²者。	裂痕及外傷之面積未滿1mm²者。	

肆　品質管理監督作業

一　自主品質管理

㈠成品檢查：取得型式認可後，生產者應於成品出廠前，實施構造檢查、耐電壓試驗、絕緣電阻試驗及耐熱試驗，以檢查其性能及品質有無符合本基準之規定及型式認可書上所載事項，且檢查記錄至少應保持三年，進口廠商應請原廠提供或委由國內檢測機構出具成品檢查紀錄。

㈡型式檢查：取得型式認可者，應按其型式依附表六（耐熱電線電纜型式試驗紀錄表）每年至少實施一次型式試驗，以確認其產品是否完全符合型式認可基準及型式認可書之規定，其型式試驗結果應每年於取得型式認可日前一個月內向中央主管機關或其委辦機構提出。若該期間內並無生產該產品時，亦應提出說明，進口廠商亦應比照辦理。

二　監督品質管理項目

㈠申請生產流水編號：

1.生產廠商於接獲訂單後，於生產前應向中央主管機關委辦之機構申報該批電線電纜之規格、製造廠地址、生產起迄期限（若有庫存品時詳列生產年份及數量）、交貨日期、訂購者等資料，俟取得生產流水編號後始得開始生產，當交貨日期有變更時，生產廠商應主動通知該機構。委辦機構應於生產廠商提出流水編號之申請日後三個工作日內完成流水編號之核發。

2.委辦機構應將生產流水編號及其對應之相關資料公告於電子網站上供消費者及地方消防機關查詢，此生產流水編號及其生產相關資料亦應於該電線電纜完成安裝後實施消防安全設備會審會勘時向地方消防機關提出作為備查文件。

㈡工廠抽樣檢驗或市場購樣檢驗：為確保取得型式認可者之產品品質管理與維護，中央主管機關或其委辦機構得視需要派員進行工廠抽樣檢驗或市場購樣，其試驗費用由受檢人負擔。

1. 檢查之試驗項目及樣品數：經抽購樣之電線電纜樣品，應依下表㈦之試驗項目及樣品數實施檢查，有關試驗方法則依本認可基準壹、技術規範及試驗方法之規定辦理，其試驗之結果依附表七（抽購樣試驗紀錄表）填寫。

表七　抽購樣檢查試驗項目及樣品數

<table>
<tr><th></th><th colspan="2">試驗項目</th><th>型式認可（型式變更）之樣品數</th><th>備　　註</th></tr>
<tr><td>1</td><td colspan="2">外觀、構造檢測</td><td>1（整）軸（現場目測外觀）
1試樣（0.5公尺）實施構造檢查</td><td>電線、電纜型實施。</td></tr>
<tr><td>2</td><td colspan="2">耐火試驗</td><td>3試樣</td><td>電線、電纜型實施。</td></tr>
<tr><td rowspan="3">3</td><td rowspan="3">高難燃無鹵性試驗</td><td>多條電線電纜垂直燃燒試驗</td><td>1次</td><td rowspan="3">1. 僅電纜型被覆體或電線型絕緣體為低煙無鹵材質時實施。
2. 試料應為隨機抽樣之一規格電線電纜或自其上之被覆體或絕緣體直接取材（熱固型材料除外）經加工而成之試料。</td></tr>
<tr><td>發煙濃度試驗</td><td>3試料</td></tr>
<tr><td>燃燒時釋放氣體的酸度試驗</td><td>3試料
（變異係數＞5%時加取3試料）</td></tr>
</table>

2. 檢查之合格判定：準依本認可基準貳、型式認可作業四、五之規定辦理。
3. 對於國外進口商及國內無試驗設備之廠商（如加熱爐）者，得借用具試驗設備及試驗場所之公司、機關（構）或團體之設備及場地受檢，並應於申請型式認可時檢附借用試驗設備單位之同意書或契約。

㈢限期改善：取得型式認可者，如有下列情形之一時，中央主管機關應通知限期改善，逾期未改善或改善仍不合格者，註銷其型式認可號碼，生產者並應回收售出品。

1. 抽購樣檢驗結果不符規定。
2. 廠內型式檢查結果不合規定。
3. 借用試驗設備之同意書或契約過期、取消或失效。
4. 未按期提出廠內型式檢查報告書。
5. 拒絕抽樣檢驗者。
6. 若中央主管機關或委辦機構依生產廠商申報流水號時所提之生產資料，於交貨日期前三個工作日派員至生產工廠而未能取得申報規格之電線電纜樣品時。
7. 其他違反本基準之規定。

㈣工廠會同檢查：為確保已取得型式認可之品質管理維護體制，中央主管機關得自行派員或指定委辦機構不定期至工廠進行查核，查核項目包括品質管理狀況、完成品品質及測試儀器設備等。

伍　主要試驗設備

試驗儀器名稱	用途	規格	數量
千分卡（分厘卡）	導體構成	0～25mm（精度0.001mm）	2
游標卡尺	直徑、長度量測	0～200mm（精度0.05mm）	2
電子天秤	秤重	精度0.1mg	1
厚薄規	絕緣、被覆體厚度	0～10mm（精度0.01mm）	2
耐燃耐熱試驗裝置	耐熱試驗	840℃／30分 380℃／15分	1
馬錶	耐熱試驗計時	最大刻度：60分	2
高阻計	絕緣電阻試驗	1MΩ～10^3MΩ	1
CA熱電偶	耐熱試驗溫度量測	K型	2
溫度自動紀錄器	耐熱試驗溫度紀錄	0～1200℃	1
交流耐壓機	交流耐電壓試驗	20kv	1
導體電阻試驗器	導體直流電阻試驗	1mΩ～60Ω	1
雙電橋	導體單線導電率試驗	0.1mΩ	1
拉力試驗機	抗拉強度、伸長率、殘率試驗	10～90kgf	1
老化爐	老化試驗	最大刻度200℃	1
耐油試驗	耐油試驗機	最大刻度150℃	1
難燃試驗	燃燒試驗	－	1
多條電線電纜垂直燃燒試驗	火焰溫度紀錄	0～1200℃	1
發煙濃度試驗	煙濃度試驗箱	－	1
燃燒時釋放氣體的酸度試驗	溫度紀錄器 酸鹼計 導電度計	0～1200℃ pH的精密度至±0.02 10^{-2}到10^2μs/mm	1 1 1

耐燃電纜認可基準

民國101年11月14日內政部公告訂定發布全文5點；並自102年7月1日起生效。

壹　技術規範及試驗方法

一　適用範圍

消防安全設備緊急供電系統之電源、控制回路、警報、監視及通信線路使用之耐燃電纜，適用於交流6.6kV以下之電壓者，其構造、材質及性能等技術上之規範及試驗方法，應符合本基準之規定。

二　用語定義

㈠電纜：主要構造由導體、絕緣體及被覆組成者。

㈡低壓電纜：電纜耐電壓在600V以下者。

㈢高壓電纜：電纜耐電壓超過600V者。

㈣導體：用於導通、傳導電流之金屬。

㈤耐燃層：用以阻隔火焰侵襲，確保電纜於火災時仍能維持正常供電之耐燃材料。

㈥絕緣體：與導體成同心圓狀包覆於導體上，具有高絕緣電阻低導電度，能有效阻絕電流傳導之材料。其材質爲聚乙烯（Polyethylene，以下簡稱PE）、交連聚乙烯（Cross-linked Polyethylene，以下簡稱XLPE）、矽橡膠或其他具有同等性能以上之材質。

㈦被覆：單心者在絕緣層外以同心圓包覆絕緣體者；多心者爲在心線絞合後之最外層包覆。其材質爲聚氯乙烯（PolyVinyl Chloride，以下簡稱PVC）、聚乙烯（PE）、低煙無鹵（Low Smoke and Halogen Free，以下簡稱LSHF）材料或其他具有同等性能以上之材質。

㈧低煙無鹵（LSHF）被覆：含微量鹵素成分，具有低發煙性，能通過高難燃無鹵性試驗或其他具有同等性能以上材料之被覆。

㈨填充材料：用於2心線以上電纜各心線絕緣體間隙之填充物。

㈩計算截面積：以計算方式表示電纜單心導體之截面積，計算式如下：

$A=n\times\pi\times D^2/4$

A：計算截面積（mm^2）；n：組成單心之股數；D：單股導體之直徑（mm）。

⑪標稱截面積：計算截面積之概約值（如附表一至附表十六）。

⑫單線：導體截面爲圓形之單條電氣用軟銅線者。

⑬絞線：導體由多條材質相同、線徑相等之軟銅線依同心圓狀絞製或直接集合絞製者。

三　種類及記號（如表一）

表一

種　　類	記　　號
圓型聚乙烯絕緣聚氯乙烯被覆耐燃電纜	FR-EV
平型聚乙烯絕緣聚氯乙烯被覆耐燃電纜	FR-EVF
圓型交連聚乙烯絕緣聚氯乙烯被覆耐燃電纜	FR-CV

種　　類	記　　號
平型交連聚乙烯絕緣聚氯乙烯被覆耐燃電纜	FR-CVF
圓型聚乙烯絕緣聚乙烯被覆耐燃電纜	FR-EE
平型聚乙烯絕緣聚乙烯被覆耐燃電纜	FR-EEF
圓型交連聚乙烯絕緣聚乙烯被覆耐燃電纜	FR-CE
平型交連聚乙烯絕緣聚乙烯被覆耐燃電纜	FR-CEF
圓型交連聚乙烯絕緣低煙無鹵被覆耐燃電纜	FR-CL
平型交連聚乙烯絕緣低煙無鹵被覆耐燃電纜	FR-CLF
圓形矽橡膠絕緣低煙無鹵被覆電纜	FR-SL

註：FR：耐燃（Fire-Resistant）、E：聚乙烯（Polyethylene）、C：交連聚乙烯（Cross-linked Polyethylene）、V：聚氯乙烯（Polyvinyl Chloride）、F：平型（Flat）、L：低煙無鹵材料、S：矽橡膠。

四　材質、構造及加工方法

㈠導體：採用單線，圓型絞線及圓型壓縮絞線，導體標稱截面積如表二。

表二

導體種類	導體標稱截面積
圓型絞線	1.25mm^2以上　1000mm^2以下
圓型壓縮絞線	8mm^2以上　1000mm^2以下

1.單線：使用國家標準（以下簡稱CNS）1364「裸軟銅單電線」或同等性能以上之材料。

2.圓型絞線：以CNS1364規定之軟銅線作單線（2.8mm之線徑亦依此規定），依表二規定絞合成同心圓狀，最外層絞（節）距為層心徑20倍以下，外層絞向為S向。

3.圓型壓縮絞線：以CNS1364規定之軟銅線做單線絞合後壓縮成型為圓形，最外層之節距為外徑之20倍（100mm^2以下時為16倍）以下，外層絞向為S向。

4.6.6kV級電纜須於導體上施加押出型或帶紮型半導電層（即內部半導電層），若無加此層時，則以絕緣厚度取代之；該半導電層在導體上須容易去除，其厚度應包含於絕緣體總厚度。

㈡耐燃層：在四㈠所述之導體上，橫向疊捲一層或一層以上之非石棉類（asbestos-free）耐火帶，耐燃層之厚度如附表一至附表十六。耐燃層厚度得依耐火性能自行增減。

㈢絕緣體：

1.在四㈡規定之耐燃層上或四㈠規定之導體上將PE（聚乙烯）、XLPE（交連聚乙烯）或矽橡膠與導體成同心圓狀被覆之，不得有妨礙使用之瑕疵、氣泡等情形產生。

2.絕緣體（含內部半導電層）之平均厚度依附表一至附表十六規定值之90%以上，最小厚度為附表一至附表十六規定值之80%以上。

3.6.6kV級電纜絕緣體上須有押出型或帶紮型半導電層（即外部半導電層）。3.3kV及6.6kV級電纜須施加一層0.07mm以上厚度之銅帶作為遮蔽層，銅帶間至少須相互重疊帶寬之10%，電纜之銅帶須加於絕緣體上（3.3kV級）或半導電層上（6.6kV級），3.3kV級3心電纜之銅帶各心絕緣體上毋需包紮，可允許於集合後再施加。至單心電纜之絕緣體得施以適當之包帶。

㈣心線識別：由絕緣體本體顏色、絕緣體表面著色或其他適當方式識別之，規定如下：

1.2心：黑、白（或自然色）。

2.3心：黑、白、紅。

3.4心：黑、白、紅、綠。

4.5心以上：絕緣體表面印號數識別。

㈤心線絞合：多心圓型電纜得依需要使用適當之塡充物，並將所需條數之心線以S向絞合之。導體標稱截面積100mm^{2}以下，絞距為層心徑30倍以下，在心線絞合上可施予適當之包紮帶。

㈥被覆：單心電纜在四㈢之絕緣體上，多心圓型電纜在四㈤之絞合上，平型電纜將四㈣之心線，依所需條數並列後，以被覆材料被覆之，被覆上面不得有妨礙使用之瑕疵、氣泡等情形產生。被覆之平均厚度為附表所定值之90%以上，圓型電纜被覆最小厚度為附表一至附表六及附表九至附表十二所定值之85%以上，平型電纜被覆最小厚度為附表七至附表八所定值之80%以上。被覆之顏色，圓型者為黑色，平型者為灰色。

五　性能

依本基準壹、六執行試驗時，需符合表三之規定。

表三　耐燃電纜性能表

試驗項目				性能	試驗方法適用節次
導體電阻				在附表一至附表十六所定之值以下	六㈢
耐電壓				於規定時間內須耐附表一至附表十六所定試驗電壓	六㈣
絕緣電阻				在附表一至附表十六所定之值以上	六㈤
抗拉強度及伸長率	絕緣體	交連聚乙烯	抗拉強度	1.26kgf/mm^2（12.43MPa）以上	六㈥
			伸長率	250%以上	
		聚乙烯	抗拉強度	1.02kgf/mm^2（10MPa）以上	
			伸長率	350%以上	
		矽橡膠	抗拉強度	0.4kgf/mm^2（3.95MPa）以上	
			伸長率	200%以上	
	被覆體	低煙無鹵	抗拉強度	1.02kgf/mm^2（10MPa）以上	
			伸長率	100%以上	
		聚氯乙烯	抗拉強度	1.02kgf/mm^2（10MPa）以上	
			伸長率	120%以上	
		聚乙烯	抗拉強度	1.02kgf/mm^2（10MPa）以上	
			伸長率	350%以上	

試驗項目				性能	試驗方法適用節次
老化	絕緣體	交連聚乙烯	抗拉強度	加熱前值之80%以上	六(七)
			伸長率	加熱前值之80%以上	
		聚乙烯	抗拉強度	加熱前值之80%以上	
			伸長率	加熱前值之65%以上	
		矽橡膠	抗拉強度	加熱前值之75%以上	
			伸長率	加熱前值之75%以上	
	被覆體	聚氯乙烯	抗拉強度	加熱前值之85%以上	
			伸長率	加熱前值之80%以上	
		低煙無鹵	抗拉強度	加熱前值之60%以上	
			伸長率	加熱前值之60%以上	
		聚乙烯	抗拉強度	加熱前值之80%以上	
			伸長率	加熱前值之65%以上	
加熱變形		厚度減少率	交連聚乙烯	40%以下	六(八)
			聚乙烯	10%以下	
			聚氯乙烯	50%以下	
聚氯乙烯耐寒性				試片不破壞	六(九)
耐火試驗				需符合本認可基準六(十一)1.之規定，且燃燒時須能承受試驗電壓，而3A熔絲不熔斷	六(十一)1.
				需符合本認可基準六(十一)2.之規定	六(十一)2.
聚氯乙烯耐油性			抗拉強度	浸油前值80%以上	六(十)
			伸長率	浸油前值60%以上	
低煙無鹵被覆高難燃無鹵性				須符合本認可基準六(十二)1.至3.之規定	六(十二)1.至3.

六　檢測及試驗方法

本基準未規定之部分則依CNS689「塑膠絕緣電線電纜檢驗法」之規定辦理。

(一)外觀檢查：依CNS689第3節施行之。

(二)構造檢查：依CNS689第5節施行之。

(三)導體電阻試驗：依CNS689第6節施行之。

(四)耐電壓試驗：依CNS689第8.1節或8.2節施行之。

(五)絕緣電阻試驗：依CNS689第9.1節施行之。

(六)抗拉強度及伸長率試驗：依CNS689第16節施行之，矽橡膠則依CNS6071「橡膠絕緣電線電纜檢驗法」第5.5節規定施行之；各類材質之拉伸速度依表四之規定。

表四

材　　質	拉伸速度（mm/min）
PVC	約500
PE	約200
XLPE	
低煙無鹵	
矽橡膠	約500

㈦老化試驗：依CNS689第17節施行之，矽橡膠則依CNS6071第5.6節之規定；各材質之加熱溫度及加熱時間依表五之規定。

表五

材　　質	加熱溫度（℃）	加熱時間（hr）
PVC	100	48
PE	90	96
XLPE	100	96
低煙無鹵	100	168
矽橡膠	250	6

㈧加熱變形試驗：依CNS689第23節施行之，加熱溫度、重錘之質量分別依表六、表七及表八之規定。

表六

材　　質	加熱溫度（℃）
XLPE	120±3
PE	75±3
PVC	120±3

表七

類別	單線直徑（mm）	絞線標稱截面積（mm^2）	完成外徑（mm）	重錘質量（kg）
絕緣體	1.0	—	—	0.5
	1.2	—	—	0.6
	1.6至2.6	2至14	—	1.0
	—	22至38	—	1.5
	—	50至80	—	2.0
	—	100至200	—	2.5
	—	250	—	3.0
	—	325至500	—	3.5
	—	600	—	4.5
	—	800至1000	—	5.0

表八

類別		完成外徑（mm）	重錘質量（kg）
被覆體	PVC	未滿8	0.5
		8以上 未滿12	0.75
		12以上	1.0
	PE	未滿10	1.0
		10以上 未滿20	1.5
		20以上 未滿25	2.0
		25以上 未滿30	2.5
		30以上 未滿35	3.0
		35以上 未滿45	3.5
		45以上	4.0

㈨耐寒性試驗：依CNS689第22節施行之，試驗溫度爲－15±1℃。

㈩耐油性試驗：聚氯乙烯被覆體耐油性試驗之油溫及浸泡時間爲70℃±2℃及4小時；若被覆體之材質爲聚乙烯或低煙無鹵材料，則該電纜不得用於油氣之環境。但經通過耐油性試驗（合格判定比照表三聚氯乙烯被覆之標準）者，不在此限。

⑾耐火試驗：依下列2種試驗方法擇一施行之。

1. 自完成品中截取1200mm長度之電纜試樣，兩端各去除100mm之被覆體及包紮帶或填充物，將電纜之一端加以適當處理，以便與電氣連接；另一端則將各絕緣心線分開避免相互接觸。用適當夾具將電纜試樣兩端之被覆體固定，使保持水平，中間部分用兩只金屬環加以支撐，兩環相距約300mm，金屬環及其他金屬支架部分必須接地。電纜試樣接上一個3相星型或3個單相接頭容量3A以上之變壓器，變壓器之各相須經過3A之熔絲與電纜相接，其中性線經過5A之熔絲接地。電纜各心線試驗時，分別連接不同相線，若心線爲3心以上時，須分成3組與各相連接，相鄰之心線須連接不同之相線。試驗之火焰爲寬度610mm長管狀丙烷或液化石油氣火焰；另燃燒器應垂直安裝於電纜試樣下方，噴口水平中心面距電纜試樣底部約75±10mm，如圖一所示。電纜試樣與燃燒器之相對位置經確認後，得先將電纜試樣取下，並插入一K型熱電偶於610mm焰寬之中央且於電纜試樣底部位置處，再點火空燒並觀察溫度達950℃±40℃以上時，完成火焰條件之確認，此時將熱電偶移開並將電纜放回原放置處，與熔絲連接後可直接將電纜試樣通電源，並調整至表九所列電壓進行正式測試，連續施加電壓並燃燒90分鐘後熄火，繼續施加電壓，停止燃燒後靜置15分鐘，3A熔絲不得有熔斷之情形。試驗裝置參考圖一。

表九

電纜種類	試驗電壓
600V電纜	600V
3.3kV電纜	2200V
6.6kV電纜	4400V

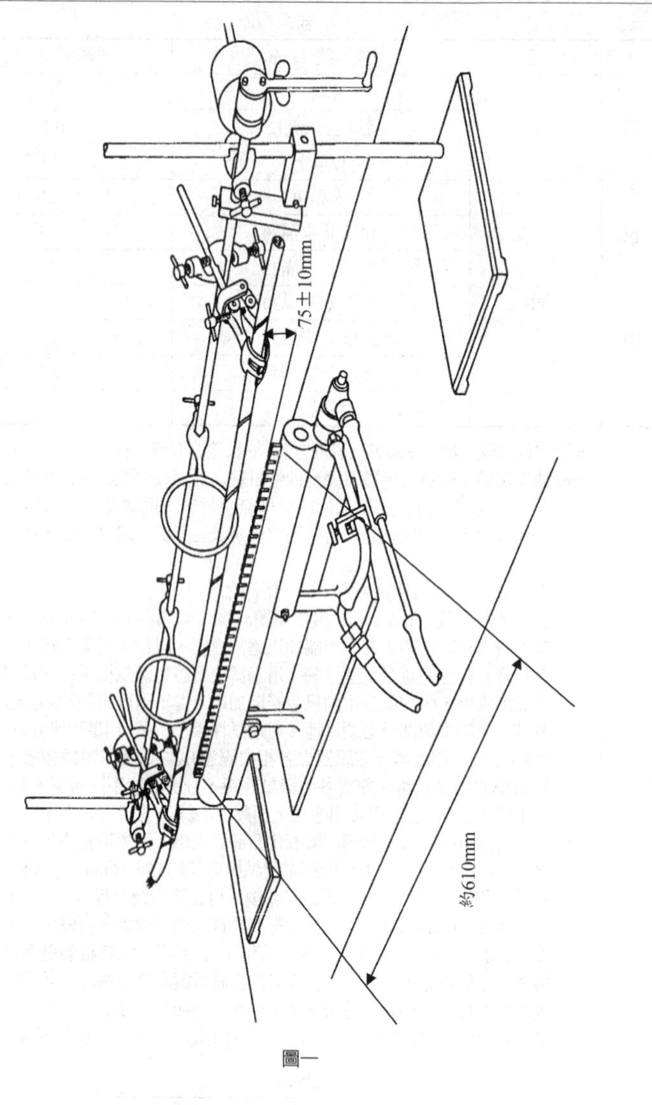

圖一

2.加熱爐耐火試驗：

(1)試樣：分爲試樣一及試樣二，兩者擇一進行。

①試樣一：限定使用於露出配線，如圖二所示方法，取長度1.3m電纜，長300mm、寬300mm、厚度10mm之矽酸鈣板或具同等性能以上之耐熱性板（以下相同），以固定線（固定電纜使用之φ1.6mm金屬線，以下相同）將其2層捲繞，在電纜中部以電纜自重2倍之物體吊掛之，電纜部分依表十之規定實施彎曲試驗（180°彎曲後回復直線狀態後，再以反方向180°彎曲後回復直線稱之）。

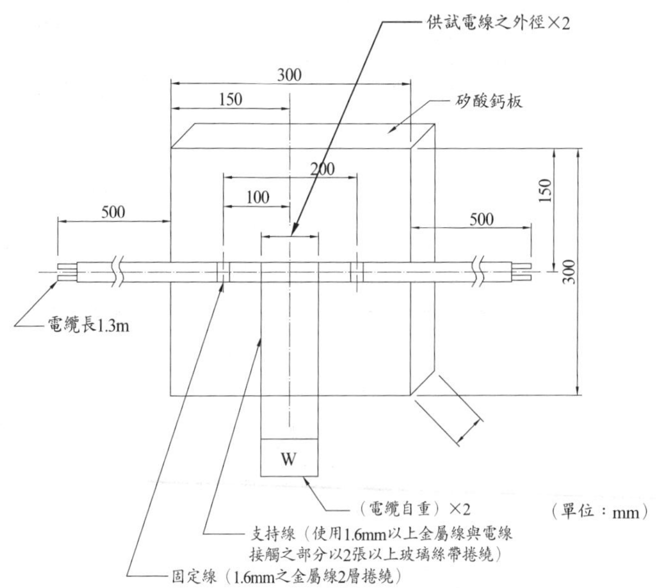

備註：1.供試電纜爲平型電纜時，其外徑應爲其短徑，樣品安裝時以電纜之長徑部分與矽酸鈣板接觸。

2.荷重以矽酸鈣板之下端位置來安置。

3.圖列尺寸爲約計值。

圖二

表十

電纜種類			彎曲半徑	彎曲次數
低壓電纜	單心	電纜外徑在30mm以下	6D以下	四次
		電纜外徑超過30mm	8D以下	
	多心	電纜外徑在30mm以下	4D以下	
		電纜外徑超過30mm	6D以下	

高壓電纜	單心	電纜外徑在30mm以下	10D以下	二次
		電纜外徑超過30mm	12D以下	
	多心	電纜外徑在30mm以下	8D以下	
		電纜外徑超過30mm	10D以下	

備註：1.D為圓型電纜之完成外徑；如為平型電纜，D係電纜完成外徑之短徑。
2.完成外徑依申請書上所記載之值而定。

②試樣二：限使用於金屬電纜管配線，金屬製線槽配線或類似之有蓋配線，如圖三所示方法以長1.3m之電纜，取適合之金屬管將電纜置入，二端以陶瓷纖維、二氧化矽纖維或其他同等性能以上之耐熱材料填充之，再以長300mm、寬300mm、厚10mm之矽酸鈣板用固定線二層捲繞安裝之。

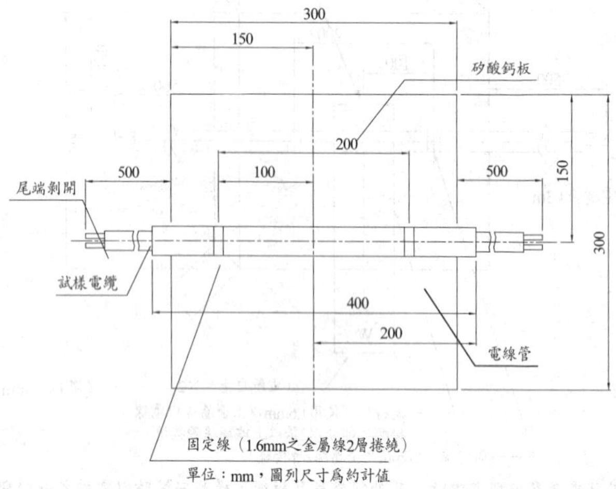

陶瓷纖維、二氧化矽纖維（或其他具同等性能以上之耐熱材料）的填充方式圖示如下：

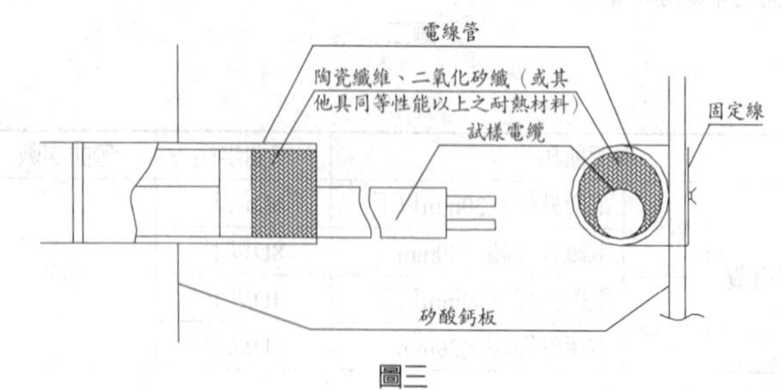

圖三

(2)加熱爐：加熱爐必須符合以下規定：

①構造：如圖四所示之構造或同等性能以上之構造。

②燃料：使用液化石油氣。

③在試樣不插入狀態下，予以加熱，能維持840℃±84℃，30分鐘之功能。

(3)加熱方法：依圖四所示位置，將試樣插入，以CNS12514「建築物構造部分耐火試驗法」所定溫度標準曲線爲準，加熱30分鐘，此時，爐內溫度依CNS5534「熱電偶」之規定導線線徑爲1.0mm，0.75級以上性能之CA裸熱電偶及自動連續溫度記錄計，於圖五所示位置進行測定控制。

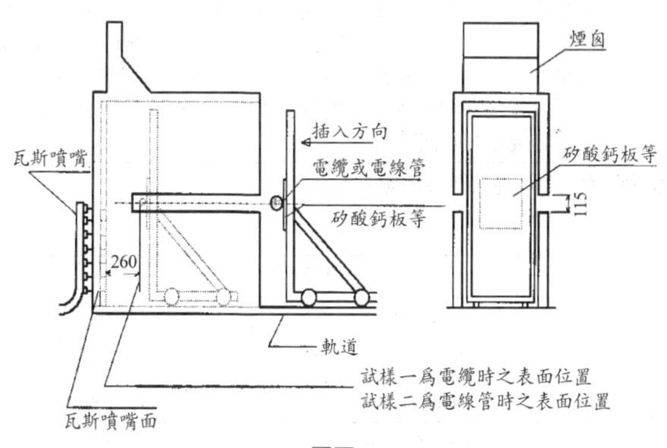

圖四

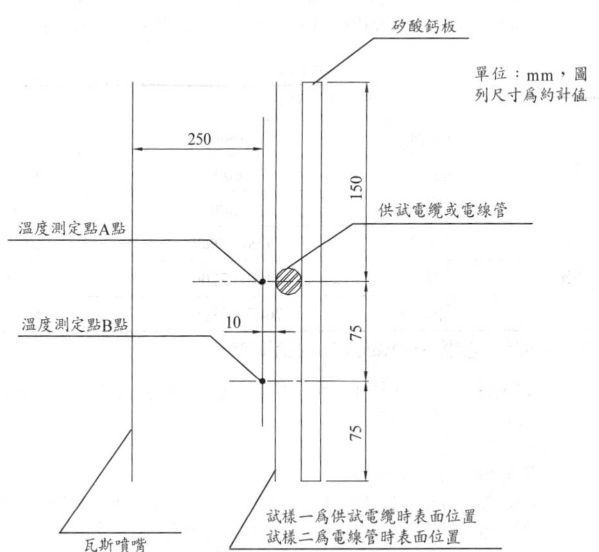

備註：A、B點以矽酸鈣板等之中央位置爲準，試驗時，於B點依CNS12514「建築用防火門耐火試驗法」規定之溫度標準曲線進行測定控制。

圖五

(4)判定：符合以下規定始爲合格。

①絕緣電阻：依表十一規定實施DC500V以上絕緣電阻計測定之位置，須達到表十二規定之絕緣電阻數值。

表十一

電纜構造	測定位置
單心電纜	導體與固定線之間。
2心以上電纜	先整理出所有兩兩相鄰的心線，再挑選出每一對心線之其中一心線作成集合，剩餘者則成另一集合（心線總數爲奇數時，殘餘之心線則分配至非接地側）；將此兩集合之其一連接至固定線爲接地側，另一集合則爲非接地側，於此二集合間作測試。絕緣電阻實測值爲電阻讀值乘以非接地側心線數。

註：任何金屬遮蔽或配件均連接至接地側。

表十二

電纜種類	絕緣電阻值（MΩ）	
低壓電纜	加熱前	50以上
	加熱終了前	0.4以上
高壓電纜	加熱前	100以上
	加熱終了前	1.0以上

②耐電壓：將心線綁成一體與固定線之間依表十三之規定，施以正弦波50HZ或60HZ交流電壓，須能承受表十三規定之電壓與時間。

表十三

電纜種類	交流電壓（Volt）		時間（分）
低壓電纜	加熱前	1500	1
	加熱中	600	30
	加熱後	1500	1
高壓電纜	加熱前	17000（9000）	10
	加熱中	4400（2200）	30
	加熱後	7600（3800）	10

備註：括弧內之電壓，適用於3500Volt以下之高壓電纜。

③保護被覆須於加熱終了時，由加熱爐內壁測定未有超過150mm以上之延燒。但試樣二不在此限。

(十一)高難燃無鹵性試驗：

1.多條電纜垂直燃燒試驗：

(1)試驗環境：燃燒試驗應在自然通風之室內或密閉空間內實施，電纜之燃燒效果及燃燒器火焰不得受過大之外部氣流或人爲氣流之影響。

(2)試驗設備：

①梯架：應爲金屬製垂直式梯架，高2400mm、寬300mm、深75mm，自底部150mm處起，每300mm間隔設置橫梯（如圖六所示），梯架底部得以螺栓固定於水平淺盤作爲支撐。

②火源：測試火源由一帶狀燃燒器產生（構造如圖七所示），燃燒使用之燃料爲丙烷或天然氣或液化石油氣並混合適當之空氣，以產生長約380mm之火焰。距中央試樣表面約3.2mm內位置（但不得碰觸試樣）之溫度應在815℃以上，另燃燒器應水平安裝，噴口距電纜試樣之表面約75mm，噴口中心平面高度距梯架底部高約600mm（如圖六所示）。

⑶試驗方法：取與梯架等長之電纜成品，自梯架之中央處以1/2線徑之間距向兩側單層排列，直到試樣之橫寬達150mm以上（條數依下式計算），試樣以細金屬線綁住以固定。以前述之帶狀燃燒器火焰持續燃燒20分鐘後關閉火源，讓試樣自然燃燒至熄滅後，自燃燒器位置（即距梯架底部600mm）起算量出上方電纜最大燃燒碳化長度。電纜取樣條數計算：

$$nD+(n-1)\frac{D}{2}\geq 150$$

D：電纜完成外徑；n：電纜取樣條數。

⑷合格判定基準：燃燒碳化長度小於1800mm者（即未達到梯架頂端）爲合格。

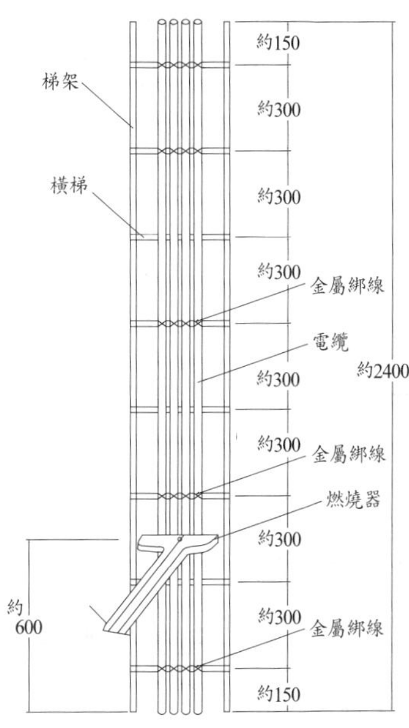

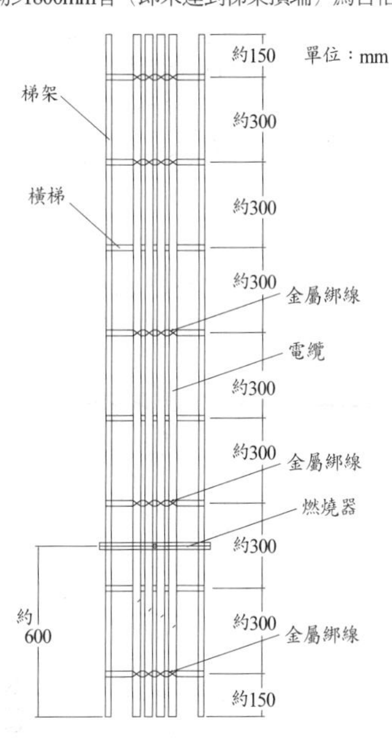

溫度測定位置a

熱電偶的前端距電纜表面約3.2mm，a點在垂直方向位於火焰的中央位置

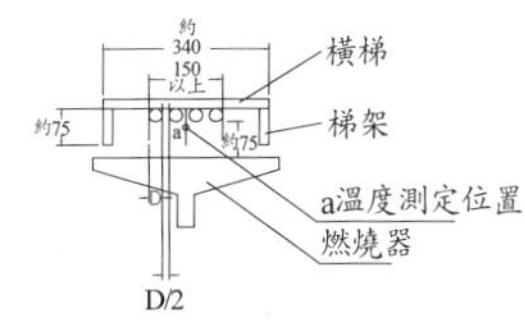

圖六　垂直式梯架

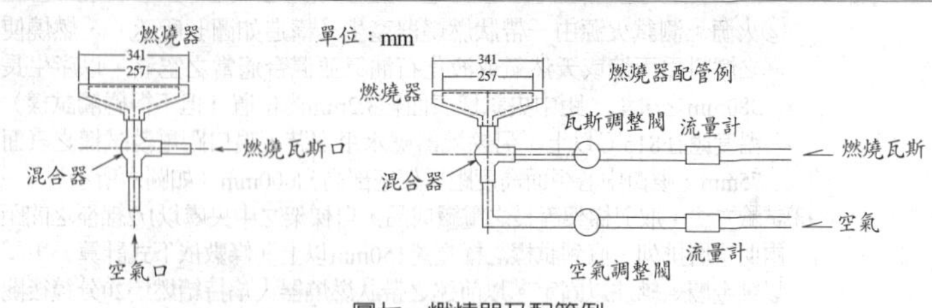

圖七　燃燒器及配管例

2.發煙濃度試驗：

(1)試驗設備：

①構造：如圖八所示，或同等性能以上之構造。

②試驗箱：內側需經施加防腐蝕處理。

③輻射加熱爐：具有開口部直徑約76mm之電氣爐。

④試樣夾具：能容易裝拆試樣，並能於長約65mm、寬約65mm之範圍內進行充分加熱。

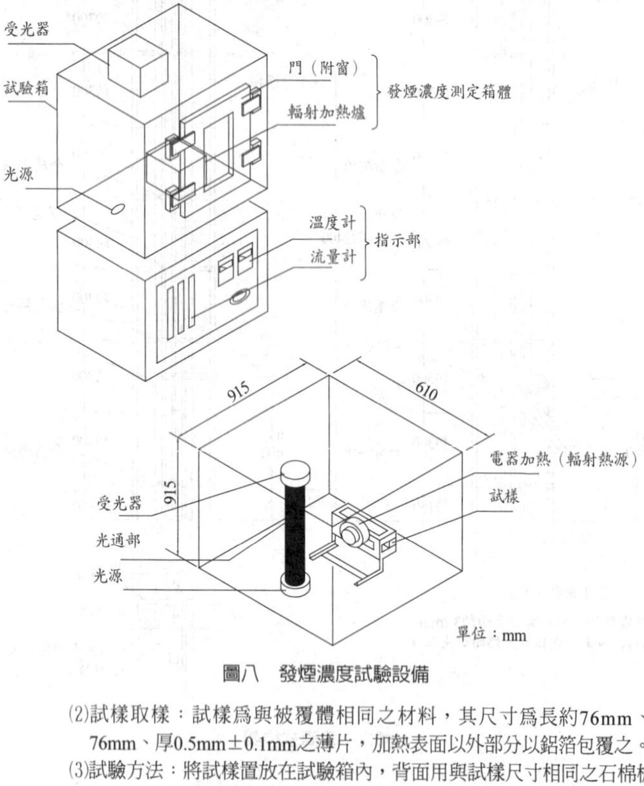

圖八　發煙濃度試驗設備

(2)試樣取樣：試樣為與被覆體相同之材料，其尺寸為長約76mm、寬約76mm、厚0.5mm±0.1mm之薄片，加熱表面以外部分以鋁箔包覆之。

(3)試驗方法：將試樣置放在試驗箱內，背面用與試樣尺寸相同之石棉板支撐固定，試樣供試驗用之暴露面積約為65mm×65mm，採輻射加熱方法，對試樣中央部直徑約38mm之範圍，以2.5W/cm^{2}之熱輻射加熱，持續20分鐘，加熱期間測出最小透光率，每一材料需測試三次。

發煙濃度計算：

$$Ds = \frac{V}{A \times L} \log_{10} \frac{100}{T}$$

Ds：發煙濃度。

V：試驗箱內容積（mm^3）。

A：試樣之加熱表面積（mm^2）。

L：光軸長度（mm）。

T：光之最小透光率（%）。

(4)合格判定基準：發煙濃度測試三次平均值在150以下者爲合格。

3.燃燒時釋放氣體之酸度試驗：

(1)試驗設備：

①構造：如圖九至圖十三所示，所有配件之組裝皆須緊密無洩漏，石英玻璃管與第一收集瓶，及第一收集瓶與第二收集瓶之距離越短越好。

②管狀火爐：管狀火爐之有效長度須在500mm至600mm間，內徑應在40mm至60mm間，並配備可調式電熱系統。

③導管：火爐包含一個用二氧化矽裝置之防火導管用以抵抗腐蝕氣體之作用，導管與管狀火爐成同心圓配置，二氧化矽管之內徑在32mm至45mm間，原間隙爲僅供熱膨脹之裕度，導管入口側突出之長度爲60mm至200mm間，出口側突出之長度爲60mm至100mm間。

④燃燒皿：材質使用瓷器、融合石英或皂石，長度爲45mm至100mm，寬度爲12mm至30mm，深度爲5mm至10mm，安裝位置如圖九所示，每只燃燒皿僅能在破裂或換新前使用三次。

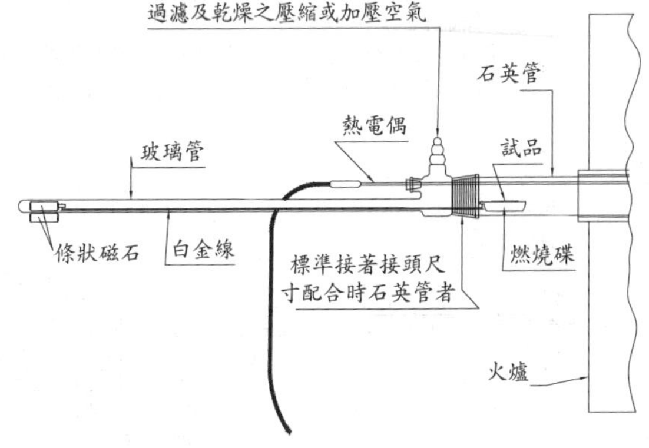

圖九　燃燒皿及試樣插入裝置

⑤氣體收集裝置：氣體在導管出口通過一個裝滿990ml至1000ml蒸餾水之收集瓶（如圖十所示），或兩個各裝450ml蒸餾水之收集瓶，水之PH值應介於5到7之間，導電度應低於1.0μs/mm，收集瓶（當使用兩收集瓶時爲第一個收集瓶）應裝磁性攪拌器以產生渦流使燃燒氣體較易溶於水中。另導管應浸入水中100mm至120mm深。

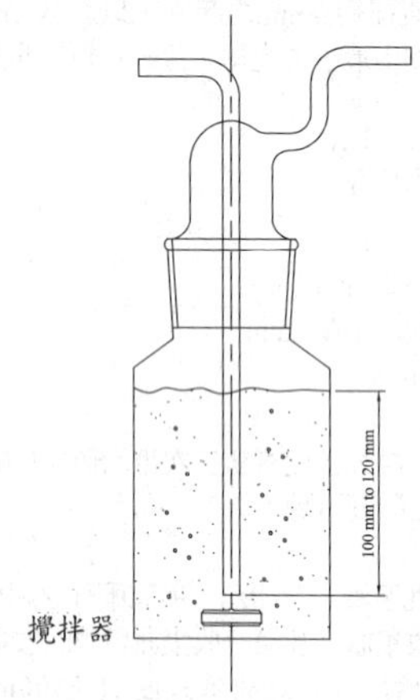

圖十　收集瓶例

⑥空氣供應系統：爲因應導管內徑之差異並確保管內空氣流量達約20ml/mm²/h，空氣量之供給可在15L/h（公升／小時）至30L/h的範圍內調整，其調整係以調整針型閥及觀察流量計以控制流量穩定，流量（ρ）由下式計算，並依下列三種方法擇一供給高純度空氣。

$\rho=0.0155D^2L/h$　　D：導管內徑（mm）

方法一：使用壓縮空氣鋼瓶，空氣由燃燒管前端注入（如圖十一）。

方法二：使用於試驗室加壓之空氣，空氣經過濾後由燃燒管前端注入（如圖十二）。

方法三：使用經適當過濾之試驗室環境空氣，利用裝置於系統最末端之吸氣泵使空氣和燃燒後氣體之混合氣通過收集瓶（如圖十三）。

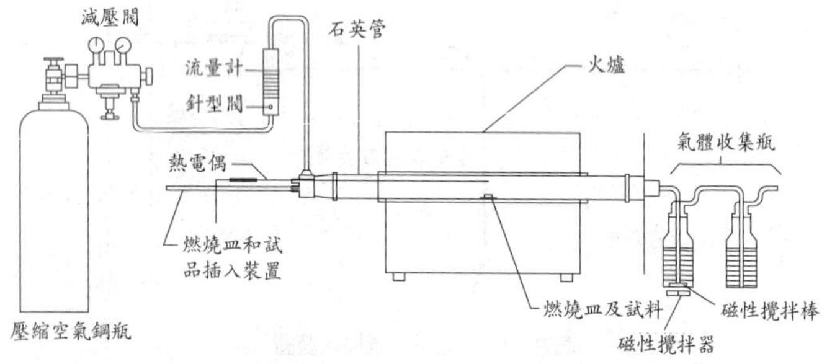

圖十一　空氣供應系統（方法一）：使用壓縮空氣鋼瓶

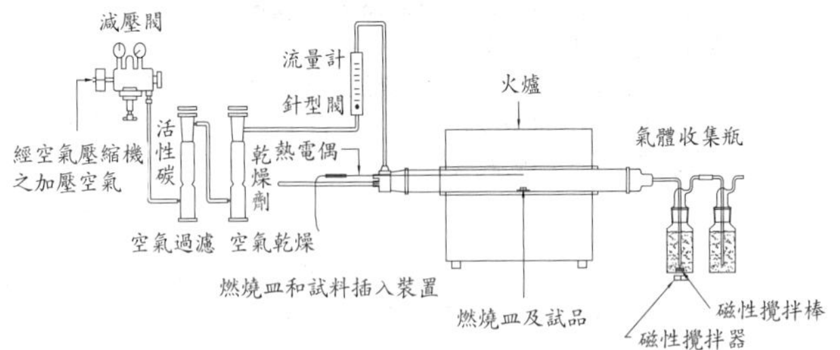

圖十二　空氣供應系統（方法二）：使用於實驗室加壓之空氣

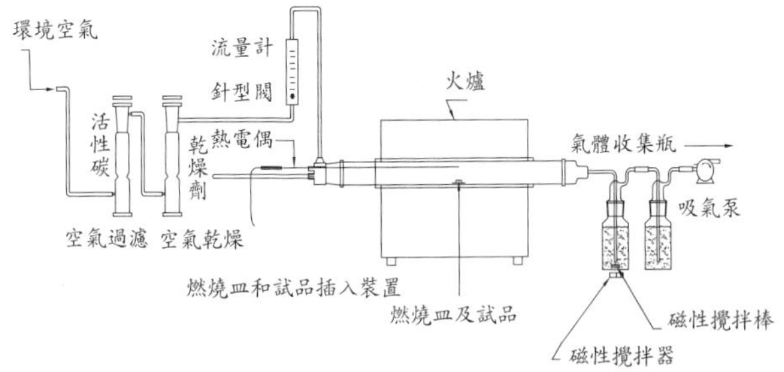

圖十三　空氣供應系統（方法三）：使用吸氣泵吸入空氣

⑵量測設備：

①分析天平：精密度達±0.1mg。

②酸鹼計：精密度達±0.02，並有適當之探針。

③導電度計:量測範圍應介於10^{-2}至10^{2}μs/mm間。

④碼表。

⑶試樣狀態：試樣應置於溫度23±2℃及濕度50±5%之狀況下至少16小時。

⑷試樣取樣：取與被覆體相同之材料，切成碎片，稱重1000mg±5mg，試樣數三個。

⑸試驗方法：

①試樣之重量應在±1mg之誤差範圍內，並平均置於燃燒皿內。

②進氣應以針狀閥調整至0.0155D^2L/h±10%之流量，並於測試全程中保持穩定。

③溫度應以熱電偶量測，熱電偶並應有適當防止腐蝕之保護，並安裝於管內火爐中央。

④裝好試樣之燃燒皿應快速置入管中之有效區域，同時計時器開始計時，燃燒皿與有效加熱區之出口端之距離應不得小於300mm，燃燒皿所在位置之溫度不得低於935℃，距燃燒皿300mm上風處之溫度不得低於900℃。

⑤火爐應保持燃燒及進氣之狀況30分鐘。

⑥酸鹼值及導電度應於上述程序完畢後量測，量測前收集瓶應加蒸餾水補充至1000ml（如果使用兩個收集瓶，則兩個收集瓶應倒在同一個燒杯內並加蒸餾水至1000ml）。

⑦移去燃燒皿後，導管全長應於950℃以鍛燒法清洗。

(6)酸鹼值及導電度之量測：

①酸鹼計之歸零校正：酸鹼計應以原廠提供之方法歸零校正。

②溶液酸鹼值及導電度之量測：溶液之酸鹼值應於室溫量測，酸鹼值所示之讀數應爲經自動溫度補償換算後之數值，該自動溫度補償元件應內建於酸鹼計中。

(7)合格判定基準：

①應實施三次測試，並計算平均值及變異數，如果變異係數大於五個百分比則應加做三個測試，並計算六個測試之平均值，三次（或六次）酸鹼值（pH值）之平均值應不小於4.3，導電度不大於10μs/mm者爲合格。

②變異係數之計算：

$$v=\frac{\sum_{i=1}^{n}(x_i-\bar{x})^2}{n}$$

$$S=\sqrt{v}$$

$$C=\frac{S}{\bar{x}}$$

x：測試值
$\bar{x}$：平均值
v：變異數
n：測試樣品數
S：標準差
C：變異係數

七　標示

㈠電纜之標示：在電纜之表面，以不易磨滅之方式，依序標示下列事項。

1.標稱電壓。

2.耐火試驗溫度／時間。

3.記號。

4.導體標稱直徑或截面積及心線數。

5.製造廠商名稱或簡稱。

6.製造年份。

7.型式認可號碼。

㈡標示範例：

600V	950℃/90min	FR-EV	mm（或mm^2）×C	廠牌	製造年	型式認可號碼
1.	2.	3.	4.	5.	6.	7.

㈢標示距離：每隔1m以內標示1次。

貳　型式認可作業

一　型式區分

型式區分之範圍，以最小導體線徑及最大心線數之產品爲送測試樣，並依表十四所列要件認定之。

表十四　耐燃電纜之型式區分

要　件	分　類
額定電壓	1. 600V以下。 2. 600V～3.3kV。 3. 600V～6.6kV。
被覆之主要材料	1. PVC混合物。 2. PE混合物。 3. 低煙無鹵材料。
絕緣體之主要材料	1. PE混合物。 2. XLPE混合物。 3. 矽橡膠。
耐燃層之主要材料	1. 雲母帶。 2. 玻璃纖維帶。 3. 其他。
導體線徑	1. 標稱截面積未滿22mm^{2}者（單線者取其直徑，為3.2mm以下）。 2. 標稱截面積在22mm^{2}以上，未滿100mm^{2}者。 3. 標稱截面積在100mm^{2}以上，未滿1000mm^{2}者。
心線數（註）	1. 單心。 2. 2心以上，7心以下（但導體線徑以325mm^{2}為限）。 3. 8心以上，30心以下（但導體線徑以5.5mm^{2}為限）。

註：多心電纜（共用被覆），包含各心被覆之電纜。如屬對捻線者，每對視為2心。

二　型式試驗之樣品

申請人應填具型式認可申請書，並依申請書註記供試電纜之規格，製作長度100m以上之電纜1卷（型式變更時亦同）作為樣本，各試驗項目及所需樣品數如表十五所示。

表十五　型式試驗項目及樣品數

	試驗項目	型式認可（型式變更）之樣品數	備　註
1	外觀、構造檢查	1（整）卷	
2	導體電阻試驗	1（整）卷	
3	耐電壓試驗	1（整）卷	
4	絕緣電阻試驗	常溫：1（整）卷	
5	絕緣體抗拉強度及伸長率試驗	3試樣	
6	被覆體抗拉強度及伸長率試驗	3試樣	
7	絕緣體老化抗拉強度及伸長率試驗	3試樣	
8	被覆體老化抗拉強度及伸長率試驗	3試樣	

<table>
<tr><th></th><th colspan="2">試驗項目</th><th>型式認可（型式變更）之樣品數</th><th>備　　註</th></tr>
<tr><td>9</td><td colspan="2">加熱變形試驗</td><td>3試樣</td><td>僅交連聚乙烯、聚乙烯絕緣及聚氯乙烯被覆時實施。</td></tr>
<tr><td>10</td><td colspan="2">被覆體耐油性抗拉強度及伸長率試驗</td><td>3試樣</td><td rowspan="2">被覆體材質爲聚氯乙烯時實施。</td></tr>
<tr><td>11</td><td colspan="2">聚氯乙烯耐寒性試驗</td><td>3試樣</td></tr>
<tr><td rowspan="2">12</td><td rowspan="2">耐火試驗</td><td>950℃
六㈩1節</td><td>1試樣</td><td>若通過試驗則代表合格；若試驗不合格則須加抽兩個試樣進行測試，兩個試樣均需通過測試，方視爲合格。</td></tr>
<tr><td>840℃
六㈩2節</td><td>3試樣</td><td>3個試樣均需通過測試，方視爲合格。</td></tr>
<tr><td rowspan="3">13</td><td rowspan="3">高鹵難性燃試無驗</td><td>多條電纜垂直燃燒試驗</td><td>1次</td><td rowspan="3">1.僅被覆體爲低煙無鹵材質時實施。
2.發煙濃度及燃燒時釋放氣體的酸度試驗爲材質測試，試樣需自電線或電纜上取材進行試驗，若一次申請多種型式且被覆體材質相同時，原則上實施一次。</td></tr>
<tr><td>發煙濃度試驗</td><td>3試樣</td></tr>
<tr><td>燃燒時釋放氣體之酸度試驗</td><td>3試樣
（變異係數＞5%時加取3試樣）</td></tr>
</table>

三　型式試驗方法

型式試驗之方法依本認可基準壹、技術規範及試驗方法之規定。

四　型式試驗結果之判定

㈠符合本認可基準所規定之技術規範者，該型式試驗結果爲「合格」。

㈡符合貳、五補正試驗所規定事項者，得進行補正試驗一次。

㈢除符合前揭之規定得進行補正試驗外，任一單項試驗不合格即判定該型式試驗結果爲「不合格」。

五　補正試驗

㈠型式試驗中之外觀、構造檢查不良事項，如爲本認可基準參外觀、構造檢測缺點判定表所列之一般缺點或輕微缺點者，得進行補正試驗。

㈡補正試驗所需樣品數爲1（整）卷，並依貳、二型式試驗之方法進行。

六　型式變更試驗之方法

型式變更之樣品數、試驗流程等，依型式試驗之方法進行。

七　型式認可申請書及型式試驗紀錄表（廠內試驗紀錄表）格式如附表十七及附表十八。

八　借用試驗設備單位之同意書或契約

對於國外進口品代理商及國內無試驗設備之廠商（如加熱爐）者，得借用具有試驗設備及試驗場所之公司、機關（構）或團體之設備及場地受檢，並應於申請型式認可時檢附借用試驗設備單位之同意書或契約。

參　外觀、構造檢測缺點判定方法

外觀、構造檢測所發現之不良情形，其缺點之等級依表十六之規定判定。

表十六　外觀、構造檢測缺點判定表

檢測項目	致命缺點	嚴重缺點	一般缺點	輕微缺點
銅絞線股數、線徑及絞合	絞線股數不足。	絞線股數中二條以上線徑不合格（壓縮導體股線直徑不予量測）、絞合外徑有嚴重凸起。	絞線股數中一條線徑不合格（壓縮導體股線直徑不予量測）且差值未滿1.3倍直徑容許差。	
被覆體、絕緣體厚度		最小厚度為其附表值之72%以下。	最小厚度為附表值厚度之72%（含）以上未滿80%。	
印字標示		1.連續2公尺標示模糊且無法正確辨識。 2.標示錯誤。	模糊但仍可正確辨識。	
裂痕、外傷、接點		1.整條電纜有接點者。 2.裂痕及外傷之面積大於1mm²者。	裂痕及外傷之面積未滿1mm²者。	

肆　品質管理監督作業

一　自主品質管理

㈠成品檢查：取得型式認可後，生產者應於成品出廠前，實施構造檢查、耐電壓試驗、絕緣電阻試驗及耐火試驗，以檢查其性能及品質有無符合本基準之規定及型式認可書上所載事項，且檢查紀錄至少應保持三年，進口廠商應請原廠提供或委由國內檢測機構出具成品檢查紀錄。

㈡型式檢查：取得型式認可者，應按其型式依附表十八每年至少實施一次型式試驗，以確認其產品是否完全符合型式認可基準及型式認可書之規定，其型式試驗結果應每年於取得型式認可日前一個月內向中央主管機關或其委辦機構提出。若該期間內並無生產該產品時，亦應提出說明，進口廠商亦應比照辦理。

二　監督品質管理

㈠申請生產流水編號：

1.生產廠商得視需要，於原取得型式認可範圍內且不影響性能條件下，向中央主管機關委辦之機構申報增列產品規格。生產廠商於接獲訂單後，於生產前應向中央主管機關委辦之機構申報該批電纜之規格、製造廠地址、生產起迄期限（若有庫存品時詳列生產年份及數量）、交貨日期、訂購者等資料，俟取得生產流水編號後始得開始生產，當交貨日期有變更時，生產廠商應主動通知該機構。委辦機構應於生產廠商提出流水編號之申請日後三個工作日內完成流水編號之核發。

2.委辦機構應將生產流水編號及其對應之相關資料公告於電子網站上供消費者及地方消防機關查詢，此生產流水編號及其生產相關資料亦應於該電纜完成安裝後實施消防安全設備會審會勘時向地方消防機關提出作為備查文件。

㈡工廠抽樣試驗：為確保取得型式認可者之產品品質，中央消防主管機關或其委辦機構，得視需要派員進行工廠抽樣試驗，其試驗費用由受檢人負擔。

1.抽樣之試驗項目及樣品數：抽樣之耐燃電纜樣品，應依表十七之試驗項目及樣品數實施試驗，有關試驗方法依本認可基準壹、技術規範及試驗方法之規定辦理，其試驗之結果依附表十九填寫。

表十七　抽樣試驗項目及樣品數

<table>
<tr><th></th><th colspan="2">試驗項目</th><th>型式認可（型式變更）之樣品數</th><th>備　　註</th></tr>
<tr><td>1</td><td colspan="2">外觀、構造檢測</td><td>1（整）軸（現場目測外觀）
1試樣（0.5公尺）實施構造檢查</td><td></td></tr>
<tr><td>2</td><td colspan="2">耐火試驗</td><td>1試樣</td><td></td></tr>
<tr><td rowspan="3">3</td><td rowspan="3">高鹵難性燃試無驗</td><td>多條電線電纜垂直燃燒試驗</td><td>1次</td><td rowspan="3">1.僅被覆體為低煙無鹵材質時實施。
2.試樣應為隨機抽樣之一規格電纜或自其上之被覆體直接取材經加工而成之試樣。</td></tr>
<tr><td>發煙濃度試驗</td><td>3試樣</td></tr>
<tr><td>燃燒時釋放氣體的酸度試驗</td><td>3試樣
（變異係數＞5%時加取3試樣）</td></tr>
</table>

2.抽樣試驗之合格判定：準用本認可基準貳、四、五之規定辦理。

3.對於國外進口商及國內無試驗設備之廠商（如加熱爐）者，得借用具試驗設備及試驗場所之公司、機關（構）或團體之設備及場地受檢，並應於申請型式認可時檢附借用試驗設備單位之同意書或契約。

㈢限期改善：取得型式認可者，如有下列情形之一時，中央消防主管機關應通知限期改善，逾期未改善或改善仍不合格者，註銷其型式認可號碼，生產者並應回收售出品。

1.抽樣試驗結果不符規定。

2.廠內型式檢查結果不合規定。

3.借用試驗設備之同意書或契約過期、取消或失效。

4.未按期提出廠內型式檢查報告書。

5.拒絕抽樣試驗者。

6.若中央主管機關或委辦機構依生產廠商申報流水號時所提之生產資料，於交貨日期前三個工作日派員至生產工廠而未能取得申報規格之電纜樣品時。

7.其他違反本基準之規定。

㈣工廠會同檢查：為確保已取得型式認可者之品質管理體制，中央主管機關得自行派員或指定委辦機構不定期至工廠進行查核，查核項目包括品質管理狀況、完成品品質及測試儀器設備等。

伍　主要試驗設備

表十八

試驗儀器名稱	用途	規格	數量
千分卡（分厘卡）	導體構成	0～25mm（精度0.001mm）	2
游標卡尺	直徑、長度量測	0～200mm（精度0.05mm）	2
電子天秤	秤重	精度0.1mkg	1
厚薄規	絕緣、被覆體厚度	0～10mm（精度0.01mm）	2
耐火試驗裝置（兩者擇一測試）	耐火試驗	840℃／30分	1
	耐火試驗	950℃／90分	1
馬錶	耐火試驗計時用	最大刻度：60分	2
高阻計	絕緣電阻試驗	2500MΩ	1
CA熱電偶	耐火試驗溫度量測	K型	2

試驗儀器名稱	用途	規格	數量
溫度自動紀錄器	耐火試驗溫度記錄	0～1200℃	1
交流耐壓機（單相）	交流耐電壓試驗	30kV以上	1
	耐火試驗	8kV以上	1
交流耐壓機（三相）	耐火試驗	1kV	1
導體電阻試驗器	導體直流電阻試驗	1mΩ～60Ω	1
雙臂電橋	導體單線導電率試驗	0.1mΩ	1
拉力試驗機	抗拉強度、伸長率、殘率試驗	0～500kgf	1
加熱變形試驗機	加熱變形試驗	最大200℃以上	1
低溫脆化試驗機	耐寒性試驗	最低－20℃	1
老化爐	老化試驗	最大200℃以上	2
耐油試驗機	耐油性試驗	最大200℃	1
火焰溫度記錄裝置	多條電線電纜垂直燃燒試驗	0～1200℃	1
煙濃度試驗箱	發煙濃度試驗	－	1
溫度記錄器 酸鹼計 導電度計	燃燒時釋放氣體之酸度試驗	0～1200℃ pH的精密度至±0.02 10^{-2}到10^{2}μs/mm	1 1 1

消防水帶用快速接頭認可基準

民國101年11月14日內政部公告訂定發布全文4點；並自102年7月1日起生效。

壹　技術規範及試驗方法

一　適用範圍

消防水帶用快速接頭（以下簡稱快速接頭），其構造、性能、材質等技術上之規範及試驗方法，應符合本基準之規定。

二　用語定義

㈠快速接頭：以插入之方法將消防用水帶（以下簡稱水帶）與其他水帶、動力消防幫浦等裝接或連接，而在水帶端部裝設公接頭或母接頭之金屬裝置者。

㈡公接頭：由公接頭本體、推壓環、固定環以及裝接水帶部位等構成之金屬元件。

㈢母接頭：由母接頭本體、接合環、搭勾板、搭勾板彈簧、橡膠墊圈、橡膠保護環以及裝接水帶部位等構成之金屬元件。

三　種類

種類按標稱口徑75、65、50、40、25分別訂為5種。

四　構造

㈠基本構造：

1.公接頭及母接頭配合部之各部分主要尺度，應符合表1及圖1之規定。
2.應有水流造成摩擦損失減少之構造。
3.人員可能碰觸之部分，應採取防止危險之措施。
4.不得裝設可能損及功能之附屬裝置。
5.不同金屬接觸之部分，應作防蝕處理。
6.接頭構造應為容易裝卸者，而母接頭搭勾板之防鏽皮膜應不得發生剝離或變形龜裂現象。

表1　公接頭及母接頭配合部各部分主要尺度表（▽▽單位：mm）

各部分／標稱	H		I		標稱螺紋 K
75	12.6	+0 −0.1	12.8	+0.1 −0	106
65	10.6	+0 −0.1	10.8	+0.1 −0	92
50	8.0	+0 −0.1	8.2	+0.1 −0	75
40	7.0	+0 −0.1	7.2	+0.1 −0	60
25	6.0	+0 −0.1	6.2	+0.1 −0	42

註：1.表1中所指之H、I、K之尺度部位如圖1所示。
2.▽▽及▽▽▽係表面之粗糙度（以下同）。

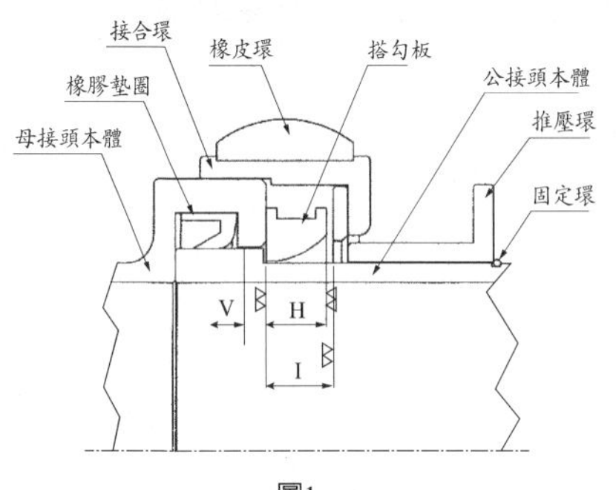

圖1

㈡公接頭構造：

1.公接頭本體及裝接部之各部分主要尺度，應符合表2、3及圖2、3之規定。

2.應有容易與母接頭密接及脫離之構造。

3.在未裝設水帶之情形下，應有推壓環不致脫離之構造。

4.推壓環應具有充分之強度，不得因與母接頭作脫離動作而發生變形之情形。

表2　公接頭本體各部分主要尺度表（▽▽單位：mm）

各部分／標稱	A	B	C	D	E	J
75	81.5 +0 −0.2	15.0最小	76.2 +0 −0.2	69.0±0.2	18.0 +0 −0.2	83.0 +0 −0.2
65	68.5 +0 −0.2	13.0最小	63.5 +0 −0.2	57.0±0.2	15.5 +0 −0.2	70.5 +0 −0.2
50	55.6 +0 −0.2	10.5最小	51.0 +0 −0.2	44.5±0.2	14.5 +0 −0.2	56.5 +0 −0.2
40	43.6 +0 −0.2	8.5最小	39.0 +0 −0.2	33.0±0.2	11.7 +0 −0.2	44.0 +0 −0.2
25	28.6 +0 −0.2	7.0最小	26.0 +0 −0.2	21.0±0.2	8.5 +0 −0.2	29.0 +0 −0.2

註：表2中所指之A、B、C、D、E、J之尺度部位如圖2所示。

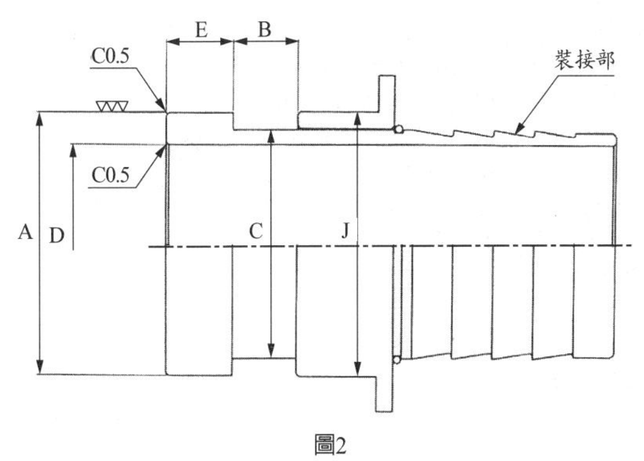

圖2

表3　公接頭裝接部各部分主要尺度（限於鋸齒型斷面者）表（▽▽單位：mm）

標稱＼各部分	d	ℓ_1	D
75	76.0 +0 −1.5	140最小	69.0±0.2
65	63.5 +0 −1.5	120最小	57.0±0.2
50	51.0 +0 −1.5	100最小	44.5±0.2
40	38.0 +0 −1.5	80最小	33.0±0.2
25	26.0 +0 −1.5	60最小	21.0±0.2

註：表3中所指之d、ℓ_1、D之尺度部位如圖3所示。

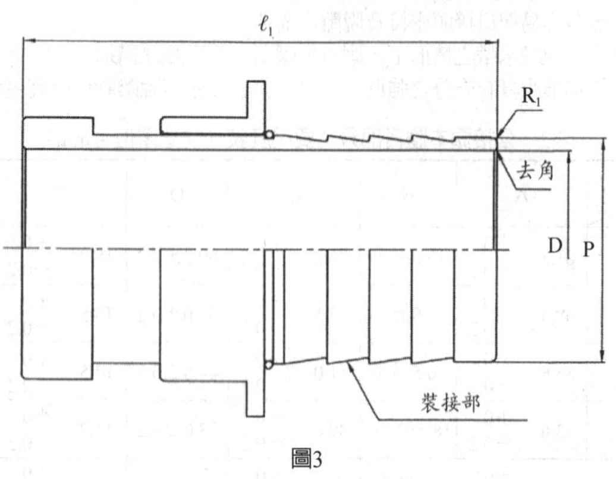

圖3

㈢母接頭構造：

1. 母接頭本體、裝接部及接合環之各部分主要尺度，應符合表4、5、6及圖4、5、6之規定。
2. 母接頭本體及接合環尺度及公差，應符合表7及圖7之規定。
3. 應具易與公接頭密接及脫離之構造。
4. 連接用之搭勾板應符合下列各項之規定：
   ⑴數量應爲3個以上，並以同一形狀及等間隔配置。
   ⑵搭勾板（伸縮）進出距離應在3mm以上。
   ⑶裝配搭勾板之空間不得有使砂子或其他異物混入之構造。
5. 搭勾板彈簧之強度應符合表8之規定。
6. 在與公接頭接合之情形下，全部之搭勾板前端均能對公接頭施加壓力而連接。
7. 應有容易更換橡膠墊圈之構造。
8. 橡膠墊圈應不容易脫落。

表4　母接頭本體各部分主要尺度表（▽▽單位：mm）

標稱＼各部分	D	F		G		I
75	69.0±0.2	82.0	+0.5 −0	19.0	+0.2 −0	14.0最小
65	57.0±0.2	69.0	+0.5 −0	16.0	+0.2 −0	10.0最小
50	44.5±0.2	56.0	+0.5 −0	15.0	+0.2 −0	8.0最小
40	33.0±0.2	44.0	+0.5 −0	12.2	+0.2 −0	8.0最小
25	21.0±0.2	29.0	+0.5 −0	9.0	+0.2 −0	6.0最小

註：表4中所指之D、F、G、I之尺度部位如圖4所示。

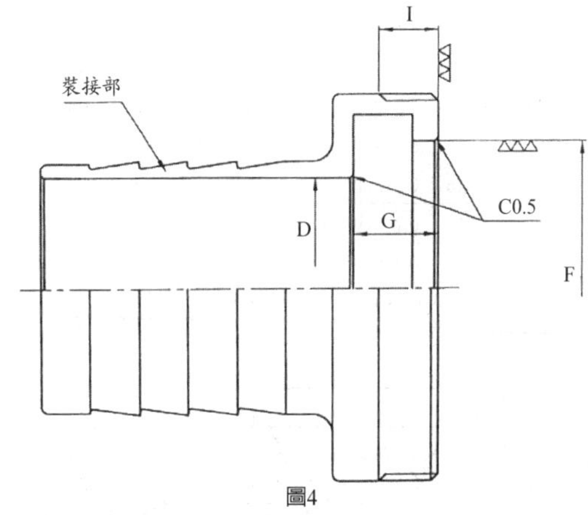

圖4

表5　母接頭裝接部各部分主要尺度（限於鋸齒型斷面者）表（▽▽單位：mm）

標稱＼各部分	d		ℓ_2	D
75	76.0	+0 −1.5	105最小	69.0±0.2
65	63.5	+0 −1.5	90最小	57.0±0.2
50	51.0	+0 −1.5	74最小	44.5±0.2
40	38.0	+0 −1.5	57最小	33.0±0.2
25	26.0	+0	39最小	21.0±0.2

註：表5中所指之d、ℓ_2、D之尺度部位如圖5所示。

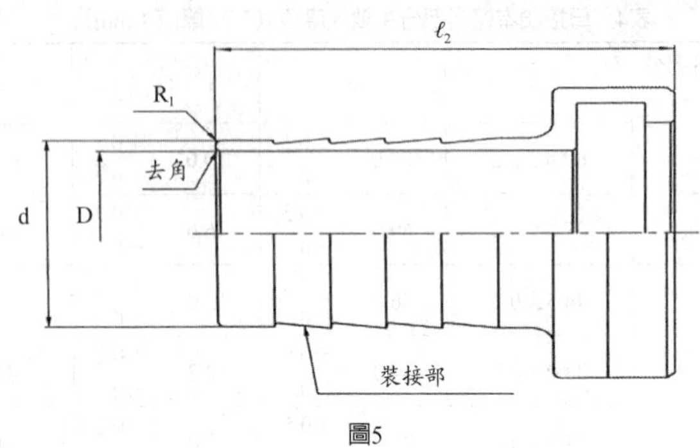

圖5

表6　母接頭接合環各部分基本尺度表（單位：mm）

標稱	每英吋牙數 n	螺距 P	公螺牙高 h_1	圓角 r	公螺紋			母螺紋		
					外徑 K	有效徑 K_2	牙底徑 K_1	外徑 K	有效徑 K_2	牙底徑 K_1
106	14	1.8143	1.162	0.249	106	104.838	103.676	106	104.838	103.676
92	16	1.5875	1.016	0.218	92	90.984	89.968	92	90.984	89.968
75	16	1.5875	1.016	0.218	75	73.984	72.968	75	73.984	72.968
60	16	1.5875	1.016	0.218	60	58.984	57.968	60	58.984	57.968
42	16	1.5875	1.016	0.218	42	40.984	39.968	42	40.984	39.968

註：表6 中所指之P、h_1、r、K、K_1、K_2之尺度部位如圖6所示。

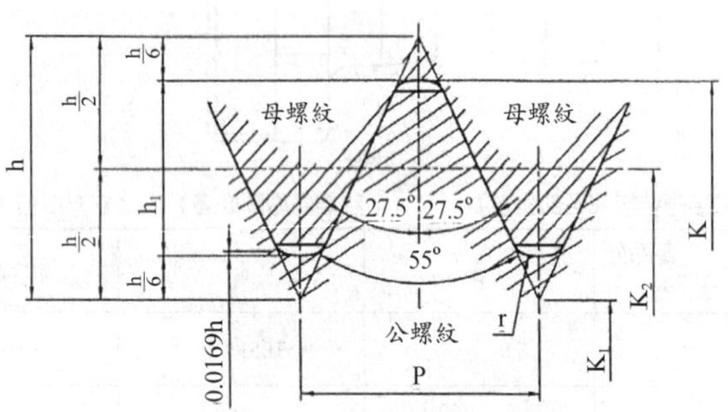

註：h是連接螺峰的基本三角形高度（參考CNS4219）。

圖6

表7　母接頭本體及接合環尺度及公差表（單位：mm）

螺紋公差	公螺紋（母接頭本體）											母螺紋（接合環）										
	外徑 K			有效徑 K_2			牙底徑 K_1			螺距尺寸差	牙尖角一半之角度差（分）	外徑 K		有效徑 K_2			牙底徑 K_1			螺距尺寸差	牙尖角一半之角度差（分）
	上限尺寸差	下限尺寸差	公差	上限尺寸差	下限尺寸差	公差	上限尺寸差	下限尺寸差	公差			上限尺寸差	下限尺寸差	上限尺寸差	下限尺寸差	公差	上限尺寸差	下限尺寸差	公差		
106	-0.13	-0.29	0.16	-0.12	-0.26	0.14	-0.12	-0.41	0.29	±0.024	±74	—	+0.06	+0.32	+0.06	0.26	+0.63	+0.38	0.25	±0.048	±148
92	-0.12	-0.26	0.14	-0.11	-0.24	0.13	-0.11	-0.37	0.26	±0.023	±78	—	+0.05	+0.29	+0.05	0.24	+0.56	+0.33	0.23	±0.046	±156
75	-0.12	-0.26	0.14	-0.10	-0.23	0.13	-0.10	-0.36	0.26	±0.023	±78	—	+0.04	+0.27	+0.04	0.23	+0.56	+0.33	0.23	±0.046	±165
60	-0.12	-0.26	0.14	-0.09	-0.22	0.13	-0.09	-0.35	0.26	±0.023	±78	—	+0.03	+0.25	+0.03	0.22	+0.56	+0.33	0.23	±0.046	±156
42	-0.12	-0.26	0.14	-0.08	-0.21	0.13	-0.08	-0.34	0.26	±0.023	±78	—	+0.02	+0.23	+0.02	0.21	+0.56	+0.33	0.23	±0.046	±165

註：表7中所指之K、K_1、K_2如圖7所示。

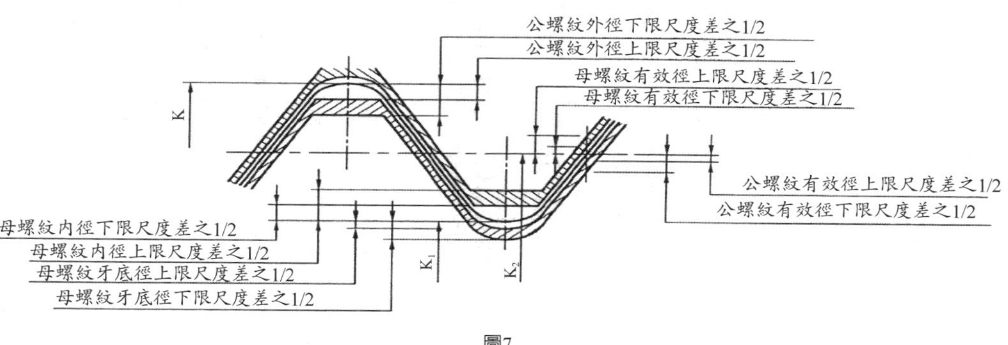

圖7

表8　搭勾板彈簧強度表

標稱 / 強度	75	65	50	40	25
公斤力（kgf） （N）	3.0至5.0 （30至50）	2.5至4.5 （25至45）	2.0至3.5 （20至35）	1.5至3.0 （15至30）	1.0至2.5 （10至25）

五　材質

接頭各部零件所用之材質應符合下列規定：

㈠母接頭本體、接合環（有搭勾板座者，則包括搭勾板木板座）、公接頭本體、推壓環及固定環等之材質應符合國家標準（以下簡稱CNS）4125〔青銅鑄件〕BC6級或CNS2068〔鋁及鋁合金之合金種類及鍊度符號〕鋁合金符號520.0、鍛鋁合金6061之規定，或具同等以上強度、耐蝕性者。

㈡搭勾板之材質應符合CNS4125〔青銅鑄件〕BC3級之規定，或具同等以上強度、耐蝕性者。

㈢搭勾板彈簧之材質應符合CNS9503〔磷青銅板及捲片〕之C5191級之規定，或具同等以上強度、耐蝕性者。

㈣橡膠墊圈之材質應符合CNS3550〔工業用橡膠墊料〕BIII410之規定，或具同等以上強度、耐油性、耐老化性者。

㈤橡膠保護環之材質應符合CNS3550〔工業用橡膠墊料〕BII507之規定，或具同等以上強度、耐油性、耐老化性者。

六　耐水壓試驗

將接頭加以30kgf/cm^2（3MPa）（靜水壓）之內壓經試壓5分鐘後不得有龜裂、漏水、變形現象，同時公、母接頭間與水帶裝接或連接時不得有鬆脫現象。

七　反覆試驗

將公接頭及母接頭作連接及脫離動作1000次之後，不得發生龜裂或顯著變形等情形，且不得發生功能異常。

八　落下試驗

將裝設水帶之接頭與未裝設水帶之接頭，從高度1公尺處，以水平方式分別自由落下至混凝土地面時，接合部分不得脫開，且不得發生功能異常情形。

九　拖拉試驗

將接頭分別與裝設水帶之接頭連接（公接頭者與裝設水帶之母接頭連接；母接頭者與裝設水帶之公接頭連接），然後拉著該水帶，在混凝土地面以10km/h速度以下拖行20公尺後，接合部分不得脫開，且不得發生功能異常情形。

十　接脫力試驗

公接頭與母接頭連接及脫離時所需之力，在表9所規定之力量範圍內，應能輕易操作。

表9　接脫力試驗強度表

標稱 / 強度	75	65	50	40	25
公斤力（kgf）	15	13.5	10.5	9	7.5
（N）	（150）	（135）	（105）	（90）	（75）

十一　彎曲試驗

將接頭施加20kgf/cm^2（2MPa）（靜水壓）之內壓，並於接合處施加與接合方向垂直之力，使之產生以下式求得之彎曲力矩（彎曲力矩的支點爲圖4母接頭

I項面和接頭中心線的交點：施加彎曲力矩的位置為結合方向接頭中心線上）時，持續30秒後接合部分不得脫開，且不得發生功能異常情形。

M（N-mm）＝300N×1.5×（標稱×15）mm

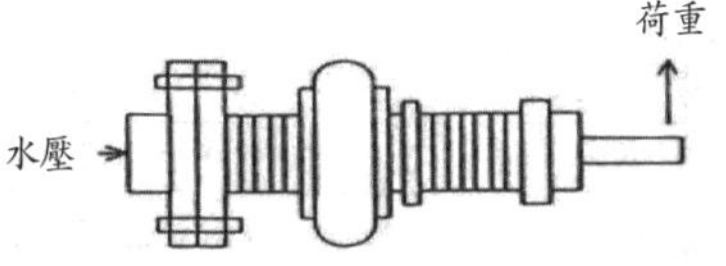

圖8　彎曲試驗設備圖示範例

十二　壓壞試驗

在接頭裝設水帶部分之邊端1公分處，施加與接合方向垂直之力各100kgf（1000N）5分鐘後，不得發生功能異常情形。

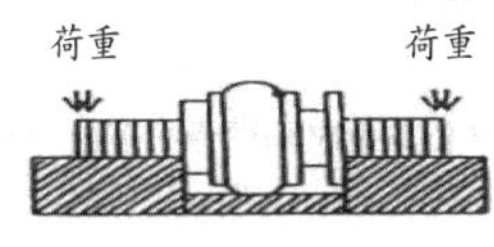

圖9　壓壞試驗設備圖示範例

十三　耐腐蝕試驗

耐腐蝕之試驗方法，將樣品依CNS8886「鹽水噴霧試驗方法」，以5%鹽水噴霧8個小時後，靜置16小時，以此為一週期，反覆實施五個週期，再以水沖洗，經自然乾燥24小時後，不得發生會影響功能之腐蝕現象。

十四　標示

接頭應在其容易辨認之處以不易磨滅之方法標示下列各項內容：

(一)製造廠商名稱或商標。

(二)出廠年月份。

(三)接頭之標稱口徑。

(四)型式認可號碼。

貳　型式認可作業

一　型式試驗之樣品

型式試驗樣品之種類及數量如下：

(一)接頭（公接頭、母接頭）3個。

(二)裝有100cm水帶之接頭（公接頭、母接頭）3個。

(三)公接頭本體、母接頭本體、推壓環、裝設水帶部分及搭勾板的試驗片（應符合CNS2112〔金屬材料拉伸試驗試片〕中規定4號試驗片）各3個。

(四)在搭勾板等平板狀的材質上，有加工方向時，依其方向及與該方向成直角方向之試驗片（應符合CNS2112〔金屬材料拉伸試驗試片〕中規定5號試驗片）各3片。

(五)橡膠墊圈（寬度20mm、長度50mm、厚度2.00±0.15mm）24個（其中以常溫下之試驗樣品為6個；以CNS3562〔硫化橡膠浸漬試驗法〕之1號油及3號油之試驗樣品各6個；以CNS3556〔硫化橡膠老化試驗法〕之試驗樣品為6個）。

二　型式試驗之方法

(一)試驗項目：依以下規定及順序辦理：

1.除了耐腐蝕試驗之外，其他試驗在常溫下進行。

2.只申請母接頭時，公接頭採試驗用；只申請公接頭時，母接頭採試驗用。

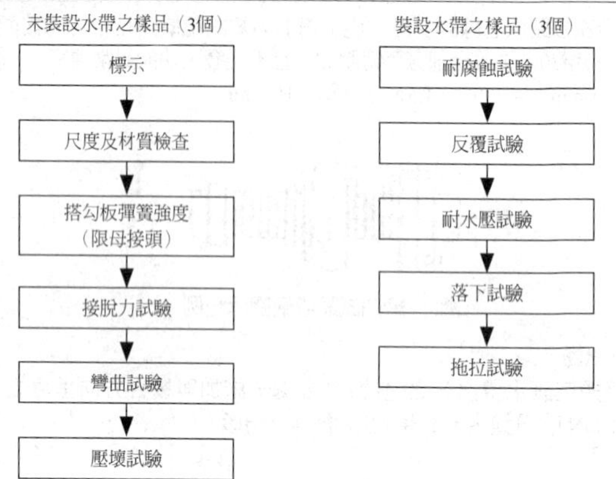

㈡試驗方法：試驗方法依本認可基準壹、技術規範及試驗方法四至十三規定進行。

三　型式試驗結果之判定

型式試驗結果之判定如下：

㈠符合本認可基準所規定之技術規範者，該型式試驗結果為合格。

㈡有下述四、補正試驗所定情形者，得進行補正試驗，並以一次為限。

㈢未符合本認可基準所規定之技術規範者，該型式試驗結果為不合格。

四　補正試驗

符合下列規定者得進行補正試驗：

㈠型式試驗之不良事項為申請資料不完備（設計錯誤除外）、標示遺漏、構件安裝不良等有附表1所規定之內容者。

㈡試驗設備不完備或有缺點，致無法進行試驗者。

㈢有附表2所列輕微缺點者。

五　型式變更之試驗方法

型式變更試驗之樣品數、試驗流程等，應就型式變更之內容，依前述型式試驗進行。

六　型式區分、型式變更及輕微變更之範圍

型式區分、型式變更及輕微變更之範圍，依附表3之規定。

七　有關上述型式試驗、補正試驗、型式變更試驗之結果，應詳細填載於型式試驗記錄表（如附表12）。

參　個別認可作業

一　個別認可之方法

㈠個別認可之抽樣試驗數量依附表4至附表10之抽樣表規定，抽樣方法依CNS9042規定進行抽樣試驗。

㈡抽樣試驗之嚴寬等級依程序分為最嚴格試驗、嚴格試驗、普通試驗、寬鬆試驗及免會同試驗五種。

㈢個別試驗通常將試驗項目分為以通常樣品進行之試驗（以下稱為「一般試驗」）以及對於少數樣品進行之試驗（以下稱為「分項試驗」）。

二　批次之判定基準

個別認可中之受驗批次判定如下：

㈠受驗品按不同受驗工廠別，將材質相同之公接頭、母接頭，以及搭勾板數、搭勾板彈簧構造相同者列為同一批次。

㈡依規定取得型式認可者，與正在受驗之型式區分雖相同，但搭勾板數、搭勾板彈簧之構造或材質不同時，如經實施連續十次普通試驗均於初次即合格後，得不受前揭㈠之規定，與正在受檢之批次列為同一批。

㈢申請者不得指定將某部分產品列為同一批次。

三　個別認可之樣品及抽樣方法

㈠個別認可之樣品數依相關試驗之嚴寬等級以及批次大小所定（如附表4至附表7）。另外，關於批次受驗數量少，進行普通試驗時，得依申請者事先提出之申請要求，使用附表8（只適用生產數量少之普通試驗抽樣表）進行認可作業。

㈡樣品之抽取如下：

1.抽樣試驗應以每一批次為單位。

2.樣品之多寡，應視整批成品（受驗數量＋預備品）數量之多寡及試驗等級，按抽樣表之規定抽取，並在重新編號之全部製品（受驗批）中，依隨機抽樣法（CNS9042）隨意抽取，抽出之樣品依抽出順序編排序號。但受驗批量如在500個以上時，應依下列規定分為二段抽樣。

⑴計算每群應抽之數量：當受驗批次在五群（含箱子及集運架等）以上時，每一群之製品數量應在5個以上之定數，並事先編定每一群之編碼；但最後一群之數量，未滿該定數亦可。

⑵抽出之產品賦予群碼號碼：同群製品須排列整齊，且排列號碼應能清楚辨識。

⑶確定群數及抽出個群，再從個群中抽出樣品：確定從所有群產品中可抽出五群以上之樣品，以隨機取樣法抽取相當數量之群，再由抽出之各群製品作系統式循環抽樣（由各群中抽取同一編號之製品），將受驗之樣品抽出。

⑷依上述方法取得之製品數量超過樣品所需數量時，重複進行隨機取樣去除超過部分至達到所要數量。

㈢一般試驗和分項試驗以不同之樣品試驗之。

四　試驗項目

一般試驗以及分項試驗之項目，如下表10所述：

表10　一般試驗及分項試驗表

試驗區分	試驗項目
一般試驗	1.構造及標示 2.尺度 3.搭勾板彈簧強度（限母接頭） 4.接脫力試驗（100次） 5.耐水壓試驗（30秒）
分項試驗	6.反覆試驗 7.材質檢查

五　缺點之等級及合格判定基準

缺點區分及合格判定基準依下列規定：

㈠試驗中發現之缺點，分為致命缺點、嚴重缺點、一般缺點及輕微缺點等四級。

㈡各試驗項目之缺點內容，依附表2缺點判定表之規定，非屬該缺點判定表所列範圍之缺點者，則依消防機具器材及設備認可作業要點判定之。

六　批次之判定

批次合格與否，按下列規定判定之：抽樣表中，Ac表示合格判定個數（合格判定時不良品數之上限），Re表示不合格判定個數（不合格判定之不良品數之下限），具有二個等級以上缺點之製品，應分別計算其各不良品之數量。

㈠抽樣試驗中各級不良品數均在合格判定個數以下時，應依表11調整其試驗等級，且視該批爲合格。

㈡抽樣試驗中任一級之不良品數在不合格判定個數以上時，視該批爲不合格。但該等不良品之缺點僅爲輕微缺點時，得進行補正試驗，並以一次爲限。

㈢抽樣試驗中不良品出現致命缺點，縱然該抽樣試驗中不良品數在合格判定個數以下，該批仍視爲不合格。

七　個別認可結果之處置

㈠合格批次之處置：

1.整批雖經判定爲合格，但受驗樣品中發現有不良品時，於使用預備品替換或修復後始視爲合格品。

2.非受驗之樣品若於整批受驗製品中發現有缺點者，準依前款規定辦理。

3.上述1.、2.兩種情形，如無預備品替換或無法修復調整者，應就其不良品部分之個數，判定爲不合格。

㈡補正批次之處置：

1.接受補正試驗時，應提出初次試驗時所發現不良事項之改善說明書及不良品處理之補正試驗用廠內試驗紀錄表。

2.補正試驗之受驗樣品數以初次試驗之受驗樣品數爲準。但該批次樣品經補正試驗合格，依本基準參、七、㈠、1.之處置後，仍未達受驗樣品數之個數時，則視爲不合格。

㈢不合格批次之處置：

1.不合格批次之產品接受再試驗時，應提出初次試驗時所發現不良事項之改善說明書及不良品處理之補正試驗用廠內試驗紀錄表。

2.接受再試驗時不得加入初次受驗樣品以外之樣品。

3.個別認可不合格之批次不再受驗時，應在補正試驗用廠內試驗紀錄表中，註明理由、廢棄處理及下批之改善處理等文件，向辦理試驗單位提出。

八　試驗嚴寬度等級之調整

㈠首次申請個別認可：試驗等級以普通試驗爲之，其後之試驗等級調整，依表11之規定。

㈡補正試驗：初次試驗爲寬鬆試驗者，以普通試驗爲之；初次試驗爲普通試驗者，以嚴格試驗爲之；初次試驗爲嚴格試驗者，以最嚴格試驗爲之。

㈢再受驗批次之試驗結果，不得計入試驗嚴寬分級轉換紀錄中。

表11　試驗嚴寬度等級之調整

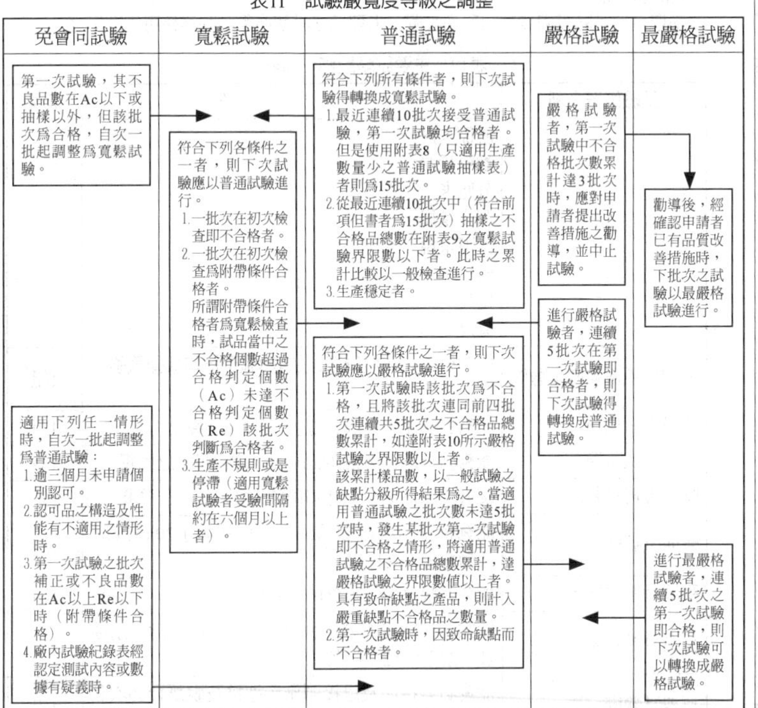
免會同試驗
寬鬆試驗
普通試驗
嚴格試驗
最嚴格試驗
第一次試驗，其不良品數在Ac以下或抽樣以外，但該批次為合格，自次一批起調整為寬鬆試驗。
符合下列各條件之一者，則下次試驗應以普通試驗進行。
1.一批次在初次檢查即不合格者。
2.一批次在初次檢查為附帶條件合格者。
所謂附帶條件合格者為寬鬆檢查時，試品當中之不合格個數超過合格判定個數（Ac）未達不合格判定個數（Re）該批次判斷為合格者。
3.生產不規則或是停滯（適用寬鬆試驗者受驗間隔約在六個月以上者）。
符合下列所有條件者，則下次試驗得轉換成寬鬆試驗。
1.最近連續10批次接受普通試驗，第一次試驗均合格者。但是使用附表8（只適用生產數量少之普通試驗抽樣表）者則為15批次。
2.從最近連續10批次中（符合前項但書者為15批次）抽樣之不合格品總數在附表9之寬鬆試驗界限數以下者。此時之累計比較以一般檢查進行。
3.生產穩定者。
嚴格試驗者，第一次試驗中不合格批次數累計達3批次時，應對申請者提出改善措施之勸導，並中止試驗。
勸導後，經確認申請者已有品質改善措施時，下批次之試驗以最嚴格試驗進行。
進行嚴格試驗者，連續5批次在第一次試驗即合格者，則下次試驗得轉換成普通試驗。
符合下列各條件之一者，則下次試驗應以嚴格試驗進行。
1.第一次試驗時該批次為不合格，且將該批次連同前四批次連續共5批次之不合格品總數累計，如達附表10所示嚴格試驗之界限數以上者。
該累計樣品數，以一般試驗之缺點分級所得結果為之。當適用普通試驗之批次數未達5批次時，發生某批次第一次試驗即不合格之情形，將適用普通試驗之不合格品總數累計，達嚴格試驗之界限數值以上者。
具有致命缺點之產品，則計入嚴重缺點不合格品之數量。
2.第一次試驗時，因致命缺點而不合格者。
適用下列任一情形時，自次一批起調整為普通試驗：
1.逾三個月未申請個別認可。
2.認可品之構造及性能有不適用之情形時。
3.第一次試驗之批次補正或不良品數在Ac以上Re以下時（附帶條件合格）。
4.廠內試驗紀錄表經認定測試內容或數據有疑義時。
進行最嚴格試驗者，連續5批次之第一次試驗即合格，則下次試驗可以轉換成嚴格試驗。

九　下一批次試驗之限制

對當批次個別認可之型式，於進行下次之個別認可時，係以該批之個別認可完成結果判定之處置後，始得施行下次之個別認可。

十　試驗之特例

有下列情形之一時，得在受理個別認可申請前，逕依預定之試驗日程實施試驗。此情形下須在確認產品之個別認可申請書受理後，才能判斷是否合格。

㈠初次試驗因嚴重缺點或一般缺點經判定不合格者。

㈡不需更換全部產品或部分產品，可容易選取、去除申請數量中之不良品或修正者。

十一　試驗設備發生故障或無法試驗時之處置

試驗開始後因試驗設備發生故障或其他原因致無法立即修復，經確認當日無法完成試驗時，得中止該試驗。並俟接獲試驗設備完成改善之通知後，重新擇定時間，依下列規定對該批施行試驗：

㈠試驗之抽樣標準與初次試驗時相同。

㈡不得進行補正試驗。

十二　其他

個別認可發現製品有其他不良事項，經認定該產品之抽樣標準及個別認可方法不適當者，得由中央主管機關另定個別認可方法及抽樣標準。

肆　主要試驗設備

本基準各項試驗設備依表12所列設置，未列示之設備亦需經評鑑核可後准用之。

表12　主要試驗設備一覽表

試驗儀器名稱	規　格	數量
尺寸量測器	游標卡尺 螺紋量規 分厘卡 深度量規 界限量規 磅秤 捲尺 直尺	各1個
搭勾板彈簧強度試驗機	能夠對不同種類母接頭依表8施予搭勾板彈簧強度之力	1組
接脫力試驗機	能夠對快速接頭依表9施予連接及脫離之力	1組
耐水壓試驗機	能夠施予快速接頭30kgf/cm^2（靜水壓）之內壓	1組
鹽水噴霧試驗機	應符合CNS8886「鹽水噴霧試驗方法」之需求	1式
彎曲試驗機	能夠依快速接頭標稱口徑之種類施予20kgf/cm^2（靜水壓）之內壓	1組
壓壞荷重試驗機	能夠對快速接頭施予1000牛頓之荷重	1組
材質分析試驗	能夠對快速接頭分析金屬材質及橡膠硬度、耐油性、耐老化性之檢測	各1式
反覆試驗機	能夠對公接頭及母接頭施予連接及脫離1000次動作之試驗	1組

消防用水帶認可基準

民國101年11月14日內政部公告訂定發布全文5點；並自102年7月1日起生效。

壹　技術規範及試驗方法

一　適用範圍

消防用水帶構造、性能等技術規範及試驗方法，應符合本基準規定。

二　用語定義

㈠消防用水帶：係指消防用橡膠裡襯水帶、消防用麻織水帶、消防用沾濕水帶及消防用保形水帶之總稱。

㈡消防用橡膠裡襯水帶：織物之裡襯使用橡膠或合成樹脂之消防水帶（消防用沾濕水帶及消防用保形水帶除外）。

㈢消防用麻織水帶：用麻線織成之消防水帶。

㈣消防用沾濕水帶：因水流通使水帶內外能均勻沾濕之水帶。

㈤消防用保形水帶：水帶斷面一直保持圓形之水帶。

㈥雙層水帶：消防用橡膠裡襯水帶外有一層外套作被覆之水帶。

㈦使用壓力：在水帶未彎摺之狀態下，接通水時之常用最高使用水壓，稱為使用壓力（單位：MPa）。

㈧最小彎曲半徑：消防用保形水帶之最小彎曲半徑，是將保形水帶彎曲成如圖1之圓形時，於水帶外徑（彎曲方向與直角方向的徑）如圖2增加5%時，求得內圓半徑之最小值，以cm為單位，小數點以後四捨五入。

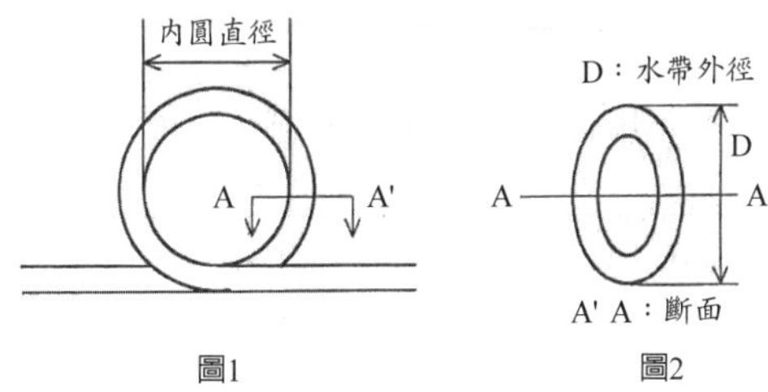

圖1　　圖2

三　一般構造

㈠一般構造：消防用水帶，應以適切之方法製造，並具耐久性，且不得有使用上之障礙。

㈡內徑：消防用水帶依其標稱，應符合表1所列之內徑。

表1　消防用水帶標稱及內徑

標稱	內徑（mm）
150	152以上 156以下
125	127以上 131以下
100	102以上 105以下

標稱	內徑（mm）
90	89以上 92以下
75	76以上 79以下
65	63.5以上 66.5以下
50	51以上 54以下
40	38以上 41以下
30	30.5以上 33.5以下
25	26以上 28以下
20	18以上 20以下

㈢組織：

1. 織物、編織與交叉組織：

⑴織物組織：確認經線粗細、撚度、捻線合成的股數、總股數及材質，緯線粗細、撚度、捻線合成的股數、緯線密度及材質應與申請書的內容相同。緯線密度及容許範圍之量測方法，以0.5條爲單位，尾數捨去。

⑵編織組織及交叉組織：確認編織線經線及交叉線粗細、撚度、捻線合成的股數、總股數、交叉線密度及材質，經線粗細、撚度、捻線合成的股數、總股數及材質應與申請書的內容相同。交叉線密度及容許範圍之量測方法，以0.5條爲單位，尾數捨去。

2. 織物勻稱：確認織物有無不均勻、斷線、脫線、跳線、明顯污損、外傷、混入雜物、緯線露出、補修不完全等異常。

3. 裡襯：確認裡襯有無不均勻、皺摺、外傷、剝離、氣泡等異常。

4. 被覆及塗裝：確認被覆及塗裝有無不均勻、皺摺、外傷、剝離、氣泡等異常。

四　消防用橡膠裡襯水帶試驗方法

㈠分類：消防用橡膠裡襯水帶之分類如表2。

表2　消防用橡膠裡襯水帶分類

種類（使用壓力MPa）	標稱									
2.0			100	90	75	65	50	40		
1.6	150	125	100	90	75	65	50	40		
1.3	150	125	100	90	75	65	50	40		
0.9	150	125				65	50	40	30	25
0.7						65	50	40	30	25

㈡套管構造：

1. 應使用材質良好之纖維織成。

2. 無被覆之套管，材質應均勻且織成堅固。

3. 有被覆之套管，材質應均勻且織成堅固。

㈢橡膠及合成樹脂材質：

1. 橡膠材質：

⑴抗拉強度及伸長率試驗：消防用橡膠裡襯水帶之裡襯及被覆所使用之橡

膠，應符合下列規定。

①抗拉強度及伸長率，依下列方式，以4個試驗片實施CNS3553硫化橡膠拉伸試驗法」規定之試驗。

a.在水帶無拉伸之狀態下，截取裡襯或被覆，製成啞鈴狀3號形狀（必要時，以研摩機將表面平滑處理），量測標線距離（L_0）內之最小厚度至0.01mm止，再將其裝置於橡膠抗拉強度試驗機。

b.以500±50mm/min之速度拉伸，到達破斷前之最大載重（F），量測精度至1.0N止，破斷時之標線距離（L）量測至1mm，依下列公式計算。

抗拉強度（MPa）＝F／A（小數點以下第二位四捨五入）

F：最大載重（N）；A：斷面積（mm^2）。

伸長率（%）＝（$L-L_0$）／$L_0\times100$（小數點以下四捨五入）

L：破斷時之標線距離；L_0：標線原距離（mm）。

②抗拉強度依壹、四㈢1.⑴①試驗後，應有13MPa以上。

③伸長率依壹、四㈢1.⑴①試驗後，應有420%以上。

④抗拉強度及伸長率，依量測值大小排序排列$S_1\geqq S_2\geqq S_3\geqq S_4$，依下列公式計算，抗拉強度小數點以下第二位四捨五入，伸長率小數點以下第三位四捨五入。

抗拉強度及伸長率＝（S_2+S_3）／2

⑵空氣加熱老化試驗：

①試片與壹、四㈢1.⑴①a.相同。

②施予空氣加熱老化試驗(將試片放置70±1℃溫度範圍下96小時後，施予壹、四㈢1.⑴①拉力試驗後，應有7.8MPa以上之抗拉強度。

⑶永久伸長率試驗：依下列方式實施CNS3554「硫化或熱塑性橡膠伸長永久變形試驗法」規定試驗後，其永久伸長率應在25%以下。

①在水帶無拉伸之狀態下，截取裡襯及被覆，製成啞鈴狀1號形狀，標上標線距離（L_0），依下列公式計算抗拉長度（L_X）。

$$L_X\text{（mm）}=L_0\left(\frac{100+1/2E}{100}\right)$$

E爲壹、四㈢1.⑴①b.求得之伸長率（%）

②將試驗片裝置於橡膠抗拉強度試驗機上，標線距離達L_X止，以一樣之速度拉伸，保持10分鐘後，急速使其收縮，放置10分鐘後，量測標線間之距離L_1（精度至0.1mm止），依下列公式計算永久伸長率。

永久伸長率（%）＝（L_1-L_0）／$L_0\times100$

③永久伸長率以4個試驗片實施之，並求其平均值（小數點以下四捨五入）。

⑷貼合強度試驗：消防用橡膠裡襯水帶裡襯、被覆以及塗裝所使用之橡膠，在摺疊之水帶平均施加10N/cm^2之載重，放置70±1℃溫度範圍下96小時後，不得互相黏粘。

2.合成樹脂材質：

⑴抗拉強度、伸長率及空氣加熱老化試驗：消防用橡膠裡襯水帶裡襯及被覆所使用之合成樹脂，抗拉強度及空氣加熱老化試驗應符合壹、四㈢1.⑴至⑵規定，但伸長率在實施壹、四㈢1.⑴①試驗後，應有260%以上。

⑵低溫摺疊試驗：截取長度30cm之水帶並摺疊三層，在其上面施加2N/cm^2之均勻載重，放置於－25±2℃溫度範圍下24小時後除去載重，將摺疊部分作反覆彎摺10次後放置於室溫，再實施壹、四㈧試驗壓力試驗，水帶性能

不得發生異常。

(3)耐水蒸氣試驗：截取長度3m以上之水帶，裝入相當於其容積1%之水量，將直徑10mm以上之繩索穿過水帶，於水帶內空氣排除之狀態下，兩端封閉，放置於恆溫槽70±3℃溫度範圍下360小時後，將水帶取出，放置10天，再實施壹、四(八)試驗壓力試驗，水帶性能不得發生異常。

(4)加熱減量試驗：從合成樹脂截取啞鈴狀1號形狀5片，置於乾燥器24小時以上，量測5片之總質量W_1（精度至0.001g止）。再將其置於100±2℃溫度範圍恆溫箱48小時後取出，再置於乾燥器中1小時以上，量測5片之總質量W_2，以下列公式求得之減量（四捨五入至小數點以下第二位），應為2%以下。

減量%＝$(W_1-W_2)/W_1\times100$

W_1：加熱前質量（g）；W_2：加熱後質量（g）。

(四)裡襯：消防用橡膠裡襯水帶之裡襯，應符合下列規定：

1.橡膠或合成樹脂厚度應有0.2mm以上，較薄部分以垂直影像量測儀量測，精度至0.01mm。

2.剝離強度試驗：

(1)依CNS3557「硫化橡膠接著試驗法」之剝離試驗，試片尺寸為寬25±0.5mm，長100mm（標稱25時，長度為80mm；標稱30時，長度為95mm），其剝離強度應有30N以上。

(2)於水帶同一部位，各取1片經向及緯向之試驗片。

(3)夾住試驗片，其移動速度是50±5mm/min。

(4)將拉伸載重之曲線繪成圖表，計算波狀曲線最高四點數值（小數點以下第二位四捨五入）。依量測值大小順序排列，$S_1\geqq S_2\geqq S_3\geqq S_4$，以下列公式計算剝離強度（小數點以下第二位四捨五入）。

剝離強度＝$(S_2+S_3)/2$

(5)分別求出經向及緯向試驗片之剝離強度平均值（小數點以下第二位四捨五入）。

4.表面上不得有皺紋等不均勻部分，且水流摩擦損失小。

(五)被覆及塗裝：

1.消防用橡膠裡襯水帶之橡膠或合成樹脂被覆，應符合壹、四(四) 2.規定。

2.消防用橡膠裡襯水帶之橡膠或合成樹脂之塗裝，應均勻且確實密接。

(六)長度：消防用橡膠裡襯水帶之長度，在乾燥筆直無拉伸之狀態下（精度至0.01m止），其長度分為10m、15m、20m或30m，並應有其標示長度之110%範圍內。但供雲梯消防車、屈折消防車、船舶及其他經消防主管機關認定之特殊用途使用者，不在此限。

(七)質量：將乾燥之消防用橡膠裡襯水帶捲起，質量量測至0.1kg止，以下列公式計算出平均每公尺水帶之質量（小數點以下四捨五入），依其種類及標稱，其質量應在表3所列數值以下。但雙層水帶或有被覆者，如無使用上之障礙者，不在此限。

質量（g/m）$=\dfrac{W\times1000}{L_0}$

W：水帶質量（g）；L_0：水帶長度（m）。

表3　消防用橡膠裡襯水帶質量（單位：g/m）

種類（使用壓力MPa）＼標稱	150	125	100	90	75	65	50	40	30	25
2.0			1,640	1,280	940	650	470	350		
1.6	3,800	2,500	1,520	1,190	880	620	450	340		
1.3	3,400	2,200	1,350	1,060	780	550	400	300		
0.9	3,100	2,000				500	370	280	230	190
0.7						500	370	280	230	190

㈧試驗壓力試驗：消防用橡膠裡襯水帶，依其種類及水帶狀態，應符合表4所列水壓，耐壓5分鐘。

表4　消防用橡膠裡襯水帶試驗壓力（單位：MPa）

種類（使用壓力Mpa）＼水帶狀態	直線狀態	彎摺狀態
2.0	40	28
1.6	32	22
1.3	25	18
0.9	18	13
0.7	15	10

㈨性能（伸長率）試驗：依壹、四㈥將消防用橡膠裡襯水帶筆直拉長，量測長度L_0後，將水壓調整至0.1MPa狀態下，量測水帶長度L_1，再依其種類施加使用壓力，量測水帶長度L_2，上開精度均為0.01m，以下列公式求得伸長率（小數點以下四捨五入），應在10%以下。但伸長率數值達到標準值時，L_1可替換成L_0。

伸長率（%）＝$(L_2-L_1)/L_1\times100$

㈩性能（扭轉）試驗：

1. 消防用橡膠裡襯水帶之扭轉為右方向，依其種類施加使用壓力，每公尺水帶之扭轉角度，依種類及標稱，應符合表5所列數值以下。
2. 此試驗在做壹、四㈨之同時，末端之扭轉回數N量測至1/4回止，扭轉角度α依以下公式求得，小數點以下四捨五入。

   扭轉角度α（度／m）＝$N/L_0\times360$

   L_0：施加壓力前水帶長度（m）

表5　消防用橡膠裡襯每公尺水帶之扭轉角度（單位：度／m）

種類（使用壓力MPa）＼標稱	標稱									
	150	125	100	90	75	65	50	40	30	25
2.0			80	100	120	140	160	200		
1.6	60	60	60	80	100	120	140	180		
1.3	40	40	40	60	80	100	120	160		
0.9	40	40				80	90	120	160	200
0.7						80	90	120	160	200

㈩性能（扭歪）試驗：

1. 消防用橡膠裡襯水帶以施加水壓0.1MPa之狀態爲基準，依其種類施加使用壓力時，水帶扭歪於使用壓力1.6MPa者，應在750mm以下，使用壓力1.3MPa者，應在650mm以下。
2. 此試驗在做壹、四㈩試驗同時進行，量測水帶中心線（水帶長度方向）與扭歪中心線距離之最大值，精度至1mm止（小數點以下四捨五入）。

㈪耐摩擦試驗：

1. 消防用橡膠裡襯水帶，依表6所列試驗條件實施耐摩擦試驗，使用壓力2.0MPa者，應耐80次以上；使用壓力1.6MPa者，應耐50次以上；使用壓力1.3MPa者，應耐30次以上；使用壓力在0.9MPa者，應耐20次以上；使用壓力在0.7MPa者，應耐10次以上之摩擦。

表6　消防用橡膠裡襯水帶耐摩擦試驗

項　目	試　驗　條　件
水帶內壓	水壓0.5MPa
摩擦面	曲率半徑150mm彎曲面上，用CNS1072規定之耐水砂紙（研摩劑之粒度100號）爲摩擦面
摩擦載重	10N
摩擦振動方向	與水帶成45度角
摩擦全振幅	200mm
摩擦頻率	每分鐘反覆20次

2. 量測此樣品發生漏水時之摩擦次數（小數點以下捨去）。
3. 以2個試驗片實施之，求出上項摩擦次數之平均值（小數點以下四捨五入）。
4. 樣品發生漏水時之摩擦次數，超過規定值之3倍時，試驗結束，試驗結果記載爲「規定值3倍以上」。

五　消防用麻織水帶試驗方法

㈠分類：消防用麻織水帶分類如表7。

表7　消防用麻織水帶分類

種類 （使用壓力Mpa）	標　稱		
1.5	65	50	40
0.8			

(二)水帶構造：

1.應使用精緻良好，無不純物纖維紡製之麻線製成。

2.材質應均勻且緊固織成。

(三)長度：消防用麻織水帶之長度，在乾燥、筆直無拉伸狀態下，量測至0.01m止。其長度分為10m、15m、20m或30m，且應有標示長度之110%範圍內。但供雲梯消防車、屈折消防車、船舶及其他經消防主管機關認定之特殊用途使用者，不在此限。

(四)質量：將乾燥之消防用麻織水帶捲起，量測至0.1kg止，其質量依標稱，應符合下列規定。

1.標稱65：每公尺水帶質量在360公克以下。

2.標稱50：每公尺水帶質量在300公克以下。

3.標稱40：每公尺水帶質量在220公克以下。

(五)試驗壓力試驗：消防用麻織水帶，依其種類及水帶狀態，應符合表8所列水壓，耐壓5分鐘。

表8　消防用麻織水帶試驗壓力（單位：MPa）

水帶狀態 種類 （使用壓力MPa）	直線狀態	彎摺狀態
1.5	2.8	2.1
0.8	1.5	1.1

(六)漏水量試驗：

1.消防用麻織水帶之漏水量，以水壓1MPa保持3分鐘後，調至0.8MPa，將水帶表面擦乾1分鐘後，以計量器量測水帶每公尺每分鐘之漏水量（小數點以下四捨五入）。

2.一條水帶量測4處之漏水量，依其標稱應符合下列規定。

(1)標稱65：每公尺水帶150cm^{3}以下。

(2)標稱50：每公尺水帶120cm^{3}以下。

(3)標稱40：每公尺水帶100cm^{3}以下。

(七)酸鹼度試驗：

1.從細長樣品截取經線、緯線各10g，分別放入200ml的燒杯中，加入100ml的蒸餾水，使用電熱器加熱煮沸30分鐘以上，冷卻後以酸鹼度試驗機或鹼試紙量測酸鹼濃度（PH值）。

2.試驗結果酸鹼度，應在6以上，8以下。

(八)耐摩擦試驗：

1.消防用麻織水帶之耐摩擦試驗以壹、四(十三)表6規定實施試驗，使用壓力在1.5MPa者，應耐45次以上，使用壓力在0.8MPa者，應耐15次以上之摩擦。

2.消防用麻織水帶之耐摩擦試驗，依壹、四(十三) 2.至 4.規定計算結果。

六　消防用沾濕水帶試驗方法

(一)分類：消防用沾濕水帶分類如表9。

表9　消防用沾濕水帶分類

種類（使用壓力MPa）	標　　稱					
1.3	90	75	65	50	40	25

(二)水帶構造：

1.應使用良好、無不純物之紗線，均勻編織。

2.水帶應均勻且確實堅固編織。

3.能適當保持濕潤之功能。

(三)材質：

1.消防用沾濕水帶之裡襯為橡膠者，應符合下列規定。

(1)橡膠表面上應無皺紋、不均勻部分，且應與套管均勻密接。

(2)截取長度3m之水帶，於水帶中間能讓氣流容易通過的狀態下將水帶摺疊，以CNS10018「硫化橡膠臭氧劣化試驗法」之試驗方法，依表10試驗條件試驗後，再實施壹、六(八)之漏水量試驗，功能不得發生異常。

表10　消防用沾濕水帶臭氧老化試驗

項　　目	試驗條件
臭氧濃度	50ppm
試驗槽溫度	38℃～42℃
試驗時間	360小時
試樣狀態及放入方法	放置於密閉箱內24小時後，將水帶在摺疊狀態下，放置試驗槽中心
臭氧濃度量測次數	試樣放入後，每15分鐘量測臭氧濃度值。但使用臭氣濃度自動調整裝置量測數值者，不在此限
臭氧濃度量測方法	依CNS10018規定之硫化橡膠臭氧劣化試驗法測定

(3)在摺疊水帶上，施加10N/cm^{2}載重，置放69℃至71℃之溫度下96小時，裡襯不得互相黏粘。

2.消防用沾濕水帶裡襯使用合成樹脂者，應符合壹、四(三)1.(1)與2.(2)及(4)規定。

(四)長度：消防用沾濕水帶之長度，在乾燥、筆直無拉伸狀態下，量測至0.01m止，其長度分為20m或30m，且應有標示長度110%範圍內。

(五)質量：將乾燥之消防用沾濕水帶捲起，量測質量至0.1kg止，並計算出平均每公尺水帶之質量（小數點以下四捨五入），依標稱應符合表11所列數值以下。

表11　消防用沾濕水帶質量

標　稱	每公尺水帶質量（g/m）
90	1060
75	780
65	550
50	400
40	300
25	200

㈥試驗壓力試驗：消防用沾濕水帶，依其種類及水帶狀態，應符合表12所列水壓，耐壓5分鐘。

表12　消防用沾濕水帶試驗壓力（單位：MPa）

水帶狀態 種類（使用壓力MPa）	直線狀態	彎摺狀態
1.3	2.5	1.8

㈦性能（伸長率）試驗：將消防用沾濕水帶筆直拉長，量測長度L_0後，將水壓調整至0.1MPa狀態下，量測水帶長度L_1，再依其種類施加使用壓力，量測水帶長度L_2，上開精度均為0.01m，以下列公式求得伸長率（小數點以下四捨五入），應在10%以下。但伸長率數值達到標準值時，L_1替換成L_0。

伸長率（%）＝（L_2-L_1）／$L_1\times100$

㈧漏水量試驗：1.將消防用沾濕水帶施加水壓0.5MPa保持35分鐘，計算出最後5分鐘內之平均漏水量，依標稱應符合表13所列數值以下，且水帶表面應為均勻沾濕。

表13　消防用沾濕水帶漏水量

	每公尺水帶漏水量（cm^3/min）
90	350
75	300
65	250
50	200
40	150
25	100

2.如有漏水量時多、時少之情形，以接水容器採集每公尺水帶之漏水量5分鐘，依下列公式計算（小數點以下四捨五入）。

漏水量（cm^3/min）＝採集漏水量／5

3.每條水帶量取4處之漏水量。

㈨耐摩擦試驗：

1.消防用沾濕水帶，以壹、四㈦表6規定實施試驗，應能耐30次以上之摩擦。

2.消防用沾濕水帶之耐摩擦試驗，依壹、四㈦2.至4.規定計算結果。

七　消防用保形水帶試驗方法

㈠分類：消防用保形水帶分類如表14。

表14　消防用保形水帶分類

種類（使用壓力Mpa）	標稱			
2.0	40	30	25	20
1.6				
1.0				
0.7				

㈡套管構造：消防用保形水帶套管，應符合壹、四㈡規定。

㈢橡膠及合成樹脂材質：

1.消防用保形水帶裡襯及被覆所使用之橡膠，應符合壹、四㈢ 1.(1)至(3)規定。

2.消防用保形水帶裡襯及被覆所使用之合成樹脂，應符合壹、四㈢ 1.(1)至(2)（除伸長率外）、四㈢ 2.(1)、(3)及(4)規定。

㈣裡襯：消防用保形水帶裡襯，應符合下列規定：

1.橡膠或合成樹脂裡襯厚度應有0.2mm以上，較薄部分以垂直影像量測儀量測，精度至0.01mm。

2.套管剝離強度，依CNS3557「硫化橡膠接著試驗法」實施剝離試驗，試片尺寸爲寬度25±0.5mm、長度100mm（標稱20者，長度爲56mm；標稱25者，長度爲81mm；標稱30者，長度爲95mm），其剝離強度應有30N以上。

3.表面上不得有皺紋等不均勻部分，水流之摩擦損失小。

㈤被覆及塗裝：

1.消防用保形水帶橡膠或合成樹脂之被覆，應依壹、七㈣ 2.規定。

2.消防用保形水帶橡膠或合成樹脂之塗裝，套管應均勻且能確實密接。

㈥長度：消防用保形水帶之長度，在乾燥筆直無拉伸狀態下，量測至0.01m止，其長度分爲10m、15m、20m或30m，並應有其標示長度之110%範圍內。但供雲梯消防車、屈折消防車、船舶及其他經消防主管機關認定之特殊用途使用者，不在此限。

㈦質量：測量乾燥消防用保形水帶之質量，精度至0.1kg止，依其種類及標稱，應符合表15所列數値以下。但套管有被覆者，如無使用上之障礙者，不在此限。

表15　消防用保形水帶質量（單位：g/m）

種類（使用壓力MPa）＼標稱	40	30	25	20
2.0	500	400	300	260
1.6	500	400	300	260
1.0	450	300	250	210
0.7	450	300	250	210

㈧試驗壓力試驗：將消防用保形水帶筆直拉伸，再捲成內徑爲最小彎曲半徑之圓形，依其種類及標稱，應符合表16所列水壓，耐壓5分鐘。

表16　消防用保形水帶試驗壓力（單位：MPa）

種類（使用壓力MPa）＼標稱	40	30	25	20
2.0	4.0			
1.6	3.2			
1.0	2.0			
0.7	1.5			

㈨性能（伸長率）試驗：將消防用保形水帶筆直拉長，量測長度L_0後，將水壓調整至0.1MPa狀態下，量測水帶長度L_1，再依其種類施加使用壓力，量測水

帶長度L_2，上開精度均爲0.01m，以下列公式求得伸長率（小數點以下四捨五入），應在10%以下。但伸長率數値達到標準值時，L_1替換成L_0。

伸長率（%）＝（L_2-L_1）／L_1×100

㈩性能（扭轉）試驗：

1.消防用保形水帶之扭轉爲右方向，且依其種類施加使用壓力，每公尺水帶之扭轉角度，依種類及標稱，應爲表17所列數値以下。

2.此試驗在做壹、七㈨之同時，末端之扭轉回數N量測至1/4回止，扭轉角度α依以下公式求得，小數點以下四捨五入。

扭轉角度α（度／m）＝N／L_0×360

L_0：施加壓力前的水帶長度（m）

表17　消防用保形水帶每公尺扭轉角度（單位：度／m）

標稱 種類（使用壓力MPa）	40	30	25	20
2.0	200	200	200	250
1.6	180	180	200	250
1.0	120	160	200	250
0.7	120	160	200	250

㈪性能（扭歪）試驗：

1.消防用保形水帶，以施加水壓0.1MPa之狀態爲基準，依其種類施加使用壓力時，水帶扭歪應在650mm以下。

2.此試驗在做壹、七㈩試驗同時進行，量測水帶中心線（水帶長度方向）與扭歪中心線距離之最大值，精度至1mm止（小數點以下四捨五入）。

㈫耐摩擦試驗：

1.消防用保形水帶，依壹、四㈪表6試驗條件實施摩擦試驗，使用壓力2.0MPa者，應耐80次以上；使用壓力1.6MPa者，應耐50次以上；使用壓力1.0MPa者，應耐20次以上；使用壓力0.7MPa者，應耐10次以上之摩擦。

2.消防用保形水帶之耐摩擦試驗，依壹、四㈪ 2.至 4.規定計算結果。

㈬保形性試驗：

1.將消防用保形水帶一端以下圖所示予以固定，依最小彎曲半徑之曲率，沿著枕木90度彎曲，其前端（從枕木下端60cm之位置），施加20N載重30分鐘，量測外徑精度至0.1 mm，依下公式計算出受壓變形率，應在10%以下（小數點以下四捨五入），且載重移除後，受壓變形率應在5%以下。

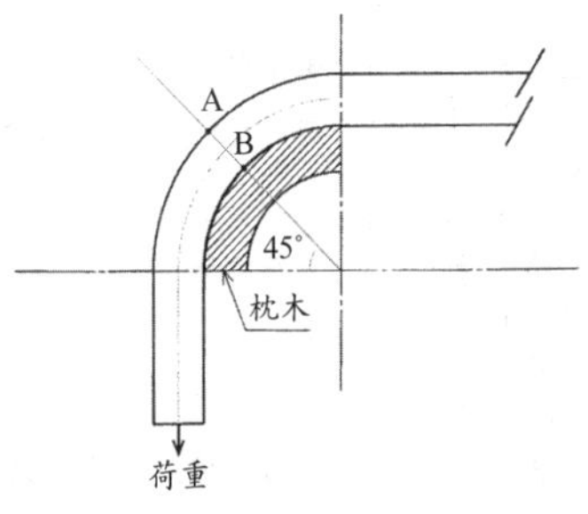

受壓變形率（%）＝$(c_1-c_2)/c_1\times100$

c_1：施加載重前A點與B點之外徑（單位：mm）

c_2：移除載重後A點與B點之外徑（單位：mm）

2.取長度10cm以上之消防用保形水帶，施加600N載重10秒後移除，應符合下列規定且不得有破損、龜裂、顯著變形等情形。

⑴依其種類以使用壓力施加1分鐘，移除水壓，量測外徑變化，精度至0.1mm，依下列公式計算殘留變形率，應在5%以下（小數點以下四捨五入）。

殘留變形率（%）＝$(d_1-d_2)/d_1\times100$

d_1：施加水壓前水帶垂直方向之外徑（單位：mm）

d_2：移除水壓後水帶垂直方向之外徑（單位：mm）

⑵將水帶筆直拉長，再捲成內徑為最小彎曲半徑之圓形，施加壹、七㈧試驗壓力的水壓，應耐壓5分鐘。

㈣耐閉塞性試驗：

1.取長度15m以上之消防用保形水帶，將其一端固定，依下圖所示，彎曲至最小彎曲半徑2倍的圓繞2圈的狀態，固定端與反方向之另一端，以最大100N施力使其延長，應不可有明顯破壞或彎曲等情形（判斷方法為水帶施加使用壓力，以直徑8mm瞄子放水，如未達流量60ℓ/min，即為明顯破壞或彎曲情形）。

2.延長操作須在平滑的地面或磁磚地面進行。

3.延長速度為5km/h。

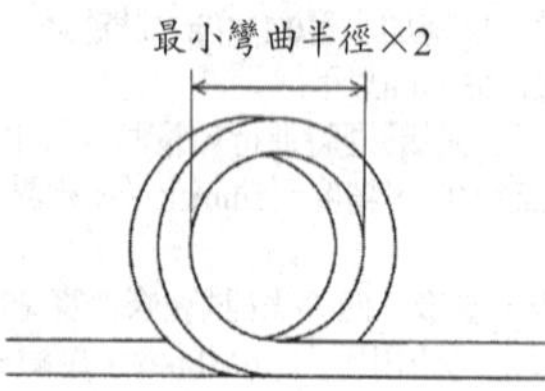

㈤耐低溫性試驗：消防用保形水帶，以最小彎曲半徑為內圓半徑，沿圓筒繞1圈，將其放置在−25±2℃溫度範圍下24小時後，將水帶迅速拉直再捲回圓筒，如此連續反覆10次，再施加壹、七㈧試驗壓力，不可有任何性能異常現象。

八　標示

消防用水帶應有經色線或經線（消防用保形水帶除外），並於容易辨認處，以不易磨滅之方法標示下列各項內容。

⑴製造者名稱或商標。

⑵製造年份。

⑶如係消防用沾濕水帶則標示「沾濕水帶」字樣。

⑷標稱、長度（如為壹、四㈥、五㈢、七㈥之特殊用途者，則標示其用途）。

⑸型式認可編號。

⑹如係雙層水帶者，標示其字樣。

⑺消防用保形水帶最小彎曲半徑（不致影響水帶性能的範圍內，將水帶彎曲成圓形之內圓半徑最小值）。

⑻種類之區分（使用壓力）。

九　新技術開發之消防用水帶

有關新技術開發之消防用水帶，依形狀、構造、材質及性能判定，若符合本基準規定及同等以上性能者，並經中央消防主管機關認定者，得不受本基準之規範，可依中央消防主管機關另訂之技術基準辦理。

貳　型式認可作業

一　型式試驗之方法

㈠型式試驗項目及樣品：型式試驗項目及樣品數，如表18所示。樣品長度為20m 3條（但標稱125、150的水帶，裝設耐水壓治具為20m 1條、3m 2條）。

表18　型式試驗項目及樣品數

試驗項目		樣品數（條）			
		消防用 橡膠裡襯水帶	消防用 麻織水帶	消防用 沾濕水帶	消防用 保形水帶
構造	內徑	3(1)	3	3	3
	質量	3(1)	3	3	3
	長度	3(1)	3	3	3
	外觀	3(1)	3	3	3
	標示	3(1)	3	3	3
	最小彎曲半徑	—	—	—	3
	組織	3(1)	3	3	3
	裡襯厚度	3(1)	—	—	3
性能	伸長率	3(1)	—	3	3
	扭轉	3(1)	—	—	3
	扭歪	3(1)	—	—	3
試驗壓力		3(1)	3	3	3
耐摩擦		3(1)	3	3	3
漏水量		—	3	3	—
酸鹼度		—	3	—	—
剝離強度		3(1)	—	—	3
保形性		—	—	—	3
耐閉塞性		—	—	—	3
耐低溫性		—	—	—	3
橡膠材質	抗拉強度	3(1)	—	—	3
	伸長率	3(1)	—	—	3
	永久伸長率	3(1)	—	—	3
	貼合強度	3(1)	—	3	—
	空氣加熱老化	3(1)	—	—	3
	臭氧老化	—	—	3	—

試驗項目		樣　品　數（條）			
		消防用 橡膠裡襯水帶	消防用 麻織水帶	消防用 沾濕水帶	消防用 保形水帶
合成樹脂材質	抗拉強度	3(1)	—	—	3
	伸長率	3(1)	—	—	3
	低溫摺疊	3(1)	—	3	—
	空氣加熱老化	3(1)	—	—	3
	加熱減量	3(1)	—	3	3
	耐水蒸氣性	3(1)	—	—	3

註：（）內之數值適用於標稱125、150。

㈡橡膠及合成樹脂之採樣方法：每條水帶之樣品數，依表19規定。

表19　橡膠及合成樹脂樣品

試驗項目	樣品數		試驗項目	樣品數	
	橡膠	合成樹脂		橡膠	合成樹脂
抗拉強度及伸長率	經向4	經向4	空氣加熱老化	經向4	經向4
			低溫摺疊	—	1
永久伸長率	經向4	—	耐水蒸氣	—	1
			加熱減量	—	5
剝離強度	經向2 緯向2	經向2 緯向2	貼合強度	1	—
			耐摩擦	2	2

㈢試驗流程：

1.消防用橡膠裡襯水帶：

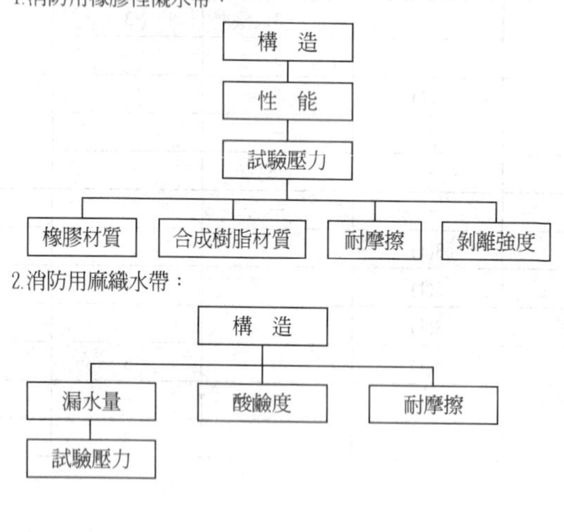

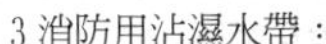
3.消防用沾濕水帶：

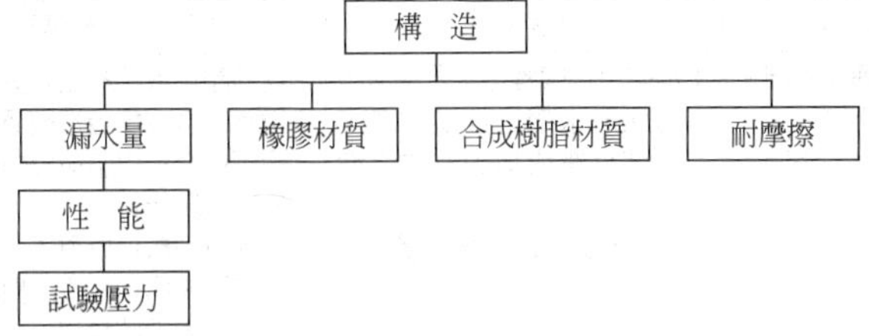

4.消防用保形水帶：

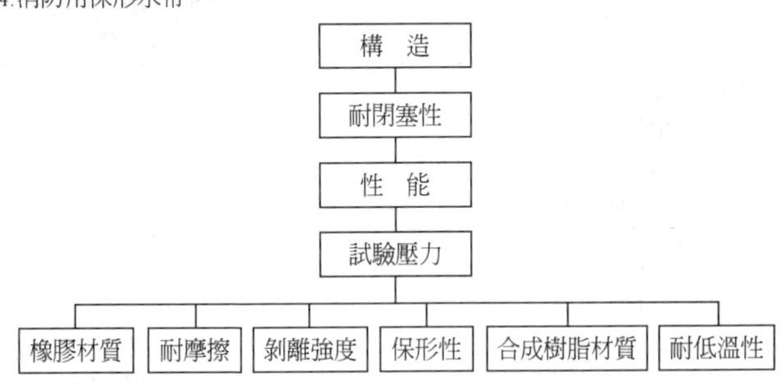

二　型式試驗結果之判定

㈠符合本認可基準所規定之技術規範者，該型式試驗結果視爲「合格」。

㈡符合貳、三補正試驗所列事項者，得進行補正試驗，惟以一次爲限。

㈢未符合本認可基準所規定之技術規範者，該型式試驗結果視爲「不合格」。

三　補正試驗

符合下列事項者，得進行補正試驗。

㈠型式試驗之不良事項如爲申請資料不完備（設計錯誤除外）、標示遺漏、零件裝置不良及表25中一般缺點之事項。

㈡試驗設備有不完備或缺點時，致無法進行試驗之情形。

四　型式變更之試驗方法

型式變更試驗之樣品數、試驗流程等，應就型式變更之內容，依貳、一型式試驗進行。

㈠型式變更之試驗方法及樣品數與型式試驗相同。

㈡型式變更之試驗項目只針對變更內容進行試驗。

五　型式區分、型式變更及輕微變更之範圍

型式區分、型式變更及輕微變更之範圍，依表20規定。

表20　型式區分、型式變更及輕微變更範圍

型式區分	型式變更	輕微變更
1.水帶種類不同。 2.標稱不同。 3.使用壓力不同。 4.雙層水帶。	1.消防用橡膠裡襯水帶或消防用保形水帶之裡襯被覆、塗裝材質或加工方法之變更。 2.原紗的組合或捻線之變更。	1.經紗顏色或經紗之變更。 2.橡膠或合成樹脂裡襯顏料。 3.橡膠或合成樹脂被覆顏料。 4.外部塗裝顏料。 5.下列所列標示事項： (1)字體、排列方式或標示顏色。 (2)「室內消防栓用」或「室外消防栓用」標示追加或刪除。 6.長度在規定範圍外之長度。

參　個別認可作業

一　個別試驗之方法

㈠個別認可依CNS9042「隨機抽樣法」規定進行抽樣試驗。

㈡抽樣試驗之嚴寬等級，分為寬鬆試驗、普通試驗、嚴格試驗、最嚴格試驗。

㈢個別認可之試驗項目分為一般樣品之試驗（以下稱為「一般試驗」），以及少數樣品之試驗（以下稱為「分項試驗」）。

二　批次之判定基準

㈠受驗品按不同受驗廠商，依其試驗嚴寬等級之區分，視為同一批次。

1.消防用橡膠裡襯水帶基本構造（有無被覆）、使用壓力、裡襯材質（乳膠、半固態橡膠或合成樹脂）及套管材質（天然纖維或合成樹脂）相同者。

2.消防用沾濕水帶裡襯材質（乳膠、半固態橡膠或合成樹脂）及套管材質（天然纖維或合成樹脂）相同者。

3.消防用麻織水帶使用壓力相同者。

4.消防用保形水帶基本構造（有無被覆）、使用壓力、裡襯材質（乳膠、半固態橡膠或合成樹脂）及套管材質（天然纖維或合成樹脂）相同者。

㈡新產品與已受試驗之型式不同項目僅有表21所列項目者，自第一次受驗開始即可與已受驗之型式視為同一批次；如其不同項目非表21所列項目，惟與已受驗型式不同之型式中，屬參、二㈠同一分級者，經連續十批次普通試驗，且均於第一次試驗即合格者，得列入已受驗合格之批次。此時屬於複數之型式時，批次為參、二㈠所列同一批次範圍，認定裡襯及套管成分為相同者（以下稱「同等型式」）構成同一分級，連續十批次普通試驗皆計入同等型式。

表21　產品與已受試驗之型式可視為同一批次之項目

1.組織（同一單位中限有同一標稱及材質之型式） 2.裡襯、被覆或塗裝厚度 3.裡襯或被覆之材質（同一單位中限有同一材質之型式） 4.塗裝之材質

㈢申請者不得指定將某部分產品列為同一批次。

三　個別試驗之樣品數及抽樣方法

㈠個別認可之樣品數，應依個別認可試驗之嚴寬等級及批量（如附表1至附表4）規定辦理。另受驗數量為少量之普通試驗，得由申請者依附表5申請認可作業。

㈡樣品之抽樣依下列規定：

1.抽樣試驗應以每一批次為單位。

2.樣品數應依受驗批次數量（受驗數＋預備品）及試驗嚴寬等級，按抽樣表

之規定抽取，並在事先已編號之製品（受驗批次）中，依隨機抽樣法（CNS 9042）隨意抽取，抽出之樣品依抽樣順序逐一編號。但受驗批量如在300個以上時，應依下列規定分爲二階段抽樣。

⑴計算每群應抽之數量：當受驗批次在五群（含箱子及集運架等）以上時，每一群之製品數量應在5個以上之定數，並事先編定每一群之編碼；但最後一群之數量，未滿該定數亦可。

⑵抽出之產品予以群碼號碼：同群製品須排列整齊，且排列號碼應能清楚辨識。

⑶確定群數及抽出個群，再從個群中抽出樣品：確定從所有群產品中可抽出五群以上之樣品，以隨機取樣法抽取相當數量之群，再由抽出之各群製品作系統式循環抽樣（由各群中抽取同一編號之製品），將受驗之樣品抽出。

⑷依上述方法取得之製品數量超過樣品所需數量時，重複進行隨機取樣去除超過部分至達到所要數量。

㈢一般試驗和分項試驗以不同之樣品試驗之。

四　試驗項目及流程

㈠一般試驗及分項試驗項目，依表22規定。

表22　一般試驗及分項試驗項目

試驗項目 ＼ 種類			消防用橡膠裡襯水帶		消防用麻織水帶	消防用沾濕水帶	消防用保形水帶
			橡膠	合成樹脂			
一般試驗	構造Ⅰ	內徑	○	○	○	○	○
一般試驗	構造Ⅰ	質量	○	○	○	○	○
一般試驗	構造Ⅰ	長度	○	○	○	○	○
一般試驗	構造Ⅰ	外觀	○	○	○	○	○
一般試驗	構造Ⅰ	標示	○	○	○	○	○
一般試驗	性能	伸長率	○	○	—	○	○
一般試驗	性能	扭轉	○	○	—	—	○
一般試驗	性能	扭歪	○	○	—	—	○
一般試驗	試驗壓力		○	○	○	○	○
分項試驗	構造Ⅱ	組織	○	○	○	○	○
分項試驗	構造Ⅱ	裡襯厚度	○	○	—	—	○
分項試驗	橡膠或合成樹脂材質	抗拉強度	○	○	—	—	○
分項試驗	橡膠或合成樹脂材質	伸長率	○	○	—	—	○
分項試驗	橡膠或合成樹脂材質	永久伸長率	○	—	—	—	○
分項試驗	剝離強度		○	○	—	—	○
分項試驗	耐摩擦		○	○	○	○	○
分項試驗	漏水量		—	—	○	○	—
分項試驗	酸鹼度		—	—	○	—	—
分項試驗	保形性		—	—	—	—	○

備註：○係表示應實施試驗項目。

㈡同條水帶橡膠及合成樹脂之樣品數，依表23規定。

表23　樣品數

試驗項目	樣品數	
	橡膠	合成樹脂
抗拉強度伸長率	經向3	經向3
永久伸長率	經向2	－
剝離強度	經向1 緯向1	經向1 緯向1

㈢一般試驗及分項試驗流程，依下列規定。

1.消防用橡膠裡襯水帶：

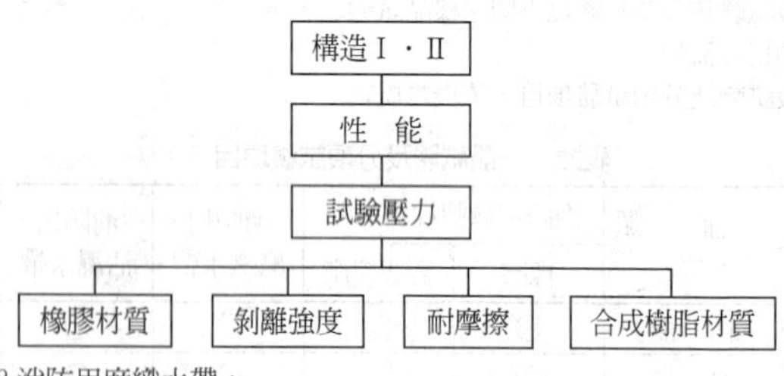

2.消防用麻織水帶：

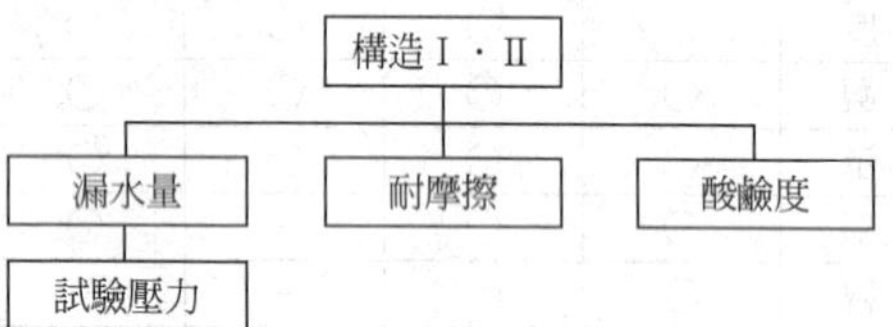

3.消防用沾濕水帶：

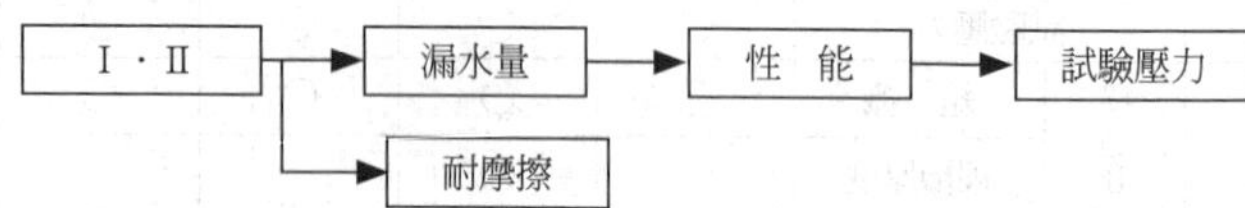

4.消防用保形水帶：

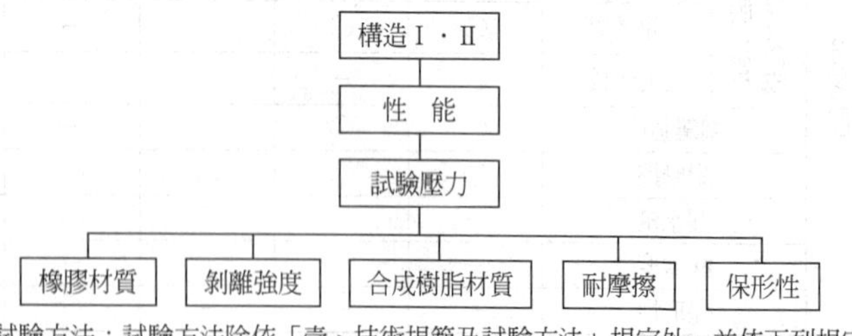

㈣試驗方法：試驗方法除依「壹、技術規範及試驗方法」規定外，並依下列規定進行試驗：

1.消防用橡膠裡襯水帶：

(1)抗拉強度及伸長率試驗，依壹、四㈢ 1.(1)④之「$S_1 \geqq S_2 \geqq S_3 \geqq S_4$」改爲「$S_1 \geqq S_2 \geqq S_3$」，「（$S_2+S_3$）／2」改爲「$S_2$」。

(2)永久伸長率試驗，依壹、四㈢ 1.(3)之「4個平均值」改爲「2個平均值」。

(3)剝離強度試驗片置於每條水帶上，各取經向及緯向之試驗片，以拉力試驗機試驗。

2.消防用麻織水帶：漏水量試驗，依壹、五㈥ 2.之「每條水帶4處」改爲「每條水帶1處」。

3.消防用沾濕水帶：

(1)性能（伸長率）試驗，依壹、六㈦之但書計算。

(2)漏水量試驗，依壹、六㈧ 3.之「每條水帶4處」改爲「每條水帶1處」。

4.消防用保形水帶：試驗方法依參、四㈣ 1.規定。

5.試驗壓力：每種水帶依規定水壓施加2分鐘。

6.合成樹脂抗拉強度與伸長率試驗，若2樣品之量測值滿足$S_1 \geqq S_2$且S_2符合標準值，則省略第3個樣品之量測。

五　缺點之分級及合格判定基準

㈠在試驗中發現之缺點，其嚴重程度依「消防機具器材及設備認可作業要點」規定，區分爲致命缺點、嚴重缺點、一般缺點、輕微缺點等4級。

㈡各試驗項目之缺點內容，依本基準肆、缺點判定方法規定，非屬該判定方法所列範圍內之缺點者，依「消防機具器材及設備認可作業要點」之分級原則判定之。

六　批次之合格判定

批次合格與否，依抽樣表與下列規定判定之：抽樣表中，Ac表示合格判定個數（合格判定之不良品數上限），Re表示不合格判定個數（不合格判定之不良品數下限），具有二個等級以上缺點之樣品，應分別計算各不良品之數量。

㈠抽樣試驗中各級不良品數均在合格判定個數以下時，應依八、嚴寬度等級之調整所列試驗嚴寬度條件調整試驗等級，且視該批爲合格。

㈡抽樣試驗中任一級之不良品數在不合格判定個數以上時，視該批爲不合格。但該等不良品之缺點僅爲輕微缺點時，得進行補正試驗，惟以一次爲限。

㈢抽樣試驗中出現致命缺點之不良品時，即使該抽樣試驗中不良品數在合格判定個數以下，該批仍視爲不合格。

七　個別試驗結果之處置

㈠合格批次之處置：

1.整批雖經判定爲合格，但受驗樣品中如發現有不良品時，仍應使用預備品替換或修復該等不良品後，方可視爲合格品。

2.即使爲非受驗之樣品，若於整批受驗樣品中發現有缺點者，準依參七㈠ 1.之規定。

3.上開參、七㈠ 1.、 2.情形，如無預備品替換或無法修復調整者，應就其不良品部分之個數，判定爲不合格。

㈡補正批次之處置：

1.接受補正試驗時，應提出第一次試驗時所發現不良事項之改善說明書及不良品處理後之補正試驗試驗合格紀錄表。

2.補正試驗之受驗樣品數以第一次試驗之受驗數爲準。但該批樣品經補正試驗合格，經依前參、七㈠ 1.處置後，仍未達受驗樣品數之個數時，則視爲不合格。

㈢不合格批次之處置：

1.不合格批次之產品接受再試驗時，應提出第一次試驗時所發現不良事項之改善說明書及不良品處理之再試驗試驗合格紀錄表。

2.接受再試驗時，不得加入第一次試驗受驗樣品以外之製品。

3.個別試驗不合格之批次不再受驗時，應於再試驗紀錄表中，註明理由、廢棄處理及下批之改善處理等文件，向辦理試驗單位提出。

八　試驗嚴寬度等級之調整

(一)第一次申請個別認可時，其試驗等級以普通試驗爲之，並依表24規定進行調整。

表24　試驗嚴寬度等級之調整

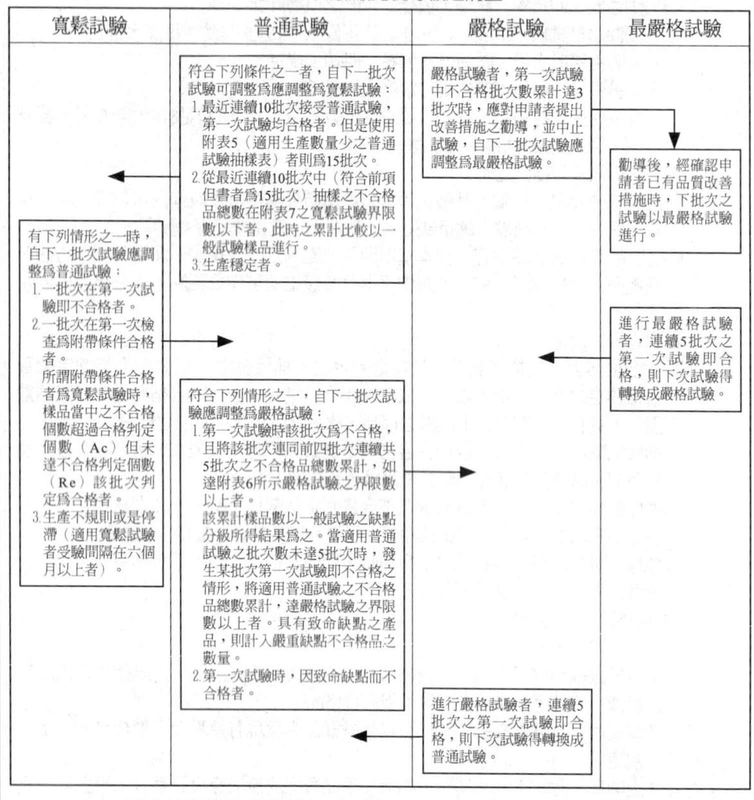
寬鬆試驗
普通試驗
嚴格試驗
最嚴格試驗
符合下列條件之一者，自下一批次試驗可調整爲應調整爲寬鬆試驗：
1.最近連續10批次接受普通試驗，第一次試驗均合格者。但是使用附表5（適用生產數量少之普通試驗抽樣表）者則爲15批次。
2.從最近連續10批次中（符合前項但書者爲15批次）抽樣之不合格品總數在附表7之寬鬆試驗界限數以下者。此時之累計比較以一般試驗樣品進行。
3.生產穩定者。
嚴格試驗者，第一次試驗中不合格批次數累計達3批次時，應對申請者提出改善措施之勸導，並中止試驗，自下一批次試驗應調整爲最嚴格試驗。
勸導後，經確認申請者已有品質改善措施時，下批次之試驗以最嚴格試驗進行。
有下列情形之一時，自下一批次試驗應調整爲普通試驗：
1.一批次在第一次試驗即不合格者。
2.一批次在第一次檢查爲附帶條件合格者。
所謂附帶條件合格者爲寬鬆試驗時，樣品當中之不合格個數超過合格判定個數（Ac）但未達不合格判定個數（Re）該批次判定爲合格者。
3.生產不規則或是停滯（適用寬鬆試驗者受驗間隔在六個月以上者）。
進行最嚴格試驗者，連續5批次之第一次試驗即合格，則下次試驗得轉換成嚴格試驗。
符合下列情形之一，自下一批次試驗應調整爲嚴格試驗：
1.第一次試驗時該批次爲不合格，且將該批次連同前四批次連續共5批次之不合格品總數累計，如達附表6所示嚴格試驗之界限數以上者。
該累計樣品數以一般試驗之缺點分級所得結果爲之。當適用普通試驗之批次數未達5批次時，發生某批次第一次試驗即不合格之情形，將適用普通試驗之不合格品總數累計，達嚴格試驗之界限數以上者。具有致命缺點之產品，則計入嚴重缺點不合格品之數量。
2.第一次試驗時，因致命缺點而不合格者。
進行嚴格試驗者，連續5批次之第一次試驗即合格，則下次試驗得轉換成普通試驗。

(二)有關補正試驗及再試驗批次之試驗分等，第一次試驗爲寬鬆試驗者，以普通試驗爲之；第一次試驗爲普通試驗者，以嚴格試驗爲之；第一次試驗爲嚴格試驗者，以最嚴格試驗爲之。再試驗批次之試驗結果，不得計入試驗寬鬆等級轉換紀錄中。

九　下一批次試驗之限制

個別認可如要進行下一批次試驗時，須於該批次個別認可試驗結束，且試驗結果處理完成後，始得實施下一批次之個別認可。

十　試驗之特例

有下列情形之一時，得在受理個別認可申請前，依預訂之試驗日程實施試驗，但須在確認產品之個別認可申請書受理後，才能夠判斷是否合格。

(一)第一次試驗因嚴重缺點或一般缺點判定不合格者。

(二)不需更換全部或部分產品，可容易將不良品之零件更換、去除或修正者。

十一　試驗設備發生故障時之處置

試驗開始後，因試驗設備發生故障或其他原因致無法立即修復，經確認當日無法完成試驗時，則中止該試驗。並俟接獲試驗設備完成改善之通知後，重新排定時間，依下列規定對該批實施試驗。

(一)試驗之抽樣標準與第一次試驗時相同。

(二)不得進行參、六(二)之補正試驗。

十二　其他

個別認可時，若發現受驗樣品有其他不良事項，經認定該產品之抽樣標準及個別認可方法不適當時，得由中央消防主管機關另訂個別認可方法及抽樣標準。

肆　缺點判定方法

各項試驗所發現之不合格情形，其缺點之等級應依表25及「消防機具器材及設備認可作業要點」第19條之規定判定。

表25　缺點判定表

試驗項目	致命缺點	嚴重缺點	一般缺點	輕微缺點
內徑			比基準值少1mm以上者	不符合基準值範圍，但一般缺點除外
質量				不符合基準值範圍
長度				不符合基準值範圍
外觀		整條水帶經線漏線	1.有4條組織以上脫線、斷線、跳線等使性能發生障礙之外傷者 2.緯線外露過多者 3.內襯釘孔、瑕疵、剝離等過大或一條樣品中有10個以上缺陷者 4.被覆及耐水性性能爲目的之塗裝，有套帶露出者 5.混入不同型式者	1.僅供識別爲目的之塗裝上有外層露出者 2.有3條組織以上脫線、斷線、跳線、嚴重外傷者 3.編織不均勻、影響纖維之虞的污損、混入夾雜物、修補不完整等異常者 4.有裡襯及被覆不均勻、皺摺、外傷、剝離、氣泡等異常者
標示			使用壓力標示脫落及誤繕	標示不清、脫落及誤繕。但一般缺點除外
最小彎曲半徑	較申請值大者			
性能（伸長率、扭轉、扭歪）			1.伸長率不符合基準值範圍 2.扭轉角度不符合基準值範圍 3.扭轉的方向爲左轉（逆時針） 4.扭歪不符合基準值範圍	
組織		材質、粗細、捻線合成股數及總股數與申請值不同	平均10cm之緯線密度數值超出申請數值±7%範圍者	

試驗壓力	橡膠裡襯、保形水帶	破裂者	因斷線而發生噴水狀漏水者	1. 僅發生斷線之情形 2. 僅發生噴水狀漏水之情形者 3. 僅發生滴水之漏水情形者 4. 發生大範圍滲水（最大直徑超過8cm）情形者 5. 小範圍滲水（最大直徑8cm以下）有6處以上者	發生小範圍滲水（最大直徑8cm以下）情形者
	麻織水帶	破裂者	發生多處噴水狀的漏水	1. 發生斷線情形者 2. 發生噴水狀漏水者	
	沾濕水帶	破裂者	因斷線而發生噴水狀漏水者	發生斷線者	
耐摩擦			不符合基準值範圍		
剝離強度			不符合基準值範圍		
漏水量				1. 不符合基準值範圍 2. 發生大範圍（最大直徑超過8cm）不漏水	
酸鹼度			不符合基準值範圍		
裡襯厚度				不符合基準值範圍	
橡膠材質			1. 抗拉強度（空氣加熱老化後）、伸長率不符合基準值範圍 2. 永久伸長率不符合基準值範圍 3. 黏粘者 4. 臭氧老化不符合基準值者		
合成樹脂材質		低溫摺疊或耐水蒸氣試驗發生水帶破裂者	1. 抗拉強度（空氣加熱老化後）、伸長率不符合基準值範圍 2. 加減熱量不符合基準值範圍 3. 低溫摺疊或耐水蒸氣性發生合成樹脂龜裂或破壞而漏水 4. 低溫摺疊或耐水蒸氣性因斷線發生噴水狀的漏水	1. 低溫摺疊或耐水蒸氣性，發生龜裂，但不漏水者 2. 低溫摺疊或耐水蒸氣性，發生斷線者	
※保形性		破斷者	1. 補強線等發生龜裂、斷線 2. 橡膠及合成樹脂發生龜裂	不符合基準值範圍	
※耐低溫性		破斷者	1. 補強線等發生龜裂、斷線 2. 橡膠及合成樹脂發生龜裂		
耐閉塞性		放水量未滿60ℓ/min			

※保形性（殘留變形率）及耐低溫性試驗壓力後的缺點區分，依本表「試驗壓力」欄之缺點區分。

伍　主要試驗設備

本基準各項試驗設備，依表26設置。

表26　主要試驗設備一覽表

試驗設備項目		規　　　格	數量
消防用水帶共通試驗設備	消防用水帶內徑量測用量規	3種以上標稱口徑（如附圖1）	1組
	量秤	秤量物質量之1.5倍，且精度至0.1kg	1台
	尺寸測量器	游標卡尺、直尺、 尺等市售品	1式
	剪刀	市售品	1支
	碼錶	60秒計（最小刻度0.2秒）	1個
	放大鏡	倍率約5倍以上，若沾濕水帶則為30倍	1個
	計算機	市售品（工程用）	1個
	壓力計	校正品	1套
	耐水壓試驗機	以水壓加壓至水帶試驗壓力的1.5倍以上，且同時可試驗5條以上（麻織水帶為2條）、22公尺以上測試台面之試驗設備（包括耐水壓治具）	1式
	耐摩擦試驗機	符合基準壹、四(十一)規定，摩擦平滑無跳動現象	1台
麻織水帶	乾燥機	可以放入試驗片（長度50cm）並使其乾燥之機器	1台
	漏水量測設備	依規定配合上述耐水壓試驗機可做漏水試驗設備	1式
	酸鹼度試驗機	可以讀出酸鹼度（PH值）至小數第二位	1式
橡膠裡襯、保形水帶	橡膠厚度量測儀	彩色影像量測儀可測定精度至0.01mm，放大倍率為15倍以上。	1台
	橡膠抗拉強度試驗機	依CNS3552「硫化橡膠物理試驗法通則」規定，實施橡膠抗拉強度之試驗機	1台
	橡膠永久伸長率試驗機	依CNS3554「硫化或熱塑性橡膠伸長永久變形試驗法」規定，實施橡膠永久伸長之試驗機	1台
	試驗片打模器	依CNS3553「硫化橡膠拉伸試驗法」規定，可將試驗片打出模型	1個
	橡膠剝離強度試驗機	依CNS3552「硫化橡膠物理試驗法通則」規定，實施橡膠剝離之試驗機	1台
	保形性受壓變形率試驗機	符合基準壹、七(十三) 1.規定之設備	1式
	保形性殘留變形率試驗機	符合基準壹、七(十三) 2.規定之設備	1式
沾濕水帶	漏水量試驗裝置	200ml、含接漏水容器各1個	1式
	臭氧老化試驗機	符合基準壹、六(三)規定設備	1式

消防用緊急發電機組審核認可須知

①民國92年3月6日內政部令修正發布全文4點；並自92年5月1日起施行。
②民國104年10月26日內政部令修正發布第1、3點；並自105年1月1日生效。
③民國106年1月3日內政部令修正發布第3點；並自即日起生效。
④民國106年10月25日內政部令修正發布第4點；並自即日起生效。
⑤民國108年9月30日內政部令修正發布全文4點；並自即日生效。

壹　申請認可應備文件

申請認可，應檢附下列文件：

一　申請書、審核表。

二　公司登記證明文件、工廠登記證明文件及最近一次完稅證明等影本，另進口品須檢附代理銷售證明。

三　發電機組正、側、背面之尺寸圖、照片、標示銘牌照片及說明資料。

四　發電機組及其組裝引擎、發電機頭廠牌型錄。

五　國外引進者，應附國外原廠之出廠證明及進口報單。

六　各項文件如爲外文資料者，應附中文譯本或適當之摘譯本。

七　設計手冊、維修保養手冊及施工安全規範。

八　發電機組之引擎，應附產品切結書，述明爲中古品或新品。

九　第三公證機構開具之測試報告，如爲國外第三公證機構開具者，應經我國駐外單位認證核章。

十　測試儀器校正合格文件。

前項第三款尺寸圖及照片須符合下列規定，並由申請人提供電子檔予內政部（消防署）登載網站：

一　完整機組之實體及外觀。

二　機組、引擎及發電機頭廠牌及型號之標示。

三　照片之拍攝須與機組、標示銘牌成直角，且清晰可見其引擎、發電機頭及控制盤等構造、零（組）件及標示內容。

四　照片爲單色背景或無雜物光影等妨礙辨識機組零（組）件及相對位置。

五　尺寸圖標示機組實體之長、寬、高、單位、比例及公差範圍。

貳　測試項目

一　消防用緊急發電機設備屬國內產製或組裝者，於申請審核認可時，應依下列規定測試，並將測試結果登載於測試報告。

㈠頻率變動率：先行測量無載頻率後，再將輸出端之負載電流調整至滿載電流（pf＝0.8）後，切斷開關，並於瞬間將該開關由OFF切換至ON，測其頻率之變化。

㈡瞬時電壓變動率：先行測量無載電壓後，再將輸出端之負載電流調整至滿載電流（pf＝0.8）後，切斷開關，並於瞬間將該開關由OFF切換至ON，測其電壓之變化。

應先行測量無載電壓後，再將輸出端之負載電流調整至67%之滿載電流（pf＝0.4）後，切斷開關，並於瞬間將該開關由OFF切換至ON，測其電壓之變化。

㈢超速特性試驗：測試時其以頻率表觀察者，將額定頻率調高至120%處，其轉速即爲額定轉速之120%；另發電機裝有限速裝置者，須申請者同意拆除後方憑測試，否則依其限速裝置所設定之轉速最大值予以測試，並於試驗報告中註明。

(四)溫昇試驗：在額定輸出下連續運轉，使發電機溫昇達到穩定時，以溫度計法或電阻法測量發電機各部溫昇不得超過表1之規定值。

絕緣種類 測量部位	E種絕緣		B種絕緣		F種絕緣		H種絕緣	
	溫度計法	電阻法	溫度計法	電阻法	溫度計法	電阻法	溫度計法	電阻法
電樞、磁樞繞組	65	75	70	80	85	100	105	125
靠近繞組之鐵心	75	—	80	—	100	—	125	—
軸承（自冷式）	外部測量40℃或插入測量45℃。							

(五)絕緣電阻試驗：以絕緣電阻計測量交流發電機之繞組對地（外殼）之絕緣強度，測量時應先切離負載；為免損毀發電機之控制電路，並得將控制電路切離。所測得數值應在下列數值以上。

$$\text{絕緣電阻（M}\Omega\text{）}=1+\frac{\text{額定電壓}}{1000}$$

(六)耐壓試驗：溫昇試驗後進行耐壓試驗，以絕緣電阻計測定繞組之絕緣，仍大於上式絕緣電阻數值時，以頻率60Hz近似正弦波形之交流電壓施於繞組與鐵心間（不含配電盤控制電路）應耐一分鐘，其電壓值依表2之規定實施。

<table>
<tr><th>類別</th><th colspan="2">測量部位</th><th>試驗電壓（有效值）</th></tr>
<tr><td>激磁機</td><td colspan="2">電樞繞組及激磁繞組</td><td>10Ex（V）（最低1500V）</td></tr>
<tr><td rowspan="2">交流機部分</td><td>電樞繞組</td><td>(a)1kVA未滿
E＝50V以上250V未滿
E＝250V以上
(b)1kVA以上</td><td>1000V
2E+500V
2E+1000V</td></tr>
<tr><td>激磁繞組</td><td>10Ex（V）（最低1500V）</td><td></td></tr>
</table>

備考：Ex：激磁機額定電壓，E：發電機之額定電壓

(七)波形試驗：在額定轉速及無負載狀況下，其電壓波形為正弦波或近似正弦波形，電壓波峰值變動率在容量500kVA以下者為10%，500kVA以上者為6%。

(八)自動啓動性能：如在裝設（配置）發電機現場，應配合自動轉換開關（ATS）檢測；在廠試驗時，則以手動模擬測試自動啓動性能。

二　消防用緊急發電機設備屬整組原裝進口者，申請審核認可時，前揭試驗報告須為國內（外）第三公證機構所開具者，始具效力。

三　執行前揭試驗單位，如為在廠試驗，則該製造廠之試驗儀器應為中華民國實驗室認證體系認證合格之設施，或領有正字標記廠或經ISO認證合格之工廠，其試驗儀器經知名測試單位校正合格者並檢附相關之校正合格文件。

四　發電機頭之額定輸出和引擎之最大停備輸出（Maximum Standby Output）不得小於發電機組之額定輸出。

參　認可程序及出廠設置

申請人塡具申請書及審核表並檢附相關文件向內政部（消防署）提出申請。

查核申請人應檢附之文件是否齊備。

查核其試驗結果是否符合本須知之規定。

查核其引擎是否有過載輸出（引擎停備輸出不得小於發電機組額定輸出）情事。

經審查通過者，發給審核認可書；審查不合格者，將其不合格部分，詳為列舉，通知

申請人。

申請人應自主品質管理，自一百零六年一月一日起每一發電機組出廠前應經第三公證機構或TAF認證之實驗室測試，其測試項目應含本須知貳、一、㈠至㈧及載明測試之依據、標準值及結果值，其合格測試報告送建築物起造人或場所管理權人，並留存一份備查。

肆　附錄

一　國內第三公證機構

㈠財團法人台灣大電力研究試驗中心。

㈡財團法人台灣電子檢驗中心。

㈢財團法人金屬工業研究發展中心。

㈣中華電信股份有限公司電信研究院。

㈤財團法人精密機械研究發展中心。

㈥財團法人工業技術研究院。

㈦國家中山科學研究院。

㈧國立臺北科技大學。

㈨中央警察大學。

㈩內政部建築研究所。

⑪經濟部標準檢驗局。

⑫台灣檢驗科技股份有限公司。

⑬財團法人消防安全中心基金會。

二　國外第三公證機構

㈠ABS Industrial Verification, Inc.

㈡Beckmann & Jorqensen International S.A.

㈢British Inspecting Engineers Ltd.

㈣Bureau Veritas.

㈤China Corporation Register of Shipping.

㈥Det Norske Veritas.

㈦Germanischer Lioyd.

㈧Inchcape Testing Services International Ltd.

㈨Inspectorate Plc.

㈩Ishikawajima Inspection & Instrumentation Co., Ltd.

⑪Japan Inspection Co., Ltd.

⑫Japan Quality Assurance Organization.

⑬Korea Marine Surveyors & Sworn Measurers' Corp.

⑭Lloyd's Register of Shipping.

⑮Moody-Tottrup International, Inc.

⑯Nippon Kaiji Kyokai.

⑰Nippon Kaiji Kentei Kyokai.

⑱Overseas Merchandise Inspection Co, Ltd.

⑲Robert W. Hunt Co.

⑳Societe Generale De Surveillance S.A.

㉑Thionville Surveying Co., Inc.

㉒TUV Rheinland Holding AG.

消防安全設備審核認可審查費及證書費收費標準

①民國98年9月4日內政部令訂定發布全文5條；並自發布日施行。
②民國103年12月19日內政部令修正發布第2條條文。

第一條

本標準依規費法第十條第一項規定訂定之。

第二條 103

①依消防法第六條第三項規定申請消防安全設備之審核認可，其金額如下：

一　煙控等性能設計，每件新臺幣一萬二千八百元。

二　潔淨藥劑滅火設備、氣密測試設備、放水型撒水設備、放水槍滅火設備、極早期偵煙探測設備等，每件新臺幣八千八百元。

②依各類場所消防安全設備設置標準第三條第一項規定申請消防安全設備之審核認可，其金額如下：

一　蓄電池設備、水霧噴頭、泡沫原液、緊急廣播設備、瓦斯漏氣檢知器、救助袋、洩波同軸電纜、簡易自動滅火設備、柴油引擎消防幫浦、可撓式軟管、合成樹脂管、防火排煙風管、礦物絕緣耐燃電纜、耐火型匯流排、一一九火災通報裝置等器具或設備，每件新臺幣五千元。

二　消防用緊急發電機組，每件新臺幣八百元。

③前二項消防安全設備審核認可之延期，應繳納審查費，其金額如下：

一　潔淨藥劑滅火設備、氣密測試設備、放水型撒水設備、放水槍滅火設備、極早期偵煙探測設備等需重新送內政部消防技術審議委員會審查之案件，每件新臺幣五千四百元。

二　蓄電池設備、水霧噴頭、泡沫原液、緊急廣播設備、瓦斯漏氣檢知器、救助袋、洩波同軸電纜、簡易自動滅火設備、柴油引擎消防幫浦、可撓式軟管、合成樹脂管、防火排煙風管、礦物絕緣耐燃電纜、耐火型匯流排、一一九火災通報裝置等器具或設備，每件新臺幣八百元。

④第一項、第二項消防安全設備審核認可後，其型號名稱、管長、藥劑量等變更，未影響其性能者，應申請審核認可變更，每件繳納新臺幣八百元。但變更後其性能改變者，應重新辦理審核認可。

第三條

申請核發或補（換）發審核認可書，應繳納證書費，每件新臺幣五百元。

第四條

有下列情形之一者，得免收取證書費：

一　中央主管機關變更證書格式申請換發證書。

二　行政區域調整或門牌改編致變更營業場所地址申請換發證書。

第五條

本標準自發布日施行。

消防安全設備檢修申報費用計算基準

民國87年4月1日內政部消防署函訂定發布全文5點。

一　爲作爲消防安全設備檢修機構收費標準核定之依據，特訂定本基準。

二　名詞定義

㈠基本工資：檢修人員每人每日工作八小時之工資。本項工資係依檢修人員之經歷、能力而有所不同，爲不定額。

㈡設備工時：檢修消防安全設備所需人數、時間，就各設備換算爲每日之工時（詳如本基準第五點之標準工時表）。

三　消防安全設備檢修費用之計算方式如下

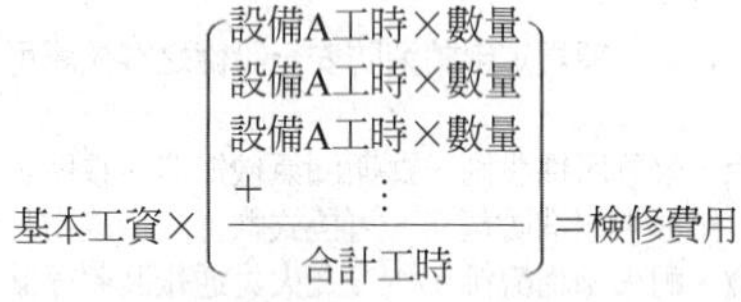

$$\text{基本工資}\times\left(\frac{\begin{array}{l}\text{設備A工時}\times\text{數量}\\ \text{設備A工時}\times\text{數量}\\ \text{設備A工時}\times\text{數量}\\ +\quad\vdots\end{array}}{\text{合計工時}}\right)=\text{檢修費用}$$

四　檢修費用之計算順序如下

㈠依場所內之消防安全設備別分別核算。

㈡依照消防安全設備別，累計各設備之數量。

㈢各消防安全設備所累計數量分別參照標準工時表乘以工時，核算其合計工時。

㈣將基本工資乘上合計工時，可算出檢修費用。

五　各項消防安全設備檢修標準工時如下

㈠滅火器

滅火器別		外觀檢查	性能檢查
二氧化碳滅火器		0.031	0.060
海龍滅火器		0.031	0.060
泡沫滅火器		0.031	0.060
水滅火器	加壓式	0.031	0.100
	蓄壓式	0.031	0.100
乾粉滅火器	加壓式	0.031	0.150
	蓄壓式	0.031	0.150
自動滅火器		0.036	0.160
滅火器輪架型、乾粉50型		0.150	0.750

備註：性能檢查之個數爲依據「各類場所消防安全設備檢修及申報作業基準」之規定作採樣。

㈡室內、外消防栓

機器名稱（項目）	外觀・性能・綜合檢查
水源	0.025
電動機之控制裝置	0.250

啓動裝置		0.250
加壓送水裝置（含幫浦、電動機、啓動水壓開關裝置、呼水裝置及配管）		0.424
消防栓箱等（每個）	室內 室外	0.120 0.120
放水試驗		0.420

㈢自動撒水設備・水霧滅火設備

機器名稱（項目）	外觀・性能・綜合檢查
水源	0.025
電動機之控制裝置	0.250
啓動裝置	0.250
加壓送水裝置（含幫浦、電動機、啓動水壓開關裝置、呼水裝置及配管）	0.424
送水口	0.075
撒水頭（水霧噴頭）	0.002
自動警報逆止閥及流水檢知裝置	0.250
一齊開放閥	0.212
補助撒水栓箱等	0.120

㈣泡沫滅火設備

機器名稱（項目）	外觀・性能・綜合檢查
水源	0.025
電動機之控制裝置	0.250
啓動裝置	0.250
加壓送水裝置（含幫浦、電動機、啓動水壓開關裝置、呼水裝置及配管）	0.424
泡沫原液槽（含發泡試驗）	0.700
混合裝置及加壓送液裝置	0.250
泡沫放出口（每個） 感知撒水頭（每個）	0.002 0.002
泡沫消防栓箱等	0.120
自動警報逆止閥	0.212
一齊開放閥（含電磁閥）	0.094
補助撒水栓箱等	0.120
防護區劃及緊急停止裝置（限使用高發泡設備）	0.120
泡沫放射試驗	0.600

㈤二氧化碳滅火設備

機器名稱（項目）	外觀・性能・綜合檢查
二氧化碳藥劑儲存容器等	0.18
啟動用氣體等	0.015
選擇閥	0.150
操作管及逆止閥	0.015
啟動裝置	0.025
警報裝置	0.007
控制裝置	0.030
配管	0.005
放射表示燈	0.015
噴頭	0.002
防護區劃	0.125
緊急電源	0.075
皮管、管盤、瞄子及瞄子開關閥（限移動式）	0.125
二氧化碳放射試驗	1.4

㈥乾粉滅火設備

機器名稱（項目）	外觀・性能・綜合檢查
乾粉滅火器藥劑儲存容器等	0.18
啟動用氣體容器等	0.015
選擇閥	0.150
操作管及逆止閥	0.015
啟動裝置	0.025
警報裝置	0.007
控制裝置	0.030
配管	0.005
放射表示燈	0.015
噴頭	0.002
防護區劃	0.125
緊急電源	0.075
皮管、管盤、瞄子及瞄子開關閥（限移動式）	0.125
乾粉放射試驗	1.4

㈦海龍滅火設備

機器名稱（項目）	外觀・性能・綜合檢查
海龍滅火器藥劑儲存容器等	0.18
啓動用氣體容器等	0.015
選擇閥	0.150
操作管及逆止閥	0.015
啓動裝置	0.025
警報裝置	0.007
控制裝置	0.030
配管	0.005
放射表示燈	0.015
噴頭	0.003
防護區劃	0.120
緊急電源	0.075
皮管、管盤、瞄子及瞄子開關閥（限移動式）	0.120
海龍放射試驗	1.4

㈧火警自動警報系統

機器名稱（項目）	外觀・性能・綜合檢查
預備電源及緊急電源	0.141
受信總機（含中繼器） 10回路以下 11回路以上 每增加10回路	0.270 0.070
定溫式線型探測器 差動式分布型探測器 差動式局限型探測器 定溫式局限型探測器 偵煙式探測器 光電式分離型探測器 火焰式探測器	0.060 0.060 0.010 0.017 0.083 0.083 0.100
手動報警機	0.015
標示燈	0.007
火警警鈴	0.014
音響裝置	0.008

⑼瓦斯漏氣火警自動警報系統

機器名稱（項目）	外觀・性能・綜合檢查
預備電源及緊急電源	0.141
受信總機（含中繼器） 10回路以下 11回路以上 每增加10回路	0.270 0.070
瓦斯漏氣檢知器	0.083
瓦斯漏氣表示燈	0.007
警報裝置	0.025

⑽緊急廣播設備

機器名稱（項目）	外觀・性能・綜合檢查
緊急電源	0.141
擴音機、操作裝置及遠隔操作裝置	0.400
啓動裝置	0.034
揚聲器（每一個）	0.018
標示燈	0.005

⑾標示設備

機器名稱（項目）	外觀・性能檢查
避難指標（每個）	0.005
避難方向指示燈（每個）	0.012
出口標示燈（每個）	0.012

⑿避難器具

機器名稱（項目）	外觀・性能・綜合檢查
緩降機	0.350
救助袋　垂直式 　　　　斜降式	0.840 0.840
避難梯	0.300
滑　台	0.300
避難橋	0.300
避難繩索	0.300
滑　桿	0.300

(十三)緊急照明設備

機器名稱（項目）	外觀・性能・綜合檢查
緊急照明燈	0.001
照度測量	0.008
蓄電池及充電器	0.025

(十四)連結送水管

機器名稱（項目）	外觀・性能檢查
送水口	0.015
水帶箱（含出水口、水帶、瞄子）	0.075
電動機之控制裝置	0.250
啓動裝置	0.013
加壓送水裝置（含呼水裝置及配管）	0.424
中繼水箱等	0.015
送水測試	0.600

(十五)消防專用蓄水池

機器名稱（項目）	外觀・性能檢查
水源	0.012
採水口（含進水管投入孔）	0.075

(十六)排煙設備

機器名稱（項目）	外觀・性能・綜合檢查
排煙區劃	0.050
防煙壁	0.008
排煙口、進風口	0.025
排煙、進風管道	0.050
電動機之控制裝置	0.050
啓動裝置	0.025
排煙機	0.075
出煙口	0.035

(十七)無線電通信輔助設備

機器名稱（項目）	外觀・性能檢查
保護箱	0.012
無線電接頭	0.025
增幅器	0.075
分配器等	0.025
空中天線	0.050

洩波同軸電纜（每10公尺）	0.025

㈥緊急電源插座

機器名稱（項目）	外觀・性能檢查
保護箱	0.012
插座 單相　110V 三相　220V	 0.024 0.025
開關器	0.010
表示燈	0.005

消防幫浦認可基準

民國101年11月14日內政部公告訂定發布全文5點；並自102年7月1日起生效。

壹　技術規範及試驗方法

一　適用範圍

供各類場所消防安全設備設置標準規定設置之室內消防栓、室外消防栓、自動撒水、水霧滅火、泡沫滅火及連結送水管等設備加壓使用之消防幫浦及其附屬裝置，其構造、材質、性能等技術上之規範及試驗方法，應符合本基準之規定。

二　用語定義

㈠消防幫浦：係指由幫浦、電動機，及控制盤、呼水裝置、防止水溫上升用排放裝置、幫浦性能試驗裝置、啓動用水壓開關裝置與底閥等全部或部分附屬裝置所構成。

㈡附屬裝置：係指控制盤、呼水裝置、防止水溫上升用排放裝置、幫浦性能試驗裝置、啓動用水壓開關裝置及底閥等裝置。

㈢控制盤：係指對消防幫浦及其附屬裝置之監視或操作之裝置。

㈣呼水裝置：係指水源之水位低於幫浦位置時，常時充水於幫浦及配管之裝置。

㈤防止水溫上升用排放裝置：係指幫浦全閉運轉時，防止幫浦水溫上升之裝置。

㈥幫浦性能試驗裝置：係指確認幫浦之全揚程及出水量之試驗裝置。

㈦啓動用水壓開關裝置：係指因配管內水壓降低而自動啓動幫浦之裝置。

㈧底閥：係指水源之水位低於幫浦之位置時，設於吸水管前端之逆止閥，具有過濾裝置，且使幫浦具有再吸水之能力者。

㈨轉速：

1.試驗轉速，係指電動機於正常之電源狀態（頻率、電壓），依本基準之試驗方法，試驗所達出水量時之幫浦運轉轉速（每分鐘之回轉數）。試驗轉速與幫浦本體標示之轉速不同者，不必予以換算。

2.幫浦本體標示之轉速，係指電動機於正常之電源狀態（頻率、電壓），幫浦在額定出水量（如額定出水量具有範圍時，在其最大額定出水量）下運轉時之轉速。

㈩測定點：幫浦各種性能之測定點如附圖1所示，並規定如下：

1.全閉運轉點。

2.額定出水量點（額定出水量以範圍表示者，測定其最小額定出水量點與最大額定出水量點）。

3.額定出水量之150%出水量點（額定出水量以範圍表示者，以其最大額定出水量之150%爲測定點）。

⑪組成區分：消防幫浦依其組成方式可分爲下列三型：

1.基本型：由㈠消防幫浦及㈧底閥所構成。

2.組合Ⅰ型：在基本型當中加入㈣呼水裝置至㈦啓動用水壓開關裝置。

3.組合Ⅱ型：在組合I型當中加入㈢控制盤。

三　幫浦與電動機

㈠形狀與構造：幫浦與電動機之形狀、構造，應對照申請圖說，確認符合下列規定。且電動機與幫浦本體之連接方式應爲同軸式或聯軸式（但電動機額定輸出在11kW以上者，限用聯軸式），並屬單段或多段離心幫浦。

1.幫浦之形狀、構造部分：

⑴幫浦之翻砂構件內外面均需光滑，不得有砂孔、龜裂或厚度不均現象。

⑵動葉輪之均衡性需良好，且流體之通路要順暢。

⑶在軸封部位不得有吸入空氣或嚴重漏水現象。

⑷對軸承部添加潤滑油之方式，應可從外部檢視潤滑油油面高度，且必須設有補給用之加油嘴或加油孔。但不須添加潤滑油者，不在此限。

⑸傳動部分因外側易被接觸，應裝設安全保護蓋。

⑹有發生鏽蝕之虞的部分，應施予有效之防蝕處理。

⑺放置於水中之幫浦，吸入口之材質應使用不鏽鋼或具同等以上強度且具耐蝕性之材質，並應裝設過濾裝置。

⑻與幫浦相連接之配管系中所使用之凸緣，應符合CNS790、791或792之鐵金屬製管凸緣基準尺度。

⑼凡裝設有電氣配線、電氣端子、電氣開閉器之電氣用品，應避免放置於潮溼或因水氣而使機器功能產生異常情況之場所。

⑽固定腳架所使用之螺栓及基礎螺栓，對地震應有充分之耐震強度。

⑾不得有影響使用安全之龜裂、變形、損傷、彎曲及其他缺陷。

⑿不得裝設對幫浦功能產生有害影響之附屬裝置。

⒀應便於操作維修及更換零件。但在特殊構造及不可使用零件重整替換之部分，不在此限。

2.電動機之形狀、構造部分：

⑴電動機須使用單向誘導電動機、低壓三相誘導鼠籠式電動機或3kV以上之三相誘導鼠籠式電動機。

⑵三相卷線形誘導電動機、三相誘導電動機、水中電動機之規格應依⑴所示之規格。

⑶直流電動機之規格，應符合CNS11894（直流電機）之規定。

⑷電動機應能確實動作，對機械強度、電氣性能應具充分耐久性，且便於操作維修及更換零件。

⑸電動機各部零件應確實固定，不得有鬆動之現象。

⑹置於水中之電動機是密封式的，其結線用端子處應附有與幫浦運轉同方向之標示。

⑺除依⑴至⑹之規定外，並應符合CNS11445-1（旋轉電機之定額及性能總則）之規定。

㈡材質：幫浦與電動機之材質，應對照申請圖說，確認所附材質試驗成績報告書符合表1之規定或具同等以上強度且具耐蝕性者。

表1

零件名稱	材 質 規 格
幫浦本體	CNS2472（灰口鑄鐵件）
動葉輪	CNS2472（灰口鑄鐵件）、CNS4125（青銅鑄件）
主 軸	CNS4000（不鏽鋼）、CNS3828（附有套筒主軸者使用之中碳鋼）

㈢性能試驗：

1.幫浦性能應依附圖2所規定之裝置進行試驗，並確認符合下列規定。

⑴全揚程及出水量：

a.全揚程及出水量之試驗，依CNS659（水泵檢驗法（總則））及CNS660（水泵工作位差檢驗法）及CNS661（水泵出水量檢驗法）之規定，在第

二、㈩點所規定之各測定點測定幫浦之全揚程及出水量。此時，防止水溫上升用排放配管應為開放狀態（進行下述⑵、⑶、⑷及㈤之試驗時亦同）。

b.全揚程及出水量在附圖1所示性能曲線上，應符合下列⒜至⒞之規定，並應符合⒟至⒡所列許可差之規定（防止水溫上升用排放之水量，不包括在額定出水量內）。

⒜幫浦在額定出水量時，在其性能曲線上之全揚程應為額定全揚程之100%以上、110%以下。

⒝幫浦之出水量在額定出水量之150%時，其全揚程應為額定出水量在性能曲線上全揚程之65%以上。

⒞全閉揚程應為額定出水量在性能曲線上全揚程之140%以下。

⒟額定出水量時之全揚程應在設計值之＋10%、－0%內。

⒠額定出水量之150%時之全揚程應在設計值之－8%內。

⒡全閉揚程應在設計值之±10%內。

⑵軸動力：

a.軸動力應依正確之試驗，在額定出水量點及額定出水量之150%出水量點，以動力計測定已知性能電動機之輸出功率，單位取kW。

b.軸動力應符合下列規定：

⒜在額定出水量時，其軸動力不得超過電動機之額定輸出。

⒝在額定出水量150%時，其軸動力不得超過電動機額定輸出之110%。

⑶幫浦效率：

a.幫浦效率以試驗轉速在額定出水量之測定點，依下列公式計算。

$$\eta=\frac{0.0163\gamma QH}{L}$$

式中，η：幫浦效率（%）；γ：揚液每單位體積之質量（kg/ℓ）；Q：出水量（(ℓ/min）；H：全揚程（m）；L：幫浦軸動力（kW）（實測值）

b.幫浦之效率應依額定出水量，達到附圖3效率曲線圖所示效率值以上。額定出水量時之效率應在設計值之－3%以內。

c.幫浦應順暢運轉，且應避免軸承部之過熱、異常聲音、異常震動之情形發生。

⑷吸入性能：

a.在額定出水量點，依表2所列額定出水量之區分在所對應之吸入全揚程（係指吸入連成計讀數依幫浦基準面換算之值）運轉，測試當時之狀態。但額定出水量超過8,500ℓ/min者，依申請之吸入條件值運轉，測試當時之狀態。

表2

額定出水量（ℓ/min）	吸入全揚程（m）
未滿900	6.0
900以上，2,700以下	5.5
超過2,700，5,000以下	4.5
超過5,000，8,500以下	4.0
超過8,500	依使用目的設計之吸入全揚程

b.設置於水中之幫浦，即使該幫浦在最低運轉水位的情形下運轉，亦應無

異常情況發生。

2.電動機之性能應符合下列規定：

(1)幫浦在額定負載狀態下，應能順利啓動。

(2)電動機在額定輸出連續運轉8小時後，不得發生異狀，且在超過額定輸出之10%下運轉1小時，仍不致發生故障，引起過熱現象。

(四)運轉狀態試驗：

1.振動、噪音等運轉狀態：幫浦與電動機之振動、噪音等運轉狀態試驗，應符合下列規定，並特別注意軸承部之振動。

(1)依三、(三)、1.、(1)之規定進行試驗。在二、(十)所規定之測定點，以最大負載點進行1小時之連續運轉。

(2)在試驗中，應運轉順暢，葉片之平衡狀態良好，各部分不得有異常振動或發出異常聲音，且運轉中之壓力及出水量應無明顯變動。

(3)幫浦在運轉及停止狀態，不應由軸封部吸入空氣或有過大之漏水現象，且不得有自軸承部漏油之現象。

2.軸承溫度：幫浦之軸承溫度試驗，應在進行(四)、1.試驗前以熱電偶式溫度計裝設在軸承表面，以測試當時軸承表面之溫度。試驗中，軸承表面之最高溫度和周圍空氣溫度之溫差不得超過＋40℃。

(五)耐壓試驗：幫浦本體之耐壓試驗應以最高出水壓力之1.5倍加壓3分鐘。各部分不得有漏水等異常現象，但未影響軸封部機能者除外。

(六)絕緣電阻試驗：電動機之絕緣電阻試驗應在完成(三)及(四)之試驗後，測定電動機出口線外框間之絕緣電阻（低壓場合用500V絕緣電阻計，高壓場合用1,000V絕緣電阻計）。試驗中之絕緣電阻與電壓無關，應在5MΩ以上。

(七)啓動方式：

1.使用交流電動機時，應依表3之輸出功率別，選擇啓動方式。但高壓電動機不在此限。

表3

電動機輸出功率	啓動方式
未滿11kW	直接啓動 星角啓動 閉路式星角啓動 電抗器啓動 補償器啓動 二次電阻啓動 其他特殊啓動方式
11kW以上	星角啓動 閉路式星角啓動 電抗器啓動 補償器啓動 二次電阻啓動 其他特殊啓動方式

2.使用直流電動機時，應使用具有與前款同等以上，能降低啓動電流者。

3.幫浦在運轉狀態中，如遇停電，當電力再度恢復時，應不必操作啓動用開關，而能自行再度啓動運轉。

4.使用電磁式星角啓動方式，在幫浦停止狀態時，應有不使電壓加於電動機線圈之措施。

(八)標示：幫浦與電動機之本體應在明顯易見位置，以不易磨滅之方法，標示下列事項，並應對照相關申請圖說記載事項檢查之。

1.幫浦本體標示事項：

(1)製造者名稱或商標。

(2)品名及型式記號。

(3)製造年及製造編號。

(4)額定出水量、額定全揚程。

(5)出水口徑及進水口徑（如進出口徑相同，只須標示一個數據）。

(6)段數（限多段式者）。

(7)轉速或同步轉速。

(8)表示回轉方向之箭頭或文字。

2.電動機本體標示事項（但幫浦與電動機構成一體者，得劃一標示之）：

(1)製造者名稱或商標。

(2)品名及型式記號。

(3)製造年及製造編號。

(4)額定輸出或額定容量。

(5)額定電壓。

(6)額定電流（額定輸出時之近似電流值）。

(7)額定轉速。

(8)額定種類（如屬連續型則可省略）。

(9)相數及頻率數。

四　控制盤

(一)形狀與構造：控制盤之外觀、形狀、構造及尺寸，應符合CNS8919（固定式消防用加壓離心泵之附屬裝置）第2節之規定，並應對照申請圖說，確認符合下列規定。

1.不得有造成使用障礙顧慮之龜裂、變形、損傷、彎曲及其他缺陷。

2.形狀、構造及尺寸應與申請圖說記載之形狀、構造及尺寸相同。

3.控制盤不得設置漏電遮斷裝置。

4.外箱之材質應使用鋼板或同等以上強度之材質，有腐蝕之虞者應施予有效之防蝕處理。

5.控制組件（開關、斷路器、繼電器等）及電線類應符合負載之特性。且主要組件之標示應符合CNS5525（順序控制接線展開圖）、CNS5526（旋轉電機順序控制符號）、CNS5527（變壓器及整流器順序控制符號）、CNS5528（斷路器及開關順序控制符號）、CNS5529（電阻器順序控制符號）、CNS5530（電驛順序控制符號）、CNS5531（計器順序控制符號）、CNS5532（一般使用順序控制符號）、CNS5533（功能順序控制符號）之規定。

6.設於控制盤內之開關、斷路器應符合下列規定。

(1)在低壓控制盤內分歧電路時，電動機之每一電路應設符合CNS2931（無熔線斷路器）之規定，並應將其要旨標示在該斷路器上。

(2)設於高壓控制盤內之電路斷路器或限流保險絲應為符合CNS7121（室內6.6kV高壓用分段開關）、CNS7122（室內6.6kV高壓用分段開關檢驗法）或具有同等以上效能者。

(3)設於控制盤內之操作回路斷路器或保險絲應使用該回路必要之遮斷容量。

7.電磁開關及電磁接觸器應符合CNS2930（交流電磁開關）、CNS8796（交流電磁開關檢驗法）之規定。

8.控制盤應符合CNS8919（固定式消防用加壓離心泵之附屬裝置）第2.3.1至2.3.5節之規定，並依下列規定設置。

(1)操作開關應能直接操作電動機，並具下列標示，且符合CNS7623（控制用鈕型開關）、CNS7624（控制用鈕型開關檢驗法）之規定。

a.啟動用開關。

b.停止用開關。

(2)表示燈應依下列規定，易於識別者。且表示燈具有由正面容易更換之構造，其燈罩之形式為圓形或角形不易變色之合成樹脂或玻璃製者。但表示燈使用發光二極體者，照光部大小應在5mm以上，且應容易識別。

a.電源表示燈（白色或粉紅色）（該控制盤設有電壓計時，不在此限）。

b.運轉表示燈（紅色）。

c.呼水槽減水表示燈（橙色或黃色）（限設有呼水裝置者）。

d.電動機過電流表示燈（橙色或黃色）。

e.控制回路之電源表示燈（白色或淡紅色）。

(3)指示計器：電流計、電壓計（在該控制盤以外處能確認電壓時，不在此限）應符合CNS10907（指示電計器）、CNS10908（指示電計器試驗法）、CNS10909（直流用倍率器）之2.5級以上者。但按該計器之方法能確認時，不在此限。

9.控制盤內配線使用之電線應符合下列規定。

(1)低壓回路應使用符合CNS679（600V聚氯乙烯絕緣電線）、CNS879（第一種橡膠絕緣橡膠被覆輕便電纜）、CNS6070（電機器具用聚氯乙烯絕緣電線）或同等以上之電線。

(2)高壓回路應使用符合CNS6075（箱式配電設備用6.6kV絕緣電線）、CNS6076（箱式配電設備用6.6kV絕緣電線檢驗法）或同等以上之電線。

(3)電線之粗細，應不影響其電流容量及電壓下降。

(4)印刷電路基板配線應具有CNS10558（印刷電路用銅積層板（玻璃纖維布基材環氧樹脂））以上之絕緣性，且應不影響其構造、機器裝置方法、電流容量及電壓下降。

10.由控制盤到電動機之配線應使用符合CNS11174（耐燃電線）或同等以上之配線。

11.由控制盤到啓動用壓力開關及呼水槽減水警報用之配線，應使用符合CNS11175之耐熱配線或符合CNS11174之耐燃電線。

12.同一盤內有2種以上之滅火設備配線時，相互間應保持適當之間隔距離。但具有效之間隔者，不在此限。

13.同一盤內附有組裝消防幫浦啓動裝置空間時，應確認其明確標示在回路圖上。

(二)動作試驗：

1.動作試驗按照回路圖及配線圖，確認控制盤內之機器類接續是否有誤後，使用該控制盤最大容量之幫浦（在幫浦之額定輸出下）進行試驗，應符合下列之規定。且警報信號用輸出端子及幫浦運轉信號用輸出端子為無電壓端子時，為試驗其輸出信號，應另行準備試驗用燈泡。但無電壓端子之使用電壓明確時，得視為有電壓端子。

(1)以電動機最大額定輸出功率使其運轉1小時，不得產生機能障礙。

(2)操作控制盤之啓動用開關，幫浦應即啓動；操作控制盤之停止用開關，幫浦應即停止。

(3)幫浦由外部啓動信號（附設消防幫浦啓動裝置時，指其啓動信號，以下相同）自動啓動，在其運轉狀態（附設消防幫浦啓動裝置時，係指輸出信號表示燈閃爍，以下相同），當外部啓動信號解除時，仍應持續運轉，然後操作控制盤之停止用開關，幫浦應即停止。如外部啓動信號不解除，運轉中即使操作控制盤之停止開關，幫浦不得停止。

(4)在(3)之運轉狀態中，當外部啓動信號解除後，其運轉應持續，而當停電狀態中，如電力再度恢復時，應不必操作啓動用開關，而能自行再度啓動運轉。

(5)依(2)、(3)及(4)操作後，應確認電源表示燈、控制回路電源表示燈及運轉表示燈之亮燈與色別。

(6)幫浦運轉中之電流計及電壓計之指示數值，與標準測定器之刻度作比對，應在±10%以內。

電流計應爲具有控制盤之額定電流110%以上，200%以下額定刻度或超過該刻度範圍者。

(7)打開呼水槽之排水閥，當呼水槽之有效水量減到1/2時，呼水槽減水表示燈應亮燈，警報裝置應發出音響。此時，在運轉中之幫浦，其運轉不得自動停止。但與電動機過電流警報裝置連動，使緊急動力裝置啓動者不在此限。而表示燈之熄燈與警報之停止應只能直接由手動操作。

(8)依(1)、(2)、(3)、(4)、(6)及(7)操作後，連接幫浦運轉信號用輸出端子及警報信號用輸出端子之試驗用燈泡應亮燈。

(9)在操作回路上設有開關者，由該開關操作，其操作回路之電源表示燈應亮燈。

2.以該控制盤之最大使用電流值，依1.進行試驗，應符合下列規定。

(1)在1.(1)之連續運轉中，對控制盤施加額定電壓·額定電流值。當設備無法得到額定電壓·額定電流時，應以可得到低電壓額定電流之設備實施。將額定電流值以和額定電壓不同之電壓進行連續運轉時，應確認在運轉後，額定電壓對其機能不會發生障礙，並確認接續在端子上之輸出信號。

(2)依1.(2)啓動確認，應可由盤內電磁開關之動作燈進行。

(3)依1.(3)、(4)、(7)、(8)及(9)試驗，應以可測試該等機能之設備實施。

(4)依1.(5)試驗，應於上揭(1)、(2)及(3)之試驗時確認之。

(5)依1.試驗，應於上揭(1)之試驗時確認之。

(三)絕緣電阻及耐電壓試驗：

1.絕緣電阻試驗：低壓盤之主回路及控制回路用500V絕緣電阻計，高壓盤之主回路用1,000V絕緣電阻計，控制回路用500V絕緣電阻計，以測定下列所示各點。其試驗絕緣電阻值應在表4之規定值以上。但半導體應用製品對測定有障礙之回路除外。

表4

低壓盤之回路（主回路及控制回路）	5MΩ
高壓盤之主回路	30MΩ
高壓盤之控制回路	5MΩ

(1)主回路：

a.各相間。

b.各帶電部分與接地之金屬部分及與接地後之控制回路間。

c.在打開接觸端子狀態，電源側各端子與負載側各端子間。

(2)控制回路：

a.帶電部分與接地之金屬部分間。

b.計器用變壓器及操作用變壓器之帶電部與核心間及與一次、二次之線圈間。

2.耐電壓試驗：測定絕緣電阻後，施加表5之試驗電壓進行試驗，不得出現施加電壓之異常變動、放電及線路之異常現象，但半導體應用製品及對測定有障礙之回路不在此限。另除電源回路外，如提具製造者施行之試驗表（限於絕緣電阻試驗無異常者），得免施試驗。

(1)施加部分：

a.主回路：主回路導電部分與接地之金屬部分之間。

b.控制回路：控制回路外部接續端子與接地之金屬部分之間。

(2)施加方法及施加時間：最初施加所定試驗電壓之1/2以下電壓，其後加到所定之試驗電壓，其每時點之電壓在標示之範圍，應儘早使電壓上升到試驗電壓後1分鐘施加。1分鐘施加後，應儘速使電壓下降。但試驗電壓在2,500V以下時，其施加時間，得以試驗電壓之120%電壓施加1秒鐘爲之。

表5

區　分			試驗電壓V（交流實效值）
回路	回路之額定絕緣電壓V		
	交流	直流	
低壓	60以下	60以下	500
	60超過	60超過	2E＋1,000，最低1,500（註）
高壓	3,300	—	10,000
	6,600	—	16,000

註：E表示額定電壓（實效值）或試驗回路定常狀態下發生之電壓。

㈣標示：控制盤應在明顯易見位置，以不易磨滅之方法，標示下列事項，並應對照相關申請圖說記載事項檢查之。

1.製造者名稱或商標。

2.品名及型式記號。

3.製造年及製造編號。

4.額定電壓。

5.電動機輸出功率。

6.頻率。

7.額定電流（具有使用電流範圍者）。

8.電動機啓動方式。

五　呼水裝置

㈠形狀與構造：在呼水槽滿水之狀態，以目視或實測，對照申請圖說，確認符合下列規定。

1.呼水裝置應具備下列組件：

(1)呼水槽。

(2)溢水用排水管。

(3)補給水管（含止水閥）。

(4)呼水管（含逆止閥及止水閥）。

(5)減水警報裝置。

⑹自動給水裝置。

2.呼水槽之材質：應使用鋼板、合成樹脂或同等以上之強度、耐蝕性及耐熱性者，如有腐蝕之虞，應施予有效之防蝕處理。

3.呼水槽之容量：應具100ℓ以上之有效儲存量。但底閥之標稱口徑在150mm以下時，得使用有效貯水量50ℓ以上之呼水槽。

4.呼水裝置之配管口徑：補給水管之標稱口徑應在15mm以上，溢水用排水管之標稱口徑應在50mm以上，呼水管之標稱口徑應在40mm以上。

5.減水警報裝置之發信部：應採用浮筒開關或電極方式，在呼水槽水位降至其有效水量之二分之一前，應能發出音響警報。

6.呼水槽自動給水裝置：應使用自來水管或重力水箱，經由球塞自動給水。

7.不得有造成使用障礙顧慮之龜裂、變形、損傷、彎曲、洩漏、明顯腐蝕及其他缺陷。

8.有腐蝕之虞部分應施予有效之防蝕處理。

9.形狀、尺寸及標示事項應與申請圖說記載之形狀、尺寸及標示事項相同。

㈡性能試驗：打開排水閥，使呼水槽之貯水量減少，並自動補給水量；關閉排水閥，於規定容量停止補給。

六　防止水溫上升用排放裝置

㈠形狀與構造：以目視或實測，對照申請圖說，確認符合下列規定。

1.應從幫浦出水側逆止閥之一次側、呼水管逆止閥之一次側連接，使幫浦在運轉中能常時排水至呼水槽等處。

2.應裝設限流孔及止水閥。

3.應使用標稱口徑15mm以上者。

4.限流孔應符合下列規定。

⑴限流孔之材質應符合CNS4008（黃銅棒）、CNS4383（黃銅板及捲片）、CNS4384（加鉛易削黃銅板、捲片）、CNS10442（銅及銅合金棒）、CNS11073（銅及銅合金板、捲片）、CNS3270（不鏽鋼棒）、CNS8497（熱軋不鏽鋼鋼片及鋼板）、CNS8499（冷軋不鏽鋼鋼片及鋼板）或具同等以上強度及耐蝕性者。

⑵限流孔之口徑應爲3.0mm以上。但在限流孔之一次側，設有Y型過濾器，具限流孔最小通路之1/2以下之網目或圓孔之最小徑，其網目或圓孔之面積合計，在管截面積之4倍以上，能長時間連續使用，且易於清潔者，不在此限。

⑶限流孔之一次側應設止水閥。

⑷應具能檢查維護之構造。

5.不得有造成使用障礙顧慮之龜裂、變形、損傷、彎曲、洩漏、明顯腐蝕及其他缺陷。

6.形狀、構造及尺寸，應與申請圖說記載之形狀及尺寸相同。

㈡性能試驗：應符合下列規定。

1.在全閉運轉狀態，對防止水溫用排放裝置中之流水量，用計器測定其容量或重量。

2.排放之水於幫浦運轉中應常時排放至呼水槽或儲水槽。

3.所測定之排放水量，在下列公式計算所得值以上，且在申請設計值之範圍內。

$$q=\frac{Ls \cdot C}{60\Delta t}$$

式中，q：排放水量（ℓ/min）

Δt：幫浦內部水溫上升30℃時，每1公升水之吸收熱量（125,600J/ℓ）

Ls：幫浦全閉運轉時之輸出功率（kW）

C：幫浦全閉運轉輸出功率每小時千瓦之發熱量（3.6MJ/kW · h）

七　幫浦性能試驗裝置

(一)形狀與構造：以目視或實測，對照申請圖說，確認符合下列規定。

1.性能試驗裝置之配管應從幫浦出水側逆止閥之一次側分歧接出，並裝設流量調整閥及流量計。

2.配管及流量計應符合下列規定。

(1)配管之口徑應採適合額定出水量者。

(2)流量計之一次側設維護檢查用之閥（以下簡稱檢查閥），二次側設流量調整閥。但以檢查閥調整流量，且不影響流量計之性能、機能者，得不設流量調整閥。

(3)未於流量計二次側設流量調整閥時，其一次側之檢查閥與流量計間之直管長度應在該管管徑之10倍以上。

(4)流量計與設在二次側之流量調整閥間應爲直管，其長度應爲該管管徑之6倍以上。

(5)流量計指示器之最大刻度應爲幫浦額定出水量之120%以上，300%以下。對於幫浦之額定出水量具有範圍者，得採額定出水量下限值之300%以下。

(6)流量計指示器之一格刻度，應爲其最大刻度之5%以下。

3.不得有造成使用障礙顧慮之龜裂、變形、損傷、彎曲、洩漏、明顯腐蝕及其他缺陷。

4.形狀、構造及尺寸應與申請圖說記載之形狀及尺寸相同。

(二)流量試驗：

1.在幫浦設有性能試驗裝置之狀態，於額定出水量點，依附錄2之幫浦出水量測定方法施測，讀取當時之流量計標示值。

2.依附錄『幫浦出水量之測定方法』規定求得之値與幫浦性能試驗裝置之流量標示值之差，應在該流量計使用範圍之最大刻度之±3%以內。但作爲測定裝置之堰堤等，於附錄規定之測定誤差得不包含在該流量試驗裝置誤差範圍內。

八　啓動用水壓開關裝置

(一)形狀與構造：以目視或實測，對照申請圖說，確認符合下列規定。

1.啓動用壓力槽之構造應符合CNS9788壓力容器（通則）之規定。

2.啓動用壓力槽容量應在100ℓ以上。但出水側主配管所設止水閥之標稱口徑如爲150mm以下，得使用50ℓ以上者。

3.啓動用壓力槽應使用口徑25mm以上配管，與幫浦出水側逆止閥之二次側配管連接，同時在中途應裝置止水閥。

4.在啓動用壓力槽上或其近旁應裝設壓力錶、啓動用水壓開關及試驗幫浦啓動用之排水閥。

5.不得有造成使用障礙顧慮之龜裂、變形、損傷、彎曲、洩漏、明顯腐蝕及其他缺陷。

6.形狀、構造及尺寸應與申請圖說記載之形狀及尺寸相同。

(二)性能試驗：

1.在幫浦設有啓動用水壓開關裝置之狀態，打開啓動用壓力槽之排水閥，使啓動用水壓開關裝置動作而啓動幫浦。此時設定壓力開關之任意2點壓力值試驗之。

2.啓動用水壓開關裝置應於壓力開關設定壓力值之±0.5kgf/cm^{2}範圍動作，且幫浦應能有效啓動。

(三)標示：啓動用水壓開關裝置應在明顯易見位置，以不易磨滅之方法，標示下列事項，並應對照相關申請圖說記載事項檢查之。

1.啓動用壓力槽應標示下列事項。

(1)製造者之名稱或商標。

(2)製造年月。

(3)最高使用壓力（kgf/cm^2）。

(4)水壓試驗壓力（kgf/cm^2）。

(5)內容積（ℓ或m^3）。

2.壓力開關之設定壓力值或設定壓力之可能範圍。

3.其他於申請圖說上明載之事項。

九　閥類

閥類之形狀與構造以目視或實測，對照申請圖說，確認符合下列規定。

(一)應能承受幫浦最高出水壓力1.5倍以上壓力之強度，並具耐蝕性及耐熱性者。

(二)在出口側主配管上設置內螺紋式閥者，應具有表示開關位置之標示。

(三)開關閥及止水閥應標示其開關方向，逆止閥應標示水流方向，且應適切標示其口徑。

(四)設在主配管（出水側）之止水閥、設在防止水溫上升用排放裝置之止水閥及設在水壓開關裝置之止水閥，或在前述各閥附近，應以不易磨滅之方式標示「常開」或「常關」之文字要旨。

(五)上揭(四)之標示應為金屬板或樹脂板，「開」與「關」應以顏色區分，並能容易判讀。

(六)不得有造成使用障礙顧慮之龜裂、變形、損傷、彎曲、洩漏、明顯腐蝕及其他缺陷。

(七)形狀、構造及尺寸應與申請圖說記載之形狀及尺寸相同。

十　底閥

(一)形狀與構造：以目視或實測，對照申請圖說，確認符合下列之規定。

1.蓄水池低於幫浦吸水口時，應裝設底閥。

2.應設有過濾裝置，且繫以鍊條、鋼索等用人工可以操作之構造。

3.主要零件如閥箱、過濾裝置、閥蓋、閥座等應使用符合CNS2472（灰口鑄鐵件）、CNS8499（冷軋不鏽鋼鋼板、鋼片及鋼帶）或CNS4125（青銅鑄件）之規定或同等以上強度且具耐蝕性之材質。

4.不得有造成使用障礙之龜裂、變形、損傷、彎曲、洩漏、明顯腐蝕及其他缺陷等現象。

5.形狀、構造及尺寸應與申請圖說記載之形狀及尺寸相同。

(二)漏水及耐壓試驗：

1.將底閥單體或將吸水管（與該底閥之口徑相同，長1m以下）垂直裝置在底閥上，以滿水狀態放置5小時以上。然後，於該狀態下施加6kgf/cm^{2}水壓3分鐘以上。

2.試驗中，如有水位下降，應在10mm以內。如有漏水時，其漏水量應在下列公式求得值以內。

$$\text{漏水量（ml/min）}=0.2\text{ml/min}\times\frac{\text{吸水管管徑（mm）}}{25\text{mm}}$$

十一　壓力錶及連成錶

壓力錶及連成錶之形狀與構造以目視或實測，對照申請圖說，確認符合下列規定。

㈠精度等級應為1.5級以上者。

㈡幫浦運轉時，指針動作應順暢。

㈢不得有造成使用障礙之龜裂、變形、損傷、彎曲、洩漏、明顯腐蝕及其他缺陷等現象。

㈣形狀、構造及尺寸應與申請圖說記載之形狀及尺寸相同。

十二　試驗之一般條件

㈠試驗場所之標準狀態：試驗場所之溫度及濕度，原則上以CNS2395（試驗場所之標準大氣狀況）所規定之標準溫度狀態15級（20±15℃）及標準濕度狀態20級（65±20%）之組合當作常溫、常濕。溫度及濕度應在試驗開始及終了時記錄之。

㈡試驗揚液之狀態：試驗揚液為溫度在0～40℃範圍之清水。

㈢試驗結果之數值計算法：各項試驗結果所得數據，依數值修整法（參考CNS11296〔量、單位及符號之總則〕之附錄B）加以修整，其修整間隔之單位應依表6之規定。

表6

項目		單位
外觀尺寸及其他尺寸		按1mm指定許可差
水量	出水量	1ℓ/min
	排放水量	0.1ℓ/min
	漏水量	1ml/min
揚程		0.1m
轉速		$1min^{-1}$
輸出功率		0.1kW
效率		0.1%
時間		1s
溫度		1℃
絕緣電阻		1MΩ
電壓		1V
電流		0.1A
壓力		$0.1kgf/cm^2$

貳　型式認可作業

一　型式試驗之樣品數

型式試驗須提供樣品1個（型式變更時亦同）。

二　型式試驗之方法

㈠試驗項目：

1.電動機與幫浦之試驗項目：

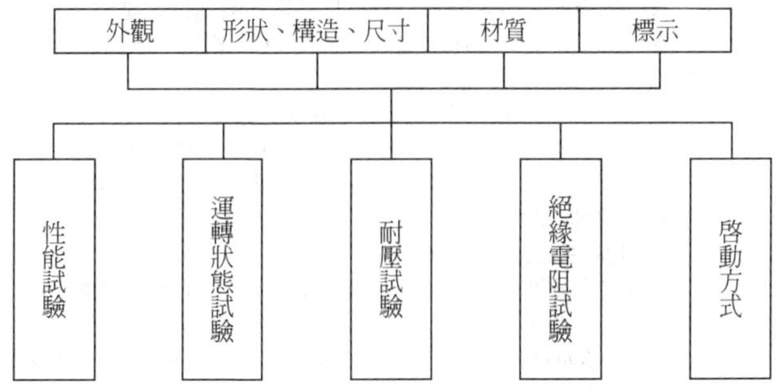

2.附屬裝置之試驗項目：

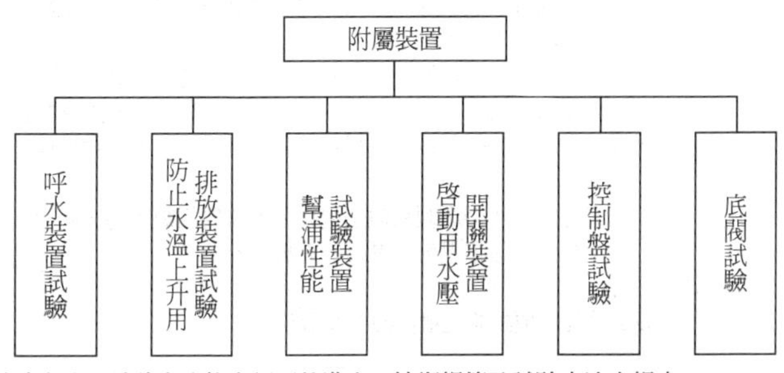

㈡試驗方法：試驗方法依本認可基準壹、技術規範及試驗方法之規定。

㈢試驗設備：進行試驗時所需之設備，應依附表2之規定。

三　型式試驗結果之判定

型式試驗之結果判定如下所述。

㈠符合本認可基準所規定之技術規範者，該型式試驗結果視爲「合格」。

㈡符合下述四、補正試驗所定事項者，得進行補正試驗，惟以一次爲限。

㈢未符合本認可基準所規定之技術規範者，該型式試驗結果視爲「不合格」。

四　補正試驗

符合下列事項者得進行補正試驗。

㈠型式試驗之不良事項如爲申請資料不完備（設計錯誤除外）、標示遺漏、零件裝置不良或符合附表3、缺點判定表之一般缺點或輕微缺點者。

㈡試驗設備有不完備或缺點，致無法進行試驗之情形。

五　型式變更之試驗方法

型式變更試驗之樣品數、試驗流程等，應就型式變更之內容，依前述型式試驗進行。

六　型式區分

型式區分、型式變更及輕微變更之範圍，依附表1之規定。

七　產品規格明細表及型式試驗記錄表格式如附表6之1至附表8。

參　個別認可作業

一　個別認可之方法

㈠個別認可之抽樣試驗數量依附表4之抽樣表規定，抽樣方法依CNS9042規定進行抽樣試驗。

㈡抽樣試驗之等級分為普通試驗及免會同試驗二種。
㈢個別試驗通常將試驗項目分為以通常樣品進行之試驗（以下稱為「一般試驗」）以及對於少數樣品進行之試驗（以下稱為「分項試驗」）。

二　個別認可之樣品數及抽樣方法

㈠個別認可之樣品數依相關試驗等級以及批次大小所定（如附表4）。另外，關於批次受驗數量少，進行普通試驗時，得依申請者事先提出之申請要求，使用附表5（只適用生產數量少之普通試驗抽樣表）進行認可作業。
㈡樣品之抽取如下所示：

1.抽樣試驗以每一批次為單位。

2.根據受驗批次大小（受驗數＋預備品）以及試驗的嚴寬等級，從抽樣表決定樣品數大小。從事先附有號碼之全製品（受驗批次）中以亂數表（CNS9042）抽樣。在抽樣之試品附上抽取順序一連串之編號，但是，受驗批次之大小在300個以上時，依下列方式分2個階段進行。

⑴批次分5個以上的組群，一群之製品數為5個以上，附上組群號碼。但是最終號碼群得不用到達定數。
⑵組群內之製品必須整齊排列，並且配列之號碼必須容易瞭解。
⑶從全組群定出可以抽出樣品5個以上之最低群數，從這些相當數群隨機抽樣，在從這些組群內製品以系統隨機抽樣（從各群抽取同一號碼製品）抽出樣品。
⑷以前述方法所得之製品數超過樣品所需要的數量時，將該製品再次進行隨機抽樣，去除超過部分得出所需數量。

三　試驗項目

㈠一般試驗及分項試驗之項目如下表所示。

表7

試驗區分	試驗項目
一般試驗	構造、形狀、材質、尺寸、標示
分項試驗	幫浦本體、電動機及附屬裝置的各種性能
	絕緣電阻（電動機）
	運轉狀態（電動機及幫浦本體）

㈡試驗方法：試驗方法依本認可基準壹、技術規範及試驗方法之規定，惟上揭壹、三、㈢、2.所規定，電動機在額定輸出連續運轉8小時之試驗項目得省略。
㈢個別試驗的紀錄使用附表9。

四　批次之判定基準

個別認可中之受驗批次判定如下：
㈠受驗品按各不同受驗工廠別，列為同一批。
㈡試驗結果應依批別登載於試驗紀錄表中，其型號應分別註記於備註欄中。
㈢申請者不得指定將某部分產品列為同一批。

五　缺點之分級及合格判定基準

缺點區分及指定合格判定基準依下列規定：
㈠試驗中發現之缺點，分為嚴重缺點、一般缺點及輕微缺點等三級。
㈡各試驗項目之缺點內容，依附表3缺點判定表之規定，非屬該缺點判定表所列範圍之缺點者，則依消防機具器材及設備認可作業要點判定之。

六　批次之判定

批次合格與否，按下列規定判定之：抽樣表中，Ac表示合格判定個數（合格判定時不良品數之上限），Re表示不合格判定個數（不合格判定之不良品數之下限），具有二個等級以上缺點之製品，應分別計算其各不良品之數量。

㈠抽樣試驗中各級不良品數均於合格判定個數以下時，視該批為合格。

㈡抽樣試驗中任一級之不良品數在不合格判定個數以上時，視該批為不合格。但該等不良品之缺點僅為輕微缺點時，得進行補正試驗，惟以一次為限。

㈢抽樣試驗中出現致命缺點之不良品時，即使該抽樣試驗中不良品數在合格判定個數以下，該批仍視為不合格。

七　個別認可結果之處置

依下列規定，進行個別認可結果之後續處理。

㈠合格批次之處置：

1.該批雖經判定為合格，但受驗樣品中如發現有不良品時，應使用預備品替換或修復之後視為合格品。

2.即使為非受驗之樣品，若於整批受驗製品中發現有缺點者，準依前款之規定。

3.上述1.、2.兩種情形，如無預備品替換或無法修復調整者，應就其不良品部分之個數，判定為不合格。

㈡補正批次之處置：

1.接受補正試驗時，應提出第一次試驗時所發現不良事項之改善說明書及不良品處理之補正試驗用廠內試驗紀錄表。

2.補正試驗之受驗數以第一次試驗之受驗數為準。但該批製品經補正試驗合格，經依上述㈠、1.之處置後，仍未達受驗數之個數時，則視為不合格。

㈢不合格批次之處置：

1.不合格批次之產品接受再試驗時，應提出第一次試驗時所發現不良事項之改善說明書，及不良品處理之補正試驗用廠內試驗紀錄表。

2.接受再試驗時不得加入初次試驗受驗製品以外之製品。

3.個別試驗不合格之批次不再受驗時，應依補正試驗用廠內試驗紀錄表之表格，註明理由、廢棄處理以及下批之改善處理等文件，向認可機構提出。

八　普通試驗

申請個別認可，其試驗等級均以普通試驗為之，並依附表4之抽樣表規定。

九　免會同試驗

㈠符合下列情形者，得免會同試驗：

1.第一次試驗五批均合格。

2.受驗數量達十台以上。

3.取得ISO9001認可登錄。

㈡免會同試驗連續五次後，第六次即須派員會同實施試驗。但過去二年內申請個別認可均合格者，得經免會同試驗連續十次後，第十一次即須派員會同實施試驗。

㈢符合免會同試驗資格者，如經使用者反應認可品有構造或性能不良之情形時，即恢復為須派員會同實施試驗。

㈣符合免會同試驗資格者，如有下列情形之一時，該批樣品應即派員會同實施試驗。

1.所提廠內試驗紀錄表有疑義時。

2.六個月內未申請個別認可者。

十　下一批試驗之限制

個別認可中有關型式之批次於下次進行之個別試驗時，係以該批之個別認可終了，或依該個別認可之結果所為之處置完成後，始得施行下次之個別認可。

十一　試驗之特例

有下列情形時，得在受理個別認可申請前，逕依預定之試驗日程實施試驗。此情形下須在確認產品之個別認可申請書受理後，才能夠判斷是否合格。

㈠第一次試驗因嚴重缺點或一般缺點經判定不合格者。

㈡不需更換全部產品或部分產品，可容易選取、去除申請數量中之不良品或修正者。

十二　試驗設備發生故障或無法試驗時之處置

試驗開始後因試驗設備發生故障或其他原因致無法立即修復，經確認當日無法完成試驗時，得中止該試驗。並俟接獲試驗設備完成改善之通知後，重新擇定時間，依下列規定對該批施行試驗。

㈠試驗之抽樣標準與第一次試驗時相同。

㈡不得進行補正試驗。

十三　其他

個別認可時，若發現製品有其他不良事項，經認定該產品之抽樣標準及個別認可方法不適當時，得另訂個別認可方法及抽樣標準。

密閉式撒水頭認可基準

①民國101年11月14日內政部公告訂定發布全文5點；並自102年7月1日起生效。
②民國106年7月4日內政部令修正發布全文5點；並自107年1月1日生效。

壹　技術規範及試驗方法

自動撒水設備使用之密閉式撒水頭，其構造、材質、性能等技術規範及試驗方法，應符合下列之規定：

一　用語定義

㈠標準型撒水頭：將加壓水均勻撒出，形成以撒水頭軸心爲中心之圓形分布者。

㈡小區劃型撒水頭：與標準型撒水頭有別，係將加壓水分撒於地面及壁面，以符合壹、十四、㈡ 1.及 2.試驗規定。

㈢側壁型撒水頭：將加壓水均勻撒出，形成以撒水頭軸心爲中心之半圓形分布者。

㈣水道連結型撒水頭：將加壓水分撒於地面及壁面，以符合壹、十四、㈣試驗規定，並得與自來水配管連接設置者。

㈤迴水板：在噴頭之頂端，使加壓水流細化並分撒成規定撒水形狀之元件。

㈥設計載重：裝配撒水頭預先設定之重量。

㈦標示溫度：撒水頭預先設定之動作溫度，並標示於撒水頭本體。

㈧最高周圍溫度：依下列公式計算之溫度；但標示溫度未滿75℃者，視其最高周圍溫度一律爲39℃。

Ta＝0.9Tm－27.3

Ta：最高周圍溫度（℃）

Tm：撒水頭之標示溫度（℃）

㈨放水壓力：以放水量試驗裝置（整流筒）測試撒水頭之放水狀況所呈現之靜水壓力。

㈩框架：撒水頭之支撐臂及其連接部分。

⑪感熱元件：加熱至某一定溫度時，會破壞或變形引發撒水頭動作之元件，包括：

1.易熔元件：易熔性金屬或易熔性物質構成之感熱元件。

2.玻璃球：將工作液密封於玻璃球體內之感熱元件。

⑫釋放機構：撒水頭中由感熱及密封等零件所組成之機構；即撒水頭啓動時，能自動脫離撒水頭本體之部分。

⑬沉積：撒水頭受熱動作後，釋放機構中之感熱元件或零件之碎片滯留於撒水頭框架或迴水板等部位，明顯影響撒水頭之設計形狀撒水達1分鐘以上之現象，即稱之。

二　構造

㈠基本構造：撒水頭組裝所用之螺紋應爲固定，其固定力應在下列規定數值以上，且該力矩應在無載重狀態下測定。

1.因裝接於配管作業而受影響之部分爲200kgf-cm。

2.組裝後受外力影響之部分爲15kgf-cm。

3.前述兩項以外之部分爲2kgf-cm。

㈡裝接部螺紋：撒水頭裝接部螺紋得參照CNS495推拔管螺紋之規定，且螺紋標稱應與撒水頭之標示相符。

㈢外觀：以目視就下列各部分檢查有無製造上之缺陷。

1. 易熔元件、框架、調整螺釘等承受負載之部分，不得有龜裂、破壞、加工不良等損傷，或嚴重斷面變形。
2. 迴水板應確實固定，不得有龜裂、砂孔、鰭片壓損、變形，或流水衝擊所致之表面損傷。
3. 調整螺釘之螺母部分及尖端之形狀，不得對撒水產生不良影響。
4. 調整螺釘應確實固定。
5. 裝接部分之螺紋形狀應符合標準，不得有破損、變形之現象。
6. 噴嘴部分不得有損傷、砂孔、變形等不良現象。
7. 墊片部分不得有位置偏差或變形現象，且不得重覆使用。
8. 玻璃球內之氣泡大小應穩定，且玻璃容器上不得出現有害之傷痕及泡孔。
9. 撒水頭表面不得有危及處理作業之鐵鏽或損傷。

㈣核對設計圖面：撒水頭之構造、材質、各部分尺度、加工方法等，應符合設計圖面所記載內容。

1. 與性能或機能有直接關係之圖說，應註明許可差。
2. 各組件之圖說應註明製造方法（例如鑄造方法、裝配方向等）。

三　材質

撒水頭所用材質應符合下列規定。

㈠撒水頭之裝置部位及框架之材質，應符合CNS4125（銅及銅合金鑄件）、CNS10442（銅及銅合金棒），或具同等以上強度、耐蝕性、耐熱性。

㈡迴水板之材質應符合CNS4125（銅及銅合金鑄件）、CNS11073（銅及銅合金板及捲片），或具同等以上強度、耐蝕性、耐熱性者。

㈢撒水頭使用本基準規定以外之材質時，應提出其強度、耐蝕性及耐熱性之證明文件。

㈣墊片等如使用非金屬材料，應依下列規定進行測試：

1. 將撒水頭放置於140±2℃恆溫槽中（標示溫度在75℃以上，採最高周圍溫度＋100℃），經過45天後，置於常溫24小時，復依壹、四、㈠進行耐洩漏試驗。
2. 依壹、四、㈡之環境溫度試驗後，進行壹、十一、㈢功能動作試驗，檢視是否正常。

四　強度試驗

㈠耐洩漏試驗：

1. 將撒水頭施予25kgf/cm^2（2.5MPa）之靜水壓力，保持5分鐘不得有漏水現象。
2. 以目視檢查有困難者，則將撒水頭之墊片部分用三氯乙烯洗滌乾淨、放置乾燥後，裝接於空氣加壓裝置之配管上，然後將撒水頭浸入水中，施予25kgf/cm^2（2.5MPa）之空氣壓力5分鐘，檢查有無氣泡產生，據以判斷有無洩漏現象。

㈡環境溫度試驗：

1. 依表1所列標示溫度區分對應之試驗溫度，或較標示溫度低15℃之溫度，由兩者中擇其較低溫度作爲試驗溫度，將撒水頭投入在試驗溫度±2℃以內之恆溫槽內30天。

表1

標示溫度區分	試驗溫度
未滿75℃	52℃
75℃以上未滿121℃	80℃
121℃以上未滿162℃	121℃
162℃以上未滿200℃	150℃
200℃以上	190℃

2.本試驗完畢後，應依壹、四、(一)進行耐洩漏試驗。

(三)衝擊試驗：

1.由任意方向施予撒水頭最大加速度100g（g為重力加速度）之衝擊5次後，應無損壞及零件移位、鬆動等現象。

2.本試驗完畢後，應依壹、四、(一)進行耐洩漏試驗。

(四)裝配載重試驗：

1.將撒水頭固定裝置於抗拉力試驗機上，用最小刻度0.01mm之針盤指示量規（標準變形量在0.02mm以下時，用最小刻度0.0001mm之針盤指示量規讀取至0.0001mm），裝置在框架之前端或迴水板上，以測量感熱元件動作時框架之變形量。

2.確認針盤指示量規指示為零，穩定後，以火焰、熱風或其他適當方法使感熱元件動作後2分鐘，俟針盤指針穩定後，讀取針盤指示之變形量至0.001mm（標準變形量在0.02mm以下時，用最小刻度0.0001mm之針盤指示量規讀取至0.0001mm），作為框架變形量之實測值ΔX（mm）。

3.再將框架緩慢增加負載至其變形量（ΔX）恢復為零，載重值讀取至1kgf，以此作為框架之裝配載重Fx（kgf），其值取至個位數，小數點以下不計。

4.依下列公式計算框架裝配載重（Fx）對設計載重（F）之偏差值，其值取至個位數。

$$偏差值（\%）＝100\frac{Fx-F}{F}\times 100$$

(五)框架永久變形量試驗：

1.進行前項裝配載重試驗之1.及2.後，對框架緩慢增加負載，以撒水頭軸心方向，自外部施予設計載重拉力，讀取針盤指示之框架變形量至0.001mm（標準變形量在0.02mm以下時，用最小刻度0.0001mm之針盤指示量規讀取至0.0001mm），此即框架變形量ΔY（mm）。

2.依前述1.，對框架施以2倍設計載重拉力，然後立即除去載重至零，並測量此時框架之殘留延伸量至0.001mm（標準變形量在0.02mm以下時，用最小刻度0.0001mm之針盤指示量規讀取至0.0001mm），此即框架永久變形量ΔZ（mm）。

3.依下列公式計算變形比，其值用無條件捨去法取至個位。

$$變形比（\%）=\frac{\Delta Z}{\Delta Y}\times 100$$

五　易熔元件之強度試驗

將易熔元件由撒水頭拆下，依正常裝配狀態安裝在試驗夾具中（其受力狀態應與正常裝配時完全相同），然後放入規定溫度之試驗箱中，施予規定載重連續10天，該易熔元件不得發生變形或破損現象。

㈠規定溫度爲20℃。但撒水頭標示溫度在75℃以上者，採用該撒水頭之最高周圍溫度減去20℃之溫度。且試驗箱之溫度應在規定溫度±2℃以內。（Ta＝0.9Tm－27.3；Ta爲最高周圍溫度（℃），Tm標示溫度（℃））

㈡規定載重係由框架設計載重F（kg）與槓桿比所求出對易熔元件之載重，乘以13倍爲其規定載重，此値取至個位數，小數點以下不計。

六　玻璃球之強度試驗

㈠玻璃球之加熱冷卻試驗：將撒水頭置入溫度分布均匀之液槽內，標示溫度未滿79℃者採用水浴（蒸餾水），79℃以上者採用油浴（閃火點超過試驗溫度之適當油類）。由低於標示溫度20℃之溫度開始以不超過0.5℃/min之加熱速度昇溫直至玻璃球內之氣泡消失或達標示溫度之93%爲止。立即將撒水頭從液浴中取出置於大氣中自然冷卻，直至玻璃球內之氣泡重新出現。冷卻時應保持玻璃球之密封尖朝下。如此重複試驗6次後，玻璃球不得出現龜裂或破損現象。

㈡玻璃球之冷熱衝擊試驗：將撒水頭置入溫度分布均匀之液槽內（應採用之液體種類如壹、六、㈠）。由低於標示溫度20℃之溫度開始以不超過0.5℃/min之加熱速度昇溫直至低於標示溫度10℃之溫度，保持5分鐘後，將撒水頭取出，使玻璃球之密封尖朝下，立即浸入10℃之水中，玻璃球不得出現龜裂或破損現象。

㈢玻璃球之加載試驗：以撒水頭軸心方向對其施加4倍之設計載重，不得出現龜裂或破損現象。

1.加載負荷時應注意勿使其遭受其他外力撞擊，加載速度應爲1000±100kgf/min。

2.本試驗後，應依㈠進行玻璃球之加熱冷卻試驗3次，且在每次加熱後，將玻璃球置於大氣中約15分鐘，藉溫度變化以篩檢用目視檢查無法察覺之異常現象。

七　釋放機構之強度試驗

以撒水頭軸心方向由外部施予撒水頭之釋放機構設計載重之2倍載重，用目視檢查，釋放機構不得發生變形、龜裂或破損現象。如感熱元件爲玻璃球，應依壹、六、㈠進行玻璃球之加熱冷卻試驗3次，且在每次加熱後，將玻璃球置於大氣中約15分鐘，藉溫度變化以篩檢用目視檢查無法察覺之異常現象。

八　振動試驗

施予撒水頭全振幅5mm，振動頻率每分鐘1500次之振動3小時後，撒水頭各組件應無鬆動、變形或損壞現象。本試驗後，應依壹、四、㈠進行耐洩漏試驗。

九　水鎚試驗

將撒水頭依正常工作位置安裝在水鎚試驗機（活塞式幫浦）上，以3.5kgf/cm^2（0.35MPa）到35kgf/cm^2（3.5MPa）之交變水壓，每秒交變1次，對撒水頭進行連續4000次之水鎚試驗。本試驗後，應依壹、四、㈠進行耐洩漏試驗。

十　腐蝕試驗

㈠應力腐蝕試驗：撒水頭得依下列1.或2.方式進行應力腐蝕試驗。

1.硝酸亞汞應力腐蝕試驗：

⑴將撒水頭浸入重量百分比濃度爲50%之硝酸溶液中30秒，取出後以清水沖洗，然後將其浸入重量百分比1%之硝酸亞汞（$Hg_2(NO_3)_2 \cdot 2H_2O$）溶液中，此溶液之用量爲每試一個撒水頭需200mL以上，並按每100mL溶液中加入重量百分比濃度爲50%之硝酸溶液1mL。將撒水頭在20±3℃之液溫下浸泡30分鐘，取出撒水頭，沖洗、乾燥後，仔細檢查，其任何部位不得出現會影響性能之龜裂、脫層或破損現象。

⑵本試驗後，應依壹、四、㈠進行耐洩漏試驗，並應依壹、十一、㈢進行

0.5kgf/cm^2（0.05MPa）壓力下之功能試驗。

2.氨水應力腐蝕試驗：

⑴本試驗在玻璃試驗箱中進行，試驗箱內放一個平底大口之玻璃容器。依每1cm^{3}之試驗容積加氨水0.01mL之比例，將比重爲0.94之氨水加入玻璃容器中。讓其自然揮發，以便在試驗箱內形成潮濕之氨和空氣之混合氣體。其成分約爲：氨35%；水蒸氣5%；空氣60%。

⑵將撒水頭去掉油脂，懸掛在試驗箱之中間部位。試驗箱內之溫度應保持在34±2℃，歷時10天。試驗後，將撒水頭沖洗、乾燥，再仔細檢查，其任何部位不得出現會影響性能之龜裂、脫層或破損現象。

⑶本試驗後，應依壹、四、㈠進行耐洩漏試驗，並應依壹、十一、㈢進行0.5kgf/cm^2（0.05MPa）壓力下之功能試驗。

㈡二氧化硫腐蝕試驗：

1.本試驗在玻璃試驗箱（5L）中進行。箱底盛入濃度爲40g/L之硫代硫酸鈉（$Na_2S_2O_3$）水溶液500mL。另準備溶有硫酸156mL之水溶液1000mL，每隔12小時將此水溶液10mL加入試驗箱中，使其產生亞硫酸氣（H_2SO_3）。

2.將撒水頭懸掛於試驗箱之中間部位。試驗箱內之溫度應保持在45±2℃，濕度應在90%以上，歷時4天，試驗後，撒水頭各部位不得出現明顯之腐蝕或損壞現象。

3.本試驗後，應依壹、十一、㈢進行0.5kgf/cm^2（0.05MPa）壓力下之功能試驗。

㈢鹽霧腐蝕試驗：

1.本試驗在鹽霧腐蝕試驗箱中進行。用重量百分比濃度20%之鹽水溶液噴射而形成鹽霧。鹽水溶液之密度爲1.126至1.157g/cm^3，pH值爲6.5至7.2。

2.將撒水頭依正常安裝方式，用支撐架懸掛在試驗箱之中間部位。試驗箱之溫度應爲35±2℃。應收集從撒水頭上滴下之溶液，不使其回流到儲液器中作循環使用。在試驗箱內至少應從兩處收集鹽霧，以便調節試驗時所用之霧化速率和鹽水溶液之濃度。對於每80cm^{2}之收集面積，連續收集16小時，每小時應收集到1.0至2.0mL之鹽水溶液，其重量百分比濃度應爲19%至21%。

3.本試驗歷時10天。試驗結束後，取出撒水頭，在溫度20±5℃、相對濕度不超過70%之環境中乾燥7天後，撒水頭各部位不得出現明顯之腐蝕或損壞現象。

4.本試驗後，應依壹、十一、㈢進行0.5kgf/cm^2（0.05MPa）壓力下之功能試驗。

十一　動作試驗

㈠動作溫度試驗：

1.將撒水頭置入溫度分布均勻之液槽內，標示溫度未滿79℃者採用水浴（蒸餾水），79℃以上者採用油浴（閃火點超過試驗溫度之適當油類）。由低於標示溫度10℃之溫度開始以不超過0.5℃/min之加熱速度昇溫直至撒水頭動作（釋放機構應能完全分解，如屬玻璃球型，其玻璃球應破損）爲止，實測其動作溫度。實測值α_0（℃）以無條件捨去法取至小數第一位。此動作溫度實測值如屬易熔元件型應在其標示溫度之97%至103%之間；如屬玻璃球型應在其標示溫度之95%至115%之間。

2.依下列公式計算動作溫度實測值（α_0）與標示溫度（α）之偏差，其值以無條件捨去法取至小數第一位。

$$偏差（\%）=\frac{\alpha_0-\alpha}{\alpha}\times 100$$

㈡玻璃球氣泡消失溫度試驗：

1.將撒水頭置入溫度分布均勻之液槽內，標示溫度未滿79℃者採用水浴（蒸餾水），79℃以上者採用油浴（閃火點超過試驗溫度之適當油類）。由低於標示溫度20℃之溫度開始以不超過0.5℃/min之加熱速度昇溫至玻璃球內氣泡消失之溫度或達標示溫度之93%，反覆試驗6次，求其氣泡消失溫度實測平均值β_0（℃），此值用無條件捨去法取至小數第一位。玻璃球之氣泡消失溫度實測平均值，應在氣泡消失溫度申請值之97%至103%之間。

2.依下列公式計算氣泡消失溫度實測平均值β_0對申請值β之偏差，此值取至小數點第一位。

$$偏差（\%）=\frac{\beta_0-\beta}{\beta}\times 100$$

3.本試驗與壹、六、㈠玻璃球之加熱冷卻試驗同時進行。

㈢功能試驗：

1.功能試驗裝置如附圖1所示，將撒水頭依正常使用之安裝方式進行測試。

2.對於撒水頭之每個正常安裝位置，在0.5、3.5、10kgf/cm^2（0.05、0.35、1MPa）之水壓下，分別進行功能試驗。撒水頭啓動後，在5秒內達到規定壓力；撒水時間應不少於90秒。

3.撒水頭應啓動靈活、動作完全，在啓動後達到規定壓力，應仔細觀察，如出現沉積現象，不得超過1分鐘。

十二　感度熱氣流感應試驗

依表2撒水頭標示溫度區分、感度種類以及設定水平氣流試驗條件，其實際動作時間，應在下列公式所計算之動作時間（t值）內。

表2

標示溫度區分	感度種類	試驗條件	
		氣流溫度（℃）	氣流速度（m/s）
未滿75℃	第一種	135	1.8
	第二種	197	2.5
75℃以上未滿121℃	第一種	197	1.8
	第二種	291	2.5
121℃以上未滿162℃	第一種	291	1.8
	第二種	407	2.5
162℃以上	第一種	407	1.8
	第二種	407	2.5

備註：第一種感度種類係指快速反應型撒水頭；第二種感度種類係指一般反應型撒水頭。

$$t=\tau\times\log_e\left(1+\frac{\theta-\theta_r}{\delta}\right)$$

式中，t：動作時間（s），用四捨五入法取至個位。

τ：時間常數（s），第一種爲50秒，第二種爲250秒，有效撒水半徑爲2.8m者，僅適用第一種感度種類，時間常數爲40秒。

θ：撒水頭之標示溫度（℃）。

θ_r：撒水頭投入前之溫度（℃）。

δ：氣流溫度與標示溫度之差（℃）。

檢測方法：

1.撒水頭先以聚四氟乙烯膠帶密封於試驗配管上，再施以1.0kgf/cm²（0.1MPa）（水道連結型撒水頭爲最低放水壓力0.2kgf/cm²（0.02MPa）或放水量15L/min時之放水壓力二者取最大值）之空氣壓力。

2.黃銅製裝置座（如附圖2）之溫度，在試驗中應保持在20±1℃。

3.氣流溫度應在規定值±2℃以內。

4.氣流速度應在規定值±0.1m/s以內。

5.安裝方向對水平氣流無方向性之撒水頭，可以任意方向裝置進行試驗；而具有方向性之撒水頭，則以水平氣流對感熱元件影響最直接之角度爲起點，第一種撒水頭迴轉25度，第二種撒水頭迴轉15度進行試驗。

6.撒水頭應先置入20±2℃之恆溫槽內30分鐘以上，再迅速定位進行試驗。

7.試驗時觀察撒水頭之動作狀況，其釋放機構應完全動作，且動作時間應符合規定。

8.有效撒水半徑爲2.8m者，撒水頭標示溫度須未滿121℃，其試驗條件分別爲：標示溫度75℃未滿時，試驗氣流溫度135℃，氣流速度1.8m/s；標示溫度75℃以上121℃未滿時，試驗氣流溫度197℃，氣流速度1.8m/s。

9.感度熱氣流感應試驗機如附圖13。

十三　放水量試驗

在放水壓力1kgf/cm²（0.1MPa）（水道連結型撒水頭爲最低放水壓力）之狀態下測定撒水頭之放水量，並依下列公式計算流量特性係數（K值，20【1.4】～114【8.0】），其值應在表3所列之許可範圍內。

$Q=K\sqrt{P}$

式中，Q：放水量（L/min）；P：放水壓力（kgf/cm²）

或

$Q=K\sqrt{10P}$

式中，Q：放水量（L/min）；P：放水壓力（MPa）

表3

標稱流量特性係數（標稱K值）LPM/(kgf/cm²)^1/2 (GPM/(psi)^1/2)	流量特性係數K（±5%）		螺紋標稱（參考）
	LPM/(kgf/cm²)^1/2	GPM/(psi)^1/2	PT(R)
20(1.4)	19～21	1.3～1.5	1/2(1/2)
27(1.9)	25.7～28.4	1.8～2.0	1/2(1/2)
30(2.1)	28.5～31.5	2.0～2.2	1/2(1/2)
40(2.8)	38～42	2.6～2.9	1/2(1/2)
43(3.0)	40.8～45.2	2.8～3.2	1/2(1/2)
50(3.5)	47.5～52.5	3.3～3.7	1/2(1/2)
60(4.2)	57～63	4.0～4.4	1/2(1/2)
80(5.6)	76～84	5.3～5.8	1/2(1/2)
114(8.0)	108.3～119.7	7.6～8.4	1/2(1/2)或3/4(3/4)

㈠將配管內空氣抽空，然後進行水壓調整，使壓力計與放水之接頭水壓相同。

㈡水流經過如附圖3之放水量試驗裝置（整流筒）且以放水壓力1kgf/cm²（0.1MPa）測量100L之水由撒水頭放出之時間t(s)，取至0.1秒。並依下列公式計算放水量Q（L/min）及流量特性係數K值，各數值以無條件捨去法取至小數第二位。流量特性係數K值應符合表3規定。

$$Q=\frac{100}{t}\times 60$$

$$K=\frac{Q}{\sqrt{P}}$$

十四　撒水分布試驗

㈠標準型撒水頭（小區劃型撒水頭除外）得依下列1.或2.進行撒水分布試驗：

1.使用如附圖4所示之撒水分布試驗裝置，測量各水盤之撒水量，以撒水頭軸心爲中心，在每一同心圓上各水盤撒水量之平均值分布曲線應如附圖5（對有效撒水半徑（r）爲2.3m者而言），或附圖6（對r爲2.6m者而言），或附圖7（對r爲2.8m者而言）所示之撒水分布曲線。全撒水量之60%以上應撒在撒水頭軸心爲中心之半徑300cm（對r爲2.3m者而言）或半徑330cm（對r爲2.6m者而言）或半徑360cm（對r爲2.8m者而言）之範圍內。在一個同心圓上之各水盤撒水量不得有顯著差異，且撒水量之最小值應在規定曲線所示值之70%以上。

⑴有效撒水半徑r爲2.3m之撒水頭：

a.將一個撒水頭裝在撒水分布試驗裝置上，分別以1.0、4.0及7.0kgf/cm²（0.1、0.4及0.7MPa）之放水壓力各做2次試驗，測量各水盤每分鐘之平均撒水量（mL/min），各數值用四捨五入法取至個位。

b.計算以撒水頭爲軸心之同心圓上各水盤（即附圖4中具相同編號者）之全撒水量q_n（mL/min），n＝1～9，並計算該同心圓上每個水盤之平均撒水量$q_{n\cdot m}$（mL/min），各數值用四捨五入法取至個位。

c.撒水頭爲軸心，半徑300cm範圍內之全撒水量Q′（mL/min），由前述q_n乘以係數，依下列公式計算之。

$$Q'=1.41q_1+1.57q_2+2.35q_3+3.14q_4+3.92q_5+4.71q_6+5.49q_7+6.28q_8+7.06q_9$$

d.測定放水壓力1.0、4.0及7.0kgf/cm²（0.1、0.4及0.7MPa）時每分鐘之撒水量Q（L/min），用四捨五入法取至小數第一位。並依下列公式計算出各種放水壓力下之全撒水量Q′對撒水量Q之比值，此數值用四捨五入法取至個位。

$$比值（\%）=\frac{Q'}{Q}\times 100$$

e.同心圓上各水盤之撒水量不應有顯著差異，且撒水量應在規定曲線所示值之70%以上。如某一水盤之撒水量未達70%時，得將該水盤之排列旋轉22.5度以內，重做試驗，所量得之撒水量與原撒水量之平均值可視爲該水盤之撒水量；亦得以該水盤周圍1m×1m範圍內水盤撒水量之平均值，視爲其撒水量。

⑵有效撒水半徑r爲2.6m之撒水頭：

a.將一個撒水頭裝在撒水分布試驗裝置上，分別以1.0、4.0及7.0kgf/cm²（0.1、0.4及0.7MPa）之放水壓力各做2次試驗，測量各水盤每分鐘之平均撒水量（mL/min），各數值用四捨五入法取至個位數。

b.計算以撒水頭爲軸心之同心圓上各水盤（即附圖4中具相同編號者）之全撒水量q_n（mL/min），n＝1～10，並計算該同心圓上每個水盤之平均撒水量$q_{n \cdot m}$（mL/min），各數值用四捨五入法取至個位。

c.撒水頭爲軸心，半徑330cm範圍內之全撒水量Q′（mL/min），由前述q_n乘以係數，依下列公式計算之。

$$Q'=1.41q_1+1.57q_2+2.35q_3+3.14q_4+3.92q_5+4.71q_6+5.49q_7+6.28q_8+7.06q_9+7.84q_{10}$$

d.測定放水壓力1.0、4.0及7.0kgf/cm^2（0.1、0.4及0.7MPa）時每分鐘之放水量Q（mL/min），用四捨五入法取至小數第一位。並依下列公式計算出各種放水壓力下之全撒水量Q′對撒水量Q之比值，此數值用四捨五入法取至個位。

$$比值（\%）=\frac{Q'}{Q}\times 100$$

e.同心圓上各水盤之撒水量不應有顯著差異，且撒水量應在規定曲線所示值之70%以上。如某一水盤之撒水量未達70%時，得將該水盤之排列旋轉22.5度以內，重做試驗，所量得之撒水量與原撒水量之平均值可視爲該水盤之撒水量；亦得以該水盤周圍1m×1m範圍內水盤撒水量之平均值，視爲其撒水量。

(3)有效撒水半徑r爲2.8m之撒水頭：

a.將一個撒水頭裝在撒水分布試驗裝置上，分別以1.0、4.0及7.0kgf/cm^2（0.1、0.4及0.7MPa）之放水壓力各做2次試驗，測量各水盤每分鐘之平均撒水量（mL/min），各數值用四捨五入法取至個位數。

b.計算以撒水頭爲軸心之同心圓上各水盤（即附圖4中具相同編號者）之全撒水量q_n（mL/min），n＝1～10，並計算該同心圓上每個水盤之平均撒水量$q_{n \cdot m}$（mL/min），各數值用四捨五入法取至個位。

c.撒水頭爲軸心，半徑360cm範圍內之全撒水量Q′（mL/min），由前述q_n乘以係數，依下列公式計算之。

$$Q'=1.41q_1+1.57q_2+2.35q_3+3.14q_4+3.92q_5+4.71q_6+5.49q_7+6.28q_8+7.06q_9+7.84q_{10}$$

d.測定放水壓力1.0、4.0及7.0kgf/cm^2（0.1、0.4及0.7MPa）時每分鐘之撒水量Q（mL/min），用四捨五入法取至小數第一位。並依下列公式計算出各種放水壓力下之全撒水量Q′對撒水量Q之比值，此數值用四捨五入法取至個位。

$$比值（\%）=\frac{Q'}{Q}\times 100$$

e.同心圓上各水盤之撒水量不應有顯著差異，且撒水量應在規定曲線所示值之70%以上。如某一水盤之撒水量未達70%時，得將該水盤之排列旋轉22.5度以內，重做試驗，所量得之撒水量與原撒水量之平均值可視爲該水盤之撒水量；亦得以該水盤周圍1m×1m範圍內水盤撒水量之平均值，視爲其撒水量。

2.使用如附圖8及附圖9所示分別做十只水盤及十六只水盤撒水分布試驗，檢測撒水集中及水量分布狀況。

(1)十只水盤撒水分布試驗：

a.將一個撒水頭依其型式（向上型或向下型）裝於3.7m×3.7m天花板下方17.8cm之2.54cm支管上，撒水頭下方並列30.5cm×30.5cm水盤十只。

b.量測用水盤固定於馬達帶動之旋轉桌面，第一只水盤中心對準撒水頭，速度每分鐘一轉。

c.撒水頭孔徑6.4mm、7.9mm、9.5mm、11.1mm及12.7mm放水量為0.95ℓ/s，孔徑12.8mm放水量為1.32ℓ/s。

d.當一個水盤充滿水及放水10分鐘後，距離撒水頭最遠端之水盤撒水分布量需少於每平方公尺0.007ℓ/s。

⑵十六只水盤撒水分布試驗：

a.將四個撒水頭依其型式（向上型或向下型）裝於3.7m×3.7m天花板下方17.8cm之2.54cm支管上。

b.四個撒水頭裝在3m×3m正方形之四頂角，撒水頭下方2.3m排列30.5cm×30.5cm水盤十六只。

c.放水10分鐘後量測水盤之分布水量，需符合下列規定：

(a)不得小於表4所列最小平均分布量。

(b)各只水盤亦不得小於所得平均量之75%。

表4

撒水頭孔徑（mm）	每一個撒水頭流量（ℓ/s）	最小平均分布量（每平方公尺ℓ/s）
6.4	7.9	9.5
11.1	12.7	13.5
0.24	0.33	0.47
0.71	0.95	1.32
0.02	0.04	0.05
0.08	0.11	0.14

㈡小區劃型撒水頭之撒水分布試驗：

1.地面撒水分布試驗：使用如附圖4所示之撒水分布試驗裝置，測量各水盤之撒水量，以該撒水頭軸心為中心之半徑260cm範圍內，所有水盤之平均撒水量應在0.2L/min以上，且各水盤之撒水量應在0.02L/min以上。

⑴將一個小區劃型撒水頭裝在試驗裝置上，分別以1.0、4.0及7.0kgf/cm²（0.1、0.4及0.7MPa）之放水壓力測量其撒水量Q（L/min），各數值用四捨五入法取至個位。

⑵將一個小區劃型撒水頭裝在試驗裝置上，分別以1.0、4.0及7.0kgf/cm²（0.1、0.4及0.7MPa）之放水壓力各做2次試驗，測量編號1至8號各水盤每分鐘之平均撒水量（mL/min），各數值用四捨五入法取至個位。

⑶合計各水盤每分鐘之平均撒水量（mL/min），除以水盤數，計算其平均值，此數值用四捨五入法取至個位。

2.壁面撒水分布試驗：使用如附圖10所示之壁面撒水分布試驗裝置測量，各壁面之撒水量應在2.5L/min以上；且撒下之水應能將地面至天花板下方0.5m之壁面有效濡濕。

⑴將一個小區劃型撒水頭裝在試驗裝置上，分別以1.0、4.0及7.0kgf/cm²（0.1、0.4及0.7MPa）之放水壓力放水，測量各壁面每分鐘之撒水量（mL/min），各數值用四捨五入法取至個位。

⑵各壁面濡濕之狀況，藉目視檢查之。壁面濡濕之高度，以壁面和壁面交會之處作為起點，至另一方壁面，每間隔45cm，由天花板下方至地面以1cm為單位測量其濡濕高度，各數值用四捨五入法取至個位。

㈢側壁型撒水頭之撒水分布試驗：使用附圖11所示之撒水分布試驗裝置，測量各水盤之撒水量，在撒水頭之前方（與壁面平行者）及兩側（與壁面垂直者）之撒水量平均值分布曲線應如附圖12所示之撒水分布曲線。各水盤所撒水量不得有顯著差異，且撒水量之最小值應在規定曲線所示值之70%以上。又靠近撒水頭之壁面應有被水濡濕之現象。

1.將一個撒水頭裝在撒水分布試驗裝置上，分別以1.0、4.0及7.0kgf/cm^2（0.1、0.4及0.7MPa）之放水壓力各做2次試驗，測量各水盤每分鐘之平均撒水量（mL/min），各數值用四捨五入法取至個位。

2.計算與壁面平行之各列水盤之全撒水量q_s（mL/min），及該列每個水盤之平均撒水量$q_{s \cdot m}$（mL/min），各數值用四捨五入法取至個位。

3.計算與壁面垂直之各行水盤距壁面190cm內之全撒水量q_s（mL/min），及該行每個水盤之平均撒水量$q_{s \cdot m}$（mL/min），各數值用四捨五入法取至個位。

4.各水盤之撒水量不應有顯著差異，且撒水量應在規定曲線所示值之70%以上。如某一水盤之撒水量未達70%時，得以該水盤周圍1m×1m範圍內水盤撒水量之平均值，視爲其撒水量。

5.以目視檢查，壁面應有濡濕現象。

㈣水道連結型撒水頭之撒水分布試驗：

1.地面撒水分布試驗：使用如附圖4所示之撒水分布試驗裝置，測量各水盤之撒水量，以該撒水頭軸心爲中心之半徑260cm範圍內，所有水盤之平均撒水量應在0.08L/min以上，且各水盤之撒水量應在0.02L/min以上。

⑴將一個水道連結型撒水頭裝在試驗裝置上，分別以標示放水壓力、4.0及7.0kgf/cm^2（0.4及0.7MPa）之放水壓力測量其撒水量Q（L/min），各數值用四捨五入法取至小數點第1位。

⑵將一個水道連結型撒水頭裝在試驗裝置上，分別以標示放水壓力、4.0及7.0kgf/cm^2（0.4及0.7MPa）之放水壓力各做2次試驗，測量編號1至8號各水盤每分鐘之平均撒水量（mL/min），各數值用四捨五入法取至個位。

⑶合計各水盤每分鐘之平均撒水量（mL/min），除以水盤數，計算其平均值，此數值用四捨五入法取至個位。

2.壁面撒水分布試驗：使用如附圖10所示之壁面撒水分布試驗裝置測量，各壁面的採水量應在0.8L/min以上，四個壁面的採水量合計應在4L/min以上；且撒下之水應能將地面至天花板下方0.5m之壁面有效濡濕。

⑴將一個水道連結型撒水頭裝在試驗裝置上，分別以標示放水壓力、4.0及7.0kgf/cm^2（0.4及0.7MPa）之放水壓力放水，測量各壁面每分鐘之撒水量（mL/min），各數值用四捨五入法取至個位。

⑵各壁面濡濕之狀況，藉目視檢查之。壁面濡濕之高度，以壁面和壁面交會之處作爲起點，至另一方壁面，每間隔45cm，由天花板下方至地面以1cm爲單位測量其濡濕高度，各數值用四捨五入法取至個位。

3.以最低放水壓力放水之地面撒水分佈：使用如附圖14所示之撒水分布試驗裝置，測量所有集水盤之平均撒水量應在0.08L/min以上，且各集水盤的採水量應在0.02L/min以上。

⑴將4顆水道連結型撒水頭裝在試驗裝置上，以最低放水壓力做2次試驗。

⑵合計各集水盤1分鐘的平均採水量，除以集水盤數量，計算平均值，各數值用四捨五入法取至個位。

十五　標示

撒水頭應在其容易辨認，以不易磨滅之方法標示下列各項內容。

㈠製造廠商名稱或商標。

㈡出廠年份。

㈢產品型號。

㈣安裝之方向：應使用下列文字或符號標示之。

1.標準型撒水頭：

⑴向上裝接者：向上（UPRIGHT或SSU）。

⑵向下裝接者：向下（PENDENT或SSP）。

⑶上下兩用者：上下兩用（CONV或CU/P）。

2.側壁型撒水頭：

⑴水平側壁：HSW。

⑵垂直側壁：VSW。

㈤標示溫度及顏色標示（色標）：如表5所示，依標示溫度之區分，玻璃球型撒水頭應在其玻璃球工作液中作出相應之色標，易熔元件型撒水頭則應在其支撐臂上作出相應之色標。又撒水頭上不得塗有易與色標混淆之顏色。

表5

玻璃球型撒水頭		易熔元件型撒水頭	
標示溫度區分	工作液色標	標示溫度區分	支撐臂色標
57℃	橙	未滿60℃	黑
68℃	紅	60℃以上 未滿75℃	無
79℃	黃		
93℃	綠	75℃以上 未滿121℃	白
100℃	綠		
121℃	藍	121℃以上 未滿162℃	藍
141℃	藍		
163℃	紫	162℃以上 未滿200℃	紅
182℃	紫		
204℃	黑	200℃以上 未滿260℃	綠
227℃	黑		
260℃	黑	260℃以上	黃
343℃	黑		

㈥感度種類：第一種撒水頭，應標示「①」或「QR」；撒水半徑2.8m者應標示「QR」。

㈦標準型撒水頭之有效撒水半徑：有效撒水半徑爲2.6m者，應標示「r2.6」；有效撒水半徑爲2.8m者，應標示「r2.8」。

㈧小區劃型撒水頭：應標示「小」或「S」，及標示流量特性係數「K」。

㈨水道連結型撒水頭：應標示「W」、流量特性係數「K」及0.5kgf/cm²（0.05MPa）或放水量30L/min時之放水壓力二者取最大值。

十六　新技術開發之密閉式撒水頭

新技術開發之密閉式撒水頭，依形狀、構造、材質及性能判定，如符合本基準規定及同等以上性能者，並經中央消防主管機關認定者，得不受本基準之規範。

貳　型式認可作業

一　型式試驗之樣品

㈠型式試驗須提供樣品50個（補正試驗須提供25個）。

㈡應有足量之特別固定工具，以供試驗操作。

二　型式試驗之方法

㈠型式試驗之試驗項目及樣品數如表6所示。

表6

試驗項目			樣品數
標示、構造			5
機能	共通	耐洩漏	50
		衝擊	4
		環境溫度	5
		裝配載重	5
		框架永久變形量	5
		釋放機構強度	4
		振動	5
		水鎚	5
		應力腐蝕（硝酸亞汞或氨水）	2
		二氧化硫腐蝕	3
		鹽霧腐蝕	2
		動作溫度	5
		感度熱氣流感應	5
		放水量	5
		撒水分布	2(4)(註)
	易熔片型	易熔片強度	4
		功能	5
	玻璃球型	玻璃球加熱冷卻	5
		玻璃球冷熱衝擊	4
		玻璃球加載	4
		玻璃球氣泡消失溫度	5
		功能	10

註：水道連結型撒水頭最低放水壓力之地面撒水分布試驗使用之撒水頭的試驗數量，其餘撒水分布數量爲2顆。

㈡試驗流程：

1. 易熔片型：墊片等使用非金屬材料之撒水頭，應依壹、三、㈣規定進行墊片老化試驗。

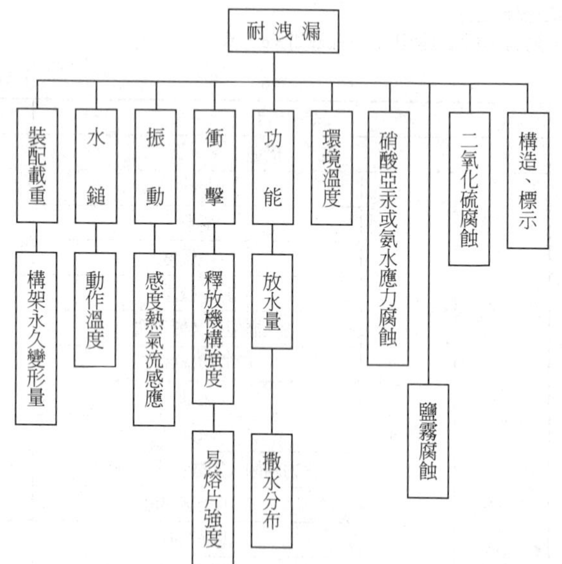

2. 玻璃球型：墊片等使用非金屬材料之撒水頭，應依壹、三、㈣規定進行墊片老化試驗。

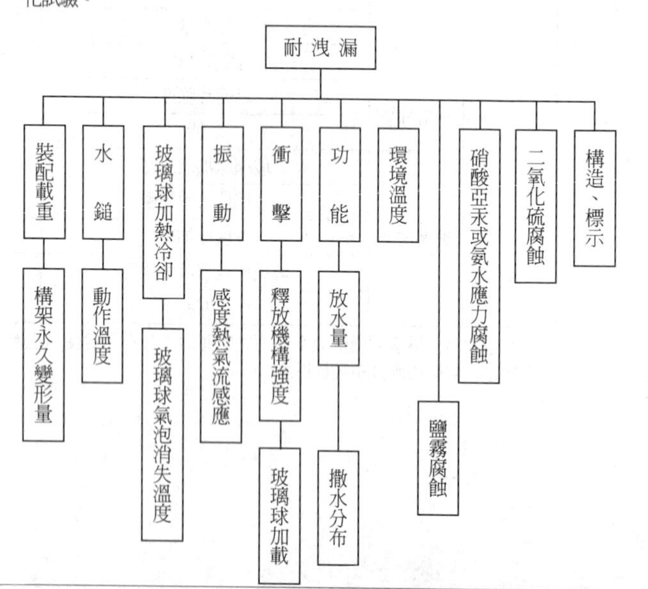

㈢試驗方法：應依本認可基準並符合下列規定：

1.玻璃球之加熱冷卻試驗中之反覆試驗次數爲三次。

2.玻璃球氣泡消失溫度試驗中之反覆試驗次數爲三次。

三　型式試驗結果之判定

型式試驗之結果判定如下：

㈠達到本認可基準所列之技術規範時，該型式試驗結果爲「合格」。

㈡符合貳、四所揭示之事項，得進行補正試驗，但以一次爲限。

㈢未達本認可基準所列之技術規範時，該型式試驗結果爲「不合格」。

四　允許補正試驗之事項

型式試驗之不良事項，屬於本認可基準「肆、缺點判定表」所示之一般缺點或輕微缺點者，得進行補正試驗。

五　型式變更之試驗方法

型式變更試驗之樣品數、試驗流程等，應就型式變更之內容依貳、二型式試驗之方法進行。

六　型式區分、型式變更及輕微變更之範圍，依表7規定。

表7

區分	說明	項目
型式區分	型式認可之產品其主要性能、設備種類、動作原理不同，或經中央主管機關規定之必要區分者，須以單一型式認可做區分。	1.標準型、側壁型、小區劃型及水道連結型。 2.向上型、向下型、上下兩用型及側壁型。 3.玻璃球型、易熔片型。 4.感度種類：第一種（快速反應型）、第二種（一般反應型）。 5.標示溫度。 6.放水量、K値。 7.撒水半徑。
型式變更	經型式認可之產品，其型式部分變更，有影響性能之虞，須施予試驗確認者。	1.限流孔之形狀（流量不得改變）。 2.迴水板之形狀。 3.槓桿之形狀、材質。 4.框架之材質。 5.組裝方式。 6.設計載重。 7.承座形狀。 8.玻璃球更換廠牌。（標示溫度應相同）
輕微變更	經型式認可或型式變更認可之產品，其型式部分變更，不影響其性能，且免施予試驗確認，可藉由書面據以判定良否者。	1.墊片之材質、形狀。 2.閥門之材質、形狀。 3.固定螺絲。 4.表面之標示或符號。 5.裝飾加工。 6.加工方法。

參　個別認可作業

一　個別認可之方法

㈠個別認可依CNS9042「隨機抽樣法」規定進行抽樣試驗。

㈡抽樣試驗之嚴寬等級，分爲寬鬆試驗、普通試驗、嚴格試驗、最嚴格試驗。

㈢個別認可之試驗項目分爲一般樣品之試驗（以下稱爲「一般試驗」），以及分項樣品之試驗（以下稱爲「分項試驗」）。

二　批次之判定基準

個別認可中之受驗批次判定如下：

㈠受驗品按各不同受驗工廠別，依其試驗等級之區分，列爲同一批。

1.易熔片型之構架形狀及感熱體動作構造等主要構造相同者。

2.玻璃球型之構架形狀及感熱體動作構造等主要構造相同者。

㈡依新修正之認可基準取得型式認可者，如有表8所列項目，雖與原受驗之型式相異時，仍得與第一次已受驗之型式列爲同一批；但如爲下表所列項目以外者，如與原受驗型式不同，且依上述㈠列爲同一區分者，當連續十批次經普通試驗合格時，得轉列爲已受驗之批次。

表8

1.感熱體之形狀、材質（感度種類不同者除外）
2.構架之材質、斷面形狀
3.噴頭之形狀（流量特性係數K值不同者除外）
4.迴水板之形狀
5.裝配部螺紋
6.易熔片之材質或形狀
7.裝置方向
8.耐腐蝕加工或電鍍加工

㈢試驗結果應依批別登載於個別認可試驗申請整理表、試驗成績紀錄表中，其型號應分別註記於備註欄中。

㈣受驗申請者不得指定將某部分產品列爲同一批。

三　個別認可之樣品

個別認可之樣品數量及樣品之抽樣試驗方法應符合下列規定。

㈠個別認可之樣品數量，應依其試驗嚴格等級及批量，參照附表1至附表4（抽樣表）決定之。

㈡樣品之抽樣應依下列規定：

1.抽樣試驗應以每一批次爲單位。

2.樣品數應依受驗批次數量（受驗數＋預備品）及試驗嚴寬等級，按抽樣表之規定抽取，並在事先已編號之製品（受驗批次）中，依隨機抽樣法（CNS9042）隨意抽取，抽出之樣品依抽樣順序逐一編號。但受驗批量如在300個以上時，應依下列規定分爲二階段抽樣。

⑴計算每群應抽之數量：當受驗批次在五群（含箱子及集運架等）以上時，每一群之製品數量應在5個以上之定數，並事先編定每一群之編碼；但最後一群之數量，未滿該定數亦可。

⑵抽出之產品予以群碼號碼：同群製品須排列整齊，且排列號碼應能清楚辨識。

⑶確定群數及抽出個群，再從個群中抽出樣品：確定從所有群產品中可抽出五群以上之樣品，以隨機取樣法抽取相當數量之群，再由抽出之各群製品作系統式循環抽樣（由各群中抽取同一編號之製品），將受驗之樣品抽出。

⑷依上述方法取得之製品數量超過樣品所需數量時，重複進行隨機取樣去除超過部分至達到所要數量。

四　試驗項目及試驗順序

(一)一般試驗及分項試驗之試驗項目如表9所示。

表9

一般試驗		構造
		標示
		耐洩漏
分項試驗	Ⅰ	裝配載重
		框架永久變形量
		放水量
	Ⅱ	玻璃球加熱冷卻
		玻璃球氣泡消失溫度
		動作溫度
	Ⅲ	功能（易熔元件除外）

備註：一般試驗之樣品及分項試驗之樣品，得為同一樣品；但分項試驗Ⅰ、Ⅱ、Ⅲ之樣品，則為不同樣品。

(二)一般試驗及分項試驗之試驗流程如下所示。

1.易熔片型：　　2.玻璃球型：

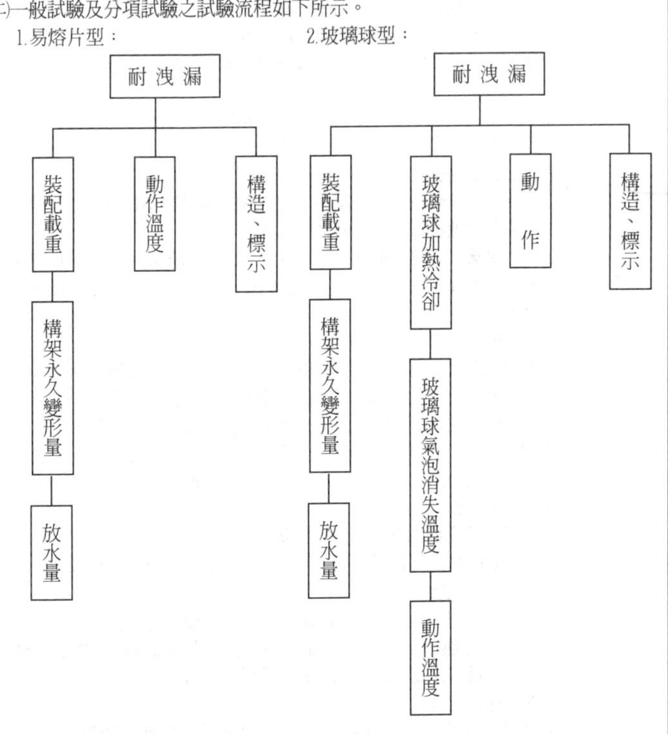

㈢試驗方法：應依本基準之技術規範及貳、二、㈢規定。

五　缺點之分級及合格判定基準（AQL）之指定

依下列規定區分缺點及合格判定基準（AQL）。

㈠試驗中發現之缺點，其嚴重程度依「消防機具器材及設備認可作業要點」，區分致命缺點、嚴重缺點、一般缺點及輕微缺點等四級。

㈡各試驗項目之缺點內容，依本基準肆缺點判定方法之規定，非屬該判定方法所列範圍之缺點者，依前項要點分級原則判定之。

六　批次之判定

批次合格與否，依抽樣表與下列規定判定之：抽樣表中，Ac表示合格判定個數（合格判定之不良品數上限），Re表示不合格判定個數（不合格判定之不良品數下限），具有二個等級以上缺點之樣品，應分別計算各不良品之數量。

㈠抽樣試驗中各級不良品數均於合格判定個數以下時，應依八、試驗嚴寬等級之調整所列試驗嚴寬度條件調整試驗等級，且視該批為合格。

㈡抽樣試驗中任一級之不良品數在不合格判定個數以上時，視該批為不合格。但該等不良品之缺點僅為輕微缺點時，得進行補正試驗，惟以一次為限。

㈢抽樣試驗中出現致命缺點之不良品時，即使該抽樣試驗中不良品數在合格判定個數以下，該批仍視為不合格。

七　個別認可結果之處置

㈠合格批次之處置：

1.整批雖經判定為合格，但受驗樣品中如發現有不良品時，應使用預備品替換或或修復該等不良品後，方可視為合格品。

2.即使為非受驗之樣品，若於整批受驗樣品中發現有缺點者，準依七、㈠、1.之規定。

3.上開參七、㈠、1.、2.情形，如無預備品替換或無法修復調整者，應就其不良品部分之個數，判定為不合格。

㈡補正批次之處置：

1.接受補正試驗時，應提出第一次試驗時所發現不良事項之改善說明書及不良品處理之補正試驗用廠內試驗紀錄表。

2.補正試驗之受驗樣品數以第一次試驗之受驗數為準。但該批樣品經補正試驗合格，經依參、七、㈠、1.處置後，仍未達受驗數之個數時，則視為不合格。

㈢不合格批次之處置：

1.不合格批次之產品接受再試驗時，應提出第一次試驗時所發現不良事項之改善說明書及不良品處理之補正試驗用廠內試驗紀錄表。

2.接受再試驗時，不得加入第一次試驗受驗製品以外之製品。

3.個別認可不合格之批次不再受驗時，應依補正試驗用廠內試驗紀錄表之樣式，註明理由、廢棄處理及下批之改善處理等文件，向辦理試驗單位提具。

八　試驗分等之調整

㈠試驗等級以普通試驗為標準，並依下列順序進行轉換。

1.普通試驗轉為寬鬆試驗：適用普通試驗者，達到下列條件時，下次試驗得調整為寬鬆試驗。

⑴最近連續十批接受普通試驗，第一次試驗均合格者。

⑵從最近連續十批中，抽樣之不良品總數在附表6之寬鬆試驗界限數以下者。此時之累計比較以一般試驗樣品進行。

⑶生產穩定者。

2.普通試驗轉為嚴格試驗：適用普通試驗者，如有下列情形之一時，下次試驗得調整爲嚴格試驗。

⑴第一次試驗時該批次爲不合格，且將該批次連同前四批次連續共五批次之不合格品總數累計，如達附表5所示嚴格試驗之界限數以上者。該累計樣品數以一般試驗之缺點分級所得結果爲之。當適用普通試驗之批次數未達五批次時，發生某批次第一次試驗即不合格之情形，將適用普通試驗之不合格品總數累計，達附表5所示嚴格試驗之界限數以上者。具有致命缺點之產品，則計入嚴重缺點不合格品之數量。

⑵第一次試驗時，因致命缺點而不合格者。

3.嚴格試驗轉爲最嚴格試驗，應依下列規定辦理：

⑴適用嚴格試驗者，第一次試驗中不合格批次數累計達三批次時，應對申請者提出改善措施之勸導，並中止試驗。

⑵勸導後，經確認申請者已有品質改善措施時，下批次之試驗以最嚴格試驗進行。

4.最嚴格實驗轉爲嚴格試驗：適用最嚴格實驗者，連續五批之第一次試驗即合格，則下次試驗得調整爲嚴格試驗。

5.嚴格試驗轉爲普通試驗：適用嚴格試驗者，連續五批第一次試驗即合格，則下次試驗得調整爲普通試驗。

㈡補正試驗及再試驗批次之試驗分等：

1.第一次試驗爲寬鬆試驗者，以普通試驗爲之。

2.第一次試驗爲普通試驗者，以嚴格試驗爲之。

3.第一次試驗爲嚴格試驗者，以最嚴格試驗爲之。

㈢再試驗批次之試驗結果，不得計入試驗寬鬆等級轉換紀錄中。

九　下一批試驗之限制

個別認可如要進行下一批次試驗時，須於該批次個別認可試驗結束，且試驗結果處理完成後，始得實施下一批次之個別認可。

十　試驗之特例

有下列情形時，得在受理個別認可申請前，逕依預訂之試驗日程實施試驗；但須在確認產品之個別認可申請書受理後，始判定其合格於否。

㈠第一次試驗因嚴重缺點或一般缺點不合格者。

㈡不需更換全部產品或部分產品，可容易選取、去除申請數量中之不良品或修正者。

十一　試驗設備發生故障時之處置

試驗開始後，因試驗設備發生故障或其他原因致無法立即修復，經確認當日無法完成試驗時，得中止該試驗。

應俟接獲試驗設備完成改善之通知後，重新排定時間，依下列規定對該批實施試驗。

㈠試驗之抽樣標準與第一次試驗時相同。

㈡該試驗之補正試驗，應依前述六、㈡但書之規定。

十二　其他

個別認可時，若發現受驗樣品有其他不良事項，經認定該產品之抽樣標準及個別認可方法不適當時，得由中央消防主管機關另訂個別認可方法及抽樣標準。

肆　缺點判定方法

各項試驗所發現之不合格情形，其缺點之等級應依表10及消防機具器材及設備認可作業要點第19條之規定判定。

表10

試驗項目	致命缺點	嚴重缺點	一般缺點	輕微缺點
構造、材質及標示	依本基準壹、三、㈣、1.之試驗，動作功能不完全者。	1.承受負載部分發生龜裂或損壞之現象。 2.裝接部螺紋不符規定。 3.構造、材質或釋放機構之尺寸任意變更。 4.裝配載重再次調整或零件再次組裝。 5.本基準壹、二、㈠、3.所述部分，出現螺釘無法固定之現象。 6.材質與規格不符。 7.依本基準壹、三、㈣、2.之試驗，發生漏水現象者。	1.承受負載部分之缺點，有影響性能或強度之虞。 2.迴水板固定不完全或其他類似缺點。 3.調整螺釘固定不完全或脫落。 4.裝接部螺紋有半周以上之損壞現象。 5.有影響墊片性能之缺點，或使用二枚以上之墊片。 6.玻璃球之玻璃容器出現裂痕或泡孔之現象。 7.裝接部螺紋超過量規之尺寸上限。 8.標示溫度、顏色標示，或安裝方向等標示，出現脫落、錯誤或無法判別之現象。 9.第一種撒水頭之「①」、「QR」或有效撒水半徑「r 2.6」、「r 2.8」等標示，出現脫落、錯誤或無法判別之現象。 10.小區劃型撒水頭之「小」、「S」或流量特性係數K等標示，出現脫落、錯誤或無法判別之現象。 11.螺紋標稱PT 1/2用於標稱口徑20A之撒水頭，而未作標示。 12.製造方法任意變更。 13.迴水板之尺寸未在許可差範圍內。 14.螺紋之固定力未達規定值。 15.水道連結型撒水頭之「W」、流量特性係數K或放水壓力等標示，出現脫落、錯誤或無法判別之現象。	製造廠商名稱、商標或出廠年份等標示，出現脫落、錯誤或無法判別之現象。
耐洩漏試驗		1.施予水壓25kgf/cm^2（2.5MPa）時，出現漏水現象。 2.施予空氣壓25kgf/cm^2（2.5MPa）時，有氣泡產生。		
環境溫度試驗		本試驗後，進行耐洩漏試驗結果有下列情形者： 1.施予水壓25kgf/cm^2（2.5MPa）時，出現漏水現象。 2.施予空氣壓25kgf/cm^2（2.5MPa）時，有氣泡產生。		
撞擊試驗		本試驗後，進行耐洩漏試驗結果有下列情形者： 1.施予水壓25kgf/cm^2（2.5MPa）時，出現漏水現象。 2.施予空氣壓25kgf/cm^2（2.5MPa）時，有氣泡產生。		
裝配載重試驗	偏差值超過＋50%。	偏差值超過+40%，但在＋50%以下。	偏差值超過＋30%，但在＋40%以下。	
框架永久變形量試驗		變形比超過50%。		

試驗項目	致命缺點	嚴重缺點	一般缺點	輕微缺點
易熔元件強度試驗	在10天試驗期間內，發生變形、破損或易熔合金部分出現龜裂現象（但在壓縮載重時，按其動作機構之許可變形量來判定）。			
玻璃球加熱冷卻試驗	加熱時玻璃球出現龜裂或破損現象。	冷卻時玻璃球出現龜裂現象。		
玻璃球熱衝擊試驗	玻璃球出現龜裂或破損現象。			
玻璃球加載試驗	玻璃球出現龜裂或破損現象。			
釋放機構強度試驗	發生變形、龜裂或破損現象。			
振動試驗		本試驗後，進行耐洩漏試驗結果有下列情形者： 1.施予水壓25kgf/cm^2（2.5MPa）時，出現漏水現象。 2.施予空氣壓25kgf/cm^2（2.5MPa）時，有氣泡產生。		
水鎚試驗		本試驗後，進行耐洩漏試驗結果有下列情形者： 1.施予水壓25kgf/cm^2（2.5MPa）時，出現漏水現象。 2.施予空氣壓25kgf/cm^2（2.5MPa）時，有氣泡產生。		
硝酸亞汞應力腐蝕試驗或氨水應力腐蝕試驗	耐洩漏試驗後，進行0.5kgf/cm^2（0.05MPa）壓力下之功能試驗時，動作不完全或出現沉積現象超過1min。	本試驗後，進行耐洩漏試驗有下列情形者： 1.施予水壓25kgf/cm^2（2.5MPa）時，出現漏水現象。 2.施予空氣壓25kgf/cm^2（2.5MPa）時，有氣泡產生。	出現龜裂、脫層或破損現象。	
二氧化硫腐蝕試驗	本試驗後，進行0.5kgf/cm^2（0.05MPa）壓力下之功能試驗時，動作不完全或出現沉積現象超過1min。		出現腐蝕或損壞現象。	
鹽霧腐蝕試驗	本試驗後，進行0.5kgf/cm^2（0.05MPa）壓力下之功能試驗時，動作不完全或出現沉積現象超過1min。		出現腐蝕或損壞現象。	
動作溫度試驗	1.易熔元件型之偏差值超過±15%。 2.玻璃球型之偏差值超過＋35%或－25%。	1.易熔元件型之偏差值超過±10%，但在±15%以下。 2.玻璃球型之偏差值超過＋25%或－15%，但在＋35%或－25%以下。	1.易熔元件型之偏差值超過±3%，但在±10%以下。 2.玻璃球型之偏差值超過＋15%或－5%，但在＋25%或－15%以下。	

試驗項目	致命缺點	嚴重缺點	一般缺點	輕微缺點
玻璃球氣泡消失溫度試驗	1.偏差值超過±10%（包括下列情況：申請時註記氣泡會消失，而在標示溫度之93%，氣泡仍未消失，且標示溫度之93%溫度值，超過氣泡消失溫度申請值+10%）。 2.申請時註記氣泡不會消失，但在標示溫度93%以下時，氣泡卻消失。		偏差值超過±3%（包括下列情況：申請時註記氣泡會消失，而在標示溫度之93%，氣泡仍未消失，且標示溫度之93%溫度值，超過氣泡消失溫度申請值+3%）。	
功能試驗	動作不完全或出現沉積現象超過1min。			
感度熱氣流感應試驗	動作不完全。	在規定之動作時間內未動作。		
放水量試驗			流量特性係數K值未在容許範圍內。	
標準型撒水頭撒水分布試驗（依本基準壹、十四、㈠、1.規定）		同心圓上之平均撒水量 $q_{n \cdot m}$ 未達到規定曲線所示值。	1.有效撒水半徑r 2.3者：Q'/Q之比值未滿60%。 2.有效撒水半徑r 2.6者：Q'/Q之比值未滿60%。 3.有效撒水半徑r 2.8者：Q'/Q之比值未滿60%。 4.撒水量之最小值未達到規定曲線所示值之70%。	
標準型撒水頭撒水分布試驗（依本基準壹、十四、㈠、2.規定）		平均分布量小於壹、十四、㈠、2.表5之最小平均分布量，且各水盤小於平均量之75%。	當一水盤充滿水及放水10分鐘後，距撒水頭最遠端水盤撒水量大於每平方公尺0.007L/s。	
小區劃型撒水頭撒水分布試驗		1.地面之平均撒水量未達規定值。 2.各壁面之撒水量未達規定值。	1.地面之撒水量未達規定值。 2.壁面之濡濕範圍未達規定值。	
側壁型撒水頭撒水分布試驗		1.各列、各行之平均撒水量 $q_{s \cdot m}$ 未達到規定曲線所示值。 2.壁面未濡濕。	撒水量之最小值未達到規定曲線所示值之70%。	
水道連結型撒水頭地面撒水分布及以最低放水壓力的地面撒水分布		1.地面平均採水量未達規定者。 2.各壁面採水量及四壁面採水量的合計未達規定者。	1.地面採水量未達規定者。 2.壁面溼潤範圍未達規定者。	

伍　主要試驗設備

本基準各項試驗設備，依表11設置，未列出之設備亦需經評鑑始准適用之。

表11

項目	規格	數量
抽樣表	本標準中有關抽樣法之規定。	1份
亂數表	CNS2779或本標準中有關之規定。	1份
計算器	8位數以上 。	1只
磅秤	量測範圍：被檢物重量之1.5倍，最小刻度1g。	1台

小鏡子	名片大小。	1個
放大鏡	約4倍。	1個
管用螺紋範規	推拔螺紋用PT1/2、3/4。	1個
分厘卡	測定範圍0至25mm，最小刻度0.01mm，精密度±0.005mm。	1個
針盤指示量規刻度0.01mm附磁鐵座	測定範圍0至5mm，指針之穩定度0.3刻度以下回程誤差，最大0.003mm，廣範圍精密度最大0.01mm，狹範圍精密度最大0.008mm。	1個以上
游標卡尺	測定範圍0至150mm，精密度1/50mm，1級品。	1個
碼錶	1分計，附積算功能，精密度1/5s。	1個以上
重錘式 標準壓力計	測定範圍0至35kgf/cm^2（3.5MPa）以上。	1套
乾濕球溫度計	一般市面上販售品。	1個
耐洩漏試驗機	1.能一次同時試驗樣品20個以上者。 2.壓力計：最高壓力達試驗壓力之1.5倍者。 3.用空氣壓力作試驗者，應能將樣品裝在水中，並能使其與水面約成45度。	1套
裝配載重，框架抗拉力試驗機	1.力量計：最小刻度2kg，能提供撒水頭試驗載重1.5倍以上之載重量。 2.針盤指示量最小刻度0.01mm，附有磁鐵座。	1台
水鎚試驗機	1.活塞式幫浦：具有一次同時試驗8個之性能者。 2.壓力計：最高壓力達試驗壓力之1.5倍者。	1套
鹽霧腐蝕試驗機	1.能將溫度控制在35±2℃以內。 2.具有相對溫度、濕度控制功能者	1套
動作溫度試驗機	1.高溫液槽：能一次放入8個以上之樣品且能使液溫均勻者。 2.應設置攪拌裝置，溫度計採雙套管式水銀溫度計。	1套
感度熱氣流感應試驗機	1.能對撒水頭施以空氣壓力1kgf/cm^2（0.1MPa）者。 2.氣流溫度能控制在規格值±2℃以內。 3.氣流速度能控制在規格值±0.1m/s以內。	1套
放水量試驗裝置	1.加壓放水裝置。 2.整流筒：應符合規格。 3.測定水量裝置。 4.壓力計：最高壓力達試驗壓力之1.5倍。	1套

滅火器用滅火藥劑認可基準

①民國101年11月14日內政部公告訂定發布全文6點；並自102年7月1日起生效。
②民國102年7月19日內政部令修正發布全文6點；並自103年1月1日生效。

壹　技術規範及試驗方法

一　適用範圍

供滅火器使用之滅火藥劑（以下簡稱爲滅火劑），其成分、性能等技術規範及試驗方法，應符合本基準之規定。

二　滅火劑之共通性質

㈠滅火劑不得有顯著毒性或腐蝕性，且不得發生明顯之毒性或腐蝕性氣體。

㈡水溶液滅火劑及液狀滅火劑，不得發生結晶析出，溶液之分離，浮游物質或沉澱物以及其他異常。

㈢粉末滅火劑，不得發生結塊、變質或其他異常。

三　水滅火劑

水滅火器所充填之水，不得有顯著毒性或腐蝕性，且不得發生明顯之毒性或腐蝕性氣體。

四　二氧化碳滅火劑

二氧化碳滅火器所充之滅火劑，應符合中華民國國家標準（以下簡稱CNS）195〔液體二氧化碳〕之規定。

五　化學泡沫滅火劑

㈠分類：本品分爲甲種藥劑、乙種藥劑等2種。

1.甲種藥劑：甲種藥劑經配製成甲種溶液，注入於滅火器之外殼容器。

2.乙種藥劑：乙種藥劑經配製成乙種溶液，注入於滅火器之內殼容器。

㈡滅火劑：

1.甲種藥劑：除應符合CNS441〔化學泡沫滅火器〕規定外，並應符合下列規定：

⑴主成分：甲種藥劑所含碳酸氫鈉（$NaHCO_3$）應在90%以上。

⑵性狀：本品應爲易溶於水之乾燥粉狀。

⑶起泡劑：本品應加入適量之起泡劑、穩泡劑、增黏劑及防腐劑等，其數量以操作時能達到各該種滅火器標準規定之滅火效能爲準。

⑷檢驗：依CNS1216〔工業級碳酸氫鈉檢驗法〕之規定。

2.乙種藥劑：除應符合CNS441〔化學泡沫滅火器〕規定外，並應符合下列規定：

⑴主成分：乙種藥劑以硫酸鋁（$Al_2(SO_4)_3 \cdot nH_2O$）爲主成分，其氧化鋁含量應在16%以上。

⑵性狀：本品應爲易溶於水之乾燥粉狀。

⑶檢驗：依CNS2073〔硫酸鋁（工業級）檢驗法〕國家標準之規定。

㈢性能：甲種、乙種藥劑之性能應符合下列之規定：

1.本品依指定之方法溶解後，分別注入該項滅火劑適用，並已經檢驗合格之滅火器（原有滅火劑已取出並洗滌清潔）內，依照規定方法予以操作時，其射程、泡沫量、及滅火效能應符合該項藥劑所指定適用相關之泡沫滅火器國家標準之規定。

2.水中不溶物：甲、乙兩種藥劑所含水不溶物（沉澱）均應在1.0%以下。且其測試之方法爲稱取樣品20公克，溶於500毫升蒸餾水中，攪拌使之完全溶解後過濾，以蒸餾水洗滌之，將濾紙及不溶物置於坩堝內，以攝氏100度至105度烘箱中乾燥至重量不變，其重量減去坩堝及濾紙之重量，即爲水不溶物之重量。水不溶物以下列計算式表示：

$$水不溶物百分比＝\frac{水中不溶物重量（公克）}{樣品重（公克）}\times 100（\%）$$

3.爲易於識別，甲、乙兩種藥劑之包裝必須先用塑膠袋分別密封。手提型用之藥劑每套用不易破裂之盒（或袋）合併裝於一盒（或一袋），輪架型用藥劑每套應合併裝於不易被壓破裂之厚紙箱或馬口鐵桶。在塑膠袋上分別以不易磨滅之方法標明「甲」「乙」字樣。

⑴在盛裝甲乙兩種藥劑之塑膠袋上，分別標明藥劑名稱、重量、適用滅火器之種類、型式及容量、調配及裝置方法。

⑵在盒或袋之外面，除註明上列各項外，並標明製造者名稱、商標及地址、製造年月。

六　機械泡沫滅火劑

㈠分類：係以表面活性劑或水成膜混合水溶液所產生泡沫之滅火劑。

㈡性狀：

1.泡沫滅火劑應施予防腐處理，但無腐敗及變質之虞者，不在此限。

2.自滅火器所噴射之泡沫，應能保持耐火性能。

3.滅火劑應爲水溶液，液狀或粉末狀，如爲液狀或粉末狀者，應能容易溶解於水，且於該滅火劑容器上標示「應使用飲用水溶解」等字樣（如在容器無法標示者則標示於包裝）。

㈢檢驗：

1.灌裝此滅火劑之滅火器，使其作動時，泡沫膨脹比在5倍以上，且25%還原時間在1分鐘以上。

2.比重應在申請值±0.02以內，其測定係依CNS12450〔液體比重測定法〕之規定實施。

3.pH值應在申請值±0.4以內，其測定係依CNS6492〔水溶液pH測定方法〕之規定實施。

4.凝固點應在申請值$^{+0}_{-10}$℃以內，其測定係於內徑18mm之試管內採取試料10mL，於試管中放入溫度計，以冰浴加以冷卻（不得急遽冷卻），並以溫度計加以攪拌，開始生成結晶的時候，由冰浴取出，並繼續攪拌，讀取結晶消失時之溫度。

5.黏度應在申請值±30%以內，其測定係依CNS3390〔透明與不透明液體黏度試驗法（動黏度及絕對黏度）〕之規定實施，試料之溫度爲20±1℃。

6.表面張力（適用於添加表面活性劑之強化液）係測定原液及造成表面張力急遽變化之稀釋倍率（2的X次方），應在申請值$^{+15}_{-30}$μN/cm以內，以吊環式（Du Nouy ring method）或吊板式（Wilhelmy plate methode）實施之。

7.變質後之沉澱應在0.2mL以下，依下列方式測定：

⑴由約200mL玻璃之三角燒瓶中取出試料150mL，加上軟木塞，在65±2℃之環境中靜置216小時後恢復至室溫，使試料保持室溫溫度。

⑵在－18±2℃（如果凝固點低不會結凍，則用凝固點以下之溫度）之環境中靜置24小時後恢復至室溫，使試料保持室溫溫度。

⑶將試料調整至20±1℃，依CNS12261〔潤滑油沉澱價試驗法〕，在離心分離器用沉澱管中加入100mL，以離心分離器使之旋轉10分鐘，然後讀取沉

澱量。

⑷再將離心分離器旋轉3分鐘，讀取沉澱量，重複進行，直到沉澱量沒有變化為止。

⑸離心分離器之離心力，應有重力加速度之600至700倍。

8.腐蝕（不得發生孔蝕，且每日質量之損失應在3mg/20cm^{3}以下）：腐蝕試驗依下列方式實施：

⑴將鋼及鋁之試驗片，浸泡於液溫在38±2℃之滅火藥劑中21天，觀察其有無質量之減少或孔蝕。

⑵對於每一試料，準備如下規定之試驗片各4片。

尺度：75mm×12mm×1.0mm

表面積：19.74cm^2（約20cm^2）

材質：鋼CNS9278（SPCC）、鋁CNS2253（5052）

試驗片之表面，應為未加工之素面。

七　乾粉滅火劑

㈠乾粉滅火劑係指施予防濕加工之鈉或鉀之重碳酸鹽或其他鹽類，以及磷酸鹽類，硫酸鹽類及其他具有防焰性能之鹽類（以下稱為磷酸鹽類），並符合下列各項規定：

1.粉末細度，應能通過CNS386〔試驗篩〕之80篩網目（mesh）90%以上者。

2.於溫度30±1℃，相對濕度60%之恆溫恆濕槽中，靜置48小時以上，使試樣達到恆量後，將試樣於30±1℃，相對濕度80%之恆溫恆濕槽中，靜置48小時之試驗時，重量增加率應在2%以下。

3.沉澱試驗，取試樣5公克均勻散布於直徑9cm並盛有水300ml燒杯，於1小時內不發生沉澱。

㈡各種乾粉之主成分，簡稱、著色等規定如下表：

乾粉滅火劑種類	簡稱	主成分	著色
1.多效磷鹽乾粉	ABC乾粉	磷酸二氫銨（$NH_4H_2PO_4$）70%以上	以白色或紫色以外顏色著色，且不得滲入白土（CLAY）2%以上。
2.普通乾粉	BC乾粉	碳酸氫鈉（$NaHCO_3$）90%以上	白色
3.紫焰乾粉	KBC乾粉	碳酸氫鉀（$KHCO_3$）85%以上	淺紫色
4.鉀鹽乾粉	XBC乾粉	—	—
5.硫酸鉀乾粉	XBC-SO	硫酸鉀（K_2SO_4）70%以上	白色
6.氯化鉀乾粉	XBC-CL	氯化鉀（KCl）70%以上	白色
7.碳酸氫鉀與尿素化學反應物	XBC-Monnex	（$KHCO_3$+H_2NCONH_2）鉀為27～29%，氮為14～17%	灰白色

備註：第1.至6.項各乾粉滅火劑之試驗下限值得有本表所列主成分數值乘以5%之誤差。

㈢檢驗：

1.視密度：秤取樣品100公克（±0.1公克）於清淨乾燥燒杯內，用玻璃棒攪鬆後，經短頸漏斗緩慢地傾入250ml量筒中，然後用玻璃棒撥平樣品表面，靜置60秒，讀取樣品容積，依下式計算視密度（g/ml）。

$$視密度=\frac{100\ (g)}{讀取樣品容積\ (ml)}$$

2.防濕性：秤取樣品10公克放置於直徑爲6公分之秤量瓶內，於溫度30±1℃，相對濕度60%之恆溫恆濕槽中，使用濃度爲38.1%之硫酸乾燥器，靜置48小時以上，使試樣達到恆量後，再將試樣於溫度30±1℃，相對濕度80%恆溫恆濕槽中，使用過飽和氯化銨乾燥器，靜置48小時之試驗後，其結果應符合七、㈠、2.之規定。

$$防濕性=\frac{相對濕度80\%時之重量-相對濕度60\%時之重量}{相對濕度60\%時之試樣重量}\times 100\ (\%)$$

3.細度：秤取樣品100±0.1公克，以符合CNS386之試驗篩秤其殘留篩上之樣品重量，依下式計算細度。

$$細度百分比=\frac{〔100-殘留篩之樣品重（公克）〕\times 100}{100}\ (\%)$$

4.滅火劑之主成分依照下列方法檢驗：

⑴前處理方法：秤取樣品約1g加10ml 95%以上之乙醇，於50℃水浴30分鐘以破壞防濕性能後加水溶解，經過濾雜質後試驗。

⑵碳酸氫鈉（或碳酸氫鉀）：秤取樣品0.7至0.8公克於錐形瓶中，加數滴中性無水酒精濕潤後加0.1N NaOH標準液100ml，10%$BaCl_2$溶液50ml及酚酞指示劑3至4滴，充分振盪，以0.1N H_2SO_4標準液送滴定至紅色消失，依下列計算$NaHCO_3$含量。

⑶$NaHCO_3$依壹、六、㈢、4.、⑵之滴定法試驗。

⑷$KHCO_3$由HCO_3^-換算時依本基準壹、六、㈢、4.、⑵之滴定法試驗，由K^+換算時，依CNS8451〔肥料檢驗法－鉀之測定〕第3節四苯硼鈉容量法及第4節火燄光測定法或原子吸光譜測定法之規定辦理。

⑸$NH_4H_2PO_4$依CNS8450〔肥料檢驗法－磷之測定〕第4節鉬釩磷酸鹽比色法及第3.1節喹啉容量法，對於磷之測定如以喹啉容量法試驗時，應以乙醇做爲磷酸鹽滅火劑之去防濕溶劑，置於70℃恒溫水浴中10分鐘後取出，做爲磷酸鹽滅火劑之前處理方法。

⑹K_2SO_4由K^+換算時與$KHCO_3$相同，SO_4^{-2}換算時，依CNS5239〔硫酸鉀檢驗法〕第2.1.1節以硫酸根含量測定硫酸鉀之含量。

⑺KCl以K^+換算時與$KHCO_3$相同，由Cl^-換算時依CNS283〔工業鹽取樣法及化學分析法〕第6節之規定辦理。

⑻$KHCO_3^-$加尿素中之鉀與$KHCO_3$相同，氮可依CNS8449〔肥料檢驗法－氮之測定〕第2.1節硫酸法試驗之規定辦理。

八　強化液滅火劑

㈠爲鹼金屬鹽類之水溶液，呈鹼性反應。

㈡比重應在申請值±0.02以內，其測定係依CNS12450〔液體比重測定法〕之規定實施。

㈢pH值應在申請值±0.4以內，其測定係依CNS6492〔水溶液pH測定方法〕之規定實施。

㈣凝固點在－20℃以下，其測定係於內徑18mm之試管內採取試料10mL，於試管中放入溫度計，以冰浴加以冷卻（不得急遽冷卻），並以溫度計加以攪拌，開始生成結晶的時候，由冰浴取出，並繼續攪拌，讀取結晶消失時之溫度。

(五)含量測定（適用於中性強化液），係在pH值為中性（申請值為pH6～8）之滅火藥劑中，針對該滅火藥劑之特性或性能會造成重要影響之成分進行，其分析按照成分的種類採取適當之方法。

(六)表面張力（適用於添加表面活性劑之強化液）係測定原液及造成表面張力急遽變化之稀釋倍率（2的X次方），應在申請值$^{+15}_{-30}$ μN/cm以內，以吊環式（Du Nouy ring method）或吊板式（Wilhelmy plate method）實施之。

九　濕潤劑等

(一)為提高水滅火器性能或改良其性狀，得混合或添加濕潤劑，防凍劑或其他藥劑等（以下稱為濕潤劑等）。

(二)對於在水中添加濕潤劑等之滅火藥劑，為確認其性質，應就下列事項進行測定：

1. 比重應在申請值±0.005以內，其測定係依CNS12450〔液體比重測定法〕之規定實施。

2. pH值應在申請值±0.4以內，其測定係依CNS6492〔水溶液pH測定方法〕之規定實施。

3. 凝固點應在申請值$^{+0}_{-5}$℃以內，其測定係於內徑18mm之試管內採取試料10mL，於試管中放入溫度計（其最小刻度在0.2℃以下），以冰浴加以冷卻（不得急遽冷卻），並以溫度計加以攪拌，開始生成結晶的時候，由冰浴取出，並繼續攪拌，讀取結晶消失時之溫度。

4. 腐蝕（不得發生孔蝕，且每日質量之損失應在3mg/20cm^{3}以下）：腐蝕試驗依下列方式實施：

(1)將鋼及鋁之試驗片，浸泡於液溫在38±2℃之滅火藥劑中21天，觀察其有無質量之減少或孔蝕。

(2)對於每一試料，準備如下規定之試驗片各4片。

尺度：75mm×12mm×1.0mm

表面積：19.74cm^2（約20cm^2）

材質：鋼CNS9278（SPCC）、鋁CNS2253（5052）

試驗片之表面，應為未加工之素面。

5. 含量：含量係就濕潤劑等之中，對於該滅火藥劑之性質或性能會造成重要影響之成分分析之。其分析係採適合該濕潤劑等種類之方法。

(三)濕潤劑等不得使滅火劑之性狀或性能受到不良影響。

十　包裝

滅火劑應妥予儲存於適當容器，以免產生稀釋、濃縮、結塊、吸濕、變質及其他異常現象。

十一　標示

滅火劑容器上（如在容器上不適於標示者則標示在包裝上）應標示下列項目：

(一)品名。

(二)適用滅火器之種類。

(三)使用方法。

(四)使用上應注意事項。

(五)製造年月。

(六)滅火藥劑之容量或重量。

(七)製造廠商名稱或其商標。

貳　型式認可作業

十二　型式試驗之試驗項目及樣品數

(一)試驗區分為一般試驗及分項試驗，項目及樣品數如下：

試驗區分	試驗項目	樣品數
一般試驗	1.粉末滅火劑，不得有結塊、變質或其他異常。	①化學泡沫滅火劑（7套） ②機械泡沫滅火劑（17瓶，120ml/瓶） ③乾粉滅火劑（11包，150g/包） ④強化液滅火劑（17瓶，120ml/瓶） ⑤水滅火劑（17瓶，120ml/瓶）
	2.粉末滅火劑著色檢查。	
	3.水溶液滅火劑及液狀滅火劑，不得發生結晶析出，溶液之分離，浮游物質或沉澱物以及其他異常。	
	4.標示。	
分項試驗	1.化學泡沫滅火劑	
	①甲種藥劑主成分。	1包
	②甲種藥劑性狀。	
	③甲種藥劑水中不溶物。	
	④乙種藥劑主成分。	1包
	⑤乙種藥劑性狀。	
	⑥乙種藥劑水中不溶物。	
	⑦泡沫量。	1套
	⑧射程。	1套
	⑨滅火效能。	4套
	2.機械泡沫滅火劑	
	①性狀。	1瓶
	②膨脹比及還原時間。	2瓶
	③比重。	3瓶
	④pH值。	3瓶
	⑤凝固點。	3瓶
	⑥黏度。	2瓶
	⑦表面張力。	2瓶
	⑧變質後之沉澱。	2瓶
	⑨腐蝕。	2瓶
	3.乾粉滅火劑	
	①沉澱試驗。	3包
	②主成分。	2包
	③防濕性。	3包
	④細度。	2包
	4.強化液滅火劑	
	①比重。	3瓶
	②pH值。	3瓶
	③凝固點。	3瓶

試驗區分	試驗項目	樣品數
分項試驗	④含量（適用於中性）。	2瓶
	⑤表面張力（適用於添加表面活性劑）。	2瓶
	5.水滅火劑（添加濕潤劑等）	
	①比重。	3瓶
	②pH值。	3瓶
	③凝固點。	3瓶
	④腐蝕。	2瓶
	⑤含量。	2瓶

備註：甲、乙種藥劑分別用塑膠袋包裝密封後將合併裝於一盒稱之爲一套。

㈡腐蝕試驗金屬試片（限機械泡沫或添加濕潤劑等之水滅火劑）：

試驗片之材質	試驗片之尺度（mm）	數量（片）
鋼CNS9278（SPCC）	75×12×1.0	10（含備用）
鋁CNS2253（5052）	75×12×1.0	10（含備用）

十三　型式區分

藥劑種類	型式區分
1.水滅火劑（添加濕潤劑等）	水滅火劑（添加濕潤劑等）
2.二氧化碳滅火劑	二氧化碳滅火劑
3.化學泡沫滅火劑	甲種藥劑
	乙種藥劑
4.機械泡沫滅火劑	表面活性劑泡沫滅火劑
	水成膜泡沫滅火劑
5.乾粉滅火劑	多效磷鹽乾粉（A.B.C乾粉）
	普通乾粉（B.C乾粉）
	紫焰乾粉（KBC乾粉）
	鉀鹽乾粉（XBC乾粉） 硫酸鉀乾粉（XBC-SO） 氯化鉀乾粉（XBC-CL） 碳酸氫鉀與尿素化學反應物（XBC-Monnex）
6.強化液滅火劑	強化液滅火劑

十四　型式試驗結果判定

1.符合本認可基準規定者，該型式試驗結果視爲「合格」；依「缺點判定表」（附表1）判定未符合本認可基準規定者，該型式試驗結果視爲「不合格」。

2.符合下述十五、補正試驗所定事項者，得進行補正試驗，並以一次爲限。

十五　補正試驗

符合下列規定者得進行補正試驗：

㈠型式試驗之不良事項為申請資料不完備、標示遺漏者。

㈡試驗設備不完備或有缺失，致無法進行試驗者。

十六　輕微變更

係指變更之範圍為標示、標識及乾粉著色等，其變更不致對其形狀、構造、材質、成分及性能產生影響者。

十七　試驗紀錄

申請型式認可應填載產品規格明細表（如附表2）、型式試驗紀錄表（如附表3）。

參　個別認可作業

十八　方法

㈠個別認可依照CNS9042規定進行抽樣試驗。

㈡抽樣試驗之嚴寬等級分為寬鬆試驗、普通試驗、嚴格試驗及最嚴格試驗四種。

十九　抽樣

㈠個別認可所需之試料數目，係根據檢查之嚴格程度及批次大小，依附表5至附表8所列抽樣表中列定之數目，依據抽樣表先抽取一般試驗之樣品數，再由一般試驗之樣品數中，抽取分項試驗之樣品數。

㈡樣品之抽樣依下列規定：

1.抽樣試驗應以每一批為單位。

2.樣品之多寡，應視整批成品（受驗數量＋預備品）數量之多寡及試驗等級，按抽樣表之規定抽取，並在重新編號之全部製品（受驗批）中，依隨機抽樣法（CNS9042）隨意抽取，抽出之樣品依抽出順序編排序號。但受驗批次數量在300個以上時，應依下列規定分為二段抽樣：

⑴計算每群應抽之數量：當受驗批次在五群（含箱子及集運架等）以上時，每一群之製品數量應在5個以上之定數，並事先編定每一群之編碼；但最後一群之數量，未滿該定數亦可。

⑵抽出之產品賦予群碼號碼：同群製品須排列整齊，且排列號碼應能清楚辨識。

⑶確定群數及抽出個群，再從個群中抽出樣品：確定從所有群產品中可抽出五群以上之樣品，以隨機取樣法抽取相當數量之群，再由抽出之各群製品作系統式循環抽樣（由各群中抽取同一編號之製品），將受驗之樣品抽出。

⑷依上述方法取得之製品數量超過樣品所需數量時，重複進行隨機取樣去除超過部分至達到所要數量。

二十　試驗項目

㈠試驗區分為一般試驗及分項試驗如下：

試驗區分	試驗項目
一般試驗	1.粉末滅火劑，不得有結塊、變質或其他異常。
	2.粉末滅火劑著色檢查。
	3.水溶液滅火劑及液狀滅火劑，不得發生結晶析出，溶液之分離，浮游物質或沉澱物以及其他異常。
	4.標示。

分項試驗	1.化學泡沫滅火劑
	①甲種藥劑主成分。
	②甲種藥劑性狀。
	③甲種藥劑水中不溶物。
	④乙種藥劑主成分。
	⑤乙種藥劑性狀。
	⑥乙種藥劑水中不溶物。
	⑦泡沫量。
	2.機械泡沫滅火劑
	①性狀。
	②膨脹比及還原時間。
	③比重。
	④pH值。
	⑤凝固點。
	⑥黏度。
	⑦表面張力。
	⑧變質後之沉澱。
	3.乾粉滅火劑
	①沉澱試驗。
	②主成分。
	③防濕性。
	④細度。
	4.強化液滅火劑
	①比重。
	②pH值。
	③凝固點。
	④含量（適用於中性強化液）。
	⑤表面張力（適用於添加表面活性劑之強化液）。
	5.水滅火劑（添加濕潤劑等）
	①比重。
	②pH值。
	③凝固點。
	④含量。

備註：甲、乙種藥劑分別用塑膠袋包裝密封後將合併裝於一盒稱之爲一套。

㈡個別試驗結果，應填載「個別試驗紀錄表」（附表4）。

二一　結果判定

合格與否，依抽樣表、缺點判定表及下列規定判定之。一般試驗及分項試驗，應分別計算其不良品之數量。

(一)抽樣試驗中，一般試驗及分項試驗之不良品數，均於合格判定個數以下時，視該批為合格。且下一批可依二十三、試驗試驗嚴寬度等級之調整更換較寬鬆之試驗等級。

(二)抽樣試驗中，一般試驗及分項試驗，任一試驗之不良品數在不合格判定個數以上時，視該批為不合格。下一批依二十三、試驗試驗嚴寬度等級之調整更換較嚴格之試驗等級。但該等不良品之缺點僅為輕微缺點時，得進行補正試驗，惟以一次為限。

(三)抽樣試驗中出現致命缺點之不良品時，即使該抽樣試驗中不良品數在合格判定個數以下，該批仍視為不合格。下一批依二十三、試驗試驗嚴寬度等級之調整更換較嚴格之試驗等級。

二二　結果之處置

(一)合格批次之處置：

1.當批次雖經判定為合格，但受驗樣品中如發現有不良品時，應使用預備品替換或修復該等不良品數量後，方視整批為合格品。

2.當批次雖經判定為合格，其不良品部分之個數，如無預備品替換或無法修復調整者，仍判定為不合格。

(二)補正批次之處置：

1.接受補正試驗時，應提出初次試驗時所發現不良事項之改善說明書及不良品處理後之補正試驗合格紀錄表。

2.補正試驗之受驗樣品數以初次試驗之受驗樣品數為準。

(三)不合格批次之處置：

1.不合格批次之產品接受再試驗時，應提出初次試驗時所發現不良事項之改善說明書，及不良品處理之補正試驗合格紀錄表。

2.不合格批次之產品接受再試驗時，不得加入初次試驗受驗製品以外之製品。

3.不合格之批次不再試驗時，應向認可機構備文說明理由及其廢棄處理等方式。

二三　試驗嚴寬度等級之調整

首次申請個別認可：試驗等級以普通試驗為之，其後之試驗等級調整，依下表之規定。

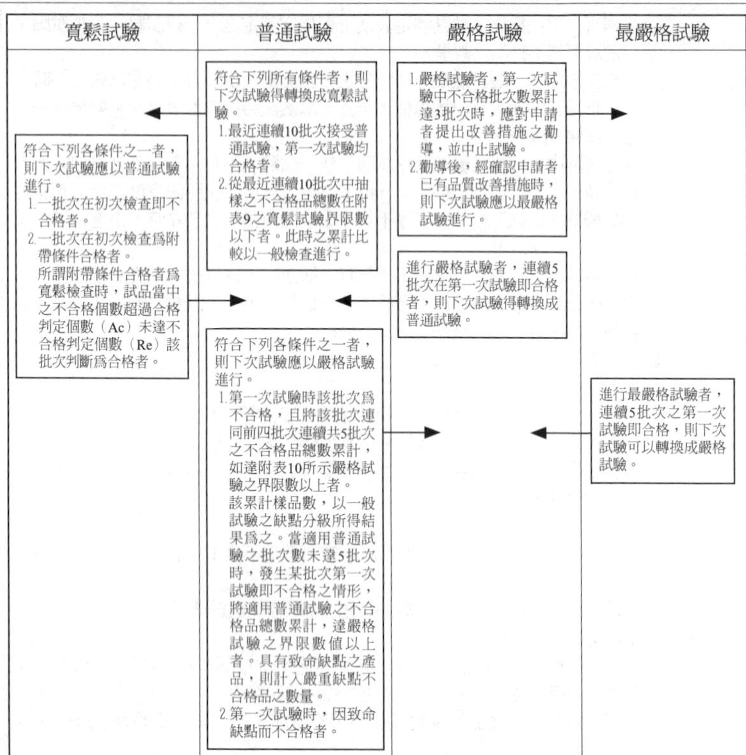
寬鬆試驗
普通試驗
嚴格試驗
最嚴格試驗
符合下列所有條件者，則下次試驗得轉換成寬鬆試驗。
1.最近連續10批次接受普通試驗，第一次試驗均合格者。
2.從最近連續10批次中抽樣之不合格品總數在附表9之寬鬆試驗界限數以下者。此時之累計比較以一般檢查進行。
1.嚴格試驗者，第一次試驗中不合格批次數累計達3批次時，應對申請者提出改善措施之勸導，並中止試驗。
2.勸導後，經確認申請者已有品質改善措施時，則下次試驗應以最嚴格試驗進行。
符合下列各條件之一者，則下次試驗應以普通試驗進行。
1.一批次在初次檢查即不合格者。
2.一批次在初次檢查爲附帶條件合格者。
所謂附帶條件合格者爲寬鬆檢查時，試品當中之不合格個數超過合格判定個數（Ac）未達不合格判定個數（Re）該批次判斷爲合格者。
進行嚴格試驗者，連續5批次在第一次試驗即合格者，則下次試驗得轉換成普通試驗。
符合下列各條件之一者，則下次試驗應以嚴格試驗進行。
1.第一次試驗時該批次爲不合格，且將該批次連同前四批次連續共5批次之不合格品總數累計，如達附表10所示嚴格試驗之界限數以上者。
該累計樣品數，以一般試驗之缺點分級所得結果爲之。當適用普通試驗之批次數未達5批次時，發生某批次第一次試驗即不合格之情形，將適用普通試驗之不合格品總數累計，達嚴格試驗之界限數值以上者。具有致命缺點之產品，則計入嚴重缺點不合格品之數量。
2.第一次試驗時，因致命缺點而不合格者。
進行最嚴格試驗者，連續5批次之第一次試驗即合格，則下次試驗可以轉換成嚴格試驗。

二四　個別認可試驗之限制

當批次完成上述之個別認可試驗完整程序後，方能申請及執行下一批次之個別認可試驗。

二五　其他

個別認可時，若發現製品有其他不良事項，經認定該產品之抽樣標準及個別認可方法不適當時，得另訂個別認可方法及抽樣標準。

肆　主要試驗設備

試驗設備等	規格	數量
計算機	8位數以上	1台
電子天平	0～180g	1台
電子秤	0～2100g，0～5100g	各1台
滴定管	0～50ml	2組
恆溫恆濕機	0～85℃，30～95RH	1台
烘箱	Rt～300℃	1台
恆溫水槽	Rt～100℃	1台
篩網	80mesh	2個

CO_2純度裝置	供檢測CO_2濃度裝置	1組
數位式滴定器	0～50ml	2組
比重計	1.7～2.0（最小刻度0.002）	1組
pH計	可以讀出酸鹼度（pH值）至小數第二位	1式
溫度計	－3～50℃（最小刻度在0.2℃以下）	1支
冷卻器	適合冰浴凝固點之測定	1個
試管	φ18mm	2個
離心機	一般離心機，相對離心力600～700rcf	1台
離心管	符合CNS12261潤滑油沉澱價試驗法圖1錐形離心管	2支
表面張力計	0～500dynes/cm（mN/m），精度±1%	1台
黏度計	0.9～100cSt	1支
黏度計用水槽	0～50℃，精度±1%	1台

伍　缺點判定方法

各項試驗之不合格情形，其缺點之等級依下表之規定判定障者。

附表1　缺點判定表

缺點區分 試驗項目	致命缺點	嚴重缺點	一般缺點	輕微缺點
一般試驗				
1.粉末滅火劑、不得有結塊、變質或其他異常		結塊、變質		
2.乾粉滅火劑著色檢查			著色錯誤	著色與型式認可不同
3.水溶液滅火劑及液狀滅火劑，不得發生結晶析出，溶液之分離，浮游物質或沉澱物以及其他異常		發生結晶析出，溶液之分離，浮游物質或沉澱物以及其他異常		
4.標示				無標示或標示不完全
分項試驗				
1.化學泡沫滅火劑				
①甲種藥劑主成分		90%以下		
②甲種藥劑性狀			潮濕狀	
③甲種藥劑水中不溶物		不溶物2%以上	大於1%、2%未滿	
④乙種藥劑主成分		16%以下		
⑤乙種藥劑性狀			潮濕狀	
⑥乙種藥劑水中不溶物		不溶物2%以上	大於1%、2%未滿	
⑦泡沫量	不會發泡	低於7倍發泡量		
⑧射程		低於6公尺		

缺點區分 試驗項目	致命缺點	嚴重缺點	一般缺點	輕微缺點
⑨滅火效能	不能滅火			
2.機械泡沫滅火劑				
①性狀		1.發生腐敗及變質 2.著火擴大		標示不完全
②膨脹比	不發泡	5倍以下		
③25%泡沫還原時間		1分鐘以內		
④比重			超過申請值±0.02	
⑤pH值			超過申請值±0.4	
⑥凝固點			超過申請值 $^{+0}_{-10}$°C	
⑦黏度			超過申請值±30%	
⑧表面張力			超過申請值 $^{+15}_{-30}$μN/cm	
⑨變質後之沉澱			大於0.2mL	
⑩腐蝕		損失質量每日超過3mg/20cm²者	發生孔蝕者	
3.乾粉滅火劑				
①沉澱試驗	會沉澱			
②主成分			未達試驗下限值	
③防濕性		4%以上	2%以上、4%未滿	
④細度		85%以下	90%以下、85%未滿	
4.強化液滅火劑				
①比重			超過申請值±0.02	
②pH值			超過申請值±0.4	
③凝固點			超過申請值 $^{+0}_{-5}$°C	
④含量			分析值超過容許範圍	
⑤表面張力			超過申請值 $^{+15}_{-30}$μN/cm	
5.水滅火劑（添加濕潤劑等）				
①比重			超過申請值±0.005	
②pH值			超過申請值±0.4	
③凝固點			超過申請值 $^{+0}_{-5}$°C	
④腐蝕		損失質量每日超過3mg/20cm²者	發生孔蝕者	
⑤含量			分析值超過容許範圍	

附表2　產品規格明細表

申請者		滅火劑種類	
製造廠商			
製造國別			
項目		明細	
化學泡沫滅火劑			
甲種藥劑	主成分（%）（$NaHCO_3$）		
	性狀		
	水中不溶物（%）		
乙種藥劑	主成分（%）（$Al_2(SO_4)_3 \cdot nH_2O$）		
	性狀		
	水中不溶物（%）		
機械泡沫滅火劑			
主成分（%）			
性狀			
膨脹比			
比重			
pH值			
凝固點			
黏度			
表面張力			
乾粉滅火劑			
沉澱試驗			
主成分（%）			
防濕性（%）			
細度（%）			
乾粉之著色			
水滅火劑（添加濕潤劑等）			
主成分（%）			
性狀			
比重			
pH值			
凝固點			
二氧化碳滅火劑			
主成分（%）			
性狀			

強化液滅火劑	
比重	
pH值	
凝固點	
含量	
表面張力	
備註：	

附表3　型式試驗紀錄表

申 請 者		廠　牌	
型　式		型　號	
試驗日期	年　月　日～　年　月　日		
試驗室溫		相對濕度	
試 驗 者		會 同 者	
一般試驗			
試驗項目	試驗結果		判　定
1.共通性質（壹、二）			□符合 □不符合
2.乾粉滅火劑著色檢查（壹、七）			□符合 □不符合
3.標示（壹、五、㈢、3.及十一）			□符合 □不符合
			□符合 □不符合
分項試驗			
1.化學泡沫滅火劑（壹、五）			
①甲種藥劑主成分	碳酸氫鈉（$NaHCO_3$）	%以上	□符合 □不符合
②甲種藥劑性狀			□符合 □不符合
③甲種藥劑水中不溶物		%以下	□符合 □不符合
④乙種藥劑主成分	硫酸鋁（$Al_2(SO_4)_3 \cdot nH_2O$）	%以上	□符合 □不符合
⑤乙種藥劑性狀			□符合 □不符合
⑥乙種藥劑水中不溶物		%以下	□符合 □不符合

試驗項目	試驗結果	判　定
⑦泡沫量	發泡倍率　　　　　倍以上	□符合 □不符合
⑧射程	噴射距離　　　　　m	□符合 □不符合
⑨滅火效能		□符合 □不符合
2.機械泡沫滅火劑（壹、六）		
①性狀		□符合 □不符合
②膨脹比	泡沫膨脹比　　　　　倍以上	□符合 □不符合
③25%還原時間		□符合 □不符合
④比重		□符合 □不符合
⑤pH值		□符合 □不符合
⑥凝固點		□符合 □不符合
⑦黏度		□符合 □不符合
⑧表面張力		□符合 □不符合
⑨變質後之沉澱		□符合 □不符合
⑩腐蝕		□符合 □不符合
3.乾粉滅火劑（壹、七）		
①沉澱試驗		□符合 □不符合
②主成分	□A.B.C乾粉（$NH_4H_2PO_4$）70%以上 □B.C乾粉（$NaHCO_3$）90%以上 □K.B.C乾粉（$KHCO_3$）85%以上 □X.B.C乾粉 □K_2SO_4 70%以上 □KCl 70%以上 □$KHCO_3$+H_2NCONH_2　鉀為27～29%，氮為14～17%	□符合 □不符合
③防濕性	重量增加率　　　　　%	□符合 □不符合

試驗項目	試驗結果	判　定
④細度	通過80mesh　　　　　%	□符合 □不符合
4.水滅火劑（添加濕潤劑等）（壹、三及九）		
①主成分及性狀		□符合 □不符合
②比重		□符合 □不符合
③pH值		□符合 □不符合
④凝固點		□符合 □不符合
⑤腐蝕		□符合 □不符合
⑥含量		□符合 □不符合
5.二氧化碳滅火劑（壹、三）		
主成分及性狀		□符合 □不符合
6.強化液滅火劑（壹、八）		
①比重		□符合 □不符合
②pH值		□符合 □不符合
③凝固點		□符合 □不符合
④含量（適用於中性強化液）		□符合 □不符合
⑤表面張力（適用於添加表面活性劑之強化液）		□符合 □不符合

附表4　個別試驗紀錄表

申請者		廠牌	
型式		型號	
試驗日期	年　月　日～　年　月　日		
試驗室溫		相對濕度	
試驗者		會同者	

一般試驗		
試驗項目	試驗結果	判定
1.共通性質（壹、二）		□符合 □不符合
2.乾粉滅火劑著色檢查（壹、七）		□符合 □不符合
3.標示（壹、五、(三)、3.及十一）		□符合 □不符合
		□符合 □不符合

分項試驗		
1.化學泡沫滅火劑（壹、五）		
①甲種藥劑主成分	碳酸氫鈉（$NaHCO_3$）　%以上	□符合 □不符合
②甲種藥劑性狀		□符合 □不符合
③甲種藥劑水中不溶物	%以下	□符合 □不符合
④乙種藥劑主成分	硫酸鋁（$Al_2(SO_4)_3 \cdot nH_2O$）　%以上	□符合 □不符合
⑤乙種藥劑性狀		□符合 □不符合
⑥乙種藥劑水中不溶物	%以下	□符合 □不符合
⑦泡沫量	發泡倍率　倍以上	□符合 □不符合
2.機械泡沫滅火劑（壹、六）		
①性狀		□符合 □不符合
②膨脹比	膨脹比　倍以上	□符合 □不符合
③25%還原時間		□符合 □不符合

試驗項目	試驗結果	判　定
④比重		□符合 □不符合
⑤pH值		□符合 □不符合
⑥凝固點		□符合 □不符合
⑦黏度		□符合 □不符合
⑧表面張力		□符合 □不符合
⑨變質後之沉澱		□符合 □不符合
⑩腐蝕		□符合 □不符合
3.乾粉滅火劑（壹、七）		
①沉澱試驗		□符合 □不符合
②主成分	□A.B.C乾粉（$NH_4H_2PO_4$）70%以上 □B.C乾粉（$NaHCO_3$）90%以上 □K.B.C乾粉（$KHCO_3$）85%以上 □X.B.C乾粉 □K_2SO_4 70%以上 □KCl 70%以上 □$KHCO_3$+H_2NCONH_2　鉀為27～29%，氮為14～17%	□符合 □不符合
③防濕性	重量增加率　%	□符合 □不符合
④細度	通過80mesh　%	□符合 □不符合
4.水滅火劑（添加濕潤劑等）（壹、三及九）		
①主成分及性狀		□符合 □不符合
②比重		□符合 □不符合
③pH值		□符合 □不符合
④凝固點		□符合 □不符合
⑤含量		□符合 □不符合

試驗項目	試驗結果	判　定
5.二氧化碳滅火劑（壹、三）		
主成分及性狀		□符合 □不符合
6.強化液滅火劑（壹、八）		
①比重		□符合 □不符合
②pH值		□符合 □不符合
③凝固點		□符合 □不符合
④含量（適用於中性強化液）		□符合 □不符合
⑤表面張力（適用於添加表面活性劑之強化液）		□符合 □不符合

附表5　普通試驗抽樣表

批次	一般試驗				分項試驗		
	樣品數	嚴重缺點	一般缺點	輕微缺點	樣品數	嚴重缺點	一般缺點
		Ac Re	Ac Re	Ac Re		Ac Re	Ac Re
1～8	2	↓	↓	↓			
9～15	2	↓	↓	↓			
16～25	3	↓	↓	↓			
26～50	3	↓	0 1	↓			
51～90	5	↓	↑	↓	2	0 1	0 1
91～150	5	↓	↑	1 2			
151～280	8	↓	↓	↓			
281～500	8	↓	↓	2 3			
501～1,200	13	↓	↓	↓			
1,201～3,200	13	0 1	1 2	3 4			
3,201～10,000	20	↑	↓	↓			
10,001～35,000	20	↑	2 3	5 6			
35,001～150,000	32	↓	↓	↓	3	0 1	0 1
150,001～500,000	32	↓	3 4	7 8			
500,001以上	50	1 2	5 6	10 11			

備考：1.乾粉每1試料數取樣最少500g。
2.化學泡沫滅火劑爲甲、乙種藥劑，分別用塑膠袋包裝密封後，合併裝於一盒稱之爲一套即爲1樣品數。
3.機械泡沫滅火劑、強化液滅火劑、水滅火劑（添加濕潤劑等）每1試料數取樣最少500ml。

附表6　寬鬆試驗抽樣數

批次	一般試驗				分項試驗		
	樣品數	嚴重缺點	一般缺點	輕微缺點	樣品數	嚴重缺點	一般缺點
		Ac Re	Ac Re	Ac Re		Ac Re	Ac Re
1～8	2	↓	↓	↓			
9～15	2	↓	↓	↓			
16～25	2	↓	↓	↓			
26～50	2	↓	↓	↓			
51～90	2	↓	↓	↓			
91～150	2	↓	0 2	1 2			
151～280	3	↓	↓	↓			
281～500	3	↓	↓	1 3	2	0 1	0 1
501～1,200	5	↓	↓	↓			
1,201～3,200	5	0 1	1 2	2 4			
3,201～10,000	8	↑	↓	↓			
10,001～35,000	8	↑	1 3	2 5			
35,001～150,000	13	↓	↓	↓			
150,001～500,000	13	↓	2 4	3 6			
500,001以上	20	1 2	2 5	5 8			

備考：1.乾粉每1試料數取樣最少500g。

2.化學泡沫滅火劑為甲、乙種藥劑，分別用塑膠袋包裝密封後，合併裝於一盒稱之為一套即為1樣品數。

3.機械泡沫滅火劑、強化液滅火劑、水滅火劑（添加濕潤劑等）每1試料數取樣最少500ml。

附表7　嚴格試驗抽樣數

批次	一般試驗				分項試驗		
	樣品數	嚴重缺點	一般缺點	輕微缺點	樣品數	嚴重缺點	一般缺點
		Ac Re	Ac Re	Ac Re		Ac Re	Ac Re
1～8	2	↓	↓	↓			
9～15	2	↓	↓	↓			
16～25	3	↓	↓	↓			
26～50	3	↓	↓	↓			
51～90	5	↓	↓	↓			
91～150	5	↓	0 1	↓			
151～200	8	↓	↓	↓			
201～500	8	↓	↓	1 2	3	0 1	0 1
501～1,200	13	↓	↓	↓			
1,201～3,200	13	↓	↓	2 3			
3,201～10,000	20	↓	↓	↓			
10,001～35,000	20	0 1	1 2	3 4			
35,001～150,000	32	↓	↓	↓			
150,001～500,000	32	↓	2 3	5 6			
500,001以上	50	1 2	3 4	8 9			

備考：1.乾粉每1試料數取樣最少500g。

2.化學泡沫滅火劑為甲、乙種藥劑，分別用塑膠袋包裝密封後，合併裝於一盒稱之為一套即為1樣品數。

3.機械泡沫滅火劑、強化液滅火劑、水滅火劑（添加濕潤劑等）每1試料數取樣最少500ml。

附表8　最嚴格試驗抽樣數

批次	一般試驗				分項試驗		
	樣品數	嚴重缺點 Ac Re	一般缺點 Ac Re	輕微缺點 Ac Re	樣品數	嚴重缺點 Ac Re	一般缺點 Ac Re
1～8	2	↓	↓	↓			
9～15	2	↓	↓	↓			
16～25	3	↓	↓	↓			
26～50	3	↓	↓	0 1			
51～90	5	↓	↓	↓			
91～150	5	↓	↓	↓	3	0 1	0 1
151～280	8	↓	↓	↓			
281～500	8	↓	0 1	↓			
501～1,200	13	↓	↓	↓			
1,201～3,200	13	↓	↓	1 2			
3,201～10,000	20	↓	↓	↓			
10,001～35,000	20	↓	↓	2 3			
35,001～150,000	32	↓	↓	↓	4	0 1	0 1
150,001～500,000	32	0 1	1 2	3 4			
500,001以上	50	1 2	2 3	5 6			

備考：1.乾粉每1試料數取樣最少500g。

2.化學泡沫滅火劑為甲、乙種藥劑，分別用塑膠袋包裝密封後，合併裝於一盒稱之為一套即為1樣品數。

3.機械泡沫滅火劑、強化液滅火劑、水滅火劑（添加濕潤劑等）每1試料數取樣最少500ml。

附表9　寬鬆試驗界限數

累積樣品數	缺點區分		
	嚴重缺點	一般缺點	輕微缺點
10～64	※	※	※
65～79	※	※	0
80～99	※	※	1
100～129	※	※	2
130～159	※	※	4
160～199	※	0	6
200～249	※	1	9
250～319	※	2	12
320～399	※	4	15
400～499	※	6	19
500～624	※	9	25
625～799	0	12	31

累積樣品數	缺點區分		
	嚴重缺點	一般缺點	輕微缺點
800～999	1	15	39
1,000～1,249	2	19	50
1,250～1,574	4	25	63

備考：1.※表示樣品累計數未達轉換成寬鬆試驗之充分條件。
2.本表適用於最近連續10批受普通試驗，第一次試驗時均合格者之樣品數累計。

附表10　嚴格試驗界限數

累積樣品數	缺點區分		
	嚴重缺點	一般缺點	輕微缺點
1	2	2	2
2	2	2	3
3	2	3	3
4	2	3	4
5	2	3	4
6～7	2	3	4
8～9	2	3	5
10～12	2	4	5
13～14	3	4	6
15～19	3	4	7
20～24	3	5	7
25～29	3	5	8
30～39	3	6	10
40～49	4	7	11
50～64	4	7	13
65～79	4	8	15
80～99	5	10	17
100～129	5	11	20
130～159	6	13	24
160～199	7	15	28
200～249	7	17	33
250～319	8	20	40
320～399	10	24	48
400～499	11	28	60
500～624	13	33	76
625～799	15	40	95

陸　引用參考資料

CNS495　液體二氧化碳
CNS283　工業鹽取樣法及化學分析法
CNS386　試驗篩
CNS441　化學泡沫滅火器

CNS1216　工業級碳酸氫鈉檢驗法
CNS2073　硫酸鋁（工業級）檢驗法
CNS5239　硫酸鉀檢驗法
CNS8449　肥料檢驗法－氮之測定
CNS8450　肥料檢驗法－磷之測定
CNS8451　肥料檢驗法－鉀之測定
CNS12450　液體比重測定法
CNS6492　水溶液pH測定方法
CNS3390　透明與不透明液體黏度試驗法（動黏度及絕對黏度）
CNS12261　潤滑油沉澱價試驗法
CNS9278　冷軋碳鋼鋼片及鋼帶
CNS2253　鋁及鋁合金片、捲及板

救助袋審核認可須知

民國101年10月31日內政部令訂定發布全文4點；並自即日生效。

壹　救助袋之審核認可，依本須知規定辦理。

貳　申請救助袋審核認可，應檢附下列文件向內政部提出：

一　申請書。

二　公司登記或商業登記、工廠登記（進口品免備）證明文件及最近一次完稅證明影本；進口品並應檢附代理銷售證明或其他授權證明文件。

三　各項器材、設備或構件之設計詳圖及說明資料（包括產品型錄、使用手冊、正、背、側面照片等）。

四　維護保養手冊及施工安全規範。

五　第三公證機構之測試報告（國外進口者，應附國外原廠之出廠證明、進口報單暨當地之相關法規或檢測基準及測試報告）。

六　第三公證機構會同申請人在廠內試驗者，該廠之試驗儀器經中華民國實驗室認證體系認證，或領有正字標記或經國際標準組織（ISO）認證文件。

七　所附國外第三公證機構出具之測試報告，應經我國駐外館處驗證，或經當地法院或公證公司認證。

前項規定之第三公證機構測試標準得引用本須知參、測試項目內容進行測試，出具測試報告。

八　文件如為外文者，應檢附中文譯本或適當之摘譯本。

參　測試項目

一　強度試驗

㈠供本體布、承受布、保護墊及袋本體滑降部防止落下措施所使用之布

1.抗拉強度及撕裂強度：

⑴抗拉強度依國家標準（以下簡稱CNS）12915第6.12.1節(1)條式法（條式法中之抽紗法）進行試驗，試驗機使用CNS12915表3之定速緊張型，試驗片寬度、抓取間隔及抗拉強度適用CNS12915表2之重布類項目，縱向及橫向應為100kgf以上。

⑵撕裂強度依CNS12915第6.15.1節（單舌片甲法）進行試驗，縱向及橫向應為12kgf以上。

2.耐候性：依CNS12915第6.30.1節A法進行試驗，暴露20小時後之抗拉強度應為暴露前85%以上。

3.磨損強度：依CNS12915第6.17.1節(1)平面磨損法及(2)彎曲磨損法進行試驗，平面磨損應有200次以上，彎曲磨損應有1,000次以上。

4.收縮率：依CNS12915第6.46節（CNS8038）所定檢驗法進行試驗，試驗機使用CNS12915表3之定速緊張型，試驗片寬度、抓取間隔及抗拉強度適用CNS12915表2之重布類項目，縱、橫應為1.5%以下。

㈡覆布抗拉強度及撕裂強度

1.抗拉強度依CNS12915第6.12.1節(1)條式法（條式法中之抽紗法）進行試驗，縱向及橫向應為80kgf以上。

2.撕裂強度依CNS12915第6.15.1節（單舌片甲法）進行試驗，縱向及橫向應為8kgf以上。

(三)展張部材

1.抗拉強度：試驗樣品長度爲150cm。

(1)繩索：依CNS7270（維尼龍繩索）、CNS3760（尼龍繩索）或CNS10967（聚酯繩索）進行試驗，試驗結果應符合表1或表2規定。

表1　垂直式救助袋

袋本體之全長	抗拉強度（kgf）
10m以下	2200/N以上
超過10m，20m以下	3000/N以上
超過20m，30m以下	3450/N以上
超過30m	3550/N以上
N爲展張部材的條數。	

表2　斜降式救助袋

袋本體之全長	抗拉強度（kgf）
15m以下	1250/N以上
超過15m，30m以下	1950/N以上
超過30m，40m以下	2450/N以上
超過40m	2900/N以上
N爲展張部材的條數。	

(2)帶子：適用維尼龍繩索之試驗方法，試驗結果應符合表1或表2規定。

2.耐候性：依CNS12915第6.30.1節A法進行試驗，暴露20小時後之抗拉強度應爲暴露前85%以上。

3.耐磨耗性：帶子依CNS3972第5.2.3節進行試驗，其摩擦殘存強度率應爲50%以上，但摩擦次數爲500次。

4.收縮率：依CNS12915第6.46節（CNS8038）所定檢驗法進行試驗，縱應爲1.5%以下。

(四)引導繩索抗拉強度

試驗樣品長度爲150cm，依(三)、1.、(1)規定進行試驗，其強度應爲300kgf以上。

(五)縫線

1.抗拉強度及掛拉強度：

(1)抗拉強度依CNS11263第5節試驗條件及第8.5節表1之定速伸長型進行試驗，切斷時荷重應爲6kgf以上。

(2)掛拉強度依CNS11263第8.8節進行試驗，拉斷時之載重應爲10kgf以上。

2.耐候性：依CNS12915第6.30.1節A法進行試驗，經暴露20小時後之抗拉強度應爲暴露前85%以上。

3.磨損強度：依CNS12915第6.17節(2)彎曲磨損法進行試驗，切斷時磨耗次數應爲500次以上。

(六)供袋本體滑降部落下防止措施所使用之網

1.抗拉強度：試驗樣品規格爲5結4目9條，依CNS10819第4.9.1節進行試驗，其抗拉強度應爲300kgf以上。

2.耐候性：依CNS12915第6.30.1節A法進行試驗，暴露20小時後之抗拉強度應爲暴露前85%以上。

㈦把手抗拉強度

試驗樣品長度爲150cm，施予200kgf負荷時應不得產生龜裂、破損等現象，使用與展張部材相同製品時得省略本試驗。

㈧本體布與袋安裝框結合部使用之繩索或結合線

1.抗拉強度：

⑴繩索：依CNS7270（維尼龍繩索）、CNS3760（尼龍繩索）或CNS10967（聚酯繩索）進行試驗，試驗結果應符合表3或表4規定。

表3　垂直式救助袋

袋本體之全長	抗拉強度（kgf）
10m以下	2200／穿洞數以上
超過10m，20m以下	3000／穿洞數以上
超過20m，30m以下	3450／穿洞數以上
超過30m	3550／穿洞數以上

表4　斜降式救助袋

袋本體之全長	抗拉強度（kgf）
15m以下	1250／穿洞數以上
超過15m，30m以下	1950／穿洞數以上
超過30m，40m以下	2450／穿洞數以上
超過40m	2900／穿洞數以上

⑵結合線：依CNS12915第6.12節或CNS2505規定進行試驗，試驗結果應符合表5或表6規定。

表5　垂直式救助袋

袋本體之全長	抗拉強度（kgf）
10m以下	2200／袋本體周長以上
超過10m，20m以下	3000／袋本體周長以上
超過20m，30m以下	3450／袋本體周長以上
超過30m	3550／袋本體周長以上

表6　斜降式救助袋

袋本體之全長	抗拉強度（kgf）
15m以下	1250／袋本體周長以上
超過15m，30m以下	1950／袋本體周長以上
超過30m，40m以下	2450／袋本體周長以上
超過40m	2900／袋本體周長以上

2.耐候性：依CNS12915第6.30.1節A法進行試驗，暴露20小時後之抗拉強度應爲暴露前85%以上。

㈨入口金屬器具抗拉強度

1.針對袋安裝框與展張部材結合部，施予表7或表8甲欄中所定荷重1分鐘，應無變形、破損等異常產生。

2.針對袋安裝框與展張部材結合部之其他任何部位，施予表7或表8乙欄中所定荷重1分鐘，應無變形、破損等異常產生。

表7　垂直式救助袋

袋本體之全長	甲（kgf）	乙（kgf）
10m以下	440	220
超過10m，20m以下	600	300
超過20m，30m以下	690	350
超過30m	710	360

表8　斜降式救助袋

袋本體之全長	甲（kgf）	乙（kgf）
15m以下	250	130
超過15m，30m以下	390	200
超過30m，40m以下	490	250
超過40m	580	290

(十)下部支持裝置抗拉強度（限斜降式）

以抗拉試驗機施予表9所定荷重1分鐘，應無變形、破損等異常產生。

表9　斜降式救助袋

袋本體之全長	抗拉荷重（kgf）
15m以下	750/N
超過15m，30m以下	1050/N
超過30m，40m以下	1290/N
超過40m	1500/N
N為下部支持裝置個數。	

(土)本體布與袋安裝框結合部之抗拉強度

針對本體布與袋安裝框之結合部（未裝設展張部材者），施予表10或表11所定荷重1分鐘，結合部之本體布、縫合線及穿洞應無異常產生。

表10　垂直式救助袋

袋本體之全長	抗拉荷重（kgf）
10m以下	220
超過10m，20m以下	300
超過20m，30m以下	345
超過30m	355

表11　斜降式救助袋

袋本體之全長	抗拉荷重（kgf）
15m以下	137.5
超過15m，30m以下	195
超過30m，40m以下	245
超過40m	290

㈩本體布與展張部材之縫合部

使用拉試驗機，針對縫合部施予300kgf荷重1分鐘，縫合部應無龜裂、破損等異常產生。展張部材之條數爲2條以上者，則施予150kgf荷重。

1.包縫：指展張部材使用繩索，並以包縫方式將繩索與本體布結合者。

2.纏繞縫法：指展張部材使用繩索，並以纏繞縫法將繩索與本體布結合者。

3.縫紉機加工：指展張部材使用帶子，並以縫紉機加工將帶子與本體布結合者。

⒀袋本體與下部支持裝置結合部之抗拉強度（限斜降式）

施予表9所定荷重1分鐘，結合部應無顯著變形、龜裂或損傷等異常產生。

⒁展張部材與袋安裝框結合部之抗拉強度

施予表12或表13所定荷重1分鐘，結合部應無異常產生。

表12　垂直式救助袋

袋本體之全長	抗拉強度（kgf）
10m以下	2200/N
超過10m，20m以下	3000/N
超過20m，30m以下	3450/N
超過30m	3550/N
N爲下部支持裝置的個數。	

表13　斜降式救助袋

袋本體之全長	抗拉強度（kgf）
15m以下	1250/N
超過15m，30m以下	1950/N
超過30m，40m以下	2450/N
超過40m	2900/N
N爲下部支持裝置的個數。	

⒂展張部材相互結合部之抗拉強度

應符合㈢展張部材之規定。

⒃袋本體滑降部之落防止措施所使用網與展張部材結合部之抗拉強度

使用抗拉試驗機，針對結合部施予300kgf荷重1分鐘，縫合部應無龜裂、破損等異常產生。展張部材之條數爲2條以上者，則施予150kgf荷重。

⒄把手與袋本體或承受布結合部之抗拉強度

使用抗拉試驗機，針對結合部施予200kgf荷重1分鐘，縫合部應無龜裂、破損等異常產生。

二　動作試驗

㈠垂直式

1.展開時最下端部位距地面之高度：針對正常展開袋本體之最下端部位，施予65kgf荷重1分鐘，並量測最下端部位距地面之高度。最下端部位與地面接觸者，對其狀態加以確認。

2.以假人下降：

⑴依下列順序進行假人單獨下降：

15kg→15kg→30kg→30kg→45kg→45kg

⑵依下列順序進行假人連續下降，下降間隔在2秒以內：

①第一次45kg→30kg→15kg

②第二次15kg→30kg→45kg

⑶試驗結果不得產生中途停止及不規則下降情形，且平均速度應爲每秒6m以下，瞬間最大速度爲每秒8m以下。

⑷袋本體之長度爲10m以下者，應以10m及2.5m長度進行試驗。

⑸假人尺寸應符合表14規定。

表14　假人尺寸

質量（kg）	長度（mm）	圓周（mm）	材質			前端的形狀
			內容	本體材質	本體表面材料	
45	800	1000（直徑318）				D R=$\frac{D}{2}$ D：直徑 R：半徑
30	800	800（直徑235）	砂	鋼板厚度3mm	化學纖維	
15	800	600（直徑191）				

3.以人員下降：

⑴以3位人員分別進行2次單獨下降及2次連續下降（下降間隔爲3秒以內）。

⑵試驗結果不得呈現不規則下降情形，且平均速度應爲每秒4m以下，瞬間最大速度爲每秒6m以下。

⑶下降至著地時，人員不得有受到衝擊、跌倒之情形，且容易脫出。

4.展開及收納：實施3次救助袋展開及收納，應符合下列規定：

⑴入口金屬器具及袋本體應可滑順及正常展開。

⑵入口金屬器具與裝設器具之結合部應可滑順迴轉。

⑶入口金屬器具不得發生變形、損傷之情形。

⑷裝設袋用框與本體布、展張部材之結合部應無異常。

⑸展開時入口金屬器具左右鋼索等構件應平均受力。

⑹覆布應無損傷。

⑺應爲可滑順展開之收納方式。

⑻不得產生其他異常。

㈡斜降式

1.以假人下降：

⑴以30kg假人進行2次單獨下降。

⑵試驗結果不得產生中途停止及不規則下降情形，且平均速度應爲每秒8m以下，瞬間最大速度爲每秒9m以下。

2.以人員下降：

⑴以2位人員分別進行2次單獨下降及2次連續下降（下降間隔爲3秒以內）。

⑵試驗結果不得產生中途停止及不規則下降情形，且平均速度應在每秒7m以下，瞬間最大速度爲每秒8m以下。

⑶下降至著地時，人員不得有受到衝擊、跌倒之情形，且容易脫出。

3.展開及收納：進行2次救助袋展開及收納，除應符合前㈠4.所列規定外，並應符合下列規定：

⑴不得出現扭曲及一邊偏斜之情形。

⑵展開時袋本體下部出口底部距地面高度爲0.5m以上，1.0m以下。

⑶下部支持裝置應可確實、滑順且快速操作。

肆　處理程序依序如下：

一　查核申請應檢附之文件是否齊備。

二　查核試驗結果是否符合規定。

三　送內政部消防技術審議委員會審查。

四　審查合格者，發給審核認可書；審查不合格者，將其不合格部分，詳爲列舉，通知申請人。

滅火器認可基準

①民國101年11月14日內政部公告訂定全文6點；並自102年7月1日起生效。
②民國102年7月19日內政部令修正發布全文6點；並自103年1月1日生效。
③民國106年6月27日內政部令修正發布全文6點；並自107年3月1日生效。

壹　技術規範及試驗方法

一　適用範圍

水滅火器、泡沫滅火器、二氧化碳滅火器、乾粉滅火器及強化液滅火器，其構造、材質、性能等技術規範及試驗方法應符合本基準之規定。

二　用語定義及滅火器分類

㈠用語定義

1.滅火器：指使用水或其他滅火藥劑（以下稱為滅火藥劑）驅動噴射壓力，進行滅火用之器具，且由人力操作者。但以固定狀態使用及噴霧式簡易滅火器具，不適用之。

2.A類火災（普通火災）：指木材、紙張、纖維、棉毛、塑膠、橡膠等之可燃性固體引起之火災。

3.B類火災（油類火災）：指石油類、有機溶劑、油漆類、油脂類等可燃性液體及可燃性固體引起之火災。

4.C類火災（電氣火災）：指電氣配線、馬達、引擎、變壓器、配電盤等通電中之電氣機械器具及電氣設備引起之火災。

5.D類火災（金屬火災）：指鈉、鉀、鎂、鋰與鋯等金屬物質引起之火災。

㈡滅火器分類

1.依滅火藥劑（符合滅火器用滅火藥劑認可基準規定）分類如下：

⑴水滅火器：指水或水混合、添加濕潤劑等，以壓力放射進行滅火之滅火器。

⑵強化液滅火器：指使用強化液滅火藥劑，以壓力放射進行滅火之滅火器。

⑶泡沫滅火器：指使用化學或機械泡沫滅火藥劑，以壓力放射進行滅火之滅火器。

⑷二氧化碳滅火器：指使用液化二氧化碳，以壓力放射進行滅火之滅火器。

⑸乾粉滅火器：指使用乾粉滅火藥劑，以壓力放射進行滅火之滅火器。

2.依驅動壓力方式分類如下：

⑴加壓式滅火器：係以加壓用氣體容器之作動所產生之壓力，使滅火器放射滅火藥劑之滅火器。

⑵蓄壓式滅火器：係以滅火器本體內部壓縮空氣、氮氣（以下稱為「壓縮氣體」）或二氧化碳等之壓力，使滅火器放射滅火藥劑之滅火器。

3.住宅用滅火器：除各類場所消防安全設備設置標準規定應設一單位以上滅火效能值之滅火器外之住家場所用滅火器。

4.大型滅火器：各滅火器所充填之滅火藥劑量在下列規格值以上者稱之：

⑴機械泡沫滅火器：20ℓ以上。

⑵二氧化碳滅火器：45kg以上。

⑶乾粉滅火器：18kg以上。

⑷水滅火器、化學泡沫滅火器：80ℓ以上。

⑸強化液滅火器：60ℓ以上。

5.車用滅火器：裝設在車上使用之滅火器，除一般滅火器試驗規定外，並應符合壹、二十九振動試驗規定者。

三　適用性

㈠各種滅火器適用之火災類別如表1。

㈡各種滅火器用滅火藥劑應符合「滅火器用滅火藥劑認可基準」之規定；滅火器用滅火藥劑尚未取得型式認可者，應與滅火器同時提出型式認可申請。

表1　滅火器適用之火災類別

適用滅火器＼火災分類	水	泡沫	二氧化碳	強化液	乾粉		
					ABC類	BC類	D類
A類火災	○	○	×	○	○	×	×
B類火災	×	○	○	○	○	○	×
C類火災	△	△	○	△	○	○	×
D類火災	×	×	×	×	×	×	○

備註：1.「○」表示適用，「×」表示不適用，「△」表示有條件試驗合格後適用。

2.水滅火器以霧狀放射者，亦可適用B類火災。

3.乾粉：

⑴適用B、C類火災者：包括普通、紫焰鉀鹽等乾粉。

⑵適用A、B、C類火災者：多效乾粉（或稱A、B、C乾粉）。

⑶適用D類火災者：指金屬火災乾粉，不適用本認可基準。

4.二氧化碳滅火器及乾粉滅火器適用C類火災者，係指電氣絕緣性之滅火藥劑，本基準未規範滅火效能值之檢測，免予測試。

5.水滅火器、泡沫滅火器及強化液滅火器經依下列規定試驗合格或提具國內外第三公證機構合格報告者，得標示適用C類火災：

⑴電極板：1m×1m之金屬板。

⑵電極板電壓及與噴嘴之距離：35kV（50cm）、100kV（90cm）。

⑶實施噴射試驗時，漏電電流應在0.5mA以下。

6.適用B、C類火災之乾粉與適用A、B、C類火災之乾粉不可錯誤或混合使用。

四　滅火效能值

滅火器依照下列規定之測試方法，除住宅用滅火器外，其滅火效能之數值，應在1單位以上。但大型滅火器之滅火效能值適用於A類火災者，應在10單位以上；適用於B類火災者，應在20單位以上。

㈠第一種滅火試驗

1.對象：適用測試A類火災滅火器之滅火效能值。

2.方法：

⑴使用圖1(a)之第1模型或圖1(b)之第2模型施行試驗。但第2模型只能使用1個。圖1(c)第3模型僅適用於住宅用滅火器之A類滅火效能合格與否之判定試驗。

⑵模型之配列方法如圖2(a)及圖2(b)所示：

a.採用S個（係指任意數值，以下同）之第1模型時，如圖2(a)。

b.採用S個之第1模型及1個第2模型時，如圖2(b)。

(3)於第1模型之燃燒盤內盛入3.0ℓ汽油（或正庚烷），於第2模型之燃燒盤內則盛入1.5ℓ汽油（或正庚烷），依序點火，但如圖2(b)情形時應由第1模型開始點火。

(4)滅火動作，應於第1個模型點火3分鐘後開始，並按照模型順序點火。施行滅火之模型，尚有餘焰時不得對下一個模型進行滅火。

(5)操作滅火器人員得穿著防火衣及面具，實施滅火實驗時，應與滅火模型保持1公尺以上距離。

(6)應在風速0.5m/s以下之環境狀態進行。

(7)室內試驗場所之設施，參考陸、附件之規定。

(8)用於本試驗之火災模型，使用之木材規定如下：

a.木材使用含水率應介於10%至14%間。

b.木材長度（L）容許公差介於－5mm至＋10mm之間，寬度（W）及厚度（H）容許公差爲±1mm。

3.判定：滅火藥劑噴射完畢時，並無餘焰，且噴射完畢後2分鐘以內不再復燃者，可判定已完全熄滅。

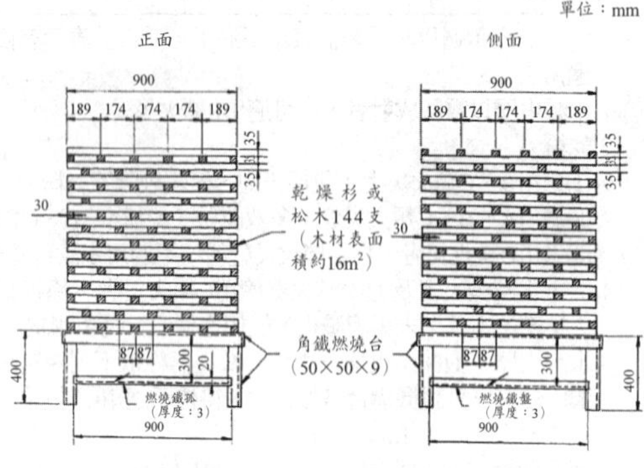

圖1(a)　第1模型（A-2單位）

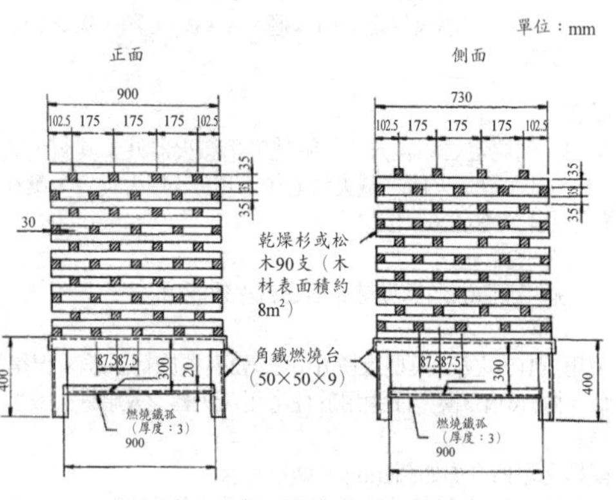

圖1(b)　第2模型（A-1單位）

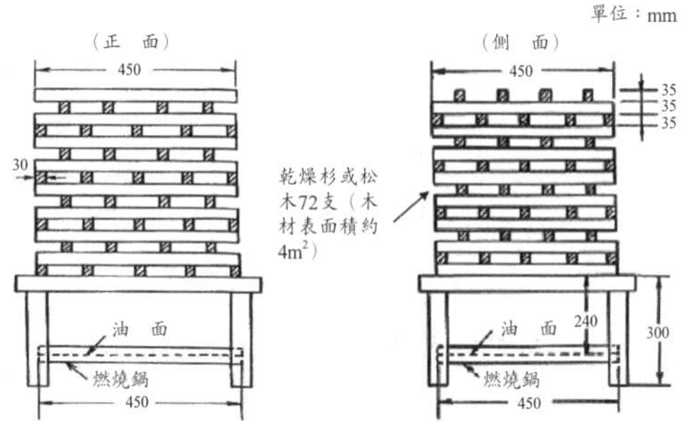

圖1(c)　第3模型

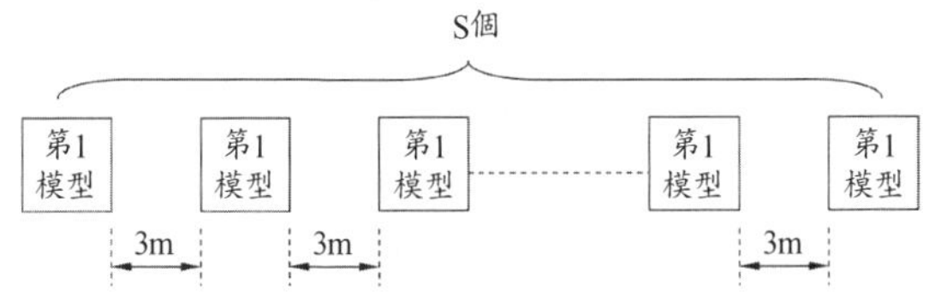

圖2(a)　採用S個第1模型之配列方式

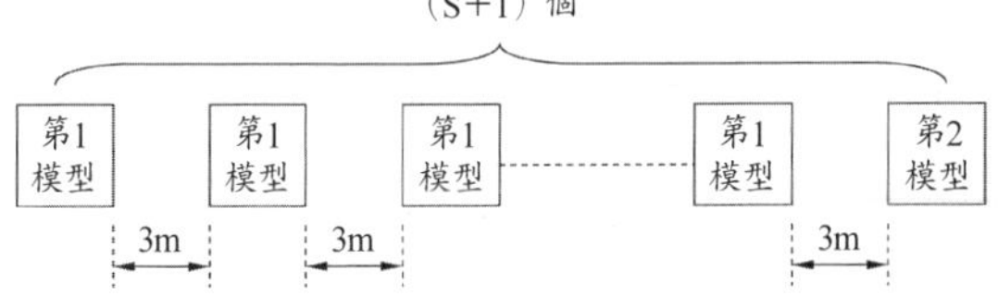

圖2(b)　採用S個第1模型及1個第2模型之配列方式

4.實施第1種滅火試驗時，滅火器對A類火災之滅火效能值，如完全滅火S個第1模型時，爲S×2之值。如完全滅火S個之第1模型及1個第2模型時，爲2S＋1之值。

㈡第二種滅火試驗

1.對象：適用測試B類火災滅火器之滅火效能值。

2.方式：

⑴模型應如圖3所示，並於表2所列模型中，採用模型號碼數值1以上之1個模型來測試。

⑵滅火動作應於點火1分鐘後開始。

⑶操作滅火器人員得穿著防火衣及面具。實施滅火試驗時，應與油盤保持1公尺以上距離。

⑷應在風速0.5m/s以下之環境狀態進行，B-20以上可於室外進行試驗（應在風速3.0m/s以下之環境狀態進行）。

3.判定：滅火藥劑噴射完畢後1分鐘以內不再復燃者，可判定已完全熄滅。

單位：cm

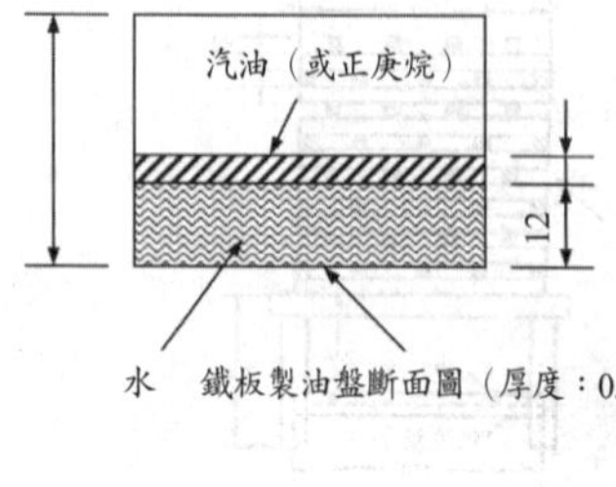

備註：油盤置於地面上實施滅火試驗

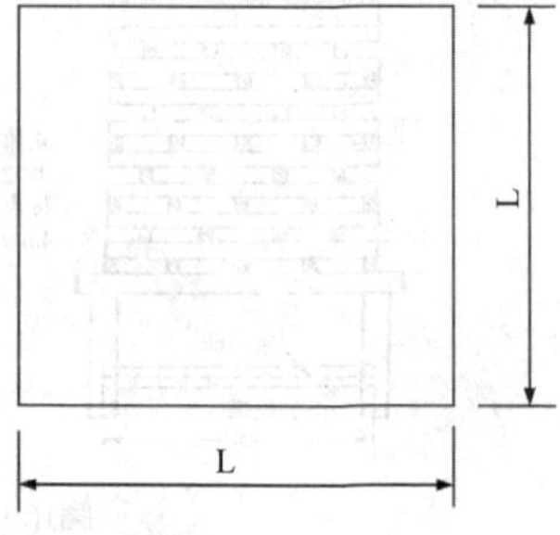

備註：L爲模型平面之一邊內測尺寸

圖3　第二種滅火試驗之測試模型

㈢合格判定

1. A、B類滅火試驗第1次不合格者得再測試一次，並以第2次測試結果，作爲判定依據。
2. 如係A、B類滅火器者，應先撲滅A類火災模型合格後，始可進行B類火災之滅火試驗，A類火災滅火試驗不合格時，不得再進行B類火災滅火試驗。

㈣得免作滅火試驗之情形

1. 大型滅火器之滅火效能值，足認定其具有經型式認可之滅火效能值同等以上之值者。
2. 經國外第三公證機構認證，其滅火效能值足供認定具本基準滅火效能值同等以上之性能者。

表2　適用B類火災滅火效能值之試驗模型

模型號碼	燃燒表面積（m^2）	模型一邊之長度 L（cm）	汽油量（公升）	滅火效能值
1	0.2	44.7	6	B-1
2	0.4	63.3	12	B-2
3	0.6	77.5	18	B-3
4	0.8	89.4	24	B-4
5	1.0	100	30	B-5
6	1.2	109.5	36	B-6
8	1.6	126.5	48	B-8
10	2.0	141.3	60	B-10
12	2.4	155.0	72	B-12
14	2.8	167.4	84	B-14
16	3.2	178.9	96	B-16
18	3.6	189.7	108	B-18
20	4.0	200.0	120	B-20

模型號碼	燃燒表面積 （m^2）	模型一邊之長度 L（cm）	汽油量 （公升）	滅火 效能值
24	4.8	219.1	144	B-24
26	5.2	228.0	156	B-26
28	5.6	237.0	168	B-28
30	6.0	244.9	180	B-30
32	6.4	252.4	192	B-32
40	8.0	282.8	240	B-40

五　操作機構

㈠滅火器除由其固定架取下之動作，背負動作以及取下其安全插梢之動作外，應以一動作能容易且確實開始噴射爲原則。但小氣瓶放置於容器外面之加壓式滅火器及背負式滅火器得在二動作以內，輪架式滅火器得在三動作以內開始噴射。

㈡滅火器應依表3所列之滅火器分類及放射機構與操作方法，即可作動開始噴射。但背負式及輪架式滅火器者，不適用之。

㈢滅火器之安全插梢、手輪（回轉把手）、壓把、按鈕等操作部位，應以容易辨認之處置及簡明不易磨滅方式標示操作方法。

表3　滅火器放射機構與操作方法

<table>
<tr><th colspan="2" rowspan="2">滅火器之分類</th><th rowspan="2">水滅火器</th><th rowspan="2">泡沫滅火器</th><th rowspan="2">二氧化碳滅火器</th><th rowspan="2">乾粉滅火器</th><th rowspan="2">強化液滅火器</th><th>備　　註</th></tr>
<tr><td rowspan="4">1.蓄壓式係常時將本體容器內之滅火藥劑利用氮氣、空氣等予以蓄壓，應安裝指示壓力錶者。
2.二氧化碳係爲液化氣體以充塡於容器內之滅火藥劑本身之蒸氣壓來加壓者。構造雖爲蓄壓式，但得不安裝指示壓力錶。
3.加壓式係於使用時，將本體容器內之滅火藥劑，予以加壓者。一般之加壓氣體使用二氧化碳或氮氣並儲存於鋼瓶。
4.型號40以上加壓式泡沫滅火器及型號100以上加壓式乾粉滅火器，應使用以氮氣爲加壓氣體之容器。</td></tr>
<tr><td rowspan="2">放射機構</td><td>蓄壓式</td><td>○</td><td>○</td><td>○</td><td>○</td><td>○</td></tr>
<tr><td>加壓式</td><td>○</td><td>○</td><td></td><td>○</td><td></td></tr>
<tr><td>操作方法</td><td>握緊壓把</td><td>○</td><td>○</td><td>○</td><td>○</td><td>○</td></tr>
</table>

六　耐蝕及防鏽

㈠滅火器各部應使用優良質材料製造，與所充塡滅火藥劑有接觸部分，應以不得被該滅火藥劑所腐蝕之材料製造（以下稱爲耐蝕材料），或將該部分施予耐蝕加工，且與大氣有接觸部分，應使用不易生鏽之材料製造或將該部分施予防鏽加工。

㈡各種滅火器之耐蝕，防鏽加工及塗裝，規定如表4。但符合壹、十一、本體容器所用材質之厚度表6所列耐蝕性材質製造者，不適用之。

表4　滅火器之耐蝕、防鏽加工及塗裝

種類	筒體內部	筒體外部
水滅火器 泡沫滅火器 強化液滅火器	耐蝕及防鏽加工後，塗裝環氧族樹脂或施予PVC皮膜加工，但滅火藥劑無腐蝕性者除外	耐蝕及防鏽加工後，以紅色施以烤漆或使用靜電塗裝、粉體塗裝等任何一種噴漆均可。
二氧化碳滅火器	噴砂處理或耐蝕防鏽加工	耐蝕及防鏽加工後，以紅色施以烤漆或使用靜電塗裝、粉體塗裝等任何一種噴漆均可。
乾粉滅火器	耐蝕及防鏽加工	耐蝕及防鏽加工後，以紅色施以烤漆或使用靜電塗裝、粉體塗裝等任何一種噴漆均可。

㈢容器內外經過耐蝕及防鏽加工之滅火器，應剖開檢查，加工層不得有破裂，剝離，鼓起，生鏽等現象，容器外底座應具耐摩擦或保護漆膜之措施。

㈣符合壹、十一本體容器所用材質之厚度表6所列耐蝕性材質製造之滅火器，得於容器表面積25%以上，使用紅色銘牌標示之。

㈤耐腐蝕試驗：滅火器容器本體內側與所充填滅火藥劑接觸部分，依下列規定實施耐腐蝕試驗：

1.供試驗用之滅火器，應已完成壹、十二本體容器之耐壓試驗。

2.對於滅火器與所充填滅火藥劑接觸之部分施以表5所列之耐腐蝕試驗時，應不得發生生鏽或其他異常情形。但符合壹、十一本體容器所用材質之厚度表6所列耐蝕性材質製造之滅火器，得免實施耐腐蝕試驗。

表5　滅火器耐腐蝕試驗

分類	耐腐蝕試驗
滅火器所充填之滅火藥劑為具鹼性者	浸入3%之氫氧化鈉水溶液14天
耐久性不燃燒藥劑	浸入3%之硫酸水溶液14天

註：1.上表「鹼性」係指酸鹼值超過pH8者；「酸性」係指未滿pH6者。

2.耐腐蝕試驗係加入本體容器50%容量之試驗液，在室內常溫下，將容器本體成水平靜置，使試驗液浸泡涵蓋至本體容器之熔接線以上。

㈥耐蝕漆膜防鏽試驗：依表6所列非耐蝕性材質取與滅火器本體相同材質之試驗片，依下列規定實施耐蝕漆膜防鏽試驗：

1.本項試驗之試驗片規定如下：

a.A試驗片：

(a)大小為50mm×150mm×（與滅火器本體容器相同厚度）。

(b)與滅火器本體容器相同材質。

(c)使用與滅火器相同之油漆，以相同之加工方法，在試驗片兩面漆上與滅火器漆層相同厚度之漆膜。

b.B試驗片：

(a)大小為50mm×150mm×0.3mm。

(b)材質為軟鋼板，符合CNS4622〔熱軋軟鋼板、鋼片及鋼帶〕或具同等以上之耐蝕性材質製造。

(c)使用與滅火器相同之油漆，以相同之加工方法，在試驗片兩面漆上與滅火器漆層相同厚度之漆膜。

2.彎曲試驗：以B試驗片（共5片）實施試驗，將漆膜面向外之試驗片，靠在直徑為10mm之圓棒外圍，使其在1秒鐘內彎曲180度，除距離彎曲部分兩端10mm內範圍，其餘之漆膜不得發生裂開或剝離情形。

3.衝擊試驗：以A試驗片（共5片）實施試驗，將漆膜面向上之試驗片固定於鋼製台面上，以前端裝有直徑25mm鋼球、重300g重物，於距離漆膜面50cm之高處，使鋼球向下掉落至漆膜面上，不得發生漆膜裂開或剝離情形。

4.腐蝕試驗：以四周10mm部分用固體石蠟包覆之A試驗片（共2片），依上開㈤實施耐腐蝕試驗，除了試驗片四周10mm內，其餘之漆膜不得發生裂開、剝離、鼓起、生鏽、顏色變化或顯著光澤變化等情形。

七　虹吸管

虹吸管之材質應為符合壹、十一本體容器所用材質之厚度表6所列耐蝕性材質製造，如使用塑膠（聚合材料）者，應符合下列試驗規定，或提具國內外第三公證機構合格報告：

㈠先取1個自虹吸管切下寬為12.7mm 之環狀樣品置於兩個平行鋼板間，以5mm/min進行壓縮試驗，並記錄施力及變形關係。

㈡再將1具完整的虹吸管及自虹吸管切下寬為12.7mm 之環狀樣品（2個），完全浸沒在滅火藥劑容器中，確定上開樣品無互相接觸。將該容器置於100±3℃恆溫箱90天後（或87±3℃恆溫箱210天後），在任何測試或尺寸測量進行前，暴露於23±2℃下冷卻至少24小時。

㈢將上開第2項環樣品置於兩個平行鋼板間，以5mm/min進行壓縮試驗，並記錄施力及變形關係，其試驗性能不得低於上開第1項測試前之壓壞強度值。如壓縮試驗無法取得材料特性有意義之測試數據結果者，得採CNS15606-1〔塑膠－抗拉性能測定法第1部：通則〕拉伸強度試驗，其試驗性能不得低於原拉伸強度之40%。

㈣將上開虹吸管裝設於滅火器內，施以壹、十九耐衝擊強度試驗後，不得發生破裂或損壞。

八　老化試驗

滅火器平時未承受壓力，於操作噴射時受壓之護蓋、栓塞、墊圈、噴嘴、軟管、濾網等構件，應為符合壹、十一、本體容器所用材質之厚度表6所列耐蝕性材質製造；如使用塑膠（聚合材料）者，需置於100±3℃恆溫箱70天（或87±3℃恆溫箱180天）後，將上開構件裝設於滅火器後，施以壹、十九耐衝擊強度試驗，不得發生破裂或損壞。

九　噴射性能試驗

將滅火器放置於20±5℃環境保持12小時以上，取出立即以正常操作方法噴射時，應符合下列規定：

㈠操作噴射時，能使滅火藥劑迅速有效噴射。

㈡噴射時間為10秒鐘以上。

㈢具有效滅火之噴射距離，僅適用於A類火災之滅火器，應為1m以上；適用A類及B類火災或僅適用於B類火災之滅火器，應為在第二種滅火試驗中模型一邊之長度加上1m之距離（小數點以下無條件捨去）以上。

㈣能噴射所充填滅火藥劑容量或重量90%以上之量。

十　使用溫度範圍

在下列規定之滅火器溫度範圍使用時，能有效發揮滅火及噴射性能。

㈠化學泡沫滅火器：5℃以上，40℃以下。

㈡其他滅火器：0℃以上，40℃以下。

十一　本體容器所用材質之厚度

滅火器本體容器所用材質之厚度應符合表6及下列㈠至㈢所訂厚度之換算規定：

表6　滅火器本體容器所用材質之厚度

區分				板厚（mm）
加壓式滅火器或蓄壓式滅火器之本體容器	非耐蝕性	以符合CNS4622〔熱軋軟鋼板、鋼片及鋼帶〕或CNS9278〔冷軋碳鋼鋼片及鋼帶〕材質或具同等以上機械性能材質製造	內徑120mm以上	1.2以上
			內徑未滿120mm	1.0以上
	耐蝕性	以符合CNS2253〔鋁及鋁合金片、捲及板〕、CNS11073〔銅及銅合金板及捲片〕、CNS10443〔銅及銅合金線〕、CNS8497〔熱軋不鏽鋼鋼板、鋼片及鋼帶〕或CNS8499〔冷軋不鏽鋼鋼板、鋼片及鋼帶〕所列之耐蝕性材質或具同等以上耐蝕性材質製造	內徑100mm以上	1.0以上
			內徑未滿100mm	0.8以上

㈠滅火器本體容器之材質爲低碳鋼者，應符合下列規定：

1.鋼材應可熔接加工，且材質中碳之最大含量（質量分率）爲0.25%，硫之最大含量爲0.05%，磷之最大含量爲0.05%。

2.本體容器之最小厚度依下列公式計算，但應在0.70mm以上。

$$S=\frac{D}{300}+K\geq 0.7mm$$

S：本體容器之最小厚度。

D：容器之外徑，非圓柱形之容器，取滅火器容器之最大外對角線計算之。

K值：當D≦80時，取0.45。

當80＜D≦100，取0.50。

當D＞100時，取0.70。

㈡本體容器之材質使用不鏽鋼鋼料製造者，應符合下列規定：

1.材料之含碳量（質量分率）爲未滿0.03%之沃斯田鐵不鏽鋼（如ASTMA240所列304L不鏽鋼）。

2.容器上部之端板及底座與筒身熔接接合處，應以完全退火處理。

3.本體容器之最小厚度依下列公式計算，但應在0.64mm以上。

$$S=\frac{D}{600}+K\geq 0.64mm$$

S、D之說明與十一、㈠相同。K值取0.3。

㈢本體容器之材質如使用鋁材者，應符合下列規定：

1.容器之構造應爲無縫之結構。

2.本體容器之最小厚度依下列公式計算，但應在0.71mm以上。

$$S=\frac{D}{300}+K\geq 0.71mm$$

S、D及K值之說明與十一、㈠相同。

十二　本體容器之耐壓試驗

滅火器本體容器之耐壓，應依表7規定，以水壓施行5分鐘之試驗，不得發生洩漏、破損變形，亦不得產生圓周長0.5%以上之永久變形。

表7　滅火器本體容器之耐壓

滅火器種類	非耐蝕材料		備註
	蓄壓式	加壓式	
水滅火器及強化液滅火器	蓄壓壓力之2.5倍（小數點以下無條件進位）	—	使用耐蝕性材質者所列壓力之80%。
機械泡沫滅火器	蓄壓壓力之2.5倍（小數點以下無條件進位）	36kgf/cm^2	
二氧化碳滅火器	250kgf/cm^2	—	依據CNS12242〔無縫鋼製高壓氣體容器〕之有關規定。試驗後之永久膨脹率應為10%以下。
乾粉滅火器	蓄壓壓力之2.5倍（小數點以下無條件進位）	36kgf/cm^2	在40℃之閉鎖壓力或調整壓力之最大值為12-18kgf/cm^2。

十三　護蓋、栓塞、灌裝口及墊圈

㈠護蓋、栓塞及灌裝口之間，應以不易脫落之方法，嵌裝墊圈。

㈡護蓋或栓塞依壹、十二規定施行耐壓試驗時，不得有洩漏及顯著之變形。

㈢護蓋或栓塞之嵌合部位，於嵌裝墊圈時，其嵌合狀態應確實且按本體容器區分，分別作耐壓試驗時，能充分耐壓，且與灌裝口堅固嵌合。

㈣為灌裝滅火藥劑，需取下護蓋或栓塞時，應設置能將本體容器內壓力完全減壓之有效減壓孔或減壓溝。護蓋或栓塞，於開始減壓之前，應能耐本體容器內之壓力。

㈤墊圈應不會被所灌裝滅火藥劑侵蝕，且滅火器於使用溫度範圍內使用時，不得對該滅火器之機能產生不良影響。

十四　閥體

㈠滅火器之閥體應符合下列規定：

1.除依下列㈡規定之閥以外，依壹、十二規定施行耐壓試驗時，不得有洩漏及顯著變形。

2.手轉式（回轉把手式）之閥，應有旋轉1¼轉以下，能全開之構造。

3.閥開啓時，該閥不得有分解或脫落現象。

㈡應適用CNS12242〔無縫鋼製高壓氣體容器〕之蓄壓式滅火器及滅火器之加壓用氣體容器（設有作動封板者除外），應依CNS11176〔二氧化碳、鹵化烷及乾粉等滅火設備用容器閥安全裝置及破壞板〕等標準，設置容器閥，且該容器閥亦應符合下列規定：

1.閥本體應採用CNS11073〔銅及銅合金板、捲片〕、CNS10442〔銅及銅合金棒〕等標準之材質或同等以上強度及耐蝕性材質製造。

2.裝於二氧化碳滅火器或灌裝二氧化碳作為加壓氣體之容器，其閥本體應以250kgf/cm^{2}壓力；裝於其他者，應以裝設該容器閥之容器耐壓試驗壓力，施行5分鐘之水壓試驗，不得發生洩漏及明顯變形。

3.與裝設該閥之容器之內部氣體溫度為40℃時之內部壓力相等之壓力，以此氣體壓力加壓5分鐘試驗時，閥不得有漏氣或顯著之變形。

4.應設有安全閥。

十五　軟管

㈠滅火器應裝置軟管。但二氧化碳滅火器所裝滅火藥劑量未滿4kg者，乾粉滅火器所裝滅火藥劑量在2kg以下及泡沫滅火器之滅火藥劑量在3公升以下等，均不適用。

㈡滅火器用軟管應符合下列規定：

1.依壹、十二規定施行耐壓試驗時，軟管不得發生洩漏或顯著之變形。

2.應有足夠長度及內徑，能有效噴射滅火藥劑，且應符合壹、三十五之規定。

3.於使用溫度範圍內，應具有耐久性且能順利操作。

備註：二氧化碳滅火器之軟管，應符合壹、三十一、㈡規定。

十六　噴嘴

㈠滅火器之噴嘴，不得安裝開閉式及切換式之裝置（但輪架式滅火器除外）。背負式滅火器或加壓式乾粉滅火器則可裝開閉式噴嘴。

㈡滅火器之噴嘴，應符合下列規定：

1.內面應加工平滑。

2.開閉式或切換式噴嘴之開閉或切換操作，應圓滑且噴射滅火藥劑時不得發生洩漏或其他障礙。

3.開閉式噴嘴，以3kgf/cm^{2}壓力加予水壓5分鐘試驗時，不得發生洩漏。

4.開放式噴嘴裝有栓塞者，於使用溫度範圍內，不得發生洩漏且作動時應能確實噴射滅火藥劑。

十七　過濾網

化學泡沫滅火器其連接至噴嘴或軟管之藥劑導管（如無藥劑導管之滅火器則為噴嘴），在本體容器內之開口部，應依下列規定裝設過濾網：

㈠過濾網網目之最大徑，應為噴嘴最小徑之3/4以下。

㈡過濾網網目部分之合計面積，應為噴嘴開口部最小剖面積之30倍以上。

十八　液位標示

滅火器本體容器內面，應有充填滅火藥劑液位之簡明標示。但蓄壓式滅火器或乾粉滅火器不適用之。

十九　耐衝擊強度

滅火器對搬運或作動操作引起之意外摔落、衝擊等，應有充分之耐衝擊強度，且應使用具有耐久性之良質堅固之材料製造。

二十　防止滅火藥劑之洩漏

滅火器應設有防止洩漏裝置，以免因溫度上昇、振動等使所充填之滅火藥劑洩漏。但無發生洩漏之虞之構造者，不適用之。

二一　安全插梢

滅火器裝有安全插梢者，應符合下列規定：

㈠設有安全插梢者應有防止意外之裝置。

㈡安全插梢以一個動作即可容易拉拔，且有不影響拉拔動作之封條。

㈢手提式滅火器並應符合下列規定：

1.材料應符合CNS3476〔不鏽鋼線〕之SUS304不鏽鋼線規定或有同等以上之耐蝕性及耐候性材料。

2.除拉拔動作以外之動作，不得容易脫落。

二二　攜帶或搬運之裝置

㈠滅火器重量（不含固定掛鉤、背負帶或輪架之重量）在28kg以下者應為手提式或背負式，超過28kg而在35kg以下者應為輪架式或背負式，超過35kg以上者應為輪架方式。

㈡滅火器之把手、車把、背負帶或輪架應堅固，且適合滅火器攜帶、搬運及操作。

二三　安全閥

㈠滅火器之安全閥應符合下列規定：

1.能將本體容器內之壓力有效減壓。

2.有不能擅自分解或調整之構造。

3.安全閥之安裝螺紋應符合CNS10848〔高壓鋼瓶閥〕規定，且嵌入墊圈時確實與裝接部嵌合。

4.封板式者，應在噴出口處加封。

5.標示「安全閥」字樣。

㈡滅火器本體容器（限無縫鋼製高壓氣體容器）或容器閥以外之閥，所裝之安全閥，應符合表8規定。

表8　安全閥作動壓力範圍

設有安全閥滅火器之區分		安全閥作動壓力（kgf/cm^2）之範圍		
		作動壓力的上限值	作動壓力的下限值	
			封板式	彈簧式
加壓式滅火器	具有開閉式噴嘴者	P×1.3	P×1.1	P×1.0
	具有開閉式噴嘴以外之噴嘴者	P×0.9	R×1.1	R×1.0
蓄壓式滅火器		Q×1.3	Q×1.1	Q×1.0

備註：1.P：(A)具有加壓用高壓氣體容器及壓力調整器之滅火器之本體容器者調整壓力之最大值。

(B)上述(A)以外之本體容器，其內部溫度為40℃時之閉塞壓力值之最大值。

Q：蓄壓式滅火器之本體容器，以其內部溫度為40℃時，壓力錶表示蓄壓之上限值。

R：本體容器內部溫度為40℃時，噴射中本體容器之內部壓力之最大值。

2.滅火器之使用溫度範圍超過40℃者，以其最高溫度進行檢測。

㈢裝設在二氧化碳滅火器及充填二氧化碳或氮氣之加壓用高壓氣體容器之容器閥上之安全閥，應符合CNS11176〔二氧化碳、鹵化烷及乾粉等滅火設備用容器閥、安全裝置及破壞板〕之相關規定。

二四　加壓用氣體容器

㈠內容積超過100cm之加壓用氣體容器，應符合下列規定：

1.充填氣體後，將容器置40℃溫水中，施以2小時浸水試驗時，不得發生洩漏現象。

2.裝置於本體容器內部之加壓用氣體容器之外面，不得被充填於本體容器之滅火藥劑所腐蝕，而且標示塗料等不得剝落。

3.裝於本體容器外部之加壓用氣體容器，對來自外部之衝擊有保護措施。

4.使用二氧化碳之加壓用氣體容器所灌裝之二氧化碳，每1g有1.5cm^3以上之內容積。

5.作動封板，於180kgf/cm^2以上鋼瓶設計破壞壓力之3/4以下之壓力，施以水壓試驗時，應能破裂。

㈡內容積100cm^3以下之加壓用氣體容器，應符合壹、二十四、㈠、1.至4.及下列規定：

1.灌裝二氧化碳者以250kgf/cm^2之壓力，如灌裝氮氣者以最高灌裝壓力之5/3倍壓力，實施水壓試驗2分鐘時，不得發生洩漏或異常膨脹。

2.作動封板，依壹、二十四、㈡、1.規定之壓力，實施水壓試驗時，不得被破壞。

3.加壓用高壓容器封板被破壞時，不得對周圍產生危險。

二五　壓力調整器

㈠應符合CNS12896〔氣體熔接截割（切斷）用壓力調整器〕規定，但放出能力部分除外。

㈡應爲不能任意分開或作調整之構造。

㈢壓力錶表示調整壓力之範圍，應以綠色標示之。

二六　氣體導入管

加壓式滅火器本體容器內之氣體導入管，以36kgf/cm²之壓力；加壓用氣體容器與滅火器本體容器之間裝有壓力調整器，或未裝壓力調整器，僅裝開閉閥者，其加壓用氣體容器至壓力調整器或開關閥之間之氣體導入管，則以200kgf/cm²之壓力，各施以水壓試驗5分鐘，不得發生洩漏或顯著變形。

二七　指示壓力錶

蓄壓式滅火器（二氧化碳滅火器除外）應裝設符合下列規定之指示壓力錶：

㈠指示壓力錶之指示壓力容許差，施以下列試驗時，應在使用壓力範圍壓力值之±10%以內。

1.使用壓力上限值之2倍壓力，施以繼續30分鐘之靜壓試驗。

2.從零加壓至使用壓力上限值後，再減壓至零，以每分鐘15次之速度操作，反覆作1000次。

3.將壓力錶收納於重量1kg之木箱內，由高度50cm處向硬木地板面自然落下。

4.將環境溫度自0℃至40℃之溫度範圍，作變化之試驗。

㈡刻度標示應容易辨認。

㈢指針及刻度盤應使用耐蝕性金屬製成。

㈣壓力檢出部位及其連接部應具耐久性。

㈤將外殼浸入在溫度40℃水中20分鐘，不得有洩漏，且壓力被閉塞在外殼內時，應具有效減壓之構造。

㈥指示壓力錶之安裝螺紋，應符合CNS494〔平行管螺紋〕、CNS495〔推拔管螺紋〕或中央主管機關認可之規定，且當壓力錶裝配時應能與裝接部確實吻合相配。

㈦表示使用壓力之範圍，應使用綠色標示之。

二八　驅動氣體

作爲滅火器噴射壓力之壓力源，於滅火器所充塡之驅動氣體對滅火藥劑之性能或性狀不得產生不良影響。蓄壓式乾粉滅火器之驅動氣體應使用氮氣，加壓式乾粉滅火器所裝之加壓用氣體容器，50型以下者使用二氧化碳，100型以上者應使用氮氣。僅水系滅火器才可使用空氣或氮氣。

二九　振動試驗（車用型）

車用滅火器應依圖A至C之方式安裝，施以全振幅2mm，振動數每分鐘2000次頻率之上下振動試驗。依圖A及B方式者，應測試2小時；依圖C方式者，應測試4小時後，上開均不得發生洩漏、龜裂、破斷或顯著之變形。滅火器附有固定架者，以固定架代替安裝裝置實施試驗，固定架亦不得發生顯著之損傷及其他障礙。

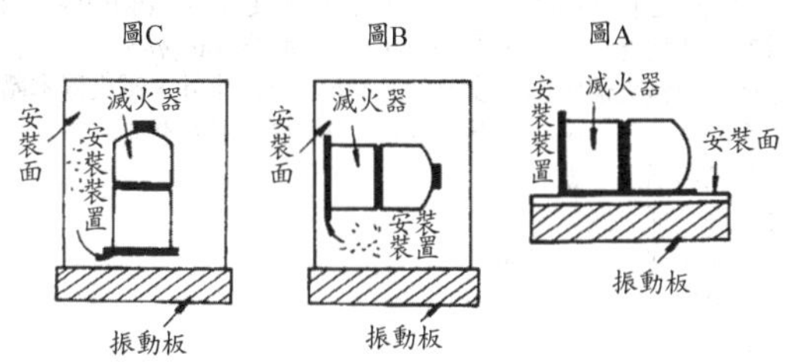

備註：安裝面須與振動板成爲水平或垂直方向。

三十　作動軸及氣體導入管

將噴射壓力之壓力源氣體導入滅火器之本體容器內之作動軸或氣體導入管，應符合下列規定：

㈠作動軸能將加壓用氣體容器之蓋，容易且確實開啓之構造及強度。

㈡氣體導入管能將噴射壓力之壓力源氣體，有效導入滅火器本體容器內之構造及強度。

三一　充填比

㈠二氧化碳滅火器本體容器充填滅火藥劑之容積應符合表9規定：

表9　二氧化碳滅火器之充填比

滅火劑種類	滅火劑重量每1kg之容器容積
二氧化碳	1500cm^{3}以上

㈡二氧化碳滅火器軟管不受壹、十五規定之限制，施以下列試驗時不得發生洩漏、龜裂、明顯變形及其他障礙之情形：

1.將軟管拉直狀態下，以160kgf/cm^{2}之壓力，施予水加壓試驗5分鐘。

2.將軟管彎成與軟管外徑5倍相同內徑之環狀時，施予120kgf/cm^{2}水壓試驗5分鐘。

3.輪架式滅火器於噴管手把處應設置控制閥。

㈢二氧化碳滅火器噴管（鐵管部分）之周圍，應使用隔熱材料之手把包覆。

㈣手提式二氧化碳滅火器之喇叭噴管應使用非吸濕性，且與電氣絕緣之強韌材料製造。10型以上二氧化碳滅火器之喇叭噴管長度包括手把應爲35cm以上。

㈤二氧化碳滅火器之噴管及其連結零件，依上開㈡、1.之規定壓力，試予5分鐘水壓試驗時，不得發生脫離、洩漏或其他障礙。

三二　高壓氣體容器

應符合CNS12242〔無縫鋼製高壓氣體容器〕之滅火器容器及加壓用氣體容器之規定。

三三　保持裝置

㈠手提式滅火器（車用滅火器除外）應有能使該滅火器保持穩定狀態之掛鉤。但能垂直放置者不適用之。

㈡保持用掛鉤應能容易取下滅火器之構造者。

三四　標示

本基準所規定之標示應爲不易磨滅之方式予以標示，其測試之方法爲以目視檢查並且以手持一片浸水之棉片擦拭15秒，再以一片浸石油精（petroleum spirit）之棉片摩擦15秒後，標示之內容仍應容易識別，而標籤之標示亦不得有捲曲現象。測試中之石油精應採用芳香族成份不得超過總體積0.1%之脂溶劑，其丁烷值為29，沸點為65℃，蒸發點為69℃，密度為0.66kg/ℓ。

㈠除住宅用滅火器標示另依壹、三十七、㈢規定外，滅火器本體容器（包括進口產品），應用中文以不易磨滅之方法標示下列事項：

1.設備名稱及型號。
2.廠牌名稱或商標。
3.型式、型式認可號碼。
4.製造年月。
5.使用溫度範圍。
6.不可使用於B類火災、C類火災者，應標明。
7.對A類火災及B類火災之滅火效能值。
8.噴射時間。
9.噴射距離。
10.製造號碼或製造批號。
11.使用方法及圖示。
12.製造廠商（名稱、電話、地址及商品原產地。屬進口產品者，並應標示進口商名稱、電話、地址及產地名稱）。
13.施以水壓試驗之壓力值。
14.應設安全閥者應標示安全閥之作動壓力。
15.充填滅火藥劑之容量或重量。
16.總重量（所充填滅火藥劑以容量表示者除外）。
17.使用操作上應注意事項（至少應包括汰換判定方法、自行檢查頻率及安全放置位置等）。
18.加壓式滅火器或蓄壓式滅火器。

㈡如係車用滅火器，應以紅色字標示「車用」，字體大小為每字1.8×1.8cm以上。

㈢滅火器本體容器，應依下列規定，設置圓形標示：

1.所充填滅火藥劑容量在2ℓ或重量在3kg以下者，半徑應1cm以上；超過2ℓ或3kg者，半徑為1.5cm以上。
2.滅火器適用於A類火災者，以黑色字標示「普通火災用」字樣；適用於B類火災者，以黑色字標示「油類火災用」字樣；適用C類火災者，則以白色字標示「電氣火災用」。
3.切換噴嘴，所適用火災分類有不同之滅火器，如適用B類火災之噴嘴者，以黑色字明確標示「△△噴嘴時適用於油類火災」字樣；適用電氣火災（C類火災）之噴嘴者，以白色字明確標示「○○噴嘴時適用於電氣火災」字樣。
4.上開2.及3.規定字樣以外部分，普通火災用者以白色，油類火災用者以黃色，電氣火災用者以藍色作底完成。

三五　滅火器規格

各種滅火器其規格包括型號，滅火藥劑充填量，滅火效能值，噴射距離，噴射時間，蓄壓壓力，加壓用氣體量，軟管規格，無縫鋼瓶等，得參考表10至表13所列規格進行試驗；進口品符合國外第三公證機構認證者，得載明引用本基準或國外標準，與測試之標準值及結果值，進行比對或換算後，申請規格登錄或試驗。

表10　水滅火器規格

型號	充填量ℓ（以上）	滅火效能值	噴射距離（m）	噴射時間（秒）	蓄壓壓力 kgf/cm^2	軟管・內徑（mm）及長度（m）
3	3	A-2	6以上	30以上	7±0.7	能有效噴射
6	6	A-2	6以上	40以上	7±0.7	能有效噴射
8	8	A-2	6以上	50以上	7±0.7	能有效噴射

表11　機械泡沫滅火器規格

滅火藥劑	型號	充填量 ℓ（以上）	滅火效能值	噴射距離 m（20℃）	噴射時間 秒（20℃）	蓄壓壓力 kgf/cm^2	加壓式	軟管・內徑（mm）及最小長度（m）
							N_2或空氣容量（以上）	
水成膜泡沫	3	3	A-1，B-5或A-1，B-6	3～7	30～50	7±0.7	－	－
	6	6	A-1，B-10或A-2，B-12	3～7	48～67	7±0.7	－	能有效噴射
	8	8	A-2，B-14或A-3，B-16	3～7	62～101	7±0.7	－	能有效噴射
	20	20	A-4，B-20或A-8，B-20	4～10	70～87	10.5±0.7	－	13φ×0.7
	40	40	A-8，B-20	7以上	70以上	13.7±0.7	1,500L	19φ×10
	60	60	A-10，B-20	7以上	80以上	13.7±0.7	2,500L	19φ×15
	80	80	A-10，B-20	7以上	80以上	13.7±0.7	3,000L	19φ×15
表面活性劑泡沫	2	2	A-1，B-3	3～6	36	7±0.7	－	能有效噴射
	3	3	A-2，B-5	3～7	36～55	7±0.7	－	能有效噴射
	6	6	A-3，B-8	3以上	45以上	7±0.7	－	能有效噴射
	8	8	A-4，B-12	4以上	45以上	7±0.7	－	能有效噴射
	20	20	A-10，B-20	5以上	60以上	10.5±0.7	－	13φ×0.7
	40	40	A-10，B-20	5以上	60以上	13.7±0.7	1,500L	能有效噴射×10
	60	60	A-10，B-20	7以上	80以上	13.7±0.7	2,500L	19φ×15
	80	80	A-10，B-20	7以上	80以上	13.7±0.7	3,000L	19φ×15

表12　二氧化碳滅火器規格

型號	充填量 kg	滅火效能值	噴射距離 m	噴射時間 秒	軟管・內徑（mm）及最小長度（m）	無縫鋼瓶	
						重量kg	容積L
5	2.3	B-1，C	1.7以上	10以上	能有效噴射	6.0以下	3.45以上
10	4.5	B-4，C	2.3以上	10以上	能有效噴射×0.70	10.0以下	6.75以上
15	6.8	B-6，C	2.3以上	14以上	能有效噴射×0.70	14.5以下	10.2以上
20	9.0	B-6，C	2.3以上	15以上	能有效噴射×0.70	16.0以下	13.5以上

型號	充填量 kg	滅火效能值	噴射距離 m	噴射時間 秒	軟管．內徑（mm）及最小長度（m）	無縫鋼瓶	
						重量kg	容積L
50	22.5	B-8，C	4.3以上	25以上	能有效噴射×4.5	50.0以下	34.5以上
100	45.0	B-20，C	4.3以上	35以上	能有效噴射×7.5	85.0以下	67.5以上

表13　乾粉滅火器規格

型號	乾粉充填量		滅火效能值	噴射距離 m	噴射時間 秒	蓄壓壓力 kgf/cm²	加壓式		軟管內徑（mm）及最小長度（m）
	種類	Kg（以上）					CO_2（g）	N_2（ℓ）（以上）	
3	ABC	1.0	A-1，B-2，C	2以上	10以上	10.5±0.7	18	—	能有效噴射
5	ABC	1.8	A-1，B-4，C	3以上	10以上	10.5±0.7	30	—	
10	ABC	3.5	A-3，B-10，C	5以上	10以上	13.7±0.7	60	—	
	BC	4.0	B-8，C						
	KBC	3.5	B-12，C						
	XBC	3.0	B-16，C						
20	ABC	6.5	A-5，B-16，C	5以上	12以上	13.7±0.7	155	—	
	BC	8.0	B-14，C						
	KBC	6.5	B-18，C						
	XBC	5.5	B-24，C						
30	ABC	10.0	A-5，B-24，C	5以上	14以上	13.7±0.7	235	—	
	BC	12.0	B-16，C						
	KBC	10.0	B-26，C						
	XBC	8.5	B-30，C						
50	ABC	18.0	A-8，B-30，C	6以上	30以上	16.5±0.7	450	—	13φ×0.7
	BC	20.0	B-20，C						
	KBC	18.0	B-32，C						
	XBC	15.0	B-40，C						
100	ABC	36.0	A-10，B-30，C	7以上	40以上	16.5±0.7	—	1500	19φ×10
	BC	30.0	B-20，C						
	KBC	36.0	B-32，C						
	XBC	30.0	B-40，C						
150	ABC	54.0	A-10，B-30，C	7以上	50以上	16.5±0.7	—	2500	19φ×15
	BC	60.0	B-20，C						
	KBC	54.0	B-32，C						
	XBC	45.0	B-40，C						
200	ABC	72.0	A-10，B-30，C	7以上	60以上	16.5±0.7	—	3000	19φ×15
	BC	80.0	B-20，C						
	KBC	72.0	B-32，C						
	XBC	60.0	B-40，C						

三六　容許公差

滅火器充塡之滅火藥劑重量（或總重量），加壓用容器所充塡之二氧化碳重量、氮氣壓力以及軟管內徑之容許公差，應符合表14至表17之規定。

表14　滅火藥劑重量或總重量之容許公差

藥劑表示重量	總重量容許公差
1kg未滿	+80g～－40g
1kg以上～2kg未滿	+100g～－80g
2kg以上～5kg未滿	+200g～－100g
5kg以上～8kg未滿	+300g～－200g
8kg以上～10kg未滿	+400g～－300g
10kg以上～20kg未滿	+600g～－400g
20kg以上～40kg未滿	+1,000g～－600g
40kg以上～100kg未滿	+1,600g～－800g
100kg以上	+2,400g～－1,000g

表15　二氧化碳重量之容許公差

充塡量	容許公差
5g以上～10g未滿	+0.6g～－1.0g
10g以上～20g未滿	±3g
20g以上～50g未滿	±5g
50g以上～200g未滿	±10g
200g以上～500g未滿	±20g
500g以上	±30g

表16　氮氣之容許公差

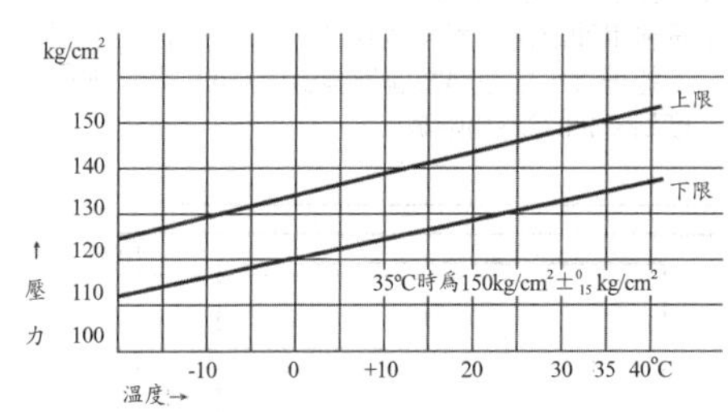

表17　軟管內徑之容許公差

標稱內徑	容許公差
10mm以下	±0.5mm
超過10mm	±1.0mm

三七　住宅用滅火器

(一)住宅用滅火器應爲蓄壓式滅火器，且不具更換或充填滅火藥劑之構造。滅火器以接著劑將外蓋等固定在本體容器上者，如將其外蓋打開所需之力達50牛頓米（N·m）以上者，即視爲不能再更換或充填滅火藥劑之構造。

(二)住宅用滅火器應依下列規定實施試驗：

1.住宅用滅火器外觀構造及性能準用本基準壹、三、適用性；十一、本體容器所用材質之厚度；十二、本體容器之耐壓試驗；十三、護蓋、栓塞、灌裝口及墊圈；十四、閥體；十五、軟管；十六、噴嘴；十九、耐衝擊強度；二十一、安全插梢；二十二、攜帶或搬運之裝置；二十三、安全閥；二十七、指示壓力錶；三十三、保持裝置之規定。

2.住宅用滅火器準用本基準壹、六、耐蝕及防鏽規定，但筒體外部可使用非紅色塗裝。

3.住宅用滅火器準用本基準壹、九、噴射性能試驗規定，應能噴射所充填滅火藥劑容量或重量爲85%以上之量。

4.實施下列普通火災至電氣火災滅火性能試驗各3次：

A.普通火災：

(1)使用圖1(c)之模型，木材使用杉木或松木，其含水率應介於10%至14%間。

(2)木材長度（L）容許公差介於－5mm至＋10mm之間，寬度（W）及厚度（H）容許公差爲±1mm。

(3)在油盤中，加入0.6ℓ之無鉛汽油或正庚烷，加以點火。

(4)於點火3分鐘後，進行滅火。

(5)噴射時採全量噴放。

(6)依前述(1)至(5)規定進行滅火試驗，滅火藥劑噴放完畢時，木材模型上不得有殘焰，且2分鐘內不得復燃。

B.高溫油鍋火災：

(1)火災滅火試驗模型、油炸鍋、瓦斯爐等裝置如圖5。

(2)油炸鍋應爲鋼製鍋，厚度2.5mm以上，其開口部分直徑爲300（±10）mm，加入食用油1ℓ時，其油面直徑爲230（±5）mm。

(3)供瓦斯爐使用之燃氣，爲液化石油氣。

(4)試驗用油應使用著火溫度爲360℃～370℃之食用油。若達370℃時仍未能著火，則在熱電偶偵測溫度370℃時強制點火，於熱電偶偵測溫度到達400℃時開始滅火。

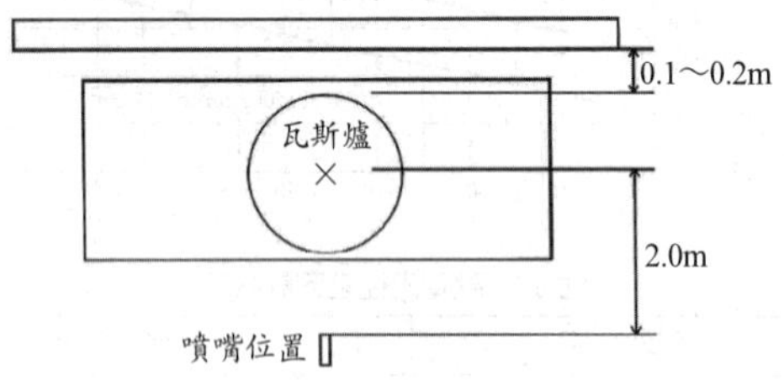

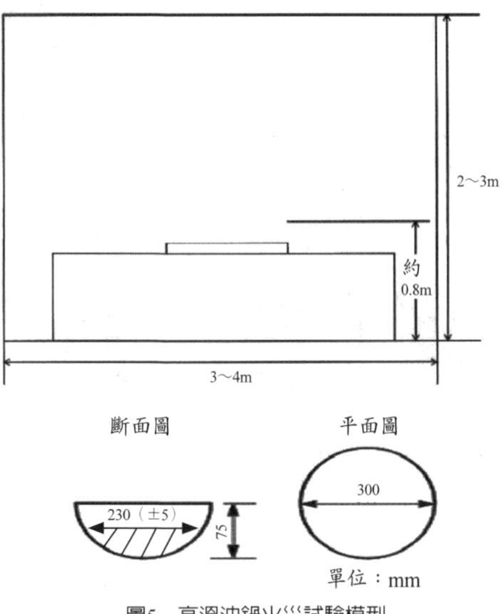

圖5　高溫油鍋火災試驗模型

⑸應在鍋子中心軸距離油面以下垂直深度（10±3）mm處，利用熱電偶偵測溫度。

⑹持續放射至滅火器藥劑全部噴放完畢，且不得由模型之背面進行滅火放射。

⑺依⑴及⑹規定進行滅火試驗時，於滅火藥劑噴放過程中不得造成火勢擴大、實驗用油噴濺等情形，且噴放完畢後1分鐘內不得復燃。

C.電氣火災：依壹、三、㈡表1備註6規定實施試驗合格。

D.合格判定：

⑴實施上開普通火災至電氣火災滅火性能試驗各3次，3次試驗應至少有2次能滅火。

⑵A類火災試驗，在第1次試驗噴射完畢後，4分鐘內不再復燃者，得免作第2次試驗。

⑶對於高溫油鍋火災，如有下列情形之一者，視爲無法滅火：

a.產生油之噴濺或對滅火人員可能造成燒傷之危險。

b.滅火時，火焰高度超過油炸鍋上緣1.8m。

c.滅火時，火焰高度超過油炸鍋上緣1.2m且持續3秒鐘以上。

㈢標示：住宅用滅火器標示應貼在本體容器明顯處，並記載下列所列事項：

1.住宅用滅火器標示類別，依表18規定：

表18　住宅用滅火器標示類別

住宅用滅火器類別	住宅用滅火器 滅火藥劑成分
住宅用水滅火器	水（含濕潤劑）等
住宅用乾粉滅火器	磷酸鹽、硫酸鹽等

住宅用強化液滅火器	強化液（鹼性）； 強化液（中性）
住宅用機械泡沫滅火器	水成膜泡沫； 表面活性劑泡沫

3.使用溫度範圍。

4.適用火災之圖示（如圖6）。

註：火焰爲紅色，底色爲白色。

圖6　適用火災之圖示

5.噴射時間。

6.噴射距離。

7.製造號碼或製造批號。

8.製造年月。

9.製造廠商。

10.型式、型式認可號碼。

11.所充塡之滅火藥劑容量或重量。

12.使用操作應注意事項：

(1)使用期間及使用期限之注意事項。

(2)指示壓力錶之注意事項。

(3)滅火藥劑不得再塡充使用之說明。

(4)使用時之安全注意事項。

(5)放置位置等相關資訊。

(6)日常檢查相關事項。

(7)高溫油鍋火災使用時之安全注意事項。

(8)其他使用上應注意事項。

三八　新技術開發之滅火器

新技術開發之滅火器，依形狀、構造、材質及性能判定，如符合本基準規定具有同等以上性能，並經中央消防主管機關認定者，得不受本基準之全部或部分規範之限制。

貳　型式認可作業

一　型式試驗之試驗項目及樣品數、試驗流程如下：

(一)試驗項目及樣品數：

試驗區分	試驗項目	樣品數
一般試驗	1.適用性	6具
	2.標示	

試驗區分	試驗項目	樣品數
分項試驗	1.安全插梢	5具
	2.保持裝置	
	3.過濾網（化學泡沫滅火器）	
	4.液位標示（化學泡沫滅火器）	
	5.攜帶或搬運之裝置	
	6.壓力調整器（輪架式）	
	7.蓄壓壓力	
	8.耐衝擊強度	
	9.振動試驗（車用型）	
	10.噴射距離、噴射時間	
	11.操作機構	
	12.滅火效能值	
	13.滅火劑充填量	
	14.噴射性能試驗	
	15.使用溫度範圍	
	16.軟管規格	
	17.無縫鋼瓶規格	
	18.耐蝕及防銹	
	19.本體容器所用材質之厚度	
	20.本體容器之耐壓試驗	
	21.護蓋、栓塞、灌裝口及墊圈	
	22.閥體	
	23.軟管	
	24.噴嘴	
	25.防止滅火藥劑之洩漏	
	26.安全閥	
	27.加壓用氣體量	
	28.加壓用氣體容器	
	29.氣體導入管	
	30.指示壓力錶	
	31.作動軸及氣體導入管	
	32.充填比	
	33.高壓氣體容器之特例	
	34.滅火器用滅火藥劑	1具
	35.虹吸管	2具
	36.老化試驗	1具

㈡型式認可試驗流程：

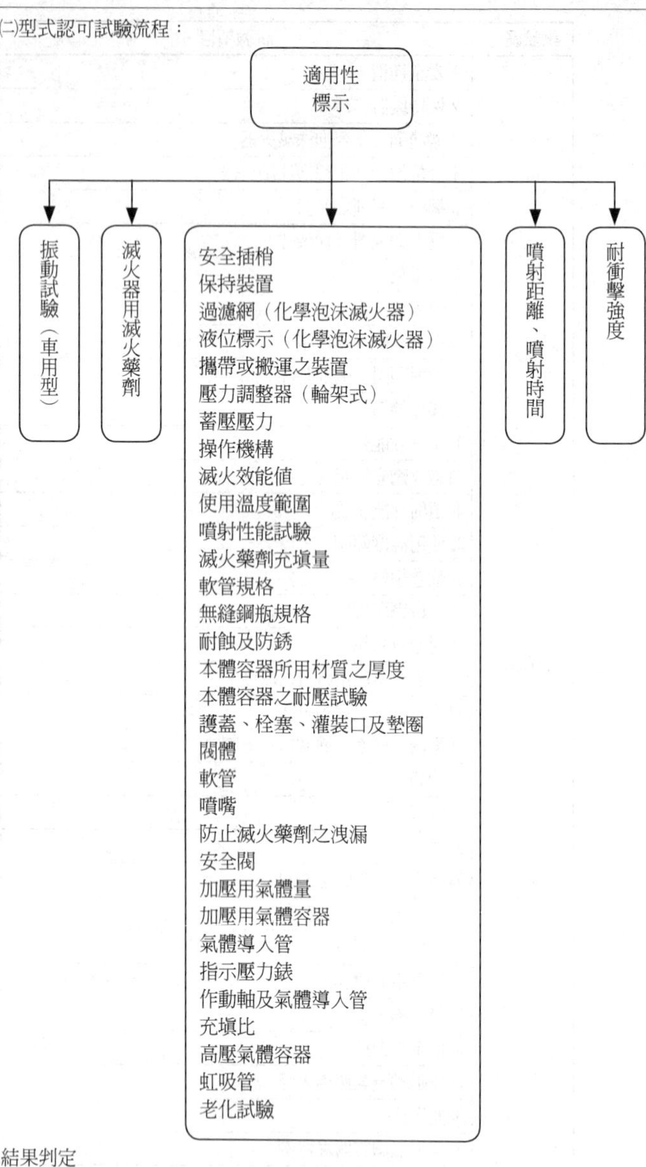

二　結果判定

㈠符合本基準者，該型式試驗結果為「合格」。

㈡符合貳、三補正試驗所定事項者，得進行補正試驗一次。

三　補正試驗

符合下列情形之一者得進行補正試驗：

㈠型式試驗之不良事項如為申請資料不完備（設計錯誤除外）、標示遺漏、零件裝置不良。

㈡試驗設備不完備或有缺點，致無法進行試驗者。

㈢依附表1「缺點判定表」判定輕微缺點合計3項（含）以下者。

四　型式區分、型式變更及輕微變更之範圍

㈠範圍如下：

型式區分	型式變更	輕微變更
依滅火藥劑種類主成分區分如下： 1.乾粉滅火藥劑： ⑴ABC乾粉為主成分者。 ⑵BC乾粉為主成分者。 ⑶KBC乾粉為主成分者。 ⑷XBC乾粉為主成分者。 ⑸XBC-SO乾粉為主成分者。 ⑹XBC-CL乾粉為主成分者。 ⑺XBC-MONNEX乾粉為主成分者。 2.機械泡沫滅火藥劑： ⑴表面活性劑為主成分者。 ⑵水成膜為主成分者。 3.化學泡沫滅火藥劑。 4.水滅火藥劑： ⑴添加濕潤劑等。 ⑵未添加濕潤劑等。 5.二氧化碳滅火藥劑。 6.強化液滅火藥劑。	1.充填量。 2.滅火效能值。 3.噴射距離。 4.噴射時間。 5.蓄壓壓力。 6.軟管內徑及長度。 7.容器材質。 8.放射機構。 9.車用型。	1.壓把、提把材質、表面處理。 2.塑膠底座、螢光零件。 3.閥體表面處理。 4.移動方式（輪架型）。 5.軟管、安全插梢等零件固定方式。 6.接頭、彎頭、通管等零件材質及表面處理。 7.封節、封籤材質樣式。 8.產品標示內容。

五　型式變更之試驗方法

型式變更試驗之樣品數、試驗流程等，應就型式變更之內容，依前揭型式試驗進行。

六　試驗紀錄

申請型式認可應填載「產品規格明細表」（如附表2）；有關型式試驗、補正試驗、型式變更試驗之結果，應詳細載於「型式試驗紀錄表」（如附表3）。

參　個別認可作業

一　方法

㈠個別認可依CNS9042規定進行抽樣試驗。

㈡抽樣試驗之嚴寬等級分為寬鬆試驗、普通試驗、嚴格試驗及最嚴格試驗4種。

二　抽樣

㈠個別認可所需之試料數目，係根據檢查之嚴格程度及批次大小，依附表5至附

表8所列抽樣表中列定之數目，依據抽樣表先抽取一般試驗之樣品數，再由一般試驗之樣品數中，抽取分項試驗之樣品數。

㈡樣品之抽樣依下列規定：

1.抽樣試驗應以每一批為單位。

2.樣品之多寡，應視整批成品（受驗數量＋預備品）數量之多寡及試驗等級，按抽樣表之規定抽取，並在重新編號之全部製品（受驗批）中，依隨機抽樣法（CNS9042）隨意抽取，抽出之樣品依抽出順序編排序號。但受驗批次數量在300個以上時，應依下列規定分為二段抽樣：

⑴計算每群應抽之數量：當受驗批次在五群（含箱子及集運架等）以上時，每一群之製品數量應在五個以上之定數，並事先編定每一群之編碼；但最後一群之數量，未滿該定數亦可。

⑵抽出之產品賦予群碼號碼：同群製品須排列整齊，且排列號碼應能清楚辨識。

⑶確定群數及抽出個群，再從個群中抽出樣品：確定從所有群產品中可抽出五群以上之樣品，以隨機取樣法抽取相當數量之群，再由抽出之各群製品作系統式循環抽樣（由各群中抽取同一編號之製品），將受驗之樣品抽出。

⑷依上述方法取得之製品數量超過樣品所需數量時，重複進行隨機取樣去除超過部分至達到所要數量。

三　試驗項目

㈠分為一般試驗及分項試驗，項目分別如下表：

試驗區分	試驗項目
一般試驗	1.核對原型式認可技術資料 2.標示 3.蓄壓壓力
分項試驗	1.噴射距離、噴射時間 2.操作機構 3.噴射性能（一般環境溫度下） 4.滅火藥劑充填量 5.無縫鋼瓶規格 6.本體容器所用材質之厚度 7.本體容器之耐壓試驗 8.安全閥 9.滅火藥劑主成分試驗（限二氧化碳、乾粉及化學泡沫滅火藥劑）

㈡個別認可試驗流程：

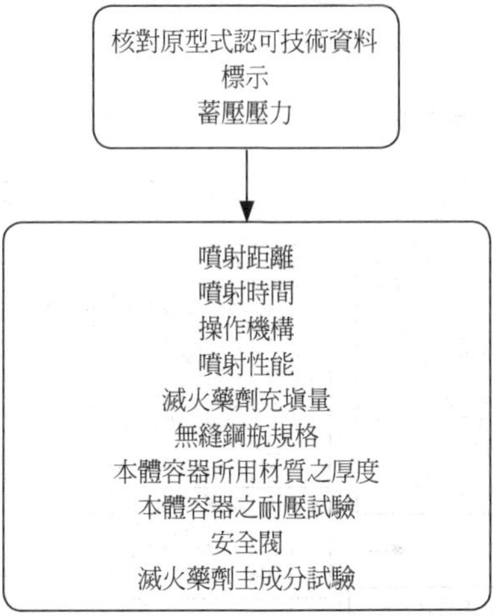

核對原型式認可技術資料
標示
蓄壓壓力

↓

噴射距離
噴射時間
操作機構
噴射性能
滅火藥劑充填量
無縫鋼瓶規格
本體容器所用材質之厚度
本體容器之耐壓試驗
安全閥
滅火藥劑主成分試驗

㈢個別試驗結果，應填載「個別試驗紀錄表」（附表4）中。

四　結果判定

試驗結果合格與否，依抽樣表、缺點判定表及下列規定判定之。一般試驗及分項試驗，應分別計算其不良品之數量。

㈠抽樣試驗中，一般試驗及分項試驗之不良品數，均於合格判定個數以下時，該批為合格。且下一批可依參、六、試驗嚴寬度等級之調整更換較寬鬆之試驗等級。

㈡抽樣試驗中，一般試驗及分項試驗，任一試驗之不良品數在不合格判定個數以上時，該批為不合格。下一批依參、六、試驗嚴寬度等級之調整更換較嚴格之試驗等級。但該等不良品之缺點僅為輕微缺點時，得進行補正試驗，惟以1次為限。

㈢抽樣試驗中出現致命缺點之不良品時，即使該抽樣試驗中不良品數在合格判定個數以下，該批仍為不合格。下一批依參、六、試驗嚴寬度等級之調整更換較嚴格之試驗等級。

五　結果處置

㈠合格批次之處置：

1. 當批次雖經判定為合格，但受驗樣品中如發現有不良品時，應使用預備品替換或修復該等不良品數量後後，方視整批為合格品。

2. 即當批次雖經判定為合格，其不良品部分之個數，如無預備品替換或無法修復調整者，仍判定為不合格。

㈡補正批次之處置：

1. 接受補正試驗時，應提出初次試驗時所發現不良事項之改善說明書及不良品處理後之補正試驗合格紀錄表。

2. 補正試驗之受驗樣品數以初次試驗之受驗樣品數為準。

㈢不合格批次之處置：

1. 不合格批量之產品接受再試驗時，應提出最初試驗時所發現不良事項之改善說明書，及不良品處理之補正試驗合格紀錄表。

2.不合格批量之產品接受再試驗時，不得加入初次試驗受驗製品以外之製品。

3.不合格之批次不再試驗時，應向認可機構備文說明理由及其廢棄處理等方式。

六　試驗嚴寬度等級之調整

㈠首次申請個別認可：試驗等級以普通試驗爲之，其後之試驗等級調整，依下表之規定。

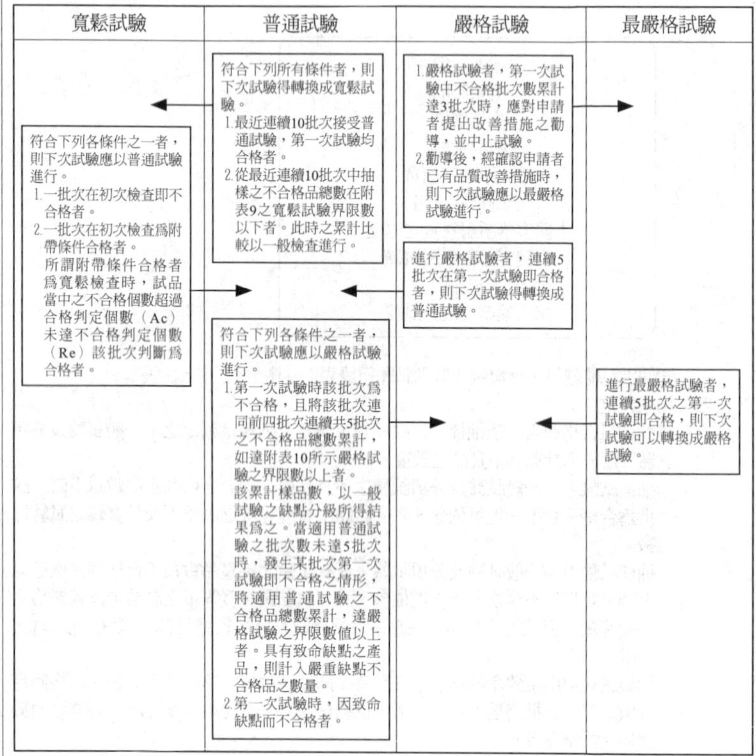

寬鬆試驗
普通試驗
嚴格試驗
最嚴格試驗
符合下列所有條件者，則下次試驗得轉換成寬鬆試驗。
1.最近連續10批次接受普通試驗，第一次試驗均合格者。
2.從最近連續10批次中抽樣之不合格品總數在附表9之寬鬆試驗界限數以下者。此時之累計比較以一般檢查進行。
1.嚴格試驗者，第一次試驗中不合格批次數累計達3批次時，應對申請者提出改善措施之勸導，並中止試驗。
2.勸導後，經確認申請者已有品質改善措施時，則下次試驗應以最嚴格試驗進行。
符合下列各條件之一者，則下次試驗應以普通試驗進行。
1.一批次在初次檢查即不合格者。
2.一批次在初次檢查爲附帶條件合格者。
所謂附帶條件合格者爲寬鬆檢查時，試品當中之不合格個數超過合格判定個數（Ac）未達不合格判定個數（Re）該批次判斷爲合格者。
進行嚴格試驗者，連續5批次在第一次試驗即合格者，則下次試驗得轉換成普通試驗。
符合下列各條件之一者，則下次試驗應以嚴格試驗進行。
1.第一次試驗時該批次爲不合格，且將該批次連同前四批次連續共5批次之不合格品總數累計，如達附表10所示嚴格試驗之界限數以上者。
該累計樣品數，以一般試驗之缺點分級所得結果爲之。當適用普通試驗之批次數未達5批次時，發生某批次第一次試驗即不合格之情形，將適用普通試驗之不合格品總數累計，達嚴格試驗之界限數值以上者。具有致命缺點之產品，則計入嚴重缺點不合格品之數量。
2.第一次試驗時，因致命缺點而不合格者。
進行最嚴格試驗者，連續5批次之第一次試驗即合格，則下次試驗可以轉換成嚴格試驗。

㈡補正試驗：初次試驗爲寬鬆試驗者，以普通試驗爲之；初次試驗爲普通試驗者，以嚴格試驗爲之；初次試驗爲嚴格試驗者，以最嚴格試驗爲之。

㈢再受驗批次之試驗結果，不得計入試驗嚴寬分級轉換紀錄中。

七　下一批試驗之限制

對當批次個別認可之型式，於進行下次之個別認可時，係以該批之個別認可完成結果判定之處置後，始得施行下次之個別認可。

八　試驗之特例

有下列情形之一時，得在受理個別認可申請前，逕依預定之試驗日程實施試驗。此情形下須在確認產品之個別認可申請書受理後，才能判斷是否合格。

㈠初次試驗因嚴重缺點或一般缺點經判定不合格者。

㈡不需更換全部產品或部分產品，可容易選取、去除申請數量中之不良品或修正者。

九　試驗設備發生故障或無法試驗時之處置

試驗開始後因試驗設備發生故障或其他原因致無法立即修復，經確認當日無法完成試驗時，得中止該試驗。並俟接獲試驗設備完成改善之通知後，重新擇定時間，依下列規定對該批施行試驗：

㈠試驗之抽樣標準與初次試驗時相同。

㈡不得進行補正試驗。

十　其他

㈠個別認可發現製品有其他不良事項，經認定該產品之抽樣標準及個別認可方法不適當者，得由中央消防主管機關另定個別認可方法及抽樣標準。

㈡輪架式滅火器如受檢批量在280具以下，則不受附表抽樣之規範，依下列規定辦理：

1.受檢批量每累計150具，抽樣1具依個別認可試驗項目試驗，有附表1所列任何缺點者即判定不合格。

2.未達抽樣批量之個別認可應檢具原廠出廠報告，經審查相關文件及實地查核產品後得免驗。

肆　主要試驗設備

試驗設備	規　　格	數量
抽樣表	本基準中有關抽樣法之規定	1份
亂數表	CNS2779或本標準中有關之規定	1份
計算機	8位數以上	1台
計量秤	秤量爲計量物質量的約1.5倍	1台
尺寸測定器	游標卡尺、螺紋量規、深度量規、分厘卡、內規、外規、直尺及捲尺、外徑量尺	1式
圓筒形刻度量測器	容量100ml及1000ml	各1個
水壓試驗裝置	可以做滅火器耐壓試驗壓力的1.5倍之加壓裝置	1台
壓力計	最高刻度爲該滅火器耐壓試驗壓力及閉塞壓力1.5倍	各1個
碼錶	60秒計	2個
照明器具	適合該滅火器的內部檢查	1個
振動試驗機（車用）	縱、橫方向全振幅2mm、每分鐘2000回轉	1台
水槽式膨脹率測試槽（小型）	供手提式二氧化碳滅火器鋼瓶膨脹率試驗	1套
水槽式膨脹率測試槽（大型）	供輪架式二氧化碳滅火器鋼瓶膨脹率試驗	1套
電子式溫濕度計	－20℃～＋70℃，最小刻度0.1℃、0～100%RH	1個
氣密試驗槽（限蓄壓式）	可以浸漬滅火器大小	1台
安全閥動作試驗機	能確認使用於該滅火器之安全閥的動作	1台
溫水槽	可以浸漬加壓用氣體容器之大小	1個
氣密試驗槽	適合該滅火器之內筒試驗	1台
滅火試驗設備	如陸、附件「滅火試驗設備規格」	1套

試驗設備	規　格	數量
壓力錶試驗機	使用壓力之上限值之二倍壓力，施以繼續30分鐘之靜壓試驗、從0kgf/cm²加壓至使用壓力上限值後，再減壓至0kgf/cm²，如此操作以每分鐘15次之速度，反覆作1000次。	1套
風速計	0～40m/s、最小刻度0.1m/s	1台
分光儀	能夠分析銅、鋁、合金鋼等材質	1台
耐衝擊強度試驗機	荷重30kg以上、高度1.5m以上	1台
老化試驗機	符合本基準壹、七及壹、八規定設備	1台
壓縮試驗機	符合本基準壹、七規定設備	1台
住宅用滅火器滅火試驗設備	符合本基準壹、三十七、㈡、4.規定設備	1套

伍　缺點判定方法

各項試驗所發現之不合格情形，其缺點之等級依下表之規定判定。

附表1　缺點判定表

缺點區分 試驗項目	致命缺點	嚴重缺點	一般缺點	輕微缺點
一般試驗				
1.適用性		適用性不符合表1及滅火器用滅火藥劑認可基準之規定。		
2.標示		尺寸不符合壹、三十四規定。	1.型式、使用方法或使用溫度範圍錯誤或沒有記載。 2.沒有銘板（在型式試驗圖面審查時，不為缺點之對象）。	1.一般缺點的1.以外之標示的錯誤或沒有記載。 2.標示不鮮明或內容消失。 3.標籤明顯剝離。 4.總質量之標示和實測質量的差在容許範圍以外（公差表之充填滅火藥劑量之容許範圍2倍的值）。
分項試驗				
1.安全插梢	因構造或品質不良導致拉拔動作發生人員受傷或其他零件分解。	1.無裝設封節或相同功能之鉛封、封籤…等之構造。 2.材質不符合壹、二十一規定。	1.無裝設防止意外動作之構造。 2.對拉拔動作產生障礙。	1.一個動作無法拉拔。 2.零件毛邊無磨平。 3.設計不良難以操作。

缺點區分 試驗項目	致命缺點	嚴重缺點	一般缺點	輕微缺點
2.保持裝置		無裝置掛鉤且不能垂直放置（車用滅火器除外）。		
3.過濾網（化學泡沫滅火器）	1.無設置過濾網。 2.噴射時過濾網塞住，無法噴射。	1.網目大於噴嘴最小徑之3/4以上。 2.網目合計面積，小於噴嘴開口部最小剖面積之30倍以上。		
4.液位標示（化學泡沫滅火器）	無裝設液位標示			標示判讀困難。
5.攜帶或搬運之裝置		1.滅火器之把手、車把、背負帶或輪架不堅固造成倒下或功能妨礙之變形。 2.行駛中有異常者。		
6.壓力調整器（輪架式）		不能作壓力調整。	二次側壓力無法將壓力調整至壓力調整範圍。	
7.蓄壓壓力		蓄壓壓力爲零。		常溫下充填壓力偏離指示壓力錶之綠色範圍。
8.耐衝擊強度		1.無法操作（包括把手破損，且無法搬運者）。 2.本體容器損壞或發生龜裂（耐壓試驗）。 3.零配件脫離。	本體容器、壓力錶裝設處發生洩漏（耐壓試驗）。	
9.振動試驗（車用型）	1.在振動試驗時作動。 2.滅火器脫離者。 3.保持裝置破損者。	發生洩漏，龜裂、破斷或顯著之變形。	1.零件脫落。 2.安全插梢破損者。 3.發生會影響性能、功能之異常。	1.保持裝置變形者。 2.安全插梢之封裝破損者。
10.噴射距離、噴射時間		低於標準值15%以上。	低於標準值10%。	低於標準值5%。
11.操作機構	無法操作或啓動滅火裝置。	不符合本基準規定之動作數或操作方法。		
12.滅火效能值（上限值）		無法達到依規定之滅火效能值。		

缺點區分 試驗項目	致命缺點	嚴重缺點	一般缺點	輕微缺點
13.滅火藥劑充填量		超過容許公差值超過1.7倍以上。	超過容許公差值超過1.5倍、未滿1.7倍。	超過容許公差值超過1.0、未滿1.5倍。
14.噴射性能試驗	1.噴放延遲時間超過5秒。 2.放射量未滿30%。	1.噴嘴栓不能脫離（包含不完全脫離）。 2.放射量未滿80%。 3.已操作啟動裝置但不動作。 4.安全插梢不能脫離。 5.本體或零件的破壞或脫落。 6.因噴射零件之龜裂。 7.噴放延遲時間超過3秒。	1.放射量80%以上90%未滿。 2.由壓力調整器、外裝式的氣體導入管、閥或從其結合部發生明顯之洩漏。 3.因放射性能試驗零件變形。 4.在乾粉滅火器，放射後因放射內面的塗膜明顯剝離（超過1cm²）。 5.發生噴射狀洩漏。 6.由空氣吸入口處有顯著之洩漏。 7.設有壓力調整器或本體容器內設有避免壓力急遽上升之調整裝置之加壓輪架式滅火器無法在1分鐘內達到可以噴放之安定狀況。 8.在噴放性能試驗中發生零配件之變形。	1.噴射狀態異常（明顯擴散、脈動、洩漏、距離等）。 2.在乾粉滅火器，放射後因放射內面塗膜輕微剝離（超過1cm²）。
15.使用溫度範圍	無法發揮滅火及噴射性能。			
16.軟管規格				不符合壹、三十五、各表規定。
17.無縫鋼瓶規格		不符合壹、三十五、表12規定。		

缺點區分 試驗項目	致命缺點	嚴重缺點	一般缺點	輕微缺點
18.耐蝕及防鏽		1.在水、泡沫及強化液滅火器內面施有塗裝、電鍍等滅火器之內面露出容器材質。 2.有內面腐蝕。 3.在水、泡沫及強化液滅火器內面生鏽。 4.耐蝕漆膜防鏽試驗不合標準者。 5.耐腐蝕試驗發生生鏽或異常現象。	1.乾粉滅火器內面塗膜不良或剝離露出容器材質（超過1cm²）。 2.有內面生鏽①非鐵金屬製滅火器及乾粉滅火器內面生鏽。②加壓用氣體容器及二氧化碳滅火器明顯內面生鏽。 3.內面之塗膜不良（焊接狀態不良）。 4.大範圍的剝離。	1.乾粉滅火器內面塗膜不良或剝離露出容器材質（1cm²以下）。 2.非鐵金屬製滅火器內面施有塗裝、鍍金等滅火器之內面露出容器材質。 3.內面之塗膜塗刷不均及混入雜物。 4.加壓容器外面明顯露出容器材質或生鏽（不適用耐腐蝕材料之滅火器）。 5.本体容器以外之零件之表面處理明顯不良或生鏽。
19.本體容器所用材質之厚度		本體容器之板厚不符合本基準或CNS12242規定。		
20.本體容器之耐壓試驗		1.發生洩漏、破損或明顯變形。 2.圓周長、膨脹率超過壹、十二規定。		
21.護蓋、栓塞、灌裝口及墊圈	1.無設置減（洩）壓構造。 2.噴射時零件脫落。	1.減（洩）壓構造無減（洩）壓功能。 2.水壓試驗發生洩漏或變形。 3.構造或材質與認可圖面不同。 4.零配件不足。	墊圈變形。	1.零件變形或毛邊無磨平。 2.各部分尺寸偏離認可圖面容許範圍。
22.閥體	1.噴射時有零件脫落或分解。 2.無設置安全閥（限高壓氣體容器）。 3.耐壓發生破裂、龜裂之異常者。	1.水壓試驗發生洩漏或明顯變形。 2.氣壓試驗發生洩漏或明顯變形（限高壓氣體容器）。 3.構造或材質與認可圖面不同。 4.零配件不足。 5.安全閥作動壓力範外作動。	1.手轉式需超過1¼回轉才能全開者。 2.螺紋有破損變形或偏離容許尺度。	各部分尺寸偏離認可圖面容許範圍。

缺點區分 / 試驗項目	致命缺點	嚴重缺點	一般缺點	輕微缺點
		6.外觀有對強度造成影響之裂紋、妨害使用之腐蝕損傷者。		
23.軟管		1.水壓試驗發生洩漏或明顯變形。 2.構造或材質與認可圖面不同。 3.零配件不足。		噴射時藥劑於接頭等零件處洩漏。
24.噴嘴		1.噴嘴裝備不符合本基準規定。 2.水壓試驗發生洩漏或明顯變形。 3.噴嘴孔徑尺寸偏離認可圖面容許範圍。	1.噴射時發生洩漏或障礙。 2.噴嘴栓塞發生洩漏。	除噴嘴孔徑外，各部分尺寸偏離認可圖面容許範圍。
25.防止滅火藥劑之洩漏		無裝置防止滅火藥劑洩漏構造而發生藥劑洩漏。	有裝置防止滅火藥劑洩漏構造而發生藥劑洩漏。	
26.安全閥	1.無裝設安全閥（限二氧化碳滅火器）。 2.加壓輪架式安全閥作動壓力（開閉式噴嘴）： ①彈簧式：小於P×0.8、大於P×1.6。 ②封板式：小於P×1.1、大於P×1.6。 3.加壓輪架式安全閥作動壓力（非開閉式噴嘴）： ①彈簧式：小於P×0.7、大於P×1.2。 ②封板式：小於P×1.1、大於P×1.2。 4.蓄壓輪架式安全閥作動壓力（非開閉式噴嘴）： ①彈簧式：小於P×1.0、大於P×1.6。 ②封板式：小於P×1.1、大於P×1.6。	1.在作動壓力範圍外作動。 2.作動時無有效減壓。 3.加壓輪架式安全閥作動壓力（開閉式噴嘴）： ①彈簧式：下限P×0.8～1.0、上限P×1.3～1.6。 ②封板式：上限P×1.3～1.6。 4.加壓輪架式安全閥作動壓力（非開閉式噴嘴）： ①彈簧式：下限P×0.7～1.0、上限P×0.9～1.2。 ②封板式：上限P×0.9～1.2。 5.蓄壓輪架式安全閥作動壓力（非開閉式噴嘴）： ①彈簧式：上限P×1.3～1.6。 ②封板式：上限P×1.3～1.6。		無標示「安全閥」字樣。

缺點區分 試驗項目	致命缺點	嚴重缺點	一般缺點	輕微缺點
27.加壓用氣體量		超過容許公差值超過1.6倍以上。	超過容許公差值超過1.5、未滿1.6倍。	超過容許公差值超過1.0、未滿1.5倍。
28.加壓用氣體容器	1.浸水試驗本體或零件破裂。 2.充填比未滿1.34（限充填CO_2）。 3.充填氣體質量未滿30%。	1.浸水試驗發生洩漏。 2.裝於本體容器外部無保護措施。 3.充填比1.34以上，未滿1.45（限充填CO_2）。 4.作動封板破裂壓力超過規定值（限內容積超過100cm^{3}之加壓用氣體容器）。 5.容器耐壓發生洩漏或異常膨脹，作動封板耐壓，破裂壓力值不符合規定（限內容積100cm以下之加壓用氣體容器）。 6.完全無防鏽加工。 7.充填氮氣或混合氣，超過最高充填壓力。 8.螺紋與公稱螺紋不同。 9.充填氣體質量在標準值30%以上，未滿70%。 10.與認可文件比較零件有不足或超過。 11.明顯變形。	1.被滅火藥劑腐蝕或生鏽。 2.封板被破壞時，不得對周圍波及危險（限內容積100cm^{3}以下之加壓用氣體容器）。 3.充填比1.45以上，未滿1.5（限充填CO_2）。 4.有效螺紋在2牙以下。 5.氣體種類或容器計記號疏漏、誤記、判讀困難。 6.完全無標示。 7.充填氣體質量在標準值70%以上，未滿容許範圍之下限值。 8.構造或材質與認可文件不同。	1.標示、塗料等脫落或判讀困難。 2.防鏽加工甚差。 3.螺紋變形或破損。 4.充填氣體質量超過容許範圍上限值。 5.作動封板破壞壓力值超過申請壓力範圍。 6.各部分尺寸偏離公差值。
29.氣體導入管		氣體導入管耐壓試驗發生洩漏或顯著變形。		
30.指示壓力錶	不能顯示壓力值。	1.指示壓力值誤差超過20%以上。 2.使用壓力範圍非以綠色標示。安裝螺紋不符合規定螺紋。 3.壓力檢出部及連接部洩漏、龜裂、變形。 4.指針及刻度盤非耐蝕性金屬製成。	1.指示壓力值誤差超過15%～20%未滿。 2.浸水試驗洩漏。 3.錶箱龜裂、變形或模糊。 4.主體龜裂、變形。 5.會影響活動部分鬆動或鬆脫。 6.指針或刻度盤以浮貼方式處理者。	1.指示壓力值誤差超過10%～15%未滿。 2.刻度、記號等之標示脫落、錯誤或無法辨認。 3.無法將錶箱壓力有效減壓。 4.各部分尺寸與認可圖面不同。

缺點區分 試驗項目	致命缺點	嚴重缺點	一般缺點	輕微缺點
		5.無標示壓力或蓄壓壓力刻度或壓力單位不符合規定。 6.錶箱破裂。 7.指珍脫離。 8.隨意變更構造、材質及各部分尺寸。 9.零配件不足。		5.氣密試驗由密閉部洩漏。 6.指針動作不平順。
31.作動軸及氣體導入管		作動軸及氣體導無將加壓用氣體容器之蓋，容易且確實開啓及導入之構造及強度。		
32.充塡比		1.充塡比不符合壹、三十一規定。 2.軟管及連結零件耐壓發生發生洩漏、龜裂、明顯變形及其他障礙。	1.噴射管（鐵管部分）之周圍，使用非隔熱材料之手把包覆。 2.喇叭噴管長度不符合規定。	
33.高壓氣體容器		厚度、外觀、材質、打刻不符合CNS12242規定。		
34.滅火藥劑性質、外觀及分析等	依滅火器用滅火藥劑認可基準之規定			
35.虹吸管		1.低於原本拉伸強度之40%或環之壓壞強度值。 2.老化後出現破裂或損壞。 3.無法承受耐衝擊強度或無法發揮噴射性能。		
36.老化試驗		1.老化後出現破裂或損壞。 2.耐衝擊強度出現破裂或損壞。		

附表2　產品規格明細表

申請者		滅火器之種類	
項目		明細	
型號			
滅火效能值或適用火災			
使用溫度範圍		℃～　℃	
試驗壓力		kgf/cm^2	
容器	上板・材質・厚度	mm	
	本體・材質・厚度	mm	
	下板・材質・厚度	mm	
	全高度及外徑	mm　mm	
	內容積	cm^3	
	耐腐蝕及防銹加工		
	接合方法		
閥	材質		
	構造		
喇叭噴管	材質		
灌裝口	材質		
噴嘴	材質		
	口徑	mm	
	構造		
軟管	材質・內徑・厚度・長度	mm　mm　mm	
加壓用氣體導入管	材質・內徑・厚度・長度	mm　mm　mm	
加壓用氣體容器	氣體種類及破壞壓力值	mm　mm　mm	
	材質・外徑・長度	mm　mm	
	容積・氣體量・質量	cm^3　m^3　mm	
壓力調整器	調整壓力	kgf/cm^2	
蓄壓式容器本體	氣體之種類・氣體量	cm^3	
充填藥劑	充填量	kg・ℓ	
噴射性能	噴射時間、噴射距離（20℃）	S　m	
蓄壓式之使用壓力範圍		kgf/cm^2～　kgf/cm^2	
總質量		kg	
安全裝置			
安全閥之動作範圍		kgf/cm^2～　kgf/cm^2	
備註			

附表3　型式試驗紀錄表

申請者		廠牌	
型式		型號	
藥劑名稱		滅水效能值	
試驗日期	年　月　日～　年　月　日		
試驗室溫		相對濕度	
試驗者		會同者	

一般試驗

試驗項目	試驗結果	判定
1.適用性		□符合 □不符合
2.標示		□符合 □不符合

分項試驗

試驗項目	試驗結果	判定
1.安全插梢		□符合 □不符合
2.保持裝置		□符合 □不符合
3.過濾網（化學泡沫滅火器）		□符合 □不符合
4.液位標示（化學泡沫滅火器）		□符合 □不符合
5.攜帶或搬運之裝置		□符合 □不符合
6.壓力調整器		□符合 □不符合
7.蓄壓壓力		□符合 □不符合
8.耐衝擊強度		□符合 □不符合
9.振動試驗（車用型）		□符合 □不符合
10.噴射距離、噴射時間		□符合 □不符合
11.操作機構		□符合 □不符合
12.滅火效能值		□符合 □不符合

試驗項目	試驗結果	判　定
13.滅火藥劑充填量		□符合 □不符合
14.噴射性能試驗		□符合 □不符合
15.使用溫度範圍		□符合 □不符合
16.軟管規格		□符合 □不符合
17.無縫鋼瓶規格		□符合 □不符合
18.耐蝕及防鏽		□符合 □不符合
19.本體容器所用材質之厚度		□符合 □不符合
20.本體容器之耐壓試驗		□符合 □不符合
21.護蓋、栓塞、灌裝口及墊圈		□符合 □不符合
22.閥體		□符合 □不符合
23.軟管		□符合 □不符合
24.噴嘴		□符合 □不符合
25.防止滅火藥劑之洩漏		□符合 □不符合
26.安全閥		□符合 □不符合
27.加壓用氣體量		□符合 □不符合
28.加壓用氣體容器		□符合 □不符合
29.氣體導入管		□符合 □不符合
30.指示壓力錶		□符合 □不符合
31.作動軸及氣體導入管		□符合 □不符合

試驗項目	試驗結果	判　定
32.充塡比		□符合 □不符合
33.高壓氣體容器		□符合 □不符合
34.虹吸管		□符合 □不符合
35.老化試驗		□符合 □不符合

附表4　個別試驗紀錄表

申 請 者		廠　　牌	
型　　式		型　　號	
藥劑名稱		滅水效能值	
試驗日期	年　　月　　日～　　年　　月　　日		
試驗室溫		相對濕度	
試 驗 者		會 同 者	

一　般　試　驗

試驗項目	試驗結果	判　定
1.核對原型式認可技術資料。		□符合 □不符合
2.標示		□符合 □不符合

分　項　試　驗

試驗項目	試驗結果	判　定
1.蓄壓壓力		□符合 □不符合
2.噴射距離、噴射時間		□符合 □不符合
3.操作機構		□符合 □不符合
4.噴射性能試驗		□符合 □不符合
5.滅火劑充塡量		□符合 □不符合
6.無縫鋼瓶規格		□符合 □不符合
7.耐蝕及防鏽		□符合 □不符合

試驗項目	試驗結果	判　定
8.本體容器所用材質之厚度		□符合 □不符合
9.本體容器之耐壓試驗		□符合 □不符合
10.安全閥		□符合 □不符合
11.滅火藥劑主成分試驗（限二氧化碳、乾粉及化學泡沫滅火藥劑）		□符合 □不符合

附表5　普通試驗抽樣表

試驗種別／批　次	一般試驗							分項試驗						
	樣品	嚴重缺點		一般缺點		輕微缺點		樣品	嚴重缺點		一般缺點		輕微缺點	
		Ac	Re	Ac	Re	Ac	Re		Ac	Re	Ac	Re	Ac	Re
1～8	2	↓		↓		↓		3	0	1	0	1	1	2
9～15	2	↓		↓		↓								
16～25	3	↓		0	1	↓								
26～50	5	↓		↑		↓								
51～90	5	↓				1	2							
91～150	8	↓		↓		2	3							
151～280	13	0	1	1	2	3	4							
281～500	20	↑		2	3	5	6	5	0	1	1	2	2	3
501～1,200	32	↓		3	4	7	8							
1,201～3,200	50	1	2	5	6	10	11							
3,201～10,000	80	2	3	7	8	14	15	8	1	2	2	3	3	4
10,001～35,000	125	3	4	10	11	21	22							

備註：附表5～8中

Ac：合格判定個數；Re：不合格判定個數。

↓：採用箭頭下第一個抽樣方式。如樣品數超過批內數量時則採全數試驗。

↑：採用箭頭上第一個抽樣方式。

附表6　寬鬆試驗抽樣表

試驗種別／批次	一般試驗							分項試驗						
	樣品	嚴重缺點		一般缺點		輕微缺點		樣品	嚴重缺點		一般缺點		輕微缺點	
		Ac	Re	Ac	Re	Ac	Re		Ac	Re	Ac	Re	Ac	Re
1～8	2	↓		↓		↓		2	0	1	0	1	1	2
9～15	2													
16～25	2			0	2									
26～50	2			↑										
51～90	2					1	2							
91～150	3			↓		1	3							
151～280	5	0	1	1	2	2	4	3	0	1	1	2	2	3
281～500	8	↑		1	3	2	5							
501～1,200	13	↓		2	4	3	6							
1,201～3,200	20	1	2	2	5	5	8							
3,201～10,000	32	1	3	3	6	7	10	5	1	2	2	3	3	4
10,001～35,000	50	2	4	5	8	10	13							

附表7　嚴格試驗抽樣表

試驗種別／批次	一般試驗							分項試驗						
	樣品	嚴重缺點		一般缺點		輕微缺點		樣品	嚴重缺點		一般缺點		輕微缺點	
		Ac	Re	Ac	Re	Ac	Re		Ac	Re	Ac	Re	Ac	Re
1～8	2	↓		↓		↓		5	0	1	0	1	1	2
9～15	2													
16～25	3													
26～50	5													
51～90	5			0	1									
91～150	8					1	2							
151～280	13			↓		2	3							
281～500	20	0	1	1	2	3	4	8	0	1	1	2	2	3
501～1,200	32	↓		2	3	5	6							
1,201～3,200	50			3	4	8	9							
3,201～10,000	80	1	2	5	6	12	13	13	1	2	2	3	3	4
10,001～35,000	125	2	3	8	9	18	19							

附表8　最嚴格試驗抽樣表

試驗種別 ＼ 批次	一般試驗							分項試驗						
	樣品	嚴重缺點		一般缺點		輕微缺點		樣品	嚴重缺點		一般缺點		輕微缺點	
		Ac	Re	Ac	Re	Ac	Re		Ac	Re	Ac	Re	Ac	Re
1～8	2	↓		↓		↓								
9～15	2	↓		↓		↓								
16～25	3	↓		↓		0	1							
25～50	5	↓		↓		↓		8	0	1	0	1	1	2
51～90	5	↓		↓		↓								
91～150	8	↓		0	1	↓								
151～280	13	↓		↓		1	2							
281～500	20	↓		↓		2	3							
501～1,200	32	0	1	1	2	3	4	13	0	1	1	2	2	3
1,201～3,200	50	↓		2	3	5	6							
3,201～10,000	80	↓		3	4	8	9	20	1	2	2	3	3	4
10,001～35,000	125	1	2	5	6	12	13							

附表9　寬鬆試驗界限數

累積樣品數	缺點區分		
	嚴重缺點	一般缺點	輕微缺點
10～64	※	※	※
65～79	※	※	0
80～99	※	※	1
100～129	※	※	2
130～159	※	※	4
160～199	※	0	6
200～249	※	1	9
250～319	※	2	12
320～399	※	4	15
400～499	※	6	19
500～624	※	9	25
625～799	0	12	31
800～999	1	15	39
1,000～,1249	2	19	50
1,250～1,574	4	25	63

備考：1.※表示樣品累計數未達轉換成寬鬆試驗之充分條件。

2.本表適用於最近連續十批受普通試驗，第一次試驗時均合格者之樣品數累計。

附表10　嚴格試驗之界限數

累積樣品數	缺點區分		
	嚴重缺點	一般缺點	輕微缺點
1	2	2	2
2	2	2	3
3	2	3	3
4	2	3	4
5	2	3	4
6～7	2	3	4
8～9	2	3	5
10～12	2	4	5
13～14	3	4	6
15～19	3	4	7
20～24	3	5	7
25～29	3	5	8
30～39	3	6	10
40～49	4	7	11
50～64	4	7	13
65～79	4	8	15
80～99	5	10	17
100～129	5	11	20
130～159	6	13	24
160～199	7	15	28
200～249	7	17	33
250～319	8	20	40
320～399	10	24	48
400～499	11	28	60
500～624	13	33	76
625～799	15	40	95

陸　附件－滅火試驗設備規格及引用參考資料

㈠滅火試驗設備規格：

1.滅火試驗室：本試驗室供試驗滅火器之滅火性能試驗之用，對空氣之引進和排煙應做特別考慮之設計，並附有防止環境污染用排煙淨化設備。

2.滅火試驗用排煙淨化設備（如附圖1）：主要設備包括排煙收集設備，風管設備、集塵機本體、排風設備、隔音設備及儀錶等。

特別注意不可因排煙吸引氣流，而使火災模型之燃燒狀態產生變化，此外燃燒所需空氣是由滅火試驗場外引進外部空氣。

由灰斗排出之灰塵、煤煙或含有滅火藥劑之殘留物須可集中回收處理，設備內亦有隔音裝置以符合防止噪音之規定。

3.設備之主要規定如下：

⑴排煙量：1800 MM以上。

⑵集塵機出口煤塵量：0.03g/m^{3}以下。

⑶噪音：在廠區地界處50phone以下。

⑷隔音設備：能有效降低排風設備噪音音量之設施，如採用消音風管或內壁貼多孔石膏等有效降低噪音音量之方式。

4.上述應設置之設備、材料、工法可依現場實際需求增刪，惟應能符合下列環保相關規定並提供本項認可基準所要求之測試能力。

⑴噪音：噪音管制法。

⑵廢水：放流水標準。

⑶空氣污染：固定污染源空氣污染排放標準。

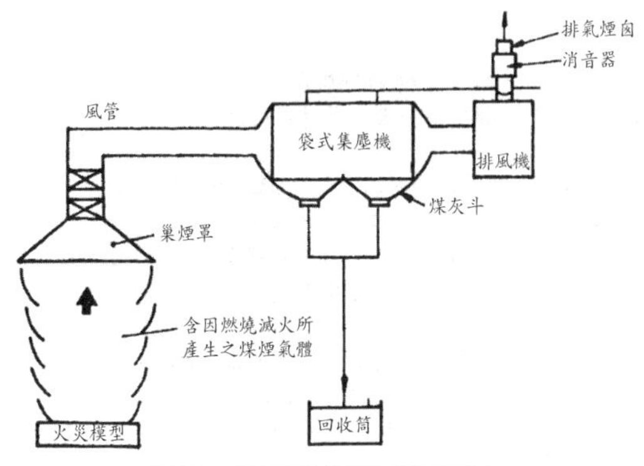

附圖1　排煙淨化設備系統示意圖

㈡引用參考資料：

CNS494	平行管螺紋
CNS495	推拔管螺紋
CNS4008	黃銅棒
CNS4622	熱軋軟鋼板、鋼片及鋼帶
CNS8497	不銹鋼鋼片及鋼板
CNS10442	銅及銅合金棒
CNS10443	銅及銅合金線
CNS10848	高壓鋼瓶閥
CNS11073	銅及銅合金板、捲片
CNS11176	二氧化碳、鹵化烷及乾粉等滅火設備用容器閥、安全裝置及破壞板
CNS12242	無縫鋼製高壓氣體容器
CNS12896	氣體熔接截割（切斷）用壓力調整器

緊急照明燈認可基準

民國101年11月14日內政部公告訂定發布全文5點；並自102年1月1日起生效。

壹　技術規範及試驗方法

一　適用範圍

依各類場所消防安全設備設置標準規定設置之緊急照明燈，其構造、材質及性能等技術上之規範及試驗方法，應符合本基準之規定。

二　用語定義

(一)緊急照明燈：係指裝設於各類場所中避難所須經過之走廊、樓梯間、通道等路徑及其他平時依賴人工照明之照明燈具，內具備交直流自動切換裝置，平時以常用電源對蓄電池進行充電，停電後切換至蓄電池供電，或切換至緊急電源供電，作爲緊急照明之用。依其構造形式及動作功能區分如下：

1.內置電池型緊急照明燈：內藏緊急電源的照明燈具。

2.外置電源型緊急照明燈：由燈具外的緊急電源供電之照明燈具。

(二)蓄電池裝置：組裝控制裝置及內藏蓄電池之裝置。

(三)外置裝置：常用電源斷路時立刻自動地藉由器具外的緊急電源，使照明燈具點燈者，如變頻器或其他切換元件等。

(四)檢查開關：檢查常用電源及緊急電源之切換動作，能暫時切斷常用電源之自動復歸型開關。

三　構造、材質及性能

(一)外殼使用金屬或耐燃材料製成。金屬製者，須施予適當之防鏽處理。

(二)內置電池型緊急電源應爲可充電式密閉型電池及容易保養、更換、維修之構造。

(三)面板上應裝電源指示燈及檢查開關，不得有大燈開關。但大燈開關設計爲內藏式或須使用工具開啓者，不適用之。

(四)線路應有過充電及過放電之保護裝置。

(五)內置電池型緊急電源供電照明時間應維持1.5小時以上（供緊急照明燈總數）後，其蓄電池電壓不得小於蓄電池額定電壓87.5%。

(六)正常使用狀態下，對於可能發生之振動、衝擊等，不得造成燈具接觸不良、脫落及各部鬆動破損等現象發生。

(七)對於點燈20小時產生之溫升，不得造成燈具各部變色、劣化等異狀發生，且不可影響光源特性及壽命。

(八)燈具外殼使用合成樹脂者，在正常使用狀況下，不因熱光等產生劣化或變形。

(九)電源變壓器應符合中華民國國家標準（以下簡稱CNS）1264〔電訊用小型電源變壓器〕第3.1節至第3.3節、第3.7節之規定。

(十)電源變壓器一次側（初級圈）之兩根引接線導體截面積每根不得小於0.75mm^2。

(十一)電池導線須用接線端子連接。

(十二)電源電壓二次側（次級圈）之電壓應在50V以下（含燈座、電路）。但使用螢光燈具者，不適用之。

(十三)燈具連續點燈100小時後不得故障。

(十四)內藏緊急電源用之電池應採用可充電式密閉型蓄電池，容易保養、更換及維修，並應符合下列規定：

1.有自動充電裝置及自動過充電防止裝置且能確實充電。但裝有不致產生過充電之電池或雖有過充電亦不致對其功能構造發生異常之電池，得不必設置防自動過充電裝置（過充電係指額定電壓之120%而言）。

2.裝置過放電防止裝置。但裝有不致產生過放電之蓄電池或雖呈過放電狀態，亦不致對其功能構造產生異常者，不適用之。

四　點燈試驗

燈具安裝於正常狀態，以每分鐘20次之速度開閉電源40次。於切斷常用電源時，燈具即亮；於接通常用電源時，燈具即熄滅。

五　絕緣電阻試驗

使用直流500V高阻計，測量帶電部分與不帶電金屬間之絕緣電阻，均應爲5MΩ以上。

六　充電試驗

蓄電池電壓降達額定電壓20%以內時，應能自動充電。

七　耐電壓試驗

燈具之常用電源電壓未滿150V者，於壹、五之測試端施加交流電壓1000V或燈具之常用電源電壓爲150V以上者，於壹、五之測試端施加交流電壓1500V，均應能承受1分鐘無異狀。

八　拉放試驗

燈具之電源線以16kg（156.8N）之拉力及電池導線以9kg（88.2N）之拉力，各實施1分鐘之測驗，該拉力不得傳動至端子接合處或內部電線。但嵌入式者，不適用之。

九　充放電試驗

㈠鉛酸電池：本試驗應於常溫下，按下列規定依序進行，試驗中電池外觀不可有膨脹、漏液等異常現象。

1.依照燈具標稱之充電時間充電之。

2.全額負載放電1.5小時後，電池端電壓不得小於額定電壓之87.5%。

3.再充電24小時。

4.全額負載放電1小時後，電池端電壓不得小於額定電壓之87.5%。

5.再充電24小時。

6.全額負載放電24小時。

7.再充電24小時。

8.全額負載放電1.5小時後，電池端電壓不得小於額定電壓之87.5%。

㈡鎳鎘或鎳氫電池：

1.依照燈具標稱之充電時間進行充電，充足後具充電電流不得低於電池標稱容量之1/30C或高於1/10C。

2.放電標準：將充足電之燈具，連續放電1.5小時後，電池之端電壓不得小於標稱電壓之87.5%，而測此電壓時放電之作業不得停止。

十　熾熱線試驗

㈠熾熱線試驗係應用在完成品或組件實施耐燃試驗時之相關規定。

㈡引用標準：

1.CNS14545-4〔火災危險性試驗－第2部：試驗方法－第1章／第0單元：熾熱線試驗方法－通則〕。

2.CNS14545-5〔火災危險性試驗－第2部：試驗方法－第1章／第1單元：完成品之熾熱線試驗及指引〕。

㈢試驗說明：

1.試驗裝置依CNS14545-4之規定。

2.熾熱線試驗不適用於直線表面尺度小於20mm之小組件者，可參考其他方法（例如：針焰試驗）。

3.試驗前處理：將試驗品或薄層置於溫度15℃至35℃間，相對溼度在45%至75%間之1大氣壓中24小時。

4.試驗程序及注意事項：參照CNS14545-4中第9.1節至第9.4節之規定。

5.試驗溫度：

(1)對非金屬材料組件如外殼、標示面及照射面所用絕緣材料，試驗溫度為550±10℃。

(2)支撐承載電流超過0.2A之連接點的絕緣材料組件，試驗溫度為750±10℃；對其他連接點，試驗溫度為650±10℃。施加之持續時間（t_a）為30±1秒。

(四)觀察及量測：熾熱線施加期間及往後之30秒期間，試驗品、試驗品周圍之零件及其位於試驗品下之薄層應注意觀察，並記錄下列事項：

1.自尖端施加開始至試驗品或放置於其下之薄層起火之時間（t_i）。

2.自尖端施加開始至火焰熄滅或施加期間之後，所持續之時間（t_e）。

3.目視著火開始大約1秒後，觀察及量測有無產生聚合最大高度接近5mm之火焰；火焰高度之量測係於微弱光線中觀察，當施加到試驗品上可看見到火焰之頂端與熾熱線上邊緣之垂直距離。

4.尖端穿透或試驗品變形之程度。

5.如使用白松木板則應記錄白松木板之任何燒焦情形。

(五)試驗結果之評估：符合下列之一者為合格。

1.試驗品無產生火焰或熾熱者。

2.試驗品之周圍及其下方之薄層之火焰或熾熱在熾熱線移除後30秒內熄滅，換言之$t_e \leqq t_a + 30$秒，且周圍之零件及其下方之薄層無繼續燃燒。當使用包裝棉紙層時，此包裝棉紙應無著火。

十一　耐濕試驗

所有燈具需能耐正常使用下之潮濕狀況，放置最不利的位置，在溼度箱內相對濕度91%至95%及溫度維持在20℃至30℃間之某溫度（t）的環境下放置48小時後，對於電性、機械性能及構造無使用上障礙。其試驗應符合下列各項規定：

(一)溼度箱內部須穩定維持相對濕度91%～95%，溫度在20℃～30℃間之某溫度（t），但需保持所設定之溫度（t）在±1℃以內之誤差。

(二)試驗品若有電纜入口，則須打開；若有提供塡涵洞（Knock-outs），則須打開其中之一。如電子零組件、蓋子、保護玻璃等可藉由手拆卸的零件需拆卸，並與主體部分一起做濕度處理。

(三)試驗品在做濕度處理前，應放置在t至t＋4℃之室內至少4小時以上，以達到此指定的溫度。

(四)試驗品放入濕度箱前，須先使其溫度達到t至t＋4℃之間，然後將試驗品放入溼度箱48小時。

(五)經過前述處理後，立即於常溫常濕環境下，以正常狀態組裝試驗品，進行絕緣電阻、耐電壓規定之試驗。

十二　標示

於燈具明顯位置處，以不易磨滅之方法，標示下列各項：

(一)產品名稱及型號。

(二)額定電壓（V）、額定電流（A）、額定頻率（Hz）及充電時間（Hr）。

(三)使用光源規格及電池規格。

㈣維持照明時間。

㈤製造廠商名稱、商標。

㈥製造年、月。

㈦型式認可號碼。

㈧檢附操作說明書及符合下列項目：

1.包裝緊急照明燈之容器應附有簡明清晰之安裝及操作說明書，並提供圖解輔助說明。說明書應包括產品安裝及操作之詳細指引及資料，同一容器裝有數個同型產品時，至少應有一份安裝及操作說明書。

2.若作為緊急照明燈設備檢查及測試之用者，得詳述其檢查及測試之程序及步驟。

3.其他特殊注意事項（特別是安全指引）。

貳　型式認可作業

一　型式試驗之樣品

需樣品6個；另熾熱線試驗應提供試驗片樣品5個。

二　型式試驗之方法

㈠試驗項目及流程：

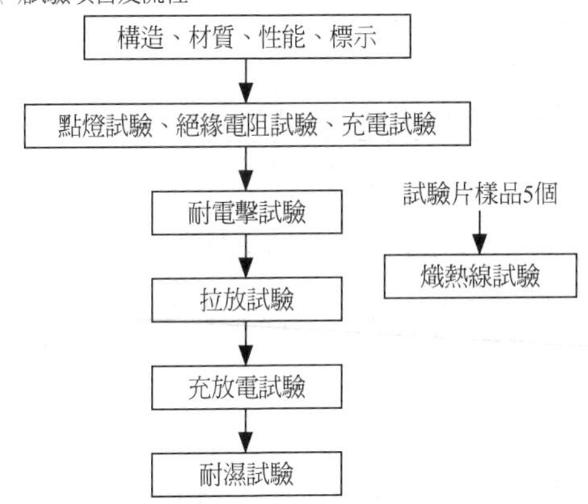

㈡試驗方法：依照壹、技術規範及試驗方法進行之。

三　型式試驗結果之判定

㈠符合本認可基準所規定之技術規範，該型式試驗結果為「合格」。

㈡有四、補正試驗所定情形者，得進行補正試驗，並以一次為限。

㈢依「缺點判定表」（如表4）判定未符合本認可基準規範者，該型式試驗結果為「不合格」。

四　補正試驗

有下列情形之一者，得進行補正試驗：

㈠型式試驗之不良事項為申請資料不完備（設計錯誤除外）、標示遺漏、零件安裝不良者。

㈡試驗設備有不完備或缺點，致無法進行試驗者。

㈢依「缺點判定表」（如表4）判定為輕微缺點，且合計3項（含）以下者。

五　型式變更之試驗方法

型式變更試驗之樣品數、試驗流程等，應就型式變更之內容，依前述型式試驗之方法進行。

六　型式區分、型式變更及輕微變更之範圍

型式區分、型式變更及輕微變更之範圍，依附表1之規定。

七　試驗紀錄

有關上述型式試驗、補正試驗、型式變更試驗之結果，應詳細塡載於型式試驗紀錄表（如附表10）。

參　個別認可作業

一　個別認可之方法

㈠個別認可之抽樣試驗數量依附表2至附表6之抽樣表規定，抽樣方法依CNS9042規定進行抽樣試驗。

㈡抽樣試驗之嚴寬等級依程度分爲最嚴格試驗、嚴格試驗、普通試驗、寬鬆試驗及免會同試驗五種。

㈢試驗項目分爲以通常樣品進行之試驗（以下稱爲「一般試驗」）以及對於少數樣品進行之試驗（以下稱爲「分項試驗」）兩類。

二　批次之判定基準

㈠受試驗品按不同受驗廠商，依其試驗等級之區分列爲同一批次。

㈡新產品與已受試驗之型式不同項目僅有下表1所示項目者，自第一次受驗開始即可列爲同一批次；如其不同項目非下表1所示項目，惟經過連續十批次普通試驗，且均於第一次即合格者，得列入已受驗合格之批次。

表1　新產品與已受試驗之型式可視為同一批次之項目

項次	項目名稱
1	經型式變更者
2	變更之內容在型式變更範圍內，且經型式變更認可者
3	受驗品相同但申請者不同者

㈢申請者不得指定將某部分產品列爲同一批次。

三　個別認可之樣品及抽樣方法

㈠個別認可之樣品數依相關試驗之嚴寬等級以及批次大小所定（如附表2至附表5）。另外，關於批次受驗數量少，進行普通試驗時，得依申請者事先提出之申請要求，使用附表6（適用生產數量少之普通試驗抽樣表）進行認可作業。

㈡樣品之抽取依下列規定：

1.抽樣試驗應以每一批次爲單位。

2.樣品之多寡，應視整批成品（受驗數量＋預備品）數量之多寡及試驗等級，按抽樣表之規定抽取，並在重新編號之全部製品（受驗批）中，依隨機抽樣法（CNS9042）隨意抽取，抽出之樣品依抽出順序編排序號。但受驗批量如在500個以上時，應依下列規定分爲二段抽樣。

⑴計算每群應抽之數量：當受驗批次在五群（含箱子及集運架等）以上時，每一群之製品數量應在5個以上之定數，並事先編定每一群之編碼；但最後一群之數量，未滿該定數亦可。

⑵抽出之產品賦予群碼號碼：同群製品須排列整齊，且排列號碼應能清楚辨識。

⑶確定群數及抽出個群，再從個群中抽出樣品：確定從所有群產品中可抽出五群以上之樣品，以隨機取樣法抽取相當數量之群，再由抽出之各群製品作系統式循環抽樣（由各群中抽取同一編號之製品），將受驗之樣品抽出。

⑷依上述方法取得之製品數量超過樣品所需數量時，重複進行隨機取樣去除超過部分至達到所要數量。

㈢一般試驗和分項試驗以不同之樣品試驗之。

四　試驗項目

㈠一般試驗以及分項試驗之項目如下表2：

表2　個別認可試驗項目及樣品數

試驗區分	試驗項目	備　註
一般試驗	1.構造、材質檢查 2.標示檢查	樣品數： 依附表2至附表6規定抽取。
分項試驗	3.點燈試驗 4.絕緣電阻試驗 5.充電試驗 6.耐電壓試驗	

㈡試驗流程：

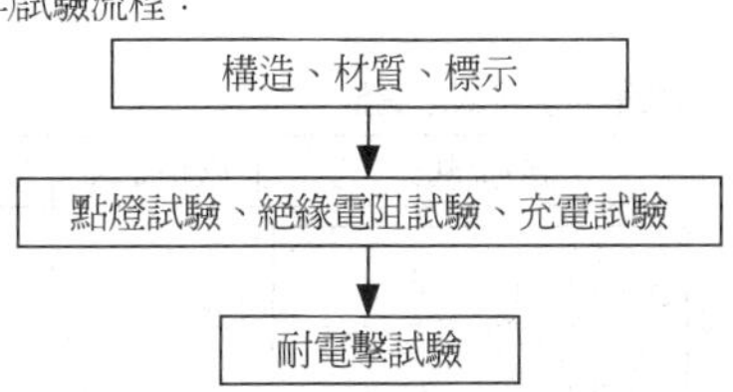

㈢試驗方法：依本基準規定。

㈣個別試驗之結果記載於個別認可試驗紀錄表（如附表11）。

五　缺點之等級及合格判定基準

㈠試驗中發現之缺點，分為致命缺點、嚴重缺點、一般缺點及輕微缺點等四級。

㈡各試驗項目之缺點內容，依表4缺點判定表之規定，非屬該缺點判定表所列範圍之缺點者，則依消防機具器材及設備認可作業要點判定之。

六　批次合格之判定

抽樣表中，Ac表示合格判定個數（合格判定時不良品數之上限），Re表示不合格判定個數（不合格判定之不良品數之下限），具有二個等級以上缺點之製品，應分別計算其各不良品之數量。

㈠抽樣試驗中各級不良品數均在合格判定個數以下時，應依表3調整其試驗等級，且視該批為合格。

㈡抽樣試驗中任一級之不良品數在不合格判定個數以上時，視該批為不合格。但該等不良品之缺點僅為輕微缺點時，得進行補正試驗，並以一次為限。

㈢抽樣試驗中不良品出現致命缺點，縱然該抽樣試驗中不良品數在合格判定個數以下，該批仍視為不合格。

七　個別認可結果之處置

㈠合格批次之處置：

1.當批次雖經判定為合格，但受驗樣品中如發現有不良品時，應使用預備品替換或修復該等不良品數量後，方視整批為合格品。

2.即使為非受驗之樣品，如於整批受驗樣品中發現有缺點者，準依前款之規定。

3.即當批量雖經判定為合格，其不良品部分之個數，如無預備品替換或無法修復調整者，仍判定爲不合格。

㈡補正批次之處置：

1.接受補正試驗時，應提出初次試驗時所發現不良事項之改善說明書及不良品處理後之補正試驗合格紀錄表。

2.補正試驗之受驗樣品數以初次試驗之受驗樣品數爲準。但該批次樣品經補正試驗合格，依本基準參、七、㈠、1.之處置後，仍未達受驗樣品數之個數時，則視爲不合格。

㈢不合格批次之處置

1.不合格批次之產品接受再試驗時，應提出第一次試驗時所發現不良事項之改善說明書，及不良品處理之補正試驗合格紀錄表。

2.不合格批次之產品接受再試驗時，不得加入初次試驗受驗製品以外之製品。

3.不合格之批次不再試驗時，應向認可機構備文說明理由及其廢棄處理等方式。

八　試驗嚴寬度等級之調整

㈠首次申請個別認可：試驗等級以普通試驗爲之，其後之試驗等級調整，依表3之規定。

表3　試驗嚴寬度等級之調整

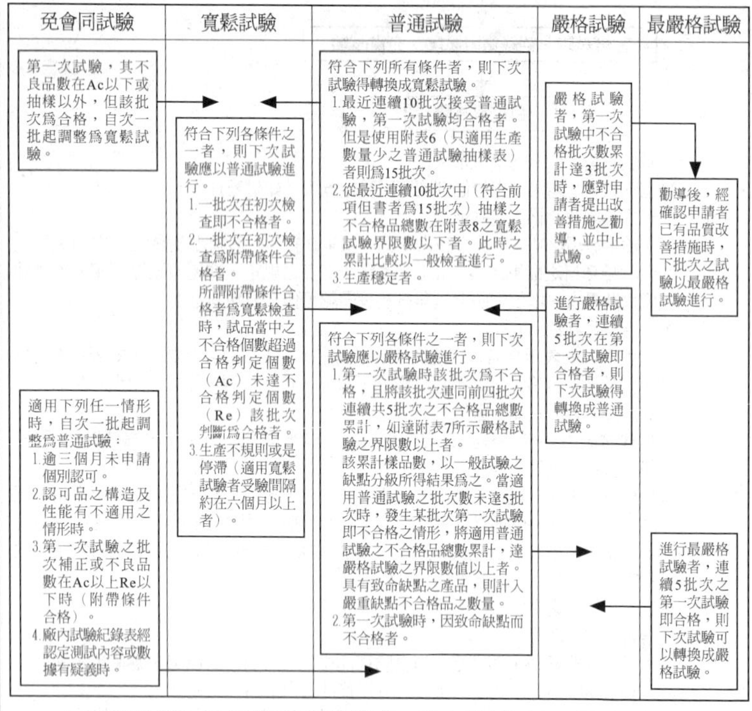

免會同試驗
寬鬆試驗
普通試驗
嚴格試驗
最嚴格試驗
第一次試驗，其不良品數在Ac以下或抽樣以外，但該批次爲合格，自次一批起調整爲寬鬆試驗。
符合下列所有條件者，則下次試驗得轉換成寬鬆試驗。
1.最近連續10批次接受普通試驗，第一次試驗均合格者。但是使用附表6（只適用生產數量少之普通試驗抽樣表）者則爲15批次。
2.從最近連續10批次中（符合前項但書者爲15批次）抽樣之不合格品總數在附表8之寬鬆試驗界限數以下者。此時之累計比較以一般檢查進行。
3.生產穩定者。
嚴格試驗者，第一次試驗中不合格批次數累計達3批次時，應對申請者提出改善措施之勸導，並中止試驗。
勸導後，經確認申請者已有品質改善措施時，下批次之試驗以最嚴格試驗進行。
符合下列各條件之一者，則下次試驗應以普通試驗進行。
1.一批次在初次檢查即不合格者。
2.一批次在初次檢查爲附帶條件合格者。
所謂附帶條件合格者爲寬鬆檢查時，試品當中之不合格個數超過合格判定個數（Ac）未達不合格判定個數（Re）該批次判斷爲合格者。
3.生產不規則或是停滯（適用寬鬆試驗者受驗間隔約在六個月以上者）。
進行嚴格試驗者，連續5批次在第一次試驗即合格者，則下次試驗得轉換成普通試驗。
符合下列各條件之一者，則下次試驗應以嚴格試驗進行。
1.第一次試驗時該批次爲不合格，且將該批次連同前四批次連續共5批次之不合格品總數累計，如達附表7所示嚴格試驗之界限數以上者。
該累計樣品數，以一般試驗之缺點分級所得結果爲之。當適用普通試驗之批次數未達5批次時，發生某批次第一次試驗即不合格之情形，將適用普通試驗之不合格品總數累計，達嚴格試驗之界限數值以上者。
具有致命缺點之產品，則計入嚴重缺點不合格品之數量。
2.第一次試驗時，因致命缺點而不合格者。
適用下列任一情形時，自次一批起調整爲普通試驗：
1.逾三個月未申請個別認可。
2.認可品之構造及性能有不適用之情形時。
3.第一次試驗之批次補正或不良品數在Ac以上Re以下時（附帶條件合格）。
4.廠內試驗紀錄表經認定測試內容或數據有疑義時。
進行最嚴格試驗者，連續5批次之第一次試驗即合格，則下次試驗可以轉換成嚴格試驗。

㈡補正試驗：初次試驗爲寬鬆試驗者，以普通試驗爲之；初次試驗爲普通試驗者，以嚴格試驗爲之；初次試驗爲嚴格試驗者，以最嚴格試驗爲之。

㈢再受驗批次之試驗結果，不得計入試驗嚴寬分級轉換紀錄中。

九　免會同試驗

(一)符合下列所有情形者，得免會同試驗：

1.達寬鬆試驗後連續十批第一次試驗均合格者。

2.累積受驗數量達2000個以上。

3.取得ISO9001認可登錄或國外第三公正檢驗單位通過者（產品具合格標識）。

(二)實施免會同試驗時，基金會每半年至少派員會同實施抽驗一次，試驗項目依照個別認可試驗項目，若試驗不符合本基準規定時，該批次予以不合格處置，並次批恢復爲普通試驗（會同試驗）。

(三)符合免會同試驗資格者，如有下列情形之一時，該批樣品應即恢復爲普通試驗（會同試驗）：

1.所提廠內試驗紀錄表有疑義時。

2.六個月內未申請個別認可者。

3.經使用者反應認可樣品有構造與性能不合本基準規定，經查證確實有不符合者。

十　下一批次試驗之限制

對當批次個別認可之型式，於進行下次之個別認可時，係以該批之個別認可完成結果判定之處置後，始得施行下次之個別認可。

十一　試驗之特例

有下列情形之一時，得在受理個別認可申請前，逕依預定之試驗日程實施試驗。此情形下須在確認產品之個別認可申請書受理後，才能判斷是否合格。

(一)初次試驗因嚴重缺點或一般缺點經判定不合格者。

(二)不需更換全部產品或部分產品，可容易選取、去除申請數量中之不良品或修正者。

十二　試驗設備發生故障或無法試驗時之處置

試驗開始後因試驗設備發生故障或其他原因致無法立即修復，經確認當日無法完成試驗時，得中止該試驗。並俟接獲試驗設備完成改善之通知後，重新擇定時間，依下列規定對該批施行試驗：

(一)試驗之抽樣標準與初次試驗時相同。

(二)不得進行補正試驗。

十三　其他

個別認可發現製品有其他不良事項，經認定該產品之抽樣標準及個別認可方法不適當者，得由中央主管機關另定個別認可方法及抽樣標準。

肆　缺點判定方法

各項試驗所發現之不合格情形，其缺點判定如表4：

表4　缺點判定表

缺點區分／試驗項目	致命缺點	嚴重缺點	一般缺點	輕微缺點
1.構造、性能、材質、標示		1.申請之構造、材質與實際不符。 2.零組件脫落。	1.標示事項脫落。 2.出現有影響性能之龜裂、變形或加工不良等情形。	標示事項有誤、缺漏或判讀困難。
2.性能檢查		連續點燈檢查出現異常或故障。	連續點燈檢查燈具出現變色或劣化。	
3.點燈試驗	無法點燈。	點燈試驗不合格。		

缺點區分／試驗項目	致命缺點	嚴重缺點	一般缺點	輕微缺點
4.絕緣電阻試驗	絕緣電阻未達規定值。			
5.充電試驗		充電試驗不合格。		
6.耐電壓試驗	耐電壓試驗不合格。			
7.拉放試驗		拉放試驗不合格。		
8.充放電試驗		充放電試驗不合格。		
9.熾熱線		熾熱線試驗不合格。		
10.耐濕性	絕緣電阻、耐電壓試驗任一項不合格。			

伍　主要試驗設備

各項試驗設備依表5規定。

表5　主要試驗設備一覽表

試驗設備名稱	內　容	規格	數量
直流電源裝置	直流定電壓裝置	5A以上 30V者	1
		2A以上 150V者	1
	直流電壓計	0.5級以上	1
	直流電壓記錄計		1
	直流電流計	0.5級以上	1
交流電源裝置	交流定電壓裝置	1KVA以上	1
	電壓調整器	5A以上 100V用	1
		2A以上 200V用	1
	交流電流計	0.5級以上	2
		0.5級以上	1
	頻率計	0.5級以上	1
	頻率變換裝置	0.5KVA以上（50↔60Hz）	1
耐電壓試驗裝置	絕緣耐壓試驗機	變壓容量0.5KVA，0～5000V，電壓計1.5級以上	1
絕緣電阻試驗裝置	高絕緣阻抗計	500V用	1
耐濕試驗裝置	恆溫恆濕槽	適當容量大小 溫度計、濕度計	1
熾熱線試驗裝置	熾熱線試驗機		1
拉放試驗裝置	拉放試驗機	拉力裝置20kgf（200N）精密度±1kgf（10N）	1組

緩降機認可基準

民國101年11月14日內政部公告訂定發布全文5點；並自102年7月1日起生效。

壹　技術規範及試驗方法

有關避難逃生設備所使用之緩降機，其構造、性能、材質等技術上之規範及試驗方法，應符合本基準之規定。

一　用語定義

(一)緩降機：係指具有使用者不須藉助他力，僅利用本身重量即能自動連續交替下降之構造。

(二)固定式緩降機：係指平常即保持固定於支固器具上之緩降機。

(三)移動式緩降機：係指調速器之重量在10kg以下，於使用時方以安全扣環確實安裝在支固器具上之緩降機。

(四)調速器：係指可以調整緩降機下降速度於一定範圍內之裝置。

(五)調速器連結部：係指連結支固器具與調速器的部分。

(六)穿著用具：係指套穿於使用者身上，以一端之套帶套穿所形成之套圈固定使用者身體之用具。

(七)緊結金屬構件：係指連結繩索及穿著用具的部分。

(八)捲盤：捲收繩索及套帶之用具。

(九)最大使用人數：每一次下降能供使用之最多人數，且應具有最大使用人數之穿著用具數量。

二　構造及性能

(一)組成：應由調速器、調速器連結部、繩索、緊結金屬構件及穿著用具等所組成。

(二)調速器：

1.應堅固並具有耐久性。

2.無須經常拆開清理亦能正常運作。

3.下降時所發生之熱量，不得使其他功能產生異常。

4.下降時不得損傷繩索。

5.應具備牢固護蓋保護機件，以避免砂粒或其他異物侵入致產生功能異常。

(三)調速器連結部：調速器之連結不得在使用中發生支解損傷、變形或調速器脫落等現象。

(四)繩索：

1.芯線應施予外裝，全繩為均勻構造；芯線直徑並應在0.3cm以上。

2.實施下降動作時不得有讓使用者遭致旋轉扭絞之情形。

3.繩索之兩端應以不脫開之方法連結在緊結金屬構件。

(五)緊結金屬構件：使用中不得有脫離、支解、損傷或變形之情形，且不得有傷害使用者之虞。

(六)穿著用具：

1.能輕易穿著，套穿時不須經由手或身體操作調整，即可藉自身之體重確實固定於使用者之身體。

2.穿著時不得有脫落或鬆脫之情形。

3.下降時不得對使用者之視線或其動作產生障礙。

4.不得有傷害使用者之虞。

5.於繩索之兩端應具備以不會脫開之方法連結相當於最大使用人數之穿著用具。

6.套帶部分之縫織線不得有鬆脫之情形。

7.套帶以相當於最大使用載重除以最大使用人數，再乘以6.5（係數）所得之拉力載重加載持續5分鐘後，不得產生斷裂或明顯之變形現象。

三　材質

緩降機各部構造所用材質應符合下表（表一）之規定。

表一　構件材質表

零件名稱		材質標準
繩索	芯料	CNS941（鋼纜總則）之規定且有耐蝕加工者。
繩索	外裝	CNS6378（棉紗）之A級規定且有結實構造。
穿著用具		CNS6378之A級品且具有三重編織者或具有同等強度之尼龍絲。
調速器連結部		CNS2473（一般結構用軋鋼料）且有耐蝕加工者。
緊結金屬構件		CNS2473（一般結構用軋鋼料）且有耐蝕加工者。
鉚釘		CNS575（鉚釘用鋼棒）且有耐蝕加工者。（如施以穿梭壓夾法則不在此限）

四　最大使用載重

緩降機之最大使用載重，應在最大使用人數乘以1000nt所得數值以上。

五　試驗溫度條件

試驗時之周圍環境應在攝氏10度以上，35度以下。

六　下降速度試驗

將緩降機固定在該繩索最長使用限度之高處（如繩索長度超過15m者則以15m之高度爲準），進行下列試驗：

㈠常溫下降試驗：施予最大使用人數分別乘以250nt及650nt之載重及以相當於最大使用載重之負載等三種載重，左右交互加載且左右連續各下降一次時，其速度應在16cm/sec以上150cm/sec以下之範圍內。

㈡20次連續下降試驗：施予相當於最大使用人數乘以650nt之載重，左右交互加載且左右連續各下降10次之下降速度，任一次均應在20次之平均下降速度值之80%以上120%以下，且不得發生性能及構造上之異常現象。

七　含水下降試驗

㈠浸水處理：將繩索一端拉緊至另一端繩索之緊結金屬構件頂住調速器後，露在調速器外面的繩索全部浸泡在水中，1小時之後取出，含水後不得將水擦乾，直接進行試驗。

㈡下降試驗：直接將緩降機固定於試驗高度，並於穿著用具之一端依壹、六、㈡規定之載重，左右交互加載且左右連續各下降一次時，其下降速度值，應在壹、六、㈡所定平均下降速度值之80%以上120%以下範圍內，且不得發生性能及構造上之異常現象。

八　低溫試驗及高溫試驗

㈠緩降機分別放置在攝氏零下20度及50度之狀態24小時後，立即取出固定於試驗高度位置，並於穿著用具之一端依壹、六、㈠規定之載重，左右交互加載且左右連續各下降一次時，其下降速度值應在壹、六、㈠所規定之速度範圍值內，並不得發生性能及構造上之異常現象。

㈡由於本項試驗係於含水下降試驗後進行，故應使繩索自然乾燥後再進行低溫試驗，以避免水份在調速器內部產生凍結現象。

九　反覆試驗

㈠緩降機固定於試驗高度位置，於穿著用具之一端以相當於最大使用載重之負載，左右各互加載且連續各下降10次〔繩索長度超過15m者，爲繩索之長度除以15所得值再乘以10之乘積值（小數點第一位以下之尾數捨去不計）〕做爲1個週期，反覆實施5個週期後，再以壹、六、㈠規定之載重，左右交互加載且左右連續各下降一次時，其下降速度值應在壹、六、㈠所規定之速度範圍值內，且不得發生性能及構造上之異常現象。

㈡在繩索不產生異常的情況下，試驗超過50次者，得於進行下一週期之試驗前更換繩索。

十　耐腐蝕試驗

㈠緩降機依CNS8886（鹽水設備試驗方法）之規定進行鹽水噴霧時，須將緩降機處於安裝狀態下噴撒。自然乾燥應於室內，使緩降機處於安裝狀態下進行。

㈡依前項規定，以5%鹽水噴霧8小時後靜置16小時，爲1週期，反覆實施5週期後，使其自然乾燥24小時，再將該緩降機固定於試驗高度位置，並於穿著用具之一端依壹、六、㈠規定之載重，左右交互加載且左右連續各下降一次時，其下降速度值應在壹、六、㈠所規定之速度範圍值內，且不得發生性能及構造上之異常現象。

十一　落下衝擊緩降試驗

㈠緩降機固定於距離地板面2m以上（以不撞到地面爲原則）之高度進行試驗。

㈡由緩降機調速器之下降側拉出繩索25cm，向上提高，並於穿著用具之一端加載相當於最大使用載重之負載使其落下，反覆實施5次後，再將緩降機固定於試驗高度位置，於穿著用具之一端依壹、六、㈠規定之載重，左右交互加載且左右連續各下降一次時，其下降速度值應在壹、六、㈠所規定之速度範圍值內，且不得發生性能及構造上之異常現象。

十二　掉落試驗

㈠移動式緩降機之調速器由地板上1.5m高度（指調速器下端至地板面之距離），向厚度5cm以上之RC地板使其自然落下，反覆實施5次後，再將緩降機固定於試驗高度位置，於穿著用具之一端依壹、六、㈠規定之載重，左右交互加載且連續左右各下降一次時，其下降速度值應在壹、六、㈠所規定之速度範圍值內，且不得發生性能及構造上之異常現象。

㈡試驗時，應先將穿著用具及繩索移開，避免造成操作上之妨礙。

十三　強度試驗

以最大使用載重除以最大使用人數乘以3.9（係數）所得數值之靜載重實施加載試驗持續5分鐘後，應符合下列各項規定：

㈠調速器、調速器之連結部及其緊結金屬構件等不得有支解、破損或顯著之變形現象。

㈡繩索及穿著用具不得有斷裂或破損之現象。

十四　套帶拉力試驗

於強度試驗後，自穿著用具切取一段套帶，並以最大使用載重除以最大使用人數乘以6.5（係數）所得數值之靜載重實施加載，持續5分鐘（注意勿使受力不均），不得發生斷裂或顯著之變形現象。

十五　形狀及構造檢查

㈠外觀檢查：原則以目視方式爲之，除於上揭試驗項目中檢查外，並對其內部零件之形狀進行確認。

㈡分解檢查：將試樣分解後與設計圖面進行比對，檢查其尺寸是否與圖面相符，尺寸公差及圖形繪製等是否正確。

㈢標示：緩降機應在該機上明顯處以不易磨滅之方法，詳實標示下列事項。

1.型式。

2.型號。

3.製造年月。

4.製造批號。

5.繩索長度。

6.最大使用載重。

7.最大使用人數。

8.製造廠名稱或商標。

9.使用上應注意事項。

貳　型式認可作業

一　型式試驗之方法依本認可基準壹、技術規範及試驗方法之規定，其試驗項目、樣品數及順序如下

樣品數3個

下降速度試驗
↓
含水下降試驗
↓
低溫試驗、高溫試驗
↓
反覆試驗
↓
耐腐蝕試驗
↓
落下衝擊緩降試驗
↓
掉落試驗
↓
強度試驗
1.調速器
2.調速器連結部
3.緊結金屬構件
4.繩索
5.穿著用具
↓
套帶拉力試驗
↓
形狀及構造檢查
1.外觀及標示檢查
2.分解檢查

二　型式試驗結果之判定

型式試驗之結果判定如下：

㈠符合本認可基準所規定之技術規範時，該型式試驗結果爲「合格」。

㈡符合下揭三、㈠所定事項者，得進行補正試驗一次。

㈢未達到本認可基準所規定之技術規範時，該型式試驗結果爲「不合格」。

三　補正試驗

㈠型式試驗中之不良事項，如爲本認可基準肆、缺點判定表所列之一般缺點或輕微缺點者，得進行補正試驗。

㈡補正試驗所需樣品數3個，並準依前述型式試驗之方法進行。

四　型式變更試驗之方法

型式變更之樣品數、試驗流程等，應就型式變更之內容依前述型式試驗方法進行。

五　有關上述試驗之結果，應詳細塡載於試驗紀錄表上（如附表七及附表七之一）。

參　個別認可作業

一　個別認可之抽樣方法

個別認可時之抽樣試驗數量依附表一至附表四抽樣表規定，抽樣方法依CNS9042規定取樣。

二　個別認可之試驗項目

㈠個別認可依試驗項目區分爲一般樣品之試驗（以下稱「一般試驗」）及分項樣品之試驗（以下稱「分項試驗」），一般試驗與分項試驗之試樣應爲不同之樣品。

㈡一般試驗及分項試驗之試驗項目及試驗順序如下表（表二）所示。

表二

區　分	試　驗　項　目		備　考
一般試驗	形狀及構造檢查	外觀及標示檢查	樣品數：依據附表一至附表四之各式試驗抽樣表抽取。
	下降速度試驗	依本基準壹、六、㈠之規定辦理	
分項試驗	下降速度試驗	依本基準壹、六、㈡之規定辦理	
	含水下降試驗	依本基準壹、六之規定辦理	
	強度試驗	⑴調速器⑵調速器連結部⑶緊結金屬構件⑷繩索⑸穿著用具	
	套帶拉力試驗	依本基準壹、十三之規定辦理	
	形狀及構造檢查	分解檢查	

三　個別認可試驗結果紀錄表如附表八。

四　批次之認定

個別認可中之受驗批次認定如下：

㈠受驗品按不同受驗廠商，依其調速器之調速方式（如齒輪式、油壓式）及試驗等級之區分，將同一種接受試驗之製品列爲同一批次。

㈡新產品與已受驗之型式間，如符合下列情形之一者，自第一次受驗開始即可視爲同一批次。

1.經型式變更者。

2.變更之內容在型式變更範圍內，且經過型式變更認可者。

3.受驗品相同但申請者不同者。

㈢新產品與已受驗型式之調速方式相同，惟兩者僅最大使用載重、最大使用人數、繩索材質或構造不同，分屬爲不同批次時，如經過連續10次普通試驗，且均於第一次即合格者，得列入已受試驗合格之批次。

㈣試驗結果應依批次分別塡寫在個別認可試驗結果記錄表中。

㈤申請者不得指定將某部分產品列爲同一批次。

五　缺點之分級及合格判定基準

依下列規定區分缺點及合格判定基準（AQL）。

㈠試驗中發現之缺點，其嚴重程度依「消防機具器材及設備認可作業要點」規定，區分爲致命缺點、嚴重缺點、一般缺點及輕微缺點等四級。

㈡各試驗項目之缺點內容，依肆、缺點之區分規定，非屬該判定方法所列範圍內之缺點者，依前項要點分級原則判定之。

六　批次合格之判定

批次合格與否，依抽樣表，按下列規定判定之：

㈠抽樣試驗中，各級不良品數均在合格判定個數以下時，應依參、八所示之試驗寬嚴程度爲條件更換其試驗等級，該批視爲合格。

㈡抽樣試驗中任一級之不良品數在不合格判定個數以上時，該批次視爲不合格。該不良品之缺點僅爲輕微缺點時，得進行補正試驗一次。

㈢抽樣試驗中出現致命缺點之不良品時，即使該抽樣試驗中不良品數在合格判定個數以下，該批次仍視爲不合格。

七　個別認可結果之處置

依下列規定，進行個別認可結果之後續處理：

㈠合格批次之處置：

1.當批雖經判定爲合格，但受驗樣品中如發現有不良品時，應使用預備品替換或修復之後視爲合格品。

2.即使爲非受驗之樣品，如於整批受驗製品中發現有缺點者，準依前款之規定。

3.上述1.、2.款兩種情形，如無預備品替換或無法修復調整者，應就其不良品部分之個數，判定爲不合格。

㈡補正批次之處置：

1.接受補正試驗時，應提出第一次試驗時所發現不良事項之改善說明書及不良品處理之補正試驗用廠內試驗紀錄表（如附表七之一）。

2.補正試驗之受驗數以第一次試驗之受驗數爲準。但該批製品經補正試驗合格，經依參、七、㈠、1.之處置後，其未達受驗數之部分個數，則視爲不合格。

㈢不合格批次之處置：

1.不合格批次之產品接受再試驗時，應提出第一次試驗時所發現不良事項之改善說明書及不良品處理之補正試驗用廠內試驗紀錄表。

2.接受再試驗時不得加入第一次受驗製品以外之製品。

3.個別認可不合格之批次不再受驗時，應依補正試驗用廠內試驗紀錄表之樣式，註明理由、廢棄處理及下批之改善處理等文件，向認可機構提出。

八　試驗等級之調整

㈠試驗等級以普通試驗爲標準，並依下列順序進行轉換。

1.普通試驗轉換成寬鬆試驗：適用普通試驗者，符合下列所有條件時，下一次試驗可轉換爲寬鬆試驗。

⑴最近連續十批次接受普通試驗，第一次試驗均合格者。

⑵最近連續十批次中，抽樣之不良品總數在附表六之寬鬆試驗界限數以下者。

⑶生產穩定者（每四個月內至少申請一次個別認可）。

2.寬鬆試驗轉換成普通試驗：適用寬鬆試驗者，如有下列情形之一時，下次試驗應轉換為普通試驗。

⑴任一批次於第一次試驗即不合格。

⑵受檢間隔超過六個月以上，生產呈現不穩定時。

3.普通試驗轉換成嚴格試驗：適用普通試驗者，如有下列情形之一，於下一次試驗應轉換為嚴格試驗。

⑴第一次試驗時該批次為不合格，且將該批次連同前四批次連續共五批次之不良品總數累計，如達附表五所示嚴格試驗之界限數以上者。此時該累計樣品數之比較，應依一般試驗及分項試驗之缺點分別為之。如適用普通試驗之批次數未達五批，而發生某批次於第一次試驗即不合格之情形，則對開始實施普通試驗之不良品總數與界限數值進行比較，具有致命缺點之產品，則計入嚴重缺點不良品之數量。

⑵第一次試驗時，因致命缺點而不合格者。

4.嚴格試驗轉換為最嚴格試驗：嚴格試驗轉換為最嚴格試驗，應依下列規定執行：

⑴適用嚴格試驗者，第一次試驗中不合格批次數累計達三批次時，應對申請者提出改善措施之勸導，並中止試驗。

⑵勸導後，經確認業者已有品質改善措施時，下批次之試驗以最嚴格試驗進行。

5.最嚴格試驗轉換為嚴格試驗：適用最嚴格試驗者，連續五批次之第一次試驗即合格，則下次試驗得轉換成嚴格試驗。

6.嚴格試驗轉換成普通試驗：適用嚴格試驗者，連續五批次之第一次試驗即合格，則下次試驗得轉換成普通試驗。

㈡有關補正試驗及再受驗批次之試驗分等，第一次試驗為寬鬆試驗者，以普通試驗為之；第一次試驗為普通試驗者，以嚴格試驗試驗之；第一次試驗為嚴格試驗者，以最嚴格試驗為之。再受試驗批次之試驗結果，不得計入試驗寬鬆度轉換紀錄中。

九　下一批次試驗之限制

個別認可中有關某型式之批次於下次進行之個別試驗時，應以該批次之個別認可終了，且依該個別認可之結果所為之處置完成後，始得施行下次之個別認可。

十　試驗之特例

㈠有下列情形時，得在受理個別認可申請書前，逕依預定之試驗日程施驗（但須在確認產品之個別認可申請書受理後，始判定其合格與否）。

1.第一次試驗因嚴重缺點或一般缺點不合格者。

2.不需更換全部產品或部分產品，即可容易選取、去除申請數量中之不良品或修正者。

㈡少量進口產品得免施分項試驗：

1.符合下列各項情形之進口產品，得於下一批次產品送驗時免施分項試驗：

⑴第一次試驗連續三批以上均合格，且數量累計達50個以上。

⑵經國外第三公證機構認證通過者。

2.免施分項試驗之少量進口產品，其年度累計總數應為50個以下，超過50個者，該批次即應實施個別認可之分項試驗。

3.得免施分項試驗者，如有下列情形之一時，該批樣品應即實施個別認可分項試驗。

⑴所提申請資料有變造或偽造者。

⑵經檢舉並查證產品品質有異常者。

4.申請免施分項試驗應檢附下列資料：

⑴產品進口報單。

⑵國外第三公證機構認可（證）標示。

⑶出廠測試相關證明文件。

十一　試驗設備發生故障時之處置

試驗開始後因試驗設備發生故障或其他原因致無法立即修復，經確認當日無法完成試驗時，得中止該試驗。並俟接獲試驗設備完成改善之通知後，重新排定時間，依下列規定對該批製品施行試驗。

㈠試驗之抽樣標準與第一次試驗時相同。

㈡該試驗之補正試驗，不得適用參、六、㈡但書之規定，即無法再進行補正試驗。

肆　缺點之區分

有關各項試驗所發現之不良情形，其缺點之等級及內容依下表（表三）之規定。

表三

缺點區分原則／試驗項目	致命缺點	嚴重缺點	一般缺點	輕微缺點
	對人體有危害之虞或無法達到各機具、器材及設備之基本功能者。	雖非致命缺點，惟對各機具、器材及設備之功能有產生重大障礙之虞者。	雖非致命缺點或嚴重缺點，惟對各機具、器材及設備之功能有產生障礙之虞；或機具、器材及設備等之構造與認可之型式有異；或標示錯誤，致使用上對機具、器材及設備之功能產生障礙之虞者。	非屬於前開三款之輕微障礙。
下降速度試驗、含水下降試驗、低溫及高溫試驗、反覆試驗、耐腐蝕試驗、落下衝擊試驗、掉落試驗	1.無法下降。 2.調速器、調速器連結部、穿著用具或緊結金屬構件等支解或鬆脫。 3.穿著用具的性能無法保持住使用者的身體。 4.調速器之調速機構不動作或損壞。	1.下降速度超出規定值。 2.下降試驗時，繩索之外裝剝離。 3.下降時產生顯著旋轉。 4.安全環、緊結金屬構件或是扣環產生變形。		
強度試驗	下列零組件產生支解、破損或顯著變形之現象： 1.調速器。 2.緊結金屬構件。 3.安全環、調節扣環。 4.緊結金屬構件與繩索連結部。 5.緊結金屬構件與穿著用具連結部。 6.繩索。	1.下列零組件產生變形： ⑴調速器。 ⑵緊結金屬構件。 ⑶安全環。 ⑷扣環。 2.繩索、穿著用具產生損傷。		
套帶拉力試驗	套帶產生斷裂或顯著變形。			

試驗項目		致命缺點	嚴重缺點	一般缺點	輕微缺點
形狀	外觀及標示	1.緩降機缺少調速器、調速器連結部、繩索及穿著用具等構件。 2.固定式緩降機無法確實固定在建築物上。 3.移動式緩降機之安全環無法確實輕易地安裝在支固器具上。 4.未具備防止砂粒或其他異物輕易侵入而導致功能異常之構造。 5.繩索有下列情形時： (1)繩索芯線未施予外裝。 (2)全繩非均一構造。 (3)芯線直徑未達0.3cm以上。 6.穿著用具有下列情況： (1)穿著用具套穿時無法自動固定於使用人之身體定位。 (2)穿著困難。 (3)使用者穿著時有脫落或鬆脫之現象。 (4)下降時對使用者之視線或其動作產生障礙。 (5)有傷害使用者之虞。 (6)未達標示之最大使用者人數。 (7)未以不脫開方式連結。 7.緊結金屬構件發生下列情形： (1)緊結金屬構件與繩索或穿著用具間未以不脫開之方式連結。 (2)有傷害使用者之虞。 8.沒有安全環。 9.下列零組件產生龜裂顯著損傷或無熔接處理：調速器、穿著用具、緊接金屬零件、安全環。 10.安全環之零件無法正常動作。	1.下列零件之構造或材質不合規格：調速器、穿著用具、繩索、緊結金屬構件、安全環。 2.移動式緩降機調速器之重量超出規定值。 3.下列零組件之加工處理不完整，部分未能防止鬆脫。 (1)緊結金屬固定式緩降構件的插銷、鉚釘、螺栓等。 (2)緊結金屬構件與繩索之連接部。 (3)調速器。 (4)緊結金屬構件與穿著用具的連接部。	1.下列零件之構造或材質與型式認可品不同：調速器、調速器連結部、穿著用具、繩索、緊結金屬構件。 2.調速器連結部之部分零件無法復歸。 3.繩索外裝有鐵鏽（因繩芯產生之鐵鏽）。 4.繩索長度有下列情況： (1)實際長度比標示長度短。 (2)實際長度比標示長度超過50公分。 5.未標示下列事項或標示有誤：繩索長度、最大使用人數、最大使用載重、使用上應注意事項。	1.致命缺點以外的零件缺乏。 2.金屬表面粗糙有致產生功能障礙之虞。 3.繩索實際長度比標示長度超過30公分，但未滿50公分。 4.未標示下列事項或標示有誤：型式、型式號碼、製造廠名稱或商標、製造年月、製造批號。
構造	分解	1.穿著用具之套帶部分產生連續性綻開。 2.零組件有龜裂、缺損、顯著變形或熔接點未熔接。	零件裝置部分缺少必要之阻滑或防止脫落之加工處理。	1.調速器之構造或材料與認可內容不符。 2.調速器的墊圈數量不足。 3.繩索之導輪無法迴轉。	零組件之尺寸超出型式認可之公差。

伍　主要試驗設備

表四

試驗儀器名稱	用　　途	規　　格	數量
測量尺寸之儀器（游標卡尺、直尺、捲尺等）	測量零組件之尺寸	游標卡尺：精密度0.1mm、測量範圍0～150mm；直尺：精密度1mm、測量範圍150以上；捲尺：精密度5mm、測量範圍0～20m	1組
碼錶（計時器）	測量時間用	1分計，附計算功能，精密度1/5秒	1個以上
放大鏡	觀測零組件用	倍率約5	1個
計算機	計算數據資料用	8位數以上	1個
強度試驗裝置	實施繩索、穿著用具、調速器、緊結金屬構件等拉力強度之試驗	承受之最大拉力需在設計之最大使用荷重量÷最大使用人數×6.5之值以上，並可持續5min以上	1組
下降試驗裝置	實施下降速度試驗	下降有效高度15m以上之場所	1組
鹽水噴霧試驗裝置	耐腐蝕試驗使用	依據CNS8886規定	1組
恆溫設備	低溫試驗及高溫試驗用	可將溫度控制在－20℃(±2℃）低溫及＋50℃(±2℃）高溫之裝置	1組
法碼	下降速度試驗增加載重用	法碼質量應配合壹、技術規範及試驗方法需求，並應符合度量衡器施檢規範要求之公差	1組

自衛消防編組應變能力驗證要點

①民國107年10月26日內政部令訂定發布全文12點；並自即日生效。
②民國109年1月31日內政部令修正發布第2、6～10、12點；並自即日生效。

一　爲落實消防法第十三條及其施行細則第十五條有關消防防護計畫中自衛消防編組之功能，提供各消防機關對管理權人之自衛消防編組應變能力驗證機制，確保自衛消防編組應變能力，以因應火災危害，強化各類場所整體安全性，特訂定本要點。

二　本要點適用對象如下：

㈠收容避難弱者場所：供各類場所消防安全設備設置標準第十二條第一款第六目使用且依消防法第十三條爲應實施防火管理之場所。大型機構指場所樓地板面積合計在三百平方公尺以上者，小型機構指設立場所之建築物樓地板面積合計未達三百平方公尺者。

㈡高層複合用途建築物：地面樓層達十六層或高度達五十公尺以上之複合用途建築物。

㈢大型空間：樓地板面積合計在三千平方公尺以上，供各類場所消防安全設備設置標準第十二條第一款第四目使用且依消防法第十三條爲應實施防火管理之場所。

㈣旅館：樓地板面積合計在三千平方公尺以上，供各類場所消防安全設備設置標準第十二條第一款第三目使用且依消防法第十三條爲應實施防火管理之場所。

三　驗證作業期程如下：

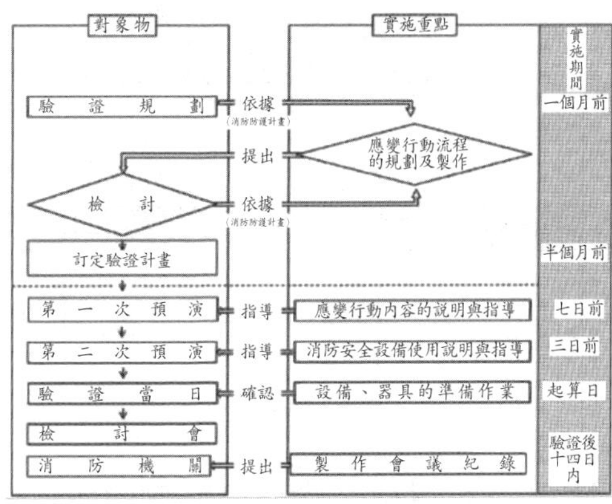

四　情境構想：管理權人檢視場所內可能發生火災的原因、地點、時間、何時應變人力最少等因素後，以應變人力最少的夜間狀況作爲驗證情境。

五　參與驗證人員：如於白天模擬夜間狀況進行驗證時，參與自衛消防編組驗證人員應爲夜間值班人員。

六　起火場所設定：依下列原則設定起火層，並依風險情境設定起火處所：

㈠高層複合用途建築物：確認起火場所所需時間較長之樓層。

㈡大型空間：確認起火場所所需時間較長之樓層。

㈢收容避難弱者場所：

1.大型機構：自力避難困難人數及避難困難度最高之樓層。

2.小型機構：疏散避難最需花費時間的居室。

㈣旅館：

1.三層樓或四層樓以下之建築物，起火層應設於三樓；樓高五層樓至十層樓間之建築物，起火層應設於（n-2）樓；樓高十一至二十層間之建築物，起火層應設於（n-3）樓；樓高二十一層樓以上者，起火層應設於（n-4）樓<上述「n」代表該建築物之最高樓層。

2.位於三樓以上之樓層的居室中，選擇距離起火現場確認者待命場所最遠處所（模擬起火層）之任一火警探測器，使其觸動火警自動警報設備。

3.如該建築物有數棟建築物，應使具有最大客房數之該棟建築物（模擬起火層）之探測器動作。

4.如依消防法第六條設置住宅用火災警報器之場所，應以疏散避難困難度最高之樓層。

七　驗證範圍如下：

㈠高層複合用途建築物：起火樓層設有特別安全梯，或者扣除垂直區劃後，有超過二個之防火區劃時，由該起火層及其上下樓層進行演練暨驗證，其他情形則為全館。

㈡大型空間：全棟建築物均為商場或市場等用途時，全棟均應進行，如為複合用途建築物，則以百貨公司、超級市場等用途之場所為範圍（可參考下圖填滿部分）。

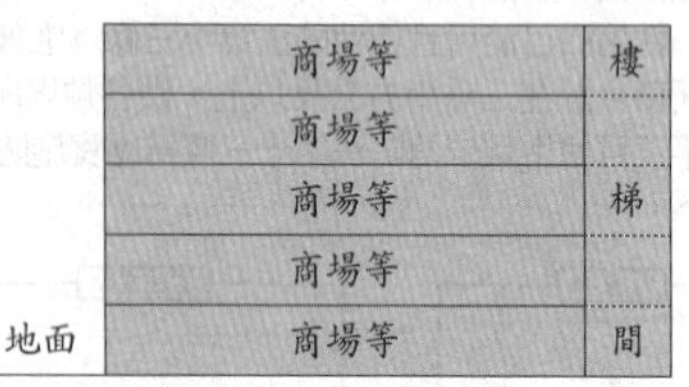

百貨公司等用途之建築物

複合用途建築物

㈢收容避難弱者場所：

1.大型機構：自力避難困難人數及避難困難度最高的起火區劃、鄰接區劃、垂直鄰接區劃。

2.小型機構：符合收容避難弱者用途之場所全部。

㈣旅館：

1.設有自動撒水設備且有特別安全梯或垂直區劃：起火層及其直上層。

2.未設自動撒水設備，但有特別安全梯或垂直區劃：起火層及起火層以上之樓層（疏散同時要高喊失火了提醒發生火災，但有音聲引導裝置時可免）。

3.無特別安全梯且未有垂直區劃：起火層及起火層以上之樓層（疏散同時要高喊失火了提醒發生火災，並應避難引導至避難層）。

八　驗證事項：從火災發生後，自衛消防編組成員應視實際火災情境，依任務分工執行下列應變行動，場所管理權人應視其場所特性調整應變行動順序以符合場所需求與設定之情境構想，並依設定之應變行動順序執行驗證（其執行重點詳如附錄一）。

㈠確認火災訊號：藉由火警自動警報設備之受信總機或住宅用火災警報器，確認起火位置或區域。

㈡確認現場：到起火處確認現場狀況。

㈢火災通報：確認為火災後，現場確認人員應立即向自衛消防編組成員、消防機關及場所人員等相關人員，通報火災訊息及避難訊息。

㈣初期滅火：使用滅火器及室內消防栓（有設置時），進行火災初期滅火。

㈤避難引導：引導場所人員等進行避難疏散方式如下。

1.高層複合用途建築物、大型空間、收容避難弱者（大型機構）：先將起火區劃內人員水平疏散至鄰接區劃後，再將鄰接區劃內人員疏散至另一防火區劃，次將垂直鄰接區劃內人員往逃生路徑上之防火區劃疏散。但從起火區劃疏散至符合建築技術規則建築設計施工編第九十九條之一之水平區劃空間得視為已完成。

2.收容避難弱者（小型機構）：考量小型機構整體規模較小，原則以避難疏散至建築物外為原則，惟若其防火區劃符合前述起火區劃及鄰接區劃之場所，得適用大型機構之避難疏散方式。

3.旅館：先將起火層內人員疏散，次將非起火層內之人員疏散。

4.第一目及第二目收容避難弱者場所起火區劃無防火區劃時，應疏散至建築物外。但符合下列規定者，得疏散至等待救援空間，其演練驗證應符合附錄一之一收容避難弱者場所等待救援空間之水平避難演練規定：

⑴主要建築構造為不燃材料（含防火構造）。

⑵設有自動撒水設備（含水道連結型自動撒水設備或其他同等以上效能之自動滅火設備）。

⑶設有火警自動警報設備及一一九火災通報裝置。

⑷三樓以上之樓層或地下層未收容避難弱者。

5.大型空間之避難引導應依附錄一之二大型空間避難所要時間計算方法，核算大型空間避難所要時間，提供驗證避難引導時，要求在所要時間經過後，確實執行有無逃生不及及形成區劃之確認。

㈥形成區劃：關閉防火門，形成起火區劃、鄰接區劃、垂直鄰接區劃等防火區劃。

1.高層複合用途建築物、大型空間、收容避難弱者場所：關閉防火門，形成起火區劃、鄰接區劃及垂直鄰接區劃等防火區劃。

2.旅館：關閉起火層、非起火層與安全梯相連接之防火門。

㈦向消防機關提供訊息：應向消防機關提供訊息，使消防救災活動能更有效率地進行。

九　各類場所界限時間的預估：

㈠高層複合用途建築物：

1.起火區劃：

條　　件		設有自動撒水設備(註1)	未設自動撒水設備
基準時間（Tf1）	符合內部裝修限制之情形(註2)	9分鐘	6分鐘
	不符內部裝修限制之情形		3分鐘
延長時間（Tf2）	在初期滅火中使用室內消防栓設備		1分鐘
起火區劃之界限時間Tf＝Tf1＋Tf2			

註1：「設有自動撒水設備」，包括各類場所消防安全設備設置標準規定得免設撒水頭之處所。

註2：「符合內部裝修限制之情形」，判定要點為場所提具室內裝修合格證明或建築物公共安全檢查申報符合規定。

2.鄰接區劃：

條　　件		設有自動撒水設備	未設自動撒水設備
基準時間（Tn1）		Tf（9分鐘）＋3分鐘	Tf（3～7分鐘）＋2分鐘
延長時間（Tn2）	防火區劃符合建築技術規則之規定（註3）	1分鐘	1分鐘
鄰接區劃之界限時間Tn＝Tn1＋Tn2			
註3：可參考建築技術規則建築設計施工編第三章第四節防火區劃之規定。			

3.垂直鄰接區劃：

條件	設有自動撒水設備	未設自動撒水設備
基準時間（Tu）	Tf（9分鐘）＋8分鐘	Tf（3～7分鐘）＋6分鐘
垂直鄰接區劃之界限時間Tu		

㈡大型空間：

1.起火區劃：

條　　件		設有自動撒水設備（註1）	未設自動撒水設備
基準時間（Tf1）	符合內部裝修限制之情形（註2）	9分鐘	6分鐘
	不符內部裝修限制之情形		3分鐘
延長時間（Tf2）	在初期滅火中使用室內消防栓設備		1分鐘
起火區劃之界限時間Tf＝Tf1＋Tf2 註1：「設有自動撒水設備」，包括各類場所消防安全設備設置標準規定得免設撒水頭之處所。 註2：「符合內部裝修限制之情形」，判定要點為場所提具室內裝修合格證明或建築物公共安全檢查申報符合規定。			

2.鄰接區劃：

條　　件		設有自動撒水設備	未設自動撒水設備
基準時間（Tn1）		Tf（9分鐘）＋3分鐘	Tf（3～7分鐘）＋2分鐘
延長時間（Tn2）	防火區劃符合建築技術規則之規定（註3）	1分鐘	1分鐘

<table>
<tr><td>鄰接區劃之界限時間Tn＝Tn1＋Tn2</td></tr>
<tr><td>註3：可參考建築技術規則建築設計施工編第三章第四節防火區劃之規定。</td></tr>
</table>

3.垂直鄰接區劃：

<table>
<tr><th>條　　件</th><th>設有自動撒水設備</th><th>未設自動撒水設備</th></tr>
<tr><td>基準時間（Tu）</td><td>Tf（9分鐘）＋8分鐘</td><td>Tf（3～7分鐘）＋6分鐘</td></tr>
<tr><td colspan="3">垂直鄰接區劃之界限時間Tu</td></tr>
</table>

㈢收容避難弱者場所：

◆大型機構（樓地板面積合計三百平方公尺以上者）

1.起火區劃：

<table>
<tr><th colspan="4">條　　　　件</th><th>設有自動撒水設備（註5）</th><th>未設自動撒水設備</th></tr>
<tr><td rowspan="2">基準時間（Tf1）</td><td colspan="3">符合內部裝修限制之場所</td><td rowspan="2">9分鐘</td><td>5分鐘</td></tr>
<tr><td colspan="3">不符內部裝修限制之場所</td><td>2分鐘</td></tr>
<tr><td rowspan="6">延長時間</td><td rowspan="4">(1)確保區劃（Tf2）</td><td rowspan="2">形成各居室不燃化區劃（註1）</td><td>就寢室能藉由有效之陽台避難之情形（註3）</td><td>6分鐘</td><td>4分鐘</td></tr>
<tr><td>上述以外之情形</td><td>3分鐘</td><td>2分鐘</td></tr>
<tr><td rowspan="2">形成各居室門戶區劃（註2）</td><td>就寢室能藉由有效之陽台避難之情形</td><td>4分鐘</td><td>2分鐘</td></tr>
<tr><td>上述以外之情形</td><td>2分鐘</td><td>1分鐘</td></tr>
<tr><td>(2)寢具類防焰化（Tf3）（註4）</td><td colspan="2">寢具類使用防焰製品之情形</td><td>—</td><td>1分鐘</td></tr>
<tr><td>(3)初期滅火（Tf4）</td><td colspan="2">在初期滅火使用室內消防栓之情形</td><td>—</td><td>1分鐘</td></tr>
<tr><td colspan="6">起火區劃之界限時間Tf＝Tf1＋Tf2＋Tf3＋Tf4</td></tr>
<tr><td colspan="6">註：
1.不燃化區劃：指牆壁、天花板及門窗等使用耐燃材料，而可形成區劃之情形。另有關耐燃材質之定義，可參見建築技術規則「設計施工編」第一章之相關內容。
2.各居室門戶區劃或其他區劃：指牆壁、天花板及門窗等使用紙類等易燃材質以外，而可形成區劃之情形。
3.就寢室能藉由有效之陽台避難之情形，係指起火區劃內人員可藉由陽台通往鄰接區劃 或相對安全區劃。
4.寢具等為防焰製品之延長時間，如非屬上述「符合內部裝修限制」之場所，不可加計其延長時間。而「寢具等為防焰製品之延長時間」及「使用室內消防栓進行初期滅火」之延長時間，可分別加計。另上述寢具等為防焰製品，係指供該住房使用之枕頭、棉被、床墊、床罩、被套及枕頭套等寢具類均具有防焰性能之情形。
5.「設有自動撒水備」，包括依各類場所消防安全設備設置標準第十七條第三項設置水道連結型自動撒水設備或現行法令同等以上效能之滅火設備或採用中央主管機關公告之措施者。</td></tr>
</table>

2.鄰接區劃：

條　　　　件	設有自動撒水設備（註5）	未設自動撒水設備
基準時間（Tn1）	Tf（9～12分鐘）＋4分鐘	Tf（2～9分鐘）＋3分鐘
延長時間（形成區劃）（Tn2）：各居室與各該層防火構造之樓地板形成區劃分隔，使其就寢室能藉由有效之陽台避難之情形（註6）	4分鐘	3分鐘
鄰接區劃之界限時間Tn＝Tn1＋Tn2 本項鄰接區劃中的Tf即使在起火區劃就寢室能藉由有效之陽台避難，亦僅能當成上述以外之情形去計算，如起火區劃為（9＋6＝15）時，在本項鄰接區劃中的Tf則以（9＋3＝12）帶入；如起火區劃為（9＋4＝13）時，在本項鄰接區劃中的Tf則以（9＋2＝11）帶入，未設自動撒水設備計算亦同。 註6：就寢室能藉由有效之陽台避難之情形，係指鄰接區劃內人員可藉由陽台通往相對安全區劃。		

3.垂直鄰接區劃：

條　　　　件	設有自動撒水設備（註5）	未設自動撒水設備
基準時間（Tu1）		Tf（2～9分鐘）＋8分鐘
延長時間（形成區劃）（Tu2）：各居室與各該層防火構造之樓地板形成區劃分隔，使其就寢室能藉由有效之陽台避難之情形（註7）		3分鐘
垂直鄰接區劃之界限時間Tu＝Tu1＋Tu2 本項垂直鄰接區劃中的Tf即使在起火區劃就寢室能藉由有效之陽台避難之情形，亦把它當成上述以外之情形去計算，如起火區劃為（5＋4＋1＋1＝11）時，在本項垂直鄰接區劃中的Tf則以（5＋2＋1＋1＝9）帶入。 註7：就寢室能藉由有效之陽台避難之情形，係指垂直鄰接區劃內人員可藉由陽台通往相對安全區劃。		

◆小型機構（建築物樓地板面積合計未達三百平方公尺，且適用疏散避難至建築物外者）

條			件	設有自動撒水設備（註4）	未設自動撒水設備
起火居室情形	基準時間（Tf1）	內部裝修	符合內部裝修限制	9分鐘	5分鐘
			不符內部裝修限制		2分鐘
	延長時間	寢具類使用防焰製品		—	1分鐘
		在初期滅火使用室內消防栓之情形		—	1分鐘

建築物全體狀況	延長時間（Tf2）	從起火居室所形成之區劃種類	防火區劃	4分鐘	3分鐘
			不燃化區劃	3分鐘	2分鐘
			其他區劃	2分鐘	1分鐘
		樓地板面積×（天花板高度－1.8米）≧200立方公尺		2分鐘	1分鐘

界限時間Tf＝Tf1＋Tf2

註：

1. 防火區劃：起火居室的牆面（樓地板高度1.2米以下的部分除外）及天花板面向室內部分之裝潢情形，符合建築技術規則「設計施工編」第三章第四節之相關內容。
2. 不燃化區劃：指起火居室的牆面、天花板及門窗等使用耐燃材料，而可形成區劃之情形。另有關耐燃材質之定義，可參見建築技術規則「設計施工編」第一章之相關內容。
3. 各居室門戶區劃或其他區劃：指起火居室的牆面、天花板及門窗等使用紙類等易燃材質以外，而可形成區劃之情形。
4. 「設有自動撒水設備」，包括依各類場所消防安全設備設置標準第十七條第三項設置水道連結型自動撒水設備或現行法令同等以上效能之滅火設備或採用中央主管機關公告之措施者。

㈣旅館等場所：

1. 起火層界限時間（Tf）：

條件				時間
裝設有自動撒水設備設置樓層				9分鐘
上述以外樓層	起火層之基準時間（Tf1）	符合內部裝修限制，且客房與走廊未有氣窗等開口部之場所	6分鐘	Tf＝（Tf1＋Tf2）
		符合內部裝修限制，但客房與走廊間裝設拉門，未能具有防煙功能而視為同一空間之場所	5分鐘	
		不符內部裝修限制	3分鐘	
	起火層之延長時間（Tf2）（註）	寢具等為防焰製品	1分鐘	
		使用室內消防栓進行初期滅火	1分鐘	

註：寢具等為防焰製品之延長時間，如非屬上述「符合內部裝修限制」之場所，不可加計其延長時間。而「寢具等為防焰製品之延長時間」及「使用室內消防栓進行初期滅火」之延長時間，可分別加計。另上述寢具等為防焰製品，係指供該客房旅客使用之枕頭、棉被、床墊、床罩、被套及枕頭套等寢具類均具有防焰性能之情形。

2. 非起火層界限時間（Tn）：

非起火層之界限時間（Tn）＝非起火層之基準時間（Tn1）＋非起火層延長時間（Tn2）		
非起火層之基準時間（Tn1）	使用起火層之界限時間（Tf）	
非起火層延長時間（Tn2）	存在垂直區劃之場所	3分鐘

十　自衛消防編組應變能力的驗證方法：從火警自動警報設備動作開始，實測各區劃應變事項完成所需之時間（不包含向消防機關提供訊息應變行動的時間），必須在各自的預估界限時間內完成，如場所僅設置住宅用火災警報器，其驗證方法為各區劃應變事

項是否完成，免核算界限時間，相關規定如下：

㈠高層複合用途建築物、大型空間、收容避難弱者（適用大型機構避難疏散方式者）：

1.實測起火區劃之應變事項完成所需之時間（Rtf），應小於起火區劃之界限時間（Tf）。

2.實測鄰接區劃之應變事項完成所需之時間（Rtn），應小於鄰接區劃之界限時間（Tn）。

3.實測垂直鄰接區劃之應變事項完成所需之時間（Rtu），應小於垂直鄰接區劃之界限時間（Tu）。

㈡收容避難弱者（小型機構避難疏散至建築物外者）：實測應變事項完成所需之時間（Rtf），應小於界限時間（Tf）。

㈢旅館：

1.實測起火層之應變事項完成所需之時間（Rtf），應小於起火層之界限時間（Tf）。

2.實測非起火層之應變事項完成所需之時間（Rtn），應小於非起火層之界限時間（Tn）。

十一　各類場所管理權人依下列三階段進行驗證，各步驟得視需求予以彈性調整（各階段執行步驟詳如附錄二）：

㈠第一階段：規劃階段

1.規劃預演及驗證日期。

2.找出各種可能發生火災的情境、最危險情境及人力最少情況。

3.設定模擬起火樓層及驗證範圍。

4.預估界限時間。

5.規劃自衛消防編組驗證情境及人員（含近鄰協助人力）。

6.規劃火災發生時各項應變行動內容。

7.將各項應變行動內容轉換成應變行動流程圖。

㈡第二階段：研商階段

1.參演人員研商各應變行動內容之可行性及合理性（自衛消防編組人員應全數參加）。

2.參演人員現場勘查應變行動路線及相關設備與設施（自衛消防編組人員應全數參加）。

㈢第三階段：驗證階段

1.預演。

2.正式驗證。

3.驗證後召開檢討會，並依現場實測界限時間判定回歸業者自主管理驗證事宜或應依強化事項改善後再次驗證。

十二　注意事項

㈠近鄰人力定義如下：

1.近鄰人力需能於場所發生火災，並經通知後從住居能於二分鐘內抵達火災現場。

2.近鄰人力之住居須有與場所火警自動警報設備連動之裝置。

3.近鄰人力須曾參與場所自衛消防編組驗證並有佐證資料。

㈡為模擬夜間人員處於應變能力較差的情境，請演練發現火災信息的人員及各相關應變人員（不論有無就寢）應靜待警報聲響後十五秒後（此十五秒納入應變行動時間計算中），始能開始應變行動。

㈢初期滅火行動操作滅火器開始滅火後應持續該姿勢十五秒，室內消防栓要三十秒。

㈣收容避難弱者如遇收容人員因身體因素無法參與驗證時，得免參與驗證，並依附錄三推算所有人員參演時的驗證時間。

㈤自衛消防編組應變能力驗證驗證計畫應包含自衛消防編組驗證情境、人員清冊、應變行動流程圖及各應變行動內容。

㈥同一人得兼任不同任務時，除所兼任之任務外，仍應完成原應變事項。

㈦進行驗證時，應符合自身場所特性、營業形態及員工人數等，規劃驗證流程，自衛消防編組人員待命位置應符合夜間工作位置及狀態，並以人命救援為優先，於界限時間內完成所有收容人員之避難引導行動。

㈧驗證結束後，應召開檢討會，檢討內容包括各應變行動內容優劣得失、以實測界限時間驗證場所自衛消防編組應變行動能力及未來策進作為。

㈨驗證結束後發現原訂自衛消防編組應變能力驗證計畫及自衛消防編組與實際運作不符時，防火管理人應提報變更消防防護計畫。

㈩管理權人依本要點辦理自衛消防編組應變能力驗證，得視同辦理每半年之滅火、通報及避難等自衛消防編組訓練一次。

⑾各直轄市、縣（市）消防局推動期程，除中央或地方消防機關指定之場所應列為優先辦理外，餘採下列三階段進行：

1.第一階段：一百零七年十二月三十一日前，各直轄市、縣（市）消防局所屬大隊，依本要點於轄內老人福利機構（長期照顧機構、安養機構）、護理之家、身心障礙福利機構或榮譽國民之家至少擇一家進行自衛消防編組應變能力驗證示範驗證。

2.第二階段：一百十年十二月三十一日前，各直轄市、縣（市）消防局，指導所轄收容避難弱者場所之管理權人完成自衛消防編組應變能力驗證，並於全數驗證完畢後各消防機關依下列原則持續辦理。

(1)實測界限時間在預估值以內之場所，後續如有增建、改建或變更用途時，管理權人應自行辦理並將結果提報消防機關備查，消防機關得視情形派員前往指導。

(2)超過預估界限時間及拒絕驗證之場所，消防機關應列冊備查，並得視場所配合程度函請目的事業主管機關協助督導，俟該場所管理權人依強化火災預防改善事項完成後，再前往指導場所辦理自衛消防編組應變能力驗證。

3.第三階段：一百十三年十二月三十一日前，各直轄市、縣（市）消防局，指導所轄高層複合用途建築物、大型空間、旅館，依本要點辦理自衛消防編組應變能力驗證完畢，並於全數執行完畢後依下列原則持續指導。

(1)實測界限時間在預估值以內之場所，後續如有增建、改建或變更用途時，管理權人應自行辦理並將結果提報消防機關備查，消防機關得視情形派員前往指導。

(2)超過預估界限時間及拒絕驗證之場所，消防機關應列冊備查，並得視場所配合程度函請目的事業主管機關協助督導，俟該場所管理權人依強化火災預防改善事項完成後，再前往指導場所辦理自衛消防編組應變能力驗證。

⑿管理權人得委由中央消防機關認可之指導機構辦理自衛消防編組應變能力驗證相關事宜。

自衛消防編組應變能力指導機構認可及管理須知

民國107年10月18日內政部令訂定發布全文12點；並自即日生效。

一　為落實消防法第十三條及其施行細則第十五條有關消防防護計畫中自衛消防編組之功能，建立自衛消防編組應變能力指導機構認可及管理機制，協助提升自衛消防編組應變成效，特訂定本須知。

二　本須知所稱指導機構，指接受場所管理權人之委託，指導自衛消防編組提升應變能力之機構。

三　指導機構應為法人且具備下列規定之人員及設備：

㈠指導員合計八人以上（任務分工如附表一）。

㈡具有執行自衛消防編組提升應變能力之必要設備及器具【十件指導員背心、十頂指導員防護安全帽、十個指導員用碼錶、十個A4寫字板（含原子筆）】。

四　指導員應具備下列資格：

㈠經中央消防機關認可之防火管理人訓練機構講習訓練合格領有證書或大專院校消防相關科（系、所）畢（結）業。

㈡經消防機關或其許可之專業機構施予四小時以上之訓練，並領有合格證書（講習科目如附表二，訓練單位應檢附相關訓練資料，報請轄區消防機關核備後，始發予訓練合格證書如附表三）。

㈢每三年應重新接受訓練一次。

五　指導機構應檢附下列文件，向本署申請認可：

㈠申請表（如附表四）。

㈡證明文件：法人登記證書影本、核准設立文件影本、章程。

㈢指導員符合前點資格之相關證明文件。

㈣協助提升自衛消防編組應變能力之必要設備、器具清冊及照片。

六　指導機構認可有效期限為三年；申請展延者，應於有效期限屆滿前二個月內至一個月前，檢附前點所定資料及前次認可文件影本向本署申請展延，每次展延有效期間為三年。

指導機構變更機構名稱、負責人或機構所在地時，應自變更事實發生之日起三十日內，檢附申請表（如附表二）及變更事項證明文件，向本署申請變更。

指導機構聘用或解聘指導員，應於事實發生之日起十五日內，檢附下列文件報請本署備查：

㈠聘用：指導機構核可函、原核可指導員清冊、新聘指導員資格證書及四小時以上講習證明、聘用後指導員清冊。

㈡解聘：指導機構核可函、原核可指導員清冊、解聘後指導員清冊。

七　指導機構應依下列規定執行業務：

㈠不得有違反法令之行為。

㈡不得以不正當方法招攬業務。

㈢不得無故洩漏因業務而知悉之秘密。

㈣指派指導員親自執行職務，並據實填寫相關報告。

㈤指派指導員指導、檢視自衛消防編組人員應變行動及量測臨界時間，並於演練結束後參與檢討會。

八　指導機構應備置自衛消防編組應變能力指導場所清冊及相關執行報告書面文件或電子檔，並至少保存五年，本署或轄區消防機關得不定時前往抽查。

前項電子檔應以PDF或縮影檔案格式製作，且不得以任何方式修改。

九　指導機構應指定專責承辦人員辦理下列事項：

㈠指導自衛消防編組提升應變能力相關連絡事宜。

㈡辦理指導員簽到紀錄及點名等相關事項。

㈢查核指導員執勤情形，指導員臨時無法執勤時，應通知替補人員。

㈣指導員意見反應。

㈤突發事件之處理。

十　指導機構指導自衛消防編組提升應變能力收取之費用，除用於指導員交通費、誤餐費及其他必要支出外，應供消防安全教育訓練用，經費收支詳列帳冊備查。

十一　本署或轄區消防機關，得於指導機構指導演練期間派員查核指導情形。

十二　指導機構有下列情形之一者，本署得廢止其認可，自廢止之日起三年內，不得提出認可申請：

㈠違反本須知第七點至第十點規定。

㈡拒絕、規避或妨礙本署或轄區消防機關派員查核指導情形。

㈢聘用不符規定之指導員。

㈣正式演練時所指導應變行動人員無法依應變行動內容完成各應變事項。

㈤指導機構所聘指導員有下列情形之一者：

1.經排定無故未到。

2.未依本署函頒相關規定指導演練。

3.現場不聽從消防機關人員指示。

4.未依任務分配指導應變行動人員。

5.私下向場所索取費用。

防災監控系統綜合操作裝置認定基準

民國108年12月16日內政部令訂定發布全文5點；並自即日生效。

壹　技術規範及試驗方法

一　適用範圍

防災監控系統綜合操作裝置（以下簡稱綜合操作裝置），其構造、材質及性能等技術規範及試驗方法，應符合本基準之規定。

二　用語定義

㈠消防設備，係指依各類場所消防安全設備設置標準第二百三十八條規定，綜合操作裝置須連接之消防安全設備種類，例示如下：

1.火警自動警報設備之受信總機。

2.瓦斯漏氣火警自動警報設備之受信總機。

3.緊急廣播設備之擴大機及操作裝置。

4.連接送水管之加壓送水裝置及與其送水口處之通話連絡。

5.緊急發電機。

6.常開式防火門之偵煙型探測器。

7.室內消防栓、自動撒水、泡沫及水霧等滅火設備加壓送水裝置。

8.乾粉、惰性氣體及鹵化烴等滅火設備。

9.排煙設備。

10.其他。

㈡防火避難設施，係指防火區劃、緊急用昇降機及相關設施設備。

㈢一般設備，係指電力設備、給排水設備及其他大樓管理設備。

㈣綜合操作裝置爲可供監控或操作消防設備，經系統整合之裝置。

三　構造、材質及性能

綜合操作裝置之構造、材質及性能，應符合下列規定【藉由附表1-1（構造、材質及性能）規格・性能之設計檢核表及裝置構成圖進行確認】。

㈠綜合操作裝置係由表示部、操作部、控制部、警報部、記錄部及附屬設備所構成，對應所防護場所之規模、使用形態、火災時人命安全之確保、防火管理體制及滅火活動之情況，應具有無礙整合運用之性能。

㈡應具耐久性及結構穩定性。

㈢周圍溫度0℃至40℃（限24小時平均溫度不超過35℃），於任何使用狀態中，電源電壓在額定電壓90%以上110%以下範圍變動時，應保持性能正常，不得發生異狀。

㈣結構體之外箱應使用不燃性或耐燃性材料。

㈤接點、接線部及其他因腐蝕而可能產生性能異常部分，應具防蝕性能或措施。

㈥配線應具足夠電流容量且正確接線。

㈦容易從外部觸及之受電部及充電部，應予安全防護，且和金屬製外箱之間應予絕緣保護。

㈧應具預備電源或緊急電源，且預備電源或緊急電源能在主電源中斷時自動切換，不得影響其系統性能。預備電源或緊急電源之容量，應能使其監控或操作各項消防設備並在消防搶救必要時間，有效動作2小時以上。

㈨緊急時所須顯示之表示部及操作部之控制，應為可方便操作處理之措施。
㈩表示部之表示圖號應簡單明瞭。
(十一)表示部應設置於容易看見之位置，在接受來自消防設備之訊號時，能快速表示所對應之表示符號。
(十二)操作部應設置於容易操作之位置，並有防止誤操作之措施。
(十三)保養檢查所使用之表示部及操作部，應能明確表示其內容項目，並有防止誤認及誤操作之措施。
(十四)瓦斯緊急遮斷設備之控制回路接線端子，應設有防止危險誤用之保護蓋。
(十五)電源部應具備能連續使用之最大負載容量。
(十六)電源發生異常時，不得使內部執行程式產生異常。
(十七)應具足夠對應輸入訊號及控制內容之處理能力。
(十八)應具耐震防護，防止裝置移動、傾倒或訊號線被切斷之措施。
(十九)綜合操作裝置對其連接之消防設備、防火避難設施等，應採用Modbus、TCP/IP、RS485或RS232、CAN bus等國際通用通訊協定來傳訊。

四　維護管理性能試驗

綜合操作裝置之維護管理性能，應符合下列規定【藉由附表1-2（維護管理性能）規格・性能之設計檢核表及確認用軟體進行確認】。
㈠接收訊號之表示及記錄性能之檢查，應能容易進行。
㈡綜合操作裝置之構件，應有檢查及維修時容易更換之措施。
㈢對主要構成設備，應有監視其電源異常之性能。

五　防火避難設施或一般設備兼用試驗

綜合操作裝置與防火避難設施或一般設備兼用者，應符合下列規定【藉由附表1-3（與防火避難設施或一般設備兼用）規格・性能之設計檢核表、確認用軟體及記錄性能之紀錄進行確認】。
㈠防火避難設施或一般設備之檢查、維修或產生電源中斷時，應有不影響消防設備相關監視、控制及操作之保護措施。
㈡液晶顯示器等兼用表示性能及操作性能者，緊急時應優先處理消防設備相關動作。
㈢消防設備及防火避難設施相關紀錄，應和一般設備之紀錄有所區分。
㈣消防設備及防火避難設施優先性能，在消防設備、防火避難設施等復歸前，應持續執行。

六　表示性能試驗

綜合操作裝置之表示性能試驗，應符合下列規定【藉由附表1-4（表示性能試驗）規格・性能之設計檢核表、確認用軟體及顯示器表示進行確認】。
㈠表示，得採螢幕表示、圖形表示、液晶顯示器（LCD）表示（統稱顯示器表示）等簡單明瞭方法。
㈡消防設備及防火避難設施圖例（symbol）及燈號，依附表2所示。
㈢表示，應具能掌握消防設備及防火避難設施設置狀況以及所防護場所整體狀況之性能。
㈣火災發生及擴大狀況，須能以建築物平面圖、斷面圖等，依序表示警戒區域、放射區域、防護區域等，使易於確認平面上之擴展、上下層擴展方向及防火區劃狀況，至其他表示得為整體表示或個別表示。
㈤設有無法自動復歸之按鈕者，應具有該按鈕未定位之表示措施。
㈥如有和火警自動警報設備連動之消防設備或防火避難設施，應能表示其連動狀態或連動停止狀態。
㈦具備表示日期時間之性能，並能容易確認及調整日期。

㈧應能表示綜合操作裝置之電源供給狀況。

㈨各消防設備之表示項目，依附表3所示。警戒區域、放射區域、防護區域等有重疊情形時，須能優先表示火警自動警報設備相關警戒區域圖，其他區域圖得簡略表示。

七　警報性能試驗

綜合操作裝置之警報性能，應符合下列規定【藉由附表1-5（警報性能試驗）規格・性能之設計檢核表、確認用軟體及顯示器表示進行確認】。

㈠警報，係以警報音或語音進行警報。

㈡警報音，係爲能與其他音響或噪音明確區別者。

㈢語音警報內容應簡單明瞭。

㈣接到火災訊號時，須對應各該訊號發出警報。

㈤警報音或語音警報，應能區別火災警報及消防設備與防火避難設施動作警報並識別異常警報，適當設定其聲音及鳴動方式。

㈥各消防設備之警報項目，依附表3所示。

八　操作性能試驗

綜合操作裝置之操作性能，以緊急時操作之按鈕及遠隔操作之按鈕進行操作，應符合下列規定【藉由附表1-6（操作性能試驗）規格・性能之設計檢核表、確認用軟體及顯示器表示進行確認】。

㈠操作方法，應對應其使用目的、頻率及消防設備數量，採易於了解之適當方法。

㈡緊急時進行操作之按鈕，應設於易操作位置。

㈢遠隔操作之按鈕，應有防止誤操作之措施。

㈣各消防設備之操作項目，依附表4所示。

九　防火避難設施等表示及警報試驗

綜合操作裝置設有防火避難設施等之表示及警報時，除發出警報外，其表示項目如下【藉由附表1-7（防火避難設施等表示及警報試驗）規格・性能之設計檢核表、確認用軟體及顯示器表示進行確認】。

㈠建築設備等

1.機械換氣設備及空調設備：

⑴依火災訊號手動使機械換氣設備及空調設備停止。

⑵依火災訊號連動使機械換氣設備及空調設備停止。

2.緊急用昇降機：

⑴緊急用昇降機運行狀況。

⑵故障或停止狀態。

⑶管制運轉。

⑷對講機通話狀態。

㈡防火區劃及防煙區劃

1.防火區劃構成設備動作狀況。

2.防煙區劃構成設備動作狀況。

3.防火區劃及防煙區劃電源異常。

㈢其他

1.緊急門鎖：

⑴緊急門鎖狀態。

⑵緊急門鎖電源異常。

2.影像監視設備（ITV, industrial television）：

⑴主要居室、避難路徑、起火危險較高場所等狀況。

(2)ITV設備電源異常。

3.瓦斯緊急遮斷設備動作狀況。

十　資訊傳達性能試驗

綜合操作裝置之資訊傳達性能，應符合下列規定【藉由附表1-8（資訊傳達性能試驗）規格·性能之設計檢核表及裝置構成圖進行確認】。

(一)現場確認之指示、火災狀況之傳達、自衛消防編組與設有綜合操作裝置之防災中心、中央管理室、守衛室及類似場所間之聯絡及通報消防機關之資訊傳達方式，能對應所防護場所用途、規模及管理體制等。

(二)資訊傳達設備，應設於緊急時便於使用之適當位置，且已預想緊急時使用環境條件。

(三)應充分具備對於建築物使用者及自衛消防編組人員之資訊傳達能力。

(四)與防災中心人員或中央管理室人員等應能順利聯絡。

(五)應設有內線電話及能與消防機關通話之專用電話。

十一　控制性能試驗

綜合操作裝置之控制性能，應符合下列規定【藉由附表1-9（控制性能試驗）規格·性能之設計檢核表及裝置構成圖進行確認】。

(一)控制方式，應爲對應消防設備之數量及系統性能之適當方式，且系統部分異常或故障，不得對整體性能造成障礙。

(二)應具備能容易確認所監控消防設備等與綜合操作裝置間故障部位之性能。

十二　記錄性能試驗

綜合操作裝置之記錄性能，應符合下列規定【藉由附表1-10（記錄性能試驗）規格·性能之設計檢核表、確認用軟體及列印記錄進行確認】。

(一)就消防設備及防火避難設施，以綜合操作裝置表示之火災資訊、防火區劃與防煙區劃構成資訊、排煙設備及滅火設備資訊之下列事項，應具備快速列印性能。

1.已動作之消防設備或防火避難設施之種類、日期時間、場所及內容。

2.發生異常之消防設備或防火避難設施之種類、日期時間、場所及內容。

(二)記錄裝置，應有防止漏記或錯誤之措施，當使用電腦或記憶卡方式儲存者，不得因斷電或故障造成資料損害、遺失。刪除或變更資訊，應設有權限機制。

(三)列印內容爲火災資訊及其他容易識別之資訊。

十三　消防搶救支援性能試驗

火災時爲提供抵達現場之消防人員準確且及時之資訊，綜合操作裝置應設有消防活動支援性能，並符合下列規定【藉由附表1-11（消防搶救支援性能試驗）規格·性能之設計檢核表、確認用軟體及顯示器表示（消防支援按鈕例示如附圖）進行確認】。

(一)顯示器表示能以易於了解之方式表示火警探測器、火警發信機或瓦斯漏氣檢知器已動作之所有樓層平面圖（含方位）及各該樓層之下列事項。

1.已動作之火警探測器或火警發信機位置。

2.已動作之瓦斯漏氣檢知器位置及瓦斯緊急遮斷設備動作狀況。

3.構成防火區劃之牆壁位置及防火門、防火捲門、防火閘門及可動式防煙垂壁之動作狀況。

4.排煙機及排煙口動作狀況。

5.自動撒水設備等自動滅火設備動作範圍。

(二)顯示器應能簡易操作並以易於了解之表示，呈現各該樓層下列平面圖（含方位）之狀態。

1.起火層平面圖。

2.起火層以外，火警探測器、火警發信機或瓦斯漏氣檢知器動作之樓層平面圖。

3.起火層直上層及直上二層之平面圖。

4.起火層直下層之平面圖。

5.地下層各層之平面圖。

十四　運用管理支援性能試驗

綜合操作裝置，設有模擬、導引、歷程、自我診斷等運用管理支援性能時，應符合下列規定【藉由附表1-12（運用管理支援性能試驗）規格．性能之設計檢核表、確認用軟體及顯示器表示進行確認】。

㈠模擬性能

模擬性能（係指供研習綜合操作裝置之消防設備及防火避難設施有關監視及操作等性能，能模擬進行監視及操作等之性能），其規範如下：

1.應具不影響消防設備等相關表示、警報或操作性能（以下稱「主性能」）之措施。

2.消防設備及防火避難設施相關監視及操作，在模擬進行資訊交換及消防設備與防火避難設施控制之同時，應能進行防災訓練。

3.模擬性能動作時，如收到消防設備等相關表示及警報訊號，將優先切入通常動作狀態。

㈡導引性能

導引性能（係指綜合操作裝置之監視及操作等事項，其操作、措施等必要資訊以文字畫面或聲音表示之性能），其規範如下：

1.應具不影響主性能之措施。

2.應能表示消防設備及防火避難設施等表示及警報資訊、維護檢查之順序資訊以及綜合操作裝置使用方法資訊。

3.消防設備等表示及警報相關資訊，在優先處理其他資訊之同時，應能以簡便內容表示且須易於了解以利瞬間判斷。

㈢歷程性能

歷程性能（係指能隨時表示或記錄消防設備、防火避難設施及綜合操作裝置相關動作、異常、操作、檢查等歷程資訊之性能），應具不影響主性能之措施。

㈣自我診斷性能

自我診斷性能（係指能自動進行綜合操作裝置性能劣化或異常檢測之性能），其規範如下：

1.應具有不影響主性能之措施。

2.自我診斷性能動作時，如收到消防設備等相關表示及警報訊號，將優先切入通常動作狀態。

十五　綜合試驗

㈠將綜合操作裝置與其試驗用軟體（包含試驗用防災資訊相關資料群）或設備組合成一台。

㈡輸入火災訊號6點及排煙端末訊號1點、滅火設備訊號1點，原則上依下列程序進行，並將檢查結果記入型式認定試驗紀錄表（如附表5）。

1.輸入火災訊號第1點來開啓畫面，確認火災以閃滅表示動作。

2.繼續輸入火災訊號第2點（同一層其他區域）、第3點（起火層直上層）、第4點（起火層直上二層）、第5點（起火層直下層）、第6點以降（地下層各層），使用滑鼠等，於畫面中確認該其他區域及其他樓層之火災資訊狀況。

3. 使用滑鼠等，切換畫面至起火層、直上層、直上二層、直下層、地下層各層，確認依火災訊號表示火災區域。

4. 輸入排煙端末訊號1點，確認亮燈表示。

5. 輸入自動撒水設備等滅火設備動作訊號，確認於畫面上表示。

6. 使所有訊號復歸，確認畫面回到平常狀態。

十六　標示

應於綜合操作裝置上易於辨識位置，以不易磨滅之方式標示下列事項【藉由附表1-13（標示）規格‧性能之設計檢核表進行確認】。

㈠設備名稱及型號。

㈡廠牌名稱或商標。

㈢型式認定編號。

㈣製造年月。

㈤產地。

㈥電氣特性。

㈦其他特殊注意事項（特別是安全注意事項）。

貳　型式認定作業

一　型式試驗之樣品

須提供樣品1個。

二　型式試驗之方法

試驗項目及流程如下：

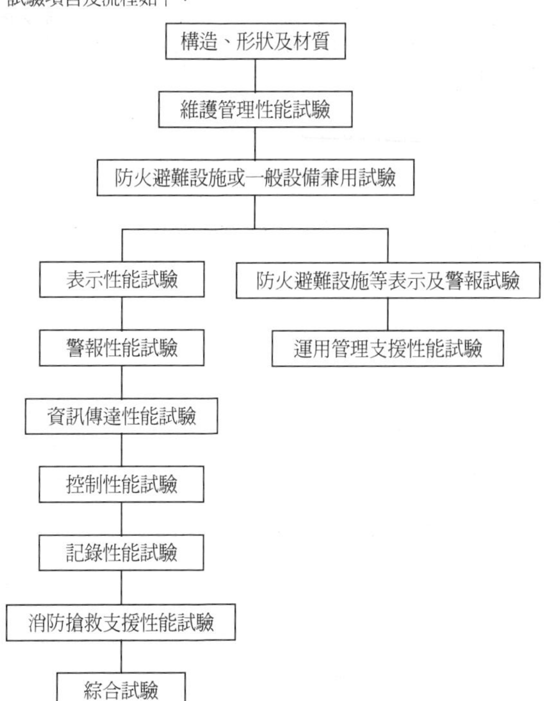

三　型式試驗結果之判定

(一)符合本認定基準所規定之技術規範，未發現缺點者，則型式試驗結果為「合格」。

(二)不符本認定基準所規定之技術規範，試驗結果發現不合格情形者，則型式試驗結果為「不合格」。

四　型式變更試驗之方法

型式變更試驗之樣品數、試驗流程等，應就型式變更之內容依本認定基準之型式試驗方法進行。

五　型式區分、型式變更及輕微變更範圍

表1　型式區分、型式變更及輕微變更範圍

區分	說明	項目
型式區分	型式認定之產品其主要性能、設備種類、動作原理不同，或經中央主管機關規定必要區分者，須以單一型式認定做區分。	型式不同者。
型式變更	經型式認定之產品，其型式部分變更，有影響性能之虞，須施予試驗確認者。	對性能有影響之表示性能、警報性能、操作性能、記錄性能及運用管理支援性能等型式要件範圍之變更。
輕微變更	經型式認定或型式變更認定之產品，其型式部分變更，不影響其性能，且免施予試驗確認，可藉由書面據以判定者。	1.對性能無影響之表示性能、警報性能、操作性能、記錄性能及運用管理支援性能等型式要件範圍之變更。 2.追加不影響性能之一般設備。 3.表示事項之內容變更。 4.增列所對應受信總機。 5.增列顯示器。

六　試驗紀錄

有關上述型式試驗、型式變更試驗之結果，應詳細填載於型式試驗記錄表（如附表5）。

參　型式符合認定作業

一　型式符合認定抽樣與檢查之方法

(一)型式符合認定之抽樣試驗數量為全數檢查（經型式認定試驗合格之樣品得免重複試驗）。

(二)型式符合認定之樣品，為綜合操作裝置與其試驗用軟體（與型式認定試驗用防災資訊相關資料群共通）或設備組合者。

(三)型式符合認定，輸入火災訊號6點及排煙端末訊號1點、滅火設備訊號1點，原則上依下列程序進行，並將檢查結果記入型式符合認定試驗紀錄表（如附表6）。

1.輸入火災訊號第1點來開啓畫面，確認火災以閃滅表示動作。

2.繼續輸入火災訊號第2點（同一層其他區域）、第3點（起火層直上層）、第4點（起火層直上二層）、第5點（起火層直下層）、第6點以降（地下層各層），使用滑鼠等，於畫面中確認該其他區域及其他樓層之火災資訊狀況。

3.使用滑鼠等，切換畫面至起火層、直上層、直上二層、直下層、地下層各層，確認依火災訊號表示火災區域。

4.輸入排煙端末訊號1點，確認亮燈表示。

5.輸入撒水設備等滅火設備動作訊號，確認於畫面上表示。

6.使所有訊號復歸，確認畫面回到平常狀態。

二　型式符合認定結果之處置

依下列規定，進行型式符合認定結果之後續處理。

(一)合格批次之處置

1.整批雖經判定爲合格，但受驗樣品中如發現有不良品時，仍應使用預備品替換或修復之後方可視爲合格品。

2.即使爲非受驗之樣品，如於整批受驗樣品中發現有缺點者，準用前目之規定。

3.前二目情形，如無預備品替換或無法修復調整者，應就其不良品部分之個數，判定爲不合格。

(二)補正批次之處置

1.接受補正試驗時，應提出第一次試驗時所發現不良事項之改善說明書及不良品處理之補正試驗合格紀錄表。

2.補正試驗之受驗樣品數以第一次試驗之受驗樣品數爲準。但該批次樣品經補正試驗合格，依本基準參、二、(一)、 1.之處置後，仍未達受驗樣品數之個數時，則視爲不合格。

(三)不合格批次之處置

1.不合格批次之產品接受再試驗時，應提出第一次試驗時所發現不良事項之改善說明書及不良品處理之補正試驗合格紀錄表。

2.接受再試驗時不得加入第一次受驗樣品以外之樣品。

3.型式符合認定不合格之批次不再受驗時，應在補正試驗合格紀錄表中，註明理由、廢棄處理及下批之改善處理等文件，向原申請登錄機構提出。

三　其他

型式符合認定時，若發現受驗樣品有其他不良事項，經認定該產品之抽樣標準及型式符合認定方法不適當時，得由中央主管機關另定型式符合認定方法及抽樣標準。

肆　缺點判定方法

各項試驗所發現之缺點其等級依表2予判定。

表2　缺點判定表

不合格缺點判定	補正缺點判定
（表示性能） 1.一開始即未進入監視狀態。 2.中途性能停止。 3.一開始，火災、瓦斯漏氣及設備動作訊號即呈現表示狀態。 4.一開始，注意表示即呈現表示狀態。 5.接受火災訊號時，無火災表示（注意表示除外）。 6.接受設備動作訊號時，無設備動作表示。 （消防活動支援性能） 起火樓直上層、直下層等畫面無法切換。	（表示性能） 使訊號完全復歸時，無法回到通常狀態。 （標示） 標示錯誤、內容不完整或不明顯。

伍　主要試驗設備

本基準各項試驗設備依表3設置。

表3　主要試驗設備項目表

<table>
<tr><th></th><th colspan="2">儀器設備</th><th>內容</th><th>數量</th></tr>
<tr><td rowspan="8">綜合操作裝置</td><td rowspan="4">尺寸測量器</td><td>游標卡尺</td><td>測定範圍0至150mm，最小刻度1/100mm。</td><td rowspan="4">1式</td></tr>
<tr><td>分釐卡</td><td>測定範圍0至25mm，最小刻度1/100mm。</td></tr>
<tr><td>直尺</td><td>測定範圍1至30cm，最小刻度1mm。</td></tr>
<tr><td>捲尺（布尺）</td><td>測定範圍1至15m，最小刻度1cm。</td></tr>
<tr><td colspan="2">放大鏡</td><td>5倍左右。</td><td>1個</td></tr>
<tr><td colspan="2">電壓調整器</td><td>符合該綜合操作裝置電壓變動之使用。</td><td>1個</td></tr>
<tr><td colspan="2">動作試驗器</td><td>符合該綜合操作裝置綜合試驗之檢查。</td><td>1式</td></tr>
<tr><td colspan="2">數位式電表</td><td>電流測定範圍：0至30mA以上。
電阻測定範圍：0至20MΩ以上。
電壓測定範圍：0至1000V以上AC或DC。</td><td>1個</td></tr>
<tr><td>備註</td><td colspan="4"></td></tr>
</table>

參、災害搶救

火災案件搶救出勤紀錄表填寫作業原則

民國105年3月17日內政部消防署函訂定發布全文3點；並自105年7月1日生效。

壹　目的

為受理火災案件搶救出勤時，便於轄區分隊人員紀錄現場災情，確認火災眞實狀況，以作為火災調查之依據，增進火災預防成效，特訂定本塡表作業原則。

貳　火災案件搶救出勤紀錄表

一　轄區分隊受理火災案件出勤返隊後，應塡具「火災案件搶救出勤紀錄表」（如附表）。

二　本表共兩聯，採一勤一表且由實際出勤人員依項次完全塡具，經中（分）隊長、大隊長（隊長）審核簽章確認所載事項，作為火災判斷之依據，其中第一聯分隊自行留存，第二聯送局（隊）本部備查，直轄市、縣（市）政府消防局及各港務消防隊得依火災統計需要增列紀錄項目並自訂操作方式；惟本表係初報，最終火災判定、財物損失、起火原因判定等仍需由局（隊）本部認定。

參　塡寫作業原則

一　火災之定義

違反人的意思或縱火而有滅火必要的燃燒現象。

說明：

㈠違反人的意思：係指過失或通稱之失火現象，以一般人為準，對其行為應注意能注意而不注意（過失），其結果導致意外之燃燒現象發生或擴大，或者因某種原因產生燃燒現象，而違反社會常理上之公共利益，明顯與衆人之意思不符者。

㈡有滅火必要的燃燒現象：

1.不以失火者或縱火者本人之主觀認定為依據，也不以實際有無滅火動作來認定。

2.依社會常理之客觀判斷，不以燃燒物之經濟價値為判斷依據，而以產生公共危險或可能產生公共危險加以認定，或由消防人員客觀判斷其是否有滅火之必要。

3.有無延燒之危險：必須基於社會大衆上一般的認知，客觀判斷其是否會產生公共危險的燃燒擴大情形。

二　火災之認定

以「火災案件判斷流程圖」（如附圖）為準，凡消防單位接獲報案出動（若係火災後再接獲報案前往現場仍屬之），依照流程圖加以判斷是否為火災案件。

說明：

㈠未達現場即歸隊：火警出動途中，因民衆通知火災已自行撲滅或其他原因，而經救災救護指揮中心或指揮官判斷不必至現場處理，可直接歸隊而未到達現場處理之火警案件，即不屬於火災。若指派任一分隊或車組前往察看，仍以到達現場論之。

㈡到達現場後：

1.有滅火動作：到達現場後不論是民衆或消防單位，有進行滅火動作者（並非一定是到達現場當時，到達現場之前為之仍屬之）皆屬於火災。

⑴射水，使用滅火設備。

例：燒垃圾（或雜草），據報後到達現場以消防車放水撲滅。

例：建築工地燃燒廢棄樣品屋或模板，據報後到達現場以消防車放水撲滅。

⑵移置、移除燃燒物或可燃物。

例：家中煤油爐不慎起火，將煤油爐移置至戶外以防止擴大延燒。

例：燒雜物堆，爲防止其擴大延燒，將未燃燒之物移開。

⑶回燒、開防火巷。

例：山林火災，採回燒法或開防火巷。

⑷關閉瓦斯、電源。

例：電線走火，爲防止擴大緊急關閉電源。

例：家庭煮菜燒焦，消防單位進入後關閉瓦斯。

⑸腳踩、衣服拍打。

⑹其他滅火方式。

例：山林火災，以樹枝拍打滅火或以其他滅火工具滅火。

2.沒滅火動作：到達現場後，未進行滅火動作，有下列情況：

⑴已自行熄滅或燒光：若有損失傷亡，則屬於火災。

例：路邊燒垃圾，消防單位到達現場後，其已自行熄滅或燒光，未進行任何滅火動作，則不屬於火災。

例：汽車火警遭縱火或其他原因起火，消防單位到達現場後，其已自行熄滅或燒光，未進行任何滅火動作，其有明顯之財物損失，屬於火災。

例：午後雷雨，路旁電線桿變壓器電線走火，到達現場後已熄滅，未進行滅火動作，因有損失（電壓器），屬於火災。

例：殺人後於空地上焚屍，消防單位到達現場後，其已自行熄滅，沒滅火動作，因初步未能認定其是爲死後燃燒，應視爲有傷亡，屬於火災。

⑵在旁警戒：若消防單位認爲其有延燒之可能，但並未進行滅火動作，僅在旁警戒。

例：燒甘蔗園，消防單位到達後，因面積廣闊，並未滅火，僅於旁邊警戒，待其燒完，因有財物損失，屬於火災。

例：燒垃圾或雜草，消防單位到達後，因面積廣闊，並未滅火，僅於旁邊警戒，待其燒完，因沒有財物損失，不屬於火災。

⑶逕行歸隊：若消防單位認爲其不會有任何危險，未進行滅火而直接歸隊。

例：路旁燒垃圾（雜草），消防單位到達後，認爲其不會有任何危險，未進行滅火而直接歸隊，不屬於火災。

3.爆炸：因瞬間燃燒或化學反應產生爆炸者。

因本身燃燒或化學反應而引起爆炸者，如瓦斯漏氣爆炸、危險物品、爆竹煙火爆炸等，但若其未造成傷亡及損失且未引起火災，則不屬於火災。但若係物理性爆炸，因未有燃燒現象者則不屬於火災認定範圍（如鍋爐壓力過大爆炸），不論其是否造成人員傷亡及財物損失，皆不屬於火災。

例：使用瓦斯爐煮菜時，因窗戶吹進來的風將爐火吹熄，當再用火柴重新點燃時，由於洩漏的瓦斯，造成瞬間的爆炸，但並未燃及其他可燃物及造成其他損失，則不屬於火災。

例：開瓦斯自殺，點火後發生爆炸，造成受傷及房屋損害，屬於火災。

4.謊報、誤報：到達現場後，若因誤報（如建築物警報設備誤動作、發電機發動等）或謊報，則不屬於火災。

附表

○○○消防局（隊）○○ 分隊
（轄區分隊）

火災案件搶救出勤紀錄表

受理報案日期時間：_____年____月____日____時____分　　第一聯：分隊自行留存

返隊日期時間：_____年____月____日____時____分　　流水號：

事故地點：

<table>
<tr><th>項次</th><th colspan="4">判斷流程</th></tr>
<tr><td>1</td><td>火警出動</td><td colspan="3">□有到達現場【續塡項次2、3】
□無到達現場【續塡項次3】</td></tr>
<tr><td rowspan="8">2</td><td rowspan="8">到達現場</td><td>□有滅火動作（包括民衆）</td><td colspan="2">滅火方式：【可複選】
□射水、使用滅火設備
□移置、移除燃燒物或可燃物
□回燒、開防火巷
□關閉瓦斯、電源
□腳踩、衣服拍打
□其他滅火方式（請說明：　　　　）</td></tr>
<tr><td rowspan="3">□沒滅火動作</td><td>□已自行熄滅或燒光</td><td>□有損失傷亡
□無損失傷亡</td></tr>
<tr><td>□在旁警戒</td><td>□有損失傷亡
□無損失傷亡</td></tr>
<tr><td colspan="2">□逕行歸隊</td></tr>
<tr><td>□爆炸（化學性爆炸，如瓦斯爆炸）</td><td colspan="2">□有損失傷亡
□無損失傷亡</td></tr>
<tr><td colspan="3">□爆炸（物理性爆炸但無燃燒現象）</td></tr>
<tr><td colspan="3">□謊（誤）報（說明：　　　　）</td></tr>
<tr><td colspan="3">□其他　　（說明：　　　　）</td></tr>
<tr><td>3</td><td>火災初步判定</td><td colspan="3">□火災【續塡4-8】　　□非火災【勾選後，後續項次無須塡答】</td></tr>
<tr><td>4</td><td>初步財物損失</td><td colspan="3">□無
□有（預估約新臺幣　　　　元）　　□待查</td></tr>
<tr><td>5</td><td>初步傷亡</td><td colspan="3">□無
□有：民衆死亡___人、受傷___人；警（義）消死亡___人、受傷___人</td></tr>
<tr><td>6</td><td>火災類別初步判定</td><td colspan="3">□建築物□森林□田野□車輛□船舶□航空器
□其他（說明：　　　　）</td></tr>
<tr><td>7</td><td>起火原因初步判定</td><td colspan="3">□縱火 □敬神掃墓祭祖 □自殺 □燈燭 □爐火烹調 □交通事故
□電氣因素 □機械設備 □玩火 □烤火 □易燃品自燃 □施工不愼
□化學物品 □燃放爆竹 □菸蒂 □瓦斯漏氣或爆炸 □天然災害
□待查 □遺留火種 □其他（說明：　　　　）</td></tr>
<tr><td>8</td><td>火災等級</td><td colspan="3">是否屬人員傷亡、涉及糾紛、縱火案件或起火原因待查之火災案件。
□是　□否</td></tr>
</table>

填報人	審核（中<分>隊長）	大隊長（隊長）

備註：1.本表共兩聯，第一聯分隊自行留存，第二聯送局（隊）本部。
2.初步財物損失、初步傷亡及起火原因初步判定以到達現場截至返隊時間爲準。
3.本表係初報，最終火災判定、財物損失、傷亡、起火原因判定等（如：項次3至6等）仍需由局（隊）本部認定。

附圖　火災案件判斷流程圖

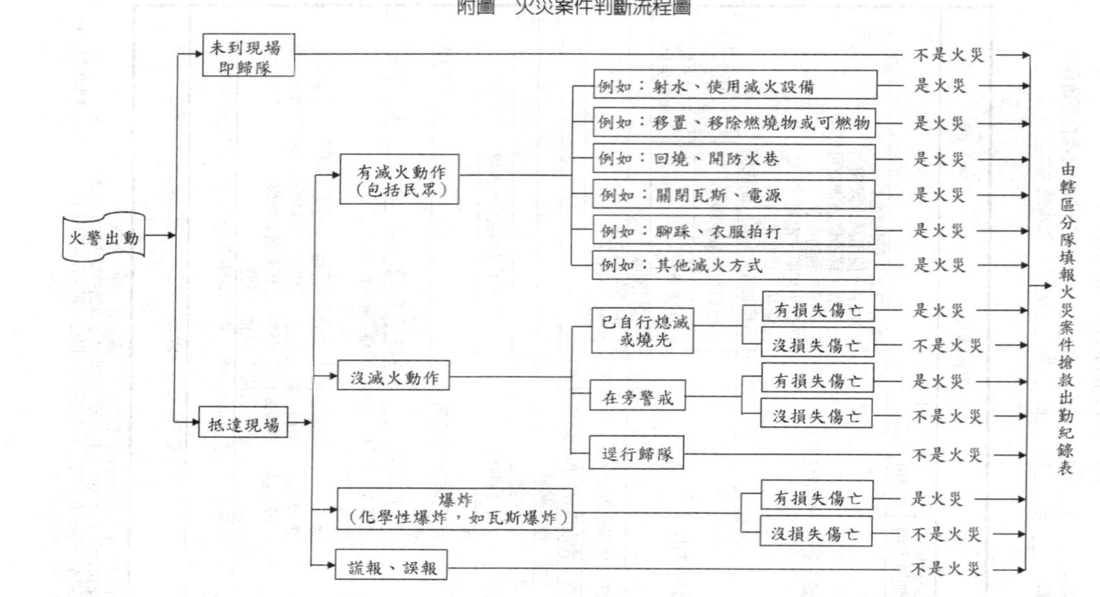

古蹟及歷史建築消防救災處理原則

民國98年10月14日內政部消防署函訂定發布全文4點。

一　依據：行政院災害防救委員會九十八年五月十五日災防減字第〇九八九九六〇〇五四號函頒「強化古蹟歷史建築物防災救災方案」參、項次五。

二　適用場所：符合文化資產保存法第三條第一款、第十四條第一項、第十五條第一項所稱之古蹟、歷史建築。

三　平時整備：

㈠策定搶救計畫內容：

1.古蹟、歷史建築之主管機關主動提供轄內古蹟、歷史建築之防災及緊急應變計畫等資料予當地消防機關，供繪製甲種搶救圖，已有會審、勘之消防圖說者，並加繪乙種搶救圖。

2.消防機關策定搶救計畫，內容包含建築結構、內部空間規劃、重要文化資產位置、最珍貴文物優先保護對象、管理維護人員、緊急聯絡電話等文物保護策略。

㈡辦理消防演練：古蹟、歷史建築之主管機關，應視轄區特性，排定優先順序，定期要求古蹟、歷史建築之管理維護單位（或人員），或主動協調當地消防機關依搶救計畫辦理實兵演練或兵棋推演，並結合該場所編組人員共同實施。

㈢檢驗搶救動線等救災作法：透過各次消防演練，分析消防力，作爲救災派遣及部署依據，藉以規劃出最迅捷之救災動線及搶救部署位置，以縮短救災時間，檢驗各古蹟、歷史建築救災人車部署、搶救動線及文物防護措施等救災作法，並依推演結果檢討分析改進。

四　災時應變搶救策略：爲降低救災過程對古蹟、歷史建築之影響，災時除依照「直轄市縣市消防機關火場指揮及搶救作業要點」等相關規定辦理外，並應注意下列事項：

㈠未受災部分之保護：

1.針對古蹟、歷史建築外觀之火點，適時採高空式水霧撒水等方式，在不破壞古蹟、歷史建築主體建物原則下，進行滅火及周界防護作業。

2.執行室內初期滅火工作時，除人員入室爲搶救必要，使用水柱掃射可能掉落物等情況外，避免以直接衝擊方式射水造成破壞，以減低對結構本體或重要文化資產之傷害及水損程度。

3.採取強力入室、通風排煙或其他必要破壞作業時，應考慮選擇破壞程度最小方式爲之。

4.救災人員執行殘火處理時，得會同古蹟、歷史建築管理維護人員，針對未受波及之文化資產，實施相關防護措施，避免不必要之毀損。

㈡入室安全之確認：救災人員如需入室進行火災搶救時，指揮官應先行檢視古蹟歷史建築主體或外觀受損情形，確認無倒塌之虞後，再行指示人員入室救災。

各級消防機關災害搶救消防力調度支援作業要點

①民國86年11月14日內政部消防署函訂定發布全文5點。
②民國95年9月25日內政部消防署函修正發布全文9點。
③民國104年12月17日內政部消防署函修正發布第8點；並自即日生效。
④民國107年2月21日內政部消防署函修正發布第8點；並自即日生效。

一　為增強消防戰力，掌握搶救時效，發揮整體災害搶救能力，保障人民生命財產安全，特訂定本要點。

二　調度支援時機：

㈠各消防機關轄內發生災害，基於救災及緊急救護需要，須調度、運用轄內政府機關、公、民營事業機構消防、救災、救護人員、車輛、船舶、航空器及裝備時。

㈡各消防機關轄內發生災害，因消防、救災、救護人力、裝備、器材不足，不能即時有效搶救或控制須申請跨轄支援時。

㈢各消防機關與他轄交界地區發生災害，因受地理、環境、交通等因素影響，申請由鄰近消防機關支援搶救較為有利時。

㈣內政部消防署（以下簡稱本署）認有必要調度支援時。

三　作業程序：

㈠各消防機關請求調度轄內政府機關、公、民營事業機構消防、救災、救護人員、車輛、船舶、航空器及裝備時，由其救災救護指揮中心依規定調度派遣。

㈡各消防機關申請跨轄支援時，應填具申請書（如附件一）由其主管機關核轉，向支援單位消防主管機關申請，並向本署報備。

㈢各消防機關申請時因時間急迫，其救災救護指揮中心得以電話或傳眞先行向支援單位救災救護指揮中心提出申請，事後再依前項規定補送申請書。

㈣本署調度支援時，得由本署救災救護指揮中心逕以電話調度派遣。

四　作業要求：

㈠申請支援時，應敘明災情、地點、現場指揮官、通訊頻率、連絡代號與支援所需人員、車輛、裝備、器材數量及應注意事項等。

㈡支援單位接獲支援申請時，在不影響本身任務遂行及能力許可下，應立即循行政體系陳核後派遣，並電復申請（調度）單位。

㈢支援單位受理時，應將時間、申請（調度）單位、災害地點及災情摘要登錄於公務電話紀錄簿備查。

㈣支援戰力抵達災害現場時，應向現場指揮官報到，並接受現場指揮官之指揮調度，參與災害搶救。

五　災前整備機制：

㈠有關人員部分，各消防機關災前必須管控、預劃在不影響既有勤務遂行最低限度下，各分隊可支援他轄人力員額，避免救災救護指揮中心臨時調派而耗時費力，原則上各分隊在維持勤務最低限度下，每日可供支援人力員額如下（在隊服勤人數以分隊消防人員編制人數扣除請（休）假及補假人數為準）：

1.在隊服勤消防人員八名以下者，免預劃支援人力，然依轄區特性不同，可依平日訂定之相互支援協定作為調度支援之準則。

2.在隊服勤消防人員九名以上者，由各消防機關自行統籌調派支援人力。

㈡有關車輛部分，原則上各消防機關針對他轄申請災害支援需求進行車輛種類調派，各分隊出動車輛數必須依照前揭預劃支援人力爲原則，並以一車至少兩人作爲各分隊派遣支援人車時之方式，同時考量維持轄區最低限度戰力的前提下，遂行支援勤務。

㈢有關裝備器材部分，原則上各消防機關以他轄申請災害支援需求進行調派，並以前揭出動支援勤務人力可遂行該等裝備器材之使用爲原則，作爲裝備器材攜行的準則，同時，仍須維持在轄區最低限度戰力的前提下，遂行支援勤務。

六　支援單位出動機制：

㈠受理申請：申請支援單位提出申請跨轄支援時，必須依照申請書（附件一）載明申請支援單位之災情種類、現況、災害地點、現場指揮官聯絡方式、作業需求等，支援單位原則上在接獲他單位支援申請之十分鐘內應回覆申請支援單位，說明支援情形，同時告知帶隊官聯絡方式及出動時間。

㈡集結出動：在受理並同意他單位之支援申請後，第一梯次必須在十分鐘內完成人員車輛裝備器材的集結、第二梯次應在一小時內完成集結出動，並向本署救災救護指揮中心回報相關資訊（受理時間、出動時間、各梯次出動人員車輛裝備器材數量、帶隊官聯絡方式等）。

七　受援單位整體指揮機制：

㈠現場報到與回報作業：支援單位到達災害現場後，應立即向現場指揮官報到，同時分別向各所屬單位救災救護指揮中心回報到達時間，並由各該所屬救災救護指揮中心回報本署救災救護指揮中心。

㈡現場作業：由現場指揮官或編組幕僚群向支援單位人員說明目前災情實況、需協助事項任務安排及現場無線電頻道及其他災害現場基礎資訊等；支援單位報到後應受當地消防機關首長或現場指揮官之指揮監督，以發揮事權統一、統合指揮之功效。

八　配合事項：

㈠爲利於調度支援需要，各消防機關應每月調查、協調建立所屬各消防單位人力、車輛、裝備、器材數量清冊資料於救災救護指揮中心，本署得視調度支援需求請消防機關複核（如附件二）。

㈡各消防機關爲便於調度支援作業，必要時得與相關單位訂定相互支援協定。

㈢各級消防機關應確實將附件二資料併行塡報至應變管理資訊系統（EMIC）救災資源資料庫系統。

九　本要點如有未盡事宜，得隨時補充修正之。

（附件略）

災害搜救費用繳納辦法

①民國91年7月9日內政部令訂定發布全文8條；並自發布日施行。
②民國97年11月14日內政部令修正發布名稱及全文7條；並自發布日施行（原名稱：災害搜救費用請求支付辦法）。

第一條

本辦法依災害防救法（以下簡稱本法）第三十一條第二項規定訂定之。

第二條

本辦法之執行機關，在中央為中央災害防救業務主管機關；在直轄市為直轄市政府；在縣（市）為縣（市）政府。

第三條

①人民違反本法第三十一條第一項第二款或第三款規定致遭遇危難，由災害應變中心進行搜救而獲救者，執行機關於搜救任務完成後三個月內，應統籌計算搜救所需費用，開具處分書，命獲救者或可歸責之業者（以下簡稱處分相對人）繳納搜救費用。

②前項搜救所需費用，指下列項目：

一　相關政府機關、國軍等所屬人員，除固定薪俸外，所增加之加班費、差旅費及保險費等費用。

二　徵調、委任、僱傭之民間勞務等費用。

三　相關政府機關、國軍或徵用、徵購、租用民間之搜救犬、救災機具、車輛、船舶或航空器等裝備、土地、建築物、工作物，與所需飼料、油料、耗材及水電等費用。

③第一項處分相對人為二人以上者，搜救所需費用平均分擔之；有可歸責之業者，由該業者分擔二分之一，其餘二分之一由獲救者平均分擔。

④處分相對人違反之情節輕微或有特殊原因者，得減輕其應負擔之費用。

第四條

前條第二項搜救所需費用，除第一款依政府機關實際支付之人事費用計算外，其餘各款依政府機關所定費率計算；政府機關未定有費率者，依相關公會所定費率計算；政府機關及相關公會均未定有費率者，得參照當地時價及物資新舊程度計價之。

第五條

搜救費用繳納處分書，應記載下列事項：

一　處分相對人之姓名或名稱、出生年月日、性別、統一編號、住居所、營業所或其他足資辨別之特徵。

二　主旨、事實、理由及其法令依據。

三　應繳納費用及其明細。

四　處分機關及其首長署名、蓋章。

五　發文字號及年、月、日。

六　繳款地點。

七　表明其為行政處分之意旨及不服行政處分之救濟方法、期間及其受理機關。

第六條

執行機關於收到處分相對人繳納之費用時，應將中央機關、國軍支出之搜救費用提繳（送）中央災害防救業務主管機關解繳國庫，其餘歸入各該直轄市、縣（市）政府公庫。

第七條

本辦法自發布日施行。

直轄市及縣（市）政府消防機關處理山域事故人命救助作業要點

①民國91年11月8日內政部函訂定發布全文10點。
②民國104年4月23日內政部函修正發布名稱及全文8點；並自即日生效（原名稱：消防機關與協助救災機關團體處理山難事故支援聯繫作業要點）。

一　爲利直轄市及縣（市）政府消防機關處理山域事故人命救助工作有所遵循，加強與協同處理機關團體協調聯繫，並相互支援，特訂定本要點。

二　本要點所稱協同處理機關，指警察機關、國家公園管理機關、林區管理機關等；所稱協同處理團體，指民間救難組織、登山團體等。

三　直轄市及縣（市）政府消防機關與協同處理機關及團體，平時應保持密切聯繫，遇有山域事故應即相互通報。

四　山域事故發生時，事故發生地轄區及相鄰轄區之協同處理機關應第一時間派員救援，並指派適當層級幹部，負責人力、裝備器材之協調聯繫；當地消防機關應指派適當幹部擔任人命救助指揮官。

五　直轄市及縣（市）政府消防機關爲處理山域事故人命救助工作，於必要時得請求協同處理機關或團體協助下列事項：

㈠提供申請入山（園）者身分資料。
㈡提供園（轄）區地理環境、步道及山屋等設施資料。
㈢提供醫療諮詢或支援醫護人員。
㈣支援嚮導人員、搜救人力、裝備及通訊設施。
㈤其他爲處理人命救助工作所需協助事項。

協同處理機關平時應落實園（轄）區安全管理，並整備前項事項，以因應緊急意外事故發生。

第一項請求遭拒絕時，得由各該主管機關協調，協調不成時，得報請行政院（或指定單位）定之。

六　直轄市及縣（市）政府消防機關處理山域事故人命救助，得依地區及山域環境之特性，研訂相關作業程序及流程表，並隨時檢討。

七　直轄市及縣（市）政府消防機關平時應建立山域事故人命救助人力、編組及裝備等相關資料庫，並視山域事故情境，區分動員梯次與能量。

八　直轄市及縣（市）政府消防機關處理山域事故人命救助工作出入國家公園或山地管制區，應指定專人率領並檢具救災人員名冊，通知該管機關，經查驗後入山（園），於事件處理完畢後率隊離山。

直轄市縣市消防車輛裝備及其人力配置標準

①民國78年5月17日內政部令訂定發布全文11條。
②民國85年6月5日內政部令修正發布名稱及全文7條（原名稱：直轄市縣（市）政府消防機構組織編制及車輛裝備配置標準）。
③民國91年11月20日內政部令修正發布全文8條；並自發布日施行。
④民國92年10月9日內政部令修正發布第3條條文。
⑤民國96年6月8日內政部令修正發布全文8條；並自發布日施行。
⑥民國99年6月7日內政部令修正發布第3條附表一；並刪除第6條條文。
⑦民國105年2月23日內政部令修正發布第4條條文。
⑧民國106年11月14日內政部令修正發布第3條附表二。

第一條

本標準依消防法第四條規定訂定之。

第二條

本標準所稱直轄市、縣（市）消防車輛、裝備及其人力，指直轄市、縣（市）消防機關及所屬實際從事火災預防、災害搶救及火災調查鑑定等工作所使用之車輛、裝備及其配置人力。

第三條

①直轄市、縣（市）消防機關消防車輛及裝備，得視轄區特性、消防人力等實際狀況配置，其種類如下。但經中央消防機關認定之新車種、新裝備，不在此限。

一　消防車：

㈠雲梯消防車。
㈡化學消防車。
㈢水箱消防車。
㈣水庫消防車。
㈤泡沫消防車。
㈥幫浦消防車。
㈦超高壓消防車。

二　救災車：

㈠救助器材車。
㈡排煙車。
㈢照明車。
㈣空氣壓縮車。
㈤救災指揮車。
㈥水陸兩用車。
㈦災情勘查車。
㈧化學災害處理車。
㈨火災現場勘驗車。
㈩消防警備車。
⑪消防救災越野車。
⑫消防救災機車。

三　消防勤務車：

㈠消防後勤車。

㈡消防查察車。
㈢災害預防宣導車。
㈣地震體驗車。
㈤緊急修護車。
㈥勤務機車。
㈦高塔訓練車。

四　消防裝備如附表一。

②前項消防車輛之定義及應備裝置如附表二。

第四條 105

直轄市、縣（市）消防機關車輛、裝備配置如下：

一　消防車：

㈠直轄市、市、縣轄市及三萬人以上之鄉（鎮）每一萬人配置消防車一輛，每分隊轄區人口數上限以六萬人計；不滿三萬人之鄉（鎮）配置消防車二輛。其設有分隊者，消防車基本配置至少二輛。但直轄市、縣（市）消防機關得視該地區實際救災需要酌予增加。

㈡消防車之種類及配置地點，由直轄市、縣（市）消防機關視該地區實際救災需要配置。

二　救災車、消防勤務車：

㈠救災指揮車：直轄市、縣（市）政府消防局局本部配置二輛或三輛，大（中）隊配置一輛或二輛。

㈡勤務機車：直轄市、縣（市）消防機關按業（勤）務需要配置，大（分）隊基本配置至少二輛。

㈢其他救災車、消防勤務車之型式、數量，由直轄市、縣（市）消防機關視該地區實際救災需要配置。

三　消防裝備，由直轄市、縣（市）消防機關按業（勤）務需要配置。

第五條

①直轄市、縣（市）消防機關配置之消防車輛及裝備，得配置適當之消防隊員如下：

一　雲梯消防車：每車配置八人至十人。

二　化學消防車、水箱消防車、水庫消防車、泡沫消防車、幫浦消防車、超高壓消防車：每車配置五人或六人。

三　救助器材車、排煙車、照明車、空氣壓縮車、災情勘查車、化學災害處理車、火災現場勘驗車、緊急修護車：每車配置二人。

四　救災指揮車：每車配置一人或二人。

五　其他消防車輛、消防裝備各按其性能與操作需要配置員額。

②前項員額得視實際勤務編配狀況，按勤休比例增置。

第六條 （刪除）99

第七條

各港口、航空站、加工出口區、科學園區、林區所需消防車輛、裝備及其人力配置，由各機關視實際需要及營運狀況辦理。

第八條

本標準自發布日施行。

附表一 99

一、救火裝備： ㈠水帶。㈡瞄子。㈢乾粉噴嘴。㈣乾粉滅火藥劑。㈤泡沫瞄子。㈥泡沫發生器。㈦泡沫原液。㈧雙雄（雌）接頭。㈨合水器。㈩分水器。⑪消防栓開關。⑫消防立管。⑬轉換接頭。⑭各型滅火器。⑮進水管。⑯空氣呼吸器。⑰化學防護衣。⑱消防衣、帽、鞋。⑲耐高溫消防衣、帽、鞋。⑳移動式消防幫浦。㉑超高壓水霧水刀系統。㉒其他救火裝備。
二、救災裝備： ㈠熱顯像儀。㈡照明索。㈢氣墊。㈣救助袋。㈤救助吊帶。㈥梯（折疊梯、雙節梯、掛梯等）。㈦排煙機。㈧乙炔切割器。㈨圓盤切割器。㈩鍊鋸。⑪滑輪組。⑫破壞器材組。⑬避電剪。⑭火鉤。⑮繩索。⑯頂舉氣袋組。⑰生命探測器。⑱氣體偵測器。⑲勾環。⑳避電手套（皮手套）。㉑登山鞋。㉒其他救災裝備。
三、救生裝備： ㈠橡皮艇。㈡救生艇。㈢氣墊船。㈣船外機。㈤救生圈。㈥救生衣。㈦浮水編織繩。㈧潛水用裝備。㈨拋繩槍（筒）。㈩救生竿。⑪水域救生頭盔。⑫防寒衣、帽、鞋。⑬魚雷浮標。⑭水上摩托車。⑮救生浮板。⑯救助衣、帽、鞋。⑰其他救生裝備。
四、照明裝備： ㈠發電器（機）。㈡照明燈組。㈢手電筒。㈣其他照明裝備。
五、勤務（輔助）裝備： ㈠空氣壓縮機。㈡通訊設備（含有、無線電設備、衛星電話、傳眞機等）。㈢擴音喊話器。㈣收音機。㈤攝錄影器材（照相器材）。㈥水帶夾鉗。㈦水帶護套。㈧水帶吊具。㈨水帶橋。㈩水壓表。⑪鏟子。⑫望遠鏡。⑬火源（點）探測器。⑭瓦斯測定器。⑮漏電檢知器。⑯斧頭。⑰鎚。⑱流量表。⑲鋼尺（皮捲尺）。⑳火警探測檢知器。㉑音量檢查器。㉒警笛。㉓旗語器材（含揮旗及各式臂章）。㉔車輛、裝備器材維護保養設備。㉕勤務指揮資訊設備。㉖衛星定位儀。㉗充氣式帳篷。㉘雨衣。㉙夜間指揮棒。㉚現場勘查鑑識器材及現場採樣器材箱（含火場封鎖帶、三用電錶、指南針、碳化針及採證、包裝容器等）。㉛雪衣。㉜撬棒。㉝其他勤務（輔助）裝備。
六、體能訓練器材： ㈠單槓。㈡雙槓。㈢跑步機。㈣仰臥起坐背板。㈤槓鈴。㈥啞鈴。㈦爬竿。㈧綜合健身組。㈨其他各項體技能訓練器材。
七、圖表： ㈠組織系統表。㈡轄區概況表。㈢轄區水源分布圖。㈣救災相互支援圖。㈤轄區重要路線圖。㈥火災次數及損失統計圖。㈦消防責任區圖。㈧體能教育示範圖。㈨戰時消防部署防護計畫圖。㈩颱風動向標示圖。⑪人員車輛救災任務派遣編組表。⑫甲乙種搶救圖。⑬高危險對象搶救部署計畫圖。

附表二 106

一、消防車

項目	名稱	定義	應備裝置
一	雲梯消防車	執行高空救生及救火任務之車輛。	一、車體具備固定式閃光燈、警鳴器及消防標識，車身爲紅色。 二、裝置在旋轉臺上的動力延伸梯或屈折升降臺。 三、可搭載人員並可執行救生及救火之籃架。 四、通訊設備。
二	化學消防車	以泡沫、乾粉或其他滅火劑，執行化學物質火災等救火任務之車輛。	一、車體具備固定式閃光燈、警鳴器及消防標識，車身爲紅色。 二、同時具備下列二項或其中一項： ㈠消防泵浦、水箱及泡沫原液槽、泡沫產生器。 ㈡乾粉或其他滅火劑儲槽、高壓驅動氣體壓力槽。 三、通訊設備。 四、中華民國一百零七年七月一日以後新領牌照且總重量逾三點五噸之廂式車輛， 應依中央主管機關規定格式張貼反光標識。
三	水箱消防車	儲存一萬公升以下水量、加壓送水、射水，執行救火任務之車輛。	一、車體具備固定式閃光燈、警鳴器及消防標識，車身爲紅色。 二、消防泵浦。 三、一萬公升以下之水箱。 四、通訊設備。 五、一百零七年七月一日以後新領牌照且總重量逾三點五噸之廂式車輛，應依中央主管機關規定格式張貼反光標識。
四	水庫消防車	儲存超過一萬公升水量、加壓送水、射水，執行救火任務之車輛。	一、車體具備固定式閃光燈、警鳴器及消防標識，車身爲紅色。 二、消防泵浦。 三、超過一萬公升之水箱。 四、通訊設備。 五、一百零七年七月一日以後新領牌照且總重量逾三點五噸之廂式車輛，應依中央主管機關規定格式張貼反光標識。
五	泡沫消防車	儲存水源及泡沫原液，加壓送水、射水及施放泡沫，執行救火任務之車輛。	一、車體具備固定式閃光燈、警鳴器及消防標識，車身爲紅色。 二、消防泵浦、水箱。 三、泡沫原液槽、比率混合器。 四、通訊設備。 五、一百零七年七月一日以後新領牌照且總重量逾三點五噸之廂式車輛，應依中央主管機關規定格式張貼反光標識。

項目	名稱	定義	應備裝置
六	幫浦消防車	加壓送水、射水，執行救火任務之車輛。	一、車體具備固定式閃光燈、警鳴器及消防標識，車身為紅色。 二、消防泵浦。 三、通訊設備。
七	超高壓消防車	以超高壓水霧滅火及水刀切割功能，執行救火任務之車輛。	一、車體具備固定式閃光燈、警鳴器及消防標識，車身為紅色。 二、超高壓水霧水刀系統。 三、通訊設備。 四、一百零七年七月一日以後新領牌照且總重量逾三點五噸之廂式車輛，應依中央主管機關規定格式張貼反光標識。

二、救災車

項目	名稱	定義	應備裝置
一	救助器材車	於災害現場破壞障礙物，提供其他救災裝備動力來源，並配置必要之救災裝備，執行搶救及救生任務之車輛。	一、車體具備固定式閃光燈、警鳴器及消防標識，車身為紅色。 二、獨立或引擎驅動可供其他裝備器材使用之動力來源（如發電機等）。 三、固定設置之強力照明燈。 四、通訊設備。 五、其他必要之救災裝備（如破壞器材、圓盤切割器、鏈鋸、小型發電機、照明燈組等）。
二	排煙車	於災害現場執行排煙及送風任務之車輛。	一、車體具備固定式閃光燈、警鳴器及消防標識，車身為紅色。 二、獨立或引擎驅動之專供救災使用排煙機。 三、 通訊設備。
三	照明車	於災害現場執行燈光穿透及照明任務之車輛。	一、車體具備固定式閃光燈、警鳴器及消防標識，車身為紅色。 二、獨立或引擎驅動之發電機。 三、裝置於車頂伸展桿之強力照明燈。 四、通訊設備。 五、中華民國一百零七年七月一日以後新領牌照且總重量逾三點五噸之廂式車輛，應依中央主管機關規定格式張貼反光標識。
四	空氣壓縮車	於災害現場大量安全快速填充空氣呼吸器鋼瓶，並提供壓縮空氣之車輛。	一、車體具備固定式閃光燈、警鳴器及消防標識，車身為紅色。 二、獨立或引擎驅動之空氣壓縮機。 三、高壓空氣儲槽。 四、大量安全快速填充空氣呼吸器鋼瓶裝置。 五、通訊設備。 六、一百零七年七月一日以後新領牌照且總重量逾三點五噸之廂式車輛，應依中央主管機關規定格式張貼反光標識。

項目	名稱	定義	應備裝置
五	救災指揮車	災害發生時作為臨時指揮站之車輛。	一、車體具備固定式閃光燈、警鳴器及消防標識，車身為紅色。 二、通訊設備。 三、具備必要搶救資訊之轄區街道圖。
六	水陸兩用車	可行駛於一般陸地、湖泊及河川專供消防搶救使用之車輛。	一、車體具備固定式閃光燈、警鳴器及消防標識，車身為紅色。 二、水中行駛及推進裝置。 三、通訊設備。
七	災情勘查車	進行地理資訊查詢，於災害現場監視及攝影，並充作臨時災害搶救指揮站之車輛。	一、車體具備固定式閃光燈、警鳴器及消防標識，車身為紅色。 二、通訊設備。 三、災情監視及攝影裝置。
八	化學災害處理車	進行化學物品災害偵檢、圍堵止漏、除污、安全防護之車輛。	一、車體具備固定式閃光燈、警鳴器及消防標識，車身為紅色。 二、化學災害搶救必要之氣體、液體及固體偵檢設備。 三、化學品應變資訊查詢軟體。 四、個人安全防護裝備。 五、化學物品圍堵、止漏及除污設備。 六、災害現場指揮管制設備。 七、通訊設備。 八、一百零七年七月一日以後新領牌照且總重量逾三點五噸之廂式車輛，應依中央主管機關規定格式張貼反光標識。
九	火災現場勘驗車	執行火災現場火災原因調查與鑑定之車輛。	一、車體具備固定式閃光燈、警鳴器及消防標識，車身為紅色。 二、固定式之影像傳輸、錄放影及輸出設備。 三、固定之火場證物存貯櫃。
十	消防警備車	可進行防制縱火、滅火，執行消防巡邏及警戒任務之車輛。	一、車體具備固定式閃光燈、警鳴器及消防標識，車身為紅色。 二、乾粉滅火器或必要之滅火器具及裝備。 三、以鐵絲網或其他方式區隔之隔離區。 四、通訊設備。
十一	消防救災越野車	於崎嶇路面、狹窄通道、隧道或障礙等特殊地形區域行駛，配置必要之救災裝備，執行搶救及救生任務之車輛。	一、車體具備固定式閃光燈、警鳴器及消防標識，車身為紅色。 二、可依任務特性配置必要之救災裝備器材等設備。
十二	消防救災機車	執行狹窄通道、隧道及特殊地形區域救災使用之機器腳踏車。	一、車體具備固定式閃光燈、警鳴器及消防標識，車身為紅色。 二、裝載水、泡沫或其他滅火物質之裝備器材。

三、消防勤務車

項目	名稱	定義	應備裝置
一	消防後勤車	能載運人員、物資，具後勤支援功能之車輛。	一、車體具備消防標識。 二、通訊設備。
二	消防查察車	執行消防安全檢查及水源查察之車輛。	一、車體具備消防標識。 二、通訊設備。
三	災害預防宣導車	配有基本消防安全設備及救災裝備，以防災宣導爲目的之車輛。	一、車體具備消防標識。 二、基本消防安全設備及救災裝備模型或圖表、宣導資料。
四	地震體驗車	備有地震體驗設備，能使民衆實際體驗地震感覺，進而採取正確應變防範措施之車輛。	一、車體具備消防標識。 二、地震體驗設備。
五	緊急修護車	備有修護工具，具支援消防、救災車輛或裝備緊急修護功能之車輛。	一、車體具備消防標識。 二、通訊設備。 三、修護工具組。
六	勤務機車	供消防機關人員執行勤務使用之機器腳踏車。	一、車體具備消防標識。 二、勤務工具箱。
七	高塔訓練車	模擬高樓環境，用以實施消防救災訓練之車輛。	一、車體具備消防標識。 二、供訓練用之高塔、護欄及消防立管。

消防栓規格

①民國78年9月20日內政部函訂定發布全文5點。
②民國87年5月19日內政部函修正發布全文9點。
③民國106年3月3日內政部函修正發布第9點；並自即日生效。

一　本規格依消防法施行細則第二十條第一項規定訂定之。
二　消防栓型式分爲地上式及地下式，各有單口及雙口兩種。
三　地上式雙口消防栓規格如下：
㈠出水口口徑：爲六十三點五公厘（二又二分之一英吋），附快速接頭。另加裝一百公厘（四英吋）之螺紋式出水口一個。
㈡開啓方式：逆時針方向轉動爲開啓，消防栓頂端應標明開啓之轉動方向。
㈢開關（轉動帽）：限用五角形；其尺寸爲窄邊二十二公厘，寬邊二十五公厘，窄邊頂圓直徑三十二公厘，寬邊頂圓直徑三十五公厘，長二十五公厘至四十公厘。
㈣高度：消防栓露出地面之高度，以四十公分至一百公分爲限。
㈤顏色：栓體表面塗紅色漆，並以白色螢光漆標明「消防栓」字樣；頂端（消防栓帽）塗紅色螢光漆或鉗螢光板或太陽能閃示紅燈。
四　地上式單口消防栓規格如下：
㈠出水口口徑：爲六十三點五公厘（二又二分之一英吋），附快速接頭。
㈡開啓方式：逆時針方向轉動爲開啓，消防栓頂端應標明開啓之轉動方向。
㈢開關（轉動帽）：限用五角形；其尺寸爲窄邊二十二公厘，寬邊二十五公厘，窄邊頂圓直徑三十二公厘，寬邊頂圓直徑三十五公厘，長二十五公厘至四十公厘。
㈣高度：消防栓露出地面之高度，以四十公分至一百公分爲限。
㈤顏色：栓體表面塗紅色漆，並以白色螢光漆標明「消防栓」字樣；頂端（消防栓帽）塗紅色螢光漆或鉗螢光板或太陽能閃示紅燈。
五　地下式雙口消防栓規格如下：
㈠出水口口徑：爲六十三點五公厘（二又二分之一英吋），附快速接頭。
㈡開啓方式：逆時針方向轉動爲開啓。
㈢開關（轉動帽）：限用五角形；其尺寸爲窄邊二十二公厘，寬邊二十五公厘，窄邊頂圓直徑三十二公厘，寬邊頂圓直徑三十五公厘，長二十五公厘至四十公厘。
㈣深度：消防栓頂端埋設距離地面之深度爲二十公分至三十公分。
六　地上式單口消防栓規格如下：
㈠出水口口徑：爲六十三點五公厘（二又二分之一英吋），附快速接頭。
㈡開啓方式：逆時針方向轉動爲開啓。
㈢開關（轉動帽）：限用五角形；其尺寸爲窄邊二十二公厘，寬邊二十五公厘，窄邊頂圓直徑三十二公厘，寬邊頂圓直徑三十五公厘，長二十五公厘至四十公厘。
㈣深度：消防栓頂端埋設距離地面之深度爲二十公分至三十公分。
七　地下式消防栓應設置消防栓箱（盒）保護之。箱（盒）之頂面應與地面齊平，不得妨礙交通。箱體以堅固耐久材料製造，箱（盒）蓋用延性鑄鐵製造，其表面應標明「消防栓」字樣。且不得使該箱（盒）面上之負荷重量或震動傳達於消防栓而影響結構。
八　各式消防栓製作標準圖、材質等，由當地自來水事業按實際情形自行訂定公告之。
九　消防栓標誌規格，由直轄市、縣（市）政府參考下列原則定之：
㈠材質：消防栓標誌之支柱及標誌板以鍍鋅鐵管或不鏽鋼管（板）製造。

㈡圖案：於標誌板之兩面按統一圖案製作，消防栓圖案爲紅色，文字（消防栓）及圈內爲白色，外緣爲水藍色，所用塗料須具有反光性。

㈢高度：消防栓標誌支柱露出地面之高度爲二百五十公分。

㈣尺寸：標誌板頂端與支柱頂點之距離爲六十公分，內緣與外緣之距離爲四點五公分。

㈤消防栓標誌圖詳如附件。

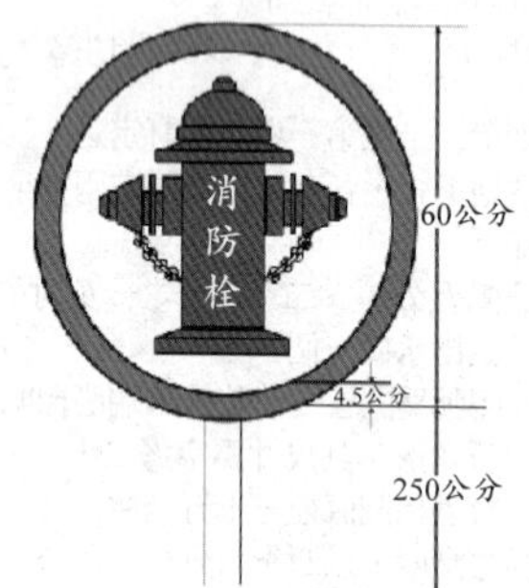

消防栓標誌之維護，直轄市、縣（市）政府得訂定獎勵及回饋規定。

消防機關火場指揮及搶救作業要點

①民國91年10月29日內政部消防署函修正發布全文12點。
②民國101年12月27日內政部消防署函修正發布名稱及全文12點（原名稱：直轄市縣市消防機關火場指揮及搶救作業要點）。
③民國103年3月18日內政部消防署函修正發布附件一。
④民國104年10月1日內政部消防署函修正發布第7點；並自即日生效。
⑤民國106年1月5日內政部消防署函修正發布第2、4～8點。
⑥民國106年8月23日內政部消防署函修正發布第9點附件二、三；並自即日生效。
⑦民國107年5月28日內政部消防署函修正發布第6點；並自即日生效。
⑧民國108年6月18日內政部消防署函修正發布第6、9點；並自即日生效。
⑨民國109年3月30日內政部消防署函修正發布第5～7、9點；並自即日生效。

一　為提升消防機關火場指揮能力，強化火災搶救效率，發揮整體消防戰力，以確保人民生命財產安全，特訂定本要點。

二　火場指揮官區分：

㈠火場總指揮官：由消防局局長擔任。

㈡火場副總指揮官：由消防局副局長或主任秘書（秘書）擔任；直轄市得由簡任層級人員擔任。

㈢救火指揮官：依情形由轄區消防大（中）隊長、消防分隊長或救災救護指揮中心指定人員擔任。

㈣警戒指揮官：協調轄區警察局派員擔任。

㈤偵查指揮官：協調轄區警察局派員擔任。

三　火場指揮官任務：

㈠火場總指揮官（副總指揮官）：

1.成立火場指揮中心。
2.統一指揮火場救災、警戒、偵查等勤務之執行。
3.依據授權，執行消防法第三十一條「調度、運用政府機關公、民營事業機構消防、救災、救護人員、車輛、船舶、航空器及裝備，協助救災」。
4.必要時協調臨近之軍、憲、民間團體或其他有關單位協助救災或維持現場秩序。

㈡救火指揮官：

1.負責指揮人命救助及火災搶救部署任務。
2.劃定火場警戒區。
3.建立人員裝備管制站。
4.指揮電力、自來水、瓦斯等相關事業單位，配合執行救災。
5.指揮救護人員執行緊急救護。
6.災情回報及請求支援等事宜。

㈢警戒指揮官：

1.指揮火場警戒及維持治安勤務。
2.指揮火場週邊道路交通管制及疏導勤務。
3.指揮強制疏散警戒區之人車，維護火場秩序。
4.必要時由轄區消防機關通知協助保持火場現場完整，以利火場勘查及鑑定。

㈣偵查指揮官：

1.刑案發生，指揮現場勘查工作。
2.指揮火警之刑事偵查工作。

3.火警現場之其他偵防工作。

四　火場指揮官得穿戴指揮臂章、背心或其他識別方式。

五　指揮權指派及轉移規定：

㈠消防機關接獲火警報案派遣人車出動，應同時指派適當層級救火指揮官到場指揮，初期救火指揮官由轄區消防分隊長，或由救災救護指揮中心指定人員擔任；研判災情危害程度，即時通報大（中）隊長、消防局局長到場指揮。

㈡總指揮官未到場時，由副總指揮官代理總指揮官任務，總指揮官及副總指揮官未達火場時，救火指揮官代理總指揮官任務，救火指揮官未到達火場前，由在場職務較高或資深救災人員暫代各項指揮任務。

㈢各級指揮官完成指揮權轉移，接掌指揮權後，應以無線電宣告周知現場人員並回報救災救護指揮中心。

㈣警戒、偵查指揮官指揮權指派及轉移規定，由警察局自行訂定之。

㈤第一款所稱災情危害程度之研判，各直轄市、縣（市）消防機關應研訂具體情況，納入各該直轄市、縣（市）火災指揮搶救作業規範。

六　為利於火場指揮及搶救，得設火場指揮中心、人員裝備管制站及編組幕僚群：

㈠火場指揮中心：由火場總指揮官於現場適當位置設立，統一指揮執行救火、警戒、偵查勤務及其他協助救災之單位及人員。

㈡人員裝備管制站：由救火指揮官於室內安全樓層或室外適當處所設立，指定專人負責人員管制及裝備補給，並做為救災人員待命處所。

㈢幕僚群：以四人以上為原則，除大隊以下人員擔任外，必要時，得規劃局本部人員編組擔任，記錄相關搶救資料。若未達四人時，應視現場救災實際需要，指派幕僚人員任務。

1.安全幕僚：

⑴監視現場危害狀況（閃燃、爆燃、建築物坍塌、危害性化學品等），執行火場安全管制機制，進行搶救目的與救災作業之風險評估，適時向指揮官提出風險警示。

⑵隨時掌握火場發展狀況、攻擊進度、人力派遣、裝備需求、戰術運用、人命救助等資訊，適時研擬方案供指揮官參考。

2.情報幕僚：

⑴蒐集火場資訊，包括受困災民、儲放危險物品、建築物資訊（含消防設備）、火點位置及延燒範圍等。

⑵負責提供新聞媒體所需之各項資料，如火災發生時間、災害損失、出動戰力、目前火場掌握情形等資料。

3.水源幕僚：

⑴瞭解、估算火場附近之水源情形（消防栓、蓄水池、天然水源等），並建議適當的使用水源方式。

⑵負責各項救災戰力裝備、器材及其他物資之後勤補給。

4.傳令幕僚：

⑴負責指揮官與火場內部救災人員間，指揮命令及火場資訊之傳遞。

⑵負責與指揮中心及其他支援救災單位之聯繫。

各直轄市、縣（市）消防機關應訂定隊員、帶隊官及指揮官等三層火場安全管理機制，納入各該直轄市、縣（市）火災指揮搶救作業規範。

現場各級搶救人員應於救災安全之前提下，衡酌搶救目的與救災風險後，採取適當之搶救作為。

七　火災搶救作業要領：

㈠整備各式搶救資料：

1.當日人員、車輛救災任務派遣編組表。

2.甲、乙種搶救圖（甲種搶救圖：就地圖內相關街道、建築物位置、樓層高度、水源狀況、消防栓管徑大小、位置及池塘、蓄水池、河川、湖泊、游泳池位置等可供消防救災車輛出入等相關資料，予以符號標記標示，提供災害搶救參考；乙種搶救圖：針對轄內搶救不易場所（供公眾使用建築物爲主），以會審、勘之消防圖說繪製，並註記各對象物可供救災運用之消防安全設備、位置、數量及供人命救助、災害搶救參考之內部設施資訊）。

3.搶救不易對象搶救部署計畫圖。

4.安全資料表、緊急應變指南等相關危害性化學品搶救資料。

5.建置轄內備有重機械場所（如堆高機、挖土機、吊車等）清冊。

(二)受理報案：

1.救災、救護指揮中心（以下簡稱指揮中心）（或分、小隊值班人員）受理火警報案後，應持續蒐集火場情資、人員受困情形並立即派遣救災人、車出動及通報義消、友軍（警察、環保、衛生、電力、自來水、瓦斯等單位）支援配合救災。

2.調閱甲、乙種搶救圖、搶救部署計畫圖或相關搶救應變指南。

3.出動時間：

(1)於出動警鈴響起至消防人車離隊，白天八〇秒內，夜間一二〇秒內爲原則。但消防機關因出勤動線及出勤整備，認有延長或縮短之必要者，得自訂出動時間。

(2)出動時間目標達成率須在百分之九十以上。

(三)出動派遣：

1.車輛派遣：除特種車（如雲梯車、化學車等）依狀況需要派遣外，車輛派遣應以「車組」作戰爲原則，忌用「車海」戰術。

（註：「車組」係以兩輛消防車組成具獨立救災作戰之基本單位，一爲攻擊車、另一爲水源車，一般常見的車組爲水箱車加水箱車、水箱車加水庫車、雲梯車加水箱（庫）車、化學車加水箱（庫）車等。）

2.人員派遣：依救災任務派遣編組表所排定任務作爲，並配合每一攻擊車應至少能出二線水線爲人力考量原則。

3.初期救火指揮官應攜火警地址登錄資料、甲、乙種搶救圖、搶救部署計畫圖、及其他相關搶救應變指南等資料出動。

(四)出動途中處置：

1.出動途中應隨時與指揮中心保持聯繫，將所觀察之火、煙狀況，立即回報指揮中心，並進一步了解指揮中心蒐集之現場情資。

2.初期救火指揮官應就派遣之人車預作搶救部署腹案，並以無線電或資通訊系統告知所屬及支援人員，以便抵達火場時能立即展開搶救作業。

(五)抵達火場處置：

1.災情回報：初期救火指揮官到達火場，立即瞭解火場現況（建築物樓層、構造、面積、火點位置、延燒範圍、受困災民、儲放危險物品等），並回報指揮中心。

2.請求支援：初期救火指揮官就災情研判，規劃、部署現有人、車、裝備等救災戰力，如有不足，立即向指揮中心請求支援。

3.指揮權轉移：若火勢擴大，火災等級升高，指揮層級亦相對提高，初期救火指揮官應向後續到達之高層指揮官報告人、車、裝備部署狀況、人命受困與搜救情形、火災現況與分析火勢可能發展情形，以及搶救重點注意事項等火場狀況資訊，並接受新任務派遣，以完成指揮權轉移手續。

4.車輛部署：以「車組作戰」及「單邊部署」爲原則，三樓以上建築物火場正面空間，應留給高空作業車使用。

5.水源運用：以接近火場之水源為優先使用目標，但避免「水源共撞」（注意是否同一管路及管徑大小），另充分利用大樓採水口、專用蓄水池等水源。

6.水線部署：以爭取佈線時間及人力為原則。

(1)室內佈線：沿室內樓梯部署水線之方式，適用較低樓層。

(2)室外佈線：利用雲梯車、雙（三）節梯加掛梯及由室內垂下水帶等方式部署水線，適用較高樓層。

(3)佈線時應善用三（分）叉接頭，以節省佈線時間及人力。

(4)救火指揮官須判斷各水線部署之優先順序，決定水線部署之數量及位置。

7.人命搜救：自受理報案開始即應以人命搜救為最優先考量。抵達火場後，優先進行人命搜救任務。

(1)第一梯次抵達火場之救災人、車，優先進行人命搜救任務，水源部署應掩護搜救任務之進行。

(2)搜救小組應以兩人以上為一組，以起火層及其直上層為優先搜救目標，樓梯、走道、窗邊、屋角、陽台、浴廁、電梯間等，應列為搜救重點。

(3)由指揮官分配各搜索小組搜索區域、聯絡信號，入室搜索前應先登錄管制搜救小組「姓名」、「人數」、「時間」、「氣瓶壓力」，每一區域搜索完畢後，需標註記號，以避免重複搜索或遺漏搜索。

(4)入室搜索應伴隨水線掩護，並預留緊急脫離路線。

(5)設有電梯處所發生火警時，應立即將所有電梯管制至地面層，以防止民眾誤乘電梯，並協助避難。

(6)對被搜救出災民實施必要之緊急救護程序，並同時以救護車（情況緊急時得採用各式交通工具）儘速送往醫療機構急救。

8.侷限火勢：無法立即撲滅火勢，先將火勢侷限，防止火勢擴大。

9.周界防護：對有延燒可能之附近建築物，部署水線進行防護。

10.滅火攻擊：消防能量具有優勢時，集中水線，一舉撲滅火勢。

11.破壞作業：

(1)破壞前應有「測溫」動作，並注意內部悶燒狀況，以免因破壞行動使火勢擴大或引發閃（爆）燃之虞。

(2)擊破玻璃應立於上風處，手應保持在擊破位置上方，以免被玻璃碎片所傷。

(3)可用堆高機、乙炔氧熔斷器、斧頭、橇棒或切斷器等切割、破壞鐵捲門、門鎖、門閂等。

12.通風排煙作業：

(1)採取適當的通風排煙作業（垂直、水平、機械、水力等），可使受困災民呼吸引進的冷空氣，改善救災人員視線，有利人命救助，且可縮短滅火時間。

(2)執行通風排煙作業前，應有水線待命掩護，並注意避開從開口冒出的熱氣、煙霧或火流。

(3)適當的在建築物頂端開口通風排煙，可藉煙囪效應直接將熱氣、煙霧及火流向上排解出去，有助於侷限火勢。

13.飛火警戒：對火場下風處應派員警戒，以防止飛火造成火勢延燒。

14.殘火處理：火勢撲滅後，對可能隱藏殘火處所，加強清理、降溫以免復燃。

15.人員裝備清點：火勢完全熄滅後，指揮官應指示所有參與救災單位清點人員、車輛、裝備器材，經清點無誤後始下令返隊，並回報指揮中心。

(六)其他：高層建築物、地下建築物、集合住宅或其他特種火災（化學災害、隧道、航空器、船舶、山林、地震等），另須針對其專有特性，預擬各項搶救應變指南，實施消防戰術推演、加強救災人員訓練。

八　通訊聯絡：

㈠無線電通訊代號：消防機關應以簡單、明瞭、易記為原則，訂定無線電通訊代號，俾利火場指揮官命令及指揮中心之指揮傳遞，並有助各作戰車組彼此間之通訊聯繫。

㈡消防車無線電代號編列原則：

各式消防車輛無線電代號對照表		
車種	無線電代號	備考
水箱車	11、12…	「單位名稱」11、12…
直線雲梯車	21、22…	「單位名稱」21、22…
曲折雲梯車	31、32…	「單位名稱」31、32…
四輪驅動吉普車、災情勘查車	41、42…	「單位名稱」41、42…
化學車	51、52…	「單位名稱」51、52…
水庫車	61、62…	「單位名稱」61、62…
救助器材車	71、72…	「單位名稱」71、72…
空壓車	75	「單位名稱」75
排煙車	76	「單位名稱」76
照明車	81	「單位名稱」81
救護車	91、92…	「單位名稱」91、92…
加護型救護車	95	「單位名稱」95

九　製作火災搶救報告書或案例教育資料：

㈠轄內火災災情有下列情形之一者，應製作火災搶救報告書（格式如附件一），並邀集參與救災單位召開會議，就搶救過程之聯繫作業、搶救處置及指揮決策等，檢討優劣得失，作為策進搶救作業模式及參與救災人員獎懲依據；前揭會議主席應由火災實際到場指揮官上一層級職務人員擔任；如該場火災由消防局局長擔任指揮官，則由消防局局長或代理人擔任。

1.死亡二人以上、死傷合計十人以上、房屋延燒十戶（間）以上或財物損失達新臺幣五百萬元以上。

2.重要場所（軍、公、教辦公廳舍或政府首長公館）、重要公共設施發生火災，且未於報案後三十分鐘內撲滅者。

3.影響社會治安。

4.有消防人員或義勇消防人員因執勤死亡或受傷住院者。

㈡轄內救災人員傷亡或救災車輛發生事故，應召開會議檢討優劣；另製作案例教育（格式如附件二、三）函發或宣達所屬。

㈢火災搶救報告書（含會議紀錄）或案例教育應於案發後三週內函報內政部消防署。但個別案件經內政部消防署通知者，應於二週內函報。

十　跨轄申請調度支援作業：各消防機關轄內發生災害，因消防、救災、救護人力、裝備、器材不足，不能及時有效搶救或控制時，或與他轄交界發生災害，因地理、環境、交通等因素，申請由鄰近消防機關支援搶救較為有利時，得依「各級消防機關災害搶救消防力調度支援作業要點」規定向鄰近各消防機關申請跨轄支援。

十一　直轄市、縣（市）消防機關應依災害應變、災害善後權責分工原則，協調各直轄市、縣（市）政府相關單位（警察、衛生、社會、環保、工務局）及電力、自來水、瓦斯公司等事業單位，訂定該直轄市、縣（市）火災指揮搶救作業規範；並得依所轄地區環境特性，補充加強相關措施。

十二　港務消防隊應依本作業要點，視實際需求及機關性質，訂定該港務火災指揮搶救作業規範。

（附件略）

附件一　〇〇〇 消防局 消防隊 火災搶救報告書（範例修正版）

壹、火災概要：

一　時間：

㈠報案：〇〇年〇月〇日二十三時三十五分。

㈡到達：〇〇年〇月〇日二十三時四十分。

㈢控制：〇〇年〇月〇日零時十分。

㈣撲滅：〇〇年〇月〇日零時十一分。

㈤殘火處理：至〇〇年〇月〇日二時整。

（救災行動時間【自到達至殘火處理】合計二小時二十分）

二　出動車輛、人員：

㈠車輛：出動水箱車三輛、水庫車四輛、雲梯車二輛、照明車二輛、空壓車一輛、救護車四輛及指揮車一輛合計共十七輛。

㈡人員：消防五十人、替代役三十人及義消七十人，合計一五〇人。

三　發生地點：〇〇縣〇〇市〇〇街〇〇巷〇〇弄〇〇號二樓。

四　氣象資料：風向：北風、風速：二級、天候：晴、相對濕度：80％。

五　人員傷亡狀況：

㈠死亡二人（一男一女）

編號	姓名	性別	出生年月日	身份證字號	住址	發現樓層	死傷情形	備考
一	陳〇〇	男	〇年〇月〇日	A123456789	台北市〇路三段〇號〇樓	二樓	死亡	焦屍
二	王〇〇	女	〇年〇月〇日	B123456789	臺北縣〇街〇號	二樓	死亡	送〇〇醫院急救無效

㈡受傷三人（二男一女）

編號	姓名	性別	出生年月日	身份證字號	住址	發現樓層	死傷情形	備考
一	吳〇〇	女	〇年〇月〇日	C123456789	花蓮市〇路〇號	三樓	重傷	送〇〇醫院
二	李〇〇	男	〇年〇月〇日	D123456789	台北市〇街〇號〇樓	五樓	重傷	送〇〇醫院
三	莊〇〇	男	〇年〇月〇日	E123456789	台中市〇路〇巷〇號	七樓	輕傷	自行離去

六　財物損失狀況：約計新臺幣七百五十萬元。

七　火災發生原因：（請依調查鑑定情形填報）。

貳　現場概要：

一　四週道路狀況：火場四週東面臨〇〇街（約十米寬）、西面臨〇〇街一七八巷（約八米寬）、南面臨〇路一段二七七巷（約六米寬）及北面臨〇〇街八十二巷（約八米寬），有關道路行駛障礙致妨礙救災狀況如違規停車、路障等情況請簡述之。

二　建築物構造：火場係〇〇商業大樓，為地上七層地下一層鋼筋混凝土結構建築物。（請附外觀四面相片）

三　建築物使用狀況、面積及燒損程度：（附乙種搶救圖，比例尺為百分之一以及火場相關照片，如有人員死亡，請於照片上標示位置）

樓層別	營業別	面積	燃燒面積	備考
地下一	○○超市	一千平方公尺	無	未波及
一	○○超市	七百平方公尺	無	未波及
二	○○ＫＴＶ	五百平方公尺	約五百平方公尺（在乙種搶救圖上以斜紋標示範圍）	起火樓層（全燬）
三	○○ＫＴＶ	五百平方公尺	約三百平方公尺（在乙種搶救圖上以斜紋標示範圍）	延燒樓層（半燬）
四	○○ＫＴＶ	五百平方公尺	無	部份煙燻
五	○○○賓館	四百平方公尺	無	部份煙燻
六	○○○賓館	四百平方公尺	無	未波及
七	○○○賓館	四百平方公尺	無	未波及

四　水源狀況：（附甲種搶救圖圖號○○○○、比例尺爲千分之一）

消防栓位置	型式	管徑	使用情形	使用車輛	距離火場大約距離	備註
○○路一段○○號前（編號栓００１）	地上式	二五○mm	堪用	○○水庫車		
○○路一段○○巷○○號旁邊（編號栓００２）	地下式	一五○mm	堪用	□□水庫車		
○○街○○號左側對面（編號栓００３）	地下式	一五○mm	堪用	◇◇水庫車		
○○街○○號前面（編號栓００４）	地下式	一五○mm	堪用	△△水庫車		

五　現場管理：（請據實填報火災現場各項管理作爲）

㈠人員：（是否設置安全官及其作爲、救災人員輪替等管理作爲、後勤支援單位調度運用情形等相關具體作爲）。

㈡交通：（是否協請轄區警察局派員疏散警戒區之人車及維護火場秩序情形等相關具體作爲）。

㈢裝備器材：（是否設置專人負責裝備器材控管及其使用情形等相關具體作爲）。

㈣媒體：（是否指派專人擔任現場發言人並告知媒體現場搶救作業情形、是否有不正確消息並澄清情形等相關具體作爲）。

㈤其他：

參　搶救部署狀況：（車輛、水線部署請在甲、乙種搶救圖上標示）

一　火災動態資料及指揮概況表：（消防車輛如裝設有攝錄影裝備或於現場人員手持攝錄影裝備進行拍攝，應檢附動態影片資料）

編號	時間	動態資料	指揮官處置情形
一	二十三時三十五分	○○商業大樓二樓發生火警，有黑煙自窗口向外冒出。	一一九電話報案資料。
二	二十三時四十分	初期指揮官抵達現場。	確認火場狀況及尋找現場關係人。
三	二十三時四十一分	○○商業大樓二樓ＫＴＶ東側有火舌及大量濃煙冒出，內部尚有民眾受困待救訊息。	初期指揮官（分隊長○○○）申請照明車二輛、空壓車一輛……等支援車輛，並指派人員組成搜救小組進行救援。

四	二十三時四十五分	○○商業大樓二樓東側火勢猛烈已向三樓竄燒。	雲梯車升梯從三樓救出一人、五至七樓救出二人，另搜救小組自二樓救出一人。
五	二十三時五十五分	第○大隊大（副大）隊長○○○(或其他指揮人員)抵達火場。	指揮權轉移。
六	二十三時五十六分	○○商業大樓三樓延燒火勢已控制並續向二樓搶攻中。	第○大隊大（副大）隊長○○○指示相關搶救作爲。
七	零時十分	火勢控制。	於二樓東側發現焦屍一具。
八	零時十一分	火勢熄滅。	將現有人員集中分層全面搜索及清理殘火（尤其加強二、三樓）。
九	至二時	殘火處理。	確認無復燃之虞，各車清點人、車、裝備器材無誤後，返隊完成下一次再出動準備。

二、搶救部署行動流程表：

到達順序	出動梯次	出動單位	車種（或無線電代號）	出動時間		放水作業時間			活動內容		配置人數	主要任務	部署概要	搜救、滅火狀況	
				出發	到達	開始	結束	合計	使用水源	水帶使用數				樓層數	救出人數
一	一	○○分隊	水箱車（○○一一）	23:36	23:40	23:41	02:00	02:19	○○水庫中繼	二十公尺三條	4	搜救滅火殘火處理	一、部署火場東側、搜救小組一組、出水線一線掩護、自一樓樓梯進入、負責二樓人命搜救。 二、搜救完畢後，負責二樓滅火工作及殘火處理。	二樓	一人（王○○）
二	一	○○分隊	水庫車（○○六一）	23:36	23:40	23:41	02:00	02:19	栓001	二十公尺六條	3	滅火破壞殘火處理	部署於○○水箱車後、出水線二線、一線由正面架梯射水、另一線由室內佈線並攜破壞器材支援二樓滅火及殘火處理。	二樓	
三	一	○○分隊	雲梯車（○○二一）（四十六公尺直線）	23:36	23:41	23:41	02:00	02:19	○○水庫中繼	五十公尺一條	2	搜救侷限火勢	部署火場正面、負責三至七樓人命搜救兼防堵火勢向三樓以上竄燒。	三至七樓	三人（吳○○、李○○、莊○○）
四	一	○○分隊	救護車（○○九一）	23:36	23:42						2	救護	一、部署於火場對面空曠處（成立救護站）待命救護傷患。 二、救護二樓重傷傷患王○○送醫急救後不治。		
五	一	□□分隊	水箱車（□□一一）	23:38	23:45	23:46	02:00	02:14	□□水庫中繼	二十公尺七條	3	滅火周界防護	部署火場西面，出水線二線、一線由西面樓梯進入、防堵三樓火勢延燒，另一線佈署西側防堵火勢延燒隔鄰建物（飛火警戒）。	三樓	
六	一	□□分隊	水庫車（□□六一）	23:38	23:45	23:46	02:00	02:14	栓002	二十公尺三條	2	中繼水源	部署於○○水箱車後，中繼水源。		
七	一	□□分隊	救護車（□□九一）	23:38	23:46						2	救護	一、至救護站待命救護傷患。 二、救護三樓重傷傷患吳○○送醫急救。		
八	一	◇◇分隊	雲梯車（◇◇三一）（二十公尺屈折）	23:39	23:48	23:49	02:00	02:11	◇◇水庫中繼	二十公尺一條	2	搜救侷限火勢	部署火場南側正面，協助三至五樓人命搜救兼防堵三樓火勢擴大延燒。	三至五樓	
九	一	◇◇分隊	水庫車（◇◇六一）	23:39	23:48	23:49	02:00	02:11	栓003	二十公尺四條	3	滅火	部署火場南側，出水線一線由南面樓梯進入、防堵三樓火勢延燒。	三樓	

十	一	◇◇分隊	救護車（◇◇九一）	23:39	23:48						2	救護	一、至救護站待命救護傷患。 二、救護五樓重傷傷患李○○送醫急救。		
十一	一	△△分隊	水庫車（△△一一）	23:40	23:50	23:51	02:00	02:09	△△水庫中繼	二十公尺八條	4	滅火通風	部署火場北側，攜排煙機並出水線一線由北面樓梯進入、防堵三樓火勢延燒。		
十二	一	△△分隊	水庫車（△△六一）	23:40	23:50	23:51	02:00	02:09	栓004	二十公尺三條	2	中繼水源	部署於△△水箱車後，中繼水源。		
十三	一	△△分隊	救護車（△△九一）	23:40	23:50						2	救護	一、至救護站待命救護傷患。 二、救護七樓輕傷傷患莊○○包紮後自行離去。		
十四	二	●●分隊	照明車（●●八一）	23:42	23:55						2	照明	部署火場正面，輔助照明使搶救工作順利進行。		
十五	二	●●分隊	空壓車（●●七五）	23:42	23:55						2	充氣	部署火場正面，管制空氣瓶充氣工作。		
十六	二	第○大隊	指揮車	23:43	23:56						3	指揮	一、初期指揮官向第○大隊大（副大）隊長報告目前車輛、人員搶救部署狀況及災民救出情形，完成指揮權移轉。 二、大（副大）隊長指示，火場三至七樓室內全面加強搜索及二樓滅火工作。		
十七	二	■■分隊	照明車（■■八一）	23:43	23:58						2	照明	部署火場東面，輔助照明使搶救工作順利進行。		

肆、檢討分析及建議：

一　優點：（請據實填報）。

二　缺點：（請據實填報）。

三　建議事項：（請據實填報）。

附註：各式消防車輛無線電代號對照表

車　　種	代　　號	備　　考
高低壓水箱車	一一、一二…	前加單位名稱例如： 三重消防分隊水箱車：「三重一一」 直線雲梯車：「三重二一」 屈折雲梯車：「三重三一」 四輪驅動吉普車：「三重四一」 化學車：「三重四一」 水庫車：「三重六一」 救助器材車：「三重七一」 空壓車：「三重七五」 照明車：「三重八一」 救護車：「三重九一」等
低壓水箱車	一六、一七…	
直線雲梯車	二一、二二…	
屈折雲梯車	三一、三二…	
四輪驅動吉普車	四一、四二…	
化學車	五一、五二…	
水庫車	六一、六二…	
救助器材車	七一、七二…	
空壓車	七五	
排煙車	七六	
照明車	八一	
救護車	九一、九二…	
加護型救護車	九五	

消防機關災害現場人命救助作業原則

民國92年3月18日內政部消防署函訂定發布全文10點。

一　爲提升消防機關執行災害現場人命救助之效率，訂定本作業原則。

二　消防人員到達災害現場後，應立即實施人命救助，並成立現場救災指揮站。

三　現場救災指揮站工作項目如下：

㈠統一指揮現場救災人員執行災害搶救、人命救助、緊急救護等勤務。

㈡接受其他救災機關（單位）及人員報到及任務分配。

㈢建立現場連絡通訊設施，隨時與轄區消防機關救災救護指揮中心保持密切連繫。

㈣協調當地警察機關執行交通管制，並就傷患後送區、直昇機起降場地（停機區域選擇如附件一）及可能發生危害處所之警戒區採取管制作爲。

㈤統合各相關單位之救災資源執行救災事宜。

㈥必要時向行政院國家搜救指揮中心或內政部消防署申請調度人力、直昇機、船艇等支援救災工作。

四　現場救災指揮站之編組（組織架構圖如附件二）及任務如下：

㈠指揮組：成員包括指揮官、新聞官、聯絡官及安全官，任務分別爲：

1.指揮官：指揮現場救災人員執行災害搶救、人命救助、緊急救護等任務。

2.新聞官：適時提供媒體各項資料。

3.聯絡官：聯絡其他支援災單位之人員。

4.安全官：隨時注意救災安全事項，可視需要設置。

㈡作業組：執行各項救災救護任務，並提出救災資源需求及調度建議，針對災害型態及支援救災單位性質，可細分各類作業小組，如救助、醫療、滅火、警戒等小組，並指定各小組之負責人。

㈢計畫組：隨時注意災害發展狀況及救災進度，掌控救災救護人員、車輛、裝備及器材資源及需求狀態，適時研提救災行動方案。

㈣後勤組：負責各項救災裝備、器材及其他物資之後勤補給事宜。

五　人命救助優先順序，應考量災害現場環境，在確保救災人員、裝備、器材安全之前提下，就符合下列情形者，優先救助。

㈠有立即危險受困者之處所（如起火處所附近、車廂變形扭曲嚴重等）。

㈡受困人數較多之處所。

㈢受困人員易施救之處所。

㈣經醫護人員評估傷勢較危急嚴重者。

㈤救災人員受傷或受困時，第一優先救助。

六　受困人員受限於災害現場救災人力、裝備或器材難以進行施救時，應立即請求支援。

七　災害現場有大量傷病患時，應即配合衛生主管機關於災害現場協助成立臨時救護站（急救站），進行傷患緊急救護處理，醫療人員未到達之前，應先執行初期傷勢評估及傷患後送。

八　執行救護後送任務之救護車與直昇機後送優先順位原則如下：

㈠經傷勢評估或檢傷分類爲須立即給予醫療照護、否則存活機率將會下降或死亡之傷病患。

㈡經傷勢評估或檢傷分類爲不予立即治療不會導致併發症或死亡之傷病患。

㈢經傷勢評估或檢傷分類爲不致造成任何立即生命危害之傷病患。

九　爲有效進行傷患運送工作，應與衛生主管機關於災害現場設立傷患後送區，並派遣專責人員協助災害現場救護車調度與執行救護任務之直昇機昇降及運送等協調聯繫事宜。

十　消防機關執行大量傷病患救護任務時，應通報衛生主管機關。

消防機關消防車及救災車出勤規定

①民國96年7月6日內政部消防署函訂定發布全文8點。
②民國104年4月16日內政部消防署函修正發布名稱及全文8點；並自即日生效（原名稱：各級消防機關消防車及救災車出勤作業規定）。

一　為規範各級消防機關（以下簡稱消防機關）消防車及救災車出勤執行災害搶救、消防勤務、支援一般公務及緊急救援工作之使用調派作業，訂定本規定。

二　本規定所稱消防車及救災車，係指「直轄市縣市消防車輛裝備及其人力配置標準」所規定之消防車及救災車。

三　本規定所稱災害搶救工作範圍如下：
㈠風災、震災、火災、爆炸災害之搶救工作。
㈡依「災害防救法」所列其他災害防救業務主管機關主管災害之支援或人命搶救配合事項。

四　本規定所稱消防勤務係指「消防勤務實施要點」所規定之勤務。

五　本規定所稱一般公務及緊急救援工作範圍如下：
㈠一般公務：指「行政程序法」第十九條規定行政機關間互相協助事項。
㈡緊急救援：指發生具有一定危害性之突發事件，為控制事態蔓延、減少生命或財產損失之救助行為及措施。

六　消防機關消防車及救災車之調派以執行災害搶救、消防勤務為原則，於不影響上開案件執行，始得支援一般公務及緊急救援工作使用。

七　消防機關消防車及救災車支援一般公務及緊急救援案件使用時，應由消防機關救災救護指揮中心受理、審核後，始得派遣人員及車輛執行之，但經機關首長同意者，不在此限。

八　消防車及救災車之調派成效良好、執行得宜，有效防止災害擴大，提升消防機關形象，由消防機關辦理獎勵；違反本規定使用或派遣、執行不當，由消防機關本於權責依規定議處。

消防機關配合執行危害性化學品災害搶救指導原則

①民國101年11月15日內政部消防署函訂定發布全文5點。
②民國103年10月1日內政部函修正發布名稱及全文5點；並自即日起生效（原名稱：消防機關配合執行危害物質災害搶救指導原則）。
③民國107年8月7日內政部函修正發布第3、4點。

一　目的

(一)為利消防機關配合執行危害性化學品災害人命救助、控制火勢及阻卻延燒，確保救災人員行動安全，防止災情擴大，特訂定本指導原則。

(二)於本指導原則所訂標準作業程序無法涵蓋之特殊情況（非正常環境）下，現場指揮官應發揮其專業判斷，綜整人、事、時、地、物之整體情況，作最適切之處置。

二　受理報案

(一)詢問事故發生時間、地點、範圍、風向、存放危害性化學品種類、數量、洩漏或燃燒情形、傷病患人數、傷情程度、臨近公共設施及請求支援事項。

(二)詢問係何種危害性化學品致災（包括標示告示板上資料：標示圖、聯合國編號、中文名稱、緊急連絡電話等）、設施（容器、管線、閥門、裝卸設備等）、構造（面積、高度、結構等）或破損情形等，並通報相關主管機關派員到場。

三　出動時及出動途中

(一)救災救護指揮中心（科）（以下簡稱指揮中心）可聯繫環境事故諮詢監控中心、內政部消防署聘任之諮詢專家等相關單位提供諮詢，並協助查詢相關圖資，提供現場指揮官預作處置。

(二)指揮中心、分隊值班人員可透過毒性化學物質災害防救查詢系統、化學品全球調和制度（GHS）危害數據資料查詢系統、安全資料表（SDS）、緊急應變指南等查詢致災物搶救相關資料，並通報救災人員，作為搶救參考。

四　災害現場搶救標準作業程序（H.A.Z.M.A.T.）

(一)危害辨識（Hazard identification）

1.一般危害辨識

(1)視現場狀況保持適當安全距離，並確認災害現況，包括：致災物種類、數量、特性、洩漏或燃燒情形、死傷人數等。

(2)於不明狀況時，保持適當安全距離，注意洩漏徵兆（異音、異色、異味），並請求主管機關、致災物偵檢單位、事業單位及業者到場，以確認致災物潛在危害等資訊。

2.涉及化學物質運作之工廠、作業場所之危害辨識

(1)注意儲槽周圍告示板上所載資訊及容器上貼附之危害標示。

(2)為搶救工廠火災，得命工廠管理權人提供廠區化學品種類、數量、位置平面配置圖及安全資料表等搶救必要資訊，並指派專人至現場協助救災。

3.裝載危險物品運輸車輛運輸途中之危害辨識

(1)注意車身或容器上貼附之危險物品運輸標示。

(2)向司機或押運人員索取危險物品通行證或危險物品道路運送計畫及安全資料表。

(3)向運輸公司或高速公路、公路或鐵路管理機關查詢危險物品資訊。

4.現場救災人員於參考、使用上述相關資訊時，應持質疑保留之態度，除檢視標示

事項外，並應注意其他佐證資料。

㈡行動方案（Action plan）

1.危害性化學品災害處理過程，處理「對」比處理「快」重要。

2.部署時以人員安全為首要考量、以人命救助、控制火勢及阻卻延燒為原則，如現場無人命危害之虞，得不執行危險性救災行動。

3.現場救災人員需先確認本身之安全，如無適當安全之個人防護裝備器材，不得貿然進入現場救災，且不採取任何超出自身訓練範圍之行動。

4.現場無人命傷亡之虞或搶救資訊不明之情況，不應冒險救災，即使有人命傷亡之虞，現場救災人員應優先著重自身安全及救災團隊風險考量。

5.指揮官應評估現場搶救安全，對任何不安全救災環境或危險狀況惡化時，救災人員應先行撤離並進行初步管制，通報現場狀況，請求相關主管機關支援應變單位人員及裝備器材；於衡量全盤狀況後，再依現場可用資源，規劃具體行動方案，據以實施。

6.選擇由上風處及適當位置集結接近，進入災害現場前，並應瞭解所面對之潛在危害；未確認或不明物質具可燃性者，嚴禁所有引火源。

㈢區域管制（Zoning）

1.迅速劃定初期管制區域，並請警察單位進行交通管制，必要時由鄉（鎮、市、區）公所、村（里）長、幹事協助警察、消防等單位疏散管制區域內之人車，以降低危害性化學品對民眾及搶救人員之危害。

2.初期無可供判斷之致災物資訊或偵檢儀器數據資料時，初期管制區域得參考緊急應變指南，或由指揮搶救人員衡酌事故現場建物特性、高度、街區等可能影響範圍、程度及是否可及時疏散、撤離等因素決定管制範圍之大小，並視風向及災情發展適時調整之。

3.管制區域得視災害情況，劃分如下：

⑴熱區（又稱污染區或禁區，一般以紅色標示）：為事故地點周圍可能遭受污染之區域。

⑵暖區（又稱影響區或除污區，一般以黃色標示）：為熱區與冷區間緩衝區域，主要功用為除污。

⑶冷區（又稱安全區或支援區，一般以綠色標示）：為未受污染或已除污之區域。

4.指揮站應設於冷區及上風位置；民眾、記者則在冷區之外。

5.對於出入管制區之搶救人員應記錄管制，並禁止未著適當防護裝備之人員出入管制區域。

㈣建立管理系統（Managing the incident）

1.為使現場搶救各項任務能各司其職、有條不紊，必需建立指揮管理系統。

2.初期現場應變指揮官原則由最先抵達事故現場之救災人員擔任，若為消防人員，則由消防分（小）隊長，或由消防局指定人員擔任；俟主管機關或地方政府災害應變中心指派人員到場後，指揮權隨即轉移，並配合後續應變任務。

3.如有環保、勞工安全、工業安全、毒性化學物質管理、管線等專業人員到場，原則上現場由專業人員提出搶救腹案、搶救人員於裝備、器材、訓練許可之情形下，配合搶救。

㈤請求支援（Assistance）

遇有較大規模危害性化學品災害，且搶救超出當地消防單位能力者，得向相關單位請求支援。請求支援項目包括搶救及偵檢人力、裝備、相關學者、專家、技術、資訊等。

㈥善後處理（Termination）

1.搶救過程中，如被救出人員送醫，或搶救人員因故須離開熱區、暖區時，應執行除污程序。

2.配合主管機關全面檢視災害現場，確認無人員待救及火勢完全撲滅。

3.爲避免消防車輛及救災設備二次污染，有污染疑慮時，應於離開現場前進行除污。

五　附註

(一)「危害性化學品災害」定義：係指危害性化學品因意外致引起之火災、爆炸、洩漏、人員中毒、受困等事故。

(二)「危害性化學品」定義：危害性化學品標示及通識規則第二條所定符合國家標準CNS15030分類，具有物理性危害或健康危害者。

(三)針對疑似核生化恐怖攻擊事件初期處置，原則得參考上揭作業程序，惟仍應視個案狀況，配合主管機關或專業單位之決策指導，始進行相關處置。

消防機關搶救太陽光電發電設備火災指導原則

①民國103年12月23日內政部消防署函訂定發布全文5點；並自即日生效。
②民國108年1月14日內政部消防署函修正發布全文5點。

一 前言

臺灣日照豐富且時間長，太陽光電發電是一個趨勢。政府鼓勵在各種居住、工作、休閒、教育、廠場、機關等建築物之外牆、屋頂、陽台或利用其他空地等裝設太陽光電發電設備，一旦太陽光電發電設備有火災或受到鄰接物熱輻射，即會產生電流，對執行救災的消防人員可能產生感電危害，有必要預先詳加注意。

依經濟部102年12月16日修正「屋內線路裝置規則」第396-57條規定：「與發配電網路連接之太陽光電系統，當發配電網路喪失電壓時，太陽光電系統之變流器或交流模組應自動停止電力輸出至所連接之發配電網路，至該發配電網路之電壓恢復為止。併聯型系統得當作獨立型系統，供電給前項發配電網路切開之負載。」如火災時台灣電力股份有限公司所屬單位（以下簡稱台電）斷電後，變流器（inverter）將自動切斷太陽光電發電設備之電流，惟因太陽光電發電設備遇光即持續發電特性，故須注意建築物蓄電設備、部分配線可能持續有電源（AC220V至600V及DC最高至1,000V）供應之風險，為避免消防人員於救災過程（如入室搶救、破壞作業、射水滅火等）發生感電，爰訂定本指導原則，以為搶救太陽光電發電設備火災之參考。

二 搶救原則

(一)太陽能板易受日光或有照度光線影響，產生電壓，所以當太陽能板發生火災或鄰接物火災輻射至太陽能板，皆會產生電壓，引起感電。

(二)裝設太陽光電發電設備建築物及處所即使經台電斷電後，應注意太陽能板至變流器（inverter）間配線仍有電力，從火災初期至殘火處理都必須注意，指揮官應通知提醒火場搶救人員仍有電力樓層作業時須避免感電。

(三)切勿貿然射水，使救災人員暴露在感電風險下。

(四)入室人員應著完整無破損之乾燥消防衣、帽、鞋、手套、頭套、空氣呼吸器、救命器、熱影像儀等防護裝備器材，並避免碰觸導電物體。

(五)滅火行動盡可能使用乾粉或氣體藥劑。若需射水，建議在6至10公尺以上之距離處，以展開角度30度以上之水霧射水，且瞄子出水壓力至少7kgf/cm^2（100psi）。

(六)太陽能板材質破裂時會形成大小碎片，消防搶救活動時須注意建築物斜屋頂及外牆太陽能板碎片掉落危險。

(七)太陽光電發電系統未斷電線路，掉落碰觸到建築物的金屬樑柱時，依舊有導電危險，勿以沾濕的手套碰觸金屬周邊設施，並通知太陽光電發電業者（或台電協同）。於建築物屋內活動如需關閉電源開關時，請戴上絕緣性高之高壓電用塑膠絕緣手套。

(八)非必要時切勿碰觸、破壞太陽光電發電設備，以免觸電。即使太陽能板表面已遭受破壞，仍須注意觸電風險。

(九)非建築物（如農田、空地）之太陽光電發電設備火災，建議以警戒，防止火勢延燒。

三　作業流程

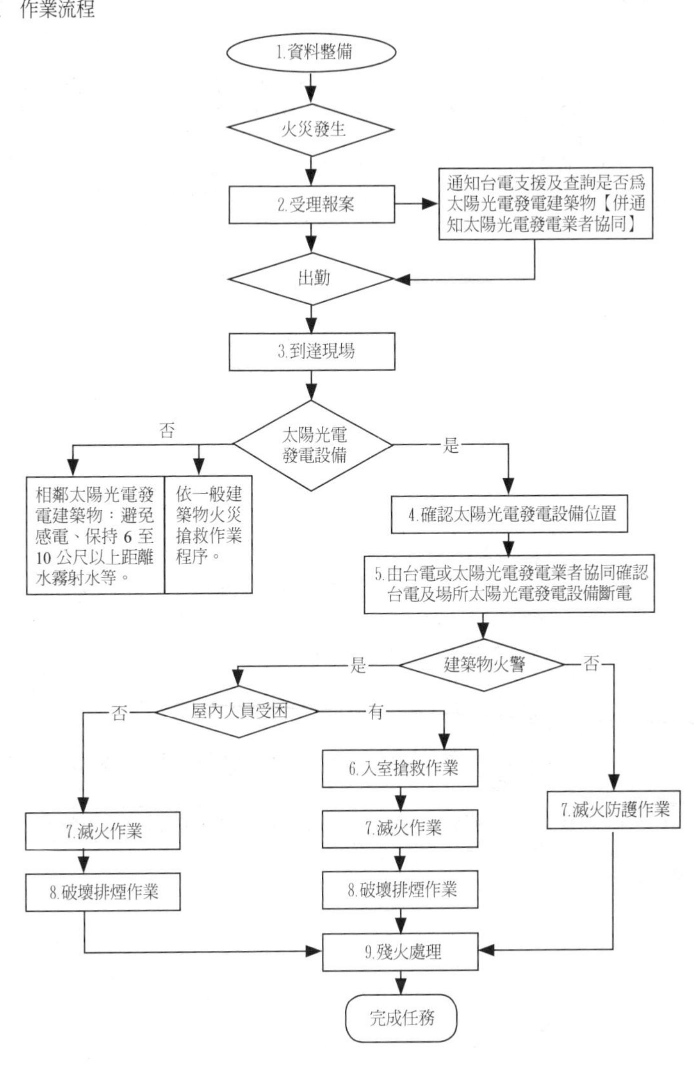
1.資料整備
火災發生
2.受理報案
通知台電支援及查詢是否爲太陽光電發電建築物【併通知太陽光電發電業者協同】
出勤
3.到達現場
太陽光電發電設備
否
是
相鄰太陽光電發電建築物：避免感電、保持 6 至 10 公尺以上距離水霧射水等。
依一般建築物火災搶救作業程序。
4.確認太陽光電發電設備位置
5.由台電或太陽光電發電業者協同確認台電及場所太陽光電發電設備斷電
建築物火警
是
否
屋內人員受困
否
有
6.入室搶救作業
7.滅火作業
8.破壞排煙作業
7.滅火作業
8.破壞排煙作業
7.滅火防護作業
9.殘火處理
完成任務

四　流程說明

作業流程	步驟說明
(一) 資料整備	1.針對設有太陽光電發電設備建築物相關資訊瞭解，或與地方政府再生能源發電設備業管機關、台電及太陽光電發電業者等建立緊急查詢機制及窗口。 2.消防機關洽上述單位提供資訊以建立轄區設有此設備之建築物清冊，另對於屬供公衆使用建築物之場所宜製作搶救計畫（含圖資及變流器【inverter】位置與串接發電系統之輸出供電線路開關位置）。 3.對於屬供公衆使用建築物，消防機關得洽請設有此設備之所有權人或相關管理人員配合進行人命救助及火災搶救訓練及演練。
(二) 受理報案	1.受理後通知台電及太陽光電發電業者立即前往斷電。 2.查詢是否爲太陽光電發電建築物，即時通報出勤人員知悉。 3.查閱搶救圖資E化管理系統基本資料，確認該建築物是否爲太陽光電發電建築物，經確認後，提醒帶隊官及出勤人員注意（攜帶高絕緣性手套或木製器具），並通報該建築物之變流器（inverter）位置（一般住宅通常位於太陽能板直下樓層），避免太陽能板至變流器（inverter）間電路感電意外。
(三) 到達現場	1.確認爲太陽光電發電建築物、燃燒的形式（建物火災、室內火災或光電設備火災）、火勢大小及燃燒物質（設備或元件）。 2.疏散火場內住戶民衆。 3.調閱搶救計畫及搶救圖資，檢視火場建物四周地形地物與建築物狀況。 4.通知關係人（含台電及太陽光電發電業者等）到場，詢問建築物關係人確認光電發電相關設備、規模、位置等狀況。 5.確認光電設備受燒狀況。 6.確認屋頂牢固情形。 7.擬訂行動計畫與現場決斷。 註：餘依「消防機關火場指揮及搶救作業要點」及各消防機關相關作業規範等規定辦理。
(四) 確認太陽光電發電設備位置	確認建築物內太陽能板、變流器（inverter）、蓄電池及太陽光電發電系統輸電配線開關位於建築物相關位置，作爲救災決策上依據。
(五) 由台電或太陽光電發電業者協同確認台電及場所太陽光電發電設備斷電	1.指揮官回報指揮中心目前火勢狀況，於台電未到場前，以防禦作戰方式避免延燒。 2.確認台電供電電源或太陽光電發電業者斷電作業。 (1)日間火警： ①經台電斷電後，仍應注意太陽能板至變流器（inverter）間仍可能存有電力，指揮官應通知提醒火場內部仍有電力樓層之搶救作業人員注意作業時避免感電。 ②可利用遮蔽效應，遮斷光電半導體發電效應。 (2)夜間火警： ①經台電斷電後，惟仍應注意蓄電池電力危險，視現場情況可由防禦戰轉變爲攻擊戰。 ②滅火作業延長至日出時，因光電半導體光電效應會有發電現象，需注

	意光電設備與電力轉換器間會有直流電力產生，慎防感電或致生二次危害。可利用遮蔽效應，遮斷光電半導體發電效應。 3.確認場所自主切斷發電供電開關：消防人員應確認相關人員是否已派員將太陽光電發電設備輸電開關關閉。
(六) 入室搶救作業	1.個人防護裝備確實著裝： (1)著完整無破損之乾燥消防衣、帽、鞋、手套、頭套等防護裝備。 (2)背戴空氣呼吸器、救命器等裝備器材。 (3)其他個人防護或搶救所需設備。 2.入室作業人員應保持乾燥絕緣狀態。 3.落實安全管控機制，記錄入室人員入室時間與空氣量，以換班保持入室人員體力。 4.確認變流器（inverter）與蓄電池位置，防止感電意外。 5.迅速撤離室內受困災民。 6.注意事項： (1)太陽光電發電系統未斷電線路掉落碰觸到建築物的金屬樑柱等依舊有導電危險，勿以沾濕的手套碰觸金屬周邊設施。 (2)於建築物內部活動如需關閉電源開關時，請戴上絕緣性高之高壓電用塑膠手套。 (3)留意太陽能板設備掉落的可能性。 (4)太陽能板之玻璃碎裂時會形成大小碎片，須注意防範玻璃破裂掉落或滑倒等。
(七) 滅火作業	1.如確定建築物內無待救人員，即採防禦戰術，穿戴具絕緣性高的手套、消防鞋。 2.勿以直線水柱直接朝相關設備射水，使入室人員處於感電風險危害中。 3.滅火行動遇有配線或電器設備盡可能使用乾粉或絕緣氣體滅火。 4.若需射水，建議在至少6公尺以上，以10公尺爲較佳距離，以張角角度30度之水霧射水，且瞄子出水壓力至少7kg/cm^2（100psi）。 5.太陽光電發電設備燃燒時，主要爲太陽能板內部環氧樹酯及密封零件燃燒，撲滅時因水會被電池表面的玻璃阻擋，無法直接灌水進入內部，滅火較費時，建議予以警戒防止火勢延燒。
(八) 破壞排煙作業	1.入室後儘速將門窗打開驅煙，增加能見度俾利搜索。 2.勿碰觸、剪斷、破壞任何相關電器（氣）設備、線路，以免觸電。 3.查看太陽能光電板是否受火勢波及，切勿碰觸、破壞太陽光電發電設備，以免觸電。 4.攀爬屋頂或窗戶時，注意避免感電或滑（摔）落意外。 5.注意崩塌、爆炸、電弧、感電等危險。 6.在排煙作業無法完全驅煙時，指揮官應立即重新評估，若因屋頂被光電設備或其他元件阻礙排煙或需控制竄燒時，水平正壓排煙不失爲較佳之作業措施。 7.執行破壞時應使用護目鏡做臉部保護。
(九) 殘火處理	1.確定已整棟完全斷電後，再進行殘火處理。 2.即使太陽光電發電設備已遭受破壞，受到日照仍有光電效應，仍須提高警覺避免感電，勿輕忽大意。 3.攀爬屋頂時可輔以梯子與繩索等支撐確保，避免滑（摔）落。 4.火災產生的熱會破壞板面，切勿碰觸及破壞，避免被割傷或感電。

五　各級消防機關得依地區環境之特性訂定補充規定。

直轄市縣市特殊消防車輛基本配置指導原則

民國108年6月19日內政部消防署函訂定發布全文4點；並自即日生效。

一　爲指導直轄市、縣（市）消防機關妥善配置特殊消防車輛基本數量，完善消防救災能力整備，特訂定本指導原則。

二　特殊消防車輛種類及基本配置如下：

㈠雲梯消防車：

1.大隊轄區六層樓以上建築物逾九十棟者，配置一輛；逾一百八十棟者，配置二輛；逾二百七十棟者，得增加配置一輛。

2.依前目規定，大隊無須配置雲梯消防車者，得基本配置一輛。

㈡化學消防車：

1.管制量十倍以上之第四類公共危險物品列管場所數量，扣除室內儲槽場所及地下儲槽場所，五十以上未滿五百者，配置一輛；五百以上未滿一千者，配置二輛；一千以上未滿二千者，配置三輛；依此類推，每滿一千者，配置一輛。

2.第四類公共危險物品列管場所，合計最大儲存數量及最大處理數量，達管制量六萬倍以上未滿二百四十萬倍者，配置一輛；二百四十萬倍以上未滿四百八十萬倍者，配置二輛；四百八十萬倍以上者，配置三輛。

3.所稱第四類公共危險物品列管場所數量，係指依公共危險物品場所列管方式計算，一家工廠可能有數個列管（製造、儲存、處理）場所。

4.第一目及第二目合計車輛數，爲化學消防車基本配置數量。

㈢大型化學消防車、大型高空射水車及泡沫原液車：

1.大隊轄內有處理或儲存第四類公共危險物品合計達管制量一萬倍之事業單位，該事業單位內之室外儲槽（外浮頂型式）任一座直徑達三十四公尺以上者，基本配置大型化學消防車、大型高空射水車及泡沫原液車各一輛。

2.大隊轄內石油類最大儲存及處理量合計爲四百萬公秉；或每日常壓蒸餾裝置處理能力達一萬五千八百九十八公秉以上之事業單位，有二處以上者，基本配置大型化學消防車、大型高空射水車及泡沫原液搬送車各二輛。

3.大型化學消防車應有每分鐘三千一百公升以上之放水量及二千公升以上之泡沫原液槽；大型高空射水車應有每分鐘三千公升以上之放水量；泡沫原液車應有四千公升以上之泡沫原液槽。

4.直轄市、縣（市）消防機關應依「大量處理或儲存第四類公共危險物品事業單位設置消防車輛及泡沫砲塔指導綱領」之規定，輔導事業單位設置消防車輛或移動式泡沫砲塔。

㈣救助器材車，依下表人口數量配置：

人口數	救助器材車數量
十萬以上、未滿二十五萬	一
二十五萬以上、未滿四十萬	二
四十萬以上、未滿五十五萬	三
五十五萬以上、未滿七十萬	四

人口數	救助器材車數量
七十萬以上、未滿八十五萬	五
八十五萬以上、未滿一百萬	六
一百萬以上、未滿一百三十萬	七
一百三十萬以上、未滿一百六十萬	八
一百六十萬以上、未滿一百九十萬	九
一百九十萬以上、未滿二百二十萬	十
二百二十萬以上、未滿二百五十萬	十一
二百五十萬以上、未滿二百八十萬	十二
二百八十萬以上、未滿三百一十萬	十三
三百一十萬以上、未滿三百五十萬	十四
三百五十萬以上、未滿三百九十萬	十五
以後每四十萬人口，增加救助器材車一輛。	

三　本指導原則所定特殊消防車輛基本配置數量，得由中央消防機關爭取經費酌予補助直轄市、縣（市）消防機關購置充實及汰換。

四　直轄市縣市消防車輛配置係屬地方自治事項，依地方制度法仍以由地方政府自籌經費辦理爲原則。

危險性救災行動認定標準

民國109年4月22日內政部令訂定發布全文5條；並自發布日施行。

第一條

本標準依消防法（以下簡稱本法）第二十條之一第二項規定訂定之。

第二條

本標準用詞，定義如下：

一　各級搶救人員：指消防人員、義勇消防人員、災害防救團體及災害防救組織編組成員。

二　無人命危害之虞：指下列情形之一者：

㈠確認無人命需救援或疏散。

㈡受災民眾已無生還可能。

第三條

災害搶救現場有下列各款情形之一者，認定爲本法第二十條之一所稱危險性救災行動：

一　進入核生化災害現場熱區。

二　進入爆竹煙火、公共危險物品或可燃性高壓氣體製造、儲存、處理、販賣場所、毒性化學物質運作場所等危險場所。

三　進入輕量型鋼結構建築物、印刷電路板（PCB）製造場所。

四　進入長隧道、地下軌道、地下建築物或船艙內。

五　進入有倒塌、崩塌之虞之建築物內。

六　其他經現場各級搶救人員充分綜合分析研判後，認定之危險行動。

第四條

①經現場消防指揮人員充分綜合分析研判，災害現場無人命危害之虞，不執行危險性救災行動時，應改採其他適當之搶救作爲，並向救災救護指揮中心回報。

②各級搶救人員進入災害現場，遇閃（爆）燃前兆現象、倒塌等危急狀況者，即可採取撤離行動，並適時回報緊急求救口令。

第五條

本標準自發布日施行。

資料補充欄

肆、緊急救護

內政部消防署緊急救護勤務指導要點

民國88年10月13日內政部消防署函訂定發布全文7點。

壹　目的

為提升緊急救護品質，完成到院前緊急救護任務，確保緊急傷病患之生命與健康。

貳　效益

統一作法、建立專業、統籌運用各機關、單位醫療救護資源、人力、車輛及裝備，以發揮整體救護功能。

參　緊急救護急救原則

一　維護環境及個人安全與感染控制。

二　評估中樞神經系統功能。

三　維護脊椎之完整性。

四　維護呼吸道及呼吸。

五　抽吸或給氧。

六　評估及維護心臟血管功能或止血包紮固定。

七　露身檢查及詢問病史。

八　生命象徵之監測。

九　其他依狀況許可範圍實施必要急救處置。

十　選擇適當後送責任醫院。

肆　勤務要領

一　服務態度：

㈠勇敢、鎮靜、機警、隨機應變。

㈡技術純熟，動作敏捷。

㈢態度和藹，解說清楚。

二　勤務前之準備：

㈠依照「救護車檢查紀錄表」、「救護車隨車裝備檢查表」每日實施各項檢查保養及記錄與耗材之補充。

㈡加強EMT2之培訓與複訓，強化救護技能與知識。

㈢地勢、交通、醫療機構等相關資料之調查。

三　出勤時之檢查：

㈠服裝儀容之整飾。

㈡應勤用具之檢查。

㈢勤前教育提示。

四　出勤中之作為：

㈠依派遣員之指示前往事故現場。

㈡視需要開啓警報器、警示燈。

㈢交通安全之確保。

㈣無線電出勤之報告。

五　現場之作業：

㈠停車位置之選定。

㈡急救現場之評估。
㈢感染之控制。
㈣救護裝備器材之取用。
㈤傷病患之評估。
㈥緊急急救技術之處置。
㈦暴力傾向傷病患安全戒護之協助與自身安全維護。
㈧特殊意外事故請求支援及現場評估處置與報告。
㈨拒絕送醫者之簽證確認。

六　送醫途中之處置：
㈠傷病患病情評估回報與責任醫院橫向之連繫。
㈡傷病患送醫途中之照護。
㈢隨行家屬、親友之安撫與指導協助。
㈣隨車家屬、親友與傷病患車內之安全維護。

七　抵達醫院之處置：
㈠傷病患之交接，病情評估與急救處置之說明。
㈡救護紀錄表之塡寫並送交醫護人員之確認。
㈢急救器材之交換與回收。
㈣處理總結之續報。

八　返隊之作爲：
㈠返隊時取消警示燈及警報器之使用。
㈡返隊後有關案情之結報。
㈢車輛器材之清潔消毒及除污與耗材之補充。
㈣車輛性能之檢查與油料補充。
㈤通訊器材歸位。
㈥工作紀錄簿之記錄與救護紀錄表之送閱。

伍　應行作爲及考核事項

一　緊急傷病患服務慰問卡之寄送。
二　緊急救護紀錄統計表每半個月之彙報。
三　專責救護隊之設置。
四　救護項目、救護作業程序與救護紀錄表每月之檢討分析。
五　地勢、交通、醫療機構等資料之建立與更新。
六　緊急救護支援協定之訂定。
七　各主管級救護技術員之訓練狀況。
八　鳳凰志工訓練人數與規劃協勤狀況。
九　救護技術員複訓及初訓辦理情形。
十　救護車及裝載物品之除污與消毒。
十一　各分隊每月消耗性救護器材使用量之統計情形。
十二　緊急救護勤業務之督考。
十三　協調責任醫院協助評核救護技術員救護處置作業並通報消防局辦理獎懲。
十四　救災救護指揮中心派遣員是否經過訓練並領取證照。
十五　特殊意外災害緊急救護訓練或演習實施計畫每年之執行情形。

陸　本指導要點本署每年實施督考評比，並列入「緊急救護服務品質考核評估」績效。

柒　本指導要點必要時得隨時修正之。

內政部消防署緊急醫療救護諮詢委員會設置要點

①民國93年5月14日內政部消防署函訂定發布全文10點。
②民國105年9月12日內政部消防署函修正發布全文9點；並自即日生效。
③民國108年1月2日內政部消防署函修正發布全文9點；並自即日生效。

一　內政部消防署（以下簡稱本署）爲推動到醫療機構前緊急救護制度、技術及策進事項，依本署組織條例第十五條規定，設置緊急醫療救護諮詢委員會（以下簡稱本會）。

二　本會之任務如下：

㈠緊急救護政策規劃之諮詢。

㈡緊急救護法令制度研擬、修正及釋義之諮詢。

㈢緊急救護教育訓練及宣導之諮詢。

㈣灼傷、毒性化學災害、生物病原輻射災害或其他特殊災害等特殊緊急救護之諮詢。

㈤緊急救護研究發展及品質管理、評估之諮詢。

㈥緊急醫療救護資訊系統資源整合與推動實施之諮詢。

㈦其他有關緊急醫療救護之諮詢事項。

三　本會置委員十七人至二十三人，其中一人爲主任委員，由本署署長兼任，一人爲副主任委員，由署長指派；其餘委員由署長就本署業務相關人員或衛生、消防機關、醫療機構、學校、團體代表或學者、專家遴聘（派）之。

前項衛生機關、醫療機構、學校、團體代表、學者、專家不得少於三分之一；委員任一性別比例不得少於三分之一。

第一項委員聘期爲二年，期滿得續聘（派）之。但代表機關或團體出任者，應隨其本職進退，並補聘（派）至原任期屆滿之日止。

本會委員除主任委員、副主任委員外，分爲下列四小組，每小組置五人至六人，並由小組委員互推一人爲小組召集人：

㈠綜合規劃組：負責救護體制、人力資源、法制規範及勤務執行等諮詢事宜。

㈡教育訓練組：負責救護與派遣課程、師資培訓、教材研擬、民衆教育與宣導等諮詢事宜。

㈢特殊救護組：負責灼傷、毒性與化學災害、生物病原、輻射災害或其他特殊災害等之整備、防護、除污及救護等諮詢事宜。

㈣品管資訊組：負責救護效能、品質管理、醫療與救護資訊傳輸與整合等諮詢事宜。

四　本會置執行秘書一人，幹事一人至三人，由本署派員兼任，承主任委員之命辦理本會日常事務。

五　本會會議由主任委員擔任召集人，以每半年召開一次爲原則，必要時得召開臨時會議，並得邀請有關機關（構）或專家、學者列席。

本會會議由主任委員擔任主席，主任委員因故不能出席時，由副主任委員代理；主任委員、副主任委員均不能出席時，由出席委員互推一人爲主席。

本會小組會議，以每三個月召開一次爲原則，必要時得隨時召開，由小組召集人擔任會議主席，召集人因故無法出席時，由小組委員互推一人擔任主席。

六　本會諮詢委員應親自出席。但代表機關或團體兼任之委員不克出席時，得指派代表出席。

小組會議決議事項應送本會討論。對於特定事項，得指定委員或委託相關專家、學者或學術機構研究或提供意見。

七　本會諮詢程序如下：

㈠業務單位提供議案與意見。

㈡送委員擬具諮詢意見。

㈢交付本會小組會議諮詢。

㈣提付本會會議諮詢。

㈤製作會議紀錄，簽請署長核定。

八　委員有下列情形之一者，得予以解聘（派）：

㈠行為有損本署名譽。

㈡無故連續三次未出席會議。

九　本會委員及兼職人員均為無給職。但非由本署人員兼任者，得依規定支給交通費及出席費。

本會邀請有關專家、學者列席會議時，得酌支交通費及出席費。

直轄市縣市消防機關及衛生機關災害現場緊急救護配合作業要點

民國92年12月9日內政部、行政院衛生署函會銜訂定發布全文6點；並自即日起生效。

一　訂定目的
為強化直轄市、縣（市）消防機關及衛生機關之配合聯繫機制，以提升災害（包含意外事故）現場執行緊急救護之作業效率，特訂定本要點。

二　作業時機
遇大量或嚴重傷病患救護時。

三　平時整備
(一)直轄市、縣（市）消防機關（以下簡稱消防機關）：
1.應於救災救護指揮中心建立下列緊急醫療救護資訊，並定期更新，提供緊急傷病諮詢服務：
(1)當地各級衛生機關、急救責任醫院之二十四小時聯絡電話等相關資料。
(2)當地急救責任醫院可提供加護及急重症病床數量。
(3)可提供緊急傷病患諮詢服務機關及人員之二十四小時聯絡電話等資料。
(4)當地醫療機構初期出動之救護資源（包含醫師、護理人員、救護技術員之人數及救護車輛數）。
2.定期辦理通報聯繫測試，以確保與當地衛生機關或急救責任醫院間之橫向聯繫作業順暢。
3.轄內覓妥二處以上地點位置適中（救護人員得於三十分鐘內完成集結），且飛航安全之直昇機起降場所，並報內政部消防署備查。
(二)衛生機關：
1.督導轄內醫療機構訂定初期出動救護人員及緊急醫療資源（含醫師、護理人員、救護技術員之人數、救護車輛數、急救責任醫院急重症病床數、醫材及藥品之種類與數量等相關資料），並提供救災救護指揮中心彙整及更新。
2.建立衛生所室、急救責任醫院與民間救護車機構救護人員二十四小時聯絡機制，並提供救災救護指揮中心彙整及更新。
3.指定醫院儲備所需急救藥品及醫材。
4.指定醫院儲備特定解毒劑（包含蛇毒血清）。
5.急救責任醫院之急重症醫療資源資料異動時，應副知消防機關更新相關資料。
6.督導急救責任醫院與民間救護車機構之緊急救護出勤時效及執行急救措施情。
(三)急救責任醫院：
1.主動提供救災救護指揮中心相關醫療救護諮詢，並接受指揮調派。
2.訂定年度大量傷病患緊急醫療救護應變計畫，並報衛生主管機關備查及副知消防機關。

四　災時應變
(一)救災救護指揮中心派遣救災人員執行災害搶救任務時，應同步派遣所屬救護人員及車輛隨隊出勤，並通知衛生機關或當地急救責任醫院協助緊急救護。
(二)衛生機關人員或醫療機構醫護人員到達大量傷病患災害現場，成立臨時急救站後，消防機關救護人員應將現場緊急救護工作移交，並接受前開人員之指揮調派，協助辦理大量傷病患之緊急救護工作。

㈢消防機關災害現場指揮官於衛生機關人員到達災害現場執行緊急救護任務時，應指派專人負責擔任消防機關與衛生機關之緊急救護協調事項，並提供下列災害現場資訊：

1.災害現場位置及範圍。

2.安全注意事項。

3.消防機關救護人員及車輛出動情形。

4.人命傷亡及救助情形。

五　後送處置

災害現場位處偏遠、交通不便、地勢險峻或離島地區者，救災救護指揮中心應視事故狀況向行政院國家搜救指揮中心或內政部消防署申請派遣空中消防隊、空中警察隊、國軍救護隊直昇機或行政院海岸巡防署船艇迅速趕赴災害現場或至預定集結地點載運救護人員、醫療器材及藥品送抵現場施行救護，並運送傷病患就醫。

前項空中救護傷病患之後送，衛生機關應指定送達之醫院及最近之直昇機起降場所。

六　傷患通報及後續追蹤

地方衛生機關接獲災害通報時，應於災害發生後一小時內，完成通報衛生署，其後，於災害應變階段，每小時更新資料通報一次；災害復原階段於每日十時及十六時通報最新留院傷患資料。

前項傷患通報，地方衛生機關應副知救災救護指揮中心。

直轄市縣市消防機關救護車輛裝備人力配置標準

①民國85年5月29日內政部、行政院衛生署令會銜訂定發布全文9條。
②民國98年5月27日內政部、行政院衛生署令會銜修正發布全文7條；並自發布日施行。
③民國105年5月17日內政部、衛生福利部令會銜修正發布第3條附表；並增訂第3-1條條文。

第一條

本標準依消防法第二十四條第二項規定訂定之。

第二條

本標準所稱救護車輛，指直轄市、縣（市）消防機關及所屬執行緊急傷病患送達醫療機構前之緊急救護所使用之一般救護車及加護救護車。

第三條

①一般救護車之裝備，如附表一。

②加護救護車之裝備，除應符合一般救護車之規定外，並應具備附表二所定之裝備。

③前項裝備，得於出勤時，依需要攜至車上。

第三條之一 105

救護車輛得配置安全帽、反光背心、反光外套或其他安全應勤裝備，供救護人員使用。

第四條

①直轄市、縣（市）消防機關應以轄內之消防分隊或鄉（鎮、市、區）為單位，劃分救護區，由消防機關或消防分隊設置救護隊，辦理緊急救護業務。未設置救護隊者，由消防分隊辦理之。

②每一救護隊至少應設置救護車一輛及救護人員七名。救護區人口在七萬人以上，每滿一萬五千人，救護隊得增加一名救護人力；救護人力每增加七人，得增加一輛救護車。

③山地、離島、人口密集、工廠密集或醫療資源缺乏區，得視實際需要增設救護隊。

第五條

直轄市、縣（市）消防機關為避免救護車輛發生故障無法執行任務，至少應配置備用救護車輛一輛。救護車輛超過六輛者，每增加六輛增置一輛備用救護車輛。

第六條

內政部消防署特種搜救隊及所屬機關之救護車輛裝備，準用本標準辦理。

第七條

本標準自發布日施行。

消防機關執行道路交通事故救護勤務作業原則

民國101年9月5日內政部消防署函訂定發布全文8點。

一　目的

為強化內政部消防署緊急救護勤務指導要點第肆點勤務要領之內容，以利消防機關救護員（以下簡稱救護員）執行道路交通事故救護時之人身安全及勤務遂行，特訂定本原則提供執勤時因地制宜參酌運用。

二　適用範圍

本原則係適用於交通事故救護現場活動涉及消防救護勤務作業部分。若現場活動涉有救護急救處置部分，概依緊急醫療救護法、緊急醫療救護法施行細則、救護技術員管理辦法等相關規定，及轄屬衛生主管機關所頒緊急傷患救護作業程序，施行救護。

三　作業基本原則

1.檢視現場環境安全，有危害之虞時得先運用救護車停放位置、車輛故障標誌或其他明顯警告設施等，營造安全救護作業區再行救護。

2.事故現場若空間有限、燃料洩漏、交通阻塞、群眾圍觀等致妨礙救護活動進行、或有發生二次危害之虞時，速與救災救護指揮中心聯繫，通知警察及其他支援到場。

3.現場如有多數或大量傷患，建立初期檢傷分類，並通報救災救護指揮中心連結、啓動大量傷患機制。

四　勤務前準備及檢查

1.接獲派遣指令時，除確認事故發生地點外，並儘可能蒐集交通事故型態、傷患人數等資訊，以便選用須額外攜帶上車之特殊器材出勤。

2.若同時或先後派遣救助隊出勤時，互為協調現場車輛部署位置，俾利共同建立安全、雙工作業區。

3.出勤前對車內裝備進行點檢，尤其常用於交通事故之救護裝備。

4.於夜間或視線昏暗不明時出勤，應於制式服裝外穿著具有反光材質背心或外套，以輔助警示。

五　勤務活動現場作業

1.以救護車停放位置之選定，創造安全救護作業空間；若多輛救護車同時出勤時，先抵達之救護車於選定停車位置時須考量後抵達救護車之停放位置。

2.為確保救護活動安全進行，得請警察依交通規則執行管制；如警察尚未抵達現場，速請救災救護指揮中心通知之。

3.對事故現場型態、傷患人數、有無救助需要、有無油料洩漏、有無起火危險等進行評估，超出應對能力範圍時，儘速請求支援。

4.若派遣數個救護隊或分隊至現場時，互為協調各隊任務分配、無線電頻道、現場車輛部署位置，以保留作業空間利於傷患之載送離場。

5.電車事故（如捷運、高鐵、鐵路）應速通報救災救護指揮中心，通知相關單位斷電及停止發車。

6.施行救護時，衡酌交通與安全風險，以目視即能明顯判別為多發性外傷、外出血、四肢變形之傷患得優先處置。如交通量激增或傷患位處於軌道上，宜將傷患先移至相對安全處（如救護車內）再進行救護處置。

7.若傷患被捲入車輛底盤時，於救助前，在可能範圍下，得先進行傷患評估、確保呼吸道、給氧、止血等救護處置。

8.於救助持續進行時，仍繼續觀察傷患，必要時請救助人員空出時段，運用救護器材實施生命支持術等救護處置。於旁側待命同時準備相關救護器材，以便救出傷患後儘速處置。

9.救助須費時較長，且現場有急救醫療需求時，宜通報救災救護指揮中心與指導醫師聯繫，或協調衛生主管單位指派急救責任醫院派遣醫師或護理人員到場協助。

10.有多數傷患時，先進行初步檢傷分類，決定救護處置優先順序。

11.於不妨礙救護急救原則下，注意現場保存。

六　送醫與交接

1.依相關規範交接，並儘量提供醫師有關現場資訊，如車輛種類、車輛破損情況、傷患移（飛）動情形等。

2.於警察抵達現場前，已將傷患送醫者，宜速通報救災救護指揮中心通知警察，啓動其聯絡家屬或關係人之機制。

七　返隊之作爲

1.救護車、器材、服裝等依規範消毒、清潔。

2.補充救護車內器材及其內容物、耗材等。

3.救護活動紀錄，除須登載救護紀錄表外，處理過程中遇有必要、特殊、或共同協勤間須協調事項等，得向大隊部、局本部陳報或口頭報告。

八　附則

交通道路事故現場常需機關共同處理或跨機關間協調，爲能促進效能，平時宜多方參研相關規範，如內政部、交通部、衛生署會銜發布之「道路交通事故處理辦法」，內政部、交通部會銜發布之「道路交通安全規則」及「道路交通標誌標線號誌設置規則」，警政署之「道路交通事故處理規範」等，先爲整備，俾於現場快速協調配當各項資源與流程，共同協力安全快速救護傷患。

消防機關救護紀錄表填寫作業原則

①民國102年6月21日內政部消防署令訂定發布全文7點。
②民國104年9月3日內政部消防署函修正發布全文7點。
③民國108年12月6日內政部函修正發布全文7點；並自109年1月1日生效。

一　相關規定
緊急救護辦法第十四條：「救護人員執行救護應填具救護紀錄表，於送抵急救醫院時，應由醫護人員簽章確認紀錄表所載事項。」

二　目的
爲記錄事故現場之傷病患人身識別及身體狀況、救護人員主客觀評估與救護處置，便利後續接手醫療、事後統計與品管、追蹤防疫安全、提供教育訓練改進用。

三　紀錄內容
以內政部108年8月12日內授消字第1080823595號函頒之消防機關救護紀錄表填載，內容分爲派遣資料、傷病患資料、現場狀況、處置項目及其他佐證資料等項別。

四　救護紀錄表記錄原則
採一傷病患一表且依項別完全填具，但遇有大量傷病患、現場未發現傷病患、拒絕送醫等情形，或勤務爲待命性質、中途取消、由他分隊接替（續）造成勤務終（停）止等得不完全填具。

五　填寫方式、格式與例示
㈠救災救護指揮中心指派案號：年月日時分秒加流水號，例2019010123595900l。
㈡編號：各消防機關自行編訂。
㈢派遣資料：
1.日期：以勤務當天日期，用數字記載，例100年01月01日。
2.出勤單位：以分隊名稱與救護車類別，用文字及數字記載，例龍潭91。
3.受案單位：以接獲民眾請求救護之單位，用勾選方式，就□救災救護指揮中心或□分隊自行受理單一勾選。若勾選「分隊自行受理」則於旁註記24小時制時間。
4.受理時間：以救災救護指揮中心（以下簡稱指揮中心）受理案件時間（或分隊自行受理後回報指揮中心註登時間），用24小時制數字記載，例：1625。
5.出勤時間：以救護車出勤之時間，用24小時制數字記載，例同上。
6.到達現場時間：以救護車到達現場之時間，用24小時制數字記載，例同上。另到達現場至接觸病患時間間隔較長時（如：傷病患位處高樓層、窄巷或山區須徒步到達等），得依需求加註接觸病患時間。
7.開現場時間：以救護車離開現場之時間，用24小時制數字記載，例同上。
8.送達醫院時間：以救護車抵達醫院急診檢傷站之時間，用24小時制數字記載，例同上。
9.開醫院時間：以救護車離開醫院之時間，用24小時制數字記載，例同上。
10.返隊待命時間：以救護車返抵分隊之時間，用24小時制數字記載，例同上。
11.發生地點：指揮中心提供填寫（若確認地點有誤，逕填寫正確地址），該場域非位於分隊轄區內，則增列鄉（鎮市、區）名或郵政區號代號，又若於災害時被派遣前往其他直轄市、縣（市）支援，則再增列直轄市、縣（市）名或郵政區號代號，另現場無門牌等則加註足爲識別資訊，例台○線119K合作橋附近。
12.協同處理單位：依實際支援之單位填寫，如信義91、110、信義11…等。

13.送往醫院或地點：以現場事實情狀，用勾選方式，就下列原則單一勾選，並於勾選欄前空白處註記醫療機構名稱。

(1)就近適當：優先以EMT建議爲主，並勾選□就近適當（如急診分流屬之）。

(2)指揮中心：如依指揮中心指示送醫，則勾選□指揮中心。

(3)傷病患或家屬要求：若建議一次就近適當醫院未獲同意時，則適當尊重傷病患或家屬要求協助後送，並勾選□傷病患或家屬要求。

14.未送醫原因：以現場事實情狀，用勾選方式，就下列原則單一勾選。

(1)未接觸：

A.未發現：經出勤到達現場後，雖有事故狀態卻未見有傷病患而返回分隊，例於車禍現場見有碰撞車輛，然駕駛已逃逸或傷者自行就醫。

B.誤報：經出勤抵達現場後，未發現相關人事物且詢可能關係人（商家、民眾等）確認無此事故發生或無此事故地點等返回分隊，並告知指揮中心。

C.中途取消：經出勤後接獲派遣單位（指揮中心或分隊）通知取消勤務返回分隊。

(2)未送醫：

A.拒送：經出勤到達現場後，已接觸傷病患，經當事人或家屬決定不送醫急救（含DNR未送醫）。

B.警察處理：未送醫案件且由接續警察處理者（例：車禍、路倒…等）。

C.現場死亡：患者OHCA且達到屍腐、屍僵、屍體焦黑、無首、內臟外溢或軀幹斷體的狀態之一者，交由警察接續處理，務必請警察簽名。

D.其他：包含經現場評估及判斷後，EMT決定不需送醫或其他情形。

(3)出勤待命：

A.火警：配合火警出勤到達現場後，已或未接觸傷病患但未送醫或返隊，僅於現場待命或爲救護處置作爲。

B.支援勤務：因支援活動出勤或大量傷病患協勤或ALS支援或接駁送醫，於現場待命或協助救護處置，但未被指示載送傷病患。若爲支援救護，傷病患由其他救護車送走，則於補述欄註記（例：已由××91送醫）。

(四)傷病患資料：

1.傷病患姓名／國民身分證統一編號／外籍患者護照號碼：依傷病患證件或其提供資訊塡寫，若意識不清無法告知或拒絕提供者，則勾選□不詳。

2.性別：依傷病患證件或其提供資訊塡寫，無法獲知時可依傷病患外表評估後塡寫，並勾選□經評估後判斷。

3.年齡：依傷病患證件或其提供資訊塡寫，塡寫方式爲「阿拉伯數字」＋「單位（天／月／歲）」，塡寫1歲以上年齡時，「歲」得省略。例：3天，1個月，5（歲）。無法獲知時可依傷病患外表評估後塡寫，不得空白，並勾選□經評估後判斷。

4.傷病患住址：依傷病患或家屬提供資訊塡寫，若住址與發生地點相同可勾選□同發生地點；無法得知傷病患地址時塡寫不詳。

5.傷病患財物明細：

(1)未經手：若未經手財物時，勾選此欄。

(2)有：塡寫詳細，如金錢及其他重要物品。若傷病患爲清醒者，即交予（告知）本人或其家屬或關係人保管，並請其於保管人處簽名；若傷病患意識不清，即交予其家屬或關係人保管，並請其於保管人處簽名並註記關係；若無家屬、關係人在場，至醫院後轉交接續處理人員保管及簽名，並註記保管人員身分；若仍無法交接，以公函移送警察後續處理，並註記函送警察處理。

(五)現場狀況：以傷病患或家屬、關係人請求救護告知指揮中心或分隊情況，隨派遣指令通告，經EMT接觸到傷病患後判斷現場狀況，分「創傷」及「非創傷」2類，以勾選1項主要原因爲原則，如有次要原因於「傷病患主訴之 4.還有其他地方不舒服嗎？」塡寫。若中途取消時，依派遣令塡寫。

1.非創傷：

⑴經抵達現場就傷病患所呈現問題或現象加以觀察及初步評估，予以單一或複數勾選，例派遣員僅提供非創傷疾病救護，到現場發現爲頭暈噁心，勾選「頭痛／頭暈」；如爲路倒者即勾選「路倒」。

⑵孕婦急產：孕婦有分娩徵象、立即生產或其他妊娠急症可能者。

⑶到院前心肺功能停止：本項勾選即爲主要原因，如爲傷病患狀況改變，請於補述欄註記。

⑷其他：因非創傷造成身體不適，但無適當欄位得勾選，始勾選□其他：塡寫原因（例：痛風）。

2.創傷：

⑴事故類別（以傷病患爲主）：勾選傷病患駕駛或搭乘之交通工具，若爲行人則勾選行人或勾選其他。（若受傷機轉爲非交通事故則可不塡）

⑵溺水：因意外或外力介入造成之溺水案件勾選之。

⑶摔跌傷：於地面或地板或同一平面處不愼跌倒摔傷勾選之。

⑷遇墜落傷患經詢問或觀察自何高處落下，以公制登載高度，若無明確資訊以現場環境推估是否＞6公尺或2層樓高（小兒＞3公尺或身高2倍高度），例：勾選「墜落傷」後據現狀塡寫約7公尺，或於補述欄註記小兒從身高2倍高度處墜落。

⑸遇燒燙傷傷患經判斷後登載嚴重度。

⑹到院前心肺功能停止：本項勾選即爲主要原因，如爲傷病患狀況改變，請於補述欄註記。

⑺其他：因創傷造成傷害，但無適當欄位得勾選，始勾選□其他：塡寫原因（例：毆傷）。

3.傷病患主訴：以現場傷病患所述身體狀況與曾有醫療紀錄用文字登載，其餘得於補述欄補充。若傷病患無法回答由他人代訴，請勾選□由家屬或友人代訴。

⑴感覺哪裡不舒服？塡寫傷病患描述症狀、部位或救護人員現場所見情形，例：血便、頭部、昏迷等。

⑵感覺怎麼的不舒服？塡寫傷病患的不舒服感，例：暈、疼痛等。

⑶大約不舒服有多久了？傷病患有意識則依所描述時間塡寫，無意識則詢問家屬或友人，無人可問則塡不詳。

⑷還有其他地方不舒服嗎？可塡寫現場狀況之次要原因。

⑸評估頸椎是否損傷？（創傷患者）無法排除疑似頸椎損傷時，以創傷機轉或評估結果登載，例：高處墜落、壓痛異常、手腳發麻等。

4.過去病史、過敏史：依傷病患及家屬敘述勾選，若未知，請勾選不清楚。

5.心肺功能停止登錄：

⑴目擊者：不知何時倒下，目擊者勾□無；有人發現倒下過程或EMT到達後才倒下均可勾選□有。

⑵旁觀者CPR：依現場有無人員實施CPR或表示剛剛曾執行後勾選，不需評斷旁觀者操作是否正確。

⑶使用PAD（public access defibrillation）：依據現場有無人員使用PAD勾選。

⑷到院前ROSC：傷病患爲到院前ROSC時勾選，並塡具ROSC時間；若無，勾選□無。如另到院後ROSC，可於補述欄註記。

6.OHCA事故地點型態：依OHCA傷病患發生地點勾選。

7.疑似心肌梗塞登錄：傷病患疑似心肌梗塞時塡寫。處置疑似心肌梗塞個案，可回報指揮中心（或護理師）通報急救責任醫院。

8.符合疑似腦中風指標是否異常：傷病患疑似急性腦中風時塡寫。

(1)處置疑似到院前腦中風個案，可回報指揮中心（或護理師）通報急救責任醫院，並記錄傷病患最後正常時間。

(2)符合疑似腦中風指標是否異常，勾選□是，應續塡□微笑測試異常□左側／□右側舉臂測試異常□言語測試異常。

(六)處置項目：

1.搬運：依傷病患可自行上車，或EMT依現場狀況選擇適當搬運方式勾選。

2.特定後送姿勢：EMT依現場狀況選擇適當後送姿勢，如將第三孕期之孕婦以左側躺姿勢送醫，則勾選□左側躺。

3.以現場救護員所施行救護處置單項技術，用文字、數字或（及）勾選登載，例使用AED，勾選「使用AED」，如果不建議電擊，電擊去顫_____次予以空白。如使用靜脈輸液0.9%N/S（500ml），則勾選「靜脈輸液」及於次欄欄位「0.9%N/S」註記500ml。

4.聲門上呼吸道（SGA）_____號：依現場實際使用之聲門上呼吸道裝置號數塡寫。

5.氧氣治療：氧氣治療，塡寫正確氧氣流量內容，若處置過程中，傷病患呼吸型態有明顯變化，EMT更改氧氣治療方式，除原勾選給氧設備外，亦需勾選更改後之設備。如原傷病患使用氧氣鼻管，於送醫途中更改爲NRM；範例：勾選□鼻管4L/Min及□非再呼吸型面罩。

6.圖示區：若無法正確估算傷口面積，得於數字前加塡約（例：約5×3）。

(1)傷口請塡何種傷（例：擦傷、穿刺傷、撕裂傷…等），均以公分爲單位，將數字寫出即可（例：5×3）。

(2)燒燙傷應塡寫程度及面積，並以%單位（例：2度18%）。

7.補述：

(1)事故車籍資料：視現場狀況，有需要時塡寫，勿因塡寫而耽誤處置及送醫時間。

(2)處置遇到之特殊情形或有必要記載之事項，救護人員未親眼所見時則加註「某人描述」或「疑似」字樣，例：患者牙關緊閉無法上LMA、家屬表示患者於○分鐘前服用○○藥、患者疑似服用藥物。

(3)其他需註記事項。

8.給藥：EMTP依所實施之急救處置塡寫，且需註記途徑／劑量，EMT2不需塡寫，範例：aspirin給藥寫法：

(1)aspirin（100mg）PO（途徑）／？顆（劑量以顆爲單位註記）。

(2)aspirin PO（途徑）／300mg（劑量）／？顆，NTG，SL（途徑）／？片（劑量）。

9.ALS處置：EMTP執行時塡寫，並依各消防機關所訂核簽時限及方式交由醫療指導醫師核簽。

10.醫療／線上指導醫師核簽：醫療指導醫師簽名欄位，若醫師親自至現場指導，則於補述欄以文字載明於醫師指導下所執行之處置項目。

11.生命徵象：以現場實際測量數據，用勾選及數字登載。

(1)時間以24小時制記錄。

(2)意識狀態：依實際評估，就「清」、「聲」、「痛」、「否」勾選。

(3)呼吸、脈搏以視觸覺量測10秒鐘者，以呼吸與脈搏次數乘以6的倍數。以測量儀器量測者，以所得數據塡具。

⑷血壓以摸觸傷病患動脈點，迅速評估傷病患循環狀況，例摸得到頸動脈則勾選□頸。以血壓計測量傷病患血壓，用所得數據於初評血壓欄內註記。

⑸GCS：以現場對傷病患進行初評、二評時間點，評估其意識程度，用數字就張眼反應、最佳語言反應，與最佳運動反應評估表述登載，當無法檢測（Not Testable）時，該項反應以英文縮寫NT表示。另昏迷指數可能因傷病患配合度、原有之急慢性疾病及時間前後而有不同的昏迷指數，應於補述欄補述「意識變差」或「意識改變」，並（或）加註24小時制時間。

⑹SpO_2：應依實際量測數值填寫。

⑺體溫：無法量測之傷病患可不測（如使用頭部固定器固定及OHCA之傷病患）。

⑻血糖：依實際量測數值或Low／High填寫。

⑼第一欄位：接觸傷病患時間，經初評傷病患之意識狀況、呼吸、脈搏、血壓等。

⑽第二欄位：將傷病患送上救護車，於車上所測得之生命徵象。

⑾第三欄位（到院後檢傷站）：將傷病患送抵醫療機構（急診檢傷站）後，簡稱到院後，經交接醫護人員量測之生命徵象，生命徵象得參考醫院數值填寫。但若發現與前欄所測有重大差異或有歧見等，救護員需自行量測並於時間欄內之「到院後檢傷站」註記「EMT」，然後依序記載所量測生命徵象。若救護員量測時間與「到達醫院時間」不一致，則於旁加註24小時制時間。

⑿有接觸傷病患而未送醫時，第一欄位生命徵象應填寫。除傷病患不願意接受量血壓、摸脈搏，可免除填具並註記拒測，但意識狀態應以觀察所得登載。

⒀送醫時間於3分鐘內，來不及檢查第二欄生命徵象時，得不填寫；填寫時應考量合理性（若家住5樓，到達現場與初步評估應有時間差）。

㈦簽名欄：

1.救護人員簽名：為同車實際出勤人員，用姓名登載，並勾選到院前檢傷分級或危急度判斷。

2.醫護人員簽名：為送抵醫療機構（急診檢傷站）醫護人員，請醫護人員簽名並勾選級數。

3.拒絕送醫簽名：

⑴傷病患拒絕送醫或拒絕接受救護處置時，應填寫拒絕處置之項目，要求簽名並填具連絡電話。

⑵若傷病患意識不清有意思表示障礙，其家屬表示拒絕送醫或拒絕接受救護處置者，應填寫拒絕處置之項目，由家屬簽名並具明關係及連絡電話。

⑶若傷病患或家屬拒絕簽名或不能簽名者，則由傷病患或家屬、關係人、勤區員警、村里幹事…等公務性第三人簽名，並填具聯絡電話，復註記與病人關係，例家屬、朋友、警察、里長…。

4.送醫後傷病患／家屬／關係人簽名：為送抵醫療院所後簽名證明，依序由傷病患／家屬／關係人擇一簽名，並註明聯絡電話。得於旁註記與傷病患關係及時間。

六　附註

㈠未送醫個案填寫（除不提供及配合外），應填未送醫原因、傷病患資料、現場狀況、拒絕醫療聲明及第一欄生命徵象之意識、呼吸、血壓及GCS。

㈡覈實記錄救護過程之所見、所聞、所測得及所執行之事項，切勿涉登載不實之情事。

㈢交付醫護人員簽名前，主副手應再次確認是否有疏漏及誤植，如發現錯誤應予更正並核章；另如事後發現誤植日期、時間、地址或身分證號等，於派遣系統登錄正確資訊，確保日後查調資料及統計所需，並於系統補述欄登打或工作紀錄簿詳載誤植資訊。採行電子化救護紀錄表者，補正機制得自行訂定。

㈣2台救護車以上處置同一傷病患時，2份救護紀錄表傷病患之姓名應核實填寫，若無法得知，可塡寫不清楚，勿2份救護紀錄表不同姓名或代稱。

㈤本原則爲全國性紀錄項目之操作方式，地方得增列紀錄項目並自訂操作方式。

七　附件

㈠消防機關救護紀錄表填具類別一覽表，如附表一。

㈡內政部108年8月12日內授消字第1080823595號函頒之消防機關救護紀錄表，如附表二。

附表一　消防機關救護紀錄表塡具類別一覽表

項	次別	應得塡具	單複選	塡具方式	備註
派遣資料	日期	應	--	數字	
	出勤單位	應	--	文字／數字	
	受案單位	應	單選	勾選	
	受理時間	應	--	數字	
	出勤時間	應	--	數字	
	到達現場時間	應／得	--	數字	未接觸則空白
	離開現場時間	應／得	--	數字	未接觸則空白
	送達醫院時間	應／得	--	數字	未送醫則空白
	離開醫院時間	應／得	--	數字	未送醫則空白
	返隊待命時間	應	--	數字	
	發生地點	應	--	文字	
	協同處理單位	應／得	--	文字	
	送往醫院或地點	應／得	單選	勾選／文字	未送醫則空白
	未送醫原因	應／得	單選	勾選	
傷病患資料	傷病患姓名	應／得	--	文字	
	身分證字號／外籍患者護照號碼	應／得	--	數字	
	性別	應	單選	勾選	
	年齡	應	--	數字	
	傷病患住址	應／得	--	文字	
	傷病患財物明細	應／得	單選	勾選／文字	未見則空白
	非創傷、創傷	應	單選	勾選	
	非創傷欄內選項	應／得	可複選	勾選／文字	
	創傷欄內選項	應／得	可複選	勾選／文字	受傷機轉單選
	傷病患主訴				
	主訴	應／得	--	文字	

傷病患資料	過去病史	應／得	可複選	勾選／文字	未提供則空白
	過敏史	應／得	可複選	勾選／文字	未提供則空白
	心肺功能停止登錄	應／得	--	勾選	無則空白
	OHCA 事故地點型態	應／得	單選	勾選	無則空白
	疑似心肌梗塞登錄	應／得	可複選	勾選	無則空白
	符合疑似腦中風指標	應／得	單選	勾選	無則空白
處置項目	處置項目	應	可複選	勾圈選／文字／數字	
	補述	應／得	--	文字	無則空白
	給藥	應／得	--	文字／數字	無則空白
	ALS 處置	應／得	--	勾選／數字	無則空白
	醫療／線上指導醫師核簽	應／得	--	文字	無則空白
生命徵象	時間	應	--	數字	
	意識狀況	應	單選	勾選	
	呼吸、脈搏、血壓、GCS、SpO_2、	應	--	數字	
	體溫、血糖				
簽名欄	救護人員簽名	應	--	勾選／文字	
	醫護人員簽名	應	--	勾選／文字	
	拒絕送醫簽名	應／得	--	勾選／文字／數字	無則空白
	送醫後傷病患／家屬／關係人簽名	應／得	--	文字／數字	傷病患單獨又昏迷則得空白

註：「應／得」係指先就現場事實已否達該紀錄項目之定義條件予以評斷，若條件成就即應記載，若條件未能成就即得依現狀予以記錄。

附表二　消防機關救護紀錄表

消防機關救護紀錄表（　　　　消防局、隊）

救災救護指揮中心指派案號：
編號：

派遣資料

日期	年　月　日	出勤單位		受案單位	□救災救護指揮中心　□分隊自行受理	
受理時間	出勤時間	到達現場時間	離開現場時間	送達醫院時間	離開醫院時間	返隊待命時間
時　分	時　分	時　分	時　分	時　分	時　分	時　分

發生地點		協同處理單位	

送往醫院或地點		□就近適當 □指揮中心 □傷病患或家屬要求	未送醫原因	未接觸：□未發現　□誤報　□中途取消 未送醫：□拒送　□警察處理　□現場死亡　□其他＿＿ 出勤待命：□火警　□支援勤務

傷病患資料

傷病患姓名	□不詳	性別	□男　□女 □經評估後判斷	傷病患財物明細： □未經手
國民身分證統一編號/外籍患者護照號碼	□不詳	年齡	□經評估後判斷	□有　保管人：　（簽章）
傷病患住址	縣市　鄉鎮市區　村里　鄰　路街　段　巷　弄　號　樓			□同發生地點

現場狀況（此欄可複選）

□非創傷

- □急病
  - □呼吸問題（喘／呼吸急促）
  - □呼吸道問題（異物哽塞）
  - □昏迷（意識不清）
  - □胸痛／悶
  - □腹痛
  - □一般疾病
    - □頭痛／頭暈／昏倒／昏厥
    - □發燒
    - □噁心／嘔吐／腹瀉
    - □肢體無力
- □疑似毒藥物中毒
- □疑似一氧化碳中毒
- □癲癇／抽搐
- □路倒
- □行為急症/精神異常
- □孕婦急產
- □到院前心肺功能停止
- □其他＿＿

□創傷

- □一般外傷
  - □頭部外傷
  - □胸部外傷
  - □腹部外傷
  - □背部外傷
  - □肢體外傷
- 受傷機轉
  - □因交通事故
  - □非交通事故
- 事故類別(以傷病患為主)
  - □汽車　□機車　□腳踏車
  - □行人　□其他＿＿
- □溺水
- □摔跌傷
- □墜落傷　約：＿＿公尺
- □穿刺傷
- □燒燙傷＿＿度＿＿%
- □電擊傷
- □生物咬螫傷
- □到院前心肺功能停止
- □其他＿＿

傷病患主訴

主訴：□家屬或友人代訴

1. 感覺哪裡不舒服？
2. 感覺怎麼的不舒服？
3. 大約不舒服有多久了？
4. 還有其他地方不舒服嗎？
5. 評估頸椎是否損傷？（創傷患者）

過去病史

□糖尿病　□腎臟疾病
□高血壓　□心臟疾病
□癌症　□癲癇
□慢性阻塞性肺病　□精神疾病
□氣喘　□其他＿＿
□中風　□不清楚
□肝臟疾病　□無

過敏史

□藥物＿＿　□不清楚
□食物＿＿　□無
□其他＿＿

處置項目（此欄可複選）

基本呼吸道/呼吸處置

- □口咽呼吸道
- □鼻咽呼吸道
- □抽吸
- □哈姆立克法
- □聲門上呼吸道(SGA)＿＿號
- □鼻管＿＿L/Min
- □面罩＿＿L/Min
- □非再呼吸型面罩
- □BVM(正壓輔助呼吸)
- □霧化吸入型面罩
- □其他

創傷處置

- □頸圈
- □清洗傷口
- □止血、包紮
- □骨折固定
- □長背板固定
- □KED固定
- □其他＿＿

搬運

- □自行上車
- □以適當方式搬運

特定後送姿勢

- □平躺
- □半坐臥
- □左/□右側躺
- □下肢抬高

心肺復甦術

- □自動心肺復甦機(MCPR)
- □CPR＿＿分鐘
- □使用AED
  - □電擊去顫＿＿次
  - □不建議電擊

藥物處置

- □靜脈輸液，部位＿＿
  - □0.9% N/S＿＿ml
  - □L/R＿＿ml
  - □＿＿葡萄糖液＿＿ml
- □給予口服葡萄糖液／粉
- □協助使用Aspirin
- □協助使用NTG含片＿＿片
- □協助使用支氣管擴張劑＿＿次

其他處置

- □保暖
- □心理支持
- □急產接生
- □約束帶
- □灌洗眼睛
- □其他＿＿

請在圖上標示說明受傷部位及其尺寸

補述：

給藥

時間	藥名	途徑/劑量

ALS處置

□氣管內管：＿＿號
(固定深度)fix：＿＿cm
□手動電擊：＿＿次：＿＿Joule

醫療/線上指導醫師核簽

生命徵象

時間	意識狀態	呼吸	脈搏	血壓	GCS	SpO_2	體溫	血糖值
	□清　□聲 □痛　□否	次/分	次/分	□測　□股、肱 □橈　□無	E＿V＿M＿	%	℃	mg/dl
	□清　□聲 □痛　□否	次/分	次/分	／　mmHg	E＿V＿M＿	%		
到院後檢傷站	□清　□聲 □痛　□否	次/分	次/分	／　mmHg	E＿V＿M＿	%	℃	

心肺功能停止登錄

- □派遣時即通知
- 目擊者：□有　□無
- 旁觀者CPR：□有　□無
- 使用PAD：□有　□無
- 到院前 ROSC：□有，　時　分　□無

OHCA事故地點型態

□住宅　□教育/學校
□工廠/工作地點　□捷運站/車站/機場
□運動中心　□診所/護理之家
□街道/公路　□其他
□公共建築　□不清楚
□療養院

疑似心肌梗塞登錄

- □12小時內有胸痛或胸悶
- 或下列情形之任2項：
- □喘
- □冒冷汗
- □噁心(或嘔吐)
- □有心臟病史

符合疑似腦中風指標

- 是否異常：□是　□否
- 最後正常時間：　時　分
- □微笑測試異常
- □左側/□右側舉臂測試異常
- □言語測試異常

簽名欄

救護人員簽名

到院前檢傷分級：□一級□二級□三級□四級□五級(無者免填，選填下一項)
□危急個案　□非危急個案
一、
二、
三、

醫護人員簽名

檢傷分級：□一級□二級□三級□四級□五級

拒絕送醫簽名

□拒絕醫療聲明：本人聲明：救護人員已解釋病情與送醫之需要，但我□拒絕任何救護□拒絕送醫
簽名：

送醫後傷病患/家屬/關係人簽名

聯絡電話：

本表送交保存之單位及份數，請各消防機關依緊急醫療救護法第34條規定及轄區現況，自行決定之。

緊急救護辦法

①民國85年5月29日內政部、行政院衛生署令會銜訂定發布全文20條。
②民國85年10月16日內政部、行政院衛生署令會銜修正發布第13條條文。
③民國94年4月28日內政部、行政院衛生署令會銜修正發布第4～7、18條條文；並刪除第19條條文。
④民國101年3月26日內政部、行政院衛生署令會銜修正發布第5條條文。

第一條

本辦法依消防法第二十四條第二項規定訂定之。

第二條

本辦法所指之救護人員，為直轄市、縣（市）消防機關執行緊急救護任務之人員。

第三條

本辦法用語，定義如下：

一　緊急救護：指緊急傷病患或大量傷病患之現場急救處理及送醫途中之救護。

二　緊急傷病患：指下列情形之一者：

㈠因災害或意外事故急待救護者。

㈡路倒傷病無法行動者。

㈢孕婦待產者。

㈣其他緊急傷病者。

第四條

①直轄市、縣（市）消防機關受理緊急傷病事故之申請或知悉有緊急事故發生時，應確認該事故之發生場所、緊急傷病患之人數及程度等，並立即出動所需之救護隊前往救護。

②前項緊急傷病患之運送，由救護隊負責，其受理申請及就醫聯絡由救災救護指揮中心負責。

③緊急傷病患或利害關係人得向運送之消防機關申請救護服務證明。

④前項證明格式，由中央主管機關定之。

第五條 101

緊急傷病患之運送就醫服務，應送至急救責任醫院或就近適當醫療機構。

第六條

①緊急傷病患之入院手續及醫藥費用由其本人或家屬自行負責。但身分無法查明者或低收入戶者，其醫療費用依社會救助法及相關規定辦理。

②緊急傷病患身分不及查明時，由救護人員先行填具救護紀錄表，運送至急救責任醫院或就近適當醫療機構先行救治，並向當地警察機關查明身分後，依前項規定辦理。

第七條

救護人員實施緊急救護時，如緊急傷病患或其家屬拒絕接受運送，應要求其於救護紀錄表中簽名後，不予運送。

第八條

①運送疑患有法定傳染病之緊急傷病患時，應注意避免救護人員及救護車輛受到污染，並立即依規定實施消毒。其處理情形應逐級陳報相關機關。

②受理前項緊急傷病患之醫院，經診斷該緊急傷病患為法定傳染病患時，應即將診斷結果通知消防機關，以採取必要措施。

第九條

救護人員於執行救護緊急傷病患時，應依衛生主管機關所定之救護項目範圍及救護作業程序，施行必要之緊急救護措施。

第一〇條

①消防機關應訓練救護人員，使具初級、中級或高級救護技術員資格，以執行緊急救護工作。

②前項訓練資格、課程、時數、師資及考試取得資格，應符合中央衛生主管機關之規定。

第一一條

消防機關應每年舉辦教育訓練，使救護人員保持執行緊急救護所必要之技能及知識。

第一二條

救護人員執行救護勤務時，應著制式服裝。

第一三條

①直轄市、縣（市）消防機關依據下列各款之規定，實施救護車輛及裝載物品之消毒或去污處理：

一　定期消毒：每月一次。

二　使用後之消毒：每次使用後。

三　去污處理：每次運送受化學、輻射物質污染之傷病患後。

②實施前項之定期消毒時，應將其情形記入消毒實施表。

第一四條

救護人員執行救護應填具救護紀錄表，於送抵急救醫院時，應由醫護人員簽章確認紀錄表所載事項。

第一五條

消防機關爲因應特殊意外災害緊急救護需求，應研訂執行計畫，並就計畫每年實施訓練或演習乙次。

第一六條

直轄市、縣（市）消防機關爲實施救護業務，對所轄之區域，應依下列各項之規定，進行調查：

一　地勢及交通狀況。

二　有急救事故發生之虞之對象物，其位置及構造。

三　醫療機構等之位置及其他必要之事項。

四　其他經消防主管機關認爲必要之事項。

第一七條

直轄市、縣（市）消防機關爲因應大量傷病患救護需要，得訂定相互支援計畫。

第一八條

爲確保緊急救護品質，中央主管機關應會同中央衛生主管機關每年辦理緊急救護品質考核及評估。

第一九條　（刪除）

第二〇條

本辦法自發布日施行。

醫療指導醫師實施辦法

民國98年6月30日行政院衛生署、內政部令會銜訂定發布全文7條；並自99年7月1日施行。

第一條
本辦法依緊急醫療救護法（以下簡稱本法）第二十五條第二項規定訂定之。

第二條
①直轄市、縣（市）消防主管機關指定之醫療指導醫師（以下稱指導醫師），應具下列資格：
一　領有急診醫學科專科醫師證書，並實際執行急診醫療工作者。
二　經指導醫師訓練合格持有證明者。
②前項指定於急診醫學科專科醫師資源不足之地區，得商請鄰近直轄市、縣（市）符合資格之醫師同意後指定之。

第三條
前條第一項第二款所稱訓練合格，其訓練課程網要，如附表一。

第四條
指導醫師應每年至少接受附表二所訂繼續教育課程達七小時以上。

第五條
①高級救護技術員依據預立醫療流程施行緊急救護之救護紀錄表，指導醫師核簽時限，由直轄市、縣（市）消防主管機關視轄區特性另定之。
②本法第二十五條第一項第三款所訂核簽方式，得以電子或傳真方式爲之。
③預立醫療流程範本，如附表三。

第六條
①直轄市、縣（市）消防主管機關因業務需要得就其指導醫師建立輪值制度及置指導醫師召集人。
②指定醫療指導醫師及建立醫療指導制度所需經費，依本法第五十四條規定，中央消防及衛生主管機關得各依其業務屬性，視需要補助之。

第七條
本辦法自中華民國九十九年七月一日施行。

伍、火災調查

內政部消防署火災鑑定會設置要點

①民國92年4月25日內政部消防署函修正下達全文14點。
②民國94年8月12日內政部消防署函修正下達第3、6點。
③民國94年10月25日內政部消防署函修正下達全文14點。
④民國98年4月24日內政部消防署函修正下達第2～5、9點。
⑤民國99年7月6日內政部消防署函修正下達第3點。
⑥民國109年2月4日內政部消防署函修正下達名稱及第1～3、6、9、10點；並自即日生效（原名稱：內政部消防署火災鑑定委員會設置要點）。

一　內政部消防署（以下簡稱本署）為提昇火災原因調查與鑑定之技術及品質，使火災原因調查鑑定更為公正及客觀，確保民眾權益，爰依據內政部消防署組織條例第十五條之規定，設置內政部消防署火災鑑定會（以下簡稱本會）。

二　本會之任務如下：

㈠火災原因調查鑑定之新技術、新設備之資料蒐集、評估及引進等建議事項。

㈡直轄市、縣（市）重大、特殊火災案件調查鑑定之必要協助事項。

㈢直轄市、縣（市）火災鑑定會調查鑑定後仍有疑義之重大、特殊火災案件之必要協助事項。

㈣各級法院或檢察署函請重新調查鑑定火災案件之必要協助事項。

㈤火災受害人或利害關係人不服直轄市縣（市）政府（鑑定會）火災調查資料之認定或鑑定結果，申請再認定之火災案件（申請書格式如附件一）。但已進入司法機關訴訟程序中，且非經各該機關囑託者，不予受理。

㈥提供火災原因調查鑑定專業知識之諮詢，以協助調查鑑定疑難火災案件之原因。

三　本會置委員十五人至二十一人，其中一人為主任委員，由本署署長兼任或指派本署副署長一人兼任，副主任委員由署長就委員中指派一人兼任。其餘委員除由署長指派火災預防組組長、災害搶救組組長及火災調查組組長兼任外，並得聘請勞動部職業安全衛生署、內政部建築研究所、內政部營建署、內政部警政署、中央警察大學等機關代表及具消防、刑事、鑑識、電力、建築、物理、化學、機械、工業安全、土木、結構、法律等專長之專家學者擔任；其中專家學者不得少於委員人數之三分之一。

委員聘期至多二年，期滿得續聘。但代表機關出任者，應隨其本職進退。

四　本會置執行秘書、副執行秘書各一人，幹事三人至五人，由署長就本署編制內業務人員派兼之，辦理火災鑑定案件登記、會議事宜及其他日常會務。

為調查鑑定火災案件之需要，必要時得專案聘請專家學者擔任委員。

五　依第二點第五款所為申請，火災受害人或利害關係人應於收到直轄市、縣（市）政府火災調查之認定之日起十五日內提出。

本會受理案件後，應於一個月內召開會議並依下列程序進行：

㈠由本署火災調查組提供意見。

㈡送請委員就鑑定案件提供意見。

㈢火災現場勘查後提付開會審議。

㈣有關證物之實驗、測試、鑑定及鑑識等事項得委請相關專業機關（構）、團體或學校等單位進行。

㈤製作會議紀錄。

本會召開會議，必要時得通知火災受害人或利害關係人到會說明，並列入紀錄。

前項人員應於決議前退席。

現場勘查時，得通知火災受害人或利害關係人會同前往；其經通知而未到會說明或前往現場時，除將該情形記錄外，本會得依其他人員之陳述或有關資料逕行鑑定。

六　本會會議由主任委員擔任主席，主任委員因故不能出席時，由副主任委員代理主席，副主任委員亦不克出席時，由主任委員於會議前指定出席委員中之一人任主席。

七　本會會議應有委員二分之一以上出席始得開會，經出席委員過半數之同意，始得作成決議。

八　委員應親自出席會議。但代表機關或團體兼任之委員不克出席時，得指派專業人員代表出席。

前項指派之代表列入出席人數，並參與會議發言及表決。

九　本會會議紀錄及對外行文，以本署名義行之。

本會受理第二點第五款案件經作出決議後，應製作火災調查資料再認定書（格式如附件二）送交申請人，並副知原認定之直轄市、縣（市）政府。

十　出席委員有下列情形之一者，應自行迴避：

㈠本人或其配偶、前配偶、四親等以內之血親或三親等以內之姻親或曾有此關係者爲事件之當事人。

㈡本人或其配偶、前配偶，爲事件之利害關係人。

㈢曾爲火災案件任一關係人之受託人。

十一　委員有下列情形之一者，得予以解聘：

㈠其行爲有損本會名譽者。

㈡無故連續三次未出席會議者。

十二　本會所需經費，由本署相關經費項下支應。

十三　本會會議不公開，與會及業務人員均應保密。

十四　委員及兼職人員均爲無給職。但得依規定支給交通費。

火災原因調查鑑定書及火災原因紀錄分級列管實施規定

①民國84年11月17日內政部消防署函訂定發布全文3點。
②民國88年9月7日內政部消防署函修正發布全文3點。
③民國90年1月16日內政部消防署函修正發布全文3點。
④民國98年11月17日內政部消防署函修正發布名稱及全文3點（原名稱：火災原因調查報告書分級列管實施規定）。
⑤民國106年1月18日內政部消防署函修正發布名稱及全文4點；並自即日生效（原名稱：火災原因調查鑑定書分級列管實施規定）。

壹　目的

強化火災原因調查鑑定書後續管理功能，發覺優點表揚，找出缺點改進，協助各級消防單位解決問題，將特殊案件作爲案例教育，期能管制鑑定書品質，並提昇火災調查人員執行能力，建立各級消防機關火災調查公信力。

貳　製作規定

一　應製作火災原因調查鑑定書之火災案件：

㈠屬A1類或A2類之火災案件。

㈡屬A3類之火災案件，惟經消防機關首長認定爲應製作之火災案件。

二　應製作火災原因紀錄之火災案件：屬A3類之火災案件。

參　分級列管標準

一　火災原因紀錄應由消防機關火災調查業管單位審查、列管。

二　應送消防署審查之火災案件（應爲彩色照片）：

㈠屬於A1類之火災案件。

㈡原因不明之火災案件。

㈢新晉用火災調查人員依序承辦之火災案件，應將承辦之前十件火災原因調查鑑定書副本陳送消防署審查。

㈣回任火災調查業務之承辦人，於離開火災調查業務工作期間達七年以上者，視爲新晉用之火災調查人員，其承辦之前十件火災原因調查鑑定書副本陳送消防署審查；滿三年而未達七年者回任者，則承辦之前五件火災原因調查鑑定書副本陳送消防署審查。

三　當月十五日前應函報上上個月轄區內火災原因調查鑑定書電子檔之光碟資料予消防署列管。

肆　內政部消防署對各級消防機關所送之火災原因調查鑑定書副本，應本公正超然立場審閱其製作程序、格式、內容是否合宜。凡鑑定書製作品質特優或有獨創作法者，可酌予獎勵並列入案例；凡製作有重大缺失者，予以檢討並將建議意見函知原報單位參考改進。

火災原因調查鑑定書及火災原因紀錄製作規定

①民國84年11月17日內政部消防署函頒全文。
②民國93年7月2日內政部消防署函修正發布全文。
③民國98年11月17日內政部消防署函修正發布名稱及全文（原名稱：火災原因調查報告書製作規定）。
④民國106年1月18日內政部消防署函修正發布名稱及全文；並自即日生效（原名稱：火災原因調查鑑定書製作規定）。

火災案件分爲A1類、A2類及A3類等三類，依火災原因調查鑑定書分級列管實施規定貳、製作規定辦理，以一案一冊爲原則，必要項目不得疏漏，語意應具體明確合乎邏輯，尺寸大小（A4白紙）、目錄順序、標題文字等均要同一標準，以建立火災原因調查鑑定結果構成及格式之一致性。

壹　火災原因調查鑑定書

內容包括一、封面封底，二、目錄，三、火災原因調查鑑定書摘要，四、火災現場勘察人員簽到表，五、火災現場勘察紀錄及原因研判，六、火災出動觀察紀錄，七、談話筆錄，八、火災跡證鑑定報告，九、火災現場平面及物品配置圖，十、火災現場照相資料十大部分，共十大部分（格式如範例），製作完成時，於每跨頁處加蓋騎縫章，其各書表記載項目、文字使用、塡寫方式如下：

一　火災原因調查鑑定書封面封底

以白色書面紙製作，左上角處依「各消防機關火災原因調查鑑定書檔案編碼方式」（如附件），塡記檔案號碼八碼；中間塡記機關全銜及火災原因調查鑑定書字樣。右下角輸入製作完成日期。封底亦以相同紙張裝訂。

二　火災原因調查鑑定書目錄

依製作書表內容循序編排，賦予頁次。

三　火災原因調查鑑定書摘要

係調查鑑定書重點綜合，以利查閱者初閱即可在最短時間內瞭解案情大概與結論，其項目分爲：

(一)火災報案時間：指揮中心受理報案時間。

(二)火場現場記述：

1.天候狀況：記載火災發生當地當時天氣及其他天候狀況，但發生前後天候有特殊變化狀況亦應記述。

2.火災現場平面圖：應附上火災現場平面圖。

(三)火災後現場勘察：包括勘察次數、勘察人次、主辦單位及支援單位之記錄。

(四)火災原因研判：應分別就起火戶、起火處起火原因作綜合研判。原則上由現場附近之狀況、建築物全體，起火戶至起火處順序爲之，亦即由火災現場整體依序至各部分，進行現場勘察，並輔以現場勘察紀錄及談話筆錄資料，加以檢討、考察，以判定火災原因。文字之記載，必需爲第三者所能理解爲主（應將「火災現場勘察紀錄及原因判斷」主文簡要描述於此）。

(五)現場跡證鑑定結果：記載現場採樣跡證，經鑑定儀器設備分析比對之結果。

(六)結論：乃引用上述各種事實與實驗結果，綜合研判其起火經過及原因之最大可能性，有關判定文之通用語法爲「依現場勘察狀況，……按燃燒特性之理由而研判……。又依火災出動觀查紀錄，根據……而研判……。綜括前述各項資料顯示……，與現場跡證鑑定之結果並無矛盾。此外，依據目擊者之供述，明載……，此乃……之故。因而由上述各種狀況研判本火災起火戶……起火處……，起火原因……。」依此體例參酌個案狀況參考增減之。

四　火災現場勘察人員簽到表

包括火災報案時間、地點，現場勘察次數、時間、單位及人員簽到紀錄。分為消防單位及人員、警察單位及人員、在場關係人，若尚有其他勞工檢查單位等人員會同勘察時，亦應一併請其於備註欄內會簽。

五　火災現場勘察紀錄及原因研判

乃是將起火前狀況與滅火後現場建築物、發火源、著火物等燒損狀況實際進入調查之紀錄。包括火警現場勘察紀錄中現場概況、燃燒後狀況及火災原因之研判：

㈠現場概況：

1.現場位置及附近狀況記載：依道路指引要領或附近較著名目標指示現場，並以現場為中心將周圍地形特性、道路狀況、建物疏密、新舊構造及水源等記入，記載時由消防觀點說明之。

2.現場情況記載：乃於現場挖掘前，對建物結構、樓層數、內部隔間材料、用途等進行整體狀況所為之記載。應將下列事項勘察結果，有系統地記載：⑴何人⑵何物⑶於何位置⑷如何⑸燒損至何程度，來描述建物內部隔局、堆積物、物品配置情形，並儘量運用圖面（標示絕對地理方位）及照片，補充記載內容。

3.勘察位置、勘察方向、勘察順序。

㈡燃燒後之狀況：詳載顯示燃燒過程燒損狀況，以及與火災有關勘察事項，記載具體內容如次：

1.燒損狀況：依燃燒後區域、結構、材質、隔間狀況敘述燃燒後所呈現之積碳、碳化、燒失、燒穿、燒細、剝離、倒塌、變色、彎曲、破裂、燒熔等狀況，包括門窗啓閉、上鎖情形，以及相關火氣（如瓦斯、電氣）器具開關之啓閉情形。以上僅作等描述紀錄，暫不加以作比較或研判。

2.延燒情形：

⑴係表示從燃燒終了回溯至燃燒開始之燃燒過程，使用歸納方式查明起火原因的調查方法。由燃燒停止邊緣之範圍，逐漸向燃燒嚴重處所依燃燒痕跡、物體構造、地理條件等順次，有系統地記載火勢向水平及垂直方向延燒擴大路徑，而判斷火流大小及方向，周圍只需概略敘述，中心部分則應詳細記述。

⑵不同隔間之延燒路徑，務必勘察其火流殘跡之差異性。

⑶方位描述：除車輛、船舶及航空器等以前後左右等相對方位敘述外，其他以絕對地理方位表示。

⑷若火場有類似擺設（如超市貨架、排列型之樑、柱…），或相類似隔間時，除可依用途敘述外，亦可加以編號標示，如客廳、廚房、浴廁㈠、浴廁㈡、主臥房、臥房㈠、臥房㈡……。

⑸火災現場內清理、復舊等動作前、後之敘述。

3.跡證採取：記載現場何位置搜集到何種形態待驗物質（應以編號表示，並將採證位置繪製於平面圖內）。

㈢火災原因研判：

1.火災概要：包括下列可供研判起火戶、起火處、起火原因等相關資料。

⑴關係人發現火災或發生經過情形。

⑵消防單位受理火災報案過程等資料。

⑶火災出動觀察紀錄對可提供研判起火戶、起火處、起火原因等之紀錄內容。

⑷內部物品（含危險物品）儲存狀況。

⑸火場關係人於談話筆錄中之重要事項。

⑹火災現場保全或監視錄影狀況。

⑺保險情況。

⑻消防安全設備使用、動作狀況。

⑼火場中人員傷亡人員身分資料（應註記身分證字號、出生年月日、職業別、居住地址）、受傷情形及部位，以及逃生避難行動路線、倒臥位置及方位及送醫情形。

⑽受困人員逃生避難狀況。

⑾其他足供參考事項（含火氣使用管理狀況或習慣、營運狀況等）。

2.起火戶：依下述原則綜合研判。

⑴依延燒順序研判：火災初期火勢、目擊者目擊情形或燃燒照片、攝影資料等。

⑵依火災燒毀程度研判：起火建築物通常較其他延燒建築物，受燒時間長溫度高，可由燃燒燒穿天花板冒出屋頂、完全燒塌及燃燒強弱程度來研判。

⑶依樑柱倒塌方向認定：連棟之多戶建築物如全被燒燬，僅殘留部分倒塌的樑柱，其中完全燒失的部分，或樑柱倒下的方向，均可作為研判起火戶之參考。

⑷最後，再依現場燃燒狀況中所敘述各受災戶間燃燒痕跡狀況，比較研判火流方向及參考火災概要、目擊狀況，加以歸納分析研判起火戶。

3.起火處：依下述原則綜合研判。

⑴依現場燃燒後狀況中敘述起火戶之各個隔間之間，或各方位樓頂板、天花板、牆壁、地板及擺設家俱之燃燒狀況，比較研判火流方向及參照目擊狀況，加以歸納分析研判起火處。（撰寫本節需注意描述火流延燒方向）

⑵應詳細敘述起火處逐層清理、燃燒掉落物品之層次順序。

⑶應呈現起火處物品殘骸經清理之復原、重建情形，並詳細說明其受燒之火流方向。

⑷起火處附近若有初期滅火器具、滅火藥劑的殘留，應加強說明，以驗證是火災初期搶救滅火之行為。

4.起火原因研判：分析研判起火處所有可能起火的發火因素，其敘述順序應由可能性較小到可能性較大之順序撰寫。

⑴發火源：列舉起火處所有可能起火的發火源，再研判與起火有直接關係者，或是自己本身可以自燃起火者。以下提供相關火源研判原則參考：

①菸蒂：研判以菸蒂為起火原因時，應佐以筆錄中詢問是否有抽菸習慣或進出人員有無抽菸行為輔證，勘察時亦應注意起火處附近是否有煙灰缸或其他處理菸蒂容器（例如：垃圾桶）內殘留物存在；關係人離開起火空間之時間點，與火災發生時間是否有因果關聯。

②蚊香：應注意關係人是否有使用蚊香之習慣或於現場勘察發現置放蚊香之器具、火災發生與使用蚊香行為之時間關聯性。

③施工不慎：應查明施工範圍、施工使用之器具、使用磁鐵吸附施工所遺留之焊屑，佐以施工與火災之時間關聯性。

④縱火：除發現不連貫之起火處、門窗遭惡意破壞、採證發現縱火劑存在時，可研判為縱火外，亦應注意當事人事前門窗關閉狀態及參考現場保全或監視系統作為研判依據。但保全系統無異樣時，尚應配合其營業、租用、保險情形及刷卡進出頻繁之異常情形加以研判，以釐清是否為圖利型縱火案件。

⑤電氣因素：

A.依火災現場各種燃燒痕跡所歸納之火流方向性研判起火處所。

B.檢查起火處所附近的電線等是否含有通電痕（短路位置分析法），或其他電氣痕跡。

C.查詢配電線路、電器設備等的設置與使用情形。

D.分析電氣跡證的特徵。（電氣跡證現場鑑識及實驗室鑑定）

E.研判起火原因。

(A)依電氣痕跡（短路、半斷線、過負載、接觸不良、電痕、及漏電等）之種類，推定起火處所之可燃物及其起燃過程並無不當。

(B)其他著火源引火可能性之排除。

⑥爐火烹調：應注意爐上鍋子內是否有炒、煮之殘留物，及瓦斯爐具、瓦斯桶之啓閉情形（應查證是否爲救災人員之搶救災行動造成開關之關閉）。

⑦敬神祭祖：應注意發生時間是否爲特定敬神祭祖時期（如農曆初一、二、十五、十六、或特定節日）、當事人敬神祭祖時之習慣與時間、是否有敬神祭祖之器具及其燒損情形。

⑧其他未列舉之火災原因：依火災現場之跡證加以說明。

⑵著火經過：與起火有關的現象、狀態及行爲等。

⑶著火物：藉由發火源而起火燃燒的最初著火物品。

⑷綜合上述發火源、著火經過及著火物，再引用現場勘察結果、談話筆錄、鑑定結果及其他資料等，加以檢討研判起火可能性。

⑸依火災調查所得的證據情形，火災原因區分成以下四類撰寫原則：

①起火原因爲…：有具體的物證、人證及文獻資料、過往案例、比對驗證或實驗等佐證之火災原因。

②以…可能性較大：有具體的物證，且依文獻資料綜合研判起火過程合理之起火原因。

③無法排除…可能性：起火處潛在之起火原因一一排除後，僅以…原因無法排除。

④原因不明：起火處潛在之起火原因無法以排除法則獲得結論時。

5.結論：對火災發生的因果關係，將其查明的結果，用第三者容易理解的方式簡要的記載其導出的結論，因此必須明示前面各項研判內容的重點，而記述其最終研判，其結論導入必須有合理的依據及論理之邏輯。

六　火災出動觀察紀錄

由先到現場搶救人員仔細觀察，並紀錄火災初期擴大延燒整個燃燒過程、特異事項、關係人言行舉止等，則將可縮小勘察範圍並掌握重點，對於事後起火原因調查幫助很大。其項目分爲：

㈠火災地點：以火災發生地點爲代表記載。

㈡時間紀錄：包括報案時間、出勤時間、到達時間、控制時間及撲滅時間。

㈢到達前狀況：

1.火災報案電話內容：包含火災發生地點、報案時間、陳述火災初期受燒情形之報案電話內容、報案人資料（含性別、連絡電話），此項資料除對火場搶救非常重要外，亦有助勘察方向之確定。

2.前往火場交通狀況：對不順暢情形亦需分別記載，供勘察人員綜合判斷。

3.到達火場途中火煙臭味爆炸狀況：出動途中對於火燄、濃煙、顏色、位置、大小、異音、異臭、異味及爆炸等，與火災有關的現象都必須加以記錄，有助於勘察人員推斷火災起火及火勢擴展之情形。

㈣到達時狀況：

1.火災當時當地天候狀況及風向狀況：包括當時當地天候晴雨狀況、風向、風速大小及其他天候狀況。

2.火煙冒出方位及異聲、臭味、異常爆炸與波及情形：記載何處已燃？何處未燃？燃燒最大及冒煙最急位置與當時燃燒範圍等事項。

3.各戶門窗、電源狀況：儘可能記載門窗、捲門、出入口開閉情形，對研判有無人爲因素極爲重要，另記載電源狀況對研判起火原因亦有極大助益。

㈤搶救時之狀況：

1.火勢和射水情形：何處火勢最猛烈？其蔓延經過與途徑如何？有無特殊加速燃燒情形？當日部署與射水線之先後？均予記載清楚，以供研判是否直接影響火場各部分之燃燒時間與程度。

2.關係人言行舉止：火災當時人員記憶清楚，心防減輕較可坦述起火情形。搶救人員應把握此一時機查詢起火情形。若受災戶表現格外平靜，即應加以注意記載，另有身體受傷、表現過熱、急於詢問起火原因、徘徊現場、極力企圖進入火場封鎖區者等類均應加以記載。

3.附近物品移動及建物倒塌損壞情形：物品移動係在火災前或火災後發生？建築物何處先塌下來？是受破壞或受射水影響？單純火燒因素造成？或搶救時對火場所作之門窗破壞情形或物品破壞及移動等都必須加以記載。

4.電源、瓦斯開關情形：現場電源是否關閉或跳脫？有無漏電？消防人員或電力公司有無關閉電源？何時切斷的？瓦斯器具是否有使用？有無洩漏？開閉的狀況如何？亦應加以記載。

5.其他可供參考之資料：如發現屍體的狀況、位置、消防安全設備有無動作、使用情形等都應加以記載；另對於有助研判火災原因的跡證，應明確紀錄之。

七　談話筆錄

依「火災案件調查訪談作業要領」內容辦理。

八　火災證物鑑定報告

將火災現場採取之跡證經封存程序後，攜回實驗室以科學儀器分析其成分或發現其現象所爲記載。其主要內容爲編號、鑑定單位、送驗日期、鑑定日期、證物採樣地點（註明照片編號）、證物式樣、鑑定事項、鑑定方法（說明使用儀器名稱、規格與分析條件）、鑑定結果與製表日期等。

九　火災現場平面及物品配置圖

爲便於說明，使未親臨現場相關人員容易明瞭火場結構與狀況，除了勘察時間、地點及對象物種類外，圖示種類如下：

㈠現場相關位置圖：清楚表示起火建築物附近之街弄巷道，註明各建築物之構造、用途、區隔及鄰棟間隔距離，並明確標示起火戶。

㈡火災現場平面圖：各起火對象物場所之圖面，應分別註明燒損範圍、對象物名稱等，起火處應以不同色階標示。

㈢起火處之物品配置圖：若有採證應標示採證位置。

㈣火災現場死傷人員位置圖：起火戶、延燒戶受傷人員有避難逃生時，其移動路徑應以虛線表示之；死者僅標示罹難位置。

㈤火災現場相片拍攝位置圖：以箭頭表示拍攝方向，並於圓圈內標示相片號碼。

㈥起火現場立體圖或剖面圖。

繪製各種圖面時以A4白紙、方格紙或電腦繪圖製作，圖面上應明確標明方位，圖面比例應求正確，上述六項圖說必要時可合併或省略。

十　火災現場照相資料

依火災調查鑑定書內容依序黏貼，照片說明欄處可註明拍攝之方向、地點，並將照片內物品受燒特徵敘明清楚，現場相片資料應包括：

㈠拍攝現場全景照片。

㈡火災現場各隔間燒損狀況及火流延燒路徑照片。

㈢起火處附近照片。

㈣起火處附近清理、復舊狀況照片。

㈤證物採樣會封照片。

㈥人員受傷、屍體受燒狀況照片。

㈦其他補充照片。

㈧其他錄影存證。

貳　火災原因紀錄

火災原因紀錄包括一、○○○消防局火災原因紀錄之封面及封底；二、火災案件搶救出勤紀錄表；三、火災現場照相資料；四、附件：其他相關資料等四項，依序編排，賦予頁次，並於每跨頁處加蓋騎縫章。文字之使用、填寫方式原則上均比照火災原因調查鑑定書，但由於火災原因紀錄之項目較簡潔，爲求內容資料之完整，應注意下列之項目：

一　封面封底

封面爲「○○○消防局火災原因紀錄」，本項目內容依火災原因調查鑑定書之編碼規定辦理。

二　火災案件搶救出勤紀錄表

由分隊實際出勤人員依「火災案件搶救出勤紀錄表」逐項塡寫，經逐層審核簽章確認所載事項無誤後，其影本作爲火災原因紀錄之資料。

三　火災現場照相資料

照片之說明欄處應加註拍攝之方向、地點，並將照片內物品受燒特徵敘明清楚；現場相片資料應以呈現火場受燒情形爲原則，宜包括起火戶外觀照片、起火處受燒之全景照片與起火原因有關之特寫照片（故至少應有4張相片）。

四　附件

其他相關資料。

火災案件調查訪談作業要領

①民國94年10月18日內政部消防署函訂定發布全文5點。
②民國98年11月17日內政部消防署函修正發布第2～4點。

一　目的

爲確實查詢火災當時目擊者或關係人等所發現火災初期之燃燒情形，以補充火災原因調查佐證所需之資料，特訂定本作業要點。

二　訪談前準備

查詢訪談開始前，查詢人員應對全盤案情先行瞭解，對被訪談人身分應優先確認，仔細安排訪談時間與地點，並即早安排訪談以確保受訪談人正確記憶。

三　訪談記錄之內容

爲同時瞭解火災時火場發現者、涉嫌火首、初期滅火者、避難者及參與救災者等關係人的行動、採取的措施，以綜合人、物之情報進行判斷，談話筆錄必備完整形式，併同火災原因調查鑑定書成爲證據文書。

㈠訪談對象：火場發現者、涉嫌火首、初期滅火者、避難者及參與救災者等有必要製作訪談記錄之關係人。

㈡訪談記錄事項：下列記錄事項應視被訪談人之不同而適時調整。

1.受訪談人與火場關係
2.火災發生時刻及場所。
3.火災之建築物是否爲同一時期興建。
4.初期燃燒狀況及概略燒燬經過。
5.火災之滅火射水作業狀況。
6.火災被發現之詳細經過。
7.火災初期之應變作爲。
8.室內裝潢、房間佈置或管線配置情形。
9.用火器具、溶劑等物品使用、放置、保管或製造情形。
10.門窗開閉情形。
11.起火前後人員之出入情形。
12.火災時燃燒特異事項。
13.人員死傷狀況。
14.火災後現場保存狀況。
15.配電線路、用電設備之裝設及受損情形
16.建築物之火災保險資料。
17.建築物之消防安全設備及檢修申報資料。
18.建築物之保全資料。
19.其他相關之重要資料。

㈢製作手續

1.談話筆錄應採用問答方法，禁止僅記答詞而未記問語。
2.詢問之內容應力求明確、清楚，且不必拘泥於華麗詞藻，應求其通俗易懂，語氣亦應與受訪談人之身分相符合，必要時可記載供述之土語或俗語；另詢問時切忌作誘導式之詢問。
3.全案訊畢應再詢問受訪談人有無補充之陳述或意見，再詢其所供是否實在並記載

之。

4.筆錄製成後，應當場受訪談人閱讀，其不識字者，應由訪談人向其朗誦，經認明無誤後，始令其簽名或蓋章。

5.談話筆錄不得竄改或挖補，如有應記載文字、事項有遺漏或增加、刪除或附記時，應由訪談人立予以補正，應由受訪談人簽名或蓋章於其上，並記明字數，其刪除處應留存原字跡；若係電腦膳印者，則應重新列印。

6.受訪談人之簽名、蓋章之位置應緊接記載之末行，不得令其空白或以另紙為之。筆錄有二頁以上者，每頁騎縫處並由受訪談人簽名或蓋章。

7.受訪談人如拒絕於筆錄上簽名或蓋章時，不得強制為之，但應將其拒絕原因或理由記載於緊接筆錄末行。

四　證詞的評估

為瞭解受訪談人之供詞是否與實際狀況吻合，火災調查人員應由下列項目進行談話內容，並依行政程序法第四十三條之論理法則及經驗法則進行眞實性及正確性之評估：

㈠評估受訪談人之年齡、職業與個人教育程度，以判斷其分析能力與提供情況之可信度。

㈡評估受訪談人發現起火之時間及他當時之位置、行動之關係，以判斷其證言是否符合實際情況。

㈢評估火災報案人之通報時間與報案前後之位置是否恰當。

㈣評估火災目擊者觀察火場當時的燃燒情形，如所在的位置與起火建築物之距離，天氣狀況，光線，有無影響視線之障礙物、是否存有視差或死角及精神是否緊張等情形，以判斷其供詞之眞實性。

㈤評估火災目擊者之身體與生理狀況，根據其生理上、精神有無缺陷等，判斷其對事物之記憶力。

㈥評估火災目擊者、關係人之多次談話筆錄或每個證人陳述之證詞，在關鍵之情節或重要之問題上有無相互矛盾之情形。

五　訪談紀錄紙之格式：詳如附件。

（附件略）

火災案件證物採驗規範

民國94年10月18日內政部消防署函訂定發布全文10點。

一　爲執行消防法第二十六條規定確保火災現場採證品質，提昇火災現場證物鑑定能力，特訂定本規範。

二　本規範所稱火災現場（以下簡稱火場）殘跡證物鑑識之範圍如下：

㈠可燃性液體（促燃劑）殘跡鑑識。

㈡電氣殘跡鑑識。

㈢爆竹及煙火火藥殘跡鑑識。

三　本規範所稱鑑識單位，在內政部消防署爲火災調查組，在直轄市、縣（市）政府消防局及內政部消防署所屬港務消防隊爲所屬火災調查科（課）、或辦理火災調查工作之科（課）。

四　火場採證應視實際需要攜帶下列器材：

㈠照相、錄影及照明器材。

㈡採證器材、試劑。

㈢包裝、封緘、保存器材。

㈣其他必要器材。

五　火場證物紀錄

㈠採證前應於證物旁放置比例尺及號碼標示牌，再分別證物全景，以定位證物位置及拍攝證物之特寫狀態，以呈現證物之特徵。

㈡重大複雜之火場應錄影記錄。

㈢火場證物採證位置，應於火場平面圖內詳註或另繪火場證物採樣平面圖。

六　火場證物採證

㈠火場應經清理及復原重建之後，再予研判起火處附近及相關位置採證。

㈡二人以上共同採取並於會封單上簽名，並請會封關係人或在場證明人會簽。

㈢採取化學跡證時，同一採證工具勿同時重複使用採取不同地點之證物，以免發生交互污染現象。

㈣應具細心耐心，反覆勘查現場，任何鉅細痕跡均需勘查採證，不可遺漏。

㈤調查人員發現跡證時，應先報告調查指揮官，指揮官對跡證之所在地及狀況確定後，在發現跡證處放置標示牌照相存證後方可進行採證。

㈥採證時對於欲採取跡證之種類、形態及其與起火處或原因推斷之關係明瞭後，方可採取。

㈦採集數量應符合鑑定要求，起火點不甚明顯者可在所有可能處所分別取樣。

㈧送驗證物需記錄其原有形態或變化反應後之生成物。

㈨對照物一併送驗以供空白試驗比對分析，如屍體附近之土壤、縱火殘跡旁之泥塊、地毯等。

㈩因採取跡證所引起之變化應予記錄。

⑪無把握或無法採取之跡證，可將原物妥愼包裝送請檢驗鑑定機關採取。

⑫促燃劑之採樣應於三天內完成，以免揮發流失。

⑬同時於起火處三個不同位置採取樣品，相較於僅集中在一處採樣，較爲適合比對分析且具互補性。

七　火場證物之處理原則如下：

㈠固狀證物

1.宜連同原包裝容器一併封緘送驗。

2.採取地毯證物時應包括地毯碳化與未碳化部分。

3.木質地板因具吸附性應予清掃及擦拭，以便發現易燃性液體滲入其內，燃燒後留下之較深碳化痕，所切取之地板應包括碳化、未碳化及中間部分。

4.易燃性液體滲透燃燒留下之游離碳及殘渣，易在周圍地面留下明顯之液體燃燒痕跡，但揮發性極強之液體如酒精、乙醚等不易留下此種痕跡。可在燒痕處或分隔銅條、踢腳板或磁磚接合處、裂縫、接孔，挖掘附著物並採取部分之水泥塊；水泥塊之採取以向下挖掘五公分深處爲宜。

5.易燃性液體被倒在棉被、衣物、床舖、沙發上燃燒，會形成碳化的坑或洞，可採取吸附性較強且未完全燒燬之多孔或吸水性部位。

6.於遠離起火點之處選擇相同之物品採樣，以便作空白對照試驗。

㈡油類等液狀證物

1.可用白淨鐵罐或附有小口之密封玻璃廣口瓶儘速盛裝，必要時應將其密封，以防溢出。

2.汽油彈之組件如瓶子與蕊心應一併送驗。

3.容器密封之良好與否和以後分析之結果有密切之關係，應予慎重。

4.水的存在不會妨害易燃性液體之鑑定分析，反而具有防止可燃性液體揮發之效用。

5.如在起火點附近發現有任何多孔或吸水性的材料（如紙、地毯、纖維、書籍等）也應一併蒐集。

㈢電氣證物

1.若懷疑起火與電氣設備（電器用品）有關，首先應確認該設備的通電及使用狀態，相關的電源插頭及開關位置，均應拍照，並繪圖記錄相關位置。

2.檢查起火處附近之所有電線，將含有通電痕電線之順序、方向性標明，並繪圖紀錄相關位置及拍照。

3.小型電氣設備和含有通電痕的電線均需採集，採取電線時可用剪刀或鉗子將其剪斷（電線的絕緣物仍有殘存務必整條採取）。

4.採集證物或剪斷電線之前，應先拍照，通電痕應以微距鏡頭將熔痕特徵點明確呈現，無法辨識的熔痕採取後應送實驗室鑑定。

5.應收集現場與起火電氣設備相同之設備以供比對。

6.無法取回的大型電氣設備，應在現場拆解，並拍照存證及繪圖紀錄相關位置。

7.採集電氣證物時，可使用一般塑膠證物袋或紙箱密封。

㈣火藥證物

1.火藥送驗時宜採原料性或有明顯火藥殘留之證物以紙張包妥後置入塑膠證物袋內，嚴禁直接以塑膠夾袋、金屬、玻璃、陶瓷或其他硬質容器封裝。

2.爆炸點周遭或爆炸後爆裂碎片疑爲火（炸）藥附著物，宜全部採集送驗。

八　火場證物包裝、緘封處理

㈠包裝

1.每件跡證均應分別以合適容器包裝，盛裝之容器必須乾淨，以不重複使用爲原則。包裝必須牢固，採證袋口需用封口機密封。

2.包裝證物之容器如下：

⑴紙張：適用於原料性火藥之包裝。

⑵尼龍66耐熱袋（聚醯胺袋）：適用於非極性促燃劑殘跡之包裝。

⑶含蓋玻璃瓶：瓶蓋之墊片爲鐵氟龍材質，適用於極性、非極性可燃性液體及殘

跡之包裝。

⑷含蓋金屬罐：不可有塗裝，適用於極性、非極性促燃劑殘跡包裝。

⑸塑膠證物袋：適用於電氣證物及火藥殘跡證物之包裝

3.以玻璃瓶裝置之樣品應用泡綿包覆保護，並確定瓶底與箱底至少保持兩公分以上之距離。

4.同案多種證物容器最後應以具防偽封膠性能之「物證封緘袋」共同套裝後送驗。

5.證物數量多及便於運送與儲存，可使用「物證封緘紙箱」外加具防偽之封緘條。

㈡緘封

1.會同在場人員共同緘封，至少由二人以上共同採證並於會封單上簽名。並在容器或採證袋上之「火災現場採樣會封單」內記錄火災發生時間、發生地址、勘查時間、採樣地點、證物形式、採樣人員、會封關係人、會封單位及人員及其他參考事項。

2.包裝封口處加貼「防偽封條」以示慎重，防止他人中途拆封掉包或破壞。

3.共同包裝之「物證封緘袋」上應填入採證單位、案號、案由、案發日期、採證日期、物證編號等資料，共同會封人員應於包裝上簽名。

4.緘封後應再照相或攝影存證。

5.每件跡證自發現、採取、保管至送驗為止，每一階段之保管處所、負責保管之人，均應明確記錄；物證轉送驗時，應確實點收並於「物證封緘袋」上填寫物證送驗交接流程，交接人應確實保存收據聯。

6.「物證封緘袋」開啓時，應於其上填寫開啓記錄。

7.火災現場採取之所有物證，於勘查採證結束後，應清點物證項目及數量，並製作『火災現場物證採驗清單』，請承辦人及當事人或在場人員會簽。

㈢「火災現場採樣會封單」之格式（如附件）及填寫說明如下：

1.火災發生時間：以確知發生時間為準，否則以受理報案時間為準。

2.火災發生地點：記載火災發生地址。

3.勘查時間：需與火災現場勘查人員記錄表登載時間相符。

4.證物採樣地點：詳載採樣處所之地點、方位。

5.證物型式：詳述證物式樣（如燒熔保特瓶、水泥塊等）。

6.採證人員：由現場參與採樣人員依序簽名。

7.會封關係人：由起火處所相關人員（如屋主、房客）簽名。

8.會封單位及人員：由其他現場相關單位，依單位別、人員簽名。

9.備考：因採證而引發之各種變化現象及其他參考事項。

火災現場採樣會封單

一、火災發生時間：____年____月____日____時____分

二、火災發生地址：

三、勘查時間：____年____月____日____時____分

四、證物採樣地點：

五、證物形式：

六、採樣人員：

七、會封關係人：

八、會封單位及人員：

九、備考：

九　證物鑑驗

㈠火場證物由各級消防機關鑑定專責人員鑑定，經過內政部消防署證物鑑定班訓練結業之人員，專責擔任證物鑑定工作。

㈡有下列情形時證物可送內政部消防署協助鑑定：

1.有重大、糾紛或延燒之火災案件證物。

2.無鑑定儀器設備之消防單位。

3.無法自行鑑定之火災證物。

4.電氣火災中須鑑定之電器用品，因構造複雜、鑑定耗時或具有特殊研究性質者。

㈢消防機關證物送內政部消防署鑑定應注意下列事項：

1.送驗證物中須包含火場平面圖，標示促燃劑殘跡採樣之位置或電線熔痕與配線間（配電箱）之相關位置、採樣現場之照片（或電子圖檔），待鑑定項目等資料。

2.送驗公文內須載明火災發生時間地點、採證時間地點、承辦人、證物件數及證物型式及鑑定之項目等內容。

3.送驗證物之火災案件爲車輛火災須於公文中註明，車牌號碼、車輛種類。

㈣消防機關證物送內政部消防署鑑定，應由調查人員親自送驗，但有下列情形時得以郵寄方式送驗：

1.連續發生火警，當地調查人員無法於規定時間內，送至內政部消防署送驗證物者。

2.因氣候、交通或其他不可抗力之因素，無法親自送驗者。

十　火場證物保存

㈠消防機關鑑識單位，應設置貯存跡證之專用鐵櫃，指派專人負責登記保管。

㈡送內政部消防署鑑定之證物，除有特殊情形外，應指派專人於接獲「火災證物鑑定報告書」次日起七個工作日內領回。

㈢鑑識單位向內政部消防署借用儀器鑑定之證物，於鑑定完畢後由鑑定人員帶回。

火災現場照相及攝影作業要領

①民國94年10月18日內政部消防署函訂定發布全文5點。
②民國98年11月17日內政部消防署函修正發布全文5點。

一　目的

照相或攝影均可取得火災現場之視覺文件紀錄，其對於現場之描繪勝過文字，照片或錄影帶所呈現之型態與項目可成爲調查人員報告與聲明之實證，爲精進火災原因調查鑑定書之撰寫，特訂定本作業要領。

二　拍攝原則

爲結合靜態之照片與動態之影像，發揮火災現場眞實效果，必要時照相與攝影均需使用。

三　拍攝要領

㈠出動觀察

針對燃燒演變狀況及搶救情形，從各方向加以照相或攝影。爲確定起火初期範圍，照相或攝影對象如下：

1.最初之燃燒狀況及範圍。
2.火災現場出入口、門窗、捲門等之開閉及上鎖狀況。
3.電源、瓦斯、電氣控制開關之狀況。
4.火勢延燒之方向、速度及趨勢。
5.燃燒物質所呈現之燃燒現象。
6.各種角度燃燒進行之階段。
7.救災人力、水線佈署及搶救經過情形，包括消防栓、消防車及瞄子位置等。
8.熱心協助救災人員及圍觀民衆之表情。
9.其他可疑車輛、物證及痕跡。

㈡現場勘查

燒燬建築物能顯示燃燒型態，以追蹤火勢發展並協助瞭解火源，故在挖掘破壞現場之前，應將現場全景，四周及上下環境均予照相或攝影。另外鄰接建築物燒損線界、延燒路徑及針對調查鑑定書之內容需要逐一照相或攝影存證，盡可能包括愈多建築物之外觀角度與視線。違反法規或建築結構瑕疵亦應予以拍攝，因爲火勢蔓延型態可能因爲這些瑕疵所造成。爲確定起火戶及起火處，其照相或攝影對象如下：

1.火災現場之外觀及其前後左右與制高點全景。
2.火災現場之相關位置，包括街道標示、門牌號碼及周圍環境等。
3.火場不同燃燒空間（不同燃燒戶或不同隔間）、延燒路徑（孔道或開口）之兩面燃燒差異性殘跡。
4.內部全面燃燒狀況及上、下、左、右、前、後之燃燒殘跡。
5.火災現場出入口、門窗、捲門等之開閉及上鎖狀況。
6.電源、瓦斯、電氣等之開關、插座及控制器狀況。
7.門窗及電源箱搶救破壞痕跡。
8.傷者或屍體位置及燒灼傷形狀。
9.消防安全設備，包括警報設備、偵測器、自動撒水設備、滅火器、門關閉裝置或調節器及火警受信機之面板或紀錄等。
10.防盜器、攝影機及時鐘等，電力中斷之時間，或火焰高熱停止之時間。

11.逃生路徑。

12.接受訪談民衆之表情。

㈢起火範圍清理、挖掘

欲挖掘之範圍應特別由各角度，並由燒燬形態較弱之處，逐步往燒燬強烈方向照相或攝影存證。爲確定起火處及起火點，其照相或攝影對象如下：

1.清理、挖掘、移動物品之前後及過程均需拍攝。

2.挖掘過程必須依序層層拍攝，以確定掉落物之順序。

3.短路之電線、熔珠等。

4.特殊遺留物或不該出現之物。

5.疑似起火點及發火源，包括熱產生裝置或設備等。

6.起火範圍清理後必需拍攝物品結構、殘骸復原情形。

7.推定爲發火源或認與發火源有關者，應重點或放大照相或攝影。

對放大照相或攝影部分，必須將對象物附近之柱子、門檻、傢俱等之一部分一併攝入，以便易於知悉其確切位置。

㈣採集證物

相關證物採集前、採集後及緘封前、緘封後均需照相或攝影，採集時其旁並應放置比例尺及號碼標示牌，以便記錄其原來位置與狀況，且證物必須拍攝全景及特寫，微小證物可於底部放置白紙再行拍攝，以利顯現微小證物之特徵。

四　注意事項

㈠每一火災個案應儘量多拍，以利適當紀錄火災現場，重要跡證至少重複拍攝二張以上，以免遺漏或無法使用。

㈡應記錄每次拍照之時間、位置、方向、角度、對象物與呈現之意義，並製作火災現場照相位置圖。

㈢拍攝時機稍縱即逝，火災發生時或火災之後應盡可能愈快拍攝愈好，對於真實的火災現場紀錄十分重要，因爲現場隨時可能改變、擾亂甚至燬損。

㈣調查人員必須具備熟練之照相及攝影技巧，若使用底片，底片應爲三十五釐米，感光度ASA值在一百與四百之間。拍攝物件變色狀況時，應注意光度及光線方向，以免目標實態失真或顯示不同之色澤，並避免產生陰影。

五　保存方式

勿將多件火災個案結合在同一卷底片、光碟或錄影帶，攝影機之錄影帶必須轉成光碟片，且底片盒及光碟片應貼上標籤註明案由，以避免混淆或遺失，並置於防潮箱內妥善保存。

火災調查鑑定作業要領

①民國89年9月14日內政部函訂定發布全文23點。
②民國94年10月18日內政部消防署函修正發布全文22點。
③民國98年11月17日內政部消防署函修正發布名稱及全文25點（原名稱：火災原因調查標準作業程序）。
④民國106年1月18日內政部消防署函修正發布名稱及全文26點；並自即日生效（原名稱：火災調查鑑定標準作業程序）。

第一章　總　則

一　火災調查目的

㈠作爲火災預防措施參考。

㈡作爲火災搶救對策上參考。

㈢作爲消防行政措施參考。

㈣協助司法偵查。

二　火災分類

火災分爲A1類、A2類及A3類等3類，其定義如下：

㈠A1類火災案件：造成人員死亡之火災案件。

㈡A2類火災案件：造成人員受傷、涉及糾紛、縱火案件或起火原因待查之火災案。

㈢A3類火災案件：非屬上述A1類、A2類之火災案件。

三　火災調查鑑定範圍

㈠火災原因調查

1.起火原因：火災發生經過及起火場所。

2.發現、通報、初期滅火狀況：發現、通報及初期滅火等一連串經過。

3.延燒狀況：建築物延燒路線、擴大延燒因素等。

4.避難狀況：避難路線、避難上之障礙因素等。

5.消防安全設備狀況：滅火設備、警報設備及避難設備等作動、使用狀況。

㈡火災損害調查

1.人的被害狀況：因火災造成的死傷、受災戶數、受災人員等被害狀況及其發生狀況。

2.物的損害狀況：因火災延燒、滅火、爆炸等造成物的損害狀況。

3.財物損害調查：因火災所導致物的損害評估、火災保險等狀況。

四　調查鑑定權責

㈠火災案件由當地消防機關負責原因調查鑑定工作；延燒範圍橫跨二個以上管轄區域之火災，由最先起火處所之管轄機關負責原因調查，延燒區域之消防機關協助調查。如起火處有爭議或起火處不明者，由相關機關先行協議，無法協議者，由內政部（消防署）指定調查機關。

㈡車輛火災調查以起火發生地爲管轄機關，置放處管轄消防機關爲協助調查機關；舟船火災於港區發生時，以管轄港區消防機關負責火災原因調查工作，若在外海發生時，則以該舟船註冊港爲管轄機關。如有非上述情形，則由內政部消防署指定調查機關。

㈢爲調查鑑定火災原因，內政部消防署得協調他轄消防機關專責火災調查人力或裝備，支援、協助進行火災原因調查工作。

(四)火災原因調查鑑定涉及相關事業主管機關時，應事先聯繫、協調各該目的事業主管機關配合辦理。

第二章　火災調查鑑定要領

五　接案出勤

(一)火災調查須有現職火災調查鑑定人員或曾受過本署火災原因調查訓練合格人員二人以上出勤。

(二)執勤人員接獲民眾報案發生火災，應詳實詢問火災發生時間、地點、火、煙等相關資料及報案人姓名、連絡電話、地址、並予記錄，以供現場火災搶救人員及調查人員參考，並同時通知搶救及火災調查人員。

(三)火災調查人員應攜帶應勤裝備，需隨同搶救人員同時出動或於災後二十四小時內出動，於出動途中分配任務，包括指揮調查、勘察查詢、證物採取、照相攝影及繪圖記錄等。

(四)火災調查人員出勤時應著火災調查服裝、安全裝備，服務證件，出勤人員應將攜帶器材均清點登錄，包括採證工具、紀錄工具、照明工具、照相蒐證工具等裝備。

六　通知聯絡

(一)出動途中主動與火場指揮官聯絡，隨時注意收聽無線電，以掌握火災訊息。

(二)發生調查、鑑定顯有困難或原因不明之火災案件，必要時應儘速通知火災鑑定委員會之委員，到現場瞭解狀況做成勘察紀錄。

七　途中觀察

(一)出動途中觀察火災現場火煙發生位置及規模，判斷風向及擴大延燒方向性。

(二)對於觀察所知天氣、風向、火（煙）顏色、聲音、味道、爆炸等與火災關聯現象，必要時應利用攝影機或照相機加以記錄。

(三)沿途記明交通阻暢狀況，注意沿途有無行跡可疑人車或物品。

八　初步訪詢

(一)到達現場應先向火場指揮官報到，巡繞現場一周確認火災規模及範圍，蒐集現場概要相關資料。

(二)尋訪火場發現者、初期滅火者、避難者及參與救災者等關係人，查詢與火源之關係及發覺、搶救火災或逃生之經過，並記錄其姓名、住址、國民身分證統一編號及電話號碼等，其中重要關係人應儘速製作談話筆錄。

九　現場觀察

(一)到達火場時應記錄到達時間，已燃位置、火煙冒出顏色、方位及大小、聲音、味道、爆炸特殊狀況、延燒情形。

(二)建物出入口、門窗、捲門等開閉及上鎖狀況。

(三)瓦斯、電源、電氣控制開關等狀況。

(四)死傷者場所、方位、受燒部位、穿著情形。

(五)水線部署及搶救經過情形。

(六)對各階段燃燒演變的狀況及搶救情形，或因殘火處理致物件移動、倒塌、損壞情形。

(七)研判為起火戶、起火處者應力求保全；若因火災搶救而需要破壞現場時，火災調查指揮官應協調救火指揮官將第一梯次救災單位到達前已受燒區域加以保全，避免破壞；其餘區域破壞過程應紀錄或攝影，以利後續勘察。

(八)火災調查鑑定人員對於上述觀察具參考價值之現象，均應照相、攝影或應記錄其時間及位置。

(九)搶救完畢後，應由分隊填具「火災案件搶救出勤紀錄表」（附件一），並填寫製作「火災出動觀察紀錄」（附件二），作為瞭解火災初期現場燃燒情形之參考，並藉以評估火災現場挖掘及保全範圍等依據。

十　照相攝影

應依「火災現場照相及攝影作業要領」規定辦理。

十一　現場預勘

㈠災後實施勘察前，先由調查指揮官親自進入現場，觀察火場內外情況。

㈡擬定勘察人力、勘察器具、勘察順序、勘察路線、友軍支援、封鎖範圍、人員通知等執行計畫，以利現場勘察及蒐採跡證順利實施。

㈢重要關係人事先應通知到場，配合提供現場相關資料。

㈣如研判屬縱火案件，應即依「檢警消縱火聯防作業要點」規定，啓動縱火聯防機制，通報警察機關迅速偵辦。

十二　封鎖保存

㈠於搶救完畢，分隊確認爲A3類之火災案件，並完成火災現場拍照後，即毋需封鎖保存火災現場。

㈡分隊認定屬A1類、A2類之火災案件，爲避免火災現場遭破壞，須開具「火災現場保持完整通知書」（詳如附件三），並封鎖現場、保存現場完整，供火災調查人員實施火災調查鑑定，必要時會同當地警察機關進行火災現場勘察、採證。

㈢協調轄區警察機關設置警戒區域，派警察人員監視禁止關係人進入，以保持現場完整，特殊情況者可由調查人員陪同進入並予記錄。

㈣以燒燬大範圍作爲封鎖對象，再根據勘察進度逐漸調整封鎖區域。

㈤以封鎖帶圈繞現場，並口頭告知關係人等禁止進入。

十三　災後勘察

㈠勘察原則

1.先靜觀後動作。

2.先照相後挖掘。

3.先表層後逐層。

4.先一般後重點。

㈡勘察步驟

1.擬定調查計畫：

⑴清點人員、裝備及分配任務。

⑵聯絡及協商相關機關、廠商或關係人到場或提供資料。

⑶安排勘察流程：觀察火場附近→觀察燒燬之建築物→起火建物之認定→延燒路徑之認定→起火處之認定→發火部位認定→發火源之檢討→起火原因之認定。

2.確認火災全盤概要：

⑴發生時刻及場所。

⑵建築物是否同一時期興建。

⑶初期燃燒狀況及概略燒燬經過。

⑷滅火射水作業狀況。

⑸發現者所述內容。

⑹發現詳細經過。

⑺居住者應變作爲。

⑻室內裝潢情形。

⑼用火器具、溶劑等物品使用、放置、保管或製造情形。

⑽門窗開閉情形。

⑾起火前後人員出入情形。

⑿房間佈置、管線配置。

⒀燃燒特異事項。
⒁死傷狀況。
⒂災後保存狀況。
⒃配電線路、用電設備裝設及受損情形
⒄火災保險資料。
⒅消防安全設備及檢修申報資料。
⒆保全資料。
⒇其他相關重要資料。

3.觀察火場四周並由高處俯覽全貌：
(1)了解火場範圍，由外圍多方向逐漸向中心觀察燃燒延燒方向，尋覓有否特殊異常現象、痕跡或不正常之燃燒情形。
(2)由高處觀察現場全貌，了解附近地理環境、房屋結構、各種管線、延燒塌燬及碳化變形情形。
(3)拍攝現場全景照片，四周及上下各一張，或予錄影。

4.進入現場瞭解全盤狀況：
(1)安全管理：
A.避免勘察人員由火場高處摔落等措施。
B.避免火災現場上方物品掉落，擊中勘察人員等措施。
C.勘察人員進入現場勘察時，應對頭、手、足等採取保護措施。
D.注意防止火災現場有毒氣體、煙、塵對勘察人員造成危害。
E.避免搬運重物發生危害。
(2)由外圍至中心不破壞現場之下進入，避免相關人員不正確誘導。
(3)先行觀察全盤燃燒狀況作上下左右反覆比較，由觀察碳化之強弱、傾倒方向性、不燃物之變色、掉落物之先後位置與木頭剝離燒細燒失、金屬熔化及異臭異味等現象後再考慮建築物構造，分析燃燒強烈、火流延燒趨勢，掌握勘察方針與證物搜集。
(4)對燒失或崩落之物件，應處於復原之觀點勘察之。
(5)觀察燃燒狀況時從燃燒較弱之方向逐漸往強的方向逐步立體觀察，再由各個燒燬狀況綜合觀測其延燒途徑。
(6)注意因構造、材質所引起之不同燃燒特性及分辨因物理作用而掉下或倒下之情形。
(7)確定那些是屬於射水搶救部分、自然燒熄部分及阻卻延燒部分。
(8)燃燒比較劇烈部分在整體燃燒狀況上，其與延燒路徑之位置對照是否合理。
(9)注意燒失的財物或移動的物品。
⑽遇有疑問應會同關係人至現場查詢及再確認。

5.研判起火處，擬定挖掘範圍：掌握火災全盤概要，確定勘察方向，擬定挖掘範圍、進行步驟和方法。

6.攝影搜證：消防機關辦理火災現場照相及攝影相關作業時，應依「火災現場照相及攝影作業要點」規定辦理。
火災受害人或利害關係人於消防機關要求會同勘察火災現場說明時，可攜帶攝錄影器材進行錄影及照相。

7.清理挖掘：應對起火處交界區域及重點處實施現場挖掘和復原等手段，清理挖掘過程應擇要錄影或照相；造成三人以上之死亡之火災案件則應錄影保存起火處清理過程之資料：
(1)方法：
A.逐層勘察：

(A)對燃燒殘餘物由上而下逐層剝離，往下觀察每層受熱情形和燒燬狀況。
(B)此法完全破壞現場之原始狀態，進行時須小心謹慎。

B.全面挖掘：對於無法明確研判起火處時，對於可疑之起火範圍應予以全面挖掘，以尋找可疑跡證，俾以助於研判可能之起火處所。

(2)注意事項：

A.挖掘範圍以起火部位、起火處及其周圍為工作範圍，從一個方向挖掘起，不要從多方向開始挖掘，掘出之器具物品，應逐一查證其確實用途。

B.挖掘目標依不同火場而各有不同之重點和目標，並應注意人員所站之位置，防止遭受傷害。

C.會同關係人員請其解說其原有物品擺設情況，柱子、桁條、窗檻、傢俱等燃燒物儘量不動。

D.由燒燬形態較弱之處，逐步往燒燬強烈方向清理、挖掘、調查及照相攝影。

E.先將掉落物逐層移去，再逐步清除碳灰，將有參考價值之物保持原位，以研判延燒之方向。

F.屋瓦或窗戶之玻璃碎片等在較高位置之物品，掉落在地板顯示附近之燃燒狀況，須留下一部分不予移動。

G.堆積燃燒物之下側如有碳化物時，上一層之燃燒物應逐層清理。

H.檢驗燃燒物時可用毛刷輕掃或用水輕洗，不要傷及燃燒狀況，殘留水分要用綿布吸乾。

I.愈接近起火處位置，挖掘清理愈應仔細小心直至碳灰完全清除為止，甚至以清水清洗地板，以徹底了解地面受燻龜裂情形。

J.推斷發火源為熔接或熔斷之火花時，應以磁鐵吸取熔片。

K.起火處附近之樓地板其接縫、裂縫、接孔中發現有附著物時，不可擅自除掉。

L.發現電線被燒損物覆蓋時，須將整條線路小心清出，不要用拖拉方式蒐集；對含有熔痕之電線，應依負載往電源方向依序編號。

M.任何清理出來之物體，都辨清種類、名稱、用途和性質，如需復原者應按順序做記號並附以紙條。

N.發現相關之痕跡和證物時，應詳加記錄、照相存證後，儘量保留在原始位置並保護好周圍環境。

O.清理挖掘起火處，應了解燃燒掉落物之層次順序，並檢討起火處研判是否正確。

8.圖面製作：應於現場先繪製簡圖，並視實際需要選擇製作，必要時可予以合併，包括：

(1)現場相關位置說明圖。
(2)起火建築物平面圖。
(3)死傷人員位置圖及起火戶、延燒戶人員逃生路徑。
(4)相片拍攝位置及方向圖。
(5)起火處附近物品擺設圖。
(6)起火處與關係物品之立體圖或剖面圖。
(7)證物採樣位置圖。
(8)其他可供佐證之圖示。

上述圖面應於圖右上方明確標明方位，必要時得用比例尺。

9.復原：建築物及收容物重點地區遭燒燬破壞者，儘可能將其組合成火災發生前之狀態，以便更深入之比對、檢討：

(1)配合關係人對火災發生前之狀態說明，儘可能將燒損存留物復原成火災前可以判斷之狀態。
(2)進行復原作業與拍攝同時進行並製作記錄。
(3)將燃燒形態之方向性配合復原狀態考察，建築物與有關燃燒物位置應明顯組合。
(4)出入口之狀況，應從門的開關、鎖的位置、有無上鎖、門檻狀況等加以復原。
(5)復原時需使用輔助材料時，勿使用與燃燒殘留物類似之材料，所需的燃燒殘留物應注意不要破壞燃燒過的部分。
(6)立體復原時，樓地板燃燒狀況與其關係應加以拍照。
(7)有投保商業保險者，可洽詢保險公司，提供投保時建築物及陳設物品之照片。

10.塡註火災現場紀錄簿：記錄火災現場調查時所聞、所見、所做與所知之資料，據以作爲製作火災原因調查鑑定書。完整之火災現場紀錄簿內容應包括下列各點：
(1)封面：
A.案件編號（一案一號，一案以一本爲原則）。
B.火災發生時間（年月日）及地址。
C.參與現場勘察人員姓名。
D.承辦人職稱及姓名。
(2)內頁：每頁均要有頁碼，其內容包括
A.關係人基本資料之紀錄。
B.關係人於火災現場談論情形之概述。
C.火災現場平面圖之初稿記錄。
D.火災現場挖掘、清理及復原過程之紀錄。
E.火災現場所發現各項物證之紀錄。
F. 首先到達火災現場消防或義消人員之觀察概述。
G.火災現場消防安全設備使用或動作情形之紀錄。
H.火災現場之保全動作紀錄或監視錄影紀錄。
I. 「火災調查管理資訊系統」各項欄位（如附件四、火災基本資料）。
J. 其他資料。
K.資料之記錄不以文字爲主，應適時搭配現場照相。

11.延燒途徑之檢討與判定起火處：綜合目擊者所述、出動觀察、現場勘察、挖掘復原後，由燒損物件之碳化狀況檢討找出火焰延燒之方向性，由限定起火範圍進而分析起火處所，再配合起火有關之發火源之燃燒形態判定起火處。

12.發火源檢討與起火原因之判定：
(1)燃燒物及證物是否具有存在價值、位置價值、機能價值。
(2)火流是否與燃燒狀況符合、能夠連結。
(3)燃燒物本身是否有自燃發火之可能性。
(4)起火周圍環境物品擺放是否正常。
(5)起火處之燃燒狀況，是否與整體延燒途徑連結。
(6)起火前發火源是否正在使用中。
(7)關係人行爲有無異常。
(8)發火源是否爲外來或被蓄意移動。
(9)有無受到其他熱源影響。
(10)有無受到氣象狀況之直接影響。

⑾參照火災案例或經驗法則，起火可能性有無矛盾。

13.其他原因之確認與判定：

⑴審核關係人所述是否確實，有無矛盾或錯誤，時間上有無差異。

⑵其他火源是否完全否定排除。

14.補充調查：參考實驗、鑑定結果或參考文獻資料，以資佐證。

15.火場勘察一貫性原則：為避免火場跡證遭破壞或滅失，火災調查鑑定過程應力求一貫性，持續勘察。

十四　跡證蒐集

㈠火場攝影：火災現場拍照及攝錄影，應依「火災現場照相及攝影作業要領」規定辦理。

㈡採證規定：火災現場採驗證物之程序、封緘及送驗等步驟，應依「火災案件證物採驗規範」規定辦理。

十五　損害調查

㈠人員傷亡：依據火災現場起火戶、延燒戶人員之避難逃生情形填寫「火災人員避難逃生情形分析表」（附件五），另依據火災現場死者之陳屍位置及死亡原因等資料填寫「火災人員死亡原因分析表」（附件六），並於四十八小時內先行通報「火災死亡案件通報表」（如附件七）予消防署。

㈡財物損失：原則依燒燬物之現值為標準，不包括間接損失，並應由火災戶提報財損清單供分隊會同火災關係人依「消防機關辦理火災後建築物暨物品損失估算暫行基準」規定核實估算。

㈢保險情形：A1類火災案件、商業保險類型或疑似縱火詐領保險金之火災案件，應向火災關係人、財團法人保險犯罪防制中心或產（壽）險公會查詢後，以實際保險資料填寫，並檢附於火災原因調查鑑定書佐證。

十六　火災現場訪談

火災現場訪談應依「火災案件調查訪談作業要領」處理。

十七　現場討論

由火場調查指揮官召集所有參與之單位及人員作初步之研討，根據報案內容、出動觀察、目擊者等關係人訪談及搶救人員所見，配合現場狀況與災後勘察、清理及復原重建等資料，對案情作慎重分析、取捨及選擇，並作初步之研判與結論。

十八　證物鑑定

㈠實驗鑑定應取得正式火災證物鑑定報告。

㈡引用文獻應註明引用資料之來源。

㈢證物鑑定完畢後，由送驗單位併案移送警察或司法機關。

十九　案情研判

各種資料彙整後，如仍有可疑或不妥之處，火災調查業務主管應召集所有火災調查鑑定人員，檢討供述與勘察不一致之癥結所在，並研究推定起火處與起火原因之妥當性。

二十　會議召開

必要時得由火災鑑定委員會主任委員召集鑑定委員開會，如有需要得通知利害關係人到會說明，委員會議務須作成決議，並以直轄市縣市政府名義製作「火災原因鑑定書」，供作調查參考文件。

二一　申請支援

A1類火災案件、火災原因複雜、顯有糾紛或多戶延燒之火災案件，可依「內政部消防署支援各級消防機關火災原因調查鑑定規定」之程序，於發生日起三日內申請上級機關或相關單位協助勘察或鑑定。

二二　撤除封鎖

㈠與相關單位協商後，對關係人簡單說明調查過程之範圍及內容；起火原因至為明確者，應將發火源、著火物、擴大延燒之可燃物等，請關係人確認瞭解。

㈡與相關單位協商解除封鎖。

㈢告知關係人得申請火災證明及製作訪談筆錄日期、時間、地點。

㈣清點人員、裝備及帶走證物。

㈤現場無再勘察之必要時，於撤除封鎖前，應先開具「火災現場勘察完畢通知書」（如附件八）。

第三章　調查結果紀錄與運用

二三　製作火災原因調查鑑定書及火災原因紀錄

直轄市縣市消防機關參考「火災原因調查鑑定書及火災原因紀錄製作規定」及「火災原因調查鑑定書及火災原因紀錄編碼方式」規定格式，於完成調查、鑑定後十五日內完成「火災原因調查鑑定書」或「火災原因紀錄」，必要時得延長至三十日，如仍未及完成應事先專案簽准。造成死亡之火災案件，應於完成火災原因調查鑑定書後七日內（含假日）正式函發「火災死亡案件通報表」予消防署。

二四　案件函送

調查鑑定完畢，應儘速將火災原因調查鑑定書函送當地警察分局依法處理，並依「火災原因調查鑑定書及火災原因紀錄分級列管實施規定」將火災案件副陳內政部消防署審閱。

二五　紀錄登記

於火災發生後一個月內，應將火災調查資料登塡於「火災調查管理資訊系統」。

二六　報表運用

應依「內政部消防署公務統計方案」之規定，將案件相關資料塡入「火災次數分類及時間」、「起火建物」、「火災人員死傷、財物損失」、「火災次數按起火處所分」、「火災次數按起火原因分」等五種表格。

分別於一月及七月底前函送前半年度之「火災資料統計分析報告」、當月十五日前函送前月之「火災人員死亡原因分析表」及「火災人員避難逃生情形分析表」、當年十二月底前函報前年度之火災事件資料予消防署審查。

（附件略）

直轄市縣市政府火災鑑定委員會設置基準及指導要點

①民國92年8月26日內政部消防署函修正發布全文13點。
②民國93年12月20日內政部函修正發布第3、6點。
③民國98年4月28日內政部令修正發布全文13點；並自即日生效。
④民國100年3月7日內政部令修正發布第6、11、13點；並自即日生效。
⑤民國105年8月26日內政部函修正發布第7點。
⑥民國109年1月30日內政部函修正發布名稱及全文13點；並自即日生效（原名稱：直轄市縣市政府火災鑑定委員會設置基準及指導要點）。

一　為提供直轄市、縣（市）政府設置火災鑑定會及辦理火災原因鑑定事宜之參考，特訂定本要點。

二　火災鑑定會（以下簡稱鑑定會）之任務如下：
㈠轄區原因不明或顯有調查鑑定困難之火災鑑定案件。
㈡其他消防機關移請鑑定之重大火災案件。
㈢司法機關囑託鑑定之火災案件。
㈣火災受害人或利害關係人不服消防機關調查鑑定結果之火災案件。但已進入司法機關訴訟程序中，且非經各該機關囑託者，不予受理。
㈤火災鑑定之新技術、新設備之蒐集、研究、適用及改進事項。

三　鑑定會置委員九人至十七人，其中一人為主任委員，由消防機關首長兼任，其餘委員得聘請火災預防、災害搶救、火災調查、建築管理、刑事警察等業務單位主管為機關代表及具消防、刑事、鑑識、電力、建築、物理、化學、機械、工業安全、土木或結構、法律等專長之專家學者擔任；其中專家學者不得少於委員人數之三分之一。
委員聘期均為二年，期滿得續聘。但代表機關出任者，應隨其本職進退。
為調查鑑定火災案件之需要，必要時得專案聘請專家學者擔任委員。
委員之聘任應報內政部備查。

四　鑑定會置秘書一人，幹事一人至五人，由直轄市、縣（市）政府指派所屬消防機關人員兼任，承主任委員之命，辦理該會幕僚業務。

五　鑑定會辦理第二點事項，得委請相關專業機關（構）、團體或學校等單位進行有關證物之實驗、測試、鑑定及鑑識等事項。
轄區內重大火災案件發生時或發生後，鑑定會並得派員會同消防機關至現場瞭解狀況，作成勘查紀錄，供日後參考。

六　鑑定會受理案件情形如下：
㈠火災發生後，消防機關於調查鑑定遇有原因不明或顯有調查鑑定之困難，請求協助時。
㈡火災受害人或利害關係人對於消防機關或主管機關火災調查資料或調查鑑定結果不服請求認定時。
㈢司法機關囑託鑑定之火災案件。
㈣其他消防機關移請鑑定之重大火災案件。
前項第二款之申請，火災受害人或利害關係人應於收到火災調查資料日起十五日內，以申請書（格式如附件一）附具理由，經由消防機關向該轄直轄市縣（市）政府申請鑑定會認定；消防機關應併同該案卷證送鑑定會審議。

前項申請書未附具理由或所附理由與申請認定無關者，應通知申請人於十日內補正，屆期不補正或補正仍不合規定者，不予受理。

鑑定會受理第一項之申請後，應至現場勘查，並於一個月內召開會議。

七　鑑定會召開會議，由主任委員爲主席；主任委員不能出席時，由委員互推一人擔任主席，並應有超過半數委員親自出席始得開會，經出席委員半數以上同意，始得作成決議。

八　鑑定會召開會議應副知內政部，內政部得視情形派員列席。

鑑定會召開會議，必要時得通知火災受害人或利害關係人到會說明，並列入紀錄。

前項人員應於決議前退席。

鑑定會至現場勘查時，得通知火災受害人或利害關係人會同前往。

火災受害人或利害關係人經通知而未到會說明或前往現場時，除將該情形記錄外，鑑定會得依其他人員之陳述或有關資料逕行鑑定，必要時並得邀請其他相關專家或機關派員列席提供意見。

九　出席委員有下列情形之一者，應自行迴避：

㈠本人或其配偶、前配偶、四親等以內之血親或三親等以內之姻親或曾有此關係者爲事件之當事人。

㈡本人或其配偶、前配偶，爲事件之利害關係人。

㈢曾爲火災案件任一關係人之受託人。

十　鑑定會之委員有下列情形之一者，應予以解聘：

㈠曾受刑事判決確定。

㈡經通知出席，無故連續三次不到。

㈢洩露案情或行爲不當致有損鑑定會名譽。

㈣重病或長期出國無法出席會議。

㈤本人提出辭呈。

十一　鑑定會製作之火災原因鑑定書、受理第六點第一項第二款案件決議作成之火災調查資料認定書（格式如附件二）及其他對外行文等均應以直轄市、縣（市）政府名義行之。

前項認定書應送交申請人，並送原調查之消防機關。

十二　火災受害人或利害關係人收到鑑定會火災調查資料認定書仍不服時，得於收到日起十五日內陳述理由向內政部消防署申請再認定。但已進入司法機關訴訟程序中，且非經各該機關囑託者，不予受理。

十三　鑑定會委員、兼職人員均爲無給職。但得依規定支給交通費。

（附件略）

直轄市縣市消防機關受理申請火災調查資料處理原則

①民國98年4月28日內政部令訂定發布全文8點；並自即日生效。
②民國98年9月16日內政部令修正發布名稱及全文9點；並自即日生效（原名稱：直轄市縣市消防機關火災調查資料公開申請處理原則）。

一　爲規範直轄市、縣（市）消防機關（以下簡稱消防機關）受理火災調查資料申請事宜，特訂定本原則。

二　消防機關辦理火災調查資料受理申請事宜，應依行政程序法等相關法規辦理。

三　消防機關於完成火災調查後，於不妨礙偵查不公開原則及不違反行政程序法第四十六條第二項規定，得受理申請火災調查資料。

四　縱火案件、疑似縱火案件或有人死亡之火災案件，火災調查資料應限制公開或不予提供。但依法令或爲維護公共利益或保護合法權益有必要者，不在此限。

五　申請之火災調查資料限起火時間、起火地點、起火處及起火原因。

六　申請人以起火戶、延燒戶、利害關係人及其代理人爲限。

七　申請人應填具申請書（如附件一），向當地消防機關申請。

八　申請之方式或要件不備，其能補正者，消防機關應命申請人於七日內補正。不能補正或屆期不補正者，得逕行駁回。

九　消防機關受理申請後，應於三日內爲准駁之決定。

前項之期限；必要時，得予以延長，延長之期間不得逾三日。

消防機關提供火災調查資料格式如附件二。

（附件略）

消防機關辦理火災後建築物及物品損失估算暫行基準

民國85年11月14日內政部消防署函訂定發布全文4點。

壹　目的

為統一消防機關對火災後之建築物及物品損失估算方式，以增進全國年度火災損失資料統計之精確性，俾供消防行政與學術研究之參考。

貳　使用範圍

本案係屬於消防機關行政統計資料，僅供消防行政及學術研究整體性之參考，不對外提供個案資料或其他證明。

參　火災後建築物損失估算基準

一　房屋本體損害之估算：

(一)不堪使用需重建部分之估算：

損害金額＝每坪重置成本×（1－經歷年數×每年折舊率）×重建總坪數

說明：

1.各類房屋本體「每坪重置成本」：依據「房屋重置成本估算標準」之房屋重置成本及房屋重置成本加、減值計算之。

2.房屋本體每年折舊率、耐用年數、殘值：

構造類別	每年折舊率	耐用年數（年）	殘值
鋼筋（骨）混凝土建造	1%	60	40%
加強磚造	1.2%	52	37.6%
金屬建造	1.2%	52	37.6%
磚石構造	1.4%	46	35.6%
木造	2%	35	30%
土磚造	5%	18	10%
竹造	8%	11	12%

3.超出耐用年數時，以殘值為其總折舊率計算。

(二)未達拆除重建標準但需補強之估算：視房屋損壞狀況，依不堪使用需重建部分之所需費用之百分之二十至五十估算之。

二　房屋裝潢損害之估算：（裝潢含括天花板、地板、地毯、門窗、牆壁、衣櫃、家具…等被燒損、水損、煙薰致使不堪使用必須重建時使用）

裝潢損害金額＝裝潢每坪重置成本×（1－裝潢折舊率）×損害總坪數

裝潢折舊率＝裝潢已使用年數÷（裝潢耐用年數＋1）

說明：

(一)裝潢耐用年數：以十年計算，裝潢折舊率超過百分之五十者，以百分之五十計。

(二)裝潢重置成本：

1.一般裝潢每坪一萬至五萬元計。分左列三等級估算：

等級	每坪估價金額	說明
一	一萬元	普通油漆粉刷及簡單之家具陳設
二	二至三萬元	固定之裝潢家具、貼壁紙及附有家電設備
三	四至五萬元	特別之裝潢及家具擺設

2.特殊豪華裝潢另行估價。

㈢火災後房屋本體及裝潢以外之其他建築物損失依實際價格估算。

肆　物品之火災損害估算基準（物品被燒損、水損、煙薰致不堪使用）

一　商品：依罹災前的進貨價格估算。

二　衣類、棉被及日用品：依購置時之價格或火災發生時，該罹災物同程度的物品及時價估算。

三　工廠、倉庫之成品依批發價格估算，半成品以成品價格酌減估算，原料以進貨價格估算。

四　書畫、骨董、美術工藝品及寶石類：除能提示明確購置價格外，依社會上一般概念之評價估算。

五　交通運輸設備及機械設備：依取得價格×殘存率

㈠殘存率：依據行政院八十二年六月二十八日臺（八二）孝授字第〇六六二〇號函頒之「財物標準分類－八十二年增定版」取得標示之耐用年數，再依（附表一）取得殘存率數值。

㈡使用年限超出其耐用年限時，以殘存率百分之十估算。

六　其他特殊且能舉證說明之物品、電腦軟體設計、著作等相關財產權之損失另外計價。

檢警消縱火聯防作業要點

①民國92年4月7日內政部函訂定發布全文3點。
②民國94年10月25日內政部函修正發布全文3點。
③民國99年9月2日內政部函修正發布第3點。

一　依據

九十一年十二月二十日行政院治安會報第十七次會議通過「近期火災增加原因分析及因應改善措施」參、解決對策一、執行縱火防制對策裁示事項。

二　目的

為加強檢察機關、警察機關及消防機關間密切合作及明確分工，有效執行火災調查工作，以防制縱火發生，特訂定本要點。

三　聯防機制

㈠消防或警察機關接獲火災報案時，應迅速將火災地點、時間、燃燒情形及報案人等有關資料，通報對方機關之（勤務）指揮中心，並指派人員迅速處理。

㈡消防、警察機關應隨時掌握轄區縱火發生狀況，並循行政系統層報上級機關；如有以恐怖攻擊或詐領保險金等為目的之縱火案件時，應互相請求必要之支援。

㈢消防及警察機關於封鎖火災現場時應密切協調連繫，如封鎖範圍一致，則由雙方共同實施封鎖；否則，即各自分別封鎖。火災現場解除封鎖前，均應以書面通知對方機關。

㈣警察機關於恐怖攻擊、重大火災爆炸或縱火案件發生時，應建請當地地方法院檢察署召開縱火偵防協調專案會議。

㈤消防機關負責蒐集縱火手法及路徑等有關資料，按月統計、分析，函送當地警察機關作為縱火偵處之參考。

㈥警察機關移送縱火案件時，應副知消防機關。

㈦警察機關應將轄區之縱火犯列冊管理，以防止再犯。

㈧消防機關及警察機關應每半年函請當地地檢署將處理縱火案件之（起訴或不起訴）情形，彙送供追蹤列管。

㈨縱火案件之新聞發布，應於消防機關與警察機關共同勘查確認係縱火案件後，始發布新聞資料。

㈩內政部警政署於最高法院檢察署召集全國性檢警聯席會議，如有討論關於縱火偵防及預防之議題時，請最高法院檢察署邀請內政部消防署參與會議。

⑾直轄市、縣（市）警察局於各地方法院檢察署召集地區檢警聯席會議，如有討論關於縱火偵防及預防之議題時，請該檢察署邀請地方消防機關參與會議。

陸、危險物品管理

公共危險物品及可燃性高壓氣體製造儲存處理場所設置標準暨安全管理辦法

①民國88年10月20日內政部、經濟部令會銜訂定發布全文36條；並自發布日起施行。
②民國91年10月1日內政部、經濟部令會銜修正發布全文80條；並自發布日施行。
③民國93年11月2日內政部、經濟部令會銜修正發布第3、5～7條條文；並刪除第二節節名及第48～59條條文。
④民國94年8月30日內政部、經濟部令會銜修正發布第16條條文。
⑤民國95年11月1日內政部、經濟部令會銜修正發布第4、8、12、13、15～18、21～26、28、30、32～38、41、42、70、79條條文；並增訂第73-1條條文。
⑥民國96年5月9日內政部、經濟部令會銜修正發布第3、15、28、29、44條條文及第79條附表五。
⑦民國97年10月17日內政部、經濟部令會銜修正發布第7、69～73、75、76、78條條文；並增訂第72-1、75-1、75-2條條文。
⑧民國99年8月23日內政部、經濟部令修正發布第8、12、13、44條條文。
⑨民國102年11月21日內政部、經濟部令會銜修正發布第7、8、12、14、15、18、21、23～25、33～35、37、38、40～42、46、71、73-1、74條條文及第3條附表一、第79條附表五；並增訂第79-1條條文。
⑩民國105年5月4日內政部、經濟部令會銜修正發布第3、8、14～16、30、37、71、72-1、75、75-1、78條條文。
⑪民國106年5月8日內政部、經濟部令會銜修正發布第71、72-1、73條條文。
⑫民國108年6月11日內政部、經濟部令會銜修正發布名稱及第11、13～15、16、21、23、30、33～35、37、39、46、69、73-1、79-1條條文及第79條附表五；並增訂第15-1條條文（原名稱：公共危險物品及可燃性高壓氣體設置標準暨安全管理辦法）。

第一章　總　則

第一條

本辦法依消防法（以下簡稱本法）第十五條第二項規定訂定之。

第二條

公共危險物品及可燃性高壓氣體之製造、儲存或處理場所之位置、構造、設備之設置標準及儲存、處理、搬運之安全管理，依本辦法之規定。但因場所用途、構造特殊，或引用與本辦法同等以上效能之技術、工法、構造或設備，適用本辦法確有困難，於檢具具體證明經中央主管機關認可者，不在此限。

第三條 105

①公共危險物品之範圍及分類如下：

一　第一類：氧化性固體。
二　第二類：易燃固體。
三　第三類：發火性液體、發火性固體及禁水性物質。
四　第四類：易燃液體及可燃液體。
五　第五類：自反應物質及有機過氧化物。
六　第六類：氧化性液體。

②前項各類公共危險物品之種類、分級及管制量如附表一。

第四條

可燃性高壓氣體，係指符合下列各款規定之一者：

一　在常用溫度下或溫度在攝氏三十五度時，表壓力達每平方公分十公斤以上或一百萬帕斯卡（MPa）以上之壓縮氣體中之氫氣、乙烯、甲烷及乙烷。

二　在常用溫度下或溫度在攝氏十五度時，表壓力達每平方公分二公斤以上或零點二百萬帕斯卡（MPa）以上之壓縮乙炔氣。

三　在常用溫度下或溫度在攝氏三十五度以下時，表壓力達每平方公分二公斤以上或零點二百萬帕斯卡（MPa）以上之液化氣體中之丙烷、丁烷及液化石油氣。

四　其他經中央主管機關指定之氣體。

第五條

①公共危險物品製造場所，係指從事第一類至第六類公共危險物品（以下簡稱六類物品）製造之作業區。

②可燃性高壓氣體製造場所，係指從事製造、壓縮、液化或分裝可燃性高壓氣體之作業區及供應其氣源之儲槽。

第六條

①公共危險物品儲存場所，係指下列場所：

一　室外儲存場所：位於建築物外以儲槽以外方式儲存六類物品之場所。

二　室內儲存場所：位於建築物內以儲槽以外方式儲存六類物品之場所。

三　室內儲槽場所：在建築物內設置容量超過六百公升且不可移動之儲槽儲存六類物品之場所。

四　室外儲槽場所：在建築物外地面上設置容量超過六百公升且不可移動之儲槽儲存六類物品之場所。

五　地下儲槽場所：在地面下埋設容量超過六百公升之儲槽儲存六類物品之場所。

②可燃性高壓氣體儲存場所，係指可燃性高壓氣體製造或處理場所設置之容器儲存室。

第七條

①公共危險物品處理場所，指下列場所：

一　販賣場所：

㈠第一種販賣場所：販賣裝於容器之六類物品，其數量未達管制量十五倍之場所。

㈡第二種販賣場所：販賣裝於容器之六類物品，其數量達管制量十五倍以上，未達四十倍之場所。

二　一般處理場所：除前款以外，其他一日處理六類物品數量達管制量以上之場所。

②可燃性高壓氣體處理場所，指下列場所：

一　販賣場所：販賣裝於容器之可燃性高壓氣體之場所。

二　容器檢驗場所：檢驗供家庭用或營業用之液化石油氣容器之場所。

三　容器串接使用場所：使用液化石油氣作爲燃氣來源，其串接使用量達八十公斤以上之場所。

第八條 105

①本辦法所稱高閃火點物品，指閃火點在攝氏一百度以上之第四類公共危險物品。

②本辦法所定擋牆，應符合下列規定：

一　設置位置距離場所外牆或相當於該外牆之設施外側二公尺以上。但室內儲存場所儲存第五類公共危險物品之有機過氧化物及A型、B型自反應物質，其位置、構造及設備符合第二十八條規定者，不得超過該場所應保留空地寬度之五分之一，其未達二公尺者，以二公尺計。

二　高度能有效阻隔延燒。

三　厚度在十五公分以上之鋼筋或鋼骨混凝土牆；或厚度在二十公分以上之鋼筋或鋼骨補強空心磚牆；或堆高斜度不超過六十度之土堤。

③本辦法所稱室內，指具有頂蓋且三面以上有牆，或無頂蓋且四周有牆者。

④本辦法所定保留空地，以具有土地所有權或土地使用權者爲限。

⑤依本辦法應設置超過三公尺保留空地寬度之場所，其保留空地面臨海洋、湖泊、水堰或

河川者，得縮減爲三公尺。

第九條

公共危險物品及可燃性高壓氣體之製造、儲存或處理場所，其消防安全設備之設置，依各類場所消防安全設備設置標準（以下簡稱設備標準）及其他有關法令規定辦理。

第一〇條

①公共危險物品及可燃性高壓氣體之製造、儲存或處理場所之位置、構造及設備圖說，應由直轄市、縣（市）消防機關於主管建築機關許可開工前，審查完成。

②前項場所完工後，直轄市、縣（市）主管建築機關應會同消防機關檢查其位置、構造及設備合格後，始得發給使用執照。

③儲存液體公共危險物品之儲槽應於申請完工檢查前，委託中央主管機關指定之專業機構完成下列檢查，並出具合格證明文件。

一　滿水或水壓檢查。

二　儲槽容量在一千公秉以上者，應實施地盤、基礎及熔接檢查。

④前項滿水、水壓、地盤、基礎及熔接檢查之基準，由中央主管機關定之。

第一一條 108

經營公共危險物品及可燃性高壓氣體之公司商號，商業主管機關核准登記後應副知當地消防機關。

第一二條

無法依第三條第二項附表一判定類別或分級者，應由經財團法人全國認證基金會認證通過之測試實驗室或中央主管機關公告之機構進行判定。但經中央主管機關公告之國外實驗室判定報告、原廠物質安全資料表或相關證明資料，足資判定者，不在此限。

第二章　公共危險物品場所設置及安全管理

第一節　六類物品場所設置及安全管理

第一三條 108

①六類物品製造場所及一般處理場所，其外牆或相當於該外牆之設施外側，與廠區外鄰近場所之安全距離如下：

一　與下列場所之距離，應在五十公尺以上：

㈠古蹟。

㈡設備標準第十二條第二款第四目所列場所。

二　與下列場所之距離，應在三十公尺以上：

㈠設備標準第十二條第一款第一目至第五目、第七目、第二款第一目、第二目及第五目至第十一目規定之場所，其收容人員在三百人以上者。

㈡設備標準第十二條第一款第六目、第二款第三目及第十二目規定之場所，其收容人員在二十人以上者。

三　與公共危險物品及可燃性高壓氣體製造、儲存或處理場所、加油站、加氣站、天然氣儲槽、可燃性高壓氣體儲槽、爆竹煙火製造、儲存、販賣場所及其他危險性類似場所之距離，應在二十公尺以上。

四　與前三款所列場所以外場所之距離，應在十公尺以上。

五　與電壓超過三萬五千伏特之高架電線之距離，應在五公尺以上。

六　與電壓超過七千伏特，三萬五千伏特以下之高架電線之距離，應在三公尺以上。

②前項安全距離，於製造場所設有擋牆防護或具有同等以上防護性能者，得減半計算之。

③一般處理場所之作業型態、處理數量及建築物內使用部分之構造符合第十五條之一規定者，不適用第一項規定。

第一四條 108

①六類物品製造場所或一般處理場所四周保留空地寬度應在三公尺以上；儲存量達管制量十倍以上者，四周保留空地寬度應在五公尺以上，但僅處理高閃火點物品且其操作溫度未滿攝氏一百度，四周保留空地寬度在三公尺以上者，不在此限。

②前項場所有下列情形之一，於設有高於屋頂，為不燃材料建造，具二小時以上防火時效之防火牆，且與相鄰場所有效隔開者，得不受前項距離規定之限制：

一　僅製造或處理高閃火點物品且其操作溫度未滿攝氏一百度者。

二　因作業流程具有連接性，四周依規定保持距離會嚴重妨害其作業者。

③一般處理場所之作業型態、處理數量及建築物內使用部分之構造符合第十五條之一規定者，不適用第一項規定。

第一五條 108

①六類物品製造場所或一般處理場所之構造，除本辦法另有規定外，應符合下列規定：

一　不得設於建築物之地下層。

二　牆壁、樑、柱、地板及樓梯，應以不燃材料建造；外牆有延燒之虞者，除出入口外，不得設置其他開口，且應採用防火構造。

三　建築物之屋頂，應以不燃材料建造，並以輕質金屬板或其他輕質不燃材料覆蓋。但有下列情形之一者，得免以輕質金屬板或其他輕質不燃材料覆蓋：

㈠僅處理高閃火點物品且其操作溫度未滿攝氏一百度。

㈡僅處理第二類公共危險物品（不含粉狀物及易燃性固體）。

㈢設置設施使該場所無產生爆炸之虞。

四　窗戶及出入口應設置三十分鐘以上防火時效之防火門窗；牆壁開口有延燒之虞者，應設置一小時以上防火時效之常時關閉式防火門。

五　窗戶及出入口裝有玻璃時，應為鑲嵌鐵絲網玻璃或具有同等以上防護性能者。

六　製造或處理液體六類物品之建築物地板，應採用不滲透構造，且作適當之傾斜，並設置集液設施。但設有洩漏承接設施及洩漏檢測設備，能立即通知相關人員有效處理者，得免作適當之傾斜及設置集液設施。

七　設於室外之製造或處理液體六類物品之設備，應在周圍設置距地面高度在十五公分以上之圍阻措施，或設置具有同等以上效能之防止流出措施；其地面應以混凝土或六類物品無法滲透之不燃材料鋪設，且作適當之傾斜，並設置集液設施。處理易燃液體及可燃液體中不溶於水之物質，應於集液設施設置油水分離裝置，以防止直接流入排水溝。

②六類物品製造場所或一般處理場所內，未處理或儲存六類物品部分，其構造符合下列規定者，該部分得不適用前項各款規定：

一　牆壁、樑、柱、地板、屋頂及樓梯，應以不燃材料建造；與場所內處理六類物品部分，應以二小時以上防火時效之牆壁、樑、柱、地板及上層之地板區劃分隔。區劃分隔牆壁除出入口外，不得設置其他開口。

二　區劃分隔牆壁之出入口，應設置二小時以上防火時效之常時關閉式防火門；對外牆面之開口有延燒之虞者，應設置一小時以上防火時效之防火門窗。

三　涉及製造或處理公共危險物品部分經區劃分隔，至少應有一對外牆面。

第一五條之一 108

①一般處理場所之作業型態及處理數量符合下列規定，且於建築物內使用部分之構造符合附表一之一規定者（一般處理場所使用部分範例示意圖如附圖一），該部分得不適用前條第一項第二款至第五款及第七款規定：

一　噴漆、塗裝及印刷作業場所，使用第二類或第四類公共危險物品（不含特殊易燃物），且處理數量未達管制量三十倍。

二　清洗作業場所，使用閃火點在攝氏四十度以上之第四類公共危險物品，且處理數量未達管制量三十倍。

三　淬火作業場所，使用閃火點在攝氏七十度以上之第四類公共危險物品，且處理數量未達管制量三十倍。

四　鍋爐設備場所，使用閃火點在攝氏四十度以上之第四類公共危險物品，且處理數量未達管制量三十倍。

五　油壓設備場所，使用高閃火點物品其操作溫度未滿攝氏一百度，且處理數量未達管制量五十倍。

六　切削及研磨設備場所，使用高閃火點物品其操作溫度未滿攝氏一百度，且處理數量未達管制量三十倍。

七　熱媒油循環設備場所，使用高閃火點物品，且處理數量未達管制量三十倍。

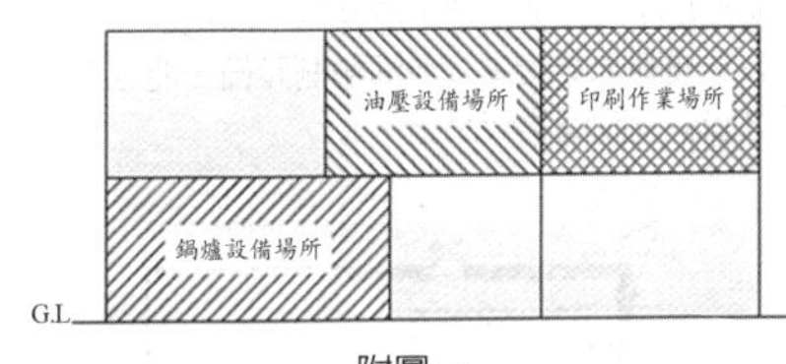

附圖一

②一般處理場所之作業型態及處理數量符合下列規定，且於建築物內使用部分之構造符合一定安全規範者（一般處理場所使用部分範例示意圖如附圖二），該部分得不適用前條第一項第二款至第七款規定：

一　清洗作業場所，使用閃火點在攝氏四十度以上之第四類公共危險物品，且處理數量未達管制量十倍。

二　淬火作業場所，使用閃火點在攝氏七十度以上之第四類公共危險物品，且處理數量未達管制量十倍。

三　鍋爐設備場所，使用閃火點在攝氏四十度以上之第四類公共危險物品，且處理數量未達管制量十倍。

四　油壓設備場所，使用高閃火點物品其操作溫度未滿攝氏一百度，且處理數量未達管制量三十倍。

五　切削及研磨設備場所，使用高閃火點物品其操作溫度未滿攝氏一百度，且處理數量未達管制量十倍。

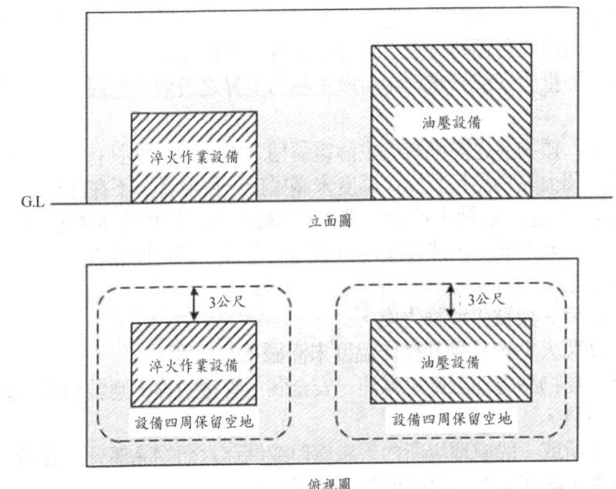

附圖二

③前項所稱一定安全規範如下：

一　設於一層建築物。

二　建築物之牆壁、樑、柱、地板及屋頂，應以不燃材料建造，且不得設置天花板。

三　處理設備應固定於地板。

四　處理設備四周應有寬度三公尺以上之保留空地（保留空地範例示意圖如附圖三）。但符合下列各款規定者，不在此限：

㈠因牆壁及柱致無法保有三公尺以上之保留空地，且牆壁及柱均爲防火構造。

㈡前目牆壁除出入口外，不得設置其他開口，且出入口應設置一小時以上防火時效之常時關閉式防火門。

五　處理設備下方之地板及四周保留空地，應採用不滲透構造，且作適當之傾斜，並設置集液設施。但設有洩漏承接設施及洩漏檢測設備，能立即通知相關人員有效處理者，得免作適當之傾斜及設置集液設施。

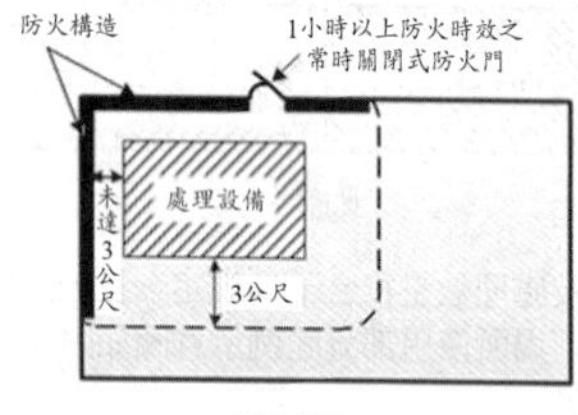

附圖三

第一六條 108

①六類物品製造場所或一般處理場所之設備，應符合下列規定：

一　應有充分之採光、照明及通風設備。

二　有積存可燃性蒸氣或可燃性粉塵之虞之建築物，應設置將蒸氣或粉塵有效排至屋簷以上或室外距地面四公尺以上高處之設備。

三　機械器具或其他設備，應採用可防止六類物品溢漏或飛散之構造。但設備中設有防止溢漏或飛散之附屬設備者，不在此限。

四　六類物品之加熱、冷卻設備或處理六類物品過程會產生溫度變化之設備，應設置適當之測溫裝置。

五　六類物品之加熱或乾燥設備，應採不直接用火加熱之構造。但加熱或乾燥設備設於防火安全處所或設有預防火災之附屬設備者，不在此限。

六　六類物品之加壓設備或於處理中會產生壓力上昇之設備，應設置適當之壓力計及安全裝置。

七　製造或處理六類物品之設備有發生靜電蓄積之虞者，應設置有效消除靜電之裝置。但僅處理高閃火點物品且其操作溫度未滿攝氏一百度者，不在此限。

八　處理六類物品達管制量十倍者，避雷設備應符合中華民國國家標準（以下簡稱CNS）一二八七二規定，或以接地方式達同等以上防護性能者。但有下列情形之一者，不在此限：

㈠因周圍環境，無致生危險之虞。

㈡僅處理高閃火點物品且其操作溫度未滿攝氏一百度。

九　電動機及六類物品處理設備之幫浦、安全閥、管接頭等，應裝設於不妨礙火災之預防及搶救位置。

②六類物品製造場所或一般處理場所內，未處理或儲存六類物品部分，其構造符合第十五條第二項規定者，該部分不適用前項各款規定。

第一七條

第一種販賣場所之位置、構造及設備，應符合下列規定：

一　應設於建築物之地面層。

二　應在明顯處所，標示有關消防之必要事項。

三　其使用建築物之部分，應符合下列規定：

㈠牆壁應為防火構造或以不燃材料建造。但與建築物其他使用部分之隔間牆，應為防火構造。

㈡樑及天花板應以不燃材料建造。

㈢上層之地板應為防火構造；其上無樓層者，屋頂應為防火構造或以不燃材料建造。

㈣窗戶及出入口應設置三十分鐘以上防火時效之防火門窗。

㈤窗戶及出入口裝有玻璃時，應為鑲嵌鐵絲網玻璃或具有同等以上防護性能者。

四　內設六類物品調配室者，應符合下列規定：

㈠樓地板面積應在六平方公尺以上，十平方公尺以下。

㈡應以牆壁分隔區劃。

㈢地板應為不滲透構造，並設置適當傾斜度及集液設施。

㈣出入口應設置一小時以上防火時效之防火門。

㈤有積存可燃性蒸氣或可燃性粉塵之虞者，應設置將蒸氣或粉塵有效排至屋簷以上或室外距地面四公尺以上高處之設備。

第一八條

第二種販賣場所之位置、構造及設備，除準用前條第一款、第二款、第三款第五目及第四款規定外，其使用建築物之部分，並應符合下列規定：

一　牆壁、樑、柱及地板應為防火構造。設有天花板者，應以不燃材料建造。

二　上層之地板應為防火構造，並設有防止火勢向上延燒之設施；其上無樓層者，屋頂應為防火構造。

三　窗戶應設置三十分鐘以上防火時效之防火窗。但有延燒之虞者，不得設置。

四　出入口應設置三十分鐘以上防火時效之防火門。但有延燒之虞者，應設置一小時以上防火時效之常時關閉式防火門。

第一九條

六類物品製造、儲存及處理場所應設置標示板；其內容、顏色、大小及設置位置，由中央主管機關定之。

第二〇條

儲存六類物品達管制量以上者，應依其性質設置儲存場所儲存。

第二一條 108

六類物品室內儲存場所除第二十二條至第二十九條規定外，其位置、構造及設備，應符合下列規定：

一　外牆或相當於該外牆之設施外側，與廠區外鄰近場所之安全距離準用第十三條規定。

二　儲存六類物品之建築物（以下簡稱儲存倉庫）四周保留空地寬度，應依下表規定。但有下列情形之一者，不在此限：

㈠儲存量超過管制量二十倍之室內儲存場所，與設在同一建築基地之其他儲存場所間之保留空地寬度，得縮減至規定寬度之三分之一，最小以三公尺為限。

㈡同一建築基地內，設置二個以上相鄰儲存第一類公共危險物品之氯酸鹽類、過氯酸鹽類、硝酸鹽類、第二類公共危險物品之硫磺、鐵粉、金屬粉、鎂、第五類公共危險物品之硝酸酯類、硝基化合物或含有任一種成分物品之儲存場所，其場所間保留空地寬度，得縮減至五十公分。

區分	保留空地寬度	
	建築物之牆壁、柱及地板爲防火構造者	建築物之牆壁、柱或地板爲非防火構造者
未達管制量五倍者	一	零點五公尺以上
達管制量五倍以上未達十倍者	一公尺以上	一點五公尺以上
達管制量十倍以上未達二十倍者	二公尺以上	三公尺以上
達管制量二十倍以上未達五十倍者	三公尺以上	五公尺以上
達管制量五十倍以上未達二百倍者	五公尺以上	十公尺以上
達管制量二百倍以上者	十公尺以上	十五公尺以上

三　儲存倉庫應爲獨立、專用之建築物。

四　儲存倉庫應爲一層建築物，其高度不得超過六公尺。但儲存第二類或第四類公共危險物品，且符合下列規定者，其高度得爲二十公尺以下。

㈠牆壁、樑、柱及地板爲防火構造。

㈡窗戶及出入口，設置一小時以上防火時效之防火門窗。

㈢避雷設備應符合CNS一二八七二規定，或以接地方式達同等以上防護性能者。但因周圍環境，無致生危險之虞者，不在此限。

五　每一儲存倉庫樓地板面積不得超過一千平方公尺。

六　儲存倉庫之牆壁、柱及地板應爲防火構造，且樑應以不燃材料建造；外牆有延燒之虞者，其牆壁除出入口外，不得設置開口。但儲存六類物品未達管制量十倍、易燃性固體以外之第二類公共危險物品或閃火點在攝氏七十度以上之第四類公共危險物品，且外牆無延燒之虞者，其牆壁、柱及地板得以不燃材料建造。

七　儲存倉庫之屋頂應以不燃材料建造，並以輕質金屬板或其他輕質不燃材料覆蓋，且不得設置天花板。但設置設施使該場所無產生爆炸之虞者，得免以輕質金屬板或其他輕質不燃材料覆蓋；儲存粉狀及易燃性固體以外之第二類公共危險物品者，其屋頂得爲防火構造；儲存第五類公共危險物品，得以耐燃材料或不燃材料設置天花板，以保持內部適當溫度。

八　儲存倉庫之窗戶及出入口應設置三十分鐘以上防火時效之防火門窗。但有延燒之虞者，出入口應設置一小時以上防火時效之常時關閉式防火門。

九　前款之窗戶及出入口裝有玻璃時，應爲鑲嵌鐵絲網玻璃或具有同等以上防護性能者。

十　儲存第一類公共危險物品之具鹼金屬成分之無機過氧化物、第二類公共危險物品之鐵粉、金屬粉、鎂、第三類公共危險物品之禁水性物質及第四類公共危險物品者，其地板應採用防水滲透之構造。

十一　儲存液體六類物品者，其地面應以混凝土或該物品無法滲透之不燃材料鋪設，且作適當之傾斜，並設置集液設施。

十二　儲存倉庫設置架臺者，應符合下列規定：

㈠架臺應以不燃材料建造，並定著在堅固之基礎上。

㈡架臺及其附屬設備，應能負載所儲存物品之重量並承受地震所造成之影響。

㈢架臺應設置防止儲放物品掉落之措施。

十三　儲存倉庫應有充分之採光、照明及通風設備。儲存閃火點未達攝氏七十度之第四類公共危險物品，且有積存可燃性蒸氣之虞者，應設置將蒸氣有效排至屋簷以上或室外距地面四公尺以上高處之設備。

十四　儲存量達管制量十倍以上之儲存倉庫，應設置避雷設備並符合CNS一二八七二規定，或以接地方式達同等以上防護性能者。但因周圍環境，無致生危險之虞者，不在此限。

十五　儲存第五類公共危險物品有因溫度上升而引起分解、著火之虞者，其儲存倉庫應設置通風裝置、空調裝置或維持內部溫度在該物品自燃溫度以下之裝置。

第二二條

室內儲存場所儲存易燃性固體以外之第二類公共危險物品或閃火點達攝氏七十度以上之第四類公共危險物品者，其位置、構造及設備除應符合前條第一款至第三款及第七款至第十四款規定外，其儲存倉庫得設於二層以上建築物，並應符合下列規定：

一　最低層樓地板應高於地面，且各樓層高度不得超過六公尺。

二　總樓地板面積不得超過一千平方公尺。

三　牆壁、樑、柱及地板應為防火構造，樓梯應以不燃材料建造，外牆有延燒之虞者，除出入口外，不得設置開口。

四　第二層以上之地板不得設有開口。但樓梯隔間牆為防火構造，且設有三十分鐘以上防火時效之防火門區劃分隔者，不在此限。

第二三條 108

①儲存六類物品之數量在管制量二十倍以下者，建築物之一部分得供作室內儲存場所使用，其位置、構造及設備除應符合第二十一條第十款至第十五款規定外，並應符合下列規定：

一　應設於牆壁、柱及地板均為防火構造建築物之第一層或第二層。

二　供作室內儲存場所使用之部分，應符合下列規定：

㈠地板應高於地面，且樓層高度不得超過六公尺。

㈡樓地板面積不得超過七十五平方公尺。

㈢牆壁、樑、柱、地板及上層之地板應為防火構造，且應以厚度七公分以上鋼筋混凝土或具有一小時以上防火時效之地板或牆壁與其他場所區劃，外牆有延燒之虞者，除出入口外，不得設置開口。

㈣出入口應設置一小時以上防火時效之常時關閉式防火門。

㈤不得設置窗戶。

㈥通風及排出設備，應設置防火閘門。但管路以不燃材料建造，或內部設置撒水頭防護，或設置達同等以上防護性能之措施者，不在此限。

㈦同一樓層不得相臨設置。

②於供作六類物品製造場所或一般處理場所使用之建築物，一部分供作前項場所使用時，其位置、構造及設備符合下列規定者，該部分得不適用前項第二款第三目及第四目規定：

一　牆壁、樑、柱、地板及上層之地板應為防火構造，且具有二小時以上防火時效，外牆有延燒之虞者，除出入口外，不得設置開口。

二　出入口應設置二小時以上防火時效之常時關閉式防火門。

第二四條

①室內儲存場所儲存六類物品之數量，未達管制量五十倍者，其位置、構造及設備除應符合第二十一條第三款、第四款及第九款至第十五款規定外，並應符合下列規定：

一　儲存倉庫周圍保留空地寬度：

㈠未達管制量五倍者，免設保留空地。

㈡達管制量五倍以上未達二十倍者，保留空地寬度應在一公尺以上。

㈢達管制量二十倍以上未達五十倍者，保留空地寬度應在二公尺以上。

二　儲存倉庫樓地板面積，不得超過一百五十平方公尺。

三　儲存倉庫之牆壁、柱、地板及屋頂應為防火構造。

四　儲存倉庫之出入口，應設置一小時以上防火時效之常時關閉式防火門。

五　儲存倉庫不得設置窗戶。

②前項室內儲存場所，其高度在六公尺以上二十公尺以下時，其位置、構造及設備，除應符合第二十一條第二款至第四款及第九款至第十五款規定外，並應符合前項第二款至第五款規定。

第二五條

室內儲存場所儲存高閃火點物品者，其位置、構造及設備除應符合第二十一條第三款至第六款及第八款至第十三款規定外，並應符合下列規定：

一　與廠區外鄰近場所之安全距離準用第十三條規定。但儲存數量未達管制量二十倍者，不在此限。

二　儲存倉庫四周保留空地寬度應依下表之規定：

區分	保留空地寬度	
	建築物之牆壁、柱及地板為防火構造者	建築物之牆壁、柱或地板為非防火構造者
未達管制量二十倍者	免設	零點五公尺以上
達管制量二十倍以上未達五十倍者	一公尺以上	一點五公尺以上
達管制量五十倍以上未達二百倍者	二公尺以上	三公尺以上
達管制量二百倍以上者	三公尺以上	五公尺以上

三　儲存倉庫屋頂應以不燃材料建造。

第二六條

室內儲存場所儲存高閃火點物品，其儲存倉庫為二層以上建築物者，其位置、構造及設備，除應符合第二十一條第三款、第八款至第十三款、第二十二條第一款、第二款、第四款及前條第一款至第三款規定外，其儲存倉庫之牆壁、樑、柱、地板及樓梯應以不燃材料建造；外牆有延燒之虞者，牆壁應為防火構造，除出入口外，不得設置其他開口。

第二七條

①室內儲存場所儲存高閃火點物品之數量，未達管制量五十倍者，其位置、構造及設備應符合第二十一條第三款、第四款、第九款至第十三款及第二十四條第一項第二款至第五款規定。

②前項室內儲存場所，其高度超過六公尺在二十公尺以下者，應符合第二十四條第一項規定。

第二八條

室內儲存場所儲存第五類公共危險物品之有機過氧化物及A型、B型自反應物質，其位置、構造及設備，除應符合第二十一條規定外，並應符合下列規定：

一　其外牆與廠區外鄰近場所之安全距離如附表二。但儲存量未達管制量五倍，且外牆為厚度三十公分以上之鋼筋或鋼骨混凝土構造者，其與廠區外鄰近場所之安全距離得以周圍已設有擋牆者計算；周圍另設有擋牆防護者，其與第十三條第一項第三款及第四款所列場所之安全距離得縮減為十公尺。

二　儲存倉庫周圍保留空地寬度如附表三。

三　儲存倉庫應以分隔牆區劃，每一區劃面積應在一百五十平方公尺以下，分隔牆應爲厚度三十公分以上之鋼筋或鋼骨混凝土構造，或厚度四十公分以上之鋼筋或鋼骨補強空心磚構造，且應突出屋頂五十公分以上、二側外壁一公尺以上。

四　儲存倉庫外壁應爲厚度二十公分以上之鋼筋或鋼骨混凝土構造，或厚度三十公分以上之鋼筋或鋼骨補強空心磚構造。

五　儲存倉庫屋頂應符合下列規定之一：

㈠構架屋頂面之木構材，其跨度應在三十公分以下。

㈡屋頂下方以圓型鋼或輕型鋼材質之格子樑構造，其邊長在四十五公分以下。

㈢屋頂下設置金屬網，應與不燃材料建造之屋樑、橫樑等緊密結合。

㈣設置厚度在五公分以上，寬度在三十公分以上之木材作爲屋頂之基礎。

六　儲存倉庫出入口應爲一小時以上防火時效之防火門。

七　儲存倉庫窗戶距離地板應在二公尺以上，設於同一壁面窗戶之總面積不得超過該壁面面積之八十分之一，且每一窗戶之面積不得超過零點四平方公尺。

第二九條

室內儲存場所儲存下列物品者，不適用第二十二條至第二十四條規定：

一　第三類公共危險物品之烷基鋁、烷基鋰。

二　第四類公共危險物品之乙醛、環氧丙烷。

三　第五類公共危險物品之有機過氧化物及A型、B型自反應物質。

四　其他經中央主管機關公告之六類物品。

第三〇條 108

室外儲存場所儲存之六類物品，以第二類公共危險物品中之硫磺、閃火點在攝氏二十一度以上之易燃性固體或第四類公共危險物品中之第二石油類、第三石油類、第四石油類或動植物油類爲限，並應以容器裝置，其位置、構造及設備應符合下列規定：

一　其外圍或相當於外圍設施之外側，與廠區外鄰近場所之安全距離準用第十三條規定。但儲存高閃火點物品者，不在此限。

二　應設置於不潮濕且排水良好之位置。

三　場所外圍，應以圍欄區劃。

四　前款圍欄四周保留空地寬度應依下表之規定。但儲存硫磺者，其保留空地寬度得縮減至規定寬度之三分之一：

區分	保留空地寬度
未達管制量十倍者	三公尺以上
達管制量十倍以上未達二十倍者	六公尺以上
達管制量二十倍以上未達五十倍者	十公尺以上
達管制量五十倍以上未達二百倍者	二十公尺以上
達管制量二百倍以上者	三十公尺以上

五　儲存高閃火點物品，圍欄周圍保留空地寬度，應依下表規定：

區分	保留空地寬度
未達管制量五十倍者	三公尺以上
達管制量五十倍以上未達二百倍者	六公尺以上
達管制量二百倍以上者	十公尺以上

六　設置架臺者，其構造及設備應符合下列規定：

㈠架臺應以不燃材料建造，並定著於堅固之基礎上。

㈡架臺應能負載其附屬設備及所儲存物品之重量，並承受風力、地震等造成之影響。

㈢架臺之高度不得超過六公尺。

㈣架臺應設置防止儲存物品掉落之措施。

七 儲存硫磺及閃火點在攝氏二十一度以上之易燃性固體者，其容器堆積高度不得超過三公尺。

八 儲存閃火點在攝氏二十一度以上之第四類公共危險物品中之第二石油類、第三石油類、第四石油類或動植物油類時，內部應留有寬度一點五公尺以上之走道，且走道分區範圍內儲存數量及容器堆積高度應符合下列規定：

區分	分區內儲存數量上限	容器堆積高度上限
閃火點在攝氏二十一度以上未達攝氏三十七點八度者	一萬六千八百公升	三點六公尺
閃火點在攝氏三十七點八度以上未達攝氏六十度者	三萬三千六百公升	三點六公尺
閃火點在攝氏六十度以上者	八萬三千六百公升	五點四公尺

第三一條

室外儲存場所儲存塊狀之硫磺，放置於地面者，其位置、構造及設備，除依前條規定外，並應符合下列規定：

一 每一百平方公尺（含未達）應以圍欄區劃，圍欄高度應在一點五公尺以下。

二 設有二個以上圍欄者，其內部之面積合計應在一千平方公尺以下，且圍欄間之距離，不得小於前條保留空地寬度之三分之一。圖示如下：

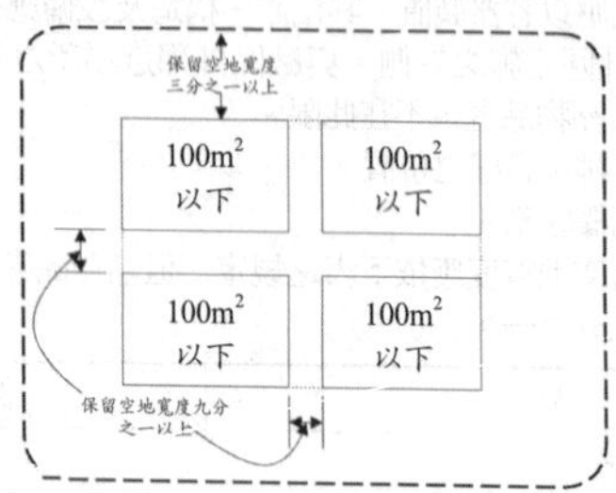

三 圍欄應以不燃材料建造，並有防止硫磺洩漏之構造。

四 圍欄每隔二公尺，最少應設一個防水布固定裝置，以防止硫磺溢出或飛散。

五 儲存場所周圍，應設置排水溝及分離槽。

第三二條

①六類物品儲槽之容量不得大於儲槽之內容積扣除其空間容積後所得之量。

②儲槽之內容積計算方式如下：

一 橢圓形儲槽：

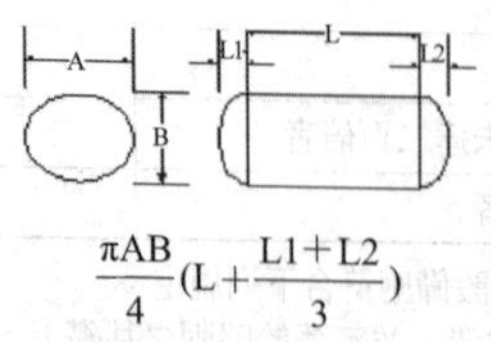

$$\frac{\pi AB}{4}(L+\frac{L1+L2}{3})$$

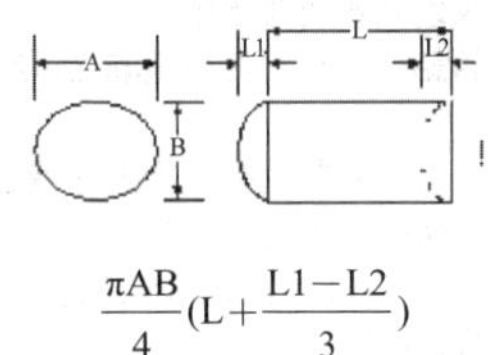

$$\frac{\pi AB}{4}(L+\frac{L1-L2}{3})$$

二　圓筒形儲槽：

㈠臥型之圓筒形儲槽：

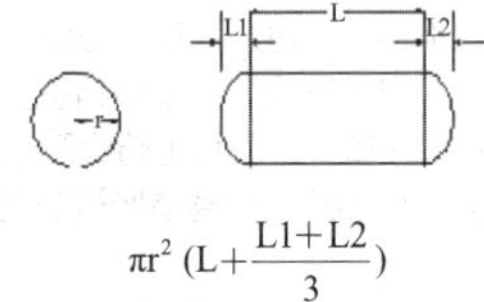

$$\pi r^2 (L+\frac{L1+L2}{3})$$

㈡豎型圓筒形儲槽內容積不含槽頂部分。

㈢內容積無法以公式計算者，得用近似之算法。

③儲槽空間容積為內容積之百分之五至百分之十。但儲槽上部設有固定式滅火設備者，其空間容積以其滅火藥劑放出口下方三十公分以上，未達一公尺之水平面上部計算之。圖例如下：

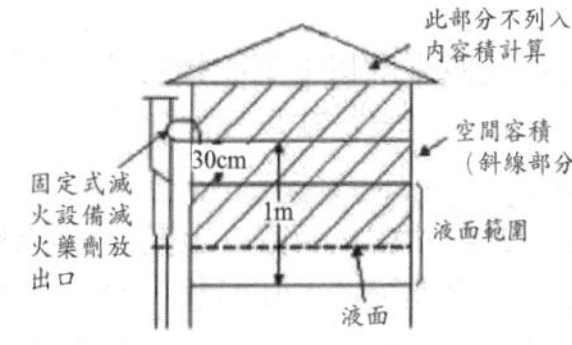

第三三條 108

室內儲槽場所之位置、構造及設備應符合下列規定：

一　應設置於一層建築物之儲槽專用室。

二　儲槽專用室之儲槽側板外壁與室內牆面之距離應在五十公分以上。專用室內設置二座以上之儲槽時，儲槽側板外壁相互間隔距離應在五十公分以上。

三　儲槽容量不得超過管制量之四十倍，且第四類公共危險物品中之第二石油類及第三石油類，不得超過二萬公升。同一儲槽專用室設置二座以上儲槽時，其容量應合併計算。

四　儲槽構造：

㈠儲槽材質應為厚度三點二毫米以上之鋼板或具有同等以上性能者。

㈡正負壓力超過五百毫米水柱壓力之儲槽（以下簡稱壓力儲槽）應經常用壓力之一點五倍進行耐壓試驗十分鐘，不得洩漏或變形。但儲存固體六類物品者，不在此限。

㈢非壓力儲槽，經滿水試驗後，不得洩漏或變形。

五　儲槽表面應有防蝕功能。

六　壓力儲槽，應設置安全裝置；非壓力儲槽應設置通氣管。

七　儲槽應設置自動顯示儲量裝置。

八　儲槽儲存第四類公共危險物品者，其注入口應符合下列規定：

㈠不得設於容易引起火災或妨礙避難逃生之處。
㈡可與注入軟管或注入管結合，且不得有洩漏之情形。
㈢應設置管閥或盲板。
㈣儲存物易引起靜電災害者，應設置有效除去靜電之接地裝置。
九　儲槽閥應為鑄鋼或具有同等以上性能之材質，且不得有洩漏之情形。
十　儲槽之排水管應設在槽壁。但排水管與儲槽之連接部分，於發生地震或地盤下陷時，無受損之虞者，得設在儲槽底部。
十一　儲槽專用室之牆壁、柱及地板應為防火構造，樑應以不燃材料建造，外牆有延燒之虞者，除出入口外，不得設置開口。但儲存閃火點在攝氏七十度以上之第四類公共危險物品無延燒之虞者，其牆壁、柱及地板得以不燃材料建造。
十二　儲槽專用室之屋頂應以不燃材料建造，且不得設置天花板。
十三　儲槽專用室之窗戶及出入口，應設置三十分鐘以上防火時效之防火門窗。但外牆有延燒之虞者，出入口應設置一小時以上防火時效之常時關閉式防火門。
十四　前款之窗戶及出入口裝有玻璃時，應為鑲嵌鐵絲網玻璃或具有同等以上防護性能者。
十五　儲存液體六類物品者，其地板應為不滲透構造，並有適當傾斜度及集液設施。
十六　儲槽專用室出入口應設置二十公分以上之門檻，或設置具有同等以上效能之防止流出措施。
十七　儲槽專用室應有充分採光、照明及通風設備。儲存閃火點未達攝氏七十度之六類物品，有積存可燃性蒸氣或可燃性粉塵之虞者，應設置將蒸氣或粉塵有效排至屋簷以上或室外距地面四公尺以上高處之設備。

第三四條 108

①室內儲槽場所儲存閃火點在攝氏四十度以上第四類公共危險物品者，其位置、構造及設備除應符合前條第二款至第十款、第十五款及第十七款規定外，並應符合下列規定：
一　儲槽應設置於儲槽專用室。
二　儲槽注入口附近應設置自動顯示儲量裝置。但從外部觀察容易者，得免設。
三　儲槽專用室得設於一層以上之建築物，其牆壁、樑、柱及地板應為防火構造。
四　儲槽專用室上層之地板應為防火構造，並不得設置天花板；其上無樓層時，屋頂應以不燃材料建造。
五　儲槽專用室不得設置窗戶。
六　儲槽專用室之出入口應設置一小時以上防火時效之常時關閉式防火門。
七　儲槽專用室之通風及排出設備，應設置防火閘門。但管路以不燃材料建造，或內部設置撒水頭防護，或設置具有同等以上防護性能之措施者，不在此限。
八　儲槽專用室應具有防止六類物品流出之措施。
②於供作六類物品製造場所或一般處理場所使用之建築物，設置前項場所時，其位置、構造及設備符合下列規定者，該部分得不適用前項第三款、第四款及第六款規定：
一　儲槽專用室牆壁、樑、柱、地板及上層之地板，應為防火構造，具有二小時以上防火時效，並不得設置天花板；其上無樓層時，屋頂應以不燃材料建造。
二　儲槽專用室之出入口應設置二小時以上防火時效之常時關閉式防火門。

第三五條 108

①室內儲槽場所之幫浦設備應符合下列規定：
一　室內儲槽設於地面一層建築物，其幫浦設備位於儲槽專用室所在建築物以外之場所時：
㈠幫浦設備應定著於堅固基礎上。
㈡供幫浦及其電動機使用之建築物或工作物（以下簡稱幫浦室），應符合下列規定：

1.牆壁、樑、柱及地板應以不燃材料建造。
2.屋頂應以不燃材料建造，並以輕質金屬板或其他輕質不燃材料覆蓋。但設置設施使幫浦室無產生爆炸之虞者，得免以輕質金屬板或其他輕質不燃材料覆蓋。
3.窗戶及出入口，應設置三十分鐘以上防火時效之防火門窗。
4.窗戶及出入口裝有玻璃時，應爲鑲嵌鐵絲網玻璃或具有同等以上防護性能者。
5.地板應採用不滲透之構造，並設置適當之傾斜度及集液設施，且其周圍應設置高於地面二十公分以上之圍阻措施，或設置具有同等以上效能之防止流出措施。
6.應設計處理六類物品時，必要之採光、照明及通風設備。
7.有可燃性蒸氣滯留之虞者，應設置可將該蒸氣有效排至屋簷以上或室外距地面四公尺以上高處之設備。

㈢於幫浦室以外之場所設置幫浦設備時，應符合下列規定：
1.應於幫浦設備周圍地面上設置高於地面十五公分以上之圍阻措施，或設置具有同等以上效能之防止流出措施。
2.地面應以混凝土或六類物品無法滲透之不燃材料鋪設，且作適當之傾斜，並設置集液設施。
3.幫浦處理不溶於水之第四類公共危險物品者，應設置油水分離裝置，並防止該物品直接流入排水溝。

二　室內儲槽設於地面一層建築物，且幫浦設備設於儲槽專用室所在之建築物者：
㈠設於儲槽專用室以外之場所時，應符合前款第一目及第二目規定。
㈡設於儲槽專用室時，應以不燃材料在幫浦設備周圍設置高於儲槽專用室出入口門檻之圍阻措施，或設置具有同等以上效能之防止流出措施，或使幫浦設備之基礎，高於儲槽專用室出入口門檻。但洩漏時無產生火災或爆炸之虞者，不在此限。

三　室內儲槽設於地面一層建築物以外，且幫浦設備設於儲槽專用室所在建築物以外之場所時，應符合第一款規定。

四　室內儲槽設於地面一層建築物以外，且幫浦設備設於儲槽專用室所在之建築物者：
㈠設於儲槽專用室以外場所時，除應符合第一款第一目及第二目之5至第二目之7規定外，其幫浦室並應符合下列規定：
1.牆壁、樑、柱及地板應爲防火構造。
2.其上有樓層時，上層之地板應爲防火構造，並不得設置天花板；其上無樓層時，屋頂應爲不燃材料建造。
3.不得設置窗戶。
4.出入口應設置一小時以上防火時效之防火門。
5.通風設備及排出設備應設置防火閘門。但管路以不燃材料建造，或內部設置撒水頭防護，或設置達同等以上防護性能之措施者，不在此限。
㈡設於儲槽專用室內時：
1.幫浦設備應定著於堅固基礎上。
2.以不燃材料在其周圍設置高度二十公分以上之圍阻措施，或設置具有同等以上效能之防止流出措施。但洩漏時無產生火災或爆炸之虞者，不在此限。

②於供作六類物品製造場所或一般處理場所使用之建築物，依前條第二項規定設置儲槽專用室，其幫浦設備設於儲槽專用室所在建築物，且設於儲槽專用室以外場所時，其符合下列規定者，得不適用前項第四款第一目之1、第一目之2及第一目之4規定：

一　牆壁、樑、柱、地板及上層之地板應爲防火構造，具有二小時以上防火時效，並不得設置天花板；其上無樓層時，屋頂應以不燃材料建造。

二　出入口應設置二小時以上防火時效之防火門。

第三六條

室內儲槽場所輸送液體六類物品之配管應符合下列規定：

一　應為鋼製或金屬製。但鋼製或金屬製配管會造成作業污染者，得設置塑材雙套管。

二　應經該配管最大常用壓力之一點五倍以上水壓進行耐壓試驗十分鐘，不得洩漏或變形。但以水壓進行耐壓試驗確有困難者，得以該配管最大常用壓力之一點一倍以上氣壓進行耐壓試驗。設置塑材雙套管者，其耐壓試驗以內管為限。

三　設於地上者，不得接觸地面，且外部應有防蝕功能。

四　埋設於地下者，外部應有防蝕功能；接合部分，應有可供檢查之措施。但以熔接接合者，不在此限。

五　設有加熱或保溫之設備者，應具有預防火災之安全構造。

第三七條 108

室外儲槽場所之位置、構造及設備應符合下列規定：

一　儲槽側板外壁與廠區外鄰近場所之安全距離，準用第十三條規定。

二　儲存液體儲槽側板外壁與儲存場所廠區之境界線距離，應依附表四規定。但有下列情形之一者，不在此限。

㈠以不燃材料建造具二小時以上防火時效之防火牆。

㈡不易延燒者。

㈢設置防火水幕者。

三　儲槽之周圍保留空地應符合下列規定：

㈠儲存閃火點未達攝氏二十一度之六類物品，其容量未達二公秉者，應在一公尺以上；二公秉以上未達四公秉者，應在二公尺以上；四公秉以上未達十公秉者，應在三公尺以上；十公秉以上未達四十公秉者，應在五公尺以上；四十公秉以上者，應在十公尺以上。

㈡儲存閃火點在攝氏二十一度以上未達七十度之六類物品，其容量未達十公秉者，應在一公尺以上；十公秉以上未達二十公秉者，應在二公尺以上；二十公秉以上未達五十公秉者，應在三公尺以上；五十公秉以上未達二百公秉者，應在五公尺以上；二百公秉以上者，應在十公尺以上。

㈢儲存閃火點在攝氏七十度以上之六類物品，其容量未達二十公秉者，應在一公尺以上；二十公秉以上未達四十公秉者，應在二公尺以上；四十公秉以上未達一百公秉者，應在三公尺以上；一百公秉以上者，應在五公尺以上。

四　相鄰儲槽側板外壁間之距離應符合下列規定：

㈠儲存閃火點未達攝氏六十度之六類物品：

1.浮頂式儲槽直徑未達四十五公尺者，為相鄰二座儲槽直徑和之六分之一，並應在九十公分以上；儲槽直徑四十五公尺以上者，為相鄰二座儲槽直徑和之四分之一。

2.固定式儲槽直徑未達四十五公尺者，為相鄰二座儲槽直徑和之六分之一，並應在九十公分以上；儲槽直徑四十五公尺以上者，為相鄰二座儲槽直徑和之三分之一。

㈡儲存閃火點在攝氏六十度以上之六類物品：

1.浮頂式儲槽直徑未達四十五公尺者，為相鄰二座儲槽直徑和之六分之一，並應在九十公分以上；儲槽直徑四十五公尺以上者，為相鄰二座儲槽直徑和之四分之一。

2.固定式儲槽直徑未達四十五公尺者，為相鄰二座儲槽直徑和之六分之一，並應在九十公分以上；儲槽直徑四十五公尺以上者，為相鄰二座儲槽直徑和之四分之一。

㈢防液堤內部儲槽均儲存閃火點在攝氏九十三度以上之六類物品者，應在九十公分以上。

五　應定著在堅固基礎上，並不得設於岩盤斷層等易滑動之地形。

六　儲槽構造除準用第三十三條第四款規定外，並應具有耐震及耐風壓之結構；其支柱應以鋼筋混凝土、鋼骨混凝土或其他具有同等以上防火性能之材料建造。

七　儲槽內壓力異常上升時，有能將內部氣體及蒸氣由儲槽上方排出之構造。

八　儲槽表面應有防蝕功能。

九　儲槽底板與地面相接者，底板外表應有防蝕功能。

十　壓力儲槽，應設置安全裝置；非壓力儲槽，應設置通氣管。

十一　儲槽應設置自動顯示儲量裝置。

十二　儲槽儲存第四類公共危險物品，其注入口準用第三十三條第八款規定。

十三　幫浦設備除準用第三十五條第一款規定外，並應符合下列規定：

㈠周圍保留空地寬度不得小於三公尺。但設有具二小時以上防火時之防火牆或儲存六類物品數量未達管制量十倍者，不在此限。

㈡與儲槽側板外壁之距離不得小於儲槽保留空地寬度之三分之一。

十四　儲槽閥應為鑄鋼或具有同等以上性能之材質，且不得有洩漏之情形。

十五　儲槽之排水管應置於槽壁。但排水管與儲槽之連接部分，於發生地震或地盤下陷時，無受損之虞者，得設在儲槽底部。

十六　浮頂式儲槽設置於槽壁或浮頂之設備，於地震等災害發生時，不得損傷該浮頂或壁板。但設置保安管理上必要設備者，不在此限。

十七　配管設置準用第三十六條規定。

十八　避雷設備應符合CNS一二八七二規定，或以接地方式達同等以上防護性能者。但六類物品儲存量未達管制量十倍，或因周圍環境，無致生危險之虞者，不在此限。

十九　儲存液體六類物品，應設置防液堤。但儲存二硫化碳者，不在此限。

二十　儲存固體第三類公共危險物品禁水性物質之儲槽，其投入口上方防止雨水之設備，應以防水性不燃材料製造。

二一　儲存二硫化碳之儲槽，應沒入於槽壁厚度二十公分以上且無漏水之虞之鋼筋混凝土水槽中。

第三八條

①室外儲槽場所儲槽儲存第四類公共危險物品者，其防液堤應符合下列規定：

一　單座儲槽周圍所設置防液堤之容量，應為該儲槽容量百分之一百一十以上；同一地區設有二座以上儲槽者，其周圍所設置防液堤之容量，應為最大之儲槽容量百分之一百一十以上。

二　防液堤之高度應在五十公分以上。但儲槽容量合計超過二十萬公秉者，高度應在一公尺以上。

三　防液堤內面積不得超過八萬平方公尺。

四　防液堤內部設置儲槽，不得超過十座。但其儲槽容量均在二百公秉以下，且所儲存物之閃火點在攝氏七十度以上未達二百度者，得設置二十座以下；儲存物之閃火點在攝氏二百度以上者，無設置數量之限制。

五　防液堤周圍應設道路並與區內道路連接，道路寬度不得小於六公尺。但有下列各款情形之一，且設有足供消防車輛迴車用之場地者，其設置之道路得為二面以上：

㈠防液堤內部儲槽之容量均在二百公秉以下。

㈡防液堤內部儲槽儲存物之閃火點均在攝氏二百度以上。

㈢周圍設置道路確有困難。

六　室外儲槽之直徑未達十五公尺者，防液堤與儲槽側板外壁間之距離，不得小於儲槽高度之三分之一；其為十五公尺以上者，不得小於儲槽高度之二分之一。但儲存物之閃火點在攝氏二百度以上者，不在此限。
七　防液堤應以鋼筋混凝土造或土造，並應具有防止儲存物洩漏及滲透之構造。
八　儲槽容量超過一萬公秉者，應在各個儲槽周圍設置分隔堤，並應符合下列規定：
㈠分隔堤高度應在三十公分以上，且至少低於防液堤二十公分。
㈡分隔堤應以鋼筋混凝土造或土造。
九　防液堤內部除與儲槽有關之配管及消防用配管外，不得設置任何配管。
十　防液堤不得被配管貫通。但不損傷防液堤構造性能者，不在此限。
十一　防液堤應設置能排放內部積水之排水設備，且操作閥應設在防液堤之外部，平時應保持關閉狀態。
十二　室外儲槽容量在一千公秉以上者，其排水設備操作閥開關，應容易辨別。
十三　室外儲槽容量在一萬公秉以上者，其防液堤應設置洩漏檢測設備，並應於可進行處置處所設置警報設備。
十四　高度一公尺以上之防液堤，每間隔三十公尺應設置出入防液堤之階梯或土質坡道。

②儲存前項以外液體六類物品儲槽之防液堤，其容量不得小於最大儲槽容量，且應符合前項第二款、第七款至第十二款及第十四款規定。

第三九條 108

室外儲槽儲存高閃火點物品者，其位置、構造及設備得依下列規定辦理：
一　準用第三十七條第一款、第四款至第十二款、第十四款至第十七款規定。
二　周圍保留空地寬度，應依下表規定：

儲槽容量	保留空地寬度
未達管制量二千倍者	三公尺以上
達管制量二千倍以上者	五公尺以上

三　幫浦設備周圍保留空地寬度，應在一公尺以上。
四　周圍應設置防止儲存物外洩及滲透之防液堤，且防液堤之容量，不得小於最大儲槽之容量。

第四〇條

室外儲槽儲存第三類公共危險物品之烷基鋁、烷基鋰、第四類公共危險物品之乙醛、環氧丙烷及中央主管機關公告之六類物品者，除依第三十七條規定外，並應符合下列規定：
一　應設置用惰性氣體或有同等效能予以封阻之設備。
二　儲存烷基鋁或烷基鋰者，應設置能將洩漏之儲存物侷限於特定範圍，並導入安全槽或具有同等以上效能之設施。
三　儲存乙醛或環氧丙烷者，其儲槽材質不得含有銅、鎂、銀、水銀、或含該等成分之合金，且應設置冷卻裝置或保冷裝置。

第四一條

地下儲槽場所之位置、構造及設備應符合下列規定：
一　儲槽應置於地下槽室。但儲存第四類公共危險物品且符合下列規定者，得直接埋設於地下。
㈠距離地下鐵道、地下隧道或中央主管機關指定場所之水平距離在十公尺以上。
㈡儲槽應以水平投影長及寬各大於六十公分以上，厚度為二十五公分以上之鋼筋混凝土蓋予以覆蓋。

㈢頂蓋之重量不可直接加於該地下儲槽上。
㈣地下儲槽應定著於堅固基礎上。
二　儲槽側板外壁與槽室之牆壁間應有十公分以上之間隔，且儲槽周圍應填塞乾燥砂或具有同等以上效能之防止可燃性蒸氣滯留措施。
三　儲槽頂部距離地面應在六十公分以上。
四　二座以上儲槽相鄰者，其側板外壁間隔應在一公尺以上。但其容量總和在管制量一百倍以下者，其間隔得減為五十公分以上。
五　儲槽應以厚度三點二毫米以上之鋼板建造，並具氣密性。非壓力儲槽以每平方公分零點七公斤之壓力、壓力儲槽以最大常用壓力之一點五倍之壓力，實施十分鐘之水壓試驗，不得洩漏或變形。
六　儲槽外表應有防蝕功能。
七　壓力儲槽應設置安全裝置，非壓力儲槽應設置通氣管。
八　儲存液體六類物品時，應有自動顯示儲量裝置或計量口。設置計量口時不得造成槽底受損。
九　儲槽注入口應設置於室外，並準用第三十三條第八款規定。
十　幫浦設備設置於地面者，準用第三十五條第一款規定；幫浦設備設於儲槽之內部者，應符合下列規定：
㈠幫浦設備之電動機構造應符合下列規定：
1.定子為金屬製容器，並充填不受六類物品侵害之樹脂。
2.於運轉中能冷卻定子之構造。
3.電動機內部有防止空氣滯留之構造。
㈡連接電動機之電線，應有保護措施，不得與六類物品直接接觸。
㈢幫浦設備有防止電動機運轉升溫之功能。
㈣幫浦設備在下列情形時，電動機能自動停止：
1.電動機溫度急遽升高時。
2.幫浦吸引口外露時。
㈤幫浦設備應與儲槽凸緣接合。
㈥應設於保護管內。但有足夠強度之外裝保護者，不在此限。
㈦幫浦設備設於地下儲槽上部部分，應有六類物品洩漏檢測設備。
十一　配管準用第三十六條規定。
十二　儲槽配管應裝設於儲槽頂部。
十三　儲槽周圍應在適當位置設置四處以上之測漏管或具有同等以上效能之洩漏檢測設備。
十四　槽室之牆壁及底部應採用厚度三十公分以上之混凝土構造或具有同等以上強度之構造，並有適當之防水措施；其頂蓋應採用厚度二十五公分以上之鋼筋混凝土構造。

第四二條

儲槽為雙重殼之地下儲槽場所，其位置、構造及設備應符合下列規定：
一　應符合前條第三款、第四款、第五款後段及第七款至第十二款規定。
二　直接埋設於地下者，並應符合前條第一款第二目至第四目規定。
三　置於地下槽室者，並應符合前條第二款及第十四款規定。
四　儲槽應於雙重殼間設置液體洩漏檢測設備。
五　儲槽應具有氣密性，並使用下列材料之一：
㈠厚度三點二毫米以上之鋼板或具有同等以上性能之材質。
㈡經中央主管機關指定之強化塑料。
六　使用強化塑料之儲槽者，應具有能承受荷重之安全構造。

七　使用鋼板之儲槽者，其外表應有防蝕功能。

第四三條

地下儲槽場所儲存第三類公共危險物品之烷基鋁、烷基鋰、第四類公共危險物品之乙醛、環氧丙烷及中央主管機關公告之六類物品者，其位置、構造及設備除應符合第四十一條第二款至第十四款規定外，並應符合下列規定：

一　儲槽應置於地下槽室。

二　準用第四十條第三款規定。但儲槽構造具有可維持物品於適當溫度者，可免設冷卻裝置或保冷裝置。

第四四條

①中央主管機關公告之容器，非經檢驗合格不得使用；其檢驗工作得委託專業機關（構）辦理。

②前項檢驗項目及基準，由中央主管機關定之。

第四五條

六類物品之儲存及處理，應遵守下列規定：

一　第一類公共危險物品應避免與可燃物接觸或混合，或與具有促成其分解之物品接近，並避免過熱、衝擊、摩擦。無機過氧化物應避免與水接觸。

二　第二類公共危險物品應避免與氧化劑接觸混合及火焰、火花、高溫物體接近及過熱。金屬粉應避免與水或酸類接觸。

三　第三類公共危險物品之禁水性物質不可與水接觸。

四　第四類公共危險物品不可與火焰、火花或高溫物體接近，並應防止其發生蒸氣。

五　第五類公共危險物品不可與火焰、火花或高溫物體接近，並避免過熱、衝擊、摩擦。

六　第六類公共危險物品應避免與可燃物接觸或混合，或具有促成其分解之物品接近，並避免過熱。

第四六條 108

六類物品製造、儲存及處理場所，其安全管理應遵守下列規定：

一　儲存或處理公共危險物品，不得超過規定之數量。

二　嚴禁火源。

三　經常整理及清掃，不得放置空紙箱、內襯紙、塑膠袋、紙盒等包裝用餘材料，或其他易燃易爆之物品。

四　儲存或處理公共危險物品，應依其特性使用不會破損、腐蝕或產生裂縫之容器，並應有防止傾倒之固定措施，避免倒置、掉落、衝擊、擠壓或拉扯。

五　維修可能殘留公共危險物品之設備、機械器具或容器時，應於安全處所將公共危險物品完全清除後爲之。

六　嚴禁無關人員進入。

七　集液設施或油水分離裝置內如有積存公共危險物品時，應隨時清理。

八　廢棄之公共危險物品應適時清理。

九　應使公共危險物品處於合適之溫度、溼度及壓力。

十　有積存可燃性蒸氣或粉塵之虞場所，不得使用易產生火花之設備。

十一　指派專人每月對場所之位置、構造及設備自主檢查，檢查紀錄至少留存一年。

第四七條

①製造、儲存或處理六類物品達管制量三十倍以上之場所，應由管理權人選任管理或監督層次以上之幹部爲保安監督人，擬訂消防防災計畫，報請當地消防機關核定，並依該計畫執行六類物品保安監督相關業務。

②保安監督人選任後十五日內，應報請當地消防機關備查；異動時，亦同。

③第一項保安監督人應經直轄市、縣（市）消防機關，或中央主管機關認可之專業機構，

施予二十四小時之訓練領有合格證書者，始得充任，任職期間並應每二年接受複訓一次。
④第一項消防防災計畫內容及前項講習訓練要點，由中央主管機關定之。

第二節　（刪除）

第四八條至第五九條（刪除）

第三章　可燃性高壓氣體場所設置及安全管理

第六〇條

本章所稱儲槽，係指固定於地盤之可燃性高壓氣體儲槽。

第六一條

本章所稱容器，係指純供灌裝可燃性高壓氣體之移動式壓力容器。

第六二條

本章所稱處理設備，係指以壓縮、液化及其他方法處理可燃性高壓氣體之高壓氣體製造設備。

第六三條

本章所稱儲存能力，係指儲存設備可儲存之可燃性高壓氣體之數量，其計算式如下：

一　壓縮氣體儲槽：$Q=(10P+1)\times V_1$

二　液化氣體儲槽：$W=C_1\times w\times V_2$

三　液化氣體容器：$W=V_2/C_2$

算式中：

Q：儲存設備之儲存能力（單位：立方公尺）值。

P：儲存設備之溫度在攝氏三十五度（乙炔氣爲攝氏十五度）時之最高灌裝壓力（單位：百萬巴斯卡MPa）值。

V_1：儲存設備之內容積（單位：立方公尺）值。

V_2：儲存設備之內容積（單位：公升）值。

W：儲存設備之儲存能力（單位：公斤）值。

w：儲存設備於常用溫度時液化氣體之比重（單位：每公升之公斤數）值。

C_1：0.9（在低溫儲槽，爲對應其內容積之可儲存液化氣體部分容積比之值）。

C_2：中央主管機關指定之值。

第六四條

本章所稱處理能力，係指處理設備以壓縮、液化或其他方法一日可處理之氣體容積（換算於溫度在攝氏零度、壓力爲每平方公分零公斤狀態時之容積）值。

第六五條

本章所稱之第一類保護物及第二類保護物如下：

一　第一類保護物係指下列場所：

㈠古蹟。

㈡設備標準第十二條第二款第四目所列之場所。

㈢設備標準第十二條第一款第六目、第二款第三目及第十二目所列之場所，其收容人員在二十人以上者。

㈣設備標準第十二條第一款第一目、第二款第五目及第八目所列之場所，其收容人員在三百人以上者。

㈤設備標準第十二條第二款第一目所列之場所，每日平均有二萬人以上出入者。

㈥設備標準第十二條第一款第二目至第五目及第七目所列之場所，總樓地板面積在一千平方公尺以上者。

二　第二類保護物：係指第一類保護物以外供人居住或使用之建築物。但與製造、處理或儲存場所位於同一建築基地者，不屬之。

第六六條

可燃性高壓氣體製造場所，其外牆或相當於該外牆之設施外側，與場外第一類保護物及第二類保護物之安全距離如下：

對象物／安全距離 單位：公尺／儲存能力或處理能力（X）	第一類保護物	第二類保護物
0≦X＜10000	$12\sqrt{2}$	$8\sqrt{2}$
10000≦X＜52500	$0.12\sqrt{X+10000}$	$0.08\sqrt{X+10000}$
52500≦X＜990000	30（但低溫儲槽爲 $0.12\sqrt{X+10000}$）	20（但低溫儲槽爲 $0.08\sqrt{X+10000}$）
990000≦X	30（但低溫儲槽爲120）	20（但低溫儲槽爲80）
儲存能力或處理能力單位：壓縮氣體爲立方公尺、液化氣體爲公斤。		

第六七條

①可燃性高壓氣體儲存場所，其外牆或相當於該外牆之設施外側，與場外第一類及第二類保護物之安全距離如下：

對象物／安全距離 單位：公尺／儲存面積（Y） 單位：平方公尺	第一類保護物	第二類保護物
0≦Y＜8	$9\sqrt{2}$	$6\sqrt{2}$
8≦Y＜25	$4.5\sqrt{Y}$	$3\sqrt{Y}$
25≦Y	22.5	15

②前項儲存場所設有防爆牆或同等以上防護性能者，其與第一類保護物及第二類保護物安全距離得縮減如下：

對象物／安全距離 單位：公尺／儲存面積（Y） 單位：平方公尺	第一類保護物	第二類保護物
0≦Y＜8	0	0
8≦Y＜25	$2.25\sqrt{Y}$	$1.5\sqrt{Y}$
25≦Y	11.5	7.5

③前項防爆牆之基準，由中央主管機關定之。

第六八條

①液化石油氣製造場所，其外牆或相當於該外牆之設施外側，與場外第一類及第二類保護物之安全距離應分別符合表一之L_1及L_4之規定。但與場外第一類或第二類保護物之安全距離未達L_1或L_4，而達表二所列之距離，並依表二規定設有保安措施者，不在此限。

表一

儲存或處理能力(Z)／距離(m)	$0 \leqq Z < 10000$	$10000 \leqq Z < 52500$	$52500 \leqq Z < 990000$	$990000 \leqq Z$
L_1	$12\sqrt{2}$	$0.12\sqrt{Z+10000}$	30（但低溫儲槽為$0.12\sqrt{Z+10000}$）	30（但低溫儲槽為120）
L_2	$9.6\sqrt{2}$	$0.096\sqrt{Z+10000}$	24	24
L_3	$8.4\sqrt{2}$	$0.084\sqrt{Z+10000}$	21	21
L_4	$8\sqrt{2}$	$0.08\sqrt{Z+10000}$	20（但低溫儲槽為$0.08\sqrt{Z+10000}$）	20（但低溫儲槽為80）
L_5	$6.4\sqrt{2}$	$0.064\sqrt{Z+10000}$	16	16
L_6	$5.6\sqrt{2}$	$0.056\sqrt{Z+10000}$	14	14

表二

區分	與第一類保護物距離（單位：公尺）	與第二類保護物距離（單位：公尺）	保安措施
儲槽	L_2以上	L_6以上未達L_5	應設有第二項第一款及第三款規定之設施。
	L_3以上未達L_2	L_5以上	
處理設備	L_1以上	L_5以上未達L_4	下列二者擇一設置： 一、第二項第一款及第三款規定之設施。 二、第二項第二款及第三款規定之設施。
	L_2以上未達L_1	L_5以上	
	L_1以上	L_5以上未達L_4	
	L_2以上未達L_1	L_5以上	

②前項所稱之保安措施如下：

一　儲槽或處理設備埋設於地盤下者。

二　儲槽或處理設備設置水噴霧裝置或具有同等以上防火性能者。

三　儲槽或處理設備與第一類或第二類保護物間設有防爆牆或具有同等以上之防護性能者。

第六九條 108

可燃性高壓氣體處理場所之位置、構造、設備及安全管理，應符合下列規定：

一　販賣場所：

(一)應設於建築物之地面層。

(二)建築物供販賣場所使用部分，應符合下列規定：

1. 牆壁應為防火構造或不燃材料建造。但與建築物其他使用部分之隔間牆，應為防火構造。

2. 樑及天花板應以不燃材料建造。

3. 其上有樓層者，上層之地板應為防火構造；其上無樓層者，屋頂應為防火構造或以不燃材料建造。

㈢不得使用火源。

㈣儲氣量八十公斤以上者，應設置氣體漏氣警報器。

二　容器檢驗場所：

㈠應符合前款第一目及第二目規定。

㈡有洩漏液化石油氣之虞之設施，應設置氣體漏氣警報器。

㈢使用燃氣設備者，應連動緊急遮斷裝置。

㈣不得使用火源。但因檢驗作業需要者，不在此限。

第七〇條

可燃性高壓氣體儲存場所之構造、設備及安全管理，應符合下列規定：

一　設有警戒標示及防爆型緊急照明設備。

二　設置氣體漏氣自動警報設備。

三　設置防止氣體滯留之有效通風裝置。

四　採用不燃材料構造之地面一層建築物，屋頂應以輕質金屬板或其他輕質不燃材料覆蓋，屋簷並應距離地面二點五公尺以上。

五　保持攝氏四十度以下之溫度；容器並應防止日光之直射。

六　灌氣容器與殘氣容器，應分開儲存，並直立放置，且不可重疊堆放。灌氣容器並應採取防止因容器之翻倒、掉落引起衝擊或損傷附屬之閥等措施。

七　通路面積至少應占儲存場所面積之百分之二十以上。

八　周圍二公尺範圍內，應嚴禁煙火，且不得存放任何可燃性物質。但儲存場所牆壁以厚度九公分以上鋼筋混凝土造或具有同等以上強度構築防護牆者，不在此限。

九　避雷設備應符合CNS一二八七二規定，或以接地方式達同等以上防護性能者。但因周圍環境，無致生危險之虞者，不在此限。

十　人員不得攜帶可產生火源之機具或設備進入。

十一　設有專人管理。

十二　供二家以上販賣場所使用者，應製作平面配置圖，註明場所之面積、數量、編號及商號名稱等資料，並懸掛於明顯處所。

十三　場所專用，且不得儲放逾期容器。

第七一條 106

①液化石油氣分裝場及販賣場所應設置儲存場所。但販賣場所設有容器保管室者，不在此限。

②液化石油氣分裝場及販賣場所所屬液化石油氣容器之儲存，除販賣場所依第七十三條規定外，應於儲存場所為之。

第七二條

①液化石油氣儲存場所僅供一家販賣場所使用之面積，不得少於十平方公尺；供二家以上共同使用者，每一販賣場所使用之儲存面積，不得少於六平方公尺。

②前項儲存場所設置位置與販賣場所距離不得超過五公里。但儲存場所設有圍牆防止非相關人員進入，並有二十四小時專人管理時，其距離得為二十公里內。

第七二條之一 106

①液化石油氣分裝場、儲存場所與依第七十一條應設儲存場所之販賣場所之管理權人，應向直轄市、縣（市）主管機關申請核發液化石油氣儲存場所證明書。

②前項證明書內容應包括：

一　儲存場所之名稱、地址及管理權人姓名。

二　使用儲存場所之分裝場或販賣場所之名稱、地址及管理權人姓名。

三　儲存場所建築物使用執照字號。

四　儲存場所面積。

五　分裝場或販賣場所使用之儲存場所之儲放地點編號。

③前項證明書記載事項有變更時，管理權人應於事實發生之日起一個月內，向直轄市、縣（市）主管機關申請變更。

④第一項儲存場所與販賣場所間之契約終止或解除時，終止或解除一方之管理權人應於三個月前通知他方及轄區直轄市、縣（市）主管機關，並由儲存場所管理權人依前項規定申請變更儲存場所證明書；販賣場所之管理權人應向轄區直轄市、縣（市）主管機關申請廢止儲存場所證明書。

第七三條 106

①液化石油氣販賣場所儲放液化石油氣，總儲氣量不得超過一二八公斤，超過部分得設容器保管室儲放之。但總儲氣量以一千公斤為限。

②前項容器保管室應符合下列規定：

一　符合第七十條第一款至第三款、第五款、第六款、第十款及第十三款規定。

二　為販賣場所專用。

三　位於販賣場所同一建築基地之地面一層建築物。

四　屋頂應以輕質金屬板或其他輕質不燃材料覆蓋，並距離地面二點五公尺以上；如有屋簷者，亦同。

五　四周應有牆壁，且牆壁、地板應為防火構造。

六　外牆與第一類保護物及第二類保護物之安全距離在八公尺以上。但其外牆牆壁以厚度十五公分以上鋼筋混凝土造或具有同等以上強度構築防爆牆者，其安全距離得縮減為一公尺。

七　出入口應設置三十分鐘以上防火時效之防火門。

③液化石油氣備用量，供營業使用者，不得超過八十公斤；供家庭使用者，不得超過四十公斤。

第七三條之一 108

①容器串接使用場所串接使用量不得超過一千公斤，其安全設施及管理並應符合下列規定：

一　串接使用量在八十公斤以上至一百二十公斤以下者：

㈠容器應放置於室外。但放置於室外確有困難，且設置防止氣體滯留之有效通風裝置者，不在此限。

㈡有嚴禁煙火標示及滅火器。

㈢場所之溫度應經常保持攝氏四十度以下，並有防止日光直射措施。

㈣使用及備用之容器應直立放置且有防止傾倒之固定措施。採鐵鏈方式固定者，應針對個別容器於桶身部分予以圈鏈固定。

㈤串接容器之燃氣導管應由領有氣體燃料導管配管技術士證照之人員，依建築技術規則建築設備編第七十九條規定安裝，並以固定裝置固著於牆壁或地板；安裝完工後，應製作施工標籤，並以不易磨滅與剝離方式張貼於配管之適當及明顯位置。

㈥燃氣橡膠管長度不得超過一點八公尺，且最小彎曲半徑為一百十公分以上，不得扭曲及纏繞；超過一點八公尺，應設置串接容器之燃氣導管。燃氣橡膠管及燃氣導管應符合國家標準，銜接處應有防止脫落裝置。

㈦設置氣體漏氣警報器。

㈧以書面向當地消防機關陳報。

㈨應每月自行檢查第一目至第七目規定事項至少一次，檢查資料並應保存二年。

二　串接使用量在超過一百二十公斤至三百公斤以下者，除應符合前款規定外，容器並應與用火設備保持二公尺以上距離。

三　串接使用量在超過三百公斤至六百公斤以下者，除應符合前二款規定外，並應符合下列規定：

㈠設置自動緊急遮斷裝置。

㈡容器放置於室外者，應設有柵欄或圍牆等措施，其上方應以輕質金屬板或其他輕質不燃材料覆蓋，並距離地面二點五公尺以上。

㈢應設置標示板標示緊急聯絡人姓名及電話。

四　串接使用量在超過六百公斤至一千公斤以下者，除應符合前三款規定外，容器與第一類保護物最近之安全距離應在十六點九七公尺以上，與第二類保護物最近之安全距離應在十一點三一公尺以上。但設有防爆牆者，不在此限。

②前項第一款第八目所定書面應記載事項如下：

一　場所名稱及地址。

二　場所負責人姓名及國民身分證統一編號。

三　液化石油氣使用量。

四　其他經中央主管機關公告之事項。

③第一項場所以無開口且具一小時以上防火時效之牆壁、樓地板區劃分隔者，串接使用量得分別計算。

④液化石油氣販賣場所之經營者發現供氣之容器串接使用場所有下列情形之一者，不得供氣：

一　容器置於地下室。

二　無嚴禁煙火標示或滅火器。

三　使用或備用之容器未直立放置或未有防止傾倒之固定措施。

四　未設置氣體漏氣警報器。

第七四條

①液化石油氣容器，應經中央主管機關型式認可及個別認可合格，並附加合格標示後始可使用。

②前項認可之申請、發給、容器規格、容器合格標示與不合格處理、作業人員之教育訓練及其他應遵行事項之管理要點，由中央主管機關定之。

③第一項認可基準，由中央主管機關定之。

④第一項之認可，中央主管機關得委託專業機構辦理。

第七五條 105

液化石油氣分裝場及販賣場所之經營者應於容器檢驗期限屆滿前，將容器送往中央主管機關認可之液化石油氣容器檢驗場（以下簡稱檢驗場），依定期檢驗基準實施檢驗；經檢驗合格並附加合格標示後，始得繼續使用。

第七五條之一 105

①檢驗場應依液化石油氣容器定期檢驗基準執行容器檢驗，不合格容器應予以銷毀，銷毀時並應報請轄區消防機關監毀。

②檢驗場應將檢驗紀錄保存六年以上，每月並應申報中央主管機關及轄區消防機關備查。

③檢驗場應設置監控系統攝錄容器檢驗情形，錄影資料並應保存一個月以上。

④檢驗場應維護場內檢驗及安全設施之正常功能，並定期辦理校正及自主檢查；其檢驗員並應每半年接受教育訓練一次。

第七五條之二

①檢驗場實施檢驗應向中央主管機關申請認可，經審查合格發給認可證書後，始得爲之。認可證書應記載下列事項：

一　檢驗場名稱、代號、公司或行號登記字號、營利事業登記證明文件字號、地址。

二　代表人姓名。

三　有效期限。

②前項應記載事項有變更時，檢驗場應於變更後十五日內申請變更。

③第一項認可證書之有效期限爲三年，期限屆滿三個月前得向中央主管機關申請展延，每

次展延期間為三年。
④檢驗場經依本法規定處以三十日以下停業或停止其使用之處分者，應繳回未使用之合格標示，並應於轄區消防機關檢查合格後，始得繼續實施檢驗。

第七六條

液化石油氣販賣場所之經營者應於容器明顯位置標示可供辨識之商號及電話。

第七七條

家庭或營業用液化石油氣之灌氣裝卸，應於分裝場為之。

第七八條 105

①液化石油氣分裝場應確認容器符合下列事項，始得將容器置於灌裝臺並予以灌氣：
一　容器應標示或檢附送驗之販賣場所之商號及電話等資料。
二　容器仍在檢驗合格有效期限內。
三　實施容器外觀檢查，確認無腐蝕變形且容器能直立者。
②不符合前項規定之容器不得灌氣或置於灌裝臺，分裝場之經營者並應迅速通知販賣場所之經營者處理。

第四章　附　則

第七九條

本辦法中華民國九十五年十一月一日修正施行前，已設置之製造、儲存或處理公共危險物品及可燃性高壓氣體之場所，應自修正施行之日起六個月內，檢附場所之位置、構造、設備圖說及改善計畫陳報當地消防機關，並依附表五所列改善項目，於修正施行之日起二年內改善完畢，屆期未辦理且無相關文件足資證明係屬既設合法場所、逾期不改善，或改善仍未符附表五規定者，依本法第四十二條之規定處分。

第七九條之一 108

經中央主管機關公告、附表一修正增列為公共危險物品或附表五修正增列為改善項目者，於公告日、附表一中華民國一百零二年十一月二十一日修正生效日或附表五一百零八年六月十一日修正生效日前已設置之製造、儲存或處理該物品達管制量以上之合法場所，應自公告日或本辦法該次修正生效日起六個月內，檢附場所之位置、構造、設備圖說及改善計畫陳報當地消防機關，並依附表五所列改善項目，於公告日或本辦法該次修正生效日起二年內改善完畢，屆期不改善或改善仍未符附表五規定者，依本法第四十二條之規定處分。

第八〇條

本辦法自發布日施行。

附表一　公共危險物品之種類、分級及管制量

分類	名稱	種類	分級	管制量
第一類	氧化性固體	一、氯酸鹽類 二、過氯酸鹽類 三、無機過氧化物 四、次氯酸鹽類 五、溴酸鹽類 六、硝酸鹽類 七、碘酸鹽類 八、過錳酸鹽類 九、重鉻酸鹽類 十、過碘酸鹽類 十一、過碘酸 十二、三氧化鉻 十三、二氧化鉛 十四、亞硝酸鹽類 十五、亞氯酸鹽類 十六、三氯異三聚氰酸 十七、過硫酸鹽類 十八、過硼酸鹽類 十九、其他經中央主管機關公告者 二十、含有任一種成分之物品者	第一級	五十公斤
			第二級	三百公斤
			第三級	一千公斤
第二類	易燃固體	一、硫化磷 二、赤磷 三、硫磺		一百公斤
		四、鐵粉：指鐵的粉末。但以孔徑五十三微米（μm）篩網進行篩選，通過比率未達百分之五十者，不屬之。		五百公斤
		五、金屬粉：指鹼金屬、鹼土金屬、鐵、鎂、銅、鎳以外之金屬粉。但以孔徑一百五十微米（μm）篩網進行篩選，通過比率未達百分之五十者，不屬之。 六、鎂：指其塊狀物或棒狀物能通過孔徑二公釐篩網者。 七、三聚甲醛 八、其他經中央主管機關公告者。 九、含有任一種成分之物品者。	第一級	一百公斤
			第二級	五百公斤
		十、易燃性固體：指固態酒精或一大氣壓下閃火點未達攝氏四十度之固體。		一千公斤

類別	性質	品名		分級	管制量
第三類	發火性液體、發火性固體及禁水性物質	一、鉀 二、鈉 三、烷基鋁 四、烷基鋰			十公斤
		五、黃磷			二十公斤
		六、鹼金屬（鉀和鈉除外）及鹼土金屬 七、有機金屬化合物（烷基鋁、烷基鋰除外） 八、金屬氫化物 九、金屬磷化物 十、鈣或鋁的碳化物 十一、三氯矽甲烷 十二、其他經中央主管機關公告者 十三、含有任一種成分之物品者		第一級	十公斤
				第二級	五十公斤
				第三級	三百公斤
第四類	易燃液體及可燃液體	易燃液體：指在一大氣壓時，閃火點在攝氏九十三度以下之液體。	一、特殊易燃物：指在一大氣壓時，自燃溫度在攝氏一百度以下之物品，或閃火點低於攝氏零下二十度，且沸點在攝氏四十度以下之物品。		五十公升
			二、第一石油類：指在一大氣壓時，閃火點未達攝氏二十一度者。	非水溶性液體	二百公升
				水溶性液體	四百公升
			三、酒精類：指一個分子的碳原子數在一到三之間，並含有一個飽和的羥基（含變性酒精）。但下列物品不在此限： ㈠酒精含量未達百分之六十之水溶液。 ㈡易燃液體及可燃液體含量未達百分之六十，其閃火點與燃燒點超過酒精含量百分之六十水溶液之閃火點及燃燒點。		四百公升
			四、第二石油類：指在一大氣壓時，閃火點在攝氏二十一度以上，未達七十度者。但易燃液體及可燃液體含量在百分之四十以下，閃火點在攝氏四十度以上，燃燒點在攝氏六十度以上，不在此限。	非水溶性液體	一千公升
				水溶性液體	二千公升
			五、第三石油類：指在一大氣壓時，閃火點在攝氏七十度以上，未達二百度者。但易燃液體及可燃液體含量在百分之四十以下者，不在此限。	非水溶性液體	二千公升
				水溶性液體	四千公升

		可燃液體：指在一大氣壓時，閃火點超過攝氏九十三度未滿攝氏二百五十度之液體。	六、第四石油類：指在一大氣壓時，閃火點在攝氏二百度以上，未滿二百五十度者。但易燃液體及可燃液體含量在百分之四十以下者，不在此限。		六千公升
			七、動植物油類：從動物的脂肪、植物的種子或果肉抽取之油脂，一大氣壓時，閃火點未滿攝氏二百五十度者。但依中央主管機關指定之方式儲存保管者，不在此限。		一萬公升
第五類	自反應物質及有機過氧化物	一、有機過氧化物 二、硝酸酯類 三、硝基化合物 四、亞硝基化合物 五、偶氮化合物 六、重氮化合物 七、聯胺的誘導體 八、金屬疊氮化合物 九、硝酸胍 十、丙烯基縮水甘油醚 十一、倍羰烯 十二、其他經中央主管機關公告者 十三、含有任一種成分之物品者		A型	十公斤
				B型	
				C型	一百公斤
				D型	
第六類	氧化性液體	一、過氯酸 二、過氧化氫 三、硝酸 四、鹵素間化合物 五、其他經中央主管機關公告者。 六、含有任一種成分之物品者		第一級	三百公斤
				第二級	

一、本表所稱之「第一級」、「第二級」、「第三級」、「A型」、「B型」、「C型」及「D型」指區分同類物品之危險程度，應依中華民國國家標準CNS15030進行分類。未完成分類前，基於安全考量，其危險分級程度，得認定為第一級或A型。

二、儲存公共危險物品種類在二種以上時，計算其是否達管制量之方法，應以各該公共危險物品數量除以其管制量，所得商數之和如大於一時，則儲存總量即達管制量以上。例如過氧化鈉數量二十公斤，其管制量為五十公斤；二硫化碳數量四十公升，其管制量為五十公升，計算式如下：

$$\frac{\text{過氧化納現有量20公斤}}{\text{過氧化納管制量50公斤}}+\frac{\text{二氧化碳現有量40公升}}{\text{二氧化碳管制量50公斤}}=\frac{2}{5}+\frac{4}{5}=\frac{6}{5}>1$$

三、本表第四類易燃液體及可燃液體之酒精類、第二石油類、第三石油類及第四石油類所列但書規定之酒精含量、易燃液體及可燃液體含量，均指重量百分比。

四、本表所稱之水溶性液體，指在一大氣壓下攝氏二十度時與同容量之純水一起緩慢攪拌，當該混合液停止轉動後，呈現顏色均一無分層現象者；非水溶性液體，指水溶性液體以外者。

附表五

場所類別	改善項目
(一)公共危險物品製造場所、一般處理場所	1.圍阻措施或同等以上效能之防止流出措施。（第十五條第一項第七款） 2.油水分離裝置。（第十五條第一項第七款） 3.採光、照明及通風設備。（第十六條第一項第一款） 4.排出設備。（第十六條第一項第二款） 5.防止溢漏或飛散構造。（第十六條第一項第三款） 6.測溫裝置。（第十六條第一項第四款） 7.不直接用火加熱構造。（第十六條第一項第五款） 8.壓力計及安全裝置。（第十六條第一項第六款） 9.有效消除靜電裝置。（第十六條第一項第七款） 10.避雷設備或同等以上防護性能設備。（第十六條第一項第八款） 11.標示板。（第十九條）
(二)公共危險物品販賣場所	1.排出設備。（第十七條第四款第五目、第十八條本文） 2.在明顯處所標示有關消防之必要事項。（第十七條第二款、第十八條本文） 3.標示板。（第十九條）
(三)公共危險物品室內儲存場所	1.採光、照明及通風設備。（第二十一條第十三款、第二十二條及第二十三條第一項本文、第二十四條第一項本文及第二項、第二十五條本文、第二十六條、第二十七條、第二十八條第一項本文） 2.排出設備。（第二十一條第十三款、第二十二條及第二十三條第一項本文、第二十四條第一項本文及第二項、第二十五條本文、第二十六條、第二十七條、第二十八條第一項本文） 3.通風裝置、空調裝置或維持內部溫度在該物品著火溫度以下之裝置。（第二十一條第十五款、第二十三條第一項本文、第二十四條第一項本文及第二項、第二十七條第二項、第二十八條第一項本文） 4.防火閘門。（第二十三條第一項第二款第六目） 5.架臺（不燃材料建造、定著堅固基礎上、載重、防止儲放物品掉落措施）。（第二十一條第十二款、第二十二條及第二十三條第一項本文、第二十四條第一項本文及第二項、第二十五條本文、第二十六條、第二十七條、第二十八條第一項本文） 6.避雷設備或同等以上防護性能設備。（第二十一條第四款第三目、第十四款、第二十二條及第二十三條第一項本文、第二十四條第一項本文及第二項、第二十五條本文、第二十七條、第二十八條第一項本文） 7.標示板。（第十九條）
(四)公共危險物品室外儲存場所	1.圍欄（圍欄高度、區劃面積、不燃材料建造、防止硫磺洩漏構造、防水布固定裝置）。（第三十條第三款、第三十一條第一款至第四款） 2.架臺（不燃材料建造、定著堅固基礎上、載重、防止儲放物品掉落措施、架臺高度）。（第三十條第六款、第三十一條本文） 3.內部走道空間、分區儲存數量及容器堆積高度。（第三十條第七款、第八款、第三十一條本文） 4.排水溝、分離槽。（第三十一條第五款） 5.標示板。（第十九條）

(五)公共危險物品室內儲槽場所（含幫浦室）	1.防止六類物品流出之措施。（第三十四條第一項第八款） 2.儲槽專用室出入口門檻或同等以上效能之防止流出措施。（第三十三條第十六款） 3.圍阻措施或同等以上效能之防止流出措施、幫浦設備之基礎高度。（第三十五條第一項第一款第二目之5、第三目之1、第二款、第三款、第四款第一目本文及第二目之2） 4.油水分離裝置。（第三十五條第一項第一款第三目之3、第一項第三款） 5.採光、照明及通風設備。（第三十三條第十七款、第三十四條第一項本文、第三十五條第一項第一款第二目之6、第二款第一目、第三款、第四款第一目本文） 6.排出設備。（第三十三條第十七款、第三十四條第一項本文、第三十五條第一項第一款第二目之7、第二款第一目、第三款、第四款第一目本文） 7.防火閘門。（第三十四條第一項第七款、第三十五條第一項第四款第一目之5） 8.安全裝置、通氣管。（第三十三條第六款、第三十四條第一項本文） 9.自動顯示儲量裝置。（第三十三條第七款、第三十四條第一項本文及第二款） 10.注入口及儲槽閥（含不得洩漏、管閥或加蓋、有效除去靜電之接地裝置）。（第三十三條第八款第二目至第四目、第九款、第三十四條第一項本文） 11.幫浦設備定著堅固基礎上。（第三十五條第一項第一款第一目、第二款第一目、第三款、第四款第一目本文及第二目之1） 12.儲槽或地上配管應有防蝕功能。（第三十三條第五款、第三十四條第一項本文 第三十六條第三款） 13.標示板。（第十九條）
(六)公共危險物品室外儲槽場所（含幫浦室）	1.防液堤（含容量、分隔堤高度、排水設備、洩漏檢測設備、警報設備、出入之階梯或坡道）。（第三十七條第十九款、第三十八條第一項第八款第一目、第十一款至第十四 款、第三十八條第二項、第三十九條第四款、第四十條本文。但儲存第四類公共危險 物品儲槽之防液堤，其容量不得小於最大儲槽之容量。） 2.圍阻措施或同等以上效能之防止流出措施。（第三十七條第十三款本文、第四十條本文） 3.油水分離裝置。（第三十七條第十三款本文、第四十條本文） 4.採光、照明及通風設備。（第三十七條第十三款本文、第四十條本文） 5.排出設備。（第三十七條第十三款本文、第四十條本文） 6.安全裝置、通氣管。（第三十七條第十款、第三十九條第一款、第四十條本文） 7.自動顯示儲量裝置。（第三十七條第十一款） 8.注入口及儲槽閥（含不得洩漏、管閥或加蓋、有效除去靜電之接地裝置）。（第三十七條第十二款、第十四款、第三十九條第一款、第四十條本文） 9.投入口上方防止雨水設備。（第三十七條第二十款、第四十條本文） 10.偵限洩漏之儲存物並導入安全槽之設備、惰性氣體封阻設備、冷卻裝置保冷裝置。（第四十條）

	11.避雷設備或同等以上防護性能設備。（第三十七條第十八款、第四十條本文） 12.幫浦設備定著堅固基礎上。（第三十七條第十三款本文、第四十條本文） 13.儲槽或地上配管應有防蝕功能。（第三十七條第八款、第十七款、第三十九條第一款、第四十條本文） 14.標示板。（第十九條）
(七)公共危險物品地下儲槽場所（含幫浦室）	1.圍阻措施或同等以上效能之防止流出措施。（第四十一條第十款本文、第四十二條第一款、第四十三條本文） 2.油水分離裝置。（第四十一條第十款本文、第四十二條第一款、第四十三條本文） 3.採光、照明及通風設備。（第四十一條第十款本文、第四十二條第一款、第四十三條本文） 4.排出設備。（第四十一條第十款本文、第四十二條第一款、第四十三條本文） 5.安全裝置、通氣管。（第四十一條第七款、第四十二條第一款、第四十三條本文） 6.自動顯示儲量裝置或計量口。（第四十一條第八款、第四十二條第一款、第四十三條本文） 7.注入口（含不得洩漏、管閥或加蓋、有效除去靜電之接地裝置）。（第四十一條第九款、第四十二條第一款、第四十三條本文） 8.測漏管或同等以上效能之洩漏檢測設備。（第四十一條第十三款、第四十三條本文） 9.幫浦設備定著堅固基礎上。（第四十一條第十款本文、第四十二條第一款、第四十三條本文） 10.地上配管應有防蝕功能。（第四十一條第十一款、第四十二條第一款、第四十三條本文） 11.標示板。（第十九條）
(八)可燃性高壓氣體儲存場所	1.警戒標示、防爆型緊急照明設備。（第七十條第一項第一款） 2.氣體漏氣自動警報設備。（第七十條第一項第二款） 3.防止氣體滯留之有效通風裝置。（第七十條第一項第三款） 4.通路面積。（第七十條第一項第七款） 5.避雷設備或同等以上防護性能設備。（第七十條第一項第九款）
(九)可燃性高壓氣體處理場所	1.通風裝置。（第七十三條之一第一項第一款第一目、第二款本文、第三款本文、第四款） 2.標示及滅火器。（第七十三條之一第一項第一款第二目、第二款本文、第三款本文、第四款） 3.防止傾倒之固定措施。（第七十三條之一第一項第一款第四目、第二款本文、第三款本文、第四款） 4.防止脫落裝置。（第七十三條之一第一項第一款第六目、第二款本文、第三款本文、第四款） 5.容器與用火設備距離。（第七十三條之一第一項第二款、第三款本文、第四款） 6.氣體漏氣警報器。（第六十九條第一款第四目、第二款第二目、第七十三條之一第一項第一款第七目、第二款本文、第三款本文、第四款）

	7.自動緊急遮斷裝置。（第六十九條第二款第三目、第七十三條之一第一項第三款第一目、第四款） 8.柵欄或圍牆（含上方覆蓋、與地面距離）。（第七十三條之一第一項第三款第二目、 第四款） 9.標示板。（第七十三條之一第一項第三款第三目、第四款）

一、第七十九條及第七十九條之一所定已設置之製造、儲存或處理公共危險物品及可燃性高壓氣體之場所，應依場所建築型態，就上列改善項目進行改善，對於位置、構造或設備 未列舉之項目得免改善。

二、依上列改善項目進行改善確有困難，且經直轄市、縣（市）主管機關同意者，得採其他 同等以上效能之措施。

公共危險物品試驗方法及判定基準

①民國92年1月29日內政部令訂定發布全文5點；並自發布日施行。
②民國96年2月8日內政部令修正發布第1、2點；並自即日生效。
③民國102年3月7日內政部令修正發布第4點。

一　爲規範公共危險物品鑑定歸類之試驗方法及其類別或分級之判定，特訂定本基準。

二　公共危險物品之試驗方法及判定基準應依本基準之規定辦理。但如有其他試驗項目、檢測程序或分析方法具同等試驗效果，並經中央主管機關認可者，不在此限。

三　試驗物品爲未知物者，應先確認其物性，判定其爲液體或固體，再進行分類試驗。其確認方式如下：

㈠液體：在一大氣壓下，且20℃時爲液態者或20℃時爲固態、超過20℃在40℃以下爲液態者。其試驗方法如下：

1.試驗裝置：

⑴恆溫水槽：具備攪拌裝置、加熱器、溫度計及自動溫度調節器（可控制溫度在±0.1℃），深度150mm以上。

⑵溫度計：凝固點測試用，刻度範圍爲20℃至50℃。

⑶試管：內徑30mm、高度120mm之平底圓筒型透明玻璃製，管底起算55mm與85mm高度處予以標線（以下分別稱爲A線與B線）；數量二支。

⑷橡皮塞：數量二個，其大小恰可封住試管開口；其中一個中央鑽孔以支撐溫度計。

2.試驗場所：一大氣壓下，溫度爲20±2℃，風速在0.5公尺／秒以下之場所。

3.試驗步驟：

⑴將兩支試管裝滿待測物至A線。其中一支以橡皮塞完全密封（以下稱液體判斷用試管），另一支則蓋上插有溫度計之橡皮塞（以下稱溫度測定用試管），溫度計置入A線下30mm，直立於試管中。

⑵調整恆溫水槽溫度，控制溫度在20.0±0.1℃，將兩支試管直立靜置於槽中，並讓B線淹沒於水槽液面下。待溫度測定用試管之待測物到達試驗溫度20℃後，保持靜置狀態10分鐘。

⑶10分鐘後，將液體判斷用試管從恆溫水槽中取出，平放於水平之平台，同時觀察液面前緣通過B線所需時間。

4.判定基準：所需時間在90秒以內，待測物在20℃爲液體。

5.在20℃以上40℃以下之液態判定方式依上開試驗步驟進行，調整合適之試驗溫度進行判定。

㈡固體：在一大氣壓下，20℃時非氣態之物質，且不屬於㈠液體之範圍者。

四　依照下列試驗方法及判定基準進行公共危險物品之分類：

㈠氧化性固體：氧化性固體依物質燃燒時間及敏感度進行判定，其判定方法如下：

1.試驗物品爲粉粒狀者：係指可通過篩網孔徑1.18mm者。

⑴燃燒試驗：

①標準物質：過氯酸鉀（特級）及溴酸鉀（1級），其粒徑大小應能通過300μm篩網，而無法通過150μm篩網。試驗前放入溫度設定在20℃，內有乾燥用矽酸膠之玻璃乾燥器中，靜置24小時。

②還原劑：木粉，其材質爲杉邊材，其粒徑大小應能通過500μm篩網，而無法

通過250μm篩網。試驗前放入溫度設定在20℃，內有乾燥用矽酸膠之玻璃乾燥器中，靜置4小時。

③試驗場所：一大氣壓下，溫度20±2℃，溼度50±10%，風速在0.5公尺／秒以下之場所。

④試驗器具：厚度在10mm以上之絕熱板及白金加熱器。

⑤試驗方法：

A.標準物質及試驗物品過篩乾燥，分別以1比1之重比例與木粉充分混合，其合計重量為30g。

B.將上述混合物置於絕熱板上，堆積成高度與底面積直徑比為1比1.75的圓錐體。

C.以1,000℃之白金加熱器，接觸混合物的底部，其接觸時間不得超過10秒，然後量測底部圓周開始著火至火焰熄滅之燃燒時間（以下稱燃燒時間）。

D.重複試驗5次以上，取其平均值並比較其燃燒時間。

⑥判定基準：

第一級—燃燒時間較溴酸鉀短。

第二級—燃燒時間較溴酸鉀長，較過氯酸鉀短。

第三級—燃燒時間較過氯酸鉀長。

(2)落錘試驗：

①標準物質：硝酸鉀（特級）及氯酸鉀（1級），其粒徑大小應能通過250μm的篩網，試驗前放入溫度設定在20℃，內有乾燥用矽酸膠之玻璃乾燥器中，靜置24小時。

②還原劑：紅磷（1級），其粒徑大小應能通過180μm的篩網，試驗前放入溫度設定在20℃，內有乾燥用矽酸膠之玻璃乾燥器中，靜置4小時。

③試驗場所：一大氣壓下，溫度20±2℃，溼度50±10%，風速在0.5公尺／秒以下之場所。

④試驗器具：直徑40mm及厚度0.01mm之鋁箔紙及落錘測試儀。

⑤試驗方法：

A.標準物質及試驗物品過篩乾燥，分別以1比1之重量比例與紅磷充分混合，其合計重量為100mg。

B.分別放置於鋁箔紙製之套筒中並密封置於測試架上，使用5kg落錘進行測試。

C.試驗過程中應依（硝酸鉀／紅磷）和（氯酸鉀／紅磷）敏感度之差別，找出各自合適之試驗高度，每個高度需重複實驗10次以上，觀察其測試結果是否有火星、火花或爆轟等現象。

⑥判定基準：

第一級—較氯酸鉀敏感。

第二級—較氯酸鉀鈍感，但較硝酸鉀敏感。

第三級—較硝酸鉀鈍感。

(3)試驗結果綜合判定：

燃燒試驗＼落錘試驗	第一級	第二級	第三級
第一級	Ⅰ	Ⅰ	Ⅰ
第二級	Ⅰ	Ⅱ	Ⅲ
第三級	Ⅰ	Ⅲ	非氧化性固體

①試驗結果Ⅰ者為氧化性固體第一級。

②試驗結果Ⅱ者為氧化性固體第二級。

③試驗結果Ⅲ者為氧化性固體第三級。

2.試驗物品為非粉狀者：係指無法通過篩網孔徑1.18mm者。

(1)大量燃燒試驗：

①標準物質：過氯酸鉀（特級），其粒徑大小應能通過300μm篩網，但無法通過150μm篩網，試驗前放入溫度設定在20℃，內有乾燥用矽酸膠之玻璃乾燥器中，靜置24小時。

②還原劑：木粉，其材質為杉邊材，其粒徑大小應能通過500μm篩網，但無法通過250μm篩網，試驗前放入溫度設定在20℃，內有乾燥用矽酸膠之玻璃乾燥器中，靜置4小時。

③試驗場所：一大氣壓下，溫度20±2℃，溼度50±10%，風速在0.5公尺／秒以下之場所。

④試驗器具：厚度在10mm以上之絕熱板及白金加熱器。

⑤試驗方法：

A.標準物質及試驗物品過篩乾燥，分別以1比1之重量比例與木粉充分混合，其合計重量為500g。

B.將上述混合物置於絕熱板上，堆積成高度與底面積直徑比為1比2之圓錐體。

C.以1,000℃之白金加熱器，接觸混合物的底部，其接觸時間不得超過30秒，著火後量測其燃燒時間。

D.此處燃燒係指持續或間歇性著火情形，在5次以上試驗中，若有1次以上未燃燒成功，則需重複再進行5次以上試驗，在總共10次以上試驗中，有5次以上燃燒成功，才可以計算其平均燃燒時間，否則重做試驗。

⑥判定基準：

第一級—燃燒時間比過氯酸鉀短。

第二級—燃燒時間比過氯酸鉀長。

(2)鐵管試驗：

①還原劑：賽璐珞粉，其粒徑大小應能通過53μm篩網。

②試驗場所：一大氣壓下，溫度20±2℃，溼度50±10%，風速在0.5公尺／秒以下之場所。

③試驗器具：外徑60mm／厚度5mm／長度500mm／具有底部之無縫鋼管、50g引爆藥及6號電氣雷管。

④試驗方法：

A.試驗物品與賽璐珞粉以3比1的重量比例充分混合，充填至鐵管內八分滿，並放入50g的引爆藥後，鐵管中央插入6號電氣雷管，將鐵管埋在砂中引爆。

B.重複進行3次以上試驗觀察鐵管破裂狀況。如鐵管自上端至下端完全分離為「完全破裂」；如鐵管破損、扭曲、變形等則為「不完全破裂」。

⑤判定基準：

第一級—鐵管完全破裂。

第二級—鐵管不完全破裂。

⑶試驗結果綜合判定：

大量燃燒試驗＼鐵管試驗	第一級	第二級
第一級	★	Ⅲ
第二級	Ⅲ	非氧化性固體

①測試結果★者，應將物品粉碎後依「試驗物品爲粉粒狀」之試驗方法進行判定。

②測試結果Ⅲ者爲氧化性固體第三級。

㈡易燃固體：易燃固體依物質著火的難易性進行判定，其判定方法如下：

1.瓦斯著火試驗：

⑴試驗場所：一大氣壓下，溫度20±2℃，溼度50±10%，風速在0.5公尺／秒以下之場所。

⑵試驗器具：厚度在10mm以上之絕熱板及瓦斯火焰器。

⑶試驗方法：

①將乾燥後之試驗物品3cm^{3}放置於絕熱板上，試驗物品爲粉粒狀者，將其堆成半圓形狀。

②將瓦斯火焰器之火焰長度調節在火嘴朝上狀態下70mm，然後與試驗物品接觸10秒鐘，其火焰與試驗物品接觸面積爲2cm^2、接觸角度爲30°。

③重複上述步驟10次以上，測量火焰接觸試驗物品時，試驗物品所需著火時間，觀察試驗物品是否有1次以上繼續燃燒或無焰燃燒之情形。

⑷判定基準：

①試驗物品在3秒內著火者爲易燃固體第一級。

②試驗物品在3秒以上10秒以內著火者爲易燃固體第二級。

③試驗物品在10秒以內不著火者，則進行閉杯式閃火點試驗。

2.閉杯式閃火點試驗：

⑴試驗場所：一大氣壓下，溫度20±2℃，溼度50±10%，風速在0.5公尺／秒以下之場所。

⑵試驗器具：閉杯式閃火點測試儀。

⑶試驗方法：

①將2g之試驗物品放入試料杯中，蓋上杯蓋。

②設定溫度，將試料杯保持於該溫度下5分鐘，然後引燃試驗用火焰，調整火焰直徑至4mm大小。

③啓動開關，將試驗火焰接觸試料杯2.5秒後復原，重複試驗找出閃火點。

⑷判定基準：閃火點≦40℃之試驗物品爲易燃固體，其餘則非屬易燃固體。

㈢發火性液體、發火性固體及禁水性物質：發火性液體、發火性固體及禁水性物質依物質在空氣中發火性、與水接觸之發火性或產生可燃性氣體進行判定，其判定方法如下：

1.自然發火性試驗：

⑴試驗場所：一大氣壓下，溫度20±2℃，濕度50±10%，風速在0.5公尺／秒以下之場所。

⑵試驗器具：直徑90mm之化學分析用濾紙、瓷杯蒸發皿及厚度在10mm以上之絕熱板。

⑶試驗方法：

①固體物品試驗方法：

A.瓷杯法：將能通過300μm篩網10%以上之粉末狀試料取出1cm³，置於化學分析用濾紙（試驗前放入溫度設定在20℃，內有乾燥用矽酸膠之玻璃乾燥器中，靜置24小時）的中央，濾紙應置於瓷杯蒸發皿上，觀察試驗物品在10分鐘內是否自然發火。試驗物品在10分鐘內會自然發火者，判定爲發火性固體第一級。

B.落下法：試驗物品在上述步驟10分鐘內不會自然發火者，將2cm³之試驗物品自1m高度落到絕熱板上，觀察在落下後10分鐘內是否會自然發火。重複進行試驗5次以上，如有1次以上有自然發火情形者，則判定爲發火性固體第二級。

②液體物品試驗方法：

A.瓷杯法：將試驗物品0.5cm³，從10mm至20mm高度，全數在30秒內以相同速度利用注射器或滴管滴下到直徑約70mm瓷杯蒸發皿上，觀察試驗物品在10分鐘內是否自然發火。試驗物品在10分鐘內會自然發火者，判定爲發火性液體第一級。

B.落下法：試驗物品在上述步驟10分鐘內不會自然發火者，將0.5cm³之試驗物品，從10mm至20mm高度，全數在30秒內以相同速度利用注射器或滴管滴下到舖有直徑90mm濾紙之直徑約70mm瓷杯蒸發皿上，觀察試驗物品在10分鐘內是否自然發火或濾紙焦黑。重複進行試驗5次以上，如有1次以上有自然發火或濾紙焦黑情形者，則判定爲發火性液體第二級。（濾紙變成褐色或淡褐色均視爲焦黑）

⑷判定基準：

①以瓷杯法試驗自然發火者爲發火性液體或發火性固體第一級。

②以落下法試驗自然發火者爲發火性液體或發火性固體第二級。

③以上兩者試驗皆不自然發火者，則進行與水反應性試驗。

2.與水反應性試驗：

⑴試驗場所：一大氣壓力下，溫度20±2℃，濕度50±10%，風速在0.5公尺／秒以下之場所。

⑵試驗器具：容積500cm³燒杯、體積100cm³平臺、化學分析用濾紙及氣相層析儀。

⑶試驗方法：

①微量燒杯法：在容積500cm³的燒杯底部放置平臺，在平臺上面裝滿20±5℃的純水，上面再放置直徑大於平臺直徑之濾紙，控制平臺上水量讓濾紙浮在水面上。試驗物品爲固體者，放置直徑2mm之試驗物品量於濾紙中央；試驗物品爲液體者，注入5mm³（0.005ml）之試驗物品量於濾紙中央，觀察是否自然著火。不會自然著火者，則重複相同步驟5次以上，觀察其中是否有一次以上會自然著火。如所產生氣體不會自然著火者，則將該氣體接近火焰，觀察是否著火。

②少量燒杯法：在上開①步驟試驗下仍自然著火者，則增加試驗物品量至50mm³，並重新操作，所產生氣體仍不會自然著火者，則將該氣體接近火焰，觀察是否著火。

③產生氣體量測定法：在上開②步驟試驗下仍不會著火者，則測定產生氣體量，並分析該氣體是否含有可燃性成分。其測試方法如下：

A.將2g試驗物品放入氣體量測裝置之100cm³燒杯中，將燒杯放入40℃恆溫水槽，最後於燒杯內快速加入40℃純水50cm³，每隔1小時測定氣體產生量，至少測試5小時。

B.每隔1小時所測到的氣體產生量，將其換算成每1kg試驗物品所產生的量，其中最大值視為本試驗之氣體產生量，並以檢知管、氣相層析儀等分析儀器測定是否含可燃性氣體。

(4)判定基準：

①以微量燒杯法或少量燒杯法而自然發火者為禁水性物質第一級。

②以微量燒杯法或少量燒杯法而小火苗著火者為禁水性物質第二級。

③以產生氣體量測定法測得可燃氣體量大於200ℓ/kg-hr者為禁水性物質第三級。

④以微量燒杯法、少量燒杯法均無自然發火，亦無小火苗著火，且產生氣體量測定法測得可燃氣體量小於200ℓ/kg-hr者則非屬禁水性物質。

(四)易燃液體：易燃液體依物質引火性進行判定。有關各種不同測試閃火點儀器及所參考之歐美日及本國標準如下表，試驗物品屬於低閃火點者，則閃火點測試儀必須加裝冷凍循環設備。

1.各種不同測試閃火點儀器及所參考之歐美日及本國標準：

閃火點測試儀	歐美日及本國標準	適用種類
TAG密閉式	ASTMD56	在40℃黏稠度低於5.5St，或在25℃黏稠度低於9.5St，且閃火點低於93℃之物品。但瀝青不適用本測試標準。
TAG開杯法	ASTMD1310	閃火點低於93℃之物品，如瀝青。
SETA密閉式	JISK2265、ASTMD3278	閃火點介於0℃至110℃，同時在25℃黏稠度低於150St之物品。
克里排開放式	ISO3679、3680 ASTMD92、CNS3775	閃火點高於79℃之物品。
Pensky-Martens（閉杯法）	ASTMD93	用於燃料油、潤滑油等物品。

2.判定基準：

(1)閃火點≦－20℃且起始沸點＜40℃者，為特殊易燃物。

(2)閃火點＜100℃且自燃溫度＜100℃者，為特殊易燃物。

(3)閃火點＜21℃者，為第一石油類（非水溶性液體）。

(4)閃火點＜21℃者，為第一石油類（水溶性液體）。

(5)21℃≦閃火點＜70℃者，為第二石油類（非水溶性液體）。

(6)21℃≦閃火點＜70℃者，為第二石油類（水溶性液體）。

(7)70℃≦閃火點＜200℃者，為第三石油類（非水溶性液體）。

(8)70℃≦閃火點＜200℃者，為第三石油類（水溶性液體）。

(9)200℃≦閃火點＜250℃者，為第四石油類。

(五)自反應物質及有機過氧化物：自反應物質及有機過氧化物依物質爆炸的危險性及熱分解的激烈程度進行判定，其判定方法如下：

1.熱分析試驗：

(1)標準物質：2,4-二硝基甲苯（DNT，特級）、過氧化二苯甲醯（BPO，1級）。

(2)試驗場所：一大氣壓下，溫度20±2℃，濕度50±10%，風速在0.5公尺／秒以下之場所。

(3)試驗器具：微差掃瞄熱卡計（DSC）或示差熱分析儀（DTA）。

(4)試驗方法：

①2,4-二硝基甲苯試驗步驟：

A.將2,4-二硝基甲苯1mg裝入耐壓50kgf/cm²以上的測試筒（cell）並密封，連同空的測試筒放入加熱爐內，以每分鐘上升4℃的速率加熱至400℃。

B.計算開始放熱溫度（T：單位℃）與放熱度（Q：單位J/g）。需注意下列事項：

(a)基線需連接開始與結束放熱部分。

(b)開始放熱溫度係由轉折點上之切線與基線的交點求出。

(c)有多個巔峰點出現時，以開始放熱溫度作爲第一個巔峰點，以所有巔峰點計算放熱量。

C.重複B的步驟5次，分別計算出開始放熱溫度與放熱量，將其平均值作爲2,4-二硝基甲苯之開始放熱溫度與放熱量。

②過氧化二苯甲醯試驗步驟：過氧化二苯甲醯2mg，依據①試驗步驟求得過氧化二苯甲醯之開始放熱溫度與放熱量。

③綜合①、②數據做圖：如下圖所示，以logQ對log(T－25)作圖，分別將2,4-二硝基甲苯之開始放熱溫度與放熱量與過氧化二苯甲醯之開始放熱溫度與放熱量，放入座標圖內，將兩點連成一直線，即爲判定基準線。

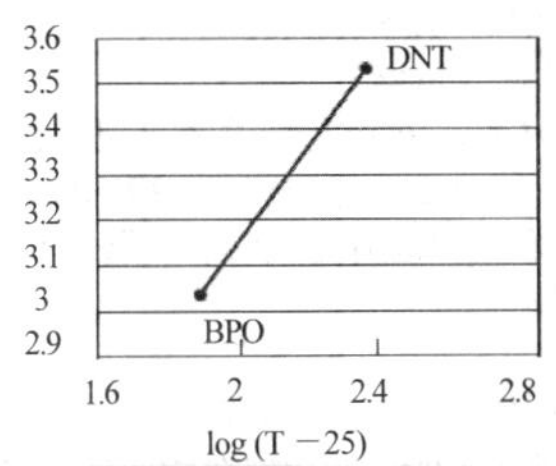

④待測物：

A.將待測物2mg裝入耐壓50kgf/cm²以上的測試筒內並密封，連同空的測試筒放入加熱爐內，以每分鐘上升4℃的速度加熱至400℃。可配合放熱量增減待測物的重量。

B.計算開始放熱溫度與放熱量。需注意下列事項：

(a)基線需連接開始與結束放熱部分。

(b)開始放熱溫度係由轉折點上之切線與基線的交點求出。

(c)有多個巔峰點出現時，以開始放熱溫度作爲第一個巔峰點，以所有巔峰點計算放熱量。

C.重複B的步驟5次，分別計算出開始放熱溫度與放熱量，將其平均值作爲待測物之開始放熱溫度與放熱量。

D.將待測物的開始放熱溫度與放熱量，分別計算出logQ與log(T－25)的值，將其值畫於上圖中。

(5)判定基準：

第一級—放熱量與放熱溫度之對應點位於2,4-二硝基甲苯及過氧化二苯甲醯之判定基準線之上。

第二級—放熱量與放熱溫度之對應點位於2.4-二硝基甲苯及過氧化二苯甲醯之判定基準線之下。

2.壓力容器試驗：

(1)1mm孔徑節流板（orifice）壓力容器試驗：

①試驗場所：一大氣壓下，溫度20±2℃，濕度50±10%，風速在0.5公尺／秒以下之場所。

②試驗器具：

A.壓力容器的側面及上面分別安裝節流板與破裂板，且其內部可容納試料容器，為一內容量200cm³的不銹鋼製容器。

B.試料容器為內徑30mm，高50mm，厚0.4mm，且底為一平面，上方開放之鋁製圓筒。

C.孔徑1mm之節流板為厚度2mm之不銹鋼製品。

D.破裂板為鋁等金屬所製造之物品，破裂壓力為6kgf/cm²。

E.加熱器輸出功率為700W以上。

③試驗方法：

A.在壓力容器底放入一裝有5g矽油之試料容器，設定加熱器之電壓及電流值，可使矽油溫度從100℃到200℃之過程以每分鐘40℃的速率加熱。

B.以加熱器持續加熱30分鐘以上。

C.壓力容器側面為鐵氟龍製，嵌有氟化橡膠製等耐熱性墊片，然後安裝孔徑1mm的節流板，在壓力容器底部放置試驗物品5g，在壓力容器上方安裝鐵氟龍製，嵌有氟化橡膠等耐熱性墊片之破裂板。

D.將水倒在破裂板上方。

E.以加熱器加熱壓力容器。

F.反覆操作A到E步驟10次以上，觀察破裂板是否會破裂。

⑵9mm孔徑節流板（orifice）壓力容器試驗：將上述「孔徑1mm」節流板改成「孔徑9mm」，並根據1mm孔徑節流板之壓力容器試驗方法進行9mm孔徑節流板之壓力容器試驗。

⑶判定基準：

第一級—9mm孔徑10次有5次以上破裂。

第二級—1mm孔徑10次有5次以上破裂且9mm孔徑10次有4次以下破裂。

第三級—1mm孔徑10次有4次以下破裂。

3.試驗結果綜合判定：

壓力容器試驗／熱分析試驗	第一級	第二級	第三級
第一級	Ⅰ	Ⅱ	Ⅲ
第二級	Ⅰ	Ⅱ	非自反應物質及有機過氧化物

⑴測試結果Ⅰ為自反應物質及有機過氧化物A型、B型。

⑵測試結果Ⅱ為自反應物質及有機過氧化物C型、D型。

㈥氧化性液體：氧化性液體依物質燃燒時間之長短進行判定，其判定方法如下：

1.燃燒試驗：

⑴標準物質：90%硝酸水溶液。

⑵還原劑：木粉，其材質為杉邊材，其粒徑大小應能通過500μm篩網，且無法通過250μm篩網，試驗前放入溫度設定在20℃，內有乾燥用矽酸膠之玻璃乾燥器中，靜置4小時。

⑶試驗場所：一大氣壓下，溫度20±2℃，濕度50±10%，風速在0.5公尺／秒以下之場所。

⑷試驗器具：外徑120mm之平底蒸發皿、注射器及白金加熱器。

⑸試驗方法：

①將15g木粉放置於平底蒸發皿內，堆積成高度與底面積直徑比為1比1.75的圓錐體，放置1小時。

②標準物質取15g，用注射器由圓錐體的上方均勻注射，然後以1,000℃之白金加熱器，接觸混合物的底部，其接觸時間不得超過10秒，著火後量測燃燒時間。

③試驗物品依照②的方式量測燃燒時間。

④此處燃燒係指持續或間歇性著火情形，在5次以上試驗中，若有1次以上未燃燒成功，則需重複再進行5次以上試驗，在總共10次以上試驗當中，有5次以上燃燒成功，才可以計算其平均燃燒時間，否則重做試驗。

(6)判定基準：

①比90%硝酸水溶液和木粉之混合物的燃燒時間短為氧化性液體。

②比90%硝酸水溶液和木粉之混合物的燃燒時間長為非氧化性液體。

五　本基準自發布日施行。

可燃性高壓氣體儲存場所防爆牆設置基準

①民國92年3月14日內政部令訂定發布全文7點。
②民國94年8月26日內政部令修正發布第3點；並自94年8月26日起生效。

一 本基準依據公共危險物品及可燃性高壓氣體設置標準暨安全管理辦法（以下簡稱管理辦法）第六十七條第三項規定訂定之。

二 防爆牆長度應超過設置方位儲存場所建築物牆面長度。其牆腳與儲存場所建築物之距離不得少於二公尺。

三 防爆牆分爲鋼筋混凝土製、混凝土空心磚製及鋼板製等三種，並應設置於堅固基礎上，其強度應能承受可能預料之氣體爆炸衝擊，其構造依下表規定：

防爆牆種類	厚度	高度	補強材料及構造
鋼筋混凝土製	150mm以上	2000mm以上	鋼筋直徑：16mm以上 配筋：雙層鋼筋縱橫間隔200mm以下
混凝土空心磚製	200mm以上	2000mm以上 3000mm以下	鋼筋直徑：16mm以上 配筋：雙層鋼筋縱橫間隔200mm以下，且於空胴部充填混凝土漿
鋼板製	6.0mm以上	2000mm以上	角鋼：30mmx30mm以上之等邊角鋼 補強：縱橫間400mm以下 支柱：1800mm以下之間隔 （50mm×50mm×5mm以上方柱）
備考	防爆牆之端部或隙角部分須用直徑19mm以上鋼筋。		

防爆牆除依前項規定外，應符合下列規定：

㈠鋼筋混凝土製防爆牆之基礎及牆之計算依建築技術規則建築構造編之相關規定。

㈡混凝土空心磚製防爆牆:

1.加固牆：

⑴加固牆應與混凝土空心磚製防爆牆本體成直角，其長度自防爆牆側面突出400mm以上、厚度150mm以上、高度不可低於混凝土空心磚製防爆牆頂部400mm以上、配置間隔應在3200mm以下（如附圖1）。

⑵加固牆與混凝土空心磚製防爆牆之結合處所應一次澆置完成，並於牆體之構組時預設相當於圍牆之厚度以上空間，將現場打設之鋼筋混凝土製之加固牆成L形或T形結合之構造。

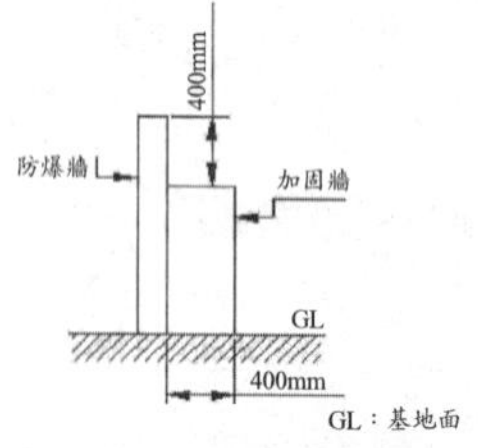

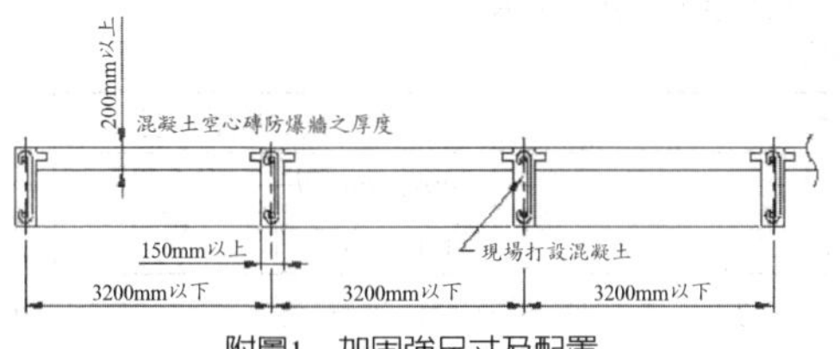

附圖1　加固強尺寸及配置

2.配筋：

(1)插入於加固牆之縱筋及橫筋應為D13（或φ13mm）以上之鋼筋，橫筋之間隔應在200mm以下並彎鉤在縱筋上。

(2)加固牆之外側端部之縱筋除應固定於加固牆基礎外，應繞過加固牆頂部，彎鉤於牽條位置之混凝土空心磚製防爆牆之縱筋。

(3)插入於混凝土空心磚製防爆牆牆頂之橫筋應為D16（或φ16mm）以上之鋼筋。

(4)混凝土空心磚製防爆牆之縱筋除應固定在基礎外，並應彎鉤在牆頂橫筋上。

(5)混凝土空心磚製防爆牆之橫筋之接頭及固定，應於加固牆位置為之，如在加固牆位置未能取得充分固定長度時，應將橫筋之彎鉤掛在加固牆位置之縱筋。

(6)鋼筋接頭之搭接長度應依下表規定：

接頭	固定	接頭或固定部分之長度（D：標稱直徑）		
		異形鋼筋		固鋼
		無鉤	有鉤	有鉤
橫筋在加固牆位置接續之情況	縱筋埋入基礎之情況	40D以上	30D以上	30D以上

3.牆縫：牆縫塗裝面應粉刷水泥漿。

4.基礎：

(1)應為整體之鋼筋混凝土製之水平基礎。

(2)基礎身高應在350mm以上，埋入深度應在300mm以上。（如附圖2）

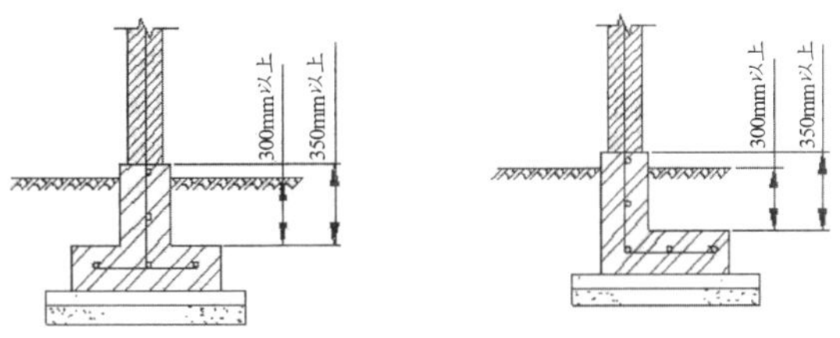

附圖2　T形及L形鋼筋混凝土製基礎

(3)基礎之計算依建築技術規則建築構造編之相關規定。

(4)混凝土空心磚材料應符合國家標準（以下簡稱CNS）八九〇五「混凝土空心磚」之規定，且不得有龜裂、變形、損傷之情形。

㈢鋼板製防爆牆：

1.基礎及牆之計算依建築技術規則建築構造編之相關規定。

2.鋼板應施以防銹處理，將鋼板表面清掃，油漆防銹塗料二次後，作修整油漆。

四　混凝土之配合與強度，除應符合CNS三〇九〇「預拌混凝土」之規定外，其強度並應符合下表規定：

種類	經過二十八日養生後之抗壓強度
基礎混凝土	140kgf/cm²以上
鋼筋混凝土	210kgf/cm²以上

五　防爆牆之耐地震力：依建築技術規則及建築物耐震設計及解說之相關規定辦理。

六　防爆牆之耐風壓力：依建築技術規則建築構造編之相關規定。

七　防爆牆之設置應與各設備保持適當距離，不得妨礙火災時之滅火行動。

可燃性高壓氣體儲存場所防護牆設置基準

①民國92年4月29日內政部令訂定發布全文9點。
②民國94年8月26日內政部令修正發布第4點；並自即日起生效。
③民國95年12月8日內政部令修正發布第1點；並自即日生效。

一　爲規範公共危險物品及可燃性高壓氣體設置標準暨安全管理辦法第七十條第八款所定防護牆之設置基準，特訂定本基準。

二　防護牆分爲鋼筋混凝土製、混凝土空心磚製及鋼板製等三種，並應設置於堅固基礎上，對被波及處之耐火及延燒應具有充分阻絕效果，其構造依下表規定：

防護牆種類	厚度	高度	補強材料及構造
鋼筋混凝土製	90mm以上	2000mm以上	鋼筋直徑：9mm以上 配筋：縱橫間隔200mm以下，角隅之鋼筋確實綁紮
混凝土空心磚製	120mm以上	2000mm以上	鋼筋直徑：9mm以上 配筋：縱橫間隔300mm以下，角隅之鋼筋確實綁紮且於空胴部充填混凝土漿
鋼板製A	3.2mm以上	2000mm以上	角鋼：30mm×30mm以上之等邊角鋼 補強：縱橫間隔400mm以下，以交錯斷續填角熔接裝設 支柱：1800mm以下之間隔設置（50mm×50mm×5mm以上方柱）
鋼板製B	4.5mm以上	2000mm以上	支柱：1800mm以下之間隔設置（50mm×50mm×5mm以上方柱）

三　防護牆之基礎及牆之計算依建築技術規則建築構造編之相關規定。

四　混凝土空心磚製防護牆之牆縫塗裝面均應粉刷水泥漿，其混凝土空心磚材料應符合國家標準（以下簡稱CNS）八九〇五混凝土空心磚之規定，且不得有龜裂、變形、損傷之情形。

五　鋼板製防護牆之鋼板應施以防銹處理，將鋼板表面清掃，油漆防銹塗料二次後，作修整油漆。

六　混凝土等之配合與強度，除應符合CNS三〇九〇「預拌混凝土」之規定外，其強度並應符合下表規定：

種類	經過二十八日養生後之抗壓強度
基礎混凝土	140kgf/cm^{2}以上
鋼筋混凝土	210kgf/cm^{2}以上

七　防護牆之耐地震力：依建築技術規則及建築物耐震設計規範及解說之相關規定辦理。

八　防護牆之耐風壓力：依建築技術規則建築構造編之相關規定。

九　防護牆之設置應與各設備保持適當距離，不得使洩漏之氣體滯留或妨礙日常作業。

防火牆及防火水幕設置基準

①民國92年1月13日內政部令訂定發布全文11點。
②民國94年8月26日內政部令修正發布第7點；並自即日起生效。
③民國95年12月11日內政部令修正發布第1點；並自即日生效。

一　爲規範公共危險物品及可燃性高壓氣體設置標準暨安全管理辦法（以下簡稱管理辦法）第三十七條第二款第一目及第三目所定防火牆及防火水幕之設置基準，特訂定本基準。

二　假想火面高度爲將儲槽水平剖面最大直徑乘以下表所列之數值。

公共危險物品之閃火點	數值
未達攝氏七十度	1.5
達攝氏七十度以上	1.0

三　防火牆及防火水幕設置位置爲自儲槽側板外壁起，以管理辦法第三十七條第一項第二款附表四所規定距離之邊緣線（以下簡稱距離邊緣線）與廠區境界線交點之間（如附圖一）。

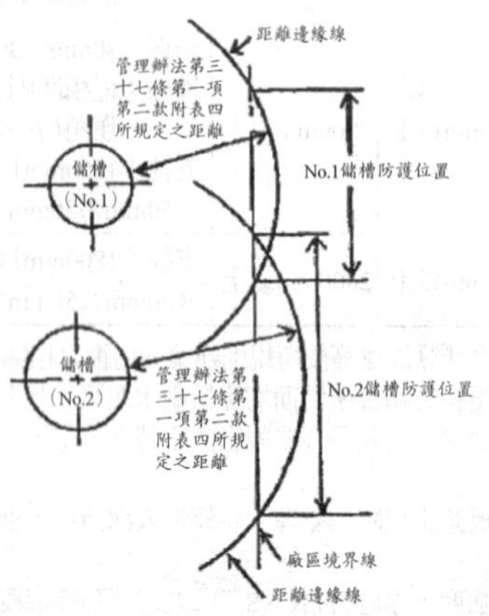

附圖一　防護位置

四　防火牆及防火水幕防護高度爲儲槽側板外壁假想火面與距離邊緣線所成連線，和地面廠區境界線所延伸垂線交點之垂直高度（如附圖二）；如距離邊緣線位於海洋、湖泊、河川等時，其防護高度則爲自儲槽側板外壁假想火面與其岸邊所成連線，和地面廠區境界線所延伸垂線交點之垂直高度（如附圖三）。但防護高度未滿二公尺者，以二公尺計算。

$H = h_1 + h_2 + h_3$

H：幫浦全揚程（單位：m）

h_1：將噴頭設計壓力換算成水頭之值（單位：m）

h_2：配管摩擦損失水頭（單位：m）

h_3：落差（單位：m）

九　防火水幕設備之緊急電源，應使用發電機設備、蓄電池設備或具有相同效果之引擎動力系統，其供電容量時間應符合下列規定：

㈠儲槽容量未達一萬公秉者爲一百八十分鐘。

㈡儲槽容量達一萬公秉以上者爲三百六十分鐘。

十　防火水幕設備之水源容量應符合下列規定：

㈠儲槽容量未達一萬公秉者，不得小於防護該儲槽連續放水一百二十分鐘之水量；儲槽容量達一萬公秉以上者，不得小於防護該儲槽連續放水二百四十分鐘之水量。

㈡消防用水與普通用水合併使用者，應採取必要措施，確保前款水源容量，在有效水量範圍內。

㈢第一款之水源得與其他滅火設備水源併設。但其總容量不得小於防護同一儲槽各滅火設備應設水量之合計。

十一　防火水幕設備之緊急電源、消防幫浦加壓送水裝置及配管摩擦損失等，本基準未規定者，準用「緊急電源容量計算基準」及「消防幫浦加壓送水裝置等及配管摩擦損失計算基準」之規定。

取締重大爆竹煙火案件獎勵金核發原則

①民國94年1月24日內政部消防署函訂定發布全文3點。
②民國100年2月23日內政部函修正發布第2點；並自101年1月1日施行。

一　目的

為辦理內政部消防署核發工作獎勵金細部支給要點所定內政部消防署工作獎勵金核發標準細目一覽表中，有關重大爆竹煙火之獎勵金核發，爰就核發金額明定發給原則，以利遵循。

二　核發金額

㈠重大爆竹煙火製造案件：

1.主動布線查獲：

⑴總重量在五百公斤以上或查獲四部以上製造機具者：每案核發獎勵金新臺幣五萬元。

⑵總重量在二百五十公斤以上，未滿五百公斤或查獲三部製造機具者：每案核發獎勵金新臺幣四萬元。

⑶總重量在一百公斤以上，未滿二百五十公斤或查獲二部製造機具者：每案核發獎勵金新臺幣三萬元。

⑷總重量在五十公斤以上，未滿一百公斤或查獲一部製造機具者：每案核發獎勵金新臺幣二萬元。

⑸總重量未滿五十公斤者：每案核發獎勵金新臺幣一萬元。

2.循線查獲：依二、㈠、1.規定額度減半核發。

㈡重大爆竹煙火儲存或販賣案件：主動布線查獲，總重量在十公噸以上者：每案核發獎勵金新臺幣二萬元。

三　其他

㈠執行取締重大爆竹煙火案件，過程艱辛或特別出力且著有績效者：經專案奉核後，在不超過獎勵金上限原則下，得從優獎勵。

㈡爆竹煙火半成品及原料之重量均視為成品之重量計算。

㈢執行內政部或內政部消防署專案計畫之取締案件，獎勵金另依專案規定核發之。

㈣申請核發獎勵金案件應於案件結束後當年度三個月內提出，逾期不受理，有關時間計算規定如下：

1.依違反爆竹煙火管理條例第六條規定取締案件：以移送警察機關或該管地方法院檢察署之日開始起算。

2.依違反爆竹煙火管理條例第六條以外規定取締案件：以開具處分書之日開始起算。

受理民眾檢舉違法爆竹煙火業作業規範

①民國93年10月21日內政部消防署函訂定發布全文5點。
②民國94年3月2日內政部消防署函修正發布全文6點。
③民國100年8月17日內政部函修正發布第1、3、4點；並自101年1月1日施行。
④民國100年12月27日內政部函修正發布全文5點。

一　受理程序

㈠民眾檢舉非法爆竹煙火業，得以電話、書面或電子郵件方式為之。

㈡消防人員受理檢舉案件，應予保密，並記載於專人保管之檢舉專簿。但法院為釐清案情或審核檢舉獎金有必要時，得調閱之。

㈢消防人員受理檢舉案件後，應聯絡檢舉人，確定所檢舉之人員、違規事項、所見違規時間、違規地點（包含詳細地址、相關位置圖）、違法爆竹煙火種類（人、事、時、地、物）、檢舉人姓名、國民身分證統一編號、聯絡方式（包括電話、地址、電子信箱），並製作檢舉談話紀錄。

㈣檢舉人表示未便提供姓名、國民身分證統一編號或聯絡方式者，應委婉說明，日後如查獲違法爆竹煙火，無法發給檢舉獎金，並作成紀錄陳核。

二　查處程序

㈠爆竹煙火檢舉案件不論是具名或匿名，應於接獲報案次日起二日內派員前往查處。

㈡取締爆竹煙火製造儲存販賣案件程序，應依據爆竹煙火製造儲存販賣場所違反爆竹煙火管理條例取締作業規範進行。

㈢查處結果不論有無查獲，均應回復檢舉人查處結果，並作成紀錄。

三　檢舉獎金核發程序

㈠檢舉非法製造爆竹煙火經查屬實者，核發獎金新臺幣十五萬元予檢舉人；檢舉非法儲存、販賣爆竹煙火經查屬實者，依查獲案件所裁處罰鍰額度之百分之五核發獎金予檢舉人。

㈡檢舉獎金原則上由受理檢舉之消防機關編列預算核發，預算已用完者，得檢附下列文件函請內政部消防署補助，並於函文中說明預算已用完；未編列預算者不予補助：

1.檢舉非法製造案件，應檢附移送書、查獲違章爆竹煙火業成品、半成品及原料清冊、相關預算資料。

2.檢舉非法儲存、販賣案件，應檢附違反爆竹煙火管理條例案件裁處書、查獲違章爆竹煙火業成品、半成品及原料清冊、相關預算資料。

3.消防機關核發檢舉獎金，應由業務單位會商政風單位後，請檢舉人攜帶國民身分證至受理檢舉消防機關或指定地點，填寫領據領取現金或提供帳號領取，並由上開二單位派員確認。

4.檢舉人簽署領據時，如填寫化名，須捺姆指印，並由業務及政風單位人員簽章證明。

5.辦理獎金核銷作業，方式如下：

⑴檢舉獎金作業應依各類所得扣繳率標準辦理。

⑵將領據黏貼於「黏貼憑證」，逐級陳核後，連同「統一收據」報署辦理。

檢舉人使用化名簽署領據者，有關之核銷程序應注意保密。

四　附註

㈠二人以上聯名檢舉非法爆竹煙火案件，其獎勵金應由檢舉人聯名具領。

㈡同一案件有二人以上分別檢舉者，其獎勵金應發給最先檢舉者；如無法分辨先後者，平均發給之。

㈢檢舉已發覺之非法爆竹煙火業者，不發給檢舉獎金。

五　檢舉獎金發放流程詳如下表

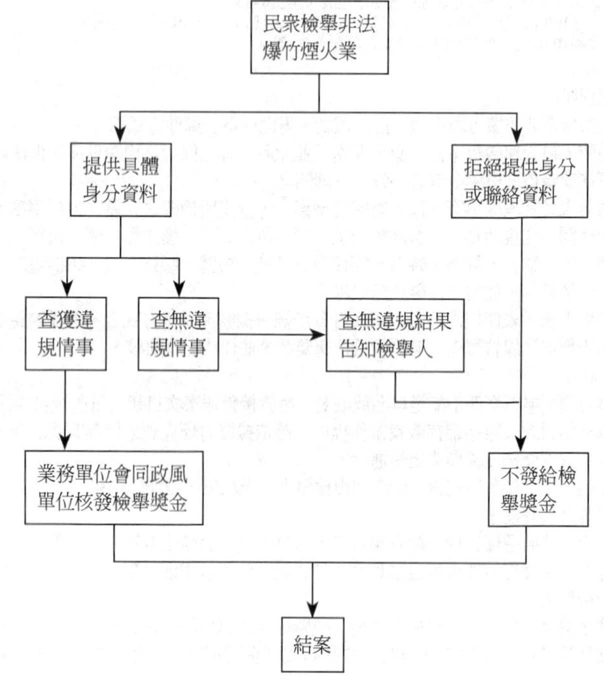

直轄市縣（市）政府辦理燃氣熱水器承裝業管理作業要點

①民國95年1月12日內政部函訂定發布全文6點。
②民國95年8月18日內政部函修正發布全文6點。
③民國98年6月3日內政部令修正發布全文6點；並自即日生效。

一　營業之登記申請程序

燃氣熱水器承裝業（以下簡稱承裝業）申請營業之登記，應取得公司或商業登記，且應於公司登記證明文件或商業登記證明文件備具「燃氣熱水器承裝業」營業項目，依燃氣熱水器及其配管承裝業管理辦法（以下簡稱管理辦法）第三條規定，檢附下列文件向直轄市、縣（市）政府辦理申請（受理機關為直轄市、縣（市）消防局）：

㈠申請書。（格式如附件1）

㈡公司登記證明文件或商業登記證明文件。

㈢營業場所證明文件。

㈣負責人國民身分證影本及相片。

㈤技術士之名冊、國民身分證及技術士證之影本；承裝業負責人具技術士身分者，亦同。（技術士名冊格式如附件2）

㈥其他經中央主管機關指定公告之文件。

承裝業之實際營業場所如與公司或商業登記地址所在轄區不同，應向營業場所之轄區主管機關申請登記。例如承裝業之公司登記地址為臺北市，而實際營業場所為臺北縣，則向臺北縣政府提出申請。申請登記應附文件及注意事項如表1：

表1　申請營業之登記應附文件及注意事項

項次	項目	注意事項
一	申請書	各欄位均應詳加註記。
二	公司登記或商業登記證明文件	1.公司或商業登記證明文件：指經濟部、經濟部中部辦公室、臺北市政府建設局、高雄市政府建設局或縣市政府登記證明文件之影本。 2.證明文件上需蓋承裝業印鑑，並註記與正本無異。
三	營業場所證明文件	1.指營業場所之所有權證明，如所有權狀、使用執照等。 2.營業場所之所有人與負責人姓名不同者，應具所有人之授權書或租賃契約。 3.營業場所與公司登記證明文件或商業登記登記證明文件所載住址相同時，得免附本證明文件。
四	負責人國民身分證影本及相片	1.負責人國民身份證影本（包含正反面影本），應與公司或商業登記相符。 2.負責人相片：黏貼於申請書上，以供查核。 3.負責人最近三年內未有處撤銷紀錄，且最近一年內未有處廢止紀錄。

五	技術士名冊、身分證及技術士證之影本；承裝業負責人具技術士身分者，亦同	1.名冊。（技術士數量衆多者應檢附磁片） 2.技術士身分證及技術士證影本。（依名冊所列順序排放，以利核對） 3.承裝業負責人具技術士身分者，應於備註欄註明。 4.技術士須爲專任，不得同時任職於其他承裝業。
六	其他經中央主管機關指定公告之文件	其他經中央主管機關指定公告之文件。

二　營業之登記證書之核發

直轄市、縣（市）審查合格後，應依管理辦法第四條規定發給證書（參考範例如附件3），記載事項如下：

㈠承裝業名稱。

㈡管理編號。

㈢營利事業統一編號。

㈣公司或商業登記地址。

㈤負責人姓名及國民身分證統一編號。

㈥業務範圍。

㈦其他經中央主管機關指定公告之事項。

取得營業之登記承裝業及其技術士，直轄市、縣（市）消防局應分別建檔管理（格式如附件4、5）；另爲提供民衆辨識合格承裝業，消防局並應於其網站上公布轄內取得營業之登記承裝業名單。

承裝業營業之登記證書如遺失或破損不能辨識時，應依管理辦法第四條第二項申請補發或換發，程序如表2：

表2　證書之補發、換發程序

程序	發生情形	應檢附資料
補發	證書遺失	1.申請函。 2.原申請資料（除申請書外）。
換發	證書因破損、污損無法辨識	1.申請函。 2.原證書。

同一家承裝業營業之登記變更，或證書補發、換發時，原登記字號不變；若爲合法營業場所遷移至其他縣市，則該承裝業應向原發證機關申請原證書作廢，並向遷入該轄主管機關重新申請發證（如承裝業營業場所自臺北市遷移至臺北縣，則承裝業應向臺北市政府申請原證書作廢後，再向臺北縣政府申請營業之登記證書，於審查合格後重新發證）。營業之登記申請及證書核發流程如圖1：

申請人

申請掛件：
1.申請書。
2.公司或商業登記證明文件，商業證記證明文件應載明「燃氣熱水器承裝業」之營業項目。
3.合法固定營業場所證明文件。
4.負責人身分證影本及相片。
5.技術士名冊、身分證及技術士證之影本。
6.其他經中央主管機關指定公告之文件。

↓

直轄市、縣市政府

消防局受理及審查事項：
1.申請書填寫內容正確，並黏貼負責人相片。
2.公司或商業登記證明文件，商業證記證明文件應載明「燃氣熱水器承裝業」之營業項目。
3.承裝業名稱應與公司登記或商業登記相符。
4.負責人最近一年未處以廢止營業之登記，且最近三年內未處以撤銷營業之登記之處分。
5.技術士未同時任職於其他承裝業。

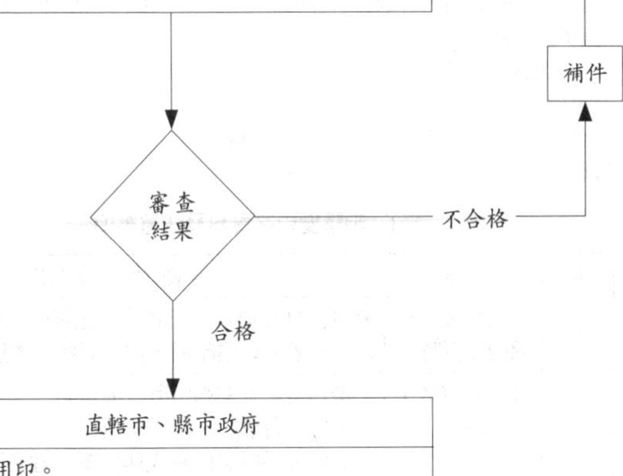

直轄市、縣市政府

1.證書用印。
2.將承裝業及技術士資料建檔管理。
3.通知裝承裝業領取證書。
4.上網公告合格承裝業名稱、營業地址及電話等資料。

↓

申請人

1.繳納證書費。
2.領取證書。

圖1　營業之登記之申請及證書之核發流程

三　承裝業原登記事項之變更

承裝業取得證書後，如原登記事項有變更時，應視變更項目依管理辦法第五條、第六條申請變更、報備或重行申請登記，其處理方式如圖2：

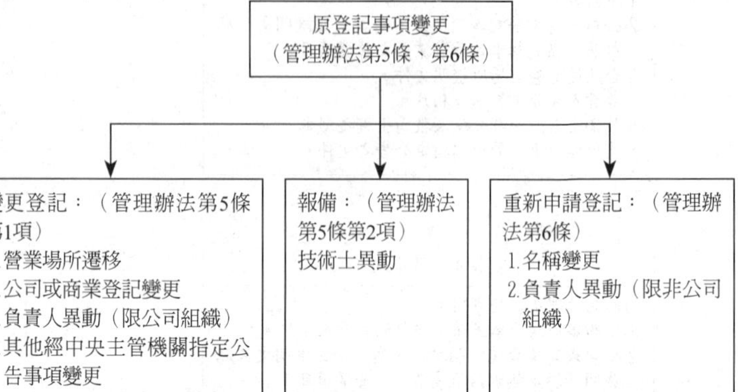

圖2　原登記事項變更之處理方式

㈠申請變更：有下列情形之一者，應於事實發生之日起一個月內，檢附原發給之證書、變更申請書、變更後資料，向直轄市、縣（市）政府申請變更登記：

1.營業場所遷移。

2.公司或商業登記變更。

3.公司組織之承裝業負責人異動。

4.其他經中央主管機關指定公告事項之變更。

申請變更應附文件及注意事項如表3：

表3　申請變更之資料及注意事項

項次	變更情形	需檢附資料及注意事項
一	營利事業統一編號變更時	變更後之公司登記或商業登記證明文件：證明文件若為影本需蓋承裝業印鑑，並註記與正本無異。
二	合法固定營業場所遷移時	1.遷移後之營業場所所有權證明： ⑴指所有權狀、使用執照等。 ⑵營業場所之所有人與負責人姓名不同者，應具所有人之授權書或租賃契約。 2.如涉及公司或商業登記變更者，應檢附變更後之公司或商業登記。
三	公司組織之承裝業負責人異動時	1.變更後之公司登記或商業登記證明文件。 2.異動後負責人國民身分證影本： ⑴包含正反面影本。 ⑵負責人應與公司登記負責人相符。

㈡辦理報備：承裝業之技術士異動時，應於異動之日起15日內報請直轄市、縣（市）政府備查，報備時所須檢附文件如下：

1.申請函。

2.異動後之技術士名冊。（技術士數量衆多者，應檢附磁片）

3.新增之技術士身份證及技術士證影本。（依名冊所列順序排放）

㈢重新申請登記：承裝業有下列情形之一者，應重新申請營業之登記，其原領取之證書應繳回註銷：

1.名稱變更。

2.非公司組織之承裝業更換負責人。

承裝業重新申請營業之登記時，應檢附下列文件：

1.原證書。

2.申請營業之登記資料。（管理辦法第三條所列文件）

四　承裝業技術士之管理

管理辦法中與技術士管理相關部分，除第五條第二項規定技術士異動時應報備外，其餘依第九條至第十二條規定如下：

㈠技術士應為專任，不得同時任職於其他承裝業。

㈡承裝業不得由未領有技術士證者執行安裝或維修工作。

㈢技術士於任職期間，應每二年參加訓練，領有證書後，始得續任；所需費用由技術士自行負擔。

辦理技術士定期訓練之專業機構，其資格、訓練課程、時數等，由內政部公告之；另有關承裝業之技術士名冊，由內政部消防署建立資料庫，供消防局於受理申請案時，查核技術士之任職狀況，以防發生借證情事。承裝業技術士之管理如圖3：

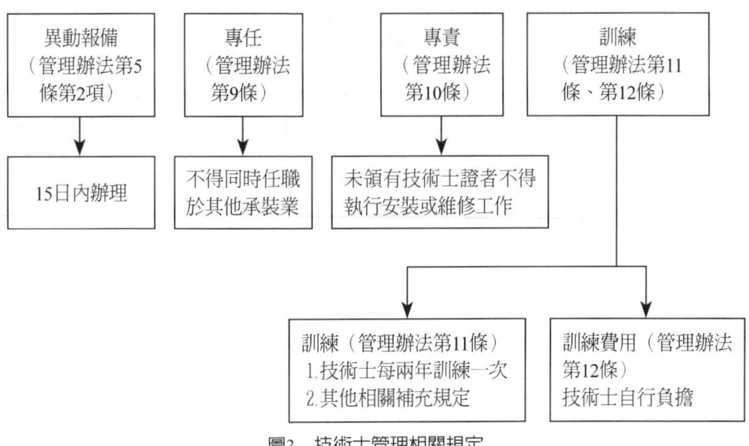

圖3　技術士管理相關規定

五　承裝業相關業務之規範

管理辦法第十三條至第十五條規定承裝業相關之業務分述如下：

㈠承裝業安裝熱水器及其配管之材料、規格，應符合國家標準。

㈡承裝業執行熱水器及其配管之安裝、供（排）氣方式及竣工檢查，應符合「燃氣熱水器及其配管安裝標準」之相關規定。

㈢承裝業執行熱水器之安裝或維修工作，應備置業務登記簿，記載用戶之姓名或名稱、地址及工作內容，並應至少保存五年。

㈣承裝業對於安裝完成之熱水器應備置登錄卡，由技術士記錄安裝及每次維修情形，其中一聯交由用戶保管。

另「燃氣熱水器及其配管安裝標準」規定熱水器安裝及其配管之材質、供（排）氣方式等，承裝業應於安裝後實施竣工檢查，確認安全無虞後方可交付用戶使用；業者並應製作施工紀錄交用戶保管，以明確彼此權利義務範圍。

業務登記簿及登錄卡旨在保障用戶權益，強化承裝業安裝或維修之管理，承裝業對於執行工作應建檔並妥善保存，以備查核，並可釐清相關人員權責。業務登記簿及登錄卡之格式，由內政部刊登公報公告之。

六　承裝業違反規定之處分

承裝業違反管理辦法第十條規定，由未領有技術士證者執行熱水器安裝或維修工作者，依消防法第四十二條之一第一款規定，處負責人及行為人新臺幣1萬元以上5萬元以下罰鍰，並得命其限期改善，屆期未改善者，得連續處罰或逕予停業處分。

承裝業經查違反管理辦法其他相關規定者，由直轄市、縣（市）政府視其違規情形，依管理辦理第十六條、第十七條予以處分：

㈠撤銷營業之登記：承裝業申請營業之登記事項有虛僞或不實情事者，直轄市、縣（市）政府應撤銷其登記。

㈡廢止營業之登記：

1.將承裝業營業之登記證書提供他人從事承裝業務，經查獲者由直轄市、縣（市）政府廢止其登記。

2.違反下列規定，經通知限期改善，逾期未改善者：

⑴管理辦法第五條、第六條有關承裝業應申請變更、技術士異動報備或重行申請登記之規定。

⑵管理辦法第九條有關技術士應爲專任之規定。

⑶管理辦法第十四條、第十五條有關業務登記簿及登錄卡之設置規定。

⑷依消防法第四十二條之一規定處以停業處分，逾期未改善者。

另管理辦法第七條並規定承裝業經直轄市、縣（市）主管機關撤銷營業之登記未滿三年，或經廢止營業之登記未滿一年者（主動申請廢止者除外），該負責人不得再申請擔任承裝業之負責人。

非都市土地申請容許使用爲液化石油氣及其他可燃性高壓氣體容器儲存設施用地或變更編定爲液化石油氣及其他可燃性高壓氣體容器儲存設施用地興辦事業計畫審查作業要點

①民國90年11月22日內政部令訂定發布全文7點。
②民國102年2月25日內政部令修正發布第3、6點及第4點附件4、5；並自即日生效。

一　本要點依據非都市土地使用管制規則第六條第五項及第三十條第四項規定訂定之。

二　本要點之主管機關在中央爲內政部（消防署），在直轄市、縣（市）爲直轄市、縣（市）政府（消防局）。

三　申請非都市土地容許使用或變更編定爲液化石油氣及其他可燃性高壓氣體容器儲存設施用地，應檢具下列書件一式十份，向土地所在地直轄市、縣（市）政府（消防局）提出申請：

㈠非都市土地申請容許使用、變更編定液化石油氣及其他可燃性高壓氣體容器儲存設施用地申請書（如附件一）。

㈡公司或商業登記證明文件影本。

㈢事業負責人國民身分證影本。

㈣容許使用計畫書或興辦事業計畫書（如附件二）。

㈤土地登記（簿）謄本（以最近三個月內核發者爲憑）。

㈥地籍圖謄本（申請容許使用或變更編定範圍以著色標明）。

㈦用地所有權人同意書（如附件三）（申請人爲土地所有權人者免附；土地爲共有者，應符合土地法第三十四條之一規定）。

㈧經開業建築師核章之土地使用計畫平面配置圖及地理位置圖（註明建蔽率及容積率，配置圖比例尺不得小於一千二百分之一，位置圖比例尺不得小於五千分之一，均著色標示）。

㈨土地使用現況說明書（包括鄰近地上設施及其與容器儲存設施間之距離）。

㈩水土保持計畫（非屬山坡地範圍者免附）。

⑪環境影響評估及污染防治（制）計畫（依規定免提具者免附）。

⑫農地變更使用說明書（申請容許使用者免附）。

四　直轄市、縣（市）政府（消防局）受理申請，應先查核書件是否齊全，內容是否符合規定後，徵詢容許使用或變更前目的事業主管機關及有關機關（單位）意見，並審查用地管理、農業管理及環境保護等項目（如附件四），其審查結果由直轄市、縣（市）政府函復申請人。審（勘）查流程，如附件五。

五　申請案件，有實地查證必要時，直轄市、縣（市）政府（消防局）得會同有關機關（單位）實地勘查，並簽註具體意見，作爲准駁之依據。

六　申請非都市土地容許使用、變更編定爲液化石油氣及其他可燃性高壓氣體容器儲存設施用地，應符合下列規定：

㈠申請容許使用，限非都市土地劃屬甲種建築用地、丙種建築用地及遊憩用地之土地。

㈡申請變更編定，限非都市土地劃屬特定農業區、一般農業區、鄉村區、工業區、森林區、山坡地保育區、風景區及特定專用區之土地。使用土地面積達二萬平方公尺以上者，在核准興辦事業計畫前，其土地使用計畫應先徵得區域計畫擬定機關之同意。又使用農業用地者，應依農業主管機關同意農業用地變更使用審查作業要點辦理，使用保安林地者，應依森林法及保安林解除審核標準辦理。

㈢申請容許使用或變更編定之土地，經劃入風景區或風景特定區經營管理範圍內者，應加會觀光主管機關（單位）。

㈣申請容許使用或變更編定之土地屬山坡地範圍內者，應加會水土保持主管機關（單位），並依水土保持法及山坡地建築管理辦法等相關規定辦理。

㈤申請容許使用或變更編定之土地屬原住民保留地範圍內者，應加會原住民保留地之管理機關（單位）。

七　申請案件經審查通過後，其申請核發液化石油氣及其他可燃性高壓氣體容器儲存室證明書之程序（流程圖如附件六）如下：

㈠檢具容許使用或變更編定審查合格證明相關文件，向土地所在地建設（工務）機關（單位），申請液化石油氣及其他可燃性高壓氣體容器儲存設施之建造執照；俟取得建造執照後，始可施工。

㈡容器儲存設施施工完竣後，應向土地所在地建設（工務）機關（單位）申請核發使用執照，經上開機關邀集相關機關（單位）辦理聯合勘查合格後，核發使用執照。

㈢取得液化石油氣及其他可燃性高壓氣體容器儲存設施之使用執照者，得憑向直轄市、縣（市）政府（消防局）申請核發液化石油氣及其他可燃性高壓氣體容器儲存室證明書。

（附件略）

保安監督人訓練專業機構認可及講習訓練要點

民國105年8月31日內政部令訂定發布全文11點；並自即日生效。

一　為辦理公共危險物品及可燃性高壓氣體設置標準暨安全管理辦法第四十七條第三項及第四項所定保安監督人訓練專業機構（以下簡稱訓練機構）之認可及講習訓練事宜，特訂定本要點。

二　訓練機構應向內政部（以下簡稱本部）申請，取得認可後，始得辦理保安監督人之初訓及複訓講習訓練。

三　訓練機構應檢附下列文件，向本部申請認可：

㈠申請表（如附表）。

㈡證明文件：

1.職業訓練機構：設立登記或許可證明文件影本。

2.法人：法人登記證書影本、核准設立文件影本、章程。

3.消防團體：核准設立文件影本、章程。

4.大專院校：組織法規。

㈢訓練場地文件：

1.交通位置圖、訓練場地平面配置圖。

2.所有權狀影本。如為租借者，應檢附所有權人或管理權人同意書。

3.建築物使用執照（含附表）影本。

4.訓練場地全景相片。

㈣辦理講習訓練之經驗及績效文件。

前項申請應經當地消防機關勘查訓練場地之教學、消防相關設施，並經本部審查核可後，始認可之。

已取得認可之訓練機構申請新增訓練場地時，應檢附第一項第三款之文件，報請本部依第二項規定辦理。

四　訓練場地，應符合下列規定：

㈠教室面積應超過四十五平方公尺，平均每一學員佔有之面積在一點五平方公尺以上。

㈡課桌椅符合成人使用，桌面每人使用面積在零點三平方公尺以上。

㈢黑板或白板面積在三平方公尺以上。

㈣有擴音設備、投影機及其他必要之電化教學設備。

㈤教室通風良好，維持適當之溫溼度。

㈥教室應有適當採光及照明，桌面照度在三百米燭光以上。

㈦教室內經常性噪音量以六十分貝以下為原則。

㈧足夠之清潔飲水及盥洗衛生設備。

㈨依規定設置消防、避難逃生及安全衛生設施，並於明顯之處所載明訓練機構名稱、負責人、辦理講習訓練之種類、避難逃生指示圖等。

㈩未有違反消防法令之情事。

五　訓練機構編製或選用之教材，應依規定課程名稱及時數辦理，並報請本部消防署備查。教材內容應符合下列規定：

㈠應符合最新法令及著作權法等相關規定。

㈡內容應使用中文敘述，如有必要引用原文者，應加註中文對照。
㈢載明教材編輯者或著作者之姓名及學經歷。

六　訓練機構辦理保安監督人講習訓練，應符合下列規定：
㈠訓練機構之招生廣告或簡章內容，需註明班名、班址、課程內容、班數、招訓人數、開班日期、訓練地點、上課時數、參訓資格、收費標準及主管機關認可文號等。
㈡每班招收之學員人數以五十名為原則。
㈢每日上課時數合計不得逾八小時，且上、下午均不得逾四小時。
㈣每班每位講師總授課時數不得逾四小時。
㈤訓練計畫於辦理講習訓練十五日前，報請本部消防署備查，其內容應包括講習訓練目的、種類、課程表、訓練地點、時間、預計參訓人數、經費收支概算、講師資料及訓練機構輔導員姓名等事項。
㈥訓練期間派員擔任專責之講習訓練輔導員，辦理下列事項：
1. 向報到學員說明講習訓練之相關規定。
2. 查察受訓學員上課情形，辦理簽到、點名等相關事項。
3. 維持上課秩序。
4. 辦理受訓學員之請假事宜，請假時間以二小時為限。缺課或請假時數逾二小時者，通知退訓。
5. 處理調課或代課事宜。
6. 學員對講師之意見調查。
7. 實習課程之事前分組。
8. 其他輔導及管理必要之事項。
㈦就講師之教學效果，建立教學反應意見表，並分析評估，隨時檢討改進，留存備查。
㈧保安監督人講習訓練測驗及格成績為六十分，結訓翌日起十五日內，訓練機構應檢附學員名冊、課程表、學員簽到記錄、講師簽到記錄、學員成績冊、測驗卷、證書核發清冊及其他證明文件等，報請本部消防署核定後，始得製作合格證書。
㈨訓練機構辦理訓練收取之費用，除用於講師授課酬勞、職員薪資、辦公費、房租及必要教學支出外，應供充實教學及從事消防安全活動之用，經費收支詳列帳冊備查。
㈩訓練機構為法人組織者，其年度教育訓練辦理情形及經費收支等，應於董監事或理監事會議中提出報告，並作成記錄，以備查核。

七　保安監督人講習訓練課程名稱及時數規定如下：
㈠消防常識：一小時。
㈡火災預防：二小時。
㈢消防安全設備之維護管理及操作要領：三小時。
㈣自衛消防編組：二小時。
㈤公共危險物品安全管理法規介紹：三小時。
㈥公共危險物品理化特性及標示：二小時。
㈦公共危險物品儲運安全基準：二小時。
㈧危險設施檢查及操作要領：二小時。
㈨場所施工安全基準：一小時。
㈩危害性工廠之安全管理及災害應變：一小時。
⑪消防防災計畫範例說明及實作撰寫：四小時。
⑫測驗：一小時。
曾參加防火管理人訓練取得合格證書者，得免除前項第一款至第四款之課程。

第一項第十一款之消防防災計畫實作撰寫結果，應經授課講師審核後，建檔留存於訓練機構，以供查核。

八　保安監督人複訓時數不得少於八小時，其課程名稱及時數規定如下：

㈠公共危險物品管理實務探討：二小時。

㈡公共危險物品處理作業基準：二小時。

㈢公共危險物品安全管理對策：二小時。

㈣消防防災計畫之說明及檢討：一小時。

㈤測驗：一小時。

九　訓練機構所聘講師，應符合下列條件之一，並備具相關證明文件，向本部消防署申請資格審查：

㈠現（曾）任消防機關警正或薦任以上職務，或其他相關機關薦任或相當薦任以上職務，並有一年以上辦理公共危險物品場所消防安全管理業務經驗。

㈡專科以上學校任教相關課程具三年以上教學經驗者。

㈢具有消防設備師證照，並有三年以上公共危險物品場所工作經驗。

㈣具有消防科系碩士以上學位，並有三年以上公共危險物品場所工作經驗。

十　講師有下列情形之一者，本部消防署得予以警告，情節重大者廢止其講師資格：

㈠未依保安監督人初、複訓課程規定授課。

㈡經排定授課無故未到。

㈢推介消防安全檢修之單位、人員或推銷消防安全設備及相關器材。

㈣授課品質不佳，經查證屬實者。

㈤有其他違反規定之情事。

講師於一年內累計警告達三次或三年內累計警告達五次者，廢止其講師資格；經廢止資格之講師，三年內不得申請擔任講師。

十一　訓練機構有下列情形之一者，本部得廢止其認可：

㈠拒絕、規避或妨礙本部或轄區消防機關派員查核授課情形。

㈡經本部或轄區消防機關查核訓練場地、講師或行政管理等不符規定情形，當年度累計達三次以上。

㈢經本部或轄區消防機關發現或他人檢舉，有提列不實資料或將講習訓練計畫移轉或委託他人辦理之情事，經查明屬實者。

㈣停業或歇業。

㈤第三點第一項第二款所定職業訓練機構、法人、消防團體、大專院校之資格文件經目的事業主管機關註銷、廢止或撤銷者。

㈥連續二年未開辦保安監督人講習訓練課程。

依前項第一款至第三款規定廢止者，自廢止之日起，三年內不得提出認可申請。

消防機關辦理公共危險物品及可燃性高壓氣體場所位置構造設備審查及查驗作業基準

①民國102年12月2日內政部令訂定發布全文8點；並自即日生效。
②民國108年8月26日內政部令修正發布第1、4、6點及第2點表一之一～表一之二十三、第7點表五、六、第8點表八；並自即日生效。

一　爲利消防機關執行公共危險物品及可燃性高壓氣體製造儲存處理場所設置標準暨安全管理辦法（下稱辦法）第十條所定公共危險物品及可燃性高壓氣體製造、儲存或處理場所（下稱公共危險物品等場所）位置、構造及設備圖說之審查及竣工查驗工作，特訂定本作業基準。

二　公共危險物品等場所位置、構造及設備圖說審查作業程序如下：

㈠起造人塡具申請書（如表一），檢附建築圖說、位置、構造及設備圖說、建造執照申請書、公共危險物品等場所概要表（如表一之一至表一之二十三）、相關證明文件資料等，向當地消防機關提出。其中位置、構造及設備圖說由位置、構造及設備設計人依序繪製並簽章，圖說內所用標示記號，應於圖說上註記說明。

㈡消防機關受理申請案於掛號分案後，即排定審查日期，通知起造人與位置、構造及設備設計人，並由位置、構造及設備設計人攜帶其資格證件及當地建築主管機關審訖建築圖說，配合審查（申請案如係分別向建築及消防機關申請者，其送消防機關部分，得免檢附審訖建築圖說），位置、構造及設備設計人無正當理由未會同審查者，得予退件。但新建、增建、改建、修建、變更用途、室內裝修或變更設計等，申請全案未涉及場所位置或構造變更者，設計人得免配合審查。

㈢位置、構造及設備圖說審查不合規定者，消防機關應製作審查紀錄表（如表二），依第六點規定之期限，將不合規定項目詳爲列舉，一次告知起造人，起造人於修正後應將位置、構造及設備圖說送回消防機關複審，複審程序準用前款之規定，其經複審仍不符合規定者，消防機關得將該申請案函退。

㈣消防機關審訖位置、構造及設備圖說後，其有修正者，交位置、構造及設備設計人攜回清圖修正藍晒。位置、構造及設備圖說經審訖修改完成，送消防機關加蓋驗訖章後，消防機關至少留存一份，餘交起造人留存。

㈤位置、構造及設備圖說審查作業流程如圖一。

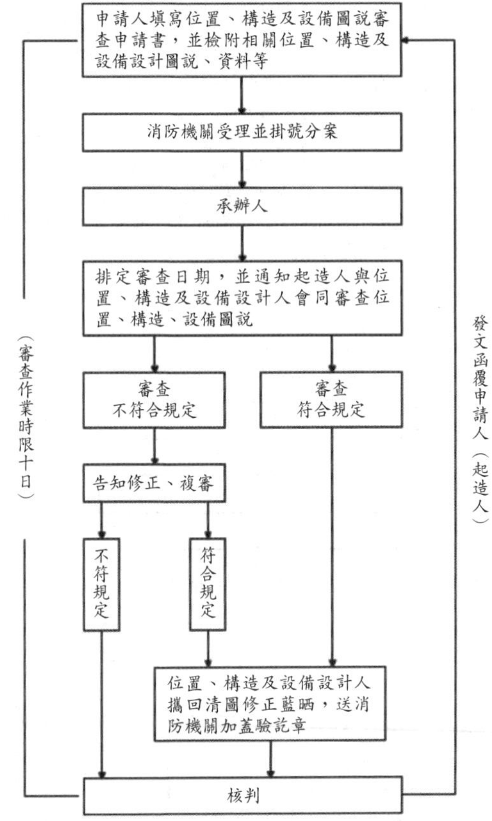

圖一　位置、構造及設備圖說審查作業流程

三　依辦法設置之位置、構造及設備，於實施施工、加壓試驗及配合建築物樓地板、樑、柱、牆施工須預埋管線時，位置、構造及設備監造人應一併拍照建檔存證以供消防機關查核，消防機關並得視需要隨時派員前往查驗。

四　公共危險物品等場所位置、構造及設備竣工查驗程序如下：

㈠起造人填具申請書（如表三），檢附公共危險物品等場所查驗表（如表三之一至表三之二十三）、儲槽完工檢查合格證明文件（儲槽以外場所免附）、安裝施工測試照片、使用執照申請書、原審訖之位置、構造及設備圖說、相關證明文件資料等，向當地消防機關提出，資料不齊全者，消防機關通知限期補正。

㈡消防機關受理申請案於掛號分案後，即排定查驗日期，通知起造人與位置、構造及設備裝置人，並由位置、構造及設備裝置人攜帶其資格證件至竣工現場配合查驗，位置、構造及設備裝置人無正當理由未會同查驗者，得予退件。

㈢竣工現場位置、構造及設備查驗不合規定者，消防機關應製作查驗紀錄表（如表四），依第六點規定之期限，將不合規定項目詳為列舉，一次告知起造人，起造人於完成改善後應通知消防機關複查，複查程序準用前款之規定，其經複查仍不符合規定者，消防機關得將該申請案函退。

㈣竣工現場設置之位置、構造及設備與原審訖位置、構造及設備圖說有異者，於不影響其功能之情形下，得直接修改竣工圖（另有關建築部分之立面、門窗、開口等位置之變更如不涉面積增減時，經建築師簽證後，亦得一併直接修改竣工圖），並於申請查驗時，備具完整竣工位置、構造及設備圖說，一次報驗。

㈤消防機關完成位置、構造及設備竣工查驗後，其須修正位置、構造及設備圖說者，位置、構造及設備設計人、監造人應將原審訖之位置、構造及設備圖說清圖修正製作竣工圖。完成竣工查驗者，其位置、構造及設備圖說應標明「竣工圖」字樣，送消防機關加蓋驗訖章後，消防機關至少留存二份列管檢查，餘交起造人留存。

㈥位置、構造及設備竣工查驗作業流程如圖二。

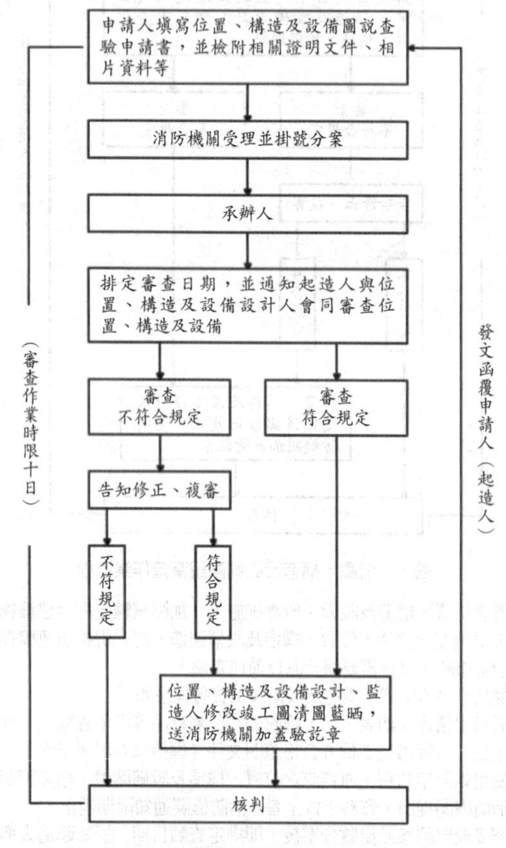

圖二　位置、構造及設備竣工查驗作業流程

五　申請位置、構造及設備圖說審查及竣工查驗，各項圖紙均須摺疊成A4尺寸規格，並裝訂成冊俾利審查及查驗。圖紙摺疊時，圖說之標題欄須摺疊於封面，圖紙摺疊範例如圖三。

六　位置、構造及設備圖說審查及竣工查驗之期限，以受理案件次日起十個工作日內結案為原則。但供公眾使用建築物或構造複雜者，得視需要延長，並通知起造人，延長以一次為限，最長不得超過二十個工作日。

七　公共危險物品製造、儲存或處理場所定義及最大儲存或處理數量計算方式如表五；位置構造設備判定要領如表六。

八　可燃性高壓氣體製造、儲存或處理場所定義及儲存或處理能力計算方式如表七；位置構造設備判定要領如表八。

（附表略）

消防機關辦理爆竹煙火銷毀作業注意事項

①民國93年7月1日內政部函訂定發布全文5點。
②民國101年5月28日內政部函修正發布名稱及第2、4點（原名稱：爆竹煙火銷毀作業注意事項）。

壹　前置作業

一　預先規劃及勘察銷毀地點。

二　準備相機或攝影機以記錄銷毀情形。

貳　銷毀地點

一　選擇遠離人、車輛、易燃物、各種建築物及道路等易生危險處所。

二　以銷毀地點爲圓心，五十公尺半徑範圍內的可燃物（如乾草、枯枝）應事先清除，以免銷毀時引發火災。

三　銷毀物置放之地面宜選用泥土地或舖設泥土，並塡平裂縫，以避免火藥滲入造成意外。

四　嚴禁煙火，並設置明顯警示標誌。

五　銷毀時，應於作業區附近設置警戒標示並實施道路管制。必要時，得設置封鎖線，避免民衆誤入。

六　可利用地形（如河川、山谷）掩蔽，以防止爆竹煙火流竄造成事故。

參　作業人員之防護

一　銷毀時，作業人員應躲藏於超越頭部高度之護牆或同等防護效果之掩體設施之後。

二　應穿著消防衣等防護裝備。

三　銷毀時，警戒區內的作業人員人數應儘量減少，但參與銷毀之人員不得少於二名。

肆　銷毀方式

一　燃燒銷毀

㈠爆竹煙火成品、半成品及原料應分類、分別銷毀。

㈡以少量多次爲原則，每次燃燒爆竹煙火之火藥量最多不得超過四十五公斤，以避免發生意外，並儘量不破壞現場景觀或污染環境。

㈢銷毀爆竹煙火數量與周圍應維持之安全距離如下表：

火藥量（公斤）	安全距離（公尺）
未達2	43
2以上未達4	55
4以上未達9	67
9以上未達13	76
13以上未達18	85
18以上未達22	91
22以上未達34	104
34以上未達45	116

㈣銷毀物之火藥量若無法估算，以總重量五分之一計算之。
㈤銷毀物燃燒時如有飛散之虞，應置於金屬網框（孔目小於二公分）內燒毀。
㈥待銷毀之爆竹煙火應排成寬度一至一點五公尺之長條狀，勿成堆燒毀以免引起爆炸。
㈦不得以火直接點燃待銷毀之爆竹煙火，作業人員應於下風處設置一至二公尺以導火索、紙或木片作為引燃物，點燃引燃物後，應避至上風處安全距離以上之地點監視至燒完為止。
㈧若需同時執行兩疊平行爆竹煙火之燒毀，二者之距離不得少於五十公尺；同一場所連續執行燒毀作業時，每次執行銷毀後應以水淋溼後並確認無餘熱殘存後，始得再次進行銷毀。但銷毀時間間隔在二十四小時以上者，不在此限。
㈨執行銷毀過程中，如發生熄火之現象，作業人員至少應等待三十分鐘後始得前往檢查，檢查人員不得超過二人。

二　泡水銷毀

㈠浸泡過程中應注意環境衛生。
㈡泡水時間應能使爆竹煙火完全濕潤。必要時，須適當破壞本體，使其喪失火藥特性。
㈢產生之污水及廢棄物應妥適處理，避免造成環境污染。

伍　其他應注意事項

一　應依爆竹煙火管理條例施行細則第十條規定辦理。
二　銷毀地點附近應配置適當滅火器材或消防車。

專業爆竹煙火施放作業及人員資格管理辦法

①民國93年11月25日內政部令訂定發布全文8條；並自發布日施行。
②民國99年11月26日內政部令修正發布名稱及全文11條；並自發布日施行（原名稱：高空煙火施放作業及人員資格管理辦法）。
③民國103年9月26日內政部令修正發布第10條條文。

第一條

本辦法依爆竹煙火管理條例（以下簡稱本條例）第十六條第四項規定訂定之。

第二條

①本條例第十六條第二項所稱一定數量以下之舞臺煙火，指於一日內在同一施放地施放超過公告數量且符合下列規定之一者，其負責人應於施放前報請直轄市、縣（市）主管機關備查：

一　施放之火藥量每個十五公克以下，數量五十個以下。

二　施放之火藥量每個超過十五公克，三十公克以下，數量三十個以下。

三　施放之火藥量每個超過三十公克，五十公克以下，數量五個以下。

②前項施放之舞臺煙火，其火藥量在二種以上時，以各款實際數量除以所規定數量，所得商數之和爲一以下，且除以所規定公告數量，所得商數之和超過一時，應依前項規定報請備查。

第三條

①舞臺煙火與觀衆間之安全距離，應爲六公尺或效果半徑二倍之較大值。

②前項舞臺煙火有產生火焰效果者，並應符合下列規定，如附圖一：

一　效果高度不得超過舞臺淨高度之二分之一。

二　效果內之地面，應爲耐燃材料。

三　效果內不得有可燃物。

四　效果內不得有表演者。

③第一項舞臺煙火有產生灼熱粒子者，除應符合前項第一款及第四款規定外，並應符合下列規定，如附圖二：

一　效果半徑不得超過二公尺。

二　效果半徑加二公尺內之地面，應爲耐燃材料。

三　效果半徑加二公尺及效果高度加四公尺內不得有可燃物。

④於戶外開放場所使用舞臺煙火有產生灼熱粒子且效果高度達六公尺以上高度者，與觀衆間之安全距離應爲效果半徑加六公尺或效果高度二者之較大值，如附圖三。

⑤第一項、第三項及前項所稱效果半徑，指以舞臺煙火中心至其效果最遠之水平距離；前三項所稱效果高度，指以舞臺煙火中心作一水平線，至其效果最高之垂直距離，如附圖四。

⑥第二項及第三項所稱舞臺淨高度，指舞臺地面至天花板或其下吊掛物件最下端之高度。吊掛物件有二個以上者，以舞臺地面至吊掛物件最低者之最下端爲準，如附圖五。

第四條

特殊煙火施放之安全距離依其分類區分如下：

一　煙火彈：如附表一。

二　煙火彈以外之特殊煙火：如附表二。

第五條

專業爆竹煙火之施放作業場所，應符合下列規定：

一　施放筒與儲存區距離在二十公尺以上。

二　有防止直接曝曬及防潮之適當設施。

三　放置地點，有防止引燃之安全措施。

四　專業爆竹煙火及其施放工具之放置地點，有專人看守。

五　周圍設有禁止進入、嚴禁火源等警告標示。

第六條

施放專業爆竹煙火，應有下列安全防護措施：

一　搬運過程有防止衝擊之安全措施。

二　施放前，檢查有無受潮或導火線斷裂之情況。有不適合施放者，應予標示原因並立即搬離現場。

三　施放作業場所之專業爆竹煙火及發射藥，放置於容器內，取出後須覆蓋完全或包裝妥適。

四　施放筒與非施放作業之工作人員，保持五十公尺以上之距離。但於直徑未滿七點五公分之煙火彈作業時，得保持二十五公尺以上之距離。

五　施放筒開口方向，朝上風位置，並有固定措施，防止風力影響其方向位置。

六　施放過程，施放筒內部保持暢通，防止影響發射。

七　專業爆竹煙火置入施放筒時，應使其緩慢下降。

八　點火後有未施放情形，須俟施放完畢十分鐘後，緩慢將施放筒倒置，取出未施放之專業爆竹煙火，並銷毀之。

九　工作人員必須確認未發射之專業爆竹煙火完全清除後，始可進行拆除作業。

十　施放時，施放作業場所應置專人看守，防止與施放作業無關之人員進入。

第七條

有下列情形之一者，施放人員應暫時停止施放行爲，至情況改善爲止：

一　施放前，發現安全防護措施不足或不符合許可之安全防護措施。

二　與施放作業無關之人員進入安全距離內。

三　現場風速持續達每秒七公尺以上。

四　大雨、雷電等天候不良狀況發生或有發生之虞，足以影響施放安全。

五　現場或附近發生火災、天災等其他重大意外事故，致生危險。

六　其他有立即發生危害之虞。

第八條

有下列情形之一者，直轄市、縣（市）主管機關得命負責人或施放人員終止施放行爲：

一　有發生前條各款所列情事，且情節重大，未暫時停止施放。

二　未依許可之施放時間、地點、種類、數量或來源進行施放。

三　施放現場進行火藥填充作業。

四　施放之專業爆竹煙火爲非法爆竹煙火工廠製造

五　施放造成人員傷亡。

六　發生不正常施放情

……直施放專業爆竹煙火，其負責人應於施放結束……竹煙火施放結束報告書（如附表三）報請施放地點……主管機關備查。

第九條

……施放人員應具備下列資格之一，始得充任：

……業務之爆炸物管理員。

……爆竹煙火監督人。

三　具軍中高空煙火施放經驗或訓練且領有相關證明文件者。

四　經中央主管機關或其認可之專業機構訓練合格者。

五　任職中之具爆破經驗且領有政府機關或其委託機構發給證明文件者。

②前項第二款至第四款之施放人員取得資格逾二年者，每二年至少應接受各主管機關規定之複訓一次。

③第一項之施放人員，應依施放數量，按下表規定配置：

施放數量（單位：發）	施放人員數
三百以下	一
三百零一以上，六百以下	二
六百零一以上，一千以下	三
一千零一以上，一千五百以下	四
一千五百零一以上，二千以下	五
二千零一以上，二千五百以下	六
二千五百零一以上，三千以下	七
三千零一以上，三千五百以下	八
以下依此類推，每增加五百發（包括未達者），應增加施放人員一名	

④施放煙火彈以外之特殊煙火或舞臺煙火，應依下列各款換算施放數量後，按前項規定配置施放人員；換算施放數量未達一時，以一計算：

一　組合盆花等單支火藥紙管或其組合產品及舞臺煙火產品：每五支火藥紙管換算一發施放數量。

二　字幕、瀑布等其他特殊煙火：以一組產品換算一發施放數量。

第一一條

本辦法自發布日施行。

附表一　煙火彈施放安全距離分級表

煙火彈直徑	單一煙火彈總重量	施放安全距離等級（單位：公尺）		
		一級	二級	三級
未滿七點五公分	八十公克以下	一百	四十	二十五
	超過八十公克	一百	六十五	四十
七點五公分以上未滿九公分	一百五十公克以下	一百	六十五	五十
	超過一百五十公克	一百四十	一百	六十
九公分以上未滿十二公分	二百六[illegible]以下	[illegible]百[illegible]十	七十五	五十
	超過二百六[illegible]公克	一百五[illegible]	[illegible]	六十五
十二公分以上未滿十五公分	五百公克以下	二百十	[illegible]	[illegible]
	超過五百公克	二百二十	[illegible]	[illegible]
十五公分以上未滿十八公分	[illegible]	[illegible]	[illegible]	[illegible]

十八公分以上未滿二十四公分	二百五十	二百十	
二十四公分以上未滿三十公分	二百九十		
三十公分以上未滿四十五公分	三百		
四十五公分以上	四百		

備註：

一、施放地點與觀眾及保護物應保持一級安全距離。但限制施放方式且煙火彈直徑未滿二十四公分，並經直轄市、縣（市）主管機關認可者，得採二級施放安全距離。

二、限制施放方式、煙火彈直徑未滿十二公分且總數量在一百五十個以下，並經直轄市、縣（市）主管機關認可者，得採三級施放安全距離。

三、保護物：指道路、鐵路、建築物等設施。但下列設施經直轄市、縣（市）主管機關審查無致其本身與鄰近保護物及民眾之安全虞慮者，不在此限：

㈠直轄市、縣（市）警察機關及道路主管機關配合特殊煙火施放進行管制之道路或橋樑。

㈡建築物為特殊煙火施放活動主辦單位所有，符合下列規定者：

1.特殊煙火施放時，管制人員進出。

2.訂定專案防災及滅火計畫並於特殊煙火施放時執行。

㈢建築物為與特殊煙火施放場所安全距離二分之一以上，經管理權人與所有權人同意欲排除認定為保護物，且符合三、㈡規定者。

四、限制施放方式：指煙火彈施放時固定朝遠離觀眾之施放方向。

五、施放時同時使用不同單一總重量之煙火彈者，其安全距離採較嚴格之標準。

附表二　煙火彈以外之特殊煙火施放安全距離表

煙火彈以外之特殊煙火種類	施放安全距離
組合盆花	二十公尺以上或灼熱粒子有效範圍二倍以上之較大值
字幕	十公尺以上或灼熱粒子有效範圍二倍以上之較大值
瀑布	十公尺以上或灼熱粒子有效範圍二倍以上之較大值
其他特殊煙火	由施放單位參酌其他特殊煙火特性，於 不低於效果半徑二倍之安全距離內定之

液化石油氣容器認可專業機構委託及管理要點

①民國103年7月4日內政部令訂定發布全文14點；並自即日生效。
②民國103年11月6日內政部令修正發布第4～6點；並自即日生效。
③民國106年7月3日內政部令修正發布第3、4、8點及第3點附表一、附表二、第4點附表三、第5點附表四；並自即日生效。

一　為執行公共危險物品及可燃性高壓氣體設置標準暨安全管理辦法第七十四條第四項所定中央主管機關得委託專業機構辦理液化石油氣容器認可事項，特訂定本要點。

二　本要點所稱液化石油氣容器認可專業機構（以下簡稱專業機構），指辦理鋼製液化石油氣容器及複合材料液化石油氣容器之型式認可、個別認可、型式認可延展以及個別認可標示之製作及核發等業務（以下簡稱認可業務）之專業機構。

三　申請受託辦理液化石油氣容器認可者（以下簡稱申請機構），應符合下列資格及條件：

㈠政府機關（構）、公益法人、公立或立案私立之大專以上學校。

㈡設有專責認可部門，置主管一人，專責檢驗人員五人以上。

㈢負責人、董（理）事及監察人不得從事液化石油氣容器之進口、製造（含委託製造）或販售等行業。

㈣具備附表一及附表二所列試驗項目所需之設備。

前項第二款檢驗人員應具備下列資格之一：

㈠大學或專科學校理工科系畢業。

㈡高級工業職業學校以上學校工程、材料等相關系組畢業，且具三年以上液化石油氣容器檢驗實務經驗者。

專責檢驗人員中應至少有二人以上兼具下列資格證明文件：

㈠放射線物質或可發生游離輻射設備輻射安全證書。

㈡非破壞性檢測協會所授予中級以上檢驗員資格證明。

四　申請機構應檢附下列文件共一式十份向中央主管機關提出申請：

㈠申請書（如附表三）。

㈡法人登記證書或立案證明文件影本。

㈢代表人身分證明文件。

㈣容器認可作業計畫書，以不超過一百頁為限（不含表格附件），其格式及內容如附件。

㈤其他經中央主管機關指定之文件。

五　前點申請案件之審查方式如下：

㈠資格審查：由中央主管機關書面審查資格（申請資格審查表如附表四）。

㈡實地審查：

1.經資格審查合格者，由中央主管機關延聘學者、專家及相關業務人員組成五人以上審查小組，進行實地審查。

2.實地審查時間由中央主管機關指定，審查項目、內容及配分如附表五，審查結果總平均分數達七十五分以上者為合格。

前項審查過程中，經中央主管機關通知申請機構說明、補正、修正容器認可作業計畫書內容，申請機構未依期限辦理者，視同放棄。

六　審查結果由中央主管機關以書面通知申請機構，申請案件經審查合格者，由申請機構代表人或委託代理人攜帶印鑑至中央主管機關指定處所簽訂委託契約；未於規定期限內完成簽約手續者，視為放棄。

前項委託契約之有效期限為二年，委託費用、各期支付方式及條件，應於委託契約中明訂。

七　專業機構應備置相關檢驗報告、紀錄、收支簿冊及相關技術文件，並至少保存五年。

八　專業機構辦理型式認可、個別認可、型式認可延展，應於其試驗室進行試驗，並得派員至液化石油氣容器製造場查核，於試驗完成後出具試驗報告。

依前項辦理現場查核者，其試驗報告應包含以下內容：

(一)容器申請人或委託生產者設有試驗設備、生產設備及技術人員。

(二)經專業機構實地審查具生產及試驗能力。

容器自國外進口者，專業機構得要求容器申請人出具中央主管機關公告之國外第三公正機構開具經我國駐外館處驗證之場內試驗報告代替現場查核。

九　中央主管機關得向專業機構調閱認可業務、設備、財務收支相關文件或派員查核認可業務之執行情形，必要時得令其報告，專業機構不得規避、妨礙或拒絕。

十　專業機構辦理事項如下：

(一)型式認可、個別認可、個別認可補正試驗之受理申請、書面審查、檢驗、文件列冊登記、電腦存檔管理、資訊公開作業等。

(二)個別認可合格標示之製作及核發，並訂定管理措施。

(三)逾期或無效合格標示之清點及銷毀。

(四)配合直轄市、縣（市）消防機關查核液化石油氣業者之合格標示管理及使用情形。

(五)設立專戶配合政府收繳規費與相關收支處理事宜。

(六)認可案件之異議、違規使用或仿冒事項之處理。

(七)其他與認可有關之業務。

十一　專業機構聘用、資遣、解聘專責檢驗人員者，應於異動次日起十五日內報請中央主管機關備查。

十二　專業機構有下列情形之一者，中央主管機關得終止其部分或全部委託契約：

(一)申請文件有虛偽不實。

(二)組織運作或執行認可洵私舞弊。

(三)以不正當方法招攬業務。

(四)無故洩漏因業務而知悉之秘密。

(五)辦理認可業務有不實之情事。

(六)所辦理之認可業務與認可作業計畫內容不符，且情節嚴重者。

(七)主動申請終止委託契約者。

(八)喪失執行業務能力者。

(九)辦理認可業務相關證照或文件經相關主管機關（構）撤銷、註銷或廢止。

(十)執行業務造成重大傷害或危害公共安全者。

(十一)經中央主管機關認定違反法令情節重大者。

十三　除前點第七款及第八款外，經終止委託契約之專業機構，於契約終止日起三年內，不得重新申請成為專業機構。

前項情形，專業機構應將未完成之認可案件交由中央主管機關或其指定之其他專業機構辦理。

十四　專業機構辦理認可作業時，應依液化石油氣容器認可及合格標示規費收費標準收取費用，並繳至指定公庫。

（附表略）

液化石油氣容器檢驗場認可及管理要點

①民國89年6月2日內政部函訂定發布全文18點。
②民國91年7月26日內政部令修正發布全文19點。
③民國92年7月28日內政部函修正發布名稱及全文18點（原名稱：液化石油氣鋼瓶驗瓶機構（場）評鑑認可及督導考核要點）。
④民國93年7月23日內政部函修正發布全文18點。
⑤民國95年5月30日內政部令修正發布全文16點；並自95年6月9日起生效。
⑥民國97年5月6日內政部令修正發布第2、3、13、15點；增訂第15-1點；並自即日生效。
⑦民國97年11月21日內政部令修正發布第1、5、6、10、13～15點；並自即日生效。
⑧民國98年6月3日內政部令修正發布第1、2、5、16點；刪除第9點；並自即日生效。
⑨民國99年5月25日內政部令修正發布全文16點；並自99年7月1日生效。
⑩民國103年12月5日內政部令修正發布第10、11、14點及第12點附件十三；除第12點附件十三自104年3月1日生效外，自即日生效。
⑪民國105年7月8日內政部令修正發布第2、3、5、11、12、14點；並自即日生效。
⑫民國106年10月30日內政部令修正發布第5、11、12、14點；並自即日生效。
⑬民國108年7月29日內政部令修正發布全文16點；並自即日生效。

一　爲規範公共危險物品及可燃性高壓氣體製造儲存處理場所設置標準暨安全管理辦法第七十五條之一、第七十五條之二所定液化石油氣容器檢驗場之認可檢驗作業及管理等相關事宜，特訂定本要點。

二　液化石油氣容器檢驗場（以下簡稱檢驗場）應向內政部（以下簡稱本部）申請認可，經審查合格取得認可證書（如附件一）者，始得依鋼製液化石油氣容器定期檢驗基準或複合材料液化石油氣容器定期檢驗基準執行使用中鋼製液化石油氣容器（以下簡稱鋼製容器）或複合材料液化石油氣容器（以下簡稱複合容器）定期檢驗。

前項認可證書應記載下列事項：

㈠檢驗場名稱、檢驗容器種類、代號、營業人統一編號、地址。
㈡代表人姓名。
㈢有效期限。
㈣附款。

認可證書記載事項如有異動，應於異動之日起十五日內向本部辦理變更。

三　檢驗場應具備下列設施：

㈠依容器種類所需之檢驗設施如下：

1.鋼製容器檢驗設施：

⑴殘氣處理設施。
⑵卸容器閥設施。
⑶容器洗淨設施。
⑷耐壓膨脹試驗設施。
⑸除鏽設施。
⑹重量檢查設施。
⑺塗裝設施。
⑻裝容器閥設施。
⑼抽眞空設施。
⑽容器實重（含閥）量測設施。
⑾攝影監控設施。
⑿容器合格標示雕刻機。

2.複合容器檢驗設施：

(1)殘氣處理設施。

(2)卸容器閥設施。

(3)容器洗淨設施。

(4)耐壓膨脹試驗設施。

(5)裝容器閥設施。

(6)容器實重（含閥）量測設施。

(7)攝影監控設施。

(8)容器合格標示雕刻機。

(二)安全設施：

1.氣體漏氣警報設備。

2.緊急遮斷裝置。

(三)不合格容器壓毀設施。

(四)其他經中央主管機關公告之設施。

前項第二款第一目之氣體漏氣警報設備，應設置於殘氣處理、卸容器閥、容器洗淨及塗裝設施。

塗裝設施使用燃氣設備者，於燃氣流量異常時，應連動緊急遮斷裝置。

四　檢驗場之檢驗設施均應由專職人員擔任檢驗作業。

前項人員應每半年定期訓練四小時以上，其課程內容至少應包括液化石油氣容器定期檢驗設備操作（三小時）及液化石油氣容器定期檢驗相關規範（一小時）。

五　檢驗場申請認可，應填具申請書（如附件二），並檢附下列資料：

(一)公司或商業之登記證明文件。

(二)負責人身分證明文件影本。

(三)檢驗場地理位置圖。

(四)檢驗場內部設施位置圖。

(五)容器定期檢驗標準作業流程圖。

(六)容器定期檢驗器具清冊（如附件三、附件四）。

(七)容器定期檢驗步驟、方法、使用工具設備及注意事項等作業方式之標準作業程序文件，依檢驗容器種類，內容應包含下列事項：

1.鋼製容器：

(1)收瓶及堆置。

(2)第一次外觀檢查。

(3)殘留氣體回收。

(4)卸容器閥。

(5)耐壓膨脹試驗。

(6)第二次外觀檢查及內部檢查。

(7)重量檢查。

(8)打刻鋼印。

(9)塗裝。

(10)裝容器閥。

(11)抽眞空。

(12)容器實重（含閥）量測。

(13)容器檢驗合格標示。

(14)卸除之容器閥及不合格容器之處置。

(15)檢驗結果紀錄。

(16)領取容器及堆置。

2.複合容器：
⑴收瓶及堆置。
⑵殘留氣體回收。
⑶卸容器閥。
⑷外觀檢查。
⑸耐壓膨脹試驗。
⑹內部檢查。
⑺螺紋檢查。
⑻洩漏試驗。
⑼裝容器閥。
⑽容器實重（含閥）量測。
⑾容器檢驗合格標示。
⑿卸除之容器閥及不合格容器之處置。
⒀檢驗結果紀錄。
⒁領取容器及堆置。
㈧人事組織及品質管理文件。
㈨容器定期檢驗技術訓練程序及教材。
㈩容器檢驗員學經歷及專長清冊、訓練合格證明文件（如附件五、附件六）。

六　本部受理申請認可案件，於書面審核通過後，得會同本部公告之專業機構及直轄市、縣（市）消防主管機關等相關機關（構）組成評鑑小組實地查核（評鑑表格式如附件七）。

七　評鑑合格之檢驗場，除由本部授予認可證書外，並核定每月正常工時之容器檢驗量。
評鑑不合格者，申請人得就缺失情形填具改善表（如附件八）報請本部複評，經書面審核通過後，由評鑑小組實地查核，仍不合格者，於複評結果核定日起二個月後，始得申請重新評鑑。
容器檢驗量之核定，係以每日工作七小時及每月工作二十五日計算。
核定之正常工時容器檢驗量不足使用時，檢驗場得依勞動基準法規定提報次月實際加班計畫（包含加班日期、時段、人員姓名及加班同意、檢驗量不足原因等），報請當地消防機關核定次月之加班容器檢驗量。

八　取得認可證書之檢驗場，應依本部核定之容器檢驗量，填具申請表（如附件九），向本部或經本部公告之專業機構購買合格標示。

九　合格標示（如附件十、附件十一）記載項目除製卡機關名稱、編號、條碼外，並應包含下列項目：
㈠容器規格。
㈡容器實重（含閥）。
㈢出廠耐壓試驗日期或出廠液壓試驗日期。
㈣定期檢驗日期。
㈤下次檢驗期限。
㈥檢驗場代號。
㈦容器號碼。
合格標示應於完成定期檢驗作業程序，經判定合格後，始可製作。

十　檢驗場應於檢驗合格容器之護圈內側附加合格標示，合格標示之資料應依據原容器瓶肩或護圈上之標示據實登載，其瓶肩或護圈標示模糊不清者，參考原合格標示登載資料製作合格標示，於檢驗合格之容器上補行打刻鋼印。
送驗容器合格標示漏失者，需檢附經消防機關核發之液化石油氣容器合格標示滅失證明書（如附件十二），檢驗場始得受理檢驗；其容器基本資料無可查考者，須每年檢驗一次，檢驗場應予列入紀錄供消防機關查核。

十一　檢驗場應將屆期待驗之容器與檢驗合格、不合格之容器，分別放置。不合格容器應於明顯處標記，且放置於不合格區域，並依規定壓毀。

檢驗不合格之容器，檢驗場應併同作廢容器確實填寫壓毀紀錄表（如附件十三），並於檢驗後一週內，完成壓毀工作；容器壓毀時，應先抽取殘氣。

檢驗場受液化石油氣零售業者委託處理之作廢容器，應先抽取殘氣並壓毀。

檢驗場應於每月二十五日前將翌月之不合格及作廢容器預定壓毀日期，報請當地消防機關派員監毀，同時副知本部，並應分別製作不合格容器及作廢容器清冊供消防機關查核。

十二　檢驗場應辦理下列事項：

㈠容器定期檢驗相關資料，應以電腦作業，定期檢驗資訊系統至少提供可稽核之介面（如功能選單、下拉式功能表等）及文書處理軟體（如記事本、word等）可讀取相關檢驗紀錄檔案。

㈡耐壓膨脹試驗及重量檢查紀錄應以電腦自動登錄。

㈢依容器定期檢驗作業基準規定執行檢驗。

㈣文件管制作業。

㈤確實記錄容器定期檢驗結果並保存紀錄至少六年。

㈥管制合格標示並記錄每日使用情形，以憑下次預購合格標示之用。

㈦每日進行檢驗工作前，應確認第三點第一項第一款所定各項檢驗設施保持正常運作，有故障時，應立即書面傳眞通報當地消防機關及本部備查。

㈧每日應依液化石油氣容器檢驗場檢驗設施檢查紀錄表（如附表一）進行自主檢查，檢查紀錄表應保存一年以上。

㈨每年應依液化石油氣容器檢驗場檢驗及安全設施定期維護紀錄表（如附表二）維護保養容器檢驗設施並校正定期檢驗器具，隨時保持設施堪用狀態，維護保養紀錄應保存三年以上。

㈩檢驗合格之容器應張貼警告標示及緊急處理危險之方法。

⑾定期辦理容器檢驗員教育訓練。

⑿液化石油氣容器定期檢驗日報表（如附件十四、附件十五）應於翌日十七時前以檢驗場網路申報系統完成申報。

⒀停工時，應向本部報備，並繳回未使用之合格標示；復工時，應重行申請認可。

⒁經依消防法處以三十日以下停業或停止其使用之處分者，應繳回未使用之合格標示，並應於複查合格後，始得營業。

⒂容器檢驗員、容器基本檢驗設施異動時，應於異動日起十五日內報請本部及當地消防機關備查。

⒃第一次外觀檢查前，應以條碼讀取器登載合格標示之卡號及容器基本檢驗資料，拆卸之標示卡應保存一個月。

⒄卸除之容器閥應壓毀或將灌裝口破壞至無法使用。

十三　當地消防機關每月應督導考核轄區之檢驗場至少一次。

十四　檢驗場有違規情形者，應減發其次月合格標示之核定量，且不核予次月加班容器檢驗量，其減發次月合格標示規定如下，如另有違反消防法第十五條者，並依消防法第四十二條處分：

㈠減發原合格標示核定量二分之一：

1. 合格標示內容故意登載不實。
2. 容器未依鋼製液化石油氣容器定期檢驗基準或複合材料液化石油氣容器定期檢驗基準檢驗即判定合格。
3. 使用僞造合格標示。

4.未依鋼製液化石油氣容器定期檢驗基準或複合材料液化石油氣容器定期檢驗基準銷毀不合格容器。
5.認可證書記載事項變更未申請變更。
6.檢驗設施數量不符規定。
7.每日開工前未確認各項檢驗設施正常運作或故障未依規定通報。
8.合格標示擅自流通。
9.使用過之容器閥再回裝容器。

(二)減發合格標示核定量三分之一：
1.合格標示或其資料管理不當。
2.定期檢驗資料記錄不實或未依規定保存定期檢驗資料。
3.未提供可稽核查詢定期檢驗紀錄資料之資訊介面或文書處理軟體。
4.監控系統未保持連線及紀錄且可歸責於檢驗場。
5.未依規定辦理容器檢驗員教育訓練。
6.合格標示因人爲疏失致登載不實。
7.未依限辦理不合格容器銷毀。
8.不合格及作廢容器銷毀數量與容器定期檢驗資料不符。
9.未依規定辦理定期檢驗器具校正或校正不準確。
10.未依限將翌月之不合格容器預定壓毀日期、時間報請當地消防機關派員監毀並副知本部，或執行壓毀時未製作不合格容器清冊供消防人員稽查。
11.未依限以網路申報系統申報定期檢驗日報表。
12.容器檢驗員、容器基本檢驗設施異動時，未依限通報本部及當地消防機關備查。
13.定期檢驗器具項目數量少於原經認可數量。
14.未依定期檢驗標準作業程序文件實施檢驗。
15.容器瓶肩或護圈資料模糊不清，未補行打刻，使其易於辨識。
16.合格標示未依鋼製液化石油氣容器定期檢驗基準或複合材料液化石油氣容器定期檢驗基準雕刻。
17.容器未依鋼製液化石油氣容器定期檢驗基準規定以紅漆標示容器內容物名稱。
18.使用過之容器閥未銷毀或未將灌裝口破壞至無法使用。

十五　檢驗場有下列情形之一時，爲阻止危害發生，或避免急迫危險，而有即時處置之必要者，直轄市、縣（市）主管機關得命其立即停止檢驗工作，並提報改善計畫，經審（檢）查合格後，始得續行檢驗：
(一)檢驗設施因火災或爆炸導致人員傷亡者。
(二)檢驗設施損壞導致無法正常進行檢驗工作者。

十六　認可證書應檢附下列文件向本部申請延展，本部得會同本部公告之專業機構及直轄市、縣（市）消防主管機關等相關機關（構）至現場查核：
(一)檢驗場內部設施位置圖。
(二)容器定期檢驗標準作業流程圖。
(三)容器定期檢驗器具清冊。
(四)容器定期檢驗器具校正證明文件。
(五)容器定期檢驗作業方式文件。
(六)人事組織及品質管理文件。
(七)容器定期檢驗技術訓練程序及教材。
(八)容器檢驗員學經歷及專長清冊、訓練合格證明文件。
(九)容器檢驗檢討報告。

液化石油氣零售業安全技術人員注意事項

民國101年9月4日內政部令訂定發布全文7點；並自即日生效。

一　為利執行消防法第十五條之二第一項第五款及第六款、消防法施行細則第十九條之二及第十九條之三規定，特訂定本注意事項。

二　安全技術人員每二年參加直轄市、縣（市）消防機關，或由中央消防機關認可之專業機構辦理之複訓合格後發給證書。

三　安全技術人員對於用戶處所之供氣設備，每二年提供一次安全檢測服務，並代為檢測燃氣設備。

零售業販售液化石油氣予新用戶時，由安全技術人員提供安全檢測服務。如燃氣設備有安全上疑慮，應告知用戶改善建議，並向當地消防機關通報。

四　安全技術人員執行用戶安全檢測服務，應備置用戶安全檢測紀錄表（如附表一），記載用戶之姓名或名稱、住址及檢測項目等。

五　安全技術人員針對零售業營業場所之液化石油氣容器實施自主檢查，容器外觀不得有顯著損傷、凹痕、腐蝕變形等有漏氣之虞情形。

六　安全技術人員應為專任，不得同時任職於其他零售業。但零售業營業場所位於同一地址時，不在此限。

零售業應於安全技術人員到職之日起十五日內造具名冊（如附表二）陳報直轄市、縣（市）消防機關備查；異動時，亦同。

七　安全技術人員執行業務時，應出示安全技術人員證明文件及零售業發給之執行職務證明。

液體公共危險物品儲槽滿水水壓地盤基礎及熔接檢查基準

①民國92年5月15日內政部令訂定發布全文5點。
②民國94年8月26日內政部令修正發布第5點；並自94年8月26日起生效。
③民國96年3月8日內政部令修正發布第5點；並自即日生效。

一　本基準依公共危險物品及可燃性高壓氣體設置標準暨安全管理辦法第十條第四項規定訂定之。

二　滿水檢查：

㈠檢查方法：將儲槽注滿水。

㈡判定方法：不得有洩漏或變形之情形。

㈢注意事項：本檢查適用於非壓力儲槽。

三　水壓檢查：

㈠檢查方法：將儲槽注滿水後，以最大常用壓力一點五倍之壓力，實施十分鐘。

㈡判定方法：不得有洩漏或變形之情形。

㈢注意事項：本檢查適用於壓力儲槽。

四　地盤及基礎檢查：

㈠檢查方法：儲槽完工後進行滿水測試，以量測槽殼及儲槽底板之沉陷量，其方法如下：

1.將儲槽注滿水，持載時間至少五日，日平均沉陷速率應小於一公厘，始可放水。

2.滿水測試時應進行沉陷量測，沉陷量測點應依下列規定設置：

⑴沿槽殼圓周對稱均勻設置，其間距不得大於九公尺，每座儲槽至少設置四點。

⑵直徑三十公尺以上之儲槽，並需於儲槽底板沿通過前開槽殼沉陷量測點之直徑線上設置，其間距不得大於三公尺。

3.沉陷量測時機：

⑴進水前及放水後，於槽殼及儲槽底板均應量測。

⑵進水期間每天及滿水期間每兩天，於槽殼至少量測一次。

㈡判定方法：依據滿水測試結果及儲槽荷重等資料，評估該儲槽長期荷重沉陷量應符合下列規定：

1.直徑十五公尺以下之儲槽，槽殼任二點不均勻沉陷量應小於五公分。

2.直徑超過十五公尺之儲槽，槽殼任二點之差異沉陷角變量（angular distortion）應小於三百分之一。

3.儲槽底板凹陷量應小於凹陷範圍寬度之千分之十五。

㈢注意事項：本項檢查業者應提供下列資料予中央主管機關指定之專業機構：

1.原始設計書圖資料，包括：儲槽基本資料、地層資料、承載力及沉陷量分析計算書、基礎設計圖及施工規範等。

2.儲槽施工中，基礎填築部分必要之工地密度試驗、夯實度試驗、並依其基礎型式與設計載重完成土壤改良成效檢驗、平板載重試驗或樁載重試驗等相關施工品質查驗紀錄及試驗報告。

五　熔接檢查：

㈠檢查方法：

1.依據中華民國國家標準（以下簡稱CNS）三七一〇對儲槽側板縱向熔接縫及水平

熔接縫進行放射線透過試驗（攝影位置如表一所示）。

2.依據CNS一二六五七對儲槽側板與底板、底板與底板之熔接縫進行磁粉探傷試驗。

3.無法進行磁粉探傷試驗時，依據CNS一二六六一進行滲透探傷試驗。

4.以二分之一大氣壓之眞空度（以下簡稱眞空試驗）或儲槽內部施加五十公厘水柱高之空氣壓（以下簡稱加壓測漏試驗）對儲槽頂板、管嘴及人孔等相關熔接部分進行測漏試驗；若管嘴及人孔等相關熔接部分，或任何塡角焊部分無法進行測漏試驗時，進行磁粉探傷試驗或滲透探傷試驗。

(二)判定方法：

1.放射線透過試驗：

(1)不得有龜裂、熔入不足或融合不足之情形。

(2)內部斷裂在縱向熔接縫應在零點四公厘以下，水平熔接縫應在零點八公厘以下。

(3)熔接處有吹孔及類似之圓孔（以下簡稱吹孔等）存在時，母材厚度二十五公厘以下者，取邊長十公厘之正方形；母材厚度超過二十五公厘者，取邊長十公厘及另一邊長二十公厘之長方形，依表二所揭示吹孔等之長徑所定點數（以下簡稱吹孔等點數），應在表三所揭示母材之材質及厚度所對應之吹孔等點數合計值以下。

(4)渦形捲曲及類似之部分（以下簡稱渦形捲曲等）其長度應在表四所揭示母材之材質及厚度所對應之長度以下。

(5)吹孔等及渦形捲曲等混合時，其吹孔等點數合計值應在表五所揭示母材之材質及厚度所對應之吹孔等點數合計值以下或渦形捲曲等之長度應在表六所揭示母材之材質及厚度所對應之長度以下。

2.磁粉探傷試驗：

(1)不得有龜裂之情形。

(2)內部斷裂在儲槽底板與底板之熔接縫者，應在零點四公厘以下，其他部分之熔接縫不得有內部斷裂之情形。

(3)二個以上磁粉模樣長度在同一線上，且間隔在二公厘以下時，其磁粉模樣長度及間隔之合計長度應在四公厘以下。但相鄰磁粉模樣長度中之任一者在二公厘以下，且小於其間隔者，不在此限。

(4)熔接處有磁粉模樣存在時，取面積二十五平方公分且任一邊長不超過十五公分之長方形，其超過一公厘之磁粉模樣長度合計在八公厘以下。

3.滲透探傷試驗：

(1)不得有龜裂之情形。

(2)二個以上指示模樣長度在同一線上，且間隔在二公厘以下時，其指示模樣長度及間隔之合計長度應在四公厘以下。但相鄰指示模樣長度中之任一者在二公厘以下，且小於其間隔者，不在此限。

(3)熔接處有指示模樣存在時，取面積二十五平方公分且任一邊長不超過十五公分之長方形，其超過一公厘之指示模樣長度合計在八公厘以下。

4.測漏試驗：塗布於儲槽頂板、管嘴及人孔等熔接縫上之發泡劑不得有發泡情形。

複合材料液化石油氣容器定期檢驗基準

民國105年11月24日內政部令訂定發布全文15點；並自即日生效。

一　爲規範公共危險物品及可燃性高壓氣體設置標準暨安全管理辦法第七十五條之一第一項規定之液化石油氣容器定期檢驗，特訂定本基準。

二　本基準所稱複合材料液化石油氣容器（以下簡稱容器）係指供家庭或營業場所使用，其容量爲水容量2公升以上，50公升以下之容器。

三　容器使用年限依其設計使用年限，最多不得超過20年，每5年應辦理容器定期檢驗，經檢驗合格後始得繼續使用。

前項容器下次檢驗期限，自前次檢驗日期之翌日起算。

四　容器定期檢驗程序如下：

(一)殘留氣體回收。

(二)卸容器閥

(三)外觀檢查。

(四)內部檢查。

(五)耐壓試驗。

(六)螺紋檢查。

(七)洩漏試驗。

容器經前項檢驗程序判定合格後，應施作程序如下：

(一)容器實重（含閥）量測。

(二)製作及附加容器合格標示。

五　殘留氣體回收應以殘氣回收機將剩餘在容器內之氣體回收，回收絕對壓力不得小於60cmHg。

六　拆卸容器閥應依下列方式爲之：

(一)不得以超過7kg/cm^{2}之力量固定容器。

(二)卸容器閥扭力不得超過180Nm。

(三)如閥基座有位移情形者，應予銷毀。

七　外觀檢查方式如下：

(一)容器於檢驗前，應清除乾淨外部之污泥、油污等雜質。

(二)以目視（或量具）方法檢視容器外觀，有下列情形之一者，爲不合格，並予銷毀：

1. 複合材料有擦傷或割傷深度超過其厚度15%者。
2. 有因擦傷導致保護外殼連同複合材料纖維受損面積超過20mm^{2}者，或複合材料纖維受損面積超過20mm^{2}者。
3. 有因割傷或鑿孔導致複合材料纖維絲束斷裂者。
4. 複合材料有剝離情形且其表層損傷大於容器表面積30%者。
5. 容器表面局部或全部受到火焰或電弧灼傷者。
6. 容器保護外殼或複合材料受化學品損傷呈溶解、沾黏或變色現象者。

八　內部檢查應使用強烈背光源照射，內膽與複合材料剝離面積超過容器面積50%或內膽有裂縫、孔洞、凹痕、或無法移除之異物者爲不合格，應予銷毀。

九　耐壓試驗分爲加壓試驗及膨脹測定試驗二種，兩者應視容器設計而擇一進行，其規定如下：

㈠加壓試驗：

1.將容器施以表一所示耐壓試驗壓力以上之壓力，保持30秒鐘以上，有洩漏或異常現象者爲不合格，應予銷毀。

2.加壓試驗前供試容器不得先施予表一耐壓試驗壓力90%以上之壓力。

表一　耐壓試驗壓力

項次＼項目	灌裝之液化石油氣種類	耐壓試驗壓力
1	丙烷爲主之液化石油氣，溫度48℃，壓力$9kgf/cm^2$以上未達$15.6kgf/cm^2$者	$30.0kgf/cm^2$
2	丁烷爲主之液化石油氣，溫度48℃，壓力未達$9kgf/cm^2$者	$18kgf/cm^2$

㈡膨脹測定試驗：

1.以受檢容器設計壓力之5/3以上壓力作膨脹測定試驗。

2.使用水槽式試驗者，所用膨脹指示計精密度須在1%範圍以內。

3.使用同位式水位計試驗者，最小刻度爲0.1mL。

4.作膨脹測定試驗前，送驗容器不得先施予表一之耐壓試驗壓力90%以上之壓力。

5.作膨脹測定試驗時，如所加壓力未到達表一規定耐壓試驗壓力之90%前，有滲漏現象者爲不合格，應予銷毀。

6.膨脹測定試驗之試驗壓力，應以$30kgf/cm^2$壓力試驗，使容器完全膨脹至休止爲止，並維持30秒鐘以上且無異常膨脹後，查看壓力計及水位計之全膨脹量讀數，除去壓力，再檢視留存在容器內之永久膨脹量。

7.使用非水槽式膨脹測定試驗之永久膨脹量ΔV依下式求得：

$$\Delta V = (A-B)-[(A-B)+V]\frac{P}{1.033}\beta t$$

V：容器之內容積（mL）。

P：耐壓試驗壓力（kgf/cm^2）。

A：耐壓試驗壓力P時所壓進之量（mL），即量筒內之水位下降量。

B：耐壓試驗壓力P時由水壓幫浦至容器進口間之連接管內所壓進之水量（mL），即對容器本身以外部分之壓進水量（mL）。

βt：耐壓試驗時水溫t℃之壓縮係數（如表二）。

8.容器永久膨脹率超過10%爲不合格，應予銷毀。

㈢耐壓試驗設備使用壓力指示計之最小刻度應爲最高指示數值之1%以下。

㈣施行耐壓試驗時，容器口基螺紋不得塗抹封合劑。

㈤完成耐壓試驗後，應將容器內水分瀝乾。

十　螺紋檢查應檢查內螺紋及其下方與內膽密封面是否有毛邊、裂紋或其他損傷，有受損者，爲不合格，應予銷毀。

十一　螺紋檢查後應實施乾燥、清理，並依下列方式重新安裝容器閥：

㈠不得以超過$7kg/cm^2$之力量固定容器。

㈡以100±20Nm之扭力鎖緊容器閥，並檢查是否完全鎖入。

十二　容器於裝閥後應依下列方式進行洩漏試驗：

㈠以空氣或惰性氣體塡充至工作壓力$20kgf/cm^2$，並以肥皂水等方式塗抹閥基座與內膽接合處，檢查是否有漏氣。

㈡有漏氣者，應更換O型環後再重新檢驗，無法排除漏氣者，爲不合格應予銷毀。

十三　經檢驗合格容器應標示充塡內容物名稱，並以磅秤量測實際重量（含閥，單位：公斤）至小數點下第二位數，並將重量登載於合格標示。

十四　容器經檢驗不合格者應予二處以上鑽孔或壓毀至無法使用。

十五　容器檢驗合格附加合格標示（圖示如下），應符合下列規定：

㈠欄位尺寸：「下次檢驗期限」、「容器規格」、「年月日」、「容器實重」、「容器號碼」、「檢驗場代號」、「出廠耐壓試驗日期」及「定期檢驗日期」欄位為27.5mm（長）×10mm（寬）。

㈡雕刻字體：

1.「容器規格」、「容器號碼」、「出廠耐壓試驗日期」及「定期檢驗日期」欄位：字體為4.5mm（長）×2mm（寬），採單刀刻或同等效果之雷射燒結雕刻。

2.「容器實重（含閥）」欄位：字體為7mm（長）×3mm（寬），採雙刀刻或同等效果之雷射燒結雕刻。

3.「檢驗場代號」欄位：字體為4.5mm（長）×3mm（寬），採單刀刻或同等效果之雷射燒結雕刻。

4.「下次檢驗期限」欄位：字體為6mm（長）×2mm（寬），採雙刀刻或同等效果之雷射燒結雕刻。

㈢警告標示及緊急處理方式之內容：

1.放置於室外通風處，避免日曬。

2.應與爐具保持適當之距離。

3.瓦斯洩漏，立即關閉開關，勿操作任何電器。

4.拒絕使用逾期未檢驗瓦斯桶。

5.檢舉不法或緊急事故，請撥119。

㈣材質：PET貼紙、金屬或經本部公告之其他同等以上材質。

複合材料液化石油氣容器認可基準

①民國103年5月16日內政部令訂定發布全文7點；並自103年6月1日生效。
②民國104年5月14日內政部令修正發布全文7點；並自即日生效。

一　爲規範公共危險物品及可燃性高壓氣體設置標準暨安全管理辦法第七十四條第三項規定之液化石油氣容器認可，特訂定本基準。

二　本基準所稱液化石油氣容器（以下簡稱容器）係指供家庭或營業場所使用，水容量2公升以上，50公升以下之複合材料液化石油氣容器。容器使用年限依其設計使用年限，最多不得超過20年，每5年應辦理容器定期檢驗，經檢驗合格後始得繼續使用。

三　型式認可審查程序如下：

(一)由申請人依複合材料液化石油氣容器認可作業及管理要點第三點規定，檢附相關文件以辦理審查。

(二)前款所定型式認可相關文件審查內容如下：

1.詳細之設計圖說。

2.內膽及閥基座部分：

(1)相關材料化學分析的限制。

(2)長、寬、高、厚、最小厚度，平直度及眞圓度等尺寸及其公差。

(3)生產製造程序及規範。

(4)熱處理程序（應包含溫度範圍及時間）。

(5)檢驗程序。

(6)閥基座螺紋之詳細尺寸及永久性功能。

(7)容器閥基座接合到內膽上之方法。

3.外包覆複合材料部分：

(1)使用之纖維材料應爲碳纖維，芳香族聚醯胺纖維或玻璃纖維，或任何該等材質之混合物。

(2)規格及其機械性能需求。

(3)纖維結構、纖維束外型及表面處理方式。

(4)樹脂系統－主要成分及可適用之樹脂熔槽溫度；硬化劑、促進劑之材料及其相關規格。

(5)積層樹脂以及黏合劑（用以黏接製造容器）應爲聚合物，例如：環氧樹脂、加入胺之改良性環氧樹脂、酸酐固化劑、乙烯酯或聚酯。

(6)外包覆結構，包括纖維束使用數量和預加適當應力之細節。

(7)硬化過程，溫度，時間及許可差。

4.複合材料容器部分：

(1)水容量，以公升爲單位。

(2)複合材料容器之試驗壓力。

(3)工作壓力（不可超過試驗壓力的2/3倍）。

(4)設計之最小爆裂壓力。

(5)纏繞時，纖維之張力。

(6)產品的設計生命週期，以年爲單位。

5.辦理應力分析並提供下列文件：

⑴該複合材料和內膽之應力，應使用適當之有限元素應力分析，或其他已考慮內膽非線性材料行爲特性之應力分析程序，上述計算均應考量每樣材料的公稱厚度和公稱性能。

⑵應提供一份應力之匯整表，包括2/3倍試驗壓力，試驗壓力，以及設計最小爆裂壓力時之應力。

四　審查申請人提供之符合EN14427或ISO11119-3規範之型式認可測試合格報告，其試驗項目之程序及判定結果應符合下列規定（本點各項試驗之試驗壓力爲30bar；工作壓力爲20bar《1bar＝1.01972kgf/cm^2》）：

㈠高溫潛變試驗

1.容器個數：本試驗需提供相同規格容器2只。

2.試驗環境：應於最低溫度70℃。相對濕度未滿50%之環境下進行本試驗。

3.試驗方法：對於設計年限未滿20年者，加壓至試驗壓力，並維持該壓力1,000小時。對於設計年限在20年以上者，試驗時間爲2,000小時。對於容器試驗壓力未滿60bar的設計，其試驗時間爲2,000小時。

4.後續應做試驗項目：經本試驗後，2個容器分別接受洩漏試驗及容器爆裂試驗。

5.應量測數據：量測試驗前後之水容量、每天至少量測溫度、相對濕度及容器壓力各2次，以及容器爆裂試驗所規定之各項數據。

6.判定標準：容器應無出現任何明顯變形，或有纖維鬆散（解體）；同時，進行洩漏試驗之容器應符合洩漏試驗之規定；進行容器爆裂試驗之容器，其爆裂壓力應爲2倍試驗壓力以上。

㈡缺陷試驗

1.容器個數：本試驗需提供相同規格容器2只。

2.試驗方法：於試驗容器之圓柱筒壁中間段，切出第1個縱向缺口。該縱向缺口應以厚爲1mm之切刀切割，深度至少爲40%複合材料厚度，長度爲5倍複合材料厚度，以切刀中心與另一切刀中心之間距計算。另於容器之圓柱筒壁中間段距離第1個缺口約周向120°處，切出具有相同切割尺度之第2個缺口。

3.後續應做試驗項目：經過本試驗後，2個容器分別接受容器爆裂試驗及周遭環境循環試驗，循環壓力爲2/3倍試驗壓力，倘容器未發生爆裂或滲漏情形，試驗應於5,000次後停止。

4.應量測數據：缺陷尺度的大小、容器之溫度、達到循環壓力上限之次數、最小和最大循環壓力、試驗頻率、試驗使用的介質，若試驗不合格，應記錄其不合格情形。

5.判定標準：進行容器爆裂試驗之容器，其爆裂壓力應在4/3倍試驗壓力以上；進行周遭環境循環試驗之容器，至少應接受1,000次的壓力循環，壓力爲2/3倍試驗壓力，結果不可以有任何洩漏。若經過1,000次試驗後，容器才有滲漏的現象，則該容器仍應被視爲通過檢驗。然而若試驗期間發生容器爆裂之情形，則應視爲不合格。

㈢摔落試驗

1.容器個數：本試驗需提供相同規格容器2只。

2.試驗環境：2個容器各加水至50%容量，並在容器的一端配上栓塞。

3.試驗方法：如圖1所示，2個容器應在高度1.2m，5個不同的方位上，各被摔落2次，並且摔落的地點是鋼板，此保護鋼板應是充分平坦的，任兩點之間的水平誤差不超過2mm。鋼板若有損壞，應立即更換。

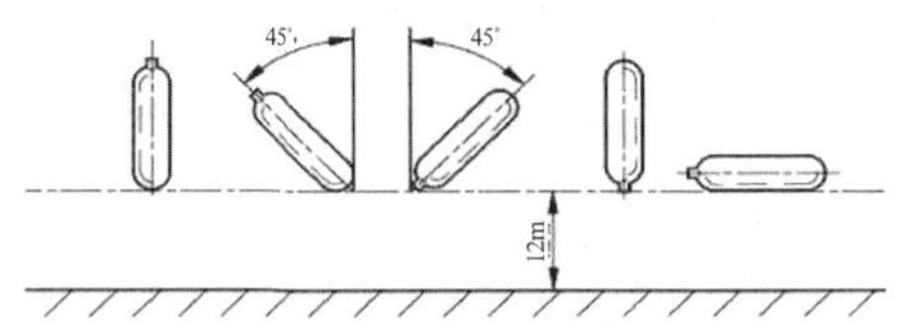

圖1　摔落試驗

4.後續應做試驗項目：經過本試驗後，2個容器分別進行容器爆裂試驗及周遭環境循環試驗。

5.應量測數據：對於每一次的摔落試驗，應檢驗容器的外觀、記錄撞擊破壞的位置和尺度、容器爆裂試驗及周遭環境循環試驗所規定之各項參數。

6.判定標準：進行容器爆裂試驗之容器，其容器爆裂壓力應大於等於容器爆裂試驗要求之最小爆裂壓力；進行周遭環境循環試驗之容器：應符合周遭環境循環試驗之規定。

㈣滲透試驗

1.容器個數：本試驗需提供相同規格非金屬內膽容器2只。

2.試驗環境：在秤其空重及記錄重量前，該等容器應先實施液壓循環1,000次，壓力由零至2/3倍試驗壓力間循環，本試驗所使用容器於試驗前後均應秤其空重，注意因累積濕氣所造成之誤差。

3.試驗方法：在溫度15℃時，將容器以液化石油氣充填至2/3倍試驗壓力後，以目視檢驗容器閥及內膽與金屬閥基座接口或環之連接處是否有洩漏，例如使用肥皂水（氣泡測試）。若有任何洩漏，在繼續實施本試驗前，應先行排除洩漏情形。試驗容器應先洩壓。之後再度量測容器之重量，測定並記錄所充填之燃氣重量。並於第1天、第7天、第14天、第21天及第28天量測該容器重量並繪出天數重量變化圖。

4.應量測數據：循環試驗介質、達到循環壓力上限之循環次數、循環頻率，每天至少記錄2次環境溫度、濕度及容器重量。

5.判定標準：應測定容器中儲存液化石油氣減少之重量，最大的重量損失率應該小於0.25mL/h/L的水容量。

㈤容器閥基座扭矩試驗

1.容器個數：本試驗需提供相同規格容器1只。

2.試驗方法：試驗時應避免容器產生轉動，在第1次安裝容器閥後，若應拆下容器閥時，應檢驗閥基座和其中的螺紋後再依據安裝指引，重新安裝該容器閥。之後應實施容器閥基座之洩漏測試（如氣泡測試），或第四款規定之滲透試驗，洩漏測試（如氣泡測試）的步驟如下。

⑴使用空氣或氮氣，將容器加壓至2/3倍試驗壓力。

⑵容器壓力維持在2/3倍試驗壓力，且時間不可小於2小時。

⑶進行氣泡洩漏測試，至少10分鐘。

3.應量測數據：容器用閥材料／栓塞材料的種類、容器用閥裝設程序及所使用之扭矩。

4.判定標準：檢驗閥座和其中的螺紋，應無任何明顯變形，且應符合設計圖之標準公差範圍內。若洩漏的泡沫大於每2分鐘1個氣泡，或第四款之滲透試驗結果不符規定，均視為本試驗不合格。

㈥洩漏試驗

1.容器個數：本試驗需提供相同規格容器1只。

2.試驗方法：洩漏試驗可使用乾燥的空氣或燃氣施以氣泡測試，或使用質譜儀及追蹤氣體去量測，或其他可測量之方式。實施洩漏試驗時，壓力為2/3倍試驗壓力。

3.判定標準：洩漏量不可超過㈣滲透試驗規定之滲透速率。

㈦容器爆裂試驗

1.容器個數：本試驗需提供相同規格容器3只。

2.試驗方法：以每秒不超過5bar的速率將液壓增加，直至容器破損。本試驗應在一般環境下進行。在開始試驗之前，應確定系統內無空氣。

3.應量測數據：爆裂壓力、壓力／時間曲線或壓力／容積曲線。

4.判定標準：爆裂壓力或導致不合格情形發生時之壓力，應不小於設計複合材料容器之2倍試驗壓力。

㈧周遭環境循環試驗

1.容器個數：本試驗需提供相同規格容器2只。

2.試驗方法：本試驗應在一般環境下使用非腐蝕性液體，容器應反覆進行循環壓力試驗，該循環壓力上限達試驗壓力。該循環壓力最小值不得超過循環壓力上限的10%。該循環壓力的頻率不得超過0.25Hz（每分鐘15次循環）。試驗時，容器外層的表面溫度不得超過50℃。

3.應量測數據：容器的溫度、達到循環壓力上限的次數、最小和最大的循環壓力、循環頻率、所使用的試驗介質，若試驗不合格，應記錄其不合格情形。

4.判定標準：容器應可進行12,000次加壓循環試驗，其壓力須達到試驗壓力。

五　個別認可之審查方式如下：

㈠書面審查：由申請人依複合材料液化石油氣容器認可作業及管理要點第九點規定，檢附相關文件以辦理審查。

㈡實體抽樣：由申請人申請個別認可容器抽樣進行實體抽樣檢驗。

六　第五點第一款所定個別認可書面審查，其容器瓶身規格、構造應與型式認可相符。

七　第五點第一款所定個別認可實體抽樣檢驗，係就第五點申請個別認可之容器，依批次抽樣施以檢驗，批次、試驗方式及補正試驗規定如下：

㈠個別認可批次之認定：在同一年月日以同一種材料製造同一形狀規格外徑厚度之容器，每900只為1批（不足900只，以900只計）。

㈡個別認可方式如下：

1.每批容器隨機抽取3只送本部或本部委託之專業機構，其中2只分別進行周遭環境循環試驗及容器爆裂試驗；另1只依序進行容器閥基座扭矩試驗、洩漏試驗及液壓試驗。上開試驗之方法及判定基準依CNS15542之規定辦理，如試驗通過，則該批容器視為合格，若有未通過試驗之項目，該批容器得針對未通過試驗項目申請補正試驗1次。

2.個別認可補正試驗應依下列步驟進行：

⑴周遭環境循環試驗及容器爆裂試驗之補正試驗，應各隨機抽取1只容器辦理試驗；另容器閥基座扭矩試驗、洩漏試驗及液壓試驗之補正試驗，隨機抽取1只容器進行試驗，並均應通過試驗。

⑵補正試驗通過，則該批容器視為合格（但第1次抽樣未通過試驗容器除外）；倘仍有容器未通過補正試驗，則該批容器應全數視為不合格。

3.所有完成個別認可試驗之抽樣容器應予銷毀。

4.合格容器瓶身之處理：

⑴檢驗合格容器應發給液化石油氣容器合格證明及合格標示，前述證明資料應由申請人及本部或本部委託之專業機構分別保留一份，以供日後查考。

⑵容器應標記下列事項。

A.此容器僅能充填液化石油氣。

B.於安裝或卸除容器閥時，應將容器閥基座夾緊固定。

5.新出廠液化石油氣容器經認可合格後，由本部或本部委託之專業機構發給合格標示（圖示如下），由製造商、進口商列印資料後附加於合格容器護圈，其應符合下列規定：

(1)字型：標楷體。

(2)欄位尺寸：

A.「下次檢驗期限」、「容器規格」、「年月日」、「容器實重」、「容器號碼」及「製造場代號」欄位爲27.5mm（長）×10mm（寬）。

B.「出廠耐壓試驗日期」欄位爲55mm（長）×9.5mm（寬）。

(3)材質：PET貼紙、金屬或經本部公告之其他同等以上材質。

燃氣熱水器及其配管安裝標準

①民國94年7月22日內政部令訂定發布全文13條；並自發布日施行。
②民國100年4月21日內政部令修正發布第3、7、8條條文；並刪除第6條條文。

第一條

本標準依消防法第十五條之一第三項規定訂定之。

第二條

燃氣熱水器（以下簡稱熱水器）及其配管之安裝，依本標準之規定。但引用與本標準同等以上效能之技術或工法，適用本標準確有困難者，於檢具具體證明經中央主管機關認可者，不在此限。

第三條 100

本標準用語定義如下：

一　熱水器：指以液化石油氣或天然氣爲燃料之熱水器，依設置方式區分如下：

㈠屋內式熱水器：依供（排）氣方式分類如下：

1. 開放式熱水器：指熱水器燃燒使用之空氣取自屋內，廢氣直接排放於屋內，並以自然換氣或機械換氣方式，將廢氣經換氣口或換氣風機排至屋外者。圖例如下：

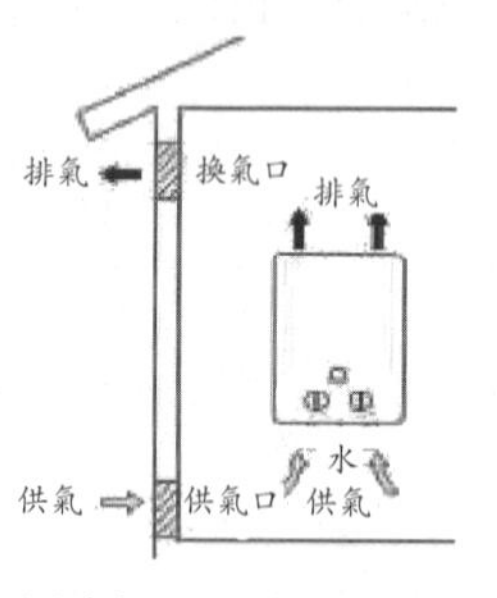

開放式熱水器（自然換氣方式）

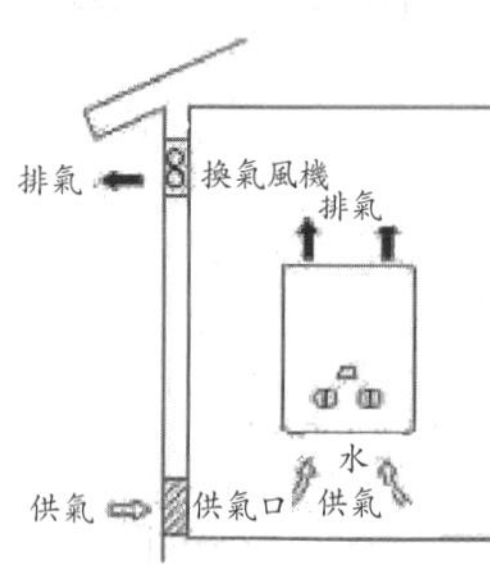

開放式熱水器（機械換氣方式）

2. 半密閉強制排氣式熱水器：指熱水器燃燒使用之空氣取自屋內，並將廢氣以排氣風機等機械方式，經排氣管強制排放至屋外者。圖例如下：

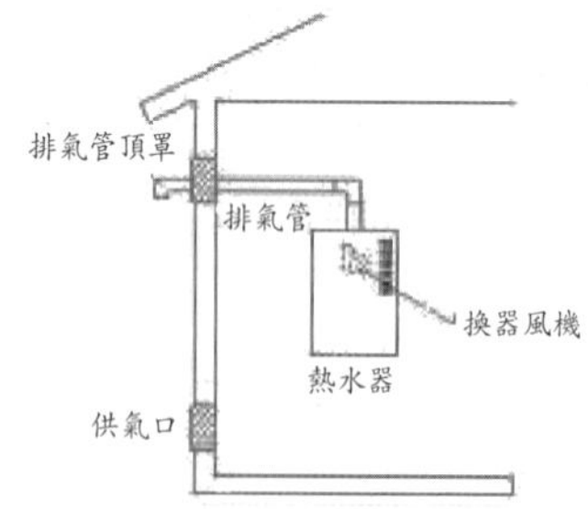

3. 密閉強制供排氣式熱水器：指熱水器燃燒使用之空氣，以供氣風機等機械方式連接供氣管自屋外取得，廢氣經排氣管以排氣風機等機械方式強制排放至屋外，與屋內之空氣隔絕者。圖例如下：

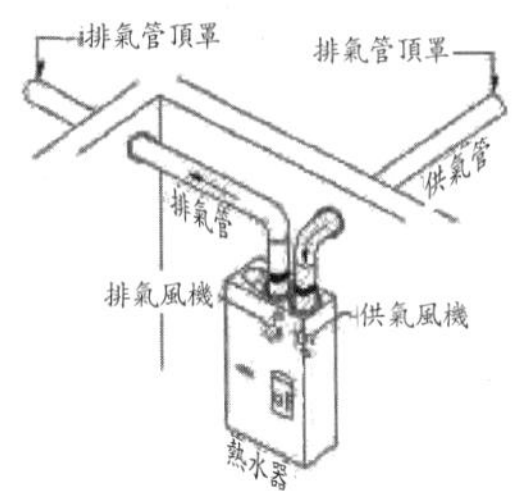

㈡屋外式熱水器：指熱水器之供氣及排氣直接於屋外進行者，圖例如下：

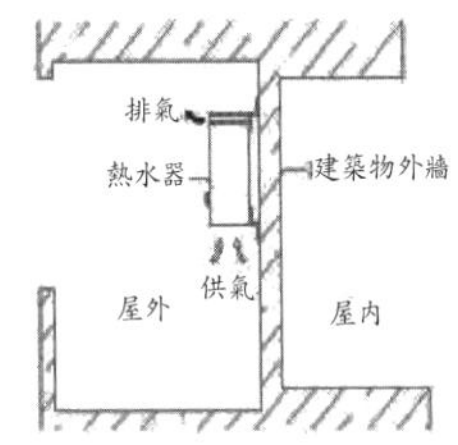

二　配管：指與熱水器連接之管路及其配件，其範圍如下：

㈠冷水管、熱水管及其配件。

㈡燃氣配管、壓力調整器（使用液化石油氣者）及其配件。

㈢供（排）氣管及其頂罩、配件。

第四條

①熱水器應符合國家標準，其安裝除依第五條至第九條規定外，並應符合下列規定：

一　不得安裝於有易燃氣體發生或滯留之處所。

二　安裝於防火構造或以不燃材料建造之牆壁。

三　有固定或防止掉落之措施。

四　依使用燃氣種類、熱水器之設置方式及供（排）氣方式安裝，並記載於施工紀錄。

第五條

①開放式熱水器之安裝應符合下列規定：

一　熱水器與周圍可燃物間距離規定如下表：

可燃物方位	上方	側方	後方	前方
距離（單位：公厘）	400	45	45	45

二　採自然換氣方式者：

㈠供氣口及換氣口之面積均爲每千瓦燃氣消耗量在三十五平方公分以上。但建築物有供換氣之空隙，且其有效開口面積合計達前段規定之值以上者，得免設供氣口。

㈡供氣口及換氣口應設於建築物外牆或與屋外能保持氣流暢通之牆壁上，並不得使火焰有被吹熄等對熱水器不良之影響。

三　採機械換氣方式者：供氣口或換氣口面積未達前款第一目規定者，應使用機械換氣，並符合下列規定：

㈠換氣風機之換氣量規定如下：

燃氣消耗量（單位：千瓦）	換氣風機換氣量（單位：立方公尺／小時）
12.1以下	450以上
16.1以下	600以上
24.2以下	900以上

㈡換氣風機應具不燃性、耐熱性及耐蝕性，其位置高於熱水器，並貼近天花板且直通屋外。

㈢換氣風機與熱水器連動。

㈣供氣口應符合前款第二目規定，其開口面積爲每千瓦燃氣消耗量在八點六平方公分以上。但建築物有供換氣之空隙，且其有效開口面積合計達前段規定之值以上者，得免設供氣口。

②前項第二款第一目但書及第三款第四目但書之有效開口面積依建築物門窗及百葉窗種類計算，分別表列如下：

門窗種類	周圍接縫每公尺之有效開口面積（單位：平方公分）
鋁製門、窗	2
鋼製門	10
木製窗	5
木製門	20
備註： 一、鋁製門窗不包括嵌死型或隔音型。 二、不包括門周邊貼有氣密壓條者。	

百葉窗種類及開口率	有效開口面積（單位：平方公分）
鐵片、塑膠片：50%	依百葉窗面積及開口率計算：Ae＝An×a
木質百葉：40%	
打孔板：30%	
備註： 一、百葉窗開口之最小空隙應在八公厘以上。 二、算式中Ae：有效開口面積；An：百葉窗面積；a：開口率。	

第六條（刪除）100

第七條 100

半密閉強制排氣式熱水器及其配管之安裝應符合下列規定：

一　熱水器與周圍可燃物之距離如下表：

距離（單位：公厘）／可燃物方位／燃氣消耗量（單位：千瓦）	上方	側方	後方	前方
11.6以下	—	45	45	45

超過11.6，70以下	—	150 【45】	150 【45】	150
備註：標有【】者表示裝設防熱板時之距離。				

二　排氣管應符合下列規定：

㈠材質為不銹鋼（型號：SUS304）或具同等以上不燃性、耐熱性及耐蝕性者。

㈡能承受本身重量、風壓及振動。

㈢各部分連接處及與熱水器連接處牢固裝接，廢氣不得有漏出之情形，且須設置支撐措施，其間隔在二公尺以下。

㈣管內不得設置防火閘門。

㈤不得與其他熱水器之排氣管共用。

㈥其位置易於檢查維修，設於天花板內者，天花板可拆卸，且能對全部隱蔽部分施以檢查、維修及更換。

㈦與周圍可燃物之距離如下表：

排氣管設置位置 ＼ 排氣管與可燃物距離 ＼ 排氣溫度		260℃以上	未滿260℃
室內開放空間處	排氣管無隔熱材施工	150公厘以上。	排氣管口徑一半以上。
室內開放空間處	排氣管有隔熱材施工	隔熱材厚度在100公厘以上者，無距離限制。	隔熱材厚度在20公厘以上者，無距離限制。但不得與可燃物接觸。
貫穿牆壁或樓板處		無封堵措施或填塞隔熱材者，在150公厘以上。	無封堵措施或填塞隔熱材者，在排氣管口徑一半以上。
貫穿牆壁或樓板處		以鐵製圓洞板封堵或設置鐵板製百葉窗者，在150公厘以上。	以鐵製圓洞板封堵或設置鐵板製百葉窗者，在排氣管口徑一半以上。
貫穿牆壁或樓板處		以水泥製圓洞板封堵者，在100公厘以上。	以厚度20公厘以上隔熱材包覆者，無距離限制。但不得與可燃物接觸。
天花板以上部分隱蔽空間處		以厚度100公厘以上隔熱材包覆者，無距離限制。	以厚度20公厘以上隔熱材包覆者，無距離限制。但不得與可燃物接觸。
天花板以上部分隱蔽貫穿牆壁或樓板處		以水泥製圓洞板封堵或設置鐵板製百葉窗者，在100公厘以上。	以水泥製圓洞板封堵或設置鐵板製百葉窗者，無距離限制。但不得與可燃物觸。

㈧其形狀能確保廢氣之排放，不得使廢氣由熱水器及排氣管之任何開口部倒灌溢出。

㈨有防止冷凝水倒流構造，且不得阻礙廢氣之排放。

㈩貫穿建築物外牆處採取防止廢氣回流至屋內措施。

三　排氣管頂罩應符合下列規定：

㈠於屋外設置排氣管頂罩，其材質為不銹鋼（型號：SUS304）或具同等以上不燃性、耐熱性及耐蝕性，並有使廢氣暢通、防止堵塞之構造。

㈡開口部分周圍不得有阻礙排氣之障礙物，與周圍可燃物之距離符合下表規定：

可燃物方位 / 距離（單位：公厘） / 吹出方向	上方	側方	下方	前方
向下單方向	300	150	600 【300】	150
垂直面全方向	600 【300】	150	150	150
水平方向	300	150	150	600 【300】
斜向全面	600 【300】	150	150	300
向下斜方向	300	150	300	300
備註：標有【】者係建築物裝有防熱板及使用不燃材料裝修者之距離。				

表中所列吹出方向，圖例如下：

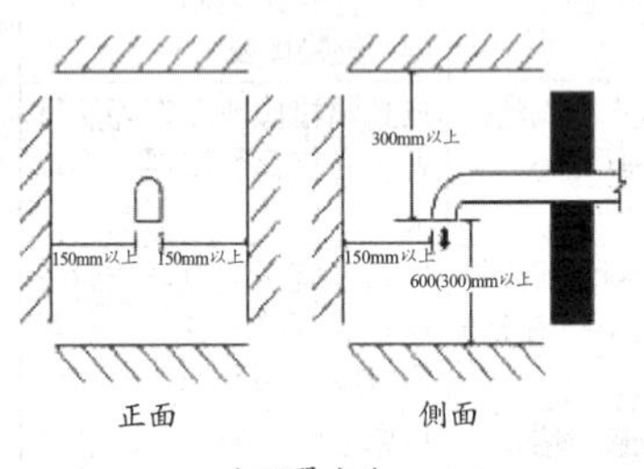

向下單方向

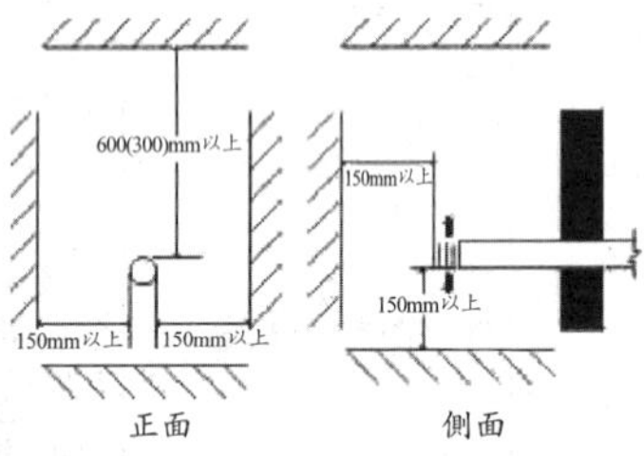

垂直面全方向

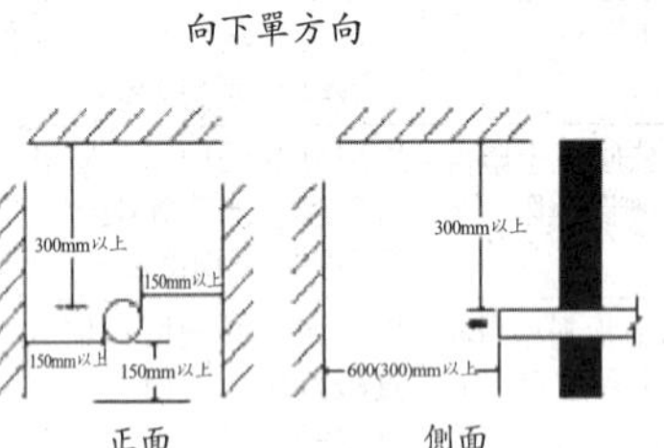

水平方向

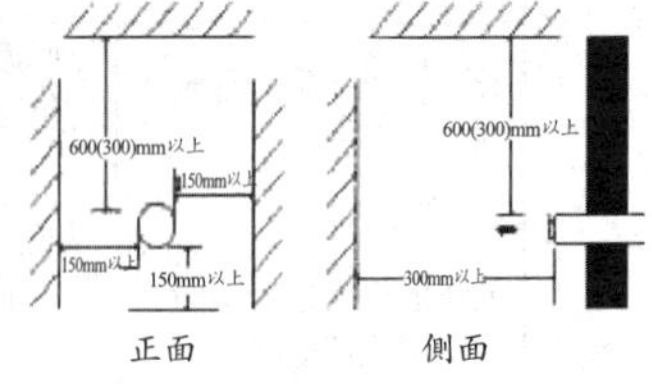

斜向全面

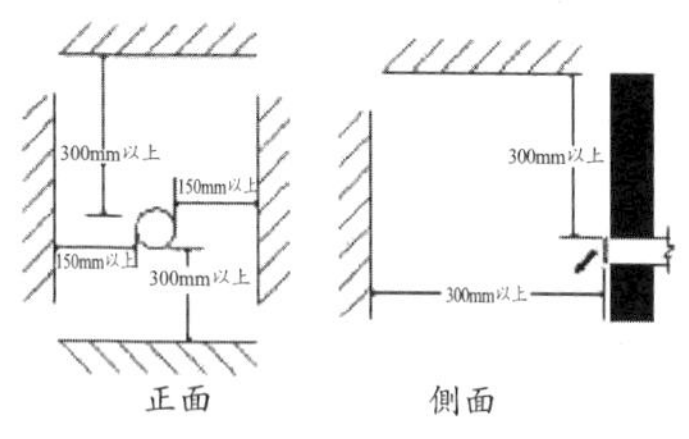

向下斜方向

㈢其開口部分與建築物開口部分之距離符合下表規定：

建築物開口方位 距離（單位：公厘） 吹出方向	上方	側方	下方	前方
向下單方向	300	150	600 【300】	150
垂直面全方向	600	150	150	150
水平方向	300	150	150	600
斜向全面	600	150	150	300
向下斜方向	300	150	300	300
備註：標有【】者係建築物裝有防熱板及使用不燃材料裝修者之距離。				

四　供氣口符合第五條第一項第二款第二目規定，其面積不得小於排氣管截面積。但建築物有供換氣之空隙，且其有效開口面積合計達前段規定之值以上時，得免設供氣口。

五　前款但書之有效開口面積依第五條第二項規定計算。

六　排氣風機應符合下列規定：

㈠能承受排氣管排氣阻抗及屋外風壓，其風量應在每千瓦燃氣消耗量每小時一點九立方公尺以上。

㈡與熱水器連動。

㈢具不燃性、耐熱性及耐蝕性。

第八條 100

密閉強制供排氣式熱水器及其配管之安裝，應符合下列規定：

一　熱水器與周圍可燃物之距離符合下表規定：

可燃物方位	上方	側方	前方	後方
距離（單位：公厘）	45以上	45以上	45以上	45以上

二　不得使用非該熱水器附屬之零配件。

三　供（排）氣管及其頂罩之材質應爲不銹鋼板（型號：SUS304）或具同等以上不燃性、耐熱性、耐蝕性者。

四　供（排）氣管與周圍可燃物距離符合下表規定：

設置位置＼供（排）氣管與可燃物距離＼供（排）氣管		排氣管	供排氣管（排氣管在內供氣管在外之同心管）
室內開放空間處	無隔熱材施工	排氣管口徑一半以上。	無距離限制。但不得與可燃物接觸。
	有隔熱材施工	隔熱材厚度在20公厘以上者，無距離限制。但不得與可燃物接觸。	
貫穿牆壁或樓板處		無封堵措施或填塞隔熱材者，在排氣管口徑一半以上。	無距離限制。但不得與可燃物接觸。
		以鐵製圓洞板封堵或設置鐵板製百葉窗者，在排氣管口徑一半以上。	
		以厚度20公厘以上隔熱材包覆者，無距離限制。但不得與可燃物接觸。	
天花板以上部分隱蔽空間處及貫穿牆壁或樓板處		以厚度20公厘以上隔熱材包覆者，無距離限制。但不得與可燃物接觸。	20公厘以上。

五　排氣管應符合下列規定：

㈠能承受本身重量、風壓及振動。

㈡各部分連接處及與熱水器連接處牢固裝接，廢氣不得有漏出之情形，且須設置支撐措施，其間隔在二公尺以下。

㈢管內不得設置防火閘門。

㈣不得與其他熱水器之排氣管共用。

㈤其位置易於檢查維修，設於天花板內者，天花板可拆卸，且能對全部隱蔽部分施以檢查、維修及更換。

㈥有防止冷凝水倒流構造，且不得阻礙廢氣之排放。

㈦貫穿建築物外牆處採取防止廢氣回流至屋內措施。

六　供氣管符合下列規定：

㈠能承受本身重量、風壓及振動。

㈡各部分與熱水器連接部分應牢固裝接，不得有使屋內空氣滲入之情形，並有支撐措施，其間隔在二公尺以下。

㈢管內不得有防火閘門。

㈣不得與其他熱水器之供氣管共用。

㈤其位置易於檢查維修，設於天花板內者，天花板可拆卸，且能對全部隱蔽部分施以檢查、維修及更換。

㈥有效開口面積不得小於排氣管面積。

七　供（排）氣管頂罩符合下列規定：

㈠設於屋外，其開口部分有防止堵塞之構造。

㈡周圍不得有阻礙供（排）氣之障礙物體。

㈢排氣管頂罩開口部分與建築物開口部分之距離符合下表規定：

建築物開口方位／距離（單位：公厘）／吹出方向	上方	側方	下方	前方
垂直面全方向	600以上	150以上	150以上	150以上

㈣排氣管頂罩與周圍可燃物之距離符合下表規定：

可燃物方位／距離（單位：公厘）／吹出方向	上方	側方	下方	前方
垂直面全方向	600【300】以上	150以上	150以上	150以上
備註：標有【】者係建築物裝有防熱板及使用不燃材料裝修者之距離。				

第九條

①屋外式熱水器不得安裝於屋內或有任何影響空氣流通設施之處所。

②前項熱水器與周圍可燃物之距離應符合下表規定：

可燃物方位	上方	側方	前方	後方
距離（單位：公厘）	600	150	150	150

第一〇條

連接熱水器及自來水管預留接頭之冷水管及熱水管，其設置應符合下列規定：

一　使用不銹鋼或具同等以上耐熱性及耐腐蝕性之材質。

二　接頭確實連接，不得有洩漏情形。

三　長度在一公尺以下，彎曲角度在九十度以下。

四　冷水管裝設逆止閥。

第一一條

連接熱水器之燃氣配管，其設置應符合下列規定：

一　使用金屬管或符合國家標準之橡膠管；其爲橡膠管者，長度在一點八公尺以下，並不得隱藏在建築物構造體內或貫穿樓地板或牆壁。

二　熱水器與燃氣配管連接處之上游裝設關閉閥，並與熱水器保持一點八公尺以下之距離。

三　使用液化石油氣壓力調整器者，應符合國家標準。

第一二條

①熱水器及其配管於安裝完工後，承裝業應辦理下列事項：

一　製作施工標籤，並以不易磨滅、剝離方式張貼於熱水器及其配管之適當、明顯位置，其記載項目如下：

㈠承裝業公司名稱、電話及住址。

㈡技術士姓名。

㈢技術士證照號碼。

㈣施工內容。

㈤施工日期。

㈥其他中央主管機關公告事項。

二　製作施工紀錄一式二份，一份交予用戶，另一份自存五年以上。

三　實施竣工檢查（檢查表之格式如附件）。

②於中華民國九十五年一月三十一日以前，熱水器及其配管非由技術士安裝者，前項第一款第二目及第三目所定記載項目，為安裝人員姓名及其國民身分證統一編號。

第一三條

本標準自發布日施行。

燃氣熱水器及其配管承裝業管理辦法

①民國94年12月30日經濟部、內政部令會銜訂定發布全文19條；並自發布日施行。
②民國105年11月7日經濟部、內政部令會銜修正發布第11條條文。

第一條

辦法依消防法（以下簡稱本法）第十五條之一第二項規定訂定之。

第二條

本辦法所稱燃氣熱水器及其配管承裝業（以下簡稱承裝業），指以液化石油氣或天然氣為燃料之熱水器及其配管安裝之業者。

第三條

承裝業應檢附下列文件，向直轄市、縣（市）主管機關申請營業之登記：

一　申請書。
二　公司或商業登記證明文件。
三　營業場所證明文件。
四　負責人國民身分證影本及相片。
五　技術士名冊、國民身分證及技術士證之影本；承裝業負責人具技術士身分者，亦同。
六　其他經中央主管機關指定公告之文件。

第四條

①直轄市、縣（市）主管機關受理承裝業申請營業之登記，經審查合格後，並發給證書載明下列事項：

一　營業之登記字號。
二　承裝業名稱及地址。
三　公司或商業登記字號。
四　負責人姓名及國民身分證統一編號。
五　其他經中央主管機關指定公告之事項。

②前項證書遺失或破損不能辨識時，負責人應即申請補發或換發。

第五條

①承裝業原登記事項有下列情形之一者，應於事實發生之日起一個月內，檢附原發給之證書、變更申請書、變更後資料，向直轄市、縣（市）主管機關申請變更登記：

一　營業場所遷移。
二　公司或商業登記變更。
三　公司組織之承裝業負責人異動。
四　其他經中央主管機關指定公告事項之變更。

②承裝業之技術士異動時，應於異動之日起十五日內報請直轄市、縣（市）主管機關備查。

第六條

承裝業有下列情形之一者，應依第三條規定，重新申請營業之登記，其原領取之證書應繳回註銷：

一　名稱變更。
二　非公司組織之承裝業更換負責人。

第七條

承裝業有下列情形之一者，其負責人不得再任承裝業之負責人：

一　經直轄市、縣（市）主管機關撤銷營業之登記，未滿三年。

二　除依第十七條第四款規定申請廢止營業之登記外，經直轄市、縣（市）主管機關廢止營業之登記，未滿一年。

第八條

承裝業營業之登記之申請、變更，及證書之發給、補發、換發，直轄市、縣（市）主管機關得委託相關機關（構）或團體辦理。

第九條

承裝業之技術士應為專任，不得同時任職於其他承裝業。

第一〇條 105

①承裝業不得由未領有技術士證者執行安裝或維修工作。

②技術士執行業務時，應出示承裝業發給之工作證明及技術士證。

第一一條

①技術士於任職期間，每三年應參加中央主管機關或其委託之專業機構辦理之訓練；訓練合格，並領有證書後，始得續任。

②前項專業機構應擬訂訓練計畫，報請中央主管機關核定後實施。

③中央主管機關應將第一項專業機構名稱、訓練課程與時數及委託事項公告之。

第一二條

技術士參加前條訓練，應負擔訓練費用；其金額，由中央主管機關公告之。

第一三條

承裝業安裝之燃氣熱水器及其配管（以下簡稱熱水器），其材料、規格應符合中華民國國家標準；其安裝、供（排）氣方式及竣工檢查，並應符合燃氣熱水器及其配管安裝標準之規定。

第一四條

①承裝業執行熱水器安裝或維修工作，應備置業務登記簿，記載用戶之姓名或名稱、地址及工作內容，並應妥善保存。

②前項業務登記簿至少應保存五年，以備各級主管機關查核。

③第一項業務登記簿之格式，由中央主管機關刊登公報公告之。

第一五條

①承裝業對於安裝完成之熱水器應備置登錄卡，由技術士記錄安裝及每次維修情形，交由用戶保管。

②前項登錄卡格式，由中央主管機關刊登公報公告之。

第一六條

承裝業申請營業之登記事項有虛偽或不實情事者，直轄市、縣（市）主管機關應撤銷其登記。

第一七條

承裝業有下列情形之一者，直轄市、縣（市）主管機關應廢止其登記：

一　將證書提供他人從事承裝業務。

二　違反第五條、第六條、第九條、第十四條或第十五條規定，經通知限期改善，逾期未改善。

三　依本法第四十二條之一規定處以停業處分，逾期未改善。

四　申請廢止登記。

第一八條

承裝業受廢止或撤銷登記處分者，應於二十日內將證書送繳直轄市、縣（市）主管機關公告註銷；逾期不繳回者，直轄市、縣（市）主管機關應依職權公告註銷之，並通知公司或商業登記主管機關。

第一九條

本辦法自發布日施行。

燃氣熱水器及其配管施工標籤及施工登錄卡作業規定

民國94年11月29日內政部令訂定發布全文3點；並自94年12月10日起生效。

一　爲規範燃氣熱水器及其配管安裝標準第十二條第一項第一款及第二款有關燃氣熱水器（以下簡稱熱水器）及其配管施工標籤及施工紀錄之規格及格式等事項，以利遵循，特訂定本作業規定。

二　熱水器及其配管施工標籤規格應符合下列規定：

㈠尺寸：8公分以上×5.3公分以上。

㈡材質：銅板紙（面）及鋁箔紙（底）。

㈢顏色：白底黑字。

㈣字型：標楷體11型以上。

㈤標示方式：黏貼。

㈥格式如下：

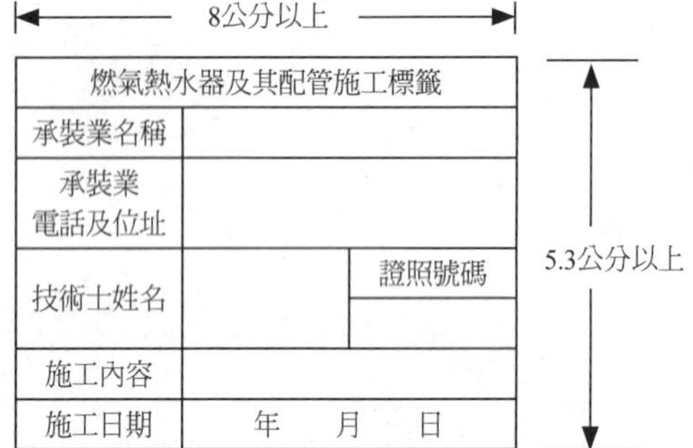

8公分以上

5.3公分以上

燃氣熱水器及其配管施工標籤		
承裝業名稱		
承裝業 電話及位址		
技術士姓名		證照號碼
施工內容		
施工日期	年　　月　　日	

三　熱水器及其配管施工登錄卡格式如附表。

鋼製液化石油氣容器定期檢驗基準

①民國92年7月30日內政部令訂定發布全文3點。
②民國95年5月30日內政部令修正發布全文3點；並自95年6月9日起生效。
③民國97年11月21日內政部令修正發布全文3點；並自即日生效。
④民國98年6月3日內政部令修正發布全文3點；並自即日生效。
⑤民國99年5月25日內政部令修正發布全文17點；並自99年7月1日生效。
⑥民國101年2月22日內政部令修正發布第3、15點；並自101年3月16日生效。
⑦民國103年1月16日內政部令修正發布第3、4點；並自103年3月1日生效。
⑧民國103年12月5日內政部令修正發布第5、12點；並自即日生效。
⑨民國105年7月8日內政部令修正發布名稱及第3、7、17點；並自即日生效（原名稱：液化石油氣容器定期檢驗基準）。

一　為規範公共危險物品及可燃性高壓氣體設置標準暨安全管理辦法第七十五條之一第一項規定之液化石油氣容器定期檢驗，特訂定本基準。

二　本基準所稱鋼製液化石油氣容器（以下簡稱容器）係指供家庭或營業場所使用，其容量為二公斤、四公斤、十公斤、十六公斤、十八公斤、二十公斤及五十公斤，使用溫度在40℃以下，並以電弧或自動熔接其瓶身、護圈及鋼裙之容器。

三　容器檢驗期限依出廠耐壓試驗日期計算瓶齡，分別規定如下：

㈠出廠耐壓試驗日期為九十四年二月二十八日以前者，依下表推算其下次檢驗日期。

<table>
<tr><td rowspan="2">50公斤裝容器</td><td>瓶齡</td><td>未滿8年</td><td>8年以上
未滿19年</td><td>19年以上
未滿29年</td><td>29年以上
未滿30年</td></tr>
<tr><td>下次檢驗年限</td><td>4年</td><td>3年</td><td>2年</td><td>1年</td></tr>
<tr><td rowspan="2">16、18、20公斤裝容器</td><td>瓶齡</td><td>未滿9年</td><td>9年以上
未滿10年</td><td>10年以上
未滿18年</td><td>18年以上
未滿29年</td><td>29年以上
未滿30年</td></tr>
<tr><td>下次檢驗年限</td><td>5年</td><td>4年</td><td>3年</td><td>2年</td><td>1年</td></tr>
<tr><td rowspan="2">2、4、10公斤裝容器</td><td>瓶齡</td><td>未滿
14年</td><td>14年以上
未滿15年</td><td>15年以上
未滿16年</td><td>16年以上
未滿17年</td><td>17年以上
未滿29年</td><td>29年以上
未滿30年</td></tr>
<tr><td>下次檢驗年限</td><td>6年</td><td>5年</td><td>4年</td><td>3年</td><td>2年</td><td>1年</td></tr>
</table>

㈡出廠耐壓試驗日期為九十四年三月一日以後者，依下表推算其下次檢驗日期。

瓶齡	未滿18年	18年以上未滿19年	19年以上未滿20年	20年以上
下次檢驗年限	5年	4年	3年	2年

前項容器瓶齡屆滿三十年者，不再實施定期檢驗。

第一項容器下次檢驗期限，自前次檢驗日期之翌日起算。

四　容器定期檢驗程序如下：

㈠第一次外觀檢查。

㈡殘留氣體回收。

㈢耐壓膨脹試驗。
㈣除鏽作業。
㈤第二次外觀檢查。
㈥內部檢查。
㈦重量檢查。
容器經前項檢驗項目判定合格後，應施作程序如下：
㈠打刻鋼印。
㈡油漆塗裝。
㈢抽眞空。
㈣容器實重（含閥）量測。

五　第一次外觀檢查方式如下：
㈠容器於檢驗前，應清除乾淨外部之污泥、油污、鐵鏽等雜質。
㈡以目視（或量具）方法檢視容器外觀，有下列情形之一者，爲不合格，並予銷毀：
1. 鋼裙腐蝕變形、損傷顯著或無法直立者。
2. 容器本體底端與鋼裙底面間之底面空隙（將容器直立於水平面時容器本體底端與水平面之空隙距離）未符合下列規定者：
⑴二公斤、四公斤、十公斤裝容器：8mm以上。
⑵十六公斤、十八公斤、二十公斤、五十公斤裝容器：10mm以上。
3. 容器表面局部或全部受到火焰或電弧灼傷者。
4. 有深度0.8mm以上之傷痕、腐蝕者。
5. 熔接部位之凹痕深度達0.8mm以上或非熔接部位之凹痕深度達12mm以上者。
6. 護圈顯著變形或容器軸心顯著歪斜者。
7. 容器經重新焊接或護圈與鋼裙標示之製造年份不一致者。

六　殘留氣體回收應以殘氣回收機將剩餘在容器內之氣體回收，並設防制污染設備。

七　耐壓膨脹試驗分爲加壓試驗及膨脹測定試驗二種，其規定如下：
㈠加壓試驗時，將容器施以耐壓膨脹試驗壓力以上之壓力，保持30秒鐘以上，不得有洩漏或異常現象。本項加壓試驗前供試容器不得先施予表一所示耐壓膨脹試驗壓力90%以上之壓力。
㈡膨脹測定試驗：
1. 以受檢容器設計壓力之5/3以上壓力作膨脹測定試驗。
2. 使用水槽式試驗者，所用膨脹指示計精密度須在1%範圍以內。
3. 使用同位式水位計試驗者，最小刻度爲0.1ml。
4. 作本項膨脹測定試驗前，送驗容器不得先施予表一之耐壓膨脹試驗壓力90%以上之壓力。
5. 應使容器完全膨脹至休止爲止，並維持30秒鐘以上且無異常膨脹後，查看壓力計及水位計之全膨脹量讀數，除去壓力，再檢視留存在容器內之永久膨脹量。

表一　設計壓力

項目／項次	灌裝之液化石油氣種類	耐壓膨脹試驗壓力	氣密試驗壓力
1	丙烷爲主之液化石油氣，溫度48℃，壓力9kgf/cm^{2}以上未達15.6kgf/cm^{2}者	30.0 kgf/cm^2	18 kgf/cm^2
2	丁烷爲主之液化石油氣，溫度48℃，壓力未達9kgf/cm^{2}者	18 kgf/cm^2	10.8 kgf/cm^2

㈢本項試驗設備使用壓力指示計之最小刻度應爲最高指示數値之1%以下。

㈣施行本項試驗時，容器口基螺紋不得塗抹封合劑。

㈤進行本項試驗時，所加壓力未到達表一規定試驗壓力之90%前，如有滲漏現象者，得停止試驗。

㈥使用非水槽式耐壓膨脹試驗之永久膨脹量ΔV依下式求得：

$$\Delta V = (A-B) - [(A-B)+V]\frac{P}{1.033}\beta t$$

V：容器之內容積（cc）。

P：本項試驗壓力（kgf/cm^2）。

A：本項試驗壓力P時所壓進之量（cc），即量筒內之水位下降量。

B：本項試驗壓力P時由水壓幫浦至容器進口間之連接管內所壓進之水量（cc），即對容器本身以外部分之壓進水量（cc）。

βt：本項試驗時水溫t℃之壓縮係數（如表二）。

㈦施行本項試驗結果，應依照本基準第十點之重量檢查規定辦理（容器之永久膨脹率等於永久膨脹量除以全膨脹量）。

㈧完成本項試驗後，應將容器內水分瀝乾。

八　除鏽作業應使用粒珠噴擊（shot blast）除去容器外表鐵鏽及油漆，如未能完全清除時應作第二次噴擊。

九　第二次外觀檢查應使用量測深度器具測量，有下列情形之一者，爲不合格，應予銷毀。

㈠割傷或銼傷等痕跡：

1.傷痕長度未達75mm而傷部最深在0.8mm以上者。

2.傷痕長度在75mm以上且傷部最深在0.4mm以上者。

3.傷痕深度達0.4mm，且傷痕尖銳者。

㈡腐蝕：

1.圓孔狀腐蝕分散在表面且其最深部分在1.00mm以上者。

2.圓孔狀腐蝕之分布面積佔容器表面積25%以上，且最深部分在0.7mm以上者。

3.線狀腐蝕一處長度未達75mm，而最深部分在1.00mm以上者。

4.線狀腐蝕一處長度75mm以上，且最深部分在0.8mm以上者。

5.線狀腐蝕二處長度未達75mm，而最深部分在0.7mm以上者。

6.線狀腐蝕二處長度75mm以上，且最深部分在0.5mm以上者。

㈢凹痕：

1.熔接部分及沿熔接縫處發生之凹傷其深度超過6mm且深度應爲容器同一處凹進部分垂直投射至表面所形成之範圍平均直徑1/10以上者。

2.其他非熔接部位之凹痕深度超過10mm以上者。

㈣口基變形：

1.口基之變形，嚴重傾斜致無法將容器裝入水槽實施耐壓膨脹試驗。

2.因口基之螺紋變形，致容器閥裝上後有效螺牙數在7牙以下者。

十　內部檢查應使用內視照明設備檢視容器內部，其有下列情形之一者，爲不合格，應予銷毀：

㈠內部有龜裂、傷痕、剝落現象者。

㈡腐蝕深度在0.5mm以上局部腐蝕分散者。

十一　重量檢查時應使用電腦自動登錄方式，將容器淨重（含護圈、鋼裙，不含容器閥）除以容器個別認可檢驗完成時所得之值，有下列情形之一者，爲不合格，應予銷毀：

㈠在95%以上者，其於耐壓試驗所測得之永久膨脹率逾10%者。

㈡在90%以上未達95%者，其於耐壓試驗所測得之永久膨脹率逾6 %者。

㈢未達90%者。

十二　容器肩部或護圈原始資料模糊者，應重新打刻鋼印使易於辨識。

十三　經檢驗合格容器應以油漆塗裝，其塗裝方式如下：

㈠檢驗合格容器表面應漆成灰色，並以紅漆直寫充填內容物名稱。但容器外徑大於容器總長2/3以上者，得採橫寫。

㈡容器表面規定之紅字，其邊長不得小於3cm。

十四　容器於裝閥後應以抽眞空機將容器內部壓力抽至負0.5kgf/cm^2（38cmHg）以下，達負壓狀態且保持30秒。

十五　容器經塗裝及抽眞空後，應以磅秤量測實際重量（含閥）至小數點下第二位數，並將重量登載於合格標示。

十六　容器經檢驗不合格者應予壓毀，壓毀度應超過容器外徑1/3倍以上。

十七　容器檢驗合格附加合格標示（圖示如下），應符合下列規定：

㈠字型：Antique Olive字型。

㈡雕刻字體：

1.「容器規格」、「容器號碼」、「檢驗場代號」、「出廠耐壓試驗日期」及「定期檢驗日期」欄位：字體爲4mm（長）×2mm（寬），採單刀刻或同等效果之雷射燒結雕刻。

2.「容器實重（含閥）」欄位：字體爲5mm（長）×3mm（寬），採雙刀刻或同等效果之雷射燒結雕刻。

3.「下次檢驗期限」欄位：字體爲7.5mm（長）×3.5mm（寬），採雙刀刻或同等效果之雷射燒結雕刻。

㈢欄位尺寸：

1.「下次檢驗期限」及「容器規格」欄位：46mm（長）×9mm（寬）。

2.「年月日」及「容器實重」欄位：46mm（長）×17mm（寬）。

3.「容器號碼」、「檢驗場代號」、「出廠耐壓試驗日期」及「定期檢驗日期」欄位：46mm（長）×12mm（寬）。

㈣警告標示及緊急處理方式之內容：

1.放置於室外通風處，避免日曬。

2.應與爐具保持適當之距離。

3.瓦斯洩漏，立即關閉開關，勿操作任何電器。

4.拒絕使用逾期未檢驗瓦斯桶。

5.檢舉不法或緊急事故，請撥119。

㈤材質：鋁合金。

鋼製液化石油氣容器認可作業及管理要點

①民國92年6月9日內政部函訂定發布全文20點。
②民國96年6月5日內政部令修正發布全文21點；並自即日生效。
③民國97年4月29日內政部令修正發布第8、13、15點；刪除第12點；並自即日生效。
④民國102年1月7日內政部令修正發布第13點；刪除第17點；並自即日生效。
⑤民國103年2月17日內政部令修正發布名稱及全文18點；並自即日生效（原名稱：液化石油氣容器認可作業及管理要點）。
⑥民國104年1月28日內政部令修正發布第2、12、13、17、18點；增訂第19、20點；並自即日生效。

一　本要點依公共危險物品及可燃性高壓氣體設置標準暨安全管理辦法第七十四條第二項規定訂定之。

二　本要點用語定義如下：

㈠鋼製液化石油氣容器（以下簡稱液化石油氣容器）：係指液化石油氣容器之瓶身（含護圈及鋼裙）。

㈡型式認可：係指液化石油氣容器之型式，其形狀、構造、材質及性能，應符合內政部（以下簡稱本部）所訂鋼製液化石油氣容器認可基準。

㈢輕微變更：係指取得型式認可之液化石油氣容器，其護圈及鋼裙之變更，不致對其材質及安全性產生影響者。

㈣個別認可：係指已取得型式認可之液化石油氣容器，於國內製造出廠前或國外進口銷售前，經確認其產品之形狀、構造、材質及性能與型式認可相符。

三　申請型式認可應填具型式認可申請書，並檢附下列文件向本部或本部委託之專業機構申請：

㈠工廠（進口品免備）、公司、行號之登記證明文件及最近一次完稅證明等影本。

㈡工廠試驗設備（耐壓試驗設備、氣密試驗設備、內容積水重測試設備）、器具（容器口基塞規、游標卡尺、磅秤、砝碼及其他相關試驗器具）及試驗場所概要說明書。

㈢主要生產設備說明書（裁剪設備、焊接設備、製作上、下端板設備、滾圓設備、滾邊設備、重量檢查設備、熱處理設備、塗裝烤漆設備、製卡設備及其他相關生產設備）。

㈣品質管理說明書（內容包括產品之設計管理、品質管理系統，零組件及庫存品之管理，製造、組裝作業流程，試驗設備之維護管理等有關文件）。

㈤產品之設計圖，圖面應明確標示各部構造及零組件之名稱、尺度與材質，並附實體正面、側面、背面圖片（含照片）及有關說明資料（包括產品型錄、使用手冊等）。

㈥經本部委託之專業機構出具之試驗報告（須為申請日前之二年內作成者）及廠內試驗紀錄表，載明引用規定，試驗結果及規定之對照表。

㈦維修保養手冊及相關試驗設備、器具之校正資料（試驗設備用壓力表或連成表應一年校正乙次；試驗器具應三年校正乙次）。

㈧製造容器技術訓練程序及教材。

㈨容器製造人員學經歷、專長清冊及訓練證明文件。

㈩文件為外文資料者，應附中文譯本或適當之摘譯本。

前項申請資料應依序編號、編列頁碼裝訂成冊，並備妥必要之份數。

第一項申請資料本部得派員或委由本部委託之專業機構或當地消防機關實地查核。

四　液化石油氣容器委託他人製造生產者，申請型式認可，除依第三點規定外，並應依下列規定辦理：

㈠檢附委託契約證明文件，契約內容應載明產品於製造、加工、組裝及試驗時，契約雙方之權利義務關係與其他必要事項。

㈡第三點第一項所列文件，應有契約雙方負責人及工廠、公司或行號之簽章。

㈢申請書應加註產品型號及相關事項。

㈣使用受託者之試驗設備者，其試驗紀錄表上，須有受託者操作人員及委託者會同人員之簽章。

前項產品有型式變更者，應由契約雙方共同提出申請。但經雙方協議，得由其中一方申請型式變更。

五　液化石油氣容器自國外進口者申請型式認可，除依第三點規定外，並應檢附授權代理證明文件；其試驗報告爲國外測試機構所開具者，並應經我國駐外單位驗證。

前項進口品於申請個別認可時，依本要點之規定辦理，並應檢附國外原廠之出廠證明及進口報單。

六　本部委託之專業機構辦理型式認可試驗時，應就試驗項目具體載明試驗結果，其有建議事項者，應詳述理由。本部並得就鋼製液化石油氣容器認可基準所定必要項目，派員會同試驗。

七　型式認可之審查結果，自受理之日起三個月內由本部或本部委託之專業機構以書面通知申請人。合格者，發給型式認可證書；不合格者，應敘明理由，不予認可。

前項型式認可證書，應記載下列事項：

㈠公司或商號名稱、統一編號、地址及負責人姓名。

㈡工廠地址。

㈢認可之依據。

㈣有效期限。

㈤認可內容。

㈥注意事項。

㈦本部委託之檢驗機構名稱。

八　型式認可之有效期限爲三年，期限屆滿前三個月內得申請延展，每次延展期間爲三年。申請延展未核准前，不得申請個別認可。

型式認可申請延期，應由申請人備齊原型式認可證明文件影本及第三點規定之文件向本部或本部委託之專業機構申請。

九　經型式認可者，有下列變更情形之一，應於事實發生次日起三十日內，檢附原型式認可證書及相關證明文件，向本部或本部委託之專業機構申請變更，並換發型式認可證書；其有效期間與原型式認可證書相同：

㈠公司、商號或工廠地址變更。

㈡負責人變更。

㈢公司或商號名稱變更。

十　經型式認可合格後，應經個別認可合格並取得液化石油氣容器瓶身證明者，始得申購合格標示。

前項合格標示之材質及規格規範於鋼製液化石油氣容器認可基準。

十一　申請個別認可，應塡具申請書，向本部或本部委託之專業機構申請，本部並得就鋼製液化石油氣容器認可基準所定必要項目，派員會同試驗。

申請個別認可之型式達二種以上者，應分別塡具申請書。

申請個別認可者，因故需變更試驗日期、數量或型式時，應塡具變更申請書，於受檢日五日前，向本部或本部委託之專業機構提出。

十二　個別認可試驗不合格項目屬「規格及構造檢查」、「外觀檢查」、「熔接部抗拉強度試驗」、「熔接縫正面彎曲試驗」及「放射線照相試驗」者，申請人得向本部委託之專業機構申請補正試驗。其程序如下：

㈠於接到本部或本部委託之專業機構試驗結果通知日起十日內，製作補正試驗改善計畫書（格式如附表一），函報本部或本部委託之專業機構。逾期視同放棄改善。

㈡本部或本部委託之專業機構於收到改善計畫書之日起十日內通知申請人審核結果；其結果未符規定者，得通知申請人修正之，並以一次爲限。

㈢申請人得於接到本部指定之專業機構通知審查合格之日起二個月內，檢附補正試驗改善報告書（格式如附表二）及相關文件，向本部或本部委託之專業機構申請補正試驗。

申請人依前項規定申請個別認可補正試驗前，應自行篩選淘汰容器，並於補正試驗結果通知後三個月內，依第十四點第二項及第三項規定予以銷毀或報運出口。

第一項個別認可申請補正試驗僅得向原申請個別認可之專業機構提出，並以一次爲限。但補正試驗爲外觀檢查者則以二次爲限。

十三　經個別認可合格之液化石油氣容器應於容器瓶身護圈內側附加合格標示，並向本部委託之專業機構申報容器資料，本部及本部委託之專業機構得隨時派員抽查標示附加情形。

取得個別認可合格之申請人應詳實記錄液化石油氣容器銷售對象及數量，並於出售前報本部或本部委託之專業機構備查。

十四　本部或本部委託之專業機構對於個別認可試驗不合格之液化石油氣容器，應以書面通知申請人。申請人接獲不合格通知後三個月內應予以銷毀或報運出口。

申請人執行前項銷毀作業一週前，應以書面陳報當地消防機關，及本部或本部委託之專業機構派員監毀；銷毀後一週內應將銷毀處置情形作成紀錄報請當地消防機關核轉本部及副知本部委託之專業機構。

申請人辦理第一項報運出口作業一週前，應以書面陳報當地消防機關，及本部或本部委託之專業機構；報運出口後三週內，應檢附關稅局出口報單等相關足資證明文件，陳報公司或商號登記所在地消防機關，及本部或本部委託之專業機構。

十五　取得型式認可廠商之製造設施均應由專職人員擔任製造作業，確實紀錄液化石油氣容器製造相關資料，並至少保存五年。

前項人員應每半年定期訓練四小時以上，其課程內容至少應包括液化石油氣容器製造設備之操作（三小時）及液化石油氣容器製作相關規範（一小時）。

十六　個別認可試驗完成後，試驗人員與申請者，應就試驗紀錄表及認可標示領用表上之記載事項，確認簽章。

十七　申請型式認可檢附之文件，如有僞造文書、出具不實證明，本部得撤銷其型式認可。

十八　有下列情形之一者，本部得廢止其型式認可：

㈠型式認可申請人之公司、商業或工廠登記經撤銷、廢止、解散或歇業。

㈡鋼製液化石油氣容器認可基準業經修正或廢止。

㈢販賣未經認可之容器。

㈣僞造、仿冒合格標示。

㈤合格標示交付他人使用或附加於未經認可之容器。

㈥取得認可之容器，因瑕疵造成人員重大傷害或危害公共安全。

㈦規避、妨礙或拒絕本部或本部委託之專業機構查核。

㈧未依第十四點規定執行不合格容器銷毀或報運出口者。

㈨合格標示內容故意登載不實。

(十)其他違規情節重大事項。

十九　本部或本部委託之專業機構辦理認可作業時，應依液化石油氣容器認可及合格標示規費收費標準收取費用。

二十　申請輕微變更者，申請人應檢附原型式認可證書、變更前後圖說及證明文件，並註明與原型式相異部分，向本部或本部委託之專業機構申請輕微變更之認可，由本部或本部委託之專業機構書面審查，並換發型式認可證書；其有效期限與原型式認可證書相符。

前項輕微變更如爲護圈者，應依鋼製液化石油氣容器認可基準實施摔落試驗。

前項試驗費用適用「液化石油氣容器認可及合格標示規費收費標準」第三條第二款規定。

鋼製液化石油氣容器認可基準

①民國92年6月9日內政部令訂定發布全文4點。
②民國93年7月9日內政部令修正發布全文4點。
③民國94年8月26日內政部令修正發布第2點；並自94年8月26日起生效。
④民國95年4月21日內政部令修正發布全文4點；並自95年5月1日起生效。
⑤民國96年6月5日內政部令修正發布全文4點；除第2點第7款第5目自96年10月1日實施外，自即日生效。
⑥民國97年4月29日內政部令修正發布全文4點；並自即日生效。
⑦民國97年11月21日內政部令修正發布全文4點；並自即日生效。
⑧民國99年7月5日內政部令修正發布全文7點；並自即日生效。
⑨民國102年1月7日內政部令修正發布第5～7點；除第5點自102年5月1日生效外，自即日生效。
⑩民國103年2月17日內政部令修正發布名稱及全文10點；並自即日生效（原名稱：液化石油氣容器認可基準）。
⑪民國103年5月23日內政部令修正發布第5、9點；並自即日生效。
⑫民國104年1月28日內政部令修正發布第5、9點；並自即日生效。
⑬民國105年5月12日內政部令修正發布第10點；並自即日生效。
⑭民國106年1月20日內政部令修正發布全文10點；除第4、5點自106年7月1日生效，第9點自107年1月1日生效外，自即日生效。
⑮民國107年10月1日內政部令修正發布第5、9點；並自即日生效。

一　爲規範公共危險物品及可燃性高壓氣體設置標準暨安全管理辦法第七十四條第三項規定之液化石油氣容器認可，特訂定本基準。

二　本基準所稱鋼製液化石油氣容器（以下簡稱容器）係指供家庭或營業場所使用，其容量爲2公斤、4公斤、10公斤、16公斤、18公斤、20公斤及50公斤，使用溫度在攝氏40度以下，並以電弧或自動熔接其瓶身、護圈及鋼裙者。上開規格以外容量之容器（僅限50公斤以下），引用與本基準同等以上效能之技術、工法者，得檢具具體證明，經中央主管機關核准後認可，並得準用本基準之全部或一部。

三　型式認可之審查方式如下：

㈠書面審查：由申請人依鋼製液化石油氣容器認可作業及管理要點第三點規定，檢附相關文件以辦理審查。

㈡實體檢驗：由申請人檢附樣品8只以進行實體檢驗；樣品數得視需求予以增減。

四　第三點第一款所定型式認可書面審查內容如下：

㈠容器材質：

1.瓶身：符合ISO4978規定，或符合表1要求之其他等同材料。

表1　材料要求

元素	最大限制（%）
用於製造鋼瓶的材料，除了要符合 ISO 4978 的要求外，還應有較好的熔接性能，且在鑄造分析中其化學成分不得超過下列界線：	
C 碳	0.22
Si 矽	0.45
Mn 錳	1.60
P 磷	0.025
S 硫	0.020

元素	最大限制（%）
P＋S 磷＋硫 使用微量合金元素，如鈮、鈦及釩等應限定在下列範圍： Nb 鈮 Ti 鈦 V 釩 Nb＋V 鈮＋釩	0.040 0.08 0.20 0.20 0.20
如有使用其他微量合金元素，其存在和含量，連同上列元素，應載明於鋼廠的材料證明書。若需核對分析，被測試的產品，必須是來自鋼材供應者提供給容器製造者一樣的材料或從容器成品上取得的樣品。	

2.鋼裙及護圈：鋼料。

3.護蓋：以50公斤規格並採單口基之容器爲限。應爲可鍛鑄鐵或同等性能以上之鋼料。

4.液相管：以50公斤規格並採雙口基之容器爲限。液相管及其固定支架應爲鋼料或同等性能以上之材料。

㈡容器設計、規格及構造：

1.內容積：依灌裝之液化石油氣種類，依下列公式計算：

V＝G×C

V：容器之最小內容積（公升）。

G：液化石油氣之灌裝重量（公斤）。

C：表2所規定之數值。

表2　液化石油氣種類

灌裝之液化石油氣種類	C之數值
丙烷	2.35
丙烯	2.27
丁烷	2.05
丁烯	2.00
丁二烯	1.85
溫度48℃時之壓力$15.6kgf/cm^2$以上，未滿$18.6kgf/cm^2$者。	2.27
溫度48℃時之壓力$9.0kgf/cm^2$以上，未滿$15.6kgf/cm^2$者。	2.33
溫度48℃時之壓力未滿$9.0kgf/cm^2$者。	2.09
備考：以丙烷爲主之混合液化石油氣，其C值以2.33計算。	

2.厚度：容器厚度應達⑴、⑵求得之厚度值以上：

⑴依下列公式計算容器各部厚度：

①筒厚度：

$$a = \frac{P_c \times D}{\frac{20 \times P_c \times J}{4/3} + P_c}$$

a：最小筒厚度，單位：mm

P_c：設計壓力，30bar

D：容器外徑，單位：mm

R_o：製造商保證容器成品的最小降伏強度；R_o值不得大於最小保證抗拉強度（R_g）的0.85倍。

J：應力縮減係數，對於兩件式容器，J＝1；對於三件式容 器，J＝0.9。

②端板形狀應符合下列要求（如圖1）：

a.對於碟型端板：$R \le D$；$r \ge 0.1D$；$h \ge 4b$

b.對於半橢圓端板：$H \ge 0.2D$；$h \ge 4b$

c.鋼瓶端板厚度不得低於下列算式：

$$b=\frac{P_c \times D \times C}{\dfrac{20 \times R_o}{4/3}+P_c}$$

C：形狀係數，其數值為H/D 比值來推算（如表3、圖2及圖3）。圖2中圖形表明了C值與b/D的比值關係。

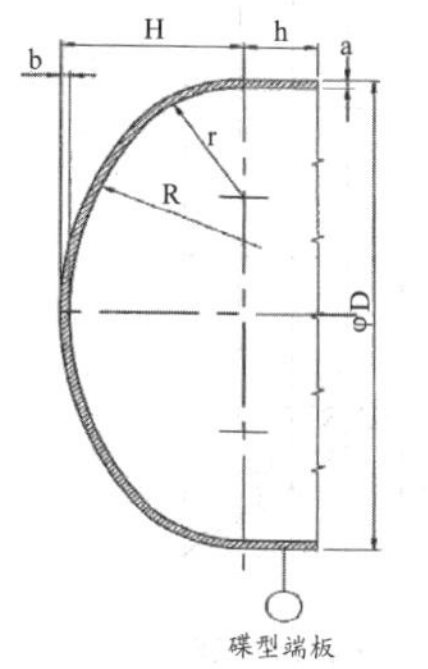

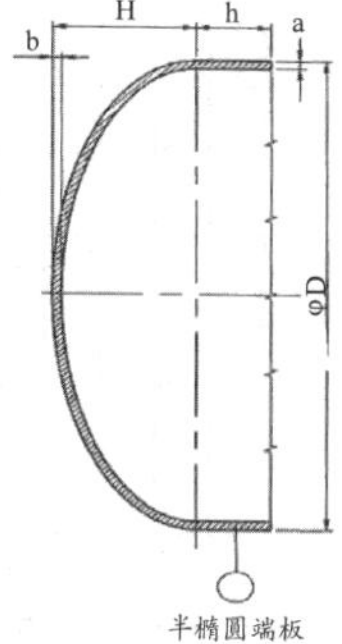

註：對於碟型端板：

$$H=(R+b)-\sqrt{\left[(R+b)-\frac{D}{2}\right]\times\left[(R+b)+\frac{D}{2}-2(r+b)\right]}$$

對於半橢圓端板：

$$H=\frac{(D+2)(K)(b-2)(b)}{2(K)}\text{；}K=\frac{\left(\dfrac{D}{2-b}\right)}{\left(\dfrac{H}{b}\right)}$$

圖1　鋼瓶外型受壓端板形狀

表3　H/D與形狀係數C對應關係

H/D	C	H/D	C
0.25	1.000	0.38	0.612
0.26	0.931	0.39	0.604
0.27	0.885	0.40	0.596
0.28	0.845	0.41	0.588
0.29	0.809	0.42	0.581
0.30	0.775	0.43	0.576
0.31	0.743	0.44	0.572
0.32	0.713	0.45	0.570

H/D	C	H/D	C
0.33	0.687	0.46	0.568
0.34	0.667	0.47	0.566
0.35	0.649	0.48	0.565
0.36	0.633	0.49	0.564
0.37	0.621	0.50	0.564

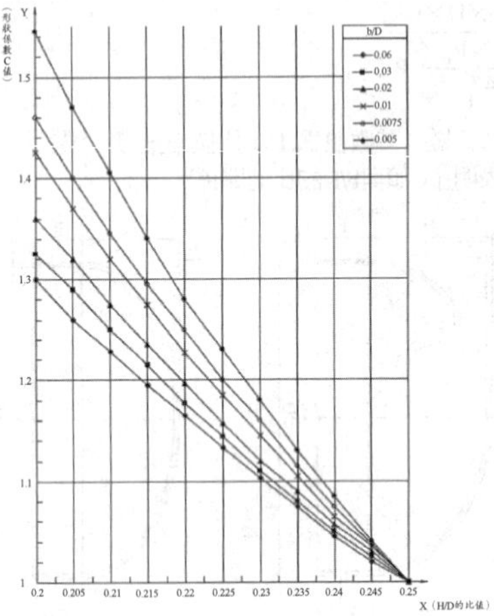

圖2　H/D 的比值在 0.2 與 0.25 之間的 C 值

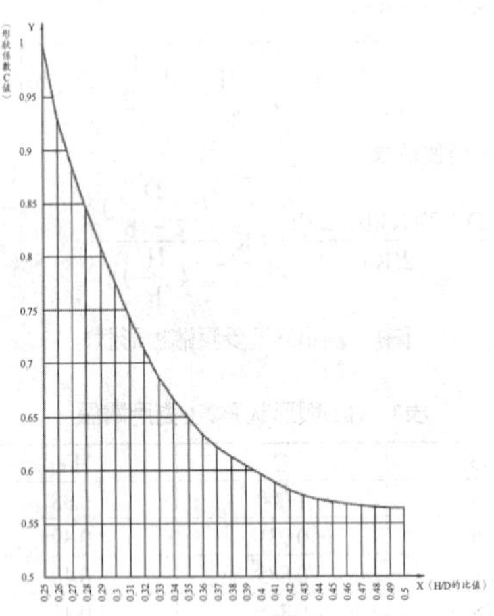

圖 3　H/D 的 比 值 在 0.25 和 0.5 之間的 C 值

⑵容器最小厚度：

①最小筒厚度a及端板厚度b，應不小於下列公式計算之數值：

a. 對於D ＜ 100mm，$a_{min}=b_{min}=1.1mm$
b. 對於100mm ≤ D ≤ 150mm，$a_{min}=b_{min}=1.1+0.008(D-100)mm$
c. 對於 D ＞150mm，$a_{min}=b_{min}=(D/250)+0.7mm$
（不能小於 1.5mm）

(3)當鋼瓶兩個端板的弧線開始部位之間胴體的長度未超過$\sqrt{2bD}$ 時，(1)①之筒厚度計算之公式則不適用。惟該情況下，筒厚度應不小於端板之厚度（參照(1)②）。

3.設計壓力：30bar。

4.瓶身：

(1)構成容器瓶身之鋼板不得超出3塊。內容物之重量爲20公斤以下者，可採2塊式製造。

(2)以3塊鋼板構成之容器瓶身，其上下端板如採用二比一橢圓型者，熔接處應在容器端板凸緣平行度部，以2塊鋼板構成之容器瓶身，其熔接處在中腹（如圖4）。

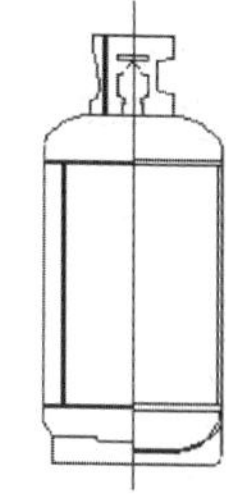
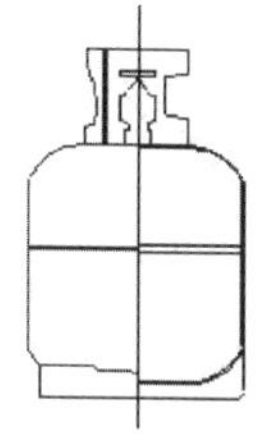

圖4

5.容器護圈或護蓋：

(1)護圈之形狀、尺度應符合表4及圖5。

表4　護圈、鋼裙尺寸（mm）

規格	護圈				鋼裙					
	外徑B	高度H_1	開口部寬度S	最小板厚T_1	最小外徑D_2	最小板厚T_2	通氣孔		排水孔	
							個數	合計面積（mm^2）	個數	合計面積（mm^2）
2公斤（配裝V1閥）	155～165	110～120	115～125	2	165	2.3	-	-	-	-
2公斤（配裝V2閥）	155～180	140以上	140～155	2	165	2.3	-	-	-	-
4公斤	165～195		150～165	2.3	210	2.3	-	-	-	-
10公斤	165～瓶身內徑2/3		165～185	2.6	210	3.0	3以上	300以上	3以上	50以上
16、18及20公斤					260	3.2		500以上		100以上
50公斤（單口基）	250以上	148以上	200	3.6	350	4.0		1000以上		150以上
50公斤（雙口基）	275～370		-							
備考：鋼裙之通氣孔、排水孔應採相同尺寸，形狀相互對稱，位置並應平均配置。										

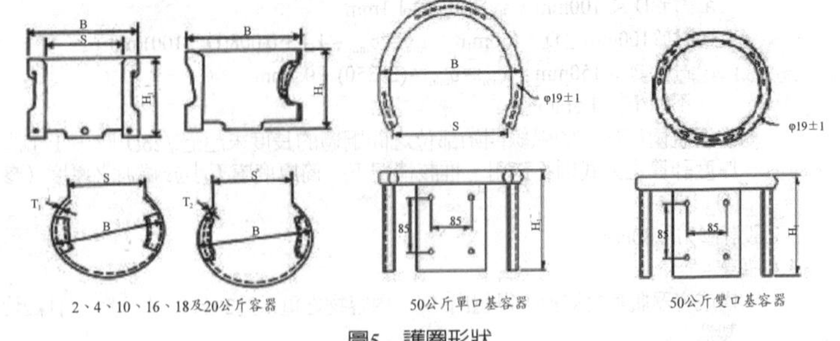

圖5　護圈形狀

(2)50公斤單口基容器，得以閥護蓋取代護圈。護蓋形狀尺度如表5及圖6，護蓋兩側應有3平方公分以上通風孔。

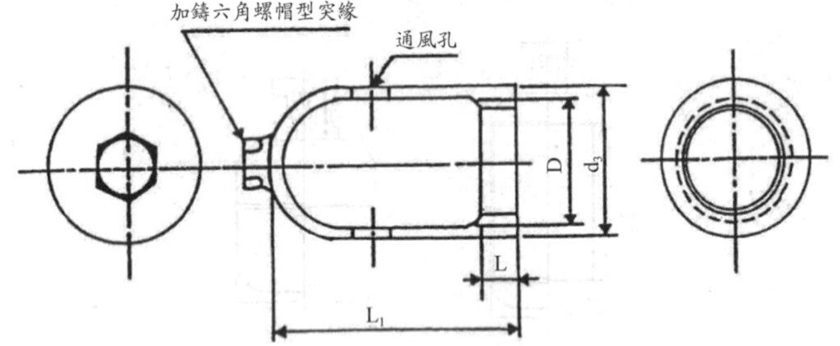

圖6　護蓋或護圈示意圖

表5　開關護蓋之主要部分尺度（單位：mm）

L_1	d_3	D	每吋牙數	L
160	90	80	11	20
備考：螺紋爲CNS495韋氏管子螺紋之右轉螺紋。				

6.口基：應符合表6、圖7及圖8之規定。

表6　容器口基之尺度（單位：mm）

尺度 適用容器	配裝閥之代號	口基外徑D_1	d_1（mm）	d_2（mm）	ℓ（mm）	ℓ部分每吋牙數	ℓ部分錐度（推拔）	螺紋距P（mm）	螺紋高H（mm）	牙底圓角r	螺紋有效徑	螺紋牙底徑
2公斤容器	V1	38	20.0	17.7	20^{+2}_{0}	14	3/26	1.8143	1.162	0.25	18.838	17.676
	V2	42以上	28.0	25.2	24^{+4}_{0}	14	3/26	1.8143	1.162	0.25	26.838	25.676
4、10、16、18、20及50公斤（單口基、雙口基）容器	V2	42以上	28.0	25.2	24^{+4}_{0}	14	3/26	1.8143	1.162	0.25	26.838	25.676
備考： 1.螺紋形狀爲55度右轉圓頂三角型，對心軸成直角，螺距亦與軸線平行測量爲準。 2.口基部螺紋尺度如圖6所示。												

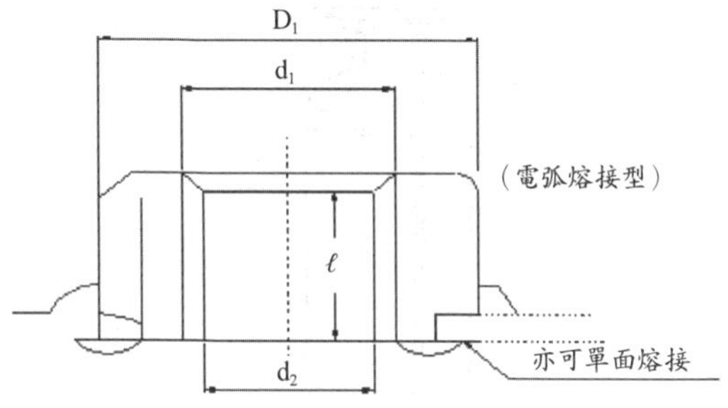

圖7　口基之形狀

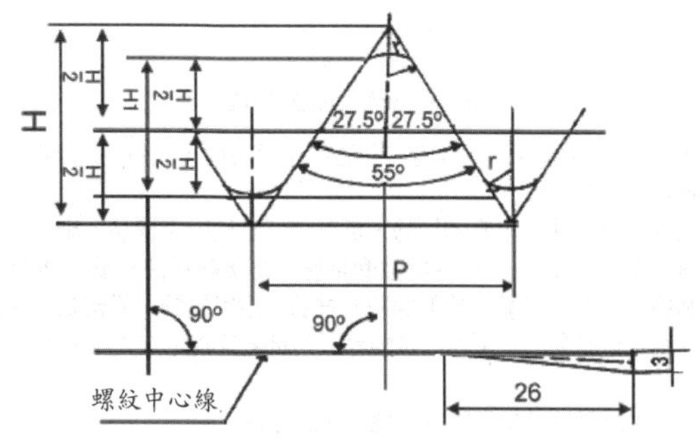

圖8　口基部螺紋

7.鋼裙：容器底部應有鋼裙，其形狀尺度如表4及圖9之規定。

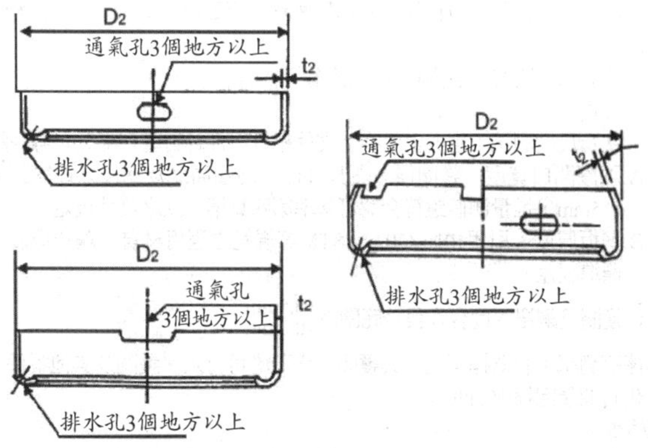

圖9　鋼裙形狀

8.液相管：二口基中心間距應大於二口基直徑之和，且口基邊緣與端板外圓周的距離不得小於端板直徑之10%。面對容器合格標示方向，左方之閥基座裝置連接液相管使用之容器閥，右方之閥基座裝置灌氣用之容器閥（如圖10）。

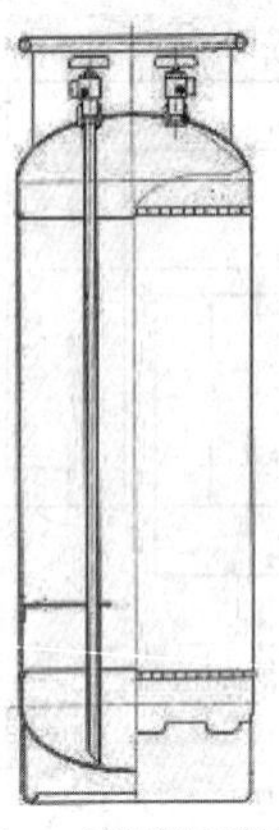

圖10　液相管相對位置

㈢容器熱處理：熱處理單位應具備自動溫度紀錄設備，其資料內容應符合CNS12670熔接後熱處理規定。

五　第三點第二款所定型式認可實體檢驗，係就第三點檢附之樣品，施以材質檢查、規格及構造檢查、外觀檢查、母材抗拉強度試驗、熔接縫彎曲試驗、熔接部抗拉強度試驗、壓力循環（疲勞）試驗、放射線照相試驗、耐壓試驗、氣密試驗、容器實測淨重試驗、內容積水重試驗、水壓爆破試驗等，其試驗及判定方式如下：

㈠材質檢查：

1.試驗方式：以材質分析儀對瓶身進行測試分析。

2.判定方式：分析結果應與書面審查文件相符。

㈡規格及構造檢查：

1.試驗方式：

⑴形狀及尺度測試：以目視、量具對瓶身、護圈或護蓋、鋼裙及液相管等進行測試。

⑵摔落測試：將容器自高1公尺處摔落。

2.判定方式：

⑴形狀及尺度測試：應與書面審查文件相符，惟針對下列部分有容許誤差值：

A.護圈開口寬度、護圈徑、瓶身外徑、護圈高度及鋼裙外徑等距離：誤差值±5mm，惟量測值應符合認可基準第四點第二款之尺寸規定。

B.鋼板厚度：引用JIS、GB、ASTM等規範之選用材質、鋼捲厚度、長度等各標準誤差。

C.護圈及鋼裙厚度容許誤差範圍爲$^{+0.5mm}_{-0.2mm}$

⑵摔落測試：容器摔落後，其護圈、護蓋應可有效保護閥及其他零件，並避免液化石油氣因撞擊而洩漏。

㈢外觀檢查：

1.試驗方式：容器於除銹或去除其他雜物後，以目視或量具檢查。

2.判定方式：

⑴容器及其配件無縫隙、鱗疊、腐蝕、裂紋、傷痕、皺紋、過熔低陷等損害性瑕疵。

⑵容器內部無熔渣、油污、或其他任何雜質。

(3)鋼印資料應依第六點之規定刻印，無凹陷、重複刻印或模糊不清等情形。

(4)容器應依第六點之規定塗裝，並標示內容物名稱。

(5)於容器熔接縫兩側板邊任何1點測得之高低差度，不得超過板厚之25%，熔接縫應覆蓋過兩側板面，熔接縫形狀應為平面型或凸面型，不可為凹面型或低於板面。

(6)容器直立時，中心偏斜不得超過3度。

(7)護圈及鋼裙與端板之接合處，容器規格未達50公斤者，應為全周3/4以上；規格為50公斤者，應為全周2/5以上。並分3處熔接，其中護圈應有2處大小一致之排水空隙，且相互對稱。

(8)焊道與母材之熔接熔合需平滑，無疊層、咬邊或熔接突變。焊道表面及與焊道鄰近的母材表面應無裂紋、刮痕或氣孔。焊道表面應均勻無凹坑。焊道高度不能超過焊道寬度之25%。

(四)母材抗拉強度試驗：

1.試驗方式：

(1)沿著瓶身縱向處（或在條件不具備的情況下，可沿周向或在端板的中心），依CNS2112金屬材料試驗片裁取5號試片（參照圖11）直截試片1只，並予以展平，惟不得以搥打方式為之。試片取樣位置如圖12、13所示。

(2)依ISO6892金屬材料拉伸試驗方法進行試驗。

2.判定方式：鋼瓶製造所使用之材料不低於材料標準值，於製造完成後其試驗所得降伏強度、抗拉強度不得低於鋼瓶製造廠提供之保證值，而伸長率不得低於表7所列之值。

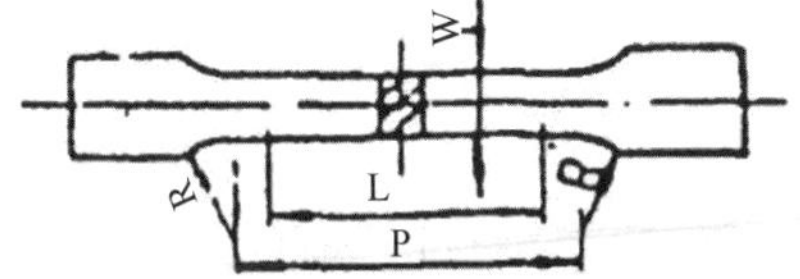

圖11　5號試驗片（CNS2112）

表7　伸長率要求

	斷裂後的伸長百分比A		
胴體外殼部分之最小計算厚度a mm	R_m ≦ 410 N/mm^2	410＜ R_m ≦520 N/mm^2	R_m ＞ 520 N/mm^2
a＞3	29%	25%	20%
a≦3	22%	19%	15%

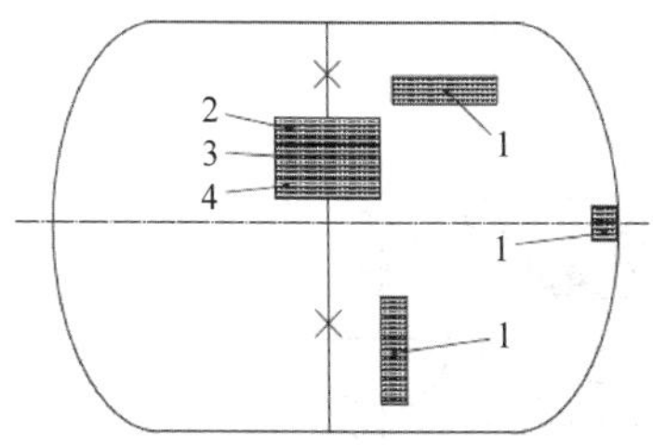

圖12　兩片式鋼瓶取樣圖例

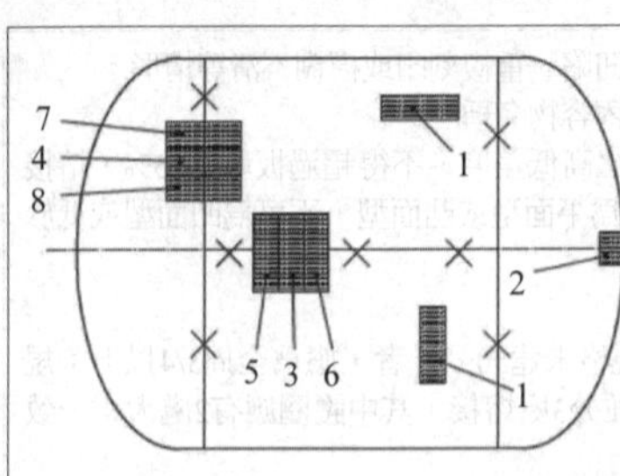

說明：
1 胴體母材拉伸試驗之試片的備選區域
2 端板母材拉伸試驗之試片
3 縱向接頭拉伸試驗之試片
4 周向接頭拉伸試驗
5 縱向接頭彎曲試驗之試片（縱向接頭上側）
6 縱向接頭彎曲試驗之試片（縱向接頭背側）
7 周向接頭彎曲試驗之試片（周向接頭上側）
8 周向接頭彎曲試驗之試片（周向接頭背側）

圖 13　三片式鋼瓶取樣圖

㈤熔接縫彎曲試驗：

1.試驗方式：

⑴依圖12、13於瓶身位置取樣，形狀如圖14，依ISO7438之規定實施彎曲試驗。

⑵彎軸直徑D_p與試片厚度a的比值n不應超過表8之數值。

2.判定方式：試片沿壓頭軸心被折彎成180°（參照圖15、16）時，其表面不得存在裂紋。

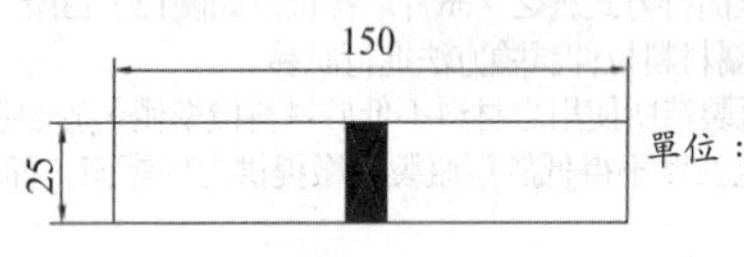

圖14　試片尺度

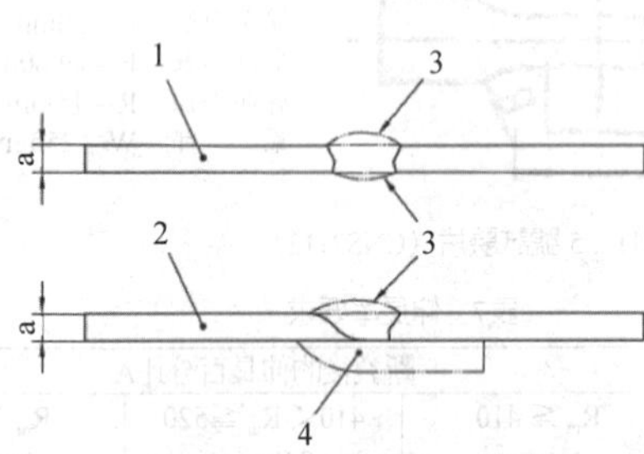

說明：
1 對接焊道試片
2 榫接接頭試片
3 齊平的焊道
4 去除榫接部分

圖15　彎曲試驗試片製備的截面指導圖

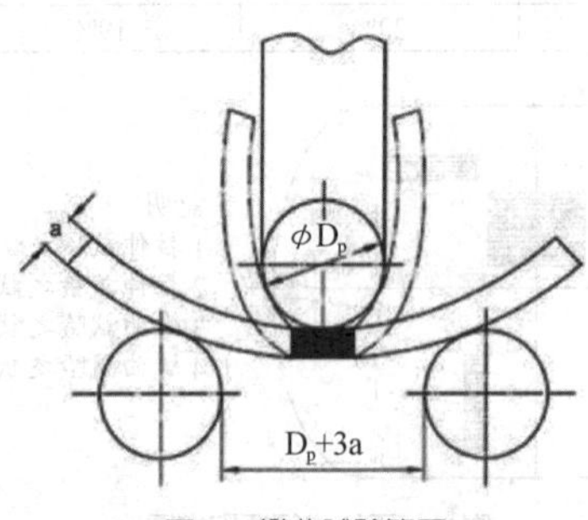

圖16　彎曲試驗簡圖

表8　彎軸直徑與試片厚度的比值

實測抗拉強度 N/mm^2	n 值
$R_m \leqq 440$	2
$440 < R_m \leqq 520$	3
$R_m > 520$	4

㈥熔接部抗拉強度試驗：

1.試驗方式：

⑴依圖12、13位置於瓶身取樣，在常溫下展成平片（不得以搥打方式為之）如圖17，試片必須存在一個收縮截面寬度為25mm，長度為沿焊道邊緣兩側延伸各15mm（參照圖17）。超過試片中間部分的寬度可逐漸增加。

⑵依ISO6892金屬材料拉伸試驗方法進行試驗。

2.判定方式：鋼瓶製造所使用之材料不低於材料標準值，於製造完成後其試驗所得抗拉強度不得低於鋼瓶製造廠提供之保證值，但與斷裂發生在試片中間部位兩截面之間的具體位置無關。

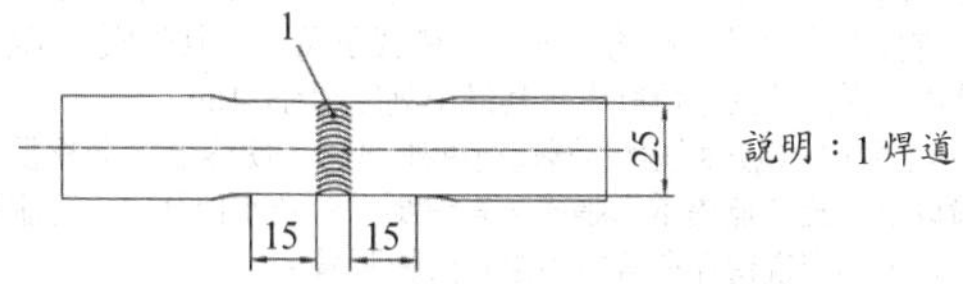

圖17　熔接部抗拉強度試驗試片製作

㈦壓力循環（疲勞）試驗：

1.試驗方法：在一般環境下使用非腐蝕性液體，容器應反覆進行壓力循環試驗，該循環壓力上限達試驗壓力。該循環壓力最小值不得超過循環壓力上限的10%。該循環壓力的頻率不得超過0.25Hz（每分鐘15次循環）。試驗時，容器外層的表面溫度不得超過50℃。

2.判定標準：容器應可進行12,000次加壓循環試驗，其壓力須達到試驗壓力。

㈧放射線照相試驗：

1.試驗方式：取容器1支，依圖18、19之縱向接頭和周向接頭的交叉部位，依ISO 17636的要求對焊道進行照相。

2.判定方式：在ISO5817中定義的以下缺陷不允許存在：

⑴裂紋、未焊滿或未焊透或未融合。

⑵在12a的熔接長度內，任何焊渣或任何一排成組的圓形夾渣的長度超過6mm。

⑶任何量測超過a/3mm的氣孔。

⑷任何超過a/4mm且距離任一其他氣孔在25mm以下。

⑸在100mm的長度範圍內，氣孔的合計面積（mm^2）超過2a。

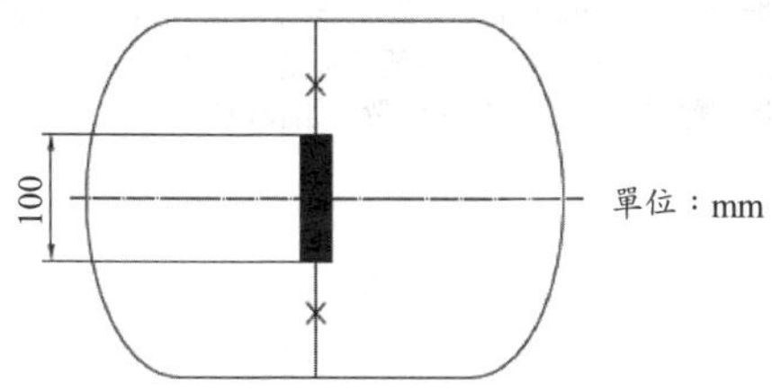

圖18　焊道照射長度：僅有一條周向接頭的鋼瓶

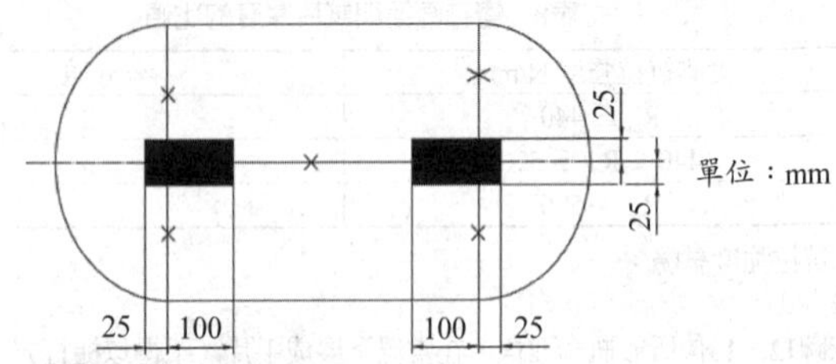

圖19　焊道照射長度：含有周向接頭和縱向接頭的鋼瓶

㈨耐壓試驗：

1.試驗方式：

⑴試驗前，容器不得先加諸表9之耐壓試驗壓力90%以上之壓力；試驗時，容器口基螺紋不得塗抹封合劑。

⑵試驗設備使用之壓力指示計，其最小刻度應為其最高指示數值之1%以下。

⑶試驗宜採非水槽式試驗方法。採水槽式試驗者，其膨脹指示計準確度應於1%範圍內。採同位式水位計者，其最小刻度須在0.1ml。

⑷以表9之耐壓試驗壓力對容器進行膨脹試驗，使容器完全膨脹，並加壓保持30秒鐘以上。確認無異常膨脹後，查看壓力計及水位計之全膨脹量讀數，然後除去壓力，再端視留存在容器內之永久膨脹量。

表9　試驗壓力

灌裝之液化石油氣種類	耐壓試驗壓力	氣密試驗壓力
丙烯為主之液化石油氣，其溫度48℃時之壓力15.6 kgf/cm^2以上者	36 kgf/cm^2	21.6 kgf/cm^2
丙烷為主之液化石油氣，其溫度48℃時之壓力9 kgf/cm^2以上未滿15.6 kgf/cm^2者	30.0 kgf/cm^2	18 kgf/cm^2
丁烷為主之液化石油氣，其溫度48℃時之功力未滿9 kgf/cm^2者	18 kgf/cm^2	10.8 kgf/cm^2

⑸容器之永久膨脹率等於永久膨脹量除以全膨脹量。如使用非水槽式耐壓試驗設備，其永久膨脹量ΔV依下式求得：

$$\Delta V=(A-B)-\{(A-B)+V\}\frac{P}{1.033}\beta t$$

V：容器永久膨脹量之內容積（cc）

P：耐壓試驗壓力（kgf/cm^2）

A：耐壓試驗壓力P時所壓進之量（cc），即量筒內之水位下降量。

B：耐壓試驗壓力P時由水壓幫浦至容器進口間之連接管內所壓進之水量（cc），即對容器本身以外部分之壓進水量（cc）。

βt：耐壓試驗時水溫t℃之壓縮係數（如表10）。

表10　水之壓縮係數βt（依Amagat之規定）

溫度°C	壓縮係數βt				
	0~100atm	100~200atm	200~300atm	100atm	200atm
0	0.000051	0.0000492	0.0000480	0.0000502	0.0000486
1	506	488	477	497	483
2	502	484	474	493	479
3	499	481	471	490	476
4	496	477	468	487	473
5	493	474	465	484	470
6	491	472	463	482	468
7	489	469	460	479	465
8	487	466	459	477	462
9	485	464	455	475	460
10	483	462	453	473	458
11	481	459	451	470	455
12	479	457	449	468	453
13	477	455	447	466	451
14	476	453	445	465	449
15	474	451	443	463	447
16	473	449	441	461	445
17	472	447	439	460	443
18	470	446	437	458	442
19	469	444	435	457	440
20	468	442	434	455	438
21	467	441	432	454	437
22	466	440	431	453	436
23	465	439	429	452	434
24	464	438	428	451	433
25	463	437	427	450	432
26	462	437	426	450	432
27	461	436	425	449	431
28	460	436	424	448	430
29	459	435	423	447	429
30	458	435	422	447	429
31	457	434	421	446	428
32	456	434	420	445	427
33	456	433	419	445	426
34	455	433	418	444	426
35	454	432	417	443	425
36	453	432	416	443	424
37	452	431	416	442	424
38	451	431	415	441	423
39	450	430	415	440	423
40	449	429	414	439	422

備考：100atm及200atm者其計算數字則採用右側欄內之規定。

2.判定方式：

(1)容器得施以耐壓試驗壓力以上之壓力，並保持30秒鐘以上，無洩漏或異常現象。

(2)經膨脹試驗結果，容器之永久膨脹率不得超過10%。

(十)氣密試驗：容器應全數施以氣密試驗。

1.試驗方式：

(1)以氣密試驗設備進行測試；設備之壓力指示計最小刻度，應爲最高指示數值之1%以下。

(2)容器內部洗淨並完全乾燥，將空氣或惰性氣體加壓塡充於容器內（試驗壓力如表9）後，將容器浸入水中或於熔接縫塗敷脂皂液。

2.判定方式：測試1分鐘以上，應無滲漏現象。

(十一)容器實測淨重試驗：

1.試驗方式：磅秤歸零後，量秤空瓶重量。

2.判定方式：空瓶重量與容器護圈打刻之淨重相較，誤差值應於±1%範圍內。

(十二)內容積水重試驗：

1.試驗方式：空瓶加水灌滿與閥基座平，上歸零磅秤量秤重量，扣除容器實重，求得內容積水重。

2.判定方式：內容積水重與書面資料相較，規格10公斤以上容器之誤差值爲設計值±2%、規格未達10公斤容器之誤差值爲設計值±5%，惟均不得低於V＝G×C之值。

(十三)水壓爆破試驗：

1.試驗方式：以每秒不超過5bar的速率將液壓增加，直至容器破損。本試驗應在一般環境下進行。在開始試驗之前，應確定系統內無空氣。

2.判定方式：

(1)爆裂壓力值應不小於設計壓力值Pc的2.25倍，且不低於50bar。

(2)容器破裂時，其體積膨脹量與原內容積的比值應大於或等於20%；如容器的長度（承壓體長度包含閥基座）小於外徑，其體積膨脹量與原內容積的比值應大於或等於17%。

(3)破裂類型：

a.破裂不得起始於焊道，且不得產生任何碎片。

b.破裂口不得存在明顯的脆性痕跡，例：裂口邊緣不得呈散射狀，而是與徑向平面存在一定的角度，且在厚度上存在一定的收縮面。

c.不得在破裂部位的材料中發現可視缺陷，例：剝層。

六　標誌及塗裝：

(一)容器護圈外側中央應打刻鋼印（如圖20），中、英文及數字尺寸爲10mm（寬）×10mm（高）以上之凹字，且字體深度不得小於0.5mm。鋼印包含項目如下：

1.廠商名稱或商標：國內容器製造廠或國外進口商之中文名稱或其商標。

2.耐壓試驗壓力（TP）：單位爲kgf/cm^2。

3.實測淨重（W）：單位爲公斤，其有效數值應在小數點1位以下（實測淨重不包含開關及開關護蓋）。

4.型式認可證書字號。

5.容器編號：計12碼（例 AA0120123456），上排前2碼爲廠商代號、第3至4碼爲製造年份（民國）後2位數、第5至6碼爲容器規格；下排6碼爲流水編號。

<table>
<tr><td colspan="2">廠商名稱或商標</td></tr>
<tr><td>TP：30</td><td>W：20.0</td></tr>
</table>

證字1012001
AA0120
123456

圖20　容器護圈資料

㈡面對容器護圈開口之護圈及鋼裙左外側處，應打刻製造之西元年份（例：2013），字樣尺寸如下：

1.護圈處字樣：爲25mm 以上之凹字。

2.鋼裙處字樣：10公斤以上規格，字樣尺寸爲35mm以上之凸字；4公斤以下規格，字樣尺寸爲25mm以上之凸字。

㈢容器表面應漆成灰色，並以紅漆直寫充塡內容物名稱；惟容器外徑大於容器總長2/3者，得予橫寫。紅字尺寸不得小於3cm（寬）×3cm（高）。

七　個別認可之審查方式如下：

㈠書面審查：由申請人依鋼製液化石油氣容器認可作業及管理要點第11點規定，檢附相關文件以辦理審查。

㈡實體抽樣：由申請人申請個別認可容器抽樣進行實體抽樣檢驗。

八　第七點第一款所定個別認可書面審查，其容器瓶身規格、構造、 材質證明資料應與型式認可相符，熱處理紀錄應符合四、㈢規定。

九　第七點第二款所定個別認可實體抽樣檢驗，係就第七點申請個別認可之容器，依批次抽樣施以檢驗，批次、試驗方式、補正試驗及不合格處理規定如下：

㈠批次之認定：以同一材料於相同日期製造，具相同形狀、規格、外徑、厚度並經同時熱處理之容器，每300只爲1批；不足300只，以300只計。

㈡個別認可試驗方式如下，並應循序進行：

1.廠內耐壓試驗：每批抽取容器10只，於製造廠內依五、㈨進行耐壓試驗；如爲進口商申請個別認可，應備置機組進行試驗。如申請個別認可批數達2批以上時，則第1批抽取容器10只，餘各批各抽取2只進行耐壓試驗，均須通過試驗。

2.抽取容器2只送本部或本部委託之專業機構辦理下列試驗：

⑴規格及構造檢查：依五、㈡ 1.⑴及五、㈡ 2.⑴進行試驗，容器2只均應與書面審查資料相符。

⑵外觀檢查：依五、㈢進行試驗，容器2只均應符合規定。

經以上試驗後，應抽取1只實施非機械性能試驗（5至8小目）後，進行機械性能試驗（1至4小目），另1只實施水壓爆破試驗（9小目）：

⑴母材抗拉強度試驗：依五、㈣對容器截取試片進行試驗，應符合規定。

⑵熔接縫彎曲試驗：依五、㈤對容器截取試片進行試驗，應符合規定。

⑶熔接部抗拉強度試驗：依五、㈥對容器截取試片進行試驗，應符合規定。

⑷放射線照相試驗：依五、㈧對容器進行試驗，應符合規定。

⑸耐壓試驗：依五、㈨對容器進行試驗，應符合規定。

⑹氣密試驗：依五、㈩對容器進行試驗，應符合規定。

⑺容器實測淨重試驗：依五、⑪對容器進行試驗，應符合規定。

⑻內容積水重試驗：依五、⑫對容器進行試驗，應符合規定。

⑼水壓爆破試驗：依五、⑬對容器進行試驗，應符合規定。

3.未通過試驗者之處理：

⑴針對規格及構造檢查、放射線照相試驗不符規定者，得依九、㈢申請補正試驗，並以1次爲限。

⑵針對外觀檢查不符規定者，得依九、㈢申請補正試驗，並以2次爲限。

(3)針對熔接縫彎曲試驗、熔接部抗拉強度試驗或水壓爆破試驗不符規定者，得依下列規定進行試驗：

A.若僅1只容器未通過熔接縫彎曲試驗、熔接部抗拉強度試驗或水壓爆破試驗，得於判定結果後3個工作天內申請重新抽樣（容器應為未重新實施熱處理者），並依下列規定實施試驗：

(A)熔接縫彎曲試驗、熔接部抗拉強度試驗不符規定者，抽取容器3只，2只進行母材抗拉強度試驗、熔接縫彎曲試驗及熔接部抗拉強度試驗，1只進行水壓爆破試驗。

(B)水壓爆破試驗不符規定者，抽取容器3只，2只進行水壓爆破試驗，1只進行母材抗拉強度試驗、熔接縫彎曲試驗及熔接部抗拉強度試驗。

(C)經前開試驗後仍有任1容器未通過試驗者，得重新申請個別認可；如仍有任1容器未通過試驗，則該批容器應全數視為不合格。

B.如容器重新實施熱處理，得重新申請個別認可；如仍有任1容器未通過試驗，則該批容器應全數視為不合格。

(4)上述規定以外之試驗項目未通過試驗，應全數視為不合格。

(三)個別認可補正試驗：

1.補正試驗前如容器有修改情形，則容器應檢附重新實施熱處理之相關書面資料，並依九、(二)、1.實施耐壓試驗，如有任1容器未通過試驗，則該批容器應全數視為不合格。

2.針對個別認可試驗時，外觀檢查項目不符規定者，試驗內容如下：

(1)第1次補正試驗：抽樣數量及合格判定基準如表11：

表11　外觀檢查第1次補正試驗抽樣檢驗判定基準表

補正試驗數量	抽樣數	缺點類別		
		A	B	C
		Re	Re	Re
1-75	6	1	2	3
76-150	8	1	2	4
151-225	10	1	3	5
226-299	12	1	3	6

備註：

一、如有不良品，惟數目未達Re（不合格判定之不良品數目下限）時，得申請第2次補正試驗。至不良品數目Re以上者，則該批容器應全數視為不合格。

二、缺點類別：

(一)A（嚴重缺點）：係指有下列情形之一者：

1.容器及其配件有縫隙、鱗疊、腐蝕、裂紋、傷痕、皺紋、過熔低陷等損害性瑕疵。

2.於容器熔接縫兩側板邊任何1點測得之高低差度超過板厚之25%、熔接縫未覆蓋過兩側板面、或熔接縫形狀為凹面型或低於板面。

(二)B（一般缺點）：係指有下列情形之一者：

1.鋼印資料未依本基準六之規定刻印，或有凹陷、重複刻印或模糊不清等情形。

2.容器直立時，中心偏斜超過3度。

3. 護圈及鋼裙與端板之接合處，未分3處熔接。

4. 容器規格未達50公斤者，其熔接處未達全周3/4以上；規格為50公斤者，未達全周2/5以上。

5. 護圈之排水空隙未分2處、大小不一致、或未相互對稱。

㈢C（輕微缺點）：係指有下列情形之一者：

1. 容器內部有熔渣、油污、或其他任何雜質。

2. 容器未依第六點之規定塗裝，並標示內容物名稱。

⑵第2次補正試驗：抽樣數如表11，如有任1容器經判定為不良品，則該批容器應全數視為不合格。

3. 針對個別認可試驗時，規格及構造檢查項目不符規定者，抽取容器2只進行補正試驗；如仍有任1容器未通過試驗，則該批容器應全數視為不合格。

4. 針對個別認可試驗時，放射線照相試驗項目不符規定者，抽取容器4只進行試驗；如仍有任1容器未通過試驗，則該批容器應全數視為不合格。

十 個別認可及個別認可補正試驗合格容器之處理：

㈠檢驗合格容器，由本部或本部委託之專業機構發給液化石油氣容器合格證明，由申請個別認可之廠商及本部或本部委託 之專業機構分別保留乙份。

㈡容器經塗裝及抽眞空後，應以磅秤量測實際重量（含閥）至小數點以下第二位數，並將重量登載於合格標示。

㈢檢驗合格容器，由本部或本部委託之專業機構發給合格標示（如圖21），由製造商、進口商打刻資料后附加於合格容器護圈，打刻方式如下：

圖21 個別認可合格標示

1. 字型：Antique Olive字型。

2. 雕刻字體：

⑴「容器規格」、「容器號碼」、「製造廠代號」及「出廠耐壓試驗日期」欄位字體為4mm（長）×2mm（寬），採單刀刻或同等效果之雷射燒結雕刻。

⑵「容器實重（含閥）」欄位字體為5mm（長）×3mm（寬），採雙刀刻或同等效果之雷射燒結雕刻。

(3)「下次檢驗期限」欄位字體爲7.5mm（長）×3.5mm（寬），採雙刀刻或同等效果之雷射燒結雕刻。

爆竹煙火專業機構認可辦法

①民國93年5月13日內政部令訂定發布全文19條；並自發布日施行。
②民國99年12月6日內政部令修正發布第1、10條條文及第3條附表。
③民國102年5月17日內政部令修正發布第3、4條條文。

第一條

本辦法依爆竹煙火管理條例第二十三條規定訂定之。

第二條

本辦法所稱爆竹煙火專業機構，指爆竹煙火認可專業機構及爆竹煙火監督人訓練專業機構。

第三條 102

①爆竹煙火認可專業機構，指辦理一般爆竹煙火型式認可、個別認可、型式認可證書與認可標示之核發、抽樣檢驗及購樣檢驗等業務（以下簡稱認可業務）之專業機構。其應符合下列規定：

一　政府機關（構）、大專校院或登記財產總額在新臺幣一千萬元以上之財團法人。

二　投保之公共意外責任保險，其最低保險金額如下：

㈠每一個人身體傷亡：新臺幣一百萬元。

㈡每一事故身體傷亡：新臺幣五百萬元。

㈢每一事故財產損失：新臺幣一百萬元。

㈣保險期間總保險金額：新臺幣一千二百萬元。

三　置專責檢驗人員三人以上。

四　具備檢驗設備及器具如附表。

②前項第三款檢驗人員應具備下列資格之一：

一　公立或立案之私立大學、獨立學院或專科，或經教育部承認之國外大學、獨立學院或專科理工科系畢業。

二　高級工業職業學校以上學校化學、化工、材料等相關系組畢業，且具三年以上爆竹煙火檢驗實務經驗者。

第四條 102

向中央主管機關申請認可爆竹煙火認可專業機構時，應檢附下列文件：

一　申請書。

二　符合前條第一項第一款規定之證明文件。

三　代表人身分證明文件。

四　投保公共意外責任保險證明文件。

五　檢驗作業計畫：

㈠組織架構、權責劃分及相互關係。

㈡專責檢驗人員名冊及學經歷證明文件。

㈢檢驗設備及器具清冊。

㈣檢驗業務之標準作業程序。

㈤檢驗所需各項儀器之操作、維修及校正之標準作業程序。

㈥文件及檔案之管理。

㈦其他業務概況報告。

第五條

①爆竹煙火監督人訓練專業機構，指辦理爆竹煙火監督人訓練及複訓等業務（以下簡稱訓練業務）之專業機構。
②前項專業機構應為登記財產總額在新臺幣一千萬元以上之財團法人或大專校院。

第六條

向中央主管機關申請認可爆竹煙火監督人訓練專業機構時，應檢附下列文件：
一　申請書。
二　法人登記證書或立案證明文件影本。
三　代表人身分證明文件。

第七條

①申請認可爆竹煙火專業機構之案件，經審查合格者，由中央主管機關發給認可證書，並公告之；不合規定者，應敘明理由不予認可。
②前項認可之有效期限為三年，期滿應重新申請認可。

第八條

①爆竹煙火專業機構認可證書應記載之事項如下：
一　專業機構名稱。
二　代表人。
三　有效期限。
四　其他經中央主管機關規定之事項。
②前項認可證書記載事項變更時，應於三十日內向中央主管機關申請變更登記。

第九條

爆竹煙火監督人訓練專業機構應於辦理訓練開始前二個月，檢附下列書表，報請中央主管機關核定後始得為之：
一　訓練業務計畫書：
㈠辦理訓練之課程計畫及時數。
㈡辦理訓練人員名冊及工作分配表。
㈢聘請之講師人員名冊、學、經歷及授課同意書；其為現職公務人員者，應檢附其服務機關書面同意文件。
㈣訓練場所使用執照。場地為租借者，應檢附其所有權人書面同意書。
㈤訓練場所之設備器具、課桌椅、盥洗設施及其他教學設備清冊。
㈥訓練場所消防及避難設施等平面配置圖。
㈦授課教材。
二　訓練經費預算書。

第一〇條

前條第一款第三目之講師應具有下列資格之一：
一　現（曾）任消防機關警正或薦任以上職務，並曾辦理危險物品或爆竹煙火相關業務連續達二年以上。
二　專科以上學校教授危險物品或爆竹煙火相關課程之講師以上人員。
三　高級工業職業學校以上學校化學、化工、材料等相關系組畢業或普通考試相關類科及格，曾任爆竹煙火監督人連續達三年以上。
四　現（曾）任專業爆竹煙火施放人員，具專業爆竹煙火施放經驗連續達五年以上。

第一一條

爆竹煙火監督人訓練專業機構應於辦理訓練終結後三個月內，檢附下列書表，報請中央主管機關核定：
一　訓練業務執行報告書。
二　訓練收支決算書。

第一二條

①受委託之爆竹煙火認可專業機構應備置相關檢驗報告簿冊，並至少保存五年。
②爆竹煙火監督人訓練專業機構應備置相關訓練執行成果簿冊，並至少保存五年。

第一三條

中央主管機關得檢查爆竹煙火專業機構之業務，必要時並得令其報告，爆竹煙火專業機構不得拒絕。

第一四條

受委託之爆竹煙火認可專業機構聘用、資遣、解聘專責檢驗人員者，應於十五日內報請中央主管機關備查。

第一五條

申請並獲認可之爆竹煙火專業機構，其申請事項或檢附文件有虛僞不實者，中央主管機關得撤銷其認可。

第一六條

爆竹煙火專業機構有下列情形之一者，中央主管機關得廢止其認可：

一　違反法令之行爲。
二　以不正當方法招攬業務。
三　無故洩漏因業務而知悉之秘密。
四　辦理認可或訓練業務有不實之情事。
五　所辦理之認可或訓練業務與經認可實施計畫書內容不符，且情節嚴重者。
六　主動申請廢止認可者。
七　喪失執行業務能力者。
八　相關證照或文件經相關主管機關(構)撤銷、註銷或廢止者。
九　執行業務造成重大傷害或危害公共安全者。
十　違反第九條至第十四條之規定，經通知限期改善逾期仍未改善者。

第一七條

除前條第六款及第七款外，經撤銷或廢止認可之爆竹煙火專業機構，三年內不得重新申請認可。

第一八條

申請爆竹煙火專業機構認可，應繳交審查費新臺幣二千八百元；申請核發、換發、補發認可證書，應繳交證書費新臺幣五百元。

第一九條

本辦法自發布日施行。

爆竹煙火製造儲存販賣場所設置及安全管理辦法

①民國93年3月29日內政部令訂定發布全文22條；並自發布日施行。
②民國94年1月28日內政部令修正發布全文22條；並自發布日施行。
③民國95年2月17日內政部令修正發布第4、5、9、12、17～19條條文。
④民國96年5月2日內政部令修正發布第2、4、5、8、9、17、18條條文；並增訂第17-1條條文。
⑤民國99年12月6日內政部令修正發布第4、5、9、16～18條條文。

第一條

本辦法依爆竹煙火管理條例第四條第二項規定訂定之。

第二條

①本辦法所定擋牆，規定如下：

一　爲鋼筋混凝土、土質、土沙質或其他具有同等以上防護性能之構造；其設置基準如附圖一至四。

二　高度不得低於隔離有火藥區建築物高度。其牆腳與隔離有火藥區建築物之距離，應在一公尺以上。

②本辦法所定防火牆，規定如下：

一　與倉庫外牆之距離在二公尺以上。

二　爲鋼筋混凝土構造、加強磚造或鋼骨補強之鋼板或防火板構造，並具堅固基礎。

三　倉庫設有天花板者，防火牆高度高於天花板高度五十公分以上；無天花板者，防火牆高度應高於倉庫屋頂以上。

四　鋼板構造之防火牆厚度爲零點三五公分以上。但倉庫儲存總火藥量在二公噸以下或總重量在十公噸以下者，爲零點二五公分以上。其他材質之防火牆厚度應爲三公分以上。

③本辦法所定對象物，規定如下：

一　第一類對象物：指各類場所消防安全設備設置標準（以下簡稱設置標準）第十二條第一款、第二款第一目至第六目、第八目至第十目及第十二目所列之場所。

二　第二類對象物：指設置標準第十二條第二款第七目、第十一目及第三款所列之場所。

三　第三類對象物：指設置標準第十二條第四款及前二款以外供人居住或使用之建築物。

四　第四類對象物：指國道、省道、縣道、鄉道及高壓電線。

第三條

爆竹煙火製造場所內工作場所之區別及建築物使用目的如下表：

<table>
<tr><th colspan="2">工作場所之區別</th><th>建築物使用目的</th></tr>
<tr><td rowspan="2">有火藥區</td><td>作業區</td><td>壓藥室、填土室、鑽孔室、縜炮室、配藥室、裝藥室、篩藥室、造粒室、成型間、插線間、包裝間（包括貼商標）等作業室，曬藥場及其他有火藥之作業區（如有必要可置廁所）。</td></tr>
<tr><td>庫儲區</td><td>原料、半成品及成品倉庫。</td></tr>
<tr><td colspan="2">無火藥區</td><td>警衛室、會客室、辦公室、休息室（吸菸室）、飯廳、廁所、廚房、宿舍、浴室、機械修理間、無火藥類倉庫、無火藥填土室、紙筒製作室。</td></tr>
</table>

第四條 99

①爆竹煙火製造場所內各建築物間之安全距離，規定如下：

一 作業區之建築物、半成品倉庫、舞臺煙火以外之專業爆竹煙火及摔炮類一般爆竹煙火成品倉庫：依下列公式計算之，其總火藥量無法計算者，得以總重量除以五計算之。

安全距離（公尺）$=3\times\sqrt[3]{\text{總火藥量（公斤）}}$

二 曬藥場：十公尺以上。

三 摔炮類以外之一般爆竹煙火及舞臺煙火成品倉庫：如附表一。但設置擋牆或防火牆者，其安全距離如附表二。

四 原料倉庫：依下表規定。但有下列情形之一者，不在此限。

㈠儲存數量超過管制量二十倍之倉庫，與設在同一建築基地之其他倉庫間之安全距離，得縮減至規定寬度之三分之一，最小以三公尺為限。

㈡同一建築基地內，設置二個以上相鄰儲存氯酸鹽類、過氯酸鹽類、硝酸鹽類、硫磺、鐵粉、金屬粉、鎂、硝酸酯類、硝基化合物或含有任一種成分物品之倉庫，其相互間安全距離得縮減至五十公分。

區分	安全距離	
	建築物之牆壁、柱及地板為防火構造者	建築物之牆壁、柱或地板為非防火構造者
未達管制量五倍者		○．五公尺以上
達管制量五倍以上未達十倍者	一公尺以上	一．五公尺以上
達管制量十倍以上未達二十倍者	二公尺以上	三公尺以上
達管制量二十倍以上未達五十倍者	三公尺以上	五公尺以上
達管制量五十倍以上未達二百倍者	五公尺以上	十公尺以上
達管制量二百倍以上者	十公尺以上	十五公尺以上
備註：管制量指公共危險物品及可燃性高壓氣體設置標準暨安全管理辦法第三條第二項附表一所規範之數量。		

②前項建築物處理或儲存數量之規定如下：

一 作業區之建築物及半成品倉庫：總火藥量一公噸以下或總重量五公噸以下。

二 舞臺煙火以外之專業爆竹煙火及摔炮類一般爆竹煙火成品倉庫：總火藥量五公噸以下或總重量二十五公噸以下。

三 摔炮類以外之一般爆竹煙火及舞臺煙火成品倉庫：總火藥量十公噸以下或總重量五十公噸以下。

第五條 99

爆竹煙火製造場所之有火藥區內，各建築物與廠區外鄰近場所之安全距離，規定如下。但有設置擋牆者，得減半計算：

一 作業區及半成品倉庫：如附表三。

二 舞臺煙火以外之專業爆竹煙火及摔炮類一般爆竹煙火成品倉庫：如附表四。

三 摔炮類以外之一般爆竹煙火及舞臺煙火成品倉庫：如附表五。

四 原料倉庫：

㈠與第一類對象物之距離，應在五十公尺以上。
㈡與第二類對象物之距離，應在三十公尺以上。
㈢與第三類對象物之距離，應在二十公尺以上。
㈣與第四類對象物之距離，應在十公尺以上。

第六條

作業區，其構造、設備，應符合下列規定：

一　爲獨立之一層建築物。

二　門窗不得與鄰棟建築物相互對開。

三　建築構造、材料及設施符合下列規定：

㈠牆壁、屋頂及天花板以不燃材料建造。

㈡作業室最少設二處門，門寬不得小於一點五公尺，門高不得低於二公尺，門分別通向屋外；窗材爲不易震裂之安全玻璃、塑膠等材料，窗臺不得設置木條或鐵條等障礙物，且不得高於地面六十公分，門窗能向外推開，有金屬配件者，應爲銅質或不易產生火花之金屬。但工作人數在二人以下時，得爲一處門。

四　作業室周圍設水溝，並經常清理，配藥室水溝末端（距配藥室四公尺以上）設置廢藥沈澱池。廢藥沈澱池避免陽光直射，並每週清理一次。

五　人行道應舖設水泥或柏油路面。

六　各工作場所之傳動機械及其他足以產生靜電之設施，均應裝設接地線，其接地電阻不得超過十歐姆。

七　不得使用明火照明器具。使用電力照明時，應用全密封型防爆燈具，保持表面光滑使不積存塵埃，使用之開關應爲全密封防爆型或裝設於室外防塵箱內。

八　使用之馬達應爲全密封防爆型或以牆隔離裝於室外，其接地電阻不得超過十歐姆，開關或啓動設備應爲全密封防爆型或裝設於室外防塵箱內。

九　配電線路均應埋設於地下，或裝置於連接氣密之金屬導管中，並應有良好之接地，其電力總開關應設於有火藥區外。

十　應設符合國家標準（以下簡稱CNS）一二八七二規定之避雷設備，或以接地方式達同等以上防護性能者。但因周圍環境，無致生危險之虞者，不在此限。

十一　設有烘藥設備者，應以蒸汽或熱風方式間接加熱，並有定溫定壓之自動控制裝置及警報裝置。

第七條

①作業區之壓藥室、填土室、配藥室、裝藥室、篩藥室、造粒室，其相互間及與其他作業室、倉庫等應以擋牆隔離之。但其建築構造符合下列規定者，不在此限：

一　放壓面面對空曠無人地區，不致誘發火災，以抵抗力弱且不燃性之輕質材料建造者。

二　其他三面建築堅固之鋼筋水泥牆抗阻爆力之發散，其厚度在存藥量四公斤以上者爲五十公分，未滿四公斤者爲二十公分。

三　屋頂向放壓面方向傾斜，使用抵抗力弱且不燃性之輕質材料建造。

②前項第一款及第三款之抵抗力弱且不燃性之輕質材料，可爲矽酸鈣板、合成樹脂防火板或其他具有同等性質之材料。

第八條

曬藥場曬藥架之材料應爲木質或竹質，並以竹釘或籐條固定之，使用鐵釘者，應不得外露；曬藥盤之材料應爲木質、竹質或其他不發火材料。曝曬時應保持曝曬物品之穩定，以免發生摩擦。

第九條 99

爆竹煙火製造場所之庫儲區，其構造、設備應符合第六條第七款、第九款、第十款及下列規定：

一　爲鋼筋混凝土、磚石等不燃性材料建造之一層建築物。

二　屋頂及天花板使用適當強度之輕質隔熱性材料。

三　地面爲水泥粉光或磨石子地，上舖木質墊板，爲木質地板者，鐵釘不得暴露於外，其高度距地面十公分以上。

四　儲放爆竹煙火原料、半成品或成品時，應距周圍牆面五公分以上。

五　倉庫前舖設水泥光面地坪，門口設置棕墊或塑膠墊，以防帶入泥沙。

六　門應向外開啓，其金屬配件爲銅質或其他不因磨擦、撞擊產生火花之金屬。

七　不得使用馬達或動力設備。

八　不得設置於潮濕地面。

九　窗戶及出入口應有防盜措施。

十　設置安全監控設施。

十一　摔炮類以外之一般爆竹煙火及舞臺煙火成品倉庫儲存總火藥量超過五公噸或總重量超過二十五公噸者，應以火藥量三公噸以下或重量十五公噸以下爲準，以厚度十公分以上鋼筋混凝土或厚度十五公分以上加強磚造構造之隔間牆區劃分隔。隔間牆應設置至屋頂；倉庫設有天花板，且能確保防火區劃完整者，得設置至天花板。

十二　倉庫通路面積應占倉庫樓地板面積百分之二十以上。

十三　專業爆竹煙火與未經個別認可合格之一般爆竹煙火應分室儲存。

第一〇條

爆竹煙火製造場所之無火藥區，其構造、設備依建築法及相關法規規定辦理。

第一一條

爆竹煙火製造場所內搬運應以四輪手推車爲主，成品或半成品均應盛於木質、竹質、紙箱或塑膠盤中；搬運時，應輕舉輕放，不得推拉，避免摩擦。

第一二條

爆竹煙火製造場所之有火藥區，其安全管理應符合下列規定：

一　與無火藥區間應設置有效隔離之境界柵欄，並於顯明位置及出入口設立危險區域、嚴禁煙火、非作業人員禁止進入等警告標示。

二　於明顯位置標示最高工作人數、原料及半成品或成品之限量、設備、物品之配置及作業程序等事項。

三　作業區機械設備及其他物品之放置，不得妨礙緊急避難時之進出路線，非作業必需品，不得存放於作業區內。

四　作業區之工作臺，應符合下列規定：

㈠以平滑不粗糙之木板爲之，上舖銅皮或橡皮等對下墜物體有緩衝，不易產生靜電者。

㈡發火金屬物及非作業用器具，不得放置臺面。

㈢地上及臺面之浮藥應隨時清理，並於每日下班前澈底清理。

五　嚴禁與作業無關之人員進入。

六　進入之工作人員，應符合下列規定：

㈠佩帶識別證，並貼本人照片，記載姓名、出生年月日、血型及工作部門等。

㈡服裝爲棉質品。配藥人員應著防火圍裙及膠鞋或布鞋。

七　進入之機動車輛，排氣口應有防焰裝置，並與各作業室及倉庫保持八公尺以上之距離；停放時，應完全熄火。

八　嚴禁攜帶有產生煙火之虞之物品進入，並置專人嚴加管制。

九　五十公尺以內，不得使用木材或木炭類等燃料，有煙囪者，應設防焰罩。

十　原料應分類、分室儲存，已配之火藥，於每日下班前，儲存於配藥室內。

十一　不合格之原料、半成品或成品，應隨時清理，並作適當處置，不得儲存於倉庫或配藥室內。
十二　原料應於倉庫內稱量，分別移送至配藥室，取用原料之瓢應使用木質、竹質、塑膠或不發生火花之金屬產品，並以不同顏色或標籤識別之，不得混用。
十三　稱量原料之秤具應使用彈簧式座秤，不得使用秤錘吊秤。
十四　盛裝原料之容器應予加蓋。
十五　進出倉庫之原料、半成品或成品建卡隨時登記，並註明其儲存數量。
十六　庫儲區保持通風，經常維持其溫度在攝氏三十五度以下，相對濕度百分之七十五以上，於每日中午觀測溫度計及濕度計一次並記錄之，溫度、濕度異常時，應即採取緊急安全措施。
十七　庫儲區不得放置空紙箱、內襯紙、塑膠袋、紙盒等包裝用餘材料，或其他非屬爆竹煙火原料、半成品及成品之易燃易爆物品。
十八　庫儲區禁止使用鐵器等易引起火花之器具進行開箱、封箱等作業。
十九　儲存一年以上之爆竹煙火原料、半成品及成品，應檢查有無異常現象。
二十　對作業人員應每半年施以四小時以上之安全講習，並記錄存查。其講習課程內容如下：
㈠火藥常識。
㈡作業程序。
㈢安全管理及安全防護計畫。

第一三條

作業區之壓藥室、填土室、配藥室、裝藥室、篩藥室，其安全管理除前條規定外，應符合下列規定：
一　地面加舖木質方格墊板，並經常保持濕潤；或加舖合格之導電橡膠墊。
二　作業使用之器具、容器爲銅質、竹質、木質或其他不易發生火花之製品；用水調和配藥時，得使用塑膠製品。
三　壓藥、裝藥之模具爲銅質、竹質、木質、電木或塑膠製品；使用鋁質者，應予接地。
四　壓藥機桿頭爲銅質、竹質、木質或不銹鋼，頭部直角部位應稍加切削，並不得爲錐形。
五　裝（壓）藥作業時，應避免金屬類間強烈震動、撞擊或磨擦。

第一四條

各作業室之機械，應符合下列規定：
一　裝（壓）藥機或填土機或鑽孔機以一臺爲限。
二　從事以具爆炸性火藥製造煙火時，機械相互間有適當安全防護設施及安全通道者，以設置裝（壓）藥機、填土機各一臺爲限。
三　從事以非具爆炸性火藥製造煙火時，機械相互間有適當安全防護設施及安全通道者，以設置裝（壓）藥機、填土機、鑽孔機各一臺爲限。
四　從事爆竹續炮作業時，其使用之續炮機，以四臺爲限。

第一五條

配藥、篩藥作業，應符合下列規定：
一　配藥依一定程序，先混合還原劑，再加氧化劑；氧化劑、還原劑不得同時混合爲之。
二　篩藥作業時，以個別篩網分別過篩氧化劑、還原劑。
三　加入鋁粉等金屬粉末時，以酒精少許濕潤或以表面處理，以防範反應生熱，在雨天及高濕度狀況下，應特別注意防範意外事件。
四　配製赤磷敏感藥劑，先以水或丙酮濕潤，再與氯酸鉀混合。
五　配成之濕赤磷劑，裝入不易使其乾燥之容器。

六　配製含赤磷後之配藥室，立即以水沖洗清淨。

七　未完全乾燥之火球藥粒，不得裝填，應放置於通風處，含有鋁鎂等金屬粉末之配合劑不得堆積存放。

八　配製赤磷藥劑須使用專用配藥室，工作人員之防護衣、鞋、襪、手套、容器及工具，均限於該室使用，不得與其他作業混合或交互使用。

第一六條 99

①製造爆竹煙火工作人員之配置，應符合下列規定：

一　從事填土、配藥、裝藥、篩藥或爆引切割等作業之作業室，以一人為限。

二　以含氯酸鉀、過氯酸銨、硝酸銨、磷化物之原料從事專業爆竹煙火及煙霧類以外之一般爆竹煙火製造，或爆竹煙火之製造採裝（壓）藥、填土、鑽孔分別於不同作業室作業者，每一作業室應在二人以下。但無火藥之填土，不在此限。

三　以含氯酸鉀之原料從事煙霧類一般爆竹煙火產品製造作業，或以具爆炸性火藥製造爆竹煙火採裝（壓）藥、填土於同一作業室連續作業，或以非具爆炸性火藥製造爆竹煙火採裝（壓）藥、填土、鑽孔於同一作業室連續作業，其作業室應在四人以下。

四　以不含氯酸鉀、過氯酸銨、硝酸銨、磷化物之原料從事爆竹煙火製造作業，或將爆竹煙火原料以水或漿糊充分濕潤（指含水量在百分之十以上）後從事爆竹煙火製造作業，其作業室應在八人以下。

②前項作業所使用之原料，含磷化物者，每次配藥、裝藥不得超過一公斤；含氯酸鉀、過氯酸銨、硝酸銨者，每次配藥、裝藥不得超過五公斤；其他原料者，每次配藥、裝藥不得超過十五公斤。但以水或漿糊充分濕潤者，每次配藥、裝藥得為十五公斤。每次配妥後應立即移至室外安全場所。

③爆引切割作業，每次不得超過零點五公斤，每批不得超過三公斤；已切割與未切割之爆引應遠離分別放置，並隨時加以覆蓋。

第一七條 99

達管制量舞臺煙火以外之專業爆竹煙火及摔炮類一般爆竹煙火儲存場所，其位置、構造及設備應符合下列規定：

一　儲存總火藥量應在五公噸以下或總重量應在二十五公噸以下，其與鄰近場所安全距離符合下表規定：

儲存總火藥量（單位：公噸）	儲存總重量（單位：公噸）／安全距離（單位：公尺）	與第一類對象物距離	與第二類對象物距離	與第三類對象物距離	與第四類對象物距離
超過四，五以下	超過二十，二十五以下	二百十	一百五十	一百零五	五十
超過三，四以下	超過十五，二十以下	一百九十	一百四十	九十五	五十
超過二，三以下	超過十，十五以下	一百七十	一百三十	八十五	四十五

超過一點七，二以下	超過八點五，十以下	一百五十	一百	七十五	三十五
超過一點四，一點七以下	超過七，八點五以下	一百四十	一百	七十	三十五
超過一點一，一點四以下	超過五點五，七以下	一百三十	一百	六十五	三十五
超過零點九，一點一以下	超過四點五，五點五以下	一百二十	九十	六十	三十
超過零點七，零點九以下	超過三點五，四點五以下	一百十	八十五	五十五	三十
超過零點五，零點七以下	超過二點五，三點五以下	一百	八十	五十	二十五
超過零點三，零點五以下	超過一點五，二點五以下	九十	七十	四十	二十五
超過零點二，零點三以下	超過一，一點五以下	八十	六十	四十	二十
超過零點一，零點二以下	超過零點五，一以下	七十	五十五	三十五	十五
零點一以下	零點五以下	六十	四十五	三十	十五

二　不得設置於潮濕地面。

三　爲鋼筋混凝土造或磚造之一層建築物。

四　設置二道門板，外層爲厚度三公釐以上之三十分鐘以上防火時效之防火門，內外門板均有防盜措施。

五　四周牆壁、地板，以厚度十公分以上之鋼筋混凝土或二十公分以上之加強磚造建造。

六　設二個以上之通風孔，並護以鐵絲網，通風孔之寬度在二十公分以上者，每隔五公分加設直徑一公分之鐵柵。

七　周圍設置排水溝。

八　周圍牆壁、地板、天花板，不得裝置有易生火花之金屬板。

九　設置溫度計、溼度計。設有照明設備者，應爲防爆式電燈，配線爲地下嵌入型電線，並應設置自動遮斷器或場外開關。

十　應設符合CNS一二八七二規定之避雷設備，或以接地方式達同等以上防護性能者。但因周圍環境，無致生危險之虞者，不在此限。

十一　設土堤或擋牆。但儲存總火藥量二公噸以上或總重量十公噸以上者，應設土堤。

十二　設置安全監控設施。

十三　儲存場所通路面積應占儲存場所樓地板面積百分之二十以上。

第一七條之一　99

①專業爆竹煙火施放前，應儲存於臨時儲存場所。

②前項臨時儲存場所應符合下列規定：

一　與專業爆竹煙火施放地點之距離在二十公尺以上。但保持距離確有困難者，得儲存於不受專業爆竹煙火施放影響之場所內。

二　有防止陽光直射及雨水淋濕之措施。

三　臨時儲存場所與專業爆竹煙火施放地點應由專人看守，施放活動結束前不得擅離。

四　周圍設置專業爆竹煙火、嚴禁火源及禁止進入等警告標示。

五　臨時儲存場所所放置專業爆竹煙火等物品，應有防止被專業爆竹煙火施放所生火花引燃之措施。

第一八條 99

①達管制量摔炮類以外之一般爆竹煙火及舞臺煙火儲存場所，其位置、構造及設備應符合下列規定：

一　儲存總火藥量應在十公噸以下或總重量應在五十公噸以下，其與第一類對象物至第四類對象物之安全距離如下表：

儲存數量						
儲存數量	總火藥量	超過八公噸，十公噸以下	超過六公噸，八公噸以下	超過四公噸，六公噸以下	超過二公噸，四公噸以下	二公噸以下
儲存數量	總重量	超過四十公噸，五十公噸以下	超過三十公噸，四十公噸以下	超過二十公噸，三十公噸以下	超過十公噸，二十公噸以下	十公噸以下
安全距離		十二公尺以上	十一公尺以上	十公尺以上	九公尺以上	七公尺以上

二　不得設置於潮濕地面。

三　爲地面一層之防火建築物。

四　窗戶及出入口應有防盜措施。

五　設置安全監控設施。

六　儲存總火藥量超過五公噸或總重量超過二十五公噸者，應以火藥量三公噸以下或重量十五公噸以下爲準，以厚度十公分以上鋼筋混凝土或厚度十五公分以上加強磚造構造之隔間牆區劃分隔。隔間牆應設置至屋頂；場所設有天花板，且能確保防火區劃完整者，得設置至天花板。

七　儲存場所通路面積應占儲存場所樓地板面積百分之二十以上。

八　舞臺煙火與未經個別認可合格之一般爆竹煙火應分室儲存。

②前項場所設置擋牆或防火牆者，其與第一類對象物至第四類對象物之安全距離如下表：

儲存數量						
儲存數量	總火藥量	超過八公噸，十公噸以下	超過六公噸，八公噸以下	超過四公噸，六公噸以下	超過二公噸，四公噸以下	二公噸以下
儲存數量	總重量	超過四十公噸，五十公噸以下	超過三十公噸，四十公噸以下	超過二十公噸，三十公噸以下	超過十公噸，二十公噸以下	十公噸以下
安全距離		九公尺以上	八公尺以上	七公尺以上	六公尺以上	五公尺以上

第一九條

達管制量以上之爆竹煙火儲存場所，其安全管理應符合下列規定：

一　建檔登記，每日詳載其儲存數量。

二　分類放置。

三　禁止非工作人員或攜帶會產生火源之機具設備進入。

四　不得放置空紙箱、內襯紙、塑膠袋、紙盒等包裝用餘材料，或其他易燃易爆之物品。

五　禁止使用鐵器等易引起火花之器具進行開箱、封箱等作業。

六　儲存一年以上者，應檢查有無異常現象。

七　設置防盜措施。

八　保持通風，經常維持其溫度在攝氏三十五度以下，相對濕度百分之七十五以上，於每日中午觀測溫度計及濕度計一次並記錄之，溫度、濕度異常時，應即採取緊急安全措施。

第二〇條

達管制量以上之一般爆竹煙火販賣場所，其位置、構造及設備應符合下列規定：

一　設在建築物之地面層。

二　爲防火建築物。

三　內部以不燃材料裝修。

第二一條

①達管制量以上之一般爆竹煙火販賣場所，其安全管理應符合下列規定：

一　儲存數量：

㈠摔炮類：儲存總火藥量不得超過五公斤或總重量不得超過二十五公斤。

㈡摔炮類以外之一般爆竹煙火：儲存總火藥量不得超過一百公斤或總重量不得超過五百公斤。

㈢同時放置前二目之一般爆竹煙火時，應以各目實際數量爲分子，各目規定之數量爲分母，所得商數之和不得爲一以上。

二　購買及販賣一般爆竹煙火，應建檔登記，每日詳載其儲存數量。

三　分類放置。

四　不得出售非法製造或無認可標示之一般爆竹煙火。

五　儲存一年以上之一般爆竹煙火，應檢查有無異常現象。

②前項第一款之儲存數量，有下列各款情形之一者，應另設儲存專用室放置：

一　摔炮類：總火藥量三公斤以上或總重量十五公斤以上。

二　摔炮類以外之一般爆竹煙火：總火藥量五十公斤以上或總重量二百五十公斤以上。

三　同時放置前二款之一般爆竹煙火時，應以各款實際數量爲分子，各款規定之數量爲分母，所得商數之和爲一以上。

③前項儲存專用室，應符合下列規定：

一　四周牆壁、地板，以厚度十公分以上之鋼筋混凝土或二十公分以上之加強磚造建造。

二　出入口設置三十分鐘以上防火時效之防火門。

三　四周牆壁除出入口外，不得設置其他開口。

四　禁止非工作人員或攜帶會產生火源之機具設備進入。

五　保持上鎖狀態。

六　不得放置空紙箱、內襯紙、塑膠袋、紙盒等包裝用餘材料，或其他易燃易爆之物品。

七　禁止使用鐵器等易引起火花之器具進行開箱、封箱等作業。

第二二條

本辦法自發布日施行。

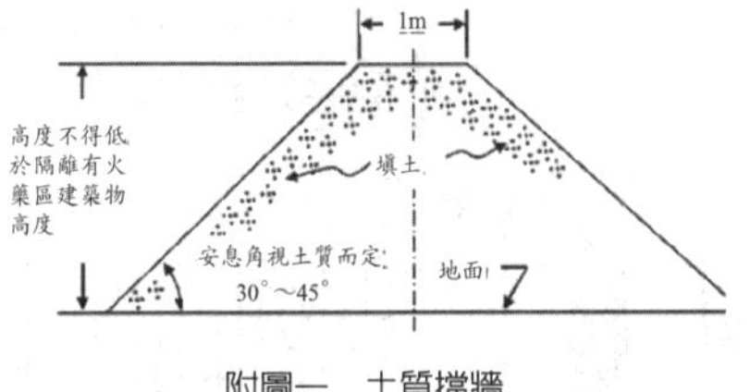

附圖一　土質擋牆

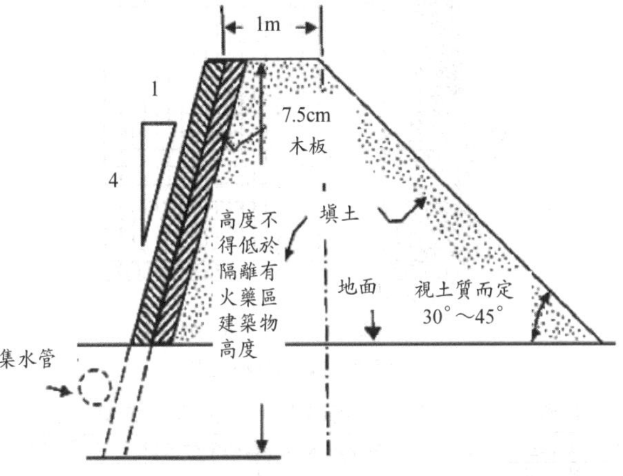

附圖二　土質或土沙質擋牆（單面覆板）

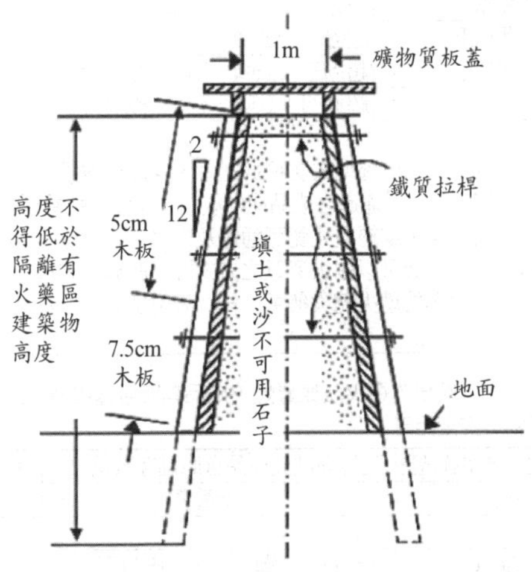

附圖三　土質或土沙質擋牆（雙面覆板）

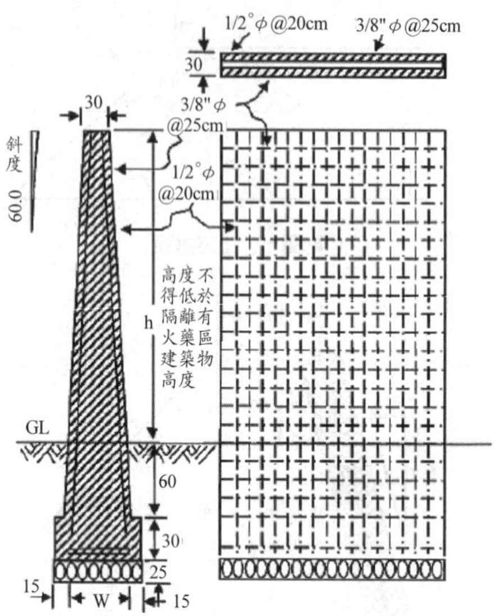

註：W＝2×0.09h＋30

附圖四　鋼筋混凝土擋牆

附表一　摔炮類以外之一般爆竹煙火及舞臺煙火成品倉庫與場內其他建築物之安全距離

摔炮類以外之一般爆竹煙火及舞臺煙火成品倉庫儲存數量		與場內其他建築物安全距離
總火藥量	總重量	
二公噸以下	十公噸以下	七公尺以上
超過二公噸，四公噸以下	超過十公噸，二十公噸以下	九公尺以上
超過四公噸，六公噸以下	超過二十公噸，三十公噸以下	十公尺以上
超過六公噸，八公噸以下	超過三十公噸，四十公噸以下	十一公尺以上
超過八公噸，十公噸以下	超過四十公噸，五十公噸以下	十二公尺以上

備註：

一、爆竹煙火有附加認可標示或經型式認可通過者，其儲存數量以總火藥量計算；未附加認可標示且未經型式認可通過之成品或半成品，其儲存數量以總重量計算。

二、同時儲存有附加認可標示或經型式認可通過及未附加認可標示且未經型式認可通過之爆竹煙火時，其儲存數量以總火藥量之方式計。計算公式爲：（有附加認可標示或經型式認可通過之爆竹煙火總火藥量）＋（未附加認可標示且未經型式認可通過之爆竹煙火總重量／五）。

附表二　摔炮類以外之一般爆竹煙火及舞臺煙火成品倉庫設置擋牆或防火牆者，其與場內其他建築物之安全距離

摔炮類以外之一般爆竹煙火及舞臺煙火成品倉庫儲存數量		與場內其他建築物安全距離
總火藥量	總重量	
二公噸以下	十公噸以下	五公尺以上
超過二公噸，四公噸以下	超過十公噸，二十公噸以下	六公尺以上
超過四公噸，六公噸以下	超過二十公噸，三十公噸以下	七公尺以上

超過六公噸，八公噸以下	超過三十公噸，四十公噸以下	八公尺以上
超過八公噸，十公噸以下	超過四十公噸，五十公噸以下	九公尺以上

備註：

一、爆竹煙火有附加認可標示或經型式認可通過者，其儲存數量以總火藥量計算；未附加認可標示且未經型式認可通過之成品或半成品，其儲存數量以總重量計算。

二、同時儲存有附加認可標示或經型式認可通過及未附加認可標示且未經型式認可通過之爆竹煙火時，其儲存數量以總火藥量之方式計。計算公式爲：（有附加認可標示或經型式認可通過之爆竹煙火總火藥量）＋（未附加認可標示且未經型式認可通過之爆竹煙火總重量／五）。

附表三　爆竹煙火製造場所之有火藥區內作業區及半成品倉庫與廠區外鄰近場所之安全距離

建築物區分／安全距離（單位：公尺）		有爆炸危險之作業區、半成品倉庫								有起火危險之作業區、半成品倉庫								進行包裝、卷紙、組合、裝箱或以硝酸鹽爲主要火藥之作業區			
		舞臺煙火以外之專業爆竹煙火及摔炮類一般爆竹煙火				摔炮類以外之一般爆竹煙火及舞臺煙火				舞臺煙火以外之專業爆竹煙火及摔炮類一般爆竹煙火				摔炮類以外之一般爆竹煙火及舞臺煙火							
總火藥量（單位：公斤）	總重量（單位：公斤）	與第一類對象物距離	與第二類對象物距離	與第三類對象物距離	與第四類對象物距離	與第一類對象物距離	與第二類對象物距離	與第三類對象物距離	與第四類對象物距離	與第一類對象物距離	與第二類對象物距離	與第三類對象物距離	與第四類對象物距離	與第一類對象物距離	與第二類對象物距離	與第三類對象物距離	與第四類對象物距離	與第一類對象物距離	與第二類對象物距離	與第三類對象物距離	與第四類對象物距離
超過四百，五百以下	超過二千，二千五百以下									一百三十	九十五	六十五	三十								
超過三百，四百以下	超過一千五百，二千以下									一百二十	九十	六十	三十								
超過二百五十，三百以下	超過一千二百五十，一千五百以下	一百三十	一百	六十五	三十五					一百十	八十	五十五	二十五								
超過二百，二百五十以下	超過一千，一千二百五十以下	一百三十	九十五	六十	三十					一百	七十五	五十	二十五								
超過一百八十，二百以下	超過九百，一千以下	一百二十	八十五	六十	三十					九十五	七十	四十五	二十五								
超過一百六十，一百八十以下	超過八百，九百以下	一百十	八十五	五十五	三十					九十	六十五	四十五	二十								
超過一百四十，一百六十以下	超過七百，八百以下	一百十	八十	五十五	二十五					八十五	六十五	四十五	二十								
超過一百二十，一百四十以下	超過六百，七百以下	一百	七十五	五十	二十五					八十五	六十	四十	二十								
超過一百，一百二十以下	超過五百，六百以下	一百	七十五	五十	二十五					八十	六十	四十	二十								
超過九十，一百以下	超過四百五十，五百以下	九十	七十	四十五	二十五					七十五	五十五	三十五	二十					五十五	四十	二十五	十五
超過八十，九十以下	超過四百，四百五十以下	九十	六十五	四十五	二十					七十	五十五	三十五	十五					五十五	四十	二十五	十五
超過七十，八十以下	超過三百五十，四百以下	八十五	六十五	四十五	二十					七十	五十	三十五	十五					五十	四十	二十五	十
超過六十，七十以下	超過三百，三百五十以下	八十	六十	四十	二十					六十五	五十	三十	十五					五十	三十五	二十五	十
超過五十五，六十以下	超過二百七十五，三百以下	八十	六十	四十	二十					六十	四十五	三十	十五					四十五	三十五	二十五	十
超過五十，五十五以下	超過二百五十，二百七十五以下	七十五	五十五	四十	二十					六十	四十五	三十	十五					四十五	三十五	二十	十
超過四十五，五十以下	超過二百二十五，二百五十以下	七十五	五十五	三十五	二十					六十	四十五	三十	十五	六十	四十五	三十	十五	四十五	三十五	二十	十
超過四十，四十五以下	超過二百，二百二十五以下	七十	五十五	三十五	十五					六十	四十五	三十	十五	五十五	四十	三十	十五	四十	三十	二十	十
超過三十五，四十以下	超過一百七十五，二百以下	七十	五十	三十五	十五					六十	四十五	三十	十五	五十五	四十	二十五	十五	四十	三十	二十	十
超過三十，三十五以下	超過一百五十，一百七十五以下	六十五	五十	三十	十五					六十	四十五	三十	十五	五十	四十	二十五	十五	四十	三十	二十	十
超過二十五，三十以下	超過一百二十五，一百五十以下	六十	四十五	三十	十五	六十	四十五	三十	十五	六十	四十五	三十	十五	五十	三十六	二十五	十二	四十	三十	二十	十
超過二十，二十五以下	超過一百，一百二十五以下	六十	四十五	三十	十五	六十	四十五	三十	十五	六十	四十五	三十	十五	四十八	三十六	二十四	十二	四十	三十	二十	十
超過十五，二十以下	超過七十五，一百以下	六十	四十五	三十	十五	五十五	四十	二十五	十五	六十	四十五	三十	十五	四十八	三十六	二十四	十二	四十	三十	二十	十

十五以下	七十五以下	六十	四十五	三十	十五	四十八	三十六	二十四	十二	六十	四十五	三十	十五	四十八	三十六	二十四	十二	四十	三十	二十	十

備註：

一、爆竹煙火有附加認可標示或經型式認可通過者，其儲存數量以總火藥量計算；未附加認可標示且未經型式認可通過之成品或半成品，其儲存數量以總重量計算。

二、同時儲存有附加認可標示或經型式認可通過及未附加認可標示且未經型式認可通過之爆竹煙火時，其儲存數量以總火藥量之方式計。計算公式為：（有附加認可標示或經型式認可通過之爆竹煙火總火藥量）＋（未附加認可標示且未經型式認可通過之爆竹煙火總重量／五）。

三、超過本表所定之數量者，其安全距離以本表所定最大安全距離對應之最大數量，依下式計算之：

$$\text{安全距離}=\frac{\text{表定最大安全距離}\times\sqrt[3]{\text{實際數量}}}{\sqrt[3]{\text{表定最大數量}}}$$

例如：舞臺煙火以外之專業爆竹煙火有爆炸危險之作業區與第一類對象物之安全距離，表定最大安全距離為一百三十公尺，其對應之最大總火藥量為三百公斤，假設現有實際總火藥量一千公斤，則其安全距離為：

$$\text{安全距離}=\frac{130\times\sqrt[3]{1000}}{\sqrt[3]{300}}\cong 194.2\text{公尺}$$

附表四　爆竹煙火製造場所之有火藥區內舞臺煙火以外之專業爆竹煙火及摔炮類一般爆竹煙火成品倉庫與廠區外鄰近場所之安全距離

儲存總火藥量（單位：公噸）	儲存總重量（單位：公噸） ＼ 安全距離（單位：公尺）	與第一類對象物離	與第二類對象物離	與第三類對象物離	與第四類對象物離
超過四，五以下	超過二十，二十五以下	二百十	一百五十	一百零五	五十
超過三，四以下	超過十五，二十以下	一百九十	一百四十	九十五	五十
超過二，三以下	超過十，十五	一百七十	一百三十	八十五	四十五
超過一點七，二以下	超過八點五，十以下	一百五十	一百	七十五	三十五
超過一點四，一點七以下	超過七，八點五以下	一百四十	一百	七十	三十五
超過一點一，一點四以下	超過五點五，七以下	一百三十	一百	六十五	三十五
超過零點九，一點一以下	超過四點五，五點五以下	一百二十	九十	六十	三十
超過零點七，零點九以下	超過三點五，四點五以下	一百十	八十五	五十五	三十
超過零點五，零點七以下	超過二點五，三點五以下	一百	八十	五十	二十五
超過零點三，零點五以下	超過一點五，二點五以下	九十	七十	四十五	二十
超過零點二，零點三以下	超過一，一點五以下	八十	六十	四十	二十
超過零點一，零點二以下	超過零點五，一以下	七十	五十五	三十五	十五
零點一以下	零點五以下	六十	四十五	三十	十五

備註：

一、爆竹煙火有附加認可標示或經型式認可通過者，其儲存數量以總火藥量計算；未附加認可標示且未經型式認可通過之成品或半成品，其儲存數量以總量計算。

二、同時儲存有附加認可標示或經型式認可通過及未附加認可標示且未經型式認可通過之爆竹煙火時，其儲存數量以總火藥量之方式計。計算公式為：（有附加認可標示或經型式認可通過之爆竹煙火總火藥量）＋（未附加認可標示且未經型式認可通過之爆竹煙火總重量／五）

附表五　爆竹煙火製造場所之有火藥區內摔炮類以外之一般爆竹煙火及舞臺煙火成品倉庫與廠區外鄰近場所之安全距離

總火藥量	總重量	安全距離　與第一類對象物至第四類對象物距離
二公噸以下	十公噸以下	十四公尺以上
超過二公噸，四公噸以下	超過十公噸，二十公噸以下	十八公尺以上
超過四公噸，六公噸以下	超過二十公噸，三十公噸以下	二十公尺以上
超過六公噸，八公噸以下	超過三十公噸，四十公噸以下	二十二公尺以上
超過八公噸，十公噸以下	超過四十公噸，五十公噸以下	二十四公尺以上

爆竹煙火製造儲存販賣場所違反爆竹煙火管理條例取締作業規範

①民國93年10月21日內政部消防署函訂定發布全文4點。
②民國97年2月13日內政部消防署函修正發布名稱及全文4點（原名稱：爆竹煙火製造儲存販賣違法取締作業規範）。
③民國100年1月17日內政部函修正發布名稱及全文5點（原名稱：違反爆竹煙火管理條例取締作業規範）。
④民國106年3月16日內政部函修正發布第4點；並自即日生效。

壹　目的：爲利直轄市、縣（市）政府執行爆竹煙火違法製造、儲存或販賣之取締，特訂定本作業規範。

貳　相關法令：

一　爆竹煙火管理條例第四條、第六條、第九條、第十二條、第十八條、第二十一條、第二十二條、第二十四條、第二十七條至第二十九條及第三十二條。

二　爆竹煙火管理條例施行細則第三條、第四條、第五條及第十條。

三　爆竹煙火製造儲存販賣場所設置及安全管理辦法。

參　適用範圍：

一　未經許可製造爆竹煙火案件。

二　達管制量之爆竹煙火違法儲存或販賣場所案件。

肆　取締流程：

一　未經許可製造爆竹煙火案件（觸犯刑事法律）

㈠前置作業：

1.民衆檢舉案件依受理民衆檢舉違法爆竹煙火業作業規範辦理。

2.規劃編排取締人員、車輛及攜帶必要書表文件，並得辦理勤前講習。

3.必要時，得商請轄區內警察機關協助檢查及取締。（爆竹煙火管理條例第二十一條第四項）

㈡現場進入：

1.疑似未經許可製造爆竹煙火場所，有具體事實足認爲有危害公共安全之虞者，得派員進入執行檢查或取締。（爆竹煙火管理條例第二十一條第三項）

2.現場進入或遇門窗緊閉，必要時協調警察機關請檢察官向法院聲請搜索票後進入檢查。

3.發現有違反爆竹煙火管理條例第六條之情事，應立即聯繫該案承辦檢察官，俾移送該管司法機關偵辦。（行政罰法第二十六條及第三十二條）

4.如有危害公共安全之情形，可自行或商請警察人員適當封鎖現場。

㈢行爲人之處置（取締流程詳如圖1）：

1.查獲行爲人時：應製作談話紀錄（範例如附件1），以釐清相關案情及後續追蹤，並將行爲人、相關違法跡證及談話紀錄移請警察機關或司法機關偵辦。

2.行爲人不明或逃逸時：將現場相關違法事證拍照或攝影，並調查違法現場跡證及現場建築物或土地所有人與鄰近居民敘述等相關資料，連同相關違法事證應一併蒐集，並移請警察機關或司法機關偵辦。

3.如有發現其他違反爆竹煙火管理條例之情事（如原料、成品、半成品來自合法爆竹煙火工廠），應立即執行取締或通報該轄消防主管機關取締。

㈣爆竹煙火成品、半成品、原料及製造機具之處理（扣留、清點及移交），說明如下：

1.取締違法爆竹煙火案件，對於違法現場及爆竹煙火應拍照或攝影存證。

2.先行聯繫該案承辦檢察官，由承辦檢察官依據刑事訴訟法第一百三十九條至第一百四十一條規定扣押之，並協調承辦檢察官針對扣押物予以毀棄或拍賣等適當之處置。

3.檢察官執行扣押前，應先扣留違法爆竹煙火成品、半成品、原料及製造機具（扣留單範例詳如附件2），並進行清點後，記載於清冊（格式詳如附件3），清點結束後，將扣留單連同沒入爆竹煙火清冊影本，交由行爲人簽收後，連同扣留物移交檢察官作爲刑事證據。（行政罰法第二十六條）

4.得沒入或可爲證據之物，得扣留之。（行政罰法第三十六條）

二　違法爆竹煙火儲存或販賣場所案件（達管制量場所違反爆竹煙火管理條例第四條及第二十二條爲例）

㈠前置作業：

1.民衆檢舉案件依受理民衆檢舉違法爆竹煙火業作業規範辦理。

2.規劃編排取締人員、車輛及攜帶必要書表文件，並得辦理勤前講習。

3.必要時，得商請轄區內警察機關協助檢查及取締。（爆竹煙火管理條例第二十一條第四項）

㈡現場進入：

1.疑似儲存或販賣爆竹煙火場所，有具體事實足認爲有危害公共安全之虞者，得派員進入執行檢查或取締。（爆竹煙火管理條例第二十一條第三項）

2.如有危害公共安全之情形，可自行或商請警察人員適當封鎖現場。

㈢行爲人之處置（取締流程詳如圖2）：

1.爲便於釐清相關案情及後續追蹤，得於取締時製作談話紀錄（範例詳如附件4至附件6）。

2.取締違法儲存或販賣爆竹煙火，當場開具舉發單（範例詳如附件7及附件8）予行爲人簽收，有拒簽情形可於簽收欄註明，並得限期改善（限期改善通知單範例詳如附件9）；屆期未改善者，得按次處罰，並得予以停工或停業之處分。

3.製作裁處書（範例詳如附件10及附件11），並送達。

㈣違法爆竹煙火之處置（取締流程詳如圖2）：爆竹煙火成品、半成品、原料及製造機具之處理（含扣留、封存、沒入及銷毀）流程，說明如下：

1.扣留及清點

⑴得沒入或可爲證據之物，得扣留之。（行政罰法第三十六條）

⑵對違法現場及爆竹煙火應拍照或攝影存證。

⑶得沒入或可爲證據之物，先行扣留，並進行清點後作成紀錄（扣留單範例詳如附件2），記載實施之時間、處所、扣留物之名目及其他必要之事項，並由在場之人簽名或蓋章；其拒絕簽名或蓋章者，應記明其事由。扣留物之所有人、持有人或保管人在場或請求時，應製作收據，記載扣留物之名目，交付之。（行政罰法第三十八條）

⑷扣留物明細並記載於清冊（格式詳如附件3），清點結束後，扣留清冊連同扣留單影本，交由行爲人簽收。

2.封存

⑴扣留之違法爆竹煙火應張貼封條，並移至合法爆竹煙火儲存場所暫時儲放，分類妥善放置；其不便搬運或保管者，得命人看守或交由所有人或其

他適當之人保管，或簽訂契約由儲存場所業者代為保管。（行政罰法第三十九條）

⑵封存之爆竹煙火，不得對該場所原設置之構造、設備有所妨礙。

3.變賣、拍賣及銷毀

⑴依爆竹煙火管理條例第三十二條規定，沒入之製造機具、原料及有認可標示之爆竹煙火，於沒入裁處書（範例詳如附件12）送達行為人後，依上開規定變賣、拍賣或銷毀。未有認可標示之爆竹煙火成品及半成品，應於拍照存證並記載其數量後銷毀之。

⑵倘行為人不明，於公告期滿後變賣、拍賣或銷毀。

⑶執行一般爆竹煙火拍賣程序如附件13。

⑷辦理違法爆竹煙火銷毀應依消防機關辦理爆竹煙火銷毀作業注意事項規定辦理。

伍　租金補助：暫時儲放之違法爆竹煙火應儘速執行銷毀、變賣或拍賣，倘需租用合法爆竹煙火工廠儲放時，得向內政部申請租金補助，並依內政部支應各直轄市、縣（市）政府存放沒入爆竹煙火場所租金及銷毀經費執行計畫規定辦理。

（附件略）

爆竹煙火製造許可辦法

①民國93年5月20日內政部令訂定發布全文11條；並自發布日施行。
②民國99年9月20日內政部令修正發布第1條條文；並刪除第3、7條條文。

第一條 99

本辦法依爆竹煙火管理條例第六條第五項規定訂定之。

第二條

申請爆竹煙火製造許可者，應具備下列資格：

一 取得使用執照及工廠登記證之爆竹煙火製造場所。

二 取得公司或商業登記。

第三條 （刪除）99

第四條

直轄市、縣（市）主管機關除採書面審查外，得於七日內會同當地工業主管機關或勞動檢查機構實地勘查。

第五條

申請爆竹煙火製造許可之案件，經審查合格者，由直轄市、縣（市）主管機關發給許可文件，並公告之；不合規定者，應敘明理由不予許可；其須補正者，應通知其於十五日內補正，屆期未補正者，不予許可。

第六條

爆竹煙火製造許可文件，應記載下列事項：

一 許可文件字號。

二 製造工廠名稱及地址。

三 負責人姓名、國民身分證統一編號、出生年月日及居（住）所。

四 製造種類。

五 其他經中央主管機關公告之事項。

第七條 （刪除）99

第八條

①向直轄市、縣（市）主管機關申請爆竹煙火製造許可文件記載事項變更時，應檢附下列文件：

一 申請書。

二 原許可文件。

三 負責人國民身分證影本。

四 經年度校正後之工廠登記證影本。

五 變更事項證明文件。

②申請爆竹煙火製造許可文件記載事項變更，經書面審查合格者，由直轄市、縣（市）主管機關換發許可文件，並公告之；不合規定者，應敘明理由不予許可；其須補正者，應通知其於十五日內補正，屆期未補正者，不予許可。

第九條

許可文件遺失或破損不能辨識時應予作廢，其負責人應檢附申請書、國民身分證影本及經年度校正後之工廠登記證影本向直轄市、縣（市）政府申請換發或補發。

第一〇條

申請爆竹煙火製造許可，應繳交審查費新臺幣二千八百元；申請核發、換發、補發許可文件，應繳交證書費新臺幣五百元。

第一一條

本辦法自發布日施行。

柒、民力運用

義勇消防組織編組訓練演習服勤辦法

①民國90年6月1日內政部令訂定發布全文27條；並自發布日施行。
②民國92年3月26日內政部令修正發布第3～8、12條條文。
③民國93年11月24日內政部令修正發布第5、9、23條條文；並刪除第15條條文。
④民國95年1月26日內政部令修正發布第5條條文及第3條附表。
⑤民國95年12月12日內政部令修正發布第6條條文。
⑥民國96年8月28日內政部令修正發布第6條條文。
⑦民國102年12月31日內政部令修正發布第6、8條條文及第3條附表。
⑧民國106年9月6日內政部令修正發布第4、5、8、10、12條條文及第3條附表。
⑨民國108年4月23日內政部令修正發布第4、7、8條條文。
⑩民國109年5月28日內政部令修正發布第3條條文。

第一條

本辦法依消防法第二十八條第一項規定訂定之。

第二條

義勇消防人員應接受消防指揮人員之命，協助消防工作。

第三條 109

①直轄市、縣（市）政府設義勇消防總隊（以下簡稱總隊），總隊視勤務需要，得設大隊、中隊及分隊，其編組如附表。

②直轄市、縣（市）政府應爲所屬義勇消防人員投保救災意外險。

③總隊之內部管理事項，由直轄市、縣（市）消防局（以下均簡稱消防局）會同總隊定之。

第四條 108

①新進義勇消防人員（以下簡稱新進人員）應具備下列資格：

一　年滿二十歲之中華民國國民或依法領有居留許可之外國人、大陸地區人民、香港或澳門居民。

二　居住當地且未參加其他義勇或民防組織。

三　中華民國國民十年內或外國人、大陸地區人民、香港、澳門居民在臺期間，未曾受有期徒刑以上刑之宣告確定。但中華民國國民因過失犯罪或受緩刑宣告者，不在此限。

②擔任顧問者，不受前項第二款規定之限制。

③具備第一項規定資格之退役替代役消防役役男，得優先遴聘擔任義勇消防人員。

④外國人、大陸地區人民、香港或澳門居民之新進人員，不納入支援軍事勤務之人力動員編組。

第五條 106

①各級義勇消防人員，除顧問外，其遴聘程序及資格規定如下：

一　總隊之總隊長、副總隊長由消防局自曾任或現任義勇消防中隊長以上職務（含顧問職）合計滿三年，並曾經高級幹部講習班訓練合格之人員遴選，層報內政部核聘；總隊之其他人員，由總隊自曾任或現任義勇消防分隊長以上職務（含顧問職）合計滿二年，並曾經中級幹部講習班訓練合格之人員遴選，報請消防局核聘。

二　大隊之大隊長及副大隊長，由總隊自曾任或現任義勇消防分隊長以上職務（含顧問職）合計滿二年，並曾經中級幹部講習班訓練合格之人員遴選，報請該轄消防大隊核轉消防局核聘；大隊之其他人員，由該轄義勇消防大隊自曾任或現任義勇消防小隊長以上職務（含顧問職）合計滿一年，並曾經初級幹部講習班訓練合格之人員遴選，報請該轄消防大隊核轉消防局核聘。

三　中隊之所有人員，由該轄義勇消防大隊自曾任或現任義勇消防小隊長以上職務合計滿一年，並曾經初級幹部講習班訓練合格之人員遴選，報請該轄消防中隊或分隊核轉消防局核聘。

四　分隊之分隊長、副分隊長，由該轄義勇消防大隊或中隊自曾任或現任義勇消防副小隊長以上職務合計滿一年，並曾經基礎幹部講習班訓練合格之人員遴選，報請該轄消防分隊核轉消防局核聘；分隊之幹事、助理幹事、小隊長及副小隊長，由該轄義勇消防分隊自曾任或現任義勇消防隊員以上人員遴選，報請該轄消防分隊核轉消防局核聘。

五　分隊之隊員，由該轄義勇消防分隊遴選，報請該轄消防分隊核轉消防局核聘。

②前項第一款至第四款之人員應由聘任機關成立審議小組評審之；其評審作業要點由內政部消防署（以下簡稱本署）定之。

③各級顧問之遴聘程序規定如下：

一　總隊之顧問，由總隊遴選，報請消防局核聘。

二　大隊之顧問，由該轄義勇消防大隊遴選，報請該轄消防大隊核轉消防局核聘。

三　中隊之顧問，由該轄義勇消防中隊遴選，報請該轄消防大隊核轉消防局核聘。

四　分隊之顧問，由該轄義勇消防分隊遴選，報請該轄消防分隊核轉消防局核聘。

第六條 102

義勇消防人員除總隊長、副總隊長、顧問外，年齡規定如下：

一　總隊之人員爲六十八歲以下。

二　大隊之人員爲六十五歲以下。

三　中隊之人員爲六十三歲以下。

四　分隊之人員爲六十歲以下。

五　專責協助防災教育宣導之中隊及分隊人員爲六十五歲以下。

第七條 108

①經聘任之義勇消防人員，除顧問、分隊之幹事、助理幹事、小隊長、副小隊長及隊員外，其聘期爲三年，成績優良者得予續聘，並以二次爲限。但聘任之義勇消防人員爲外國人、大陸地區人民、香港或澳門居民者，其聘期以在臺合法居留爲限。

②前項義勇消防人員於聘期中因故出缺，繼任人員以補足其聘期爲限。繼任人員聘期逾二年者，以聘任一次計之。

第八條 108

義勇消防人員，有下列情形之一者，由聘任機關予以解聘：

一　喪失中華民國國籍、居留原因消失或居留許可經撤銷或廢止。

二　身心障礙無法勝任義勇消防工作。

三　未居住當地或參加其他義勇或民防組織。但擔任顧問者，不在此限。

四　受有期徒刑以上刑之宣告確定。但因過失犯罪或受緩刑宣告者，不在此限。

五　年齡逾第六條各款規定。

六　無故不參加第十條至第十四條規定之訓練、第十六條規定之演練（習）或第十八條規定之服勤，一年內達三次以上。

七　其他不適任或足以影響團隊形象之行爲。

第九條

①義勇消防人員之訓練分爲基本訓練、專業訓練、幹部訓練、常年訓練及其他訓練。

②前項基本訓練課程，由中央主管機關定之；其餘訓練課程由各級訓練機關自行訂定。

第一〇條 106

①基本訓練由消防局辦理，集中新進人員施以四十八小時以上之訓練。

②新進人員具退休消防人員身分者，得免參加基本訓練。

第一一條

專業訓練由消防局於基本訓練結束後，依編組勤務特性，分別施以二十四小時以上之訓練。

第一二條 106

幹部訓練之種類及辦理方式規定如下：

一 高級幹部講習班：由本署辦理，就曾任或現任義勇消防中隊長以上職務（含顧問職）合計滿三年以上之人員，施予十二小時以上之講習訓練。

二 中級幹部講習班：由消防局辦理，就曾任或現任義勇消防分隊長以上職務（含顧問職）合計滿二年以上之人員，施予十六小時以上之講習訓練。

三 初級幹部講習班：由消防局辦理，就曾任或現任義勇消防小隊長以上職務（含顧問職）合計滿一年以上之人員，或曾經基礎幹部講習班訓練合格之人員，施予二十小時以上之講習訓練。

四 基礎幹部講習班：由消防局辦理，就曾任或現任義勇消防隊員（含顧問職）合計滿一年以上之人員，施予二十四小時以上之講習訓練。

第一三條

常年訓練由消防局辦理，以分隊、中隊或大隊為單位，集中訓練，全年訓練時數應達二十四小時以上。

第一四條

其他訓練由本署或消防局視協助推展消防業務及各項講習、宣導工作需要辦理之。

第一五條 （刪除）

第一六條

消防局得視勤務需要，召集義勇消防人員實施勤務演練或綜合演習。

第一七條

消防局得視勤務需要對義勇消防人員實施在隊服勤。

第一八條

義勇消防人員接獲勤務通知時，應迅速赴指定地點服勤，如有特殊事故，應循編組系統請假報准後，始得免除服勤。

第一九條

義勇消防人員參加訓練、演習及服勤時，應穿著規定服裝，佩戴齊全。但情況急迫者，不在此限。

第二〇條

義勇消防組織應配置下列協勤裝備，供義勇消防人員使用：

一 消防衣、帽、鞋、雨衣。

二 空氣呼吸器或防護裝備。

三 拆卸器材。

四 其他協助消防必要之裝備。

第二一條

①義勇消防組織之旗幟及人員之服務證，統一由消防局製發。

②前項之服務證式樣，由本署定之。

第二二條

義勇消防組織不得獨立對外行文。

第二三條

義勇消防人員訓練、演習、服勤之勤惰優劣，由消防局考核，並製作書面紀錄，作為續聘之參據。

第二四條

本署每三年至少應對義勇消防總隊實施考評、點閱各一次。

第二五條

本辦法所需各項經費，在中央由本署、在直轄市、縣（市）由直轄市、縣（市）政府編列預算支應。

第二六條

港務消防隊得比照消防局編組義勇消防組織，協助消防工作，其編組、訓練、演習及服勤規定比照本辦法辦理。

第二七條

本辦法自發布日施行。

災害防救團體或災害防救志願組織登錄辦法

民國97年11月14日內政部令訂定發布全文12條；並自發布日施行。

第一條

本辦法依災害防救法第五十條第一項規定訂定之。

第二條

①申請登錄協助救災之災害防救團體或災害防救志願組織資格如下：

一　成員在二十人以上。

二　成員依直轄市、縣（市）政府或中央目的事業主管機關所定課程及時數，取得專業訓練合格證明者。

②前項訓練由直轄市、縣（市）政府或經其認可之具相關救災專業之機關、團體或學校辦理之。

第三條

①災害防救團體或災害防救志願組織申請登錄時，協勤區域爲單一直轄市、縣（市）轄區者，應向其所在地之直轄市、縣（市）政府提出；跨直轄市、縣（市）轄區者，應依直轄市、縣（市）轄區劃分後，向轄區直轄市、縣（市）政府提出。

②前項申請應檢附下列文件：

一　申請書。

二　經政府立案或核准設立者，應檢附相關證明文件。

三　協勤區域之成員名冊。

四　成員專業訓練合格證明。

五　年度工作計畫。

③前項第一款申請書應記載災害防救團體或災害防救志願組織之名稱、地址、類別、聯絡電話及其管理人或代表人姓名、年齡、職業、住址、電話等資料。

第四條

①災害防救團體或災害防救志願組織申請登錄，直轄市、縣（市）政府必要時得邀集目的事業主管機關及相關學者、專家查核登錄條件合格後，發給登錄證書。

②前項登錄證書之有效期限爲三年，期限屆滿前三十日得向登錄機關檢具下列文件申請展延三年：

一　申請書。

二　登錄證書正本。

三　成員參加年度複訓證明。

③前項第三款所稱複訓，指依民防團隊災害防救團體及災害防救志願組織編組訓練協助救災事項實施辦法第五條第一項第二款規定辦理之複訓。

第五條

災害防救團體或災害防救志願組織登錄後有下列異動情事之一者，應於事實發生之日起一個月內報請登錄機關備查：

一　災害防救團體或災害防救志願組織之地址於同一直轄市、縣（市）轄區異動。

二　管理人或代表人姓名、住址、電話異動。

三　成員之組成、地址、電話等基本資料異動。

第六條

災害防救團體或災害防救志願組織有下列情事之一者，直轄市、縣（市）政府得撤銷其登錄：

一　申請登錄檢附文件不實。

二　成員專業訓練重複登錄。

第七條

災害防救團體或災害防救志願組織登錄後，有下列情事之一者，直轄市、縣（市）政府得廢止其登錄：

一　執行災害應變措施，不聽從主管機關或指揮官之指揮、督導，致生不良後果。

二　因成員異動，不足二十人時，經限期補正，逾期未補正。

三　其他嚴重影響政府救災效能之情事。

第八條

①經撤銷或廢止登錄之災害防救志願團體或災害防救志願組織，於撤銷或廢止之日起三十日內，應繳回登錄證書；逾期未繳回者，由登錄機關公告註銷之。

②災害防救團體或災害防救志願組織依前二條撤銷或廢止登錄者，自撤銷或廢止登錄之日起，二年內不得申請登錄。

第九條

災害防救團體或災害防救志願組織，應於每年十月底前將下一年度工作計畫送直轄市、縣（市）政府備查；每年二月底前將上年度工作執行成果送直轄市、縣（市）政府備查。

第一〇條

直轄市、縣（市）政府應定期對災害防救志願團體或災害防救志願組織實施訪查、督導、評鑑，並擇優獎勵。

第一一條

直轄市、縣（市）政府應將登錄資料建檔管理並及時更新。

第一二條

本辦法自發布日施行。

捌、指揮中心

各級消防機關救災救護指揮中心作業規定

①民國86年4月8日內政部函訂頒全文20點。
②民國91年9月25內政部函修正發布全文8點；並自即日生效。
③民國91年12月13日內政部函修正發布全文8點。
④民國98年2月23日內政部函修正發布全文8點。
⑤民國104年7月15日內政部函修正發布全文8點；並自即日生效。
⑥民國107年9月3日內政部函修正發布第5點及第5點附表二、第8點附表四；並自即日生效。

壹 目的

為統一各級消防機關救災救護指揮中心（以下簡稱指揮中心）之執勤及作業要領，以提升指揮、調度、管制、聯繫之功能，發揮整體救災救護之力量，達到減少人命傷亡及災害損失之目的，特訂定本作業規定。

貳 任務

一 基本任務

㈠統籌指揮、調度、管制及聯繫救災、救護相關事宜。
㈡重大災害災情之彙整、陳報、通報、轉報。
㈢指揮中心勤務之規劃、督導、考核。
㈣火災搶救、緊急救護及其他案件之統計或出勤派遣。
㈤異常氣象資料及災害預警資料通報。

二 任務區分

㈠內政部消防署指揮中心：
1.指揮、調度、管制所屬機關執行災害搶救事宜。
2.有關全國災害搶救之協調、管制及聯繫等事項。
3.有關全國重大災害災情之彙整、陳報及通報。
4.對指揮中心勤務之督導、考核。
5.對指揮中心資訊、通信業務之規劃、管理及督導。

㈡直轄市、縣（市）消防局及港務消防隊指揮中心：
1.有關轄區災害搶救之指揮、調度、管制及執行。
2.有關轄區重大災害災情之彙整及搶救報告之陳報。
3.一一九報案受理與勤務出勤之派遣及管制。
4.對所屬大、中、分隊勤務之督導。
5.災害發生時，綜合動、靜態資料，發揮幕僚諮詢功能。

參 編組及職掌

指揮中心視勤務需要設總值日官、執勤官、執勤員及緊急醫療救護人員（以下簡稱救護人員），其職掌分列如下：

一 總值日官

㈠消防安全全般狀況之掌握、處理及聯繫事項。
㈡督導執勤官、執勤員及救護人員執勤當日之必要作業事項。
㈢機關之安全維護。

二 執勤官

㈠受命救災救護之指揮、調度及聯繫。
㈡全般災情狀況之分級陳報。
㈢執勤當日各種紀錄、表報之初審。

㈣重大災害搶救處理報告之撰寫及陳報。
㈤執勤人員勤務之分配。
㈥其他長官交辦事項。
三　執勤員
㈠襄助執勤官掌握、處置全般狀況。
㈡受理報案與受理災情報告及查詢。
㈢各項狀況之紀錄、報表之塡寫及協調、聯繫事項。
㈣各類傳眞資料之處理，包括登記、陳閱、轉交、轉傳眞等。
㈤臺閩地區火災暨緊急救護日報表之統計。
㈥其他長官交辦事項。
四　救護人員
依據緊急醫療救護法第十二條暨相關規定執行其職掌。
肆　執勤要領
一　指揮中心應參酌各級消防機關救災救護指揮中心狀況處置表（如附表一）處置各種狀況。
二　交接規定
㈠人員：指揮中心輪值人員均應按時交接。
㈡時間：交接時間由各級消防機關定之。
㈢交接事項：
1.未結及待辦案件。
2.前一日各種案件之發生處理狀況。
3.應勤裝備及重要文件。
4.通信、照明、交通設備之使用狀況。
5.當日重要勤務活動及機動消防救災人力調用情形。
㈣交接手續：
1.交接事項應塡寫在每日執勤紀事表摘要敘明。
2.接任執勤人員應暸解交接之全般狀況，持續處理。
3.交接紀錄應陳首長或指揮中心主任核閱。
三　職務代理及輪值輪休
㈠職務代理：
1.總值日官、執勤官、執勤員及救護人員變更執勤日期，應塡寫變更申請表，總值日官由主任秘書（秘書）以上長官核准，執勤官、執勤員及救護人員由指揮中心主任核准。
2.總值日官、執勤官、執勤員及救護人員因差假應協商相當職務人員代勤，其代勤人員比照總值日官、執勤官、執勤員及救護人員規定辦理。
㈡輪值輪休：
1.指揮中心執勤人員勤務分配，就編定員額作合理分配，執勤人員每週執勤四十小時；必要時，得視實際情形酌量延長之。同班執勤人員，由執勤官視實際情形調配。
2.前項超勤應給予加班費、補休假、獎勵或其他相當之補償；其方式由各級消防機關選擇一項或數項同時或先後爲之。
伍　作業要領
一　指揮中心應參酌各級消防機關救災救護指揮中心作業處理要領區分表（如附表二）處理相關作業事項。
二　報告及通報
㈠遇有災害發生，應立即陳報、通報，並嚴守不遲報、不漏報、不匿報及不誤報之紀律。

(二)報告內容應具備何時、何地、何物、何人、何事等五要素簡明扼要，以求具體完整。

(三)接獲報告後應即作處置（理），且須主動查詢疑義或不明部分，不可等候報告。

(四)報告時應考量狀況大小、災害程度、災害性質。遇重大災害時，應即時向上級機關或首長同步報告，並視災情狀況通報稅捐、社政或鄉（鎮、市、區）公所等相關機關。

(五)持續掌握災害現場及災情，並貫徹初報、續報、結報之作業程序。

(六)執勤人員處置狀況、查詢轉報、指揮調度得宜，對災害搶救、人命救援，著有績效者，得依權責或比照消防專業人員獎懲標準表之規定予以敘獎。

(七)執勤人員對重大災害之陳報、通報及紀錄，有不實或延誤之情事者，得依權責或比照消防專業人員獎懲標準表之規定予以處分。

三　為隨時瞭解並掌握災害事故狀況，迅即採取應變措施，符合下列情形者，指揮中心執勤人員應即時將災害事故通報內政部消防署

(一)火災、爆炸：

1.造成人員死亡、無生命徵象或失蹤之火災、爆炸。

2.受傷送醫人數達三人以上之火災、爆炸。

3.燒燬或炸燬建築物，樓地板面積達三十平方公尺以上，或燃燒達一小時以上仍未控制火勢者。

4.山林火災燒燬面積達五公頃以上或燃燒達二小時以上仍未控制者。

5.大眾運輸交通工具或最大載客達十人以上之載客交通工具發生火災、爆炸。

6.高壓氣體設施、槽車等發生火災、爆炸起火或危害物質洩漏致災。

7.重要場所（軍、公、教辦公廳舍或政府首長公館、古蹟、歷史建築）、重要公共設施（港口、航空站、車站）發生火災、爆炸。

(二)地震：造成人員死亡、無生命徵象、失蹤、受傷、受困或其他重大災害（道路隆起、橋梁中斷、水庫潰壩、核子事故）。

(三)一氧化碳中毒：造成人員死亡、無生命徵象或受傷者。

(四)降雨災情：造成人員死亡、無生命徵象、失蹤、受傷、受困者或道路無法通行。

(五)溺水：各水域發生溺水造成人員死亡、無生命徵象、失蹤或個案二人以上救援案。

(六)海難：消防機關獲報於臺灣海域之船舶發生故障、沉沒、擱淺、碰撞、洩漏、火災、爆炸，造成人員死亡、無生命徵象、失蹤或受傷者。

(七)職業災害：死亡（含無生命徵象）二人以上或死傷及失蹤合計三人以上。

(八)陸上交通事故：死亡（含無生命徵象）三人以上、死傷合計十人以上或受傷十五人以上。

(九)山域事故。

(十)空難。

(十一)核子事故。

(十二)化學災害：危害性化學品洩漏、火災、爆炸之災害或造成人員死亡、無生命徵象、失蹤或受傷送醫人數達三人以上。

(十三)區域性停電造成人員傷亡、受困救援案件。

(十四)消防機關公務車輛交通事故造成人員死亡、無生命徵象或受傷者。

(十五)消防、義勇消防、災害防救團體、災害防救志願組織人員執行勤務造成死亡、受傷送醫或住院者。

㈥其他具新聞性、政治性及敏感性之案件，經該轄消防機關首長或內政部消防署執勤官以上人員認有必要提報者，或經媒體大肆報導，應於獲知後五分鐘內通報內政部消防署。

四　指揮中心執勤人員應了解各中央災害防救業務主管機關權責，並明瞭地方機關各單位權責劃分關係、各種災害之救災體系，以增進協調、聯繫功能。

五　各項傳眞、通報資料之處理

㈠接獲預警資料之通報，應按其狀況屬性，迅速報告長官及通報相關業務單位預作佈署，不可延誤處理。

㈡接獲地震資料之通報，經查詢災情若造成人員受困、傷亡及重大災害，須通報搶救等有關單位並作災情回報。

㈢接獲海上、陸上颱風警報氣象傳眞資料，或其他媒體資訊，應立即影印或作成紀錄，分陳長官並通報業務單位。

㈣接收及發出之通報，均應註明時間以作為時效考核依據。

六　各種重大災害處理步驟

㈠發生重大人命傷亡火災或其他重大災害，在未成立各級災害應變中心前，指揮中心應確實掌握狀況，隨時提供最新資訊，通報業務單位，以作為簽報成立之依據。

㈡發生重大人命傷亡火災或其他重大災害，在成立各級災害應變中心後，執勤人員應全力配合執行之。

㈢指揮中心應依據重大人命傷亡火災、風災、震災、爆炸災害及其他特殊重大災害處理作業流程，作為執勤人員之標準作業模式。

㈣救援支援申請：

1.航空器支援申請：依「行政院國家搜救指揮中心作業手冊」、「內政部空中勤務總隊航空器申請暨派遣作業規定」辦理。

2.國軍支援申請：

⑴依「國軍協助災害防救辦法」辦理。

⑵持續追蹤支援任務，並將全程狀況記載於執勤紀事表。

七　檢舉、申訴案件之處理

㈠接獲有關消防人員疑似違反風紀或貪瀆違法之電話檢舉案件，應填寫於受理民衆檢舉案件紀錄簿，並移送業務單位或政風室處理。

㈡接獲人民電話申訴案，應填寫於公務電話紀錄簿，並依程序陳核後，移業務單位辦理。

㈢接獲有關違反公共安全電話檢舉案，應詳細詢問檢舉人姓名、被檢舉對象詳細地址、檢舉詳細內容等填寫於受理民衆檢舉案件紀錄簿，並依程序陳核後，移送業務單位辦理。

陸　通信

指揮中心應參考直轄市、縣（市）消防局及港務消防隊救災救護指揮中心有無線電配置圖（如附表三）製作通訊網路圖。

柒　行政支援

消防機關內之業務單位應主動提供常用之相關法令規定、人員聯絡簿冊、調度支援備用之消防救災人力、救護人力、車輛、裝備資料彙送指揮中心參考，並隨時更新。

捌　附則

一　指揮中心應參酌直轄市、縣（市）消防局及港務消防隊救災救護指揮中心設施資料彙整表（如附表四）設置各項設施。

二　各級消防機關得依地區環境之特性，補充加強之。

消防勤務實施要點

①民國86年4月8日內政部函訂定發布全文20點。
②民國88年6月15日內政部函修正發布名稱及全文20點（原名稱：消防勤務暫行實施要點）。
③民國103年12月17日內政部函修正發布第5、12、13點。
④民國107年12月12日內政部函修正發布第13點；並自即日生效。

一　為健全消防勤務實施，特訂定本要點。

二　消防機關執行勤務，依本要點行之。

三　消防勤務之實施，應晝夜執行。

四　消防勤務機關，區分為基本單位、執行單位及規劃監督單位。

五　消防責任區（以下簡稱責任區），為消防勤務基本單位。

六　責任區之劃分，應參酌地區特性、消防人力多寡、工作繁簡、面積廣狹及未來發展趨勢等因素，適當規劃之。

七　消防分隊為勤務執行單位，負責責任區之規劃、勤務執行及督導。

八　消防中隊為勤務規劃監督或勤務執行單位，負責轄區勤務之規劃、指揮、督導及執行。

九　消防大隊為勤務規劃監督單位，負責規劃、指揮、管制、督導及考核轄區各勤務執行單位之勤務實施，並執行重點勤務。

十　消防局、港務消防隊為勤務規劃監督機關，負責轄區勤務之規劃、指揮、管制、督導及考核，必要時對重點勤務，得逕為執行。

十一　消防勤務種類如下：

㈠防災宣導：實施災害之防救宣導。

㈡備勤：服勤人員在勤務執行單位內，整裝隨時保持機動待命，以備災害發生時之緊急出勤救災、救護及災害調查。

㈢消防安全檢查：包括消防安全設備、防火管理、消防安全設備檢修申報、防焰規制及危險物品安全管理。

㈣水源調查：針對轄區內各種消防用水源予以列管檢查。

㈤搶救演練：演練項目包括體技能訓練、裝備器材操作訓練、消防救災救護演練及其他應變演習訓練。

㈥值班：由服勤人員於值勤台值守之，負責通訊連絡、傳達命令、接受報案及維護駐地安全。

㈦裝備器材保養：執勤項目包括試車、試水、試梯及其裝備器材之保養、檢查。

㈧待命服勤：服勤人員保持機動待命，以備執行救災、救護、災害調查或其他臨時派遣勤務。

十二　勤務實施時間如下：

㈠每日勤務時間為二十四小時。零時至六時為深夜勤，十八時至二十四時為夜勤，餘為日勤。勤務交接時間，由消防局、港務消防隊定之。

㈡服勤人員每日勤務八小時，每週合計四十小時，必要時得酌情延長。

㈢服勤人員服勤時間之分配，由消防局、港務消防隊視消防人力及轄區特性定之。

十三　勤務規劃監督機關對勤務執行單位服勤人員之編組、服勤方式之互換及服勤時間之分配，應依實際需要妥予規劃，訂定勤務基準表，互換輪流實施，並注意下列事項：

㈠勤務時間必須循環銜接。

㈡勤務方式應視需要互換，使每人普遍輪流服勤。

㈢分派勤務，力求勞逸平均，動靜工作務使均勻，藉以調節精神體力。

㈣經常控制適當機動人力，以備處理突發事件。

㈤每人須有進修或接受常年訓練之時間。

前項勤務之編配及輪替服勤，消防局、港務消防隊得視第十二點第三款人員服勤時間之分配情形，將值班改為值宿；每日十八時至翌日八時應維持必要勤務運作編組人力外，得編排外宿。

十四　勤務執行單位，應依勤務基準表，就轄區特性及消防人力，按日排定勤務分配表執行之，並陳報上級備查；變更時亦同。

十五　消防局、港務消防隊或大隊設有特種勤務隊（組）者，應依其任務分派人員，服行各該專屬勤務。

十六　各級消防機關之救災救護指揮中心，統一調度、指揮、管制所屬下級機關及人員，執行各種相關勤務。遇有重大災害或其他事故時，得報請上級機關協助。

十七　勤務執行前，應舉行勤前教育，其種類如下：

㈠基層勤前教育：以分隊為實施單位。

㈡聯合勤前教育：以大（中）隊為實施單位。

㈢專案勤前教育：於執行專案或臨時特定勤務前由消防局、港務消防隊或大（中）隊實施。

十八　勤前教育實施內容如下：

㈠檢查服裝、儀容、服勤裝備及機具。

㈡宣達重要政令。

㈢勤務檢討及工作重點提示。

前項勤前教育之實施，由消防局、港務消防隊視所轄勤務單位實際情形，規定其實施方式、時間及次數。

十九　勤務之督導及獎懲：

㈠各級消防機關為激勵服勤人員工作士氣，指導工作方法及考核勤務績效，應實施勤務督導及獎懲。

㈡重大災害、專案或特定勤務及特殊地區，應加強勤務督導。

二十　直轄市、縣（市）消防局及港務消防隊應擬訂消防勤務細部實施要點，陳報內政部消防署備查。

玖、災害管理

中央災害防救會報設置要點

①民國89年8月15日行政院函訂定發布全文8點；並自即日起生效。
②民國89年9月21日行政院函修正發布第3點。
③民國91年5月30日行政院函修正發布第3、4點。
④民國95年12月22日行政院函修正發布第3、4、6點。
⑤民國96年9月20日行政院函修正發布第4點；並自即日生效。
⑥民國98年11月6日行政院函修正發布全文11點；並自即日生效。
⑦民國99年12月2日行政院函修正發布全文8點。
⑧民國101年5月10日行政院函修正發布第3點。
⑨民國102年8月5日行政院函修正發布第3點。
⑩民國103年1月28日行政院函修正發布第3、4點。
⑪民國103年4月21日行政院函修正發布第3點。
⑫民國105年6月30日行政院函修正發布第3、4點；並自即日生效。
⑬民國107年5月7日行政院函修正發布第3點。

一　行政院（以下簡稱本院）為推動災害之防救，特依災害防救法第六條規定，設中央災害防救會報（以下簡稱本會報）。

二　本會報之任務如下：

㈠決定災害防救之基本方針。
㈡核定災害防救基本計畫及中央災害防救業務主管機關之災害防救業務計畫。
㈢核定重要災害防救政策及措施。
㈣核定全國緊急災害之應變措施。
㈤督導、考核中央及直轄市、縣（市）災害防救相關事項。
㈥其他依法令所規定事項。

三　本會報置召集人一人，由本院院長兼任；副召集人一人，由本院副院長兼任；委員二十八人至三十二人，由院長就下列人員派（聘）兼之：

㈠本院政務委員。
㈡本院秘書長。
㈢本院發言人。
㈣本院政務副秘書長。
㈤內政部部長。
㈥外交部部長。
㈦國防部部長。
㈧財政部部長。
㈨教育部部長。
㈩法務部部長。
⑪經濟部部長。
⑫交通部部長。
⑬勞動部部長。
⑭本院農業委員會主任委員。
⑮衛生福利部部長。
⑯本院環境保護署署長。
⑰科技部部長。

㈥國家發展委員會主任委員。
㈦金融監督管理委員會主任委員。
㈧海洋委員會主任委員。
㈨原住民族委員會主任委員。
㈩本院公共工程委員會主任委員。
⑾本院主計總處主計長。
⑿本院原子能委員會主任委員。
⒀國家通訊傳播委員會主任委員。
⒁具有災害防救學識經驗之專家、學者三人至七人。

本會報委員任期二年，連聘得連任。但非由機關代表兼任之委員得隨同召集人異動改聘之。

四　本會報原則上每六個月召開會議一次，必要時，得召開臨時會議，均由召集人召集之，並擔任主席。召集人未能出席時，由副召集人擔任主席，召集人及副召集人均未能出席時，由出席委員互推一人擔任主席。

內政部消防署、本院災害防救專家諮詢委員會及國家災害防救科技中心應列席本會報。

本會報得邀請直轄市、縣（市）政府、有關機關（構）代表或專家、學者列席。

五　本會報之幕僚作業，由本院災害防救辦公室辦理。

六　本會報委員均為無給職。

七　本會報決議事項，以本院名義行之。

八　本會報所需經費，由本院編列預算支應。

中央災害應變中心作業要點

①民國90年7月26日行政院函訂定發布全文9點；並自即日生效。
②民國91年5月21日行政院函修正發布第9點。
③民國91年9月19日行政院函修正發布全文11點。
④民國93年3月12日行政院函修正發布全文11點。
⑤民國95年12月25日行政院函修正發布全文26點。
⑥民國99年5月18日行政院函修正發布全文23點。
⑦民國99年7月8日行政院函修正發布第12點附件二。
⑧民國101年2月1日行政院函修正發布全文23點。
⑨民國102年12月12日行政院函修正發布全文23點。
⑩民國104年7月8日行政院函修正發布全文25點。
⑪民國105年8月19日行政院函修正發布第3、7、10、13、14、17點；並增訂第7-1點。
⑫民國106年3月29日行政院函修正發布第10、13、17點。
⑬民國107年6月8日行政院函修正發布全文25點。
⑭民國108年4月30日行政院函修正發布第10、13、14、17、22、25點。
⑮民國109年5月8日行政院函修正發布第7、 10、13點；並自即日生效。

一　行政院為規範中央災害應變中心（以下簡稱應變中心）任務、開設時機、程序、編組及相關作業等應遵循事項，特訂定本要點。

二　應變中心之任務如下：
㈠加強災害防救相關機關（單位、團體）之縱向指揮、督導及橫向協調、聯繫事宜，處理各項災害應變措施。
㈡協調中央及地方各項災害應變措施。
㈢掌握各項災害狀況，即時傳遞災情，通報相關機關（單位、團體）應變處理，並定時發布訊息。
㈣災情之蒐集、評估、處理、彙整及報告事項。
㈤中央機關（單位、團體）緊急救災人力、物資之調度與支援及地方政府資源跨轄區支援事項。
㈥其他有關防救災事項。

三　應變中心依災害防救法（以下簡稱災防法）第二條第一款及第三條第一項第八款所列災害類別，個別開設。

四　為掌握重大災害初期搜救應變時效，平日由行政院災害防救辦公室結合內政部消防署、行政院國家搜救指揮中心人員共同因應災害緊急應變處置。

五　為掌握應變中心開設時機，中央災害防救業務主管機關平日應即時掌握災害狀況，於災害發生或有發生之虞時，經評估可能造成之危害，應依災防法第十四條規定即時開設緊急應變小組，執行各項應變措施。視需要得通知相關機關（單位、團體）派員參與運作，協助相關應變作業，並通知行政院災害防救辦公室。

前項緊急應變小組應就災害之規模、性質、災情、影響層面及緊急應變措施等狀況，隨時報告中央災害防救業務主管機關首長，決定緊急應變小組持續運作、撤除或開設應變中心。

六　重大災害發生或有發生之虞時，中央災害防救業務主管機關首長應視災害之規模、性質、災情、影響層面及緊急應變措施等狀況，決定應變中心之開設及其分級，並應於成立後，立即口頭報告中央災害防救會報召集人（以下簡稱會報召集人）。

多種重大災害同時發生時，相關之中央災害防救業務主管機關首長，應即分別成立應變中心。

前二項應變中心成立事宜，應於三日內補提書面報告。

七　應變中心指揮官、協同指揮官及副指揮官規定如下：

㈠指揮官：

1.指揮官一人，由會報召集人指定該次災害之中央災害防救業務主管機關首長擔任指揮官，綜理應變中心災害應變事宜。

2.依前點第二項規定，因多種重大災害同時發生分別成立應變中心，由會報召集人分別指定指揮官。

3.因風災伴隨或接續發生水災及土石流災害等互有因果關係之災害時，會報召集人原則指定內政部部長為指揮官。

4.因震災、海嘯、火山災害併同發生輻射災害時，會報召集人原則指定內政部部長為指揮官，行政院原子能委員會主任委員擔任協同指揮官，俟震災、海嘯、火山災害應變處置已告一段落，而輻射災害尚須處理時，指揮官改由行政院原子能委員會主任委員擔任，內政部部長改擔任協同指揮官。

5.應變中心成立後，續有其他重大災害發生時，各該災害之中央災害防救業務主管機關首長，仍應即報請會報召集人，決定併同應變中心運作或另成立應變中心及指定其指揮官。

㈡協同指揮官：協同指揮官一人至五人，由會報召集人指定行政院政務委員或該次災害相關之中央災害防救業務主管機關首長擔任，協助指揮官統籌災害應變指揮事宜。

㈢副指揮官：副指揮官若干人，其中一人由內政部消防署署長擔任（除旱災、寒害、動植物疫災及懸浮微粒物質災害外），其餘人員由指揮官指定之，襄助指揮官及協同指揮官處理應變中心災害應變事宜。

七之一　重大災害型態未明者，原則由內政部先行負責相關緊急應變事宜，視災害規模成立緊急應變小組或應變中心，並以內政部部長為指揮官，再由內政部協同行政院災害防救辦公室視災害之類型、規模、性質、災情及影響層面，立即報告會報召集人，指定內政部部長為指揮官，或指定該管部會首長為指揮官並移轉指揮權。

八　應變中心二級以上開設時，編組部會應指派辦理災害防救業務，熟稔救災資源分配、調度，並獲充分授權之技監、參事、司（處）長或簡任第十二職等以上職務之專責人員進駐應變中心，統籌處理各該部會防救災緊急應變及相關協調事宜，並另派幕僚人員進駐應變中心執行各項災害應變事宜。

前項進駐應變中心專責人員，其輪值原則最多為二至三梯次。

九　進駐機關（單位、團體）應指派專責通報人員，各中央災害防救業務主管機關應建立緊急聯絡名冊，如有異動應隨時更新。

十　應變中心開設時機、分級及應進駐機關（單位、團體）規定如下：

㈠風災：

1.三級開設：

⑴開設時機：交通部中央氣象局（以下簡稱中央氣象局）發布海上颱風警報後，研判後續發布海上陸上颱風警報機率較低時，經內政部研判有開設必要。

⑵進駐機關（單位、團體）：內政部、交通部、國防部、海洋委員會、行政院農業委員會、行政院災害防救辦公室、行政院國家搜救指揮中心及國家災害防救科技中心。

2.二級開設：

⑴開設時機：中央氣象局發布海上颱風警報後，研判後續發布海上陸上颱風警報機率較高時。

⑵進駐機關（單位、團體）：內政部、國防部、教育部、經濟部、交通部、衛生福利部、海洋委員會、行政院農業委員會、原住民族委員會、國家通訊傳播委

員會、行政院災害防救辦公室、行政院國家搜救指揮中心及國家災害防救科技中心。

3.一級開設：

⑴開設時機：中央氣象局發布海上陸上颱風警報，預測颱風暴風圈將於十八小時內接觸陸地時。

⑵進駐機關（單位、團體）：風災二級進駐機關（單位、團體）及行政院環境保護署、行政院新聞傳播處、財團法人中華民國佛教慈濟慈善事業基金會。

㈡震災、海嘯：

1.開設時機：有下列情形之一，經內政部研判有開設必要：

⑴中央氣象局發布之地震震度達六級以上。

⑵中央氣象局發布海嘯警報。

⑶估計有十五人以上傷亡、失蹤，且災情嚴重，亟待救助。

2.進駐機關（單位、團體）：內政部、外交部、國防部、教育部、法務部、經濟部、交通部、衛生福利部、行政院環境保護署、海洋委員會、行政院農業委員會、行政院公共工程委員會、原住民族委員會、國家通訊傳播委員會、行政院災害防救辦公室、行政院新聞傳播處、行政院國家搜救指揮中心、國家災害防救科技中心及財團法人住宅地震保險基金、財團法人中華民國佛教慈濟慈善事業基金會。

㈢火災、爆炸災害：

1.開設時機：有下列情形之一，經內政部研判有開設必要：

⑴有十五人以上傷亡、失蹤，且災情嚴重，有持續擴大燃燒，無法有效控制，亟待救助。

⑵火災、爆炸災害發生地點在重要場所（政府辦公廳舍或首長公館等）或重要公共設施，造成多人傷亡、失蹤，亟待救助。

2.進駐機關（單位、團體）：內政部、國防部、經濟部、交通部、衛生福利部、行政院環境保護署、行政院災害防救辦公室及行政院新聞傳播處。

㈣水災：

1.二級開設：

⑴開設時機：有下列情形之一，經經濟部研判有開設必要：

甲、中央氣象局連續發布豪雨特報，七個以上直轄市、縣（市）轄區為豪雨警戒區域，且其中三個以上直轄市、縣（市）轄區內為大豪雨警戒區域。

乙、因水災災害或有發生之虞時，有跨部會協調或跨直轄市、縣（市）支援之需求。

⑵進駐機關（單位、團體）：經濟部、內政部、國防部、交通部、行政院農業委員會、行政院災害防救辦公室及國家災害防救科技中心。

2.一級開設：

⑴開設時機：有下列情形之一，經經濟部研判有開設必要：

甲、中央氣象局連續發布豪雨特報，七個以上直轄市、縣（市）轄區內二十四小時累積雨量達二百毫米，且其中三個以上直轄市、縣（市）轄區內二十四小時累積雨量達三百五十毫米。

乙、五個以上直轄市、縣（市）政府災害應變中心二級以上開設。

丙、中央災害應變中心二級開設後，中央氣象局持續發布豪雨特報，且災情有持續擴大趨勢。

⑵進駐機關（單位、團體）：水災二級進駐機關（單位、團體）及教育部、衛生福利部、行政院環境保護署、原住民族委員會、國家通訊傳播委員會、行政院新聞傳播處、行政院國家搜救指揮中心。

㈤旱災：

1.開設時機：經濟部水利署發布之水情燈號有二個以上供水區橙燈或一個以上供水區紅燈。

2.進駐機關（單位、團體）：經濟部、內政部、國防部、教育部、交通部、行政院農業委員會、衛生福利部、行政院環境保護署、科技部、行政院災害防救辦公室、行政院新聞傳播處及國家災害防救科技中心。

3.前目進駐機關（單位、團體）得以定期召開工作會議方式運作。

㈥公用氣體與油料管線、輸電線路及工業管線災害：

1.開設時機：

⑴公用氣體與油料管線、工業管線災害估計有下列情形之一，經經濟部研判有開設必要：

甲、有十人以上傷亡、失蹤，且災情嚴重，有持續擴大蔓延，無法有效控制。

乙、陸域污染面積達十萬平方公尺以上，無法有效控制。

⑵輸電線路災害估計有十人以上傷亡、失蹤，或十所以上一次變電所全部停電，預估在三十六小時內無法恢復正常供電，且情況持續惡化，無法有效控制，經經濟部研判有開設必要。

2.進駐機關（單位、團體）：經濟部、內政部、國防部、交通部、勞動部、衛生福利部、行政院環境保護署、國家通訊傳播委員會、行政院災害防救辦公室及行政院新聞傳播處。

㈦寒害：

1.開設時機：中央氣象局發布低溫特報紅色燈號（臺灣地區平地氣溫將降至攝氏六度以下，連續二十四小時），有重大農業損失等災情發生之虞，經行政院農業委員會研判有開設必要。

2.進駐機關（單位、團體）：行政院農業委員會、內政部、國防部、交通部、衛生福利部、行政院環境保護署、行政院災害防救辦公室、行政院新聞傳播處及國家災害防救科技中心。

3.前目進駐機關（單位、團體）得以定期召開工作會議方式運作。

㈧土石流災害：

1.開設時機：土石流災害估計有十五人以上傷亡、失蹤，且災情嚴重，經行政院農業委員會研判有開設必要。

2.進駐機關（單位、團體）：行政院農業委員會、內政部、國防部、教育部、經濟部、交通部、衛生福利部、行政院環境保護署、原住民族委員會、行政院災害防救辦公室、行政院新聞傳播處、國家災害防救科技中心。

㈨空難：

1.開設時機：航空器運作中發生事故，估計有十五人以上傷亡、失蹤，且災情嚴重，經交通部研判有開設必要。

2.進駐機關（單位、團體）：交通部、內政部、外交部、國防部、法務部、經濟部、衛生福利部、行政院環境保護署、國家運輸安全調查委員會、大陸委員會、海洋委員會、行政院災害防救辦公室及行政院新聞傳播處。

㈩海難：

1.開設時機：我國臺北飛航情報區內發生海難事故，船舶損害嚴重，估計有十五人以上傷亡、失蹤，或船上殘油外洩或有外洩之虞，逾七百公噸，且災情嚴重，經交通部研判有開設必要。

2.進駐機關（單位、團體）：交通部、內政部、外交部、國防部、法務部、經濟部、行政院農業委員會、衛生福利部、行政院環境保護署、國家運輸安全調查委員會、大陸委員會、海洋委員會、行政院災害防救辦公室及行政院新聞傳播處。

㈩陸上交通事故：

1.開設時機：有下列情形之一，經交通部研判有開設必要：

(1)估計有十五人以上傷亡、失蹤，且災情嚴重，有擴大之虞，亟待救助。

(2)重要交通設施嚴重損壞，造成交通阻斷。

2.進駐機關（單位、團體）：交通部、內政部、國防部、衛生福利部、國家運輸安全調查委員會、行政院災害防救辦公室及行政院新聞傳播處。

㈪毒性化學物質災害：

1.開設時機：有下列情形之一，經行政院環境保護署研判有開設必要：

(1)估計有十五人以上傷亡、失蹤，且災情嚴重，亟待救助。

(2)污染面積達一平方公里以上，無法有效控制。

2.進駐機關（單位、團體）：行政院環境保護署、內政部、國防部、經濟部、交通部、勞動部、行政院農業委員會、衛生福利部、行政院災害防救辦公室及行政院新聞傳播處。

㈫礦災：

1.開設時機：估計有十人以上傷亡、失蹤，且災情嚴重，亟待救助，經經濟部研判有開設必要。

2.進駐機關（單位、團體）：經濟部、內政部、國防部、交通部、勞動部、衛生福利部、行政院災害防救辦公室及行政院新聞傳播處。

㈬森林火災：

1.開設時機：森林火災被害面積達五十公頃或草生地達一百公頃以上，且經行政院農業委員會研判有開設必要。

2.進駐機關（單位、團體）：行政院農業委員會、內政部、國防部、交通部、衛生福利部、行政院環境保護署、原住民族委員會、行政院災害防救辦公室及行政院新聞傳播處。

㈭動植物疫災：

1.開設時機：有下列情形之一，經行政院農業委員會研判有開設必要：

(1)國內未曾發生之外來重大動物傳染病（如犬貓族群間流行之狂犬病、牛海綿狀腦病、立百病毒、非O型口蹄疫、H5N1高病原性禽流感或與中國大陸H7N9高度同源之禽流感、非洲豬瘟等）侵入我國，發生五例以上病例或二個以上直轄市、縣（市）發生疫情，或經國際疫情資料研判，外來重大動物傳染病侵入我國風險增加，有侵入我國致生重大疫災之虞，並對社會有重大影響者。

(2)國內未曾發生之植物特定疫病蟲害侵入我國，有蔓延成災之虞，並對社會有重大影響者。

(3)國內既有之重大動植物疫病蟲害（如高病原性禽流感、O型口蹄疫等）跨區域爆發，對該區域動植物防疫資源產生嚴重負荷，需進行跨區域支援、人力調度時。

2.進駐機關（單位、團體）：行政院農業委員會、內政部、外交部、國防部、經濟部、財政部、交通部、勞動部、衛生福利部、教育部、海洋委員會、大陸委員會、行政院環境保護署、國家通訊傳播委員會、行政院災害防救辦公室及行政院新聞傳播處。

3.進駐機關（單位、團體）依疫情狀況及應變需要派員參與工作會議，並依動植物疫災中央災害應變中心作業要點等相關規定參與該應變中心之任務分工及分組運作。

㈮生物病原災害：

1.開設時機：有傳染病流行疫情發生之虞，經衛生福利部研判有開設必要。

2.進駐機關（單位、團體）：依流行疫情狀況及應變需要通知有關機關（單位、團體）派員參與會議或進駐。

3.生物病原災害得適用傳染病防治法及其相關規定辦理。

㈦輻射災害：

1.開設時機（放射性物質意外事件、放射性物料管理及運送等意外事件）：有下列情形之一，經行政院原子能委員會研判有開設必要：

⑴估計有十五人以上傷亡、失蹤，且災情嚴重，亟待救助。

⑵污染面積超過一千平方公尺以上，無法有效控制。

2.進駐機關（單位、團體）：行政院原子能委員會、內政部、國防部、經濟部、交通部、行政院農業委員會、衛生福利部、行政院環境保護署、行政院災害防救辦公室及行政院新聞傳播處。

3.有關輻射彈事件、核子事故、境外核災之開設時機及進駐機關（單位、團體），分別依我國反恐應變機制相關規定、核子事故中央災害應變中心作業要點、境外核災處理作業要點辦理。

㈧懸浮微粒物質災害：

1.開設時機：因事故或氣象因素使懸浮微粒物質大量產生或大氣濃度升高，空氣品質達一級嚴重惡化（PM10濃度連續三小時達 1,250μg/m3或二十四小時平均值達505μg/m3；PM2.5濃度二十四小時平均值達350.5μg/m3），空氣品質預測資料未來四十八小時（二天）及以上空氣品質無減緩惡化之趨勢，且全國同時有二分之一以上直轄市、縣（市）成立應變中心時，經行政院環境保護署研判有開設必要者。

2.進駐機關（單位、團體）：行政院環境保護署、內政部、經濟部、交通部、國防部、衛生福利部、教育部、勞動部、科技部、行政院農業委員會、國家災害防救科技中心、行政院災害防救辦公室及行政院新聞傳播處。

㈨火山災害：

1.二級開設：

⑴開設時機：經交通部、科技部、經濟部、火山專家諮詢小組共同評估，並經內政部研判有開設必要時。

⑵進駐機關（單位、團體）：內政部、國防部、教育部、經濟部、交通部、衛生福利部、海洋委員會、行政院農業委員會、國家通訊傳播委員會、行政院環境保護署、行政院災害防救辦公室、行政院國家搜救指揮中心、國家災害防救科技中心及大屯火山觀測站。

2.一級開設：

⑴開設時機：中央災害應變中心二級開設後，經交通部、科技部、經濟部、火山專家諮詢小組共同評估，並經內政部研判有開設必要時。

⑵進駐機關（單位、團體）：火山災害二級進駐機關、行政院新聞傳播處及財團法人中華民國佛教慈濟慈善事業基金會。

㈩其他災害：依法律規定或由中央災害防救會報指定之中央災害防救業務主管機關之災害認定辦理。

十一　中央災害防救業務主管機關決定應變中心開設時機及其分級後，應通知前點各款進駐機關（單位、團體）或其他必要之相關應變機關（單位、團體）派員進駐。

中央災害防救業務主管機關得視災情狀況或應進駐機關（單位、團體）所請，經報請指揮官同意後，通知前點各款進駐機關（單位、團體）免派員進駐。

十二　中央災害防救業務主管機關通知相關機關（單位、團體）進駐後，進駐機關（單位、團體）應依第十點所定開設時機，於一小時內完成進駐，中央災害防救業務主管機關並應掌握進駐人員之出席情形，向指揮官報告。

十三　各機關（單位、團體）進駐應變中心之任務如下：

㈠行政院災害防救辦公室：辦理災情分析與防救災策略及作爲等，供指揮官決策參裁建議。

㈡內政部：

1.辦理風災、震災（海嘯）、火災、爆炸、火山災害成立應變中心之幕僚作業。

2.督導地方政府、警察、民政、消防等單位執行災情查報。

3.督導消防等單位執行災害搶救。

4.督導災區危險建築物緊急評估及處理。

5.督導消防、警察單位等執行森林火災原因鑑定及火首偵緝。

6.督導國家公園範圍林地內災情蒐集及通報。

7.督導國家公園範圍林地內災害搶救及善後處理。

8.督導地方政府協助罹難者家屬處理殯葬事宜。

9.督導災區之治安維護、交通疏導、犯罪偵防及協助罹難者屍體相驗。

10.調派直升機協助搜救、勘災、空投及傷患後送。

㈢外交部：

1.災害有外籍人士傷亡或失蹤之協助處理。

2.國際救援之協調及聯繫。

3.協助辦理外僑撤離、疏散及保護。

4.其他有關涉外之協調及聯繫事項。

㈣國防部：

1.督導國軍主動支援重大災害之搶救。

2.提供國軍戰情系統蒐集之災情資料。

3.督導軍事單位災情蒐集及通報。

4.督導憲兵單位協助執行災區治安維護。

5.督導國軍救災裝備、機具之支援調度。

㈤財政部：

1.救災款項之撥付。

2.災害內地稅之減免。

3.災害關稅之減免。

4.督導國有財產署轄管林地內災情蒐集及通報。

5.督導國有財產署轄管林地內災害搶救及善後處理。

6.國有財產署轄管林地內防救災之協調。

7.災區國有土地之租金減免及其他協助事項。

㈥教育部：

1.督導各級學校、社會教育機構防救災措施、災情蒐集及通報。

2.督導大學實驗林管理處轄管林地內災情蒐集及通報。

3.督導大學實驗林管理處轄管林地內災害搶救及善後處理。

4.督導大學實驗林管理處轄管林地內防救災之協調。

5.督導各級學校開設收容所及其他相關防救災事項。

6.有關各級學校登山隊伍之聯繫。

㈦法務部：

1.督導各地方法院檢察署檢察官儘速辦理罹難者屍體相驗工作。

2.督導各矯正機關之安全維護。

㈧經濟部：

1.辦理水災、旱災、公用氣體與油料管線、輸電線路災害、礦災及工業管線災害成立應變中心之幕僚作業。

2.河川、水庫之水位、水庫洩洪及洪水預警之提供。

3.綜合性治水措施之執行及河川揚塵防制。
4.經濟部所轄工業區、港有關防救災措施之督導。
5.督導公民營事業有關公用氣體與油料管線、輸電線路等防救災措施、搶修、維護及災情查報、彙整。
6.督導公民營事業有關公用氣體、油料、自來水及電力供應之協調。
7.發布旱災預警警報、統籌協調用（配）水緊急應變措施之實施。
8.督導公民營礦場有關礦災防救及災情查報、彙整。
9.督導工業管線防救災措施、搶修、維護及災情查報、彙整。
㈨交通部：
1.辦理空難、海難及陸上交通事故成立應變中心之幕僚作業。
2.鐵路、公路、橋梁與相關交通設施防救災措施之災情查報、彙整及緊急搶修之聯繫。
3.協助各機關辦理交通運輸工具之徵用。
4.鐵路、公路、航空、海運等交通狀況之查報、彙整。
5.氣象、地震、海嘯等災害防範有關資料之提供。
6.督導辦理遊客安置。
7.其他有關交通應變措施事項。
㈩行政院主計總處：協調救災款項之調度，並請各級主計單位確實依「重大天然災害搶救復建經費簡化會計手續處理要點」，配合協助各機關辦理災害搶救、善後復原等經費之核支。
⑴行政院新聞傳播處：
1.協調各機關處理災害預警、準備、應變、復原重建等新聞發布及政策宣導。
2.協調傳播媒體協助報導災情及緊急應變相關資訊。
3.協調辦理應變中心記者會召開相關事宜。
4.其他有關新聞發布及處理。
⑵衛生福利部：
1.辦理生物病原災害成立應變中心之幕僚作業。
2.督導災區緊急醫療及後續醫療照護。
3.督導災區藥品及醫療器材調度。
4.督導災後食品衛生、飲用水安全及環境衛生處理。
5.督導災區災民生活必需品之儲備、運用及供給。
6.督導災區災民之安置及救助。
7.督導災後防疫及居民保健。
⑶行政院環境保護署：
1.辦理毒性化學物質及懸浮微粒物質災害成立應變中心之幕僚作業。
2.督導災區環境之清理。
3.督導災區環境消毒及飲用水水質管制之抽驗。
4.督導災後嚴重污染區之隔離、處理及追蹤管制。
5.協助流動廁所之調度。
6.其他有關環境保護、毒性化學物質及懸浮微粒物質災害應變措施。
⑷海洋委員會：
1.海上船舶碰撞及其他糾紛之蒐證、處理。
2.海難之船舶、人員與海上失事之航空器、人員之搜索、救助及緊急救護。
3.海洋災害之救護。
⑸國軍退除役官兵輔導委員會：
1.督導所轄農場災民生活必需品之儲備、運用及供給。

2.督導所轄農場災民生活之安置及救助。
3.督導所轄森林保育處、農場轄管林地內災情蒐集及通報。
4.督導所轄森林保育處、農場轄管林地內災害搶救及善後處理。
5.其他有關所轄森林保育處、農場轄管林地內防救災協調事項。
(夫)科技部：
1.督導所轄科學園區執行防救災事項。
2.衛星影像之提供及協助解讀分析。
(乇)行政院農業委員會：
1.辦理寒害、森林火災、土石流災害及動植物疫災成立應變中心之幕僚作業。
2.督導農、林、漁、牧及農田水利等單位辦理災害防救事項。
3.調查農、林、漁、牧及農田水利等災害損失及善後處理。
4.協調救災糧食之供應調節。
5.土石流、森林火災之災害訊息傳遞及處理。
6.督導所轄森林遊樂區管理或經營單位辦理災害防救事項。
7.高空航照之提供。
8.其他有關農業災害處理。
(大)勞動部：
1.督導勞工作業場所災害應變處理。
2.協調各類技術人員協助救災。
3.督導勞工傷亡災害之檢查及善後處理。
4.宣導外籍勞工相關病疫防治措施。
(九)行政院公共工程委員會：
1.協調公共設施主管機關徵調相關技師辦理危險公共設施受損鑑定事宜。
2.協調公共工程中央主管機關進行搶救、搶修及搶險。
(干)原住民族委員會：
1.協調原住民族地區災民生活必需品之儲備、運用及供給。
2.協調原住民族地區災民生活之安置及救助。
3.協調原住民族地區災情蒐集及通報。
4.協調原住民族地區重大災害搶救及善後處理。
5.其他有關原住民族地區防救災協調事項。
(三)國家通訊傳播委員會：
1.執行廣電媒體錯誤報導之核處。
2.通訊傳播系統防救災措施之督導、災情查報及彙整、緊急搶修之聯繫。
(三)金融監督管理委員會：
1.協助、督導承辦金融機構配合辦理災區金融優惠融通。
2.保險理賠之協助。
3.災害證券市場之管理。
(亖)大陸委員會：
1.辦理協調、聯繫兩岸及港澳事務。
2.大陸人民及港澳居民傷亡或失蹤之協助處理。
(亖)行政院國家搜救指揮中心：配合搜救支援調度。
(云)國家災害防救科技中心：
1.提供災害潛勢資料分析、預警及建議。
2.災害相關空間圖資分析研判。
(兲)行政院原子能委員會：
1.辦理輻射災害成立應變中心之幕僚作業。

2.提供輻射災害之專業技術諮詢。
3.督導核子反應器設施搶救、輻射偵測、劑量評估及事故處理。
4.督導輻射防護及管制。
5.協調國外技術援助。
6.輻射災害災情彙整及通報處理。
㈦國家運輸安全調查委員會：辦理災害現場調查蒐證協助事宜。
㈧財團法人法律扶助基金會：協助辦理收容照顧災民之法律服務事項。
㈨財團法人住宅地震保險基金：協助辦理震災後政策性住宅地震保險受災戶理賠及發放臨時住宿費用。
㈩財團法人中華民國佛教慈濟慈善事業基金會：辦理災害現場救災人員後勤協助事宜。

十四　應變中心開設地點規定如下：

㈠風災、震災、火災、爆炸、火山災害、水災、公用氣體、油料管線、輸電線路、礦災、工業管線、空難、海難、陸上交通事故及毒性化學物質、懸浮微粒物質災害，輻射災害應變中心，原則設於內政部消防署，供中央災害防救業務主管機關與相關機關（單位、團體）執行有關緊急應變措施及行政支援事項。另主導應變中心運作所需幕僚作業、網路資訊、新聞處理、部會管制、災情綜整、文書記錄、安全維護及後勤庶務等各項工作所需人力，以及應變中心成立期間所耗水、電、耗材與各項庶務所需經費，由各中央災害防救業務主管機關負責；相關資訊、通訊等設施，由內政部消防署協助操作及維護。
㈡前款或其他災害中央災害防救業務主管機關得視處理緊急應變措施之需要，陳報會報召集人另擇應變中心之成立地點及決定運作方式。
㈢為免應變中心因重大災害致無法運作，或為支援跨直轄市、縣（市）處理區域性重大災害，啟動備援中心時，應報請指揮官擇定備援中心場地。

十五　應變中心成立後，由指揮官親自或指定副指揮官定期發布訊息。
機關（單位、團體）派員進駐應變中心後，指揮官、協同指揮官或副指揮官應即召開工作會報，瞭解相關單位緊急應變處置情形及有關災情，並指示相關應變措施。
應變中心開設運作期間，由副指揮官以上人員定時並視災情狀況隨時召開工作會報，各進駐機關（單位、團體）及功能分組主導機關應於工作會報提出報告資料。

十六　直轄市、縣（市）政府無法因應災害處理時，該災害之中央災害防救業務主管機關應主動派員協助，或依直轄市、縣（市）政府之請求，指派協調人員提供支援協助。
前項協調人員及編組作業如下：
㈠協調官：進駐地方政府應變中心或前進指揮所，負責協調中央支援救災事宜，並擔任應變中心聯絡窗口。
㈡前進協調所：視受災地區災情及地方政府請求支援情形，經指揮官同意後，成立應變中心前進協調所。
㈢編組及先期作業：協調官及前進協調所由相關進駐機關派員組成。
應變中心或前進協調所協調重要事項時，得通知直轄市、縣（市）政府或鄉（鎮、市、區）公所指派協調人員參與。

十七　應變中心依各類型災害應變所需，設參謀、訊息、作業、行政等群組，各群組下設功能分組，處理各項災害應變事宜。
各功能分組之主導機關、配合參與機關及其任務如下：
㈠參謀群組：轉化防救災有關情資並綜整統籌防救災作業決策及救災措施建議。
1.幕僚參謀組：由行政院災害防救辦公室主導，各該災害中央災害防救業務主管機關、國防部、經濟部、交通部、內政部、行政院農業委員會配合參與，辦理災情分析、後續災情預判與應變、防救災策略與作為等供指揮官決策參裁建議事宜。

2.管考追蹤組：由行政院災害防救辦公室主導，各該災害中央災害防救業務主管機關配合參與，辦理各項應變事項執行及指揮官或工作會報指裁示事項辦理情形管考追蹤事宜。

3.情資研判組：由國家災害防救科技中心主導，經濟部、行政院農業委員會、原住民族委員會、內政部（消防署、營建署）、中央氣象局、交通部公路總局、行政院環境保護署配合參與，辦理提供各項災害潛勢資料分析、預警應變建議及相關災害空間圖資分析研判等事宜。

4.災情監控組：由各該災害中央災害防救業務主管機關主導，經濟部、交通部、衛生福利部、行政院農業委員會、原住民族委員會、內政部（警政署、營建署、消防署）配合參與，辦理災情蒐報查證追蹤事宜及監看新聞媒體報導，並綜整各分組所掌握最新災情，定時製作災情報告上網發布。

㈡訊息群組：綜整轉化各項防災應變相關資訊，有效達成災防資訊公開普及化之目標。

1.新聞發布組：由行政院新聞傳播處主導，各該災害中央災害防救業務主管機關、國家通訊傳播委員會、內政部（警政署警察廣播電臺）配合參與，辦理召開應變中心記者會、新聞發布、錯誤報導更正、民眾安全防護宣導及新聞媒體聯繫溝通等事宜。

2.網路資訊組：由各該災害中央災害防救業務主管機關主導，國家通訊傳播委員會、內政部（消防署）配合參與，掌握防災及應變資訊傳遞狀況，辦理防災、應變資訊普及公開與災變專屬網頁之資料更新及維護事宜。

㈢作業群組：統籌辦理各項防救災工作執行事宜。

1.支援調度組：由國防部主導，經濟部、交通部、海洋委員會（海巡署）、內政部（警政署、營建署、消防署）配合參與，辦理結合全民防衛動員準備體系，掌握追蹤救災所調派之人力、機具等資源之出發時間、位置及進度，辦理資源調度支援相關事宜。

2.搜索救援組：由內政部（消防署、警政署、空中勤務總隊）主導，行政院國家搜救指揮中心、國防部、海洋委員會（海巡署）、財團法人中華民國裸教慈濟慈善事業基金會配合參與，辦理人命搜救及緊急搶救調度支援事宜。

3.疏散撤離組：由各該災害中央災害防救業務主管機關主導，國防部、經濟部、交通部、教育部、行政院農業委員會、原住民族委員會、海洋委員會（海巡署）、內政部（民政司、警政署、營建署、消防署）配合參與，掌握地方政府執行災害危險區域民眾緊急避難、疏散、撤離人數之統計與通報民眾遠離危險區域勸導情形及登山隊伍之聯繫、管制等相關疏散撤離執行情形。

4.收容安置組：由衛生福利部主導，國防部、行政院農業委員會、原住民族委員會、教育部、交通部（觀光局）配合參與，掌握各地收容所開設地點、遊客安置及收容人數等事項，並辦理臨時災民收容及救濟慰助調度等支援事宜。

5.水電維生組：由經濟部主導，國防部、交通部、內政部（消防署）、國家通訊傳播委員會配合參與、整合自來水、電力、電信、瓦斯、油料災情、搶修進度、修復時間等資訊、並協調辦理水電維生設施搶通、調度支援事宜。

6.交通工程組：由交通部主導，行政院農業委員會、原住民族委員會、內政部（營建署）配合參與，彙整國道，省道、縣道、鄉道、農路等所有道路交通災情、搶修進度、修復時間等資料，並協調辦理各種道路搶通、運輸調度支援事宜。

7.農林漁牧組：由行政院農業委員會主導，海洋委員會（海巡署）配合參與，辦理各地漁港船舶進港避風、大陸船員暫置、掌握土石流潛勢區域、發布土石流警戒及農林漁牧損失之處理及各地蔬果供應之調節。

8.民間資源組：由衛生福利部主導，督導、掌握直轄市、縣（市）政府民生物資整備及運兩志工之情形。

9.醫衛環保組：由衛生福利部主導，國防部及行政院環境保護署配合參與，辦理緊急醫療環境衛生消毒調度支援事宜，掌握急救責任醫院收治傷患情形及環境災後清理、消毒資訊。

10.境外救援組：由外交部主導，各該災害中央災害防救業務主管機關、大陸委員會配合參與，掌握境外援助資訊及進度，並辦理相關協調及聯繫。

11.輻災救援組：由行政院原子能委員會主導，國防部、經濟部、中央氣象局、海洋委員會（海巡署）、內政部（消防署、警政署、空中勤務總隊）配合參與，辦理輻災救援等事宜。

㈣行政群組：統籌辦理應變中心會務、行政及後勤事宜。

1.行政組：由各該災害中央災害防救業務主管機關主導，辦理應變中心會議幕僚及文書紀錄。

2.後勤組：由各該災害中央災害防救業務主管機關主導，辦理應變中心運作後勤調度支援事宜。

3.財務組：由財政部主導，行政院主計總處及金融監督管理委員會配合參與，辦理救災財務調度支援及統籌經費動支核撥事宜。

各功能分組主導機關未進駐中央災害應變中心時，則該功能分組主導機關則由各中央災害防救業務主管機關擔任。

十八　指揮官得視實際情形，彈性啓動功能分組或增派其他機關派員進駐，並得指派功能分組主導機關統籌支援地方政府之必要協助。

各功能分組之成員機關應依需要，派遣所屬權責單位派員進駐；各分組主導機關亦得視實際需要，報請指揮官同意後，通知其他機關派員參與運作。

十九　各功能分組啓動後，應依下列程序進行應變作業：

㈠召開功能分組會議，由主導機關派員主持會議，並製作會議紀錄，依會議之決議及分工，由分組內各組成機關落實執行。

㈡協調整合分組內各組成機關，執行災情查報、監控、資源調度、災害搶救，並聯繫地方政府，提供支援協助。

㈢各功能分組之運作，應由主導機關記錄，送行政組彙整（含電子檔）。對於災害處理之協調結果，應由主導機關於工作會報中提報。

二十　爲處理災害防救事宜或配合應變中心執行災害應變措施，災害防救業務計畫指定之機關、單位或公共事業應開設緊急應變小組，執行災害通報及應變相關事宜。

各機關、單位或公共事業開設之緊急應變小組，應執行下列緊急應變事項：

㈠緊急應變小組由機關首長、單位主管或公共事業負責人擔任召集人，召集所屬單位、人員及附屬機關予以編組，並指派簡任或同職等職務人員爲該小組業務主管，擔任各該機關、單位或公共事業災害防救業務聯繫協調窗口。

㈡緊急應變小組應有固定作業場所，設置傳眞、聯絡電話及相關必要設備，指定二十四小時聯繫待命人員，受理電話及傳眞通報，對於突發狀況，立即反映與處理。

㈢緊急應變小組應於災害發生或有發生之虞時即行運作，主動互相聯繫協調通報，並執行災情蒐集、查證、彙整、通報、災害搶救及救災資源調度等緊急措施。

㈣緊急應變小組應於應變中心成立後，配合執行災害應變措施，持續運作至災害狀況解除爲止。

二一　機關（單位、團體）進駐人員應掌握各該機關（單位、團體）緊急應變處置情形及相關災情，隨時向指揮官、協同指揮官或副指揮官報告處置狀況，並通報相關機關（單位、團體）。

機關（單位、團體）進駐應變中心之人員，應接受應變中心指揮官之指揮、協調及整合。

進駐人員對於長官指示事項、交辦案件或災情案件應確實交接，值勤期間不得擅離崗位，以因應緊急事故處置。

二二　災害狀況已不再繼續擴大、臺灣本島陸上颱風警報解除或災情已趨緩和，緊急應變任務需求減少時，經中央災害防救業務主管機關或進駐機關提報，指揮官得調整應變中心之分級或縮小編組規模，對已無執行緊急應變任務需要之進駐機關（單位，團體）人員予以歸建。

前項歸建人員之機關（單位、團體）得視災害應變需要，依第二十點第二項第四款規定，配合執行災害應變措施，持續運作至災害狀況解除爲止。

二三　災害緊急應變處置已完成，且後續復原重建可由各相關機關、單位、團體自行辦理，無緊急應變任務需求時，經中央災害防救業務主管機關提報後，指揮官得以口頭或書面報告會報召集人撤除應變中心。應變中心撤除後，各進駐機關（單位、團體）應詳實記錄應變中心成立期間相關處置措施，送中央災害防救業務主管機關彙整、陳報；各項災後復原重建措施，由各相關機關（單位、團體）依權責繼續辦理。

二四　各進駐機關（單位、團體）相關人員執行應變中心各項任務成效卓著者，由進駐機關（單位、團體）依規定敘獎；其執行不力且情節重大者，依規定議處。

二五　各中央災害防救業務主管機顏應就下列事項定期辦理演習，並訂定細部作業規定：

㈠應變中心任務。
㈡指揮官、協同指揮官及副指揮官規劃。
㈢中央災害防救業務主管機關緊急應變小組運作。
㈣各進駐機關（單位、團體）任務。
㈤應變中心開設場地。
㈥訊息發布及工作會報召開機制。
㈦工作會報及記者會報告事項。
㈧前進協調所、協調官及任務。
㈨災害各階段應變注意事項。
㈩功能分組組成及分工。
(十一)應變中心縮編及撤除。
(十二)附件：包含中央災害防救業務主管機關進駐人員分工、應變中心開設簽文範本、通報單（開設、撤除通知及聯繫地方）範本（簡訊及傳眞）、簽到表範本、會議紀錄範本、新聞媒體監看處理及新聞監看彙整總表範本、新聞發布作業說明資料、重要事項交辦單及民衆報案單範本、專責人員及專責通報人員聯絡名冊。

各中央災害防救業務主管機關得視災害應變需要，調整細部規定內容。

中央災害防救委員會設置要點

①民國99年12月2日行政院函訂定發布全文8點。
②民國100年6月1日行政院函修正發布第3點。
③民國101年5月10日行政院函修正發布第3點。
④民國102年8月5日行政院函修正發布第3點。
⑤民國103年3月6日行政院函修正發布第3點。
⑥民國104年5月6日行政院函修正發布第3點；並自即日生效。
⑦民國107年5月3日行政院函修正發布第3點。

一　行政院（以下簡稱本院）爲執行災害防救政策，推動重大災害防救任務與措施，特依災害防救法第七條第二項規定，設中央災害防救委員會（以下簡稱本委員會）。

二　本委員會之任務如下：

㈠執行中央災害防救會報核定之災害防救政策、推動重大災害防救任務及措施。
㈡規劃災害防救基本方針。
㈢擬訂災害防救基本計畫。
㈣審查中央災害防救業務主管機關之災害防救業務計畫。
㈤協調各災害防救業務計畫或地區災害防救計畫間牴觸無法解決事項。
㈥協調金融機構就災區民衆所需重建資金事項。
㈦督導、考核、協調各級政府災害防救相關事項及應變措施。
㈧其他法令規定事項。

三　本委員會置委員二十六人，其中一人爲主任委員，由本院副院長兼任，承本院院長之命，綜理本委員會事務；副主任委員三人，分別由本院政務委員及內政部部長兼任，襄助會務。其餘委員，由主任委員報請本院院長就本院政務副秘書長及下列部會副首長一人派兼之：

㈠內政部。
㈡外交部。
㈢國防部。
㈣財政部。
㈤教育部。
㈥法務部。
㈦經濟部。
㈧交通部。
㈨勞動部。
㈩本院農業委員會。
⑪衛生福利部。
⑫本院環境保護署。
⑬科技部。
⑭國家發展委員會。
⑮金融監督管理委員會。
⑯海洋委員會。
⑰原住民族委員會。
⑱本院公共工程委員會。
⑲本院主計總處。

㈩本院原子能委員會。

㈢國家通訊傳播委員會。

本委員會置執行長一人，由本院政務委員兼任，承主任委員之命，處理本會事務。

四　本委員會會議由主任委員召集之，並擔任主席，主任委員未能出席時，由副主任委員擔任主席，主任委員及副主任委員均未能出席時，由出席委員互推一人擔任主席。

本委員會召開會議時，得邀請直轄市、縣（市）政府、有關機關（構）代表或專家、學者列席。

五　本委員會設本院國家搜救指揮中心，統籌、調度國內各搜救單位資源，執行災害事故之人員搜救及緊急救護之運送任務。

六　本委員會之幕僚作業，由本院災害防救辦公室辦理。

七　本委員會委員均爲無給職。

八　本委員會所需經費，由本院編列預算支應。

中央災害應變中心異地備援作業要點

民國102年10月4日內政部函訂定發布全文10點。

一　爲規範中央災害應變中心異地備援應變中心（以下簡稱備援中心）之功能、設置、啓動及其他相關作業，特訂定本作業要點。

二　備援中心之功能如下：

㈠作爲中央災害應變中心功能受損致無法正常運作或不適宜運作時之替代應變中心。

㈡作爲中央災害應變中心功能分組之前進協調所。

㈢作爲中央與地方政府災害防救人員平時災防教育訓練、兵棋推演或演習之場所。

㈣其他因應特殊、重大災害或災害發生地點需要，作爲防救災據點。

三　中央災害應變中心設北部、中部、南部備援中心；其管理機關分別爲新北市政府消防局、內政部消防署及高雄市政府消防局。

四　備援中心之啓動時機如下：

㈠中央災害應變中心功能受損致無法正常運作或不適宜運作，經中央災害防救業務主管機關、行政院國土安全辦公室或國安單位通知內政部（消防署）啓動時。

㈡發生重大災害須成立前進協調所或防救災據點，經中央災害應變中心指揮官指示時。

㈢供平時災防教育訓練、兵棋推演或演習使用，經主辦機關於十日前以書面函請內政部（消防署）同意時。

㈣其他緊急或特殊需要，經主辦機關洽商內政部（消防署）同意時。

五　備援中心啓動前之整備作業如下：

㈠各備援中心管理機關於接獲中央災害應變中心指揮官或內政部（消防署）通知啓動時，應即著手完成作業空間之環境清理、作業空間分配與標示、電腦、電視牆、麥克風、影印機、傳眞機等相關硬體設備之開啓與測試、相關文具、紙張、碳粉之補充、備勤室寢具、盥洗用具與飲用水之整備，並通知資訊、通訊系統維運廠商進駐，協助運作期間餐點採辦等後勤事宜。

㈡管理機關所墊付之經費，於各機關（單位）進駐人員撤除後檢具相關單據，由中央災害防救業務主管機關或主辦機關支付之。

六　備援中心之進駐通知：中央災害防救業務主管機關應以傳眞通報各進駐機關（單位）與地方政府，並以手機簡訊通知各進駐機關（單位）聯繫窗口轉知輪值人員進駐備援中心；遇通訊中斷，輪值人員無法獲知進駐訊息時，得逕至新店大坪林中央災害應變中心集結。

七　災害造成大規模交通中斷，各機關（單位）進駐人員難以自行前往備援中心，或由其自行前往將延遲進駐時間時，中央災害防救業務主管機關得依當時災害情形，評估規劃妥適之陸、海、空交通工具、集結地點及時間，必要時得會同國防部、交通部、內政部空中勤務總隊及相關機關（單位），集結各機關（單位）進駐人員後，共同進駐備援中心。

八　備援中心之運作方式如下：

㈠作爲中央災害應變中心使用時，依中央災害應變中心作業要點運作。

㈡作爲前進協調所使用時，依內政部主管災害中央災害應變中心前進協調所作業規定或其他中央災害防救業務主管機關所定前進協調所相關規定運作。

㈢作爲平時教育訓練、兵棋推演或演習使用時，依該次平時教育訓練、兵棋推演或演習實施計畫運作。

㈣供其他緊急或特殊需要使用時，依該緊急或特殊用途之主辦機關所定相關作業規定運作；無相關作業規定時，由主辦機關洽商內政部（消防署）及管理機關同意後，主導運作。

九　備援中心運作之需求趨緩時，得依前揭運作相關規定縮小編組規模，已無執行緊急應變任務需要之進駐人員應予歸建，並由其他進駐人員持續辦理必要之應變任務；備援中心已無運作需求時，得依前揭運作相關規定撤除進駐人員。

十　各進駐機關（單位）平時整備事項如下：

㈠於各備援中心建置與整備緊急應變作業所需之軟體、系統、資料庫、地圖、簡報等相關資料，並定期更新。

㈡檢討現行輪值機制，以確保長途進駐中部、南部備援中心時，輪值人員能有效發揮進駐效率與應變作業效能，並兼顧各進駐機關（單位）既有業務之運作。

㈢加強所屬進駐輪值人員啓動及進駐備援中心各項緊急應變作業事項之教育訓練及演練。

㈣內政部、交通部、國防部、行政院海岸巡防署及各相關機關平時應整備並有效掌握所屬及權管各項鐵路、公路、船舶、航空器、公務車輛等交通運輸資源，於備援中心啓動及運作期間而有使用必要時，協助中央災害防救業務主管機關辦理進駐人員之交通事宜。

中華民國一百零五年二月六日震災災區劃定作業原則

民國105年5月6日行政院函訂定發布全文4點。

一　災區定義：指遭受中華民國一百零五年二月六日震災，致有嚴重人員傷亡、失蹤或房屋毀損，得適用災害防救法第四十四條之一至第四十四條之九所定復原重建措施之受創地區。

二　劃定基準：

㈠因中華民國一百零五年二月六日地震，造成下列人員傷亡、失蹤情形之地區，辦理災區劃定：

1. 人員死亡、失蹤或重傷，符合風災震災火災爆炸災害救助種類及標準第三條第一項第一款至第三款規定災害救助種類，其人數合計一百人以上之直轄市、縣（市）。
2. 人員死亡、失蹤或重傷，符合風災震災火災爆炸災害救助種類及標準第三條第一項第一款至第三款規定災害救助種類，其人數合計二十人以上之鄉（鎮、市、區）。

㈡因中華民國一百零五年二月六日地震，造成下列房屋毀損情形之地區，比照辦理災區劃定：

1. 房屋毀損，符合風災震災火災爆炸災害救助種類及標準第四條第一項第一款所定不堪居住程度情形之一，合計七十五棟或一百五十戶以上之直轄市、縣（市）。
2. 房屋毀損，符合風災震災火災爆炸災害救助種類及標準第四條第一項第一款所定不堪居住程度情形之一，合計十棟或二十戶以上之鄉（鎮、市、區）。

三　劃定及公告作業程序：

㈠鄉（鎮、市、區）公所認符合第二點第一款第二目或第二款第二目所定受災情形之一者，應填報附表一並檢附佐證資料提送直轄市、縣（市）政府初審。

㈡直轄市、縣（市）政府初審結果，依下列規定辦理：

1. 彙整附表一結果，未符合第二點第一款第一目及第二款第一目所定受災情形者，填報附表二並連同佐證資料，函報內政部複審後，報請行政院審定及公告。
2. 彙整附表一結果，認符合第二點第一款第一目或第二款第一目所定受災情形之一者，填報附表三並檢附佐證資料函報內政部審查後，報請行政院審定及公告。

四　劃定之災區範圍須變更者，其作業程序依第三點規定辦理。

內政部主管災害中央災害應變中心前進協調所作業規定

①民國101年2月10日內政部函訂定發布全文11點。
②民國103年4月9日內政部消防署函修正發布名稱及全文12點（原名稱：內政部主管災害中央災害應變中心前進指揮所作業規定）。
③民國104年10月7日內政部函修正發布全文12點。

一　目的

為執行中央災害應變中心作業要點第十六點所規定事項，掌握災害現場救災情形及支援需求，強化中央與地方協調聯繫、調度支援機制，有效整合救災資源，協助地方政府救災，特訂定本規定。

二　啓動時機

發生風災、震災、海嘯、火災、爆炸等重大災害，內政部或中央災害應變中心為協助地方政府救災，有派員就近協調或協助救災必要時，得派先遣小組進駐地方災害應變中心或災害現場，並得視受災地區災情狀況、地方應變情形及請求支援事項，經中央災害應變中心指揮官同意後，成立中央災害應變中心前進協調所（以下簡稱前進協調所）或分（支）所，並指定主導機關。

三　設置地點

㈠內政部（消防署）平時得請直轄市、縣（市）政府調查可供作前進協調所之適當地點，並將資料建檔，其設置條件如下：

1.避免設於有發生二次災害之虞之室內場所或戶外地點。

2.作業空間至少可容納三十人以上，可提供水、電之地點。

3.交通便捷且利於與地方災害應變中心協調聯繫。

㈡內政部（消防署）災時得協調直轄市、縣（市）政府提供符合前款規定且接近地方災害應變中心前進指揮所（以下簡稱前進指揮所）或其他適當之地點，由協調官評估災情需要，並報請中央災害應變中心指揮官同意後，設置前進協調所。

四　前進協調所與中央災害應變中心、受災地方災害應變中心及前進指揮所之協調聯繫、調度支援任務區分

㈠前進協調所：與受災地方災害應變中心協調救災支援事宜，並將處理結果回報中央災害應變中心，其辦理事項如下：

1.接受受災地方災害應變中心之請求，評估支援內容及數量。

2.掌握支援單位之人員聯絡資料、出（到）勤動態。

3.協調支援單位與受援單位間之意見。

4.視需要前往災區現場勘災。

5.其他中央災害應變中心交辦事項。

㈡中央災害應變中心：查證災情狀況，受理受災地方災害應變中心之請求，並督導前進協調所之運作，其辦理事項如下：

1.統籌調度未受災或受災較輕微地區之地方政府救災能量進行支援。

2.提供支援單位之人員聯絡資料予前進協調所，並提供必要支援。

3.協助排除前進協調所遭遇協調支援上之困難。

㈢受災地方災害應變中心：評估各種災情狀況，指揮並協助前進指揮所進行搶救與後送工作，並將災情回報中央災害應變中心，其辦理事項如下：

1.於災情嚴重，無法因應災情處理時，評估需求內容與數量，向中央災害應變中心或前進協調所申請支援。

2.於未受損之主要幹道或交流道附近或其他適當地點建立集結點，並將資訊提供中央災害應變中心或前進協調所轉知支援單位。

3.在必要範圍內適度調度支援單位執行救災任務。

4.協助解決前進指揮所遭遇之困難或爭議。

㈣前進指揮所：於災害現場進行災害搶救、工程搶修、醫療救護及資訊傳遞等工作，其辦理事項如下：

1.回報受災地方災害應變中心災害現場狀況。

2.提出人力、物資、裝備機具支援需求。

3.確認災害現場之收容安置處所、飛行器起降空間。

4.其他現場需協調事項。

五　總協調官及副總協調官

㈠前進協調所置總協調官一人，綜理前進協調所災害應變事宜；副總協調官二或三人，襄助總協調官處理前進協調所災害應變事宜。

㈡前款人員均由中央災害應變中心指揮官指定次長或適當層級人員擔任。

六　編組

㈠先遣小組：內政部或中央災害應變中心得視災害狀況派員前往受災縣（市），並得視需要通知其他參與機關（單位）派員前往，相關規定如下：

1.參與機關（單位）：行政院環境保護署、行政院農業委員會、經濟部、交通部、衛生福利部、國防部、內政部（營建署、警政署、消防署【含特種搜救隊、港務消防隊】）、其他視災情需要派員之機關（單位）。

2.作業事項：

⑴參與機關（單位）平時應建立聯絡窗口及適當層級人員名冊。

⑵機關（單位）於接獲通知派員後，應立即派員前往指定之地點集合，擔任各該機關（單位）與災害現場及當地政府之聯絡窗口，隨時傳達地方災情現況與需求及中央因應對策。

㈡前進協調所：

1.中央災害應變中心指揮官或前進協調所總協調官得視實際情形彈性啓動功能分組派員進駐前進協調所，或增派其他機關（單位）派員進駐前進協調所擔任主導或協助機關（單位）；各分組之主導機關（單位）亦得視實際需要報請中央災害應變中心指揮官或前進協調所總協調官同意後，通知其他機關（單位）派員參與前進協調所運作。

2.前進協調所編組參照中央災害應變中心作業要點第十七點有關功能分組規定辦理，設幕僚參謀組、網路資訊組、支援調度組、搜索救援組、民生物資組、交通工程組、醫衛環保組、水電維生組、行政庶務組等功能分組，其組織架構圖詳如附件一。

㈢內政部得建立主管災害學者專家名單，必要時邀集至災害現場提供協助，並由內政部（消防署）負擔相關經費。

七　進駐機關人員及任務

㈠中央災害應變中心指揮官或前進協調所總協調官得視災情之實際需要，調整、增（減）派功能分組之任務及進駐人員，以發揮救災一體之行政機能。

㈡前進協調所各功能分組進駐機關（單位）人數詳如附件二，參與各功能分組之主導機關（單位）應至少指派九職等（或比照九職等）以上人員一名進駐、協助機關（單位）應至少指派幕僚人員一名進駐，執行中央災害應變中心作業要點第十三點所定各進駐機關之任務及下列工作：

1.幕僚參謀組：由內政部（消防署、營建署）主導。

(1)掌握全盤應變處置，分析及評估災害狀況，提供應變決策腹案。

(2)辦理新聞發布相關事宜。

(3)擔任前進協調所、災害現場及當地政府之聯絡窗口，隨時傳達中央因應對策及地方災情現況與需求。

(4)部會首長以上長官勘災之行程安排。

2.網路資訊組：由內政部（消防署）主導。

(1)電話（一般及衛星）、電腦（桌上型、筆記型）、傳眞、網路、電子郵件等通訊方式之建立。

(2)視訊會議及影像傳輸設備之建立。

(3)與中央災害應變中心及直轄市、縣（市）政府及鄉（鎭、市、區）公所聯繫暢通之確保。

3.支援調度組：由國防部主導，內政部（消防署、營建署、警政署）協助。

(1)協調支援機關（單位）之應變處置作爲。

(2)受理災區之支援請求及協調國軍救災部隊及車輛裝備。

4.搜索救援組：由內政部（消防署）主導、警政署協助。

(1)備妥相關救災圖資、簿冊。

(2)掌握及預爲劃設搜索區域。

(3)災區之治安維護、交通管制等。

(4)統計救災資料。

5.民生物資組：由衛生福利部（社會救助及社工司）主導。掌握受災地區民生物資需求及協助運補作業。

6.交通工程組：由交通部主導。

(1)受阻道路替代路線之規劃及配合地方政府運輸工具徵（租）用之協調聯繫。

(2)協助協調救災船舶載具、人員之徵（租）用及海運路線之規劃。

(3)民用航空器徵（租）用之協調聯繫。

7.醫衛環保組：由衛生福利部主導，行政院環境保護署協助。重大災害致多個直轄市、縣（市）緊急醫療救護資源及環境衛生清理、消毒作業無法因應時，協調鄰近直轄市、縣（市）支援相關事宜。

8.水電維生組：由經濟部主導。

(1)自來水、電力、電信、瓦斯、油料搶修調度支援事宜。

(2)公民營事業有關公用氣體、油料、自來水及電力供應之協調。

9.行政庶務組：由內政部（消防署）主導。

(1)前進協調所場地環境之整備、管理與維護。

(2)辦理採購、會計事務、經費核銷等事項。

(3)人員管制、進駐人員交通工具安排、車輛調度等其他行政庶務事項。

八　運作機制

(一)前進協調所於召開會議或協商重要事項時，得通知直轄市、縣（市）政府或鄉（鎭、市、區）公所派員參與。

(二)前進協調所應與中央災害應變中心、地方災害應變中心及前進指揮所保持緊密聯繫，並依中央災害應變中心之指揮及授權，代表中央災害應變中心協助直轄市、縣（市）政府或鄉（鎭、市、區）公所執行災害應變事宜。

九　後勤支援

前進協調所運作之場地、食宿、交通、水電、行政庶務事項及運作所需之必要設備，得洽請地方政府及相關機關（單位）協助，必要時得結合國防部之救災前進指揮所共同運作，並由內政部（消防署）負擔相關經費。

十　撤除時機

災害狀況緩和或已解除，各項救災協調事項已辦理完成或可逕以電話聯繫、公文傳遞方式處理時，中央災害應變中心指揮官得下令縮小前進協調所之編組或撤除之。

十一　演練

中央政府與直轄市、縣（市）政府、鄉（鎮、市、區）公所平時得辦理本規定所定各項作業之相關演練。

十二　獎懲

各進駐機關（單位）人員執行本規定所定各項任務成效卓著者，由進駐機關（單位）依規定敘獎；其執行不力且情節重大者，依規定議處。

內政部風災震災勘災標準作業程序

民國98年6月8日內政部函訂定下達全文9點。

一　目的

內政部（以下簡稱本部）為辦理風災震災勘查作業，調查致災原因，俾利執行緊急應變措施、防止災害擴大、檢討策進作為，特訂定本作業程序。

二　啓動時機

(一)分析災害情資研判有必要時，經部長或中央災害應變中心指揮官（以下簡稱指揮官）核定。

(二)經總統府或行政院指示勘查時，由本部啓動相關作業程序。

三　前置作業

(一)各項災情以及現場應變處置作為等資料之蒐集。

(二)災區空照圖、地圖、地形圖、地質圖之蒐集。

(三)規劃赴災區集合、交通、住宿及後勤等行政庶務。

(四)各項勘災物品、裝備之點檢、整備及出動。（勘災所需基本物品由本部準備，各項專業器材、裝備則由各機關視需要自行準備；各機關勘災物品、器材、裝備應保持堪用及隨時待命出動狀態。）

(五)聯繫地方政府選定現地開會場所、規劃勘災行程及其他勘災事宜。

四　作業程序（流程圖如附圖）

(一)由部長或指揮官指派本部人員擔任勘災召集人，統籌勘查重點、勘查區域、參加機關、勘查組別、集合時間、地點、交通方式等（詳如附表一「○○災害勘查重點表」）；必要時，邀集相關機關召開前置會議。

(二)通報相關機關回報勘災名單，並分別辦理前置作業，另視需要通知地方政府派員配合。

(三)召集人每日應召開勘前及勘後會議，討論當日勘災重點事項，以及地方政府配合或請求支援事項。

(四)勘查組進行勘查時，由主政機關統籌辦理，並得視需要邀集相關機關協辦，依第六點及第七點規定進行勘查及製作報告書。

(五)每日勘查結果由勘查組主政機關於當日二十一時前填具勘災報告書初（續）報，並於勘災完畢後七日內完成勘災報告書結報，送本部彙報行政院災害防救委員會及行政院。

(六)勘災後續應辦事項由本部追蹤列管，各機關應定時回報辦理情形。

(七)各權責機關必要時得自行勘災。

五　勘災編組

(一)人員組成：

1.勘災啓動後，由中央或地方政府相關機關派員參加。

2.各機關得視需要自行敦聘學者專家或專技人士參與勘災。

3.必要時本部得委外辦理勘災作業。

(二)勘災之分組及權責機關：

1.建築物勘查組：本部（營建署）主政。

2.火場調查組：本部（消防署）主政。

3.應變作爲調查組：本部（消防署）主政。
4.收容安置勘查組：本部（社會司）主政。
5.公用氣體及油料管線勘查組：經濟部（能源局及國營事業委員會）主政。
6.水利河川勘查組：經濟部（水利署）主政。
7.水電管線勘查組：經濟部（國營事業委員會）主政。
8.地質調查組：經濟部（中央地質調查所）主政。
9.道路橋樑勘查組：交通部主政，行政院農業委員會、行政院原住民族委員會及本部（營建署）協辦。
10.土石流及農林漁牧勘查組：行政院農業委員會主政。
11.毒性化學物質洩漏勘查組：行政院環境保護署主政。
12.環境衛生勘查組：行政院環境保護署主政。
13.傳染病疫情勘查組：行政院衛生署主政。
14.放射性物質外釋勘查組：行政院原子能委員會主政。
15.其他視勘災需要組成之分組，並由中央目的事業主管機關主政。

六　勘查內容

(一)災害現場現況及目前處置情形。
(二)依附表一「○○災害勘查重點表」所定勘災重點優先執行相關勘查、調度、應急工程及緊急應變措施規劃等。
(三)致災原因調查。
(四)二次災害潛勢評估。
(五)災區危險建築物及疏散撤離評估。
(六)地方輿情反應事項及需求蒐集。
(七)預擬立即改善措施及相關資料蒐集。
(八)災害或其衍生事項可能對當地居民、國家社會、經濟、政治之衝擊評估。
(九)拍照、錄影、全球衛星定位系統（GPS）定位、測量等相關事宜。
(十)其他必要事項。

七　勘災報告書製作

內容至少應包含下列項目：
(一)氣象、降雨、地震、地質等資訊。
(二)災情損失資料。
(三)緊急應變措施妥適性分析（含現況敘述、進度及預計完成時間、二次災害潛勢分析）。
(四)勘查情形及立即改善對策（含支援與經費需求、辦理情形、期程、進度、預定完成時間）。
(五)致災原因分析。
(六)短、中、長期改善對策。
(七)結論及建議。
(八)附件資料：
1.勘災前置會議紀錄。
2.每日勘前、勘後會議記錄。
3.勘查紀錄表（如附表二）。
4.其他相關資料。

八　本作業程序幕僚業務由本部消防署辦理。

九　勘查組執行各項勘查作業時，得依各機關所定標準作業程序爲之。

內政部執行災情查報通報措施

①民國90年3月28日內政部函訂定發布全文5點。
②民國92年5月29日內政部函修正發布全文5點。
③民國99年3月3日內政部函修正發布名稱及全文8點（原名稱：執行災情查報通報複式佈建措施）。

壹　目的：為執行災害防救法第三十條所規定之災害查報及通報工作，以期確實掌握災情，發揮救災效能，於災害發生或有發生之虞時能迅速傳遞災情，掌握災情，採取必要之措施，以期減少生命財產損失，特訂定本措施。

貳　執行災情查報、通報任務人員如下：

一　消防系統：消防人員、義勇消防人員（以下簡稱義消）及消防救難志工團隊。

二　警政系統：警勤區員警及義勇警察（以下簡稱義警）、民防協勤人員。

三　民政系統：村（里）、鄰長及村（里）幹事。

參　災情查報通報體系，分為下列二種。但災情緊急時，得以電話通報，不必依體系逐級通報，任一層級單位（人員）接獲通報均應受理並轉報有關單位處置：

一　災害應變中心未成立時（體系圖如附件一）。

二　災害應變中心成立時（體系圖如附件二）。

肆　任務區分：依據是否成立災害應變中心，分別規定消防，警政，直轄市、縣（市）政府，鄉（鎮、市、區）公所，村（里）、鄰長及村（里）幹事之查報通報等之任務。

伍　災害應變中心未成立時：

一　消防系統：

㈠內政部消防署：

1.負責追蹤管制、通報聯繫直轄市、縣（市）消防局傳來之災情查報資料，與內政部警政署（勤務指揮中心）進行災情查證工作，並通報相關權責單位處理。

2.督導直轄市、縣（市）消防局執行災情查報相關工作。

3.整合直轄市、縣（市）政府所屬義消及消防救難志工團隊災情查報人員之聯絡名冊（格式如附件三）並隨時更新資料及定期抽測。

㈡直轄市、縣（市）消防局：

1.負責追蹤管制、通報聯繫消防分隊傳來之災情查報資料，與轄區警察局進行災情相互查證工作，並通報內政部消防署及相關權責單位處理。

2.督導所屬消防分隊執行災情查報相關工作。

3.整合義消及消防救難志工團隊災情查報人員之聯絡名冊（格式如附件三）送內政部消防署，並隨時更新資料及定期抽測。

4.每年辦理災情查報訓練事宜。

㈢消防分隊：

1.負責災情查報工作，並追蹤管制、通報聯繫義消及消防救難志工團隊災情查報人員傳來之災情查報資料，與轄區警察分局進行災情查證工作，並通報所屬消防局救災救護指揮中心及相關權責單位處理。

2.督導義消及消防救難志工團隊災情查報人員執行災情查報相關工作。

3.整合義消及消防救難志工團隊災情查報人員之聯絡名冊並於汛期前辦理定期測試，資料若有更新應立即陳報所屬消防局。

㈣義消及消防救難志工團隊災情查報人員：

1.每個村（里）至少應配置一名或二名義消災情查報人員，該地區若無配置義消，可洽請轄區消防救難志工團隊或當地熱心人士擔任。

2.遇有災害發生或有發生之虞時應主動進行查報，採取相關作為，並循消防系統逐級向上陳報。

3.如遇有、無線電中斷時，則應主動前往最近之警察、消防單位通報災情。

4.個人聯繫資料有異動時，應主動通知轄區消防分隊更新。

二　警政系統：

㈠內政部警政署（勤務指揮中心）：

1.負責追蹤管制、通報聯繫直轄市、縣（市）警察局傳來之災情查報資料，與內政部消防署（救災救護指揮中心）進行災情查證工作，並通報相關權責單位處理。

2.督導直轄市、縣（市）警察局執行災情查報相關工作及轄區義警、民防協勤人員協助災情查報相關工作。

㈡直轄市、縣（市）警察局（勤務指揮中心）：

1.負責追蹤管制、通報聯繫直轄市、縣（市）警察分局傳來之災情查報資料，與消防局（救災救護指揮中心）所蒐集之災情資料相互查證，並通報相關權責單位處理。

2.督導轄區分局執行災情查報相關工作及義警、民防協勤人員協助災情查報相關工作。

3.每年辦理災情查報訓練事宜。

㈢警察分局（勤務指揮中心）：

1.負責統籌所屬分駐（派出）所員警傳來之災情查報資料，並通報相關權責單位處理。

2.災害來臨前主動通報轄區分駐（派出）所前往轄區加強防災宣導，提醒民衆提高警覺，並通知村（里）、鄰長或村（里）幹事。

3.督導轄區分駐（派出）所於災害發生或有發生之虞時應主動至轄區進行災情查報，並將查證之災情迅速通報消防局、警察局及運用義警、民防協勤人員執行災情查報相關工作。

㈣分駐（派出）所：

1.執行災情查報工作，並將災情通報消防分隊、警察分局、村（里）、鄰長或村（里）幹事。

2.運用義警、民防協勤人員執行災情查報相關工作。

三　直轄市、縣（市）政府：

㈠由民政局（處）督導所屬鄉（鎮、市、區）公所民政單位執行災情查報相關工作。

㈡由警察局督導轄區義警、民防協勤人員協助災情查報相關工作。

㈢於災害發生或有發生之虞時，辦理直轄市、縣（市）政府層級及督導鄉（鎮、市）公所層級災害應變中心相關事宜。

㈣追蹤管制、通報聯繫所屬警察局與消防局傳來之災情查報資料，並通報相關權責單位處理。

㈤整合直轄市、縣（市）所屬鄉（鎮、市、區）災情查報人員之聯絡名冊（格式如附件四）並隨時更新資料及定期抽測。

㈥每年辦理災情查報訓練事宜。

四　鄉（鎮、市、區）公所：

㈠由民政單位將村（里）、鄰長及村（里）幹事所傳遞之災情查報資料，適時通報鄉（鎮、市、區）長，並督導所屬村（里）、鄰長及村（里）幹事執行災情查報相關工作。

㈡建立所屬地區村（里）長及村（里）幹事之聯絡名冊（格式如附件四）並定期測試，資料有更新者立即陳報修正。

㈢每年辦理災情查報訓練事宜。

五　村（里）、鄰長及村（里）幹事：

㈠於災害發生或有發生之虞時，應主動前往村（里）、鄰加強防災宣導，提醒民眾提高警覺，若發現災害應將災害訊息通知消防、警察單位或鄉（鎮、市、區）公所，並作適當之處置。

㈡如遇有、無線電中斷時，則主動前往最近之警察、消防單位通報災情。

陸　災害應變中心成立時：

一　消防系統：

㈠內政部消防署：

1.進駐中央災害應變中心，負責統籌直轄市、縣（市）消防局傳來之災情查報資料，並與災害應變中心內之警政及其他相關單位所蒐集之災情資料相互查證。

2.督導直轄市、縣（市）消防局執行災情查報相關工作。

㈡直轄市、縣（市）消防局：

1.進駐直轄市、縣（市）災害應變中心，負責統籌消防分隊傳來之災情查報資料，並與災害應變中心內之警政及其他相關單位所蒐集之災情資料相互查證。

2.督導所屬消防分隊執行災情查報相關工作。

㈢消防分隊：

1.進駐鄉（鎮、市）災害應變中心，負責統籌義消及消防救難志工團隊災情查報人員傳來之災情查報資料，並與災害應變中心內之警政及其他相關單位所蒐集之災情資料相互查證。

2.督導所屬災情查報人員執行災情查報相關工作。

3.督導義消及消防救難志工團隊災情查報人員遇有災害發生或有發生之虞時主動至村（里）進行查報，並立即動員投入救災，循消防系統逐級向上或災害應變中心陳報。

㈣義消及消防救難志工團隊災情查報人員：

1.每個村（里）至少應配置一或二名義消災情查報人員，該地區若無配置義消，可洽請轄區消防救難志工團隊或當地熱心人士擔任。

2.前揭人員，遇有災害發生或有發生之虞時應主動進行查報，採取相關作爲，並循消防系統逐級向上陳報。

3.如遇有、無線電中斷時，則應主動前往最近之警察、消防單位通報災情。

二　警政系統：

㈠內政部警政署：

1.進駐中央災害應變中心，負責統籌直轄市、縣（市）警察局傳來之災情查報資料，並與災害應變中心內消防及其他相關單位所傳遞之災情資料相互查證。

2.督導直轄市、縣（市）警察局執行災情查報相關工作。

3.督導義警、民防協勤人員協助災情查報事宜。

㈡直轄市、縣（市）警察局：

1.進駐直轄市、縣（市）災害應變中心，負責統籌所屬分局傳來之災情查報資料，並與災害應變中心內消防及其他相關單位所傳遞之災情資料相互查證。

2.督導所屬分局執行災情查報相關工作及義警、民防協勤人員協助災情查報事宜。

㈢警察分局（勤務指揮中心）：

1.進駐鄉（鎮、市）災害應變中心，負責統籌所屬分駐（派出）所員警傳來之災情查報資料，並與災害應變中心內消防及其他相關單位單位所傳遞之災情資料相互查證。

2.督導所屬分駐（派出）所執行災情查報相關工作及義警、民防協勤人員協助災情查報事宜。

3.災害來臨前主動通報轄區分駐（派出）所前往轄區加強防災宣導，提醒民眾提高警覺，並通知村（里）長或村（里）幹事注意災情查報。

㈣分駐（派出）所：

1.執行災情查報工作，並將災情通報消防分隊、警察分局。

2.運用義警、民防協勤人員執行災情查報相關工作。

三　直轄市、縣（市）政府：

㈠由民政局（處）督導所屬鄉（鎮、市、區）公所執行災情查報相關工作。

㈡辦理直轄市、縣（市）府層級及督導鄉（鎮、市、區）公所層級災害應變中心相關事宜。

㈢由警察局指揮督導轄區義警、民防協勤人員協助災情查報事宜。

四　鄉（鎮、市、區）公所：

㈠派員進駐鄉（鎮、市）災害應變中心，將村（里）、鄰長及村（里）幹事傳來之災情查報資料，與災害應變中心內消防、警政及其他相關單位所傳遞之災情資料相互查證。

㈡由民政單位督導所屬村（里）、鄰長及村（里）幹事執行災情查報相關工作。

五　村（里）、鄰長及村（里）幹事：

㈠災害發生或有發生之虞時，應主動前往村（里）、鄰加強防災宣導，提醒民眾提高警覺，若發現災害應將災害訊息通知消防、警察單位或鄉（鎮、市、區）公所，並作適當之處置。

㈡如遇有、無線電中斷時，則應主動前往最近之警察、消防單位通報災情。

柒　災情查報通報項目：

一　人員傷亡、受困情形。

二　建築物損壞情形。

三　淹水情形。

四　道路受損情形。

五　橋樑受損情形。

六　疏散撤離情形。

七　其他受損情形。

前項災情查報通報項目應填載於災情查報表（如附件五）。

捌　災情查報人員應隨身攜帶災情查報聯絡卡（如附件六），俾利查報通報災情。

附件一　災情查報通報體系圖（災害應變中心未成立時）

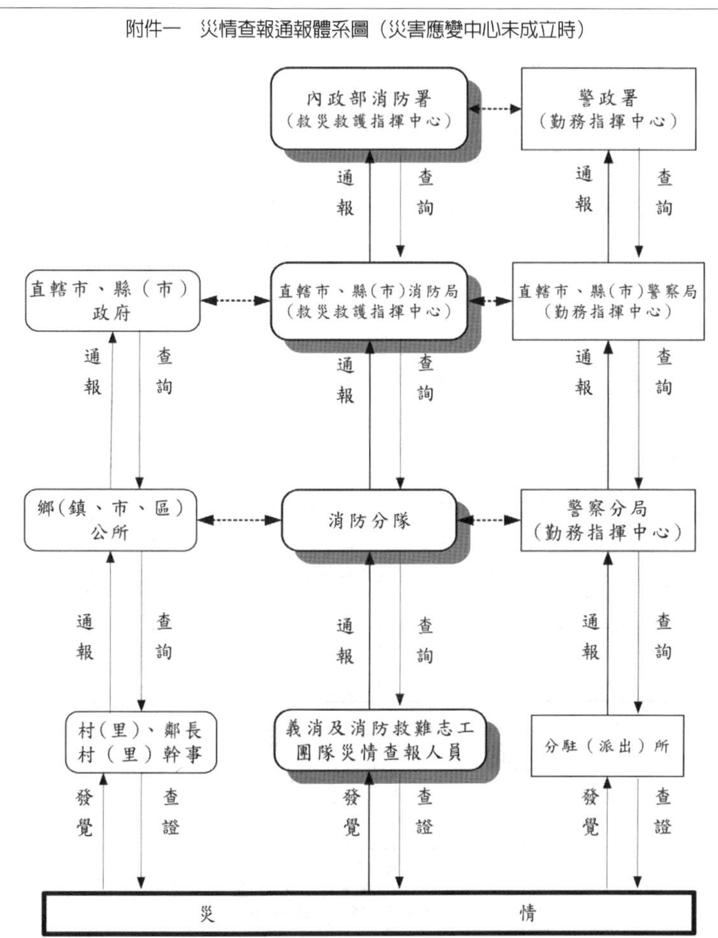

附件二 災情查報通報體系圖（災害應變中心成立時）

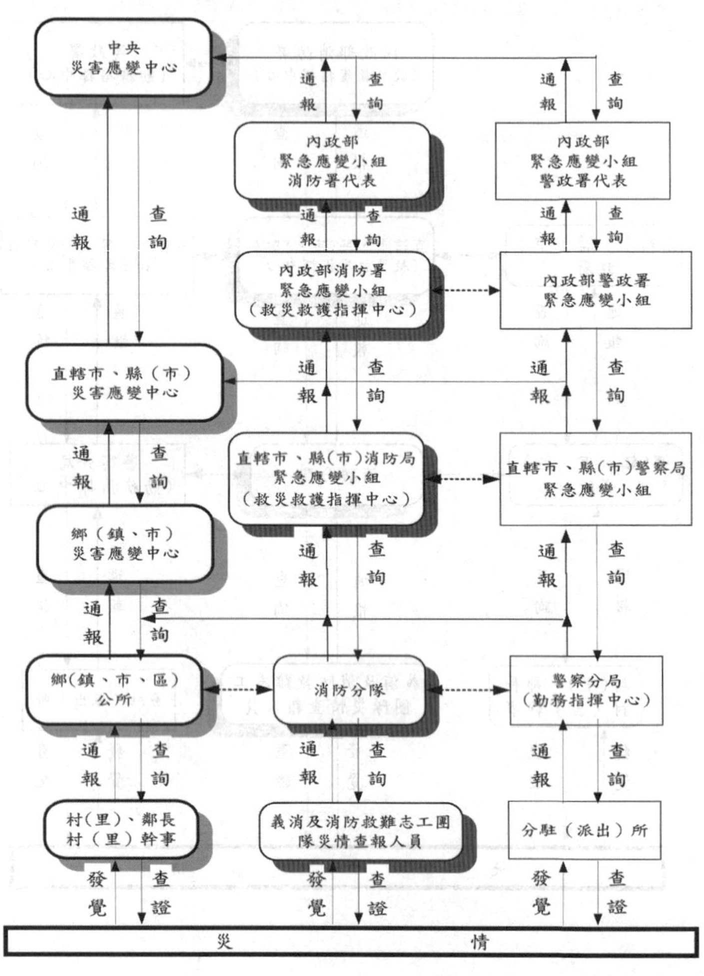

內政部消防署緊急應變小組作業規定

①民國96年4月4日內政部消防署函修正下達全文8點。
②民國98年3月11日內政部消防署函修正下達全文8點。
③民國99年6月29日內政部消防署函修正發布全文8點。
④民國99年7月30日內政部消防署函修正發布第3點。
⑤民國100年4月1日內政部消防署函修正發布第2～5、7點。
⑥民國104年8月13日內政部消防署函修正發布全文8點；並自即日生效。
⑦民國105年5月20日內政部消防署函修正發布全文8點；並自即日生效。
⑧民國106年5月31日內政部消防署函修正發布全文8點；並自即日生效。

壹　目的：內政部消防署（以下簡稱本署）爲執行災害防救法第十四條所定事項，加強災害處理作業效能，強化緊急應變機制，並因應重大災害或緊急事故處置，立即掌握災情，執行通報、指揮，配合中央災害應變中心（以下簡稱應變中心）運作，協助執行災情查報、彙整、通報、分析、研判等災害緊急應變事宜，特訂定本作業規定。

貳　成立時機：本署緊急應變小組成立時機如下：

一　因應重大災害或事故之發生，於平時應變運作機制無法因應災害緊急應變處理，必須提升運作時。

二　署長指示。

參　組織編組架構：

一　本署緊急應變小組由署長擔任指揮官，副署長及主任秘書輪流擔任副指揮官並兼任內政部緊急應變小組幕僚長，下設六組，分別爲協調組、訊息發布組、參謀組、作業組、後勤組、安全組，各組組成及任務如下：

㈠協調組：置協調官若干名，由署長指定組室主管或簡任級人員擔任，依指揮官指示擔任直轄市、縣（市）災害應變中心協調官，另指派協調員及資通訊人員若干名，擔任先遣小組專責人員，前往災害現場或受災地方政府災害應變中心，就近協調或聯繫相關事宜。

㈡訊息發布組：副指揮官兼任組長，置副組長一人，組員若干名，由秘書室公關科、災害管理組宣導科及組室人員擔任，負責媒體連繫新聞發布、網路社群資訊發布與回應、受理民眾網路報案陳情等事宜。

㈢參謀組：置組長一人，由災害管理組組長或簡任級人員擔任，組員若干名，由災害管理組及組室人員擔任，負責應變中心幕僚作業、工作會報議事管考、人力物資資源調度管理、功能性編組配合事項及資、通訊設備維護、災情查證彙整、督導地方消防系統執行災區疏散撤離、民眾遠離危險區域勸導等事宜。

㈣作業組：置組長一人，由組室主管或簡任級人員擔任，副組長一人，由科長以上人員擔任，組員若干名，由組室人員擔任，負責協助消防機關災害搶救應變事宜，調查統計受災直轄市、縣（市）請求支援內容及調度、聯繫提供支援直轄市、縣（市）人力、機具資料、新聞監看與更正、通報等事宜。

㈤後勤組：置組長一人，由秘書室科長以上人員擔任，組員若干名，由組室人員擔任，負責採購、餐飲、清潔維護等相關行政庶務等後勤事宜。

㈥安全組：置組長一人，由人事室、主計室、政風室、督察室等室科長以上人員擔任，組員若干名，由相關組室人員擔任，負責門禁管制、車輛管制、長官蒞臨時電梯控制及相關安全維護事宜。

二　本署緊急應變小組編組人員任務及執勤地點詳如下表：

編組別	小組別	職稱	任務	執勤地點	作業說明
指揮官			一、綜理全盤災害應變作業。 二、視災害應變實際情形調整全署編組人員任務。	應變中心	
	幕僚人員		一、統籌辦理指揮官交辦各作業事項回報及各級長官蒞臨時程及名單。 二、了解最新災情，並掌控各級長官行程、致詞稿辦理情形。 三、進駐應變中心幕僚參謀組，接獲部長級以上高階長官蒞臨之消息，立即報告指揮官、副指揮官，並通知參謀組、後勤組、安全組安排幕僚作業、電梯控制及接待事宜。 四、協助應變中心副指揮官輪值表之協調事宜。 五、其他臨時交辦事項。	3樓幕僚支援區	
副指揮官			一、協助並代理指揮官掌握應變作業執行情形。 二、督導應變中心副指揮官輪值班表之編排事宜，並負責相關協調事宜。 三、決定派遣直昇機進行勘災、載運救災救護人員赴災害現場事宜。 四、依指揮官指派前往災害現場協助災害處理工作。 五、統籌應變中心各功能編組運作情形。 六、應變中心工作會報召開時，報告災情監控組及搜索救援組簡報。 七、統籌訊息發布組全般任務。 八、兼內政部緊急應變小組幕僚長。	3樓首長決策室	
協調組	先遣小組專責人員	協調官	一、接獲通知後立即至現場評估災況及需求。 二、研判架設作業站之必要與場地，及確認後續成員派遣之必要。 三、依指揮官命令派駐災害現場，掌握全盤救災狀況、策略、需求與救災資源部署情況，適時傳回本署。 四、擔任災害現場及當地政府之聯絡窗口，隨時傳達中央因應對策及地方災情現況與需求。 五、必要時，參與災害現場及地方災害應變中心相關會議。 六、綜理本署先遣小組各項工作，指揮調度成員分工及輪替時間。 七、視狀況得指定先遣小組成員至災害現場其他地點蒐集災況。 八、必要時，代表本署對外發言 九、督導本署長官勘災行程安排事項。 十、其他交辦事宜。	災害現場或地方災害應變中心	奉派擔任縣市協調官時，每日定時填報及上傳協調官工作日誌報表。
			一、派駐災害現場，協助掌握救災狀況、策略、需求與救災資源部署情況，適時傳回本署。 二、協助聯繫災害現場及當地政府，隨時傳達中央因應對策及地方災情現況與需求。 三、必要時，參與災害現場及地方災害應變中心相關會議，或派駐地方災害應變中心。		

編組別	小組別	職稱	任務	執勤地點	作業說明
協調室	先遣小組專責人員	協調員	四、確認災害現場各單位聯繫窗口及管道。 五、協助架設現場作業站。 六、準備先遣小組所需相關文書作業表格及聯繫電話資料。 七、預擬本署災害現場新聞稿或協調官對外發言稿。 八、辦理本署長官勘災行程安排事項。 九、拍攝現場照片及影片，並依指示至災害現場其他地點蒐集災況。 十、彙集並繪製災害現場災況及救災資源部署示意圖。 十一、重要工作紀錄（大事紀）。 十二、每日定時上網填報並傳送協調官工作報告表（如附表1）。 十三、負責先遣小組餐飲、住宿、所需用品臨時採購及經費核銷等相關後勤事宜。 十四、其他交辦事宜。		
		資通訊人員	一、架設作業站，並建立電話、電腦、網路、影像傳輸設備等通訊方式，並確保聯繫通暢。 二、懸掛本署識別布條。 三、派駐災害現場，協助掌握救災狀況、策略、需求與救災資源部署情況，適時傳回本署。 四、協助聯繫災害現場及當地政府，隨時傳達中央因應對策及地方災情現況與需求。 五、必要時，參與災害現場及地方災害應變中心相關會議，或派駐地方災害應變中心。 六、拍攝現場照片及影片，並依指示至災害現場其他地點蒐集災況。 七、回傳現場照片及影片至本署。 八、辦理本署長官勘災行程安排事項。 九、通知、調度及指揮本署相關資通訊協力承商現場設備架設及運作事宜。 十、其他交辦事宜。		
訊息發布組	組長		由副指揮官兼任。 一、統籌訊息發布組全般任務。 二、掌握新聞媒體及網路社群輿情。		
	副組長		一、預擬中央災害應變中心工作會報指揮官裁示稿。 二、理民意代表關切事項之回報及後續辦理進度之管制。	3樓幕僚支援區	
	新聞小組	小組長	一、統籌新聞小組全般任務及配合應變中心新聞發布組運作辦理本署應辦事項。 二、隨時向擔任發言人之副署長報告及請示新聞公關、媒體聯繫相關事宜。 三、依新聞處理標準作業程序參與應變中心新聞發布組相關作業。 四、視災害應變實際情形調整編組人員任務。 五、統籌控管、追蹤新聞更正之後續等相關事宜。	3樓幕僚支援區	

編組別	小組別	職稱	任　務	執勤地點	作業說明
訊息發布組	新聞小組	組員	一、負責應變中心開設（撤除）時新聞發布室電視牆、麥克風、音響及視訊設備之開啓（關閉）。 二、配合應變中心新聞發布組作業，於每日工作會報後或依指揮官指示召開記者會前三十分完成執行新聞媒體採訪安排及協助新聞稿發布事宜。 三、隨時引導媒體收音、使用網路及傳眞機、協助控管媒體採訪區域、安排媒體用膳事宜。 四、安排本署SNG 車停放及架設事宜。 五、負責應變中心大樓1樓來訪記者換證、進出管制事宜。 六、控管、追蹤新聞更正之後續等相關事宜。 七、蒐集應變中心即時具體作爲或措施製作簡訊傳送媒體等相關事宜。 八、配合應變中心新聞處理作業及社群網路輿論，製作應變中心新聞稿（含作業組災情資料）、消防電子報公告文件，陳核後配合應變中心作業時間發布新聞及將電子報公布於本署入口網站。	3樓幕僚支援區	1.協助新聞稿審核上傳本署網站，供媒體記者下載。 2.記者會召開前三十分完成新聞媒體採訪安排及協助新聞稿發布等事宜。
		替代役	一、負責新聞發布室燈光、音響及視訊設備操作。 二、依組長指示執行傳令、攝影、協助影印及配合本組相關行政作業。 三、協助新聞發布室會場布置及記者接待事宜。	3樓幕僚支援區	
	社群小組	小組長	一、綜理社群小組業務。 二、負責記者會宣導事項擬定。 三、彙整輿情重點資料提供副指揮官參考。	3樓幕僚支援區	
		組員	一、災害期間應用各社群網站發布各項重要應變對策及即時防救災資訊。 二、遇有民衆網路陳情、查詢災情時，登載民衆陳情及災情查詢登錄表（如表3），並轉請相關部會及地方政府處置。 三、遇有媒體或民衆對災害狀況及應變作爲有誤解或疑義時，塡具相關表單（如表5），送應變中心指揮官（副指揮官）批示後，交相關部會處置回應或適時發布新聞稿，並予以編號控管。 四、瀏覽各社群網站，監看輿情，並針對災害輿論，適時回應或澄清政府應變作爲。 五、將核定後災情處置報告提供本署通報小組傳眞各級行政機關，和傳送至本署資通小組指定位址辦理本署及災害應變網站專區上網公布事宜。 六、定期（每三小時或必要時得隨時）提醒各部會上傳網站專區更新資料。 七、協助每小時管制催辦新聞監看相關部會處置情形。 八、依組長、小組長指示支援相關幕僚參謀工作。	3樓幕僚支援區	1.於社群網站發布各項重要應變對策及即時防災資訊。 2.回應社群網站災害輿論。 3.受理民衆網路報案陳情。

編組別	小組別	職稱	任　　務	執勤地點	作業說明
參謀組	組長		一、統籌參謀組全般任務並配合應變中心幕僚參謀組運作辦理本署應辦事項。 二、統籌應變中心網路資訊組運作事項。 三、統籌應變中心災情監控組全般任務，並視災情查證需要，得主動提出請經濟部、交通部、衛生福利部、警政署、營建署等派員進駐協同作業，需進駐部會及其人數陳送應變中心指揮官批示後，送相關部會派員進駐，並交付人員工作任務。 四、統籌掌握、追蹤及督導各縣市災害應變中心疏散撤離命令之發布情形及疏散撤離執行狀況。 五、視災害應變實際情形調整編組人員任務。 六、綜辦長官席之座次安排，以及災情、應變作為大事紀等桌面資料整理及即時更新。	3樓首長決策室	
	幕僚小組	小組長	一、負責災害應變幕僚作業並配合應變中心幕僚參謀組運作辦理本署應辦事項並擔任本署代表出席幕僚參謀組會議。 二、依組長指派負責專案災情控管、彙整報告事宜。 三、分派組員隨時監看應變中心應變管理資訊系統各部會災情資料、新聞輿情處置、網路輿情處置、指揮官或重要事項交辦列管上網及其他相關資料塡報情形，對於尚未完成之部會應主動提醒、引導並立即回報。 四、統籌應變中心各功能編組協調聯繫工作推動及配合災情查證需要，分配指派各組員負責聯絡之部會，要求渠等隨時提醒相關部會處置回報「災情通報表」，並檢核各組員是否依規定完成蒐集各部會資料及相關協調聯繫事宜，部會回報災情或查證結果並列入追蹤管制，送回災情小組比對彙整。 五、統籌各部會「風災震災火災爆炸災害災情通報塡報規定」統計資料之塡報及更新作業。 六、督導組員於工作會報前三十分確認各功能編組簡報資料檔案；並協助傳眞工作會報會議紀錄資料予各直轄市、縣（市）政府。 七、指揮調度組員擔任應變中心功能性編組聯絡人員，並協調、管制、彙整各功能編組應變處置、開會情形。 八、針對長官交辦重要列管案件律定專人追蹤、列管全案辦理情形，並報告組長及蒐整完備資料供長官查閱。 九、對於部會提出之請求協助部分，指定專人追蹤、聯繫、列管辦理情形並報告組長及彙整相關資料成冊備查。 十、部會啓動功能分組時，指派專人參與會議，並將會議結論報告組長。 十一、配合應變中心境外救援組運作辦理本署應辦事項。	3樓首長決策室	

編組別	小組別	職稱	任務	執勤地點	作業說明
			十二、配合應變中心情資研判組運作辦理本署應辦事項。 十三、承組長之命指揮調度組員支援相關參謀工作。		
參謀室	幕僚小組	組員	一、負責應變中心開設前（撤除後）應勤文具、物資、背心之準備（回收）及應變中心電視牆投影、燈光、音響、會議室影音麥克風設備之開啓（關閉）。 二、預擬本部次長輪值表草案與本部次長辦公室確認行程後，送交應變中心幕僚參謀組（行政院災害防救辦公室人員）編製應變中心副指揮官輪值表（如表2）。 三、依指示負責派遣協調官進駐地方災害應變中心之排表、通知、連繫、應勤裝備等事宜，並聯繫擔任地方政府協調官（員）每日定時上網應變管理資訊系統填報協調官工作報告表，下載後陳核幕僚小組小組長、參謀組組長及副指揮官，批閱後專卷存查並影送指揮官幕僚人員一份。 四、配合應變中心後勤組運作辦理本署應辦事項。 五、負責有高階長官蒞臨應變中心或主持工作會報時，於工作會報前三十分完成簡訊及電話通報組長以上幹部、備妥部長以上高階長官蒞臨所需之背心及胸牌、完成會議程序掌控及各單位資料投影、控制會議設備及彙整報告表並陳核後專卷存查列管改善情形。 六、定期（每三小時或必要時得隨時）確認各部會上傳網站專區資料，彙整時發現部會未上傳更新資料，通報部會小組催辦相關部會。 七、負責將作業組新聞監看剪輯上傳之檔案，每小時檢視更新投影於電視牆上，並每小時管制催辦相關部會處置回報。 八、配合應變中心境外救援組、情資研判組運作辦理本署應辦事項。 九、遇有接獲民眾陳情、查詢災情時，登載民眾陳情電話紀錄登錄表（如表3），並轉請相關部會及地方政府處置。 十、協助協調各部會提供業管之即時災情資訊並公布於電視牆上。 十一、應變中心撤除時，通知本部輪值副指揮官。 十二、辦理應變中心指示重要事項之交辦事宜，並製作重要事項交辦單（如表4），分送各功能編組（部會）採行應變處置及管制。 十三、應變中心幕僚作業涉及本署應辦事項相關公文、傳真通報撰擬簽辦，予以編號列管。	3樓幕僚支援區	1.依指示填報重要事項交辦單（如表4）分送各功能編組（部會）辦理，並列管辦理情形。 2.運用應變管理資訊系統上傳通報。 3.協調官工作日誌回報下載並簽陳彙整成冊。 4.將重大災害新聞剪輯片段下載後投影於電視牆上。 5.繕打新聞稿並簽陳後上傳至本署及災害應變網站專區。 6.查核部會應變處置報告填報情形。 7.提醒部會填報工作會報紀錄列管事項。 8.協助部會將工作會報報告簡報上傳至應變管理資訊系統之檔案上傳專區。 9.列管追蹤部會列管事項辦理情形。

編組別	小組別	職稱	任務	執勤地點	作業說明
參謀室	幕僚小組	組員	十四、蒐集本署各編組應變處置相關資料。 十五、依組長或小組長分派隨時監看應變中心應變管理資訊系統各部會災情資料、指揮官或重要事項交辦列管上網及其他相關資料填報情形，對於尚未完成之部會應主動提醒、引導並立即回報組長、小組長。 十六、依小組長指示對應相關功能編組運作辦理本署應辦事宜，並向主管部會蒐集協調會議紀錄及相關會議資料後送交組長彙整。另擔任各進駐部會聯繫窗口，傳遞相關資料。 十七、於工作會報前三十分確認各功能編組簡報資料檔案；並傳眞工作會報會議紀錄資料予各直轄市、縣（市）政府。 十八、負責每小時檢視、督促各部會填報「風災震災火災爆炸災害災情通報填報規定」統計資料更新作業。 十九、配合災情查證需要，從應變管理資訊系統查核列管業管部會（依小組長分配）回報災情並列入追蹤管制，並蒐集部會回報之災情資料，送災情小組彙整。 二十、彙整應變中心災情監控組及搜索救援組提供災情相關資料製作應變中心災情監控組及搜索救援組簡報。 二一、定時彙整各部會及應變中心災情監控組和搜索救援組提供相關災情資料製作災害應變處置報告，與各業管部會提供之災情資料比對。 二二、依組長、小組長指示支援相關幕僚參謀工作。		
		人事組員	一、負責本署進駐人員簽到退作業之引導、管制，每日十時前完成製作「內政部消防署緊急應變小組編組成員一覽表」（VISIO檔案如表6格式），陳核參謀組組長、副指揮官後分送小組長以上幹部。 二、引導各部會進駐人員完成簽到退作業。 三、遇有縮編情形時，於縮編後一小時內完成聯繫各編組組長後製作縮編編組成員表，陳核參謀組組長、副指揮官後分送小組長以上幹部。 四、依組長、小組長指示支援相關幕僚參謀工作。	3樓幕僚支援區	1.查詢簽到退簿冊，提醒未簽到人員簽到。 2.列印座次表。 3.繕打編組成員表並簽陳後分送小組長以上幹部。
	文書小組	小組長	一、統籌文書資源小組業務推動。 二、配合應變中心工作會報之召開，統籌長官席之座次安排，以及災情、應變作爲大事紀等桌面資料整理及即時更新，並填具檢核表（表7）。 三、配合應變中心管考追蹤組及行政組運作辦理本署應辦事項。 四、承組長之命指揮調度組員支援相關參謀工作。	3樓首長決策室	1.督導工作會報紀錄上網、列管。 2.大事紀、新聞剪輯列管及追蹤查證進度。

編組別	小組別	職稱	任務	執勤地點	作業說明
參謀室	文書小組	組員	一、於工作會報前二十分完成協助應變中心長官席資料整理及即時更新。 二、負責應變中心工作會報結束後一小時內完成會議紀錄撰擬、陳核並運用應變管理資訊系統登錄上網。 三、上網列印氣象局颱風動態、降雨量圖文資料，並影送首長決策室長官席及本署緊急應變小組指揮官、副指揮官。工作會報後將會報書面資料（含長官席及部會報告簡報等資料）彙整成專卷，於應變中心撤除後，交幕僚小組組員歸類備查。 四、就指揮官指示及新聞監看交辦列管事項各部會辦理情形相關資料進行彙整及追蹤協調事宜，並配合應變中心管考追蹤組運作擬具管考建議登載於應變管理資訊系統。 五、應隨時更新製作應變中心運作紀錄時序表。 六、遇有民眾網路陳情、查詢災情時，登載民眾陳情及災情查詢登錄表（如表3），並轉請相關部會處置。 七、依組長、小組長指示支援相關幕僚參謀工作。	3樓首長決策室	1.繕打工作會報紀錄並簽陳後上傳至應變管理資訊系統。 2.列管、追蹤工作會報紀錄涉及各部會辦理事項之辦理情形。
	資通小組	小組長	一、統籌應變中心各項資通訊設備操作及維護事項。 二、指派人員二十四小時於應變中心待命處理臨時資、通訊設備故障排除。 三、工作會報前三十分完成各項資、通訊設備功能檢測。 四、配合應變中心網路資訊組運作，辦理防災、應變資訊普及公開與災害應變專屬網頁之資料更新及維護事宜。	3樓指揮作業室	
		組員	一、負責維持視訊、資訊設備及有線、無線、衛星等通訊設備保持正常運作。 二、協助應變中心電腦及通訊設備操作。 三、聯繫電腦設備、通訊設備及應變中心作業系統維護廠商進駐首長決策室，負責資、通訊系統設備維護及故障排除。 四、配合應變中心網路資訊組運作，協助辦理防災、應變資訊普及公開與災害應變專屬網頁之資料更新及維護等下列相關事宜： ㈠成立颱風／地震網頁專區：於應變中心二級以上開設後，立即成立災害應變專屬網站，並於本署首頁進行超連結。 ㈡網頁專區更新：會同本署網頁進駐承商，於每次工作會報結束後，於應變管理資訊系統系統中取得各部會須上網資料進行網頁內容更新。 ㈢部會上傳通告與催辦： 1.先行製作資料上傳至應變管理資訊系統簡易說明（含網站專區更新資料儲存位址及路徑等），每日發放各進駐部會提醒定期更新資料。	3樓指揮作業室	負責新聞稿及應變處置報告審核上網公布於本署及災防會網站。

編組別	小組別	職稱	任務	執勤地點	作業說明
參謀室	資通小組	組員	2.於每次工作會報或記者說明會結束後會場以廣播通知部會上傳更新之資料並視需要進行催辦。 ㈣應變處置報告上網：每日將新發布之應變處置報告，分別登載於本署全球資訊網最新消息及網頁專區中。 ㈤確保資訊系統正常：負責應變中心電腦、網路、電子郵件及伺服器等正常運作。 ㈥民間資訊人力協調：與NGO／NPO相關資訊作業協調事宜。 ㈦應變管理資訊系統系統管理：協助各部會進駐人員應變管理資訊系統帳號開通與協助操作。		
	災情小組	小組長	一、統籌直轄市、縣（市）災情彙整、災情查證監控任務推動，掌控直轄市、縣（市）災害應變中心開設、出動救災人力、機具及災情統計。 二、指揮組員每小時更新資料，每三小時更新一次提供幕僚小組災情相關資料製作災情處置報告。 三、指揮組員遇重大災情案件時，即時提供指揮官及各編組組長災情相關資料，以達資訊共有共享。 四、督導組員掌握直轄市、縣（市）重大災害危險區域劃設情形及執行民眾遠離危險區域勸導等事宜。 五、督導組員將災情相關資料儘可能轉為簡報檔交幕僚小組彙整製作災情監控組及搜索救援組簡報。	3樓災情監控組	1.督導災情彙整管制。 2.統籌災情統計。 3.督導災情查證。
		組員	一、依分配區域隨時調查直轄市、縣（市）災害應變中心開設統計調查彙整、劃定危險警戒區域範圍調查、出動救災人力、機具、災情查報統計及相關應變作為等相關資料，將所查災情填於表8交災情彙整員彙整。 二、依分配隨時向各部會蒐集相關災情及最新統計資料，並隨時提醒相關部會查證處置回報。 三、掌握直轄市、縣（市）重大災害危險區域劃設情形及執行民眾遠離危險區域勸導等事宜。 四、彙整各部會及直轄市、縣（市）災情統計資料後製作「災情通報表」（表8），並與縣市災情相互比對確認後，將電子檔送交幕僚小組協助播放於首長決策室電視牆上。 五、依組長、小組長指示支援相關工作。	3樓災情監控組	1.災情管制。 2.災情統計。 3.災情查證。 4.核對災情並製作災情通報表。
		災情彙整員	一、彙整直轄市、縣（市）災情資料，每三小時提供幕僚小組災情相關資料製作災害處置報告（範例如表9）。 二、將災情相關資料儘可能轉為簡報檔交幕僚小組彙整製作應變中心災情監控組及搜索救援組簡報。 三、依組長、小組長指示支援相關工作。	3樓災情監控組	1.災情彙整統計。 2.災情核對。

編組別	小組別	職稱	任　　務	執勤地點	作業說明
參謀室		替代役	一、協助操作應變中心電視視訊牆、燈光及音響控制。 二、協助應變中心開設期間簽核公文、通報及相關文書檔案之建檔整理。 三、協助接收、傳遞應變中心傳真資料並分送各部會。 四、配合應變中心情資研判組運，協助災情空間圖資作業，依科技中心教育訓練模式將災情監控組彙整之災情補足圖資化所需位址資料，提交科技中心查核後辦理災情圖資化作業。 五、依組長、小組長指示執行傳令、協助影印及配合本組相關行政作業。 六、協助本署及各部會進駐人員簽到簿冊管理。	3樓指揮作業室	
作業組	組長		一、統籌作業組全盤任務。 二、統籌協助各消防機關執行災害搶救應變事宜。 三、統籌搜索救援組全盤任務，負責縣市請求支援及調度、聯繫提供支援直轄市、縣（市）人力、機具等相關事宜。 四、視災害應變實際情形調整編組人員任務；如災害狀況趨緩時，本署緊急應變小組實施縮小編制，應調派同組人員協助處理早晚報剪報事宜。 五、應變中心工作會報召開時，若參謀組組長無法報告時，代理報告應變中心災情監控組及搜索救援組簡報。	3樓災情監控組	督導新聞監看剪輯檔案上傳至應變管理資訊系統。
	副組長		襄助組長統籌作業組全盤任務。	3樓災情監控組	督導新聞監看剪輯檔案上傳至防救災資訊系統。
	新聞監看小組	小組長	一、指揮調度組員執行新聞監看作業，發現需查證之災情新聞報導時，立即錄製成影像檔上傳至應變管理資訊系統，並填具相關表單（如表10、表11、表12【涉及本署新聞更正部分】）予以編號控管。 二、負責管控所有組員紀錄之災情案件，並予編號列管及彙整送災情小組查證。 三、負責管控通報小組送回之「新聞媒體監看處理表」，並於應變中心撤除後，彙整相關資料送交幕僚小組存查。	3樓災情監控組	督導所屬執行新聞監看、剪輯檔案上傳至應變管理資訊系統及彙整總表製作。
		組員	一、依組長、小組長分配執行新聞監看作業，一旦發現需查證之災情新聞報導時，立即錄製成影像檔後上傳應變管理資訊系統網站，並填具相關表單（如附表10、表12【涉及本署新聞更正部分】）予以編號控管。 二、於應變中心二級以上開設且本署緊急應變小組啟動時，負責早晚報剪報事宜。 三、依組長、小組長指示支援相關事項。	3樓災情監控組	1.新聞監看填報。 2.新聞剪輯檔案上傳至應變管理資訊系統。

編組別	小組別	職稱	任務	執勤地點	作業說明
作業組		新聞彙整員	一、負責將查證情形及後續追蹤管制結果詳實記錄並控管。 二、每二小時彙整資料一次（如附表11），如有特殊情形則隨時調整彙整時間。 三、依組長、小組長指示支援相關事項。	3樓災情監控組	1.新聞監看。 2.新聞剪輯檔案上傳至應變管理資訊系統。 3.製作新聞監看彙整總表。
	通報小組	小組長	一、負責將核定後之即時災情報告傳眞部、院、府等上級機關，並影送首長決策室各部會進駐單位。 二、負責將核定後之通報依收文單位傳眞發送，並塡具檢核表（如表13）。 三、協同組員負責持「新聞媒體監看處理表」送指揮官批示，並於批示後影送相關部會簽收處置，正本送新聞監看小組長，另影送五份送相關單位（指揮官、副指揮官各一份、作業組一份、參謀組二份），同時將部會處置完成經指揮官批示之回復表送回作業組（新聞監看小組）彙整。	3樓災情監控組	督導執行群組傳眞Hifax。
		組員	一、負責將彙整災情陳請指揮官核閱後，傳眞部、院、府等上級機關，並影送應變中心各進駐單位。 二、負責將奉核定後之通報依收文單位傳眞發送，並塡具檢核表（如表13）。 三、負責持「新聞媒體監看處理表」送指揮官批示，並於批示後影送相關部會簽收處置，正本送新聞監看小組長，另影送五份送相關單位（指揮官、副指揮官各一份、作業組一份、參謀組二份），同時將部會處置完成經指揮官批示之回復表送回作業組（新聞監看小組）彙整。	3樓災情監控組	執行群組傳眞Hifax。
	搜救小組	小組長〈執勤官〉	一、指揮小組成員執行救災救護案件之受理、查證、調度、通報及聯繫事宜。 二、各消防機關救災情況之瞭解及協助處理事宜。 三、當日各種執勤紀錄、報表及救災申請支援之初審。 四、各執勤人員勤務之分配並督導各相關搜救單位執行搜救任務。 五、提供應變中心搜索救援組相關資料，交由參謀組彙整製作簡報。 六、臨時交辦事項。	3樓指揮中心執勤室	1.督導人命傷亡統計。 2.督導塡報人命搜索救援統計表。
		執勤員	一、擔任專責輪値接聽本署電話，執行救災救護案件之受理、查證、調度、通報、聯繫及記錄事宜。 二、查詢及彙整直轄市、縣（市）一般案件災情資料。 三、重大災情，報告小組長、組長，依指示製發簡訊或災害通報告單傳眞各級長官。 四、執行受災縣市所提出支援需求，協調、聯繫及記錄直轄市、縣（市）相互調度支援救災事宜。 五、受理直昇機申請及聯絡事宜。	3樓指揮中心執勤室	1.新聞監看。 2.人命傷亡統計。 3.製作人命搜索救援統計表。

編組別	小組別	職稱	任務	執勤地點	作業說明
			六、臨時交辦事項。 七、依組長、執勤官指示支援相關工作。		
作業組	調度小組	小組長	一、統籌負責調查彙整統計縣市出動救災人力、機具、請求支援內容及調度、聯繫提供支援縣市人力、機具資料等相關事宜。 二、督導組員製作提供支援縣市機具報到一覽表（如表14）及接受支援縣市機具報到一覽表（如表15）。	3樓指揮中心	
		組員	一、負責調查彙整統計縣市出動救災人力、機具、請求支援內容及調度、聯繫提供支援縣市人力、機具資料等相關事宜。 二、製作提供支援縣市機具報到一覽表（如表14）及接受支援縣市機具報到一覽表（如表15）。	3樓指揮中心	
		替代役	一、協助彙整統計受災縣市請求支援內容及調度、聯繫提供支援縣市人力、機具資料等相關事宜。 二、依組長、組員指示事項辦理相關事宜。		
後勤組		組長	一、統籌後勤組任務並隨時檢視應變中心各作業空間清潔維護、資通訊設備系統運作、傳眞機、影印機碳粉、紙張是否充足等事務工作並填具檢核表（如表16）。 二、視災害應變實際情形調整編組人員任務。 三、府、院、部高階長官蒞臨時，配合安全組需求指派組員支援安全維護管制工作。	3樓幕僚支援區	
		組員	一、負責應變中心指揮官室、貴賓室、內政部緊急應變室、主任委員室、副主任委員室、執行長室、副執行長室、首長決策室長官席、男女備勤室寢具換洗、廁所清潔管理等環境清潔整理、寢具換洗、日常用品及文具補充、茶水間茶水、紙杯、茶包、咖啡、垃圾袋及備用杯水等物品補充供應。影印室、會議室、支援室之影印機、印表機、傳眞機空白紙張補給及碳粉（墨水）匣汰換及各式通訊及電器機具之維護與耗材補充，並每二小時查巡一次以上。 二、負責應變中心用電、空調、電燈、有線電視訊、發電機等維護換（洽）修事宜。 三、負責應變中心引導停車事項。 四、負責應變中心成立期間早、午、晚餐及宵夜餐飲數量統計、訂購及分發。 五、依組長指示支援後勤工作。	3樓幕僚支援區	
			一、擔任緊急公務接送（司機）。 二、未開車時協助各部會長官駕駛之便當需求調查、分發及應變中心環境清潔	3樓幕僚支援區	

編組別	小組別	職稱	任務	執勤地點	作業說明
後勤組		駕駛	等事宜。 三、協助應變中心成立期間早、午、晚餐及宵夜餐飲分發。 四、依組長指示支援後勤工作。		
		替代役	一、協助後勤組環境清理、物資補給、接待服務等相關行政庶務工作。 二、協助應變中心成立期間早、午、晚餐及宵夜餐飲分發。 三、依組長指示執行傳令及協助支援後勤庶務事項。	3樓幕僚支援區	
安全組		組長	一、統籌安全組任務。 二、視災害應變實際情形調整編組人員任務。 三、長官未蒞臨時，配合後勤組需要指派組員協助餐點發送事宜。	3樓幕僚支援區	
		組員	一、負責廳舍安全維護事項，於應變中心成立後每二小時查巡一次應變中心作業場所週遭安全。 二、於工作會報前二十分完成總統、院長等長官蒞臨時，配合隨扈及警衛人員執行安全維護事宜。 三、於工作會報前二十分完成府、院高階長官或部會首長蒞臨、離開應變中心時協助電梯控制。 四、依指示協助1樓門禁管制及車輛進出管制。	3樓幕僚支援區	
		替代役	一、協助電梯控制、門禁車輛管制相關事宜。 二、依組長指示執行傳令及協助支援安全維護事項。	3樓幕僚支援區	

三　本署緊急應變小組編組架構圖如下：

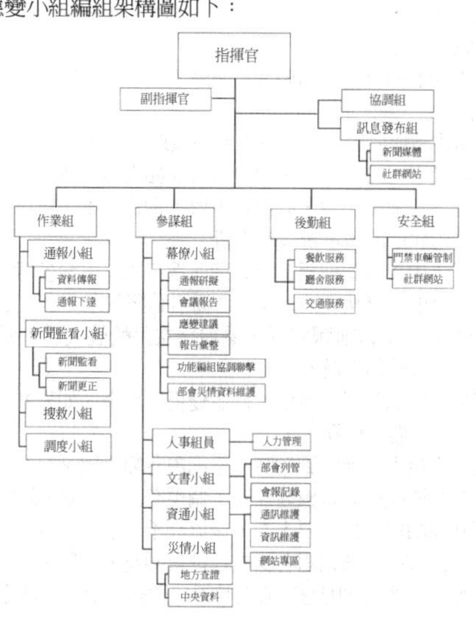

肆　執勤及編組人員作業方式：

一　地震發生且有地震測報地點震度超過六級，或重大災害造成通訊中斷時，緊急應變小組各當月輪值第一梯次待命人員應不待通知，立即返署展開作業。

二　本署緊急應變小組第一梯次進駐人員接獲進駐通知後，各編組組員應立即主動向所屬編組小組長回報進駐情形，小組長掌握該小組成員進駐情形後應即刻回報所屬編組組長；除因居住地點或其他不可抗力等因素確實無法於規定時間內返署作業外，進駐人員應暫停私人事務或活動，並於六十分鐘內返署，前往各執勤地點向直屬任務編組組長、小組長報到，依「內政部消防署緊急應變小組編組任務表」執行任務，各任務編組組長、小組長得視實際情形另行統籌分配該組成員任務。

三　本署緊急應變小組成立後，其輪替方式除指揮官另有指示外，接班人員應於輪值當日上午九時完成簽到進駐，交班人員於交接完成後始能簽退，交接班期間各編組應共同執行應變工作，組長並應將前日工作情形及待辦事項詳塡於交接報告表（如表17），附上相關作業表單交付接班之編組組長確認，並於本署緊急應變小組任務解除後交由災害管理組彙辦；另指揮官得視需要召集各編組組長定期或臨時召開工作會議。

四　有關本署緊急應變小組開設層級、編組人力、輪值梯次及任務職掌，得因應各種災害類別、災害規模大小需求或院、部上級機關（長官）特殊要求等因素，經署長指示或由災害管理組簽奉署長核定後予以適當調整。

五　本署緊急應變小組成立運作期間，後勤組、安全組於夜間二十二時至翌日早上六時（安全組至七時）期間，在不影響應變中心勤務運作之情況下，其編組組長得視情形調整非必要作業人員暫時退勤休息。

六　應變中心二級以上開設且本署緊急應變小組啓動時，原排定參與平時每日應變運作機制輪值人員暫停勤務，俟應變中心撤除時，恢復進駐執行勤務。

伍　勤務變更、代理制度規定：

一　本署緊急應變小組輪值人員有下列原因之一無法值勤者，得免參與輪值編排：

㈠懷孕及生產。

㈡因公受訓、出國、公假、事假、病假、休假、婚假等時程長達兩週以上者。

㈢次月將離職、退休人員。

㈣身體狀況不佳並領有重大傷病卡、殘障手冊，致服勤困難者（原則每次免輪值以一年爲限）。

㈤其他重大事由致服勤困難者（每次免輪值以一年爲限）。

二　申請免參加輪值者，須塡具免輪值申請表（如表19）及檢附佐證文件，奉署長核可後，當月二十日前提出者，於次月生效；當月二十一日後提出者，於再次月生效；每次免輪值屆期前須重新檢討申請。

三　申請免輪值者，由災害管理組於年底造冊送各組室主管參考，且於中央災害應變中心開設時，得依實際狀況納入支援各編組勤務運作。

四　新進同仁於當月二十日前報到者，納編爲次月輪值人員；當月二十一日後報到者，納編爲再次月輪值人員。

五　輪值人員因故無法值勤者，應塡具輪值變更申請表（如表20）經核准後送人事小組彙辦，否則不得變更勤務。

六　各編組之輪值人員因故無法到勤時，原則由各編組組長自行調整組內人員工作職掌、輪替週期共同執行該組應變任務；倘現有人力不足以因應，則由該編組組長視情形協調其他編組支援必要人力，倘協調不成則請示副指揮官（副署長或主任秘書）決定，抑或提高該編組各梯次進駐員額及輪值頻率（原三天輪值一次得變更爲二天輪值一次）以爲因應，必要時得口頭請示指揮官裁定後執行。

七　災害狀況趨緩時，參謀組得視情況研提本署緊急應變小組縮小編制方案，經報請指揮官同意後，再由參謀組通報各編組組長據以實施縮小編制。另縮編留守人員，需依各編組組長、小組長指示，分擔執行縮編退勤人員任務。

八　替代役原則免參與輪值，惟各組組長、小組長得視需求，經副指揮官同意後通知替代役參與輪值。

九　爲配合內政部主管災害中央災害應變中心前進協調所開設作業，如經中央災害應變中心指揮官同意成立中央災害應變中心前進協調所時，協調組成員即轉換爲前進協調所進駐人員之搜索救援組、支援調度組、幕僚參謀組、行政庶務組及網路資訊組，並聽從前進協調所總協調官指派，執行相關工作。

十　執勤人員需奉派進駐非開設於本署之應變中心或本部前進協調所時，得由參謀組指定其他執勤人員代理。

十一　爲利本署緊急應變小組運作，經簽奉署長核准免參與輪值人員，於應變小組作業期間上班時段，得依實際狀況納入支援各編組勤務運作。

陸　動員測試規定：爲落實緊急動員規定，以符任務之需要，應不定期依下列狀況進行動員測試：

一　假設發生災害事故，需要編組成立本署緊急應變小組處置時，以電話聯繫或簡訊通報：

㈠「測試－消防署緊急應變小組進駐測試：請本月編組人員收訊後立即回電救災救護指揮中心。」當月編組人員應於十分鐘內，以電話回復救災救護指揮中心。

㈡「測試－消防署緊急應變小組進駐測試：請本月編組人員立即進駐應變中心」：本署緊急應變小組當月編組人員應於六十分鐘內進駐應變中心。

二　受測試人員報到時間由災害管理組依報到順序登記於「動員測試報到紀錄表」（如表18）。

柒　講習訓練規定：

一　本署相關業務單位應每年定期或不定期辦理緊急應變作業人員講習訓練，俾以加強署內同仁對相關應變作業應有觀念及態度，並熟稔其工作職掌詳細內容。原則上每年防汛期前至少應辦理一次講習訓練。

二　辦理講習訓練時，除新進人員或未曾參訓人員爲必要講習對象外，其餘全署同仁原則均應參加，必要時亦得邀請各部會或直轄市、縣（市）災害應變相關作業（或業務）人員共同參與。

三　講習訓練內容應包括災害防救體系簡介、災害防救法規制度說明、緊急應變小組任務分工、作業流程、應變作業相關軟硬體系統、設備操作要領及其他執勤人員應勤注意事項。除一般授課流程外，爲強化講習訓練效果，得視需要增加學員輪流上台報告、相互研討等其他多元化課程方式進行。

四　授課講師除遴選署內經驗豐富之相關業務人員擔任外，亦得視需要聘請國內外專家學者擔任講師，並得由本署依規定支給講習期間必要之鐘點費、交通費及其他相關費用。

捌　獎懲規定：

一　執行本案出力及有功人員由災害管理組簽報敘獎，並列爲平時考核、年終考核及升遷評量重要參考依據。

二　緊急應變小組進駐人員接獲進駐通知未依規定時間完成進駐，且未依上述規定辦理勤務變更者，得由督察室依情節輕重簽報懲處；其他未依本規定執勤者，得由督察室查明事實後依情節輕重簽報懲處。

各級政府執行因災形成孤島地區疏散撤離及收容安置標準作業流程

①民國101年1月31日內政部函訂定發布全文4點。
②民國109年4月16日內政部函修正發布全文4點；並自即日起生效。

爲因應地震、土石流、淹水及風災等各種災害發生造成對外交通及聯繫中斷而形成孤島地區之災害防救事宜，特訂定本作業流程，相關流程圖及權責分工表如附件一及附件二。

壹　平時整備階段

一　評估易成孤島可能發生地區及掌握保全住戶

(一)地方政府研析轄內及依據交通部訂定所轄因道路橋梁中斷可能形成孤島之高危險潛勢地區，辦理防災整備工作，建置可能遭受影響之聚落名稱及人數資料，協助傷病患、老人、外來人口、嬰幼兒、孕（產）婦、身心障礙者及維生器具使用者等弱勢族群（以下簡稱弱勢族群）與保全住戶進行安全地點疏散避難。

(二)地方政府研析轄內及依據行政院農業委員會（以下簡稱農委會）公開之土石流災害潛勢資料而可能形成孤島之高危險潛勢地區，辦理防災整備工作，建置可能遭受影響之聚落名稱及人數資料，協助弱勢族群與保全住戶進行安全地點疏散避難。

(三)地方政府研析轄內及依據經濟部訂定因淹水可能形成孤島之高危險潛勢地區，辦理防災整備工作，建置可能遭受影響之聚落名稱及人數資料，協助弱勢族群與保全住戶進行安全地點疏散避難。

(四)地方政府研析轄內及依據內政部訂定因風災可能形成孤島之高危險潛勢地區，辦理防災整備工作，建置可能遭受影響之聚落名稱及人數資料，協助弱勢族群與保全住戶進行安全地點疏散避難。

(五)交通部、經濟部、農委會及內政部督促地方政府研析對有可能發生道路橋梁中斷、淹水、土石流及風災而形成孤島之高危險潛勢地區，訂定疏散撤離相關作業規定。

二　檢視災害疏散撤離計畫及落實演練

(一)農委會適時檢視並修正易形成孤島地區之土石流警戒標準及疏散撤離啓動建議等，並本權責協助地方政府規劃疏散撤離路線、避難收容處所及建置保全住戶清冊等相關資料。

(二)經濟部適時檢視並修正易形成孤島地區之淹水警戒標準及疏散撤離啓動建議等，並本權責協助地方政府規劃疏散撤離路線、避難收容處所及建置保全住戶清冊等相關資料。

(三)內政部適時檢視並修正易形成孤島地區之風災警戒標準及疏散撤離啓動建議等，並本權責協助地方政府規劃疏散撤離路線、避難收容處所及建置保全住戶清冊等相關資料。

(四)地方政府適時檢視及修正易形成孤島地區之相關疏散撤離計畫（含：警戒區及應疏散撤離村里範圍劃定、弱勢族群及預防性疏散撤離名冊、避難疏散路線、收容場所地點、交通工具聯絡窗口、下達疏散撤離命令並通知應疏散撤離民衆、執行人員回報疏散撤離情形及通知民衆返家方式等）及於辦理各項災害防救演練時，將疏散撤離項目納入演練，同時將弱勢族群之需求納入考量（如無障礙交通工具、疏散撤離訊息發布之多元管道等），俾使民眾了解避難疏散路線、方式及收容場所位置。

㈤各相關部會應本權責督導及協助地方政府落實辦理疏散撤離演習，同時將弱勢族群之需求納入規劃，並將避難疏散整備作業、災民臨時收容、疏散撤離作業、土石流防治整備及原住民族地區之防災整備等確實納入行政院頒訂年度災害防救演習及災害防救業務訪評評核項目。

三　規劃收容場所及整備民生物資以安置災民

㈠衛生福利部、內政部督導及協助地方政府調查及建置避難收容處所資料，並評估收容數量是否足夠。如有不敷使用者，地方政府應主動規劃，予以因應，並考量弱勢族群、多元性別及特殊需求者於避難收容處所之空間、物資及設施等需求。

㈡國防部規劃營區，供作地方政府避難收容處所使用。

㈢經濟部、農委會、衛生福利部及內政部針對可能遭致淹水、土石流或風災影響之避難收容處所，協助地方政府進行安全性評估。

㈣衛生福利部督導及協助地方政府建立志工動員機制。

㈤各地方政府加強宣導，提醒民眾依所訂危險區域（村里、部落）因應天然災害緊急救濟物資儲存作業相關規定，儲備十四日災糧。

四　測試防救災資通訊系統以保持通訊聯繫暢通

㈠內政部（消防署）持續辦理防救災資通訊系統維運考評，並定期測試應變管理資訊雲端服務（EMIC）及防救災通訊系統，以確保系統正常運作。

㈡地方政府訂定自主測試計畫，並依計畫辦理應變管理資訊雲端服務（EMIC）及防救災通訊系統定期測試及訓練，以保持通訊聯繫暢通。

貳　災前整備階段

一　針對易成孤島之高危險潛勢區域預置搶修（險）人力及機具

㈠交通部及地方政府針對易發生道路橋梁中斷處所，預佈搶修（險）機具。

㈡經濟部及地方政府針對易發生淹水潛勢區域，預佈抽水機、防汛塊及太空包等。

㈢國防部針對易成孤島之高危險潛勢區域，於海上陸上颱風警報或大豪雨特報發布後，預先部署國軍救災人力及機具。

二　監控易成孤島地區之災害狀況

㈠交通部及地方政府監控所轄因道路橋梁中斷或因封橋封路易成孤島之高危險潛勢地區災害狀況，適時建議地方政府執行預防性疏散撤離，供各級指揮官災害應變處置。

㈡農委會及地方政府監控因土石流災害易成孤島之高危險潛勢地區災害狀況，適時建議地方政府執行預防性疏散撤離，供各級指揮官災害應變處置。

㈢經濟部及地方政府監控因淹水易成孤島聚落之高危險潛勢地區災害狀況，適時建議地方政府執行預防性疏散撤離，供各級指揮官災害應變處置。

三　預防性疏散撤離指令之下達及執行

㈠於各種災害發生或有發生之虞，造成道路橋梁中斷或因封橋封路形成孤島之高危險潛勢地區狀況時，地方政府應主動或參考中央災害應變中心或中央災害防救業務主管機關警戒資訊或建議，及現地情勢，研判預防性疏散撤離下達決策，劃定警戒區及掌握應疏散撤離對象，並執行後續作爲。

㈡地方政府針對警戒區及應疏散撤離對象，即發布疏散撤離指令，協調交通工具、數量及疏散時間，執行預防性疏散撤離工作，並針對弱勢族群及其需求，運用多元訊息發布方式、規劃適當交通工具，優先執行疏散撤離。

㈢警政、消防及民政單位，動員所屬，並結合國軍及民間志工團隊，進行緊急疏散撤離通報，並配合交通單位或開口契約廠商所提供之運輸車輛，依照地方政府規劃之疏散時間、路線及地點，執行預防性疏散撤離工作。

㈣地方政府透過電視、廣播媒體、網路等多元管道及方式迅速傳遞災害預警訊息，並由行政院新聞傳播處協助各中央災害防救業務主管機關發布災害預警訊息。

㈤原住民族委員會（以下簡稱原民會）協助將警戒區及預防性疏散撤離訊息傳遞至原住民鄉鎮區公所。

㈥地方政府必要時得運用災防告警細胞廣播系統發布疏散撤離訊息。

㈦地方政府將執行狀況向上逐層回報。

參　災時應變階段

一　災民收容安置與民生物資提供

㈠衛生福利部、內政部督導及協助地方政府，辦理災民收容安置、物資儲備、無障礙空間規劃及提供弱勢族群所需相關服務等事宜。

㈡地方政府規劃辦理災民收容安置及提供民生食物、飲用水、藥品醫材、交通運具及生活必需品等之供應，並進行收容中心之傳染病疫情監測及個案管理；必要時，得請求相關機關或中央災害應變中心調度支援。

二　形成孤島地區之物資運補作為

㈠國家通訊傳播委員會（以下簡稱通傳會）依據道路、橋梁搶通情形，評估有線電話、無線電話基地臺通訊設備預定完成搶通時間，並視需要督導及協調各通信業者調度行動基地臺等類似設備支援。

㈡交通部及地方政府評估所轄災時因封橋、封路及道路、橋梁中斷地區，預定恢復及完成搶通時間。

㈢衛生福利部依據交通部及地方政府評估所轄封橋、封路及道路橋梁中斷預定恢復及完成搶通時間，協調地方政府研擬「空中物資運補計畫」（含：運補物資之種類數量、起降地點、載運頻率、聯絡人等）。

㈣地方政府依所訂「民生物資供應及運補計畫」，並依照行政院國家搜救指揮中心作業手冊相關規定，向該中心申請空中物資運補。

㈤地方政府依據道路、橋梁搶通情形，掌握有線電話、無線電話基地臺通訊設備預定完成搶通時間，視需要主動調集通訊裝備、器材及人力前往災區，必要時得協調臨近縣（市）提供支援；內政部主動或依地方政府之請求，調集通訊裝備，提供地方政府借用。

肆　災後復原階段

一　道路及維生管線搶通

㈠交通部、國防部及地方政府儘速完成道路、橋梁之搶通工作，倘無法於短時間內恢復，得規劃替代道路或設置便道、便橋，保持交通順暢。

㈡經濟部、通傳會及地方政府儘速完成辦理或督導自來水、電力、瓦斯、市話及基地臺之恢復，倘無法於短時間內恢復，應設替代方案，提供民眾生活基本需求。

二　生活機能恢復、學生就學、災害救助及返家

㈠行政院環境保護署（以下簡稱環保署）、衛生福利部、國防部及地方政府儘速完成災區之環境清理及消毒工作。

㈡教育部及地方政府協助因疏散撤離而無法返校學生之就學問題。

㈢內政部、經濟部、農委會、環保署、勞動部、交通部、衛生福利部等主管機關會同地方政府依災害防救法等相關規定辦理災區、災民災害救助工作及救助金、保險、貸款等相關費用作業。

㈣地方政府應視災情狀況及復原情形，協助收容人員返家等事宜。

行政院災害防救專家諮詢委員會設置要點

①民國90年3月22日行政院函訂定發布全文10點。
②民國99年12月2日行政院函修正發布全文10點及編組表。

一　爲提供災害防救工作之相關諮詢，特依災害防救法第七條第三項規定，設行政院災害防救專家諮詢委員會（以下簡稱本會）。

二　本會之任務如下：

㈠災害防救政策、措施之建議及諮詢。

㈡災害防救相關計畫之建議及諮詢。

㈢災害防救科技研發之建議及諮詢。

㈣災害調查相關事項之建議及諮詢。

㈤其他相關災害防救諮詢事項。

三　本會置委員三十一人至三十五人，其中一人爲召集人，由行政院國家科學委員會（以下簡稱國科會）主任委員兼任，綜理本會事務；副召集人一人，由國科會副主任委員兼任，襄助會務；其餘委員，由召集人遴選有關機關代表及學者、專家，由國科會報請行政院派（聘）兼之。委員任期二年，期滿得續派（聘）兼之。

四　本會得依委員專長及實際需要編組，辦理第二點所列事項。

五　本會置執行秘書一人、副執行秘書一人及其他工作人員若干人，由國科會及相關機關人員調用或派兼。

前項工作人員之職稱及員額，另以編組表定之。

六　本會會議每半年召開一次，必要時得舉行臨時會，均由召集人召集之。召集人因故不能召集時，由副召集人代理之。

七　本會會議召開時，得邀請相關機關代表或專家、學者列席。

八　重大災害發生或有發生之虞時，本會召集人得指派委員組成專案小組，就有關事項實地調查，並提供因應對策。

九　本會委員及兼任人員均爲無給職。

十　本會所需經費，由國科會預算支應。

行政院國家搜救指揮中心設置要點

①民國89年12月22日行政院函訂定發布全文5點。
②民國91年12月23日行政院函修正發布全文5點。
③民國93年10月22日行政院函修正發布全文5點；並自即日生效。
④民國99年12月2日行政院函修正發布全文5點及編組表。
⑤民國105年6月4日行政院函修正發布第5點及第3點編組表；並自即日生效。
⑥民國106年9月8日行政院函修正第3點及編組表；並自即日生效。

一　中央災害防救委員會爲有效整合運用救災資源，統籌、調度國內各搜救單位資源，執行災害事故之人員搜救及緊急救護之運送任務，特依災害防救法第七條第四項規定，設行政院國家搜救指揮中心（以下簡稱本中心）。

二　本中心任務如下：

㈠航空器、船舶遇難事故緊急搜救之支援調度。

㈡緊急傷（病）患空中緊急救護之支援調度。

㈢移植器官空中運送之支援調度。

㈣山區、高樓等重大災難事故緊急救援之支援調度。

㈤海、空難事故聯繫、協調國外搜救單位或其他重大災害事故緊急救援之支援調度。

三　本中心置督導一人，由中央災害防救委員會副主任委員兼任；置主任及副主任各一人，由中央災害防救委員會主任委員指定適當人員兼任；置搜救長一人、副搜救長、搜救官、外事官各四人、各部會協調官及其他行政業務人員若干人，由行政院相關機關人員調用或派兼。

前項工作人員之職稱及員額，另以編組表定之。

四　本中心得視任務需要，設聯合訪視督導小組，協調各部會所屬搜救單位，增進搜救資源之完備。

五　本中心所需經費，由內政部消防署編列預算支應。

災害應變徵調徵用徵購補償或計價辦法

①民國90年6月1日內政部令訂定發布全文7條；並自發布日施行。
②民國97年11月14日內政部令修正發布名稱及全文8條；並自發布日施行（原名稱：災害應變徵調或徵用補償辦法）。
③民國99年7月1日內政部令修正發布第3條條文；並刪除第4條條文。

第一條

本辦法依災害防救法（以下簡稱本法）第四十九條規定訂定之。

第二條

依本法第三十一條第一項第四款徵調相關專門職業、技術人員及所徵用物資之操作人員，依政府機關所定費率發給補償費；政府機關未定有費率者，依相關公會所定費率發給；政府機關及相關公會均未定有費率者，由該管政府機關與各被徵調人協議訂定；協議不成立時，逕由該管政府機關參照徵調當地時價定之。

第三條 99

依本法第三十一條第一項第五款及第三十二條第一項徵用或徵購民間搜救犬、救災機具、工程重機械、車輛、船舶或航空器等裝備、工作物及物資，依政府機關所定費率發給所有權人、操作人員補償費或價款；政府機關未定有費率者，依相關公會所定費率發給；政府機關及相關公會均未定有費率者，由該管政府機關與各徵用物、徵購物之所有權人、操作人員協議訂定；協議不成立時，逕由該管政府機關參照徵用、徵購當地時價及物資新舊程度計價定之。

第四條（刪除）99

第五條

①依本法第三十一條第一項第五款徵用或徵購土地、建築物之補償或計價，準用土地徵收條例補償規定辦理。

②依本法第三十一條第一項第五款徵用或徵購水權，其補償或計價基準如下：

一　對農業用水之補償或計價：

㈠對農田水利會之補償或計價，以被徵用或徵購灌溉用水渠道與建造物維護管理費、水庫營運調配分攤費、替代水源取得成本及處理輪灌、停灌所增加之管理費用等計算。

㈡對農民之補償或計價，以水利主管機關公告停灌之面積為限，比照水旱田利用調整計畫之給付規定計算。但已納入該計畫支領給付者，不得重複領取。

二　對水力發電用水之補償或計價，以其淨發電量之損失為限。損失之淨發電量補償金額，以其他火力計畫替代發電成本和下游新建電廠應回收影響金額為計算基礎。

第六條

依本法第三十一條第一項第四款、第五款或第三十二條第一項規定之徵用物，於徵用期間遭受損壞者，該管政府機關應予修復或補償；無法修復或滅失時，應解除徵用，並由該管政府機關按徵用時其使用程度，準用第三條或前條徵購規定辦理。

第七條

①徵調或徵用原因消滅時，該管政府機關應發給廢止徵調或徵用證明文件，將徵用物返還被徵用人；並於廢止徵調或徵用後二個月內發給補償費用。但徵調或徵用連續每滿三十日者，該管政府機關應先發給該期間之補償費。

②徵購之價款於徵購物交付時，一併發給之。

第八條

本辦法自發布日施行。

災區民眾重建或修繕資金利息補貼作業辦法

①民國94年10月4日行政院令訂定發布全文9條；並自發布日施行。
②民國98年9月3日行政院令修正發布第4條條文。
③民國106年1月9日行政院令修正發布名稱及全文9條；並自發布日施行（原名稱：災區民眾重建資金利息補貼作業辦法）。

第一條

本辦法依災害防救法（以下簡稱本法）第四十四條第二項規定訂定之。

第二條

為協助受災民眾重建（購）或修繕因重大天然災害毀損自有住宅，行政院所屬各機關（以下簡稱各機關）得於報經行政院核定後，將貸款條件、申請期限及作業流程等事項公告之。

第三條

①受災民眾為申請重建（購）或修繕低利貸款，應向自有住宅所在地之鄉（鎮、市、區）公所申請核發受災證明，並於核發日起一年內向金融機構申辦有關貸款事宜。但鄉（鎮、市、區）公所因災損致不能核發受災證明時，得向直轄市、縣（市）政府申請。

②前項受災證明之核發，應以每一受災戶為單位。

第四條

①受災民眾申請重建（購）或修繕貸款之額度、利率及期限如下：

一　貸款額度由承辦貸款之金融機構查估核定，其中政府提供優惠之低利貸款金額如下：

㈠屬於修繕貸款者，最高為新臺幣一百五十萬元。

㈡屬於重購或重建貸款者，最高為新臺幣三百五十萬元。

二　優惠利率：按中華郵政股份有限公司二年期定期儲金機動利率減百分之〇．五三三機動調整。

三　政府補貼利率：優惠之低利貸款部分，政府補貼利率不高於年息百分之二，並由各機關視金融市場房貸利率與金融機構議定之。

四　貸款期限：

㈠屬於修繕貸款者，最長為十五年，含暫緩繳納本金寬限期最長之三年。

㈡屬於重購或重建貸款者，最長為二十年，含暫緩繳納本金寬限期最長之五年。

②自有住宅毀損程度輕微者，以依前項第一款第一目規定申請修繕貸款為限。

第五條

申貸者無法提供足額擔保品時，得由各機關籌編經費，協商財團法人中小企業信用保證基金提供信用保證，保證成數不低於八成。

第六條

①受災戶有下列規定情事之一者，廢止核發受災證明之處分，並停止利息補貼：

一　將取得之低利貸款移作修繕、重建或重購以外之用途。

二　未經各機關同意擅自移轉住宅所有權予他人。

②前項各款所定情事如可歸責受災戶，各機關得委請承貸之金融機構向借款人追還自原因發生日起算已補貼之利息。

③第一項所定各款停止補貼利息之具體事由，承貸之金融機構應詳實記載於貸款契約內。

第七條

爲瞭解貸款貸放情形，各機關得向承貸之金融機構進行查核，承貸之金融機構並應配合辦理。

第八條

本辦法業務所需補貼經費來源，應視需要編列相關預算支應，或運用相關基金配合，並得以賑災專戶之民間捐款優先支應。

第九條

本辦法自發布日施行。

直轄市縣（市）政府災害防救相互支援協定作業規定

①民國94年5月4日行政院災害防救委員會函訂定發布全文12點。
②民國100年6月8日內政部函修正發布第1～3、6、9、10、12點。

一　相關法規：災害防救法第二十二條第一項第八款。

二　目的：為利直轄市、縣（市）政府得以事先簽訂災害防救相互支援協定方式，俾於處理災害規模超過自有能力或資源時，能迅速應變，有效整合資源，提昇應變效能，防止災害擴大，減低生命財產損失，特訂定本作業規定。

三　直轄市、縣（市）政府得參考或結合以下類型，依實際需要選擇適當之直轄市、縣（市）政府建立相互支援機制，簽訂相互支援協定：

㈠區域型聯防：為有效掌握時間達迅速應變，依鄰近區域可劃分為以下區域：

1.北基宜：包括臺北市、新北市、基隆市、宜蘭縣。

2.桃竹苗：包括桃園縣、新竹縣、新竹市、苗栗縣。

3.中彰投：包括臺中市、南投縣、彰化縣。

4.雲嘉南：包括雲林縣、嘉義縣、嘉義市、臺南市。

5.高屏：包括高雄市、屏東縣。

6.花東：包括花蓮縣、臺東縣。

㈡跨區型聯防：為因應人為或天然等因素造成之大規模災害，於前款區域型聯防範圍內之地方政府皆遭受災情形無法就近相互支援時，直轄市、縣（市）政府可另行與區域型聯防範圍外鄰近之直轄市、縣（市）政府簽訂跨區型聯防之相互支援協定。

㈢結盟型聯防：除前二款類型聯防外，直轄市、縣（市）政府得考量人口、環境、地理及交通等特性，另行與災害防救屬性較為相近，物資及人力配置較為近似之直轄市、縣（市）政府簽訂相互支援協定。

四　相互支援時機：

㈠直轄市、縣（市）政府無法因應災害處理時。

㈡直轄市、縣（市）受災地區因地理位置、地形地勢及交通狀況等因素，需由鄰近直轄市、縣（市）政府支援始得即時有效進行搶救或控制者。

五　聯繫協調單位：

㈠平時：直轄市、縣（市）政府所屬消防局救災救護指揮中心。

㈡直轄市、縣（市）政府成立災害應變中心時：直轄市、縣（市）政府災害應變中心。

六　相互支援內容：

㈠人命救助及災害搶救。

㈡醫療及傷病患運送處理。

㈢救災人力、車輛、機具、器材等救災資源之支援。

㈣安全警戒及維護。

㈤災民收容。

㈥物資救濟。

㈦消毒防疫及污染防治。

㈧其他協助災害防救事項。

七　申請程序：

㈠申請應填載申請表（如附表），時間急迫時，得以電話或傳真先行提出，申請表另行補送。

㈡申請表應列明請求支援內容，項目如下：

1.裝備、器材、車輛及物資等之品名及數量。

2.支援人力之類別及人數。

3.支援區域或地點及抵達建議路徑。

4.預估支援期程。

5.其他需要支援事項。

㈢接獲受災直轄市、縣（市）政府支援申請時，直轄市、縣（市）政府聯繫協調單位就申請內容，應即速連繫權責單位進行支援作業整備，同時陳報直轄市、縣（市）長。

八　支援單位報到規定：支援單位由直轄市、縣（市）長指派帶隊官率隊向受災地區指揮官報到，執行交付任務。

九　支援單位之後勤補給：支援單位之食宿、通訊及交通後勤補給事宜，應自行維持至少七十二小時。

十　經費負擔：

㈠支援單位得就支援救災費用，檢具相關單據，向申請支援單位要求負擔。

㈡直轄市、縣（市）政府相互請求支援執行災害處理所需經費，依災害防救法第四十三條第二項規定辦理，若有不敷之情況，得依中央對各級地方政府重大天然災害救災經費處理辦法辦理。

十一　訓練：為利相互支援協定所定各項支援項目順利進行，直轄市、縣（市）政府得辦理各項演習訓練。

十二　相互支援協定：

㈠直轄市、縣（市）政府得依本作業規定，簽訂相互支援協定。

㈡直轄市、縣（市）政府依本作業規定所簽訂之協定，一份送行政院備查，並自存一份。

重大災害災情通報表式填報作業規定

①民國94年3月14日行政院災害防救委員會函訂定發布全文9點。
②民國96年5月22日行政院災害防救委員會函修正發布全文10點。
③民國96年10月15日行政院災害防救委員會函修正發布全文10點。
④民國99年4月19日行政院災害防救委員會函修正發布全文10點。
⑤民國99年7月23日行政院災害防救委員會函修正發布全文10點。

一　依據：行政院災害防救委員會第十九次委員會議決議辦理。

二　重大災害災情通報表種類如下：

㈠即時報與非即時報表：各中央災害防救業務主管機關及其所屬機關（構）依本通報作業規定應填報之報表，如附件1，至各式報表之統計項目定義如附件2，重大災害災情通報流程圖如附件3（即時報）及附件4（非即時報）。

㈡季報與年報：災害規模達到「災害緊急通報作業規定」所訂「各災害規模及通報層級」丙級災害規模以上者，各中央災害防救業務主管機關應彙整上開災害災情，定期製作災害災情季報與年報。

三　本作業規定所稱之重大災害，係指依災害防救法第二條第一項第一款所列各種災害種類與第三條第六款所定之其他災害，且災害狀況已達中央災害應變中心成立時機者。

四　重大災害通報之業務主管機關：

㈠震災、風災、火災、爆炸：內政部。

㈡水災、旱災、公用氣體與油料管線、輸電線路災害、礦災：經濟部。

㈢寒害、土石流災害、森林火災：行政院農業委員會。

㈣空難、海難及陸上交通事故：交通部。

㈤毒性化學物質災害：行政院環境保護署。

㈥生物病原災害：行政院衛生署。

㈦輻射災害：行政院原子能委員會。

㈧其他災害：依法律規定或由中央災害防救會報指定之中央災害防救業務主管機關。

五　有關即時報表單通報作業程序如下：

㈠中央災害應變中心成立後，各中央災害應變中心進駐機關（構）應彙整所屬機關（構）之災情，填具即時報表單，並依業管權責項目填報災害應變處置報告後，由各該成立中央災害應變中心之中央災害防救業務主管機關彙整。

㈡中央災害應變中心成立後，中央各部會應依權責執行任務，迅速查明災情，填報即時報表單，通報中央災害應變中心並隨時更新災情資料。

㈢中央災害應變中心成立後，各直轄市、縣（市）政府災害應變中心進駐機關（單位），應迅速查明災情，填報即時報表單，通報至中央災害應變中心相關業務主管機關（單位）彙總。

六　有關上開各項即時報表單，中央災害應變中心進駐機關（構）及各直轄市、縣（市）政府災害應變中心應於每日三時、六時、九時、十二時、十五時、十八時、二十一時、二十四時彙整更新，必要時中央災害應變中心得隨時請其提供。

七　前條即時報表單與災害應變處置報告內容，業已納入中央災害應變中心防救災應變資訊系統，各業務主管機關（構）暨所屬機關（構）、各直轄市、縣（市）政府於中央災害應變中心開設時，應依本規定於中央災害應變中心網站或介接各部會之資訊系統網站填報即時報表單與災害應變處置報告。

前項資訊系統因故無法上線使用，另以紙本傳遞。

八　非即時報表單分為災情明細表、災情統計表、彙總表三種，有關通報作業程序如下：

㈠中央災害應變中心開設結束後一個月內，各中央業務主管機關所屬機關（單位）應填報災情明細表，通報至中央業務主管機關完成填報災情統計表。

㈡中央災害應變中心開設結束後二個月內，各中央業務主管機關應填報災情統計表，通報至各該成立中央災害應變中心之中央災害防救業務主管機關彙辦。

㈢各直轄市、縣（市）政府災害應變中心開設結束後一個月內，各直轄市、縣（市）政府應填報災情明細表，通報至中央災害防救業務主管機關完成填報災情統計表。

九　各中央災害防救業務主管機關（單位）應彙整所屬災害災情，製作災害災情季報與年報後，層報行政院災害防救辦公室。各統計報表之報送期限，季報表於每季終了四十日內報送，年度表於年度終了八十日內報送。

十　為順利推行本作業規定，中央災害防救業務主管機關（單位）及各直轄市、縣（市）政府，得依本規定及災害災情表單，據以訂定重大災害災情通報細部作業規定，規範所屬機關（單位）辦理。各級機關（單位）得適時檢討相關人員，依本規定辦理通報作業成效，並協調相關單位辦理獎懲。

風災震災火災爆炸火山災害潛勢資料公開辦法

①民國98年2月4日內政部令訂定發布全文6條；並自發布日施行。
②民國104年4月16日內政部令修正發布全文6條；並自發布日施行。
③民國106年1月24日內政部令修正發布第4條條文。
④民國107年5月2日內政部令修正發布名稱及第4條條文（原名稱：風災震災火災及爆炸災害潛勢資料公開辦法）。
⑤民國107年12月5日內政部令修正發布第2、3條條文。

第一條

本辦法依災害防救法第二十二條第四項規定訂定之。

第二條 107

①本辦法所定災害潛勢資料公開種類如下：

一　風災、震災及火山災害：依氣象、水文、地質、地形、災害紀錄及其他相關基本資料，分析特定模擬區域內各處受自然環境等因素影響所潛藏易致災害機率或規模之預警資料。

二　火災及爆炸災害：指下列場所之相關資料：

㈠達管制量三十倍之公共危險物品製造、儲存或處理場所。

㈡總樓地板面積在五百平方公尺以上且員工在三十人以上之可燃性高壓氣體製造、儲存、處理場所。

㈢爆竹煙火製造場所、達管制量三十倍之儲存或販賣場所。

②前項第二款所定場所之相關資料，指下列項目：

一　場所名稱。

二　達管制量公共危險物品、可燃性高壓氣體或爆竹煙火之名稱。

三　消防防災計畫、消防防護計畫或安全防護計畫。

第三條 107

①風災屬複合型災害，其衍生災害之潛勢資料，各由其中央災害防救業務主管機關辦理公開。

②火災及爆炸災害之潛勢資料，由直轄市、縣（市）政府置於直轄市、縣（市）政府或所在地鄉（鎮、市、區）公所，並將放置地點、查閱方式相關訊息，公開於主管網站或公布欄。

第四條 107

①震災之災害潛勢資料公開項目及公開機關如下：

一　活動斷層分布圖：經濟部中央地質調查所。

二　土壤液化潛勢分布圖：經濟部中央地質調查所。

三　海嘯潛勢區域：內政部消防署。

②火山災害之災害潛勢資料公開項目為火山活動觀測，公開機關為經濟部中央地質調查所。

第五條

前條公開機關應將該管資料公開於地理資訊圖資雲服務平臺，並得以服務介接或導頁方式提供。

第六條

本辦法自發布日施行。

風災震災火災爆炸災害災情通報填報規定

①民國99年12月21日內政部函訂定發布全文9點。
②民國103年5月19日內政部函修正發布全文8點。

一 目的：為執行災害防救法第三十條所規定之災害通報工作，以期災害發生或有發生之虞時能迅速掌握災情，確實傳遞災情，並採取必要之措施，發揮救災效能，減少生命財產損失，特訂定本規定。

二 適用範圍：本規定所稱災情通報之適用範圍，係指災害防救法第三條第一項第一款所定內政部（以下簡稱本部）主管之風災、震災、火災、爆炸災害等相關之災情通報。

三 災害災情通報表報種類：各中央災害相關機關及其所屬機關（構）依本規定應填報之報表如附件1，各式報表之統計項目定義如附件2，災情通報表單流程圖如附件3。

四 災情表報通報作業程序如下：

㈠各直轄市、縣（市）政府災害應變中心成立後，進駐機關（單位）應迅速查明災情，彙整填報表單，陳報所屬災害應變中心指揮官或其代理人。

㈡中央災害應變中心成立後，已成立災害應變中心之各直轄市、縣（市）政府進駐機關（單位），應迅速查明災情，填報表單通報至中央災害應變中心相關主管機關（單位）彙總。

㈢中央災害應變中心成立後，各進駐機關（構）應本權責執行任務，迅速查明災情，彙整所屬機關（構）及地方政府之業管災情，隨時更新災情資料並填具表單及災害應變處置報告後，由本部彙整。

五 災情通報表單，中央災害應變中心進駐機關（構）及各直轄市、縣（市）政府災害應變中心二級開設時應於六時、十二時、十八時、二十四時彙整更新，一級開設時應於三時、六時、九時、十二時、十五時、十八時、二十一時、二十四時彙整更新，必要時中央災害應變中心得隨時請其提供。

六 各中央災害相關機關暨所屬機關（構）、各直轄市、縣（市）政府於所屬災害應變中心開設時，應於相關應變資訊系統或介接各部會之資訊系統填報災情通報表單與災害應變處置報告。若資訊系統因故無法上線使用，另以紙本傳遞。

七 各直轄市、縣（市）政府，得訂定災害災情通報細部作業規定。

八 各級機關（單位）相關人員，執行本規定通報作業有功人員，得從優敘獎。

風災震災火災爆炸火山災害救助種類及標準

①民國90年6月1日內政部令訂定發布全文7條；並自發布日施行。
②民國100年1月20日內政部令修正發布名稱及全文8條；並自發布日施行（原名稱：風災震災重大火災爆炸災害救助種類及標準）。
③民國104年2月5日內政部令修正發布全文9條；並自發布日施行。
④民國105年3月25日內政部令修正發布第2、4、9條條文；除第2、4條自105年2月6日施行外，餘自發布日施行。
⑤民國105年9月9日內政部令修正發布第3、5條條文。
⑥民國107年3月23日內政部令修正發布名稱及第2條條文（原名稱：風災震災重大火災爆炸災害救助種類及標準）。

第一條
本標準依災害防救法（以下簡稱本法）第四十八條規定訂定之。

第二條 107
①中華民國國民於國內受災，適用本標準規定；中華民國國民之配偶為臺灣地區無戶籍國民、外國人、大陸地區人民、香港或澳門居民，已在臺灣地區合法居留並共同生活者，亦同。
②本標準所稱救助，指前項之人因遭受風災（含颱風及龍捲風）、震災（含海嘯及土壤液化等）、火災、爆炸或火山災害，致損害重大，影響生活，政府發給災害救助金，以維持其個人或家庭之基本生活。

第三條 105
①災害救助之種類如下：
一　死亡救助：
㈠因災致死者。
㈡因災致重傷，於災害發生之日起三十日內死亡者。
㈢因災害而失蹤，經法院依本法第四十七條之一第一項規定，為確定其死亡之裁定確定者。
二　失蹤救助：因災致行蹤不明者。
三　重傷救助：指因災致重傷；或未致重傷，必須緊急救護住院治療，自住院之日起十五日內（住院期間）所發生自行負擔之醫療費用總額達重傷救助金金額者。
四　安遷救助：因災致住屋毀損達不堪居住程度者。
②前項第三款所稱自行負擔之醫療費用，指依全民健康保險法規定應自行負擔之費用及不在全民健康保險給付範圍之費用。

第四條
①受災戶住屋毀損達下列不堪居住程度情形之一者，給予安遷救助：
一　地震造成：
㈠住屋塌陷程度達二分之一以上。
㈡住屋屋頂倒塌或樓板毀損、塌陷面積達二分之一以上。
㈢樑柱：混凝土剝落、鋼筋外露之樑柱達樑柱總數百分之二十以上；或箍筋斷裂、鬆脫、主筋挫曲混凝土脆裂脫出，樓層下陷之樑柱達樑柱總數百分之十以上。
㈣牆壁：
1.厚度十五公分以上之鋼筋混凝土牆牆內主筋斷裂挫曲，混凝土碎裂之結構牆長度達總結構牆長度百分之二十以上。
2.八吋磚牆裂縫大於零點五公分者之長度達磚牆總長度百分之五十以上。
3.木、石、土造等住屋牆壁剝落毀損，屋頂下陷達二分之一。
㈤住屋傾斜率達三十分之一以上。
㈥住屋遭砂石掩埋或積砂泥，其面積達原建築物總面積二分之一或淹沒最深處達簷高二分之一或一百公分以上。
㈦住屋上部結構與基礎錯開達五公分以上之柱基占總柱基數達百分之二十以上。
㈧住屋基礎掏空、下陷：
1.住屋柱基掏空數達總柱基數百分之二十以上。
2.住屋基礎不均勻沈陷，沈陷斜率達五十分之一以上。
3.住屋因土壤液化致屋頂、樓板、樑柱、牆壁、基礎或維生管線受損，經直轄市、縣（市）政府認定。
4.其他經工務（建設）主管機關認定。
㈨其他經直轄市、縣（市）政府認定住屋受損嚴重，非經整修不能居住。
二　非地震造成：
㈠住屋屋頂損害面積超過三分之一；或鋼筋混凝土造住屋屋頂之樓板、橫樑因災龜裂毀損，非經整修不能居住。
㈡住屋牆壁斷裂、傾斜或共同牆壁倒損，非經整修不能居住。
㈢其他經直轄市、縣（市）政府認定住屋受損嚴重，非經整修不能居住。
②前項第一款第五目住屋傾斜率為屋頂側移（T）除以建築物高度（H）；第一款第八目之二住屋沈陷斜率為沈陷差（E）除以建築物寬或長（L）。
③第一項所稱受災戶，指災害發生時已在現址辦妥戶籍登記，且居住於現址者；所定住屋，以臥室、客廳、飯廳及連棟之廚房、浴廁為限。

第五條 105
①災害救助金核發標準如下：
一　死亡救助：每人發給新臺幣二十萬元。
二　失蹤救助：每人發給新臺幣二十萬元。
三　重傷救助：每人發給新臺幣十萬元。
四　安遷救助：住屋毀損達不堪居住程度，戶內實際居住人口以五口為限，每人發給新臺幣二萬元。
②前項第二款救助金於發放後，其失蹤人仍生存者，其發給之救助金應繳回。依第三條第一項第一款第三目規定發給死亡救助金後，其失蹤人仍生存，並經法院為撤銷其死亡之裁定確定者，亦同。

第六條
同一期間發生本法所定多種災害符合本標準及其他法規之救助規定者，具領人就同一救助種類僅得擇一領取災害救助金，不得重複具領。有重複具領者，應予追繳。

第七條
①災害救助金具領人資格如下：
一　死亡或失蹤救助金，具領人依下列順序定之：
㈠配偶。
㈡直系血親卑親屬。
㈢父母。
㈣兄弟姊妹。
㈤祖父母。
二　重傷救助金：由本人領取。
三　安遷救助金：由受災戶戶長或現住人員領取。

②因故意致自身或他人受災死亡、失蹤、重傷或住屋毀損達不堪居住程度者，該人不得具領災害救助金；已具領者，應予追繳。

第八條

災害救助金，由災害發生地之直轄市、縣（市）政府發給，所需經費由直轄市、縣（市）政府分別編列預算支應之。

第九條

本標準除中華民國一百零五年三月二十五日修正之第二條及第四條，自一百零五年二月六日施行外，自發布日施行。

國軍協助災害防救辦法

①民國99年10月15日國防部、內政部令會銜訂定發布全文18條；並自發布日施行。
②民國104年12月8日國防部、內政部令會銜修正發布第16條條文。
③民國105年11月29日國防部、內政部令會銜修正發布第10條條文。
④民國106年4月25日國防部、內政部令會銜修正發布第16條條文。
⑤民國108年10月7日國防部、內政部令會銜修正發布第15條條文。

第一條

本辦法依災害防救法（以下簡稱本法）第三十四條第六項規定訂定之。

第二條

本辦法之主管機關爲國防部。

第三條

本辦法用詞定義如下：

一　重大災害：指依中央災害應變中心各類型災害一、二級之開設時機及災害狀況認定之。

二　協助災害防救：指本法第三十四條第四項之申請國軍支援或國軍主動協助災害防救。

三　受支援機關：指依本法第三十四條第四項所定申請國軍支援及國軍主動協助災害防救之機關。

四　作戰區：指以陸軍軍團（地區防衛或海軍陸戰隊比照）指揮部爲主組成，除指揮其編制與編配之部隊外，並作戰管制地區內之三軍部隊。通常依任務需要，區分數個分區。

五　救災責任分區：指以作戰區爲主體，依救災任務需要，結合直轄市、縣（市）政府行政區域，區分數個救災責任分區。

六　救災應變部隊：作戰區遇無預警之災害發生時，視災害類別及規模，將救災責任分區戰備部隊轉換之部隊及有預警之災害來襲前，完成預置兵力之部隊。

第四條

國軍爲協助災害防救，國防部於平時應辦理下列事項：

一　訂定國軍協助災害防救計畫。

二　劃分國軍協助災害防救作戰區及救災責任分區，與跨區增援事宜。

三　指定作戰區及救災責任分區救災應變部隊、任務及配賦裝備事宜。

四　建立國軍協助災害防救之指揮體系及資源管理系統。

五　督導作戰區及救災責任分區依計畫實施演練。

第五條

國軍各作戰區及救災責任分區應依災害潛勢地區之特性及災害類別，結合各級政府機關災害防救專責單位資訊，完成兵要調查及預判災情蒐報研析先期完成救災情報整備。

第六條

①國軍協助災害防救，由中央災害防救業務主管機關向國防部提出申請；地方由直轄市、縣（市）政府及鄉（鎭、市）公所向所在直轄市、縣（市）後備指揮部轉各作戰區提出申請。但發生重大災害時，國軍應主動派遣兵力協助災害防救，並立即通知直轄市、縣（市）、鄉（鎭、市）及中央災害應變中心。

②前項申請以書面爲之，緊急時得以電話、傳眞或其他方式先行聯繫。

③發生重大災害地區，由作戰區及救災責任分區指派作戰及專業參謀，編成具備勘災能力之災情蒐報小組，掌握災情，並與直轄市、縣（市）政府及鄉（鎮、市）公所首長密切聯繫，適時投入兵力，立即協助救災。
④直轄市、縣（市）政府及鄉（鎮、市）公所於災害發生期間，緊急申請國軍支援時，作戰區應儘速核定，以電話先行回覆直轄市、縣（市）、鄉（鎮、市）及中央災害應變中心兵力派遣情形，並向國防部回報。

第七條

①國軍協助災害防救，以各作戰區爲主，結合行政區域編組劃分救災責任分區，並依地區特性、災害類別及規模，由作戰區統一規劃運用地區三軍部隊。
②作戰區針對救災責任分區易發生土石流及水災等天然災害地區，應預劃適當之位置，先期完成預置兵力、整備機具，並於災害預警發布時，依令前推部署，遇狀況立即投入。

第八條

①國軍調派兵力協助災害防救，應不影響國軍戰備、不破壞國軍指揮體系、不逾越國軍支援能力範圍。
②直轄市、縣（市）、鄉（鎮、市）及中央災害應變中心指揮官應指揮、督導、協調國軍賦予協助災害防救任務；受支援機關應於災害現場指定人員，與國軍協調有關災害處理事宜。
③國軍常備部隊兵力無法滿足災害防救時，國防部得運用教育召集應召之後備軍人，編成救災部隊，納入作戰區指揮調度，協助災害防救。

第九條

①國軍依救災責任分區，平時應與直轄市、縣（市）政府、鄉（鎮、市）公所及其首長建立經常性協調聯絡管道，災害預警發布時，作戰區及縣（市）後備指揮部應派遣連絡官進駐直轄市、縣（市）及鄉（鎮、市）災害應變中心瞭解狀況，即時通報災情。
②國軍平時應派員參加各級政府召開之災害防救會報，並指定專人負責協調聯絡。

第一〇條 105

①國軍各類型部隊應依災害防救任務與各階段軍事教育及部隊訓練之災害防救課程，結合戰備任務、各項兵棋推演及實兵演練，執行實作訓練。
②內政部消防署應提供國軍災害防救師資培訓及訓練場地，協助培育國軍種子教官及專業部隊訓練。

第一一條

①直轄市、縣（市）後備指揮部連絡官接獲直轄市、縣（市）及鄉（鎮、市）災害應變中心指揮官提出之救災兵力申請時，應儘速協助完成兵力申請、調派及核定作業。
②國軍於災害潛勢地區先期完成預置兵力之救災應變部隊，應於受命後十分鐘出發執行救災任務；後續部隊於受命完成整備後，立即出發。各作戰區應統籌地區三軍部隊投入救災任務，並由作戰區指揮官指派專人負責指揮及管制。

第一二條

①直轄市、縣（市）政府、鄉（鎮、市）公所及中央災害防救業務主管機關申請國軍協助災害防救時，應即時提供相關災情資訊、所需救災人員、裝備、機具需求及其他可提供救災部隊之資源事項。
②國軍協助災害防救時，無法支援之操作人員、特種機具、重型機械或資材等，由受支援機關依本法第三十一條第一項第四款、第五款規定，辦理徵調、徵用及徵購作業。

第一三條

國軍各作戰區依直轄市、縣（市）政府及鄉（鎮、市）公所需求，就災害潛勢地區，檢討現有營區，協助辦理災民避難及收容安置。

第一四條

①國軍（總）醫院及衛生部隊人員（以下簡稱國軍醫療單位）參與國軍緊急救災醫療支援

任務，應協助所在地區衛生主管機關統合各公、民營醫療機構，並接受作戰區指揮官指揮管制，於災害發生時，即隨同救災部隊進入災區，協助提供災民所需醫療服務。
②國軍醫療單位協助災害防救各項醫療服務，應將執行情形主動通報所在地區衛生主管機關。

第一五條 108
①國軍人員協助災害防救成效卓著者，除依陸海空軍勳賞條例、陸海空軍獎勵條例敘獎外，得由直轄市、縣（市）政府、鄉（鎮、市）公所及中央災害業務主管機關辦理表彰及慰勞事宜。
②國軍人員協助災害防救致傷病、身心障礙或死亡者，依本法第四十七條及相關法令辦理醫療、撫卹、慰問等事項。

第一六條 106
①國軍協助災害防救所需提供之人員、裝備、機具、設施、油料等相關費用，國防部得於主管預算項下視需要移緩濟急檢討調整支應。
②前項預算不足支應災害防救費用者，由國防部報請行政院，以中央政府災害準備金或預備金支應。
③中央或地方災害應變中心開設後，國軍依請求協助民間車輛與機具徵調、物資徵購（用）、委商運輸、災民收容安置所需費用，應由受支援機關依本法第四十三條及預算相關法令籌措歸墊，必要時得報請中央災害防救委員會協調。

第一七條
國軍協助災害防救工作，不接受任何酬勞。但各級政府機關（構）或其他公益團體致送之慰勞金（物品），不在此限。

第一八條
本辦法自發布日施行。

國際救災支援配合注意事項

①民國97年9月17日行政院災害防救委員會函訂定發布全文13點。
②民國100年5月10日行政院函修正發布第3點及第4點附表1、第6點附表2。

一　目的：為執行災害防救法第二十三條第一項第八款，關於國際救災支援之配合，以及第三十一條第一項第九款，關於國外救災組織來臺協助救災之申請、接待、責任災區分配及協調聯繫等事項，律定中央與地方政府之任務分工及有關作業程序，有效進行各項應變作業，特訂定本注意事項。

二　本注意事項用詞定義如下：

㈠國際救援隊：指外國政府、非政府組織或國際組織組成之救援團隊。

㈡中央協調官：指由中央災害應變中心指揮官指派，受其指揮督導，帶領國際救援隊前往災區，中央協調官進駐直轄市、縣（市）災害應變中心，負責中央與地方政府之間協調聯繫工作。

㈢地方聯絡官：指由直轄市、縣（市）災害應變中心指揮官指派，受其指揮督導，帶領國際救援隊前往災區，負責災害現場協調聯繫，以及與直轄市、縣（市）災害應變中心聯繫工作。

三　接受國際救災支援之時機：國家發生重大災害，依現有救災能量無法及時、有效處理，而有下列情形之一，經中央災害應變中心指揮官向中央災害防救委員會主任委員陳報決定同意者，得接受國際救災支援：

㈠中央災害應變中心指揮官考量災情規模及現有救災能量，有交外交部主動向外國政府、非政府組織或國際組織請求支援救災必要時。

㈡外國政府、非政府組織或國際組織主動提出救災支援，經外交部接受通知，轉陳中央災害應變中心指揮官時。

四　收集國際救援隊基本資料：外交部應請國際救援隊提供國際救援隊基本資料相關資訊，填載附表一。

五　任務分工：國際救援隊抵達我國時，由外交部派遣專責人員接機，並由內政部、外交部、國防部、經濟部、財政部、交通部、行政院農業委員會及行政院衛生署等部會協助辦理。中央災害應變中心指揮官應指派中央協調官帶領國際救援隊前往災區。

各部會配合國際救災支援工作分工如下：

㈠內政部：

1.統籌辦理國際救援隊聯繫事宜。

2.協調空中運輸工具載運前往災區直轄市、縣（市）災害應變中心或救災地點。

㈡外交部：

1.協助辦理入境簽證及報到。

2.提供傳譯人員全程隨行，協助中央協調官及地方聯絡官與國際救援隊間溝通協調。

㈢國防部：

1.國際救援隊搭乘專機抵達，降落軍用機場時，協調航管放行及停機。

2.必要時，支援運輸工具載運國際救援隊前往災區直轄市、縣（市）災害應變中心或救災地點。

㈣經濟部：必要時，協助調度國際救援隊其隨行車輛所需之油料。

㈤財政部：協調辦理快速通關手續。

㈥交通部：

1.國際救援隊搭乘專機抵達，降落民用及軍民合用機場時，協調航管放行及停機。

2.必要時，協調航空公司及客運業者提供運輸工具載運國際救援隊前往災區直轄市、縣（市）災害應變中心或救災地點。

㈦行政院農業委員會：辦理隨行搜救犬之檢疫。

㈧行政院衛生署：提供國際救援隊人員就醫之必要協助。

六　救災任務之指派：中央災害應變中心指揮官指派國際救援隊至災區直轄市、縣（市），協助救災，並由中央協調官填載「國際救援隊支援災害搶救任務派遣單」（如附表二）一式二份，傳眞至中央及直轄市、縣（市）災害應變中心。

七　國際救援隊運送方式：前往災區以陸路運輸爲主，於陸路交通中斷或勤務緊急時，改以空中運輸方式辦理，方式如下：

㈠陸路運輸：由支援車輛運送前往災區直轄市、縣（市）災害應變中心或救災地點，並以國道高速公路爲主要運輸路線，內政部（警政署國道公路警察局）協助交通管制。進入災區後，由轄區警察局負責交通管制。

㈡空中運輸：由行政院國家搜救指揮中心統合調度國防部、交通部、內政部（空中勤務總隊）載運人員及裝備。

國際救援隊抵達災區後，若須至偏遠山區救災，有使用空中運輸工具必要時，由該直轄市、縣（市）災害應變中心向行政院國家搜救指揮中心請求支援。

八　救災協調機制：中央協調官隨同國際救援隊進駐災區直轄市、縣（市）災害應變中心後，每三小時向中央災害應變中心回報災害處置狀況。

地方聯絡官負責帶領國際救援隊至救災地點，並於災害現場負責協調聯繫。

九　抵達災區後之作業：

㈠進行簡報：國際救援隊抵達後，災區直轄市、縣（市）災害應變中心應指派專人向其簡報災區情況及作業情形，以便掌握救災狀況。

㈡執行現場臨時急救工作：由行政院衛生署同意國際救援隊執行現場臨時急救工作。

㈢通訊聯繫作業：直轄市、縣（市）災害應變中心應建立與國際救援隊之通訊聯繫計畫。

十　救災地點指揮運作方式：救災地點之指揮權由現場指揮官統籌指揮與調度，國際救援隊於災害現場之救災任務，由該現場指揮官指派。

十一　任務資訊及後勤補給之提供：直轄市、縣（市）災害應變中心應提供國際救援隊有關救災地點區域地圖、現場狀況說明、建築物及公共設施圖說、無線電頻道、評估受困人數等與任務相關資訊，並提供食物、水、油料、照明及其他相關補給物資等後勤補給。

十二　救災任務再分派與結束之決定：救災任務之結束，由該直轄市、縣（市）災害應變中心指揮官決定之，並向新聞媒體發布任務結束之理由。

國際救援隊在救災地點完成任務，經其評估救援隊狀況後，向現場指揮官說明是否繼續執行，若繼續者，則依中央災害應變中心指揮官指示，指派至須協助之直轄市、縣（市）；若結束任務者，則直轄市、縣（市）及中央災害應變中心應協助其辦理回國事宜。

十三　辦理離境事項：由中央災害應變中心負責將國際救援隊由駐紮營區或基地運送至民用機場、軍用機場或軍民合用機場，協調辦理離境作業。

國際救援隊離境時，各部會任務分工如下：

㈠內政部：協助辦理離境通關手續。

㈡國防部：搭乘專機回國需使用軍用機場時，協調起飛事宜。

㈢經濟部：必要時，協調調度專機回程所需油料。

㈣交通部：

1.搭乘專機回國需使用民用及軍民合用機場時，協調起飛事宜。
2.搭乘民航機回國者，由交通部（民航局）安排返國班次，費用由國際救援隊自行負擔。

㈤行政院農業委員會：辦理隨行搜救犬之輸出檢疫。

結合民防及全民防衛動員準備體系執行災害整備及應變實施辦法

①民國90年8月27日內政部、國防部令會銜訂定發布全文6條。
②民國100年1月31日內政部、國防部令會銜修正發布名稱及全文8條；並自發布日施行（原名稱：結合全民防衛動員準備體系執行災害防救應變及召集實施辦法）。

第一條
本辦法依災害防救法（以下簡稱本法）第十五條規定訂定之。

第二條
為整合緊急災害救援資源，中央災害防救會報應協調行政院全民防衛動員準備業務會報；各中央災害防救業務主管機關應協調各動員準備方案主管機關全民防衛動員準備業務會報，提供災害防救方針、政策、整備及應變等相關資料及重要災害防救對策及災害緊急應變措施，並於相關災害防救計畫及全民防衛動員準備計畫中明列之。

第三條
中央災害防救會報應邀請相關全民防衛動員準備業務會報派員列席提供意見。

第四條
①直轄市、縣（市）政府應實施災害防救會報、全民防衛動員準備業務會報及全民戰力綜合協調會報（以下簡稱三會報）聯合運作，協調辦理會議召開、計畫擬定、聯合演練、資源使用、災害整備、緊急應變及其他相關事項。
②鄉（鎮、市）災害防救會報應配合縣（市）前項三會報聯合運作指導，辦理相關災害整備及應變事宜。
③於直轄市、縣（市）、鄉（鎮、市）災害應變中心成立後，三會報應派員進駐，協助辦理重要災害整備措施、對策與災害緊急應變及其他相關事宜。
④區依本法第十一條第三項規定成立災害防救會報者，比照前二項規定辦理。
⑤前四項規定事項應於地區災害防救計畫及直轄市、縣（市）政府全民防衛動員準備執行計畫中明列之。

第五條
直轄市、縣（市）全民戰力綜合協調會報除協助辦理申請國軍支援災害防救外，於災害防救相關機關辦理本法所定車輛、機具、船舶或航空器徵用（購）事宜時，並得予以協助。

第六條
戰時救災由地區全民戰力綜合協調會報統籌調度。

第七條
結合民防體系執行災害整備及應變事項，準用民防法及其相關規定辦理。

第八條
本辦法自發布日施行。

運用防空警報系統發布海嘯警報標準作業程序

①民國100年12月14日內政部函訂定發布全文5點。
②民國101年2月2日內政部函修正發布第5點。
③民國106年3月1日內政部函修正發布第5點；並自即日生效。

一　目的：爲規範海嘯來襲時，運用防空警報系統發布海嘯警報之作業程序及權責分工，以利執行緊急應變措施，及時疏散撤離民衆，減少人命傷亡，特訂定本作業程序。

二　相關法令：

㈠災害防救法第二十七條第一項第一款。

㈡內政部所主管災害緊急應變警報訊號之種類、內容、樣式、方法及其發布時機公告。

三　海嘯警報發布時機、內容及通報：

㈠交通部中央氣象局（以下簡稱氣象局）依氣象局海嘯資訊發布作業要點規定發布海嘯警報，其發布時機如下：

1.遠地地震海嘯警報：接獲美國太平洋海嘯警報中心（PTWC）發布海嘯警報，預估三小時內海嘯可能到達臺灣時。

2.近海地震海嘯警報：臺灣近海發生地震規模七以上，震源深度淺於三十五公里之淺層地震時。

㈡海嘯警報內容包括：地震發生之時間、地點，可能受海嘯侵襲之警戒分區有關海嘯波預估到達時間與最大預估波高，及海嘯來襲後，中央氣象局潮位站實際觀測之海嘯波到達時間與波高。

㈢海嘯警報通報：由氣象局將海嘯警報通報中央災害防救主管機關、相關單位及各地方縣（市）政府、相關單位（港灣及沿海電廠等）。

四　運用防空警報系統發布海嘯警報時機及內容：

㈠發布時機：海嘯警報預警時間一小時以內之急迫狀況及預估波高達危險程度時，啓動防空警報系統發布警報。

㈡警報內容：

1.具語音廣播功能：警報起始音爲短音五秒、音符總長度爲十五秒（嗚五秒、停五秒、再嗚五秒）接續進行語音廣播並視實際狀況持續發送，內容如下：

⑴近海地震引起海嘯：「海嘯警報，海嘯警報，請所有民衆迅速往高處疏散」。

⑵遠地地震引起海嘯：「海嘯警報，海嘯警報，海嘯即將於○○時○○分來襲，請所有民衆迅速往高處疏散」。

2.無語音廣播功能：警報起始音爲短音五秒，音符總長度爲八十五秒（嗚五秒、停五秒、反覆九次）。

五　海嘯警報發布程序（流程圖如附件）：

㈠氣象局將海嘯警報通報海嘯中央災害防救業務主管機關（內政部（消防署））、防空警報系統主管機關（內政部（警政署民防指揮管制所））及各直轄市、縣（市）政府。

㈡各直轄市、縣（市）政府於接獲氣象局海嘯警報時，本諸權責決定通知轄區警察局民防管制中心，針對警戒區域透過警報臺，發布海嘯警報。

㈢內政部消防署接獲氣象局海嘯警報後，通報內政部警政署民防指揮管制所，並陳（通）報內政部備查。情況緊急時，得先行口頭通知，書面後補。

(四)內政部警政署民防指揮管制所接獲氣象局海嘯警報及內政部消防署通報後，立即透過防空警報系統下達各直轄市、縣（市）警察局民防管制中心，針對警戒區域，透過區域之警報臺，發布海嘯警報。

辦理災害防救法相關書表格式應注意事項

①民國93年7月12日內政部函訂定發布全文5點。
②民國100年10月5日內政部函修正發布名稱及全文5點（原名稱：各級政府辦理災害防救法及其施行細則書表格式注意事項）。

一　為提供各機關辦理「災害防救法」所用書表之參考，特訂定本注意事項。

二　辦理災害防救各項處分之共同要項：

㈠辦理徵調、徵用、徵購、罰鍰時，應把握記載內容明確具體、裁處結果公平適法及履行期限妥適相當等原則。

㈡機關送達行政處分後，如接獲受處分人（利害關係人）提起之訴願書時，依照「訴願法」第五十八條規定，應先自行審查原處分是否合法妥當，如認訴願為有理由者，得自行撤銷或變更原處分，並陳報訴願管轄機關；如不依受處分人（利害關係人）請求撤銷或變更原處分者，應儘速附具答辯書，並將必要之關係文件，函送訴願管轄機關；機關檢卷答辯時，應將答辯書抄送受處分人（利害關係人）。

㈢罰鍰案件，如有移請行政執行處強制執行之必要，處分機關請依法務部行政執行署「行政執行案件移送書表格使用說明」規定辦理。

三　書表格式之共通要項：

㈠原則以橫式橫書方式表列，機關得權宜變更以直式直書或其他適當方式表列。

㈡格式欄位內有「＊」註記者，非屬「災害防救法」及其施行細則法定應記載項目，機關得視實際需要刪減，其他欄位均應照列；欄位內有「#」註記者，該欄位字體應以粗體、紅色字樣標示清楚。

㈢格式末端「送達年月日」及「簽收」欄位（非法定應記載項目，機關得視實際需要刪減），如由執行人員當場開立，宜請該受處分人（受送達人）當場親自簽收。依照「行政執行法」第十三條第一項第四款規定，移送行政執行之案件，應檢附義務人經限期履行而逾期不履行之證明文件，按實務慣例作法，移送機關必須提出已送達受處分人之證明文件（例如雙掛號回執），為求精簡文書作業與節省郵資，並斟酌執行災害防救業務於現場開立處分書的機會常常發生，上述二項欄位請簽收人親自記載。

㈣格式中如有「受處分人姓名」、「受處分人名稱（法人、團體或非屬自然人）」與「代表人或管理（權）人姓名」併列情形，應區別受處分對象之性質，選擇正確適當的欄位記載。其中「代表人或管理（權）人姓名」欄，應填寫法人或團體之代表人或管理（權）人姓名，「受處分人名稱（法人、團體或非屬自然人）」則填寫該法人、團體登記之名稱。

㈤格式中「注意事項」欄位文字，係參酌「行政程序法」第九十八條及「訴願法」第十四條等規定記載，不宜任意變更。有關併列提示受處分人或利害關係人提起訴願時，應注意其權益保障之事項，係參照內政部九十二年十一月二十六日台內訴字第〇九二〇〇五六七九號函決議事項辦理。

㈥書表格式（不包含臨時通行證、識別證明文件）原則上採用二聯式單據辦理，以簡化行政業務，即第一聯（淡紅色）交當事人，第二聯（淡綠色）由機關自存，並請擇各類書表格式欄位外之空白適當處註記；機關因實際需要，得改採一聯式、三聯式或其他適當方式辦理。

四　書表格式填載之個別要項：

㈠表三「注意事項」欄位，係參照「行政程序法」第一〇三條規定記載；表十一「理由及法令依據」欄位，係參照「災害防救法」第三十八條至第四十條規定記載，均請執行人員斟酌辦理案件之實際狀況，於空白框內打勾註記。

㈡表九「〇〇〇機關執行災害防救法檢查場所識別證」之格式，不得過小，宜與現行各機關公務員識別證大小相當；其中「〇〇〇機關執行災害防救法檢查場所識別證」等文字篇幅，應佔整張證明文件面積之四分之一以上，「注意事項」以下所列文句，不得任意變更，以註記於正面爲原則，如因實際需要得改註記於背面處。另執行人員辦理本項檢查場所業務時，除攜帶本識別證外，應攜帶證明公務員身分有關文件，一併主動提示予民衆，以資輔助證明執行立場。

㈢表十「災害搜救費用繳納處分書」填寫前，由機關依「災害搜救費用繳納辦法」先行請求各參與機關核算並統籌計算之，受處分人如依期限繳納費用後，應依上述辦法將費用繳入國庫或公庫。

㈣表二「〇〇〇警戒區域臨時通行證」、表三「災害防救法案件勸導書」、表四「災害防救法案件舉發單」、表九「〇〇〇機關執行災害防救法檢查場所識別證」、表十一「災害防救法案件裁處書」及表十四「〇〇〇警戒區域公告」五項表格，定有英文譯本及中英文對照譯本，機關於辦理災害防救業務時，請視實際需要一併發布或製發英文格式之文書。

㈤表一、表三至表八、表十至表十二定有範例，執行人員於辦理災害防救業務及填寫各類書表格式前，宜先行參閱瞭解。

五　各類書表格式內容，詳如「災害防救法書表格式索引」及表一至表十四。

表一

（機關全銜）徵調專門職業、技術人員及徵用物資操作人員處分書						中華民國○○年○○月○○日 發文字號：○○○○○○○○○	
被徵調人姓名		性別		出生年月日		國民身分證統一編號	
地址				聯絡電話	（公） （宅） （行動）		
主旨							
事實							
*專業或技術證照類別	*	*被徵調人專長	*				
#徵調期限	○年○月○日起至 ○年○月○日止	#徵調支援地區					
#報到時間	○年○月○日○時	#報到地點					
理由及法令依據	災害防救法第三十一條第一項第四款						
注意事項	一、被徵調人如未依規定時間報到，本府（機關）將依行政執行法規定，強制執行之。另依災害防救法第三十八條第一款規定，處新臺幣十萬元以上五十萬元以下罰鍰。 二、被徵調人得依災害防救法及災害應變徵調徵用徵購補償或計價辦法有關規定，向本府（機關）請求補償。 三、被徵調人如不服本處分，得繕具訴願書，於本處分書送達之次日起三十日內，依訴願法規定遞送本府（機關）轉陳訴願管轄機關。 四、被徵調人或利害關係人為提起訴願，請注意訴願法規定並依有關程序辦理，以免權益受損。						
*送達年月日	*（請簽收人填寫）	*簽收人姓名	*（請簽收人填寫）				

首　長　○　○　○

備註：

一、欄位內有「*」註記者，非屬「災害防救法」及其施行細則法定應記載項目，機關得視實際需要刪減，其他欄位均應照列；欄位內有「#」 註記者，該欄位字體應以粗體、紅色字樣標示清楚。

二、本書表格式原則上採用二聯式單據辦理，以簡化行政業務，即第一聯（淡紅色）交當事人，第二聯（淡綠色）由機關自存，並請擇欄位外之空白適當處註記。

表二

編號：○○○1

○○○警戒區域臨時通行證

許可通行時間路線或方式

許可對象

（機關全銜）製發

表三

（機關全銜）災害防救法案件勸導書						中華民國○○年○○月○○日 發文字號：○○○○○○○○	
受勸導人姓名		性別		出生年月日		國民身分證統一編號	
地址				聯絡電話	（公） （宅） （行動）		
事實							
理由及法令依據	災害防救法第三十一條第一項第二款或第三款						
注意事項	受勸導人如不遵照本勸導書履行，本府（機關）將依災害防救法第三十九條第一款規定，處新臺幣五萬元以上二十五萬元以下罰鍰。						
*發單單位	*（請填單人填寫）	*填單人職名章	*（請填單人蓋章）	*送達年月日	*（請簽收人填寫）	*簽收人姓名	*（請簽收人填寫）

首　長　○　○　○

備註：

一、欄位內有「＊」註記者，非屬「災害防救法」及其施行細則法定應記載項目，機關得視實際需要刪減，其他欄位均應照列。

二、本書表格式原則上採用二聯式單據辦理，以簡化行政業務，即第一聯（淡紅色）交當事人，第二聯（淡綠色）由機關自存，並請擇欄位外之空白適當處註記。

表四

（機關全銜）災害防救法案件舉發單						中華民國○○年○○月○○日 發文字號：○○○○○○○○○	
被舉發人姓名		性別		出生年月日		國民身分證統一編號	
地址				聯絡電話	（公） （宅） （行動）		
事實							
理由及法令依據							
通知事項	本件非屬行政罰法第四十二條但書規定情事，請於接到本舉發單次日起○日內向本府（機關）（地址：○○○○○）提出陳述書陳述意見；逾期未為陳述意見，依行政程序法第一○五條第三項規定，視為放棄陳述意見機會。						
*發單單位	*（請填單人填寫）	*填單人職名章	*（請填單人蓋章）	*送達年月日	*（請簽收人填寫）	*簽收人姓名	*（請簽收人填寫）

首　長　○　○　○

備註：

一、欄位內有「*」註記者，非屬「災害防救法」及其施行細則法定應記載項目，機關得視實際需要刪減，其他欄位均應照列。

二、本書表格式原則上採用二聯式單據辦理，以簡化行政業務，即第一聯（淡紅色）交當事人，第二聯（淡綠色）由機關自存，並請擇欄位外之空白適當處註記。

表五

<table>
<tr><td colspan="6">（機關全銜）徵用（購）災害應變物資處分書</td><td colspan="4">中華民國○○年○○月○○日
發文字號：○○○○○○○○○</td></tr>
<tr><td colspan="2">被徵用（購）人姓名</td><td></td><td>性別</td><td></td><td>出生年月日</td><td colspan="2"></td><td>國民身分證統一編號</td><td></td></tr>
<tr><td colspan="2">地址</td><td colspan="3"></td><td>聯絡電話</td><td colspan="4">（公）
（宅）
（行動）</td></tr>
<tr><td colspan="2">被徵用（購）人名稱（法人、團體或非屬自然人）</td><td></td><td colspan="2">營利事業統一編號或其他登記字號</td><td></td><td>代表人或管理（權）人姓名</td><td></td><td>出生年月日</td><td></td></tr>
<tr><td colspan="2">地址</td><td colspan="3"></td><td>聯絡電話</td><td colspan="4">（公）
（宅）
（行動）</td></tr>
<tr><td colspan="2">主旨</td><td colspan="8"></td></tr>
<tr><td colspan="2">事實</td><td colspan="8"></td></tr>
<tr><td colspan="2">應徵用（購）物資（記載名稱、單位、規格、數量、材質等識別項目）</td><td colspan="8"></td></tr>
<tr><td rowspan="2">#徵用（購）期限</td><td>#□徵用</td><td>○年○月○日起至
○年○月○日止</td><td rowspan="2" colspan="2">#徵用（購）支援地區</td><td rowspan="2" colspan="5"></td></tr>
<tr><td>#□徵購</td><td>○年○月○日</td></tr>
<tr><td colspan="2"># 物資交付時間</td><td>○年○月○日○時</td><td colspan="2"># 物資交付地點</td><td colspan="5"></td></tr>
<tr><td colspan="2">理由及法令依據</td><td colspan="8">災害防救法第三十一條第一項第五款（或第三十二條第一項）</td></tr>
<tr><td colspan="2">注意事項</td><td colspan="8">一、被徵用（購）人如未依規定時間報到，本府（機關）將依行政執行法規定，強制執行之。另依災害防救法第三十八條第一款規定，處新臺幣十萬元以上五十萬元以下罰鍰。
二、被徵用（購）人得依災害防救法及災害應變徵調徵用徵購補償或計價辦法有關規定，向本府（機關）請求補償或計價。
三、被徵用（購）人如不服本處分，得繕具訴願書，於本處分書送達之次日起三十日內，依訴願法規定遞送本府（機關）轉陳訴願管轄機關。
四、被徵用（購）人或利害關係人為提起訴願，請注意訴願法規定並依有關程序辦理，以免權益受損。</td></tr>
<tr><td colspan="2">*送達年月日</td><td colspan="3">*（請簽收人填寫）</td><td colspan="2">*簽收人姓名</td><td colspan="3">*（請簽收人填寫）</td></tr>
</table>

首長 ○ ○ ○

備註：

一、欄位內有「*」註記者，非屬「災害防救法」及其施行細則法定應記載項目，機關得視實際需要刪減，其他欄位均應照列；欄位內有「#」 註記者，該欄位字體應以粗體、紅色字樣標示清楚。

二、本書表格式原則上採用二聯式單據辦理，以簡化行政業務，即第一聯（淡紅色）交當事人，第二聯（淡綠色）由機關自存，並請擇欄位外之空白適當處註記。

表六

危險建築物 （機關全銜）移（拆）除災害現場障礙物處分書 危險工作物						中華民國○○年○○月○○日 發文字號：○○○○○○○○	
受處分人姓名		性別		出生年月日		國民身分證統一編號	
地址				聯絡電話	（公） （宅） （行動）		
受處分人名稱（法人、團體或非屬自然人）		營利事業統一編號或其他登記字號		代表人或管理（權）人姓名		出生年月日	
地址				聯絡電話	（公） （宅） （行動）		
主旨							
事實							
危險建築物 災害現場障礙物 危險工作物							
#限令移（拆）除期限	○年○月○日○時						
理由及法令依據	災害防救法第二十四條第二項（或第三十一條第一項第七款）						
注意事項	一、受處分人如未依規定時間移（拆）除完竣，本府（機關）將依行政執行法規定，強制執行之。另依災害防救法第三十九條第一款規定，處新臺幣五萬元以上二十五萬元以下罰鍰。 二、受處分人如不服本處分，得繕具訴願書，於本處分書送達之次日起三十日內，依訴願法規定遞送本府（機關）轉陳訴願管轄機關。 三、受處分人或利害關係人為提起訴願，請注意訴願法規定並依有關程序辦理，以免權益受損。						
*送達年月日	*（請簽收人填寫）			*簽收人姓名		*（請簽收人填寫）	

首長　○　○　○

備註：

一、欄位內有「*」註記者，非屬「災害防救法」及其施行細則法定應記載項目，機關得視實際需要刪減，其他欄位均應照列；欄位內有「#」註記者，該欄位字體應以粗體、紅色字樣標示清楚。

二、本書表格式原則上採用二聯式單據辦理，以簡化行政業務，即第一聯（淡紅色）交當事人，第二聯（淡綠色）由機關自存，並請擇欄位外之空白適當處註記。

表七

<table>
<tr><td colspan="5">（機關全銜）優先使用傳播媒體通訊設備處分書</td><td colspan="4">中華民國○○年○○月○○日
發文字號：○○○○○○○○</td></tr>
<tr><td>受處分人姓名</td><td></td><td>性別</td><td></td><td>出生年月日</td><td colspan="2"></td><td>國民身分證統一編號</td><td></td></tr>
<tr><td>地址</td><td colspan="3"></td><td>聯絡電話</td><td colspan="4">（公）
（宅）
（行動）</td></tr>
<tr><td>受處分人名稱
（法人、團體或非屬自然人）</td><td></td><td>營利事業統一編號或其他登記字號</td><td colspan="2"></td><td>代表人或管理（權）人姓名</td><td></td><td>出生年月日</td><td></td></tr>
<tr><td>地址</td><td colspan="3"></td><td>聯絡電話</td><td colspan="4">（公）
（宅）
（行動）</td></tr>
<tr><td>主旨</td><td colspan="8"></td></tr>
<tr><td>事實</td><td colspan="8"></td></tr>
<tr><td>#優先使用期限</td><td colspan="2">○年○月○日○時○分起至
○年○月○日○時○分止</td><td colspan="2">#優先使用傳播媒體設備範圍</td><td colspan="4"></td></tr>
<tr><td>使用方式</td><td colspan="8"></td></tr>
<tr><td>理由及法令依據</td><td colspan="8">災害防救法第三十一條第一項第八款</td></tr>
<tr><td>注意事項</td><td colspan="8">一、受處分人如不提供優先使用，本府（機關）將依行政執行法規定，強制執行之。
二、受處分人如不服本處分，得繕具訴願書，於本處分書送達之次日起三十日內，依訴願法規定遞送本府（機關）轉陳訴願管轄機關。
三、受處分人或利害關係人為提起訴願，請注意訴願法規定並依有關程序辦理，以免權益受損。</td></tr>
<tr><td>*送達年月日</td><td colspan="3">*（請簽收人填寫）</td><td colspan="2">*簽收人姓名</td><td colspan="3">*（請簽收人填寫）</td></tr>
</table>

首長 ○○○

備註：

一、欄位內有「＊」註記者，非屬「災害防救法」及其施行細則法定應記載項目，機關得視實際需要刪減，其他欄位均應照列；欄位內有「#」註記者，該欄位字體應以粗體、紅色字樣標示清楚。

二、本書表格式原則上採用二聯式單據辦理，以簡化行政業務，即第一聯（淡紅色）交當事人，第二聯（淡綠色）由機關自存，並請擇欄位外之空白適當處註記。

表八

（機關全銜）災害應變物資保管處分書						中華民國○○年○○月○○日 發文字號：○○○○○○○○	
保管人姓名		性別		出生年月日		國民身分證統一編號	
地址				聯絡電話	（公） （宅） （行動）		
保管人名稱（法人、團體或非屬自然人）		營利事業統一編號或其他登記字號		代表人或管理（權）人姓名		出生年月日	
地址				聯絡電話	（公） （宅） （行動）		
主旨							
事實							
應保管物資（記載名稱、單位、規格、數量、材質等識別項目）							
# 保管期限	○年○月○日起 至○年○月○日止	# 保管物資地點					
理由及法令依據	災害防救法第三十二條第一項						
注意事項	一、保管人如於上述期間違反保管義務，本府（機關）將依行政執行法規定，強制執行之。另依災害防救法第三十八條第二款規定，處新臺幣十萬元以上五十萬元以下罰鍰。 二、保管人如不服本處分，得繕具訴願書，於本處分書送達之次日起三十日內，依訴願法規定遞送本府（機關）轉陳訴願管轄機關。 三、保管人或利害關係人為提起訴願，請注意訴願法規定並依有關程序辦理，以免權益受損。						
*送達年月日	*（請簽收人填寫）			*簽收人姓名		*（請簽收人填寫）	

首　長　○　○　○

備註：

一、欄位內有「＊」註記者，非屬「災害防救法」及其施行細則法定應記載項目，機關得視實際需要刪減，其他欄位均應照列；欄位內有「#」註記者，該欄位字體應以粗體、紅色字樣標示清楚。

二、本書表格式原則上採用二聯式單據辦理，以簡化行政業務，即第一聯（淡紅色）交當事人，第二聯（淡綠色）由機關自存，並請擇欄位外之空白適當處註記。

表九

證件編號：○○1

○○○機關執行災害防救法檢查場所識別證

本圖樣為例示請以各機關之Logo取代

注意事項：

一、執行人員依災害防救法第三十二條第二項規定執行檢查時，應主動出示本識別證及證明公務員身分文件。

二、受檢場所不得規避、妨礙或拒絕持本識別證進行之檢查；如有違反依災害防救法第四十條第一款規定，處新臺幣三萬元以上十五萬元以下罰鍰。

三、受檢場所應協助配合檢查，並向執行人員指明或告明應保管或徵用（購）物資之所在場所及其他有關協助事項。

虛線內請蓋用機關印信
請擇正面適當處蓋印

表十

<table>
<tr><td colspan="6">（機關全銜）災害搜救費用繳納處分書</td><td colspan="2">中華民國○○年○○月○○日
發文字號：○○○○○○○○</td></tr>
<tr><td>受處分人姓名</td><td></td><td>性別</td><td></td><td>出生年月日</td><td></td><td>國民身分證統一編號</td><td></td></tr>
<tr><td>地址</td><td colspan="3"></td><td>聯絡電話</td><td colspan="3">（公）
（宅）
（行動）</td></tr>
<tr><td>主旨</td><td colspan="7"></td></tr>
<tr><td>事實</td><td colspan="7"></td></tr>
<tr><td>災害搜救費用明細</td><td colspan="7"></td></tr>
<tr><td>#應繳納費用總金額</td><td>新臺幣○○○元整</td><td>#繳納期限</td><td>○年○月○日止</td><td>#繳納方式</td><td colspan="3">匯款○○○帳號</td></tr>
<tr><td>理由及法令依據</td><td colspan="7">災害防救法第三十一條第二項及災害搜救費用繳納辦法</td></tr>
<tr><td>注意事項</td><td colspan="7">一、受處分人如不依期限繳納費用，本府（機關）將依行政執行法規定，移送行政執行處強制執行。
二、受處分人如不服本處分，得繕具訴願書，於本處分書送達之次日起三十日內，依訴願法規定遞送本府（機關）轉陳訴願管轄機關。
三、受處分人或利害關係人為提起訴願，請注意訴願法規定並依有關程序辦理，以免權益受損。</td></tr>
<tr><td>*送達年月日</td><td colspan="3">*（請簽收人填寫）</td><td>*簽收人姓名</td><td colspan="3">*（請簽收人填寫）</td></tr>
</table>

首長○○○

備註：

一、欄位內有「*」註記者，非屬「災害防救法」及其施行細則法定應記載項目，機關得視實際需要刪減，其他欄位均應照列；欄位內有「#」註記者，該欄位字體應以粗體、紅色字樣標示清楚。

二、本書表格式原則上採用二聯式單據辦理，以簡化行政業務，即第一聯（淡紅色）交當事人，第二聯（淡綠色）由機關自存，並請擇欄位外之空白適當處註記。

表十一

<table>
<tr><td colspan="6">（機關全銜）災害防救法案件裁處書</td><td colspan="3">中華民國○○年○○月○○日
發文字號：○○○○○○○○</td></tr>
<tr><td>受處分人姓名</td><td></td><td>性別</td><td></td><td>出生年月日</td><td colspan="2"></td><td>國民身分證
統一編號</td><td></td></tr>
<tr><td>地址</td><td colspan="3"></td><td>聯絡電話</td><td colspan="4">（公）
（宅）
（行動）</td></tr>
<tr><td>受處分人名稱
（法人、團體或非屬自然人）</td><td></td><td>營利事業統一編號
或其他登記字號</td><td></td><td>代表人或管理
（權）人姓名</td><td colspan="2"></td><td>出生
年月日</td><td></td></tr>
<tr><td>地址</td><td colspan="3"></td><td>聯絡電話</td><td colspan="4">（公）
（宅）
（行動）</td></tr>
<tr><td>事實</td><td colspan="8"></td></tr>
<tr><td>#罰鍰金額</td><td>新臺幣○○○元整</td><td>#繳納期限</td><td colspan="2">○年○月○日止</td><td>#繳納方式</td><td colspan="3">匯款○○○帳號</td></tr>
<tr><td>理由及法令依據</td><td colspan="8">□因違反災害防救法第三十一條第一項第四（五）款，依同法第三十八條第一款規定處罰。
□因違反災害防救法第三十二條第一項，依同法第三十八條第二款規定處罰。
□因違反災害防救法第二十四條第二項、第三十一條第一項第二（三、七）款，依同法第三十九條第一款規定處罰。
□因違反災害防救法第三十五條第二項，依同法第三十九條第二款規定處罰。
□因規避、拒絕或妨礙依災害防救法第三十二條第二項所為之檢查，依同法第四十條第一款規定處罰。
□公共事業違反災害防救法第二十二條第三項、第二十三條第三項、第二十七條第三項、第三十條第三項或第三十六條第三項規定，致發生重大損害，依同法第四十條第二款規定處罰。</td></tr>
<tr><td>注意事項</td><td colspan="8">一、受處分人如不依期限繳納罰鍰，本府（機關）將依行政執行法規定，移送行政執行處強制執行。
二、受處分人如不服本處分，得繕具訴願書，於本裁處書送達之次日起三十日內，依訴願法規定遞送本府（機關）轉陳訴願管轄機關。
三、受處分人或利害關係人為提起訴願，請注意訴願法規定並依有關程序辦理，以免權益受損。</td></tr>
<tr><td>*送達年月日</td><td colspan="3">*（請簽收人填寫）</td><td colspan="2">*簽收人姓名</td><td colspan="3">*（請簽收人填寫）</td></tr>
</table>

首 長 ○ ○ ○

備註：

一、欄位內有「*」註記者，非屬「災害防救法」及其施行細則法定應記載項目，機關得視實際需要刪減，其他欄位均應照列；欄位內有「#」註記者，該欄位字體應以粗體、紅色字樣標示清楚。

二、本書表格式原則上採用二聯式單據辦理，以簡化行政業務，即第一聯（淡紅色）交當事人，第二聯（淡綠色）由機關自存，並請擇欄位外之空白適當處註記。

表十二

中華民國〇〇年〇〇月〇〇日
發文字號：〇〇〇〇〇〇〇〇

（機關全銜）徵用（購）標的物受領證明書

被徵用（購）人〇〇〇依本府（機關）〇〇年〇〇月〇〇日，發文字號：〇〇〇〇〇〇〇〇〇〇之徵用（購）處分書交付徵用（購）物資，清冊如下：

一、交付時間：〇〇年〇〇月〇〇日〇〇時〇〇分

二、交付地點：

三、交付物資名稱、數量等內容：

四、交付狀況：

上述物資經受領無誤，特此證明。此致

〇〇〇女士
〇〇〇先生

（受領機關或單位條戳）

（承辦人簽名或蓋章）

備註：本書表格式原則上採用二聯式單據辦理，以簡化行政業務，即第一聯（淡紅色）交當事人，第二聯（淡綠色）由機關自存，並請擇欄位外之空白適當處註記。

表十三

（機關全銜）徵調（用）廢止證明書

中華民國○○年○○月○○日
發文字號：○○○○○○○○

本府（機關）執行○○○（災害種類）災害應變相關措施業經圓滿結束，本府（機關）○○年○○月○○日，發文字號：○○○○○○○徵調（用）處分，自○○年○○月○○日起，應予廢止。感謝台端於緊急應變期間誠摯協助，謹致謝忱，特予證明。此致

○○○女士
○○○先生

首長　○　○　○

備註：本書表格式原則上採用二聯式單據辦理，以簡化行政業務，即第一聯（淡紅色）交當事人，第二聯（淡綠色）由機關自存，並請擇欄位外之空白適當處註記。

表十四　警戒區域公告

○○市、縣(市)政府公告	中華民國○○年○○月○○日 ○○府字第○○○○○○○○號

主　　旨：公告劃定「○○○區域範圍」為警戒區，非持有通行證件，不得進入，自中華民國○○年○○月○○日起生效。

依　　據：災害防救法第三十一條第一項第二款（第三款）規定。

公告事項：

一、茲為應○○災害防救需要，特由本市、縣（市）災害應變中心指揮官○○○劃定「○○○區域範圍」為限制或禁止人民進入或　　命其離去之範圍，特予公告。

二、附警戒區圖乙份。

○○市、縣（市）長○○○

民間防災審查輔導機構認可管理要點

民國108年2月27日內政部令訂定發布全文8點；並自即日生效。

一　內政部（以下簡稱本部）爲認可及管理民間防災審查輔導機構辦理防災士培訓機構資格審查、防災士教材教案及測驗題庫編修、防災士種子師資培訓、韌性社區標章核發審查及企業防災輔導工作，特訂定本要點。

二　民間防災審查輔導機構應具備下列條件：

㈠法人、公立或立案之私立大學以上學校。

㈡工作人員至少三人，並曾參與一年以上及三場次以上之防救災工作、防救災宣導或防災教育工作。

㈢設有十五人以上組成之審查小組，且至少包括下列成員：

1.防災士基本師資三人。

2.防災士種子師資三人。

3.具防救災經驗之軍人、警察、消防員或醫師二人。

4.曾參與二年以上及五場次以上之防救災工作、防救災宣導或防災教育工作者七人。

三　申請機構備具下列文件後，應於本部受理申請期限內向本部申請，申請文件不完備者，本部應書面通知限期補正；屆期未補正或補正不完備者，駁回其申請：

㈠申請書（格式如附件一）。

㈡法人設立登記之證明文件影本。

㈢執行計畫書三份。

前項第三款之執行計畫書內容應包括下列事項：

㈠申請機構之概況說明。

㈡工作人力配置說明。

㈢審查小組成員名單及同意書。

㈣防災士培訓機構審查作業處理程序、訪查作業及時程規劃。

㈤防災士教材教案及測驗題庫編修方向。

㈥防災士種子師資培訓機制。

㈦韌性社區參與標章審查作業（含實地訪視）處理程序。

㈧企業防災輔導及課程規劃方向。

㈨前五款業務時程規劃、預期成效及收費基準。

㈩提供諮詢服務方式。

四　民間防災審查輔導機構應辦理之業務：

㈠審查及訪查防災士培訓機構。

㈡提送符合資格之防災士名冊至本部。

㈢編修防災士教材教案及測驗題庫。

㈣訓練防災士種子師資。

㈤轉發韌性社區網站帳號及密碼、審查及註銷韌性社區標章、提送符合資格之韌性社區清冊至本部。

㈥輔導企業推動防災工作。

五　民間防災審查輔導機構由本部另行邀集遴選小組遴選之，每次遴選以一家爲限；遴選結果經本部認可後，公開於本部消防署網站上，並以書面通知該機構。

前項遴選每三年辦理一次，認可有效期限為三年。

六　民間防災審查輔導機構應接受本部抽查或實地訪查，每年至少一次，並由本部填具執行成效紀錄單（格式如附件二）。

七　民間防災審查輔導機構審查小組成員辦理第四點第一款及第五款之審查、訪查及註銷等作業，適用行政程序法第三十二條及第三十三條有關迴避之規定。

八　民間防災審查輔導機構有下列情形之一者，經通知限期改善屆期未改善，本部得廢止其資格：

㈠未按執行計畫書內容執行業務。

㈡執行成效總平均低於六十分或單一檢核面向低於四十分。

㈢停業、歇業、解散、破產或有其他足認喪失執行業務能力情事。

㈣有具體事證足認影響審查作業之公正性。

民間防災審查輔導機構自廢止其資格之日起一年內，不得重新提出申請。

防災士培訓及認證管理要點

①民國107年8月10日內政部令訂定發布全文9點；並自即日生效。
②民國108年1月9日內政部令修正發布全文9點；並自即日生效。
③民國109年3月11日內政部令修正發布全文9點；並自即日生效。

一　內政部（以下簡稱本部）為培植防災士，以強化民眾自主防救災能力，特訂定本要點。

本要點所稱防災士，指參與本要點所定防災士培訓課程並取得合格認證，自主性協助各級政府或防救災相關團體依相關法令，辦理相關防救災宣導與救助工作，或自主推動防救災工作者。

二　防災士培訓課程由本部或防災士培訓機構辦理。

前項所稱防災士培訓機構（以下簡稱培訓機構），指依據防災士培訓機構認可及管理要點規定，向民間防災審查輔導機構申請審查通過，經本部認可得執行防災士培訓之機構。

前項所稱民間防災審查輔導機構（以下簡稱輔導機構），指依據民間防災審查輔導機構認可管理要點規定，經本部公告之機構；輔導機構未經本部公告前，其任務由本部執行。

培訓機構申請辦理防災士培訓課程，應於辦理前檢具計畫書（如附件一）向輔導機構申請。

三　防災士培訓課程基準及授課內容如附件二，每班期應規劃為期二日訓練課程，包括基本課程及進階課程。另可依參訓目的調整進階課程及師資，並經輔導機構審核報本部認可後辦理。

學科測驗題目由測驗題庫中摘錄，術科測驗項目應包含心肺復甦術、自動體外心臟電擊去顫器操作及止血、包紮與固定操作。

前二項防災士培訓課程所需之教材範本內容、學科測驗題庫，由輔導機構負責編修後，報請本部核定。

學科測驗及格標準須達六十分以上，未達六十分者，須於一年內補測，補測分數須達七十分以上；術科測驗須通過第二項規定之項目，並填具防災士培訓術科測驗檢核表（如附件三），任一項目不合格，視為不通過，須於一年內補測，補測後學科及術科皆及格者可取得認證，補測後未達標者，應重新參訓。

參訓人員完成基本課程及進階課程，並經學科及術科測驗合格後，始得認證合格。

具備初級以上救護技術員資格，或曾參加四小時以上基礎急救訓練且證書（照）有效期限內之參訓人員，提具相關證書（照）或其他足以佐證符合上述資格之相關文件，得抵免當次訓練之急救訓練課程及術科測驗。

四　培訓機構應於防災士培訓課程結訓翌日起一個月內，檢附學員名冊、培訓計畫（含課程表）、講師簽到紀錄、學員簽到紀錄、學科及術科測驗之學員答題卷等相關培訓資料（附光碟）及學員大頭照電子檔，向輔導機構申請審查通過後，轉報本部核定發給防災士合格證書（如附件四）及識別證（如附件五）。

五　防災士培訓課程之師資，依個別課程選任，分為基本師資及種子師資。

基本師資遴選方式，由本部、各直轄市、縣（市）政府或培訓機構提供推薦名單、同意書及學、經歷資料，經本部審核通過後聘任。遴選資格如下，應至少符合其中一項：

(一)在應用科學、技術或專業領域上有特殊成就之國內外專家、學者。
(二)從事防災相關實務工作，或曾擔任防災相關業務訓練之講座，或經驗豐富之機關（構）人員。
(三)申請擔任基礎急救訓練及急救措施實作相關課程之師資人員，以實際從事緊急醫療救護工作三年以上之醫師、護理人員或救護技術員管理辦法所定之高級、中級救護技術員爲限。

種子師資需具防災士資格，且應具備專科學校以上畢業或同等學力資格，並於防災單位擔任主管職務達一年以上或參與防災工作經驗達三年以上，由本部或輔導機構徵求各直轄市、縣（市）政府或培訓機構提供推薦名單、同意書及學、經歷資料，經輔導機構辦理師資培訓課程訓練合格者始得擔任，有效期限爲三年。

基本師資、種子師資人員名單，另由本部建置師資資料庫並公布之。

六　具有擔任防災士師資資格人員，得向本部申請免除全部或部分防災士培訓課程；免除全部培訓課程者，視同培訓合格，得不需測驗，向輔導機構申請轉報本部發給防災士合格證書及識別證。

七　防災士從事第一點第二項所定工作時，應配戴識別證。

防災士不得以任何名義，主動向受服務者要求任何財物之報償或擅自對外招攬圖利；違反者，本部得視情節輕重，予以撤銷或廢止其防災士資格。

具防災士資格者，視同已完成志願服務法第九條第一項第二款規定之特殊訓練，於完成同條第一項第一款規定之基礎課程後，得執行災害防救志願服務事項。

八　防災士合格證書、識別證遺失或損壞者，應向輔導機構申請轉報本部補（換）發。

九　各直轄市、縣（市）政府爲培訓所屬單位人員或所轄申請韌性社區認證之防災社區民眾成爲防災士，提報培訓計畫經本部審核通過後，得比照本要點第二點以外之規定辦理防災士培訓課程。但每年培訓總人數直轄市至多二百人、其餘縣（市）至多一百人。

防災士培訓機構認可及管理要點

民國108年2月27日內政部令訂定發布全文8點；並自即日生效。

一　爲利民間防災審查輔導機構辦理防災士培訓機構（以下簡稱培訓機構）申請審查作業，並落實防災士培訓及認證管理要點第二點第二項規定，特訂定本要點。

二　培訓機構應具備下列條件：

㈠法人、公私立大專院校、公私立大專院校所屬學術研究機構或直轄市、縣（市）政府委託之社區大學。

㈡負責防災士培訓業務之工作人員至少五人。

㈢具邀集五位基本或種子師資擔任授課講師之能力。

三　申請機構應備具下列文件，向民間防災審查輔導機構申請並經本部認可爲培訓機構；申請文件不完備者，民間防災審查輔導機構應書面通知十五日內補正；屆期未補正或補正不完備者，駁回其申請：

㈠申請書（格式如附件一）。

㈡法人設立登記之證明文件影本、大專院校組織法規或社區大學委託證明文件。

㈢執行計畫書三份（格式如附件二）。

前項第三款之執行計畫書內容應包括下列事項：

㈠申請單位之概況說明。

㈡工作人力配置說明。

㈢授課講師名單及同意書。

㈣培訓課程作業處理程序、課程規劃及收費標準。

㈤完成認證期間作業處理程序。

㈥補考作業處理程序。

㈦第四款至第六款業務時程規劃及預期成效。

㈧提供諮詢服務方式。

第一項各款檢附資料如有變更，應向民間防災審查輔導機構提送相關申請文件，並經本部核可。

四　民間防災審查輔導機構審查項目如下：

㈠申請機構執行計畫書應符合防災士培訓及認證管理要點之工作項目內容。

㈡申請機構執行計畫書主題與內容之妥適性、方法與策略之可行性及預期成效。

㈢申請機構執行計畫書經費及人力之合理性。

五　培訓機構經民間防災審查輔導機構審查合格及本部認可後，應將名單公開於本部消防署網站。

前項認可有效期限爲二年，期滿前一個月，培訓機構得依第三點程序申請展延。

六　培訓機構應備置授課講師名冊、參訓學員名冊、學員點名紀錄簽到冊、課程表、教學進度表、成績冊、證書核發清冊、講師簽到紀錄、測驗卷、會計簿籍、訓練設備清冊、訓練規則。

前項學員名冊、學員點名紀錄簽到冊及證書核發清冊，應妥適保存至少二年。

七　培訓機構應接受本部或民間防災審查輔導機構實際訪查，每年至少一次，由實際訪查機關塡具訪查紀錄單（格式如附件三）。

八　培訓機構有下列情形之一者，經通知限期改善屆期未改善，本部得廢止其資格：

㈠工作人員或師資人數不符第二點第二款及第三款規定。

㈡未按執行計畫書內容執行業務。
㈢執行成效總評分結果低於六十分。
㈣要求、期約或收受不正當利益。
㈤停業、歇業、解散、破產或有其他足認喪失執行業務能力情事。
㈥其他經本部認定辦理培訓相關業務違失情節重大。
培訓機構自廢止其資格之日起一年內，不得重新提出申請。

防災地圖作業手冊

①民國98年12月16日行政院災害防救委員會函訂定發布全文9點。
②民國102年10月21日內政部函修正發布全文8點。
③民國103年5月15日內政部函修正發布全文8點。
④民國106年3月3日內政部函修正發布全文8點。

壹　目的

一　有效顯示出鄉（鎮、市、區）與村（里，含部落）之現有防救災相關資源、可能致災地區及避難收容處所，災時供指揮官調度運用。

二　促使民眾認識自我生活環境及災害風險，藉由疏散避難方向之引導，安全抵達避難收容處所，並提升災害意識。

三　本手冊係原則性規範各類防災地圖繪製之原則、程序、內容、圖例及規格設定等共通性事項，以使防災地圖格式統一，便於閱讀與使用。

貳　定義

防災地圖是將災害防救資訊以點、線、面的方式繪製成圖，以便於傳達與利用。依照目的與內容差異，有多種不同的主題，例如：災害潛勢圖、疏散避難圖、資源儲存圖、人力資源分配等。本手冊主要係以下列兩項為主：

一　災害潛勢圖：標明災害潛勢之可能地區，或標示出災害可能的影響範圍，主要係提供防救災人員使用。

二　疏散避難圖：提供一般民眾及防救災人員瞭解避難收容處所位置及防救災情資，或連同標示避難方向，主要以鄉（鎮、市、區）或村（里，含部落）等二種地圖為原則。必要時應將歷史災害區域或潛勢分析進行套疊，透過災害風險共有，以強化民眾自主防災之效能。

參　呈現方式

一　提供防救災人員使用圖資應掛設於鄉（鎮、市、區）災害應變中心，供災時指揮運用。

二　提供民眾使用之圖資應利用活動、集會加強宣導，並將防災地圖製成防災避難看板（參考附錄1），設於明顯處所，且沿線標示疏散避難方向指示牌，俾利於災前能迅速疏散民眾至避難收容處所。

肆　製作原則

一　因地制宜

各地因災害類型、所轄幅員大小不同，直轄市、縣（市）政府可自行決定製作之災害類型及行政區層級，參酌本手冊之相關圖示呈現，並可納入地方生活及觀光等便民資訊，另倘基於繪製特定目的，直轄市、縣（市）政府可依需求自行調整圖面內容格式，以擴大防災地圖使用效能。

二　具易辨識性

考量地區獨特環境條件以及特殊之人、事、物特性，完整分析各地區面臨之災害以及應有之處置，並清楚標示可能發生之災害類型及地點、災害影響範圍、避難收容處所、疏散避難方向、防救災設施與設備等資訊位置。

三　內容完整性

防災地圖內容應呈現完整資訊，以有效傳遞民眾防災訊息。

四　保持常新

由於地形地貌或各項設施，會因大自然或人爲破壞而有所改變，原繪製之相關防災地圖內容，恐受影響有失眞之虞，故每年應定期檢討修訂，圖面所列各項防災資訊如有變更，亦需即時更新，以隨時保持常新。

五　文字符號

使用之文字或符號應注意國際共通語言或標示之意義。

伍　繪製程序

防災地圖之製作程序，如下：

一　災害歷史調查

以災害事件爲主的紀錄內容，包括災害類型、發生時間、發生地點、規模與災情等資料，並依據災害狀況、受損情形、災害範圍等，明列詳細之歷史災害資料，以備查用。此外亦可將個人災害經驗併入討論與調查，以加強未來災害防救之實務經驗。

二　災害潛勢分析

針對轄內災例及潛災地區進行災害類別之調查分析，並針對發生時間、發生地點災害情形、災害原因等進行相關研析，對應及修改防災圖資。

三　基本特性調查

㈠自然環境調查：地區地理位置、河川、溪流與排水溝渠、地形與地質、坡度與坡向、道路（含路寬）、橋梁與維生管線等項目。

㈡社會環境調查：行政區位、人口、產業、土地使用、災害弱勢民眾、老舊建物與公共建物等項目。

四　實地踏勘

邀請有關專家、學者或地方民眾進行實地踏勘，以文字或相片記錄方式，找出環境中危險與安全區域，及相關災害防救問題，進一步分析地區易致災因子，相關程序建議如下：

㈠實地調查踏勘草圖繪製：取得相片基本圖（1/5000或1/10000）或是足夠代表地區現況之適合比例地圖，再至現場與當地村（里）長或是長年居住現地民眾及地質專家，共同進行現勘，討論易受災地點及災害潛勢區域，並將討論結果繪製A4紙張大小草圖紀錄建檔。

㈡基本圖層建構：基本圖層建構先以A0尺寸爲主，內含地區地貌地形圖，並清楚標示水域、道路及重要設施相關地理位置如水庫、電塔等。

㈢資料蒐集：配合基本圖層建構，將疏散避難方向、避難收容處所、當地重要建物或地標及災害處理單位等資訊，繪製於基本圖層上，並與當地災害歷史進行交叉比對。

㈣實地校正勘驗：利用已繪製完成之防災地圖草圖，再至現地與當地村（里）長、村（里）幹事、民眾共同進行現地勘驗，以確保其正確性。

五　檢視疏散避難計畫

參考踏勘警戒區、避難收容處所及初繪疏散避難方向等，據以訂（修）定疏散避難計畫。

六　防救災有關情資

㈠防救災專業人士：如警消醫療單位、村（里）人事資料、災害通報單位等。亦可調查並加註地區於災時可提供協助之相關專業人員。

㈡防救災情資分布資訊：各類防救災機具及物資儲備地點（如各種救災機具、物資存放位置、取水點等）。

㈢緊急應變資源：除了一般公共之物資儲存設施外，亦可調查鄰近之大型購物商場、診所、西藥房、五金行、雜貨店等相關可發揮自救或協助救災功能之資源處所。

七　救災單位與通訊資料更新確認

針對災害發生時之主管單位與相關救災人力、器材、救災物資等之通訊與相關資料，進行整備並定期更新。

八　防災地圖製作

完成上述資料之收集與彙整調查資料後，擬定地區之防災地圖（如附錄2之範例），並納入疏散避難計畫。另與本地圖相關之計畫，應於每年防汛期前檢核校正。

陸　地圖內容

一　地圖標題（名稱）

㈠鄉（鎮、市、區）：○○縣（市）○○鄉（鎮、市、區）防災地圖。

㈡村（里，含部落）：○○縣（市）○○鄉（鎮、市、區）○○村（里）防災地圖。

二　主體圖

主體圖為本地圖之主要內容，採用內政部防救災雲端計畫－地理資訊平台系統底圖TGOS Map為主，地形圖、衛星或航空器拍攝之影像為輔，標示疏散避難方向、避難收容處所、防救災資源等，依災害類別及使用目的所需資訊，加以繪製。

三　防災資訊

㈠必要欄位：

1.行政區位圖。

2.災害通報單位：單位名稱、電話。

3.緊急連絡人：（鎮、市、區）長、村（里）長及村（里）幹事等相關人員之姓名、電話（個人相關資料，依個人資料保護法規定辦理）。

4.避難收容處所：場所（建築物）名稱、地址、電話、適災類別。

5.製圖單位與日期。

㈡建議欄位：各地方政府依需求彈性增列。

1.防災資訊網站。

2.直升機起降點。

3.災害警戒值。

4.避難原則。

5.其他。

四　圖例

本地圖之圖例，分為道路、設施、標示、行政區域界線等四部分，除「設施」部分應列有必要項目外，餘各地方政府視需求引用（增列）所需圖例即可，說明如下：（如附錄3）

㈠「道路」部分：係參考「道路交通標誌標線號誌設置規則」，包含：國道、快速道路、省道、縣道、鄉道、高速鐵路、臺灣鐵路。

㈡「設施」部分：主要參酌國內外通則訂立。

1.必要項目：室內避難收容處所、室外避難收容處所。

2.建議項目：如人車轉運集結點、醫療院所、消防單位、警察單位、身心障礙福利機構、老人福利機構、物資儲備點、取水點、直升機起降點、指揮中心、救援器材放置點、通訊設備放置點、公務部門、海嘯避難收容處所等十四項。

㈢「標示」部分：參酌國內現有標示與國外通則，包含：海嘯危險區域、疏散避難方向、適用海嘯災害、適用地震災害、適用水災災害、適用土石流災害。

㈣「行政區域界線」部分：鄉（鎮、市、區）界線、村（里，含部落）界線。

五　指北針

依主題圖範本之指北針標示，原則上以北方朝上爲主，若各地區實地狀況不許可，則不在此限。

六　比例尺

各直轄市、縣（市）及地方因情況特殊者，可自行訂定相關比例，但以相關資訊可清楚呈現爲原則。

柒　地圖規格設定

地圖規格設定可區分爲「基本格式」與「版面配置」等二種，以配合鄉（鎮、市、區）、村（里，含部落）等行政區域地形劃分不同尺度，擬定「鄉（鎮、市、區）／村（里，含部落）防災地圖」。

一　地圖基本格式

繪製地圖時，圖面地形圖可配合不同鄉（鎮、市、區）、村（里，含部落）現況，作適當之調整。以下地圖基本格式僅作建議，實際運用以圖面清晰爲原則。

㈠版面樣式：考量各行政區之地形不同，提供橫式與直式各一種樣本，並分爲鄉（鎮、市、區）與村（里，含部落）。

㈡版面大小：圖紙尺寸可分爲A0（84.1cm×118.9cm）與A1（59.4cm×84.1cm）等兩種。

㈢欄寬高度：標題、主題圖、圖例、防災資訊之相對比例、寬高。

㈣比例尺：分爲鄉（鎮、市、區）與村（里，含部落）二種爲單位，下列爲建議之比例尺，以可容納該地圖範圍爲原則。

1.鄉（鎮、市、區）：圖紙尺寸爲A0，比例尺爲1：1200～1：2400。

2.村（里，含部落）：圖紙尺寸爲A1，比例尺爲1：600～1：1200。

㈤紙質規格：雙面銅板紙，雙面需經過塗佈壓光處理，以達到基本防水功能，另表面需平滑光亮不起毛，紙白，光線反射率要高，紙張伸縮性低，並用於彩色印刷。

㈥應用厚度：150磅～200磅。

二　版面配置

防災地圖之版面尺寸之建議配置，可分爲A1與A0等二種；其版面配置可分爲直式與橫式2種。相關防災地圖之版面尺寸與版面配置如下。（如附錄4）

㈠A1版面尺寸：橫式。

1.標題：3.3公分×82.0公分。

2.主題圖：43.1公分×67公分。

3.防災資訊：14.0公分×54.2公分。

4.圖例：9公分×68公分。

5.外框：84.1公分×54.2公分。

㈡A1版面尺寸：直式。

1.標題：55.5公分×3.3公分。

2.主題圖：43.3公分×65.5公分。

3.防災資訊：14.0公分×67.7公分。

4.圖例：55.5公分×9.3公分。

5.外框：59.4公分×84.1公分。

㈢A0版面尺寸：橫式。。

1.標題：116.1公分×4.6公分。

2.主題圖：94.8公分×61.0公分。

3.防災資訊：20公分×76.6公分。

4.圖例：96.1公分×12.7公分。

5.外框：118.9公分×84.1公分。

㈣A0版面尺寸：直式。

1.標題：78.5公分×4.6公分。

2.主題圖：57.0公分×92.6公分。

3.防災資訊：19.8公分×95.7公分。

4.圖例：78.5公分×13.1公分。

5.外框：84.1公分×118.9公分。

捌　附錄

一　附錄1　防災避難看板設置原則

二　附錄2　防災地圖（範例）

圖2-1　臺中市西屯區防災地圖（範例）／橫式

圖2-2　臺中市西屯區防災地圖（範例）／直式

圖2-3　臺中市西屯區何德里防災地圖（範例）／橫式

圖2-4　臺中市西屯區何德里防災地圖（範例）／直式

三　附錄3　防災地圖相關圖例標示

四　附錄4　防災地圖版面配置（範例）

圖4-1　A1版面尺寸（範例）／橫式

圖4-2　A1版面尺寸（範例）／直式

圖4-3　A0版面尺寸（範例）／橫式

圖4-4　A0版面尺寸（範例）／直式

（附錄略）

國際救援隊來臺救災接待及撤離中心作業規定

民國108年9月5日內政部函訂定發布全文9點；並自即日生效。

一 目的

爲強化國際救災支援配合注意事項有關國際救援隊來臺救災隊伍資訊掌握、受理報到、入出境禮遇通關及交通接駁運輸支援等事宜之執行，於桃園國際機場（以下簡稱桃機）設置國際救援隊接待及撤離中心（以下簡稱接待及撤離中心），由各相關部會派員進駐共同運作，特訂定本作業規定。

二 名詞定義

㈠國際救援隊：指外國政府、非政府組織或國際組織組成之救援團隊，包含經聯合國認證城市搜救隊（Urban Search And Rescue Team，簡稱USAR）、國際緊急醫療隊（Foreign Medical Teams，簡稱FMTs）、國際紅十字會等國外人命救援組織。

㈡接待及撤離中心（Reception/Departure Centre，簡稱RDC）：指中央災害應變中心啓動接受國際救災支援機制時，爲處理國際救援隊入出境及救災相關協調聯繫事宜，於機場所成立之跨部會作業中心。

三 設置地點

接待及撤離中心原則上設置於桃機第二航廈遠端候機室（C5R），但必要時得依實際狀況或需求，得另擇桃機內之其他場所空間設置。

四 成立時機

中央災害應變中心啓動接受國際救災支援，需國際救援隊來臺支援救災並有成立接待及撤離中心需求時，由內政部（消防署）通報各應進駐機關（單位）派員進駐運作。

五 進駐單位與人數裝備

接待及撤離中心之運作由內政部（消防署）主導，原則由外交部、財政部（關務署）、行政院農業委員會（動植物防疫檢疫局）、桃園國際機場股份有限公司及內政部（警政署、移民署）派員進駐共同作業，並得視需要隨時通知衛生福利部、交通部、國防部、桃園國際機場地勤公司或其他機關（單位）派員進駐，相關單位進駐人數及應勤裝備詳如附件一。

六 作業流程

㈠國際救援隊抵臺前：

1.內政部（消防署）會商外交部及交通部於第三點規定之地點設立接待及撤離中心，並通報各單位進駐（如附件二），各單位進駐人員應於收到傳真、簡訊或電話通知後，於指定時間內進駐完成。

2.外交部透過駐外機構或駐華領事館向國外請求或接受國際支援時，同步提供國際救援隊基本資料表、搜救犬輸入檢疫同意文件申請書及國際救援隊撤離情況表（如附件三至六）並預先塡復附件三至五，以掌握國際救援隊來臺資訊，並隨時提供各進駐單位。

3.內政部（消防署）評估受災縣市災情規模、支援請求，各來臺國際救援隊搜救量能，以及與受災縣市應變中心協調情資，預先分配各國際救援隊支援縣市，掌握報到地點與聯繫窗口，並通知接待及撤離中心。

4.內政部（消防署）協調國防部或交通部依需求數量，派遣運輸車輛載具進駐接待及撤離中心待命，並將相關資訊通知接待及撤離中心。

㈡國際救援隊抵臺後：

1.接待入境作業：

(1)桃園國際機場股份有限公司依外交部提供國際救援隊來臺航班資訊，預先規劃各該國際救援隊之班機降落至遠端停機坪停駐，並由航勤公司桃園、長榮（以下簡稱桃勤、長勤）或上開調度之國防部、交通部運輸車輛載具將國際救援隊（人員、裝備、器材、物資、搜救犬）與一般旅客分流接駁至遠端候機室，辦理通關、報到。

(2)內政部（移民署、警政署）、行政院農業委員會（動植物防疫檢疫局）、財政部（關務署）及相關所需進駐單位協助完成通關、報到程序。

(3)國際救援隊完成入境各項查驗後，由上開調度之國防部、交通部運輸車輛載具或該國際救援隊自有車輛，經由桃機北機口，前往分配之救災支援集結據點、受災縣市應變中心、災區現場前進指揮所或其他報到地點報到。

2.撤離出境作業：

(1)搜救任務完成後，由交通部（民用航空局）安排或掌握國際救援隊返國航班，預先規劃各該國際救援隊專機。

(2)國防部或交通部協助載運國際救援隊，先前往辦理貨物出境通關後至出境大廳辦理搜救犬及人員出境程序。

(3)出境時貨物（裝備、器材、物資等）由財政部關務署於停機坪辦理通關作業，內政部警政署航空警察局配合安全檢查，航勤公司（桃勤、長勤）派遣運輸車輛將國際救援隊人員、搜救犬、貨物接駁至所搭班機裝載上機。

(4)行政院農業委員會（動植物防疫檢疫局）機場檢疫單位協助辦理犬隻輸出驗對作業。

(5)國際救援隊人員通關作業比照交通部（民用航空局）「國際機場禮遇作業辦法」辦理禮遇通關作業。

(6)隨行各國際救援隊之內政部（消防署）及外交部隨行人員，協助上開各項出境作業相關協調聯繫與導引事宜。

七　後勤支援

接待及撤離中心各項分工運作所需應勤裝備與輪班人力原則由各進駐單位自行規劃整備，至於運作場地、膳食訂購、水電作業設備、耗材等庶務後勤事項，由桃園國際機場股份有限公司支援協助，膳食所需經費由內政部（消防署）支應。

八　接待及撤離中心各單位分工事項

(一)內政部（消防署）：

1.辦理成立接待及撤離中心前相關協調及通報事宜。

2.攜帶相關應勤作業裝備資料進駐接待及撤離中心。

3.受理國際救援隊報到作業，掌握實際抵臺國際救援隊伍情資。

4.將抵臺之國際救援隊資訊填至國際救援隊基本資料總覽表（如附件六），並回傳中央災害應變中心。

5.填寫接待及撤離中心簡報摘要表（如附件七）提供予國際救援隊。

6.負責與中央災害應變中心搜索救援組聯繫事宜，並受命分派各國際救援隊所支援之受災縣市與報到地點。

7.配合派遣一名人員全程隨行國際救援隊，辦理搜救作業協調事宜。

8.聯繫交通接駁載具支援事宜。

(二)內政部（移民署）：辦理國際救援隊人員證照查驗等簡化通關作業。

(三)內政部（警政署）：

1.協助辦理國際救援隊所帶行李檢查及相關入出境管制作業。

2.協助各權責單位進駐人員及國際救援隊進出機場管制區通行事宜。

3.攜帶相關應勤作業裝備資料進駐接待及撤離中心。

㈣外交部：

1.負責國際救援隊來臺前相關聯繫事宜，接受並蒐集掌握來臺國際救援隊資訊。

2.預先提供來臺國際救援隊基本資料表（如附件三）、搜救犬輸入檢疫同意文件申請書（如附件四）、及國際救援隊撤離情況表（如附件五）等報到及入出境表單供國際救援隊填報。

3.協助辦理國際救援隊入境簽證及報到相關事宜。

4.配合派遣一名傳譯人員全程隨行國際救援隊，協助溝通協調事宜。

5.負責與中央災害應變中心境外救援組聯繫事宜。

㈤行政院農業委員會（動植物防疫檢疫局）：

1.攜帶相關應勤作業裝備資料進駐接待及撤離中心。

2.協助加速辦理國際救援隊搜救犬隻輸入檢疫及救援物資中動植物及農產品檢疫作業。

㈥財政部（關務署）：

1.國際救援隊所攜帶行李檢查通關。

2.裝備器材物資申報及入、出境通關作業、違禁品查驗等簡化通關作業。

㈦交通部：

1.國際救援隊搭乘航班抵達，協調桃機航機放行及停機，如有轉降其他民用、軍民兩用機場時，亦同。

2.必要時，協調航空公司、高鐵、臺鐵及民間客運業者等提供陸、空運輸工具載運國際救援隊人員、裝備器材等物資至受災縣市；當有載運裝備器材、物資等貨物需求時，陸上運輸車輛以具備貨物裝卸升降平台爲優先。

3.依據國際救援隊所提離境需求協調該隊伍返國班次，費用由國際救援隊自行負擔。

4.督導桃機內航空、航勤公司等單位協助接待及撤離中心建置與後勤作業。

5.如遇搭乘專機抵臺之國際搜救隊有使用自有車輛執行救災工作需求，協助辦理臨時牌照或允許通行相關事宜。

㈧桃園國際機場股份有限公司：

1.國際救援隊班機抵達時，協助引導至遠端停機坪。

2.協助並支援建置接待及撤離中心相關後勤設施、裝備與作業耗材。

3.派員並攜相關應勤作業裝備資料進駐接待及撤離中心。

4.協助進駐人員餐點訂購事宜（經費由內政部消防署核銷）。

㈨桃園航勤公司、長榮航勤公司：協助國際救援隊人員及裝備器材等相關貨物裝卸運輸接駁事宜。

㈩國防部（視需要通知派員進駐）：必要時支援軍用卡車、巴士、運輸機等陸、空運輸工具；當有載運裝備器

材、物資等貨物需求時，陸上運輸車輛以具備貨物裝卸升降平台爲優先。

⑴衛生福利部（視需要通知派員進駐）：必要時派遣機場相關人員前往接待及撤離中心辦理搜救人員檢疫作業。

九　撤除時機

接待及撤離中心已協助所有國際救援隊辦理離境，或已無運作需求時，得陳報中央災害應變中心指揮官撤除接待及撤離中心，相關進駐人員歸建。

韌性社區標章申請作業要點

民國108年1月2日內政部令訂定發布全文20點。

一　內政部（以下簡稱本部）為推廣韌性社區工作，以強化社區之自我防救災能量，特訂定本要點。

二　本要點用詞，定義如下：

㈠社區：指地方性組織或團體，如村、里、社區發展協會或類似組織為一社區單位。

㈡韌性社區：指經取得本要點之韌性社區標章（以下簡稱標章），能持續推動社區災害防救工作，具備災害容受力，災後復原能力較佳之社區。

㈢民間防救災認證第三機構（以下簡稱第三機構）：指經本部核可之辦理標章審查作業之機關（構）、團體。

三　標章之審查作業由本部辦理，本部並得委託第三機構辦理。

前項第三機構申請本部核可之資格、程序、應備文件及審查標準，由本部另定之。

四　社區應符合下列規定，方能申請標章：

㈠應劃定其範圍。

㈡執行社區之災害防救工作應以地震作為基本災害類型，並增列在地性災害種類。

㈢應於申請日期前二年內均有持續執行社區內災害防救工作、符合標章申請之工作項目，並提出佐證資料（如附件一）。

㈣應配合本部辦理韌性社區實地訪視作業。

㈤社區應至少有二名實際居住於該社區人員依防災士培訓及認證管理要點參加培訓，取得防災士資格。

五　直轄市、縣（市）政府得經社區提出需求或主動輔導社區，向本部申請標章。

六　直轄市、縣（市）政府平時應管理、輔導所轄韌性社區，執行事項如下：

㈠提報○○直轄市、縣（市）韌性社區清冊（如附件二）至本部；表列社區如有增減或資料變更，應立即提報本部更新之。

㈡視所轄韌性社區需要，輔導韌性社區建置相關事宜。

七　本部將依第六點第一款所列清冊，發給直轄市、縣（市）政府韌性社區之帳號及密碼，提供社區登入本部消防署韌性社區網站，進行帳號管理、狀態檢視、佐證資料上傳等工作。

八　一星標章申辦作業流程如下：

㈠直轄市、縣（市）政府確認所轄社區之災害防救工作執行成果均符合一星標章應完成之工作項目（如附件一）。

㈡直轄市、縣（市）政府應依第六點第一款提報社區清冊，由本部依第七點提供帳號及密碼後，社區進行資料管理及佐證資料上傳工作。

㈢直轄市、縣（市）政府完成前款工作後，填寫韌性社區標章申請表（如附件一），並檢核標章佐證資料之完整性及正確性，提報至本部進行審查作業。

㈣經本部審查符合者發給一星標章。

九　二星標章申辦作業流程如下：

㈠直轄市、縣（市）政府應確認所轄一星韌性社區二年內均依社區擬定之維持運作機制執行各項災害防救工作，填寫韌性社區標章申請表（如附件一），並檢核佐證資料之完整性及正確性，提報至本部進行審查作業。

㈡經本部審查符合者發給二星標章。

十　三星標章申辦作業流程如下：
㈠直轄市、縣（市）政府應確認所轄二星韌性社區二年內依社區擬定之維持運作機制執行各項災害防救工作，塡寫韌性社區標章申請表（如附件一），並檢核佐證資料之完整性及正確性，提報至本部進行審查作業。
㈡經本部審查符合發給三星標章。
十一　三星標章展延案審查作業流程如下：
㈠直轄市、縣（市）政府應確認所轄三星韌性社區二年內依社區擬定之維持運作機制執行各項災害防救工作，塡寫韌性社區標章申請表（如附件一），並檢核佐證資料之完整性及正確性，提報至本部進行審查作業。
㈡經本部審查符合者發給三星標章展延。
十二　二星、三星韌性社區應於取得或展延標章後，二個月內向直轄市、縣（市）政府提報維持運作機制（依據現況環境背景及需求修正）備查；如未於時限內提報，則於標章有效期限過後，需自一星標章重新申辦。
十三　直轄市、縣（市）政府得請鄉（鎮、市、區）公所協助第六點及第八點至第十一點之執行。
十四　第八點至第十一點之審查以書面審查爲主，並視需要擇定社區進行實地訪視，實地訪視作業處理程序由本部另行規定。
十五　標章申請及展延資料，經審查有缺漏或不符規定者，應通知直轄市、縣（市）政府於二十一日內補正，屆期未補正或仍有缺漏或不符規定者逕行退件，並於退件日起算三個月後始能再次申請。
十六　取得標章之社區清冊公告於本部消防署網站。
十七　標章有效期間爲二年。
十八　韌性社區有下列情形之一者，本部得註銷其標章，並公告之，社區應繳回標章：
㈠僞造文書。
㈡出具不實資料或證明。
㈢未依所定社區防災計畫書推動防救災工作，情節嚴重，並經通知限期改善，屆期未改善者。
十九　一、二、三星標章之樣式如附件三、四、五。
二十　韌性社區操作手冊由本部另行發行。
（附件略）

拾、建築相關法規

建築法

①民國60年12月23日總統令修正公布全文105條。
②民國65年1月8日總統令修正公布第3、7、13、27、34、35、39、40、48、52～54、58、59、68、70～77條條文；並刪除第17、18、21～23條條文。
③民國73年11月7日總統令修正公布第11、25、29、34、36、45、46、48、54、60、70、72、74、76～78、83～91、93～95、99～202條條文；增訂第34-1、70-1、77-1、96-1、97-1、97-2、99-1、102-1條條文；並刪除第37、38、57條條文。
④民國84年8月2日總統令修正公布第74、76、77、90、91、94、95條條文；並增訂第77-2、79-1、95-1條條文。
⑤民國89年12月20日總統令修正公布第2、13、16、19、20、32、42、46、50、53、96、99-1、101～102-1條條文。
⑥民國90年11月14日總統令修正公布第15條條文。
⑦民國92年6月5日總統令修正公布第3、7、10、11、34-1、36、41、53、54、56、70-1、73、77-1、77-2、87、91、97、97-1、99條條文；增訂第77-3、77-4、91-1、91-2、95-2、95-3、97-3條條文；並刪除第90條條文。
⑧民國93年1月20日總統令修正公布第2條條文。
⑨民國98年5月27日總統令修正公布第12、105條條文；並自98年11月23日施行。
⑩民國100年1月5日總統令修正公布第97條條文。
民國101年6月25日行政院公告第77-3條第6項、第77-4條第10項所列屬「財政部」之權責事項，經行政院公告自93年7月1日起變更為「行政院金融監督管理委員會」管轄，自101年7月1日起改由「金融監督管理委員會」管轄。
⑪民國109年1月15日總統令修正公布第40、77-3、77-4、87條條文。

第一章　總　則

第一條　（立法宗旨）
爲實施建築管理，以維護公共安全、公共交通、公共衛生及增進市容觀瞻，特制定本法；本法未規定者，適用其他法律之規定。

第二條　（主管機關）93
①主管建築機關，在中央爲內政部；在直轄市爲直轄市政府；在縣（市）爲縣（市）政府。
②在第三條規定之地區，如以特設之管理機關爲主管建築機關者，應經內政部之核定。

第三條　（適用地區）
①本法適用地區如左：
一　實施都市計畫地區。
二　實施區域計畫地區。
三　經內政部指定地區。
②前項地區外供公衆使用及公有建築物，本法亦適用之。
③第一項第二款之適用範圍、申請建築之審查許可、施工管理及使用管理等事項之辦法，由中央主管建築機關定之。

第四條　（建築物）
本法所稱建築物，爲定著於土地上或地面下具有頂蓋、樑柱或牆壁，供個人或公衆使用之構造物或雜項工作物。

第五條　（公衆用建築物）
本法所稱供公衆使用之建築物，爲供公衆工作、營業、居住、遊覽、娛樂及其他供公衆使用之建築物。

第六條（公有建築物）
本法所稱公有建築物，爲政府機關、公營事業機構、自治團體及具有紀念性之建築物。
第七條（雜項工作物）
本法所稱雜項工作物，爲營業爐竈、水塔、瞭望臺、招牌廣告、樹立廣告、散裝倉、廣播塔、煙囪、圍牆、機械遊樂設施、游泳池、地下儲藏庫、建築所需駁崁、挖填土石方等工程及建築物興建完成後增設之中央系統空氣調節設備、昇降設備、機械停車設備、防空避難設備、污物處理設施等。
第八條（主要構造）
本法所稱建築物之主要構造，爲基礎、主要樑柱、承重牆壁、樓地板及屋頂之構造。
第九條（建造）
本法所稱建造，係指左列行爲：
一　新建：爲新建造之建築物或將原建築物全部拆除而重行建築者。
二　增建：於原建築物增加其面積或高度者。但以過廊與原建築物連接者，應視爲新建。
三　改建：將建築物之一部分拆除，於原建築基地範圍內改造，而不增高或擴大面積者。
四　修建：建築物之基礎、樑柱、承重牆壁、樓地板、屋架及屋頂，其中任何一種有過半之修理或變更者。
第一〇條（建築物設備）
本法所稱建築物設備，爲敷設於建築物之電力、電信、煤氣、給水、污水、排水、空氣調節、昇降、消防、消雷、防空避難、污物處理及保護民衆隱私權等設備。
第一一條（建築基地）
①本法所稱建築基地，爲供建築物本身所占之地面及其所應留設之法定空地。建築基地原爲數宗者，於申請建築前應合併爲一宗。
②前項法定空地之留設，應包括建築物與其前後左右之道路或其他建築物間之距離，其寬度於建築管理規則中定之。
③應留設之法定空地，非依規定不得分割、移轉，並不得重複使用；其分割要件及申請核發程序等事項之辦法，由中央主管建築機關定之。
第一二條（起造人）98
①本法所稱建築物之起造人，爲建造該建築物之申請人，其爲未成年或受監護宣告之人，由其法定代理人代爲申請；本法規定之義務與責任，亦由法定代理人負之。
②起造人爲政府機關公營事業機構、團體或法人者，由其負責人申請之，並由負責人負本法規定之義務與責任。
第一三條（設計人及監造人）
①本法所稱建築物設計人及監造人爲建築師，以依法登記開業之建築師爲限。但有關建築物結構及設備等專業工程部分，除五層以下非供公衆使用之建築物外，應由承辦建築師交由依法登記開業之專業工業技師負責辦理，建築師並負連帶責任。
②公有建築物之設計人及監造人，得由起造之政府機關、公營事業機構或自治團體內，依法取得建築師或專業工業技師證書者任之。
③開業建築師及專業工業技師不能適應各該地方之需要時，縣（市）政府得報經內政部核准，不受前二項之限制。
第一四條（承造人）
本法所稱建築物之承造人爲營造業，以依法登記開業之營業廠商爲限。
第一五條（營造業之工程人員及外國營造業之設立）
①營造業應設置專任工程人員，負承攬工程之施工責任。
②營造業之管理規則，由內政部定之。

③外國營造業設立，應經中央主管建築機關之許可，依公司法申請認許或依商業登記法辦理登記，並應依前項管理規則之規定領得營造業登記證書及承攬工程手冊，始得營業。

第一六條（造價金額或規模標準之訂定）

①建築物及雜項工作物造價在一定金額以下或規模在一定標準以下者，得免由建築師設計，或監造或營造業承造。

②前項造價金額或規模標準，由直轄市、縣（市）政府於建築管理規則中定之。

第一七條（刪除）

第一八條（刪除）

第一九條（標準圖樣）

內政部、直轄市、縣（市）政府得製訂各種標準建築圖樣及說明書，以供人民選用；人民選用標準圖樣申請建築時，得免由建築師設計及簽章。

第二〇條（中央主管機關之指導）

中央主管建築機關對於直轄市、縣（市）建築管理業務，應負指導、考核之責。

第二章　建築許可

第二一條至第二三條（刪除）

第二四條（公有建物之領照）

公有建築應由起造機關將核定或決定之建築計畫、工程圖樣及說明書，向直轄市、縣（市）（局）主管建築機關請領建築執照。

第二五條（無照建築之禁止）

①建築物非經申請直轄市、縣（市）（局）主管建築機關之審查許可並發給執照，不得擅自建造或使用或拆除。但合於第七十八條及第九十八條規定者，不在此限。

②直轄市、縣（市）（局）主管建築機關為處理擅自建造或使用或拆除之建築物，得派員攜帶證明文件，進入公私有土地或建築物內勘查。

第二六條（主管機關權限）

①直轄市、縣（市）（局）主管建築機關依本法規定核發之執照，僅為對申請建造、使用或拆除之許可。

②建築物起造人、或設計人、或監造人、或承造人，如有侵害他人財產，或肇致危險或傷害他人時，應視其情形，分別依法負其責任。

第二七條（鄉鎮公所核發執照）

非縣（局）政府所在地之鄉、鎮，適用本法之地區，非供公衆使用之建築物或雜項工作物，得委由鄉、鎮（縣轄市）公所依規定核發執照。鄉、鎮（縣轄市）公所核發執照，應每半年彙報縣（局）政府備案。

第二八條（建築執照種類）

建築執照分左列四種：

一　建造執照：建築物之新建、增建、改建及修建，應請領建造執照。

二　雜項執照：雜項工作物之建築，應請領雜項執照。

三　使用執照：建築物建造完成後之使用或變更使用，應請領使用執照。

四　拆除執照：建築物之拆除，應請領拆除執照。

第二九條（規費或工本費）

直轄市、縣（市）（局）主管建築機關核發執照時，應依左列規定，向建築物之起造人或所有人收取規費或工本費：

一　建造執照及雜項執照：按建築物造價或雜項工作物造價收取千分之一以下之規費。如有變更設計時，應按變更部分收取千分之一以下之規費。

二　使用執照：收取執照工本費。

三　拆除執照：免費發給。

第三〇條（申請建造文件）

起造人申請建造執照或雜項執照時，應備具申請書、土地權利證明文件、工程圖樣及說明書。

第三一條（申請書內容）

建造執照或雜項執照申請書，應載明左列事項：

一　起造人之姓名、年齡、住址。起造人為法人者，其名稱及事務所。

二　設計人之姓名、住址、所領證書字號及簽章。

三　建築地址。

四　基地面積、建築面積、基地面積與建築面積之百分比。

五　建築物用途。

六　工程概算。

七　建築期限。

第三二條（圖樣及說明書內容）

工程圖樣及說明書應包括左列各款：

一　基地位置圖。

二　地盤圖，其比例尺不得小於一千二百分之一。

三　建築物之平面、立面、剖面圖，其比例尺不得小於二百分之一。

四　建築物各部之尺寸構造及材料，其比例尺不得小於三十分之一。

五　直轄市、縣（市）主管建築機關規定之必要結構計算書。

六　直轄市、縣（市）主管建築機關規定之必要建築物設備圖說及設備計算書。

七　新舊溝渠及出水方向。

八　施工說明書。

第三三條（審查期限）

直轄市、縣（市）（局）主管建築機關收到起造人申請建造執照或雜項執照書件之日起，應於十日內審查完竣，合格者即發給執照。但供公眾使用或構造複雜者，得視需要予以延長，最長不得超過三十日。

第三四條（審查項目及人員）

①直轄市、縣（市）（局）主管建築機關審查或鑑定建築物工程圖樣及說明書，應就規定項目為之，其餘項目由建築師或建築師及專業工業技師依本法規定簽證負責。對於特殊結構或設備之建築物並得委託或指定具有該項學識及經驗之專家或機關、團體為之，其委託或指定之審查或鑑定費用由起造人負擔。

②前項規定項目之審查或鑑定人員以大、專有關系、科畢業或高等考試或相當於高等考試以上之特種考試相關類科考試及格，經依法任用，並具有三年以上工程經驗者為限。

③第一項之規定項目及收費標準，由內政部定之。

第三四條之一（預審辦法及收費標準）

①起造人於申請建造執照前，得先列舉建築有關事項，並檢附圖樣，繳納費用，申請直轄市、縣（市）主管建築機關預為審查。審查時應特重建築結構之安全。

②前項列舉事項經審定合格者，起造人自審定合格之日起六個月內，依審定結果申請建造執照，直轄市、縣（市）主管建築機關就其審定事項應予認可。

③第一項預審之項目與其申請、審查程序及收費基準等事項之辦法，由中央主管建築機關定之。

第三五條（通知改正）

直轄市、縣（市）（局）主管建築機關，對於申請建造執照或雜項執照案件，認為不合本法規定或基於本法所發布之命令或妨礙當地都市計畫或區域計畫有關規定者，應將其不合條款之處，詳為列舉，依第三十三條所規定之期限，一次通知起造人，令其改正。

第三六條（復審）

起造人應於接獲第一次通知改正之日起六個月內，依照通知改正事項改正完竣送請復審；屆期未送請復審或復審仍不合規定者，主管建築機關得將該申請案件予以駁回。

第三七條（刪除）

第三八條（刪除）

第三九條（按圖施工）

起造人應依照核定工程圖樣及說明書施工；如於興工前或施工中變更設計時，仍應依照本法申請辦理。但不變更主要構造或位置，不增加高度或面積，不變更建築物設備內容或位置者，得於竣工後，備具竣工平面、立面圖，一次報驗。

第四〇條（建築執照遺失作廢及補發）109

①起造人領得建築執照後，如有遺失，應刊登新聞紙或新聞電子報作廢，申請補發。

②原發照機關，應於收到前項申請之日起，五日內補發，並另收取執照工本費。

第四一條（執照之廢止）

起造人自接獲通知領取建造執照或雜項執照之日起，逾三個月未領取者，主管建築機關得將該執照予以廢止。

第三章　建築基地

第四二條（基地與建築線之連接）

建築基地與建築線應相連接，其接連部分之最小寬度，由直轄市、縣（市）主管建築機關統一規定。但因該建築物周圍有廣場或永久性之空地等情形，經直轄市、縣（市）主管建築機關認爲安全上無礙者，其寬度得不受限制。

第四三條（基地與騎樓地面）

①建築物基地地面，應高出所臨接道路邊界處之路面；建築物底層地板面，應高出基地地面。但對於基地內之排水無礙，或因建築物用途上之需要，另有適當之防水及排水設備者，不在此限。

②建築物設有騎樓者，其地平面不得與鄰接之騎樓地平面高低不平。但因地勢關係，經直轄市、縣（市）（局）主管機關核准者，不在此限。

第四四條（基地最小面積）

直轄市、縣（市）（局）政府應視當地實際情形，規定建築基地最小面積之寬度及深度；建築基地面積畸零狹小不合規定者，非與鄰接土地協議調整地形或合併使用，達到規定最小面積之寬度及深度，不得建築。

第四五條（鄰接土地調處）

①前條基地所有權人與鄰接土地所有權人於不能達成協議時，得申請調處，直轄市、縣（市）（局）政府應於收到申請之日起一個月內予以調處；調處不成時，基地所有權人或鄰接土地所有權人得就規定最小面積之寬度及深度範圍內之土地按徵收補償金額預繳承買價款申請該管地方政府徵收後辦理出售。徵收之補償，土地以市價爲準，建築物以重建價格爲準，所有權人如有爭議，由標準地價評議委員會評定之。

②徵收土地之出售，不受土地法第二十五條程序限制。辦理出售時應予公告三十日，並通知申請人，經公告期滿無其他利害關係人聲明異議者，即出售予申請人，發給權利移轉證明書；如有異議，公開標售之。但原申請人有優先承購權。標售所得超過徵收補償者，其超過部分發給被徵收之原土地所有權人。

③第一項範圍內之土地，屬於公有者，准照該宗土地或相鄰土地當期土地公告現值讓售鄰接土地所有權人。

第四六條（畸零地使用規則）

直轄市、縣（市）主管建築機關應依照前二條規定，並視當地實際情形，訂定畸零地使用規則，報經內政部核定後發布實施。

第四七條（禁建地區）

易受海潮、海嘯侵襲、洪水泛濫及土地崩塌之地區，如無確保安全之防護設施者，直轄市、縣（市）（局）主管建築機關應商同有關機關劃定範圍予以發布，並豎立標誌，禁止在該地區範圍內建築。

第四章　建築界限

第四八條（建築線）

①直轄市、縣（市）（局）主管建築機關，應指定已經公告道路之境界線爲建築線。但都市細部計畫規定須退縮建築時，從其規定。

②前項以外之現有巷道，直轄市、縣（市）（局）主管建築機關，認有必要時得另定建築線；其辦法於建築管理規則中定之。

第四九條（建築線退讓）

在依法公布尚未闢築或拓寬之道路線兩旁建造建築物，應依照直轄市、縣（市）（局）主管建築機關指定之建築線退讓。

第五〇條（退讓辦法）

①直轄市、縣（市）主管建築機關基於維護交通安全、景致觀瞻或其他需要，對於道路交叉口及面臨河湖、廣場等地帶之申請建築，得訂定退讓辦法令其退讓。

②前項退讓辦法，應報請內政部核定。

第五一條（突出之例外）

建築物不得突出於建築線之外，但紀念性建築物，以及在公益上或短期內有需要且無礙交通之建築物，經直轄市、縣（市）（局）主管建築機關許可其突出者，不在此限。

第五二條（退讓土地之徵收）

依第四十九條、第五十條退讓之土地，由直轄市、縣（市）（局）政府依法徵收。其地價補償，依都市計畫法規定辦法。

第五章　施工管理

第五三條（建築期限）

①直轄市、縣（市）主管建築機關，於發給建造執照或雜項執照時，應依照建築期限基準之規定，核定其建築期限。

②前項建築期限，以開工之日起算。承造人因故未能於建築期限內完工時，得申請展期一年，並以一次爲限。未依規定申請展期，或已逾展期期限仍未完工者，其建造執照或雜項執照自規定得展期之期限屆滿之日起，失其效力。

③第一項建築期限基準，於建築管理規則中定之。

第五四條（開工）

①起造人自領得建造執照或雜項執照之日起，應於六個月內開工；並應於開工前，會同承造人及監造人將開工日期，連同姓名或名稱、住址、證書字號及承造人施工計畫書，申請該管主管建築機關備查。

②起造人因故不能於前項期限內開工時，應敘明原因，申請展期一次，期限爲三個月。未依規定申請展期，或已逾展期期限仍未開工者，其建造執照或雜項執照自規定得展期之期限屆滿之日起，失其效力。

③第一項施工計畫書應包括之內容，於建築管理規則中定之。

第五五條（變更之備案）

①起造人領得建造執照或雜項執照後，如有左列各款情事之一者，應即申報該管主管建築機關備案：

一　變更起造人。

二　變更承造人。

三　變更監造人。

四　工程中止或廢止。

②前項中止之工程，其可供使用部分，應由起造人依照規定辦理變更設計，申請使用；其不堪供使用部分，由起造人拆除之。

第五六條（勘驗）

①建築工程中必須勘驗部分，應由直轄市、縣（市）主管建築機關於核定建築計畫時，指定由承造人會同監造人按時申報後，方得繼續施工，主管建築機關得隨時勘驗之。

②前項建築工程必須勘驗部分、勘驗項目、勘驗方式、勘驗紀錄保存年限、申報規定及起造人、承造人、監造人應配合事項，於建築管理規則中定之。

第五七條（刪除）

第五八條（勘驗）

建築物在施工中，直轄市、縣（市）（局）主管建築機關認有必要時，得隨時加以勘驗，發現左列情事之一者，應以書面通知承造人或起造人或監造人，勒令停工或修改；必要時，得強制拆除：

一　妨礙都市計畫者。

二　妨礙區域計畫者。

三　危害公共安全者。

四　妨礙公共交通者。

五　妨礙公共衛生者。

六　主要構造或位置或高度或面積與核定工程圖樣及說明書不符者。

七　違反本法其他規定或基於本法所發布之命令者。

第五九條（停工變更設計）

①直轄市、縣（市）（局）主管建築機關因都市計畫或區域計畫之變更，對已領有執照尚未開工或正在施工中之建築物，如有妨礙變更後之都市計畫或區域計畫者，得令其停工，另依規定，辦理變更設計。

②起造人因前項規定必須拆除其建築物時，直轄市、縣（市）（局）政府應對該建築物拆除之一部或全部，按照市價補償之。

第六〇條（賠償責任）

建築物由監造人負責監造，其施工不合規定或肇致起造人蒙受損失時，賠償責任，依左列規定：

一　監造人認為不合規定或承造人擅自施工，至必須修改、拆除、重建或予補強，經主管建築機關認定者，由承造人負賠償責任。

二　承造人未按核准圖說施工，而監造人認為合格經直轄市、縣（市）（局）主管建築機關勘驗不合規定，必須修改、拆除、重建或補強者，由承造人負賠償責任，承造人之專任工程人員及監造人負連帶責任。

第六一條（監造人之通知修改及申報義務）

建築物在施工中，如有第五十八條各款情事之一時，監造人應分別通知承造人及起造人修改；其未依照規定修改者，應即申報該管主管建築機關處理。

第六二條（勘驗程序）

主管建築機關派員勘驗時，勘驗人員應出示其身分證明文件；其未出示身分證明文件者，起造人、承造人、或監造人得拒絕勘驗。

第六三條（場所安全防範）

建築物施工場所，應有維護安全、防範危險及預防火災之適當設備或措施。

第六四條（材料機具堆放）

建築物施工時，其建築材料及機具之堆放，不得妨礙交通及公共安全。

第六五條（機具使用注意事項）

凡在建築工地使用機械施工者，應遵守左列規定：

一　不得作其使用目的以外之用途，並不得超過其性能範圍。
二　應備有掣動裝置及操作上所必要之信號裝置。
三　自身不能穩定者，應扶以撐柱或拉索。

第六六條（墜落物之防止）
二層以上建築物施工時，其施工部分距離道路境界線或基地境界線不足二公尺半者，或五層以上建築物施工時，應設置防止物體墜落之適當圍籬。

第六七條（噪音等之限制）
主管建築機關對於建築工程施工方法或施工設備，發生激烈震動或噪音及灰塵散播，有妨礙附近之安全或安寧者，得令其作必要之措施或限制其作業時間。

第六八條（公共設施之維護與修復）
①承造人在建築物施工中，不得損及道路、溝渠等公共設施；如必須損壞時，應先申報各該主管機關核准，並規定施工期間之維護標準與責任，及損壞原因消失後之修復責任與期限，始得進行該部分工程。
②前項損壞部分，應在損壞原因消失後即予修復。

第六九條（鄰接建築物之防護措施）
建築物在施工中，鄰接其他建築物施行挖土工程時，對該鄰接建築物應視需要作防護其傾斜或倒壞之措施。挖土深度在一公尺半以上者，其防護措施之設計圖樣及說明書，應於申請建造執照或雜項執照時一併送審。

第六章　使用管理

第七〇條（竣工查驗）
①建築工程完竣後，應由起造人會同承造人及監造人申請使用執照。直轄市、縣（市）（局）主管建築機關應自接到申請之日起，十日內派員查驗完竣。其主要構造、室內隔間及建築物主要設備等與設計圖樣相符者，發給使用執照，並得核發謄本；不相符者，一次通知其修改後，再報請查驗。但供公衆使用建築物之查驗期限，得展延爲二十日。
②建築物無承造人或監造人，或承造人、監造人無正當理由，經建築爭議事件評審委員會評審後而拒不會同或無法會同者，由起造人單獨申請之。
③第一項主要設備之認定，於建築管理規則中定之。

第七〇條之一（部分使用執照之核發）
建築工程部分完竣後可供獨立使用者，得核發部分使用執照；其效力、適用範圍、申請程序及查驗規定等事項之辦法，由中央主管建築機關定之。

第七一條（使用執照申請應備之件）
①申請使用執照，應備具申請書，並檢附左列各件：
一　原領之建造執照或雜項執照。
二　建築物竣工平面圖及立面圖。
②建築物與核定工程圖樣完全相符者，免附竣工平面圖及立面圖。

第七二條（公眾用建物使用執照之申請）
供公衆使用之建築物，依第七十條之規定申請使用執照時，直轄市、縣（市）（局）主管建築機關應會同消防主管機關檢查其消防設備，合格後方得發給使用執照。

第七三條（使用程序與使用類組）
①建築物非經領得使用執照，不准接水、接電及使用。但直轄市、縣（市）政府認有左列各款情事之一者，得另定建築物接用水、電相關規定：
一　偏遠地區且非屬都市計畫地區之建築物。
二　因興辦公共設施所需而拆遷具整建需要且無礙都市計畫發展之建築物。
三　天然災害損壞需安置及修復之建築物。
四　其他有迫切民生需要之建築物。

②建築物應依核定之使用類組使用，其有變更使用類組或有第九條建造行爲以外主要構造、防火區劃、防火避難設施、消防設備、停車空間及其他與原核定使用不合之變更者，應申請變更使用執照。但建築物在一定規模以下之使用變更，不在此限。

③前項一定規模以下之免辦理變更使用執照相關規定，由直轄市、縣（市）主管建築機關定之。

④第二項建築物之使用類組、變更使用之條件及程序等事項之辦法，由中央主管建築機關定之。

第七四條（變更使用執照之申請）

申請變更使用執照，應備具申請書並檢附左列各件：

一　建築物之原使用執照或謄本。

二　變更用途之說明。

三　變更供公衆使用者，其結構計算書與建築物室內裝修及設備圖說。

第七五條（檢查及發照期限）

直轄市、縣（市）（局）主管建築機關對於申請變更使用之檢查及發照期限，依第七十條之規定辦理。

第七六條（變更公眾使用）

非供公衆使用建築物變更爲供公衆使用，或原供公衆使用建築物變更爲他種公衆使用時，直轄市、縣（市）（局）主管建築機關應檢查其構造、設備及室內裝修。其有關消防安全設備部分應會同消防主管機關檢查。

第七七條（公共安全之檢查）

①建築物所有權人、使用人應維護建築物合法使用與其構造及設備安全。

②直轄市、縣（市）（局）主管建築機關對於建築物得隨時派員檢查其有關公共安全與公共衛生之構造與設備。

③供公衆使用之建築物，應由建築物所有權人、使用人定期委託中央主管建築機關認可之專業機構或人員檢查簽證，其檢查簽證結果應向當地主管建築機關申報。非供公衆使用之建築物，經內政部認有必要時亦同。

④前項檢查簽證結果主管建築機關得隨時派員或定期會同各有關機關複查。

⑤第三項之檢查簽證事項、檢查期間、申報方式及施行日期，由內政部定之。

第七七條之一（原合法建築物設施設備之改善）

爲維護公共安全，供公衆使用或經中央主管建築機關認有必要之非供公衆使用之原有合法建築物防火避難設施及消防設備不符現行規定者，應視其實際情形，令其改善或改變其他用途；其申請改善程序、項目、內容及方式等事項之辦法，由中央主管建築機關定之。

第七七條之二（室內裝修應遵守之規定）

①建築物室內裝修應遵守左列規定：

一　供公衆使用建築物之室內裝修應申請審查許可，非供公衆使用建築物，經內政部認有必要時，亦同。但中央主管機關得授權建築師公會或其他相關專業技術團體審查。

二　裝修材料應合於建築技術規則之規定。

三　不得妨害或破壞防火避難設施、消防設備、防火區劃及主要構造。

四　不得妨害或破壞保護民衆隱私權設施。

②前項建築物室內裝修應由經內政部登記許可之室內裝修從業者辦理。

③室內裝修從業者應經內政部登記許可，並依其業務範圍及責任執行業務。

④前三項室內裝修申請審查許可程序、室內裝修從業者資格、申請登記許可程序、業務範圍及責任，由內政部定之。

第七七條之三（機械遊樂設施使用管理及維護之規定）109

①機械遊樂設施應領得雜項執照，由具有設置機械遊樂設施資格之承辦廠商施工完竣，經竣工查驗合格取得合格證明書，並依第二項第二款之規定投保意外責任險後，檢同保險證明文件及合格證明書，向直轄市、縣（市）主管建築機關申領使用執照；非經領得使用執照，不得使用。

②機械遊樂設施經營者，應依下列規定管理使用其機械遊樂設施：

一　應依核准使用期限使用。

二　應依中央主管建築機關指定之設施項目及最低金額常時投保意外責任保險。

三　應定期委託依法開業之相關專業技師、建築師或經中央主管建築機關指定之檢查機構、團體實施安全檢查。

四　應置專任人員負責機械遊樂設施之管理操作。

五　應置經考試及格或檢定合格之機電技術人員，負責經常性之保養、修護。

③前項第三款安全檢查之次數，由該管直轄市、縣（市）主管建築機關定之，每年不得少於二次。必要時，並得實施全部或一部之不定期安全檢查。

④第二項第三款安全檢查之結果，應申報直轄市、縣（市）主管建築機關處理；直轄市、縣（市）主管建築機關得隨時派員或定期會同各有關機關或委託相關機構、團體複查或抽查。

⑤第一項、第二項及前項之申請雜項執照應檢附之文件、圖說、機械遊樂設施之承辦廠商資格、條件、竣工查驗方式、項目、合格證明書格式、投保意外責任險之設施項目及最低金額、安全檢查、方式、項目、受指定辦理檢查之機構、團體、資格、條件及安全檢查結果格式等事項之管理辦法，由中央主管建築機關定之。

⑥第二項第二款之保險，其保險條款及保險費率，由金融監督管理委員會會同中央主管建築機關核定之。

第七七條之四（昇降設備及機械停車設備使用管理及維護之規定）109

①建築物昇降設備及機械停車設備，非經竣工檢查合格取得使用許可證，不得使用。

②前項設備之管理人，應定期委託領有中央主管建築機關核發登記證之專業廠商負責維護保養，並定期向直轄市、縣（市）主管建築機關或由直轄市、縣（市）主管建築機關委託經中央主管建築機關指定之檢查機構或團體申請安全檢查。管理人未申請者，直轄市、縣（市）主管建築機關應限期令其補行申請；屆期未申請者，停止其設備之使用。

③前項安全檢查，由檢查機構或團體受理者，應指派領有中央主管建築機關核發檢查員證之檢查員辦理檢查；受指派之檢查員，不得爲負責受檢設備之維護保養之專業廠商從業人員。直轄市、縣（市）主管建築機關並得委託受理安全檢查機構或團體核發使用許可證。

④前項檢查結果，檢查機構或團體應定期彙報直轄市、縣（市）主管建築機關，直轄市、縣（市）主管建築機關得抽驗之；其抽驗不合格者，廢止其使用許可證。

⑤第二項之專業廠商應依下列規定執行業務：

一　應指派領有中央主管建築機關核發登記證之專業技術人員安裝及維護。

二　應依原送直轄市、縣（市）主管建築機關備查之圖說資料安裝。

三　應依中央主管建築機關指定之最低金額常時投保意外責任保險。

四　應依規定保養台數，聘僱一定人數之專任專業技術人員。

五　不得將專業廠商登記證提供他人使用或使用他人之登記證。

六　應接受主管建築機關業務督導。

七　訂約後應依約完成安裝或維護保養作業。

八　報請核備之資料應與事實相符。

九　設備經檢查機構檢查或主管建築機關抽驗不合格應即改善。

十　受委託辦理申請安全檢查應於期限內申辦。

⑥前項第一款之專業技術人員應依下列規定執行業務：

一　不得將專業技術人員登記證提供他人使用或使用他人之登記證。
二　應據實記載維護保養結果。
三　應參加中央主管建築機關舉辦或委託之相關機構、團體辦理之訓練。
四　不得同時受聘於二家以上專業廠商。

⑦第二項之檢查機構應依下列規定執行業務：
一　應具備執行業務之能力。
二　應據實申報檢查員異動資料。
三　申請檢查案件不得積壓。
四　應接受主管建築機關業務督導。
五　檢查員檢查不合格報請處理案件，應通知管理人限期改善，複檢不合格之設備，應即時轉報直轄市、縣（市）主管建築機關處理。

⑧第三項之檢查員應依下列規定執行業務：
一　不得將檢查員證提供他人使用或使用他人之檢查員證。
二　應據實申報檢查結果，對於檢查不合格之設備應報請檢查機構處理。
三　應參加中央主管建築機關舉辦或委託之相關機構、團體所舉辦之訓練。
四　不得同時任職於二家以上檢查機構或團體。
五　檢查發現昇降設備有立即發生危害公共安全之虞時，應即報告管理人停止使用，並儘速報告直轄市、縣（市）主管建築機關處理。

⑨前八項設備申請使用許可證應檢附之文件、使用許可證有效期限、格式、維護保養期間、安全檢查期間、方式、項目、安全檢查結果與格式、受指定辦理安全檢查及受委託辦理訓練之機構或團體之資格、條件、專業廠商登記證、檢查員證、專業技術人員證核發之資格、條件、程序、格式、投保意外責任保險之最低金額、專業廠商聘僱專任專業技術人員之一定人數及保養設備台數等事項之管理辦法，由中央主管建築機關定之。

⑩第五項第三款之保險，其保險條款及保險費率，由金融監督管理委員會會同中央主管建築機關核定之。

第七章　拆除管理

第七八條（建築物之拆除）

建築物之拆除應先請領拆除執照。但左列各款之建築物，無第八十三條規定情形者不在此限：
一　第十六條規定之建築物及雜項工作物。
二　因實施都市計畫或拓闢道路等經主管建築機關通知限期拆除之建築物。
三　傾頹或朽壞有危險之虞必須立即拆除之建築物。
四　違反本法或基於本法所發布之命令規定，經主管建築機關通知限期拆除或由主管建築機關強制拆除之建築物。

第七九條（拆除執照之申請）

申請拆除執照應備具申請書，並檢附建築物之權利證明文件或其他合法證明。

第八〇條（審查）

直轄市、縣（市）（局）主管建築機關應自收到前條書件之日起五日內審查完竣，合於規定者，發給拆除執照；不合者，予以駁回。

第八一條（停止使用及拆除）

①直轄市、縣（市）（局）主管建築機關對傾頹或朽壞而有危害公共安全之建築物，應通知所有人或占有人停止使用，並限期命所有人拆除；逾期未拆者，得強制拆除之。

②前項建築物所有人住址不明無法通知者，得逕予公告強制拆除。

第八二條（危險建築物）

因地震、水災、風災、火災、或其他重大事變，致建築物發生危險不及通知其所有人或占有人予以拆除時，得由該管主管建築機關逕予強制拆除。

第八三條（古蹟之修繕）

經指定爲古蹟之古建築物、遺址及其他文化遺跡，地方政府或其所有人應予管理維護，其修復應報經古蹟主管機關許可後，始得爲之。

第八四條（安全設施）

拆除建築物時，應有維護施工及行人安全之設施，並不得妨礙公衆交通。

第八章　罰　則

第八五條（違法設計監造）

違反第十三條或第十四條之規定，擅自承攬建築物之設計、監造或承造業務者，勒令其停止業務，並處以六千元以上三萬元以下罰鍰；其不遵從而繼續營業者，處一年以下有期徒刑、拘役或科或併科三萬元以下罰金。

第八六條（違法建築等）

違反第二十五條之規定者，依左列規定，分別處罰：

一　擅自建造者，處以建築物造價千分之五十以下罰鍰，並勒令停工補辦手續；必要時得強制拆除其建築物。

二　擅自使用者，處以建築物造價千分之五十以下罰鍰，並勒令停止使用補辦手續；其有第五十八條情事之一者，並得封閉其建築物，限期修改或強制拆除之。

三　擅自拆除者，處一萬元以下罰鍰，並勒令停止拆除補辦手續。

第八七條（處罰）109

有下列情形之一者，處起造人、承造人或監造人新臺幣九千元以下罰鍰，並勒令補辦手續；必要時，並得勒令停工。

一　違反第三十九條規定，未依照核定工程圖樣及說明書施工者。

二　建築執照遺失未依第四十條規定，刊登新聞紙或新聞電子報作廢，申請補發者。

三　逾建築期限未依第五十三條第二項規定，申請展期者。

四　逾開工期限未依第五十四條第二項規定，申請展期者。

五　變更起造人、承造人、監造人或工程中止或廢止未依第五十五條第一項規定，申請備案者。

六　中止之工程可供使用部分未依第五十五條第二項規定，辦理變更設計，申請使用者。

七　未依第五十六條規定，按時申報勘驗者。

第八八條（違反退讓與突出規定）

違反第四十九條至第五十一條各條規定之一者，處其承造人或監造人三千元以上一萬五千元以下罰鍰，並令其限期修改；逾期不遵從者，得強制拆除其建築物。

第八九條（違反安全與環保規定）

違反第六十三條至第六十九條及第八十四條各條規定之一者，除勒令停工外，並各處承造人、監造人或拆除人六千元以上三萬元以下罰鍰；其起造人亦有責任時，得處以相同金額之罰鍰。

第九〇條（刪除）

第九一條（處罰）

①有左列情形之一者，處建築物所有權人、使用人、機械遊樂設施之經營者新臺幣六萬元以上三十萬元以下罰鍰，並限期改善或補辦手續，屆期仍未改善或補辦手續而繼續使用者，得連續處罰，並限期停止其使用。必要時，並停止供水供電、封閉或命其於期限內自行拆除，恢復原狀或強制拆除：

一　違反第七十三條第二項規定，未經核准變更使用擅自使用建築物者。

二　未依第七十七條第一項規定維護建築物合法使用與其構造及設備安全者。

三　規避、妨礙或拒絕依第七十七條第二項或第四項之檢查、複查或抽查者。
四　未依第七十七條第三項、第四項規定辦理建築物公共安全檢查簽證或申報者。
五　違反第七十七條之三第一項規定，未經領得使用執照，擅自供人使用機械遊樂設施者。
六　違反第七十七條之三第二項第一款規定，未依核准期限使用機械遊樂設施者。
七　未依第七十七條之三第二項第二款規定常時投保意外責任保險者。
八　未依第七十七條之三第二項第三款規定實施定期安全檢查者。
九　未依第七十七條之三第二項第四款規定置專任人員管理操作機械遊樂設施者。
十　未依第七十七條之三第二項第五款規定置經考試及格或檢定合格之機電技術人員負責經常性之保養、修護者。

②有供營業使用事實之建築物，其所有權人、使用人違反第七十七條第一項有關維護建築物合法使用與其構造及設備安全規定致人於死者，處一年以上七年以下有期徒刑，得併科新臺幣一百萬元以上五百萬元以下罰金；致重傷者，處六個月以上五年以下有期徒刑，得併科新臺幣五十萬元以上二百五十萬元以下罰鍰。

第九一條之一（處罰）

有左列情形之一者，處建築師、專業技師、專業機構或人員、專業技術人員、檢查員或實施機械遊樂設施安全檢查人員新臺幣六萬元以上三十萬元以下罰鍰：
一　辦理第七十七條第三項之檢查簽證內容不實者。
二　允許他人假借其名義辦理第七十七條第三項檢查簽證業務或假借他人名義辦理該檢查簽證業務者。
三　違反第七十七條之四第六項第一款或第七十七條之四第八項第一款規定，將登記證或檢查員證提供他人使用或使用他人之登記證或檢查員證執業者。
四　違反第七十七條之三第二項第三款規定，安全檢查報告內容不實者。

第九一條之二（處罰）

①專業機構或專業檢查人違反第七十七條第五項內政部所定有關檢查簽證事項之規定情節重大者，廢止其認可。

②建築物昇降設備及機械停車設備之專業廠商有左列情形之一者，直轄市、縣（市）主管建築機關應通知限期改正，屆期未改正者，得予停業或報請中央主管建築機關廢止其登記證：
一　違反第七十七條之四第五項第一款規定，指派非專業技術人員安裝及維護者。
二　違反第七十七條之四第五項第二款規定，未依原送備查之圖說資料安裝者。
三　未依第七十七條之四第五項第三款規定常時投保意外責任保險者。
四　未依第七十七條之四第五項第四款之規定聘僱一定人數之專任專業技術人員者。
五　違反第七十七條之四第五項第五款之規定，將登記證提供他人使用或使用他人之登記證執業者。
六　違反第七十七條之四第五項第六款規定，規避、妨害、拒絕接受業務督導者。
七　違反第七十七條之四第五項第八款規定，報請核備之資料與事實不符者。
八　違反第七十七條之四第五項第九款規定，設備經檢查或抽查不合格拒不改善或改善後複檢仍不合格者。
九　違反第七十七條之四第五項第十款規定，未於期限內申辦者。

③專業技術人員有左列情形之一者，直轄市、縣（市）主管建築機關應通知限期改正，屆期未改正者，得予停止執行職務或報請中央主管建築機關廢止其專業技術人員登記證：
一　違反第七十七條之四第六項第一款規定，將登記證提供他人使用或使用他人之登記證執業者。
二　違反第七十七條之四第六項第二款規定，維護保養結果記載不實者。
三　未依第七十七條之四第六項第三款規定參加訓練者。

四　違反第七十七條之四第六項第四款規定，同時受聘於兩家以上專業廠商者。

④檢查機構有左列情形之一者，直轄市、縣（市）主管建築機關應通知限期改正，屆期未改正者，得予停止執行職務或報請中央主管建築機關廢止指定：

一　違反第七十七條之四第七項第一款規定，喪失執行業務能力者。

二　未依第七十七條之四第七項第二款規定據實申報檢查員異動資料者。

三　違反第七十七條之四第七項第三款規定，積壓申請檢查案件者。

四　違反第七十七條之四第七項第四款規定，規避、妨害或拒絕接受業務督導者。

五　未依第七十七條之四第七項第五款規定通知管理人限期改善或將複檢不合格案件即時轉報主管建築機關處理者。

⑤檢查員有左列情形之一者，直轄市、縣（市）主管建築機關應通知限期改正，屆期未改正者，得予停止執行職務或報請中央主管建築機關廢止其檢查員證：

一　違反第七十七條之四第八項第一款規定，將檢查員證提供他人使用或使用他人之檢查員證執業者。

二　違反第七十七條之四第八項第二款規定，未據實申報檢查結果或對於檢查不合格之設備未報檢查機構處理者。

三　未依第七十七條之四第八項第三款規定參加訓練者。

四　違反第七十七條之四第八項第四款規定，同時任職於兩家以上檢查機構或團體者。

五　未依第七十七條之四第八項第五款規定報告管理人停止使用或儘速報告主管建築機關處理者。

⑥專業廠商、專業技術人員或檢查員經撤銷或廢止登記證或檢查員證，未滿三年者，不得重行申請核發同種類登記證或檢查員證。

第九二條（處罰機關）

本法所定罰鍰由該管主管建築機關處罰之，並得於行政執行無效時，移送法院強制執行。

第九三條（違法復工）

依本法規定勒令停工之建築物，非經許可不得擅自復工；未經許可擅自復工經制止不從者，除強制拆除其建築物或勒令恢復原狀外，處一年以下有期徒刑、拘役或科或併科三萬元以下罰金。

第九四條（違法使用之處罰）

依本法規定停止使用或封閉之建築物，非經許可不得擅自使用；未經許可擅自使用經制止不從者，處一年以下有期徒刑、拘役或科或併科新臺幣三十萬元以下罰金。

第九四條之一（違法使用水電之處罰）

依本法規定停止供水或供電之建築物，非經直轄市、縣（市）（局）主管建築機關審查許可，不得擅自接水、接電或使用；未經許可擅自接水、接電或使用者，處一年以下有期徒刑、拘役或科或併科新臺幣三十萬元以下罰金。

第九五條（違法重建之處罰）

依本法規定強制拆除之建築物，違反規定重建者，處一年以下有期徒刑、拘役或科或併科新臺幣三十萬元以下罰金。

第九五條之一（違法室內裝修之處罰）

①違反第七十七條之二第一項或第二項規定者，處建築物所有權人、使用人或室內裝修從業者新臺幣六萬元以上三十萬元以下罰鍰，並限期改善或補辦，逾期仍未改善或補辦者得連續處罰；必要時強制拆除其室內裝修違規部分。

②室內裝修從業者違反第七十七條之二第三項規定者，處新臺幣六萬元以上三十萬元以下罰鍰，並得勒令其停止業務，必要時並撤銷其登記；其爲公司組織者，通知該管主管機關撤銷其登記。

③經依前項規定勒令停止業務，不遵從而繼續執業者，處一年以下有期徒刑、拘役或科或

併科新臺幣三十萬元以下罰金；其爲公司組織者，處罰其負責人及行爲人。

第九五條之二（昇降及機械停車設備管理人違法之處罰）

建築物昇降設備及機械停車設備管理人違反第七十七條之四第二項規定者，處新臺幣三千元以上一萬五千元以下罰鍰，並限期改善或補辦手續，屆期仍未改善或補辦手續者，得連續處罰。

第九五條之三（擅自設置招牌廣告或樹立廣告之處罰）

本法修正施行後，違反第九十七條之三第二項規定，未申請審查許可，擅自設置招牌廣告或樹立廣告者，處建築物所有權人、土地所有權人或使用人新臺幣四萬元以上二十萬元以下罰鍰，並限期改善或補辦手續，屆期仍未改善或補辦手續者，得連續處罰。必要時，得命其限期自行拆除其招牌廣告或樹立廣告。

第九章　附　則

第九六條（既存公眾用建築物）

①本法施行前，供公衆使用之建築物而未領有使用執照者，其所有權人應申請核發使用執照。但都市計畫範圍內非供公衆使用者，其所有權人得申請核發使用執照。

②前項建築物使用執照之核發及安全處理，由直轄市、縣（市）政府於建築管理規則中定之。

第九六條之一（強制拆除不予補償及物品遷移）

①依本法規定強制拆除之建築物均不予補償，其拆除費用由建築物所有人負擔。

②前項建築物內存放之物品，主管機關應公告或以書面通知所有人、使用人或管理人自行遷移，逾期不遷移者，視同廢棄物處理。

第九七條（建築技術規則）100

有關建築規劃、設計、施工、構造、設備之建築技術規則，由中央主管建築機關定之，並應落實建構兩性平權環境之政策。

第九七條之一（山坡地建築管理辦法）

山坡地建築之審查許可、施工管理及使用管理等事項之辦法，由中央主管建築機關定之。

第九七條之二（違章建築處理辦法）

違反本法或基於本法所發布命令規定之建築物，其處理辦法，由內政部定之。

第九七條之三（招牌廣告及樹立廣告）

①一定規模以下之招牌廣告及樹立廣告，得免申請雜項執照。其管理並得簡化，不適用本法全部或一部之規定。

②招牌廣告及樹立廣告之設置，應向直轄市、縣（市）主管建築機關申請審查許可，直轄市、縣（市）主管建築機關得委託相關專業團體審查，其審查費用由申請人負擔。

③前二項招牌廣告及樹立廣告之一定規模、申請審查許可程序、施工及使用等事項之管理辦法，由中央主管建築機關定之。

④第二項受委託辦理審查之專業團體之資格條件、執行審查之工作內容、收費基準與應負之責任及義務等事項，由該管直轄市、縣（市）主管建築機關定之。

第九八條（特種建築物之許可）

特種建築物得經行政院之許可，不適用本法全部或一部之規定。

第九九條（得不適用本法規定之建築物）

①左列各款經直轄市、縣（市）主管建築機關許可者，得不適用本法全部或一部之規定：

一　紀念性之建築物。

二　地面下之建築物。

三　臨時性之建築物。

四　海港、碼頭、鐵路車站、航空站等範圍內之雜項工作物。

五　興闢公共設施，在拆除剩餘建築基地內依規定期限改建或增建之建築物。
六　其他類似前五款之建築物或雜項工作物。

②前項建築物之許可程序、施工及使用等事項之管理，得於建築管理規則中定之。

第九九條之一（實施都市計畫以外或偏遠地區建築管理辦法）

實施都市計畫以外地區或偏遠地區建築物之管理得予簡化，不適用本法全部或一部之規定；其建築管理辦法，得由縣政府擬訂，報請內政部核定之。

第一〇〇條（適用地區外建築管理辦法）

第三條所定適用地區以外之建築物，得由內政部另定辦法管理之。

第一〇一條（建築管理規則）

直轄市、縣（市）政府得依據地方情形，分別訂定建築管理規則，報經內政部核定後實施。

第一〇二條（應規定建築限制之建築物）

直轄市、縣（市）政府對左列各款建築物，應分別規定其建築限制：
一　風景區、古蹟保存區及特定區內之建築物。
二　防火區內之建築物。

第一〇二條之一（防空避難設備或停車空間之興建）

①建築物依規定應附建防空避難設備或停車空間；其防空避難設備因特殊情形施工確有困難或停車空間在一定標準以下及建築物位於都市計畫停車場公共設施用地一定距離範圍內者，得由起造人繳納代金，由直轄市、縣（市）主管建築機關代為集中興建。

②前項標準、範圍、繳納代金及管理使用辦法，由直轄市、縣（市）政府擬訂，報請內政部核定之。

第一〇三條（建築爭議事件評審委員會）

①直轄市、縣（市）（局）主管建築機關為處理有關建築爭議事件，得聘請資深之營建專家及建築師，並指定都市計劃及建築管理主管人員，組設建築爭議事件評審委員會。

②前項評審委員會之組織，由內政部定之。

第一〇四條（防火防空設備之地方規定）

直轄市、縣（市）（局）政府對於建築物有關防火及防空避難設備之設計與構造，得會同有關機關為必要之規定。

第一〇五條（施行日）98

①本法自公布日施行。

②本法中華民國九十八年五月十二日修正之條文，自九十八年十一月二十三日施行。

建築師法

①民國60年12月27日總統令制定公布全文57條。
②民國64年12月26日總統令修正公布第1、2、4、6、8、14、17、19、22、43、45、46、54條條文；並刪除第23、44條條文。
③民國73年11月28日總統令修正公布第4、6～8、11～13、18、33、41、43、45、46、56條條文；增訂第19-1、52-1條條文；並刪除第14條條文。
④民國84年1月27日總統令修正公布第2、4條條文。
⑤民國86年5月7日總統令修正公布第54、57條條文。
民國87年11月10日行政院令發布第54條定自87年11月10日施行。
⑥民國89年11月8日總統令修正公布第3、8、10、11、15、35、37、41、47、50、51、53條條文。
⑦民國94年6月15日總統令修正公布第4、43、45、46條條文；並增訂第9-1、43-1條條文。
⑧民國98年5月27日總統令修正公布第4、57條條文；並自98年11月23日施行。
⑨民國98年12月30日總統令修正公布第3、6、12、28～31、33～36、46條條文；並增訂第28-1、31-1條條文。
⑩民國103年1月15日總統令修正公布第4、28-1、31-1條條文。

第一章　總　則

第一條（建築師資格）

中華民國人民經建築師考試及格者，得充任建築師。

第二條（建築師資格檢覈）

①具有左列資格之一者，前條考試得以檢覈行之：

一　公立或立案之私立專科以上學校，或經教育部承認之國外專科以上學校，修習建築工程學系、科、所畢業，並具有建築工程經驗而成績優良者，其服務年資，研究所及大學五年畢業者為三年，大學四年畢業者為四年，專科學校畢業者為五年。

二　公立或立案之私立專科以上學校，或經教育部承認之國外專科以上學校，修習建築工程學系、科、所畢業，並曾任專科以上學校教授、副教授、助理教授、講師，經教育部審查合格，講授建築學科三年以上，有證明文件者。

三　公立或立案之私立專科以上學校，或經教育部承認之國外專科以上學校，修習土木工程、營建工程技術學系、科畢業，修滿建築設計二十二學分以上，並具有建築工程經驗而成績優良者，其服務年資，大學四年畢業者為五年，專科學校畢業者為六年。

四　公立或立案之私立專科以上學校，或經教育部承認之國外專科以上學校，修習土木工程、營建工程技術學系、科畢業，修滿建築設計二十二學分以上，並曾任專科以上學校教授、副教授、助理教授、講師，經教育部審查合格，講授建築學科四年以上，有證明文件者。

五　經公務人員高等考試建築工程科考試及格，且經分發任用，並具有建築工程工作經驗三年以上，成績優良，有證明文件者。

六　在外國政府領有建築師證書，經考選部認可者。

②前項檢覈辦法，由考試院會同行政院定之。

第三條（主管機關）98

本法所稱主管機關：在中央為內政部；在直轄市為直轄市政府；在縣（市）為縣（市）政府。

第四條（充任建築師之消極資格）103

①有下列情形之一者，不得充任建築師；已充任建築師者，由中央主管機關撤銷或廢止其建築師證書：

一　受監護或輔助宣告，尚未撤銷。

二　罹患精神疾病或身心狀況違常，經中央主管機關委請二位以上相關專科醫師諮詢，並經中央主管機關認定不能執行業務。

三　受破產宣告，尚未復權。

四　因業務上有關之犯罪行爲，受一年有期徒刑以上刑之判決確定，而未受緩刑之宣告。

五　受廢止開業證書之懲戒處分。

②前項第一款至第三款原因消滅後，仍得依本法之規定，請領建築師證書。

第五條（請領建築師證書手續）

請領建築師證書，應具申請書及證明資格文件，呈請內政部核明後發給。

第六條（開業方式與執行業務區域）98

建築師開業，應設立建築師事務所執行業務，或由二個以上建築師組織聯合建築師事務所共同執行業務，並向所在地直轄市、縣（市）辦理登記開業且以全國爲其執行業務之區域。

第二章　開　業

第七條（開業之申請與核發開業證書）

領有建築師證書，具有二年以上建築工程經驗者，得申請發給開業證書。

第八條（開業申請書應載明事項）

建築師申請發給開業證書，應備具申請書載明左列事項，並檢附建築師證書及經歷證明文件，向所在縣（市）主管機關申請審查登記後發給之；其在直轄市者，由工務局爲之：

一　事務所名稱及地址。

二　建築師姓名、性別、年齡、照片、住址及證書字號。

第九條（執行業務條件）

建築師在未領得開業證書前，不得執行業務。

第九條之一（申請換發開業證書）94

①開業證書有效期間爲六年，領有開業證書之建築師，應於開業證書有效期間屆滿日之三個月前，檢具原領開業證書及內政部認可機構、團體出具之研習證明文件，向所在直轄市、縣（市）主管機關申請換發開業證書。

②前項申請換發開業證書之程序、應檢附文件、收取規費及其他應遵行事項之辦法，由內政部定之。

③第一項機構、團體出具研習證明文件之認可條件、程序及其他應遵行事項之辦法，由內政部定之。

④前三項規定施行前，已依本法規定核發之開業證書，其有效期間自前二項辦法施行之日起算六年；其申請換發，依第一項規定辦理。

第一〇條（發給與註銷開業證書應報部備查）

直轄市、縣（市）主管機關於核准發給建築師開業證書時，應報內政部備查，並刊登公報或公告；註銷開業證書時，亦同。

第一一條（事務所變更與人員受聘、解聘之登記與備案）

建築師開業後，其事務所地址變更及其從業建築師與技術人員受聘或解僱，應報直轄市、縣（市）主管機關分別登記。

第一二條（事務所遷移或設置分事務所之申請核轉）98

建築師事務所遷移於核准登記之直轄市、縣（市）以外地區時，應向原登記之主管機關申請核轉；接受登記之主管機關應即核發開業證書，並報請中央主管機關備查。

第一三條 （自行停止執業與撤銷分事務所之申報）

建築師自行停止執業，應檢具開業證書，向原登記主管機關申請註銷開業證書。

第一四條 （刪除）

第一五條 （開業建築師登記簿應載明事項）

①直轄市、縣（市）主管機關應備具開業建築師登記簿，載明左列事項：

一 開業申請書所載事項。

二 開業證書號數。

三 從業建築師及技術人員姓名、受聘或解僱日期。

四 登記事項之變更。

五 獎懲種類、期限及事由。

六 停止執業日期及理由。

②前項登記簿按年另繕副本，層報內政部備案。

第三章 開業建築師之業務及責任

第一六條 （開業建築師之業務）

建築師受委託人之委託，辦理建築物及其實質環境之調查、測量、設計、監造、估價、檢查、鑑定等各項業務，並得代委託人辦理申請建築許可、招商投標、擬定施工契約及其他工程上之接洽事項。

第一七條 （建築師受委託設計應遵守之規定）

建築師受委託設計之圖樣、說明書及其他書件，應合於建築法及基於建築法所發布之建築技術規則、建築管理規則及其他有關法令之規定；其設計內容，應能使營造業及其他設備廠商，得以正確估價，按照施工。

第一八條 （建築師受委託辦理建築物監造應遵守之規定）

建築師受委託辦理建築物監造時，應遵守左列各款之規定：

一 監督營造業依照前條設計之圖說施工。

二 遵守建築法令所規定監造人應辦事項。

三 查核建築材料之規格及品質。

四 其他約定之監造事項。

第一九條 （開業建築師之責任）

建築師受委託辦理建築物之設計，應負該工程設計之責任；其受委託監造者，應負監督該工程施工之責任。但有關建築物結構與設備等專業工程部分，除五層以下非供公眾使用之建築物外，應由承辦建築師交由依法登記開業之專業技師負責辦理，建築師並負連帶責任。當地無專業技師者，不在此限。

第一九條之一 （得辦理建築科工業技師業務）

經建築師考試及格，領有建築師證書及建築師開業證書者，除法律另有規定者外，得辦理建築科工業技師業務。

第二〇條 （誠實信用原則）

建築師受委託辦理各項業務，應遵守誠實信用之原則，不得有不正當行為及違反或廢弛其業務上應盡之義務。

第二一條 （應負法律責任）

建築師對於承辦業務所為之行為，應負法律責任。

第二二條 （應遵守書面契約）

建築師受委託辦理業務，其工作範圍及應收酬金，應與委託人於事前訂立書面契約，共同遵守。

第二三條 （刪除）

第二四條（應襄助辦理公共福利事項）

建築師對於公共安全、社會福利及預防災害等有關建築事項，經主管機關之指定，應襄助辦理。

第二五條（不得兼任或兼營之職業）

建築師不得兼任或兼營左列職業：

一　依公務人員任用法任用之公務人員。

二　營造業、營造業之主任技師或技師，或為營造業承攬工程之保證人。

三　建築材料商。

第二六條（名義不得出借）

建築師不得允諾他人假借其名義執行業務。

第二七條（保密義務）

建築師對於因業務知悉他人之秘密，不得洩漏。

第四章　公　會

第二八條（強制加入公會）98

①建築師領得開業證書後，非加入該管直轄市、縣（市）建築師公會，不得執行業務；建築師公會對建築師之申請入會，不得拒絕。

②本法中華民國九十八年十二月十一日修正之條文施行前已加入省公會執行業務之建築師，自該修正施行之日起二年內得繼續執業。期限屆滿前，應加入縣（市）公會，縣（市）公會未成立前，得加入鄰近縣（市）公會。原省建築師公會應自期限屆滿日起一年內，辦理解散。

③直轄市、縣（市）建築師公會應將所屬會員入會資料，轉送至全國建築師公會辦理登錄備查。

④第一項開業建築師，以加入一個直轄市或縣（市）建築師公會為限。

第二八條之一（促進離島地區建築師公會發展之規定）103

①為促進金門馬祖地區之建築師公會發展，規定如下：

一　建築師領得開業證書後，得加入金門馬祖地區之建築師公會，不受前條第四項規定之限制；非加入該管金門馬祖地區之建築師公會，不得於金門馬祖地區執行業務。但在該管金門馬祖地區之建築師公會未成立前，不在此限。

二　領有金門馬祖地區開業證書之建築師，得加入臺灣本島之直轄市、縣（市）公會，並以一個為限。

②原福建省建築師公會應變更組織為金門馬祖地區之建築師公會，並以會所所在地之當地政府為主管機關。

第二九條（公會之設置地）98

建築師公會於直轄市、縣（市）組設之，並設全國建築師公會於中央政府所在地。但報經中央主管機關核准者，得設於其他地區。

第三〇條（得組織公會之人數）98

①直轄市、縣（市）有登記開業之建築師達九人以上者，得組織建築師公會；其不足九人者，得加入鄰近直轄市、縣（市）之建築師公會或共同組織之。

②同一或共同組織之行政區域內，其組織同級公會，以一個為限。

第三一條（公會全國聯合會之發起組織）98

①全國建築師公會，應由直轄市、縣（市）建築師公會共同組織之。

②各直轄市、縣（市）建築師公會，應自組織完成之日起六個月內，加入全國建築師公會，全國建築師公會不得拒絕。

第三一條之一（組織調整變更）103

①本法中華民國九十八年十二月十一日修正之條文施行前，已設立之中華民國建築師公會

全國聯合會，應自該修正施行之日起二年內，依本法規定變更組織為全國建築師公會；原已設立之臺灣省建築師公會所屬各縣（市）辦事處，得於三年內調整、變更組織或併入各直轄市、縣（市）建築師公會；其所屬直轄市聯絡處得調整、變更組織或併入各該直轄市建築師公會。

②因第二十八條之一第二項及前項調整或變更組織而財產移轉，適用下列規定：

一　所書立之各項契據憑證，免徵印花稅。

二　其移轉之有價證券，免徵證券交易稅。

三　其移轉貨物或勞務，非屬營業稅之課徵範圍。

四　其不動產移轉，免徵契稅及不課徵土地增值稅。但土地於再移轉時，以前項調整或變更組織前該土地之原規定地價或前次移轉現值為原地價，計算漲價數額，課徵土地增值稅。

第三二條（公會之主管機關）

建築師公會之主管機關為主管社會行政機關。但其目的事業，應受主管建築機關之指導、監督。

第三三條（公會理、監事之名額與任期）98

①建築師公會設理事、監事，由會員大會選舉之；其名額如下：

一　建築師公會之理事不得逾二十五人；監事不得逾七人。

二　全國建築師公會之理事不得逾三十五人；監事不得逾十一人。

三　候補理、監事不得超過理、監事名額三分之一。

②前項理事、監事之任期為三年，連選得連任一次。

第三四條（會員大會與臨時大會之召開）98

①建築師公會每年開會員大會一次，必要時得召開臨時大會；如經會員五分之一以上之要求，應召開臨時大會。

②會員大會，須有會員二分之一以上出席，始得開會。但章程另有規定會員大會出席會員低於二分之一者，不在此限。

③會員大會依前項但書之規定召開者，會員應親自出席，不得委託他人代理。

第三五條（公會章程與表冊之申請核准備案）98

建築師公會應訂立章程，造具會員簡表及職員名冊，申請該管社政主管機關核准，並應分報各該主管機關備案。

第三六條（公會章程應規定事項）98

①建築師公會章程，應規定下列事項：

一　名稱、地區及會所所在地。

二　宗旨、組織及任務。

三　會員之入會及退會。

四　會員之權利及義務。

五　理事、監事、候補理事、候補監事之名額、權限、任期及其選任、解任。

六　會議。

七　會員遵守之公約。

八　建築師紀律委員會之組織及風紀維持方法。

九　會費、經費及會計。

十　其他處理會務之必要事項。

②直轄市、縣（市）建築師公會訂立章程，不得牴觸全國建築師公會章程。

③全國建築師公會章程，應規定有關各直轄市、縣（市）建築師公會之聯繫協調事項。

第三七條（業務章程之訂立與報請核定）

①建築師公會應訂立建築師業務章則，載明業務內容、受取酬金標準及應盡之責任、義務等事項。

②前項業務章則，應經會員大會通過，在直轄市者，報請所在地主管建築機關，核轉內政部核定；在省者，報請內政部核定。

第三八條 （主管機關對會員大會與理監會議之監督）

建築師公會所在地之主管社會行政機關及主管建築機關於建築師公會召開會員大會時，應派員出席指導；理監事會議得派員出席指導，並得核閱其會議紀錄。

第三九條 （公會應呈報主管機關事項）

①建築師公會應將左列事項分別呈報所在地主管社會行政機關與主管建築機關：

一　建築師公會章程。

二　會員名冊及會員之入會、退會。

三　理事、監事選舉情形及當選人姓名。

四　會員大會、理事、監事會議之開會日期、時間、處所及會議情形。

五　提議、決議事項。

②前項呈報，由所在地主管社會行政機關轉報內政部核備。

第四〇條 （對建築師公會處分之種類）

①建築師公會違反法令或建築師公會章程者，主管社會行政機關得分別施以左列之處分：

一　警告。

二　撤銷其決議。

三　整理。

②前項第一款及第二款之處分，主管建築機關並得爲之。

第五章　獎　懲

第四一條 （建築師應獎勵情事）

建築師有左列情事之一者，直轄市、縣（市）主管機關得予以獎勵之；特別優異者，層報內政部獎勵之：

一　對建築法規、區域計畫或都市計畫襄助研究及建議，有重大貢獻者。

二　對公共安全、社會福利或預防災害等有關建築事項襄助辦理，成績卓著者。

三　對建築設計或學術研究有卓越表現者。

四　對協助推行建築實務著有成績者。

第四二條 （建築師之獎勵方式）

建築師之獎勵如左：

一　嘉獎。

二　頒發獎狀。

第四三條 （擅自執業之處分）94

建築師未經領有開業證書、已撤銷或廢止開業證書、未加入建築師公會或受停止執行業務處分而擅自執業者，除勒令停業外，並處新臺幣一萬元以上三萬元以下之罰鍰；其不遵從而繼續執業者，得按次連續處罰。

第四三條之一 （開業證書逾期未換發而繼續執業之處罰）94

建築師違反第九條之一規定，開業證書已逾有效期間未申請換發，而繼續執行建築師業務者，處新臺幣六千元以上一萬五千元以下罰鍰，並令其限期補辦申請；屆期不遵從而繼續執業者，得按次連續處罰。

第四四條 （刪除）

第四五條 （建築師之懲戒處分）94

①建築師之懲戒處分如下：

一　警告。

二　申誡。

三　停止執行業務二月以上二年以下。

四　撤銷或廢止開業證書。

②建築師受申誡處分三次以上者，應另受停止執行業務時限之處分；受停止執行業務處分累計滿五年者，應廢止其開業證書。

第四六條　（違反本法之懲戒規定）98

建築師違反本法者，依下列規定懲戒之：

一　違反第十一條至第十三條或第五十四條第三項規定情事之一者，應予警告或申誡。

二　違反第六條、第二十四條或第二十七條規定情事之一者，應予申誡或停止執行業務。

三　違反第二十五條之規定者，應予停止執行業務，其不遵從而繼續執業者，應予廢止開業證書。

四　違反第十七條或第十八條規定情事之一者，應予警告、申誡或停止執行業務或廢止開業證書。

五　違反第四條或第二十六條之規定者，應予撤銷或廢止開業證書。

第四七條　（設置建築師懲戒委員會及對懲戒事件之限期答辯或陳述）

直轄市、縣（市）主管機關對於建築師懲戒事項，應設置建築師懲戒委員會處理之。建築師懲戒委員會應將交付懲戒事項，通知被付懲戒之建築師，並限於二十日內提出答辯或到會陳述；如不遵限提出答辯或到會陳述時，得逕行決定。

第四八條　（對懲戒決定申請覆審之期限）

被懲戒人對於建築師懲戒委員會之決定，有不服者，得於通知送達之翌日起二十日內，向內政部建築師懲戒覆審委員會申請覆審。

第四九條　（建築師懲戒委員會及建築師懲戒覆審委員會之組織）

建築師懲戒委員會及建築師懲戒覆審委員會之組織，由內政部訂定，報請行政院備案。

第五〇條　（利害關係人之報請交付懲戒）

建築師有第四十六條各款情事之一時，利害關係人、直轄市、縣（市）主管機關或建築師公會得列舉事實，提出證據，報請或由直轄市、縣（市）主管機關交付懲戒。

第五一條　（處分之執行與刊登公報）

被懲戒人之處分確定後，直轄市、縣（市）主管機關應予執行，並刊登公報或公告。

第六章　附　則

第五二條　（本法施行前領有甲等開業證書者之執業）

①本法施行前，領有建築師甲等開業證書有案者，仍得充建築師。但應依本法規定，檢具證件，申請內政部核發建築師證書。

②本法施行前，領有建築科工業技師證書者，準用前項之規定。

第五二條之一　（取得證書之期限及同時執行其他業務之禁止）

①第二條第一項第五款建築科工業技師檢覈取得建築師證書者，限期於中華民國七十四年六月三十日前辦理完畢，逾期不再受理。

②依前條及本條前項之規定檢覈領有建築師證書者，自中華民國七十五年一月一日起不得同時執行建築師、土木科工業技師或建築科工業技師業務；已執行者應取消其一。第十九條之一建築師辦理建築科工業技師業務者亦同。

第五三條　（本法施行前領有乙等開業證書者之執業）

①本法施行前，領有建築師乙等開業證書者，得於本法施行後，憑原領開業證書繼續執行業務。但其受委託設計或監造之工程造價以在一定限額以下者為限。

②前項領有乙等開業證書受委託設計或監造之工程造價限額，由直轄市、縣（市）政府定之，並得視地方經濟變動情形，報經內政部核定後予以調整。

第五四條　（外國人參加考試及執業之許可）

①外國人得依中華民國法律應建築師考試。

②前項考試及格領有建築師證書之外國人，在中華民國執行建築師業務，應經內政部之許可，並應遵守中華民國一切法令及建築師公會章程及章則。
③外國人經許可在中華民國開業為建築師者，其有關業務上所用之文件、圖說，應以中華民國文字為主。

第五五條（證書費金額之決定）

建築師證書及建築師開業證書之證書費金額，由內政部定之。

第五六條（施行細則）

本法施行細則，由內政部定之。

第五七條（施行日）98

①本法自公布日施行。
②本法中華民國八十六年五月七日修正公布之第五十四條，其施行日期由行政院定之；九十八年五月十二日修正之條文，自九十八年十一月二十三日施行。

原有合法建築物防火避難設施及消防設備改善辦法

①民國96年5月16日內政部令修正發布名稱及全文26條；並自發布日施行（原名稱：舊有建築物防火避難設施及消防設備改善辦法）。
②民國101年4月10日內政部令修正發布第15、22條條文及第2條附表一、二；並增訂第22-1條條文。
③民國109年4月8日內政部令修正發布第2條附表二。

第一條
本辦法依建築法（以下簡稱本法）第七十七條之一規定訂定之。

第二條
①原有合法建築物防火避難設施或消防設備不符現行規定者，其建築物所有權人或使用人應依該管主管建築機關視其實際情形令其改善項目之改善期限辦理改善，於改善完竣後併同本法第七十七條第三項之規定申報。
②前項建築物防火避難設施及消防設備申請改善之項目、內容及方式如附表一、附表二。

第三條
①原有合法建築物所有權人或使用人依前條第一項申請改善時，應備具申請書、改善計畫書、工程圖樣及說明書。
②前項改善計畫書依建築技術規則總則編第三條認可之建築物防火避難性能設計計畫書辦理，得不適用前條附表一一部或全部之規定。
③原有合法建築物符合下列規定者，其改善計畫書經當地主管建築機關認可後，得不適用前條附表一一部或全部之規定：
一　建築物供作B-2類組使用之總樓地板面積未達五千平方公尺。
二　建築物位在五層以下之樓層供作A-1類組使用。
三　建築物位在十層以下之樓層。

第四條
原有合法建築物改善防火避難設施或消防設備時，不得破壞原有結構之安全。但補強措施由建築師鑑定安全無虞，經直轄市、縣（市）主管建築機關核准者，不在此限。

第五條
原有合法建築物十層以下之樓層面積區劃，依下列規定改善：
一　防火構造建築物或防火建築物，其總樓地板面積在一千五百平方公尺以上者，應按每一千五百平方公尺，以具有一小時以上防火時效之牆壁、樓地板及防火設備區劃分隔；具備有效自動滅火設備者，得免計算其有效範圍樓地板面積之二分之一。
二　非防火構造建築物，其主要構造部分使用不燃材料建造之建築物者，應按其總樓地板面積每一千平方公尺，以具有一小時防火時效之牆壁、樓地板及防火設備區劃分隔。
三　非防火構造建築物，其主要構造爲木造且屋頂以不燃材料覆蓋者，按其總樓地板面積每五百平方公尺，以具有一小時防火時效之牆壁、樓地板及防火設備區劃分隔。

第六條
原有合法建築物十一層以上之樓層面積區劃，依下列規定改善：
一　樓地板面積超過一百平方公尺者，應按每一百平方公尺，以具有一小時以上防火時效之牆壁、樓地板及防火設備區劃分隔。建築物供作H-2類組使用者，其區劃面積得增爲二百平方公尺。

二　自地板面起一點二公尺以上之室內牆面及天花板均使用耐燃一級材料裝修者，得按每二百平方公尺，以具有一小時以上防火時效之牆壁、樓地板及防火設備區劃分隔。建築物供作H-2類組使用者，區劃面積得增為四百平方公尺。

三　室內牆面及天花板（包括底材）均以耐燃一級材料裝修者，得按每五百平方公尺範圍內，以具有一小時以上防火時效之牆壁、樓地板及防火設備區劃分隔。

四　前三款區劃範圍內，備有效自動滅火設備者，得免計算其有效範圍樓地板面積之二分之一。

第七條

原有合法建築物供特定用途空間區劃，依下列規定改善：

一　防火構造建築物供下列用途使用者，其無法區劃分隔部分，以具有一小時以上防火時效之牆壁、樓地板及防火設備區劃分隔：

㈠建築物使用類組為A-1類組或D-2類組之觀眾席部分。

㈡建築物使用類組為C類組之生產線部分、D-3類組或D-4類組之教室、體育館、零售市場、停車空間及其他類似用途建築物。

二　非防火構造建築物供下列用途使用者，其無法區劃分隔部分，以具有半小時以上防火時效之牆壁、樓地板及防火設備區劃分隔，天花板及面向室內之牆壁，以使用耐燃一級材料裝修：

㈠體育館、建築物使用類組為C類組之生產線部分及其他供類似用途使用之建築物。

㈡樓梯間、昇降機間及其他類似用途使用部分。

三　位於都市計畫工業區或非都市土地丁種建築用地之建築物供C類組使用者，其作業廠房與其附屬空間應以一小時以上防火時效之牆壁、樓地板及防火設備區劃用途，同時能通達避難層或地面或樓梯口。

第八條

①原有合法建築物垂直區劃之挑空部分，依下列規定改善：

一　各層樓地板應為連續完整面，並突出挑空處之牆面五十公分以上。但與樓地板面交接處之牆面高度應有九十公分以上且具有一小時防火時效者，得免突出。

二　鄰接挑空部分同樓層供不同使用單元使用之居室，其牆面相對間隔未達三公尺者，該牆面應具有一小時以上防火時效；牆壁開口應裝置具有一小時防火時效之防火設備。

三　挑空部分應設自然排煙或機械排煙設備。

②鄰接挑空部分之區分所有權專有部分，以一小時防火時效之牆壁、樓地板及防火設備區劃分隔，且防火設備具遮煙性者，得僅就專有部分檢討。

第九條

①原有合法建築物垂直區劃之電扶梯及昇降機間部分，應以具有一小時以上防火時效之牆壁、防火設備與該處防火構造之樓地板形成區劃分隔。

②鄰接電扶梯及昇降機間部分之區分所有權專有部分，以一小時以上防火時效之牆壁、樓地板及防火設備區劃分隔，且防火設備具有遮煙性者，得僅就專有部分檢討。

第一〇條

原有合法建築物垂直區劃之垂直貫穿樓地板之管道間及其他類似部分，應以具有一小時以上防火時效之牆壁形成區劃分隔；管道間之維修門應具有一小時以上之防火時效及遮煙性。

第一一條

原有合法建築物之層間區劃，依下列規定改善：

一　防火構造建築物之樓地板應為連續完整面，並應突出建築物外牆五十公分以上；與樓地板交接處之外牆或外牆之內側面高度有九十公分以上，且該外牆或內側構造具有與樓地板同等以上防火時效者，得免突出。

二 外牆爲帷幕牆者，其牆面與樓地板交接處之構造，應依前款之規定。

三 建築物有連跨複數樓層，無法逐層區劃分隔之垂直空間者，應依第九條規定改善。

第一二條

原有合法建築物之貫穿部區劃，依下列規定改善：

一 貫穿防火區劃牆壁或樓地板之風管，應在貫穿部位任一側之風管內裝設防火閘門或閘板，其與貫穿部位合成之構造，並應具有一小時以上之防火時效。

二 貫穿防火區劃牆壁或樓地板之電力管線、通訊管線及給排水管線或管線匣，與貫穿部位合成之構造，應具有一小時以上之防火時效。

第一三條

原有合法高層建築物區劃，依第八條及下列規定改善：

一 高層建築物連接室內安全梯、特別安全梯、昇降機及梯廳之走廊應以具有一小時以上防火時效之牆壁、防火設備與該樓層防火構造之樓地板形成獨立之防火區劃。

二 高層建築物昇降機道及梯廳應以具有一小時以上防火時效之牆壁、防火設備與該處防火構造之樓地板形成獨立之防火區劃，出入口之防火設備並應具有遮煙性。

三 高層建築物設有燃氣設備時，應將設置燃氣設備之空間與其他部分以具有一小時以上防火時效之牆壁、防火設備及該層防火構造之樓地板區予以劃分隔。

四 高層建築物設有防災中心者，該防災中心應以具有二小時以上防火時效之牆壁、防火設備及該層防火構造之樓地板予以區劃分隔，室內牆面及天花板，以耐燃一級材料爲限。

第一四條

防火區劃之防火門窗，依下列規定改善：

一 常時關閉式之防火門應免用鑰匙即可開啓，並裝設開啓後自行關閉之裝置，其門扇或門樘上應標示常時關閉式防火門等文字。

二 常時開放式之防火門應裝設利用煙感應器連動或於火災發生時能自動關閉之裝置；其關閉後應免用鑰匙即可開啓，且開啓後自行關閉。

第一五條 101

非防火區劃分間牆依現行規定應具一小時防火時效者，得以不燃材料裝修其牆面替代之。

第一六條

避難層之出入口，依下列規定改善：

一 應有一處以上之出入口寬度不得小於九十公分，高度不得低於一點八公尺。

二 樓地板面積超過五百平方公尺者，至少應有二個不同方向之出入口。

第一七條

避難層以外樓層之出入口寬度不得小於九十公分，高度不得低於一點八公尺。

第一八條

一般走廊與連續式店舖商場之室內通路構造及淨寬，依下列規定改善：

一 一般走廊：

㈠中華民國六十三年二月十六日以前興建完成之建築物，其走廊淨寬度不得小於九十公分；走廊一側爲外牆者，其寬度不得小於八十公分。走廊內部應以不燃材料裝修。

㈡中華民國六十三年二月十七日至八十五年四月十八日間興建完成之建築物依下表規定：

走廊配置用途	二側均有居室之走廊	其他走廊
各級學校供室使用部分	二點四公尺以上	一點八公尺以上

醫院、旅館、集合住宅等及其他建築物在同一層內之居室樓地板面積二百平方公尺以上（地下層時為一百平方公尺以上）	一點六公尺以上	一點一公尺以上
其他建築物在同一層內之居室樓地板面積二百平方公尺以下（地下層時為一百平方公尺以下）	零點九公尺以上	

1.供A-1類組使用者，其觀衆席二側及後側應設置互相連通之走廊並連接直通樓梯。但設於避難層部分其觀衆席樓地板面積合計在三百平方公尺以下及避難層以上樓層其觀衆席樓地板面積合計在一百五十平方公尺以下，且為防火構造，不在此限。觀衆席樓地板面積三百平方公尺以下者，走廊寬度不得小於一點二公尺；超過三百平方公尺者，每增加六十平方公尺應增加寬度十公分。
2.走廊之地板面有高低時，其坡度不得超過十分之一，並不得設置臺階。
3.防火構造建築物內各層連接直通樓梯之走廊通道，其牆壁應為防火構造或不燃材料。

二　連續式店鋪商場之室內通路寬度應依下表規定：

各層之樓地板面積	二側均有店舖之通路寬度	其他通路寬度
二百平方公尺以上，一千平方公尺以下	三公尺以上	二公尺以上
三千平方公尺以下	四公尺以上	三公尺以上
超過三千平方公尺	六公尺以上	四公尺以上

第一九條

直通樓梯之設置及步行距離，依下列規定改善：

一　任何建築物避難層以外之各樓層，應設置一座以上之直通樓梯（含坡道）通達避難層或地面。

二　自樓面居室任一點至樓梯口之步行距離，依下列規定：

㈠建築物用途類組為A、B-1、B-2、B-3及D-1類組者，不得超過三十公尺。建築物用途類組為C類組者，除電視攝影場不得超過三十公尺外，不得超過七十公尺。其他類組之建築物不得超過五十公尺。

㈡前目規定於建築物第十五層以上之樓層，依其供使用之類組適用三十公尺者減為二十公尺、五十公尺者減為四十公尺。

㈢集合住宅採取複層式構造者，其自無出入口之樓層居室任一點至直通樓梯之步行距離不得超過四十公尺。

㈣非防火構造或非使用不燃材料建造之建築物，適用前三目規定之步行距離減為三十公尺以下。

三　前款之步行距離，應計算至直通樓梯之第一階。但直通樓梯為安全梯者，得計算至進入樓梯間之防火門。

四　建築物屬防火構造者，其直通樓梯應為防火構造，內部並以不燃材料裝修。

五　增設之直通樓梯，依下列規定辦理：

㈠應為安全梯，且寬度應為九十公分以上。

㈡不計入建築面積及各層樓地板面積。但增加之面積不得大於原有建築面積十分之一或三十平方公尺。

㈢不受鄰棟間隔、前院、後院及開口距離有關規定之限制。

㈣高度不得超過原有建築物高度加三公尺，亦不受容積率之限制。

第二〇條

①直通樓梯及平臺淨寬，依下列規定改善：

一　國民小學校舍等供兒童使用者，不得小於一點三公尺。

二　醫院、戲院、電影院、歌廳、演藝場、商場（包括營業面積在一千五百平方公尺以上之加工服務部）、舞廳、遊藝場、集會堂及市場等建築物，不得小於一點四公尺。

三　地面層以上每層之居室樓地板面積超過二百平方公尺或地下層面積超過一百平方公尺者不得小於一點二公尺。

四　前三款以外建築物，不得小於七十五公分。

②直通樓梯設置於室外並供作安全梯使用，其寬度得減爲九十公分以上。其他應爲七十五公分以上。服務專用樓梯不供其他使用者，得不受本條規定之限制。

第二一條

直通樓梯總寬度依下列規定改善：

一　供商場使用者，以其直上層以上各層中任何一層之最大樓地板面積每一百平方公尺寬六十公分之計算值，並以避難層作分界，分別核計其直通樓梯總寬度。

二　供作A-1類組使用者，按觀衆席面積每十平方公尺寬十公分之計算值，且其二分之一寬度之樓梯出口，應設置在戶外出入口之近旁。

第二二條 101

①下列建築物依現行規定應設置之直通樓梯，其構造應改爲室內或室外之安全梯或特別安全梯，且自樓面居室任一點至安全梯口之步行距離應符合第十九條規定：

一　通達六層以上，十四層以下或通達地下二層之各樓層，應設置安全梯；通達十五層以上或地下三層以下之各樓層，應設置戶外安全梯或特別安全梯。但十五層以上或地下三層以下各樓層之樓地板面積未超過一百平方公尺者，戶外安全梯或特別安全梯改設爲室內安全梯。

二　通達供作A-1、B-1及B-2類組使用之樓層，應爲安全梯，其中至少一座應爲戶外安全梯或特別安全梯。但該樓層位於五層以上者，通達該樓層之直通樓梯均應爲戶外安全梯或特別安全梯，並均應通達屋頂避難平臺。

②直通樓梯之構造應具有半小時以上防火時效。

第二二條之一 101

三層以上，五層以下原有合法建築物之直通樓梯，依現行規定應至少有一座安全梯者，經當地主管建築機關認定設置有困難時，得以其鄰接直通樓梯之牆壁應具一小時以上防火時效，其出入口應裝設具有一小時以上之防火時效及半小時以上阻熱性之防火門窗替代之。

第二三條

安全梯應依下列規定改善：

一　室內安全梯：

㈠四周牆壁應具有一小時以上防火時效，天花板及牆面之裝修材料並以耐燃一級材料爲限。

㈡進入安全梯之出入口，應裝設具有一小時以上防火時效及遮煙性之防火門，且不得設置門檻。

㈢安全梯出入口之寬度不得小於九十公分。

二　戶外安全梯間四週之牆壁應具有一小時以上之防火時效。出入口應裝設具有一小時以上防火時效之防火門，並不得設置門檻，其寬度不得小於九十公分。但以室外走廊連接安全梯者，其出入口得免裝設防火門。

三　特別安全梯：

㈠樓梯間及排煙室之四週牆壁應具有一小時以上防火時效，其天花板及牆面之裝修，應為耐燃一級材料。樓梯間及排煙室開設採光用固定窗戶或在陽臺外牆開設之開口，除開口面積在一平方公尺以內並裝置具有半小時以上之防火時效之防火設備者，應與其他開口相距九十公分以上。

㈡自室內通陽臺或進入排煙室之出入口，應裝設具有一小時以上防火時效及遮煙性之防火門，自陽臺或排煙室進入樓梯間之出入口應裝設具有半小時以上防火時效之防火門。

㈢樓梯間與排煙室或陽臺之間所開設之窗戶應為固定窗。

㈣建築物地面層達十五層或地下層達三層者，該樓層之特別安全梯供作A-1、B-1、B-2、B-3、D-1或D-2類組使用時，其樓梯間與排煙室或樓梯間與陽臺之面積，不得小於各該層居室樓地板面積百分之五；供其他類組使用時，不得小於各該層居室樓地板面積百分之三。

四　建築物各棟設置之安全梯應至少有一座於各樓層僅設一處出入口且不得直接連接居室。但鄰接安全梯之各區分所有權專有部分出入口裝設之門改善為能自行關閉且具有遮煙性者，或安全梯出入口之防火門改善為具有遮煙性者，得不受限制。

五　中華民國九十四年七月一日後申請建造執照之建築物，其安全梯應符合申請時之建築技術規則規定。

第二四條

緊急進口依下列規定改善：

一　建築物在三層以上，第十層以下之各樓層，應設置緊急進口，窗戶或開口寬應在七十五公分以上及高度一點二公尺以上，或直徑一公尺以上之圓孔，且無柵欄或其他阻礙物。但面臨道路或寬度四公尺以上通路，且各層外牆每十公尺設有窗戶或其他開口者，不在此限。

二　構造應符合下列規定：

㈠進口應設於面臨道路或寬度在四公尺以上通路之各層外牆面，間隔不得大於四十公尺。

㈡進口之寬度應在七十五公分以上，高度應在一點二公尺以上，其開口之下端應距離樓地板面八十公分以內，並可自外面開啓或輕易破壞進入室內之構造。進口外得設置陽臺，其寬度應為一公尺以上，長度四公尺以上。

第二五條

消防設備依下列規定改善：

一　已敷設於建築物內之消防設備，如消防水池、消防立管、消防栓、滅火設備、警報設備、避難器具等設備，其功能正常者得維持原有使用。

二　滅火設備之施工及結構安全確有困難者，應設有與現行法令同等滅火效能之滅火設備。

三　排煙設備之施工及結構安全確有困難者，於樓地板面積每一百平方公尺以防煙壁區劃間隔，且天花板及牆面之室內裝修材料使用不燃材料或耐燃材料。

第二六條

本辦法自發布日施行。

建築技術規則總則編

①民國94年1月21日內政部令修正發布第3-2條條文；並自發布日施行。
②民國100年6月21日內政部令修正發布第4條條文；並自100年7月1日施行。
③民國107年3月27日內政部令修正發布第3-3條條文；並自發布日施行。
④民國108年11月4日內政部令修正發布第3-4條條文；並自發布日施行。

第一條

本規則依建築法（以下簡稱本法）第九十七條規定訂之。

第二條

本規則之適用範圍，依本法第三條規定。但未實施都市計畫地區之供公眾使用與公有建築物，實施區域計畫地區及本法第一百條規定之建築物，中央主管建築機關另有規定者，從其規定。

第三條 92

①建築物之設計、施工、構造及設備，依本規則各編規定。但有關建築物之防火及避難設施，經檢具申請書、建築物防火避難性能設計計畫書及評定書向中央主管建築機關申請認可者，得不適用本規則建築設計施工編第三章、第四章一部或全部，或第五章、第十一章、第十二章有關建築物防火避難一部或全部之規定。

②前項之建築物防火避難性能設計評定書，應由中央主管建築機關指定之機關（構）、學校或團體辦理。

③第一項之申請書、建築物防火避難性能設計計畫書及評定書格式、應記載事項、得免適用之條文、認可程序及其他應遵循事項，由中央主管建築機關另定之。

④第二項之機關（構）、學校或團體，應具備之條件、指定程序及其應遵循事項，由中央主管建築機關另定之。

⑤特別用途之建築物專業法規另有規定者，各該專業主管機關應請中央主管建築機關轉知之。

第三條之一

建築物增建、改建或變更用途時，其設計、施工、構造及設備之檢討項目及標準，由中央主管建築機關另定之，未規定者依本規則各編規定。

第三條之二 94

①直轄市、縣（市）主管建築機關為因應當地發展特色及地方特殊環境需求，得就下列事項另定其設計、施工、構造或設備規定，報經中央主管建築機關核定後實施：

一　私設通路及基地內通路。
二　建築物及其附置物突出部分。但都市計畫法令有規定者，從其規定。
三　有效日照、日照、通風、採光及節約能源。
四　建築物停車空間。但都市計畫法令有規定者，從其規定。
五　除建築設計施工編第一百六十四條之一規定外之建築物之樓層高度與其設計、施工及管理事項。

②合法建築物因震災毀損，必須全部拆除重行建築或部分拆除改建者，其設計、施工、構造及設備規定，得由直轄市、縣（市）主管建築機關另定，報經中央主管建築機關核定後實施。

第三條之三 107

建築物用途分類之類別、組別定義，應依下表規定；其各類組之用途項目，由中央主管建築機關另定之。

類別		類別定義	組別	組別定義
A類	公共集會類	供集會、觀賞、社交、等候運輸工具，且無法防火區劃之場所。	A-1 集會表演	供集會、表演、社交，且具觀眾席及舞臺之場所。
			A-2 運輸場所	供旅客等候運輸工具之場所。
B類	商業類	供商業交易、陳列展售、娛樂、餐飲、消費之場所。	B-1 娛樂場所	供娛樂消費，且處封閉或半封閉之場所。
			B-2 商場百貨	供商品批發、展售或商業交易，且使用人替換頻率高之場所。
			B-3 餐飲場所	供不特定人餐飲，且直接使用燃具之場所。
			B-4 旅館	供不特定人士休息住宿之場所。
C類	工業、倉儲類	供儲存、包裝、製造、修理物品之場所。	C-1 特殊廠庫	供儲存、包裝、製造、修理工業物品，且具公害之場所。
			C-2 一般廠庫	供儲存、包裝、製造一般物品之場所。
D類	休閒、文教類	供運動、休閒、參觀、閱覽、教學之場所。	D-1 健身休閒	供低密度使用人口運動休閒之場所。
			D-2 文教設施	供參觀、閱覽、會議，且無舞臺設備之場所。
			D-3 國小校舍	供國小學童教學使用之相關場所。（宿舍除外）
			D-4 校舍	供國中以上各級學校教學使用之相關場所。（宿舍除外）
			D-5 補教托育	供短期職業訓練、各類補習教育及課後輔導之場所。
E類	宗教、殯葬類	供宗教信徒聚會殯葬之場所。	E宗教、殯葬類	供宗教信徒聚會、殯葬之場所。
F類	衛生、福利、更生類	供身體行動能力受到健康、年紀或其他因素影響，需特別照顧之使用場所。	F-1 醫療照護	供醫療照護之場所。
			F-2 社會福利	供身心障礙者教養、醫療、復健、重健、訓練（庇護）、輔導、服務之場所。
			F-3 兒童福利	供學齡前兒童照護之場所。
			F-4 戒護場所	供限制個人活動之戒護場所。

類別		類別定義	組別	組別定義
G類	辦公、服務類	供商談、接洽、處理一般事務或一般門診、零售、日常服務之場所。	G-1 金融證券	供商談、接洽、處理一般事務，且使用人替換頻率高之場所。
			G-2 辦公場所	供商談、接洽、處理一般事務之場所。
			G-3 店舖診所	供一般門診、零售、日常服務之場所。
H類	住宿類	供特定人住宿之場所。	H-1 宿舍安養	供特定人短期住宿之場所。
			H-2 住宅	供特定人長期住宿之場所。
I類	危險物品類	供製造、分裝、販賣、儲存公共危險物品及可燃性高壓氣體之場所。	I 危險廠庫	供製造、分裝、販賣、儲存公共危險物品及可燃性高壓氣體之場所。

第三條之四 108

①下列建築物應辦理防火避難綜合檢討評定，或檢具經中央主管建築機關認可之建築物防火避難性能設計計畫書及評定書；其檢具建築物防火避難性能設計計畫書及評定書者，並得適用本編第三條規定：

一　高度達二十五層或九十公尺以上之高層建築物。但僅供建築物用途類組H-2組使用者，不在此限。

二　供建築物使用類組B-2組使用之總樓地板面積達三萬平方公尺以上之建築物。

三　與地下公共運輸系統相連接之地下街或地下商場。

②前項之防火避難綜合檢討評定，應由中央主管建築機關指定之機關（構）、學校或團體辦理。

③第一項防火避難綜合檢討報告書與評定書應記載事項及其他應遵循事項，由中央主管建築機關另定之。

④第二項之機關（構）、學校或團體，應具備之條件、指定程序及其應遵循事項，由中央主管建築機關另定之。

第四條 100

①建築物應用之各種材料及設備規格，除中華民國國家標準有規定者從其規定外，應依本規則規定。但因當地情形，難以應用符合本規則與中華民國國家標準材料及設備，經直轄市、縣（市）主管建築機關同意修改設計規定者，不在此限。

②建築材料、設備與工程之查驗及試驗結果，應達本規則要求；如引用新穎之建築技術、新工法或建築設備，適用本規則確有困難者，或尚無本規則及中華民國國家標準適用之特殊或國外進口材料及設備者，應檢具申請書、試驗報告書及性能規格評定書，向中央主管建築機關申請認可後，始得運用於建築物。

③前項之試驗報告書及性能規格評定書，應由中央主管建築機關指定之機關（構）、學校或團體辦理。

④第二項申請認可之申請書、試驗報告書及性能規格評定書之格式、認可程序及其他應遵行事項，由中央主管建築機關另定之。

⑤第三項之機關（構）、學校或團體，應具備之條件、指定程序及其應遵行事項，由中央主管建築機關另定之。

第五條

本規則由中央主管建築機關於發布後隨時檢討修正及統一解釋，必要時得以圖例補充規定之。

第五條之一

建築物設計及施工技術之規範，由中央主管建築機關另定之。

第六條

①中央主管建築機關，得組設建築技術審議委員會，以從事建築設計、施工、構造、材料與設備等技術之審議、研究、建議及改進事項。

②建築設計如有益於公共安全、公共交通及公共衛生，且對於都市發展、建築藝術、施工技術或公益上確有重大貢獻，並經建築技術審議委員會審議認可者，得另定標準適用之。

第七條

本規則施行日期，由中央主管建築機關以命令定之。

建築技術規則建築設計施工編

①民國101年3月13日內政部令修正發布第 282～284、285～290 條條文；增訂第 60-1 條條文；並自101年7月1日施行。
②民國101年5月11日內政部令修正發布第298、299、302、306、321條條文及第十七章第六節節名；並自101年7月1日施行。
③民國101年10月1日內政部令修正發布第167、170條條文及第十章章名；增訂第167-1～167-7條條文；並自102年1月1日施行。
④民國101年11月7日內政部令修正發布第300、308-1、309～312條條文；增訂第308-2條條文；並自102年1月1日施行。
⑤民國101年11月30日內政部令修正發布第99-1條條文；並自102年1月1日施行。
⑥民國101年12月25日內政部令增訂發布第4-2條條文；並自發布日施行。
⑦民國102年1月17日內政部令修正發布第60、61條條文；並增訂第4-3條條文；除第4-3條自發布日施行，餘自102年7月1日施行。
⑧民國102年11月28日內政部令增訂發布第271-1條條文；並自發布日施行。
⑨民國103年11月26日內政部令修正發布第 99-1、128 條條文；並自104年1月1日施行。
⑩民國105年6月7日內政部令修正發布第46、262條條文；並增訂第46-1～46-7條條文；除第46-6條自108年7月1日施行外，餘自105年7月1日施行。
⑪民國106年12月21日內政部令修正發布第23、24、41、42、166條條文；並增訂第39-1條條文；除第41、42條自發布日施行外，餘自109年7月1日施行。
⑫民國107年3月15日內政部令修正發布第167、167-1、167-3～167-7、170條條文；並自發布日施行。
⑬民國107年3月27日內政部令修正發布第134、135條條文；並自發布日施行。
⑭民國108年5月29日內政部令修正發布第62條條文；並自108年7月1日施行。
⑮民國108年8月19日內政部令修正發布第46-1、46-3、46-4、299、300、302、304、308-1、308-2、309、311、312、314、321條條文；並自109年1月1日施行。
民國108年12月31日內政部令發布除第46-1、46-3、46-4條外，餘自110年1月1日施行。
⑯民國108年11月4日內政部令修正發布第43、118、119、164-1、263條條文；並自發布日施行。

第一章　用語定義

第一條 98

本編建築技術用語，其他各編得適用，其定義如下：

一　一宗土地：本法第十一條所稱一宗土地，指一幢或二幢以上有連帶使用性之建築物所使用之建築基地。但建築基地爲道路、鐵路或永久性空地等分隔者，不視爲同一宗土地。

二　建築基地面積：建築基地（以下簡稱基地）之水平投影面積。

三　建築面積：建築物外牆中心線或其代替柱中心線以內之最大水平投影面積。但電業單位規定之配電設備及其防護設施、地下層突出基地地面未超過一點二公尺或遮陽板有二分之一以上爲透空，且其深度在二點零公尺以下者，不計入建築面積；陽臺、屋簷及建築物出入口雨遮突出建築物外牆中心線或其代替柱中心線超過二點零公尺，或雨遮、花臺突出超過一點零公尺者，應自其外緣分別扣除二點零公尺或一點零公尺作爲中心線；每層陽臺面積之和，以不超過建築面積八分之一爲限，其未達八平方公尺者，得建築八平方公尺。

四　建蔽率：建築面積占基地面積之比率。

五　樓地板面積：建築物各層樓地板或其一部分，在該區劃中心線以內之水平投影面積。但不包括第三款不計入建築面積之部分。

六　觀眾席樓地板面積：觀眾席位及縱、橫通道之樓地板面積。但不包括吸煙室、放映室、舞臺及觀眾席外面二側及後側之走廊面積。

七　總樓地板面積：建築物各層包括地下層、屋頂突出物及夾層等樓地板面積之總和。

八　基地地面：基地整地完竣後，建築物外牆與地面接觸最低一側之水平面；基地地面高低相差超過三公尺，以每相差三公尺之水平面爲該部分基地地面。

九　建築物高度：自基地地面計量至建築物最高部分之垂直高度。但屋頂突出物或非平屋頂建築物之屋頂，自其頂點往下垂直計量之高度應依下列規定，且不計入建築物高度：

㈠第十款第一目之屋頂突出物高度在六公尺以內或有昇降機設備通達屋頂之屋頂突出物高度在九公尺以內，且屋頂突出物水平投影面積之和，除高層建築物以不超過建築面積百分之十五外，其餘以不超過建築面積百分之十二點五爲限，其未達二十五平方公尺者，得建築二十五平方公尺。

㈡水箱、水塔設於屋頂突出物上高度合計在六公尺以內或設於有昇降機設備通達屋頂之屋頂突出物高度在九公尺以內或設於屋頂面上高度在二點五公尺以內。

㈢女兒牆高度在一點五公尺以內。

㈣第十款第三目至第五目之屋頂突出物。

㈤非平屋頂建築物之屋頂斜率（高度與水平距離之比）在二分之一以下者。

㈥非平屋頂建築物之屋頂斜率（高度與水平距離之比）超過二分之一者，應經中央主管建築機關核可。

十　屋頂突出物：突出於屋面之附屬建築物及雜項工作物：

㈠樓梯間、昇降機間、無線電塔及機械房。

㈡水塔、水箱、女兒牆、防火牆。

㈢雨水貯留利用系統設備、淨水設備、露天機電設備、煙囪、避雷針、風向器、旗竿、無線電桿及屋脊裝飾物。

㈣突出屋面之管道間、採光換氣或再生能源使用等節能設施。

㈤突出屋面之三分之一以上透空遮牆、三分之二以上透空立體構架供景觀造型、屋頂綠化等公益及綠建築設施，其投影面積不計入第九款第一目屋頂突出物水平投影面積之和。但本目與第一目及第六目之屋頂突出物水平投影面積之和，以不超過建築面積百分之三十爲限。

㈥其他經中央主管建築機關認可者。

十一　簷高：自基地地面起至建築物簷口底面或平屋頂底面之高度。

十二　地板面高度：自基地地面至地板面之垂直距離。

十三　樓層高度：自室內地板面至其直上層地板面之高度；最上層之高度，爲至其天花板高度。但同一樓層之高度不同者，以其室內樓地板面積除該樓層容積之商，視爲樓層高度。

十四　天花板高度：自室內地板面至天花板之高度，同一室內之天花板高度不同時，以其室內樓地板面積除室內容積之商作天花板高度。

十五　建築物層數：基地地面以上樓層數之和。但合於第九款第一目之規定者，不作爲層數計算；建築物內層數不同者，以最多之層數作爲該建築物層數。

十六　地下層：地板面在基地地面以下之樓層。但天花板高度有三分之二以上在基地地面上者，視爲地面層。

十七　閣樓：在屋頂內之樓層，樓地板面積在該建築物建築面積三分之一以上時，視爲另一樓層。

十八　夾層：夾於樓地板與天花板間之樓層；同一樓層內夾層面積之和，超過該層樓地板面積三分之一或一百平方公尺者，視爲另一樓層。

十九　居室：供居住、工作、集會、娛樂、烹飪等使用之房間，均稱居室。門廳、走廊、樓梯間、衣帽間、廁所盥洗室、浴室、儲藏室、機械室、車庫等不視爲居室。但旅館、住宅、集合住宅、寄宿舍等建築物其衣帽間與儲藏室面積之合計以不超過該層樓地板面積八分之一爲原則。

二十　露臺及陽臺：直上方無任何頂遮蓋物之平臺稱爲露臺，直上方有遮蓋物者稱爲陽臺。

二一　集合住宅：具有共同基地及共同空間或設備。並有三個住宅單位以上之建築物。

二二　外牆：建築物外圍之牆壁。

二三　分間牆：分隔建築物內部空間之牆壁。

二四　分戶牆：分隔住宅單位與住宅單位或住戶與住戶或不同用途區劃間之牆壁。

二五　承重牆：承受本身重量及本身所受地震、風力外並承載及傳導其他外壓力及載重之牆壁。

二六　帷幕牆：構架構造建築物之外牆，除承載本身重量及其所受之地震、風力外，不再承載或傳導其他載重之牆壁。

二七　耐水材料：磚、石料、人造石、混凝土、柏油及其製品、陶瓷品、玻璃、金屬材料、塑膠製品及其他具有類似耐水性之材料。

二八　不燃材料：混凝土、磚或空心磚、瓦、石料、鋼鐵、鋁、玻璃、玻璃纖維、礦棉、陶瓷品、砂漿、石灰及其他經中央主管建築機關認定符合耐燃一級之不因火熱引起燃燒、熔化、破裂變形及產生有害氣體之材料。

二九　耐火板：木絲水泥板、耐燃石膏板及其他經中央主管建築機關認定符合耐燃二級之材料。

三十　耐燃材料：耐燃合板、耐燃纖維板、耐燃塑膠板、石膏板及其他經中央主管建築機關認定符合耐燃三級之材料。

三一　防火時效：建築物主要結構構件、防火設備及防火區劃構造遭受火災時可耐火之時間。

三二　阻熱性：在標準耐火試驗條件下，建築構造當其一面受火時，能在一定時間內，其非加熱面溫度不超過規定值之能力。

三三　防火構造：具有本編第三章第三節所定防火性能與時效之構造。

三四　避難層：具有出入口通達基地地面或道路之樓層。

三五　無窗戶居室：具有下列情形之一之居室：

㈠依本編第四十二條規定有效採光面積未達該居室樓地板面積百分之五者。

㈡可直接開向戶外或可通達戶外之有效防火避難構造開口，其高度未達一點二公尺，寬度未達七十五公分；如爲圓型時直徑未達一公尺者。

㈢樓地板面積超過五十平方公尺之居室，其天花板或天花板下方八十公分範圍以內之有效通風面積未達樓地板面積百分之二者。

三六　道路：指依都市計畫法或其他法律公布之道路（得包括人行道及沿道路邊綠帶）或經指定建築線之現有巷道。除另有規定外，不包括私設通路及類似通路。

三七　類似通路：基地內具有二幢以上連帶使用性之建築物（包括機關、學校、醫院及同屬一事業體之工廠或其他類似建築物），各幢建築物間及建築物至建築線間之通路；類似通路視爲法定空地，其寬度不限制。

三八　私設通路：基地內建築物之主要出入口或共同出入口（共用樓梯出入口）至建築線間之通路；主要出入口不包括本編第九十條規定增設之出入口；共同出入口不包括本編第九十五條規定增設之樓梯出入口。私設通路與道路之交叉口，免截角。

三九　直通樓梯：建築物地面以上或以下任一樓層可直接通達避難層或地面之樓梯（包括坡道）。

四十　永久性空地：指下列依法不得建築或因實際天然地形不能建築之土地（不包括道

路）：

㈠都市計畫法或其他法律劃定並已開闢之公園、廣場、體育場、兒童遊戲場、河川、綠地、綠帶及其他類似之空地。

㈡海洋、湖泊、水堰、河川等。

㈢前二目之河川、綠帶等除夾於道路或二條道路中間者外，其寬度或寬度之和應達四公尺。

四一　退縮建築深度：建築物外牆面自建築線退縮之深度；外牆面退縮之深度不等，以最小之深度爲退縮建築深度。但第三款規定，免計入建築面積之陽臺、屋簷、雨遮及遮陽板，不在此限。

四二　幢：建築物地面層以上結構獨立不與其他建築物相連，地面層以上其使用機能可獨立分開者。

四三　棟：以具有單獨或共同之出入口並以無開口之防火牆及防火樓板區劃分開者。

四四　特別安全梯：自室內經由陽臺或排煙室始得進入之安全梯。

四五　遮煙性能：在常溫及中溫標準試驗條件下，建築物出入口裝設之一般門或區劃出入口裝設之防火設備，當其構造二側形成火災情境下之壓差時，具有漏煙通氣量不超過規定值之能力。

四六　昇降機道：建築物供昇降機廂運行之垂直空間。

四七　昇降機間：昇降機廂駐停於建築物各樓層時，供使用者進出及等待搭乘等之空間。

第二章　一般設計通則

第一節　建築基地

第二條

①基地應與建築線相連接，其連接部分之最小長度應在二公尺以上。基地內私設通路之寬度不得小於左列標準：

一　長度未滿十公尺者爲二公尺。

二　長度在十公尺以上未滿二十公尺者爲三公尺。

三　長度大於二十公尺爲五公尺。

四　基地內以私設通路爲進出道路之建築物總樓地板面積合計在一、〇〇〇平方公尺以上者，通路寬度爲六公尺。

五　前款私設通路爲連通建築線，得穿越同一基地建築物之地面層；穿越之深度不得超過十五公尺；該部分淨寬並應依前四款規定，淨高至少三公尺，且不得小於法定騎樓之高度。

②前項通路長度，自建築線起算計量至建築物最遠一處之出入口或共同入口。

第二條之一

私設通路長度自建築線起算未超過三十五公尺部分，得計入法定空地面積。

第三條（刪除）

第三條之一

①私設通路爲單向出口，且長度超過三十五公尺者，應設置汽車迴車道；迴車道視爲該通路之一部分，其設置標準依左列規定：

一　迴車道可採用圓形、方形或丁形。

二　通路與迴車道交叉口截角長度爲四公尺，未達四公尺者以其最大截角長度爲準。

三　截角爲三角形，應爲等腰三角形；截角爲圓弧，其截角長度即爲該弧之切線長。

②前項私設通路寬度在九公尺以上，或通路確因地形無法供車輛通行者，得免設迴車道。

第三條之二

基地臨接道路邊寬度達三公尺以上之綠帶，應從該綠帶之邊界線退縮四公尺以上建築。但道路邊之綠帶實際上已鋪設路面作人行步道使用，或在都市計畫書圖內載明係供人行步道使用者，免退縮；退縮後免設騎樓；退縮部分，計入法定空地面積。

第四條

建築基地之地面高度，應在當地洪水位以上，但具有適當防洪及排水設備，或其建築物有一層以上高於洪水位，經當地主管建築機關認為無礙安全者，不在此限。

第四條之一 100

①建築物除位於山坡地基地外，應依下列規定設置防水閘門（板），並應符合直轄市、縣（市）政府之防洪及排水相關規定：

一　建築物地下層及地下層停車空間於地面層開向屋外之出入口及汽車坡道出入口，應設置高度自基地地面起算九十公分以上之防水閘門（板）。

二　建築物地下層突出基地地面之窗戶及開口，其位於自基地地面起算九十公分以下部分，應設置防水閘門（板）。

②前項防水閘門（板）之高度，直轄市、縣（市）政府另有規定者，從其規定。

第四條之二 102

①沿海或低窪之易淹水地區建築物得採用高腳屋建築，並應符合下列規定：

一　供居室使用之最低層樓地板及其水平支撐樑之底部，應在當地淹水高度以上，並增加一定安全高度；且最低層下部空間之最大高度，以其樓地板面不得超過三公尺，或以樓地板及其水平支撐樑之底部在淹水高度加上一定安全高度為限。

二　前款最低層下部空間，僅得作為樓梯間、昇降機間、梯廳、昇降機道、排煙室、坡道、停車空間或自來水蓄水池使用；其梯廳淨深度及淨寬度不得大於二公尺，緊急昇降機間及排煙室應依本編第一百零七條第一款規定之最低標準設置。

三　前二款最低層下部空間除設置結構必要之樑柱，樓梯間、昇降機間、昇降機道、梯廳、排煙室及自來水蓄水池所需之牆壁或門窗，及樓梯或坡道構造外，不得設置其他阻礙水流之構造或設施。

四　機電設備應設置於供居室使用之最低層以上。

五　建築物不得設置地下室，並得免附建防空避難設備。

②前項沿海或低窪之易淹水地區、第一款當地淹水高度及一定安全高度，由直轄市、縣（市）政府視當地環境特性指定之。

③第一項樓梯間、昇降機間、梯廳、昇降機道、排煙室、坡道及最低層之下部空間，得不計入容積總樓地板面積，其下部空間並得不計入建築物之層數及高度。

④基地地面設置通達最低層之戶外樓梯及戶外坡道，得不計入建築面積及容積總樓地板面積。

第四條之三 102

①都市計畫地區新建、增建或改建之建築物，除本編第十三章山坡地建築已依水土保持技術規範規劃設置滯洪設施、個別興建農舍、建築基地面積三百平方公尺以下及未增加建築面積之增建或改建部分者外，應依下列規定，設置雨水貯集滯洪設施：

一　於法定空地、建築物地面層、地下層或筏基內設置水池或儲水槽，以管線或溝渠收集屋頂、外牆面或法定空地之雨水，並連接至建築基地外雨水下水道系統。

二　採用密閉式水池或儲水槽時，應具備泥砂清除設施。

三　雨水貯集滯洪設施無法以重力式排放雨水者，應具備抽水泵浦排放，並應於地面層以上及流入水池或儲水槽前之管線或溝渠設置溢流設施。

四　雨水貯集滯洪設施得於四周或底部設計具有滲透雨水之功能，並得依本編第十七章有關建築基地保水或建築物雨水貯留利用系統之規定，合併設計。

②前項設置雨水貯集滯洪設施規定，於都市計畫法令、都市計畫書或直轄市、縣（市）政府另有規定者，從其規定。

③第一項設置之雨水貯集滯洪設施，其雨水貯集設計容量不得低於下列規定：

一　新建建築物且建築基地內無其他合法建築物者，以申請建築基地面積乘以零點零四五（立方公尺／平方公尺）。

二　建築基地內已有合法建築物者，以新建、增建或改建部分之建築面積除以法定建蔽率後，再乘以零點零四五（立方公尺／平方公尺）。

第五條

建築基地內之雨水污水應設置適當排水設備或處理設備，並排入該地區之公共下水道。

第六條

除地質上經當地主管建築機關認為無礙或設有適當之擋土設施者外，斷崖上下各二倍於斷崖高度之水平距離範圍內，不得建築。

第二節　牆面線、建築物突出部分

第七條

為景觀上或交通上需要，直轄市、縣（市）政府得依法指定牆面線令其退縮建築；退縮部分，計入法定空地面積。

第八條

①基地臨接供通行之現有巷道，其申請建築原則及現有巷道申請改道，廢止辦法由直轄市、縣（市）政府定之。

②基地他側同時臨接較寬之道路並為角地者，建築物高度不受現有巷道寬度之限制。

第九條

依本法第五十一條但書規定可突出建築線之建築物，包括左列各項：

一　紀念性建築物：紀念碑、紀念塔、紀念銅像、紀念坊等。

二　公益上有必要之建築物：候車亭、郵筒、電話亭、警察崗亭等。

三　臨時性建築物：牌樓、牌坊、裝飾塔、施工架、棧橋等，短期內有需要而無礙交通者。

四　地面下之建築物、對公益上有必要之地下貫穿道等，但以不妨害地下公共設施之發展為限。

五　高架道路橋面下之建築物。

六　供公共通行上有必要之架空走廊，而無礙公共安全及交通者。

第一〇條

架空走廊之構造應依左列規定：

一　應為防火構造不燃材料所建造，但側牆不能使用玻璃等容易破損之材料裝修。

二　廊身兩側牆壁之高度應在一．五公尺以上。

三　架空走廊如穿越道路，其廊身與路面垂直淨距離不得小於四．六公尺。

四　廊身支柱不得妨害車道，或影響市容觀瞻。

第三節　建築物高度

第一一條至第一三條（刪除）

第一四條

①建築物高度不得超過基地面前道路寬度之一．五倍加六公尺。面前道路寬度之計算，依左列規定：

一　道路邊指定有牆面線者，計至牆面線。

二　基地臨接計畫圓環，以交會於圓環之最寬道路視為面前道路；基地他側同時臨接道路，其高度限制並應依本編第十六條規定。

三　基地以私設通路連接建築線，並作為主要進出道路者，該私設通路視為面前道路。但私設通路寬度大於其連接道路寬度，應以該道路寬度，視為基地之面前道路。

四　臨接建築線之基地內留設有私設通路者，適用本編第十六條第一款規定，其餘部分適用本條第三款規定。

五　基地面前道路中間夾有綠帶或河川，以該綠帶或河川兩側道路寬度之和，視爲基地之面前道路，且以該基地直接臨接一側道路寬度之二倍爲限。

②前項基地面前道路之寬度未達七公尺者，以該道路中心線深進三．五公尺範圍內，建築物之高度不得超過九公尺。

③特定建築物面前道路寬度之計算，適用本條之規定。

第一五條

①基地周圍臨接或面對永久性空地，其高度限制如左：

一　基地臨接道路之對側有永久性空地，其高度不得超過該道路寬度與面對永久性空地深度合計之一．五倍，且以該基地臨接較寬（最寬）道路寬度之二倍加六公尺爲限。

二　基地周圍臨永久性空地，永久性空地之寬度與深度（或深度之和）應爲二十公尺以上，建築物高度以該基地臨接較寬（最寬）道路寬度之二倍加六公尺爲限。

三　基地僅部分臨接或面對永久性空地，自臨接或面對永久性空地之部分，向未臨接或未面對之他側延伸相當於臨接或面對部分之長度，且未逾三十公尺範圍者，適用前二款規定。

②前項第一款如同時適用前條第五款規定者，選擇較寬之規定適用之。

第一六條

基地臨接兩條以上道路，其高度限制如左：

一　基地臨接最寬道路境界線深進其路寬二倍且未逾三十公尺範圍內之部分，以最寬道路視爲面前道路。

二　前款範圍外之基地，以其他道路中心線各深進十公尺範圍內，自次寬道路境界線深進其路寬二倍且未逾三十公尺，以次寬道路視爲面前道路，並依此類推。

三　前二款範圍外之基地，以最寬道路視爲面前道路。

第一六條之一至第一八條（刪除）

第一九條

基地臨接道路盡頭，以該道路寬度，作爲面前道路。但基地他側臨接較寬道路，建築物高度不受該盡頭道路之限制。

第二〇條至第二二條（刪除）

第二三條 106

住宅區建築物之高度不得超過二十一公尺及七層樓。但合於下列規定之一者，不在此限。其高度超過三十六公尺者，應依本編第二十四條規定：

一　基地面前道路之寬度，在直轄市爲三十公尺以下，在其他地區爲二十公尺以上，且臨接該道路之長度各在二十五公尺以上。

二　基地臨接或面對永久性空地，其臨接或面對永久性空地之長度在二十五公尺以上，且永久性空地之平均深度與寬度各在二十五公尺以上，面積在五千平方公尺以上。

第二四條 106

未實施容積管制地區建築物高度不得超過三十六公尺及十二層樓。但合於下列規定之一者，不在此限：

一　基地面積在一千五百平方公尺以上，平均深度在三十公尺以上，且基地面前道路之寬度在三十公尺以上，臨接該道路之長度在三十公尺以上。

二　基地面積在一千五百平方公尺以上，平均深度在三十公尺以上，且基地面前道路之寬度在二十公尺以上，該基地面前道路對側或他側（或他側臨接道路之對側）臨接永久性空地，面對或臨接永久性空地之長度在三十公尺以上，且永久性空地之平均深度與寬度各在三十公尺以上，面積在五千平方公尺以上。

第二四條之一

用途特殊之雜項工作物其高度必須超過三十五公尺方能達到使用目的，經直轄市、縣（市）主管建築機關認為對交通、通風、採光、日照及安全上無礙者，其高度得超過三十五公尺。

第四節　建蔽率

第二五條

基地之建蔽率，依都市計畫法及其他有關法令之規定；其有未規定者，得視實際情況，由直轄市、縣（市）政府訂定，報請中央主管建築機關核定。

第二六條

①基地之一部分有左列情形之一者，該部分（包括騎樓面積）之全部作為建築面積：

一　基地之一部分，其境界線長度在商業區有二分之一以上，在其他使用區有三分之二以上臨接道路或永久性空地，全部作為建築面積，並依左表計算之：

基地情況 / 全部作建築面積 / 使用分區	二分之一臨接	三分之二臨接	全部臨接
商業區	五〇〇平方公尺	八〇〇平方公尺	一、〇〇〇平方公尺
其他使用分區		五〇〇平方公尺	八〇〇平方公尺
說明	㈠基地依表列選擇較寬之規定適用之。 ㈡臨接道路之長度因角地截角時，以未截角時之長度計算。 ㈢所稱面前道路，不包括私設通路及類似通路。 ㈣道路有同編第十四條第五款規定之情形者，本條適用之。		

二　基地臨接永久性空地，自臨接永久性空地之基地境界線，垂直縱深十公尺以內部分。

②前項第一款、第二款之面前道路寬度及永久性空地深度應在八公尺以上。

③基地如同時合於第一項第一款及第二款規定者，得選擇較寬之規定適用之。

第二七條

①建築物地面層超過五層或高度超過十五公尺者，每增加一層樓或四公尺，其空地應增加百分之二。

②不增加依前項及本編規定核計之建築基地允建地面層以上最大總樓地板面積及建築面積者，得增加建築物高度或層數，而免再依前項規定增加空地，但建築物高度不得超過本編第二章第三節之高度限制。

③住宅、集合住宅等類似用途建築物依前項規定設計者，其地面一層樓層高度，不得超過四．二公尺，其他各樓層高度均不得超過三．六公尺；設計挑空者，其挑空部分計入前項允建地面層以上最大總樓地板面積。

第二八條

①商業區之法定騎樓或住宅區面臨十五公尺以上道路之法定騎樓所占面積不計入基地面積及建築面積。

②建築基地退縮騎樓地未建築部分計入法定空地。

第二九條

建築基地跨越二個以上使用分區時，應保留空地面積，建築物高度，應依照各分區使用之規定分別計算，但空地之配置不予限制。

第五節　（刪除）

第三〇條（刪除）

第三〇條之一（刪除）

第六節　地板、天花板

第三一條

建築物最下層居室之實鋪地板，應爲厚度九公分以上之混凝土造並在混凝土與地板面間加設有效防潮層。其爲空鋪地板者，應依左列規定：

一　空鋪地板面至少應高出地面四十五公分。

二　地板四週每五公尺至少應有通風孔一處，且須具有對流作用者。

三　空鋪地板下，須進入者應留進入口，或利用活動地板開口進入。

第三二條

天花板之淨高度應依左列規定：

一　學校教室不得小於三公尺。

二　其他居室及浴廁不得小於二·一公尺，但高低不同之天花板高度至少應有一半以上大於二·一公尺，其最低處不得小於一·七公尺。

第七節　樓梯、欄杆、坡道

第三三條98

建築物樓梯及平臺之寬度、梯級之尺寸，應依下列規定：

用途類別	樓梯及平臺寬度	級高尺寸	級深尺寸
一、小學校舍等供兒童使用之樓梯。	一點四零公尺以上	十六公分以下	二十六公分以上
二、學校校舍、醫院、戲院、電影院、歌廳、演藝場、商場（包括加工服務部等，其營業面積在一千五百平方公尺以上者），舞廳、遊藝場、集會堂、市場等建築物之樓梯。	一點四零公尺以上	十八公分以下	二十六公分以上
三、地面層以上每層之居室樓地板面積超過二百平方公尺或地下面積超過二百平方公尺者。	一點二零公尺以上	二十公分以下	二十四公分以上
四、第一、二、三款以外建築物樓梯。	七十五公分以上	二十公分以下	二十一公分以上

說明：

㈠表第一、二欄所列建築物之樓梯，不得在樓梯平臺內設置任何梯級，但旋轉梯自其級深較窄之一邊起三十公分位置之級深，應符合各欄之規定，其內側半徑大於三十公分者，不在此限。

㈡第三、四欄樓梯平臺內設置扇形梯級時比照旋轉梯之規定設計。

㈢依本編第九十五條、第九十六條規定設置戶外直通樓梯者，樓梯寬度，得減爲九十公分以上。其他戶外直通樓梯淨寬度，應爲七十五公分以上。

㈣各樓層進入安全梯或特別安全梯，其開向樓梯平臺門扇之迴轉半徑不得與安全或特別安全梯內樓梯寬度之迴轉半徑相交。

㈤樓梯及平臺寬度二側各十公分範圍內，得設置扶手或高度五十公分以下供行動不便者使用之昇降軌道；樓梯及平臺最小淨寬仍應爲七十五公分以上。

㈥服務專用樓梯不供其他使用者，不受本條及本編第四章之規定。

第三四條

前條附表第一、二欄樓梯高度每三公尺以內，其他各欄每四公尺以內應設置平臺，其深度不得小於樓梯寬度。

第三五條

自樓梯級面最外緣量至天花板底面、梁底面或上一層樓梯底面之垂直淨空距離，不得小於一九〇公分。

第三六條

樓梯內兩側均應裝設距梯級鼻端高度七十五公分以上之扶手，但第三十三條第三、四款有壁體者，可設一側扶手，並應依左列規定：

一　樓梯之寬度在三公尺以上者，應於中間加裝扶手，但級高在十五公分以下，且級深在三十公分以上者得免設置。

二　樓梯高度在一公尺以下者得免裝設扶手。

第三七條

樓梯數量及其應設置之相關位置依本編第四章之規定。

第三八條

①設置於露臺、陽臺、室外走廊、室外樓梯、平屋頂及室內天井部分等之欄桿扶手高度，不得小於一·一〇公尺；十層以上者，不得小於一·二〇公尺。

②建築物使用用途為A-1、A-2、B-2、D-2、D-3、F-3、G-2、H-2組者，前項欄桿不得設有可供直徑十公分物體穿越之鏤空或可供攀爬之水平橫條。

第三九條

建築物內規定應設置之樓梯可以坡道代替之，除其淨寬應依本編第三十三條之規定外，並應依左列規定：

一　坡道之坡度，不得超過一比八。

二　坡道之表面，應為粗面或用其他防滑材料處理之。

第三九條之一 106

①新建或增建建築物高度超過二十一公尺部分，在冬至日所造成之日照陰影，應使鄰近之住宅區或商業區基地有一小時以上之有效日照。但符合下列情形之一者，不在此限：

一　基地配置單幢建築物，且其投影於北向面寬不超過十公尺。

二　建築物外牆面自基地北向境界線退縮六公尺以上淨距離，且投影於北向最大面寬合計不超過二十公尺。基地配置之各建築物，其相鄰間最外緣部位連線角度在十二點五度以上時，該相鄰建築物投影於北向之面寬得分別計算。

三　基地及北向鄰近基地均為商業區，且在基地北向境界線已依都市計畫相關規定，留設三公尺以上前院、後院或側院。

②基地配置之各建築物，應合併檢討有效日照。但符合下列各款規定者，各建築物得個別檢討有效日照：

一　各建築物外牆面自基地北向境界線退縮六公尺以上淨距離，如基地北向鄰接道路者，其北向道路寬度得合併計算退縮距離。

二　建築物相鄰間最外緣部位連線角度在十二點五度以上，且建築物相鄰間淨距離在六公尺以上；或最外緣部位連線角度在三十七點五度以上，且建築物相鄰間淨距離在三公尺以上。

③前二項檢討有效日照之建築物範圍，應包括不計入建築面積及建築物可產生日照陰影之部分。

④基地境界線任一點之法線與正北向夾角在四十五度以下時，該境界線視為北向境界線。

第八節　日照、採光、通風、節約能源

第四〇條

住宅至少應有一居室之窗可直接獲得日照。

第四一條 106

建築物之居室應設置採光用窗或開口，其採光面積依下列規定：

一 幼兒園及學校教室不得小於樓地板面積五分之一。

二 住宅之居室，寄宿舍之臥室，醫院之病房及兒童福利設施包括保健館、育幼院、育嬰室、養老院等建築物之居室，不得小於該樓地板面積八分之一。

三 位於地板面以上七十五公分範圍內之窗或開口面積不得計入採光面積之內。

第四二條 106

建築物外牆依前條規定留設之採光用窗或開口應在有效採光範圍內並依下式計算之：

一 設有居室建築物之外牆高度（採光用窗或開口上端有屋簷時為其頂端部分之垂直距離）（H）與自該部分至其面臨鄰地境界線或同一基地內之他幢建築物或同一幢建築物內相對部分（如天井）之水平距離（D）之比，不得大於下表規定：

土地使用區	H/D
住宅區、行政區、文教區	4/1
商業區	5/1

二 前款外牆臨接道路或臨接深度六公尺以上之永久性空地者，免自境界線退縮，且開口應視為有效採光面積。

三 用天窗採光者，有效採光面積按其採光面積之三倍計算。

四 採光用窗或開口之外側設有寬度超過一·五公尺以上之陽臺或外廊（露臺除外），有效採光面積按其採光面積百分之七十計算。

五 在第一款表所列商業區內建築物；如其水平間距已達五公尺以上者，得免再增加。

六 住宅區內建築物深度超過十公尺，各樓層背面或側面之採光用窗或開口，應在有效採光範圍內。

第四三條 108

①居室應設置能與戶外空氣直接流通之窗戶或開口，或有效之自然通風設備，或依建築設備編規定設置之機械通風設備，並應依下列規定：

一 一般居室及浴廁之窗戶或開口之有效通風面積，不得小於該室樓地板面積百分之五。但設置符合規定之自然或機械通風設備者，不在此限。

二 廚房之有效通風開口面積，不得小於該室樓地板面積十分之一，且不得小於零點八平方公尺。但設置符合規定之機械通風設備者，不在此限。廚房樓地板面積在一百平方公尺以上者，應另依建築設備編規定設置排除油煙設備。

三 有效通風面積未達該室樓地板面積十分之一之戲院、電影院、演藝場、集會堂等之觀眾席及使用爐灶等燃燒設備之鍋爐間、工作室等，應設置符合規定之機械通風設備。但所使用之燃燒器具及設備可直接自戶外導進空氣，並能將所發生之廢氣，直接排至戶外而無污染室內空氣之情形者，不在此限。

②前項第二款廚房設置排除油煙設備規定，於空氣污染防制法相關法令或直轄市、縣（市）政府另有規定者，從其規定。

第四四條

自然通風設備之構造應依左列規定：

一 應具有防雨、防蟲作用之進風口，排風口及排風管道。

二 排風管道應以不燃材料建造，管道應儘可能豎立並直通戶外。除頂部及一個排風口外，不得另設其他開口，一般居室及無窗居室之排風管有效斷面積不得小於左列公式之計算值；

$$Av = \frac{Af}{250\sqrt{h}}$$

其中Av：排風管之有效斷面積，單位為平方公尺。

Af：居室之樓地板面積（該居室設有其他有效通風開口時應為該居室樓地板面積減去有效通風面積二十倍後之差），單位為平方公尺。

h：自進風口中心量至排風管頂部出口中心之高度，單位為公尺。

三　進風口及排風口之有效面積不得小於排風管之有效斷面積。

四　進風口之位置應設於天花板高度二分之一以下部分，並開向與空氣直流通之空間。

五　排風口之位置應設於天花板下八十公分範圍內，並經常開放。

第四五條

建築物外牆開設門窗、開口，廢氣排出口或陽臺等，依下列規定：

一　門窗之開啓均不得妨礙公共交通。

二　緊接鄰地之外牆不得向鄰地方向開設門窗、開口及設置陽臺。但外牆或陽臺外緣距離境界線之水平距離達一公尺以上時，或以不能透視之固定玻璃磚砌築者，不在此限。

三　同一基地內各幢建築物間或同一幢建築物內相對部分之外牆開設門窗、開口或陽臺，其相對之水平淨距離應在二公尺以上；僅一面開設者，其水平淨距離應在一公尺以上。但以不透視之固定玻璃磚砌築者，不在此限。

四　向鄰地或鄰幢建築物，或同一幢建築物內之相對部分，裝設廢氣排出口，其距離境界線或相對之水平淨距離應在二公尺以上。

五　建築物使用用途為H-2、D-3、F-3組者，外牆設置開啓式窗戶之窗臺高度不得小於一・一〇公尺；十層以上不得小於一・二〇公尺。但其鄰接露臺、陽臺、室外走廊、室外樓梯、室內天井，或設有符合本編第三十八條規定之欄杆、依本編第一百零八條規定設置之緊急進口者，不在此限。

第四五條之一至第四五條之八（刪除）

第九節　防　音

第四六條 105

①新建或增建建築物之空氣音隔音設計，其適用範圍如下：

一　寄宿舍、旅館等之臥室、客房或醫院病房之分間牆。

二　連棟住宅、集合住宅之分戶牆。

三　昇降機道與第一款建築物居室相鄰之分間牆，及與前款建築物居室相鄰之分戶牆。

四　第一款及第二款建築物置放機械設備空間與上層或下層居室分隔之樓板。

②新建或增建建築物之樓板衝擊音隔音設計，其適用範圍如下：

一　連棟住宅、集合住宅之分戶樓板。

二　前款建築物昇降機房之樓板，及置放機械設備空間與下層居室分隔之樓板。

第四六條之一 108

本節建築技術用詞，定義如下：

一　隔音性能：指牆壁、樓板等構造阻隔噪音量之物理性能。

二　機械設備：指給水、排水設備、消防設備、燃燒設備、空氣調節及通風設備、發電機、昇降設備、汽機車昇降機及機械停車設備等。

三　空氣音隔音指標（R_w）：指依中華民國國家標準CNS一五一六零之三及CNS一五三一六測試，並依CNS八四六五之一評定牆、樓板等建築構件於實驗室測試之空氣傳音衰減量。

四　樓板衝擊音指標（$L_{n,w}$）：指依中華民國國家標準CNS一五一六零之六測試，並依

CNS八四六五之二評定樓板於實驗室測試之衝擊音量。

五　樓板表面材衝擊音降低量指標（ΔL_w）：指依中華民國國家標準CNS一五一六零之八測試，並依CNS八四六五之二評定樓板表面材（含緩衝材）於實驗室測試之衝擊音降低量。

六　總面密度：指面密度爲板材單位面積之重量，其單位爲公斤／平方公尺；由多層板材複合之牆板，其總面密度爲各層板材面密度之總和。

七　動態剛性（s'）：指緩衝材受動態力時，其動態應力與動態變形量之比值，其單位爲百萬牛頓／立方公尺。

第四六條之二 105

①分間牆、分戶牆、樓板或屋頂應爲無空隙、無害於隔音之構造，牆壁應自樓板建築至上層樓板或屋頂，且整體構造應相同或由具同等以上隔音性能之構造組合而成。

②管線貫穿分間牆、分戶牆或樓板造成空隙時，應於空隙處使用軟質填縫材進行密封填塞。

第四六條之三 108

①分間牆之空氣音隔音構造，應符合下列規定之一：

一　鋼筋混凝土造或密度在二千三百公斤／立方公尺以上之無筋混凝土造，含粉刷總厚度在十公分以上。

二　紅磚或其他密度在一千六百公斤／立方公尺以上之實心磚造，含粉刷總厚度在十二公分以上。

三　輕型鋼骨架或木構骨架爲底，兩面各覆以石膏板、水泥板、纖維水泥板、纖維強化水泥板、木質系水泥板、氧化鎂板或硬質纖維板，其板材總面密度在四十四公斤／平方公尺以上，板材間以密度在六十公斤／立方公尺以上，厚度在七點五公分以上之玻璃棉、岩棉或陶瓷棉填充，且牆總厚度在十公分以上。

四　其他經中央主管建築機關認可具有空氣音隔音指標R_w在四十五分貝以上之隔音性能，或取得內政部綠建材標章之高性能綠建材（隔音性）。

②昇降機道與居室相鄰之分間牆，其空氣音隔音構造，應符合下列規定之一：

一　鋼筋混凝土造含粉刷總厚度在二十公分以上。

二　輕型鋼骨架或木構骨架爲底，兩面各覆以石膏板、水泥板、纖維水泥板、纖維強化水泥板、木質系水泥板、氧化鎂板或硬質纖維板，其板材總面密度在六十五公斤／平方公尺以上，板材間以密度在六十公斤／立方公尺以上，厚度在十公分以上之玻璃棉、岩棉或陶瓷棉填充，且牆總厚度在十五公分以上。

三　其他經中央主管建築機關認可或取得內政部綠建材標章之高性能綠建材（隔音性）具有空氣音隔音指標R_w在五十五分貝以上之隔音性能。

第四六條之四 108

①分戶牆之空氣音隔音構造，應符合下列規定之一：

一　鋼筋混凝土造或密度在二千三百公斤／立方公尺以上之無筋混凝土造，含粉刷總厚度在十五公分以上。

二　紅磚或其他密度在一千六百公斤／立方公尺以上之實心磚造，含粉刷總厚度在二十二公分以上。

三　輕型鋼骨架或木構骨架爲底，兩面各覆以石膏板、水泥板、纖維水泥板、纖維強化水泥板、木質系水泥板、氧化鎂板或硬質纖維板，其板材總面密度在五十五公斤／平方公尺以上，板材間以密度在六十公斤／立方公尺以上，厚度在七點五公分以上之玻璃棉、岩棉或陶瓷棉填充，且牆總厚度在十二公分以上。

四　其他經中央主管建築機關認可具有空氣音隔音指標R_w在五十分貝以上之隔音性能，或取得內政部綠建材標章之高性能綠建材（隔音性）。

②昇降機道與居室相鄰之分戶牆，其空氣音隔音構造，應依前條第二項規定設置。

第四六條之五 105

①置放機械設備空間與上層或下層居室分隔之樓板，其空氣音隔音構造，應符合下列規定之一：

一　鋼筋混凝土造含粉刷總厚度在二十公分以上。

二　鋼承板式鋼筋混凝土造含粉刷最大厚度在二十四公分以上。

三　其他經中央主管建築機關認可具有空氣音隔音指標R_w在五十五分貝以上之隔音性能。

②前項樓板之設置符合第四十六條之七規定者，得不適用前項規定。

第四六條之六 105

①分戶樓板之衝擊音隔音構造，應符合下列規定之一。但陽臺或各層樓板下方無設置居室者，不在此限：

一　鋼筋混凝土造樓板厚度在十五公分以上或鋼承板式鋼筋混凝土造樓板最大厚度在十九公分以上，其上鋪設表面材（含緩衝材）應符合下列規定之一：

㈠橡膠緩衝材（厚度零點八公分以上，動態剛性五十百萬牛頓／立方公尺以下），其上再鋪設混凝土造地板（厚度五公分以上，以鋼筋或鋼絲網補強），地板表面材得不受限。

㈡橡膠緩衝材（厚度零點八公分以上，動態剛性五十百萬牛頓／立方公尺以下），其上再鋪設水泥砂漿及地磚厚度合計在六公分以上。

㈢橡膠緩衝材（厚度零點五公分以上，動態剛性五十五百萬牛頓／立方公尺以下），其上再鋪設木質地板厚度合計在一點二公分以上。

㈣玻璃棉緩衝材（密度九十六至一百二十公斤／立方公尺）厚度零點八公分以上，其上再鋪設木質地板厚度合計在一點二公分以上。

㈤架高地板其木質地板厚度合計在二公分以上者，架高角材或基座與樓板間須鋪設橡膠緩衝材（厚度零點五公分以上）或玻璃棉緩衝材（厚度零點八公分以上），架高空隙以密度在六十公斤／立方公尺以上、厚度在五公分以上之玻璃棉、岩棉或陶瓷棉填充。

㈥玻璃棉緩衝材（密度九十六至一百二十公斤／立方公尺）或岩棉緩衝材（密度一百至一百五十公斤／立方公尺）厚度二點五公分以上，其上再鋪設混凝土造地板（厚度五公分以上，以鋼筋或鋼絲網補強），地板表面材得不受限。

㈦經中央主管建築機關認可之表面材（含緩衝材），其樓板表面材衝擊音降低量指標ΔL_w在十七分貝以上，或取得內政部綠建材標章之高性能綠建材（隔音性）。

二　鋼筋混凝土造樓板厚度在十二公分以上或鋼承板式鋼筋混凝土造樓板最大厚度在十六公分以上，其上鋪設經中央主管建築機關認可之表面材（含緩衝材），其樓板表面材衝擊音降低量指標ΔL_w在二十分貝以上，或取得內政部綠建材標章之高性能綠建材（隔音性）。

三　其他經中央主管建築機關認可具有樓板衝擊音指標$L_{n,w}$在五十八分貝以下之隔音性能。

②緩衝材其上如澆置混凝土或水泥砂漿時，表面應有防護措施。

③地板表面材與分戶牆間應置入軟質填縫材或緩衝材，厚度在零點八公分以上。

第四六條之七 105

昇降機房之樓板，及置放機械設備空間與下層居室分隔之樓板，其衝擊音隔音構造，應符合前條第二項及第三項規定，並應符合下列規定之一：

一　鋼筋混凝土造樓板厚度在十五公分以上或鋼承板式鋼筋混凝土造樓板最大厚度在十九公分以上，其上鋪設表面材（含緩衝材）須符合下列規定之一：

㈠橡膠緩衝材（厚度一點六公分以上，動態剛性四十百萬牛頓／立方公尺以下），其上再鋪設混凝土造地板（厚度七公分以上，以鋼筋或鋼絲網補強），地板表面材得不受限。

㈡玻璃棉緩衝材（密度九十六至一百二十公斤／立方公尺）或岩棉緩衝材（密度一百至一百五十公斤／立方公尺）厚度五公分以上，其上再鋪設混凝土造地板（厚度七公分以上，以鋼筋或鋼絲網補強），地板表面材得不受限。

㈢經中央主管建築機關認可之表面材（含緩衝材），其樓板表面材衝擊音降低量指標ΔL_w在二十五分貝以上。

二　其他經中央主管建築機關認可具有樓板衝擊音指標$L_{n,w}$在五十分貝以下之隔音性能。

第十節　廁所、污水處理設施

第四七條

凡有居室之建築物，其樓地板面積達三十平方公尺以上者，應設置廁所。但同一基地內，已有廁所者不在此限。

第四八條

廁所應設有開向戶外可直接通風之窗戶，但沖洗式廁所，如依本章第八節規定設有適當之通風設備者不在此限。

第四九條

①沖洗式廁所、生活雜排水除依下水道法令規定排洩至污水下水道系統或集中處理場者外，應設置污水處理設施，並排至有出口之溝渠，其排放口上方應予標示，並不得堆放雜物。但起造人申請建造執照時，經當地下水道主管機關認定該建造執照案屆本法第五十三條第一項規定之建築期限時，公共污水下水道系統可容納該新建建築物之污水者，得免予設置污水處理設施。

②前項之生活雜排水係指廚房、浴室洗滌水及其他生活所產生之污水。

③新建建築物之廢（污）水產生量達依水污染防治法規定公告之事業標準者，並應依水污染防治法相關規定辦理。

第五〇條

非沖洗式廁所之構造，應依左列規定：

一　便器、污水管及糞池均應為耐水材料所建造，或以防水水泥砂漿等具有防水性質之材料粉刷，使成為不漏水之構造。

二　掏糞口須有密閉裝置，並應高出地面十公分以上，且不得直接面向道路。

三　掏糞口前方及左右三十公分以內，應鋪設混凝土或其他耐水材料。

四　糞池上應設有內徑十公分以上之通氣管。

第五一條

水井與掏糞廁所糞池或污水處理設施之距離應在十五公尺以上。

第十一節　煙　囪

第五二條

附設於建築物之煙囪，其構造應依左列規定：

一　煙囪伸出屋面之高度不得小於九十公分，並應在三公尺半徑範圍內高出任何建築物最高部分六十公分以上，但伸出屋面部分為磚造、石造、或水泥空心磚造且未以鐵件補強者，其高度不得超過九十公分。

二　金屬造或石棉造之煙囪，在屋架內、天花板內、或樓板內部者，應以金屬以外之不燃材料包覆之。

三　金屬造或石棉製造之煙囪應離開木料等易燃材料十五公分以上，但以厚十公分以上金屬以外之不燃材料包覆者不在此限。

四　煙囪為鋼筋混凝土造者，其厚度不得小於十五公分，其為無筋混凝土或磚造者，其厚度不得小於二十三公分。煙囪之煙道，應裝置陶管或於其內部以水泥粉刷或以耐火磚襯砌。煙道彎角小於一二〇度者，均應於彎曲處設置清除口。

第五三條

鍋爐之煙囪自地面計量之高度不得小於十五公尺。使用重油、輕油或焦碳爲燃料者，其高度不得小於九公尺。但鍋爐每小時燃料消耗量在二十五公斤以下者不在此限。惟煙囪所排放廢氣，均須符合有關衛生法令規定之標準。

第五四條

鍋爐煙囪之煙道及最小斷面積應符合左式之規定：

$$(147A-27\sqrt{A})\sqrt{H} \geqq Q$$

A：爲煙道之最小斷面積，單位爲平方公尺。

H：爲鍋爐自爐柵算起至煙囪最高部分之高度，單位爲公尺。

Q：爲鍋爐燃料消耗量，單位爲公斤／一小時。

第十二節　昇降及垃圾排除設備

第五五條 100

①昇降機之設置依下列規定：

一　六層以上之建築物，至少應設置一座以上之昇降機通達避難層。建築物高度超過十層樓，依本編第一百零六條規定，設置可供緊急用之昇降機。

二　機廂之面積超過一平方公尺或其淨高超過一點二公尺之昇降機，均依本規則之規定。但臨時用昇降機經主管建築機關認爲其構造與安全無礙時，不在此限。

三　昇降機道之構造應依下列規定：

㈠昇降機道之出入口，周圍牆壁或其圍護物應以不燃材料建造，並應使機道外之人、物無法與機廂或平衡錘相接觸。

㈡機廂在每一樓層之出入口，不得超過二處。

㈢出入口之樓地板面邊緣與機廂地板邊緣應齊平，其水平距離在四公分以內。

四　其他設備及構造，應依建築設備編之規定。

②本規則中華民國一百年二月二十七日修正生效前領得使用執照之五層以下建築物增設昇降機者，得依下列規定辦理：

一　不計入建築面積及各層樓地板面積。其增設之昇降機間及昇降機道於各層面積不得超過十二平方公尺，且昇降機道面積不得超過六平方公尺。

二　不受鄰棟間隔、前院、後院及開口距離有關規定之限制。

三　增設昇降機所需增加之屋頂突出物，其高度應依第一條第九款第一目規定設置。但投影面積不計入同目屋頂突出物水平投影面積之和。

第五六條

垃圾排除設備應依左列規定：

一　垃圾排除設備包括垃圾導管及垃圾箱，其構造如左：

㈠垃圾導管應爲耐水及不燃材料建造，其淨空不得小於六十公分見方，如爲圓形，其淨空半徑不得小於三十公分。導管內表面應保持平整，其上端突出屋頂至少六十公分，並加頂蓋及面積不小於五〇〇平方公分之通風口。

㈡每一樓層均應設置垃圾投入口，並設置密閉而便於傾倒垃圾之門。投入口之尺寸規定如左：

自樓地板至投入口上緣	投入口之淨尺寸
九十公分	三十公分見方

㈢垃圾箱應爲耐火及不燃材料構造，垃圾箱底應高出地板面一·二公尺以上，其

寬度及深度應各為一・二公尺以上，垃圾箱底應向外傾斜並應設置排水孔接通排水溝。垃圾箱清除口應設不易腐銹之密閉門。

㈣垃圾箱上部應設置進風口裝設銅絲網。

二　垃圾排除設備之垃圾箱位置，應能接通至都市道路或指定建築線之既成巷路。

第十三節　騎樓、無遮簷人行道

第五七條

凡經指定在道路兩旁留設之騎樓或無遮簷人行道，其寬度及構造由市、縣（市）主管建築機關參照當地情形，並依照左列標準訂定之：

一　寬度：自道路境界線至建築物地面層外牆面，不得小於三・五公尺，但建築物有特殊用途或接連原有騎樓或無遮簷人行道，且其建築設計，無礙於市容觀瞻者，市、縣（市）主管建築機關，得視實際需要，將寬度酌予增減並公布之。

二　騎樓地面應與人行道齊平，無人行道者，應高於道路邊界處十公分至二十公分，表面鋪裝應平整，不得裝置任何臺階或阻礙物，並應向道路境界線作成四十分之一瀉水坡度。

三　騎樓淨高，不得小於三公尺。

四　騎樓柱正面應自道路境界線退後十五公分以上，但騎樓之淨寬不得小於二・五〇公尺。

第五八條（刪除）

第十四節　停車空間

第五九條 99

建築物新建、改建、變更用途或增建部分，依都市計畫法令或都市計畫書之規定，設置停車空間。其未規定者，依下表規定。

類別	建築物用途	都市計畫內區域		都市計畫外區域	
		樓地板面積	設置標準	樓地板面積	設置標準
第一類	戲院、電影院、歌廳、國際觀光旅館、演藝場、集會堂、舞廳、夜總會、視聽伴唱遊藝場、遊藝場、酒家、展覽場、辦公室、金融業、市場、商場、餐廳、飲食店、店鋪、俱樂部、撞球場、理容業、公共浴室、旅遊及運輸業、攝影棚等類似用途建築物。	三百平方公尺以下部分。	免設。	三百平方公尺以下部分。	免設。
		超過三百平方公尺部分。	每一百五十平方公尺設置一輛。	超過三百平方公尺部分。	每二百五十平方公尺設置一輛。
第二類	住宅、集合住宅等居住用途建築物。	五百平方公尺以下部分。	免設。	五百平方公尺以下部分。	免設。
		超過五百平方公尺部分。	每一百五十平方公尺設置一輛。	超過五百平方公尺部分。	每三百平方公尺設置一輛。

第三類	旅館、招待所、博物館、科學館、歷史文物館、資料館、美術館、圖書館、陳列館、水族館、音樂廳、文康活動中心、醫院、殯儀館、體育設施、宗教設施、福利設施等類似用途建築物。	五百平方公尺以下部分。	免設。	五百平方公尺以下部分。	免設。
		超過五百平方公尺部分。	每二百平方公尺設置一輛。	超過五百平方公尺部分。	每三百五十平方公尺設置一輛。
第四類	倉庫、學校、幼稚園、托兒所、車輛修配保管、補習班、屠宰場、工廠等類似用途建築物。	五百平方公尺以下部分。	免設。	五百平方公尺以下部分。	免設。
		超過五百平方公尺部分。	每二百五十平方公尺設置一輛。	超過五百平方公尺部分。	每三百五十平方公尺設置一輛。
第五類	前四類以外建築物，由內政部視實際情形另定之。				

說明：

㈠表列總樓地板面積之計算，不包括室內停車空間面積、法定防空避難設備面積、騎樓或門廊、外廊等無牆壁之面積，及機械房、變電室、蓄水池、屋頂突出物等類似用途部分。

㈡第二類所列停車空間之數量爲最低設置標準，實施容積管制地區起造人得依實際需要增設至每一居住單元一輛。

㈢同一幢建築物內供二類以上用途使用者，其設置標準分別依表列規定計算附設之，惟其免設部分應擇一適用。其中一類未達該設置標準時，應將各類樓地板面積合併計算依較高標準附設之。

㈣國際觀光旅館應於基地地面層或法定空地上按其客房數每滿五十間設置一輛大客車停車位，每設置一輛大客車停車位減設表列規定之三輛停車位。

㈤都市計畫內區域屬本表第一類或第三類用途之公有建築物，其建築基地達一千五百平方公尺者，應按表列規定加倍附設停車空間。但符合下列情形之一者，得依其停車需求之分析結果附設停車空間：

1.建築物交通影響評估報告經地方交通主管機關審查同意，且停車空間數量達表列規定以上。

2.經各級都市計畫委員會或都市設計審議委員會審議同意。

㈥依本表計算設置停車空間數量未達整數時，其零數應設置一輛。

第五九條之一

停車空間之設置，依左列規定：

一　停車空間應設置在同一基地內。但二宗以上在同一街廓或相鄰街廓之基地同時請領建照者，得經起造人之同意，將停車空間集中留設。

二　停車空間之汽車出入口應銜接道路，地下室停車空間之汽車坡道出入口並應留設深度二公尺以上之緩衝車道。其坡道出入口鄰接騎樓（人行道）者，應留設之緩衝車道自該騎樓（人行道）內側境界線起退讓。

三　停車空間部分或全部設置於建築物各層時，於各該層應集中設置，並以分間牆區劃用途，其設置於屋頂平臺者，應依本編第九十九條之規定。

四　停車空間設置於法定空地時，應規劃車道，使車輛能順暢進出。

五　附設停車空間超過三〇輛者，應依本編第一百三十六條至第一百三十九條之規定設置之。

第五九條之二 100

①爲鼓勵建築物增設營業使用之停車空間，並依停車場法或相關法令規定開放供公眾停車使用，有關建築物之樓層數、高度、樓地板面積之核計標準或其他限制事項，直轄市、縣（市）建築機關得另定鼓勵要點，報經中央主管建築機關核定實施。

②本條施行期限至中華民國一百零一年十二月三十一日止。

第六〇條 102

①停車空間及其應留設供汽車進出用之車道，規定如下：

一　每輛停車位爲寬二點五公尺，長五點五公尺。但停車位角度在三十度以下者，停車位長度爲六公尺。大客車每輛停車位爲寬四公尺，長十二點四公尺。

二　設置於室內之停車位，其五分之一車位數，每輛停車位寬度得寬減二十公分。但停車位長邊鄰接牆壁者，不得寬減，且寬度寬減之停車位不得連續設置。

三　機械停車位每輛爲寬二點五公尺，長五點五公尺，淨高一點八公尺以上。但不供乘車人進出使用部分，寬得爲二點二公尺，淨高爲一點六公尺以上。

四　設置汽車昇降機，應留設寬三點五公尺以上、長五點七公尺以上之昇降機道。

五　基地面積在一千五百平方公尺以上者，其設於地面層以外樓層之停車空間應設汽車車道（坡道）。

六　車道供雙向通行且服務車位數未達五十輛者，得爲單車道寬度；五十輛以上者，自第五十輛車位至汽車進出口及汽車進出口至道路間之通路寬度，應爲雙車道寬度。但汽車進口及出口分別設置且供單向通行者，其進口及出口得爲單車道寬度。

七　實施容積管制地區，每輛停車空間（不含機械式停車空間）換算容積之樓地板面積，最大不得超過四十平方公尺。

②前項機械停車設備之規範，由內政部另定之。

第六〇條之一 101

停車空間設置於供公眾使用建築物之室內者，其鄰接居室或非居室之出入口與停車位間，應留設淨寬七十五公分以上之通道連接車道。其他法規另有規定者，並應符合其他法規之規定。

第六一條 102

車道之寬度、坡度及曲線半徑應依下列規定：

一　車道之寬度：

㈠單車道寬度應爲三點五公尺以上。

㈡雙車道寬度應爲五點五公尺以上。

㈢停車位角度超過六十度者，其停車位前方應留設深六公尺，寬五公尺以上之空間。

二　車道坡度不得超過一比六，其表面應用粗面或其他不滑之材料。

三　車道之內側曲線半徑應爲五公尺以上。

第六二條 108

停車空間之構造應依下列規定：

一　停車空間及出入車道應有適當之舖築。

二　停車空間設置戶外空氣之窗戶或開口，其有效通風面積不得小於該層供停車使用之樓地板面積百分之五或依規定設置機械通風設備。

三　供停車空間之樓層淨高，不得小於二點一公尺。

四　停車空間應依用戶用電設備裝置規則預留供電動車輛充電相關設備及裝置之裝設空間，並便利行動不便者使用。

第三章　建築物之防火

第一節　適用範圍

第六三條

①建築物之防火應符合本章之規定。

②本法第一百零二條所稱之防火區，係指本法適用地區內，爲防火安全之需要，經直轄市、縣（市）政府劃定之地區。

③防火區內之建築物，除應符合本章規定外，並應依當地主管建築機關之規定辦理。

第六四條（刪除）

第六五條（刪除）

第二節　雜項工作物之防火限制

第六六條（刪除）

第六七條（刪除）

第六八條

高度在三公尺以上或裝置在屋頂上之廣告牌（塔），裝飾物（塔）及類似之工作物，其主要部分應使用不燃材料。

第三節　防火構造

第六九條98

下表之建築物應爲防火構造。但工廠建築，除依下表C類規定外，作業廠房樓地板面積，合計超過五十平方公尺者，其主要構造，均應以不燃材料建造。

建築物使用類組			應爲防火構造者		
類別	組別		樓層	總樓地板面積	樓層及樓地板面積之和
A類	公共集會類	全部	全部	—	—
B類	商業類	全部	三層以上之樓層	三〇〇〇平方公尺以上	二層部分之面積在五〇〇平方公尺以上。
C類	工業、倉儲類	全部	三層以上之樓層	一五〇〇平方公尺以上（工廠除外）	變電所、飛機庫、汽車修理場、發電場、廢料堆置或處理場、廢棄物處理場及其他經地方主管建築機關認定之建築物，其總樓地板面積在一五〇平方公尺以上者。
D類	休閒、文教類	全部	三層以上之樓層	二〇〇〇平方公尺以上	—
E類	宗教、殯葬類	全部			
F類	衛生、福利、更生類	全部	三層以上之樓層	—	二層面積在三〇〇平方公尺以上。醫院限於有病房者。

G類	辦公、服務類	全部	三層以上之樓層	二〇〇〇平方公尺	—
H類	住宿類	全部	三層以上之樓層		二層面積在三〇〇平方公尺以上。
I類	危險物品類	全部	依危險品種及儲藏量，另行由內政部以命令規定之。		
說明：表內三層以上之樓層，係表示三層以上之任一樓層供表列用途時，該棟建築物即應為防火構造，表示如在第二層供同類用途使用，則可不受防火構造之限制。但該使用之樓地板面積，超過表列規定時，即不論層數如何，均應為防火構造。					

第七〇條

防火構造之建築物，其主要構造之柱、樑、承重牆壁、樓地板及屋頂應具有左表規定之防火時效：

層數 / 主要構造部分	自頂層起算不超過四層之各樓層	自頂層起算超過第四層至第十四層之各樓層	自頂層起算第十五層以上之各樓層
承重牆壁	一小時	一小時	二小時
樑	一小時	二小時	三小時
柱	一小時	二小時	三小時
樓地板	一小時	二小時	二小時
屋頂	半小時		
㈠屋頂突出物未達計算層樓面積者，其防火時效應與頂層同。 ㈡本表所指之層數包括地下層數。			

第七一條

具有三小時以上防火時效之樑、柱，應依左列規定：

一　樑：

㈠鋼筋混凝土造或鋼骨鋼筋混凝土造。

㈡鋼骨造而覆以鐵絲網水泥粉刷其厚度在八公分以上（使用輕骨材時為七公分）或覆以磚、石或空心磚，其厚度在九公分以上者（使用輕骨材時為八公分）。

㈢其他經中央主管建築機關認可具有同等以上之防火性能者。

二　柱：短邊寬度在四十公分以上並符合左列規定者：

㈠鋼筋混凝土造或鋼骨鋼筋混凝土造。

㈡鋼骨混凝土造之混凝土保護層厚度在六公分以上者。

㈢鋼骨造而覆以鐵絲網水泥粉刷，其厚度在九公分以上（使用輕骨材時為八公分）或覆以磚、石或空心磚，其厚度在九公分以上者（使用輕骨材時為八公分）。

㈣其他經中央主管建築機關認可具有同等以上之防火性能者。

第七二條

具有二小時以上防火時效之牆壁、樑、柱、樓地板，應依左列規定：

一　牆壁：

㈠鋼筋混凝土造或鋼骨鋼筋混凝土造厚度在十公分以上，且鋼骨混凝土造之混凝土保護層厚度在三公分以上者。

㈡鋼骨造而雙面覆以鐵絲網水泥粉刷，其單面厚度在四公分以上，或雙面覆以磚、石或空心磚，其單面厚度在五公分以上者。但用以保護鋼骨構造之鐵絲網水泥砂漿保護層應將非不燃材料部分之厚度扣除。

㈢木絲水泥板二面各粉以厚度一公分以上之水泥砂漿，板壁總厚度在八公分以上者。

㈣以高溫高壓蒸氣保養製造之輕質泡沫混凝土板，其厚度在七·五公分以上者。

㈤中空鋼筋混凝土版，中間塡以泡沫混凝土等其總厚度在十二公分以上，且單邊之版厚在五公分以上者。

㈥其他經中央主管建築機關認可具有同等以上之防火性能。

二　柱：短邊寬二十五公分以上，並符合左列規定者：

㈠鋼筋混凝土造或鋼骨鋼筋混凝土造。

㈡鋼骨混凝土造之混凝土保護層厚度在五公分以上者。

㈢經中央主管建築機關認可具有同等以上之防火性能者。

三　樑：

㈠鋼筋混凝土造或鋼骨鋼筋混凝土造。

㈡鋼骨混凝土造之混凝土保護層厚度在五公分以上者。

㈢鋼骨造覆以鐵絲網水泥粉刷其厚度在六公分以上（使用輕骨材時爲五公分）以上，或覆以磚、石或空心磚，其厚度在七公分以上者（水泥空心磚使用輕質骨材得時爲六公分）。

㈣其他經中央主管建築機關認可具有同等以上之防火性能者。

四　樓地板：

㈠鋼筋混凝土造或鋼骨鋼筋混凝土造厚度在十公分以上者。

㈡鋼骨造而雙面覆以鐵絲網水泥粉刷或混凝土，其單面厚度在五公分以上者。但用以保護鋼鐵之鐵絲網水泥砂漿保護層應將非不燃材料部分扣除。

㈢其他經中央主管建築機關認可具有同等以上之防火性能者。

第七三條

具有一小時以上防火時效之牆壁、樑、柱、樓地板，應依左列規定：

一　牆壁：

㈠鋼筋混凝土造、鋼骨鋼筋混凝土造或鋼骨混凝土造厚度在七公分以上者。

㈡鋼骨造而雙面覆以鐵絲網水泥粉刷，其單面厚度在三公分以上或雙面覆以磚、石或水泥空心磚，其單面厚度在四公分以上者。但用以保護鋼骨之鐵絲網水泥砂漿保護層應將非不燃材料部分扣除。

㈢磚、石造、無筋混凝土造或水泥空心磚造，其厚度在七公分以上者。

㈣其他經中央主管建築機關認可具有同等以上之防火性能者。

二　柱：

㈠鋼筋混凝土造、鋼骨鋼筋混凝土造或鋼骨混凝土造。

㈡鋼骨造而覆以鐵絲網水泥粉刷其厚度在四公分以上（使用輕骨材時得爲三公分）或覆以磚、石或水泥空心磚，其厚度在五公分以上者。

㈢其他經中央主管建築機關認可具有同等以上之防火性能者。

三　樑：

㈠鋼筋混凝土造、鋼骨鋼筋混凝土造或鋼骨混凝土造。

㈡鋼骨造而覆以鐵絲網水泥粉刷其厚度在四公分以上（使用輕骨材時爲三公分以上），或覆以磚、石或水泥空心磚，其厚度在五公分以上者（水泥空心磚使用輕骨材時得爲四公分）。

㈢鋼骨造屋架、但自地板面至樑下端應在四公尺以上，而構架下面無天花板或有不燃材料造或耐燃材料造之天花板者。

㈣其他經中央主管建築機關認可具有同等以上之防火性能者。

四　樓地板：

㈠鋼筋混凝土造或鋼骨鋼筋混凝土造厚度在七公分以上。

㈡鋼骨造而雙面覆以鐵絲網水泥粉刷或混凝土，其單面厚度在四公分以上者。但用以保護鋼骨之鐵絲網水泥砂漿保護層應將非不燃材料部分扣除。

㈢其他經中央主管建築機關認可具有同等以上之防火性能者。

第七四條

具有半小時以上防火時效之非承重外牆、屋頂及樓梯，應依左列規定：

一　非承重外牆：經中央主管建築機關認可具有半小時以上之防火時效者。

二　屋頂：

㈠鋼筋混凝土造或鋼骨鋼筋混凝土造。

㈡鐵絲網混凝土造、鐵絲網水泥砂漿造、用鋼鐵加強之玻璃磚造或鑲嵌鐵絲網玻璃造。

㈢鋼筋混凝土（預鑄）版，其厚度在四公分以上者。

㈣以高溫高壓蒸汽保養所製造之輕質泡沫混凝土板。

㈤其他經中央主管建築機關認可具有同等以上之防火性能者。

三　樓梯：

㈠鋼筋混凝土造或鋼骨鋼筋混凝土造。

㈡鋼造。

㈢其他經中央主管建築機關認可具有同等以上之防火性能者。

第七五條

防火設備種類如左：

一　防火門窗。

二　裝設於防火區劃或外牆開口處之撒水幕，經中央主管建築機關認可具有防火區劃或外牆同等以上之防火性能者。

三　其他經中央主管建築機關認可具有同等以上之防火性能者。

第七六條

防火門窗係指防火門及防火窗，其組件包括門窗扇、門窗樘、開關五金、嵌裝玻璃、通風百葉等配件或構材；其構造應依左列規定：

一　防火門窗周邊十五公分範圍內之牆壁應以不燃材料建造。

二　防火門之門扇寬度應在七十五公分以上，高度應在一百八十公分以上。

三　常時關閉式之防火門應依左列規定：

㈠免用鑰匙即可開啓，並應裝設經開啓後可自行關閉之裝置。

㈡單一門扇面積不得超過三平方公尺。

㈢不得裝設門止。

㈣門扇或門樘上應標示常時關閉式防火門等文字。

四　常時開放式之防火門應依左列規定：

㈠可隨時關閉，並應裝設利用煙感應器連動或其他方法控制之自動關閉裝置，使能於火災發生時自動關閉。

㈡關閉後免用鑰匙即可開啓，並應裝設經開啓後可自行關閉之裝置。

㈢採用防火捲門者，應附設門扇寬度在七十五公分以上，高度在一百八十公分以上之防火門。

五　防火門應朝避難方向開啓。但供住宅使用及宿舍寢室、旅館客房、醫院病房等連接走廊者，不在此限。

第七七條（刪除）

第七八條（刪除）

第四節　防火區劃

第七九條

①防火構造建築物總樓地板面積在一、五〇〇平方公尺以上者，應按每一、五〇〇平方公尺，以具有一小時以上防火時效之牆壁、防火門窗等防火設備與該處防火構造之樓地板區劃分隔。防火設備並應具有一小時以上之阻熱性。

②前項應予區劃範圍內，如備有效自動滅火設備者，得免計算其有效範圍樓地面板面積之二分之一。

③防火區劃之牆壁，應突出建築物外牆面五十公分以上。但與其交接處之外牆面長度有九十公分以上，且該外牆構造具有與防火區劃之牆壁同等以上防火時效者，得免突出。

④建築物外牆為帷幕牆者，其外牆面與防火區劃牆壁交接處之構造，仍應依前項之規定。

第七九條之一

①防火構造建築物供左列用途使用，無法區劃分隔部分，以具有一小時以上防火時效之牆壁、防火門窗等防火設備與該處防火構造之樓地板自成一個區劃者，不受前條第一項之限制：

一　建築物使用類組為A-1組或D-2組之觀眾席部分。

二　建築物使用類組為C類之生產線部分、D-3組或D-4組之教室、體育館、零售市場、停車空間及其他類似用途建築物。

②前項之防火設備應具有一小時以上之阻熱性。

第七九條之二 100

①防火構造建築物內之挑空部分、昇降階梯間、安全梯之樓梯間、昇降機道、垂直貫穿樓板之管道間及其他類似部分，應以具有一小時以上防火時效之牆壁、防火門窗等防火設備與該處防火構造之樓地板形成區劃分隔。昇降機道裝設之防火設備應具有遮煙性能。管道間之維修門並應具有一小時以上防火時效及遮煙性能。

②前項昇降機道前設有昇降機間且併同區劃者，昇降機間出入口裝設具有遮煙性能之防火設備時，昇降機道出入口得免受應裝設具遮煙性能防火設備之限制；昇降機間出入口裝設之門非防火設備但開啟後能自動關閉且具有遮煙性能時，昇降機道出入口之防火設備得免受應具遮煙性能之限制。

③挑空符合下列情形之一者，得不受第一項之限制：

一　避難層通達直上層或直下層之挑空、樓梯及其他類似部分，其室內牆面與天花板以耐燃一級材料裝修者。

二　連跨樓層數在三層以下，且樓地板面積在一千五百平方公尺以下之挑空、樓梯及其他類似部分。

④第一項應予區劃之空間範圍內，得設置公共廁所、公共電話等類似空間，其牆面及天花板裝修材料應為耐燃一級材料。

第七九條之三

①防火構造建築物之樓地板應為連續完整面，並應突出建築物外牆五十公分以上。但與樓板交接處之外牆面高度有九十公分以上，且該外牆構造具有與樓地板同等以上防火時效者，得免突出。

②外牆為帷幕牆者，其牆面與樓地板交接處之構造，應依前項之規定。

③建築物有連跨複數樓層，無法逐層區劃分隔之垂直空間者，應依前條規定。

第七九條之四

防火構造建築物之外牆，除本編第七十九條及第七十九條之三及第一百十條規定外，其他部分外牆應具有半小時以上防火時效。

第八〇條

①非防火構造之建築物，其主要構造使用不燃材料建造者，應按其總樓地板面積每一、

〇〇〇平方公尺以具有一小時防火時效之牆壁及防火門窗等防火設備予以區劃分隔。

②前項之區劃牆壁應自地面層起，貫穿各樓層而與屋頂交接，並突出建築物外牆面五十公分以上。但與區劃牆壁交接處之外牆有長度九十公分以上，且具有一小時以上防火時效者，得免突出。

③第一項之防火設備應具有一小時以上之阻熱性。

第八一條

①非防火構造之建築物，其主要構造為木造等可燃材料建造者，應按其總樓地板面積每五〇〇平方公尺，以具有一小時以上防火時效之牆壁予以區劃分隔。

②前項之區劃牆壁應為獨立式構造，並應自地面層起，貫穿各樓層與屋頂，除該牆突出外牆及屋面五十公分以上者外，與該牆交接處之外牆及屋頂應有長度三·六公尺以上部分具有一小時以上防火時效且無開口，或雖有開口但裝設具有一小時以上防火時效之防火門窗等防火設備。區劃牆壁不得為無筋混凝土或磚石構造。

③第一項之區劃牆壁上需設開口者，其寬度及高度不得大於二·五公尺，並應裝設具有一小時以上防火時效及阻熱性之防火門窗等防火設備。

第八二條

非防火構造建築物供左列用途使用時，其無法區劃分隔部分，以具有半小時以上防火時效之牆壁、樓板及防火門窗等防火設備自成一個區劃，其天花板及面向室內之牆壁，以使用耐燃一級材料裝修者，不受前二條規定限制。

一　體育館、建築物使用類組為C類之生產線部分及其他供類似用途使用之建築物。

二　樓梯間、昇降機間及其他類似用途使用部分。

第八三條

建築物自第十一層以上部分，除依第七十九條之二規定之垂直區劃外，應依左列規定區劃：

一　樓地板面積超過一〇〇平方公尺，應按每一〇〇平方公尺範圍內，以具有一小時以上防火時效之牆壁、防火門窗等防火設備與各該樓層防火構造之樓地板形成區劃分隔。但建築物使用類組H-2組使用者，區劃面積得增為二〇〇平方公尺。

二　自地板面起一·二公尺以上之室內牆面及天花板均使用耐燃一級材料裝修者，得按每二〇〇平方公尺範圍內，以具有一小時以上防火時效之牆壁、防火門窗等防火設備與各該樓層防火構造之樓地板區劃分隔；供建築物使用類組H-2組使用者，區劃面積得增為四〇〇平方公尺。

三　室內牆面及天花板（包括底材）均以耐燃一級材料裝修者，得按每五〇〇平方公尺範圍內，以具有一小時以上防火時效之牆壁、防火門窗等防火設備與各該樓層防火構造之樓地板區劃分隔。

四　前三款區劃範圍內，如備有效自動滅火設備者得免計算其有效範圍樓地面板面積之二分之一。

五　第一款至第三款之防火門窗等防火設備應具有一小時以上之阻熱性。

第八四條

非防火構造之連棟式建築物，其建築面積超過三〇〇平方公尺且屋頂為木造等可燃材料建造之屋架時，應在長度每十五公尺範圍內以具有一小時以上防火時效之牆壁區劃之，並應突出建築物外牆面五十公分以上。但與其交接處之外牆面長度有九十公分以上，且該外牆構造具有與防火區劃之牆壁同等以上防火時效者，得免突出。

第八四條之一

非防火構造建築物之外牆及屋頂，應使用不燃材料建造或覆蓋。且基地內距境界線三公尺範圍內之建築物外牆及頂部部分，與二幢建築物相對距離在六公尺範圍內之外牆及屋頂部分，應具有半小時以上之防火時效，其上之開口應裝設具同等以上防火性能之防火門窗等防火設備。但屋頂面積在十平方公尺以下者，不在此限。

第八五條

①貫穿防火區劃牆壁或樓地板之風管，應在貫穿部位任一側之風管內裝設防火閘門或閘板，其與貫穿部位合成之構造，並應具有一小時以上之防火時效。

②貫穿防火區劃牆壁或樓地板之電力管線、通訊管線及給排水管線或管線匣，與貫穿部位合成之構造，應具有一小時以上之防火時效。

第八五條之一

①各種電氣、給排水、消防、空調等設備開關控制箱設置於防火區劃牆壁時，應以不破壞牆壁防火時效性能之方式施作。

②前項設備開關控制箱嵌裝於防火區劃牆壁者，該牆壁仍應具有一小時以上防火時效。

第八六條

分戶牆及分間牆構造依左列規定：

一　連棟式或集合住宅之分戶牆，應以具有一小時以上防火時效之牆壁及防火門窗等防火設備與該處之樓板或屋頂形成區劃分隔。

二　建築物使用類組為A類、D類、B-1組、B-2組、B-4組、F-1組、H-1組、總樓地板面積為三〇〇平方公尺以上之B-3組及各級政府機關建築物，其各防火區劃內之分間牆應以不燃材料建造。但其分間牆上之門窗，不在此限。

三　建築物使用類組為B-3組之廚房，應以具有一小時以上防火時效之牆壁及防火門窗等防火設備與該樓層之樓地板形成區劃，其天花板及牆面之裝修材料以耐燃一級材料為限，並依建築設備編第五章第三節規定。

四　其他經中央主管建築機關指定使用用途之建築物或居室，應以具有一小時防火時效之牆壁及防火門窗等防火設備與該樓層之樓地板形成區劃，裝修材料並以耐燃一級材料為限。

第八七條

建築物有本編第一條第三十五款第二目規定之無窗戶居室者，區劃或分隔其居室之牆壁及門窗應以不燃材料建造。

第五節　內部裝修限制

第八八條100

建築物之內部裝修材料應依下表規定。但符合下列情形之一者，不在此限：

一　除下表㈩至⒁所列建築物，及建築使用類組為B-1、B-2、B-3組及I類者外，按其樓地板面積每一百平方公尺範圍內以具有一小時以上防火時效之牆壁、防火門窗等防火設備與該層防火構造之樓地板區劃分隔者，或其設於地面層且樓地板面積在一百平方公尺以下。

二　裝設自動滅火設備及排煙設備。

<table>
<tr><th colspan="3" rowspan="2">建築物類別</th><th rowspan="2">組別</th><th rowspan="2">供該用途之專用樓地板面積合計</th><th colspan="2">內部裝修材料</th></tr>
<tr><th>居室或該使用部分</th><th>通達地面之走廊及樓梯</th></tr>
<tr><td>㈠</td><td>A類</td><td>公共集會類</td><td>全部</td><td rowspan="2">全部</td><td rowspan="2">耐燃三級以上</td><td rowspan="3">耐燃二級以上</td></tr>
<tr><td>㈡</td><td>B類</td><td>商業類</td><td>全部</td></tr>
<tr><td rowspan="2">㈢</td><td rowspan="2">C類</td><td rowspan="2">工業、倉儲類</td><td>C-1</td><td>全部</td><td>耐燃二級以上</td></tr>
<tr><td>C-2</td><td rowspan="2"></td><td rowspan="2"></td><td rowspan="2"></td></tr>
<tr><td>㈣</td><td>D類</td><td>休閒、文教類</td><td>全部</td></tr>
</table>

<table>
<tr><th rowspan="2"></th><th colspan="2" rowspan="2">建築物類別</th><th rowspan="2">組別</th><th rowspan="2">供該用途之專用樓地板面積合計</th><th colspan="2">內部裝修材料</th></tr>
<tr><th>居室或該使用部分</th><th>通達地面之走廊及樓梯</th></tr>
<tr><td>㈤</td><td>E類</td><td>宗教、殯葬類</td><td>E</td><td rowspan="5">全部</td><td rowspan="5">耐燃三級以上</td><td rowspan="5">耐燃二級以上</td></tr>
<tr><td>㈥</td><td>F類</td><td>衛生、福利、更生類</td><td>全部</td></tr>
<tr><td>㈦</td><td>G類</td><td>辦公、服務類</td><td>全部</td></tr>
<tr><td rowspan="2">㈧</td><td rowspan="2">H類</td><td rowspan="2">住宿類</td><td>H-1</td></tr>
<tr><td>H-2</td></tr>
<tr><td colspan="0" style="display:none"></td></tr>
<tr><td>㈨</td><td>I類</td><td>危險物品類</td><td>I</td><td>全部</td><td>耐燃一級</td><td>耐燃一級</td></tr>
<tr><td>㈩</td><td colspan="3">地下層、地下工作物供A類、G類、B-1組、B-2組或B-3組使用者</td><td>全部</td><td></td><td></td></tr>
<tr><td>(十一)</td><td colspan="3">無窗戶之居室</td><td>全部</td><td rowspan="4">耐燃二級以上</td><td rowspan="4">耐燃一級</td></tr>
<tr><td rowspan="2">(十二)</td><td colspan="2" rowspan="2">使用燃燒設備之房間</td><td>H-2</td><td>二層以上部分（但頂層除外）</td></tr>
<tr><td>其他</td><td>全部</td></tr>
<tr><td rowspan="2">(十三)</td><td colspan="2" rowspan="2">十一層以上部分</td><td colspan="2">每二百平方公尺以內有防火區劃之部分</td></tr>
<tr><td colspan="2">每五百平方公尺以內有防火區劃之部分</td><td>耐燃一級</td><td rowspan="3">耐燃一級</td></tr>
<tr><td rowspan="2">(十四)</td><td colspan="2" rowspan="2">地下建築物</td><td colspan="2">防火區劃面積按一百平方公尺以上二百平方公尺以下區劃者</td><td>耐燃二級以上</td></tr>
<tr><td colspan="2">防火區劃面積按二百零一平方公尺以上五百平方公尺以下區劃者</td><td>耐燃一級</td></tr>
<tr><td colspan="7">㈠應受限制之建築物其用途、層數、樓地板面積等依本表之規定。
㈡本表所稱內部裝修係指固著於建築物構造體之天花板、內部牆面或高度超過一點二公尺固定於地板之隔屏或兼作櫥櫃使用之隔屏（均含固著其表面並暴露於室內之隔音或吸音材料）。
㈢除本表所列各種建築物外，在其自樓地板面起高度在一點二公尺以下部分之牆面、窗臺及天花板周圍押條等裝修材料得不受限制。
㈣本表(十三)、(十四)所列建築物，如裝設自動滅火設備者，所列面積得加倍計算之。</td></tr>
</table>

第四章　防火避難設施及消防設備

第一節　出入口、走廊、樓梯

第八九條

本節規定之適用範圍，以左列情形之建築物為限。但建築物以無開口且具有一小時以上防火時效之牆壁及樓地板所區劃分隔者，適用本章各節規定，視為他棟建築物：

一　建築物使用類組爲A、B、D、E、F、G及H類者。
二　三層以上之建築物。
三　總樓地板面積超過一、〇〇〇平方公尺之建築物。
四　地下層或有本編第一條第三十五款第二目及第三目規定之無窗戶居室之樓層。
五　本章各節關於樓地板面積之計算，不包括法定防空避難設備面積，室內停車空間面積、騎樓及機械房、變電室、直通樓梯間、電梯間、蓄水池及屋頂突出物面積等類似用途部分。

第八九條之一（刪除）

第九〇條

直通樓梯於避難層開向屋外之出入口，應依左列規定：

一　六層以上，或建築物使用類組爲A、B、D、E、F、G類及H-1組用途使用之樓地板面積合計超過五〇〇平方公尺者，除其直通樓梯於避難層之出入口直接開向道路或避難用通路者外，應在避難層之適當位置，開設二處以上不同方向之出入口。其中至少一處應直接通向道路，其他各處可開向寬一．五公尺以上之避難通路，通路設有頂蓋者，其淨高不得小於三公尺，並應接通道路。
二　直通樓梯於避難層開向屋外之出入口，寬度不得小於一．二公尺，高度不得小於一．八公尺。

第九〇條之一

建築物於避難層開向屋外之出入口，除依前條規定者外，應依左列規定：

一　建築物使用類組爲A-1組者在避難層供公衆使用之出入口，應爲外開門。出入口之總寬度，其爲防火構造者，不得小於觀衆席樓地板面積每十平方公尺寬十七公分之計算值，非防火構造者，十七公分應增爲二十公分。
二　建築物使用類組爲B-1、B-2、D-1、D-2組者，應在避難層設出入口，其總寬度不得小於該用途樓層最大一層之樓地板面積每一〇〇平方公尺寬三十六公分之計算值；其總樓地板面積超過一、五〇〇平方公尺時，三十六公分應增加爲六十公分。
三　前二款每處出入口之寬度不得小於二公尺，高度不得小於一．八公尺；其他建築物（住宅除外）出入口每處寬度不得小於一．二公尺，高度不得小於一．八公尺。

第九一條

避難層以外之樓層，通達供避難使用之走廊或直通樓梯間，其出入口依左列規定：

一　建築物使用類組爲A-1組部分，其自觀衆席開向二側及後側走廊之出入口，不得小於觀衆席樓地板合計面積每十平方公尺寬十七公分之計算值。
二　建築物使用類組爲B-1、B-2、D-1、D-2組者，地面層以上各樓層之出入口不得小於各該樓層樓地板面積每一〇〇平方公尺寬二十七公分計算值；地面層以下之樓層，二十七公分應增爲三十六公分。但該用途使用部分直接以直通樓梯作爲進出口者（即使用之部分與樓梯出入口間未以分間牆隔離），直通樓梯之總寬度應同時合於本條及本編第九十八條之規定。
三　前二款規定每處出入口寬度，不得小於一．二公尺，並應裝設具有一小時以上防火時效之防火門。

第九二條

走廊之設置應依左列規定：

一　供左表所列用途之使用者，走廊寬度依其規定：

走廊配置 ＼ 用途	走廊二側有居室者	其他走廊
㈠建築物使用類組爲D-3、D-4、D-5 組供教室使用部分	二．四〇公尺以上	一．八〇公尺以上

㈡建築物使用類組爲F-1組	一・六〇公尺以上	一・二〇公尺以上
㈢其他建築物： 1.同一樓層內之居室樓地板面積在二百平方公尺以上（地下層時爲一百平方公尺以上）。	一・六〇公尺以上	一・二〇公尺以上
2.同一樓層內之居室樓地板面積未滿二百平方公尺（地下層時爲未滿一百平方公尺）。	一・二〇公尺以上	

二　建築物使用類組爲A-1組者，其觀眾席二側及後側應設置互相連通之走廊並連接直通樓梯。但設於避難層部分其觀眾席樓地板面積合計在三〇〇平方公尺以下及避難層以上樓層其觀眾席樓地板面積合計在一五〇平方公尺以下，且爲防火構造，不在此限。觀眾席樓地板面積三〇〇平方公尺以下者，走廊寬度不得小於一・二公尺；超過三〇〇平方公尺者，每增加六十平方公尺應增加寬度十公分。

三　走廊之地板面有高低時，其坡度不得超過十分之一，並不得設置臺階。

四　防火構造建築物內各層連接直通樓梯之走廊牆壁及樓地板應具有一小時以上防火時效，並以耐燃一級材料裝修爲限。

第九三條

①直通樓梯之設置應依左列規定：

一　任何建築物自避難層以外之各樓層均應設置一座以上之直通樓梯（包括坡道）通達避難層或地面，樓梯位置應設於明顯處所。

二　自樓面居室之任一點至樓梯口之步行距離（即隔間後之可行距離非直線距離）依左列規定：

㈠建築物用途類組爲A類、B-1、B-2、B-3及D-1組者，不得超過三十公尺。建築物用途類組爲C類者，除有現場觀眾之電視攝影場不得超過三十公尺外，不得超過七十公尺。

㈡前目規定以外用途之建築物不得超過五十公尺。

㈢建築物第十五層以上之樓層依其使用應將前二目規定爲三十公尺者減爲二十公尺，五十公尺者減爲四十公尺。

㈣集合住宅採取複層式構造者，其自無出入口之樓層居室任一點至直通樓梯之步行距離不得超過四十公尺。

㈤非防火構造或非使用不燃材料所建造之建築物，不論任何用途，應將本款所規定之步行距離減爲三十公尺以下。

②前項第二款至樓梯口之步行距離，應計算至直通樓梯之第一階。但直通樓梯爲安全梯者，得計算至進入樓梯間之防火門。

第九四條

避難層自樓梯口至屋外出入口之步行距離不得超過前條規定。

第九五條

①八層以上之樓層及下列建築物，應自各該層設置二座以上之直通樓梯達避難層或地面：

一　主要構造屬防火構造或使用不燃材料所建造之建築物在避難層以外之樓層供下列使用，或地下層樓地板面積在二百平方公尺以上者。

㈠建築物使用類組爲A-1組者。

㈡建築物使用類組爲F-1組樓層，其病房之樓地板面積超過一〇〇平方公尺者。

㈢建築物使用類組爲H-1、B-4組及供集合住宅使用，且該樓層之樓地板面積超過二四〇平方公尺者。

㈣供前三目以外用途之使用，其樓地板面積在避難層直上層超過四〇〇平方公尺，其他任一層超過二四〇平方公尺者。

二　主要構造非屬防火構造或非使用不燃材料所建造之建築物供前款使用者，其樓地板面積一〇〇平方公尺者應減爲五〇平方公尺；樓地板面積二四〇平方公尺者應減爲一〇〇平方公尺；樓地板面積四〇〇平方公尺者應減爲二〇〇平方公尺。

②前項建築物之樓面居室任一點至二座以上樓梯之步行路徑重複部分之長度不得大於本編第九十三條規定之最大容許步行距離二分之一。

第九六條 100

①下列建築物依規定應設置之直通樓梯，其構造應改爲室內或室外之安全梯或特別安全梯，且自樓面居室之任一點至安全梯口之步行距離應合於本編第九十三條規定：

一　通達三層以上，五層以下之各樓層，直通樓梯應至少有一座爲安全梯。

二　通達六層以上，十四層以下或通達地下二層之各樓層，應設置安全梯；通達十五層以上或地下三層以下之各樓層，應設置戶外安全梯或特別安全梯。但十五層以上或地下三層以下各樓層之樓地板面積未超過一百平方公尺者，戶外安全梯或特別安全梯改設爲一般安全梯。

三　通達供本編第九十九條使用之樓層者，應爲安全梯，其中至少一座應爲戶外安全梯或特別安全梯。但該樓層位於五層以上者，通達該樓層之直通樓梯均應爲戶外安全梯或特別安全梯，並均應通達屋頂避難平臺。

②直通樓梯之構造應具有半小時以上防火時效。

第九六條之一 100

三層以上，五層以下防火構造之建築物，符合下列情形之一者，得免受前條第一項第一款限制：

一　僅供建築物使用類組D-3、D-4組或H-2組之住宅、集合住宅及農舍使用。

二　一棟一戶之連棟式住宅或獨棟住宅同時供其他用途使用，且屬非供公衆使用建築物。其供其他用途使用部分，爲設於地面層及地上二層，且地上二層僅供D-5、G-2或G-3組使用，並以具有一小時以上防火時效之防火門、牆壁及樓地板與供住宅使用部分區劃分隔。

第九七條

①安全梯之構造，依下列規定：

一　室內安全梯之構造：

㈠安全梯間四周牆壁除外牆依前章規定外，應具有一小時以上防火時效，天花板及牆面之裝修材料並以耐燃一級材料爲限。

㈡進入安全梯之出入口，應裝設具有一小時以上防火時效及半小時以上阻熱性且具有遮煙性能之防火門，並不得設置門檻；其寬度不得小於九十公分。

㈢安全梯間應設有緊急電源之照明設備，其開設採光用之向外窗戶或開口者，應與同幢建築物之其他窗戶或開口相距九十公分以上。

二　戶外安全梯之構造：

㈠安全梯間四週之牆壁除外牆依前章規定外，應具有一小時以上之防火時效。

㈡安全梯與建築物任一開口間之距離，除至安全梯之防火門外，不得小於二公尺。但開口面積在一平方公尺以內，並裝置具有半小時以上之防火時效之防火設備者，不在此限。

㈢出入口應裝設具有一小時以上防火時效且具有半小時以上阻熱性之防火門，並不得設置門檻，其寬度不得小於九十公分。但以室外走廊連接安全梯者，其出入口得免裝設防火門。

㈣對外開口面積（非屬開設窗戶部分）應在二平方公尺以上。

三　特別安全梯之構造：

㈠樓梯間及排煙室之四週牆壁除外牆依前章規定外，應具有一小時以上防火時效，其天花板及牆面之裝修，應爲耐燃一級材料。管道間之維修孔，並不得開向樓梯間。

㈡樓梯間及排煙室，應設有緊急電源之照明設備。其開設採光用固定窗戶或在陽臺外牆開設之開口，除開口面積在一平方公尺以內並裝置具有半小時以上之防火時效之防火設備者，應與其他開口相距九十公分以上。

㈢自室內通陽臺或進入排煙室之出入口，應裝設具有一小時以上防火時效及半小時以上阻熱性之防火門，自陽臺或排煙室進入樓梯間之出入口應裝設具有半小時以上防火時效之防火門。

㈣樓梯間與排煙室或陽臺之間所開設之窗戶應爲固定窗。

㈤建築物達十五層以上或地下層三層以下者，各樓層之特別安全梯，如供建築物使用類組A-1、B-1、B-2、B-3、D-1或D-2組使用者，其樓梯間與排煙室或樓梯間與陽臺之面積，不得小於各該層居室樓地板面積百分之五；如供其他使用，不得小於各該層居室樓地板面積百分之三。

②安全梯之樓梯間於避難層之出入口，應裝設具一小時防火時效之防火門。

③建築物各棟設置之安全梯，應至少有一座於各樓層僅設一處出入口且不得直接連接居室。

第九七條之一 98

前條所定特別安全梯不得經由他座特別安全梯之排煙室或陽臺進入。

第九八條

直通樓梯每一座之寬度依本編第三十三條規定，且其總寬度不得小於左列規定：

一　供商場使用者，以該建築物各層中任一樓層（不包括避難層）商場之最大樓地板面積每一〇〇平方公尺寬六十公分之計算值，並以避難層爲分界，分別核計其直通樓梯總寬度。

二　建築物用途類組爲A-1組者，按觀衆席面積每十平方公尺寬十公分之計算值，且其二分之一寬度之樓梯出口，應設置在戶外出入口之近旁。

三　一幢建築物於不同之樓層供二種不同使用，直通樓梯總寬度應逐層核算，以使用較嚴（最嚴）之樓層爲計算標準。但距離避難層遠端之樓層所核算之總寬度小於近端之樓層總寬度者，得分層核算直通樓梯總寬度，且核算後距避難層近端樓層之總寬度不得小於遠端樓層之總寬度。同一樓層供二種以上不同使用，該樓層之直通樓梯寬度應依前二款規定分別計算後合計之。

第九九條

建築物在五層以上之樓層供建築物使用類組A-1、B-1及B-2組使用者，應依左列規定設置具有戶外安全梯或特別安全梯通達之屋頂避難平臺：

一　屋頂避難平臺應設置於五層以上之樓層，其面積合計不得小於該棟建築物五層以上最大樓地板面積二分之一。屋頂避難平臺任一邊邊長不得小於六公尺，分層設置時，各處面積均不得小於二百平方公尺，且其中一處面積不得小於該棟建築物五層以上最大樓地板面積三分之一。

二　屋頂避難平臺面積範圍內不得建造或設置妨礙避難使用之工作物或設施，且通達特別安全梯之最小寬度不得小於四公尺。

三　屋頂避難平臺之樓地板至少應具有一小時以上之防火時效。

四　與屋頂避難平臺連接之外牆應具有一小時以上防火時效，開設之門窗應具有半小時以上防火時效。

第九九條之一 103

①供下列各款使用之樓層，除避難層外，各樓層應以具一小時以上防火時效之牆壁及防火

設備分隔為二個以上之區劃，各區劃均應以走廊連接安全梯，或分別連接不同安全梯：

一　建築物使用類組F-2組之機構、學校。

二　建築物使用類組F-1或H-1組之護理之家、產後護理機構、老人福利機構及住宿型精神復健機構。

②前項區劃之樓地板面積不得小於同樓層另一區劃樓地板面積之三分之一。

③區劃及安全梯出入口裝設之防火設備，應具有遮煙性能；自一區劃至同樓層另一區劃所需經過之出入口，寬度應為一百二十公分以上，出入口設置之防火門，關閉後任一方向均應免用鑰匙即可開啓，並得不受同編第七十六條第五款限制。

第二節　排煙設備

第一〇〇條

①左列建築物應設置排煙設備。但樓梯間、昇降機間及其他類似部分，不在此限：

一　供本編第六十九條第一類、第四類使用及第二類之養老院、兒童福利設施之建築物，其每層樓地板面積超過五〇〇平方公尺者。但每一〇〇平方公尺以內以分間牆或以防煙壁區劃分隔者，不在此限。

二　本編第一條第三十一款第三目所規定之無窗戶居室。

②前項第一款之防煙壁，係指以不燃材料建造之垂壁，自天花板下垂五十公分以上。

第一〇一條

排煙設備之構造，應依左列規定：

一　每層樓地板面積在五〇〇平方公尺以內，得以防煙壁區劃，區劃範圍內任一部分至排煙口之水平距離，不得超過四十五公尺，排煙口之開口面積，不得小於防煙區劃部分樓地板面積百分之二，並應開設在天花板或天花板下八十公分範圍內之外牆，或直接與排煙風道（管）相接。

二　排煙口在平時應保持關閉狀態，需要排煙時，以手搖式裝置，或利用煙感應器速動之自動開關裝置、或搖控式開關裝置予以開啓，其開口門扇之構造應注意不受開放排煙時所發生氣流之影響。

三　排煙口得裝置手搖式開關，開關位置應在距離樓地板面八十公分以上一．五公尺以下之牆面上。其裝設於天花板者，應垂吊於高出樓地板面一．八公尺之位置，並應標註淺易之操作方法說明。

四　排煙口如裝設排風機，應能隨排煙口之開啓而自動操作，其排風量不得小於每分鐘一二〇立方公尺，並不得小於防煙區劃部分之樓地板面積每平方公尺一立方公尺。

五　排煙口、排煙風道（管）及其他與火煙之接觸部份，均應以不燃材料建造，排煙風道（管）之構造，應符合本編第五十二條第三、四款之規定，其貫穿防煙壁部分之空隙，應以水泥砂漿或以不燃材料填充。

六　需要電源之排煙設備，應有緊急電源及配線之設置，並依建築設備編規定辦理。

七　建築物高度超過三十公尺或地下層樓地板面積超過一、〇〇〇平方公尺之排煙設備，應將控制及監視工作集中於中央管理室。

第一〇二條

緊急昇降機間或特別太平梯之排煙設備，應依左列規定：

一　應設置可開向戶外之窗戶，其面積不得小於二平方公尺，二者兼用時，不得小於三平方公尺，並應位於天花板高度二分之一以上範圍內。

二　未設前款規定之窗戶時，應依其規定位置開設面積在四平方公尺以上之排煙口，（兼排煙室使用時，應為六平方公尺以上），並直接連通排煙管道。

三　排煙管道之內部斷面積，不得小於六平方公尺（兼排煙室使用時，不得小於九平方公尺），並應垂直裝置，其頂部應直接通向戶外。

四　設有每秒鐘可進、排四立方公尺以上，並可隨進風口、排煙口之開啓而自動操作之進風機、排煙機者，得不受第二款、第三款、第五款之限制。

五　進風口之開口面積，不得小於一平方公尺（兼作排煙室使用時，不得小於一‧五平方公尺），開口位置應開設在樓地板或設於天花板高度二分之一以下範圍內之牆壁上。開口應直通連接戶外之進風管道，管道之內部斷面積，不得小於二平方公尺（兼作排煙室使用時，不得小於三平方公尺）。

六　排煙室之開關裝置及緊急電源設備，依本編第一〇一條之規定辦理。

第一〇三條（刪除）

第三節　緊急照明設備

第一〇四條

左列建築物，應設置緊急照明設備：

一　供本編第六十九條第一類、第四類及第二類之醫院、旅館等用途建築物之居室。

二　本編第一條第三十一款第 目規定之無窗戶或無開口之居室。

三　前二款之建築物，自居室至避難層所需經過之走廊、樓梯、通道及其他平時依賴人工照明之部分。

第一〇五條

緊急照明之構造應依建築設備編之規定。

第四節　緊急用昇降機

第一〇六條

依本編第五十五條規定應設置之緊急用昇降機，其設置標準依左列規定：

一　建築物高度超過十層樓以上部分之最大一層樓地板面積，在一、五〇〇平方公尺以下者，至少應設置一座：超過一、五〇〇平方公尺時，每達三、〇〇〇平方公尺，增設一座。

二　左列建築物不受前款之限制：

㈠超過十層樓之部分為樓梯間、昇降機間、機械室、裝飾塔、屋頂窗及其他類似用途之建築物。

㈡超過十層樓之各層樓地板面積之和未達五〇〇平方公尺者。

第一〇七條 100

緊急用昇降機之構造除本編第二章第十二節及建築設備編對昇降機有關機廂、昇降機道、機械間安全裝置、結構計算等之規定外，並應依下列規定：

一　機間：

㈠除避難層、集合住宅採取複層式構造者其無出入口之樓層及整層非供居室使用之樓層外，應能連通每一樓層之任何部分。

㈡四周應為具有一小時以上防火時效之牆壁及樓板，其天花板及牆裝修，應使用耐燃一級材料。

㈢出入口應為具有一小時以上防火時效之防火門。除開向特別安全梯外，限設一處，且不得直接連接居室。

㈣應設置排煙設備。

㈤應有緊急電源之照明設備並設置消防栓、出水口、緊急電源插座等消防設備。

㈥每座昇降機間之樓地板面積不得小於十平方公尺。

㈦應於明顯處所標示昇降機之活載重及最大容許乘座人數，避難層之避難方向、通道等有關避難事項，並應有可照明此等標示以及緊急電源之標示燈。

二　機間在避難層之位置，自昇降機出口或昇降機間之出入口至通往戶外出入口之步行距離不得大於三十公尺。戶外出入口並應臨接寬四公尺以上之道路或通道。

三　昇降機道應每二部昇降機以具有一小時以上防火時效之牆壁隔開。但連接機間之出入口部分及連接機械間之鋼索、電線等周圍，不在此限。

四　應有能使設於各層機間及機廂內之昇降控制裝置暫時停止作用，並將機廂呼返避難層或其直上層、下層之特別呼返裝置，並設置於避難層或其直上層或直下層等機間內，或該大樓之集中管理室（或防災中心）內。

五　應設有連絡機廂與管理室（或防災中心）間之電話系統裝置。

六　應設有使機廂門維持開啓狀態仍能昇降之裝置。

七　整座電梯應連接至緊急電源。

八　昇降速度每分鐘不得小於六十公尺。

第五節　緊急進口

第一〇八條

①建築物在二層以上，第十層以下之各樓層，應設置緊急進口。但面臨道路或寬度四公尺以上之通路，且各層之外牆每十公尺設有窗戶或其他開口者，不在此限。

②前項窗戶或開口寬應在七十五公分以上及高度一．二公尺以上，或直徑一公尺以上之圓孔，開口之下緣應距樓地板八十公分以下，且無柵欄，或其他阻礙物者。

第一〇九條

緊急進口之構造應依左列規定：

一　進口應設地面臨道路或寬度在四公尺以上通路之各層外牆面。

二　進口之間隔不得大於四十公尺。

三　進口之寬度應在七十五公分以上，高度應在一．二公尺以上。其開口之下端應距離樓地板面八十公分範圍以內。

四　進口應爲可自外面開啓或輕易破壞得以進入室內之構造。

五　進口外應設置陽臺，其寬度應爲一公尺以上，長度四公尺以上。

六　進口位置應於其附近以紅色燈作爲標幟，並使人明白其爲緊急進口之標示。

第六節　防火間隔

第一一〇條

防火構造建築物，除基地鄰接寬度六公尺以上之道路或深度六公尺以上之永久性空地側外，依左列規定：

一　建築物自基地境界線退縮留設之防火間隔未達一．五公尺範圍內之外牆部分，應具有一小時以上防火時效，其牆上之開口應裝設具同等以上防火時效之防火門或固定式防火窗等防火設備。

二　建築物自基地境界線退縮留設之防火間隔在一．五公尺以上未達三公尺範圍內之外牆部分，應具有半小時以上防火時效，其牆上之開口應裝設具同等以上防火時效之防火門窗等防火設備。但同一居室開口面積在三平方公尺以下，且以具半小時防火時效之牆壁（不包括裝設於該牆壁上之門窗）與樓板區劃分隔者，其外牆之開口不在此限。

三　一基地內二幢建築物間之防火間隔未達三公尺範圍內之外牆部分，應具有一小時以上防火時效，其牆上之開口應裝設具同等以上防火時效之防火門或固定式防火窗等防火設備。

四　一基地內二幢建築物間之防火間隔在三公尺以上未達六公尺範圍內之外牆部分，應具有半小時以上防火時效，其牆上之開口應裝設具同等以上防火時效之防火門窗等防火設備。但同一居室開口面積在三平方公尺以下，且以具半小時防火時效之牆壁（不包括裝設於該牆壁上之門窗）與樓板區劃分隔者，其外牆之開口不在此限。

五　建築物配合本編第九十條規定之避難層出入口，應在基地內留設淨寬一．五公尺之避難用通路自出入口接通至道路，避難用通路得兼作防火間隔。臨接避難用通路之建築物外牆開口應具有一小時以上防火時效及半小時以上之阻熱性。

六　市地重劃地區，應由直轄市、縣（市）政府規定整體性防火間隔，其淨寬應在三公尺以上，並應接通道路。

第一一〇條之一

①非防火構造建築物，除基地鄰接寬度六公尺以上道路或深度六公尺以上之永久性空地側外，建築物應自基地境界線（後側及兩側）退縮留設淨寬一·五公尺以上之防火間隔。一基地內兩幢建築物間應留設淨寬三公尺以上之防火間隔。

②前項建築物自基地境界線退縮留設之防火間隔超過六公尺之建築物外牆與屋頂部分，及一基地內二幢建築物間留設之防火間隔超過十二公尺之建築物外牆與屋頂部分，得不受本編第八十四條之一應以不燃材料建造或覆蓋之限制。

第一一〇條之二至第一一二條（刪除）

第七節　消防設備

第一一三條

建築物應按左列用途分類分別設置滅火設備、警報設備及標示設備，應設置之數量及構造應依建築設備編之規定：

一　第一類：戲院、電影院、歌廳、演藝場及集會堂等。

二　第二類：夜總會、舞廳、酒家、遊藝場、酒吧、咖啡廳、茶室等。

三　第三類：旅館、餐廳、飲食店、商場、超級市場、零售市場等。

四　第四類：招待所（限於有寢室客房者）、寄宿舍、集合住宅、醫院、療養院、養老院、兒童福利設施、幼稚園、盲啞學校等。

五　第五類：學校補習班、圖書館、博物館、美術館、陳列館等。

六　第六類：公共浴室。

七　第七類：工廠、電影攝影場、電視播送室、電信機器室。

八　第八類：車站、飛機場大廈、汽車庫、飛機庫、危險物品貯藏庫等，建築物依法附設之室內停車空間等。

九　第九類：辦公廳、證券交易所、倉庫及其他工作場所。

第一一四條

滅火設備之設置依左列規定：

一　室內消防栓應設置合於左列規定之樓層：

㈠建築物在第五層以下之樓層供前條第一款使用，各層之樓地板面積在三〇〇平方公尺以上者；供其他各款使用（學校校舍免設），各層之樓地板面積在五〇〇平方公尺以上者。但建築物為防火構造，合於本編第八十八條規定者，其樓地板面積加倍計算。

㈡建築物在第六層以上之樓層或地下層或無開口之樓層，供前條各款使用，各層之樓地板面積在一五〇平方公尺以上者。但建築物為防火構造，合於本編第八十八條規定者，其樓地板面積加倍計算。

㈢前條第九款規定之倉車，如為儲藏危險物品者，依其貯藏量及物品種類稱另以行政命令規定設置之。

二　自動撒水設備應設置於左列規定之樓層：

㈠建築物在第六層以上，第十層以下之樓層，或地下層或無開口之樓層，供前條第一款使用之舞臺樓地板面積在三〇〇平方公尺以上者，供第二款使用，各層之樓地板面積在一、〇〇〇平方公尺以上者；供第三款、第四款（寄宿舍、集合住宅除外）使用，各層之樓地板面積在一、五〇〇平方公尺以上者。

㈡建築物在第十一層以上之樓層，各層之樓地板面積在一〇〇平方公尺以上者。

㈢供本編第一一三條第八款使用，應視建築物各部份使用性質就自動撒水設備、水霧自動撒水設備、自動泡沫滅火設備、自動乾粉滅火設備、自動二氧化碳設備或自動揮發性液體設備等選擇設置之，但室內停車空間之外牆開口面積（非屬門窗部分）達二分之一以上，或各樓層防火區劃範圍內停駐車位數在二十輛以下者，免設置。

㈣危險物品貯藏庫，依其物品種類及貯藏量另以行政命令規定設置之。

第一一五條

建築物依左列規定設置警報設備，其受信機（器）並應集中管理，設於總機室或值日室。但依本規則設有自動撒水設備之樓層，免設警報設備：

一　火警自動警報設備應在左列規定樓層之適當地點設置之：

㈠地下層或無開口之樓層或第六層以上之樓層，各層之樓地板面積在三〇〇平方公尺以上者。

㈡第五層以下之樓層，供本編第一一三條第一款至第四款使用，各層之樓地板面積在三〇〇平方公尺以上者。但零售市場、寄宿舍、集合住宅應爲五〇〇平方公尺以上；第五款至第九款使用各層之樓地板面積在五〇〇公尺以上者；第九款之「其他工作場所」在一、〇〇〇平方公尺以上者。

二　手動報警設備：第三層以上，各層之樓地板面積在二〇〇平方公尺以上，且未裝設自動警報設備之樓層，應依建築設備編規定設置之。

三　廣播設備：第六層以上（集合住宅除外），裝設火警自動警報設備之樓層，應裝設之。

第一一六條

供本編第一一三條第一款、第二款使用及第三款之旅館使用者，依左列規定設置標示設備：

一　出口標示燈：各層通達安全梯及戶外或另一防火區劃之防火門上方，觀衆席座位間通路等應設置標示燈。

二　避難方向指標：通往樓梯、屋外出入口、陽臺及屋頂平臺等之走廊或通道應於樓梯口、走廊或通道之轉彎處，設置或標示固定之避難方向指標。

第四章之一　建築物安全維護設計

第一一六條之一

爲強化及維護使用安全，供公衆使用建築物之公共空間應依本章規定設置各項安全維護裝置。

第一一六條之二

前條安全維護裝置應依下表規定設置：

空間種類＼裝置物名稱			安全維護照明裝置	監視攝影裝置	緊急求救裝置	警戒探測裝置	備註
㈠	停車空間	室內	○	○	○		
		室外	○	○			
㈡	車道		○	○	○		汽車進出口至道路間之通路
㈢	車道出入口		○	○	△		
㈣	機電設備空間出入口					△	
㈤	電梯車廂內			○			

(六)	安全梯間	○	△	△		
(七)	屋突層機械室出入口				△	
(八)	屋頂避難平臺出入口				△	
(九)	屋頂空中花園		△			
(十)	公共廁所	○	△	○	△	
(十一)	室內公共通路走廊		△	○		
(十二)	基地內通路	○	△			
(十三)	排煙室		△			
(十四)	避難層門廳		△			
(十五)	避難層出入口	○	△		△	
說明：「○」指至少必須設置一處。「△」指由申請人視實際需要自由設置。						

第一一六條之三

安全維護照明裝置照射之空間範圍，其地面照度基準不得小於下表規定：

	空間種類	照度基準（lux）
(一)	停車空間（室內）	六十
(二)	停車空間（室外）	三十
(三)	車道	三十
(四)	車道出入口	一百
(五)	安全梯間	六十
(六)	公共廁所	一百
(七)	基地內通路	六十
(八)	避難層出入口	一百

第一一六條之四

①監視攝影裝置應依下列規定設置：

一　應依監視對象、監視目的選定適當形式之監視攝影裝置。

二　攝影範圍內應維持攝影必要之照度。

三　設置位置應避免與太陽光及照明光形成逆光現象。

四　屋外型監視攝影裝置應有耐候保護裝置。

五　監視螢幕應設置於警衛室、管理員室或防災中心。

②設置前項裝置，應注意隱私權保護。

第一一六條之五

①緊急求救裝置應依下列方式之一設置：

一　按鈕式：觸動時應發出警報聲。

二　對講式：利用電話原理，以相互通話方式求救。

②前項緊急求救裝置應連接至警衛室、管理員室或防災中心。

第一一六條之六

①警戒探測裝置得採用下列方式設置：

一　碰撞振動感應。

二　溫度變化感應。

三　人通過感應。

②警戒探測裝置得與監視攝影、照明等其他安全維護裝置形成連動效用。

第一一六條之七

各項安全維護裝置應有備用電源供應，並具有防水性能。

第五章　特定建築物及其限制

第一節　通　則

第一一七條

本章之適用範圍依左列規定：

一　戲院、電影院、歌廳、演藝場、電視播送室、電影攝影場、及樓地板面積超過二百平方公尺之集會堂。

二　夜總會、舞廳、室內兒童樂園、遊藝場及酒家、酒吧等，供其使用樓地板面積之和超過二百平方公尺者。

三　商場（包括超級市場、店鋪）、市場、餐廳（包括飲食店、咖啡館）等，供其使用樓地板面積之和超過二百平方公尺者。但在避難層之店鋪，飲食店以防火牆區劃分開，且可直接通達道路或私設通路者，其樓地板面積免合併計算。

四　旅館、設有病房之醫院、兒童福利設施、公共浴室等、供其使用樓地板面積之和超過二百平方公尺者。

五　學校。

六　博物館、圖書館、美術館、展覽場、陳列館、體育館（附屬於學校者除外）、保齡球館、溜冰場、室內游泳池等，供其使用樓地板面積之和超過二百平方公尺者。

七　工廠類，其作業廠房之樓地板面積之和超過五十平方公尺或總樓地板面積超過七十平方公尺者。

八　車庫、車輛修理場所、洗車場、汽車站房、汽車商場（限於在同一建築物內有停車場者）等。

九　倉庫、批發市場、貨物輸配所等，供其使用樓地板面積之和超過一百五十平方公尺者。

十　汽車加油站、危險物貯藏庫及其處理場。

十一　總樓地板面積超過一千平方公尺之政府機關及公私團體辦公廳。

十二　屠宰場、污物處理場、殯儀館等，供其使用樓地板面積之和超過二百平方公尺者。

第一一八條 108

①前條建築物之面前道路寬度，除本編第一百二十一條及第一百二十九條另有規定者外，應依下列規定。基地臨接二條以上道路，供特定建築物使用之主要出入口應臨接合於本章規定寬度之道路：

一　集會堂、戲院、電影院、酒家、夜總會、歌廳、舞廳、酒吧、加油站、汽車站房、汽車商場、批發市場等建築物，應臨接寬十二公尺以上之道路。

二　其他建築物應臨接寬八公尺以上之道路。但前款用途以外之建築物臨接之面前道路寬度不合本章規定者，得按規定寬度自建築線退縮後建築。退縮地不得計入法定空地面積，且不得於退縮地內建造圍牆、排水明溝及其他雜項工作物。

三　建築基地未臨接道路，且供第一款用途以外之建築物使用者，得以私設通路連接道路，該道路及私設通路寬度均合於本條之規定者，該私設通路視爲該建築基地之面前道路，且私設通路所占面積不得計入法定空地面積。

②前項面前道路寬度，經直轄市、縣（市）政府審查同意者，得不受前項、本編第一百二十一條及第一百二十九條之限制。

第一一九條 108

建築基地臨接前條規定寬度道路之長度，除本編第一百二十一條及第一百二十九條另有規定者外，不得小於下表規定：

特定建築物總樓地板面積	臨接長度
五百平方公尺以下者	四公尺
超過五百平方公尺，一千平方公尺以下者	六公尺
超過一千平方公尺，二千平方公尺以下者	八公尺
超過二千平方公尺者	十公尺

第一二〇條

本節規定建築物之廚房，浴室等經常使用燃燒設備之房間不得設在樓梯直下方位置。

第二節　戲院、電影院、歌廳、演藝場及集會

第一二一條

本節所列建築物基地之面前道路寬度與臨接長度依左列規定：

一　觀眾席地板合計面積未達一、〇〇〇平方公尺者，道路寬度應為十二公尺以上，觀眾席樓地板合計面積在一、〇〇〇平方公尺以上者，道路寬度應為十五公尺以上。

二　基地臨接前款規定道路之長度不得小於左列規定：

㈠應為該基地周長六分之一以上。

㈡觀眾席樓地板合計面積未達二〇〇平方公尺者，應為十五公尺以上，超過二〇〇平方公尺未達六〇〇平方公尺每十平方公尺或其零數應增加三十四公分，超過六〇〇平方公尺部分每十平方公尺或其零數應增加十七公分。

三　基地除臨接第一款規定之道路外，其他兩側以上臨接寬四公尺以上之道路或廣場、公園、綠地或於基地內兩側以上留設寬四公尺且淨高三公尺以上之通路，前款規定之長度按十分之八計算。

四　建築物內有二種以上或一種而有二家以上之使用者，其在地面層之主要出入口應依本章第一二二條規定留設空地或門廳。

第一二二條

①本節所列建築物依左列規定留設空地或門廳：

一　觀眾席主層在避難層，建築物應依左列規定留設前面及側面空地：

㈠觀眾席樓地板面積合計在二〇〇平方公尺以下者，自建築線退縮一·五公尺以上。

㈡觀眾席樓地板面積合計超過二〇〇平方公尺以上者，除應自建築線起退縮一·五公尺外，並按超過部分每十平方公尺或其零數，增加二·五公分。

㈢臨接法定騎樓或牆面線者，退縮深度不得小於騎樓或牆面線之深度。

㈣側面空地深度依前面空地規定之深度（側面道路之寬度併計為空地深度），並應連接前條第一款規定之道路。基地前、後臨接道路，且道路寬度大於規定之側面空地深度者，免設側面空地。

㈤建築物為防火建築物，留設之前面或側面空地內得設置淨高在三公尺以上之騎樓（含私設騎樓）、門廊或其他頂蓋物。

二　觀眾席主層在避難層以外之樓層，依左列規定：

㈠建築物臨接前條第一款規定道路部分，依本條前款規定留設前面空地者，免設側面空地。

㈡觀眾席主層之主要出入口前面應留設門廳：門廳之長度不得小於本編第九十條第二款規定出入口之總寬度，且深度及淨高應分別為五公尺及三公尺以上。

㈢同一樓層有二種以上或一種而有兩家以上之使用者，其門廳可分別留設或集中留設。

三　同一建築物內有二種以上或一種而有二家以上之使用，其觀衆席主層分別在避難層及避難層以外之不同樓層者，留設前面空地之深度應合計其各層觀衆席樓地板面積計算之；側面空地之深度免計避難層以外樓層之樓地板面積。

②依前項規定留設之空地，不得作為停車空間。

第一二三條

觀衆席之構造，依左列規定：

一　固定席位：椅背間距離不得小於八十五公分，單人座位寬度不得小於四十五公分。

二　踏級式樓地板每級之寬度應為八十五公分以上，每級高度應為五十公分以下。

三　觀衆席之天花板高度應在三・五公尺以上，且淨高不得小於二・五公分。

第一二四條

觀衆席位間之通道，應依左列規定：

一　每排相連之席位應在每八位（椅背與椅背間距離在九十五公分以上時，得為十二席）座位之兩側設置縱通道，但每排僅四席位相連者（椅背與椅背間距離在九十五公分以上時得為六席）縱通道得僅設於一側。

二　第一款通道之寬度，不得小於八十公分，但主要樓層之觀衆席面積超過九〇〇平方公尺者，應為九十五公分以上，緊靠牆壁之通道，應為六十公分以上。

三　橫排席位至少每十五排（椅背與椅背間在九十五分以上者得為二十排）及觀衆席之最前面均應設置寬一公尺以上之橫通道。

四　第一款至第三款之通道均應直通規定之出入口。

五　除踏級式樓地板外，通道地板如有高低時，其坡度應為十分之一以下，並不得設置踏步；通道長度在三公尺以下者，其坡度得為八分之一以下。

六　踏級式樓地板之通道應依左列規定：

㈠級高應一致，並不得大於二十五公分，級寬應為二十五公分以上。

㈡高度超過三公尺時，應每三公尺以內為橫通道，走廊或連接樓梯之通道相接通。

第一二四條之一

觀衆席位，依連續式席位規定設置者，免依前條規定設置縱、橫通道；連續式席位之設置，依左列規定：

一　每一席位之寬度應在四十五公分以上。

二　橫排席位間扣除座椅後之淨寬度依左表標準。

每排席位數	淨寬度
未滿十九位	四十五公分
十九位以上未滿三十六位	四十七・五公分
三十六位以上未滿四十六位	五十公分
四十六位以上	五十二・五公分

三　席位之兩側應設置一・一公尺寬之通道，並接通規定之出入口。

四　前款席位兩側之通道應按每五排橫席位各留設一處安全門，其寬度不得小於一・四公尺。

第一二五條（刪除）

第一二六條

戲院及演藝場之舞臺面積在三〇〇平方公尺以上者，其構造依左列規定：

一　舞臺開口之四周應設置防火牆，舞臺開口之頂部與觀眾席之分界處應設置防火構造壁梁通達屋頂或樓板。

二　舞臺下及舞臺各側之其他各室均應為防火構造或以不燃材料所建造。

三　舞臺上方應設置自動撒水或噴霧泡沫等滅火設備及有效之排煙設備。

四　自舞臺及舞臺各側之其他各室應設有可通達戶外空地之出入口、樓梯或寬一公尺以上之避難用通道。

第一二七條

觀眾席主層在避難層以外之樓層，應依左列規定：

一　位避難層以上之樓層，得設置合左列規定之陽臺或露臺或外廊以取代本編第九十二條第二款規定之走廊。

㈠寬度在一・五公尺以上。

㈡與自觀眾席向外開啓之防火門出入口相接。

㈢地板面高度應與前目出入口部分之觀眾席地板面同高。

㈣應與通達避難層或地面之樓梯或坡道連接。

二　位於避難層以下之樓層，觀眾席樓地板面應在基地地面或道路路面以下七公尺以內，面積合計不得超過二百平方公尺，並以一層為限。但觀眾席主層能通達室外空地，室外空地面積為觀眾席樓地板面積五分之一以上，且任一邊之最小淨寬度應在六公尺以上，且該空地在基地地面下七公尺以內，能通達基地地面避難者，不在此限。

三　位於五層樓以上之樓層，且觀眾席樓地板面積合計超過二百平方公尺者，應於該層設置可供避難之室外平臺，其面積應為觀眾席樓地板面積五分之一以上，且任一邊之最小淨寬度應在四公尺以上。該平臺面積得計入屋頂避難平臺面積，並該平臺設置一座以上之特別安全梯或戶外安全梯直通避難層。

第一二八條 103

①放映室之構造，依下列規定：

一　應為防火構造（天花板採用不燃材料）。

二　天花板高度，不得小於二點一公尺，容納一臺放映機之房間其淨深不得小於三公尺，淨寬不得小於二公尺，但放映機每增加一臺，應增加淨寬一公尺。

三　出入口應裝設向外開之具有一小時以上防火時效之防火門。放映孔及瞭望孔等應以玻璃或其他材料隔開，或裝設自動或手動開關。

四　應有適當之機械通風設備。

②放映機採數位或網路設備，且非使用膠捲者，得免設置放映室。

第三節　商場、餐廳、市場

第一二九條

供商場、餐廳、市場使用之建築物，其基地與道路之關係應依左列規定：

一　供商場、餐廳、市場使用之樓地板合計面積超過一、五〇〇平方公尺者，不得面向寬度十公尺以下之道路開設，臨接道路部分之基地長度並不得小於基地周長六分之一。

二　前款樓地板合計面積超過三、〇〇〇平方公尺者，應面向二條以上之道路開設，其中一條之路寬不得小於十二公尺，但臨接道路之基地長度超過其周長三分之一以上者，得免面向二條以上道路。

第一三〇條

①前條規定之建築物應於其地面層主要出入口前面依下列規定留設空地或門廳：

一　樓地板合計面積超過一、五〇〇平方公尺者，空地或門廳之寬度不得小於依本編第九十條之一規定出入口寬度之二倍，深度應在三公尺以上。

二　樓地板合計面積超過二、〇〇〇平方公尺者，寬度同前款之規定，深度應爲五公尺以上。
三　第一款、第二款規定之門廳淨高應爲三公尺以上。

②前項空地不得作爲停車空間。

第一三一條

連續式店鋪商場之室內通路寬度應依左表規定：

各層之樓地板面積	兩側均有店鋪之通路寬度	其他通路寬度
二百平方公尺以上，一千平方公尺以下	三公尺以上	二公尺以上
三千平方公尺以下	四公尺以上	三公尺以上
超過三千平方公尺	六公尺以上	四公尺以上

第一三二條

①市場之出入口不得少於二處，其地面層樓地板面積超過一、〇〇〇平方公尺者應增設一處。

②前項出入口及市場內通路寬度均不得小於三公尺。

第四節　學　校

第一三三條

校舍配置，方位與設備應依左列規定：

一　臨接應留設法定騎樓之道路時，應自建築線退縮騎樓地再加一．五公尺以上建築。
二　臨接建築線或鄰地境界線者，應自建築線或鄰地界線退後三公尺以上建築。
三　教室之方位應適當，並應有適當之人工照明及遮陽設備。
四　校舍配置，應避免聲音發生互相干擾之現象。
五　建築物高度，不得大於二幢建築物外牆中心線水平距離一．五倍，但相對之外牆均無開口，或有開口但不供教學使用者，不在此限。
六　樓梯間、廁所、圍牆及單身宿舍不受第一款、第二款規定之限制。

第一三四條 107

國民小學，特殊教育學校或身心障礙者教養院之教室，不得設置在四層以上。但國民小學而有下列各款情形並無礙於安全者不在此限：

一　四層以上之教室僅供高年級學童使用。
二　各層以不燃材料裝修。
三　自教室任一點至直通樓梯之步行距離在三十公尺以下。

第一三四條之一（刪除）

第五節　車庫、車輛修理場所、洗車場、汽車站房、汽車商場（包括出租汽車及計程車營業站）

第一三五條 107

建築物之汽車出入口不得臨接下列道路及場所：

一　自道路交叉點或截角線，轉彎處起點，穿越斑馬線、橫越天橋或地下道上下口起五公尺以內。
二　坡度超過八比一之道路。
三　自公共汽車招呼站、鐵路平交道起十公尺以內。
四　自幼兒園、國民小學、特殊教育學校、身心障礙者教養院或公園等出入口起二十公尺以內。

五　其他經主管建築機關或交通主管機關認為有礙交通所指定之道路或場所。

第一三六條

汽車出入應設置緩衝空間，其寬度及深度應依下列規定：

一　自建築線後退二公尺之汽車出入路中心線上一點至道路中心線之垂直線左右各六十度以上範圍無礙視線之空間。

二　利用昇降設備之車庫，除前款規定之空間外，應再增設寬度及深度各六公尺以上之等候空間。

第一三七條

車庫等之建築物構造除應依本編第六十九條附表第六類規定辦理外，凡有左列情形之一者，應為防火建築物：

一　車庫等設在避難層，其直上層樓地板面積超過一〇〇平方公尺者。但設在避難層之車庫其直上層樓地板面積在一〇〇平方公尺以下或其主要構造為防火構造，且與其他使用部分之間以防火樓板、防火牆以及甲種防火門區劃者不在此限。

二　設在避難層以外之樓層者。

第一三八條

供車庫等使用部分之構造及設備除依本編第六十一條、第六十二條規定外，應依左列規定：

一　樓地板應為耐水材料，並應有污水排除設備。

二　地板如在地面以下時，應有二面以上直通戶外之通風口，或有代替之機械通風設備。

三　利用汽車昇降機設備者，應按車庫樓地板面積每一、二〇〇平方公尺以內為一單位裝置昇降機一臺。

第一三九條

車庫部分之樓地板面積超過五百平方公尺者，其構造設備除依本編第六十一條、第六十二條規定外，應依下列規定。但使用特殊裝置經主管建築機關認為具有同等效能者，不在此限：

一　應設置能供給樓地板面積每一平方公尺每小時二十五立方公尺以上換氣量之機械通風設備。但設有各層樓地板面積十分之一以上有效通風之開口面積者，不在此限。

二　汽車出入口處應裝置警告及減速設備。

三　應設置之直通樓梯應改為安全梯。

第六章　防空避難設備

第一節　通　則

第一四〇條

凡經中央主管建築機關指定之適用地區，有新建、增建、改建或變更用途行為之建築物或供公眾使用之建築物，應依本編第一百四十一條附建標準之規定設置防空避難設備。但符合下列規定之一者不在此限：

一　建築物變更用途後應附建之標準與原用途相同或較寬者。

二　依本條指定為適用地區以前建造之建築物申請垂直方向增建者。

三　建築基地周圍一百五十公尺範圍內之地形，有可供全體人員避難使用之處所，經當地主管建築機關會同警察機關勘察屬實者。

四　其他特殊用途之建築物經中央主管建築機關核定者。

第一四一條

①防空避難設備之附建標準依下列規定：

一　非供公眾使用之建築物，其層數在六層以上者，按建築面積全部附建。

二　供公衆使用之建築物：

㈠供戲院、電影院、歌廳、舞廳及演藝場等使用者，按建築面積全部附建。

㈡供學校使用之建築物，按其主管機關核定計畫容納使用人數每人零點七五平方公尺計算，整體規劃附建防空避難設備。並應就實際情形於基地內合理配置，且校舍或居室任一點至最近之避難設備步行距離，不得超過三百公尺。

㈢供工廠使用之建築物，其層數在五層以上者，按建築面積全部附建，或按目的事業主管機關所核定之投資計畫或設廠計畫書等之設廠人數每人零點七五平方公尺計算，整體規劃附建防空避難設備。

㈣供其他公衆使用之建築物，其層數在五層以上者，按建築面積全部附建。

②前項建築物樓層數之計算，不包括整層依獎勵增設停車空間規定設置停車空間之樓層。

第一四二條 100

建築物有下列情形之一，經當地主管建築機關審查或勘查屬實者，依下列規定附建建築物防空避難設備：

一　建築基地如確因地質地形無法附建地下或半地下式避難設備者，得建築地面式避難設備。

二　應按建築面積全部附建之建築物，因建築設備或結構上之原因，如昇降機機道之緩衝基坑、機械室、電氣室、機器之基礎，蓄水池、化糞池等固定設備等必須設在地面以下部分，其所占面積准免補足；並不得超過附建避難設備面積四分之一。

三　因重機械設備或其他特殊情形附建地下室或半地下室確實有困難者，得建築地面式避難設備。

四　同時申請建照之建築物，其應附建之防空避難設備得集中附建。但建築物居室任一點至避難設備進出口之步行距離不得超過三百公尺。

五　進出口樓梯及盥洗室、機械停車設備所占面積不視爲固定設備面積。

六　供防空避難設備使用之樓層地板面積達到二百平方公尺者，以兼作停車空間爲限；未達二百平方公尺者，得兼作他種用途使用，其使用限制由直轄市、縣（市）政府定之。

第一四三條（刪除）

第二節　設計及構造概要

第一四四條

防空避難設備之設計及構造準則規定如左：

一　天花板高度或地板至樑底之高度不得小於二·一公尺。

二　進出口之設置依左列規定：

㈠面積未達二四〇平方公尺者，應設兩處進出口。其中一處得爲通達戶外之爬梯式緊急出口。緊急出口淨寬至少爲〇·六公尺見方或直徑〇·八五公尺以上。

㈡面積達二四〇平方公尺以上者，應設二處階梯式（包括汽車坡道）進出口，其中一處應通達戶外。

三　開口部分直接面向戶外者（包括面向地下天井部分），其門窗構造應符合甲種防火門及防火窗規定。室內設有進出口門，應爲不燃材料。

四　避難設備露出地面之外牆或進出口上下四周之露天部分或露天頂板，其構造體之鋼筋混凝土厚度不得小於二十四公分。

五　半地下式避難設備，其露出地面部分應小於天花板高度二分之一。

六　避難設備應有良好之通風設備及防水措施。

七　避難室構造應一律爲鋼筋混凝土構造或鋼骨鋼筋混凝土構造。

第七章　雜項工作物

第一四五條

本章適用範圍依本法第七條之規定，高架遊戲設施及纜車等準用本章之規定。

第一四六條

①煙囱之構造除應符合本規則建築構造編、建築設備有關避雷設備及本編第五十二條、第五十三條（煙囱高度）之規定外，並應依左列規定辦理：

一　磚構造及無筋混凝土構造應補強設施，未經補強之煙囱，其高度應依本編第五十二條第一款之規定。

二　石棉管、混凝土管等煙囱，在管之搭接處應以鐵管套連接，並應加設支撐用框架或以斜拉線固定。

三　高度超過十公尺之煙囱應爲鋼筋混凝土造或鋼鐵造。

四　鋼筋混凝土造煙囱之鋼筋保護層厚度應爲五公分以上。

②前項第二款之斜拉線應固定於鋼筋混凝土樁或建築物或工作物或經防腐處理之木樁。

第一四七條

廣告牌塔、裝飾塔、廣播塔或高架水塔等之構造應依左列規定：

一　主要部分之構造不得爲磚造或無筋混凝土造。

二　各部分構造應符合本規則建築構造編及建築設備編之有關規定。

三　設置於建築物外牆之廣告牌不得堵塞本規則規定設置之各種開口及妨礙消防車輛之通行。

第一四八條

駁崁之構造除應符合本規則建築構造編之有關規定外並應依左列規定辦理：

一　應爲鋼筋混凝土造、石造或其他不腐爛材料所建造之構造，並能承受土壤及其他壓力。

二　卵石造駁崁裡層及卵石間應以混凝土填充，使石子和石子之間能緊密結合成爲整體。

三　駁崁應設有適當之排水管，在出水孔裡層之周圍應填以小石子層。

第一四九條

高架遊戲設施之構造，除應符合建築構造編之有關規定外，並應依左列規定辦理：

一　支撐或支架用於吊掛車廂、纜車或有人乘坐設施之構造，其主要部分應爲鋼骨造或鋼筋混凝土造。

二　第一款之車廂、纜車或有人乘坐設施應構造堅固，並應防止人之墜落及其他構造部分撞觸時發生危害等。

三　滾動式構造接合部分均應爲可防止脫落之安全構造。

四　利用滑車昇降之纜車等設備者，其鋼纜應爲二條以上，並應爲防止鋼纜與滑車脫離之安全構造。

五　乘坐設施應於明顯處標明人數限制。

六　在動力被切斷或控制裝置發生故障可能發生危險事故者，應有自動緊急停止裝置。

七　其他經中央主管建築機關認爲在安全上之必要規定。

第八章　施工安全措施

第一節　通　則

第一五〇條

凡從事建築物之新建、增建、改建、修建及拆除等行爲時，應於其施工場所設置適當之防護圍籬、擋土設備、施工架等安全措施，以預防人命之意外傷亡、地層下陷、建築物之倒塌等而危及公共安全。

第一五一條

在施工場所儘量避免有燃燒設備，如在施工時確有必要者，應在其周圍以不燃材料隔離或採取防火上必要之措施。

第二節　防護籬圍

第一五二條

凡從事本編第一五〇條規定之建築行爲時，應於施工場所之周圍，利用鐵板木板等適當材料設置高度在一·八公尺以上之圍籬或有同等效力之其他防護設施，但其周圍環境無礙於公共安全及觀瞻者不在此限。

第一五三條

爲防止高處墜落物體發生危害，應依左列規定設置適當防護措施：

一　自地面高度三公尺以上投下垃圾或其他容易飛散之物體時，應用垃圾導管或其他防止飛散之有效設施。

二　本法第八十六條所稱之適當圍籬應爲設在施工架周圍以鐵絲網或帆布或其他適當材料等設置覆蓋物以防止墜落物體所造成之傷害。

第三節　擋土設備安全措施

第一五四條

凡進行挖土、鑽井及沉箱等工程時，應依左列規定採取必要安全措施：

一　應設法防止損壞地下埋設物如瓦斯管、電纜、自來水管及下水道管渠等。

二　應依據地層分布及地下水位等資料所計算繪製之施工圖施工。

三　靠近鄰房挖土，深度超過其基礎時，應依本規則建築構造編中有關規定辦理。

四　挖土深度在一·五公尺以上者，除地質良好，不致發生崩塌或其周圍狀況無安全之慮者外，應有適當之擋土設備，並符合本規則建築構造編中有關規定設置。

五　施工中應隨時檢查擋土設備，觀察周圍地盤之變化及時予以補強，並採取適當之排水方法，以保持穩定狀態。

六　拔取板樁時，應採取適當之措施以防止周圍地盤之沉陷。

第四節　施工架、工作臺、走道

第一五五條

建築工程之施工架應依左列規定：

一　施工架、工作臺、走道、梯子等，其所用材料品質應良好，不得有裂紋、腐蝕及其他可能影響其強度之缺點。

二　施工架等之容許載重量，應按所用材料分別核算，懸吊工作架（臺）所使用鋼索、鋼線之安全係數不得小於十，其他吊鎖等附件不得小於五。

三　施工架等不得以油漆或作其他處理，致將其缺點隱蔽。

四　不得使用鑄鐵所製鐵件及曾和酸類或其他腐蝕性物質接觸之繩索。

五　施工架之立柱應使用墊板、鐵件或採用埋設等方法予以固定，以防止滑動或下陷。

六　施工架應以斜撐加強固定，其與建築物間應各在牆面垂直方向及水平方向適當距離內妥實連結固定。

七　施工架使用鋼管時，其接合處應以零件緊結固定；接近架空電線時，應將鋼管或電線覆以絕緣體等，並防止與架空電線接觸。

第一五六條

工作臺之設置應依左列規定：

一　凡離地面或樓地板面二公尺以上之工作臺應舖以密接之板料：

㈠固定式板料之寬度不得小於四十公分，板縫不得大於三公分，其支撐點至少應有二處以上。

㈡活動板之寬度不得小於二十公分，厚度不得小於三・六公分，長度不得小於三・五公尺，其支撐點至少有三處以上，板端突出支撐點之長度不得少於十公分，但不得大於板長十八分之一。

㈢二重板重疊之長度不得小於二十公分。

二　工作臺至少應低於施工架立柱頂一公尺以上。

三　工作臺上四周應設置扶手護欄，護欄下之垂直空間不得超過九十公分，扶手如非斜放，其斷面積不得小於三十平方公分。

第一五七條

走道及階梯之架設應依左列規定：

一　坡度應爲三十度以下，其爲十五度以上者應加釘間距小於三十公分之止滑板條，並應裝設適當高度之扶手。

二　高度在八公尺以上之階梯，應每七公尺以下設置平臺一處。

三　走道木板之寬度不得小於三十公分，其兼爲運送物料者，不得小於六十公分。

第五節　按裝及材料之堆積

第一五八條

建築物各構材之按裝時應用支撐或螺栓予以固定並應考慮其承載能力。

第一五九條

工程材料之堆積不得危害行人或工作人員及不得阻塞巷道，堆積在擋土設備之周圍或支撐上者，不得超過設計荷重。

第九章　容積設計 100

第一六〇條 100

實施容積管制地區之建築設計，除都市計畫法令或都市計畫書圖另有規定外，依本章規定。

第一六一條 100

①本規則所稱容積率，指基地內建築物之容積總樓地板面積與基地面積之比。基地面積之計算包括法定騎樓面積。

②前項所稱容積總樓地板面積，指建築物除依本編第五十五條、第一百六十二條、第一百八十一條、第三百條及其他法令規定，不計入樓地板面積部分外，其餘各層樓地板面積之總和。

第一六二條 100

①前條容積總樓地板面積依本編第一條第五款、第七款及下列規定計算之：

一　每層陽臺、屋簷突出建築物外牆中心線或柱中心線超過二公尺或雨遮、花臺突出超過一公尺者，應自其外緣分別扣除二公尺或一公尺作爲中心線，計算該層樓地板面積。每層陽臺面積未超過該層樓地板面積之百分之十部分，得不計入該層樓地板面積。每層共同使用之樓梯間、昇降機間之梯廳，其淨深度不得小於二公尺；其梯廳面積未超過該層樓地板面積百分之十部分，得不計入該層樓地板面積。但每層陽臺面積與梯廳面積之和超過該層樓地板面積之百分之十五部分者，應計入該層樓地板面積；無共同使用梯廳之住宅用途使用者，每層陽臺面積之和，在該層樓地板面積百分之十二點五或未超過八平方公尺部分，得不計入容積總樓地板面積。

二　二分之一以上透空之遮陽板，其深度在二公尺以下者，或露臺或法定騎樓或本編第一條第九款第一目屋頂突出物或依法設置之防空避難設備、裝卸、機電設備、安全梯之梯間、緊急昇降機之機道、特別安全梯與緊急昇降機之排煙室及依公寓大廈管理條例規定之管理委員會使用空間，得不計入容積總樓地板面積。但機電設備空間、安全梯之梯間、緊急昇降機之機道、特別安全梯與緊急昇降機之排煙室及管理委員會使用空間面積之和，除依規定僅須設置一座直通樓梯之建築物，不得超過都市計畫法規及非都市土地使用管制規則規定該基地容積之百分之十外，其餘不得超過該基地容積之百分之十五。

三　建築物依都市計畫法令或本編第五十九條規定設置之停車空間、獎勵增設停車空間及未設置獎勵增設停車空間之自行增設停車空間，得不計入容積總樓地板面積。但面臨超過十二公尺道路之一棟一戶連棟建築物，除汽車車道外，其設置於地面層之停車空間，應計入容積總樓地板面積。

②前項第二款之機電設備空間係指電氣、電信、燃氣、給水、排水、空氣調節、消防及污物處理等設備之空間。但設於公寓大廈專有部分或約定專用部分之機電設備空間，應計入容積總樓地板面積。

第一六三條

①基地內各幢建築物間及建築物至建築線間之通路，得計入法定空地面積。

②基地內通路之寬度不得小於左列標準，但以基地內通路爲進出道路之建築物，其總樓地板之面積合計在一、〇〇〇平方公尺以上者，通路寬度爲六公尺。

一　長度未滿十公尺者爲二公尺。

二　長度在十公尺以上未滿二十公尺者爲三公尺。

三　長度在二十公尺以上者爲五公尺。

③基地內通路爲連通建築線者，得穿越同一基地建築物之地面層，穿越之深度不得超過十五公尺，淨寬並應依前項寬度之規定，淨高至少三公尺，其穿越法定騎樓者，淨高不得少於法定騎樓之高度。該穿越部分得不計入樓地板面積。

④第一項基地內通路之長度，自建築線起算計量至建築物最遠一處之出入口或共同出入口。

第一六四條

建築物高度依下列規定：

一　建築物以三．六比一之斜率，依垂直建築線方向投影於面前道路之陰影面積，不得超過基地臨接面前道路之長度與該道路寬度乘積之半，且其陰影最大不得超過面前道路對側境界線；建築基地臨接面前道路之對側有永久性空地，其陰影面積得加倍計算。陰影及高度之計算如下：

$$As \leqq \frac{L \times Sw}{2} \text{且} H \leqq 3.6\,(Sw + D)$$

其中

As：建築物以三．六比一之斜率，依垂直建築線方向，投影於面前道路之陰影面積。

L：基地臨接面前道路之長度。

Sw：面前道路寬度（依本編第十四條第一項各款之規定）。

H：建築物各部分高度。

D：建築物各部分至建築線之水平距離。

二　前款所稱之斜率，爲高度與水平距離之比値。

第一六四條之一 108

①住宅、集合住宅等類似用途建築物樓板挑空設計者，挑空部分之位置、面積及高度應符合下列規定：

一　挑空部分每住宅單位限設一處，應設於客廳或客餐廳之上方，並限於建築物面向道路、公園、綠地等深度達六公尺以上之法定空地或其他永久性空地之方向設置。

二　挑空部分每處面積不得小於十五平方公尺，各處面積合計不得超過該基地內建築物允建總容積樓地板面積十分之一。

三　挑空樓層高度不得超過六公尺，其旁側之未挑空部分上、下樓層高度合計不得超過六公尺。

②挑空部分計入容積率之建築物，其挑空部分之位置、面積及高度得不予限制。
③第一項用途建築物設置夾層者，僅得於地面層或最上層擇一處設置；設置夾層之樓層高度不得超過六公尺，其未設夾層部分之空間應依第一項第一款及第二款規定辦理。
④第一項用途建築物未設計挑空者，地面一層樓層高度不得超過四點二公尺，其餘各樓層之樓層高度均不得超過三點六公尺。但同一戶空間變化需求而採不同樓板高度之構造設計時，其樓層高度最高不得超過四點二公尺。
⑤第一項挑空部分或第三項未設夾層部分之空間，其設置位置、每處最小面積、各處合計面積與第一項、第三項及前項規定之樓層高度限制，經建造執照預審小組審查同意者，得依其審定結果辦理。

第一六五條
①建築基地跨越二個以上使用分區時，空地及建築物樓地板面積之配置不予限制，但應保留空地面積應依照各分區使用規定，分別計算。
②前項使用分區不包括都市計畫法第三十二條其他使用區及特定專用區。

第一六六條 106
本編第二條、第二條之一、第十四條第1項有關建築物高度限制部分、第十五條、第二十三條、第二十六條、第二十七條，不適用實施容積管制地區。

第一六六條之一
①實施容積管制前已申請或領有建造執照，在建造執照有效期限內，依申請變更設計時法令規定辦理變更設計時，以不增加原核准總樓地板面積及地下各層樓地板面積不移到地面以上樓層者，得依下列規定提高或增加建築物樓層高度或層數，並依本編第一百六十四條規定檢討建築物高度。
一　地面一層樓高度應不超過四點二公尺。
二　其餘各樓層之高度應不超過三點六公尺。
三　增加建築物層數者，應檢討該建築物在冬至日所造成之日照陰影，使鄰近基地有一小時以上之有效日照；臨接道路部分，自道路中心線起算十公尺範圍內，該部分建築物高度不得超過十五公尺。
②前項建築基地位於須經各該直轄市、縣（市）政府都市設計審議委員會審議者，應先報經各該審議委員會審議通過。

第十章　無障礙建築物 101

第一六七條 107
①為便利行動不便者進出及使用建築物，新建或增建建築物，應依本章規定設置無障礙設施。但符合下列情形之一者，不在此限：
一　獨棟或連棟建築物，該棟自地面層至最上層均屬同一住宅單位且第二層以上僅供住宅使用。
二　供住宅使用之公寓大廈專有及約定專用部分。
三　除公共建築物外，建築基地面積未達一百五十平方公尺或每棟每層樓地板面積均未達一百平方公尺。
②前項各款之建築物地面層，仍應設置無障礙通路。
③前二項建築物因建築基地地形、垂直增建、構造或使用用途特殊，設置無障礙設施確有困難，經當地主管建築機關核准者，得不適用本章一部或全部之規定。
④建築物無障礙設施設計規範，由中央主管建築機關定之。

第一六七條之一 107
居室出入口及具無障礙設施之廁所盥洗室、浴室、客房、昇降設備、停車空間及樓梯應設有無障礙通路通達。

第一六七條之二 101

建築物設置之直通樓梯，至少應有一座爲無障礙樓梯。

第一六七條之三 107

①建築物依本規則建築設備編第三十七條應裝設衛生設備者，除使用類組爲H-2 組住宅或集合住宅外，每幢建築物無障礙廁所盥洗室數量不得少於下表規定，且服務範圍不得大於三樓層：

建築物規模	無障礙廁所盥洗室數量（處）	設置處所
建築物總樓層數在三層以下者	一	任一樓層
建築物總樓層數超過三層，超過部分每增加三層且有一層以上之樓地板面積超過五百平方公尺者	加設一處	每增加三層之範圍內設置一處

②本規則建築設備編第三十七條建築物種類第七類及第八類，其無障礙廁所盥洗室數量不得少於下表規定：

大便器數量（個）	無障礙廁所盥洗室數量（處）
十九以下	一
二十至二十九	二
三十至三十九	三
四十至四十九	四
五十至五十九	五
六十至六十九	六
七十至七十九	七
八十至八十九	八
九十至九十九	九
一百至一百零九	十
超過一百零九個大便器者，超過部分每增加十個，應增加一處無障礙廁所盥洗室；不足十個，以十個計。	

第一六七條之四 107

建築物設有共用浴室者，每幢建築物至少應設置一處無障礙浴室。

第一六七條之五 107

建築物設有固定座椅席位者，其輪椅觀眾席位數量不得少於下表規定：

固定座椅席位數量（個）	輪椅觀眾席位數量（個）
五十以下	一
五十一至一百五十	二
一百五十一至二百五十	三
二百五十一至三百五十	四
三百五十一至四百五十	五
四百五十一至五百五十	六

五百五十一至七百	七
七百零一至八百五十	八
八百五十一至一千	九
一千零一至五千	超過一千個固定座椅席位者，超過部分每增加一百五十個，應增加一個輪椅觀眾席位；不足一百五十個，以一百五十個計。
超過五千個固定座椅席位者，超過部分每增加二百個，應增加一個輪椅觀衆席位；不足二百個，以二百個計。	

第一六七條之六 107

①建築物依法設有停車空間者，除使用類組爲H-2組住宅或集合住宅外，其無障礙停車位數量不得少於下表規定：

固定座椅席位數量（個）	輪椅觀衆席位數量（個）
五十以下	一
五十一至一百	二
一百零一至一百五十	三
一百五十一至二百	四
二百零一至二百五十	五
二百五十一至三百	六
三百零一至三百五十	七
三百五十一至四百	八
四百零一至四百五十	九
四百五十一至五百	十
五百零一至五百五十	十一
超過五百五十輛停車位者，超過部分每增加五十輛，應增加一輛無障礙停車位；不足五十輛，以五十輛計。	

②建築物使用類組爲H-2組住宅或集合住宅，其無障礙停車位數量不得少於下表規定：

固定座椅席位數量（個）	輪椅觀衆席位數量（個）
五十以下	一
五十一至一百五十	二
一百五十一至二百五十	三
二百五十一至三百五十	四
三百五十一至四百五	五
四百五十一至五百五十	六
超過五百五十輛停車位者，超過部分每增加一百輛，應增加一輛無障礙停車位；不足一百輛，以一百輛計。	

第一六七條之七 107

建築物使用類組爲B-4組者，其無障礙客房數量不得少於下表規定：

<table>
<tr><th>客房總數量（間）</th><th>無障礙客房數量（間）</th></tr>
<tr><td>十六至一百</td><td>一</td></tr>
<tr><td>一百零一至二百</td><td>二</td></tr>
<tr><td>二百零一至三百</td><td>三</td></tr>
<tr><td>三百零一至四百</td><td>四</td></tr>
<tr><td>四百零一至五百</td><td>五</td></tr>
<tr><td>五百零一至六百</td><td>六</td></tr>
<tr><td colspan="2">超過六百間客房者，超過部分每增加一百間，應增加一間無障礙客房；不足一百間，以一百間計。</td></tr>
</table>

第一六八條 （刪除）97

第一六九條 （刪除）97

第一七〇條 107

既有公共建築物之適用範圍如下表：

<table>
<tr><th colspan="2">建築物使用類組</th><th colspan="2">建築物之適用範圍</th></tr>
<tr><td rowspan="2">A類</td><td rowspan="2">公共集會類</td><td>A-1</td><td>1.戲（劇）院、電影院、演藝場、歌廳、觀覽場。
2.觀衆席面積在二百平方公尺以上之下列場所：音樂廳、文康中心、社教館、集會堂（場）、社區（村里）活動中心。
3.觀衆席面積在二百平方公尺以上之下列場所：體育館（場）及設施。</td></tr>
<tr><td>A-2</td><td>1.車站（公路、鐵路、大衆捷運）。
2.候船室、水運客站。
3.航空站、飛機場大廈。</td></tr>
<tr><td rowspan="3">B類</td><td rowspan="3">商業類</td><td>B-2</td><td>百貨公司（百貨商場）商場、市場（超級市場、零售市場、攤販集中場）、展覽場（館）、量販店。</td></tr>
<tr><td>B-3</td><td>1.小吃街等類似場所。
2.樓地板面積在三百平方公尺以上之下列場所：餐廳、飲食店、飲料店（無陪侍提供非酒精飲料服務之場所，包括茶藝館、咖啡店、冰果店及冷飲店等）、飲酒店（無陪侍，供應酒精飲料之餐飲服務場所，包括啤酒屋）等類似場所。</td></tr>
<tr><td>B-4</td><td>國際觀光旅館、一般觀光旅館、一般旅館。</td></tr>
<tr><td rowspan="2">D類</td><td rowspan="2">休閒、文教類</td><td>D-1</td><td>室內游泳池。</td></tr>
<tr><td>D-2</td><td>1.會議廳、展示廳、博物館、美術館、圖書館、水族館、科學館、陳列館、資料館、歷史文物館、天文臺、藝術館。
2.觀衆席面積未達二百平方公尺之下列場所：音樂廳、文康中心、社教館、集會堂（場）、社區（村里）活動中心。
3.觀衆席面積未達二百平方公尺之下列場所：體育館（場）及設施。</td></tr>
</table>

<table>
<tr><td rowspan="3">D類</td><td rowspan="3">休閒、文教類</td><td>D-3</td><td>小學教室、教學大樓、相關教學場所。</td></tr>
<tr><td>D-4</td><td>國中、高中（職）、專科學校、學院、大學等之教室、教學大樓、相關教學場所。</td></tr>
<tr><td>D-5</td><td>樓地板面積在五百平方公尺以上之下列場所：補習（訓練）班、課後托育中心。</td></tr>
<tr><td>E類</td><td>宗教、殯葬類</td><td>E</td><td>1.樓地板面積在五百平方公尺以上之寺（寺院）、廟（廟宇）、教堂。
2.樓地板面積在五百平方公尺以上之殯儀館。</td></tr>
<tr><td rowspan="3">F類</td><td rowspan="3">衛生、福利、更生類</td><td>F-1</td><td>1.設有十床病床以上之下列場所：醫院、療養院。
2.樓地板面積在五百平方公尺以上之下列場所：護理之家、屬於老人福利機構之長期照護機構。</td></tr>
<tr><td>F-2</td><td>1.身心障礙者福利機構、身心障礙者教養機構（院）、身心障礙者職業訓練機構。
2.特殊教育學校。</td></tr>
<tr><td>F-3</td><td>1.樓地板面積在五百平方公尺以上之下列場所：幼兒園、兒童及少年福利機構。
2.發展遲緩兒早期療育中心。</td></tr>
<tr><td rowspan="5">G類</td><td rowspan="5">辦公、服務類</td><td>G-1</td><td>含營業廳之下列場所：金融機構、證券交易場所、金融保險機構、合作社、銀行、郵政、電信、自來水及電力等公用事業機構之營業場所。</td></tr>
<tr><td>G-2</td><td>1.郵政、電信、自來水及電力等公用事業機構之辦公室。
2.政府機關（公務機關）。
3.身心障礙者就業服務機構。</td></tr>
<tr><td rowspan="3">G-3</td><td>1.衛生所。
2.設置病床未達十床之下列場所：醫院、療養院。</td></tr>
<tr><td>公共廁所。</td></tr>
<tr><td>便利商店。</td></tr>
<tr><td rowspan="2">H類</td><td rowspan="2">住宿類</td><td>H-1</td><td>1.樓地板面積未達五百平方公尺之下列場所：護理之家、屬於老人福利機構之長期照護機構。
2.老人福利機構之場所：養護機構、安養機構、文康機構、服務機構。</td></tr>
<tr><td>H-2</td><td>1.六層以上之集合住宅。
2.五層以下且五十戶以上之集合住宅。</td></tr>
<tr><td>I類</td><td>危險物品類</td><td>I</td><td>加油（氣）站。</td></tr>
</table>

第一七一條至第一七七條之一（刪除）[97]

第十一章　地下建築物

第一節　一般設計通則

第一七八條

公園、兒童遊樂場、廣場、綠地、道路、鐵路、體育場、停車場等公共設施用地及經內政部指定之地下建築物，應依本章規定。本章未規定者依其他各編章之規定。

第一七九條

本章建築技術用語之定義如左：

一　地下建築物：主要構造物定著於地面下之建築物，包括地下使用單元、地下通道、地下通道之直通樓梯、專用直通樓梯、地下公共設施等，及附設於地面上出入口、通風採光口、機電房等類似必要之構造物。

二　地下使用單元：地下建築物之一部分，供一種或在使用上具有不可區分關係之二種以上用途所構成之區劃單位。

三　地下通道：地下建築物之一部分，專供連接地下使用單元、地下通道直通樓梯、地下公共設施等，及行人通行使用者。

四　地下通道直通樓梯：地下建築物之一部分，專供連接地下通道，且可通達地面道路或永久性空地之直通樓梯。

五　專用直通樓梯：地下使用單元及緩衝區內，設置專供該地下使用單元及緩衝區使用，且可通達地面道路或永久性空地之直通樓梯。

六　緩衝區：設置於地下建築物或地下運輸系統與建築物地下層之連接處，且有專用直通樓梯以供緊急避難之獨立區劃空間。

第一八〇條

地下建築物之用途，除依照都市計畫法省、市施行細則及分區使用管制規則或公共設施多目標使用方案或大衆捷運系統土地聯合開發辦法辦理並得由該直轄市、縣（市）政府依公共安全，公共衛生及公共設施指定之目的訂定，轉報內政部核定之。

第一八一條 98

①建築物非經當地主管建築機關會同有關機關認定有公益需要、無安全顧慮且其構造、設備應符合本章規定者，不得與基地外之地下建築物、地下運輸系統設施連接。

②前項以地下通道直接連接者，該建築物地面以下之部分及地下通道適用本章規定。但以緩衝區間接連接，並符合下列規定者，不在此限：

一　緩衝區與連接之地下建築物、地下運輸系統及建築物之地下層間應以具有一小時以上防火時效之牆壁、防火門窗等防火設備及該層防火構造之樓地板區劃分隔，防火門窗等防火設備應具有一小時以上之阻熱性，其內部裝修材料應爲耐燃一級材料，且設有通風管道時，其通風管道不得同時貫穿緩衝區與二側建築物之防火區劃。

二　連接緩衝區二側之連接出入口，總寬度均應在三公尺以上，六公尺以下，且任一出入口淨寬度不得小於一點五公尺。連接出入口應設置具有一小時以上防火時效及阻熱性之防火門窗等防火設備，非連接出入口部分不得以防火門窗取代防火區劃牆。

三　緩衝區連接地下建築物、地下運輸系統之出入口防火門窗應爲常時開放式，且應裝設利用煙感應器連動或其他方法控制之自動關閉裝置，並應與所連接地下建築物、地下運輸系統及建築物之中央管理室或防災中心連動監控，使能於災害發生時自動關閉。

四　緩衝區之面積：

$A \geqq W_1^2+W_2^2$

A：緩衝區之面積（平方公尺），專用直通樓梯面積不得計入。

W_1：緩衝區與地下建築物或地下運輸系統連接部分之出入口總寬度（公尺）。

W_2：緩衝區與建築物地下層連接部分之出入口總寬度（公尺）。

五　緩衝區設置之專用直通樓梯寬度不得小於地下建築物或地下運輸系統連接緩衝區連

接出入口總寬度之二分之一，專用直通樓梯分開設置時，其樓梯寬度得合併計算。

六　緩衝區面積之百分之三十以上應挑空至地面層。地面層挑空上方設有頂蓋者，其頂蓋距地面之淨高應在三公尺以上，且其地面以上立面之透空部分應在立面周圍面積三分之一以上。但緩衝區設置水平挑空空間確有困難者，得設置符合本編第一百零二條規定之進風排煙設備，並適用兼用排煙室之相關規定。

七　以緩衝區連接之建築物地下層當層設有燃氣設備及鍋爐設備者，應依本編第二百零一條第二項辦理；瓦斯供氣設備並依本編第二百零六條規定辦理。

八　利用緩衝區與地下建築物或地下運輸系統連接之原有建築物未設置中央管理室或防災中心者，應增設之。

九　緩衝區所連接之建築物及地下建築物或地下運輸系統之中央管理室或防災中心監控，其監控項目應依本規則相關規定設置。雙方之中央管理室或防災中心應設置，專用電話或對講裝置並連接緊急電源，供互相連絡。

十　緩衝區及其專用直通樓梯之空間，得不計入建築面積及容積總樓地板面積。

十一　緩衝區內專供通行及緊急避難使用，不得有營業行爲；牆壁得以耐燃一級材料設置嵌入式廣告物。

第一八二條

①地下建築物應設置中央管理室，各管理室間應設置相互連絡之設備。

②前項中央管理室，應設置專用直通樓梯，與其他部分之間並應以具有二小時以上防火時效之牆壁、防火門窗等防火設備及該處防火構造之樓地板區劃分隔。

第一八三條

地下使用單元臨接地下通道之寬度，不得小於二公尺。自地下使用單元內之任一點，至地下通道或專用直通樓梯出入口之步行距離不得超過二十公尺。

第一八四條

地下通道依左列規定：

一　地下通道之寬度不得小於六公尺，並不得設置有礙避難通行之設施。

二　地下通道之地板面高度不等時應以坡道連接之，不得設置臺階，其坡度應小於一比十二，坡道表面並應作止滑處理。

三　地下通道及地下廣場之天花板淨高不得小於三公尺，但至天花板下之防煙壁、廣告物等類似突出部分之下端，得減爲二．五公尺以上。

四　地下通道末端不與其他地下通道相連者，應設置出入口通達地面道路或永久性空地，其出入口寬度不得小於該通道之寬度。該末端設有二處以上出入口時，其寬度得合併計算。

第一八五條

①地下通道直通樓梯依左列規定：

一　自地下通道之任一點，至可通達地面道路或永久性空地之直通樓梯口，其步行距離不得大於三十公尺。

二　前款直通樓梯分開設置時，其出入口之距離小於地下通道寬度者，樓梯寬度得合併計算，但每座樓梯寬度不得小於一．五公尺。

②依前二款規定設置之直通樓梯得以坡道代替之，其坡度不得超過一比八，表面應作止滑處理。

第一八六條

①地下使用單元之任一部分或廣告物或其他類似設施，均不得突出地下通道突出物限制線。但供通行及避難必需之方向指標、號誌等不在此限。

②前項突出物限制線應予明確標示，其與地下使用單元之境界線距離並不得大於五〇公分。

第一八七條

地下通道之下水溝及其他類似設施，應以耐磨材料覆蓋之，且不得妨礙通行。

第一八八條

①自地下通道任一點之步行距離六十公尺範圍內，應設置地下廣場，其面積依左列公式計算（附圖示）：

$A \geqq 2（W_1^2+W_2^2+\cdots+W_n^2）$

A：地下廣場之面積。（單位：平方公尺）

$W_1 \cdots W_n$：連通廣場各地下通道之寬度。（單位：公尺）

n：連通廣場地下通道之數目。

②地下廣場周圍並應設置二座以上可直接通達地面之樓梯。但樓梯面積不得計入廣場面積。

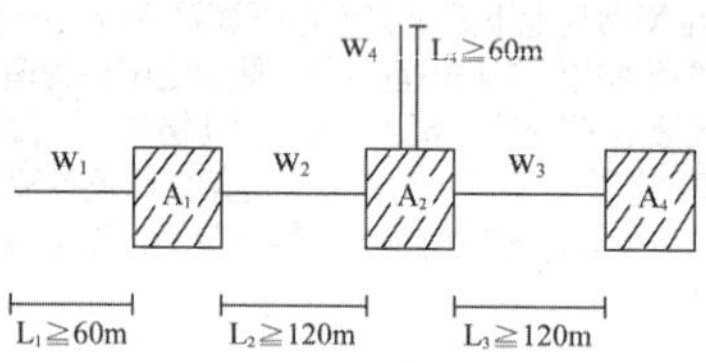

A_1、A_2、A_3：各地下廣場之面積。（單位：平方公尺）

W_1、W_2、W_3、W_4：各地下通道之寬度。（單位：公尺）

$L_1 \cdots L_n$：任一點至地下廣場或地下廣場間之地下通道距離。（單位：公尺）

$A_1 \geqq 2（W_1^2+W_2^2）$

$A_2 \geqq 2（W_2^2+W_3^2+W_4^2）$

$A_3 \geqq 2W_3^2$

第一八九條

地下建築物與建築物地下層連接時，其連接部分應以具有一小時以上防火時效之牆壁、防火門窗等防火設備及該處防火構造之樓地板予以區劃分隔，並應設置可通達地面道路或永久性空地之安全梯。但連接部分已設有符合本章規定之直通樓梯者，不在此限。

第一九〇條

道路、公園廣場等類似用地範圍內之地下建築物，其頂蓋與地盤面之間距應配合週圍環境條件保持必要距離，供各類公共設施之埋設。其間距由主管建築機關協商有關機關訂定之，但道路部分不得少於三公尺。

第一九一條

地下建築物設置於地盤面上之進、排風口、樓梯間出入口等類似設施，設置於人行道上時，該人行道應保持三公尺以上之淨寬。

第一九二條

地下通道直通樓梯之平臺及上下端第一梯級各部分半徑三公尺內之牆面不得設置地下使用單元之出入口及其他開口。但直通樓梯為安全梯不在此限。

第一九三條

地下通道臨接樓地板面積合計在一、〇〇〇平方公尺以上地下使用單元者，應在該部分通道任一點之視線範圍內設置開向地面之天窗或其他類似之開口。但於該通道內設有合於左列規定之地下通道直通樓梯者，不在此限：

一　直通樓梯為安全梯者。

二　自地下通道任一點至樓梯間之步行距離小於二十公尺。

三　直通樓梯地面出入口直接面臨道路或永久性空地，或利用具有一小時以上防火時效之牆壁、防火門窗等防火設備及該處防火構造之樓地板區劃而成之通道通達道路或永久性空地者。

第一九四條

①本章規定應設置之直通樓梯淨寬應依左列規定：

一　地下通道直通樓梯淨寬不得小於該地下通道之寬度；其臨接二條以上寬度不同之地下通道時，應以較寬者為準。但經由起造人檢討逃生避難計畫並經中央主管建築機關審核認可者，不在此限。

二　地下廣場之直通樓梯淨寬不得小於二公尺。

三　專用直通樓梯淨寬不得小於一點五公尺。但地下使用單元之總樓地板面積在三百平方公尺以上時，應為一點八公尺以上。

②前項直通樓梯級高應在十八公分以下，級深應在二十六公分公上。樓梯高度每三公尺以內應設置平臺，為直梯者，其深度不得小於一點五公尺；為轉折梯者，其深度不得小於樓梯寬度。

第一九四條之一　（刪除）

第二節　建築構造

第一九五條

地下建築物之頂版、外牆、底版等直接與土壤接觸部分，應採用水密性混凝土。

第一九六條

地下建築物各部分所受之水平力，不得小於該部分之重量與震力係數之乘積，震力係數應以左列公式計算：

$$C' \geqq 0.075\left(1-\frac{H}{40}\right)Z$$

C：地下震力分佈係數。

H：公尺，地下建築物各部分距地盤面之深度，超過二十公尺時，以二十公尺計。

Z：震區係數。

第一九七條

地下建築物之上部為道路時，其設計載重應包括該道路設計載重之影響及覆土載重。

第一九八條

地下建築物應調查基地地下水位之變化，根據雨季之最高水位計算其上揚力，並做適當之設計及因應措施以防止構造物之上浮。

第一九九條

地下建築物應於適當位置設置地下水位觀測站，以供隨時檢討其受水浮力之影響。

第二〇〇條

地下建築物間之連接部分，必要時應設置伸縮縫，其止水帶及貫通之各管線，應有足夠之強度及韌性以承受其不均勻之沈陷。

第三節　建築物之防火

第二〇一條

①地下使用單元與地下通道間，應以具有一小時以上防火時效之牆壁、防火門窗等防火設備及該處防火構造之樓地板予以區劃分隔。

②設有燃氣設備及鍋爐設備之使用單元等，應儘量集中設置，且與其他使用單元之間，應以具有一小時以上防火時效之牆壁、防火門窗等防火設備及該處防火構造之樓地板予以區劃分隔。

第二〇二條

①地下建築物供地下使用單元使用之總樓地板面積在一、〇〇〇平方公尺以上者，應按每一、〇〇〇平方公尺，以具有一小時以上防火時效之牆壁、防火門窗等防火設備及該處防火構造之樓地板予以區劃分隔。

②供地下通道使用，其總樓地板面積在一、五〇〇平方公尺以上者，應按每一、五〇〇平

方公尺，以具有一小時以上防火時效之牆壁、防火門窗等防火設備及該處防火構造之樓地板予以區劃分隔。且每一區劃內，應設有地下通道直通樓梯。

第二〇三條

①超過一層之地下建築物，其樓梯、昇降機道、管道及其他類似部分，與其他部分之間，應以具有一小時以上防火時效之牆壁、防火門窗等防火設備予以區劃分隔。樓梯、昇降機道裝設之防火設備並應具有遮煙性能。管道間之維修門應具有一小時以上防火時效及遮煙性能。

②前項昇降機道前設有昇降機間且併同區劃者，昇降機間出入口裝設具有遮煙性能之防火設備時，昇降機道出入口得免受應裝設具遮煙性能防火設備之限制；昇降機間出入口裝設之門非防火設備但開啓後能自動關閉且具有遮煙性能時，昇降機道出入口之防火設備得免受應具遮煙性能之限制。

第二〇四條

地下使用單元之隔間、天花板、地下通道、樓梯等，其底材、表面材之裝修材料及標示設施、廣告物等均應爲不燃材料製成者。

第二〇五條

給水管、瓦斯管、配電管及其他管路均應以不燃材料製成，其貫通防火區劃時，貫穿部位與防火區劃合成之構造應具有二小時以上之防火時效。

第二〇六條

地下建築物內不得存放使用桶裝液化石油氣。瓦斯供氣管路應依左列規定：

一　燃氣用具應使用金屬管、金屬軟管或瓦斯專用軟管與瓦斯出口栓連接，並應附設自動熄火安全裝置。

二　瓦斯供氣幹管應儘量減少而單純化，表面顏色應爲鉻黃色。

三　天花板內有瓦斯管路時，天花板每隔三十公尺內，應設檢查口一處。

四　中央管理室應設有瓦斯漏氣自動警報受信總機及瓦斯供氣緊急遮斷裝置。

五　廚房應設煙罩及直通戶外之排煙管，並配置適當之乾粉或二氧化碳滅火器。

第四節　防火避難設施及消防設備

第二〇七條

地下建築物設置自動撒水設備，應依左列規定：

一　撒水頭應裝設於天花板面及天花板內。但符合下列情形者得設於天花板內，天花板面免再裝設：

㈠天花板內之高度未達〇．五公尺者。

㈡天花板採挑空花格構造者。

二　每一撒水頭之防護面積及水平間距，應依下列規定：

㈠廚房等設有燃氣用具之場所，每一撒水頭之防護面積不得大於六平方公尺，撒水頭間距，不得大於三公尺。

㈡前目以外之場所，每一撒水頭之防護面積不得大於九平方公尺，間距不得大於三．五公尺。

三　水源容量不得小於三十個撒水頭連續放水二十分鐘之水量。

第二〇八條

地下建築物，應依場所特性及環境狀況，每一〇〇平方公尺範圍內配置適當之泡沫、乾粉或二氧化碳滅火器一具，滅火器之裝設依左列規定：

一　滅火器應分別固定放置於取用方便之明顯處所。

二　滅火器應即可使用。

三　懸掛於牆上或放置於消防栓箱中之滅火器，其上端與樓地板面之距離，十八公斤以上者不得超過一公尺。

第二〇九條

地下建築物應依左列規定設置消防隊專用出水口：

一　每層每二十五公尺半徑範圍內應設一處口徑六十三公厘附快式接頭消防栓，其距離樓地板面之高度不得大於一公尺，並不得小於五十公分。

二　消防栓應裝設在樓梯間或緊急用升降機間等附近，便於消防隊取用之位置。

三　消防立管之內徑不得小於一〇〇公厘。

第二一〇條

①地下建築物應設置左列漏電警報設備：

一　漏電檢出機：其感度電流最高值應在一安培以下。

二　受信總機：應具有配合開關設備，自動切斷電路之機能。

②前項漏電警報設備應與火警自動警報設備併設但須區分之。

第二一一條

地下使用單元等使用瓦斯之場所，均應設置左列瓦斯漏氣自動警報設備：

一　瓦斯漏氣探測設備：依燃氣種類及室內氣流情形適當配置。

二　警報裝置。

三　受信總機。

第二一二條

地下建築物應依左列規定設置標示設備：

一　出口標示燈：各層通達安全梯、或另一防火區劃之防火門上方及地坪，均應設置標示燈。

二　方向指示：凡通往樓梯、地面出入口等之通道或廣場，均應於樓梯口、廣場或通道轉彎處，設置位置指示圖及避難方向指標。

三　避難方向指示燈：設置避難方向指標下方距地板面高度一公尺範圍內，且在其正下方五十公分處應具有一勒克斯以上之照度。

第二一三條

①地下建築物內設置之左列各項設備應接至緊急電源：

一　室內消防栓：自動消防設備（自動撒水、自動泡沫滅火、水霧自動撒水、自動乾粉滅火、自動二氧化碳、自動揮發性液體等消防設備）。

二　火警自動警報設備。

三　漏電自動警報設備。

四　出口標示燈、緊急照明、避難方向指示燈、緊急排水及排煙設備。

五　瓦斯漏氣自動警報設備。

六　緊急用電源插座。

七　緊急廣播設備。

②各緊急供電設備之控制及監視系統應集中於中央管理室。

第二一四條

地下通道地板面之水平面，應有平均十勒克斯以上之照度。

第二一五條

地下使用單元樓地板面積在五〇〇平方公尺以上者，應設置排煙設備。但每一〇〇平方公尺以內以分間牆或防煙壁區劃分隔者不在此限。地下通道之排煙設備依左列規定：

一　地下通道應按其樓地板面積每三〇〇平方公尺以內，以自天花板面下垂八十公分以上之防煙壁，或其他類似防止煙流動之設施，予以區劃分隔。

二　前款用以區劃之壁體，或其他類似之設施，應爲不燃材料，或爲不燃材料被覆者。

三　依第一款之每一區劃，至少應配置一處排煙口。排煙口應開設在天花板或天花板下八十公分範圍內之牆壁，並直接與排煙風道連接。

四　排煙口之開口面積，在該防煙區劃樓地板面積之百分之二以上，且直接與外氣連接者，免設排煙機。

五　排煙機得由二個以上防煙區劃共用之：每分鐘不得少於三〇〇立方公尺。地下通道總排煙量每分鐘不得少於六〇〇立方公尺。

第二一六條

地下通道之緊急排水設備，應依左列規定：

一　排水管、排水溝及陰井等及其他與污水有關部分之構造，應為耐水且為不燃材料。

二　排水設備之處理能力，應為消防設備用水量及污水排水量總和之二倍。

三　排水管或排水溝等之末端，不得與公共下水道、都市下水道等類似設施直接連接。

四　地下通道之地面層出入口，應設置擋水設施。

第二一七條

地下通道之緊急照明設備，應依左列規定：

一　地下通道之地板面，應具有平均十勒克斯以上照度。

二　照明器具（包括照明燈蓋等之附件），除絕緣材料及小零件外，應由不燃材料所製成或覆蓋。

三　光源之燈罩及其他類似部分之最下端，應在天花板面（無天花板時為版）下五十公分內之範圍。

第五節　空氣調節及通風設備

第二一八條

地下建築物之空氣調節應按地下使用單元部分與地下通道部分，分別設置空氣調節系統。

第二一九條

①地下建築物，其樓地板面積在一、〇〇〇平方公尺以上之樓層，應設置機械送風及機械排風；其樓地板面積在一、〇〇〇平公尺以下之樓層，得視其地下使用單元之配置狀況，擇一設置機械送風及機械排風系統、機械送風及自然排風系統、或自然送風及機械排風系統。

②前項之通風系統，並應使地下使用單元及地下通道之通風量有均等之效果。

第二二〇條

依前條設置之通風系統，其通風量應依左列規定：

一　按樓地板面積每平方公尺應有每小時三十立方公尺以上之新鮮外氣供給能力。但使用空調設備者每小時供給量得減為十五立方公尺以上。

二　設置機械送風及機械排風者，平時之給氣量，應經常保持在排氣量之上。

三　各地下使用單元應設置進風口或排風口，平時之給氣量並應大於排氣量。

第二二一條

廚房、廁所及緊急電源室（不包括密閉式蓄電池室），應設專用排氣設備。

第二二二條

①新鮮空氣進氣口應有防雨、防蟲、防鼠、防塵之構造，且應設於地面上三公尺以上之位置。該位置附近之空氣狀況，經主管機關認定不合衛生條件者，應設置空氣過濾或洗淨設備。

②設置空氣過濾或洗淨設備者，在不妨礙衛生情況下，前項之高度得不受限制。

第二二三條

地下建築物內之通風，空調設備，其在送風機側之風管，應設置直徑十五公分以上可開啟之圓形護蓋以供測量風量使用。

第二二四條

通風機械室之天花板高度不得小於二公尺，且電動機、送風機、及其他通風機械設備等，應距周圍牆壁五十公分以上。但動力合計在〇．七五千瓦以下者，不在此限。

第六節　環境衛生及其他

第二二五條
地下使用單元之樓地板面，不得低於其所臨接之地下通道面，但在防水及排水上無礙者，不在此限。

第二二六條
①地下建築物，應設有排水設備及可供垃圾集中處理之處所。
②排水設備之處理能力不得小於地下建築物平均日排水量除以平均日供水時間之值的二倍。

第十二章　高層建築物

第一節　一般設計通則

第二二七條
本章所稱高層建築物，係指高度在五十公尺或樓層在十六層以上之建築物。

第二二八條
高層建築物之總樓地板面積與留設空地之比，不得大於左列各值：
一　商業區：三十。
二　住宅區及其他使用分區：十五。

第二二九條
①高層建築物應自建築線及地界線依落物曲線距離退縮建築。但建築物高度在五十公尺以下部分得免退縮。
②落物曲線距離為建築物各該部分至基地地面高度平方根之二分之一。

第二三○條
①高層建築物之地下各層最大樓地板面積計算公式如左：
$AO \leqq (1+Q) A / 2$
AO：地下各層最大樓地板面積。
A：建築基地面積。
Q：該基地最大建蔽率。
②高層建築物因施工安全或停車設備等特殊需要，經預審認定有增加地下各層樓地板面積必要者，得不受前項限制。

第二三一條（刪除）

第二三二條
高層建築物應於基地內設置專用出入口緩衝空間，供人員出入、上下車輛及裝卸貨物，緩衝空間寬度不得小於六公尺，長度不得小於十二公尺，其設有頂蓋者，頂蓋淨高度不得小於三公尺。

第二三三條
①高層建築物在二層以上，十六層或地板面高度在五十公尺以下之各樓層，應設置緊急進口。但面臨道路或寬度四公尺以上之通路，且各層之外牆每十公尺設有窗戶或其他開口者，不在此限。
②前項窗戶或開口應符合本編第一百零八條第二項之規定。

第二節　建築構造

第二三四條
高層建築物有左列情形之一者，應提出理論分析，必要時得要求提出結構試驗作為設計評估之依據。
一　基地地面以上高度超過七十五公尺者。

二　結構物之立面配置有勁度、質量、立面幾何不規則；抵抗側力之豎向構材於其立面內明顯轉折或不連續、各層抵抗側力強度不均勻者。
三　結構物之平面配置導致明顯扭曲、轉折狀、橫隔板不連續、上下層平面明顯退縮或錯位、抵抗側力之結構系統不互相平行者。
四　結構物立面形狀之塔狀比（高度／短邊長度）爲四以上者。
五　結構體爲鋼筋混凝土造、鋼骨造或鋼骨鋼筋混凝土造以外者。
六　建築物之基礎非由穩定地盤直接支承，或非以剛強之地下工程支承於堅固基礎者。
七　主體結構未採用純韌性立體剛構架或韌性立體剛構架與剪力牆或斜撐併用之系統者。
八　建築物之樓板結構未具足夠之勁度與強度以充分抵抗及傳遞樓板面內之水平力者。

第二三五條

作用於高層建築物地上各樓層之設計用地震力除依本規則建築構造編第一章第五節規定外，並應經動力分析檢討，以兩者地震力取其合理值。

第二三六條

①高層建築物依設計用風力求得之結構體層間位移角不得大於千分之二·五。
②高層建築物依設計地震力求得之結構體層間位移所引致之二次力矩，倘超過該層地震力矩之百分之十，應考慮二次力矩所衍生之構材應力與層間位移。

第二三七條

高層建築物之基礎應確定其於設計地震力、風力作用下不致上浮或傾斜。

第二三八條

高層建築物爲確保地震時之安全性，應檢討建築物之極限層剪力強度，極限層剪力強度應爲彈性設計內所述設計用地震力作用時之層剪力之一·五倍以上。但剪力牆之剪力強度應爲各該剪力牆設計地震力之二·五倍以上，斜撐構造之剪力強度應爲各該斜撐構造設計地震力之二倍以上。

第二三九條

高層建築物結構之細部設計應使構造具有所要求之強度及足夠之韌性，使用之構材及構架之力學特性，應經由實驗等證實，且在製作及施工上皆無問題者。柱之最小設計用剪力爲長期軸壓力之百分之五以上。

第二四〇條　（刪除）

第三節　防火避難設施

第二四一條

①高層建築物應設置二座以上之特別安全梯並應符合二方向避難原則。二座特別安全梯應在不同平面位置，其排煙室並不得共用。
②高層建築物連接特別安全梯間之走廊應以具有一小時以上防火時效之牆壁、防火門窗等防火設備及該樓層防火構造之樓地板自成一個獨立之防火區劃。
③高層建築物通達地板面高度五十公尺以上或十六層以上樓層之直通樓梯，均應爲特別安全梯，且通達地面以上樓層與通達地面以下樓層之梯間不得直通。

第二四二條

高層建築物昇降機道併同昇降機間應以具有一小時以上防火時效之牆壁、防火門窗等防火設備及該處防火構造之樓地板自成一個獨立之防火區劃。昇降機間出入口裝設之防火設備應具有遮煙性能。連接昇降機間之走廊，應以具有一小時以上防火時效之牆壁、防火門窗等防火設備及該層防火構造之樓地板自成一個獨立之防火區劃。

第二四三條

①高層建築物地板面高度在五十公尺或樓層在十六層以上部分，除住宅、餐廳等係建築物機能之必要時外，不得使用燃氣設備。

②高層建築物設有燃氣設備時，應將燃氣設備集中設置，並設置瓦斯漏氣自動警報設備，且與其他部分應以具一小時以上防火時效之牆壁、防火門窗等防火設備及該層防火構造之樓地板予以區劃分隔。

第二四四條

高層建築物地板面高度在五十公尺以上或十六層以上之樓層應設置緊急昇降機間，緊急用昇降機載重能力應達十七人（一千一百五十公斤）以上，其速度不得小於每分鐘六十公尺，且自避難層至最上層應在一分鐘內抵達爲限。

第四節　建築設備

第二四五條

高層建築物之配管立管應考慮層間變位，一般配管之容許層間變位爲二百分之一，消防、瓦斯等配管爲百分之一。

第二四六條

高層建築物配管管道間應考慮維修及更換空間。瓦斯管之管道間應單獨設置。但與給水管或排水管共構設置者，不在此限。

第二四七條

高層建築物各種配管管材均應以不燃材料製成，或使用具有同等效能之防火措施，其貫穿防火區劃之孔隙應使用防火材料填滿或設置防火閘門。

第二四八條

設置於高層建築物屋頂上或中間設備層之機械設備應符合下列規定：

一　應固定於建築物主要結構上，其支承系統除須有避震設施外，並須符合本規則建築構造編之相關規定。

二　主要部分構材應爲不燃材料製成。

第二四九條

設置於高層建築物內、屋頂層或中間樓層或地下層之給水水箱，其設計應考慮結構體之水平變位，箱體不得與建築物其他部分兼用，並應可從外部對箱體各面進行維修檢查。

第二五〇條

高層建築物給水設備之裝置系統內應保持適當之水壓。

第二五一條

①高層建築物應另設置室內供消防隊專用之連結送水管，其管徑應爲一百公厘以上，出水口應爲雙口形。

②高層建築物高度每超過六十公尺者，應設置中繼幫浦，連結送水管三支以下時，其幫浦出水口之水量不得小於二千四百公升／分，每增加一支出水量加八百公升／分，至五支爲止，出水口之出水壓力不得小於三·五公斤／平方公分。

第二五二條

六十公尺以上之高層建築物應設置光源俯角十五度以上，三百六十度方向皆可視認之航空障礙燈。

第二五三條

高建築物之避雷設備應考慮雷電側擊對應措施。

第二五四條

①高層建築物設計時應考慮不得影響無線通信設施及鄰近地區電視收訊。若有影響，應於屋頂突出物提供適當空間供電信機構裝設通信設施，或協助鄰近地區改善電視收訊。

②前項電視收訊改善處理原則，由直轄市、縣（市）政府定之。

第二五五條

高層建築物之防災設備所用強弱電之電線電纜應採用強電三十分鐘、弱電十五分鐘以上防火時效之配線方式。

第二五六條

高層建築物之升降設備應依居住人口、集中率、動線等三者計算交通量，以決定適當之電梯數量及載容量。

第二五七條

①高層建築物每一樓層均應設置火警自動警報設備，其十一層以上之樓層以設置偵煙型探測器爲原則。

②高層建築物之各層均應設置自動撒水設備。但已設有其他自動滅火設備者，其於有效防護範圍，內得免設置。

第二五八條

高層建築物火警警鈴之設置，其鳴動應依下列規定：

一　起火層爲地上二層以上時，限該樓層與其上兩層及其下一層鳴動。

二　起火層爲地面層時，限該樓層與其上一層及地下層各層鳴動。

三　起火層爲地下層時，限地面層及地下層鳴動。

第二五九條

①高層建築物應依左列規定設置防災中心：

一　防災中心應設於避難層或其直上層或直下層。

二　樓地板面積不得小於四十平方公尺。

三　防災中心應以具有二小時以上防火時效之牆壁、防火門窗等防火設備及該層防火構造之樓地板予以區劃分隔，室內牆面及天花板（包括底材），以耐燃一級材料爲限。

四　高層建築物左列各種防災設備，其顯示裝置及控制應設於防災中心：

㈠電氣、電力設備。

㈡消防安全設備。

㈢排煙設備及通風設備。

㈣昇降及緊急昇降設備。

㈤連絡通信及廣播設備。

㈥燃氣設備及使用導管瓦斯者，應設置之瓦斯緊急遮斷設備。

㈦其他之必要設備。

②高層建築物高度達二十五層或九十公尺以上者，除應符合前項規定外，其防災中心並應具備防災、警報、通報、滅火、消防及其他必要之監控系統設備；其應具功能如左：

一　各種設備之記錄、監視及控制功能。

二　相關設備運動功能。

三　提供動態資料功能。

四　火災處理流程指導功能。

五　逃生引導廣播功能。

六　配合系統型式提供模擬之功能。

第十三章　山坡地建築

第一節　山坡地基地不得開發建築認定基準

第二六〇條

本章所稱山坡地，指依山坡地保育利用條例第三條之規定劃定，報請行政院核定公告之公、私有土地。

第二六一條

①本章建築技術用語定義如左：

一　平均坡度：係指在比例尺不小於一千二百分之一實測地形圖上依左列平均坡度計算

法得出之坡度值：

㈠在地形圖上區劃正方格坵塊，其每邊長不大於二十五公尺。圖示如左：

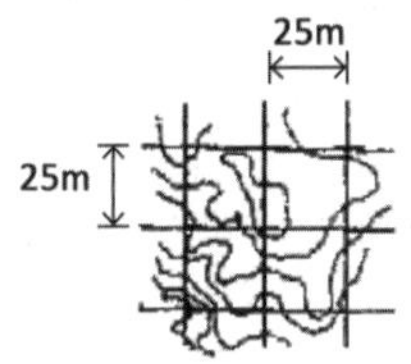

㈡每格坵塊各邊及地形圖等高線相交點之點數，記於各方格邊上，再將四邊之交點總和註在方格中間。圖示如右：

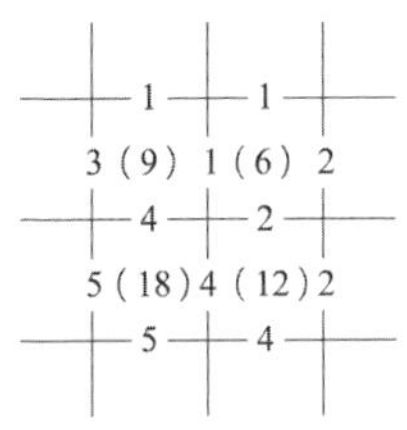

㈢依交點數及坵塊邊長，求得坵塊內平均坡度（S）或傾斜角（θ），計算公式如下：

$$S（\%）=\frac{n\pi h}{8L}\times 100\%$$

S：平均坡度（百分比）。

h：等高線首曲線間距（公尺）。

L：方格（坵塊）邊長（公尺）。

n：等高線及方格線交點數。

π：圓周率（3.14）。

㈣在坵塊圖上，應分別註明坡度計算之結果。圖示如右：

S_1（θ_1）	S_2（θ_2）
S_3（θ_3）	S_4（θ_4）

二　順向坡：與岩層面或其他規則而具延續性之不連續面大致同向之坡面。圖示如左：

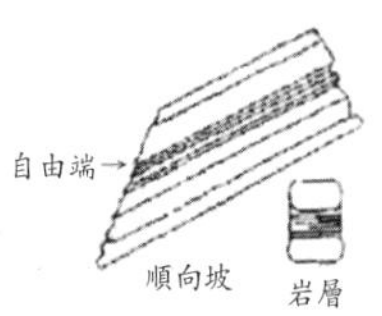

三　自由端：岩層面或不連續面裸露邊坡。

四　岩石品質指標（RQD）：指一地質鑽孔中，其岩心長度超過十公分部分者之總長度，與該次鑽孔長度之百分比。

五　活動斷層：指有活動記錄之斷層或依地面現象由學理推論認定之活動斷層及其推衍地區。

六　廢土堆：人工移置或自然崩塌之土石而未經工程壓密或處理者。

七　坑道：指各種礦坑、涵洞及其他未經工程處理之地下空洞。

八　坑道覆蓋層：指地下坑道頂及地面或基礎底面間之覆蓋部分。

九　有效應力深度：指構造物基礎下四倍於基礎最大寬度之深度。

第二六二條 105

①山坡地有下列各款情形之一者，不得開發建築。但穿過性之道路、通路或公共設施管溝，經適當邊坡穩定之處理者，不在此限：

一　坡度陡峭者：所開發地區之原始地形應依坵塊圖上之平均坡度之分布狀態，區劃成若干均質區。在坵塊圖上其平均坡度超過百分之三十者。但區內最高點及最低點間之坡度小於百分之十五，且區內不含顯著之獨立山頭或跨越主嶺線者，不在此限。

二　地質結構不良、地層破碎或順向坡有滑動之虞者：

㈠順向坡傾角大於二十度，且有自由端，基地面在最低潛在滑動面外側地區。圖示如右：

不得開發建築範圍

θ>20°

自由端

最低潛在滑動面

㈡自滑動面透空處起算之平面型地滑波及範圍，且無適當擋土設施者。其公式及圖式如右：

$$D \geqq \frac{H}{2\tan\theta}$$

D：自滑動面透空處起算之波及距離（m）。

θ：岩層坡度。

H：滑動面透空處高度（m）。

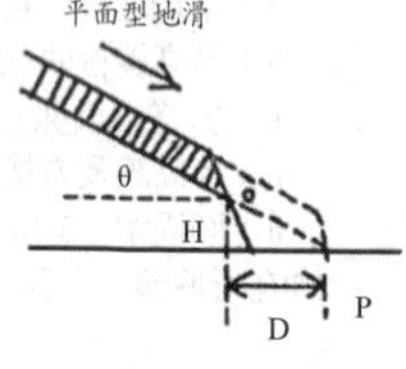

㈢在預定基礎面下，有效應力深度內，地質鑽探岩心之岩石品質指標（RQD）小於百分之二十五，且其下坡原地形坡度超過百分之五十五，坡長三十公尺者，距坡緣距離等於坡長之範圍，原地形呈明顯階梯狀者，坡長自下段階地之上坡腳起算。圖示如右：

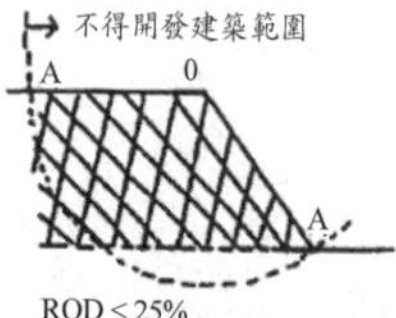

三　活動斷層：依歷史上最大地震規模（M）劃定在下表範圍內者：

歷史地震規模	不得開發建築範圍
M≧7	斷層帶二外側邊各一百公尺
7＞M≧6	斷層帶二外側邊各五十公尺
M＜6或無記錄者	斷層帶二外側邊各三十公尺內

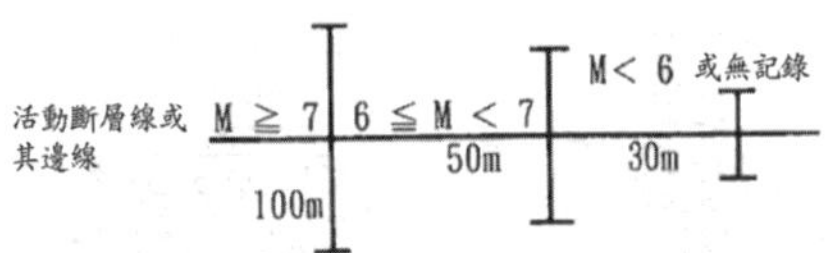

四　有危害安全之礦場或坑道：

㈠在地下坑道頂部之地面，有與坑道關連之裂隙或沈陷現象者，其分布寬度二側各一倍之範圍。

㈡建築基礎（含樁基）面下之坑道頂覆蓋層在下表範圍者：

岩盤健全度	坑道頂至建築基礎面坑之厚度
RQD≦75%	＜10×坑道最大內徑（M）
50%≦RQD＜75%	＜20×坑道最大內徑（M）
RQD＜50%	＜30×坑道最大內徑（M）

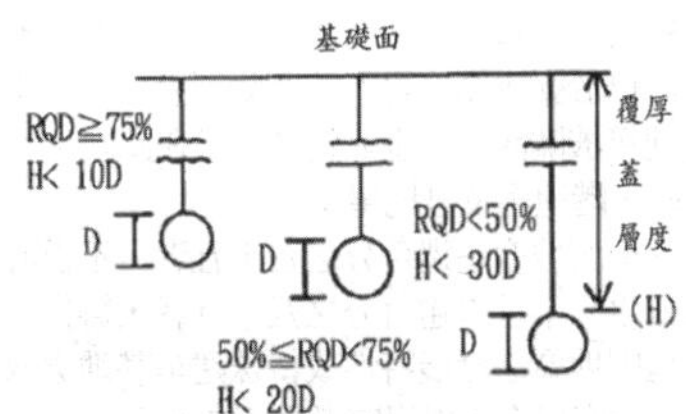

五　廢土堆：廢土堆區內不得開發爲建築用地。但建築物基礎穿越廢土堆者，不在此限。

六　河岸或向源侵蝕：

㈠自然河岸高度超過五公尺範圍者：

河岸邊坡之角度（θ）	地質	不得開發建築範圍（自河岸頂緣內計之範圍）
θ≧60°	砂礫層	岸高（H）×1
	岩　盤	岸高（H）×2/3
45°≦θ＜60°	砂礫層	岸高（H）×2/3
	岩　盤	岸高（H）×1/2
θ＜45°	砂礫層	岸高（H）×1/2
	岩　盤	岸高（H）×1/3

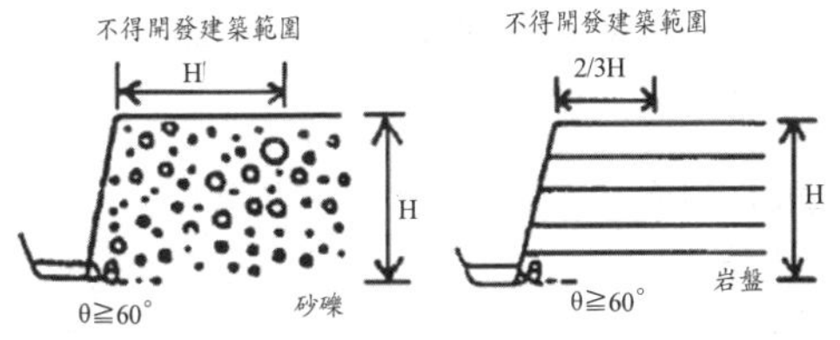

建築法規

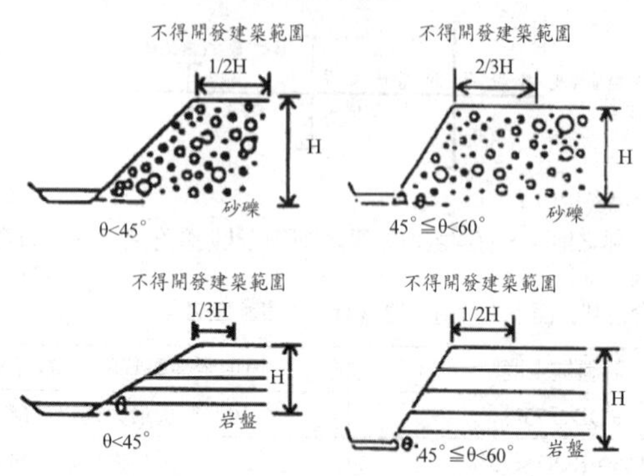

㈡在前目表列範圍內已有平行於河岸之裂隙出現者，則自裂隙之內緣起算。

七　洪患：河床二岸低地，過去洪水災害記錄顯示其周期小於十年之範圍。但已有妥善之防洪工程設施並經當地主管建築機關認為無礙安全者，不在此限。

八　斷崖：斷崖上下各二倍於斷崖高度之水平距離範圍內。但地質上或設有適當之擋土設施並經當地主管建築機關認為安全無礙者，不在此限。

②前項第六款河岸包括海崖、階地崖及臺地崖。

③第一項第一款坵塊圖上其平均坡度超過百分之五十五者，不得計入法定空地面積；坵塊圖上其平均坡度超過百分之三十且未逾百分之五十五者，得作為法定空地或開放空間使用，不得配置建築物。但因地區之發展特性或特殊建築基地之水土保持處理與維護之需要，經直轄市、縣（市）政府另定適用規定者，不在此限。

④建築基地跨越山坡地與非山坡地時，其非山坡地範圍有礦場或坑道者，適用第一項第四款規定。

第二節　設計原則

第二六三條 108

①建築基地應自建築線或基地內通路邊退縮設置人行步道，其退縮距離不得小於一點五公尺，退縮部分得計入法定空地。但道路或基地內通路邊已設置人行步道者，可合併計算退縮距離。

②建築基地具特殊情形，經當地主管建築機關認定未能依前項規定退縮者，得減少其退縮距離或免予退縮；其認定原則由當地主管建築機關定之。

③臨建築線或基地內通路邊第一進之擋土設施各點至路面高度不得大於道路或基地內通路中心線至擋土設施邊之距離，且其高度不得大於六公尺。

④前項以外建築基地內之擋土設施以一比一點五之斜率，依垂直道路或基地內通路方向投影於道路或基地內通路之陰影，最大不得超過道路或基地內通路之中心線。

第二六四條

山坡地地面上之建築物至擋土牆坡腳間之退縮距離，應依左列公式計算：

一　擋土牆上方無構造物載重者：

$$D_1 \geqq \frac{H}{2}(1+\tan\theta)$$

二　擋土牆上方有構造物載重者：

$$D_2 \geqq \frac{H}{2}\left(1+\tan\theta+\frac{2Q}{r_1 H^2}\right)$$

三　擋土牆後方為順向坡者：

$$D_3 \geqq \frac{H}{2}\left(1+\tan\theta+\frac{2Q}{r_1 H^2}\right)+\frac{3L}{H}\left(\frac{2H\tan\theta}{\sqrt{1+\tan^2\theta}}-C\right)$$

D_1、D_2、D_3：建築物外牆各點與擋土牆坡腳間之水平距離（m）。

H：第一進擋土牆坡頂至坡腳之高度（m）。

θ：第一進擋土牆上方邊坡坡度。

Q：擋土牆上方D_1範圍內淺基礎構造物單位長度載重（t/m）。

r_1：擋土牆背填土單位重量（t/m^3）。

C：順向坡滑動界面之抗剪強度（t/m^2）。

L：順向坡長度（m）。

第二六五條

基地地面上建築物外牆距離高度一點五公尺以上之擋土設施者，其建築物外牆與擋土牆設施間應有二公尺以上之距離。但建築物外牆各點至高度三點六公尺以上擋土設施間之水平距離，應依左列公式計算：

$$D \geqq 2+\frac{H-3.6}{4}$$

H：擋土設施各點至坡腳之高度。

D：建築物外牆各點及擋土設施間之水平距離。

第二六六條

①建築物至建築線間之通路或建築物至通路間設置戶外階梯者，應依左列規定辦理：

一　戶外階梯高度每三公尺應設置平臺一處，平臺深度不得小於階梯寬度。但平臺深度大於二公尺者，得免再增加其寬度。

二　戶外階梯每階之級深及級高，應依左列公式計算：

$2R+T \geqq 64$（CM）且$R \leqq 18$（CM）

R：每階之級高。

T：每階之級深。

三　戶外階梯寬度不得小於一點二公尺。但以戶外階梯爲私設通路或基地內通路者，其階梯及平臺之寬度應依私設通路寬度之規定。

②以坡道代替前項戶外階梯者，其坡度不得大於一比八。

第二六七條

①建築基地地下各層最大樓地板面積計算公式如左：

$A_0 <（1+Q）A / 2$

A_0：地下各層最大樓地板面積。

A：建築基地面積。

Q：該基地之最大建蔽率。

②建築物因施工安全或停車設備等特殊需要，經主管建築機關審定有增加地下各層樓地板面積必要者，得不受前項限制。

③建築基地內原有樹木，其距離地面一公尺高之樹幹周長大於五十公分以上經列管有案者，應予保留或移植於基地之空地內。

第二六八條

①建築物高度除依都市計畫法或區域計畫法有關規定許可者，從其規定外，不得高於法定最大容積率除以法定最大建蔽率之商乘三點六再乘以二，其公式如左：

$$H \leqq \frac{\text{法定最大容積率}}{\text{法定最大建蔽率}} \times 3.6 \times 2$$

②建築物高度因構造或用途等特殊需要，經目的事業主管機關審定有增加其建築物高度必要者，得不受前項限制。

第十四章　工廠類建築物

第二六九條 99

下列地區之工廠類建築物，除依獎勵投資條例及促進產業升級條例所興建之工廠，或各該工業訂有設廠標準或其他法令另有規定者外，其基本設施及設備應依本章規定辦理：

一　依都市計畫劃定為工業區內之工廠。

二　非都市土地丁種建築用地內之工廠。

第二七〇條 99

本章用語定義如下：

一　作業廠房：指供直接生產、儲存或倉庫之作業空間。

二　廠房附屬空間：指輔助或便利工業生產設置，可供寄宿及工作之空間。但以供單身員工宿舍、辦公室及研究室、員工餐廳及相關勞工福利設施使用者為限。

第二七一條 99

①作業廠房單層樓地板面積不得小於一百五十平方公尺。其面積一百五十平方公尺以下之範圍內，不得有固定隔間區劃隔離；面積超過一百五十平方公尺部分，得予適當隔間。

②作業廠房與其附屬空間應以具有一小時以上防火時效之牆壁、樓地板、防火門窗等防火設備區劃用途，並能個別通達避難層、地面或樓梯口。

③前項防火設備應具有一小時以上之阻熱性。

第二七一條之一 102

作業廠房符合下列情形之一者，不受前條第一項單層樓地板面積之限制：

一　中華民國八十二年四月十三日以前完成地籍分割之建築基地，符合直轄市、縣（市）畸零地使用規定，其可建築之單層樓地板面積無法符合前條第一項規定。

二　中華民國八十二年四月十三日以前申請建造執照並已領得使用執照之合法工廠建築物，作業廠房單層樓地板面積不符前條第一項規定，於原建築基地範圍內申請改建或修建。

三　原建築基地可建築之單層樓地板面積符合前條第一項規定，其中部分經劃設為公共設施用地致賸餘基地無法符合規定，或建築基地上之建築物已領有使用執照，於重新申請建築執照時，因都市計畫變更建蔽率調降，致無法符合規定。

第二七二條 99

①廠房附屬空間設置面積應符合下列規定：

一　辦公室（含守衛室、接待室及會議室）及研究室之合計面積不得超過作業廠房面積五分之一。

二　作業廠房面積在三百平方公尺以上之工廠，得附設單身員工宿舍，其合計面積不得超過作業廠房面積三分之一。

三　員工餐廳（含廚房）及其他相關勞工福利設施之合計面積不得超過作業廠房面積四分之一。

②前項附屬空間合計樓地板面積不得超過作業廠房面積之五分之二。

第二七三條

本編第一條第三款陽臺面積得不計入建築面積及第一百六十二條第一款陽臺面積得不計入該層樓地板面積之規定，於工廠類建築物不適用之。

第二七四條 99

作業廠房之樓層高度扣除直上層樓板厚度及樑深後之淨高度不得小於二點七公尺。

第二七五條

工廠類建築物設有二座以上直通樓梯者，其樓梯口相互間之直線距離不得小於建築物區劃範圍對角線長度之半。

第二七六條 99

工廠類建築物出入口應自建築線至少退縮該建築物高度平方根之二分之一，且平均退縮距離不得小於三公尺、最小退縮距離不得小於一點五公尺。

第二七七條 （刪除）99

第二七八條 99

①作業廠房樓地板面積一千五百平方公尺以上者，應設一處裝卸位；面積超過一千五百平方公尺部分，每增加四千平方公尺，應增設一處。

②前項裝卸位長度不得小於十三公尺，寬度不得小於四公尺，淨高不得低於四點二公尺。

第二七九條 99

倉庫或儲藏空間設於避難層以外之樓層者，應設置專用載貨昇降機。

第二八〇條

工廠類建築物每一樓層之衛生設備應集中設置。但該層樓地板面積超過五百平方公尺者，每超過五百平方公尺得增設一處，不足一處者以一處計。

第十五章　實施都市計畫區建築基地綜合設計

第二八一條

實施都市計畫地區建築基地綜合設計，除都市計畫書圖或都市計畫法規另有規定者外，依本章之規定。

第二八二條 101

①建築基地為住宅區、文教區、風景區、機關用地、商業區或市場用地並符合下列規定者，得適用本章之規定：

一　基地臨接寬度在八公尺以上之道路，其連續臨接長度在二十五公尺以上或達周界總長度六分之一以上。

二　基地位於商業區或市場用地面積一千平方公尺以上，或位於住宅區、文教區、風景區或機關用地面積一千五百平方公尺以上。

②前項基地跨越二種以上使用分區或用地，各分區或用地面積與前項各該分區或用地規定最小面積之比率合計值大於或等於一者，得適用本章之規定。

第二八三條 101

①本章所稱開放空間，指建築基地內依規定留設達一定規模且連通道路開放供公眾通行或休憩之下列空間：

一　沿街步道式開放空間：指建築基地臨接道路全長所留設寬度四公尺以上之步行專用道空間，且其供步行之淨寬度在一點五公尺以上者。但沿道路已設有供步行之淨寬度在一點五公尺以上之人行道者，供步行之淨寬度得不予限制。

二　廣場式開放空間：指前款以外符合下列規定之開放空間：

㈠任一邊之最小淨寬度在六公尺以上者。

㈡留設之最小面積，於住宅區、文教區、風景區或機關用地為二百平方公尺以上，或於商業區或市場用地為一百平方公尺以上者。

㈢任一邊臨接道路或沿街步道式開放空間，其臨接長度六公尺以上者。

㈣開放空間與基地地面或臨接道路路面之高低差不得大於七公尺，且至少有二處以淨寬二公尺以上或一處淨寬四公尺以上之室外樓梯或坡道連接至道路或其他開放空間。

㈤前目開放空間與基地地面或道路路面之高低差一點五公尺以上者，其應有全周長六分之一以上臨接道路或沿街步道式開放空間。

㈥二個以上廣場式開放空間相互間之最大高低差不超過一點五公尺，並以寬度四公尺以上之沿街步道式開放空間連接者，其所有相連之空間得視為一體之廣場式開放空間。

②前項開放空間得設頂蓋，其淨高不得低於六公尺，深度應在高度四倍範圍內，且其透空

淨開口面積應占該空間立面周圍面積（不含主要樑柱部分）三分之二以上。

③基地內供車輛出入之車道部分，不計入開放空間。

第二八四條 101

①本章所稱開放空間有效面積，指開放空間之實際面積與有效係數之乘積。有效係數規定如下：

一　沿街步道式開放空間，其有效係數爲一點五。

二　場式開放空間：

㈠臨接道路或沿街步道式開放空間長度大於該開放空間全周長八分之一者，其有效係數爲一。

㈡臨接道路或沿街步道式開放空間長度小於該開放空間全周長八分之一者，其有效係數爲零點六。

②前項開放空間設有頂蓋部分，有效係數應乘以零點八；其建築物地面層爲住宅、集合住宅者，應乘以零。

③前二項開放空間與基地地面或臨接道路路面有高低差時，有效係數應依下列規定乘以有效值：

一　高低差一點五公尺以下者，有效值爲一。

二　高低差超過一點五公尺至三點五公尺以下者，有效值爲零點八。

三　高低差超過三點五公尺至七公尺以下者，有效值爲零點六。

第二八四條之一

本章所稱公共服務空間，係指基地位於住宅區之公寓大廈留設於地面層之共用部分，供住戶作集會、休閒、文教及交誼等服務性之公共空間。

第二八五條 101

留設開放空間之建築物，經直轄市、縣（市）主管建築機關審查符合本編章規定者，得增加樓地板面積合計之最大值ΣΔFA，應符合都市計畫法規或都市計畫書圖之規定；其未規定者，應提送當地直轄市、縣（市）都市計畫委員會審議通過後實施，並依下式計算：

$\Sigma\Delta FA = \Delta FA1 + \Delta FA2$

ΔFA1：依本編第二百八十六條第一款規定計算增加之樓地板面積。

ΔFA2：依本章留設公共服務空間而增加之樓地板面積。

第二八六條 101

前條建築物之設計依下列規定：

一　增加之樓地板面積ΔFA1，依下式計算：

$\Delta FA1 = S \times I$

S：開放空間有效面積之總和。

I：鼓勵係數。容積率乘以五分之二。但商業區或市場用地不得超過二點五，住宅區、文教區、風景區或機關用地爲零點五以上、一點五以下。

二　高度依下列規定：

㈠應依本編第一百六十四條規定計算及檢討日照。

㈡臨接道路部分，應自道路中心線起退縮六公尺建築，且自道路中心線起算十公尺範圍內，其高度不得超過十五公尺。

三　住宅、集合住宅等居住用途建築物各樓層高度設計，應符合本編第一百六十四條之一規定。

四　建蔽率依本編第二十五條之規定計算。但不適用同編第二十六條至第二十八條之規定。

五　本編第一百十八條第一款規定之特定建築物，得比照同條第二款之規定退縮後建築。退縮地不得計入法定空地面積，並不得於退縮地內建造圍牆、排水明溝及其他雜項工作物。

第二八七條 101

建築物留設之開放空間有效面積之總和，不得少於法定空地面積之百分之六十。

第二八八條 101

①建築物之設計，其基地臨接道路部分，應設寬度四公尺以上之步行專用道或法定騎樓；步行專用道設有花臺或牆柱等設施者，其可供通行之淨寬度不得小於一點五公尺。但依規定應設置騎樓者，其淨寬從其規定。

②建築物地面層爲住宅或集合住宅者，非屬開放空間之建築基地部分，得於臨接開放空間設置圍牆、欄杆、灌木綠籬或其他區隔設施。

第二八九條 101

①開放空間除應予綠化外，不得設置圍牆、欄杆、灌木綠籬、棚架、建築物及其他妨礙公衆通行之設施或爲其他使用。但基於公衆使用安全需要，且不妨礙公衆通行或休憩者，經直轄市、縣（市）主管建築機關之建造執照預審小組審查同意，得設置高度一點二公尺以下之透空欄杆扶手或灌木綠籬，且其透空面積應達三分之二以上。

②前項綠化之規定應依本編第十七章綠建築基準及直轄市、縣（市）主管建築機關依當地環境氣候、都市景觀等需要所定之植栽綠化執行相關規定辦理。

③第二項綠化工程應納入建築設計圖說，於請領建造執照時一併核定之，並於工程完成經勘驗合格後，始得核發使用執照。

④第一項開放空間於核發使用執照後，主管建築機關應予登記列管，每年並應作定期或不定期檢查。

第二九〇條 101

依本章設計之建築物，除依建造執照預審辦法申請預審外，並依下列規定辦理：

一　直轄市、縣（市）主管建築機關之建造執照預審小組，應就開放空間之植栽綠化及公益性，與其對公共安全、公共交通、公共衛生及市容觀瞻之影響詳予評估。

二　建築基地臨接永久性空地或已依本章申請建築之基地，其開放空間應配合整體留設。

三　直轄市、縣（市）主管建築機關之建造執照預審小組，應就建築物之私密性與安全管理需求及公共服務空間之位置、面積及服務設施與設備之必要性及公益性詳予評估。

第二九一條

本規則中華民國九十二年三月二十日修正施行前，都市計畫書圖中規定依未實施容積管制地區綜合設計鼓勵辦法或實施都市計畫地區建築基地綜合設計鼓勵辦法辦理者，於本規則修正施行後，依本章之規定辦理。

第二九二條

本規則中華民國九十二年三月二十日修正施行前，依未實施容積管制地區綜合設計鼓勵辦法或實施都市計畫地區建築基地綜合設計鼓勵辦法規定已申請建造執照，或領有建造執照且在建造執照有效期間內者，申請變更設計時，得適用該辦法之規定。

第十六章　老人住宅

第二九三條

①本章所稱老人住宅之適用範圍如左：

一　依老人福利法或其他法令規定興建，專供老人居住使用之建築物；其基本設施及設備應依本章規定。

二　建築物之一部分專供作老人居住使用者，其臥室及服務空間應依本章規定。該建築物不同用途之部分以無開口之防火牆、防火樓板區劃分隔且有獨立出入口者，不適用本章規定。

②老人住宅基本設施及設備規劃設計規範（以下簡稱設計規範），由中央主管建築機關定之。

第二九四條

老人住宅之臥室，居住人數不得超過二人，其樓地板面積應爲九平方公尺以上。

第二九五條

①老人住宅之服務空間，包括左列空間：

一　居室服務空間：居住單元之浴室、廁所、廚房之空間。

二　共用服務空間：建築物門廳、走廊、樓梯間、昇降機間、梯廳、共用浴室、廁所及廚房之空間。

三　公共服務空間：公共餐廳、公共廚房、交誼室、服務管理室之空間。

②前項服務空間之設置面積規定如左：

一　浴室含廁所者，每一處之樓地板面積應爲四平方公尺以上。

二　公共服務空間合計樓地板面積應達居住人數每人二平方公尺以上。

三　居住單元超過十四戶或受服務之老人超過二十人者，應至少提供一處交誼室，其中一處交誼室之樓地板面積不得小於四十平方公尺，並應附設廁所。

第二九六條

老人住宅應依設計規範設計，其各層得增加之樓地板面積合計之最大值依左列公式計算：

$\Sigma\Delta FA = \Delta FA1 + \Delta FA2 + \Delta FA3 \leqq 0.2FA$

FA：基準樓地板面積，實施容積管制地區爲該基地面積與容積率之乘積；未實施容積管制地區爲該基地依本編規定核計之地面上各層樓地板面積之和。建築物之一部分作爲老人住宅者，爲該老人住宅部分及其服務空間樓地板面積之和。

$\Sigma\Delta FA$：得增加之樓地板面積合計值。

$\Delta FA1$：得增加之居室服務空間樓地板面積。但不得超過基準樓地板面積之百分之五。

$\Delta FA2$：得增加之共用服務空間樓地板面積。但不得超過基準樓地板面積之百分之五，且不包括未計入該層樓地板面積之共同使用梯廳。

$\Delta FA3$：得增加之公共服務空間樓地板面積。但不得超過基準樓地板面積之百分之十。

第二九七條

①老人住宅服務空間應符合左列規定：

一　二層以上之樓層或地下層應設專供行動不便者使用之昇降設備或其他設施通達地面層。該昇降設備其出入口淨寬度及出入口前方供輪椅迴轉空間應依本編第一百七十四條規定。

二　老人住宅之坡道及扶手、避難層出入口、室內出入口、室內通路走廊、樓梯、共用浴室、共用廁所應依本編第一百七十一條至第一百七十三條及第一百七十五條規定。

②前項昇降機間及直通樓梯之梯間，應爲獨立之防火區劃並設有避難空間，其面積及配置於設計規範定之。

第十七章　綠建築

第一節　一般設計通則

第二九八條 101

本章規定之適用範圍如下：

一　建築基地綠化：指促進植栽綠化品質之設計，其適用範圍爲新建建築物。但個別興建農舍及基地面積三百平方公尺以下者，不在此限。

二　建築基地保水：指促進建築基地涵養、貯留、滲透雨水功能之設計，其適用範圍爲新建建築物。但本編第十三章山坡地建築、地下水位小於一公尺之建築基地、個別興建農舍及基地面積三百平方公尺以下者，不在此限。

三　建築物節約能源：指以建築物外殼設計達成節約能源目的之方法，其適用範圍爲學校類、大型空間類、住宿類建築物，及同一幢或連棟建築物之新建或增建部分之地面層以上樓層（不含屋頂突出物）之樓地板面積合計超過一千平方公尺之其他各類建築物。但符合下列情形之一者，不在此限：

㈠機房、作業廠房、非營業用倉庫。

㈡地面層以上樓層（不含屋頂突出物）之樓地板面積在五百平方公尺以下之農舍。

㈢經地方主管建築機關認可之農業或研究用溫室、園藝設施、構造特殊之建築物。

四　建築物雨水或生活雜排水回收再利用：指將雨水或生活雜排水貯集、過濾、再利用之設計，其適用範圍爲總樓地板面積達一萬平方公尺以上之新建建築物。但衛生醫療類（F-1組）或經中央主管建築機關認可之建築物，不在此限。

五　綠建材：指第二百九十九條第十二款之建材；其適用範圍爲供公衆使用建築物及經內政部認定有必要之非供公衆使用建築物。

第二九九條 108

①本章用詞，定義如下：

一　綠化總固碳當量：指基地綠化栽植之各類植物固碳當量與其栽植面積乘積之總和。

二　最小綠化面積：指基地面積扣除執行綠化有困難之面積後與基地內應保留法定空地比率之乘積。

三　基地保水指標：指建築後之土地保水量與建築前自然土地之保水量之相對比值。

四　建築物外殼耗能量：指爲維持室內熱環境之舒適性，建築物外周區之空調單位樓地板面積之全年冷房顯熱熱負荷。

五　外周區：指空間之熱負荷受到建築外殼熱流進出影響之空間區域，以外牆中心線五公尺深度內之空間爲計算標準。

六　外殼等價開窗率：指建築物各方位外殼透光部位，經標準化之日射、遮陽及通風修正計算後之開窗面積，對建築外殼總面積之比值。

七　平均熱傳透率：指當室內外溫差在絕對溫度一度時，建築物外殼單位面積在單位時間內之平均傳透熱量。

八　窗面平均日射取得量：指除屋頂外之建築物所有開窗面之平均日射取得量。

九　平均立面開窗率：指除屋頂以外所有建築外殼之平均透光開口比率。

十　雨水貯留利用率：指在建築基地內所設置之雨水貯留設施之雨水利用量與建築物總用水量之比例。

十一　生活雜排水回收再利用率：指在建築基地內所設置之生活雜排水回收再利用設施之雜排水回收再利用量與建築物總生活雜排水量之比例。

十二　綠建材：指經中央主管建築機關認可符合生態性、再生性、環保性、健康性及高性能之建材。

十三　耗能特性分區：指建築物室內發熱量、營業時程較相近且由同一空調時程控制系統所控制之空間分區。

②前項第二款執行綠化有困難之面積，包括消防車輛救災活動空間、戶外預鑄式建築物污水處理設施、戶外教育運動設施、工業區之戶外消防水池及戶外裝卸貨空間、住宅區及商業區依規定應留設之騎樓、迴廊、私設通路、基地內通路、現有巷道或既成道路。

第三〇〇條 108

適用本章之建築物，其容積樓地板面積、機電設備面積、屋頂突出物之計算，得依下列規定辦理：

一　建築基地因設置雨水貯留利用系統及生活雜排水回收再利用系統，所增加之設備空間，於樓地板面積容積千分之五以內者，得不計入容積樓地板面積及不計入機電設備面積。

二　建築物設置雨水貯留利用系統及生活雜排水回收再利用系統者，其屋頂突出物之高度得不受本編第一條第九款第一目之限制。但不超過九公尺。

第三〇一條

爲積極維護生態環境，落實建築物節約能源，中央主管建築機關得以增加容積或其他獎勵方式，鼓勵建築物採用綠建築綜合設計。

第二節　建築基地綠化

第三〇二條 108

建築基地之綠化，其綠化總固碳當量應大於二分之一最小綠化面積與下表固碳當量基準值之乘積：

使用分區或用地	固碳當量基準值（公斤／（平方公尺・年））
學校用地、公園用地	零點八三
商業區、工業區（不含科學園區）	零點五零
前二類以外之建築基地	零點六六

第三〇三條 98

建築基地之綠化檢討以一宗基地爲原則；如單一宗基地內之局部新建執照者，得以整宗基地綜合檢討或依基地內合理分割範圍單獨檢討。

第三〇四條 108

①建築基地綠化之總固碳當量計算，應依設計技術規範辦理。

②前項建築基地綠化設計技術規範，由中央主管建築機關定之。

第三節　建築基地保水

第三〇五條 98

建築基地應具備原裸露基地涵養或貯留滲透雨水之能力，其建築基地保水指標應大於〇・五與基地內應保留法定空地比率之乘積。

第三〇六條 101

建築基地之保水設計檢討以一宗基地爲原則；如單一宗基地內之局部新建執照者，得以整宗基地綜合檢討或依基地內合理分割範圍單獨檢討。

第三〇七條

①建築基地保水指標之計算，應依設計技術規範辦理。

②前項建築基地保水設計技術規範，由中央主管建築機關定之。

第四節　建築物節約能源

第三〇八條 99

建築物建築外殼節約能源之設計，應依據下表氣候分區辦理：

氣候分區	行政區域
北部氣候區	臺北市、新北市、宜蘭縣、基隆市、桃園縣、新竹縣、新竹市、苗栗縣、福建省連江縣、金門縣
中部氣候區	臺中市、彰化縣、南投縣、雲林縣、花蓮縣
南部氣候區	嘉義縣、嘉義市、臺南市、澎湖縣、高雄市、屏東縣、臺東縣

第三〇八條之一 108

①建築物受建築節約能源管制者，其受管制部分之屋頂平均熱傳透率應低於零點八瓦／（平方公尺·度），且當設有水平仰角小於八十度之透光天窗之水平投影面積HWa大於一點零平方公尺時，其透光天窗日射透過率HWs應低於下表之基準值HWsc：

水平投影面積HWa條件	透光天窗日射透過率基準值HWsc
HWa ＜ 30m^2	HWsc ＝ 0.35
HWa≧30m^2且HWa ＜ 230m^2	HWsc ＝ 0.35 － 0.001×（HWa－ 30.0）
HWa≧230m^2	HWsc ＝ 0.15
計算單位HWa：m^2；HWsc：無單位	

②有下列情形之一者，免受前項規定限制：

一　屋頂下方為樓梯間、倉庫、儲藏室或機械室。

二　除月臺、觀眾席、運動設施及表演臺外之建築物外牆透空二分之一以上之空間。

③建築物外牆、窗戶與屋頂所設之玻璃對戶外之可見光反射率不得大於零點二。

第三〇八條之二 108

①受建築節約能源管制建築物，位於海拔高度八百公尺以上者，其外牆平均熱傳透率、立面開窗部位（含玻璃與窗框）之窗平均熱傳透率應低於下表所示之基準值：

海拔	外牆平均熱傳透率基準值（W/(m^2·K)）	立面開窗率WR			
		WR＞0.4	0.4≧WR＞0.3	0.3≧WR＞0.2	0.2≧WR
		窗平均熱傳透率基準值（W/(m^2·K)）			
海拔800～1800m	2.5	3.5	4.0	5.0	5.5
海拔高於1800m	1.5	2.0	2.5	3.0	3.5

②受建築節約能源管制建築物，其外牆平均熱傳透率、外窗部位（含玻璃與窗框）之窗平均熱傳透率及窗平均遮陽係數應低於下表所示之基準值；住宿類建築物每一居室之可開啓窗面積應大於開窗面積之百分之十五。但符合前項、本編第三百零九條至第三百十二條規定者，不在此限：

類別	外牆平均熱傳透率基準值W/(m^2·k)	立面開窗率＞0.5		0.5≧立面開窗率＞0.4		0.4≧立面開窗率＞0.3		0.3≧立面開窗率＞0.2		0.2≧立面開窗率＞0.1		0.1≧立面開窗率	
		窗平均熱傳透率基準值	窗平均遮陽係數基準值	窗平均熱傳透率基準值	窗平均遮陽係數基準值	窗平均熱傳透率基準值	窗平均遮陽係數基準值	窗平均熱傳透率基準值	窗平均遮陽係數基準值	窗平均熱傳透率基準值	窗平均遮陽係數基準值	窗平均熱傳透率基準值	窗平均遮陽係數基準值
住宿類建築	2.75	2.7	0.10	3.0	0.15	3.5	0.25	4.7	0.35	5.2	0.45	6.5	0.55
基他各類建築	2.0	2.7	0.20	3.0	0.30	3.5	0.40	4.7	0.50	5.2	0.55	6.5	0.60

第三〇九條 108

A類第二組、B類、D類第二組、D類第五組、E類、F類第一組、F類第三組、F類第四組及G類空調型建築物，及C類之非倉儲製程部分等空調型建築物，爲維持室內熱環境之舒適性，應依其耗能特性分區計算各分區之外殼耗能量，且各分區外殼耗能量對各分區樓地板面積之加權值，應低於下表外殼耗能基準對各分區樓地板面積之加權平均值。但符合本編第三百零八條之二規定者，不在此限：

耗能特性分區	氣候分區	外殼耗能基準（千瓦·小時／（平方公尺·年））
辦公、文教、宗教、照護分區	北部氣候區	一百五十
	中部氣候區	一百七十
	南部氣候區	一百八十
商場餐飲娛樂分區	北部氣候區	二百四十五
	中部氣候區	二百 十五
	南部氣候區	二百七十五
醫院診療分區	北部氣候區	一百八十五
	中部氣候區	二百零五
	南部氣候區	二百十五
醫院病房分區	北部氣候區	一百七十五
	中部氣候區	一百九十五
	南部氣候區	二百
旅館、招待所客房區	北部氣候區	一百十
	中部氣候區	一百三十
	南部氣候區	一百三十五
交通運輸旅客大廳分區	北部氣候區	二百九十
	中部氣候區	三百十五
	南部氣候區	三百二十五

第三一〇條 101

住宿類建築物外殼不透光之外牆部分之平均熱傳透率應低於三點五瓦／（平方公尺·度），且其建築物外殼等價開窗率之計算值應低於下表之基準值。但符合本編第三百零八條之二規定者，不在此限。

	氣候分區	建築物外殼等價開窗率基準值
住宿類：H類第一組 H類第二組	北部氣候區	百分之十三
	中部氣候區	百分之十五
	南部氣候區	百分之十八

第三一一條 108

學校類建築物之行政辦公、教室等居室空間之窗面平均日射取得量應分別低於下表之基準值。但符合本編第三百零八條之二規定者，不在此限：

學校類建築物： D 類第三組 D 類第四組 F 類第二組	氣候分區	窗面平均日射取得量 單位：千瓦．小時／（平方公尺．年）
	北部氣候區	一百六十
	中部氣候區	二百
	南部氣候區	二百三十

第三一二條 108

大型空間類建築物居室空間之窗面平均日射取得量應分別低於下表公式所計算之基準值。但平均立面開窗率在百分之十以下，或符合本編第三百零八條之二規定者，不在此限：

大型空間類建築物： A 類第一組 D 類第一組	氣候分區	窗面平均日射取得量基準值計算公式
	北部氣候區	基準值＝ $146.2X^2 - 414.9X + 276.2$
	中部氣候區	基準值＝ $273.3X^2 - 616.9X + 375.4$
	南部氣候區	基準值＝ $348.4X^2 - 748.4X + 436.0$
	X：平均立面開窗率（無單位） 基準值單位：千瓦／（平方公尺．度）	

第三一三條 （刪除）98

第三一四條 108

同一幢或連棟建築物中，有供本節適用範圍二類以上用途，且其各用途之規模分別達本編第二百九十八條第三款規定者，其耗能量之計算基準值，除本編第三百零九條之空調型建築物應依各耗能特性分區樓地板面積加權計算其基準值外，應分別依其規定基準值計算。

第三一五條

①有關建築物節約能源之外殼節約能源設計，應依設計技術規範辦理。

②前項建築物節約能源設計技術規範，由中央主管建築機關定之。

第五節　建築物雨水及生活雜排水回收再利用

第三一六條

建築物應就設置雨水貯留利用系統或生活雜排水回收再利用系統，擇一設置。設置雨水貯留利用系統者，其雨水貯留利用率應大於百分之四；設置生活雜排水回收利用系統者，其生活雜排水回收再利用率應大於百分之三十。

第三一七條

由雨水貯留利用系統或生活雜排水回收再利用系統處理後之用水，可使用於沖廁、景觀、澆灌、灑水、洗車、冷卻水、消防及其他不與人體直接接觸之用水。

第三一八條

建築物設置雨水貯留利用或生活雜排水回收再利用設施者，應符合左列規定：

一　輸水管線之坡度及管徑設計，應符合建築設備編第二章給水排水系統及衛生設備之相關規定。

二　雨水供水管路之外觀應爲淺綠色，且每隔五公尺標記雨水字樣；生活雜排水回收再利用水供水管之外觀應爲深綠色，且每隔四公尺標記生活雜排水回收再利用水字樣。

三　所有儲水槽之設計均須覆蓋以防止灰塵、昆蟲等雜物進入；地面開挖貯水槽時，必須具備預防砂土流入及防止人畜掉入之安全設計。

四　雨水貯留利用設施或生活雜排水回收再利用設施，應於明顯處標示雨水貯留利用設施或生活雜排水回收再利用設施之名稱、用途或其他說明標示，其專用水栓或器材均應有防止誤用之注意標示。

第三一九條

①建築物雨水及生活雜排水回收再利用之計算及系統設計，應依設計技術規範辦理。

②前項建築物雨水及生活雜排水回收再利用設計技術規範，由中央主管建築機關定之。

第六節　綠建材 101

第三二〇條（刪除）98

第三二一條 108

建築物應使用綠建材，並符合下列規定：

一　建築物室內裝修材料、樓地板面材料及窗，其綠建材使用率應達總面積百分之六十以上。但窗未使用綠建材者，得不計入總面積檢討。

二　建築物戶外地面扣除車道、汽車出入緩衝空間、消防車輛救災活動空間、依其他法令規定不得鋪設地面材料之範圍及地面結構上無須再鋪設地面材料之範圍，其餘地面部分之綠建材使用率應達百分之二十以上。

第三二二條

綠建材材料之構成，應符合左列規定之一：

一　塑橡膠類再生品：塑橡膠再生品的原料須全部為國內回收塑橡膠，回收塑橡膠不得含有行政院環境保護署公告之毒性化學物質。

二　建築用隔熱材料：建築用的隔熱材料其產品及製程中不得使用蒙特婁議定書之管制物質且不得含有環保署公告之毒性化學物質。

三　水性塗料：不得含有甲醛、鹵性溶劑、汞、鉛、鎘、六價鉻、砷及銻等重金屬，且不得使用三酚基錫（TPT）與三丁基錫（TBT）。

四　回收木材再生品：產品須為回收木材加工再生之產物。

五　資源化磚類建材：資源化磚類建材包括陶、瓷、磚、瓦等需經窯燒之建材。其廢料混合攙配之總和使用比率須等於或超過單一廢料攙配比率。

六　資源回收再利用建材：資源回收再利用建材係指不經窯燒而回收料摻配比率超過一定比率製成之產品。

七　其他經中央主管建築機關認可之建材。

第三二三條 98

①綠建材之使用率計算，應依設計技術規範辦理。

②前項綠建材設計技術規範，由中央主管建築機關定之。

建築技術規則建築構造編

①民國95年9月5日內政部令修正發布第32～35、38、41條條文及第一章第四節節名；刪除第36、37、39、40條條文；增訂第39-1條條文；並自96年1月1日施行。
②民國96年12月18日內政部令修正發布第131～133、141、142、147、149、151、152、155、165、166、169條條文及第三章第二、六節節名；刪除第134～140、143～46、148、150、153、154、156～164、167、168、170條條文及第三章第五節節名；增訂第131-2、156-1～156-3、169-1、170-1～170-14條條文及第三章第七、八節節名；並自97年1月1日施行。
③民國100年6月21日內政部令修正發布第 9、65-1、172、183、221、241、504、505、527 條條文；並自100年7月1日施行。
④民國105年6月7日內政部令增訂發布第66-1條條文；並自105年7月1日施行。

第一章　基本規則

第一節　設計要求

第一條
建築物構造須依業經公認通用之設計方法，予以合理分析，並依所規定之需要強度設計之。剛構必須按其束制程度及構材勁度，分配適當之彎矩設計之。

第二條
建築物構造各構材之強度，須能承受靜載重與活載重，並使各部構材之有效強度，不低於本編所規定之設計需要強度。

第三條
建築物構造除垂直載重外，須設計能以承受風力或地震力或其他橫力。風力與地震力不必同時計入；但需比較兩者，擇其較大者應用之。

第四條
本編規定之材料容許應力及基土支承力，如將風力或地震力與垂直載重合併計算時，得增加三分之一。但所得設計結果不得小於僅計算垂直載重之所得值。

第五條
建築物構造之設計圖，須明確標示全部構造設計之平面、立面、剖面及各構材斷面、尺寸、用料規格、相互接合關係；並能達到明細周全，依圖施工無疑義。繪圖應依公制標準，一般構造尺度，以公分為單位；精細尺度，得以公厘為單位，但須於圖上詳細說明。

第六條
建築物之結構計算書，應詳細列明載重、材料強度及結構設計計算。所用標註及符號，均應與設計圖一致。

第七條
使用電子計算機程式之結構計算，可以設計標準、輸入值、輸出值等能以符合結構計算規定之資料，代替計算書。但所用電子計算機程式必須先經直轄市、縣（市）主管建築機關備案。當地主管建築機關認為有需要時，應由設計人提供其他方法證明電子計算機程式之確實，作為以後同樣設計之應用。

第二節　施工品質

第八條
建築物構造施工，須以施工說明書詳細說明施工品質之需要，除設計圖及詳細圖能以表明者外，所有為達成設計規定之施工品質要求，均應詳細載明施工說明書中。

第九條 100

①建築物構造施工期中，監造人須隨工作進度，依中華民國國家標準，取樣試驗證明所用材料及工程品質符合規定，特殊試驗得依國際通行試驗方法。

②施工期間工程疑問不能解釋時，得以試驗方法證明之。

第三節　載　重

第一〇條

靜載重為建築物本身各部分之重量及固定於建築物構造上各物之重量，如牆壁、隔牆、樑柱、樓版及屋頂等，可移動隔牆不作為靜載重。

第一一條

建築物構造之靜載重，應予按實核計。建築物應用各種材料之單位體積重量，應不小於左表所列；不在表列之材料，應按實計算重量。

材料名稱	重量（公斤／立方公尺）	材料名稱	重量（公斤／立方公尺）
普通黏土	一六〇〇	礦物溶滓	一四〇〇
飽和濕土	一八〇〇	浮石	九〇〇
乾沙	一七〇〇	砂石	二〇〇〇
飽和濕沙	二〇〇〇	花崗石	二五〇〇
乾碎石	一七〇〇	大理石	二七〇〇
飽和濕碎石	二一〇〇	磚	一九〇〇
濕沙及碎石	二三〇〇	泡沫混凝土	一〇〇〇
飛灰火山灰	六五〇	鋼筋混凝土	二四〇〇
水泥混凝土	二三〇〇	黃銅紫銅	八六〇〇
煤屑混凝土	一四五〇	生鐵	七二〇〇
石灰三合土	一七五〇	熟鐵	七六五〇
針葉樹木材	五〇〇	鋼	七八五〇
闊葉樹木材	六五〇	鉛	一一四〇〇
硬木	八〇〇	鋅	八九〇〇
鋁	二七〇〇	銅	八九〇〇

第一二條

屋面重量，應按實計算，並不得小於左表所列；不在表列之屋面亦應按實計算重量。

屋面名稱	重量（公斤／平方公尺）	屋面名稱	重量（公斤／平方公尺）
文化瓦	六〇	石棉浪版	一五
水泥瓦	四五	白鐵皮浪版	七・五
紅土瓦	一二〇	鋁皮浪版	二・五
單層瀝青防水	三・五	六公厘玻璃	一六

第一三條

天花版（包括暗筋）重量，應按實計算，並不得小於左表所列；不在表列之天花版，亦應按實計算重量：

天花版名稱	重量（公斤／平方公尺）	天花版名稱	重量（公斤／平方公尺）
蔗版吸音版	一五	耐火版	二〇
三夾版	一五	石灰版條	四〇

第一四條

地版面分實舖地版及空舖地版兩種，其重量應按實計算，並不得小於左表所列，不在表列之地版面，亦應按實計算重量：

實舖地版名稱	重量（公斤／平方公尺／一公分厚）	實舖地版名稱	重量（公斤／平方公尺／一公分厚）
水泥沙漿粉光	二〇	舖馬賽克	二〇
磨石子	二四	舖瀝青地磚	二五
舖塊石	三〇	舖拼花地版	一五

空舖地版名稱	重量（公斤／平方公尺）
木地版（包括欄柵）	一五
疊蓆（包括木版欄柵）	三五

第一五條

牆壁量重，按牆壁本身及牆面粉刷與貼面，分別按實計算，並不得小於左表所列；不在表列之牆壁亦應按實計算重量：

牆壁名稱		重量（公斤／平方公尺）	牆壁名稱	重量（公斤／平方公尺）
紅磚牆	一磚厚	四四〇	魚鱗版牆	一五
混凝土空心磚牆	二十公分	二五〇	灰版條牆	五〇
	十五公分	一九〇	甘蔗版牆	八
	十公分	一三〇	夾版牆	六
煤屑空心磚牆	二十公分	一六五	竹笆牆	八四
	十五公分	一三五	空心紅磚牆	一九二
	十公分	一〇〇	白石磚牆一磚厚	四四〇

牆面粉刷及貼面名稱	重量（公斤／平方公尺／一公分厚）
水泥沙漿粉刷	二〇
貼面磚馬賽克	二〇
貼搗擺磨石子	二〇
洗石子或斬石子	二〇
貼大理石片	三〇
貼塊石片	二五

第一六條

垂直載重中不屬於靜載重者，均為活載重，活載重包括建築物室內人員、傢俱、設備、貯藏物品、活動隔間等。工廠建築應包括機器設備及堆置材料等。倉庫建築應包括貯藏物品、搬運車輛及吊裝設備等。積雪地區應包括雪載重。

第一七條

建築物構造之活載重，因樓地版之用途而不同，不得小於左表所列；不在表列之樓地版用途或使用情形與表列不同，應按實計算，並須詳列於結構計算書中：

樓地版用途類別	載重（公斤／平方公尺）
一、住宅、旅館客房、病房。	二〇〇
二、教室。	二五〇
三、辦公室、商店、餐廳、圖書閱覽室、醫院手術室及固定座位之集會堂、電影院、戲院、歌廳與演藝場等。	三〇〇
四、博物館、健身房、保齡球館、太平間、市場及無固定座位之集會堂、電影院、戲院、歌廳與演藝場等。	四〇〇
五、百貨商場、拍賣商場、舞廳、夜總會、運動場及看臺、操練場、工作場、車庫、臨街看臺、太平樓梯與公共走廊。	五〇〇
六、倉庫、書庫。	六〇〇
七、走廊、樓梯之活載重應與室載重相同，但供公衆使用人數衆多者如教室、集會堂等之公共走廊、樓梯每平方公尺不得少於四〇〇公斤。	
八、屋頂露臺之活載重得較室載重每平方公尺減少五〇公斤，但供公衆使用人數衆多者，每平方公尺不得少於三〇〇公斤。	

第一八條

承受重載之樓地版，如作業場、倉庫、書庫、車庫等，須以明顯耐久之標誌，在其應用位置標示，建築物使用人，應負責使實用活載重不超過設計活載重。

第一九條

作業場、停車場如須通行車輛，其樓地版之活載重應按車輛後輪載重設計之。

第二〇條

辦公室樓地版須核計以一公噸分佈於八十公分見方面積之集中載重，替代每平方公尺三百公斤均佈載重，並依產生應力較大者設計之。

第二一條

辦公室或類似應用之建築物，如採用活動隔牆，應按每平方公尺一百公斤均佈活載重設計之。

第二二條

陽臺欄杆、樓梯欄杆，須依欄杆頂每公尺受橫力三十公斤設計之。

第二三條

建築物構造承受活載重並有衝擊作用時，除另行實際測定者，按實計計算外，應依左列加算活載重：

一　承受電梯之構材，加電梯重之百分之百。

二　承受架空吊車之大樑：

㈠行駛速度在每分鐘六十公尺以下時，加車輪載重百分之十，六十公尺以上時，加車輪載重的百分之二十。

㈡軌道如無接頭，行駛速度在每分鐘九十公尺以下時，加車輪載重的百分之十，九十公尺以上時，加車輪載重百分之二十。

三　承受電動機轉動輕機器之構材，加機器重量百分之二十。

四　承受往復式機器或原動機之構材，加機器重量百分之五十。

五　懸吊之樓版或陽臺，加活載重百分之三十。

第二四條

架空吊車所受橫力，應依左列規定：

一　架空吊車行駛方向之剎車力，爲剎止各車輪載重百分之十五，作用於軌道頂。

二　架空吊車行駛時，每側車道樑承受架空吊車擺動之側力，爲吊車車輪重百分之十，作用於車道樑之軌頂。

三　架空吊車斜向牽引工作時，構材受力部分之應立應予核計。

四　地震力依吊車重量核計，作用於軌頂，不必計吊載重量。

第二五條

①用以設計屋架、樑、柱、牆、基礎之活載重如未超過每平方公尺五百公斤，亦非公衆使用場所，構材承受載重面積超過十四平方公尺時，得依每平方公尺樓地版面積百分之〇・八五折減率減少，但折減不能超過百分之六十或左式之百分值：

$$R=23\left(1+\frac{D}{L}\right)$$

R：爲折減百分值。

D：爲構材載重面積，每平方公尺之靜載重公斤值。

L：爲構材載重面積，每平方公尺之活載重公斤值。

②活載重超過每平方公尺五百公斤時，僅柱及基礎之活載重得以減少百分之二十。

第二六條

不作用途之屋頂，其水平投影面之活載重每平方公尺不得小於左表所列之公斤重量：

屋頂坡度	載重面積（水平投影面）：平方公尺		
	二〇以下	二〇以上至六〇	六〇以上
平頂 1/6 以下坡頂 1/8 以下拱頂	一〇〇	八〇	六〇
1/6 至1/2 坡頂 1/8 至3/8 拱頂	八〇	七〇	六〇
1/2 以上坡頂 3/8 以上拱頂	六〇	六〇	六〇

第二七條

雪載重僅須在積雪地區視爲額外活載重計入，可依本編第二十六條規定設計之。

第二八條

計算連續樑之強度時，活載重須依全部負載、相鄰負載、間隔負載等各種配置，以求算最大剪刀及彎矩，作爲設計之依據。

第二九條

計算屋架或橫架之強度時，須以屋架一半負載活載重與全部負載重比較，以求得最大應力及由一半跨度負載產生之反向應力。

第三〇條

吊車載重應視爲額外活載重，並按吊車之移動位置與吊車之組合比較，以求得構材之最大應力。

第三一條

計算柱接頭或柱腳應力時，應比較僅計算靜載重與風力或地震力組合不計活載重之應力，與計入活載重組合之應力，而以較大者設計之。

第四節　耐風設計95

第三二條95

①封閉式、部分封閉式及開放式建築物結構或地上獨立結構物，與其局部構材、外部被覆物設計風力之計算及耐風設計，依本節規定辦理。

②建築物耐風設計規範及解說（以下簡稱規範）由中央主管建築機關另定之。

第三三條95

封閉式、部分封閉式及開放式建築物結構或地上獨立結構物主要風力抵抗系統所應承受之設計風力，依下列規定：

一　設計風力計算式：應考慮建築物不同高度之風速壓及陣風反應因子，其計算式及風壓係數或風力係數依規範規定。

二　風速之垂直分布：各種地況下，風速隨距地面高度增加而遞增之垂直分布法則依規範規定。

三　基本設計風速：

㈠任一地點之基本設計風速，係假設該地點之地況爲平坦開闊之地面，離地面十公尺高，相對於五十年回歸期之十分鐘平均風速。

㈡臺灣地區各地之基本設計風速，依規範規定。

四　用途係數：一般建築物之設計風速，其回歸期爲五十年，其他各類建築物應依其重要性，對應合宜之回歸期，訂定用途係數。用途係數依規範規定。

五　風速壓：各種不同用途係數之建築物在不同地況下，不同高度之風速壓計算式，依規範規定。

六　地形對風速壓之影響：對獨立山丘、山脊或懸崖等特殊地形，風速壓應予修正，其修正方式依規範規定。

七　陣風反應因子：

㈠陣風反應因子係考慮風速具有隨時間變動之特性，及其對建築物之影響。此因子將順風向造成之動態風壓轉換成等值風壓處理。

㈡不同高度之陣風反應因子與地況關係，其計算式依規範規定。

㈢對風較敏感之柔性建築物，其陣風反應因子應考慮建築物之動力特性，其計算式依規範規定。

八　風壓係數及風力係數：封閉式、部分封閉式及開放式建築物或地上獨立結構物所使用之風壓係數及風力係數，依規範規定。

九　橫風向之風力：建築物應檢核避免在設計風速內，發生渦散頻率與建築物自然頻率接近而產生之共振及空氣動力不穩定現象。於不產生共振及空氣動力不穩定現象情況下，橫風向之風力應依規範規定計算。

十　作用在建築物上之扭矩：作用在建築物上之扭矩應依規範規定計算。

十一　設計風力之組合：建築物同時受到順風向、橫風向及扭矩之作用，設計時風力之組合依規範規定。

第三四條95

局部構材與外部被覆物之設計風壓及風力依下列規定：

一　封閉式及部分封閉式建築物或地上獨立結構物中局部構材及外部被覆物之設計風壓應考慮外風壓及內風壓；有關設計風壓之計算式及外風壓係數、內風壓係數依規範規定。

二　開放式建築物或地上獨立結構物中局部構材及外部被覆物之設計風力計算式以及風力係數，依規範規定。

第三五條95

建築物最高居室樓層側向加速度之控制依下列規定：

一　建築物最高居室樓層容許尖峰加速度值：為控制風力作用下建築物引起之振動，最高居室樓層側向加速度應予以限制，其容許尖峰加速度值依規範規定。

二　最高居室樓層側向加速度之計算：最高居室樓層振動尖峰加速度值，應考量順風向振動、橫風向振動及扭轉振動所產生者；順風向振動、橫風向振動及扭轉振動引起最高居室樓層總振動尖峰加速度之計算方法，依規範規定。

三　降低建築物最高居室樓層側向加速度裝置之使用：提出詳細設計資料，並證明建築物最高居室樓層總振動尖峰加速度值在容許值以內者，得採用降低建築物側向加速度之裝置。

四　評估建築物側向尖峰加速度值，依規範規定，使用較短之回歸期計算。

第三六條（刪除）95

第三七條（刪除）95

第三八條95

①基本設計風速得依風速統計資料，考慮不同風向產生之效應。其分析結果，應檢附申請書及統計分析報告書，向中央主管建築機關申請認可後，始得運用於建築物耐風設計。

②前項統計分析報告書，應包括風速統計紀錄、風向統計分析方法及不同風向五十年回歸期之基本設計風速分析結果等事項。

③中央主管建築機關為辦理第一項基本設計風速之方向性分析結果認可，得邀集相關專家學者組成認可小組審查。

第三九條（刪除）95

第三九條之一95

建築物施工期間應提供足夠之臨時性支撐，以抵抗作用於結構構材或組件之風力。施工期間搭建之臨時結構物並應考慮適當之風力，其設計風速得依規範規定採用較短之回歸期。

第四〇條（刪除）95

第四一條95

①建築物之耐風設計，依規範無法提供所需設計資料者，得進行風洞試驗。

②進行風洞試驗者，其設計風力、設計風壓及舒適性評估得以風洞試驗結果設計之。

③風洞試驗之主要項目、應遵守之模擬要求及設計時風洞試驗報告之引用，應依規範規定。

第五節　耐震設計

第四一條之一

建築物耐震設計規範及解說（以下簡稱規範）由中央主管建築機關另定之。

第四二條

①建築物構造之耐震設計、地震力及結構系統，應依左列規定：

一　耐震設計之基本原則，係使建築物結構體在中小度地震時保持在彈性限度內，設計地震時得容許產生塑性變形，其韌性需求不得超過容許韌性容量，最大考量地震時使用之韌性可以達其韌性容量。

二　建築物結構體、非結構構材與設備及非建築結構物，應設計、建造使其能抵禦任何方向之地震力。

三　地震力應假設橫向作用於基面以上各層樓板及屋頂。

四　建築物應進行韌性設計，構材之韌性設計依本編各章相關規定辦理。

五　風力或其他載重之載重組合大於地震力之載重組合時，建築物之構材應按風力或其他載重組合產生之內力設計，其耐震之韌性設計依規範規定。

六　抵抗地震力之結構系統分左列六種：

(一)承重牆系統：結構系統無完整承受垂直載重立體構架，承重牆或斜撐系統須承受全部或大部分垂直載重，並以剪力牆或斜撐構架抵禦地震力者。

(二)構架系統：具承受垂直載重完整立體構架，以剪力牆或斜撐構架抵禦地震力者。

(三)抗彎矩構架系統：具承受垂直載重完整立體構架，以抗彎矩構架抵禦地震力者。

(四)二元系統：具有左列特性者：

1.完整立體構架以承受垂直載重。

2.以剪力牆、斜撐構架及韌性抗彎矩構架或混凝土部分韌性抗彎矩構架抵禦地震水平力，其中抗彎矩構架應設計能單獨抵禦百分之二十五以上的總橫力。

3.抗彎矩構架與剪力牆或抗彎矩構架與斜撐構架應設計使其能抵禦依相對勁度所分配之地震力。

(五)未定義之結構系統：不屬於前四目之建築結構系統者。

(六)非建築結構物系統：建築物以外自行承擔垂直載重與地震力之結構物系統者。

七　建築物之耐震分析可採用靜力分析方法或動力分析方法，其適用範圍由規範規定之。

②前項第三款規定之基面係指地震輸入於建築物構造之水平面，或可使其上方之構造視為振動體之水平面。

第四三條

建築物耐震設計之震區劃分，由中央主管建築機關公告之。

第四三條之一

建築物構造採用靜力分析方法者，應依左列規定：

一　適用於高度未達五十公尺或未達十五層之規則性建築物。

二　構造物各主軸方向分別所受地震之最小設計水平總橫力V應考慮左列因素：

(一)應依工址附近之地震資料及地體構造，以可靠分析方法訂定工址之地震危害度。

(二)建築物之用途係數值（I）如左；建築物種類依規範規定。

1.第一類建築物：地震災害發生後，必須維持機能以救濟大眾之重要建築物。
I＝1.5。

2.第二類建築物：儲存多量具有毒性、爆炸性等危險物品之建築物。
I＝1.5。

3.第三類建築物：由規範指定之公眾使用建築物或其他經中央主管建築機關認定之建築物。
I＝1.25。

4.第四類建築物：其他一般建築物。
I＝1.0。

(三)應依工址地盤軟硬程度或特殊之地盤條件訂定適當之反應譜。地盤種類之判定方法依規範規定。使用反應譜時，建築物基本振動周期得依規範規定之經驗公式計算，或依結構力學方法計算，但設計周期上限值依規範規定之。

(四)應依強度設計法載重組合之載重係數，或工作應力法使用之容許應力調整設計地震力，使有相同的耐震能力。

(五)計算設計地震力時，可考慮抵抗地震力結構系統之類別、使用結構材料之種類及韌性設計，確認其韌性容量後，折減設計地震及最大考量地震地表加速度，以彈性靜力或動力分析進行耐震分析及設計。各種結構系統之韌性容量及結構系統地震力折減係數依規範規定。

㈥計算地震總橫力時，建築物之有效重量應考慮建築物全部靜載重。至於活動隔間之重量，倉庫、書庫之活載重百分比及水箱、水池等容器內容物重量亦應計入；其值依規範規定。

㈦為避免建築物因設計地震力太小，在中小度地震過早降伏，造成使用上及修復上之困擾，其地震力之大小依規範規定。

三　最小總橫力應豎向分配於構造之各層及屋頂。屋頂外加集中橫力係反應建築物高振態之效應，其值與建築物基本振動周期有關。地震力之豎向分配依規範規定。

四　建築物地下各層之設計水平地震力依規範規定。

五　耐震分析時，建築結構之模擬應反映實際情形，並力求幾何形狀之模擬、質量分布、構材斷面性質與土壤及基礎結構互制等之模擬準確。

六　為考慮質量分布之不確定性，各層質心之位置應考慮由計算所得之位置偏移。質量偏移量及造成之動態意外扭矩放大的作用依規範規定。

七　地震產生之層間相對側向位移應予限制，以保障非結構體之安全。檢核層間相對側向位移所使用的地震力、容許之層間相對側向位移角及為避免地震時引起的變形造成鄰棟建築物間之相互碰撞，建築物應留設適當間隔之數值依規範規定。

八　為使建築物各層具有均勻之極限剪力強度，無顯著弱層存在，應檢核各層之極限剪力強度。檢核建築物之範圍及檢核後之容許基準依規範規定。

九　為使建築物具有抵抗垂直向地震之能力，垂直地震力應做適當的考慮。

第四三條之二

建築物構造須採用動力分析方法者，應依左列規定：

一　適用於高度五十公尺以上或地面以上樓層達十五層以上之建築物，其他需採用動力分析者，由規範規定之。

二　進行動力分析所需之加速度反應譜依規範規定。

三　動力分析應以多振態反應譜疊加法進行。其振態數目及各振態最大值之疊加法則依規範規定。

四　動力分析應考慮各層所產生之動態扭矩，意外扭矩之設計算應計及其動力效應，其處理方法依規範規定。

五　結構之模擬、地下部分設計地震力、層間相對側向位移與建築物之間隔、極限層剪力強度之檢核及垂直地震效應，準用前條規定。

第四四條至第四五條（刪除）

第四五條之一

①附屬於建築物之結構物部分構體及附件、永久性非結構構材與附件及支承於結構體設備之附件，其設計地震力依規範規定。

②前項附件包括錨定裝置及所需之支撐。

第四六條（刪除）

第四六條之一

建築物以外自行承擔垂直載重與地震力之非建築結構物，其設計地震力依規範規定。

第四七條（刪除）

第四七條之一

結構系統應以整體之耐震性設計，並符合規範規定。

第四七條之二

耐震工程品管及既有建築物之耐震能力評估與耐震補強，依規範規定。

第四八條（刪除）

第四八條之一

建築基地應評估發生地震時，土壤產生液化之可能性，對中小度地震會發生土壤液化之基地，應進行土質改良等措施，使土壤液化不致產生。對設計地震及最大考量地震下會發生土壤液化之基地，應設置適當基礎，並以折減後之土壤參數檢核建築物液化後之安全性。

第四九條（刪除）

第四九條之一（刪除）

第四九條之二

建築物耐震設計得使用隔震消能系統，並依規範規定設計。

第五〇條（刪除）

第五〇條之一

①施工中結構體之支撐及臨時結構物應考慮其耐震性。但設計之地震回歸期可較短。

②施工中建築物遭遇較大地震後，應檢核其構材是否超過彈性限度。

第五一條至第五四條（刪除）

第五五條

①主管建築機關得依地震測報主管機關或地震研究機構或建築研究機構之請，規定建築業主於建築物建造時，應配合留出適當空間，供地震測報主管機關或地震研究機構或建築研究機構設置地震記錄儀，並於建築物使用時保管之，地震後由地震測報主管機關或地震研究機構或建築研究機構收集紀錄存查。

②興建完成之建築物需要設置地震儀者，得比照前項規定辦理。

第二章　基礎構造

第一節　通　則

第五六條（刪除）

第五六條之一

建築物基礎構造之地基調查、基礎設計及施工，應依本章規定辦理。

第五六條之二

建築物基礎構造設計規範（以下簡稱基礎構造設計規範），由中央主管建築機關另定之。

第五七條

①建築物基礎應能安全支持建築物；在各種載重作用下，基礎本身及鄰接建築物應不致發生構造損壞或影響其使用功能。

②建築物基礎之型式及尺寸，應依基地之地層特性及本編第五十八條之基礎載重設計。基礎傳入地層之最大應力不得超出地層之容許支承力，且所產生之基礎沉陷應符合本編第七十八條之規定。

③同一建築物由不同型式之基礎所支承時，應檢討不同基礎型式之相容性。

④基礎設計應考慮施工可行性及安全性，並不致因而影響生命及產物之安全。

⑤第二項所稱之最大應力，應依建築物各施工及使用階段可能同時發生之載重組合情形、作用方向、分布及偏心狀況計算之。

第五八條

建築物基礎設計應考慮靜載重、活載重、上浮力、風力、地震力、振動載重以及施工期間之各種臨時性載重等。

第五九條（刪除）

第六〇條

①建築物基礎應視基地特性，依左列情況檢討其穩定性及安全性，並採取防護措施：

一　基礎周圍邊坡及擋土設施之穩定性。

　二　地震時基礎土壤可能發生液化及流動之影響。
　三　基礎受洪流淘刷、土石流侵襲或其他地質災害之安全性。
　四　填土基地上基礎之穩定性。

②施工期間挖填之邊坡應加以防護，防發生滑動。

第六一條（刪除）

第六二條

①基礎設計及施工應防護鄰近建築物之安全。設計及施工前均應先調查鄰近建築物之現況、基礎、地下構造物或設施之位置及構造型式，爲防護設施設計之依據。

②前項防護設施，應依本章第六節及建築設計施工編第八章第三節擋土設備安全措施規定設計施工。

第二節　地基調查

第六三條（刪除）

第六四條

①建築基地應依據建築物之規劃及設計辦理地基調查，並提出調查報告，以取得與建築物基礎設計及施工相關之資料。地基調查方式包括資料蒐集、現地踏勘或地下探勘等方法，其地下探勘方法包含鑽孔、圓錐貫入孔、探查坑及基礎構造設計規範中所規定之方法。

②五層以上或供公眾使用建築物之地基調查，應進行地下探勘。

③四層以下非供公眾使用建築物之基地，且基礎開挖深度爲五公尺以內者，得引用鄰地既有可靠之地下探勘資料設計基礎。無可靠地下探勘資料可資引用之基地仍應依第一項規定進行調查。但建築面積六百平方公尺以上者，應進行地下探勘。

④基礎施工期間，實際地層狀況與原設計條件不一致或有基礎安全性不足之虞，應依實際情形辦理補充調查作業，並採取適當對策。

⑤建築基地有左列情形之一者，應分別增加調查內容：
　一　五層以上建築物或供公眾使用之建築物位於砂土層有土壤液化之虞者，應辦理基地地層之液化潛能分析。
　二　位於坡地之基地，應配合整地計畫，辦理基地之穩定性調查。位於坡腳平地之基地，應視需要調查基地地層之不均勻性。
　三　位於谷地堆積地形之基地，應調查地下水文、山洪或土石流對基地之影響。
　四　位於其他特殊地質構造區之基地，應辦理特殊地層條件影響之調查。

第六五條

①地基調查得依據建築計畫作業階段分期實施。

②地基調查計畫之地下探勘調查點之數量、位置及深度，應依據既有資料之可用性、地層之複雜性、建築物之種類、規模及重要性訂定之。其調查點數應依左列規定：
　一　基地面積每六百平方公尺或建築物基礎所涵蓋面積每三百平方公尺者，應設一調查點。但基地面積超過六千平方公尺及建築物基礎所涵蓋面積超過三千平方公尺之部分，得視基地之地形、地層複雜性及建築物結構設計之需求，決定其調查點數。
　二　同一基地之調查點數不得少於二點，當二處探查結果明顯差異時，應視需要增設調查點。

③調查深度至少應達到可據以確認基地之地層狀況，以符合基礎構造設計規範所定有關基礎設計及施工所需要之深度。

④同一基地之調查點，至少應有半數且不得少於二處，其調度深度應符合前項規定。

第六五條之一 100

地下探勘及試驗之方法應依中華民國國家標準規定之方法實施。但中華民國國家標準未規定前，得依符合調查目的之相關規範及方法辦理。

第六六條
①地基調查報告包括紀實及分析，其內容依設計需要決定之。
②地基調查未實施地下探勘而引用既有可靠資料者，其調查報告之內容應與前項規定相同。

第六六條之一 105
①建築基地有全部或一部位於地質敏感區內者，除依本編第六十四條至第六十六條規定辦理地基調查外，應依地質法第八條第一項規定辦理基地地質調查及地質安全評估。
②前項基地地質調查及地質安全評估應依地質敏感區基地地質調查及地質安全評估作業準則辦理。
③本編第六十四條第一項地基調查報告部分內容，得引用第一項之基地地質調查及地質安全評估結果報告資料。

第六七條（刪除）

第六八條（刪除）

第三節　淺基礎

第六九條
淺基礎以基礎版承載其自身及以上建築物各種載重，支壓於其下之基土，而基土所受之壓力，不得超過其容許支承力。

第七〇條
基土之極限支承力與地層性質、基礎面積、深度及形狀等有關者，依基礎構造設計規範之淺基礎承載理論計算之。

第七一條
①基地之容許支承力由其極限支承力除以安全係數計算之。
②前項安全係數應符合基礎構造設計規範。

第七二條（刪除）

第七三條
基礎版底深度之設定，應考慮基底土壤之容許支承力、地層受溫度、體積變化或沖刷之影響。

第七四條至第七六條（刪除）

第七七條
基礎地層承受各種載重所引致之沉陷量，應依土壤性質、基礎形式及載重大小，利用試驗方法、彈性壓縮理論、壓密理論、或以其他方法推估之。

第七八條
①基礎之容許沉陷量應依基礎構造設計規範，就構造種類、使用條件及環境因素等定之，其基礎沉陷應求其均勻，使建築物及相鄰建築物不致發生有害之沉陷及傾斜。
②相鄰建築物不同時興建，後建者應設計防止因開挖或本身沉陷而導致鄰屋之損壞。

第七八條之一
①獨立基腳、聯合基腳、連續基腳及筏式基礎之分析，應符合基礎構造設計規範。
②基礎版之結構設計，應檢核其剪力強度與彎矩強度等，並應符合本編第六章規定。

第七九條至第八五條（刪除）

第八六條
各類基腳承受水平力作用時，應檢核發生滑動或傾覆之穩定性，其安全係數應符合基礎構造設計規範。

第八七條（刪除）

第八八條（刪除）

第四節　深基礎

第八八條之一

深基礎包括樁基礎及沉箱基礎，分別以基樁或沉箱埋設於地層中，以支承上部建築物之各種載重。

第八九條

①使用基樁承載建築物之各種載重時，不得超過基樁之容許支承力，且基樁之變位量不得導致上部建築物發生破壞或影響其使用功能。

②同一建築物之基樁，應選定同一種支承方式進行分析及設計。但因情況特殊，使用不同型式之支承時，應檢討其相容性。

③基樁之選擇及設計，應考慮容許支承力及檢討施工之可行性。

④基樁施工時，應避免使周圍地層發生破壞及周邊建築物受到不良影響。

⑤斜坡上之基樁應檢討地層滑動之影響。

第九〇條

①基樁之垂直支承力及抗拉拔力，根據基樁種類、載重型式及地層情況，依基礎構造設計規範之分析方法及安全係數計算；其容許支承力不得超過基樁本身之容許強度。

②基樁貫穿之地層可能發生相對於基樁之沉陷時，應檢討負摩擦力之影響。

③基樁須承受側向作用力時，應就地層情況及基樁強度依基礎構造設計規範推估其容許側向支承力。

第九一條至第九五條（刪除）

第九六條

①群樁基礎之基樁，應均勻排列；其各樁中心間距，應符合基礎構造設計規範最小間距規定。

②群樁基礎之容許支承力，應考慮群樁效應之影響，並檢討其沉陷量以避免對建築物發生不良之影響。

第九七條

①基樁支承力應以樁載重或其他方式之試驗確認基樁之支承力及品質符合設計要求。

②前項試驗方法及數量，應依基礎構造設計規範辦理。

③基樁施工後樁材品質及施工精度未符合設計要求時，應檢核該樁基礎之支承功能及安全性。

第九八條（刪除）

第九九條（刪除）

第一〇〇條

基樁以整支應用爲原則，樁必須接合施工時，其接頭應不得在基礎版面下三公尺以內，樁接頭不得發生脫節或彎曲之現象。基樁本身容許強度應按基礎構造設計規範依接頭型式及接樁次數折減之。

第一〇一條至第一〇四條（刪除）

第一〇五條

如基樁應用地點之土質或水質情形對樁材有害時，應以業經實用有效之方法，予以保護。

第一〇五條之一

基樁樁體之設計應符合基礎構造設計規範及本編第四章至第六章相關規定。

第一〇六條至第一二〇條（刪除）

第一二一條

沉箱基礎係以預築沉埋或場鑄方式施築，其容許支承力應依基礎構造設計規範計算。

第五節　擋土牆

第一二一條之一

擋土牆於承受各種側向壓力及垂直載重情況下，應分別檢核其抵抗傾覆、水平滑動及邊坡整體滑動現象之穩定性，其最小安全係數須符合基礎構造設計規範。

第一二一條之二

①擋土牆承受之側向土壓力，須考慮牆體形狀、牆體前後地層性質及分佈、地表坡度、地表載重、該區地震係數，依基礎構造設計規範之規定採用適當之側向土壓力公式計算之。

②擋土牆承受之水壓力，應視地下水位、該區地震係數及牆背、牆基之排水與濾層設置狀況等適當考量之。

第一二一條之三

擋土牆基礎作用於地層之最大壓力不得超過基礎地層之容許支承力，且基礎之不均勻沉陷量不得影響其擋土功能及鄰近構造物之安全。

第一二一條之四

擋土牆牆體之設計，應分別檢核牆體在靜態及動態條件下牆體所受之作用力，並應符合設計規範及本編第四章至第六章相關規定。

第六節　基礎開挖

第一二二條

基礎開挖分為斜坡式開挖及擋土式開挖，其規定如左：

一　斜坡式開挖：基礎開挖採用斜坡式開挖時，應依照基礎構造設計規範檢討邊坡之穩定性。

二　擋土式開挖：基礎開挖採用擋土式開挖時，應依基礎構造設計規範進行牆體變形分析與支撐設計，並檢討開挖底面土壤發生隆起、砂湧或上舉之可能性及安全性。

第一二三條

基礎開挖深度在地下水位以下時，應檢討地下水位控制方法，避免引起周圍設施及鄰房之損害。

第一二四條

擋土設施應依基礎構造設計規範設計，使具有足夠之強度、勁度及貫入深度以保護開挖面及周圍地層之穩定。

第一二五條至第一二七條（刪除）

第一二七條之一

基礎開挖得視需要利用適當之監測系統，量測開挖前後擋土設施、支撐設施、地層及鄰近構造物等之變化，並應適時研判，採取適當對策，以維護開挖工程及鄰近構造物之安全。

第一二八條（刪除）

第一二九條（刪除）

第一三〇條

建築物之地下構造與周圍地層所接觸之地下牆，應能安全承受上部建築物所傳遞之載重及周圍地層之側壓力；其結構設計應符合本編相關規定。

第七節　地層改良

第一三〇條之一

①基地地層有改良之必要者，應依本規則有關規定辦理。

②地層改良為對原地層進行補強或改善，改良後之基礎設計，應依本規則有關規定辦理。

③地層改良之設計，應考量基地地層之條件及改良土體之力學機制，並參考類似案例進行設計，必要時應先進行模擬施工，以驗證其可靠性。

第一三〇條之二
①施作地層改良時，不得對鄰近構造物或環境造成不良影響，必要時應採行適當之保護措施。
②臨時性之地層改良施工，不得影響原有構造物之長期使用功能。

第三章　磚構造

第一節　通　則

第一三一條 96
①磚構造建築物，指以紅磚、矽灰磚、混凝土空心磚爲主要結構材料構築之建築物；其設計及施工，依本章規定。但經檢附申請書、結構計算及實驗或調查研究報告，向中央主管建築機關申請認可者，其設計得不適用本章一部或全部之規定。
②中央主管建築機關爲辦理前項認可，得邀集相關專家學者組成認可小組審查。
③建築物磚構造設計及施工規範（以下簡稱規範）由中央主管建築機關另定之。
第一三一條之一 96
磚構造建築物之高度及樓層數限制，應符合規範規定。
第一三一條之二 96
①磚構造建築物各層樓版及屋頂應爲剛性樓版，並經由各層牆頂過梁有效傳遞其所聯絡各牆體之兩向水平地震力。各樓層之結構牆頂，應設置有效連續之鋼筋混凝土過梁，與其上之剛性樓版連結成一體。
②過梁應具足夠之強度及剛度，以抵抗面內與面外力。
③兩向結構牆之壁量與所圍成之各分割面積，應符合規範規定。
第一三二條 96
建築物之地盤應穩固，基礎應作必要之設計以支承其上結構牆所傳遞之各種載重。

第二節　材料要求 96

第一三三條 96
磚構造所用材料，包括紅磚、矽灰磚、混凝土空心磚、填縫用砂漿材料、混凝土空心磚空心部分填充材料、混凝土及鋼筋等，應符合規範規定。
第一三四條至第一四〇條（刪除）96

第三節　牆壁設計原則

第一四一條 96
①建築物整體形狀以箱型爲原則，各層結構牆均衡配置，且上下層貫通，使靜載重、活載重所產生之應力均勻分布於結構全體。
②各層結構牆應於建築平面上均勻配置，並於長向及短向之配置均有適當之壁量以抵抗兩向之地震力。
第一四二條 96
牆身最小厚度、牆身最大長度及高度，應符合規範規定。
第一四三條至第一四六條（刪除）96
第一四七條 96
屋頂欄杆牆、陽臺欄杆牆、壓簷牆及屋頂二側之山牆，均不得單獨以磚砌造，並應以鋼筋混凝土梁柱補強設計。
第一四八條（刪除）96
第一四九條 96
牆中埋管不得影響結構安全及防火要求。

第一五〇條 （刪除）96

第四節 磚造建築物

第一五一條 96
①磚造建築物各層平面結構牆中心線區劃之各部分分割面積，應符合規範規定。
②建築物之外圍及角隅部分，平面上結構牆應配置成T形或L形。

第一五二條 96
磚造建築物結構牆之牆身長度及厚度，應符合規範規定。

第一五三條 （刪除）96

第一五四條 （刪除）96

第一五五條 96
結構牆開口之設置及周圍補強措施，應符合規範規定。

第一五六條 （刪除）96

第一五六條之一 96
各樓層牆頂過梁之寬度、深度及梁內主鋼筋與箍筋之尺寸、數量、配置等，應符合規範規定。兩向過梁應剛接成整體。

第一五六條之二 96
牆體基礎結構之設計，應符合下列規定：
一 磚造建築物最下層之牆體底部，應設置可安全支持各牆體並使之互相連結之鋼筋混凝土造連續牆基礎，並於兩向剛接成整體。但建築物為平房且地盤堅實者，得使用結構純混凝土造之連續牆基礎。
二 連續牆基礎之頂部寬度不得小於其臨接之牆身厚度，底面寬度應儘量放寬，使地盤反力小於土壤容許承載力。

第一五六條之三 96
①磚造圍牆，為能安全抵抗地震力及風力，應以鋼筋或鐵件補強，下列事項並應符合規範規定：
一 圍牆高度與其對應之最小厚度。
二 圍牆沿長度方向應設置鋼筋混凝土補強柱或突出壁面之扶壁。
②磚造圍牆之基礎應為鋼筋混凝土造連續牆基礎，基礎底面距地表面之最小距離，應符合規範規定。

第五節 （刪除）96

第一五七條至第一六四條 （刪除）96

第六節 加強磚造建築物 96

第一六五條 96
①加強磚造建築物，指磚結構牆上下均有鋼筋混凝土過梁或基礎，左右均有鋼筋混凝土加強柱。過梁及加強柱應於磚牆砌造完成後再澆置混凝土。
②前項建築物並應符合第四節規定。

第一六六條 96
二側開口僅上下邊圍束之磚結構牆，其總剖面積不得大於該樓層該方向磚結構牆總剖面積之二分之一。

第一六七條 （刪除）96

第一六八條 （刪除）96

第一六九條 96
鋼筋混凝土加強柱尺寸、主鋼筋與箍筋尺寸、數量及配置等，應符合規範規定。

第一六九條之一 96

磚牆沿加強柱高度方向應配置繫材，連貫磚牆與加強柱，其伸入加強柱與磚牆之深度及繫材間距，應符合規範規定。

第一七〇條 （刪除）96

第七節　加強混凝土空心磚造建築物 96

第一七〇條之一 96

加強混凝土空心磚造建築物，指以混凝土空心磚疊砌，並以鋼筋補強之結構牆、鋼筋混凝土造過梁、樓版及基礎所構成之建築物，結構牆應在插入鋼筋與鄰磚之空心部填充混凝土或砂漿。

第一七〇條之二 96

①各層平面結構牆中心線區劃之各部分分割面積，應符合規範規定。其配置應使建築物分割面積成矩形爲原則。

②建築物之外圍與角隅部分，平面上結構牆應配置成T型或L型。

第一七〇條之三 96

①加強混凝土空心磚造建築物結構牆之牆身長度及厚度，應符合規範規定。

②建築物各樓層之牆厚，不得小於其上方之牆厚。

第一七〇條之四 96

壁量及其強度規定如下：

一　各樓層短向及長向壁量應各自計算，其值不得低於規範規定。

二　每片結構牆垂直向之壓力不得超過規範規定。

第一七〇條之五 96

結構牆配筋，應符合下列規定：

一　配置於結構牆內之縱筋與橫筋（剪力補強筋），其標稱直徑及間距依規範規定。

二　於結構牆之端部、L形或T形牆角隅部、開口部之上緣及下緣處配置之撓曲補強筋，其鋼筋總斷面積應符合規範規定。

第一七〇條之六 96

結構牆之開口，應符合下列規定：

一　開口部離牆體邊緣之最小距離及開口部間最小淨間距，依規範規定。

二　開口部上緣應設置鋼筋混凝土楣梁，其設置要求依規範規定。

第一七〇條之七 96

結構牆內鋼筋之錨定及搭接，應符合下列規定：

一　結構牆之縱向筋應錨定於上下鄰接之過梁、基礎或樓版。

二　結構牆之橫向筋原則上應錨定於交會在端部之另一向結構牆內。

三　開口部上下緣之撓曲補強筋應錨定於其左右之結構牆。

四　鋼筋錨定及搭接之細節，依規範規定。

第一七〇條之八 96

結構牆內鋼筋保護層厚度依規範規定，外牆面並應採取適當之防水處理。

第一七〇條之九 96

過梁之寬度及深度依規範規定。

未與鋼筋混凝土屋頂版連接之過梁，其有效寬度應符合規範規定。

第一七〇條之一〇 96

建築物最下層之牆體底部，應設置可安全支持各牆體，並使之互相連結之鋼筋混凝土造連續牆基礎，其最小寬度及深度應符合規範規定。

第一七〇條之一一 96

混凝土空心磚圍牆結構之下列事項，應符合規範規定：

一　圍牆高度及厚度。
二　連續牆基礎之寬度及埋入深度。
三　圍牆內縱橫兩向補強筋之配置及壓頂磚之細部。
四　圍牆內應設置場鑄鋼筋混凝土造扶壁、扶柱之條件及尺寸。
五　圍牆內縱筋及橫筋之配置、扶壁、扶柱內鋼筋之配置及鋼筋之錨定與搭接長度。

第八節　砌磚工程施工要求 96

第一七〇條之一二 96

第一百三十三條磚構造所用材料之施工，應符合規範規定。

第一七〇條之一三 96

填縫水泥砂漿、填充水泥砂漿及填充混凝土等之施工，應符合規範規定。

第一七〇條之一四 96

紅磚牆體、清水紅磚牆體及混凝土空心磚牆體等之砌築施工，應符合規範規定。

第四章　木構造

第一七一條

①以木材構造之建築物或以木材為主要構材與其他構材合併構築之建築物，依本章規定。
②木構造建築物設計及施工技術規範（以下簡稱規範）由中央主管建築機關另定之。

第一七一條之一

木構造建築物之簷高不得超過十四公尺，並不得超過四層樓。但供公眾使用而非供居住用途之木構造建築物，結構安全經中央主管建築機關審核認可者，簷高得不受限制。

第一七二條 100

①木構造建築物之各構材，須能承受其所承載之靜載重及活載重，而不超過容許應力。
②木構造建築物應加用斜支撐或隅支撐或合於中華民國國家標準之集成材，以加強樓版、屋面版、牆版，使能承受由於風力或地震力所產生之橫力，而不致傾倒、變形。

第一七三條

木構材不得用於承載磚石、混凝土或其他類似建材之靜載重及由其所生之橫力。

第一七四條（刪除）

第一七五條

木構造各構材防腐要求，應符合左列規定：
一　木構造之主要構材柱、梁、牆版及木地檻等距地面一公尺以內之部分，應以有效之防腐措施，防止蟲、蟻類或菌類之侵害。
二　木構造建築物之外牆版，在容易腐蝕部分，應舖以防水紙或其他類似之材料，再以鐵絲網塗敷水泥砂漿或其他相等效能材料處理之。
三　木構造建築物之地基，須先清除花草樹根及表土深三十公分以上。

第一七六條

木構造之勒腳牆、梁端空隙、橫力支撐、錨栓、柱腳鐵件之構築，應依規範規定。

第一七七條至第一八〇條（刪除）

第一八一條

木構造各木構材之品質及尺寸，應符合左列規定：
一　木構造各木構材之品質，應依總則編第三條及第四條之規定。
二　設計構材計算強度之尺寸，應以刨光後之淨尺寸為準。

第一八二條（刪除）

第一八三條 100

木構造各木構材強度應符合下列規定：
一　一般建築物所用木構材之容許應力、斜向木理容許壓應力、應力調整、載重時間影響，應依規範之規定。

二　供公眾使用建築物其構造之主構材，應依中華民國國家標準選樣測定強度並規定其容許應力，其容許強度不得大於前款所規定之容許應力。

第一八四條至第一八七條 （刪除）

第一八八條

木構造各木構材之梁設計、跨度長、彎曲強度、橫剪力、缺口、偏心連接、垂直木理壓應力、橫支撐、單木柱、大小頭柱之斷面、合應力、雙木組合柱、合木柱、主構木柱、木桁條、撓度應依規範及左列規定：

一　依規範規定之設計應力計算而得之各木構材斷面應力值，須小於規範所規定之容許應力值。

二　依規範規定結構物各木構材及結合部，須檢討其變形，不得影響建築物之安全及妨礙使用。

三　結構物各部分須考慮結構計算時之假設、施工之不當、材料之不良、腐朽、磨損等因素，必要時木構材須加補強。

第一八九條至第一九六條 （刪除）

第一九七條

木柱之構造應符合左列規定：

一　平房或樓房之主構木材用上下貫通之整根木柱。但接合處之強度大於或等於整根木柱強度相同者，不在此限。

二　主構木柱之長細比應依規範之規定。

三　合木柱應依雙木組合柱或集成材木柱之規定設計，不得以單木柱設計。

第一九八條至第二〇二條 （刪除）

第二〇三條

木屋架之設計應符合左列規定：

一　跨度五公尺以上之木屋架須爲桁架，使其各構材分別承受軸心拉力或壓力。

二　各構材之縱軸必須相交於節點，承載重量應作用在節點上。

三　壓力構材斷面須依其個別軸向支撐間之長細比設計。

第二〇四條

木梁、桁條及其他受撓構材，於跨度之中央下側處有損及強度之缺口時，應扣除二倍缺口深度後之淨斷面計算其彎曲強度。

第二〇五條 （刪除）

第二〇六條

木構造各構材之接合應經防銹處理，並符合左列規定：

一　木構之接合，得以接合圈及螺栓、接合板及螺栓、螺絲釘或釘爲之。

二　木構材拼接時，應選擇應力較小及疵傷最少之部位，二側並以拼接板固定，並用以傳遞應力。

三　木柱與剛性較大之鋼骨受撓構材接合時，接合處之木柱應予補強。

第二〇七條

木構造之接合圈、接合圈之應用、接合圈載重量、連接設計、接頭強度、螺栓、螺栓長徑比、平行連接、垂直連接、螺栓排列、支承應力、螺絲釘、釘、拼接位置，應依規範規定。

第二〇八條至第二二〇條 （刪除）

第二二一條 100

木構造各木構材採用集成材之設計時，應符合下列規定：

一　集成材之容許應力、弧構材、曲度因素、徑向應力、長細因數、梁深因數、合因數、割鋸限制、形因數、集成材木柱、集成材木版、集成材膜版應符合規範規定。

二　集成材、合板用料、配料、接頭等均應符合中華民國國家標準，且經政府認可之檢驗機關檢驗合格，並有證明文件者，始得應用。

第二二二條至第二三四條　（刪除）

第五章　鋼構造

第一節　設計原則

第二三五條

本章爲應用鋼建造建築結構之技術規則，作爲設計及施工之依據。但冷軋型鋼結構、鋼骨鋼筋混凝土結構及其他特殊結構，不在此限。

第二三五條之一

鋼構造建築物鋼結構設計技術規範（以下簡稱設計規範）及鋼構造建築物鋼結構施工規範（以下簡稱施工規範）由中央主管建築機關另定之。

第二三五條之二

①鋼結構之設計應依左列規定：

一　各類結構物之設計強度應依其結構型式，在不同載重組合下，利用彈性分析或非彈性分析決定。

二　整體結構及每一構材、接合部均應檢核其使用性。

三　使用容許應力設計法進行設計時，其容許應力應依左列規定：

㈠結構物之桿件、接頭及接合器，其由工作載重所引致之應力均不得超過設計規範規定之容許應力。

㈡風力或地震力與垂直載重聯合作用時，可使用載重組合折減係數計算應力。但不得超過容許應力。

四　使用極限設計法進行設計時，應依左列規定：

㈠設計應檢核強度及使用性極限狀態。

㈡構材及接頭之設計強度應大於或等於由因數化載重組合計得之需要強度。設計強度 ϕRn係由標稱強度Rn乘強度折減因子 ϕ。強度折減因子及載重因數應依設計規範規定。

②前項第三款第一目規定容許應力之計算不包括滿足接頭區之局部高應力。

③第一項第四款第一目規定強度極限係指結構之最大承載能力，其與結構之安全性密切相關；使用性極限係指正常使用下其使用功能之極限狀態。

第二三六條

①鋼結構之基本接合型式分爲左列二類：

一　完全束制接合型式：係假設梁及柱之接合爲完全剛性，構材間之交角在載重前後能維持不變。

二　部分束制接合型式：係假設梁及柱間，或小梁及大梁之端部接合無法達完全剛性，在載重前後構材間之交角會改變。

②設計接合或分析整體結構之穩定性時，如需考慮接合處之束制狀況時，其接頭之轉動特性應以分析方法或實驗決定之。部分束制接合結構應考慮接合處可容許非彈性且能自行限制之局部變形。

第二三七條　（刪除）

第二三八條

鋼結構製圖應依左列規定：

一　設計圖應依結構計算書之計算結果繪製，並應依設計及施工規範規定。

二　鋼結構施工前應依據設計圖說，事先繪製施工圖，施工圖應註明構材於製造、組合及安裝時所需之完整資料，並應依設計及施工規範規定。

三　鋼結構之製圖比例、圖線規定、構材符號、鋼材符號及銲接符號等應依設計及施工規範規定。

第二三九條

鋼結構施工，由購料、加工、接合至安裝完成，均應詳細查驗證明其品質及安全。

第二四〇條

鋼結構之耐震設計，應依本編第一章第五節耐震設計規定，並應採用具有韌性之結構材料、結構系統及細部。其構材及接合之設計，應依設計規範規定。

第二節　設計強度及應力

第二四一條 100

①鋼結構使用之材料包括結構用鋼板、棒鋼、型鋼、結構用鋼管、鑄鋼件、螺栓、墊片、螺帽、剪力釘及銲接材料等，均應符合中華民國國家標準。

②無中華民國國家標準適用之材料者，應依中華民國國家標準鋼料檢驗通則CNS二六〇八點G五二及相關之國家檢驗測試標準，或中央主管建築機關認可之國際通行檢驗規則檢驗，確認符合其原標示之標準，且證明達到設計規範之設計標準者。

③鋼結構使用鋼材，由國外進口者，應具備原製造廠家之品質證明書，並經公立檢驗機關，依中華民國國家標準，或國際通行檢驗規則，檢驗合格，證明符合設計規範之設計標準。

第二四二條

鋼結構使用之鋼材，得依設計需要，採用合適之材料，且必須確實把握產品來源。不同類鋼材如未特別規定，得依強度及接合需要相互配合應用，以銲接爲主接合之鋼結構，應選用可銲性且延展性良好之銲接結構用鋼材。

第二四三條

鋼結構構材之長細比爲其有效長（Kλ）與其迴轉半徑（r）之比（Kλ／r），並應檢核其對強度、使用性及施工性之影響。

第二四四條

鋼結構構材斷面分左列四類：

一　塑性設計斷面：指除彎矩強度可達塑性彎矩外，其肢材在受壓下可達應變硬化而不產生局部挫屈者。

二　結實斷面：指彎曲強度可達塑性彎矩，其變形能力約爲塑性設計斷面之二分之一者。

三　半結實斷面：指肢材可承壓至降伏應力而不產生局部挫屈，且無提供有效之韌性者。

四　細長肢材斷面：指爲肢材在受壓時將產生彈性挫屈者。

第二四四條之一

鋼結構構架穩定應依左列規定：

一　含斜撐系統構架：構架以斜撐構材、剪力牆或其他等效方法提供足夠之側向勁度者，其受壓構材之有效長度係數k應採用一．〇。如採用小於一．〇之k係數，其值需以分析方法求得。多樓層含斜撐系統構架中之豎向斜撐系統，應以結構分析方法印證其具有足夠之勁度及強度，以維持構架在載重作用下之側向穩定，防止構架挫屈或傾倒，且分析時應考量水平位移之效應。

二　無斜撐系統構架：構架依靠剛接之梁柱系統保持側向穩定者，其受壓構材之有效長度係數k應以分析方法決定之，且其值不得小於一．〇。無斜撐系統構架承受載重之分析應考量構架穩定及柱軸向變形之效應。

第二四四條之二

設計鋼結構構材之斷面或其接合，應使其應力不超過容許應力，或使其設計強度大於或等於需要強度。

第二四五條至第二五七條（刪除）

第二五八條

載重變動頻繁應力反復之構材，應按反復應力規定設計之。

第三節　構材之設計

第二五八條之一

設計拉力構材時應考量全斷面之降伏、淨斷面之斷裂及其振動、變形之影響。計算淨斷面上之強度時應考量剪力遲滯效應。

第二五八條之二

設計壓力構材時應考量局部挫屈、整體挫屈、降伏等之安全性。

第二五九條

梁或版梁承受載重，應使其外緣彎曲應力不超過容許彎曲應力，其端剪力不超過容許剪應力。

第二六〇條至第二六七條（刪除）

第二六八條

梁或板梁之設計，應依撓度限制規定。

第二六八條之一

設計受扭矩及組合力共同作用之構材時，應考量軸力與彎矩共同作用時引致之二次效應，並檢核在各種組合載重作用下之安全性。

第二六九條

採用合成構材時應視需要設計剪力連接物，對於容許應力之計算，應將混凝土之受壓面積轉化爲相當的鋼材面積。對於撓曲強度之計算應採塑性應力分析。合成梁之設計剪力強度應由鋼梁腹板之剪力強度計算。並檢核施工過程中混凝土凝固前鋼梁單獨承受載重之能力。

第二七〇條至第二七三條（刪除）

第四節　（刪除）

第二七四條至第二八六條（刪除）

第五節　接合設計

第二八七條

接合之受力模式宜簡單明確，傳力方式宜緩和漸變，以避免產生應力集中之現象。接合型式之選用以製作簡單、維護容易爲原則，接合處之設計，應能充分傳遞被接合構材計得之應力，如接合應力未經詳細計算，得依被接合構材之強度設計之。接合設計在必要時，應依接合所在位置對整體結構安全影響程度酌予提高其設計之安全係數。

第二八七條之一

使用高強度螺栓於接合設計時，得視需要採用承壓型接合設計或摩阻型接合設計。

第二八七條之二

採用銲接接合時，應採用銲接性良好之鋼材，配以合適之銲材。銲接施工應依施工規範之規定進行銲接施工及檢驗。

第二八七條之三

承受衝擊或振動之接合部，應使用銲接或摩阻型高強度螺栓設計。因特殊需要而不容許螺栓滑動，或因承受反復荷重之接合部，亦應使用銲接或摩阻型高強度螺栓設計。

第二八八條至第二九五條（刪除）

第二九六條

①承壓型接合之高強度螺栓，不得與銲接共同分擔載重，而應由銲接承擔全部載重。
②以摩阻型接合設計之高強度螺栓與銲接共同分擔載重時，應先鎖緊高強度螺栓後再銲接。
③原有結構如以銲接修改時，現存之摩阻型接合高強度螺栓可用以承受原有靜載重，而銲接僅分擔額外要求之設計強度。

第二九六條之一

①錨栓之設計需能抵抗在各種載重組合下，柱端所承受之拉力、剪力與彎矩，及因橫力產生之彎矩所引致之淨拉力分量。
②混凝土支承結構的設計需安全支承載重，故埋入深度需有一適當之安全因子，以確保埋置強度不會因局部或全部支承混凝土結構之破壞而折減。

第二九七條至第三二一條（刪除）

第六節　（刪除）

第三二二條至第三三一條（刪除）

第六章　混凝土構造

第一節　通　則

第三三二條

①建築物以結構混凝土建造之技術規則，依本章規定。
②各種特殊結構以結構混凝土建造者如弧拱、薄殼、摺版、水塔、水池、煙囪、散裝倉、椿及耐爆構造等之設計及施工，原則依本章規定辦理。
③本章所稱結構混凝土，指具有結構功能之鋼筋混凝土及純混凝土。鋼筋混凝土含預力混凝土；純混凝土爲結構混凝土中鋼筋量少於鋼筋混凝土之規定最低値者，或無鋼筋者。
④結構混凝土設計規範（以下簡稱設計規範）及結構混凝土施工規範（以下簡稱施工規範）由中央主管建築機關定之。

第三三二條之一

結構混凝土構材與其他材料構材組合之構體，除應依本編各種材料構材相關章節之規定設計外，並應考慮結構系統之妥適性、構材間之接合行爲、力的傳遞、構材之剛性及韌性、材料的特性等。

第三三三條

結構混凝土之設計，應能在使用環境下承受各種規定載重，並滿足安全及適用性之需求。

第三三四條

結構混凝土之設計圖說應依左列規定：

一　包括設計圖、說明書及計算書。主管機關得要求設計者提供設計資料及附圖；應用電子計算機程式作分析及設計時，並應提供設計假設、說明使用程式、輸入資料及計算結果。
二　應依本編第一章第一節規定。
三　設計圖應在適當位置明示左列規定，其內容於設計規範定之。
㈠設計規範之名稱版本及其相關規定適用之優先順序。
㈡設計所用之活載重及其他特殊載重。
㈢混凝土及鋼材料之強度要求、規格及限制。
㈣其他必要之說明。

第三三四條之一

①結構混凝土之施工應依設計圖說之要求製作施工圖說，作爲施工之依據。

②施工圖說應載明事項於施工規範定之。

第三三五條

①結構混凝土施工時，應依工作進度執行品質管制、檢驗及查驗，並予記錄，其內容於施工規範定之。

②前項紀錄之格式、簽認、查核、保存方式及年限，由直轄市、縣（市）（局）主管建築機關定之。

第三三六條

結構物或其構材之使用安全，如有疑慮時，主管建築機關得令其依設計規範規定之方法對其強度予以評估。

第三三七條（刪除）

第二節　品質要求

第三三七條之一

結構混凝土材料及施工品質應符合設計規範及施工規範規定。

第三三七條之二

①結構混凝土材料包括混凝土材料及結合混凝土使用之鋼材料或其他加勁材料。

②混凝土材料包括水泥、骨材、拌和用水、摻料等。鋼材料包括鋼筋、鋼鍵、鋼骨等。

③結構混凝土材料品質檢驗及查驗應依施工規範規定辦理。

第三三七條之三

結構混凝土施工品質之抽樣、檢驗、查驗、評定及認可應依施工規範規定辦理。

第三三八條至第三四四條（刪除）

第三四五條

結構混凝土材料之儲存應能防止變質及摻入他物；變質或污損等以致無法達到施工規範要求者不得使用。

第三四六條

①結構混凝土之規定抗壓強度及試驗齡期應於設計時指定之。抗壓強度試體之取樣、製作及試驗於施工規範定之。

②鋼材料之種類、規格及規定強度應於設計時指定，其細節及試驗方式於施工規範定之。

第三四七條

混凝土材料配比應使混凝土之工作性、耐久性及強度等性能達到設計要求及規範規定。

第三四八條至第三五〇條（刪除）

第三五一條

結構混凝土之施工，包括模板與其支撐、鋼筋排置、埋設物及接縫等之澆置前準備，與產製、輸送、澆置、養護及拆模等規定於施工規範定之。

第三五二條至第三六一條（刪除）

第三六一條之一

鋼材料之施工，包括表面處理、續接、加工、排置、保護層之維持及預力之施加等，應符合設計要求，其內容於施工規範定之。

第三六二條至第三七四條（刪除）

第三節　設計要求

第三七四條之一

結構混凝土之設計，得採強度設計法、工作應力設計法或其他經中央主管建築機關認可之設計法。

第三七五條

①結構混凝土構件應承受依本編第一章規定之各種載重、地震力及風力，尚應考慮使用環

境之其他規定作用力。
②設計載重爲前項各種載重及各力之組合，應符合所採用設計方法及設計規範規定。

第三七五條之一

結構混凝土構件應依設計規範規定設計，使構材之設計強度足以承受設計載重。

第三七五條之二

①結構混凝土分析時，應考慮其使用需求、採用之結構系統、整體之穩定性、非結構構材之影響、施工方法及順序等。
②結構分析所用之分析方法及假設於設計規範定之。
③構體或構件之模型試驗結果可供結構分析參考。

第三七五條之三

結構混凝土設計時，應考慮結構系統中梁、柱、版、牆及基礎等構件及其接頭所承受之撓曲力、軸力、剪力、扭力等及其間力之傳遞，並考慮彎矩調整、撓度控制與裂紋控制，與構件之相互關係及施工可行性，其設計於設計規範定之。

第三七五條之四

①結構混凝土構件設計，應使其充分發揮設定之功能，並考慮左列規定：
一　構件之特性：構件之有效深度、寬度、横支撐間距、T型梁、柵版、深梁效應等。
二　鋼筋之配置：主筋與横向鋼筋之配置、間距、彎折、彎鉤、保護層、鋼筋量限制及有關鋼筋之伸展、錨定及續接等。
三　材料特性與環境因素之影響：潛變、乾縮、溫度鋼筋、伸縮縫及收縮縫等。
四　構件之完整性：梁、柱、版、牆、基礎等構件之開孔、管線、預留孔及埋設物等位置、尺寸與補強方法。
五　構件之連結：構件接頭之鋼筋排置及預鑄構件之連接。
六　施工之特別要求：混凝土澆置次序，預力大小、施力位置與程序，及預鑄構件吊裝等。
②前項各款設計內容於設計規範定之。

第三七六條至第四〇六條（刪除）

第四節　耐震設計之特別規定

第四〇七條

①結構混凝土建築物之耐震設計，應符合本編第一章第五節之規定。
②就地澆置之結構混凝土，爲抵抗地震力採韌性設計者，其構材應符合本節規定在以回歸期四百七十五年之大地震地表加速度作用下，以彈性反應結構分析所得之構材設計內力未超過其設計強度者，得不受第四百零八條至第四百十二條規定之限制。
③未依前二項規定設計抵抗地震力之結構混凝土，經實驗與分析證明其具有適當之強度及韌性，使耐震能力等於或超過本節規定者，仍可使用。

第四〇八條

①抵抗地震力之就地澆置結構混凝土採韌性設計者，應使其構材在大地震時能產生所需塑性變形，並應符合左列規定：
一　應考慮在地震時，所有結構與非結構構材間之相互作用對結構之線性或非線性反應之影響。
二　應考慮韌性設計之撓曲構材、受撓柱、梁柱接頭、結構牆、横膈版及桁架應符合第四百零九條至第四百十二條之規定。
三　混凝土規定抗壓強度之限制、鋼筋材質與續接及其他設計細節於設計規範定之。
②非抵抗水平地震力之構材，應符合第四百十二條之一規定。

第四〇九條

受撓曲與較小軸力構材之設計應避免在大地震時產生非韌性破壞；其適用之限制條件、

縱向主筋與橫向鋼筋之用量限制、配置與續接、剪力強度要求等設計細節，於設計規範定之。

第四一〇條

受撓柱之設計應使其在大地震時不致產生非韌性破壞；其適用之限制條件、強柱弱梁要求、縱向主筋與橫向箍筋之用量限制、配置與續接、剪力強度要求等設計細節於設計規範定之。

第四一一條

梁柱接頭之設計應可使梁端順利產生塑鉸，接頭不致產生剪力破壞；接頭內梁主筋之伸展與錨定、橫向鋼筋之配置、剪力設計強度等設計細節於設計規範定之。

第四一二條

結構牆、橫膈版及桁架設計爲抵抗地震力結構系統之一部分者，其剪力設計強度、鋼筋之配置、邊界構材等設計細節於設計規範定之。

第四一二條之一

抵抗地震力結構系統內設定爲非抵抗水平地震力之構材，其設計應考慮整體結構系統側向位移之影響，設計細節於設計規範定之。

第五節　強度設計法

第四一三條

強度設計法之基本要求爲使結構混凝土之構材依第四百十四條規定之設計強度足以承受加諸於該構材依第四百十三條之一規定之設計載重。

第四一三條之一

①結構混凝土構件之設計載重應考慮載重因數及載重組合。載重應依第三百七十五條第一項規定。

②載重因數及載重組合於設計規範定之。

第四一四條

結構混凝土構件之設計強度應考慮強度折減，強度折減於設計規範定之。

第四一五條（刪除）

第四一六條

構材依強度設計法設計時，應考慮力之平衡與應變之一致性，其他相關設計假設於設計規範定之。

第四一七條

構材之撓曲及軸力依強度設計法設計時，應考慮縱向鋼筋與橫向鋼筋之種類及用量要求及配置、受撓構材之橫向支撐、受壓構材之長細效應與設計尺寸，深梁、合成受壓構材、支承版系之受軸力構材及承壓強度等，設計細節於設計規範定之。

第四一八條至第四二七條（刪除）

第四二七條之一

構材之剪力依強度設計法設計時，應考慮混凝土最小斷面，剪力鋼筋之種類、強度、用量要求與配置等，其設計細節於設計規範定之。

第四二八條至第四三二條（刪除）

第四三二條之一

構材之扭力設計依強度設計法設計時，應考慮混凝土最小斷面，扭力鋼筋之種類、強度、用量要求與配置等，其設計細節於設計規範定之。

第四三三條至第四三九條（刪除）

第六節　工作應力設計法

第四三九條之一

①工作應力設計法之基本要求爲使結構混凝土構材在依第四百四十條之一規定之設計載重下，其工作應力不超過材料之容許應力。
②工作應力設計法不適用於預力混凝土構造。

第四四〇條 （刪除）

第四四〇條之一

工作應力設計法之設計載重除依第四百十三條之一之規定外，其載重因數及載重組合應視工作應力設計法之特性設計，設計細節於設計規範定之。

第四四〇條之二

結構混凝土構材於設計載重下，其工作應力之計算於設計規範定之。

第四四一條

結構混凝土構材之材料容許應力於設計規範定之。

第四四一條之一

構材之撓曲依工作應力設計法設計時，應符合力之平衡與應變之一致性。其撓曲應力與應變關係應依線性假設，設計細節於設計規範定之。

第四四一條之二

結構混凝土構材之軸力、剪力與扭力，或其與撓曲併合之力之容許值於設計規範定之。

第四四二條至第四四五條 （刪除）

第七節　構件與特殊構材

第四四五條之一

①梁、柱、版、牆及基礎等構件之設計應依本章之規定。
②版、牆及基礎等構件並得依合理之假設予以簡化，其簡化方式及設計細節於設計規範定之。

第四四六條至第四七一條 （刪除）

第四七一條之一

純混凝土構材、預鑄混凝土構材、合成混凝土構材及預力混凝土構材等特殊構材之設計除應符合本章有關規定外，並應考慮構材、接合及施工之特性，其設計細節及適用範圍於設計規範定之。

第四七二條至第四七五條 （刪除）

第四七五條之一

壁式預鑄鋼筋混凝土造之建築物，其建築高度，不得超過五層樓，簷高不得超過十五公尺。

第四七六條至第四九五條 （刪除）

第七章　鋼骨鋼筋混凝土構造

第一節　設計原則

第四九六條

應用鋼骨鋼筋混凝土建造之建築結構，其設計及施工應依本章規定。

第四九七條

鋼骨鋼筋混凝土構造設計規範（以下簡稱設計規範）及鋼骨鋼筋混凝土構造施工規範（以下簡稱施工規範），由中央主管建築機關定之。

第四九八條

鋼骨鋼筋混凝土構造之結構分析應採用公認合理之方法；各構材及接合之設計強度應大於或等於由因數化載重組合所得之設計載重效應。

第四九九條

鋼骨鋼筋混凝土構造設計採用之靜載重、活載重、風力及地震力，應依本編第一章規定。

第五〇〇條

鋼骨鋼筋混凝土構造設計，應審愼規劃適當之結構系統，並考慮結構立面及平面配置之抗震能力。

第五〇一條

鋼骨鋼筋混凝土構造設計，除考慮強度、勁度及韌性之需求外，應檢討施工之可行性；決定鋼骨鋼筋混凝土構造中鋼骨與鋼筋之關係位置時，應檢核鋼筋配置及混凝土施工之可行性。

第五〇二條

鋼骨鋼筋混凝土構造設計，應考慮左列極限狀態要求：

一　強度極限狀態：包含降伏、挫屈、傾倒、疲勞或斷裂等極限狀態。

二　使用性極限狀態：包含撓度、側向位移、振動或其他影響正常使用功能之極限狀態。

第五〇三條

鋼骨鋼筋混凝土構造設計圖，應依結構計算書之結果繪製，並應包含左列事項：

一　結構設計採用之設計規範名稱及版本。

二　建築物全部構造設計之平面圖、立面圖及必要之詳圖，並應註明使用尺寸之單位。

三　構材尺寸、鋼骨及鋼筋之配置詳圖，包含鋼骨斷面尺寸、主筋與箍筋之尺寸、數目、間距、錨定及彎鉤。

四　接合部之詳圖，包含梁柱接頭、構材續接處、基腳及斷面轉換處。

五　鋼骨、鋼筋、混凝土、銲材與螺栓之規格及強度。

第二節　材　料

第五〇四條 100

鋼骨鋼筋混凝土構造使用之材料，包含鋼板、型鋼、鋼筋、水泥、螺栓、銲材及剪力釘等均應符合中華民國國家標準；無中華民國國家標準適用之材料者，應依相關之國家檢驗測試標準或中央主管建築機關認可之國際通行檢驗規則檢驗，確認符合其原標示之標準，且證明符合設計規範規定。

第五〇五條 100

鋼骨鋼筋混凝土構造使用之材料由國外進口者，應具備原製造廠家之品質證明書，並經檢驗機關依中華民國國家標準或中央主管建築機關認可之國際通行檢驗規則檢驗合格，且證明符合設計規範規定。

第三節　構材設計

第五〇六條

鋼骨鋼筋混凝土構造之撓曲構材，得採用包覆型鋼骨鋼筋混凝土梁或鋼梁；採用包覆型鋼骨鋼筋混凝土梁時，其設計應依本章規定；採用鋼梁時，其設計應依本編第五章鋼構造規定。

第五〇七條

鋼骨鋼筋混凝土柱依其斷面型式分爲左列二類：

一　包覆型鋼骨鋼筋混凝土柱：指鋼筋混凝土包覆鋼骨之柱。

二　鋼管混凝土柱：指鋼管內部塡充混凝土之柱。

第五〇八條

鋼骨鋼筋混凝土構造之柱採用包覆型鋼骨鋼筋混凝土設計時，其相接之梁，得採用包覆型鋼骨鋼筋混凝土梁或鋼梁；採用鋼管混凝土柱時，其相接之梁，應採用鋼梁設計。

第五〇九條
矩形斷面鋼骨鋼筋混凝土構材之主筋，以配置在斷面四個角落爲原則；在梁柱接頭處，主筋應以直接通過梁柱接頭爲原則，並不得貫穿鋼骨之翼板。

第五一〇條
包覆型鋼骨鋼筋混凝土構材中之鋼骨及鋼筋均應有適當之混凝土保護層，且構材之主筋與鋼骨之間應保持適當之間距，以利混凝土之澆置及發揮鋼筋之握裹力。

第五一一條
鋼骨鋼筋混凝土構材應注意開孔對構材強度之影響，並應視需要予以適當之補強。

第四節　接合設計

第五一二條
鋼骨鋼筋混凝土構材接合設計，應依設計規範規定；接合處應具有足夠之強度，以傳遞其承受之應力。

第五一三條
鋼骨鋼筋混凝土梁柱接頭處之鋼梁，應直接與鋼骨鋼筋混凝土柱中之鋼骨接合，並使接合處之應力能夠有效平順傳遞。

第五一四條
包覆型鋼骨鋼筋混凝土梁柱接頭處，應配置適當之箍筋；箍筋需穿過鋼梁腹板時，腹板之箍筋孔應於設計圖上標明，且穿孔之大小及間距，應不損害鋼梁抵抗剪力之功能。

第五一五條
鋼骨鋼筋混凝土梁柱接頭處之鋼柱，應配置適當之連續板以傳遞水平力；爲使接頭處之混凝土能夠填充密實，應於連續板上設置灌漿孔或通氣孔，開孔尺寸應於設計圖上標明，且其大小應不損害連續板傳遞水平力之功能。

第五一六條
鋼骨鋼筋混凝土構材之續接處應具有足夠之強度，且能平順傳遞其承受之應力，續接之位置宜避開應力較大之處。

第五一七條
鋼骨鋼筋混凝土構材接合處之鋼骨、鋼筋、螺栓及接合板之配置，應考慮施工之可行性，且不妨礙混凝土之澆置及填充密實。

第五節　施　工

第五一八條
鋼骨鋼筋混凝土構造之施工，應依施工規範規定，施工過程中任何階段之結構強度及穩定性，應於施工前審愼評估，以確保施工過程中安全無虞。

第五一九條
鋼骨鋼筋混凝土構造之施工，需在鋼骨斷面上穿孔時，其穿孔及補強，應事先於工廠內施作完成。

第五二〇條
鋼骨鋼筋混凝土工程之混凝土澆置，應注意其塡充性，並應避免混凝土骨材析離。

第八章　冷軋型鋼構造

第一節　設計原則

第五二一條
①應用冷軋型鋼構材建造之建築結構，其設計及施工應依本章規定。
②前項所稱冷軋型鋼構材，係由碳鋼、低合金鋼板或鋼片冷軋成型；其鋼材厚度不得超過

二十五．四公釐。

③冷軋型鋼構造建築物之簷高不得超過十四公尺，並不得超過四層樓。

第五二二條

冷軋型鋼構造結構設計規範（以下簡稱設計規範）及冷軋型鋼構造施工規範（以下簡稱施工規範），由中央主管建築機關定之。

第五二三條

①冷軋型鋼結構之設計，應符合左列規定：

一　各類結構物之設計強度，應依其結構型式，在不同載重組合下，利用彈性分析或非彈性分析決定。

二　整體結構及每一構材、接合部，均應檢核其使用性。

三　使用容許應力設計法進行設計時，其容許應力應符合左列規定：

㈠結構物之構材、接頭及連結物，由工作載重所引致之應力，均不得超過設計規範規定之容許應力。

㈡風力或地震力與垂直載重聯合作用時，可使用載重組合折減係數計算應力，並不得超過設計規範規定之容許應力。

四　使用極限設計法進行設計時，應符合左列規定：

㈠設計應檢核強度及使用性極限狀態。

㈡構材及接頭之設計強度，應大於或等於由因數化載重組合計得之需要強度；設計強度係由標稱強度乘強度折減因子；強度折減因子及載重因數，應依設計規範規定。

②前項第三款第一目規定容許應力之計算，不包括滿足接頭區之局部高應力。

③第一項第四款第一目規定強度極限，指與結構之安全性密切相關之最大承載能力；使用性極限，指正常使用下其使用功能之極限狀態。

④設計冷軋型鋼結構構材之斷面或其接合，應使其應力不超過設計規範規定之容許應力，或使其設計強度大於或等於由因數化載重組合計得之需要強度。

第五二四條

冷軋型鋼結構製圖，應符合左列規定：

一　設計圖應依結構計算書之計算結果繪製，並應依設計及施工規範規定。

二　冷軋型鋼結構施工前應依設計圖說，事先繪製施工圖；施工圖應註明構材於製造、組合及安裝時所需之完整資料，並應依設計及施工規範規定。

三　冷軋型鋼結構之製圖比例、圖線規定、構材符號、鋼材符號及相關連結物符號，應依設計及施工規範規定。

第五二五條

冷軋型鋼結構施工，由購料、加工、接合至安裝完成，均應詳細查驗證明其品質及安全。

第五二六條

冷軋型鋼結構之耐震設計，應依本編第一章第五節耐震設計規定；其構材及接合之設計，應依設計規範規定。

第二節　設計強度及應力

第五二七條 100

①冷軋型鋼結構使用之材料包括冷軋成型之鋼構材、螺絲、螺栓、墊片、螺帽、鉚釘及銲接材料等，均應符合中華民國國家標準。無中華民國國家標準適用之材料者，應依中華民國國家標準鋼料檢驗通則CNS二六〇八點G五二及相關之國家檢驗測試標準，或中央主管建築機關認可之國際通行檢驗規則檢驗，確認符合其原標示之標準，且證明符合設計規範規定。

②冷軋型鋼結構使用鋼材，由國外進口者，應具備原製造廠家之品質證明書，並經檢驗機關依中華民國國家標準或中央主管建築機關認可之國際通行檢驗規則檢驗合格，證明符合設計規範規定。

第五二八條

①冷軋型鋼結構使用之鋼材，得依設計需要，採用合適之材料，且應確實把握產品來源。不同類鋼材未特別規定者，得依強度及接合需要相互配合應用。

②冷軋型鋼結構採用銲接時，應選用可銲性且延展良好之銲接結構用鋼材，並以工廠銲接爲原則。

第五二九條

冷軋型鋼結構構材之長細比爲其有效長與其迴轉半徑之比，並應檢核其對強度、使用性及施工性之影響。

第五三〇條

冷軋型鋼結構構架穩定應符合左列規定：

一　含斜撐系統構架：以斜撐構材、剪力牆或其他等效方法抵抗橫向力，且提供足夠之側向勁度，其受壓構材之有效長度係數應採用一．〇。如採用小於一．〇之有效長度係數，其值需以分析方法求得。多樓層含斜撐系統構架中之豎向斜撐系統，應以結構分析方法印證其具有足夠之勁度及強度，以維持構架在載重作用下之側向穩定，防止構架挫屈或傾倒，且分析時應考量水平位移之效應。

二　無斜撐系統構架：應經計算或實驗證明其構架之穩定性。

第五三一條

載重變動頻繁應力反復之構材，應依反復應力規定設計。

第三節　構材之設計

第五三二條

設計拉力構材時，應考量全斷面之降伏、淨斷面之斷裂及其振動、變形及連結物之影響。計算淨斷面上之強度時，應考量剪力遲滯效應。

第五三三條

設計壓力構材時，應考量局部挫屈、整體挫屈、降伏等之安全性。

第五三四條

設計撓曲構材時，應考慮其撓曲強度、剪力強度、腹板皺曲強度，並檢核在各種組合載重作用下之安全性。

第五三五條

撓曲構材之設計，除強度符合規範要求外，亦應依撓度限制規定設計之。

第五三六條

設計受扭矩及組合力共同作用之構材時，應考量軸力與彎矩共同作用時引致之二次效應，並檢核在各種組合載重作用下之安全性。

第五三七條

設計冷軋型鋼結構及其他結構材料組合之複合系統，應依設計規範及其他使用材料之設計規定。

第四節　接合設計

第五三八條

①接合之受力模式宜簡單明確，傳力方式宜緩和漸變，避免產生應力集中之現象。接合型式之選用以製作簡單、維護容易爲原則，接合處之設計，應能充分傳遞被接合構材計得之應力，如接合應力未經詳細計算，得依被接合構材之強度設計之。

②接合設計在必要時，應依接合所在位置對整體結構安全影響程度酌予調整其設計之安全

係數或安全因子，以提高結構之安全性。

第五三九條

①連結結構體與基礎之錨定螺栓，其設計應能抵抗在各種載重組合下，柱端所承受之拉力、剪力與彎矩，及因橫力產生之彎矩引致之淨拉力分量。

②混凝土支承結構設計需安全支承載重，埋入深度應有適當之安全係數或安全因子，確保埋置強度不致因局部或全部支承混凝土結構之破壞而折減。

第五四〇條

①冷軋型鋼構造之接合應考量接合構材及連結物之強度。

②冷軋型鋼構造接合以銲接、螺栓及螺絲接合為主；其接合方式及適用範圍應依設計及施工規範規定，並應考慮接合之偏心問題。

建築技術規則建築設備編

①民國98年1月5日內政部令修正發布第26條條文；並自發布日施行。
②民國100年2月25日內政部令修正發布第108～112、115、117、118、121、122、125、129、130條條文及第六章第三、四節節名；增訂第125-1條條文；刪除第109-1、113、114、116、119、120、123、124、126～128、131條條文；並自100年7月1日施行。
③民國100年6月21日內政部令修正發布第29條條文；並自100年7月1日施行。
④民國100年6月30日內政部令修正發布第1～3、7、9、11～16、19～25、133、134、136、138條條文及第一章第二、四節節名；增訂第 2-1、7-1條條文；刪除第4～6、8、10、17、18、135條條文；並自100年10月1日施行。
⑤民國101年11月7日內政部令修正發布第78～81、86、87、89、90條條文；增訂第80-1～80-4、81-1、81-2條條文；刪除第79-1、81、82～85、88條條文；並自102年1月1日施行。
⑥民國102年11月28日內政部令修正發布第26、28、29、37、138條條文；增訂第138-1條條文；刪除第27、30～36條條文及第二章第一、二節節名；並自103年1月1日施行。
⑦民國103年8月19日內政部令修正發布第37條條文；並自發布日施行。
⑧民國106年10月18日內政部令修正發布第1條條文；並自發布日施行。
⑨民國108年11月4日內政部令修正發布第37、110條條文；並自發布日施行。

第一章　電氣設備

第一節　通　則

第一條 106
建築物之電氣設備，應依屋內線路裝置規則、各類場所消防安全設備設置標準及輸配電業所定電度表備置相關規定辦理；未規定者，依本章之規定辦理。

第一條之一 100
①配電場所應設置於地面或地面以上樓層。如有困難必須設置於地下樓層時，僅能設於地下一層。
②配電場所設置於地下一層者，應裝設必要之防水或擋水設施。但地面層之開口均位於當地洪水位以上者，不在此限。

第二條 100
使用於建築物內之電氣材料及器具，均應為經中央目的事業主管機關或其認可之檢驗機構檢驗合格之產品。

第二條之一 100
電氣設備之管道間應有足夠之空間容納各電氣系統管線。其與電信、給水排水、消防、燃燒、空氣調節及通風等設備之管道間採合併設置時，電氣管道與給水排水管、消防水管、燃氣設備之供氣管路、空氣調節用水管等管道應予以分隔。

第二節　照明設備及緊急供電設備 100

第三條 100
建築物之各處所除應裝置一般照明設備外，應依本規則建築設計施工編第一百一十六條之二規定設置安全維護照明裝置，並應依各類場所消防安全設備設置標準之規定裝置緊急照明燈、出口標示燈及避難方向指示燈等設備。

第四條至第六條 （刪除）100

第七條 100
建築物內之下列各項設備應接至緊急電源：

一　火警自動警報設備。
二　緊急廣播設備。
三　地下室排水、污水抽水幫浦。
四　消防幫浦。
五　消防用排煙設備。
六　緊急昇降機。
七　緊急照明燈。
八　出口標示燈。
九　避難方向指示燈。
十　緊急電源插座。
十一　防災中心用電設備。

第七條之一 100

緊急電源之供應，採用發電機設備者，發電機室應有適當之進氣及排氣開孔，並應留設維修進出通道；採用蓄電池設備者，蓄電池室應有適當之排氣裝置。

第八條 （刪除）100

第九條 100

緊急昇降機及消防用緊急供電設備之配線，均應連接至電動機，並依各類場所消防安全設備設置標準規定設置。

第一〇條 （刪除）100

第三節　特殊供電

第一一條 100

凡裝設於舞臺之電氣設備，應依下列規定：
一　對地電壓應爲三百伏特以下。
二　配電盤前面須爲無活電露出型，後面如有活電露出，應用牆、鐵板或鐵網隔開。
三　舞臺燈之分路，每路最大負荷不得超過二十安培。
四　凡簾幕馬達使用電刷型式者，其外殼須爲全密閉型者。
五　更衣室內之燈具不得使用吊管或鏈吊型，燈具離樓地板面高度低於二點五公尺者，並應加裝燈具護罩。

第一二條 100

電影製片廠影片儲藏室內之燈具爲氣密型玻璃外殼者，燈之控制開關應裝置於室外之牆壁上，開關旁並應附裝標示燈，以示室內燈光之點滅。

第一三條 100

電影院之放映室，應依下列規定：
一　放映室燈應有燈具護罩，室內並須裝設機械通風設備。
二　放映室應專作放置放映機之用。整流器、變阻器、變壓器等應放置其他房間。但有適當之護罩使整流器、變壓器等所發生之熱或火花不致碰觸軟版者，不在此限。

第一四條 100

招牌廣告燈及樹立廣告燈之裝設，應依下列規定：
一　於每一組個別獨立安裝之廣告燈可視及該廣告燈之範圍內，均應裝設一可將所有非接地電源線切斷之專用開關，且其電路上應有漏電斷路器。
二　設置於屋外者，其電源回路之配線應採用電纜。
三　廣告燈之金屬外殼及固定支撐鐵架等，均應接地。
四　應在明顯處所附有永久之標示，註明廣告燈製造廠名稱、電源電壓及輸入電流，以備日後檢查之用。
五　電路之接地、漏電斷路器、開關箱、配管及配線等裝置，應依屋內線路裝置規則辦理。

第一五條 100

X光機或放射線之電氣裝置，應依下列規定：

一　每一組機器應裝設保護開關於該室之門上，並應將開關連接至機器控制器上，當室門未緊閉時，機器即自動斷電。

二　室外門上應裝設紅色及綠色標示燈，當機器開始操作時，紅燈須點亮，機器完全停止時，綠燈點亮。

第一六條 100

游泳池之電氣設備，應依下列規定：

一　爲供應游泳池內電氣器具之電源，應使用絕緣變壓器，其一次側電壓，應爲三百伏特以下，二次側電壓，應爲一百五十伏特以下，且絕緣變壓器之二次側不得接地，並附接地隔屏於一次線圈與二次線圈間，絕緣變壓器二次側配線應按金屬管工程施工。

二　供應游泳池部分之電源應裝設漏電斷路器。

三　所有器具均應按第三種地線工程妥爲接地。

第四節　緊急廣播設備 100

第一七條（刪除）100

第一八條（刪除）100

第五節　避雷設備

第一九條 100

①爲保護建築物或危險物品倉庫遭受雷擊，應裝設避雷設備。

②前項避雷設備，應包括受雷部、避雷導線（含引下導體）及接地電極。

第二〇條 100

下列建築物應有符合本節所規定之避雷設備：

一　建築物高度在二十公尺以上者。

二　建築物高度在三公尺以上並作危險物品倉庫使用者（火藥庫、可燃性液體倉庫、可燃性氣體倉庫等）。

第二一條 100

避雷設備受雷部之保護角及保護範圍，應依下列規定：

一　受雷部採用富蘭克林避雷針者，其針體尖端與受保護地面周邊所形成之圓錐體即爲避雷針之保護範圍，此圓錐體之頂角之一半即爲保護角，除危險物品倉庫之保護角不得超過四十五度外，其他建築物之保護角不得超過六十度。

二　受雷部採用前款型式以外者，應依本規則總則編第四條規定，向中央主管建築機關申請認可後，始得運用於建築物。

第二二條 100

受雷部針體應用直徑十二公厘以上之銅棒製成；設置環境有使銅棒腐蝕之虞者，其銅棒外部應施以防蝕保護。

第二三條 100

受雷部之支持棒可使用銅管或鐵管。使用銅管時，長度在一公尺以下者，應使用外徑二十五公厘以上及管壁厚度一點五公厘以上；超過一公尺者，須用外徑三十一公厘以上及管壁厚度二公厘以上。使用鐵管時，應使用管徑二十五公厘以上及管壁厚度三公厘以上，並不得將導線穿入管內。

第二四條 100

建築物高度在三十公尺以下時，應使用斷面積三十平方公厘以上之銅導線；建築物高度超過三十公尺，未達三十六公尺時，應用六十平方公厘以上之銅導線；建築物高度在三十六公尺以上時，應用一百平方公厘以上之銅導線。導線裝置之地點有被外物碰傷之虞時，應使用硬質塑膠管或非磁性金屬管保護之。

第二五條 100

避雷設備之安裝應依下列規定：

一 避雷導線須與電力線、電話線、燃氣設備之供氣管路離開一公尺以上。但避雷導線與電力線、電話線、燃氣設備之供氣管路間有靜電隔離者，不在此限。

二 距離避雷導線在一公尺以內之金屬落水管、鐵樓梯、自來水管等應用十四平方公厘以上之銅線予以接地。

三 避雷導線除煙囪、鐵塔等面積甚小得僅設置一條外，其餘均應至少設置二條以上，如建築物外周長超過一百公尺，每超過五十公尺應增裝一條，其超過部分不足五十公尺者得不計，並應使各接地導線相互間之距離儘量平均。

四 避雷系統之總接地電阻應在十歐姆以下。

五 接地電極須用厚度一點四公厘以上之銅板，其大小不得小於零點三五平方公尺，或使用二點四公尺長十九公厘直徑之鋼心包銅接地棒或可使總接地電阻在十歐姆以下之其他接地材料。接地電極之埋設深度，採用銅板者，其頂部應與地表面有一點五公尺以上之距離；採用接地棒者，應有一公尺以上之距離。

六 一個避雷導線引下至二個以上之接地電極以並聯方式連接時，其接地電極相互之間隔應為二公尺以上。

七 導線之連接：

㈠導線應儘量避免連接。

㈡導線之連接須以銅焊或銀焊為之，不得僅以螺絲連接。

八 導線轉彎時其彎曲半徑應在二十公分以上。

九 導線每隔二公尺須用適當之固定器固定於建築物上。

十 不適宜裝設受雷部針體之地點，得使用與避雷導線相同斷面之裸銅線架空以代替針體。其保護角應符合第二十一條之規定。

十一 鋼構造建築，其直立鋼骨之斷面積三百平方公厘以上，或鋼筋混凝土建築，其直立主鋼筋均用焊接連接其總斷面積三百平方公厘以上，且依第四款及第五款規定在底部用三十平方公厘以上接地線接地時，得以鋼骨或鋼筋代替避雷導線。

十二 平屋頂之鋼架或鋼筋混凝土建築物，裝設避雷設備符合本條第十款規定者，其保護角應遮蔽屋頂突出物全部與建築物屋角及邊緣。其平屋頂中間平坦部分之避雷設備，除危險物品倉庫外，得省略之。

第二章　給水排水系統及衛生設備

第一節　（刪除）102

第二六條 102

①建築物給水排水系統設計裝設及設備容量、管徑計算，除自來水用戶用水設備標準、下水道用戶排水設備標準，及各地區另有規定者從其規定外，應依本章及建築物給水排水設備設計技術規範規定辦理。

②前項建築物給水排水設備設計技術規範，由中央主管建築機關定之。

第二七條 （刪除）102

第二八條 102

給水、排水及通氣管路全部或部分完成後，應依建築物給水排水設備設計技術規範進行管路耐壓試驗，確認通過試驗後始為合格。

第二九條 102

①給水排水管路之配置，應依建築物給水排水設備設計技術規範設計，以確保建築物安

全，避免管線設備腐蝕及污染。

②排水系統應裝設衛生上必要之設備，並應依下列規定設置截留器、分離器：

一　餐廳、店鋪、飲食店、市場、商場、旅館、工廠、機關、學校、醫院、老人福利機構、身心障礙福利機構、兒童及少年安置教養機構及俱樂部等建築物之附設食品烹飪或調理場所之水盆及容器落水，應裝設油脂截留器。

二　停車場、車輛修理保養場、洗車場、加油站、油料回收場及涉及機械設施保養場所，應裝設油水分離器。

三　營業性洗衣工廠及洗衣店、理髮理容場所、美容院、寵物店及寵物美容店等應裝設截留器及易於拆卸之過濾罩，罩上孔徑之小邊不得大於十二公釐。

四　牙科醫院診所、外科醫院診所及玻璃製造工廠等場所，應裝設截留器。

③未設公共污水下水道或專用下水道之地區，沖洗式廁所排水及生活雜排水均應納入污水處理設施加以處理，污水處理設施之放流口應高出排水溝經常水面三公分以上。

④沖洗式廁所排水、生活雜排水之排水管路應與雨水排水管路分別裝設，不得共用。

⑤住宅及集合住宅設有陽臺之每一住宅單位，應至少於一處陽臺設置生活雜排水管路，並予以標示。

第三〇條至第三六條　（刪除）102

第二節　（刪除）102

第三七條 108

建築物裝設之衛生設備數量不得少於下表規定：

建築物種類		大便器			小便器	洗面盆		浴缸或淋浴
一	住宅、集合住宅	每一居住單位一個。				每一居住單位一個。		每一居住單位一個。
二	小學、中學	男子：每五十人一個。 女子：每十人一個。			男子：每三十人一個。	每六十人一個。		
三	其他學校	男子：每七十五人一個。 女子：每十五人一個。			男子：每三十人一個。	每六十人一個。		
四	辦公廳	總人數	男	女	個數	總人數	個數	
		一至十五	一	一	一	一至十五	一	
		十六至三十五	一	二	一	十六至三十五	二	
		三十六至五十五	一	三	一	三十六至六十	三	
		五十六至八十	一	三	二	六十一至九十	四	
		八十一至一百十	一	四	二	九十一至一百二十五	五	
		一百十一至一百五十	二	六	三			
		超過一百五十人時，以人數男女各占一半計算，每增加男子一百二十人男用增加一個，每增加女子三十人女用增加一個。			超過一百五十人時，每增加男子六十人增加一個。	超過一百二十五人時，每增加四十五人增加一個。		

五	工廠、倉庫	總人數	男	女	個數	一百人以下時，每十人一個，超過一百人時每十五人一個。		在高溫有毒害之工廠每十五人一個。
		一至二十四	一	一	一			
		二十五至四十九	一	二	一			
		五十至一百	一	三	二			
		超過一百人時，以人數男女各占一半計算，每增加男子一百二十人男用增加一個，每增加女子三十人女用增加一個。			超過一百人時，每增加男子六十人增加一個。			
六	宿舍	男子：每十人一個，超過十人時，每增加二十五人，增加一個。 女子：每六人一個，超過三十人時，每增加十人增加一個。			男子：每二十五人一個，超過一百五十人時，每增加五十人增加一個。	每十二人一個，超過十二人時，男子每增加二十人增加一個，女子每增加十五人增加一個。		每八人一個，超過一百五十人，每增加二十人增加一個。女子宿舍每三十人增加浴缸一個。
七	戲院、演藝場、集會堂、電影院、歌廳	總人數	男	女	個數	總人數	個數	
		一至一百	一	五	二	一至二百	二	
		一百零一至二百	二	十	四	二百零一至四百	四	
		二百零一至三百	三	十五	六	四百零一至七百五十	六	
		三百零一至四百	四	二十	八			
		超過四百人時，以人數男女各占一半計算，每增加男子一百人男用增加一個，每增加女子二十人女用增加一個。			超過四百人時，每增加男子五十人增加一個。	超過七百五十人時，每增加三百人增加一個。		
八	車站、航空站、候船室	總人數	男	女	個數	總人數	個數	
		一至五十	一	二	一	一至二百	二	
		五十一至一百	一	五	二	二百零一至四百	四	
		一百零一至二百	二	十	二	四百零一至六百	六	
		二百零一至三百	三	十五	四			
		三百零一至四百	四	二十	六			
		超過四百人時，以人數男女各占一半計算，每增加男子一百人男用增加一個，每增加女子二十人女用增加一個。			超過四百人時，每增加男子五十人增加一個。	超過六百人時，每增加三百人增加一個。		

九	其他供公衆使用之建築物	總人數	男	女	個數	總人數	個數	
		一至五十	一	二	一	一至十五	一	
		五十一至一百	一	四	二	十六至三十五	二	
		一百零一至二百	二	七	四	三十六至六十	三	
						六十一至九十	四	
						九十一至一百二十五	五	
		超過二百人時，以人數男女各占一半計算，每增加男子一百二十人男用增加一個，每增加女子三十人女用增加一個。			超過二百人時，每增加男子六十人增加一個。	超過一百二十五人時，每增加四十五人增加一個。		

說明：

一、本表所列使用人數之計算，應依下列規定：

㈠小學、中學及其他學校按同時收容男女學生人數計算。

㈡辦公廳之建築物按居室面積每平方公尺零點一人計算。

㈢工廠、倉庫按居室面積每平方公尺零點一人計算或得以目的事業主管機關核定之投資計畫或設廠計畫書等之設廠人數計算；無投資計畫或設廠計畫書者，得由申請人檢具預定設廠之製程、設備及作業人數，區分製造業及非製造業，前者送請中央工業主管機關檢核，後者送請直轄市、縣（市）政府備查，分別依檢核或備查之作業人數計算。

㈣宿舍按固定床位計算，且得依宿舍實際男女人數之比例調整之。

㈤戲院、演藝場、集會堂、電影院、歌廳按固定席位數計算；未設固定席位者，按觀衆席面積每平方公尺一點二人計算。

㈥車站按營業及等候空間面積每平方公尺零點四人計算，航空站、候船室按營業及等候空間面積每平方公尺零點二人計算；或得依該中央目的事業主管機關核定之車站、航空站、候船室使用人數（以每日總運量乘以零點二）計算之。

㈦其他供公衆使用之建築物按居室面積每平方公尺零點二人計算。

㈧本表所列建築物人數計算以男女各占一半計算。但辦公廳、其他供公衆使用建築物、工廠、倉庫、戲院、演藝場、集會堂、電影院、歌廳、車站及航空站，得依實際男女人數之比例調整之。

二、依本表計算之男用大便器及小便器數量，得在其總數量不變下，調整個別便器之數量。但大便器數量不得爲表列個數二分之一以下。

第三八條

裝設洗手槽時，以每四十五公分長度相當於一個洗面盆。

第三九條

本規則建築設計施工編第四十九條規定之污水處理設施，其污水放流水質應符合水污染防治法規定。

第四〇條（刪除）

第四〇條之一

污水處理設施爲現場構築物，其技術規範由中央主管建築機關另定之；爲預鑄式者，應經中央環境保護主管機關會同中央主管建築機關審核認可。

第四一條（刪除）

第三章　消防栓設備

第一節　消防設備

第四二條

本規則建築設計施工編第一一四條第一款規定之消防栓，其裝置方法及必需之配件，應依本節規定。

第四三條

消防栓之消防立管管系，應採用符合中國國家標準之鍍鋅白鐵管或黑鐵管。

第四四條

①消防栓之消防立管管系竣工時，應作加壓試驗，試驗壓力不得小於每平方公分十四公斤，如通水後可能承受之最大水壓超過每平方公分十公斤時，則試驗壓力應為可能承受之最大水壓加每平方公分三．五公斤。

②試驗壓力應以繼續維持兩小時而無漏水現象為合格。

第四五條

消防栓之消防立管之裝置，應依左列規定：

一　管徑不得小於六十三公厘，並應自建築物最低層直通頂層。

二　在每一樓層每二十五公尺半徑範圍內應裝置一支。

三　立管應裝置於不受外來損傷及火災不易殃及之位置。

四　同一建築物內裝置立管在二支以上時，所有立管管頂及管底均應以橫管相互連通，每支管裝接處應設水閥，以便破損時能及時關閉。

第四六條

每一樓層之每一消防立管，應接裝符合左列規定之消防栓一個：

一　距離樓地板面之高度，不得大於一．五公尺，並不得小於三十公分。

二　應為銅質角形閥。

三　應裝在走廊或防火構造之樓梯間附近便於取用之位置。供集會或娛樂場所，應裝在左列位置：

㈠舞臺兩側。

㈡觀眾席後兩側。

㈢包箱後側。

四　消防栓之放水量，須經常保持每分鐘不得小於一三〇公升。瞄子放水水壓不得小於每平方公分一．七公斤（五支瞄子同時出水），消防栓出口之靜水壓超過每平方公分七公斤時，應加裝減壓閥，但直徑六十三公厘之消防栓免裝。

第四七條

消防栓應裝置於符合左列規定之消防栓箱內：

一　箱身應依不燃材料構造，並予固定不移動。

二　箱面標有明顯而不易脫落之「消防栓」字樣。

三　箱內應配有左列兩種裝備之任一種：

㈠第一種裝備：

1.口徑三十八公厘或五十公厘消防水栓一個。

2.口徑三十八公厘或五十公厘消防水帶二條，每條長十公尺並附快式接頭。

3.軟管架。

4.口徑十三公厘直線水霧兩用瞄子一個。

5.五層以上建築物，第五層以上樓層，每層每一立管，應裝口徑六十三公厘供消防專用快接頭出水口一處。

㈡第二種裝備：

1.口徑二十五公厘自動消防栓連同管盤，長三十公尺之皮管及直線水霧兩用瞄子一套。

2.口徑六十三公厘消防栓一個，並附長十公尺水帶二條及瞄子一具，其水壓應符合前條規定。

第四八條

①裝置消防立管之建築物，應自備一種以上可靠之水源。水源容量不得小於裝置消防栓最多之樓層內全部消防栓繼續放水二十分鐘之水量，但該樓層內全部消防栓數量超過五個時，以五個計算之。

②前項水源，應依左列規定：

一　重力水箱：專供消防用者，容量不得小於前項規定，與普通給水合併使用者，容量應爲普通給水量與不小於前項規定之消防用水量之和。普通給水管管系與消防立管管系，必須分開，不得相互連通，消防立管管系與水箱連接後，應裝設逆水閥。重力水箱之水泵，應連接緊急電源。

二　地下水池及消防水泵：地下水池之容量不得小於重力水箱規定之容量。水泵應裝有自動或手動之啓動裝置，手動啓動裝置在每一消防栓箱內。水泵並應與緊急電源相連接。

三　壓力水箱及加壓水泵：水箱內空氣容積不得小於水箱容積之三分之一，壓力不得小於使建築物最高處之消防栓維持規定放水水壓所需壓力。水箱內貯水量及加壓水泵輸水量之配合水量，不得小於前項規定之水源容量。水箱內壓力減低時，水泵應能立即啓動。水泵應與緊急電源相連接。

四　在自來水壓力及供水充裕之地區，經當地主管自來水機關之同意，消防水泵或加壓水泵得直接接自來水管。

第四九條

裝置消防立管之建築物，應於地面層室外臨建築線處設置口徑六十三公厘且符合左列規定之送水口。

一　消防立管數在二支以下時，應設置雙口式送水口一個，並附快接頭，三支以上時，設置二個。

二　送水口應與消防立管系連通，且在連接處裝置逆止閥。

三　送水口距離基地地面之高度不得大於一公尺，並不得小於五十公分。

四　送水口上應標明「消防送水口」字樣。

五　送水口之裝設以埋入型爲原則，如需加裝露出型時，應不得妨礙交通及市容。

第五〇條

裝置消防立管之建築物，其地面以上樓層數在十層以上者，應在其屋頂上適當位置，設置口徑六十三公厘之消防栓一個，消防栓應與消防立管系連通，其距離屋頂面之高度不得大於一公尺，並不得小於五十公分。

第二節　自動撒水設備

第五一條

本規則建築設計施工編第一一四條第二款規定之自動撒水設備，其裝置方法及必需之配件，應依本節規定。

第五二條

自動撒水設備管系採用之材料，應依本編第四十三條規定。

第五三條

自動撒水設備竣工時，應作加壓試驗，試驗方法：準用本編第四十四條規定，但乾式管系應併行空壓試驗，試驗時，應使空氣壓力達到每平方公分二・八公斤之標準，在保持二十四小時之試驗時間內，如漏氣量達到〇・二三公斤以上時，應即將漏氣部分加以填塞。

第五四條

自動撒水設備得依實際情況需要，採用左列任一裝置形式：

一　密閉濕式：平時管內貯滿高壓水，作用時即時撒水。

二　密閉乾式：平時管內貯滿高壓空氣，作用時先排空氣，繼即撒水。

三　開放式：平時管內無水，用火警感應器啓動控制閥，使水流入管系撒水。

第五五條

自動撒水設備之撒水頭，其配置應依左列規定：

一　撒水頭之配置，在正常情形下應採交錯方式。

二　戲院、舞廳、夜總會、歌廳、集會堂、表演場所之舞臺及道具室、電影院之放映室及貯存易燃物品之倉庫，每一撒水頭之防護面積不得大於六平方公尺，撒水頭間距，不得大於三公尺。

三　前款以外之建築物，每一撒水頭之防護面積不得大於九平方公尺，間距不得大於三公尺半。但防火建築物或防火構造建築物，其防護面積得增加爲十一平方公尺以下，間距四公尺以下。

四　撒水頭與牆壁間距離，不得大於前兩款規定間距之半數。

第五六條

撒水頭裝置位置與結構體之關係，應依左列規定：

一　撒水頭之迴水板，應裝置成水平，但樓梯上得與樓梯斜面平行。

二　撒水頭之迴水板與屋頂板，或天花板之間距，不得小於八公分，且不得大於四十公分。

三　撒水頭裝置於樑下時，迴水板與樑底之間距不得大於十公分，且與屋頂板，或天花板之間距不得大於五十公分。

四　撒水頭四周，應保持六十公分以上之淨空間。

五　撒水頭側面有樑時，應依左表規定裝置之：

迴水版高出樑底面尺寸（公分）	撒水頭與樑側面淨距離（公分）
〇	一～三〇
二・五	三一～六〇
五・〇	六一～七五
七・五	七六～九〇
十・〇	九一～一〇五
一五・〇	一〇六～一二〇
一七・五	一二一～一三五
二二・五	一三六～一五〇
二七・五	一五一～一六五
三五・〇	一六六～一八〇

六　撒水頭迴水板與其下方隔間牆頂或櫥櫃頂之間距，不得小於四十五公分。

七　撒水裝在空花型天花板內，對熱感應與撒水皆有礙時，應用定格溫度較低之撒水頭。

第五七條

左列房間，得免裝撒水頭：

一　洗手間、浴室、廁所。

二　室內太平梯間。

三　防火構造之電梯機械室。
四　防火構造之通信設備室及電腦室，具有其他有效滅火設備者。
五　貯存鋁粉、碳酸鈣、磷酸鈣、鈉、鉀、生石灰、鎂粉、過氧化鈉等遇水將發生危險之化學品倉庫或房間。

第五八條
①撒水頭裝置數量與其管徑之配比，應依左表規定：

撒水頭數量（個）	2	3	5	10	30	60	100	100以上
管徑（公厘）	25	32	40	50	65	80	90	100

②每一直接接裝撒水頭之支管上，撒水頭不得超過八個。

第五九條
撒水頭放水量應依左列規定：
一　密閉濕式或乾式：每分鐘不得小於八十公升。
二　開放式：每分鐘不得小於一六〇公升。

第六〇條
①自動撒水設備應裝設自動警報逆止閥，每一樓層之樓地板面積三千平方公尺以內者，每一樓層應裝置一套；超過三千平方公尺時，每一樓層應裝設兩套。
②無隔間之樓層內，前項三千平方公尺，得增爲一萬二千平方公尺。

第六一條
每一裝有自動警報逆止閥之自動撒水系統，應與左列規定，配置查驗管：
一　管徑不得小於二十五公厘。
二　出口端配裝平滑而防銹之噴水口，其放水量應與本編第五十九條規定相符。
三　查驗管應接裝在建築物最高層或最遠支管之末端。
四　查驗管控制閥距離地板面之高度，不得大於二．一公尺。

第六二條
①裝置自動撒水設備之建築物，應自備一種以上可靠之水源。水源容量，應依左列規定：
一　十層以下建築物：不得小於十個撒水頭繼續放水二十分鐘之水量。
二　十一層以上之建築物及百貨商場、戲院之樓層：不得小於三十個撒水頭繼續放水二十分鐘之水量。
②前項水源，應爲能自動供水之重力水箱，地下水池及消防水泵、或壓力水箱及加壓水泵。水泵均應連接緊急電源。

第六三條
裝置自動撒水設備之建築物，應依本編第四十九條第一、二、三款設置送水口，並在送水口上標明「自動撒水送水口」字樣。

第三節　火警自動警報器設備

第六四條
本規則建築設計施工編第一一五條規定之火警自動警報器，其裝置方法及必需之配件，應依本節規定。

第六五條
裝設火警自動警報器之建築物，應依左列規定，劃定火警分區：
一　每一火警分區不得超過一樓層，且不得超過樓地板面積六〇〇平方公尺，但上下兩層樓地板面積之和不超過五〇〇平方公尺者，得二層共同一分區。
二　每一分區之任一邊長，不得超過五十公尺。

三　如由主要出入口，或直通樓梯出入口能直接觀察該樓層任一角落時，第一款規定之六〇〇平方公尺得增為一、〇〇〇平方公尺。

第六六條

①火警自動警報設備應包括左列設備：

一　自動火警探測設備。

二　手動報警機。

三　報警標示燈。

四　火警警鈴。

五　火警受信機總機。

六　緊急電源。

②裝置於散發易燃性塵埃處所之火警自動警報設備，應具有防爆性能。裝置於散發易燃性飛絮或非導電性及非可燃性塵埃處所者，應具有防塵性能。

第六七條

自動火警探測設備，應為符合左列規定型式之任一型：

一　定溫型：裝置點溫度到達探測器定格溫度時，即行動作。該探測器之性能，應能在室溫攝氏二十度升至攝氏八十五度時，於七分鐘內動作。

二　差動型：當裝置點溫度以平均每分鐘攝氏十度上升時，應能在四分半鐘以內即行動作，但通過探測器之氣流較裝置處所室溫度高出攝氏二十度時，該探測器亦應能在三十秒內動作。

三　偵煙型：裝置點煙之濃度到達百分之八遮光程度時，探測器應能在二十秒內動作。

第六八條

①探測器之有效探測範圍，應依左表規定：

型式	離地板面高度	有效探測範圍（平方公尺）	
		防火建築物及防火構造建築物	其他建築物
定溫型	四公尺以下	二十	十五
差動型	四公尺以下	七十	四十
	四至八公尺	四十	二十五
偵煙型	四公尺以下	一〇〇	一〇〇
	四至八公尺	五十	五十
	八至二十公尺	三十	三十

②偵測器裝置於四周均為通達天花板牆壁之房間內時，其探測範圍，除照前項規定外，並不得大於該房間樓地板面積。

③探測器裝置於四周均為淨高六十公分以上之樑或類似構造體之平頂時，其探測範圍，除照本條表列規定外，並不得大於該樑或類似構造體所包圍之面積。

第六九條

探測器之構造，應依左列規定：

一　動作用接點，應裝置於密封之容器內，不得與外面空氣接觸。

二　氣溫降至攝氏零下十度時，其性能應不受影響。

三　底板應有充力之強度，裝置後不致因構造體變形而影響其性能。

四　探測器之動作，不得因熱氣流方向之不同，而有顯著之變化。

第七〇條

探測器裝置位置，應依左列規定：

一　應裝置在天花板下方三十公分範圍內。
二　設有排氣口時，應裝置於排氣口周圍一公尺範圍內。
三　天花板上設出風口時，應距離該出風口一公尺以上。
四　牆上設有出風口時，應距離該出風口三公尺以上。
五　高溫處所，應裝置耐高溫之特種探測器。

第七一條

①手動報警機應依左列規定：
一　按鈕按下時，應能即刻發出火警音響。
二　按鈕前應有防止隨意撥弄之保護板，但在八公斤靜指壓力下，該保護板應即時破裂。
三　電氣接點應爲雙接點式。
②裝置於屋外之報警機，應具有防水性能。

第七二條

標示燈應依左列規定：
一　用五瓦特或十瓦特之白熾燈泡，裝置於玻璃製造之紅色透明罩內。
二　透明罩應爲圓弧形，裝置後凸出牆面。

第七三條

火警警鈴應依左列規定：
一　電源應爲直流式。
二　電壓到達規定電壓之百分之八十時，應能即刻發出音響。
三　在規定電壓下，離開火警警鈴一百公分處，所測得之音量，不得小於八十五亨（phon）。
四　電鈴絕緣電阻在二〇兆歐姆以上。
五　警鈴音響應有別於建築物其他音響，並除報警外，不得兼作他用。

第七四條

手動報警機、標示燈及火警鈴之裝置位置，應依左列規定：
一　應裝設於火警時人員避難通道內適當而明顯之位置。
二　手動報警機高度，離地板面之高度不得小於一·二公尺，並不得大於一·五公尺。
三　標示燈及火警警鈴距離地板面之高度，應在二公尺至二·五公尺之間，但與手動報警機合併裝設者，不在此限。
四　建築物內裝有消防立管之消防栓箱時，手動報警機、標示燈及火警警鈴應裝設在消火栓箱上方牆上。

第七五條

火警受信總機應依左列規定：
一　應具有火警表示裝置，指示火警發生之分區。
二　火警發生時，應能發出促使警戒人員注意之音響。
三　應具有試驗火警表示動作之裝置。
四　應爲交直流電源兩用型，火警分區不超過十區之總機，其直流電源得採用適當容量之乾電池，超過十區者，應採用附裝自動充電裝置之蓄電池。
五　應裝有全自動電源切換裝置，交流電源停電時，可自動切換至直流電源。
六　火警分區超過十區之總機，應附有線路斷線試驗裝置。
七　總機開關，應能承受最大負荷電流之二倍，且使用一萬次以上而無任何異狀者，總機所用電鍵如非在定位時，應以亮燈方式表示。
八　火警表示裝置之燈泡，每分區至少應有二個並聯，以免因燈泡損壞而影響火警。
九　繼電器應爲雙接點式並附有防塵外殼，在正常負荷下，使用三十萬次後，不得有任何異狀。

第七六條

火警受信總機之裝置位置，應依左列規定：

一　應裝置於值日室或警衛室等經常有人之處所。

二　應裝在日光不直接照射之位置。

三　應垂直裝置，避免傾斜，其外殼並須接地。

四　壁掛型總機操作開關距離樓地板之高度，應在一．五公尺至一．八公尺之間。

第七七條

火警自動警報器之配線，應依左列規定：

一　採用電線配線者，應爲耐熱六〇〇伏特塑膠絕緣電線，其線徑不得小於一．二公厘，或採用同斷面積以上之絞線。

二　採用電纜者，應爲通信用電纜。

三　纜、線連接時，應先絞合焊錫，再以膠布包纏。

四　除室外架空者外，纜、線應一律穿入金屬或硬質塑膠導線管內。

五　採用數個分區共同一公用線方式配線時，該公用線供應之分區數，不得超過七個。

六　導線管許可容納電線根數應依左表規定：

電線線徑或斷面積＼導管口徑（公厘）＼電線根數	13	19	25	32	38	50	63	76
1.2 公厘	7	12	18	33	45	74	105	160
1.6 公厘	6	10	16	29	40	65	93	143
2.0 公厘	4	8	13	24	32	53	76	117
5.5 平方公厘	4	6	11	19	26	43	61	95
8 平方公厘		4	6	11	15	25	36	56

七　電線或電纜之斷面積（包括包覆之絕緣物）不得大於導線管斷面積之百分之三十。

八　配線應採用串接式，並應加設終端電阻，以便斷線發生時，可用通路試驗法由線機處測出。

九　前款終端電阻，得以環繞型接線代替。

十　埋設於屋外或有浸水之虞之配線，應採用電纜外套金屬管，並與電力線保持三十公分以上之間距。

第四章　燃燒設備

第一節　燃氣設備

第七八條 101

建築物安裝天然氣、煤氣、液化石油氣、油裂氣或混合氣等非工業用燃氣設備，其燃氣供給管路、燃氣器具及供排氣設備等，除應符合燃氣及燃燒設備之目的事業主管機關有關規定外，應依本節規定。

第七九條 101

燃氣設備之燃氣供給管路，應依下列規定：

一　燃氣管材應符合中華民國國家標準或經目的事業主管機關認定者。

二　管徑大小應能足量供應其所連接之燃氣設備之最大用量，其壓力下降以不影響供給壓力爲準。

三　不得埋設於建築物基礎、樑柱、牆壁、樓地板及屋頂構造體內。
四　埋設於基地內之室外引進管，應依下列規定：
㈠埋設深度不得小於三十公分，深度不足時應加設抵禦外來損傷之保護層。
㈡可能與腐蝕性物質接觸者，應有防腐蝕措施。
㈢貫穿外牆（含地下層）時，應裝套管，管壁間孔隙應用填料填塞，並應有吸收相對變位之措施。
五　敷設於建築物內之供氣管路，應符合下列規定：
㈠燃氣供給管路貫穿主要結構時，不得對建築物構造應力產生不良影響。
㈡燃氣供給管路不得設置於昇降機道、電氣設備室及煙囪等高溫排氣風道。
㈢分歧管或不定期使用管路應有分歧閥等開閉裝置。
㈣燃氣供給管路穿越伸縮縫時，應有吸收變位之措施。
㈤燃氣供給管路穿越隔震構造建築物之隔震層時，應有吸收相對變位之措施。
㈥燃氣器具連接供氣管路之連接管，得為金屬管或橡皮管。橡皮管長度不得超過一點八公尺，並不得隱蔽在構造體內或貫穿樓地板或牆壁。
㈦燃氣供給管路之固定、支承應使地震時仍能安全固定支撐。
六　管路內有積留水份之虞處，應裝置適當之洩水裝置。
七　管路出口、應依下列規定：
㈠應裝置牢固。
㈡不得裝置於門後，並應伸出樓地板面、牆面及天花板適當長度，以便扳手工作。
㈢未車牙管子伸出樓地板面之長度，不得小於五公分，伸出牆面或天花板面，不得小於二點五公分。
㈣所有出口，不論有無關閉閥，未連接器具前，均應裝有管塞或管帽。
八　建築物之供氣管路立管應考慮層間變位，容許層間變位為百分之一。

第七九條之一（刪除）101

第八〇條 101

①燃氣器具及其供排氣等附屬設備應為符合中華民國國家標準之製品。
②燃氣器具之設置安裝應符合下列規定：
一　燃氣器具及其供排氣等附屬設備設置安裝時，應依燃燒方式、燃燒器具別、設置方式別、周圍建築物之可燃、不可燃材料裝修別，設置防火安全間距並預留維修空間。
二　設置燃氣器具之室內裝修材料，應達耐燃二級以上。
三　燃氣器具不得設置於危險物貯存、處理或有易燃氣體發生之場所。
四　燃氣器具應擇建築物之樓板、牆面、樑柱等構造部固定安裝，並能防止因地震、其他振動、衝擊等而發生傾倒、破損，連接配管及供排氣管鬆脫、破壞等現象。

第八〇條之一 101

燃氣設備之供排氣管設置安裝應符合下列規定：
一　燃氣器具排氣口周圍為非不燃材料裝修或設有建築物開口部時，應依本編第八十條之二規定，保持防火安全間距。
二　燃氣器具連接之煙囪、排氣筒、供排氣管（限排氣部分）等應使用材質為不銹鋼（型號：SUS 三〇四）或同等性能以上之材料。
三　煙囪、排氣筒、供排氣管應牢固安裝，可耐自重、風壓、振動，且各部分之接續與器具之連接處應為不易鬆脫之氣密構造。
四　煙囪、排氣筒、供排氣管應為不易積水之構造，必要時設置洩水裝置。
五　煙囪、排氣筒、供排氣管不得與建築物之其他換氣設備之風管連接共用。

第八〇條之二 101

燃氣器具之煙囱、排氣筒、供排氣管之周圍爲非不燃材料裝修時，應保持安全之防火間距或有效防護，並符合下列規定：

一　當排氣溫度達攝氏二百六十度以上時，防火間距取十五公分以上或以厚度十公分以上非金屬不燃材料包覆。

二　當排氣溫度未達攝氏二百六十度時，防火間距取排氣筒直徑之二分之一或以厚度二公分以上非金屬不燃材料包覆。但密閉式燃燒器具之供排氣筒或供排氣管之排氣溫度在攝氏二百六十度以下時，不在此限。

第八〇條之三 101

天花板內等隱蔽部設置排氣筒、排氣管、供排氣管時，各部位之連接結合應牢固不易鬆脫且爲氣密構造，並以非金屬不燃材料包覆。但排氣溫度未達攝氏一百度時，不在此限。

第八〇條之四 101

燃氣設備之排氣管及供排氣管貫穿風道管道間，或有延燒之虞之外牆時，其設置安裝應符合下列規定：

一　排氣管及供排氣管之材料除應符合本編第八十條之一第二款規定外，並應符合該區劃或外牆防火時效以上之性能。

二　貫穿位置應防火填塞，且該風道管道間僅供排氣使用（密閉式燃燒設備除外），頂部開放外氣或以排氣風機排氣。

三　貫穿防火構造外牆時，貫穿部分之斷面積，密閉式燃燒設備應在一千五百平方公分以下，非密閉式燃燒設備應在二百五十平方公分以下。

第八一條（刪除）

第八一條之一 101

於室內使用燃氣器具時，其設置換氣通風設備之構造，應符合下列規定：

一　供氣口應設置在該室天花板高度二分之一以下部分，並開向與外氣直接流通之空間。以煙囱或換氣扇行換氣通風且無礙燃氣器具之燃燒者，得選擇適當之位置。

二　排氣口應設置在該室天花板下八十公分範圍內，設置換氣扇或開放外氣或以排氣筒連接。以煙囱或排氣罩連接排氣筒行換氣通風者，得選擇適當之位置。

三　直接開放外氣之排氣口或排氣筒頂罩，其構造不得因外氣流妨礙排氣功能。

四　燃氣器具以排氣罩接排氣筒者，其排氣罩應爲不燃材料製造。

第八一條之二 101

排氣口及其連接之排氣筒、煙囱等，應使室內之燃燒廢氣或其他生成物不產生逆流或洩漏至他室，其構造應符合下列規定：

一　排氣筒或煙囱之頂端開放在燃氣設備排氣管道間內時，排氣筒或煙囱在排氣管道間內昇管二公尺以上，或設有逆風檔可有效防止逆流者，該排氣筒或煙囱視同開放至外氣。

二　煙囱內不得設置防火閘門或其他因溫度上昇而影響排氣之裝置。

三　使用燃氣器具室之排氣筒或煙囱，不得與其他換氣通風設備之排氣管、風道或其他類似物相連接。

第八二條至第八五條（刪除）

第二節　鍋　爐

第八六條 101

建築物內裝設蒸汽鍋爐或熱水鍋爐，其製造、安裝及燃油之貯存，除應依中華民國國家標準CNS二一三九「陸用鋼製鍋爐」、CNS 一〇八九七「小型鍋爐」、鍋爐及壓力容器安全規則或其他有關安全規定外，應依本節規定。

第八七條 101

鍋爐安裝，應依下列規定：

一　應安裝在防火構造之鍋爐間內。鍋爐間應有緊急電源之照明、足量之通風，及適當之消防設備與操作、檢查、保養用之空間。

二　基礎應能承受鍋爐自重、加熱膨脹應力及其他外力。

三　與管路連接處，應設置膨脹接頭及伸縮彎管。

四　應與給水系統連接。如以水箱作爲水源時，該水箱應有供應緊急用水之容量，並應裝有存水指示標。

第八八條（刪除）

第三節　熱水器

第八九條 101

家庭用電氣或燃氣熱水器，應爲符合中華民國國家標準之製品或經中央主管檢驗機關檢驗合格之製品，並應符合本節規定。

第九〇條 101

熱水器之構造及安裝，應依下列規定：

一　應裝有安全閥及逆止閥，其誤差不得超過標定洩放壓之百分之十五。

二　應安裝在防火構造或以不燃材料建造之樓地板或牆壁上。

三　燃氣熱水器之裝置，應符合本章第一節燃氣設備及燃氣熱水器及其配管安裝標準之有關規定。

第五章　空氣調節及通風設備

第一節　空氣調節及通風設備之安裝

第九一條

建築物內設置空氣調節及通風設備之風管、風口、空氣過濾器、鼓風機、冷卻或加熱等設備，構造應依本節規定。

第九二條

機械通風設備及空氣調節設備之風管構造，應依左列規定：

一　應採用鋼、鐵、鋁或其他經中央主管建築機關認可之材料製造。

二　應具有適度之氣密，除爲運轉或養護需要面設置者外，不得開設任何開口。

三　有包覆或襯裡時，該包覆或襯裡層均應用不燃材料製造。有加熱設備時，包覆或襯裡層均應在適當處所切斷，不得與加熱設備連接。

四　風管以不貫穿防火牆爲原則，如必需貫穿時，其包覆或襯裡層均應在適當處所切斷，並應在防火牆兩側均設置符合本編第九十三條規定之防火閘門。

五　風管貫穿牆壁、樓地板等防火構造體時，貫穿處周圍，應以石綿繩、礦棉或其他不燃材料密封，並設置符合本編第九十四條規定之防火閘板，其包覆或襯裡層亦應在適當處所切斷，不得妨礙防火閘板之正常作用。

六　垂直風管貫穿整個樓層時，風管應設於管道間內。三層以下建築物，其管道間之防火時效不得小於一小時，四層以上者，不得小於二小時。

七　除垂直風管外，風管應設有清除內部灰塵或易燃物質之清掃孔，清掃孔間距以六公尺爲度。

八　空氣全部經過噴水或過濾設備再進入送風管者，該送風管得免設第七款規定之清掃孔。

九　專供銀行、辦公室、教堂、旅社、學校、住宅等不產生棉絮、塵埃、油汽等類易燃物質之房間使用之回風管，且其構造符合左列規定者，該回風管得免設第七款規定之清掃孔：

㈠回風口距離樓地板面之高度在二．一公尺以上者。

㈡回風口裝有一．八公厘以下孔徑之不朽金屬網罩者。

㈢回風管內風速每分鐘不低於三百公尺者。

十　風管安裝不得損傷建築物防火構造體之防火性能，構造體上設置與風管有關之必要開口時，應採用不燃材料製造且具防火時效不低於構造體防火時效之門或蓋予以嚴密關閉或掩蓋。

十一　鋼鐵構造建築物內，風管不得安裝在鋼鐵結構體與其防火保護層之間。

十二　風管與機械設備連接處，應設置石棉布或經中央主管建築機關認可之其他不燃材料製造之避震接頭，接頭長度不得大於二十五公分。

第九三條

防火閘門應依左列規定：

一　其構造應符合本規則建築設計施工編第七十六條第一款甲種防火門窗之規定。

二　應設有便於檢查及養護防火閘門之手孔，手孔應附有緊密之蓋。

三　溫度超過正常運轉之最高溫度達攝氏二十八度時，熔鍊或感溫裝置應即行作用，使防火閘門自動嚴密關閉。

四　發生事故時，風管即使損壞，防火閘門應仍能確保原位，保護防火牆貫穿孔。

第九四條

防火閘板之設置位置及構造，應依左列規定：

一　風管貫穿具有一小時防火時效之分間牆處。

二　本編第九十二條第六款規定之管道間開口處。

三　供應二層以上樓層之風管系統：

㈠垂直風管在管道間上之直接送風口及排風口，或此垂直風管貫穿樓地板後之直接送回風口。

㈡支管貫穿管道間與垂直主風管連接處。

四　未設管道間之風管貫穿防火構造之樓地板處。

五　以熔鍊或感溫裝置操作閘板，使溫度超過正常運轉之最高溫度達攝氏二十八度時，防火閘板即自動嚴密關閉。

六　關閉時應能有效阻止空氣流通。

七　火警時，應保持關閉位置，風管即使損壞，防火閘板應仍能確保原位，並封閉該構造體之開口。

八　應以不銹材料製造，並有一小時半以上之防火時效。

九　應設有便於檢查及養護防火閘門之手孔，手孔應附有緊密之蓋。

第九五條

與風管連接備空氣進出風管之進風口、回風口、送風口及排風口等之位置及構造，應依左列規定：

一　空氣中存有易燃氣體、棉絮、塵埃、煤煙及惡臭之處所，不得裝設新鮮空氣進風口及回風口。

二　醫院、育幼院、養老院、學校、旅館、集合住宅、寄宿社等及其他類似建築物之採用中間走廊型者，該走廊不得作為進風或回風用之空氣來源。但集合住宅內廚房、浴、廁或其他有燃燒設備之空間而設有排風機者，該走廊得作為該等空間補充空氣之來源。

三　送風口、排風口及回風口距離樓地板面之高度不得小於七．五公分，但戲院、集會堂等觀衆席座位下設有保護裝置之送風口，不在此限。

四　送風口及排風口距離樓地板面之高度不足二一〇公分時，該等風口應裝孔徑不大於一．二公分之欄柵或金屬網保護。

五　新鮮空氣進風口應裝設在不致吸入易燒物質及不易著火之位置，並應裝有孔徑不大於一・二公分之不銹金屬網罩。

六　風口應為不燃材料製造。

第九六條

①空氣過濾器應為不自燃及接觸火焰時不產生濃煙或其他有害氣體之材料製造。

②過濾器應有適當訊號裝置，當器內積集塵埃對氣流之阻力超過原有阻力二倍時，應即能發出訊號者。

第九七條

鼓風機之設置，應依左列規定：

一　應設置在易於修護、清理、檢查及保養之處所。

二　應與堅固之基礎或支承連接穩固。

三　鼓風機及所連接之過濾器、加熱或冷卻等調節設備，應設置於與其他使用空間隔離之機房內，該機房應為防火構造。機房開向室外之開口，應裝置堅固之金屬網或欄柵。

四　前款防火構造之牆及樓地板，其防火時效均不得小於一小時。

五　鼓風機、單獨設置之送風機或排風機，應在適當位置裝置緊急開關，於緊急事故發生時能迅速停止操作。

六　鼓風機風量每分鐘超過五六〇立方公尺者，應依左列規定裝設感溫裝置，當溫度超過定格溫度時，該裝置能即時作用，使鼓風機自動停止操作：

㈠攝氏五十八度定格溫度之感溫裝置，應裝設在回風管內，回風氣流溫度未被新鮮空氣沖低之位置。

㈡定格溫度定在正常運轉最高溫度加攝氏二十八度之感溫裝置，應裝設在空氣過濾器下游送風主管內之適當位置。

第九八條

機械通風或空氣調節設備之電氣配線，應依本編第一章電氣設備有關之規定。

第九九條

①空氣調節設備之冷卻塔，如設置在建築物屋頂上時，應依左列規定：

一　與該建築物主要構造連接牢固，並應為防震、防風及能抵禦其他水平外力之構造。

二　主要部分應為不燃材料或經中央主管建築機關認為無礙防火安全之方法製造。

②加熱設備與木料及其他易燃物料間，應保持適當之間距。

第二節　機械通風系統及通風量

第一〇〇條

本規則建築設計施工編第四十三條規定之機械通風設備，其構造應依本節規定。

第一〇一條

機械通風應依實際情況，採用左列系統：

一　機械送風及機械排風。

二　機械送風及自然排風。

三　自然送風及機械排風。

第一〇二條

通風量建築物供各種用途使用之空間，設置機械通風設備時，通風量不得小於左表規定：

房間用途	樓地板面積每平方公尺所需通風量（立方公尺／小時）	
	前條第一款及第二款通風方式	前條第三款通風方式

<table>
<tr><td colspan="2">臥室、起居室、私人辦公室等容納人數不多者。</td><td>8</td><td>8</td></tr>
<tr><td colspan="2">辦公室、會客室。</td><td>10</td><td>10</td></tr>
<tr><td colspan="2">工友室、警衛室、收發室、詢問室。</td><td>12</td><td>12</td></tr>
<tr><td colspan="2">會議室、候車室、候診室等容納人數較多者。</td><td>15</td><td>15</td></tr>
<tr><td colspan="2">展覽陳列室、理髮美容院。</td><td>12</td><td>12</td></tr>
<tr><td colspan="2">百貨商場、舞蹈、棋室、球戲等康樂活動室、灰塵較少之工作室、印刷工場、打包工場。</td><td>15</td><td>15</td></tr>
<tr><td colspan="2">吸煙室、學校及其他指定人數使用之餐廳。</td><td>20</td><td>20</td></tr>
<tr><td colspan="2">營業用餐廳、酒吧、咖啡館。</td><td>25</td><td>25</td></tr>
<tr><td colspan="2">戲院、電影院、演藝場、集會堂之觀衆席。</td><td>75</td><td>75</td></tr>
<tr><td rowspan="2">廚房</td><td>營業用</td><td>60</td><td>60</td></tr>
<tr><td>非營業用</td><td>35</td><td>35</td></tr>
<tr><td rowspan="2">配膳室</td><td>營業用</td><td>25</td><td>25</td></tr>
<tr><td>非營業用</td><td>15</td><td>15</td></tr>
<tr><td colspan="2">衣帽間、更衣室、盥洗室、樓地板面積大於15平方公尺之發電或配電室。</td><td>—</td><td>10</td></tr>
<tr><td colspan="2">茶水間。</td><td>—</td><td>15</td></tr>
<tr><td colspan="2">住宅內浴室或廁所、照相暗室、電影放映機室。</td><td>—</td><td>20</td></tr>
<tr><td colspan="2">公共浴室或廁所，可能散發毒氣或可燃氣體之作業工場。</td><td>—</td><td>30</td></tr>
<tr><td colspan="2">蓄電池間。</td><td>—</td><td>35</td></tr>
<tr><td colspan="2">汽車庫。</td><td>—</td><td>25</td></tr>
</table>

第三節　廚房排除油煙設備

第一〇三條

本規則建築設計施工編第四十三條第二款規定之排除油煙設備，包括煙罩、排煙管、排風機及濾脂網等，均應依本節規定。

第一〇四條

煙罩之構造，應依左列規定：

一　應爲厚度一．二七公厘（十八號）以上之鐵板，或厚度〇．九五公厘（二十號）以上之不銹鋼板製造。

二　所有接縫均應爲水密性焊接。

三　應有瀝油槽，寬度不得大於四公分，深度不得大於六公厘，並應有適當坡度連接金屬容器，容器容量不得大於四公升。

四　與易燃物料間之距離不得小於四十五公分。

五　應能將燃燒設備完全蓋罩，其下邊距地板面之高度不得大於二一〇公分。煙罩本身高度不得小於六十公分。

六　煙罩四週得將裝置燈具，該項燈具應以鐵殼及玻璃密封。

第一〇五條

連接煙罩之排煙管，其構造及位置應依左列規定：

一　應為厚度一・五八公厘（十六號）以上之鐵板，或厚度一・二七公厘（十八號）以上之不銹鋼板製造。
二　所有接縫均應為水密性焊接。
三　應就最近捷徑通向室外。
四　垂直排煙管應設置室外，如必需設置室內時，應符合本編第九十二條第六款規定加設管道間。
五　不得貫穿任何防火構造分間牆及防火牆，並不得與建築物任何其他管道連通。
六　轉向處應設置清潔孔，孔底距離橫管管底不得小於四公分，並設與管身相同材料製造之嚴密孔蓋。
七　與易燃物料間之距離，不得小於四十五公分。
八　設置於室外之排煙管，除用不銹鋼板製造者外，其外面應塗刷防銹塗料。
九　垂直排煙管底部應設有沉渣阱，沉渣阱應附有適應清潔孔。
十　排煙管應伸出屋面至少一公尺。排煙管出口距離鄰地境界線、進風口及基地地面不得小於三公尺。

第一〇六條

排煙機之裝置，應依左列規定：
一　排煙機之電氣配線不得裝置在排煙管內，並應依本編第一章電氣設備有關規定。
二　排煙機為隱蔽裝置者，應在廚房內適當位置裝置運轉指示燈。
三　應有檢查、養護及清理排煙機之適當措施。
四　排煙管內風速每分鐘不得小於四五〇公尺。
五　設有煙罩之廚房應以機械方法補充所排除之空氣。

第一〇七條

濾脂網之構造，應依左列規定：
一　應為不燃材料製造。
二　應安裝固定，並易於拆卸清理。
三　下緣與燃燒設備頂面之距離，不得小於一二〇公分。
四　與水平面所成角度不得小於四十五度。
五　下緣應設有符合本編第一〇四條第三款規定之瀝油槽及金屬容器。
六　濾脂網之構造，不得減小排煙機之排風量，並不得減低前條第四款規定之風速。

第六章　昇降設備

第一節　通　則

第一〇八條 100

建築物內設置昇降機、昇降階梯或其他類似昇降設備者，仍應依本規則建築設計施工編有關樓梯之規定設置樓梯。

第一〇九條 100

本章所用技術用語，應依下列規定：
一　設計載重：昇降機或昇降階梯達到設計速度時所能負荷之最大載重量。
二　設計速度：昇降機廂承載設計載重後所能達到之最大上升速度（鋼索式昇降機）或下降速度（油壓式昇降機）；或依昇降階梯傾斜角度所量得之速度。
三　平衡錘：平衡昇降機廂靜載重及部分設計載重之一個或數個重物。
四　安全裝置：操作時停止昇降機廂或平衡錘，並保持機廂或平衡錘不脫離導軌之機械裝置。
五　昇降機廂：昇降機載運其設計載重之廂體。
六　昇降送貨機：機廂底面積一平方公尺以下，及機廂內淨高度一點二公尺以下之專為載貨物之昇降機。

七　機廂頂部安全距離：昇降機機廂抵達最高停止位置且與出入口地板水平時，該機廂上樑與昇降機道頂部天花板下面之垂直距離；機廂無上樑者，自機廂上天花板所測得之值。

八　昇降機道機坑深度：由最下層出入口地板面至昇降機道地板面之垂直距離。

第一〇九條之一（刪除）100

第二節　昇降機

第一一〇條 108

供昇降機廂上下運轉之昇降機道，應依下列規定：

一　昇降機道內除機廂及其附屬之器械裝置外，不得裝置或設置任何物件，並應留設適當空間，以保持機廂運轉之安全。

二　同一昇降機道內所裝機廂數，不得超過四部。

三　除出入門及通風孔外，昇降機道四周應爲防火構造之密閉牆壁，且有足夠強度以支承機廂及平衡錘之導軌。

四　昇降機道內應有適當通風，且不得與昇降機無關之管道兼用。

五　昇降機出入口處之樓地板面，應與機廂地板面保持平整，其與機廂地板面邊緣之間隙，不得大於四公分。

六　昇降機應設有停電復歸就近樓層之裝置。

第一一一條 100

昇降機之設計速度（公尺／分鐘）	頂部安全距離（公尺）	機坑深度（公尺）
四十五以下	一點二	一點二
超過四十五至六十以下	一點四	一點五
超過六十至九十以下	一點六	一點八
超過九十至一百二十以下	一點八	二點一
超過一百二十至一百五十以下	二點零	二點四
超過一百五十至一百八十以下	二點三	二點七
超過一百八十至二百一十以下	二點七	三點二
超過二百一十至二百四十以下	三點三	三點八
超過二百四十	四點零	四點零

第一一二條 100

機坑之構造應依下列規定：

一　機坑在地面以下者應爲防水構造，並留有適當之空間，以保持操作之安全。機坑之直下方另有其他之使用者，機坑底部應有足夠之安全強度，以抵抗來自機廂之任何衝擊力。

二　應裝設符合中華民國國家標準CNS二八六六規定之照明設備。

三　機坑深度在一點四公尺以上時，應裝設有固定之爬梯，使維護人員能進入機坑底。

四　相鄰昇降機機坑之間應隔開。

第一一三條（刪除）100

第一一四條（刪除）100

第一一五條 100

昇降機房應依下列規定：

一　機房面積須大於昇降機道水平面積之二倍。但無礙機械配設及管理，並經主管建築機關核准者，不在此限。

二　機房內淨高度不得小於下表規定：

昇降機之設計速度（公尺／分鐘）	機房內淨高度（公尺）
六十以下	二點零
超過六十至一百五十以下	二點二
超過一百五十至二百一十以下	二點五
超過二百一十	二點八

三　須有有效通風口或通風設備，其通風量應參照昇降機製造廠商所規定之需要。

四　其有設置樓梯之必要者，樓梯寬度不得小於七十公分，與水平面之傾斜角度不得大於六十度，並應設置扶手。

五　機房門不得小於七十公分寬，一百八十公分高，並應為附鎖之鋼製門。

第一一六條　（刪除）100

第一一七條 100

昇降機於同一樓層不得設置超過二處之出入口，且出入口不得同時開啓。

第一一八條 100

①支承昇降機之樑或版，應能承載該昇降機之總載量。

②前項所指之總載量，應為裝置於樑或版上各項機件重量與機廂及其設計載重在靜止時所產生最大重量和之二倍。

第一一九條　（刪除）100

第一二〇條　（刪除）100

第三節　昇降階梯 100

第一二一條 100

昇降階梯之構造，應依下列規定：

一　須不致夾住人或物，並不與任何障礙物衝突。

二　額定速度、坡度及揚程高度應符合中華民國國家標準CNS一二六五一之相關規定。

第一二二條 100

①昇降階梯梯底及放置機械處所四周，應為不燃材料所建造。

②前項放置機械處所，均應設有通風口。

第一二三條　（刪除）100

第一二四條　（刪除）100

第一二五條 100

昇降階梯踏階兩側應設置符合中華民國國家標準CNS一二六五一規定之欄杆，其臨向梯級面，應平滑而無任何突出物。

第一二五條之一 100

昇降階梯之扶手上端外側與建築物天花板、樑等構造或其他昇降階梯等設備之水平距離小於五十公分時，應於上述構造、設備之底部設置符合下列規定之防夾保護板，以確保使用者之安全：

一　防夾保護板應為六公釐以上無尖銳角隅之板材。

二　其高度應延伸至扶手上端以下二十公分。

三　防夾保護板於碰撞時應具有滑動功能。

第一二六條至第一二八條（刪除）100

第一二九條 100

①昇降階梯應設有自動停止之安全裝置，並於昇降階梯出入口附近且易於操作之位置設置緊急停止按鈕開關。

②前項安全裝置之構造應符合中華民國國家標準CNS一二六五一之相關規定。

第四節　昇降送貨機 100

第一三〇條 100

昇降送貨機之昇降機道，應使用不燃材料建造，其開口部須設有金屬門。

第一三一條（刪除）100

第一三二條

應裝置連動開關使當昇降機道所有之門未緊閉前，應無法運轉昇降機。

第七章　受信箱設備

第一三三條 100

供作住宅、辦公、營業、教育或依其用途需要申請編列門牌號碼接受郵局投遞郵件之建築物，均應設置受信箱，其裝設方法及規格如下：

一　裝設位置：

㈠平房建築每編列一門牌號碼者，均應在大門上或門旁牆壁上裝設。

㈡二樓以上及地下層之建築，每戶應於地面層主要出入口之牆壁或大門上裝設。

㈢前目裝置處所之光線必須充足，且鄰接投遞人員或車輛進出之通路。

二　裝設高度：受信箱裝設之高度，應以投信口離地高度在八十公分至一百八十公分為準。

三　裝設要領：

㈠裝設於牆壁者，得採用懸掛或嵌入方式，投信口均應向外。

㈡裝設於大門者，投信口應向外。

㈢裝置應力求牢固。

四　製作材料、型式及規格應符合中華民國國家標準受信箱之規定。

第一三四條 100

裝置之受信箱應符合下列規定，並能辨識其所屬門牌地址：

一　同一建築物內設有二戶以上，其受信箱上並應依下列方式標明：

㈠公司行號機關團體之名稱。

㈡外國人或外國團體得另附英文姓氏或名稱。

二　標註位置：投信口之下方。

第一三五條（刪除）100

第八章　電信設備

第一三六條 100

建築物電信設備應依建築物電信設備及空間設置使用管理規則及建築物屋內外電信設備工程技術規範規定辦理。

第一三七條（刪除）

第一三八條 102

①建築物為收容第一類電信事業之電信設備，供建築物用戶自用通信之需要，配合設置單獨電信室時，其面積應依建築物電信設備及空間設置使用管理規則規定辦理。

②建築物收容前項電信設備與建築物安全、監控及管理服務之資訊通信設備時，得設置設備室，其供電信設備所需面積依前項規則規定辦理。

第一三八條之一 102

建築物設置符合下列規定之中央監控室，屬建築設計施工編第一百六十二條規定之機電設備空間，得與同編第一百八十二條、第二百五十九條及前條第二項規定之中央管理室、防災中心及設備室合併設計：

一　四周應以不燃材料建造之牆壁及門窗予以分隔，其內部牆面及天花板，以不燃材料裝修爲限。

二　應具備監視、控制及管理下列設備之功能：

㈠電氣、電力設備。

㈡消防安全設備。

㈢排煙設備及通風設備。

㈣緊急昇降機及昇降設備。但建築物依法免裝設者，不在此限。

㈤連絡通信及廣播設備。

㈥空氣調節設備。

㈦門禁保全設備。

㈧其他必要之設備。

第一三九條至第一四四條（刪除）

實施區域計畫地區建築管理辦法

①民國66年1月19日內政部令訂定發布全文19條。
②民國75年3月12日內政部令修正發布全文16條。
③民國88年6月29日內政部令發布刪除第4條條文。
④民國88年12月24日內政部令增訂發布第4-1條條文。

第一條
本辦法依建築法第三條第三項規定訂定之。

第二條
本辦法之適用地區，係指區域計畫範圍內已依區域計畫法第十五條第一項劃定使用分區並編定各種使用地之地區。

第三條
依非都市土地使用管制規則規定得爲建築使用之土地，其建築物之新建、增建、改建或修建，應依本辦法向當地主管建築機關申請建築執照。原有之建築物不合非都市土地使用管制規則規定者，依該規則第八條之規定辦理。

第四條 （刪除）88

第四條之一 88
活動斷層線通過地區，當地縣（市）政府得劃定範圍予以公告，並依左列規定管制：
一 不得興建公有建築物。
二 依非都市土地使用管制規則規定得爲建築使用之土地，其建築物高度不得超過二層樓、簷高不得超過七公尺，並限作自用農舍或自用住宅使用。
三 於各種用地內申請建築自用農舍，除其建築物高度不得超過二層樓、簷高不得超過七公尺外，依第五條規定辦理。

第五條
①於各種用地內申請建造自用農舍者，其總樓地板面積不得超過四百九十五平方公尺，建築面積不得超過其耕地面積百分之十，建築物高度不得超過三層樓並不得超過一〇・五公尺，但最大基層建築面積不得過三百三十平方公尺。
②前項自用農舍得免由建築師設計、監造或營造業承造。

第六條
①申請建造農舍時，應塡具申請書（其格式另定），並檢附左列書圖文件向當地主管建築機關申請辦理：
一 現耕農身分證明。
二 無自用農舍證明。
三 地籍圖謄本。
四 土地權利證明文件。
五 基地位置圖。
六 農舍配置圖，其比例尺不得小於一千二百分之一。
七 農舍平面、立面、剖面圖，其比例尺不得小於百分之一。
②利用原有農舍拆除重建、增建、改建者，得免附前項第二款證明文件。
③選用主管建築機關製訂之標準建築圖樣者，得免附第一項第七款圖件。

第七條
原有農舍之修建，改建或增建面積在四十五平方公尺以下之平房得免申請建築執照，但其建蔽率及總樓地板面積不得超過本辦法之有關規定。

第八條

依「非都市土地使用管制規則」規定經主管機關同意得為建築使用之土地，於申請建築執照時，應檢附有關機關同意之證明。

第九條

興建交通、水利、採礦等設施，以依計畫核定並經各該事業主管機關核准者為限；開工之前，各該事業主管機關應將工程計畫送請當地縣（市）政府備查。

第一〇條

農舍以外之建築物其建築面積在四十五平方公尺以下，高度在三．五公尺以下者，得免由建築師設計、監造或營造業承造，逕向當地主管建築機關申請建築執照。

第一一條

①建築基地臨接公路者，其建築物與公路間之距離，應依公路法及有關法規辦理，並應經當地主管建築機關指定（示）建築線；臨接其他道路其寬度在六公尺以下者，應自道路中心線退讓三公尺以上建築，臨接道路寬度在六公尺以上者，仍應保持原有寬度，免再退讓。

②建築基地以私設通路連接道路者，其通路寬度不得小於左列標準：

一　長度未滿十公尺者為二公尺。

二　長度在十公尺以上未滿二十公尺者為三公尺。

三　長度大於二十公尺者為五公尺。

四　基地內以私設通路為進出道路之建築物總樓地板面積合計在一、〇〇〇平方公尺以上者，通路寬度為六公尺。

第一二條

建築物免由建築師設計者，得免由建築師監造，工程完竣後應由起造人申請使用執照。縣（市）主管建築機關應於十日內派員抽查，其經抽查或認定合格者，應即發給使用執照。

第一三條

實施區域計畫地區，供公眾使用或公有建築物之建造及使用，仍依建築法規定辦理。

第一四條

實施區域計畫地區之山坡地，申請建築，除依本辦法規定外並應依山坡地開發建築管理辦法之規定辦理。

第一五條

違反本辦法之規定擅自建築者，依建築法及違章建築處理辦法之規定辦理。

第一六條

本辦法自發布日施行。

建築物室內裝修管理辦法

①民國85年5月29日內政部令訂定發布全文25條。
②民國88年6月29日內政部令修正發布第10條條文。
③民國89年9月1日內政部令修正發布全文40條；並自發布日起施行。
④民國92年6月24日內政部令修正發布第2、14～16、19、20、24～26、29條條文；刪除第37條條文；並增訂第29-1條條文。
⑤民國99年12月23日內政部令修正發布全文 42 條；並自100年4月1日施行。
⑥民國102年3月1日內政部令修正發布第11、42條條文；並自發布日施行。
⑦民國108年6月17日內政部令修正發布第11、16、17、20、24條條文；並刪除第21條條文。

第一條

本辦法依建築法（以下簡稱本法）第七十七條之二第四項規定訂定之。

第二條

供公眾使用建築物及經內政部認定有必要之非供公眾使用建築物，其室內裝修應依本辦法之規定辦理。

第三條

本辦法所稱室內裝修，指除壁紙、壁布、窗簾、家具、活動隔屏、地氈等之黏貼及擺設外之下列行為：

一　固著於建築物構造體之天花板裝修。
二　內部牆面裝修。
三　高度超過地板面以上一點二公尺固定之隔屏或兼作櫥櫃使用之隔屏裝修。
四　分間牆變更。

第四條

本辦法所稱室內裝修從業者，指開業建築師、營造業及室內裝修業。

第五條

室內裝修從業者業務範圍如下：

一　依法登記開業之建築師得從事室內裝修設計業務。
二　依法登記開業之營造業得從事室內裝修施工業務。
三　室內裝修業得從事室內裝修設計或施工之業務。

第六條

本辦法所稱之審查機構，指經內政部指定置有審查人員執行室內裝修審核及查驗業務之直轄市建築師公會、縣（市）建築師公會辦事處或專業技術團體。

第七條

①審查機構執行室內裝修審核及查驗業務，應擬訂作業事項並載明工作內容、收費基準與應負之責任及義務，報請直轄市、縣（市）主管建築機關核備。
②前項作業事項由直轄市、縣（市）主管建築機關訂定規範。

第八條

①本辦法所稱審查人員，指下列辦理審核圖說及竣工查驗之人員：

一　經內政部指定之專業工業技師。
二　直轄市、縣（市）主管建築機關指派之人員。
三　審查機構指派所屬具建築師、專業技術人員資格之人員。

②前項人員應先參加內政部主辦之審查人員講習合格，並領有結業證書者，始得擔任。但於主管建築機關從事建築管理工作二年以上並領有建築師證書者，得免參加講習。

第九條
①室內裝修業應依下列規定置專任專業技術人員：
　一　從事室內裝修設計業務者：專業設計技術人員一人以上。
　二　從事室內裝修施工業務者：專業施工技術人員一人以上。
　三　從事室內裝修設計及施工業務者：專業設計及專業施工技術人員各一人以上，或兼具專業設計及專業施工技術人員身分一人以上。
②室內裝修業申請公司或商業登記時，其名稱應標示室內裝修字樣。

第一〇條
①室內裝修業應於辦理公司或商業登記後，檢附下列文件，向內政部申請室內裝修業登記許可並領得登記證，未領得登記證者，不得執行室內裝修業務：
　一　申請書。
　二　公司或商業登記證明文件。
　三　專業技術人員登記證。
②室內裝修業變更登記事項時，應申請換發登記證。

第一一條 108
①室內裝修業登記證有效期限爲五年，逾期未換發登記證者，不得執行室內裝修業務。但本辦法中華民國一百零八年六月十七日修正施行前已核發之登記證，其有效期限適用修正前之規定。
②室內裝修業申請換發登記證，應檢附下列文件：
　一　申請書。
　二　原登記證正本。
　三　公司或商業登記證明文件。
　四　專業技術人員登記證。
③室內裝修業逾期未換發登記證者，得依前項規定申請換發。
④已領得室內裝修業登記證且未於公司或商業登記名稱標示室內裝修字樣者，應於換證前完成辦理變更公司或商業登記名稱，於其名稱標示室內裝修字樣。但其公司或商業登記於中華民國八十九年九月二日前完成者，換證時得免於其名稱標示室內裝修字樣。

第一二條
①專業技術人員離職或死亡時，室內裝修業應於一個月內報請內政部備查。
②前項人員因離職或死亡致不足第九條規定人數時，室內裝修業應於二個月內依規定補足之。

第一三條
①室內裝修業停業時，應將其登記證送繳內政部存查，於申請復業核准後發還之。
②室內裝修業歇業時，應將其登記證送繳內政部並辦理註銷登記；其未送繳者，由內政部逕爲廢止登記許可並註銷登記證。

第一四條
直轄市、縣（市）主管建築機關得隨時派員查核所轄區域內室內裝修業之業務，必要時並得命其提出與業務有關文件及說明。

第一五條
本辦法所稱專業技術人員，指向內政部辦理登記，從事室內裝修設計或施工之人員；依其執業範圍可分爲專業設計技術人員及專業施工技術人員。

第一六條 108
專業設計技術人員，應具下列資格之一：
　一　領有建築師證書者。
　二　領有建築物室內設計乙級以上技術士證，並於申請日前五年內參加內政部主辦或委託專業機構、團體辦理之建築物室內設計訓練達二十一小時以上領有講習結業證書者。

第一七條 108

專業施工技術人員，應具下列資格之一：

一　領有建築師、土木、結構工程技師證書者。

二　領有建築物室內裝修工程管理、建築工程管理、裝潢木工或家具木工乙級以上技術士證，並於申請日前五年內參加內政部主辦或委託專業機構、團體辦理之建築物室內裝修工程管理訓練達二十一小時以上領有講習結業證書者。其爲領得裝潢木工或家具木工技術士證者，應分別增加四十小時及六十小時以上，有關混凝土、金屬工程、疊砌、粉刷、防水隔熱、面材舖貼、玻璃與壓克力按裝、油漆塗裝、水電工程及工程管理等訓練課程。

第一八條

①專業技術人員向內政部申領登記證時，應檢附下列文件：

一　申請書。

二　建築師、土木、結構工程技師證書；或前二條規定之技術士證及講習結業證書。

②本辦法中華民國九十二年六月二十四日修正施行前，曾參加由內政部舉辦之建築物室內裝修設計或施工講習，並測驗合格經檢附講習結業證書者，得免檢附前項第二款規定之技術士證及講習結業證書。

第一九條

專業技術人員登記證不得供他人使用。

第二〇條 108

①專業技術人員登記證有效期限爲五年，逾期未換發登記證者，不得從事室內裝修設計或施工業務。但本辦法中華民國一百零八年六月十七日修正施行前已核發之登記證，其有效期限適用修正前之規定。

②專業技術人員申請換發登記證，應檢附下列文件：

一　申請書。

二　原登記證影本。

三　申請日前五年內參加內政部主辦或委託專業機構、團體辦理之回訓訓練達十六小時以上並取得證明文件。但符合第十六條第一款或第十七條第一款資格者，免附。

③專業技術人員逾期未換發登記證者，得依前項規定申請換發。

第二一條（刪除）108

第二二條

①供公眾使用建築物或經內政部認定之非供公眾使用建築物之室內裝修，建築物起造人、所有權人或使用人應向直轄市、縣（市）主管建築機關或審查機構申請審核圖說，審核合格並領得直轄市、縣（市）主管建築機關發給之許可文件後，始得施工。

②非供公眾使用建築物變更爲供公眾使用或原供公眾使用建築物變更爲他種供公眾使用，應辦理變更使用執照涉室內裝修者，室內裝修部分應併同變更使用執照辦理。

第二三條

①申請室內裝修審核時，應檢附下列圖說文件：

一　申請書。

二　建築物權利證明文件。

三　前次核准使用執照平面圖、室內裝修平面圖或申請建築執照之平面圖。但經直轄市、縣（市）主管建築機關查明檔案資料確無前次核准使用執照平面圖或室內裝修平面圖屬實者，得以經開業建築師簽證符合規定之現況圖替代之。

四　室內裝修圖說。

②前項第三款所稱現況圖爲載明裝修樓層現況之防火避難設施、消防安全設備、防火區劃、主要構造位置之圖說，其比例尺不得小於二百分之一。

第二四條 108

室內裝修圖說包括下列各款：

一　位置圖：註明裝修地址、樓層及所在位置。

二　裝修平面圖：註明各部分之用途、尺寸及材料使用，其比例尺不得小於一百分之一。但經直轄市、（縣）市主管建築機關同意者，比例尺得放寬至二百分之一。

三　裝修立面圖：比例尺不得小於一百分之一。

四　裝修剖面圖：註明裝修各部分高度、內部設施及各部分之材料，其比例尺不得小於一百分之一。

五　裝修詳細圖：各部分之尺寸構造及材料，其比例尺不得小於三十分之一。

第二五條

室內裝修圖說應由開業建築師或專業設計技術人員署名負責。但建築物之分間牆位置變更、增加或減少經審查機構認定涉及公共安全時，應經開業建築師簽證負責。

第二六條

直轄市、縣（市）主管建築機關或審查機構應就下列項目加以審核：

一　申請圖說文件應齊全。

二　裝修材料及分間牆構造應符合建築技術規則之規定。

三　不得妨害或破壞防火避難設施、防火區劃及主要構造。

第二七條

直轄市、縣（市）主管建築機關或審查機構受理室內裝修圖說文件之審核，應於收件之日起七日內指派審查人員審核完畢。審核合格者於申請圖說簽章；不合格者，應將不合規定之處詳為列舉，一次通知建築物起造人、所有權人或使用人限期改正，逾期未改正或復審仍不合規定者，得將申請案件予以駁回。

第二八條

室內裝修不得妨害或破壞消防安全設備，其申請審核之圖說涉及消防安全設備變更者，應依消防法規規定辦理，並應於施工前取得當地消防主管機關審核合格之文件。

第二九條

①室內裝修圖說經審核合格，領得許可文件後，建築物起造人、所有權人或使用人應將許可文件張貼於施工地點明顯處，並於規定期限內施工完竣後申請竣工查驗；因故未能於規定期限內完工時，得申請展期，未依規定申請展期，或已逾展期期限仍未完工者，其許可文件自規定得展期之期限屆滿之日起，失其效力。

②前項之施工及展期期限，由直轄市、縣（市）主管建築機關定之。

第三〇條

室內裝修施工從業者應依照核定之室內裝修圖說施工；如於施工前或施工中變更設計時，仍應依本辦法申請辦理審核。但不變更防火避難設施、防火區劃，不降低原使用裝修材料耐燃等級或分間牆構造之防火時效者，得於竣工後，備具第三十四條規定圖說，一次報驗。

第三一條

①室內裝修施工中，直轄市、縣（市）主管建築機關認有必要時，得隨時派員查驗，發現與核定裝修圖說不符者，應以書面通知起造人、所有權人、使用人或室內裝修從業者停工或修改；必要時依建築法有關規定處理。

②直轄市、縣（市）主管建築機關派員查驗時，所派人員應出示其身分證明文件；其未出示身分證明文件者，起造人、所有權人、使用人及室內裝修從業者得拒絕查驗。

第三二條

①室內裝修工程完竣後，應由建築物起造人、所有權人或使用人會同室內裝修從業者向原申請審查機關或機構申請竣工查驗合格後，向直轄市、縣（市）主管建築機關申請核發室內裝修合格證明。

②新建建築物於領得使用執照前申請室內裝修許可者，應於領得使用執照及室內裝修合格證明後，始得使用；其室內裝修涉及原建造執照核定圖樣及說明書之變更者，並應依本法第四十一條規定辦理。

③直轄市、縣（市）主管建築機關或審查機構受理室內裝修竣工查驗之申請，應於七日內指派查驗人員至現場檢查。經查核與驗章圖說相符者，檢查表經查驗人員簽證後，應於五日內核發合格證明，對於不合格者，應通知建築物起造人、所有權人或使用人限期修改，逾期未修改者，審查機構應報請當地主管建築機關查明處理。

④室內裝修涉及消防安全設備者，應由消防主管機關於核發室內裝修合格證明前完成消防安全設備竣工查驗。

第三三條

①申請室內裝修之建築物，其申請範圍用途爲住宅或申請樓層之樓地板面積符合下列規定之一，且在裝修範圍內以一小時以上防火時效之防火牆、防火門窗區劃分隔，其未變更防火避難設施、消防安全設備、防火區劃及主要構造者，得檢附經依法登記開業之建築師或室內裝修業專業設計技術人員簽章負責之室內裝修圖說向當地主管建築機關或審查機構申報施工，經主管建築機關核給期限後，准予進行施工。工程完竣後，檢附申請書、建築物權利證明文件及經營造業專任工程人員或室內裝修業專業施工技術人員竣工查驗合格簽章負責之檢查表，向當地主管建築機關或審查機構申請審查許可，經審核其申請文件齊全後，發給室內裝修合格證明：

一　十層以下樓層及地下室各層，室內裝修之樓地板面積在三百平方公尺以下者。

二　十一層以上樓層，室內裝修之樓地板面積在一百平方公尺以下者。

②前項裝修範圍貫通二層以上者，應累加合計，且合計值不得超過任一樓層之最小允許值。

③當地主管建築機關對於第一項之簽章負責項目得視實際需要抽查之。

第三四條

申請竣工查驗時，應檢附下列圖說文件：

一　申請書。

二　原領室內裝修審核合格文件。

三　室內裝修竣工圖說。

四　其他經內政部指定之文件。

第三五條

室內裝修從業者有下列情事之一者，當地主管建築機關應查明屬實後，報請內政部視其情節輕重，予以警告、六個月以上一年以下停止室內裝修業務處分或一年以上三年以下停止換發登記證處分：

一　變更登記事項時，未依規定申請換發登記證。

二　施工材料與規定不符或未依圖說施工，經當地主管建築機關通知限期修改逾期未修改。

三　規避、妨礙或拒絕主管機關業務督導。

四　受委託設計之圖樣、說明書、竣工查驗合格簽章之檢查表或其他書件經抽查結果與相關法令規定不符。

五　由非專業技術人員從事室內裝修設計或施工業務。

六　僱用專業技術人員人數不足，未依規定補足。

第三六條

室內裝修業有下列情事之一者，經當地主管建築機關查明屬實後，報請內政部廢止室內裝修業登記許可並註銷登記證：

一　登記證供他人從事室內裝修業務。

二　受停業處分累計滿三年。

三　受停止換發登記證處分累計三次。

第三七條

室內裝修業申請登記證所檢附之文件不實者，當地主管建築機關應查明屬實後，報請內政部撤銷室內裝修業登記證。

第三八條

專業技術人員有下列情事之一者，當地主管建築機關應查明屬實後，報請內政部視其情節輕重，予以警告、六個月以上一年以下停止執行職務處分或一年以上三年以下停止換發登記證處分：

一　受委託設計之圖樣、說明書、竣工查驗合格簽章之檢查表或其他書件經抽查結果與相關法令規定不符。

二　未依審核合格圖說施工。

第三九條

專業技術人員有下列情事之一者，當地主管建築機關應查明屬實後，報請內政部廢止登記許可並註銷登記證：

一　專業技術人員登記證供所受聘室內裝修業以外使用。

二　十年內受停止執行職務處分累計滿二年。

三　受停止換發登記證處分累計三次。

第四〇條

①經依第三十六條、第三十七條或前條規定廢止或撤銷登記證未滿三年者，不得重新申請登記。

②前項期限屆滿後，重新依第十八條第一項規定申請登記證者，應重新取得講習結業證書。

第四一條

本辦法所需書表格式，除第三十三條所需書表格式由當地主管建築機關定之外，由內政部定之。

第四二條 102

①本辦法自中華民國一百年四月一日施行。

②本辦法修正條文自發布日施行。

建築物公共安全檢查簽證及申報辦法

①民國85年9月25日內政部令訂定發布全文10條。
②民國99年5月24日內政部令修正發布全文10條；並自99年7月1日施行。
③民國107年2月21日內政部令修正發布全文16條；並自發布日施行。

第一條

本辦法依建築法（以下簡稱本法）第七十七條第五項規定訂定之。

第二條

本辦法用詞，定義如下：

一　專業機構：指依本法第七十七條第三項規定由中央主管建築機關認可，得受託辦理建築物公共安全檢查業務之技術團體。

二　專業人員：指依本法第七十七條第三項規定由中央主管建築機關認可，得受託辦理建築物公共安全檢查業務，並依法登記開業之建築師或執業技師。

三　檢查員：指由專業機構指派其所屬辦理建築物公共安全檢查業務之人員。

四　標準檢查：指就建築物之現況檢查是否符合其建造、變更使用、室內裝修時之建築相關法令規定。

五　評估檢查：指就建築物之現況是否損壞予以檢查，並就損壞現象予以調查、記錄，並評估其損壞程度及判定其改善方式。

第三條

建築物公共安全檢查申報範圍如下：

一　防火避難設施及設備安全標準檢查。

二　耐震能力評估檢查。

第四條

①建築物公共安全檢查申報人（以下簡稱申報人）規定如下：

一　防火避難設施及設備安全標準檢查，爲建築物所有權人或使用人。

二　耐震能力評估，爲建築物所有權人。

②前項建築物爲公寓大廈者，得由其管理委員會主任委員或管理負責人代爲申報。建築物同屬一使用人使用者，該使用人得代爲申報耐震能力評估檢查。

第五條

防火避難設施及設備安全標準檢查申報期間及施行日期，如附表一。

第六條

①標準檢查專業機構或專業人員應依防火避難設施及設備安全標準檢查簽證項目表（如附表二）辦理檢查，並將標準檢查簽證結果製成標準檢查報告書。

②前項標準檢查簽證結果爲提具改善計畫書者，應檢附改善計畫書。

第七條

①下列建築物應辦理耐震能力評估檢查：

一　中華民國八十八年十二月三十一日以前領得建造執照，供建築物使用類組A-1、A-2、B-2、B-4、D-1、D-3、D-4、F-1、F-2、F-3、F-4、H-1組使用之樓地板面積累計達一千平方公尺以上之建築物，且該建築物同屬一所有權人或使用人。

二　經當地主管建築機關依法認定耐震能力具潛在危險疑慮之建築物。

②前項第二款應辦理耐震能力評估檢查之建築物，得由當地主管建築機關依轄區實際需求訂定分類、分期、分區執行計畫及期限，並公告之。

第八條

①依前條規定應辦理耐震能力評估檢查之建築物，申報人應依建築物耐震能力評估檢查申報期間及施行日期（如附表三），每二年辦理一次耐震能力評估檢查申報。

②前項申報期間，申報人得檢具下列文件之一，向當地主管建築機關申請展期二年，以一次爲限。但經當地主管建築機關認定有實際需要者，不在此限：

一　委託依法登記開業建築師、執業土木工程技師、結構工程技師辦理補強設計之證明文件，及其簽證之補強設計圖（含補強設計之耐震能力詳細評估報告）。

二　依耐震能力評估檢查結果擬訂或變更都市更新事業計畫報核之證明文件。

第九條

依第七條規定應辦理耐震能力評估檢查之建築物，申報人檢具下列文件之一，送當地主管建築機關備查者，得免辦理耐震能力評估檢查申報：

一　本辦法中華民國一百零七年二月二十一日修正施行前，已依建築物實施耐震能力評估及補強方案完成耐震能力評估及補強程序之相關證明文件。

二　依法登記開業建築師、執業土木工程技師、結構工程技師出具之補強成果報告書。

三　已拆除建築物之證明文件。

第一〇條

①辦理耐震能力評估檢查之專業機構應指派其所屬檢查員辦理評估檢查。

②前項評估檢查應依下列各款之一辦理，並將評估檢查簽證結果製成評估檢查報告書：

一　經初步評估判定結果爲尚無疑慮者，得免進行詳細評估。

二　經初步評估判定結果爲有疑慮者，應辦理詳細評估。

三　經初步評估判定結果爲確有疑慮，且未逕行辦理補強或拆除者，應辦理詳細評估。

第一一條

申報人應備具申報書及標準檢查報告書或評估檢查報告書，以二維條碼或網路傳輸方式向當地主管建築機關申報。

第一二條

①當地主管建築機關查核建築物公共安全檢查申報文件，應就下列規定項目爲之：

一　申報書。

二　標準檢查報告書或評估檢查報告書。

三　標準檢查改善計畫書。

四　專業機構或專業人員認可證影本。

五　其他經中央主管建築機關指定文件。

②前項標準檢查報告書或評估檢查報告書，由下列專業機構或專業人員依本

③法第七十七條第三項規定簽證負責：

一　標準檢查：標準檢查專業機構或專業人員。

二　評估檢查：評估檢查專業機構。

第一三條

①當地主管建築機關收到申報人依第十一條規定檢附申報書件之日起，應於十五日內查核完竣，並依下列查核結果通知申報人：

一　經查核合格者，予以備查。

二　標準檢查項目之檢查結果爲提具改善計畫書者，應限期改正完竣並再行申報。

三　經查核不合格者，應詳列改正事項，通知申報人，令其於送達之日起三十日內改正完竣，並送請復核。但經當地主管建築機關認有需要者，得予以延長，最長以九十日爲限。

②未依前項第二款規定改善申報，或第三款規定送請復核或復核仍不合規定者，當地主管建築機關應依本法第九十一條規定處理。

第一四條

當地主管建築機關對於本法第七十七條規定之查核及複查事項，得委託相關機關、專業機構或團體辦理。

第一五條

建築物公共安全檢查申報相關書表格式，由中央主管機關定之。

第一六條

本辦法自發布日施行。

附表一　建築物防火避難設施及設備安全標準檢查申報期間及施行日期

類別		組別	規模		檢查及申報期間		施行日期
			樓層、建築物高度	樓地板面積	頻率	期間	
A類	公共集會類	A-1			每一年一次	一月一日至三月三十一日止（第一季）	八十六年十一月一日起
		A-2		一千平方公尺以上	每一年一次	一月一日至三月三十一日止（第一季）	八十六年十一月一日起
				未達一千平方公尺	每二年一次	一月一日至三月三十一日止（第一季）	八十六年十一月一日起
B類	商業類	B-1			每一年一次	四月一日至六月三十日止（第二季）	八十六年一月一日起
		B-2		五百平方公尺以上	每一年一次	四月一日至六月三十日止（第二季）	八十六年一月一日起
		B-3		三百平方公尺以上	每一年一次	四月一日至六月三十日止（第二季）	八十六年一月一日起
		B-4			每一年一次	四月一日至六月三十日止（第二季）	八十六年一月一日起
C類	工業、倉儲類	C-1		一千平方公尺以上	每一年一次	七月一日至九月三十日止（第三季）	八十八年七月一日起
				未達一千平方公尺	每二年一次	七月一日至九月三十日止（第三季）	八十八年七月一日起
		C-2		一千平方公尺以上	每二年一次	七月一日至九月三十日止（第三季）	八十八年七月一日起
				二百平方公尺以上未達一千平方公尺	每四年一次	七月一日至九月三十日止（第三季）	八十八年七月一日起
D類	休閒、文教類	D-1		三百平方公尺以上	每一年一次	七月一日至九月三十日止（第三季）	八十六年七月一日起
				未達三百平方公尺	每二年一次	七月一日至九月三十日止（第三季）	八十八年七月一日起
		D-2		五百平方公尺以上	每二年一次	七月一日至十二月三十一日止（第三季、第四季）	八十八年七月一日起
				未達五百平方公尺	每四年一次	七月一日至十二月三十一日止（第三季、第四季）	八十八年七月一日起
		D-3	三層以上		每二年一次	七月一日至十二月三十一日止（第三季、第四季）	八十八年七月一日起

			未達三層		每四年一次	七月一日至十二月三十一日止（第三季、第四季）	八十八年七月一日起
		D-4	五層以上		每二年一次	七月一日至十二月三十一日止（第三季、第四季）	八十八年七月一日起
			未達五層		每四年一次	七月一日至十二月三十一日止（第三季、第四季）	八十八年七月一日起
		D-5			每一年一次	七月一日至十二月三十一日止（第三季、第四季）	八十八年七月一日起
E類	宗教、殯葬類	E			每二年一次	七月一日至九月三十日止（第三季）	八十六年七月一日起
F類	衛生、福利、更生類	F-1		一千五百平方公尺以上	每一年一次	十月一日至十二月三十一日止（第四季）	八十八年十一月一日起
				未達一千五百平方公尺	每二年一次	十月一日至十二月三十一日止（第四季）	八十八年十一月一日起
		F-2		五百平方公尺以上	每一年一次	十月一日至十二月三十一日止（第四季）	八十六年七月一日起
				未達五百平方公尺	每二年一次	十月一日至十二月三十一日止（第四季）	八十六年十一月一日起
		F-3		五百平方公尺以上	每一年一次	十月一日至十二月三十一日止（第四季）	八十六年七月一日起
				未達五百平方公尺	每二年一次	十月一日至十二月三十一日止（第四季）	八十六年七月一日起
		F-4		五百平方公尺以上	每二年一次	十月一日至十二月三十一日止（第四季）	八十八年十一月一日起
				未達五百平方公尺	每四年一次	十月一日至十二月三十一日止（第四季）	八十八年十一月一日起
G類	辦公、服務類	G-1		五百平方公尺以上	每二年一次	十月一日至十二月三十一日止（第四季）	八十八年七月一日起
				未達五百平方公尺	每四年一次	十月一日至十二月三十一日止（第四季）	八十八年七月一日起
		G-2		二千平方公尺以上	每二年一次	十月一日至十二月三十一日止（第四季）	八十八年七月一日起
				五百平方公尺以上未達二千平方公尺	每四年一次	十月一日至十二月三十一日止（第四季）	八十八年七月一日起
		G-3		二千平方公尺以上	每二年一次	十月一日至十二月三十一日止（第四季）	八十八年七月一日起
				五百平方公尺以上未達二千平方公尺	每四年一次	十月一日至十二月三十一日止（第四季）	八十八年七月一日起
		H-1		三百平方公尺以上	每二年一次	一月一日至三月三十一日止（第一季）	八十八年七月一日起
				未達三百平方公尺	每四年一次	一月一日至三月三十一日止（第一季）	八十八年七月一日起

H類	住宿類	H-2	十六層以上或建築物高度在五十公尺以上		每二年一次	一月一日至三月三十一日止（第一季）	八十八年七月一日起
			八層以上未達十六層且建築物高度未達五十公尺		每三年一次	一月一日至三月三十一日止（第一季）	依本附表備註三規定辦 理
			六層以上未達八層		每四年一次	一月一日至三月三十一日止（第一季）	依本附表備註三規定辦理

備註：

一、本表所列應辦理檢查申報之建築物類組及規模，含括供公衆使用及內政部認有必要之非供公衆使用建築物。

二、本表各類組之檢查申報期間，係依據其使用強度、危險指標及規模大小，分別規定每一年、二年、三年或四年申報一次。

三、六層以上未達八層，及八層以上未達十六層且建築物高度未達五十公尺之 H-2 組別建築物，其施行日期由當地主管建築機關依實際需求公告之。

四、本表所列 E 類別應辦理檢查申報之建築物，以供公衆使用建築物爲限。

五、本表所列應辦理檢查申報之建築物，其防火避難設施類及設備安全類之檢查項目領有依據內政部建築研究所授權核發之防火標章證明文件，並併同申報書及標準檢查報告書向當地主管建築機關完成申報手續者，下次檢查申報之頻率得折減一半辦 理。

六、本表各類組之施行日期，係依據行政院八十二年五月三十一日行政院臺八十二內字第一七二二九號函訂定「維護公共安全方案－營建管理部分」之省市執行公共安全檢查優先順序並依實際需求，分別規定於八十六年、八十八年起施行。

七、建築物防火避難設施及設備安全標準檢查申報客體、申報主體及申報規模依下列規定爲之：

㈠整幢建築物同屬一所有權人，供二種類組以上使用者，其申報客體以整幢爲之；申報規模應以該幢各類組樓地板面積分別合計之，其中有二種類組以上達應申報規模時，應以達申報規模之類組中之最高申報頻率爲之。至於申報主體，該幢建築物應由建築物所有權人申報，或由使用人共同或個別就其應申報範圍完成檢查後合併申報。

㈡整幢建築物爲同一使用類組，有分屬不同所有權人者，其申報客體以整幢爲之；申報規模以整幢建築物之總樓地板面積計之，若達申報規模，應依其申報頻率辦理申報。至於申報主體，該幢建築物各所有權人或使用人得就其應申報範圍採共同或個別方式完成檢查後合併申報。

㈢整幢建築物有供二種類組以上之用途使用且各類組分屬不同所有權者，以各類組爲申報客體；其申報規模應以該幢各類組樓地板面積分別合計之，若有類組達應申報規模者，同類組之所有權人或使用人應依該類組之申報頻率辦理申報；同年度應申報之類組，其所有權人或使用人得就申報範圍，共同以最高申報規模類組之申報期間完成檢查後申報。

八、整幢建築物申報者，以其主用途之檢查申報期間及施行日期爲之；建築物主用途由當地主管建築機關認定之。

附表二　建築物防火避難設施及設備安全標準檢查簽證項目表

項次	檢查項目	備註
(一)防火避難設施類	1.防火區劃	一、辦理建築物防火避難設施及設備安全標準檢查之各檢查項目，應按實際現況用途檢查簽證及申報。 二、供H-2組別集合住宅使用之建築物，依本表規定之檢查項目為直通樓梯、安全梯、避難層出入口、昇降設備、避雷設備及緊急供電系統。
	2.非防火區劃分間牆	
	3.內部裝修材料	
	4.避難層出入口	
	5.避難層以外樓層出入口	
	6.走廊（室內通路）	
	7.直通樓梯	
	8.安全梯	
	9.屋頂避難平臺	
	10.緊急進口	
(二)設備安全類	1.昇降設備	
	2.避雷設備	
	3.緊急供電系統	
	4.特殊供電	
	5.空調風管	
	6.燃氣設備	

附表三　建築物耐震能力評估檢查申報期間及施行日期

類別		組別	樓地板面積	檢查及申報期間	施行日期
A類	公共集會類	A-1	三千平方公尺以上	一月一日至三月三十一日止（第一季）	一百零八年七月一日起
			一千平方公尺以上未達三千平方公尺	一月一日至三月三十一日止（第一季）	一百零八年七月一日起
		A-2	三千平方公尺以上	一月一日至三月三十一日止（第一季）	一百零八年七月一日起
			一千平方公尺以上未達三千平方公尺	一月一日至三月三十一日止（第一季）	一百零八年七月一日起
B類	商業類	B-2	三千平方公尺以上	四月一日至六月三十日止（第二季）	一百零八年七月一日起
			一千平方公尺以上未達三千平方公尺	四月一日至六月三十日止（第二季）	一百零八年七月一日起
		B-4	三千平方公尺以上	四月一日至六月三十日止（第二季）	一百零八年七月一日起
			一千平方公尺以上未達三千平方公尺	四月一日至六月三十日止（第二季）	一百零八年七月一日起

D 類	休閒文教類	D-1	三千平方公尺以上	七月一日至九月三十日止（第三季）	一百零八年七月一日起
			一千平方公尺以上未達三千平方公尺	七月一日至九月三十日止（第三季）	一百零八年七月一日起
		D-3	三千平方公尺以上	七月一日至十二月三十一日止（第三季、第四季）	一百零八年七月一日起
			一千平方公尺以上未達三千平方公尺	七月一日至十二月三十一日止（第三季、第四季）	一百零八年七月一日起
		D-4	三千平方公尺以上	七月一日至十二月三十一日止（第三季、第四季）	一百零八年七月一日起
			一千平方公尺以上未達三千平方公尺	七月一日至十二月三十一日止（第三季、第四季）	一百零八年七月一日起
F 類	衛生、福利、更生類	F-1	三千平方公尺以上	十月一日至十二月三十一日止（第四季）	一百零八年七月一日起
			一千平方公尺以上未達三千平方公尺	十月一日至十二月三十一日止（第四季）	一百零八年七月一日起
		F-2	三千平方公尺以上	十月一日至十二月三十一日止（第四季）	一百零八年七月一日起
			一千平方公尺以上未達三千平方公尺	十月一日至十二月三十一日止（第四季）	一百零八年七月一日起
		F-3	三千平方公尺以上	十月一日至十二月三十一日止（第四季）	一百零八年七月一日起
			一千平方公尺以上未達三千平方公尺	十月一日至十二月三十一日止（第四季）	一百零八年七月一日起
		F-4	三千平方公尺以上	十月一日至十二月三十一日止（第四季）	一百零八年七月一日起
			一千平方公尺以上未達三千平方公尺	十月一日至十二月三十一日止（第四季）	一百零八年七月一日起
H 類	住宿類	H-1	三千平方公尺以上	一月一日至三月三十一日止（第一季）	一百零八年七月一日起
			一千平方公尺以上未達三千平方公尺	一月一日至三月三十一日止（第一季）	一百零八年七月一日起
經當地主管建築機關依法認定耐震能力具潛在危險疑慮之建築物				依本附表備註規定辦理	依本附表備註規定辦理
備註：申報期間及施行日期，由當地主管建築機關依實際需求公告之。					

公寓大廈管理條例

①民國84年6月28日總統令制定公布全文52條。
②民國89年4月26日總統令修正公布第2條條文。
③民國92年12月31日總統令修正公布全文63條；並自公布日施行。
④民國95年1月18日總統令修正公布第29條條文；並增訂第59-1條條文。
⑤民國102年5月8日總統令修正公布第 8、27 條條文。
⑥民國105年11月16日總統令修正公布第8、18條條文。

第一章　總　則

第一條（立法目的及適用範圍）

①爲加強公寓大廈之管理維護，提昇居住品質，特制定本條例。

②本條例未規定者，適用其他法令之規定。

第二條（主管機關）

本條例所稱主管機關：在中央爲內政部；在直轄市爲直轄市政府；在縣（市）爲縣（市）政府。

第三條（名詞定義）

本條例用辭定義如下：

一　公寓大廈：指構造上或使用上或在建築執照設計圖樣標有明確界線，得區分爲數部分之建築物及其基地。

二　區分所有：指數人區分一建築物而各有其專有部分，並就其共用部分按其應有部分有所有權。

三　專有部分：指公寓大廈之一部分，具有使用上之獨立性，且爲區分所有之標的者。

四　共用部分：指公寓大廈專有部分以外之其他部分及不屬專有之附屬建築物，而供共同使用者。

五　約定專用部分：公寓大廈共用部分經約定供特定區分所有權人使用者。

六　約定共用部分：指公寓大廈專有部分經約定供共同使用者。

七　區分所有權人會議：指區分所有權人爲共同事務及涉及權利義務之有關事項，召集全體區分所有權人所舉行之會議。

八　住戶：指公寓大廈之區分所有權人、承租人或其他經區分所有權人同意而爲專有部分之使用者或業經取得停車空間建築物所有權者。

九　管理委員會：指爲執行區分所有權人會議決議事項及公寓大廈管理維護工作，由區分所有權人選任住戶若干人爲管理委員所設立之組織。

十　管理負責人：指未成立管理委員會，由區分所有權人推選住戶一人或依第二十八條第三項、第二十九條第六項規定爲負責管理公寓大廈事務者。

十一　管理服務人：指由區分所有權人會議決議或管理負責人或管理委員會僱傭或委任而執行建築物管理維護事務之公寓大廈管理服務人員或管理維護公司。

十二　規約：公寓大廈區分所有權人爲增進共同利益，確保良好生活環境，經區分所有權人會議決議之共同遵守事項。

第二章　住戶之權利義務

第四條（專有部分）

①區分所有權人除法律另有限制外，對其專有部分，得自由使用、收益、處分，並排除他

人干涉。

②專有部分不得與其所屬建築物共用部分之應有部分及其基地所有權或地上權之應有部分分離而為移轉或設定負擔。

第五條（專有部分之使用權）

區分所有權人對專有部分之利用，不得有妨害建築物之正常使用及違反區分所有權人共同利益之行為。

第六條（住戶之義務）

①住戶應遵守下列事項：

一　於維護、修繕專有部分、約定專用部分或行使其權利時，不得妨害其他住戶之安寧、安全及衛生。

二　他住戶因維護、修繕專有部分、約定專用部分或設置管線，必須進入或使用其專有部分或約定專用部分時，不得拒絕。

三　管理負責人或管理委員會因維護、修繕共用部分或設置管線，必須進入或使用其專有部分或約定專用部分時，不得拒絕。

四　於維護、修繕專有部分、約定專用部分或設置管線，必須使用共用部分時，應經管理負責人或管理委員會之同意後為之。

五　其他法令或規約規定事項。

②前項第二款至第四款之進入或使用，應擇其損害最少之處所及方法為之，並應修復或補償所生損害。

③住戶違反第一項規定，經協調仍不履行時，住戶、管理負責人或管理委員會得按其性質請求各該主管機關或訴請法院為必要之處置。

第七條（共用部分不得約定專用之範圍）

公寓大廈共用部分不得獨立使用供做專有部分。其為下列各款者，並不得為約定專用部分：

一　公寓大廈本身所占之地面。

二　連通數個專有部分之走廊或樓梯，及其通往室外之通路或門廳；社區內各巷道、防火巷弄。

三　公寓大廈基礎、主要樑柱、承重牆壁、樓地板及屋頂之構造。

四　約定專用有違法令使用限制之規定者。

五　其他有固定使用方法，並屬區分所有權人生活利用上不可或缺之共用部分。

第八條（公寓大廈外圍使用之限制）105

①公寓大廈周圍上下、外牆面、樓頂平臺及不屬專有部分之防空避難設備，其變更構造、顏色、設置廣告物、鐵鋁窗或其他類似之行為，除應依法令規定辦理外，該公寓大廈規約另有規定或區分所有權人會議已有決議，經向直轄市、縣（市）主管機關完成報備有案者，應受該規約或區分所有權人會議決議之限制。

②公寓大廈有十二歲以下兒童或六十五歲以上老人之住戶，外牆開口部或陽臺得設置不妨礙逃生且不突出外牆面之防墜設施。防墜設施設置後，設置理由消失且不符前項限制者，區分所有權人應予改善或回復原狀。

③住戶違反第一項規定，管理負責人或管理委員會應予制止，經制止而不遵從者，應報請主管機關依第四十九條第一項規定處理，該住戶並應於一個月內回復原狀。屆期未回復原狀者，得由管理負責人或管理委員會回復原狀，其費用由該住戶負擔。

第九條（共用部分之使用權）

①各區分所有權人按其共有之應有部分比例，對建築物之共用部分及其基地有使用收益之權。但另有約定者從其約定。

②住戶對共用部分之使用應依其設置目的及通常使用方法為之。但另有約定者從其約定。

③前二項但書所約定事項，不得違反本條例、區域計畫法、都市計畫法及建築法令之規

定。

④住戶違反第二項規定，管理負責人或管理委員會應予制止，並得按其性質請求各該主管機關或訴請法院為必要之處置。如有損害並得請求損害賠償。

第一〇條（管理、維護費用）

①專有部分、約定專用部分之修繕、管理、維護，由各該區分所有權人或約定專用部分之使用人為之，並負擔其費用。

②共用部分、約定共用部分之修繕、管理、維護，由管理負責人或管理委員會為之。其費用由公共基金支付或由區分所有權人按其共有之應有部分比例分擔之。但修繕費係因可歸責於區分所有權人或住戶之事由所致者，由該區分所有權人或住戶負擔。其費用若區分所有權人會議或規約另有規定者，從其規定。

③前項共用部分、約定共用部分，若涉及公共環境清潔衛生之維持、公共消防滅火器材之維護、公共通道溝渠及相關設施之修繕，其費用政府得視情況予以補助，補助辦法由直轄市、縣（市）政府定之。

第一一條（拆除、修繕費用）

①共用部分及其相關設施之拆除、重大修繕或改良，應依區分所有權人會議之決議為之。

②前項費用，由公共基金支付或由區分所有權人按其共有之應有部分比例分擔。

第一二條（專有部分之權屬）

專有部分之共同壁及樓地板或其內之管線，其維修費用由該共同壁雙方或樓地板上下方之區分所有權人共同負擔。但修繕費係因可歸責於區分所有權人之事由所致者，由該區分所有權人負擔。

第一三條（重建之法定事由）

公寓大廈之重建，應經全體區分所有權人及基地所有權人、地上權人或典權人之同意。但有下列情形之一者，不在此限：

一　配合都市更新計畫而實施重建者。

二　嚴重毀損、傾頹或朽壞，有危害公共安全之虞者。

三　因地震、水災、風災、火災或其他重大事變，肇致危害公共安全者。

第一四條（重建建照執照之申請）

①公寓大廈有前條第二款或第三款所定情形之一，經區分所有權人會議決議重建時，區分所有權人不同意決議又不出讓區分所有權或同意後不依決議履行其義務者，管理負責人或管理委員會得訴請法院命區分所有權人出讓其區分所有權及其基地所有權應有部分。

②前項之受讓人視為同意重建。

③重建之建造執照之申請，其名義以區分所有權人會議之決議為之。

第一五條（依使用執照及規約使用之義務）

①住戶應依使用執照所載用途及規約使用專有部分、約定專用部分，不得擅自變更。

②住戶違反前項規定，管理負責人或管理委員會應予制止，經制止而不遵從者，報請直轄市、縣（市）主管機關處理，並要求其回復原狀。

第一六條（維護公共安全、公共衛生與公共安寧之義務）

①住戶不得任意棄置垃圾、排放各種污染物、惡臭物質或發生喧囂、振動及其他與此相類之行為。

②住戶不得於私設通路、防火間隔、防火巷弄、開放空間、退縮空地、樓梯間、共同走廊、防空避難設備等處所堆置雜物、設置柵欄、門扇或營業使用，或違規設置廣告物或私設路障及停車位侵占巷道妨礙出入。但開放空間及退縮空地，在直轄市、縣（市）政府核准範圍內，得依規約或區分所有權人會議決議供營業使用；防空避難設備，得為原核准範圍之使用；其兼作停車空間使用者，得依法供公共收費停車使用。

③住戶為維護、修繕、裝修或其他類似之工作時，未經申請主管建築機關核准，不得破壞或變更建築物之主要構造。

④住戶飼養動物，不得妨礙公共衛生、公共安寧及公共安全。但法令或規約另有禁止飼養之規定時，從其規定。

⑤住戶違反前四項規定時，管理負責人或管理委員會應予制止或按規約處理，經制止而不遵從者，得報請直轄市、縣（市）主管機關處理。

第一七條（投保公共意外責任保險）

①住戶於公寓大廈內依法經營餐飲、瓦斯、電焊或其他危險營業或存放有爆炸性或易燃性物品者，應依中央主管機關所定保險金額投保公共意外責任保險。其因此增加其他住戶投保火災保險之保險費者，並應就其差額負補償責任。其投保、補償辦法及保險費率由中央主管機關會同財政部定之。

②前項投保公共意外責任保險，經催告於七日內仍未辦理者，管理負責人或管理委員會應代為投保；其保險費、差額補償費及其他費用，由該住戶負擔。

第一八條（公共基金之設置及其來源）105

①公寓大廈應設置公共基金，其來源如下：

一　起造人就公寓大廈領得使用執照一年內之管理維護事項，應按工程造價一定比例或金額提列。

二　區分所有權人依區分所有權人會議決議繳納。

三　本基金之孳息。

四　其他收入。

②依前項第一款規定提列之公共基金，起造人於該公寓大廈使用執照申請時，應提出繳交各直轄市、縣（市）主管機關公庫代收之證明；於公寓大廈成立管理委員會或推選管理負責人，並完成依第五十七條規定點交共用部分、約定共用部分及其附屬設施設備後向直轄市、縣（市）主管機關報備，由公庫代為撥付。同款所稱比例或金額，由中央主管機關定之。

③公共基金應設專戶儲存，並由管理負責人或管理委員會負責管理；如經區分所有權人會議決議交付信託者，由管理負責人或管理委員會交付信託。其運用應依區分所有權人會議之決議為之。

④第一項及第二項所規定起造人應提列之公共基金，於本條例公布施行前，起造人已取得建造執照者，不適用之。

第一九條（區分所有權人對公共基金之權利）

區分所有權人對於公共基金之權利應隨區分所有權之移轉而移轉；不得因個人事由為讓與、扣押、抵銷或設定負擔。

第二〇條（公共基金移交程序）

①管理負責人或管理委員會應定期將公共基金或區分所有權人、住戶應分擔或其他應負擔費用之收支、保管及運用情形公告，並於解職、離職或管理委員會改組時，將公共基金收支情形、會計憑證、會計帳簿、財務報表、印鑑及餘額移交新管理負責人或新管理委員會。

②管理負責人或管理委員會拒絕前項公告或移交，經催告於七日內仍不公告或移交時，得報請主管機關或訴請法院命其公告或移交。

第二一條（積欠公共基金之催討程序）

區分所有權人或住戶積欠應繳納之公共基金或應分擔或其他應負擔之費用已逾二期或達相當金額，經定相當期間催告仍不給付者，管理負責人或管理委員會得訴請法院命其給付應繳之金額及遲延利息。

第二二條（強制出讓之要件）

①住戶有下列情形之一者，由管理負責人或管理委員會促請其改善，於三個月內仍未改善者，管理負責人或管理委員會得依區分所有權人會議之決議，訴請法院強制其遷離：

一　積欠依本條例規定應分擔之費用，經強制執行後再度積欠金額達其區分所有權總價百分之一者。

二　違反本條例規定經依第四十九條第一項第一款至第四款規定處以罰鍰後，仍不改善或續犯者。

三　其他違反法令或規約情節重大者。

②前項之住戶如為區分所有權人時，管理負責人或管理委員會得依區分所有權人會議之決議，訴請法院命區分所有權人出讓其區分所有權及其基地所有權應有部分；於判決確定後三個月內不自行出讓並完成移轉登記手續者，管理負責人或管理委員會得聲請法院拍賣之。

③前項拍賣所得，除其他法律另有規定外，於積欠本條例應分擔之費用，其受償順序與第一順位抵押權同。

第二三條（住戶規約之訂定及範圍）

①有關公寓大廈、基地或附屬設施之管理使用及其他住戶間相互關係，除法令另有規定外，得以規約定之。

②規約除應載明專有部分及共用部分範圍外，下列各款事項，非經載明於規約者，不生效力：

一　約定專用部分、約定共用部分之範圍及使用主體。

二　各區分所有權人對建築物共用部分及其基地之使用收益權及住戶對共用部分使用之特別約定。

三　禁止住戶飼養動物之特別約定。

四　違反義務之處理方式。

五　財務運作之監督規定。

六　區分所有權人會議決議有出席及同意之區分所有權人人數及其區分所有權比例之特別約定。

七　糾紛之協調程序。

第二四條（繼受人應繼受前區分所有人權利義務）

①區分所有權之繼受人，應於繼受前向管理負責人或管理委員會請求閱覽或影印第三十五條所定文件，並應於繼受後遵守原區分所有權人依本條例或規約所定之一切權利義務事項。

②公寓大廈專有部分之無權占有人，應遵守依本條例規定住戶應盡之義務。

③無權占有人違反前項規定，準用第二十一條、第二十二條、第四十七條、第四十九條住戶之規定。

第三章　管理組織

第二五條（會議之召開及召集人之產生方式）

①區分所有權人會議，由全體區分所有權人組成，每年至少應召開定期會議一次。

②有下列情形之一者，應召開臨時會議：

一　發生重大事故有及時處理之必要，經管理負責人或管理委員會請求者。

二　經區分所有權人五分之一以上及其區分所有權比例合計五分之一以上，以書面載明召集之目的及理由請求召集者。

③區分所有權人會議除第二十八條規定外，由具區分所有權人身分之管理負責人、管理委員會主任委員或管理委員為召集人；管理負責人、管理委員會主任委員或管理委員喪失區分所有權人資格日起，視同解任。無管理負責人或管理委員會，或無區分所有權人擔任管理負責人、主任委員或管理委員時，由區分所有權人互推一人為召集人；召集人任期依區分所有權人會議或依規約規定，任期一至二年，連選得連任一次。但區分所有權人會議或規約未規定者，任期一年，連選得連任一次。

④召集人無法依前項規定互推產生時，各區分所有權人得申請直轄市、縣（市）主管機關

指定臨時召集人，區分所有權人不申請指定時，直轄市、縣（市）主管機關得視實際需要指定區分所有權人一人爲臨時召集人，或依規約輪流擔任，其任期至互推召集人爲止。

第二六條（非封閉式之公寓大廈規約訂定）

①非封閉式之公寓大廈集居社區其地面層爲各自獨立之數幢建築物，且區內屬住宅與辦公、商場混合使用，其辦公、商場之出入口各自獨立之公寓大廈，各該幢內之辦公、商場部分，得就該幢或結合他幢內之辦公、商場部分，經其區分所有權人過半數書面同意，及全體區分所有權人會議決議或規約明定下列各款事項後，以該辦公、商場部分召開區分所有權人會議，成立管理委員會，並向直轄市、縣（市）主管機關報備。

一　共用部分、約定共用部分範圍之劃分。

二　共用部分、約定共用部分之修繕、管理、維護範圍及管理維護費用之分擔方式。

三　公共基金之分配。

四　會計憑證、會計帳簿、財務報表、印鑑、餘額及第三十六條第八款規定保管文件之移交。

五　全體區分所有權人會議與各該辦公、商場部分之區分所有權人會議之分工事宜。

②第二十條、第二十七條、第二十九條至第三十九條、第四十八條、第四十九條第一項第七款及第五十四條規定，於依前項召開或成立之區分所有權人會議、管理委員會及其主任委員、管理委員準用之。

第二七條（區分所有權之計算方式）102

①各專有部分之區分所有權人有一表決權。數人共有一專有部分者，該表決權應推由一人行使。

②區分所有權人會議之出席人數與表決權之計算，於任一區分所有權人之區分所有權占全部區分所有權五分之一以上者，或任一區分所有權人所有之專有部分之個數超過全部專有部分個數總合之五分之一以上者，其超過部分不予計算。

③區分所有權人因故無法出席區分所有權人會議時，得以書面委託配偶、有行爲能力之直系血親、其他區分所有權人或承租人代理出席；受託人於受託之區分所有權占全部區分所有權五分之一以上者，或以單一區分所有權計算之人數超過區分所有權人數五分之一者，其超過部分不予計算。

第二八條（起造人召集會議）

①公寓大廈建築物所有權登記之區分所有權人達半數以上及其區分所有權比例合計半數以上時，起造人應於三個月內召集區分所有權人召開區分所有權人會議，成立管理委員會或推選管理負責人，並向直轄市、縣（市）主管機關報備。

②前項起造人爲數人時，應互推一人爲之。出席區分所有權人之人數或其區分所有權比例合計未達第三十一條規定之定額而未能成立管理委員會時，起造人應就同一議案重新召集會議一次。

③起造人於召集區分所有權人召開區分所有權人會議成立管理委員會或推選管理負責人前，爲公寓大廈之管理負責人。

第二九條（管理委員會、管理負責人之成立）95

①公寓大廈應成立管理委員會或推選管理負責人。

②公寓大廈成立管理委員會者，應由管理委員互推一人爲主任委員，主任委員對外代表管理委員會。主任委員、管理委員之選任、解任、權限與其委員人數、召集方式及事務執行方法與代理規定，依區分所有權人會議之決議。但規約另有規定者，從其規定。

③管理委員、主任委員及管理負責人之任期，依區分所有權人會議或規約之規定，任期一至二年，主任委員、管理負責人、負責財務管理及監察業務之管理委員，連選得連任一次，其餘管理委員，連選得連任。但區分所有權人會議或規約未規定者，任期一年，主任委員、管理負責人、負責財務管理及監察業務之管理委員，連選得連任一次，其餘管

理委員，連選得連任。

④前項管理委員、主任委員及管理負責人任期屆滿未再選任或有第二十條第二項所定之拒絕移交者，自任期屆滿日起，視同解任。

⑤公寓大廈之住戶非該專有部分之區分所有權人者，除區分所有權人會議之決議或規約另有規定外，得被選任、推選爲管理委員、主任委員或管理負責人。

⑥公寓大廈未組成管理委員會且未推選管理負責人時，以第二十五條區分所有權人互推之召集人或申請指定之臨時召集人爲管理負責人。區分所有權人無法互推召集人或申請指定臨時召集人時，區分所有權人得申請直轄市、縣（市）主管機關指定住戶一人爲管理負責人，其任期至成立管理委員會、推選管理負責人或互推召集人爲止。

第三〇條（召開會議之通知方法）

①區分所有權人會議，應由召集人於開會前十日以書面載明開會內容，通知各區分所有權人。但有急迫情事須召開臨時會者，得以公告爲之；公告期間不得少於二日。

②管理委員之選任事項，應在前項開會通知中載明並公告之，不得以臨時動議提出。

第三一條（區分所有權之計算方式）

區分所有權人會議之決議，除規約另有規定外，應有區分所有權人三分之二以上及其區分所有權比例合計三分之二以上出席，以出席人數四分之三以上及其區分所有權比例占出席人數區分所有權四分之三以上之同意行之。

第三二條（未獲致決議時重新開議之要件）

①區分所有權人會議依前條規定未獲致決議、出席區分所有權人之人數或其區分所有權比例合計未達前條定額者，召集人得就同一議案重新召集會議；其開議除規約另有規定出席人數外，應有區分所有權人三人並五分之一以上及其區分所有權比例合計五分之一以上出席，以出席人數過半數及其區分所有權比例占出席人數區分所有權合計過半數之同意作成決議。

②前項決議之會議紀錄依第三十四條第一項規定送達各區分所有權人後，各區分所有權人得於七日內以書面表示反對意見。書面反對意見未超過全體區分所有權人及其區分所有權比例合計半數時，該決議視爲成立。

③第一項會議主席應於會議決議成立後十日內以書面送達全體區分所有權人並公告之。

第三三條（區分所有權之決議效力）

區分所有權人會議之決議，未經依下列各款事項辦理者，不生效力：

一　專有部分經依區分所有權人會議約定爲約定共用部分者，應經該專有部分區分所有權人同意。

二　公寓大廈外牆面、樓頂平臺，設置廣告物、無線電臺基地臺等類似強波發射設備或其他類似之行爲，設置於屋頂者，應經頂層區分所有權人同意；設置其他樓層者，應經該樓層區分所有權人同意。該層住戶，並得參加區分所有權人會議陳述意見。

三　依第五十六條第一項規定成立之約定專用部分變更時，應經使用該約定專用部分之區分所有權人同意。但該約定專用顯已違反公共利益，經管理委員會或管理負責人訴請法院判決確定者，不在此限。

第三四條（會議紀錄作成方式及送達公告）

①區分所有權人會議應作成會議紀錄，載明開會經過及決議事項，由主席簽名，於會後十五日內送達各區分所有權人並公告之。

②前項會議紀錄，應與出席區分所有權人之簽名簿及代理出席之委託書一併保存。

第三五條（請求閱覽或影印之權利）

利害關係人於必要時，得請求閱覽或影印規約、公共基金餘額、會計憑證、會計帳簿、財務報表、欠繳公共基金與應分攤或其他應負擔費用情形、管理委員會會議紀錄及前條會議紀錄，管理負責人或管理委員會不得拒絕。

第三六條（管理委員會之職務範圍）

管理委員會之職務如下：
一　區分所有權人會議決議事項之執行。
二　共有及共用部分之清潔、維護、修繕及一般改良。
三　公寓大廈及其周圍之安全及環境維護事項。
四　住戶共同事務應興革事項之建議。
五　住戶違規情事之制止及相關資料之提供。
六　住戶違反第六條第一項規定之協調。
七　收益、公共基金及其他經費之收支、保管及運用。
八　規約、會議紀錄、使用執照謄本、竣工圖說、水電、消防、機械設施、管線圖說、會計憑證、會計帳簿、財務報表、公共安全檢查及消防安全設備檢修之申報文件、印鑑及有關文件之保管。
九　管理服務人之委任、僱傭及監督。
十　會計報告、結算報告及其他管理事項之提出及公告。
十一　共用部分、約定共用部分及其附屬設施設備之點收及保管。
十二　依規定應由管理委員會申報之公共安全檢查與消防安全設備檢修之申報及改善之執行。
十三　其他依本條例或規約所定事項。

第三七條（管理委員會會議決議內容）

管理委員會會議決議之內容不得違反本條例、規約或區分所有權人會議決議。

第三八條（管理委員會之當事人能力）

①管理委員會有當事人能力。

②管理委員會為原告或被告時，應將訴訟事件要旨速告區分所有權人。

第三九條（管理委員會應向區分所有權人會議負責）

管理委員會應向區分所有權人會議負責，並向其報告會務。

第四〇條（管理委員會之職務於管理負責人準用之）

第三十六條、第三十八條及前條規定，於管理負責人準用之。

第四章　管理服務人

第四一條（執業許可登記）

公寓大廈管理維護公司應經中央主管機關許可及辦理公司登記，並向中央主管機關申領登記證後，始得執業。

第四二條（管理維護事務）

公寓大廈管理委員會、管理負責人或區分所有權人會議，得委任或僱傭領有中央主管機關核發之登記證或認可證之公寓大廈管理維護公司或管理服務人員執行管理維護事務。

第四三條（公寓大廈管理維護公司執行業務規定）

公寓大廈管理維護公司，應依下列規定執行業務：
一　應依規定類別，聘僱一定人數領有中央主管機關核發認可證之繼續性從業之管理服務人員，並負監督考核之責。
二　應指派前款之管理服務人員辦理管理維護事務。
三　應依業務執行規範執行業務。

第四四條（受僱之管理服務人員執行業務規定）

受僱於公寓大廈管理維護公司之管理服務人員，應依下列規定執行業務：
一　應依核准業務類別、項目執行管理維護事務。
二　不得將管理服務人員認可證提供他人使用或使用他人之認可證執業。
三　不得同時受聘於二家以上之管理維護公司。
四　應參加中央主管機關舉辦或委託之相關機構、團體辦理之訓練。

第四五條 （受僱以外之管理服務人員執行業務規定）

前條以外之公寓大廈管理服務人員，應依下列規定執行業務：

一 應依核准業務類別、項目執行管理維護事務。

二 不得將管理服務人員認可證提供他人使用或使用他人之認可證執業。

三 應參加中央主管機關舉辦或委託之相關機構、團體辦理之訓練。

第四六條 （管理維護公司及人員管理辦法之訂定）

第四十一條至前條公寓大廈管理維護公司及管理服務人員之資格、條件、管理維護公司聘僱管理服務人員之類別與一定人數、登記證與認可證之申請與核發、業務範圍、業務執行規範、責任、輔導、獎勵、參加訓練之方式、內容與時數、受委託辦理訓練之機構、團體之資格、條件與責任及登記費之收費基準等事項之管理辦法，由中央主管機關定之。

第五章　罰　則

第四七條 （罰則）

有下列行爲之一者，由直轄市、縣（市）主管機關處新臺幣三千元以上一萬五千元以下罰鍰，並得令其限期改善或履行義務、職務；屆期不改善或不履行者，得連續處罰：

一 區分所有權人會議召集人、起造人或臨時召集人違反第二十五條或第二十八條所定之召集義務者。

二 住戶違反第十六條第一項或第四項規定者。

三 區分所有權人或住戶違反第六條規定，主管機關受理住戶、管理負責人或管理委員會之請求，經通知限期改善，屆期不改善者。

第四八條 （罰則）

有下列行爲之一者，由直轄市、縣（市）主管機關處新臺幣一千元以上五千元以下罰鍰，並得令其限期改善或履行義務、職務；屆期不改善或不履行者，得連續處罰：

一 管理負責人、主任委員或管理委員未善盡督促第十七條所定住戶投保責任保險之義務者。

二 管理負責人、主任委員或管理委員無正當理由未執行第二十二條所定促請改善或訴請法院強制遷離或強制出讓該區分所有權之職務者。

三 管理負責人、主任委員或管理委員無正當理由違反第三十五條規定者。

四 管理負責人、主任委員或管理委員無正當理由未執行第三十六條第一款、第五款至第十二款所定之職務，顯然影響住戶權益者。

第四九條 （罰則）

①有下列行爲之一者，由直轄市、縣（市）主管機關處新臺幣四萬元以上二十萬元以下罰鍰，並得令其限期改善或履行義務；屆期不改善或不履行者，得連續處罰：

一 區分所有權人對專有部分之利用違反第五條規定者。

二 住戶違反第八條第一項或第九條第二項關於公寓大廈變更使用限制規定，經制止而不遵從者。

三 住戶違反第十五條第一項規定擅自變更專有或約定專用之使用者。

四 住戶違反第十六條第二項或第三項規定者。

五 住戶違反第十七條所定投保責任保險之義務者。

六 區分所有權人違反第十八條第一項第二款規定未繳納公共基金者。

七 管理負責人、主任委員或管理委員違反第二十條所定之公告或移交義務者。

八 起造人或建築業者違反第五十七條或第五十八條規定者。

②有供營業使用事實之住戶有前項第三款或第四款行爲，因而致人於死者，處一年以上七年以下有期徒刑，得併科新臺幣一百萬元以上五百萬元以下罰金；致重傷者，處六個月以上五年以下有期徒刑，得併科新臺幣五十萬元以上二百五十萬元以下罰金。

第五〇條　（罰則）

從事公寓大廈管理維護業務之管理維護公司或管理服務人員違反第四十二條規定，未經領得登記證、認可證或經廢止登記證、認可證而營業，或接受公寓大廈管理委員會、管理負責人或區分所有權人會議決議之委任或僱傭執行公寓大廈管理維護服務業務者，由直轄市、縣（市）主管機關勒令其停業或停止執行業務，並處新臺幣四萬元以上二十萬元以下罰鍰；其拒不遵從者，得按次連續處罰。

第五一條　（罰則）

①公寓大廈管理維護公司，違反第四十三條規定者，中央主管機關應通知限期改正；屆期不改正者，得予停業、廢止其許可或登記證或處新臺幣三萬元以上十五萬元以下罰鍰；其未依規定向中央主管機關申領登記證者，中央主管機關應廢止其許可。

②受僱於公寓大廈管理維護公司之管理服務人員，違反第四十四條規定者，中央主管機關應通知限期改正；屆期不改正者，得廢止其認可證或停止其執行公寓大廈管理維護業務三個月以上三年以下或處新臺幣三千元以上一萬五千元以下罰鍰。

③前項以外之公寓大廈管理服務人員，違反第四十五條規定者，中央主管機關應通知限期改正；屆期不改正者，得廢止其認可證或停止其執行公寓大廈管理維護業務六個月以上三年以下或處新臺幣三千元以上一萬五千元以下罰鍰。

第五二條　（強制執行）

依本條例所處之罰鍰，經限期繳納，屆期仍不繳納者，依法移送強制執行。

第六章　附　則

第五三條　（集居地區之管理及組織）

多數各自獨立使用之建築物、公寓大廈，其共同設施之使用與管理具有整體不可分性之集居地區者，其管理及組織準用本條例之規定。

第五四條　（催告事項）

本條例所定應行催告事項，由管理負責人或管理委員會以書面為之。

第五五條　（管委會之成立或管理負責人之推選）

①本條例施行前已取得建造執照之公寓大廈，其區分所有權人應依第二十五條第四項規定，互推一人為召集人，並召開第一次區分所有權人會議，成立管理委員會或推選管理負責人，並向直轄市、縣（市）主管機關報備。

②前項公寓大廈於區分所有權人會議訂定規約前，以第六十條規約範本視為規約。但得不受第七條各款不得為約定專用部分之限制。

③對第一項未成立管理組織並報備之公寓大廈，直轄市、縣（市）主管機關得分期、分區、分類（按樓高或使用之不同等分類）擬定計畫，輔導召開區分所有權人會議成立管理委員會或推選管理負責人，並向直轄市、縣（市）主管機關報備。

第五六條　（建物所有權登記）

①公寓大廈之起造人於申請建造執照時，應檢附專有部分、共用部分、約定專用部分、約定共用部分標示之詳細圖說及規約草約。於設計變更時亦同。

②前項規約草約經承受人簽署同意後，於區分所有權人會議訂定規約前，視為規約。

③公寓大廈之起造人或區分所有權人應依使用執照所記載之用途及下列測繪規定，辦理建物所有權第一次登記：

一　獨立建築物所有權之牆壁，以牆之外緣為界。

二　建築物共用之牆壁，以牆壁之中心為界。

三　附屬建物以其外緣為界辦理登記。

四　有隔牆之共用牆壁，依第二款之規定，無隔牆設置者，以使用執照竣工平面圖區分範圍為界，其面積應包括四周牆壁之厚度。

④第一項共用部分之圖說，應包括設置管理維護使用空間之詳細位置圖說。

⑤本條例中華民國九十二年十二月九日修正施行前，領得使用執照之公寓大廈，得設置一定規模、高度之管理維護使用空間，並不計入建築面積及總樓地板面積；其免計入建築面積及總樓地板面積之一定規模、高度之管理維護使用空間及設置條件等事項之辦法，由直轄市、縣（市）主管機關定之。

第五七條（檢測移交）

①起造人應將公寓大廈共用部分、約定共用部分與其附屬設施設備；設施設備使用維護手冊及廠商資料、使用執照謄本、竣工圖說、水電、機械設施、消防及管線圖說，於管理委員會成立或管理負責人推選或指定後七日內會同政府主管機關、公寓大廈管理委員會或管理負責人現場針對水電、機械設施、消防設施及各類管線進行檢測，確認其功能正常無誤後，移交之。

②前項公寓大廈之水電、機械設施、消防設施及各類管線不能通過檢測，或其功能有明顯缺陷者，管理委員會或管理負責人得報請主管機關處理，其歸責起造人者，主管機關命起造人負責修復改善，並於一個月內，起造人再會同管理委員會或管理負責人辦理移交手續。

第五八條（消費者權益）

①公寓大廈起造人或建築業者，非經領得建造執照，不得辦理銷售。

②公寓大廈之起造人或建築業者，不得將共用部分，包含法定空地、法定停車空間及法定防空避難設備，讓售於特定人或為區分所有權人以外之特定人設定專用使用權或為其他有損害區分所有權人權益之行為。

第五九條（舉證處理）

區分所有權人會議召集人、臨時召集人、起造人、建築業者、區分所有權人、住戶、管理負責人、主任委員或管理委員有第四十七條、第四十八條或第四十九條各款所定情事之一時，他區分所有權人、利害關係人、管理負責人或管理委員會得列舉事實及提出證據，報直轄市、縣（市）主管機關處理。

第五九條之一（爭議事件調處委員會之設立）95

①直轄市、縣（市）政府為處理有關公寓大廈爭議事件，得聘請資深之專家、學者及建築師、律師，並指定公寓大廈及建築管理主管人員，組設公寓大廈爭議事件調處委員會。

②前項調處委員會之組織，由內政部定之。

第六〇條（規約範本）

①規約範本，由中央主管機關定之。

②第五十六條規約草約，得依前項規約範本制作。

第六一條（委託或委辦處理事項）

第六條、第九條、第十五條、第十六條、第二十條、第二十五條、第二十八條、第二十九條及第五十九條所定主管機關應處理事項，得委託或委辦鄉（鎮、市、區）公所辦理。

第六二條（施行細則）

本條例施行細則，由中央主管機關定之。

第六三條（施行日）

本條例自公布日施行。

公寓大廈管理條例施行細則

民國94年11月16日內政部令修正發布全文14條；並自發布日施行。

第一條

本細則依公寓大廈管理條例（以下簡稱本條例）第六十二條規定訂定之。

第二條

①本條例所稱區分所有權比例，指區分所有權人之專有部分依本條例第五十六條第三項測繪之面積與公寓大廈專有部分全部面積總和之比。建築物已完成登記者，依登記機關之記載爲準。

②同一區分所有權人有數專有部分者，前項區分所有權比例，應予累計。但於計算區分所有權人會議之比例時，應受本條例第二十七條第二項規定之限制。

第三條

本條例所定區分所有權人之人數，其計算方式如下：

一　區分所有權已登記者，按其登記人數計算。但數人共有一專有部分者，以一人計。

二　區分所有權未登記者，依本條例第五十六條第一項圖說之標示，每一專有部分以一人計。

第四條

本條例第七條第一款所稱公寓大廈本身所占之地面，指建築物外牆中心線或其代替柱中心線以內之最大水平投影範圍。

第五條

①本條例第十八條第一項第一款所定按工程造價一定比例或金額提列公共基金，依下列標準計算之：

一　新臺幣一千萬元以下者爲千分之二十。

二　逾新臺幣一千萬元至新臺幣一億元者，超過新臺幣一千萬元部分爲千分之十五。

三　逾新臺幣一億元至新臺幣十億元者，超過新臺幣一億元部分爲千分之五。

四　逾新臺幣十億元者，超過新臺幣十億元部分爲千分之三。

②前項工程造價，指經直轄市、縣（市）主管建築機關核發建造執照載明之工程造價。

③政府興建住宅之公共基金，其他法規有特別規定者，依其規定。

第六條

本條例第二十二條第一項第一款所稱區分所有權總價，指管理負責人或管理委員會促請該區分所有權人或住戶改善時，建築物之評定標準價格及當期土地公告現值之和。

第七條

①本條例第二十五條第三項所定由區分所有權人互推一人爲召集人，除規約另有規定者外，應有區分所有權人二人以上書面推選，經公告十日後生效。

②前項被推選人爲數人或公告期間另有他人被推選時，以推選之區分所有權人人數較多者任之；人數相同時，以區分所有權比例合計較多者任之。新被推選人與原被推選人不爲同一人時，公告日數應自新被推選人被推選之次日起算。

③前二項之推選人於推選後喪失區分所有權人資格時，除受讓人另爲意思表示者外，其所爲之推選行爲仍爲有效。

④區分所有權人推選管理負責人時，準用前三項規定。

第八條

①本條例第二十六條第一項、第二十八條第一項及第五十五條第一項所定報備之資料如下：

一　成立管理委員會或推選管理負責人時之全體區分所有權人名冊及出席區分所有權人名冊。

二　成立管理委員會或推選管理負責人時之區分所有權人會議會議紀錄或推選書或其他證明文件。

②直轄市、縣（市）主管機關受理前項報備資料，應予建檔。

第九條

本條例第三十三條第二款所定無線電臺基地臺等類似強波發射設備，由無線電臺基地臺之目的事業主管機關認定之。

第一〇條

本條例第二十六條第一項第四款、第三十五條及第三十六條第八款所稱會計憑證，指證明會計事項之原始憑證；會計帳簿，指日記帳及總分類帳；財務報表，指公共基金之現金收支表及管理維護費之現金收支表及財產目錄、費用及應收未收款明細。

第一一條

本條例第三十六條所定管理委員會之職務，除第七款至第九款、第十一款及第十二款外，經管理委員會決議或管理負責人以書面授權者，得由管理服務人執行之。但區分所有權人會議或規約另有規定者，從其規定。

第一二條

本條例第五十三條所定其共同設施之使用與管理具有整體不可分性之集居地區，指下列情形之一：

一　依建築法第十一條規定之一宗建築基地。

二　依非都市土地使用管制規則及中華民國九十二年三月二十六日修正施行前山坡地開發建築管理辦法申請開發許可範圍內之地區。

三　其他經直轄市、縣（市）主管機關認定其共同設施之使用與管理具有整體不可分割之地區。

第一三條

本條例所定之公告，應於公寓大廈公告欄內爲之；未設公告欄者，應於主要出入口明顯處所爲之。

第一四條

本細則自發布日施行。

建築物使用類組及變更使用辦法

①民國93年9月14日內政部令訂定發布全文12條；並自發布日施行。
②民國100年9月1日內政部令修正發布全文11條；並自一百年十月一日施行。
③民國102年6月27日內政部令修正發布第11條條文及第2條條文附表二、第3條條文附表三、第4條條文附表四；並自發布日施行。

第一條

本辦法依建築法（以下簡稱本法）第七十三條第四項規定訂定之。

第二條

①建築物之使用類別、組別及其定義，如附表一。

②前項建築物之使用項目舉例如附表二。

③原核發之使用執照未登載使用類組者，該管主管建築機關應於建築物申請變更使用執照時，依前二項規定確認其類別、組別，加註於使用執照或核發確認使用類組之文件。建築物所有權人申請加註者，亦同。

第三條

建築物變更使用類組時，除應符合都市計畫土地使用分區管制或非都市土地使用管制之容許使用項目規定外，並應依建築物變更使用原則表如附表三辦理。

第四條

建築物變更使用類組規定檢討項目之各類組檢討標準如附表四。

第五條

建築物變更使用類組，應以整層爲之。但不妨害或破壞其他未變更使用部分之防火避難設施且符合下列情形之一者，得以該樓層局部範圍變更使用：

一　變更範圍直接連接直通樓梯、梯廳或屋外，且以具有一小時以上防火時效之牆壁、樓板、防火門窗等防火構造及設備區劃分隔，其防火設備並應具有一小時以上之阻熱性。

二　變更範圍以符合建築技術規則建築設計施工編第九十二條規定之走廊連接直通樓梯或屋外，且開向走廊之開口以具有一小時以上防火時效之防火門窗等防火設備區劃分隔，其防火設備並應具有一小時以上之阻熱性。

第六條

①建築物於同一使用單元內，申請變更爲多種使用類組者，應同時符合各使用類組依附表三規定之檢討項目及附表四規定之檢討標準。但符合下列各款規定者，得以主用途之使用類組檢討：

一　具主從用途關係如附表五。

二　從屬用途範圍之所有權應與主用途相同。

三　從屬用途樓地板面積不得超過該使用單元樓地板面積之五分之二。

四　同一使用單元內主從空間應相互連通。

②建築物有連跨複數樓層，無法逐層區劃分隔之垂直空間，且未以具有一小時以上之牆壁、樓板及防火門窗等防火構造及設備區劃分隔者，應視爲同一使用單元檢討。

③同一使用單元內之各種使用類組應以該使用單元之全部樓地板面積爲檢討範圍。

第七條

建築物申請變更爲A、B、C類別及D1組別之使用單元，其與同樓層、直上樓層及直下樓層相鄰之其他使用單元，應依第五條規定區劃分隔及符合下列各款規定：

一　建築物之主要構造應為防火構造。
二　坐落於非商業區之建築物申請變更之使用單元與H類別及 F1、F2、F3組別等使用單元之間，應以具有一小時以上防火時效之無開口牆壁及防火構造之樓地板區劃分隔。

第八條

本法第七十三條第二項所定有本法第九條建造行為以外主要構造、防火區劃、防火避難設施、消防設備、停車空間及其他與原核定使用不合之變更者，應申請變更使用執照之規定如下：

一　建築物之基礎、樑柱、承重牆壁、樓地板等之變更。
二　防火區劃範圍、構造或設備之調整或變更。
三　防火避難設施：
㈠直通樓梯、安全梯或特別安全梯之構造、數量、步行距離、總寬度、避難層出入口數量、寬度及高度、避難層以外樓層出入口之寬度、樓梯及平臺淨寬等之變更。
㈡走廊構造及寬度之變更。
㈢緊急進口構造、排煙設備、緊急照明設備、緊急用昇降機、屋頂避難平臺、防火間隔之變更。
四　供公眾使用建築物或經中央主管建築機關認有必要之非供公眾使用建築物之消防設備之變更。
五　建築物或法定空地停車空間之汽車或機車車位之變更。
六　建築物獎勵增設營業使用停車空間之變更。
七　建築物於原核定建築面積及各層樓地板範圍內設置或變更之昇降設備。
八　建築物之共同壁、分戶牆、外牆、防空避難設備、機械停車設備、中央系統空氣調節設備及開放空間，或其他經中央主管建築機關認定項目之變更。

第九條

①建築物申請變更使用無須施工者，經直轄市、縣（市）主管建築機關審查合格後，發給變更使用執照或核准變更使用文件；其須施工者，發給同意變更文件，並核定施工期限，最長不得超過二年。申請人因故未能於施工期限內施工完竣時，得於期限屆滿前申請展期六個月，並以一次為限。未依規定申請展期或已逾展期期限仍未完工者，其同意變更文件自規定得展期之期限屆滿之日起，失其效力。

②領有同意變更文件者，依前項核定期限內施工完竣後，應申請竣工查驗，經直轄市、縣（市）主管建築機關查驗與核准設計圖樣相符者，發給變更使用執照或核准變更使用文件。不符合者，一次通知申請人改正，申請人應於接獲通知之日起三個月內，再報請查驗；屆期未申請查驗或改正仍不合規定者，駁回該申請案。

第一〇條

建築物申請變更使用時，其違建部分依違章建築處理相關規定，得另行處理。

第一一條

①本辦法自中華民國一百年十月一日施行。

②本辦法修正條文自發布日施行。

附表一　建築物之使用類別、組別及其定義

類別		類別定義	組別	組別定義
A類	公共集會類	供集會、觀賞、社交、等候運輸工具，且無法防火區劃之場所。	A-1	供集會、表演、社交，且具觀眾席之場所。
			A-2	供旅客等候運輸工具之場所。
B類	商業類	供商業交易、陳列展售、娛樂、餐飲、消費之場所。	B-1	供娛樂消費，且處封閉或半封閉之場所。
			B-2	供商品批發、展售或商業交易，且使用人替換頻率高之場所。
			B-3	供不特定人餐飲，且直接使用燃具之場所。
			B-4	供不特定人士休息住宿之場所。
C類	工業、倉儲類	供儲存、包裝、製造、檢驗、研發、組裝及修理物品之場所。	C-1	供儲存、包裝、製造、檢驗、研發、組裝及修理工業物品，且具公害之場所。
			C-2	供儲存、包裝、製造、檢驗、研發、組裝及修理一般物品之場所。
D類	休閒、文教類	供運動、休閒、參觀、閱覽、教學之場所。	D-1	供低密度使用人口運動休閒之場所。
			D-2	供參觀、閱覽、會議之場所。
			D-3	供國小學童教學使用之相關場所。（宿舍除外）
			D-4	供國中以上各級學校教學使用之相關場所。（宿舍除外）
			D-5	供短期職業訓練、各類補習教育及課後輔導之場所。
E類	宗教、殯葬類	供宗教信徒聚會、殯葬之場所。	E	供宗教信徒聚會、殯葬之場所。
F類	衛生、福利、更生類	供身體行動能力受到健康、年紀或其他因素影響，需特別照顧之使用場所。	F-1	供醫療照護之場所。
			F-2	供身心障礙者教養、醫療、復健、重健、訓練、輔導、服務之場所。
			F-3	供兒童及少年照護之場所。
			F-4	供限制個人活動之戒護場所。
G類	辦公、服務類	供商談、接洽、處理一般事務或一般門診、零售、日常服務之場所。	G-1	供商談、接洽、處理一般事務，且使用人替換頻率高之場所。
			G-2	供商談、接洽、處理一般事務之場所。
			G-3	供一般門診、零售、日常服務之場所。
H類	住宿類	供特定人住宿之場所。	H-1	供特定人短期住宿之場所。
			H-2	供特定人長期住宿之場所。

I類	危險物品類	供製造、分裝、販賣、儲存公共危險物品及可燃性高壓氣體之場所。	I	供製造、分裝、販賣、儲存公共危險物品及可燃性高壓氣體之場所。

附表二　建築物使用類組使用項目舉例

類組	使用項目舉例
A-1	1.戲（劇）院、電影院、演藝場、歌廳、觀覽場等類似場所。 2.觀衆席面積在二百平方公尺以上之下列場所：體育館（場）及設施、音樂廳、文康中心、社教館、集會堂（場）、社區（村里）活動中心等類似場所。
A-2	1.車站（公路、鐵路、大衆捷運）。 2.候船室、水運客站。 3.航空站、飛機場大廈。
B-1	1.視聽歌唱場所（提供伴唱視聽設備，供人唱歌場所）、理髮（理容）場所（將場所加以區隔或包廂式爲人理髮理容之場所）、按摩場所（將場所加以區隔或包廂式爲人按摩之場所）、三溫暖場所（提供冷、熱水池、蒸烤設備，供人沐浴之場所）、舞廳（備有舞伴，供不特定人跳舞之場所）、舞場（不備舞伴，供不特定人跳舞之場所）、酒家（備有陪侍，供應酒、菜或其他飲食物之場所）、酒吧（備有陪侍，供應酒類或其他飲料之場所）、特種咖啡茶室（備有陪侍，供應飲料之場所）、夜總會、遊藝場、俱樂部等類似場所。 2.電子遊戲場（依電子遊戲場業管理條例定義）。 3.錄影帶（節目帶）播映場所。 4.B-3使用組別之場所，有提供表演節目等娛樂服務者。
B-2	1.百貨公司（百貨商場）商場、市場（超級市場、零售市場、攤販集中場）、展覽場（館）、量販店、批發場所（倉儲批發、一般批發、農產品批發）等類似場所。 2.樓地板面積在五百平方公尺以上之下列場所：店舖、當舖、一般零售場所、日常用品零售場所等類似場所。
B-3	1.飲酒店（無陪侍，供應酒精飲料之餐飲服務場所，包括啤酒屋）、小吃街等類似場所。 2.樓地板面積在三百平方公尺以上之下列場所：餐廳、飲食店、飲料店（無陪侍提供非酒精飲料服務之場所，包括茶藝館、咖啡店、冰果店及冷飲店等）等類似場所。
B-4	1.觀光旅館（飯店）、國際觀光旅館（飯店）等之客房部。 2.旅社、旅館、賓館等類似場所。 3.樓地板面積在五百平方公尺以上之下列場所：招待所、供香客住宿等類似場所。
C-1	1.變電所、飛機庫、汽車修理場（車輛修理場所、修車廠、修理場、車輛修配保管場、汽車站房）等類似場所。 2.特殊工作場、工場、工廠（具公害）、自來水廠、屠（電）宰場、發電場、施工機料及廢料堆置或處理場、廢棄物處理場、污水（水肥）處理貯存場等類似場所。

C-2	1.倉庫（倉儲場）、洗車場、汽車商場（出租汽車、計程車營業站）、書庫、貨物輸配所、電信機器室（電信機房）、電視（電影、廣播電台）之攝影場（攝影棚、播送室）、實驗室等類似場所。 2.一般工場、工作場、工廠等類似場所。
D-1	1.保齡球館、室內溜冰場、室內游泳池、室內球類運動場、室內機械遊樂場、室內兒童樂園、保健館、健身房、健身服務場所（三溫暖除外）、公共浴室（包括溫泉泡湯池）、室內操練場、撞球場、室內體育場所、少年服務機構（供休閒、育樂之服務設施）、室內高爾夫球練習場、室內釣蝦（魚）場、健身休閒中心、美容瘦身中心等類似場所。 2.資訊休閒服務場所（提供場所及電腦設備，供人透過電腦連線擷取網路上資源或利用電腦功能以磁碟、光碟供人使用之場所）。
D-2	1.會議廳、展示廳、博物館、美術館、圖書館、水族館、科學館、陳列館、資料館、歷史文物館、天文臺、藝術館等類似場所。 2.觀眾席面積未達二百平方公尺之下列場所：體育館（場）及設施、音樂廳、文康中心、社教館、集會堂（場）、社區（村里）活動中心等類似場所。
D-3	小學教室、教學大樓等相關教學場所。
D-4	國中、高中、專科學校、學院、大學等之教室、教學大樓等相關教學場所。
D-5	1.補習（訓練）班、文康機構等類似場所。 2.兒童課後照顧服務中心等類似場所。
E	1.寺（寺院）、廟（廟宇）、教堂（教會）、宗祠（家廟）、宗教設施、樓地板面積未達五百平方公尺供香客住宿等類似場所。 2.殯儀館、禮廳、靈堂、供存放骨灰（骸）之納骨堂（塔）、火化場等類似場所。
F-1	1.設有十床病床以上之下列場所：醫院、療養院等類似場所。 2.樓地板面積在一千平方公尺以上之診所。 3.樓地板面積在五百平方公尺以上之下列場所：護理之家機構（一般護理之家、精神護理之家）、產後護理機構、屬於老人福利機構之長期照顧機構（長期照護型）、長期照顧機構（失智照顧型）等類似場所。
F-2	1.身心障礙福利機構（全日型住宿機構、日間服務機構、樓地板面積在五百平方公尺以上之福利中心）、身心障礙者職業訓練機構等類似場所。 2.啓智（聰、明）學校、盲啞學校、益智學校。 3.日間型精神復健機構。
F-3	兒童及少年安置教養機構、幼兒園、幼兒園兼辦國民小學兒童課後照顧服務、托嬰中心、早期療育機構等類似場所。
F-4	精神病院、傳染病院、勒戒所、監獄、看守所、感化院、觀護所、收容中心等類似場所。
G-1	含營業廳之下列場所：金融機構、證券交易場所、金融保險機構、合作社、銀行、證券公司（證券經紀業、期貨經紀業）、票券金融機構、電信局（公司）郵局、自來水及電力公司之營業場所。
G-2	1.不含營業廳之下列場所：金融機構、證券交易場所、金融保險機構、合作社、銀行、證券公司（證券經紀業、期貨經紀業）、票券金融機構、電信局（公司）郵局、自來水及電力公司。

G-2	2.政府機關（公務機關）、一般事務所、自由職業事務所、辦公室（廳）、員工文康室、旅遊及運輸業之辦公室、投資顧問業辦公室、未兼營提供電影攝影場（攝影棚）之動畫影片製作場所、有線電視及廣播電台除攝影棚外之其他用途場所、少年服務機構綜合之服務場所等類似場所。 3.提供場地供人閱讀之下列場所：K書中心、小說漫畫出租中心。 4.身心障礙者就業服務機構。
G-3	1.衛生所（健康服務中心）、健康中心、捐血中心、醫事技術機構、牙體技術所、理髮場所（未將場所加以區隔且非包廂式爲人理髮之場所）、按摩場所（未將場所加以區隔且非包廂式爲人按摩之場所）、美容院、洗衣店、公共廁所、動物收容、寵物繁殖或買賣場所等類似場所。 2.設置病床未達十床之下列場所：醫院、療養院等類似場所。 3.樓地板面積未達一千平方公尺之診所。 4.樓地板面積未達五百平方公尺之下列場所：店舖、當舖、一般零售場所、日常用品零售場所、便利商店等類似場所。 5.樓地板面積未達三百平方公尺之下列場所：餐廳、飲食店、飲料店（無陪侍提供非酒精飲料服務之場所，包括茶藝館、咖啡店、冰果店及冷飲店等）等類似場所。
H-1	1.民宿（客房數六間以上）、宿舍、樓地板面積未達五百平方公尺之招待所。 2.樓地板面積未達五百平方公尺之下列場所：護理之家機構（一般護理之家、精神護理之家）、產後護理機構、屬於老人福利機構之長期照顧機構（長期照護型）、長期照顧機構（失智照顧型）、身心障礙福利服務中心等類似場所。 3.老人福利機構之場所：長期照顧機構（養護型）、安養機構、其他老人福利機構。 4.身心障礙福利機構（夜間型住宿機構）、居家護理機構。 5.住宿型精神復健機構、社區式日間照顧及重建服務、社區式身心障礙者日間服務等類似場所。
H-2	1.集合住宅、住宅、民宿（客房數五間以下）。 2.設於地面一層面積在五百平方公尺以下或設於二層至五層之任一層面積在三百平方公尺以下且樓梯寬度一點二公尺以上、分間牆及室內裝修材料符合建築技術規則現行規定之下列場所：小型安養機構、小型身心障礙者職業訓練機構、小型日間型精神復健機構、小型住宿型精神復健機構、小型社區式日間照顧及重建服務、小型社區式身心障礙者日間服務等類似場所。 3.農舍。 4.社區式家庭托顧服務、身心障礙者社區居住服務場所。
I	1.化工原料行、礦油行、瓦斯行、石油煉製廠、爆竹煙火製造儲存販賣場所、液化石油氣分裝場、液化石油氣容器儲存室、液化石油氣鋼瓶檢驗機構（場）等類似場所。 2.加油（氣）站、儲存石油廠庫、天然氣加壓站、天然氣製造場等類似場所。

附表三　建築物變更使用原則表

變更使用類別、組別＼原使用類別、組別		A		B				C		D					E	F				G			H		I
		1	2	1	2	3	4	1	2	1	2	3	4	5		1	2	3	4	1	2	3	1	2	
公共集會類（A類）	A-1		☆	○	○	○	○	○	○	○	○	○	○	○	○	○	○	○	○	○	○	○	○	○	◎
	A-2	☆		○	○	○	○	○	○	○	○	○	○	○	○	○	○	○	○	○	○	○	○	○	◎
商業類（B類）	B-1	※	※		☆	※	※	○	○	○	○	○	○	○	○	○	○	○	○	○	○	○	○	○	◎
	B-2	※	※	☆		※	※	○	○	○	○	○	○	○	○	○	○	○	○	○	○	○	○	○	◎
	B-3	※	※	☆	☆		※	○	○	○	○	○	○	○	○	○	○	○	○	○	○	○	○	○	◎
	B-4	※	※	※	※	※		○	○	○	○	○	○	○	○	○	○	○	○	○	○	○	○	○	◎
工業、倉儲類（C類）	C-1	○	○	○	○	○	○		△	○	○	○	○	○	○	○	○	○	○	○	○	○	○	○	◎
	C-2	○	○	○	○	○	○	☆		○	○	○	○	○	○	○	○	○	○	○	○	○	○	○	◎
休閒、文教類（D類）	D-1	☆	☆	☆	☆	☆	☆	※	※		☆	☆	☆	△	○	○	○	○	○	○	○	○	○	○	◎
	D-2	☆	☆	☆	☆	☆	☆	※	※	☆		☆	☆	△	○	○	○	○	○	○	○	○	○	○	◎
	D-3	※	※	※	※	※	※	※	※	☆	☆		☆	△	○	○	○	○	○	○	○	○	○	○	◎
	D-4	※	※	※	※	※	※	※	※	☆	☆	☆		△	○	○	○	○	○	○	○	○	○	○	◎
	D-5	※	※	※	※	※	※	※	※	☆	☆	☆	☆		○	※	※	※	※	※	※	※	※	※	◎
宗教類（E類）	E	※	※	※	※	※	※	※	※	※	※	※	※	※		※	※	※	※	※	※	※	○	○	◎
衛生、福利、更生類（F類）	F-1	※	※	※	※	☆	☆	※	※	☆	☆	☆	☆	☆	※		△	△	△	※	※	※	○	○	◎
	F-2	※	※	※	※	☆	☆	※	※	☆	☆	☆	☆	☆	※	☆		☆	△	※	※	※	※	※	◎
	F-3	※	※	※	※	☆	☆	※	※	☆	☆	☆	☆	☆	※	☆	☆		△	※	※	※	※	※	◎
	F-4	※	※	※	※	※	※	※	※	※	※	※	※	※	※	☆	☆	☆		※	※	※	※	※	◎
辦公類、服務類（G類）	G-1	※	※	☆	☆	☆	☆	☆	☆	☆	☆	☆	☆	☆	☆	☆	☆	☆	☆		△	△	※	※	◎
	G-2	※	※	☆	☆	☆	☆	☆	☆	☆	☆	☆	☆	☆	☆	☆	☆	☆	☆	☆		☆	☆	☆	◎
	G-3	※	※	☆	☆	☆	☆	☆	☆	☆	☆	☆	☆	☆	☆	☆	☆	☆	☆	☆	☆		☆	☆	◎
住宿類（H類）	H-1	※	※	☆	☆	☆	☆	☆	☆	☆	☆	☆	☆	☆	☆	☆	☆	☆	☆	☆	☆	☆		☆	◎
	H-2	※	※	☆	☆	☆	☆	☆	☆	☆	☆	☆	☆	☆	☆	☆	☆	☆	☆	☆	☆	☆	☆		◎
危險物品類（I類）	I	◎	◎	◎	◎	◎	◎	◎	◎	◎	◎	◎	◎	◎	◎	◎	◎	◎	◎	◎	◎	◎	◎	◎	

說明：

一、本表所列之原使用類別、組別，應以建築物原領使用執照之類別、組別為準。

二、△指建築物使用類組除B類外，同類跨組變更，依本表規定應予檢討者，其檢討項目如下：

㈠防火區劃。

㈡分間牆。

㈢內部裝修材料。

㈣直通樓梯步行距離。

㈤緊急進口設置。

㈥防火構造之限制。

㈦停車空間。但停車空間符合下列情形之一者，免予檢討：

1.原使用類組及申請變更之使用類組依現行都市計畫法令規定及建築技術規則建築設計施工編第五十九條之分類，屬同一設置標準。

2.原使用類組及申請變更之使用類組依現行都市計畫法令規定及建築技術規則建築設計施工編第五十九條之設置標準，由設置標準高者變更為設置標準低。

㈧公共建築物無障礙設施。但變更爲非公共建築物者，免予檢討。中華民國一百零一年十二月三十一日以前取得建造執照之建築物，其依本檢討項目規定改善增設之坡道或昇降機，其坡道、昇降機間及乘場面積合計未超過二十平方公尺部分，得不計入建築面積及各層樓地板面積。

三、※指建築物使用類組跨類變更及使用分類B類跨組變更，依本表規定應予檢討者，其檢討項目包括本表說明二及下列項目：

㈠樓梯及平臺淨寬、梯級尺寸。

㈡避難層出入口數量及寬度。

㈢避難層以外樓層出入口之寬度。

㈣設置二座直通樓梯之限制。增設之直通樓梯不計入建築面積及各層樓地板面積，但不得大於三十平方公尺。

㈤直通樓梯之總寬度。

㈥走廊淨寬度。

㈦直通樓梯改爲安全梯或特別安全梯之限制。

㈧特定建築物之限制。

㈨最低活載重。

㈩建築物使用類組跨類變更，如變更爲H類時，並應檢討通風、日照、採光及防音等項目。

四、○指建築物變更使用類組，依本表規定應予檢討者，其檢討項目包括本表說明二、三及下列項目：

㈠通風。

㈡屋頂避難平臺。

㈢防空避難設備。

五、◎指建築物變更使用類組，應依建築技術規則規定全部檢討。

六、☆指建築物變更使用類組除應符合本表說明二有關停車空間及公共建築物無障礙設施之檢討項目規定外，其餘項目免檢討。但變更爲H類時，應檢討通風、日照、採光及防音等項目。

七、停車空間或防空避難設備變更爲建築物之使用類組使用，或建築物之使用類組變更爲停車空間或防空避難設備時，依下列規定辦理：

㈠檢討項目除I類應依建築技術規則相關規定全部檢討外，其餘各使用類組依本表說明四規定辦理。

㈡有增加容積率之情形時，應檢討符合都市計畫法、區域計畫法相關規定。

附表四　建築物變更使用類組規定項目檢討標準表

㈠A-1類組規定項目檢討標準表

項次	規定項目	檢討標準
1	防火區劃	符合建築技術規則（以下略）建築設計施工編第七十九條、第七十九條之一規定。
2	分間牆	符合建築設計施工編第八十六條規定。
3	內部裝修材料	符合建築設計施工編第八十八條規定。
4	直通樓梯步行距離	符合建築設計施工編第九十三條規定。
5	緊急進口設置	符合建築設計施工編第一百零八條規定。
6	樓梯及平臺淨寬、梯級尺寸	符合建築設計施工編第三十三條第二欄規定。
7	防火構造限制	符合建築設計施工編第六十九條A類規定。

8	避難層出入口數量及寬度	符合建築設計施工編第九十條、第九十條之一規定。
9	避難層以外樓層出入口寬度	符合建築設計施工編第九十一條規定。
10	設置兩座直通樓梯之限制	符合建築設計施工編第九十五條規定。
11	直通樓梯之總寬度	符合建築設計施工編第九十八條規定。
12	走廊淨寬度	符合建築設計施工編第九十二條規定。
13	直通樓梯改爲安全梯或特別安全梯之限制	符合建築設計施工編第九十六條規定。
14	特定建築物之限制	符合建築設計施工編第一百十八條第一款、同編第五章第二節規定。
15	最低活載重	符合建築技術規則（以下略）建築構造編第十七條第三欄規定或建築師安全鑑定書簽證符合規定。
16	停車空間	符合都市計畫法令及建築設計施工編第五十九條第一類規定。
17	通風	符合建築設計施工編第四十三條規定。
18	屋頂避難平臺	符合建築設計施工編第九十九條規定。
19	防空避難設備	符合建築設計施工編第一百四十一條第二款第一目規定。
20	公共建築物無障礙設施	符合建築設計施工編第一百七十條或依身心障礙者權益保障法第五十七條規定提具替代改善計畫。

㈡A-2類組規定項目檢討標準表

項次	規定項目	檢討標準
1	防火區劃	符合建築設計施工編第七十九條規定。
2	分間牆	符合建築設計施工編第八十六條規定。
3	內部裝修材料	符合建築設計施工編第八十八條規定。
4	直通樓梯步行距離	符合建築設計施工編第九十三條規定。
5	緊急進口設置	符合建築設計施工編第一百零八條規定。
6	樓梯及平臺淨寬、梯級尺寸	符合建築設計施工編第三十三條第二欄規定。
7	防火構造限制	符合建築設計施工編第六十九條A類規定。
8	避難層出入口數量及寬度	符合建築設計施工編第九十條、第九十條之一規定。
9	避難層以外樓層出入口寬度	符合建築設計施工編第九十一條規定。
10	設置兩座直通樓梯之限制	符合建築設計施工編第九十五條規定。
11	直通樓梯之總寬度	無限制規定。
12	走廊淨寬度	符合建築設計施工編第九十二條規定。
13	直通樓梯改爲安全梯或特別安全梯之限制	符合建築設計施工編第九十六條規定。

14	特定建築物之限制	符合建築設計施工編第一百十八條第一款、同編第五章第五節規定。
15	最低活載重	符合建築構造編第十七條第三欄規定或建築師安全鑑定書簽證符合規定。
16	停車空間	符合都市計畫法令及建築設計施工編第五十九條第一類規定。
17	通風	符合建築設計施工編第四十三條規定。
18	屋頂避難平臺	無限制規定。
19	防空避難設備	符合建築設計施工編第一百四十一條第二款第四目規定。
20	公共建築物無障礙設施	符合建築設計施工編第一百七十條或依身心障礙者權益保障法第五十七條規定提具替代改善計畫。

㈢B-1類組規定項目檢討標準表

項次	規定項目	檢討標準
1	防火區劃	符合建築設計施工編第七十九條規定。
2	分間牆	符合建築設計施工編第八十六條規定。
3	內部裝修材料	符合建築設計施工編第八十八條規定。
4	直通樓梯步行距離	符合建築設計施工編第九十三條規定。
5	緊急進口設置	符合建築設計施工編第一百零八條規定。
6	樓梯及平臺淨寬、梯級尺寸	符合建築設計施工編第三十三條第三欄。但設置二座以上符合該條第四欄規定之樓梯者，視爲設置一座符合其第三欄規定之樓梯。
7	防火構造限制	符合建築設計施工編第六十九條B類規定。
8	避難層出入口數量及寬度	符合建築設計施工編第九十條、第九十條之一規定。
9	避難層以外樓層出入口寬度	符合建築設計施工編第九十一條規定。
10	設置兩座直通樓梯之限制	符合建築設計施工編第九十五條規定。
11	直通樓梯之總寬度	無限制規定。
12	走廊淨寬度	符合建築設計施工編第九十二條規定。
13	直通樓梯改爲安全梯或特別安全梯之限制	符合建築設計施工編第九十六條規定。
14	特定建築物之限制	符合建築設計施工編第一百十八條第一款規定。
15	最低活載重	舞廳、舞場、夜總會、三溫暖、公共浴室依建築構造編第十七條第五欄規定或建築師安全鑑定書簽證符合規定，其餘依建築構造編第十七條第三欄規定或建築師安全鑑定書簽證符合規定。
16	停車空間	符合都市計畫法令及建築設計施工編第五十九條第一類規定。

17	通風	符合建築設計施工編第四十三條規定。
18	屋頂避難平臺	符合建築設計施工編第九十九條規定。
19	防空避難設備	符合建築設計施工編第一百四十一條第二款第一目、第二目、第四目規定。
20	公共建築物無障礙設施	無限制規定。

(四)B-2類組規定項目檢討標準表

項次	規定項目	檢討標準
1	防火區劃	符合建築設計施工編第七十九條規定。
2	分間牆	符合建築設計施工編第八十六條規定。
3	內部裝修材料	符合建築設計施工編第八十八條規定。
4	直通樓梯步行距離	符合建築設計施工編第九十三條規定。
5	緊急進口設置	符合建築設計施工編第一百零八條規定。
6	樓梯及平臺淨寬、梯級尺寸	符合建築設計施工編第三十三條第二欄規定。
7	防火構造限制	符合建築設計施工編第六十九條B類規定。
8	避難層出入口數量及寬度	符合建築設計施工編第九十條、第九十條之一規定。
9	避難層以外樓層出入口寬度	符合建築設計施工編第九十一條規定。
10	設置兩座直通樓梯之限制	符合建築設計施工編第九十五條規定。
11	直通樓梯之總寬度	符合建築設計施工編第九十八條規定。
12	走廊淨寬度	符合建築設計施工編第九十二條規定。
13	直通樓梯改爲安全梯或特別安全梯之限制	符合建築設計施工編第九十六條規定。
14	特定建築物之限制	符合建築設計施工編第一百十八條第二款、同編第五章第三節規定。
15	最低活載重	符合建築構造編第十七條第五欄規定或建築師安全鑑定書簽證符合規定。
16	停車空間	符合都市計畫法令及建築設計施工編第五十九條第一類規定。
17	通風	符合建築設計施工編第四十三條規定。
18	屋頂避難平臺	符合建築設計施工編第九十九條規定。
19	防空避難設備	符合建築設計施工編第一百四十一條第二款第四目規定。
20	公共建築物無障礙設施	符合建築設計施工編第一百七十條或依身心障礙者權益保障法第五十七條規定提具替代改善計畫。

㈤B-3類組規定項目檢討標準表

項次	規定項目	檢討標準
1	防火區劃	符合建築設計施工編第七十九條規定。
2	分間牆	符合總樓地板面積爲三百平方公尺以上者應爲防火構造或使用不燃材料建造。符合建築設計施工編第八十六條規定。
3	內部裝修材料	符合建築設計施工編第八十八條規定。
4	直通樓梯步行距離	符合建築設計施工編第九十三條規定。
5	緊急進口設置	符合建築設計施工編第一百零八條規定。
6	樓梯及平臺淨寬、梯級尺寸	符合建築設計施工編第三十三條第三、四欄。但設置二座以上符合該條第四欄規定之樓梯者，視爲設置一座符合其第三欄規定之樓梯。
7	防火構造限制	符合建築設計施工編第六十九條B類規定。
8	避難層出入口數量及寬度	符合建築設計施工編第九十條、第九十條之一規定。
9	避難層以外樓層出入口寬度	無限制規定。
10	設置兩座直通樓梯之限制	符合建築設計施工編第九十五條規定。
11	直通樓梯之總寬度	無限制規定。
12	走廊淨寬度	符合建築設計施工編第九十二條規定。
13	直通樓梯改爲安全梯或特別安全梯之限制	符合建築設計施工編第九十六條規定。
14	特定建築物之限制	符合建築設計施工編第一百十八條第一款、第二款，同編第五章第三節規定。
15	最低活載重	符合建築構造編第十七條第三欄規定或建築師安全鑑定書簽證符合規定。
16	停車空間	符合都市計畫法令及建築設計施工編第五十九條第一類規定。
17	通風	符合建築設計施工編第四十三條規定。
18	屋頂避難平臺	無限制規定。
19	防空避難設備	符合建築設計施工編第一百四十一條第二款第二目、第四目規定。
20	公共建築物無障礙設施	符合建築設計施工編第一百七十條或依身心障礙者權益保障法第五十七條規定提具替代改善計畫。

㈥B-4類組規定項目檢討標準表

項次	規定項目	檢討標準
1	防火區劃	符合建築設計施工編第七十九條規定。
2	分間牆	符合建築設計施工編第八十六條規定。
3	內部裝修材料	符合建築設計施工編第八十八條規定。

4	直通樓梯步行距離	符合建築設計施工編第九十三條規定。
5	緊急進口設置	符合建築設計施工編第一百零八條規定。
6	樓梯及平臺淨寬、梯級尺寸	符合建築設計施工編第三十三條第三、四欄。但設置二座以上符合該條第四欄規定之樓梯者，視為設置一座符合其第三欄規定之樓梯。
7	防火構造限制	符合建築設計施工編第六十九條B類規定。
8	避難層出入口數量及寬度	符合建築設計施工編第九十條規定。
9	避難層以外樓層出入口寬度	無限制規定。
10	設置兩座直通樓梯之限制	符合建築設計施工編第九十五條規定。
11	直通樓梯之總寬度	無限制規定。
12	走廊淨寬度	符合建築設計施工編第九十二條規定。
13	直通樓梯改為安全梯或特別安全梯之限制	符合建築設計施工編第九十六條規定。
14	特定建築物之限制	符合建築設計施工編第一百十八條第二款規定。
15	最低活載重	符合建築構造編第十七條第一欄規定或建築師安全鑑定書簽證符合規定。
16	停車空間	符合都市計畫法令及建築設計施工編第五十九條第三類規定。
17	通風	符合建築設計施工編第四十三條規定。
18	屋頂避難平臺	無限制規定。
19	防空避難設備	符合建築設計施工編第一百四十一條第二款第四目規定。
20	公共建築物無障礙設施	符合建築設計施工編第一百七十條或依身心障礙者權益保障法第五十七條規定提具替代改善計畫。

㈦C-1類組規定項目檢討標準表

項次	規定項目	檢討標準
1	防火區劃	符合建築設計施工編第七十九條、第七十九條之一規定。
2	分間牆	無限制規定。
3	內部裝修材料	符合建築設計施工編第八十八條規定。
4	直通樓梯步行距離	符合建築設計施工編第九十三條規定。
5	緊急進口設置	符合建築設計施工編第一百零八條規定。
6	樓梯及平臺淨寬、梯級尺寸	符合建築設計施工編第三十三條第三、四欄。但設置二座以上符合該條第四欄規定之樓梯者，視為設置一座符合其第三欄規定之樓梯。
7	防火構造限制	符合建築設計施工編第六十九條C類規定。
8	避難層出入口數量及寬度	符合建築設計施工編第九十條規定。

9	避難層以外樓層出入口寬度	無限制規定。
10	設置兩座直通樓梯之限制	符合建築設計施工編第九十五條規定。
11	直通樓梯之總寬度	無限制規定。
12	走廊淨寬度	符合建築設計施工編第九十二條規定。
13	直通樓梯改為安全梯或特別安全梯之限制	符合建築設計施工編第九十六條規定。
14	特定建築物之限制	符合建築設計施工編第一百十八條第二款、同編第五章第五節規定。
15	最低活載重	符合建築構造編第十七條第三欄規定或建築師安全鑑定書簽證符合規定。
16	停車空間	符合都市計畫法令及建築設計施工編第五十九條第四類規定。
17	通風	符合建築設計施工編第四十三條規定。
18	屋頂避難平臺	無限制規定。
19	防空避難設備	符合建築設計施工編第一百四十一條第二款第三目規定。
20	公共建築物無障礙設施	無限制規定。

(八)C-2類組規定項目檢討標準表

項次	規定項目	檢討標準
1	防火區劃	符合建築設計施工編第七十九條、第七十九條之一規定。
2	分間牆	無限制規定。
3	內部裝修材料	符合建築設計施工編第八十八條規定。
4	直通樓梯步行距離	符合建築設計施工編第九十三條規定。
5	緊急進口設置	符合建築設計施工編第一百零八條規定。
6	樓梯及平臺淨寬、梯級尺寸	符合建築設計施工編第三十三條第三、四欄。但設置二座以上符合該條第四欄規定之樓梯者，視為設置一座符合其第三欄規定之樓梯。
7	防火構造限制	符合建築設計施工編第六十九條C類規定。
8	避難層出入口數量及寬度	符合建築設計施工編第九十條規定。
9	避難層以外樓層出入口寬度	無限制規定。
10	設置兩座直通樓梯之限制	符合建築設計施工編第九十五條規定。
11	直通樓梯之總寬度	無限制規定。
12	走廊淨寬度	符合建築設計施工編第九十二條規定。
13	直通樓梯改為安全梯或特別安全梯之限制	符合建築設計施工編第九十六條規定。
14	特定建築物之限制	符合建築設計施工編第一百十八條第二款、同編第五章第五節規定。

15	最低活載重	符合建築構造編第十七條第五欄規定或建築師安全鑑定書簽證符合規定。
16	停車空間	符合都市計畫法令及建築設計施工編第五十九條第四類規定。
17	通風	符合建築設計施工編第四十三條規定。
18	屋頂避難平臺	無限制規定。
19	防空避難設備	符合建築設計施工編第一百四十一條第二款第三目規定。
20	公共建築物無障礙設施	無限制規定。

(九)D-1類組規定項目檢討標準表

項次	規定項目	檢討標準
1	防火區劃	符合建築設計施工編第七十九條規定。
2	分間牆	符合建築設計施工編第八十六條規定。
3	內部裝修材料	符合建築設計施工編第八十八條規定。
4	直通樓梯步行距離	符合建築設計施工編第九十三條規定。
5	緊急進口設置	符合建築設計施工編第一百零八條規定。
6	樓梯及平臺淨寬、梯級尺寸	符合建築設計施工編第三十三條第三、四欄。但設置二座以上符合該條第四欄規定之樓梯者，視爲設置一座符合其第三欄規定之樓梯。
7	防火構造限制	符合建築設計施工編第六十九條D類規定。
8	避難層出入口數量及寬度	符合建築設計施工編第九十條、第九十條之一規定。
9	避難層以外樓層出入口寬度	符合建築設計施工編第九十一條規定。
10	設置兩座直通樓梯之限制	符合建築設計施工編第九十五條規定。
11	直通樓梯之總寬度	無限制規定。
12	走廊淨寬度	符合建築設計施工編第九十二條規定。
13	直通樓梯改爲安全梯或特別安全梯之限制	符合建築設計施工編第九十六條規定。
14	特定建築物之限制	符合建築設計施工編第一百十八條第二款規定。
15	最低活載重	符合建築構造編第十七條第四欄規定或建築師安全鑑定書簽證符合規定。
16	停車空間	符合都市計畫法令及建築設計施工編第五十九條第三類規定。
17	通風	符合建築設計施工編第四十三條規定。
18	屋頂避難平臺	無限制規定。
19	防空避難設備	符合建築設計施工編第一百四十一條第二款第四目規定。

20	公共建築物無障礙設施	符合建築設計施工編第一百七十條或依身心障礙者權益保障法第五十七條規定提具替代改善計畫。

㈩D-2類組規定項目檢討標準表

項次	規定項目	檢討標準
1	防火區劃	符合建築設計施工編第七十九條、第七十九條之一規定。
2	分間牆	符合建築設計施工編第八十六條規定。
3	內部裝修材料	符合建築設計施工編第八十八條規定。
4	直通樓梯步行距離	符合建築設計施工編第九十三條規定。
5	緊急進口設置	符合建築設計施工編第一百零八條規定。
6	樓梯及平臺淨寬、梯級尺寸	符合建築設計施工編第三十三條第三、四欄。但設置二座以上符合該條第四欄規定之樓梯者，視爲設置一座符合其第三欄規定之樓梯。
7	防火構造限制	符合建築設計施工編第六十九條D類規定。
8	避難層出入口數量及寬度	符合建築設計施工編第九十條、第九十條之一規定。
9	避難層以外樓層出入口寬度	符合建築設計施工編第九十一條規定。
10	設置兩座直通樓梯之限制	符合建築設計施工編第九十五條規定。
11	直通樓梯之總寬度	無限制規定。
12	走廊淨寬度	符合建築設計施工編第九十二條規定。
13	直通樓梯改爲安全梯或特別安全梯之限制	符合建築設計施工編第九十六條規定。
14	特定建築物之限制	符合建築設計施工編第一百十八條第一款、第二款規定。
15	最低活載重	符合建築構造編第十七條第三欄規定或建築師安全鑑定書簽證符合規定。
16	停車空間	符合都市計畫法令及建築設計施工編第五十九條第三類規定。
17	通風	符合建築設計施工編第四十三條規定。
18	屋頂避難平臺	無限制規定。
19	防空避難設備	符合建築設計施工編第一百四十一條第二款第四目規定。
20	公共建築物無障礙設施	符合建築設計施工編第一百七十條或依身心障礙者權益保障法第五十七條規定提具替代改善計畫。

㈩D-3類組規定項目檢討標準表

項次	規定項目	檢討標準
1	防火區劃	符合建築設計施工編第七十九條、第七十九條之一規定。
2	分間牆	符合建築設計施工編第八十六條規定。
3	內部裝修材料	符合建築設計施工編第八十八條規定。
4	直通樓梯步行距離	符合建築設計施工編第九十三條規定。
5	緊急進口設置	符合建築設計施工編第一百零八條規定。
6	樓梯及平臺淨寬、梯級尺寸	符合建築設計施工編第三十三條第一欄規定。
7	防火構造限制	符合建築設計施工編第六十九條D類規定。
8	避難層出入口數量及寬度	符合建築設計施工編第九十條規定。
9	避難層以外樓層出入口寬度	無限制規定。
10	設置兩座直通樓梯之限制	符合建築設計施工編第九十五條規定。
11	直通樓梯之總寬度	無限制規定。
12	走廊淨寬度	符合建築設計施工編第九十二條規定。
13	直通樓梯改為安全梯或特別安全梯之限制	符合建築設計施工編第九十六條規定。
14	特定建築物之限制	符合建築設計施工編第一百十八條第二款、同編第五章第四節規定。
15	最低活載重	符合建築構造編第十七條第二欄規定或建築師安全鑑定書簽證符合規定。
16	停車空間	符合都市計畫法令及建築設計施工編第五十九條第四類規定。
17	通風	符合建築設計施工編第四十三條規定。
18	屋頂避難平臺	無限制規定。
19	防空避難設備	符合建築設計施工編第一百四十一條第二款第二目規定。
20	公共建築物無障礙設施	符合建築設計施工編第一百七十條或依身心障礙者權益保障法第五十七條規定提具替代改善計畫。

㈫D-4類組規定項目檢討標準表

項次	規定項目	檢討標準
1	防火區劃	符合建築設計施工編第七十九條、第七十九條之一規定。
2	分間牆	符合建築設計施工編第八十六條規定。
3	內部裝修材料	符合建築設計施工編第八十八條規定。
4	直通樓梯步行距離	符合建築設計施工編第九十三條規定。
5	緊急進口設置	符合建築設計施工編第一百零八條規定。

6	樓梯及平臺淨寬、梯級尺寸	符合建築設計施工編第三十三條第二欄規定。
7	防火構造限制	符合建築設計施工編第六十九條D類規定。
8	避難層出入口數量及寬度	符合建築設計施工編第九十條規定。
9	避難層以外樓層出入口寬度	無限制規定。
10	設置兩座直通樓梯之限制	符合建築設計施工編第九十五條規定。
11	直通樓梯之總寬度	無限制規定。
12	走廊淨寬度	符合建築設計施工編第九十二條規定。
13	直通樓梯改爲安全梯或特別安全梯之限制	符合建築設計施工編第九十六條規定。
14	特定建築物之限制	符合建築設計施工編第一百十八條第二款、同編第五章第四節規定。
15	最低活載重	符合建築構造編第十七條第二欄規定或建築師安全鑑定書簽證符合規定。
16	停車空間	符合都市計畫法令及建築設計施工編第五十九條第四類規定。
17	通風	符合建築設計施工編第四十三條規定。
18	屋頂避難平臺	無限制規定。
19	防空避難設備	符合建築設計施工編第一百四十一條第二款第二目規定。
20	公共建築物無障礙設施	符合建築設計施工編第一百七十條或依身心障礙者權益保障法第五十七條規定提具替代改善計畫。

㈢D-5類組規定項目檢討標準表

項次	規定項目	檢討標準
1	防火區劃	符合建築設計施工編第七十九條規定。
2	分間牆	符合建築設計施工編第八十六條規定。
3	內部裝修材料	符合建築設計施工編第八十八條規定。
4	直通樓梯步行距離	符合建築設計施工編第九十三條規定。
5	緊急進口設置	符合建築設計施工編第一百零八條規定。
6	樓梯及平臺淨寬、梯級尺寸	符合建築設計施工編第三十三條第三、四欄。但設置二座以上符合該條第四欄規定之樓梯者，視爲設置一座符合其第三欄規定之樓梯。
7	防火構造限制	符合建築設計施工編第六十九條D類規定。
8	避難層出入口數量及寬度	符合建築設計施工編第九十條規定。
9	避難層以外樓層出入口寬度	無限制規定。
10	設置兩座直通樓梯之限制	符合建築設計施工編第九十五條規定。
11	直通樓梯之總寬度	無限制規定。
12	走廊淨寬度	符合建築設計施工編第九十二條規定。

13	直通樓梯改爲安全梯或特別安全梯之限制	符合建築設計施工編第九十六條規定。
14	特定建築物之限制	無限制規定。
15	最低活載重	符合建築構造編第十七條第一欄規定或建築師安全鑑定書簽證符合規定。
16	停車空間	符合都市計畫法令及建築設計施工編第五十九條第四類規定。
17	通風	符合建築設計施工編第四十三條規定。
18	屋頂避難平臺	無限制規定。
19	防空避難設備	符合建築設計施工編第一百四十一條第二款第四目規定。
20	公共建築物無障礙設施	符合建築設計施工編第一百七十條或依身心障礙者權益保障法第五十七條規定提具替代改善計畫。

㈬E類組規定項目檢討標準表

項次	規定項目	檢討標準
1	防火區劃	符合建築設計施工編第七十九條規定。
2	分間牆	無限制規定。
3	內部裝修材料	符合建築設計施工編第八十八條規定。
4	直通樓梯步行距離	符合建築設計施工編第九十三條規定。
5	緊急進口設置	符合建築設計施工編第一百零八條規定。
6	樓梯及平臺淨寬、梯級尺寸	符合建築設計施工編第三十三條第三、四欄。但設置二座以上符合該條第四欄規定之樓梯者，視爲設置一座符合其第三欄規定之樓梯。
7	防火構造限制	符合建築設計施工編第六十九條E類規定。
8	避難層出入口數量及寬度	符合建築設計施工編第九十條規定。
9	避難層以外樓層出入口寬度	無限制規定。
10	設置兩座直通樓梯之限制	符合建築設計施工編第九十五條規定。
11	直通樓梯之總寬度	無限制規定。
12	走廊淨寬度	符合建築設計施工編第九十二條規定。
13	直通樓梯改爲安全梯或特別安全梯之限制	符合建築設計施工編第九十六條規定。
14	特定建築物之限制	無限制規定。
15	最低活載重	符合建築構造編第十七條第二欄規定或建築師安全鑑定書簽證符合規定。
16	停車空間	符合都市計畫法令及建築設計施工編第五十九條第三類規定。
17	通風	符合建築設計施工編第四十三條規定。
18	屋頂避難平臺	無限制規定。

19	防空避難設備	符合建築設計施工編第一百四十一條第二款第四目規定。
20	公共建築物無障礙設施	符合建築設計施工編第一百七十條或依身心障礙者權益保障法第五十七條規定提具替代改善計畫。

㈤F-1類組規定項目檢討標準表

項次	規定項目	檢討標準
1	防火區劃	符合建築設計施工編第七十九條、第九十九條之一規定。
2	分間牆	符合建築設計施工編第八十六條規定。
3	內部裝修材料	符合建築設計施工編第八十八條規定。
4	直通樓梯步行距離	符合建築設計施工編第九十三條規定。
5	緊急進口設置	符合建築設計施工編第一百零八條規定。
6	樓梯及平臺淨寬、梯級尺寸	符合建築設計施工編第三十三條第二欄規定。
7	防火構造限制	符合建築設計施工編第六十九條F類規定。
8	避難層出入口數量及寬度	符合建築設計施工編第九十條規定。
9	避難層以外樓層出入口寬度	無限制規定。
10	設置兩座直通樓梯之限制	符合建築設計施工編第九十五條規定。
11	直通樓梯之總寬度	無限制規定。
12	走廊淨寬度	符合建築設計施工編第九十二條規定。
13	直通樓梯改爲安全梯或特別安全梯之限制	符合建築設計施工編第九十六條規定。
14	特定建築物之限制	符合建築設計施工編第一百十八條第二款規定。
15	最低活載重	符合建築構造編第十七條第三欄規定或建築師安全鑑定書簽證符合規定。
16	停車空間	符合都市計畫法令及建築設計施工編第五十九條第三類規定。
17	通風	符合建築設計施工編第四十三條規定。
18	屋頂避難平臺	無限制規定。
19	防空避難設備	符合建築設計施工編第一百四十一條第二款第四目規定。
20	公共建築物無障礙設施	符合建築設計施工編第一百七十條或依身心障礙者權益保障法第五十七條規定提具替代改善計畫。

㈥F-2類組規定項目檢討標準表

項次	規定項目	檢討標準
1	防火區劃	符合建築設計施工編第七十九條、第九十九條之一規定。
2	分間牆	無限制規定規定。

3	內部裝修材料	符合建築設計施工編第八十八條規定。
4	直通樓梯步行距離	符合建築設計施工編第九十三條規定。
5	緊急進口設置	符合建築設計施工編第一百零八條規定。
6	樓梯及平臺淨寬、梯級尺寸	符合建築設計施工編第三十三條第三、四欄。但設置二座以上符合該條第四欄規定之樓梯者，視爲設置一座符合其第三欄規定之樓梯。
7	防火構造限制	符合建築設計施工編第六十九條F類規定。
8	避難層出入口數量及寬度	符合建築設計施工編第九十條規定。
9	避難層以外樓層出入口寬度	無限制規定。
10	設置兩座直通樓梯之限制	符合建築設計施工編第九十五條規定。
11	直通樓梯之總寬度	無限制規定。
12	走廊淨寬度	符合建築設計施工編第九十二條規定。
13	直通樓梯改爲安全梯或特別安全梯之限制	符合建築設計施工編第九十六條規定。
14	特定建築物之限制	符合建築設計施工編第一百十八條第二款規定。
15	最低活載重	符合建築構造編第十七條第二欄規定或建築師安全鑑定書簽證符合規定。
16	停車空間	符合都市計畫法令及建築設計施工編第五十九條第三類規定。
17	通風	符合建築設計施工編第四十三條規定。
18	屋頂避難平臺	無限制規定。
19	防空避難設備	符合建築設計施工編第一百四十一條第二款第四目規定。
20	公共建築物無障礙設施	符合建築設計施工編第一百七十條或依身心障礙者權益保障法第五十七條規定提具替代改善計畫。

㈦F-3類組規定項目檢討標準表

項次	規定項目	檢討標準
1	防火區劃	符合建築設計施工編第七十九條規定。
2	分間牆	無限制規定。
3	內部裝修材料	符合建築設計施工編第八十八條規定。
4	直通樓梯步行距離	符合建築設計施工編第九十三條規定。
5	緊急進口設置	符合建築設計施工編第一百零八條規定。
6	樓梯及平臺淨寬、梯級尺寸	符合建築設計施工編第三十三條第三、四欄。但設置二座以上符合該條第四欄規定之樓梯者，視爲設置一座符合其第三欄規定之樓梯。
7	防火構造限制	符合建築設計施工編第六十九條F類規定。
8	避難層出入口數量及寬度	符合建築設計施工編第九十條規定。

9	避難層以外樓層出入口寬度	無限制規定。
10	設置兩座直通樓梯之限制	符合建築設計施工編第九十五條規定。
11	直通樓梯之總寬度	無限制規定。
12	走廊淨寬度	符合建築設計施工編第九十二條規定。
13	直通樓梯改為安全梯或特別安全梯之限制	符合建築設計施工編第九十六條規定。
14	特定建築物之限制	樓地板面積之和超過二百平方公尺者，依建築設計施工編第一百十八條第二款，其他無限制規定。
15	最低活載重	符合建築構造編第十七條第二欄規定或建築師安全鑑定書簽證符合規定。
16	停車空間	符合都市計畫法令及建築設計施工編第五十九條第四類規定。
17	通風	符合建築設計施工編第四十三條規定。
18	屋頂避難平臺	無限制規定。
19	防空避難設備	符合建築設計施工編第一百四十一條第二款第四目規定。
20	公共建築物無障礙設施	符合建築設計施工編第一百七十條或依身心障礙者權益保障法第五十七條規定提具替代改善計畫。

㈥F-4類組規定項目檢討標準表

項次	規定項目	檢討標準
1	防火區劃	符合建築設計施工編第七十九條規定。
2	分間牆	無限制規定。
3	內部裝修材料	符合建築設計施工編第八十八條規定。
4	直通樓梯步行距離	符合建築設計施工編第九十三條規定。
5	緊急進口設置	符合建築設計施工編第一百零八條規定。
6	樓梯及平臺淨寬、梯級尺寸	符合建築設計施工編第三十三條第三、四欄。但設置二座以上符合該條第四欄規定之樓梯者，視為設置一座符合其第三欄規定之樓梯。
7	防火構造限制	符合建築設計施工編第六十九條F類規定。
8	避難層出入口數量及寬度	符合建築設計施工編第九十條規定。
9	避難層以外樓層出入口寬度	無限制規定。
10	設置兩座直通樓梯之限制	符合建築設計施工編第九十五條規定。
11	直通樓梯之總寬度	無限制規定。
12	走廊淨寬度	符合建築設計施工編第九十二條規定。
13	直通樓梯改為安全梯或特別安全梯之限制	符合建築設計施工編第九十六條規定。
14	特定建築物之限制	符合建築設計施工編第一百十八條第二款規定。

15	最低活載重	符合建築構造編第十七條第三欄規定或建築師安全鑑定書簽證符合規定。
16	停車空間	符合都市計畫法令及建築設計施工編第五十九條第四類規定。
17	通風	符合建築設計施工編第四十三條規定。
18	屋頂避難平臺	無限制規定。
19	防空避難設備	符合建築設計施工編第一百四十一條第二款第四目規定。
20	公共建築物無障礙設施	無限制規定。

㈨G-1類組規定項目檢討標準表

項次	規定項目	檢討標準
1	防火區劃	符合建築設計施工編第七十九條規定。
2	分間牆	無限制規定。
3	內部裝修材料	符合建築設計施工編第八十八條規定。
4	直通樓梯步行距離	符合建築設計施工編第九十三條規定。
5	緊急進口設置	符合建築設計施工編第一百零八條規定。
6	樓梯及平臺淨寬、梯級尺寸	符合建築設計施工編第三十三條第三、四欄。但設置二座以上符合該條第四欄規定之樓梯者，視爲設置一座符合其第三欄規定之樓梯。
7	防火構造限制	符合建築設計施工編第六十九條G類規定。
8	避難層出入口數量及寬度	符合建築設計施工編第九十條規定。
9	避難層以外樓層出入口寬度	無限制規定。
10	設置兩座直通樓梯之限制	符合建築設計施工編第九十五條規定。
11	直通樓梯之總寬度	無限制規定。
12	走廊淨寬度	符合建築設計施工編第九十二條規定。
13	直通樓梯改爲安全梯或特別安全梯之限制	符合建築設計施工編第九十六條規定。
14	特定建築物之限制	符合建築設計施工編第一百十八條第二款規定。
15	最低活載重	符合建築構造編第十七條第三欄規定或建築師安全鑑定書簽證符合規定。
16	停車空間	符合都市計畫法令及建築設計施工編第五十九條第一類規定。
17	通風	符合建築設計施工編第四十三條規定。
18	屋頂避難平臺	無限制規定。
19	防空避難設備	符合建築設計施工編第一百四十一條第二款第四目規定。
20	公共建築物無障礙設施	符合建築設計施工編第一百七十條或依身心障礙者權益保障法第五十七條規定提具替代改善計畫。

㈥G-2類組規定項目檢討標準表

項次	規定項目	檢討標準
1	防火區劃	符合建築設計施工編第七十九條規定。
2	分間牆	各級政府機關建築物應爲防火構造或使用不燃材料建造，其他無限制規定。
3	內部裝修材料	符合建築設計施工編第八十八條規定。
4	直通樓梯步行距離	符合建築設計施工編第九十三條規定。
5	緊急進口設置	符合建築設計施工編第一百零八條規定。
6	樓梯及平臺淨寬、梯級尺寸	符合建築設計施工編第三十三條第三、四欄。但設置二座以上符合該條第四欄規定之樓梯者，視爲設置一座符合其第三欄規定之樓梯。
7	防火構造限制	符合建築設計施工編第六十九條G類規定。
8	避難層出入口數量及寬度	符合建築設計施工編第九十條規定。
9	避難層以外樓層出入口寬度	無限制規定。
10	設置兩座直通樓梯之限制	符合建築設計施工編第九十五條規定。
11	直通樓梯之總寬度	無限制規定。
12	走廊淨寬度	符合建築設計施工編第九十二條規定。
13	直通樓梯改爲安全梯或特別安全梯之限制	符合建築設計施工編第九十六條規定。
14	特定建築物之限制	符合建築設計施工編第一百十八條第二款規定。
15	最低活載重	符合建築構造編第十七條第三欄規定或建築師安全鑑定書簽證符合規定。
16	停車空間	符合都市計畫法令及建築設計施工編第五十九條第一類規定。
17	通風	符合建築設計施工編第四十三條規定。
18	屋頂避難平臺	無限制規定。
19	防空避難設備	符合建築設計施工編第一百四十一條第二款第四目規定。
20	公共建築物無障礙設施	符合建築設計施工編第一百七十條或依身心障礙者權益保障法第五十七條規定提具替代改善計畫。

㈢G-3類組規定項目檢討標準表

項次	規定項目	檢討標準
1	防火區劃	符合建築設計施工編第七十九條規定。
2	分間牆	無限制規定。
3	內部裝修材料	符合建築設計施工編第八十八條規定。
4	直通樓梯步行距離	符合建築設計施工編第九十三條規定。
5	緊急進口設置	符合建築設計施工編第一百零八條規定。

6	樓梯及平臺淨寬、梯級尺寸	符合建築設計施工編第三十三條第三、四欄。但設置二座以上符合該條第四欄規定之樓梯者，視為設置一座符合其第三欄規定之樓梯。
7	防火構造限制	符合建築設計施工編第六十九條G類規定。
8	避難層出入口數量及寬度	符合建築設計施工編第九十條規定。
9	避難層以外樓層出入口寬度	無限制規定。
10	設置兩座直通樓梯之限制	符合建築設計施工編第九十五條規定。
11	直通樓梯之總寬度	無限制規定。
12	走廊淨寬度	符合建築設計施工編第九十二條規定。
13	直通樓梯改為安全梯或特別安全梯之限制	符合建築設計施工編第九十六條規定。
14	特定建築物之限制	符合建築設計施工編第一百十八條第二款規定。
15	最低活載重	符合建築構造編第十七條第三欄規定或建築師安全鑑定書簽證符合規定。
16	停車空間	符合都市計畫法令及建築設計施工編第五十九條第一類規定。
17	通風	符合建築設計施工編第四十三條規定。
18	屋頂避難平臺	無限制規定。
19	防空避難設備	符合建築設計施工編第一百四十一條第一款、第二款第四目規定。
20	公共建築物無障礙設施	符合建築設計施工編第一百七十條或依身心障礙者權益保障法第五十七條規定提具替代改善計畫。

㈢H-1類組規定項目檢討標準表

項次	規定項目	檢討標準
1	防火區劃	符合建築設計施工編第七十九條、第九十九條之一規定。
2	分間牆	符合建築設計施工編第八十六條規定。
3	內部裝修材料	符合建築設計施工編第八十八條規定。
4	直通樓梯步行距離	符合建築設計施工編第九十三條規定。
5	緊急進口設置	符合建築設計施工編第一百零八條規定。
6	樓梯及平臺淨寬、梯級尺寸	符合建築設計施工編第三十三條第三、四欄。但設置二座以上符合該條第四欄規定之樓梯者，視為設置一座符合其第三欄規定之樓梯。
7	防火構造限制	符合建築設計施工編第六十九條H類規定。
8	避難層出入口數量及寬度	符合建築設計施工編第九十條規定。
9	避難層以外樓層出入口寬度	無限制規定。
10	設置兩座直通樓梯之限制	符合建築設計施工編第九十五條規定。
11	直通樓梯之總寬度	無限制規定。

12	走廊淨寬度	符合建築設計施工編第九十二條規定。
13	直通樓梯改為安全梯或特別安全梯之限制	符合建築設計施工編第九十六條規定。
14	特定建築物之限制	無限制規定。
15	最低活載重	符合建築構造編第十七條第一欄規定或建築師安全鑑定書簽證符合規定。
16	停車空間	符合都市計畫法令及建築設計施工編第五十九條第三類規定。
17	通風	符合建築設計施工編第四十三條規定。
18	屋頂避難平臺	無限制規定。
19	防空避難設備	符合建築設計施工編第一百四十一條第一款、第二款第四目規定。
20	公共建築物無障礙設施	符合建築設計施工編第一百七十條或依身心障礙者權益保障法第五十七條規定提具替代改善計畫。
21	日照、採光	符合建築設計施工編第四十條至第四十二條規定。
22	防音	符合建築設計施工編第四十六條規定。

㈢H-2類組規定項目檢討標準表

項次	規定項目	檢討標準
1	防火區劃	符合建築設計施工編第七十九條規定。
2	分間牆	無限制規定。
3	內部裝修材料	符合建築設計施工編第八十八條規定。
4	直通樓梯步行距離	符合建築設計施工編第九十三條規定。
5	緊急進口設置	符合建築設計施工編第一百零八條規定。
6	樓梯及平臺淨寬、梯級尺寸	符合建築設計施工編第三十三條第三、四欄。但設置二座以上符合該條第四欄規定之樓梯者，視為設置一座符合其第三欄規定之樓梯。
7	防火構造限制	符合建築設計施工編第六十九條H類規定。
8	避難層出入口數量及寬度	符合建築設計施工編第九十條規定。
9	避難層以外樓層出入口寬度	無限制規定。
10	設置兩座直通樓梯之限制	符合建築設計施工編第九十五條規定。
11	直通樓梯之總寬度	無限制規定。
12	走廊淨寬度	符合建築設計施工編第九十二條規定。
13	直通樓梯改為安全梯或特別安全梯之限制	符合建築設計施工編第九十六條規定。
14	特定建築物之限制	無限制規定。
15	最低活載重	符合建築構造編第十七條第一欄規定或建築師安全鑑定書簽證符合規定。

16	停車空間	符合都市計畫法令及建築設計施工編第五十九條第二類規定。
17	通風	符合建築設計施工編第四十三條規定。
18	屋頂避難平臺	無限制規定。
19	防空避難設備	符合建築設計施工編第一百四十一條第一款、第二款第四目規定。
20	公共建築物無障礙設施	符合建築設計施工編第一百七十條或依身心障礙者權益保障法第五十七條規定提具替代改善計畫。
21	日照、採光	符合建築設計施工編第四十條至第四十二條規定。
22	防音	符合建築設計施工編第四十六條規定。

㈤I類組規定項目檢討標準表

項次	規定項目	檢討標準
1	防火區劃	符合建築設計施工編第七十九條規定。
2	分間牆	無限制規定。
3	內部裝修材料	符合建築設計施工編第八十八條規定。
4	直通樓梯步行距離	符合建築設計施工編第九十三條規定。
5	緊急進口設置	符合建築設計施工編第一百零八條規定。
6	樓梯及平臺淨寬、梯級尺寸	符合建築設計施工編第三十三條第三、四欄。但設置二座以上符合該條第四欄規定之樓梯者，視爲設置一座符合其第三欄規定之樓梯。
7	防火構造限制	符合建築設計施工編第六十九條I類規定。
8	避難層出入口數量及寬度	符合建築設計施工編第九十條規定。
9	避難層以外樓層出入口寬度	無限制規定。
10	設置兩座直通樓梯之限制	符合建築設計施工編第九十五條規定。
11	直通樓梯之總寬度	無限制規定。
12	走廊淨寬度	符合建築設計施工編第九十二條規定。
13	直通樓梯改爲安全梯或特別安全梯之限制	符合建築設計施工編第九十六條規定。
14	特定建築物之限制	符合建築設計施工編第一百十八條第二款規定。
15	最低活載重	符合建築構造編第十七條第五欄規定或建築師安全鑑定書簽證符合規定。
16	停車空間	符合都市計畫法令及建築設計施工編第五十九條第四類規定。
17	通風	符合建築設計施工編第四十三條規定。
18	屋頂避難平臺	無限制規定。
19	防空避難設備	符合建築設計施工編第一百四十一條第二款第四目規定。

20	公共建築物無障礙設施	符合建築設計施工編第一百七十條或依身心障礙者權益保障法第五十七條規定提具替代改善計畫。

附表五　建築物主從用途關係表

主用途使用組別 ＼ 從屬用途使用組別		A類（公共集會類）		B類（商業類）				C類（工業、倉儲類）		D類（休閒、文教類）					E類（宗教、殯葬類）	F類（衛生、福利、更生類）				G類（辦公、服務類）			H類（住宿類）
		A-1	A-2	B-1	B-2	B-3	B-4	C-1	C-2	D-1	D-2	D-3	D-4	D-5		F-1	F-2	F-3	F-4	G-1	G-2	G-3	H-1
D類	D-1	○	○	×	×	×	○	×	×		×	×	×	×	×	×	×	×	×	×	×	×	×
	D-2	○	○	×	×	×	○	×	×	×		×	×	×	×	×	×	×	×	×	×	×	×
	D-5	×	×	×	×	×	×	×	×	×	×	○	○		×	×	×	×	×	×	×	×	×
F類	F-3	○	×	×	×	×	×	×	×	×	○	○	○	○	○	○	○		×	×	○	×	×
G類	G-2	○	○	○	○	○	○	△	△	○	○	○	○	○	○	○	○	○	○	○		○	○
	G-3	○	○	○	○	○	○	△	△	○	○	○	○	○	○	○	○	○	○	○	○		○
H類	H-1	×	×	×	×	×	×	△	△	×	×	×	○	×	×	×	×	×	×	×	×	×	

說明：

一、○指表列各從屬用途之合計樓地板面積符合本辦法第六條第一項第三款規定者，其與對應之主用途具有從屬關係。

二、△指表列各從屬用途之合計樓地板面積同時符合本辦法第六條第一項第三款及建築技術規則建築設計施工編第二百七十二條規定者，其與對應之主用途具有從屬關係。

三、╳指對應之使用組別未具從屬關係。

四、本表所列E類別之主用途，以宗教類相關場所爲限。

五、依建築技術規則規定採用建築物防火避難性能設計或依同規則總則編第三條之四規定領有中央主管建築機關認可之建築物防火避難綜合檢討計畫書及評定書之建築物，不適用本表規定。

拾壹、行政指導文書

公共危險物品場所設置保安檢查員行政指導綱領

民國107年11月16日內政部函訂定發布全文5點。

一　為強化公共危險物品場所自主檢查能力，以降低災害事故發生，保障人命財產安全，特訂定本指導綱領。

二　本指導綱領適用對象為製造、儲存或處理公共危險物品數量合計達管制量三十倍以上之場所。

三　本指導綱領實施方式係由前點場所管理權人遴用經訓練合格保安檢查員，以執行公共危險物品場所之構造與設備之維護、自主檢查及安全管理等事項。

四　保安檢查員之業務及職責如下：

㈠應接受保安監督人之指揮及監督。

㈡每月依公共危險物品場所自主檢查表（如附表一至附表九）辦理公共危險物品場所之構造及設備之檢查，並將檢查結果送交保安監督人複核後予以妥善保存。

㈢負責公共危險物品場所之構造及設備之維護管理，使其維持在正常狀態下。

㈣發現公共危險物品場所之構造或設備有異常情況時，應聯絡保安監督人或相關人員，同時應判斷狀況並為適當之處置。

㈤公共危險物品場所發生火災時，提供現場救災人員搶救上之必要資訊。

五　保安檢查員講習訓練之方式及課程內容如下：

㈠依下列講習方式擇一參加：

1.中央主管機關認可之保安監督人訓練專業機構辦理之講習訓練。

2.事業單位自主辦理，並報請當地消防機關備查之講習訓練。

㈡保安檢查員應經訓練合格，任職期間應每二年接受訓練一次，訓練課程名稱及時數如下：

1.公共危險物品製造、儲存或處理場所之構造及設備之檢查：四小時。

2.公共危險物品理化特性及標示：二小時。

3.危險性工廠之安全管理及災害應變：一小時。

4.測驗：一小時（測驗及格成績為六十分）。

㈢中央主管機關認可之保安監督人訓練專業機構辦理保安檢查員講習訓練時，應將訓練計畫、訓練教材、師資審查及證書核發等報請中央主管機關核定。事業單位辦理保安檢查員講習訓練時，應於開訓前及結訓後，分別將訓練計畫（包含訓練時間、地點、教材、師資及參訓人員名冊等）及訓練合格名冊報請當地消防機關備查，相關訓練紀錄應保存三年。

家用液化石油氣供氣定型化契約範本

①民國100年2月20日內政部函訂定發布全文。
②民國107年5月14日內政部、經濟部公告會銜修正發布全文。

前言　本契約已於中華民國　年　月　日經甲方攜回審閱　日（契約審閱期間至少三日）。

乙方應於簽約前將契約內容交付甲方審閱，並為詳細說明。

消費者：　　　　　　　　（以下簡稱甲方）

瓦斯業者：　　　　　　　（以下簡稱乙方）

因家用液化石油氣供氣事宜，雙方同意訂立本契約，以資共同遵守：

第一條（瓦斯業者之責任）

①乙方販售之液化石油氣，其品質應符合國家標準，乙方並應投保公共意外責任保險。

②甲方與乙方就下列計價方式，約定擇一辦理：

□採重量計價者，乙方提供之液化石油氣重量應符合桶裝液化石油氣容器合格標示記載之內容物重量。

□採氣量計價者，用氣量以度為單位，每立方公尺用氣量為一度。

③採氣量計價者，其氣量計應經度量衡專責機關檢定合格，且在檢定合格有效期間內。供氣種類應為丙烷，且應於容器上明確標示；乙方抄錄使用度數，應抄錄至小數點後第二位。乙方向甲方收取液化石油氣之價格（以下簡稱氣價）採四捨五入以元為單位。

第二條（供應設備及消費設備所有權）

本契約所稱供應設備及消費設備之定義及所有權歸屬如下：

□採重量計價者，供應設備係指容器，所有權歸屬乙方；消費設備係指容器出口至燃氣器具（如熱水器及瓦斯爐等）為止之間所有設備（含管線及相關附屬設備等），所有權歸屬甲方。

□採氣量計價者，供應設備係指容器至氣量計出口為止之間所有的設備（含容器、氣量計、管線及相關附屬設備等），所有權歸屬乙方；消費設備係指氣量計出口至燃氣器具（如熱水器及瓦斯爐等）為止之間所有設備（含管線及相關附屬設備等），所有權歸屬甲方。

第三條（供氣安全事項）

①乙方應將使用供應設備及消費設備正確操作方法及應行注意安全事項，於供氣前以書面資料（如附件）告知甲方，甲方應遵照乙方所提供之操作方式及注意事項使用。

②乙方提供甲方使用之容器，應經定期檢驗合格，不得提供逾期容器予甲方。乙方應於每次更換容器後檢查其管線是否有安裝完善，無洩漏情形；另乙方應由安全技術人員對甲方處所之供氣設備，每二年提供一次安全檢測服務，並代為檢測消費設備。

③乙方提供之容器，其下次檢驗日期與當次交易日期至少應有天以上（不得少於十天）之安全使用期限，以確保供氣期間中，容器係屬於有效期限內。

④氣量計檢定合格有效期間屆滿時，甲方應配合乙方更換之。

第四條（瓦斯業者應揭示價格）

①乙方應於營業場所明顯處揭示氣價，甲方對交易氣價有疑義時，乙方應妥為說明。

②採重量計價者，乙方應以公斤為單位揭示氣價；採氣量計價者，乙方應以度為單位揭示當月及過去二個月之氣價。

③乙方得因甲方之個別狀況有額外收費，惟應於提供液化石油氣前明確告知，收費項目如

下：

□需人力搬運至　樓：新臺幣（下同）　　　元。

□甲方處所距乙方營業場所　公里以上：　　　元。

□其他原因：　　　元。

④甲方得於乙方提供液化石油氣前，對價格表示反對並終止本契約。但甲方未表示反對者，視為接受價格。

第五條（供應設備保證金）

乙方收取保證金者，應同時提供甲方收據並依下列規定處理：

□採重量計價者，簽訂本契約前，甲方已持有容器者，推定甲方已付訖　公斤裝容器　支，　千　百　拾　元整之保證金（容器每支不得低於三百元。但如有其他證明文件者應從其依據）。

□採重量計價者，簽定本契約時，茲乙方收訖甲方支付　公斤裝容器　支，共計　千　百　拾　元整之保證金。其金額不得超過簽約時新容器之實價。

□採氣量計價者，簽定本契約時，茲乙方收訖甲方支付供應設備（型號氣量計　式，　公斤裝容器　支及相關附屬設備），共計　千　百　拾　元整之保證金。其金額不得超過簽約時氣量計及新容器之實價。

甲方簽章：

乙方簽章：

第六條（供應設備及消費設備之購置及維護保養責任）

①供應設備之購置、檢驗、檢定及相關維修等費用由乙方負擔。

②消費設備如由乙方提供時，除另有約定外，甲方應支付該費用，其所有權歸屬甲方，乙方應負消費設備維修及保養之責，其費用由甲方支付。

③乙方提供之供應設備及消費設備應符合國家標準。

④供氣期間甲方應善盡供應設備保管責任，並應確保容器合格標示卡及氣量計檢定合格封印完整，不得毀損或使氣量計失效或失準。

⑤採氣量計價者，供氣期間乙方應配合度量衡專責機關辦理氣量計檢查作業及免費換裝檢定合格之氣量計。

第七條（氣量計糾紛鑑定）

①採氣量計價者，甲方或乙方如認為氣量計有失準確時，在不拆除度量衡專責機關封印之情況下，由甲方與乙方共同於現場勘查。

②如勘查結果發現氣量計有異常情況，即由乙方免費更換氣量計，並由甲、乙雙方協調氣費補償方式。

③如經乙方勘查氣量計無異常，惟甲方就勘查結果仍有疑慮時，應由乙方出具符合度量衡專責機關要求之勘查紀錄，向度量衡專責機關申請鑑定，其鑑定費用由甲方負擔，並於申請鑑定時繳付之，鑑定會同拆換表時，氣量計由乙方負責免費更換。如經度量衡專責機關鑑定結果其準確度超出法定公差時，乙方應償付鑑定費，並由甲、乙雙方協調氣費補償方式。

第八條（消費者長期使用容器之負擔）

①甲方購買液化石油氣使用同一容器逾一年返還者，乙方得向甲方收取容器使用費　元（不得逾二百元）；逾二年返還者，得向甲方收取容器使用費　元（不得逾四百元）。

②容器檢驗費由乙方負擔，乙方不得向甲方加收檢驗費。

第九條（殘氣退費機制）

採重量計價者，乙方回收容器時，應量秤容器內殘餘液化石油氣量，並以回收容器當日之交易價格，按比例退還甲方未使用之氣價。

第一〇條（契約終止）

①有下列情形之一者，乙方得終止契約：

一　甲方使用之消費設備或消費設備安裝場所不符安全規定，或供應設備擺放位置不符安全規定，前述情形可歸責於甲方時，經乙方定相當期限通知改善，期限屆滿甲方仍未改善。

二　甲方經乙方通知限期繳納氣價或相關費用，逾期未繳納。

②有下列情形之一者，甲方得終止契約：

一　乙方提供逾期容器或違反第三條第三項約定。

二　乙方無正當理由延誤供氣達二小時以上。

三　乙方辦理停業、歇業而由其他公司行號頂讓或與其他公司行號合併，甲方不願由其存續或新設公司行號繼續供氣。

③爲維護甲方安全，乙方於第一項第一款改善期間得暫停供氣。

④契約終止後，乙方應將保證金全額退還甲方，甲方應將供應設備歸還乙方。

第一一條（瓦斯業者與消費者損害賠償責任關係）

①乙方未正確安裝、維修、保養供應設備或未告知甲方供應設備正確使用方法與危險事項，致甲方、同居人、共同生活人或使用人受損害者，乙方應負賠償責任。

②乙方之受僱人有前項情形者，乙方與該受僱人應連帶負賠償責任。

③消費設備由乙方提供者，準用前二項規定。

④甲方或其他使用人因故意或過失而未依一般之使用方法使用供應設備，或未善盡供應設備保管責任，致供應設備毀損、變更或滅失者，甲方負損害賠償責任。

第一二條（供應設備保證金退還方式）

甲方不再繼續使用液化石油氣時，應將供應設備歸還乙方，乙方應將保證金全數無息退還予甲方。但供應設備遺失，或供應設備非屬乙方所有者，不在此限。

第一三條（契約權利義務轉移）

①契約簽訂後，乙方如因停業或歇業而由其他公司行號頂讓者，乙方或頂讓者應通知甲方。甲方同意時，雙方權利義務則由存續公司行號概括承受。

②前項規定，於乙方契約簽訂後有與其他公司行號合併之情事時，亦適用之。

第一四條（資料保密義務）

①乙方對甲方留存之個人資料負有保密義務，非經甲方同意或依法律規定，乙方不得對外揭露或爲契約目的範圍外之利用，並應依相關法令之規定保護之。

②前項資料於終止液化石油氣供氣契約後，乙方應返還或銷毀之。

第一五條（涉訟管轄法院）

因本契約涉訟時，雙方合意以　　地方法院爲第一審管轄法院，但不排除消費者保護法第四十七條或民事訴訟法第四百三十六條之九小額訴訟管轄法院之適用。

第一六條（未盡事宜之約定）

本契約未盡事宜，依相關法令、法理及誠信原則公平解決之。

第一七條（契約分存）

本契約正本一式二份，由甲方與乙方雙方各執一份爲憑。

甲方
姓名：
地址：
電話：

乙方
公司（行號）名稱：
統一編號：
負責人：

地址：
電話：
中華民國　　　　　　　　　年　　　　　　　　　月　　　　　　　　　日

使用化學品工廠或倉儲應提供廠區化學品種類及數量配置圖行政指導綱領

民國107年5月21日內政部函訂定發布全文6點；並自即日生效。

一　目的：爲利救災時能即時掌握工廠及倉儲化學品種類及數量配置資訊，以便進行救災決策，並維護救災人員安全。

二　適用對象及應標示於配置圖之化學品：有製造、處理、使用或儲存下列化學品之工廠或倉儲：

㈠符合各中央主管機關相關法規規定之化學品且數量達管制量或運作量者。

㈡未符前款規定，惟符合國家標準CNS15030（化學品分類及標示）分類，具有物理性危害及健康危害之化學品（如附件1），且依勞動部「危害性化學品標示及通識規則」第五條規定須標示危害圖式，其數量達300公斤（公升）者。

三　辦理機關：

㈠規劃機關：內政部（消防署）。

㈡執行機關：直轄市、縣（市）政府。

㈢協辦機關：經濟部（工業局）、勞動部、行政院環境保護署。

四　實施方式：

㈠適用對象之工廠及倉儲，應繪製化學品種類及數量配置圖，置於警衛室或常時有人駐守之值日室之固定位置，並至少每半年更新1次；且於發生災害時立即主動提供，及指派專人提供相關資訊。

㈡工廠及倉儲化學品種類及數量配置圖繪製方式如下：

1.圖面以A3或A4規格紙張、橫向繪製，且相關化學品資訊應清晰可見、足供辨識。如無法繪製，則應以全開規格繪製。

2.需清楚標示周邊道路、廠區建築物方位、相對位置及化學品名稱、分類、數量及位置。

3.廠區建築物爲2層以上者，應逐層繪製化學品位置及其名稱、分類、數量；並以1張總表明列各樓層存放、使用之化學品名稱、分類及數量。

4.化學品名稱及分類依CNS15030化學品分類及標示塡寫。

5.每層每種化學品數量爲該位置處理、使用或儲存該化學品之最大數量。

6.配置圖須註明廠區實際距離或比例尺、重要圖例、方位及其他有利於救災之必要事項。

7.參考範例如附件2。

五　推動方式：

㈠經濟部（工業局）督導所屬就「工廠管理輔導法」所規範工廠指導推動，並協助檢視配置圖與其所申報危險物品是否相符。

㈡勞動部督導所屬就「危險性工作場所審查及檢查辦法」等相關法令所規範之工廠（或倉儲）協助推動，並協助檢視配置圖與所掌握危害性化學品是否相符。

㈢行政院環境保護署督導所屬就毒性化學物質運作場所指導推動，並協助檢視配置圖與所申報毒性化學物質是否相符。

㈣直轄市、縣（市）政府（消防局）就公共危險物品達管制量以上工廠（或倉儲）或需製訂消防防護計畫工廠（或倉儲）指導推動，並檢視與所掌握公共危險物品或可燃性高壓氣體是否相符；並將化學品位置資訊納入火災搶救計畫。

六　其他：本行政指導綱領如有未盡事宜，得依實際需要修正或另行補充規定。

大量處理或儲存第四類公共危險物品事業單位設置消防車輛及泡沫砲塔指導綱領

民國106年9月28日內政部函訂定發布全文7點。

一　目的：為強化大量處理或儲存第四類公共危險物品事業單位於火災初期之搶救應變能量，俾於消防機關抵達前，抑制火勢，減少場所之財產、人員及營運損失，並利消防機關後續到達後有效展開消防救災行動，特訂定本指導綱領。

二　實施對象：處理或儲存第四類公共危險物品合計達管制量一萬倍之事業單位。

三　實施對象應配置下表規定數量以上之消防車輛（或移動式泡沫砲塔）及自衛消防編組人員：

處理或儲存第四類公共危險物品數量	應設置消防車輛或移動式泡沫砲塔設置數量	應配置自衛消防編組人員數
合計一萬倍以上，未滿十二萬倍	一輛（台）	五名
合計十二萬倍以上，未滿四十八萬倍	二輛（台）	十名
合計四十八萬倍以上	三輛（台）	十五名

四　消防車輛之種類及規格如下：

㈠泡沫消防車：

1.放水量在每分鐘一千八百九十二公升（每分鐘五百加侖）以上。

2.車輛上應具備泡沫原液槽及比率混合器。

㈡化學消防車：放水量與前款第一目規定相同，亦應具備泡沫原液槽及比率混合器。

㈢每車應備一千八百九十二公升（五百加侖）以上之泡沫原液。

五　移動式泡沫砲塔之規格如下：

㈠放水量在每分鐘一千八百九十二公升（每分鐘五百加侖）以上。

㈡應具備泡沫虹吸與比例調整功能。

㈢每台應備一千八百九十二公升（五百加侖）以上之泡沫原液。

六　符合下列各款規定之一者，得免依第三點規定設置消防車輛或移動式泡沫砲塔：

㈠參與所在工業區之區域聯防組織，且該區域聯防組織中業有事業單位自行設置消防車輛或移動式泡沫砲塔合計達第三點規定數量以上，並列為可支援設備者。

㈡所在工業區有自設消防隊。

七　實施對象場所內之室外儲槽（外浮頂型式）任一座直徑達三十四公尺以上者，應至少設置一組大流量泡沫砲塔，其放水量在每分鐘一萬公升以上。

使用液化石油氣容器營業場所安全管理行政指導綱領

①民國106年8月17日內政部函訂定發布全文3點。
②民國107年4月2日內政部函修正發布第3點。

一　目的：爲輔導使用液化石油氣容器營業場所（簡稱營業場所）自主檢查及液化石油氣零售業（簡稱瓦斯行）更換液化石油氣容器（簡稱瓦斯桶）作業安全，特訂定本指導綱領。

二　適用對象：營業場所及瓦斯行。

三　實施內容：

㈠營業場所部分：

1.自行換裝瓦斯桶時，應先關閉容器閥（含周圍容器之容器閥）及周圍火源。

2.營業場所之管理權人應指派人員依附件1使用液化石油氣容器營業場所自主檢查表檢查瓦斯桶及管線，每2週至少1次。

3.瓦斯行換裝瓦斯桶或維修時，營業場所之管理權人應指派人員在場，雙方應簽收確認，格式如附件2。

4.營業場所業者所設置之燃氣器具及管線材料等應符合國家標準，另串接管線應由具有氣體燃料導管配管技術士證照之人員進行安裝或檢修，且應符合下列規定：

⑴容器與管線連接處應有防止脫落裝置（如圖1）或固定裝置（如圖2）。

⑵閥與管線連接處建議採用氣體流出防止器。

⑶燃氣橡膠管長度不得超過1.8公尺，且管線之安裝應符合「建築技術規則建築設備編」第79條規定。

⑷燃氣橡膠管最小彎曲半徑爲110mm以上，切勿扭曲及纏繞（如圖3、4）。

5.發生大量洩漏情形時，勿開啓電器，並應儘速疏散人員及通報消防單位處理。

圖1

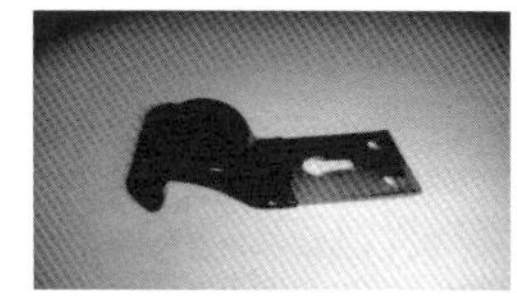

圖2

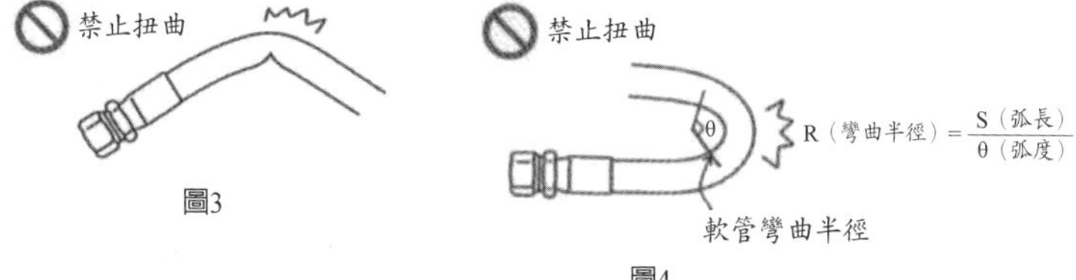

圖3

圖4

㈡瓦斯行部分：

1.換裝瓦斯桶時，應先關閉容器閥（含周圍容器之容器閥）及周圍火源。

2.瓦斯行應輔導營業場所業者將瓦斯桶置於戶外通風良好處及自行換裝瓦斯桶之安全注意事項。另供氣時倘發現營業場所有通風不良（嚴重者如容器置於地下室）、容器擺放位置易蓄積液化石油氣（如置於低窪處或周圍有梯間等）或容器未以鐵鏈及圍欄等措施（如圖5）固定以防止傾倒等情形，應請其立即改善，如未改善應拒絕供氣。

圖5

儲存液體公共危險物品儲槽自主定期檢查行政指導綱領

①民國103年3月10日內政部函訂定發布全文5點。
②民國108年8月8日內政部函修正發布全文5點。

一　目的：爲輔導業者實施液體公共危險物品儲槽自主定期檢查，以完善儲槽檢查制度，特訂定本指導綱領。

二　適用對象：具有儲存液體公共危險物品容量達一千公秉以上之室外儲槽及其相關設施（以下簡稱儲槽）之業者。但中央目的事業主管機關另定有定期檢查規定者，依其規定辦理。

三　實施內容：

㈠具有儲存液體公共危險物品之室外儲槽容量達一萬公秉以上之業者，得依下列規定辦理：

1.委託中央主管機關評選合格之專業機構（以下簡稱專業機構）實施儲槽自主定期檢查，檢查期程如下：

⑴儲槽自取得使用執照或直轄市、縣（市）主管機關審查合格證明日期起滿五年者，實施外部檢查，其後每二年實施一次，並進行儲槽地盤基礎沉陷觀測及做成紀錄。

⑵儲槽自取得使用執照或直轄市、縣（市）主管機關審查合格證明日期起滿十年者，實施內部檢查，其後每五年實施一次，並依據地盤基礎沉陷紀錄，製作儲槽沉陷評估報告。但經專業機構評估得延長其後每五年之檢查年限者，得檢具評估報告（如附件一）向直轄市、縣（市）主管機關報備延長一次；延長期限不得超過五年。

2.申請延長期限認定者，應於內部檢查完成或檢查期限屆滿前六個月，檢附下列書面文件及資料，向專業機構申請：

⑴申請表（如附件二）。

⑵儲槽構造詳圖。

⑶最近五年內之外部及內部檢查紀錄（含地盤基礎沉陷紀錄）。

⑷儲槽底板腐蝕率與剩餘壽命計算書（如附件三）。

3.儲槽材質爲奧氏體不銹鋼（Austenitic Stainless）者，於內部檢查未有發現明顯之點蝕時，下次內部檢查期限間隔得爲十年。

4.第一目定期檢查紀錄及報告保存五年以上，並報轄區消防機關備查。

5.檢查結果未符規定之儲槽宜立即改善或停止使用，並將儲槽維修執行情形、專業機構檢查紀錄文件影本，報請轄區消防機關備查。

㈡具有儲存液體公共危險物品之室外儲槽容量達一千公秉以上未滿一萬公秉之業者，得自行委託具有中級以上非破壞檢測師及土木或大地技師之學術機構或法人，執行內部、外部及地盤基礎沉陷檢查；另欲申請延長期限認定者，應依前款第二目規定，向專業機構申請。

四　定期檢查項目：

㈠外部檢查：

1.槽頂：

⑴無閥通氣管：

①檢查方法：目視、測厚。

②判定方法：

A.通風管內部良好、無表面腐蝕、管壁厚度減薄、阻塞。

B.網罩良好、無銹損與阻塞。

⑵大氣閥通氣管：

①檢查方法：目視。

②判定方法：

A.操作鏈條操作靈活、無斷折不全或無法拉動卡死之情形。

B.配置及連桿完整無銹蝕。

C.進出口閥及閥座無銹污、表面黏膠、閥座積污。

D.通風艙及閥蓋內部無表面銹損、表面黏膠物質。

E.網罩良好無阻塞。

F.外部情況良好無腐蝕、裂損或裂縫。

2.槽壁：

⑴壁板油漆：

①檢查方法：目視。

②判定方法：壁板外壁油漆完整、無銹蝕。

⑵壁板厚度：

①檢查方法：測厚。

②判定方法：

A.沿樓梯處每層測二點。

B.縱向垂直大面積（指直徑達二十公分以上者）腐蝕剩餘厚度不足t者爲不合格。

$t=[2.6D(H-1)G]/SE$（其量測方法參照A.P.I.653第四節儲槽壁板評估之規定）。

t：剩餘最小厚度（單位：英吋）；

D：儲槽直徑（單位：英尺）；

H：槽底至最高液位高度（單位：英尺）；

G：內容物比重；

S：槽壁板最大允許應力（單位：磅／英吋）；

E：焊道接合效率。

⑶連接儲槽各式主閥、安全閥、釋壓閥及排水閥等各式閥類：

①檢查方法：手動、目視。

②判定方法：作用良好，無阻塞、閥無滲漏。

⑷儲槽外部撓性管：

①檢查方法：目視。

②判定方法：進出口撓性管無過度彎曲、滲漏、銹蝕。

3.槽底板：

⑴油槽基礎：

①檢查方法：目視。

②判定方法：無變位、沉陷、積水、龜裂。

4.消防管線：

⑴消防管線（儲槽泡沫管線、泡沫頭、冷卻撒水管線及冷卻撒水頭等）：

①檢查方法：目視、手動。

②判定方法：無阻塞、銹蝕。

5.接地：

(1)接地線：

①檢查方法：儀測、手動。

②判定方法：

A.接地電阻量測在十歐姆以下者為合格。

B.接地線固定、無鏽蝕。

6.其他必要之檢查事項。

(二)內部檢查：

1.槽底板：

(1)量測底板厚度：

①檢查方法：

A.碳鋼材質：以目視檢查及磁漏法選擇腐蝕區域較大或點蝕密集處四處以上進行超音波法量測。

B.不銹鋼材質：以目視檢查選擇腐蝕區域較大或點蝕密集處四處以上進行超音波法量測。

②判定方法：

A.變形嚴重經研判有導致破裂之虞者為不合格。

B.最小剩餘厚度不足2.54毫米（底板基礎無圍堵及偵測底板漏油設施者）為不合格。

C.最小剩餘厚度不足1.27毫米（底板基礎有圍堵及偵測底板漏油設施者，或塗有重塗裝如FRP等）為不合格。

(2)量測凸出或凹陷處：

①檢查方法：於凸凹明顯處量測內切圓半徑R（單位：英尺）及其深（高）度B（單位：英吋）。

②判定方法：B＞0.37R為不合格。

(3)檢查焊道：

①檢查方法：目視。

②判定方法：壁板對底板之焊道有無腐蝕及洩漏之情況。

2.槽壁：

(1)量測壁板厚度：

①檢查方法：

A.選擇第一層及最上層量測腐蝕及點蝕深度各二處。

B.大面積腐蝕其縱向合計長度在五公分以上，量測其剩餘最小厚度。

②判定方法：

A.檢查有發現點蝕剩餘厚度未達設計厚度二分之一者為不合格。

B.檢查大面積腐蝕，其縱向合計長度超過五公分以上，經計算其剩餘厚度不足t1者，為不合格。

t1＝[2.6D(H－1)G]/SE（量測方法參照A.P.I.653第四節儲槽壁板評估之相關規定）。

t1：剩餘最小厚度（單位：英吋）；

D：儲槽直徑（單位：英尺）；

H：槽底至最高液位高度（單位：英尺）；

G：內容物比重；

S：槽壁板最大允許應力（單位：磅／英吋）；

E：焊道接合效率。

(2)焊道：

①檢查方法：目視。
②判定方法：有不正常腐蝕情況者為不合格。
(3)底環板上凸下陷：
①檢查方法：目視。
②判定方法：檢查牆板之變形。
3.其他：
(1)進出管槽內閥：
①檢查方法：目視、量測。
②判定方法：檢查作動情況，密合情況。
(2)儲槽內部撓性管：
①檢查方法：目視。
②判定方法：進出口撓性管無過度彎曲、滲漏、銹蝕。
4.其他必要檢查事項。

五 注意事項：本綱領係行政指導文書，請各直轄市、縣（市）政府消防局據以輔導轄區設有儲存液體公共危險物品容量達一千公秉以上室外儲槽之業者，對其儲槽實施定期檢查，並執行下列事項：

(一)利用平時檢查、辦理聯合督導時主動宣導儲槽定期檢查之觀念。

(二)建立列管儲槽清冊，清冊內容應包含儲槽設立日期、內容物、容量、數量或其他必要事項。

消防安全檢查重大不合格場所填寫範例

民國102年5月20日內政部消防署函訂定發布。

填報機關：○○○消防局（隊）

更新日期：○年○月○日

編號	場所名稱（招牌名稱）	場所地址	違規項目／檢（複）查結果	最近一次檢（複）查日期（年月日）	其他
1	○○有限公司（○○公司）	○○縣○○市○○路○○號	違反消防安全設備規定	1020315	
2	○○大樓（○○大樓）	○○縣○○市○○路○○號	違反防焰物品使用規定	1020220	
3	○○公司（○○企業社）	○○縣○○市○○路○○號	違反防火管理規定	1020413	

註：填報說明如下：

一、直轄市、縣（市）消防局及本署港務消防隊請於每月10日前更新本署全球資訊網「消防安全檢查重大不合格場所一覽表」之資料。

二、「重大不合格場所」判定原則：

(一)「消防安全設備」、「防焰物品」、「防火管理」檢查不合格，其情節依「各級消防主管機關辦理消防安全檢查違法案件處理注意事項」表一、表六、表八規定屬「嚴重違規」，經限期改善，逾期未改善經消防機關舉發者。

(二)其他經轄區消防機關認對消費者已發生重大損害或有發生重大損害之虞而情況危急者。

三、填報欄位如上表所示。

防火宣導須知

民國99年6月18日內政部消防署函訂定發布全文9點。

一　目的：為利落實消防法第五條暨同法施行細則第三條規定，凝聚宣導共識、強化宣導成效，作為辦理防火教育及宣導之參據，特訂定本須知。

二　執行事項：

㈠各直轄市、縣（市）政府（消防局），應善用各種宣導方式及輔助工具，訂定年度計畫，結合村（里）鄰長、志工團體等各種資源，運用傳播媒體及實地宣導等各種方式，進行轄內防火宣導。

㈡年度計畫內容應包含轄區特性概述、回顧與分析造成人員傷亡及重大財物損失具代表性之火災案件、分期分區規劃執行進度與重點內容。另得就重點時節、對象或相關主題，自行規劃防火宣導事宜，併入年度計畫或另定專案計畫執行。

㈢前述年度計畫或專案計畫，應副知內政部消防署（以下簡稱本署）。

三　宣導方式及輔助工具：

㈠宣導方式：

1.電影電視廣播網路等大眾傳播媒體。
2.戶外看板及文宣標語。
3.徵文比賽、宣導競賽。
4.居家訪視及（災後）現場宣導。
5.大眾運輸工具廣播宣導、車廂廣告。
6.消防營。
7.集會宣導。
8.消防安全查察重點宣導。
9.話劇、布袋戲及其他各種方式。

㈡輔助工具：

1.模型(道具)等。
2.防災宣導車或地震體驗車等。
3.電腦（含網路）、投影設備暨其他各種工具。

四　年度計畫之規劃步驟：

㈠進行風險分析：辨別轄區住宅（如獨棟或集合住宅與有無設置消防安全設備及種類）、公共場所及工廠等相關建築物之類別及規模、起火位置與火災原因（及擴大延燒因素）、初期滅火成功（或人命傷亡）之主因、財物損失估值等火災屬性。另應瞭解人口結構特性並視需要製作火災案例與宣導文宣。

㈡鼓勵社區參與：拜訪轄區可能參與的人員、團體，請其提供建議、人力支援與資源，共同致力提昇社區消防安全。

㈢建立參與策略：結合志工團體與有關單位，建構細部執行工作，並提供轄區具體的危害資訊及預防須知，強化生活安全空間。

㈣實施方案：整合轄區特性、各界建議、資源與方向後，應訂定預期目標，並規劃實施進度、重點內容等事宜，據以執行。

㈤成效評估：應就規劃進度與實際進度，預計成果及實際成果，進行分析檢討，策進未來，據以訂定下一年度（或階段）之策進方案（或計畫）。其評估方式，應依據宣導目的，簡要的就轄區火災發生情形或宣導對象進行估評，概要如下：

1.基本評估：宣導活動之參與人數及發放文宣等概略統計。

2.行為評估：參與宣導活動後，對宣導對象的行為產生了那些改變的百分比統計。如安裝住宅用火災警報器、遇到濃煙知道採取低姿爬行、掌握報案要領等。

3.成效評估：就整體火災預防成果進行彙整。如（不同大隊）轄區之火災件數減少、財物損失減輕、人命傷亡降低、某種類型火災下降等。

五　實地宣導：

(一)先行作業：

1.撰寫目標：在預定的時間內，思考讓宣導對象能學到什麼、生活周遭有何資源可供運用及後續對生活安全會進行何種的改變。

2.規劃大綱：在規劃的時間內，對相關的宣導內容進行規劃，惟單一主題或人數較少，可省略此步驟。

3.撰寫細節：

(1)預先溝通：與宣導對象（代表）進行初步瞭解，掌握已經知道、想要瞭解與缺乏的消防常識，並詢問場地之設備、器材。

(2)資料準備：於實際宣導前，就宣導主題與對象，準備相關的資料，並結合日常習慣或實際經驗為宜。

(3)宣導方式：實際向宣導對象發放教材或傳達資訊，可結合影音解說、輔助教材及實證操作等。

(4)主題應用：宣導對象可否使（運）用所傳達訊息或僅是口頭宣導，另應注意現場安全。如實際操作滅火器或口頭示範報案要領等消防常識。

(5)效果預估：驗證個人是否完成此次預期之宣導目標，而宣導對象是否能獨自依所傳達訊息做到安全作為的改變，如安裝住宅用火災警報器等。

(二)方法選擇：宣導方式及教材，係宣導人員與宣導對象之媒介。有關宣導方法，可參考採用如下：

1.演說：採用說明與解釋之方式進行。惟現今宣導對象習慣於節奏快、聲光效果佳之視聽節目，因此，使用此種方法宜簡潔。

2.圖示：運用大量的圖片、海報、相片，說明某一宣導主題、進行因果關係或績效數字之比較，但不進行實作，通常與演說方式結合進行。例如：插座過載現象之詮釋。

3.實作：側重在技能的教育，藉由一步一步的執行，熟悉操作要領。例如：滅火器使用、安裝住宅用火災警報器或報案要領等。

4.研討：當宣導對象已具備基礎知識時，藉由群體的討論，可達到相互交流，提昇宣導效果之功能。

(三)選用教具教材：善用相關書面資料、影音短片、道具，甚至是宣導品等各種輔助器具，其運用，應與宣導方法結合，並考量環境及宣導對象之特性，以充分發揮宣導效果。

(四)進行簡報：依宣導主題之重要性做好時間控制，並以符合宣導目的之主題及演練為重點。其流程應有「引言」、「主體」及「結論」等三部分。

(五)結果評估：依據宣導的目的，應簡要的就轄區火災發生情形或宣導對象進行估評。其方式概要如下：

1.基本評估：該次宣導活動，參與人數及發放文宣等概略統計。

2.行為評估：參與宣導活動後，對自身行為產生了那些改變的百分比統計。

3.成效評估：就轄區火災預防成果進行彙整。

六　宣導類型應注意事項：

(一)宣導對象：

1.學齡前幼童（3至5歲）：尚未讀小學的幼童時期，成長快速但認知有限，對其進行防火宣導時，應特別注意下列幾點：

⑴3至5歲之幼兒，學習消防安全的方式，與他們學習其他事物的方式相同，係藉由「看」及「做」而從中學習。例如，應以「實作」取代「告訴」他們運用「停」、「躺」、「滾」的方式來撲滅衣服著火。

⑵「看」較「聽」更具影響力，如有成人及其他幼童參與互動效果更佳，因可從中確實瞭解何者爲對、何者爲錯。

⑶應以重複學習加深印象，因此，宣導活動應以簡短並再三練習強調爲主。

⑷幼童對語彙的認知較爲有限，因此，教導正確的方法特別重要，而示範錯誤的方法，如使用打火機燃燒物品，雖告知並強調其爲錯誤，但可能幼童並未注意「聽」，卻僅「看」到而感覺好玩效法，致產生危險的結果，故應避免錯誤示範。

2.兒童（5至12歲）：國小時期的兒童，身心處於穩定成長，可能是最常接觸防火宣導教育的一群。對其進行防火宣導應依其年級量身定做，進行發展性學習及綜合性教育（如附表1）。

3.青少年：青少年之學習有其個人獨特的風格，對其宣導以直接體驗、角色模擬扮演與指導實作等方式進行（如附表2）。

4.成人：成人知道消防常識的重要。因此，應特別注意下列幾點：

⑴成年人想要知道爲何他們必須參與這項防火宣導，需要瞭解實際細節，並得以簡單扼要的掌握主題。

⑵成年人喜歡掌控自我，自己下決策，屬於參與而非被動的類型，進行宣導時，宜採角色扮演、問題解決導向之討論、實證、案例探討及實務演練等方式進行。

⑶學習動機偏向內外二面，外在因素包含炫耀消防專業、昇遷加薪或工作需要等實質需求。內在因素較複雜，包括自我成就及提供家人安全環境等潛在考量。

5.老人：老人係屬快速成長的族群，也是高度火災危險的一群，因此，他們的防火宣導應予特別重視，並掌握下列幾點：

⑴將宣導活動控制在三十分鐘以內爲原則，但應有充裕時間，不要讓他們因時間有限而感覺焦慮。宣導時，語調應沈穩，較慢而清楚。

⑵可鎖定較健談的對象，並採用一問一答的方式進行，並使用或設計簡單的傳單於現場發放，其字體要大，但避免複雜或新潮的設計，行距以二行爲宜。

⑶避免場地有過多日光或閃光及噪音，且不會有忽冷忽熱情形，儘量選擇他們熟悉並經常聚集的溫暖場所。

⑷當使用視聽輔助教材時，應儘可能讓場地較暗，而宣導圖片或文字，應與背景高度對比，以便觀看。另可留下個人資料，以便後續詢問或訪視。

㈡場所類別：

1.住宅：應依轄區獨立住宅、有無設置消防安全設備之集合住宅及高層集合住宅等火災類別、成災原因、傷亡主因及宣導重點（如附件1）。

2.公共場所：歸納公共場所重大傷亡原因，可概分爲用火用電管理不當、單一出口、安全門上鎖、安全梯道遭阻塞、封閉及頂樓加蓋、招牌封閉窗戶、內部使用易燃材料裝潢、缺乏消防設備或設備維修不當、未能及時搶救或滅火失敗、未引導逃生、延誤報警與缺乏避難逃生觀念等因素，進行防火宣導時，應區分業者及消費者而有不同之宣導重點（如附件2、附件3）。

3.工廠：工廠火災之特性，可簡單歸納爲防火區劃較差、內部可能存放各種不明危險物品、產生意外機率高、火載量大、財物損失高等因素。其防火宣導，除一般用火用電安全宣導外，應特別注意其防火管理機制（如附件4）。

㈢重點時節：

1.寒假：以兒童安全及公共場所之安全宣導爲主。
2.春節：以爆竹煙火、兒童及公共場所之安全宣導爲主。
3.元宵節：以天燈及爆竹煙火之安全宣導爲主。
4.清明節：以燃燒紙錢之安全宣導爲主。
5.暑假：兒童及公共場所之安全宣導爲主。
6.中秋節：以烤肉及兒童安全宣導爲主。

七　文宣製作注意事項：

㈠構思：

1.對宣導主題與宣導對象所需知識，建立緊密的連結。
2.確實表達宣導對象從中所能獲得的實質效益。
3.宣導對象能夠進行行爲改變，達到預期的安全目標。

㈡格式與設計：

1.多樣：

⑴應考量宣導對象之實質需求，包含對圖像無法辨識之各種族群，在各方面做到多樣性，包括：社會經濟、能力、文化、種族、生活狀況、服務窗口。
⑵應有敏銳度，考量各種層面有關人員的感受，避免引起爭議或造成誤解。

2.淺顯易懂：

⑴說明「做什麼」時，在可能的情況下用圖像表示，利用圖像表示消防安全技能。
⑵使用標題與圖片，明確做出指導。
⑶使用簡單、非技術性用語。
⑷符合宣導對象之需求。

3.引人注目：

⑴注意色彩對比與字體。
⑵使內容和設計吸引力，說服力，樂於改變行爲，符合安全的目標。
⑶儘量得以實際應用，讓宣導對象感同身受或親身體驗。

八　成果彙整：

㈠成果展示：採記錄、存檔、照相、影音動畫、網路媒體運用、首長宣達等各種方式，展示歷年宣導成果。

㈡績效評估：以大、中、分隊或鄉鎮市區等爲單位，以年度或季節爲準，與歷年相比或上一年度同期進行比較。參考基準如下：

1.基本統計：宣導活動之參與人數及發放文宣等概略統計比較。
2.績效彙整：按獨棟住宅、集合住宅、公共場所及工廠等不同類別之火災件數、傷亡人數（含年齡層及性別）及財物損失之增減情形。
3.專案比較：

⑴依建築物之類別及規模、起火位置與火災原因（及擴大延燒因素）、初期滅火成功（或人命傷亡）之主因、財物損失估值等火災屬性，製作火災案例或類似文宣之評比。
⑵宣導對象接受宣導後，瞭解安全應變要領或採取強化措施的百分比統計。如安裝住宅用火災警報器、遇到濃煙知道採取低姿爬行、掌握報案要領等。

㈢年度評核：

1.由本署納入本署年度評鑑各級消防機關消防工作之評分項目或不定期機動查核。
2.不定期機動查核得結合相關火災預防業務，進行抽查。

九　其他：

㈠防火宣導應有之認知：

1.平時應多方蒐集資料，不斷自我充實，建立資料庫，並適時調整宣導內容，於宣導前再行複習，背誦大綱，並準備所需攜帶之輔助宣導器材。

2.以宣導迫切需要之內容為主，專業內容深入淺出，避免教條式導讀，於嚴肅題材之外，點綴風趣笑料或錯誤示範，得以實際發生案例提出正反二種不同的結果加深印象。

3.服裝儀容要整齊、肢體語言要練習，應力求語調抑揚頓挫，表情豐富，表演生動。

4.尊重邀請人，在開場白時，先客氣的問候邀請人、宣導對象等有關人員。

5.因材施教，隨機應變，依宣導對象身分、年齡不同而調整表達方式及內容。對年齡層愈低、教育程度不高的宣導對象，應多用器材或輔助工具，增加實作項目（如煙霧體驗室、地震體驗車、緩降機、滅火器……等），讓宣導對象實際接觸以加深印象，如有介紹器材時應避免推銷器材之嫌。

6.勿有侮辱及不屑的態度或言辭出現，更不可激怒宣導對象，謹記「知之為知之、不知為不知」的原則，如確實無法明確答覆，最好記錄所詢問題及詢答者資料，儘速於事後取得答案後立即答覆之。

7.掌握時間，恰到好處，抓準時間，不可太早結束或延後結束，尊重聽眾不浪費時間。

8.進行老人、行動不便等避難弱勢族群之消防安全宣導時，應引導其面對緊急事故時的自身限制，而非不適當的引導他們注意到自身的行動不便。應藉由逃生避難演練，讓他們認清危害情境時自身的生理限制，更有意願配合防火宣導，進行行為的改變或主動的安裝獨立式住宅用火災警報器，達到早期偵知、及時逃生之預警功能。

㈡宣導資訊之參考網站：

1.國內網站：（可自行輸入關鍵字搜索）

⑴一般消防常識：內政部消防署網站。

⑵用電常識：台灣電力公司。

⑶有關火災或爆炸可能之相關產品：經濟部商品檢驗局安全知識網（http://safety.bsmi.gov.tw/）等相關網站（並得協助相關訊息之宣導）。

⑷建築研究所：相關建築及消防之研究報告。

2.國外網站：（另可進入本署「防災情資」網頁參考http://www.nfa.gov.tw/Show.aspx?MID=146&UID=153&PID=146）

⑴日本總務省消防廳（http://www.fdma.go.jp/）。另設有「e學院」（http://www.e-college.fdma.go.jp/）。

⑵東京都消防廳（http://www.tfd.metro.tokyo.jp/）。

⑶美國消防署（http://www.usfa.dhs.gov/）。

⑷美國防火協會（http://www.nfpa.org/）。

⑸香港消防處（http://www.hkfsd.gov.hk/）。

㈢注意事項：

1.消防法規已有明文規定或類似之用語，應依法定用語，並隨時注意相關法規與用語之修正。

2.二方向逃生路線，一般係指二處可經由門戶通達安全地面，但集合住宅如僅有一處大門時，另一方向係指反向可通往陽台等讓外界知道所在位置之路線。

3.出入公共場所應先行觀察有無二方逃生出口，因此，得知發生火災時，除非沒有退路，否則不應穿越濃煙區域。如使用濃煙逃生袋（或防煙袋（面罩））等輔助用具，亦應注意現場高溫及時間等相關因素，不可自恃而忽略安全。

4.查覺火災時，如確實無法逃生時，應在室內待救，不應急著向外逃生。另火災發生之初期應變，應考量自身安全，並記住下列原則：

(1)逃生原則爲「向下逃、關門」。

(2)初期滅火原則爲「滅不掉，還逃得掉」。

5.安全梯等逃生避難設施才是最佳的逃生通道，可在短期內疏散大量人群，而緩降機等避難器具，係安全梯等無法利用時，所使用之輔助逃生器具。

6.鑑於部分民間團體假借宣導之名，行推銷之實，且所推銷之消防器具超出市面行情甚多，讓民衆有受騙上當的感覺，嚴重影響消防形象。因此，進行宣導時應併予提醒大衆，消防機關或政府部門，絕不可能委託民間團體至任何場所進行防火（災）宣導，更不會有推銷消防器具之情形，如有此種情形不應購買。

7.部分網路謠言，切勿以訛傳訛，如有疑問可隨時向所屬機關宣導業務承辦人員詢問或請其彙整後，請內政部消防署（邀集開會研商）進行通案律定。

強化古蹟及歷史建築火災預防自主管理指導綱領

①民國98年7月17日內政部消防署函訂定下達全文7點。
②民國103年7月25日內政部消防署函修正下達名稱及全文7點（原名稱：強化古蹟歷史建築物火災預防自主管理指導綱領）。
③民國106年8月8日內政部消防署函修正下達全文7點。

一　依據：行政院九十八年四月十四日中央災害防救會報第十一次會議院長裁示事項。

二　目的：古蹟、歷史建築為國家重要文化資產，由於構造傳統且年代久遠，抗災性遠較現代建築薄弱。為強化此類場所之安全防護，完善場所自身之火災預防及災害應變管理機制，特訂定本綱領。

三　適用場所：文化資產保存法第三條第一款第一目及第二目、第十七條第一項、第十八條第一項所稱之古蹟及歷史建築。

四　場所致災因子：

(一)用火致災因子：

1.早期興建之古老木造建築物，建材裝潢或內部擺設以易燃材質居多。

2.寺（宮）廟可能有放置大量金紙，且多有祭典使用線香、蠟燭、油燈、香爐、合香器具等火源，增加建築物內可燃物及引火危險。

3.寺（宮）廟遶境、祭祀活動，其香擔、神轎常有暫置其他寺（宮）廟內，其內之香爐、香末、金紙、煙火等，如未實施安全管理，可能因不慎而起火。

(二)用電致災因子：

1.用火用電設備或線路，多較為老舊線路，且大量使用光明燈、延長線等；另香擔裝飾照明、彩色燈光設備與延長線接廟內電源，火災潛在危險性較高。

2.陳列展覽物品之光源，如使用白熾燈泡，亦可能成為起火原因。

3.內部人員使用電器方式，如欠缺防火意識，可能不當使用電器或過載使用。

(三)修復施工致災因子：古蹟、歷史建築之修復，匠師工具可能不限於傳統手工具，而使用電動機具，因而可能於修復期間產生火源或機具動力使用燃料助長火勢規模擴大等，而提高火災危險性。

(四)縱火致災因子：暫定或新指定古蹟或登錄歷史建築，若影響土地開發，易遭有心人士縱火破壞。

(五)天然災害致災因子：地震時造成古蹟、歷史建築內物品掉落、結構崩塌，火源、燈具易傾倒、掉落造成火災危險性。另古蹟、歷史建築，如無設置及定期維護避雷設施，可能有落雷起火燃燒之危險性。

(六)其他致災因子：

1.古蹟、歷史建築一般為開放供不特定民眾參觀之場所，為防止民眾攜出文物書籍或便於參觀，而有限定出入口情形，易造成避難上的障礙，或於辦理活動期間出現人潮擁擠之情形。

2.參觀人員或訪客，對建築內部空間可能不熟悉，不利災時逃生避難。且偶有人員錯過關閉時間而留滯或蓄意逗留之情形，致未能確實掌握收容人員之情形。

3.照明設備可能較為不足，視線不明，影響逃生順暢。

4.通道一般較為狹隘，或有堆積或放置物品之情形，如有緊急事故易影響避難通行。

5.周遭商業活動可能使用火源，或相鄰建築物有堆積物品佔據防火間隔等情事。位於人口稠密地區，有遭附近建築物起火延燒之危險，位處偏遠人口稀少地區，可能有發生火災無人通報消防機關或無人實施初期應變之情形。

6.管理人員或有防災意識不足，而缺乏預防火災危險之意識。

7.消防機關火災搶救人員可能不熟悉古蹟、歷史建築存放重要文物位置，救災時未優先搶救而造成損傷。

8.鄰近建築施工引發火災或產生火星、火花等微小火源飛散掉落，古蹟、歷史建築有起火燃燒之虞。

五　平時防火注意事項：

(一)火源管理：

1.使用蠟燭、香爐、點香器具等，應注意相關器具之固定，避免發生傾倒、掉落或其他危險，並得於器材附近明顯處提示安全使用方式或由人員協助使用；使用火源器具附近應禁止放置可燃性物品，並放置滅火器材備用。蠟燭、香爐等火源，可於每天結束參拜時間後由管理人員熄滅，以降低夜間火災發生危險。

2.內部應禁止吸菸、生火、烤肉、燃放爆竹、明火表演、施放天燈等活動，並應避免於古蹟內部進行生活相關用火行為（如煮食、瓦斯爐泡茶等）。

3.於繞境、祭祀活動時，香擔、神轎等停放處應與建築本體或重要文物保持距離，並不得置放可燃物。辦理活動時，如有使用火源情形，應注意相關使用火源安全管理，並應有防護人員攜滅火器材戒備。

4.應避免於內部堆放大量金紙、線香、香末或其他可燃物，並注意其他類似可燃物之安全管理。

(二)用電管理：

1.電線管路系統、老舊插座、保險絲與開關箱應定期檢修，必要時更換之。

2.避免於電氣設施附近堆放可燃物品。

3.避免使用高耗電之電器用品。

4.連接建築物之延長線，應有安全裝置，且避免過載使用。

5.陳列、展覽文物之照明設備以冷光源為優先，並應定期檢視有無異常。

6.正確使用電器，避免以電器原製造用途以外方式使用，例如以白熾燈泡烘乾衣物或紙張。

(三)施工期間管理：

1.維護建築物而施工時，應建立用火用電等火源管理機制，如使用火源設備之安全管理、危險物品運用之管理、指定防火管理人及防火監督人、防範縱火機制、嚴禁工程人員吸菸、地震對策及消防機關通報機制，並對人員妥善編組及實施防火教育，確保火災發生時，能發揮初期應變功能。

2.應加強檢查及巡視周遭情形，建立回報、聯繫機制。

(四)縱火防制：

1.無人駐守之古蹟及歷史建築，為防止縱火情形發生應加強該區巡邏。

2.夜間及閉館日，出入口應實施管制，防止民眾進入。

3.為免暫定或新指定古蹟或歷史建築，遭有心人士縱火破壞，應加強警民聯防及裝設監視系統或其他保全等必要之措施。

4.駐守人員及工作人員應適時教育，落實防火與管理，熟悉消防安全設備之操作。

5.以「古蹟、歷史建築防範縱火檢視表」（如附件1）評估場所危害風險。

(五)天然災害防範：

1.地震：

(1)依古蹟、歷史建築個案需求設置防止建築構件、文物典藏掉落之措施。

(2)使用之火源（如點香器具、香爐）平時即應固定，避免地震發生時傾倒造成火災。

2.雷擊：應視地形地物需要，安裝避雷設施，並定期檢測維修，維護設備之有效性。

㈥其他防火事項：

1.內部人員應了解場所逃生及避難路線，於火災發生時，能迅速引導人員避難。另出入口之路障，應可即時移除，方便疏散。

2.祭祀活動架設之相關設施，通道、人員出入設施應儘量使用不燃材料製造。人潮進出之場所，應確保避難通路之順暢及二方向以上之逃生出口。

3.假日或祭祀活動等重點期間，應加強宣導訪客安全須知，提醒訪客注意避難逃生方向。

4.管理人員得聘用人員或由訓練志工負責平日巡邏，以防範縱火、注意金紙等可燃物安全及協助參觀人員安全使用火源（如點香）。

5.管理人員應利用機會加強所屬防火、防災意識。

6.淨空外部防火間隔，加強控制外部空間之商業活動，以防火安全性為首要考量。

7.內部與外部交通動線應保持暢通，以利緊急救災及人員避難逃生。

8.應備有滅火器，視需求設置消防栓、水幕及放水槍（建議選用可單人操作之型式），並應熟悉操作要領。

9.以「古蹟、歷史建築防範火災檢視表」（如附件2）評估場所危害風險。

10.為降低古蹟、歷史建築因鄰近建築施工致起火燃燒之危險性，平時管理（內部）人員應與鄰近建築管理權人、住戶與商家保持良好睦鄰關係，建立施工通知聯繫與防範火災機制，並加強宣導與演練。

六　火災應變管理注意事項：

㈠因應內部或有其他典藏文物等重要文化資產，管理人員除一般之自衛消防編組外，並得設置文物搶救人員，惟應以人員疏散及人命搶救為優先。

㈡當火災發生時，儘速運用現場消防安全設備滅火，並向全體收容人員進行緊急廣播並通報消防機關及古蹟、歷史建築主管機關。並向到場消防機關說明重點文物所在，以利搶救工作進行。

㈢向消防機關報案時，應提供現場聯繫人員姓名及電話、會合地點，受困人員、現場情形等，以利消防指揮官掌握現場最新資訊及救災資料。

㈣進行避難引導時，須給予明確的避難方向及具體有效的引導。

七　其他：

㈠古蹟、歷史建築主管機關，應將轄內列管古蹟、歷史建築主動提供消防機關，預先掌握該建築結構、內部空間規劃、珍貴文物優先保護對象、管理人員資料、緊急聯絡電話等救災資訊。

㈡查詢文化資產：消防機關可主動至現場進行檢視（檢視表如附件3）或至文化部文化資產局網站（http://www.boch.gov.tw/boch/）文化資產綜合查詢頁面查詢轄內古蹟、歷史建築公布現況，規劃適當的輔導措施與救災動線。

公共危險物品各類事業場所消防防災計畫製作指導綱領

①民國98年4月30日內政部消防署函訂定下達全文11點。
②民國100年3月23日內政部消防署函修正下達名稱及全文11點（原名稱：公共危險物品各類事業場所消防防災計畫製作說明）。
③民國104年11月24日內政部消防署函修正下達第8點；並自即日生效。
④民國109年6月12日內政部消防署函修正下達第1點及第4點附件10；並自即日生效。

一　目的與適用範圍

㈠目的：本計畫係依據公共危險物品及可燃性高壓氣體製造儲存處理場所設置標準暨安全管理辦法（以下簡稱管理辦法）第四十七條第一項規定，製造、儲存或處理六類物品達管制量三十倍以上之場所，應由管理權人選任保安監督人，擬訂消防防災計畫，報請當地消防機關核定，並依該計畫執行六類物品保安監督相關業務，以達到預防火災及其他災害和保障人命安全、減輕災害之目的。

㈡適用範圍：

1.在本場所居住、服務、工作、施工及出入之所有人員都必須遵守本計畫。
2.受託執行本計畫之所有人員。

二　管理權人及保安監督人之業務及職責

㈠管理權人之業務及職責：

1.選任保安監督人，使其正當公正地執行各項保安監督業務。
2.指導監督保安監督人業務之推動。
3.申報消防防災計畫書，且其變更時亦同。
4.監督消防安全設備檢修與維護之實施。
5.保安監督人製定或變更消防防災計畫時，提供相關必要之指示。
6.申報保安監督人之遴用及解任。

㈡保安監督人之業務及職責：

1.消防防災計畫之製作、檢討及變更。
2.搬運、製程、儲存及處理作業之指導及監督。
3.製造、儲存、處理場所用火、用電之監督管理。
4.場所施工安全之監督。
5.電器配線、電器、機械等用電、用火設備之安全監督管理。
6.消防安全設備維護之實施及監督。
7.通報、滅火、避難訓練之實施。
8.對管理權人提出建議、請示及其他相關協調連絡事項。
9.防火避難設施自主檢查及管理。
10.防止縱火之預防措施。
11.發現設施異常之處置。
12.火災等災害發生時之緊急應變處置，以及與消防單位之通報連繫。
13.其他防災上必要之事項。

㈢向消防機關連絡報告：

1.消防防災計畫製作或變更完成後，應於十五日內依附件1向當地消防機關提報。
2.保安監督人遴用或解任後時，應於十五日內依附件2向當地消防機關提報。

3.實施通報、滅火、避難訓練時，應於七日前塡註附件3向當地消防機關提報，並報告其結果。
4.消防安全設備檢修結果報告之處置及保存。
5.遇有增建、改建、修建等施工時，應另訂定施工中消防防災計畫，並於開工前報消防機關核定。

三　場所安全管理對策

㈠危險物品搬運安全：本工廠內之公共危險物品有丙烯酸、乙醛、甲苯、硝化纖維、丙烯酸樹脂等，主原料購入由槽車運輸及管線輸送至原料儲槽區卸料儲存，再經由廠內管路送入製程區使用，其運輸槽車入廠卸料除應符合「勞工安全衛生工作守則」之「槽車裝、卸料操作安全守則」外，並應注意下列事項，以確保安全：
1.廠區內嚴禁煙火。
2.閃電、暴風雨、發生事故、演習當中及夜間，禁止裝卸工作。
3.裝卸料時，槽車司機不得離開崗位並隨時注意裝卸情形。
4.搬運人員使用堆高機，應經堆高機訓練合格。
5.搬運時，車行速度應平穩，保持在十公里以下。
6.廠區道路應平整無坑洞，以及避免急轉彎或陡坡之路段。
7.裝卸時應輕裝、輕卸、嚴禁碰撞、摩擦、拋擲、或劇烈震動。
8.槽車進入防爆管制區時須裝滅焰器。
9.車頭朝外，以便發生緊急時能儘速駛離現場。
10.乾粉滅火器應放置在上風三公尺內位置隨時保持警戒。

㈡危險物品製程安全：
1.預防措施：
⑴現場操作應配戴安全帽、護目鏡、安全皮鞋及防毒口罩等。
⑵蒸氣管路勿觸摸，以免灼傷。
⑶運轉中之壓力調整，切勿大幅度更動。
⑷抽取危險物品後，應立即將桶子蓋上，以防止揮發或洩漏。
⑸轉動中之機械勿從事修理工作。
⑹取樣時攪拌機須先停止後再取樣，以免取樣杯被攪拌機捲入。
⑺管路之切換，必須謹愼操作，避免誤操作而造成污染及損失。
⑻非本區人員，不可任意操作該區之機械或設備。
⑼詳讀物質安全資料表，遵守工作說明書規定操作。
⑽實施各項設備之自動檢查。
⑾實施各項作業前中後之檢點。
⑿有效監督用火、用電之管理，並防止靜電及摩擦產生火花。
2.爆炸的控制：
⑴選用洩放量足夠之安全閥或破裂盤。
⑵於爆炸初期利用抑制（滅火）設備防止爆炸的擴大。
⑶利用隔離設計或安全距離降低爆炸的傳播效果。
⑷於停工後復電時，應依標準作業程序辦理。

㈢危險物品處理作業：本廠爲化學工廠，其製程主要分爲反應、蒸餾二大部分，其安全處理程序如下：
1.定期訓練操作人員，應熟悉標準作業程序及緊急處置措施。
2.設置安全閥、破裂盤以釋放壓力，防止壓力過大造成事故的發生。
3.設置緊急停止系統，可在溫度、壓力異常時，及時停止反應系統的運作，確保系統的安全。

㈣危險物品儲存安全：

1.製造原料、半成品、成品必須根據不同性質，分類及分室堆放儲存，最好用框架或高架維護固定，並每日定期檢查有無外洩等清況。

2.製造原料、半成品、成品外觀須有明顯標示，包括原料名稱、製造日期、危險等級及數量（重量）。

3.儲存場所內堆放之物品，應預留適當之走道、高度及通風位置。

4.儲存場所內須裝有溫度計及濕度計，避免高溫或受潮之現象。

5.嚴禁在儲存場所內進行分裝、裝箱、拆箱等容易引起火災之行為。

6.保持倉庫之整潔，不得堆放其他非經許可之物品。

7.儲存場所內照明應採用防爆照明燈，外部周圍不得堆放可燃物。

㈤危險性機械及設備之運轉及操作要領：本廠區內之原物料多屬於易燃、易爆之公共危險物品，因此在運轉及操作之過程，除應依各項機械或設備標準作業程序進行操作外，並應特別注意下列事項：

1.機械或設備內部有壓力時不可放鬆螺絲或有敲打之動作。

2.廠區嚴禁煙火，如有切割、電焊等動火之需要，須申請動火工作許可，經核准後始可使用。

3.操作人員須定期至場所檢查，並記錄製程設備相關操作參數。

4.如操作上存有疑問時，應向上級報告，經核示後方可再進行作業。

㈥危險物品安全維護設施外觀檢查及性能檢查：本項安全維護設施外觀檢查及性能檢查，依據第六項「廠區消防安全設備及其他設施檢查與維修」辦理。

㈦危險物品製造、儲存、處理場所用火、用電之監督管理：

1.用火設備之注意事項：

(1)廠內嚴禁煙火，如確需使用明火或執行熱作業時，均需取得安全工作許可證。

(2)廠內執行熱作業時，均需依安全工作許可證之各項規定辦理。

(3)所有員工在進入廠區前，應將香菸、火柴、打火機自動留置於守衛室，出廠時再自行取出，必要時警衛得予檢查。

(4)所有員工不得攜帶任何能產生火花或熱來源之器具進入廠區。諸如電鍋、電爐、收音機、非防爆型手電筒或其他類似器物。

(5)使用火之設備其周圍均以斷熱材料或不燃材料建構。

(6)燃料箱、配管、容器等應防止傾覆或撞擊。

2.用電之注意事項：

(1)定期檢查電燈、電阻器等有發熱部之設備，應檢查有無過熱之虞。

(2)定期檢查電線包覆有無損傷、充電部有無露出等可能造成漏電或短路之現象。

(3)定期檢查開關、插頭等有無因接觸不良而發熱或短路之現象。

(4)檢查使用多孔插頭座，有無超過配線容許電流量，保險絲有無使用鐵絲等不當物品代替。

(5)塑膠電線有無用釘子固定使用。

(6)防止場所靜電之發生。

四　廠區消防安全設備及其他設施檢查與維修

㈠消防安全設備之維護管理：管理權人為維護管理消防安全設備，應訂定「消防安全設備檢查實施計畫」（如附件4），並定期於每年○月及○月委託（消防設備師（士）、○○檢修機構或○○消防事務所）進行檢修，且依規定將檢修結果報請當地消防機關備查。

㈡其他設施之檢查與維修：保安監督人應對場所內之防火避難設施、使用火氣設備、公共危險物品保安監督事項、電氣設備等實施自主檢查，其實施規劃應明定於「保安監督自主檢查表」中（如附件5），且應說明每隔多久時間檢查乙次。

1.防火避難設施之自行檢查結果應詳細填註於附件6。

2.防火員應對所有火源（瓦斯爐、火爐、吸菸、鍋爐）、瓦斯、電氣設施進行檢查、管理，並依火災預防編組表（詳如附件7、8）明定各區之防火負責人、火源責任者。

3.使用火氣設備之自行檢查結果應詳細填註於附件9。

4.公共危險物品之保安監督自行檢查結果應詳細填註於附件10。

5.電氣設備之自行檢查結果應詳細填註於附件11。

五　施工安全對策

(一)雙方之負責人事先應協商設置「場所施工安全協商會」，確立場所整體的安全管理對策，然後依據協議推展防災管理體制。

(二)為確保雙方面之連絡體制，施工安全協商會議應定期舉行，對於施工之進行狀況、防災對策、教育訓練等之實施，隨時檢討改進。

(三)施工部分之保安監督人對於該施工現場之作業人員，應嚴格要求其遵守施工安全管理事項。

(四)施工中其消防安全設備仍非維持有效狀態不可，若因施工之原因，不得已必須停用時，應依施工內容，採取必要之代替措施。

(五)施工場所因器材機械等設備搬入，極易雜亂，必須整理清掃，隨時保持避難通道之暢通，採取防止施工中起火之對策。

(六)在施工現場或明顯之處所，應分別將災害發生時之通報連絡處所、電話號碼、處理火氣之滅火準備、吸菸管理等作業人員一般遵守事項揭示週知。

(七)施工現場與使用現場應作防火區劃。

(八)因施工而對走廊、通道、樓梯等構成妨礙者，應設置替代道路。

六　員工危險物品安全管理教育訓練

員工危險物品安全管理教育訓練依其性質可分為職前講習、常年訓練、技能訓練等三項，有關實施要項如下：

(一)職前講習：新進員工需經一天至一週之職前講習。內容包括：操作技術訓練、安全衛生訓練、防護器具使用訓練、裝卸作業安全訓練、消防設備系統及監測系統操作訓練等課程。

(二)自衛消防編組訓練：為使工廠員工保持危險事故之處理能力，應定期辦理自衛消防編組訓練，每次不得少於四小時，並事先通報當地消防機關。有關自衛消防訓練計畫項目如附件12。

(三)技能訓練：各工廠應視其工作性質及生產技術，訓練員工應具備之技能與安全常識，其內容包括：機器故障排除技能、化學原料反應之危險性常識、特種化學物質或毒性化學物質之處理技術等訓練。

七　自衛消防運作對策

(一)自衛消防編組：本場所自衛消防編組表如附件13。

1.自衛消防隊長：負責廠區發生火災、地震等緊急意外事故，災害現場之緊急應變及善後處理指揮工作，當廠區指揮官未到達災害現場前，由事故相關之工程部門主管（或保安監督人）擔任隊長，指揮現場緊急應變事宜。其應辦事項如下：

(1)了解事故之規模及範圍，接掌指揮權。

(2)啓動緊急應變指揮系統。

(3)成立指揮中心。

(4)保持自衛消防編組各班別確實運作，有效處理所有區域狀況。

(5)判斷需求及瞭解所擁有的支援。

(6)判斷是否需要尋求外援。

(7)適時下達疏散命令，將人員疏散至安全位置。

(8)擬定及執行適當的應變行動，指定救災小組負責災區警戒及下達進入災區救災

／搜索命令。

⑼火災／爆炸等緊急狀況，協助外援進入現場支援。

2.自衛消防編組組別及任務：

⑴通報班：負責對廠內各部門通報火災狀況、緊急應變事項及將火災訊息通報當地消防機關，應注意事項如下：

A.掌握自衛消防活動之狀況。

B.收集損失狀況。

C.熟悉對建築物內之緊急廣播與對消防機關之通報。

⑵滅火班：由事故發生部門負責現場初期火災搶救處理等工作，應注意事項如下：

A.熟悉消防設備器具之位置、性能及操作要領。

B.防止水損及造成二次災害。

⑶避難引導班：負責疏散、清點現場人員及搜尋受困者，應注意事項如下：

A.滅火效果不明顯時，應視爲無法滅火，立即採取避難引導對策。

B.避難引導人員應配置於避難必經路線（如起火層及直上層之樓梯入、通道）。

C.電梯前應配置避難引導人員，防止使用。

D.操作避難設備及器具。

E.利用廣播設備或手提擴音器引導避難，優先引導至避難層避難並關閉防火門。

F.確認各部門成員平時已接受疏散訓練。

G.依疏散路線圖疏散內部人員至安全區域並確實清點。

⑷救護班：對災害現場受傷人員給予及時救援並施予緊急救護及搬運，以減輕傷者遭受危害程度，應注意事項如下：

A.確認救護小組之成員平時已接受適當之訓練。

B.確認有足夠及未逾期之醫療器材。

C.確保需急救人員已適當被處置或送醫。

⑸安全防護班：採取緊急應變作爲，以阻絕火勢蔓延、順暢逃生通道及防止水損等，應注意事項如下：

A.安全門、防火鐵捲門之操作。

B.關閉空調設備。

C.停止電梯。

D.對危險物、瓦斯、電氣設備之安全措施。

E.防止自動撒水設備放水造成之水損。

F.移除妨礙消防救災之物件。

3.自衛消防隊之裝備，平時應做好維護保養工作。自衛消防隊裝備表如附件14。

㈡夜間、假日之運作編組：應製作「夜間、假日自衛消防編組」（如附件15），夜間、假日發生火災或其他災害時，應依「夜間、假日自衛消防編組」進行初期滅火活動。

㈢緊急通報連絡步驟（如附件16）。

㈣非正常緊急停機應變措施：

1.通報場所應變管理中心。

2.立刻停止一切運轉設備。

3.關閉緊急遮斷閥。

4.初步查明停機或故障之原因。

5.準備滅火措施。

6.通知自衛消防編組預備待命。

八　洩漏、爆炸等意外事故之應變措施

(一)洩漏時之應變措施：

1.人命救助第一優先。

2.有爆炸危險時，其警戒範圍儘量擴大，並禁止非救災人員進入警戒區內。

3.若係瓦斯或有毒氣體洩漏，必須透過各種廣播、傳播媒體對下風居民進行勸告儘速避難。

4.指導避難之同時，並告知關閉使用中之電器及火源。

5.面積廣闊時，應集中一方面進行搶救。

6.隨時注意風向變化，注意搶救隊員安全，最好以輪流方式，避免過度勞累。

7.搶救若需耗費長時間，應準備應急之醫療與飲用食品。

8.發生洩漏時，應立即關閉開關或停止輸送作業。

(二)爆炸（燃燒）的應變要領：

1.建築物與危險物品同時發生火災時，採取守勢的防禦行動。

2.阻止蔓延應比熄滅火災行動優先。

3.阻止蔓延行動，應先將未燃容器（槽、鋼瓶、桶）予以冷卻及搬運危險物品至安全地帶。

4.先確定火場內燃燒物品的種類和性質，再採取適當的滅火手段。

5.基本資料在平時就應準備妥善，以謀求隨時都可以在火災現場上應用。

6.燃燒有毒氣體時，必須穿著空氣呼吸器具，並由上風位置進行滅火。

7.發生爆炸或燃燒時，應立即關閉開關或停止輸送作業。

九　震災預防措施

(一)地震時之緊急應變措施：

1.於用火用電設備器具周遭之員工，應確實切斷電（火）源，並移除易燃物。

2.全體員工應確認周圍機具、物品等有無掉落及異常狀況。

3.地震時不可匆忙往外跑，尤其是在有公共危險物外漏、房屋倒塌及玻璃掉落之虞時。

(二)地震後之安全措施：

1.於用火用電設備器具周遭之員工，應確認電（火）源安全無虞後，方可使用相關設備。

2.地震發生後如發生災害，於自身安全無虞下，應依自衛消防編組分工，進行救災。

3.如有受傷者，應列入最優先之救援行動，採取必要之緊急救護措施。

4.蒐集相關地震資訊，適時通報建築內部人員，如須採取避難行動，應告知集結地點，俾利集體前往避難場所。

(三)平日震災預防措施：

1.爲防範地震造成之災害，場所內應準備必要之防災用品，保安監督人及相關管理幹部應透過防災教育，周知所有從業人員。

2.檢查附屬在建築物之設施如廣告牌、窗框、外壁等及陳列物品有無倒塌、掉落、鬆脫。

3.檢查燃氣設備、用火用電設備器具、公共危險物品，有無防止掉落或傾倒措施，以及簡易自動滅火裝置、燃料自動停止裝置之動作狀況。

十　紀錄之製作及保存

(一)場所管理權人將消防防災計畫向消防機關申報完畢後，交由保安監督人保存妥當。

(二)有關計畫內容，如人員、連絡方式、訓練等內容有所異動時，必須隨時更改防災計畫內容。

㈢遇有災變時，須針對事故調查之結果，修改消防防災計畫之內容。

十一　其他防災必要事項

㈠避難逃生路線：

1.保安監督人應製作避難逃生路線圖，清楚標示各區消防安全設備位置及通往室外之避難逃生路線，張貼於從業人員及進出人員顯而易見之位置。

2.樓梯、走廊、出入口、通道等避難路線不得放置物品。

3.室外樓梯、直通樓梯、安全梯、特別安全梯之緊急出入口不得設鎖。

4.屋頂設有避難場所時，其屋頂及通往屋頂之避難路線，不得放置妨礙避難之物品。

5.平時應保持防火門正常動作，不得放置妨礙防火門機能之物品。

6.避難路線及滅火器、室內消防栓之周邊，應經常整理，不得放置妨礙避難逃生及滅火之物品。

7.本廠避難逃生路線圖如附件17。

㈡廠區平面配置圖：

1.製作廠區平面配置圖應包括下列事項：

⑴工廠消防防災計畫所附之廠區配置圖：包括一般（行政）場所、危險物品作業場所及安全防護場所（設施）及相關場所之位置。

⑵一般（行政）場所：主要包括行政辦公地點、餐廳、員工宿舍、警衛室等主要建築物。

⑶危險物品作業場所：主要包括危險物品原料、成品及半成品儲存場所、製造、分裝作業場所、鍋爐儲槽、化學實驗室等容易起火之危險性場所。

⑷安全防護場所（設施）：主要包括值日室（控制室）、工廠救災車輛裝備儲放場所（例如化學車、泡沫原液桶、空氣呼吸器、化學防護衣、消防衣帽等安全防護器材）、消防水源、地上消防栓、防護牆等。

⑸廠區配置圖須標示清楚，例如各場所（設施）之相對位置、大小、距離。

⑹配置圖須註明場區實際距離或比例尺、重要圖例、方位及其他有利於救災之必要事項。

2.保安監督人應製作廠區平面配置圖，本廠配置圖如附件18。

㈢緊急連絡電話：

火警救護	119	02-********
瓦斯公司	02-********	02-********
電力公司	02-********	02-********
保全公司	02-********	02-********
公司主管	02-********	02-********
危險物品諮詢專線	02-********	02-********

㈣實施日期：本計畫自九十八年○月○日開始實施。

（附件略）

潔淨區消防安全設備設置指導綱領

民國94年12月23日內政部函訂定發布全文4點；並自95年1月16日起施行。

一　目的：爲預防潔淨區火災發生、確保人民生命安全、降低財產損害，爰就潔淨區之場所應具備之基本共通性消防安全設備，特訂定本指導綱領。

二　適用範圍：本綱領適用於設有潔淨區作爲晶圓生產、製造、研發、封裝測試或液晶顯示器生產之場所。

三　用語定義：

㈠潔淨區：空氣中粒子濃度控制在國際標準組織（International Organization for Standardization）第14644號規定Class 1至Class 9之區域。

㈡可燃性氣體：係指丙烯捷、丙烯醛、乙炔、乙醛、氨、一氧化碳、乙烷、乙胺、乙苯、乙烯、氯乙烷、氯甲烷、氯乙烯、環氧乙烷、環氧丙烷、氰化氫、環丙烷、二甲胺、氫、三甲胺、二硫化碳、丁二烯、丁烷、丁烯、丙烷、丙烯、溴甲烷、苯、甲烷、甲胺、二甲醚、硫化氫及其他爆炸下限在百分之十以下或爆炸上限與下限之差在百分之二十以上之氣體。

㈢自燃性氣體：在空氣中或溫度低於54.4℃時會自行點燃之氣體。

㈣不燃材料：混凝土、磚或空心磚、瓦、石料、鋼鐵、鋁、玻璃、玻璃纖維、礦棉、陶瓷品、砂漿、石灰及其他經中央主管建築機關認定符合耐燃一級之不因火熱引起燃燒、熔化、破裂變形及產生有害氣體之材料。

四　建議設置之基本共通性消防安全設備：

㈠滅火器：應設置二氧化碳滅火器。

㈡自動撒水設備：

1.潔淨區：

⑴撒水頭應爲快速反應型。

⑵撒水密度每平方公尺每分鐘8公升以上，水源容量應在最遠之30個撒水頭繼續放射60分鐘之水量以上。

⑶撒水頭動作溫度在57℃至77℃，但若該區可能有溫度較高之作業環境，得酌予提高。

⑷動作時應發出警報。

⑸天花板至上層樓板間之空間內（plenum spaces and attics space），如使用不燃材料者，該空間得免設自動撒水設備。

2.可燃性或自燃性氣體之氣瓶櫃：

⑴撒水頭應爲快速反應型。

⑵撒水密度每平方公尺每分鐘8公升以上，水源容量應在實設撒水頭繼續放射60分鐘之水量以上。

⑶撒水頭動作溫度在57℃至77℃。

⑷動作時應發出警報。

3.排放可燃性氣體之可燃材質排氣導管內部：

⑴排氣導管直徑或對角線最大部分等於或大於25.4公分時，應裝設自動撒水設備。

⑵撒水密度每平方公尺每分鐘1.9公升以上，水源容量應在最遠之5個撒水頭繼續放射60分鐘之水量以上。

(3)撒水頭水平間隔距離在6.1公尺以下，垂直間隔距離在3.7公尺以下。

(4)應設置獨立分區之流水檢知裝置或具同等性能之指示控制閥。

(5)管內如有腐蝕性化學物質者，配管應使用耐腐蝕性材料。

㈢滅火設備：液態化學品槽台（wet bench）爲可燃材質且係使用可燃性化學物質並設有加熱器者，應設置細水霧、二氧化碳或潔淨滅火藥劑滅火設備。

㈣火警自動警報設備：矽烷供應區（包括矽烷供應系統、氣體鋼瓶櫃等）：設置火焰式探測器。

㈤除上揭設備及排煙設備外，其他消防安全設備應符合各類場所消防安全設備設置標準之規定。

加強老人暨避難弱者防火宣導注意事項

民國98年2月16日內政部函訂定下達全文11點。

一 依據：

㈠消防法第五條暨消防法施行細則第三條。

㈡本部九十二年一月二十三日內授消字第〇九二〇〇九二二五六號函頒「住宅防火對策暨防範電氣火災執行計畫」。

二 目的：老人與避難弱者（以下簡稱老人等）由於注意力較低及行動緩慢，當火災發生時，因避難不及而於火場喪生，爲降低高齡化社會火災的發生率及老人等死亡率，並指導改善老人等居家消防安全現況，建構一個安全的生活空間，特制定本注意事項。

三 對象：各直轄市、縣（市）轄內

㈠獨居老人。指⑴年滿六十五歲以上，且具單身、獨居之事實者。⑵同一戶有二位以上老人，其中一位缺乏生活自理能力；或與子女同戶籍，但子女未經常性同住（連續達三天以上者）；或與子女同住，但子女缺乏生活自理能力者。

㈡其他（指前述類別以外，消防機關認有必要進行優先宣導對象者，如依身心障礙者權益保障法第五條規定，領有身心障礙證明者等避難弱勢族群）。

四 期程及類別：

㈠第一階段：以獨居老人爲對象，應於三個月內完成，且每個責任轄區每月訪視至少十戶以上獨居老人。

㈡第二階段：以其他類別爲對象，並於第一階段執行完畢後六個月內執行完畢。

㈢後續納入「住宅防火對策暨防範電氣火災執行計畫」之經常性重點工作。

五 執行步驟：

㈠請向所轄社會局（科）或村里等機關、單位，索取轄內老人等名冊、地址。

㈡運用婦女防火宣導隊、消防人員及志工團體等，落實居家訪視診斷並指導改善，防範火災的發生。

㈢各消防機關應依本注意事項訂定強化措施，並於文到一週內函報本部消防署備查。

㈣執行所需相關經費，由各直轄市及縣（市）政府相關經費支應。

六 宣導重點：

㈠有效灌輸老人等於火災發生時「避難第一」之觀念。

㈡平時應熟悉屋內逃生避難方法及動線、電器用品使用安全、燃氣熱水器裝設位置及一氧化碳中毒防範等。

㈢抽煙應使用較深廣之煙灰缸，注意吸煙安全及良好吸煙習慣。

㈣睡前關閉瓦斯、熄滅火種，儘量使用電蚊香替代傳統蚊香等微小火源（種），並確保遠離可（易）物，以免引燃起火。

㈤使用電熱器等，與可（易）燃物保持適當距離。

㈥減少家中可燃物及雜物之堆放，避免爆竹煙火及焚燒紙錢引發火災。

㈦優先輔導或補助設置獨立式住宅火災警報器。

㈧烹煮食物時，不可離開現場，倘有接聽電話等其他事項，應即關閉火源，燃燒器具附近不可堆積可燃物及雜物。

七 工作要求：

㈠主動積極協助確保安全環境。

㈡以居家訪視診斷爲主要執行方式，並檢視電器設備有無安全危險疑慮，應予協助排除。

㈢檢視危險因子至有效排除，營造安全環境。

㈣統計數據應確實，如因宣導對象眾多，必要時得延長期限。

㈤商請社工、志工及鄰居等相關人員，主動協助老人等人員保持環境安全。

㈥宣導人員應具備相關宣導與指導之知能。

㈦成果製作，由各消防機關規劃辦理。

㈧以老人等對象之所有戶數為目標，務求普及。

八　成果統計：各機關請指定承辦人乙名，於每週一中午前，填報「加強老人暨避難弱者防火宣導成果彙整表」（如附件）傳送本部消防署彙整。

九　督導及獎懲：

㈠執行本注意事項各項工作優劣人員，由各機關自行辦理獎懲。

㈡請列入持續性業務推動重點。本部消防署得針對各消防機關執行情形，定期或不定期辦理業務督導評核。

十　本署聯絡人：火災預防組科長廖為昌、視察翁世洋。聯絡電話：（02）81959211、傳真電話：（02）81959261。

十一　本注意事項如有未盡事宜，得隨時修正補充之。

製定現有建築物（場所）施工中消防防護計畫指導須知

民國90年2月12日內政部消防署函訂定發布全文5點。

壹　目的：依消防法施行細則第十五條第二項規定，爲確保施工安全，防止施工中發生火災，特訂定本須知。

貳　實施對象：消防法第十三條第一項所稱一定規模以上供公眾使用建築物，於增建、改建、修建、室內裝修施工，且有下列情形之一，管理權人除依消防法施行細則第十五條第二項規定製定施工中消防防護計畫外，並向當地消防機關申報。

一　依各類場所消防安全設備設置標準有增設或移設等作業，致該設備停用或在機能上有顯著影響者。

二　其他依建築物用途、構造，認有人命安全或火災預防考量之必要時。

參　施工中消防防護計畫，管理權人應於開工前三天依附表一報請當地消防機關備查，並須依附表二塡寫查核表，未依規定辦理申報經查獲者，得依違反消防法第十三條防火管理規定予以查處。

肆　施工中消防防護計畫的重點如下：

一　有停止消防安全設備機能必要時，應依下列規定辦理：

㈠停止機能之消防安全設備種類、停止時間及停止部分，應在最小必要限度。

㈡火警自動警報設備、緊急廣播設備或標示設備停止使用時，應視工程狀況，採臨時裝設方式，使其發揮作用。

㈢滅火器、避難器具、標示設備等有使用障礙時，應移設至能確保使用機能之場所。

㈣自動撒水設備或水霧滅火設備等自動滅火設備之機能停止時，應增設滅火器或室內消防栓之水帶等。

㈤應採取增加巡邏次數等強化監視體制之措施。

㈥停止消防安全設備機能之工程，應儘量在營業時間以外進行，但飯店、旅館及醫院等全天營業之場所，應在日間進行。

二　施工中進行熔接、熔切、電焊、研磨、熱塑、瀝青等會產生火花之工程作業時，爲防止施工作業之火焰或火花飛散、掉落致引起火災，應依下列規定採取措施：

㈠應避免在可燃物附近作業。但作業時確實無法避開可燃物者，應在可燃物周圍採用不燃材料或防焰帆布披覆或區劃，予以有效隔離，並於地板鋪撒濕砂等措施。

㈡作業前應由防火管理人指定防火監督人進行施工前安全確認，並加強作業中之監視及作業後之檢查。

㈢施工單位在實施溶接、溶切、焊接等會產生火花之工程作業時，應備有滅火器等消防安全設備，能隨時應變滅火。

㈣施工人員不得在指定場所外吸煙或用火。

㈤各施工場所應指定施工現場負責人，並依施工進行情形，定期向防火管理人報告。

㈥使用危險物品或易燃物品時，應知會防火管理人。

㈦爲防止縱火，有關施工器材、設備等，應確實收拾整理。

三　施工期間對施工人員的訓練、教育及公告，應依下列原則辦理：

㈠防災教育必須包括全體員工及施工人員。

㈡實施之教育內容爲施工中防護計畫之介紹、貫徹各項防火管理措施及發生災害時之應變要領。

㈢有雇用外勞時，應實施個別教育。

㈣訓練種類包括滅火、通報及避難引導。

㈤施工計畫之教育訓練必須於開工前爲之。

伍　現有建築物（場所）施工中消防防護計畫之填寫說明詳如範例。

工廠消防防護計畫範例（含半導體製程高科技工廠）

①民國97年2月19日內政部函訂定發布全文8點。
②民國107年11月12日內政部函修正發布名稱及全文8點（原名稱：高科技廠房消防防護計畫範例（以半導體製程之場所為例））。

壹　總則

一　目的與適用範圍：

㈠目的：本計畫係依消防法第十三條暨同法施行細則第十三條至十六條，規範本場所防火管理必要事項，以落實火災、地震及其他災害之防救，並達到保障人命安全、減輕災害之目標。

㈡適用範圍：在（○○場所名稱）服務、出入之所有人員均必須遵守。

二　管理權人之職責：

㈠管理權人負有（○○場所名稱）之防火管理業務之所有責任。

㈡選任位於管理或監督層次，且能適當公正地執行防火管理業務權限者之防火管理人，使其推動防火管理業務。

㈢指導及監督防火管理上必要業務之推動。

㈣申報消防防護計畫書及防火管理人遴用及異動。

㈤防火避難設施及消防安全設備之檢查維護之實施及監督，以及相關設施（備）缺失時之改善作爲。

㈥在防火管理人製定或變更消防防護計畫時須給予必要之指示。

㈦管理權有分屬時，協同製定共同消防防護計畫。

三　防火管理人之職責：防火管理人負責本場所消防防護計畫之製作及實行，並推行下列防火管理業務：

㈠消防防護計畫之製定、檢討及變更。

㈡滅火、通報及避難訓練之實施。

㈢防火避難設施、用火用電設備器具之檢查實施及監督。

㈣電氣配線、電氣機器、機械設備之管理及安全確認。

㈤消防安全設備檢查維護之實施及監督，以及法定檢修之會同檢查。

㈥施工中消防防護計畫之製作及安全措施之建立。

㈦火源使用或處理有關之指導及監督。

㈧對內部員工防災教育之實施。

㈨防火管理業務相關人員之指導及監督。

㈩對管理權人提出建議及請求指示。

⑪防止物品阻礙通路、樓梯、揭示避難路線圖等避難設施之管理。

⑫推動防止縱火之預防措施。

⑬各項防火管理相關書面資料之保管與整理。

⑭管理權有分屬時，將上揭各項事宜向共同防火管理人報告。

⑮其他防火管理上必要之事項。

四　防火管理相關配合辦理事項：

㈠防火管理人遴用及異動時，應於三日內填具防火管理人遴用（異動）提報表（如附表1），向當地消防機關提報。

㈡消防防護計畫製定及變更後，填具「消防防護計畫製定（變更）提報表」（如附表2），並檢附所製作之「消防防護計畫」及「消防防護計畫自行檢查表」（如附表3），於三日內向當地消防機關提報。當消防防護計畫製定後，如有下列事項變更時，管理權人（或請防火管理人）應向消防機關提報。

1.管理權人或防火管理人變更。

2.自衛消防編組之大幅或重要變更。

3.建築用途變更、增建、改建等導致消防安全設備之變動時。

㈢實施滅火、通報、避難訓練時，應於十日前填具「自衛消防編組訓練計畫提報表」（附表4）向當地消防機關提報，並報告其訓練結果。

㈣遇有增建、改建、修建、室內裝修施工時，依「製定現有建築物（場所）施工中消防防護計畫指導須知」之規定，於開工（指實際開工日期）三日前，填具「現有建築物（場所）施工中消防防護計畫提報表」（如附表5），檢附「現有建築物（場所）施工中消防防護計畫自行檢查表」（如附表6）及現有建築物（場所）施工中消防防護計畫，向轄區消防單位提報。

㈤依法定期限申報消防安全設備檢修結果報告書。

㈥適用勞動部危險性工作場所審查及檢查辦法規定應訂定緊急應變計畫，或適用環境保護署毒性化學物質管理辦法應訂定毒性化學物質之危害預防及應變計畫之場所，應將相關計畫置於附錄。

五　防火管理委員會：

㈠為確保防火管理業務之落實運作，本（○○場所名稱）於（○○地點）設置並組成防火管理委員會（如附件1）。

㈡防火管理委員會預定於每年之○月及○月定期召開會議，研擬防火管理有關事項，以及事故之分析與改善。

㈢如委員會之成員申請，經防火管理人提報管理權人同意時，得召開臨時會。

㈣亦可視實際情形，併廠內工安環保等因應廠內安全需要所召開之臨時性會議辦理，以解決廠內較具急迫性之工安、環保或政府機關之改善建議事項。

㈤若發生重大火災事故，管理權人及防火管理人應儘速召開檢討會議，以調查發生原因及改善、復原措施。

㈥防火管理委員會主要研議事項如下：

1.有關消防防護計畫之變更及修正等相關事宜。

2.有關各部門防火管理工作執行檢討與策進。

3.有關防火避難設施、消防安全設備檢修申報等維護管理及緊急應變管理事宜。

貳　場所特性及危害概要分析

本（○○場所名稱）之位置圖如附圖1，各區域樓層之平面圖及逃生避難圖如附圖2。整個廠區分為員工宿舍、辦公區域與生產區域，較應注意者，為生產區域，其主要為製程區及供應區，其可能之危害原因，可概分為人為因素、設備因素、環境因素等，其中以人為因素所佔比例最高。一般可能發生事故之潛在原因如下：

一　人為因素：人的動作錯誤、安全衛生管理缺失、不正確的動火程序、不安全動作、個人因素、判斷錯誤、防護設備使用不當、工作機具使用錯誤、未能確實執行工作前之安全檢查、操作程序錯誤等，多屬於不安全的動作或行為。

二　設備因素：機械故障、破裂／腐蝕、儀表控制系統故障、壓力過高、過熱、異常反應、未能定期實施檢查維修工作、設計不良等，又以製程機台、化學品供應系統、製程廢氣排放系統所佔比例最高。

三　環境因素：外界氣候、溫度、溼度等影響所造成之災害，以及不充分或不適當的照明、通風不良、機器設備布置不當等不安全的環境因素。

在製程中，因所使用之部分化學物品，具有毒性、易燃性（Flammable）及可燃性（Combustible）之特殊氣體，以及強酸、強鹼與有機溶劑之液態化學品，當這些氣態或液態之化學品在製程反應過程，若因操作或管理控制不當，即可能立即產生災害，再加上作業場所多屬於密閉系統，災害事故發生後容易造成重大損失，本（○○場所名稱）製程中危險因子分析及防救對策詳如附錄，可簡要歸納下列潛在之危害：

一　危險性化學品的外洩或空氣漏入製程單元，造成火災爆炸。例如化學加熱槽、維修時之排放操作、使用眞空泵之單元反應室的廢氣排放及通風與廢氣處理系統等之操作或控制失效。

二　因使用有毒性的化學品，當毒性化學品洩漏曝露，例如蝕刻、薄膜等製程所使用之氫氟酸（HF）等有毒特殊氣體或洩漏時，會分解產生毒性副產物之設備，若操作、維修、裝卸、機械處理或設計等異常，皆有可能發生毒性化學物質曝露之危害。

三　進行製程時，如離子植入機（Ion Implanter）、產生離子束（Ion Beam）、X-ray或光能之單元設備及使用放射線物質於洩漏偵測之儀器等，皆有潛在發生游離輻射之危害。

四　非游離輻射，會造成眼睛與皮膚傷害或發生靜電火花等。

五　自動化操作有潛在對相關人員發生機械危害之虞，例如設備元件之功能異常與移動部分對人員所發生之撞擊夾捲等機械性危害。

參　預防管理對策

一　平時火災預防：

㈠本（○○場所名稱）依消防法規定，係屬應設消防安全設備之（丁類場所），爲落實消防安全設備之維護管理，訂定於每年（十二月），委託（消防設備師（士）、○○專業檢修機構或××消防事務所等）檢修消防安全設備，並依規定將檢修結果報請當地消防機關備查。

㈡爲落實平時之火災預防作爲，依場所之使用特性、防火避難設施、燃氣設備及消防安全設備之設置等情形，實施預防管理編組，人人皆應負起火災防制之責任。

㈢火災預防管理組織負責平時火災預防及地震時之防止起火，以防火管理人爲中心，各樓層分別設置防火負責人，並劃設責任區域，指派各火源責任者（對責任區域內之用火用電進行監督管理）進行火災防制措施。有關本場所之火災預防管理編組，如附件2。

㈣防火管理人應定期詢問防火負責人、火源責任者及每一位員工，以落實火災預防措施。

㈤防火負責人之任務爲輔助防火管理人，並指導、監督負責區域內之火源責任者。

㈥火源責任者之任務如下：

1.輔助防火負責人，擔任指定範圍內之火源管理工作，並負責指定範圍內之用火用電設備器具、電氣設備、危險物品、防火避難設施及消防安全設備等之日常維護管理。

2.地震時用火用電設備器具之安全確認。

3.依照「日常火源自行檢查表」（如附件3）、「防火避難設施自行檢查表」（如附件4）、「消防安全設備自行檢查表」（如附件5）之進行檢查。

⑴日常火源自行檢查，應於每日下班時進行（發現問題應立即反應處理）。

⑵日常防火避難設施之自行檢查，每月應至少檢查乙次，如發現問題應立即反應處理。

⑶消防安全設備自行檢查表，每月應至少檢查乙次，如發現問題應立即反應

處理。

二　火災預防措施：

㈠吸煙及用火等易發生危險行爲之規定如下：

1.走廊、樓梯間、更衣室、電腦室、電氣機房、危險物品設施之周遭及倉庫等爲嚴禁吸煙之地點。

2.除廚房外，任何地點未經允許嚴禁火源。

㈡從事下列行爲應事先向防火管理人聯絡取得許可後，始得進行：

1.指定場所以外之吸煙及火源使用。

2.各種用火用電設備器具之設置或變更時。

3.各種慶祝活動必須用火用電或臨時使用火源。

4.危險物品之貯藏、處理，及其種類及數量之變更時。

5.進行施工行爲時。

㈢用火用電時之應遵守事項：

1.使用電熱器等火源設備，不得在指定地點以外之場所進行。

2.用火用電設備器具之使用，應事先檢查，並應確認使用時周遭無易燃物品。使用完畢後，應加以檢查確認其是否處於安全狀況，並置放於適當之安全場所。

㈣爲確保防火避難設施之機能運作正常，所有出入人員應遵守下列事項：

1.安全門等緊急出口、走廊、樓梯間及避難通道等避難設施：

(1)不得擺放物品，以避免造成避難障礙。

(2)應確保逃生避難時，樓地板無容易滑倒或絆倒避難人員之情形。

(3)作爲緊急出口之安全門，應容易開啓，並確保走廊及樓梯間之寬度能容納避難人員。

2.爲防止火災擴大延燒，並確保消防活動能有效進行之防火設施：

(1)安全門應經常保持關閉，並避免放置物品導致影響其關閉之情形。

(2)安全門周遭不得放置容易延燒之可燃物。

三　施工中消防安全對策之建立：

㈠本場所進行施工時，應建立消防安全對策。如進行增建、改建、修建及室內裝修時，應依消防法施行細則第十五條第二項規定，參照「製定現有建築物（場所）施工中消防防護計畫指導須知」製定本場所「施工中消防防護計畫」，連同「現有建築物（場所）施工中消防防護計畫提報表」、「現有建築物（場所）施工中消防防護計畫自行檢查表」，於實際開工日三天前，提報轄區消防機關備查，以監督施工單位用火、用電安全。

㈡防火管理人於施工時，應注意下列事項：

1.一般注意事項：

(1)應對施工現場可能之危害，進行分析評估，並注意強風、地震、粉塵等特殊氣候或施工狀態下可能造成的影響，採取有效之預防措施。

(2)應定期及不定期檢查施工現場周遭情形，建立督導及回報機制。

(3)應採取增加巡邏次數等強化監視體制之措施。

(4)建築物施工場所，如需停止消防安全設備之功能，應採取相關替代防護措施及增配滅火器，並強化滅火、通報等相關安全措施，嚴禁施工人員有吸煙及不當之用火用電情形。

(5)爲防止縱火，有關施工器材、設備等，應確實收拾整理，並建立管制機制。

(6)施工現場應建立用火用電等火源管理機制，同時對現場人員妥善編組，確保火災發生時，能發揮初期應變之功能。

2.進行熔接、熔切、電焊、研磨、熱塑、瀝青等會產生火花之工程作業時，爲防止施工作業之火焰或火花飛散、掉落致引起火災，除依前述「一般注意事項」外，應加強下列措施：

(1)應避免在可燃物附近作業，但作業時確實無法避開可燃物者，應在可燃物周圍，採用不燃材料、披覆防焰帆布或區劃分隔等防處措施，予以有效隔離。

(2)作業前應由施工負責人指定防火負責人及火源責任者，進行施工前安全確認，並加強作業中之監視及作業後之檢查。

(3)施工單位在實施熔接、熔切、焊接等會產生火花之作業時，應於週邊備有數具滅火器等滅火設備，俾能隨時應變滅火。

(4)各施工場所應有專人，就施工進行情形，定期向施工負責人及防火管理人報告，若必要時應由防火管理人或授權指派人員現場監督施工相關事宜。

(5)使用危險物品或易燃物品時，應知會施工負責人及防火管理人，採取加強防護措施。

3.施工期間應事先公告及通知有關人員，依下列原則辦理教育訓練：

(1)防火防災教育及訓練，必須包括施工場所全體相關施工人員。

(2)教育訓練之內容，應包括潛在之危險區域及防處作爲、緊急應變程序、通訊聯絡機制、疏散避難路線、消防機具及滅火設備之位置及操作方法等有關之防火管理措施及應變要領。

(3)進行教育訓練時，應包含滅火、通報，避難引導、安全防護及緊急救護等相關事項，且就有關人員予以編組，實際進行模擬演練。

(4)雇用外籍人士時，應一併實施防火防災教育及訓練。

(5)施工期間之教育訓練，應於各項工程開工前爲之，並應定期實施再教育訓練。

四　縱火防制對策：

(一)平時之縱火防制對策：

1.建築基地內、走廊、樓梯間及洗手間等場所，不得放置可燃物。

2.加強對於進出人員之過濾及查核。

3.設置監控設備，並加強死角之巡查機制，同時建立假日、夜間等之巡邏體制。

4.整理並移除場所周邊之可燃物。

5.加強對於出入之特定人員及出入者之確認及監控。

6.最後一位離開者，應做好火源管理，並關閉門窗上鎖。

7.落實汽（機）車停放之安全管理。

(二)附近發生連續縱火案件時之對策：

1.加強死角之巡查機制，並強化假日及夜間之巡邏體制。

2.加強宣導員工落實縱火防制工作，並確實要求最後一位離開者，應關閉門窗上鎖。

肆　自衛消防活動

一　自衛消防編組原則：

(一)爲確保火災及其他災害發生時，能將損害損失減至最低，故成立自衛消防隊（設於一樓警衛室或防災中心等指揮據點）及自衛消防地區隊（因場所範圍較大，可明顯區分責任區域，或自行視場所特性實際需求，可增設地區隊），其架構、編組情形及任務如附件6。

(二)自衛消防編組幹部與各班之職責：

1.隊長於展開自衛消防活動時，擔任指揮發號施令，同時與消防隊保持密切連繫，順遂展開救災活動。主要負責廠區發生火災、地震等緊急意外事故時，災害現場初期緊急應變指揮工作，並配合後續消防人員抵達後相關之救援活動。其主要工作事項如下：

(1)了解事故規模及範圍，判斷是否需要尋求外援，並設立指揮據點。

(2)進行相關協調聯繫，確保自衛消防編組之運作，有效處理所有區域狀況，確實進行初期應變行動。

2.副隊長輔助隊長，當隊長不在時，代行其職務。

3.地區隊長擔任負責地區初期自衛消防活動之指揮工作，隨時與隊長保持密切連繫。

4.各班班長依其班別，負責滅火、通報、避難引導（安全防護）、救護（並得視場所規模及可能災情等場所特性，自行增列指揮班、搬運班或必要之編組人員）等自衛消防編組各班。其職責如下：

(1)滅火班：運用滅火器、室內消防栓等消防安全設備進行初期滅火。

(2)通報班：掌握自衛消防活動及災情，並適時向建築物內部及相關人員、消防機關等進行緊急廣播及通報聯繫。

(3)避難引導班：火災發生時，進行電梯管制，並運用手提擴音器、手電筒、哨子等輔助器具，以安全門等為重點，有效引導人員進行逃生避難。

(4)救護班：進行傷患之初期救護及搬運，並設置緊急救護所。

(5)安全防護班：操作安全門及防火捲門、關閉空調設備，對危險物品、瓦斯及電氣設備，採取安全措施，並防止水損及移除妨礙消防活動之物品。

(6)其他必要之班別：

A.指揮班：輔助自衛消防編組隊長、副隊長（當隊長及副隊長不在時，由班長代理其任務），進行指揮上必要事項，並提供救災資訊及器具或請求支援。（如無此班之編組，宜由通報班擔任）

B.搬運班：防護救災器材之運送及提供。（如無此班之編組，宜由安全防護班擔任）

三　自衛消防編組之裝備及管理：

(一)由（○○單位）統籌規劃全廠所需之防救器具及設備，並於防火管理委員會討論，視廠區各部門生產線發生火災之潛在危險特性、廠區使用或儲放危險物品種類、數量等因素，購置必要之裝備，並設置防護櫃存放，以備不時之需。

(二)自衛消防編組之防救器具及保管場所（如附件7），應注意下列事項：（可自行增減之）

1.由（○○單位）定期清查，如有器材短缺、故障等異常情形，應須立即補充或維修。

2.備妥供應廠商之名單及聯絡電話。

3.火災事故處理後，需再次清點所有緊急應變防護器材；若有短缺立即補充，若有故障立即修復。

伍　假日暨夜間之防火管理體制

一　為確保夜間及假日之火災預防管理，值日人員（或保全人員），應定期巡邏各場所，以確保無異常現象。

二　夜間及假日之自衛消防編組（如附件8），當夜間或假日發生火災時，應採取下列應變作為：

(一)立即通知消防機關（119），在進行初期滅火之同時，應同時通報建築物內部之出入人員，並依緊急通報系統，聯絡自衛消防隊長及防火管理人。

(二)與消防機關保持聯繫，將火災情形、延燒狀況等初期火災訊息，隨時提供消防救災指揮人員掌控，並引導消防人員前往起火地點。

陸　地震防救對策

一　為防範地震造成之災害，場所內應準備必要之防災用品，防火管理人及各樓層防火負責人及火源責任者，應透過防災教育，周知所有從業人員，進行平時之安全管理時，一併進行下列事項：

(一)檢查附屬在建築物之設施，如廣告牌、窗框、外壁等及陳列物品有無倒塌、掉落、鬆脫。

(二)檢查燃氣設備、用火用電設備器具，有無防止掉落措施，以及簡易自動滅火裝置、燃料自動停止裝置之動作狀況。

(三)各項作業場所之設備、設備或機具，應有防震措施，並有簡易操作說明，於地震發生時能迅速操控，防止危險情形發生。

二　地震發生時應採取下列安全措施：

(一)於用火用電設備器具周遭之員工，應確實切斷電（火）源，並移除易燃物後回報。

(二)全體員工應確認周圍機具、物品、設備（施）等有無掉落及異常狀況後回報。

(三)各項作業場所之設備、設備或機具，於地震發生時，有發生危險之虞時，應立即採取安全措施。

三　地震發生後應採取下列安全措施：

(一)在確認電（火）源安全無虞後，方可使用相關設備。

(二)於自身安全確保下，依自衛消防編組分工，進行救災。

(三)如有受傷者，應列入最優先之救援行動，採取必要之緊急救護措施。

(四)應蒐集相關資料地震資訊，適時通報建築內部人員，如須採取避難行動，應告知集結地點，俾利集體前往避難場所。

柒　防災應變之教育訓練

一　為落實宣導員工有關消防防護計畫之內容，並強化員工之防火防災觀念，藉由防災教育訓練之進行，以提昇全體員工之防災常識及應變能力。同時，防火管理人應積極參加消防機關或防火團體舉辦之講習或研討，並應隨時對員工進行必要之講習及訓練。

二　為強化員工安全觀念，依下列規定進行教育：

(一)訓練對象、時程及實施人員等，如下表：

對象	時期	次數	實施人員（擇一）		
			防火管理人	防火負責人	火源責任者
新進人員	進用時	乙次	○		
正式員工	（　）月 （　）月	每年二次以上	○		
	早晨集會時機	視需要進行		○	○
工讀生 臨時人員	進用時	乙次	○		
	上班時	視需要進行		○	○

(二)進行教育之重點：

1.徹底熟知消防防護計畫內容及從業人員之任務。

2.有關火災預防常識及災害初期之應變要領。

3.其他火災預防上必要之事項。

三　自衛消防編組人員之訓練：

(一)為強化自衛消防編組人員之應變能力，依消防法施行細則第十五條之規定，應每半年至少舉行滅火、通報及避難訓練乙次，每次訓練之實施不得少於四小時。

㈡訓練之類別及內容：

1.部分訓練：

⑴滅火訓練：熟悉場所內部消防安全設備之位置及操作要領，並依據模擬之火災情況，進行火災初期之滅火器、室內消防栓等之實際或模擬操作演練，同時進行關閉防火門、防火捲門等之操作，以成形防火區劃。

⑵通報訓練：模擬火災發生時，應採取之通報連絡行動，包含對場所內部人員、消防機關（119）及指揮據點（如防災中心等）之實際或模擬通報等。

⑶避難訓練：掌握場所內部之消防安全設備及防火避難設備之位置及操作要領，進行模擬火災發生時，所應採取之應變作爲，包含進行避難廣播、避難引導人員之配置、疏散場所內部人員、形成防火區劃等，並應注意場所內部自行避難困難人員之引導。

⑷救護訓練：爲因應火災發生時可能之傷患救助，所應採取之緊救救護行爲，其主要內容爲簡易包紮、止血法、心肺復甦術（CPR）之操作，以及簡易搬運及緊急救護所之設置等。

⑸安全防護訓練：依據模擬之災情，進行防火門、空調設備、排煙設備、特殊物品之緊急處置及指揮據點（如防災中心）之聯繫等。

2.綜合演練：模擬火災發生時，應採取之各項應變作爲，包含狀況模擬、起火地點之確認、通報連絡、初期滅火、形成區劃、避難引導、緊急救護及指揮聯繫等整體之火災初期應變演練。

3.其他訓練：（自行依場所特性及必要性予以規劃後進行，參考如下）

⑴夜間（模擬）訓練。

⑵自衛消防隊各班之圖面模擬狀況訓練。

⑶地震災害模擬演練。

⑷其他：危險性工作場所之緊急應變計畫演練，或毒性化學物質危害及應變計畫作業辦法之危害預防及應變計畫演練。

㈢訓練之期程規劃如下表：

類別		預定日期	演練流程
部分訓練	滅火訓練	（　）月 （　）月	如附件9
	通報訓練	（　）月	如附件10
	避難訓練	（　）月	如附件11
	救護訓練	（　）月	如附件12
	安全防護訓練	（　）月	如附件13
綜合演練		（　）月 （　）月	如附件14
其他演練		（　）月 （　）月	（自行規劃後填入，檢附地震災害模擬訓練（如附件15）以供參考）
註：部分訓練，係著重於單項動作之操作訓練；而綜合演練，係整合部分訓練進行整體之操作演練。而其他演練，係自行依場所特性規劃進行，如夜間（模擬）訓練、自衛消防隊各班之圖面模擬狀況訓練及地震災害模擬演練等。			

捌　附則

一　本計畫自○○年○○月○○日開始實施。

二　本計畫製作完成後如有變更時，應即填報當地消防機關核備。

管理權人職稱	姓名	簽章

法規名稱索引

法規名稱索引

法規名稱索引

法規名稱索引

法規名稱索引

國家圖書館出版品預行編目資料

消防與災害防救法規 / 潘日南主編. -- 二版. --
臺北市：五南, 2020.08
面；公分

ISBN 978-986-522-193-5（平裝）

1. 消防法規

575.81　　109011820

1R27

消防與災害防救法規

主　　編　潘日南
編　　輯　五南法學研究中心

出 版 者　五南圖書出版股份有限公司
發 行 人　楊榮川
地　　址　台北市大安區（106）和平東路二段339號4樓
電話：(02)27055066　傳真：(02)27066100
網　　址　http://www.wunan.com.tw
電子郵件　wunan@wunan.com.tw
劃撥帳號　01068953
戶　　名　五南圖書出版股份有限公司
法律顧問　林勝安律師事務所　林勝安律師

出版日期　2018年9月　初版一刷
2020年8月　二版一刷
定　　價　500元